D1698983

LE ROBERT & COLLINS

« les pratiques »

DICTIONNAIRE
FRANÇAIS-ALLEMAND
ALLEMAND-FRANÇAIS

DICTIONNAIRES LE ROBERT

HarperCollins*Publishers*

Version réservée à la Suisse

Erste Auflage 1994/Première édition 1994

© HarperCollins Publishers 1994

réimpression 1997

Dictionnaires Le Robert
ISBN 2-85036-523-8

Projektleitung/Chef de projet
Michela Clari
Redaktion/Rédaction
Sabine Citron
Ulrike Seeberger
Andere Mitarbeiter/Autres collaborateurs
Jean-François Allain • Alexa Barnes • Jean Dewitz
Joachim Klink • Horst Kopleck • Ariane Niehoff-Hack • Marie-Pascale Prisset

Gesamtleitung/Collection dirigée par
Lorna Sinclair Knight

Manuskriptbearbeitung/Secrétariat de rédaction
Val McNulty
Joyce Littlejohn
Sandra Harper • Susan Dunsmore • Irene Lakhani • Maggie Seaton

Koordination/Coordination
Vivian Marr

Datenverarbeitung/Informatique éditoriale
André Gautier

Dépôt légal novembre 1997
Achevé d'imprimer en octobre 1997

Fotosatz/Photocomposition Morton Word Processing Ltd, Scarborough
Imprimé en Angleterre par Clays Ltd, St Ives Plc.

INHALT

TABLE DES MATIÈRES

EINLEITUNG

Sie möchten Französisch lernen oder vielleicht bereits vorhandene Kenntnisse vertiefen. Sie möchten sich auf französisch ausdrücken, französische Texte lesen oder übersetzen, oder Sie möchten sich ganz einfach mit französischsprechenden Menschen unterhalten können. Ganz gleich ob Sie nun Schülerin, Student, Tourist, Sekretärin oder geschäftlich tätig sind, Sie haben sich den richtigen Begleiter für Ihre Arbeit ausgesucht! Dieses Buch ist der ideale Helfer, wenn Sie sich in französischer Sprache ausdrücken und verständlich machen möchten, ob Sie nun sprechen oder schreiben. Es ist ganz bewußt praktisch und modern, es räumt vor allem der Alltagssprache und der Sprache, wie sie Ihnen in Zeitungen und Nachrichten, im Geschäftsleben, im Büro und im Urlaub begegnet, großen Raum ein. Wie in allen unseren Wörterbüchern haben wir das Hauptgewicht auf zeitgenössische Sprache und idiomatische Redewendungen gelegt.

WIE MAN DIESES BUCH BENUTZT

Wir möchten Ihnen im folgenden einige kurze Erklärungen über die Art und Weise geben, wie wir Ihnen die Informationen in Ihrem Wörterbuch präsentieren. Unser Ziel: wir wollen Ihnen soviel Information wie möglich bieten, ohne dabei an Klarheit und Verständlichkeit einzubüßen.

Die Wörterbucheinträge

Hier also die verschiedenen Grundelemente, aus denen sich ein typischer Eintrag in Ihrem Wörterbuch zusammensetzt:

Lautschrift

Wie die meisten modernen Wörterbücher geben wir die Aussprache mit Zeichen an, die zum "internationalen phonetischen Alphabet" gehören. Weiter unten (auf den Seiten xii und xiii) finden Sie eine vollständige Liste der Zeichen, die in diesem System benutzt werden. Die Aussprache französischer Wörter geben wir auf der französisch-deutschen Seite unmittelbar hinter dem jeweiligen Wort in eckigen Klammern an. Die deutsche Aussprache erscheint im deutsch-französischen Teil ebenfalls auf diese Weise unmittelbar hinter den Worteinträgen. Allerdings wird sie nicht immer angegeben, zum Beispiel bei zusammengesetzten Wörtern wie etwa **Liebesbrief,** deren Bestandteile schon an anderer Stelle im Wörterbuch zu finden sind.

Grammatik-Information

Alle Wörter gehören zu einer der folgenden grammatischen Klassen: Substantiv, Verb, Adjektiv, Adverb, Pronomen, Artikel, Konjunktion, Präposition, Abkürzung. Substantive können im Deutschen männlich, weiblich oder sächlich, im Französischen männlich oder weiblich sein; sie können im Singular oder Plural stehen. Verben können transitiv, intransitiv, reflexiv oder auch unpersönlich sein. Die grammatische Klasse der Wörter wird jeweils gleich hinter dem Wort in *Kursivschrift* angezeigt.

Es kommt oft vor, daß ein Wort in verschiedene grammatische Klassen unterteilt wird. So kann z.B. das französische Wort **creux** ein Adjektiv (deutsch: "hohl") sein oder ein männliches Substantiv (deutsch: "Loch"); und das deutsche Wort **einfach** kann ein Adjektiv (französisch: "simple") oder ein Adverb (französisch: "simplement") sein. Ebenso kann z.B. das Verb **rauchen** manchmal transitiv sein ("eine gute Zigarre rauchen"), manchmal intransitiv ("hier darf man nicht rauchen"). Damit Sie immer genau die Bedeutung finden, die Sie gerade suchen, und damit der

Text leichter überschaubar wird, haben wir die verschiedenen grammatischen Kategorien durch eine schwarze Raute ◆ gegeneinander abgegrenzt. Alle Beispielsätze und zusammengesetzte Wörter werden gesammelt am Ende des Eintrags gegeben.

Bedeutungsunterschiede

Die meisten Wörter haben mehr als eine Bedeutung. So kann z.B. "Rad" einen Teil eines Autos oder Fahrrades bezeichnen, aber auch ein Wort für das ganze Fahrrad sein. Oder Wörter müssen je nach dem Zusammenhang, in dem sie gebraucht werden, anders übersetzt werden: so muß z.B. das französische Wort **partir** für Fußgänger mit "gehen" oder "weggehen", für Autofahrer mit "wegfahren" übersetzt werden. Damit Sie in jedem Zusammenhang immer die richtige Übersetzung finden, haben wir die Einträge nach Bedeutungen eingeteilt: jede Kategorie wird durch einen "Verwendungshinweis" bestimmt, der *kursiv* gedruckt ist und in Klammern steht. Die beiden Beispiele von oben sehen dann so aus:

Rad *nt* roue *f*; (*Fahrrad*) vélo *m*
partir *vi* gehen, weggehen; (*en voiture etc*) wegfahren

Außerdem haben manche Wörter eine andere Bedeutung und müssen im Französischen anders übersetzt werden, wenn sie in einem bestimmten Bereich verwendet werden. Ein Beispiel dafür wäre **Rezept**, das einmal die Anleitung sein kann, nach der Sie etwa einen Kuchen backen, in medizinischen Zusammenhängen jedoch angibt, welche Tabletten Ihnen ein Arzt verschreibt. Wir zeigen Ihnen, welche Übersetzung Sie auswählen sollten, indem wir wieder in Klammern solche Fachgebiete in kursiven Großbuchstaben angeben, im vorigen Fall *KOCH* als Abkürzung für *KOCHEN* und *MED* als Abkürzung für *MEDIZIN*:

Rezept *nt* (*KOCH*) recette *f*; (*MED*) ordonnance *f*

Sie finden eine Liste aller in diesem Wörterbuch benutzten Abkürzungen für solche Gebiete auf den Seiten ix bis xi.

Übersetzungen

Die meisten deutschen Wörter können mit einem einzigen französischen Wort übersetzt werden und umgekehrt. Aber manchmal gibt es in der Zielsprache kein Wort, das dem Wort der Ausgangssprache genau entspricht. In solchen Fällen haben wir ein ungefähres Äquivalent angegeben, das durch das Zeichen ≈ gekennzeichnet ist. So z.B. beim deutschen Wort **Abitur**, dessen ungefähres französisches Äquivalent "baccalauréat" ist: hier handelt es sich aber nur um eine ungefähre Entsprechung, nicht um eine "echte" Übersetzung, weil die beiden Schulsysteme sich stark unterscheiden:

Abitur *nt* ≈ baccalauréat *m*

Manchmal kann man nicht einmal ein ungefähres Äquivalent finden. Besonders oft ist das der Fall beim Essen, insbesondere bei lokalen Spezialitäten wie z.B. bei der folgenden arabisch beeinflußten Süßspeise:

baba au rhum *nm rumgetränkter Kuchen*

Hier wird statt einer Übersetzung (die es einfach gar nicht gibt) eine Erklärung gegeben, die in *Kursivschrift* gesetzt ist.

Manchmal ist es auch wichtig, ein Wort nicht nur für sich allein, sondern auch in einem bestimmten Zusammenhang zu übersetzen. So wird z.B. das deutsche Wort **Hand** im Französischen mit "main" übersetzt, aber **freie Hand haben** nicht mit "avoir main libre", sondern mit "avoir carte blanche". Manchmal haben auch einfache Zusammensetzungen völlig andere Übersetzungen: so wird **Handschuh** eben nicht mit "soulier de main" übersetzt, sondern mit "gant" und **doigt de pied** mit "Zeh" und nicht mit "Fußfinger". Gerade in diesen Bereichen werden Sie feststellen, daß Ihr Wörterbuch ganz besonders hilfreich und vollständig ist: wir haben uns nämlich bemüht, so viele zusammengesetzte Wörter, Redewendungen und idiomatische Ausdrücke aufzunehmen wie möglich.

Sprachniveau

Im Deutschen wissen Sie ganz genau, in welcher Situation Sie den Ausdruck **ich habe genug** verwenden, wann Sie **mir langt's** sagen und wann **ich hab' die Nase voll**. Aber wenn Sie versuchen, jemanden zu verstehen, der Französisch redet, oder wenn Sie selbst versuchen, sich auf Französisch auszudrücken, dann sollten Sie wirklich gesagt bekommen, welcher Ausdruck höflich ist und welcher weniger höflich. Wir haben also bei Wörtern, die aus der Umgangssprache stammen, die Kennzeichnung (*umg*) oder (*fam*) hinzugefügt, bei ganz besonders groben Ausdrücken zur Warnung auch noch ein zusätzliches Ausrufungszeichen, (*umg!*) oder (*fam!*), und zwar sowohl in der Ausgangs- als auch in der Zielsprache, um Ihnen anzudeuten, daß diese Ausdrücke mit Vorsicht zu verwenden sind. Bitte beachten Sie ansonsten: Wenn das Sprachniveau der Übersetzung dem des übersetzten Ausdrucks entspricht, finden Sie die Kennzeichnungen (*umg*) und (*fam*) nur in der Ausgangssprache.

Schlüsselwörter

Es fällt Ihnen sicher auf, daß verschiedene Wörter umrahmt sind. Das sind ganz besonders komplizierte oder ganz besonders wichtige Wörter wie z.B. **sein** oder **machen** und ihre französischen Entsprechungen **être** oder **faire**, die wir besonders eingehend behandelt haben, weil sie grundlegende Elemente der Sprache sind.

INTRODUCTION

Vous désirez apprendre l'allemand ou approfondir des connaissances déjà solides. Vous voulez vous exprimer dans la langue de Goethe, lire ou rédiger des textes allemands ou converser avec des interlocuteurs germanophones. Que vous soyez lycéen, étudiant, touriste, secrétaire, homme ou femme d'affaires, vous venez de choisir le compagnon de travail idéal pour vous exprimer et pour communiquer en allemand, oralement ou par écrit. Résolument pratique et moderne, votre dictionnaire fait une large place au vocabulaire de tous les jours, aux domaines de l'actualité, des affaires, de la bureautique et du tourisme. Comme dans tous nos dictionnaires, nous avons mis l'accent sur la langue contemporaine et sur les expressions idiomatiques.

MODE D'EMPLOI

Vous trouverez ci-dessous quelques explications sur la manière dont les informations sont présentées dans votre dictionnaire. Notre objectif: vous donner un maximum d'informations dans une présentation aussi claire que possible.

Les articles

Voici les différents éléments dont est composé un article type dans votre dictionnaire:

Transcription phonétique

La prononciation des mots allemands suit des règles relativement systématiques. Nous avons donc choisi de ne pas donner la prononciation de tous les mots de la même famille lorsqu'ils sont juxtaposés; nous avons ainsi donné la prononciation de **Liebe** ("amour"), mais non celle de **Liebesbrief** ("lettre d'amour") dont les deux éléments se trouvent ailleurs dans le dictionnaire. La prononciation du français étant beaucoup plus imprévisible, nous avons donné à l'intention des utilisateurs allemands une transcription phonétique de tous les mots français.

La prononciation des mots figure, entre crochets, immédiatement après l'entrée. Comme la plupart des dictionnaires modernes, nous avons opté pour le système dit "alphabet phonétique international". Vous trouverez ci-dessous, aux pages xii et xiii, une liste complète des caractères utilisés dans ce système.

Données grammaticales

Les mots appartiennent tous à une catégorie grammaticale donnée: substantif, verbe, adjectif, adverbe, pronom, article, conjonction, abréviation. Les substantifs peuvent être masculins ou féminins ou, en allemand, neutres; ils peuvent être singuliers ou pluriels. Les verbes peuvent être transitifs, intransitifs, pronominaux (ou réfléchis) ou encore impersonnels. La catégorie grammaticale des mots est indiquée en *italique*, immédiatement après le mot.

Souvent un mot se subdivise en plusieurs catégories grammaticales. Ainsi le français **creux** peut-il être un adjectif ou un nom masculin et l'allemand **einfach** peut-il être soit un adjectif ("simple"), soit un adverbe ("simplement"). De même le verbe **fumer** est parfois transitif ("fumer un cigare"), parfois intransitif ("défense de fumer"). Pour vous permettre de trouver plus rapidement le sens que vous cherchez, et pour aérer la présentation, nous avons séparé les différentes catégories grammaticales par un losange noir ◆. Les phrases et les mots composés sont tous regroupés à la fin de l'article.

Subdivisions sémantiques

La plupart des mots ont plus d'un sens; ainsi **bouchon** peut être un objet en liège servant à boucher une bouteille, ou un embouteillage. D'autres mots se traduisent différemment selon le contexte dans lequel ils sont employés: **partir** se traduira en allemand "weggehen" ou "wegfahren" selon que l'on part à pied ou en voiture. Pour vous permettre de choisir la bonne traduction dans tous les contextes, nous avons subdivisé les articles en catégories de sens: chaque catégorie est introduite par une "indication d'emploi" entre parenthèses et en *italique*. Pour les exemples ci-dessus, les articles se présenteront donc comme suit:

bouchon *nm (en liège)* Korken *m*; (*embouteillage*) Stau *m*
partir *vi* gehen, weggehen; (*en voiture etc*) wegfahren

De même certains mots changent de sens lorsqu'ils sont employés dans un domaine spécifique, comme par exemple **rue** que nous employons tous les jours dans son acception de "voie publique", mais qui est aussi une plante. Pour montrer à l'utilisateur quelle traduction choisir, nous avons donc ajouté, en majuscules italiques entre parenthèses, une indication de domaine, à savoir dans ce cas particulier (*BOTANIQUE*), que nous avons abrégé pour gagner de la place en (*BOT*):

rue *nf* Straße *f*; (*BOT*) Raute *f*

Une liste complète des abréviations dont nous nous sommes servis dans ce dictionnaire figure ci-dessous, aux pages ix à xi.

Traductions

La plupart des mots français se traduisent par un seul mot allemand, et vice-versa, comme dans les exemples ci-dessus. Parfois cependant il n'y a pas d'équivalent exact dans la langue d'arrivée et nous avons donné un équivalent approximatif, indiqué par le signe ≈; c'est le cas par exemple pour le mot **baccalauréat** dont l'équivalent allemand est "Abitur": il ne s'agit pas d'une traduction à proprement parler puisque nos deux systèmes scolaires sont différents:

baccalauréat *nm* ≈ Abitur *nt*

Parfois, il est même impossible de trouver un équivalent approximatif. C'est le cas par exemple pour les noms de plats régionaux, comme le dessert autrichien suivant:

Kaiserschmarren *nm morceaux de crêpe aux raisins secs*

L'explication remplace ici une traduction (qui n'existe pas); pour plus de clarté, cette explication, ou glose, est donnée en *italique*.

Souvent aussi, on ne peut traduire isolément un mot, ou une acception particulière d'un mot. La traduction allemande de **copain**, par exemple, est "Freund"; cependant **être copain avec qn** se traduit "mit jdm gut befreundet sein". Même une expression toute simple comme **doigt de pied** nécessite une traduction séparée, en l'occurrence "Zeh" (et non "Fußfinger"). C'est là que votre dictionnaire se révélera particulièrement utile et complet, car il contient un maximum de composés, de phrases et d'expressions idiomatiques.

Registre

En français, vous saurez instinctivement quand dire **j'en ai assez** et quand dire **j'en ai marre** ou **j'en ai ras le bol**. Mais lorsque vous essayez de comprendre quelqu'un qui s'exprime en allemand, ou de vous exprimer vous-même en allemand, il est particulièrement important de savoir ce qui est poli et ce qui l'est moins. Nous avons donc ajouté l'indication (*fam*) ou (*umg*) aux expressions de langue familière; les expressions particulièrement grossières se voient dotées d'un point d'exclamation supplémentaire (*fam!*) ou (*umg!*) (dans la langue de départ comme dans la langue d'arrivée), vous incitant à une prudence accrue. Notez que les indications (*fam*) ou (*umg*) ne sont pas répétées dans la langue d'arrivée lorsque le registre de la traduction est le même que celui du mot ou de l'expression traduits.

Mots-clés

Vous constaterez que certains mots apparaissent dans des encadrés. Il s'agit de mots particulièrement complexes ou importants, comme **être** et **faire** ou leurs équivalents allemands **sein** et **machen**, que nous avons traités d'une manière plus approfondie parce que ce sont des éléments de base de la langue.

ABKÜRZUNGEN

ABRÉVIATIONS

Abkürzung	**abk, abr**	abréviation
Akkusativ	**acc**	accusatif
Adjektiv	**adj**	adjectif
Verwaltung	**ADMIN**	administration
Adverb	**adv**	adverbe
Landwirtschaft	**AGR**	agriculture
Akkusativ	**Akk**	accusatif
Anatomie	**ANAT**	anatomie
Architektur	**ARCHIT**	architecture
Artikel	**art**	article
Astrologie	**ASTROL**	astrologie
Astronomie	**ASTRON**	astronomie
attributiv	**attrib**	qualificatif
Kraftfahrzeuge	**AUT**	automobile
Hilfsverb	**aux**	auxiliaire
Luftfahrt	**AVIAT**	aviation
Bergbau	**BERGB**	mines
besonders	**bes**	en particulier
bestimmt	**best**	défini
Biologie	**BIOL**	biologie
Botanik	**BOT**	botanique
Chemie	**CHEM, CHIM**	chimie
Film	**CINÉ**	cinéma
Handel	**COMM**	commerce
Komparativ	**comp**	comparatif
Computer	**COMPUT**	informatique
Konjunktion	**conj**	conjonction
Bauwesen	**CONSTR**	construction
Kochen und Backen	**CULIN**	cuisine
Dativ	**Dat, dat**	datif
bestimmt	**déf**	défini
Dialekt	**dial**	dialectal
Wirtschaft	**ÉCON**	économie
Eisenbahnwesen	**EISENB**	chemins de fer
Elektrizität	**ELEK, ÉLEC**	électricité
und so weiter	**etc**	et cetera
etwas	**etw**	quelque chose
Euphemismus	**euph**	euphémisme
Interjektion	**excl**	exclamation
Femininum, weiblich	**f**	féminin
umgangssprachlich	**fam**	familier
derb	**fam!**	vulgaire
figurativ	**fig**	figuré
Film	**FILM**	cinéma
Finanzen	**FIN**	finance
Luftfahrt	**FLUG**	aviation
gehoben	**geh**	style soutenu
Genitiv	**Gen, gén**	génitif
allgemein	**gén**	en général
Geographie	**GEOG, GÉO**	géographie
Geologie	**GEOL, GÉOL**	géologie
Geometrie	**GEOM, GÉOM**	géométrie
Grammatik	**GRAM**	grammaire
Geschichte	**HIST**	histoire
scherzhaft	**hum**	humoristique

unbestimmt	*indéf*	indéfini
Computer	*INFORM*	informatique
Interjektion	*interj*	exclamation
interrogativ	*interrog*	interrogatif
unveränderlich	*inv*	invariable
ironisch	*iro*	ironique
jemand, jemandem, jemanden, jemandes	*jd, jdm, jdn, jds*	quelqu'un
Rechtswesen	*JUR*	juridique
Kochen und Backen	*KOCH*	cuisine
Komparativ	*komp*	comparatif
Konjunktion	*konj*	conjonction
Sprachwissenschaft	*LING*	linguistique
Literatur	*LITT*	littérature
literarisch	*litt*	littéraire
Maskulinum, männlich	*m*	masculin
Mathematik	*MATH*	mathématiques
Medizin	*MED, MÉD*	médecine
Meteorologie	*MET, MÉTÉO*	météorologie
Militärwesen	*MIL*	domaine militaire
Musik	*MUS*	musique
Substantiv	*n*	nom
nautisch	*NAUT*	nautisme
Norddeutschland	*NORDD*	Allemagne du Nord
Neutrum, sächlich	*nt*	neutre
Zahlwort	*num*	numéral
Österreich	*ÖSTERR*	Autriche
Parlament	*PARL*	parlement
pejorativ	*pej, péj*	péjoratif
persönlich	*pers*	personnel
Pharmakologie	*PHARM*	pharmacologie
Philosophie	*PHILOS*	philosophie
Photographie	*PHOT(O)*	photographie
Physik	*PHYS*	physique
Physiologie	*PHYSIOL*	physiologie
Plural	*pl*	pluriel
Politik	*POL*	politique
Partizip Perfekt	*pp*	participe passé
Präfix	*präf, préf*	préfixe
Präposition	*präp, prép*	préposition
Pronomen	*pron*	pronom
Psychologie	*PSYCH*	psychologie
etwas	*qch*	quelque chose
jemand	*qn*	quelqu'un
Eisenbahn	*RAIL*	chemins de fer
Religion	*REL*	religion
Relativ-	*rel*	relatif
Rundfunk	*RUNDF*	radio
Schulwesen	*SCH, SCOL*	enseignement
Schweiz	*SCHWEIZ*	Suisse
Singular	*sg*	singulier
Konjunktiv	*sub*	subjonctif
Süddeutschland	*SÜDD*	Allemagne du Sud
Suffix	*suff*	suffixe
Subjekt	*subj, suj*	sujet
Superlativ	*superl*	superlatif
Technik	*TECH*	technique
Telefon, Nachrichtentechnik	*TEL, TÉL*	télécommunications
Theater	*THEAT, THÉÂT*	théâtre

Fernsehen	*TV*	télévision
Typographie	*TYP(O)*	typographie
umgangssprachlich	*umg*	familier
derb	*umg!*	vulgaire
unbestimmt	*unbest*	indéfini
Universität	*UNIV*	université
unpersönlich	*unpers*	impersonnel
unregelmäßig	*unreg*	irrégulier
untrennbar	*untr*	non séparable
unveränderlich	*unver*	invariable
siehe	*v*	voir
Verb	*vb*	verbe
intransitives Verb	*vi*	verbe intransitif
reflexives Verb	*vpr, vr*	verbe pronominal ou réfléchi
transitives Verb	*vt*	verbe transitif
Wirtschaft	*WIRTS*	économie
Zoologie	*ZOOL*	zoologie
zusammengesetztes Wort	*zW*	mot composé
ungefähre Entsprechung	≈	indique une équivalence culturelle
eingetragenes Warenzeichen	®	marque déposée

LAUTSCHRIFT

NB: Manche Laute sind nur
ungefähre Entsprechungen

NB: La mise en équivalence
de certains sons n'indique
qu'une ressemblance
approximative

Konsonanten

Consonnes

Pakt	p	poupée
Ball	b	bombe
Tal	t	tente thermal
dann	d	dinde
kalt	k	coq qui képi
Gast	g	gag bague
Rasse	s	sale ce nation
Hase	z	rose zéro
Schal	ʃ	tache chat
Genie	3	gilet juge
Faß	f	fer phare
was	v	valve
Last	l	lent salle
	ʀ	rare rentrer
rennen	r	
Mast	m	maman femme
Nuß	n	non nonne
	ɲ	agneau vigne
lang	ŋ	camping
Herr	h	
ja	j	yeux paille pied
	w	nouer oui
	ɥ	huile lui
Loch	x	
mich	ç	

xii

TRANSCRIPTION PHONÉTIQUE

Vokale — Voyelles

viel	i	ici vie lyre
Kiste	ɪ	
Metall	e	jouer été
häßlich	ɛ	lait jouet merci
Hast Bahn	a	plat amour
	ɑ	bas pâte
bitte	ə	le premier
Post	ɔ	or homme
Moral Mode	o	mot eau gauche
Kulant Hut	u	ours genou
Mutter	ʊ	
physisch	y	rue urne
Müll	ʏ	
gönnen	œ	beurre peur
ökonomisch höhnen	ø	peu deux
weit	aɪ	
aus draußen	aʊ	
Heu treu	ɔʏ	

Nasale — Nasales

Cousin	ɛ̃	matin plein
	œ̃	brun
Ensemble	ã ɑ̃	dans jambe
Champignon Salon	õ	non pompe

Verschiedenes — Divers

Knacklaut	|	coup de glotte
im Französischen: 'h aspiré' (wird mit dem vorgehenden Wort nicht zusammen- gezogen)	'	pour l'allemand: précède la syllabe accentuée
Längezeichen	:	indique une voyelle longue

VERBES IRRÉGULIERS ALLEMANDS

*avec 'sein'

Infinitiv	Präsens (2., 3. Pers. sg.)	Imperfekt	Partizip Perfekt
ausbedingen	bedingst aus, bedingt aus	bedang *od* bedingte aus	ausbedungen
backen	bäckst, bäckt	backte *od* buk	gebacken
befehlen	befiehlst, befiehlt	befahl	befohlen
beginnen	beginnst, beginnt	begann	begonnen
beißen	beißt, beißt	biß	gebissen
bergen	birgst, birgt	barg	geborgen
bersten*	birst, birst	barst	geborsten
bewegen	bewegst, bewegt	bewog	bewogen
biegen	biegst, biegt	bog	gebogen
bieten	bietest, bietet	bot	geboten
binden	bindest, bindet	band	gebunden
bitten	bittest, bittet	bat	gebeten
blasen	bläst, bläst	blies	geblasen
bleiben*	bleibst, bleibt	blieb	geblieben
braten	brätst, brät	briet	gebraten
brechen*	brichst, bricht	brach	gebrochen
brennen	brennst, brennt	brannte	gebrannt
bringen	bringst, bringt	brachte	gebracht
denken	denkst, denkt	dachte	gedacht
dreschen	drisch(e)st, drischt	drasch	gedroschen
dringen*	dringst, dringt	drang	gedrungen
dürfen	darfst, darf	durfte	gedurft
empfehlen	empfiehlst, empfiehlt	empfahl	empfohlen
erbleichen*	erbleichst, erbleicht	erbleichte	erblichen
erlöschen*	erlischst, erlischt	erlosch	erloschen
erschrecken*	erschrickst, erschrickt	erschrak	erschrocken
essen	ißt, ißt	aß	gegessen
fahren*	fährst, fährt	fuhr	gefahren
fallen*	fällst, fällt	fiel	gefallen
fangen	fängst, fängt	fing	gefangen
fechten	fichtst, ficht	focht	gefochten
finden	findest, findet	fand	gefunden
flechten	flichst, flicht	flocht	geflochten
fliegen*	fliegst, fliegt	flog	geflogen
fliehen*	fliehst, flieht	floh	geflohen
fließen*	fließt, fließt	floß	geflossen
fressen	frißt, frißt	fraß	gefressen
frieren	frierst, friert	fror	gefroren
gären*	gärst, gärt	gor	gegoren
gebären	gebierst, gebiert	gebar	geboren
geben	gibst, gibt	gab	gegeben
gedeihen*	gedeihst, gedeiht	gedieh	gediehen
gehen*	gehst, geht	ging	gegangen

Infinitiv	Präsens (2., 3. Pers. sg.)	Imperfekt	Partizip Perfekt
gelingen*	—, gelingt	gelang	gelungen
gelten	giltst, gilt	galt	gegolten
genesen*	gene(se)st, genest	genas	genesen
genießen	genießt, genießt	genoß	genossen
geraten*	gerätst, gerät	geriet	geraten
geschehen*	—, geschieht	geschah	geschehen
gewinnen	gewinnst, gewinnt	gewann	gewonnen
gießen	gießt, gießt	goß	gegossen
gleichen	gleichst, gleicht	glich	geglichen
gleiten*	gleitest, gleitet	glitt	geglitten
glimmen	glimmst, glimmt	glomm	geglommen
graben	gräbst, gräbt	grub	gegraben
greifen	greifst, greift	griff	gegriffen
haben	hast, hat	hatte	gehabt
halten	hältst, hält	hielt	gehalten
hängen	hängst, hängt	hing	gehangen
hauen	haust, haut	hieb	gehauen
heben	hebst, hebt	hob	gehoben
heißen	heißt, heißt	hieß	geheißen
helfen	hilfst, hilft	half	geholfen
kennen	kennst, kennt	kannte	gekannt
klimmen*	klimmst, klimmt	klomm	geklommen
klingen	klingst, klingt	klang	geklungen
kneifen	kneifst, kneift	kniff	gekniffen
kommen*	kommst, kommt	kam	gekommen
können	kannst, kann	konnte	gekonnt
kriechen*	kriechst, kriecht	kroch	gekrochen
laden	lädst, lädt	lud	geladen
lassen	läßt, läßt	ließ	gelassen
laufen*	läufst, läuft	lief	gelaufen
leiden	leidest, leidet	litt	gelitten
leihen	leihst, leiht	lieh	geliehen
lesen	liest, liest	las	gelesen
liegen*	liegst, liegt	lag	gelegen
lügen	lügst, lügt	log	gelogen
mahlen	mahlst, mahlt	mahlte	gemahlen
meiden	meidest, meidet	mied	gemieden
melken	milkst, milkt	molk	gemolken
messen	mißt, mißt	maß	gemessen
mißlingen*	—, mißlingt	mißlang	mißlungen
mögen	magst, mag	mochte	gemocht
müssen	mußt, muß	mußte	gemußt
nehmen	nimmst, nimmt	nahm	genommen
nennen	nennst, nennt	nannte	genannt
pfeifen	pfeifst, pfeift	pfiff	gepfiffen
preisen	preist, preist	pries	gepriesen
quellen*	quillst, quillt	quoll	gequollen
raten	rätst, rät	riet	geraten
reiben	reibst, reibt	rieb	gerieben

Infinitiv	Präsens (2., 3. Pers. sg.)	Imperfekt	Partizip Perfekt
reißen*	reißt, reißt	riß	gerissen
reiten*	reitest, reitet	ritt	geritten
rennen*	rennst, rennt	rannte	gerannt
riechen	riechst, riecht	roch	gerochen
ringen	ringst, ringt	rang	gerungen
rinnen*	rinnst, rinnt	rann	geronnen
rufen	rufst, ruft	rief	gerufen
salzen	salzt, salzt	salzte	gesalzen
saufen	säufst, säuft	soff	gesoffen
saugen	saugst, saugt	sog	gesogen
schaffen	schaffst, schafft	schuf	geschaffen
schallen	schallst, schallt	scholl	geschollen
scheiden*	scheidest, scheidet	schied	geschieden
scheinen	scheinst, scheint	schien	geschienen
scheißen	scheißt, scheißt	schiß	geschissen
schelten	schiltst, schilt	schalt	gescholten
scheren	scherst, schert	schor	geschoren
schieben	schiebst, schiebt	schob	geschoben
schießen	schießt, schießt	schoß	geschossen
schinden	schindest, schindet	schund	geschunden
schlafen	schläfst, schläft	schlief	geschlafen
schlagen	schlägst, schlägt	schlug	geschlagen
schleichen*	schleichst, schleicht	schlich	geschlichen
schleifen	schleifst, schleift	schliff	geschliffen
schließen	schließt, schließt	schloß	geschlossen
schlingen	schlingst, schlingt	schlang	geschlungen
schmeißen	schmeißt, schmeißt	schmiß	geschmissen
schmelzen*	schmilzt, schmilzt	schmolz	geschmolzen
schneiden	schneidest, schneidet	schnitt	geschnitten
schreiben	schreibst, schreibt	schrieb	geschrieben
schreien	schreist, schreit	schrie	geschrie(e)n
schreiten	schreitest, schreitet	schritt	geschritten
schweigen	schweigst, schweigt	schwieg	geschwiegen
schwellen*	schwillst, schwillt	schwoll	geschwollen
schwimmen*	schwimmst, schwimmt	schwamm	geschwommen
schwinden*	schwindest, schwindet	schwand	geschwunden
schwingen	schwingst, schwingt	schwang	geschwungen
schwören	schwörst, schwört	schwur	geschworen
sehen	siehst, sieht	sah	gesehen
sein*	bist, ist	war	gewesen
senden	sendest, sendet	sandte	gesandt
singen	singst, singt	sang	gesungen
sinken*	sinkst, sinkt	sank	gesunken
sinnen	sinnst, sinnt	sann	gesonnen
sitzen*	sitzt, sitzt	saß	gesessen
sollen	sollst, soll	sollte	gesollt
speien	speist, speit	spie	gespie(e)n
spinnen	spinnst, spinnt	spann	gesponnen
sprechen	sprichst, spricht	sprach	gesprochen

Infinitiv	Präsens (2., 3. Pers. sg.)	Imperfekt	Partizip Perfekt
sprießen*	sprießt, sprießt	sproß	gesprossen
springen*	springst, springt	sprang	gesprungen
stechen	stichst, sticht	stach	gestochen
stecken	steckst, steckt	steckte od stak	gesteckt
stehen	stehst, steht	stand	gestanden
stehlen	stiehlst, stiehlt	stahl	gestohlen
steigen*	steigst, steigt	stieg	gestiegen
sterben*	stirbst, stirbt	starb	gestorben
stinken	stinkst, stinkt	stank	gestunken
stoßen	stößt, stößt	stieß	gestoßen
streichen	streichst, streicht	strich	gestrichen
streiten	streitest, streitet	stritt	gestritten
tragen	trägst, trägt	trug	getragen
treffen	triffst, trifft	traf	getroffen
treiben*	treibst, treibt	trieb	getrieben
treten*	trittst, tritt	trat	getreten
trinken	trinkst, trinkt	trank	getrunken
trügen	trügst, trügt	trog	getrogen
tun	tust, tut	tat	getan
verderben	verdirbst, verdirbt	verdarb	verdorben
verdrießen	verdrießt, verdrießt	verdroß	verdrossen
vergessen	vergißt, vergißt	vergaß	vergessen
verlieren	verlierst, verliert	verlor	verloren
verschleißen	verschleißt, verschleißt	verschliß	verschlissen
wachsen*	wächst, wächst	wuchs	gewachsen
wägen	wägst, wägt	wog	gewogen
waschen	wäschst, wäscht	wusch	gewaschen
weben	webst, webt	webte od wob	gewoben
weichen*	weichst, weicht	wich	gewichen
weisen	weist, weist	wies	gewiesen
wenden	wendest, wendet	wandte	gewandt
werben	wirbst, wirbt	warb	geworben
werden*	wirst, wird	wurde	geworden
werfen	wirfst, wirft	warf	geworfen
wiegen	wiegst, wiegt	wog	gewogen
winden	windest, windet	wand	gewunden
wissen	weißt, weiß	wußte	gewußt
wollen	willst, will	wollte	gewollt
wringen	wringst, wringt	wrang	gewrungen
zeihen	zeihst, zeiht	zieh	geziehen
ziehen*	ziehst, zieht	zog	gezogen
zwingen	zwingst, zwingt	zwang	gezwungen

FRANZÖSISCHE VERBEN

acquérir *1* acquérant *2* acquis *3* acquiers, acquérons, acquièrent *4* acquérais *5* acquerrai *7* acquière

ALLER *1* allant *2* allé *3* vais, vas, va, allons, allez, vont *4* allais *5* irai *6* irais *7* aille

asseoir *1* asseyant *2* assis *3* assieds, asseyons, asseyez, asseyent *4* asseyais *5* assiérai *7* asseye

atteindre *1* atteignant *2* atteint *3* atteins, atteignons *4* atteignais *7* atteigne

AVOIR *1* ayant *2* eu *3* ai, as, a, avons, avez, ont *4* avais *5* aurai *6* aurais *7* aie, aies, ait, ayons, ayez, aient

battre *1* battant *2* battu *3* bats, bat, battons *4* battais *7* batte

boire *1* buvant *2* bu *3* bois, buvons, boivent *4* buvais *7* boive

bouillir *1* bouillant *2* bouilli *3* bous, bouillons *4* bouillais *7* bouille

conclure *1* concluant *2* conclu *3* conclus, concluons *4* concluais *7* conclue

conduire *1* conduisant *2* conduit *3* conduis, conduisons *4* conduisais *7* conduise

connaître *1* connaissant *2* connu *3* connais, connaît, connaissons *4* connaissais *7* connaisse

coudre *1* cousant *2* cousu *3* couds, cousons, cousez, cousent *4* cousais *7* couse

courir *1* courant *2* couru *3* cours, courons *4* courais *5* courrai *7* coure

couvrir *1* couvrant *2* couvert *3* couvre, couvrons *4* couvrais *7* couvre

craindre *1* craignant *2* craint *3* crains, craignons *4* craignais *7* craigne

croire *1* croyant *2* cru *3* crois, croyons, croient *4* croyais *7* croie

croître *1* croissant *2* crû, crue, crus, crues *3* croîs, croissons *4* croissais *7* croisse

cueillir *1* cueillant *2* cueilli *3* cueille, cueillons *4* cueillais *5* cueillerai *7* cueille

devoir *1* devant *2* dû, due, dus, dues *3* dois, devons, doivent *4* devais *5* devrai *7* doive

dire *1* disant *2* dit *3* dis, disons, dites, disent *4* disais *7* dise

dormir *1* dormant *2* dormi *3* dors, dormons *4* dormais *7* dorme

écrire *1* écrivant *2* écrit *3* écris, écrivons *4* écrivais *7* écrive

ÊTRE *1* étant *2* été *3* suis, es, est, sommes, êtes, sont *4* étais *5* serai *6* serais *7* sois, sois, soit, soyons, soyez, soient

FAIRE *1* faisant *2* fait *3* fais, fais, fait, faisons, faites, font *4* faisais *5* ferai *6* ferais *7* fasse

falloir *2* fallu *3* faut *4* fallait *5* faudra *7* faille

FINIR *1* finissant *2* fini *3* finis, finis, finit, finissons, finissez, finissent *4* finissais *5* finirai *6* finirais *7* finisse

fuir *1* fuyant *2* fui *3* fuis, fuyons, fuient *4* fuyais *7* fuie

joindre *1* joignant *2* joint *3* joins, joignons *4* joignais *7* joigne

lire *1* lisant *2* lu *3* lis, lisons *4* lisais *7* lise

luire *1* luisant *2* lui *3* luis, luisons *4* luisais *7* luise

maudire *1* maudissant *2* maudit *3* maudis, maudissons *4* maudissait *7* maudisse

mentir *1* mentant *2* menti *3* mens, mentons *4* mentais *7* mente

mettre *1* mettant *2* mis *3* mets, mettons *4* mettais *7* mette

mourir *1* mourant *2* mort *3* meurs, mourons, meurent *4* mourais *5* mourrai *7* meure

naître *1* naissant *2* né *3* nais, naît, naissons *4* naissais *7* naisse

offrir *1* offrant *2* offert *3* offre, offrons *4* offrais *7* offre

PARLER *1* parlant *2* parlé *3* parle, parles, parle, parlons, parlez, parlent *4* parlais, parlais, parlait, parlions, parliez, parlaient *5* parlerai, parleras, parlera, parlerons, parlerez, parleront *6* parlerais, parlerais, parlerait, parlerions, parleriez, parleraient *7* parle, parles, parle, parlions, parliez, parlent *impératif* parle!, parlez!

partir *1* partant *2* parti *3* pars, partons *4* partais *7* parte

plaire *1* plaisant *2* plus *3* plais, plaît, plaisons *4* plaisais *7* plaise

pleuvoir *1* pleuvant *2* plu *3* pleut, pleuvent *4* pleuvait *5* pleuvra *7* pleuve

pourvoir *1* pourvoyant *2* pourvu *3* pourvois, pourvoyons, pourvoient *4* pourvoyais *7* pourvoie

pouvoir *1* pouvant *2* pu *3* peux, peut, pouvons, peuvent *4* pouvais *5* pourrai *7* puisse

prendre *1* prenant *2* pris *3* prends, prenons, prennent *4* prenais *7* prenne

prévoir *comme* **voir** *5* prévoirai

RECEVOIR *1* recevant *2* reçu *3* reçois, reçois, reçoit, recevons, recevez, reçoivent *4* recevais *5* recevrai *6* recevrais *7* reçoive

RENDRE *1* rendant *2* rendu *3* rends, rends, rend, rendons, rendez, rendent *4* rendais *5* rendrai *6* rendrais *7* rende

résoudre *1* résolvant *2* résolu *3* résous, résout, résolvons *4* résolvais *7* résolve

rire *1* riant *2* ri *3* ris, rions *4* riais *7* rie

savoir *1* sachant *2* su *3* sais, savons, savent *4* savais *5* saurai *7* sache *impératif* sache, sachons, sachez

servir *1* servant *2* servi *3* sers, servons *4* servais *7* serve

sortir *1* sortant *2* sorti *3* sors, sortons *4* sortais *7* sorte

souffrir *1* souffrant *2* souffert *3* souffre, souffrons *4* souffrais *7* souffre

suffire *1* suffisant *2* suffi *3* suffis, suffisons *4* suffisais *7* suffise

suivre *1* suivant *2* suivi *3* suis, suivons *4* suivais *7* suive

taire *1* taisant *2* tu *3* tais, taisons *4* taisais *7* taise

tenir *1* tenant *2* tenu *3* tiens, tenons, tiennent *4* tenais *5* tiendrai *7* tienne

vaincre *1* vainquant *2* vaincu *3* vaincs, vainc, vainquons *4* vainquais *7* vainque

valoir *1* valant *2* valu *3* vaux, vaut, valons *4* valais *5* vaudrai *7* vaille

venir *1* venant *2* venu *3* viens, venons, viennent *4* venais *5* viendrai *7* vienne

vivre *1* vivant *2* vécu *3* vis, vivons *4* vivais *7* vive

voir *1* voyant *2* vu *3* vois, voyons, voient *4* voyais *5* verrai *7* voie

vouloir *1* voulant *2* voulu *3* veux, veut, voulons, veulent *4* voulais *5* voudrai *7* veuille *impératif* veuillez

ZAHLEN

LES NOMBRES

ein(s)	1	un(e)
zwei	2	deux
drei	3	trois
vier	4	quatre
fünf	5	cinq
sechs	6	six
sieben	7	sept
acht	8	huit
neun	9	neuf
zehn	10	dix
elf	11	onze
zwölf	12	douze
dreizehn	13	treize
vierzehn	14	quatorze
fünfzehn	15	quinze
sechzehn	16	seize
siebzehn	17	dix-sept
achtzehn	18	dix-huit
neunzehn	19	dix-neuf
zwanzig	20	vingt
einundzwanzig	21	vingt et un(e)
zweiundzwanzig	22	vingt-deux
dreißig	30	trente
vierzig	40	quarante
fünfzig	50	cinquante
sechzig	60	soixante
siebzig	70	soixante-dix
einundsiebzig	71	soixante et onze
zweiundsiebzig	72	soixante-douze
achtzig	80	quatre-vingts
einundachtzig	81	quatre-vingt-un(e)
neunzig	90	quatre-vingt-dix
einundneunzig	91	quatre-vingt-onze
hundert	100	cent
hunderteins	101	cent un(e)
zweihundert	200	deux cents
zweihunderteins	201	deux cent un(e)
dreihundert	300	trois cents
dreihunderteins	301	trois cent un(e)

tausend	1 000	mille
tausend(und)eins	1 001	mille un(e)
fünftausend	5 000	cinq mille
eine Million	1 000 000	un million

erste(r, s), 1.	premier (première), 1er (1ère)
zweite(r, s), 2.	deuxième, 2e, 2ème
dritte(r, s), 3.	troisième, 3e, 3ème
vierte(r, s)	quatrième
fünfte(r, s)	cinquième
sechste(r, s)	sixième
siebte(r, s)	septième
achte(r, s)	huitième
neunte(r, s)	neuvième
zehnte(r, s)	dixième
elfte(r, s)	onzième
zwölfte(r, s)	douzième
dreizehnte(r, s)	treizième
vierzehnte(r, s)	quatorzième
fünfzehnte(r, s)	quinzième
sechzehnte(r, s)	seizième
siebzehnte(r, s)	dix-septième
achtzehnte(r, s)	dix-huitième
neunzehnte(r, s)	dix-neuvième
zwanzigste(r, s)	vingtième
einundzwanzigste(r, s)	vingt et unième
zweiundzwanzigste(r, s)	vingt-deuxième
dreißigste(r, s)	trentième
hundertste(r, s)	centième
hunderterste(r, s)	cent-unième
tausendste(r, s)	millième

UHRZEIT

L'HEURE

wieviel Uhr ist es?, wie spät ist es?

es ist ...

quelle heure est-il?

il est ...

Mitternacht, zwölf Uhr nachts
ein Uhr (morgens *ou* früh)
fünf nach eins, ein Uhr fünf
zehn nach eins, ein Uhr zehn
viertel nach eins, ein Uhr
    fünfzehn
fünf vor halb zwei, ein Uhr
    fünfundzwanzig
halb zwei, ein Uhr dreißig

fünf nach halb zwei, ein Uhr
    fünfunddreißig
zwanzig vor zwei, ein Uhr vierzig

viertel vor zwei, ein Uhr
    fünfundvierzig
zehn vor zwei, ein Uhr fünfzig

zwölf Uhr (mittags), Mittag
halb eins (mittags *ou*
    nachmittags), zwölf Uhr dreißig
zwei Uhr (nachmittags)
sieben Uhr (abends)

minuit
une heure du matin
une heure cinq
une heure dix
une heure et quart

une heure vingt-cinq

une heure et demie, une heure
    trente
deux heures moins vingt-cinq, une
    heure trente-cinq
deux heures moins vingt, une
    heure quarante
deux heures moins le quart, une
    heure quarante-cinq
deux heures moins dix, une heure
    cinquante
midi
midi et demi

deux heures (de l'après-midi)
sept heures (du soir)

um wieviel Uhr?

à quelle heure?

um Mitternacht
um sieben Uhr

in zwanzig Minuten
vor zehn Minuten

à minuit
à sept heures

dans vingt minutes
il y a dix minutes

DATUM

LA DATE

heute
morgen
übermorgen
gestern
vorgestern
am Vortag
am nächsten Tag

aujourd'hui
demain
après-demain
hier
avant-hier
la veille
le lendemain

morgens	le matin
abends	le soir
heute morgen	ce matin
heute abend	ce soir
heute nachmittag	cet après-midi
gestern morgen	hier matin
gestern abend	hier soir
morgen vormittag	demain matin
morgen abend	demain soir
in der Nacht von Samstag auf Sonntag	dans la nuit de samedi à dimanche
er kommt am Samstag	il viendra samedi
samstags	le samedi
jeden Samstag	tous les samedis
letzten Samstag	samedi dernier
nächsten Samstag	samedi prochain
Samstag in einer Woche	samedi en huit
Samstag in zwei Wochen	samedi en quinze
von Montag bis Samstag	du lundi au samedi
jeden Tag	tous les jours
einmal in der Woche	une fois par semaine
einmal im Monat	une fois par mois
zweimal in der Woche	deux fois par semaine
vor einer Woche *ou* acht Tagen	il y a une semaine *od* huit jours
vor zwei Wochen *ou* vierzehn Tagen	il y a quinze jours
letztes Jahr	l'année passée *od* dernière
in zwei Tagen	dans deux jours
in acht Tagen *ou* einer Woche	dans huit jours *od* une semaine
in vierzehn Tagen *ou* zwei Wochen	dans quinze jours
nächsten Monat	le mois prochain
nächstes Jahr	l'année prochaine
den wievielten haben wir heute?, der wievielte ist heute?	quel jour sommes-nous?
der 1./24. Oktober 1995	le 1er/24 octobre 1995
ich bin am 1. Oktober 1991 geboren	je suis né le 1er octobre 1991
Paris, den 24. Oktober 1995	Paris, le 24 octobre 1995 (*lettre*)
1995	en 1995
neunzehnhundert(und)fünfundneunzig	mille neuf cent quatre-vingt-quinze
44 v. Chr.	44 av. J.-C.
14 n. Chr.	14 ap. J.-C.
im 19. Jahrhundert	au XIXe (siècle)
in den 30er Jahren	dans les années trente
es war einmal ...	il était une fois ...

TERMINAISONS RÉGULIÈRES DES NOMS ALLEMANDS

nom		gen	pl
-ant	*m*	-anten	-anten
-anz	*f*	-anz	-anzen
-ar	*m*	-ar(e)s	-are
-chen	*nt*	-chens	-chen
-e	*f*	-e	-en
-ei	*f*	-ei	-eien
-elle	*f*	-elle	-ellen
-ent	*m*	-enten	-enten
-enz	*f*	-enz	-enzen
-ette	*f*	-ette	-etten
-eur	*m*	-eurs	-eure
-euse	*f*	-euse	-eusen
-heit	*f*	-heit	-heiten
-ie	*f*	-ie	-ien
-ik	*f*	-ik	-iken
-in	*f*	-in	-innen
-ine	*f*	-ine	-inen
-ion	*f*	-ion	-ionen
-ist	*m*	-isten	-isten
-ium	*nt*	-iums	-ien
-ius	*m*	-ius	-iusse
-ive	*f*	-ive	-iven
-keit	*f*	-keit	-keiten
-lein	*nt*	-leins	-lein
-ling	*m*	-lings	-linge
-ment	*nt*	-ments	-mente
-mus	*m*	-mus	-men
-schaft	*f*	-schaft	-schaften
-tät	*f*	-tät	-täten
-tor	*m*	-tors	-toren
-ung	*f*	-ung	-ungen
-ur	*f*	-ur	-uren

Français-Allemand
Französisch-Deutsch

A, a

A¹, a¹ [a] *nm inv* (*lettre*) A, a *nt*; ~ **comme Anatole** ≈ A wie Anton; **de** ~ **à Z** von A bis Z; **prouver qch par** ~ + **b** etw schlüssig beweisen.

A² [ɑ] *abr* = **ampère**; (= *autoroute*) A.

a² [a] *vb voir* **avoir**.

═══════════════════ MOT-CLÉ

à [a] (*à* + *le* = **au**, *à* + *les* = **aux**) *prép* **1** (*lieu: situation*) in +*dat*; **être à Paris/au Portugal** in Paris/Portugal sein; **être à l'école/au bureau** in der Schule/im Büro sein; **être à la campagne/maison** auf dem Land/zu Hause sein; **c'est à 10 km (d'ici)** das ist 10 km (von hier) entfernt; **il habite à cinq minutes de la gare** er wohnt fünf Minuten vom Bahnhof (entfernt); **ils vivent à deux heures de Paris, par la route** sie wohnen zwei Autostunden von Paris (entfernt); **à la radio/télévision** im Radio/Fernsehen

2 (*lieu: direction*) in +*acc*; (*avec villes et pays*) nach; **aller à l'école/au bureau** in die Schule/ins Büro gehen; **aller à Paris/au Portugal** nach Paris/Portugal fahren; **aller à la campagne** aufs Land fahren; **rentrer à la maison** nach Hause gehen

3 (*temps*): **à 3 heures/minuit** um 3 Uhr/Mitternacht; **à midi** mittags; **au printemps/mois de juin** im Frühling/im Juni; **à demain/lundi/la semaine prochaine!** bis morgen/Montag/nächste Woche!

4 (*attribution, appartenance*): **donner qch à qn** jdm etw geben; **ce livre est à Paul/lui/moi** das Buch gehört Paul/ihm/mir; **un ami à moi** ein Freund von mir

5 (*moyen*) mit; **se chauffer au gaz/à l'électricité** mit Gas/Strom heizen; **à la main/machine** mit der Hand/Maschine; **à bicyclette** mit dem Fahrrad; **à pied** zu Fuß

6 (*provenance*) aus; **prendre de l'eau à la fontaine** Wasser aus dem Brunnen holen; **boire à la bouteille** aus der Flasche trinken

7 (*caractérisation, manière*): **l'homme aux yeux bleus/à la casquette rouge** der Mann mit den blauen Augen/der roten Mütze; **à l'européenne/la russe** auf europäische/russische Art; **à ma grande surprise** zu meiner großen Überraschung; **à ce qu'il prétend** so behauptet er jedenfalls; **ils sont arrivés à quatre** sie sind zu viert gekommen; **à nous trois nous n'avons pas su le faire** zu dritt haben wir es nicht geschafft

8 (*but, destination*): **tasse à café** Kaffeetasse *f*; **maison à vendre** Haus zu verkaufen; **je n'ai rien à lire** ich habe nichts zu lesen

9 (*rapport, distribution etc*) pro; **100 km/unités à l'heure** 100 km/Einheiten in der *ou* pro Stunde; **payé au mois/à l'heure** monatlich/nach Stunden bezahlt; **4 à 5 heures/kilos** 4 bis 5 Stunden/Kilo

---

AB [ɑbe] *abr* (= *assez bien*) ≈ befriedigend.

abaissement [abɛsmã] *nm* Sinken *nt*; (*de l'âge de la retraite*) Senken *nt*.

abaisser [abese] *vt* senken; (*vitre*) herunterlassen; (*manette*) nach unten drücken; (*fig*) demütigen; **s'abaisser** *vpr* (*descendre*) sich senken; (*diminuer*) abnehmen; **s'**~ **à faire qch** sich herablassen, etw zu tun; **s'**~ **à qch** sich zu etw herablassen.

abandon [abãdɔ̃] *nm* Verlassen *nt*; (*d'un projet*) Aufgeben *nt*; (*SPORT*) Aufgabe *f*; **être à l'**~ verwahrlost sein; **laisser à l'**~ vernachlässigen; **dans un moment d'**~ in einem unbeherrschten Augenblick.

abandonné, e [abãdɔne] *adj* verlassen.

abandonner [abãdɔne] *vt* verlassen; (*activité*) aufgeben; (*céder*) überlassen ♦ *vi* (*SPORT*) aufgeben; (*INFORM*) abbrechen; **s'abandonner** *vpr* sich gehen lassen; **s'**~ **à** sich hingeben +*dat*.

abasourdi, e [abazurdi] *adj* betäubt, benommen; **rester** ~ wie betäubt dastehen.

abasourdir [abazurdir] *vt* betäuben, benommen machen.

abat [aba] *vb voir* **abattre**.

abat-jour [abaʒur] *nm inv* Lampenschirm *m*.

abats [aba] *vb voir* **abattre** ♦ *nmpl* (*viande*) Innereien *pl*; ~ **de poulet/d'oie** Hühner-/Gänseklein *nt*.

abattage [abata3] *nm* (*du bois*) Fällen *nt*; (*d'un animal*) Schlachten *nt*; **avoir de l'**~ (*entrain*) Schwung haben.

abattant [abatɑ̃] *vb voir* **abattre** ♦ *nm* Ausziehplatte *f*.

abattement [abatmɑ̃] *nm* (*moral*) Niedergeschlagenheit *f*; (*physique*) Schwächung *f*; (*déduction*) Abzug *m* ▶ **abattement fiscal** Steuerfreibetrag *m*.

abattis [abati] *vb voir* **abattre** ♦ *nmpl*: ~ **de poulet** Hühnerklein *nt*.

abattoir [abatwaʀ] *nm* Schlachthof *m*.

abattre [abatʀ] *vt* (*arbre*) fällen; (*mur, maison*) einreißen, abreißen; (*avion*) abschießen; (*animal*) schlachten; (*personne: tuer*) niederschießen; (: *déprimer*) fertigmachen; (: *épuiser*) erschöpfen; **s'abattre** *vpr* (*personne, oiseau*) stürzen; (*mât, malheur*) niederstürzen; **s'**~ **sur** (*suj: pluie*) niederprasseln auf +*acc*; (: *coups, injures*) herunterhageln auf +*acc*; ~ **ses cartes** seine Karten aufdecken *ou* auf den Tisch legen; ~ **du travail** *ou* **de la besogne** arbeiten wie ein Pferd.

abattu, e [abaty] *pp de* **abattre** ♦ *adj* (*déprimé*) entmutigt; (*fatigué*) erschöpft.

abbatiale [abasjal] *nf* Abteikirche *f*.

abbaye [abei] *nf* Abtei *f*.

abbé [abe] *nm* (*d'une abbaye*) Abt *m*; (*de paroisse*) Pfarrer *m*; **M. l'**~ Herr Pfarrer; **M. l'**~ **a dit** der Herr Pfarrer hat gesagt.

abbesse [abɛs] *nf* Äbtissin *f*.

abc, ABC [abese] *nm* (*livre*) Fibel *f*; (*rudiments*) Grundzüge *pl*.

abcès [apsɛ] *nm* Abszeß *m*.

abdication [abdikasjɔ̃] *nf* Abdankung *f*, Rücktritt *m*.

abdiquer [abdike] *vi* abdanken, zurücktreten ♦ *vt* verzichten auf +*acc*.

abdomen [abdɔmɛn] *nm* Unterleib *m*, Bauch *m*.

abdominal, e, -aux [abdɔminal, o] *adj* Unterleibs-; **abdominaux** *nmpl* Bauchmuskeln *pl*; **cavité** ~**e** Bauchhöhle *f*; **faire des abdominaux** die Bauchmuskeln trainieren.

abécédaire [abesedɛʀ] *nm* Fibel *f*.

abeille [abɛj] *nf* Biene *f*.

aberrant, e [abeʀɑ̃, ɑ̃t] *adj* absurd.

aberration [abeʀasjɔ̃] *nf* (*anomalie*) Abweichung *f*, Aberration *f*.

abêtir [abetiʀ] *vt* verblöden (lassen); **s'abêtir** *vpr* verblöden.

abêtissant, e [abetisɑ̃, ɑ̃t] *adj* verblödend.

abhorrer [abɔʀe] *vt* verabscheuen.

abîme [abim] *nm* Abgrund *m*.

abîmer [abime] *vt* beschädigen; **s'abîmer** *vpr* sich abnutzen; (*fruits*) verrotten; (*navire*) versinken; (*dans ses pensées*) sich vertiefen; **s'**~ **les yeux** sich *dat* die Augen verderben.

abject, e [abʒɛkt] *adj* verabscheuungswürdig.

abjurer [abʒyʀe] *vt* abschwören +*dat*.

ablatif [ablatif] *nm* Ablativ *m*.

ablation [ablasjɔ̃] *nf* Entfernen *nt*.

ablutions [ablysjɔ̃] *nfpl*: **faire ses** ~ seine Waschungen vornehmen.

abnégation [abnegasjɔ̃] *nf* Entsagung *f*.

aboie [abwa] *vb voir* **aboyer**.

aboiement [abwamɑ̃] *nm* Bellen *nt*.

abois [abwa] *nmpl*: **être aux** ~ (*fig*) in die Enge getrieben sein.

abolir [abɔliʀ] *vt* abschaffen.

abolition [abɔlisjɔ̃] *nf* Abschaffung *f*.

abominable [abɔminabl] *adj* abscheulich.

abomination [abɔminasjɔ̃] *nf* Greuel *m*, Scheußlichkeit *f*.

abondamment [abɔ̃damɑ̃] *adv* reichlich.

abondance [abɔ̃dɑ̃s] *nf* (*grande quantité*) Fülle *f*; (*richesse*) Reichtum *m*; **en** ~ in Hülle und Fülle; **société d'**~ Überflußgesellschaft *f*.

abondant, e [abɔ̃dɑ̃, ɑ̃t] *adj* reichlich.

abonder [abɔ̃de] *vi* im Überfluß vorhanden sein; ~ **en** wimmeln von; **il a abondé dans mon sens** er war ganz meiner Meinung.

abonné, e [abɔne] *nm/f* (*du téléphone*) Teilnehmer(in) *m(f)*; (*à un journal*) Abonnent(in) *m(f)* ♦ *adj*: **être** ~ **au téléphone** einen Telefonanschluß haben; **être** ~ **à un journal** eine Zeitung abonniert haben.

abonnement [abɔnmɑ̃] *nm* Abonnement *nt*; (*de transports en commun*) Zeitkarte *f*.

abonner [abɔne] *vt*: ~ **qn à** jdm ein Abonnement schenken für; **s'**~ **à qch** etw abonnieren.

abord [abɔʀ] *nm*: **être d'un** ~ **facile/difficile** leicht/schwer zugänglich sein; ~**s** *nmpl* (*d'un lieu*) Umgebung *f*; **d'**~ zuerst; **tout d'**~ zuerst einmal; **de prime** ~, **au premier** ~ auf den ersten Blick.

abordable [abɔʀdabl] *adj* (*prix, marchandise*) erschwinglich; (*personne*) umgänglich.

abordage [abɔʀdaʒ] *nm* (*assaut*) Entern *nt*; (*collision*) Kollision *f*.

aborder [abɔʀde] *vi* einlaufen ♦ *vt* (*sujet, problème, vie*) angehen; (*personne*) ansprechen; (*NAUT: attaquer*) entern; (: *heurter*) kollidieren mit; (*virage*) anfahren.

aborigène [abɔʀiʒɛn] *nm* Eingeborene(r) *f(m)*.

aboulique [abulik] *adj* willenlos.

aboutir [abutiʀ] *vi* erfolgreich sein; ~ **à/dans** enden in +*dat*.

aboutissants [abutisɑ̃] *nmpl voir* **tenant**.

aboutissement [abutismɑ̃] *nm* (End)ergebnis *nt*, Resultat *nt*.

aboyer [abwaje] *vi* bellen.

abracadabrant, e [abʀakadabʀɑ̃, ɑ̃t] *adj* unglaublich, unwahrscheinlich.

abrasif, -ive [abʀazif, iv] *adj* Schleif-.

abrégé [abʀeʒe] *nm* Abriß *m*; **en** ~ (*kurz*) zusammengefaßt, im Abriß.

abréger [abʀeʒe] *vt* (*texte, discours*) (ver)kürzen; (*mot*) abkürzen; (*réunion, voyage, vie*) verkürzen.

abreuver [abʀœve] *vt* (*animal*) tränken; **s'abreuver** *vpr* saufen; ~ **qn de** (*injures etc*) jdn überschütten mit.

abreuvoir [abʀœvwaʀ] *nm* Tränke *f*.

abréviation [abʀevjasjɔ̃] *nf* Abkürzung *f*.

abri [abʀi] *nm* Schutz *m*; *(lieu couvert)* Unterstand *m*; *(cabane)* (Schutz)hütte *f*; **être à l'~ (de)** geschützt sein (vor +*dat*); **se mettre à l'~ (de)** sich in Sicherheit bringen (vor +*dat*).

abribus [abʀibys] *nm* Wartehäuschen *nt*.

abricot [abʀiko] *nm* Aprikose *f*.

abricotier [abʀikɔtje] *nm* Aprikosenbaum *m*.

abrité, e [abʀite] *adj* geschützt.

abriter [abʀite] *vt* schützen; *(recevoir, loger)* unterbringen; **s'abriter** *vpr* Schutz suchen; **s'~ derrière la loi** sich hinter dem Gesetz verschanzen.

abrogation [abʀɔgasjɔ̃] *nf* Außerkraftsetzung *f*.

abroger [abʀɔʒe] *vt* außer Kraft setzen.

abrupt, e [abʀypt] *adj* *(falaise, mur)* steil; *(personne, ton)* schroff, brüsk.

abruti, e [abʀyti] *(fam)* *nm/f* Idiot(in) *m(f)*.

abrutir [abʀytiʀ] *vt* *(fatiguer)* benommen machen; *(abêtir)* verblöden.

abrutissant, e [abʀytisɑ̃, ɑ̃t] *adj* *(bruit)* ohrenbetäubend; *(travail)* abstumpfend.

abscisse [apsis] *nf* Abszisse *f*.

absence [apsɑ̃s] *nf* Abwesenheit *f*; *(MÉD)* Absence *f*; **~ (de)** Mangel *m* (an +*dat*); **elle a des ~s** sie ist öfters geistesabwesend; **en l'~ de** in Ermangelung von.

absent, e [apsɑ̃, ɑ̃t] *adj* *(personne)* abwesend; *(chose)* fehlend; *(distrait aussi)* zerstreut ♦ *nm/f* Abwesende(r) *f(m)*.

absentéisme [apsɑ̃teism] *nm* häufiges Fehlen *nt* *(bei der Arbeit, in der Schule etc)*.

absenter [apsɑ̃te]: **s'~** *vpr* weggehen; *(pour maladie etc)* sich *dat* frei nehmen.

abside [apsid] *nf* Apsis *f*.

absinthe [apsɛ̃t] *nf* *(boisson)* Absinth *m*; *(BOT)* Wermut *m*.

absolu, e [apsɔly] *adj* absolut ♦ *nm*: **l'~** das Absolute; **dans l'~** absolut gesehen.

absolument [apsɔlymɑ̃] *adv* *(oui)* genau; *(complètement)* völlig, absolut; *(sans faute)* unbedingt; **~ pas** auf gar keinen Fall.

absolution [apsɔlysjɔ̃] *nf* *(REL)* Absolution *f*; *(JUR)* Freispruch *m*.

absolutisme [apsɔlytism] *nm* Absolutismus *m*.

absolvais [apsɔlvɛ] *vb voir* **absoudre.**

absolve *etc* [apsɔlv] *vb voir* **absoudre.**

absorbant, e [apsɔʀbɑ̃, ɑ̃t] *adj* *(matière)* saugfähig; *(tâche, travail)* fesselnd.

absorbé, e [apsɔʀbe] *adj* in Gedanken versunken.

absorber [apsɔʀbe] *vt* *(manger, boire)* zu sich nehmen; *(résorber: liquide)* absorbieren, aufnehmen; *(accaparer: temps, argent)* verschlingen; *(: personne)* in Anspruch nehmen.

absorption [apsɔʀpsjɔ̃] *nf* Absorption *f*.

absoudre [apsudʀ] *vt* *(REL)* lossprechen; *(JUR)* freisprechen.

absous, -oute [apsu, ut] *pp de* **absoudre.**

abstenir [apstəniʀ]: **s'~** *vpr* *(POL)* sich der Stimme enthalten; **s'~ de qch** sich einer Sache *gén* enthalten; **s'~ de fumer** das Rauchen unterlassen.

abstention [apstɑ̃sjɔ̃] *nf* *(POL)* (Stimm)enthaltung *f*.

abstentionnisme [apstɑ̃sjɔnism] *nm* Wahlverdrossenheit *f*.

abstentionniste [apstɑ̃sjɔnist] *nm/f* Nichtwähler(in) *m(f)*.

abstenu, e [apstəny] *pp de* **abstenir.**

abstiendrai *etc* [apstjɛ̃dʀe] *vb voir* **abstenir.**

abstiens *etc* [apstjɛ̃] *vb voir* **abstenir.**

abstinence [apstinɑ̃s] *nf* *(REL)* Abstinenz *f*; **faire ~** Abstinenz halten.

abstint [apstɛ̃] *vb voir* **abstenir.**

abstraction [apstʀaksjɔ̃] *nf* Abstraktion *f*; *(idée)* Abstraktum *nt*; **faire ~ de qch** etw beiseite lassen; **~ faite de** abgesehen von.

abstraire [apstʀɛʀ] *vt* abstrahieren; **s'abstraire (de)** *vpr* *(s'isoler)* sich zurückziehen (von).

abstrait, e [apstʀɛ, ɛt] *pp de* **abstraire** ♦ *adj* abstrakt ♦ *nm*: **dans l'~** abstrakt gesehen.

abstrayais *etc* [apstʀɛjɛ] *vb voir* **abstraire.**

absurde [apsyʀd] *adj* absurd ♦ *nm*: **l'~** das Absurde; **raisonnement par l'~** *Beweisführung dadurch, daß man das Gegenteil ad absurdum führt.*

absurdité [apsyʀdite] *nf* Absurdität *f*.

abus [aby] *nm* *(d'alcool, de médicaments etc)* Mißbrauch *m*; *(injustices: gén pl)* Mißstand *m*; **il y a de l'~!** *(fam)* das geht zu weit! ► **abus de confiance** Vertrauensmißbrauch *m* ► **abus de pouvoir** Machtmißbrauch *m*.

abuser [abyze] *vt* *(tromper)* täuschen; *(duper)* betrügen ♦ *vi* *(dépasser la mesure)* zu weit gehen; **s'abuser** *vpr* sich täuschen, sich irren; **~ de** mißbrauchen; **si je ne m'abuse** wenn ich nicht irre.

abusif, -ive [abyzif, iv] *adj* *(prix)* unverschämt, maßlos; *(mère)* besitzergreifend; **usage ~** *(de drogue, pouvoir, mot)* Mißbrauch *m*.

abusivement [abyzivmɑ̃] *adv* mißbräuchlich.

AC [ase] *sigle f* (= *appellation contrôlée)* Qualitätsauszeichnung.

acabit [akabi] *nm*: **de cet ~, du même ~** vom gleichen Schlag.

acacia [akasja] *nm* Akazie *f*.

académicien, ne [akademisjɛ̃, jɛn] *nm/f* Akademiemitglied *nt*.

académie [akademi] *nf* Akademie *f*; *(UNIV: circonscription)* ≈ Hochschulamt *nt*; *(ART: nu)* Akt *m*; **l'A~ (française)** die Académie Française.

académique [akademik] *adj* *(UNIV)* akademisch; *(péj aussi)* konventionell; *(de l'Académie française)* der Académie Française.

Acadie [akadi] *nf* *(au Canada)* Akadien *nt*.

acadien, ne [akadjɛ̃, jɛn] *adj* akadisch.

acajou [akaʒu] *nm* Mahagoni *nt*.

acariâtre [akaʀjɑtʀ] *adj* griesgrämig.

accablant, e [akɑblɑ̃, ɑ̃t] *adj* *(chaleur, poids)* unerträglich; *(preuve)* niederschmetternd.

accablement [akɑbləmɑ̃] *nm* (*abattement*) Niedergeschlagenheit *f*.

accabler [akɑble] *vt* belasten; ~ qn d'injures/de travail jdn mit Beleidigungen/mit Arbeit überhäufen; **accablé de dettes/de soucis** mit Schulden/Sorgen überhäuft; **accablé de fatigue** todmüde.

accalmie [akalmi] *nf* Flaute *f*.

accaparant, e [akapaʀɑ̃, ɑ̃t] *adj* (*travail*) viel Zeit und Energie fordernd.

accaparer [akapaʀe] *vt* (*produits*) hamstern; (*pouvoir, marché*) an sich *acc* reißen; (*occuper*) (völlig) in Anspruch nehmen.

accéder [aksede]: ~ à *vt* (*lieu, indépendance*) erreichen; (*poste, pouvoir*) kommen zu, gelangen zu; (*accorder: requête*) nachkommen +*dat*; (: *désirs*) nachgeben +*dat*.

accélérateur [akseleʀatœʀ] *nm* (*AUTO*) Gaspedal *nt*; (*de particules*) Beschleuniger *m*.

accélération [akseleʀasjɔ̃] *nf* Beschleunigung *f*.

accéléré [akseleʀe] *nm*: **en** ~ (*CINÉ*) im Zeitraffer.

accélérer [akseleʀe] *vt, vi* beschleunigen.

accent [aksɑ̃] *nm* Akzent *m*; (*inflexions*) Tonfall *m*; (*intonation*) Betonung *f*; **mettre l'**~ **sur qch** (*fig*) etw betonen ► **accent aigu** Akut *m*, Accent aigu *m* ► **accent circonflexe/grave** Accent circonflexe/grave *m*.

accentuation [aksɑ̃tɥasjɔ̃] *nf* Betonung *f*; (*aggravation*) Steigerung *f*.

accentué, e [aksɑ̃tɥe] *adj* betont.

accentuer [aksɑ̃tɥe] *vt* betonen; (*orthographe*) mit Akzent schreiben; (*augmenter*) steigern; **s'accentuer** *vpr* (*augmenter*) zunehmen.

acceptable [akseptabl] *adj* annehmbar.

acceptation [akseptasjɔ̃] *nf* (*d'invitation, condition, offre*) Annahme *f*; (*de risque, responsabilité; tolérance, intégration*) Akzeptieren *nt*; (*de fait, hypothèse*) Anerkennung *f*.

accepter [aksepte] *vt* (*condition, offre, proposition, invitation*) annehmen; (*risque, responsabilité*) auf sich *acc* nehmen; (*fait, hypothèse*) anerkennen; (*personne, échec, danger etc*) akzeptieren; ~ **de faire qch** einwilligen, etw zu tun.

acception [aksɛpsjɔ̃] *nf* Bedeutung *f*; **dans toute l'**~ **du terme** im vollen Wortsinn, im vollen Sinn des Wortes.

accès [aksɛ] *nm* (*à un lieu*) Zugang *m*; (*routes*) Zufahrt(sstraße) *f*; (*INFORM*) Zugriff *m*; (*de fièvre etc*) Anfall *m*; **d'**~ **facile/malaisé** leicht/schwer zugänglich; "**l'**~ **aux quais est interdit**" „Zutritt zu den Bahnsteigen verboten"; **donner** ~ **à** (*lieu*) Zugang gewähren zu; (*situation, carrière*) die Türen öffnen für; **avoir** ~ **auprès de qn** Zugang zu jdm haben ► **accès de colère/de toux** Wut-/Hustenanfall *m*.

accessible [aksesibl] *adj* (*lieu*) leicht zu erreichen; (*personne*) zugänglich; (*peu cher*) erschwinglich; (*à qn*) (*intellectuellement*) zugänglich (für jdn); **être** ~ **à la pitié/l'amour** für Mitleid/Liebe empfänglich sein.

accession [aksesjɔ̃] *nf*: ~ **au pouvoir** Machtübernahme *f*; ~ **au trône** Thronbesteigung *f* ► **accession à la propriété** Eigentumserwerb *m*.

accessit [aksesit] *nm* ≈ lobende Erwähnung *f*.

accessoire [akseswaʀ] *adj* zweitrangig ♦ *nm* (*pièce*) Zubehörteil *nt*; (*THÉÂT*) Requisit *nt*; (*vestimentaire etc*) Accessoire *nt*.

accessoirement [akseswaʀmɑ̃] *adv* zweitrangig.

accessoiriste [akseswaʀist] *nm/f* Requisiteur(in) *m(f)*.

accident [aksidɑ̃] *nm* (*de voiture, d'avion etc*) Unfall *m*; (*événement fortuit*) Zufall *m*; **par** ~ zufällig(erweise), durch Zufall ► **accident de la route** Verkehrsunfall *m* ► **accident de parcours** Mißgeschick *nt* ► **accident du travail** Arbeitsunfall *m* ► **accidents de terrain** Unebenheiten *pl*.

accidenté, e [aksidɑ̃te] *adj* (*relief, terrain*) uneben; (*voiture, personne*) an einem Unfall beteiligt ♦ *nm/f* Verunglückte(r) *f(m)*; **un** ~ **de la route** ein Unfallopfer *nt*.

accidentel, le [aksidɑ̃tɛl] *adj* (*par accident*) durch Unfall, Unfall-; (*fortuit*) zufällig.

accidentellement [aksidɑ̃tɛlmɑ̃] *adv* (*par hasard*) zufällig; (*mourir*) durch einen Unfall.

accise [aksiz] *nf* (*Belgique, Canada*) Genußmittelsteuer *f*.

acclamation [aklamasjɔ̃] *nf*: **par** ~ durch Akklamation; ~**s** *nfpl* (*hourras*) Beifall *m*.

acclamer [aklame] *vt* zujubeln +*dat*.

acclimatation [aklimatasjɔ̃] *nf* Akklimatisierung *f*.

acclimater [aklimate] *vt* (*animaux, plantes*) heimisch machen, eingewöhnen; **s'acclimater** *vpr* sich akklimatisieren.

accointances [akwɛ̃tɑ̃s] *nfpl*: **avoir des** ~ **avec** Verbindungen haben zu.

accolade [akɔlad] *nf* Umarmung *f*; (*TYPOGRAPHIE*) geschweifte Klammer *f*; **donner l'**~ **à qn** jdn zum Ritter schlagen.

accoler [akɔle] *vt* anfügen.

accommodant, e [akɔmɔdɑ̃, ɑ̃t] *adj* zuvorkommend.

accommodement [akɔmɔdmɑ̃] *nm* Vereinbarung *f*.

accommoder [akɔmɔde] *vt* (*CULIN*) zubereiten; **s'accommoder** *vpr*: **s'**~ **de qch** sich mit etw abfinden; ~ **qch à** etw anpassen an +*acc*.

accompagnateur, -trice [akɔ̃paɲatœʀ, tʀis] *nm/f* Begleiter(in) *m(f)*; (*de voyage organisé*) Reisebegleiter(in) *m(f)*.

accompagnement [akɔ̃paɲmɑ̃] *nm* (*MUS*) Begleitung *f*; (*CULIN*) Beilagen *pl*; (*escorte*) Geleit *nt*.

accompagner [akɔ̃paɲe] *vt* begleiten; **s'accompagner** *vpr* (*MUS*) sich begleiten; **s'**~ **de** (*avoir pour conséquence etc*) mit sich bringen.

accompli, e [akɔ̃pli] *adj*: **musicien** ~ vollendeter Musiker *m*; **fait** ~ vollendete Tatsache *f*.

accomplir [akɔ̃pliʀ] *vt* ausführen; **s'accomplir** *vpr* in Erfüllung gehen.

accomplissement [akɔ̃plismɑ̃] *nm* (*d'une obligation*) Erfüllung *f*; (*d'un rêve*) Verwirklichung *f*.

accord [akɔR] *nm* (*entente*, GRAM) Übereinstimmung *f*; (*contrat*) Abkommen *nt*; (*autorisation*) Zustimmung *f*; (MUS) Akkord *m*; **être d'~** (*s'entendre*) sich einig sein, einer Meinung sein; **être d'~ avec qn** mit jdm einer Meinung sein; **être d'~ (pour faire qch)** einverstanden sein(, etw zu tun); **d'~!** einverstanden!; **mettre deux personnes d'~** zwei Personen miteinander in Einklang bringen; **se mettre d'~** sich einigen; **d'un commun ~** einstimmig; **en ~ avec qn** in Übereinstimmung mit jdm; **~ en genre et en nombre** Übereinstimmung in Geschlecht und Zahl ▶ **accord parfait** (MUS) Dreiklang *m*.

accord-cadre [akɔRkadR] (*pl* ~**s**-~**s**) *nm* Rahmenabkommen *nt*.

accordéon [akɔRdeɔ̃] *nm* (MUS) Akkordeon *nt*; **en ~** in Ziehharmonikafalten.

accordéoniste [akɔRdeɔnist] *nm/f* Akkordeonspieler(in) *m(f)*.

accorder [akɔRde] *vt* (*donner*) bewilligen; (: *importance, valeur*) beimessen; (*harmoniser*) abstimmen; (MUS: *instrument*) stimmen; (GRAM) abstimmen; **s'accorder** *vpr* (*s'entendre*) sich verstehen; (*être, se mettre d'accord*) übereinstimmen; (*couleurs, caractères*) harmonisieren; (*s'octroyer*) sich *dat* zugestehen; **je vous accorde que** ... ich gestehe Ihnen zu, daß ...; **le verbe s'accorde avec le sujet** das Verb richtet sich nach dem Substantiv.

accordeur [akɔRdœR] *nm* Stimmer(in) *m(f)*.

accoster [akɔste] *vt* (NAUT) anlaufen; (*personne*) ansprechen ♦ *vi* anlegen.

accotement [akɔtmɑ̃] *nm* (*de route*) Seitenstreifen *m* ▶ **"accotement stabilisé/non stabilisé"** „Seitenstreifen befahrbar/nicht befahrbar".

accoter [akɔte] *vt*: ~ **qch contre/à qch** eine Sache gegen/an etw *acc* lehnen.

accouchement [akuʃmɑ̃] *nm* Entbindung *f*; ~ **à terme** fristgemäße Entbindung; ~ **sans douleur** schmerzfreie Geburt *f*.

accoucher [akuʃe] *vi* niederkommen, entbinden ♦ *vt* entbinden; ~ **d'une fille** ein Mädchen gebären *ou* zur Welt bringen.

accoucheur [akuʃœR] *nm*: (**médecin**) ~ Geburtshelfer(in) *m(f)*.

accoucheuse [akuʃøz] *nf* (*sage-femme*) Hebamme *f*.

accouder [akude]: **s'~** *vpr*: **s'~ à/contre/sur qch** sich mit den Ellbogen auf etw *acc* stützen; **accoudé à la fenêtre** ins Fenster gelehnt.

accoudoir [akudwaR] *nm* Armlehne *f*.

accouplement [akupləmɑ̃] *nm* Paarung *f*; (TECH) Kopplung *f*.

accoupler [akuple] *vt* (*moteurs, bœufs*) (zusammen)koppeln; (*animaux: faire copuler*) (miteinander) paaren; **s'accoupler** *vpr* sich paaren.

accourir [akuRiR] *vi* herbeilaufen.

accoutrement [akutRəmɑ̃] (*péj*) *nm* Aufzug *m*, Ausstaffierung *f*.

accoutrer [akutRe] (*péj*) *vt* auftakeln; **s'accoutrer** *vpr* sich auftakeln.

accoutumance [akutymɑ̃s] *nf* (*fait de s'habituer*) Gewöhnung *f*; (*à une drogue*) Sucht *f*.

accoutumé, e [akutyme] *adj* gewohnt; **comme à l'~e** wie gewohnt.

accoutumer [akutyme] *vt*: ~ **qn à qch** jdn an etw *acc* gewöhnen; **s'accoutumer** *vpr*: **s'~ à qch** sich an etw *acc* gewöhnen; **être accoutumé à qch** an etw *acc* gewöhnt sein; **être accoutumé à faire qch** gewöhnlich etw tun; ~ **qn à faire qch** jdn daran gewöhnen, etw zu tun; **s'~ à faire qch** sich daran gewöhnen, etw zu tun.

accréditer [akRedite] *vt* (*nouvelle*) glaubwürdig erscheinen lassen; ~ **qn (auprès de)** jdn akkreditieren (bei).

accro [akRo] (*fam*) *adj*: **être ~** ein Junkie sein.

accroc [akRo] *nm* (*déchirure*) Riß *m*; **sans ~s** (*fig*) ohne Probleme, reibungslos; **faire un ~ à** (*vêtement*) einen Riß machen in +*acc*; (*tricot, bas*) einen Faden ziehen in +*dat*; (*fig: règle etc*) ein bißchen beugen.

accrochage [akRɔʃaʒ] *nm* (*d'un tableau, d'une remorque*) Aufhängen *nt*; (AUTO: *accident*) Zusammenstoß *m*; (MIL) kleines Gefecht *nt*; (*dispute*) Auseinandersetzung *f*.

accroche-cœur [akRɔʃkœR] (*pl* ~-~**s**) *nm* Schmachtlocke *f*.

accrocher [akRɔʃe] *vt* (*suspendre*) aufhängen; (*attacher*) festmachen; (*heurter: véhicule, objet*) anstoßen an +*dat*; (: *piéton*) anfahren; (MIL) ein Gefecht liefern +*dat*; (*fig: regard*) auf sich *acc* ziehen; (*client*) anlocken ♦ *vi* (*fermeture éclair*) klemmen; (*pourparlers etc*) hängen, zäh werden; (*disque, slogan*) einschlagen; **s'accrocher** *vpr* (*se disputer*, MIL) sich *dat* ein Gefecht liefern; (*ne pas céder*) nicht locker lassen; ~ **qch à** (*suspendre*) etw aufhängen an +*dat*; (*attacher*) etw anhängen an +*dat*; (*déchirer*) mit etw hängenbleiben an +*dat*; **s'~ à** hängenbleiben an +*dat*; (*agripper*) sich hängen an +*acc*; (*fig*) sich klammern an +*acc*; **il faut s'~** (*fam*) da muß man durchbeißen.

accrocheur, -euse [akRɔʃœR, øz] *adj* (*vendeur, concurrent*) beharrlich, ausdauernd; (*publicité, titre*) zugkräftig.

accroire [akRwaR] *vt*: **faire** *ou* **laisser ~ qch à qn** jdn etw glauben machen.

accrois *etc* [akRwa] *vb voir* **accroître**.

accroissais *etc* [akRwasɛ] *vb voir* **accroître**.

accroissement [akRwasmɑ̃] *nm* (*de la population*) Zuwachs *m*.

accroître [akRwatR] *vt* vergrößern; **s'accroître** *vpr* anwachsen, stärker werden.

accroupi, e [akRupi] *adj* hockend.

accroupir [akRupiR]: **s'~** *vpr* hocken, kauern.

accru, e [akRy] *pp de* **accroître**.

accu [aky] (*fam*) *nm* = **accumulateur**.

accueil [akœj] *nm* Empfang *m*; **centre d'~** Begrüßungszentrum *nt*; **comité d'**~ Empfangs-komitee *nt*.

accueillant, e [akœjɑ̃, ɑ̃t] *adj* gastfreundlich.

accueillir [akœjiʀ] *vt* begrüßen; (*loger*) aufneh-men, unterbringen.

acculer [akyle] *vt*: ~ **qn à qch** jdn an *ou* gegen *acc* etw treiben *ou* drängen; (*fig*) jdn zu etw treiben.

accumulateur [akymylatœʀ] *nm* Akku(mu-lator) *m*.

accumulation [akymylasjɔ̃] *nf* (*de chaleur*) Spei-chern *nt*; (*de preuves etc*) Sammeln *nt*; **une ~ de** (*quantité*) eine Anhäufung von; **chauffage/radiateur à** ~ Nachtstromspeicherheizung *f*/Nachtspeicherofen *m*.

accumuler [akymyle] *vt* (*chaleur*) speichern; (*preuves etc*) sammeln; **s'accumuler** *vpr* (*ar-gent, preuves*) sich ansammeln; (*retard*) sich vergrößern; (*chaleur*) gespeichert werden; ~ **les erreurs** haufenweise Fehler machen.

accusateur, -trice [akyzatœʀ, tʀis] *nm/f* An-kläger(in) *m(f)* ♦ *adj* (*regard*) anklagend; (*do-cument, preuve*) belastend.

accusatif [akyzatif] *nm* Akkusativ *m*.

accusation [akyzasjɔ̃] *nf* Beschuldigung *f*, An-schuldigung *f*; (*JUR*) Anklage *f*; **mettre en** ~ unter Anklage stellen; **acte d'**~ Anklage-schrift *f*.

accusé, e [akyze] *nm/f* Angeklagte(r) *f(m)* ► **ac-cusé de réception** *nm* Empfangsbestätigung *f*.

accuser [akyze] *vt* beschuldigen; (*JUR*) ankla-gen; (*souligner*) betonen; **s'accuser** *vpr* (*s'accentuer*) sich verschlimmern; ~ **qn de qch** jdn einer Sache *gén* beschuldigen; (*JUR*) jdn einer Sache *gén* anklagen; **il accuse la fati-gue** man sieht, daß er müde ist; **il accuse son âge** man sieht ihm sein Alter an; ~ **réception de qch** den Empfang einer Sache *gén* be-stätigen; ~ **le coup** (*fig*) sehr mitgenommen sein; **s'**~ **de qch** sich einer Sache *gén* bezich-tigen; **s'**~ **d'avoir fait qch** sich bezichtigen, etw getan zu haben.

acerbe [asɛʀb] *adj* bissig.

acéré, e [aseʀe] *adj* scharf; (*fig: plume*) schnei-dend, spitz.

acétate [asetat] *nm* Acetat *nt*.

acétique [asetik] *adj*: **acide** ~ Acetatsäure *f*.

acétone [asetɔn] *nf* Aceton *nt*.

acétylène [asetilɛn] *nm* Acetylen *nt*.

achalandé, e [aʃalɑ̃de] *adj*: **bien/mal** ~ gut/schlecht ausgestattet.

acharné, e [aʃaʀne] *adj* (*lutte, adversaire*) erbar-mungslos, unerbittlich; (*travail*) uner-müdlich.

acharnement [aʃaʀnəmɑ̃] *nm* (*de lutte*) Uner-bittlichkeit *f*; (*de travail*) Unermüdlichkeit *f*.

acharner [aʃaʀne]: **s'**~ *vpr*: **s'**~ **contre** *ou* **sur qn** jdn unerbittlich verfolgen; (*suj: malchance*) jdn (ständig) verfolgen; **s'**~ **à faire qch** etw unbedingt tun wollen.

achat [aʃa] *nm* (*action*) Kauf *m*; (*article acheté*) (Ein)kauf *m*; **faire l'**~ **de qch** etw kaufen; **faire**

des ~**s** einkaufen.

acheminement [aʃ(ə)minmɑ̃] *nm* (*du courrier*) Beförderung *f*.

acheminer [aʃ(ə)mine] *vt* befördern; **s'ache-miner** *vpr*: **s'**~ **vers** zusteuern auf +*acc*.

acheter [aʃ(ə)te] *vt* kaufen; ~ **à crédit** auf Ra-ten *ou* auf Kredit kaufen; ~ **qch à qn** (*chez*) etw bei jdm kaufen; (*pour*) etw für jdn kau-fen.

acheteur, -euse [aʃ(ə)tœʀ, øz] *nm/f* Käufer(in) *m(f)*; (*professionnel*) Einkäufer(in) *m(f)*.

achevé, e [aʃ(ə)ve] *adj*: **d'un ridicule** ~ völlig lächerlich; **d'un comique** ~ ungeheuer ko-misch.

achèvement [aʃɛvmɑ̃] *nm* (*de travaux*) Been-digung *f*, Vollendung *f*.

achever [aʃ(ə)ve] *vt* beenden; (*tuer*) den Gna-denstoß geben +*dat*; **s'achever** *vpr* zu Ende gehen; ~ **de faire qch** (*finir*) bald mit einer Sa-che fertig sein; **c'est ce qui a achevé de m'exaspérer** das gab ihr den Rest.

achoppement [aʃɔpmɑ̃] *nm*: **pierre d'**~ Stein *m* des Anstoßes.

acide [asid] *adj* sauer; (*ton*) sauer, säuerlich ♦ *nm* Säure *f*.

acidifier [asidifje] *vt* säuern.

acidité [asidite] *nf* Säure *f*.

acidulé [asidyle] *adj* säuerlich.

acier [asje] *nm* Stahl *m* ► **acier inoxydable** nicht-rostender Stahl.

aciérie [asjeʀi] *nf* Stahlwerk *nt*.

acné [akne] *nf* Akne *f* ► **acné juvénile** Jugendakne *f*.

acolyte [akɔlit] (*péj*) *nm* Komplize *m*, Kompli-zin *f*.

acompte [akɔ̃t] *nm* Anzahlung *f*; (*sur salaire*) Vorauszahlung *f*.

acoquiner [akɔkine]: **s'**~ *vpr* (*péj*): **s'**~ **avec qn** sich mit jdm einlassen.

Açores [asɔʀ] *nfpl*: **les** ~ die Azoren *pl*.

à-côté [akote] (*pl* ~-~**s**) *nm* (*question*) Neben-sächlichkeit *f*; (*gain*) zusätzliche Einnahmen *fpl*.

à-coup [aku] (*pl* ~-~**s**) *nm* Ruck *m*; **sans** ~-~**s** glatt; **par** ~-~**s** unregelmäßig.

acoustique [akustik] *nf* Akustik *f* ♦ *adj* aku-stisch; (*ANAT*) Gehör-.

acquéreur [akeʀœʀ] *nm* Käufer(in) *m(f)*; **se porter** ~ **de qch** als Käufer einer Sache *gén* auftreten; **se rendre** ~ **de qch** sich in den Be-sitz einer Sache *gén* bringen.

acquérir [akeʀiʀ] *vt* erwerben; (*droit, certitude, valeur*) erlangen; (*habitude*) annehmen.

acquiers *etc* [akjɛʀ] *vb voir* **acquérir**.

acquiescement [akjɛsmɑ̃] *nm* Zustim-mung *f*; **en signe d'**~ als Zeichen der Zu-stimmung.

acquiescer [akjese] *vi* zustimmen.

acquis, e [aki, iz] *pp de* **acquérir** ♦ *nm* (*expérien-ce*) Erfahrung *f* ♦ *adj* (*biens*) erworben; (*droit*) unwiderruflich; **tenir qch pour** ~ (*comme allant de soi*) etw für selbstverständlich halten; (*comme décidé*) etw für beschlossene Sache

halten; **être** ~ **à qch** (*personne*) von etw überzeugt sein; **caractère** ~ erworbene Eigenschaft *f*; **vitesse** ~**e** (*Momentan*)geschwindigkeit *f*.
acquisition [akizisjɔ̃] *nf* Erwerb *m*; (*par achat*) Kauf *m*; (*de droit*) Erlangen *nt*; **faire l'**~ **de qch** etw erwerben.
acquit [aki] *vb voir* **acquérir** ♦ *nm* Quittung *f*; **pour** ~ (*COMM*) Betrag (dankend) erhalten; **par** ~ **de conscience** zur Beruhigung des Gewissens.
acquittement [akitmɑ̃] *nm* (*d'un accusé*) Freispruch *m*; (*de facture*) Begleichen *nt*; (*de promesse*) Einlösen *nt*; (*de tâche*) Ausführung *f*.
acquitter [akite] *vt* (*accusé*) freisprechen; (*payer*) begleichen; **s'acquitter de** *vpr* (*promesse*) einlösen; (*tâche*) ausführen.
âcre [ɑkʀ] *adj* bitter; (*fumée*) beißend.
âcreté [ɑkʀəte] *nf* Bitterkeit *f*.
acrimonie [akʀimɔni] *nf* Bitterkeit *f*.
acrobate [akʀɔbat] *nm/f* Akrobat(in) *m(f)*.
acrobatie [akʀɔbasi] *nf* Akrobatik *f*; (*exercice*) akrobatisches Kunststück *nt* ► **acrobatie aérienne** Luftakrobatik *f*.
acrobatique [akʀɔbatik] *adj* akrobatisch.
acronyme [akʀɔnim] *nm* Akronym *nt*.
acrylique [akʀilik] *nm* Acryl *nt*.
acte [akt] *nm* Tat *f*, Handlung *f*; (*document*) Akte *f*; (*THÉÂT*) Akt *m*; ~**s** *nmpl* (*compte-rendu*) Protokoll *nt*; **prendre** ~ **de qch** (*noter*) etw zur Kenntnis nehmen, sich *dat* etw gut merken; (*JUR*) etw zu Protokoll nehmen; **faire** ~ **de présence** sich sehen lassen; **faire** ~ **de candidature** sich als Kandidat vorstellen ► **acte d'accusation** Anklageschrift *f* ► **acte de baptême** Taufschein *m* ► **acte de mariage/de naissance** Heirats-/Geburtsurkunde *f* ► **acte de vente** Kaufvertrag *m*.
acteur, -trice [aktœʀ, tʀis] *nm/f* Schauspieler(in) *m(f)*.
actif, -ive [aktif, iv] *adj* aktiv ♦ *nm* (*COMM*) Aktiva *pl*; (*LING*) Aktiv *nt*; **prendre une part active à qch** sich aktiv an etw *dat* beteiligen; **l'**~ **et le passif** (*COMM*) Aktiva und Passiva.
action [aksjɔ̃] *nf* (*acte*) Tat *f*; (*activité*) Tätigkeit *f*; (*effet sur qch*) Wirkung *f*; (*de pièce, roman*) Handlung *f*; (*COMM*) Aktie *f*; (*JUR*) Verfahren *nt*; **une bonne/mauvaise** ~ eine gute/ schlechte Tat; **mettre en** ~ (*réaliser*) in die Tat umsetzen; **passer à l'**~ zur Tat schreiten; **un homme d'**~ ein Mann der Tat; **sous l'**~ **de** unter der Einwirkung von; **un film d'**~ ein Actionfilm *m* ► **action de grâce(s)** (*REL*) Danksagung *f* ► **action en diffamation** (*JUR*) Verleumdungsklage *f*.
actionnaire [aksjɔnɛʀ] *nm/f* Aktionär(in) *m(f)*.
actionner [aksjɔne] *vt* betätigen.
active [aktiv] *adj voir* **actif**.
activement [aktivmɑ̃] *adv* aktiv.
activer [aktive] *vt* (*accélérer*) beschleunigen; (*CHIM*) aktivieren; **s'activer** *vpr* sich *dat* zu schaffen machen, sich betätigen.
activisme [aktivism] *nm* Aktivismus *m*.

activiste [aktivist] *nm/f* Aktivist(in) *m(f)*.
activité [aktivite] *nf* Aktivität *f*; (*occupation, loisir*) Betätigung *f*; **en** ~ aktiv; (*volcan aussi*) tätig.
actrice [aktʀis] *nf voir* **acteur**.
actualiser [aktɥalize] *vt* aktualisieren.
actualité [aktɥalite] *nf* (*d'un problème*) Aktualität *f*; (*événements actuels*) Tagesgeschehen *nt*; **les** ~**s** *nfpl* die Nachrichten *pl*; **l'**~ **politique** aktuelle Politik; **d'**~ aktuell.
actuariel, le [aktɥaʀjɛl] *adj*: **taux** ~ versicherungsmathematische Zahlenangaben *pl*.
actuel, le [aktɥɛl] *adj* (*présent*) augenblicklich; (*d'actualité*) aktuell; **à l'heure** ~**le** zu diesem Zeitpunkt.
actuellement [aktɥɛlmɑ̃] *adv* derzeit, augenblicklich.
acuité [akɥite] *nf* (*des sens*) Schärfe *f*; (*d'une crise, douleur*) Intensität *f*.
acuponcteur [akypɔ̃ktœʀ] *nm* Akupunkturist(in) *m(f)*.
acuponcture [akypɔ̃ktyʀ] *nf* Akupunktur *f*.
acupuncteur [akypɔ̃ktœʀ] *nm* = **acuponcteur**.
acupuncture [akypɔ̃ktyʀ] *nf* = **acuponcture**.
adage [adaʒ] *nm* Redensart *f*.
adagio [ada(d)ʒjo] *nm* Adagio *nt*.
adaptable [adaptabl] *adj* anpassungsfähig; (*chose*) anpaßbar.
adaptateur, -trice [adaptatœʀ, tʀis] *nm/f* (*THÉÂT etc*) Bearbeiter(in) *m(f)* ♦ *nm* (*ÉLEC*) Adapter *m*.
adaptation [adaptasjɔ̃] *nf* Anpassung *f*; (*œuvre*) Bearbeitung *f*.
adapter [adapte] *vt* (*œuvre*) bearbeiten; **s'adapter (à)** *vpr* (*suj: personne*) sich anpassen (an +*acc*); (*: objet, prise etc*) passen (an +*acc*); ~ **qch à** (*rendre conforme*) etw anpassen an +*acc*; (*fixer*) etw anbringen auf *ou* an +*dat*.
addenda [adɛ̃da] *nm* Nachtrag *m*, Addendum *nt*.
Addis-Ababa, Addis-Abeba [adisababa, adisabeba] *n* Addis Abeba *nt*.
additif [aditif] *nm* Zusatz *m* ► **additif alimentaire** Lebensmittelzusatz *m*.
addition [adisjɔ̃] *nf* (*fait d'ajouter*) Hinzufügen *nt*; (*MATH*) Addition *f*; (*au café etc*) Rechnung *f*.
additionnel, le [adisjɔnɛl] *adj* zusätzlich.
additionner [adisjɔne] *vt* addieren; **s'additionner** *vpr* sich häufen; ~ **un produit de sucre** einem Produkt Zucker hinzufügen; ~ **son vin d'eau** seinen Wein mit Wasser verdünnen.
adduction [adyksjɔ̃] *nf* (*de gaz, d'eau*) Zuleitung *f*.
adepte [adɛpt] *nm/f* Anhänger(in) *m(f)*.
adéquat, e [adekwa(t), at] *adj* angebracht, angemessen.
adéquation [adekwasjɔ̃] *nf* Angemessenheit *f*.
adhérence [adeʀɑ̃s] *nf* (*des pneus*) Haftung *f*, Haften *nt*; **assurer une bonne** ~ gute Haftfähigkeit garantieren.
adhérent, e [adeʀɑ̃, ɑ̃t] *nm/f* (*de club*) Mitglied *nt*.
adhérer [adeʀe] *vi* haften; ~ **à** haften an +*dat*;

(*approuver*) unterstützen; (*devenir membre de*) Mitglied werden bei; (*être membre de*) Mitglied sein bei.

adhésif, -ive [adezif, iv] *adj* haftend ♦ *nm* Klebstoff *m*.

adhésion [adezjɔ̃] *nf* (*à un club*) Beitritt *m*; (*à une opinion*) Unterstützung *f*.

ad hoc [adɔk] *adj inv* ad hoc.

adieu [adjø] *excl* tschüs ♦ *nm* Abschied *m*; ~**x** *nmpl*: **faire ses** ~**x à qn** sich von jdm verabschieden; **dire** ~ **à qn/qch** jdm/etw lebewohl sagen.

adipeux, -euse [adipø, øz] *adj* (*ANAT*) Fett-; (*obèse*) fett.

adjacent, e [adʒasã, ãt] *adj*: ~ **à** angrenzend an +*acc*, neben +*dat*; **angles** ~**s** Nebenwinkel *pl*.

adjectif, -ive [adʒɛktif, iv] *adj* adjektivisch, Adjektiv- ♦ *nm* Adjektiv *nt* ► **adjectif attribut** attributives Adjektiv *nt* ► **adjectif démonstratif** Demonstrativpronomen *nt* ► **adjectif épithète** prädikatives Adjektiv *nt* ► **adjectif numéral** Zahlwort *nt* ► **adjectif possessif** Possessivpronomen *nt*.

adjectival, e, -aux [adʒɛktival, o] *adj* adjektivisch.

adjoignais *etc* [adʒwaɲɛ] *vb voir* **adjoindre.**

adjoindre [adʒwɛ̃dR] *vt* (*ajouter*) hinzufügen; **s'adjoindre** *vpr*: **s'**~ **un collaborateur** *etc* sich *dat* einen Mitarbeiter *etc* berufen; ~ **qn à** (*un comité*) jdn berufen zu.

adjoint, e [adʒwɛ̃, wɛ̃t] *nm/f* Stellvertreter(in) *m(f)*; **directeur** ~ stellvertretender Direktor *m* ► **adjoint au maire** zweiter *ou* stellvertretender Bürgermeister *m*.

adjonction [adʒɔ̃ksjɔ̃] *nf* Hinzufügen *nt*; **sans** ~ **de sucre** ohne Zusatz von Zucker.

adjudant [adʒydã] *nm* Feldwebel *m*.

adjudant-chef (*pl* ~**s**-~**s**) *nm* Oberfeldwebel *m*.

adjudicataire [adʒydikatɛR] *nm/f* (*aux enchères*) Ersteigerer *m*; (*pour travaux*) Auftragnehmer *m*, Submittent *m*.

adjudicateur, -trice [adʒydikatœR, tRis] *nm/f* (*aux enchères*) Versteigerer *m*.

adjudication [adʒydikasjɔ̃] *nf* (*vente aux enchères*) Versteigerung *f*; (: *attribution*) Zuschlag *m*; (*de travaux*) Ausschreibung *f*; (: *attribution*) Vergabe *f*.

adjuger [adʒyʒe] *vt* vergeben; (*lors d'une vente*) zusprechen; **s'adjuger** *vpr* sich *dat* aneignen; **adjugé!** verkauft!

adjurer [adʒyRe] *vt*: ~ **qn de faire qch** jdn anflehen, etw zu tun.

adjuvant [adʒyvã] *nm* (*médicament*) zusätzliches Mittel *nt*; (*additif*) Zusatz *m*; (*stimulant*) Hilfsmittel *nt*.

admettre [admɛtR] *vt* (*laisser entrer*) hereinlassen; (*candidat*) zulassen; (*nouveau membre*) aufnehmen; (*supposer*) zugeben; (*tolérer*) dulden, zulassen; (*reconnaître*) anerkennen, zugeben; **je n'admets pas ce genre de conduite** ich lasse mir dieses Benehmen nicht gefallen; **admettons** zugegeben; **admettons qu'il ait raison** zugegeben, er hat recht.

administrateur, -trice [administRatœR, tRis] *nm/f* Verwalter(in) *m(f)* ► **administrateur délégué** (geschäftsführender) Direktor *m* ► **administrateur judiciaire** Konkursverwalter *m*.

administratif, -ive [administRatif, iv] *adj* administrativ, Verwaltungs-; (*péj*) bürokratisch.

administration [administRasjɔ̃] *nf* Verwaltung *f*; **l'A~** der Staatsdienst.

administré, e [administRe] *nm/f*: **ses** ~**s** die Bürger(innen) in seinem Verwaltungsbezirk.

administrer [administRe] *vt* (*entreprise*) führen, leiten; (*biens*) verwalten; (*remède, correction*) verabreichen; (*sacrement*) spenden.

admirable [admiRabl] *adj* bewundernswert.

admirablement [admiRabləmã] *adv* bewundernswert.

admirateur, -trice [admiRatœR, tRis] *nm/f* Bewunderer *m*, Bewunderin *f*.

admiratif, -ive [admiRatif, iv] *adj* bewundernd.

admiration [admiRasjɔ̃] *nf* Bewunderung *f*; **être en** ~ **devant qch** etw voller Bewunderung betrachten.

admirer [admiRe] *vt* bewundern.

admis, e [admi, iz] *pp de* **admettre.**

admissibilité [admisibilite] *nf* Zulassung *f*.

admissible [admisibl] *adj* (*comportement, attitude*) zulässig; (*candidat*) (zur mündlichen Prüfung) zugelassen.

admission [admisjɔ̃] *nf* (*d'une personne*) Einlaß *m*; (*d'un liquide etc*) Einlassen *nt*; (*candidat reçu*) Zulassung *f*; **tuyau etc d'**~ (*TECH*) Einlaßventil *nt*; **demande d'**~ Antrag *m* auf Zulassung.

admonester [admɔnɛste] *vt* ermahnen.

ADN [adeɛn] *sigle m* (= *acide désoxyribonucléique*) DNS *f*.

ado [ado] (*fam*) *nm/f* = **adolescent.**

adolescence [adɔlesãs] *nf* Jugend *f*.

adolescent, e [adɔlesã, ãt] *nm/f* Jugendliche(r) *f(m)*.

adonner [adɔne]: **s'**~ **à** *vpr* (*sport*) sich hingebungsvoll widmen +*dat*; (*boisson*) sich ergeben +*dat*.

adopter [adɔpte] *vt* (*motion etc*) verabschieden; (*politique, attitude*) annehmen; (*JUR*: *enfant, gén*) adoptieren; (*nouveau venu*) aufnehmen.

adoptif, -ive [adɔptif, iv] *adj* (*fils, parents*) Adoptiv-; **c'est sa patrie adoptive** das Land ist seine Wahlheimat.

adoption [adɔpsjɔ̃] *nf* (*de motion etc*) Verabschiedung *f*; (*de politique, attitude*) Annahme *f*; (*d'un enfant*) Adoption *f*; (*d'un nouveau venu*) Aufnahme *f*; **c'est sa patrie d'**~ das Land ist seine Wahlheimat.

adorable [adɔRabl] *adj* bezaubernd.

adoration [adɔRasjɔ̃] *nf* (*REL*) Anbetung *f*; (*gén*) Verehrung *f*; **être en** ~ **devant** abgöttisch verehren.

adorer [adɔRe] *vt* anbeten; (*aimer beaucoup: les frites etc*) furchtbar gern haben.

adosser [adose] *vt*: ~ **qch à/contre qch** (*mur, pente*) eine Sache an etw *acc*/gegen etw lehnen; **s'adosser** *vpr*: **s'~ à/contre** sich mit dem Rücken lehnen an +*acc*; **être adossé à/contre** angelehnt sein an +*acc*.

adoucir [adusiʀ] *vt* (*mœurs, caractère*) verfeinern; (*température*) mildern; (*peau*) zart machen; (*voix*) sanfter machen; (*avec du sucre*) (ver)süßen; (*peine, douleur*) versüßen, erleichtern; (*eau*) enthärten, weicher machen; **s'adoucir** *vpr* (*v vt*) feiner werden; milder werden; zart werden; sanft werden; süßer werden; erleichtert werden; weicher werden.

adoucissement [adusismã] *nm* Milderung *f*.

adoucisseur [adusisœʀ] *nm*: ~ **(d'eau)** (Wasser)enthärter *m*.

adr. *abr* (= *adresse*) Adr.

adrénaline [adʀenalin] *nf* Adrenalin *nt*.

adresse [adʀɛs] *nf* (*habileté*) Geschick *nt*; (*domicile, INFORM*) Adresse *f*; **à l'~ de** (*fig: pour*) an die Adresse von; **"parti sans laisser d'~"** „unbekannt verzogen".

adresser [adʀese] *vt* (*expédier*) schicken; (*écrire l'adresse sur*) adressieren; ~ **à qn** (*injure, compliments*) an jdn richten; ~ **qn à un spécialiste** jdn zu einem Facharzt überweisen; ~ **qn à un bureau** jdn zu einem Büro verweisen; ~ **la parole à qn** jdn ansprechen; **s'~ à** *vpr* (*parler à*) ansprechen; (*s'informer auprès de*) sich wenden an +*acc*; (*être destiné à*) sich richten an +*acc*.

Adriatique [adʀijatik] *nf*: **l'~** die Adria *f*.

adroit, e [adʀwa, wat] *adj* geschickt.

adroitement [adʀwatmã] *adv* geschickt.

aduler [adyle] *vt* verherrlichen.

adulte [adylt] *nm/f* Erwachsene(r) *f(m)* ♦ *adj* (*personne*) erwachsen; (*chien, arbre*) ausgewachsen; (*attitude*) reif; **l'âge** ~ das Erwachsenenalter; **formation des** *ou* **pour** ~**s** Erwachsenenbildung *f*.

adultère [adyltɛʀ] *adj* ehebrecherisch ♦ *nm* Ehebruch *m*.

adultérin, e [adylteʀɛ̃, in] *adj* außerehelich.

advenir [advəniʀ] *vi* sich ereignen; **quoi qu'il advienne** was auch immer geschieht *ou* geschehen mag.

adventice [advãtis] *adj* wildwachsend.

adventiste [advãtist] *nm/f* Adventist(in) *m(f)*.

adverbe [advɛʀb] *nm* Adverb *nt* ▶ **adverbe de manière** Adverb *nt* der Art und Weise.

adverbial, e, -aux [advɛʀbjal, o] *adj* adverbial.

adversaire [advɛʀsɛʀ] *nm/f* Gegner(in) *m(f)*.

adverse [advɛʀs] *adj* gegnerisch; **la partie** ~ (*JUR*) die Gegenpartei *f*.

adversité [advɛʀsite] *nf* Not *f*.

AELE [aœla] *sigle f* (= *Association européenne de libre-échange*) EFTA *f*.

aérateur [aeʀatœʀ] *nm* Ventilator *m*.

aération [aeʀasjɔ̃] *nf* Lüften *nt*; (*circulation de l'air*) Luftstrom *m*; **conduit d'~** Lüftung *f*; **bouche d'~** Lüftungsschacht *m*.

aéré, e [aeʀe] *adj* (gut) gelüftet; **centre** ~ ≈ Erholungszentrum *nt* (*für Stadtkinder*).

aérer [aeʀe] *vt* lüften; (*fig: style, texte*) auflockern; **s'aérer** *vpr* an die frische Luft gehen.

aérien, ne [aeʀjɛ̃, jɛn] *adj* (*AVIAT*) Luft-; (*câble*) überirdisch; (*grâce*) federleicht, duftig; **métro** ~ Hochbahn *f*; **compagnie** ~**ne** Luftfahrtgesellschaft *f*; **ligne** ~**ne** Fluglinie *f*.

aéro- [aeʀo] *préf* Aero-.

aérobic [aeʀɔbik] *nm ou f* Aerobic *nt*.

aérobie [aeʀɔbi] *adj* aerobisch.

aéro-club [aeʀoklœb] (*pl* ~-~**s**) *nm* Flugsportklub *m*.

aérodrome [aeʀodʀom] *nm* Flugplatz *m*.

aérodynamique [aeʀodinamik] *adj* aerodynamisch ♦ *nf* Aerodynamik *f*.

aérofrein [aeʀofʀɛ̃] *nm* Bremsklappe *f*, Landeklappe *f*.

aérogare [aeʀogaʀ] *nf* (*à l'aéroport*) Terminal *nt*.

aéroglisseur [aeʀoglisœʀ] *nm* Luftkissenboot *nt*.

aérogramme [aeʀogʀam] *nm* Luftpostleichtbrief *m*.

aéromodélisme [aeʀomɔdelism] *nm* Modellflugzeugbau *m*.

aéronaute [aeʀonot] *nm* Luftschiffer(in) *m(f)*.

aéronautique [aeʀonotik] *adj* Luftfahrt-, aeronautisch ♦ *nf* Luftfahrt *f*.

aéronaval, e, -aux [aeʀonaval, o] *adj* Luft- und See-. ♦ *nf*: **l'A~e** die Luft- und Seestreitkräfte *pl*.

aéronef [aeʀonɛf] *nm* Luftschiff *nt*.

aérophagie [aeʀofaʒi] *nf* Blähungen *pl*.

aéroport [aeʀopɔʀ] *nm* Flughafen *m* ▶ **aéroport d'embarquement** Ausgangsflughafen *m*.

aéroporté, e [aeʀopɔʀte] *adj* Luftlande-.

aéroportuaire [aeʀopɔʀtɥeʀ] *adj* Flughafen-.

aéropostal, e, -aux [aeʀopɔstal, o] *adj* Luftpost-.

aérosol [aeʀosɔl] *nm* (*suspension*) Aerosol *nt*; (*bombe*) Spraydose *f*.

aérospatial, e, -aux [aeʀospasjal, jo] *adj* Raumfahrt- ♦ *nf* Raumfahrt *f*.

aérostat [aeʀosta] *nm* Ballon *m*.

aérotrain® [aeʀotʀɛ̃] *nm* Luftkissenzug *m*.

AF *sigle fpl* (= *allocations familiales*) *voir* **allocation**.

AFAT [afat] *sigle f* (= *Auxiliaire féminin de l'armée de terre*) *weibliche Armeeangehörige*.

affabilité [afabilite] *nf* Umgänglichkeit *f*.

affable [afabl] *adj* umgänglich.

affabulation [afabylasjɔ̃] *nf* (*mensonge*) Märchen *nt*; (*de roman*) Handlung *f*.

affabuler [afabyle] *vi* Märchen erzählen.

affacturage [afaktyʀaʒ] *nm* Factoring *nt*.

affadir [afadiʀ] *vt* fade machen.

affaiblir [afebliʀ] *vt* schwächen; **s'affaiblir** *vpr* schwächer werden.

affaiblissement [afeblismã] *nm* Schwächung *f*; (*de la vue, mémoire etc*) Nachlassen *nt*.

affaire [afɛʀ] *nf* (*question*) Angelegenheit *f*; (*scandale*) Affäre *f*; (*criminelle, judiciaire*) Fall *m*; (*entreprise, transaction*) Geschäft *nt*; (*occasion intéressante*) (günstige) Gelegenheit *f*; ~**s** *nfpl* (*activités commerciales*) Geschäfte *pl*; (*effets*) Sachen *pl*; **ce sont mes/tes** ~**s** (*cela me/te concerne*) das ist meine/deine Sache *ou* Angelegenheit; **tirer qn/se tirer d'**~ jdn/sich aus der Affäre ziehen; **faire son** ~ **de qch** (*s'en occuper*) sich einer Sache *dat* annehmen; **il en a fait toute une** ~ er hat eine große Affäre daraus gemacht; **avoir** ~ **à qn/qch** es mit jdm/etw zu tun haben; **tu auras** ~ **à moi!** dann bekommst du es mit mir zu tun!; **c'est une** ~ **de goût** das ist Geschmackssache; **c'est l'**~ **d'une minute** das ist eine Sache von einer Minute, das ist in einer Minute erledigt; **toutes** ~**s cessantes** umgehend, unverzüglich; **il est venu pour l'**~ er ist geschäftlich hier; **un déjeuner d'**~**s** ein Arbeitsessen *nt*; **les A**~**s étrangères** (*POL*) auswärtige Angelegenheiten *pl*; **ministre des A**~**s étrangères** Außenminister(in) *m(f)*.

affairé, e [afeʀe] *adj* geschäftig.

affairer [afeʀe]: **s'**~ *vpr* geschäftig hin- und hereilen.

affairisme [afeʀism] *nm* Geschäftemacherei *f*.

affaissement [afɛsmɑ̃] *nm*: ~ **de terrain** Erdrutsch *m*.

affaisser [afese]: **s'**~ *vpr* (*terrain, immeuble*) einstürzen; (*personne*) zusammenbrechen.

affaler [afale]: **s'**~ *vpr*: **s'**~ **dans/sur qch** sich erschöpft in/auf etw *acc* fallen lassen.

affamé, e [afame] *adj* ausgehungert.

affamer [afame] *vt* aushungern, hungern lassen.

affectation [afɛktasjɔ̃] *nf* (*de crédits*) (Zweck)bindung *f*; (*à un poste*) Zuweisung *f*; (*manque de naturel*) Geziertheit *f*; (*simulation*) Heuchelei *f*.

affecté, e [afɛkte] *adj* (*prétentieux*) gekünstelt, geziert; (*feint*) geheuchelt.

affecter [afɛkte] *vt* (*toucher*) berühren, treffen; (*feindre*) vortäuschen; (*prendre: forme etc*) aufweisen; ~ **à** (*personne, crédits*) zuteilen +*dat*; ~ **qch d'un coefficient/indice** etw mit einem Koeffizienten/Index versehen.

affectif, -ive [afɛktif, iv] *adj* affektiv.

affection [afɛksjɔ̃] *nf* Zuneigung *f*; (*MÉD*) Leiden *nt*; **avoir de l'**~ **pour** mögen; **prendre en** ~ liebgewinnen.

affectionner [afɛksjɔne] *vt* mögen.

affectueusement [afɛktɥøzmɑ̃] *adv* liebevoll; (*formule épistolaire*) mit lieben Grüßen.

affectueux, -euse [afɛktɥø, øz] *adj* liebevoll.

afférent, e [afeʀɑ̃, ɑ̃t] *adj*: ~ **à** verbunden mit.

affermir [afɛʀmiʀ] *vt* festigen.

affichage [afiʃaʒ] *nm* (*des prix*) Aushang *m*; (*électronique*) Anzeige *f*; "~ **interdit**" „Plakate ankleben *ou* Plakatieren verboten"; **panneau** *ou* **tableau d'**~ Anschlagbrett *nt*, Schwarzes Brett *nt* ► **affichage à cristaux liquides** Flüssigkristallanzeige *f* ► **affichage**

digital Digitalanzeige *f*.

affiche [afiʃ] *nf* Plakat *nt*; (*officielle*) Aushang *m*; **être à l'**~ gespielt werden, auf dem Spielplan stehen; **tenir l'**~ lange laufen, lange auf dem Spielplan stehen.

afficher [afiʃe] *vt* anschlagen; (*électroniquement*) anzeigen; (*attitude*) zur Schau stellen; **s'afficher** *vpr* (*péj*) sich zur Schau stellen; "**défense d'**~" „Plakate ankleben *ou* Plakatieren verboten".

affichette [afiʃɛt] *nf* kleines Plakat *nt*.

affilé, e [afile] *adj* scharf.

affilée, e [afile]: **d'**~ *adv* an einem Stück.

affiler [afile] *vt* schärfen.

affiliation [afiljasjɔ̃] *nf* Mitgliedschaft *f*.

affilié, e [afilje] *adj*: **être** ~ **à** Mitglied sein in +*dat* ♦ *nm/f* (*adhérent*) Mitglied *nt*.

affilier [afilje]: **s'**~ **à** *vpr* Mitglied werden bei.

affiner [afine] *vt* (*fromage*) (ab)lagern; (*métal*) veredeln, läutern; (*analyse*) präzisieren; (*goût, esprit, manières*) verfeinern; **s'affiner** *vpr* (*fromage*) reifen; (*manières*) sich verfeinern.

affinité [afinite] *nf* (*entre individus*) Verbundenheit *f*; (*entre problèmes*) Ähnlichkeit *f*; **les A**~**s électives** die Wahlverwandtschaften *pl*.

affirmatif, -ive [afiʀmatif, iv] *adj* positiv; (*réponse aussi*) bejahend; (*personne*) bestimmt.

affirmation [afiʀmasjɔ̃] *nf* Behauptung *f*; (*manifestation*) Geltendmachung *f*.

affirmative [afiʀmativ] *nf*: **répondre par l'**~ ja sagen, mit ja antworten; **dans l'**~ im Fall einer positiven Antwort.

affirmativement [afiʀmativmɑ̃] *adv* bejahend; **il a répondu** ~ er hat ja gesagt.

affirmer [afiʀme] *vt* behaupten; (*autorité etc*) geltend machen; **s'affirmer** *vpr* (*prendre de l'assurance*) selbstsicher werden.

affleurer [aflœʀe] *vi* sich an der Oberfläche zeigen.

affliction [afliksjɔ̃] *nf* Kummer *m*.

affligé, e [afliʒe] *adj* bedrückt, bekümmert; ~ **d'une maladie/tare** an einer Krankheit/einem Gebrechen leidend.

affligeant, e [afliʒɑ̃, ɑ̃t] *adj* traurig, schmerzlich.

affliger [afliʒe] *vt* (*peiner*) zutiefst bekümmern.

affluence [aflyɑ̃s] *nf*: **heure d'**~ Stoßzeit *f*.

affluent [aflyɑ̃] *nm* Nebenfluß *m*.

affluer [aflye] *vi* (*secours, biens*) eintreffen; (*gens, sang*) strömen.

afflux [afly] *nm* (*de gens, de capitaux*) Zustrom *m*; ~ **de sang** Blutandrang *m*.

affolant, e [afɔlɑ̃, ɑ̃t] *adj* erschreckend.

affolé, e [afɔle] *adj* kopflos, durcheinander.

affolement [afɔlmɑ̃] *nm* Panik *f*.

affoler [afɔle] *vt* verrückt machen; **s'affoler** *vpr* durchdrehen.

affranchir [afʀɑ̃ʃiʀ] *vt* (*lettre, paquet*) frankieren; (*esclave*) freilassen; (*fig*) befreien; (*fam: mettre au courant*) informieren; **s'affranchir** *vpr*: **s'**~ **de** sich befreien von, sich freimachen von.

affranchissement [afʀɑ̃ʃismɑ̃] *nm* (*v vt*) Frankieren *nt*; Freilassung *f*; Befreiung *f*; (*POS-TES*: *prix payé*) Porto *nt*; **tarifs d'~** Postgebühren *pl* ▶ **"affranchissement insuffisant"** „nicht ausreichend frankiert".

affres [afʀ] *nfpl*: **dans les ~ de la jalousie** von Eifersucht gequält.

affréter [afʀete] *vt* mieten.

affreusement [afʀøzmã] *adv* schrecklich.

affreux, -euse [afʀø, øz] *adj* (*laid*) häßlich, abstoßend; (*épouvantable*) schrecklich.

affriolant, e [afʀijɔlã, ãt] *adj* aufreizend.

affront [afʀɔ̃] *nm* Beleidigung *f*.

affrontement [afʀɔ̃tmã] *nm* Konfrontation *f*.

affronter [afʀɔ̃te] *vt* (*adversaire*) entgegentreten +*dat*; (*tempête, difficultés etc*) standhalten +*dat*; **s'affronter** *vpr* (*adversaires*) einander konfrontieren; (*théories*) einander widersprechen.

affubler [afyble] (*péj*) *vt*: **~ qn de** (*accoutrement*) jdn ausstaffieren mit; (*surnom*) jdn versehen mit.

affût [afy] *nm* (*de canon*) Lafette *f*; **à l'~** auf der Lauer; **être à l'~ de qn/qch** jdm/etw auflauern; (*fig*) auf jdn/etw lauern.

affûter [afyte] *vt* schärfen.

afghan, e [afgã, an] *adj* afghanisch.

Afghanistan [afganistã] *nm*: **l'~** Afghanistan *nt*.

afin [afɛ̃]: **~ que** *conj* so daß, damit; **~ de faire qch** um etw zu tun.

AFNOR [afnɔʀ] *sigle f* (= *Association française de normalisation*) Organisation für Industrienormen.

a fortiori [afɔʀsjɔʀi] *adv* um so mehr, a fortiori.

AFP [aɛfpe] *sigle f* (= *Agence France-Presse*) französische Presseagentur.

AFPA [afpa] *sigle f* (= *Association pour la formation professionnelle des adultes*) Organisation für Erwachsenenbildung.

africain, e [afʀikɛ̃, ɛn] *adj* afrikanisch ♦ *nm/f*: **A~, e** Afrikaner(in) *m(f)*.

afrikaans [afʀikãs] *nm* (*LING*) Afrikaans *nt*.

Afrique [afʀik] *nf*: **l'~** Afrika *nt* ▶ **Afrique australe/du Sud** Südafrika *nt* ▶ **Afrique du Nord** Nordafrika *nt*.

afro [afʀo] *adj inv*: **coiffure ~** Frisur *f* im Afro-Look.

afro-américain, e [afʀoameʀikɛ̃, ɛn] (*pl* **~-~s, es**) *adj* afroamerikanisch ♦ *nm/f*: **A~-~, ~** Afroamerikaner(in) *m(f)*.

AG [aʒe] *sigle f* (= *assemblée générale*) Generalversammlung *f*.

agaçant, e [agasã, ãt] *adj* ärgerlich; **c'est ~** das geht einem auf die Nerven.

agacement [agasmã] *nm* Gereiztheit *f*.

agacer [agase] *vt* aufregen; (*aguicher*) reizen.

agapes [agap] *nfpl* (*hum*) Festmahl *nt*.

agate [agat] *nf* Achat *m*.

âge [aʒ] *nm* Alter *nt*; (*ère*) Zeitalter *nt*; **quel ~ as-tu?** wie alt bist du?; **une femme d'un certain ~** eine Frau im gewissen Alter; **bien porter son ~** gut aussehen für sein Alter; **pren-**

dre de l'~ altern, alt werden; **limite d'~** Altersbeschränkung *f*; **dispense d'~** Aufheben *nt* der Altersbeschränkung; **troisième ~** Seniorenalter *nt* ▶ **âge ingrat**: **l'~ ingrat** die Flegeljahre *pl*, die Pubertät *f* ▶ **âge légal** Volljährigkeit *f* ▶ **âge mental** geistiges Alter ▶ **âge mûr**: **l'~ mûr** das reife Alter.

âgé, e [aʒe] *adj* alt; **~ de 10 ans** 10 Jahre alt.

agence [aʒãs] *nf* Agentur *f*; (*succursale*) Filiale *f* ▶ **agence immobilière** Maklerbüro *nt* ▶ **agence matrimoniale** Heiratsvermittlung *f*, Ehe(anbahnungs)institut *nt* ▶ **agence de placement** Stellenvermittlung *f* ▶ **agence de publicité** Werbeagentur *f* ▶ **agence de voyages** Reisebüro *nt*.

agencé, e [aʒãse] *adj*: **bien/mal ~** (*texte, phrase, éléments*) gut/schlecht zusammengefügt, gut/schlecht arrangiert; (*appartement etc*) gut/schlecht eingerichtet.

agencement [aʒãsmã] *nm* (*de pièce, appartement etc*) Einrichtung *f*.

agencer [aʒãse] *vt* (*éléments, texte*) zusammenfügen, arrangieren; (*appartement*) einrichten.

agenda [aʒɛ̃da] *nm* (*calepin*) Taschenkalender *m*; (*programme*) Tagesordnung *f*.

agenouiller [aʒ(ə)nuje]: **s'~** *vpr* niederknien.

agent [aʒã] *nm* (*élément, facteur*) (wirkende) Kraft *f* ▶ **agent d'assurances** Versicherungsmakler(in) *m(f)* ▶ **agent de change** Börsenmakler(in) *m(f)* ▶ **agent commercial** Handelsvertreter(in) *m(f)* ▶ **agent immobilier** Immobilienmakler(in) *m(f)* ▶ **agent (de police)** Polizist(in) *m(f)* ▶ **agent (secret)** (Geheim)agent(in) *m(f)*.

agglo [aglo] *nm* = **aggloméré**.

agglomérat [aglɔmeʀa] *nm* Agglomerat *nt*.

agglomération [aglɔmeʀasjɔ̃] *nf* Ortschaft *f*; **l'~ parisienne** das Stadtgebiet von Paris.

aggloméré [aglɔmeʀe] *nm* (*bois*) Preßspan *m*.

agglomérer [aglɔmeʀe] *vt* anhäufen; (*TECH*) zusammenpressen; **s'agglomérer** *vpr* sich anhäufen.

agglutiner [aglytine] *vt* zusammenkleben; **s'agglutiner** *vpr* (*foule*) sich zusammendrängen.

aggravant, e [agʀavã, ãt] *adj*: **circonstances ~es** erschwerende Umstände *pl*.

aggravation [agʀavasjɔ̃] *nf* Verschlimmerung *f*, Verschlechterung *f*.

aggraver [agʀave] *vt* verschlimmern; **s'aggraver** *vpr* sich verschlechtern; **~ son cas** seine Lage verschlechtern.

agile [aʒil] *adj* beweglich.

agilement [aʒilmã] *adv* (körperlich) geschickt.

agilité [aʒilite] *nf* Beweglichkeit *f*.

agio [aʒjo] *nm* Agio *nt*, Aufgeld *nt*.

agir [aʒiʀ] *vi* (*se comporter*) sich verhalten; (*entrer en action*) handeln; (*avoir de l'effet*) wirken; **il s'agit de** es handelt sich um; **il s'agit de faire qch** es geht darum, etw zu machen; **de quoi s'agit-il?** worum geht es?, um was handelt es sich?; **s'agissant de qch** was etw betrifft.

agissements [aʒismɑ̃] *nmpl* (*gén péj*) Machenschaften *pl*.

agitateur, -trice [aʒitatœR, tRis] *nm/f* Agitator(in) *m(f)*.

agitation [aʒitasjɔ̃] *nf* (*remue-ménage*) Bewegung *f*; (*excitation*) Erregung *f*; (*politique*) Aufruhr *m*.

agité, e [aʒite] *adj* (*remuant: personne, sommeil*) unruhig; (*troublé, excité*) aufgeregt, erregt; (*vie, journée*) bewegt; (*mer*) aufgewühlt.

agiter [aʒite] *vt* (*bouteille*) schütteln; (*mouchoir*) schwenken; (*bras, mains*) ausschütteln; (*débattre*) diskutieren, besprechen; (*préoccuper, exciter*) beunruhigen; **s'agiter** *vpr* unruhig sein; *"~* **avant l'emploi"** „vor Gebrauch schütteln".

agneau [aɲo] *nm* Lamm *nt*; (*CULIN*) Lamm(fleisch) *nt*; (*laine*) Lammwolle *f*, Lambswool *f*; (*fourrure*) Lammfell *nt*.

agnelet [aɲ(ə)lɛ] *nm* Lämmchen *nt*.

agnostique [agnɔstik] *adj* agnostisch ♦ *nm/f* Agnostiker(in) *m(f)*.

agonie [agɔni] *nf* Todeskampf *m*.

agonir [agɔniR] *vt*: *~* **qn d'injures** jdn mit Beleidigungen überhäufen.

agoniser [agɔnize] *vi* in den letzten Zügen liegen.

agrafe [agRaf] *nf* (*de bureau*) Heftklammer *f*; (*de vêtement*) Haken *m*; (*bijou*) Spange *f*; (*MÉD*) Klammer *f*.

agrafer [agRafe] *vt* (*feuilles de papier*) (zusammen)heften; (*vêtement*) zuhalten; (*fam: attraper*) schnappen.

agrafeuse [agRaføz] *nf* Heftmaschine *f*, Tacker *m*.

agraire [agRɛR] *adj* Agrar-; (*surface*) landwirtschaftlich; **réforme** *~* Bodenreform *f*.

agrandir [agRɑ̃diR] *vt* vergrößern; (*domaine, entreprise aussi*) erweitern; **s'agrandir** *vpr* größer werden; (*faire*) *~* **sa maison** anbauen.

agrandissement [agRɑ̃dismɑ̃] *nm* Vergrößerung *f*; (*d'une maison*) Anbau *m*.

agrandisseur [agRɑ̃discœR] *nm* (*PHOTO*) Vergrößerungsgerät *nt*.

agréable [agReabl] *adj* angenehm.

agréablement [agReabləmɑ̃] *adv* angenehm.

agréé, e [agRee] *adj*: **concessionnaire** *~* Vertragshändler *m*.

agréer [agRee] *vt* (*requête, excuse*) annehmen; (*demande*) stattgeben +*dat*; *~* **à qn** (*daté*) jdm zusagen, jdm genehm sein; **veuillez** *~* **etc** (*formule épistolaire*) ≈ mit freundlichen Grüßen.

agrég [agReg] *abr f* = **agrégation**.

agrégat [agRega] *nm* (*GÉO*) Aggregat *nt*; (*béton*) Zuschlagstoff *m*.

agrégation [agRegasjɔ̃] *nf* (*UNIV*) höchste *Lehramtsbefähigung*.

agrégé, e [agReʒe] *nm/f* (*UNIV*) Lehrer(in) mit der höchsten Lehramtsbefähigung.

agréger [agReʒe]: **s'~** *vpr* (*éléments*) sich ansammeln.

agrément [agRemɑ̃] *nm* (*accord*) Zustimmung *f*; (*plaisir*) Vergnügen *nt*; **voyage/jardin d'~** Vergnügungsreise *f*/Vergnügungspark *m*.

agrémenter [agRemɑ̃te] *vt* ausschmücken.

agrès [agRɛ] *nmpl* (*SPORT*) (Turn)geräte *pl*.

agresser [agRese] *vt* angreifen.

agresseur [agRescœR] *nm* Angreifer(in) *m(f)*; (*POL, MIL*) Aggressor *m*.

agressif, -ive [agResif, iv] *adj* aggressiv; (*couleur*) laut, schreiend.

agression [agResjɔ̃] *nf* Aggression *f*; (*attaque*) Angriff *m*.

agressivement [agResivmɑ̃] *adv* aggressiv.

agressivité [agResivite] *nf* Aggressivität *f*.

agreste [agRɛst] *adj* ländlich.

agricole [agRikɔl] *adj* landwirtschaftlich.

agriculteur, -trice [agRikyltœR, tRis] *nm/f* Landwirt(in) *m(f)*.

agriculture [agRikyltyR] *nf* Landwirtschaft *f*.

agripper [agRipe] *vt, vr*: *~* **qch, s'~ à qch** sich an etw *acc* klammern.

agro-alimentaire [agRoalimɑ̃tɛR] (*pl* *~-~s*) *adj* Lebensmittel-.

agronome [agRɔnɔm] *nm/f* Agronom(in) *m(f)*.

agronomie [agRɔnɔmi] *nf* Agronomie *f*.

agronomique [agRɔnɔmik] *adj* agronomisch.

agrumes [agRym] *nmpl* Zitrusfrüchte *pl*.

aguerrir [ageRiR] *vt* abhärten, stählen; **s'aguerrir** *vpr*: **s'~** (**contre**) sich stählen (gegen).

aguets [agɛ] *nmpl*: **être aux** *~* auf der Lauer liegen.

aguichant, e [agiʃɑ̃, ɑ̃t] *adj* aufreizend.

aguicher [agiʃe] *vt* reizen.

aguicheur, -euse [agiʃœR, øz] *adj* verführerisch.

ah [ˈɑ] *excl* oh; *~* **bon?** ach ja?; *~* **non!** oh nein!

ahuri, e [ayRi] *adj* (*stupéfait*) verblüfft, verdattert; (*stupide*) blöd.

ahurir [ayRiR] *vt* verdattern, verdutzen.

ahurissant, e [ayRisɑ̃, ɑ̃t] *adj* verblüffend.

ai [ɛ] *vb voir* **avoir**.

aide [ɛd] *nf* Hilfe *f*; (*financière*) Unterstützung *f* ♦ *nm/f* Assistent(in) *m(f)*; **à l'~ de qch** mit Hilfe einer Sache *gén*; **à l'~-! (zu)** Hilfe!; **appeler qn à l'~** jdn zu Hilfe rufen; **appeler à l'~** um Hilfe rufen; **venir en** *~* **à qn** jdm zu Hilfe kommen ▶ **aide de camp** *nm* Adjutant *m* ▶ **aide familiale/ménagère** *nf* Haushaltshilfe *f* ▶ **aide judiciaire** *nf* Rechtshilfe *f* ▶ **aide de laboratoire** *nm/f* Laborant(in) *m(f)* ▶ **aide sociale** *nf* Sozialhilfe *f*.

aide-comptable [ɛdkɔ̃tabl(ə)] (*pl* *~s-~s*) *nm/f* Buchhaltungsgehilfe(-in) *m(f)*.

aide-électricien [ɛdelɛktRisjɛ̃] (*pl* *~s-~s*) *nm* Elektrikergehilfe *m*.

aide-mémoire [ɛdmemwaR] *nm* *inv* Gedächtnisstütze *f*.

aider [ede] *vt* helfen +*dat*; **s'aider de** *vpr* (*se servir de*) benutzen; *~* **qn à faire qch** jdm helfen, etw zu tun; *~* **à** (*contribuer à*) beitragen zu.

aide-soignant, e [ɛdswaɲɑ̃, ɑ̃t] (*pl* *~s-~s, es*)

nm/f Krankenpfieger(in) *m(f).*
aie *etc* [ε] *vb voir* **avoir.**
aïe [aj] *excl* au.
AIEA [aiɔa] *sigle f* (= *Agence internationale de l'énergie atomique*) IAEA *f* (= *Internationale Atomenergiebehörde*).
aïeul, e [ajœl] (*pl* ~**s**, ~**es**) *nm/f* (*grand-père*) Großvater *m*; (*grand-mère*) Großmutter *f.*
aïeux [ajø] *nmpl* Ahnen *pl.*
aigle [εgl] *nm* Adler *m.*
aiglefin [εgləfɛ̃] *nm* = **églefin.**
aigre [εgʀ] *adj* sauer, säuerlich; (*fig*) schneidend, ätzend ♦ *nm*: **tourner à l'~** (*fig*) sich verschärfen.
aigre-doux, -douce [εgʀədu, dus] (*pl* ~**s-~**, -**douces**) *adj* süßsauer; (*propos*) säuerlich.
aigrefin [εgʀəfɛ̃] *nm* Schwindler *m*, Gauner *m.*
aigrelet, te [εgʀəlε, εt] *adj* säuerlich; (*voix*) sauer.
aigrette [εgʀεt] *nf* (*plumes*) Federbusch *m.*
aigreur [εgʀœʀ] *nf* säuerlicher Geschmack *m*; (*d'un propos*) Schärfe *f* ► **aigreurs d'estomac** Sodbrennen *nt.*
aigri, e [εgʀi] *adj* verbittert.
aigrir [εgʀiʀ] *vt, vr* (*fig*) verbittern.
aigu, -uë [εgy] *adj* (*objet, angle arête*) spitz; (*son, voix*) hoch; (*douleur, intelligence*) scharf.
aigue-marine [εgmaʀin] (*pl* ~**s**-~**s**) *nf* Aquamarin *m.*
aiguillage [εgɥijaʒ] *nm* Weiche *f.*
aiguille [egɥij] *nf* Nadel *f*; (*de montre, compteur*) Zeiger *m*; (*montagne*) (Fels)nadel *f* ► **aiguille à tricoter** Stricknadel *f.*
aiguiller [egɥije] *vt* (*RAIL*) rangieren; (*fig*) dirigieren.
aiguillette [egɥijεt] *nf* (*CULIN*: *de canard*) Bruststreifen *m*; (*de bœuf*) Filetspitze *f.*
aiguilleur [egɥijœʀ] *nm* (*RAIL*) Rangierer *m* ► **aiguilleur du ciel** Fluglotse(-lotsin) *m(f).*
aiguillon [egɥijɔ̃] *nm* (*d'abeille*) Stachel *m*; (*fig*: *de la peur, du désir*) Ansporn *m.*
aiguillonner [egɥijɔne] *vt* (*fig*) anspornen.
aiguiser [egize] *vt* schleifen, schärfen; (*appétit, esprit*) anregen.
aiguisoir [egizwaʀ] *nm* Schleifstein *m.*
aïkido [aikido] *nm* Aikido *nt.*
ail [aj] *nm* Knoblauch *m.*
aile [εl] *nf* Flügel *m*; (*de voiture*) Kotflügel *m*; **battre de l'~** (*fam*) auf der Nase liegen; **voler de ses propres ~s** auf eigenen Füßen stehen.
ailé, e [ele] *adj* geflügelt.
aileron [εlʀɔ̃] *nm* (*de requin*) Flosse *f*; (*d'avion*) Querruder *nt*; (*de voiture*) Spoiler *m.*
ailette [εlεt] *nf* (*TECH*) Rippe *f*; (*de turbine*) Schaufel *f.*
ailier [elje] *nm* (*SPORT*) Flügelspieler(in) *m(f)* ► **ailier droit/gauche** Rechts-/Linksaußen *m.*
aille *etc* [aj] *vb voir* **aller.**
ailleurs [ajœʀ] *adv* woanders, anderswo; **partout** ~ überall anderswo; **nulle part** ~ nirgendwo anders; **d'~** (*du reste*) übrigens; **par** ~ (*d'autre part*) überdies, zudem.
ailloli [ajɔli] *nm* Knoblauchmayonnaise *f.*

aimable [εmabl] *adj* freundlich; **vous êtes bien** ~ das ist wirklich sehr nett von Ihnen.
aimablement [εmabləmɑ̃] *adv* freundlich.
aimant, e [εmɑ̃, ɑ̃t] *nm* Magnet *m* ♦ *adj* liebevoll.
aimanté, e [εmɑ̃te] *adj* magnetisiert.
aimanter [εmɑ̃te] *vt* magnetisieren.
aimer [eme] *vt* (*d'amour*) lieben; (*d'amitié, affection*) mögen; (*chose, activité*) gern haben; **s'aimer** *vpr* sich lieben; ~ **faire qch** etw gern tun; ~ **que ... es** gern haben, daß ...; **bien** ~ **qn** jdn mögen; **bien** ~ **qch** gern haben; **aimeriez-vous je vous accompagne?** hätten *ou* möchten Sie gerne, daß ich Sie begleite?; **j'aimerais bien le voir** ich würde ihn gerne sehen; **j'aimerais (bien) m'en aller** ich würde gerne gehen; **j'aime mieux** *ou* **autant vous dire que** ich sage Ihnen lieber, daß; **j'aimerais autant y aller maintenant** ich würde jetzt lieber gehen; **j'aime assez aller au cinéma** ich gehe ziemlich gerne ins Kino; **j'aime mieux Paul que Pierre** ich mag Paul lieber als Pierre; **je n'aime pas beaucoup Paul** ich mag Paul nicht besonders.
aine [εn] *nf* Leiste *f.*
aîné, e [ene] *adj* älter; (*le plus âgé*) älteste(r, s) ♦ *nm/f* ältestes Kind *nt*, Älteste(r) *f(m)*; ~**s** *nmpl* (*litt*: *anciens*) Ahnen *pl*; **il est mon** ~ (**de 2 ans**) er ist (2 Jahre) älter als ich.
aînesse [εnεs] *nf*: **droit d'**~ Erstgeburtsrecht *nt.*
ainsi [ɛ̃si] *adv* (*de cette façon*) so; (*ce faisant*) damit; (*en conséquence*) deshalb, daher; ~ **que** (*comme*) wie; (*et aussi*) und; **pour** ~ **dire** sozusagen; ~ **donc** also; ~ **soit-il** (*REL*) amen; **et** ~ **de suite** und so weiter.
aïoli [ajɔli] *nm* = **ailloli.**
air [εʀ] *nm* (*atmosphérique, ciel*) Luft *f*; (*brise*) Lüftchen *nt*, Brise *f*; (*expression*) (Gesichts)ausdruck *m*; (*mélodie*) Melodie *f*; **prendre l'**~ Luft schnappen, an die frische Luft gehen; **dans l'**~ (*fig*) in der Luft; **regarder/tirer en l'**~ in die Luft gucken/schießen; **paroles/menaces en l'**~ leere Worte *pl*/ Drohungen *pl*; **prendre de grands** ~**s avec qn** jdn herablassend behandeln; **prendre de grands** ~**s** herablassend tun; **avoir l'**~ (*sembler*) scheinen; **il a l'**~ **de dormir** er scheint zu schlafen; **avoir l'**~ **d'un clown** aussehen wie ein Clown; **avoir l'**~ **triste** traurig aussehen; **ils ont un** ~ **de famille** sie haben eine Familienähnlichkeit; **courant d'**~ Luftzug *m*; **le grand** ~ das Freie; **mal de l'**~ Luftkrankheit *f* ► **air comprimé** Druckluft *f* ► **air conditionné** ≈ Klimaanlage *f* ► **air liquide** flüssiger Stickstoff *m.*
aire [εʀ] *nf* Fläche *f*; (*domaine*) Gebiet *nt*; (*nid*) Horst *m* ► **aire d'atterrissage** Landebahn *f*; (*pour hélicoptère*) Landefläche *f* ► **aire de jeu** Spielplatz *m* ► **aire de lancement** Abschußrampe *f* ► **aire de stationnement** Parkplatz *m.*
airelle [εʀεl] *nf*: ~ **rouge** Preiselbeere *f.*

aisance [ɛzɑ̃s] *nf* (*facilité*) Leichtigkeit *f*; (*adresse*) Geschicklichkeit *f*; (*richesse*) Wohlstand *m*; **vivre dans l'~** in guten Verhältnissen leben.

aise [ɛz] *adj*: **être bien ~ de/que** erfreut sein über +*acc*/erfreut sein, daß ♦ *nf*: **prendre/aimer ses ~s** es sich *dat* gut gehen lassen/es sich *dat* gern gut gehen lassen; **soupirer d'~** vor Wohlbehagen seufzen; **être à l'~** *ou* **à son ~** sich wohl fühlen; (*financièrement*) gut gestellt sein, gut situiert sein; **se mettre à l'~** es sich *dat* bequem machen; **être mal à l'~** *ou* **à son ~** sich unbehaglich fühlen; **mettre qn à l'~** jdm über seine Verlegenheit hinweghelfen; **mettre qn mal à l'~** jdn in Verlegenheit bringen; **à votre ~** wie Sie wünschen; **en faire à son ~** machen, was man will; **en prendre à son ~** avec qch es sich *dat* mit etw leicht machen.

aisé, e [eze] *adj* (*facile*) leicht; (*naturel*) ungezwungen; (*assez riche*) gut situiert.

aisément [ezemɑ̃] *adv* leicht.

aisselle [ɛsɛl] *nf* Achselhöhle *f*.

ait [ɛ] *vb voir* **avoir**.

ajonc [aʒɔ̃] *nm* (*gén pl*) Stechginster *m*.

ajouré, e [aʒuʀe] *adj* durchbrochen.

ajournement [aʒuʀnəmɑ̃] *nm* Vertagen *nt*.

ajourner [aʒuʀne] *vt* (*réunion, décision*) vertagen; (*candidat, conscrit*) einen späteren Termin geben +*dat*.

ajout [aʒu] *nm* Zusatz *m*.

ajouter [aʒute] *vt* hinzufügen; (*INFORM*) anfügen; **s'ajouter** *vpr*: **s'~ à** hinzukommen zu; **~ que** hinzufügen, daß ...; **~ à** (*augmenter*) vermehren; **~ foi à** Glauben schenken +*dat*.

ajustage [aʒystaʒ] *nm* Justieren *nt*, Einrichten *nt*.

ajusté, e [aʒyste] *adj* (*robe etc*) eng anliegend.

ajustement [aʒystəmɑ̃] *nm* (*statistique, prix*) Anpassung *f*; (*TECH*) Einstellen *nt*, Justierung *f*.

ajuster [aʒyste] *vt* (*TECH: régler*) justieren, einstellen; (*vêtement*) anpassen; (: *cravate*) richten; (*cible*) anvisieren; (*coup de feu*) ausrichten; **~ qch à** (*adapter*) etw anpassen an +*acc*.

ajusteur [aʒystœʀ] *nm* Metallarbeiter *m*.

al [al] *abr* = **année-lumière**.

alaise [alɛz] *nf voir* **alèse**.

alambic [alɑ̃bik] *nm* Destillierapparat *m*.

alambiqué, e [alɑ̃bike] *adj* (*style*) geschraubt.

alangui, e [alɑ̃gi] *adj* (*attitude, geste*) müde, schlapp.

alanguir [alɑ̃giʀ] *vt* ermüden, müde machen; **s'alanguir** *vpr* müde werden.

alarmant, e [alaʀmɑ̃, ɑ̃t] *adj* beunruhigend.

alarme [alaʀm] *nf* (*signal*) Alarm *m*; (*inquiétude*) Sorge *f*, Beunruhigung *f*; **donner l'~** Alarm schlagen; **à la première ~** beim ersten (An)zeichen von Gefahr.

alarmer [alaʀme] *vt* (*inquiéter*) beunruhigen, erschrecken; **s'alarmer** *vpr* sich *dat* Sorgen machen.

alarmiste [alaʀmist] *adj* Unheil prophezei-

end.

albanais, e [albanɛ, ɛz] *adj* albanisch ♦ *nm* (*LING*) Albanisch *nt* ♦ *nm/f*: **A~, e** Albaner(in) *m(f)*.

Albanie [albani] *nf*: **l'~** Albanien *nt*.

albâtre [albɑtʀ] *nm* Alabaster *m*.

albatros [albatʀos] *nm* Albatros *m*.

albigeois, e [albiʒwa, waz] *adj* aus Albi ♦ *nm/f*: **A~, e** (*HIST*) Albigenser *m*.

albinos [albinos] *nm/f* Albino *m*.

album [albɔm] *nm* Album *nt* ▸ **album de timbres** Briefmarkenalbum *nt*.

albumen [albymɛn] *nm* Eiweiß *nt*.

albumine [albymin] *nf* Albumin *nt*; **avoir** *ou* **faire de l'~** Eiweiß im Urin haben.

alcalin, e [alkalɛ̃, in] *adj* alkalisch.

alchimie [alʃimi] *nf* Alchimie *f*.

alchimiste [alʃimist] *nm/f* Alchimist(in) *m(f)*.

alcool [alkɔl] *nm* Alkohol *m*; **un ~** (*boisson*) ≈ ein Schnaps *m* ▸ **alcool à 90°** Wundbenzin *nt* ▸ **alcool à brûler** Brennspiritus *m* ▸ **alcool camphré** Kampferspiritus *m* (*zum Einreiben*) ▸ **alcool de poire** Birnengeist *m* ▸ **alcool de prune** Zwetschgenwasser *nt*.

alcoolémie [alkɔlemi] *nf*: **taux d'~** Alkoholspiegel *m* (*im Blut*).

alcoolique [alkɔlik] *adj* alkoholisch; (*personne*) alkoholsüchtig ♦ *nm/f* Alkoholiker(in) *m(f)*.

alcoolisé, e [alkɔlize] *adj* (*boisson*) alkoholisch, alkoholhaltig; **fortement/peu ~** mit hohem/niedrigem Alkoholgehalt.

alcoolisme [alkɔlism] *nm* Alkoholismus *m*.

alco(o)test ® [alkɔtɛst] *nm* (*épreuve*) Alkoholtest *m*; (*objet*) Teströhrchen *nt* (*für den Alkoholtest*).

alcôve [alkov] *nf* Alkoven *m*.

aléas [alea] *nmpl* Gefahren *pl*, Risiken *pl*.

aléatoire [aleatwaʀ] *adj* zufällig, (*INFORM, STAT*) Zufalls-.

alémanique [alemanik] *adj* alemannisch.

alentour [alɑ̃tuʀ] *adv* in der Umgebung; **~s** *nmpl* Umgebung *f*; **aux ~s de** in der Umgebung von; (*temps*) gegen.

alerte [alɛʀt] *adj* aufgeweckt ♦ *nf* (*signal*) Alarm *m*; (*inquiétude*) Beunruhigung *f*; **donner l'~** Alarm schlagen; **à la première ~** beim ersten (An)zeichen von Gefahr.

alerter [alɛʀte] *vt* (*pompiers etc*) alarmieren; (*informer, prévenir*) (darauf) aufmerksam machen.

alésage [alezaʒ] *nm* Bohrung *f*; (*diamètre intérieur*) Innendurchmesser *m*.

alèse [alɛz] *nf* Unterlaken *nt*.

aléser [aleze] *vt* ausbohren.

alevin [alvɛ̃] *nm* (*junger*) Zuchtfisch *m*.

alevinage [alvinaʒ] *nm* (*pisciculture*) Fischkultur *f*, Fischzucht *f*.

alexandrin [alɛksɑ̃dʀɛ̃] *nm* Alexandriner *m*.

alezan, e [alzɑ̃, an] *adj* fuchsrot.

algarade [algaʀad] *nf* (*dispute*) Auseinandersetzung *f*.

algèbre [alʒɛbʀ] *nf* Algebra *f*.

algébrique [alʒebʀik] *adj* algebraisch.

Alger [alʒe] *n* Algier *nt*.
Algérie [alʒeʀi] *nf*: l'~ Algerien *nt*.
algérien, ne [alʒeʀjɛ̃, jɛn] *adj* algerisch ♦ *nm/f*: A~, ne Algerier(in) *m(f)*.
algérois, e [alʒeʀwa, waz] *adj* aus Algier.
algorithme [algɔʀitm] *nm* Algorithmus *m*.
algue [alg] *nf* Alge *f*.
alias [aljas] *adv* alias.
alibi [alibi] *nm* Alibi *nt*.
aliénation [aljenasjɔ̃] *nf* (*v vb*) Veräußerung *f*; Aufgabe *f*; Entfremdung *f* ▶ **aliénation mentale** Geistesgestörtheit *f*.
aliéné, e [aljene] *nm/f* (*fou*) Geistesgestörte(r) *f(m)*.
aliéner [aljene] *vt* (*bien*) veräußern; (*liberté, indépendance*) aufgeben; (*PHILOS*) entfremden; **s'aliéner** *vpr* (*un ami*) sich entfremden +*dat*; (*les sympathies*) sich *dat* verscherzen.
alignement [aliɲ(ə)mɑ̃] *nm* (*v vb*) Ausrichtung *f*; Aufstellung *f*; Aneinanderreihung *f*; Angleichung *f*; **se mettre à l'~** sich ausrichten.
aligner [aliɲe] *vt* (*mettre en ligne*) in einer Reihe ausrichten; (*équipe*) aufstellen; (*idées, chiffres*) aneinanderreihen; **s'aligner** *vpr* (*soldats etc, POL*) sich ausrichten; (*concurrents*) sich aufstellen; ~ **qch sur** etw angleichen an +*acc*.
aliment [alimɑ̃] *nm* Nahrungsmittel *nt*; (*fig*) Nahrung *f* ▶ **aliment complet** Vollwertnahrung *f*.
alimentaire [alimɑ̃tɛʀ] *adj* Nahrungs-; (*péj: besogne*) lukrativ; **produits ou denrées** ~**s** Nahrungsmittel *pl*; **régime** ~ Diät *f*.
alimentation [alimɑ̃tasjɔ̃] *nf* Ernährung *f*; (*produits*) Lebensmittel *pl*; (*en eau, en électricité, COMM*) Versorgung *f*; (*INFORM*) Spannungsversorgung *f* ▶ **alimentation de base** Grundnahrungsmittel *pl* ▶ **alimentation en continu** (*INFORM*) Endlospapiereinzug *m* ▶ **alimentation à feuille** (*INFORM*) Einzelblatteinzug *m* ▶ **"alimentation générale"** „Lebensmittel" ▶ **alimentation en papier** Papiereinzug *m*.
alimenter [alimɑ̃te] *vt* ernähren; (*TECH*) versorgen; (*conversation*) in Gang halten; (*haine etc*) nähren; **s'alimenter** *vpr* Nahrung aufnehmen.
alinéa [alinea] *nm* Absatz *m*; **"nouvel** ~**"** „(neuer) Absatz".
aliter [alite] **s'**~ *vpr* sich ins Bett legen; **alité** (*malade*) bettlägerig.
alizé [alize] *adj, nm*: (*vent*) ~ Passat(wind) *m*.
allaitement [alɛtmɑ̃] *nm* (*de bébé*) Stillen *nt* ▶ **allaitement maternel** Stillen *nt* ▶ **allaitement mixte** Mischernährung *f*.
allaiter [alete] *vt* stillen; (*animal*) säugen.
allant [alɑ̃] *nm* Elan *m*.
alléchant, e [aleʃɑ̃, ɑ̃t] *adj* verlockend.
allécher [aleʃe] *vt* anlocken.
allée [ale] *nf* Allee *f*; ~**s** *nfpl*: ~**s et venues** Hin und Her *nt*.
allégation [a(l)legasjɔ̃] *nf* Behauptung *f*.
allégeance [aleʒɑ̃s] *nf* Treue *f*.
alléger [aleʒe] *vt* leichter machen; (*dette, im-*

pôt) senken; (*souffrance*) lindern.
allégorie [a(l)legɔʀi] *nf* Allegorie *f*.
allégorique [a(l)legɔʀik] *adj* allegorisch.
allègre [a(l)lɛgʀ] *adj* (*joyeux*) fröhlich.
allégresse [a(l)legʀɛs] *nf* Fröhlichkeit *f*.
allegretto [al(l)egʀɛ(t)to] *nm* Allegretto *nt* ♦ *adv* allegretto.
allegro [a(l)legʀo] *nm* Allegro *nt* ♦ *adv* allegro.
alléguer [a(l)lege] *vt* (*fait*) anführen; (*prétexte*) vorbringen.
Allemagne [almaɲ] *nf*: l'~ Deutschland *nt* ▶ **l'Allemagne de l'Est/de l'Ouest** Ost-/Westdeutschland *nt* ▶ **l'Allemagne fédérale** die Bundesrepublik Deutschland.
allemand, e [almɑ̃, ɑ̃d] *adj* deutsch ♦ *nm* (*LING*) Deutsch *nt* ♦ *nm/f*: A~, e Deutsche(r) *f(m)*; A~(e) de l'Est/de l'Ouest Ost-/Westdeutsche(r) *f(m)*.

======================= *MOT-CLÉ*

aller [ale] *vi* **1** (*se rendre*: *avec complément de lieu*) gehen; (*en voiture, train etc*) fahren; **aller à la chasse** auf die Jagd gehen; **aller à la pêche** angeln gehen; **aller au théâtre/concert/cinéma** ins Theater/Konzert/Kino gehen; **aller à l'école** in die Schule gehen; **aller jusqu'à Paris** bis Paris fahren; **aller jusqu'à 100 F** bis 100F gehen; **aller voir/chercher qn** jdn besuchen/abholen gehen
2 (*état*): **il va bien/mal/mieux** es geht ihm gut/schlecht/besser; **comment allez-vous/vas-tu?** wie geht es (Ihnen/dir)?; **comment ça va? wie** geht's?; **ça va? – oui, ça va** wie geht's? – gut; **ça va bien/mal** es geht mir gut/nicht gut; **tout va bien** alles läuft bestens; **ça ne va pas?** (*exclamatif*) du spinnst wohl!
3 (*convenir*) passen +*dat*; (*suj: style, couleur etc*) stehen +*dat*; **cette robe vous va très bien** dieses Kleid steht Ihnen sehr gut; **cela me va** das paßt mir; **allez** avec passen zu
4 (*futur proche*): **je vais y aller/me fâcher/le faire** ich werde hingehen/mich ärgern/das machen; **je vais m'en occuper demain** ich kümmere mich morgen darum
5 (*progression*): **aller en empirant/augmentant** immer schlimmer/mehr werden
6 (*exclamation*): **allons!** los!; **allez!** los!; **allons-y!** auf geht's!; **allons donc!** ach, komm!; **allez, fais un effort!** Mensch, streng dich ein bißchen an!; **allez, je m'en vais** also, ich gehe jetzt; **allez, au revoir** na dann, auf Wiedersehen
7 (*locutions*): **il n'y est pas allé par quatre chemins** er hat nicht lange gefackelt; **tu y vas un peu trop fort** du gehst ein bißchen weit; **se laisser aller** (*se négliger*) sich gehenlassen; **il y va de leur vie** es geht um ihr Leben; **ça ne va pas sans difficultés/protestations** das geht nicht ohne Schwierigkeiten/Proteste ab; **ça va de soi** das versteht sich von selbst; **ça va sans dire** das versteht sich von selbst, das ist selbstverständlich; **il va sans dire que …** es versteht sich von selbst, daß …

♦ _vpr_: **s'en aller 1** (_partir_) weggehen **2** (_disparaître_) verschwinden ♦ _nm_ **1** (_trajet_) Hinweg _m_ **2** (_billet_) einfache Fahrkarte _f_; **aller simple** einfache Fahrkarte; **aller et retour** Rückfahrkarte _f_.

allergène [alɛʀʒɛn] _nm_ Allergen _nt_.

allergie [alɛʀʒi] _nf_ Allergie _f_.

allergique [alɛʀʒik] _adj_ allergisch; ~ **à** allergisch auf +_acc_.

alliage [aljaʒ] _nm_ Legierung _f_.

alliance [aljɑ̃s] _nf_ (_MIL, POL_) Allianz _f_; (_mariage_) Ehebund _m_; (_bague_) Ehering _m_; **neveu par** ~ angeheirateter Neffe _m_.

allié, e [alje] _adj_ verbündet; (_par mariage_) angeheiratet ♦ _nm/f_ Verbündete(r) _f(m)_; **les A~s** (_HIST_) die Alliierten _pl_; **parents et** ~**s** Eltern und angeheiratete Verwandte _pl_.

allier [alje] _vt_ verbünden; (_métaux_) legieren; (_éléments_) verbinden; (_qualités_) gemeinsam haben; **s'allier** _vpr_ (_pays, personnes_) sich verbünden; (_éléments, caractéristiques_) sich verbinden; **s'~ à qn** sich mit jdm verbünden.

alligator [aligatɔʀ] _nm_ Alligator _m_.

allitération [a(l)liteʀasjɔ̃] _nf_ Alliteration _f_.

allô [alo] _excl_ hallo.

allocataire [alɔkatɛʀ] _nm/f_ Empfänger(in) _m(f)_ (_einer Beihilfe_).

allocation [alɔkasjɔ̃] _nf_ (_somme allouée_) Unterstützung _f_, Beihilfe _f_; (_action_) Zuteilung _f_, Zuweisung _f_ ▶ **allocation (de) chômage** Arbeitslosenunterstützung _f_ ▶ **allocation (de) logement** Wohngeld _nt_ ▶ **allocation de maternité** Mutterschaftsgeld _nt_ ▶ **allocations familiales** Familienhilfe _f_.

allocution [a(l)lɔkysjɔ̃] _nf_ kurze Ansprache _f_ ▶ **allocution télévisée** Fernsehansprache _f_.

allongé, e [alɔ̃ʒe] _adj_ (_étendu_) ausgestreckt; (_oblong_) länglich; **rester** ~ liegen bleiben; (_se reposer_) sich ausruhen; **mine** ~**e** langes Gesicht _nt_.

allonger [alɔ̃ʒe] _vt_ verlängern; (_étendre: bras, jambe_) ausstrecken; (_fam: donner: coup_) austeilen; (: _argent_) hinblättern; **s'allonger** _vpr_ (_se coucher_) sich hinlegen _ou_ ausstrecken; ~ **le pas** seinen Schritt beschleunigen; ~ **la sauce** (_fig_) alles breit auswalzen.

allouer [alwe] _vt_: ~ **qch à qn** jdm etw zuweisen _ou_ zuteilen.

allumage [alymaʒ] _nm_ (_AUTO_) Zündung _f_.

allume-cigare [alymsigaʀ] _nm inv_ Zigarrenanzünder _m_.

allume-gaz [alymgɑz] _nm inv_ Gasanzünder _m_.

allumer [alyme] _vt_ anzünden; (_lampe, radio_) einschalten; (_chauffage_) anschalten, anmachen; **s'allumer** _vpr_ angehen; ~ (**la lumière** _ou_ **l'électricité**) das Licht anmachen; ~ **le feu** das Feuer anmachen; ~ **un feu** ein Feuer machen.

allumette [alymɛt] _nf_ Streichholz _nt_ ▶ **allumettes au fromage** Käsestangen _pl_.

allumeur [alymœʀ] _nm_ (_AUTO_) Zündung _f_.

allumeuse [alymøz] _nf_ Vamp _m_.

allure [alyʀ] _nf_ (_vitesse_) Geschwindigkeit _f_; (_démarche_) Gang _m_; (_aspect_) Aussehen _nt_; **avoir de l'**~ Stil haben; **à toute** ~ mit voller Geschwindigkeit.

allusion [a(l)lyzjɔ̃] _nf_ Anspielung _f_; **faire** ~ **à qch** auf etw _acc_ anspielen.

alluvions [a(l)lyvjɔ̃] _nfpl_ Anschwemmung _f_.

almanach [almana] _nm_ Almanach _m_.

aloès [alɔɛs] _nm_ Aloe _f_.

aloi [alwa] _nm_: **de mauvais** ~ miserabel; **de bon** ~ wirklich gut.

alors [alɔʀ] _adv_ (_à ce moment-là_) damals ♦ _conj_ (_par conséquent_) dann; **il habitait** ~ **à Paris** er lebte damals _ou_ zu der Zeit in Paris; **tu as fini?** ~ **je m'en vais** bist du fertig? dann gehe ich; **et** ~**?** und dann?; (_indifférence_) ja _ou_ na und?; ~ **que** (_au moment où_) als; (_pendant que_) während, als; (_tandis que_) während; **il est arrivé** ~ **que je partais** er kam, als ich gerade ging; ~ **qu'il était à Paris, il a visité ...** während _ou_ als er in Paris war, hat er ... besucht; ~ **que son frère travaillait dur, lui se reposait** während sein Bruder hart arbeitete, ruhte er sich aus.

alouette [alwɛt] _nf_ Lerche _f_.

alourdir [aluʀdiʀ] _vt_ beschweren; (_style, démarche_) schwerfällig machen; **s'alourdir** _vpr_ schwerer werden.

aloyau [alwajo] _nm_ Lendenfilet _nt_.

alpaga [alpaga] _nm_ (_tissu_) Alpaka _nt_.

alpage [alpaʒ] _nm_ Alm _f_.

Alpes [alp] _nfpl_: **les** ~ die Alpen _pl_.

alpestre [alpɛstʀ] _adj_ alpin, Alpen-.

alphabet [alfabɛ] _nm_ Alphabet _nt_; (_livre_) Fibel _f_.

alphabétique [alfabetik] _adj_ alphabetisch; **par ordre** ~ in alphabetischer Reihenfolge.

alphabétisation [alfabetizasjɔ̃] _nf_ Alphabetisierung _f_.

alphabétiser [alfabetize] _vt_ alphabetisieren, das Lesen und Schreiben beibringen +_dat_.

alphanumérique [alfanymeʀik] _adj_ alphanumerisch.

alpin, e [alpɛ̃, in] _adj_ Alpen-, alpin; **club** ~ Alpenverein _m_.

alpinisme [alpinism] _nm_ Bergsteigen _nt_.

alpiniste [alpinist] _nm/f_ Bergsteiger(in) _m(f)_.

Alsace [alzas] _nf_: **l'**~ das Elsaß.

alsacien, ne [alzasjɛ̃, jɛn] _adj_ elsässisch ♦ _nm/f_: **A~, ne** Elsässer(in) _m(f)_.

altercation [altɛʀkasjɔ̃] _nf_ (_heftige_) Auseinandersetzung _f_.

alter ego [altɛʀego] _nm_ Alter ego _nt_.

altérer [alteʀe] _vt_ (_faits_) (ab)ändern; (_vérité_) verdrehen; (_qualité_) beeinträchtigen; (_INFORM: données_) beschädigen; **s'altérer** _vpr_ sich verschlechtern.

alternance [altɛʀnɑ̃s] _nf_ Abwechseln _nt_; **en** ~ abwechselnd.

alternateur [altɛʀnatœʀ] _nm_ Wechselstromgenerator _m_.

alternatif, -ive [altɛʀnatif, iv] _adj_ wechselnd;

courant ~ Wechselstrom *m*.
alternative [altɛrnativ] *nf* Alternative *f*; (*entre deux possibilités*) Wahl *f*.
alternativement [altɛrnativmã] *adv* abwechselnd.
alterner [altɛrne] *vt* abwechseln ♦ *vi* sich abwechseln; ~ **avec qch** sich mit etw abwechseln.
Altesse [altɛs] *nf*: **Son** ~ **le roi** Seine Hoheit, der König; **Son** ~ **la reine** Ihre Hoheit, die Königin.
altier, -ière [altje, jɛr] *adj* hochmütig.
altimètre [altimɛtr] *nm* Höhenmesser *m*.
altiport [altipɔr] *nm* Landeplatz im Hochgebirge.
altiste [altist] *nm/f* Bratschist(in) *m(f)*.
altitude [altityd] *nf* Höhe *f* (*über dem Meeresspiegel*); **à 500 m d'**~ in 500 m Höhe; **en** ~ in großer Höhe; **perdre/prendre de l'**~ an Höhe verlieren/gewinnen; **voler à haute/basse** ~ hoch/tief fliegen.
alto [alto] *nm* (*instrument*) Bratsche *f* ♦ *nf* (*chanteuse*) Altistin *f*.
altruisme [altryism] *nm* Altruismus *m*.
altruiste [altryist] *adj* altruistisch.
aluminium [alyminjɔm] *nm* Aluminium *nt*.
alun [alœ̃] *nm* Alaun *nt*.
alunir [alynir] *vi* auf dem Mond landen.
alunissage [alynisaʒ] *nm* Mondlandung *f*.
alvéole [alveɔl] *nf* (*de ruche etc*) (Bienen)wabe *f*; (*pulmonaire*) Alveole *f*.
alvéolé, e [alveɔle] *adj*: **carton** ~ Wellpappe *f*.
amabilité [amabilite] *nf* Liebenswürdigkeit *f*; **il a eu l'**~ **de ...** er war so liebenswürdig zu ... .
amadou [amadu] *nm* Zunder *m*.
amadouer [amadwe] *vt* beschwichtigen.
amaigrir [amegrir] *vt* abmagern.
amaigrissant, e [amegrisã, ãt] *adj*: **régime** ~ Abmagerungskur *f*.
amalgame [amalgam] *nm* Amalgam *nt*; (*de gens, d'idées*) Mischung *f*.
amalgamer [amalgame] *vt* vermischen.
amande [amãd] *nf* Mandel *f*; (*de noyau de fruit*) Kern *m*; **en** ~ mandelförmig.
amandier [amãdje] *nm* Mandelbaum *m*.
amanite [amanit] *nf* Pilz der Gattung Amanita; ~ **tue-mouches** Fliegenpilz *m*.
amant, e [amã, ãt] *nm/f* Geliebte(r) *f(m)*.
amarrer [amare] *vt* (NAUT) festmachen; (*paquet, valise*) festbinden.
amarres [amar] (NAUT) *nfpl* Leinen *pl*.
amaryllis [amarilis] *nf* Amaryllis *f*.
amas [ama] *nm* Haufen *m*.
amasser [amase] *vt* anhäufen; **s'amasser** *vpr* (*choses, preuves*) sich anhäufen; (*foule*) sich versammeln.
amateur [amatœr] *nm* Amateur(in) *m(f)*; **en** ~ (*péj*) amateurhaft; **musicien** ~ Laienmusiker(in) *m(f)*; **sportif** ~ Amateursportler(in) *m(f)* ▶ **amateur de musique/de sport** Musik-/Sportfreund(in) *m(f)*.
amateurisme [amatœrism] *nm* (SPORT) Amateurstatus *m*; (*péj*) Laienhaftigkeit *f*.

Amazone [amazon] *nf* Amazonas *m*.
amazone [amazon] *nf*: **en** ~ im Damensitz.
Amazonie [amazɔni] *nf*: **l'**~ Amazonien *nt*.
ambages [ãbaʒ]: **sans** ~ *adv* frei von der Leber weg.
ambassade [ãbasad] *nf* Botschaft *f*; **secrétaire/attaché d'**~ Botschaftssekretär *m*/ Botschaftsattaché *m*.
ambassadeur, -drice [ãbasadœr, dris] *nm/f* Botschafter(in) *m(f)*.
ambiance [ãbjãs] *nf* Atmosphäre *f*; **il y a de l'**~ (*fam*) es ist Stimmung in der Bude.
ambiant, e [ãbjã, jãt] *adj* umgebend; **milieu** ~ Umgebung *f*.
ambidextre [ãbidɛkstr] *adj* mit beiden Händen gleich geschickt.
ambigu, -uë [ãbigy] *adj* zweideutig, doppeldeutig.
ambiguïté [ãbiguite] *nf* Doppeldeutigkeit *f*.
ambitieux, -euse [ãbisjø, jøz] *adj* ehrgeizig ♦ *nm/f* ehrgeiziger Mensch *m*.
ambition [ãbisjɔ̃] *nf* Ehrgeiz *m*; **une** ~ (*but*) eine Ambition.
ambitionner [ãbisjɔne] *vt* anstreben.
ambivalent, e [ãbivalã, ãt] *adj* ambivalent.
amble [ãbl] *nm*: **aller l'**~ im Paßgang gehen.
ambre [ãbr] *nm*: ~ **jaune** Bernstein *m* ▶ **ambre gris** Amber *m*, Ambra *f*.
ambré, e [ãbre] *adj* (*couleur*) bernsteinfarben; (*parfum*) mit Ambra.
ambulance [ãbylãs] *nf* Krankenwagen *m*.
ambulancier, -ière [ãbylãsje, jɛr] *nm/f* Sanitäter(in) *m(f)*.
ambulant, e [ãbylã, ãt] *adj* (*cirque*) Wander-; (*marchand, bureau*) fliegend.
âme [am] *nf* Seele *f*; **rendre l'**~ den Geist aufgeben; **joueur dans l'**~ Spieler *m* mit Leib und Seele; **tricheur dans l'**~ Betrüger *m* durch und durch; **une bonne** ~ eine treue Seele ▶ **âme sœur** verwandte Seele.
amélioration [ameljɔrasjɔ̃] *nf* Verbesserung *f*.
améliorer [ameljɔre] *vt* verbessern; **s'améliorer** *vpr* besser werden, sich bessern.
aménagement [amenaʒmã] *nm* (*d'un local*) Ausstattung *f*; (*d'un espace, d'un terrain*) Einrichtung *f*; **l'**~ **du territoire** ≈ Raumplanung *f* (*für Frankreich*) ▶ **aménagements fiscaux** Finanzplanung *f*.
aménager [amenaʒe] *vt* (*local*) einrichten; (*espace, terrain*) anlegen; (*mansarde, vieux bâtiment*) umbauen; (*coin-cuisine, placards*) einbauen.
amende [amãd] *nf* Geldstrafe *f*; **mettre à l'**~ bestrafen; **faire** ~ **honorable** sich öffentlich schuldig bekennen.
amendement [amãdmã] *nm* (JUR) Gesetzesänderung *f*.
amender [amãde] *vt* (*loi*) ändern; (*terre*) verbessern; **s'amender** *vpr* sich bessern.
amène [amɛn] *adj*: **peu** ~ wenig liebenswert.
amener [am(ə)ne] *vt* mitbringen; (*occasionner*) mit sich führen; (*drapeau, voiles*) abnehmen; **s'amener** (*fam*) *vpr* aufkreuzen; ~ **qn à faire**

qch jdn dazu bringen, etw zu tun.
amenuiser [amənɥize]: **s'~** *vpr* (*ressources*) sich erschöpfen; (*chances*) schwinden.
amer, amère [amɛR] *adj* bitter.
américain, e [ameRikɛ̃, ɛn] *adj* amerikanisch ♦ *nm* (*LING*) amerikanisches Englisch *nt* ♦ *nm/f*: A~, e Amerikaner(in) *m(f)*; **en vedette ~e** als besonderer Gast.
américaniser [ameRikanize] *vt* amerikanisieren.
américanisme [ameRikanism] *nm* (*LING*) Amerikanismus *m*.
amérindien, ne [ameRɛ̃djɛ̃, jɛn] *adj* indianisch.
Amérique [ameRik] *nf* Amerika *nt* ▶ **l'Amérique centrale** Zentralamerika *nt* ▶ **l'Amérique latine** Lateinamerika *nt* ▶ **l'Amérique du Nord/du Sud** Nord-/Südamerika *nt*.
Amerloque [amɛRlɔk] (*péj*) *nm/f* Ami *m*.
amerrir [ameRiR] *vi* wassern.
amerrissage [ameRisaʒ] *nm* Wassern *nt*.
amertume [amɛRtym] *nf* Bitterkeit *f*.
améthyste [ametist] *nf* Amethyst *m*.
ameublement [amœbləmã] *nm* Einrichtung *f*; **articles d'~** Möbelstücke *pl*; **tissu d'~** Möbelstoff *m*.
ameublir [amœbliR] *vt* lockern.
ameuter [amøte] *vt* (*attrouper*) zusammenlaufen lassen; (*soulever*) aufwiegeln.
ami, e [ami] *nm/f* Freund(in) *m(f)* ♦ *adj* befreundet; **être (très) ~ avec qn** mit jdm gut befreundet sein; **un ~ des arts** ein Kunstfreund *m*; **petit ~/petite ~e** (*fam*) Liebchen *nt*.
amiable [amjabl] *adj*: **à l'~** gütlich.
amiante [amjɑ̃t] *nm* Asbest *m*.
amibe [amib] *nf* Amöbe *f*.
amical, e, -aux [amikal, o] *adj* (*personne*) freundlich; (*conseil, attitude*) freundschaftlich.
amicale [amikal] *nf* Verein *m*.
amicalement [amikalmã] *adv* freundschaftlich; (*formule épistolaire*) ≈ mit freundlichen Grüßen.
amidon [amidɔ̃] *nm* Stärke *f*.
amidonner [amidɔne] *vt* stärken.
amincir [amɛ̃siR] *vt* (*objet*) dünn machen; (*personne*) schlank machen; **s'amincir** *vpr* (*objet*) dünner werden; (*personne*) schlanker werden.
amincissant, e [amɛ̃sisã, ãt] *adj* Schlankheits-.
aminé, e [amine] *adj*: **acide ~** Aminosäure *f*.
amiral, -aux [amiRal, o] *nm* Admiral *m*.
amirauté [amiRote] *nf* Admiralität *f*.
amitié [amitje] *nf* Freundschaft *f*; **avoir de l'~ pour qn** Freundschaft für jdn empfinden; **faire ses ~s à qn** jdm herzliche Grüße übermitteln *ou* ausrichten; **~s** (*formule épistolaire*) ≈ herzliche Grüße.
ammoniac [amɔnjak] *nm*: (**gaz**) **~** Ammoniak *m*.
ammoniaque [amɔnjak] *nf* Salmiakgeist *m*.
amnésie [amnezi] *nf* Gedächtnisverlust *m*.

amnésique [amnezik] *adj*: **elle est ~** sie hat ihr Gedächtnis verloren.
amniocentèse [amnjosɛ̃tɛz] *nf* Amniozentese *f*.
amnistie [amnisti] *nf* Amnestie *f*.
amnistier [amnistje] *vt* amnestieren.
amocher [amɔʃe] (*fam*) *vt* (*paysage, objet*) kaputtmachen; (*personne*) ramponieren, zurichten.
amoindrir [amwɛ̃dRiR] *vt* vermindern.
amollir [amɔliR] *vt* weich machen.
amonceler [amɔ̃s(ə)le] *vt* anhäufen; **s'amonceler** *vpr* (*nuages*) sich auftürmen; (*en tas*) sich anhäufen.
amoncellement [amɔ̃sɛlmã] *nm* (*tas*) Häufung *f*.
amont [amɔ̃] *adv*: **en ~** (*sur un cours d'eau*) stromaufwärts; (*sur une pente*) bergauf; **en ~ de** (*sur un cours d'eau*) stromaufwärts von; (*sur une pente*) weiter oben als.
amoral, e, -aux [amɔRal, o] *adj* amoralisch.
amorce [amɔRs] *nf* (*sur un hameçon*) Köder *m*; (*explosif*) Zünder *m*; (: *de pistolet d'enfant*) Knallplättchen *nt*; (*fig: début*) Anfänge *pl*.
amorcer [amɔRse] *vt* (*négociations*) in die Wege leiten; (*virage*) anfahren; **~ un hameçon** einen Köder an den Angelhaken hängen.
amorphe [amɔRf] *adj* träge, passiv.
amortir [amɔRtiR] *vt* (*choc, bruit*) dämpfen; (*dette*) abbezahlen; (*mise de fonds, matériel*) abschreiben; **~ un abonnement** ein Abo nement (voll) ausnutzen.
amortissable [amɔRtisabl] *adj* (*COMM*) abschreibbar.
amortissement [amɔRtismã] *nm* (*de choc*) Dämpfen *nt*; (*d'une dette*) Abbezahlen *nt*.
amortisseur [amɔRtisœR] *nm* (*AUTO*) Stoßdämpfer *m*.
amour [amuR] *nm* Liebe *f*; (*statuette etc*) Amorette *f*; **faire l'~** sich lieben; **un ~ de petit chat/de petite fille** ein süßes kleines Kätzchen/Mädchen; **l'~ libre** die freie Liebe; **filer le parfait ~** die wahre Liebe gefunden haben ▶ **amour platonique** platonische Liebe.
amouracher [amuRaʃe]: **s'~ de** *vpr* (*fam*) sich verschießen in +*acc*.
amourette [amuRɛt] *nf* (*flirt*) Liebelei *f*.
amoureusement [amuRøzmã] *adv* verliebt; (*avec soin*) liebevoll.
amoureux, -euse [amuRø, øz] *adj* verliebt; (*vie*) Liebes- ♦ *nm/f* Geliebte(r) *f(m)* ♦ *nmpl* Liebespaar *nt*; **problèmes ~** Liebeskummer *m*; **être ~ (de qn)** (in jdn) verliebt sein; **tomber ~ (de qn)** sich (in jdn) verlieben; **un ~ de la nature** ein Naturliebhaber *m*.
amour-propre [amuRpRɔpR] (*pl* **~s-~s**) *nm* Selbstachtung *f*.
amovible [amɔvibl] *adj* abnehmbar; (*fonctionnaire*) versetzbar.
ampère [ɑ̃pɛR] *nm* Ampère *nt*.
ampèremètre [ɑ̃pɛRmɛtR] *nm* Amperemeter *nt*.
amphétamine [ɑ̃fetamin] *nf* Amphetamin *nt*,

Aufputschmittel *nt*.

amphi [ãfi] *(fam)* *nm* Hörsaal *m*.

amphibie [ãfibi] *nm* (*ZOOL*) Amphibie *f* ♦ *adj*: **véhicule** ~ Amphibienfahrzeug *nt*.

amphibien [ãfibjɛ̃] *nm* Amphibie *f*.

amphithéâtre [ãfiteatʀ] *nm* Amphitheater *nt*; (*UNIV*) Hörsaal *m*.

amphore [ãfɔʀ] *nf* Amphore *f*.

ample [ãpl] *adj* (*vêtement*) weit; (*gestes, mouvement*) ausladend; (*ressources*) üppig, reichlich.

amplement [ãpləmã] *adv* (*abondamment*) reichlich.

ampleur [ãplœʀ] *nf* (*de vêtement*) Weite *f*; (*d'un désastre, d'une manifestation*) Ausmaß *nt*.

ampli [ãpli] *abr m* = **amplificateur**.

amplificateur [ãplifikatœʀ] *nm* Verstärker *m*.

amplification [ãplifikasjɔ̃] *nf* Verstärkung *f*; (*fig*) Vergrößerung *f*.

amplifier [ãplifje] *vt* (*son, oscillation*) verstärken; (*importance, quantité*) vergrößern.

amplitude [ãplityd] *nf* (*PHYS*) Amplitude *f*; (*des températures*) Schwankung *f*.

ampoule [ãpul] *nf* (*ÉLEC*) (Glüh)birne *f*; (*de médicament*) Ampulle *f*; (*aux mains, pieds*) Blase *f*.

ampoulé, e [ãpule] (*péj*) *adj* (*style, discours*) geschwollen, schwülstig.

amputation [ãpytasjɔ̃] *nf* (*MÉD*) Amputation *f*; (*de budget etc*) drastische Kürzung *f*.

amputer [ãpyte] *vt* (*MÉD*) amputieren; (*texte, budget*) drastisch kürzen.

Amsterdam [amstɛʀdam] *n* Amsterdam *nt*.

amusant, e [amyzã, ãt] *adj* amüsant, komisch; (*jeu*) unterhaltsam.

amuse-gueule [amyzgœl] *nm inv* Appetithappen *m*.

amusement [amyzmã] *nm* (*hilarité*) Belustigung *f*; (*jeu, divertissement*) Unterhaltung *f*.

amuser [amyze] *vt* (*divertir*) unterhalten; (*faire rire*) belustigen; (*détourner l'attention de*) zerstreuen; **s'amuser** *vpr* (*jouer*) spielen; (*se divertir*) sich amüsieren; **s'~ de qch** sich über etw *acc* amüsieren; **s'~ de qn** sich über jdn lustig machen.

amusette [amyzɛt] *nf* Zeitvertreib *m*.

amuseur [amyzœʀ] *nm* Spaßmacher *m*.

amygdale [amidal] *nf* (Rachen)mandel *f*; **opérer qn des** ~**s** jdm die Mandeln herausnehmen.

amygdalite [amidalit] *nf* Mandelentzündung *f*.

AN [aɛn] *sigle f* (= *Assemblée nationale*) *voir* **assemblée**.

an [ã] *nm* Jahr *nt*; **en l'~ 1980** (im Jahre) 1980.

anabolisants [anabɔlizã] *nmpl* Anabolika *pl*.

anachronique [anakʀɔnik] *adj* nicht zeitgemäß, anachronistisch.

anachronisme [anakʀɔnism] *nm* Anachronismus *m*.

anaconda [anakɔ̃da] *nm* Anakonda *f*.

anaérobie [anaeʀɔbi] *adj* anaerobisch.

anagramme [anagʀam] *nf* Anagramm *nt*.

anal, e, -aux [anal, o] *adj* anal.

analgésique [analʒezik] *nm* Schmerzmittel *nt*.

anallergique [analɛʀʒik] *adj* antiallergisch.

analogie [analɔʒi] *nf* Analogie *f*.

analogique [analɔʒik] *adj* analog, Analog-; **calculateur** ~ Analogrechner *m*; **montre** ~ Uhr *f* mit Zeigern.

analogiquement [analɔʒikmã] *adv* analog.

analogue [analɔg] *adj* analog, Analog-; ~ **à** analog zu.

analphabète [analfabɛt] *nm/f* Analphabet(in) *m(f)*.

analphabétisme [analfabetism] *nm* Analphabetentum *nt*.

analyse [analiz] *nf* Analyse *f*; (*MATH*) Infinitesimalrechnung *f*; (*PSYCH*) (Psycho)analyse *f*; **faire l'~ de qch** etw analysieren; **en dernière** ~ nach reiflicher Überlegung; **avoir l'esprit d'~** einen analytischen Verstand haben.

analyser [analize] *vt* analysieren.

analyste [analist] *nm/f* (*PSYCH*) Analytiker(in) *m(f)*.

analyste-programmeur, -euse [analistpʀɔgʀamœʀ, øz] (*pl* ~**s-**~**s**, **-euses**) *nm/f* Programmanalytiker(in) *m(f)*.

analytique [analitik] *adj* (*esprit, table*) analytisch.

analytiquement [analitikmã] *adv* analytisch.

ananas [anana(s)] *nm* Ananas *f*.

anarchie [anaʀʃi] *nf* Anarchie *f*.

anarchique [anaʀʃik] *adj* anarchisch.

anarchisme [anaʀʃism] *nm* Anarchismus *m*.

anarchiste [anaʀʃist] *adj* anarchistisch ♦ *nm/f* Anarchist(in) *m(f)*.

anathème [anatɛm] *nm*: **jeter l'~ sur qn** jdn mit dem Bann belegen.

anatomie [anatɔmi] *nf* Anatomie *f*; (*formes corporelles*) Figur *f*.

anatomique [anatɔmik] *adj* anatomisch.

ancestral, e, -aux [ãsɛstʀal, o] *adj* (*des ancêtres*) Ahnen-.

ancêtre [ãsɛtʀ] *nm/f* Vorfahr *m*; ~**s** *nmpl* Vorfahren *pl*, Ahnen *pl*; **l'~ de** (*fig*) der Vorgänger *ou* Vorläufer von.

anche [ãʃ] *nf* Rohrblatt *nt*.

anchois [ãʃwa] *nm* Sardelle *f*.

ancien, ne [ãsjɛ̃, jɛn] *adj* alt; (*de l'antiquité*) antik; (*précédent*) ehemalig ♦ *nm/f* (*personne*) Älteste(r) *f(m)* ♦ *nm*: **l'~** Antiquitäten *pl*; **mon ~ne voiture** mein altes *ou* früheres Auto; **être plus** ~ **que qn** (*dans une entreprise*) dienstälter sein als jd ► **ancien combattant** Veteran *m* ► **ancien (élève)** Ehemalige(r) *f(m)*.

anciennement [ãsjɛnmã] *adv* früher.

ancienneté [ãsjɛnte] *nf* (*d'une coutume*) Alter *nt*; (*temps de service*) Dienstalter *nt*.

ancrage [ãkʀaʒ] *nm* (*NAUT*) Ankern *nt*; (*d'un câble, CONSTR*) Verankerung *f*.

ancre [ãkʀ] *nf* (*NAUT*) Anker *m*; **jeter/lever l'~** den Anker werfen/lichten; **à l'~** vor Anker.

ancrer [ãkʀe] *vt* verankern; **s'ancrer** *vpr* Anker werfen; (*fig*) sich festsetzen.

andalou, -ouse [ãdalu, uz] *adj* andalusisch.

Andalousie [ãdaluzi] *nf*: **l'~** Andalusien *nt*.

Andes [ɑ̃d] *nfpl* Anden *pl.*
Andorre [ɑ̃dɔʀ] *nf* Andorra *nt.*
andouille [ɑ̃duj] *nf* Art Wurst *(mit Innereien)*; *(fam)* Trottel *m.*
andouiller [ɑ̃duje] *nm* Geweihstange *f.*
andouillette [ɑ̃dujɛt] *nf* Art Würstchen *(mit Innereien).*
âne [ɑn] *nm* Esel *m.*
anéantir [aneɑ̃tiʀ] *vt* vernichten; *(espoirs)* zunichte machen; *(déprimer)* fertigmachen.
anecdote [anɛkdɔt] *nf* Anekdote *f.*
anecdotique [anɛkdɔtik] *adj* anekdotisch.
anémie [anemi] *nf* Anämie *f.*
anémié, e [anemje] *adj* anämisch; *(fig)* entkräftet.
anémique [anemik] *adj* anämisch.
anémone [anemɔn] *nf* Anemone *f;* ~ **de mer** Seeanemone *f.*
ânerie [ɑnʀi] *nf* Eselei *f,* Dummheit *f.*
ânesse [ɑnɛs] *nf* Eselin *f.*
anesthésie [anɛstezi] *nf* Narkose *f,* Betäubung *f;* **sous** ~ unter Narkose ▶ **anesthésie générale** Vollnarkose *f* ▶ **anesthésie locale** Lokalanästhesie *f,* örtliche Betäubung.
anesthésier [anɛstezje] *vt* betäuben.
anesthésique [anɛstezik] *nm* Narkose *f.*
anesthésiste [anɛstezist] *nm/f* Anästhesist(in) *m(f).*
anfractuosité [ɑ̃fʀaktɥozite] *nf* Spalte *f.*
ange [ɑ̃ʒ] *nm* Engel *m;* **être aux** ~**s** im siebten Himmel sein, auf Wolken schweben ▶ **ange gardien** Schutzengel *m.*
angélique [ɑ̃ʒelik] *adj* engelgleich ♦ *nf (BOT)* Engelwurz *f;* *(CULIN)* Angelika *nt.*
angelot [ɑ̃ʒ(ə)lo] *nm* Putte *f.*
angélus [ɑ̃ʒelys] *nm (cloches)* Angelusläuten *nt.*
angevin, e [ɑ̃ʒ(ə)vɛ̃, in] *adj* aus Anjou ♦ *nm/f:* **A**~, **e** Person *f* aus Anjou.
angine [ɑ̃ʒin] *nf* Angina *f* ▶ **angine de poitrine** Angina pectoris *f.*
angiome [ɑ̃ʒjom] *nm* Feuermal *nt,* Gefäßgeschwulst *f.*
anglais, e [ɑ̃glɛ, ɛz] *adj* englisch ♦ *nm (LING)* Englisch *nt* ♦ *nm/f:* **A**~, **e** Engländer(in) *m(f);* ~**es** *nfpl (coiffure)* Schillerlocken *pl;* **filer à l'**~**e** sich (auf) französisch verabschieden; **à l'**~**e** *(CULIN)* à l'Anglaise, gedünstet.
angle [ɑ̃gl] *nm (MATH)* Winkel *m;* *(coin)* Ecke *f;* *(fig: point de vue)* Blickwinkel *m* ▶ **angle aigu** spitzer Winkel ▶ **angle droit** rechter Winkel ▶ **angle mort** toter Winkel ▶ **angle obtus** stumpfer Winkel.
Angleterre [ɑ̃glətɛʀ] *nf:* **l'**~ England *nt.*
anglican, e [ɑ̃glikɑ̃, an] *adj* anglikanisch ♦ *nm/f* Anglikaner(in) *m(f).*
anglicanisme [ɑ̃glikanism] *nm* Anglikanismus *m.*
anglicisme [ɑ̃glisism] *nm* Anglizismus *m.*
angliciste [ɑ̃glisist] *nm/f (étudiant)* Anglistikstudent(in) *m(f);* *(spécialiste)* Anglist(in) *m(f).*
anglo [ɑ̃glɔ] *préf* anglo-, Anglo-.
anglo-américain, e [ɑ̃gloameʀikɛ̃, ɛn] *(pl* ~-

~**s, -es)** *adj* angloamerikanisch ♦ *nm (LING)* amerikanisches Englisch *nt.*
anglo-canadien, ne [ɑ̃glokanadjɛ̃, jɛn] *(pl* ~-~**s, -ennes)** *adj* anglokanadisch ♦ *nm (LING)* kanadisches Englisch *nt.*
anglo-normand, e [ɑ̃glonɔʀmɑ̃, ɑ̃d] *(pl* ~-~**s, -es)** *adj:* **les îles** ~-~**es** die Kanalinseln *pl.*
anglophile [ɑ̃glɔfil] *adj* anglophil.
anglophobe [ɑ̃glɔfɔb] *adj* anglophob.
anglophone [ɑ̃glɔfɔn] *adj* englischsprachig.
anglo-saxon, -onne [ɑ̃glosaksɔ̃, ɔn] *(pl* ~-~**s, -onnes)** *adj* angelsächsisch.
angoissant, e [ɑ̃gwasɑ̃, ɑ̃t] *adj* beängstigend.
angoisse [ɑ̃gwas] *nf* Angst *f;* **avoir des** ~**s** Ängste ausstehen.
angoissé, e [ɑ̃gwase] *adj (geste, voix etc)* angsterfüllt; *(personne)* verängstigt.
angoisser [ɑ̃gwase] *vt* beängstigen.
Angola [ɑ̃gɔla] *nm:* **l'**~ Angola *nt.*
angolais, e [ɑ̃gɔlɛ, ɛz] *adj* angolanisch.
angora [ɑ̃gɔʀa] *adj* Angora- ♦ *nm* Angorawolle *f.*
anguille [ɑ̃gij] *nf* Aal *m;* **il y a** ~ **sous roche** da ist etwas im Busch ▶ **anguille de mer** Meeraal *m.*
angulaire [ɑ̃gylɛʀ] *adj (forme)* eckig.
anguleux, -euse [ɑ̃gylø, øz] *adj* kantig.
anhydride [anidʀid] *nm* Anhydrid *nt.*
anicroche [anikʀɔʃ] *nf:* **sans** ~**s** reibungslos.
animal, e, -aux [animal, o] *nm* Tier *nt* ♦ *adj (chaleur, instinct)* tierisch; *(règne)* Tier- ▶ **animal domestique** Haustier *nt* ▶ **animal sauvage** wildes Tier.
animalier [animalje] *adj:* **peintre** ~ Tiermaler(in) *m(f).*
animateur, -trice [animatœʀ, tʀis] *nm/f (TV, music-hall)* Conférencier *m;* *(de groupe)* Leiter(in) *m(f),* Animateur *m;* *(CINÉ: technicien)* Animator(in) *m(f) (von Zeichentrickfilmen);* **c'est un** ~ **né** *(personne dynamique)* er ist die ideale Führungskraft.
animation [animasjɔ̃] *nf (de rue)* Belebtheit *f;* *(de réunion, discussion)* Lebhaftigkeit *f;* *(CINÉ* Animation *f,* Zeichentrick *m.*
animé, e [anime] *adj (rue, lieu)* belebt; *(conversation, réunion)* lebhaft; *(opposé à inanimé)* lebendig.
animer [anime] *vt (donner de la vie à)* lebhaft machen, beleben; *(pousser)* anfeuern; *(sentiment etc)* anregen; **s'animer** *vpr* lebhaft werden; *(rue, ville)* sich beleben.
animisme [animism] *nm* Animismus *m.*
animosité [animozite] *nf* Feindseligkeit *f.*
anis [ani(s)] *nm* Anis *m.*
anisette [anizɛt] *nf* Anislikör *m.*
Ankara [ɑ̃kaʀa] *n* Ankara *nt.*
ankyloser [ɑ̃kiloze] **s'**~ *vpr* steif werden.
annales [anal] *nfpl* Annalen *pl.*
anneau, x [ano] *nm* Ring *m;* *(de chaîne)* Glied *nt;* ~**x** *nmpl (SPORT)* Ringe *pl.*
année [ane] *nf* Jahr *nt;* **souhaiter la bonne** ~ **à qn** jdm ein frohes neues Jahr wünschen ▶ **année scolaire/fiscale** Schuljahr/Finanz-

jahr *nt*.
année-lumière [anelymjɛʀ] (*pl* ~s-~) *nf* Licht-
jahr *nt*.
annexe [anɛks] *adj* (*secondaire*) dazugehörig;
(*attaché*) angefügt; (*salle*) Neben- ♦ *nf*
(*bâtiment*) Anbau *m*; (*de document, ouvrage*) Anhang *m*; (*de lettre, dossier*) Anlage *f*.
annexer [anɛkse] *vt* (*pays*) annektieren; **s'annexer** *vpr* sich *dat* einverleiben; ~ **qch à** (*document*) etw anhängen an +*acc*.
annexion [anɛksjɔ̃] *nf* Annektion *f*.
annihiler [aniile] *vt* vernichten.
anniversaire [anivɛʀsɛʀ] *nm* (*d'une personne*)
Geburtstag *m*; (*d'un événement, bâtiment*) Jah-
restag *m* ♦ *adj*: **fête/jour** ~ Geburtstagsfeier
f/Geburtstag *m*.
annonce [anɔ̃s] *nf* (*action*) Verkünden *nt*;
(*signe*) Vorbote *m*, Anzeichen *nt*; (*avis*) Ankündigung *f*; (*aussi*: ~ **publicitaire**) Annonce *f*,
Anzeige *f*; (*CARTES*) Ansage *f*; **les petites** ~**s**
die Kleinanzeigen *pl*.
annoncer [anɔ̃se] *vt* (*nouvelle, décision*) verkünden; (*pluie, changement, visiteur*) ankündigen; (*CARTES*) ansagen; **s'annoncer** *vpr*:
s'~ bien/difficile vielversprechend/schwierig
aussehen; **je vous annonce que** ich teile Ihnen hiermit mit, daß; ~ **la couleur** (*fig*) Farbe
bekennen.
annonceur, -euse [anɔ̃sœʀ, øz] *nm/f* (*speaker*)
Ansager(in) *m(f)*; (*publicitaire*) Inserent(in)
m(f).
annonciateur, -trice [anɔ̃sjatœʀ, tʀis] *adj*: ~
d'un événement Vorbote eines Ereignisses.
Annonciation [anɔ̃sjasjɔ̃] *nf*: **l'~** (*jour*) Fest *nt*
der Verkündigung Mariä.
annotation [anɔtasjɔ̃] *nf* Randbemerkung *f*.
annoter [anɔte] *vt* mit Anmerkungen versehen.
annuaire [anɥɛʀ] *nm* Jahrbuch *nt* ▶ **annuaire électronique** ≈ Telefonbuch *nt* auf
Bildschirmtext ▶ **annuaire téléphonique** Telefonbuch *nt*.
annuel, le [anɥɛl] *adj* jährlich; **vacances** ~**les**
Jahresurlaub *m*.
annuellement [anɥɛlmã] *adv* jährlich.
annuité [anɥite] *nf* Jahresrate *f*.
annulaire [anɥlɛʀ] *nm* Ringfinger *m*.
annulation [anylasjɔ̃] *nf* (*d'un rendez-vous*) Absagen *nt*; (*d'un voyage*) Stornieren *nt*; (*d'un
contrat*) Annullieren *nt*.
annuler [anyle] *vt* (*rendez-vous*) absagen; (*voyage*) stornieren; (*mariage, contrat, résultat*) annullieren; (*MATH, PHYS*) aufheben; **s'annuler**
vpr (*MATH, PHYS*) sich (gegenseitig) aufheben.
anoblir [anɔbliʀ] *vt* adeln.
anode [anɔd] *nf* Anode *f*.
anodin, e [anɔdɛ̃, in] *adj* (*inoffensif*) unschädlich, ungefährlich; (*sans importance*)
unbedeutend.
anomalie [anɔmali] *nf* Anomalie *f*.
ânon [anɔ̃] *nm* Eselchen *nt*.
ânonner [anɔne] *vi* stottern ♦ *vt* stotternd aufsagen.

anonymat [anɔnima] *nm* Anonymität *f*; **garder
l'~** die Anonymität wahren.
anonyme [anɔnim] *adj* anonym; (*fig: sans caractère*) unpersönlich.
anonymement [anɔnimmã] *adv* anonym.
anorak [anɔʀak] *nm* Anorak *m*.
anorexie [anɔʀɛksi] *nf* Magersucht *f*.
anormal, e, -aux [anɔʀmal, o] *adj* anormal,
abnorm; (*injuste*) nicht normal.
anormalement [anɔʀmalmã] *adv* ungewöhnlich.
ANPE [aɛnpe] *sigle f* (= *Agence nationale pour
l'emploi*) ≈ Bundesanstalt *f* für Arbeit.
anse [ɑ̃s] *nf* Henkel *m*; (*GÉO*) (kleine) Bucht *f*.
antagonisme [ɑ̃tagɔnism] *nm* Antagonismus
m, Feindseligkeit *f*.
antagoniste [ɑ̃tagɔnist] *adj* feindselig ♦ *nm/f*
Gegner(in) *m(f)*.
antan [ɑ̃tɑ̃]: **d'~** *adj* der vergangenen Zeit.
antarctique [ɑ̃taʀktik] *adj* antarktisch ♦ *nm*:
l'A~ die Antarktis *f*.
antécédent [ɑ̃tesedɑ̃] *nm* (*LING*) Bezugswort
nt; ~**s** *nmpl* (*d'une personne*) Vorleben *nt*; (*d'une
affaire*) Vorgeschichte *f*; (*MÉD*) Krankenge-
schichte *f*, Vorgeschichte *f* ▶ **antécédents
professionnels** bisherige Beschäftigungen
pl.
antédiluvien, ne [ɑ̃tedilyvjɛ̃, jɛn] *adj* vorsintflutlich.
antenne [ɑ̃tɛn] *nf* Antenne *f*; (*d'insecte*) Fühler
m; (*poste avancé*) Vorposten *m*; (*agence*) Filiale *f*; **avoir/passer à l'~** auf Sendung sein/
gehen; **prendre l'~** übernehmen; **2 heures d'~**
2 Stunden Sendezeit; **hors** ~ im Off ▶ **antenne chirurgicale** (*MIL*) (vorgeschobener) Sani-
tätsposten *m* ▶ **antenne parabolique** (*TV*) Parabolantenne *f*, Satellitenschüssel *f*.
antépénultième [ɑ̃tepenyltjɛm] *adj* drittletz-
te(r, s).
antérieur, e [ɑ̃teʀjœʀ] *adj* (*d'avant*) vorhergehend; (*de devant*) vordere(r, s); ~ **à** vor +*dat*;
passé/futur ~ unvollendete Vergangenheit *f*/Zukunft *f*.
antérieurement [ɑ̃teʀjœʀmã] *adv* früher; ~ **à**
vor +*dat*.
antériorité [ɑ̃teʀjɔʀite] *nf* (*d'un fait*) zeitlicher
Vorrang *m*.
anthologie [ɑ̃tɔlɔʒi] *nf* Anthologie *f*.
anthracite [ɑ̃tʀasit] *nm* Anthrazit *m* ♦ *adj*: (**gris**)
~ anthrazit(farben).
anthropocentrisme [ɑ̃tʀɔpɔsɑ̃tʀism] *nm* An-
thropozentrismus *m*.
anthropologie [ɑ̃tʀɔpɔlɔʒi] *nf* Anthropologie *f*.
anthropologue [ɑ̃tʀɔpɔlɔg] *nm/f* Anthro-
pologe(-in) *m(f)*.
anthropométrie [ɑ̃tʀɔpɔmetʀi] *nf* Anthropo-
metrie *f*.
anthropométrique [ɑ̃tʀɔpɔmetʀik] *adj*: **fiche/
signalement** ~ anthropometrische Unterlagen *pl*/Beschreibung *f*.
anthropomorphisme [ɑ̃tʀɔpɔmɔʀfism] *nm*
Anthropomorphismus *m*.
anthropophage [ɑ̃tʀɔpɔfaʒ] *adj* kannibalisch

♦ nm/f Kannibale m, Kannibalin f.
anthropophagie [ɑ̃tʀɔpɔfaʒi] nf Kannibalismus m.
anti [ɑ̃ti] préf anti, Anti.
antiaérien, ne [ɑ̃tiaeʀjɛ̃, jɛn] adj (canon, ouvrage) Luftabwehr-; **défense** ~**ne** Luftabwehr f; **abri** ~ Luftschutzbunker m.
antialcoolique [ɑ̃tialkɔlik] adj antialkoholisch; **ligue** ~ Liga f der Antialkoholiker.
antiatomique [ɑ̃tiatɔmik] adj: **abri** ~ Atomschutzbunker m.
antibiotique [ɑ̃tibjɔtik] nm Antibiotikum nt ♦ adj antibiotisch.
antibrouillard [ɑ̃tibʀujaʀ] adj inv: **phare** ~ Nebelscheinwerfer m.
antibruit [ɑ̃tibʀɥi] adj inv: **mur** ~ Lärmschutzmauer f.
antibuée [ɑ̃tibɥe] adj inv: **dispositif** ~ Antibeschlag-Vorrichtung f.
anticancéreux, -euse [ɑ̃tikɑ̃seʀø, øz] adj krebs-, Krebs-; **centre** ~ Krebszentrum nt.
anticasseur [ɑ̃tikasœʀ] adj: **loi/mesure** ~**(s)** Gesetz/Maßnahme gegen Randalierer.
antichambre [ɑ̃tiʃɑ̃bʀ] nf Vorzimmer nt; **faire** ~ antichambrieren.
antichar [ɑ̃tiʃaʀ] adj inv Panzerabwehr-.
antichoc [ɑ̃tiʃɔk] adj (montre) stoßfest.
anticipation [ɑ̃tisipasjɔ̃] nf Vorwegnahme f; **par** ~ (rembourser etc) im voraus; **livre d'**~ Zukunftsroman m; **film d'**~ Science-Fiction-Film m.
anticipé, e [ɑ̃tisipe] adj Voraus-, voraus-; (joie etc) Vor-; **avec mes remerciements** ~**s** mit herzlichem Dank im voraus.
anticiper [ɑ̃tisipe] vt vorausnehmen, vorwegnehmen; (en imaginant) vorausahnen; (paiement) im voraus machen ♦ vi: ~ **sur qch** auf etw acc vorgreifen; **n'anticipons pas** wir wollen nicht vorgreifen.
anticlérical, e, -aux [ɑ̃tikleʀikal, o] adj antiklerikal.
anticoagulant, e [ɑ̃tikɔagylɑ̃, ɑ̃t] adj gerinnungshemmend ♦ nm gerinnungshemmendes Mittel nt.
anticolonialisme [ɑ̃tikɔlɔnjalism] nm Antikolonialismus m.
anticonceptionnel, le [ɑ̃tikɔ̃sɛpsjɔnɛl] adj empfängnisverhütend.
anticonformisme [ɑ̃tikɔ̃fɔʀmism] nm Nonkonformismus m.
anticonstitutionnel, le [ɑ̃tikɔ̃stitysjɔnɛl] adj verfassungswidrig.
anticorps [ɑ̃tikɔʀ] nm Antikörper m.
anticyclone [ɑ̃tisiklon] nm Antizyklon m.
antidater [ɑ̃tidate] vt (zu)rückdatieren.
antidémocratique [ɑ̃tidemɔkʀatik] adj antidemokratisch.
antidérapant, e [ɑ̃tideʀapɑ̃, ɑ̃t] adj rutschfest; **pneu** ~ Haftreifen m.
antidopage [ɑ̃tidɔpaʒ] adj gegen Doping; **contrôle** ~ Dopingkontrolle f.
antidote [ɑ̃tidɔt] nm Gegengift nt, Gegenmittel nt.

antienne [ɑ̃tjɛn] nf (REL) Wechselgesang m; (fig) Lied nt.
antigang [ɑ̃tigɑ̃g] adj inv: **brigade** ~ Truppe zur Bekämpfung des Bandenunwesens.
antigel [ɑ̃tiʒɛl] nm Frostschutzmittel nt.
antigène [ɑ̃tiʒɛn] nm Antigen nt.
antigouvernemental, e, -aux [ɑ̃tiguvɛʀnəmɑ̃tal, o] adj oppositionell.
antihistaminique [ɑ̃tiistaminik] nm Antihistamin nt.
anti-inflammatoire [ɑ̃tiɛ̃flamatwaʀ] (pl ~-~**s**) nm entzündungshemmendes Mittel nt.
anti-inflationniste [ɑ̃tiɛ̃flasjɔnist] (pl ~-~**s**) adj zur Bekämpfung der Inflation.
antillais, e [ɑ̃tijɛ, ɛz] adj der Antillen ♦ nm/f: **A**~, **e** Antillenbewohner(in) m(f).
Antilles [ɑ̃tij] nfpl Antillen pl; **les grandes/petites** ~ die großen/kleinen Antillen.
antilope [ɑ̃tilɔp] nf Antilope f.
antimilitarisme [ɑ̃timilitaʀism] nm Antimilitarismus m.
antimilitariste [ɑ̃timilitaʀist] adj antimilitaristisch.
antimissile [ɑ̃timisil] adj Raketenabwehr-.
antimite(s) [ɑ̃timit] nm, adj: (**produit**) ~ Mottenschutzmittel nt.
antinomique [ɑ̃tinɔmik] adj widersprüchlich.
antiparasite [ɑ̃tipaʀazit] adj (RADIO, TV) Entstör-.
antipathie [ɑ̃tipati] nf Antipathie f.
antipathique [ɑ̃tipatik] adj unsympathisch.
antipelliculaire [ɑ̃tipelikylɛʀ] adj Schuppen-.
antiphrase [ɑ̃tifʀɑz] nf: **par** ~ ironisch.
antipodes [ɑ̃tipɔd] nmpl Antipoden pl; **être aux** ~ **de** meilenweit entfernt sein von.
antipoison [ɑ̃tipwazɔ̃] adj inv: **centre** ~ Entgiftungszentrum nt.
antipoliomyélitique [ɑ̃tipɔljɔmjelitik] adj gegen Kinderlähmung.
antiquaire [ɑ̃tikɛʀ] nm/f Antiquar(in) m(f).
antique [ɑ̃tik] adj (gréco-romain) antik; (très vieux) uralt.
antiquité [ɑ̃tikite] nf Antiquität f; **l'A**~ die Antike f; **magasin d'**~**s** Antiquitätengeschäft nt; **marchand d'**~**s** Antiquitätenhändler(in) m(f).
antirabique [ɑ̃tiʀabik] adj gegen Tollwut.
antiraciste [ɑ̃tiʀasist] adj antirassistisch.
antireflet [ɑ̃tiʀəflɛ] adj: **verre** ~ entspiegeltes Glas nt.
antirépublicain, e [ɑ̃tiʀepyblikɛ̃, ɛn] adj antirepublikanisch.
antirides [ɑ̃tiʀid] adj gegen Falten, Falten-.
antirouille [ɑ̃tiʀuj] adj inv Rostschutz-.
antisémite [ɑ̃tisemit] adj antisemitisch.
antisémitisme [ɑ̃tisemitism] nm Antisemitismus m.
antiseptique [ɑ̃tisɛptik] adj keimtötend, antiseptisch ♦ nm Antiseptikum nt.
antisocial, e, -aux [ɑ̃tisɔsjal, jo] adj unsozial.
antispasmodique [ɑ̃tispasmɔdik] adj krampflösend.
antisportif, -ive [ɑ̃tispɔʀtif, iv] adj unsportlich.

antitétanique [ãtitetanik] *adj* Tetanus-.
antithèse [ãtitɛz] *nf* Antithese *f*.
antitrust [ãtitʀœst] *adj inv*: **loi** ~ Kartellgesetz *nt*.
antituberculeux, -euse [ãtitybɛʀkylø, øz] *adj* gegen Tuberkulose; **centre** ~ Tuberkulose-zentrum *nt*.
antitussif, -ive [ãtitysif, iv] *adj* gegen Husten, Husten-.
antivariolique [ãtivaʀjɔlik] *adj* gegen Pocken, Pocken-.
antivol [ãtivɔl] *nm, adj*: **(dispositif)** ~ Diebstahl-sicherung *f*.
antonyme [ãtɔnim] *nm* Antonym *nt*.
antre [ãtʀ] *nm* Höhle *f*.
anus [anys] *nm* Anus *m*.
Anvers [ãvɛʀ] *n* Antwerpen *nt*.
anxiété [ãksjete] *nf* Bangigkeit *f*.
anxieusement [ãksjøzmã] *adv* ängstlich, bang.
anxieux, -euse [ãksjø, jøz] *adj* ängstlich; **être** ~ **de faire qch** bestrebt sein, etw zu tun.
AOC [aose] *sigle f* (= *appellation d'origine contrôlée*) ≈ QbA.
aorte [aɔʀt] *nf* Aorta *f*.
août [u(t)] *nm* August *m*; *voir aussi* **juillet**.
aoûtien, ne [ausjɛ̃, jɛn] *nm/f* Person, die im August in Urlaub geht.
AP [ape] *sigle f* (= *Assistance publique*) *voir* **assistance**.
apaisant, e [apɛzã, ãt] *adj* beruhigend.
apaisement [apɛzmã] *nm* Beruhigung *f*; Nachlassen *nt*; (*POL*) Appeasement *nt*; ~**s** *nmpl* (*déclarations*) Beschwichtigungen *pl*.
apaiser [apeze] *vt* beruhigen; (*colère*) beschwichtigen; (*faim*) stillen; (*douleur*) lindern; **s'apaiser** *vpr* sich beruhigen; (*tempête, bruit, faim*) nachlassen.
apanage [apanaʒ] *nm*: **être l'**~ **de qn** jds Vorrecht *ou* Privileg sein.
aparté [apaʀte] *nm* (*THÉÂT*) beiseite Gesprochene(s) *nt*; (*entretien*) private Unterhaltung *f*; **en** ~ beiseite.
apartheid [apaʀtɛd] *nm* Apartheid *f*.
apathie [apati] *nf* Apathie *f*.
apathique [apatik] *adj* apathisch.
apatride [apatʀid] *nm/f* Staatenlose(r) *f(m)*.
Apennins [apɛnɛ̃] *nmpl*: **les** ~ die Apenninen *pl*.
apercevoir [apɛʀsɔvwaʀ] *vt* sehen, erblicken; (*saisir*) bemerken; **s'apercevoir** *vpr*: **s'**~ **de qch** bemerken, daß; **sans s'en** ~ ohne es zu merken.
aperçu [apɛʀsy] *pp de* **apercevoir** ♦ *nm* (*vue d'ensemble*) Überblick *m*; (*idée*) Einsicht *f*.
apéritif, -ive [apeʀitif, iv] *adj* (*boisson*) Aperitif *m* ♦ *adj* appetitanregend; **prendre l'**~ einen Aperitif trinken.
apesanteur [apəzãtœʀ] *nf* Schwerelosigkeit *f*.
à-peu-près [apøpʀɛ] (*péj*) *nm inv* (*travail*) halbe Sache *f*.
apeuré, e [apœʀe] *adj* verängstigt, eingeschüchtert.

aphasie [afazi] *nf* Aphasie *f*.
aphone [afɔn] *adj* völlig heiser; (*LING*) stimmlos.
aphorisme [afɔʀism] *nm* Aphorismus *m*.
aphrodisiaque [afʀɔdizjak] *adj* aphrodisisch ♦ *nm* Aphrodisiakum *nt*; **boisson** ~ Aphrodisiakum.
aphte [aft] *nm* Aphthe *f*, Bläschen *nt* auf der Mundschleimhaut.
aphteuse [aftøz] *adj*: **fièvre** ~ Maul- und Klauenseuche *f*.
à-pic [apik] *nm inv* Klippe *f*.
apicole [apikɔl] *adj* Imker-.
apiculteur, -trice [apikyltœʀ, tʀis] *nm/f* Imker(in) *m(f)*.
apiculture [apikyltyʀ] *nf* Imkerei *f*.
apitoiement [apitwamã] *nm* Mitleid *nt*.
apitoyer [apitwaje] *vt* (zu Mitleid) rühren; **s'apitoyer** *vpr* Mitleid verspüren; ~ **qn** jds Mitleid erregen; **s'**~ **sur qn/qch** mit jdm/etw Mitleid haben.
ap. J.-C. *abr* (= *après Jésus-Christ*) n. Chr.
aplanir [aplaniʀ] *vt* (*surface*) einebnen; (*difficultés*) aus dem Weg räumen, beseitigen.
aplati, e [aplati] *adj* platt, flach.
aplatir [aplatiʀ] *vt* flach machen, plätten; (*fam: vaincre*) niedermachen; **s'aplatir** *vpr* (*devenir plus plat*) platter *ou* flacher werden; (*être écrasé*) völlig vernichtet sein; (*s'allonger*) flach *ou* platt auf dem Boden liegen; (*fam: tomber*) hinsegeln; (*péj: s'humilier*) zu Kreuze kriechen; **s'**~ **contre** (*voiture*) knallen gegen +*acc*.
aplomb [aplɔ̃] *nm* Senkrechte *f*; (*équilibre*) Gleichgewicht *nt*; (*sang-froid*) Gleichmütigkeit *f*, Sicherheit *f*; (*péj*) Unverfrorenheit *f*; **d'**~ (*corps*) im Gleichgewicht; (*mur*) senkrecht, lotrecht.
apocalypse [apɔkalips] *nf* Apokalypse *f*.
apocalyptique [apɔkaliptik] *adj* apokalyptisch.
apocryphe [apɔkʀif] *adj* apokryph.
apogée [apɔʒe] *nm* (*ASTRON*) größte Erdferne *f*; (*fig*) Höhepunkt *m*.
apolitique [apɔlitik] *adj* (*indifférent*) unpolitisch; (*indépendant*) unabhängig.
apologie [apɔlɔʒi] *nf* Verteidigungsrede *f*.
apoplexie [apɔplɛksi] *nf*: **(attaque d')**~ Schlaganfall *m*.
a posteriori [apɔsteʀjɔʀi] *adv* a posteriori, im nachhinein.
apostolat [apɔstɔla] *nm* (*REL*) Apostolat *nt*; (*fig*) Berufung *f*.
apostolique [apɔstɔlik] *adj* apostolisch.
apostrophe [apɔstʀɔf] *nf* (*signe*) Apostroph *m*; (*interpellation*) (rüde) Zwischenbemerkung *f*.
apostropher [apɔstʀɔfe] *vt* anfahren, anraunzen.
apothéose [apɔteoz] *nf* (*consécration*) Apotheose *f*; (*fig*) krönender Abschluß *m*, Krönung *f*.
apothicaire [apɔtikɛʀ] *nm* Apotheker *m*.
apôtre [apotʀ] *nm* Apostel *m*; **se faire l'**~ **de qch** (*fig*) sich zum Anwalt einer Sache *gén* machen.

apparaître [aparɛtr] *vi* erscheinen, sich zeigen; *(sembler)* scheinen; **il apparaît que** es scheint, daß; **il m'apparaît que** mir scheint, daß.

apparat [apara] *nm*: **tenue/dîner d'~** Galakleidung *f*/Galadiner *nt*.

appareil [aparɛj] *nm* Apparat *m*; *(électrique)* Gerät *nt*; *(avion)* Maschine *f*; *(dentaire)* Zahnspange *f*; **qui est à l'~?** wer ist am Apparat?, wer spricht bitte?; **dans le plus simple ~** *(hum)* im Adamskostüm/Evaskostüm ► **appareil digestif** Verdauungsapparat *m* ► **appareil photo(graphique)** Photoapparat *m* ► **appareil reproducteur** Fortpflanzungsorgane *pl*.

appareillage [aparɛjaʒ] *nm* Anlage *f*; *(départ)* Ablegen *nt*.

appareiller [aparɛje] *vi (NAUT)* ablegen ♦ *vt (assortir)* zusammenstellen.

apparemment [aparamɑ̃] *adv* anscheinend.

apparence [aparɑ̃s] *nf (aspect)* Aussehen *nt*; *(semblant)* Anschein *m*; **malgré les ~s** obwohl es nicht so aussieht; **en ~** scheinbar.

apparent, e [aparɑ̃, ɑ̃t] *adj (visible)* sichtbar; *(évident)* offensichtlich; *(illusoire, superficiel)* anscheinend; **coutures ~es** sichtbare (Zier)nähte *pl*; **poutres/pierres ~es** freiliegende *ou* offenliegende Balken/Mauersteine.

apparenté, e [aparɑ̃te] *adj*: **~ à** verschwägert mit; *(fig)* verwandt mit.

apparenter [aparɑ̃te] *vpr*: **s'~ à** verwandt sein mit.

apparier [aparje] *vt* zu einem Paar/zu Paaren zusammenstellen.

appariteur [aparitœr] *nm* Pedell *m*.

apparition [aparisjɔ̃] *nf* Erscheinen *nt*; *(surnaturelle)* Erscheinung *f*; **faire une ~** *(visite rapide)* sich nur kurz blicken lassen; **faire son ~** *(personne)* sich blicken lassen, sein Gesicht zeigen; *(symptôme, fièvre)* auftreten.

appartement [apartəmɑ̃] *nm* Wohnung *f*.

appartenance [apartənɑ̃s] *nf*: **~ à** Zugehörigkeit zu.

appartenir [apartənir]: **~ à** *vt* gehören +*dat*; *(faire partie de, être membre de)* gehören zu; **il lui appartient de faire ça** es ist seine Sache, das zu tun; **il ne m'appartient pas de répondre** es steht mir nicht zu, zu antworten.

appartiendrai *etc* [apartjɛ̃dre] *vb voir* **appartenir**.

appartiens *etc* [apartjɛ̃] *vb voir* **appartenir**.

apparu, e [apary] *pp de* **apparaître**.

appas [apɑ] *nmpl (d'une femme)* Reize *pl*.

appât [apɑ] *nm* Köder *m*.

appâter [apɑte] *vt (poisson, personne)* ködern.

appauvrir [apovrir] *vt* arm machen, verarmen; *(sol)* auslaugen; **s'appauvrir** *vpr* verarmen, arm werden.

appauvrissement [apovrismɑ̃] *nm* Verarmung *f*.

appeau [apo] *nm (fig)* Lockvogel *m*.

appel [apɛl] *nm (cri, interpellation)* Ruf *m*; *(incita-*

tion, TÉL) Anruf *m*; *(nominal)* (namentlicher) Aufruf *m*; *(MIL: recrutement)* Einberufung *f*; *(JUR)* Berufung *f*; **faire ~ à** *(invoquer)* anrufen, appellieren an +*acc*; *(avoir recours à)* sich wenden an +*acc*; *(nécessiter)* erfordern; **faire l'~** die Namensliste verlesen, einen namentlichen Aufruf machen; **faire** *ou* **interjeter ~** *(JUR)* Berufung einlegen; **sans ~** ohne Berufung; **faire un ~ de phares** ein Lichtzeichen geben; **indicatif d'~** Rufzeichen *nt*; **numéro d'~** Rufnummer *f* ► **appel d'air** Luftzug *m* ► **appel d'offres** Ausschreibung *f* ► **appel (téléphonique)** Anruf *m*.

appelé [ap(ə)le] *nm (MIL)* Eingezogene(r) *m*.

appeler [ap(ə)le] *vt* rufen; *(TÉL)* anrufen; *(qualifier)* nennen; *(nécessiter)* fordern; **s'appeler** *vpr (se nommer)* heißen; **~ qn à l'aide** *ou* **au secours** jdn zu Hilfe rufen; **~ qn à un poste/des fonctions** jdn auf einen Posten/zu einem Amt berufen; **être appelé à** *(fig)* berufen sein zu; **~ qn à comparaître** *(comme témoin)* jdn als Zeugen vorladen; **en ~ à** appellieren an +*acc*; **il s'appelle/je m'appelle Paul** er heißt/ich heiße Paul; **comment ça s'appelle?** wie heißt das?, wie nennt man das?; **~ police-secours** den Polizei-Notruf anrufen; **voilà ce que j'appelle un bon exemple!** das nenne ich einmal ein gutes Beispiel!

appellation [apelasjɔ̃] *nf (d'un produit)* Bezeichnung *f*; **vin d'~ contrôlée** ≈ Prädikatswein *m*.

appelle [apɛl] *vb voir* **appeler**.

appendice [apɛ̃dis] *nm (ANAT)* Blinddarm *m*; *(d'un livre)* Anhang *m*.

appendicite [apɛ̃disit] *nf* Blinddarmentzündung *f*.

appentis [apɑ̃ti] *nm (bâtiment)* (angebauter) Schuppen *m*.

appert [apɛr] *vb*: **il ~ que** es steht fest, daß.

appesantir [apəzɑ̃tir]: **s'~ sur** *vpr (insister)* sich lang und breit auslassen über +*acc*.

appétissant, e [apetisɑ̃, ɑ̃t] *adj* appetitlich, appetitanregend.

appétit [apeti] *nm (de)* Appetit *m*; **avoir un gros/petit ~** viel/wenig Appetit haben; **couper l'~ à qn** jdm den Appetit verderben; **bon ~!** guten Appetit!

applaudimètre [aplodimɛtr] *nm* Applausmesser *m*.

applaudir [aplodir] *vt* Beifall spenden +*dat* ♦ *vi* klatschen, applaudieren; **~ à** gut heißen; **~ à tout rompre** stürmisch applaudieren.

applaudissements [aplodismɑ̃] *nmpl* Applaus *m*, Beifall *m*.

applicable [aplikabl] *adj* anwendbar.

applicateur [aplikatœr] *nm (de tampon)* Einführhülse *f*.

application [aplikasjɔ̃] *nf (d'une loi, méthode, théorie)* Anwendung *f*; *(de papier peint etc)* Anbringen *nt*, Ankleben *nt*; *(attention)* Fleiß *m*, Hingabe *f*; **mettre en ~** anwenden, in Anwendung bringen.

applique [aplik] *nf* (*ÉLEC*) Wandlampe *f*.

appliqué, e [aplike] *adj* (*élève, ouvrier*) fleißig; (*science*) angewandt.

appliquer [aplike] *vt* (*mettre en pratique*) anwenden; (*poser*) anbringen; (*donner*: *gifle, châtiment*) verabreichen, geben; **s'appliquer** *vpr* (*élève, ouvrier*) sich anstrengen; **s'~** à (*loi, remarque*) sich beziehen auf +acc; **s'~** à faire **qch** (*se consacrer*) sich große Mühe geben, etw zu tun; **s'~** sur passen über *ou* auf +acc.

appoint [apwɛ̃] *nm* (*aide, secours*) Zuschuß *m*; **avoir l'~** (*en payant*) es genau passend haben; **faire l'~** (*en payant*) mit abgezähltem Geld bezahlen; **chauffage/lampe d'~** zusätzliche Heizung *f*/Lampe *f*; **salaire d'~** Zusatzverdienst *m*.

appointements [apwɛtmɑ̃] *nmpl* Gehalt *nt*.

appontage [apɔ̃taʒ] *nm* Landung *f* (*auf einem Flugzeugträger*).

appontement [apɔ̃tmɑ̃] *nm* Landungsbrücke *f*.

apponter [apɔ̃te] *vi* landen (*auf einem Flugzeugträger*).

apport [apɔʀ] *nm* (*contribution*) Beitrag *m*; ~ (**de**) (*capitaux, chaleur etc*) Versorgung *f* (mit).

apporter [apɔʀte] *vt* bringen; (*soutien*) geben; (*preuve*) beibringen; (*changement*) mit sich bringen.

apposer [apoze] *vt* (*signature*) hinzufügen.

apposition [apozisjɔ̃] *nf* (*LING*) Apposition *f*; **en ~** als Apposition.

appréciable [apʀesjabl] *adj* (*important*) nennenswert, beträchtlich.

appréciation [apʀesjasjɔ̃] *nf* (*d'immeuble, de distance etc*) Schätzung *f*; (*de situation, personne*) Einschätzung *f*; **~s** *nfpl* (*commentaire*) Würdigung *f*.

apprécier [apʀesje] *vt* (*gentillesse etc*) zu schätzen wissen; (*personne*) schätzen; (*distance*) abschätzen; (*importance*) einschätzen.

appréhender [apʀeɑ̃de] *vt* (*craindre*) fürchten; (*aborder*) erfassen; (*JUR*: *arrêter*) festnehmen; **~ que** befürchten, daß; **~ de faire qch** sich davor fürchten, etw zu tun.

appréhension [apʀeɑ̃sjɔ̃] *nf* (*crainte*) Angst *f*, Besorgnis *f*.

apprendre [apʀɑ̃dʀ] *vt* lernen; (*nouvelle*) erfahren; **~ qch à qn** (*informer*) jdm etw mitteilen; (*enseigner*) jdm etw beibringen; **~ à faire qch** lernen, etw zu tun; **~ à qn à faire qch** jdn lehren, etw zu tun; **~ à qn à lire/conduire** jdm das Lesen/Autofahren beibringen; **tu me l'apprends!** was du nicht sagst!

apprenti, e [apʀɑ̃ti] *nm/f* Lehrling *m*, Auszubildende(r) *f(m)*; (*débutant*) Anfänger(in) *m(f)*.

apprentissage [apʀɑ̃tisaʒ] *nm* (*d'un métier*) Lehre *f*; (*période*) Lehrzeit *f*; **faire l'~ de qch** (*fig*) etw erlernen; **c'est l'~ de la vie** so lernt man das Leben kennen; **école** *ou* **centre d'~** ≈ Berufsschule *f*.

apprêt [apʀɛ] *nm* (*sur un cuir, une étoffe, un papier*) Appretur *f*; (*sur un mur*) Grundierung *f*;

sans ~ (*fig*) ungekünstelt.

apprêté, e [apʀete] *adj* (*personne*) affektiert; (*style*) geziert, gekünstelt.

apprêter [apʀete] *vt* (*cuir, étoffe, papier*) appretieren; **s'apprêter** *vpr*: **s'~** à **qch** sich für etw fertigmachen; **s'~** à faire **qch** sich anschicken, etw zu tun.

appris, e [apʀi, iz] *pp de* **apprendre**.

apprivoisé, e [apʀivwaze] *adj* zahm.

apprivoiser [apʀivwaze] *vt* zähmen, bändigen.

approbateur, -trice [apʀɔbatœʀ, tʀis] *adj* zustimmend.

approbatif, -ive [apʀɔbatif, iv] *adj* zustimmend.

approbation [apʀɔbasjɔ̃] *nf* Zustimmung *f*; **digne d'~** lobenswert.

approchant, e [apʀɔʃɑ̃, ɑ̃t] *adj* vergleichbar, ähnlich; **ou quelque chose d'~** oder so ähnlich.

approche [apʀɔʃ] *nf* Herannahen *nt*; (*d'un avion*) Landeanflug *m*; (*d'un problème*) Angehen *nt*; **~s** *nfpl* (*abords*) unmittelbare Umgebung *f*; **à l'~** **de Noël** da Weihnachten immer näher rückte; **à l'~** **de la nuit** beim Einbruch der Nacht; **à l'~** **de l'hiver** beim Wintereinbruch; **à l'~** **du bateau/de l'ennemi** beim Herannahen des Bootes/Feindes; **travaux d'~** (*fig*) Manöver *pl*; **être d'~** **difficile/aisée** schwer/leicht zugänglich sein.

approché, e [apʀɔʃe] *adj* (*approximatif*) annähernd.

approcher [apʀɔʃe] *vi* sich nähern, näherkommen; (*vacances, date*) nahen, näherrücken ♦ *vt* (*personne*) herantreten an +acc; **s'approcher de** *vpr* sich nähern +dat; **~** qch (de qch) etw näher (heran)rücken (an etw *acc*); **approchez-vous** kommen *ou* treten Sie näher.

approfondi, e [apʀɔfɔ̃di] *adj* vertieft; (*connaissance, étude*) gründlich.

approfondir [apʀɔfɔ̃diʀ] *vt* vertiefen, tiefer machen; (*fig*: *sujet, question*) gründlicher untersuchen; **sans ~** oberflächlich.

appropriation [apʀɔpʀijasjɔ̃] *nf* (*d'un bien*) Aneignung *f*.

approprié, e [apʀɔpʀije] *adj* angemessen; **~ à** angemessen +dat.

approprier [apʀɔpʀije] *vt* (*adapter*) anpassen; **s'approprier** *vpr* sich *dat* aneignen.

approuver [apʀuve] *vt* (*loi*) annehmen, verabschieden; (*projet*) genehmigen; (*être d'accord avec*) zustimmen +dat; (*trouver louable*) billigen; **je vous approuve entièrement** ich bin völlig Ihrer Meinung; **je ne vous approuve pas** ich bin nicht Ihrer Meinung; **lu et approuvé** gelesen und einverstanden.

approvisionnement [apʀɔvizjɔnmɑ̃] *nm* Belieferung *f*; (*provisions*) Vorräte *pl*.

approvisionner [apʀɔvizjɔne] *vt* beliefern, versorgen; (*compte bancaire*) auffüllen; **~ qn en** jdn versorgen *ou* beliefern mit; **s'approvisionner** *vpr*: **s'~** dans un magasin/au marché in einem Geschäft/auf dem Markt Besorgungen machen; **s'~ en bois** sich ·*dat* einen Holzvorrat anlegen.

approximatif, -ive [apʀɔksimatif, iv] *adj* ungefähr.

approximation [apʀɔksimasjɔ̃] *nf* Näherung *f*.

approximativement [apʀɔksimativmɑ̃] *adv* ungefähr.

appt *abr* = **appartement**.

appui [apɥi] *nm* (*fig*: *soutien*) Unterstützung *f*; **prendre ~ sur** sich stützen auf +*acc*; **point d'~** Stützpunkt *m*; **à l'~ de** (*pour prouver*) zur Bestätigung +*gén*; **~ de fenêtre** Fensterbrett *nt*.

appuie [apɥi] *vb voir* **appuyer**.

appuie-tête [apɥitɛt] (*pl* ~-~**s**) *nm* Kopfstütze *f*.

appuyé, e [apɥije] *adj* (*insistant*) nachdrücklich; (*excessif*) übertrieben.

appuyer [apɥije] *vt* (*exercer une pression*) drücken, (*soutenir*: *personne, demande*) unterstützen, stützen; **s'appuyer** *vpr*: **s'~ sur** (*s'accouder à*) sich (auf)stützen auf +*acc*; (*se baser sur*) sich stützen auf +*acc*; (*compter sur*) sich verlassen auf +*acc*; **~ sur** (*bouton*) drücken auf +*acc*; (*frein*) betätigen; (*mot, détail*) betonen, unterstreichen; (*peser sur*) ruhen auf +*dat*; **~ qch sur** etw stützen auf +*acc*; **~ qch contre/à** ·etw lehnen gegen/an +*acc*; **s'~ sur qn** (*fig*) sich auf jdn stützen; **~ sur le champignon** auf die Tube drücken.

âpre [ɑpʀ] *adj* (*goût, fruit, vin*) herb; (*voix*) rauh; (*froid*) bitter; (*discussion, lutte*) erbittert; **~ au gain** habgierig.

après [apʀɛ] *prép* nach +*dat*; (*plus loin que*) hinter +*dat* ♦ *adv* (*ensuite*) danach; (*plus tard*) später; (*espace*) dahinter; (*poursuite*) hinterher; **2 heures ~** 2 Stunden später; **~ qu'il est** *ou* **soit parti** nachdem er weggegangen ist; **~ avoir lu la lettre, elle ...** nachdem sie den Brief gelesen hatte, ...; **courir ~ qn** jdm nachlaufen, jdm hinterherlaufen; **être toujours ~ qn** (*critiquer*) an jdm ständig etwas auszusetzen haben; **~ quoi** danach; **d'~** lui nach; **d'~ lui** ihm zufolge, seiner Meinung nach; **d'~ moi** meiner Meinung nach; **~ coup** hinterher; **~ tout** *adv* (*au fond*) schließlich; **et (puis) ~?** na und?, und dann?

après-demain [apʀɛdmɛ̃] *adv* übermorgen.

après-guerre [apʀɛgɛʀ] (*pl* ~-~**s**) *nm* Nachkriegszeit *f*; **d'~-~** Nachkriegs-.

après-midi [apʀɛmidi] *nm ou f inv* Nachmittag *m*.

après-rasage [apʀɛʀazaʒ] (*pl* ~-~**s**) *nm* Aftershave *nt*.

après-ski [apʀɛski] (*pl* ~-~**s**) *nm* (*chaussure*) Après-Ski-Stiefel *m*; (*moment*) Après-Ski *nt*.

après-vente [apʀɛvɑ̃t] *adj inv*: **service ~-~** Kundendienst *m*.

âpreté [ɑpʀəte] *nf* (*v adj*) Herbheit *f*; Rauheit *f*; Strenge *f*; Heftigkeit *f*.

a priori [apʀijɔʀi] *adv* a priori, von vornherein.

à-propos [apʀɔpo] *nm inv* (*d'une remarque*)

Schlagfertigkeit *f*; **faire preuve d'~-~** seine Geistesgegenwart beweisen; **avec ~-~** schlagfertig.

apte [apt] *adj*: **~ à qch** zu etw fähig; **~ à faire qch** dazu fähig, etw zu tun; **~ (au service)** (*MIL*) tauglich.

aptitude [aptityd] *nf* Fähigkeit *f*; (*MIL*) Tauglichkeit *f*; **avoir des ~s pour** eine Begabung haben für.

apurer [apyʀe] *vt* (*COMM*) klären.

aquaculture [akwakyltyʀ] *nf* Fischzucht *f* (*im Meer*).

aquaplanage [akwaplanaʒ] *nm* Aquaplaning *nt*.

aquaplane [akwaplan] *nm* (*planche*) Monoski *m*; (*SPORT*) Wasserskilaufen *nt* (*auf dem Monoski*).

aquaplaning [akwaplaniŋ] *nm* = **aquaplanage**.

aquarelle [akwaʀɛl] *nf* Aquarellmalerei *f*; (*tableau*) Aquarell *nt*.

aquarelliste [akwaʀelist] *nm/f* Aquarellmaler(in) *m(f)*.

aquarium [akwaʀjɔm] *nm* Aquarium *nt*.

aquatique [akwatik] *adj* Wasser-.

aqueduc [ak(ə)dyk] *nm* Aquädukt *nt*.

aqueux, -euse [akø, øz] *adj* wässerig.

aquilin [akilɛ̃] *adj m*: **nez ~** Adlernase *f*.

AR [aɛʀ] *sigle m* (= *aller (et) retour*) *voir* **aller**.

arabe [aʀab] *adj* arabisch; (*cheval*) Araber- ♦ *nm* (*LING*) Arabisch *nt* ♦ *nm/f*: **A~** Araber(in) *m(f)*.

arabesque [aʀabɛsk] *nf* Arabeske *f*.

Arabie [aʀabi] *nf*: **l'~** Arabien *nt*; **l'~ saoudite** *ou* **séoudite** Saudi-Arabien *nt*.

arable [aʀabl] *adj* bebaubar.

arachide [aʀaʃid] *nf* (*noix*) Erdnuß *f*.

araignée [aʀeɲe] *nf* Spinne *f* ▶ **araignée de mer** Spinnenkrabbe *f*.

araser [aʀaze] *vt* (*mur*) einreißen, dem Erdboden gleichmachen; (*en rabotant*) glatthobeln.

aratoire [aʀatwaʀ] *adj*: **instrument ~** Ackergerät *nt*.

arbalète [aʀbalɛt] *nf* Armbrust *f*.

arbitrage [aʀbitʀaʒ] *nm* (*de conflit*) Schlichtung *f*; (*de débat*) Gesprächsführung *f*; **erreur d'~** Schiedsrichterirrtum *m*.

arbitraire [aʀbitʀɛʀ] *adj* willkürlich.

arbitrairement [aʀbitʀɛʀmɑ̃] *adv* willkürlich.

arbitre [aʀbitʀ] *nm* Schlichter *m*; (*SPORT*) Schiedsrichter(in) *m(f)*; (: *BOXE*) Ringrichter(in) *m(f)*; (*fig*) Vermittler(in) *m(f)*.

arbitrer [aʀbitʀe] *vt* (*conflit*) schlichten; (*débat, confrontation*) die Gesprächsführung haben bei; (*SPORT*) als Schiedsrichter leiten; (: *BOXE*) als Ringrichter leiten.

arborer [aʀbɔʀe] *vt* (*drapeau, enseigne*) gehißt haben; (*vêtement, chapeau, attitude*) zur Schau stellen; (*sourire*) aufsetzen.

arboricole [aʀbɔʀikɔl] *adj* (*technique etc*) Baumzucht-; (*animal*) auf Bäumen lebend.

arboriculture [aʀbɔʀikyltyʀ] *nf* Baumzucht *f* ▶ **arboriculture fruitière** Obstbaumzucht *f*.

arbre [aʀbʀ] *nm* Baum *m*; (*TECH*) Welle *f* ► **arbre à cames** Nockenwelle *f* ► **arbre fruitier** Obstbaum *m* ► **arbre généalogique** Stammbaum *m* ► **arbre de Noël** Weihnachtsbaum *m* ► **arbre de transmission** Kardanwelle *f*.
arbrisseau [aʀbʀiso] *nm* Strauch *m*.
arbuste [aʀbyst] *nm* Strauch *m*.
arc [aʀk] *nm* Bogen *m* ► **arc de cercle** Kreisbogen *m*; **en ~ de cercle** halbkreisförmig ► **arc de triomphe** Triumphbogen *m*.
arcade [aʀkad] *nf* Arkade *f*; (*d'un pont*) Bogen *m* ► **arcade sourcilière** Augenbrauenbogen *m*.
arcanes [aʀkan] *nmpl* Geheimnisse *pl*.
arc-boutant [aʀkbutɑ̃] (*pl ~s-~s*) *nm* Strebebogen *m*.
arc-bouter [aʀkbute]: **s'~-~** *vpr* sich aufstemmen; **s'~-~ contre** sich stemmen gegen.
arceau [aʀso] *nm* (*de voûte*) Gewölbebogen *m*; (*métallique etc*) Tor *nt*.
arc-en-ciel [aʀkɑ̃sjɛl] (*pl ~s-~-~*) *nm* Regenbogen *m*.
archaïque [aʀkaik] *adj* archaisch, veraltet.
archaïsme [aʀkaism] *nm* Archaische(s) *nt*; (*LING*) veraltete (Rede)wendung *f*.
archange [aʀkɑ̃ʒ] *nm* Erzengel *m*.
arche [aʀʃ] *nf* (*ARCHIT*) Brückenbogen *m* ► **arche de Noé** Arche *f* Noah.
archéologie [aʀkeɔlɔʒi] *nf* Archäologie *f*.
archéologique [aʀkeɔlɔʒik] *adj* archäologisch.
archéologue [aʀkeɔlɔg] *nm/f* Archäologe *m*, Archäologin *f*.
archer [aʀʃe] *nm* Bogenschütze *m*.
archet [aʀʃɛ] *nm* (*MUS*) Bogen *m*.
archétype [aʀketip] *nm* Urbild *nt*, Urform *f*.
archevêché [aʀʃəveʃe] *nm* (*territoire*) Erzbistum *nt*.
archevêque [aʀʃəvɛk] *nm* Erzbischof *m*.
archi [aʀʃi] *préf* (*très*) erz-, Erz-.
archibondé, e [aʀʃibɔ̃de] *adj* knüppelvoll.
archiduc, -duchesse [aʀʃidyk, dyʃɛs] *nm/f* Erzherzog(in) *m(f)*.
archipel [aʀʃipɛl] *nm* Archipel *m*.
archisimple [aʀʃisɛ̃pl] *adj* kinderleicht.
architecte [aʀʃitɛkt] *nm* Architekt(in) *m(f)*.
architectural, e, -aux [aʀʃitɛktyʀal, o] *adj* architektonisch.
architecture [aʀʃitɛktyʀ] *nf* Architektur *f*; (*fig: structure, agencement*) Struktur *f*, Aufbau *m*.
archiver [aʀʃive] *vt* archivieren.
archives [aʀʃiv] *nfpl* Archiv *nt*.
archiviste [aʀʃivist] *nm/f* Archivar(in) *m(f)*.
arçon [aʀsɔ̃] *nm voir* **cheval**.
arctique [aʀktik] *adj* arktisch ♦ *nm*: **l'A~** die Arktis *f*.
ardemment [aʀdamɑ̃] *adv* (*aimer*) heiß, glühend; (*souhaiter*) brennend, sehnlich.
ardent, e [aʀdɑ̃, ɑ̃t] *adj* (*feu, soleil, amour*) glühend, heiß; (*lutte*) erbittert; (*prière*) inbrünstig.
ardeur [aʀdœʀ] *nf* (*du soleil, feu*) Glut *f*, Hitze *f*; (*fig: ferveur*) Leidenschaft *f*, Heftigkeit *f*; **~ au travail** (*enthousiasme*) Eifer *m* bei der Arbeit.

ardoise [aʀdwaz] *nf* (*matière*) Schiefer *m*; (*de toit*) Schindel *f*; (*d'écolier*) Schiefertafel *f*; **avoir une ~ de 50 FF** mit 50 FF in der Kreide stehen.
ardu, e [aʀdy] *adj* (*travail, problème*) schwierig; (*pente*) steil.
are [aʀ] *nm* (*mesure*) Ar *nt ou m*.
arène [aʀɛn] *nf* Arena *f*; **~s** *nfpl* (*de corrida*) Stierkampfarena *f*; **l'~ politique/littéraire** die politische/literarische Arena *ou* Szene *f*.
arête [aʀɛt] *nf* (*de poisson*) Gräte *f*; (*montagne*) Grat *m*, Kamm *m*; (*d'un solide*) Kante *f*.
argent [aʀʒɑ̃] *nm* (*métal*) Silber *nt*; (*monnaie*) Geld *nt*; **en avoir pour son ~** etwas für sein Geld bekommen; **payer ~ comptant** bar zahlen ► **argent liquide** Bargeld *nt* ► **argent de poche** Taschengeld *nt*.
argenté, e [aʀʒɑ̃te] *adj* (*métal*) versilbert; (*couleur*) silbern, silbrig; (*cheveux*) silbergrau.
argenter [aʀʒɑ̃te] *vt* (*métal*) versilbern.
argenterie [aʀʒɑ̃tʀi] *nf* Silber *nt*, Silberzeug *nt*.
argentin, e [aʀʒɑ̃tɛ̃, in] *adj* (*son*) silberhell; (*d'Argentine*) argentinisch ♦ *nm/f*: **A~, e** Argentinier(in) *m(f)*.
Argentine [aʀʒɑ̃tin] *nf*: **l'~** Argentinien *nt*.
argile [aʀʒil] *nf* Ton *m*.
argileux, -euse [aʀʒilø, øz] *adj* Ton-.
argot [aʀgo] *nm* ≈ Slang *m*.
argotique [aʀgɔtik] *adj* ≈ Slang-.
arguer [aʀgɥe]: **~ de** *vt* vorbringen, anführen; **~ que** (als Argument) anführen, daß.
argument [aʀgymɑ̃] *nm* Argument *nt*; (*sommaire*) Aussage *f*.
argumentaire [aʀgymɑ̃tɛʀ] *nm* (*brochure*) (Verkaufs)broschüre *f*.
argumentation [aʀgymɑ̃tasjɔ̃] *nf* Argumentation *f*, Beweisführung *f*.
argumenter [aʀgymɑ̃te] *vi* argumentieren.
argus [aʀgys] *nm* (*AUTO*) Zeitschrift mit Preisen für Gebrauchtwagen.
arguties [aʀgysi] *nfpl* (*péj*) Spitzfindigkeiten *pl*.
aride [aʀid] *adj* (*sol, pays, sujet*) trocken; (*cœur*) gefühllos, hart.
aridité [aʀidite] *nf* (*v adj*) Trockenheit *f*; Hartherzigkeit *f*.
aristocrate [aʀistɔkʀat] *nm/f* Aristokrat(in) *m(f)*.
aristocratie [aʀistɔkʀasi] *nf* Aristokratie *f*, Adel *m*.
aristocratique [aʀistɔkʀatik] *adj* aristokratisch.
arithmétique [aʀitmetik] *adj* arithmetisch ♦ *nf* Arithmetik *f*.
armada [aʀmada] *nf* Armada *f*.
armagnac [aʀmaɲak] *nm* Armagnac *m*.
armateur [aʀmatœʀ] *nm* Reeder *m*.
armature [aʀmatyʀ] *nf* (*de tente*) Gestänge *nt*; (*de soutien-gorge*) Verstärkung *f*; (*MUS*) Vorzeichen *pl* (*der Tonart*).
arme [aʀm] *nf* Waffe *f*; (*section de l'armée*) Waffengattung *f*; **~s** *nfpl* (*blason*) Wappen *nt*; (*MIL: profession*) Militär *nt*; **à ~s égales** mit gleichen Waffen; **en ~s** unter Waffen; **passer qn**

par les ~s jdn vor ein Exekutionskommando stellen; **prendre les** ~s zu den Waffen greifen; **présenter les** ~s die Waffe präsentieren; **présentez** ~s! präsentiert das Gewehr!; **sous les** ~s beim Militär ▸ **arme blanche** Stichwaffe _f_ ▸ **arme à feu** Feuerwaffe _f._

armé, e [aʀme] _adj_ bewaffnet; ~ **de** (_garni, équipé_) ausgerüstet mit, versehen mit.

armée [aʀme] _nf_ Armee _f_ ▸ **armée de l'air** Luftwaffe _f_ ▸ **armée du Salut** Heilsarmee _f_ ▸ **armée de terre** Heer _nt._

armement [aʀməmɑ̃] _nm_ (_armes_) Bewaffnung _f_, Waffen _pl_; (_action d'équiper: d'un navire_) Ausrüsten _nt_; (: _d'un pays_) Rüsten _nt_; **course aux** ~s Wettrüsten _nt._

Arménie [aʀmeni] _nf_: **l'**~ Armenien _nt._

arménien, ne [aʀmenjɛ̃, jɛn] _adj_ armenisch ♦ _nm/f_: **A**~, **ne** Armenier(in) _m(f)._

armer [aʀme] _vt_ bewaffnen; (_équiper_) ausstatten mit, ausrüsten mit; (_arme à feu, appareil photo_) spannen; **s'armer** _vpr_: **s'**~ **de** (_bâton, fusil_) sich bewaffnen mit; (_courage, patience_) sich wappnen mit.

armistice [aʀmistis] _nm_ Waffenstillstand _m_; **l'A**~ der Waffenstillstand (_im 1. Weltkrieg_).

armoire [aʀmwaʀ] _nf_ Schrank _m_ ▸ **armoire à glace** (_fig_) Kleiderschrank _m_ ▸ **armoire à pharmacie** Hausapotheke _f_, Arzneischränkchen _nt._

armoiries [aʀmwaʀi] _nfpl_ Wappen _nt._

armure [aʀmyʀ] _nf_ Rüstung _f._

armurerie [aʀmyʀʀi] _nf_ (_fabrique_) Rüstungsfabrik _f_; (_magasin_) Waffenhandlung _f._

armurier [aʀmyʀje] _nm_ (_fabricant_) Rüstungsfabrikant _m_; (_marchand_) Waffenhändler _m_; (_MIL_) Waffenmeister _m._

ARN [aɛʀɛn] _sigle m_ (= _acide ribonucléique_) RNS _f._

arnaque [aʀnak] _nf_: **c'est de l'**~ das ist (doch) Betrug.

arnaquer [aʀnake] (_fam_) _vt_: **se faire** ~ sich übers Ohr hauen lassen.

arnaqueur [aʀnakœʀ] (_fam_) _nm_ Schwindler _m_, Gauner _m._

arnica [aʀnika] _nm_ Arnika _nt._

aromates [aʀɔmat] _nmpl_ (_épices_) Gewürze _pl._

aromatique [aʀɔmatik] _adj_ aromatisch.

aromatisé, e [aʀɔmatize] _adj_ (_parfumé_) aromatisiert.

aromatiser [aʀɔmatize] _vt_ aromatisieren.

arôme [aʀom] _nm_ Aroma _nt._

arpège [aʀpɛʒ] _nm_ Arpeggio _nt._

arpentage [aʀpɑ̃taʒ] _nm_ Vermessung _f._

arpenter [aʀpɑ̃te] _vt_ (_parcourir_) auf und ab gehen.

arpenteur [aʀpɑ̃tœʀ] _nm_ Landvermesser _m_, Geometer _m._

arqué, e [aʀke] _adj_ (_dos_) krumm; (_forme_) gebogen, gekrümmt; **jambes** ~**es** O-Beine _pl._

arrachage [aʀaʃaʒ] _nm_: ~ **des mauvaises herbes** (Unkraut)jäten _nt._

arraché [aʀaʃe] _nm_ (_SPORT: haltérophilie_) Reißen _nt_; **obtenir à l'**~ (_fig_) ergattern.

arrachement [aʀaʃmɑ̃] _nm_ (_séparation_) schmerzlicher Abschied _m._

arrache-pied [aʀaʃpje]: **d'**~-~ _adv_ unablässig, unermüdlich.

arracher [aʀaʃe] _vt_ wegreißen; (_déplanter_) herausziehen; (_dent_) ziehen; (_souche, page etc_) herausreißen; (_par explosion, accident: joue, bras_) wegreißen, abreißen; (_fig: obtenir: augmentation, promesse_) abringen, abnötigen; **s'arracher** _vpr_ (_personne, article très recherché_) sich prügeln um; ~ **qch à qn** jdm etw wegreißen; (_fig_) jdm etw entreißen; ~ **qn à** (_solitude, rêverie_) jdn herausreißen aus; (_famille etc_) jdn entreißen +_dat_; **s'**~ **de** (_lieu_) sich losreißen von; (_habitude_) sich _dat_ abgewöhnen.

arraisonner [aʀɛzɔne] _vt_ (_bateau_) überprüfen, kontrollieren.

arrangeant, e [aʀɑ̃ʒɑ̃, ɑ̃t] _adj_ verträglich, umgänglich.

arrangement [aʀɑ̃ʒmɑ̃] _nm_ (_agencement_) Anordnung _f_; (_d'appartement_) Einrichtung _f_; (_compromis_) Vereinbarung _f_; (_MUS_) Arrangement _nt._

arranger [aʀɑ̃ʒe] _vt_ (_appartement etc_) einrichten; (_rendez-vous, rencontre_) arrangieren, vereinbaren; (_voyage_) organisieren; (_réparer_) in Ordnung bringen; (_problème, difficulté_) regeln, in Ordnung bringen; (_pièce de musique, fleurs_) arrangieren; **s'arranger** _vpr_ (_se mettre d'accord_) sich einigen; (_s'améliorer_) sich einrenken; (_convenir à_): **cela m'arrange** das paßt mir gut; **s'**~ **pour que** es so einrichten, daß; **je vais m'**~ ich werde es einrichten; **ça va s'**~ das wird schon; ~ **qn de la belle manière** jdn übel zurichten; **il s'est fait drôlement** ~ (_fam_) er wurde übel zugerichtet.

arrangeur, -euse [aʀɑ̃ʒœʀ, øz] _nm/f_ (_MUS_) Arrangeur(in) _m(f)._

arrestation [aʀɛstasjɔ̃] _nf_ Verhaftung _f_, Festnahme _f._

arrêt [aʀɛ] _nm_ (_de projet, construction_) Einstellung _f_; (_de croissance, hémorragie, trafic_) Stillstand _m_; (_de voiture, montre_) Stehenbleiben _nt_; (_COMM, FIN_) Abschluß _m_; (_COUTURE_) Vernähen _nt_; (_de bus etc_) Haltestelle _f_; (_JUR: décision_) Urteil _nt_, Entscheidung _f_; (_FOOTBALL_) Parade _f_; ~**s** _nmpl_ (_MIL_) Arrest _m_; **jouer les** ~ de **jeu** die Verletzungszeit nachspielen; **être à l'**~ stillstehen; **rester** _ou_ **tomber en** ~ **devant qch** vor etw _dat_ plötzlich stehen bleiben; **sans** ~ ununterbrochen, unaufhörlich ▸ **arrêt d'autobus** Bushaltestelle _f_ ▸ **arrêt facultatif** Bedarfshaltestelle _f_ ▸ **arrêt de mort** Todesurteil _nt_ ▸ **arrêt de travail** Arbeitsniederlegung _f ou_ -einstellung _f._

arrêté, e [aʀete] _adj_ (_idées_) unerschütterlich ♦ _nm_ (_JUR_) Erlaß _m_, Verordnung _f_ ▸ **arrêté municipal** städtische Verordnung _f._

arrêter [aʀete] _vt_ anhalten, stoppen; (_projet, construction_) einstellen; (_croissance, hémorragie,_ *maladie, trafic*) zum Stillstand bringen; (*chauffage etc*) ausschalten; (*COMM: compte*) abschließen; (*COUTURE: point*) vernähen; (*date*) festlegen; (*choix*) treffen; (*suspect, criminel*) verhaften, festnehmen; **s'arrêter** *vpr* (*voiture, personne*) anhalten, stehenbleiben; (*montre*) stehenbleiben; (*s'interrompre*) einhalten; (*pluie, bruit*) aufhören; ~ **de faire qch** aufhören, etw zu tun; **arrête de te plaindre** hör auf, dich zu beklagen; **arrête!** hör auf!; **ne pas** ~ **de faire qch** etw immerzu tun; **s'** ~ **sur** (*suj: choix, regard*) fallen auf +*acc*; **s'** ~ **court** *ou* **net** abrupt stehenbleiben *ou* innehalten; (*bruit etc*) abrupt aufhören.

arrhes [aʀ] *nfpl* Anzahlung *f*.

arrière [aʀjɛʀ] *adj inv*: **feu/siège** ~ Rücklicht *nt*/Rücksitz *m* ♦ *nm* (*SPORT*) Verteidiger *m*; **roue** ~ Hinterrad *nt*; **protéger ses** ~**s** sich +*dat* den Rücken schützen; **à l'** ~ (*derrière*) hinten; **en** ~ (*regarder, tomber*) nach hinten; (*aller*) rückwärts; **en** ~ **de** (*derrière*) hinter +*dat*.

arriéré, e [aʀjeʀe] *adj* rückständig ♦ *nm* (*d'argent*) (Zahlungs)rückstand *m*.

arrière-boutique [aʀjɛʀbutik] (*pl* ~-~**s**) *nf* Hinterzimmer *nt* (*eines Ladens*).

arrière-cour [aʀjɛʀkuʀ] (*pl* ~-~**s**) *nf* Hinterhof *m*.

arrière-cuisine [aʀjɛʀkɥizin] (*pl* ~-~**s**) *nf* Spülküche *f*.

arrière-garde [aʀjɛʀgaʀd] (*pl* ~-~**s**) *nf* Nachhut *f*.

arrière-goût [aʀjɛʀgu] (*pl* ~-~**s**) *nm* Nachgeschmack *m*.

arrière-grand-mère [aʀjɛʀgʀɑ̃mɛʀ] (*pl* ~-~**s**-~**s**) *nf* Urgroßmutter *f*.

arrière-grand-père [aʀjɛʀgʀɑ̃pɛʀ] (*pl* ~-~**s**-~**s**) *nm* Urgroßvater *m*.

arrière-grands-parents [aʀjɛʀgʀɑ̃paʀɑ̃] *nmpl* Urgroßeltern *pl*.

arrière-pays [aʀjɛʀpei] *nm inv* Hinterland *nt*.

arrière-pensée [aʀjɛʀpɑ̃se] (*pl* ~-~**s**) *nf* Hintergedanke *m*.

arrière-petite-fille [aʀjɛʀpətitfij] (*pl* ~-~**s**-~**s**) *nf* Urenkelin *f*.

arrière-petit-fils [aʀjɛʀpətifis] (*pl* ~-~**s**-~) *nm* Urenkel *m*.

arrière-petits-enfants [aʀjɛʀpətizɑ̃fɑ̃] *nmpl* Urenkel *pl*.

arrière-plan [aʀjɛʀplɑ̃] (*pl* ~-~**s**) *nm* Hintergrund *m*; **à l'**~-~ im Hintergrund.

arrière-saison [aʀjɛʀsɛzɔ̃] (*pl* ~-~**s**) *nf* Nachsaison *f*.

arrière-salle [aʀjɛʀsal] (*pl* ~-~**s**) *nf* Hinterzimmer *nt*.

arrière-train [aʀjɛʀtʀɛ̃] (*pl* ~-~**s**) *nm* Hinterteil *nt*.

arrimer [aʀime] *vt* (*chargement*) festzurren.

arrivage [aʀivaʒ] *nm* Eingang *m*.

arrivant, e [aʀivɑ̃, ɑ̃t] *nm/f* Ankömmling *m*.

arrivée [aʀive] *nf* Ankunft *f*; (*SPORT*) Ziel *nt*: **courrier à l'**~ Posteingang *m*; **à mon** ~ bei meiner Ankunft ▶ **arrivée d'air** Luftzufuhr *f* ▶ **arrivée de gaz** Gaszufuhr *f*.

arriver [aʀive] *vi* ankommen; (*survenir*) geschehen, sich ereignen; **j'arrive!** komme sofort!; **il arrive à Paris à 8 h** er kommt um 8 Uhr in Paris an; ~ **à destination** sein Ziel erreichen; ~ **à** (*endroit*) erreichen; **j'arrive à qch** etw gelingt mir; **j'arrive à faire qch** es gelingt mir, etw zu tun; **j'arrive de Strasbourg** ich komme gerade aus Straßburg (an); **il lui arrive de rire** es kommt (manchmal) vor, daß er lacht; **je n'y arrive pas** ich schaffe es (einfach) nicht; ~ **à échéance** fällig werden; **en** ~ **à faire qch** soweit kommen, etw zu tun.

arrivisme [aʀivism] *nm* Strebertum *nt*.

arriviste [aʀivist] *nm/f* Streber *m*, Ehrgeizling *m*.

arrogance [aʀɔgɑ̃s] *nf* Arroganz *f*.

arrogant, e [aʀɔgɑ̃, ɑ̃t] *adj* arrogant.

arroger [aʀɔʒe]: **s'** ~ *vpr* sich *dat* anmaßen.

arrondi, e [aʀɔ̃di] *adj* rund, rundlich ♦ *nm* (*forme*) Rundheit *f*, runde Form *f*.

arrondir [aʀɔ̃diʀ] *vt* (*forme, objet*) runden; (*somme: en augmentant*) aufrunden; (: *en diminuant*) abrunden; **s'arrondir** *vpr* (*dos, ventre*) sich runden, rund werden; ~ **ses fins de mois** ein bißchen (nebenbei) dazuverdienen.

arrondissement [aʀɔ̃dismɑ̃] *nm* (*ADMIN*) ≈ Verwaltungsbezirk *m*; (*à Paris*) Arrondissement *nt*.

arrosage [aʀozaʒ] *nm* Gießen *nt*; **tuyau d'**~ Gartenschlauch *m*.

arroser [aʀoze] *vt* gießen; (*CULIN, fêter*) begießen; (*suj: fleuve, rivière*) durchfließen; **se faire** ~ (*fam*) patschnaß werden.

arroseur [aʀozœʀ] *nm* (*tourniquet*) Sprenkler *m*.

arroseuse [aʀozøz] *nf* Sprengwagen *m*.

arrosoir [aʀozwaʀ] *nm* Gießkanne *f*.

arrt *abr* = **arrondissement**.

arsenal, -aux [aʀsənal, o] *nm* (*dépôt d'armes*) Waffenlager *nt*, Arsenal *nt*; (*NAUT*) Marinewerft *f*; (*fam: matériel*) Ausrüstung *f*.

arsenic [aʀsənik] *nm* Arsen *nt*.

art [aʀ] *nm* Kunst *f*; **avoir l'**~ **de faire qch** (ein) Geschick dafür haben, etw zu tun; **les** ~**s et métiers** die angewandten Künste ▶ **art dramatique** dramatische Kunst ▶ **arts ménagers** Hauswirtschaft(slehre) *f* ▶ **arts plastiques** bildende Kunst.

art. *abr* = **article**.

artère [aʀtɛʀ] *nf* Arterie *f*; (*rue*) Verkehrsader *f*.

artériel, le [aʀteʀjɛl] *adj* arteriell.

artériosclérose [aʀteʀjoskleʀoz] *nf* Arteriosklerose *f*, Arterienverkalkung *f*.

arthrite [aʀtʀit] *nf* Arthritis *f*.

arthrose [aʀtʀoz] *nf* Arthrose *f*.

artichaut [aʀtiʃo] *nm* Artischocke *f*.

article [aʀtikl] *nm* Artikel *m*; (*JUR: d'une loi, d'un règlement*) Paragraph *m*; (*INFORM*) Datensatz *m*; **faire l'**~ (*COMM*) seine Waren anpreisen; **à l'**~ **de la mort** an der Schwelle des Todes ▶ **article défini/indéfini** bestimmter/unbestimmter Artikel *m* ▶ **article de fond** Leitartikel *m* ▶ **articles de bureau** Büroartikel *pl*

▶ **articles de voyage** Reisebedarf *m.*

articulaire [aʀtikylɛʀ] *adj* Gelenk-.

articulation [aʀtikylasjɔ̃] *nf* Gelenk *nt*; (*d'un texte, discours*) Gliederung *f*; (*prononciation*) Artikulation *f.*

articulé, e [aʀtikyle] *adj* (*membre*) Gelenk-; (*poupée*) Glieder-.

articuler [aʀtikyle] *vt* (*mot, phrase*) aussprechen, artikulieren; **s'articuler** *vpr*: **s'~ sur** basieren auf; **s'~ autour de** (*fig*) hängen an +*dat.*

artifice [aʀtifis] *nm* List *f*, Trick *m.*

artificiel, le [aʀtifisjɛl] *adj* künstlich; (*péj*) gekünstelt.

artificiellement [aʀtifisjɛlmɑ̃] *adv* künstlich; (*péj*) gekünstelt.

artificier [aʀtifisje] *nm* Pyrotechniker(in) *m(f).*

artificieux, -euse [aʀtifisjø, jøz] *adj* hinterhältig, tückisch.

artillerie [aʀtijʀi] *nf* Artillerie *f.*

artilleur [aʀtijœʀ] *nm* Artillerist *m.*

artimon [aʀtimɔ̃] *nm* Besan *m.*

artisan [aʀtizɑ̃] *nm* Handwerker(in) *m(f)*; **l'~ de la victoire** (*auteur*) der Vater *m* des Sieges; **l'~ du malheur** der Urheber *m* des Unglücks.

artisanal, e, -aux [aʀtizanal, o] *adj* handwerklich, Handwerks-.

artisanalement [aʀtizanalmɑ̃] *adv* handwerklich.

artisanat [aʀtizana] *nm* Handwerk *nt.*

artiste [aʀtist] *nm/f* Künstler(in) *m(f)*; (*fig: bohème*) Künstlernatur *f.*

artistique [aʀtistik] *adj* künstlerisch.

aryen, ne [aʀjɛ̃, jɛn] *adj* arisch.

AS [aɛs] *sigle f* (= *association sportive*) ≈ SV.

as [ɑs] *vb voir* **avoir** ♦ *nm* As *nt.*

ascendance [asɑ̃dɑ̃s] *nf* (*origine*) Abstammung *f*, Herkunft *f.*

ascendant, e [asɑ̃dɑ̃, ɑ̃t] *adj* aufsteigend ♦ *nm* (*ASTROL*) Aszendent *m*; (*influence*) Einfluß *m.*

ascenseur [asɑ̃sœʀ] *nm* Aufzug *m.*

ascension [asɑ̃sjɔ̃] *nf* (*d'une montagne*) Besteigung *f*; (*d'un ballon etc*) Aufstieg *m*; **l'A~** (*REL*) (Christi) Himmelfahrt *f.*

ascète [asɛt] *nm/f* Asket(in) *m(f).*

ascétique [asetik] *adj* asketisch.

ascétisme [asetism] *nm* Askese *f.*

ascorbique [askɔʀbik] *adj*: **acide ~** Ascorbinsäure *f.*

ASE [aɛsə] *sigle f* (= *Agence spatiale européenne*) ESA *f.*

asepsie [asɛpsi] *nf* Asepsis *f.*

aseptique [asɛptik] *adj* keimfrei, aseptisch.

aseptiser [asɛptize] *vt* (*pièce*) keimfrei machen; (*pansement, ustensile*) sterilisieren; (*plaie*) desinfizieren, keimfrei machen.

asexué, e [asɛksye] *adj* ungeschlechtlich.

asiatique [azjatik] *adj* asiatisch ♦ *nm/f*: **A~** Asiat *m*, Asiatin *f.*

Asie [azi] *nf*: **l'~** Asien *nt.*

asile [azil] *nm* Zuflucht *f*; (*POL*) Asyl *nt*; (*pour malades mentaux*) Anstalt *f*, Heim *nt*; (*pour vieillards*) (Alters)heim *nt*; **droit d'~** Asylrecht

nt; **accorder l'~ politique à qn** jdm politisches Asyl gewähren.

asocial, e, -aux [asɔsjal, jo] *adj* asozial.

aspect [aspɛ] *nm* (*apparence, air*) Aussehen *nt*; (*point de vue*) Aspekt *m*, Gesichtspunkt *m*; (*LING*) Aspekt.

asperge [aspɛʀʒ] *nf* Spargel *m.*

asperger [aspɛʀʒe] *vt* (*surface*) besprengen; (*personne*) bespritzen.

aspérité [aspeʀite] *nf* Unebenheit *f.*

asphalte [asfalt] *nm* Asphalt *m.*

asphalter [asfalte] *vt* asphaltieren.

asphyxiant, e [asfiksjɑ̃, jɑ̃t] *adj* erstickend.

asphyxie [asfiksi] *nf* Ersticken *nt*; (*fig*) Lähmung *f.*

asphyxier [asfiksje] *vt* ersticken; (*fig*) lähmen; **mourir asphyxié** ersticken.

aspic [aspik] *nm* (*ZOOL*) Natter *f*; (*CULIN*) Aspik *m*, Sülze *f.*

aspirant, e [aspiʀɑ̃, ɑ̃t] *adj*: **pompe ~e** Saugpumpe *f* ♦ *nm* (*NAUT*) Offiziersanwärter *m.*

aspirateur [aspiʀatœʀ] *nm* Staubsauger *m.*

aspiration [aspiʀasjɔ̃] *nf* (*d'air*) Einatmen *nt*; (*de liquide, poussière etc*) Aufsaugen *nt*; **~s** (*ambitions*) Ziele *pl.*

aspirer [aspiʀe] *vt* aufsaugen; (*respirer*) einatmen; **~ à qch** nach etw streben; **~ à faire qch** danach streben, etw zu tun.

aspirine [aspiʀin] *nf* Aspirin ® *nt.*

assagir [asaʒiʀ] *vt* beruhigen; **s'assagir** *vpr* ruhiger werden.

assaillant, e [asajɑ̃, ɑ̃t] *nm/f* Angreifer(in) *m(f).*

assaillir [asajiʀ] *vt* angreifen; **~ qn de** (*questions, reproches*) jdn überschütten mit.

assainir [aseniʀ] *vt* säubern; (*finances*) sanieren.

assainissement [asenismɑ̃] *nm* Säuberung *f*; (*de ville, finances*) Sanierung *f.*

assaisonnement [asɛzɔnmɑ̃] *nm* (*de plat*) Gewürz *nt*; (*de salade*) Salatsauce *f.*

assaisonner [asɛzɔne] *vt* (*plat*) würzen; (*salade*) anmachen; **bien assaisonné** gut gewürzt.

assassin [asasɛ̃] *nm* Mörder *m.*

assassinat [asasina] *nm* Ermordung *f.*

assassiner [asasine] *vt* ermorden.

assaut [aso] *nm* (*MIL*) Sturmangriff *m*; (*fig*) Angriff *m*; **prendre d'~** stürmen; **donner l'~ à** anstürmen gegen +*acc*; **faire ~ de** (*rivaliser*) einander zu überbieten suchen in +*dat.*

assèchement [asɛʃmɑ̃] *nm* Trockenlegung *f.*

assécher [aseʃe] *vt* trockenlegen.

ASSEDIC [asedik] *sigle f* (= *Association pour l'emploi dans l'industrie et le commerce*) ≈ Arbeitslosenversicherung *f.*

assemblage [asɑ̃blaʒ] *nm* (*action d'assembler*) Zusammenfügen *nt*, Zusammensetzen *nt*; (*menuiserie*) Verbindung *f*; (*fig*) Ansammlung *f*; **langage d'~** (*INFORM*) Assemblersprache *f.*

assemblée [asɑ̃ble] *nf* Versammlung *f*; **~ des fidèles** Gemeinde *f*; **l'A~ nationale** die (französische) Nationalversammlung *f.*

assembler [asɑ̃ble] *vt* zusammensetzen; (*mots, idées*) verbinden; (*amasser*) zusammenstellen; **s'assembler** *vpr* (*personnes*) sich versammeln.

assembleur [asɑ̃blœʀ] *nm* Assembler *m*.

assener [asene] *vt*: ~ **un coup à qn** jdm einen Schlag versetzen.

asséner [asene] *vt* = **assener**.

assentiment [asɑ̃timɑ̃] *nm* Einwilligung *f*; (*approbation*) Zustimmung *f*.

asseoir [aswaʀ] *vt* hinsetzen; (*fig: autorité, réputation*) festigen; **s'asseoir** *vpr* sich hinsetzen; (*personne couchée*) sich aufsetzen; **faire** ~ **qn** jdn bitten, sich hinzusetzen; ~ **qn sur** jdn setzen auf +*acc*; ~ **qch sur** (*fig*) etw gründen auf +*dat*.

assermenté, e [asɛʀmɑ̃te] *adj* beeidigt, vereidigt.

assertion [asɛʀsjɔ̃] *nf* Behauptung *f*.

asservir [asɛʀviʀ] *vt* unterjochen, knechten.

asservissement [asɛʀvismɑ̃] *nm* (*action*) Unterjochung *f*; (*état*) Knechtschaft *f*.

assesseur [asesœʀ] *nm* Beisitzer(in) *m(f)*.

asseyais [asɛjɛ] *vb voir* **asseoir**.

assez [ase] *adv* (*suffisamment*) genug; (*avec adj, adv*) ziemlich; ~! das reicht!, das langt!; **est-il** ~ **fort/rapide?** ist es stark/schnell genug?; ~ **de pain/livres** genug Brot/Bücher, genügend Brot/Bücher; **vous en avez** ~ **Sie haben genug davon; en avoir** ~ **de qch** von etw genug haben, etw satt haben; ~ **grand pour** alt genug, um zu.

assidu, e [asidy] *adj* (*zélé*) fleißig, eifrig; (*ponctuel*) gewissenhaft; (*soins, travail*) beständig; **être** ~ **auprès de qn** (*empressé*) sich eifrig um jdn bemühen.

assiduité [asidɥite] *nf* (*v adj*) Fleiß *m*, Eifer *m*; Gewissenhaftigkeit *f*; ~**s** *nfpl* (*péj*) ständige Bemühungen *pl*.

assidûment [asidymɑ̃] *adv* (*v adj*) fleißig; gewissenhaft.

assied *etc* [asje] *vb voir* **asseoir**.

assiégé, e [asjeʒe] *adj* belagert.

assiéger [asjeʒe] *vt* (*MIL*) belagern; (*suj: foule*) überschwemmen.

assiérai *etc* [asjeʀe] *vb voir* **asseoir**.

assiette [asjɛt] *nf* Teller *m*; (*d'un cavalier*) Sitz *m*; (*d'un navire*) Trimm *m* ▶ **assiette anglaise** ≈ kalte Platte *f* ▶ **assiette creuse** tiefer Teller *m* ▶ **assiette à dessert** Dessertteller *m* ▶ **assiette de l'impôt** Steuerveranlagung *f* ▶ **assiette plate** flacher Teller *m*.

assiettée [asjete] *nf* Teller *m* (voll).

assignation [asiɲasjɔ̃] *nf* (*JUR*) Vorladung *f* ▶ **assignation à résidence** Hausarrest *m*.

assigner [asiɲe] *vt* zuweisen, zuteilen; (*valeur, importance*) zumessen; (*limites*) festlegen, festsetzen; (*cause, effet*) zuschreiben; ~ **qn à** un poste jdm einen Posten zuweisen; ~ **qn à résidence** jdn unter Hausarrest stellen.

assimilable [asimilabl] *adj* (*nourriture*) leicht verdaulich; (*connaissances*) leicht zu verarbeiten.

assimilation [asimilasjɔ̃] *nf* (*v vb*) Verdauen *nt*; Verarbeiten *nt*; Integration *f*.

assimiler [asimile] *vt* (*aliments*) verdauen; (*connaissances, idée*) verarbeiten; (*immigrants, nouveaux-venus*) integrieren, aufnehmen; ~ **qch/qn à** (*comparer*) etw/jdn gleichstellen mit; **s'assimiler** (*s'intégrer*) sich integrieren; **ils sont assimilés aux infirmiers** sie sind den Krankenpflegern gleichgestellt.

assis, e [asi, iz] *pp de* **asseoir** ♦ *adj* sitzend; **être** ~ **sitzen; être** ~ **en tailleur** mit übereinandergeschlagenen Beinen sitzen.

assise [asiz] *nf* (*d'une maison*) Unterbau *m*; (*fig*) Grundlage *f*; ~**s** *nfpl* (*JUR*) ≈ Schwurgericht *nt*; (*congrès*) Tagung *f*.

assistanat [asistana] *nm* Assistentenstelle *f*.

assistance [asistɑ̃s] *nf* (*public*) Publikum *nt*; (*aide*) Hilfe *f*, Beistand *m*; **porter/prêter** ~ **à qn** jdm Hilfe leisten, jdm helfen ▶ **Assistance (publique)** ≈ Fürsorge *f* ▶ **assistance technique** Entwicklungshilfe *f*.

assistant, e [asistɑ̃, ɑ̃t] *nm/f* Assistent(in) *m(f)*; (*d'un médecin*) Arzthelfer(in) *m(f)*; ~**s** *nmpl* (*auditeurs etc*) Publikum *nt* ▶ **assistant(e) social(e)** Sozialarbeiter(in) *m(f)*.

assisté, e [asiste] *adj* (*AUTO*) Servo- ♦ *nm/f* ≈ Sozialhilfeempfänger(in) *m(f)*.

assister [asiste] *vt* (*seconder*) helfen +*dat*; ~ **à** (*voir*) beiwohnen +*dat*, dabei sein bei; (*participer à*) teilnehmen an +*dat*.

association [asɔsjasjɔ̃] *nf* Vereinigung *f*; (*de mots*) Assoziation *f* ▶ **association d'idées** Gedankenassoziation *f*.

associé, e [asɔsje] *adj* (*personne*) verbunden; (*COMM*) assoziiert ♦ *nm/f* Partner(in) *m(f)*.

associer [asɔsje] *vt* (*entreprises, personnes*) vereinigen; (*mots, idées*) verbinden; **s'associer** *vpr* (*suj: personnes, entreprises*) sich zusammenschließen, sich verbinden; (*un collaborateur*) aufnehmen; ~ **qn à** (*projets, profits*) jdn beteiligen an +*dat*; (*affaire*) jdn zum Partner machen +*dat*; (*joie, triomphe*) jdn teilnehmen *ou* teilhaben lassen +*dat*; ~ **qch à** (*joindre, allier*) etw anschließen an +*acc*; **s'**~ **à qch** (*se joindre à*) sich an etw *acc* anschließen; (*se combiner avec*) sich mit etw verbinden.

assoie [aswa] *vb voir* **asseoir**.

assoiffé, e [aswafe] *adj* durstig; ~ **de sang** blutrünstig; ~ **de gloire** nach Ruhm dürstend.

assoirai *etc* [aswaʀe] *vb voir* **asseoir**.

assois *etc* [aswa] *vb voir* **asseoir**.

assolement [asɔlmɑ̃] *nm* Fruchtfolge *f*.

assombrir [asɔ̃bʀiʀ] *vt* verdunkeln; (*fig*) überschatten; **s'assombrir** *vpr* (*ciel*) sich zuziehen, dunkel werden; (*visage*) sich verfinstern.

assommer [asɔme] *vt* niederschlagen; (*suj: médicament etc*) betäuben, benommen machen; (*fam: ennuyer*) tödlich langweilen.

Assomption [asɔ̃psjɔ̃] *nf*: **l'**~ Mariä Himmelfahrt *f*.

assorti, e [asɔʀti] *adj* (*en harmonie*) zusammenpassend; **fromages/légumes** ~**s** Käse-/Gemüseplatte *f*; ~ **à** passend zu, abgestimmt auf +*acc*; ~ **de** begleitet von; **ils sont**

bien/mal ~**s** sie passen gut/schlecht zusammen.
assortiment [asɔʀtimã] *nm* (*choix*) Auswahl *f*; (*ensemble*) Satz *m*; (*COMM*) Sortiment *nt*.
assortir [asɔʀtiʀ] *vt* zusammenstellen; **s'assortir** *vpr* (*aller ensemble*) zusammenpassen; ~ **qch à** etw abstimmen auf +*acc*; ~ **qch de** (*conseils etc*) etw verbinden mit; **s'~ de** (*s'accompagner de*) verbunden sein mit.
assoupi, e [asupi] *adj* dösend, schlummernd.
assoupir [asupiʀ]: **s'~** *vpr* einschlummern.
assoupissement [asupismã] *nm* (*sommeil*) Schlummer *m*; (*fig: somnolence*) Benommenheit *f*.
assouplir [asupliʀ] *vt* geschmeidig machen; (*fig: règlement, discipline*) lockern; (: *caractère*) gefügig machen; **s'assouplir** *vpr* (*v vt*) geschmeidig/locker/gefügig werden.
assouplissement [asuplismã] *nm* (*v vt*) Geschmeidigmachen *nt*; Lockerung *f*; Gefügigmachen *nt*; **exercices d'~** Lockerungsübungen *pl*.
assourdir [asuʀdiʀ] *vt* (*étouffer*) dämpfen, abschwächen; (*rendre sourd*) taub machen.
assourdissant, e [asuʀdisã, ãt] *adj* (*bruit*) ohrenbetäubend.
assouvir [asuviʀ] *vt* stillen.
assoyais [aswajɛ] *vb voir* **asseoir**.
assujetti, e [asyʒeti] *adj* (*peuple, pays*) unterworfen; **être ~ à** (*règle*) unterstehen +*dat*; ~ **à l'impôt** steuerpflichtig.
assujettir [asyʒetiʀ] *vt* (*peuple, pays*) unterwerfen; (*fixer*) befestigen, festmachen; ~ **qn à qch** (*règle*) jdn einer Sache *dat* unterwerfen; (*impôt*) jdm etw auferlegen.
assujettissement [asyʒetismã] *nm* (*contrainte*) Unterwerfung *f*.
assumer [asyme] *vt* übernehmen; (*conséquence, situation*) auf sich *acc* nehmen; **s'assumer** *vpr* sich annehmen.
assurance [asyʀãs] *nf* (*certitude*) Gewißheit *f*; (*confiance en soi*) Selbstbewußtsein *nt*, Selbstsicherheit *f*; (*contrat, garantie*) Versicherung *f*; **prendre une ~ contre** sich versichern gegen ▶ **assurance contre l'incendie** Feuerversicherung *f* ▶ **assurance maladie** Krankenversicherung *f* ▶ **assurance au tiers** Haftpflichtversicherung *f* ▶ **assurance tous risques** Vollkaskoversicherung *f* ▶ **assurance contre le vol** Diebstahlversicherung *f* ▶ **assurances sociales** Sozialversicherung *f*.
assurance-vie [asyʀãsvi] (*pl* ~**s-~**) *nf* Lebensversicherung *f*.
assurance-vol [asyʀãsvɔl] (*pl* ~**s-~**) *nf* Diebstahlversicherung *f*.
assuré, e [asyʀe] *adj* (*sûr*) sicher, gewiß; (*démarche, voix*) selbstbewußt, selbstsicher; (*couvert par une assurance*) versichert ♦ *nm/f* (*couvert par une assurance*) Versicherte(r) *f(m)*; ~ **de** (*certain de qch*) einer Sache *gén* sicher ▶ **assuré social** Sozialversicherte(r) *f(m)*.
assurément [asyʀemã] *adv* sicherlich, ganz gewiß.

assurer [asyʀe] *vt* (*contre un risque*) versichern; (*stabiliser, protéger*) absichern; (*rendre certain*: *succès, victoire*) sichern; (*s'occuper de: service, garde*) sorgen für; **s'assurer** *vpr*: **s'~** (*contre*) sich versichern (gegen); ~ (**à qn**) *que* (jdm) versichern, daß; ~ **qn de qch** jdm etw zusichern; ~ **qch à qn** (*garantir*) jdm etw zusichern; (*certifier*) jdm etw versichern; **je vous assure que si/non** ich versichere Ihnen, daß es stimmt/nicht stimmt; ~ **ses arrières** (*fig*) sich absichern; **s'~ de** sich überzeugen von; **s'~ que** sich davon überzeugen, daß; **s'~ de qch** (*faire en sorte que l'on obtienne*) sich *dat* etw sichern; **s'~ sur la vie** sein Leben versichern; **s'~ le concours/la collaboration de qn** sich *dat* jds Mitarbeit/Zusammenarbeit sichern.
assureur [asyʀœʀ] *nm* (*agent*) Versicherungsvertreter *m*; (*société*) Versicherungsträger *m*.
Assyrie [asiʀi] *nf*: l'~ Assyrien *nt*.
Assyrien, ne [asiʀjɛ̃, jɛn] *nm/f* Assyrer(in) *m(f)*.
astérisque [asteʀisk] *nm* Sternchen *nt*.
astéroïde [asteʀɔid] *nm* Asteroid *m*.
asthénique [astenik] *adj* kraftlos.
asthmatique [asmatik] *adj* asthmatisch.
asthme [asm] *nm* Asthma *nt*.
asticot [astiko] *nm* Made *f*.
asticoter [astikɔte] *vt* (*tracasser*) schikanieren.
astigmate [astigmat] *adj*: **être ~** einen Astigmatismus haben.
astiquer [astike] *vt* polieren.
astrakan [astʀakã] *nm* Persianer *m*.
astral, e, -aux [astʀal, o] *adj* astral, Stern-.
astre [astʀ] *nm* Stern *m*, Gestirn *nt*.
astreignant, e [astʀɛɲã, ãt] *adj* (*tâche*) anstrengend; (*règle*) streng.
astreindre [astʀɛ̃dʀ] *vt*: ~ **qn à qch** jdn zu etw zwingen; **s'astreindre** *vpr*: **s'~ à qch** sich einer Sache *dat* unterziehen; ~ **qn à faire qch** jdn dazu zwingen, etw zu tun; **s'~ à faire qch** sich zwingen, etw zu tun.
astringent, e [astʀɛ̃ʒã, ãt] *adj* adstringierend.
astrologie [astʀɔlɔʒi] *nf* Astrologie *f*.
astrologique [astʀɔlɔʒik] *adj* astrologisch.
astrologue [astʀɔlɔg] *nm/f* Astrologe(-in) *m(f)*.
astronaute [astʀonot] *nm/f* Astronaut(in) *m(f)*.
astronautique [astʀonotik] *nf* Raumfahrt *f*.
astronome [astʀonɔm] *nm/f* Astronom(in) *m(f)*.
astronomie [astʀonɔmi] *nf* Astronomie *f*.
astronomique [astʀonɔmik] *adj* astronomisch.
astrophysicien, ne [astʀofizisjɛ̃, jɛn] *nm/f* Astrophysiker(in) *m(f)*.
astrophysique [astʀofizik] *nf* Astrophysik *f*.
astuce [astys] *nf* (*ingéniosité*) Findigkeit *f*; (*truc*) Trick *m*, Kniff *m*; (*plaisanterie*) Witz *m*.
astucieusement [astysjøzmã] *adv* schlau, pfiffig.
astucieux, -euse [astysjø, jøz] *adj* schlau, pfiffig.
asymétrique [asimetʀik] *adj* asymmetrisch.
AT *sigle m* (= *Ancien Testament*) AT.
atavisme [atavism] *nm* Atavismus *m*; **c'est de**

l'~ das ist pure Vererbung.
atelier [atəlje] *nm* Werkstatt *f*; (*de peintre*) Atelier *nt*; ~ **de musique** Musikstudio *nt*; ~ **de poterie** Töpferwerkstatt *f*.
atermoiements [atɛʀmwamɑ̃] *nmpl* Verzögerungen *pl*.
atermoyer [atɛʀmwaje] *vi* Ausflüchte machen.
athée [ate] *adj* atheistisch ♦ *nm/f* Atheist(in) *m(f)*.
athéisme [ateism] *nm* Atheismus *m*.
Athènes [atɛn] *n* Athen *nt*.
athlète [atlɛt] *nm/f* Athlet(in) *m(f)*.
athlétique [atletik] *adj* (*SPORT*) leichtathletisch; (*fort, puissant*) athletisch, kräftig.
athlétisme [atletism] *nm* Leichtathletik *f*; **tournoi d'~** Leichtathletikwettkampf *m*; **faire de l'~** Leichtathletik betreiben.
atlantique [atlɑ̃tik] *adj* atlantisch, Atlantik-; (*pacte*) Atlantik- ♦ *nm*: **l'(océan) A~** der Atlantik, der Atlantische Ozean.
atlantiste [atlɑ̃tist] *adj* der/die den Atlantikpakt befürwortet ♦ *nm/f* Befürworter(in) *m(f)* des Atlantikpaktes.
Atlas [atlɑs] *nm*: **l'~** der Atlas, das Atlasgebirge.
atlas [atlɑs] *nm* Atlas *m*.
atmosphère [atmɔsfɛʀ] *nf* Atmosphäre *f*; (*air*) Luft *f*.
atmosphérique [atmɔsfeʀik] *adj* atmosphärisch.
atoll [atɔl] *nm* Atoll *nt*.
atome [atom] *nm* Atom *nt*.
atomique [atɔmik] *adj* Atom-; **nombre** ~ Ordnungszahl *f*.
atomiseur [atɔmizœʀ] *nm* Zerstäuber *m*.
atone [atɔn] *adj* (*regard*) kraftlos; (*LING*) unbetont.
atours [atuʀ] *nmpl* (*vêtements*) Klamotten *pl*.
atout [atu] *nm* Trumpf *m*; ~ **pique/trèfle** Pik/Kreuz ist Trumpf.
âtre [ɑtʀ] *nm* Feuerstelle *f*, Kamin *m*.
atroce [atʀɔs] *adj* grausam, entsetzlich.
atrocement [atʀɔsmɑ̃] *adv* furchtbar.
atrocité [atʀɔsite] *nf* (*d'un crime*) Grausamkeit *f*, Entsetzlichkeit *f*; (*gén pl*: *actes atroces*) Greuel(taten *pl*) *pl*.
atrophie [atʀɔfi] *nf* (*MÉD*) Atrophie *f*, Verkümmerung *f*.
atrophier [atʀɔfje]: **s'~** *vpr* verkümmern.
attabler [atable]: **s'~** *vpr* sich an den Tisch setzen; **s'~ à la terrasse** sich an einen Tisch auf der Terrasse setzen.
attachant, e [ataʃɑ̃, ɑ̃t] *adj* liebenswert.
attache [ataʃ] *nf* (*agrafe*) (Heft)klammer *f*; (*fig*: *lien*) Bindung *f*, Band *nt*; ~**s** *nfpl* (*relations*) Bindungen *pl*; **à l'~** (*chien*) angebunden, an der Leine.
attaché, e [ataʃe] *adj*: **être** ~ **à** (*aimer*) sehr hängen an +*dat* ♦ *nm* (*ADMIN*) Attaché *m* ▶ **attaché d'ambassade** Botschaftsattaché *m* ▶ **attaché commercial** Handelsattaché *m* ▶ **attaché de presse** Presseattaché *m*.
attaché-case [ataʃekɛz] (*pl* ~**s**-~**s**) *nm* Akten-

koffer *m*, Diplomatenkoffer *m*.
attachement [ataʃmɑ̃] *nm* (*affection*) Zuneigung *f*.
attacher [ataʃe] *vt* (*chien*) anbinden, festbinden; (*bateau*) festmachen; (*fixer*) befestigen; (*colis*) zuschnüren; (*mains, prisonnier etc*) fesseln; (*ceinture, tablier*) umbinden; (*souliers*) binden, zuschnüren ♦ *vi* (*riz, sucre*) kleben; **s'attacher** *vpr* (*robe etc*) zumachen; ~ **qch à** (*fixer*) etw festmachen *ou* befestigen an +*dat*; ~ **qn à jdn binden an** +*acc*; ~ **du prix/de l'importance à** Wert/Wichtigkeit zumessen +*dat*; **s'~ à** (*par affection*) Zuneigung fassen zu; **s'~ à faire qch** sich bemühen, etw zu tun.
attaquant [atakɑ̃] *nm* (*MIL*) Angreifer *m*; (*SPORT*) Stürmer *m*.
attaque [atak] *nf* Angriff *m*; (*MÉD*: *cardiaque*) Anfall *m*; (: *cérébrale*) Schlaganfall *m*; **se sentir d'~** sich in Höchstform fühlen ▶ **attaque à main armée** bewaffneter Überfall *m*.
attaquer [atake] *vt* angreifen; (*travail*) in Angriff nehmen ♦ *vi* angreifen; **s'~ à** (*personne*) angreifen; (*épidémie, misère*) bekämpfen; ~ **qn en justice** jdn gerichtlich belangen.
attardé, e [ataʀde] *adj* (*enfant, classe*) zurückgeblieben; (*péj: conceptions etc*) veraltet; (*promeneur*) verspätet.
attarder [ataʀde]: **s'~** *vpr* sich lange aufhalten.
atteignais *etc* [atɛɲɛ] *vb voir* **atteindre**.
atteindre [atɛ̃dʀ] *vt* erreichen; (*blesser*) treffen; (*contacter*) sich in Verbindung setzen mit; (*émouvoir*) betreffen, betroffen machen.
atteint, e [atɛ̃, ɛ̃t] *pp de* **atteindre** ♦ *adj* (*MÉD*): **être** ~ **de** leiden an +*dat*.
atteinte [atɛ̃t] *nf* Angriff *m*; (*MÉD*: *crise*) Anfall *m*; **hors d'~** außer Reichweite; **porter** ~ **à** angreifen.
attelage [at(ə)laʒ] *nm* (*animaux*) Gespann *nt*; (*dispositif*) Geschirr *nt*; (*action*) Anschirren *nt*, Anspannen *nt*.
atteler [at(ə)le] *vt* (*cheval, bœufs*) anschirren; (*wagons*) anspannen; **s'~ à** (*travail*) sich hineinknien in +*acc*.
attelle [atɛl] *nf* Schiene *f*.
attenant, e [at(ə)nɑ̃, ɑ̃t] *adj* angrenzend; ~ **à** angrenzend an +*acc*.
attendre [atɑ̃dʀ] *vt* warten auf +*acc*; (*être destiné ou réservé à, espérer*) erwarten ♦ *vi* warten; **s'attendre** *vpr*: **s'~ à** rechnen mit; ~ **qch de qn/qch** etw von jdm/einer Sache *dat* erwarten; **attendez que je réfléchisse** warten Sie, lassen Sie mich nachdenken; **je ne m'y attendais pas** darauf war ich nicht gefaßt, damit habe ich nicht gerechnet; **ce n'est pas ce à quoi je m'attendais** das ist nicht, was ich erwartet hatte; ~ **un enfant** (*grossesse*) ein Kind erwarten; ~ **de pied ferme** eisern warten; ~ **de faire qch** darauf warten, etw zu tun; ~ **que** warten, bis; **faire** ~ **qn** jdn warten

lassen; **se faire** ~ auf sich *acc* warten lassen; **en attendant** inzwischen; (*quoi qu'il en soit*) jedenfalls; **s'**~ **à ce que** damit rechnen, daß, darauf gefaßt sein, daß.

attendri, e [atɑ̃dʀi] *adj* gerührt.

attendrir [atɑ̃dʀiʀ] *vt* (*personne*) rühren; (*viande*) zart machen; **s'attendrir** *vpr*: **s'**~ **(sur)** gerührt sein (von).

attendrissant, e [atɑ̃dʀisɑ̃, ɑ̃t] *adj* rührend.

attendrissement [atɑ̃dʀismɑ̃] *nm* Rührung *f*.

attendrisseur [atɑ̃dʀisœʀ] *nm* Fleischklopfer *m*.

attendu, e [atɑ̃dy] *pp de* **attendre** ♦ *adj* erwartet; **~s** *nmpl* (*JUR*) Gründe *pl*; ~ **que** in Anbetracht der Tatsache, daß.

attentat [atɑ̃ta] *nm* Attentat *nt*, Anschlag *m* ► **attentat à la bombe** Bombenanschlag *m* ► **attentat à la pudeur** Sittlichkeitsvergehen *nt*.

attente [atɑ̃t] *nf* Warten *nt*; (*espérance*) Erwartung *f*; **contre toute** ~ entgegen allen Erwartungen.

attenter [atɑ̃te]: ~ **à** *vt* (*liberté*) antasten; ~ **à la vie de qn** einen Anschlag auf jds Leben *acc* machen; ~ **à ses jours** einen Selbstmordversuch machen.

attentif, -ive [atɑ̃tif, iv] *adj* (*personne*) aufmerksam; (*soins, travail*) sorgfältig, sorgsam; ~ **à** (*scrupuleux*) sorgfältig bedacht auf +*acc*; ~ **à ses devoirs** (sehr) pflichtbewußt.

attention [atɑ̃sjɔ̃] *nf* Aufmerksamkeit *f*; **à l'**~ **de** zu Händen von; **attirer l'**~ **de qn sur qch** jds Aufmerksamkeit auf etw *acc* ziehen; **faire** ~ **à** (*remarquer*) beachten; (*prendre garde à*) achtgeben auf +*acc*; **faire** ~ **(à ce) que** (*veiller*) aufpassen, daß; **~!** Vorsicht!, Achtung!; **mériter** ~ Beachtung verdienen.

attentionné, e [atɑ̃sjɔne] *adj* aufmerksam, zuvorkommend.

attentisme [atɑ̃tism] *nm* Abwartepolitik *f*.

attentiste [atɑ̃tist] *adj* (*politique*) abwartend ♦ *nm/f* Mensch, der immer eine abwartende Haltung einnimmt.

attentivement [atɑ̃tivmɑ̃] *adv* aufmerksam.

atténuant, e [atenɥɑ̃, ɑ̃t] *adj*: **circonstances ~es** mildernde Umstände *pl*.

atténuer [atenɥe] *vt* (*douleur*) lindern; (*force*) abschwächen; (*bruit*) dämpfen; (*conséquences*) mildern; **s'atténuer** *vpr* (*bruit, force*) schwächer werden; (*douleur, violence etc*) abklingen.

atterrer [ateʀe] *vt* bestürzen.

atterrir [ateʀiʀ] *vt* landen.

atterrissage [ateʀisaʒ] *nm* Landung *f* ► **atterrissage forcé** Notlandung *f* ► **atterrissage sur le ventre** Bauchlandung *f* ► **atterrissage sans visibilité** Blindlandung *f*, Instrumentenlandung *f*.

attestation [atɛstasjɔ̃] *nf* Bescheinigung *f* ► **attestation d'un médecin** Attest *nt*.

attester [atɛste] *vt* bestätigen; (*suj: chose*) beweisen, zeugen von; ~ **que** bestätigen *ou* bescheinigen, daß.

attiédir [atjediʀ] *vt* (*eau, air*) leicht erwärmen; (*sentiments*) abkühlen.

attifé, e [atife] (*fam*) *adj* aufgedonnert.

attifer [atife] *vt* aufdonnern.

attique [atik] *nm*: **appartement en** ~ Dachwohnung *f*.

attirail [atiʀaj] *nm* Ausrüstung *f*; (*péj*) Zeug *nt*.

attirance [atiʀɑ̃s] *nf* (*pouvoir de séduction*) Reiz *m*; (*vers qch*) Anziehungskraft *f*.

attirant, e [atiʀɑ̃, ɑ̃t] *adj* reizvoll.

attirer [atiʀe] *vt* anlocken; (*suj: chose, aimant etc*) anziehen; ~ **qn dans un coin/vers soi** jdn in eine Ecke/zu sich ziehen; ~ **l'attention de qn sur qch** jds Aufmerksamkeit auf etw *acc* lenken; ~ **des ennuis à qn** jdm Ärger einhandeln; **s'**~ **des ennuis** sich *dat* Ärger einhandeln.

attiser [atize] *vt* schüren.

attitré, e [atitʀe] *adj* (*marchand*) Stamm-.

attitude [atityd] *nf* (*comportement*) Verhalten *nt*; (*position du corps*) Haltung *f*; (*état d'esprit*) Einstellung *f*, Haltung.

attouchements [atuʃmɑ̃] *nmpl* Berührungen *pl*.

attractif, -ive [atʀaktif, iv] *adj* (*prix, salaire*) verlockend, reizvoll.

attraction [atʀaksjɔ̃] *nf* (*attirance*) Reiz *m*, Anziehung *f*; (*PHYS*) Anziehungskraft *f*; (*de foire*) Attraktion *f*; (*de cabaret, cirque*) Nummer *f*.

attrait [atʀɛ] *nm* Reiz *m*; **éprouver de l'**~ **pour** sich hingezogen fühlen zu.

attrape [atʀap] *nf voir* **farce**.

attrape-nigaud [atʀapnigo] (*pl* ~-~**s**) *nm* Bauernfänger *m*.

attraper [atʀape] *vt* (*balle, voleur, animal*) fangen; (*train, maladie, amende*) bekommen; (*habitude*) annehmen; (*réprimander*) sich *dat* vornehmen; (*duper*) hereinlegen.

attrayant, e [atʀɛjɑ̃, ɑ̃t] *adj* attraktiv, reizvoll.

attribuer [atʀibɥe] *vt* (*prix*) verleihen; (*rôle, tâche*) zuweisen, übertragen; (*conséquence, fait*) zuschreiben; (*qualité, importance*) geben; **s'attribuer** *vpr* (*s'approprier*) für sich in Anspruch nehmen.

attribut [atʀiby] *nm* Merkmal *nt*, Kennzeichen *nt*; (*LING*) Attribut *nt*.

attribution [atʀibysjɔ̃] *nf* (*d'un prix*) Verleihung *f*; **~s** *nfpl* (*ADMIN*) Zuständigkeit *f*.

attristant, e [atʀistɑ̃, ɑ̃t] *adj* betrüblich.

attrister [atʀiste] *vt* traurig machen, betrüben; **s'attrister** *vpr*: **s'**~ **de qch** wegen einer Sache traurig werden.

attroupement [atʀupmɑ̃] *nm* Menschenauflauf *m*.

attrouper [atʀupe]: **s'**~ *vpr* sich versammeln, zusammenlaufen.

au [o] *prép* +*dét voir* **à**.

aubade [obad] *nf* Ständchen *nt* (*im Morgengrauen*).

aubaine [obɛn] *nf* unverhoffter Glücksfall *m*.

aube [ob] *nf* Morgengrauen *nt*; (*de communiant*) Albe *f*; **à l'**~ bei Tagesanbruch, im Morgengrauen; **à l'**~ **de** bei Anbruch +*gén*; (*fig*) am

Anfang +*gén.*

aubépine [obepin] *nf* Hagedorn *m*; (*fleur*) Hagedornblüte *f*.

auberge [obɛRʒ] *nf* Gasthaus *nt*, Herberge *f* ▶ **auberge de jeunesse** Jugendherberge *f*.

aubergine [obɛRʒin] *nf* Aubergine *f*.

aubergiste [obɛRʒist] *nm/f* Gastwirt(in) *m(f)*.

auburn [obœRn] *adj inv* rotbraun.

aucun, e [okœ̃, yn] *adj* kein(e) ♦ *pron* keine(r, s); **sans ~ doute** ohne jeden Zweifel, zweifellos; **plus qu'~ autre (homme)** mehr als jeder andere (Mann), mehr als irgendein andrer (Mann); **~ des deux/participants** keiner von beiden/der Teilnehmer; **d'~s** (*certains*) einige.

aucunement [okynmɑ̃] *adv* in keinster Weise.

audace [odas] *nf* (*hardiesse*) Wagemut *m*, Kühnheit *f*; (*péj: culot*) Dreistigkeit *f*, Frechheit *f*; (*innovation*) kühne Idee *f*; **il a eu l'~ de rire** er hatte die Stirn *ou* Dreistigkeit, zu lachen; **vous ne manquez pas d'~!** frech sind Sie gar nicht!

audacieux, -euse [odasjø, jøz] *adj* (*personne*) kühn, wagemutig; (*entreprise, solution*) kühn, gewagt.

au-dedans [odədɑ̃] *adv* innen.

au-dehors [odəɔR] *adv* draußen.

au-delà [od(ə)la] *adv* weiter ♦ *nm inv:* **l'~-~** das Jenseits *nt*; **~-~** de jenseits von; (*de limite, somme etc*) über +*dat.*

au-dessous [odsu] *adv* darunter, unten; **~-~ de** *prép* unter +*dat*; (*avec verbe de mouvement*) unter +*acc*; (*de limite, somme etc*) unterhalb von.

au-dessus [odsy] *adv* darüber, oben; **~-~ de** über +*dat*; (*avec verbe de mouvement*) über +*acc*; (*de limite, somme etc*) oberhalb von.

au-devant [od(ə)vɑ̃] *prép*: **aller ~-~ de** (*personne*) entgegengehen +*dat*; (*danger*) sich begeben in +*acc*; (*désirs*) zuvorkommen +*dat.*

audible [odibl] *adj* hörbar.

audience [odjɑ̃s] *nf* (*auditeurs, lecteurs*) Publikum *nt*; (*entrevue*) Audienz *f*; (*JUR*) Sitzung *f*; (*attention*) Aufmerksamkeit *f*; **trouver ~ auprès de** bei jdm gut aufgenommen werden.

audimat ® [odimat] *nm inv* (*taux d'écoute*) Einschaltquote *f*.

audiométrie [odjometRi] *nf* Audiometrie *f*.

audiovisuel, le [odjovizɥɛl] *adj* audio-visuell ♦ *nm* (*méthodes*) audio-visuelle Methoden *pl*; **l'~** (*médias*) Funk und Fernsehen *pl*.

auditeur, -trice [oditœR, tRis] *nm/f* (*de la radio*) (Zu)hörer(in) *m(f)*; (*d'une conférence*) Teilnehmer(in) *m(f)* ▶ **auditeur libre** Gasthörer(in) *m(f)*.

auditif, -ive [oditif, iv] *adj* Hör-; **appareil ~** Hörgerät *nt.*

audition [odisjɔ̃] *nf* (*ouïe*) Gehör *nt*; (*écoute*) Anhören *nt*; (*JUR: de témoins*) Anhörung *f*; (*MUS*) Vorspielen *nt*; (*: de chanteur*) Vorsingen *nt*; (*THÉÂT*) Vorsprechen *nt.*

auditionner [odisjone] *vt* (*MUS*) vorspielen lassen; (: *chanteur*) vorsingen lassen; (*THÉÂT*) vorsprechen lassen ♦ *vi* (*v vt*) vorspielen; vorsingen; vorsprechen.

auditoire [oditwaR] *nm* (*public*) Publikum *nt.*

auditorium [oditɔRjɔm] *nm* Sendesaal *m.*

auge [oʒ] *nf* Trog *m.*

augmentation [ɔgmɑ̃tasjɔ̃] *nf* (*action*) Erhöhen *nt*; (*résultat*) Erhöhung *f* ▶ **augmentation (de salaire)** Gehaltserhöhung *f.*

augmenter [ɔgmɑ̃te] *vt* erhöhen, vergrößern; (*grandeur*) erweitern; (*mailles*) zunehmen ♦ *vi* (*vitesse, prix*) sich erhöhen, steigen; **~ un employé/salarié** einem Angestellten eine Gehaltserhöhung geben; **~ de poids** zunehmen; **~ de volume** anwachsen.

augure [ogyR] *nm* (*prophète*) Wahrsager(in) *m(f)*; **être de bon/mauvais ~** ein gutes/schlechtes Zeichen sein.

augurer [ogyRe] *vt*: **~ bien de qch** etw Gutes für eine Sache verheißen.

auguste [ogyst] *adj* erhaben.

aujourd'hui [oʒuRdɥi] *adv* heute; (*de nos jours*) heutzutage; **~ en huit** heute in einer Woche; **~ en quinze** heute in vierzehn Tagen; **à dater** *ou* **partir d'~** ab heute.

aumône [omon] *nf* Almosen *nt*; **faire l'~ à qn** jdm ein Almosen geben.

aumônerie [omonRi] *nf* (*v aumônier*) Amt *nt* (*eines Anstalts- oder Feldgeistlichen*).

aumônier [omonje] *nm* (*de prison*) Anstaltsgeistliche(r) *m*; (*militaire*) Feldgeistliche(r) *m.*

aune [on] *nf*: **à l'~ de** mit dem Maßstab +*gén.*

auparavant [oparavɑ̃] *adv* vorher, zuvor.

auprès [opRɛ]: **~ de** *prép* bei; (*en comparaison de*) im Vergleich zu, neben +*dat.*

auquel [okɛl] *prép* +*pron voir* **lequel**.

aurai *etc* [oRe] *vb voir* **avoir**.

auréole [oReɔl] *nf* Heiligenschein *m*; (*tache*) Ring *m.*

auréolé, e [ɔ(o)Reɔle] *adj*: **~ de gloire** mit Ruhm bekränzt.

auriculaire [oRikylɛR] *nm* kleiner Finger *m.*

aurons *etc* [oRɔ̃] *vb voir* **avoir**.

aurore [ɔRɔR] *nf* (*aube*) Morgendämmerung *f* ▶ **aurore boréale** Nordlicht *nt.*

ausculter [ɔskylte] *vt* abhorchen.

auspices [ɔspis] *nmpl*: **sous les ~ de** unter der Schirmherrschaft von; **sous de bons/mauvais ~** unter günstigen/schlechten Vorzeichen.

aussi [osi] *adv* auch, ebenfalls; (*dans comparaison*) (genau)so; (*si, tellement*) so ♦ *conj* daher, deshalb; **~ fort/rapidement que** genauso stark/schnell wie; **lui ~** er auch; **~ bien que** so gut wie.

aussitôt [osito] *adv* sofort, sogleich; **~ que** sobald; **~ envoyé** sobald es abgeschickt war *ou* ist.

austère [ostɛR] *adj* (*personne*) streng; (*monument*) schmucklos; (*paysage*) karg; (*période, budget*) knapp.

austérité [osteRite] *nf* (*v adj*) Strenge *f*; Schmucklosigkeit *f*; Kargheit *f*; Knappheit *f*;

plan d'~ Sparmaßnahmen *pl.*

austral, e [ɔstʀal] *adj* südlich, Süd-.

Australie [ɔstʀali] *nf*: **l'**~ Australien *nt.*

australien, ne [ɔstʀaljɛ̃, jɛn] *adj* australisch ♦ *nm/f*: **A**~, **ne** Australier(in) *m(f).*

autant [otɑ̃] *adv* soviel; ~ **(que)** genausoviel (wie); ~ **(de)** (*nombre*) so viele; (*quantité*) soviel; **n'importe qui aurait pu en faire** ~ jeder andere hätte es genauso gut machen können; ~ **partir/ne rien dire** (*il vaut mieux*) es ist besser abzufahren/nichts zu sagen; **fort** ~ **que courageux** ebenso stark wie mutig; **il n'est pas découragé pour** ~ trotzdem ist er nicht entmutigt; **pour** ~ **que** soviel, soweit; **d'**~ **plus/moins/mieux (que)** umso mehr/ weniger/besser (als); ~ **il aime les chiens,** ~ **il déteste les chats** so sehr er Hunde mag, ~ sehr haßt er Katzen; **tout** ~ genauso.

autarcie [otaʀsi] *nf* Autarkie *f.*

autarcique [otaʀsik] *adj* autark.

autel [otɛl] *nm* Altar *m.*

auteur [otœʀ] (*écrivain*) Autor(in) *m(f)*; (*d'un crime*) Täter(in) *m(f)*; (*d'une découverte*) Entdecker(in) *m(f)*; **droit d'**~ Urheberrecht *nt.*

auteur-compositeur [otœʀkɔ̃pozitœʀ] (*pl* ~**s**- ~**s**) *nm* ~ Liedermacher(in) *m(f).*

authenticité [otɑ̃tisite] *nf* (*v adj*) Echtheit *f*; Wahrheit *f.*

authentifier [otɑ̃tifje] *vt* (*tableau*) für echt befinden; (*signature*) beglaubigen.

authentique [otɑ̃tik] *adj* echt; (*véridique*) wahr; **œuvre/tableau** ~ Originalwerk *nt*/ -gemälde *nt.*

authentiquement [otɑ̃tikmɑ̃] *adv* echt, wahrheitsgemäß.

autiste [otist] *adj* autistisch.

auto¹ [oto] *nf* Auto *nt* ▶ **autos tamponneuses** Autoskooter *pl.*

auto² [oto] *préf* auto-, Auto-, selbst-, Selbst-.

autobiographie [otobjɔgʀafi] *nf* Autobiographie *f.*

autobiographique [otobjɔgʀafik] *adj* autobiographisch.

autobus [ɔtɔbys] *nm* Bus *m*; **ligne d'**~ Buslinie *f.*

autocar [ɔtɔkaʀ] *nm* Reisebus *m.*

autocensure [otosɑ̃syʀ] *nf* Selbstzensur *f.*

autochtone [ɔtɔktɔn] *adj* eingeboren ♦ *nm/f* Eingeborene(r) *f(m).*

autoclave [otoklav] *nm* Autoklav *m.*

autocollant, e [otokɔlɑ̃, ɑ̃t] *adj* selbstklebend ♦ *nm* Aufkleber *m.*

auto-couchettes [ɔtɔkuʃɛt] *adj inv*: **train** ~-~ Autoreisezug *m.*

autocratique [otokʀatik] *adj* (*pouvoir*) autokratisch; (*personne*) selbstherrlich.

autocritique [otokʀitik] *nf* Selbstkritik *f.*

autocuiseur [otokɥizœʀ] *nm* Schnellkochtopf *m.*

autodafé [otodafe] *nm* Autodafé *nt*, Ketzerverbrennung *f.*

autodéfense [otodefɑ̃s] *nf* Selbstverteidigung *f*; **groupe d'**~ Bürgerwehr *f.*

autodétermination [otodetɛʀminasjɔ̃] *nf* Selbstbestimmung *f.*

autodidacte [otodidakt] *nm/f* Autodidakt(in) *m(f).*

autodiscipline [ɔtɔdisiplin] *nf* Selbstdisziplin *f.*

autodrome [otodʀom] *nm* Autorennbahn *f.*

auto-école [otoekɔl] (*pl* ~-~**s**) *nf* Fahrschule *f.*

autofinancement [otofinɑ̃smɑ̃] *nm* Eigenfinanzierung *f.*

autogéré, e [ɔtɔʒeʀe] *adj* selbstverwaltet.

autogestion [otoʒɛstjɔ̃] *nf* Selbstverwaltung *f.*

autographe [ɔtɔgʀaf] *nm* (*signature*) Autogramm *nt.*

autoguidé, e [otogide] *adj* selbstgesteuert.

automate [ɔtɔmat] *nm* Automat *m.*

automatique [ɔtɔmatik] *adj* automatisch ♦ *nm* (*pistolet*) automatische Waffe *f*; **l'**~ (*téléphone*) die automatische Vermittlung *f*, das Selbstwählsystem *nt.*

automatiquement [ɔtɔmatikmɑ̃] *adv* automatisch.

automatisation [ɔtɔmatizasjɔ̃] *nf* Automatisierung *f.*

automatiser [ɔtɔmatize] *vt* automatisieren.

automatisme [ɔtɔmatism] *nm* (*geste, attitude*) Automatismus *m*; (*de machine*) Automatik *f*; **c'est un** ~ das macht man automatisch.

automédication [otomedikasjɔ̃] *nf* Selbstverordnung *f* von Arzneimitteln.

automitrailleuse [otomitʀajøz] *nf* Panzerwagen *m.*

automnal, e, -aux [ɔtɔnal, o] *adj* herbstlich.

automne [ɔtɔn] *nm* Herbst *m.*

automobile [ɔtɔmɔbil] *nf* Auto(mobil) *nt*; (*industrie*) Automobilindustrie *f* ♦ *adj* Automobil-.

automobiliste [ɔtɔmɔbilist] *nm/f* Autofahrer(in) *m(f).*

autonettoyant, e [otonetwajɑ̃, ɑ̃t] *adj*: **four** ~ selbstreinigender Backofen *m.*

autonome [ɔtɔnɔm] *adj* (*POL*) autonom; (*groupe, budget, société*) eigenständig; (*appareil, système*) unabhängig; **en mode** ~ (*INFORM*) off line.

autonomie [ɔtɔnɔmi] *nf* Unabhängigkeit *f*; (*POL*) Autonomie *f*; ~ **de vol** Flugradius *m.*

autonomiste [ɔtɔnɔmist] *nm/f* Separatist(in) *m(f).*

autoportrait [otopɔʀtʀɛ] *nm* Selbstbildnis *nt.*

autopsie [ɔtɔpsi] *nf* Autopsie *f.*

autopsier [ɔtɔpsje] *vt* eine Autopsie vornehmen an +*dat.*

autoradio [otoʀadjo] *nm* Autoradio *nt.*

autorail [otoʀaj] *nm* Schienenbus *m.*

autorisation [ɔtɔʀizasjɔ̃] *nf* Genehmigung *f*, Erlaubnis *f*; **donner à qn l'**~ **de faire qch** jdm genehmigen, etw zu tun; **avoir l'**~ **de faire qch** die Erlaubnis haben, etw zu tun.

autorisé, e [ɔtɔʀize] *adj* (*source*) offiziell; (*opinion*) maßgeblich; ~ **(à faire qch)** berechtigt(, etw zu tun); **dans les milieux** ~**s** in gut unter-

autoriser [ɔtɔrize] *vt* genehmigen, erlauben; (*suj: chose*) berechtigen zu; ~ **qn à faire qch** jdm gestatten, etw zu tun.

autoritaire [ɔtɔritɛr] *adj* autoritär.

autoritairement [ɔtɔritɛrmɑ̃] *adv* autoritär.

autoritarisme [ɔtɔritarism] *nm* Autoritarismus *m*.

autorité [ɔtɔrite] *nf* Autorität *f*; (*de président, chef etc*) Machtbefugnis *f*; **les ~s** die Behörden *pl*; **faire ~** maßgeblich sein; **d'~** (*de façon impérative*) autoritär.

autoroute [otorut] *nf* Autobahn *f*.

autoroutier, -ière [otorutje, jɛr] *adj* Autobahn-.

autosatisfaction [otosatisfaksjɔ̃] *nf* Selbstzufriedenheit *f*.

auto-stop [otostɔp] *nm inv*: **l'~-~** Trampen *nt*; **faire de l'~-~** per Anhalter fahren; **prendre qn en ~-~** jdn (als Anhalter) mitnehmen.

auto-stoppeur, -euse [otostɔpœr, øz] (*pl ~-~s, -euses*) *nm/f* Anhalter(in) *m(f)*, Tramper(in) *m(f)*.

autosuffisant, e [otosyfizɑ̃, ɑ̃t] *adj* selbstversorgend, autark.

autosuggestion [otosygʒɛstjɔ̃] *nf* Autosuggestion *f*.

autour [otur] *adv* herum, umher; ~ **de qch** um etw *acc* herum; (*environ*) etwa etw; **tout ~** rundherum.

autre [otr] *adj, pron* andere(r, s); **je voudrais un ~ verre d'eau** (*supplémentaire*) ich möchte noch ein Glas Wasser; **je préférerais un ~ verre** ich möchte lieber ein anderes Glas; ~ **chose** etwas anderes; **penser à ~ chose** an etwas anderes denken; **d'~ part** anderswo; **d'~ part** andererseits; **un(e) ~** ein(e) anderer(e); **nous/vous ~s** wir/ihr; **d'~s** andere; **l'~** der/die/das andere; **les ~s** die anderen; **l'un et l'~** beide; **se détester l'un l'~/les uns les ~s** einander verabscheuen; **la difficulté est ~** die Schwierigkeit liegt woanders; **d'une semaine/minute à l'~** von einer Woche/Minute auf die andere; (*bientôt*) jede Woche/Minute; **entre ~s** unter anderem; **j'en ai vu d'~s** ich habe schon Schlimmeres gesehen; **à d'~s!** das kannst du mir nicht weismachen!; **ni l'un ni l'~** (*personnes*) weder der eine noch der andere; **donnez-m'en un ~** geben Sie mir ein anderes; **de temps à ~** von Zeit zu Zeit.

autrefois [otrəfwa] *adv* früher, einst.

autrement [otrəmɑ̃] *adv* (*d'une manière différente*) anders; (*sinon*) sonst; **je n'ai pas pu faire ~** ich konnte nicht anders; ~ **dit** anders ausgedrückt.

Autriche [otriʃ] *nf*: **l'~** Österreich *nt*.

autrichien, ne [otriʃjɛ̃, jɛn] *adj* österreichisch ◆ *nm/f*: **A~, ne** Österreicher(in) *m(f)*.

autruche [otryʃ] *nf* Strauß *m*; **faire l'~** den Kopf in den Sand stecken.

autrui [otrɥi] *pron* die anderen *pl*.

auvent [ovɑ̃] *nm* (*de maison*) Vordach *nt*; (*de tente*) Vorzelt *nt*.

auvergnat, e [ovɛrɲa, at] *adj* aus der Auvergne.

Auvergne [ovɛrɲ] *nf*: **l'~** die Auvergne *f*.

aux [o] *prép* +*dét voir* **à**.

auxiliaire [ɔksiljɛr] *adj* Hilfs-; (*poste, personnel aussi*) Aushilfs- ◆ *nm/f* (*ADMIN*) Hilfskraft *f*; (*aide, adjoint*) Helfer(in) *m(f)*; (*LING*) Hilfsverb *nt*.

auxquels, auxquelles [okɛl] *prép* +*pron voir* **lequel**.

av. *abr* = **avenue**.

avachi, e [avaʃi] *adj* (*chaussure, vêtement*) formlos, aus der Form geraten; ~ **sur qch** (*personne*) auf etw *dat* zusammengesunken.

aval [aval] *nm* (*accord*) Bürgschaft *f*, Unterstützung *f*; **en ~** flußabwärts; (*sur une pente*) bergab(wärts); (*d'un processus*) im folgenden; **en ~ de** flußabwärts von; (*sur une pente*) bergab(wärts) von.

avalanche [avalɑ̃ʃ] *nf* Lawine *f*; (*fig*) Flut *f*.

avaler [avale] *vt* (ver)schlucken; (*livre*) verschlingen; (*croire*) schlucken.

avaliser [avalize] *vt* (*plan, entreprise*) unterstützen; (*COMM, JUR*) bürgen für.

avance [avɑ̃s] *nf* (*de troupes etc*) Vormarsch *m*, Vorrücken *nt*; (*sur un concurrent*) Vorsprung *m*; (*progrès*) Fortschritt *m*; (*d'argent*) Vorschuß *m*; (*opposé à retard*) Verfrühung *f*; ~**s** *nfpl* (*ouvertures*) Annäherungsversuche *pl*; **être en ~** (*sur l'heure fixée*) zu früh dran sein; (*sur un programme*) einen Vorsprung haben; **être en ~ sur qn** jdm voraus sein; **il est en ~ pour son âge** er ist vorgeschritten für sein Alter; **à l'~, d'~, par ~** im voraus; ~ **(du) papier** (*INFORM*) Papiervorschub *m*.

avancé, e [avɑ̃se] *adj* (*technique, opinions*) fortschrittlich; (*civilisation*) hoch entwickelt; (*fruit, fromage*) überreif; (*saison*) vorgerückt; (*heure, travail*) fortgeschritten.

avancée [avɑ̃se] *nf* Vorsprung *m*.

avancement [avɑ̃smɑ̃] *nm* (*professionnel*) Beförderung *f*; (*de travaux*) Fortschritt *m*.

avancer [avɑ̃se] *vi* sich (vorwärts)bewegen; (*dans le temps*) voranschreiten; (*être en saillie, surplomb*) vorstehen; (*montre, réveil*) vorgehen ◆ *vt* (*objet, pion, troupes etc*) vorschieben; (*date, rencontre*) vorverlegen; (*hypothèse*) aufstellen; (*idée, argument*) vorbringen; (*argent*) vorstrecken; (*montre*) vorstellen; (*travail etc*) voranbringen; **s'avancer** *vpr* (*s'approcher*) näherkommen; (*fig: se hasarder*) sich vorwagen; (*être en saillie, surplomb*) herausragen; **j'avance (d'une heure)** meine Uhr geht (eine Stunde) vor.

avanies [avani] *nfpl* Demütigung *f*.

avant [avɑ̃] *prép* vor +*dat*; (*avec verbe de mouvement*) vor +*acc* ◆ *adv*: **plus ~** weiter vorn ◆ *adj inv*: **siège/roue ~** Vordersitz *m*/Vorderrad *nt* ◆ *nm* (*d'un véhicule*) Vorderteil *nt*; (*d'un bâtiment*) Vorderseite *f*; (*SPORT: joueur*) Stürmer *m*; ~ **tout** vor allem; **en ~** nach vorne; **en ~ de** vor +*dat*; **trop ~** zu weit vorn; **à**

l'~ du train vorne im Zug; aller de l'~ vorpreschen; ~ que: ~ qu'il (ne) pleuve bevor es zu regnen anfängt; ~ qu'il (ne) parte ehe _ou_ bevor er geht.

avantage [avɑ̃taʒ] _nm_ Vorteil _m_; (_supériorité_) Überlegenheit _f_; à l'~ de qn zu jds Vorteil; être à son ~ zu seinem Vorteil sein; tirer ~ de Vorteil ziehen aus; vous auriez ~ à es wäre vorteilhaft für Sie, wenn Sie ▶ avantages en nature zusätzliche Leistungen _pl_ ▶ avantages sociaux Sozialleistungen _pl_.

avantager [avɑ̃taʒe] _vt_ (_favoriser_) bevorzugen, begünstigen; (_embellir_) schmeicheln +_dat_.

avantageux, -euse [avɑ̃taʒø, øz] _adj_ vorteilhaft; conditions avantageuses Vorzugsbedingungen _pl_.

avant-bras [avɑ̃bʀa] _nm inv_ Unterarm _m_.

avant-centre [avɑ̃sɑ̃tʀ] (_pl_ ~-~s) _nm_ Mittelstürmer _m_.

avant-coureur [avɑ̃kuʀœʀ] _adj inv_ (_bruit etc_) vorausgehend; signe ~-~ Vorzeichen _nt_.

avant-dernier, -ière [avɑ̃dɛʀnje, jɛʀ] (_pl_ ~-~s, -ières) _adj_ vorletze(r, s) ♦ _nm/f_ Vorletzte(r) _f(m)_.

avant-garde [avɑ̃gaʀd] (_pl_ ~-~s) _nf_ (_MIL_) Vorhut _f_; (_fig_) Avantgarde _f_, Vorreiter _pl_; d'~-~ avantgardistisch.

avant-goût [avɑ̃gu] (_pl_ ~-~s) _nm_ Vorgeschmack _m_.

avant-hier [avɑ̃tjɛʀ] _adv_ vorgestern.

avant-poste [avɑ̃pɔst] (_pl_ ~-~s) _nm_ Vorposten _m_.

avant-première [avɑ̃pʀəmjɛʀ] (_pl_ ~-~s) _nf_ (_de film_) Voraufführung _f_; en ~-~ in der Vorschau.

avant-projet [avɑ̃pʀɔʒe] (_pl_ ~-~s) _nm_ Vorstudie _f_.

avant-propos [avɑ̃pʀopo] _nm inv_ Vorwort _nt_.

avant-veille [avɑ̃vɛj] (_pl_ ~-~s) _nf_: l'~-~ zwei Tage davor.

avare [avaʀ] _adj_ geizig ♦ _nm/f_ Geizhals _m_; être ~ de compliments/caresses mit Komplimenten/Liebkosungen geizen.

avarice [avaʀis] _nf_ Geiz _m_.

avarié, e [avaʀje] _adj_ (_viande, fruits_) verdorben; (_navire_) beschädigt.

avaries [avaʀi] _nfpl_ (_NAUT_) Schaden _m_.

avatar [avataʀ] _nm_ (_malheur_) Mißgeschick _nt_.

avec [avɛk] _prép_ mit; (_en plus de, à l'égard de_) zu; ~ habileté geschickt; ~ lenteur langsam; ~ ce vent, la lessive séchera vite bei diesem Wind trocknet die Wäsche schnell; et ~ ça? (_dans magasin_) (darf es) sonst noch etwas (sein)?; ~ l'été, les noyades se multiplient mit dem Sommer nimmt auch wieder die Zahl der Badeunfälle zu.

avenant, e [av(ə)nɑ̃, ɑ̃t] _adj_ freundlich ♦ _nm_ (_d'assurance_) Zusatzvertrag _m_; le reste à l'~ der Rest (ist) entsprechend.

avènement [avɛnmɑ̃] _nm_ (_d'un roi_) Thronbesteigung _f_.

avenir [avniʀ] _nm_ Zukunft _f_; à l'~ in Zukunft; sans ~ ohne Zukunft; politicien d'~ Politiker

_m_ mit Zukunft; métier d'~ Zukunftsberuf _m_.

Avent [avɑ̃] _nm_ Advent _m_.

aventure [avɑ̃tyʀ] _nf_ Abenteuer _nt_; partir à l'~ ins Blaue fahren; roman/film d'~ Abenteuerroman _m_/-film _m_.

aventurer [avɑ̃tyʀe] _vt_ riskieren; s'aventurer _vpr_ sich wagen; s'~ à faire qch es wagen, etw zu tun.

aventureux, -euse [avɑ̃tyʀø, øz] _adj_ (_personne_) abenteuerlustig; (_projet, vie_) abenteuerlich.

aventurier, -ière [avɑ̃tyʀje, jɛʀ] _nm/f_ Abenteurer(in) _m(f)_.

avenu, e [av(ə)ny] _adj_: nul et non ~ null und nichtig.

avenue [avny] _nf_ Allee _f_.

avéré, e [aveʀe] _adj_ erwiesen; il est ~ que es ist erwiesen, daß.

avérer [aveʀe]: s'~ _vpr_: s'~ faux/coûteux sich als falsch/kostspielig erweisen.

averse [avɛʀs] _nf_ Regenschauer _m_.

aversion [avɛʀsjɔ̃] _nf_ Abneigung _f_.

averti, e [avɛʀti] _adj_ (_expert_) erfahren.

avertir [avɛʀtiʀ] _vt_ benachrichtigen; ~ qn de qch jdn vor etw _dat_ warnen; ~ qn que jdn warnen, daß.

avertissement [avɛʀtismɑ̃] _nm_ Warnung _f_; (_blâme_) Mahnung _f_; (_d'un livre_) Vorwort _nt_.

avertisseur [avɛʀtisœʀ] _nm_ (_AUTO_) Hupe _f_; (_d'incendie_) Feueralarm _m_.

aveu [avø] _nm_ Geständnis _nt_; passer aux ~x ein Geständnis ablegen; de l'~ de nach Aussage von.

aveuglant, e [avœglɑ̃, ɑ̃t] _adj_ blendend.

aveugle [avœgl] _adj_ blind ♦ _nm/f_ Blinde(r) _f(m)_; mur ~ blinde Mauer; test en (double) ~ (doppelter) Blindversuch _m_.

aveuglement [avœgləmɑ̃] _nm_ Blindheit _f_.

aveuglément [avœglemɑ̃] _adv_ (_sans réfléchir_) blindlings; (_fidèlement_) blind.

aveugler [avœgle] _vt_ blenden; (_fig: amour, colère_) blind machen.

aveuglette [avœglɛt]: à l'~ _adv_ blind, tastend; (_fig_) blindlings.

avez [ave] _vb voir_ avoir.

aviateur, -trice [avjatœʀ, tʀis] _nm/f_ Flieger(in) _m(f)_.

aviation [avjasjɔ̃] _nf_ Luftfahrt _f_; (_MIL_) Luftwaffe _f_; (_sport, métier de pilote_) Fliegen _nt_; terrain d'~ Flugplatz _m_ ▶ aviation de chasse Jagdflieger _pl_.

avicole [avikɔl] _adj_ Geflügelzucht-.

aviculture [avikyltyʀ] _nf_ Geflügelzucht _f_.

avide [avid] _adj_ begierig; (_péj_) gierig; ~ d'honneurs gierig nach Ehren; ~ d'argent geldgierig; ~ de sang blutrünstig; ~ de connaître qn/d'apprendre qch darauf erpicht, jdn kennenzulernen/etw zu lernen.

avidité [avidite] _nf_ Begierde _f_.

avilir [aviliʀ] _vt_ erniedrigen, entwürdigen.

avilissant, e [avilisɑ̃, ɑ̃t] _adj_ erniedrigend, entwürdigend.

aviné [avine] _adj_ betrunken; (_teint_) Trinker-.

avion [avjɔ̃] _nm_ Flugzeug _nt_; par ~ mit _ou_ per

Luftpost; **aller (à Pise) en** ~ (nach Pisa) fliegen ▶ **avion de chasse** Jagdflugzeug *nt* ▶ **avion de ligne** Linienflugzeug *nt* ▶ **avion à réaction** Düsenflugzeug *nt* ▶ **avion supersonique** Überschallflugzeug *nt*.

avion-cargo [avjɔ̃kaʀgo] (*pl* ~s-~s) *nm* Transportflugzeug *nt*.

avion-citerne [avjɔ̃sitɛʀn] (*pl* ~s-~s) *nm* Tankflugzeug *nt*.

aviron [aviʀɔ̃] *nm* Ruder *nt*; (*sport*) Rudern *nt*.

avis [avi] *nm* (*point de vue*) Meinung *f*, Ansicht *f*; (*conseil*) Rat(schlag) *m*; (*notification*) Mitteilung *f*; **à mon** ~ meiner Meinung nach; **j'aimerais avoir l'**~ **de Paul** ich würde gerne Pauls Meinung hören; **je suis de votre** ~ ich bin ganz Ihrer Meinung; **être d'**~ **que** der Meinung sein, daß; **changer d'**~ seine Meinung ändern; **vous ne me ferez pas changer d'**~ Sie können mich nicht umstimmen; **sauf** ~ **contraire** sofern nichts Gegenteiliges bekannt wird; **sans** ~ **préalable** ohne vorherige Benachrichtigung; **jusqu'à nouvel** ~ bis auf weiteres; ~ **de crédit/débit** Gutschrift-/Lastschriftanzeige *f* ▶ **avis de décès** Todesanzeige *f*.

avisé, e [avize] *adj* (*sensé*) vernünftig; **être bien/mal** ~ **de faire qch** gut/schlecht beraten sein, etw zu tun.

aviser [avize] *vt* (*voir*) bemerken ♦ *vi* (*réfléchir*) (nach)denken; **s'aviser** *vpr*: **s'**~ **de qch/que** (*remarquer*) etw bemerken *ou* entdecken/ bemerken *ou* entdecken, daß; ~ **qn de qch/ que** jdn von etw in Kenntnis setzen/jdn davon in Kenntnis setzen, daß; **s'**~ **de faire qch** (*s'aventurer à*) es sich *dat* einfallen lassen, etw zu tun.

aviver [avive] *vt* (*douleur, chagrin*) verschärfen; (*colère, querelle*) schüren; (*intérêt, désir*) beleben; (*couleur*) auffrischen.

av. J.-C. *abr* (= *avant Jésus-Christ*) v. Chr.

avocat, e [avɔka, at] *nm/f* (*JUR*) Rechtsanwalt *m*, Rechtsanwältin *f*; (*fig*) Verfechter(in) *m(f)* ♦ *nm* (*CULIN*) Avocado *f*; **se faire l'**~ **du diable** Teufels Advokat spielen ▶ **avocat d'affaires** ≈ Syndikus *m* ▶ **avocat de la défense** Verteidiger *m* ▶ **avocat de la partie civile** Anwalt *m* des Klägers ▶ **avocat général** ≈ Staatsanwalt *m*.

avocat-conseil [avɔkakɔ̃sɛj] (*pl* ~s-~s) *nm* ≈ Rechtsbeistand *m*.

avocat-stagiaire [avɔkastaʒjɛʀ] (*pl* ~s-~s) *nm* ≈ Assessor(in) *m(f)*.

avoine [avwan] *nf* Hafer *m*.

=========== *MOT-CLÉ* ===========

avoir [avwaʀ] *vt* **1** haben; **elle a deux enfants/ une belle maison** sie hat zwei Kinder/ein schönes Haus; **il a les yeux gris** er hat graue Augen; **vous avez du sel?** haben Sie Salz?; **avoir du courage/de la patience** Mut/Geduld haben; **avoir faim/peur** Hunger/Angst haben; **avoir les cheveux blancs/un chapeau rouge** wei-ße Haare/einen roten Hut haben; **avoir du**

goût einen guten Geschmack haben; **avoir horreur de** verabscheuen; **avoir rendez-vous** eine Verabredung haben; **avoir qch à faire** etw zu tun haben

2 (*âge, dimensions*): **il a 3 ans** er ist 3 Jahre alt; **le mur a 3 mètres de haut** die Mauer ist 3 m hoch

3 (*fam*: *duper*) hereinlegen; **on vous a eu!** man hat Sie hereingelegt!

4 (*obtenir, attraper*: *train, prix, renseignement*) bekommen

5: **en avoir**: **en avoir après** *ou* **contre qn** es auf jdn abgesehen haben; **en avoir assez** genug haben; **j'en ai pour une demi-heure** ich habe damit noch eine halbe Stunde zu tun

♦ *vb aux* **1** haben; **avoir mangé/dormi** gegessen/geschlafen haben

2 (*avoir à* +*infinitif*): **avoir à faire qch** etw tun müssen; **vous n'avez qu'à lui demander** Sie brauchen ihn nur zu fragen; **tu n'as pas à me poser de questions** du hast mir keine Fragen zu stellen; **tu n'as pas à le savoir** das brauchst du nicht zu wissen

♦ *vb impers* **1**: **il y a** es gibt; **il y a du sable** da ist Sand; **il y a un homme sur le toit** da ist ein Mann auf dem Dach; **il y a des hommes, qui ...** es gibt Männer, die ...; **qu'y a-t-il?** was gibt's?; **qu'est-ce qu'il y a?** was gibt's?; **il doit y avoir une explication** es muß eine Erklärung geben; **il n'y a qu'à faire qch** man muß nur etw tun, man braucht nur etw zu tun; **il ne peut y en avoir qu'un** es kann nur einen geben

2 (*temporel*): **il y a 10 ans** vor 10 Jahren; **il y a longtemps/10 ans que je le sais** ich weiß es schon lange/10 Jahre; **il y a 10 ans qu'il est arrivé** er ist vor 10 Jahren angekommen

♦ *nm* Vermögen *nt*; (*COMM*) Guthaben *nt*; **avoir fiscal** Steuerguthaben *nt*.

─────────────────────

avoisinant, e [avwazinɑ̃, ɑ̃t] *adj* angrenzend.

avoisiner [avwazine] *vt* (*lieu*) angrenzen an +*acc*; (*limite, nombre*) sich nähern +*dat*; (*l'indifférence, l'insolence*) grenzen an +*acc*.

avons [avɔ̃] *vb voir* **avoir**.

avortement [avɔʀtəmɑ̃] *nm* Abtreibung *f*.

avorter [avɔʀte] *vi* (*de manière provoquée*) abtreiben, eine Abtreibung vornehmen; (*spontanément*) eine Fehlgeburt haben; (*fig*) mißlingen, scheitern; **faire** ~ abtreiben; (*fig*) scheitern lassen; **se faire** ~ abtreiben.

avorton [avɔʀtɔ̃] (*péj*) *nm* (kleiner) Wicht *m*.

avouable [avwabl] *adj* untadelig.

avoué, e [avwe] *adj* (*reconnu*) erklärt ♦ *nm* (*JUR*) nicht plädierender Anwalt *m*.

avouer [avwe] *vt* gestehen, zugeben ♦ *vi* (*se confesser*) ein Geständnis ablegen; (*admettre*) gestehen; **s'avouer** *vpr*: **s'**~ **vaincu** sich geschlagen geben; ~ **avoir fait qch/que** gestehen, etw getan zu haben/daß; **s'**~ **incompétent** zugeben, daß man inkompetent ist.

avril [avʀil] *nm* April *m*; *voir aussi* **juillet**.

axe [aks] *nm* Achse *f*; (*fig*) Leitgedanke *m*; **dans**

l'~ de (*prolongement*) in Verlängerung von ▸ **axe routier** Hauptverkehrsader *f* ▸ **axe de symétrie** Symmetrieachse *f*.
axer [akse] *vt* (*centrer*): ~ **qch sur** etw ausrichten auf +*acc*.
axial, e, -aux [aksjal, jo] *adj* Achsen-.
axiome [aksjom] *nm* Axiom *nt*.
ayant [ɛjɑ̃] *vb voir* **avoir**.
ayant droit [ɛjɑ̃dRwa] (*pl* ~**s** ~) *nm* Empfangsberechtigte(r) *f(m)*; ~ ~ **à** mit Berechtigung auf +*acc*.
ayons *etc* [ɛjɔ̃] *vb voir* **avoir**.
azimut [azimyt] *nm* (*ASTRON*) Azimut *m*; **tous** ~**s** *adj* Rundum- ♦ *adv* mit allen Kräften.
azote [azɔt] *nm* Stickstoff *m*.
azoté, e [azɔte] *adj* stickstoffhaltig.
aztèque [astɛk] *adj* aztekisch.
azur [azyR] *nm* (*couleur*) Azur(blau) *nt*, Himmelsblau *nt*; (*ciel*) Himmel *m*.
azyme [azim] *adj*: **pain** ~ ungesäuertes Brot *nt*.

B, b

B¹, b [be] *nm inv* (*lettre*) B, b *nt*; ~ **comme Berthe** ≈ B wie Bertha.
B² [be] *abr* (= *bien*) gut.
BA [bea] *sigle f* (= *bonne action*) gute Tat *f*.
baba [baba] *adj inv*: **être** ~ (*fam*) völlig platt *ou* verblüfft sein ♦ *nm*: ~ **au rhum** *rumgetränkter Kuchen*.
babil [babil] *nm* Brabbeln *nt*.
babillage [babijaʒ] *nm* Plappern *nt*.
babiller [babije] *vi* plappern.
babines [babin] *nfpl* Lefzen *pl*.
babiole [babjɔl] *nf* Kleinigkeit *f*.
bâbord [babɔR] *nm*: **à** *ou* **par** ~ backbord.
babouin [babwɛ̃] *nm* Pavian *m*.
baby-foot [babifut] *nm inv* Tischfußball *m*.
baby-sitter [babisitœR] (*pl* ~-~**s**) *nm/f* Babysitter(in) *m(f)*.
baby-sitting [babisitiŋ] (*pl* ~-~**s**) *nm* Babysitten *nt*.
bac¹ *nm* (*bateau*) Fähre *f*; (*récipient*) Behälter *m* ▸ **bac à glace** Eisschale *f* ▸ **bac à légumes** Gemüsefach *nt*.
bac² [bak] *abr m* (= *baccalauréat*) ≈ Abi *nt*.
baccalauréat [bakalɔRea] *nm* ≈ Abitur *nt*.
bâche [baʃ] *nf* (*toile*) Plane *f*.
bachelier, -ière [baʃəlje, jɛR] *nm/f* ≈ Abiturient(in) *m(f)*.
bâcher [baʃe] *vt* mit einer Plane abdecken.
bachot [baʃo] (*fam*) *nm* = **bac²**.
bachotage [baʃɔtaʒ] (*fam*) *nm* Büffeln *nt*.
bachoter [baʃɔte] (*fam*) *vt* büffeln.

bacille [basil] *nm* Bazillus *m*.
bâcler [bɑkle] *vt* pfuschen.
bacon [bekɔn] *nm* Schinkenspeck *m*.
bactéricide [bakteRisid] *adj* keimtötend ♦ *nm* keimtötendes Mittel *nt*.
bactérie [bakteRi] *nf* Bakterie *f*.
bactérien, ne [bakteRjɛ̃, jɛn] *adj* Bakterien-.
bactériologique [bakteRjɔlɔʒik] *adj* bakteriologisch; **armes** ~**s** biologische Waffen *pl*.
bactériologiste [bakteRjɔlɔʒist] *nm/f* Bakteriologe *m*, Bakteriologin *f*.
badaud, e [bado, od] *nm/f* Schaulustige(r) *f(m)*.
baderne [badɛRn] (*péj*) *nf*: **vieille** ~ alter Trottel *m*.
badge [badʒ] *nm* Button *m*.
badigeon [badiʒɔ̃] *nm* Tünche *f*.
badigeonner [badiʒɔne] *vt* tünchen; (*MÉD*) bepinseln.
badin, e [badɛ̃, in] *adj* scherzhaft.
badinage [badinaʒ] *nm* Geplänkel *nt*.
badine [badin] *nf* Gerte *f*.
badiner [badine] *vi* scherzen; (**ne pas**) ~ **avec qch** mit etw (keinen) Scherz treiben.
badminton [badmintɔn] *nm* Badminton *nt*.
baffe [baf] (*fam*) *nf* Ohrfeige *f*.
baffle [bafl] *nm* (*haut-parleur*) Lautsprecherkette *f*.
bafouer [bafwe] *vt* lächerlich machen.
bafouillage [bafujaʒ] *nm* Gestammel *nt*.
bafouiller [bafuje] *vi, vt* stammeln.
bâfrer [bɑfRe] (*fam*) *vi* fressen ♦ *vt* herunterschlingen.
bagage [bagaʒ] *nm*: ~ **littéraire** literarisches Wissen *nt*; ~**s** *nmpl* Gepäck *nt* ▸ **bagages à main** Handgepäck *nt*.
bagarre [bagaR] *nf* Rauferei *f*; **il aime la** ~ er ist rauflustig.
bagarrer [bagaRe]: **se** ~ *vpr* sich raufen.
bagarreur, -euse [bagaRœR, øz] *adj* rauflustig ♦ *nm/f* Raufbold *m*.
bagatelle [bagatɛl] *nf* Kleinigkeit *f*.
Bagdad [bagdad] *n* Bagdad *nt*.
bagnard [baɲaR] *nm* Sträfling *m*.
bagne [baɲ] *nm* Strafkolonie *f*; **c'est le** ~! das ist die reinste Hölle!
bagnole [baɲɔl] (*fam*) *nf* Auto *nt*.
bagout [bagu] *nm*: **avoir du** ~ ein geschmiertes *ou* gutes Mundwerk haben.
bague [bag] *nf* Ring *m* ▸ **bague de fiançailles** Verlobungsring *m* ▸ **bague de serrage** Klammer *f*.
baguenauder [bagnode]: **se** ~ *vpr* herumschlendern, bummeln.
baguer [bage] *vt* beringen.
baguette [bagɛt] *nf* (*petit bâton*) Stab *m*; (*cuisine chinoise*) (Eß)stäbchen *nt*; (*de chef d'orchestre*) Taktstock *m*; (*pain*) Stangenweißbrot *nt*; (*CONSTR*: *moulure*) (Zier)leiste *f*; **mener qn à la** ~ jdn an der Kandare halten ▸ **baguette magique** Zauberstab *m* ▸ **baguette de sourcier** Wünschelrute *f* ▸ **baguette de tambour** Trommelstock *m*.
Bahamas [baamas] *nfpl*: **les (îles)** ~ die Baha-

mas *pl.*

Bahreïn [baʀɛn] *nm* Bahrein *nt.*

bahut [bay] *nm* Truhe *f.*

bai, e [bɛ] *adj* braunrot.

baie [bɛ] *nf* (*GÉO*) Bucht *f;* (*fruit*) Beere *f* ▶ **baie**
(**vitrée**) großes Fenster *nt.*

baignade [bɛɲad] *nf* Baden *nt;* "~ **interdite**"
„Baden verboten".

baigné, e [beɲe] *adj:* ~ **de sueur/de sang**
schweißgebadet/blutdurchtränkt; ~ **de larmes** tränenüberströmt; ~ **de lumière** licht-
umflutet.

baigner [beɲe] *vt* baden ♦ *vi:* ~ **dans son sang**
im eigenen Blut schwimmen; **se baigner** *vpr*
schwimmen; (*dans une baignoire*) baden; ~
dans la brume in Nebel (ein)gehüllt sein; **tout
baigne!** (*fam*) es läuft alles wie geschmiert!

baigneur, -euse [bɛɲœʀ, øz] *nm/f* Badende(r)
f(m) ♦ *nm* (*poupée*) Babypuppe *f* (*aus Zelluloid*).

baignoire [bɛɲwaʀ] *nf* Badewanne *f;* (*THÉÂT*)
Parterreloge *f.*

bail, baux [baj, bo] *nm* Mietvertrag *m;* **donner
qch à** ~ etw verpachten; **prendre qch à** ~ etw
pachten; **ça fait un** ~ **que** es ist eine Ewigkeit
her, daß ▶ **bail commercial** Geschäfts-
raummiete *f.*

bâillement [bajmɑ̃] *nm* Gähnen *nt.*

bâiller [baje] *vi* gähnen; (*être ouvert*) offen stehen.

bailleur [bajœʀ] *nm* Verpächter *m* ▶ **bailleur de
fonds** Geldgeber *m.*

bâillon [bajɔ̃] *nm* Knebel *m.*

bâillonner [bajɔne] *vt* knebeln; (*fig*) mundtot
machen.

bain [bɛ̃] *nm* Bad *nt;* (*dans une piscine, dans la
mer*) Baden *nt;* **prendre un** ~ ein Bad nehmen,
baden; **se mettre dans le** ~ (*fig*) sich mit einer
Sache vertraut machen ▶ **bain de bouche**
Mundwasser *nt* ▶ **bain de foule** Bad in der
Menge ▶ **bain de jouvence** Jungbrunnen *m*
▶ **bain moussant** Schaumbad *nt* ▶ **bain de
pieds** Fußbad *nt;* **prendre un** ~ **de pieds** (*au
bord de la mer*) im Wasser waten ▶ **bain de
siège** Sitzbad *nt* ▶ **bain de soleil** Sonnenbad
nt; **prendre un** ~ **de soleil** sonnenbaden
▶ **bains de mer** Baden im Meer ▶ **bains(-
douches) municipaux** (städtische) Badean-
stalt *f.*

bain-marie [bɛ̃maʀi] (*pl* ~**s**-~) *nm* Wasserbad
nt; **faire chauffer au** ~-~ im Wasserbad erhitzen.

baïonnette [bajɔnɛt] *nf* Bajonett *nt;* **douille à** ~
Bajonettfassung *f;* **ampoule à** ~ Glühbirne *f*
mit Bajonettfassung.

baisemain [bɛzmɛ̃] *nm* Handkuß *m.*

baiser [beze] *nm* Kuß *m* ♦ *vt* (*embrasser*) küssen;
(*fam!: coucher avec*) bumsen (*fam!*), ficken
(*fam!*).

baisse [bɛs] *nf* Sinken *nt,* Fallen *nt;* "~ **sur la
viande**" „Fleisch im Sonderangebot"; **être en**
~ *ou* **à la** ~ sinken, fallen.

baisser [bese] *vt* (*store, vitre*) herunterlassen;
(*tête, yeux, voix*) senken; (*radio*) leiser stellen;

(*chauffage*) niedriger stellen; (*prix*) herabsetzen; (*phares*) abblenden ♦ *vi* fallen; (*température*) sinken, fallen; (*facultés, santé, vue*) nachlassen; (*jour*) sich neigen; (*lumière*)
schwächer werden; **se baisser** *vpr* sich
bücken.

bajoues [baʒu] *nfpl* Backen *pl;* (*péj*)
Hängebacken *pl.*

bakchich [bakʃiʃ] (*fam*) *nm* Trinkgeld *nt.*

bal [bal] *nm* Ball *m* ▶ **bal costumé** Kostümball
m ▶ **bal masqué** Maskenball *m* ▶ **bal musette**
volkstümlicher Ball mit Akkordeonmusik.

balade [balad] *nf* Spaziergang *m;* (*en voiture*)
Spazierfahrt *f;* **faire une** ~ einen Spaziergang *ou* eine Spazierfahrt machen.

balader [balade] *vt* (*traîner*) mit sich herum-
schleppen; (*promener*) spazierenführen; **se
balader** *vpr* spazierengehen; (*en voiture*) spazierenfahren.

baladeur [baladœʀ] *nm* Walkman ® *m.*

baladeuse [baladøz] *nf* Kontrollampe *f.*

baladin [baladɛ̃] *nm* Gaukler *m.*

balafre [balafʀ] *nf* Schnitt *m;* (*cicatrice*) Narbe *f.*

balafrer [balafʀe] *vt* eine Schnittwunde beibringen +*dat.*

balai [balɛ] *nm* Besen *m;* (*AUTO*) Scheibenwi-
scherblatt *nt;* **donner un coup de** ~ **dans** ausfegen.

balai-brosse [balɛbʀɔs] (*pl* ~**s**-~**s**) *nm* Schrubber *m.*

balance [balɑ̃s] *nf* Waage *f;* (*fig*) Gleichgewicht *nt;* **la B**~ (*ASTROL*) die Waage; **être (de
la) B**~ Waage sein ▶ **balance commerciale**
Bilanz *f* ▶ **balance des paiements** Zahlungs-
bilanz *f* ▶ **balance (de précision)**
Präzisionswaage *f* ▶ **balance romaine** Hand-
waage *f.*

balancelle [balɑ̃sɛl] *nf* Hollywoodschaukel *f.*

balancer [balɑ̃se] *vt* (*bras, jambes etc*) baumeln
lassen; (*encensoir etc*) schwenken; (*fam: lancer*) werfen; (: *renvoyer, jeter*) wegwerfen ♦ *vi*
(*hésiter*) abwägen; **se balancer** *vpr* sich hin-
und herbewegen; (*bateau, sur une balançoire*)
schaukeln; **se** ~ **de qch** (*fam*) sich um etw
einen Dreck scheren.

balancier [balɑ̃sje] *nm* (*de pendule*) Pendel *nt;*
(*de montre*) Unruh *f;* (*perche*) Balancierstange
f.

balançoire [balɑ̃swaʀ] *nf* (*suspendue*) Schaukel
f; (*sur pivot*) Wippe *f.*

balayage [balɛjaʒ] *nm* Fegen *nt;* (*électronique*)
Abtasten *nt.*

balayer [balɛje] *vt* (*feuilles etc*) zusammenfe-
gen; (*pièce, cour*) ausfegen; (*soucis etc*) vertreiben; (*suj: vent, torrent etc*) wegfegen; (: *radar, phares*) absuchen.

balayette [balɛjɛt] *nf* Handfeger *m.*

balayeur, -euse [balɛjœʀ, øz] *nm/f* Straßen-
kehrer(in) *m(f)* ♦ *nf* (*engin*) Straßenkehrma-
schine *f.*

balayures [balɛjyʀ] *nfpl* Kehricht *m.*

balbutiements [balbysimɑ̃] *nmpl* (*paroles*)
Stammelei *f;* (*fig: débuts*) allererste Anfänge

pl.

balbutier [balbysje] *vi, vt* stammeln.

balcon [balkɔ̃] *nm* Balkon *m*; (*THÉÂT*) erster Rang *m*.

baldaquin [baldakɛ̃] *nm* Baldachin *m*.

Bâle [bɑl] *n* Basel *nt*.

Baléares [baleɑʀ] *nfpl*: **les (îles)** ~ die Balearen *pl.*

baleine [balɛn] *nf* Wal(fisch *m*) *m*; (*de parapluie*) Speiche *f*.

baleinier [balenje] *nm* (*NAUT*) Walfischfänger *m*.

baleinière [balɛnjɛʀ] *nf* (*NAUT*) Walfischboot *nt*.

balisage [balizaʒ] *nm* (*v balise*) Bakenlegen *nt*; Befeuerung *f*; Markierung *f*.

balise [baliz] *nf* (*NAUT*) Bake *f*, Seezeichen *nt*; (*AVIAT*) Befeuerungslicht *nt*; (*AUTO, SKI*) Markierung *f*.

baliser [balize] *vt* (*v balise*) mit Baken versehen; befeuern; markieren; (*fam: avoir peur*) kalte Füße bekommen.

balistique [balistik] *adj* ballistisch ♦ *nf* Ballistik *f*.

balivernes [balivɛʀn] *nfpl* Geschwätz *nt*.

balkanique [balkanik] *adj* balkan-, Balkan-.

Balkans [balkɑ̃] *nmpl*: **les** ~ die Balkanländer *pl.*

ballade [balad] *nf* Ballade *f*.

ballant, e [balɑ̃, ɑ̃t] *adj*: **les bras** ~s mit baumelnden Armen; (*fig*) mit den Händen im Schoß; **les jambes** ~es mit baumelnden Beinen.

ballast [balast] *nm* Schotter *m*; (*RAIL*) Bettung(sschotter *m*) *f*.

balle [bal] *nf* (*de fusil*) Kugel *f*; (*du blé*) Spreu *f*; (*paquet*) Ballen *m*; ~s *nfpl* (*fam: francs*) Francs *pl*; **tu as cent** ~s? (*fam*) ≈ hast du mal 100 Mäuse? ▶ **balle perdue** verirrte Kugel.

ballerine [bal(ə)ʀin] *nf* (*danseuse*) Ballerina *f*; (*chaussure*) leichter, flacher Damenschuh.

ballet [balɛ] *nm* Ballett *nt* ▶ **ballet diplomatique** diplomatisches Hin und Her *nt*.

ballon [balɔ̃] *nm* Ball *m*; (*AVIAT*) Ballon *m*; (*de vin*) (Wein)glas *nt* ▶ **ballon d'essai** (*MÉTÉO*) Wetterballon *m*; (*fig*) Versuchsballon *m* ▶ **ballon de football** Fußball *m*.

ballonner [balɔne] *vt*: **j'ai le ventre ballonné** ich habe einen Blähbauch.

ballon-sonde [balɔ̃sɔ̃d] (*pl* ~s-~s) *nm* Registrierballon *m*.

ballot [balo] *nm* Ballen *m*; (*péj*) Blödmann *m*.

ballottage [balɔtaʒ] *nm* (*POL*) Stichwahl *f*.

ballotter [balɔte] *vi* hin- und herrollen ♦ *vt* durcheinanderwerfen; **être ballotté entre** (*indécis*) hin- und hergerissen sein zwischen.

ballottine [balɔtin] *nf*: ~ **de volaille** Geflügelrollbraten *m*.

ball-trap [baltʀap] (*pl* ~-~s) *nm* (*appareil*) Wurftaubenanlage *f*; (*tir*) Tontaubenschießen *nt*.

balluchon [balyʃɔ̃] *nm* Bündel *nt*; **faire son** ~ sein Bündel schnüren.

balnéaire [balneɛʀ] *adj* bade-, Bade-.

balnéothérapie [balneoteʀapi] *nf* Bäderkur *f*.

balourd, e [baluʀ, uʀd] *adj* tappig, linkisch ♦ *nm/f* Trampel *nt*, Trottel *m*.

balourdise [baluʀdiz] *nf* (*maladresse*) Unbeholfenheit *f*, Schwerfälligkeit *f*.

balte [balt] *adj* baltisch ♦ *nm/f*: **B~** Balte *m*, Baltin *f*.

baltique [baltik] *adj* baltisch ♦ *nf*: **la (mer) B~** die Ostsee *f*.

baluchon [balyʃɔ̃] *nm* = **balluchon**.

balustrade [balystʀad] *nf* Geländer *nt*.

bambin [bɑ̃bɛ̃] *nm* kleines Kind *nt*.

bambou [bɑ̃bu] *nm* Bambus *m*.

ban [bɑ̃] *nm*: **ouvrez le** ~! (und jetzt ein großer) Applaus!; ~s *nmpl* (*de mariage*) Aufgebot *nt*; **être au** ~ **de** ausgestoßen sein aus; **mettre au** ~ **de** ausstoßen aus; **le** ~ **et l'arrière-**~ **de sa famille** seine/ihre gesammelte Verwandtschaft.

banal, e [banal] *adj* banal; (*péj*) abgedroschen.

banalement [banalmɑ̃] *adv* banal.

banalisé, e [banalize] *adj* banalisiert; (*voiture de police*) (als Zivilfahrzeug) getarnt.

banaliser [banalize] *vt* (*rendre banal*) banal machen.

banalité [banalite] *nf* Banalität *f*, Abgedroschenheit *f*; (*remarque*) Binsenweisheit *f*.

banane [banan] *nf* Banane *f*.

bananeraie [bananʀɛ] *nf* Bananenplantage *f*.

bananier [bananje] *nm* (*arbre*) Bananenstaude *f*; (*cargo*) Bananendampfer *m*.

banc [bɑ̃] *nm* Bank *f*; (*de poissons*) Schwarm *m* ▶ **banc des accusés** Anklagebank *f* ▶ **banc d'essai** Prüfstand *m* ▶ **banc de sable** Sandbank *f* ▶ **banc des témoins** Zeugenbank *f*.

bancaire [bɑ̃kɛʀ] *adj* bank-, Bank-.

bancal, e [bɑ̃kal] *adj* wackelig.

bandage [bɑ̃daʒ] *nm* (*pansement*) Verband *m*; ~ **herniaire** Bruchband *nt*.

bande [bɑ̃d] *nf* (*de tissu etc*) Streifen *m*, Band *nt*; (*MÉD: pour panser*) Binde *f*; (*magnétique*) Tonband *nt*; (*CINÉ*) Filmstreifen *m*; (*RADIO*) Band, Bereich *m*; (*motif, dessin*) Streifen; (*groupe*) Gruppe *f*; **une** ~ **de** (*péj*) eine Horde ou Bande von; **donner de la** ~ (*NAUT*) krängen; **par la** ~ (*indirectement*) auf Umwegen; **faire** ~ **à part** sich absondern ▶ **bande d'arrêt d'urgence** Seitenstreifen *m* ▶ **bande dessinée** Comic *m* ▶ **bande perforée** Lochstreifen *m* ▶ **bande de roulement** (*de pneu*) Reifendecke *f* ▶ **bande sonore** Tonspur *f* ▶ **bande de terre** Landstreifen *m* ▶ **bande Velpeau®** Kreppbinde *f*.

bandé, e [bɑ̃de] *adj* verbunden; **les yeux** ~s blindlings, mit verbundenen Augen.

bande-annonce [bɑ̃danɔ̃s] (*pl* ~s-~s) *nf* Vorschau *f*.

bandeau [bɑ̃do] *nm* (*ruban*) Stirnband *nt*; (*sur les yeux*) Augenbinde *f*; (*MÉD*) Kopfverband *m*.

bandelette [bɑ̃dlɛt] *nf* Bändchen *nt*.

bander [bɑ̃de] *vt* (*blessure*) verbinden; (*muscle*

etc) anspannen; (*arc*) spannen ♦ *vi* (*fam!*) einen stehen haben (*fam*); ~ **les yeux à qn** jdm die Augen verbinden.

banderille [bɑ̃dʀij] *nf* Banderilla *f*.

banderole [bɑ̃dʀɔl] *nf* (*dans un défilé etc*) Spruchband *nt*.

bande-son [bɑ̃dsɔ̃] (*pl* ~**s**-~) *nf* Tonspur *f*.

bande-vidéo [bɑ̃dvideo] (*pl* ~**s**-~) *nf* Video(band) *nt*.

bandit [bɑ̃di] *nm* Bandit *m*; (*fig: escroc*) Gauner *m*.

banditisme [bɑ̃ditism] *nm* Banditenunwesen *nt*.

bandoulière [bɑ̃duljɛʀ] *nf*: **en ~** umgehängt.

Bangladesh [bɑ̃gladɛʃ] *nm*: **le ~** Bangladesch *nt*.

banjo [bɑ̃(d)ʒo] *nm* Banjo *nt*.

banlieue [bɑ̃ljø] *nf* Vorort *m*; **Paris et sa ~** Paris und seine nähere Umgebung; **quartier de ~** Vorstadtviertel *nt*; **lignes de ~** Vorortlinien *pl*; **trains de ~** Vorortzüge *pl*.

banlieusard, e [bɑ̃ljøzaʀ, aʀd] *nm/f* (*habitant*) Vorortbewohner(in) *m(f)*; (*voyageur*) Pendler(in) *m(f)*.

bannière [banjɛʀ] *nf* Banner *nt*.

bannir [baniʀ] *vt* verbannen.

banque [bɑ̃k] *nf* Bank *f*; (*activités*) Bankgeschäfte *pl* ► **banque d'affaires** Handelsbank *f* ► **banque de données** Datenbank *f* ► **banque d'émission** Notenbank *f* ► **banque d'organes** Organbank *f* ► **banque du sang** Blutbank *f*.

banqueroute [bɑ̃kʀut] *nf* Bankrott *m*.

banquet [bɑ̃kɛ] *nm* Festmahl *nt*, Bankett *nt*; (*de noces*) Hochzeitsessen *nt*.

banquette [bɑ̃kɛt] *nf* Sitzbank *f*.

banquier [bɑ̃kje] *nm* Bankier *m*.

banquise [bɑ̃kiz] *nf* Packeis *nt*.

baptême [batɛm] *nm* Taufe *f*; (*d'un navire*) Schiffstaufe *f*; (*d'une cloche*) Glockenweihe *f* ► **baptême de l'air** Jungfernflug *m*.

baptiser [batize] *vt* taufen; (*cloche*) weihen.

baptiste [batist] *nm/f* Baptist(in) *m(f)*.

baquet [bakɛ] *nm* Zuber *m*, Kübel *m*.

bar [baʀ] *nm* Bar *f*; (*comptoir*) Tresen *m*; (*poisson*) Barsch *m*.

baragouin [baʀagwɛ̃] *nm* Kauderwelsch *nt*.

baragouiner [baʀagwine] *vi, vt* radebrechen.

baraque [baʀak] *nf* (*cabane, hutte*) Hütte *f*; (*fam: maison*) Bude *f* ► **baraque foraine** Jahrmarktsbude *f*.

baraqué, e [baʀake] (*fam*) *adj* gut beieinander.

baraquements [baʀakmɑ̃] *nmpl* Barackensiedlung *f*.

baratin [baʀatɛ̃] (*fam*) *nm* (*boniment*): **faire du ~ à qn** jdn beschwatzen.

baratiner [baʀatine] (*fam*) *vt* einreden auf +*acc*, beschwatzen.

baratte [baʀat] *nf* Butterfaß *nt*.

Barbade [baʀbad] *nf*: **la ~** Barbados *nt*.

barbant, e [baʀbɑ̃, ɑ̃t] (*fam*) *adj* (tod)langweilig.

barbare [baʀbaʀ] *adj* barbarisch; (*inculte*) unzivilisiert ♦ *nm/f* Barbar(in) *m(f)*.

barbarie [baʀbaʀi] *nf* (*inculture*) Unkultur *f*; (*cruauté*) Barbarei *f*, Grausamkeit *f*.

barbarisme [baʀbaʀism] *nm* (*LING*) Barbarismus *m*.

barbe [baʀb] *nf* Bart *m*; **au nez et à la ~ de qn** (*fig*) vor jds Nase *dat*; **quelle ~!** (*fam*) so ein Mist! ► **barbe à papa** Zuckerwatte *f*.

barbecue [baʀbəkju] *nm* Barbecue *nt*; (*appareil*) Grill *m*.

barbelé [baʀbəle] *nm* Stacheldraht *m*.

barber [baʀbe] (*fam*) *vt* tödlich langweilen.

barbiche [baʀbiʃ] *nf* Spitzbart *m*.

barbichette [baʀbiʃɛt] *nf* Kinnbärtchen *nt*.

barbiturique [baʀbityʀik] *nm* Schlafmittel *nt*.

barboter [baʀbɔte] *vi* waten ♦ *vt* (*fam: voler*) klauen.

barboteuse [baʀbɔtøz] *nf* Strampelanzug *m*.

barbouiller [baʀbuje] *vt* beschmieren; **avoir l'estomac barbouillé** sich *dat* den Magen verdorben haben.

barbu, e [baʀby] *adj* bärtig.

barbue [baʀby] *nf* (*poisson*) Glattbutt *m*.

Barcelone [baʀsəlɔn] *n* Barcelona *nt*.

barda [baʀda] (*fam*) *nm* Zeug *nt*, Krempel *m*.

barde [baʀd] *nf* (*CULIN*) Speckstreifen *m* ♦ *nm* (*poète*) Barde *m*.

bardé, e [baʀde] *adj*: ~ **de médailles** mit Orden übersät.

bardeaux [baʀdo] *nmpl* Schindeln *pl*.

barder [baʀde] *vi* (*fam*): **ça va ~** das gibt Ärger ♦ *vt* (*rôti, volaille*) mit Speckstreifen umwickeln.

barème [baʀɛm] *nm* Tabelle *f*, Skala *f*; ~ **des cotisations** Beitragstabelle *f*; ~ **des notes** Bewertungsskala *f* ► **barème des salaires** Lohnskala *f*.

barge [baʀʒ] *nf* Barke *f*.

baril [baʀi(l)] *nm* (*de pétrole*) Barrel *nt*.

barillet [baʀijɛ] *nm* (*de revolver*) Trommel *f*.

bariolé, e [baʀjɔle] *adj* bunt.

barman [baʀman] *nm* Barkeeper *m*.

baromètre [baʀɔmɛtʀ] *nm* Barometer *nt*.

baron [baʀɔ̃] *nm* Baron *m*.

baronne [baʀɔn] *nf* Baronin *f*.

baroque [baʀɔk] *adj* (*ART*) barock; (*fig: péj*) bizarr, seltsam.

baroud [baʀud] *nm*: ~ **d'honneur** ehrenhaftes letztes Gefecht *nt*.

baroudeur [baʀudœʀ] (*fam*) *nm* Kämpfernatur *f*.

barque [baʀk] *nf* Barke *f*.

barquette [baʀkɛt] *nf* (*tartelette*) Obsttörtchen in Schiffsform; (*en aluminium, en bois*) Körbchen *nt*.

barrage [baʀaʒ] *nm* Damm *m*; (*sur route*) Straßensperre *f* ► **barrage de police** Polizeisperre *f*.

barre [baʀ] *nf* Stange *f*; (*NAUT*) Ruderpinne *f*; (*écrite*) (Feder)strich *m*; **être à** *ou* **tenir la ~** (*NAUT*) am Ruder sein; **comparaître à la ~** vor Gericht erscheinen ► **barre fixe** Reck *nt* ► **barre de mesure** (*MUS*) Taktstrich *m* ► **barres parallèles** Barren *m*.

barreau, x [baʀo] *nm* Stab *m*; (*JUR*) Anwaltschaft *f*.

barrer [baʀe] *vt* (*route etc*) (ab)sperren; (*mot*) (durch)streichen; (*chèque*) zur Verrechnung ausstellen; (*NAUT*) steuern; **se barrer** *vpr* (*fam*) abhauen; ~ **le passage** *ou* **la route à qn** jdm im Weg stehen.

barrette [baʀɛt] *nf* (*pour les cheveux*) Spange *f*; (*REL*: *bonnet*) Birett *nt*; (*broche*) Barettnadel *f*.

barreur [baʀœʀ] *nm* Steuermann *m*.

barricade [baʀikad] *nf* Barrikade *f*.

barricader [baʀikade] *vt* verbarrikadieren; **se barricader** *vpr*: **se ~ chez soi** sich verbarrikadieren.

barrière [baʀjɛʀ] *nf* Zaun *m*, Absperrung *f*; (*porte*) Tor *nt*; (*de passage à niveau*) Schranke *f*; (*obstacle*) Hindernis *nt* ▶ **barrière de dégel** *Straßensperre bei Tauwetter* ▶ **barrières douanières** Zollschranken *pl*.

barrique [baʀik] *nf* Faß *nt*.

barrir [baʀiʀ] *vi* trompeten.

baryton [baʀitɔ̃] *nm* Bariton *m*.

bas, basse [bɑ, bɑs] *adj* niedrig; (*température, ton*) tief; (*action*) niedrig, niederträchtig ♦ *nm* (*chaussette*) Strumpf *m*; (*partie inférieure*): **le ~ de ...** der untere Teil von ... ♦ *adv* (*v adj*) niedrig; tief; **plus ~** weiter unten; (*dans un texte*) unten; **parler plus ~** leiser sprechen; **la tête ~se** mit gesenktem Kopf; **avoir la vue ~se** kurzsichtig sein; **au ~ mot** mindestens; **enfant en ~ âge** Kleinkind *nt*; **en ~** unten; **en ~ de** unterhalb von; **de ~ en haut** von oben bis unten; **des hauts et des ~** Höhen und Tiefen *pl*; **mettre ~** (*accoucher*) (Junge) werfen; **"à ~ la dictature/l'école!"** „nieder mit der Diktatur/Schule!"; **un ~ de laine** (*fig*) ein Sparstrumpf ▶ **bas morceaux** (*viande*) billige Fleischstücke *pl*.

basalte [bazalt] *nm* Basalt *m*.

basané, e [bazane] *adj* braungebrannt; (*péj*) dunkelhäutig.

bas-côté [bakote] (*pl* ~-~**s**) *nm* (*de route*) Rand *m*; (*d'église*) Seitenschiff *nt*.

bascule [baskyl] *nf*: (**jeu de**) ~ Wippe *f*; (**balance à**) ~ (Balken)waage *f*; **fauteuil à** ~ Schaukelstuhl *m*.

basculer [baskyle] *vi* (um)fallen; (*benne etc*) (um)kippen ♦ *vt* (*faire basculer*) (um)kippen.

base [bɑz] *nf* Basis *f*; (*d'édifice*) Fundament *nt*; (*de montagne*) Fuß *m*; (*de triangle*) Grundlinie *f*; (*militaire*) Stützpunkt *m*; (*fondement, principe*) Grundlage *f*; (*CHIM*) Base *f*; (*de maquillage*) Grundierung *f*; **jeter les ~s de das** Fundament legen für; **sur la ~ de** ausgehend von; **principe de ~** Grundprinzip *nt*; **à ~ de café/sucre** auf Kaffee-/Zuckerbasis ▶ **base de données** Datenbank *f* ▶ **base de lancement** Abschußbasis *f*.

base-ball [bɛzbol] (*pl* ~-~**s**) *nm* Baseball *m*.

baser [bɑze] *vt*: ~ **qch sur** etw gründen auf +*acc*, etw basieren auf +*acc*; **se baser** *vpr*: **se ~ sur** (*données, preuves*) sich stützen auf +*acc*; **être basé à** (*MIL*) stationiert sein in +*dat*.

bas-fond [bafɔ̃] (*pl* ~-~**s**) *nm* (*NAUT*) Untiefe *f*; ~-~**s** *nmpl* (*fig*) Abschaum *m*.

BASIC [bazik] *sigle m* (= *Beginner's All-Purpose Symbolic Instruction Code*) BASIC *nt*.

basilic [bazilik] *nm* (*CULIN*) Basilikum *nt*; (*ZOOL*) Basilisk *m*.

basilique [bazilik] *nf* Basilika *f*.

basket [baskɛt] *nm* = **basket-ball**.

basket-ball [baskɛtbol] (*pl* ~-~**s**) *nm* Basketball *m*.

baskets [baskɛt] *nfpl* (*chaussures*) Turnschuhe *pl*.

basketteur, -euse [baskɛtœʀ, øz] *nm/f* Basketballspieler(in) *m(f)*.

basquaise [baskɛz] *adj f* baskisch ♦ *nf*: **B~** Baskin *f*.

basque [bask] *adj* baskisch ♦ *nm* (*LING*) Baskisch *nt* ♦ *nm/f* Baske *m*, Baskin *f*; **le Pays ~** das Baskenland *nt*.

basques [bask] *nfpl*: **être pendu aux ~ de qn** jdm nicht von der Pelle weichen.

bas-relief [baʀəljɛf] (*pl* ~-~**s**) *nm* Basrelief *nt*.

basse [bas] *adj f voir* **bas** ♦ *nf* (*MUS*) Baß *m*.

basse-cour [baskuʀ] (*pl* ~**s**-~**s**) *nf* (*cour*) (Hühner)hof *m*; (*animaux*) Kleinvieh *nt*.

bassement [basmã] *adv* gemein, niederträchtig.

bassesse [basɛs] *nf* Niedrigkeit *f*; (*acte, vulgarité*) Gemeinheit *f*, Niederträchtigkeit *f*.

basset [basɛ] *nm* Basset *m*.

bassin [basɛ̃] *nm* Becken *nt*; (*pièce d'eau*) Bassin *nt*; (*portuaire*) Hafenbecken ▶ **bassin houiller** Steinkohlenrevier *nt*.

bassine [basin] *nf* Wanne *f*, Schüssel *f*.

bassiner [basine] *vt* (*plaie*) auswaschen; (*fam*: *importuner*) langweilen.

bassiste [basist] *nm/f* Kontrabaßspieler(in) *m(f)*.

basson [basɔ̃] *nm* (*instrument*) Fagott *nt*; (*musicien*) Fagottist(in) *m(f)*.

bastide [bastid] *nf* (*maison*) kleines Landhaus *nt* (*in der Provence*); (*ville*) *befestigte Stadt in SW Frankreich*.

bastingage [bastɛ̃gaʒ] *nm* Reling *f*.

bastion [bastjɔ̃] *nm* Bastion *f*; (*fig*: *POL*) Bollwerk *nt*.

bas-ventre [bavɑ̃tʀ] (*pl* ~-~**s**) *nm* Unterleib *m*.

bat [ba] *vb voir* **battre**.

bât [ba] *nm* Packsattel *m*.

bataille [bataj] *nf* Schlacht *f*; (*fig, POL*) Kampf *m*; **en ~** (*en désordre*) in völliger Unordnung ▶ **bataille rangée** offener Kampf.

bataillon [batajɔ̃] *nm* Bataillon *nt*.

bâtard, e [batar, aʀd] *adj* (*solution, fig*) Misch- ♦ *nm/f* (*enfant*) Bastard *m* ♦ *nm* (*CULIN*) besonders geformtes Halbpfundbrot; (*chien*) Mischling *m*, Promenadenmischung *f*.

batavia [batavja] *nf* Bataviasalat *m*.

bateau, x [bato] *nm* Boot *nt*; (*grand*) Schiff *nt*; (*du trottoir*) abgesenkter Bordstein ♦ *adj* (*banal, rebattu*) abgedroschen ▶ **bateau à moteur** Motorboot *nt* ▶ **bateau de pêche** Fischerboot *nt*.

bateau-citerne [batositɛʀn] (pl ~**x**-~**s**) nm Tanker m.

bateau-mouche [batomuʃ] (pl ~**x**-~**s**) nm Ausflugsdampfer auf der Seine.

bateau-pilote [batopilɔt] (pl ~**x**-~**s**) nm Lotsenboot nt.

bateleur, -euse [batlœʀ, øz] nm/f Gaukler m.

batelier, -ière [batəlje, ɛr] nm/f (de bac) Flußschiffer(in) m(f).

bâti, e [bɑti] adj (terrain) bebaut ♦ nm (armature) Rahmen m; (COUTURE) Heftfaden m; **bien ~** (personne) gut gebaut.

batifoler [batifɔle] vi herumalbern.

batik [batik] nm Batik(arbeit) f.

bâtiment [bɑtimɑ̃] nm Gebäude nt; (NAUT) Schiff nt; **le ~** (industrie) das Baugewerbe nt.

bâtir [bɑtiʀ] vt bauen; (plan, hypothèse) aufstellen, entwerfen; (COUTURE) heften; **fil à ~** Heftfaden m.

bâtisse [bɑtis] nf Bau m.

bâtisseur, -euse [bɑtisœʀ, øz] nm/f Erbauer m; (fig) Gründer m.

batiste [bɑtist] nf Batist m.

bâton [bɑtɔ̃] nm Stock m; (d'agent de police) (Gummi)knüppel m; **mettre des ~s dans les roues de qn** jdm Knüppel zwischen die Beine werfen; **parler à ~s rompus** über dies und das reden ▸ **bâton de rouge (à lèvres)** Lippenstift m ▸ **bâton de ski** Skistock m.

bâtonnet [bɑtɔnɛ] nm Stäbchen nt.

bâtonnier [bɑtɔnje] nm (JUR) ≈ Präsident m der Anwaltskammer.

batraciens [batʀasjɛ̃] nmpl Amphibien pl.

bats [ba] vb voir **battre**.

battage [bataʒ] nm Werbung f.

battant, e [batɑ̃, ɑ̃t] vb voir **battre** ♦ adj: **pluie ~e** Platzregen m ♦ nm (de cloche) Klöppel m; (de volet, de porte) Flügel m; (personne) Kämpfernatur f; **porte à double ~** zweiflügelige Tür f; **tambour ~** forsch.

batte [bat] nf (SPORT) Kricketschläger m.

battement [batmɑ̃] nm (de cœur) Schlagen nt; **10 minutes de ~** 10 Minuten Zeit ▸ **battement de paupières** Blinzeln nt.

batterie [batʀi] nf (MIL, ÉLEC) Batterie f; (MUS) Schlagzeug nt; **~ de tests** Testreihe f ▸ **batterie de cuisine** Küchenutensilien pl.

batteur [batœʀ] nm (MUS) Schlagzeuger(in) m(f); (CULIN) Rührgerät nt.

batteuse [batøz] nf (AGR) Dreschmaschine f.

battoir [batwaʀ] nm (à linge, tapis) Klopfer m.

battre [batʀ] vt schlagen; (vaincre) schlagen, besiegen; (blé) dreschen; (tapis) klopfen; (fer) hämmern; (cartes) mischen; (les fourrés, la campagne) durchkämmen; **se battre** vpr sich schlagen; **~ des mains** in die Hände klatschen; **~ de l'aile** (fig) auf der Nase liegen; **~ des ailes** mit den Flügeln schlagen; **~ froid à qn** jdm die kalte Schulter zeigen; **~ la mesure** den Takt schlagen; **~ en brèche** (MIL: mur) einreißen; (fig) zunichte machen; **~ son plein** in vollem Schwung sein; **~ pavillon britannique** unter britischer Flagge segeln; **~**

la semelle (mit den Füßen) stampfen; **~ en retraite** den Rückzug antreten.

battu, e [baty] pp de **battre**.

battue [baty] nf (chasse) Treibjagd f; (policière etc) Suchaktion f.

baud [bo] nm Baud nt.

baudruche [bodʀyʃ] nf (personne) Schaumschläger m; **ballon de ~** großer Kinderballon m.

baume [bom] nm Balsam m.

bauxite [boksit] nf Bauxit m.

bavard, e [bavaʀ, aʀd] adj schwatzhaft.

bavardage [bavaʀdaʒ] nm Geschwätz nt, Gerede nt.

bavarder [bavaʀde] vi schwatzen; (indiscrètement) klatschen, tratschen.

bavarois, e [bavaʀwa, waz] adj bay(e)risch ♦ nf (CULIN) Bayerische Creme f.

bave [bav] nf Speichel m; (de chien etc) Geifer m; (d'escargot etc) Schleim m.

baver [bave] vi sabbern; (encre, couleur) auslaufen; **en ~** (fam) ganz schön ins Schwitzen kommen.

bavette [bavɛt] nf (de bébé) Lätzchen nt; (de tablier, salopette) Brustlatz m.

baveux, -euse [bavø, øz] adj sabbernd; (omelette) flüssig.

Bavière [bavjɛʀ] nf: **la ~** Bayern nt.

bavoir [bavwaʀ] nm Lätzchen nt.

bavure [bavyʀ] nf (tache) Fleck m; (fig) Schnitzer m.

bayer [baje] vi: **~ aux corneilles** Maulaffen feilhalten.

bazar [bazaʀ] nm Basar m; (fam: désordre) Durcheinander nt.

bazarder [bazaʀde] (fam) vt rauswerfen; (vendre) verschleudern.

BCBG [besebeʒe] sigle (= bon chic bon genre) schick.

BCG [beseʒe] sigle m (= bacille Calmette-Guérin) BCG, Tuberkuloseimpfstoff.

BD [bede] sigle f (= bande dessinée) voir **bande**; (= base de données) Datenbank f.

bd abr = **boulevard**.

b.d.c. abr (= bas de casse) klein.

béant, e [beɑ̃, ɑ̃t] adj weit offen, klaffend.

béarnais, e [beaʀnɛ, ɛz] adj béarnaisisch, aus dem Béarn; **sauce ~e** Béarnaise (Sauce) f.

béat, e [bea, at] adj (sourire etc) (glück)selig.

béatitude [beatityd] nf Glückseligkeit f; **les ~s** die Seligpreisungen pl.

beau (bel), belle, beaux [bo, bɛl] adj schön; (homme) gutaussehend; (moralement) gut ♦ nm: **avoir le sens du ~** Sinn für das Schöne haben ♦ nf (SPORT): **la belle** das Entscheidungsspiel; **il fait ~** es ist schönes Wetter; **un ~ geste** eine noble Geste; **un ~ gâchis** (iro) ein schöner Schlamassel; **un ~ rhume** (iro) ein ordentlicher Schnupfen; **le ~ monde** die feine Gesellschaft; **un ~ jour** eines schönen Tages; **bel et bien** (vraiment) wahrhaftig; **le plus ~ c'est que** das Schönste daran ist, daß; **c'est du ~!** das ist (ja) ein starkes Stück!;

nous avons eu ~ **essayer ça n'a rien donné** wie sehr wir uns auch bemüht haben, es hat nichts genutzt; **il a** ~ **jeu de protester** *etc* er hat gut protestieren; **en faire de belles** schöne Geschichten machen; **de plus belle** um so mehr; **faire le** ~ (*chien*) Männchen machen ▸ **beau parleur** Schönredner *m*.

beaucoup [boku] *adv* viel; ~ **plus grand** viel größer; ~ **plus de viel mehr**; ~ **trop de** (*nombre*) viel zu viele; (*quantité*) viel zu viel; ~ **de** (*nombre*) viele; (*quantité*) viel; **de** ~ bei weitem.

beau-fils [bofis] (*pl* ~**x-**~) *nm* Schwiegersohn *m*; (*d'un remariage*) Stiefsohn *m*.

beau-frère [bofʀɛʀ] (*pl* ~**x-**~**s**) *nm* Schwager *m*.

beau-père [bopɛʀ] (*pl* ~**x-**~**s**) *nm* Schwiegervater *m*; (*d'un remariage*) Stiefvater *m*.

beauté [bote] *nf* Schönheit *f*; **de toute** ~ wunderbar; **finir en** ~ mit einem eleganten Schwung abschließen; (*brillamment*) glänzend abschließen.

beaux-arts [bozaʀ] *nmpl* schöne Künste *pl*.

beaux-parents [bopaʀɑ̃] *nmpl* Schwiegereltern *pl*.

bébé [bebe] *nm* Baby *nt*.

bébé-éprouvette [bebeepʀuvɛt] (*pl* ~**s-**~) *nm* Retortenbaby *nt*.

bec [bɛk] *nm* Schnabel *m*; (*de plume*) Spitze *f*; (*de cafetière*) Tülle *f*; (*de clarinette etc*) Mundstück *nt*; **clouer le** ~ **à qn** jdm das Maul stopfen; **ouvrir le** ~ den Schnabel aufmachen ▸ **bec de gaz** Gaslaterne *f* ▸ **bec verseur** Schnabel.

bécane [bekan] (*fam*) *nf* (*vélo*) Fahrrad *nt*.

bécarre [bekaʀ] *nm* Auflösungszeichen *nt*.

bécasse [bekas] *nf* (*ZOOL*) Waldschnepfe *f*; (*fig*) dumme Gans *f*.

bec-de-cane [bɛkdəkan] (*pl* ~**s-**~-~) *nm* (*poignée*) Türgriff *m*.

bec-de-lièvre [bɛkdəljɛvʀ] (*pl* ~**s-**~-~) *nm* Hasenscharte *f*.

béchamel [beʃamɛl] *nf*: (**sauce**) ~ Bechamelsoße *f*.

bêche [bɛʃ] *nf* Spaten *m*.

bêcher [beʃe] *vt* (*terre*) umgraben; (*fam: snober*) hochnäsig behandeln.

bêcheur, -euse [beʃœʀ, øz] (*fam*) *adj* hochnäsig ♦ *nm/f* eingebildeter Affe *m*, eingebildete Ziege *f*.

bécoter [bekɔte]: **se** ~ *vpr* sich abküssen.

becquée [beke] *nf*: **donner la** ~ **à** füttern.

becqueter [bɛkte] (*fam: manger*) *vt* schnabulieren.

bedaine [bədɛn] *nf* Wanst *m*.

bédé [bede] (*fam*) *nf* (= *bande dessinée*) *voir* **bande**.

bedeau, x [bədo] *nm* Küster *m*, Kirchendiener *m*.

bedonnant, e [bədɔnɑ̃, ɑ̃t] *adj* dick(bäuchig).

bée [be] *adj*: **bouche** ~ mit offenem Mund.

beffroi [befʀwa] *nm* Glockenturm *m*.

bégaiement [begɛmɑ̃] *nm* Stottern *nt*.

bégayer [begeje] *vi*, *vt* stottern, stammeln.

bégonia [begɔnja] *nm* Begonie *f*.

bègue [bɛg] *adj*, *nm/f*: **être** ~ stottern.

bégueule [begœl] *adj* prüde, zimperlich.

béguin [begɛ̃] *nm*: **avoir le** ~ **pour** schwärmen für.

beige [bɛʒ] *adj* beige.

beignet [bɛɲɛ] *nm* Krapfen *m*.

bel [bɛl] *adj m voir* **beau**.

bêler [bele] *vi* (*mouton*) blöken; (*chèvre*) meckern; (*fam: se plaindre*) zetern.

belette [bəlɛt] *nf* Wiesel *nt*.

belge [bɛlʒ] *adj* belgisch ♦ *nm/f*: **B**~ Belgier(in) *m(f)*.

Belgique [bɛlʒik] *nf*: **la** ~ Belgien *nt*.

Belgrade [bɛlgʀad] *n* Belgrad *nt*.

bélier [belje] *nm* Widder *m*; (*engin*) Rammbock *m*; **être (du) B**~ (*ASTROL*) Widder sein.

Belize [beliz] *nm*: **le** ~ Belize *nt*.

bellâtre [belɑtʀ] *nm* Geck *m*.

belle [bɛl] *adj f voir* **beau**.

belle-famille [bɛlfamij] (*pl* ~**s-**~**s**) *nf* angeheiratete Verwandtschaft *f*.

belle-fille [bɛlfij] (*pl* ~**s-**~**s**) *nf* Schwiegertochter *f*; (*d'un remariage*) Stieftochter *f*.

belle-mère [bɛlmɛʀ] (*pl* ~**s-**~**s**) *nf* Schwiegermutter *f*; (*d'un remariage*) Stiefmutter *f*.

belle-sœur [bɛlsœʀ] (*pl* ~**s-**~**s**) *nf* Schwägerin *f*.

belliciste [belisist] *adj* kriegshetzerisch.

belligérant [beliʒeʀɑ̃] *nm* kriegführendes Land *nt*.

belliqueux, -euse [belikø, øz] *adj* (*peuple, politique*) kriegerisch; (*personne, humeur*) streitbar.

belote [bəlɔt] *nf* Kartenspiel mit 32 Karten.

belvédère [bɛlvedɛʀ] *nm* Aussichtspunkt *m*.

bémol [bemɔl] *nm* b *nt*, Erniedrigungszeichen *nt*.

ben [bɛ̃] (*fam*) *excl* na ja.

bénédiction [benediksjɔ̃] *nf* Segen *m*.

bénéfice [benefis] *nm* (*COMM*) Gewinn *m*; (*avantage*) Nutzen *m*; **au** ~ **de** zugunsten von.

bénéficiaire [benefisjɛʀ] *nm* Nutznießer *m*.

bénéficier [benefisje] *vi*: ~ **de** (*avoir*) genießen; (*tirer profit de*) Nutzen ziehen aus; (*obtenir*) erhalten.

bénéfique [benefik] *adj* wohltuend; (*avantageux*) vorteilhaft.

Benelux [benelyks] *nm*: **le** ~ die Beneluxländer *pl*.

benêt [bənɛ] *adj m* einfältig.

bénévolat [benevɔla] *nm* ehrenamtliche Tätigkeit *f*.

bénévole [benevɔl] *adj* freiwillig.

bénévolement [benevɔlmɑ̃] *adv* freiwillig.

Bengale [bɛ̃gal] *nm*: **le** ~ Bengalen *nt*; **le golfe du** ~ der Golf von Bengalen.

Bénin [benɛ̃] *nm*: **le** ~ Benin *nt*.

bénin, -igne [benɛ̃, iɲ] *adj* gütig; (*MÉD*) gutartig.

béninois, e [beninwa, az] *adj* beninsch ♦ *nm/f*: **B**~, **e** Beniner(in) *m(f)*.

bénir [benir] vt segnen; (Dieu) preisen; **Dieu te bénisse!** Gott segne dich!

bénit, e [beni, it] adj: **eau** ~**e** Weihwasser nt.

bénitier [benitje] nm Weihwasserbecken nt.

benjamin, e [bɛ̃ʒamɛ̃, in] nm/f Benjamin m.

benne [bɛn] nf (de camion) Kipplader m; (de téléphérique) Gondel f ▶ **benne basculante** Kipplore f.

benzine [bɛ̃zin] nf Leichtbenzin nt.

béotien, ne [beɔsjɛ̃, jɛn] nm/f Banause m, Banausin f.

BEP [beøpe] sigle m (= brevet d'études professionnelles) Zeugnis nt einer technischen Schule.

BEPC [beɔpese] sigle m (= brevet d'études du premier cycle) ≈ mittlere Reife f.

béquille [bekij] nf Krücke f; (de bicyclette) Ständer m.

berbère [bɛʀbɛʀ] adj Berber-, berber- ♦ nm/f: **B**~ Berber(in) m(f).

bercail [bɛʀkaj] nm: **rentrer au** ~ in den Schoß der Familie zurückkehren.

berceau, x [bɛʀso] nm Wiege f.

bercer [bɛʀse] vt wiegen; (suj: musique etc) einlullen; ~ **qn de promesses** jdn mit Versprechungen irreführen.

berceur, -euse [bɛʀsœʀ, øz] adj einlullend.

berceuse [bɛʀsøz] nf (chanson) Wiegenlied nt.

béret [beʀɛ] nm: ~ **(basque)** Baskenmütze f.

bergamote [bɛʀgamɔt] nf Bergamotte f.

berge [bɛʀʒ] nf Ufer nt; (de chemin, fossé) Böschung f; (fam: an) Jahr nt.

berger, -ère [bɛʀʒe, ɛʀ] nm/f Schäfer(in) m(f) ▶ **berger allemand** (chien) Schäferhund m.

bergerie [bɛʀʒəʀi] nf Schafstall m.

bergeronnette [bɛʀʒəʀɔnɛt] nf Bachstelze f.

béribéri [beʀibeʀi] nm Beriberi f.

Berlin [bɛʀlɛ̃] n Berlin nt ▶ **Berlin Est/Ouest** Ost-/Westberlin nt.

berline [bɛʀlin] nf (AUTO) Limousine f.

berlingot [bɛʀlɛ̃go] nm (emballage) Tetrapack ® nt; (bonbon) Bonbon m ou nt.

berlinois, e [bɛʀlinwa, waz] adj Berliner ♦ nm/f: **B**~, **e** Berliner(in) m(f).

berlue [bɛʀly] nf: **avoir la** ~ Gespenster sehen.

bermuda [bɛʀmyda] nm (short) Bermudas pl.

Bermudes [bɛʀmyd] nfpl: **les (îles)** ~ die Bermudas pl.

Berne [bɛʀn] n Bern nt.

berne [bɛʀn] nf: **en** ~ auf halbmast; **mettre en** ~ halbmast flaggen.

berner [bɛʀne] vt zum Narren halten.

bernois, e [bɛʀnwa, waz] adj Berner.

berrichon, ne [beʀiʃɔ̃, ɔn] aus Berry ♦ nm/f: **B**~, **ne** Bewohner(in) m(f) des Berry.

besace [bəzas] nf Bettelsack m.

besogne [bəzɔɲ] nf Arbeit f.

besogneux, -euse [bəzɔɲø, øz] adj (travailleur) fleißig.

besoin [bəzwɛ̃] nm Bedürfnis nt; (pauvreté) Bedürftigkeit f; **au** ~ notfalls; **avoir** ~ **de qch** etw nötig haben; **avoir** ~ **de faire qch** etw tun müssen; **il n'y a pas** ~ **de faire qch** es besteht keine Notwendigkeit, etw zu tun; **faire ses** ~**s** seine Notdurft verrichten; **pour les** ~**s de la cause** für diese Zwecke.

bestial, e, -aux [bɛstjal, jo] adj bestialisch.

bestiaux [bɛstjo] nmpl Vieh nt.

bestiole [bɛstjɔl] nf Tierchen nt.

bétail [betaj] nm Vieh nt.

bétaillère [betajɛʀ] nf Viehwagen m.

bête [bɛt] nf Tier nt ♦ adj dumm, blöd; **les** ~**s** (bétail) das Vieh nt; **chercher la petite** ~ übergenau sein; **c'est ma** ~ **noire** das ist für mich ein rotes Tuch ▶ **bête de somme** Lasttier nt ▶ **bêtes sauvages** wilde Tiere pl.

bêtement [bɛtmã] adv dumm; **tout** ~ schlicht und ergreifend.

bêtifier [betifje] vi dummes Zeug reden.

bêtise [betiz] nf Dummheit f; (bagatelle) Kleinigkeit f; **faire une** ~ eine Dummheit machen; **dire une** ~ Unsinn reden.

béton [betɔ̃] nm Beton m; **en** ~ (alibi, argument) hieb- und stichfest ▶ **béton armé** Stahlbeton m ▶ **béton précontraint** Spannbeton m.

bétonner [betɔne] vt betonieren.

bétonnière [betɔnjɛʀ] nf Betonmischmaschine f.

bette [bɛt] nf Mangold m.

betterave [bɛtʀav] nf: ~ **fourragère** Futterrübe f ▶ **betterave (rouge)** rote Bete f ▶ **betterave sucrière** Zuckerrübe f.

beuglement [bøgləmã] nm (v vi) Brüllen nt; Plärren nt.

beugler [bøgle] vi brüllen; (péj: personne, radio) plärren ♦ vt (péj: chanson etc) grölen.

Beur [bœʀ] nm/f junger Franzose/junge Französin, dessen/deren Eltern aus dem Maghreb stammen.

beurre [bœʀ] nm Butter f; **mettre du** ~ **dans les épinards** (fig) die Kasse etwas aufbessern ▶ **beurre de cacao** Kakaobutter f ▶ **beurre noir** braune Butter.

beurrer [bœʀe] vt buttern.

beurrier [bœʀje] nm Butterdose f.

beuverie [bøvʀi] nf Sauferei f.

bévue [bevy] nf Schnitzer m.

Beyrouth [beʀut] n Beirut nt.

Bhoutan [butã] nm: **le** ~ Bhutan nt.

bi [bi] préf bi, Bi.

Biafra [bjafʀa] nm: **le** ~ Biafra nt.

biafrais, e [bjafʀɛ, ɛz] adj biafranisch ♦ nm/f: **B**~, **e** Biafraner(in) m(f).

biais [bjɛ] nm (d'un tissu) Fadenlauf m; (bande de tissu) Schrägstreifen m; (fig: moyen) Kniff m; (: aspect) Blickwinkel m; **en** ~, **de** ~ (obliquement) schräg.

biaiser [bjeze] vi (fig) ausweichen.

bibelot [biblo] nm Ziergegenstand m.

biberon [bibʀɔ̃] nm (Saug)flasche f; **nourrir au** ~ mit der Flasche ernähren.

bible [bibl] nf Bibel f.

biblio [bibljo] préf biblio, Biblio.

bibliobus [bibljobys] nm Fahrbücherei f.

bibliographie [bibljɔgʀafi] nf Bibliographie f.

bibliophile [bibljɔfil] nm/f Bücherfreund(in) m(f).

bibliothécaire [biblijɔtekɛʀ] *nm/f* Bibliothekar(in) *m(f)*.

bibliothèque [biblijɔtɛk] *nf* (*meuble*) Bücherschrank *m*; (*institution*) Bibliothek *f* ▶ **bibliothèque municipale** Stadtbücherei *f*.

biblique [biblik] *adj* biblisch.

bicarbonate [bikaʀbɔnat] *nm*: ~ **(de soude)** Natron *nt*.

bicentenaire [bisãt(ə)nɛʀ] *nm* Zweihundertjahrfeier *f*.

biceps [bisɛps] *nm* Bizeps *m*.

biche [biʃ] *nf* Hirschkuh *f*.

bichonner [biʃɔne] *vt* (*personne*) verhätscheln.

bicolore [bikɔlɔʀ] *adj* zweifarbig.

bicoque [bikɔk] (*péj*) *nf* Bruchbude *f*.

bicorne [bikɔʀn] *nm* Zweispitz *m*.

bicyclette [bisiklɛt] *nf* Fahrrad *nt*.

bidasse [bidas] (*fam*) *nm* Soldat *m*.

bide [bid] (*fam*) *nm* (*ventre*) Bauch *m*; (*THÉÂT*) Reinfall *m*.

bidet [bidɛ] *nm* Bidet *nt*.

bidoche [bidɔʃ] (*fam*) *nf* Fleisch *nt*.

bidon [bidɔ̃] *nm* Kanister *m* ♦ *adj inv* (*fam*) Schein-; **c'est du** ~! (*fam*) das ist alles Quatsch!

bidonnant, e [bidɔnã, ãt] (*fam*) *adj* umwerfend komisch.

bidonville [bidɔ̃vil] *nm* Slumvorstadt *f*.

bidule [bidyl] (*fam*) *nm* Dingsda *nt*.

bielle [bjɛl] *nf* Pleuelstange *f*; (*AUTO*) Spurstange *f*.

============================ *MOT-CLÉ*

bien [bjɛ̃] *nm* **1** (*avantage, profit*): **faire du bien à qn** jdm guttun; **dire du bien de qn/qch** gut von jdm/etw sprechen; **c'est pour son bien que ...** es ist zu seinem Guten, daß ...; **changer en bien** sich zum Guten wenden; **il a changé en bien** er hat sich zu seinem Vorteil verändert; **mener à bien** zum guten Ende führen; **je te veux du bien** ich meine es gut mit dir

2 (*possession, patrimoine*) Besitz *m*; **son bien le plus précieux** sein kostbarstes Gut *nt*; **avoir du bien** Besitz haben; **biens de consommation** Verbrauchsgüter *pl*; **les biens de ce monde** die Güter *pl* dieser Welt

3 (*moral*): **le bien** das Gute; **distinguer le bien du mal** gut und böse unterscheiden; **faire le bien** Gutes tun; **le bien public** das Allgemeinwohl

♦ *adv* **1** (*de façon satisfaisante*) gut; **elle travaille/mange bien** sie arbeitet/ißt gut; **vite fait, bien fait** hopplahopp; **croyant bien faire, je ... in bester Absicht habe ich ...; **croire/vouloir bien faire** es gut meinen

2 (*valeur intensive*) sehr; **bien jeune** ein bißchen (zu) jung; **bien souvent** sehr oft; **j'en ai bien assez** ich habe wirklich genug davon; **bien mieux** sehr viel besser; **bien sûr!** sicher!; **c'est bien fait!** er etc verdient es!; **j'espère bien y aller** ich hoffe doch, daß ich dort hingehe; **je veux bien le faire** (*concession*) ich

will es ja gerne machen; **il y a bien deux ans** das ist gut und gerne zwei Jahre her; **Paul est bien venu, n'est-ce pas?** Paul ist doch gekommen, oder?; **tu as eu bien raison de faire cela** du hast gut daran getan, das zu tun; **j'ai bien téléphoné** ich habe wirklich telefoniert; **il faut bien l'admettre** *ou* **le reconnaître** das muß man einfach zugeben; **se donner bien du mal** sich *dat* sehr viel Mühe geben; **où peut-il bien être passé?** wo kann er nur sein?

3 (*beaucoup*): **bien du temps/des gens** viel Zeit/viele Leute

4: **bien que** obwohl

♦ *adj inv* **1** (*en bonne forme, à l'aise*): **être/se sentir bien** sich wohl fühlen; **je ne me sens pas bien** mir ist nicht gut; **on est bien dans ce fauteuil** in diesem Sessel sitzt man sehr bequem

2 (*joli, beau*) schön; **tu es bien dans cette robe** in diesem Kleid siehst du gut aus; **elle est bien, cette femme** das ist eine hübsche Frau

3 (*satisfaisant, adéquat*) gut; **elle est bien, cette maison** dieses Haus ist genau richtig; **mais non, c'est très bien** aber nein, das ist sehr gut so; **c'est très bien (comme ça)** das ist sehr gut so

4 (*juste, moral*) anständig; **ce n'est pas bien de faire ça** das macht man nicht, es gehört sich nicht, das zu tun

5 (*convenable: parfois péj*): **des gens bien** feine Leute *pl*

6 (*en bons termes*): **être bien avec qn** auf freundschaftlichem Fuß mit jdm stehen.

biennal, e, -aux [bjenal, o] *adj* (*plan*) Zweijahres-; (*exposition*) alle zwei Jahre stattfindend.

bien-pensant, e [bjɛ̃pãsã, ãt] (*pl ˈˈ-~s, es*) *adj* spießbürgerlich ♦ *nm/f*: **les** ~-~s die Spießbürger *pl*.

bienséance [bjɛ̃seãs] *nf* Anstand *m*; ~**s** (*convenances*) gute Sitten *pl*.

bienséant, e [bjɛ̃seã, ãt] *adj* anständig.

bientôt [bjɛ̃to] *adv* bald; **à** ~ bis bald.

bienveillance [bjɛ̃vɛjãs] *nf* Wohlwollen *nt*.

bienveillant, e [bjɛ̃vɛjã, ãt] *adj* wohlwollend.

bienvenu, e [bjɛ̃vny] *adj* willkommen ♦ *nm/f*: **être le** ~**/la** ~**e** willkommen sein ♦ *nf*: **souhaiter la** ~**e à qn** jdn willkommen heißen; ~**e à Bienne** willkommen in Biel.

bière [bjɛʀ] *nf* (*boisson*) Bier *nt*; (*cercueil*) Sarg *m* ▶ **bière blonde** helles Bier ▶ **bière brune** dunkles Bier ▶ **bière (à la) pression** Bier vom Faß.

biffer [bife] *vt* durchstreichen.

bifteck [biftɛk] *nm* Beefsteak *nt*.

bifurcation [bifyʀkasjɔ̃] *nf* Gabelung *f*; (*fig*) Neuorientierung *f*.

bifurquer [bifyʀke] *vi* (*route*) sich gabeln; (*véhicule*) abbiegen; (*fig: personne*) eine andere Richtung einschlagen.

bigame [bigam] *adj* bigamistisch.

bigamie [bigami] *nf* Bigamie *f*.

bigarré, e [bigaʀe] adj (bariolé) kunterbunt; (disparate) bunt(gemischt).
bigarreau, x [bigaʀo] nm Herzkirsche f.
bigleux, -euse [biglø, øz] adj: petit ~! du Brillenschlange!
bigorneau, x [bigɔʀno] nm Strandschnecke f.
bigot, e [bigo, ɔt] (péj) adj bigott ♦ nm/f Frömmler(in) m(f).
bigoterie [bigɔtʀi] nf Frömmelei f.
bigoudi [bigudi] nm Lockenwickler m.
bigrement [bigʀəmã] (fam) adv verdammt.
bijou, x [biʒu] nm Schmuckstück nt; (fig) Juwel nt; **mes ~x** mein Schmuck m.
bijouterie [biʒutʀi] nf (bijoux) Schmuckhandel m; (magasin) Juwelierladen m.
bijoutier, -ière [biʒutje, jɛʀ] nm/f Juwelier m.
bikini [bikini] nm Bikini m.
bilan [bilã] nm Bilanz f; **faire le ~ de** die Bilanz ziehen aus; **déposer son ~** Konkurs anmelden ▶ **bilan de santé** Checkup m.
bilatéral, e, -aux [bilateʀal, o] adj (stationnement) auf beiden Straßenseiten; (contrat) bilateral.
bilboquet [bilbɔkɛ] nm (jouet) Art Fangspiel mit einer Kugel.
bile [bil] nf Galle f; **se faire de la ~** sich dat große Sorgen machen.
biliaire [biljɛʀ] adj Gallen-, gallen-.
bilieux, -euse [biljø, øz] adj (teint) gelblich; (tempérament) aufbrausend.
bilingue [bilɛ̃g] adj zweisprachig.
bilinguisme [bilɛ̃gyism] nm Zweisprachigkeit f.
billard [bijaʀ] nm Billard nt; (table) Billardtisch m; **passer sur le ~** (fam) auf den Operationstisch ou unters Messer kommen ▶ **billard électrique** Flipper m.
bille [bij] nf Kugel f; (de verre) Murmel f, Klicker m; (de bois) Holzklotz m; **jouer aux ~s** mit Murmeln ou Klickern spielen.
billet [bijɛ] nm (argent) Banknote f; (de cinéma, musée etc) Eintrittskarte f; (de bus etc) Fahrkarte f; (courte lettre) Notiz f ▶ **billet d'avion** Flugticket nt, Flugschein m ▶ **billet de banque** Banknote f ▶ **billet circulaire** Rundreiseticket nt ▶ **billet de commerce** Schuldschein m ▶ **billet doux** Liebesbrief m ▶ **billet de faveur** Freikarte f ▶ **billet de loterie** Lotterielos nt ▶ **billet à ordre** Wechsel m ▶ **billet de train** Fahrkarte.
billetterie [bijɛtʀi] nf (pour spectacle) Kasse f; (BANQUE) Geldautomat m.
billion [biljɔ̃] nm Billion f.
billot [bijo] nm Klotz m.
bimbeloterie [bɛ̃blɔtʀi] nf (objets) Nippes pl.
bimensuel, le [bimãsyɛl] adj vierzehntägig.
bimestriel, le [bimɛstʀijɛl] adj zweimonatlich.
bimoteur [bimɔtœʀ] adj zweimotorig.
binaire [binɛʀ] adj binär.
biner [bine] vt hacken.
binette [binɛt] nf (outil) Hacke f.
binoclard, e [binɔklaʀ, aʀd] (fam) nm/f Brillenschlange f.

binocle [binɔkl] nm Kneifer m.
binoculaire [binɔkylɛʀ] adj (vision) beidäugig; (microscope) binokular.
binôme [binom] nm Binom nt.
bio [bjɔ] préf Bio-, bio-.
biochimie [bjoʃimi] nf Biochemie f.
biochimique [bjoʃimik] adj biochemisch.
biochimiste [bjoʃimist] nm/f Biochemiker(in) m(f).
biodégradable [bjodegʀadabl] adj biologisch abbaubar.
biographe [bjɔgʀaf] nm/f Biograph(in) m(f).
biographie [bjɔgʀafi] nf Biographie f.
biographique [bjɔgʀafik] adj biographisch.
biologie [bjɔlɔʒi] nf Biologie f.
biologique [bjɔlɔʒik] adj biologisch; (agriculture, alimentation) biodynamisch.
biologiste [bjɔlɔʒist] nm/f Biologe m, Biologin f.
biomasse [bjomas] nf Biomasse f.
biopsie [bjɔpsi] nf Biopsie f.
biosphère [bjɔsfɛʀ] nf Biosphäre f.
biotope [bjɔtɔp] nm Biotop m ou nt.
bipartisme [bipaʀtism] nm Zweiparteiensystem nt.
bipartite [bipaʀtit] adj (gouvernement) Zweiparteien-; (accord) zweiseitig.
bipède [biped] nm Zweibeiner m.
biphasé, e [bifaze] adj zweiphasig.
biplace [biplas] adj (avion) zweisitzig.
biplan [biplã] nm (avion) Doppeldecker m.
bique [bik] nf Ziege f.
biquet, te [bikɛ, ɛt] nm/f Zicklein nt; **mon ~** mein Kleines.
biréacteur [biʀeaktœʀ] nm zweimotoriges Düsenflugzeug nt.
birman, e [biʀmã, an] adj birmanisch ♦ nm/f: B~, e Birmane m, Birmanin f.
Birmanie [biʀmani] nf: la ~ Birma nt.
bis, e [adj bi, biz, adv, excl, nm bis] adj (couleur) graubraun ♦ adv (après un chiffre): **12 ~** ≈ 12 a ♦ excl Zugabe, da capo ♦ nm Zugabe f.
bisaïeul, e [bizajœl] nm/f Urgroßvater m, Urgroßmutter f.
bisannuel, le [bizanyɛl] adj zweijährlich.
bisbille [bisbij] nf: **être en ~ avec qn** sich mit jdm in den Haaren liegen.
biscornu, e [biskɔʀny] adj unförmig, ungestalt; (péj: idée, esprit) bizarr.
biscotte [biskɔt] nf Zwieback m.
biscuit [biskyi] nm Keks m ou nt; (gâteau) Biskuit nt ou m; (porcelaine) Biskuitporzellan nt ▶ **biscuit à la cuiller** Löffelbiskuit m.
biscuiterie [biskyitʀi] nf (fabrique) Keksfabrik f.
bise [biz] adj f voir **bis** ♦ nf (baiser) Kuß m; (vent) Nordwind m; **faire la ~ à qn** jdm einen Kuß geben; **grosses ~s** viele Grüße.
biseau, x [bizo] nm abgeschrägte Kante f; **en ~** abgeschrägt.
biseauter [bizote] vt abschrägen.
bisexué, e [biseksye] adj bisexuell.
bisexuel, le [bisɛksyɛl] adj bisexuell.

bismuth [bismyt] *nm* Wismut *nt*.
bison [bizɔ̃] *nm* Bison *nt*.
bisou [bizu] *(fam) nm* Küßchen *nt*.
bisque [bisk] *nf*: ~ **d'écrevisses/de homard** Garnelen-/Hummersuppe *f*.
bissectrice [bisɛktʀis] *nf* Halbierende *f*.
bisser [bise] *vt (faire rejouer)* um eine Zugabe bitten; *(rejouer)* noch einmal spielen.
bissextile [bisɛkstil] *adj*: **année** ~ Schaltjahr *nt*.
bistouri [bisturi] *nm* Lanzette *f*.
bistre [bistʀ] *adj (couleur)* schwarzbraun; *(peau, teint)* braungebrannt.
bistro(t) [bistʀo] *nm* Lokal *nt*.
BIT [beite] *sigle m (= Bureau international du travail)* IAA *nt*.
bit [bit] *nm* Bit *nt*.
bitte [bit] *nf*: ~ **d'amarrage** Poller *m*.
bitume [bitym] *nm* Asphalt *m*.
bitumer [bityme] *vt* asphaltieren.
bivalent, e [bivalɑ̃, ɑ̃t] *adj* zweiwertig.
bivouac [bivwak] *nm* Biwak *nt*.
bivouaquer [bivwake] *vi* biwakieren.
bizarre [bizaʀ] *adj* bizarr, seltsam.
bizarrement [bizaʀmɑ̃] *adv* merkwürdig, bizarr.
bizarrerie [bizaʀʀi] *nf* Merkwürdigkeit *f*.
blackbouler [blakbule] *vt (à une élection)* stimmen gegen.
blafard, e [blafaʀ, aʀd] *adj* bleich.
blague [blag] *(fam) nf* Witz *m*; *(farce)* Streich *m*; **sans** ~! *(fam)* mach keine Witze! ► **blague à tabac** Tabakbeutel *m*.
blaguer [blage] *(fam) vi* Witze machen ♦ *vt* necken, verspotten.
blagueur, -euse [blagœʀ, øz] *(fam) adj* neckend ♦ *nm/f* Witzbold *m*.
blair [blɛʀ] *(fam) nm* Nase *f*.
blaireau, x [blɛʀo] *nm (ZOOL)* Dachs *m*; *(brosse)* Rasierpinsel *m*.
blairer [blɛʀe] *(fam) vt*: **je ne peux pas le** ~ ich kann ihn nicht riechen *ou* ausstehen.
blâmable [blɑmabl] *adj* tadelnswert.
blâme [blɑm] *nm* Tadel *m*; *(sanction)* Verweis *m*.
blâmer [blɑme] *vt (réprouver)* tadeln; *(réprimander)* einen Verweis erteilen +*dat*.
blanc, blanche [blɑ̃, blɑ̃ʃ] *adj* weiß; *(non imprimé)* leer; *(innocent)* rein ♦ *nm/f* Weiße(r) *f(m)* ♦ *nm (couleur)* Weiß *nt*; *(linge)* Weißwäsche *f*; *(espace non écrit)* freier Raum *m*; *(aussi:* ~ **d'œuf)** Eiweiß *nt*; *(aussi:* ~ **de poulet)** Hühnerbrust *f*; *(aussi:* **vin** ~) Weißwein *m* ♦ *adv*: **à** ~ *(chauffer)* bis zur Weißglut; *(tirer)* mit Platzpatronen; **d'une voix blanche** mit tonloser Stimme; **laisser en** ~ frei lassen; **chèque en** ~ Blankoscheck *m*; **saigner à** ~ völlig ausnehmen; ~ **cassé** gebrochenes Weiß; **le** ~ **de l'œil** das Weiße im Auge.
blanc-bec [blɑ̃bɛk] *(pl* ~**s-**~**s)** *nm* Grünschnabel *m*.
blanchâtre [blɑ̃ʃɑtʀ] *adj* weißlich.
blanche [blɑ̃ʃ] *adj f voir* **blanc** ♦ *nf (MUS)* halbe Note *f*.

blancheur [blɑ̃ʃœʀ] *nf* Weiß *nt*.
blanchir [blɑ̃ʃiʀ] *vt* weiß machen; *(linge, argent)* waschen; *(CULIN)* blanchieren; *(disculper)* reinwaschen ♦ *vi* weiß werden; *(cheveux)* grau werden; **blanchi à la chaux** geweißelt.
blanchissage [blɑ̃ʃisaʒ] *nm (du linge)* Waschen *nt*.
blanchisserie [blɑ̃ʃisʀi] *nf* Wäscherei *f*.
blanchisseur, -euse [blɑ̃ʃisœʀ, øz] *nm/f* Wäscher(in) *m(f)*.
blanc-seing [blɑ̃sɛ̃] *(pl* ~**s-**~**s)** *nm* Blankovollmacht *f*.
blanquette [blɑ̃kɛt] *nf*: ~ **de veau** Kalbsragout *nt*.
blasé, e [blɑze] *adj* blasiert.
blaser [blɑze] *vt* blasiert machen.
blason [blɑzɔ̃] *nm* Wappen *nt*.
blasphématoire [blasfematwaʀ] *adj* gotteslästerlich, blasphemisch.
blasphème [blasfɛm] *nm* Blasphemie *f*, Gotteslästerung *f*.
blasphémer [blasfeme] *vi* Gott lästern.
blatte [blat] *nf* Schabe *f*.
blazer [blazɛʀ] *nm* Blazer *m*.
blé [ble] *nm* Weizen *m* ► **blé en herbe** Weizen auf dem Halm; *(fig)* junges Volk *nt* ► **blé noir** Buchweizen *m*.
bled [blɛd] *nm (péj)* Kaff *nt*; **le** ~ *(en Afrique du nord)* das Hinterland.
blême [blɛm] *adj* blaß.
blêmir [blemiʀ] *vi* erbleichen.
blennorragie [blenɔʀaʒi] *nf* Gonorrhöe *f*, Tripper *m*.
blessant, e [blesɑ̃, ɑ̃t] *adj* verletzend.
blessé, e [blese] *adj* verletzt ♦ *nm/f* Verletzte(r) *f(m)*; **un** ~ **grave, un grand** ~ ein Schwerverletzter *m*.
blesser [blese] *vt* verletzen; *(suj: souliers etc)* Schmerzen bereiten +*dat*; *(offenser)* kränken; **se blesser** *vpr* sich verletzen; **se** ~ **au pied/doigt** sich *dat* den Fuß/Finger verletzen.
blessure [blesyʀ] *nf* Wunde *f*, Verletzung *f*.
blet, blette [blɛ, blɛt] *adj* überreif.
blette [blɛt] *nf (BOT)* = **bette**.
bleu, e [blø] *adj* blau; *(bifteck)* blutig ♦ *nm (couleur)* Blau *nt*; *(contusion)* blauer Fleck *m*; *(novice)* Grünschnabel *m*; *(vêtement)* Blaumann *m*; **au** ~ *(CULIN)* blau; **une peur** ~**e** Todesangst *f* ► **bleu d'Auvergne/de Bresse** Blauschimmelkäse aus der Auvergne/aus Bresse ► **bleu marine** marineblau ► **bleu de méthylène** Methylblau *nt* ► **bleu nuit** nachtblau ► **bleu roi** königsblau.
bleuâtre [bløɑtʀ] *adj* bläulich.
bleuet [bløɛ] *nm* Kornblume *f*.
bleuir [bløiʀ] *vt* blau machen ♦ *vi* blau werden.
bleuté, e [bløte] *adj* bläulich.
blindage [blɛ̃daʒ] *nm* Panzerung *f*.
blindé, e [blɛ̃de] *adj* gepanzert; *(fig)* abgehärtet ♦ *nm* Panzer *m*; **les** ~**s** *(MIL)* die Panzertruppen *pl*.
blinder [blɛ̃de] *vt* panzern; *(fig)* abhärten.
blizzard [blizaʀ] *nm* Schneesturm *m*.

bloc [blɔk] *nm* Block *m*; **refuser en** ~ in Bausch und Bogen ablehnen; **faire** ~ zusammenhalten; **serré à** ~ fest angezogen ▶ **bloc opératoire** OP-Komplex *m*.

blocage [blɔkaʒ] *nm* (*v* bloquer) Blockieren *nt*; Sperren *nt*; (*PSYCH*) Sperre *f*; ~ **des prix/des salaires** Preis-/Lohnstopp *m*.

bloc-cuisine [blɔkkɥizin] (*pl* ~**s**-~**s**) *nm* Küchenblock *m*.

bloc-cylindres [blɔksilɛ̃dʀ] (*pl* ~**s**-~) *nm* (*AUTO*) Zylinderblock *m*.

bloc-évier [blɔkevje] (*pl* ~**s**-~**s**) *nm* Spüle *f*.

bloc-moteur [blɔkmɔtœʀ] (*pl* ~**s**-~**s**) *nm* (*AUTO*) Motorblock *m*.

bloc-notes [blɔknɔt] (*pl* ~**s**-~) *nm* Notizblock *m*.

blocus [blɔkys] *nm* Blockade *f*.

blond, e [blɔ̃, blɔ̃d] *adj* blond; (*sable, blés*) golden ♦ *nm/f* Blonde(r) *m*, Blondine *f* ♦ *nm* (*couleur*) Blond *nt*; ~ **cendré** aschblond.

blondeur [blɔ̃dœʀ] *nf* Blondheit *f*.

blondinet, te [blɔ̃dinɛ, ɛt] *nm/f* hellblonde(r) Junge *m*/hellblonde(s) Mädchen *nt*.

blondir [blɔ̃diʀ] *vi* blond werden.

bloquer [blɔke] *vt* blockieren; (*crédits, compte*) sperren; (*jours de congé*) zusammenfassen; (*personne, négociation etc*) aufhalten, behindern; ~ **les freins** eine Vollbremsung machen.

blottir [blɔtiʀ] *vpr*: **se** ~ sich verkriechen.

blousant, e [bluzã, ãt] *adj* blusig.

blouse [bluz] *nf* (*de travail*) Kittel *m*; (*chemisier*) Bluse *f*.

blouser [bluze] *vi* sich bauschen.

blouson [bluzɔ̃] *nm* Blouson *nt* ▶ **blouson noir** Halbstarke(r) *m*.

blue-jean(s) [bludʒin(s)] *nm* (Blue) Jeans *pl*.

blues [bluz] *nm* Blues *m*.

bluet [blyɛ] *nm* = **bleuet**.

bluff [blœf] *nm* Bluff *m*.

bluffer [blœfe] *vi*, *vt* bluffen.

BN [beɛn] *sigle f* (= *Bibliothèque nationale*) französische Nationalbibliothek.

boa [bɔa] *nm* (*tour de cou*) (Feder)boa *f*; (*ZOOL*): ~ **(constricteur)** Boa *f* (Constrictor).

bob [bɔb] *nm* = **bobsleigh**.

bobard [bɔbaʀ] (*fam*) *nm* Lügenmärchen *nt*.

bobèche [bɔbɛʃ] *nf* Kerzenmanschette *f*; (*fam: tête*) Rübe *f*.

bobine [bɔbin] *nf* Spule *f* ▶ **bobine (d'allumage)** Zündspule *f* ▶ **bobine de pellicule** Rollfilm *m*.

bobo [bɔbo] *nm* (*langage enfantin*) Wehweh *nt*.

bobsleigh [bɔbslɛg] *nm* Bob *m*.

bocage [bɔkaʒ] *nm* (*GÉO*) Heckenlandschaft *f*; (*bois*) Hain *m*.

bocal, -aux [bɔkal, o] *nm* Glasbehälter *m*; (*à confiture*) Glas *nt*.

bock [bɔk] *nm* (*récipient*) Bierglas *nt*; (*contenu*) Glas *nt* Bier.

bœuf [bœf] *nm* (*animal*) Ochse *m*; (*CULIN*) Rindfleisch *nt*.

bof [bɔf] (*fam*) *excl* nicht besonders.

bogue [bɔg] *nf* (*BOT*) äußere Kastanienschale *f* ♦ *nm* (*INFORM*) Fehler *m* im Programm.

Bohème [bɔɛm] *nf*: **la** ~ Böhmen *nt*.

bohème [bɔɛm] *adj* unkonventionell, unbürgerlich.

bohémien, ne [bɔemjɛ̃, jɛn] *nm/f* Zigeuner(in) *m/f*.

boire [bwaʀ] *vt* trinken; (*s'imprégner de*) aufsaugen ♦ *vi* trinken; **aller** ~ **un coup** einen trinken gehen.

bois [bwa] *vb voir* boire ♦ *nm* (*matière*) Holz *nt*; (*forêt*) Wald *m*; (*ZOOL*) (Hirsch)geweih *nt*; **les** ~ (*MUS*) die Holzbläser *pl*; **de** *ou* **en** ~ aus Holz ▶ **bois de lit** Bettgestell *nt* ▶ **bois mort** totes Holz ▶ **bois vert** grünes Holz.

boisé, e [bwaze] *adj* bewaldet.

boiser [bwaze] *vt* (*chambre*) (mit Holz) täfeln; (*galerie de mine*) abstützen; (*terrain*) aufforsten.

boiseries [bwazʀi] *nfpl* (Holz)vertäfelung *f*.

boisson [bwasɔ̃] *nf* Getränk *nt*; **pris de** ~ betrunken ▶ **boissons alcoolisées** alkoholische Getränke *pl* ▶ **boissons gazeuses** Sprudelgetränke *pl*.

boit [bwa] *vb voir* boire.

boîte [bwat] *nf* Schachtel *f*; (*de conserve*) Dose *f*; (*fam: entreprise*) Laden *m*; **aliments en** ~ Büchsenkost *f*; **mettre qn en** ~ jdn auf die Schippe nehmen ▶ **boîte d'allumettes** Streichholzschachtel *f* ▶ **boîte de conserve** Konservendose *f* ▶ **boîte crânienne** Schädel(kapsel *f*) *m* ▶ **boîte à gants** Handschuhkasten *m* ▶ **boîte aux lettres** Briefkasten *m* ▶ **boîte à musique** Spieldose *f* ▶ **boîte noire** Flugschreiber *m* ▶ **boîte (de nuit)** Nachtklub *m* ▶ **boîte à ordures** Mülleimer *m* ▶ **boîte de petits pois** Dose *f* Erbsen ▶ **boîte postale** Postfach *nt* ▶ **boîte de sardines** Sardinenbüchse *f* ▶ **boîte de vitesses** Getriebe *nt*.

boiter [bwate] *vi* (*personne*) hinken; (*raisonnement etc*) wackeln.

boiteux, -euse [bwatø, øz] *adj* (*v vb*) hinkend; wackelig.

boîtier [bwatje] *nm* (*d'appareil-photo*) Gehäuse *nt* ▶ **boîtier de montre** Uhrgehäuse *nt*.

boitiller [bwatije] *vi* leicht hinken.

boive *etc* [bwav] *vb voir* boire.

bol [bɔl] *nm* Schale *f*; (*fam: chance*) Glück *nt*; **un** ~ **de café** (*contenu*) eine Schale Kaffee; **un** ~ **d'air** ein bißchen frische Luft; **avoir du** ~ Schwein haben; **en avoir ras le** ~ (*fam*) die Nase voll haben.

bolée [bɔle] *nf* Schale *f* (voll).

boléro [bɔleʀo] *nm* Bolero *m*.

bolet [bɔlɛ] *nm* Röhrling *m*.

bolide [bɔlid] *nm* Rennwagen *m*; **comme un** ~ rasend schnell.

Bolivie [bɔlivi] *nf*: **la** ~ Bolivien *nt*.

bolivien, ne [bɔlivjɛ̃, jɛn] *adj* bolivisch ♦ *nm/f*: **B**~, **ne** Bolivier(in) *m(f)*.

bombance [bɔ̃bãs] *nf*: **faire** ~ schlemmen.

bombardement [bɔ̃baʀdəmã] *nm* Bombardierung *f.*

bombarder [bɔ̃baʀde] *vt* bombardieren; ~ qn de (cailloux etc) jdn bewerfen mit; (lettres etc) jdn überhäufen mit; ~ qn directeur jdn auf den Posten des Direktors katapultieren.

bombardier [bɔ̃baʀdje] *nm* (avion) Bomber *m.*

bombe [bɔ̃b] *nf* Bombe *f*; (atomiseur) Spraydose *f*; (ÉQUITATION) Reitkappe *f*; **faire la** ~ (fam) einen draufmachen, auf Sauftour gehen ▶ **bombe atomique** Atombombe *f* ▶ **bombe à retardement** Zeit(zünder)bombe *f.*

bombé, e [bɔ̃be] *adj* gewölbt.

bomber [bɔ̃be] *vi* sich wölben ♦ *vt* (graffiti) sprühen; ~ **le torse** sich (zu voller Größe) aufblasen.

═══════════════════ *MOT-CLÉ*

bon, bonne |bɔ̃, bɔn] *adj* **1** gut; **un bon repas/restaurant** ein gutes Essen/Restaurant; **être bon en maths** gut in Mathematik sein; **être bon (envers)** gut sein (zu); **vous êtes trop bon** (Sie sind) zu gütig; **avoir bon goût** (fruit etc) gut schmecken; (fig: personne) einen guten Geschmack haben **2** (approprié, apte): **bon à/pour** gut zu/für; **à quoi bon?** was soll das? **3** (correct) richtig; **le bon moment** der richtige Augenblick; **juger bon de faire qch** es für richtig halten, etw zu tun **4** (souhaits): **bon anniversaire!** herzlichen Glückwunsch zum Geburtstag!; **bon voyage!** gute Reise!; **bonne chance!** viel Glück!; **bonne année!** ein gutes Neues Jahr!; **bonne nuit!** gute Nacht! **5** (composés): **bon enfant** *adj inv* gutmütig; **de bonne heure** früh; **bon marché** *adj inv, adv* preiswert; **bon mot** Bonmot *nt*; **bon sens** gesunder Menschenverstand *m*; **bon vivant** Lebenskünstler *m* ♦ *adv*: **il fait bon** es ist schön warm; **sentir bon** gut riechen; **tenir bon** aushalten ♦ *excl*: **bon! gut!; ah bon?** ach ja?; **bon, je reste** na gut, ich bleibe noch ♦ *nm* **1** (billet) Bon *m*; **bon cadeau** Geschenkgutschein *m*; **bon d'essence** Benzingutschein *m*; **bon de caisse** Kassenbon *m*, Kassenzettel *m*; **bon du Trésor** Schatzschein *m*; **bon à tirer** Druckgenehmigung *f* **2**: **avoir du bon** etwas für sich haben; **il y a du bon dans ce qu'il dit** an dem, was er sagt, ist etwas dran; **il y a du bon dans tout cela** das hat etwas Gutes für sich; **pour de bon** für immer; *voir aussi* **bonne**.

bonasse [bɔnas] *adj* (viel zu) gutmütig.

bonbon [bɔ̃bɔ̃] *nm* Bonbon *m* ou *nt.*

bonbonne [bɔ̃bɔn] *nf* Korbflasche *f.*

bonbonnière [bɔ̃bɔnjɛʀ] *nf* Bonbonniere *f.*

bond [bɔ̃] *nm* Sprung *m*; (fig: progression) Sprung nach vorne; **faire un** ~ einen Sprung machen; **d'un seul** ~ mit einem Satz; ~ **en avant** (progrès) Sprung nach vorne.

bonde [bɔ̃d] *nf* (d'évier etc) Stöpsel *m*; (: trou)

Abfluß *m*; (de tonneau) Spund *m.*

bondé, e [bɔ̃de] *adj* (salle, train) überfüllt.

bondieuserie [bɔ̃djøzʀi] (péj) *nf* (objet) Devotionalie *f.*

bondir [bɔ̃diʀ] *vi* springen; ~ **de joie** einen Freudensprung machen; ~ **de colère** vor Wut schäumen.

bonheur [bɔnœʀ] *nm* Glück *nt*; **avoir le** ~ **de faire qch** das Glück haben, etw zu tun; **porter** ~ (à qn) (jdm) Glück bringen; **au petit** ~ auf gut Glück; **par** ~ glücklicherweise, zum Glück.

bonhomie [bɔnɔmi] *nf* Gutmütigkeit *f.*

bonhomme [bɔnɔm] (*pl* **bonshommes** [bɔ̃zɔm]) *nm* Mensch *m*, Typ *m* ♦ *adj* gutmütig; **un vieux** ~ ein altes Männchen *nt*; **aller son** ~ **de chemin** gemächlich seinen Weg gehen ▶ **bonhomme de neige** Schneemann *m.*

boni [bɔni] *nm* Profit *m.*

bonification [bɔnifikasjɔ̃] *nf* (somme) Bonus *m.*

bonifier [bɔnifje] *vt* verbessern; **se bonifier** *vpr* (immer) besser werden.

boniment [bɔnimɑ̃] *nm* Sprüche *pl.*

bonjour [bɔ̃ʒuʀ] *excl, nm* guten Tag; (matin) guten Morgen; **dire** ~ **à qn** jdn grüßen; **donner** *ou* **souhaiter le** ~ **à qn** jdm guten Tag sagen; ~, **Monsieur** guten Tag.

Bonn [bɔn] *n* Bonn *nt.*

bonne [bɔn] *adj f voir* **bon** ♦ *nf* (domestique) (Haus)mädchen *nt.*

bonne-maman [bɔnmamɑ̃] (*pl* ~**s**-~**s**) *nf* Oma *f.*

bonnement [bɔnmɑ̃] *adv*: **tout** ~ ganz einfach.

bonnet [bɔnɛ] *nm* Mütze *f*; (de soutien-gorge) Körbchen *nt* ▶ **bonnet d'âne** Hut, der früher dem schlechtesten Schüler zur Strafe aufgesetzt wurde ▶ **bonnet de bain** Badekappe *f*, Bademütze *f* ▶ **bonnet de nuit** Nachtmütze *f.*

bonneterie [bɔnɛtʀi] *nf* Strumpfhandlung *f.*

bon-papa [bɔ̃papa] (*pl* ~**s**-~**s**) *nm* Opa *m.*

bonsoir [bɔ̃swaʀ] *excl, nm* guten Abend; *voir aussi* **bonjour.**

bonté [bɔ̃te] *nf* Güte *f*; (gén pl: attention, gentillesse) Freundlichkeit *f*; **avoir la** ~ **de faire qch** so freundlich *ou* so gut sein und etw tun.

bonus [bɔnys] *nm* Bonus *m.*

bonze [bɔ̃z] *nm* Bonze *m.*

boomerang [bumʀɑ̃g] *nm* Bumerang *m.*

boots [buts] *nmpl* Boots *pl.*

borborygme [bɔʀbɔʀigm] *nm* Magenknurren *nt.*

bord [bɔʀ] *nm* Rand *m*; (de rivière, lac) Ufer *nt*; (de vêtement) Saum *m*; (de chapeau) Krempe *f*; **au** ~ **de la mer** am Meer; **au** ~ **de la route** am Straßenrand; **à** ~ (NAUT) an Bord; **monter à** ~ an Bord gehen; **jeter par-dessus** ~ über Bord werfen; **le commandant du** ~ der Kapitän *m*; **les hommes du** ~ die Mannschaft *f*; **du même** ~ (fig) der gleichen Meinung *gén*; **être au** ~ **des larmes** den Tränen nahe sein; **sur les** ~**s** (légèrement) ein klein wenig; **de tous** ~**s** aller Richtungen.

bordages [bɔʀdaʒ] *nmpl* (NAUT: planches) Planken *pl.*

bordeaux [bɔʀdo] *nm* (*vin*) Bordeaux *m* ♦ *adj inv* (*couleur*) weinrot.

bordée [bɔʀde] *nf*: **une ~ d'injures** eine Flut von Beschimpfungen; **tirer une ~** (*fam*) auf eine Kneipentour gehen.

bordel [bɔʀdɛl] *nm* (*fam*) Bordell *nt*; (: *désordre*) heilloses Durcheinander *nt* ♦ *excl* (*fam!*) verdammte Scheiße; **mettre le ~** einen Saustall machen.

bordelais, e [bɔʀdəlɛ, ɛz] *adj* aus Bordeaux ♦ *nm/f*: **B~, e** Bewohner(in) *m(f)* von Bordeaux.

bordélique [bɔʀdelik] (*fam*) *adj* heillos unordentlich.

border [bɔʀde] *vt* (*être le long de*) säumen; (*qn dans son lit*) zudecken; (*le lit de qn*) einschlagen; ~ **qch de** (*garnir*) etw einfassen mit.

bordereau, x [bɔʀdəʀo] *nm* (*formulaire*) Zettel *m*; (*relevé*) Aufstellung *f*; (*facture*) Rechnung *f*.

bordure [bɔʀdyʀ] *nf* Umrandung *f*; (*sur un vêtement*) Bordüre *f*; **en ~ de** am Rand von ▶ **bordure de trottoir** Bordstein *m.*

boréal, e, -aux [bɔʀeal, o] *adj* Nord-, nord-.

borgne [bɔʀɲ] *adj* einäugig; (*fenêtre*) blind; **hôtel ~** Absteige *f.*

bornage [bɔʀnaʒ] *nm* (*d'un terrain*) Abgrenzung *f.*

borne [bɔʀn] *nf* Grenzstein *m*; (*kilométrique*) Kilometerstein *m*; **dépasser les ~s** (*fig*) zu weit gehen; **sans ~(s)** grenzenlos.

borné, e [bɔʀne] *adj* borniert, engstirnig.

borner [bɔʀne] *vt* (*délimiter*) be- *ou* eingrenzen; (*fig*) einschränken; **se borner** *vpr*: **se ~ à faire qch** (*se contenter de*) sich damit begnügen, etw zu tun; (*se limiter à*) sich darauf beschränken, etw zu tun.

bosniaque [bɔznjak] *adj* bosnisch.

Bosnie [bɔzni] *nf* Bosnien *nt.*

Bosphore [bɔsfɔʀ] *nm*: **le ~** der Bosporus *m.*

bosquet [bɔskɛ] *nm* Wäldchen *nt.*

bosse [bɔs] *nf* (*de terrain, sur un objet etc*) Unebenheit *f*; (*enflure*) Beule *f*; (*du bossu*) Buckel *m*; (*du chameau*) Höcker *m*; **avoir la ~ des maths** (*fam*) ein Talent für Mathe haben; **rouler sa ~** (*fam*) immer auf Achse sein.

bosseler [bɔsle] *vt* (*ouvrer*) treiben; (*abîmer*) verbeulen.

bosser [bɔse] (*fam*) *vi* (*travailler*) schuften.

bosseur, -euse [bɔsœʀ, øz] *nm/f* Arbeitstier *nt.*

bossu, e [bɔsy] *adj* buckelig ♦ *nm/f* Bucklige(r) *f(m).*

bot [bo] *adj m*: **pied ~** Klumpfuß *m.*

botanique [bɔtanik] *nf* Botanik *f* ♦ *adj* botanisch.

botaniste [bɔtanist] *nm/f* Botaniker(in) *m(f).*

Botswana [bɔtswana] *nm*: **le ~** Botswana *nt.*

botte [bɔt] *nf* (*soulier*) Stiefel *m*; (*ESCRIME: coup*) Stoß *m*; (*gerbe*) Bündel *nt* ▶ **botte d'asperges** Bündel *nt* Spargel ▶ **botte de paille** Strohbündel *nt* ▶ **botte de radis** Bund *nt* Radieschen ▶ **bottes de caoutchouc** Gummistiefel *pl.*

botter [bɔte] *vt* Stiefel anziehen +*dat*; (*donner un coup de pied à*) einen Tritt versetzen +*dat*; **ça me botte** (*fam*) das reizt mich, das macht mich an.

bottier [bɔtje] *nm* (*magasin*) Schuhboutique *f.*

bottillon [bɔtijɔ̃] *nm* Halbstiefel *m*; (*de bébé*) Babyschühchen *nt.*

bottin [bɔtɛ̃] *nm* (*annuaire*) Telefonbuch *nt.*

bottine [bɔtin] *nf* Stiefelette *f.*

botulisme [bɔtylism] *nm* Fleischvergiftung *f.*

bouc [buk] *nm* Ziegenbock *m*; (*barbe*) Spitzbart *m* ▶ **bouc émissaire** Sündenbock *m.*

boucan [bukɑ̃] *nm* Lärm *m*, Radau *m.*

bouche [buʃ] *nf* Mund *m*; (*de volcan, four etc*) Öffnung *f*; **une ~ à nourrir** ein hungriges Maul zu stopfen; **de ~ à oreille** von Mund zu Mund; **faire venir l'eau à la ~ de qn** jdm den Mund wäßrig machen; ~ **cousue!** kein Sterbenswörtchen! ▶ **bouche d'aération** Lüftungsschacht *m* ▶ **bouche de chaleur** Heißluftöffnung *f* ▶ **bouche d'égout** Kanalschacht *m* ▶ **bouche d'incendie** Hydrant *m* ▶ **bouche de métro** Eingang *m* zur U-Bahn.

bouché, e [buʃe] *adj* (*tuyau, nez etc*) verstopft; (*vin, cidre*) verkorkt; (*temps, ciel*) bewölkt; (*carrière*) blockiert; (*péj: personne*) vernagelt; (*trompette*) mit Dämpfer.

bouche-à-bouche [buʃabuʃ] *nm inv*: **faire du ~-~-~ à qn** bei jdm Mund-zu-Mund-Beatmung machen.

bouchée [buʃe] *nf* Bissen *m*; **ne faire qu'une ~ de** schnell fertig werden mit; **pour une ~ de pain** für ein Butterbrot ▶ **bouchées à la reine** Königinpastetchen *pl.*

boucher [buʃe] *nm* Metzger *m* ♦ *vt* (*mettre un bouchon*) verkorken; (*colmater*) abdichten; (*passage, porte*) versperren; (*tuyau, lavabo*) verstopfen; (*suj: chose*) versperren; **se boucher** *vpr* (*tuyau etc*) sich verstopfen; **se ~ le nez** sich *dat* die Nase zuhalten.

bouchère [buʃɛʀ] *nf* Metzgerin *f*; (*femme du boucher*) Metzgersfrau *f.*

boucherie [buʃʀi] *nf* (*magasin*) Metzgerei *f*; (*métier*) Metzgerhandwerk *nt*; (*fig*) Gemetzel *nt.*

bouche-trou [buʃtʀu] (*pl* ~-~**s**) *nm* (*fig*) Notbehelf *m.*

bouchon [buʃɔ̃] *nm* (*en liège*) Korken *m*; (*autre matière*) Stöpsel *m*; (*embouteillage*) Stau *m*; (*PÊCHE*) Schwimmer *m* ▶ **bouchon doseur** Dosierkorken *m.*

bouchonner [buʃɔne] *vt* (*frotter*) abreiben ♦ *vi* einen Stau verursachen.

bouchot [buʃo] *nm* Austernbank *f.*

bouclage [buklaʒ] *nm* (*d'un quartier*) Umzingeln *nt*; (*d'un journal*) Redaktionsschluß *m.*

boucle [bukl] *nf* Schleife *f*; (*objet*) Schnalle *f*, Spange *f*; (: *de ceinture*) Schnalle, Schließe *f* ▶ **boucle (de cheveux)** Locke *f* ▶ **boucles d'oreilles** Ohrringe *pl.*

bouclé, e [bukle] *adj* lockig; (*tapis*) mit Schlingenflor.

boucler [bukle] *vt* (*ceinture etc*) zumachen; (*ma-*

gasin) (ab)schließen; (*affaire*) abschließen; (*circuit*) schließen; (*budget*) ausgleichen; (*enfermer*) einsperren; (*quartier*) abriegeln ♦ vi (*cheveux*) sich kräuseln; **arriver à ~ ses fins de mois** (am Monatsende) gerade noch mit dem Geld auskommen.

bouclier [buklije] *nm* Schild *m*.

bouddha [buda] *nm* Buddha *m*.

bouddhisme [budism] *nm* Buddhismus *m*.

bouddhiste [budist] *nm/f* Buddhist(in) *m(f)*.

bouder [bude] *vi* schmollen ♦ vt (*chose, personne*) nichts zu tun haben wollen mit.

bouderie [budʀi] *nf* Schmollen *nt*.

boudeur, -euse [budœʀ, øz] *adj* schmollend.

boudin [budɛ̃] *nm* (*CULIN*) ≈ Blutwurst *f*; (*TECH*) Spirale *f* ▶ **boudin blanc** ≈ Weißwurst *f*.

boudiné, e [budine] *adj* (*doigt*) Wurst-; **elle était ~e dans sa robe** ihr Kleid saß wie eine Wurstpelle.

boudoir [budwaʀ] *nm* Boudoir *nt*; (*biscuit*) ≈ Löffelbiskuit *m*.

boue [bu] *nf* Schlamm *m* ▶ **boues industrielles** (Industrie)schlamm *m*.

bouée [bwe] *nf* (*balise*) Boje *f*; (*de baigneur*) Schwimmreifen *m* ▶ **bouée (de sauvetage)** Rettungsring *m*.

boueux, -euse [bwø, øz] *adj* schlammig ♦ *nm* Müllmann *m*.

bouffant, e [bufɑ̃, ɑ̃t] *adj* bauschig.

bouffarde [bufaʀd] *nf* Tabakspfeife *f*.

bouffe [buf] (*fam*) *nf* Essen *nt*.

bouffée [bufe] *nf* (*d'air*) Hauch *m*; (*de pipe*) Schwade *f* ▶ **bouffée de chaleur** (*MED*) fliegende Hitze *f* ▶ **bouffée de fièvre** Fieberanfall *m* ▶ **bouffée de honte** Anfall *m* von Scham *m* ▶ **bouffée d'orgueil** Anfall *m* von Stolz.

bouffer [bufe] *vi* (*cheveux*) locker sein; (*jupe*) bauschig sein ♦ vt (*fam: manger*) futtern.

bouffi, e [bufi] *adj* geschwollen.

bouffon, ne [bufɔ̃, ɔn] *adj* possenhaft ♦ *nm* Narr *m*.

bouge [buʒ] *nm* (*taudis*) Bruchbude *f*; (*bar louche*) Spelunke *f*.

bougeoir [buʒwaʀ] *nm* Kerzenhalter *m*.

bougeotte [buʒɔt] *nf*: **avoir la ~** kein Sitzfleisch haben, Hummeln in der Hose haben.

bouger [buʒe] *vi* sich bewegen; (*dent etc*) wackeln; (*voyager*) herumreisen; (*changer*) sich ändern; (*agir*) sich regen ♦ vt (*fam*) bewegen; **se bouger** *vpr* (*fam: se déplacer*) Platz machen.

bougie [buʒi] *nf* Kerze *f*; (*AUTO*) Zündkerze *f*.

bougon, ne [buɡɔ̃, ɔn] *adj* mürrisch, grantig.

bougonner [buɡɔne] *vi* murren, brummen.

bougre [buɡʀ] (*fam*) *nm* Kerl *m*; **ce ~ de** dieser verfluchte.

boui-boui [bwibwi] (*pl* ~**s**-~**s**) (*fam*) *nm* Tingeltangel *nt*.

bouillabaisse [bujabɛs] *nf* Bouillabaisse *f*.

bouillant, e [bujɑ̃, ɑ̃t] *adj* (*qui bout*) kochend; (*très chaud*) siedend heiß; **~ de colère** schäumend vor Wut.

bouille [buj] (*fam*) *nf* Birne *f*, Rübe *f*.

bouilleur [bujœʀ] *nm*: **~ de cru** Schnapsbrenner *m*.

bouillie [buji] *nf* Brei *m*; (*de bébé*) Breichen *nt*; **en ~** zermatscht.

bouillir [bujiʀ] *vi* kochen ♦ vt kochen; (*pour stériliser*) abkochen; **~ de colère** vor Wut kochen *ou* schäumen.

bouilloire [bujwaʀ] *nf* Kessel *m*.

bouillon [bujɔ̃] *nm* (*CULIN*) Bouillon *f*; (*bulles, écume*) Bläschen *nt* ▶ **bouillon de culture** Nährlösung *f*.

bouillonnement [bujɔnmɑ̃] *nm* (*d'un liquide*) Aufwallen *nt*; (*des idées*) Gären *nt*.

bouillonner [bujɔne] *vi* schäumen.

bouillotte [bujɔt] *nf* Wärmflasche *f*.

boulanger, -ère [bulɑ̃ʒe, ɛʀ] *nm/f* Bäcker(in) *m(f)*.

boulangerie [bulɑ̃ʒʀi] *nf* Bäckerei *f*; (*commerce, branche*) Bäckerhandwerk *nt*.

boulangerie-pâtisserie [bulɑ̃ʒʀipɑtisʀi] (*pl* ~**s**-~**s**) *nf* Bäckerei und Konditorei *f*.

boule [bul] *nf* Ball *m*; (*pour jouer*) Kugel *f*; (*de machine à écrire*) Kugelkopf *m*; **roulé en ~** zusammengerollt; **se mettre en ~** an die Decke gehen; **perdre la ~** (*fig*) durchdrehen ▶ **boule de gomme** (*bonbon*) Hustenbonbon *m ou nt* ▶ **boule de neige** Schneeball *m*; **faire ~ de neige** lawinenartig anwachsen.

bouleau, x [bulo] *nm* Birke *f*.

bouledogue [buldɔɡ] *nm* Bulldogge *f*.

bouler [bule] (*fam*) *vt*: **envoyer ~ qn** jdn zum Teufel jagen.

boulet [bulɛ] *nm* (*de canon*) Kanonenkugel *f*; (*de bagnard*) Fußfessel *f* (mit Kugel); (*charbon*) Eierbrikett *nt*.

boulette [bulɛt] *nf* (*petite boule*) Bällchen *nt*; (*fam: gaffe*) Schnitzer *m* ▶ **boulette de viande** Fleischklößchen *nt*.

boulevard [bulvaʀ] *nm* Boulevard *m*.

bouleversant, e [bulvɛʀsɑ̃, ɑ̃t] *adj* erschütternd.

bouleversé, e [bulvɛʀse] *adj* (*ému*) erschüttert.

bouleversement [bulvɛʀsəmɑ̃] *nm* (*politique, social*) Aufruhr *m*.

bouleverser [bulvɛʀse] *vt* erschüttern; (*émouvoir*) aufwühlen; (*pays, vie, objets*) durcheinanderbringen, auf den Kopf stellen.

boulier [bulje] *nm* Abakus *m*.

boulimie [bulimi] *nf* Bulimie *f*.

boulimique [bulimik] *adj* bulimiekrank.

bouliste [bulist] *nm/f* Boulespieler(in) *m(f)*.

boulocher [bulɔʃe] *vi* (*laine etc*) kleine Kügelchen bilden.

boulodrome [bulodʀom] *nm* Bouleplatz *m*.

boulon [bulɔ̃] *nm* Bolzen *m*.

boulonner [bulɔne] *vt* anschrauben.

boulot¹ [bulo] (*fam*) *nm* Arbeit *f*.

boulot², te [bulo, ɔt] *adj* rundlich.

boum [bum] *excl* rums ♦ *nm* (*dumpfer*) Knall *m* ♦ *nf* Fete *f*.

bouquet [bukɛ] *nm* (*de fleurs*) (Blumen)strauß

m; (*de persil*) Bund *nt*; (*de parfum*) Bukett *nt*; **c'est le ~!** das ist doch wirklich die Höhe! ▶ **bouquet garni** *gemischtes Kräuterbund mit Thymian, Majoran, Lorbeer.*

bouquetin [buk(ə)tɛ̃] *nm* Steinbock *m*.

bouquin [bukɛ̃] (*fam*) *nm* Buch *nt*.

bouquiner [bukine] (*fam*) *vi* lesen, schmökern.

bouquiniste [bukinist] *nm* (antiquarischer) Buchhändler *m*.

bourbeux, -euse [buʀbø, øz] *adj* schlammig.

bourbier [buʀbje] *nm* Morast *m*.

bourde [buʀd] (*fam*) *nf* (*erreur*) (übler) Schnitzer *m*; (*gaffe*) Fauxpas *m*.

bourdon [buʀdɔ̃] *nm* Hummel *f*; **avoir le ~** (*fam*) Trübsal blasen.

bourdonnement [buʀdɔnmɑ̃] *nm* (*v vb*) Summen *nt*; Sausen *nt*; Dröhnen *nt*; **avoir des ~s d'oreilles** Ohrensausen haben.

bourdonner [buʀdɔne] *vi* (*abeilles etc*) summen; (*oreilles*) sausen; (*moteur*) dröhnen.

bourg [buʀ] *nm* Stadt *f*.

bourgade [buʀgad] *nf* kleiner Marktflecken *m*.

bourgeois, e [buʀʒwa, waz] *adj* (*souvent péj*) bürgerlich, spießig; (*maison etc*) Bürger- ♦ *nm/f* (*autrefois*) Bürger(in) *m(f)*; (*péj*) Spießbürger(in) *m(f)*.

bourgeoisie [buʀʒwazi] *nf* Bürgertum *nt*, Bourgeoisie *f*; **petite ~** Kleinbürgertum *nt*.

bourgeon [buʀʒɔ̃] *nm* Knospe *f*.

bourgeonner [buʀʒɔne] *vi* knospen.

bourgmestre [buʀgmɛstʀ] *nm* Bürgermeister *m*.

Bourgogne [buʀgɔɲ] *nf*: **la ~** Burgund *nt* ♦ *nm*: **b~** (*vin*) Burgunder *m*.

bourguignon, ne [buʀgiɲɔ̃, ɔn] *adj* burgundisch ♦ *nm/f*: **B~, ne** Burgunder(in) *m(f)*; **(bœuf) ~** Rindfleisch *nt* Burgunder Art (*in Rotwein*).

bourlinguer [buʀlɛ̃ge] (*fam*) *vi* (*voyager*) herumziehen.

bourrade [buʀad] *nf* Schubs *m*.

bourrage [buʀaʒ] *nm* (*action*) Ausstopfen *nt*; (*papier etc*) Material *nt* zum Ausstopfen ▶ **bourrage de crâne** Gehirnwäsche *f*.

bourrasque [buʀask] *nf* Bö *f*.

bourratif, -ive [buʀatif, iv] (*fam*) *adj* stopfend.

bourre [buʀ] *nf* (*de coussin, matelas etc*) Füllung *f*; **être à la ~** (*fam*) in Arbeit ertrinken.

bourré, e [buʀe] *adj* (*fam: ivre*) besoffen, voll; **~ de** (*rempli*) vollgestopft mit.

bourreau [buʀo] *nm* (*qui torture*) Folterknecht *m*; (*qui tue*) Henker *m*; (*fig*) Peiniger *m* ▶ **bourreau de travail** Arbeitstier *nt*.

bourreler [buʀle] *vt*: **être bourrelé de remords** von Gewissensbissen gepeinigt sein.

bourrelet [buʀlɛ] *nm* (*isolant*) Dichtungsband *nt*; (*de peau*) Wulst *m*.

bourrer [buʀe] *vt* vollstopfen; (*pipe*) stopfen; (*poêle*) füllen; **~ qn de coups** Schläge auf jdn einhageln lassen; **~ le crâne à qn** (*endoctriner*) jdm alles mögliche einreden.

bourrichon [buʀiʃɔ̃] (*fam*) *nm*: **se monter le ~** sich *dat* etwas einbilden.

bourricot [buʀiko] *nm* Eselchen *nt*.

bourrique [buʀik] *nf* (*ânesse*) Eselin *f*.

bourru, e [buʀy] *adj* mürrisch, mißmutig.

bourse [buʀs] *nf* (*subvention*) Stipendium *nt*; (*porte-monnaie*) Geldbeutel *m*, Geldbörse *f*; **la B~** die Börse *f*; **sans ~ délier** ohne einen Pfennig Geld auszugeben ▶ **Bourse du travail** ≈ Gewerkschaftshaus *nt*.

boursicoter [buʀsikɔte] *vi* an der Börse spekulieren.

boursier, -ière [buʀsje, jɛʀ] *adj* (*SCOL*) Stipendien-, stipendien-; (*COMM*) Börsen-, börsen- ♦ *nm/f* (*SCOL*) Stipendiat(in) *m(f)*.

boursouflé, e [buʀsufle] *adj* aufgedunsen; (*style aussi*) geschwollen.

boursoufler [buʀsufle] *vt* anschwellen lassen; **se boursoufler** *vpr* (*visage*) anschwellen; (*peinture etc*) Blasen werfen.

boursouflure [buʀsuflyʀ] *nf* (*du visage*) Schwellung *f*; (*de la peinture*) Blasenwerfen *nt*; (*du style*) Geschwollenheit *f*.

bous [bu] *vb voir* **bouillir**.

bousculade [buskylad] *nf* (*précipitation*) Hast *f*; (*mouvements de foule*) Gedränge *nt*.

bousculer [buskyle] *vt* anrempeln; (*fig: presser*) drängeln.

bouse [buz] *nf*: **~ (de vache)** Kuhmist *m*.

bousiller [buzije] (*fam*) *vt* kaputtmachen.

boussole [busɔl] *nf* Kompaß *m*.

bout [bu] *vb voir* **bouillir** ♦ *nm* (*extrémité*) Ende *nt*; (*morceau*) Stück *nt*; (*de pied, bâton*) Spitze *f*; **au ~ de** (*après*) nach; **au ~ du compte** schließlich und endlich; **être à ~** Ende sein; **pousser qn à ~** jdn zur Weißglut bringen; **venir à ~ de qch/qn** mit etw/jdm fertig werden; **~ à ~** aneinander; **à tout ~ de champ** bei jeder Gelegenheit; **d'un ~ à l'autre, de ~ en ~** von Anfang bis Ende; **à ~ portant** aus nächster Nähe; **un ~ de chou** (*enfant*) ein Dreikäsehoch *m* ▶ **bout filtre** Filter *m*.

boutade [butad] *nf* witzige Bemerkung *f*.

boute-en-train [butɑ̃tʀɛ̃] *nm inv* Betriebsnudel *f*.

bouteille [butɛj] *nf* Flasche *f*; **prendre de la ~** in die Jahre kommen.

boutique [butik] *nf* Laden *m*, Geschäft *nt*; (*de grand couturier, de mode*) Boutique *f*.

boutoir [butwaʀ] *nm*: **coup de ~** (*choc*) Stoß *m*; (*fig: propos*) verletzende Äußerung *f*.

bouton [butɔ̃] *nm* Knopf *m*; (*BOT*) Knospe *f*; (*MÉD: sur la peau*) Pickel *m*; (*de porte*) Knauf *m* ▶ **bouton de manchette** Manschettenknopf *m* ▶ **bouton d'or** (*BOT*) Butterblume *f*.

boutonnage [butɔnaʒ] *nm* Zuknöpfen *nt*.

boutonner [butɔne] *vt* zuknöpfen; **se boutonner** *vpr* sich zuknöpfen.

boutonneux, -euse [butɔnø, øz] *adj* pickelig.

boutonnière [butɔnjɛʀ] *nf* Knopfloch *nt*.

bouton-pression [butɔ̃pʀesjɔ̃] (*pl* ~**s-~**) *nm* Druckknopf *m*.

bouture [butyʀ] *nf* Ableger *m*; **faire des ~s**

Ableger nehmen.
bouvreuil [buvʀœj] *nm* Dompfaff *m*.
bovidé [bɔvide] *nm* (*gén pl*) Rind *nt*.
bovin, e [bɔvɛ̃, in] *adj* Rinder-; (*péj: air*) blöd; **~s** *nmpl* Rinder *pl*.
bowling [buliŋ] *nm* Bowling *nt*; (*salle*) Bowlinghalle *f*.
box [bɔks] *nm* (*de salle, dortoir*) abgeteilter Raum *m*; (*d'écurie*) Box *f*; **le ~ des accusés** die Anklagebank *f*.
box(-calf) [bɔks(kalf)] *nm inv* Boxkalf *nt*.
boxe [bɔks] *nf* Boxen *nt*.
boxer [*vb* bɔkse; *n* bɔksɛʀ] *vi* boxen ♦ *nm* (*chien*) Boxer *m*.
boxeur [bɔksœʀ] *nm* Boxer *m*.
boyau, x [bwajo] *nm* (*MUS, de raquette*) Saite *f*; (*galerie*) Gang *m*; (*de bicyclette*) Schlauch *m*; **~x** *nmpl* (*viscères*) Eingeweide *pl*.
boycottage [bɔjkɔtaʒ] *nm* Boykott *m*.
boycotter [bɔjkɔte] *vt* boykottieren.
BP [bepe] *sigle f* (= *boîte postale*) Postfach *nt*.
brabançon, ne [bʀabɑ̃sɔ̃, ɔn] *adj* aus Brabant.
Brabant [bʀabɑ̃] *nm*: **le ~** Brabant *nt*.
bracelet [bʀaslɛ] *nm* Armband *nt*.
bracelet-montre [bʀaslɛmɔ̃tʀ] (*pl* **~s-~s**) *nm* Armbanduhr *f*.
braconnage [bʀakɔnaʒ] *nm* Wilderei *f*.
braconner [bʀakɔne] *vi* wildern.
braconnier [bʀakɔnje] *nm* Wilderer *m*.
brader [bʀade] *vt* verschleudern.
braderie [bʀadʀi] *nf* Straßenverkauf zu stark herabgesetzten Preisen.
braguette [bʀagɛt] *nf* Hosenschlitz *m*.
braillard, e [bʀajaʀ, aʀd] *adj* brüllend.
braille [bʀaj] *nm* Blindenschrift *f*.
braillement [bʀajmɑ̃] *nm* (*cris*) Geschrei *n.t*, Gegröle *nt*.
brailler [bʀaje] *vi* grölen, schreien ♦ *vt* brüllen, grölen.
braire [bʀɛʀ] *vi* schreien.
braise [bʀɛz] *nf* Glut *f*.
braiser [bʀeze] *vt* schmoren; **bœuf braisé** geschmortes Rindfleisch *nt*.
bramer [bʀame] *vi* röhren; (*se lamenter*) heulen.
brancard [bʀɑ̃kaʀ] *nm* (*civière*) Bahre *f*.
brancardier [bʀɑ̃kaʀdje] *nm* Krankenträger(in) *m(f)*.
branchages [bʀɑ̃ʃaʒ] *nmpl* Astwerk *nt*.
branche [bʀɑ̃ʃ] *nf* Ast *m*; (*de lunettes*) Bügel *m*; (*d'enseignement, de science*) Zweig *m*.
branché, e [bʀɑ̃ʃe] (*fam*) *adj* voll im Trend.
branchement [bʀɑ̃ʃmɑ̃] *nm* Anschluß *m*.
brancher [bʀɑ̃ʃe] *vt* anschließen; **~ qch sur** etw anschließen an +*acc*; **~ qn sur un sujet** jdm das Stichwort für ein Thema geben.
branchies [bʀɑ̃ʃi] *nfpl* Kiemen *pl*.
brandade [bʀɑ̃dad] *nf*: **~ (de morue)** Stockfischpüree.
brandebourgeois, e [bʀɑ̃dbuʀʒwa, waz] *adj* brandenburgisch.
brandir [bʀɑ̃diʀ] *vt* schwenken, herumwedeln mit; (*arme*) fuchteln mit.

brandon [bʀɑ̃dɔ̃] *nm* Feuerbrand *m*.
branlant, e [bʀɑ̃lɑ̃, ɑ̃t] *adj* wackelig.
branle [bʀɑ̃l] *nm*: **mettre en ~** in Gang bringen; **donner le ~ à** in Bewegung setzen.
branle-bas [bʀɑ̃lba] *nm inv* Aufregung *f*, Durcheinander *nt*.
branler [bʀɑ̃le] *vi* wackeln ♦ *vt*: **~ la tête** mit dem Kopf wackeln.
braquage [bʀakaʒ] *nm* (*fam: attaque*) Überfall *m*; (*AUTO*) Lenkradschloß *nt*.
braque [bʀak] *nm* (*ZOOL*) Vorstehhund *m*.
braquer [bʀake] *vi* (*AUTO*) steuern ♦ *vt* (*fam: attaquer*) überfallen; **se braquer** *vpr*: **se ~ (contre)** sich widersetzen (+*dat*); **~ qch sur** etw richten auf +*acc*; **~ qn** (*mettre en colère*) jdn aufbringen.
bras [bʀa] *nm* Arm *m*; (*d'électrophone*) Tonarm *m*; (*de fauteuil*) Lehne *f*; (*de fleuve*) (Fluß)arm *m* ♦ *nmpl* (*travailleurs*) Arbeitskräfte *pl*; **~ dessus ~ dessous** Arm in Arm; **avoir le ~ long** (*fig*) viel Einfluß haben; **à ~ raccourcis** mit aller Gewalt; **à tour de ~** mit voller Wucht; **baisser les ~** die Arme sinken lassen ▸ **bras droit** (*fig*) rechte Hand *f* ▸ **bras de fer** ≈ Fingerhakeln *nt* ▸ **bras de levier** Hebel(arm) *m* ▸ **bras de mer** Meeresarm *m*.
brasero [bʀazeʀo] *nm* Wärmeöfchen *nt*.
brasier [bʀazje] *nm* Feuersbrunst *f*.
bras-le-corps [bʀalkɔʀ] *adv*: **à ~-~-~** mitten um den Leib.
brassage [bʀasaʒ] *nm* (*de la bière*) Maischen *nt*; (*fig*) Vermischung *f*.
brassard [bʀasaʀ] *nm* Armbinde *f*.
brasse [bʀas] *nf* (*nage*) Brustschwimmen *nt*; (*mesure*) Faden *m* ▸ **brasse papillon** Schmetterlingsstil *m*, Butterfly *nt*.
brassée [bʀase] *nf* Armvoll *m*.
brasser [bʀase] *vt* (*bière*) maischen; (*remuer*) mischen; **~ l'argent** viel Geld in Umlauf bringen; **~ des affaires** groß im Geschäft sein.
brasserie [bʀasʀi] *nf* (*restaurant*) Gaststätte *f*; (*usine*) Brauerei *f*.
brasseur [bʀasœʀ] *nm* (*de bière*) Brauer *m* ▸ **brasseur d'affaires** wichtiger Geschäftsmann *m*.
brassière [bʀasjɛʀ] *nf* (*de bébé*) Babyjäckchen *nt*; (*de sauvetage*) Schwimmweste *f*.
bravache [bʀavaʃ] *nm* Prahlhans *m*.
bravade [bʀavad] *nf*: **par ~** aus Mutwillen.
brave [bʀav] *adj* (*courageux*) mutig; (*bon, gentil*) lieb, brav.
bravement [bʀavmɑ̃] *adv* tapfer; (*résolument*) ohne Zögern.
braver [bʀave] *vt* (*ordre*) sich widersetzen +*dat*; (*danger*) trotzen +*dat*.
bravo [bʀavo] *excl* bravo ♦ *nm* Bravoruf *m*.
bravoure [bʀavuʀ] *nf* Tapferkeit *f*, Mut *m*.
break [bʀɛk] *nm* (*AUTO*) Kombi *m*.
brebis [bʀəbi] *nf* (Mutter)schaf *nt* ▸ **brebis galeuse** schwarzes Schaf *nt*.
brèche [bʀɛʃ] *nf* Öffnung *f*; **être sur la ~** (*fig*) auf Trab sein.

bredouille [bʀǝduj] *adj* mit leeren Händen.
bredouiller [bʀǝduje] *vi, vt* murmeln.
bref, brève [bʀɛf, ɛv] *adj* kurz ♦ *adv* kurz und gut; **d'un ton** ~ kurz angebunden; **en** ~ kurz (gesagt); **à** ~ **délai** in Kürze.
brelan [bʀǝlɑ̃] *nm*: **un** ~ drei gleiche Karten *pl*; **un** ~ **d'as** drei Asse *pl*.
breloque [bʀǝlɔk] *nf* Anhänger *m*.
brème [bʀɛm] *nf* (*poisson*) Brasse *f*.
Brésil [bʀezil] *nm*: **le** ~ Brasilien *nt*.
brésilien, ne [bʀeziljɛ̃, jɛn] *adj* brasilianisch ♦ *nm/f*: **B**~, **ne** Brasilianer(in) *m(f)*.
bressan, e [bʀɛsɑ̃, an] *adj* aus Bresse ♦ *nm/f*: **B**~, **e** Einwohner(in) *m(f)* von Bresse.
Bretagne [bʀǝtaɲ] *nf* Bretagne *f*.
bretelle [bʀǝtɛl] *nf* (*de vêtement*) Träger *m*; (*de fusil etc*) Schulterriemen *m*; (*d'autoroute*) Verbindung *f*; ~**s** *nfpl* (*pour pantalon*) Hosenträger *pl* ► **bretelle de raccordement** Zubringer *m*.
breton, ne [bʀǝtɔ̃, ɔn] *adj* bretonisch ♦ *nm/f*: **B**~, **ne** Bretone *m*, Bretonin *f*.
breuvage [bʀœvaʒ] *nm* Getränk *nt*.
brève [bʀɛv] *adj f voir* **bref** ♦ *nf* (*nouvelle*) Kurzinformation *f*; (**voyelle**) ~ kurzer Vokal *m*.
brevet [bʀǝvɛ] *nm* Diplom *nt* ► **brevet d'apprentissage** Gesellenbrief *m* ► **brevet** (**des collèges**) Zeugnis *nt* ► **brevet d'études du premier cycle** ≈ mittlere Reife *f* ► **brevet** (**d'invention**) Patent *nt*.
breveté, e [bʀǝv(ǝ)te] *adj* (*invention*) patentiert; (*diplômé*) diplomiert.
breveter [bʀǝv(ǝ)te] *vt* (*invention*) patentieren.
bréviaire [bʀevjɛʀ] *nm* Brevier *nt*.
briard, e [bʀijaʀ, aʀd] *adj* aus Brie ♦ *nm* (*chien*) Schäferhund mit langen Haaren.
bribes [bʀib] *nfpl* (*de conversation*) Bruchstücke *pl*; **par** ~ stückweise.
bric [bʀik] *adv*: **de** ~ **et de broc** planlos.
bric-à-brac [bʀikabʀak] *nm inv* Trödel *m*.
bricolage [bʀikɔlaʒ] *nm* Basteln *nt*; (*péj*) Bastelei *f*.
bricole [bʀikɔl] *nf* Kleinigkeit *f*.
bricoler [bʀikɔle] *vi* (*petits travaux*) herumwerkeln; (*en amateur*) herumbasteln; (*passetemps*) basteln ♦ *vt* (*réparer*) herumwerkeln an +*dat*; (*mal réparer, trafiquer*) herumpfuschen an +*dat*.
bricoleur, -euse [bʀikɔlœʀ, øz] *nm/f* Bastler(in) *m(f)* ♦ *adj* Bastler-.
bride [bʀid] *nf* Zaum *m*; (*d'un bonnet*) Band *nt*; **à** ~ **abattue** (*ÉQUITATION*) mit hängendem Zügel; **tenir en** ~ im Zaum halten; **lâcher la** ~ **à** die Zügel locker lassen bei.
bridé, e [bʀide] *adj*: **yeux** ~**s** Schlitzaugen *pl*.
brider [bʀide] *vt* (*réprimer*) zügeln; (*cheval*) aufzäumen; (*CULIN: volaille*) dressieren.
bridge [bʀidʒ] *nm* (*jeu*) Bridge *nt*; (*dentaire*) Brücke *f*.
bridger [bʀidʒe] *vi* Bridge spielen.
brie [bʀi] *nm* Brie(käse) *m*.
brièvement [bʀijɛvmɑ̃] *adv* kurz.
brièveté [bʀijɛvte] *nf* Kürze *f*.
brigade [bʀigad] *nf* (*POLICE*) Trupp *m*; (*MIL*) Bri-

gade *f*; (*équipe*) Gruppe *f*.
brigadier [bʀigadje] *nm* (*POLICE*) ≈ Polizeimeister *m*; (*MIL*) ≈ Gefreite(r) *m*.
brigadier-chef [bʀigadjeʃɛf] (*pl* ~**s**-~**s**) *nm* ≈ Obergefreite(r) *m*.
brigand [bʀigɑ̃] *nm* Räuber *m*.
brigandage [bʀigɑ̃daʒ] *nm* Raub *m*.
briguer [bʀige] *vt* (*poste*) anstreben; (*suffrages*) werben für.
brillamment [bʀijamɑ̃] *adv* glänzend, großartig.
brillant, e [bʀijɑ̃, ɑ̃t] *adj* (*soleil*) strahlend; (*luisant*) glänzend; (*yeux*) funkelnd; (*remarquable*) erstklassig ♦ *nm* (*diamant*) Brillant *m*.
briller [bʀije] *vi* leuchten, glänzen; (*yeux aussi*) funkeln; (*fig*) brillieren, sich auszeichnen.
brimade [bʀimad] *nf* (*vexation*) Schikane *f*.
brimbaler [bʀɛ̃bale] *vb* = **bringuebaler**.
brimer [bʀime] *vt* schikanieren.
brin [bʀɛ̃] *nm* (*de laine, ficelle etc*) Faden *m*; **un** ~ **de** (*un peu*) ein bißchen; **un** ~ **mystérieux** ein kleines bißchen geheimnisvoll ► **brin d'herbe** Grashalm *m* ► **brin de muguet** Zweig *m* Maiglöckchen ► **brin de paille** Strohhalm *m*.
brindille [bʀɛ̃dij] *nf* Zweig *m*.
bringue [bʀɛ̃g] (*fam*) *nf*: **faire la** ~ einen draufmachen.
bringuebaler [bʀɛ̃g(ǝ)bale] *vi* wackeln ♦ *vt* hin- und herschleppen.
brio [bʀijo] *nm* Brillanz *f*; (*MUS*) Brio *nt*; **avec** ~ großartig, brillant.
brioche [bʀijɔʃ] *nf* Brioche *f*, Art Brötchen; (*fam: ventre*) Bauch *m*.
brioché, e [bʀijɔʃe] *adj* Brioche-.
brique [bʀik] *nf* Ziegelstein *m* ♦ *adj inv* (*couleur*) ziegelrot.
briquer [bʀike] (*fam*) *vt* (*nettoyer*) polieren.
briquet [bʀikɛ] *nm* Feuerzeug *nt*.
briqueterie [bʀik(ǝ)tʀi] *nf* Ziegelei *f*.
bris [bʀi] *nm*: ~ **de clôture** (*JUR*) ≈ unbefugtes Betreten *nt* ► **bris de glaces** Glasbruch *m*.
brisant [bʀizɑ̃] *nm* Brandung *f*.
brise [bʀiz] *nf* Brise *f*.
brisé, e [bʀize] *adj* gebrochen; **d'une voix** ~**e** mit gebrochener Stimme; ~ (**de fatigue**) todmüde, gerädert; **pâte** ~**e** Mürbeteig *m*.
brisées [bʀize] *nfpl*: **aller** ~ **ou marcher sur les** ~ **de qn** jdm ins Gehege kommen; **suivre les** ~ **de qn** in jds Fußstapfen *acc* treten.
brise-glace(s) [bʀizglas] *nm inv* Eisbrecher *m*.
brise-jet [bʀizʒɛ] *nm inv* Wasserstrahlregler *m*.
brise-lames [bʀizlam] *nm inv* Wellenbrecher *m*.
briser [bʀize] *vt* zerbrechen; (*fig*) zerstören; (: *volonté, grève, résistance*) brechen; (*fatiguer*) erschöpfen; **se briser** *vpr* brechen; (*espoir*) sich zerschlagen.
brise-tout [bʀiztu] *nm inv* Rauhbein *nt*.
briseur, -euse [bʀizœʀ, øz] *nm/f*: ~ **de grève** Streikbrecher(in) *m(f)*.
brise-vent [bʀizvɑ̃] *nm inv* Windschirm *m*.
bristol [bʀistɔl] *nm* (*carte de visite*) Visitenkarte *f*.

britannique [bʀitanik] *adj* britisch ♦ *nm/f:* **B**~ Brite *m*, Britin *f*.
broc [bʀo] *nm* Kanne *f*.
brocante [bʀɔkɑ̃t] *nf* (*objets*) Trödel *m*; (*commerce*) Handel *m* mit Trödel.
brocanteur, -euse [bʀɔkɑ̃tœʀ, øz] *nm/f* Trödler(in) *m(f)*.
brocart [bʀɔkaʀ] *nm* Brokat *m*.
broche [bʀɔʃ] *nf* Brosche *f*; (*CULIN*) Bratspieß *m*; (*ÉLEC*) Pin *m*; (*MÉD*) Nagel *m*; **à la** ~ am Spieß.
broché, e [bʀɔʃe] *adj* (*livre*) broschiert; (*tissu*) durchwirkt, Brokat-.
brochet [bʀɔʃɛ] *nm* Hecht *m*.
brochette [bʀɔʃɛt] *nf* (*CULIN*) Schaschlik *m ou* *nt* ► **brochette de décorations** Reihe *f* von Orden.
brochure [bʀɔʃyʀ] *nf* Broschüre *f*.
brocoli [bʀɔkɔli] *nm* Brokkoli *m*.
brodequins [bʀɔdkɛ̃] *nmpl* (*de marche*) (Schnür)stiefel *pl*.
broder [bʀɔde] *vt* sticken ♦ *vi* sticken; ~ (**sur des faits/une histoire**) (die Tatsachen/eine Geschichte) ausschmücken.
broderie [bʀɔdʀi] *nf* Stickerei *f*.
bromure [bʀɔmyʀ] *nm* Brom *nt*.
broncher [bʀɔ̃ʃe] *vi:* **sans** ~ ohne mit der Wimper zu zucken.
bronches [bʀɔ̃ʃ] *nfpl* Bronchien *pl*.
bronchite [bʀɔ̃ʃit] *nf* Bronchitis *f*.
broncho-pneumonie [bʀɔ̃kɔpnømɔni] (*pl* ~- ~s) *nf* schwere Bronchitis *f*, Bronchopneumonie *f*.
bronzage [bʀɔ̃zaʒ] *nm* (*hâle*) Sonnenbräune *f*.
bronze [bʀɔ̃z] *nm* Bronze *f*.
bronzé, e [bʀɔ̃ze] *adj* sonnengebräunt, braun.
bronzer [bʀɔ̃ze] *vt* (*peau*) bräunen; (*métal*) bronzieren ♦ *vi* (*peau, personne*) braun werden; **se bronzer** *vpr* sich bräunen.
brosse [bʀɔs] *nf* Bürste *f*; **donner un coup de** ~ **à qch** etw abbürsten; (**avec**) **les cheveux en** ~ mit Bürstenschnitt ► **brosse à cheveux** Haarbürste *f* ► **brosse à dents** Zahnbürste *f* ► **brosse à habits** Kleiderbürste *f*.
brosser [bʀɔse] *vt* (ab)bürsten; (*fig: tableau, bilan etc*) in groben Zügen zeichnen; **se brosser** *vpr* sich bürsten; **se** ~ **les dents** sich *dat* die Zähne putzen; **tu peux te** ~! (*fam*) da kannst du lange warten!
brou [bʀu] *nm:* ~ **de noix** (*pour bois*) Walnußbeize *f*; (*liqueur*) Walnußlikör *m*.
brouette [bʀuɛt] *nf* Schubkarren *m*.
brouhaha [bʀuaa] *nm* Tumult *m*.
brouillage [bʀujaʒ] *nm* (*d'une émission*) Störung *f*.
brouillard [bʀujaʀ] *nm* Nebel *m*; **être dans le** ~ (*fig*) nicht durchblicken.
brouille [bʀuj] *nf* Streit *m*, Zwürfnis *nt*.
brouillé, e [bʀuje] *adj* (*teint*) unrein; (*fâché*): **il est** ~ **avec ses parents** er ist mit seinen Eltern verkracht.
brouiller [bʀuje] *vt* (*embrouiller*) durcheinanderbringen, vermischen; (*RADIO*) stören;

(*rendre confus*) trüben; (*désunir*) entzweien; **se brouiller** *vpr* (*ciel, temps*) sich zuziehen; (*vue*) sich verschlechtern; (*détails*) durcheinandergeraten; **se** ~ (**avec**) sich verkrachen (mit); ~ **les pistes** die Spuren verwischen.
brouillon, ne [bʀujɔ̃, ɔn] *adj* unordentlich ♦ *nm* (*écrit*) Konzept *nt*; **cahier de** ~ Vorschreibheft *nt*.
broussailles [bʀusaj] *nfpl* Gestrüpp *nt*, Gebüsch *nt*.
broussailleux, -euse [bʀusajø, øz] *adj* buschig.
brousse [bʀus] *nf* Busch *m*.
brouter [bʀute] *vt* fressen ♦ *vi* (*AUTO, TECH*) ruckeln.
broutille [bʀutij] *nf* Lappalie *f*.
broyer [bʀwaje] *vt* zerkleinern; ~ **du noir** grübeln.
bru [bʀy] *nf* Schwiegertochter *f*.
brugnon [bʀynɔ̃] *nm* Nektarine *f*.
bruine [bʀɥin] *nf* Nieselregen *m*.
bruiner [bʀɥine] *vb*: **il bruine** es nieselt.
bruire [bʀɥiʀ] *vi* (*eau*) rauschen; (*feuilles, étoffe*) rascheln.
bruissement [bʀɥismã] *nm* (*v bruire*) Rauschen *nt*; Rascheln *nt*.
bruit [bʀɥi] *nm* Geräusch *nt*; (*désagréable*) Lärm *m*; (*fig: rumeur*) Gerücht *nt*; **pas/trop de** ~ **kein/zuviel Lärm; sans** ~ geräuschlos; **faire du** ~ (*fig*) von sich *dat* reden machen; **faire grand** ~ **de** (*fig*) viel hermachen von ► **bruit de fond** Hintergrundgeräusch *nt*.
bruitage [bʀɥitaʒ] *nm* Toneffekte *pl*.
bruiter [bʀɥite] *vt* (*film*) mit Toneffekten versehen.
brûlant, e [bʀylɑ̃, ɑ̃t] *adj* siedend heiß; (*liquide*) kochend heiß; (*regard*) feurig, leidenschaftlich; (*fiévreux*) glühend; (*sujet*) heiß.
brûlé, e [bʀyle] *adj* (*fig: démasqué*) entlarvt ♦ *nm*: **odeur de** ~ Brandgeruch *m*; **les grands** ~**s** die Verletzten mit Verbrennungen dritten Grades.
brûle-pourpoint [bʀylpuʀpwɛ̃] *adv*: **à** ~-~ direkt.
brûler [bʀyle] *vt* verbrennen; (*suj: eau bouillante*) verbrühen; (*endommager: linge, rôti etc*) anbrennen; (*consommer: charbon, essence, électricité*) verbrauchen; (*feu rouge, signal*) überfahren ♦ *vi* brennen; (*combustible*) verbrennen; (*être brûlant, ardent*) glühen; **se brûler** *vpr* sich verbrennen; (*avec de l'eau bouillante*) sich verbrühen; **tu brûles** (*jeu*) (es wird) heiß; **se** ~ **la cervelle** sich eine Kugel in den Kopf jagen; ~ **les étapes** ein paar Stufen überspringen; ~ (**d'impatience**) **de faire qch** darauf brennen, etw zu tun.
brûleur [bʀylœʀ] *nm* Brenner *m*.
brûlure [bʀylyʀ] *nf* (*lésion*) Verbrennung *f*; (*sensation*) Brennen *nt* ► **brûlures d'estomac** Sodbrennen *nt*.
brume [bʀym] *nf* Nebel *m*.
brumeux, -euse [bʀymø, øz] *adj* neblig; (*fig*) unklar, verschwommen.

brumisateur [bʀymizatœʀ] *nm* Zerstäuber *m*.
brun, e [bʀœ̃, bʀyn] *adj* braun; (*personne*) brünett ◆ *nm* (*couleur*) Braun *nt*.
brunâtre [bʀynɑtʀ] *adj* bräunlich.
brunch [bʀœ̃ntʃ] *nm* Brunch *m*.
brune [bʀyn] *nf* (*femme*) Brünette *f*; (*bière*) dunkles Bier *nt*.
Brunei [bʀunɛi] *nm*: **le ~** Brunei *nt*.
brunette [bʀynɛt] *nf* Brünette *f*.
brunir [bʀyniʀ] *vi* braun werden ◆ *vt* bräunen.
brushing [bʀœʃiŋ] *nm* Fönwelle *f*; **se faire faire un ~** sich *dat* eine Fönwelle machen lassen.
brusque [bʀysk] *adj* (*rude*) schroff, brüsk; (*soudain*) plötzlich.
brusquement [bʀyskəmɑ̃] *adv* (*soudain*) plötzlich.
brusquer [bʀyske] *vt* (*personne*) hetzen, drängen; **ne rien ~** nichts überstürzen.
brusquerie [bʀyskəʀi] *nf* Barschheit *f*, Schroffheit *f*.
brut, e [bʀyt] *adj* roh; (*diamant*) ungeschliffen, Roh-; (*soie, métal, données*) Roh-; (*COMM: bénéfice, salaire, poids*) Brutto- ◆ *nm*: **(champagne) ~** trockener Champagner *m*; **(pétrole) ~** Rohöl *nt*.
brutal, e, -aux [bʀytal, o] *adj* brutal; (*franchise*) rücksichtslos; (*choc*) hart.
brutalement [bʀytalmɑ̃] *adv* brutal.
brutaliser [bʀytalize] *vt* brutal ou grob behandeln.
brutalité [bʀytalite] *nf* (*v adj*) Brutalität *f*; Rücksichtslosigkeit *f*; Härte *f*; **~s** *nfpl* (*violences*) Gewalttätigkeiten *pl*.
brute [bʀyt] *adj f voir* **brut** ◆ *nf* Bestie *f*.
Bruxelles [bʀysɛl] *n* Brüssel *nt*.
bruxellois, e [bʀysɛlwa, waz] *adj* Brüsseler ◆ *nm/f* Brüsseler(in) *m(f)*.
bruyamment [bʀɥjamɑ̃] *adv* laut.
bruyant, e [bʀɥjɑ̃, ɑ̃t] *adj* laut.
bruyère [bʀyjɛʀ] *nf* Heidekraut *nt*, Erika *f*.
BT [bete] *sigle m* (= *brevet de technicien*) Zeugnis *nt* einer technischen Schule.
BTA [betea] *sigle m* (= *brevet de technicien agricole*) Zeugnis *nt* einer Landwirtschaftsschule.
BTP [betepe] *sigle mpl* (= *bâtiments et travaux publics*) ≈ öffentliches Bauwesen *nt*.
BTS [beteɛs] *sigle m* (= *brevet de technicien supérieur*) Abschlußzeugnis *nt* einer technischen Schule.
BU [bey] *sigle f* (= *bibliothèque universitaire*) UB *f*.
bu, e [by] *pp de* **boire**.
buanderie [bɥɑdʀi] *nf* Waschküche *f*.
Bucarest [bykaʀɛst] *n* Bukarest *nt*.
buccal, e, -aux [bykal, o] *adj* (*cavité etc*) Mund-.
bûche [byʃ] *nf* Holzscheit *nt*; **prendre une ~** (*fam*) auf die Nase fallen ▶ **bûche de Noël** Weihnachtskuchen *m* in Form eines Holzscheites.
bûcher [byʃe] *nm* Scheiterhaufen *m*; (*remise*) Holzschuppen *m* ◆ *vi, vt* (*fam: étudier*) büffeln.
bûcheron [byʃʀɔ̃] *nm* Holzfäller *m*.
bûchette [byʃɛt] *nf* (*de bois*) Stöckchen *nt*; (*pour compter*) Stab *m*.

bûcheur, -euse [byʃœʀ, øz] (*fam*) *nm/f* (*étudiant*) Arbeitstier *nt* ◆ *adj* emsig, bienenfleißig.
bucolique [bykɔlik] *adj* ländlich.
Budapest [bydapɛst] *n* Budapest *nt*.
budget [bydʒɛ] *nm* Etat *m*, Haushalt *m*.
budgétaire [bydʒetɛʀ] *adj* Etat-, Haushalts-.
budgétiser [bydʒetize] *vt* veranschlagen.
buée [bɥe] *nf* (*sur une vitre*) Kondensation *f*; (*haleine*) Dampf *m*.
buffet [byfɛ] *nm* (*meuble*) Anrichte *f*; (*de réception*) Büffet *m* ▶ **buffet (de gare)** Bahnhofsgaststätte *f*.
buffle [byfl] *nm* Büffel *m*.
buis [bɥi] *nm* (*BOT*) Buchsbaum *m*; (*bois*) Buchsbaumholz *nt*.
buisson [bɥisɔ̃] *nm* Busch *m*.
buissonnière [bɥisɔnjɛʀ] *adj f*: **faire l'école ~** die Schule schwänzen.
bulbe [bylb] *nm* (*BOT*) Zwiebel *f*; (*coupole*) Zwiebelturm *m* ▶ **bulbe pileux** Haarwurzel *f* ▶ **bulbe rachidien** (*MÉD*) Medulla *f*.
bulgare [bylgaʀ] *adj* bulgarisch ◆ *nm/f*: **B~** Bulgare *m*, Bulgarin *f*.
Bulgarie [bylgaʀi] *nf*: **la ~** Bulgarien *nt*.
bulldozer [buldozɛʀ] *nm* Bulldozer *m*.
bulle [byl] *nf* Blase *f*; (*de bande dessinée*) Sprechblase *f*; (*HIST: papale*) Bulle *f* ◆ *nm*: **(papier) ~** Packpapier *nt* ▶ **bulle de savon** Seifenblase *f*.
bulletin [byltɛ̃] *nm* (*SCOL*) Zeugnis *nt*; (*communiqué*) Bulletin *nt*; (*papier*) Zettel *m*, Schein *m*; (*de bagages*) Gepäckschein *m* ▶ **bulletin de naissance** Geburtsurkunde *f* ▶ **bulletin de salaire** Lohnstreifen *m* ▶ **bulletin de santé** (*ärztliches*) Gesundheitszeugnis *nt* ▶ **bulletin de vote** Stimmzettel *m* ▶ **bulletin météorologique** Wetterbericht *m* ▶ **bulletin réponse** Antwortformular *nt*.
buraliste [byʀalist] *nm/f* (*de bureau de tabac*) Tabakwarenhändler(in) *m(f)*; (*de poste*) Postbeamte(r) *f(m)*.
bure [byʀ] *nf* grober Wollstoff *m*.
bureau, x [byʀo] *nm* (*meuble*) Schreibtisch *m*; (*pièce, d'une entreprise*) Büro *nt*; (*service administratif*) Dienststelle *f*, Abteilung *f*; (*responsables d'une association*) Vorstand *m* ▶ **bureau de change** Wechselstube *f* ▶ **bureau d'embauche** Personalbüro *nt* ▶ **bureau de location** Reservierungsbüro *nt* ▶ **bureau de placement** Arbeitsvermittlung *f* ▶ **bureau de poste** Postamt *nt* ▶ **bureau de tabac** Tabakwarenhandlung *f* ▶ **bureau de vote** Wahllokal *nt*.
bureaucrate [byʀokʀat] *nm* Bürokrat *m*.
bureaucratie [byʀokʀasi] *nf* Bürokratie *f*.
bureaucratique [byʀokʀatik] *adj* bürokratisch.
bureautique [byʀotik] *nf* Technik *f* im Büro, Büroautomation *f*.
burette [byʀɛt] *nf* (*de mécanicien*) Ölkanne *f*; (*de chimiste*) Bürette *f*.
burin [byʀɛ̃] *nm* Stichel *m*, Meißel *m*; (*ART*)

Kaltnadel *f*.
buriné, e [byʀine] *adj* (*visage*) zerfurcht.
burkinabé [byʀkinabe] *adj* burkinisch ♦ *nm/f*:
B~ Burkiner(in) *m(f)*.
Burkina(-Faso) [byʀkina(faso)] *nm*: le ~ Burkina Faso *nt*.
burlesque [byʀlɛsk] *adj* lächerlich; (*LITT*) burlesk.
burnous [byʀnu(s)] *nm* Burnus *m*.
burundais, e [buʀundɛ, ɛz] *adj* burundisch ♦ *nm/f*: B~, e Burunder(in) *m(f)*.
Burundi [buʀundi] *nm*: le ~ Burundi *nt*.
bus [bys] *vb voir* boire ♦ *nm* Bus *m*; (*INFORM*) (Daten)bus *m*.
busard [byzaʀ] *nm* Feldweih *m*.
buse [byz] *nf* Bussard *m*.
busqué, e [byske] *adj*: nez ~ Hakennase *f*.
buste [byst] *nm* (*ANAT*) Brustkorb *m*; (: *de femme*) Brust *f*; (*sculpture*) Büste *f*.
bustier [bystje] *nm* (*soutien-gorge*) Bustier *m*.
but [by(t)] *vb voir* boire ♦ *nm* (*cible*) Zielscheibe *f*; (*fig*) Ziel *nt*; (*FOOTBALL etc*) Tor *nt*; **de ~ en blanc** geradeheraus; **avoir pour ~ de faire qch** zum Ziel haben, etw zu tun; **dans le ~ de** mit der Absicht zu; **gagner par 3 ~s à 2** (mit) 3 zu 2 (Toren) gewinnen.
butane [bytan] *nm* Butan *nt*; (*domestique*) Propangas *nt*.
buté, e [byte] *adj* stur, eigensinnig.
butée [byte] *nf* (*de pont*) Pfeiler *m*.
buter [byte] *vi*: ~ **contre/sur qch** gegen/auf etw *acc* stoßen; (*fig*) über etw *acc* stolpern ♦ *vt* (*fig: personne*) aufbringen; **se buter** *vpr* sich stur stellen.
buteur [bytœʀ] *nm* (*FOOTBALL*) Torjäger *m*.
butin [bytɛ̃] *nm* Beute *f*.
butiner [bytine] *vi* Honig sammeln.
butor [bytɔʀ] (*péj*) *nm* Trampel *nt*, Tölpel *m*.
butte [byt] *nf* Hügel *m*; **être en ~ à** ausgesetzt sein +*dat*.
buvable [byvabl] *adj* trinkbar; (*MÉD*: *ampoule etc*) zum Einnehmen.
buvais *etc* [byvɛ] *vb voir* boire.
buvard [byvaʀ] *nm* Löschpapier *nt*.
buvette [byvɛt] *nf* Erfrischungsraum *m*.
buveur, -euse [byvœʀ, øz] *nm/f* (*consommateur*) Trinker(in) *m(f)*; (*péj*) Säufer(in) *m(f)* ►**buveur de cidre/de vin** Cidre-/Weintrinker(in) *m(f)*.
buvons [byvɔ̃] *vb voir* boire.
BVP [bevepe] *sigle m* (= *Bureau de vérification de la publicité*) Werbekontrollbehörde *f*.
Byzance [bizɑ̃s] *n* Byzanz *nt*.
byzantin, e [bizɑ̃tɛ̃, in] *adj* byzantinisch.
BZH *abr* (= *Breizh*) Bretagne *f*.

C, c

C¹, c [se] *nm inv* (*lettre*) C, c *nt*; ~ **comme Célestin** ≈ C wie Caesar.
C² [se] *abr* (= *Celsius*) C.
c' [s] *dét voir* ce.
CA [sea] *sigle m* (= *chiffre d'affaires*) *voir* **chiffre**; (= *conseil d'administration*) *voir* **conseil**.
ça [sa] *pron* das; (*plus loin*) das da; (*sujet indéfini*) es; ~ **m'étonne que** es wundert mich, daß; ~ **va?** wie geht's?; ~ **alors!** na so was!; **c'est** ~ richtig; ~ **fait une heure que j'attends** jetzt warte ich schon eine Stunde.
çà [sa] *adv*: ~ **et là** hier und da.
cabale [kabal] *nf* Intrige *f*.
cabalistique [kabalistik] *adj*: **signe** ~ magisches Zeichen *nt*.
caban [kabɑ̃] *nm* Seemannsjacke *f*.
cabane [kaban] *nf* Hütte *f*.
cabanon [kabanɔ̃] *nm* (*petite hutte*) Häuschen *nt*; (*en Provence*) Landhäuschen *nt* (*in der Provence*); (*remise*) Schuppen *m*.
cabaret [kabaʀɛ] *nm* Nachtklub *m*.
cabas [kabɑ] *nm* Einkaufstasche *f*.
cabestan [kabɛstɑ̃] *nm* Poller *m*.
cabillaud [kabijo] *nm* Kabeljau *m*.
cabine [kabin] *nf* Kabine *f*; (*de plage, de piscine etc*) (Umkleide)kabine; (*de camion*) Führerhaus *nt*; (*de train*) Führerstand *m*; (*d'avion*) Cockpit *nt* ►**cabine (d'ascenseur)** Kabine ►**cabine d'essayage** (Umkleide)kabine ►**cabine de projection** Vorführraum *m* ►**cabine spatiale** Raumkapsel *f* ►**cabine (téléphonique)** Telefonzelle *f*.
cabinet [kabinɛ] *nm* (*petite pièce*) Kammer *f*; (*de médecin*) Praxis *f*; (*d'avocat, de notaire etc*) Büro *nt*; (: *clientèle*) Praxis; (*POL*) Kabinett *nt*; (*d'un ministre*) (Berater)stab *m*; ~**s** *nmpl* (*W.C.*) Toiletten *pl* ►**cabinet d'affaires** Geschäftspartnerschaft *f* ►**cabinet de toilette** Kabine mit Waschbecken ►**cabinet de travail** Arbeitszimmer *nt*.
câble [kɑbl] *nm* Kabel *nt*; (*TV*) Kabelfernsehen *nt*.
câblé, e [kable] *adj* (*branché*) mega-in; (*TV*) verkabelt.
câbler [kable] *vt* (*nouvelle*) telegraphisch übermitteln, kabeln; (*TV*) verkabeln.
cabosser [kabɔse] *vt* verbeulen.
cabot [kabo] (*péj*) *nm* (*chien*) Töle *f*.
cabotage [kabɔtaʒ] *nm* Küstenschiffahrt *f*.
caboteur [kabɔtœʀ] *nm* (*bateau*) Küstenmotorschiff *nt*.
cabotin [kabɔtɛ̃] (*péj*) *nm* (*personne maniérée*) Angeber *m*; (*acteur*) Schmierenkomödiant *m*.

cabotinage [kabɔtinaʒ] nm (v cabotin) Angeberei f; übertriebene Theatralik f.

cabrer [kabʀe] vt (cheval) steigen lassen; (avion) hochziehen; **se cabrer** vpr (cheval) sich aufbäumen; (fig) sich auflehnen.

cabri [kabʀi] nm Zicklein nt.

cabriole [kabʀijɔl] nf (bond) Luftsprung m; (culbute) Salto m.

cabriolet [kabʀijɔlɛ] nm (AUTO) Kabriolett nt.

CAC [kak] sigle f (= Compagnie des agents de change) Institut für Börsenmakler.

caca [kaka] nm (langage enfantin) Aa nt; **faire** ~ Aa machen; ~ **d'oie** (couleur) kackgrün.

cacahuète [kakaɥɛt] nf Erdnuß f.

cacao [kakao] nm Kakao m.

cachalot [kaʃalo] nm Pottwal m.

cache [kaʃ] nm Maske f; (pour protéger l'objectif) Kappe f ♦ (cachette) Versteck nt.

caché, e [kaʃe] adj versteckt; (masqué, voilé) verdeckt.

cache-cache [kaʃkaʃ] nm inv: **jouer à** ~-~ Verstecken spielen.

cache-col [kaʃkɔl] nm inv Halstuch nt.

cachemire [kaʃmiʀ] nm (tissu) Kaschmir m; **C**~ (GÉO) Kaschmir nt ♦ adj Kaschmir-.

cache-nez [kaʃne] nm inv Schal m.

cache-pot [kaʃpo] nm inv Blumenübertopf f.

cache-prise [kaʃpʀiz] nm inv Steckdosenabdeckung f.

cacher [kaʃe] vt verstecken; (intention) verbergen; (masquer, voiler) verdecken; **se cacher** vpr (personne, soleil) sich verstecken; (être caché) versteckt ou verdeckt sein; ~ **qch à qn** etw vor jdm verbergen; **je ne vous cache pas que** ich verhehle nicht, daß; ~ **son jeu** ou **ses cartes** nicht mit offenen Karten spielen; **se** ~ **de qn pour faire qch** etw hinter jds Rücken dat tun; **il ne s'en cache pas** er verheimlicht es nicht.

cache-sexe [kaʃsɛks] nm inv Minislip m.

cachet [kaʃɛ] nm (comprimé) Tablette f; (sceau: du roi) Siegel nt; (: de la poste) Stempel m; (rétribution) Gage f; (fig: caractère) Stil m.

cacheter [kaʃte] vt (lettre) versiegeln.

cachette [kaʃɛt] nf (lieu) Versteck nt; **en** ~ heimlich.

cachot [kaʃo] nm Verlies nt.

cachotterie [kaʃɔtʀi] nf (gén pl) Geheimnis nt; **faire des** ~s heimlichtun.

cachottier, -ière [kaʃɔtje, jɛʀ] adj heimlichtuerisch.

cachou [kaʃu] nm: **pastille de** ~ Cachoubonbon m ou nt, Art Fruchtbonbon.

cacophonie [kakɔfɔni] nf Kakophonie f.

cacophonique [kakɔfɔnik] adj kakophonisch.

cactus [kaktys] nm inv Kaktus m.

c.-à-d. abr (= c'est-à-dire) d.h.

cadastral, e, -aux [kadastʀal, o] adj Kataster-.

cadastre [kadastʀ] nm Kataster nt ou m, Grundbuch nt.

cadavérique [kadaveʀik] adj (teint, visage) totenbleich.

cadavre [kadavʀ] nm Leiche f.

caddie [kadi] nm, **caddy** [kadi] nm Einkaufswagen m (im Supermarkt).

cadeau, x [kado] nm Geschenk nt; **faire un** ~ **à qn** jdm ein Geschenk machen, jdm etwas schenken; **faire** ~ **de qch à qn** jdm etw schenken; **ne pas faire de** ~ **à qn** (fig) jdm nichts schenken.

cadenas [kadna] nm Vorhängeschloß nt.

cadenasser [kadnase] vt (mit einem Vorhängeschloß) verschließen.

cadence [kadɑ̃s] nf (MUS etc) Kadenz f; (rythme) Rhythmus m; (de travail etc) Takt m; ~**s** nfpl (en usine) Produktionsrate f; **en** ~ (ensemble, en mesure) im Takt; **à la** ~ **de 10 par jour** mit ei- ner Rate von 10 pro Tag.

cadencé, e [kadɑ̃se] adj (MUS etc) rhythmisch; **au pas** ~ (MIL) im Eilschritt.

cadet, te [kadɛ, ɛt] adj (plus jeune) jüngere(r, s); (le plus jeune) jüngste(r, s) ♦ nm/f (de la famille): **le** ~**/la cadette** der/die Jüngste; **il est mon** ~ **(de deux ans)** er ist (zwei Jahre) jünger als ich; **les** ~**s** (SPORT) die Jugend f; **le** ~ **de mes soucis** meine geringste Sorge.

cadrage [kadʀaʒ] nm (PHOTO) Zentrieren nt (des Bildes).

cadran [kadʀɑ̃] nm (de pendule, montre, compteur) Zifferblatt nt; (du téléphone) Wählscheibe f ► **cadran solaire** Sonnenuhr f.

cadre [kadʀ] nm Rahmen m; (environnement) Umgebung f; (ADMIN: personne) Führungskraft f ♦ adj: **loi** ~ Rahmengesetz nt; **rayer qn des** ~**s** jdn entlassen; **dans le** ~ **de** (fig) im Rahmen von ► **cadre moyen** mittlere(r) Angestellte(r) f(m) ► **cadre supérieur** gehobene(r) Angestellte(r) f(m).

cadrer [kadʀe] vi: ~ **avec qch** einer Sache dat entsprechen ♦ vt (CINÉ) zentrieren.

cadreur, -euse [kadʀœʀ, øz] nm/f (CINÉ) Kameramann m, Kamerafrau f.

caduc, -uque [kadyk] adj (théorie, loi) veraltet; **arbre à feuilles caduques** Laubbaum m.

CAF [seaɛf] sigle f (= Caisse d'allocations familiales) ≈ Familienhilfe f des Sozialamtes ♦ abr (= coût, assurance, fret) cif.

cafard [kafaʀ] nm Schabe f; **avoir le** ~ (tristesse) deprimiert sein.

cafardeux, -euse [kafaʀdø, øz] adj (personne) deprimiert; (ambiance) deprimierend.

café [kafe] nm Kaffee m; (bistro) Gastwirtschaft f ♦ adj (couleur) kaffeebraun ► **café au lait** Milchkaffee m ► **café crème** Kaffee mit Milch ► **café en grains** Bohnenkaffee m ► **café en poudre** Pulverkaffee m ► **café liégeois** Eiskaffee m ► **café noir** schwarzer Kaffee ► **café tabac** Gastwirtschaft mit Tabak- und Zeitungsverkauf.

café-concert [kafekɔ̃sɛʀ] (pl ~**s**-~**s**) nm (aussi: **caf' conc'**) ≈ Varieté nt.

caféine [kafein] nf Koffein nt.

cafétéria [kafeteʀja] nf Cafeteria f.

café-théâtre [kafeteatʀ] (pl ~**s**-~**s**) nm kleines Experimentiertheater.

cafetier, -ière [kaftje, jɛʀ] nm/f Besitzer(in)

m(f) einer Gastwirtschaft.

cafetière [kaftjɛʀ] *nf (pot)* Kaffeekanne *f*.

cafouillage [kafujaʒ] *nm* Durcheinander *nt*.

cafouiller [kafuje] *vi (personne)* alles durcheinanderbringen; *(appareil, projet)* nur ab und zu funktionieren.

cage [kaʒ] *nf* Käfig *m*; **en** ~ im Käfig ► **cage d'ascenseur** Aufzugsschacht *m* ► **cage d'escalier** Treppenhaus *nt* ► **cage (des buts)** *(FOOTBALL)* Tor *nt* ► **cage thoracique** Brustkorb *m*.

cageot [kaʒo] *nm* Lattenkiste *f*.

cagibi [kaʒibi] *(fam) nm* Kämmerchen *nt*.

cagneux, -euse [kaɲø, øz] *adj* X-beinig; **jambes cagneuses** X-Beine *pl*.

cagnotte [kaɲɔt] *nf* gemeinsame Kasse *f*; *(aux cartes)* Spielkasse *f*.

cagoule [kagul] *nf (de moine)* Kutte *f*; *(de bandit)* Maske *f*; *(passe-montagne)* Kapuzenmütze *f*.

cahier [kaje] *nm (de classe)* (Schul)heft *nt*; *(TYPO)* Signatur *f* ► **cahier d'exercices** Übungsheft *nt* ► **cahier de brouillon** Schmierheft *nt* ► **cahier de doléances** Beschwerdebuch *nt* ► **cahier de revendications** Liste *f* von Beschwerden und Anregungen ► **cahier des charges** Vertragsbedingungen *pl*.

cahin-caha [kaɛ̃kaa] *adv (fig)* soso, lala.

cahot [kao] *nm (secousse)* Stoß *m*.

cahoter [kaɔte] *vi* holpern ♦ *vt* hin und her schütteln.

cahoteux, -euse [kaɔtø, øz] *adj* holperig.

cahute [kayt] *nf* Hütte *f*.

caïd [kaid] *(fam) nm (fam: meneur)* Boß *m*.

caillasse [kajas] *nf (pierraille)* Geröll *nt*.

caille [kaj] *nf* Wachtel *f*.

caillé, e [kaje] *adj*: **lait** ~ saure Milch *f*.

caillebotis [kajbɔti] *nm* Laufrost *m*.

cailler [kaje] *vi (lait, sang)* gerinnen; *(fam: avoir froid)* frieren; **on caille** es ist klapperkalt.

caillot [kajo] *nm (de sang)* (Blut)gerinsel *nt*.

caillou, x [kaju] *nm (kleiner)* Stein *m*; *(galet)* Kieselstein *m*.

caillouter [kajute] *vt* schottern.

caillouteux, -euse [kajutø, øz] *adj* steinig.

cailloutis [kajuti] *nm (petits graviers)* Kies *m*.

caïman [kaimɑ̃] *nm* Kaiman *m*.

Caïmans [kaimɑ̃] *nfpl*: **les îles** ~ die Kaiman-Inseln *pl*.

Caire [kɛʀ] *nm*: **le** ~ Kairo *nt*.

caisse [kɛs] *nf* Kasse *f*; *(de banque aussi)* Kassenschalter *m*; *(TECH)* Gehäuse *nt*; *(cageot, boîte)* Kiste *f*; **faire sa** ~ Kasse machen ► **caisse claire** *(MUS)* kleine Trommel *f* ► **caisse d'épargne/de retraite** Spar-/Pensionskasse *f* ► **caisse enregistreuse** Registrierkasse *f* ► **caisse noire** schwarze Kasse.

caissier, -ière [kesje, jɛʀ] *nm/f* Kassierer(in) *m(f)*.

caisson [kɛsɔ̃] *nm (caisse)* Kiste *f* ► **caisson de décompression** Dekompressionskammer *f*.

cajoler [kaʒɔle] *vt (personne)* besonders lieb

sein zu.

cajoleries [kaʒɔlʀi] *nfpl (paroles)* Schmeicheleien *pl*; *(manières)* Zärtlichkeiten *pl*.

cajou [kaʒu] *nm*: **(noix m de)** ~ Cashewnuß *f*.

cake [kɛk] *nm* englischer Kuchen *m*.

cal¹ [kal] *nm* Schwiele *f*.

cal² [kal] *abr (= calorie)* cal.

calamar [kalamaʀ] *nm* = **calmar**.

calamine, e [kalamine] *adj (AUTO: bougies)* verrußt.

calamité [kalamite] *nf* Katastrophe *f*.

calandre [kalɑ̃dʀ] *nf (AUTO)* Kühlergrill *m*; *(machine)* Kalander *m*.

calanque [kalɑ̃k] *nf* kleine Felsenbucht am Mittelmeer.

calcaire [kalkɛʀ] *nm* Kalkstein *m* ♦ *adj (eau)* kalkhaltig; *(terrain)* kalkig.

calciné, e [kalsine] *adj* verkohlt.

calcium [kalsjɔm] *nm* Kalzium *nt*.

calcul [kalkyl] *nm* Rechnung *f*; *(SCOL)* Rechnen *nt*; *(fig: préméditation, plan)* Berechnung *f*; **d'après mes** ~**s** nach meinen Berechnungen ► **calcul biliaire** Gallenstein *m* ► **calcul différentiel** Differentialrechnung *f* ► **calcul intégral** Integralrechnung *f* ► **calcul mental** Kopfrechnen *nt* ► **calcul rénal** Nierenstein *m*.

calculateur [kalkylatœʀ] *nm (machine)* Rechner *m*.

calculatrice [kalkylatʀis] *nf (machine)* Taschenrechner *m*.

calculé, e [kalkyle] *adj*: **risque** ~ kalkuliertes Risiko *nt*.

calculer [kalkyle] *vt* berechnen; *(combiner, arranger)* kalkulieren ♦ *vi* rechnen; ~ **qch de tête** etw im Kopf ausrechnen.

calculette [kalkylɛt] *nf* Taschenrechner *m*.

cale [kal] *nf (de bateau)* Laderaum *m*; *(en bois)* Keil *m* ► **cale de radoub** Trockendock *nt* ► **cale sèche** Trockendock *nt*.

calé, e [kale] *adj (bloqué)* verkeilt; *(moteur)* abgewürgt; *(fam: instruit)* bewandert; *(: difficile)* verzwickt.

calebasse [kalbas] *nf* Kalebasse *f*.

calèche [kalɛʃ] *nf* Kutsche *f*.

caleçon [kalsɔ̃] *nm (sous-vêtement)* Unterhose *f*; *(pantalon)* Leggings *pl*.

calembour [kalɑ̃buʀ] *nm* Wortspiel *nt*.

calendes [kalɑ̃d] *nfpl*: **renvoyer qch aux** ~ **grecques** etw auf den St. Nimmerleinstag verschieben.

calendrier [kalɑ̃dʀije] *nm* Kalender *m*; *(programme)* Zeitplan *m*.

cale-pied [kalpje] *nm inv (vélo)* Rennbügel *m*.

calepin [kalpɛ̃] *nm* Notizbuch *nt*.

caler [kale] *vt (fixer)* festkeilen; *(avec des coussins)* stützen ♦ *vi* nicht mehr können; **se caler** *vpr*: **se** ~ **dans un fauteuil** sich in einen Sessel zwängen; ~ **(son moteur/véhicule)** den Motor abwürgen.

calfater [kalfate] *vt* kalfatern.

calfeutrage [kalføtʀaʒ] *nm* Abdichten *nt*.

calfeutrer [kalføtʀe] *vt* abdichten; **se calfeutrer** *vpr (s'enfermer)* es sich *dat* behaglich machen.

calibre [kalibʀ] *nm* Kaliber *nt*; (*d'un fruit*) Größe *f*.

calibrer [kalibʀe] *vt* (*fruits*) nach der Größe sortieren.

calice [kalis] *nm* Kelch *m*.

calicot [kaliko] *nm* (*tissu*) Kaliko *m*.

calife [kalif] *nm* Kalif *m*.

Californie [kalifɔʀni] *nf*: la ~ Kalifornien *nt*.

califourchon [kalifuʀʃɔ̃]: à ~ *adv* rittlings; à ~ sur rittlings auf +*dat*.

câlin, e [kalɛ̃, in] *adj* (*qui aime les caresses*) anschmiegsam, verschmust; (*qui câline*) verschmust ♦ *nm*: faire un ~ *ou* des ~s à qn mit jdm schmusen.

câliner [kaline] *vt* (*enfant*) schmusen mit.

câlineries [kalinʀi] *nfpl* Liebkosungen *pl*.

calisson [kalisɔ̃] *nm* Plätzchen *aus gemahlenen Mandeln mit Zuckerguß*.

calleux, -euse [kalø, øz] *adj* schwielig.

calligraphie [ka(l)ligʀafi] *nf* Kalligraphie *f*.

calligraphier [ka(l)ligʀafje] *vt* kalligraphisch schreiben.

callosité [kalozite] *nf* Schwiele *f*.

calmant, e [kalmã, ãt] *adj* (*tranquillisant*) beruhigend; (*contre la douleur*) schmerzlindernd ♦ *nm* (*tranquillisant*) Beruhigungsmittel *nt*; (*contre la douleur*) Schmerzmittel *nt*.

calmar [kalmaʀ] *nm* Tintenfisch *m*.

calme [kalm] *adj* ruhig ♦ *nm* Ruhe *f*; sans perdre son ~ ohne aus der Ruhe zu kommen; du ~! immer mit der Ruhe! ▶ calme plat (*NAUT*) Flaute *f*; (*fig*) Totenstille *f*.

calmement [kalməmã] *adv* ruhig.

calmer [kalme] *vt* lindern, mildern; (*personne*) beruhigen; se calmer *vpr* (*personne, mer*) sich beruhigen; (*vent, colère etc*) sich legen.

calomniateur, -trice [kalɔmnjatœʀ, tʀis] *nm/f* Verleumder(in) *m(f)*.

calomnie [kalɔmni] *nf* Verleumdung *f*.

calomnier [kalɔmnje] *vt* verleumden.

calomnieux, -euse [kalɔmnjø, jøz] *adj* verleumderisch.

calorie [kalɔʀi] *nf* Kalorie *f*.

calorifère [kalɔʀifɛʀ] *nm* Ofen *m*.

calorifique [kalɔʀifik] *adj* wärmeerzeugend.

calorifuge [kalɔʀifyʒ] *adj* wärmedämmend ♦ *nm* (*isolant*) Wärmeisolierung *f*.

calot [kalo] *nm* (*MIL*) Käppi *nt*.

calotte [kalɔt] *nf* (*coiffure*) Scheitelkäppchen *nt*; (*fam: gifle*) Ohrfeige *f*; la ~ (*péj: clergé*) die Pfaffen *pl* ▶ calotte glaciaire Gletscherkappe *f*.

calque [kalk] *nm* (*aussi*: papier ~) Pauspapier *nt*; (*dessin*) Pause *f*; (*fig: double*) Nachahmung *f*, Kopie *f*.

calquer [kalke] *vt* (*dessin*) durchpausen; (*fig*) nachahmen, kopieren.

calvados [kalvados] *nm* Calvados *m*.

calvaire [kalvɛʀ] *nm* (*croix*) Wegkreuz *nt*; (*fig*) Martyrium *nt*.

calvitie [kalvisi] *nf* Kahlköpfigkeit *f*.

camaïeu [kamajø] *nm*: en ~ monochrom.

camarade [kamaʀad] *nm/f* (*ami*) Kumpel *m*; (*POL*) Genosse *m*, Genossin *f* ▶ camarade d'école Schulkamerad(in) *m(f)* ▶ camarade de jeu Spielkamerad(in) *m(f)*.

camaraderie [kamaʀadʀi] *nf* Freundschaft *f*.

camarguais, e [kamaʀgɛ, ɛz] *adj* aus der Camargue.

Camargue [kamaʀg] *nf*: la ~ die Camargue *f*.

cambiste [kãbist] *nm* Devisenhändler *m*.

Cambodge [kãbɔdʒ] *nm*: le ~ Kambodscha *nt*.

cambodgien, ne [kãbɔdʒjɛ̃, jɛn] *adj* kambodschanisch ♦ *nm/f*: C~, ne Kambodschaner(in) *m(f)*.

cambouis [kãbwi] *nm* Ölschmiere *f*.

cambré [kãbʀe] *adj*: avoir les reins ~s ein Hohlkreuz haben; avoir le pied très ~ einen sehr hohen Spann haben.

cambrer [kãbʀe] *vt* (*pied*) krümmen; se cambrer *vpr* sich krümmen; ~ la taille *ou* les reins den Rücken krümmen.

cambriolage [kãbʀijɔlaʒ] *nm* Einbruch *m*.

cambrioler [kãbʀijɔle] *vt* einbrechen in +*dat*; (*personne*) einbrechen bei.

cambrioleur, -euse [kãbʀijɔlœʀ, øz] *nm/f* Einbrecher(in) *m(f)*.

cambrure [kãbʀyʀ] *nf* (*du pied*) Wölbung *f*; (*de la route aussi*) Krümmung *f* ▶ cambrure des reins Kreuz *nt*.

cambuse [kãbyz] *nf* (*NAUT*) Kombüse *f*; (*fam*) Bude *f*.

came [kam] *nf* (*fam: drogue*) Koks *m*; arbre à ~s (*AUTO*) Nockenwelle *f*.

camée [kame] *nm* Kamee *f*.

caméléon [kameleɔ̃] *nm* Chamäleon *nt*.

camélia [kamelja] *nm* Kamelie *f*.

camelot [kamlo] *nm* Hausierer *m*.

camelote [kamlɔt] *nf* Ramsch *m*.

camembert [kamãbɛʀ] *nm* Camembert *m*.

caméra [kameʀa] *nf* Kamera *f*.

caméraman [kameʀaman] *nm* Kameramann *m*.

Cameroun [kamʀun] *nm*: le ~ Kamerun *nt*.

camerounais, e [kamʀunɛ, ɛz] *adj* kamerunisch ♦ *nm/f*: C~, e Kameruner(in) *m(f)*.

caméscope [kameskɔp] *nm* Videokamera *f*.

camion [kamjɔ̃] *nm* Lastwagen *m*.

camion-citerne [kamjɔ̃sitɛʀn] (*pl* ~s-~s) *nm* Tankwagen *m*, Tanklaster *m*.

camionnage [kamjɔnaʒ] *nm*: frais de ~ Transportkosten *pl*; entreprise de ~ Spedition *f*.

camionnette [kamjɔnɛt] *nf* Kleintransporter *m*.

camionneur [kamjɔnœʀ] *nm* (*chauffeur*) Fernfahrer(in) *m(f)*, LKW-Fahrer(in) *m(f)*; (*entrepreneur*) Spediteur *m*.

camisole [kamizɔl] *nf*: ~ de force Zwangsjacke *f*.

camomille [kamɔmij] *nf* (*BOT*) Kamille *f*; (*boisson*) Kamillentee *m*.

camouflage [kamuflaʒ] *nm* Tarnung *f*.

camoufler [kamufle] *vt* tarnen; (*fig: sentiment, impression*) verhüllen.

camouflet [kamuflɛ] *nm*: infliger un ~ à qn jdn

brüskieren.

camp [kɑ̃] nm Lager nt ▶ **camp de concentration** Konzentrationslager nt, KZ nt ▶ **camp de nudistes** FKK-Zentrum nt ▶ **camp de vacances** Ferienlager nt.

campagnard, e [kɑ̃paɲaʀ, aʀd] adj (air) Land-; (mœurs) ländlich ♦ nm/f Landbewohner(in) m(f).

campagne [kɑ̃paɲ] nf Land nt; (paysage) Landschaft f; (opération) Kampagne f, Feldzug m; **en ~** (MIL) im Feld; **à la ~** auf dem Land; **faire ~ pour** sich einsetzen für ▶ **campagne de publicité** Werbekampagne f ou -feldzug m ▶ **campagne électorale** Wahlkampf m.

campanile [kɑ̃panil] nm Glockenturm m.

campé, e [kɑ̃pe] adj: **bien ~** gut gezeichnet.

campement [kɑ̃pmɑ̃] nm Lager nt.

camper [kɑ̃pe] vi zelten ♦ vt (chapeau, casquette) keß aufsetzen; (dessin, tableau, personnage) skizzieren; **se camper** vpr: **se ~ devant qn/qch** sich vor jdm/etw aufpflanzen.

campeur, -euse [kɑ̃pœʀ, øz] nm/f Camper(in) m(f).

camphre [kɑ̃fʀ] nm Kampfer m.

camphré, e [kɑ̃fʀe] adj mit Kampfer.

camping [kɑ̃piŋ] nm (activité) Camping nt; (terrain de) ~ Campingplatz m; **faire du ~** zelten, campen; **faire du ~ sauvage** wild campen.

camping-car [kɑ̃piŋkaʀ] (pl ~-~s) nm Wohnmobil nt.

campus [kɑ̃pys] nm Universitätsgelände nt.

camus, e [kamy, yz] adj: **nez ~** Boxernase f.

Canada [kanada] nm: **le ~** Kanada nt.

canadien, ne [kanadjɛ̃, jɛn] adj kanadisch ♦ nm/f: **C~, ne** Kanadier(in) m(f) ♦ nf (veste) gefütterte Schaffelljacke f.

canaille [kanaj] nf (crapule) Schurke m ♦ adj (air, sourire) verwegen.

canal, -aux [kanal, o] nm Kanal m; **par le ~ de** über +acc ▶ **canal de distribution** (COMM) Verteiler m ▶ **canal de Panama** Panamakanal m ▶ **canal de Suez** Suezkanal m ▶ **canal de télévision** Fernsehkanal m.

canalisation [kanalizasjɔ̃] nf (action) Kanalisieren nt; (tuyau) Leitung f.

canaliser [kanalize] vt (eau) kanalisieren; (fig: efforts, renseignements, foule) lenken.

canapé [kanape] nm (fauteuil) Sofa nt; (CULIN) belegtes Brot nt.

canapé-lit [kanapeli] (pl ~s-~s) nm Bettsofa nt.

canaque [kanak] adj kanakisch ♦ nm/f: **C~** Kanake m, Kanakin f.

canard [kanaʀ] nm Ente f; (fam: journal) Zeitung f.

canari [kanaʀi] nm Kanarienvogel m.

Canaries [kanaʀi] nfpl: **les (îles) ~** die Kanarischen Inseln pl.

cancaner [kɑ̃kane] vi tratschen; (canard) quaken.

cancanier, -ière [kɑ̃kanje, jɛʀ] adj tratschend.

cancans [kɑ̃kɑ̃] nmpl (ragots) Tratsch m.

cancer [kɑ̃sɛʀ] nm Krebs m; **il a un ~** er hat Krebs; **être (du) C~** (ASTROL) Krebs sein.

cancéreux, -euse [kɑ̃seʀø, øz] adj Krebs-; (malade) krebskrank ♦ nm/f (personne) Krebskranke(r) f(m).

cancérigène [kɑ̃seʀiʒɛn] adj krebserregend.

cancérologue [kɑ̃seʀɔlɔg] nm/f Krebsspezialist(in) m(f).

cancre [kɑ̃kʀ] nm Niete f.

cancrelat [kɑ̃kʀəla] nm (ZOOL) Schabe f.

candélabre [kɑ̃delabʀ] nm Kandelaber m; (lampadaire) Straßenlaterne m.

candeur [kɑ̃dœʀ] nf Naivität f.

candi [kɑ̃di] adj inv: **sucre ~** Kandiszucker m.

candidat, e [kɑ̃dida, at] nm/f Kandidat(in) m(f); (à un poste) Bewerber(in) m(f).

candidature [kɑ̃didatyʀ] nf (POL) Kandidatur f; (à un poste) Bewerbung f; **poser sa ~** (à un poste) sich bewerben.

candide [kɑ̃did] adj naiv, unbefangen.

cane [kan] nf Ente f.

caneton [kantɔ̃] nm Entenküken nt, Entchen nt.

canette [kanɛt] nf (de bière) Bierflasche f (mit Kippverschluß); (de machine à coudre) Spule f.

canevas [kanva] nm (couture) Stickleinen nt; (fig: d'un texte, récit) Struktur f.

caniche [kaniʃ] nm Pudel m.

caniculaire [kanikylɛʀ] adj glühend heiß.

canicule [kanikyl] nf (chaleur) brütende Hitze f; (période) Hundstage pl.

canif [kanif] nm Taschenmesser nt.

canin, e [kanɛ̃, in] adj (de chien) Hunde- ♦ nf (dent) Eckzahn m; **exposition ~e** Hundeausstellung f.

caniveau [kanivo] nm Rinnstein m, Gosse f.

cannabis [kanabis] nm Cannabis nt.

canne [kan] nf (bâton) Stock m ▶ **canne à pêche** Angelrute f ▶ **canne à sucre** Zuckerrohr nt.

canné, e [kane] adj (chaise) Rohr-.

cannelé, e [kanle] adj kanneliert.

cannelle [kanɛl] nf Zimt m.

cannelure [kan(ə)lyʀ] nf Kannelierung f.

canner [kane] vt (chaise) mit Weidenrohr beziehen; (réparer) mit Weidenrohr reparieren.

cannibale [kanibal] adj kannibalisch ♦ nm/f Kannibale m, Kannibalin f.

cannibalisme [kanibalism] nm Kannibalismus m.

canoë [kanɔe] nm (bateau) Kanu nt ▶ **canoë (kayak)** (SPORT) Kanufahren nt, Kajakfahren nt.

canon [kanɔ̃] nm (arme) Kanone f; (d'une arme) Lauf m; (MUS) Kanon m; (fig: de la beauté etc) Vorbild nt; (fam: petit verre de vin) Gläschen (Wein) nt ♦ adj: **droit ~** kanonisches Recht nt ▶ **canon rayé** gezogener Lauf.

canonique [kanɔnik] adj: **âge ~** ehrwürdiges Alter nt.

canoniser [kanɔnize] vt heiligsprechen.

canonnade [kanɔnad] nf Kanonade f.

canonnier [kanɔnje] nm (personne) Kanonier m.

canonnière [kanɔnjɛʀ] nf Kanonenboot nt.

canot [kano] nm Boot nt ▶ **canot de sauvetage**

Rettungsboot *nt* ▶**canot pneumatique** Schlauchboot *nt*.

canotage [kanɔtaʒ] *nm* Rudern *nt*.

canoter [kanɔte] *vi* rudern gehen.

canotier [kanɔtje] *nm* Kreissäge *f (Hut)*.

Cantal [kɑ̃tal] *nm*: **le** ~ das Cantal *nt*.

cantate [kɑ̃tat] *nf* Kantate *f*.

cantatrice [kɑ̃tatʀis] *nf* Sängerin *f*.

cantilène [kɑ̃tilɛn] *nf* Kantilene *f*.

cantine [kɑ̃tin] *nf* Kantine *f*; *(d'école)* Schulküche *f*; *(malle)* Überseekoffer *m (aus Metall)*; **manger à la** ~ in der Kantine/Schulküche essen.

cantique [kɑ̃tik] *nm* Kirchenlied *nt*.

canton [kɑ̃tɔ̃] *nm* *(en France)* Verwaltungsbezirk, *der mehrere Gemeinden umfaßt*; *(en Suisse)* Kanton *m*.

cantonade [kɑ̃tɔnad]: **à la** ~ *adv* in aller Öffentlichkeit.

cantonais, e [kɑ̃tɔnɛ, ɛz] *adj* kantonesisch.

cantonal, e, -aux [kɑ̃tɔnal, o] *adj* *(en France)* Bezirks-; *(en Suisse)* kantonal.

cantonnement [kɑ̃tɔnmɑ̃] *nf* *(MIL: lieu)* Quartier *nt*.

cantonner [kɑ̃tɔne] *vt* *(MIL)* einquartieren; **se cantonner dans** *vpr* *(maison)* sich zurückziehen in +*acc*; *(études, attitude)* sich zurückziehen auf +*acc*.

cantonnier [kɑ̃tɔnje] *nm* Straßenwärter *m*.

canular [kanylaʀ] *nm* Streich *m*.

canule [kanyl] *nf* Kanüle *f*.

CAO [seao] *sigle f* (= *conception assistée par ordinateur)* CAD *nt*.

caoutchouc [kautʃu] *nm* *(matière)* Kautschuk *m*; *(bande élastique)* Gummiband *nt*; **en** ~ aus Gummi ▶**caoutchouc mousse** ® Schaumgummi *m*.

caoutchouté, e [kautʃute] *adj* mit Gummi beschichtet.

caoutchouteux, -euse [kautʃutø, øz] *adj* gummiartig.

CAP [seape] *sigle m* (= *certificat d'aptitude professionnelle)* Zeugnis einer technischen Schule.

cap [kap] *nm* Kap *nt*; *(promontoire)* Landspitze *f*; *(NAUT)* Kurs *m*; **changer de** ~ den Kurs ändern; **doubler** *ou* **passer le** ~ *(fig)* über das Schlimmste hinweg sein; **mettre le** ~ **sur** Kurs nehmen auf +*acc*; **le** ~ **de Bonne Espérance** das Kap der Guten Hoffnung.

capable [kapabl] *adj* *(compétent)* fähig; ~ **de faire qch** fähig, etw zu tun; **il est** ~ **de l'oublier** er ist imstande und vergißt es.

capacité [kapasite] *nf* *(aptitude)* Fähigkeit *f*; *(JUR)* Berechtigung *f*; *(d'un récipient)* Fassungsvermögen *nt*; *(INFORM)* Kapazität *f* ▶**capacité (en droit)** *(diplôme)* unterstes juristisches Examen.

caparaçonner [kapaʀasɔne] *vt* *(fig)* bekleiden.

cape [kap] *nf* Cape *nt*; **rire sous** ~ sich *dat* ins Fäustchen lachen.

capeline [kaplin] *nf* Schlapphut *m*.

CAPES [kapes] *sigle m* (= *certificat d'aptitude au professorat de l'enseignement du second degré)*

Staatsexamen *für Sekundarstufe zwei*.

capésien, ne [kapesjɛ̃, jɛn] *nm/f* ≈ Lehrer(in) *m(f)* für die Sekundarstufe.

CAPET [kapɛt] *sigle m* (= *certificat d'aptitude au professorat de l'enseignement technique)* Staatsexamen *für Lehrer an technischen Schulen*.

capharnaüm [kafaʀnaɔm] *nm* heilloses Durcheinander *nt*.

capillaire [kapilɛʀ] *adj* Haar-; *(ANAT: vaisseau etc)* Kapillar- ♦ *nm* *(fougère)* Frauenhaar(farn *m*) *nt*.

capillarité [kapilaʀite] *nf* Kapillarwirkung *f*.

capilliculteur [kapilikyltœʀ] *nm* Spezialist *m* für Haarpflege.

capitaine [kapitɛn] *nm* *(NAUT)* Kapitän *m*; *(MIL, de gendarmerie, pompiers)* Hauptmann *m*; *(SPORT)* (Mannschafts)kapitän *m* ▶**capitaine au long cours** Kapitän *m*.

capitainerie [kapitɛnʀi] *nf* *(du port)* Hafenmeisterei *f*.

capital, e, -aux [kapital, o] *adj* *(essentiel)* wesentlich ♦ *nm* Kapital *nt*; **capitaux** *nmpl (fonds)* Gelder *pl*; **les sept péchés capitaux** die sieben Todsünden *pl*; **peine** ~**e** Todesstrafe *f* ▶**capital d'exploitation** Betriebskapital *nt* ▶**capital (social)** Gesellschaftskapital *nt*.

capitale [kapital] *nf* *(ville)* Hauptstadt *f*; *(lettre)* Großbuchstabe *m*.

capitaliser [kapitalize] *vt* *(COMM)* in Kapital verwandeln; *(expériences, connaissances)* Kapital schlagen aus.

capitalisme [kapitalism] *nm* Kapitalismus *m*.

capitaliste [kapitalist] *adj* kapitalistisch ♦ *nm/f* Kapitalist(in) *m(f)*.

capiteux, -euse [kapitø, øz] *adj* *(parfum, vin)* berauschend; *(sensuel)* sinnlich.

capitonnage [kapitɔnaʒ] *nm* Polsterung *f*.

capitonné, e [kapitɔne] *adj* gepolstert, Polster-.

capitonner [kapitɔne] *vt* polstern.

capitulation [kapitylasjɔ̃] *nf* Kapitulation *f*.

capituler [kapityle] *vi* kapitulieren.

caporal, -aux [kapɔral, o] *nm* Gefreite(r) *m*.

caporal-chef [kapɔralʃef] *(pl* **caporaux-chefs)** *nm* Obergefreite(r) *m*.

capot [kapo] *nm* *(de voiture)* Kühlerhaube *f* ♦ *adj inv*: **être** ~ *(CARTES)* verlieren, ohne einen einzigen Stich gemacht zu haben.

capote [kapɔt] *nf* *(de voiture, de landau)* Verdeck *nt*; *(de soldat)* Überzieher *m* ▶**capote (anglaise)** *(fam)* Pariser *m*.

capoter [kapɔte] *vi* *(voiture)* sich überschlagen; *(négociations)* scheitern.

câpre [kɑpʀ] *nf* Kaper *f*.

caprice [kapʀis] *nm* Laune *f*; ~**s** *nmpl (de la mode etc)* Launen *pl*; **faire un** ~ einen Wutanfall haben; **faire des** ~**s** launisch sein.

capricieux, -euse [kapʀisjø, jøz] *adj* launisch.

Capricorne [kapʀikɔʀn] *nm*: **le** ~ *(ASTROL)* Steinbock *m*; **être (du)** ~ Steinbock sein.

capsule [kapsyl] *nf* *(de bouteille)* Verschluß *m*; *(spatiale)* Raumkapsel *f*; *(amorce)* Zündhütchen *nt*; *(BOT)* Kapsel *f*.

captage [kaptaʒ] *nm* (*v vt*) Fassen *nt*; Einfangen *nt*; Erregen *nt*.
capter [kapte] *vt* (*eau*) fassen; (*ondes radio*) einfangen; (*fig: attention, intérêt*) erregen.
capteur [kaptœʀ] *nm*: ~ **solaire** Sonnenkollektor *m*.
captieux, -euse [kapsjø, jøz] *adj* fadenscheinig.
captif, -ive [kaptif, iv] *adj* gefangen ♦ *nm/f* Gefangene(r) *f(m)*.
captivant, e [kaptivɑ̃, ɑ̃t] *adj* fesselnd, faszinierend.
captiver [kaptive] *vt* fesseln, faszinieren.
captivité [kaptivite] *nf* Gefangenschaft *f*; **en** ~ in Gefangenschaft.
capture [kaptyʀ] *nf* Gefangennahme *f*.
capturer [kaptyʀe] *vt* einfangen.
capuche [kapyʃ] *nf* (*de manteau*) Kapuze *f*.
capuchon [kapyʃɔ̃] *nm* (*de vêtement*) Kapuze *f*; (*de stylo*) Kappe *f*.
capucin [kapysɛ̃] *nm* (*moine*) Kapuziner *m*.
capucine [kapysin] *nf* Kapuzinerkresse *f*.
Cap-Vert [kabvɛʀ] *nm*: **le** ~-~, **les îles du** ~-~ die Kapverdischen Inseln *pl*.
caquelon [kaklɔ̃] *nm* Fonduetopf *m*.
caquet [kakɛ] *nm*: **rabattre le** ~ **à qn** jdm einen Dämpfer verpassen.
caqueter [kakte] *vi* (*poule*) gackern; (*fig*) plappern.
car [kaʀ] *nm* Reisebus *m* ♦ *conj* weil, da ▶ **car de police** Mannschaftswagen *m* (*der Polizei*) ▶ **car de reportage** Ü-Wagen *m*.
carabine [kaʀabin] *nf* Karabiner *m* ▶ **carabine à air comprimé** Luftgewehr *nt*.
carabiné, e [kaʀabine] (*fam*) *adj* heftig.
caraco [kaʀako] *nm* weitgeschnittene Bluse *f*.
caracoler [kaʀakɔle] *vi* (herum)tänzeln.
caractère [kaʀaktɛʀ] *nm* Charakter *m*; (*fermeté*) Charakterfestigkeit *f*; (*TYPO*) Schriftzeichen *nt*; **avoir bon/mauvais** ~ gutmütig sein/ein übles Wesen haben; ~**s/seconde** Zeichen *pl* pro Sekunde; **en** ~**s gras** fett gedruckt; **en petits** ~**s** in Kleinbuchstaben; **en** ~**s d'imprimerie** in Druckschrift; **avoir du** ~ (*personne*) Charakter haben.
caractériel, le [kaʀakteʀjɛl] *adj* (*enfant*) gestört ♦ *nm/f* Problemkind *nt*; **troubles** ~**s** Verhaltensstörungen *pl*.
caractérisé, e [kaʀakteʀize] *adj*: **c'est une grippe/de l'insubordination caractérisée** das ist ein klarer Fall von Grippe/von Ungehorsam.
caractériser [kaʀakteʀize] *vt* charakterisieren; **se caractériser par** *vpr* sich auszeichnen durch.
caractéristique [kaʀakteʀistik] *adj* charakteristisch, typisch ♦ *nf* typisches Merkmal *nt*.
caractérologie [kaʀakteʀɔlɔʒi] *nf* Charakterologie *f*.
carafe [kaʀaf] *nf*, **carafon** [kaʀafɔ̃] *nm* Karaffe *f*.
caraïbe [kaʀaib] *adj* karibisch ♦ *nf*: **les C~s** die Antillen *pl*, die Karibischen Inseln *pl*; **la mer des C~s** die Karibik *f*.

carambolage [kaʀɑ̃bɔlaʒ] *nm* Karambolage *f*.
caramel [kaʀamɛl] *nm* (*bonbon*) Karamelbonbon *m ou nt*; (*substance*) Karamel *m* ♦ *adj inv* (*couleur*) karamelfarben.
caraméliser [kaʀamelize] *vt* (*sucre*) karamelisieren; (*moule*) mit Karamel überziehen.
carapace [kaʀapas] *nf* Panzer *m*.
carapater [kaʀapate] (*fam*): **se** ~ *vpr* abhauen.
carat [kaʀa] *nm* Karat *nt*; **or à 18** ~**s** 18-karätiges Gold *nt*; **pierre de 12** ~**s** 12-karätiger Edelstein *m*.
caravane [kaʀavan] *nf* (*de chameaux*) Karawane *f*; (*camping*) Wohnwagen *m*.
caravanier [kaʀavanje] *nm* (*camping*) Wohnwagen-Camper *m*.
caravaning [kaʀavaniŋ] *nm* (*camping*) Campen *nt* mit dem Wohnwagen; (*terrain*) Campingplatz *m* für Wohnwagen.
caravelle [kaʀavɛl] *nf* Karavelle *f*.
carbonate [kaʀbɔnat] *nm* Karbonat *nt*.
carbone [kaʀbɔn] *nm* (*CHIM*) Kohlenstoff *m*; (*aussi*: **papier** ~) Kohlepapier *nt*; (*double*) Durchschlag *m*.
carbonique [kaʀbɔnik] *adj* Kohlen-; **gaz** ~ Kohlensäure *f*; **neige** ~ Trockeneis *nt*.
carbonisé, e [kaʀbɔnize] *adj* (*rôti*) völlig verbrannt; **mourir** ~ verbrennen.
carboniser [kaʀbɔnize] *vt* (*bois, substance*) zu Kohle machen; (*forêt, maison*) völlig verbrennen.
carburant [kaʀbyʀɑ̃] *nm* Treibstoff *m*.
carburateur [kaʀbyʀatœʀ] *nm* Vergaser *m*.
carburation [kaʀbyʀasjɔ̃] *nf* Vergasen *nt*.
carburer [kaʀbyʀe] *vi*: **ce moteur carbure bien/mal** bei diesem Motor ist der Vergaser gut/schlecht eingestellt; **il carbure au whisky** (*fam*) er lebt von Whisky.
carcan [kaʀkɑ̃] *nm* (*fig*) Joch *nt*.
carcasse [kaʀkas] *nf* (*d'animal*) Kadaver *m*; (*de voiture etc*) Karosserie *f*.
carcéral, e, -aux [kaʀseʀal, o] *adj* Gefängnis-.
carcinogène [kaʀsinɔʒɛn] *adj* kerbserregend.
cardan [kaʀdɑ̃] *nm* Kardangelenk *nt*.
carder [kaʀde] *vt* (*laine*) kämmen.
cardiaque [kaʀdjak] *adj* Herz- ♦ *nm/f* Herzpatient(in) *m(f)*; **être** ~ herzkrank sein.
cardigan [kaʀdigɑ̃] *nm* Strickjacke *f*.
cardinal, e, -aux [kaʀdinal, o] *adj* (*nombre*) Kardinal- ♦ *nm* (*REL*) Kardinal *m*.
cardiologie [kaʀdjɔlɔʒi] *nf* Kardiologie *f*.
cardiologue [kaʀdjɔlɔg] *nm/f* Kardiologe *m*, Kardiologin *f*.
cardio-vasculaire [kaʀdjovaskylɛʀ] (*pl* ~-~**s**) *adj* kardiovaskulär.
cardon [kaʀdɔ̃] *nm* Kardone *f*.
carême [kaʀɛm] *nm*: **le** ~ die Fastenzeit *f*.
carénage [kaʀenaʒ] *nm* (*de voiture*) Stromlinienform *f*; (*NAUT*) Überholung *f*.
carence [kaʀɑ̃s] *nf* Mangel *m*; (*inefficacité, incapacité*) Unfähigkeit *f* ▶ **carence vitaminique** Vitaminmangel *m*.
carène [kaʀɛn] *nf* Schiffskörper *m*.

caréner [kaʀene] vt (carrosserie) wind-schlüpfrig machen; (NAUT) überholen.
caressant, e [kaʀesɑ̃, ɑ̃t] adj zärtlich.
caresse [kaʀɛs] nf Liebkosung f, Zärtlichkeit f.
caresser [kaʀese] vt streicheln; (fig: projet, espoir) liebäugeln mit.
cargaison [kaʀgɛzɔ̃] nf (marchandise) (Schiffs)fracht f.
cargo [kaʀgo] nm Frachtschiff nt, Frachter m ▶ **cargo mixte** Frachter, der auch Passagiere befördert.
cari [kaʀi] nm = curry.
caricatural, e, aux [kaʀikatyʀal, o] adj überzeichnet, karikaturhaft.
caricature [kaʀikatyʀ] nf (dessin) Karikatur f.
caricaturer [kaʀikatyʀe] vt karikieren.
caricaturiste [kaʀikatyʀist] nm/f Karikaturist(in) m(f).
carie [kaʀi] nf: **la ~ (dentaire)** Karies f; **une ~** ein Loch nt im Zahn.
carié, e [kaʀje] adj: **dent ~e** kariöser Zahn m.
carillon [kaʀijɔ̃] nm (d'église) Glockenspiel nt; (pendule) Schlag m; **~ (électrique)** (sonnerie de porte) Türglocke f.
carillonner [kaʀijɔne] vi läuten ♦ vt (heure) schlagen; (fig: nouvelle) ankündigen.
caritatif, -ive [kaʀitatif, iv] adj wohltätig, Wohltätigkeits-.
carlingue [kaʀlɛ̃g] nf (d'avion) Cockpit nt.
carmélite [kaʀmelit] nf Karmeliterin f.
carmin [kaʀmɛ̃] adj inv karminrot.
carnage [kaʀnaʒ] nm Blutbad nt.
carnassier, -ière [kaʀnasje, jɛʀ] adj fleischfressend ♦ nm Fleischfresser m.
carnation [kaʀnasjɔ̃] nf Gesichtsfarbe f.
carnaval [kaʀnaval] nm Karneval m.
carné, e [kaʀne] adj (alimentation) Fleisch-.
carnet [kaʀnɛ] nm (calepin) Notizheft nt; (de tickets, timbres etc) Heftchen nt; (d'école) Schulheft nt ▶ **carnet à souches** Heftchen mit Kontrollabschnitten ▶ **carnet d'adresses** Adreßbuch nt ▶ **carnet de chèques** Scheckbuch nt ▶ **carnet de commandes** (COMM) Auftragsbuch nt ▶ **carnet de notes** (SCOL) Zeugnisheft nt.
carnier [kaʀnje] nm Jagdtasche f.
carnivore [kaʀnivɔʀ] adj fleischfressend ♦ nm (espèce) Fleischfresser m.
carotide [kaʀotid] nf Halsschlagader f.
carotte [kaʀɔt] nf (légume) Möhre f, Mohrrübe f; (fig: appât) Versprechung f.
Carpates [kaʀpat] nfpl: **les ~** die Karpaten pl.
carpe [kaʀp] nf Karpfen m.
carpette [kaʀpɛt] nf (tapis) Läufer m.
carquois [kaʀkwa] nm Köcher m.
carre [kaʀ] nf (de ski) Kante f.
carré, e [kaʀe] adj quadratisch; (MATH: mètre, racine etc) Quadrat-; (visages, épaules) eckig; (fig: direct, franc) geradeaus, aufrichtig ♦ nm Quadrat nt; (de terrain, jardin) Stück nt; (NAUT: salle) Offiziersmesse f; **le ~ (d'un nombre)** das Quadrat (einer Zahl); **élever un nombre au ~** eine Zahl ins Quadrat erheben, eine Zahl

quadrieren; **mètre/kilomètre ~** Quadratmeter m/Quadratkilometer m ▶ **carré d'agneau** Lendenstück nt vom Lamm ▶ **carré d'as** vier Asse pl ▶ **carré de soie** (viereckiges) Seidentuch nt.
carreau, x [kaʀo] nm (par terre) Fliese f; (au mur) Kachel f; (de fenêtre) Scheibe f; (CARTES) Karo nt; **à ~x** kariertes Papier nt; **tissu à ~x** Karostoff m.
carrefour [kaʀfuʀ] nm (routier) Kreuzung f; (fig) Kreuzungspunkt m.
carrelage [kaʀlaʒ] nm Fliesen pl; (action) Fliesen nt.
carreler [kaʀle] vt fliesen.
carrelet [kaʀlɛ] nm (filet) viereckiges Fischnetz; (poisson) Scholle f.
carreleur [kaʀlœʀ] nm Fliesenleger m.
carrément [kaʀemɑ̃] adv geradeheraus; (nettement) ganz einfach; **il l'a ~ mis à la porte** er hat ihn ganz einfach ou glatt herausgeworfen.
carrer [kaʀe]: **se ~** vpr: **se ~ dans un fauteuil** sich in einen Sessel kuscheln.
carrier [kaʀje] nm: **(ouvrier) ~** Steinbrucharbeiter m.
carrière [kaʀjɛʀ] nf (de craie, sable) Steinbruch m; (métier) Karriere f; **militaire de ~** Berufssoldat m; **faire ~ dans** Karriere machen in +dat.
carriériste [kaʀjeʀist] adj karrieresüchtig.
carriole [kaʀjɔl] (péj) nf (charrette) Karre f.
carrossable [kaʀosabl] adj befahrbar.
carrosse [kaʀos] nm Kutsche f.
carrosserie [kaʀosʀi] nf (de voiture) Karosserie f; (activité, commerce) Karosseriebau m; **atelier de ~** Karosseriewerkstatt f.
carrossier [kaʀosje] nm Karosseriebauer m; (dessinateur) Karosseriedesigner m.
carrousel [kaʀuzɛl] nm Karussell nt.
carrure [kaʀyʀ] nf Statur f; (d'un vêtement) Schulterbreite f; **de ~ athlétique** mit athletischem Körperbau.
cartable [kaʀtabl] nm Schultasche f.
carte [kaʀt] nf Karte f; (de fichier) Karteikarte f; (d'électeur, de parti) Ausweis m; (au restaurant) Speisekarte f; (aussi: **~ de visite**) (Visiten)karte f; **avoir ~ blanche** freie Hand haben; **donner ~ blanche à qn** jdm freie Hand ou eine Blankovollmacht geben; **jouer aux ~s** Karten spielen; **jouer ~s sur table** (fig) die Karten auf den Tisch legen; **tirer les ~s à qn** jdm die Karten legen; **à la ~** (au restaurant) à la carte ▶ **carte à puce** Platine f ▶ **carte bancaire** Scheckkarte f ▶ **carte d'état-major** ≈ Meßtischblatt nt ▶ **carte d'identité** Personalausweis m ▶ **carte de crédit** Kreditkarte f ▶ **carte de séjour** Aufenthaltsgenehmigung f ▶ **carte des vins** Weinkarte f ▶ **carte grise** ≈ Kraftfahrzeugschein m ▶ **carte orange** Zeitkarte für den Pariser Verkehrsverbund ▶ **carte perforée** Lochkarte f ▶ **carte postale** Postkarte f ▶ **carte routière** Straßenkarte f ▶ **carte Vermeil** ≈ Seniorenpaß m ▶ **carte verte**

grüne Versicherungskarte *f.*

cartel [kaʀtɛl] *nm* Kartell *nt.*

carte-lettre [kaʀtəlɛtʀ] (*pl* ~s-~s) *nf* Briefkarte *f.*

carter [kaʀtɛʀ] *nm* Gehäuse *nt.*

carte-réponse [kaʀt(ə)Repɔ̃s] (*pl* ~s-~s) *nf* Antwortkarte *f.*

cartésien, ne [kaʀtezjɛ̃, jɛn] *adj* kartesisch.

cartilage [kaʀtilaʒ] *nm* Knorpel *m.*

cartilagineux, -euse [kaʀtilaʒinø, øz] *adj* (*viande*) knorpelig.

cartographe [kaʀtɔgʀaf] *nm* Kartograph(in) *m(f).*

cartographie [kaʀtɔgʀafi] *nf* Kartographie *f.*

cartomancie [kaʀtɔmɑ̃si] *nf* Wahrsagerei *f* (*aus Karten*).

cartomancien, ne [kaʀtɔmɑ̃sjɛ̃, jɛn] *nm/f* Kartenleger(in) *m(f).*

carton [kaʀtɔ̃] *nm* (*matériau*) Karton *m*, Pappe *f*; (*boîte*) Karton; (*d'invitation*) Karte *f*; (*de tapisserie, mosaïque*) Vorlage *f*; **en** ~ aus Pappe *ou* Karton; **faire un** ~ schießen ▸ **carton (à dessin)** Mappe *f.*

cartonnage [kaʀtɔnaʒ] *nm* (*emballage*) Verpackungskarton *m.*

cartonné, e [kaʀtɔne] *adj* (*livre*) kartoniert.

carton-pâte [kaʀtɔpɑt] (*pl* ~s-~s) *nm* (*matériau*) Pappkarton *m*; **de** ~-~ (*fig*) Papp-.

cartouche [kaʀtuʃ] *nf* (*de fusil, de stylo*) Patrone *f*; (*de cigarettes*) Stange *f*; (*de film, de ruban encreur*) Kassette *f.*

cartouchière [kaʀtuʃjɛʀ] *nf* (*ceinture*) Patronengürtel *m*; (*sac*) Patronentasche *f.*

cas [kɑ] *nm* Fall *m*; **faire peu de** ~/**grand** ~ **de** viel/wenig Aufhebens machen um; **le** ~ **échéant** im Fall des Falles; **en aucun** ~ keinesfalls; **au** ~ **où** falls; **dans ce** ~ in diesem Fall; **en** ~ **de** im Falle +*gén*; **en** ~ **de besoin** bei Bedarf; **en** ~ **d'urgence** notfalls; **en ce** ~ in diesem Fall; **en tout** ~ auf alle Fälle, auf jeden Fall ▸ **cas de conscience** Gewissensfrage *f* ▸ **cas de force majeure** Fall von höherer Gewalt ▸ **cas limite** Grenzfall *m* ▸ **cas social** Sozialfall *m.*

casanier, -ière [kazanje, jɛʀ] *adj* häuslich.

casaque [kazak] *nf* (*de jockey*) Jockeyjacke *f.*

cascade [kaskad] *nf* Wasserfall *m*; (*fig*) Flut *f.*

cascadeur, -euse [kaskadœʀ, øz] *nm/f* Stuntman *m*/-girl *nt*, Double *nt.*

case [kɑz] *nf* (*hutte*) Hütte *f*; (*compartiment*) Fach *nt*; (*sur un formulaire, de mots croisés, d'échiquier*) Kästchen *nt*; **cochez la** ~ **réservée à cet effet** kreuzen Sie das entsprechende Kästchen an.

caséine [kazein] *nf* Kasein *nt.*

casemate [kazmat] *nf* Kasematte *f.*

caser [kaze] *vt* (*ranger*) einordnen; (*loger*) unterbringen, einquartieren; (*placer, marier*) unterbringen; **se caser** *vpr* (*personne*) sich niederlassen; (*péj*) sich einnisten.

caserne [kazɛʀn] *nf* Kaserne *f.*

casernement [kazɛʀnəmɑ̃] *nm* Kasernierung

f.

cash [kaʃ] *adv*: **payer** ~ bar zahlen.

casier [kazje] *nm* (*à journaux*) Ständer *m*; (*de bureau*) Ablageschrank *m*; (*: à cases*) Fächer *m*; (*case*) Fach *nt*; (*fermant à clef*) Schließfach *nt*; (*PÊCHE*) Hummerkorb *m* ▸ **casier à bouteilles** Flaschenregal *nt* ▸ **casier judiciaire** Vorstrafenregister *nt.*

casino [kazino] *nm* Kasino *nt.*

casque [kask] *nm* Helm *m*; (*de motocycliste etc*) Sturzhelm *m*; (*chez le coiffeur*) Trockenhaube *f*; (*pour audition*) Kopfhörer *m*; **les C~s bleus** die Blauhelme *pl.*

casquer [kaske] (*fam*) *vt* hinblättern.

casquette [kaskɛt] *nf* Kappe *f.*

cassable [kasabl] *adj* zerbrechlich.

cassant, e [kasɑ̃, ɑ̃t] *adj* (*fragile*) zerbrechlich; (*fig: personne, voix*) schroff.

cassate [kasat] *nf* Cassata *f.*

cassation [kasasjɔ̃] *nf*: **se pourvoir en** ~ Berufung einlegen; **recours en** ~ Berufung *f* beim Höchsten Gerichtshof; **cour de** ~ Berufungsgericht *nt.*

casse [kɑs] *nf*: **mettre à la** ~ verschrotten; **il y a eu de la** ~ es hat viel Bruch gegeben; **haut/bas de** ~ (*TYPO*) groß/klein.

cassé, e [kase] *adj* (*verre, jouet*) kaputt; (*voix, vieillard*) gebrochen; **blanc** ~ gebrochen weiß.

casse-cou [kasku] *adj inv* (*dangereux*) halsbrecherisch; (*imprudent*) waghalsig ♦ *nm inv* (*personne*) Waghals *m*; **crier** ~-~ **à qn** jdn warnen.

casse-croûte [kaskʀut] *nm inv* Imbiß *m.*

casse-noisette(s) [kasnwazɛt] *nm* Nußknacker *m.*

casse-noix [kasnwa] *nm inv* Nußknacker *m.*

casse-pieds [kaspje] (*fam*) *adj, n inv*: **il est** ~-~, **c'est un** ~-~ er ist ein Nervtöter, er kann einem wirklich auf den Wecker gehen.

casser [kase] *vt* (*verre*) zerbrechen; (*os*) brechen; (*œuf*) aufschlagen; (*ADMIN: gradé*) degradieren, herunterstufen; (*JUR: arrêt, décision*) aufheben ♦ *vi* (*corde etc*) reißen; **se casser** *vpr* (*vase*) zerbrechen; (*corde*) reißen; (*fam: partir*) abhauen; (*être fragile*) zerbrechlich sein; ~ **les prix** die Preise brechen; **se** ~ **la jambe** *ou* **une jambe** sich ein Bein *ou* das Bein brechen; **à tout** ~ (*tout au plus*) mindestens.

casserole [kasʀɔl] *nf* Kochtopf *m*; **à la** ~ (*CULIN*) gedünstet.

casse-tête [kastɛt] *nm inv* (*problème difficile*) harte Nuß *f*; (*jeu*) Denksportaufgabe *f.*

cassette [kasɛt] *nf* Kassette *f*; (*coffret*) Schatulle *f.*

casseur [kasœʀ] *nm* (*POL*) Hooligan *m.*

cassis [kasis] *nm* (*BOT*) schwarze Johannisbeere *f*; (*liqueur*) Cassis *m*; (*AUTO: de la route*) Unebenheit *f.*

cassonade [kasɔnad] *nf* brauner Zucker *m.*

cassoulet [kasulɛ] *nm* Ragout mit weißen Bohnen und Gänse-, Enten-, Hammel- oder Schweinefleisch.

cassure [kɑsyʀ] *nf* (*fissure*) Riß *m.*

castagnettes [kastaɲɛt] *nfpl* Kastagnetten *pl.*
caste [kast] *nf* Kaste *f.*
Castille [kastij] *nf*: **la ~** Kastilien *nt.*
castor [kastɔʀ] *nm* Biber *m.*
castrer [kastʀe] *vt* kastrieren.
cataclysme [kataklism] *nm* Verheerung *f.*
catacombes [katakɔ̃b] *nfpl* Katakomben *pl.*
catadioptre [katadjɔptʀ] *nm* = **cataphote.**
catafalque [katafalk] *nm* Katafalk *m.*
catalan, e [katalɑ̃, an] *adj* katalanisch.
catalepsie [katalɛpsi] *nf*: **tomber en ~** einen kataleptischen Anfall haben.
Catalogne [katalɔɲ] *nf*: **la ~** Katalanien *nt.*
catalogue [katalɔg] *nm* Katalog *m.*
cataloguer [katalɔge] *vt* katalogisieren; **~ qn** (*péj*) jdn in eine Schublade einordnen.
catalyse [kataliz] *nf* Katalyse *f.*
catalyseur [katalizœʀ] *nm* Katalysator *m.*
catamaran [katamaʀɑ̃] *nm* (*voilier*) Katamaran *m.*
cataphote [katafɔt] *nm* Katzenauge *nt.*
cataplasme [kataplasm] *nm* Umschlag *m.*
catapulte [katapylt] *nf* Katapult *nt.*
catapulter [katapylte] *vt* katapultieren.
cataracte [kataʀakt] *nf* (*MÉD*) grauer Star *m*; (*cascade*) Wasserfall *m*; **opérer qn de la ~** jdn am grauen Star operieren, jdm den grauen Star stechen.
catarrhe [kataʀ] *nm* Katarrh *m.*
catarrheux, -euse [kataʀø, øz] *adj* an Katarrh erkrankt.
catastrophe [katastʀɔf] *nf* Katastrophe *f*; **atterrir en ~** eine Notlandung machen; **partir en ~** Hals über Kopf aufbrechen.
catastrophé [katastʀɔfe] (*fam*) *adj* wie vom Donner gerührt.
catastrophique [katastʀɔfik] *adj* katastrophal.
catch [katʃ] *nm* (*SPORT*) Catchen *nt.*
catcheur, -euse [katʃœʀ, øz] *nm/f* Catcher(in) *m(f).*
catéchiser [kateʃize] *vt* (*REL*) katechisieren; (*endoctriner*) belehren.
catéchisme [kateʃism] *nm* (*instruction*) Religionsunterricht *m.*
catéchumène [katekymɛn] *nm/f* Katechumene *m*, Katechumenin *f.*
catégorie [kategɔʀi] *nf* Kategorie *f*; (*SPORT*) Klasse *f*; **morceaux de première/deuxième ~ ≈** Fleischstücke der Handelsklasse A/B.
catégorique [kategɔʀik] *adj* kategorisch.
catégoriquement [kategɔʀikmɑ̃] *adv* kategorisch.
catégoriser [kategɔʀize] *vt* in Kategorien einordnen.
caténaire [katenɛʀ] *nf* (*RAIL*) Oberleitungskabel *nt.*
cathédrale [katedʀal] *nf* Kathedrale *f.*
cathéter [katetɛʀ] *nm* Katheter *m.*
cathode [katɔd] *nf* Kathode *f.*
cathodique [katɔdik] *adj*: **rayons ~s** Kathodenstrahlen *pl*; **tube/écran ~** Kathodenstrahlröhre *f*/-bildschirm *m.*
catholicisme [katɔlisism] *nm* Katholizismus *m.*

catholique [katɔlik] *adj* katholisch ♦ *nm/f* Katholik(in) *m(f)*; **pas très ~** (*louche*) nicht ganz astrein.
catimini [katimini]: **en ~** *adv* heimlich, still und leise.
catogan [katɔgɑ̃] *nm* Pferdeschwanz *m.*
Caucase [kokaz] *nm*: **le ~** der Kaukasus *m.*
caucasien, ne [kokazjɛ̃, jɛn] *adj* kaukasisch.
cauchemar [koʃmaʀ] *nm* Alptraum *m.*
cauchemardesque [koʃmaʀdɛsk] *adj* grauenvoll.
causal, e, s *ou* **-aux** [kozal, o] *adj* kausal.
causalité [kozalite] *nf* Kausalität *f.*
causant, e [kozɑ̃, ɑ̃t] (*fam*) *adj* schwatzhaft.
cause [koz] *nf* Grund *m*; (*d'un accident etc*) Ursache *f*; (*JUR*) Fall *m*, Sache *f*; **être (la) ~ de** der Grund *ou* die Ursache sein für; **à ~ de** wegen +*gén ou dat*; **pour ~ de** wegen +*gén ou dat*; **(et) pour ~** (und) zu Recht; **être en ~** (*personne*) verwickelt sein; (*intérêts, honnêteté*) auf dem Spiel stehen; **la qualité est en ~** es geht hier um die Qualität; **mettre en ~** verwickeln; **remettre en ~** in Frage stellen; **en tout état de ~** jedenfalls; **faire ~ commune avec qn** mit jdm gemeinsame Sache machen.
causer [koze] *vt* verursachen ♦ *vi* plaudern; (*péj*) tratschen.
causerie [kozʀi] *nf* (*conférence*) Plauderei *f*; (*conversation*) Gespräch *nt.*
causette [kozɛt] *nf*: **faire la ~** *ou* **un brin de ~** schwatzen.
caustique [kostik] *adj* (*personne, remarque*) bissig, ätzend; **soude ~** Ätznatron *nt.*
cauteleux, -euse [kotlø, øz] *adj* hinterlistig.
cautère [kotɛʀ] *nm*: **c'est un ~ sur une jambe de bois** das ist so unnütz wie ein Kropf.
cautériser [koteʀize] *vt* kauterisieren.
caution [kosjɔ̃] *nf* Kaution *f*; (*fig: soutien, appui*) Unterstützung *f*; **payer la ~ de qn** für jdn die Kaution hinterlegen; **se porter ~ pour qn** für jdn bürgen; **libéré sous ~** gegen Kaution freigelassen; **sujet à ~** (*bisher*) unbestätigt.
cautionnement [kosjɔnmɑ̃] *nm* Unterstützung *f.*
cautionner [kosjɔne] *vt* unterstützen.
cavalcade [kavalkad] *nf* (*fig*) (ungeordneter) Haufen *m.*
cavale [kaval] (*fam*) *nf*: **en ~** auf der Flucht.
cavalerie [kavalʀi] *nf* Kavallerie *f.*
cavalier, -ière [kavalje, jɛʀ] *adj* (*désinvolte*) unbekümmert ♦ *nm/f* (*à cheval*) Reiter(in) *m(f)*; (*au bal*) Partner(in) *m(f)* ♦ *nm* (*ÉCHECS*) Springer *m*; **faire ~ seul** es im Alleingang versuchen; **allée** *ou* **piste cavalière** Reitbahn *f.*
cavalièrement [kavaljɛʀmɑ̃] *adv* unbekümmert.
cave [kav] *nf* Keller *m*; (*réserve de vins*) (Wein)keller *m*; (*cabaret*) Kellerbar *f* ♦ *adj*: **yeux ~s** tiefliegende Augen *pl*; **joues ~s** eingefallene Wangen *pl.*
caveau, x [kavo] *nm* Gruft *f.*
caverne [kavɛʀn] *nf* Höhle *f.*
caverneux, -euse [kavɛʀnø, øz] *adj*: **voix ca-**

verneuse hohle Stimme *f.*
caviar [kavjaʀ] *nm* Kaviar *m.*
cavité [kavite] *nf* Hohlraum *m.*
CB [sibi] *sigle f* (= *citizens' band, canaux banalisés*) CB *nt.*
CC [sese] *sigle m* (= *corps consulaire*) CC.
CCI [sesei] *sigle f* (= *Chambre de commerce et d'industrie*) ≈ IHK *f.*
CCP [sesepe] *sigle m* (= *compte chèque postal*) *voir* **compte.**
CD [sede] *sigle m* (= *compact disc*) CD *f;* (*POL* = *corps diplomatique*) CD.
CDI [sedei] *sigle m* (= *centre de documentation et d'information*) Schulbücherei *f.*
CD-Rom [sedeʀɔm] *abr m* (= *Compact Disc Read Only Memory*) CD-Rom *f.*
CDS [sedees] *sigle m* (= *Centre des démocrates sociaux*) politische Partei.
CE [seə] *sigle f* (= *Communauté européenne*) EG *f*
♦ *sigle m* (= *Conseil de l'Europe*) Europarat *m;* (= *comité d'entreprise*) *voir* **comité;** (= *cours élémentaire*) *voir* **cours.**

============================ *MOT-CLÉ*

ce, c', cette [sə, s, sɛt] (*devant nm + voyelle ou h aspiré* **cet**) (*pl* **ces** [se]) *adj* diese(r, s); (*pl*) diese; **cette maison(-ci/là)** dieses Haus da; **cet homme** dieser Mann; **cette nuit** (*qui vient*) heute nacht; (*dernière*) heute *ou* letzte Nacht
♦ *pron* **1:** **c'est** das ist, es ist; **c'est un peintre** das ist ein Maler; **ce sont des peintres** das sind Maler; **c'est une voiture/girafe** das ist ein Auto/eine Giraffe; **c'est un brave homme** er ist ein guter Mensch; **c'est un peintre qui me l'a donné** das hat mir ein Maler gegeben; **c'est petit/grand** es ist klein/groß; **c'est le facteur** ist der Briefträger; **qui est-ce?** wer ist da?; (*en désignant*) wer ist das?; **qu'est-ce?** was ist das?; **c'est toi qui le dis** das sagst du; **c'est toi qui lui as parlé** du hast mit ihm gesprochen; **sur ce** darüber; (*à cet instant*) darauf; **si ce n'est ...** außer ...
2: **ce qui was; ce que** was; **tout ce qui bouge** alles, was sich bewegt; **tout ce que je sais** alles, was ich weiß; **ce dont j'ai parlé** (das) wovon ich gesprochen habe; **ce que c'est grand!** das ist aber groß!; **veiller à ce que ...** darauf aufpassen, daß ... .

CEA [seəa] *sigle m* (= *Commissariat à l'énergie atomique*) AEA *f.*
ceci [səsi] *pron* dies.
cécité [sesite] *nf* Blindheit *f.*
céder [sede] *vt* aufgeben ♦ *vi* nachgeben; ~ **à** erliegen *+dat;* ~ **à qn** jdm nachgeben.
CEDEX [sedɛks] *sigle m* (= *courrier d'entreprise à distribution exceptionnelle*) Postzustellung *für* Großkunden.
cédille [sedij] *nf* Cedille *f.*
cédrat [sedʀa] *nm* große Zitrone.
cèdre [sɛdʀ] *nm* Zeder *f.*
CEE [seəə] *sigle f* (= *Communauté économique européenne*) EWG *f.*

CEI [seəi] *sigle f* (= *Communauté des Etats indépendants*) GUS *f.*
ceindre [sɛ̃dʀ] *vt* (*mettre*) herumlegen; (*entourer*) umgürten.
ceinture [sɛ̃tyʀ] *nf* Gürtel *m;* (*taille*) Taille *f;* (*d'un pantalon, d'une jupe*) Bund *m* ▶ **ceinture de sauvetage** Schwimmweste *f* ▶ **ceinture de sécurité** Sicherheitsgurt *m* ▶ **ceinture (de sécurité) à enrouleur** Trägheitsgurt *m* ▶ **ceinture noire** (*JUDO*) schwarzer Gürtel ▶ **ceinture verte** Grüngürtel *m.*
ceinturer [sɛ̃tyʀe] *vt* (*saisir*) (um die Taille) packen; (*entourer*) umgürten.
ceinturon [sɛ̃tyʀɔ̃] *nm* Gürtel *m.*
cela [s(ə)la] *pron* das; (*sujet indéfini*) es; ~ **m'étonne que** es erstaunt mich, daß; **où** ~**?** wo denn?
célébrant [selebʀɑ̃] *nm* Zelebrant *m.*
célébration [selebʀasjɔ̃] *nf* (*fête*) Feier *f;* (*de messe*) Feiern *nt.*
célèbre [selɛbʀ] *adj* berühmt.
célébrer [selebʀe] *vt* feiern; (*messe*) lesen.
célébrité [selebʀite] *nf* Berühmtheit *f.*
céleri [sɛlʀi] *nm:* ~**(-rave)** (Knollen)sellerie *f ou m* ▶ **céleri en branche** Staudensellerie *f ou m.*
célérité [seleʀite] *nf* Geschwindigkeit *f.*
céleste [selɛst] *adj* himmlisch.
célibat [seliba] *nm* Zölibat *nt;* (*de prêtre*) Ehelosigkeit *f.*
célibataire [selibatɛʀ] *adj* unverheiratet, ledig; (*ADMIN*) ledig ♦ *nm/f* Junggeselle(-in) *m(f);* **mère** ~ ledige Mutter *f.*
celle, celles [sɛl] *pron voir* **celui.**
cellier [selje] *nm* Speisekammer *f.*
cellophane® [selɔfan] *nf* Cellophan ® *nt.*
cellulaire [selylɛʀ] *adj* (*BIOL*) Zell-; **voiture** *ou* **fourgon** ~ grüne Minna *f;* **régime** ~ Arrest *m.*
cellule [selyl] *nf* Zelle *f* ▶ **cellule (photo-électrique)** Photozelle *f.*
cellulite [selylit] *nf* Zellulitis *f.*
celluloïd® [selylɔid] *nm* Celluloid ® *nt.*
cellulose [selyloz] *nf* Zellulose *f.*
celte [sɛlt] *adj,* **celtique** [sɛltik] *adj* keltisch.

============================ *MOT-CLÉ*

celui, celle [səlɥi] (*mpl* **ceux,** *fpl* **celles**) *pron* **1:** **celui-ci/là, celle-ci/là** der/die/das; **ceux-ci, celles-ci** die; **ceux-là, celles-là** die; **celui de mon frère** der/die/das von meinem Bruder; **celui n'est pas mon livre, c'est celui de mon frère** das ist nicht mein Buch, es ist das von meinem Bruder; **celui du salon** der/die/das im Wohnzimmer
2: **quel oiseau? – celui qui chante** welcher Vogel? – der, der singt; **celui que je vois** (*m*) der, den ich sehe; (*f*) die, die ich sehe; (*nt*) das, das ich sehe; **celui dont je parle** (*personne*) der/die, von dem/der ich spreche; (*chose*) der/die/das, von dem/der/dem ich spreche
3 (*valeur indéfinie*): **celui qui veut** wer will.

----

cénacle [senakl] *nm* literarischer Kreis *m.*
cendre [sɑ̃dʀ] *nf* Asche *f;* ~**s** *nfpl* (*d'un foyer*)

Asche; **sous la** ~ in der Glut.

cendré, e [sãdʀe] *adj* (*couleur*) aschgrau; (**piste**) ~**e** (*SPORT*) Aschenbahn *f*.

cendrier [sãdʀije] *nm* Aschenbecher *m*.

cène [sɛn] *nf* Abendmahl *nt*.

censé, e [sãse] *adj*: **être** ~ **faire qch** etw tun sollen.

censément [sãsemã] *adv* angeblich.

censeur [sãsœʀ] *nm* Zensor *m*; (*du lycée*) stellvertretender Direktor *m*.

censure [sãsyʀ] *nf* Zensur *f*.

censurer [sãsyʀe] *vt* zensieren; (*POL: gouvernement*) das Mißtrauen aussprechen +*dat*.

cent [sã] *num* hundert; **pour** ~ Prozent *nt*; **faire les** ~ **pas** auf und ab gehen.

centaine [sãtɛn] *nf*: **une** ~ (**de**) hundert; (*environ 100*) etwa hundert; **plusieurs** ~**s** (**de**) mehrere hundert; **des** ~**s** (**de**) Hunderte (von).

centenaire [sãt(ə)nɛʀ] *adj* hundertjährig ♦ *nm/f* (*personne*) Hundertjährige(r) *f(m)* ♦ *nm* (*anniversaire*) hundertster Geburtstag *m*.

centième [sãtjɛm] *num* hundertste(r, s).

centigrade [sãtigʀad] *nm* Grad *m* Celsius.

centigramme [sãtigʀam] *nm* Zentigramm *nt*.

centilitre [sãtilitʀ] *nm* Zentiliter *m*.

centime [sãtim] *nm* Centime *m*.

centimètre [sãtimɛtʀ] *nm* Zentimeter *m ou nt*; (*ruban*) Zentimetermaß *nt*.

centrafricain, e [sãtʀafʀikɛ̃, ɛn] *adj* zentralafrikanisch.

central, e, -aux [sãtʀal, o] *adj* zentral ♦ *nm*: ~ (**téléphonique**) (Telefon)zentrale *f*.

centrale [sãtʀal] *nf* (*prison*) Gefängnis *nt* ▶ **centrale électrique** Elektrizitätswerk *nt* ▶ **centrale nucléaire** Kernkraftwerk *nt* ▶ **centrale syndicale** Gewerkschaftszentrale *f*.

centralisation [sãtʀalizasjɔ̃] *nf* Zentralisierung *f*.

centraliser [sãtʀalize] *vt* zentralisieren.

centralisme [sãtʀalism] *nm* Zentralismus *m*.

centraméricain, e [sãtʀameʀikɛ̃, ɛn] *adj* mittelamerikanisch.

centre [sãtʀ] *nm* (*GÉOM, gén*) Mittelpunkt *m*, Mitte *f*; (*de ville, POL, fig*) Zentrum *nt*; (*FOOTBALL: joueur*) Mittelfeldspieler *m*; (: *passe*) Paß *m zur* Mitte ▶ **centre aéré** ≈ Sommerfrische *f* für Stadtkinder ▶ **centre commercial** Geschäftszentrum *nt* ▶ **centre culturel** Kulturzentrum *nt* ▶ **centre d'apprentissage** Ausbildungszentrum *nt* ▶ **centre d'éducation surveillée** Besserungsanstalt *f* ▶ **centre de détention** Gefängnis *nt* ▶ **centre de gravité** Schwerpunkt *m* ▶ **centre de semi-liberté** offene Anstalt *f* ▶ **centre de tri** (*POSTES*) Sortieramt *nt* ▶ **centre hospitalier** Krankenhaus *nt* ▶ **centre sportif** Sportzentrum *nt* ▶ **centres nerveux** Nervenzentren *pl*.

centrer [sãtʀe] *vt* zentrieren ♦ *vi* (*FOOTBALL*) ins Mittelfeld spielen; ~ **sur** (*débat, problème*) lenken auf +*acc*.

centre-ville [sãtʀəvil] *nm* Stadtzentrum *nt*.

centrifuge [sãtʀifyʒ] *adj*: **force** ~ Zentrifugalkraft *f*.

centrifuger [sãtʀifyʒe] *vt* zentrifugieren.

centrifugeuse [sãtʀifyʒøz] *nf* (*pour fruits*) Entsafter *m*.

centripète [sãtʀipɛt] *adj*: **force** ~ Zentripetalkraft *f*.

centrisme [sãtʀism] *nm* Zentrumspolitik *f*.

centriste [sãtʀist] *adj* (*POL*) Zentrums- ♦ *nm/f* Zentrumspolitiker(in) *m(f)*.

centuple [sãtypl] *nm*: **le** ~ **de qch** das Hundertfache von etw; **au** ~ **mal** hundert.

centupler [sãtyple] *vi* sich hundertfach vergrößern ♦ *vt* mit hundert multiplizieren.

CEP [seape] *sigle m* (= *Certificat d'études primaires*) Abschlußzeugnis *nt* der Grundschule.

cep [sɛp] *nm* (*de vigne*) Rebstock *m*.

cépage [sepaʒ] *nm* Rebsorte *f*.

cèpe [sɛp] *nm* (*champignon*) Steinpilz *m*.

cependant [s(ə)pãdã] *adv* jedoch.

céramique [seʀamik] *nf* Keramik *f*.

céramiste [seʀamist] *nm/f* Töpfer(in) *m(f)*.

cerbère [sɛʀbɛʀ] (*péj*) *nm* (*fig*) Zerberus *m*.

cerceau, x [sɛʀso] *nm* Reifen *m*.

cercle [sɛʀkl] *nm* Kreis *m*; (*objet circulaire*) Reifen *m*; (*club*) Zirkel *m*; **décrire un** ~ (*avion*) kreisen; (*projectile*) einen Kreis beschreiben ▶ **cercle d'amis** Freundeskreis *m* ▶ **cercle de famille** Kreis der Familie ▶ **cercle vicieux** Teufelskreis *m*.

cercler [sɛʀkle] *vt*: **lunettes cerclées d'or** Goldrandbrille *f*.

cercueil [sɛʀkœj] *nm* Sarg *m*.

céréale [seʀeal] *nf* Getreide *nt*.

céréalier, -ière [seʀealje, jɛʀ] *adj* Getreide-.

cérébral, e, -aux [seʀebʀal, o] *adj* (*ANAT*) Gehirn-, Hirn-; (*fig: intellectuel*) intellektuell.

cérémonial [seʀemɔnjal] *nm* Zeremonie *f*.

cérémonie [seʀemɔni] *nf* Zeremonie *f*; ~**s** *nfpl* (*péj: façons*) Theater *nt*, Umstände *pl*.

cérémonieux, -euse [seʀemɔnjø, jøz] (*péj*) *adj* (über)förmlich.

cerf [sɛʀ] *nm* Hirsch *m*.

cerfeuil [sɛʀfœj] *nm* Kerbel *m*.

cerf-volant [sɛʀvɔlã] (*pl* ~**s**-~**s**) *nm* Drachen *m*; **jouer au** ~-~ (einen) Drachen steigen lassen.

cerisaie [s(ə)ʀizɛ] *nf* Kirschgarten *m*.

cerise [s(ə)ʀiz] *nf* Kirsche *f* ♦ *adj inv* kirschrot.

cerisier [s(ə)ʀizje] *nm* Kirschbaum *m*.

CERN [sɛʀn] *sigle m* (= *Centre européen de recherche nucléaire*) CERN *m*.

cerné, e [sɛʀne] *adj* (*ville, armée*) umzingelt, eingeschlossen; (*yeux*) mit dunklen Ringen.

cerner [sɛʀne] *vt* (*armée, ville*) umzingeln; (*problème, question*) einkreisen; (*suj: chose: être autour*) umgeben.

cernes [sɛʀn] *nmpl*: ~ **sous les yeux** (dunkle) Ringe *pl* unter den Augen.

certain, e [sɛʀtɛ̃, ɛn] *adj* sicher; (*précis: avec art indéf*): **un** ~ **Georges** ein gewisser Georges; ~ (**de qch/que**) sicher (einer Sache *gén*/daß); **un** ~ **courage** eine ordentliche Portion Mut; ~**s** *pron pl* manche; ~**s cas** gewisse Fälle *pl*; **un** ~ **âge** in einem gewissen Alter; **un** ~ **temps** eine bestimmte Zeit; **sûr et** ~ absolut sicher.

certainement [sɛʀtɛnmɑ̃] *adv* sicher.

certes [sɛʀt] *adv* sicherlich; (*réponse*) aber sicher.

certificat [sɛʀtifika] *nm* Zeugnis *nt* ▶ **certificat d'études (primaires)** ≈ Abschlußzeugnis *nt* der Primarstufe ▶ **certificat de fin d'études secondaires** ≈ Abiturzeugnis *nt* ▶ **certificat de vaccination** ≈ Impfpaß *m* ▶ **certificat médical** ärztliche Bescheinigung *f*, ärztliches Attest *nt*.

certifié, e [sɛʀtifje] *adj*: **professeur** ~ ≈ staatlich geprüfter Lehrer *m*; **copie** ~**e conforme (à l'original)** beglaubigte Kopie *f*.

certifier [sɛʀtifje] *vt* bestätigen; (*JUR: document, signature*) beglaubigen; ~ **à qn que** jdm bestätigen, daß; ~ **qch à qn** jdm etw bestätigen.

certitude [sɛʀtityd] *nf* (*chose*) Gewißheit *f*; (*conviction*) Überzeugung *f*.

cérumen [seʀymɛn] *nm* Ohrenschmalz *nt*.

cerveau, x [sɛʀvo] *nm* Gehirn *nt*; (*fig*) Kopf *m*.

cervelas [sɛʀvəla] *nm* Cervelat(wurst) *f*.

cervelle [sɛʀvɛl] *nf* Gehirn *nt*; (*CULIN*) Hirn *nt*; **se creuser la** ~ sich *dat* das Hirn zermartern.

cervical, e, -aux [sɛʀvikal, o] *adj* (*du cou*) Hals-.

cervidés [sɛʀvide] *nmpl* Hirsche *pl*.

CES [seɛs] *sigle m* (= *collège d'enseignement secondaire*) ≈ Realschule *f*.

ces [se] *dét voir* **ce**.

césarienne [sezaʀjɛn] *nf* Kaiserschnitt *m*.

cessantes [sɛsɑ̃t] *adj fpl*: **toutes affaires** ~ umgehend.

cessation [sesasjɔ̃] *nf* Einstellung *f* ▶ **cessation de commerce** Einstellung der Geschäftstätigkeit ▶ **cessation de paiements** Einstellung der Zahlungen ▶ **cessation des hostilités** Einstellung der Feindseligkeiten.

cesse [sɛs]: **sans** ~ *adv* ohne Unterlaß, unaufhörlich; **n'avoir de** ~ **que** nicht eher ruhen als.

cesser [sese] *vt* aufhören mit, einstellen ♦ *vi* aufhören; ~ **de faire qch** aufhören, etw zu tun; **faire** ~ ein Ende setzen +*dat*.

cessez-le-feu [sesel(ə)fø] *nm inv* Waffenruhe *f*.

cession [sesjɔ̃] *nf* Abtreten *nt*.

c'est [sɛ] *pron* +*vb voir* **ce**.

c'est-à-dire [sɛtadiʀ] *adv* das heißt; ~-~-~ **que** das heißt *ou* bedeutet, daß; (*excuse*) ja, das heißt, daß.

CET [seət] *sigle m* (= *collège d'enseignement technique*) *technische Schule*.

cet [sɛt] *dét voir* **ce**.

cétacé [setase] *nm* (*ZOOL*) Wal *m*.

cette [sɛt] *dét voir* **ce**.

ceux [sø] *pron voir* **celui**.

Cévennes [sevɛn] *nfpl* Cevennen *pl*.

cévenol, e [sevnɔl] *adj* aus den Cevennen.

cf [seɛf] *abr* (= *confer*) s.

CFAO [seɛfao] *sigle f* (= *conception et fabrication assistées par ordinateur*) CAM *nt*.

CFDT [seɛfdete] *sigle f* (= *Confédération française et démocratique du travail*) Gewerkschaft *f*.

CFF [seɛf] *sigle m* (= *Chemins de fer fédéraux*) Schweizer Bundesbahn *f*.

CFP [seɛfpe] *sigle m* (= *centre de formation professionnelle*) Berufsausbildungszentrum *nt*.

CFTC [seɛftese] *sigle f* (= *Confédération française des travailleurs chrétiens*) Gewerkschaft.

CGC [segese] *sigle f* (= *Confédération générale des cadres*) Angestelltengewerkschaft.

CGT [seʒete] *sigle f* (= *Confédération générale du travail*) Gewerkschaft.

CH *abr* (= *Confédération helvétique*) CH.

chacal [ʃakal] *nm* Schakal *m*.

chacun, e [ʃakœ̃, yn] *pron* jede(r, s).

chagrin [ʃagʀɛ̃] *nm* Kummer *m* ♦ *adj* (*morose*) mißmutig; **avoir du** ~ Kummer haben.

chagriner [ʃagʀine] *vt* bekümmern; (*contrarier*) Sorgen machen +*dat*.

chahut [ʃay] *nm* (*tapage*) Radau *m*; (*SCOL*) Krawall *m*.

chahuter [ʃayte] *vt* (*professeur*) auf die Nase herumtanzen +*dat*.

chai [ʃɛ] *nm* Wein- und Spirituosenlager *nt*.

chaîne [ʃɛn] *nf* Kette *f*; (*RADIO, TV*) Programm *nt*; ~**s** *nfpl* (*liens*) Bindungen *pl*; (*AUTO*) Schneeketten *pl*; **travail à la** ~ Fließbandarbeit *f*; **réactions en** ~ Kettenreaktionen *pl*; **faire la** ~ eine Kette bilden ▶ **chaîne audio** Stereoanlage *f* ▶ **chaîne de caractères** Zeichenfolge *f* ▶ **chaîne (de fabrication)** Fließband *nt* ▶ **chaîne (hi-fi)** HiFi-Anlage *f* ▶ **chaîne (de montage)** Montageband *nt* ▶ **chaîne de montagnes** Bergkette *f* ▶ **chaîne de solidarité** Solidaritätsnetz *nt* ▶ **chaîne stéréo** Stereoanlage *f*.

chaînette [ʃɛnɛt] *nf* (*bijou*) Kettchen *nt*.

chaînon [ʃɛnɔ̃] *nm* (*fig*) Verbindungsglied *nt*.

chair [ʃɛʀ] *nf* Fleisch *nt* ♦ *adj*: (*couleur*) ~ fleischfarben; **avoir la** ~ **de poule** eine Gänsehaut haben; **être bien en** ~ gut beieinander sein; **en** ~ **et en os** leibhaftig ▶ **chair à saucisses** Mett *nt*.

chaire [ʃɛʀ] *nf* (*d'église*) Kanzel *f*; (*UNIV: poste*) Lehrstuhl *m*.

chaise [ʃɛz] *nf* Stuhl *m* ▶ **chaise de bébé** Babystuhl *m* ▶ **chaise électrique** elektrischer Stuhl *m* ▶ **chaise longue** Liegestuhl *m*.

chaland [ʃalɑ̃] *nm* (*bateau*) Lastkahn *m*.

châle [ʃal] *nm* Schultertuch *nt*.

chalet [ʃalɛ] *nm* Chalet *nt*.

chaleur [ʃalœʀ] *nf* (*température*) Hitze *f*; (*modérée, fig: PHYS*) Wärme *f*; (*ardeur, emportement*) Feuer *nt*; **en** ~ (*ZOOL*) läufig.

chaleureusement [ʃalœʀøzmɑ̃] *adv* warm, herzlich.

chaleureux, -euse [ʃalœʀø, øz] *adj* warmherzig, herzlich.

challenge [ʃalɑ̃ʒ] *nm* (*SPORT*) Wettkampf *m*.

challenger [ʃalɑ̃ʒœʀ] *nm* (*SPORT*) Herausforderer *m*.

chaloupe [ʃalup] *nf* (*de sauvetage*) Rettungsboot *nt*.

chalumeau, x [ʃalymo] *nm* (*outil*) Lötlampe *f*.

chalut [ʃaly] *nm* Schleppnetz *nt*; **pêcher au** ~

mit dem Schleppnetz fischen.
chalutier [ʃalytje] *nm* Fischdampfer *m*; (*pêcheur*) Trawlerfischer *m*.
chamade [ʃamad] *nf*: **battre la ~** wild schlagen.
chamailler [ʃamaje]: **se ~** *vpr* sich streiten.
chamarré, e [ʃamaʀe] *adj* (*étoffe*) reich verbrämt.
chambardement [ʃɑ̃baʀdəmɑ̃] (*fam*) *nm*: **c'est le grand ~** alles ist im Umbruch.
chambarder [ʃɑ̃baʀde] (*fam*) *vt* (*objets*) auf den Kopf stellen; (*projets*) über den Haufen werfen.
chambouler [ʃɑ̃bule] (*fam*) *vt* (*objets*) auf den Kopf stellen; (*projets*) über den Haufen werfen.
chambranle [ʃɑ̃bʀɑ̃l] *nm* (*de porte*) (Tür)rahmen *m*.
chambre [ʃɑ̃bʀ] *nf* Zimmer *nt*; (*TECH, JUR, POL, COMM*) Kammer *f*; **faire ~ à part** getrennte Schlafzimmer haben; **stratège en ~** Salon- *ou* Stammtischstratege *m*; **alpiniste en ~** Alpinist *m* mit dem Finger auf der Landkarte ► **chambre à air** Schlauch *m* ► **chambre à coucher** Schlafzimmer *nt* ► **chambre à gaz** Gaskammer *f* ► **chambre à un lit/deux lits** (*à l'hôtel*) Einzelzimmer/Zweibettzimmer *nt* ► **chambre d'accusation** Kriminalgericht *nt* ► **chambre d'agriculture** Landwirtschaftskammer *f* ► **chambre d'amis** Gästezimmer *nt* ► **chambre de combustion** Verbrennungsraum *m* ► **chambre de commerce et d'industrie** Industrie- und Handelskammer *f* ► **Chambre des députés** ≈ Bundestag *m* ► **chambre des machines** Maschinenraum *m* ► **chambre des métiers** Handwerkskammer *f* ► **chambre forte** Stahlkammer *f* ► **chambre frigorifique** *ou* **froide** Kühlraum *m* ► **chambre meublée** möbliertes Zimmer ► **chambre noire** (*PHOTO*) Dunkelkammer *f* ► **chambre pour une/deux personne(s)** Einzel-/Doppelzimmer *nt*.
chambrée [ʃɑ̃bʀe] *nf* (*MIL*) Stube *f*.
chambrer [ʃɑ̃bʀe] *vt* (*vin*) auf Zimmertemperatur bringen, chambrieren.
chameau, x [ʃamo] *nm* Kamel *nt*.
chamois [ʃamwa] *nm* (*ZOOL*) Gemse *f* ♦ *adj inv*: (**couleur**) **~** chamois(weiß).
champ [ʃɑ̃] *nm* Feld *nt*; (*domaine*) Gebiet *nt*; (*INFORM*) (Daten)feld *nt*; **les ~s** (*la campagne*) das Land; **laisser le ~ libre à qn** jdm freie Hand lassen; **dans le ~** (*PHOTO*) im Bild ► **champ d'action** Betätigungsfeld *nt* ► **champ d'honneur** Feld der Ehre ► **champ de bataille** Schlachtfeld *nt* ► **champ de courses** Rennbahn *f* ► **champ de manœuvre** (*MIL*) Manövergebiet *nt* ► **champ de mines** Minenfeld *nt* ► **champ de tir** Schießstand *m* ► **champ visuel** Sichtfeld *nt*.
Champagne [ʃɑ̃paɲ] *nf*: **la ~** die Champagne *f*.
champagne [ʃɑ̃paɲ] *nm* (*vin*) Champagner *m*.
champenois, e [ʃɑ̃pənwa, waz] *adj* aus der

Champagne ♦ *nm/f*: **C~, e** Bewohner(in) *m(f)* der Champagne; **méthode ~e** (*vin*) Champagnermethode *f*, Flaschengärung *f*.
champêtre [ʃɑ̃pɛtʀ] *adj* (*campagnard*) ländlich.
champignon [ʃɑ̃piɲɔ̃] *nm* Pilz *m*; (*fam: accélérateur*) Gas(pedal) *nt* ► **champignon de couche** *ou* **de Paris** Champignon *m* ► **champignon vénéneux** Giftpilz *m*.
champion, ne [ʃɑ̃pjɔ̃, jɔn] *nm/f* (*SPORT*) Champion *m*, Meister(in) *m(f)*; (*d'une cause*) Verfechter(in) *m(f)* ► **champion du monde** Weltmeister(in) *m(f)*.
championnat [ʃɑ̃pjɔna] *nm* (*SPORT*) Meisterschaft *f*.
chance [ʃɑ̃s] *nf* (*bonne fortune*) Glück *nt*; (*hasard*) Zufall *m*; **~s** *nfpl* (*probabilités*) Chancen *pl*; **bonne ~!** viel Glück!; **avoir de la ~** Glück haben; **il a des ~s de gagner** er hat gute Aussichten zu gewinnen; **je n'ai pas de ~** (*une fois*) ich habe kein Glück gehabt; (*toujours*) ich habe einfach immer Pech; **donner sa ~ à qn** jdm eine Chance geben.
chancelant, e [ʃɑ̃s(ə)lɑ̃, ɑ̃t] *adj* (*personne*) wackelig; (*pas*) unsicher.
chanceler [ʃɑ̃s(ə)le] *vi* (*personne*) wackelig auf den Beinen sein; (*meuble, mur*) wackeln.
chancelier [ʃɑ̃səlje] *nm* (*allemand*) (Bundes)kanzler *m*; (*d'ambassade*) Sekretär *m*.
chancellerie [ʃɑ̃sɛlʀi] *nf* (*en France*) Justizministerium *m*; (*en Allemagne*) Bundeskanzleramt *nt*; (*d'ambassade*) Kanzlei *f*.
chanceux, -euse [ʃɑ̃sø, øz] *adj* glücklich.
chancre [ʃɑ̃kʀ] *nm* Geschwür *nt*.
chandail [ʃɑ̃daj] *nm* dicker Pullover *m*.
Chandeleur [ʃɑ̃dlœʀ] *nf*: **la ~** Mariä Lichtmeß *nt*.
chandelier [ʃɑ̃dəlje] *nm* (*à une branche*) Kerzenständer *m ou* -halter *m*; (*à plusieurs branches*) (Kerzen)leuchter *m*.
chandelle [ʃɑ̃dɛl] *nf* (*bougie*) Kerze *f*; **dîner aux ~s** Abendessen *nt* bei Kerzenschein; **faire une ~** (*TENNIS*) einen Lob spielen; **monter en ~** (*AVIAT*) kerzengerade aufsteigen; **tenir la ~** (*hum*) den Anstandswauwau spielen.
change [ʃɑ̃ʒ] *nm* (*COMM*) Wechseln *nt*; **opérations de ~** Devisentransaktionen *pl*; **le contrôle des ~s** die Devisenkontrolle *f*; **gagner/perdre au ~** (*fig*) sich dabei gut/schlecht stehen; **donner le ~ à qn** (*fig*) jdn an der Nase herumführen.
changeant, e [ʃɑ̃ʒɑ̃, ɑ̃t] *adj* (*personne, humeur*) wankelmütig.
changement [ʃɑ̃ʒmɑ̃] *nm* Änderung *f* ► **changement de vitesses** (*dispositif*) (Gang)schaltung *f*; (*action*) Schalten *nt*.
changer [ʃɑ̃ʒe] *vt* (*modifier*) ändern; (*remplacer, échanger*) wechseln; (*rhabiller*) umziehen; (*bébé*) wickeln ♦ *vi* sich ändern; **se changer** *vpr* sich umziehen; **~ de nom** seinen Namen ändern; **~ de côté** die Seite wechseln; **~ d'adresse** umziehen; **~ de voiture** sich *dat* ein neues Auto zulegen; **~ de métier** einen ande-

ren Beruf ergreifen; ~ **d'air** sich *dat* eine Luftveränderung gönnen; ~ **d'idée** es sich *dat* anders überlegen; ~ **de couleur/direction** die Farbe/Richtung ändern; ~ **de vêtements** sich umziehen; ~ **de place avec qn** mit jdm den Platz tauschen; ~ **de vitesse** (*AUTO*) schalten; ~ **qn/qch de place** jdn/etw an einen anderen Ort bringen; ~ **qch en** (*transformer*) etw verwandeln in +*acc*; ~ **(de train)** umsteigen; **il faut** ~ **à Lyon** Sie müssen in Lyon umsteigen; **cela me change** das ist einmal etwas anderes für mich.

changeur [ʃɑ̃ʒœʀ] *nm* (*personne*) Geldwechsler *m* ▶ **changeur automatique** Geldwechselautomat *m*.

chanoine [ʃanwan] *nm* Kanon *m*.

chanson [ʃɑ̃sɔ̃] *nf* Lied *nt*.

chansonnette [ʃɑ̃sɔnɛt] *nf* Liedchen *nt*.

chansonnier [ʃɑ̃sɔnje] *nm* (*de cabaret*) Chansonsänger *m*; (*livre*) Liederbuch *nt*.

chant [ʃɑ̃] *nm* Gesang *m*; (*chanson*) Lied *nt*; (: *d'église*) Kirchenlied *nt*; (: *folklorique*) Volkslied *nt*; **posé de** *ou* **sur** ~ (*TECH*) auf die Schmalseite gestellt ▶ **chant de Noël** Weihnachtslied *nt*.

chantage [ʃɑ̃taʒ] *nm* Erpressung *f*; **faire du** ~ erpresserische Methoden anwenden.

chantant, e [ʃɑ̃tɑ̃, ɑ̃t] *adj* singend.

chanter [ʃɑ̃te] *vt* singen; (*vanter*) besingen ♦ *vi* singen; ~ **juste/faux** richtig/falsch singen; **si cela lui chante** (*fam*) wenn es ihm gerade paßt; **faire** ~ **qn** (*par chantage*) jdn erpressen.

chanterelle [ʃɑ̃tʀɛl] *nf* Pfifferling *m*.

chanteur, -euse [ʃɑ̃tœʀ, øz] *nm/f* Sänger(in) *m(f)* ▶ **chanteur de charme** Schnulzensänger *m*.

chantier [ʃɑ̃tje] *nm* Baustelle *f*; **être en** ~ in Arbeit sein; **mettre en** ~ die Arbeit beginnen an +*dat* ▶ **chantier naval** Werft *f*.

chantilly [ʃɑ̃tiji] *nf*: (**crème**) ~ Schlagsahne *f*.

chantonner [ʃɑ̃tɔne] *vi*, *vt* summen.

chanvre [ʃɑ̃vʀ] *nm* Hanf *m*.

chaos [kao] *nm* Chaos *nt*.

chaotique [kaɔtik] *adj* chaotisch.

chapardage [ʃapaʀdaʒ] (*fam*) *nm* Klauen *nt*.

chaparder [ʃapaʀde] (*fam*) *vt* klauen.

chapeau, x [ʃapo] *nm* Hut *m*; (*PRESSE*) Einleitung *f*; ~**!** Hut ab!; **partir sur les** ~**x de roues** plötzlich losbrausen ▶ **chapeau melon** Melone *f* ▶ **chapeau mou** Filzhut *m*.

chapeauter [ʃapote] *vt* (*ADMIN*) übergeordnet sein +*dat*.

chapelain [ʃaplɛ̃] *nm* Kaplan *m*.

chapelet [ʃaplɛ] *nm* Rosenkranz *m*; **un** ~ **de** (*fig*) ein Kranz *m* von; **dire son** ~ den Rosenkranz beten.

chapelier, -ère [ʃapəlje, jɛʀ] *nm/f* Hutmacher(in) *m(f)*.

chapelle [ʃapɛl] *nf* Kapelle *f* ▶ **chapelle ardente** Leichenhalle *f*.

chapellerie [ʃapɛlʀi] *nf* Hutboutique *f*.

chapelure [ʃaplyʀ] *nf* Paniermehl *nt*.

chaperon [ʃapʀɔ̃] *nm* (*femme*) Anstandsdame

f.

chaperonner [ʃapʀɔne] *vt* (*accompagner*) (als Anstandsdame) begleiten.

chapiteau, x [ʃapito] *nm* (*ARCHIT*) Kapitell *nt*; (*de cirque*) (Zirkus)zelt *nt*.

chapitre [ʃapitʀ] *nm* Kapitel *nt*; (*fig: sujet*) Thema *nt*; **avoir voix au** ~ ein Wörtchen mitzureden haben.

chapitrer [ʃapitʀe] *vt* (*sermonner*) abkanzeln.

chapon [ʃapɔ̃] *nm* Kapaun *m*.

chaque [ʃak] *adj* jede(r, s).

char [ʃaʀ] *nm* Wagen *m*; (*aussi:* ~ **d'assaut**) Panzer *m*; (*de carnaval*) Festwagen *m*.

charabia [ʃaʀabja] (*péj*) *nm* Kauderwelsch *nt*.

charade [ʃaʀad] *nf* Scharade *f*.

charbon [ʃaʀbɔ̃] *nm* Kohle *f* ▶ **charbon de bois** Holzkohle *f*.

charbonnage [ʃaʀbɔnaʒ] *nm*: **les C**~**s de France** (*compagnie*) Dachverband der französischen Kohleindustrie.

charbonnier, -ière [ʃaʀbɔnje, jɛʀ] *adj* Kohle- ♦ *nm/f* Kohlenhändler(in) *m(f)*.

charcuterie [ʃaʀkytʀi] *nf* (*magasin*) (Schweine)metzgerei *f*; (*produits*) Wurstwaren *pl*.

charcutier, -ière [ʃaʀkytje, jɛʀ] *nm/f* Schweinemetzger(in) *m(f)*; (*traiteur*) Delikatessenhändler(in) *m(f)*.

chardon [ʃaʀdɔ̃] *nm* Distel *f*.

chardonneret [ʃaʀdɔnʀɛ] *nm* Distelfink *m*.

charentais, e [ʃaʀɑ̃tɛ, ɛz] *adj* aus der Charente ♦ *nm/f*: **C**~, **e** Bewohner(in) *m(f)* der Charente.

charentaise [ʃaʀɑ̃tɛz] *nf* (*pantoufle*) Pantoffel *m*.

charge [ʃaʀʒ] *nf* (*fardeau*) Last *f*; (*ÉLEC: explosif*) Ladung *f*; (*rôle, mission*) Aufgabe *f*, Auftrag *m*; (*MIL: attaque*) Angriff *m*; (*JUR: présomption*) Anklagepunkt *m*; ~**s** *nfpl* (*du loyer*) Nebenkosten *pl*; (*d'un commerçant*) Geschäftskosten *pl*; **à la** ~ **de** (*dépendant de*) abhängig von; (*aux frais de*) zu Lasten von; **prise en** ~ (*par la Sécurité sociale*) Übernahme *f* der Kosten; **à** ~ **de revanche** auf Gegenseitigkeit; **prendre en** ~ übernehmen; **revenir à la** ~ wieder zum Angriff übergehen; **témoin à** ~ Zeuge *m*/Zeugin *f* der Anklage ▶ **charges sociales** Sozialabgaben *pl* ▶ **charge utile** Nutzlast *f*.

chargé, e [ʃaʀʒe] *adj* beladen; (*fusil*) geladen; (*batterie*) aufgeladen; (*emploi du temps, journée*) vollgepackt; (*estomac*) voll; (*langue*) belegt; (*décoration, style*) überladen ♦ *nm*: ~ **d'affaires** Chargé d'affaires *m*; ~ **de** (*responsable de*) beauftragt mit ▶ **chargé de cours** *nm* (*UNIV*) ≈ Privatdozent(in) *m(f)*.

chargement [ʃaʀʒəmɑ̃] *nm* Ladung *f*; (*action*) Beladen *nt*.

charger [ʃaʀʒe] *vt* (*voiture, animal, personne*) beladen; (*fusil; INFORM*) laden; (*batterie*) aufladen; (*caméra*) einen Film einlegen in +*acc*, laden; (*JUR: accuser*) anklagen; (*un portrait, une description*) übertreiben, überziehen ♦ *vi* angreifen; **se charger** *vpr*: **se** ~ **de** sich kümmern um; **se** ~ **de faire qch** es auf sich *acc* nehmen, etw zu tun; ~ qn de qch/faire qch jdn mit etw beauftragen/jdn beauftragen, etw zu tun.

chargeur [ʃaRʒœR] *nm* (*d'arme à feu*) Magazin *nt*; (*PHOTO*) Kassette *f*; ~ **de batterie** Ladegerät *nt*.

chariot [ʃaRjo] *nm* Wagen *m*; (*à bagages*) Kofferkuli *m*; (*à provisions*) Einkaufswagen; (*charrette*) Karren *m* ▶ **chariot élévateur** Gabelstapler *m*.

charisme [kaRism] *nm* Charisma *nt*.

charitable [ʃaRitabl] *adj* karitativ, wohltätig; (*gentil*) freundlich.

charité [ʃaRite] *nf* (*vertu*) Nächstenliebe *f*; (*aumône*) Almosen *nt*; **faire la** ~ **à qn** jdm ein Almosen geben; **fête/vente de** ~ Wohltätigkeitsveranstaltung *f*/-basar *m*.

charivari [ʃaRivaRi] *nm* Spektakel *m*.

charlatan [ʃaRlatɑ̃] *nm* Scharlatan *m*.

charlotte [ʃaRlɔt] *nf* Charlotte *f*.

charmant, e [ʃaRmɑ̃, ɑ̃t] *adj* charmant.

charme [ʃaRm] *nm* (*d'une personne*) Charme *m*; (*d'un endroit, d'une activité*) Reiz *m*, Zauber *m*; (*envoûtement*) Reiz, Anziehungskraft *f*; (*BOT*) Hainbuche *f*; ~**s** *nmpl* Reize *pl*; **c'est ce qui en fait le** ~ das ist ja gerade das Reizvolle daran; **faire du** ~ **à qn** mit jdm flirten; **se porter comme un** ~ vor Gesundheit nur so strotzen.

charmer [ʃaRme] *vt* bezaubern; **je suis charmé de vous voir** (*enchanté*) ich bin hocherfreut, Sie zu sehen.

charmeur, -euse [ʃaRmœR, øz] *adj* (*sourire, manières*) verführerisch ♦ *nm/f* (*séducteur*) Charmeur *m* ▶ **charmeur de serpents** Schlangenbeschwörer(in) *m(f)*.

charnel, le [ʃaRnɛl] *adj* fleischlich.

charnier [ʃaRnje] *nm* Massengrab *nt*.

charnière [ʃaRnjɛR] *nf* (*de porte*) Türangel *f*; (*fig: du texte, siècle*) Wendepunkt *m*.

charnu, e [ʃaRny] *adj* fleischig.

charogne [ʃaRɔɲ] *nf* (*dépouille*) Aas *nt*; (*fam!*) Aas (*fam!*), Mistvieh (*fam!*) *nt*.

charolais, e [ʃaRɔlɛ, ɛz] *adj* aus dem Charolais ♦ *nmpl* (*bétail*) Rinder *pl* aus dem Charolais.

charpente [ʃaRpɑ̃t] *nf* Gerüst *nt*; (*d'un roman, d'une pièce etc*) Grundgerüst *nt*; (*carrure*) Statur *f*.

charpenté, e [ʃaRpɑ̃te] *adj*: **bien/solidement** ~ (*personne*) gut beieinander; (*texte*) gut aufgebaut.

charpenterie [ʃaRpɑ̃tRi] *nf* Zimmerhandwerk *nt*.

charpentier [ʃaRpɑ̃tje] *nm* Zimmermann *m*.

charpie [ʃaRpi] *nf*: **mettre en** ~ in Stücke reißen.

charretier [ʃaRtje] *nm* Droschkenkutscher *m*; **de** ~ (*péj*) ungehobelt.

charrette [ʃaRɛt] *nf* Karren *m*.

charrier [ʃaRje] *vt* (*suj: camion*) transportieren; (: *fleuve etc*) mit sich führen; (*fam*) verspotten ♦ *vi* (*fam*) wild übertreiben.

charrue [ʃaRy] *nf* Pflug *m*.

charte [ʃaRt] *nf* Charta *f*.

charter [ʃaRtɛR] *nm* (*vol*) Charterflug *m*; (*avion*) Charterflugzeug *nt*.

chas [ʃa] *nm* Öhr *nt*.

chasse [ʃas] *nf* Jagd *f*; (*période*) Jagdsaison *f*; (*aussi*: ~ **d'eau**) (Wasser)spülung *f*; **la** ~ **est ouverte** die Jagdsaison ist eröffnet; **la** ~ **est fermée** es ist Schonzeit; **aller à la** ~ auf die Jagd gehen; **prendre en** ~ jagen, verfolgen; **donner la** ~ **à** verfolgen; **tirer la** ~ (**d'eau**) die Wasserspülung betätigen ▶ **chasse à courre** Hetzjagd *f* ▶ **chasse à l'homme** Menschenjagd *f* ▶ **chasse gardée** private Jagdgründe *pl*.

châsse [ʃas] *nf* Reliquienschrein *m*.

chassé-croisé [ʃasekRwaze] (*pl* ~**s**-~**s**) *nm* (*DANSE*) Quadrillenfigur *f*; (*fig*) gegenseitiges Verpassen *nt*.

chasse-neige [ʃasnɛʒ] *nm inv* Schneepflug *m*.

chasser [ʃase] *vt* (*gibier*) jagen; (*personne*) verjagen; (*intrus, idée*) vertreiben; (*employé*) hinauswerfen; (*nuages, scrupules*) vertreiben, zerstreuen ♦ *vi* jagen; (*AUTO: déraper*) schleudern.

chasseur, -euse [ʃasœR, øz] *nm/f* Jäger(in) *m(f)* ♦ *nm* (*avion*) Jagdflieger *m*; (*domestique*) Page *m* ▶ **chasseur d'images** rasender Fotoreporter *m* ▶ **chasseur de son** Tonbandfreak *m* ▶ **chasseur de têtes** Kopfjäger *m* ▶ **chasseurs alpins** (*MIL*) Gebirgsjäger *pl*.

chassieux, -ieuse [ʃasjø, jøz] *adj* verklebt.

châssis [ʃasi] *nm* (*de voiture*) Chassis *nt*; (*cadre*) Rahmen *m*; (*de jardin*) Frühbeet *nt*.

chaste [ʃast] *adj* keusch.

chasteté [ʃastəte] *nf* Keuschheit *f*.

chasuble [ʃazybl] *nf* (*REL*) Meßgewand *nt*; **robe** ~ Trägerkleid *nt*.

chat [ʃa] *nm* Katze *f*; **avoir un** ~ **dans la gorge** einen Frosch im Hals haben; **avoir d'autres** ~**s à fouetter** andere Sachen im Kopf haben ▶ **chat sauvage** Wildkatze *f*.

châtaigne [ʃatɛɲ] *nf* Kastanie *f*.

châtaignier [ʃateɲe] *nm* Kastanienbaum *m*.

châtain [ʃatɛ̃] *adj inv* kastanienbraun.

château, x [ʃato] *nm* Schloß *nt*; (*forteresse*) Burg *f* ▶ **château d'eau** Wasserschloß *nt* ▶ **château de sable** Sandburg *f* ▶ **château fort** Festung *f*.

châtelain, e [ʃat(ə)lɛ̃, ɛn] *nm/f* Schloßherr(in) *m(f)* ♦ *nf* (*ceinture*) Gürtelkette *f*.

châtier [ʃatje] *vt* (*punir*) bestrafen; (*son style, langage*) den letzten Schliff geben +*dat*.

chatière [ʃatjɛR] *nf* (*porte*) Katzenklappe *f*.

châtiment [ʃatimɑ̃] *nm* Bestrafung *f* ▶ **châtiment corporel** Prügelstrafe *f*.

chatoiement [ʃatwamɑ̃] *nm* (*des couleurs*) Schimmern *nt*.

chaton [ʃatɔ̃] *nm* Kätzchen *nt*; (*de bague*) Fassung *f*.

chatouillement [ʃatujmɑ̃] *nm* Kitzeln *nt*.

chatouiller [ʃatuje] *vt* kitzeln; (*tissu*) kratzen.

chatouilleux, -euse [ʃatujø, øz] *adj* kitzelig; (*fig: susceptible*) empfindlich.

chatoyant, e [ʃatwajɑ̃, ɑ̃t] *adj* schimmernd.

chatoyer [ʃatwaje] _vi_ (_couleur_) schimmern.
châtrer [ʃɑtʀe] _vt_ kastrieren.
chatte [ʃat] _nf_ Katze _f_.
chatterton [ʃatɛʀtɔn] _nm_ Isolierband _nt_.
chaud, e [ʃo, ʃod] _adj_ warm; (_très chaud_) heiß; (_félicitations_) herzlich ♦ _nm_ (_chaleur_) Wärme _f_; **il fait** ~ es ist warm/heiß; **manger/boire** ~ warm essen/heiß trinken; **j'ai** ~ mir ist warm; **tenir** ~ warm halten; **tenir au** ~ warm halten; **ça me tient** ~ das hält mich warm; **rester au** ~ im Warmen bleiben ▶ **chaud et froid** (_MÉD_) (fiebrige) Erkältung _f_.
chaudement [ʃodmɑ̃] _adv_ (_s'habiller_) warm; (_féliciter, recommander_) herzlich, wärmstens; (_avec passion_) leidenschaftlich.
chaudière [ʃodjɛʀ] _nf_ (_de chauffage central_) Boiler _m_; (_de bateau_) Dampfkessel _m_.
chaudron [ʃodʀɔ̃] _nm_ großer Kessel _m_.
chaudronnerie [ʃodʀɔnʀi] _nf_ (_usine_) Kesselschmiede _f_; (_activité_) Kesselschmieden _nt_.
chauffage [ʃofaʒ] _nm_ (_appareils_) Heizung _f_; **arrêter le** ~ die Heizung ausschalten ▶ **chauffage au charbon** Kohleheizung _f_ ▶ **chauffage au gaz** Gasheizung _f_ ▶ **chauffage central** Zentralheizung _f_ ▶ **chauffage électrique** Elektroheizung _f_ ▶ **chauffage par le sol** Fußbodenheizung _f_.
chauffagiste [ʃofaʒist] _nm_ (_installateur_) Heizungsmonteur _m_.
chauffant, e [ʃofɑ̃, ɑ̃t] _adj_: **couverture/plaque** ~**e** Heizdecke _f_/-platte _f_.
chauffard [ʃofaʀ] (_péj_) _nm_ Verkehrsrowdy _m_; (_après un accident_) Fahrer, der Fahrerflucht begeht.
chauffe-bain [ʃofbɛ̃] (_pl_ ~-~**s**) _nm_ = **chauffe-eau.**
chauffe-biberon [ʃofbibʀɔ̃] (_pl_ ~-~**s**) _nm_ Babyflaschenwärmer _m_.
chauffe-eau [ʃofo] _nm inv_ Heißwasserbereiter _m_.
chauffe-plats [ʃofpla] _nm inv_ Warmhalteplatte _f_.
chauffer [ʃofe] _vt_ (_appartement_) heizen; (_eau_) erhitzen ♦ _vi_ sich erwärmen; (_moteur_) sich überhitzen, kochen; **se chauffer** _vpr_ (_sportif_) sich aufwärmen; (_au soleil_) sich wärmen; **se** ~ **à l'électricité/au gaz** elektrisch/mit Gas heizen.
chaufferie [ʃofʀi] _nf_ Kesselraum _m_.
chauffeur, -euse [ʃofœʀ, øz] _nm/f_ Fahrer(in) _m(f)_; (_privé_) Chauffeur _m_; **voiture avec/sans** ~ Wagen _m_ mit/ohne Chauffeur.
chauffeuse [ʃoføz] _nf_ niedriger Stuhl beim Kamin.
chauler [ʃole] _vt_ (_mur_) weißen; (_terre_) mit Kalk bestreuen.
chaume [ʃom] _nm_ (_du toit_) Stroh _nt_; (_tiges_) Stoppeln _pl_.
chaumière [ʃomjɛʀ] _nf_ strohgedecktes Haus _nt_.
chaussée [ʃose] _nf_ Fahrbahn _f_; (_digue_) Damm _m_.
chausse-pied [ʃospje] (_pl_ ~-~**s**) _nm_ Schuh-

löffel _m_.
chausser [ʃose] _vt_ (_bottes, skis_) anziehen; (_enfant_) die Schuhe anziehen +_dat_; (_suj: soulier_) passen; **se chausser** _vpr_ (_mettre ses souliers_) sich _dat_ die Schuhe anziehen; ~ **du 38/42** Schuhgröße 38/42 haben; ~ **grand** (_suj: soulier_) zu groß sein; ~ **bien** gut passen.
chausse-trappe [ʃostʀap] (_pl_ ~-~**s**) _nf_ Falle _f_.
chaussette [ʃosɛt] _nf_ Socke _f_; (_jusqu'au genou_) Kniestrumpf _m_.
chausseur [ʃosœʀ] _nm_ (_marchand_) Schuhhändler _m_.
chausson [ʃosɔ̃] _nm_ (_pantoufle_) Pantoffel _m_; (_de bébé_) Babyschuh _m_ ▶ **chausson (aux pommes)** Apfeltasche _f_.
chaussure [ʃosyʀ] _nf_ Schuh _m_; **la** ~ (_COMM_) der Schuhhandel ▶ **chaussures basses** Halbschuhe _pl_ ▶ **chaussures de ski** Skistiefel _pl_ ▶ **chaussures montantes** Halbstiefel _pl_.
chaut [ʃo] _vt_: **peu me** ~ es ist mir einerlei.
chauve [ʃov] _adj_ kahl(köpfig).
chauve-souris [ʃovsuʀi] (_pl_ ~**s**-~) _nf_ Fledermaus _f_.
chauvin, e [ʃovɛ̃, in] _adj_ chauvinistisch (_nationalistisch_) ♦ _nm/f_ Chauvinist(in) _m(f)_.
chauvinisme [ʃovinism] _nm_ Chauvinismus _m_ (_Nationalismus_).
chaux [ʃo] _nf_ Kalk _m_; **blanchi à la** ~ geweißelt.
chavirer [ʃaviʀe] _vi_ kentern.
chef [ʃɛf] _nm_ (_d'armée, parti, groupe_) Führer(in) _m(f)_; (_patron_) Chef(in) _m(f)_; (_de cuisine_) Koch _m_, Köchin _f_; **au premier** ~ in höchstem Maße; **de son propre** ~ auf eigene Faust; **général** _ou_ **commandant en** ~ Oberbefehlshaber _m_ ▶ **chef d'accusation** (_JUR_) Anklage _f_ ▶ **chef d'atelier** Vorarbeiter(in) _m(f)_ ▶ **chef d'entreprise** Geschäftsführer(in) _m(f)_ ▶ **chef d'équipe** (_SPORT_) Mannschaftskapitän _m_ ▶ **chef d'État** Staatschef(in) _m(f)_ ▶ **chef d'orchestre** Dirigent(in) _m(f)_ ▶ **chef de bureau** Bürovorsteher(in) _m(f)_ ▶ **chef de clinique** ≈ Oberarzt _m_, Oberärztin _f_ ▶ **chef de famille** Familienoberhaupt _nt_ ▶ **chef de file** (_de parti etc_) Parteichef(in) _m(f)_ ▶ **chef de gare** Bahnhofsvorsteher(in) _m(f)_ ▶ **chef de rayon** Abteilungsleiter(in) _m(f)_ ▶ **chef de service** Abteilungsleiter(in) _m(f)_.
chef-d'œuvre [ʃɛdœvʀ] (_pl_ ~**s**-~) _nm_ Meisterwerk _nt_.
chef-lieu [ʃɛfljø] (_pl_ ~**s**-~**x**) _nm_ (_ADMIN_) ≈ Kreisstadt _f_, Hauptstadt _eines französischen Departements_.
cheftaine [ʃɛftɛn] _nf_ (_scout_) Pfadfinderführerin _f_.
cheikh [ʃɛk] _nm_ Scheich _m_.
chemin [ʃ(ə)mɛ̃] _nm_ Weg _m_; **en** ~ unterwegs; ~ **faisant** unterwegs ▶ **chemin(s) de fer** Eisenbahn _f_ ▶ **chemin de terre** unbefestigte Straße _f_.
cheminée [ʃ(ə)mine] _nf_ Schornstein _m_; (_à l'intérieur_) Kamin _m_.
cheminement [ʃ(ə)minmɑ̃] _nm_ (_d'une idée_) Entwicklung _f_.

cheminer [ʃ(ə)mine] vi (personne) gehen.
cheminot [ʃ(ə)mino] nm (employé SNCF) Eisenbahner m.
chemise [ʃ(ə)miz] nf (vêtement) Hemd nt; (dossier) Aktendeckel m ► **chemise de nuit** Nachthemd nt.
chemiserie [ʃ(ə)mizʀi] nf (magasin) Herrenbekleidungsgeschäft nt.
chemisette [ʃ(ə)mizɛt] nf kurzärmliges Hemd nt.
chemisier [ʃ(ə)mizje] nm Bluse f.
chenal, -aux [ʃənal, o] nm Kanal m.
chenapan [ʃ(ə)napɑ̃] nm (péj: vaurien) Taugenichts m.
chêne [ʃɛn] nm Eiche f.
chenet [ʃ(ə)nɛ] nm Feuerbock m.
chenil [ʃ(ə)nil] nm (cage) Hundezwinger m; (élevage) Hundeheim nt.
chenille [ʃ(ə)nij] nf Raupe f; (de char, chasse-neige) (Raupen)kette f; **véhicule à ~s** Kettenfahrzeug nt.
chenillette [ʃ(ə)nijɛt] nf (véhicule) Kettenfahrzeug nt.
cheptel [ʃɛptɛl] nm Vieh(bestand m) nt.
chèque [ʃɛk] nm Scheck m; **faire/toucher un ~** einen Scheck ausstellen/einlösen; **par ~** mit Scheck ► **chèque au porteur** Inhaberscheck m ► **chèque barré** gesperrter Scheck ► **chèque de voyage** Reisescheck m, Traveller-Scheck m ► **chèque en blanc** Blankoscheck m ► **chèque postal** Postscheck m ► **chèque sans provision** ungedeckter Scheck.
chèque-cadeau [ʃɛkkado] (pl ~**s**-~**x**) nm Geschenkgutschein m.
chèque-repas [ʃɛkʀəpɑ] (pl ~**s**-~) nm, **chèque-restaurant** [ʃɛkʀɛstɔʀɑ̃] (pl ~**s**-~) nm Essensbon m, Essensgutschein m.
chéquier [ʃekje] nm Scheckbuch nt.
cher, chère [ʃɛʀ] adj (aimé) lieb; (coûteux) teuer ♦ adv: **coûter/payer ~** teuer sein/bezahlen; **mon ~/ma chère** mein Lieber/meine Liebe.
chercher [ʃɛʀʃe] vt suchen; (gloire etc) erstreben; **~ la bagarre** Streit suchen; **aller ~** holen; **~ à faire qch** versuchen, etw zu tun.
chercheur, -euse [ʃɛʀʃœʀ, øz] nm/f (scientifique) Forscher(in) m(f) ► **chercheur d'or** Goldsucher(in) m(f).
chère [ʃɛʀ] nf: **la bonne ~** gute Kost f; voir aussi **cher**.
chèrement [ʃɛʀmɑ̃] adv teuer.
chéri, e [ʃeʀi] adj (aimé) geliebt; (mon) ~ Liebling m.
chérir [ʃeʀiʀ] vt lieben.
cherté [ʃɛʀte] nf: **la ~ de la vie** die hohen Lebenshaltungskosten pl.
chérubin [ʃeʀybɛ̃] nm (enfant) Engelchen nt.
chétif, -ive [ʃetif, iv] adj (personne) schwächlich.
cheval, -aux [ʃ(ə)val, o] nm Pferd nt; **10 chevaux (fiscaux)** 10 Pferdestärken pl; **faire du ~** reiten; **à ~** auf dem Pferd; **à ~ sur** (mur etc)

rittlings auf +dat; (fig: périodes, domaines) sich überschneidend mit; **monter sur ses grands chevaux** auf dem hohen Roß sitzen ► **cheval à bascule** Schaukelpferd nt ► **cheval d'arçons** Pferd ► **cheval de bataille** (fig) Steckenpferd nt ► **chevaux de bois** (manège) Pferdekarussell nt ► **cheval de course** Rennpferd nt.
chevaleresque [ʃ(ə)valʀɛsk] adj ritterlich.
chevalerie [ʃ(ə)valʀi] nf Rittertum nt.
chevalet [ʃ(ə)valɛ] nm (du peintre) Staffelei f.
chevalier [ʃ(ə)valje] nm Ritter m; ~ **servant** Kavalier m.
chevalière [ʃ(ə)valjɛʀ] nf Siegelring m.
chevalin, e [ʃ(ə)valɛ̃, in] adj Pferde-; **boucherie ~e** Pferdemetzgerei f.
cheval-vapeur [ʃəvalvapœʀ] (pl **chevaux-~**) nm Pferdestärke f.
chevauchée [ʃ(ə)voʃe] nf Ritt m.
chevauchement [ʃ(ə)voʃmɑ̃] nm (fig) Überschneidung f.
chevaucher [ʃ(ə)voʃe] vi (aussi: **se ~**) sich überlappen, sich überschneiden ♦ vt (cheval, âne) (rittlings) sitzen auf +dat.
chevaux [ʃəvo] nmpl voir **cheval**.
chevelu, e [ʃəv(ə)ly] adj (gén) behaart; (péj) haarig.
chevelure [ʃəv(ə)lyʀ] nf Haar nt.
chevet [ʃ(ə)vɛ] nm (d'église) Apsis f; **au ~ de qn** an jds Bett dat; **lampe de ~** Nachttischlampe f; **livre de ~** Bettlektüre f; **table de ~** Nachttischchen nt.
cheveu, x [ʃ(ə)vø] nm Haar nt; ~**x** nmpl (chevelure) Haar, Haare pl; **se faire couper les ~x** sich dat die Haare schneiden lassen; **avoir les ~x courts/en brosse** kurze Haare/einen Bürstenschnitt haben; **tiré par les ~x** (histoire) an den Haaren herbeigezogen ► **cheveux d'ange** (vermicelle) Fadennudeln pl; (décoration) Engelshaar nt.
cheville [ʃ(ə)vij] nf (ANAT) Knöchel m; (de bois) Stift m; (pour enfoncer une vis) Dübel m; **être en ~ avec qn** mit jdm unter einer Decke stecken ► **cheville ouvrière** Stütze f.
chèvre [ʃɛvʀ] nf Ziege f ♦ nm (fromage) Ziegenkäse m; **ménager la ~ et le chou** es allen recht machen wollen.
chevreau, x [ʃəvʀo] nm Zicklein nt; (peau) Glacéleder nt.
chèvrefeuille [ʃɛvʀəfœj] nm Geißblatt nt.
chevreuil [ʃəvʀœj] nm Reh nt; (CULIN) Reh(fleisch) nt.
chevron [ʃəvʀɔ̃] nm (poutre) Sparren m; (galon) Winkel m; (motif) Fischgrätmuster nt; **à ~s** im Fischgrätmuster.
chevronné, e [ʃəvʀɔne] adj erfahren.
chevrotant, e [ʃəvʀɔtɑ̃, ɑ̃t] adj bebend, zitternd.
chevroter [ʃəvʀɔte] vi zittern, beben.
chevrotine [ʃəvʀɔtin] nf Rehposten m, grober Schrot m.
chewing-gum [ʃwiŋgɔm] (pl ~-~**s**) nm Kaugummi m ou nt.

chez [ʃe] *prép* bei; (*direction*) zu; ~ **moi/toi** bei mir/dir (zu Hause); (*direction*) zu mir/dir (nach Hause); **rester** ~ **soi** zu Hause bleiben; **rentrer** ~ **soi** nach Hause gehen; ~ **Racine/les renards** bei Racine/den Füchsen; ~ **le dentiste** beim Zahnarzt; **aller** ~ **le dentiste** zum Zahnarzt gehen.

chez-soi [ʃeswa] *nm inv* Zuhause *nt*, Heim *nt*.

chiader [ʃjade] (*fam*) *vt* pauken für.

chialer [ʃjale] (*fam*) *vt* flennen.

chiant, e [ʃjɑ̃, ʃjɑ̃t] (*fam!*) *adj* beschissen (*fam!*), Scheiß- (*fam!*).

chic [ʃik] *adj inv* (*élégant*) schick; (*de la bonne société*) fein; (*généreux*) anständig ♦ *nm* (*élégance*) Schick *m*; **avoir le** ~ **pour faire qch** (*ein*) Talent haben, etw zu tun; ~**!** toll!, fantastisch!

chicane [ʃikan] *nf* (*obstacle*) Hindernis *nt*; (*querelle*) Streitigkeit *f*.

chicaner [ʃikane] *vi*: ~ **sur** (*ergoter*) herumkritteln an +*dat*; **se chicaner** *vpr* (*fam*) (sich) streiten.

chiche [ʃiʃ] *adj* (*avare*) knauserig; ~**!** (*en réponse à un défi*) wetten, daß?; **tu n'es pas** ~ **de lui parler!** wetten, daß du nicht mit ihm sprichst?

chichement [ʃiʃmɑ̃] *adv* (*pauvrement*) kümmerlich; (*mesquinement*) gemein.

chichis [ʃiʃi] *nmpl*: **faire des** ~ viel Theater machen.

chicorée [ʃikɔʀe] *nf* (*café*) Zichorienkaffee *m*; (*salade*) Endiviensalat *m* ▶ **chicorée frisée** Endiviensalat.

chicot [ʃiko] *nm* (*dent*) Stumpf *m*.

chien [ʃjɛ̃] *nm* Hund *m*; (*de pistolet*) Hammer *m*; **temps de** ~ Mistwetter *nt*; **vie de** ~ Hundeleben *nt*; **couché en** ~ **de fusil** zusammengerollt; **entre** ~ **et loup** in der Dämmerung ▶ **chien d'aveugle** Blindenhund *m* ▶ **chien de chasse** Jagdhund *m* ▶ **chien de garde** Wachhund *m* ▶ **chien de race** Rassehund *m* ▶ **chien de traîneau** Schlittenhund *m* ▶ **chien policier** Polizeihund *m*.

chiendent [ʃjɛ̃dɑ̃] *nm* Quecke *f*.

chien-loup [ʃjɛ̃lu] (*pl* ~**s**-~**s**) *nm* Schäferhund *m*.

chienne [ʃjɛn] *nf* Hündin *f*.

chier [ʃje] (*fam!*) *vi* scheißen (*fam!*); **faire** ~ **qn** (*importuner*) jdm auf den Wecker gehen; (*causer des ennuis à*) jdn herumschikanieren; **se faire** ~ (*s'ennuyer*) sich tödlich langweilen.

chiffe [ʃif] *nf*: **il est mou comme une** ~, **c'est une** ~ **molle** er ist ein totaler Waschlappen.

chiffon [ʃifɔ̃] *nm* (*de ménage*) Lappen *m*.

chiffonné, e [ʃifɔne] *adj* (*visage*) müde.

chiffonner [ʃifɔne] *vt* zerknittern; (*tracasser*) Sorgen machen +*dat*.

chiffonnier [ʃifɔnje] *nm* Lumpensammler *m*; (*meuble*) Frisierkommode *f*.

chiffrable [ʃifʀabl] *adj* in Zahlen auszudrücken.

chiffre [ʃifʀ] *nm* (*représentant un nombre, d'un code*) Ziffer *f*; (*montant, total*) Summe *f*; **en** ~**s ronds** in runden Zahlen; **écrire un nombre en** ~**s** ein Zahl in Ziffern schreiben; **le** ~ **des naissances** die Geburtsziffern *pl* ▶ **chiffres arabes** arabische Ziffern *pl* ▶ **chiffre d'affaires** Umsatz *m* ▶ **chiffre de ventes** Verkaufszahlen *pl* ▶ **chiffres romains** römische Ziffern *ou* Zahlen *pl*.

chiffrer [ʃifʀe] *vt* (*dépense*) beziffern; (*message*) chiffrieren, verschlüsseln; **se chiffrer à** *vpr* ergeben.

chignole [ʃiɲɔl] *nf* (*outil*) Bohrer *m*.

chignon [ʃiɲɔ̃] *nm* Knoten *m*.

chiite [ʃiit] *adj* schiitisch.

Chili [ʃili] *nm*: **le** ~ Chile *nt*.

chilien, ne [ʃiljɛ̃, jɛn] *adj* chilenisch.

chimère [ʃimɛʀ] *nf* (*utopie*) Hirngespinst *nt*; (*illusion, rêve*) Trugbild *nt*.

chimérique [ʃimeʀik] *adj* (*utopique*) phantastisch; (*imaginaire*) illusorisch.

chimie [ʃimi] *nf* Chemie *f*.

chimio(thérapie) [ʃimjoteʀapi] *nf* Chemotherapie *f*.

chimique [ʃimik] *adj* chemisch; **produits** ~**s** Chemikalien *pl*.

chimiste [ʃimist] *nm/f* Chemiker(in) *m(f)*.

chimpanzé [ʃɛ̃pɑ̃ze] *nm* Schimpanse *m*.

chinchilla [ʃɛ̃ʃila] *nm* Chinchilla *m*.

Chine [ʃin] *nf*: **la** ~ China *nt*; **la** ~ **nationaliste** Nationalchina *nt*, Taiwan *nt*; **la république populaire de** ~ die Volksrepublik *f* China.

chine [ʃin] *nm* (*papier*) Chinapapier *nt*; (*porcelaine*) Porzellan *nt* ♦ *nf* (*brocante*) Trödel *m*.

chiné, e [ʃine] *adj* (*laine*) geflammt.

chiner [ʃine] *vt* (*taquiner*) sich lustig machen über +*acc*.

chinois, e [ʃinwa, waz] *adj* chinesisch ♦ *nm*: **le** ~ (*LING*) Chinesisch *nt* ♦ *nm/f*: **C**~, **e** Chinese *m*, Chinesin *f*.

chinoiserie [ʃinwazʀi] *nf* (*péj*) (*gén pl*) Theater *nt*.

chiot [ʃjo] *nm* Hündchen *nt*.

chiper [ʃipe] (*fam*) *vt* klauen.

chipie [ʃipi] *nf* Xanthippe *f*.

chipolata [ʃipɔlata] *nf* Chipolata *f*, *kleine Wurst*.

chipoter [ʃipɔte] *vi* (*manger*) (herum)knabbern; (*ergoter*) herumstreiten; (*marchander*) feilschen.

chips [ʃips] *nfpl* (*aussi*: **pommes** ~) Chips *pl*.

chique [ʃik] *nf* (*tabac*) Priem *m*.

chiquenaude [ʃiknod] *nf* Schnipser *m*.

chiquer [ʃike] *vi* Tabak kauen ♦ *vt* kauen.

chiromancie [kiʀɔmɑ̃si] *nf* Handlesen *nt*.

chiromancien, ne [kiʀɔmɑ̃sjɛ̃, jɛn] *nm/f* Handleser(in) *m(f)*.

chiropracteur [kiʀɔpʀaktœʀ] *nm voir* **chiropraticien**.

chiropraticien, ne [kiʀɔpʀatisjɛ̃, jɛn] *nm/f* Chiropraktiker(in) *m(f)*.

chirurgical, e, -aux [ʃiʀyʀʒikal, o] *adj* chirurgisch.

chirurgie [ʃiʀyʀʒi] *nf* Chirurgie *f* ▶ **chirurgie**

esthétique Schönheitschirurgie *f*.
chirurgien, ne [ʃiʀyʀ3jɛ̃, jɛn] *nm/f* Chirurg(in) *m(f)* ► **chirurgien dentiste** Zahnarzt *m*, Zahnärztin *f*.
chiure [ʃjyʀ] *nf*: ~**s de mouche** Fliegendreck *m*.
ch.-l. *abr* = **chef-lieu.**
chlore [klɔʀ] *nm* Chlor *nt*.
chloroforme [klɔʀɔfɔʀm] *nm* Chloroform *nt*.
chlorophylle [klɔʀɔfil] *nf* Chlorophyll *nt*.
chlorure [klɔʀyʀ] *nm* Chlorid *nt*.
choc [ʃɔk] *nm* (*d'objets; bruit d'impact*) Aufprall *m*; (*de véhicules*) Zusammenprall *m*; (*moral*) Schock *m* ♦ *adj*: **prix** ~ Sonderpreise *pl*; **troupe de** ~ Kampftruppe *f*; **traitement de** ~ Schockbehandlung *f*; **patron de** ~ Spitzenchef *m* ► **choc en retour** (*fig*) Gegenreaktion *f* ► **choc nerveux** Nervenschock *m* ► **choc opératoire** postoperativer Schock *m*.
chocolat [ʃɔkɔla] *nm* Schokolade *f* ► **chocolat à croquer** (Zart)bitterschokolade *f* ► **chocolat au lait** Milchschokolade *f* ► **chocolat en poudre** Trinkschokolade *f*.
chocolaté, e [ʃɔkɔlate] *adj* Schokoladen-.
chocolaterie [ʃɔkɔlatʀi] *nf* (*fabrique*) Schokoladenfabrik *f*.
chocolatier, -ière [ʃɔkɔlatje, jɛʀ] *nm/f* Schokoladenhersteller(in) *m(f)*.
chœur [kœʀ] *nm* Chor *m*; **en** ~ im Chor.
choir [ʃwaʀ] *vi*: **laisser** ~ fallen lassen.
choisi, e [ʃwazi] *adj* ausgewählt.
choisir [ʃwaziʀ] *vt* auswählen; (*nommer*) wählen; (*décider de*) sich entscheiden für; ~ **de faire qch** sich entscheiden, etw zu tun.
choix [ʃwa] *nm* Auswahl *f*; **avoir le** ~ die Wahl haben; **je n'avais pas le** ~ ich hatte keine andere Wahl; **de** ~ auserlesen; **de premier** ~ erster Wahl; **au** ~ zur Auswahl; **de mon/son** ~ meiner/seiner Wahl.
choléra [kɔleʀa] *nm* Cholera *f*.
cholestérol [kɔlɛsteʀɔl] *nm* Cholesterin *nt*.
chômage [ʃoma3] *nm* Arbeitslosigkeit *f*; **mettre au** ~ arbeitslos machen; **être au** ~ arbeitslos sein ► **chômage partiel** Kurzarbeit *f* ► **chômage structurel** strukturell bedingte Arbeitslosigkeit ► **chômage technique** Feierschicht *f*.
chômé, e [ʃome] *adj*: **jour** ~ Feiertag *m*.
chômer [ʃome] *vi* (*travailleur*) arbeitslos sein; (*équipements*) stillstehen.
chômeur, -euse [ʃomœʀ, øz] *nm/f* Arbeitslose(r) *f(m)*.
chope [ʃɔp] *nf* (*verre*) Schoppenglas *nt*.
choquant, e [ʃɔkɑ̃, ɑ̃t] *adj* schockierend.
choquer [ʃɔke] *vt* schockieren; (*commotionner*) erschüttern.
choral, e [kɔʀal] *adj* Chor- ♦ *nm* Choral *m*.
chorale [kɔʀal] *nf* Chor *m*.
chorégraphe [kɔʀegʀaf] *nm/f* Choreograph(in) *m(f)*.
chorégraphie [kɔʀegʀafi] *nf* Choreographie *f*.
choriste [kɔʀist] *nm/f* Chorsänger(in) *m(f)*.
chorus [kɔʀys] *nm*: **faire** ~ **avec** lautstark beipflichten +*dat*.

chose [ʃoz] *nf* (*objet*) Ding *nt*; (*sujet, matière*) Sache *f*; (*événement, histoire*) Ereignis *nt* ♦ *nm* (*fam: machin*) Dings *nt*; **les** ~**s** (*situation*) die Dinge *pl*; **se sentir tout** ~ (*bizarre*) sich ein bißchen komisch fühlen; **dire bien des** ~**s à qn** (*salutations*) jdn schön grüßen; **bien faire les** ~**s** keine halben Sachen machen; **parler de** ~**s et d'autres** über dies und das reden; **c'est peu de** ~ das ist nicht der Rede wert.
chou, x [ʃu] *nm* Kohl *m* ♦ *adj inv* süß; **mon petit** ~ mein Süßer *m*, meine Süße *f*; **faire** ~ **blanc** eine Niete ziehen; **bout de** ~ (*fam*) Winzling *m*; **feuille de** ~ (*fig*) Käseblatt *nt* ► **chou (à la crème)** Windbeutel *m* ► **chou de Bruxelles** *m*.
choucas [ʃuka] *nm* Dohle *f*.
chouchou, te [ʃuʃu, ut] (*fam*) *nm/f* (*SCOL*) Liebling *m*.
chouchouter [ʃuʃute] (*fam*) *vt* vorziehen.
choucroute [ʃukʀut] *nf* Sauerkraut *nt* ► **choucroute garnie** Sauerkraut mit Fleisch.
chouette [ʃwɛt] *nf* (*ZOOL*) Eule *f* ♦ *adj* (*fam*) prima; ~! toll!
chou-fleur [ʃuflœʀ] (*pl* ~**x**-~**s**) *nm* Blumenkohl *m*.
chou-rave [ʃuʀav] (*pl* ~**x**-~**s**) *nm* Kohlrabi *m*.
choyer [ʃwaje] *vt* (*dorloter*) liebevoll umsorgen.
chrétien, ne [kʀetjɛ̃, jɛn] *adj* christlich ♦ *nm/f* Christ(in) *m(f)*.
chrétiennement [kʀetjɛnmɑ̃] *adv* christlich.
chrétienté [kʀetjɛte] *nf* Christenheit *f*.
Christ [kʀist] *nm*: **le** ~ Christus *m*; (*ART*): **c**~ Christusdarstellung *f*; **Jésus** ~ Jesus Christus.
christianiser [kʀistjanize] *vt* christianisieren.
christianisme [kʀistjanism] *nm* Christentum *nt*.
Christmas [kʀistmas] *nf*: (**l'île**) ~ die Weihnachtsinsel *f*.
chromatique [kʀɔmatik] *adj* (*MUS*) chromatisch; (*des couleurs*) Farben-.
chrome [kʀom] *nm* Chrom *nt*.
chromé, e [kʀome] *adj* verchromt.
chromosome [kʀomozom] *nm* Chromosom *nt*.
chronique [kʀɔnik] *adj* chronisch ♦ *nf* (*de journal*) Kolumne *f*; (*historique*) Chronik *f*; ~ **sportive** Sportbericht *m*; ~ **théâtrale** Theaterübersicht *f*; ~ **locale** Lokalnachrichten *pl*.
chroniqueur [kʀɔnikœʀ] *nm* (*de journal*) Kolumnist(in) *m(f)*; (*historique*) Chronist *m*.
chrono [kʀɔno] *nm* = **chronomètre**.
chronologie [kʀɔnɔlɔ3i] *nf* Chronologie *f*.
chronologique [kʀɔnɔlɔ3ik] *adj* chronologisch; **tableau** ~ chronologisch geordnete Tabelle *f*.
chronologiquement [kʀɔnɔlɔ3ikmɑ̃] *adv* chronologisch.
chronomètre [kʀɔnɔmɛtʀ] *nm* Stoppuhr *f*.
chronométrer [kʀɔnɔmetʀe] *vt* mit der Stoppuhr messen, stoppen.
chronométreur [kʀɔnɔmetʀœʀ] *nm* Zeitnehmer *m*.

chrysalide [kʀizalid] *nf* Puppe *f*.
chrysanthème [kʀizɑ̃tɛm] *nm* Chrysantheme *f*.
CHU [seaʃy] *sigle m* (= *centre hospitalo-universitaire*) Universitätsklinik *f*.
chuchotement [ʃyʃɔtmɑ̃] *nm* Flüstern *nt*.
chuchoter [ʃyʃɔte] *vt, vi* flüstern.
chuintement [ʃɥɛ̃tmɑ̃] *nm* Zischen *nt*.
chuinter [ʃɥɛ̃te] *vi* zischen.
chut [ʃyt] *excl* pst.
chute [ʃyt] *nf* Sturz *m*; (*des feuilles, des prix, de la température etc*) Fallen *nt*; (*déchet*) Stückchen *nt*; **la ~ des cheveux** der Haarausfall; **faire une ~ (de 10 m)** (10 m tief) stürzen ▶ **chute (d'eau)** Wasserfall *m* ▶ **chute des reins** Kreuz *nt* ▶ **chute libre** freier Fall *m* ▶ **chutes de neige** Schneefall *m* ▶ **chutes de pluie** Regenfall *m*.
Chypre [ʃipʀ] *n* Zypern *nt*.
chypriote [ʃipʀiɔt] *adj, nm/f* = **cypriote**.
ci [si] *adv*: **ce garçon/cet homme-~** dieser Junge/Mann (da); **cette femme-~** diese Frau; **ces hommes/femmes-~** diese Männer/ Frauen; *voir aussi* **comme**; **par**.
CIA [seia] *sigle f* CIA *m ou f*.
ciao [tʃao] (*fam*) *excl* tschau.
ci-après [siapʀɛ] *adv* im folgenden.
cibiste [sibist] *nm* CB-Funker(in) *m(f)*.
cible [sibl] *nf* Zielscheibe *f*.
cibler [sible] *vt* abzielen auf +*acc*.
ciboire [sibwaʀ] *nm* Ziborium *nt*.
ciboule [sibul] *nf* Winterlauch *m*.
ciboulette [sibulɛt] *nf* Schnittlauch *m*.
ciboulot [sibulo] (*fam*) *nm* Rübe *f*.
cicatrice [sikatʀis] *nf* Narbe *f*.
cicatriser [sikatʀize] *vt* heilen; **se cicatriser** *vpr* (ver)heilen.
ci-contre [sikɔ̃tʀ] *adv* gegenüber.
CICR [seiseɛʀ] *sigle m* (= *Comité international de la Croix-Rouge*) IKRK *nt*.
ci-dessous [sidəsu] *adv* unten.
ci-dessus [sidəsy] *adv* oben.
CIDJ [seideʒi] *sigle m* (= *centre d'information et de documentation de la jeunesse*) Berufsberatungsstelle *für* Jugendliche.
cidre [sidʀ] *nm* Apfelwein *m*.
cidrerie [sidʀəʀi] *nf* Apfelweinkelterei *f*.
Cie *abr* (= *compagnie*) Co.
ciel [sjɛl] (*pl* ~**s** *ou* (*litt*) **cieux**) *nm* Himmel *m*; **cieux** *nmpl* Himmel *pl*; **à ~ ouvert** Freiluft-; (*mine*) im Tagebau; **tomber du ~** (*arriver à l'improviste*) hereingeschneit kommen; (*être stupéfait*) aus allen Wolken fallen; **~! du lieber Himmel!** ▶ **ciel de lit** Betthimmel *m*.
cierge [sjɛʀʒ] *nm* Kerze *f* ▶ **cierge pascal** Osterkerze *f*.
cieux [sjø] *nmpl voir* **ciel**.
cigale [sigal] *nf* Zikade *f*.
cigare [sigaʀ] *nm* Zigarre *f*.
cigarette [sigaʀɛt] *nf* Zigarette *f* ▶ **cigarette (à) bout filtre** Filterzigarette *f*.
ci-gît [siʒi] *adv* +*vb* hier ruht.
cigogne [sigɔɲ] *nf* Storch *m*.

ciguë [sigy] *nf* Schierling *m*.
ci-inclus, e [siɛ̃kly, yz] *adj, adv* beiliegend.
ci-joint, e [siʒwɛ̃, ɛ̃t] *adj, adv* beiliegend; **veuillez trouver ~-~** in der Anlage finden Sie.
cil [sil] *nm* (Augen)wimper *f*.
ciller [sije] *vi* blinzeln.
cimaise [simɛz] *nf* Hängeleiste *f*.
cime [sim] *nf* (*d'arbre*) Wipfel *m*; (*de montagne*) Gipfel *m*.
ciment [simɑ̃] *nm* Zement *m* ▶ **ciment armé** Stahlbeton *m*.
cimenter [simɑ̃te] *vt* zementieren.
cimenterie [simɑ̃tʀi] *nf* Zementwerk *nt*.
cimetière [simtjɛʀ] *nm* Friedhof *m* ▶ **cimetière de voitures** Autofriedhof *m*.
cinéaste [sineast] *nm/f* Filmemacher(in) *m(f)*.
ciné-club [sineklœb] (*pl* ~-~**s**) *nm* Filmklub *m*.
cinéma [sinema] *nm* (*salle*) Kino *nt*; (*ART*) Film *m*; **aller au ~** ins Kino gehen.
cinémascope® [sinemaskɔp] *nm* Breitwand *f*.
cinémathèque [sinematɛk] *nf* Kinemathek *f*.
cinématographie [sinematɔgʀafi] *nf* Filmkunst *f*.
cinématographique [sinematɔgʀafik] *adj* Film-.
cinéphile [sinefil] *nm/f* Filmfreund(in) *m(f)*.
cinétique [sinetik] *adj* kinetisch.
cing(h)alais, e [sɛ̃galɛ, ɛz] *adj* singhalesisch ♦ *nm/f*: **C~**, **e** Singhalese *m*, Singhalesin *f*.
cinglant, e [sɛ̃glɑ̃, ɑ̃t] *adj* (*froid*) klirrend; (*vent*) peitschend; (*propos, ironie*) beißend; (*échec*) vernichtend.
cinglé, e [sɛ̃gle] (*fam*) *adj* verrückt.
cingler [sɛ̃gle] *vt* peitschen; (*fig: suj: insulte etc*) treffen ♦ *vi*: **~ vers** (*NAUT*) Kurs nehmen auf +*acc*.
cinq [sɛ̃k] *num* fünf.
cinquantaine [sɛ̃kɑ̃tɛn] *nf*: **une ~ (de)** etwa fünfzig; **avoir la ~** um die fünfzig (Jahre alt) sein.
cinquante [sɛ̃kɑ̃t] *num* fünfzig.
cinquantenaire [sɛ̃kɑ̃tnɛʀ] *adj* fünfzigjährig ♦ *nm/f* Fünfzigjährige(r) *f(m)*.
cinquantième [sɛ̃kɑ̃tjɛm] *num* fünfzigste(r, s).
cinquième [sɛ̃kjɛm] *num* fünfte(r, s) ♦ *nf* (*SCOL*) ≈ Quinta *f* ♦ *nf* Fünftel *nt*.
cinquièmement [sɛ̃kjɛmmɑ̃] *adv* fünftens.
cintre [sɛ̃tʀ] *nm* (*à vêtement*) Kleiderbügel *m*; **plein ~** (*ARCHIT*) (Halbkreis)bogen *m*.
cintré, e [sɛ̃tʀe] *adj* (*chemise*) tailliert; (*bois*) gewölbt.
CIO [seio] *sigle m* (= *Comité international olympique*) IOK *nt*.
cirage [siʀaʒ] *nm* (*pour parquet*) Bohnerwachs *nt*; (*pour chaussures*) Schuhcreme *f*.
circoncire [siʀkɔ̃siʀ] *vt* beschneiden.
circoncis, e [siʀkɔ̃si, iz] *adj* beschnitten.
circoncision [siʀkɔ̃sizjɔ̃] *nf* Beschneidung *f*.
circonférence [siʀkɔ̃feʀɑ̃s] *nf* Umfang *m*.
circonflexe [siʀkɔ̃flɛks] *adj*: **accent ~** Zirkumflex *m*.
circonlocutions [siʀkɔ̃lɔkysjɔ̃] *nfpl* Umschweife *pl*.

circonscription [siʀkɔ̃skʀipsjɔ̃] nf: ~ **électorale** Wahlkreis m.

circonscrire [siʀkɔ̃skʀiʀ] vt (incendie) eindämmen; (propriété) abstecken; (sujet) einkreisen.

circonspect, e [siʀkɔ̃spɛ(kt), ɛkt] adj umsichtig.

circonspection [siʀkɔ̃spɛksjɔ̃] nf Umsichtigkeit f.

circonstance [siʀkɔ̃stɑ̃s] nf Umstand m; œuvre de ~ für einen speziellen Anlaß verfaßtes Werk; **air de** ~ der Gelegenheit entsprechender Gesichtsausdruck, passendes Gesicht ▶ **circonstances atténuantes** mildernde Umstände pl.

circonstancié, e [siʀkɔ̃stɑ̃sje] adj ausführlich, eingehend.

circonstanciel, le [siʀkɔ̃stɑ̃sjɛl] adj: **complément** ~ adverbiales Attribut nt; **proposition** ~**le** Umstandssatz m.

circonvenir [siʀkɔ̃v(ə)niʀ] vt umstimmen.

circonvolutions [siʀkɔ̃vɔlysjɔ̃] nfpl Windungen pl.

circuit [siʀkɥi] nm (trajet) Rundgang m; (ÉLEC) Stromkreis m; (des capitaux) Kreislauf m ▶ **circuit automobile** Rennstrecke f ▶ **circuit de distribution** Vertriebsnetz nt ▶ **circuit fermé** geschlossener Schaltkreis m ▶ **circuit intégré** integrierter Schaltkreis m.

circulaire [siʀkylɛʀ] adj (objet, surface) kreisförmig; (regard) im Kreis herum; (mouvement) Kreis- ♦ nf Rundschreiben nt.

circulation [siʀkylasjɔ̃] nf (AUTO) Verkehr m; (de personnes) Herumgehen nt; (MÉD: du sang) Durchblutung f; (capitaux) Umlauf m; **il y a beaucoup de** ~ es ist viel Verkehr; **mettre en** ~ (argent) in Umlauf bringen; (livre, journal, produit) verbreiten.

circulatoire [siʀkylatwaʀ] adj: **avoir des troubles** ~**s** Kreislaufprobleme haben.

circuler [siʀkyle] vi (personne) (herum)gehen; (voiture) fahren; (train etc) fahren, verkehren; (sang, électricité etc) fließen, zirkulieren; (bruit, nouvelle) im Umlauf sein, herumgehen; (devises, capitaux) im Umlauf sein; **faire** ~ (nouvelle) verbreiten; (badauds) zum Weitergehen auffordern; (capitaux, document, pétition) in Umlauf bringen; (plat) herumreichen.

cire [siʀ] nf Wachs nt; (pour meubles) Möbelpolitur f; (cérumen) (Ohr)wachs nt ▶ **cire à cacheter** Siegellack m.

ciré, e [siʀe] adj (parquet) gewachst ♦ nm (vêtement) Ölzeug nt.

cirer [siʀe] vt (parquet) wachsen, bohnern; (souliers) putzen.

cireur, -euse [siʀœʀ, øz] nm/f (de chaussures) Schuhputzer(in) m(f).

cireuse [siʀøz] nf (appareil) Bohnermaschine f.

cireux, -euse [siʀø, øz] adj (teint) talgig.

cirque [siʀk] nm Zirkus m; (arène) Arena f; (GÉO) Kar nt; (fig: désordre) Chaos nt.

cirrhose [siʀoz] nf: ~ **du foie** Leberzirrhose f.

cisailler [sizaje] vt trimmen.

cisaille(s) [sizaj] nf (de jardin) Heckenschere f.

ciseau, x [sizo] nm: ~ **(à bois)** Meißel m; ~**x** nmpl Schere f; **sauter en** ~**x** im Scherensprung springen.

ciseler [siz(ə)le] vt ziselieren.

ciselure [siz(ə)lyʀ] nf (sur argenterie) Gravur f; (sur bois) Schnitzarbeit f.

Cisjordanie [sisʒɔʀdani] nf: **la** ~ die Westbank f.

citadelle [sitadɛl] nf Zitadelle f; (fig) Hochburg f.

citadin, e [sitadɛ̃, in] nm/f Städter(in) m(f) ♦ adj städtisch.

citation [sitasjɔ̃] nf (d'auteur) Zitat nt; (JUR) Vorladung f; (MIL) ehrenvolle Erwähnung f.

cité [site] nf (ville) Stadt f ▶ **cité ouvrière** Arbeitersiedlung f ▶ **cité universitaire** Studentenviertel nt.

cité-dortoir [sitedɔʀtwaʀ] (pl ~**s**-~**s**) nf Schlafstadt f.

cité-jardin [siteʒaʀdɛ̃] (pl ~**s**-~**s**) nf Gartenstadt f.

citer [site] vt (se référer à) zitieren; (nommer) benennen; (JUR) vorladen; ~ **(en exemple)** als Beispiel anführen; **je ne veux** ~ **personne** ich möchte keine Namen nennen.

citerne [sitɛʀn] nf Zisterne f.

cithare [sitaʀ] nf Zither f.

citoyen, ne [sitwajɛ̃, jɛn] nm/f Bürger(in) m(f).

citoyenneté [sitwajɛnte] nf Staatsbürgerschaft f.

citrique [sitʀik] adj: **acide** ~ Zitronensäure f.

citron [sitʀɔ̃] nm Zitrone f ▶ **citron pressé** (frischgepreßter) Zitronensaft m ▶ **citron vert** Limone f.

citronnade [sitʀɔnad] nf Zitronenlimonade f.

citronné, e [sitʀɔne] adj (boisson) mit Zitronengeschmack; (eau de toilette) mit Zitronenduft.

citronnelle [sitʀɔnɛl] nf Zitronenmelisse f.

citronnier [sitʀɔnje] nm Zitronenbaum m.

citrouille [sitʀuj] nf Kürbis m.

cive [siv] nf Schnittlauch m.

civet [sivɛ] nm Wildragout mit Wein; ~ **de lièvre** Hasenragout nt.

civette [sivɛt] nf (BOT, CULIN) Schnittlauch m; (ZOOL) Zibetkatze f.

civière [sivjɛʀ] nf Bahre f.

civil, e [sivil] adj Zivil-, zivil-; (poli) höflich ♦ nm (MIL: personne) Zivilist(in) m(f); **habillé en** ~ in Zivil; **dans le** ~ im Privatleben; **mariage** ~ standesamtliche Trauung f; **enterrement** ~ nichtkirchliche Bestattung f.

civilement [sivilmɑ̃] adv (poliment) höflich; **se marier** ~ standesamtlich heiraten.

civilisation [sivilizasjɔ̃] nf Zivilisation f.

civilisé, e [sivilize] adj zivilisiert; (bien élevé) höflich.

civiliser [sivilize] vt zivilisieren.

civilité [sivilite] nf (politesse) Höflichkeit f; **présenter ses** ~**s** sich empfehlen.

civique [sivik] adj staatsbürgerlich; **instruction** ~ (SCOL) Staatsbürgerkunde f.

civisme [sivism] *nm* vorbildliches staatsbürgerliches Verhalten *nt*.

cl *abr* (= *centilitre*) cl.

clafoutis [klafuti] *nm* ≈ Kirschmichel *m*, *Art Kirschauflauf*.

claie [klɛ] *nf* (*à fromage*) Abtropfsieb *nt*.

clair, e [klɛʀ] *adj* hell; (*fig*) klar ♦ *adv*: **voir** ~ klar *ou* deutlich sehen ♦ *nm*: ~ **de lune** Mondschein *m*; **y voir** ~ klar sehen; **bleu/rouge** ~ hellblau/-rot; **par temps** ~ bei klarem Wetter; **tirer qch au** ~ etw aufklären; **mettre au** ~ in Ordnung bringen; **le plus** ~ **de son temps/ argent** die meiste Zeit/das meiste Geld; **en** ~ im Klartext.

claire [klɛʀ] *nf*: (**huître de**) ~ Zuchtauster *f*.

clairement [klɛʀmɑ̃] *adv* klar.

claire-voie [klɛʀvwa] *adv*: **à** ~-~ lichtdurchlässig.

clairière [klɛʀjɛʀ] *nf* Lichtung *f*.

clair-obscur [klɛʀɔpskyʀ] (*pl* ~**s**-~**s**) *nm* Zwielicht *nt*.

clairon [klɛʀɔ̃] *nm* Bügelhorn *nt*.

claironner [klɛʀɔne] *vt* (*fig*) heraustrompeten.

clairsemé, e [klɛʀsəme] *adj* (*cheveux, applaudissements, auditoire*) spärlich; (*herbe, maisons, population*) dünngesät.

clairvoyance [klɛʀvwajɑ̃s] *nf* Hellsichtigkeit *f*.

clairvoyant, e [klɛʀvwajɑ̃, ɑ̃t] *adj* (*perspicace*) hellsichtig; (*doué de vision*) hellseherisch.

clam [klam] *nm* Venusmuschel *f*.

clamer [klame] *vt* verkünden.

clameur [klamœʀ] *nf* (*tumulte*) Lärm *m*.

clan [klɑ̃] *nm* Clan *m*.

clandestin, e [klɑ̃dɛstɛ̃, in] *adj* heimlich; (*POL*) Untergrund-; (*commerce*) Schwarz-; **passager** ~ blinder Passagier *m*; **immigration** ~**e** schleichende Einwanderung *f*.

clandestinement [klɑ̃dɛstinmɑ̃] *adv* heimlich.

clandestinité [klɑ̃dɛstinite] *nf*: **dans la** ~ (*vivre*) im Untergrund; **entrer dans la** ~ in den Untergrund gehen.

clapet [klapɛ] *nm* (*TECH*) Ventilklappe *f*.

clapier [klapje] *nm* (Kaninchen)stall *m*.

clapotement [klapɔtmɑ̃] *nm* Plätschern *nt*.

clapoter [klapɔte] *vi* plätschern.

clapotis [klapɔti] *nm* Plätschern *nt*.

claquage [klaka3] *nm* (*MÉD*) Muskelzerrung *f*.

claque [klak] *nf* (*gifle*) Klaps *m*, Schlag *m* ♦ *nm* (*chapeau*) Chapeau claque *m*; **la** ~ (*THÉÂT*) die Claque *f*.

claquement [klakmɑ̃] *nm* (*de porte*) Schlagen *nt*.

claquemurer [klakmyʀe]: **se** ~ *vpr* sich einschließen.

claquer [klake] *vi* (*drapeau, coup de feu*) knattern; (*porte*) schlagen ♦ *vt* (*porte*) zuschlagen; **se claquer** *vpr*: **se** ~ **un muscle** sich *dat* einen Muskel zerren; **elle claquait des dents** ihr klapperten die Zähne; ~ **des doigts** mit den Fingern knipsen.

claquettes [klakɛt] *nfpl* Stepptanz *m*.

clarification [klaʀifikasjɔ̃] *nf* (*fig*) Klärung *f*.

clarifier [klaʀifje] *vt* (*fig*) klären.

clarinette [klaʀinɛt] *nf* Klarinette *f*.

clarinettiste [klaʀinetist] *nm/f* Klarinettist(in) *m(f)*.

clarté [klaʀte] *nf* (*d'une pièce*) Helligkeit *f*; (*d'un son, de l'eau*) Klarheit *f*; (*d'une explication*) Verständlichkeit *f*.

classe [klɑs] *nf* Klasse *f*; (*local*) Klassenzimmer *nt*; (*leçon*) Unterrichtsstunde *f*; **un (soldat de) deuxième** ~ ein gemeiner Soldat *m*; **1ère/2ème** ~ erste/zweite Klasse; **de** ~ von Rang; **faire la** ~ (*SCOL*) unterrichten; **aller en** ~ (*SCOL*) in die Schule gehen; **faire ses** ~**s** (*MIL*) seine Grundausbildung absolvieren; **aller en** ~ **verte/de neige/de mer** mit der Schule ins Grüne/zum Skifahren/ans Meer fahren ▶ **classe dirigeante** herrschende Klasse ▶ **classe grammaticale** grammatische Kategorie *f* ▶ **classe ouvrière** Arbeiterklasse *f* ▶ **classe sociale** soziale Schicht *f* ▶ **classe touriste** Touristenklasse *f*.

classement [klɑsmɑ̃] *nm* (*action*) Einteilung *f*; (*rang*) Einstufung *f*; (*SPORT*) Plazierung *f*; **premier au** ~ **général** Gesamtsieger *m*.

classer [klɑse] *vt* einordnen; (*livres*) einteilen; (*plantes, insectes*) bestimmen; (*candidat, concurrent*) einstufen; (*JUR: affaire*) abschließen; **se classer** *vpr*: **se** ~ **premier/dernier** als beste(r)/schlechteste(r) abschließen; (*SPORT*) als erste(r)/letzte(r) ankommen.

classeur [klɑsœʀ] *nm* (*cahier*) Aktenordner *m*; (*meuble*) Aktenschrank *m* ▶ **classeur à feuillets mobiles** Ringbuch *nt*.

classification [klasifikasjɔ̃] *nf* Klassifizierung *f*.

classifier [klasifje] *vt* klassifizieren.

classique [klasik] *adj* klassisch; (*habituel*) üblich ♦ *nm* (*œuvre, auteur*) Klassiker *m*; **études** ~**s** Altphilologie *f*.

claudication [klodikasjɔ̃] *nf* Hinken *nt*.

clause [kloz] *nf* Klausel *f*.

claustrer [klostʀe] *vt* einschließen.

claustrophobie [klostʀɔfɔbi] *nf* Klaustrophobie *f*.

clavecin [klav(ə)sɛ̃] *nm* Cembalo *nt*.

claveciniste [klav(ə)sinist] *nm/f* Cembalospieler(in) *m(f)*.

clavicule [klavikyl] *nf* Schlüsselbein *nt*.

clavier [klavje] *nm* (*de piano*) Klaviatur *f*; (*machine*) Tastatur *f*.

clé, clef [kle] *nf* Schlüssel *m*; (*MUS*) Notenschlüssel; (*de boîte de conserves*) Öffner *m*; (*de mécanicien*) Schraubenschlüssel ♦ *adj*: **problème/position clef** Schlüsselproblem *nt*/ -position *f*; **mettre sous clef** unter Verschluß nehmen; **prendre la clef des champs** sich aus dem Staub machen; **prix clefs en main** (*d'une voiture*) Endpreis *m*; (*d'un appartement*) schlüsselfertiger Preis *m*; **livre/film à clef** Schlüsselroman *m*/Schlüsselfilm *m* ▶ **clef anglaise** *ou* **à molette** verstellbarer Schraubenschlüssel *m*, Engländer *m* ▶ **clef de contact** (*AUTO*) Zündschlüssel ▶ **clef de fa** Baßschlüssel *m* ▶ **clef de sol** Violinschlüssel *m*

▶ **clef de voûte** Schlußstein *m*.

clématite [klematit] *nf* Klematis *f*.

clémence [klemãs] *nf* Nachsichtigkeit *f*; (*du temps*) Milde *f*.

clément, e [klemã, ãt] *adj* mild.

clémentine [klemãtin] *nf* Klementine *f*.

cleptomane [klɛptɔman] *nm/f* = **kleptomane**.

clerc [klɛʀ] *nm*: ~ **de notaire** Notariatsangestellte(r) *f(m)*.

clergé [klɛʀʒe] *nm* Klerus *m*.

clérical, e, -aux [kleʀikal, o] *adj* geistlich.

cliché [kliʃe] *nm* (*TYPO*, *fig*) Klischee *nt*; (*PHOTO*) Negativ *nt*.

client, e [klijã, klijãt] *nm/f* (*d'un magasin, restaurant*) Kunde *m*, Kundin *f*; (*d'hôtel*) Gast *m*; (*de médecin*) Patient(in) *m(f)*; (*d'avocat*) Klient(in) *m(f)*.

clientèle [klijãtɛl] *nf* Kundschaft *f*; (*d'un hôtel*) Gäste *pl*; (*de médecin, d'avocat*) Klientel *f*; **accorder sa** ~ **à** Kunde/Patient/Klient sein bei; **retirer sa** ~ **à** nicht mehr Kunde/Patient/Klient sein bei.

cligner [kliɲe] *vi*: ~ **des yeux** blinzeln; ~ **de l'œil** (mit dem Auge) zwinkern.

clignotant, e [kliɲɔtã, ãt] *adj* (*lumière*) Blink- ♦ *nm* (*AUTO*) Blinker *m*; (*indice de danger*) Warnzeichen *nt*.

clignoter [kliɲɔte] *vi* (*étoiles etc*) funkeln; (*lumière*) blinken; (: *vaciller*) flackern; (*yeux*) zwinkern.

climat [klima] *nm* Klima *nt*.

climatique [klimatik] *adj* klimatisch, Klima-.

climatisation [klimatizasjɔ̃] *nf* Klimaanlage *f*.

climatisé, e [klimatize] *adj* mit Klimaanlage.

climatiser [klimatize] *vt* klimatisieren.

climatiseur [klimatizœʀ] *nm* Klimaanlage *f*.

clin d'œil [klɛ̃dœj] *nm* (Augen)zwinkern *nt*; **en un** ~ ~ im Nu.

clinique [klinik] *adj* klinisch ♦ *nf* Klinik *f*.

cliniquement [klinikmã] *adv* klinisch.

clinquant, e [klɛ̃kã, ãt] *adj* auffällig.

clip [klip] *nm* (*pince*) Clip *m*; (*vidéo*) Videoclip *m*.

clique [klik] *nf* (*péj*) Clique *f*; **prendres ses ~s et ses claques** seine Siebensachen einpacken.

cliquet [klikɛ] *nm* Sperrklinke *f*.

cliqueter [klik(ə)te] *vi* (*ferraille, clefs*) klirren; (*monnaie*) klimpern; (*moteur*) klingeln.

cliquetis [klik(ə)ti] *nm* (*v vi*) Klirren *nt*; Klimpern *nt*; Klingeln *nt*.

clitoris [klitɔʀis] *nm* Klitoris *f*, Kitzler *m*.

clivage [klivaʒ] *nm* (*fig*) Kluft *f*.

cloaque [klɔak] *nm* (*fig*) Sumpf *m*.

clochard, e [klɔʃaʀ, aʀd] *nm/f* Stadtstreicher(in) *m(f)*, Penner(in) *m(f)*.

cloche [klɔʃ] *nf* Glocke *f*; (*chapeau*) Topfhut *m*; (*fam: niais*) Trottel *m*; (: *les clochards*) die Penner *pl*; **se faire sonner les ~s** (*fam*) die Leviten gelesen bekommen ▶ **cloche à fromage** Käseglocke *f*.

cloche-pied [klɔʃpje]: **à ~-~** *adv* auf einem Bein hüpfend.

clocher [klɔʃe] *nm* Kirchturm *m* ♦ *vi* (*fam*)

nicht hinhauen; **de** ~ (*péj*) Kirchturm-.

clocheton [klɔʃtɔ̃] *nm* (*ARCHIT*) Fiale *f*.

clochette [klɔʃɛt] *nf* (kleinere) Glocke *f*; (*de fleur*) Glöckchen *nt*.

clodo [klodo] (*fam*) *nm* = **clochard**.

cloison [klwazɔ̃] *nf* Trennwand *f*; (*fig*) Mauer *f* ▶ **cloison étanche** (*fig*) undurchdringliche Mauer.

cloisonner [klwazɔne] *vt* abtrennen.

cloître [klwatʀ] *nm* Kreuzgang *m*.

cloîtrer [klwatʀe] **se** ~ *vpr* sich ein- *ou* abschließen; (*REL*) in ein Kloster eintreten.

clone [klon] *nm* Klon *m*.

clope [klɔp] (*fam*) *nf* Fluppe *f*.

clopin-clopant [klɔpɛ̃klɔpã] *adv* humpelnd.

clopiner [klɔpine] *vi* hinken, humpeln.

cloporte [klɔpɔʀt] *nm* Bohrassel *f*.

cloque [klɔk] *nf* Blase *f*.

cloqué, e [klɔke] *adj* (*étoffe*) Krepp-.

cloquer [klɔke] *vi* Blasen bekommen.

clore [klɔʀ] *vt* abschließen; ~ **une session** (*INFORM*) eine Arbeitssitzung beenden; **la séance est close** die Sitzung ist geschlossen.

clos, e [klo, kloz] *adj* geschlossen; (*fini*) beendet ♦ *nm* abgeschlossenes Feld *nt*.

clôt [klo] *vb voir* **clore**.

clôture [klotyʀ] *nf* (*barrière*) Zaun *m*; (*d'un festival, d'une manifestation*) Abschluß *m*.

clôturer [klotyʀe] *vt* (*terrain*) umfrieden, umzäunen; (*festival, débats*) abschließen.

clou [klu] *nm* Nagel *m*; (*MÉD: furoncle*) Furunkel *m ou nt*; ~**s** *nmpl* Zebrastreifen *m*; **pneus à ~s** Spikes *pl*; **le** ~ **du spectacle** der Höhepunkt *m* der Veranstaltung ▶ **clou de girofle** (Gewürz)nelke *f*.

clouer [klue] *vt* nageln; (*fig: immobiliser*) festnageln.

clouté, e [klute] *adj* (*semelle*) genagelt; (*ceinture*) mit Nägeln verziert.

clown [klun] *nm* Clown *m*; **faire le** ~ den Clown spielen.

clownerie [klunʀi] *nf*: **faire des ~s** herumblödeln.

club [klœb] *nm* Klub *m*.

CM [seɛm] *sigle m* (= *cours moyen*) *voir* **cours**.

cm *abr* (= *centimètre*) cm.

CNC [seɛnse] *sigle m* (= *Conseil national de la consommation*) Verbraucherorganisation.

CNCL [seɛnseɛl] *sigle f* (= *Commission nationale de la communication et des libertés*) Fernseh-Aufsichtsgremium.

CNDP [seɛndepe] *sigle m* (= *Centre national de documentation pédagogique*) Zentralstelle für Lehrmittel.

CNEC *sigle m* (= *Centre national de l'enseignement par correspondance*) ≈ Fernuniversität *f*.

CNIT [knit] *sigle m* (= *Centre national des industries et des techniques*) Ausstellungsgelände in Paris.

CNPF [seɛnpeɛf] *sigle m* (= *Conseil national du patronat français*) französische Arbeitgeberorganisation.

CNRS [seɛnɛʀɛs] *sigle m* (= *Centre national de la recherche scientifique*) ≈ Wissenschaftsrat *m*.

c/o *abr* (= *care of*) bei.
coagulant [kɔagylɑ̃] *nm* gerinnungs-förderndes Mittel *nt*.
coaguler [kɔagyle] *vi* (*aussi:* **se** ~) koagulieren, gerinnen.
coaliser [kɔalize]: **se** ~ *vpr* (*POL*) koalieren.
coalition [kɔalisjɔ̃] *nf* Koalition *f*.
coasser [kɔase] *vi* quaken.
coauteur [kootœʀ] *nm* Mitautor(in) *m(f)*.
coaxial, e, -aux [kɔaksjal, jo] *adj* (*câble*) Koaxial-.
cobalt [kɔbalt] *nm* Kobalt *nt*.
cobaye [kɔbaj] *nm* (*ZOOL*) Meerschweinchen *nt*; (*fig*) Versuchskaninchen *nt*.
COBOL, Cobol [kɔbɔl] *nm* (*INFORM*) COBOL *nt*.
cobra [kɔbʀa] *nm* Kobra *f*.
coca ® [kɔka] *nm* Cola *f*.
cocagne [kɔkaɲ] *nf*: **pays de** ~ Schlaraffenland *nt*; **mât de** ~ *Klettermast, an dem Preise aufgehängt sind.*
cocaïne [kɔkain] *nf* Kokain *nt*.
cocarde [kɔkaʀd] *nf* Kokarde *f*.
cocardier, -ère [kɔkaʀdje, jɛʀ] *adj* chauvinistisch (*übertrieben nationalistisch*).
cocasse [kɔkas] *adj* komisch, spaßig.
coccinelle [kɔksinɛl] *nf* Marienkäfer *m*.
coccyx [kɔksis] *nm* Steißbein *nt*.
coche [kɔʃ] *nm*: **manquer le** ~ den Zug verpassen.
cocher [kɔʃe] *nm* Kutscher *m* ♦ *vt* abhaken.
cochère [kɔʃɛʀ] *adj f*: **porte** ~ Hoftor *nt*.
cochon, ne [kɔʃɔ̃, ɔn] *adj* schweinisch ♦ *nm* Schwein *nt* ► **cochon d'Inde** Meerschweinchen *nt* ► **cochon de lait** Spanferkel *nt*.
cochonnaille [kɔʃɔnaj] *nf* Wurstwaren *pl*.
cochonnerie [kɔʃɔnʀi] (*fam*) *nf* (*saleté, grivoiserie*) Schweinerei *f*; (*camelote*) Mist *m*.
cochonnet [kɔʃɔnɛ] *nm* (*BOULES*) Zielkugel *f*.
cocker [kɔkɛʀ] *nm* Cocker(spaniel) *m*.
cocktail [kɔktɛl] *nm* (*boisson*) Cocktail *m*; (*réception*) Cocktailparty *f*.
coco [kɔko] *nm voir* **noix**; (*fam: individu*) Typ *m*.
cocon [kɔkɔ̃] *nm* Kokon *m*.
cocorico [kɔkɔʀiko] *excl* kikeriki ♦ *nm* Kikeriki *nt*.
cocotier [kɔkɔtje] *nm* Kokospalme *f*.
cocotte [kɔkɔt] *nf* (*en fonte*) Kasserolle *f*; **ma** ~ (*fam*) meine Süße ► **cocotte en papier** *gefaltetes Papier* ► **cocotte (minute)** ® Schnellkochtopf *m*.
cocu, e [kɔky] (*fam*) *adj* gehörnt ♦ *nm* Hahnrei *m*, betrogener Ehemann *m*.
codage [kɔdaʒ] *nm* Kodierung *f*.
code [kɔd] *nm* Code *m*; (*JUR*) Gesetzbuch *nt*; (*conventions*) Kodex *m*; (*AUTO*) Abblendlicht *nt*; **se mettre en** ~(**s**) abblenden; **phares** ~(**s**) Abblendlicht ► **code à barres** Balkencode *m* ► **code civil** bürgerliches Gesetzbuch *nt* ► **code de caractère** (*INFORM*) Zeichencode *m* ► **code de la route** Straßenverkehrsordnung *f* ► **code machine** Maschinencode *m* ► **code pénal** Strafgesetzbuch *nt* ► **code postal** Postleitzahl *f* ► **code secret** Geheimcode *m*.

codéine [kɔdein] *nf* Kodein *nt*.
coder [kɔde] *vt* kodieren.
codétenu, e [kɔdet(ə)ny] *nm/f* Mitgefangene(r) *f(m)*.
codicille [kɔdisil] *nm* handschriftlicher Zusatz *m* (zu einem Testament).
codifier [kɔdifje] *vt* kodifizieren.
codirecteur, -trice [kɔdiʀɛktœʀ, tʀis] *nm/f* Mitdirektor(in) *m(f)*.
coéditeur, -trice [kɔeditœʀ, tʀis] *nm/f* Mitherausgeber(in) *m(f)*; (*rédacteur*) Mitredakteur(in) *m(f)*.
coefficient [kɔefisjɑ̃] *nm* Koeffizient *m*; (*d'examen*) Wichtungsfaktor *m* ► **coefficient d'erreur** Fehlerspielraum *m*.
coéquipier, -ière [kɔekipje, jɛʀ] *nm/f* Mannschaftskamerad(in) *m(f)*.
coercition [kɔɛʀsisjɔ̃] *nf* Zwang *m*.
cœur [kœʀ] *nm* Herz *nt*; **affaire de** ~ Herzensangelegenheit *f*; **avoir bon** *ou* **du** ~ gutherzig sein, ein gutes Herz haben; **j'ai mal au** ~ mir ist schlecht; **contre son** ~ ans Herz; **opérer qn à** ~ **ouvert** bei jdm eine Operation am offenen Herzen durchführen; **parler à** ~ **ouvert** sein Herz ausschütten; **de tout son** ~ von ganzem Herzen; **elle a le** ~ **gros** *ou* **serré** ihr ist schwer ums Herz; **je veux en avoir le** ~ **net** ich will der Sache auf den Grund gehen; **avoir le** ~ **sur la main** sehr freigebig sein; **par** ~ auswendig; **de bon** *ou* **grand** ~ bereitwillig, gern; **avoir à** ~ **de faire qch** Wert darauf legen, etw zu tun; **cela lui tient à** ~ das liegt ihm (sehr) am Herzen; **prendre les choses à** ~ die Dinge zu Herzen nehmen; **à** ~ **joie** nach Herzenslust; **être de (tout)** ~ **avec qn** mit jdm völlig übereinstimmen; **au** ~ **de l'été** im Hochsommer; **au** ~ **de la forêt** Mitte des Waldes ► **cœur d'artichaut** Artischockenherz *nt* ► **cœur de laitue** Herz des Salates.
coexistence [kɔɛgzistɑ̃s] *nf* Koexistenz *f* ► **coexistence pacifique** friedliche Koexistenz.
coexister [kɔɛgziste] *vi* koexistieren.
coffrage [kɔfʀaʒ] *nm* (*dispositif*) Verschalung *f*.
coffre [kɔfʀ] *nm* (*meuble*) Truhe *f*; (*coffre-fort*) Tresor *m*; (*d'auto*) Kofferraum *m*; **avoir du** ~ (*fam*) gut bei Puste sein.
coffre-fort [kɔfʀəfɔʀ] (*pl* ~**s-**~**s**) *nm* Tresor *m*.
coffrer [kɔfʀe] (*fam*) *vt* einsperren.
coffret [kɔfʀɛ] *nm* Schatulle *f* ► **coffret à bijoux** Schmuckschatulle *f*.
cogérant, e [kɔʒeʀɑ̃, ɑ̃t] *nm/f* Mitverwalter(in) *m(f)*.
cogestion [kɔʒɛstjɔ̃] *nf* gemeinschaftliche Verwaltung *f*.
cogiter [kɔʒite] (*fam*) *vi* nachdenken ♦ *vt* nachdenken über +*acc*.
cognac ® [kɔɲak] *nm* Cognac ® *m*.
cogner [kɔɲe] *vt* (*verres etc*) aneinanderstoßen ♦ *vi* (*volet, battant*) schlagen; (*moteur*) klopfen; **se cogner** *vpr* sich stoßen; **il cogne dur** (*fam*) er schlägt hart zu; ~ **sur un clou** auf einen

Nagel schlagen *ou* hämmern; ~ **à la porte/ fenêtre** an die Tür/das Fenster klopfen.

cohabitation [kɔabitasjɔ̃] *nf* Zusammenleben *nt*.

cohabiter [kɔabite] *vi* zusammenleben.

cohérence [kɔeRɑ̃s] *nf* Zusammenhang *m*, Kohärenz *f*.

cohérent, e [kɔeRɑ̃, ɑ̃t] *adj* (*discours, texte*) zusammenhängend; (*politique*) einheitlich.

cohésion [kɔezjɔ̃] *nf* Zusammenhalt *m*.

cohorte [kɔɔRt] *nf* Truppe *f*.

cohue [kɔy] *nf* Menge *f*.

coi, coite [kwa, kwat] *adj*: **il en est resté ~** das verschlug ihm die Sprache.

coiffe [kwaf] *nf* Haube *f*.

coiffé, e [kwafe] *adj*: **bien ~** frisiert; **mal ~** unfrisiert; **être ~ d'un béret** eine Baskenmütze auf dem Kopf tragen; **être ~ en arrière** die Haare nach hinten zurückgekämmt tragen; **être ~ en brosse** einen Bürstenschnitt haben.

coiffer [kwafe] *vt* (*peigner*) frisieren; (*fig: colline, sommet*) bedecken; (*ADMIN: sections, organismes*) umfassen; **se coiffer** *vpr* (*se peigner*) sich frisieren; **~ qn au poteau** jdn um Haaresbreite schlagen; **~ qn d'un chapeau/béret** jdm einen Hut/eine Baskenmütze aufsetzen.

coiffeur, -euse [kwafœR, øz] *nm/f* Friseur *m*, Friseuse *f* ♦ *nf* (*table*) Frisiertisch *m*.

coiffure [kwafyR] *nf* (*cheveux*) Frisur *f*; (*chapeau*) Kopfbedeckung *f*; **la ~** (*art*) das Friseurhandwerk *nt*.

coin [kwɛ̃] *nm* Ecke *f*; (*pour caler, fendre le bois*) Keil *m*; (*poinçon*) Stempel *m*; **l'épicerie du ~** der (kleine) Laden *m* an der Ecke; **dans le ~** in der Ecke *ou* Gegend; **au ~ du feu** am Kamin; **du ~ de l'œil** aus dem Augenwinkel; **regard en ~** Blick *m* von der Seite; **sourire en ~** verstohlenes Lächeln.

coincé, e [kwɛ̃se] *adj* klemmend, verklemmt; (*fig: inhibé*) verklemmt.

coincer [kwɛ̃se] *vt* (*tiroir, fiche*) einklemmen; (*fam: qn*) in die Enge treiben; **se coincer** *vpr* klemmen, sich verklemmen.

coïncidence [kɔɛ̃sidɑ̃s] *nf* Zufall *m*.

coïncider [kɔɛ̃side] *vi* (*témoignages etc*) übereinstimmen; **~ avec** zusammenfallen mit.

coin-coin [kwɛ̃kwɛ̃] *nm inv* Quak-quak *nt*.

coing [kwɛ̃] *nm* Quitte *f*.

coït [kɔit] *nm* Koitus *m*.

coite [kwat] *adj f voir* **coi**.

coke¹ [kɔk] *nm* Koks *m*.

coke² [kɔk] *nf* (*fam*) (*cocaïne*) Koks *m*.

col [kɔl] *nm* Kragen *m*; (*encolure, de bouteille*) Hals *m*; (*de montagne*) Paß *m* ► **col de l'utérus** Gebärmutterhals *m* ► **col du fémur** Oberschenkelhals *m* ► **col roulé** Rollkragen *m*.

coléoptère [kɔleɔptɛR] *nm* Käfer *m*.

colère [kɔlɛR] *nf* Wut *f*; **une ~** ein Wutanfall *m*; **être en ~ (contre qn)** (auf jdn) wütend sein; **mettre qn en ~** jdn wütend machen; **se met-**

tre en ~ wütend werden.

coléreux, -euse [kɔleRø, øz], **colérique** [kɔleRik] *adj* jähzornig.

colibacille [kɔlibasil] *nm* Kolibakterie *f*.

colibacillose [kɔlibasiloz] *nf* Kolisepsis *f*.

colifichet [kɔlifiʃe] *nm* (*bijou*) Flitterzeug *nt*; (*babiole*) Schnickschnack *m*.

colimaçon [kɔlimasɔ̃] *nm*: **escalier en ~** Wendeltreppe *f*.

colin [kɔlɛ̃] *nm* Seehecht *m*.

colin-maillard [kɔlɛ̃majaR] (*pl ~-~s*) *nm* Blindekuh(spiel) *nt*.

colique [kɔlik] *nf* (*diarrhée*) Durchfall *m*; (*douleurs*) Kolik *f* ► **colique néphrétique** Nierenkolik *f*.

colis [kɔli] *nm* Paket *nt*; **par ~ postal** mit Paketpost.

colistier [kɔlistje] *nm* Mitbewerber(in) *m(f)*.

colite [kɔlit] *nf* Kolitis *f*.

collaborateur, -trice [kɔ(l)labɔRatœR, tRis] *nm/f* Mitarbeiter(in) *m(f)*; (*POL: péj*) Kollaborateur(in) *m(f)*; (*d'une revue*) Mitwirkende(r) *f(m)*.

collaboration [kɔ(l)labɔRasjɔ̃] *nf* Mitarbeit *f*; (*POL: péj*) Kollaboration *f*; **en ~ avec** in Zusammenarbeit mit.

collaborer [kɔ(l)labɔRe] *vi* zusammenarbeiten; (*POL: péj*) kollaborieren; **~ à** (*travail*) mitarbeiten an +*dat*; (*revue*) mitwirken in +*dat*.

collage [kɔlaʒ] *nm* Collage *f*.

collagène [kɔlaʒɛn] *nm* Kollagen *nt*.

collant, e [kɔlɑ̃, ɑ̃t] *adj* klebrig; (*robe etc*) hauteng; (*péj: personne*) aufdringlich ♦ *nm* (*bas*) Strumpfhose *f*; (*de danseur*) Trikot *m*.

collatéral, e, -aux [kɔ(l)lateRal, o] *adj*: **les parents collatéraux** die Seitenverwandten *pl*.

collation [kɔlasjɔ̃] *nf* (*repas*) Imbiß *m*.

colle [kɔl] *nf* Klebstoff *m*; (*à papiers peints*) (Tapeten)kleister *m*; (*fam: devinette*) harte Nuß *f*; (: *SCOL: punition*) Nachsitzen *nt* ► **colle de bureau** Alleskleber *m* ► **colle forte** Sekundenkleber *m*.

collecte [kɔlɛkt] *nf* Kollekte *f*; **faire une ~** eine Kollekte machen.

collecter [kɔlɛkte] *vt* sammeln.

collecteur [kɔlɛktœR] *nm* (*égout*) Abwasserkanal *m*.

collectif, -ive [kɔlɛktif, iv] *adj* Kollektiv-; (*visite*) Gruppen-; (*nom, terme*) Sammel- ♦ *nm* (*groupe de personnes*) Kollektiv *nt*; **immeuble ~** Wohnblock *m* ► **collectif budgétaire** Gesamtetat *m*.

collection [kɔlɛksjɔ̃] *nf* Sammlung *f*; (*ÉDITION*) Reihe *f*; (*COMM: échantillons*) Warenangebot *nt*; (*de mode*) Kollektion *f*; **pièce de ~** Sammlerstück *nt*; **faire (la) ~ de qch** etw sammeln; **(toute) une ~ de** eine ganze Sammlung von.

collectionner [kɔlɛksjɔne] *vt* sammeln.

collectionneur, -euse [kɔlɛksjɔnœR, øz] *nm/f* Sammler(in) *m(f)*.

collectivement [kɔlɛktivmɑ̃] *adv* kollektiv.

collectiviser [kɔlɛktivize] *vt* verstaatlichen.

collectivisme [kɔlɛktivism] *nm* Kollektivismus *m*.

collectivité [kɔlɛktivite] *nf* Gemeinschaft *f*; **la** ~ (*le public*) die Öffentlichkeit *f*; (*l'ensemble des citoyens*) das Volk *nt* ► **collectivités locales** (*ADMIN*) Gemeinden *pl*.

collège [kɔlɛʒ] *nm* (*école*) höhere Schule *f*; (*assemblée*) Kollegium *nt* ► **collège d'enseignement secondaire (CES)** ≈ Sekundarstufe 1 *f* ► **collège électoral** Wahlmänner-Kollegium *nt*.

collégial, e, -aux [kɔleʒjal, jo] *adj* (*direction*) Kollegial-; (*pouvoir*) Kollektiv-.

collégien, ne [kɔleʒjɛ̃] *nm/f* Gymnasiast(in) *m(f)*.

collègue [kɔ(l)lɛg] *nm/f* Kollege *m*, Kollegin *f*.

coller [kɔle] *vt* (*papier*) kleben; (*timbre*) aufkleben; (*affiche*) ankleben; (*enveloppe*) zukleben; (*papier peint*) (an)kleben; (*morceaux*) zusammenkleben; (*fam: mettre, fourrer*) schmeißen; (: *par une devinette*) erwischen; (: *élève*) nachsitzen lassen ♦ *vi* (*être collant*) kleben; (*adhérer*) festkleben; ~ **qch sur** etw kleben auf +*acc*; ~ **à** kleben an +*dat*.

collerette [kɔlrɛt] *nf* Halskrause *f*; (*TECH*) Flansch *m*.

collet [kɔlɛ] *nm* (*piège*) Falle *f*; **prendre qn au** ~ jdn an der Gurgel packen ► **collet monté** förmlich, steif.

colleter [kɔlte] *vt* (*adversaire*) (am Kragen) fassen; **se colleter** *vpr*: **se** ~ **avec** kämpfen mit.

colleur, -euse [kɔlœR, øz] *nm/f*: ~ **d'affiches** Plakatkleber(in) *m(f)*.

collier [kɔlje] *nm* (*bijou*) Halskette *f*; (*de chien*) Halsband *nt*; (*de tuyau*) Bund *m*; ~ **(de barbe), barbe en** ~ kurz gestutzter Vollbart ► **collier de serrage** Schraubzwinge *f*.

collimateur [kɔlimatœR] *nm*: **être dans le** ~ (*fig*) im Kreuzfeuer stehen; **avoir qn/qch dans le** ~ (*fam*) jdn/etw auf dem Kieker haben.

colline [kɔlin] *nf* Hügel *m*.

collision [kɔlizjɔ̃] *nf* (*de véhicules*) Zusammenstoß *m*; (*d'intérêts*) Konflikt *m*; **entrer en** ~ **(avec qch)** (mit etw) zusammenstoßen.

colloque [kɔ(l)lɔk] *nm* Kolloquium *nt*.

collusion [kɔlyzjɔ̃] *nf* (*geheime*) Absprache *f*.

collutoire [kɔlytwaR] *nm* (*MÉD*) Medikament *nt* zum Auspinseln des Mundes; (*en bombe*) Mundspray *nt*.

collyre [kɔliR] *nm* (*MÉD*) Augentropfen *pl*.

colmater [kɔlmate] *vt* (*fuite*) versiegeln; (*brèche*) zustopfen.

Cologne [kɔlɔɲ] *n* Köln *nt*.

colombage [kɔlɔ̃baʒ] *nm* Fachwerk *nt*.

colombe [kɔlɔ̃b] *nf* Taube *f*.

Colombie [kɔlɔ̃bi] *nf*: **la** ~ Kolumbien *nt*.

colombien, ne [kɔlɔ̃bjɛ̃, jɛn] *adj* kolumbianisch ♦ *nm/f*: **C~, ne** Kolumbianer(in) *m(f)*.

colon [kɔlɔ̃] *nm* Siedler(in) *m(f)*; (*enfant pionnier*) Ferienkind *nt*.

côlon [kolɔ̃] *nm* Kolon *nt*, Dickdarm *m*.

colonel [kɔlɔnɛl] *nm* Oberst *m*.

colonial, e, -aux [kɔlɔnjal, jo] *adj* kolonial, Kolonial- ► **casque colonial** Tropenhelm *m*.

colonialisme [kɔlɔnjalism] *nm* Kolonialismus *m*.

colonialiste [kɔlɔnjalist] *adj* kolonialistisch.

colonie [kɔlɔni] *nf* Kolonie *f* ► **colonie (de vacances)** Ferienkolonie *f*.

colonisation [kɔlɔnizasjɔ̃] *nf* Kolonialisierung *f*.

coloniser [kɔlɔnize] *vt* kolonialisieren.

colonnade [kɔlɔnad] *nf* Säulengang *m*.

colonne [kɔlɔn] *nf* Säule *f*; (*sur une page*) Spalte *f*; (*de soldats, camions*) Kolonne *f*; **se mettre en** ~ **par deux/quatre** sich in Zweier-/Viererreihen aufstellen ► **colonne de secours** Rettungstrupp *m* ► **colonne (vertébrale)** Wirbelsäule *f*.

colophane [kɔlɔfan] *nf* Kolophonium *nt*.

colorant, e [kɔlɔRɑ̃, ɑ̃t] *adj* (*substances*) Farb-; (*matières*) färbend; (*shampooing*) Färbe-, Tönungs- ♦ *nm* (*alimentaire*) Farbstoff *m*.

coloration [kɔlɔRasjɔ̃] *nf* Färbung *f*; **se faire faire une** ~ (*chez le coiffeur*) sich *dat* die Haare färben lassen.

coloré, e [kɔlɔRe] *adj* farbig.

colorer [kɔlɔRe] *vt* färben; **se colorer** *vpr* (*ciel*) sich verfärben; (*joues, tomates, raisins*) Farbe bekommen.

coloriage [kɔlɔRjaʒ] *nm* Kolorieren *nt*, Ausmalen *nt*; (*dessin*) ausgemalte Zeichnung *f*.

colorier [kɔlɔRje] *vt* (*dessin*) (bunt) ausmalen; **album à** ~ Malbuch *nt*.

coloris [kɔlɔRi] *nm* Farbe *f*.

coloriste [kɔlɔRist] *nm/f* Farbkünstler(in) *m(f)*.

colossal, e, -aux [kɔlɔsal, o] *adj* riesig, ungeheuer.

colosse [kɔlɔs] *nm* Riese *m*.

colostrum [kɔlɔstRɔm] *nm* Kolostrum *nt*.

colporter [kɔlpɔRte] *vt* (*marchandises*) hausieren mit; (*nouvelle*) verbreiten.

colporteur, -euse [kɔlpɔRtœR, øz] *nm/f* Hausierer(in) *m(f)*.

colt [kɔlt] *nm* Revolver *m*.

coltiner [kɔltine] *vt* herumschleppen; **se coltiner** *vpr* (*un travail*) aufgehalst bekommen.

colza [kɔlza] *nm* Raps *m*.

coma [kɔma] *nm* Koma *nt*; **être dans le** ~ im Koma liegen.

comateux, -euse [kɔmatø, øz] *adj* komatös.

combat [kɔ̃ba] *vb voir* **combattre** ♦ *nm* (*MIL*) Gefecht *nt*; (*fig*) Kampf *m* ► **combat de boxe** Boxkampf *m* ► **combats de rues** Straßenkämpfe *pl*.

combatif, -ive [kɔ̃batif, iv] *adj* kämpferisch.

combativité [kɔ̃bativite] *nf* Kampflust *f*.

combattant, e [kɔ̃batɑ̃, ɑ̃t] *vb voir* **combattre** ♦ *adj* kämpfend ♦ *nm* Kämpfer *m*; **ancien** ~ Kriegsveteran *m*.

combattre [kɔ̃batR] *vt* bekämpfen ♦ *vi* kämpfen.

combien [kɔ̃bjɛ̃] *adv* (*interrogatif: quantité*) wieviel; (: *nombre*) wieviele; (*exclamatif: comme*) wie; ~ **d'argent/de personnes** wieviel Geld/ wieviele Personen; ~ **de temps** wieviel Zeit;

~ **coûte/pèse ceci?** wieviel kostet/wiegt das?; **vous mesurez** ~**?** welche Größe haben Sie?; **ça fait** ~**?** (*prix*) was macht das?; ~ **il a changé!** wie er sich verändert hat!

combinaison [kɔ̃binɛzɔ̃] *nf* Kombination *f*; (*moyen*) Mittel *nt*; (*astuce*) Trick *m*; (*de femme*) Unterrock *m*; (*spatiale, d'homme-grenouille*) Anzug *m*; (*bleu de travail*) Overall *m*.

combine [kɔ̃bin] *nf* Trick *m*.

combiné [kɔ̃bine] *nm* (*téléphonique*) Hörer *m*; (*SKI*) Kombination *f*.

combiner [kɔ̃bine] *vt* kombinieren, zusammenstellen; (*projet, rencontre*) planen.

comble [kɔ̃bl] *adj* (*salle*) brechend voll; (*maison*) vollgestopft; (*bus*) überfüllt ♦ *nm* (*du bonheur, plaisir*) Höhepunkt *m*; ~**s** *nmpl* (*CONSTR*) Dachboden *m*; **pour** ~ **de malchance** zu allem Unglück (auch noch); **c'est le** ~**!** das ist wirklich der Gipfel *ou* die Höhe!; **sous les** ~**s** unter dem Dach; **de fond en** ~ von oben bis unten.

combler [kɔ̃ble] *vt* (*trou*) zustopfen; (*fig: lacune, déficit*) ausgleichen; (*besoin*) erfüllen; (*désirs, personne*) zufriedenstellen; ~ **qn de joie/ d'honneurs** jdn mit Freude erfüllen/mit Ehrungen überhäufen.

combustible [kɔ̃bystibl] *adj* brennbar ♦ *nm* Brennstoff *m*.

combustion [kɔ̃bystjɔ̃] *nf* Verbrennung *f*.

comédie [kɔmedi] *nf* Komödie *f*; (*fig: simulation*) Theater *nt*; **jouer la** ~ Theater spielen ► **comédie musicale** Musical *nt*.

comédien, ne [kɔmedjɛ̃, jɛn] *nm/f* Schauspieler(in) *m(f)*; (*comique*) Komiker(in) *m(f)*; (*pitre*) Komödiant(in) *m(f)*.

comédon [kɔmedɔ̃] *nm* Mitesser *m*.

comestible [kɔmɛstibl] *adj* eßbar, genießbar; ~**s** *nmpl* Lebensmittel *pl*.

comète [kɔmɛt] *nf* Komet *m*.

comice [kɔmis] *nm*: ~**s agricoles** Landwirtschaftsschau *f*.

comique [kɔmik] *adj* komisch ♦ *nm* (*artiste*) Komiker(in) *m(f)*; **le** ~ **de qch** das Komische an einer Sache.

comité [kɔmite] *nm* Komitee *nt*; **en petit** ~ im kleinen Kreis ► **comité d'entreprise** Betriebsrat *m* ► **comité des fêtes** Festausschuß *m* ► **comité directeur** Leitungsteam *nt*.

commandant [kɔmɑ̃dɑ̃] *nm* (*gén: MIL*) Kommandant *m*; (*NAUT*) Fregattenkapitän *m* ► **commandant (de bord)** (*AVIAT*) Kapitän *m*.

commande [kɔmɑ̃d] *nf* (*COMM*) Bestellung *f*; (*INFORM*) Befehl *m*; ~**s** *nfpl* (*de voiture, d'avion*) Steuerung *f*; **passer une** ~ **(de qch)** (etw) bestellen; **sur** ~ auf Befehl; **véhicule à double** ~ Fahrzeug *nt* mit doppelter Steuerung ► **commande à distance** Fernsteuerung *f*.

commandement [kɔmɑ̃dmɑ̃] *nm* (*d'une armée*) Kommando *nt*; (*ordre*) Befehl *m*; (*REL*) Gebot *nt*.

commander [kɔmɑ̃de] *vt* (*COMM: produit*) bestellen; (: *travail*) in Auftrag geben; (*armée*)

kommandieren; (*bateau, avion*) das Kommando führen bei; (*contrôler*) steuern; ~ **à** (*MIL*) befehlen +*dat*; ~ **à qn de faire qch** jdm befehlen, etw zu tun; ~ **le respect** Respekt gebieten; ~ **l'admiration** Bewunderung hervorrufen.

commanditaire [kɔmɑ̃ditɛʀ] *nm* stiller Teilhaber *m*.

commandite [kɔmɑ̃dit] *nf*: (**société en**) ~ Kommanditgesellschaft *f*.

commanditer [kɔmɑ̃dite] *vt* als stiller Teilhaber beteiligt sein an +*dat*.

commando [kɔmɑ̃do] *nm* Kommando *nt*.

================== *MOT-CLÉ*

comme [kɔm] *prép* **1** (*comparaison, manière*) wie; **comme mon père** wie mein Vater; **fort comme un bœuf** stark wie ein Ochse; **joli/bête comme tout** unheimlich hübsch/dumm; **comme c'est pas permis** (*fam*) wie verrückt; **comme ça** so; **faites(-le) comme ça** machen Sie es so; **comme ci, comme ça** so, lala; **on ne parle pas comme ça à ...** so redet man nicht mit ...; **ce n'est pas comme ça qu'on va réussir** so kommen wir nicht zum Ziel; **comme cela** *ou* **ça, on n'aura pas d'ennuis** auf diese Weise gibt es keine Probleme
2 (*en tant que*) als; **donner comme prix/raison** als Preis/Grund angeben; **travailler comme secrétaire** als Sekretärin arbeiten
♦ *conj* **1** (*ainsi que*) wie; **elle écrit comme elle parle** sie schreibt, wie sie spricht; **comme dit/dirait ma mère** wie meine Mutter sagt/ sagen würde; **comme on dit** wie man so sagt; **comme si** als ob; **comme quoi** (*disant que*) wonach; (*d'où il s'ensuit que*) woraus folgt, daß; **comme il faut** wie es sich gehört
2 (*au moment où, alors que*) als; **il est parti comme j'arrivais** er ging, als ich ankam
3 (*parce que, puisque*) da; **comme il était en retard** da er zu spät kam
♦ *adv* (*exclamation*): **comme c'est bon!** das ist aber gut!; **comme il est petit/fort!** wie klein/ stark er ist!

————————————————

commémoratif, -ive [kɔmemɔʀatif, iv] *adj* Gedenk-.

commémoration [kɔmemɔʀasjɔ̃] *nf* (*cérémonie*) Gedenkfeier *f*.

commémorer [kɔmemɔʀe] *vt* gedenken +*gén*.

commencement [kɔmɑ̃smɑ̃] *nm* Anfang *m*.

commencer [kɔmɑ̃se] *vt* anfangen; (*être placé au début de*) beginnen ♦ *vi* anfangen, beginnen; ~ **à** *ou* **de faire qch** beginnen *ou* anfangen, etw zu tun; ~ **par qch** mit etw anfangen; ~ **par faire qch** etw zuerst tun.

comment [kɔmɑ̃] *adv* (*interrogatif*) wie; ~**?** (*que dites-vous?*) wie bitte?; **et** ~**!** und wie!; (*mais*) ~ **donc!** (*bien sûr*) aber sicher doch!

commentaire [kɔmɑ̃tɛʀ] *nm* (*gén pl*) Kommentar *m* ► **commentaire (de texte)** Texterläuterung *f* ► **commentaire sur image** Bildbeschreibung *f*.

commentateur, -trice [kɔmɑ̃tatœʀ, tʀis] _nm/f_ Kommentator(in) _m(f)_.
commenter [kɔmɑ̃te] _vt_ kommentieren.
commérages [kɔmeʀaʒ] _nmpl_ Tratsch _m_, Klatsch _m_.
commerçant, e [kɔmɛʀsɑ̃, ɑ̃t] _adj_ (_rue, personne_) Geschäfts-; (_ville_) Handels- ♦ _nm/f_ (_marchand_) Geschäftsmann _m_, Geschäftsfrau _f_.
commerce [kɔmɛʀs] _nm_ (_activité_) Handel _m_; (_boutique_) Geschäft _nt_; (_fig: rapports_) Umgang _m_; **le petit** ~ die kleinen Geschäfte; **faire** ~ **de** handeln mit; (_péj_) Profit schlagen aus; **chambre de** ~ Handelskammer _f_; **livres de** ~ Geschäftsbücher _pl_; **vendu dans le** ~ im Handel erhältlich; **vendu hors** ~ nur im Direktverkauf ► **commerce en** _ou_ **de gros** Großhandel _m_ ► **commerce extérieur** Außenhandel _m_ ► **commerce intérieur** Binnenhandel _m_.
commercer [kɔmɛʀse] _vi_: ~ **avec** handeln mit.
commercial, e, -aux [kɔmɛʀsjal, jo] _adj_ Handels-; (_péj: livre, film_) kommerziell ♦ _nm_: **les commerciaux** die Handelsabteilung _f_ ♦ _nm_ (_véhicule_) Lieferwagen _m_.
commercialisable [kɔmɛʀsjalizabl] _adj_ absetzbar.
commercialisation [kɔmɛʀsjalizasjɔ̃] _nf_ Vermarktung _f_.
commercialiser [kɔmɛʀsjalize] _vt_ (_brevet, produit_) auf den Markt bringen; (_idée_) vermarkten.
commère [kɔmɛʀ] _nf_ Klatschbase _f_.
commettant [kɔmetɑ̃] _vb voir_ **commettre** ♦ _nm_ (_JUR_) Mandant _m_.
commettre [kɔmɛtʀ] _vt_ begehen; **se commettre** _vpr_ (_se compromettre_) sich kompromittieren; **avocat commis d'office** vom Gericht bestellter Anwalt _m_.
commis [kɔmi] _vb voir_ **commettre** ♦ _nm_ (_de magasin_) Verkäufer(in) _m(f)_; (_de banque_) Angestellte(r) _f(m)_ ► **commis voyageur** Handlungsreisende(r) _m_.
commisération [kɔmizeʀasjɔ̃] _nf_ Mitleid _nt_.
commissaire [kɔmisɛʀ] _nm_ (_de police_) ≈ Kommissar(in) _m(f)_; (_de course, compétition_) Ordner(in) _m(f)_ ► **commissaire aux comptes** Buchprüfer(in) _m(f)_ ► **commissaire du bord** (_NAUT_) Zahlmeister _m_.
commissaire-priseur [kɔmisɛʀpʀizœʀ] (_pl_ ~**s-**~**s**) _nm_ Auktionator _m_.
commissariat [kɔmisaʀja] _nm_ (_de police_) Polizeiwache _f_.
commission [kɔmisjɔ̃] _nf_ (_comité_) Kommission _f_; (_pourcentage_) Provision _f_; (_message_) Botschaft _f_; ~**s** _nfpl_ (_achats_) Besorgungen _pl_ ► **commission d'examen** Prüfungsausschuß _m_.
commissionnaire [kɔmisjɔnɛʀ] _nm_ (_livreur, messager_) Bote _m_; (_de transport_) Lieferfirma _f_.
commissure [kɔmisyʀ] _nf_: **la** ~ **des lèvres** die Mundwinkel _pl_.
commode [kɔmɔd] _adj_ (_pratique_) praktisch; (_facile, aisé_) bequem, leicht; (_aimable_) umgänglich ♦ _nf_ (_meuble_) Kommode _f_; **pas** ~

schwierig.
commodités [kɔmɔdite] _nfpl_ (_aise, confort_) Annehmlichkeiten _pl_.
commotion [kɔmosjɔ̃] _nf_: ~ (**cérébrale**) Gehirnerschütterung _f_.
commotionné, e [kɔmosjɔne] _adj_: **être** ~ einen Schock erlitten haben.
commuer [kɔmɥe] _vt_ (_JUR_) umwandeln.
commun, e [kɔmœ̃, yn] _adj_ (_à plusieurs_) gemeinsam; (_ordinaire, vulgaire_) gewöhnlich ♦ _nm_: ~**s** _nmpl_ (_bâtiments_) Nebengebäude _pl_; **sans** ~**e mesure** unvergleichlich; **bien** ~ Gemeingut _nt_; **être** ~ **à** gemeinsam sein +_dat_; **en** ~ (_faire_) gemeinsam, miteinander; (_mettre_) zusammen; **peu** ~ ungewöhnlich; **d'un** ~ **accord** geschlossen; **le** ~ **des mortels** der gewöhnliche _ou_ normale Sterbliche.
communal, e, -aux [kɔmynal, o] _adj_ Gemeinde-, Kommunal-.
communard, e [kɔmynaʀ, aʀd] _nm/f_ Kommunarde _m_, Kommunardin _f_.
communautaire [kɔmynotɛʀ] _adj_ (_vie_) Gemeinschafts-; (_de la CE_) EG-.
communauté [kɔmynote] _nf_ Gemeinschaft _f_; (_REL_) Ordensgemeinschaft _f_; **régime de la** ~ gemeinsamer Güterstand _m_; **C**~ **européenne** Europäische Gemeinschaft _f_.
commune [kɔmyn] _adj f voir_ **commun** ♦ _nf_ (_ADMIN_) Gemeinde _f_; (: _urbaine_) Stadtbezirk _m_.
communément [kɔmynemɑ̃] _adv_ allgemein.
communiant, e [kɔmynjɑ̃, jɑ̃t] _nm/f_ Kommunikant(in) _m(f)_; **premier** ~ Kommunionkind _nt_.
communicant, e [kɔmynikɑ̃, ɑ̃t] _adj_ (miteinander) verbunden.
communicatif, -ive [kɔmynikatif, iv] _adj_ (_personne_) mitteilsam, gesprächig; (_rire_) ansteckend.
communication [kɔmynikasjɔ̃] _nf_ Kommunikation _f_, Verständigung _f_; (_message_) Mitteilung _f_; (_téléphonique_) (Telefon)gespräch _nt_; (_moyen de liaison_) Verbindung _f_; ~**s** _nfpl_ Verbindungen _pl_, Verkehr _m_; **avoir la** ~ (**avec qn**) (mit jdm) in Verbindung stehen; **vous avez la** ~ ich verbinde; **donnez-moi la** ~ **avec** verbinden Sie mich bitte mit; **mettre qn en** ~ **avec qn** (_en contact_) jdn mit jdm in Verbindung bringen; (_au téléphone_) jdn mit jdm verbinden ► **communication avec préavis** Gespräch _nt_ mit Voranmeldung ► **communication interurbaine** Ferngespräch _nt_.
communier [kɔmynje] _vi_ (_REL_) zur Kommunion gehen, kommunizieren.
communion [kɔmynjɔ̃] _nf_ (_REL_) Kommunion _f_; (_fig_) Einigkeit _f_; **première** ~ Erstkommunion _f_ ► **communion solennelle** feierliches Glaubensbekenntnis _nt_.
communiqué [kɔmynike] _nm_ Kommuniqué _nt_ ► **communiqué de presse** Pressemitteilung _f_, (_amtliche_) Presseverlautbarung _f_.
communiquer [kɔmynike] _vt_ (_annoncer_) mitteilen; (_transmettre_) übermitteln; (_dossier_) überreichen, übergeben; (_maladie, sentiment_,

mouvement) übertragen ♦ *vi (salles)* miteinander verbunden sein; *(personnes)* in Verbindung stehen, Kontakt haben; **se communiquer à** *vpr (se propager)* übergreifen auf +*acc*; **~ avec** *(suj: salle)* Verbindung haben mit.

communisme [kɔmynism] *nm* Kommunismus *m*.

communiste [kɔmynist] *adj* kommunistisch ♦ *nm/f* Kommunist(in) *m(f)*.

commutateur [kɔmytatœʀ] *nm* Schalter *m*.

commutation [kɔmytasjɔ̃] *nf (INFORM)* Schalten *nt*.

Comores [kɔmɔʀ] *nfpl*: **les (îles) ~** die Komoren *pl*.

compact, e [kɔ̃pakt] *adj (matière)* dicht; *(véhicule, appareil)* kompakt; *(foule)* dicht gedrängt.

compagne [kɔ̃paɲ] *nf (camarade)* Kameradin *f*; *(concubine, partenaire)* Partnerin *f*.

compagnie [kɔ̃paɲi] *nf* Gesellschaft *f*; *(MIL)* Kompanie *f*; **homme/femme de ~** Begleitung *f*; **tenir ~ à qn** jdm Gesellschaft leisten; **fausser ~ à qn** jdm entwischen; **en ~ de** in Begleitung von; **Dupont et ~** *ou* **Cie** Dupont & Co ▶ **compagnie aérienne** Fluggesellschaft *f*.

compagnon [kɔ̃paɲɔ̃] *nm (de voyage)* Begleiter *m*, Gefährte *m*; *(de classe)* Klassenkamerad *m*; *(époux, partenaire)* Partner *m*; *(autrefois: ouvrier)* Geselle *m*.

comparable [kɔ̃paʀabl] *adj*: **~ (à)** vergleichbar (mit), zu vergleichen (mit).

comparaison [kɔ̃paʀɛzɔ̃] *nf* Vergleich *m*; **en ~ (de)** im Vergleich (mit); **par ~ (à)** im Vergleich (mit); **sans ~** unvergleichlich.

comparaître [kɔ̃paʀɛtʀ] *vi*: **~ (devant)** erscheinen (vor +*dat*).

comparatif, -ive [kɔ̃paʀatif, iv] *adj* vergleichend ♦ *nm (LING)* Komparativ *m*.

comparativement [kɔ̃paʀativmɑ̃] *adv* vergleichsweise; **~ à** im Vergleich zu.

comparé, e [kɔ̃paʀe] *adj*: **littérature/grammaire ~e** vergleichende Literaturwissenschaft *f*/Grammatik *f*.

comparer [kɔ̃paʀe] *vt* vergleichen; **~ qch/qn à** *ou* **et qch/qn** etw/jdn mit etw/jdm vergleichen.

comparse [kɔ̃paʀs] *(péj) nm/f* Komplize *m*, Komplizin *f*.

compartiment [kɔ̃paʀtimɑ̃] *nm (de train)* Abteil *nt*; *(case)* Fach *nt*.

compartimenté, e [kɔ̃paʀtimɑ̃te] *adj* unterteilt.

comparu [kɔ̃paʀy] *pp de* **comparaître**.

comparution [kɔ̃paʀysjɔ̃] *nf* Erscheinen *nt* vor Gericht.

compas [kɔ̃pa] *nm (MATH)* Zirkel *m*; *(boussole)* Kompaß *m*.

compassé, e [kɔ̃pase] *adj* steif, förmlich.

compassion [kɔ̃pasjɔ̃] *nf* Mitgefühl *nt*.

compatibilité [kɔ̃patibilite] *nf* Verträglichkeit *f*.

compatible [kɔ̃patibl] *adj (INFORM)* kompatibel; **~ (avec)** vereinbar (mit).

compatir [kɔ̃patiʀ] *vi*: **~ (à)** Anteil nehmen (an +*dat*).

compatissant, e [kɔ̃patisɑ̃, ɑ̃t] *adj* mitfühlend.

compatriote [kɔ̃patʀijɔt] *nm/f* Landsmann *m*, Landsmännin *f*.

compensateur, -trice [kɔ̃pɑ̃satœʀ, tʀis] *adj* ausgleichend.

compensation [kɔ̃pɑ̃sasjɔ̃] *nf (dédommagement)* Entschädigung *f*; *(d'une dette)* Ausgleichen *nt*; *(FIN)* Ausgleich *m*; **en ~** zur Entschädigung.

compensé, e [kɔ̃pɑ̃se] *adj*: **semelle ~e** Plateausohle *f*.

compenser [kɔ̃pɑ̃se] *vt* ausgleichen; *(dette)* begleichen.

compère [kɔ̃pɛʀ] *nm (complice)* Komplize *m*, Helfershelfer *m*.

compétence [kɔ̃petɑ̃s] *nf (aptitude)* Fähigkeit *f*; *(JUR)* Kompetenz *f*, Zuständigkeit *f*.

compétent, e [kɔ̃petɑ̃, ɑ̃t] *adj (apte)* fähig; *(JUR)* zuständig.

compétitif, -ive [kɔ̃petitif, iv] *adj (COMM)* wettbewerbsfähig.

compétition [kɔ̃petisjɔ̃] *nf (concurrence)* Wettbewerb *m*, Konkurrenz *f*; **être en ~ avec** in Konkurrenz stehen mit; *(SPORT)* einen Wettkampf austragen mit ▶ **compétition automobile** Autorennen *nt*.

compétitivité [kɔ̃petitivite] *nf* Wettbewerbsfähigkeit *f*.

compilateur [kɔ̃pilatœʀ] *nm (INFORM)* Compiler *m*.

compiler [kɔ̃pile] *vt* kompilieren.

complainte [kɔ̃plɛ̃t] *nf (MUS)* Klage(lied *nt*) *f*.

complaire [kɔ̃plɛʀ]: **se ~** *vpr*: **se ~ dans** Gefallen finden an +*dat*; **se ~ parmi** sich wohl fühlen bei.

complaisais [kɔ̃plɛzɛ] *vb voir* **complaire**.

complaisamment [kɔ̃plɛzamɑ̃] *adv* gefällig.

complaisance [kɔ̃plɛzɑ̃s] *nf (amabilité)* Entgegenkommen *nt*, Gefälligkeit *f*; *(péj: indulgence)* Nachsichtigkeit *f*; *(: fatuité)* Selbstgefälligkeit *f*; **attestation de ~** aus Gefälligkeit ausgestellte Bescheinigung; **pavillon de ~** Billigflagge *f*.

complaisant, e [kɔ̃plɛzɑ̃, ɑ̃t] *vb voir* **complaire** ♦ *adj (aimable)* gefällig, zuvorkommend; *(péj: indulgent)* nachsichtig; *(: fat)* selbstzufrieden.

complaît [kɔ̃plɛ] *vb voir* **complaire**.

complément [kɔ̃plemɑ̃] *nm* Ergänzung *f*; *(reste)* Rest *m* ▶ **complément (circonstanciel) de lieu** adverbiale Ortsbestimmung *f* ▶ **complément d'information** zusätzliche *ou* ergänzende Informationen *pl* ▶ **complément (d'objet) direct** Akkusativobjekt *nt* ▶ **complément d'objet indirect** Dativobjekt *nt* ▶ **complément de nom** Possessivergänzung *f*.

complémentaire [kɔ̃plemɑ̃tɛʀ] *adj (additionnel)* ergänzend, zusätzlich; *(couleurs, angles)* Komplementär-.

complet, -ète [kɔ̃plɛ, ɛt] *adj (entier)* vollständig, komplett; *(total)* völlig, total; *(hôtel,* *cinéma*) voll ♦ *nm* (*costume*) Anzug *m*; **au (grand)** ~ insgesamt.

complètement [kɔ̃plɛtmɑ̃] *adv* völlig; (*à fond*) gründlich; ~ **nu** völlig nackt.

compléter [kɔ̃plete] *vt* vervollständigen; **se compléter** *vpr* (*personnes*) einander ergänzen; (*collection etc*) sich vervollständigen.

complet-veston [kɔ̃plevɛstɔ̃] (*pl* ~s-~) *nm* Anzug *m*.

complexe [kɔ̃plɛks] *adj* kompliziert, komplex; (*BIOL*) komplex ♦ *nm* Komplex *m*; ~ **industriel/portuaire/hospitalier** Industrie-/Hafen-/Krankenhauskomplex *m*.

complexé, e [kɔ̃plɛkse] *adj* verdreht.

complexité [kɔ̃plɛksite] *nf* Kompliziertheit *f*.

complication [kɔ̃plikasjɔ̃] *nf* (*d'une situation*) Kompliziertheit *f*; (*difficulté, ennui*) Komplikation *f*; ~**s** *nfpl* (*MÉD*) Komplikationen *pl*.

complice [kɔ̃plis] *nm/f* (*comparse*) Komplize *m*, Komplizin *f*, Mittäter(in) *m(f)*.

complicité [kɔ̃plisite] *nf* Mittäterschaft *f*.

compliment [kɔ̃plimɑ̃] *nm* Kompliment *nt*; **mes** ~**s!** herzlichen Glückwunsch!

complimenter [kɔ̃plimɑ̃te] *vt*: ~ **qn** (**sur** *ou* **de**) jdm Komplimente machen (über +*acc*).

compliqué, e [kɔ̃plike] *adj* kompliziert.

compliquer [kɔ̃plike] *vt* komplizieren; **se compliquer** *vpr* sich komplizieren; **se** ~ **la vie** sich *dat* das Leben schwermachen.

complot [kɔ̃plo] *nm* Komplott *nt*, Verschwörung *f*.

comploter [kɔ̃plɔte] *vi* sich verschwören ♦ *vt* (heimlich) planen.

complu [kɔ̃ply] *pp de* **complaire**.

comportement [kɔ̃pɔʀtəmɑ̃] *nm* Verhalten *nt*.

comporter [kɔ̃pɔʀte] *vt* (*se composer de*) sich zusammensetzen aus; (*être équipé de*) haben; (*impliquer*) umfassen; **se comporter** *vpr* sich verhalten; (*TECH*) funktionieren.

composant [kɔ̃pozɑ̃] *nm* Bestandteil *m*.

composante [kɔ̃pozɑ̃t] *nf* Komponente *f*.

composé, e [kɔ̃poze] *adj* zusammengesetzt; (*visage, air*) affektiert ♦ *nm* (*CHIM*) Verbindung *f*; (*LING: nom*) Zusammensetzung *f*; ~ **de** zusammengesetzt aus.

composer [kɔ̃poze] *vt* (*musique*) komponieren; (*texte*) schreiben; (*former, assembler*) zusammenstellen; (*constituer*) bilden; (*TYPO*) setzen ♦ *vi* (*SCOL*) eine Klassenarbeit schreiben; (*transiger*) sich abfinden; **se composer** *vpr*: **se** ~ **de** sich zusammensetzen aus; ~ **un numéro** (*au téléphone*) eine Nummer wählen.

composite [kɔ̃pozit] *adj* verschiedenartig.

compositeur, -trice [kɔ̃pozitœʀ, tʀis] *nm/f* (*MUS*) Komponist(in) *m(f)*; (*TYPO*) Setzer(in) *m(f)*.

composition [kɔ̃pozisjɔ̃] *nf* (*action: v vt*) Komponieren *nt*; Schreiben *nt*; Zusammenstellen *nt*; Bilden *nt*; Setzen *nt*; (*d'une équipe etc*) Zusammenstellung *f*; (*d'un dessin etc*) Anordnung *f*; (*SCOL*) Klassenarbeit *f*; (*MUS*) Komposition *f*; **de bonne** ~ (*accommodant*) verträglich ► **composition française** (*SCOL*)

französischer Aufsatz *m*.

compost [kɔ̃pɔst] *nm* Kompost *m*.

composter [kɔ̃pɔste] *vt* (*dater*) mit dem Datum stempeln; (*poinçonner*) entwerten.

composteur [kɔ̃pɔstœʀ] *nm* (*timbre dateur*) Datumsstempel *m*; (*poinçon*) Entwerter *m*.

compote [kɔ̃pɔt] *nf* Kompott *nt* ► **compote de pommes** Apfelkompott *nt*.

compotier [kɔ̃pɔtje] *nm* Kompottschale *f*.

compréhensible [kɔ̃pʀeɑ̃sibl] *adj* verständlich.

compréhensif, -ive [kɔ̃pʀeɑ̃sif, iv] *adj* verständnisvoll.

compréhension [kɔ̃pʀeɑ̃sjɔ̃] *nf* Verständnis *nt*.

comprendre [kɔ̃pʀɑ̃dʀ] *vt* verstehen; (*inclure*) umfassen; **se faire** ~ sich verständlich machen; **mal** ~ mißverstehen.

compresse [kɔ̃pʀɛs] *nf* Kompresse *f*.

compresseur [kɔ̃pʀesœʀ] *adj m voir* **rouleau** ♦ *nm* (*TECH*) Kompressor *m*.

compressible [kɔ̃pʀesibl] *adj* (*PHYS*) komprimierbar; (*dépenses*) zu verringern.

compression [kɔ̃pʀesjɔ̃] *nf* (*d'un gaz*) Kompression *f*, Verdichtung *f*; (*des effectifs*) Verringerung *f*; (*de crédits etc*) Kürzung *f*.

comprimé, e [kɔ̃pʀime] *adj*: **air** ~ Preßluft *f* ♦ *nm* (*MÉD*) Tablette *f*.

comprimer [kɔ̃pʀime] *vt* (*presser*) zusammenpressen; (*air*) komprimieren, verdichten; (*crédits*) einschränken; (*effectifs*) verringern.

compris, e [kɔ̃pʀi, iz] *pp de* **comprendre** ♦ *adj*: ~ **entre** (*situé*) gelegen zwischen +*dat*; **la maison** ~**e, y** ~ **la maison** einschließlich des Hauses, mitsamt dem Haus; **non** ~ **la maison, la maison non** ~**e** das Haus nicht mitgerechnet, ohne das Haus; **service** ~ inklusive Bedienung; **100 F tout** ~ alles in allem 100F.

compromettant, e [kɔ̃pʀɔmetɑ̃, ɑ̃t] *adj* kompromittierend.

compromettre [kɔ̃pʀɔmɛtʀ] *vt* (*personne*) kompromittieren; (*plan, chances*) gefährden.

compromis [kɔ̃pʀɔmi] *vb voir* **compromettre** ♦ *nm* Kompromiß *m*.

compromission [kɔ̃pʀɔmisjɔ̃] *nf* fauler Kompromiß *m*.

comptabiliser [kɔ̃tabilize] *vt* verbuchen.

comptabilité [kɔ̃tabilite] *nf* Buchhaltung *f*, Buchführung *f*; (*comptes*) Geschäftsbücher *pl* ► **comptabilité en partie double** doppelte Buchführung.

comptable [kɔ̃tabl] *nm/f* Buchhalter(in) *m(f)* ♦ *adj* (*plan, période*) Rechnungs-; ~ **de** (*responsable*) verantwortlich für.

comptant [kɔ̃tɑ̃] *adv*: **payer** ~ bar bezahlen; **acheter** ~ gegen bar kaufen.

compte [kɔ̃t] *nm* (*dénombrement*) Zählung *f*; (*total, montant*) Betrag *m*, Summe *f*; (*bancaire*) Konto *nt*; (*facture*) Rechnung *f*; ~**s** *nmpl* (*comptabilité*) Geschäftsbücher *pl*; **ouvrir un** ~ ein Konto eröffnen; **rendre des** ~**s à qn** (**de qch**) jdm Rechenschaft ablegen (über etw *acc*); **faire le** ~ **de** zählen; **tout** ~ **fait** alles in allem;

à ce ~-là (*dans ce cas*) in diesem Fall; (*à ce train-là*) auf diese Weise; **en fin de ~** schließlich, letztlich; **à bon ~** günstig; (*fig*) glimpflich; **pour le ~ de qn** (*à son sujet*) über jdn; **sur le ~ de qn** (*à son sujet*) über jdn; **travailler à son ~** selbständig sein; **au bout du ~** am Ende; **mettre qch sur le ~ de qch** etw èiner Sache *dat* zuschreiben; **trouver son ~ à** sich sanieren bei; **rendre ~ (à qn) de qch** (jdm) über etw *acc* Rechenschaft ablegen; **tenir ~ de qch** etw in Betracht ziehen; **~ tenu de son âge** wenn man sein Alter in Betracht zieht ▶ **compte à rebours** Countdown *m* ▶ **compte chèque postal** Postscheckkonto *nt* ▶ **compte chèques** *ou* **courant** Girokonto *nt* ▶ **compte d'exploitation** Betriebskonto *nt* ▶ **compte de dépôt** Sparkonto *nt* ▶ **compte rendu** (*de film, livre*) Besprechung *f*.

compte-gouttes [kɔ̃tgut] *nm inv* (*MÉD*) Tropfenzähler *m*; **au ~-~** kleckerweise.

compter [kɔ̃te] *vt* zählen; (*facturer*) berechnen; (*avoir à son actif*) aufweisen; (*comporter*) haben; (*prévoir*) rechnen mit; (*tenir compte de, inclure*) in Betracht ziehen ◆ *vi* (*calculer*) rechnen; (*être économe*) haushalten; (*être non négligeable*) zählen, ins Gewicht fallen; **~ pour** wert sein; **~ parmi** zählen zu; **~ réussir/revenir** hoffen, daß man Erfolg hat/zurückkehrt; **~ sur** rechnen mit, sich verlassen auf +*acc*; **~ avec/sans qch/qn** mit etw/jdm rechnen/nicht rechnen; **sans ~ que** abgesehen davon, daß; **à ~ du 10 janvier** vom 10. Januar an gerechnet; **ça compte beaucoup pour moi** das ist mir viel wert, daran liegt mit viel; **je compte bien que** ich rechne damit, daß.

compte-tours [kɔ̃ttuʀ] *nm inv* Drehzahlmesser *m*, Tourenmesser *m*.

compteur [kɔ̃tœʀ] *nm* Zähler *m* ▶ **compteur de vitesse** Tachometer *m ou nt*.

comptine [kɔ̃tin] *nf* Abzählreim *m*.

comptoir [kɔ̃twaʀ] *nm* (*de magasin*) Ladentisch *m*; (*de café*) Theke *f*; (*ville coloniale*) Handelskontor *nt*.

compulser [kɔ̃pylse] *vt* konsultieren.

comte, comtesse [kɔ̃t, kɔ̃tɛs] *nm/f* Graf *m*, Gräfin *f*.

con, ne [kɔ̃, kɔn] (*fam!*) *adj* bescheuert (*fam*) ◆ *nm/f* Arschloch *nt* (*fam!*).

concasser [kɔ̃kase] *vt* (*pierre, sucre*) zerstoßen; (*poivre*) mahlen.

concave [kɔ̃kav] *adj* konkav.

concéder [kɔ̃sede] *vt* zugestehen; **~ que** zugeben, daß.

concélébrer [kɔ̃selebʀe] *vt* gemeinsam zelebrieren.

concentration [kɔ̃sɑ̃tʀasjɔ̃] *nf* Konzentration *f*.

concentrationnaire [kɔ̃sɑ̃tʀasjɔnɛʀ] *adj* Konzentrationslager-, KZ-.

concentré, e [kɔ̃sɑ̃tʀe] *adj* konzentriert ◆ *nm* (*de tomate*) Püree *nt*; (*d'orange*) Konzentrat *nt*.

concentrer [kɔ̃sɑ̃tʀe] *vt* konzentrieren; (*population aussi*) versammeln; (*pouvoirs*) vereini-

gen, vereinen; **se concentrer** *vpr* sich konzentrieren.

concentrique [kɔ̃sɑ̃tʀik] *adj* konzentrisch.

concept [kɔ̃sɛpt] *nm* Begriff *m*.

concepteur, -trice [kɔ̃sɛptœʀ, tʀis] *nm/f* Designer(in) *m(f)*.

conception [kɔ̃sɛpsjɔ̃] *nf* (*d'un projet*) Konzeption *f*; (*d'un enfant*) Empfängnis *f*; (*d'une machine etc*) Design *nt*.

concernant [kɔ̃sɛʀnɑ̃] *prép* betreffend +*acc*.

concerner [kɔ̃sɛʀne] *vt* betreffen, angehen; **en ce qui me concerne** was mich betrifft; **en ce qui concerne qch** was etw betrifft.

concert [kɔ̃sɛʀ] *nm* Konzert *nt*; **de ~** (*ensemble*) gemeinsam; (*d'un commun accord*) einstimmig.

concertation [kɔ̃sɛʀtasjɔ̃] *nf* Meinungsaustausch *m*; (*rencontre*) Treffen *nt*.

concerter [kɔ̃sɛʀte] *vt* (*action*) absprechen, abstimmen; **se concerter** *vpr* sich absprechen.

concertiste [kɔ̃sɛʀtist] *nm/f* konzertierende(r) Künstler(in) *m(f)*.

concerto [kɔ̃sɛʀto] *nm* Konzert *nt*.

concession [kɔ̃sesjɔ̃] *nf* Zugeständnis *nt*; (*terrain, exploitation*) Konzession *f*.

concessionnaire [kɔ̃sesjɔnɛʀ] *nm/f* Inhaber(in) *m(f)* einer Konzession.

concevable [kɔ̃s(ə)vabl] *adj* denkbar.

concevoir [kɔ̃s(ə)vwaʀ] *vt* (*projet, idée*) sich ausdenken, konzipieren; (*méthode, plan d'appartement, décoration*) entwerfen; (*enfant*) empfangen; (*éprouver*) empfinden; (*comprendre, saisir*) begreifen; **appartement bien/mal conçu** gut/schlecht geschnittene Wohnung.

concierge [kɔ̃sjɛʀʒ] *nm/f* ≈ Hausmeister(in) *m(f)*; (*d'hôtel*) Portier *m*.

conciergerie [kɔ̃sjɛʀʒəʀi] *nf* (*de lycée, château*) ≈ Hausmeisterwohnung *f*.

concile [kɔ̃sil] *nm* Konzil *nt*.

conciliable [kɔ̃siljabl] *adj* vereinbar.

conciliabules [kɔ̃siljabyl] *nmpl* vertrauliche Besprechungen *pl*.

conciliant, e [kɔ̃siljɑ̃, jɑ̃t] *adj* versöhnlich.

conciliateur, -trice [kɔ̃siljatœʀ, tʀis] *nm/f* Vermittler(in) *m(f)*.

conciliation [kɔ̃siljasjɔ̃] *nf* Vermittlung *f*.

concilier [kɔ̃silje] *vt* in Einklang bringen, miteinander vereinbaren; **se ~ qn** jdn für sich gewinnen; **se ~ les bonnes grâces de qn** jds Gunst erlangen.

concis, e [kɔ̃si, iz] *adj* kurz, knapp.

concision [kɔ̃sizjɔ̃] *nf* Knappheit *f*, Kürze *f*.

concitoyen, ne [kɔ̃sitwajɛ̃, jɛn] *nm/f* Mitbürger(in) *m(f)*.

conclave [kɔ̃klav] *nm* Konklave *f*.

concluant, e [kɔ̃klyɑ̃, ɑ̃t] *vb voir* **conclure** ◆ *adj* schlüssig, überzeugend.

conclure [kɔ̃klyʀ] *vt* (*signer*) schließen; (*terminer*) (ab)schließen; **~ qch de qch** (*déduire*) etw aus etw folgern *ou* schließen; **~ un marché** ein Geschäft abschließen; **j'en conclus que** daraus schließe ich, daß; **~ à l'acquittement** auf Freispruch befinden; **~ au suicide** auf

Selbstmord *acc* befinden.
conclusion [kɔ̃klyzjɔ̃] *nf* Schluß *m*; (*d'un accord, d'une enquête*) Abschluß *m*; **~s** *nfpl* (*JUR*) Schlüsse *pl*; **en ~** zum Abschluß.
concocter [kɔ̃kɔkte] *vt* zusammenbrauen.
conçois *etc* [kɔ̃swa] *vb voir* **concevoir**.
conçoive *etc* [kɔ̃swav] *vb voir* **concevoir**.
concombre [kɔ̃kɔ̃bʀ] *nm* (Salat)gurke *f*.
concomitant, e [kɔ̃kɔmitɑ̃, ɑ̃t] *adj* Begleit-.
concordance [kɔ̃kɔʀdɑ̃s] *nf* Übereinstimmung *f*; **la ~ des temps** (*LING*) die Zeitenfolge *f*.
concordant, e [kɔ̃kɔʀdɑ̃, ɑ̃t] *adj* übereinstimmend.
concorde [kɔ̃kɔʀd] *nf* Eintracht *f*.
concorder [kɔ̃kɔʀde] *vi* übereinstimmen.
concourir [kɔ̃kuʀiʀ] *vi* an einem Wettkampf teilnehmen; **~ à** beitragen zu.
concours [kɔ̃kuʀ] *vb voir* **concourir ♦** *nm* Wettbewerb *m*; (*SCOL*) Auswahlprüfung *f*; (*aide: de qn*) Hilfe *f*, Unterstützung *f*; **recrutement par voie de ~** Platz- *ou* Stellenvergabe *f* auf Grundlage einer Auswahlprüfung; **apporter son ~ à** beitragen zu ► **concours de circonstances** Zusammentreffen *nt* von Umständen ► **concours hippique** Reitturnier *nt*.
concret, -ète [kɔ̃kʀɛ, ɛt] *adj* konkret.
concrètement [kɔ̃kʀɛtmɑ̃] *adv* konkret.
concrétisation [kɔ̃kʀetizasjɔ̃] *nf* Verwirklichung *f*.
concrétiser [kɔ̃kʀetize] *vt* konkretisieren; **se concrétiser** *vpr* Gestalt annehmen.
conçu, e [kɔ̃sy] *pp de* **concevoir**.
concubin, e [kɔ̃kybɛ̃, in] *nm/f* (*JUR*) Partner(in) *m(f)* (*in einer eheähnlichen Gemeinschaft*).
concubinage [kɔ̃kybinaʒ] *nm* eheähnliche Gemeinschaft *f*.
concupiscence [kɔ̃kypisɑ̃s] *nf* Lüsternheit *f*.
concurremment [kɔ̃kyʀamɑ̃] *adv* (*en même temps*) gleichzeitig.
concurrence [kɔ̃kyʀɑ̃s] *nf* Konkurrenz *f*; **en ~ avec** in Konkurrenz mit; **jusqu'à ~ de** bis zur Höhe von ► **concurrence déloyale** unlauterer Wettbewerb *m*.
concurrencer [kɔ̃kyʀɑ̃se] *vt* Konkurrenz machen +*dat*.
concurrent, e [kɔ̃kyʀɑ̃, ɑ̃t] *nm/f* Konkurrent(in) *m(f)*; (*SPORT*) Teilnehmer(in) *m(f)*.
concurrentiel, le [kɔ̃kyʀɑ̃sjɛl] *adj* konkurrenzfähig.
conçus [kɔ̃sy] *vb voir* **concevoir**.
condamnable [kɔ̃danabl] *adj* tadelnswert.
condamnation [kɔ̃danasjɔ̃] *nf* Verurteilung *f* ► **condamnation à mort** Todesurteil *nt*.
condamné, e [kɔ̃dane] *nm/f* (*JUR*) Verurteilte(r) *f(m)*.
condamner [kɔ̃dane] *vt* verurteilen; (*malade, fig*) aufgeben; (*porte, ouverture*) zumauern; (*interdire*) (unter Strafandrohung) verbieten; **~ qn à qch/faire qch** jdn zu etw verurteilen/jdn dazu verurteilen, etw zu tun; **~ qn à deux ans de prison/une amende** jdn zu zwei Jahren Freiheitsentzug/zu einer Geldstrafe verurteilen.

condensateur [kɔ̃dɑ̃satœʀ] *nm* Kondensator *m*.
condensation [kɔ̃dɑ̃sasjɔ̃] *nf* Kondensation *f*.
condensé, e [kɔ̃dɑ̃se] *adj* (*lait*) Kondens- ♦ *nm* Zusammenfassung *f*.
condenser [kɔ̃dɑ̃se] *vt* (*discours, texte*) zusammenfassen; (*gaz etc*) kondensieren; **se condenser** *vpr* sich kondensieren.
condescendance [kɔ̃desɑ̃dɑ̃s] *nf* Herablassung *f*.
condescendant, e [kɔ̃desɑ̃dɑ̃, ɑ̃t] *adj* herablassend.
condescendre [kɔ̃desɑ̃dʀ] *vi*: **~ à qch** sich zu etw herablassen; **~ à faire qch** sich dazu herablassen, etw zu tun.
condiment [kɔ̃dimɑ̃] *nm* Gewürz *nt*.
condisciple [kɔ̃disipl] *nm/f* (*SCOL*) Mitschüler(in) *m(f)*; (*UNIV*) Kommilitone *m*, Kommilitonin *f*.
condition [kɔ̃disjɔ̃] *nf* (*clause*) Bedingung *f*; (*état*) Zustand *m*; (*rang social*) Stand *m*, Rang *m*; (*situation*) Stand *m*; **~s** *nfpl* (*tarif, prix*) Bedingungen *pl*; (*circonstances*) Bedingungen, Umstände *pl*; **sans ~** *adj, adv* bedingungslos; **à ~ de/que** unter der Bedingung +*gén*/, daß; **en bonne ~** in gutem Zustand; **mettre en ~** (*SPORT*) fit machen; (*PSYCH*) konditionieren ► **conditions atmosphériques** Wetterbedingungen *pl* ► **conditions de vie** Lebensumstände *pl*.
conditionné, e [kɔ̃disjɔne] *adj* (*produit*) verpackt; **air ~** Klimaanlage *f*; **réflexe ~** bedingter Reflex *m*.
conditionnel, le [kɔ̃disjɔnɛl] *adj* (*assorti de conditions*) bedingt ♦ *nm* (*LING*) Konditional *nt*.
conditionnement [kɔ̃disjɔnmɑ̃] *nm* (*emballage*) Verpackung *f*; (*fig*) Konditionierung *f*.
conditionner [kɔ̃disjɔne] *vt* (*déterminer*) bestimmen; (*COMM: produit*) verpacken; (*fig: personne*) konditionieren.
condoléances [kɔ̃dɔleɑ̃s] *nfpl* Beileid *nt*.
conducteur, -trice [kɔ̃dyktœʀ, tʀis] *adj* (*ÉLEC*) leitend, Leiter- ♦ *nm* (*ÉLEC*) Leiter *m* ♦ *nm/f* (*AUTO etc*) Fahrer(in) *m(f)*; (*machine*) Führer(in) *m(f)*.
conduire [kɔ̃dɥiʀ] *vt* (*véhicule, passager*) fahren; (*diriger, transmettre*) leiten; (*délégation, troupeau, société*) führen; (*orchestre*) dirigieren; **se conduire** *vpr* sich betragen, sich benehmen; **~ à** (*suj: route, sentier*) führen *ou* gehen nach +*dat*; (: *attitude, erreur, études*) führen zu; **~ qn quelque part** jdn irgendwohin führen; (*en voiture*) jdn irgendwohin fahren; **se ~ bien/mal** sich gut/schlecht betragen *ou* benehmen.
conduit [kɔ̃dɥi] *pp de* **conduire** ♦ *nm* (*TECH*) Leitung *f*, Rohr *nt*; (*ANAT*) Gang *m*, Kanal *m*.
conduite [kɔ̃dɥit] *nf* (*comportement*) Verhalten *nt*, Betragen *nt*; (*d'eau, gaz*) Leitung *f*, Rohr *nt*; (*en auto*) Fahren *nt*; **sous la ~ de** unter der Leitung von ► **conduite à gauche** (*AUTO*) Linkssteuerung *f* ► **conduite forcée** Druckleitung *f* ► **conduite intérieure** Limousine *f*.

cône [kon] *nm* Kegel *m*; **en forme de** ~ kegelförmig ▸ **cône de déjection** Schwemmkegel *m*.

confection [kɔ̃fɛksjɔ̃] *nf* (*fabrication*) Herstellung *f*; **la** ~ (*secteur*) die Konfektion *f*, die Bekleidungsindustrie *f*; **vêtement de** ~ Kleidung *f* von der Stange.

confectionner [kɔ̃fɛksjɔne] *vt* herstellen.

confédération [kɔ̃fedeʀasjɔ̃] *nf* (*POL*) Bündnis *nt*, Bund *m*; (*syndicale*) Bündnis; **la C~ helvétique** die Schweizerische Eidgenossenschaft.

conférence [kɔ̃feʀɑ̃s] *nf* (*exposé*) Vortrag *m*; (*pourparlers*) Konferenz *f* ▸ **conférence au sommet** Gipfelkonferenz *f* ▸ **conférence de presse** Pressekonferenz *f*.

conférencier, -ère [kɔ̃feʀɑ̃sje, jɛʀ] *nm/f* Redner(in) *m(f)*.

conférer [kɔ̃feʀe] *vt* verleihen.

confesser [kɔ̃fese] *vt* (*avouer*) gestehen, zugeben; (*REL: péché, faute*) beichten; (: *personne*) die Beichte abnehmen +*dat*; **se confesser** *vpr* (*REL*) beichten (gehen).

confesseur [kɔ̃fesœʀ] *nm* (*prêtre*) Beichtvater *m*.

confession [kɔ̃fesjɔ̃] *nf* (*v vb*) Geständnis *nt*; Beichte *f*; (*croyance*) Bekenntnis *nt*, Konfession *f*.

confessionnal, -aux [kɔ̃fesjɔnal, o] *nm* Beichtstuhl *m*.

confessionnel, le [kɔ̃fesjɔnɛl] *adj* (*non laïque*) kirchlich.

confetti [kɔ̃feti] *nm* Konfetti *nt*.

confiance [kɔ̃fjɑ̃s] *nf* Vertrauen *nt*; **avoir** ~ **en** Vertrauen haben zu, vertrauen +*dat*; **faire** ~ **à** vertrauen +*dat*; **en toute** ~ ganz beruhigt; **mettre qn en** ~ jds Vertrauen gewinnen; **(digne) de** ~ verläßlich, vertrauenswürdig; **question de** ~ (*POL*) Vertrauensfrage *f*; **vote de** ~ (*POL*) Mißtrauensvotum *nt*; **inspirer** ~ **à** Vertrauen einflößen +*dat* ▸ **confiance en soi** Selbstvertrauen *nt*.

confiant, e [kɔ̃fjɑ̃, jɑ̃t] *adj* vertrauensvoll; (*en soi-même*) zuversichtlich.

confidence [kɔ̃fidɑ̃s] *nf* vertrauliche Mitteilung *f*; **faire des** ~**s à qn** sich jdm anvertrauen; **en** ~ im Vertrauen.

confident, e [kɔ̃fidɑ̃, ɑ̃t] *nm/f* Vertraute(r) *f(m)*.

confidentiel, le [kɔ̃fidɑ̃sjɛl] *adj* vertraulich.

confidentiellement [kɔ̃fidɑ̃sjɛlmɑ̃] *adv* vertraulich, im Vertrauen.

confier [kɔ̃fje] *vt* anvertrauen; (*travail, responsabilité*) betrauen mit; **se** ~ **à qn** sich jdm anvertrauen.

configuration [kɔ̃figyʀasjɔ̃] *nf* (*du terrain*) Beschaffenheit *f*; (*INFORM*) Konfiguration *f*.

confiné [kɔ̃fine] *adj* (*atmosphère*) drückend; (*air*) verbraucht.

confiner [kɔ̃fine] *vt*: ~ **à** grenzen an +*acc*; (*toucher*) berühren; **se confiner dans** *ou* **à** *vpr* (*se restreindre*) sich beschränken auf +*acc*.

confins [kɔ̃fɛ̃] *nmpl*: **aux** ~ **de** an der Grenze zwischen +*dat*.

confire [kɔ̃fiʀ] *vt* (*au sucre*) kandieren; (*au vinai-*

gre) einlegen.

confirmation [kɔ̃fiʀmasjɔ̃] *nf* Bestätigung *f*; (*REL: catholique*) Firmung *f*; (: *protestante*) Konfirmation *f*.

confirmer [kɔ̃fiʀme] *vt* bestätigen; ~ **qch à qn** jdm etw bestätigen; ~ **qn dans une croyance/ ses fonctions** jdn in seinem Glauben/seinem Amt bestätigen.

confiscation [kɔ̃fiskasjɔ̃] *nf* Konfiszierung *f*, Beschlagnahmung *f*.

confiserie [kɔ̃fizʀi] *nf* (*magasin*) Süßwarenladen *m*; (*activité*) Süßwarenbranche *f*; ~**s** *nfpl* (*bonbons*) Süßigkeiten *pl*.

confiseur, -euse [kɔ̃fizœʀ, øz] *nm/f* ≈ Konditor(in) *m(f)*.

confisquer [kɔ̃fiske] *vt* (*JUR*) konfiszieren, beschlagnahmen; (*à un enfant*) wegnehmen.

confit, e [kɔ̃fi, it] *adj*: **fruits** ~**s** kandierte Früchte *pl* ▸ **confit d'oie** *nm* eingelegte Gans *f*.

confiture [kɔ̃fityʀ] *nf* Konfitüre *f*, Marmelade *f*.

conflagration [kɔ̃flagʀasjɔ̃] *nf* Verheerung *f*.

conflictuel, le [kɔ̃fliktɥɛl] *adj* konfliktgeladen.

conflit [kɔ̃fli] *nm* Konflikt *m* ▸ **conflit armé** bewaffneter Konflikt.

confluent [kɔ̃flyɑ̃] *nm* Zusammenfluß *m*.

confondre [kɔ̃fɔ̃dʀ] *vt* verwechseln; (*dates, faits aussi*) durcheinanderbringen; (*témoin, menteur*) entlarven; **se confondre** *vpr* (*silhouettes, couleurs*) ineinander übergehen; (*faits*) durcheinandergeraten; **se** ~ **en excuses** sich vielmals entschuldigen; **se** ~ **en remerciements** sich überschwenglich bedanken.

confondu, e [kɔ̃fɔ̃dy] *pp de* **confondre** ♦ *adj* (*déconcerté*) überwältigt; **toutes catégories** ~**es** wenn man alle Kategorien zusammennimmt.

conformation [kɔ̃fɔʀmasjɔ̃] *nf* Bau *m*.

conforme [kɔ̃fɔʀm] *adj*: ~ **à** übereinstimmend mit; **copie certifiée** ~ beglaubigte Abschrift *f*.

conformé, e [kɔ̃fɔʀme] *adj*: **bien** ~ gut gebaut.

conformément [kɔ̃fɔʀmemɑ̃] *adv*: ~ **à** entsprechend +*dat*.

conformer [kɔ̃fɔʀme] *vt*: ~ **qch à** etw anpassen an +*acc*; **se conformer à** *vpr* sich richten nach.

conformisme [kɔ̃fɔʀmism] *nm* Konformismus *m*.

conformiste [kɔ̃fɔʀmist] *adj* konformistisch ♦ *nm/f* Konformist(in) *m(f)*.

conformité [kɔ̃fɔʀmite] *nf* Übereinstimmung *f*; (*harmonie*) Einklang *m*; **en** ~ **avec** in Übereinstimmung mit.

confort [kɔ̃fɔʀ] *nm* Komfort *m*; **tout** ~ mit allem Komfort.

confortable [kɔ̃fɔʀtabl] *adj* (*fauteuil etc*) bequem; (*hôtel*) komfortabel; (*fig: somme*) ausreichend.

confortablement [kɔ̃fɔʀtabləmɑ̃] *adv* komfortabel; (*payé*) anständig.

conforter [kɔ̃fɔʀte] *vt* bestärken.

confrère [kɔ̃fʀɛʀ] *nm* Kollege *m*.

confrérie [kɔ̃fʀeʀi] *nf (REL)* Bruderschaft *f*.
confrontation [kɔ̃fʀɔ̃tasjɔ̃] *nf* Gegenüberstellung *f*.
confronté, e [kɔ̃fʀɔ̃te] *adj:* ~ **à** konfrontiert mit.
confronter [kɔ̃fʀɔ̃te] *vt* gegenüberstellen.
confus, e [kɔ̃fy, yz] *adj (vague)* wirr, verworren; *(embarrassé)* verlegen.
confusément [kɔ̃fyzemɑ̃] *adv (vaguement)* unbestimmt; *(parler)* wirr.
confusion [kɔ̃fyzjɔ̃] *nf (caractère confus)* Verworrenheit *f*; *(erreur)* Verwechslung *f*; *(embarras)* Verwirrung *f*, Verlegenheit *f* ▶ **confusion des peines** *(JUR)* Vereinigung *f* von Strafen.
congé [kɔ̃ʒe] *nm* Urlaub *m*; *(vacances)* Ferien *pl*; *(avis de départ)* Kündigung *f*; **en** ~ *(en vacances)* auf Urlaub; *(en arrêt de travail)* beurlaubt; **j'ai une semaine/un jour de** ~ ich habe eine Woche/einen Tag Urlaub *ou* frei; **prendre** ~ **de qn** sich von jdm verabschieden; **donner son** ~ **à qn** jdm kündigen; **être en** ~ **de maladie** krankgeschrieben sein ▶ **congé de maternité** Mutterschaftsurlaub *m* ▶ **congés payés** bezahlter Urlaub.
congédier [kɔ̃ʒedje] *vt (employé)* entlassen.
congélateur [kɔ̃ʒelatœʀ] *nm (armoire)* Gefriertruhe *f*; *(compartiment)* Gefrierfach *nt*.
congélation [kɔ̃ʒelasjɔ̃] *nf (de l'eau)* Gefrieren *nt*; *(d'aliments)* Einfrieren *nt*.
congeler [kɔ̃ʒ(ə)le] *vt* einfrieren.
congénère [kɔ̃ʒenɛʀ] *nm/f* Artgenosse *m*, Artgenossin *f*.
congénital, e, -aux [kɔ̃ʒenital, o] *adj* angeboren.
congère [kɔ̃ʒɛʀ] *nf* Schneewehe *f*.
congestion [kɔ̃ʒɛstjɔ̃] *nf:* ~ **cérébrale** Schlaganfall *m* ▶ **congestion pulmonaire** Lungenemphysem *nt*.
congestionner [kɔ̃ʒɛstjɔne] *vt (MÉD)* Blutandrang verursachen in +*dat*; *(rue)* verstopfen.
conglomérat [kɔ̃ɡlɔmeʀa] *nm* Konglomerat *nt*.
Congo [kɔ̃ɡɔ] *nm:* **le** ~ der Kongo.
congolais, e [kɔ̃ɡɔlɛ, ɛz] *adj* kongolanisch ♦ *nm/f:* **C~, e** Kongolaner(in) *m(f)*.
congre [kɔ̃ɡʀ] *nm* Meeraal *m*.
congrégation [kɔ̃ɡʀeɡasjɔ̃] *nf (REL)* Bruderschaft *f*.
congrès [kɔ̃ɡʀɛ] *nm* Kongreß *m*, Tagung *f*.
congressiste [kɔ̃ɡʀesist] *nm/f* Kongreßteilnehmer(in) *m(f)*.
congru, e [kɔ̃ɡʀy] *adj:* **portion** ~**e** Hungerlohn *m*.
conifère [kɔnifɛʀ] *nm* Nadelbaum *m*.
conique [kɔnik] *adj* kegelförmig.
conjecture [kɔ̃ʒɛktyʀ] *nf* Vermutung *f*, Mutmaßung *f*.
conjecturer [kɔ̃ʒɛktyʀe] *vt* mutmaßen.
conjoint, e [kɔ̃ʒwɛ̃, wɛ̃t] *adj (commun)* gemeinsam ♦ *nm/f (époux)* Ehegatte *m*, Ehegattin *f*.
conjointement [kɔ̃ʒwɛ̃tmɑ̃] *adv* gemeinsam.
conjonctif, -ive [kɔ̃ʒɔ̃ktif, iv] *adj:* **tissu** ~ Bin-

degewebe *nt*.
conjonction [kɔ̃ʒɔ̃ksjɔ̃] *nf (LING)* Konjunktion *f*, Bindewort *nt*; *(ASTROL)* Konjunktion *f*.
conjonctivite [kɔ̃ʒɔ̃ktivit] *nf* Bindehautentzündung *f*.
conjoncture [kɔ̃ʒɔ̃ktyʀ] *nf* Umstände *pl*, Lage *f* ▶ **la conjoncture économique** die Konjunktur *f*.
conjoncturel, le [kɔ̃ʒɔ̃ktyʀɛl] *adj* Konjunktur-.
conjugaison [kɔ̃ʒyɡɛzɔ̃] *nf (LING)* Konjugation *f*.
conjugal, e, -aux [kɔ̃ʒyɡal, o] *adj* ehelich.
conjugué, e [kɔ̃ʒyɡe] *adj (commun)* vereint.
conjuguer [kɔ̃ʒyɡe] *vt (LING)* konjugieren; *(fig: efforts)* vereinen.
conjuration [kɔ̃ʒyʀasjɔ̃] *nf* Verschwörung *f*.
conjuré, e [kɔ̃ʒyʀe] *nm/f* Verschwörer(in) *m(f)*.
conjurer [kɔ̃ʒyʀe] *vt (sort, maladie)* abwenden; ~ **qn de faire qch** jdn beschwören, etw zu tun.
connais [kɔnɛ] *vb voir* **connaître**.
connaissais [kɔnɛsɛ] *vb voir* **connaître**.
connaissance [kɔnɛsɑ̃s] *nf (savoir)* Kenntnis *f*; *(personne connue)* Bekannte(r) *f(m)*, Bekanntschaft *f*; *(conscience)* Bewußtsein *nt*; ~**s** *nfpl (savoir)* Wissen *nt*; **être sans** ~ *(MÉD)* bewußtlos sein; **perdre/reprendre** ~ das Bewußtsein verlieren/wieder zu Bewußtsein kommen; **à ma/sa** ~ meines/seines Wissens, soviel ich/er weiß; **faire** ~ **avec qn** *ou* **la** ~ **de qn** *(rencontrer)* jdn kennenlernen, jds Bekanntschaft machen; *(apprendre à connaître)* jdn kennenlernen; **avoir/prendre** ~ **de qch** von etw Kenntnis haben/etw zur Kenntnis nehmen; **en** ~ **de cause** in Kenntnis der Sachlage.
connaissant [kɔnɛsɑ̃] *vb voir* **connaître**.
connaissement [kɔnɛsmɑ̃] *nm (COMM)* Frachtbrief *m*, Konnossement *nt*.
connaisseur, -euse [kɔnɛsœʀ, øz] *nm/f* Kenner(in) *m(f)* ♦ *adj* kennerisch.
connaître [kɔnɛtʀ] *vt* kennen; *(l'amour, la gloire etc)* kennenlernen; **se connaître** *vpr* sich *ou* einander kennen; *(soi-même)* sich kennen; *(se rencontrer)* sich kennenlernen; ~ **qn de nom/vue** jdn dem Namen nach/vom Sehen kennen; ~ **le succès/une fin tragique** Erfolg haben/ein tragisches Ende nehmen; **ils se sont connus à Genève** sie haben sich in Genf kennengelernt; **s'y** ~ **en qch** sich mit etw auskennen.
connard, connasse [kɔnaʀ, -as] *(fam!) nm/f* blöde Sau *f (fam!)*.
connecté, e [kɔnɛkte] *adj (INFORM)* on line.
connecter [kɔnɛkte] *vt (ÉLEC)* anschließen.
connerie [kɔnʀi] *(fam!) nf* totaler Quatsch *m (fam)*.
connexe [kɔnɛks] *adj* (damit) verbinden.
connexion [kɔnɛksjɔ̃] *nf* Verbindung *f*.
connivence [kɔnivɑ̃s] *nf* stillschweigendes Einverständnis *nt*.
connotation [kɔ(n)nɔtasjɔ̃] *nf* Assoziation *f*.
connu, e [kɔny] *pp de* **connaître** ♦ *adj* bekannt.
conque [kɔ̃k] *nf (coquille)* Trompetenschnecke

f.

conquérant, e [kɔ̃keʀɑ̃, ɑ̃t] *(péj)* adj großtuerisch.

conquérir [kɔ̃keʀiʀ] *vt (pays)* erobern; *(droit)* erkämpfen; *(public, personne)* für sich gewinnen, erobern.

conquerrai [kɔ̃keʀʀe] *vb voir* **conquérir.**

conquête [kɔ̃kɛt] *nf* Eroberung *f.*

conquière *etc* [kɔ̃kjɛʀ] *vb voir* **conquérir.**

conquiers *etc* [kɔ̃kje] *vb voir* **conquérir.**

conquis, e [kɔ̃ki, iz] *pp de* **conquérir.**

consacré, e [kɔ̃sakʀe] *adj (béni)* geweiht; *(habituel, accepté)* üblich; ~ **à** gewidmet +*dat.*

consacrer [kɔ̃sakʀe] *vt (REL)* weihen; *(sanctionner)* sanktionieren; *(dévouer)* widmen; **se consacrer** *vpr:* **se** ~ **à qch** sich einer Sache *dat* widmen.

consanguin, e [kɔ̃sɑ̃gɛ̃, in] *adj:* **frère** ~ Halbbruder *m (väterlicherseits);* **mariage** ~ Heirat *f* unter Blutsverwandten.

consciemment [kɔ̃sjamɑ̃] *adv* bewußt.

conscience [kɔ̃sjɑ̃s] *nf* Bewußtsein *nt; (morale)* Gewissen *nt;* **avoir/prendre** ~ **de** sich einer Sache *gén* bewußt sein/werden; **perdre/ reprendre** ~ das Bewußtsein verlieren/ wiedererlangen; **avoir bonne/mauvaise** ~ ein gutes/schlechtes Gewissen haben; **avoir qch sur la** ~ etw auf dem Gewissen haben ► **conscience professionnelle** Berufsethos *nt.*

consciencieux, -euse [kɔ̃sjɑ̃sjø, jøz] *adj* gewissenhaft.

conscient, e [kɔ̃sjɑ̃, jɑ̃t] *adj (MÉD)* bei Bewußtsein; *(délibéré)* bewußt; **être** ~ **de qch** sich *dat* einer Sache *gén* bewußt sein.

conscription [kɔ̃skʀipsjɔ̃] *nf* Einberufung *f.*

conscrit [kɔ̃skʀi] *nm (MIL)* Rekrut *m.*

consécration [kɔ̃sekʀasjɔ̃] *nf* Weihe *f; (d'un talent)* Bestätigung *f.*

consécutif, -ive [kɔ̃sekytif, iv] *adj* aufeinanderfolgend; ~ **à** folgend auf +*acc.*

consécutivement [kɔ̃sekytivmɑ̃] *adv* nacheinander; ~ **à** folgend auf +*acc.*

conseil [kɔ̃sɛj] *nm (avis)* Rat *m,* Ratschlag *m; (assemblée)* Rat, Versammlung *f; (expert)* Berater *m* ♦ *adj:* **ingénieur-**~ beratender Ingenieur *m;* **tenir** ~ sich beraten; *(se réunir)* eine Sitzung abhalten; **donner un** ~/**des** ~**s à qn** jdm einen Rat/Ratschläge geben; **demander** ~ **à qn** jdn um Rat bitten; **prendre** ~ (**auprès de qn**) sich *dat* (bei jdm) Rat holen ► **conseil d'administration** Aufsichtsrat ► **conseil de classe** *Treffen von Lehrern, Eltern und Schülervertretern* ► **conseil de discipline** Disziplinarausschuß *m* ► **conseil de guerre** Kriegsrat *m* ► **conseil de révision** Musterungskommission *f* ► **conseil des ministres** Ministerrat *m* ► **conseil en recrutement** Personalberater(in) *m(f)* ► **conseil municipal** ≈ Stadtrat *m* ► **conseil régional** ≈ Kreistag *m.*

conseiller[1] [kɔ̃seje] *vt (qn)* raten +*dat,* einen Rat geben +*dat; (qch)* anraten, empfehlen; ~ **qch à qn** jdm etw raten, jdm zu etw raten; ~

à qn de faire qch jdm raten, etw zu tun.

conseiller[2]**, -ère** [kɔ̃seje, ɛʀ] *nm/f* Ratgeber(in) *m(f),* Berater(in) *m(f); (membre d'un conseil)* Rat *m,* Rätin *f* ► **conseiller matrimonial** Eheberater(in) *m(f)* ► **conseiller municipal** Stadtrat *m,* Stadträtin *f.*

consensus [kɔ̃sesys] *nm* Übereinstimmung *f.*

consentement [kɔ̃sɑ̃tmɑ̃] *nm* Zustimmung *f,* Einwilligung *f.*

consentir [kɔ̃sɑ̃tiʀ] *vt:* ~ **à qch** einer Sache *dat* zustimmen, in etw *acc* einwilligen; ~ **à faire qch** sich einverstanden erklären, etw zu tun; ~ **qch à qn** jdm etw zugestehen, jdm etw gewähren.

conséquence [kɔ̃sekɑ̃s] *nf* Konsequenz *f,* Folgerung *f;* ~**s** *nfpl* Konsequenzen *pl;* **en** ~ *(donc)* also, folglich; *(de façon appropriée)* entsprechend; **ne pas tirer à** ~ keine Folgen haben; **lourd de** ~**s** folgenschwer.

conséquent, e [kɔ̃sekɑ̃, ɑ̃t] *adj (personne, attitude)* konsequent; *(fam: important)* wichtig; **par** ~ folglich.

conservateur, -trice [kɔ̃sɛʀvatœʀ, tʀis] *adj (traditionaliste)* konservativ; *(produit)* konservierend, Konservierungs- ♦ *nm/f (POL)* Konservative(r) *f(m); (de musée)* Kustos *m.*

conservation [kɔ̃sɛʀvasjɔ̃] *nf (action)* Erhaltung *f; (état)* Konservierung *f.*

conservatisme [kɔ̃sɛʀvatism] *nm* Konservativismus *m.*

conservatoire [kɔ̃sɛʀvatwaʀ] *nm (de musique)* Konservatorium *nt; (de théâtre)* Schauspielakademie *f.*

conserve [kɔ̃sɛʀv] *nf* Konserve *f;* **en** ~ Dosen-, Büchsen-; **de** ~ *(ensemble)* gemeinsam; *(naviguer)* im Verband.

conservé, e [kɔ̃sɛʀve] *adj:* **bien** ~ *(personne)* gut erhalten.

conserver [kɔ̃sɛʀve] *vt* behalten; *(habitude)* beibehalten; *(préserver)* konservieren, frisch halten; *(CULIN)* einmachen, konservieren; **se conserver** *vpr (aliments)* frisch bleiben; "~ **au frais**" „kühl aufbewahren".

conserverie [kɔ̃sɛʀvəʀi] *nf (usine)* Konservenfabrik *f.*

considérable [kɔ̃sideʀabl] *adj* beträchtlich, ansehnlich.

considérablement [kɔ̃sideʀabləmɑ̃] *adv* beträchtlich.

considération [kɔ̃sideʀasjɔ̃] *nf* Erwägung *f; (estime)* Achtung *f;* ~**s** *nfpl (remarques, réflexions)* Betrachtungen *pl;* **prendre qch en** ~ etw in Betracht *ou* Erwägung ziehen; **en** ~ **de** in Erwägung +*gén.*

considéré, e [kɔ̃sideʀe] *adj (respecté)* geachtet; **tout bien** ~ alles in allem.

considérer [kɔ̃sideʀe] *vt (étudier, regarder)* betrachten; *(tenir compte de)* berücksichtigen; ~ **que** meinen, daß; ~ **qch comme terminé** etw für beendet halten.

consigne [kɔ̃siɲ] *nf (de bouteilles etc)* Pfand *nt; (de gare)* Gepäckaufbewahrung *f; (SCOL, MIL: retenue)* Arrest *m; (ordre)* Anweisung *f*

▶ **consigne automatique** Schließfächer *pl*
▶ **consignes de sécurité** Sicherheitsbestimmungen *pl.*
consigné, e [kɔ̃siɲe] *adj (bouteille)* Pfand-; *(emballage)* mit Pfand; **non ~** Einweg-.
consigner [kɔ̃siɲe] *vt (noter)* notieren; *(punir: MIL)* mit Arrest bestrafen; (: *élève)* nachsitzen lassen; *(emballage)* Pfand verlangen für.
consistance [kɔ̃sistɑ̃s] *nf* Konsistenz *f*; **sans ~** *(rumeur)* nicht stichhaltig.
consistant, e [kɔ̃sistɑ̃, ɑ̃t] *adj (liquide)* dickflüssig; *(repas, nourriture)* solide; *(argument)* stichhaltig.
consister [kɔ̃siste] *vi*: **~ en** bestehen aus; **~ à faire qch** daraus bestehen, etw zu tun.
consœur [kɔ̃sœʀ] *nf* Kollegin *f*.
consolation [kɔ̃sɔlasjɔ̃] *nf* Trost *m*; **lot** *ou* **prix de ~** Trostpreis *m*.
console [kɔ̃sɔl] *nf (table)* Konsole *f*; *(CONSTR)* Kragstein *m*; *(INFORM)* Terminal *nt*; *(d'enregistrement)* Schaltpult *nt* ▶ **console de visualisation** Monitor *m* ▶ **console graphique** Grafikmonitor *m*.
consoler [kɔ̃sɔle] *vt* trösten; **se consoler** *vpr*: **se ~ (de qch)** (über etw *acc)* hinwegkommen.
consolider [kɔ̃sɔlide] *vt (maison)* befestigen; *(meuble)* verstärken; *(fig)* stärken; **bilan consolidé** konsolidierte Bilanz *f*.
consommateur, -trice [kɔ̃sɔmatœʀ, tʀis] *nm/f* Verbraucher(in) *m(f)*, Konsument(in) *m(f)*; *(dans un café)* Gast *m*.
consommation [kɔ̃sɔmasjɔ̃] *nf* Verbrauch *m*; *(de café)* Genuß *m*; *(de viande etc)* Verzehr *m*; *(d'un mariage)* Vollzug *m*; **régler les ~s** *(dans un café)* (für die Getränke) zahlen; **de ~** Konsum-; **~ aux 100 km** (Benzin)verbrauch *m* auf 100 km.
consommé, e [kɔ̃sɔme] *adj (art, talent)* vollendet, vollkommen ♦ *nm (potage)* Kraftbrühe *f*.
consommer [kɔ̃sɔme] *vt (manger)* verzehren; *(brûler, utiliser)* verbrauchen; *(mariage)* vollziehen ♦ *vi (dans un café)* etwas verzehren.
consonance [kɔ̃sɔnɑ̃s] *nf* Konsonanz *f*; **nom à ~ étrangère** ausländisch klingender Name.
consonne [kɔ̃sɔn] *nf* Konsonant *m*, Mitlaut *m*.
consortium [kɔ̃sɔʀsjɔm] *nm* Konsortium *nt*.
consorts [kɔ̃sɔʀ] *(péj)* *nmpl*: **et ~** und Konsorten.
conspirateur, -trice [kɔ̃spiʀatœʀ, tʀis] *nm/f* Verschwörer(in) *m(f)*.
conspiration [kɔ̃spiʀasjɔ̃] *nf* Verschwörung *f*.
conspirer [kɔ̃spiʀe] *vi* sich verschwören; **tout conspire à faire qch** alles kommt zusammen, um etw zu tun.
conspuer [kɔ̃spɥe] *vt* ausbuhen.
constamment [kɔ̃stamɑ̃] *adv* ständig, andauernd.
constance [kɔ̃stɑ̃s] *nf* Standhaftigkeit *f*.
constant, e [kɔ̃stɑ̃, ɑ̃t] *adj (personne)* standhaft; *(température)* gleichbleibend; *(augmentation)* konstant; *(préoccupation, intérêt)* beständig.
constante [kɔ̃stɑ̃t] *nf* Konstante *f*.

constat [kɔ̃sta] *nm (après un accident)* Aufnahme *f* des Tatbestands ▶ **constat à l'amiable** gemeinsamer Unfallbericht *m* für Versicherungszwecke ▶ **constat d'échec** Eingeständnis *nt* einer Niederlage.
constatation [kɔ̃statasjɔ̃] *nf* Feststellung *f*.
constater [kɔ̃state] *vt* feststellen; *(attester)* bestätigen; **~ que** feststellen, daß.
constellation [kɔ̃stelasjɔ̃] *nf (ASTRON)* Konstellation *f*.
constellé, e [kɔ̃stele] *adj*: **~ de** übersät mit.
consternant, e [kɔ̃stɛʀnɑ̃, ɑ̃t] *adj* bestürzend.
consternation [kɔ̃stɛʀnasjɔ̃] *nf* Bestürzung *f*.
consterner [kɔ̃stɛʀne] *vt* bestürzen.
constipation [kɔ̃stipasjɔ̃] *nf* Verstopfung *f*.
constipé, e [kɔ̃stipe] *adj* verstopft; *(fig)* steif.
constiper [kɔ̃stipe] *vt* verstopfen.
constituant, e [kɔ̃stitɥɑ̃, ɑ̃t] *adj (élément)* einzeln; **assemblée ~e** konstituierende Versammlung *f*.
constitué, e [kɔ̃stitɥe] *adj*: **~ de** zusammengesetzt aus; **bien/mal ~** mit guter/schlechter Konstitution.
constituer [kɔ̃stitɥe] *vt (comité, équipe)* bilden, aufstellen; *(dossier, collection)* zusammenstellen; *(suj: éléments, parties)* bilden, ausmachen; **se constituer** *vpr*: **se ~ partie civile** ≈ eine Zivilklage einreichen; **~ une panacée/un début** ein Allheilmittel/ein Anfang sein; **se ~ prisonnier** sich stellen.
constitution [kɔ̃stitysjɔ̃] *nf (action: d'une équipe)* Aufstellung *f*; (: *d'un dossier)* Zusammenstellen *nt*; *(santé)* Konstitution *f*, Gesundheit *f*; *(composition)* Zusammensetzung *f*; *(POL)* Verfassung *f*.
constitutionnel, le [kɔ̃stitysjɔnɛl] *adj (POL, JUR)* Verfassungs-.
constructeur [kɔ̃stʀyktœʀ] *nm* Hersteller *m* ▶ **constructeur automobile** Autohersteller *m*.
constructible [kɔ̃stʀyktibl] *adj* bebaubar.
constructif, -ive [kɔ̃stʀyktif, iv] *adj* konstruktiv.
construction [kɔ̃stʀyksjɔ̃] *nf* Bau *m*; *(de phrase)* Aufbau *m*.
construire [kɔ̃stʀɥiʀ] *vt (bâtiment, pont, navire)* bauen; *(histoire)* sich dat ausdenken; *(phrase)* konstruieren; *(théorie)* aufbauen; **se construire** *vpr*: **ça s'est beaucoup construit dans la région** es ist im Gegend viel gebaut worden.
consul [kɔ̃syl] *nm* Konsul *m*.
consulaire [kɔ̃sylɛʀ] *adj* konsularisch.
consulat [kɔ̃syla] *nm* Konsulat *nt*.
consultant, e [kɔ̃syltɑ̃, ɑ̃t] *adj (expert)* beratend.
consultatif, -ive [kɔ̃syltatif, iv] *adj* beratend.
consultation [kɔ̃syltasjɔ̃] *nf (d'un expert)* Konsultation *f*; *(séance: médicale)* Untersuchung *f*; (: *juridique, astrologique)* Beratung *f*; **~s** *nfpl* *(POL: pourparlers)* Gespräche *pl*; **~ d'un dictionnaire** Nachschlagen *nt* in einem Wörterbuch; **être en ~** *(délibération)* sich be-

sprechen; (*MÉD*) Sprechstunde haben; **aller à la ~** (*MÉD*) in die Sprechstunde *ou* zum Arzt gehen; **heures de ~** (*MÉD*) Sprechstunden *pl*.

consulter [kɔ̃sylte] *vt* (*médecin, avocat, conseiller*) konsultieren, zu Rate ziehen; (*dictionnaire, annuaire*) nachschlagen in +*dat*; (*plan*) nachsehen auf +*dat*; (*baromètre, montre*) sehen auf +*acc* ♦ *vi* (*médecin*) Sprechstunden haben; **se consulter** *vpr* (*délibérer*) sich besprechen, miteinander beraten.

consumer [kɔ̃syme] *vt* (*brûler*) verbrennen; **se consumer** *vpr* (*feu*) verbrennen; **se ~ de chagrin/douleur** sich vor Kummer/ Schmerz verzehren.

consumérisme [kɔ̃symeʀism] *nm* Konsum *m*.

contact [kɔ̃takt] *nm* Kontakt *m*; **au ~ de l'air/de la peau** wenn es mit der Luft/der Haut in Berührung kommt; **au ~ de gens** durch Kontakt mit Menschen; **mettre/couper le ~** den Motor anlassen/ausschalten; **entrer en ~** (*objets*) in Berührung kommen; **se mettre en ~ avec qn** (*RADIO*) mit jdm Verbindung aufnehmen; **prendre ~ avec** (*relation d'affaires*) mit jdm Verbindungen aufnehmen; (*connaissance*) sich mit jdm in Verbindung setzen.

contacter [kɔ̃takte] *vt* sich in Verbindung setzen mit.

contagieux, -euse [kɔ̃taʒjø, jøz] *adj* ansteckend.

contagion [kɔ̃taʒjɔ̃] *nf* Ansteckung *f*.

contamination [kɔ̃taminasjɔ̃] *nf* Infektion *f*.

contaminer [kɔ̃tamine] *vt* infizieren, anstecken.

conte [kɔ̃t] *nm* Geschichte *f*, Erzählung *f* ▶ **conte de fées** Märchen *nt*.

contemplatif, -ive [kɔ̃tɑ̃platif, iv] *adj* (*REL*) kontemplativ.

contemplation [kɔ̃tɑ̃plasjɔ̃] *nf* Betrachtung *f*; (*REL, PHILOS*) Kontemplation *f*; **être en ~ devant** betrachten.

contempler [kɔ̃tɑ̃ple] *vt* betrachten.

contemporain, e [kɔ̃tɑ̃pɔʀɛ̃, ɛn] *adj* zeitgenössisch ♦ *nm/f* Zeitgenosse *m*, Zeitgenossin *f*.

contenance [kɔ̃t(ə)nɑ̃s] *nf* (*d'un récipient*) Fassungsvermögen *nt*; (*attitude*) Haltung *f*; **perdre ~** die Fassung verlieren; **se donner une ~** Haltung bewahren; **faire bonne ~ devant** eine tapfere Miene zur Schau stellen bei.

conteneur [kɔ̃t(ə)nœʀ] *nm* (*container*) Container *m*.

conteneurisation [kɔ̃tnœʀizasjɔ̃] *nf* Containerversand *m*.

contenir [kɔ̃t(ə)niʀ] *vt* (*suj: récipient*) enthalten, fassen; (*: local*) fassen; (*texte, lettre etc*) enthalten; (*retenir*) unter Kontrolle bringen, beherrschen; **se contenir** *vpr* sich beherrschen.

content, e [kɔ̃tɑ̃, ɑ̃t] *adj* zufrieden; **~ de qn/ qch** mit jdm/etw zufrieden; **~ de soi** selbstzufrieden; **je serais ~ que tu** ich würde mich freuen, wenn du.

contentement [kɔ̃tɑ̃tmɑ̃] *nm* Zufriedenheit *f*.

contenter [kɔ̃tɑ̃te] *vt* (*personne*) zufriedenstellen; (*envie, caprice*) befriedigen; **se contenter de** *vpr* sich zufrieden geben mit.

contentieux [kɔ̃tɑ̃sjø] *nm* (*service*) ≈ Rechtsabteilung *f*.

contenu, e [kɔ̃t(ə)ny] *pp de* **contenir** ♦ *adj* (*colère, sentiments*) beherrscht, kontrolliert ♦ *nm* Inhalt *m*; (*chargement*) Ladung *f*.

conter [kɔ̃te] *vt* erzählen; **en ~ de(s) belles à qn** jdm Märchen erzählen.

contestable [kɔ̃tɛstabl] *adj* bestreitbar, anfechtbar.

contestataire [kɔ̃tɛstatɛʀ] *adj* (*journal*) (regierungs)kritisch; (*étudiant*) rebellisch, protestierend ♦ *nm/f* Protestler(in) *m(f)*.

contestation [kɔ̃tɛstasjɔ̃] *nf* (*d'un résultat*) Anfechten *nt*; (*discussion*) Diskussion *f*; **la ~** (*POL*) der Protest *m*.

conteste [kɔ̃tɛst]: **sans ~** *adv* zweifellos.

contesté, e [kɔ̃tɛste] *adj* umstritten.

contester [kɔ̃tɛste] *vt* (*résultat*) anfechten; (*autorité*) in Frage stellen ♦ *vi* protestieren.

conteur, -euse [kɔ̃tœʀ, øz] *nm/f* (*écrivain*) Geschichtenschreiber(in) *m(f)*; (*narrateur*) Geschichtenerzähler(in) *m(f)*.

contexte [kɔ̃tɛkst] *nm* Zusammenhang *m*.

contiendrai *etc* [kɔ̃tjɛ̃dʀe] *vb voir* **contenir**.

contiens *etc* [kɔ̃tjɛ̃] *vb voir* **contenir**.

contigu, -uë [kɔ̃tigy] *adj* (*choses*) aneinandergrenzend, benachbart; (*fig*) benachbart; **~ à** grenzend an +*acc*.

continent [kɔ̃tinɑ̃] *nm* Kontinent *m*.

continental, e, -aux [kɔ̃tinɑ̃tal, o] *adj* kontinental; (*climat*) Land-.

contingences [kɔ̃tɛ̃ʒɑ̃s] *nfpl* Eventualitäten *pl*.

contingent [kɔ̃tɛ̃ʒɑ̃] *nm* (*MIL*) Truppenkontingent *nt*; (*COMM*) Kontingent *nt* ♦ *adj* (*sans importance*) beiläufig.

contingenter [kɔ̃tɛ̃ʒɑ̃te] *vt* (*importations, exportations*) kontingentieren; (*produits, matière première*) einteilen.

contins *etc* [kɔ̃tɛ̃] *vb voir* **contenir**.

continu, e [kɔ̃tiny] *adj* ständig, dauernd; (*ligne*) ununterbrochen; (**courant**) **~** Gleichstrom *m*.

continuation [kɔ̃tinɥasjɔ̃] *nf* Fortsetzung *f*.

continuel, le [kɔ̃tinɥɛl] *adj* ständig, fortwährend.

continuellement [kɔ̃tinɥɛlmɑ̃] *adv* ständig, fortwährend.

continuer [kɔ̃tinɥe] *vt* weitermachen mit; (*voyage, études etc*) fortsetzen; (*politique, tradition*) fortführen; (*alignement, rue*) verlängern ♦ *vi* nicht aufhören; (*pluie*) anhalten; (*vie*) weitergehen; (*voyageur*) weiterreisen; **se continuer** *vpr* sich fortsetzen; **~ à** *ou* **de faire qch** etw weiterhin tun; **vous continuez tout droit** gehen/fahren Sie geradeaus weiter.

continuité [kɔ̃tinɥite] *nf* Kontinuität *f*.

contondant, e [kɔ̃tɔ̃dɑ̃, ɑ̃t] *adj*: **arme ~e** stumpfer Gegenstand *m*.

contorsion [kɔ̃tɔʀsjɔ̃] *nf* (*gén pl*) Verrenkung *f*.

contorsionner [kɔtɔʀsjɔne]: **se ~** *vpr* sich verrenken.
contorsionniste [kɔtɔʀsjɔnist] *nm/f* Schlangenmensch *m*.
contour [kɔtuʀ] *nm* Umriß *m*, Kontur *f*; **~s** *nmpl* (*rivière etc*) Windungen *pl*.
contourner [kɔtuʀne] *vt* umgehen.
contraceptif, -ive [kɔtʀasɛptif, iv] *adj* empfängnisverhütend ♦ *nm* Verhütungsmittel *nt*.
contraception [kɔtʀasɛpsjɔ̃] *nf* Empfängnisverhütung *f*.
contracté, e [kɔtʀakte] *adj* (*muscle*) angespannt; (*personne*) verkrampft; (*LING*) zusammengezogen.
contracter [kɔtʀakte] *vt* (*muscle*) anspannen, zusammenziehen; (*visage*) verziehen; (*maladie, habitude*) sich *dat* zuziehen; (*dette*) machen; (*obligation*) eingehen; (*assurance*) abschließen; **se contracter** *vpr* (*métal, muscles*) sich zusammenziehen; (*personne*) sich verkrampfen.
contraction [kɔtʀaksjɔ̃] *nf* (*d'un muscle, d'un métal*) Zusammenziehen *nt*; (*spasme*) Krampf *m*; **~s** *nfpl* (*de l'accouchement*) Wehen *pl*.
contractuel, le [kɔtʀaktɥɛl] *adj* vertraglich ♦ *nm/f* (*agent*) Verkehrspolizist(in) *m(f)*; (*employé*) Angestellte(r) *f(m)* mit Zeitvertrag.
contradicteur, -trice [kɔtʀadiktœʀ, tʀis] *nm/f* Opponent(in) *m(f)*, Gegner(in) *m(f)*.
contradiction [kɔtʀadiksjɔ̃] *nf* Widerspruch *m*; **en ~ avec** in Widerspruch zu.
contradictoire [kɔtʀadiktwaʀ] *adj* widersprüchlich; **débat ~** Diskussion *f*, Debatte *f*.
contraignant, e [kɔtʀɛɲã, ãt] *vb voir* **contraindre** ♦ *adj* Zwangs-.
contraindre [kɔtʀɛ̃dʀ] *vt*: **~ qn à qch/faire qch** jdn zu etw zwingen/jdn zwingen, etw zu tun.
contraint, e [kɔtʀɛ̃, ɛ̃t] *pp de* **contraindre** ♦ *adj* (*mine, sourire*) gezwungen, steif.
contrainte [kɔtʀɛ̃t] *nf* (*coercition*) Zwang *m*; **sans ~** zwanglos.
contraire [kɔtʀɛʀ] *adj* entgegengesetzt ♦ *nm* Gegenteil *nt*; **~ à** (*loi, raison*) gegen +*acc*, wider +*acc*; (*santé*) schädlich für; **au ~** im Gegenteil; **le ~ de** das Gegenteil von.
contrairement [kɔtʀɛʀmã] *adv*: **~ à** im Gegensatz zu.
contralto [kɔtʀalto] *nm* (*voix*) Alt *m*; (*personne*) Altistin *f*.
contrariant, e [kɔtʀaʀjã, jãt] *adj* (*personne*) widerborstig; (*incident*) ärgerlich.
contrarier [kɔtʀaʀje] *vt* (*irriter*) ärgern; (*mouvement, action*) stören.
contrariété [kɔtʀaʀjete] *nf* Ärger *m*.
contraste [kɔtʀast] *nm* Kontrast *m*, Gegensatz *m*; (*CINÉ*) Kontrast.
contraster [kɔtʀaste] *vi*: **~ (avec)** kontrastieren (mit), im Gegensatz stehen (zu).
contrat [kɔtʀa] *nm* Vertrag *m* ▶ **contrat à durée déterminée** Zeitvertrag *m* ▶ **contrat de mariage** Ehevertrag *m* ▶ **contrat de travail** Arbeitsvertrag *m*.

contravention [kɔtʀavãsjɔ̃] *nf* (*infraction*) Verstoß *m*; (*amende*) Geldstrafe *f*; (*pour stationnement interdit*) gebührenpflichtige Verwarnung *f*, Strafzettel *m*; **dresser ~ à** (*automobiliste*) einen Strafzettel ausstellen +*dat*.
contre [kɔtʀ] *prép* gegen; **par ~** hingegen.
contre-amiral [kɔtʀamiʀal] (*pl* **contre-amiraux**) *nm* Konteradmiral *m*.
contre-attaque [kɔtʀatak] (*pl* **~-~s**) *nf* Gegenangriff *m*.
contre-attaquer [kɔtʀatake] *vi* zurückschlagen.
contre-balancer [kɔtʀabalãse] *vt* ausgleichen.
contrebande [kɔtʀabãd] *nf* Schmuggeln *nt*, Schmuggel *m*; (*marchandise*) Schmuggelware *f*; **faire la ~ de qch** etw schmuggeln.
contrebandier, -ière [kɔtʀabãdje, jɛʀ] *nm/f* Schmuggler(in) *m(f)*.
contrebas [kɔtʀabɑ]: **en ~** *adv* unten.
contrebasse [kɔtʀabɑs] *nf* Kontrabaß *m*.
contrebassiste [kɔtʀabɑsist] *nm/f* Kontrabassist(in) *m(f)*.
contre-braquer [kɔtʀabʀake] *vi* gegensteuern.
contrecarrer [kɔtʀakaʀe] *vt* (*action*) vereiteln.
contrechamp [kɔtʀaʃã] *nm* (*CINÉ*) Aufnahme *f* in die umgekehrte Richtung.
contrecœur [kɔtʀakœʀ]: **à ~** *adv* widerwillig, ungern.
contrecoup [kɔtʀaku] *nm* Nachwirkung *f*; **par ~** als indirekte Folge.
contre-courant [kɔtʀakuʀã] (*pl* **~-~s**) *nm* Gegenströmung *f*; **à ~-~** (*NAUT*) gegen den Strom.
contredire [kɔtʀadiʀ] *vt* widersprechen +*dat*; (*suj: chose*) im Widerspruch stehen zu; **se contredire** *vpr* einander widersprechen.
contredit, e [kɔtʀadi, it] *pp de* **contredire** ♦ *nm*: **sans ~** ohne Widerspruch.
contrée [kɔtʀe] *nf* (*région*) Gegend *f*.
contre-écrou [kɔtʀekʀu] (*pl* **~-~s**) *nm* Kontermutter *f*.
contre-enquête [kɔtʀakɛt] (*pl* **~-~s**) *nf* Gegenuntersuchung *f*.
contre-espionnage [kɔtʀɛspjɔnaʒ] (*pl* **~-~s**) *nm* Spionageabwehr *f*.
contre-exemple [kɔtʀɛgzãpl(ə)] (*pl* **~-~s**) *nm* Gegenbeispiel *nt*.
contre-expertise [kɔtʀɛkspɛʀtiz] (*pl* **~-~s**) *nf* Gegengutachten *nt*.
contrefaçon [kɔtʀafasɔ̃] *nf* (*objet*) Fälschung *f*; (*action*) Fälschen *nt* ▶ **contrefaçon de brevet** Patentverletzung *f*.
contrefaire [kɔtʀafɛʀ] *vt* (*document, signature*) fälschen; (*personne, démarche*) nachahmen, nachmachen; (*sa voix, son écriture*) verstellen.
contrefait, e [kɔtʀafɛ, ɛt] *pp de* **contrefaire** ♦ *adj* (*difforme*) mißgestaltet.
contrefasse *etc* [kɔtʀafas] *vb voir* **contrefaire**.
contreferai *etc* [kɔtʀafʀe] *vb voir* **contrefaire**.
contre-filet [kɔtʀafilɛ] (*pl* **~-~s**) *nm* Filet *nt*.
contreforts [kɔtʀafɔʀ] *nmpl* (Ge-

birgs)ausläufer *pl*.
contre-haut [kɔ̃tʀao]: **en** ~-~ *adv* (ganz) oben.
contre-indication [kɔ̃tʀɛ̃dikasjɔ̃] (*pl* ~-~s) *nf* Kontraindikation *f*, Gegenanzeige *f*.
contre-indiqué, e [kɔ̃tʀɛ̃dike] (*pl* ~-~s, es) *adj* (*MÉD*) nicht empfehlenswert; (*déconseillé*) abzuraten.
contre-interrogatoire [kɔ̃tʀɛteʀɔgatwaʀ] (*pl* ~-~s) *nm* Kreuzverhör *nt*; **faire subir un** ~-~ **à qn** jdn einem Kreuzverhör unterziehen.
contre-jour [kɔ̃tʀaʒuʀ]: **à** ~-~ *adv* im Gegenlicht; (*travailler, lire*) mit dem Rücken zum Licht.
contremaître [kɔ̃tʀəmɛtʀ] *nm* Vorarbeiter(in) *m(f)*.
contre-manifestant, e [kɔ̃tʀəmanifɛstɑ̃, ɑ̃t] (*pl* ~-~s, es) *nm/f* Gegendemonstrant(in) *m(f)*.
contre-manifestation [kɔ̃tʀəmanifɛstasjɔ̃] (*pl* ~-~s) *nf* Gegendemonstration *f*.
contremarque [kɔ̃tʀəmaʀk] *nf* (*ticket*) Kontrollkarte *f*.
contre-offensive [kɔ̃tʀɔfɑ̃siv] (*pl* ~-~s) *nf* (*MIL*) Gegenoffensive *f*; (*gén*) Gegenangriff *m*.
contre-ordre [kɔ̃tʀɔʀdʀ] (*pl* ~-~s) *nm* = **contrordre**.
contrepartie [kɔ̃tʀəpaʀti] *nf*: **en** ~ (*en échange*) dafür; (*en revanche*) zum Ausgleich.
contre-performance [kɔ̃tʀəpɛʀfɔʀmɑ̃s] (*pl* ~-~s) *nf* (*SPORT*) unterdurchschnittliche Leistung *f*.
contrepèterie [kɔ̃tʀəpɛtʀi] *nf* Schüttelreim *m*.
contre-pied [kɔ̃tʀəpje] (*pl* ~-~s) *nm* (*SPORT*) falscher Fuß *m*; **prendre le** ~-~ **de** das genaue Gegenteil tun *ou* sagen von.
contre-plaqué [kɔ̃tʀəplake] (*pl* ~-~s) *nm* Sperrholz *nt*.
contre-plongée [kɔ̃tʀəplɔ̃ʒe] (*pl* ~-~s) *nf* (*CINÉ*) Aufnahme *f* steil von unten nach oben.
contrepoids [kɔ̃tʀəpwɑ] *nm* Gegengewicht *nt*; **faire** ~ als Gegengewicht dienen.
contre-poil [kɔ̃tʀəpwal]: **à** ~-~ *adv* gegen den Strich.
contrepoint [kɔ̃tʀəpwɛ̃] *nm* Kontrapunkt *m*.
contrepoison [kɔ̃tʀəpwazɔ̃] *nm* Gegengift *nt*.
contrer [kɔ̃tʀe] *vt* (*adversaire*) (erfolgreich) kontern +*dat*.
contre-révolution [kɔ̃tʀəʀevɔlysjɔ̃] (*pl* ~-~s) *nf* Gegenrevolution *f*.
contre-révolutionnaire [kɔ̃tʀəʀevɔlysjɔnɛʀ] (*pl* ~-~s) *n* Gegenrevolutionär(in) *m(f)*.
contresens [kɔ̃tʀəsɑ̃s] *nm* (*erreur*) Fehldeutung *f*; (*de traduction*) Fehlübersetzung *f*; (*absurdité*) Unsinn *m*; **à** ~ (*à l'envers*) verkehrt.
contresigner [kɔ̃tʀəsiɲe] *vt* gegenzeichnen.
contretemps [kɔ̃tʀətɑ̃] *nm* (*complication*) Zwischenfall *m*; **à** ~ (*MUS*) gegen den Takt; (*fig*) zur Unzeit, im falschen Augenblick.
contre-terrorisme [kɔ̃tʀətɛʀɔʀism] *nm* Bekämpfung *f* des Terrorismus.
contre-terroriste [kɔ̃tʀətɛʀɔʀist(ə)] (*pl* ~-~s) *nm/f* Antiterrorkämpfer(in) *m(f)*.

contre-torpilleur [kɔ̃tʀətɔʀpijœʀ] (*pl* ~-~s) *nm* Zerstörer *m*.
contrevenant, e [kɔ̃tʀəv(ə)nɑ̃, ɑ̃t] *vb voir* **contrevenir ♦** *nm/f* Zuwiderhandelnde(r) *f(m)*.
contrevenir [kɔ̃tʀəv(ə)niʀ]: ~ **à** *vt* verstoßen gegen.
contre-voie [kɔ̃tʀəvwa]: **à** ~-~ *adv* (*en sens inverse*) in der entgegengesetzten Richtung; (*du mauvais côté*) auf der falschen Seite.
contribuable [kɔ̃tʀibɥabl] *nm/f* Steuerzahler(in) *f(m)*.
contribuer [kɔ̃tʀibɥe]: ~ **à** *vt* beitragen zu; (*dépense, frais*) beisteuern zu.
contribution [kɔ̃tʀibysjɔ̃] *nf* Beitrag *m*; **les** ~s (*bureaux*) ≈ das Finanzamt *nt*; **mettre qn à** ~ jds Dienste in Anspruch nehmen ▶ **contributions directes/indirectes** (*impôts*) direkte/indirekte Steuern *pl*.
contrit, e [kɔ̃tʀi, it] *adj* reuig, zerknirscht.
contrôlable [kɔ̃tʀolabl] *adj* kontrollierbar.
contrôle [kɔ̃tʀol] *nm* Kontrolle *f*, Überprüfung *f*; (*surveillance*) Überwachung *f*; (*maîtrise*) Beherrschung *f*; **perdre le** ~ **de son véhicule** die Kontrolle *ou* Gewalt über sein Fahrzeug verlieren ▶ **contrôle continu** (*SCOL*) begleitende Benotung *f* ▶ **contrôle d'identité** Ausweiskontrolle *f* ▶ **contrôle des changes** Devisenkontrolle *f* ▶ **contrôle des naissances** Geburtenkontrolle *f* ▶ **contrôle des prix** Preiskontrolle *f* ▶ **contrôle judiciaire** Rechtsaufsicht *f*.
contrôler [kɔ̃tʀole] *vt* (*vérifier*) kontrollieren, überprüfen; (*surveiller*) überwachen, beaufsichtigen; (*maîtriser*) beherrschen; (*COMM*) kontrollieren; **se contrôler** *vpr* (*personne*) sich beherrschen, sich in der Gewalt haben.
contrôleur, -euse [kɔ̃tʀolœʀ, øz] *nm/f* (*de train, bus*) Schaffner(in) *m(f)* ▶ **contrôleur aérien** *ou* **de la navigation aérienne** Fluglotse *m* ▶ **contrôleur financier** Finanzkontrolleur *m*.
contrordre [kɔ̃tʀɔʀdʀ] *nm* Gegenbefehl *m*; **sauf** ~ wenn nicht anders angewiesen.
controverse [kɔ̃tʀɔvɛʀs] *nf* Kontroverse *f*, Streitigkeit *f*.
controversé, e [kɔ̃tʀɔvɛʀse] *adj* umstritten.
contumace [kɔ̃tymas]: **par** ~ *adv* in Abwesenheit.
contusion [kɔ̃tyzjɔ̃] *nf* (*MÉD*) Prellung *f*.
contusionné, e [kɔ̃tyzjɔne] *adj* geprellt.
conurbation [kɔnyʀbasjɔ̃] *nf* Ballungsgebiet *nt*.
convaincant, e [kɔ̃vɛ̃kɑ̃, ɑ̃t] *vb voir* **convaincre ♦** *adj* überzeugend.
convaincre [kɔ̃vɛ̃kʀ] *vt*: ~ **qn (de qch)** jdn (von etw) überzeugen; (*de délit*) jdn (einer Sache *gén*) überführen; ~ **qn de faire qch** jdn überreden, etw zu tun.
convaincu, e [kɔ̃vɛ̃ky] *pp de* **convaincre ♦** *adj* überzeugt; ~ **de** überzeugt von; **d'un ton** ~ im Brustton der Überzeugung.
convainquais [kɔ̃vɛ̃kɛ] *vb voir* **convaincre**.
convalescence [kɔ̃valesɑ̃s] *nf* Genesung *f*, Re-

konvaleszenz *f*; **maison de** ~ Erholungsheim *nt*.

convalescent, e [kɔ̃valesɑ̃, ɑ̃t] *adj* genesend ♦ *nm/f* Genesende(r) *f(m)*.

convecteur [kɔ̃vɛktœʀ] *nm* (*ÉLEC*) Heizlüfter *m*.

convenable [kɔ̃vnabl] *adj* anständig; (*approprié*) passend.

convenablement [kɔ̃vnabləmɑ̃] *adv* (*placé, choisi*) gut; (*s'habiller, s'exprimer*) passend; (*payé, logé*) anständig, angemessen.

convenance [kɔ̃vnɑ̃s] *nf*: **à ma/votre** ~ nach (meinem/Ihrem) Belieben; ~**s** *nfpl* (*bienséance*) Schicklichkeit *f*, Anstand *m*; **pour** ~**s personnelles** aus persönlichen Gründen.

convenir [kɔ̃vniʀ] *vi* passen; ~ **à** passen +*dat*; **il convient de faire qch** (*bienséant*) es gehört sich, etw zu tun; ~ **de** (*admettre*) zugeben; (*fixer*) vereinbaren; ~ **que** (*admettre*) zugeben, daß; ~ **de faire qch** übereinkommen, etw zu tun; **il a été convenu que** es wurde vereinbart, daß; **comme convenu** wie vereinbart.

convention [kɔ̃vɑ̃sjɔ̃] *nf* (*accord, entente*) Abkommen *nt*, Vereinbarung *f*; (*procédé*) Konvention *f*; (*assemblée*) Versammlung *f*; ~**s** *nfpl* (*règles, convenances*) Konventionen *pl*; **de** ~ üblich; (*péj*) konventionell ▶ **convention collective** Tarifvertrag *m*.

conventionnalisme [kɔ̃vɑ̃sjɔnalism(ə)] *nm* Konventionalismus *m*.

conventionné, e [kɔ̃vɑ̃sjɔne] *adj* (*médecin*) ≈ Kassen-; (*clinique, pharmacie*) *mit staatlich festgelegten Leistungen*.

conventionnel, le [kɔ̃vɑ̃sjɔnɛl] *adj* konventionell; (*convenu*) vertraglich (vereinbart).

conventionnellement [kɔ̃vɑ̃sjɔnɛlmɑ̃] *adv* üblicherweise.

conventuel, le [kɔ̃vɑ̃tɥɛl] *adj* (*vie, règle*) klösterlich, Kloster-; (*bâtiment*) Kloster-.

convenu, e [kɔ̃vny] *pp de* **convenir** ♦ *adj* vereinbart, festgesetzt.

convergent, e [kɔ̃vɛʀʒɑ̃, ɑ̃t] *adj* konvergierend, konvergent.

converger [kɔ̃vɛʀʒe] *vi* konvergieren; (*efforts, idées*) sich einander annähern; ~ **vers** *ou* **sur** zustreben +*dat*.

conversation [kɔ̃vɛʀsasjɔ̃] *nf* Gespräch *nt*; (*style*) gesprochene Sprache *f*; **avoir de la** ~ ein guter Gesprächspartner/eine gute Gesprächspartnerin sein.

converser [kɔ̃vɛʀse] *vi* sich unterhalten.

conversion [kɔ̃vɛʀsjɔ̃] *nf* (*action de convertir*) Umwandlung *f*; (*action de se convertir*) Verwandlung *f*; (*SKI*) Kehre *f*.

convertible [kɔ̃vɛʀtibl] *adj* (*ÉCON*) konvertibel, konvertierbar; **canapé** ~ Sofabett *nt*.

convertir [kɔ̃vɛʀtiʀ] *vt*: ~ **qn (à)** jdn bekehren (zu); ~ **qch en** etw umwandeln in +*acc*; **se convertir (à)** *vpr* (*REL*) konvertieren (zu).

convertisseur [kɔ̃vɛʀtisœʀ] *nm* (*ÉLEC*) Konverter *m*.

convexe [kɔ̃vɛks] *adj* konvex.

conviction [kɔ̃viksjɔ̃] *nf* Überzeugung *f*; **sans** ~ ohne (innere) Überzeugung.

conviendrai *etc* [kɔ̃vjɛ̃dʀe] *vb voir* **convenir**.

convienne *etc* [kɔ̃vjɛn] *vb voir* **convenir**.

conviens *etc* [kɔ̃vjɛ̃] *vb voir* **convenir**.

convier [kɔ̃vje] *vt*: ~ **qn à** (*dîner etc*) jdn einladen zu; ~ **qn à faire qch** jdn dazu auffordern, etw zu tun.

convint [kɔ̃vɛ̃] *vb voir* **convenir**.

convive [kɔ̃viv] *nm/f* Gast *m* bei Tisch.

convivial, e, -aux [kɔ̃vivjal, jo] *adj* gesellig; (*INFORM*) benutzerfreundlich.

convocation [kɔ̃vɔkasjɔ̃] *nf* (*papier, document*) Vorladung *f*; (*d'une assemblée*) Einberufung *f*.

convoi [kɔ̃vwa] *nm* Konvoi *m*, Kolonne *f*; (*train*) Zug *m*; ~ (**funèbre**) Leichenzug *m*.

convoiter [kɔ̃vwate] *vt* begehren.

convoitise [kɔ̃vwatiz] *nf* Begehrlichkeit *f*; (*sexuelle aussi*) Lüsternheit *f*.

convoler [kɔ̃vɔle] *vi*: ~ **en justes noces** sich vermählen.

convoquer [kɔ̃vɔke] *vt* (*assemblée, comité*) einberufen; (*candidat à un examen*) kommen lassen; (*subordonné, prévenu*) kommen lassen, zu sich bestellen *ou* zitieren; (*témoin*) vorladen; (*patient*) kommen lassen, bestellen; ~ **qn à** (*réunion*) jdn einladen zu.

convoyer [kɔ̃vwaje] *vt* (*escorter*) begleiten.

convoyeur [kɔ̃vwajœʀ] *nm* (*NAUT*) Begleitschiff *nt*; (*bande de transport*) Fließband *nt* ▶ **convoyeur de fonds** Sicherheitsbeamte(r) *m*.

convulsé, e [kɔ̃vylse] *adj* (*visage*) verzerrt.

convulsif, -ive [kɔ̃vylsif, iv] *adj* krampfartig.

convulsions [kɔ̃vylsjɔ̃] *nfpl* (*MÉD*) Zuckungen *pl*, Krämpfe *pl*.

coopérant, e [kɔɔperɑ̃, ɑ̃t] *nm/f* ≈ Entwicklungshelfer(in) *m(f)*.

coopératif, -ive [kɔɔperatif, iv] *adj* kooperativ.

coopération [kɔɔperasjɔ̃] *nf* Kooperation *f*, Unterstützung *f*; **la** ~ **militaire/technique** die militärische/technische Entwicklungshilfe *f*.

coopérative [kɔɔperativ] *nf* Kooperative *f*.

coopérer [kɔɔpere] *vi* zusammenarbeiten; ~ **à** mitarbeiten +*dat*.

coordination [kɔɔrdinasjɔ̃] *nf* Koordination *f*.

coordonnateur, -trice [kɔɔrdɔnatœr, tris] *nm/f* Koordinator(in) *m(f)*.

coordonné, e [kɔɔrdɔne] *adj* koordiniert; ~**s** *nmpl* (*vêtements*) Kleidung *f* zum Kombinieren ♦ *nf* (*LING*) Nebensatz *m*; ~**es** *nfpl* (*MATH, gén*) Koordinaten *pl*; (*détails personnels*) Angaben *pl* zur Person.

coordonner [kɔɔrdɔne] *vt* koordinieren.

copain, copine [kɔpɛ̃, kɔpin] *nm/f* Freund(in) *m(f)* ♦ *adj*: **être** ~ **avec qn** mit jdm gut befreundet sein.

copeau, x [kɔpo] *nm* Hobelspan *m*; (*de métal*) Span *m*.

Copenhague [kɔpənag] *n* Kopenhagen *nt*.

copie [kɔpi] *nf* Kopie *f*; (*SCOL*: *feuille d'examen*)

Blatt *nt*, Bogen *m*; (*devoir*) Schularbeit *f*; (*JOURNALISME*) Artikel *m* ▶ **copie certifiée conforme** beglaubigte Kopie ▶ **copie papier** (*INFORM*) Hard copy *f*.

copier [kɔpje] *vt* kopieren ♦ *vi* (*SCOL*: *tricher*) abschreiben; ~ **sur** abschreiben von.

copieur [kɔpjœʀ] *nm* Fotokopiergerät *nt*, Fotokopierer *m*.

copieusement [kɔpjøzmɑ̃] *adv* reichlich.

copieux, -euse [kɔpjø, jøz] *adj* (*repas, portion*) reichlich; (*notes*) ausführlich.

copilote [kopilɔt] *nm* (*AVIAT*) Kopilot(in) *m(f)*; (*AUTO*) Beifahrer(in) *m(f)*.

copinage [kɔpinaʒ] (*péj*) *nm* Vetternwirtschaft *f*.

copine [kɔpin] *nf voir* **copain**.

copiste [kɔpist] *nm/f* Kopist(in) *m(f)*.

coproduction [kopʀɔdyksjɔ̃] *nf* (*CINÉ*) Koproduktion *f*.

copropriétaire [kopʀɔpʀijetœʀ] *nm/f* Miteigner(in) *m(f)*.

copropriété [kopʀɔpʀijete] *nf* Miteigentum *nt*, Mitbesitz *m*; **acheter un appartement en** ~ eine Eigentumswohnung erwerben.

copulation [kɔpylasjɔ̃] *nf* Kopulation *f*.

copuler [kɔpyle] *vi* kopulieren.

copyright [kɔpiʀajt] *nm* Copyright *nt*.

coq [kɔk] *nm* Hahn *m* ♦ *adj inv*: **poids** ~ (*BOXE*) Bantamgewicht *nt* ▶ **coq au vin** Coq *m* au vin ▶ **coq de bruyère** Waldhuhn *nt* ▶ **coq de village** (*péj*) Gockel *m*.

coq-à-l'âne [kɔkalɑn] *nm inv* abrupter Themawechsel *m*.

coque [kɔk] *nf* (*de noix*) Schale *f*; (*de bateau, d'avion*) Rumpf *m*; (*mollusque*) Herzmuschel *f*; **à la** ~ (*CULIN*) weichgekocht.

coquelet [kɔklɛ] *nm* Hähnchen *nt*.

coquelicot [kɔkliko] *nm* Mohn *m*.

coqueluche [kɔklyʃ] *nf* Keuchhusten *m*; **être la** ~ **de qn** (*fig*) jds Liebling sein.

coquet, te [kɔkɛ, ɛt] *adj* (*bien habillé*) adrett; (*qui veut plaire*) kokett; (*joli*) hübsch, nett; (*pas négligeable*) hübsch.

coquetier [kɔk(ə)tje] *nm* Eierbecher *m*.

coquettement [kɔkɛtmɑ̃] *adv* (*s'habiller*) adrett; (*sourire, regarder*) kokett; (*meubler*) hübsch.

coquetterie [kɔkɛtʀi] *nf* Koketterie *f*.

coquillage [kɔkijaʒ] *nm* Muschel *f*.

coquille [kɔkij] *nf* Schale *f*; (*TYPO*) Druckfehler *m*; ~ **d'œuf** (*couleur*) eierschalenfarben ▶ **coquille de noix** (*NAUT*) Nußschale *f* ▶ **coquille Saint-Jacques** Jakobsmuschel *f*.

coquillettes [kɔkijɛt] *nfpl* Muschelnudeln *pl*.

coquin, e [kɔkɛ̃, in] *adj* schelmisch, spitzbübisch; (*polisson: histoire*) pikant ♦ *nm/f* (*enfant*) Spitzbube *m*.

cor [kɔʀ] *nm* (*MUS*) Horn *nt*; ~ (**au pied**) Hühnerauge *nt*; **réclamer à** ~ **et à cri** lautstark fordern ▶ **cor anglais** Englischhorn *nt* ▶ **cor de chasse** Jagdhorn *nt*.

corail, -aux [kɔʀaj, o] *nm* Koralle *f*.

Coran [kɔʀɑ̃] *nm* Koran *m*.

coraux [kɔʀo] *npl de* **corail**.

corbeau, x [kɔʀbo] *nm* Rabe *m*; (*fig*) Pfaffe *m*.

corbeille [kɔʀbɛj] *nf* Korb *m*; (*THÉÂT*) Rang *m*; **la** ~ (*à la Bourse*) das Parkett (*der Pariser Börse*) ▶ **corbeille à ouvrage** Handarbeitskörbchen *nt* ▶ **corbeille à pain** Brotkorb *m* ▶ **corbeille à papiers** Papierkorb *m* ▶ **corbeille de mariage** Hochzeitsgeschenke *pl*.

corbillard [kɔʀbijaʀ] *nm* Leichenwagen *m*.

cordage [kɔʀdaʒ] *nm* Seil *nt*; ~**s** *nmpl* (*de voilure*) Tauwerk *nt*.

corde [kɔʀd] *nf* Seil *nt*, Strick *m*; (*de violon, raquette*) Saite *f*; (*d'arc*) Sehne *f*; (*trame*) Faden(lauf) *m*; (*ATHLÉTISME, AUTO*) Innenbahn *f*; **les** ~**s** (*BOXE*) die Seile *pl*; **toucher la** ~ **sensible** die richtige Saite berühren; **les** (**instruments à**) ~**s** (*MUS*) die Streicher *pl*; **tapis de** ~ geflochtener Teppich *m*; **semelles de** ~ geflochtene Sohlen *pl*; **tenir la** ~ (*ATHLÉTISME, AUTO*) auf der Innenbahn sein; **il tombe des** ~**s** es regnet Bindfäden; **tirer sur la** ~ es zu weit treiben; **usé jusqu'à la** ~ völlig abgewetzt ▶ **corde à linge** Wäscheleine *f* ▶ **corde à nœuds** Kletterseil *nt* (mit Knoten) ▶ **corde à sauter** Springseil *nt* ▶ **corde lisse** Kletterseil *nt* ▶ **corde raide** (Draht)seil *nt* ▶ **cordes vocales** Stimmbänder *pl*.

cordeau, x [kɔʀdo] *nm* Richtschnur *f*; **tracé au** ~ schnurgerade.

cordée [kɔʀde] *nf* (*d'alpinistes*) Seilschaft *f*.

cordelette [kɔʀdəlɛt] *nf* Schnur *f*.

cordelière [kɔʀdəljɛʀ] *nf* Kordel *f*.

cordial, e, -aux [kɔʀdjal, jo] *adj* herzlich ♦ *nm* Stärkungsmittel *nt*.

cordialement [kɔʀdjalmɑ̃] *adv* herzlich; (*formule épistolaire*) mit herzlichen Grüßen.

cordialité [kɔʀdjalite] *nf* Herzlichkeit *f*.

cordillère [kɔʀdijɛʀ] *nf*: **la** ~ **des Andes** die Kordilleren *pl*.

cordon [kɔʀdɔ̃] *nm* Schnur *f* ▶ **cordon de police** Polizeikordon *m*, Postenkette *f* ▶ **cordon littoral** Sandbank *f* ▶ **cordon ombilical** Nabelschnur *f* ▶ **cordon sanitaire** Sperrgürtel *m* (*um ein Seuchengebiet*).

cordon-bleu [kɔʀdɔ̃blø] *nm* Meisterkoch *m*, Meisterköchin *f*.

cordonnerie [kɔʀdɔnʀi] *nf* Schuster(laden) *m*.

cordonnet [kɔʀdɔnɛ] *nm* Kordel *f*.

cordonnier [kɔʀdɔnje] *nm* Schuster *m*, Schuhmacher *m*.

Corée [kɔʀe] *n*: **la** ~ Korea *nt*; **la** ~ **du Sud/du Nord** Süd-/Nordkorea *nt*.

coréen, ne [kɔʀeɛ̃, ɛn] *adj* koreanisch ♦ *nm/f*: **C~, ne** Koreaner(in) *m(f)*.

coreligionnaire [kɔʀ(ə)liʒɔnɛʀ] *nm/f* Glaubensbruder *m*, Glaubensschwester *f*.

coriace [kɔʀjas] *adj* zäh; (*adversaire, problème aussi*) hartnäckig.

coriandre [kɔʀjɑ̃dʀ] *nf* Koriander *m*.

cormoran [kɔʀmɔʀɑ̃] *nm* Kormoran *m*.

cornac [kɔʀnak] *nm* Elefantenführer *m*.

corne [kɔʀn] *nf* Horn *nt* ▶ **corne d'abondance** Füllhorn *nt* ▶ **corne de brume** Nebelhorn *nt*.

cornée [kɔʀne] *nf* Hornhaut *f.*
corneille [kɔʀnɛj] *nf* Krähe *f.*
cornélien, ne [kɔʀneljɛ̃, jɛn] *adj* (*débat etc*) zwischen Pflicht und Neigung.
cornemuse [kɔʀnəmyz] *nf* Dudelsack *m*; **joueur de ~** Dudelsackspieler *m.*
corner¹ [kɔʀnɛʀ] *nm* (*FOOTBALL*) Ecke *f.*
corner² [kɔʀne] *vt* (*pages*) ein Eselsohr machen in +*acc* ♦ *vi* (*klaxonner*) hupen.
cornet [kɔʀnɛ] *nm* Tüte *f*; (*de glace*) Eistüte *f* ► **cornet à piston** (*MUS*) Kornett *nt.*
cornette [kɔʀnɛt] *nf* Schwesternhaube *f.*
corniaud [kɔʀnjo] *nm* (*chien*) Promenadenmischung *f*; (*péj*) Schwachkopf *m*, Trottel *m.*
corniche [kɔʀniʃ] *nf* (*route*) Küstenstraße *f*; (*d'armoire, neigeuse*) Sims *m ou nt.*
cornichon [kɔʀniʃɔ̃] *nm* Gewürzgurke *f.*
Cornouailles [kɔʀnwaj] *nfpl:* **les ~** Cornwall *nt.*
cornue [kɔʀny] *nf* Retorte *f.*
corollaire [kɔʀɔlɛʀ] *nm* (*MATH*) Korollar *nt*; (*fig*) logische Folge *f.*
corolle [kɔʀɔl] *nf* Blumenkrone *f.*
coron [kɔʀɔ̃] *nm* (*maison*) Bergarbeiterhäuschen *nt*; (*quartier*) Bergarbeitersiedlung *f.*
coronaire [kɔʀɔnɛʀ] *adj* der Herzkranzgefäße *gén.*
corporation [kɔʀpɔʀasjɔ̃] *nf* (*d'artisans etc*) Innung *f*; (*au Moyen Âge*) Zunft *f.*
corporel, le [kɔʀpɔʀɛl] *adj* (*odeurs*) Körper-; (*besoin, blessures*) körperlich; **soins** ~**s** Körperpflege *f*; **punition** ~**le** Prügelstrafe *f.*
corps [kɔʀ] *nm* Körper *m*; (*cadavre*) Leiche *f*; (*d'un bâtiment*) Hauptgebäude *nt*; (*d'un texte, discours*) Hauptteil *m*; **à son ~ défendant** widerwillig, ungern; **à ~ perdu** blindlings; **perdu ~ et biens** (*NAUT*) mit Mann und Maus gesunken; **prendre ~** Gestalt annehmen; **~ et âme** mit Leib und Seele ► **corps à corps** *nm* Nahkampf *m*, Handgemenge *nt* ♦ *adv* im Handgemenge *ou* Nahkampf ► **corps consulaire** konsularisches Korps *nt* ► **corps d'armée** Armeekorps *nt* ► **corps de ballet** Corps de Ballet *nt* ► **le corps diplomatique** das diplomatische Korps ► **corps du délit** (*JUR*) Tatwaffe *f*, Corpus delicti *nt* ► **corps électoral** Wählerschaft *f* ► **corps enseignant** Lehrkörper *m*, Lehrerschaft *f* ► **corps étranger** Fremdkörper *m* ► **corps expéditionnaire** Spezialeinheit *f* ► **corps médical** Ärzteschaft *f.*
corpulence [kɔʀpylɑ̃s] *nf* Körperbau *m*; (*embonpoint*) Korpulenz *f*; **de forte ~** wohlbeleibt, sehr korpulent.
corpulent, e [kɔʀpylɑ̃, ɑ̃t] *adj* korpulent, wohlbeleibt.
corpus [kɔʀpys] *nm* Korpus *m.*
corpusculaire [kɔʀpyskylɛʀ] *adj* Teilchen-.
correct, e [kɔʀɛkt] *adj* (*exact*) richtig; (*bienséant, honnête*) korrekt; (*passable*) ausreichend.
correctement [kɔʀɛktəmɑ̃] *adv* korrekt, richtig.

correcteur, -trice [kɔʀɛktœʀ, tʀis] *nm/f* (*SCOL*) Prüfer(in) *m(f)*; (*TYPO*) Korrektor(in) *m(f).*
correctif, -ive [kɔʀɛktif, iv] *adj* (*gymnastique*) Ausgleichs- ♦ *nm* (*mise au point*) Korrektiv *nt.*
correction [kɔʀɛksjɔ̃] *nf* Korrektur *f*; (*de faute, erreur*) Berichtigung *f*, Verbesserung *f*; (*coups, punition*) Züchtigung *f*, Schläge *pl*; (*fait d'être correct*) Korrektheit *f* ► **correction (des épreuves)** Korrekturlesen *nt* ► **correction sur écran** (*INFORM*) Korrektur am Bildschirm.
correctionnel, le [kɔʀɛksjɔnɛl] *adj:* **tribunal ~** Strafgericht *nt.*
corrélation [kɔʀelasjɔ̃] *nf* (*rapport*) Wechselbeziehung *f*, direkter Zusammenhang *m.*
correspondance [kɔʀɛspɔ̃dɑ̃s] *nf* (*analogie, rapport*) Entsprechung *f*; (*échange de lettres*) Korrespondenz *f*, Briefwechsel *m*; (*de train, d'avion*) Anschluß *m*, Verbindung *f*; **ce train assure la ~ avec** mit diesem Zug hat man Anschluß an +*acc*; **cours par ~** Fernkurs *m*; **vente par ~** Versandhandel *m.*
correspondant, e [kɔʀɛspɔ̃dɑ̃, ɑ̃t] *adj* entsprechend ♦ *nm/f* (*épistolaire*) Brieffreund(in) *m(f)*; (*au téléphone*) Gesprächspartner(in) *m(f)*; (*journaliste*) Korrespondent(in) *m(f).*
correspondre [kɔʀɛspɔ̃dʀ] *vi* (*données, témoignages*) übereinstimmen; (*chambres*) miteinander verbunden sein; **~ à** entsprechen +*dat*; **~ avec qn** (*relations épistolaires*) mit jdm korrespondieren, mit jdm in Briefwechsel stehen.
Corrèze [kɔʀɛz] *nf* Corrèze *nt.*
corrézien, ne [kɔʀezjɛ̃, jɛn] *adj* aus Corrèze.
corrida [kɔʀida] *nf* Stierkampf *m.*
corridor [kɔʀidɔʀ] *nm* Korridor *m*, Gang *m.*
corrigé [kɔʀiʒe] *nm* (*SCOL*) Berichtigung *f*; (*TYPO: épreuve*) Korrekturabzug *m.*
corriger [kɔʀiʒe] *vt* korrigieren; (*erreur, défaut*) berichtigen, verbessern; (*punir*) züchtigen; **se corriger** *vpr:* **se ~ de qch** sich *dat* etw abgewöhnen; **~ qn de** (*défaut*) jdn von etw heilen.
corroborer [kɔʀɔbɔʀe] *vt* bestätigen.
corroder [kɔʀɔde] *vt* zerfressen.
corrompre [kɔʀɔ̃pʀ] *vt* (*dépraver*) verderben, korrumpieren; (*soudoyer*) bestechen.
corrompu, e [kɔʀɔ̃py] *adj* korrupt.
corrosif, -ive [kɔʀozif, iv] *adj* ätzend.
corrosion [kɔʀozjɔ̃] *nf* Korrosion *f.*
corruption [kɔʀypsjɔ̃] *nf* Korruption *f*; (*de témoin, fonctionnaire*) Bestechung *f*; (*des mœurs, de la jeunesse*) Verderbtheit *f.*
corsage [kɔʀsaʒ] *nm* (*d'une robe*) Oberteil *nt*; (*chemisier*) Bluse *f.*
corsaire [kɔʀsɛʀ] *nm* Pirat *m*, Korsar *m.*
corse [kɔʀs] *adj* korsisch ♦ *nm/f:* **C~** Korse *m*, Korsin *f* ♦ *nf:* **la C~** Korsika *nt.*
corsé, e [kɔʀse] *adj* (*café etc*) kräftig (im Geschmack); (*compliqué*) heikel; (*scabreux*) pikant.
corselet [kɔʀsəlɛ] *nm* Korselett *nt.*
corser [kɔʀse] *vt* (*difficulté*) erhöhen; (*histoire, récit, sauce*) würzen; (*intrigue*) verstärken.
corset [kɔʀsɛ] *nm* Korsett *nt*; (*d'une robe*) Mie-

der *nt* ▶ **corset orthopédique** Stützkorsett *nt*.
corso [kɔʀso] *nm*: ~ **fleuri** Blumenkorso *m*.
cortège [kɔʀtɛʒ] *nm* Zug *m*.
corticostéroïde [kɔʀtikosteʀɔid] *nm* (Korti-ko)steroid *nt*.
cortisone [kɔʀtizɔn] *nf* Kortison *nt*.
corvée [kɔʀve] *nf* lästige Aufgabe *f*; (*MIL*) Arbeitsdienst *m*.
cosaque [kɔzak] *nm* Kosake *m*.
cosignataire [kosiɲatɛʀ] *adj* mitunterzeichnend ♦ *nm/f* Mitunterzeichner(in) *m(f)*.
cosinus [kɔsinys] *nm* Kosinus *m*.
cosmétique [kɔsmetik] *nm* Kosmetikprodukt *nt*.
cosmétologie [kɔsmetɔlɔʒi] *nf* Schönheitspflege *f*.
cosmique [kɔsmik] *adj* kosmisch.
cosmonaute [kɔsmɔnot] *nm/f* Kosmonaut(in) *m(f)*.
cosmopolite [kɔsmɔpɔlit] *adj* kosmopolitisch.
cosmos [kɔsmos] *nm* Kosmos *m*, Weltall *nt*.
cosse [kɔs] *nf* (*BOT*) Hülse *f*, Schote *f*; (*ÉLEC*) Klemme *f*.
cossu, e [kɔsy] *adj* (*maison*) prunkvoll.
Costa Rica [kɔstaʀika] *nm*: **le ~ ~** Costa Rica *nt*.
costaricien, ne [kɔstaʀisjɛ̃, jɛn] *adj* costaricanisch.
costaud, e [kɔsto, od] *adj* (*personne*) stämmig, kräftig; (*objet*) stabil.
costume [kɔstym] *nm* (*régional, traditionnel etc*) Tracht *f*; (*d'homme*) Anzug *m*; (*de théâtre*) Kostüm *nt*.
costumé, e [kɔstyme] *adj* kostümiert, verkleidet.
costumer [kɔstyme] *vt* kostümieren, verkleiden; **se costumer** *vpr* (*se déguiser*) sich verkleiden; (*acteur*) sich *dat* das Kostüm anziehen; **se ~ en qn/qch** sich als jd/etw verkleiden.
costumier, -ière [kɔstymje, ɛʀ] *nm/f* (*fabricant*) (Kostüm)schneider(in) *m(f)*; (*loueur*) Kostümverleiher *m*; (*THÉÂT*) Garderobier(e) *m(f)*.
cotangente [kɔtɑ̃ʒɑ̃t] *nf* Kotangens *m*.
cotation [kɔtasjɔ̃] *nf* Notierung *f*.
cote [kɔt] *nf* (*d'une valeur boursière*) Börsennotierung *f*; (*d'une voiture, d'un timbre*) Marktwert *m*; (*d'un cheval*) Gewinnquote *f*; (*d'un candidat etc*) Chancen *pl*; (*GÉO*) Höhenmarkierung *f*; (*d'un document*) Kennziffer *f*; **avoir la ~** gut angeschrieben sein; **inscrit à la ~** an der Börse notiert; **la ~ de Lucifer** (*COURSES*) die Gewinnquote auf Lucifer ▶ **cote d'alerte** Hochwassermarke *f* ▶ **cote de popularité** Beliebtheitsgrad *m* ▶ **cote mal taillée** (*fig*) fauler Kompromiß *m*.
côte [kot] *nf* (*rivage*) Küste *f*; (*pente*) Gefälle *nt*; (: *sur une route*) Steigung *f*; (*ANAT, TRICOT*) Rippe *f*; (*d'agneau, de porc*) Rippchen *nt*; ~ **à ~** Seite an Seite ▶ **la Côte (d'Azur)** die Côte d'Azur *f* ▶ **la Côte d'Ivoire** die Elfenbeinküste *f*.

coté, e [kɔte] *adj*: **être ~ en Bourse** an der Börse notiert sein; **être bien/mal ~** hoch/niedrig notiert sein.
côté [kote] *nm* Seite *f*; (*direction*) Richtung *f*; **de 10 m de ~** von 10m Seitenlänge; **des 2 ~s de la route/frontière** auf beiden Seiten der Straße/Grenze; **de tous les ~s** auf allen Seiten, von allen Seiten; **de quel ~ est-il parti?** in welche Richtung ist er gegangen?; **de ce/de l'autre ~** auf dieser/auf der anderen Seite; (*mouvement*) in diese/die andere Richtung; **d'un ~ ... de l'autre (~)** (*alternative*) einerseits ... andererseits; **du ~ de** (*provenance*) von ... her; (*direction*) in Richtung auf +*acc*; (*proximité*) in der Nähe von; **de ~** (*marcher, se tourner*) zur Seite; (*regarder*) von der Seite; (*être, se tenir*) abseits, seitlich; **laisser de ~** beiseite lassen; **mettre de ~** auf die Seite legen, zurücklegen; **du ~ gauche** auf der linken Seite, **de mon ~** (*quant à moi*) meinerseits; **à ~** (*pièce ou maison adjacente*) nebenan; (*de la cible*) daneben; **à ~ de** neben +*dat*; **être aux ~s de qn** an jds Seite *dat* sein, jdm zur Seite stehen.
coteau [kɔto] *nm* Hügel *m*, Anhöhe *f*.
côtelé, e [kot(ə)le] *adj* (*pull, velours*) gerippt; **pantalons en velours ~** Kord(samt)hosen *pl*.
côtelette [kotlɛt] *nf* Kotelett *nt*.
coter [kɔte] *vt* notieren.
coterie [kɔtʀi] *nf* Clique *f*.
côtier, -ière [kotje, jɛʀ] *adj* Küsten-.
cotillons [kɔtijɔ̃] *nmpl* (*serpentins etc*) Luftschlangen, Konfetti etc für Feste.
cotisation [kɔtizasjɔ̃] *nf* Beitrag *m*.
cotiser [kɔtize] *vi*: ~ **à** seinen Beitrag bezahlen +*dat*; **se cotiser** *vpr* zusammenlegen.
coton [kɔtɔ̃] *nm* Baumwolle *f*; **drap/robe de ~** Baumwollstoff *m*/-kleid *nt* ▶ **coton hydrophile** Verbandwatte *f*.
cotonnade [kɔtɔnad] *nf* Baumwollstoff *m*.
Coton-Tige ® [kɔtɔ̃tiʒ] (*pl* ~**s-**~**s**) *nm* Wattestäbchen *nt*.
côtoyer [kotwaje] *vt* (*rencontrer*) zusammenkommen mit; (*longer*) entlangfahren, entlanggehen; (*fig: friser*) grenzen an +*acc*.
cotte [kɔt] *nf*: ~ **de mailles** Kettenhemd *nt*.
cou [ku] *nm* Hals *m*.
couac [kwak] (*fam*) *nm* Kiekser *m*.
couard, e [kwaʀ, kwaʀd] *adj* feige.
couchant [kuʃɑ̃] *adj*: **soleil ~** Sonnenuntergang *m*.
couche [kuʃ] *nf* Schicht *f*; (*de bébé*) Windel *f*; **~s** *nfpl* (*MÉD*) Entbindung *f*, Niederkunft *f* ▶ **couches sociales** Gesellschaftsschichten *pl*.
couché, e [kuʃe] *adj* (*au lit*) im Bett; **être ~ par terre/sur son lit** auf dem Boden/dem Bett liegen; ~! (*chien*) hinlegen!
couche-culotte [kuʃkylɔt] (*pl* ~**s-**~**s**) *nf* Windel *f*.
coucher [kuʃe] *vt* (*mettre au lit*) ins *ou* zu Bett bringen; (*étendre*) hinlegen; (*loger*) unter-

bringen; (_objet_) hinlegen; (_écrire_) niederschreiben ♦ _vi_ (_dormir_) schlafen; **se coucher** _vpr_ (_pour dormir_) schlafengehen, zu Bett gehen; (_pour se reposer_) sich hinlegen; (_se pencher_) sich neigen; (_soleil_) untergehen ♦ _nm_: ~ **de soleil** Sonnenuntergang _m_; ~ **avec qn** mit jdm schlafen; **à prendre avant le** ~ (_MÉD_) vor dem Schlafengehen ein(zu)nehmen.

couchette [kuʃɛt] _nf_ (_de train_) Liegewagenplatz _m_; (_de bateau_) Koje _f_.

coucheur [kuʃœʀ] _nm_: **être mauvais** ~ griesgrämig sein.

couci-couça [kusikusa] (_fam_) _adv_ so, lala.

coucou [kuku] _nm_ Kuckuck _m_ ♦ _excl_ kuckuck.

coude [kud] _nm_ Ellbogen _m_; (_de tuyau_) Knie _nt_; (_de route_) Kurve _f_; ~ **à** ~ Seite an Seite, Schulter an Schulter.

coudée [kude] _nf_: **avoir les** ~**s franches** freie Hand haben.

cou-de-pied [kudpje] (_pl_ ~**s**-~-~) _nm_ Spann _m_, Rist _m_.

coudoyer [kudwaje] _vt_ (_gens_) in Berührung kommen mit.

coudre [kudʀ] _vt_ nähen; (_bouton_) annähen ♦ _vi_ nähen.

couenne [kwan] _nf_ Schwarte _f_.

couette [kwɛt] _nf_ (_édredon_) Steppdecke _f_; ~**s** _nfpl_ (_cheveux_) Rattenschwänze _pl_.

couffin [kufɛ̃] _nm_ Körbchen _nt_.

couilles [kuj] (_fam!_) _nfpl_ Eier _pl_ (_fam!_).

couiner [kwine] _vi_ (_animal_) quieken.

coulage [kulaʒ] _nm_ (_COMM_) Verlust _m_ (_durch Diebstahl oder Nachlässigkeit_).

coulant, e [kulɑ̃, ɑ̃t] _adj_ (_indulgent_) gelassen; (_fromage etc_) sehr weich; (_style_) flüssig.

coulée [kule] _nf_ (_de métal_) Guß _m_; (_de lave_) Fluß _m_; (_de neige_) Rutsch _m_.

couler [kule] _vi_ fließen; (_fuir_) auslaufen, lecken; (_nez_) laufen; (_sombrer: bateau_) untergehen ♦ _vt_ (_métal, cloche, sculpture_) gießen; (_bateau_) versenken; (_fig: magasin, entreprise_) zugrunde richten; (: _candidat_) durchfallen lassen; **se couler dans** _vpr_ (_interstice etc_) hineinfallen in +_acc_; **faire** ~ (_eau_) laufen lassen; (_bain_) einlaufen lassen; ~ **de source** logisch folgen; ~ **à pic** bis zum Grund sinken; ~ **une vie heureuse** sich eines glücklichen Lebens erfreuen; **il a coulé une bielle** (_AUTO_) seine Pleuelstange ist gebrochen.

couleur [kulœʀ] _nf_ Farbe _f_; ~**s** _nfpl_ (_du teint_) Gesichtsfarbe _f_; (_MIL_) Nationalfarben _pl_; **film/télévision en** ~(**s**) Farbfilm _m_/-fernsehen _nt_; **de** ~ (_personne_) farbig; **sous** ~ **de faire qch** unter dem Vorwand, etw zu tun.

couleuvre [kulœvʀ] _nf_ Natter _f_.

coulissant, e [kulisɑ̃, ɑ̃t] _adj_ (_porte_) Schiebe-.

coulisse [kulis] _nf_ (_TECH_) Laufschiene _f_, Führungsleiste _f_; ~**s** _nfpl_ (_THÉÂT_) Kulissen _pl_; **dans les** ~**s** im Hintergrund; **porte à** ~ Schiebetür _f_.

coulisser [kulise] _vi_ (in einer Führungsschiene) gleiten.

couloir [kulwaʀ] _nm_ (_de maison_) Flur _m_, Gang _m_; (_de bus_) Gang; (: _sur la route_) Busspur _f_; (_SPORT_) Spur _f_; (_GÉO: ravin_) Schlucht _f_ ► **couloir aérien** Luftkorridor _m_ ► **couloir d'avalanche** Lawinenkorridor _m_ ► **couloir de navigation** Schiffahrtsweg _m_.

coulpe [kulp] _nf_: **battre sa** ~ sich an die Brust schlagen.

──────────────── _MOT-CLÉ_

coup [ku] _nm_ **1** (_heurt, choc, TENNIS, GOLF, BOXE_) Schlag _m_; **coup de poing** Faustschlag _m_; **coup de pied** Fußtritt _m_; **coup de coude** Stoß _m_ mit dem Ellbogen; **un coup sec** ein kurzer Schlag; **coup de couteau** Messerstich _m_; **à coups de hache/marteau** mit der Hacke/dem Hammer; **donner un coup de corne à qn** jdm einen Stoß mit den Hörnern versetzen; **coup de vent** Windstoß _m_; **en coup de vent** in Windeseile

2 (_FOOTBALL, avec arme à feu_) Schuß _m_; (_ÉCHECS_) Zug _m_; **coup franc** Freistoß _m_; **coup d'envoi** Anstoß _m_; **coup de feu** Schuß; **coup de fusil** (Gewehr)schuß _m_

3 (_bruit: à la porte etc_) Schlag _m_; (_frappé par une horloge_) (Stunden)schlag _m_; **coup de sonnette** Klingeln _nt_; **coup de tonnerre** Donner(schlag) _m_

4 (_fam: fois_) Mal _nt_; **d'un seul coup** mit einem Schlag, auf einmal; **du premier coup** auf Anhieb; **du même coup** gleichzeitig; **après coup** hinterher; **à tous les coups** jedesmal; **coup sur coup** Schlag auf Schlag

5 (_locutions_): **donner un coup de balai/chiffon** fegen/staubwischen; **avoir le coup** (_fig_) den Dreh heraushaben; **être dans le/hors du coup** auf dem/nicht auf dem laufendem sein; **du coup** (_fam_) daraufhin; **boire un coup** einen Schluck trinken; **à coup sûr** bestimmt, ganz sicher; **être sur un coup** einer Sache _dat_ auf der Spur sein; **sur le coup** auf der Stelle; **sous le coup de** (_surprise etc_) unter dem Eindruck +_gén_; **tomber sous le coup de la loi** (_JUR_) eine Straftat sein; **pour le coup** (für) diesmal; **il a raté son coup** er hat die Sache vermasselt; **faire un coup bas à qn** (_fig_) jdm einen Tiefschlag versetzen; **faire un coup fourré à qn** jdm in den Rücken fallen

6 (_composés_): **coup de chance** Glücksfall _m_; **coup de chapeau** Kompliment _nt_; **coup de crayon** Bleistiftstrich _m_; **coup d'éclat** Großtat _f_; **coup d'essai** erster Versuch _m_; **coup d'État** Staatsstreich _m_; **coup de fil** Anruf _m_; **donner** _ou_ **passer un coup de fil (à qn)** (jdn) anrufen; **coup de filet** Fang _m_; **coup de foudre** Liebe _f_ auf den ersten Blick; **coup de frein**: **donner un coup de frein** (_AUTO_) scharf bremsen; **coup de grâce** Gnadenstoß _m_; **coup du lapin** Schlag _m_ ins Genick; **coup de main**: **donner un coup de main à qn** jdm helfen; **coup de maître** Meisterstück _nt_; **coup d'œil** Blick _m_; **coup de pinceau** Pinselstrich _m_; **coup de soleil** Sonnenbrand _m_; **coup de téléphone** Anruf _m_; **donner**

un coup de téléphone à qn jdn anrufen; **coup de tête** (fig) impulsive Entscheidung f; **sur un coup de tête** im Affekt; **coup de théâtre** (fig) Knalleffekt m; **coup dur** harter Schlag m.

coupable [kupabl] adj schuldig; (pensée, passion) verboten ♦ nm/f Schuldige(r) f(m); ~ **de** schuldig +gén.
coupant, e [kupɑ̃, ɑ̃t] adj (lame) scharf; (fig: voix, ton aussi) schneidend.
coupe [kup] (verre) Kelch m; (à fruits) Schale f; (SPORT) Pokal m; (de cheveux, vêtement) Schnitt m; (pièce de tissu) Stück nt; (graphique, plan) Querschnitt m; **vu en** ~ im Querschnitt; **être sous la** ~ **de** qn unter jds Fuchtel dat stehen; **faire des** ~s **sombres dans** qch etw drastisch kürzen.
coupé, e [kupe] adj (communications, route) abgeschnitten ♦ nm (AUTO) Coupé nt; **bien/mal** ~ gut/schlecht geschnitten.
coupe-circuit [kupsiʀkɥi] nm inv (ÉLEC) Unterbrecher m.
coupe-feu [kupfø] nm inv Feuerschneise f.
coupe-gorge [kupgɔʀʒ] nm inv gefährliche Gasse f.
coupelle [kupɛl] nf (coupe) Becherchen nt.
coupe-ongles [kupɔ̃gl] nm inv (pince) Nagelzwicker m; (ciseaux) Nagelschere f.
coupe-papier [kuppapje] nm inv Brieföffner m.
couper [kupe] vt schneiden; (tissu) zuschneiden; (livre broché) aufschneiden; (tranche, morceau, route, retraite) abschneiden; (retrancher) ausschneiden; (communication) unterbrechen; (eau, courant) sperren, abstellen; (fièvre) senken; (ajouter de l'eau: vin) panschen; (TENNIS etc) anschneiden ♦ vi schneiden; (prendre un raccourci) eine Abkürzung nehmen; (CARTES) abheben; (: avec l'atout) stechen; **se couper** vpr sich schneiden; (se contredire) sich verraten, sich versprechen; **se faire** ~ **les cheveux** sich dat die Haare schneiden lassen; ~ **l'appétit à** qn jdm den Appetit verderben; ~ **la parole à** qn jdm ins Wort fallen; ~ **les vivres à** qn jdm den Lebensunterhalt streichen; ~ **le contact** ou **l'allumage** (AUTO) die Zündung ausstellen; ~ **les ponts (avec** qn**)** alle Brücken (zu jdm) abbrechen.
couperet [kupʀɛ] nm Hackbeil nt.
couperosé, e [kupʀoze] adj blutunterlaufen.
couple [kupl] nm Paar nt; (époux) Ehepaar nt; ~ **de torsion** Drehmoment nt.
coupler [kuple] vt (TECH) zusammenkoppeln.
couplet [kuplɛ] nm (MUS) Strophe f; (péj) Tirade f.
coupleur [kuplœʀ] nm: ~ **acoustique** akustischer Koppler m.
coupole [kupɔl] nf Kuppel f.
coupon [kupɔ̃] nm (ticket) Abschnitt m; (de tissu: rouleau) Ballen m; (: reste) Restcoupon m.
coupon-réponse [kupɔ̃repɔ̃s] (pl ~s-~) nm Antwortschein m.

coupure [kupyʀ] nf (blessure) Schnittwunde f; (entaille, brèche, CINÉ) Schnitt m; (billet de banque) Banknote f; (de journal, de presse) Ausschnitt m ► **coupure d'eau** Abstellen nt des Wassers ► **coupure de courant** Stromsperre f.
cour [kuʀ] nf Hof m; (JUR) Gericht nt; **faire la** ~ **à** qn jdm den Hof machen ► **cour d'appel** Berufungsgericht nt ► **cour d'assises** Schwurgericht nt ► **cour de cassation** Berufungsgericht nt ► **cour de récréation** (SCOL) Schulhof m, Pausenhof m ► **cour martiale** Kriegsgericht nt.
courage [kuʀaʒ] nm Mut m.
courageusement [kuʀaʒøzmɑ̃] adv mutig.
courageux, -euse [kuʀaʒø, øz] adj mutig.
couramment [kuʀamɑ̃] adv (souvent) oft, häufig; (parler) fließend.
courant, e [kuʀɑ̃, ɑ̃t] adj (fréquent) häufig; (normal) geläufig, gebräuchlich; (en cours) laufend ♦ nm (ÉLEC) Strom m; (de rivière etc) Strömung f; **être au** ~ **(de)** auf dem laufenden sein (über +acc); **mettre** qn **au** ~ **(de)** (fait, nouvelle) jdn auf den neuesten Stand bringen (über +acc); (nouveau travail etc) jdn einweisen (in +acc); **se tenir au** ~ **(de)** sich auf dem laufenden halten (über +acc); **dans le** ~ **de** (pendant) im Laufe +gén; ~ **octobre** im Laufe des Monats Oktober; **le 10** ~ (COMM) am 10. des laufenden Monats ► **courant d'air** Durchzug m ► **courant électrique** (elektrischer) Strom m.
courbaturé, e [kuʀbatyʀe] adj steif.
courbatures [kuʀbatyʀ] nfpl Muskelkater m.
courbe [kuʀb] nf Kurve f ♦ adj gebogen, geschwungen ► **courbe de niveau** Höhenlinie f.
courber [kuʀbe] vt biegen; **se courber** vpr (branche etc) sich biegen; (personne) sich herabbeugen; ~ **la tête** den Kopf senken.
courbette [kuʀbɛt] nf tiefe Verbeugung f.
coure [kuʀ] vb voir **courir**.
coureur, -euse [kuʀœʀ, øz] nm/f (cycliste) Radrennfahrer(in) m(f); (automobile) Rennfahrer(in) m(f); (à pied) Läufer(in) m(f); (péj: dragueur) Schürzenjäger m, Mannstolle f.
courge [kuʀʒ] nf Kürbis m.
courgette [kuʀʒɛt] nf Zucchini f; **des** ~s Zucchini pl.
courir [kuʀiʀ] vi laufen, rennen; (SPORT: athlète, cheval) laufen; (: coureur, cycliste, automobile) ein Rennen fahren; (rumeur) im Umlauf sein; (COMM: intérêt) sich anhäufen ♦ vt (SPORT: épreuve) bestreiten; (danger) sich aussetzen +dat; (risque) eingehen; ~ **les cafés/ bals** sich ständig in Cafés/auf Bällen herumtreiben; ~ **les magasins** alle Geschäfte abklappern; **le bruit court que** es geht das Gerücht um, daß; **par les temps qui courent** heutzutage; ~ **après** qn hinter jdm herlaufen; (péj) jdm hinterherlaufen; **tu peux (toujours)** ~! klarer Fall von denkste!
couronne [kuʀɔn] nf Krone f; (de fleurs) Kranz

m, Kreis *m*; ~ **(funéraire** *ou* **mortuaire)** Kranz.
couronnement [kuʀɔnmɑ̃] *nm* Krönung *f.*
couronner [kuʀɔne] *vt* (*roi*) krönen; (*lauréat, ouvrage*) auszeichnen; (*carrière, efforts*) der Höhepunkt *ou* die Krönung sein von.
courons *etc* [kuʀɔ̃] *vb voir* **courir.**
courrai *etc* [kuʀe] *vb voir* **courir.**
courre [kuʀ] *vb voir* **chasse.**
courrier [kuʀje] *nm* Post *f*, Briefe *pl*; (*rubrique*) Spalte *f*; **qualité** ~ (*INFORM*) Briefqualität *f*; **long/moyen** ~ (*AVIAT*) Kurz-/Langstrecke *f* ▶ **courrier du cœur** Kummerkasten *m* ▶ **courrier électronique** elektronische Post, Electronic Mail *f.*
courroie [kuʀwa] *nf* Riemen *m* ▶ **courroie de transmission** Antriebsriemen *m* ▶ **courroie de ventilateur** Keilriemen *m.*
courrons *etc* [kuʀɔ̃] *vb voir* **courir.**
courroucé, e [kuʀuse] *adj* zornig.
cours [kuʀ] *vb voir* **courir** ♦ *nm* Kurs *m*; (*leçon*) Unterrichtsstunde *f*; (*établissement: de danse, privé etc*) Schule *f*; (*d'une rivière*) Lauf *m*; (*avenue*) Chaussee *f*; (*COMM*) Preis *m*; (*déroulement*) Verlauf *m*; (: *des saisons*) Abfolge *f*; **donner libre** ~ **à qch** einer Sache *dat* freien Lauf lassen; **avoir** ~ (*monnaie*) gesetzliches Zahlungsmittel sein; (*fig*) gebräuchlich sein; (*SCOL*) Unterricht haben; **en** ~ laufend; **en** ~ **de route** unterwegs; **au** ~ **de** im Verlauf +*gén* ▶ **cours d'eau** Wasserweg *m* ▶ **cours du change** Wechselkurs *m* ▶ **cours du soir** Abendkurs *m* ▶ **cours élémentaire** 2. *und* 3. *Grundschuljahr* ▶ **cours moyen** 4. *und* 5. *Grundschuljahr* ▶ **cours préparatoire** 1. *Grundschuljahr.*
course [kuʀs] *nf* (*action de courir*) Wettlauf *m*; (*SPORT: discipline*) Laufen *nt*; (*épreuve*) Rennen *nt*; (*trajet: du soleil*) Lauf *m*; (: *d'un projectile*) Flugbahn *f*; (: *d'une pièce mécanique*) Hub *m*; (*excursion*) Bergtour *f*; (*d'un taxi, autocar*) Fahrt *f*; (*petite mission*) Besorgung *f*; ~**s** *nfpl* (*achats*) Einkäufe *pl*; (*HIPPISME*) Pferderennen; **faire les** *ou* **ses** ~**s** einkaufen gehen; **jouer aux** ~**s** auf Pferde wetten; **à bout de** ~ (*épuisé*) völlig erschöpft ▶ **course à pied** Jogging *nt* ▶ **course automobile** Autorennen *nt* ▶ **course d'étapes** *ou* **par étapes** Etappenrennen *nt* ▶ **course de côte** (*AUTO*) Bergrennen *nt* ▶ **course de vitesse** Sprint *m* ▶ **course d'obstacles** Hindernisrennen *nt* ▶ **courses de chevaux** Pferderennen *nt.*
coursier, -ière [kuʀsje, ɛʀ] *nm/f* Bote *m*, Botin *f.*
coursive [kuʀsiv] *nf* (*NAUT*) Laufgang *m.*
court, e [kuʀ, kuʀt] *adj* kurz ♦ *adv* kurz ♦ *nm* (*de tennis*) (Tennis)platz *m*; **tourner** ~ plötzlich *ou* abrupt aufhören; **couper** ~ **à** abbrechen; **être à** ~ **d'argent/de papier** kein Geld/kein Papier mehr haben; **prendre qn de** ~ jdn überraschen; **avoir le souffle** ~ kurzatmig sein; **tirer à la** ~**e paille** den Kürzeren ziehen; **faire la** ~**e échelle à qn** jdm eine Räuberleiter machen ▶ **court métrage** (*CINÉ*)

Kurzfilm *m.*
courtage [kuʀtaʒ] *nm* (*commission*) Vermittlungsgebühr *f.*
court-bouillon [kuʀbujɔ̃] (*pl* ~**s-**~**s**) *nm* Fischbouillon *f.*
court-circuit [kuʀsiʀkɥi] (*pl* ~**s-**~**s**) *nm* Kurzschluß *m.*
court-circuiter [kuʀsiʀkɥite] *vt* (*fig*) umgehen.
courtier, -ière [kuʀtje, jɛʀ] *nm/f* Makler(in) *m(f).*
courtisan [kuʀtizɑ̃] *nm* Höfling *m*; (*fig*) Schmeichler *m.*
courtisane [kuʀtizan] *nf* Kurtisane *f.*
courtiser [kuʀtize] *vt* den Hof machen +*dat.*
courtois, e [kuʀtwa, waz] *adj* höflich.
courtoisement [kuʀtwazmɑ̃] *adv* höflich.
courtoisie [kuʀtwazi] *nf* Höflichkeit *f.*
couru [kuʀy] *pp de* **courir** ♦ *adj* (*spectacle etc*) beliebt; **c'est** ~ **(d'avance)**! (*fam*) darauf kannst du wetten!
cousais *etc* [kuzɛ] *vb voir* **coudre.**
couscous [kuskus] *nm* Kuskus *m ou nt.*
cousin, e [kuzɛ̃, in] *nm/f* Vetter *m*, Kusine *f* ♦ *nm* (*ZOOL*) (Stech)mücke *f* ▶ **cousin germain** Vetter/Kusine ersten Grades ▶ **cousin issu de germain** Vetter/Kusine zweiten Grades.
cousons [kuzɔ̃] *vb voir* **coudre.**
coussin [kusɛ̃] *nm* Kissen *nt* ▶ **coussin d'air** Luftkissen *nt.*
cousu, e [kuzy] *pp de* **coudre** ♦ *adj*: **être** ~ **d'or** im Geld nur so schwimmen.
coût [ku] *nm* Kosten *pl*; **le** ~ **de la vie** die Lebenshaltungskosten *pl.*
coûtant [kutɑ̃] *adj m*: **au prix** ~ zum Selbstkostenpreis.
couteau, x [kuto] *nm* Messer *nt* ▶ **couteau à cran d'arrêt** Klappmesser *nt* ▶ **couteau à pain** Brotmesser *nt* ▶ **couteau de cuisine** Küchenmesser *nt* ▶ **couteau de poche** Taschenmesser *nt.*
couteau-scie [kutosi] (*pl* ~**x-**~**s**) *nm* Sägemesser *nt.*
coutelier, -ière [kutəlje, jɛʀ] *nm/f* (*fabricant*) Messerschmied *m*; (*marchand*) Besteckhändler *m.*
coutellerie [kutɛlʀi] *nf* (*magasin*) Besteckgeschäft *nt*; (*produits*) Besteck *nt.*
coûter [kute] *vt, vi* kosten; ~ **à qn** (*décision etc*) jdm schwerfallen; ~ **cher** teuer sein; ~ **cher à qn** (*fig*) jdn teuer zu stehen kommen; **combien ça coûte?** wieviel kostet das?; **coûte que coûte** koste es, was es wolle, um jeden Preis.
coûteusement [kutøzmɑ̃] *adv* teuer.
coûteux, -euse [kutø, øz] *adj* teuer, kostspielig.
coutume [kutym] *nf* Sitte *f*, Brauch *m*; **la** ~ (*JUR*) das Gewohnheitsrecht *nt*; **de** ~ gewöhnlich.
coutumier, -ière [kutymje, jɛʀ] *adj* üblich, gewohnt; **elle est coutumière du fait** das ist ihre übliche Masche.
couture [kutyʀ] *nf* (*activité*) Nähen *nt*; (*art*)

Schneiderhandwerk nt; (ouvrage) Näharbeit f; (points) **Naht** f.

couturier [kutyʀje] nm Couturier m, Modeschöpfer m.

couturière [kutyʀjɛʀ] nf Schneiderin f, Näherin f.

couvée [kuve] nf Brut f.

couvent [kuvã] nm Kloster nt.

couver [kuve] vt (œufs, maladie) ausbrüten; (personne) verzärteln ♦ vi (feu) schwelen, glimmen; (révolte) sich zusammenbrauen; ~ qn/qch des yeux jdn/etw zärtlich ansehen; (convoiter) jdn/etw mit begehrlichen Blicken betrachten.

couvercle [kuvɛʀkl] nm Deckel m.

couvert, e [kuvɛʀ, ɛʀt] pp de **couvrir** ♦ adj (ciel, temps) bedeckt, bewölkt; (protégé) beschützt ♦ nm (ustensiles) Besteck nt; (place à table) Gedeck nt; (au restaurant) Aufschlag m für ein Gedeck; ~s nmpl (ustensiles) Gedeck; ~ de bedeckt mit; **bien** ~ (habillé) warm angezogen; **rester** ~ seinen Hut aufbehalten; **à mots** ~**s** andeutungsweise; **mettre le** ~ den Tisch decken; **à** ~ geschützt, sicher; **sous le** ~ **de** im Schutze +gén, unter dem Deckmantel von.

couverture [kuvɛʀtyʀ] nf (de lit) Decke f; (de bâtiment) Dach nt; (de livre) Einband m; (de cahier) Umschlag m; (fig: d'un espion) Tarnung f; (ASSURANCES) (Versicherungs)schutz m; (PRESSE: d'un événement) Berichterstattung f; **de** ~ (lettre etc) Begleit- ► **couverture chauffante** Heizdecke f.

couveuse [kuvøz] nf (à poules) Bruthenne f; (pour bébé) Brutkasten m.

couvre [kuvʀ] vb voir **couvrir**.

couvre-chef [kuvʀəʃɛf] (pl ~-~**s**) nm Kopfbedeckung f.

couvre-feu [kuvʀəfø] (pl ~-~**x**) nm Ausgangssperre f.

couvre-lit [kuvʀəli] (pl ~-~**s**) nm Tagesdecke f.

couvre-pieds [kuvʀəpje] nm inv Steppdecke f.

couvreur [kuvʀœʀ] nm Dachdecker m.

couvrir [kuvʀiʀ] vt bedecken; (protéger; ZOOL: s'accoupler à) decken; (voix, pas) überdecken; (erreur) vertuschen; (frais) aufkommen für, tragen; (distance) durchlaufen, zurücklegen; decken; **se couvrir** vpr (temps, ciel) sich bedecken, sich bewölken; (s'habiller) sich anziehen; (se coiffer) sich dat einen Hut aufsetzen; (par une assurance) sich absichern; **se** ~ **de** (fleurs, boutons) übersät werden mit; ~ qn/qch de (fig) jdn/etw überhäufen mit.

cover-girl [kɔvœʀɡœʀl] (pl ~-~**s**) nf Titelmädchen nt.

cow-boy [kobɔj] (pl ~-~**s**) nm Cowboy m.

coyote [kɔjɔt] nm Kojote m.

CP [sepe] sigle m (= cours préparatoire) voir **cours**.

CPAM [sepeaɛm] sigle f (= Caisse primaire d'assurances maladie) Krankenkasse.

CQFD [sekyɛfde] abr (= ce qu'il fallait démontrer) QED.

crabe [kʀab] nm Krabbe f.

crachat [kʀaʃa] nm Spucke f.

craché, e [kʀaʃe] adj: **c'est son père tout** ~ er ist seinem Vater wie aus dem Gesicht geschnitten.

cracher [kʀaʃe] vi spucken ♦ vt ausspucken; (lave) speien; (injures) ausstoßen; ~ **du sang** Blut spucken.

crachin [kʀaʃɛ̃] nm Sprühregen m.

crachiner [kʀaʃine] vi nieseln.

crachoir [kʀaʃwaʀ] nm (de dentiste) Spuckbecken nt.

crachotement [kʀaʃɔtmã] nm Knacken nt.

crachoter [kʀaʃɔte] vi knacken.

crack [kʀak] nm (fam: intellectuel) Genie nt; (: sportif) As nt; (poulain) heißer Favorit m.

Cracovie [kʀakɔvi] n Krakau nt.

cradingue [kʀadɛ̃g] (fam) adj dreckig.

craie [kʀɛ] nf Kreide f.

craignais [kʀɛɲɛ] vb voir **craindre**.

craindre [kʀɛ̃dʀ] vt fürchten, sich fürchten vor; (chaleur, froid) nicht vertragen; ~ **de faire qch** Angst haben, etw zu tun; ~ **que** befürchten, daß; **je crains que vous (ne) fassiez erreur** ich fürchte, Sie irren sich; **je crains qu'il ne vienne** ich fürchte, er kommt.

crainte [kʀɛ̃t] nf Furcht f; **soyez sans** ~ nur keine Angst; **de** ~ **de/que** aus Furcht vor/aus Furcht, daß.

craintif, -ive [kʀɛ̃tif, iv] adj furchtsam, ängstlich.

craintivement [kʀɛ̃tivmã] adv furchtsam, ängstlich.

cramer [kʀame] (fam) vi verbrennen.

cramoisi, e [kʀamwazi] adj puterrot, dunkelrot.

crampe [kʀãp] nf Krampf m ► **crampe d'estomac** Magenkrampf m.

crampon [kʀãpɔ̃] nm (de semelle) Stollen m; (ALPINISME) Steigeisen nt.

cramponner [kʀãpɔne]: **se** ~ **(à)** vpr sich klammern (an +acc).

cran [kʀã] nm (entaille) Kerbe f, Einschnitt m; (trou) Loch nt; (courage) Schneid m, Mumm m; **être à** ~ nervös sein ► **cran d'arrêt** ou **de sûreté** Sicherung f.

crâne [kʀan] nm Schädel m.

crâner [kʀane] (fam) vi angeben.

crânien, ne [kʀanjɛ̃, jɛn] adj Schädel-.

crapaud [kʀapo] nm Kröte f.

crapule [kʀapyl] nf Schuft m.

crapuleux, -euse [kʀapylø, øz] adj: **crime** ~ scheußliches Verbrechen nt.

craquelure [kʀaklyʀ] nf (fissure) Sprung m, Riß m.

craquement [kʀakmã] nm (bruit) Krachen nt; (du plancher) Knarren nt.

craquer [kʀake] vi (bois, plancher) knacken, knarren; (fil, couture) (zer)reißen; (branche) brechen; (fig: s'effondrer) zusammenbrechen; (fam: être enthousiasmé) schwach werden ♦ vt: ~ **une allumette** ein Streichholz anzünden.

crasse [kʀas] *nf* Schmutz *m*, Dreck *m* ♦ *adj* (*ignorance*) kraß.
crasseux, -euse [kʀasø, øz] *adj* dreckig, schmutzig.
crassier [kʀasje] *nm* Schlackenhalde *f.*
cratère [kʀatɛʀ] *nm* Krater *m.*
cravache [kʀavaʃ] *nf* Reitgerte *f.*
cravacher [kʀavaʃe] *vt* mit der Gerte schlagen.
cravate [kʀavat] *nf* Krawatte *f*, Schlips *m.*
cravater [kʀavate] *vt* eine Krawatte umbinden +*dat*; (*fig: attaquer*) am Hals packen.
crawl [kʀol] *nm* Kraulen *nt.*
crawlé, e [kʀole] *adj:* **dos** ~ Rückenschwimmen *nt.*
crayeux, -euse [kʀɛjø, øz] *adj* kreidig, kreidehaltig; (*teint*) kreidig.
crayon [kʀɛjɔ̃] *nm* Bleistift *m*; (*de rouge à lèvres etc*) Stift *m*; **écrire au** ~ mit dem Bleistift schreiben ► **crayon à bille** Kugelschreiber *m* ► **crayon de couleur** Buntstift *m*, Farbstift *m* ► **crayon noir** *ou* **à papier** Bleistift *m* ► **crayon optique** Lichtgriffel *m.*
crayon-feutre [kʀɛjɔ̃føtʀ] (*pl* ~**s-**~**s**) *nm* Filzstift *m.*
crayonner [kʀɛjɔne] *vt* (hin)kritzeln.
CRDP [seɛʀdepe] *sigle m* (= *Centre régional de documentation pédagogique*) Informationszentrum *für Lehrer.*
créance [kʀeɑ̃s] *nf* (*COMM*) Anspruch *m*; **donner** ~ **à qch** jdm Glaubwürdigkeit verleihen.
créancier, -ière [kʀeɑ̃sje, jɛʀ] *nm/f* Gläubiger(in) *m(f).*
créateur, -trice [kʀeatœʀ, tʀis] *adj* schöpferisch ♦ *nm/f* Schöpfer(in) *m(f)*; **le C**~ der Schöpfer.
créatif, -ive [kʀeatif, iv] *adj* kreativ, schöpferisch.
création [kʀeasjɔ̃] *nf* Schöpfung *f*; (*d'entreprise, emplois etc*) Schaffung *f*; (*nouvelle robe, voiture etc*) Kreation *f.*
créativité [kʀeativite] *nf* Kreativität *f.*
créature [kʀeatyʀ] *nf* Geschöpf *nt*, Lebewesen *nt.*
crécelle [kʀesɛl] *nf* Rassel *f.*
crèche [kʀɛʃ] *nf* (*de Noël*) Krippe *f*; (*garderie*) Kinderkrippe *f.*
crédence [kʀedɑ̃s] *nf* Anrichte *f.*
crédibilité [kʀedibilite] *nf* Glaubwürdigkeit *f.*
crédible [kʀedibl] *adj* glaubwürdig.
crédit [kʀedi] *nm* (*prêt*) Kredit *m*; (*d'un compte bancaire*) Guthaben *nt*; (*confiance, autorité*) Ansehen *nt*; ~**s** *nmpl* (*fonds*) Mittel *pl*, Gelder *pl*; **payer à** ~ in Raten zahlen; **acheter à** ~ auf Kredit kaufen; **faire** ~ **à qn** jdm Kredit geben *ou* gewähren.
crédit-bail [kʀedibaj] (*pl* ~**s-**~**s**) *nm* Leasing *nt*, Mietkauf *m.*
créditer [kʀedite] *vt:* ~ **un compte d'une somme** einem Konto einen Betrag gutschreiben.
créditeur, -trice [kʀeditœʀ, tʀis] *adj* (*personne*) kredithabend; (*compte, solde*) Kredit- ♦ *nm/f*

Schuldner(in) *m(f).*
credo [kʀedo] *nm* Glaubensbekenntnis *nt.*
crédule [kʀedyl] *adj* leichtgläubig.
crédulité [kʀedylite] *nf* Leichtgläubigkeit *f.*
créer [kʀee] *vt* schaffen; (*REL*) erschaffen; (*problème, besoins etc aussi*) verursachen; (*entreprise*) aufbauen; (*produit, marque*) herausbringen; (*THÉÂT: spectacle*) uraufführen; (: *rôle*) spielen.
crémaillère [kʀemajɛʀ] *nf* Zahnstange *f*; **direction à** ~ (*AUTO*) Zahnstangenlenkung *f*; **pendre la** ~ seinen Einzug im neuen Haus feiern.
crémation [kʀemasjɔ̃] *nf* Einäscherung *f.*
crématoire [kʀematwaʀ] *adj:* **four** ~ Krematorium *nt.*
crématorium [kʀematɔʀjɔm] *nm* Krematorium *nt.*
crème [kʀɛm] *nf* (*du lait*) Sahne *f*, Rahm *m*; (*de beauté, entremets*) Creme *f*; (*PHARM*) Salbe *f* ♦ *adj inv* cremefarben; **un (café)** ~ ein Kaffee *m* mit Milch ► **crème à raser** Rasiercreme *f* ► **crème Chantilly** *ou* **fouettée** Schlagsahne *f* ► **crème glacée** Eiscreme *f.*
crémerie [kʀɛmʀi] *nf* (*magasin*) Milchhandlung *f.*
crémeux, -euse [kʀemø, øz] *adj* sahnig.
crémier, -ière [kʀemje, ɛʀ] *nm/f* Milchmann *m*, Milchfrau *f.*
créneau, x [kʀeno] *nm* (*de fortification*) Zinne *f*; (*fig*) Lücke *f*; (*COMM: de vente*) Marktlücke *f*; **faire un** ~ (*AUTO*) sein Auto rückwärts (in eine Lücke) einparken.
créole [kʀeɔl] *adj* kreolisch ♦ *nm/f:* **C**~ Kreole *m*, Kreolin *f.*
crêpe [kʀɛp] *nf* (*galette*) (dünner) Pfannkuchen *m*, Crêpe *f* ♦ *nm* (*tissu*) Krepp *m*; (*de deuil*) Trauerflor *m*; **semelle (de)** ~ Kreppsohle *f* ► **crêpe de Chine** Crêpe de Chine *m.*
crêpé, e [kʀepe] *adj* (*cheveux*) toupiert.
crêperie [kʀɛpʀi] *nf* Crêperie *f.*
crépi [kʀepi] *nm* (Ver)putz *m.*
crépir [kʀepiʀ] *vt* verputzen.
crépitement [kʀepitmɑ̃] *nm* (*du feu*) Prasseln *nt*; (*d'une mitrailleuse*) Knattern *nt.*
crépiter [kʀepite] *vi* (*pluie*) prasseln; (*huile*) zischen; (*mitrailleuse*) knattern; (*radio*) knacken.
crépon [kʀepɔ̃] *nm* (*tissu*) Kräuselkrepp *m* ► **papier crépon** Kreppapier *nt.*
crépu, e [kʀepy] *adj* kraus, gekräuselt.
crépuscule [kʀepyskyl] *nm* (Abend)dämmerung *f.*
crescendo [kʀeʃɛndo] *nm* (*MUS*) Crescendo *nt* ♦ *adv* (*MUS*) crescendo; **aller** ~ anwachsen.
cresson [kʀesɔ̃] *nm* Brunnenkresse *f.*
Crète [kʀɛt] *nf:* **la** ~ Kreta *nt.*
crête [kʀɛt] *nf* Kamm *m.*
crétin, e [kʀetɛ̃, in] *nm/f* Schwachkopf *m*; (*péj*) Idiot *m.*
cretonne [kʀətɔn] *nf* Cretonne *f ou m.*
creuser [kʀøze] *vt* (*trou, tunnel*) graben; (*sol*) graben in +*dat*; (*fig: approfondir*) vertiefen; **se**

creuser *vpr*: **se ~ la cervelle** *ou* **la tête** sich *dat* den Kopf zerbrechen; **ça creuse** das macht Hunger.

creuset [kʀøzɛ] *nm* Schmelztiegel *m*.

creux, creuse [kʀø, kʀøz] *adj* hohl; (*fig*) leer ♦ *nm* Loch *nt*; (*sur graphique, dans statistiques*) Tief *nt*; **heures creuses** stille *ou* ruhige Zeit *f*, Flaute *f*; (*pour électricité, téléphone*) verbilligte Zeit.

crevaison [kʀəvɛzɔ̃] *nf* Reifenpanne *f*.

crevant, e [kʀəvɑ̃, ɑ̃t] (*fam*) *adj* (*fatigant*) ermüdend; (*amusant*) umwerfend komisch.

crevasse [kʀəvas] *nf* (*dans le sol*) Spalte *f*; (*de glacier*) Gletscherspalte *f*; (*sur la peau*) Schrunde *f*, Riß *m*.

crevé, e [kʀəve] *adj* (*pneu*) platt; **je suis ~** (*fam*) ich bin fix und fertig *ou* total kaputt.

crève-cœur [kʀɛvkœʀ] *nm inv*: **c'est un ~-~ pour lui** das zerreißt ihm das Herz.

crever [kʀəve] *vt* (*ballon, tambour*) zerplatzen lassen; (*pneu*) durchstechen ♦ *vi* (*pneu, automobiliste*) einen Platten haben; (*abcès, nuage*) aufbrechen; (*outre*) platzen; (*fam: mourir*) krepieren; **~ un œil à qn** jdm ein Auge ausstechen; **~ d'envie** vor Neid platzen; **~ de peur** vor Angst umkommen; **~ de faim/de soif/de froid** vor Hunger/Durst/Kälte beinahe umkommen; **~ l'écran** auf dem Bildschirm toll aussehen; **cela lui a crevé un œil** dadurch hat er ein Auge verloren; **ça crève les yeux** (*fig*) das fällt ins Auge.

crevette [kʀəvɛt] *nf*: **~ (rose)** Krabbe *f* ► **crevette grise** Garnele *f*, Krevette *f*.

cri [kʀi] *nm* Schrei *m*; **à grands ~s** lautstark; **~s d'enthousiasme** Begeisterungsschreie *pl*; **~s de protestation** Protestrufe *pl*; **c'est le dernier ~** das ist der letzte Schrei.

criant, e [kʀijɑ̃, kʀijɑ̃t] *adj* (*injustice*) schreiend.

criard, e [kʀijaʀ, kʀijaʀd] *adj* (*couleur*) schreiend, grell; (*voix*) schrill, kreischend.

crible [kʀibl] *nm* Sieb *nt*; **passer qch au ~** etw durchsieben.

criblé, e [kʀible] *adj*: **~ de** (*de balles*) durchlöchert von; **être ~ de dettes** bis über die Ohren in Schulden stecken.

cric [kʀik] *nm* Wagenheber *m*.

cricket [kʀikɛt] *nm* Kricket *nt*.

criée [kʀije] *nf*: **(vente à la) ~** Versteigerung *f*, Auktion *f*.

crier [kʀije] *vi* schreien; (*pour appeler*) rufen; (*fig: grincer*) quietschen ♦ *vt* (*ordre*) brüllen; (*injure*) ausstoßen; **sans ~ gare** ohne Vorwarnung; **~ au secours** um Hilfe rufen; **~ famine** über Hungersnot klagen; **~ grâce** um Gnade flehen; **~ au scandale** Krawall schlagen.

crieur [kʀijœʀ] *nm*: **~ de journaux** Zeitungsverkäufer *m* (auf der Straße).

crime [kʀim] *nm* Verbrechen *nt*.

Crimée [kʀime] *nf* Krim *f*.

criminalité [kʀiminalite] *nf* Kriminalität *f*.

criminel, le [kʀiminɛl] *adj* (*acte*) strafbar; (*poursuites; fig: blâmable*) kriminell; (*droit*) Kriminal- ♦ *nm/f* Kriminelle(r) *f(m)*, Verbrecher(in) *m(f)* ► **criminel de guerre** Kriegsverbrecher *m*.

criminologie [kʀiminɔlɔʒi] *nf* Kriminologie *f*.

criminologue [kʀiminɔlɔg] *nm/f* Kriminologe *m*, Kriminologin *f*.

crin [kʀɛ̃] *nm* (Mähnen)haar *nt*; (*fibre*) Roßhaar *nt*; **à tous ~s** *ou* **tout ~** durch und durch, mit Haut und Haar.

crinière [kʀinjɛʀ] *nf* Mähne *f*.

crique [kʀik] *nf* kleine Bucht *f*.

criquet [kʀikɛ] *nm* Grille *f*.

crise [kʀiz] *nf* Krise *f*; (*MÉD*) Anfall *m* ► **crise cardiaque** Herzanfall *m* ► **crise de foie** Leberbeschwerden *pl* ► **crise de nerfs** Nervenanfall *m*.

crispant, e [kʀispɑ̃, ɑ̃t] *adj* ärgerlich.

crispation [kʀispasjɔ̃] *nf* (*spasme*) Zucken *nt*; (*contraction*) Zusammenziehen *nt*.

crispé, e [kʀispe] *adj* angespannt.

crisper [kʀispe] *vt* (*visage*) verzerren; (*muscle*) anspannen; (*poings*) ballen; **se crisper** *vpr* (*sourire, visage*) sich verkrampfen; (*poing*) sich ballen.

crissement [kʀismɑ̃] *nm* (*des pneus*) Quietschen *nt*.

crisser [kʀise] *vi* (*neige*) knirschen; (*pneu*) quietschen; (*tissu*) rascheln.

cristal, -aux [kʀistal, o] *nm* Kristall *nt*; **cristaux** *nmpl* (*objets de verre*) Kristall ► **cristal de plomb** Bleikristall *nt* ► **cristal de roche** Bergkristall *nt* ► **cristaux de soude** Waschsoda *nt*.

cristallin, e [kʀistalɛ̃, in] *adj* kristallklar ♦ *nm* (*ANAT*) Augenlinse *f*.

cristalliser [kʀistalize] *vi* (*aussi*: **se ~**) sich kristallisieren ♦ *vt* (*CHIM*) kristallisieren.

critère [kʀitɛʀ] *nm* Kriterium *nt*.

critérium [kʀiteʀjɔm] *nm* Ausscheidungswettkampf *m*.

critiquable [kʀitikabl] *adj* tadelnswert.

critique [kʀitik] *adj* kritisch ♦ *nm/f* Kritik *f* ♦ *nm/f* (*de théâtre, musique*) Kritiker(in) *m(f)*; **la ~** (*personnes*) die Kritiker *pl*.

critiquer [kʀitike] *vt* (*dénigrer*) kritisieren; (*évaluer, juger*) (*kritisch*) beurteilen.

croasser [kʀɔase] *vi* krächzen.

croate [kʀɔat] *adj* kroatisch; **C~** *nm/f* Kroate *m*, Kroatin *f*.

Croatie [kʀɔasi] *nf*: **la ~** Kroatien *nt*.

croc [kʀo] *nm* (*dent*) Zahn *m*; (*de boucher*) Haken *m*.

croc-en-jambe [kʀɔkɑ̃ʒɑ̃b] (*pl* **~s-~-~**) *nm*: **faire un ~-~-~ à qn** jdm ein Bein stellen.

croche [kʀɔʃ] *nf* Achtel(note *f*) *nt*; **double/triple ~** Sechzehntel-/Zweiunddreißigstel(note *f*) *nt*.

croche-pied [kʀɔʃpje] (*pl* **~-~s**) *nm* = **croc-en-jambe**.

crochet [kʀɔʃɛ] *nm* Haken *m*; (*tige, clef*) Dietrich *m*; (*détour*) Abstecher *m*; (*TRICOT: aiguille*) Häkelnadel *f*; (: *technique*) Häkeln *nt*; **~s** *nmpl* (*TYPO*) eckige Klammern *pl*; **vivre aux**

~s de qn auf jds Kosten *acc* leben; ~ du gauche (*BOXE*) linker Haken.

crocheter [kʀɔʃte] *vt* (*serrure*) mit dem Dietrich öffnen.

crochu, e [kʀɔʃy] *adj* (*nez*) Haken-; (*mains, doigts*) verkrümmt.

crocodile [kʀɔkɔdil] *nm* Krokodil *nt*; (*peau*) Krokodilleder *nt.*

crocus [kʀɔkys] *nm* Krokus *m.*

croire [kʀwaʀ] *vt* glauben; (*personne*) glauben +*dat*; **se croire** *vpr*: **se** ~ **fort** sich für stark halten, denken, daß man stark ist; ~ **que** glauben, daß; ~ **à** *ou* **en** glauben an +*acc*; ~ **en Dieu** an Gott glauben; ~ **qn honnête** jdn für ehrlich halten; **je n'aurais pas cru cela de lui** das hätte ich von ihm nicht gedacht *ou* geglaubt; **vous croyez?** wirklich?; ~ **bien faire** es gut meinen.

croîs [kʀwa] *vb voir* **croître.**

croisade [kʀwazad] *nf* Kreuzzug *m.*

croisé, e [kʀwaze] *adj* (*race*) gekreuzt; (*pull, veste*) zweireihig ♦ *nm* (*guerrier*) Kreuzritter *m.*

croisée [kʀwaze] *nf* (*fenêtre*) Fensterrahmen *m*; **à la** ~ **des chemins** an der Kreuzung ► **croisée d'ogives** Spitzbogen *m.*

croisement [kʀwazmɑ̃] *nm* Kreuzung *f.*

croiser [kʀwaze] *vt* (*personne, voiture*) begegnen +*dat*; (*route*; *BIOL*) kreuzen; (*jambes*) übereinanderschlagen; (*bras*) verschränken ♦ *vi* (*NAUT*) kreuzen; **se croiser** *vpr* (*personnes, véhicules*) einander begegnen; (*routes, lettres, regards*) sich kreuzen; **se** ~ **les bras** (*fig*) die Hände in den Schoß legen.

croiseur [kʀwazœʀ] *nm* Kreuzer *m.*

croisière [kʀwazjɛʀ] *nf* Kreuzfahrt *f*; **vitesse de** ~ Reisegeschwindigkeit *f.*

croisillon [kʀwazijɔ̃] *nm*: **motif à** ~**s** Gittermuster *nt*; **fenêtre à** ~**s** Sprossenfenster *nt.*

croissais [kʀwasɛ] *vb voir* **croître.**

croissance [kʀwasɑ̃s] *nf* Wachstum *nt*; **troubles** *ou* **maladie de** ~ Wachstumsstörungen *pl* ► **croissance économique** Wirtschaftswachstum *nt.*

croissant, e [kʀwasɑ̃, ɑ̃t] *vb voir* **croître** ♦ *adj* wachsend, zunehmend; (*chaleur*) steigend ♦ *nm* (*gâteau*) Croissant *nt*, Hörnchen *nt*; (*motif*) Mondsichel *f* ► **croissant de lune** Mondsichel *f.*

croître [kʀwatʀ] *vi* wachsen; (*lune, fig*) zunehmen; (*jours*) länger werden.

croix [kʀwa] *nf* Kreuz *nt*; **en** ~ über kreuz, kreuzweise ► **la Croix Rouge** das Rote Kreuz.

croquant, e [kʀɔkɑ̃, ɑ̃t] *adj* (*pomme*) knackig; (*croûte*) knusprig ♦ *nm* (*péj*) Tölpel *m*, Tollpatsch *m.*

croque-madame [kʀɔkmadam] *nm inv* überbackener Käsetoast mit Schinken und Spiegelei.

croque-mitaine [kʀɔkmitɛn] (*pl* ~-~**s**) *nm* Buhmann *m.*

croque-monsieur [kʀɔkməsjø] *nm inv* überbackener Käsetoast mit Schinken.

croque-mort [kʀɔkmɔʀ] (*pl* ~-~**s**: *fam*) *nm* Sargträger *m.*

croquer [kʀɔke] *vt* (*manger*) knabbern, knuspern; (*dessiner*) skizzieren ♦ *vi* knirschen; **chocolat à** ~ Bitterschokolade *f.*

croquet [kʀɔkɛ] *nm* Krocket(spiel) *nt.*

croquette [kʀɔkɛt] *nf* Krokette *f.*

croquis [kʀɔki] *nm* Skizze *f.*

cross(-country) [kʀɔs(kuntʀi)] *nm* Querfeldeinrennen *nt*, Geländelauf *m.*

crosse [kʀɔs] *nf* (*de fusil*) Kolben *m*; (*de revolver*) Griff *m*; (*d'évêque*) Stab *m*; (*de hockey*) Schläger *m.*

crotale [kʀɔtal] *nm* Klapperschlange *f.*

crotte [kʀɔt] *nf* Kot *m*; ~! (*fam*) Mist!

crotté, e [kʀɔte] *adj* schmutzig, verdreckt.

crottin [kʀɔtɛ̃] *nm* (*de cheval*) Pferdeäpfel *pl*; (*fromage*) kleiner Ziegenkäse.

croulant, e [kʀulɑ̃, ɑ̃t] (*fam*) *nm/f* Grufti *m.*

crouler [kʀule] *vi* (*s'effondrer*) einstürzen; (*être délabré*) verfallen; ~ **sous (le poids de) qch** unter dem Gewicht einer Sache *gén* zusammenbrechen.

croupe [kʀup] *nf* Kruppe *f*; **monter en** ~ hinten aufsitzen.

croupi, e [kʀupi] *adj* faulig.

croupier [kʀupje] *nm* Croupier *m.*

croupion [kʀupjɔ̃] *nm* Bürzel *nt.*

croupir [kʀupiʀ] *vi* (*eau*) faulig werden; (*fig: personne*) stillschen, stagnieren.

CROUS [kʀus] *sigle m* (= *Centre régional des œuvres universitaires et scolaires*) Schüler- und Studentenvertretung.

croustade [kʀustad] *nf* Überbackene(s) *nt.*

croustillant, e [kʀustijɑ̃, ɑ̃t] *adj* knusprig; (*fig: histoire*) pikant.

croustiller [kʀustije] *vi* knusprig sein.

croûte [kʀut] *nf* (*du fromage*) Rinde *f*; (*du pain*) Kruste *f*; (*de vol-au-vent*) Pastete *f*; (*couche*) Schicht *f*; (*MÉD*) Schorf *m*; (*péj: peinture*) Kleckserei *f*; **en** ~ (*CULIN*) im Teigmantel ► **croûte au fromage** Käsetoast *m* ► **croûte aux champignons** Champignontoast *m* ► **croûte de pain** (*morceau*) Stückchen *nt* Brot ► **croûte terrestre** Erdkruste *f.*

croûton [kʀutɔ̃] *nm* (*CULIN*) Crouton *m*; (*bout du pain*) Brotkanten *m.*

croyable [kʀwajabl] *adj* glaubwürdig.

croyais [kʀwajɛ] *vb voir* **croire.**

croyance [kʀwajɑ̃s] *nf* Glaube *m.*

croyant, e [kʀwajɑ̃, ɑ̃t] *vb voir* **croire** ♦ *adj* (*REL*): **être/ne pas être** ~ gläubig/ungläubig sein ♦ *nm/f* (*REL*) Gläubige(r) *f(m).*

CRS [seɛʀɛs] *sigle m* (= *Compagnies républicaines de sécurité*) ≈ Bereitschaftspolizist *m.*

cru, e [kʀy] *pp de* **croire** ♦ *adj* (*non cuit*) roh; (*lumière, couleur*) grell; (*description*) grob; (*paroles, langage: franc*) unverblümt; (= *grossier*) derb ♦ *nm* (*vignoble*) (Wein)lage *f*; (*vin*) Wein(sorte) *f*) *m*; **c'est de son (propre)** ~ (*fig*) es stammt von ihm/ihr; **du** ~ aus der Gegend.

crû [kʀy] *pp de* **croître**.

cruauté [kʀyote] *nf* Grausamkeit *f*.

cruche [kʀyʃ] *nf* Krug *m*.

crucial, e, -aux [kʀysjal, jo] *adj* entscheidend.

crucifier [kʀysifje] *vt* kreuzigen.

crucifix [kʀysifi] *nm* Kruzifix *nt*.

crucifixion [kʀysifiksjɔ̃] *nf* Kreuzigung *f*.

cruciforme [kʀysifɔʀm] *adj* kreuzförmig.

cruciverbiste [kʀysivɛʀbist] *nm/f* Kreuzworträtselfanatiker(in) *m(f)*.

crudité [kʀydite] *nf* (*d'un éclairage, d'une couleur*) Grelle *nt*; ~**s** *nfpl* (*CULIN*) Rohkostplatte *f* (*als Vorspeise*).

crue [kʀy] *adj f voir* **cru** ♦ *nf* (*d'un cours d'eau*) Hochwasser *nt*; **être en** ~ Hochwasser führen.

cruel, le [kʀyɛl] *adj* grausam; (*froid aussi*) bitter.

cruellement [kʀyɛlmɑ̃] *adv* grausam.

crûment [kʀymɑ̃] *adv* (*nettement*) offen heraus, unverblümt; (*grossièrement*) derb.

crus *etc* [kʀy] *vb voir* **croire**.

crûs *etc* [kʀy] *vb voir* **croître**.

crustacés [kʀystase] *nmpl* Schaltiere *pl*; (*CULIN*) Meeresfrüchte *pl*.

crypte [kʀipt] *nf* Krypta *f*.

crypté, e [kʀipte] *adj* (*chaîne de TV*) kodiert; (*message*) verschlüsselt.

CSA [seesa] *sigle f* (= *Conseil supérieur de l'audiovisuel*) Fernseh-Aufsichtsgremium.

CSCE [seessəa] *sigle f* (= *Conférence sur la sécurité et la coopération en Europe*) KSZE *f*.

CSG [seesʒe] *sigle f* (= *contribution sociale généralisée*) zusätzliche Sozialabgabe.

Cuba [kyba] *nf ou m* Kuba *nt*.

cubage [kybaʒ] *nm* Rauminhalt *m*.

cubain, e [kybɛ̃, ɛn] *adj* kubanisch ♦ *nm/f*: **C~, e** Kubaner(in) *m(f)*.

cube [kyb] *nm* Würfel *m*; (*jouet*) Bauklotz *m*; **élever au** ~ (*MATH*) in die dritte Potenz erheben, hoch drei nehmen; **2 au** ~ = **8** 2 hoch 3 = 8; **mètre** ~ Kubikmeter *m*; **gros** ~ schweres Motorrad *nt*.

cubique [kybik] *adj* würfelförmig.

cubisme [kybism] *nm* Kubismus *m*.

cubiste [kybist] *nm/f* Kubist(in) *m(f)*.

cubitus [kybitys] *nm* Elle *f*.

cueillette [kœjɛt] *nf* Ernte *f*.

cueillir [kœjiʀ] *vt* pflücken; (*fam*) fangen.

cuiller [kɥijɛʀ] *nf* Löffel *m* ▶ **cuiller à café** Kaffeelöffel, Teelöffel ▶ **cuiller à soupe** Eßlöffel.

cuillère [kɥijɛʀ] *nf* = **cuiller**.

cuillerée [kɥijʀe] *nf* Löffel *m*; **une** ~ **à soupe/café** de ein Eßlöffel *m*/Teelöffel *m*.

cuir [kɥiʀ] *nm* Leder *nt*; (*avant tannage*) Haut *f* ▶ **cuir chevelu** Kopfhaut *f*.

cuirasse [kɥiʀas] *nf* Harnisch *m*.

cuirassé [kɥiʀase] *nm* Schlachtschiff *nt*.

cuire [kɥiʀ] *vt* (*aliments*) kochen; (*au four*) backen; (*poterie*) brennen ♦ *vi* kochen; **bien cuit** (*viande*) gut durch; **trop cuit** zu stark gebraten; **pas assez cuit** nicht durch; **cuit à**

point medium.

cuisant, e [kɥizɑ̃, ɑ̃t] *vb voir* **cuire** ♦ *adj* (*douleur*) stechend, brennend; (*souvenir, échec*) schmerzlich.

cuisine [kɥizin] *nf* Küche *f*; (*nourriture*) Kost *f*; **faire la** ~ kochen.

cuisiné, e [kɥizine] *adj*: **plat** ~ Fertiggericht *nt*.

cuisiner [kɥizine] *vt* zubereiten; (*fam: interroger*) ins Gebet *ou* Verhör nehmen ♦ *vi* kochen.

cuisinette [kɥizinɛt] *nf* Kochnische *f*.

cuisinier, -ière [kɥizinje, jɛʀ] *nm/f* Koch *m*, Köchin *f*.

cuisinière [kɥizinjɛʀ] *nf* (*fourneau*) (Küchen)herd *m*.

cuissardes [kɥisaʀd] *nfpl* (*de pêcheur*) Watstiefel *pl*; (*de femme*) Schaftstiefel *pl*.

cuisse [kɥis] *nf* Oberschenkel *m*; (*CULIN: de mouton, poulet*) Keule *f*.

cuisson [kɥisɔ̃] *nf* Kochen *nt*; (*temps*) Kochzeit *f*; (*de poterie*) Brennen *nt*.

cuissot [kɥiso] *nm* Keule *f*.

cuistre [kɥistʀ] *nm* (*péj*) Pedant *m*.

cuit, e [kɥi, kɥit] *pp de* **cuire** ♦ *adj* (*légumes*) gekocht; (*pain*) gebacken; **bien** ~ (*viande*) gut gebraten *ou* durch.

cuite [kɥit] (*fam*) *nf*: **prendre une** ~ sich besaufen.

cuivre [kɥivʀ] *nm* Kupfer *nt*; **les** ~**s** (*MUS*) das Blech, die Blechbläser *pl* ▶ **cuivre jaune** Messing *nt* ▶ **cuivre rouge** Kupfer.

cuivré, e [kɥivʀe] *adj* (*teint, peau*) bräunlich; (*reflet*) kupferfarben, kupferrot.

cul [ky] (*fam!*) *nm* Arsch *m* (*fam!*) ▶ **cul de bouteille** Flaschenboden *m*.

culasse [kylas] *nf* (*AUTO*) Zylinderkopf *m*; (*de fusil*) Verschluß *m*.

culbute [kylbyt] *nf* (*en jouant*) Purzelbaum *m*; (*accidentelle*) Sturz *m*.

culbuter [kylbyte] *vi* (*tomber*) hinfallen, hinpurzeln.

culbuteur [kylbytœʀ] *nm* (*AUTO*) Unterbrecherhebel *m*.

cul-de-jatte [kydʒat] (*pl* ~**s**-~-~) *nm* Krüppel *m* (*ohne Beine*).

cul-de-sac [kydsak] (*pl* ~**s**-~-~) *nm* Sackgasse *f*.

culinaire [kylinɛʀ] *adj* kulinarisch.

culminant [kylminɑ̃] *adj*: **point** ~ höchster Punkt *m*.

culminer [kylmine] *vi* den höchsten Punkt erreichen; (*fig*) seinen Höhepunkt erreichen, gipfeln.

culot [kylo] *nm* (*d'ampoule*) Sockel *m*; (*effronterie*) Frechheit *f*; **il a du** ~ der hat vielleicht Nerven.

culotte [kylɔt] *nf* (*pantalon*) Kniehose *f*; **petite** ~ (*slip*) Schlüpfer *m*, Unterhose *f* ▶ **culotte de cheval** Reithose *f*.

culotté, e [kylɔte] *adj* (*pipe*) geschwärzt; (*cuir*) abgegriffen; (*effronté*) frech.

culpabiliser [kylpabilize] *vt*: ~ **qn** jdm Schuldgefühle geben.

culpabilité [kylpabilite] *nf* Schuld *f*.
culte [kylt] *nm* Verehrung *f*, Kult *m*; *(service)* Gottesdienst *m*.
cultivable [kyltivabl] *adj* kultivierbar, bebaubar.
cultivateur, -trice [kyltivatœʀ, tʀis] *nm/f* Landwirt(in) *m(f)*.
cultivé, e [kyltive] *adj (terre)* bebaut; *(personne)* kultiviert, gebildet.
cultiver [kyltive] *vt (terre)* bebauen, bestellen; *(légumes etc)* anbauen, anpflanzen; *(esprit, mémoire)* entwickeln.
culture [kyltyʀ] *nf* Kultur *f*; *(du blé etc)* Anbau *m*; ~s bebaute Felder *pl* ► **culture physique** Leibesübungen *pl*.
culturel, le [kyltyʀɛl] *adj* kulturell, Kultur-.
culturisme [kyltyʀism] *nm* Bodybuilding *nt*.
culturiste [kyltyʀist] *nm/f* Bodybuilder(in) *m(f)*.
cumin [kymɛ̃] *nm* Kümmel *m*.
cumul [kymyl] *nm* Anhäufung *f* ► **cumul de peines** Strafhäufung *f*.
cumulable [kymylabl] *adj* kombinierbar.
cumuler [kymyle] *vt (emplois, honneurs)* gleichzeitig innehaben; *(salaires)* gleichzeitig beziehen; *(droits)* anhäufen.
cupide [kypid] *adj* gierig, habgierig.
cupidité [kypidite] *nf* Habgier *f*.
curable [kyʀabl] *adj* heilbar.
curaçao [kyʀaso] *nm* Curaçao *m*.
curare [kyʀaʀ] *nm* Curare *nt*.
curatif, -ive [kyʀatif, iv] *adj* heilend, Heil-.
cure [kyʀ] *nf* Kur *f*; *(maison)* Pfarrhaus *nt*; **faire une ~ de fruits** eine Obstkur machen; **n'avoir ~ de** sich nicht kümmern um ► **cure d'amaigrissement** Abmagerungs- *ou* Schlankheitskur *f* ► **cure de repos** Liegekur *f* ► **cure de sommeil** Schlafkur *f* ► **cure thermale**: **faire une ~ thermale** eine Badekur machen.
curé [kyʀe] *nm* Pfarrer *m*.
cure-dent [kyʀdɑ̃] *(pl* ~-~s*) nm* Zahnstocher *m*.
curée [kyʀe] *nf (fig)* Kampf *m* um die Beute.
cure-ongles [kyʀɔ̃gl] *nm inv* Nagelreiniger *m*.
cure-pipe [kyʀpip] *(pl* ~-~s*) nm* Pfeifenreiniger *m*.
curer [kyʀe] *vt* säubern, reinigen; **se curer** *vpr*: **se ~ les dents** in den Zähnen stochern.
curetage [kyʀtaʒ] *nm* Ausschabung *f*.
curieusement [kyʀjøzmɑ̃] *adv* merkwürdigerweise.
curieux, -euse [kyʀjø, jøz] *adj (étrange)* eigenartig, seltsam; *(indiscret, intéressé)* neugierig ♦ *nmpl (badauds)* Schaulustige *pl*, Gaffer *pl*.
curiosité [kyʀjozite] *nf (indiscrète)* Neugier(de) *f*; *(objet)* Kuriosität *f*; *(site)* Sehenswürdigkeit *f*; *(intellectuelle)* Wißbegier(de) *f*.
curiste [kyʀist] *nm/f* Kurgast *m*.
curriculum vitae [kyʀikylɔmvite] *nm inv* Lebenslauf *m*.
curry [kyʀi] *nm* Curry *m ou nt*; **poulet au ~** Curryhuhn *nt*.
curseur [kyʀsœʀ] *nm (INFORM)* Cursor *m*; *(de règle, de fermeture éclair)* Schieber *m*.

cursif, -ive [kyʀsif, iv] *adj*: **écriture cursive** kursive Schrift *f*.
cursus [kyʀsys] *nm* Universitätsstudium *nt*.
curviligne [kyʀviliɲ] *adj* kurvenförmig.
cutané, e [kytane] *adj* Haut-.
cuti-réaction [kytiʀeaksjɔ̃] *(pl* ~-~s*) nf* Hauttest *m*.
cuve [kyv] *nf* Bottich *m*; *(à mazout etc)* Tank *m*.
cuvée [kyve] *nf* Jahrgang *m*.
cuvette [kyvɛt] *nf (récipient)* Becken *nt*, Schüssel *f*; *(du lavabo)* Waschbecken; *(des W.-C.)* Schüssel; *(GÉO)* Becken, Mulde *f*.
CV [seve] *sigle* = **cheval-vapeur; curriculum vitae.**
cyanure [sjanyʀ] *nm* Zyanid *nt*.
cybernétique [sibɛʀnetik] *nf* Kybernetik *f*.
cyclable [siklabl] *adj*: **piste ~** Radweg *m*.
cyclamen [siklamɛn] *nm (BOT)* Alpenveilchen *nt*.
cycle [sikl] *nm* Zyklus *m*, Kreislauf *m*; *(vélo)* (Fahr)rad *nt*; **1er/2ème ~** ≈ Unter-/Mittelstufe *f*.
cyclique [siklik] *adj* zyklisch.
cyclisme [siklism] *nm* Radfahren *nt*; *(SPORT)* Radrennfahren *nt*.
cycliste [siklist] *nm/f* Radfahrer(in) *m(f)* ♦ *adj*: **coureur ~** Radrennfahrer(in) *m(f)*.
cyclo-cross [siklokʀɔs] *nm inv (SPORT)* Querfeldein(rad)fahren *nt*; *(épreuve)* Querfeldein(rad)rennen *nt*.
cyclomoteur [siklomotœʀ] *nm* Mofa *nt (bis 50 Kubik)*.
cyclomotoriste [siklomotɔʀist] *nm/f* Mofafahrer(in) *m(f)*.
cyclone [siklon] *nm* Zyklon *m*, Wirbelsturm *m*.
cyclotourisme [siklotuʀism(ə)] *nm* Fahrradtourismus *m*.
cygne [siɲ] *nm* Schwan *m*.
cylindre [silɛ̃dʀ] *nm* Zylinder *m*; **moteur à 4 ~s** 4-Zylinder-Motor *m*.
cylindrée [silɛ̃dʀe] *nf* Hubraum *m*; **une grosse ~** ein Auto *nt* mit großem Hubraum.
cylindrique [silɛ̃dʀik] *adj* zylindrisch.
cymbale [sɛ̃bal] *nf* Becken *nt*.
cynique [sinik] *adj* zynisch.
cyniquement [sinikmɑ̃] *adv* zynisch.
cynisme [sinism] *nm* Zynismus *m*.
cyprès [sipʀɛ] *nm* Zypresse *f*.
cypriote [sipʀijɔt] *adj* zypriotisch.
cyrillique [siʀilik] *adj* kyrillisch.
cystite [sistit] *nf* Blasenentzündung *f*.
cytise [sitiz] *nm* Goldregen *m*.
cytologie [sitɔlɔʒi] *nf* Zytologie *f*.

D, d

D, d [de] *nm inv* (*lettre*) D, d *nt*; ~ **comme Désirée** ≈ D wie Dora.

d' [d] *prép voir* **de**.

dactylo [daktilo] *nf* (*dactylographe*) Stenotypistin *f*; (*dactylographie*) Maschineschreiben *nt*.

dactylographier [daktilɔgʀafje] *vt* mit der Maschine schreiben.

dada [dada] *nm* (*marotte*) Steckenpferd *nt*.

dadais [dadɛ] *nm* Tolpatsch *m*.

dague [dag] *nf* Dolch *m*.

dahlia [dalja] *nm* Dahlie *f*.

dahoméen, ne [daɔmeɛ̃, ɛn] *adj* dahomeisch.

Dahomey [daɔme] *nm*: **le** ~ Dahome *nt*.

daigner [deɲe] *vt* sich herablassen zu; ~ **faire qch** sich (dazu) herablassen, etw zu tun.

daim [dɛ̃] *nm* (*ZOOL*) Damhirsch *m*; (*peau*) Wildleder *nt*.

dais [dɛ] *nm* Baldachin *m*.

Dakar [dakaʀ] *n* Dakar *nt*.

dallage [dalaʒ] *nm* (*sol*) Fliesenboden *m*.

dalle [dal] *nf* (Stein)platte *f*, Fliese *f*.

daller [dale] *vt* mit Platten belegen *ou* auslegen.

Dalmatie [dalmasi] *nf*: **la** ~ Dalmatien *nt*.

dalmatien [dalmasjɛ̃] *nm* (*chien*) Dalmatiner *m*.

daltonien, ne [daltɔnjɛ̃, jɛn] *adj* farbenblind ♦ *nm/f* Farbenblinde(r) *f(m)*.

daltonisme [daltɔnism] *nm* Farbenblindheit *f*.

dam [dɑ̃] *nm*: **au grand** ~ **de** (*au détriment de*) sehr zum Nachteil von; (*au déplaisir de*) sehr zum Ärgernis von.

damas [dama(s)] *nm* (*étoffe*) Damast *m*.

damassé, e [damase] *adj* damastartig.

dame [dam] *nf* Dame *f*; ~**s** *nfpl* (*jeu*) Dame(spiel) *nt*; **les (toilettes des)** ~**s** die Damentoiletten *pl*; **jouer aux** ~**s** Dame spielen ► **dame de compagnie** Gesellschaftsdame *f*.

dame-jeanne [damʒan] (*pl* ~**s-**~**s**) *nf* Korbflasche *f*.

damer [dame] *vt* (*sol, piste*) feststampfen; ~ **le pion à qn** jdn ausstechen, jdm den Rang ablaufen.

damier [damje] *nm* (*échiquier*) Schachbrett *nt*; (*dessin*) Schachbrettmuster *nt*; **en** ~ im Schachbrettmuster.

damner [dane] *vt* verdammen.

dancing [dɑ̃siŋ] *nm* Tanzlokal *nt*.

dandinement [dɑ̃dinmɑ̃] *nm* Schwanken *nt*.

dandiner [dɑ̃dine]: **se** ~ *vpr* hin- und herschwanken; (*en marchant*) schaukelnd gehen.

dandy [dɑ̃di] *nm* Dandy *m*.

Danemark [danmaʀk] *nm*: **le** ~ Dänemark *nt*.

danger [dɑ̃ʒe] *nm* Gefahr *f*; **être en** ~ in Gefahr sein; **mettre en** ~ gefährden; **être hors de** ~ außer Gefahr sein ► **danger de mort** Lebensgefahr *f*.

dangereusement [dɑ̃ʒʀøzmɑ̃] *adv* gefährlich.

dangereux, -euse [dɑ̃ʒʀø, øz] *adj* gefährlich.

danois, e [danwa, waz] *adj* dänisch ♦ *nm* (*LING*) Dänisch *nt*; (*chien*) dänische Dogge *f* ♦ *nm/f*: **D**~, **e** Däne *m*, Dänin *f*.

MOT-CLÉ

dans [dɑ̃] *prép* **1** (*lieu: sans mouvement*) in +*dat*; **dans le tiroir** in der Schublade; **dans l'enveloppe** im Umschlag; **dans la rue** auf der Straße; **je l'ai lu dans un journal** ich habe es in der Zeitung gelesen
2 (*lieu: avec mouvement*) in +*acc*; **mettre une lettre dans une enveloppe** einen Brief in einen Umschlag stecken; **dans la rue** auf die Straße; **monter dans une voiture/le bus** in ein Auto/den Bus einsteigen; **elle a couru dans le salon** sie ist ins Wohnzimmer gelaufen
3 (*lieu: provenance*) aus; **je l'ai pris dans le tiroir/salon** ich habe es aus der Schublade/ dem Wohnzimmer geholt; **boire dans un verre** aus einem Glas trinken
4 (*temps*) in +*dat*; **dans deux mois** in zwei Monaten; **dans quelques instants** in einigen Augenblicken; **dans quelques jours** in einigen Tagen; **il part dans quinze jours** er fährt in vierzehn Tagen ab
5 (*approximation*) ungefähr; **dans les 20 F/4 mois** etwa 20F/4 Monate
6: **dans le but de faire qch** in *ou* mit der Absicht, etw zu tun.

dansant, e [dɑ̃sɑ̃, ɑ̃t] *adj*: **soirée** ~**e** Tanzabend *m*; (*bal*) Ball *m*.

danse [dɑ̃s] *nf* Tanz *m*; (*activité*) Tanzen *nt* ► **danse du ventre** Bauchtanz *m*.

danser [dɑ̃se] *vt, vi* tanzen.

danseur, -euse [dɑ̃sœʀ, øz] *nm/f* Tänzer(in) *m(f)*; **en danseuse** (*cyclisme*) in den Pedalen stehend ► **danseur de claquettes** Steptänzer(in) *m(f)*.

Danube [danyb] *nm* Donau *f*.

DAO [deao] *sigle m* (= *dessin assisté par ordinateur*) CAD *nt*.

dard [daʀ] *nm* (*ZOOL*) Stachel *m*.

Dardanelles [daʀdanɛl] *nfpl* Dardanellen *pl*.

darder [daʀde] *vt* (*regard*) werfen; (*rayon*) aussenden.

dare-dare [daʀdaʀ] (*fam*) *adv* auf die Schnelle.

darne [daʀn] *nf* (Fisch)steak *nt*.

darse [daʀs] *nf* Hafenbecken *nt*.

dartre [daʀtʀ] *nf* (Pilz)flechte *f*.

datation [datasjɔ̃] *nf* Datieren *nt*.

date [dat] *nf* Datum *nt*; **de longue** ~ seit vielen Jahren; (*amis*) langjährig; **le premier en** ~ der erste; **prendre** ~ **(avec qn)** (mit jdm) einen Termin ausmachen; **faire** ~ Epoche machen ► **date limite** (Schluß)termin *m*; (*de vente*) Haltbarkeitsdatum *nt* ► **date de naissan-**

ce Geburtsdatum _nt._

dater [date] _vt_ datieren ♦ _vi_ (_être démodé_) veraltet sein; ~ **de** (_remonter à_) stammen aus; **à** ~ **de juin** von Juni an.

dateur [datœʀ] _nm_ (_timbre_) Datumsstempel _m;_ (_de montre_) Datumsanzeige _f._

datif [datif] _nm_ Dativ _m._

datte [dat] _nf_ Dattel _f._

dattier [datje] _nm_ Dattelpalme _f._

daube [dob] _nf:_ **bœuf en** ~ Rinderschmorbraten _m_ (_in Rotwein_).

dauphin [dofɛ̃] _nm_ (_ZOOL_) Delphin _m;_ (_HIST_) Dauphin _m;_ (_fig_) Kronprinz _m._

Dauphiné [dofine] _nm:_ **le** ~ die Dauphiné _f._

dauphinois, e [dofinwa, waz] _adj_ aus der Dauphiné; **gratin** ~ Kartoffelgratin _nt._

daurade [dɔʀad] _nf_ Goldbrasse _f._

davantage [davɑ̃taʒ] _adv_ (_plus_) mehr; (_plus longtemps_) länger; ~ **de** mehr; ~ **que** mehr als; (_plus longtemps que_) länger als.

DCA [desea] _sigle f_ (= _défense contre avions_) Flugabwehr _f._

DDASS [das] _sigle f_ (= _Direction départementale de l'action sanitaire et sociale_) ≈ Sozialamt _nt._

DDT [dedete] _sigle m_ (= _dichloro-diphényl-trichloréthane_) DDT _nt._

================== _MOT-CLÉ_ ==================

de [də] (_de +le_ = **du**, _de +les_ = **des**) _prép_ **1** (_appartenance_) +gén; **le toit de la maison** das Dach des Hauses; **la voiture d'Anna** Annas Auto; **la voiture de mes parents** das Auto meiner Eltern

2 (_moyen_): **suivre des yeux** mit den Augen folgen

3 (_provenance, point de départ_) aus; **il vient de Londres/d'Angleterre** er kommt aus London/England; **elle est sortie du cinéma** sie kam aus dem Kino; **de Paris à Nice** von Paris nach Nizza; **de la table à la fenêtre** vom Tisch (bis) zum Fenster; **tomber du ciel** vom Himmel fallen; **sauter du toit** vom Dach springen; **de 14 à 18 heures** von 14 bis 18 Uhr

4 (_caractérisation, mesure_): **un mur de brique** eine Mauer aus Backsteinen, eine Backsteinmauer; **un bureau d'acajou** ein Schreibtisch aus Mahagoni, ein Mahagonischreibtisch; **un billet de 50 F** eine 50F-Note; **12 mois de crédit/travail** 12 Monate Kredit/Arbeit; **3 jours de libres** 3 Tage frei; **une pièce de 2m de large** _ou_ **large de 2m** ein 2m breites Zimmer; **un bébé de 10 mois** ein 10 Monate altes Baby; **un séjour de deux ans** ein Aufenthalt von zwei Jahren, ein zweijähriger Aufenthalt; **augmenter de 10 F** 10F teurer werden; **être payé 20 F de l'heure** 20F pro Stunde _ou_ die Stunde bekommen; **de nos jours** heutzutage

5 (_cause_): **elle est morte d'une pneumonie** sie ist an einer Lungenentzündung gestorben; **elle est morte de peur** sie ist starr vor Schreck

6 (_avec infinitif_) zu; **il refuse de parler** er wei-

gert sich, zu reden; **il est impossible de partir aujourd'hui** es ist unmöglich, heute abzufahren

♦ _dét_ **1** (_phrases affirmatives et interrogatives_): **du vin/de l'eau/des pommes** Wein/Wasser/Äpfel; **des enfants sont venus** es sind Kinder gekommen; **il mange de tout** er ißt von allem; **pendant des mois** monatelang; **y a-t-il du vin?** ist Wein da?

2 (_phrases négatives et interro-négatives_): **il ne veut pas d'enfants/de femme** er möchte keine Kinder/keine Frau; **il n'y a pas de vin/pommes?** gibt es keinen Wein/keine Äpfel?; **il n'a pas de chance** er hat kein Glück.

_____

dé [de] _nm_ Würfel _m;_ (_à coudre_) Fingerhut _m;_ **jouer aux** ~**s** würfeln, Würfel spielen; **couper en** ~**s** (_CULIN_) in Würfel schneiden.

DEA [deəa] _sigle m_ (= _diplôme d'études approfondies_) Universitätsdiplom.

déambuler [deɑ̃byle] _vi_ umherziehen.

débâcle [debɑkl] _nf_ (_dégel_) Eisschmelze _f;_ (_MIL_) Debakel _nt._

déballage [debalaʒ] _nm_ Auspacken _nt._

déballer [debale] _vt_ auspacken.

débandade [debɑ̃dad] _nf_ (_déroute_) (_wilde_) Flucht _f._

débander [debɑ̃de] _vt_ (_plaie_) den Verband entfernen von; (_yeux_) die Binde entfernen von.

débaptiser [debatize] _vt_ umbenennen.

débarbouillage [debaʀbujaʒ] _nm_ Waschen _nt._

débarbouiller [debaʀbuje]: **se** ~ _vpr_ sich waschen.

débarcadère [debaʀkadɛʀ] _nm_ Landungsbrücke _f._

débardeur [debaʀdœʀ] _nm_ Dockarbeiter _m,_ Docker _m;_ (_maillot_) Pullunder _m._

débarquement [debaʀkəmɑ̃] _nm_ (_de personnes_) Aussteigen _nt;_ (_arrivée_) Ankunft _f;_ (_de marchandises_) Entladen _nt;_ (_MIL_) Landung _f;_ **le D**~ die Landung der alliierten Truppen in der Normandie 1944.

débarquer [debaʀke] _vt_ (_marchandises_) ausladen, entladen, (_personnes_) aussteigen lassen ♦ _vi_ (_d'un avion, bateau_) von Bord gehen, aussteigen; (_d'un train_) aussteigen; (_fam: arriver_) (_plötzlich_) ankommen.

débarras [debaʀa] _nm_ (_pièce_) Rumpelkammer _f;_ (_remise_) Schuppen _m;_ **bon** ~! den/die/das sind wir glücklich los!

débarrasser [debaʀase] _vt_ (_local_) räumen; (_personne_) befreien; (_la table_) abräumen, abdecken ♦ _vi_ (_enlever le couvert_) den Tisch abräumen; **se débarrasser de** _vpr_ loswerden; (_vêtement_) ausziehen; ~ **qn de qch** (_vêtements, paquets_) jdm etw abnehmen; (_habitude, ennemi_) jdn von etw befreien; ~ **qch de** etw befreien von.

débat [deba] _nm_ Debatte _f,_ Diskussion _f._

débattre [debatʀ] _vt_ (_question_) diskutieren _ou_ debattieren über +_acc;_ (_prix_) verhandeln über +_acc;_ **se débattre** _vpr_ kämpfen.

débauchage [deboʃaʒ] _nm_ (_de personnel_) Entlassung f.

débauche [deboʃ] *nf* (*libertinage*) Ausschweifung f; (*profusion*) Überfülle f; **une ~ de** (*fig*) eine Überfülle an +*dat*.

débauché, e [deboʃe] *adj* (*libertin*) ausschweifend, zügellos ♦ *nm/f* Wüstling m.

débaucher [deboʃe] *vt* (*licencier*) entlassen; (*corrompre*) verderben; (*inciter à la grève*) zum Streik anstiften.

débile [debil] *adj* (*fam: idiot*) schwachsinnig; (*faible*) schwach, schwächlich ♦ *nm/f*: **~ mental, e** Geistesgestörte(r) *f(m)*.

débilitant, e [debilitɑ̃, ɑ̃t] *adj* (*climat*) kräftezehrend; (*fig: atmosphère*) lähmend.

débilité [debilite] *nf* (*fam: idiotie*) Schwachsinnigkeit f ▶ **débilité mentale** Geistesgestörtheit f.

débit [debi] *nm* (*de rivière, barrage etc*) Flußvolumen *nt*; (*de route*) Verkehrsaufkommen *nt*; (*élocution*) Redefluß m; (*d'un magasin*) Absatz m, Umsatz m; (*bancaire*) Debet *nt*, Soll *nt*; **avoir un ~ de 10 F** ein Schuldenkonto von 10F haben ▶ **débit de boissons** (Getränke)ausschank m ▶ **débit de données** (*INFORM*) Datenausgabe f ▶ **débit de tabac** Tabakladen m.

débiter [debite] *vt* (*compte*) belasten; (*liquide, gaz*) ausstoßen; (*couper*) zerkleinern; (*vendre*) verkaufen, abgeben; (*péj: discours*) von sich geben.

débiteur, -trice [debitœʀ, tʀis] *nm/f* Schuldner(in) *m(f)* ♦ *adj* (*compte*) Schulden-.

déblaiement [deblɛmɑ̃] *nm* Räumung f; **travaux de ~** Räumungsarbeiten *pl*.

déblais [deblɛ] *nmpl* (*débris*) Schutt *msg*.

déblatérer [deblateʀe] *vi*: **~ contre** schimpfen auf +*acc*.

déblayer [debleje] *vt* (*lieu, passage*) räumen; **~ le terrain** (*fig*) den Boden bereiten; **déblayez! haut ab!**

déblocage [deblɔkaʒ] *nm* (*v vt*) Lösen *nt*; Freigabe f; Bewilligung f; Lösung f.

débloquer [deblɔke] *vt* (*frein*) losmachen, lösen; (*prix, salaires*) freigeben; (*crédits*) bewilligen; (*situation, problème*) lösen ♦ *vi* (*fam*) dummes Zeug daherreden.

débobiner [debɔbine] *vt* abspulen.

déboires [debwaʀ] *nmpl* (*échecs*) Rückschläge *pl*; (*ennuis*) Schwierigkeiten *pl*; **essuyer des ~** Rückschläge erleiden.

déboisement [debwazmɑ̃] *nm* (*de forêt*) Abholzen *nt*; (*de région*) Entwaldung f.

déboiser [debwaze] *vt* (*forêt*) abholzen; (*région*) entwalden; **se déboiser** *vpr* sich entwalden.

déboîter [debwate] *vi* (*AUTO*) ausscheren; **se déboîter** *vpr* (*genou etc*) sich *dat* ausrenken *ou* auskugeln.

débonnaire [debɔnɛʀ] *adj* sehr gutmütig.

débordant, e [debɔʀdɑ̃, ɑ̃t] *adj* (*joie*) überströmend; (*activité*) übergroß.

débordé, e [debɔʀde] *adj*: **être ~** überlastet sein.

débordement [debɔʀdəmɑ̃] *nm* (*de rivière*)

Überschwemmung f ▶ **débordement d'enthousiasme** übergroße Begeisterung f ▶ **débordement de vitalité** überströmende Lebendigkeit f.

déborder [debɔʀde] *vi* (*rivière*) über die Ufer treten; (*eau, lait*) überlaufen ♦ *vt* (*MIL*) überflügeln; **~ (de) qch** (*dépasser*) über etw +*acc* hinausgehen; **~ de joie/zèle** sich vor Freude/Eifer überschlagen.

débouché [debuʃe] *nm* (*gén pl: marché*) Absatzmarkt m; (*perspectives d'emploi*) (Berufs)aussichten *pl*; **au ~ de la vallée** am Ausgang des Tales.

déboucher [debuʃe] *vt* (*évier, tuyau etc*) frei machen; (*bouteille*) entkorken ♦ *vi* (*aboutir*) herauskommen; **~ sur** (*rue*) münden in +*acc*; (*fig*) hinführen auf +*acc*.

débouler [debule] *vi, vt* herunterkugeln; (*sans tomber*) herunterflitzen.

déboulonner [debulɔne] *vt* auseinanderschrauben; (*fam: renvoyer*) absägen; (: *détruire le prestige de*) vernichten.

débours [debuʀ] *nmpl* Auslagen *pl*.

débourser [debuʀse] *vt* ausgeben.

déboussoler [debusɔle] *vt* völlig verwirren, verstören.

debout [d(ə)bu] *adv*: **être ~** stehen; (*levé, éveillé*) auf sein; **mettre qch ~** etw aufstellen; **se mettre ~** aufstehen; **~! auf!**; (*du lit*) aufstehen!; **cette histoire ne tient pas ~** diese Geschichte ist doch nicht hieb- und stichfest.

débouter [debute] *vt*: **~ qn de sa demande** jds Forderung zurückweisen.

déboutonner [debutɔne] *vt* aufknöpfen; **se déboutonner** *vpr* seine Kleider aufknöpfen; (*fig*) auspacken.

débraillé, e [debʀaje] *adj* schlampig.

débrancher [debʀɑ̃ʃe] *vt* abschalten.

débrayage [debʀɛjaʒ] *nm* (*AUTO*) Kupplung f; (: *action*) Kuppeln *nt*; (*grève*) Arbeitsniederlegung f.

débrayer [debʀeje] *vi* (*AUTO*) kuppeln; (*cesser le travail*) die Arbeit niederlegen.

débridé, e [debʀide] *adj* (*effréné*) ungezügelt.

débrider [debʀide] *vt* (*cheval*) abzäumen; (*CULIN: volaille, rôti*) die Dressierung entfernen von; **sans ~** ohne Unterbrechung.

débris [debʀi] *nm* (*fragment*) Scherbe f ♦ *nmpl* (*déchets*) Trümmer *pl*.

débrouillard, e [debʀujaʀ, aʀd] *adj* einfallsreich, findig.

débrouillardise [debʀujaʀdiz] *nf* Findigkeit f.

débrouiller [debʀuje] *vt* (*affaire, cas*) klären; (*écheveau*) entwirren; **se débrouiller** *vpr* zurechtkommen, klarkommen.

débroussailler [debʀusaje] *vt* (*terrain*) das Gestrüpp entfernen von.

débusquer [debyske] *vt* aufscheuchen.

début [deby] *nm* Anfang m, Beginn m; **~s** *nmpl* (*CINÉ, SPORT etc*) Debüt *nt*; (*de carrière*) Anfang; **un bon/mauvais ~** ein guter/schlechter Anfang; **faire ses ~s** sein Debüt machen; **au ~**

am Anfang; **dès le** ~ von Anfang an.
débutant, e [debytɑ̃, ɑ̃t] *adj* Anfänger- ♦ *nm/f*
Anfänger(in) *m(f)*.
débuter [debyte] *vi* anfangen, beginnen; (*personne*) debütieren.
deçà [dəsa]: **en** ~ *adv* diesseits; **en** ~ **de** auf
dieser Seite +*gén*, diesseits +*gén*; **en** ~ **de la
vérité** nicht ganz der Wahrheit entsprechend.
décacheter [dekaʃ(ə)te] *vt* öffnen.
décade [dekad] *nf* (*10 jours*) 10 Tage *pl*; (*10 ans*)
Dekade *f*.
décadence [dekadɑ̃s] *nf* Dekadenz *f*.
décadent, e [dekadɑ̃, ɑ̃t] *adj* dekadent.
décaféiné, e [dekafeine] *adj* koffeinfrei ♦ *nm*
koffeinfreier Kaffee.
décalage [dekalaʒ] *nm* (*écart*) Unterschied *m*;
(*désaccord*) mangelnde Übereinstimmung *f*
▶ **décalage horaire** Zeitverschiebung *f*.
décalaminer [dekalamine] *vt* entrußen.
décalcifiant, e [dekalsifjɑ̃] *adj* entkalkend.
décalcification [dekalsifikasjɔ̃] *nf* Kalkmangel
m.
décalcifier [dekalsifje] *vt* zu Kalkmangel
führen bei; **se décalcifier** *vpr* an Kalkmangel
leiden.
décalcomanie [dekalkɔmani] *nf* (*image*) Abziehbild *nt*.
décaler [dekale] *vt* verschieben; (*avancer*) vorrücken; ~ **de 10 cm** um 10 cm verschieben;
~ **de 2 heures** (*rendez-vous*) um 2 Stunden verschieben; (*montre*) um 2 Stunden verstellen.
décalitre [dekalitʀ] *nm* 10 Liter *pl*.
décalogue [dekalɔg] *nm*: **le** ~ die Zehn Gebote
pl.
décalque [dekalk] *nm* Pausbild *nt*.
décalquer [dekalke] *vt* (*avec papier transparent*)
abpausen; (*par pression*) durchpausen.
décamètre [dekamɛtʀ] *nm* 10 Meter *pl*; (*chaîne
ou ruban d'acier*) Metermaß *nt* (*von 10 m Länge*).
décamper [dekɑ̃pe] *vi* abziehen.
décan [dekɑ̃] *nm* (*ASTROL*) Dekade *f*.
décanter [dekɑ̃te] *vt* (*liquide*) sich setzen lassen; **se décanter** *vpr* sich setzen, sich klären;
(*fig: idées, problèmes*) sich klären.
décapage [dekapaʒ] *nm* Abbeizen *nt*.
décapant [dekapɑ̃] *nm* (*abrasif*) Abbeizmittel
nt.
décaper [dekape] *vt* abbeizen; (*avec abrasif*) abscheuern; (*avec papier de verre*) abschmirgeln.
décapiter [dekapite] *vt* enthaupten; (*par accident, fig: arbres etc*) köpfen; (: *une organisation*)
der Führung *gén* berauben.
décapotable [dekapɔtabl] *adj*, *nf*: (**voiture**) ~
Kabriolett *nt*.
décapoter [dekapɔte] *vt* das Verdeck +*gén* zurückklappen.
décapsuler [dekapsyle] *vt* den Deckel abnehmen von, öffnen.
décapsuleur [dekapsylœʀ] *nm* Flaschenöffner
m.
décarcasser [dekaʀkase]: **se** ~ *vpr* sich *dat* die
Beine ausreißen.

décathlon [dekatlɔ̃] *nm* Zehnkampf *m*.
décati, e [dekati] *adj* (*personne*) verblüht.
décatir [dekatiʀ] *vt*: **se** ~ verblühen.
décédé, e [desede] *adj* verstorben.
décéder [desede] *vi* sterben.
décelable [des(ə)labl] *adj* erkennbar.
déceler [des(ə)le] *vt* entdecken; (*montrer*) erkennen lassen.
décélération [deseleʀasjɔ̃] *nf* Verlangsamung *f*.
décélérer [deseleʀe] *vi* langsamer werden.
décembre [desɑ̃bʀ] *nm* Dezember *m*; *voir aussi*
juillet.
décemment [desamɑ̃] *adv* anständig; (*raisonnablement*) wirklich.
décence [desɑ̃s] *nf* Anstand *m*.
décennal, e, -aux [desenal, o] *adj* (*qui dure 10
ans*) zehnjährig; (*qui revient tous les 10 ans*)
zehnjährlich.
décennie [deseni] *nf* 10 Jahre *pl*, Dekade *f*.
décent, e [desɑ̃, ɑ̃t] *adj* anständig.
décentralisation [desɑ̃tʀalizasjɔ̃] *nf* Dezentralisierung *f*.
décentraliser [desɑ̃tʀalize] *vt* dezentralisieren.
décentrer [desɑ̃tʀe] *vt* dezentrieren.
déception [desɛpsjɔ̃] *nf* Enttäuschung *f*.
décerner [desɛʀne] *vt* (*prix*) verleihen; (*compliment*) aussprechen.
décès [desɛ] *nm* Ableben *nt*; **acte de** ~ Sterbeurkunde *f*.
décevant, e [des(ə)vɑ̃, ɑ̃t] *adj* enttäuschend.
décevoir [des(ə)vwaʀ] *vt* enttäuschen.
déchaîné, e [deʃene] *adj* (*mer*) tosend; (*passions, foule*) entfesselt; (*opinion publique*) tobend.
déchaînement [deʃɛnmɑ̃] *nm* Ausbruch *m*.
déchaîner [deʃene] *vt* (*passions, colère*) entfesseln; (*rires*) auslösen; **se déchaîner** *vpr* (*tempête*) losbrechen; (*mer*) tosen; (*passions, colère
etc*) ausbrechen; (*se mettre en colère*) wütend
werden; **se** ~ **contre qn** gegen jdn toben.
déchanter [deʃɑ̃te] *vi* desillusioniert werden.
décharge [deʃaʀʒ] *nf* (*dépôt d'ordures*)
Mülldeponie *f*; (*aussi:* ~ **électrique**) Schock *m*;
(*salve*) (Gewehr)salve *f*; **à la** ~ **de** zur Entlastung von.
déchargement [deʃaʀʒəmɑ̃] *nm* (*de marchandises*) Ausladen *nt*.
décharger [deʃaʀʒe] *vt* entladen; (*marchandises*) ausladen; (*arme: faire feu*) abfeuern; (*JUR*)
entlasten; **se décharger** *vpr*: **se** ~ **dans** (*se déverser*) sich ergießen in +*acc*; ~ **qn de jdn** befreien von; ~ **sa colère (sur)** (*fig*) seinen Zorn
abladen (auf +*acc*); ~ **sa conscience** sein Gewissen erleichtern; **se** ~ **d'une affaire sur qn**
eine Angelegenheit auf jdn abwälzen.
décharné, e [deʃaʀne] *adj* hager, abgezehrt.
déchaussé, e [deʃose] *adj* (*dent*) wackelig,
lose.
déchausser [deʃose] *vt* (*personne*) die Schuhe
ausziehen +*dat*; (*skis*) ausziehen, abschnallen; **se déchausser** *vpr* (*personne*) (sich *dat*)

die Schuhe ausziehen; (*dent*) wackelig werden.

dèche [dɛʃ] (*fam*) *nf:* **être dans la** ~ völlig abgebrannt *ou* pleite sein.

déchéance [deʃeãs] *nf* (*déclin*) Verfall *m*.

déchet [deʃɛ] *nm* (*de bois*) Abfall *m*; (*de tissu, laine*) Rest *m*; (*perte*) Verlust *m*; **~s** *nmpl* (*ordures*) Müll *m* ▸ **déchets radioactifs** radioaktiver Müll, Atommüll.

déchiffrage [deʃifraʒ] *nm* (*MUS*) (vom Blatt) Lesen *nt*.

déchiffrement [deʃifrəmã] *nm* Entziffern *nt*.

déchiffrer [deʃifre] *vt* (*nouvelle, dépêche*) dechiffrieren; (*texte illisible*) entziffern; (*MUS*) vom Blatt lesen *ou* spielen.

déchiqueté, e [deʃik(ə)te] *adj* zerrissen, zerfetzt.

déchiqueter [deʃik(ə)te] *vt* zerreißen, zerfetzen.

déchirant, e [deʃirã, ãt] *adj* herzzerreißend; (*cri*) schrill.

déchiré, e [deʃire] *adj* zerrissen; (*muscle*) gezerrt; (*fig*) zerrüttet.

déchirement [deʃirmã] *nm* (*chagrin*) große(r) Kummer *m*; (*gén pl: conflit*) Zerrüttung *f*.

déchirer [deʃire] *vt* zerreißen; (*livre*) zerfleddern; (*pour ouvrir*) aufreißen; (*pays, peuple*) zerrütten; **se déchirer** *vpr* reißen; (*peuple, amants*) sich zerfleischen; **se** ~ **un muscle/tendon** sich *dat* einen Muskel/eine Sehne zerren.

déchirure [deʃiryr] *nf* (*accroc*) Riß *m* ▸ **déchirure musculaire** Muskelzerrung *f*.

déchoir [deʃwar] *vi* (*personne*) sich erniedrigen; ~ **de son rang** seine Stellung verlieren.

déchu, e [deʃy] *pp de* **déchoir** ♦ *adj* gefallen; (*roi*) abgesetzt; ~ **de** (*d'un droit, de la nationalité*) verlustig +*gén*.

décibel [desibɛl] *nm* Dezibel *nt*.

décidé, e [deside] *adj* (*personne, air*) entschlossen; **c'est** ~ es ist beschlossen, das ist beschlossene Sache; **être** ~ **à faire qch** (dazu) entschlossen sein, etw zu tun.

décidément [desidemã] *adv* (*en fait*) wahrhaftig.

décider [deside] *vt* beschließen; (*qn*) überreden; **se décider** *vpr* sich entschließen; (*suj: problème, affaire, départ*) sich entscheiden; ~ **que** beschließen, daß; ~ **qn à faire qch** jdn dazu überreden, etw zu tun; ~ **de faire qch** sich entschließen, etw zu tun; ~ **de qch** (*suj: personne*) etw entscheiden; (: *chose*) über etw *acc* entscheiden; **se** ~ **à/sur/faire qch** sich zu etw entschließen/sich entschließen, etw zu tun; **se** ~ **pour qch** sich für etw entscheiden; **décide-toi!** nun entscheide dich schon!

décideur [desidœr] *nm* Entscheidungsträger *m*.

décilitre [desilitr] *nm* Deziliter *m*.

décimal, e, -aux [desimal, o] *adj* dezimal.

décimale [desimal] *nf* Dezimalstelle *f*.

décimaliser [desimalize] *vt* dezimalisieren.

décimer [desime] *vt* dezimieren.

décimètre [desimɛtr] *nm* Dezimeter *m*; **double** ~ *Lineal von 20 cm Länge.*

décisif, -ive [desizif, iv] *adj* (*mesure, argument*) ausschlaggebend; (*victoire*) entscheidend.

décision [desizjɔ̃] *nf* Entscheidung *f*; (*fermeté*) Entschiedenheit *f*; **prendre la** ~ **de faire qch** die Entscheidung treffen, etw zu tun.

déclamation [deklamasjɔ̃] *nf* Deklamation *f*; (*péj*) Tiraden *pl*.

déclamatoire [deklamatwar] *adj* (*ton, style*) deklamatorisch; (*péj*) theatralisch.

déclamer [deklame] *vt* deklamieren; (*péj*) theatralisch reden.

déclarable [deklarabl] *adj* (*marchandise*) zollpflichtig; (*revenus*) steuerpflichtig.

déclaration [deklarasjɔ̃] *nf* Erklärung *f* ▸ **déclaration (d'amour)** Liebeserklärung *f* ▸ **déclaration de changement de domicile)** Anmeldung *f* ▸ **déclaration de décès/naissance** Meldung *f* (eines Todesfalles/einer Geburt) ▸ **déclaration de guerre** Kriegserklärung *f* ▸ **déclaration (de perte)** Verlustmeldung *f* ▸ **déclaration (de sinistre)** Schadensmeldung *f* ▸ **déclaration (de vol)** Anzeige *f* (eines Diebstahls) ▸ **déclaration d'impôts** Steuererklärung *f* ▸ **déclaration de revenus** Einkommensteuererklärung *f*.

déclaré, e [deklare] *adj* (*ennemi, athée*) erklärt.

déclarer [deklare] *vt* erklären; (*à la police*) melden, zur Anzeige bringen; (*ADMIN: revenus, employés etc*) angeben; (: *décès, naissance*) melden; **se déclarer** *vpr* (*feu, maladie*) sich zeigen; (*amoureux*) eine Liebeserklärung machen; ~ **qn/qch inutile** *etc* jdn/etw für unnütz *etc* erklären; ~ **que** verkünden, daß; **se** ~ **favorable à** sich aussprechen für; **se** ~ **prêt à** sich bereit erklären zu; **se** ~ **la guerre** den Krieg erklären.

déclassé, e [deklɑse] *adj* heruntergestuft.

déclassement [deklɑsmã] *nm* Herabstufung *f* der Klasse.

déclasser [deklɑse] *vt* niedriger einstufen; (*déranger*) durcheinanderbringen.

déclenchement [deklɑ̃ʃmã] *nm* (*v vb*) Auslösen *nt*; Losgehen *nt*.

déclencher [deklɑ̃ʃe] *vt* auslösen; **se déclencher** *vpr* losgehen.

déclencheur [deklɑ̃ʃœr] *nm* Auslöser *m*.

déclic [deklik] *nm* (*mécanisme*) Auslöser *m*, Auslöservorrichtung *f*; (*bruit*) Klicken *nt*.

déclin [deklɛ̃] *nm* (*d'empire*) Verfall *m*; (*du jour*) Ende *nt*; (*du soleil*) Untergehen *nt*.

déclinaison [deklinɛzɔ̃] *nf* Deklination *f*.

décliner [dekline] *vi* (*santé*) sich verschlechtern; (*jour*) sich neigen; (*soleil*) sinken ♦ *vt* (*invitation, responsabilité*) ablehnen; (*identité*) angeben; (*LING*) deklinieren; **se décliner** *vpr* (*LING*) dekliniert werden.

déclivité [deklivite] *nf* Abschüssigkeit *f*, Gefälle *nt*.

décloisonner [deklwazɔne] *vt* (*fig*) (wieder) zusammenfassen.

déclouer [deklue] *vt* (*chaise*) auseinandernehmen; (*caisse*) öffnen (*durch Herausziehen von Nägeln*).

décocher [dekɔʃe] *vt* (*flèche*) abschießen; (*regard*) werfen.

décoction [dekɔksjɔ̃] *nf* (*liquide*) Gebräu *nt*.

décodage [dekɔdaʒ] *nm* Dekodierung *f*, Entschlüsselung *f*.

décoder [dekɔde] *vt* (*message*) dekodieren, entschlüsseln; (*code*) entschlüsseln.

décodeur [dekɔdœʀ] *nm* Decoder *m*.

décoiffé, e [dekwafe] *adj*: **elle est toute ~e** ihre Haare sind ganz zerzaust.

décoiffer [dekwafe] *vt*: ~ **qn** (*déranger la coiffure*) jdm die Haare zerzausen; (*enlever le chapeau*) jdm den Hut vom Kopf wehen; **se décoiffer** *vpr* (*se découvrir*) den Hut abnehmen.

decoincer [dekwɛ̃se] *vt* (*fam: personne*) entspannen.

déçois *etc* [deswa] *vb voir* **décevoir**.

déçoive *etc* [deswav] *vb voir* **décevoir**.

décolérer [dekɔleʀe] *vi*: **il ne décolère pas** er hat sich immer noch nicht beruhigt.

décollage [dekɔlaʒ] *nm* (*avion*) Abflug *m*; (*ÉCON*) wirtschaftlicher Aufschwung *m*.

décollé, e [dekɔle] *adj*: **oreilles ~es** abstehende Ohren *pl*.

décollement [dekɔlmɑ̃] *nm*: ~ **de la rétine** Netzhautablösung *f*.

décoller [dekɔle] *vt* lösen ♦ *vi* (*avion*) abheben; (*ÉCON*) Aufschwung nehmen; **se décoller** *vpr* sich lösen, abgehen.

décolletage [dekɔltaʒ] *nm* (*TECH*) Ausstanzen *nt*.

décolleté, e [dekɔlte] *adj* (*robe*) dekolletiert, ausgeschnitten ♦ *nm* Dekolleté *nt*.

décolleter [dekɔlte] *vt* (*vêtement*) dekolletieren; (*TECH*) ausstanzen.

décolonisation [dekɔlɔnizasjɔ̃] *nf* Entkolonialisierung *f*.

décoloniser [dekɔlɔnize] *vt* entkolonialisieren.

décolorant, e [dekɔlɔʀɑ̃, ɑ̃t] *adj* bleichend ♦ *nm* Bleichmittel *nt*, Entfärber *m*.

décoloration [dekɔlɔʀasjɔ̃] *nf*: **se faire faire une** ~ (*chez le coiffeur*) sich *dat* die Haare bleichen lassen.

décoloré, e [dekɔlɔʀe] *adj* gebleicht.

décolorer [dekɔlɔʀe] *vt* (*tissu, cheveux*) bleichen; **se décolorer** *vpr* verblassen.

décombres [dekɔ̃bʀ] *nmpl* Ruinen *pl*, Trümmer *pl*.

décommander [dekɔmɑ̃de] *vt* (*marchandise*) abbestellen; (*réception*) absagen; (*invités*) ausladen; **se décommander** *vpr* (*invité*) absagen.

décomposé, e [dekɔ̃poze] *adj* (*pourri*) verdorben; (*visage*) verzerrt; (*cadavre*) verwest.

décomposer [dekɔ̃poze] *vt* (*SCIENCES*) zerlegen; (*analyser*) analysieren; (*pourrir*) zersetzen; (*visage, traits*) verzerren; **se décomposer** *vpr* (*pourrir*) sich zersetzen, verwesen; (*visage, traits*) sich verzerren; (*société*) sich auflösen.

décomposition [dekɔ̃pozisjɔ̃] *nf* (*v vb*) Zerlegen *nt*; Analyse *f*; Zersetzung *f*; Verwesung

f; **en** ~ (*organisme*) in Verwesung.

décompresser [dekɔ̃pʀese] *vt* dekomprimieren ♦ *vi* (*fam*) sich entspannen.

décompresseur [dekɔ̃pʀesœʀ] *nm* Entspannungsventil *nt*.

décompression [dekɔ̃pʀesjɔ̃] *nf* Dekompression *f*.

décomprimer [dekɔ̃pʀime] *vt* dekomprimieren.

décompte [dekɔ̃t] *nm* (*déduction*) Abzug *m*; (*facture détaillée*) aufgeschlüsselte Rechnung *f*.

décompter [dekɔ̃te] *vt* abziehen.

déconcentration [dekɔ̃sɑ̃tʀasjɔ̃] *nf* Entflechtung *f*; ~ **des pouvoirs** Gewaltenteilung *f*.

déconcentré, e [dekɔ̃sɑ̃tʀe] *adj* (*sportif, artiste*) unkonzentriert.

déconcentrer [dekɔ̃sɑ̃tʀe] *vt* (*ADMIN*) dezentralisieren; **se déconcentrer** *vpr* (*sportif, artiste*) seine Konzentration verlieren.

déconcertant, e [dekɔ̃sɛʀtɑ̃, ɑ̃t] *adj* beunruhigend.

déconcerter [dekɔ̃sɛʀte] *vt* aus der Fassung bringen.

déconditionner [dekɔ̃disjɔne] *vt* dekonditionieren.

déconfit, e [dekɔ̃fi, it] *adj* geknickt.

déconfiture [dekɔ̃fityʀ] *nf* Ruin *m*.

décongélation [dekɔ̃ʒelasjɔ̃] *nf* Auftauen *nt*.

décongeler [dekɔ̃ʒ(ə)le] *vt* auftauen.

décongestionner [dekɔ̃ʒɛstjɔne] *vt* (*MÉD*) abschwellen lassen; (*rue*) entlasten.

déconnecter [dekɔnɛkte] *vt* abschalten, abkoppeln.

déconner [dekɔne] (*fam!*) *vi* (*en parlant*) dummes Zeug reden (*fam*); (*faire des bêtises*) Mist *ou* Unfug machen (*fam*); **sans** ~ ohne Scheiß (*fam!*).

déconseiller [dekɔ̃seje] *vt*: ~ **qch (à qn)** (jdm) von etw abraten; ~ **à qn de faire qch** jdm davon abraten, etw zu tun; **c'est déconseillé** das ist nicht ratsam.

déconsidérer [dekɔ̃sideʀe] *vt* in Mißkredit *ou* Verruf bringen.

déconsigner [dekɔ̃siɲe] *vt* (*valise*) von der Gepäckaufbewahrung abholen; (*bouteille*) Pfand herausgeben für.

décontamination [dekɔ̃taminasjɔ̃] *nf* Dekontaminierung *f*.

décontaminer [dekɔ̃tamine] *vt* dekontaminieren.

décontenancer [dekɔ̃t(ə)nɑ̃se] *vt* aus der Fassung bringen.

décontracté, e [dekɔ̃tʀakte] *adj* entspannt.

décontracter [dekɔ̃tʀakte] *vt* entspannen; **se décontracter** *vpr* sich entspannen.

décontraction [dekɔ̃tʀaksjɔ̃] *nf* (*de muscle*) Entspannen *nt*; (*de personne*) Entspannung *f*.

déconvenue [dekɔ̃v(ə)ny] *nf* Enttäuschung *f*.

décor [dekɔʀ] *nm* (*paysage*) Umgebung *f*; (*CINÉ*) Szene *f*; (*THÉÂT*) Bühnenbild *nt*; (*d'un palais etc*) Ausstattung *f*; **changement de** ~ (*fig*) Tapetenwechsel *m*; **aller** *ou* **partir dans le** ~ von der Straße abkommen; **en** ~ **naturel** (*CINÉ*) nicht im Studio.

décorateur, -trice [dekɔratœr, tris] *nm/f* (*d'intérieur*) Dekorateur(in) *m(f)*; (*CINÉ*) Bühnenbildner(in) *m(f)*.

décoratif, -ive [dekɔratif, iv] *adj* dekorativ; **arts ~s** Kunsthandwerk *nt*.

décoration [dekɔrasjɔ̃] *nf* (*v vt*) Schmücken *nt*; Dekorieren *nt*; (*guirlande*) Schmuck *m*; (*médaille*) Auszeichnung *f*.

décorer [dekɔre] *vt* (*orner*) schmücken; (*médailler*) dekorieren, auszeichnen.

décortiqué, e [dekɔrtike] *adj* geschält.

décortiquer [dekɔrtike] *vt* (*noix, crevettes*) schälen; (*fig*) analysieren.

décorum [dekɔrɔm] *nm* Etikette *f*.

décote [dekɔt] *nf* (*fisc*) Steuererleichterung *f*.

découcher [dekuʃe] *vi* auswärts schlafen.

découdre [dekudr] *vt* (*vêtement, couture*) auftrennen; (*bouton*) abtrennen; **se découdre** *vpr* (*vêtement, couture*) aufgehen; (*bouton*) abgehen; **en** ~ (*fig*) sich prügeln.

découler [dekule] *vi*: ~ **de** folgen aus.

découpage [dekupaʒ] *nm* (*v vb*) Ausschneiden *nt*; Zerschneiden *nt*; Zerteilen *nt*; (*gén pl: image*) Ausschneidebildchen *nt* ▶ **découpage électoral** Wahlkreiseinteilung *f*.

découper [dekupe] *vt* ausschneiden; (*papier, tissu*) zerschneiden; (*volaille, viande*) zerteilen; **se découper** *vpr*: **se** ~ **sur** sich abzeichnen gegen, sich abheben von.

découplé, e [dekuple] *adj*: **bien** ~ wohlproportioniert.

décourageant, e [dekuraʒɑ̃, ɑ̃t] *adj* entmutigend.

découragement [dekuraʒmɑ̃] *nm* Entmutigung *f*.

décourager [dekuraʒe] *vt* entmutigen; (*dissuader*) abhalten; **se décourager** *vpr* den Mut verlieren, mutlos werden; ~ **qn de faire qch** jdn davon abhalten, etw zu tun; ~ **qn de qch** jdn von etw abhalten.

décousu, e [dekuzy] *pp de* **découdre** ♦ *adj* (*bouton, poche*) abgetrennt; (*fig: discours etc*) zusammenhanglos.

découvert, e [dekuvɛr, ɛrt] *pp de* **découvrir** ♦ *adj* (*tête*) bloß; (*lieu*) kahl, nackt ♦ *nm* (*bancaire*) Kontoüberziehung *f*; **à** ~ (*MIL*) ungeschützt; (*COMM*) überzogen; **à visage** ~ (*franchement*) offen heraus.

découverte [dekuvɛrt(ə)] *nf* Entdeckung *f*; **partir à la** ~ eine Entdeckungstour machen.

découvrir [dekuvrir] *vt* entdecken; (*enlever ce qui couvre ou protège*) abdecken, aufdecken; (*casserole*) den Deckel abnehmen von; (*montrer*) freilegen, enthüllen; (*voiture*) das Schiebedach öffnen von; **se découvrir** *vpr* (*ôter son chapeau*) den Hut lüften; (*se déshabiller*) sich ausziehen; (*au lit*) sich aufdecken; (*ciel*) sich aufklären; ~ **que** entdecken *ou* herausfinden, daß; **se** ~ **des talents** versteckte Talente in sich *dat* entdecken.

décrasser [dekrase] *vt* reinigen.

décrêper [dekrepe] *vt* (*cheveux*) die Krause herausziehen aus.

décrépi, e [dekrepi] *adj* (*mur, façade*) ohne Putz.

décrépit, e [dekrepi, it] *adj* altersschwach.

décrépitude [dekrepityd] *nf* (*de personne*) Altersschwäche *f*; (*d'institution*) Verfall *m*; (*de quartier*) Baufälligkeit *f*.

decrescendo [dekreʃɛndo] *nm* (*MUS*) Decrescendo *nt*; **aller** ~ (*fig*) auf dem absteigenden Ast sein.

décret [dekrɛ] *nm* Verordnung *f*, Dekret *nt*.

décréter [dekrete] *vt* (*JUR*) verfügen; (*ordonner*) anordnen; ~ **que** anordnen, daß.

décret-loi [dekrɛlwa] (*pl* ~**s-**~**s**) *nm* Notverordnung *f*.

décrié, e [dekrije] *adj* (*dénigré*) verunglimpft, herabgewürdigt.

décrire [dekrir] *vt* (*dépeindre*) beschreiben.

décrochement [dekrɔʃmɑ̃] *nm* Verschiebung *f*.

décrocher [dekrɔʃe] *vt* herunternehmen, abhängen; (*obtenir*) bekommen ♦ *vi* (*téléphone*) abnehmen; (*fam: abandonner*) aufgeben; (*perdre sa concentration*) (sich) ausklinken; **se décrocher** *vpr* (*tableau, rideau*) vom Haken fallen; ~ **le téléphone** den Hörer abnehmen.

décroîs *etc* [dekrwa] *vb voir* **décroître**.

décroiser [dekrwaze] *vt* (*bras, jambes*) (verschränkte Arme/übereinandergeschlagene Beine) entwirren.

décroissant, e [dekrwasɑ̃, ɑ̃t] *vb voir* **décroître** ♦ *adj* abnehmend; **par ordre** ~ in abnehmender *ou* absteigender Reihenfolge.

décroître [dekrwatr] *vi* abnehmen; (*niveau d'eau*) zurückgehen.

décrotter [dekrɔte] *vt* (*chaussure*) abkratzen.

décru [dekry] *pp de* **décroître**.

décrue [dekry] *nf* (*de l'eau*) Sinken *nt*.

décrypter [dekripte] *vt* entziffern.

déçu, e [desy] *pp de* **décevoir** ♦ *adj* enttäuscht; (*espoir aussi*) vereitelt.

déculotter [dekylɔte] *vt*: ~ **qn** jdm die Hosen ausziehen; **se déculotter** *vpr* sich *dat* die Hosen ausziehen.

déculpabiliser [dekylpabilize] *vt* (*personne*) von Schuldgefühlen befreien.

décuple [dekypl] *nm*: **le** ~ **de** das Zehnfache von; **au** ~ zehnfach.

décupler [dekyple] *vt* verzehnfachen ♦ *vi* sich verzehnfachen.

déçut *etc* [desy] *vb voir* **décevoir**.

dédaignable [dedɛɲabl] *adj*: **pas** ~ nicht zu verachten.

dédaigner [dedɛɲe] *vt* verachten; (*négliger*) verschmähen; ~ **de faire qch** sich nicht herablassen, etw zu tun.

dédaigneusement [dedɛɲøzmɑ̃] *adv* verächtlich.

dédaigneux, -euse [dedɛɲø, øz] *adj* verächtlich.

dédain [dedɛ̃] *nm* Verachtung *f*.

dédale [dedal] *nm* Labyrinth *nt.*

dedans [dədã] *adv* (*à l'intérieur*) innen; (*pas en plein air*) drinnen ♦ *nm* Innere(s) *nt*; **là-~** dort drinnen; **au ~** drinnen; **en ~** (*vers l'intérieur*) nach innen.

dédicace [dedikas] *nf* Widmung *f.*

dédicacer [dedikase] *vt* (*livre*) mit einer Widmung versehen; (*à qn*) widmen.

dédié, e [dedje] *adj* (*INFORM*) spezialisiert.

dédier [dedje] *vt*: **~ qch à** etw widmen +*dat.*

dédire [dediʀ]: **se ~** *vpr* sein Wort zurücknehmen.

dédit [dedi] *pp de* **dédire** ♦ *nm* Widerruf *m*; (*somme*) Konventionalstrafe *f.*

dédommagement [dedɔmaʒmã] *nm* Entschädigung *f.*

dédommager [dedɔmaʒe] *vt*: **~ qn (de)** jdn entschädigen (für).

dédouaner [dedwane] *vt* (*marchandise*) zollamtlich abfertigen.

dédoublement [dedubləmã] *nm* (*d'une classe*) Halbierung *f*; (*d'un train*) Einsatz eines Ersatzzuges; **~ de la personnalité** Persönlichkeitsspaltung *f.*

dédoubler [deduble] *vt* (*classe, effectifs*) halbieren; (*couverture etc*) auseinanderfalten; **se dédoubler** *vpr* (*PSYCH*) eine gespaltene Persönlichkeit haben; **~ un train/les trains** einen/mehrere zusätzliche Züge einsetzen.

dédramatiser [dedʀamatize] *vt* (*situation*) entspannen, entkrampfen; (*mort etc*) die Angst nehmen vor +*dat.*

déductible [dedyktibl] *adj* (*FIN*) (von der Steuer) absetzbar.

déduction [dedyksjɔ̃] *nf* (*d'argent*) Abzug *m*; (*raisonnement*) Folgerung *f.*

déduire [dedɥiʀ] *vt*: **~ qch (de)** (*ôter*) etw abziehen (von); (*conclure*) etw folgern (aus).

déesse [deɛs] *nf* Göttin *f.*

défaillance [defajãs] *nf* (*syncope*) Ohnmacht *f*; (*fatigue*) Schwächeanfall *m*; (*technique*) Versagen *nt*; (*morale*) Verfehlung *f* ▶ **défaillance cardiaque** Herzversagen *nt.*

défaillant, e [defajã, ãt] *adj* (*mémoire, personne*) schwach; (*JUR*: *témoin*) säumig.

défaillir [defajiʀ] *vi* (*s'évanouir*) ohnmächtig werden, in Ohnmacht fallen; (*mémoire etc*) versagen.

défaire [defɛʀ] *vt* (*installation, échafaudage etc*) abmontieren; (*paquet, bagages etc*) auspacken; (*nœud, vêtement*) aufmachen; (*ouvrage, cheveux*) in Unordnung bringen; **se défaire** *vpr* (*cheveux, nœud*) aufgehen; (*mariage etc*) zerbrechen; **se ~ de** loswerden; **~ le lit** (*pour changer les draps*) das Bett abziehen; (*pour se coucher*) das Bett aufdecken.

défait, e [defɛ, ɛt] *pp de* **défaire** ♦ *adj* (*paquet*) ausgepackt; (*lit*) zerwühlt; (*nœud*) aufgeknüpft; (*visage*) verzerrt.

défaite [defɛt] *nf* Niederlage *f.*

défaites [defɛt] *vb voir* **défaire**.

défaitisme [defetism] *nm* Defätismus *m.*

défaitiste [defetist] *adj* defätistisch ♦ *nm/f* Defätist(in) *m(f).*

défalcation [defalkasjɔ̃] *nf* Abzüge *pl.*

défalquer [defalke] *vt* abziehen.

défasse [defas] *vb voir* **défaire**.

défausser [defose]: **se ~** *vpr* (*roue etc*) geradebiegen; **se ~ à pic** Pik abwerfen.

défaut [defo] *nm* Fehler *m*; (*INFORM*) Vorgabe(einstellung) *f*; **~ de** (*manque*) Mangel an +*dat*; **en ~** im Unrecht; **faire ~** (*manquer*) fehlen; **à ~** anderenfalls; **à ~ de** mangels +*gén*, in Ermangelung von; **par ~** (*JUR*) in Abwesenheit; (*INFORM*) als Vorgabe.

défaveur [defavœʀ] *nf* Ungnade *f.*

défavorable [defavɔʀabl] *adj* (*conditions*) ungünstig; (*jury*) nicht gut gesinnt, voreingenommen; (*avis*) negativ.

défavorablement [defavɔʀabləmã] *adv* ungünstig.

défavoriser [defavɔʀize] *vt* benachteiligen.

défécation [defekasjɔ̃] *nf* Stuhlgang *m.*

défectif, -ive [defɛktif, iv] *adj*: **verbe ~** defektives Verb *nt.*

défection [defɛksjɔ̃] *nf* (*abandon*) Abfall *m*, Abtrünnigwerden *nt*; (*absence*) Nichterscheinen *nt*; **faire ~** (*d'un parti etc*) abtrünnig werden +*dat.*

défectueux, -euse [defɛktɥø, øz] *adj* defekt, fehlerhaft.

défectuosité [defɛktɥozite] *nf* (*imperfection*) Fehlerhaftigkeit *f*; (*défaut*) Defekt *m.*

défendable [defãdabl] *adj* vertretbar, verfechtbar.

défendeur, -eresse [defãdœʀ, dʀɛs] *nm/f* (*JUR*) Beklagte(r) *f(m).*

défendre [defãdʀ] *vt* (*soutenir*) verteidigen; (*opinion, théorie*) vertreten; (*interdire*) untersagen, verbieten; **se défendre** *vpr* sich verteidigen; **~ qch à qn** jdm etw verbieten; **~ à qn de faire qch** jdm verbieten, etw zu tun; **il est défendu de cracher** Spucken verboten; **c'est défendu** das ist verboten; **ça se défend** (*fig*) das hat was für sich; **se ~ de/contre qch** (*se protéger*) sich vor etw *dat*/gegen etw schützen; **se ~ de** (*se garder de*) sich enthalten +*gén*; (*nier*) leugnen.

défendu, e [defãdy] *pp de voir* **défendre**.

défenestrer [defənɛstʀe] *vt* aus dem Fenster werfen.

défense [defãs] *nf* Verteidigung *f*; (*protection*) Schutz *m*; (*de théorie, opinion*) Vertreten *nt*; (*MIL*: *fortification etc*) Verteidigungsanlage *f*; (*d'éléphant*) Stoßzahn *m*; **ministre de la D~** Verteidigungsminister *m*; **"~ de cracher"** „Rauchen/Spucken verboten"; **prendre la ~ de qn** jdn verteidigen ▶ **défense des consommateurs** Verbraucherschutz *m.*

défenseur [defãsœʀ] *nm* Verteidiger *m.*

défensif, -ive [defãsif, iv] *adj* (*arme, système*) Verteidigungs-; (*attitude*) defensiv ♦ *nf*: **être sur la défensive** in der Defensive sein.

déféquer [defeke] *vi* Stuhlgang haben.

déferai [defʀe] *vb voir* **défaire**.

déférence [defeʀãs] *nf* Achtung *f*, Ehrerbietung f; **par** ~ **pour** aus Achtung für.

déférent, e [defeʀɑ̃, ɑ̃t] adj (poli) ehrerbietig, respektvoll.

déférer [defeʀe] vt: ~ **à** (requête, décision) sich beugen +dat; ~ **qn à la justice** jdn vor Gericht bringen.

déferlant, e [defɛʀlɑ̃, ɑ̃t] adj: **vague** ~**e** brechende Welle f.

déferlement [defɛʀləmɑ̃] nm (de vague) Brechen nt; (de foule) Strömen nt.

déferler [defɛʀle] vi (vagues) brechen; (foule) strömen.

défi [defi] nm (provocation) Herausforderung f; (bravade) Trotz m; **mettre qn au** ~ **de faire qch** wetten, daß jd etw nicht macht; **relever un** ~ eine Herausforderung annehmen.

défiance [defjɑ̃s] nf Mißtrauen nt.

déficeler [defis(ə)le] vt aufschnüren.

déficience [defisjɑ̃s] nf Mangel m.

déficient, e [defisjɑ̃, jɑ̃t] adj (organisme, intelligence) schwach; (argumentation) mangelhaft.

déficit [defisit] nm (COMM) Defizit nt; **être en** ~ im Defizit sein ▶ **déficit budgétaire** (Etat)defizit nt.

déficitaire [defisitɛʀ] adj (entreprise, budget) Verlust-; (année, récolte) schlecht.

défier [defje] vt (provoquer) herausfordern; (fig: mort, autorité) trotzen +dat; **se défier de** vpr (se méfier) mißtrauen +dat; ~ **qn de faire qch** jdn herausfordern, etw zu tun; ~ **toute comparaison** sich jedem Vergleich entziehen, unvergleichlich sein; ~ **toute concurrence** über jede Konkurrenz erhaben sein.

défigurer [defigyʀe] vt (personne) entstellen; (œuvre, vérité) verfälschen.

défilé [defile] nm (GÉO) Schlucht f; (soldats, manifestants) Vorbeimarsch m.

défiler [defile] vi vorbeiziehen; (troupes aussi) vorbeimarschieren; **se défiler** vpr (fam: se dérober) sich verdrücken; **faire** ~ (INFORM) rollen.

défini, e [defini] adj bestimmt.

définir [definiʀ] vt definieren.

définissable [definisabl] adj definierbar.

définitif, -ive [definitif, iv] adj endgültig.

définition [definisjɔ̃] nf Definition f; (de mots croisés) Frage f; (TV) Zeilenzahl f.

définitive [definitiv] nf: **en** ~ letztlich, eigentlich.

définitivement [definitivmɑ̃] adv endgültig.

déflagration [deflagʀasjɔ̃] nf Explosion f.

déflation [deflasjɔ̃] nf Deflation f.

déflationniste [deflasjɔnist] adj deflationistisch.

déflecteur [deflɛktœʀ] nm (AUT) Ausstellfenster nt.

déflorer [deflɔʀe] vt (jeune fille) entjungfern; (sujet) den Reiz nehmen +dat.

défoncé, e [defɔ̃se] adj (route) umgepflügt; (fam: drogué) high.

défoncer [defɔ̃se] vt (caisse, porte) aufbrechen; (lit, fauteuil) ausleiern; (terrain, route) umpflügen; **se défoncer** vpr (se donner à fond)

sich dat ein Bein ausreißen; (fam: se droguer) sich dopen.

défont [defɔ̃] vb voir **défaire**.

déformant, e [defɔʀmɑ̃, ɑ̃t] adj: **miroir** ~ Zerrspiegel m.

déformation [defɔʀmasjɔ̃] nf (v vt) Verformung f; Verzerrung f ▶ **déformation professionnelle** Berufsblindheit f.

déformer [defɔʀme] vt (objet, corps) verformen, aus der Form bringen; (pensée, fait) verdrehen, verzerrt darstellen; **se déformer** vpr sich verformen.

défoulement [defulmɑ̃] nm Abreagieren nt.

défouler [defule]: **se** ~ vpr sich abreagieren.

défraîchi, e [defʀeʃi] adj (peinture) verblaßt; (article à vendre) angestaubt.

défraîchir [defʀeʃiʀ]: **se** ~ vpr (couleur, tissu) verbleichen, verschießen.

défrayer [defʀeje] vt: ~ **qn (de)** jdn entschädigen (für); ~ **la chronique** von sich reden machen.

défrichement [defʀiʃmɑ̃] nm Roden nt.

défricher [defʀiʃe] vt roden; ~ **le terrain** den Boden bereiten.

défriser [defʀize] vt (cheveux) die Krause herausnehmen aus; (fig) stören.

défroisser [defʀwase] vt glätten.

défroque [defʀɔk] nf (vieil habit) alter Fetzen m.

défroqué [defʀɔke] adj: **un prêtre/moine** ~ ein ehemaliger Priester/Mönch.

défroquer [defʀɔke]: **se** ~ vpr die Mönchskutte oder den Priesterrock ablegen.

défunt, e [defœ̃, œ̃t] adj: **son** ~ **père** sein verstorbener Vater ♦ nm/f Verstorbene(r) f(m).

dégagé, e [degaʒe] adj (ciel) klar, wolkenlos; (vue) frei; (ton, air) lässig, ungezwungen.

dégagement [degaʒmɑ̃] nm: **voie de** ~ Zufahrtsstraße f; **itinéraire de** ~ Entlastungsroute f.

dégager [degaʒe] vt (délivrer) befreien; (désencombrer) räumen; (crédits) freisetzen; (exhaler) aussenden, ausströmen; (sa responsabilité) ablehnen; (sa parole) zurücknehmen; (mettre en valeur) herausarbeiten; **se dégager** vpr (odeur) sich ausbreiten; (se libérer) sich befreien; (ciel) sich aufklären; ~ **qn de** (parole, engagement etc) jdn entbinden von; **dégagé des obligations militaires** aus dem Militärdienst entlassen; **se** ~ **de** (fam: responsabilité, engagement) sich freimachen von; (promesse) zurücknehmen.

dégaine [degɛn] nf: **quelle** ~! der/die sieht vielleicht komisch aus!

dégainer [degene] vt ziehen.

dégarni, e [degaʀni] adj (crâne, temps) kahl.

dégarnir [degaʀniʀ] vt (vider) leeren, räumen; **se dégarnir** vpr (salle, rayons) sich leeren; (tempes, crâne) sich lichten.

dégâts [degɑ] nmpl: **faire des** ~ Schaden anrichten.

dégauchir [degoʃiʀ] vt (TECH) glätten.

dégazage [degɑzaʒ] nm (de pétrolier) Entgasung *f*.

dégazer [degɑze] *vt* (*pétrolier*) entgasen.

dégel [deʒɛl] *nm* Tauwetter *nt*; (*fig*) Auftauen *nt*.

dégeler [deʒ(ə)le] *vi* auftauen ♦ *vt* (*prix, dossiers*) freigeben; (*atmosphère*) entspannen, auftauen; **se dégeler** *vpr* (*fig*) auftauen, sich entspannen.

dégénéré, e [deʒeneʀe] *adj* degeneriert ♦ *nm/f* degenerierter Mensch *m*.

dégénérer [deʒeneʀe] *vi* degenerieren; (*violence, situation*) ausarten; ~ **en** ausarten in +*acc*.

dégénérescence [deʒeneʀesɑ̃s] *nf* Degeneration *f*.

dégingandé, e [deʒɛ̃gɑ̃de] *adj* schlaksig.

dégivrage [deʒivʀaʒ] *nm* Abtauen *nt*.

dégivrer [deʒivʀe] *vt* (*frigo*) abtauen, entfrosten; (*vitres*) enteisen.

dégivreur [deʒivʀœʀ] *nm* Enteiser *m*.

déglinguer [deglɛ̃ge] *vt* (*fam*) kaputt machen.

déglutir [deglytiʀ] *vi* (hinunter)schlucken.

déglutition [deglytisjɔ̃] *nf* (Ver)schlucken *nt*.

dégobiller [degɔbije] (*fam!*) *vi* kotzen (*fam!*).

dégonflé, e [degɔ̃fle] *adj* (*pneu*) platt ♦ *nm/f* (*fam: lâche*) Feigling *m*.

dégonfler [degɔ̃fle] *vt* (*pneu, ballon*) die Luft herauslassen aus ♦ *vi* (*enflure*) zurückgehen; **se dégonfler** (*fam*) *vpr* kneifen.

dégorger [degɔʀʒe] *vi*: **faire** ~ (*CULIN*) wässern ♦ *vt* (*déverser*) ausströmen; **se** ~ **dans** (*rivière etc*) fließen in +*acc*.

dégoter [degɔte] (*fam*) *vt* ausgraben.

dégouliner [deguline] *vi* tropfen; ~ **de** triefen vor.

dégoupiller [degupije] *vt* (*grenade*) den Sicherungsstift reißen aus.

dégourdi, e [deguʀdi] *adj* (*malin*) gewitzt, gerissen.

dégourdir [deguʀdiʀ] *vt* (*membres*) auflockern; (*eau*) aufwärmen; (*personne*) die Hemmungen nehmen +*dat*; **se dégourdir** *vpr*: **se** ~ **les jambes** sich *dat* die Beine vertreten.

dégoût [degu] *nm* (*pour nourriture*) Ekel *m*; (*aversion*) Widerwille *m*, Abneigung *f*.

dégoûtant, e [degutɑ̃, ɑ̃t] *adj* widerlich, ekelhaft; (*injuste*) empörend, gemein.

dégoûté, e [degute] *adj* angewidert; ~ **de** angewidert von.

dégoûter [degute] *vt* anwidern, anekeln; (*fig: procédé, injustice*) empören; **se dégoûter** *vpr*: **se** ~ **de qch** (*se lasser de*) einer Sache *gén* überdrüssig werden; ~ **qn de qch** jdm etw verleiden; ~ **qn de faire qch** es jdm verleiden, etw zu tun.

dégoutter [degute] *vi* tropfen; ~ **de** triefen vor.

dégradant, e [degʀadɑ̃, ɑ̃t] *adj* erniedrigend.

dégradation [degʀadasjɔ̃] *nf* (*v vb*) Degradierung *f*; Verunstaltung *f*; Verschlechterung *f*; (*gén pl: dégâts*) Schaden *m*.

dégradé, e [degʀade] *adj* (*teintes*) schattiert; (*cheveux*) gestuft (geschnitten) ♦ *nm* (*en peinture*) Farbabstufung *f*; (*de coiffure*) Stufen-

schnitt *m*.

dégrader [degʀade] *vt* (*MIL: officier*) degradieren; (*abîmer*) verunstalten; (*avilir*) erniedrigen; **se dégrader** *vpr* (*roche, substance*) erodieren; (*relations, situation*) sich verschlechtern; (*PHYS: énergie*) schwächer werden.

dégrafer [degʀafe] *vt* aufhaken.

dégraissage [degʀɛsaʒ] (*fam*) *nm* (*réduction d'effectifs*) Abspecken *nt*.

dégraissant [degʀɛsɑ̃] *nm* Fleckenmittel *nt*.

dégraisser [degʀese] *vt* (*soupe*) entfetten; (*fam: entreprise*) abspecken.

degré [dəgʀe] *nm* Grad *m*; (*escalier, échelon*) Stufe *f*; **brûlure du 1er/2ème** ~ Verbrennung *f* ersten/zweiten Grades; **équation du 1er/2ème** ~ Gleichung *f* ersten/zweiten Grades; **le premier** ~ (*SCOL*) ≈ die Grundschule *f*; **alcool à 90** ~**s** 90-prozentiger Alkohol *m*; **vin de 10** ~**s** Wein *m* mit 10 Volumenprozent Alkohol; **par** ~**(s)** (*graduellement*) nach und nach.

dégressif, -ive [degʀesif, iv] *adj* (*impôts, taux*) degressiv; **tarif** ~ gestaffelter Tarif *m*.

dégrèvement [degʀɛvmɑ̃] *nm* Steuererermäßigung *f*, Steuernachlaß *m*.

dégrever [degʀəve] *vt* steuerlich entlasten.

dégriffé, e [degʀife] *adj*: **robe** ~ **e** Designermodell *nt* ohne Label.

dégringolade [degʀɛ̃gɔlad] *nf* Herunterpurzeln *nt*; (*fig: de prix, Bourse etc*) Sturz *m*.

dégringoler [degʀɛ̃gɔle] *vi* (*personne*) hinpurzeln; (*fig: prix, Bourse etc*) fallen, purzeln ♦ *vt* (*escalier*) herunterpurzeln.

dégriser [degʀize] *vt* nüchtern machen.

dégrossir [degʀosiʀ] *vt* (*bois*) (grob) zurechtsägen; (*fig: ébaucher*) die Vorarbeit leisten für; **mal dégrossi** (*personne*) ohne Schliff.

déguenillé, e [deg(ə)nije] *adj* zerlumpt.

déguerpir [degɛʀpiʀ] *vi* sich aus dem Staub machen.

dégueulasse [degœlas] (*fam!*) *adj* widerlich, zum Kotzen (*fam!*).

dégueuler [degœle] (*fam!*) *vi* kotzen (*fam!*).

déguisé, e [degize] *adj* verkleidet; ~ **en** verkleidet als.

déguisement [degizmɑ̃] *nm* (*vêtement*) Verkleidung *f*.

déguiser [degize] *vt* (*personne*) verkleiden; (*fig: réalité, fait*) verschleiern; **se déguiser** *vpr* sich verkleiden; **se** ~ **en** sich verkleiden als.

dégustation [degystasjɔ̃] *nf*: ~ **de vin(s)** Weinprobe *f*.

déguster [degyste] *vt* (*vin, fromage etc*) kosten, probieren; (*savourer*) genießen ♦ *vi* (*fam: avoir mal*) leiden.

déhancher [deɑ̃ʃe]: **se** ~ *vpr* sich in den Hüften wiegen.

dehors [dəɔʀ] *adv* (*en plein air*) draußen ♦ *nm* Äußere(s) *nt* ♦ *nmpl* (*apparences*) Äußerlichkeiten *pl*; **mettre** *ou* **jeter** ~ hinauswerfen; **au** ~ (*en apparence*) nach außenhin; **au** ~ **de** außerhalb von; **de** ~ von draußen; **en** ~ (*vers l'extérieur*) nach draußen; **en** ~ **de** (*hormis*) mit Ausnahme von.

déifier [deifje] vt vergöttern.

déiste [deist] adj deistisch.

déjà [deʒa] adv schon, bereits; **comment vous appelez-vous,** ~? wie war nochmal Ihr Name?; **c'est** ~ **pas mal** das ist schon einmal ganz gut; **es-tu** ~ **allée en France?** warst du schon einmal in Frankreich?; **c'est** ~ **quelque chose** das ist doch schon einmal was.

déjanter [deʒɑ̃te]: **se** ~ vpr (pneu) von den Felgen gehen.

déjeuner [deʒœne] vi zu Mittag essen ♦ nm Mittagessen nt; **petit** ~ Frühstück nt ▶ **déjeuner d'affaires** Arbeitsessen nt.

déjouer [deʒwe] vt (complot) vereiteln; (attention) sich entziehen +dat.

déjuger [deʒyʒe]: **se** ~ vpr seine Meinung ändern.

delà [dəla] adv: **par-**~, **au-**~ **de, en** ~ **de** jenseits von, jenseits +gén; **en** ~ jenseits davon; **au-**~ jenseits davon; (en plus) darüber hinaus.

délabré, e [delabʀe] adj (maison, mur) verfallen, baufällig; (mobilier) klapperig; (matériel) brüchig.

délabrement [delabʀəmɑ̃] nm Baufälligkeit f.

délabrer [delabʀe]: **se** ~ vpr (maison) baufällig werden.

délacer [delase] vt (chaussures) aufschnüren.

délai [delɛ] nm (attente) Wartezeit f; (sursis) Aufschub m; (temps accordé) Frist f; **sans** ~ unverzüglich; **à bref** ~ kurzfristig; **dans les** ~**s** innerhalb der Frist, fristgemäß; **dans un** ~ **de 30 jours** innerhalb von 30 Tagen ▶ **délai de livraison** Lieferfrist f.

délaissé, e [delese] adj vernachlässigt.

délaisser [delese] vt vernachlässigen.

délassant, e [delasɑ̃, ɑ̃t] adj entspannend.

délassement [delasmɑ̃] nm Entspannung f.

délasser [delase] vt entspannen; **se délasser** vpr sich entspannen.

délateur, -trice [delatœʀ, tʀis] nm/f Denunziant(in) m(f).

délation [delasjɔ̃] nf Denunziation f.

délavé, e [delave] adj (couleur) verwaschen; (jean) vorgewaschen.

délayage [delɛjaʒ] nm (de couleur) Verdünnung f.

délayer [deleje] vt (CULIN) mit Wasser verrühren; (couleur, peinture) verdünnen; (fig: discours, idée) strecken, ausdehnen.

delco ® [dɛlko] nm (AUT) Verteiler m.

délectation [delɛktasjɔ̃] nf Genuß m.

délecter [delɛkte]: **se** ~ vpr: **se** ~ **de** genießen.

délégation [delegasjɔ̃] nf (groupe) Delegation f, Abordnung f; (de pouvoirs, autorité) Übertragung f ▶ **délégation de pouvoir** (document) Vollmacht f.

délégué, e [delege] nm/f Vertreter(in) m(f); **ministre** ~ **à la Culture** Minister m mit dem Kulturaufgabenbereich.

déléguer [delege] vt (personne) abordnen, delegieren; (pouvoir, autorité) übertragen, delegieren.

délestage [delɛstaʒ] nm: **itinéraire de** ~ Entlastungsroute f.

délester [delɛste] vt (navire) Ballast abwerfen von; (route) entlasten.

Delhi [dɛli] n Delhi nt.

délibérant, e [delibeʀɑ̃, ɑ̃t] adj: **assemblée** ~**e** beratende Versammlung f.

délibératif, -ive [delibeʀatif, iv] adj: **avoir voix délibérative** stimmberechtigt sein.

délibération(s) [delibeʀasjɔ̃] nf(pl) (réflexions) Beratung f.

délibéré, e [delibeʀe] adj (conscient) wohlüberlegt; (déterminé) bewußt, absichtlich; **de propos** ~ absichtlich.

délibérément [delibeʀemɑ̃] adv mit Absicht, bewußt.

délibérer [delibeʀe] vi (jury, assemblée) sich beraten.

délicat, e [delika, at] adj (odeur, goût) fein; (peau, fleur, santé) zart; (manipulation, problème) delikat, heikel; (démarche: embarrassant) peinlich; (personne: difficile) heikel; (: attentionné) feinfühlig; **procédés peu** ~**s** unfeine Methoden pl.

délicatement [delikatmɑ̃] adv (avec douceur) zart.

délicatesse [delikatɛs] nf (v adj) Feinheit f; Zartheit f; Feinfühligkeit f; (gén pl: attentions) Aufmerksamkeiten pl.

délice [delis] nm Freude f; ~**s** nfpl (plaisirs) Freuden pl, Genüsse pl.

délicieusement [delisjøzmɑ̃] adv wunderbar.

délicieux, -euse [delisjø, jøz] adj (goût) köstlich, lecker; (sensation, femme, robe) wunderbar, herrlich.

délictueux, -euse [deliktɥø, øz] adj kriminell.

délié, e [delje] adj (taille) schlank; (doigts etc) flink, leicht ♦ nm: **les** ~**s** die (feinen) Aufstriche pl.

délier [delje] vt (ruban, ficelle) aufbinden; ~ **qn d'un serment** jdn von einem Schwur entbinden.

délimitation [delimitasjɔ̃] nf Abgrenzung f.

délimiter [delimite] vt (territoire, sujet) abgrenzen; (suj: chose) begrenzen.

délinquance [delɛ̃kɑ̃s] nf Kriminalität f ▶ **délinquance juvénile** Jugendkriminalität f.

délinquant, e [delɛ̃kɑ̃, ɑ̃t] nm/f Delinquent(in) m(f).

déliquescence [delikesɑ̃s] nf: **en** ~ im Verfall ou in der Auflösung begriffen.

déliquescent, e [delikesɑ̃, ɑ̃t] adj (décadent) verfallend.

délirant, e [deliʀɑ̃, ɑ̃t] adj (imagination) zügellos, wild; (fam: déraisonnable) wahnsinnig ▶ **fièvre délirante** Delirium nt.

délire [deliʀ] nm (fièvre) Delirium nt; (fig: folie) Wahnsinn m.

délirer [deliʀe] vi (wild) phantasieren; (fig) spinnen.

délirium tremens [deliʀjɔmtʀemɛ̃s] nm Delirium tremens nt.

délit [deli] nm Delikt nt, Straftat f ▶ **délit de fuite** Fahrerflucht f ▶ **délit politique** politische Straftat ▶ **délit de presse** Verletzung *f* der Pressegesetze.

délivrance [delivʀɑ̃s] *nf* (*v vb*) Entlassung *f*; Ausstellen *nt*; (*sentiment*) Erleichterung *f*.

délivrer [delivʀe] *vt* (*prisonnier*) entlassen; (*passeport, certificat*) ausstellen; ~ **qn de** jdn befreien von; (*responsabilité*) jdm abnehmen.

déloger [deloʒe] *vt* (*ennemi*) vertreiben; (*locataire*) ausquartieren; (*objet coincé*) lösen.

déloyal, e, -aux [delwajal, o] *adj* (*personne, conduite*) illoyal; (*procédé*) unlauter; **concurrence** ~**e** unlauterer Wettbewerb *m*.

delta [dɛlta] *nm* Delta *nt*.

deltaplane ® [dɛltaplan] *nm* Deltaflieger *m*.

déluge [delyʒ] *nm* (*BIBLE*) Sintflut *f*; (*pluie*) sintflutartiger Regen *m*; **un** ~ **de** eine Flut von.

déluré, e [delyʀe] *adj* gewitzt, clever; (*péj*) dreist.

démagnétiser [demaɲetize] *vt* entmagnetisieren.

démagogie [demagɔʒi] *nf* Demagogie *f*.

démagogique [demagɔʒik] *adj* demagogisch.

démagogue [demagɔg] *adj* demagogisch ♦ *nm/f* Demagoge *m*, Demagogin *f*.

démaillé, e [demaje] *adj* (*bas*) mit Laufmaschen; **ses bas sont** ~**s** ihre Strümpfe haben Laufmaschen.

démailloter [demajɔte] *vt* (*enfant*) die Windeln ausziehen +*dat*.

demain [d(ə)mɛ̃] *adv* morgen; ~ **matin/midi/soir** morgen früh/mittag/abend; **à** ~! bis morgen!

demande [d(ə)mɑ̃d] *nf* Forderung *f*; (*ADMIN: formulaire*) Antrag *m*; **la** ~ (*ÉCON*) die Nachfrage *f*; **à la** ~ **générale** auf allgemeinen Wunsch; **faire sa** ~ **(en mariage)** einen Heiratsantrag machen ▶ **demande d'emploi** (*candidature*) Bewerbung *f*; **"~s d'emploi"** „Stellengesuche" ▶ **demande de naturalisation** Antrag auf Einbürgerung ▶ **demande de poste** Stellengesuch *nt*.

demandé, e [d(ə)mɑ̃de] *adj*: **très** ~ sehr gefragt.

demander [d(ə)mɑ̃de] *vt* bitten um; (*renseignement*) fragen nach; (*salaire*) verlangen; (*JUR: exiger*) fordern; (*médecin, plombier, infirmier*) rufen; (*personnel*) suchen; (*de l'habileté, du courage*) erfordern; ~ **qch à qn** jdn um etw bitten; ~ **à qn de faire qch** jdn darum bitten, etw zu tun; ~ **que** verlangen, daß; ~ **la main de qn** (*fig*) um jds Hand anhalten; ~ **des nouvelles de qn** sich nach jdm erkundigen; ~ **l'heure/son chemin** nach der Uhrzeit/dem Weg fragen; ~ **pardon à qn** jdn um Verzeihung bitten; ~ **à** *ou* **de voir/faire qch** etw zu sehen verlangen/etw tun wollen; **se demander** *vpr*: ~ **si/pourquoi** sich fragen, ob/warum; ~ **la parole** um das Wort bitten; ~ **la permission de faire qch** um die Erlaubnis bitten, etw tun zu dürfen; **je me demande comment tu as pu** ich möchte wirklich wissen, wie du es geschafft hast; **je me le demande** das frage ich mich (auch); **on vous**

demande au téléphone Sie werden am Telefon verlangt.

demandeur, -euse [dəmɑ̃dœʀ, øz] *nm/f*: ~ **d'emploi** Stellensuchende(r) *f(m)*.

démangeaison [demɑ̃ʒɛzɔ̃] *nf* Jucken *nt*, Juckreiz *m*.

démanger [demɑ̃ʒe] *vi* jucken; **la main me démange** mir juckt die Hand; **l'envie** *ou* **ça le démange de** es reizt ihn sehr, zu tun.

démantèlement [demɑ̃tɛlmɑ̃] *nm* Zerstörung *f*.

démanteler [demɑ̃t(ə)le] *vt* (*bâtiment*) demontieren; (*organisation*) auflösen.

démaquillant, e [demakijɑ̃, ɑ̃t] *adj* Reinigungs- ♦ *nm* Reinigungsmilch *f*.

démaquiller [demakije] *vt* abschminken; **se démaquiller** *vpr* sich abschminken.

démarcage [demaʀkaʒ] *nm* = **démarquage**.

démarcation [demaʀkasjɔ̃] *nf* (*limite*) Abgrenzung *f*, Demarkation *f*; **ligne de** ~ Demarkationslinie *f*.

démarchage [demaʀʃaʒ] *nm* (*COMM*) Haustürhandel *m*.

démarche [demaʀʃ] *nf* (*allure*) Gang *m*; (*intervention, requête: gén pl*) Schritt *m*; (*intellectuelle etc*) Denkweise *f*; **faire** *ou* **entreprendre des** ~**s auprès de qn** bei jdm vorstellig werden.

démarcheur, -euse [demaʀʃœʀ, øz] *nm/f* (*COMM: vendeur*) Kundenwerber(in) *m(f)*; (*POL*) Stimmenwerber(in) *m(f)*.

démarquage [demaʀkaʒ] *nm* (*SPORT*) Freispielen *nt*.

démarque [demaʀk] *nf* (*COMM*) Preisermäßigung *f*.

démarqué, e [demaʀke] *adj* (*FOOTBALL*) freigespielt; **prix** ~**s** heruntergesetzte Preise *pl*.

démarquer [demaʀke] *vt* (*prix*) heruntersetzen; (*SPORT: joueur*) freispielen; **se démarquer** *vpr* (*fig*) sich unterscheiden.

démarrage [demaʀaʒ] *nm* (*d'une voiture*) Anfahren *nt*; ~ **en côte** Anfahren *nt* am Berg.

démarrer [demaʀe] *vi* (*conducteur*) losfahren, starten; (*véhicule*) anfahren; (*coureur*) loslaufen, starten; (*travaux, affaire*) losgehen, anfangen ♦ *vt* (*voiture*) anlassen; (*travail*) in die Wege leiten.

démarreur [demaʀœʀ] *nm* (*AUTO*) Anlasser *m*.

démasquer [demaske] *vt* entlarven; **se démasquer** *vpr* (*fig*) sich verraten.

démâter [demɑte] *vt* entmasten ♦ *vi* seinen Mast verlieren.

démêlant, e [demɛlɑ̃, ɑ̃t] *adj*: **baume** ~ Haarbalsam *m*.

démêler [demele] *vt* (*fil, cheveux*) entwirren; (*problèmes*) auseinanderdröseln.

démêlés [demele] *nmpl* Auseinandersetzung *f*.

démembrement [demɑ̃bʀəmɑ̃] *nm* Aufteilung *f*.

démembrer [demɑ̃bʀe] *vt* (*fig: diviser*) aufteilen.

déménagement [demenaʒmɑ̃] *nm* Umzug *m*;

entreprise de ~ Umzugsfirma *f;* **camion de ~** Möbelwagen *m.*

déménager [demenaʒe] *vi* umziehen ♦ *vt (meubles)* umziehen.

déménageur [demenaʒœʀ] *nm* Möbelpacker *m;* *(entrepreneur)* Möbelspediteur *m.*

démence [demɑ̃s] *nf* Wahnsinn *m.*

démener [dɛm(ə)ne]: **se ~** *vpr (remuer)* um sich schlagen; *(fig)* sich *dat* ein Bein ausreißen.

dément¹, e [demɑ̃, ɑ̃t] *vb voir* **démentir.**

dément², e [demɑ̃, ɑ̃t] *(fam) adj (fou)* irre.

démenti, e [demɑ̃ti] *nm* Dementi *nt.*

démentiel, le [demɑ̃sjɛl] *adj* wahnsinnig.

démentir [demɑ̃tiʀ] *vt (nier: nouvelle etc)* dementieren; *(témoin)* widersprechen +*dat;* *(contredire: suj: faits etc)* widerlegen; **se démentir** *vpr:* **ne pas se ~** *(ne pas cesser)* nicht nachlassen.

démerder [demɛʀde] *(fam!) vi:* **se ~** sich durchschlagen.

démériter [demeʀite] *vi:* **~ auprès de qn** in jds Achtung *dat* sinken.

démesure [dem(ə)zyʀ] *nf* Maßlosigkeit *f.*

démesuré, e [dem(ə)zyʀe] *adj* maßlos; *(taille)* übermäßig.

démesurément [dem(ə)zyʀemɑ̃] *adv (voir adj)* maßlos; übermäßig.

démettre [demɛtʀ] *vt:* **~ qn de** *(fonction, poste)* jdn entheben +*gén;* **se démettre** *vpr (épaule etc)* sich *dat* ausrenken; **se ~ de ses fonctions** das *ou* sein Amt niederlegen.

demeurant [d(ə)mœʀɑ̃]: **au ~** *adv* im übrigen.

demeure [d(ə)mœʀ] *nf (maison)* Wohnung *f,* Wohnsitz *m;* **dernière ~** letzte Ruhestatt *f;* **mettre qn en ~ de faire qch** jdn anweisen, etw zu tun; **à ~** auf Dauer.

demeuré, e [d(ə)mœʀe] *adj* geistig zurückgeblieben ♦ *nm/f* Schwachkopf *m.*

demeurer [d(ə)mœʀe] *vi (habiter)* wohnen; *(séjourner)* sich aufhalten; *(rester)* bleiben; **en ~ là** dabei bleiben.

demi, e [d(ə)mi] *adj:* **trois jours/bouteilles et demi(e)** dreieinhalb Tage/Flaschen ♦ *nm (FOOTBALL)* Mittelfeldspieler *m;* **un ~** *(bière)* ein kleines Bier *nt;* **il est 2 heures et demie/midi et ~** es ist halb drei/eins; **à ~** *adj* halb- ♦ *adv* halb; **à la ~e** *(heure)* um halb ► **demi de mêlée** *(RUGBY)* Gedrängehalbspieler *m* ► **demi d'ouverture** *(RUGBY)* Mittelstürmer *m.*

demi-bouteille [d(ə)mibutɛj] *(pl ~-~s) nf* halbe Flasche *f.*

demi-cercle [d(ə)misɛʀkl] *(pl ~-~s) nm* Halbkreis *m;* **en ~-~** *adj* halbkreisförmig ♦ *adv* im Halbkreis.

demi-douzaine [d(ə)miduzɛn] *(pl ~-~s) nf* halbe(s) Dutzend *nt.*

demi-finale [d(ə)mifinal] *(pl ~-~s) nf* Halbfinale *nt,* Semifinale *nt.*

demi-finaliste [d(ə)mifinalist] *(pl ~-~s) nm/f* Halbfinalist(in) *m(f).*

demi-fond [d(ə)mifɔ̃] *nm inv (SPORT)* Mittelstrecke *f.*

demi-frère [d(ə)mifʀɛʀ] *(pl ~-~s) nm* Halbbruder *m.*

demi-gros [d(ə)migʀo] *nm inv* Zwischenhandel *m.*

demi-heure [d(ə)mijœʀ] *(pl ~-~s) nf* halbe Stunde *f.*

demi-jour [d(ə)miʒuʀ] *(pl ~-~(s)) nm* Zwielicht *nt.*

demi-journée [d(ə)miʒuʀne] *(pl ~-~s) nf* halbe(r) Tag *m.*

démilitariser [demilitaʀize] *vt* entmilitarisieren.

demi-litre [d(ə)militʀ] *(pl ~-~s) nm* halbe(r) Liter *m.*

demi-livre [d(ə)milivʀ] *(pl ~-~s) nf* halbe(s) Pfund *nt.*

demi-longueur [d(ə)milɔ̃gœʀ] *(pl ~-~s) nf (SPORT)* halbe Länge *f.*

demi-lune [d(ə)milyn] *nf:* **en ~-~** halbmondförmig.

demi-mal [d(ə)mimal] *(pl demi-maux) nm:* **il n'y a que ~-~** es ist alles nur halb so schlimm.

demi-mot [d(ə)mimo] *nm:* **à ~-~** andeutungsweise.

déminer [demine] *vt* entminen.

démineur [deminœʀ] *nm* Minenräumer *m.*

demi-pension [d(ə)mipɑ̃sjɔ̃] *(pl ~-~s) nf (hôtel)* Halbpension *f;* *(lycée)* Tagesschule mit Mittagstisch; **être en ~-~** in der Schule zu Mittag essen.

demi-pensionnaire [d(ə)mipɑ̃sjɔnɛʀ] *(pl ~-~s) nm/f (lycée)* Tagesschüler(in) *m(f) (der/die in der Schule zu Mittag ißt).*

demi-place [d(ə)miplas] *(pl ~-~s) nf* Platz *m* zum halben Preis; *(TRANSPORTS)* Fahrkarte *f* zum halben Preis.

démis, e [demi, iz] *pp de* **démettre** ♦ *adj (épaule etc)* ausgerenkt.

demi-saison [d(ə)misɛzɔ̃] *(pl ~-~s)* · *nf:* **vêtements de ~-~** Übergangskleidung *f.*

demi-sel [d(ə)misɛl] *adj inv (beurre, fromage)* leicht gesalzen.

demi-sœur [d(ə)misœʀ] *(pl ~-~s) nf* Halbschwester *f.*

demi-sommeil [d(ə)misɔmɛj] *(pl ~-~s) nm* Halbschlaf *m.*

demi-soupir [d(ə)misupiʀ] *(pl ~-~s) nm* Achtelpause *f.*

démission [demisjɔ̃] *nf* Rücktritt *m;* **donner sa ~** seinen Rücktritt erklären.

démissionnaire [demisjɔnɛʀ] *adj* zurückgetreten, abgedankt ♦ *nm/f* Zurückgetretene(r) *f(m).*

démissionner [demisjɔne] *vi* zurücktreten, abdanken.

demi-tarif [d(ə)mitaʀif] *(pl ~-~s) nm* halber Preis *m;* **voyager à ~-~** zum halben Preis fahren.

demi-ton [d(ə)mitɔ̃] *(pl ~-~s) nm* Halbton *m.*

demi-tour [d(ə)mituʀ] *(pl ~-~s) nm* Kehrtwendung *f;* **faire un ~-~** *(MIL etc)* kehrtmachen; **faire ~-~** umkehren; *(AUTO)* wenden.

démobilisation [demɔbilizasjɔ̃] *nf* Demobilisierung *f*; *(fig)* Apathie *f*.

démobiliser [demɔbilize] *vt* (*MIL*) demobilisieren; *(fig)* (wieder) teilnahmslos machen.

démocrate [demɔkrat] *adj* demokratisch ♦ *nm/f* Demokrat(in) *m(f)*.

démocrate-chrétien, ne [demɔkratkretjɛ̃, jɛn] (*pl* ~**s**-~**s, -ennes**) *adj* christdemokratisch ♦ *nm/f* Christdemokrat(in) *m(f)*.

démocratie [demɔkrasi] *nf* Demokratie *f* ▶ **démocratie populaire** Volksdemokratie.

démocratique [demɔkratik] *adj* demokratisch; *(sport)* Volks-; *(moyen de transport etc)* allen zugänglich.

démocratiquement [demɔkratikmɑ̃] *adv* demokratisch.

démocratisation [demɔkratizasjɔ̃] *nf* Demokratisierung *f*.

démocratiser [demɔkratize] *vt* demokratisieren.

démodé, e [demɔde] *adj* altmodisch.

démoder [demɔde]: **se** ~ *vpr* altmodisch werden, aus der Mode kommen.

démographe [demɔgraf] *nm/f* Demograph(in) *m(f)*.

démographie [demɔgrafi] *nf* Demographie *f*.

démographique [demɔgrafik] *adj* demographisch; **poussée** ~ Bevölkerungszuwachs *m*.

demoiselle [d(ə)mwazɛl] *nf* Fräulein *nt* ▶ **demoiselle d'honneur** Ehrenjungfrau *f*.

démolir [demɔlir] *vt* (*bâtiment*) abreißen, einreißen; *(fig)* vernichten.

démolisseur [demɔlisœr] *nm* (*ouvrier*) Abrucharbeiter *m*.

démolition [demɔlisjɔ̃] *nf* (*de bâtiment*) Abbruch *m*; **entreprise de** ~ Abbruchunternehmen *nt*.

démon [demɔ̃] *nm* (*diable*) Dämon *m*; (*enfant*) (kleiner) Teufel *m*; **le D**~ der Teufel; **le** ~ **du jeu** der Spielteufel.

démonétiser [demɔnetize] *vt* (*monnaie*) aus dem Verkehr ziehen.

démoniaque [demɔnjak] *adj* dämonisch.

démonstrateur, -trice [demɔ̃stratœr, tris] *nm/f* Vorführer(in) *m(f)*.

démonstratif, -ive [demɔ̃stratif, iv] *adj* demonstrativ ♦ *nm* Demonstrativ(pronomen) *nt*.

démonstration [demɔ̃strasjɔ̃] *nf* (*d'une expérience*) Demonstration *f*; (*MATH*) Beweis *m*; (*dans un magasin*) Vorführung *f*; (*aérienne, navale*) Schau *f*.

démontable [demɔ̃tabl] *adj* (*table, lit*) zerlegbar.

démontage [demɔ̃taʒ] *nm* Auseinandernehmen *nt*.

démonté, e [demɔ̃te] *adj* (*mer*) tobend; *(fig)* rasend.

démonte-pneu [demɔ̃t(ə)pnø] (*pl* ~-~**s**) *nm* Montiereisen *nt*.

démonter [demɔ̃te] *vt* auseinandernehmen; *(pneu)* abnehmen; *(porte)* aushängen; *(fig: discours, théorie)* zerlegen; (: *personne*) aus der Fassung bringen; *(cavalier)* abwerfen; **se démonter** *vpr* (*personne*) die Fassung verlieren.

démontrable [demɔ̃trabl] *adj* beweisbar.

démontrer [demɔ̃tre] *vt* beweisen.

démoralisant, e [demɔralizɑ̃, ɑ̃t] *adj* entmutigend.

démoralisateur, -trice [demɔralizatœr, tris] *adj* entmutigend.

démoraliser [demɔralize] *vt* entmutigen.

démordre [demɔrdr] *vi*: **ne pas** ~ **de** beharren auf +*dat*.

démoulage [demulaʒ] *nm* Entfernen *nt* aus der Form.

démouler [demule] *vt* aus der Form nehmen.

démultiplicateur, -trice [demyltiplikatœr, tris] *adj* (*effet*) reduzierend.

démultiplication [demyltiplikasjɔ̃] *nf* (*procédé*) Reduzierung *f*; (*rapport*) Reduzierungsverhältnis *nt*.

démuni, e [demyni] *adj* (*sans argent*) mittellos; ~ **de** beraubt +*gén*.

démunir [demynir] *vt* (*de qch*) berauben +*gén*; **se démunir** *vpr*: **se** ~ **de** (*argent, meubles*) sich trennen von.

démuseler [demyzle] *vt* den Maulkorb abnehmen +*dat*.

démystifier [demistifje] *vt* (*détromper*) die Augen öffnen +*dat*.

démythifier [demitifje] *vt* entmythisieren.

dénatalité [denatalite] *nf* Geburtenrückgang *m*.

dénationalisation [denasjɔnalizasjɔ̃] *nf* Privatisierung *f*.

dénationaliser [denasjɔnalize] *vt* privatisieren.

dénaturé, e [denatyre] *adj* (*alcool*) denaturiert; (*goûts*) verdorben.

dénaturer [denatyre] *vt* (*goût*) verderben; *(fig: pensée, fait)* verfälschen, vollkommen verändern.

dénégations [denegasjɔ̃] *nfpl* Leugnen *nt*.

déneigement [denɛʒmɑ̃] *nm* (Schnee)räumen *nt*.

déneiger [deneʒe] *vt* vom Schnee räumen.

déni [deni] *nm*: ~ **(de justice)** Rechtsverweigerung *f*.

déniaiser [denjeze] *vt*: ~ **qn** jdn aufklären.

dénicher [denife] *vt* aufstöbern, ausgraben.

dénicotinisé, e [denikɔtinize] *adj*: **cigarette** ~**e** nikotinarme Zigarette *f*.

denier [dənje] *nm* (*monnaie*) Scherflein *nt*; (*de bas*) Denierzahl *f*; **de ses (propres)** ~**s** mit seinem eigenen Geld, aus eigener Tasche ▶ **denier du culte** *jährlich bezahltes Kirchgeld* ▶ **deniers publics** öffentliche Mittel *pl*.

dénier [denje] *vt* (*faute*) leugnen; (*responsabilité*) ablehnen; ~ **qch à qn** jdm etw verweigern.

dénigrement [denigrəmɑ̃] *nm* Verunglimpfung *f*; **campagne de** ~ Hetzkampagne *f*.

dénigrer [denigre] *vt* verunglimpfen.

dénivelé, e [denivle] *adj* uneben ♦ *nm* Höhenunterschied *m*.

déniveler [deniv(ə)le] *vt* uneben machen.

dénivellation [denivelasjɔ̃] *nf* (*différence de niveau*) Höhenunterschied *m*; (*pente*) Gefälle *nt*; (*creux*) Unebenheit *f*.

dénivellement [denivɛlmɑ̃] *nm* = **dénivellation**.

dénombrer [denɔ̃bʀe] *vt* (*compter*) zählen; (*énumérer*) aufzählen.

dénominateur [denɔminatœʀ] *nm* (*MATH*) Nenner *m* ► **dénominateur commun** gemeinsame(r) Nenner.

dénomination [denɔminasjɔ̃] *nf* Bezeichnung *f*.

dénommé, e [denɔme] *adj*: **le ~ Dupont** ein gewisser Dupont.

dénoncer [denɔ̃se] *vt* (*personne*) anzeigen; (*abus, erreur*) anprangern; **se dénoncer** *vpr* sich stellen.

dénonciateur, -trice [denɔ̃sjatœʀ, tʀis] *nm/f* Denunziant(in) *m(f)*.

dénonciation [denɔ̃sjasjɔ̃] *nf* Denunziation *f*.

dénoter [denɔte] *vt* anzeigen.

dénouement [denumɑ̃] *nm* Ausgang *m*.

dénouer [denwe] *vt* (*ficelle*) aufknoten; (*fig: intrigue, affaire*) entwirren, auflösen.

dénoyauter [denwajote] *vt* entsteinen, entkernen; **appareil à ~** Entsteiner *m*.

dénoyauteur [denwajotœʀ] *nm* Entsteiner *m*.

denrée [dɑ̃ʀe] *nf* Lebensmittel *nt* ► **denrées alimentaires** Nahrungsmittel *pl*.

dense [dɑ̃s] *adj* dicht; (*foule*) dichtgedrängt; (*style*) gedrängt.

densité [dɑ̃site] *nf* Dichte *f*.

dent [dɑ̃] *nf* Zahn *m*; (*de fourchette*) Zinken *m*; (*de timbre*) Zacken *m*; **faire ses ~s** zahnen; **avoir une ~ contre qn** gegen jdn einen Groll haben; **avoir les ~s longues** sehr ehrgeizig sein; **se mettre qch sous la ~** etw zwischen die Zähne bekommen; **être sur les ~s** auf dem Zahnfleisch gehen; **à belles ~s** mit sichtlichem Genuß; **en ~s de scie** Sägezahn-; (*irrégulier*) gezackt ► **dent de lait** Milchzahn *m* ► **dent de sagesse** Weisheitszahn *m*.

dentaire [dɑ̃tɛʀ] *adj* Zahn-; **cabinet ~** Zahnarztpraxis *f*; **école ~** zahnmedizinische Hochschule *f*.

denté, e [dɑ̃te] *adj*: **roue ~e** Zahnrad *nt*.

dentelé, e [dɑ̃t(ə)le] *adj* (*côte, feuille*) gezackt.

dentelle [dɑ̃tɛl] *nf* Spitze *f*.

dentier [dɑ̃tje] *nm* Gebiß *nt*.

dentifrice [dɑ̃tifʀis] *nm* (*aussi*: **pâte ~**) Zahnpasta *f* ♦ *adj*: **eau *f* ~** Mundwasser *nt*.

dentiste [dɑ̃tist] *nm/f* Zahnarzt *m*, Zahnärztin *f*.

dentition [dɑ̃tisjɔ̃] *nf* (*dents*) Zähne *pl*; (*formation*) Zahnen *nt*.

dénucléariser [denyklearize] *vt* atomwaffenfrei machen; **zone dénucléarisée** atomwaffenfreie Zone *f*.

dénudé, e [denyde] *adj* (*crâne, colline*) kahl; (*fil électrique*) blank, nackt.

dénuder [denyde] *vt* (*corps*) entblößen; (*sol*) kahl machen; (*fil électrique*) abisolieren; **se dénuder** *vpr* (*personne*) sich entblößen.

dénué, e [denɥe] *adj*: **~ de** bar +*gén*, ohne; **~**

d'intérêt völlig uninteressant.

dénuement [denymɑ̃] *nm* (*misère*) bittere Not *f*, Elend *nt*.

dénutrition [denytʀisjɔ̃] *nf* Unterernährung *f*.

déodorant [deɔdɔʀɑ̃] *nm* (*corporel*) Deodorant *nt*.

déontologie [deɔ̃tɔlɔʒi] *nf* (*professionnelle*) Berufsethos *nt*; **~ médicale** ärztliche(s) Berufsethos.

dép. *abr* = **département**; (= *départ*) Abf.

dépannage [depanaʒ] *nm* (*v vb*) Reparatur *f*; Hilfe *f*; **service de ~** (*AUTO*) Pannendienst *m*; **camion de ~** (*AUTO*) Abschleppwagen *m*.

dépanner [depane] *vt* (*voiture, télévision*) reparieren; (*automobiliste*) (bei einer Panne) helfen +*dat*; (*fam: personne*) aus der Patsche helfen +*dat*.

dépanneur [depanœʀ] *nm* (*AUTO*) Pannenhelfer(in) *m(f)*; (*TV*) Fernsehmechaniker(in) *m(f)*.

dépanneuse [depanøz] *nf* Abschleppwagen *m*.

dépareillé, e [depaʀeje] *adj* (*collection, service*) unvollständig; (*gant, volume*) einzeln.

déparer [depaʀe] *vt* verderben.

départ [depaʀ] *nm* (*d'un voyageur etc*) Abreise *f*; (*d'un employé*) Ausscheiden *nt*; (*SPORT*) Start *m*; (*sur un horaire*) Abfahrt *f*; **à son ~** bei seiner Abreise; **au ~** (*au début*) am Anfang, zu Beginn.

départager [depaʀtaʒe] *vt* (*concurrents*) entscheiden zwischen +*dat*.

département [depaʀtəmɑ̃] *nm* (*administratif*) Departement *nt*, ≈ Regierungsbezirk *m*; (*de ministère*) Abteilung *f*, Referat *nt*; (*d'université, de magasin*) Abteilung ► **département d'outre-mer** in Übersee gelegenes Departement.

départemental, e, -aux [depaʀtəmɑ̃tal, o] *adj* ≈ Bezirks-.

départir [depaʀtiʀ]: **se ~ de** *vpr* verlieren.

dépassé, e [depase] *adj* (*démodé*) veraltet, überholt; (*fig: affolé*) überfordert.

dépassement [depasmɑ̃] *nm* (*d'une limite, de crédits*) Überschreiten *nt*; (*AUTO*) Überholen *nt*; (*de soi*) Überwindung *f*.

dépasser [depase] *vt* (*véhicule, concurrent*) überholen; (*endroit*) vorübergehen/-fahren an +*dat*; (*somme, limite fixée, prévisions*) überschreiten; (*fig: en intelligence, beauté etc*) übertreffen; (*être en saillie sur*) überragen ♦ *vi* (*AUTO*) überholen; (*ourlet, jupon*) hervorschauen; **se dépasser** *vpr* (*se surpasser*) sich selbst übertreffen; **être dépassé** altmodisch sein, veraltet sein; **cela me dépasse** das geht über meinen Verstand.

dépassionner [depasjɔne] *vt* (*débat etc*) (wieder) abkühlen.

dépaver [depave] *vt* die Pflastersteine herausreißen aus.

dépaysé, e [depeize] *adj* verloren, orientierungslos.

dépaysement [depeizmɑ̃] *nm* Verwirrung *f*.

dépayser [depeize] *vt* (*désorienter*) verwirren,

befremden; (*changer agréablement*) eine Abwechslung bieten +*dat*.

dépecer [depəse] *vt* (*suj: boucher*) zerlegen;
(: *animal*) zerfleischen.

dépêche [depɛʃ] *nf* Depesche *f*.

dépêcher [depeʃe] *vt* (*messager etc*) senden,
schicken; **se dépêcher** *vpr* sich beeilen; **se ~
de faire qch** sich beeilen, etw zu tun.

dépeindre [depɛ̃dʀ] *vt* schildern.

dépendance [depɑ̃dɑ̃s] *nf* (*aussi MÉD*) Abhängigkeit *f*; (*bâtiment*) Nebengebäude *nt*.

dépendant, e [depɑ̃dɑ̃, ɑ̃t] *vb voir* **dépendre ♦**
adj abhängig.

dépendre [depɑ̃dʀ] *vt* (*tableau*) abhängen, abnehmen; **~ de** abhängen von; (*financièrement*)
abhängig sein von; **ça dépend** das kommt
ganz drauf an.

dépens [depɑ̃] *nmpl*: **aux ~ de qn** auf jds Kosten *acc*.

dépense [depɑ̃s] *nf* Ausgabe *f*; (*de gaz, eau*)
Verbrauch *m*; (*de temps, de forces*) Aufwand
m; **pousser qn à la ~** jdn zum Kaufen anregen ▶ **dépenses de fonctionnement** Be-
triebskosten *pl* ▶ **dépenses d'investissement**
Kapitalaufwendungen *pl* ▶ **dépenses publiques** öffentliche Ausgaben *pl*.

dépenser [depɑ̃se] *vt* (*argent*) ausgeben; (*énergie, courage*) aufwenden; **se dépenser** *vpr* sich
verausgaben, sich anstrengen.

dépensier, -ière [depɑ̃sje, jɛʀ] *adj*: **il est ~ er**
ist ein Verschwender.

déperdition [depɛʀdisjɔ̃] *nf* (*d'énergie*) Verlust
m.

dépérir [depeʀiʀ] *vi* verkümmern.

dépersonnaliser [depɛʀsɔnalize] *vt* entper-
sönlichen.

dépêtrer [depetʀe] : **se ~ de** *vpr* (*situation*) sich
befreien aus.

dépeuplé, e [depœple] *adj* entvölkert.

dépeuplement [depœpləmɑ̃] *nm* Entvölkerung *f*.

dépeupler [depœple] *vt* entvölkern; **se dépeupler** *vpr* (*pays, ville*) seine Bevölkerung verlieren; (*rivière, forêt*) sich entvölkern, seine
Fauna und Flora verlieren.

déphasage [defazaʒ] *nm* (*fig*) Realitätsverlust
m.

déphasé, e [defaze] *adj* (*PHYS*) phasenver-
schoben; (*fig: désorienté*) aus dem Tritt.

déphaser [defaze] *vt* (*fig*) aus dem Tritt bringen.

dépilation [depilasjɔ̃] *nf* Enthaarung *f*.

dépilatoire [depilatwaʀ] *adj*: **crème/lait ~** Enthaarungscreme *f*/-milch *f*.

dépistage [depistaʒ] *nm* (*MÉD*) Früherkennung
f.

dépister [depiste] *vt* (*détecter*) entdecken;
(*MÉD*) erkennen; (*voleur*) finden; (*poursuivants*)
von der Fährte abbringen.

dépit [depi] *nm*: **par ~** aus Trotz; **en ~ de** (*malgré*) trotz +*gén*; **en ~ du bon sens** gegen alle
Vernunft.

dépité, e [depite] *adj* verärgert, verdros-

sen.

dépiter [depite] *vt* verdrießen.

déplacé, e [deplase] *adj* (*inopportun*) unangebracht, deplaziert; **personne ~e** Vertriebe-
ne(r) *f(m)*.

déplacement [deplasmɑ̃] *nm* (*d'un objet*) Verschieben *nt*; (*voyage*) Reise *f*; **en ~** auf Reisen ▶ **déplacement de vertèbre** Bandscheibenvorfall *m*.

déplacer [deplase] *vt* umstellen, woanders
hinstellen; (*employé*) versetzen; **se déplacer**
vpr (*objet*) sich verschieben; (*personne*) sich
bewegen; (: *voyager*) verreisen; **se ~ en
voiture/avion** im Auto/mit dem Flugzeug reisen.

déplaire [deplɛʀ] *vi* mißfallen +*dat*; **se déplaire**
vpr (*quelque part*) sich nicht wohl fühlen; **~ à
qn** jdm nicht gefallen.

déplaisant, e [deplɛzɑ̃, ɑ̃t] *vb voir* **déplaire ♦** *adj*
unangenehm.

déplaisir [depleziʀ] *nm* Mißfallen *nt*.

déplaît [deplɛ] *vb voir* **déplaire**.

dépliant [deplijɑ̃] *nm* Faltblatt *nt*.

déplier [deplije] *vt* auseinanderfalten; (*journal*)
aufschlagen; **se déplier** *vpr* (*parachute*) sich
entfalten.

déplisser [deplise] *vt* glätten.

déploiement [deplwamɑ̃] *nm* (*v déployer*)
Ausbreiten *nt*; Setzen *nt*; Einsatz *m*; Beweis *m*.

déplomber [deplɔ̃be] *vt* (*caisse, compteur*) das
Siegel entfernen von.

déplorable [deplɔʀabl] *adj* (*triste*) beklagenswert; (*blâmable*) bedauerlich.

déplorer [deplɔʀe] *vt* (*regretter*) beklagen
(*pleurer sur, compatir à*) beweinen.

déployer [deplwaje] *vt* (*aile, carte*) ausbreiten
(*voile*) setzen; (*troupes*) einsetzen; (*force, courage*) zeigen, beweisen.

déplu [deply] *pp de* **déplaire**.

dépoli, e [depɔli] *adj*: **verre ~** Milchglas *nt*.

dépolitiser [depɔlitize] *vt* entpolitisieren.

dépopulation [depɔpylasjɔ̃] *nf* Entvölkerung
f.

déportation [depɔʀtasjɔ̃] *nf* Deportation *f*.

déporté [depɔʀte] *nm/f* (*in ein Konzentrationslager*) Deportierte(r) *f(m)*.

déporter [depɔʀte] *vt* (*POL*) deportieren; (*voiture*) vom Weg abbringen; **se déporter** *vpr* (*voiture*) vom Weg abkommen.

déposant, e [depozɑ̃, ɑ̃t] *nm/f* (*épargnant*) Ein
zahler(in) *m(f)*.

dépose [depoz] *nf* (*d'un moteur*) Ausbauen
nt.

déposé, e [depoze] *adj*: **marque ~e** eingetrage-
ne(s) Warenzeichen *nt*.

déposer [depoze] *vt* (*mettre, poser*) legen, stellen; (*à la banque*) einzahlen; (*à la consigne*)
aufgeben; (*caution*) hinterlegen; (*passager,
roi*) absetzen; (*démonter: serrure, moteur*) her
ausnehmen, ausbauen; (: *rideau*) abnehmen
abhängen; (*ADMIN, JUR: faire enregistrer*) einrei
chen ♦ *vi* (*vin etc*) sich absetzen; **~ (contre**

(*JUR*) aussagen (gegen); **se déposer** *vpr* (*calcaire, poussière*) sich ablagern; ~ **son bilan** Konkurs anmelden.

dépositaire [depozitɛR] *nm/f* (*d'un secret*) Wahrer(in) *m(f)* ▸ **dépositaire agréé** Vertragshändler *m*.

déposition [depozisjɔ̃] *nf* (*d'un témoin*) Aussage *f*.

déposséder [depɔsede] *vt* enteignen.

dépôt [depo] *nm* (*de sable, poussière*) Ablagerung *f*; (*de candidature*) Einreichen *nt*; (*d'argent*) Einzahlung *f*; (*entrepôt, réserve*) (Waren)lager *nt*, Depot *nt*; (*prison*) Polizeigefängnis *nt* ▸ **dépôt bancaire** Bankguthaben *nt* ▸ **dépôt de bilan** Konkursanmeldung *f* ▸ **dépôt légal** *Hinterlegung von Pflichtexemplaren* ▸ **dépôt d'ordures** Mülldeponie *f*.

dépoter [depɔte] *vt* (*plante*) austopfen, aus dem Topf nehmen.

dépotoir [depɔtwaR] *nm* (*décharge*) Müllabladeplatz *m*.

dépouille [depuj] *nf* (*d'animal*) Balg *m*, abgezogene Haut *f*; ~ **(mortelle)** sterbliche Überreste *pl*.

dépouillé, e [depuje] *adj* (*style*) nüchtern, schmucklos; ~ **de** ohne, beraubt +*gén*.

dépouillement [depujmɑ̃] *nm* (*de scrutin*) Auszählen *nt*.

dépouiller [depuje] *vt* (*animal*) häuten; (*personne*) berauben; (*résultats, documents*) sorgfältig durchsehen; ~ **le scrutin** die Stimmen auszählen.

dépourvu, e [depuRvy] *adj*: ~ **de** ohne ♦ *nm*: **prendre qn au** ~ jdn unvorbereitet finden, jdn überraschen.

dépoussiérer [depusjeRe] *vt* abstauben.

dépravation [depRavasjɔ̃] *nf* Verderbtheit *f*.

dépravé, e [depRave] *adj* verderbt.

dépraver [depRave] *vt* verderben.

dépréciation [depResjasjɔ̃] *nf* Wertminderung *f*.

déprécier [depResje] *vt* (*personne*) herabsetzen; (*chose*) entwerten, im Wert mindern; **se déprécier** *vpr* (*biens, argent*) an Wert verlieren.

déprédations [depRedasjɔ̃] *nfpl* (*dégâts*) Schaden *m*.

dépressif, -ive [depResif, iv] *adj* depressiv.

dépression [depResjɔ̃] *nf* (*PSYCH*) Depression *f*; (*creux*) Vertiefung *f*; (*ÉCON*) Flaute *f*, Depression; (*MÉTÉO*) Tief(druckgebiet) *nt*; **faire une** ~ **nerveuse** einen Nervenzusammenbruch haben.

déprimant, e [depRimɑ̃, ɑ̃t] *adj* deprimierend.

déprime [depRim] (*fam*) *nf*: **faire de la** ~ ein Tief haben.

déprimé, e [depRime] *adj* deprimiert.

déprimer [depRime] *vt* deprimieren.

déprogrammer [depRɔgRame] *vt* (*supprimer*) vom Programm nehmen *ou* streichen.

dépt *abr* = **département**.

dépuceler [depys(ə)le] (*fam*) *vt* entjungfern.

═══════════════════════════ MOT-CLÉ

depuis [dəpɥi] *prép* **1** (*temps*) seit; **il habite Paris depuis 1983** er wohnt seit 1983 in Paris; **il habite Paris depuis 5 ans/l'an dernier** er lebt seit 5 Jahren/seit letztem Jahr in Paris; **depuis quand le connaissez-vous?** seit wann kennen Sie ihn?; **depuis quand?** (*excl*) seit wann denn das?

2 (*lieu*): **elle a téléphoné depuis Valence** sie hat aus Valence angerufen; **il a plu depuis Metz** ab Metz hat es (nur) geregnet

3 (*quantité, rang*) von; **depuis les plus petits jusqu'aux plus grands** vom Kleinsten bis zum Größten

♦ *adv* (*temps*) seither, seitdem; **je ne lui ai pas parlé depuis** ich habe seitdem *ou* seither nicht mehr mit ihm gesprochen; **depuis lors** seitdem; **depuis que** seit; **depuis qu'il me l'a dit** seit er es mir gesagt hat.

dépuratif, -ive [depyRatif, iv] *adj* blutreinigend.

députation [depytasjɔ̃] *nf* (*groupe*) Abordnung *f*; (*fonction*) Parlamentssitz *m*.

député [depyte] *nm* Abgeordnete(r) *f(m)*.

députer [depyte] *vt* (*déléguer*) abordnen, entsenden; ~ **qn à** jdn abordnen zu.

déraciné, e [deRasine] *adj* entwurzelt.

déracinement [deRasinmɑ̃] *nm* Entwurzelung *f*.

déraciner [deRasine] *vt* (*arbre, personne*) entwurzeln; (*fig: idée, tabou*) (mit Stumpf und Stiel) ausrotten.

déraillement [deRajmɑ̃] *nm* Entgleisen *nt*.

dérailler [deRaje] *vi* (*train*) entgleisen; (*fam: divaguer*) dummes Zeug faseln.

dérailleur [deRajœR] *nm* (*de vélo*) Kettenschaltung *f*.

déraison [deRɛzɔ̃] *nf* Unvernunft *f*.

déraisonnable [deRɛzɔnabl] *adj* unvernünftig.

déraisonner [deRɛzɔne] *vi* Unsinn reden.

dérangement [deRɑ̃ʒmɑ̃] *nm* Störung *f*; **en** ~ (*téléphone*) gestört.

déranger [deRɑ̃ʒe] *vt* (*objets*) durcheinanderbringen; (*personne*) stören; **se déranger** *vpr*: **se** ~ **pour faire qch** sich die Mühe machen, etw zu tun; **est-ce que cela vous dérange si ...?** würde es Sie sehr stören, wenn...?; **ça te dérangerait de faire ...?** würde es dir etwas ausmachen, ... zu machen?; **ne vous dérangez pas pour moi** machen Sie sich meinetwegen keine Umstände.

dérapage [deRapaʒ] *nm* Schleudern *nt*; (*des prix*) Ausbrechen *nt* ▸ **dérapage contrôlé** (*AUTO*) kontrollierte(s) Schleudern.

déraper [deRape] *vi* (*voiture*) schleudern; (*personne*) ausrutschen; (*semelles, couteau etc*) wegrutschen, abrutschen; (*économie etc*) außer Kontrolle geraten.

dératé, e [deRate] *nm/f*: **courir comme un** ~ wie von der Tarantel gestochen rennen.

dératiser [deʀatize] *vt* von Ratten befreien.
derby [dɛʀbi] *nm* (*SPORT*) Derby *nt*.
déréglé, e [deʀegle] *adj* (*estomac*) verdorben; (*mœurs, vie*) ausschweifend, zügellos; **ma montre est** ~**e** meine Uhr geht falsch; **le mécanisme est** ~ der Mechanismus funktioniert nicht richtig.
déréglement [deʀeglǝmã] *nm* (*d'un mécanisme*) Funktionsstörung *f*; (*de l'estomac*) Verderben *nt*; (*de mœurs, vie*) Zügellosigkeit *f*.
dérégler [deʀegle] *vt* (*mécanisme*) außer Betrieb setzen; (*estomac*) nicht bekommen +*dat*; **se dérégler** *vpr* (*mécanisme*) nicht mehr richtig funktionieren; (*mœurs, vie*) zügellos werden.
dérider [deʀide] *vt* (*personne*) aufheitern, aufmuntern; **se dérider** *vpr* fröhlicher werden.
dérision [deʀizjɔ̃] *nf* Spott *m*; **par** ~ spöttisch; **tourner en** ~ verspotten.
dérisoire [deʀizwaʀ] *adj* lächerlich, lachhaft.
dérivatif [deʀivatif] *nm* Ablenkung *f*.
dérivation [deʀivasjɔ̃] *nf* (*d'un cours d'eau*) Umleitung *f*; (*LING*) Ableitung *f*.
dérive [deʀiv] *nf* (*NAUT: de dériveur*) Kielschwert *nt*; **aller à la** ~ sich treiben lassen ▶ **dérive des continents** Kontinentaldrift *f*.
dérivé, e [deʀive] *adj* (*LING, MATH*) abgeleitet; (*CHIM*) derivativ ♦ *nm* (*LING*) Derivat *nt*, abgeleitetes Wort *nt*; (*CHIM*) Derivat; (*TECH*) Nebenprodukt *nt*.
dérivée [deʀive] *nf* Ableitung *f*.
dériver [deʀive] *vt* (*MATH*) ableiten, differenzieren; (*cours d'eau etc*) umleiten ♦ *vi* (*bateau, avion*) abgetrieben werden; ~ **de** stammen von; (*LING*) sich ableiten von; (*CHIM*) ein Derivat *nt* sein von.
dériveur [deʀivœʀ] *nm* (*NAUT: bateau*) Boot *nt* mit Schwert.
dermatite [dɛʀmatit] *nf* Dermatitis *f*, Hautentzündung *f*.
dermato [dɛʀmato] (*fam*) *nm/f* = **dermatologue**.
dermatologie [dɛʀmatɔlɔʒi] *nf* Dermatologie *f*.
dermatologue [dɛʀmatɔlɔg] *nm/f* Hautarzt *m*, Hautärztin *f*.
dermatose [dɛʀmatoz] *nf* Hautkrankheit *f*.
dermite [dɛʀmit] *nf* = **dermatite**.
dernier, -ière [dɛʀnje, jɛʀ] *adj* letzte(r, s); (*le plus récent*) neueste(r, s); (*ultime: effort etc*) äußerste(r, s) ♦ *nm/f* Letzte(r) *f(m)*; (*précédent*) Vorige(r) *f(m)*; (*enfant*) Jüngste(r) *f(m)*; **lundi/ le mois** ~ letzten *ou* vorigen Montag/Monat; **du** ~ **chic** äußerst schick; **le** ~ **cri** der letzte Schrei; **les** ~**s honneurs** die letzte Ehre *f*; **le** ~ **soupir** der letzte Atemzug; **rendre le** ~ **soupir** seinen letzten Atemzug tun; **en** ~ zuletzt; **en** ~ **ressort** als letztes; **avoir le** ~ **mot** das letzte Wort haben; **ce** ~, **cette dernière** letzerer, letztere.
dernièrement [dɛʀnjɛʀmã] *adv* kürzlich.
dernier-né, **dernière-née** [dɛʀnjene, dɛʀnjɛʀne] (*pl* ~**s**-~**s**, **dernières-nées**) *nm/f* (*enfant*) Nesthäkchen *nt*, Letztgeborene(r)

f(m); (*fig: voiture etc*) neuestes Modell *nt*.
dérobade [deʀɔbad] *nf* Ausweichmanöver *nt*.
dérobé, e [deʀɔbe] *adj* (*porte, escalier*) geheim, versteckt ♦ *nf*: **à la** ~**e** verstohlen, heimlich.
dérober [deʀɔbe] *vt* stehlen; **se dérober** *vpr* (*s'esquiver*) sich wegstehlen; ~ **qch à la vue de qn** (*cacher*) etw vor jdm verbergen; **se** ~ **sous** (*s'effondrer*) nachgeben unter +*dat*; **se** ~ **à** (*justice, regards, obligation*) sich entziehen +*dat*.
dérogation [deʀɔgasjɔ̃] *nf* Sondergenehmigung *f*.
déroger [deʀɔʒe] *vi*: ~ **à** abweichen von.
dérouiller [deʀuje] *vt*: **se** ~ **les jambes** die Beine strecken.
déroulement [deʀulmã] *nm* (*d'une opération etc*) Ablaufen *nt*, Ablauf *m*.
dérouler [deʀule] *vt* (*ficelle, papier*) aufrollen; **se dérouler** *vpr* stattfinden.
déroutant, e [deʀutã, ãt] *adj* (*question etc*) verwirrend.
déroute [deʀut] *nf* (*de troupes, manifestants*) heillose Flucht *f*; (*d'entreprise, parti*) völlige(r) Zusammenbruch *m*; **mettre en** ~ in die Flucht schlagen.
dérouter [deʀute] *vt* (*avion, navire*) umleiten; (*personne*) aus der Fassung bringen.
derrick [deʀik] *nm* Bohrturm *m*.
derrière [dɛʀjɛʀ] *prép* (*position*) hinter + *dat*; (*direction*) hinter +*acc* ♦ *adv* hinten ♦ *nm* (*d'une maison*) Rückseite *f*; (*postérieur*) Hinterteil *nt*; **les pattes de** ~ die Hinterbeine *pl*; **par** ~ von hinten.
derviche [dɛʀviʃ] *nm* Derwisch *m*.
DES [deɛs] *sigle m* (= *diplôme d'études supérieures*) Universitätsdiplom.
des [de] *dét, prép + dét voir* **de**.
dès [de] *prép* ab; (*dans le passé*) seit; ~ **que** sobald; ~ **à présent** ab jetzt; ~ **son retour** gleich nach seiner Rückkehr; ~ **lors** seitdem; (*en conséquence*) daher; ~ **lors que** (*puisque*) da.
désabusé, e [dezabyze] *adj* desillusioniert.
désaccord [dezakɔʀ] *nm* (*mésentente*) Meinungsverschiedenheit *f*; (*contraste*) Diskrepanz *f*.
désaccordé, e [dezakɔʀde] *adj* (*instrument*) verstimmt.
désacraliser [desakʀalize] *vt* entweihen; (*profession, institution*) den Heiligenschein nehmen +*dat*.
désaffecté, e [dezafɛkte] *adj* (*église, gare etc*) leerstehend.
désaffection [dezafɛksjɔ̃] *nf*: ~ **pour** Verlust *m* an Beliebtheit für.
désagréable [dezagʀeabl] *adj* unangenehm; (*personne aussi*) unfreundlich.
désagréablement [dezagʀeablǝmã] *adv* unangenehm.
désagrégation [dezagʀegasjɔ̃] *nf* Auseinanderbröckeln *nt*; (*fig*) Zerfall *m*.
désagréger [dezagʀeʒe]: **se** ~ *vpr* (*roche, pierre*) auseinanderbröckeln; (*société, système*) sich auflösen, zerfallen.
désagrément [dezagʀemã] *nm* Ärger *m*.

désaltérant, e [dezalteʀɑ̃, ɑ̃t] *adj* durstlöschend.

désaltérer [dezalteʀe] *vt*: ~ **qn** jds Durst stillen ♦ *vi* den Durst stillen; **se désaltérer** *vpr* seinen Durst löschen; **ça désaltère** das löscht den Durst.

désamorcer [dezamɔʀse] *vt* entschärfen.

désappointé, e [dezapwɛte] *adj* enttäuscht.

désappointement [dezapwɛtmɑ̃] *nm* Enttäuschung *f*.

désappointer [dezapwɛte] *vt* enttäuschen.

désapprobateur, -trice [dezapʀɔbatœʀ, tʀis] *adj* mißbilligend.

désapprobation [dezapʀɔbasjɔ̃] *nf* Mißbilligung *f*.

désapprouver [dezapʀuve] *vt* mißbilligen.

désarçonner [dezaʀsɔne] *vt* abwerfen; (*fig*) aus dem Konzept bringen.

désargenté, e [dezaʀʒɑ̃te] (*fam*) *adj* abgebrannt.

désarmant, e [dezaʀmɑ̃, ɑ̃t] *adj* entwaffnend.

désarmé, e [dezaʀme] *adj* entwaffnet.

désarmement [dezaʀməmɑ̃] *nm* (*d'un pays*) Abrüstung *f*; (*d'un navire*) Abtakeln *nt*.

désarmer [dezaʀme] *vt* (*soldat*) entwaffnen; (*pays*) abrüsten; (*navire*) abtakeln; (*fusil*) entladen; (: *mettre le cran de sûreté*) sichern; (*fig*: *toucher*) entwaffnen, besänftigen ♦ *vi* (*pays*) abrüsten; (*haine*) abflauen; (*personne*) nachgeben.

désarroi [dezaʀwa] *nm* Ratlosigkeit *f*.

désarticulé, e [dezaʀtikyle] *adj* (*pantin*) ausgerenkt; (*corps*) verrenkt.

désarticuler [dezaʀtikyle]: **se** ~ *vpr* sich verrenken.

désassorti, e [dezasɔʀti] *adj* (*incomplet*) unvollständig; (*magasin, marchand*) mit beschränktem Warenangebot; **assiettes** ~**es** nicht zusammenpassende Teller.

désastre [dezastʀ] *nm* Katastrophe *f*.

désastreux, -euse [dezastʀø, øz] *adj* katastrophal.

désavantage [dezavɑ̃taʒ] *nm* Nachteil *m*.

désavantager [dezavɑ̃taʒe] *vt* benachteiligen.

désavantageux, -euse [dezavɑ̃taʒø, øz] *adj* nachteilig.

désaveu [dezavø] *nm* Widerruf *m*.

désavouer [dezavwe] *vt* (*personne, conduite*) sich distanzieren von; (*paternité*) leugnen.

désaxé, e [dezakse] *adj* (*personne*) geistesgestört ♦ *nm/f* (*fig*) Geistesgestörte(r) *f(m)*.

désaxer [dezakse] *vt* (*roue*) eiern lassen.

descendance [desɑ̃dɑ̃s] *nf* Nachkommen *pl*.

descendant, e [desɑ̃dɑ̃, ɑ̃t] *vb voir* **descendre** ♦ *nm/f* Nachkomme *m*.

descendeur, -euse [desɑ̃dœʀ, øz] *nm/f* (*cycliste, skieur*) Abfahrtsspezialist(in) *m(f)*.

descendre [desɑ̃dʀ] *vt* (*escalier, rue*) hinuntergehen; (*en voiture, bateau*) hinunterfahren; (*montagne*) hinuntersteigen von; (*objet*) hinuntertragen, hinunterbringen; (*étagère etc*) tiefer hängen; (*fam*: *abattre*) abschießen; (: *boire*) (hinunter)kippen ♦ *vi* hinuntergehen;

(*passager*) aussteigen; (*avion*) absteigen; (*voiture*) hinunterfahren; (*route, chemin*) hinunterführen; (*niveau, température, marée*) sinken; (*nuit*) sich senken; ~ **de** (*famille*) abstammen von; ~ **du train/de cheval** aus dem Zug/vom Pferd steigen; ~ **d'un arbre** von einem Baum heruntersteigen; ~ **à l'hôtel** in einem Hotel absteigen; ~ **dans l'estime de qn** in jds Achtung *dat* sinken; ~ **dans la rue** (*manifester*) auf die Straße gehen; ~ **dans le Midi** in den Süden (hinunter)fahren; ~ **en ville** in die Stadt gehen.

descente [desɑ̃t] *nf* Abstieg *m*; (*SKI*) Abfahrt *f*; **au milieu de la** ~ mitten im Abstieg; **freinez dans les** ~**s** bremsen Sie bei Gefälle ▶ **descente de lit** Bettvorleger *m* ▶ **descente de police** Razzia *f*.

descriptif, -ive [dɛskʀiptif, iv] *adj*: **linguistique descriptive** beschreibende Linguistik *f* ♦ *nm* Beschreibung *f*; **mathématique descriptive** darstellende Mathematik *f*.

description [dɛskʀipsjɔ̃] *nf* Beschreibung *f*.

désembourber [dezɑ̃buʀbe] *vt* aus dem Schlamm ziehen.

désembuer [dezɑ̃bɥe] *vt* freimachen.

désemparé, e [dezɑ̃paʀe] *adj* ratlos; (*bateau, avion*) außer Kontrolle.

désemparer [dezɑ̃paʀe] *vi*: **sans** ~ ununterbrochen.

désemplir [dezɑ̃pliʀ] *vi*: **ne pas** ~ nicht leer werden.

désenchanté, e [dezɑ̃ʃɑ̃te] *adj* ernüchtert.

désenchantement [dezɑ̃ʃɑ̃tmɑ̃] *nm* Ernüchterung *f*.

désenclaver [dezɑ̃klave] *vt* aus der Isolierung befreien.

désencombrer [dezɑ̃kɔ̃bʀe] *vt* freimachen.

désenfler [dezɑ̃fle] *vi* abschwellen.

désengagement [dezɑ̃gaʒmɑ̃] *nm* (*POL*) Loslösung *f*.

désensibiliser [desɑ̃sibilize] *vt* (*dent*) desensibilisieren; (*fig*) abstumpfen.

désenvenimer [dezɑ̃v(ə)nime] *vt* (*plaie*) (vom Gift) säubern; (*fig*) entspannen.

désépaissir [dezepesiʀ] *vt* (*cheveux*) ausdünnen.

déséquilibre [dezekilibʀ] *nm* Unausgeglichenheit *f*; **en** ~ aus dem Gleichgewicht; (*FIN*) nicht ausgeglichen.

déséquilibré, e [dezekilibʀe] *nm/f* Geistesgestörte(r) *f(m)*.

déséquilibrer [dezekilibʀe] *vt* (*personne*) aus dem seelischen Gleichgewicht bringen.

désert, e [dezɛʀ, ɛʀt] *adj* verlassen ♦ *nm* Wüste *f*.

déserter [dezɛʀte] *vi* (*MIL*) desertieren ♦ *vt* verlassen.

déserteur [dezɛʀtœʀ] *nm* Deserteur *m*.

désertion [dezɛʀsjɔ̃] *nf* (*MIL*) Desertion *f*, Desertieren *nt*.

désertique [dezɛʀtik] *adj* Wüsten-.

désescalade [dezeskalad] *nf* Deeskalation *f*.

désespérant, e [dezɛspeʀɑ̃, ɑ̃t] *adj* hoffnungslos.

désespéré, e [dezɛspeʀe] *adj* verzweifelt; (*état*) hoffnungslos ◆ *nm/f* verzweifelte Person *f*.

désespérément [dezɛspeʀemɑ̃] *adv* verzweifelt.

désespérer [dezɛspeʀe] *vi* verzweifeln ◆ *vt* zur Verzweiflung bringen; **se désespérer** *vpr* verzweifeln; ~ **de qn/qch** an jdm/etw verzweifeln; ~ **de (pouvoir) faire qch** alle Hoffnung verlieren, etw tun zu können.

désespoir [dezɛspwaʀ] *nm* Verzweiflung *f*; **être** *ou* **faire le** ~ **de qn** jdn zur Verzweiflung bringen; **en** ~ **de cause** aus reiner Verzweiflung.

déshabillé, e [dezabije] *adj* unbekleidet ◆ *nm* Negligé *nt*.

déshabiller [dezabije] *vt* ausziehen; **se déshabiller** *vpr* sich ausziehen.

déshabituer [dezabitɥe]: **se** ~ *vpr*: **se** ~ **de qch** sich *dat* etw abgewöhnen; **se** ~ **de faire qch** sich *dat* abgewöhnen, etw zu tun.

désherbant [dezɛʀbɑ̃] *nm* Unkrautvernichtungsmittel *nt*.

désherber [dezɛʀbe] *vt* vom Unkraut befreien.

déshérité, e [dezeʀite] *adj* (*héritier*) enterbt ◆ *nm/f*: **les** ~**s** die Unterprivilegierten *pl*.

déshériter [dezeʀite] *vt* enterben.

déshonneur [dezɔnœʀ] *nm* Schande *f*.

déshonorant, e [dezɔnɔʀɑ̃, ɑ̃t] *adj* schändlich.

déshonorer [dezɔnɔʀe] *vt* Schande machen +*dat*, Schande bringen über +*acc*; **se déshonorer** *vpr* Schande über sich *acc* bringen.

déshumaniser [dezymanize] *vt* entmenschlichen.

déshydratation [dezidʀatasjɔ̃] *nf* (*MÉD*) Dehydration *f*; (*de denrées alimentaires*) Trocknen *nt*.

déshydraté, e [dezidʀate] *adj* (*personne, animal*) dehydriert; (*aliment*) Trocken-.

déshydrater [dezidʀate] *vt* (*aliment*) trocknen, (*personne, animal*) austrocknen, dehydrieren.

desiderata [dezideʀata] *nmpl* (*revendications*) Wünsche *pl*.

design [dizajn] *nm* Design *nt* ◆ *adj* (*mobilier*) Designer-.

désignation [deziɲasjɔ̃] *nf* (*à un poste*) Ernennung *f*; (*signe, mot*) Bezeichnung *f*.

designer [dizajnœʀ] *nm* Designer(in) *m(f)*.

désigner [deziɲe] *vt* (*montrer*) zeigen, deuten auf +*acc*; (*dénommer*) bezeichnen; (*nommer*) ernennen.

désillusion [dezi(l)lyzjɔ̃] *nf* Desillusion *f*.

désillusionner [dezi(l)lyzjɔne] *vt* desillusionieren.

désincarné, e [dezɛ̃kaʀne] *adj* körperlos.

désinence [dezinɑ̃s] *nf* Endung *f*.

désinfectant, e [dezɛ̃fɛktɑ̃, ɑ̃t] *adj* desinfizierend ◆ *nm* Desinfektionsmittel *nt*.

désinfecter [dezɛ̃fɛkte] *vt* desinfizieren.

désinfection [dezɛ̃fɛksjɔ̃] *nf* Desinfizieren *nt*.

désinformation [dezɛ̃fɔʀmasjɔ̃] *nf* Fehlinformation *f*.

désintégration [dezɛ̃tegʀasjɔ̃] *nf* Zerfall *m*.

désintégrer [dezɛ̃tegʀe] *vt* (*PHYS*) spalten; **se désintégrer** *vpr* zerfallen.

désintéressé, e [dezɛ̃teʀese] *adj* (*généreux*) uneigennützig, selbstlos.

désintéressement [dezɛ̃teʀesmɑ̃] *nm* (*générosité*) Uneigennützigkeit *f*, Selbstlosigkeit *f*.

désintéresser [dezɛ̃teʀese] *vt*: **se** ~ **(de qn/qch)** das Interesse (an jdm/etw) verlieren.

désintérêt [dezɛ̃teʀɛ] *nm* (*indifférence*) Gleichgültigkeit *f*.

désintoxication [dezɛ̃tɔksikasjɔ̃] *nf* (*MÉD*) Entziehung *f*; **faire une cure de** ~ eine Entziehungskur machen.

désinvolte [dezɛ̃vɔlt] *adj* (*personne, attitude*) lässig.

désinvolture [dezɛ̃vɔltyʀ] *nf* Lässigkeit *f*.

désir [deziʀ] *nm* (*fort, sensuel*) Verlangen *nt*; (*souhait*) Wunsch *m*.

désirable [deziʀabl] *adj* begehrenswert.

désirer [deziʀe] *vt* wünschen; (*sexuellement*) begehren; **je désire ...** ich möchte gerne ...; ~ **que** (sich) wünschen, daß; **il désire que tu l'aides** er möchte (gern), daß du ihm hilfst; ~ **faire qch** etw gern tun wollen; **ça laisse à** ~ das läßt zu wünschen übrig.

désireux, -euse [deziʀø, øz] *adj*: ~ **de faire qch** bestrebt, etw zu tun.

désistement [dezistəmɑ̃] *nm* Rücktritt *m*.

désister [deziste]: **se** ~ *vpr* zurücktreten.

désobéir [dezɔbeiʀ] *vi* nicht gehorchen.

désobéissance [dezɔbeisɑ̃s] *nf* Ungehorsam *m*.

désobéissant, e [dezɔbeisɑ̃, ɑ̃t] *adj* ungehorsam.

désobligeant, e [dezɔbliʒɑ̃, ɑ̃t] *adj* unfreundlich.

désobliger [dezɔbliʒe] *vt* kränken.

désodorisant, e [dezɔdɔʀizɑ̃, ɑ̃t] *adj* deodorierend ◆ *nm* Deodorant *nt*; (*d'appartement*) Raumspray *m*.

désodorisé, e [dezɔdɔʀize] *adj* (*essence, huile*) geruchlos.

désodoriser [dezɔdɔʀize] *vt* deodorieren.

désœuvré, e [dezœvʀe] *adj* müßig, untätig ◆ *nm/f* Nichtstuer(in) *m(f)*.

désœuvrement [dezœvʀəmɑ̃] *nm* Müßiggang *m*.

désolant, e [dezɔlɑ̃, ɑ̃t] *adj* (*affligeant*) schlimm; **c'est** ~! das ist wirklich schlimm.

désolation [dezɔlasjɔ̃] *nf*: **paysage de** ~ Bild *nt* der Verwüstung.

désolé, e [dezɔle] *adj* (*paysage*) trostlos; (*personne*) traurig; **je suis** ~, **il n'y en a plus** es tut mir furchtbar leid, es sind keine mehr da.

désoler [dezɔle] *vt* Kummer bereiten +*dat*; **se désoler** *vpr* sich sorgen.

désolidariser [desɔlidaʀize] *vt*: **se** ~ **de** *ou* **d'avec** sich distanzieren von.

désopilant, e [dezɔpilɑ̃, ɑ̃t] *adj* urkomisch.

désordonné, e [dezɔʀdɔne] *adj* (*personne, maison*) unordentlich; (*fuite, combat*) ungeregelt.

désordre [dezɔʀdʀ] *nm* Unordnung *f*; (*anarchie*) Durcheinander *nt*; **~s** *nmpl* (*POL*) Unruhen *pl*; **en** ~ unordentlich, durcheinander; **dans le** ~ (*tiercé*) nicht in der richtigen Reihenfolge.

désorganisation [dezɔʀganizasjɔ̃] *nf* Durcheinander *nt*.

désorganiser [dezɔʀganize] *vt* durcheinanderbringen.

désorienté, e [dezɔʀjɑ̃te] *adj* (*fig*) verwirrt.

désorienter [dezɔʀjɑ̃te] *vt* (*fig*) verwirren.

désormais [dezɔʀmɛ] *adv* von jetzt an, in Zukunft.

désosser [dezɔse] *vt* (*viande*) entbeinen; **côtelette désossée** Kotelett *nt* ohne Knochen.

désoxyder [dezɔkside] *vt* desoxydieren.

despote [dɛspɔt] *nm* Despot *m*.

despotique [dɛspɔtik] *adj* despotisch.

despotisme [dɛspɔtism] *nm* Despotismus *m*, Tyrannei *f*.

desquamer [dɛskwame]: **se** ~ *vpr* abschuppen.

desquelles [dekɛl] *prép + pron voir* **lequel**.

desquels [dekɛl] *prép + pron voir* **lequel**.

DESS [deaɛsɛs] *sigle m* (= *diplôme d'études supérieures spécialisées*) Universitätsdiplom.

dessaisir [deseziʀ] *vt*: ~ **un tribunal d'une affaire** einem Gericht eine Angelegenheit entziehen; **se dessaisir de** *vpr* verzichten auf +*acc*.

dessaler [desale] *vt* (*eau de mer*) entsalzen; (*CULIN*: *morue etc*) wässern; (*fam*: *délurer*) aufklären.

desséché, e [deseʃe] *adj* (*arbre*) ausgedorrt, vertrocknet; (*vieillard*) verschrumpelt.

dessèchement [desɛʃmɑ̃] *nm* (*de la peau*) Austrocknen *nt*.

dessécher [deseʃe] *vt* austrocknen; (*volontairement*: *aliments etc*) trocknen; (*fig*: *cœur*) hart werden lassen; **se dessécher** *vpr* austrocknen.

dessein [desɛ̃] *nm* Absicht *f*; **dans le** ~ **de faire qch** mit der Absicht, etw zu tun; **à** ~ absichtlich.

desseller [desele] *vt* absatteln.

desserrer [deseʀe] *vt* lockern; (*frein, poings*) lösen; (*dents*) auseinandernehmen; (*objets alignés*) Abstand lassen zwischen; **ne pas** ~ **les dents** nicht die Zähne nicht auseinanderbekommen.

dessert [desɛʀ] *vb voir* **desservir** ♦ *nm* Nachtisch *m*, Dessert *nt*.

desserte [desɛʀt] *nf* (*table*) Anrichte *f*; **un car assure la** ~ **du village** (*transport*) der Bus ist die Verkehrsverbindung für das Dorf.

desservir [desɛʀviʀ] *vt* (*table*) abräumen, abdecken; (*suj: moyen de transport*) versorgen; (: *voie de communication*) anbinden; (*prêtre*) dienen +*dat*; (*nuire à*) schaden +*dat*, einen schlechten Dienst erweisen +*dat*.

dessiccation [desikasjɔ̃] *nf* Austrocknen *nt*.

dessiller [desije] *vt*: ~ **les yeux à qn** jdm die Augen öffnen.

dessin [desɛ̃] *nm* (*œuvre*) Zeichnung *f*; (*art*) Zeichnen *nt*; (*motif*) Muster *nt*; (*de la bouche, du visage*) Umriß *m*; ~ **industriel** technische(s) Zeichnen ► **dessin animé** Zeichentrick(film) *m* ► **dessin humoristique** Zeichenwitz *m*.

dessinateur, -trice [desinatœʀ, tʀis] *nm/f* (*artistique*) Zeichner(in) *m(f)* ► **dessinateur industriel** technische(r) Zeichner(in) *m(f)* ► **dessinatrice de mode** Modezeichner(in) *m(f)*.

dessiner [desine] *vt* zeichnen; **se dessiner** *vpr* sich abzeichnen.

dessoûler [desule] *vt* ernüchtern, nüchtern machen ♦ *vi* (wieder) nüchtern werden.

dessous [d(ə)su] *adv* darunter ♦ *nm* (*de table, voiture*) Unterseite *f* ♦ *nmpl* (*fig*: *de la politique, d'une affaire*) Hintergründe *pl*; (*sous-vêtements*) Unterwäsche *f*; **en** ~ (*sous*) darunter; (*plus bas*) weiter unten; **l'appartement du** ~ die Wohnung darunter; **par-**~ *adv* unterhalb ♦ *prép* unterhalb von; **de** ~ **le lit** unter dem Bett hervor; **au-**~ darunter; **au-**~ **de** unter +*dat*; **au-**~ **de tout** unter aller Kritik.

dessous-de-bouteille [dəsudbutɛj] *nm inv* Untersetzer *m*.

dessous-de-plat [dəsudpla] *nm inv* Untersetzer *m*.

dessous-de-table [dəsudtabl] *nm inv* Schmiergeld *nt*.

dessus [d(ə)sy] *adv* oben; (*collé, écrit*) darüber ♦ *nm* (*de table, voiture*) Oberteil *nt*; **l'appartement du** ~ die Wohnung darüber; **en** ~ obendrauf; **par-**~ *adv* darüber ♦ *prép* über +*acc*; **au-**~ über +*acc*; **au-**~ **de** über +*dat*; **de** ~ von oben; **avoir/prendre/reprendre le** ~ die Oberhand haben/gewinnen/wiedergewinnen; **bras** ~ **bras dessous** eingehakt, Arm in Arm; **sens** ~ **dessous** völlig auf den Kopf gestellt.

dessus-de-lit [dəsydli] *nm inv* Bettüberwurf *m*.

déstabiliser [destabilize] *vt* (*POL*) entstabilisieren.

destin [dɛstɛ̃] *nm* Schicksal *nt*; **le** ~ die Vorsehung *f*.

destinataire [dɛstinatɛʀ] *nm/f* (*POSTES*) Empfänger(in) *m(f)*.

destination [dɛstinasjɔ̃] *nf* (*lieu*) Bestimmungsort *m*; (*usage*) Zweck *m*; **à** ~ **de** (*avion, train, bateau*) in Richtung; (*voyageur*) mit dem Reiseziel.

destiné, e [dɛstine] *adj*: ~ **à** (*personne*) aussersehen für; (*outil, objet*) bestimmt zu.

destinée [dɛstine] *nf* Schicksal *nt*.

destiner [dɛstine] *vt*: ~ **qn à** (*poste, sort*) jdn bestimmen für; ~ **qn/qch à** (*prédestiner*) jdn/etw aussersehen für; ~ **qch à qn** (*envisager de donner*) etw für jdn bestimmen; (*adresser*) etw an jdn richten; **se destiner** *vpr*: **se** ~ **à l'enseignement** den Lehrerberuf ergreifen wollen; **être destiné à** bestimmt sein für.

destituer [dɛstitɥe] *vt* absetzen; ~ **qn de ses fonctions** jdn seiner Ämter *gén* entheben.

destitution [dɛstitysjɔ̃] *nf* Absetzung *f*.

destroyer [dɛstʀwaje] *nm* Zerstörer *m*.

destructeur, -trice [dɛstʀyktœʀ, tʀis] *adj* zerstörerisch.

destructif, -ive [dɛstʀyktif, iv] *adj* destruktiv, zerstörerisch.
destruction [dɛstʀyksjɔ̃] *nf* Zerstörung *f.*
déstructurer [destʀyktyʀe] *vt* auseinandernehmen.
désuet, -ète [dezɥɛ, ɛt] *adj* veraltet, altmodisch.
désuétude [desɥetyd] *nf:* **tomber en** ~ veralten.
désuni, e [dezyni] *adj* entzweit.
désunion [dezynjɔ̃] *nf* Entzweiung *f.*
désunir [dezyniʀ] *vt* (*brouiller*) entzweien; **se désunir** *vpr* (*athlète*) aus dem Schritt kommen.
détachable [detaʃabl] *adj* (*coupon etc*) Abreiß-, zum Abreißen; (*capuche*) abnehmbar, zum Abnehmen.
détachant [detaʃɑ̃] *nm* Fleckenmittel *nt.*
détaché, e [detaʃe] *adj* (*air, ton*) distanziert, kühl.
détachement [detaʃmɑ̃] *nm* (*désintéressement*) Gleichgültigkeit *f;* (*MIL*) (Sonder)kommando *nt;* **être en** ~ (*fonctionnaire, employé*) abgestellt sein.
détacher [detaʃe] *vt* (*enlever*) abmachen, lösen; (: *selon pointillé*) abtrennen; (*wagon, remorque*) abkoppeln; (*ceinture*) aufmachen; (*chien*) losmachen; (*prisonnier*) befreien; (*yeux, regard*) abwenden; (*nettoyer*) Flecken entfernen aus; **se détacher** *vpr* (*SPORT*) sich absetzen; (*chien*) sich losmachen; (*prisonnier*) ausbrechen; (*se défaire*) abgehen, sich ablösen; ~ **qn (auprès de)** (*ADMIN*) jdn abordnen (zu); (*MIL*) jdn abkommandieren (zu); **se** ~ **de qn** *ou* **qch** (*se désintéresser*) sich (innerlich) von jdm *ou* etw lösen; **se** ~ **sur** (*se dessiner*) sich abzeichnen auf +*dat.*
détail [detaj] *nm* Detail *nt,* Einzelheit *f;* (*COMM*) Einzelhandel *m;* **prix de** ~ Einzelhandelspreis *m;* **au** ~ (*COMM*) im Einzelhandel; (*individuellement*) einzeln; **en** ~ im einzelnen; **donner le** ~ **de** (*énumérer*) einzeln aufführen; (*compte, facture*) genau aufschlüsseln.
détaillant, e [detajɑ̃, ɑ̃t] *nm/f* Einzelhändler(in) *m(f).*
détaillé, e [detaje] *adj* detailliert.
détailler [detaje] *vt* (*COMM*) einzeln verkaufen; (*les éléments d'un ensemble*) einzeln aufführen; (*examiner*) von Kopf bis Fuß mustern.
détaler [detale] *vi* (*lapin etc*) weglaufen; (*fam: personne*) Fersengeld geben.
détartrant [detaʀtʀɑ̃] *nm* Entkalker *m.*
détartrer [detaʀtʀe] *vt* (*radiateur*) entkalken; (*dents*) den Zahnstein entfernen von.
détaxe [detaks] *nf* (*réduction*) Nachlaß *m;* (*suppression*) Erlaß *m;* (*remboursement*) Erstattung *f.*
détaxer [detakse] *vt* die Steuern erlassen für.
détecter [detɛkte] *vt* wahrnehmen.
détecteur [detɛktœʀ] *nm* (*TECH*) Detektor *m*
▶ **détecteur de mensonges** Lügendetektor *m*
▶ **détecteur de mines** Minensuchgerät *nt.*

détection [detɛksjɔ̃] *nf* Wahrnehmung *f.*
détective [detɛktiv] *nm:* ~ **(privé)** Detektiv *m.*
déteindre [detɛ̃dʀ] *vi* verblassen; (*au lavage*) (aus)färben; ~ **sur** abfärben auf +*acc.*
déteint, e [detɛ̃, ɛt] *pp de* **déteindre.**
dételer [det(ə)le] *vt* (*cheval*) ausspannen; (*voiture, wagon*) abschirren ♦ *vi* (*fam: s'arrêter*) ausspannen.
détendeur [detɑ̃dœʀ] *nm* (*de bouteille à gaz*) Reduktionsventil *nt.*
détendre [detɑ̃dʀ] *vt* (*relaxer*) entspannen; (*fil, élastique*) lockern; (*lessive, linge*) abhängen; (*gaz*) den Druck vermindern von, entspannen; **se détendre** *vpr* (*ressort*) sich lockern; (*personne*) sich entspannen.
détendu, e [detɑ̃dy] *adj* entspannt.
détenir [det(ə)niʀ] *vt* besitzen; (*otage, prisonnier*) festhalten; (*record*) innehaben, innehaben; ~ **le pouvoir** die Macht innehaben.
détente [detɑ̃t] *nf* Entspannung *f;* (*d'une arme*) Abzug *m;* (*d'un athlète qui saute*) Absprung *m.*
détenteur, -trice [detɑ̃tœʀ, tʀis] *nm/f* Inhaber(in) *m(f).*
détention [detɑ̃sjɔ̃] *nf* (*possession*) Besitz *m;* (*captivité*) Haft *f* ▶ **détention préventive** Untersuchungshaft *f.*
détenu, e [det(ə)ny] *pp de* **détenir** ♦ *nm/f* (*prisonnier*) Häftling *m.*
détergent [detɛʀʒɑ̃] *nm* (*lessive*) Waschmittel *nt.*
détérioration [deteʀjɔʀasjɔ̃] *nf* (*d'objet*) Beschädigung *f;* (*de situation, santé etc*) Verschlechterung *f.*
détériorer [deteʀjɔʀe] *vt* (*abîmer, casser*) beschädigen; (*santé*) schaden +*dat;* **se détériorer** *vpr* (*fig: situation, relations, santé*) sich verschlechtern.
déterminant, e [detɛʀminɑ̃, ɑ̃t] *adj* ausschlaggebend, entscheidend ♦ *nm* Determinante *f;* **un facteur** ~ ein entscheidender Faktor.
détermination [detɛʀminasjɔ̃] *nf* (*de nombre, lieu*) Festlegung *f;* (*fermeté*) Entschiedenheit *f,* Entschlossenheit *f;* (*résolution*) Entscheidung *f.*
déterminé, e [detɛʀmine] *adj* (*résolu*) entschlossen; (*précis*) bestimmt; (*fixé*) festgelegt.
déterminer [detɛʀmine] *vt* (*fixer*) bestimmen, festlegen; **se déterminer** *vpr:* **se** ~ **à faire qch** sich entschließen, etw zu tun; ~ **qn à faire qch** jdn veranlassen, etw zu tun.
déterminisme [detɛʀminism] *nm* Determinismus *m.*
déterministe [detɛʀminist] *adj* deterministisch ♦ *nm/f* Determinist(in) *m(f).*
déterré, e [deteʀe] *nm/f:* **avoir une mine de** ~ aussehen wie der Tod auf Urlaub.
déterrer [deteʀe] *vt* ausgraben.
détersif, -ive [detɛʀsif, iv] *adj* schmutzlösend ♦ *nm* Reinigungsmittel *nt.*
détestable [detɛstabl] *adj* abscheulich, verabscheuenswürdig.
détester [detɛste] *vt* (*haïr*) verabscheuen; (*sens*

affaibli) nicht ausstehen können.

détiendrai *etc* [detjɛ̃dʀe] *vb voir* **détenir.**

détiens *etc* [detjɛ̃] *vb voir* **détenir.**

détonant, e [detɔnɑ̃, ɑ̃t] *adj:* **mélange** ~ **explosive(s)** Gemisch *nt.*

détonateur [detɔnatœʀ] *nm (de bombe)* Zündkapsel *f,* Sprengkapsel *f.*

détonation [detɔnasjɔ̃] *nf* Detonation *f.*

détoner [detɔne] *vi* detonieren.

détonner [detɔne] *vi (MUS)* falsch singen; *(fig)* nicht harmonieren.

détortiller [detɔʀtije] *vt* aufdrehen.

détour [detuʀ] *nm* Umweg *m; (courbe)* Schleife *f,* Kurve *f;* ~**s** *nmpl (subterfuges)* Ausflüchte *pl,* Umschweife *pl;* **au** ~ **du chemin** an der Wegbiegung; **sans** ~ *(fig)* ohne Umschweife.

détourné, e [detuʀne] *adj:* **sentier** ~ Umweg *m;* **par des moyens** ~**s** auf Umwegen.

détournement [detuʀnəmɑ̃] *nm (de circulation)* Umleitung *f* ▶ **détournement d'avion** Flugzeugentführung *f* ▶ **détournement de fonds** Unterschlagung *f* von Geldern ▶ **détournement de mineur** *(perversion)* Verführung *f* Minderjähriger; *(rapt)* Kindesentführung *f.*

détourner [detuʀne] *vt (rivière, trafic)* umleiten; *(avion)* entführen; *(yeux, tête)* abwenden; *(de l'argent)* unterschlagen; **se détourner** *vpr (tourner la tête)* sich abwenden; ~ **la conversation** das Gespräch auf ein anderes Thema lenken; ~ **qn de son devoir/travail** jdn von seinen Pflichten ablenken/von der Arbeit abhalten; ~ **l'attention de qn** jds Aufmerksamkeit ablenken.

détracteur, -trice [detʀaktœʀ, tʀis] *nm/f* Verleumder(in) *m(f).*

détraqué, e [detʀake] *adj (appareil)* kaputt; *(santé)* zerrüttet; *(estomac)* verdorben ♦ *nm/f (malade mental)* Verrückte(r) *f(m).*

détraquer [detʀake] *vt (appareil)* kaputtmachen; *(estomac)* verderben; **se détraquer** *vpr (appareil)* kaputtgehen; **se** ~ **l'estomac** sich *dat* den Magen verderben.

détrempe [detʀɑ̃p] *nf (ART)* Tempera(farbe) *f.*

détrempé, e [detʀɑ̃pe] *adj (sol)* durchweicht.

détremper [detʀɑ̃pe] *vt (peinture)* mit Wasser verdünnen.

détresse [detʀɛs] *nf (désarroi)* Verzweiflung *f; (misère)* Not *f;* **en** ~ *(équipe, avion, bateau)* in Not; **appel de** ~ Notruf *m;* **signal de** ~ SOS-Signal *nt.*

détriment [detʀimɑ̃] *nm:* **au** ~ **de** zum Schaden von.

détritus [detʀity(s)] *nmpl (ordures)* Abfall *m,* Müll *m.*

détroit [detʀwa] *nm* Meerenge *f* ▶ **le détroit de Behring** *ou* **de Béring** die Be(h)ringstraße *f* ▶ **le détroit de Gibraltar** die Straße *f* von Gibraltar ▶ **le détroit de Magellan** die Magellanroute *f* ▶ **le détroit du Bosphore** der Bosporus.

détromper [detʀɔ̃pe] *vt* eines Besseren belehren; **se détromper** *vpr:* **détrompez-vous** lassen Sie sich eines Besseren belehren.

détrôner [detʀone] *vt* entthronen.

détrousser [detʀuse] *vt* berauben.

détruire [detʀɥiʀ] *vt* zerstören; *(hypothèse, espoir)* zunichte machen; *(santé, réputation)* ruinieren, zerstören.

détruit, e [detʀɥi, it] *pp de* **détruire.**

dette [dɛt] *nf* Schuld *f* ▶ **dette de l'État** Staatsverschuldung *f* ▶ **dette publique** Schulden *pl* der öffentlichen Hand.

DEUG [dœg] *sigle m* (= *diplôme d'études universitaires générales)* ≈ Zwischenprüfung *f.*

deuil [dœj] *nm (chagrin)* Trauer *f; (période)* Trauerzeit *f; (perte)* Trauerfall *m;* **porter le** ~ Trauer tragen; **être en** ~ trauern.

DEUST [dœst] *sigle m* (= *diplôme d'études universitaires scientifiques et techniques)* ≈ Zwischenprüfung *f (in wissenschaftlichen Fächern).*

deux [dø] *num* zwei; **les** ~ die beiden, beide; **ses** ~ **mains** seine beiden Hände; **à** ~ **pas** gleich um die Ecke, ganz in der Nähe ▶ **deux points** Doppelpunkt *m.*

deuxième [døzjɛm] *adj* zweite(r, s) ♦ *nm/f* Zweite(r) *f(m);* ~ **classe** zweite Klasse *f.*

deuxièmement [døzjɛmmɑ̃] *adv* zweitens.

deux-pièces [døpjɛs] *nm inv (tailleur, maillot de bain)* Zweiteiler *m; (appartement)* Zweizimmerwohnung *f.*

deux-roues [døʀu] *nm inv* Zweirad *nt.*

deux-temps [døtɑ̃] *adj inv:* **moteur** ~-~ Zweitaktmotor *m.*

devais [dəvɛ] *vb voir* **devoir.**

dévaler [devale] *vt* hinunterrennen.

dévaliser [devalize] *vt* berauben.

dévalorisant, e [devalɔʀizɑ̃, ɑ̃t] *adj* erniedrigend.

dévalorisation [devalɔʀizasjɔ̃] *nf* Erniedrigung *f.*

dévaloriser [devalɔʀize] *vt* mindern, herabsetzen; *(monnaie)* entwerten; *(talent etc)* herabwerten; **se dévaloriser** *vpr (monnaie)* Kaufkraft verlieren.

dévaluation [devalɥasjɔ̃] *nf* Abwertung *f.*

dévaluer [devalɥe] *vt* abwerten; **se dévaluer** *vpr (monnaie)* an Wert verlieren.

devancer [d(ə)vɑ̃se] *vt (distancer)* hinter sich *dat* lassen; *(arriver avant)* ankommen vor +*dat; (prévenir, anticiper)* zuvorkommen +*dat;* ~ **l'appel** *(MIL)* sich vor der Einberufung melden.

devancier, -ière [d(ə)vɑ̃sje, jɛʀ] *nm/f* Vorläufer(in) *m(f).*

devant [d(ə)vɑ̃] *vb voir* **devoir** ♦ *adv (en tête)* vorne ♦ *prép* vor +*dat; (avec mouvement)* vor +*acc; (fig: danger, situation etc)* angesichts +*gén* ♦ *nm* Vorderseite *f;* **prendre les** ~**s** vorangehen; **de** ~ Vorder-; **par** ~ vorne; **aller au-**~ **de qn** jdm entgegenkommen; **aller au-**~ **de qch** *(désirs)* etw +*dat* entgegenkommen; *(ennuis, difficultés)* etw +*dat* zuvorkommen.

devanture [d(ə)vɑ̃tyʀ] *nf (étalage)* Auslage *f; (vitrine)* Schaufenster *nt.*

dévastateur, -trice [devastatœʀ, tʀis] *adj* verheerend.

dévastation [devastasjɔ̃] *nf* Verheerungen *pl.*

dévasté, e [devaste] *adj* (*maison, pays*) verwüstet; (*récoltes*) vernichtet.

dévaster [devaste] *vt* (*maison, pays*) verheeren, verwüsten; (*récoltes*) vernichten.

déveine [devɛn] (*fam*) *nf* Künstlerpech *nt*.

développement [dev(ə)lɔpmã] *nm* Entwicklung *f*; (*exposé*) Abhandlung *f*.

développer [dev(ə)lɔpe] *vt* entwickeln; **se développer** *vpr* sich entwickeln.

devenir [dəv(ə)niʀ] *vt* werden; **que sont-ils devenus?** was ist aus ihnen geworden?; ~ **médecin** Arzt werden; ~ **vieux/grand** alt/groß werden.

devenu [dəvny] *pp de* **devenir**.

dévergondé, e [devɛʀgõde] *adj* schamlos.

dévergonder [devɛʀgõde] *vt*: **se** ~ alle Scham verlieren.

déverrouiller [deveʀuje] *vt* aufsperren.

devers [dəvɛʀ] *adv*: **par-**~ **soi** für sich.

déverser [devɛʀse] *vt* (*liquide*) ausgießen; (*ordures*) ausschütten; (*injures, colère*) abladen; **se** ~ **dans** (*fleuve, mer*) münden in +*acc*.

déversoir [devɛʀswaʀ] *nm* Überlauf *m*.

dévêtir [devetiʀ] *vt* ausziehen; **se dévêtir** *vpr* sich ausziehen.

devez [d(ə)ve] *vb voir* **devoir**.

déviation [devjasjõ] *nf* Abweichung *f*; (*AUTO*) Umleitung *f* ► **déviation de la colonne (vertébrale)** Rückgratverkrümmung *f*.

déviationnisme [devjasjɔnism] *nm* Abweichlertum *nt*.

déviationniste [devjasjɔnist] *nm/f* Abweichler(in) *m(f)*.

dévider [devide] *vt* abwickeln.

dévidoir [devidwaʀ] *nm* Rolle *f*, Spule *f*.

deviendrai *etc* [dəvjɛ̃dʀe] *vb voir* **devenir**.

devienne *etc* [dəvjɛn] *vb voir* **devenir**.

deviens *etc* [d(ə)vjɛ̃] *vb voir* **devenir**.

dévier [devje] *vt* (*fleuve, circulation*) umleiten; (*coup*) ablenken ♦ *vi* (*projectile*) abgelenkt werden; (*véhicule*) vom Kurs abkommen.

devin [dəvɛ̃] *nm* Hellseher *m*.

deviner [d(ə)vine] *vt* raten.

devinette [d(ə)vinɛt] *nf* Rätsel *nt*.

devint *etc* [dəvɛ̃] *vb voir* **devenir**.

devis [d(ə)vi] *nm* Kostenvoranschlag *m* ► **devis descriptif** detaillierter Kostenvoranschlag ► **devis estimatif** vorläufiger Kostenvoranschlag.

dévisager [devizaʒe] *vt* mustern, anstarren.

devise [dəviz] *nf* (*formule*) Devise *f*, Motto *nt*; (*ÉCON: monnaie*) Devise *f*; ~**s** *nfpl* (*argent*) Devisen *pl*.

deviser [dəvize] *vi* sich unterhalten, plaudern.

dévisser [devise] *vt* aufschrauben ♦ *vi* (*alpiniste*) abstürzen.

de visu [devizy] *adv*: **se rendre compte de qch** ~ ~ etw in Augenschein nehmen.

dévitaliser [devitalize] *vt* (*dent*) den Nerv töten in + *dat*.

dévoiler [devwale] *vt* enthüllen.

devoir [d(ə)vwaʀ] *nm* Pflicht *f*; (*SCOL*) Hausaufgabe *f*; (*: en classe*) Klassenarbeit *f* ♦ *vb* *aux* müssen ♦ *vt* (*argent, respect*) schulden; **se devoir** *vpr*: **se** ~ **de faire qch** sich verpflichtet fühlen, etw zu tun; **se faire un** ~ **de faire qch** es zu seiner Pflicht machen, etw zu tun; **se mettre en** ~ **de faire qch** sich anschicken, etw zu tun; **rendre les derniers** ~**s à qn** jdm die letzte Ehre erweisen; **il doit le faire** er muß es machen; **cela devait arriver** das mußte ja so kommen; **il doit partir demain** er muß morgen abreisen; **il doit être tard** es muß schon spät sein; **je devrais le faire** ich sollte es machen; **tu n'aurais pas dû** das hättest du nicht machen sollen; (*pas nécessaire*) das hättest du nicht machen müssen; **vous devriez lui en parler** Sie sollten mit ihm darüber sprechen; **je lui dois beaucoup** ich habe ihm viel zu verdanken ► **devoirs de vacances** Hausaufgaben *pl* über die Ferien.

dévolu, e [devɔly] *adj*: ~ **à qn/qch** für jdn/etw vorgesehen ♦ *nm*: **jeter son** ~ **sur** sein Augenmerk richten auf +*acc*.

devons [d(ə)võ] *vb voir* **devoir**.

dévorant, e [devɔrã, ãt] *adj* rasend.

dévorer [devɔre] *vt* verschlingen; (*suj: feu, soucis*) verzehren; ~ **qn/qch des yeux** *ou* **du regard** jdn/etw mit den Augen verschlingen.

dévot, e [devo, ɔt] *adj* fromm ♦ *nm/f* Fromme(r) *f(m)*; **un faux** ~ ein Scheinheiliger *m*.

dévotion [devosjõ] *nf* (*piété*) Frömmigkeit *f*; **avoir une** ~ **pour qn** jdn verehren.

dévoué, e [devwe] *adj* (*personne*) ergeben; **être** ~ **à qn** jdm ergeben sein.

dévouement [devumã] *nm* Ergebenheit *f*.

dévouer [devwe]: **se** ~ (**pour**) *vpr* sich aufopfern (für); **se** ~ **à** sein Leben widmen +*dat*.

dévoyé, e [devwaje] *adj* gestrauchelt ♦ *nm/f* Gestrauchelte(r) *f(m)*.

dévoyer [devwaje] *vt* irreführen ♦ *vi*: **se** ~ **in die Irre gehen**; ~ **l'opinion publique** die Öffentlichkeit in die Irre führen.

devrai [d(ə)vre] *vb voir* **devoir**.

dextérité [dɛksteʀite] *nf* Geschicklichkeit *f*.

DG [deʒe] *sigle m* (= *directeur général*) *voir* **directeur**.

DGE [deʒeə] *sigle f* (= *dotation globale d'équipement*) staatlicher Zuschuß zum Kommunalhaushalt.

dia [dja] *abr* = **diapositive**.

diabète [djabɛt] *nm* Diabetes *m*, Zuckerkrankheit *f*.

diabétique [djabetik] *adj* diabetisch, zuckerkrank ♦ *nm/f* Diabetiker(in) *m(f)*, Zuckerkranke(r) *f(m)*.

diable [djabl] *nm* Teufel *m*; (*chariot*) Karren *m*; (*petit*) ~ (*enfant*) kleines Teufelchen *nt*; **pauvre** ~ armer Teufel; **un vacarme de tous les** ~**s** ein Höllenlärm *m*; **il fait une chaleur du** ~ es ist höllisch heiß; **avoir le** ~ **au corps** den Teufel im Leib haben; **au** ~ am Ende der Welt.

diablement [djabləmã] *adv* teuflisch.

diableries [djabləʀi] *nfpl* (*d'enfant*) Teufeleien

pl.
diablesse [djɑblɛs] *nf (petite fille)* kleines Teufelchen *nt.*
diablotin [djɑblɔtɛ̃] *nm (enfant)* kleiner Teufel *m; (pétard)* Knallbonbon *m ou nt.*
diabolique [djabɔlik] *adj* teuflisch; *(invention)* Teufels-.
diabolo [djabɔlo] *nm (jeu)* Diabolo *nt; (boisson)* Limonade mit Sirup ▶ **diabolo menthe** Limonade mit Pfefferminzsirup.
diacre [djakʀ] *nm* Diakon *m.*
diadème [djadɛm] *nm* Diadem *nt.*
diagnostic [djagnɔstik] *nm* Diagnose *f.*
diagnostiquer [djagnɔstike] *vt* diagnostizieren.
diagonal, e, -aux [djagɔnal, o] *adj* diagonal.
diagonale [djagɔnal] *nf* Diagonale *f;* **en ~** diagonal; **lire en ~** diagonal lesen, überfliegen.
diagramme [djagʀam] *nm* Diagramm *nt.*
dialecte [djalɛkt] *nm* Dialekt *m.*
dialectique [djalɛktik] *adj* dialektisch.
dialogue [djalɔg] *nm* Dialog *m;* **cesser/reprendre le ~** den Dialog abbrechen/wieder aufnehmen ▶ **dialogue de sourds** fruchtloses Unterfangen *nt.*
dialoguer [djalɔge] *vi* miteinander reden; *(POL)* im Dialog stehen.
dialoguiste [djalɔgist] *nm/f* Dialogautor(in) *m(f).*
dialyse [djaliz] *nf* Dialyse *f,* Blutwäsche *f.*
diamant [djamɑ̃] *nm* Diamant *m.*
diamantaire [djamɑ̃tɛʀ] *nm (vendeur)* Diamanthändler *m.*
diamétralement [djametʀalmɑ̃] *adv* diametral; **~ opposés** *(opinions)* diametral entgegengesetzt.
diamètre [djamɛtʀ] *nm* Durchmesser *m.*
diapason [djapazɔ̃] *nm (MUS: instrument)* Stimmgabel *f;* **être au ~ de qn** nach jdm ausgerichtet sein; **se mettre au ~ de qn** sich nach jdm richten.
diaphane [djafan] *adj* durchscheinend.
diaphragme [djafʀagm] *nm (ANAT)* Zwerchfell *nt; (PHOTO)* Blende *f; (contraceptif)* Diaphragma *nt,* Pessar *nt;* **ouverture du ~** *(PHOTO)* Blende.
diapo [djapo] *nf* Dia *nt.*
diaporama [djapɔrama] *nm* Diashow *f.*
diapositive [djapozitiv] *nf* Dia(positiv) *nt.*
diapré, e [djapʀe] *adj* schimmernd.
diarrhée [djaʀe] *nf* Durchfall *m.*
diatribe [djatʀib] *nf* Schmährede *f.*
dichotomie [dikɔtɔmi] *nf* Dichotomie *f.*
dictaphone ® [diktafɔn] *nm* Diktaphon *nt,* Diktiergerät *nt.*
dictateur [diktatœʀ] *nm* Diktator *m.*
dictatorial, e, -aux [diktatɔʀjal, jo] *adj* diktatorisch.
dictature [diktatyʀ] *nf* Diktatur *f.*
dictée [dikte] *nf* Diktat *nt;* **prendre sous (la) ~** nach Diktat schreiben.
dicter [dikte] *vt* diktieren; *(conditions)* vorschreiben.

diction [diksjɔ̃] *nf* Diktion *f;* **cours de ~** Spracherziehung *f.*
dictionnaire [diksjɔnɛʀ] *nm* Wörterbuch *nt* ▶ **dictionnaire bilingue** zweisprachige(s) Wörterbuch ▶ **dictionnaire encyclopédique** Enzyklopädie *f* ▶ **dictionnaire de langue** Wörterbuch.
dicton [diktɔ̃] *nm* Redensart *f.*
didacticiel [didaktisjɛl] *nm* pädagogische Software *f.*
didactique [didaktik] *adj* didaktisch.
dièse [djɛz] *nm* Kreuz(chen) *nt.*
diesel [djezɛl] *nm (carburant)* Diesel(öl) *nt;* **un (véhicule/moteur) ~** ein Diesel *m.*
diète [djɛt] *nf (régime)* Diät *f; (jeûne)* Fasten *nt; (assemblée politique)* Reichstag *m;* **être à la ~** Diät leben.
diététicien, ne [djetetisjɛ̃, jɛn] *nm/f* Diätist(in) *m(f).*
diététique [djetetik] *adj* diätisch, Diät- ♦ *nf* Diätkunde *f;* **magasin ~** ≈ Reformhaus *nt.*
dieu, x [djø] *nm* Gott *m; (fig: du stade, de la scène)* Idol *nt;* **le bon D~** der liebe Gott; **mon D~!** ach du lieber Gott!, oh Gott!
diffamant, e [difamɑ̃, ɑ̃t] *adj* verleumderisch.
diffamateur, -trice [difamatœʀ, tʀis] *adj* verleumderisch ♦ *nm/f* Verleumder(in) *m(f).*
diffamation [difamasjɔ̃] *nf* Verleumdung *f.*
diffamatoire [difamatwaʀ] *adj* verleumderisch.
diffamer [difame] *vt* verleumden.
différé, e [difeʀe] *adj:* **traitement ~** *(INFORM)* Stapelverarbeitung *f* ♦ *nm:* **en ~** *(TV)* als Aufzeichnung.
différemment [difeʀamɑ̃] *adv* anders.
différence [difeʀɑ̃s] *nf* Unterschied *m; (MATH)* Differenz *f;* **à la ~ de** im Unterschied zu.
différenciation [difeʀɑ̃sjasjɔ̃] *nf* Unterscheidung *f; (BIOL)* Differenzierung *f.*
différencier [difeʀɑ̃sje] *vt* unterscheiden; **se différencier** *vpr (cellules)* sich differenzieren; **se ~ de** sich unterscheiden von.
différend [difeʀɑ̃] *nm* Meinungsverschiedenheit *f.*
différent, e [difeʀɑ̃, ɑ̃t] *adj* verschieden; **~ de** verschieden von; **~s objets/personnages** verschiedene *ou* mehrere Gegenstände/Personen; **à ~es reprises** bei mehreren *ou* verschiedenen Gelegenheiten; **pour ~es raisons** aus verschiedenen Gründen.
différentiel, le [difeʀɑ̃sjɛl] *adj (MATH)* Differential-; *(tarif, droit)* unterschiedlich ♦ *nm (AUTO)* Differential *nt.*
différer [difeʀe] *vt* aufschieben, verschieben ♦ *vi:* **~ (de)** sich unterscheiden (von).
difficile [difisil] *adj* schwierig; **faire le** *ou* **la ~** Schwierigkeiten machen.
difficilement [difisilmɑ̃] *adv* schwer; **~ compréhensible/lisible** schwer verständlich/zu lesen.
difficulté [difikylte] *nf* Schwierigkeit *f;* **en ~** *(bateau)* in Seenot; *(alpiniste)* in Bergnot; **avoir de la ~ à faire qch** Schwierigkeiten da-

mit haben, etw zu tun.
difforme [difɔʀm] *adj* deformiert, mißgebildet.
difformité [difɔʀmite] *nf* Mißbildung *f*.
diffracter [difʀakte] *vt* (*lumière*) brechen.
diffus, e [dify, yz] *adj* diffus.
diffuser [difyze] *vt* verbreiten; (*émission, musique*) ausstrahlen; (*livres, journaux*) vertreiben.
diffuseur [difyzœʀ] *nm* (*TECH*) Diffusor *m*; (*COMM*) Vertrieb *m*.
diffusion [difyzjɔ̃] *nf* (*v vb*) Verbreitung *f*; Ausstrahlung *f*; Vertrieb *m*; **journal/magazine à grande** ~ Zeitung *f*/Zeitschrift *f* mit großer Verbreitung.
digérer [diʒeʀe] *vt* verdauen; (*fam: accepter*) schlucken.
digeste [diʒɛst] *adj* leicht verdaulich.
digestible [diʒɛstibl] *adj* leicht verdaulich.
digestif, -ive [diʒɛstif, iv] *adj* (*fonction, troubles*) Verdauungs- ♦ *nm* (*alcool*) Verdauungsschnaps *m*.
digestion [diʒɛstjɔ̃] *nf* Verdauung *f*; **avoir une bonne/mauvaise** ~ eine gute/schlechte Verdauung haben.
digital, e, -aux [diʒital, o] *adj* digital; **empreinte ~e** Fingerabdruck *m*.
digitale [diʒital] *nf* Fingerhut *m*.
digitaline [diʒitalin] *nf* Digitalis *nt*.
digne [diɲ] *adj* (*respectable*) würdig; ~ **d'intérêt** beachtenswert; ~ **d'admiration** bewundernswert; ~ **de foi** glaubwürdig; ~ **de qn** jds würdig.
dignitaire [diɲitɛʀ] *nm* Würdenträger *m*.
dignité [diɲite] *nf* Würde *f*.
digression [digʀesjɔ̃] *nf* Abschweifung *f*.
digue [dig] *nf* Damm *m*; (*pour protéger la côte*) Deich *m*.
dijonnais, e [diʒɔnɛ, ɛz] *adj* aus Dijon ♦ *nm/f*: **D~, e** Bewohner(in) *m(f)* von Dijon.
diktat [diktat] *nm* Diktat *nt*.
dilapidation [dilapidasjɔ̃] *nf* Verschwendung *f*.
dilapider [dilapide] *vt* (*gaspiller*) verschwenden.
dilater [dilate] *vt* (*gaz*) ausdehnen; (*joues, ballon*) aufblasen; (*narines, pupilles etc*) erweitern; **se dilater** *vpr* (*PHYS*) sich (aus)dehnen.
dilatoire [dilatwaʀ] *adj* Hinhalte-, Verzögerungs-.
dilemme [dilɛm] *nm* Dilemma *nt*.
dilettante [diletɑ̃t] *nm/f* Amateur(in) *m(f)*; **en** ~ (*péj*) dilettantisch.
dilettantisme [diletɑ̃tism] *nm* Dilettantismus *m*.
diligence [diliʒɑ̃s] *nf* (*véhicule*) Postkutsche *f*; (*empressement*) Eifer *m*; **faire** ~ sich beeilen.
diligent, e [diliʒɑ̃, ɑ̃t] *adj* fleißig.
diluant [dilyɑ̃] *nm* Verdünner *m*.
diluer [dilye] *vt* verdünnen; (*péj: discours etc*) verwässern.
dilution [dilysjɔ̃] *nf* Verdünnung *f*.
diluvien, ne [dilyvjɛ̃, jɛn] *adj*: **pluie ~ne** Wolkenbruch *m*.

dimanche [dimɑ̃ʃ] *nm* Sonntag *m*; **le** ~ **de Pâques** der Ostersonntag *m*; *voir aussi* **lundi**.
dîme [dim] *nf* Zehnte(r) *m* (*für die Kirche*).
dimension [dimɑ̃sjɔ̃] *nf* (*grandeur*) Größe *f*; (*gén pl: MATH, fig*) Dimension *f*.
diminué, e [diminɥe] *adj* (*personne*) angegriffen, geschwächt.
diminuer [diminɥe] *vt* verringern; (*ardeur*) abschwächen, dämpfen; (*personne*) schwächen, angreifen; (*dénigrer*) herabsetzen; (*tricot*) abnehmen ♦ *vi* abnehmen.
diminutif [diminytif] *nm* (*LING*) Verkleinerungsform *f*, Diminutiv *m*; (*surnom*) Kosename *m*.
diminution [diminysjɔ̃] *nf* Abnahme *f*, Rückgang *m*; (*tricot*) Abnehmen *nt*.
dînatoire [dinatwaʀ] *adj*: **goûter** ~ (frühes) Abendessen *nt*.
dinde [dɛ̃d] *nf* Truthenne *f*.
dindon [dɛ̃dɔ̃] *nm* Truthahn *m*, Puter *m*.
dindonneau [dɛ̃dɔno] *nm* Truthahnküken *nt*.
dîner [dine] *nm* Abendessen *nt* ♦ *vi* zu Abend essen ▸**dîner d'affaires** Arbeitsessen *nt* ▸**dîner de famille** Familienessen *nt*.
dînette [dinɛt] *nf*: **jouer à la** ~ mit der Puppenküche spielen.
dîneur, -euse [dinœʀ, øz] *nm/f* Speisende(r) *f(m)*.
dinghy [dingi] *nm* Dingi *nt*.
dingue [dɛ̃g] (*fam*) *adj* verrückt.
dinosaure [dinozɔʀ] *nm* Dinosaurier *m*.
diocèse [djɔsɛz] *nm* Diözese *f*.
diode [djɔd] *nf* Diode *f*.
diphasé, e [difaze] *adj* (*ÉLEC*) zweiphasig.
diphtérie [difteʀi] *nf* Diphtherie *f*.
diphtongue [diftɔ̃g] *nf* Diphthong *m*.
diplomate [diplɔmat] *adj* diplomatisch ♦ *nm/f* Diplomat(in) *m(f)* ♦ *nm* (*CULIN*) Creme mit Keksen und Früchten.
diplomatie [diplɔmasi] *nf* Diplomatie *f*.
diplomatique [diplɔmatik] *adj* diplomatisch.
diplôme [diplom] *nm* Diplom *nt*; **avoir des ~s** Qualifikationen haben.
diplômé, e [diplome] *adj* Diplom- ♦ *nm/f* Diplomierte(r) *f(m)*.
dire [diʀ] *vt* sagen; (*secret, mensonge*) erzählen; (*réciter*) aufsagen; (*indiquer*) anzeigen ♦ *nm*: **au** ~ **des témoins** Zeugenaussagen zufolge; **se dire** *vpr* (*à soi-même*) sich *dat* sagen; ~ **qch à qn** jdm etw sagen; **leurs ~s** ihre Aussagen; **se** ~ **malade** angeblich krank sein; **ça se dit ... en allemand** das heißt auf Deutsch ...; ~ **qch à qn** jdm etw sagen; ~ **à qn qu'il fasse** *ou* **de faire qch** jdm sagen, daß er etw tun soll; **vouloir** ~ **que** bedeuten, daß; **cela me/lui dit de faire qch** ich/er hätte Lust, etw zu tun; **que diriez-vous de ...?** was würden Sie von ... halten?; **dis pardon/merci** sag' Entschuldigung/Dankeschön; **on dit que** man *ou* es heißt, daß; **comme on dit** wie man so sagt; **on dirait que** man könnte meinen, daß; **on dirait du vin** man könnte es für Wein halten; **ça ne me dit**

rien (*plaire*) ich habe keine Lust dazu; (*rappeler qch*) das sagt mir gar nichts; **à vrai** ~ offen gestanden; **pour ainsi** ~ sozusagen; **cela va sans** ~ das versteht sich von selbst; **dis/dites donc!** (*pour attirer l'attention*) sag/sagen Sie mal!; (*agressif*) na hör/na hören Sie mal!; **et** ~ **que** ... es ist kaum zu glauben, daß ...; **ceci** *ou* **cela dit** andererseits; **il n'y a pas à** ~ da gibt's nichts zu sagen; **c'est beaucoup/peu** ~ das ist zuviel/zu wenig gesagt; **se** ~ **au revoir** auf Wiedersehen sagen; **c'est toi qui le dis!** das sagst du!; **je ne vous le fais pas** ~ das meine ich auch; **je te l'avais bien dit** ich habe es dir ja gesagt; **je ne peux pas** ~ **le contraire** ich kann nichts Gegenteiliges sagen; **tu peux le** ~!, **à qui le dis-tu!** das kann man wohl sagen!

direct, e [diʀɛkt] *adj* direkt; (*cause, relation*) unmittelbar ♦ *nm* (*train*) ≈ D-Zug *m*; (*émission, reportage*) Direktübertragung *f*; ~ **du gauche/du droit** (*BOXE*) linke/rechte Gerade *f*; **train** ~ durchgehender Zug *m*; **en** ~ live.

directement [diʀɛktəmã] *adv* direkt.

directeur, -trice [diʀɛktœʀ, tʀis] *adj* (*principe, fil*) Leit- ♦ *nm/f* Direktor(in) *m(f)*; (*d'école primaire*) Rektor(in) *m(f)*; **comité** ~ Direktion *f* ▶ **directeur commercial** Geschäftsführer(in) *m(f)* ▶ **directeur général** Generaldirektor(in) *m(f)* ▶ **directeur du personnel** Personalchef(in) *m(f)* ▶ **directeur de thèse** Betreuer(in) *m(f)*, Doktorvater *m*.

direction [diʀɛksjɔ̃] *nf* (*de travaux, d'entreprise*) Leitung *f*; (*de personnes etc*) Führung *f*; (*AUTO*) Lenkung *f*; (*directeurs, bureaux*) Geschäftsleitung *f*, Direktion *f*; (*sens*) Richtung *f*; **sous la** ~ **de** (*MUS*) unter der Leitung von; **en** ~ **de** in Richtung; **"toutes ~s"** (*AUTO*) „alle Richtungen".

directionnel, le [diʀɛksjɔnɛl] *adj* (*antenne*) Richt-.

directive [diʀɛktiv] *nf* (*gén pl*) Direktive *f*.

directoire [diʀɛktwaʀ] *nm* Vorstand *m*.

directorial, e, -aux [diʀɛktɔʀjal, jo] *adj* (*bureau*) Direktions-.

directrice [diʀɛktʀis] *adj, nf voir* **directeur**.

dirent [diʀ] *vb voir* **dire**.

dirigeable [diʀiʒabl] *adj* lenkbar ♦ *nm* (*ballon*) Luftschiff *nt*, Zeppelin *m*.

dirigeant, e [diʀiʒã, ãt] *adj* führend, leitend ♦ *nm/f* (*d'un parti etc*) Vorsitzende(r) *f(m)*; (*d'entreprise*) Leiter(in) *m(f)*.

diriger [diʀiʒe] *vt* (*entreprise, recherches, travaux*) leiten; (*personnes, véhicule*) führen; (*orchestre*) dirigieren; **se diriger** *vpr* (*s'orienter*) sich orientieren; ~ **sur** (*braquer*) richten auf +*acc*; ~ **contre** richten gegen; **se** ~ **vers** *ou* **sur** sich zubewegen auf +*acc*.

dirigisme [diʀiʒism] *nm* Dirigismus *m*.

dirigiste [diʀiʒist] *adj* dirigistisch.

dis [di] *vb voir* **dire**.

discal, e, -aux [diskal, o] *adj* Bandscheiben-; **hernie ~e** Bandscheibenvorfall *m*.

discernable [disɛʀnabl] *adj* wahrnehmbar,

deutlich.

discernement [disɛʀnəmã] *nm* (*bon sens*) Verstand *m*.

discerner [disɛʀne] *vt* wahrnehmen.

disciple [disipl] *nm/f* Jünger *m*.

disciplinaire [disiplinɛʀ] *adj* (*mesure, sanction*) disziplinarisch, Straf-.

discipline [disiplin] *nf* Disziplin *f*.

discipliné, e [disipline] *adj* diszipliniert.

discipliner [disipline] *vt* (*personne, instinct*) disziplinieren; (*cheveux*) bändigen.

discobole [diskɔbɔl] *nm* Diskuswerfer *m*.

discographie [diskɔgʀafi] *nf* Diskographie *f*.

discontinu, e [diskɔ̃tiny] *adj* (*bruit, effort*) mit Unterbrechungen; (*bande: sur la route*) unterbrochen.

discontinuer [diskɔ̃tinɥe] *vi*: **sans** ~ ununterbrochen.

disconvenir [diskɔ̃v(ə)niʀ] *vi*: **ne pas** ~ **de qch** etw nicht leugnen; **ne pas** ~ **que** nicht leugnen, daß.

discordance [diskɔʀdãs] *nf* Mißklang *m*.

discordant, e [diskɔʀdã, ãt] *adj* nicht harmonierend.

discorde [diskɔʀd] *nf* Zwist *m*.

discothèque [diskɔtɛk] *nf* (*boîte de nuit*) Diskothek *f*; (*disques*) Plattensammlung *f*; ~ **(de prêt)** Schallplattenverleih *m*.

discourais [diskuʀɛ] *vb voir* **discourir**.

discourir [diskuʀiʀ] *vi* reden.

discours [diskuʀ] *vb voir* **discourir** ♦ *nm* Rede *f* ♦ *nmpl* (*bavardages*) Gerede; ~ **direct/indirect** direkte/indirekte Rede.

discourtois, e [diskuʀtwa, waz] *adj* unhöflich.

discrédit [diskʀedi] *nm*: **jeter le** ~ **sur** in Mißkredit bringen.

discréditer [diskʀedite] *vt* in Mißkredit bringen; **se discréditer** *vpr*: **se** ~ **aux yeux de** *ou* **auprès de qn** sich in jds Augen *dat* in Mißkredit bringen.

discret, -ète [diskʀɛ, ɛt] *adj* (*pas indiscret*) diskret; (*réservé, modéré*) zurückhaltend; (*musique, style*) dezent; **un endroit** ~ ein stilles *ou* verschwiegenes Plätzchen *nt*.

discrètement [diskʀɛtmã] *adv* (*sans attirer l'attention*) diskret; (*sobrement*) dezent.

discrétion [diskʀesjɔ̃] *nf* (*v adj*) Diskretion *f*, Zurückhaltung *f*; **à** ~ in beliebigen Mengen; **à la** ~ **de qn** nach jds Gutdünken *dat*.

discrétionnaire [diskʀesjɔnɛʀ] *adj* (*pouvoir*) unumschränkt.

discrimination [diskʀiminasjɔ̃] *nf* (*raciale, sociale*) Diskriminierung *f*; (*discernement*) Unterscheidung *f*; **sans** ~ unterschiedslos.

discriminatoire [diskʀiminatwaʀ] *adj* (*mesures*) diskriminierend.

disculper [diskylpe] *vt* entlasten; **se disculper** *vpr* sich entlasten.

discussion [diskysjɔ̃] *nf* Diskussion *f*; **~s** *nfpl* (*négociations*) Verhandlungen *pl*.

discutable [diskytabl] *adj* (*contestable*) anfechtbar; (*douteux, mauvais*) zweifelhaft.

discuté, e [diskyte] *adj* umstritten.

discuter [diskyte] *vt* (*problème*) diskutieren über +*acc*; (*débattre*) verhandeln über +*acc*; (*contester*) in Frage stellen ♦ *vi* diskutieren; ~ **de** diskutieren über +*acc*.

dise [diz] *vb voir* **dire**.

disert, e [dizεʀ, εʀt] *adj* redegewandt.

disette [dizεt] *nf* (*famine*) Hungersnot *f*.

diseuse [dizøz] *nf*: ~ **de bonne aventure** Wahrsagerin *f*.

disgrâce [disgʀɑs] *nf* Ungnade *f*; **être tombée en** ~ in Ungnade gefallen sein.

disgracié, e [disgʀasje] *adj* (*en disgrâce*) in Ungnade gefallen.

disgracieux, -euse [disgʀasjø, jøz] *adj* (*personne*) unansehnlich.

disjoindre [disʒwε̃dʀ] *vt* auseinandernehmen; **se disjoindre** *vpr* auseinandergehen.

disjoint, e [disʒwε̃, wε̃t] *pp de* **disjoindre** ♦ *adj* lose.

disjoncteur [disʒɔ̃ktœʀ] *nm* Unterbrecher *m*.

dislocation [dislɔkasjɔ̃] *nf* (*d'une articulation*) Auskugeln *nt*.

disloquer [dislɔke] *vt* (*membre*) ausrenken; (*chaise*) auseinandernehmen; (*troupes, manifestants*) zerstreuen; **se disloquer** *vpr* (*parti, empire*) auseinanderfallen; **se** ~ **l'épaule** sich *dat* die Schulter ausrenken.

disons [dizɔ̃] *vb voir* **dire**.

disparaître [dispaʀεtʀ] *vi* verschwinden; (*mourir*) sterben; **faire** ~ verschwinden lassen.

disparate [dispaʀat] *adj* (*objets, meubles*) nicht zusammenpassend; (*couleurs*) ungleich.

disparité [dispaʀite] *nf* (*contraste*) Ungleichheit *f*.

disparition [dispaʀisjɔ̃] *nf* Verschwinden *nt*; (*mort*) Sterben *nt*.

disparu, e [dispaʀy] *pp de* **disparaître** ♦ *nm/f* (*défunt*) Verstorbene(r) *f(m)*; (*dont on a perdu la trace*) Vermißte(r) *f(m)*; **être porté** ~ als vermißt gelten.

dispendieux, -euse [dispɑ̃djø, jøz] *adj* kostspielig.

dispensaire [dispɑ̃sεʀ] *nm* ≈ Ambulanz *f*.

dispense [dispɑ̃s] *nf* (*exemption*) Befreiung *f*; (*permission*) Erlaubnis *f* ▶ **dispense d'âge** Aufhebung *f* der Altersbeschränkung.

dispenser [dispɑ̃se] *vt* (*distribuer*) gewähren; (*exempter*): ~ **qn de qch** jdm etw erlassen; ~ **qn de faire qch** jdm erlassen, etw zu tun; **se dispenser** *vpr*: **se** ~ **de qch** sich einer Sache *dat* entziehen; **se** ~ **de faire qch** sich der Pflicht entziehen, etw zu tun; **se faire** ~ **de qch** sich von etw befreien lassen.

dispersant [dispεʀsɑ̃] *nm* Dispersionsmittel *nt*.

dispersé, e [dispεʀse] *adj* (*épars*) verstreut.

disperser [dispεʀse] *vt* zerstreuen; (*troupes, manifestants*) zersprengen, auseinandertreiben; **se disperser** *vpr* sich zerstreuen.

dispersion [dispεʀsjɔ̃] *nf* (*v vt*) Zerstreuen *nt*; Auseinandertreiben *nt*; Zerstreuung *f*.

disponibilité [dispɔnibilite] *nf* Verfügbarkeit *f*; **mettre en** ~ (zeitweilig) beurlauben; ~**s** *nfpl* (*COMM*) flüssige *ou* verfügbare Gelder *pl*.

disponible [dispɔnibl] *adj* verfügbar, zur Verfügung.

dispos [dispo] *adj m*: **frais et** ~ frisch und munter.

disposé, e [dispoze] *adj* (*arrangé d'une certaine manière*) angeordnet; **bien/mal** ~ gut/schlecht aufgelegt; **il est bien/mal** ~ **envers moi** ich bin gut/schlecht bei ihm angeschrieben; ~ **à** (*prêt à*) bereit zu.

disposer [dispoze] *vt* (*arranger*) anordnen ♦ *vi*: **vous pouvez** ~ Sie können gehen; ~ **qn à faire qch** jdn in die Lage versetzen, etw zu tun; ~ **de** (*avoir*) verfügen über +*acc*; (*utiliser*) sich bedienen +*gén*; **se disposer** *vpr*: **se** ~ **à faire qch** sich darauf vorbereiten, etw zu tun.

dispositif [dispozitif] *nm* Vorrichtung *f*; (*policier, de contrôle*) Einsatzplan *m* ▶ **dispositif de sûreté** Sicherheitsvorrichtung *f*.

disposition [dispozisjɔ̃] *nf* (*arrangement*) Anordnung *f*; (*humeur*) Stimmung *f*; (*tendance*) Neigung *f*; ~**s** *nfpl* (*intentions*) Absichten *pl*; (*mesures*) Maßnahmen *pl*; (*précautions*) Vorsorge *f*; (*aptitudes*) Anlagen *pl*; (*d'une loi, d'un testament*) Verfügungen *pl*; **à la** ~ **de qn** zu jds Verfügung; **avoir qch à sa** ~ etw zur Verfügung (stehen) haben; **se mettre à la** ~ **de qn** sich jdm zur Verfügung stellen; **être à la** ~ **de qn** jdm zur Verfügung stehen.

disproportion [dispʀɔpɔʀsjɔ̃] *nf* Mißverhältnis *nt*.

disproportionné, e [dispʀɔpɔʀsjɔne] *adj* (*punition, réaction etc*) unverhältnismäßig.

dispute [dispyt] *nf* Streit *m*.

disputer [dispyte] *vt* (*match, combat, course*) austragen; **se disputer** *vpr* (*personnes*) sich streiten; (*match, combat, course*) stattfinden; ~ **qch à qn** mit jdm um etw kämpfen.

disquaire [diskεʀ] *nm/f* Schallplattenhändler(in) *m(f)*.

disqualification [diskalifikasjɔ̃] *nf* Disqualifizierung *f*.

disqualifier [diskalifje] *vt* (*SPORT*) disqualifizieren; **se disqualifier** *vpr* sich disqualifizieren.

disque [disk] *nm* (*MUS*) Schallplatte *f*; (*INFORM*) Diskette *f*; (*forme, TECH*) Scheibe *f*; (*SPORT*) Diskus *m*; **le lancement du** ~ das Diskuswerfen *nt* ▶ **disque compact** *ou* **laser** Compact Disk *f*, CD *f* ▶ **disque d'embrayage** (*AUTO*) Kupplungsscheibe ▶ **disque de stationnement** Parkscheibe ▶ **disque dur** Festplatte *f* ▶ **disque système** Systemdiskette.

disquette [diskεt] *nf* Diskette *f* ▶ **disquette à double/simple densité** Diskette *f* mit doppelter/einfacher Schreibdichte.

dissection [disεksjɔ̃] *nf* (*MÉD*) Sezieren *nt*.

dissemblable [disɑ̃blabl] *adj* verschieden.

dissemblance [disɑ̃blɑ̃s] *nf* Unterschied *m*.

dissémination [diseminasjɔ̃] *nf* (*v vb*) Verbreitung *f*; Zerstreuung *f*.

disséminer [disemine] *vt* (*éparpiller, répandre*)

verbreiten; (*chasser*) zerstreuen.

dissension [disɑ̃sjɔ̃] *nf* (*gén pl*) Meinungsverschiedenheit *f*.

disséquer [diseke] *vt* (*MÉD*) sezieren; (*fig: analyser*) zergliedern.

dissertation [disɛrtasjɔ̃] *nf* (*SCOL*) Aufsatz *m*.

disserter [disɛrte] *vi* (*discuter*) diskutieren; (*SCOL: écrire*) einen Aufsatz schreiben; ~ **sur** erörtern.

dissidence [disidɑ̃s] *nf* Rebellion *f*.

dissident, e [disidɑ̃, ɑ̃t] *adj* abtrünnig ♦ *nm/f* Dissident(in) *m(f)*.

dissimilitude [disimilityd] *nf* Verschiedenheit *f*.

dissimulateur, -trice [disimylatœr, tris] *adj* heuchlerisch ♦ *nm/f* Heuchler(in) *m(f)*.

dissimulation [disimylasjɔ̃] *nf* (*de sentiments, faits*) Verheimlichung *f*; (*duplicité*) Heuchelei *f* ▶ **dissimulation de bénéfices** Verschweigen *nt* von Einkünften ▶ **dissimulation de revenus** Steuerhinterziehung *f*.

dissimuler [disimyle] *vt* (*taire, cacher*) verschweigen, verheimlichen; (*masquer à la vue*) verbergen; **se dissimuler** *vpr* sich verbergen.

dissipation [disipasjɔ̃] *nf* (*indiscipline*) Unaufmerksamkeit *f*; (*débauche*) Zügellosigkeit *f*; (*du brouillard etc*) Aufklären *nt*.

dissipé, e [disipe] *adj* (*indiscipliné*) unaufmerksam.

dissiper [disipe] *vt* (*doutes, brouillard*) zerstreuen; (*fortune*) durchbringen; **se dissiper** *vpr* (*brouillard*) sich auflösen; (*doutes*) sich zerstreuen; (*élève*) sich leicht ablenken lassen.

dissocier [disɔsje] *vt* trennen; **se dissocier** *vpr* auseinandergehen; **se** ~ **de** sich distanzieren von.

dissolu, e [disɔly] *adj* (*vie, personne*) zügellos, freizügig.

dissolution [disɔlysjɔ̃] *nf* (*de sucre, sel*) Auflösen *nt*; (*POL, JUR*) Auflösung *f*; (*débauche*) Zügellosigkeit *f*.

dissolvant, e [disɔlvɑ̃, ɑ̃t] *vb voir* **dissoudre** ♦ *nm* (*CHIM*) Lösungsmittel *nt*.

dissonant, e [disɔnɑ̃, ɑ̃t] *adj* (*MUS*) dissonant; (*couleurs*) nicht harmonierend.

dissoudre [disudr] *vt* auflösen; **se dissoudre** *vpr* sich auflösen.

dissous [disu] *pp de* **dissoudre**.

dissuader [disɥade] *vt*: ~ **qn de faire qch** jdn davon abbringen, etw zu tun; ~ **qn de qch** jdn von etw abbringen.

dissuasif, -ive [disɥazif, iv] *adj* abschreckend.

dissuasion [disɥazjɔ̃] *nf* Abschreckung *f*; **force de** ~ Abschreckungspotential *nt*.

dissymétrie [disimetri] *nf* Asymmetrie *f*.

dissymétrique [disimetrik] *adj* asymmetrisch.

distance [distɑ̃s] *nf* Entfernung *f*; (*SPORT: à parcourir*) Distanz *f*; (*fig*) Abstand *m*; **à** ~ **de** weitem; (*mettre en marche, commander*) von weitem; (*commande*) Fern-; **tenir qn à** ~ Distanz zu jdm halten; **se tenir à** ~ sich auf Distanz

halten; **prendre ses** ~**s** Abstand halten; **garder ses** ~**s** Abstand halten; **tenir la** ~ durchhalten; **à une** ~ **de 10 km** 10 km entfernt ▶ **distance focale** (*PHOTO*) Brennweite *f*.

distancer [distɑ̃se] *vt* (*concurrent*) hinter sich *dat* lassen; **se laisser** ~ sich abhängen lassen.

distancier [distɑ̃sje]: **se** ~ *vpr* sich distanzieren.

distant, e [distɑ̃, ɑ̃t] *adj* (*éloigné*) entfernt; (*fig: réservé*) distanziert; ~ **de 5 km** (*d'un lieu*) 5 km entfernt.

distendre [distɑ̃dr] *vt* dehnen; **se distendre** *vpr* sich lockern.

distillation [distilasjɔ̃] *nf* Destillation *f*.

distillé, e [distile] *adj*: **eau** ~**e** destilliertes Wasser *nt*.

distiller [distile] *vt* destillieren; (*fig: venin, suc etc*) tropfenweise absondern.

distillerie [distilri] *nf* Destillerie *f*.

distinct, e [distɛ̃(kt), ɛ̃kt] *adj* (*différent*) verschieden, unterschiedlich; (*clair, net*) deutlich, klar.

distinctement [distɛ̃ktəmɑ̃] *adv* (*voir, parler*) deutlich.

distinctif, -ive [distɛ̃ktif, iv] *adj* (*signe*) Unterscheidungs-, unterscheidend; (*caractère*) eigen.

distinction [distɛ̃ksjɔ̃] *nf* (*différence*) Unterschied *m*; (*différenciation*) Unterscheidung *f*; (*bonnes manières*) Vornehmheit *f*; (*médaille, honneur etc*) Auszeichnung *f*; **sans** ~ ohne Unterschied.

distingué, e [distɛ̃ge] *adj* (*raffiné, élégant*) distinguiert, vornehm; (*éminent*) von hohem Rang.

distinguer [distɛ̃ge] *vt* (*apercevoir*) erkennen; (*différencier*) unterscheiden; (*permettre de reconnaître*) auszeichnen; **se distinguer** *vpr* (*s'illustrer*) sich auszeichnen, sich hervorheben; **se** ~ **de** (*différer*) sich unterscheiden von.

distinguo [distɛ̃go] *nm* Unterscheidung *f*.

distorsion [distɔrsjɔ̃] *nf* (*fig: écart*) Verzerrung *f*.

distraction [distraksjɔ̃] *nf* (*passe-temps*) Zeitvertreib *m*; (*diversion*) Zerstreuung *f*; (*manque d'attention*) Zerstreutheit *f*.

distraire [distrɛr] *vt* (*déranger, dissiper*) ablenken; (*amuser, divertir*) unterhalten; (*détourner: somme d'argent*) veruntreuen ♦ *vi* (*déranger*) ablenken; (*amuser*) unterhalten; **se distraire** *vpr* (*s'amuser*) sich unterhalten; ~ **qn de qch** jdn von etw ablenken; ~ **l'attention de qn** jds Aufmerksamkeit ablenken.

distrait, e [distrɛ, ɛt] *pp de* **distraire** ♦ *adj* zerstreut.

distraitement [distrɛtmɑ̃] *adv* zerstreut.

distrayant, e [distrɛjɑ̃, ɑ̃t] *vb voir* **distraire** ♦ *adj* unterhaltsam.

distribuer [distribɥe] *vt* verteilen; (*gifles, coups*) austeilen; (*CARTES*) geben; (*courrier*) austragen, zustellen; (*COMM: film, livre*) vertreiben.

distributeur, -trice [distribytœr, tris] *nm/f* (*COMM*) Vertreiber *m* ♦ *nm* (*AUTO*) Verteiler *m* ▶**distributeur (automatique)** Münzautomat *m* ▶**distributeur de billets** (*RAIL*) Fahrkartenautomat *m*; (*BANQUE*) Geldautomat *m*.

distribution [distribysjɔ̃] *nf* Verteilen *nt*; (*de cartes*) Geben *nt*; (*du courrier*) Austragen *nt*; (*d'un livre, film*) Vertrieb *m*; (*choix d'acteurs*) Besetzung *f*; (*répartition*) Aufteilung *f*; **circuits de** ~ (*COMM*) Absatzwege *pl*; ~ **des prix** Preisverleihung *f*.

district [distrikt] *nm* Bezirk *m*, Gebiet *nt*.

dit [di] *pp de* **dire** ♦ *adj*: **à l'heure** ~**e** zur vereinbarten Zeit; ~ **Pierre** genannt Pierre.

dites [dit] *vb voir* **dire**.

dithyrambique [ditiʀɑ̃bik] *adj* überschwenglich.

diurétique [djyʀetik] *adj* harntreibend ♦ *nm* harntreibendes Mittel *nt*.

diurne [djyʀn] *adj* Tages-, Tag-.

divagations [divagasjɔ̃] *nfpl* Abschweifungen *pl*.

divaguer [divage] *vi* (*malade*) phantasieren; (*péj: fam*) (unzusammenhängendes Zeug) faseln.

divan [divɑ̃] *nm* Diwan *m*.

divan-lit [divɑ̃li] *nm* Liege *f*.

divergence [divɛʀʒɑ̃s] *nf* (*d'opinion*) Meinungsverschiedenheit *f*; (*GÉOM, OPTIQUE*) Divergenz *f*.

divergent, e [divɛʀʒɑ̃, ɑ̃t] *adj* (*rayons, lignes*) divergent; (*opinions, interprétations*) unterschiedlich.

diverger [divɛʀʒe] *vi* (*personnes, idées*) voneinander abweichen; (*rayons, lignes*) divergieren.

divers, e [divɛʀ, ɛʀs] *adj* (*varié*) verschieden; (*différent aussi*) unterschiedlich; "~" „Verschiedenes"; **frais** ~ Verschiedenes *nt*, sonstige Kosten *pl*.

diversement [divɛʀsəmɑ̃] *adv* auf verschiedene Art.

diversification [divɛʀsifikasjɔ̃] *nf* (*ÉCON*) Erweiterung *f* des Betätigungsfeldes.

diversifier [divɛʀsifje] *vt* abwechslungsreicher gestalten; **se diversifier** *vpr* seinen Tätigkeitsbereich erweitern.

diversion [divɛʀsjɔ̃] *nf* (*dérivatif*) Ablenkung *f*; (*MIL etc*) Ablenkungsmanöver *nt*; **faire** ~ ablenken.

diversité [divɛʀsite] *nf* Vielfalt *f*.

divertir [divɛʀtiʀ] *vt* (*amuser*) unterhalten; **se divertir** *vpr* sich amüsieren.

divertissant, e [divɛʀtisɑ̃, ɑ̃t] *adj* amüsant.

divertissement [divɛʀtismɑ̃] *nm* (*amusement*) Unterhaltung *f*; (*passe-temps*) Zeitvertreib *m*; (*MUS*) Divertissement *nt*.

dividende [dividɑ̃d] *nm* (*MATH*) Zähler *m*; (*COMM*) Dividende *f*.

divin, e [divɛ̃, in] *adj* göttlich.

divinateur, -trice [divinatœr, tris] *adj* weissagend, voraussagend.

divination [divinasjɔ̃] *nf* (*magie*) Wahrsagerei *f*.

divinatoire [divinatwaʀ] *adj* (*art, science*) Weissage-; **baguette** ~ Wünschelrute *f*.

divinement [divinmɑ̃] *adv* göttlich.

divinisation [divinizasjɔ̃] *nf* Vergötterung *f*.

diviniser [divinize] *vt* vergöttern.

divinité [divinite] *nf* (*dieu*) Gott *m*, Göttin *f*; (*caractère divin*) Gottheit *f*.

divisé, e [divize] *adj* (*opinions*) geteilt.

diviser [divize] *vt* (*MATH*) teilen, dividieren; (*morceler*) aufteilen; (*subdiviser*) unterteilen; (*brouiller, opposer*) entzweien; **se diviser** *vpr*: **se** ~ **en** sich unterteilen in +*acc*; ~ **un nombre par un autre** eine Zahl durch eine andere teilen *ou* dividieren.

diviseur [divizœr] *nm* (*MATH*) Teiler *m*, Nenner *m*.

divisible [divizibl] *adj* teilbar.

division [divizjɔ̃] *nf* (*MATH*) Division *f*; (*de somme, terrain*) Aufteilung *f*; (*d'ensemble, d'éléments*) Unterteilung *f*; (*secteur, branche, graduation*) (Unter)abteilung *f*; (*MIL*) Division *f*; (*désaccord*) Uneinigkeit *f*; **1ère/2ème** ~ (*SPORT*) ≈ erste/zweite Liga *f* ▶ **division du travail** Arbeitsteilung *f*.

divisionnaire [divizjɔnɛʀ] *adj*: **commissaire** ~ ≈ Hauptkommissar *m*.

divorce [divɔʀs] *nm* Scheidung *f*.

divorcé, e [divɔʀse] *adj* geschieden ♦ *nm/f* Geschiedene(r) *f(m)*.

divorcer [divɔʀse] *vi* sich scheiden lassen; ~ **de** *ou* **d'avec qn** sich von jdm scheiden lassen.

divulgation [divylgasjɔ̃] *nf* Veröffentlichung *f*.

divulguer [divylge] *vt* veröffentlichen.

dix [dis] *num* zehn.

dix-huit [dizɥit] *num* achtzehn.

dix-huitième [dizɥitjɛm] *adj* achtzehnte(r, s) ♦ *nm* (*fraction*) Achtzehntel *nt*.

dixième [dizjɛm] *adj* zehnte(r, s) ♦ *nm* (*fraction*) Zehntel *nt*.

dixièmement [dizjɛmmɑ̃] *adv* zehntens.

dix-neuf [diznœf] *num* neunzehn.

dix-neuvième [diznœvjɛm] *adj* neunzehnte(r, s) ♦ *nm* (*fraction*) Neunzehntel *nt*.

dix-sept [di(s)sɛt] *num* siebzehn.

dix-septième [di(s)sɛtjɛm] *adj* siebzehnte(r, s) ♦ *nm* (*fraction*) Siebzehntel *nt*.

dizaine [dizɛn] *nf*: **une** ~ **de** zehn; (*environ 10*) etwa zehn.

Djakarta [dʒakaʀta] *n* Jakarta *nt*.

Djibouti [dʒibuti] *n* Dschibuti *nt*.

dl *abr* (= *décilitre*) dl.

DM *abr* (= *deutschmark*) DM.

dm *abr* (= *décimètre*) dm.

do [do] *nm* (*MUS*) C *nt*; (: *en chantant la gamme*) Do *nt*.

doberman [dɔbɛʀman] *nm* Dobermann *m*.

docile [dɔsil] *adj* gefügig.

docilement [dɔsilmɑ̃] *adv* brav.

docilité [dɔsilite] *nf* Gefügigkeit *f*.

dock [dɔk] *nm* (*bassin*) Dock *nt* ▶ **dock flottant** Schwimmdock *nt*.

docker [dɔkɛʀ] nm Docker m, Dockarbeiter m.
docte [dɔkt] adj gelehrt.
docteur [dɔktœʀ] nm (médecin) Arzt m, Ärztin f; (titre) Doktor m ▸ **docteur en médecine** Doktor der Medizin.
doctoral, e, -aux [dɔktɔʀal, o] adj Doktor-.
doctorat [dɔktɔʀa] nm Doktorwürde f ▸ **doctorat d'État de troisième cycle** Doktortitel m.
doctoresse [dɔktɔʀɛs] nf Ärztin f.
doctrinaire [dɔktʀinɛʀ] adj doktrinär; (péj: ton, personne) rechthaberisch.
doctrinal, e, -aux [dɔktʀinal, o] adj doktrinell.
doctrine [dɔktʀin] nf Doktrin f.
document [dɔkymɑ̃] nm Dokument nt.
documentaire [dɔkymɑ̃tɛʀ] adj dokumentarisch ♦ nm (film) Dokumentarfilm m.
documentaliste [dɔkymɑ̃talist] nm/f Archivar(in) m(f); (PRESSE, TV) Rechercheur m.
documentation [dɔkymɑ̃tasjɔ̃] nf (documents) Dokumente pl; (service) Dokumentation f.
documenté, e [dɔkymɑ̃te] adj (personne) bewandert.
documenter [dɔkymɑ̃te] vt (personne) mit Informationen versorgen; **se ~ (sur)** sich dat Unterlagen verschaffen (zu).
dodeliner [dɔd(ə)line] vi: **~ de la tête** mit dem Kopf wackeln.
dodo [dodo] nm: **aller faire ~** in die Heia gehen.
dodu, e [dɔdy] adj gut gepolstert.
dogmatique [dɔgmatik] adj dogmatisch.
dogmatiquement [dɔgmatikmɑ̃] adv dogmatisch.
dogmatisme [dɔgmatism] nm Dogmatik f.
dogme [dɔgm] nm Dogma nt.
dogue [dɔg] nm Dogge f.
doigt [dwa] nm Finger m; **le petit ~** der kleine Finger; **un ~ de lait/whisky** ein Tropfen Milch/Whisky; **être à deux ~s de faire qch** um ein Haar etw tun; **au ~ et à l'œil** (obéir) wie auf Kommando; **montrer du ~** mit dem Finger zeigen auf +acc; **connaître qch sur le bout du ~** etw wie seine Westentasche kennen ▸ **doigt de pied** Zeh m, Zehe f.
doigté [dwate] nm (MUS) Fingersatz m; (habileté) Fingerspitzengefühl nt.
doigtier [dwatje] nm Fingerling m.
dois etc [dwa] vb voir **devoir**.
doit etc [dwa] vb voir **devoir**.
doive etc [dwav] vb voir **devoir**.
doléances [dɔleɑ̃s] nfpl Beschwerden pl.
dolent, e [dɔlɑ̃, ɑ̃t] adj (voix) klagend.
dollar [dɔlaʀ] nm Dollar m.
dolmen [dɔlmɛn] nm Dolmen m.
DOM [dɔm] sigle m ou mpl = département(s) d'outre-mer.
domaine [dɔmɛn] nm (propriété) Grundbesitz m; (champ, sphère) Gebiet nt, Domäne f; **tomber dans le ~ public** Gemeineigentum werden; **dans tous les ~s** in allen Bereichen.
domanial, e, -aux [dɔmanjal, jo] adj (forêt, biens) Staats-.

dôme [dom] nm Kuppel f.
domestication [dɔmɛstikasjɔ̃] nf (d'animal) Domestizierung f.
domesticité [dɔmɛstisite] nf (domestiques) Dienerschaft f, Hauspersonal nt.
domestique [dɔmɛstik] adj (animal) Haus-; (travaux, soucis, accidents) häuslich, Haus-; (marché) Binnen-; (consommation) Eigen- ♦ nm/f (serviteur) Hausangestellte(r) f(m).
domestiquer [dɔmɛstike] vt (animal) domestizieren.
domicile [dɔmisil] nm Wohnsitz m; **à ~** zu Hause; **élire ~ à Rouen** sich in Rouen niederlassen, Rouen als Wohnsitz wählen; **sans ~ fixe** ohne festen Wohnsitz ▸ **domicile conjugal** eheliche Wohnung f ▸ **domicile légal** Gerichtsstand m.
domicilié, e [dɔmisilje] adj: **être ~ à** seinen Wohnsitz haben in +dat.
dominant, e [dɔminɑ̃, ɑ̃t] adj (gouvernant) dominierend; (fig: principal) vorherrschend, Haupt-; (GÉNÉTIQUE) dominant.
dominante [dɔminɑ̃t] nf (trait) dominante(s) Merkmal nt; (couleur) vorherrschende Farbe f; (MUS) Dominante f.
dominateur, -trice [dɔminatœʀ, tʀis] adj (qui aime à dominer) dominant.
domination [dɔminasjɔ̃] nf (autorité) Domination f, Vorherrschaft f; (fig: influence) Einfluß m.
dominer [dɔmine] vt (soumettre, maîtriser) beherrschen; (surpasser) übertreffen; (surplomber) überragen ♦ vi (être le meilleur) dominieren; (SPORT aussi) das Spiel beherrschen; (être plus nombreux) in der Überzahl sein; **se dominer** vpr (se maîtriser) sich beherrschen.
dominicain, e [dɔminikɛ̃, ɛn] adj (GÉO) dominikanisch ♦ nm/f: **D~,** e (GÉO, REL) Dominikaner(in) m(f).
dominical, e, -aux [dɔminikal, o] adj Sonntags-.
Dominique [dɔminik] nf: **la ~** die Dominikanische Republik f.
domino [dɔmino] nm (pièce) Dominostein m; **~s** nmpl (jeu) Domino nt.
dommage [dɔmaʒ] nm (préjudice) Schaden m; **c'est ~ que** es ist schade, daß ▸ **dommages corporels** Personenschaden m ▸ **dommages matériels** Sachschaden m.
dommages-intérêts [dɔmaʒ(əz)ɛ̃teʀɛ] nmpl Schadenersatz m.
dompter [dɔ̃(p)te] vt (animal) bändigen; (fig: passions) zügeln.
dompteur, euse [dɔ̃(p)tœʀ, øz] nm/f Dompteur(-euse) m(f).
DOM-TOM [dɔmtɔm] sigle m ou mpl = département(s) d'outre-mer/territoire(s) d'outre-mer.
don [dɔ̃] nm (aptitude) Gabe f, Talent nt; (charité) Spende f; (cadeau) Geschenk nt; **avoir des ~s pour** begabt sein für, Talent haben für; **faire ~ de** verschenken ▸ **don en argent**

Geldgeschenk *nt*.
donateur, -trice [dɔnatœʀ, tʀis] *nm/f* Spender(in) *m(f)*.
donation [dɔnasjɔ̃] *nf* Schenkung *f*.
donc [dɔk] *conj* (*en conséquence*) daher, deshalb; (*après une digression*) also; **voilà ~ la solution** das wäre also die Lösung; **je disais ~ que** wie ich sagte; **venez ~ dîner à la maison** kommen Sie doch zu uns zum Essen; **faites ~** machen Sie schon!; **allons ~!** na hör/hören Sie mal!
donjon [dɔ̃ʒɔ̃] *nm* Bergfried *m*.
don Juan [dɔ̃ʒɥɑ̃] *nm* Don Juan *m*.
donnant, e [dɔnɑ̃, ɑ̃t] *adj*: **~, ~ von nichts** kommt nichts.
donne [dɔn] *nf* (*CARTES*) Geben *nt*; **il y a eu mauvaise** *ou* **fausse ~** es ist falsch gegeben worden.
donné, e [dɔne] *adj*: **le prix/jour ~** der vereinbarte Preis/Tag; **c'est ~** (*pas cher*) das ist geschenkt; **étant ~ que** ... angesichts der Tatsache, daß ... .
donnée [dɔne] *nf* (*MATH*) bekannte Größe *f*; **~s** *nfpl* (*INFORM*) Daten *pl*; (*d'un problème etc*) Fakten *pl*.
donner [dɔne] *vt* geben; (*en cadeau*) schenken; (*vieux habits etc*) weggeben; (*dire: nom, renseignements*) (an)geben; (*diffuser: film, spectacle*) zeigen; (*produire: récolte, résultats*) (er)geben ♦ *vi* (*regarder*): **la chambre donne sur la mer** das Zimmer hat einen Blick aufs Meer; **se donner** *vpr*: **se ~ à fond (à son travail)** sich (seiner Arbeit *dat*) ganz widmen; **~ dans** (*piège etc*) geraten in +*acc*; **~ l'heure à qn** jdm die Uhrzeit sagen; **~ le ton** (*fig*) den Ton angeben; **se ~ du mal** *ou* **de la peine (pour faire qch)** sich *dat* Mühe geben (, etw zu tun); **~ à entendre que** zu verstehen geben, daß.
donneur, -euse [dɔnœʀ, øz] *nm/f* (*MÉD*) Spender(in) *m(f)*; (*CARTES*) Geber(in) *m(f)* ▸ **donneur de sang** Blutspender(in) *m(f)*.

================ *MOT-CLÉ* ================

dont [dɔ̃] *pron relatif* **1** (*appartenance*): **dont le/la** (*possesseur m ou nt sg*) dessen; (*possesseur pl ou f sg*) deren; **la maison dont le toit est rouge** das Haus, dessen Dach rot ist; **l'homme dont je connais la sœur** der Mann, dessen Schwester ich kenne; **le chat dont le maître habite en face** die Katze, deren Herrchen gegenüber wohnt
2 (*parmi lesquels*): **deux livres, dont l'un est gros** zwei Bücher, von denen eines dick ist; **il y avait plusieurs personnes, dont Gabrielle** es waren mehrere Leute da, (unter anderen) auch Gabrielle; **10 blessés, dont 2 grièvement** 10 Verletzte, davon 2 schwerverletzt
3 (*provenance, origine*): **le pays dont il est originaire** das Land, aus dem er stammt
4 (*façon*): **la façon dont il l'a fait** die Art und Weise, wie er es gemacht hat
5 (*au sujet de qui ou quoi*): **le voyage dont je t'ai parlé** die Reise, von der ich dir erzählt

habe; **ce dont je parle** (das,) wovon ich spreche; **le fils/livre dont il est si fier** der Sohn/das Buch, auf den/das er so stolz ist.

donzelle [dɔ̃zɛl] (*péj*) *nf* Mamsell *f*.
dopage [dɔpaʒ] *nm* (*doping*) Doping *nt*.
dopant, e [dɔpɑ̃, ɑ̃t] *adj* Doping- ♦ *nm* Dopingmittel *nt*.
doper [dɔpe] *vt* dopen; **se doper** *vpr* Dopingmittel nehmen.
doping [dɔpiŋ] *nm* (*action*) Doping *nt*.
dorade [dɔʀad] *nf* = **daurade**.
doré, e [dɔʀe] *adj* (*couleur, or*) golden; (*plaqué*) vergoldet.
dorénavant [dɔʀenavɑ̃] *adv* von nun an.
dorer [dɔʀe] *vt* (*cadre*) vergolden ♦ *vi*: **faire ~** goldbraun backen; **se dorer** *vpr*: **se ~ au soleil** sich in der Sonne bräunen; **~ la pilule à qn** jdm die bittere Pille versüßen.
dorloter [dɔʀlɔte] *vt* verhätscheln, verwöhnen; **se faire ~** sich verwöhnen lassen.
dormant, e [dɔʀmɑ̃, ɑ̃t] *adj*: **eau ~e** stehendes Gewässer *nt* ♦ *nm* (*de porte*) Rahmen *m*.
dorme [dɔʀm] *vb voir* **dormir**.
dormeur, -euse [dɔʀmœʀ, øz] *nm/f* Schläfer(in) *m(f)*.
dormir [dɔʀmiʀ] *vi* schlafen; (*fig*) ruhen; **~ à poings fermés** fest schlafen.
dorsal, e, -aux [dɔʀsal, o] *adj* (*nageoire*) Rücken-.
dortoir [dɔʀtwaʀ] *nm* Schlafsaal *m*; **cité ~** Schlafstadt *f*.
dorure [dɔʀyʀ] *nf* (*technique*) Vergolden *nt*; (*revêtement*) Vergoldung *f*.
doryphore [dɔʀifɔʀ] *nm* Kartoffelkäfer *m*.
dos [do] *nm* Rücken *m*; (*d'un papier, chèque*) Rückseite *f*; **voir au ~** siehe Rückseite; **de ~** von hinten; **~ à ~** Rücken an Rücken; **sur le ~** (*s'allonger*) auf den Rücken; **à ~ de** (*chameau*) auf dem Rücken +*gén*; **avoir bon ~** ein breites Kreuz haben; **se mettre qn à ~** jdn gegen sich aufbringen; **~ d'âne**: **pont en ~-d'âne** gewölbte Brücke *f*.
dosage [dozaʒ] *nm* Dosierung *f*.
dose [doz] *nf* Dosis *f*; **forcer la ~** (*fig*) es übertreiben.
doser [doze] *vt* abmessen, dosieren; (*fig: efforts*) dosieren.
doseur [dozœʀ] *nm* Maß *nt*; **bouchon ~** Meßkappe *f*.
dossard [dosaʀ] *nm* Rückennummer *f*.
dossier [dosje] *nm* (*de chaise*) Rückenlehne *f*; (*documents*) Akte *f*; (*classeur*) Aktendeckel *m*; (*PRESSE*) Feature *nt*; **le ~ social** (*fig*) die soziale Frage; **le ~ monétaire** (*fig*) die Finanzfrage ▸ **dossier suspendu** Hängeordner *m*.
dot [dɔt] *nf* Mitgift *f*.
dotation [dɔtasjɔ̃] *nf* (*institution*) Stiftung *f*.
doté, e [dɔte] *adj*: **~ de** ausgestattet mit.
doter [dɔte] *vt*: **~ qn/qch de** jdn/etw ausstatten mit.
douairière [dwɛʀjɛʀ] *nf* (adlige) Witwe *f*.
douane [dwan] *nf* Zoll *m*; **passer la ~** durch

den Zoll gehen; **en** ~ (*marchandises, entrepôt*) unter Zollverschluß.

douanier, -ière [dwanje, jɛʀ] *adj* Zoll- ♦ *nm* Zollbeamte(r) *m*, Zollbeamtin *f*.

doublage [dublaʒ] *nm* (*film*) Synchronisieren *nt*.

double [dubl] *adj* doppelt ♦ *adv*: **voir** ~ doppelt sehen ♦ *nm*: **le** ~ **(de)** doppelt soviel (wie), das Doppelte (von); (*autre exemplaire*) Duplikat *nt*, Doppel *nt*; (*sosie*) Doppelgänger(in) *m(f)*; ~ **messieurs/mixte** (*TENNIS*) Herrendoppel/gemischtes Doppel; **en** ~ in zweifacher Ausfertigung; **à** ~ **sens** zweideutig; **à** ~ **tranchant** zweischneidig; **faire** ~ **emploi** überflüssig sein ► **double toit** (*tente*) Überzelt *nt* ► **double vue** zweite(s) Gesicht *nt*.

doublé, e [duble] *adj* (*lettre*) verdoppelt; (*vêtement*) gefüttert; (*film*) synchronisiert; ~ **de** gefüttert mit.

doublement [dubləmɑ̃] *adv* doppelt.

doubler [duble] *vt* (*multiplier par deux*) verdoppeln; (*vêtement, chaussures*) füttern; (*voiture, concurrent*) überholen; (*film*) synchronisieren; (*acteur*) doubeln ♦ *vi* (*devenir double*) sich verdoppeln; **se doubler** *vpr*: **se** ~ **de** gekoppelt sein mit; ~ **(la classe)** (*SCOL*) (die Klasse) wiederholen; ~ **un cap** (*NAUT*) ein Kap umrunden; (*fig*) eine Klippe überwinden.

doublure [dublyʀ] *nf* (*de vêtement*) Futter *nt*; (*acteur*) Double *nt*.

douce [dus] *adj voir* **doux.**

douceâtre [dusɑtʀ] *adj* süßlich.

doucement [dusmɑ̃] *adv* (*délicatement*) behutsam; (*à voix basse*) leise; (*lentement*) langsam; (*graduellement*) allmählich.

doucereux, -euse [dus(ə)ʀø, øz] (*péj*) *adj* süßlich.

douceur [dusœʀ] *nf* (*de peau, parfum, couleur*) Zartheit *f*; (*de personne*) Sanftheit *f*; (*de vent, temps, climat*) Milde *f*; (*de voix, gâteau*) Süße *f*; ~**s** *nfpl* (*friandises*) Süßigkeiten *pl*; **en** ~ glatt.

douche [duʃ] *nf* Dusche *f*; **prendre une** ~ duschen ► **douche écossaise** (*fig*) Wechselbad *nt* ► **douche froide** (*fig*) kalte Dusche.

doucher [duʃe] *vt* duschen; (*mouiller*) durchnässen; (*fig*) ernüchtern; **se doucher** *vpr* duschen.

doudoune [dudun] *nf* Daunenjacke *f*.

doué, e [dwe] *adj* (*talentueux*) begabt, talentiert; **être** ~ **de** besitzen; **être** ~ **pour** begabt sein *ou* eine Begabung haben für.

douille [duj] *nf* (*ÉLEC*) Fassung *f*; (*de projectile*) Hülse *f*.

douillet, te [dujɛ, ɛt] *adj* (*péj: personne*) empfindlich; (*lit, maison*) gemütlich, behaglich.

douleur [dulœʀ] *nf* Schmerz *m*; **ressentir des** ~**s** Schmerzen empfinden; **il a eu la** ~ **de perdre son père** er hat den schmerzlichen Verlust seines Vaters zu beklagen.

douloureux, -euse [duluʀø, øz] *adj* (*traitement, blessure*) schmerzhaft; (*membre*) schmer-

zend; (*séparation, perte*) schmerzlich.

doute [dut] *nm* Zweifel *m*; **sans** ~ zweifellos; **sans nul** *ou* **aucun** ~ ohne jeden Zweifel; **hors de** ~ außer Zweifel; **nul** ~ **que** es steht außer Zweifel, daß; **mettre en** ~ anzweifeln.

douter [dute] *vt*: ~ **de** zweifeln an +*dat*; ~ **que** bezweifeln, daß; **j'en doute** da habe ich meine Zweifel; **se douter** *vpr*: **se** ~ **de qch/que** etw ahnen/ahnen, daß; **je m'en doutais** ich habe es gewußt.

douteux, -euse [dutø, øz] *adj* (*incertain*) zweifelhaft; (*discutable*) fraglich; (*péj: sale, peu solide etc*) fragwürdig.

douve [duv] *nf* (*de château*) Wassergraben *m*; (*de tonneau*) Faßdaube *f*.

doux, douce [du, dus] *adj* (*personne*) sanft; (*gestes*) behutsam; (*vent, climat, région, moutarde etc*) mild; (*pente*) leicht; (*peau, voix, parfum, couleur*) zart; (*sucré: saveur, fruit etc*) süß; (*non calcaire: eau*) weich; **en douce** heimlich, still und leise; **tout** ~! vorsichtig!

douzaine [duzɛn] *nf*: **une** ~ **(de)** (*12*) ein Dutzend *nt*; (*environ 12*) etwa zwölf.

douze [duz] *num* zwölf; **les D**~ (*membres de la CE*) die Zwölf *pl*.

douzième [duzjɛm] *adj* zwölfte(r, s) ♦ *nm* Zwölftel *nt*.

doyen, ne [dwajɛ̃, jɛn] *nm/f* (*en âge*) Älteste(r) *f(m)*; (*en ancienneté*) Dienstälteste(r) *f(m)*; (*de faculté*) Dekan *m*.

DPLG [depeɛlʒe] *sigle* (= *diplômé par le gouvernement*) ≈ staatl. gepr.

Dr *abr* (= *docteur*) Dr.

dr. *abr* (= *droite*) r.

draconien, ne [dʀakɔnjɛ̃, jɛn] *adj* drakonisch.

dragée [dʀaʒe] *nf* (*bonbon*) Zuckermandel *f*; (*MÉD*) Dragee *nt*.

dragon [dʀagɔ̃] *nm* Drache *m*.

drague [dʀag] *nf* (*filet*) Schleppnetz *nt*; (*bateau*) Schwimmbagger *m*; (*fam: pour séduire*) Anmachen *nt*.

draguer [dʀage] *vt* (*pour nettoyer*) ausbaggern; (*pour trouver qch*) abfischen; (*fam: qn*) anmachen, aufreißen ♦ *vi* (*fam*) Frauen/Männer anmachen.

dragueur, -euse [dʀagœʀ, øz] *nm/f* (*fam: séducteur*) Aufreißertyp *m*, Anmacherin *f* ♦ *nm* (*de mines*) Minensuchboot *nt*.

drain [dʀɛ̃] *nm* (*MÉD*) Drain *m*.

drainage [dʀɛnaʒ] *nm* (*du sol*) Entwässerung *f*; (*des capitaux*) Schwund *m*.

drainer [dʀɛne] *vt* (*sol*) entwässern; (*MÉD: plaie*) anzapfen; (*visiteurs, région*) ausnehmen; (*capitaux*) anzapfen.

dramatique [dʀamatik] *adj* dramatisch ♦ *nf* (*TV*) Fernsehspiel *nt*.

dramatiquement [dʀamatikmɑ̃] *adv* dramatisch.

dramatisation [dʀamatizasjɔ̃] *nf* Dramatisierung *f*.

dramatiser [dʀamatize] *vt* dramatisieren.

dramaturge [dʀamatyʀʒ] *nm/f* Dramaturg(in) *m(f)*.

drame [dʀam] *nm* (*catastrophe*) Drama *nt*, Tragödie *f*; (*THÉÂT*) Drama ▶ **drame familial** Familiendrama.

drap [dʀa] *nm* (*de lit*) Bettlaken *nt*, Leintuch *nt*; (*tissu*) (Woll)stoff *m* ▶ **drap de dessous/ dessus** Unterlaken *nt*/Oberlaken *nt* ▶ **drap de plage** Strandtuch *nt*.

drapé [dʀape] *nm* Faltenwurf *m*.

drapeau, x [dʀapo] *nm* Fahne *f*; **sous les ~x** beim Militär; **le ~ blanc** die weiße Fahne.

draper [dʀape] *vt* drapieren.

draperies [dʀapʀi] *nfpl* (*tenture*) Vorhang *m*.

drap-housse [dʀaus] (*pl* ~**s**-~**s**) *nm* Spannbettuch *nt*.

drapier [dʀapje] *nm* (*fabricant*) Textilfabrikant *m*; (*marchand*) Textilhändler *m*.

drastique [dʀastik] *adj* drastisch.

dressage [dʀesaʒ] *nm* (*d'un animal*) Dressur *f*.

dresser [dʀese] *vt* (*établir, ériger, lever*) aufstellen; (*animal*) dressieren; **se dresser** *vpr* (*église, obstacle*) emporragen; (*personne*) sich aufrichten; **~ l'oreille** die Ohren spitzen; **~ la table** den Tisch decken; **~ qn contre qn** jdn gegen jdn aufbringen; **~ un procès-verbal** *ou* **une contravention à qn** jdm einen Strafzettel geben; **se ~ sur la pointe des pieds** sich auf die Zehenspitzen stellen.

dresseur, -euse [dʀesœʀ, øz] *nm/f* (*d'animal*) Dompteur *m*.

dressoir [dʀeswaʀ] *nm* Anrichte *f*.

dribble [dʀibl] *nm* Dribbeln *nt*.

dribbler [dʀible] *vt, vi* dribbeln.

dribbleur [dʀiblœʀ] *nm* Dribbler *m*.

drille [dʀij] *nm*: **joyeux ~** fröhlicher Typ *m*.

drogue [dʀɔg] *nf* Droge *f*; (*péj: médicament*) Wundermedizin *f*; **la ~** Drogen *pl* ▶ **drogue douce/dure** weiche/harte Droge.

drogué, e [dʀɔge] *nm/f* Drogensüchtige(r) *f(m)*, Drogenabhängige(r) *f(m)*.

droguer [dʀɔge] *vt* (*victime*) betäuben; (*malade*) mit Medikamenten vollpumpen; **se droguer** *vpr* Drogen nehmen; (*péj: de médicaments*) sich mit Medikamenten vollstopfen.

droguerie [dʀɔgʀi] *nf* Drogerie *f*.

droguiste [dʀɔgist] *nm/f* Drogist(in) *m(f)*.

droit, e [dʀwa, dʀwat] *adj* (*non courbe*) gerade; (*vertical*) senkrecht; (*opposé à gauche*) rechte(r, s); (*loyal, franc*) aufrecht ♦ *adv* (*marcher*) gerade; (*écrire*) steil ♦ *nm*: **un ~** (*prérogative*) ein Recht *nt*; **le ~** (*les lois*) das Gesetz *nt*; (*matière d'étude*) Jura *nt*, Jurisprudenz *f*; **~s** *nmpl* (*taxes*) Abgaben *pl*; **~ au but** *ou* **au fait** gleich zur Sache; **direct du ~** (*BOXE*) rechte Gerade *f*; **crochet du ~** rechte(r) Haken *m*; **avoir le ~ de faire qch** das Recht haben, etw zu tun; **avoir ~ à** ein Anrecht haben auf +*acc*; **être en ~ de faire qch** berechtigt sein, etw zu tun; **être dans son ~** im Recht sein; **à bon ~** mit gutem Recht; **de quel ~?** mit welchem Recht?; **à qui de ~** an die betreffende Person ▶ **droit coutumier** Gewohnheitsrecht *nt* ▶ **droit de regard** Zugang *m* ▶ **droit de répon-**

se Recht auf Erwiderung ▶ **droit de visite** Besuchsrecht *nt* ▶ **droit de vote** Stimmrecht *nt* ▶ **droits d'auteur** Tantiemen *pl* ▶ **droits de douane** Zoll(gebühren *pl*) *m* ▶ **droits d'inscription** Einschreibegebühren *pl*.

droite [dʀwat] *nf* (*MATH*) Gerade *f*; **à ~** nach rechts; **à ~ de** rechts von; **la ~** (*POL*) die Rechte *f*; **de ~** (*POL*) rechtsgerichtet.

droitier, -ière [dʀwatje, jɛʀ] *adj* rechtshändig ♦ *nm/f* Rechtshänder(in) *m(f)*.

droiture [dʀwatyʀ] *nf* Aufrichtigkeit *f*.

drôle [dʀol] *adj* komisch; **un ~ de** (*bizarre*) ein komischer *ou* eigenartiger; (*fam: intensif*) ein toller.

drôlement [dʀolmɑ̃] *adv* komisch; **il fait ~ froid** (*fam*) es ist echt kalt.

drôlerie [dʀolʀi] *nf* (*action*) Kasperei *f*.

dromadaire [dʀɔmadɛʀ] *nm* Dromedar *nt*.

dru, e [dʀy] *adj* (*cheveux*) dicht; (*pluie*) stark ♦ *adv* (*pousser*) stark; (*tomber*) hart.

drugstore [dʀœgstɔʀ] *nm* Drugstore *m*.

druide [dʀ ɥid] *nm* Druide *m*.

DST [deɛste] *sigle f* (= *Direction de la surveillance du territoire*) ≈ BND *m*.

du [dy] *prép* + *dét*, *dét voir* **de**.

dû, e [dy] *pp de* **devoir** ♦ *adj* (*somme*) schuldig; (: *venant à échéance*) fällig ♦ *nm* Schuld *f*; **~ à** (*causé par*) wegen +*gén ou dat*.

dualisme [dɥalism] *nm* Dualismus *m*.

dubitatif, -ive [dybitatif, iv] *adj* zweifelnd.

duc [dyk] *nm* Herzog *m*.

duché [dyʃe] *nm* Herzogtum *nt*.

duchesse [dyʃɛs] *nf* Herzogin *f*.

duel [dɥɛl] *nm* Duell *nt*.

duettiste [dɥetist] *nm/f* Duo-Spieler(in) *m(f)*.

duffel-coat, duffle-coat [dœfœlkot] (*pl* ~-~**s**) *nm* Dufflecoat *m*.

dûment [dymɑ̃] *adv* ordnungsgemäß.

dumping [dœmpiŋ] *nm* Dumping *nt*.

dune [dyn] *nf* Düne *f*.

Dunkerque [dœ̃kɛʀk] *n* Dünkirchen *nt*.

duo [dɥo] *nm* Duo *nt*.

duodénal, e, -aux [dɥɔdenal, o] *adj* Zwölffingerdarm-.

dupe [dyp] *nf* Betrogene(r) *f(m)* ♦ *adj*: **(ne pas) être ~ de** (nicht) auf etw *acc* hereinfallen.

duper [dype] *vt* betrügen.

duperie [dypʀi] *nf* Betrügerei *f*, Betrug *m*.

duplex [dyplɛks] *nm* (*appartement*) Wohnung *f* auf zwei Etagen; **émission en ~** Direktverbindung *f*.

duplicata [dyplikata] *nm* Duplikat *nt*, Doppel *nt*.

duplicateur [dyplikatœʀ] *nm* Vervielfältigungsapparat *m*.

duplicité [dyplisite] *nf* Doppelspiel *nt*.

duquel [dykɛl] *prép* +*pron voir* **lequel**.

dur, e [dyʀ] *adj* hart; (*difficile*) schwierig; (*sévère*) streng; (*climat*) rauh; (*col*) steif; (*viande*) zäh ♦ *adv* hart ♦ *nm*: **en ~** Massiv-, massiv ♦ *nf*: **avoir été élevé à la ~e** eine harte Kindheit hinter sich haben; **vivre à la ~e** ein hartes Leben führen; **mener la vie ~e à qn** jdm das

Leben schwer machen ▶ **dur** d'oreille schwerhörig.

durabilité [dyʀabilite] *nf* Dauerhaftigkeit *f*.

durable [dyʀabl] *adj* dauerhaft.

durablement [dyʀabləmɑ̃] *adv* dauerhaft.

duralumin [dyʀalymɛ̃] *nm* Duralumin ® *nt*.

durant [dyʀɑ̃] *prép* während +*gén ou dat*; ~ **des mois, des mois** ~ monatelang.

durcir [dyʀsiʀ] *vt* härten; (*politique etc*) verhärten ♦ *vi* (*colle*) hart werden; **se durcir** *vpr* hart werden.

durcissement [dyʀsismɑ̃] *nm* Hartwerden *nt*; (*fig*) Verhärtung *f*.

durée [dyʀe] *nf* Dauer *f*; (*d'une pile etc*) Lebensdauer *f*; **de courte/longue** ~ kurz/lang; **pile de longue** ~ Batterie *f* mit langer Lebensdauer; **pour une** ~ **illimitée** für unbeschränkte Zeit.

durement [dyʀmɑ̃] *adv* hart.

durent [dyʀ] *vb voir* **devoir**.

durer [dyʀe] *vi* dauern.

dureté [dyʀte] *nf* (*v adj*) Härte *f*; Strenge *f*; Grausamkeit *f*; Rauheit *f*.

durillon [dyʀijɔ̃] *nm* Schwiele *f*.

durit ® [dyʀit] *nm* (*AUTO*) Kühlschlauch *m*.

DUT [deyte] *sigle m* (= *diplôme universitaire de technologie*) Diplom einer Technischen Hochschule.

dut *etc* [dy] *vb voir* **devoir**.

duvet [dyvɛ] *nm* Daunen *pl*; (*sac de couchage*) Daunenschlafsack *m*.

duveteux, -euse [dyv(ə)tø, øz] *adj* flauschig.

dynamique [dinamik] *adj* dynamisch.

dynamiser [dinamize] *vt* in Schwung bringen.

dynamisme [dinamism] *nm* Dynamik *f*.

dynamite [dinamit] *nf* Dynamit *nt*.

dynamiter [dinamite] *vt* mit Dynamit sprengen.

dynamo [dinamo] *nf* Dynamo *m*.

dynastie [dinasti] *nf* Dynastie *f*.

dysenterie [disɑ̃tʀi] *nf* Ruhr *f*.

dyslexie [dislɛksi] *nf* Legasthenie *f*.

dyslexique [dislɛksik] *adj* legasthenisch.

dyspepsie [dispɛpsi] *nf* Verdauungsstörung *f*.

E, e

E¹ [ə], **e** *nm inv* (*lettre*) E, e *nt*; ~ **comme Eugène** ≈ E wie Emil.

E² [ə] *abr* (= *Est*) O.

EAO [əao] *sigle m* (= *enseignement assisté par ordinateur*) CAL *nt*.

EAU [əay] *sigle mpl* = *Émirats arabes unis*.

eau, x [o] *nf* Wasser *nt*; **prendre l'**~ (*chaussure etc*) nicht wasserdicht sein; **prendre les** ~**x** eine (Brunnen)kur machen; **tomber à l'**~ (*fig*) ins Wasser fallen; **à l'**~ **de rose** (*roman*, *histoire*) süßlich, kitschig ▶ **eau bénite** Weihwasser *nt* ▶ **eau courante** fließendes Wasser ▶ **eau de Cologne** Kölnisch Wasser ▶ **eau de javel** Chlorbleiche *f* ▶ **eau de pluie** Regenwasser *nt* ▶ **eau de toilette** Eau de Toilette *nt* ▶ **eau distillée** destilliertes Wasser ▶ **eau douce** Süßwasser *nt* ▶ **eau gazeuse** Sprudelwasser *nt* ▶ **eau lourde** schweres Wasser ▶ **eau minérale** Mineralwasser *nt* ▶ **eau oxygénée** Wasserstoff(su)peroxyd *nt* ▶ **eau plate** stilles Wasser ▶ **eau salée** Salzwasser *nt* ▶ **les Eaux et Forêts** (*ADMIN*) die Forst- und Gewässerverwaltung *f* ▶ **eaux ménagères** Abwasser *nt* ▶ **eaux territoriales** Hoheitsgewässer *pl* ▶ **eaux usées** Abwasser *nt*.

eau-de-vie [odvi] (*pl* ~**x**-~-~) *nf* Schnaps *m*.

eau-forte [ofɔʀt] (*pl* ~**x**-~**s**) *nf* Radierung *f*.

ébahi, e [ebai] *adj* verblüfft.

ébahir [ebaiʀ] *vt* verblüffen.

ébats [eba] *vb voir* **ébattre** ♦ *nmpl* Herumtollen *nt*.

ébattre [ebatʀ]: **s'**~ *vpr* sich tummeln, herumtollen.

ébauche [eboʃ] *nf* Entwurf *m*.

ébaucher [eboʃe] *vt* entwerfen; ~ **un sourire/geste** ein Lächeln/eine Geste andeuten; **s'ébaucher** *vpr* sich abzeichnen.

ébène [ebɛn] *nf* Ebenholz *nt*.

ébéniste [ebenist] *nm/f* Möbeltischler(in) *m(f)*.

ébénisterie [ebenist(ə)ʀi] *nf* (*métier*) (Möbel)tischlerei *f*; (*meuble*) Tischlerarbeit *f*.

éberlué, e [ebɛʀlɥe] *adj* verblüfft.

éblouir [ebluiʀ] *vt* blenden.

éblouissant, e [ebluisɑ̃, ɑ̃t] *adj* blendend; (*blancheur aussi*) strahlend.

éblouissement [ebluismɑ̃] *nm* (*faiblesse*) Schwindelanfall *m*; **ce fut un véritable** ~ das war ein herrlicher Anblick.

ébonite [ebɔnit] *nf* Hartgummi *m ou nt*, Ebonit *nt*.

éborgner [ebɔʀɲe] *vt*: ~ **qn** jdm ein Auge ausstechen.

éboueur [ebwœʀ] *nm* Müllmann *m*.

ébouillanter [ebujɑ̃te] *vt* verbrühen; (*légumes*) kurz überbrühen; **s'ébouillanter** *vpr* (*se brûler*) sich verbrühen.

éboulement [ebulmɑ̃] *nm* (*de construction*) Einsturz *m*; (*de pierres*) Steinschlag *m*; (*amas*) Geröll *nt*.

ébouler [ebule]: **s'**~ *vpr* (*coteau, pente etc*) abbröckeln.

éboulis [ebuli] *nm* Geröll *nt*.

ébouriffé, e [eburife] *adj* zerzaust.

ébouriffer [eburife] *vt* (*cheveux*) zerzausen.

ébranlement [ebʀɑ̃lmɑ̃] *nm* (*tremblement*) Beben *nt*.

ébranler [ebʀɑ̃le] *vt* (*vitres*) erbeben lassen; (*immeuble*) erschüttern; (*rendre instable*) ins Wanken bringen; (: *santé*) untergraben; **s'ébranler** *vpr* (*train*) abfahren; (*troupe*) abziehen.

ébrécher [ebʀeʃe] *vt* anschlagen.

ébriété [ebʀijete] *nf*: **en état d'~** in betrunkenem Zustand.

ébrouer [ebʀue]: **s'~** *vpr* (*souffler*) schnauben; (*s'agiter*) sich schütteln.

ébruiter [ebʀɥite] *vt* verbreiten; **s'ébruiter** *vpr* sich verbreiten.

ébullition [ebylisjɔ̃] *nf* Siedepunkt *m*; **être en ~** sieden; (*fig*) in Aufruhr sein.

écaille [ekaj] *nf* (*de poisson, reptile*) Schuppe *f*; (*matière*) Schildpatt *nt*; (*de peinture etc*) Splitter *m*.

écaillé, e [ekaje] *adj* (*peinture*) bröckelig.

écailler [ekaje] *vt* (*poisson*) schuppen; (*huître*) öffnen; (*peinture*) abblättern lassen; **s'écailler** *vpr* (*peinture*) abblättern.

écarlate [ekaʀlat] *adj* scharlachrot.

écarquiller [ekaʀkije] *vt*: **~ les yeux** die Augen (weit) aufreißen.

écart [ekaʀ] *nm* (*de temps, dans l'espace*) Abstand *m*; (*de prix etc*) Unterschied *m*, Differenz *f*; (*embardée, mouvement*) Schlenker *m*; **à l'~** abseits; **à l'~ de** abseits von; **faire le grand ~** Spagat machen ▶ **écart de conduite** Vergehen *nt*.

écarté, e [ekaʀte] *adj* (*isolé*) abgelegen; **les jambes ~es** mit gespreizten Beinen; **les bras ~s** mit offenen Armen.

écarteler [ekaʀtəle] *vt* vierteilen; (*fig*) hin- und herreißen.

écartement [ekaʀtəmɑ̃] *nm* Abstand *m*; **~ (des rails)** Spurweite *f*.

écarter [ekaʀte] *vt* (*éloigner*) entfernen; (*jambes*) spreizen; (*bras*) öffnen, aufhalten; (*rideaux*) öffnen; (*candidat, possibilité*) ausscheiden; (*CARTES*) ablegen; **s'écarter** *vpr* (*parois*) sich öffnen; (*jambes*) sich spreizen; **s'~ de** sich entfernen von.

ecchymose [ekimoz] *nf* Bluterguß *m*.

ecclésiastique [eklezjastik] *adj* kirchlich ♦ *nm* Geistliche(r) *f(m)*.

écervelé, e [esɛʀvəle] *adj* leichtsinnig.

échafaud [eʃafo] *nm* Schafott *nt*.

échafaudage [eʃafodaʒ] *nm* Gerüst *nt*.

échafauder [eʃafode] *vt* (*fig: plan*) entwerfen, skizzieren.

échalas [eʃala] *nm* Pfahl *m*; (*personne*) Bohnenstange *f*.

échalote [eʃalɔt] *nf* Schalotte *f*.

échancré, e [eʃɑ̃kʀe] *adj* (*robe, corsage*) ausgeschnitten; (*côte*) zerklüftet.

échancrer [eʃɑ̃kʀe] *vt* ausschneiden.

échancrure [eʃɑ̃kʀyʀ] *nf* (*de robe*) Ausschnitt *m*; (*de côte, arête rocheuse*) Einbuchtung *f*.

échange [eʃɑ̃ʒ] *nm* Austausch *m*; (*de timbres etc*) Tausch *m*; (*de propos*) Wortwechsel *m*; **en ~ dafür**; **en ~ de** für; **libre ~** (*COMM*) freier Handel *m* ▶ **échanges commerciaux** Handelsaustausch ▶ **échanges culturels** Kulturaustausch ▶ **échanges de lettres** Briefwechsel *m* ▶ **échange de politesses** Austausch von Höflichkeiten ▶ **échange de vues** Meinungsaustausch.

échangeable [eʃɑ̃ʒabl] *adj* austauschbar.

échanger [eʃɑ̃ʒe] *vt* (*timbres etc*) tauschen; (*lettres, cadeaux, idées*) austauschen; (*propos*) wechseln; **~ qch (contre)** (*troquer*) etw eintauschen (gegen); **~ qch avec qn** (*clin d'œil, lettres etc*) etw mit jdm wechseln.

échangeur [eʃɑ̃ʒœʀ] *nm* (*d'autoroute*) Autobahnkreuz *nt*.

échantillon [eʃɑ̃tijɔ̃] *nm* (*COMM*) Muster *nt*; (: *d'étoffe*) (Stoff)muster *nt*; (*STAT*) Stichprobe *f*; (*fig*) Probe *f*.

échantillonnage [eʃɑ̃tijɔnaʒ] *nm* (*collection*) Musterkollektion *f*.

échappatoire [eʃapatwaʀ] *nf* Ausrede *f*.

échappée [eʃape] *nf* (*vue*) Ausblick *m*; (*CYCLISME*) Ausbruch *m*.

échappement [eʃapmɑ̃] *nm* (*AUTO*) Auspuff *m*.

échapper [eʃape]: **~ à** *vt* entkommen +*dat*; (*punition, péril etc*) entgehen +*dat*; **s'échapper** *vpr* (*prisonnier*) fliehen; (*gaz, eau*) entweichen; **~ à qn** (*suj: détail, sens*) jdm entgehen; (: *objet*) jdm entgleiten; (: *mot, remarque*) jdm entfallen; **~ des mains de qn** jdm aus der Hand fallen; **laisser ~** entkommen lassen; (*cri etc*) ausstoßen; **l'~ belle** mit knapper Not davonkommen.

écharde [eʃaʀd] *nf* Splitter *m*.

écharpe [eʃaʀp] *nf* (*cache-nez*) Schal *m*; (*de maire*) Schärpe *f*; **avoir un bras en ~** einen Arm in der Schlinge tragen; **prendre en ~** (*voiture*) seitlich zusammenstoßen mit.

écharper [eʃaʀpe] *vt* zusammenschlagen; (*fig*) in Stücke reißen.

échasse [eʃas] *nf* (*bâton*) Stelze *f*.

échassier [eʃasje] *nm* Stelzvogel *m*.

échauder [eʃode] *vt*: **se faire ~** sich *dat* die Finger verbrennen; **chat échaudé craint l'eau froide** ein gebranntes Kind scheut das Feuer.

échauffement [eʃofmɑ̃] *nm* (*de moteur, pièce mécanique*) Überhitzen *nt*; (*SPORT*) Aufwärmen *nt*.

échauffer [eʃofe] *vt* (*moteur*) überhitzen; (*corps, personne*) aufwärmen; (*fig: exciter*) erregen; **s'échauffer** *vpr* (*SPORT*) sich aufwärmen; (*dans la discussion*) sich erhitzen, sich aufregen.

échauffourée [eʃofuʀe] *nf* (*MIL*) Gefecht *nt*.

échéance [eʃeɑ̃s] *nf* (*d'un paiement: date*) Fälligkeit *f*; (: *somme due*) fällige Zahlung *f*; (*fig: d'engagements, promesses*) Termin *m*; **à brève/longue ~** *adj* kurz-/langfristig ♦ *adv* auf kurze/lange Sicht.

échéancier [eʃeɑ̃sje] *nm* Terminkalender *m*.

échéant [eʃeɑ̃]: **le cas ~** *adv* gegebenenfalls.

échec [eʃɛk] *nm* Mißerfolg *m*; (*ÉCHECS*) Schach *nt*; **~s** *nmpl* (*jeu*) Schach(spiel) *nt*; **~ et mat** schachmatt; **~ au roi** Schach dem König; **mettre en ~** schachmatt setzen; **tenir en ~** in Schach halten; **faire ~ à qn** jdm einen Strich durch die Rechnung machen.

échelle [eʃɛl] *nf* Leiter *f*; (*de valeurs, sociale*) Ordnung *f*; (*des prix, salaires*) Skala *f*; (*d'une carte*) Maßstab *m*; **à l'~ de** im Maßstab von;

sur une grande/petite ~ in großem/kleinem Maßstab; **faire la courte** ~ **à qn** jdm eine Räuberleiter halten ▶ **échelle de corde** Strickleiter *f*.

échelon [eʃ(ə)lɔ̃] *nm* (*d'échelle*) Sprosse *f*; (*grade*) Rang *m*.

échelonner [eʃ(ə)lɔne] *vt* (*départs, paiements*) staffeln; **versement échelonné** Ratenzahlung *f*.

écheveau, x [eʃ(ə)vo] *nm* Strang *m*.

échevelé, e [eʃəv(ə)le] *adj* zerzaust; (*fig*) wild.

échine [eʃin] *nf* Rückgrat *nt*.

échiner [eʃine]: **s'~** *vpr* sich abrackern.

échiquier [eʃikje] *nm* (*ÉCHECS*) Schachbrett *nt*.

écho [eko] *nm* Echo *nt*; (*potin*) Gerücht *nt*; **~s** *nmpl* (*PRESSE: rubrique*) Klatschspalte *f*; **rester sans** ~ keinen Anklang finden; **se faire l'~ de** wiederholen.

échographie [ekografi] *nf* Ultraschalluntersuchung *f*.

échoir [eʃwaʀ] *vi* (*dette*) fällig werden; (*délais*) ablaufen; ~ **à** zufallen +*dat*.

échoppe [eʃɔp] *nf* (*boutique*) Stand *m*.

échouer [eʃwe] *vi* (*tentative, candidat etc*) scheitern; (*bateau*) auf Grund laufen; (*débris*) stranden; (*aboutir quelque part*) landen ♦ *vt* (*bateau*) auf Grund laufen lassen; **s'échouer** *vpr* (*bateau*) auf Grund laufen.

échu, e [eʃy] *pp de* **échoir**.

échut [eʃy] *vb voir* **échoir**.

éclabousser [eklabuse] *vt* bespritzen; (*fig*) beflecken.

éclaboussure [eklabusyʀ] *nf* Spritzer *m*; (*fig*) Schandfleck *m*.

éclair [eklɛʀ] *nm* Blitz *m*; (*gâteau*) Liebesknochen *m*, Eclair *nt* ♦ *adj inv* (*voyage etc*) Blitz-; ~ **de génie** Geistesblitz *m*.

éclairage [eklɛʀaʒ] *nm* Beleuchtung *f*; (*CINÉ, fig*) Licht *nt* ▶ **éclairage indirect** indirekte Beleuchtung *f*.

éclairagiste [eklɛʀaʒist] *nm/f* Beleuchter(in) *m(f)*.

éclaircie [eklɛʀsi] *nf* Aufheiterung *f*.

éclaircir [eklɛʀsiʀ] *vt* (*couleur, pièce*) aufhellen; (*fig: énigme*) aufklären; (*pensée, situation*) erhellen, erklären; (*sauce*) verdünnen; **s'éclaircir** *vpr* sich aufklären; (*cheveux*) sich lichten; **s'~ la voix** sich räuspern.

éclaircissement [eklɛʀsismã] *nm* (*d'une couleur*) Aufhellen *nt*; **~s** *nmpl* (*explication*) Erklärung *f*.

éclairer [eklɛʀe] *vt* beleuchten; (*instruire*) aufklären; (*rendre compréhensible*) erklären ♦ *vi*: ~ **bien/mal** gutes/schlechtes Licht geben; **s'éclairer** *vpr* (*situation etc*) sich klären; **s'~ à la bougie/l'électricité** Kerzenbeleuchtung/elektrisches Licht haben.

éclaireur, -euse [eklɛʀœʀ, øz] *nm* (*MIL*) Kundschafter *m* ♦ *nm/f* (*scout*) ≈ Pfadfinder(in) *m(f)*; **partir en** ~ auskundschaften gehen.

éclat [ekla] *nm* (*de bombe, verre*) Splitter *m*; (*du soleil, d'une couleur etc*) Leuchten *nt*; (*d'une cérémonie*) Pracht *f*; **faire un** ~ (*scandale*) Aufse-hen erregen; **action d'~** aufsehenerregende Aktion *f*; **voler en ~s** in tausend Stücke zerspringen ▶ **éclats de rire** schallendes Gelächter *nt* ▶ **éclats de verre** Glassplitter *pl* ▶ **éclats de voix** laute Stimmen *pl*.

éclatant, e [eklatɑ̃, ɑ̃t] *adj* (*couleur, lumière*) hell, strahlend; (*voix, son*) hell; (*vérité*) offensichtlich; (*succès*) aufsehenerregend; (*revanche*) niederschmetternd.

éclater [eklate] *vi* (*pneu, ballon*) platzen; (*bombe*) explodieren; (*guerre, épidémie*) ausbrechen; (*groupe, parti*) auseinanderbrechen; **s'éclater** *vpr* (*fam*) sich prima amüsieren; ~ **de rire** auflachen; ~ **en sanglots** aufschluchzen.

éclectique [eklɛktik] *adj* eklektisch.

éclipse [eklips] *nf* (*ASTRON*) Finsternis *f*; (*fig*) Verschwinden *nt*.

éclipser [eklipse] *vt* (*ASTRON*) verfinstern; (*fig*) in den Schatten stellen; **s'éclipser** *vpr* verschwinden.

éclopé, e [eklɔpe] *adj* hinkend.

éclore [eklɔʀ] *vi* (*œuf*) aufbrechen; (*fleur*) aufblühen, aufgehen.

éclosion [eklozjɔ̃] *nf* (*de fleur*) Aufblühen *nt*.

écluse [eklyz] *nf* Schleuse *f*.

éclusier, -ière [eklyzje, jɛʀ] *nm/f* Schleusenwärter(in) *m(f)*.

écœurant [ekœʀɑ̃] *adj* (*gâteau etc*) übersüß; (*odeur*) ekelerregend.

écœurement [ekœʀmɑ̃] *nm* Ekel *m*.

écœurer [ekœʀe] *vt* anekeln; (*personne, attitude*) anwidern.

école [ekɔl] *nf* Schule *f*; **aller à l'~** in die Schule gehen; **faire** ~ Schule machen; **les grandes ~s** *die Elitefachschulen* ▶ **école de danse** Tanzschule ▶ **école de dessin** Kunstschule ▶ **école de musique** Musikschule ▶ **école de secrétariat** Sekretärinnenschule ▶ **école élémentaire** Grundschule ▶ **école hôtelière** Hotelfachschule ▶ **école maternelle** Kindergarten *m* ▶ **école normale (d'instituteurs)** ≈ Pädagogische Hochschule ▶ **école normale supérieure** *Hochschule für Sekundarlehrer* ▶ **école primaire** Grundschule ▶ **école privée** Privatschule ▶ **école publique** staatliche Schule ▶ **école secondaire** höhere Schule.

écolier, -ière [ekɔlje, jɛʀ] *nm/f* Schüler(in) *m(f)*.

écolo [ekɔlo] *nm/f* Öko *m(f)*.

écologie [ekɔlɔʒi] *nf* Ökologie *f*.

écologique [ekɔlɔʒik] *adj* ökologisch.

écologiste [ekɔlɔʒist] *nm/f* Ökologe *m*, Ökologin *f*.

éconduire [ekɔ̃dɥiʀ] *vt* abweisen.

économat [ekɔnɔma] *nm* (*fonction*) Verwalterposten *m* (*in einer Schule oder im Krankenhaus*); (*bureau*) Verwaltungsbüro *nt*; (*magasin*) *Laden mit verbilligtem Warenangebot für Betriebsangehörige*.

économe [ekɔnɔm] *adj* sparsam, wirtschaftlich ♦ *nm/f* Finanzverwalter(in) *m(f)*.

économétrie [ekɔnɔmetʀi] *nf* Ökonometrie *f*.

économie [ekɔnɔmi] *nf* (*vertu*) Sparsamkeit *f*;

(*gain*) Ersparnis *f*; (*science*) Wirtschaftswissenschaft *f*; (*situation économique*) Wirtschaft *f*; (*plan d'ensemble*) Aufbau *m*; ~**s** *nfpl* (*pécule*) Ersparnisse *pl*; **une** ~ **de temps/d'argent** eine Zeit-/Geldersparnis *f* ▶**économie dirigée** Planwirtschaft *f*.

économique [ekɔnɔmik] *adj* wirtschaftlich.

économiquement [ekɔnɔmikmɑ̃] *adv* wirtschaftlich; **les** ~ **faibles** die wirtschaftlich Schwachen *pl*.

économiser [ekɔnɔmize] *vt, vi* sparen.

économiste [ekɔnɔmist] *nm/f* Wirtschaftswissenschaftler(in) *m(f)*.

écoper [ekɔpe] *vt* (*NAUT*) ausschöpfen ♦ *vi* (*NAUT*) Wasser schöpfen; ~ **de** (*recevoir*) bekommen.

écorce [ekɔʀs] *nf* Rinde *f*; (*de fruit*) Schale *f*.

écorcer [ekɔʀse] *vt* abschälen.

écorché [ekɔʀʃe] *nm:* **c'est un** ~ **vif** er ist eine gequälte Seele.

écorcher [ekɔʀʃe] *vt* (*animal*) häuten; (*égratigner*) aufschürfen; (*fig: une langue*) gebrochen sprechen; **s'**~ **le genou** *etc* sich *dat* das Knie *etc* aufschürfen.

écorchure [ekɔʀʃyʀ] *nf* Schürfwunde *f*.

écorner [ekɔʀne] *vt* (*livre*) Eselsohren machen in +*acc*.

écossais, e [ekɔsɛ, ɛz] *adj* schottisch; (*écharpe, tissu*) (schottisch) kariert ♦ *nm* (*tissu*) Schottenstoff *m* ♦ *nm/f*: **É**~, **e** Schotte *m*, Schottin *f*.

Écosse [ekɔs] *nf*: **l'**~ Schottland *nt*.

écosser [ekɔse] *vt* enthülsen.

écosystème [ekosistɛm] *nm* Ökosystem *nt*.

écot [eko] *nm:* **payer son** ~ sein Scherflein beisteuern.

écoulement [ekulmɑ̃] *nm* (*d'un liquide*) Ausfließen *nt*; (*faux billets*) Verbreitung *f*; (*stock*) Verkaufen *nt*.

écouler [ekule] *vt* (*stock*) absetzen; (*faux billets*) in Umlauf bringen; **s'écouler** *vpr* (*eau*) abfließen; (*ruisseau*) fließen; (*foule*) sich ergießen; (*jours, temps*) vergehen.

écourter [ekuʀte] *vt* (*visite*) abkürzen.

écoute [ekut] *nf* (*NAUT: cordage*) Schot *f*; **heure de grande** ~ Haupteinschaltzeit *f*; **prendre l'**~ einschalten; **être à l'**~ **de qch** etw aufmerksam verfolgen; **rester à l'**~ weiter folgen ▶ **écoutes téléphoniques** Abhören *nt* der Telefone.

écouter [ekute] *vt* (*disque, radio etc*) hören; (*personne, conversation etc*) zuhören *dat*; (*suivre les conseils de*) hören auf +*acc* ♦ *vi* hören; **s'écouter** *vpr* (*s'apitoyer*) sich bemitleiden; ~ **la pluie tomber** hören, wie der Regen fällt;: **si je m'écoutais** wenn es nach mir ginge; **s'**~ **parler** sich gerne reden hören.

écouteur [ekutœʀ] *nm* (*téléphone*) Hörer *m*; ~**s** *nmpl* (*RADIO*) Kopfhörer *pl*.

écoutille [ekutij] *nf* (*NAUT*) Luke *f*.

écrabouiller [ekʀabuje] *vt* zerquetschen.

écran [ekʀɑ̃] *nm* (*de cinéma*) Leinwand *f*; (*de télé*) Bildschirm *m*; (*INFORM*) Bildschirm, Monitor *m*; (*barrière*) Abschirmung *f*; **porter à l'**~ (*CINÉ*) für den Film bearbeiten; **faire** ~ als Abschirmung dienen; **le petit** ~ das Fernsehen, die Mattscheibe ▶**écran de fumée/d'eau** Rauch-/Wasserwand *f*.

écrasant, e [ekʀɑzɑ̃, ɑ̃t] *adj* erdrückend.

écraser [ekʀɑze] *vt* (*broyer*) zerquetschen, zerdrücken; (*piéton*) überfahren; (*ennemi, équipe adverse*) vernichten; (*suj: travail, impôts, responsabilités*) erdrücken; **s'écraser** *vpr*: **s'**~ **(au sol)** (*avion*) (auf dem Boden) zerschellen; **se faire** ~ überfahren werden; **s'**~ **contre/sur** (*suj*) knallen gegen/auf +*acc*.

écrémer [ekʀeme] *vt* (*lait*) entrahmen.

écrevisse [ekʀəvis] *nf* Krebs *m*.

écrier [ekʀije]: **s'**~ *vpr* ausrufen.

écrin [ekʀɛ̃] *nm* Schatulle *f*.

écrire [ekʀiʀ] *vt, vi* schreiben; ~ **à qn (que)** jdm schreiben (,daß); **s'écrire** *vpr* (*réciproque*) sich *dat* schreiben; **ça s'écrit comment?** wie wird das geschrieben?

écrit¹ [ekʀi] *nm* (*texte*) Schriftstück *nt*; (*examen*) schriftliche Prüfung *f*; **par** ~ schriftlich.

écrit², e [ekʀi] *pp de* **écrire** ♦ *adj:* **bien/mal** ~ gut/schlecht geschrieben.

écriteau, x [ekʀito] *nm* Schild *nt*.

écritoire [ekʀitwaʀ] *nf* Schreibzeug *nt*.

écriture [ekʀityʀ] *nf* Schrift *f*; (*style*) Schreibstil *m*; (*COMM: inscription*) Eintrag *m*; ~**s** *nfpl* (*COMM*) Konten *pl*; **les É**~**s**, **l'É**~ **(sainte)** die Heilige Schrift.

écrivain [ekʀivɛ̃] *nm* Schriftsteller(in) *m(f)*.

écrivais [ekʀivɛ] *vb voir* **écrire**.

écrou [ekʀu] *nm* (Schrauben)mutter *f*.

écrouer [ekʀue] *vt* (*JUR*) inhaftieren.

écroulement [ekʀulmɑ̃] *nm* (*v vb*) Einsturz *m*; Zusammenbrechen *nt*; Scheitern *nt*.

écrouler [ekʀule]: **s'**~ *vpr* (*mur*) einstürzen; (*personne, animal*) zusammenbrechen; (*projet etc*) scheitern.

écru [ekʀy] *adj* (*toile*) ungebleicht; (*couleur*) eierschalenfarben.

ECU [eky] *abr m* (= *European Currency Unit*) Ecu *m*.

écu [eky] *nm* (*bouclier*) Schild *m*; (*monnaie: ancienne*) ≈ Krone *f*; (: *de la CE*) Ecu *m*.

écueil [ekœj] *nm* Riff *nt*; (*fig*) Falle *f*.

écuelle [ekɥɛl] *nf* Schüssel *f*.

éculé, e [ekyle] *adj* (*chaussure*) abgelaufen; (*fig: péj*) abgedroschen.

écume [ekym] *nf* Schaum *m*; (*sur la mer*) Gischt *m ou f* ▶ **écume de mer** (*silicate*) Meerschaum *m*.

écumer [ekyme] *vt* (*CULIN*) abschöpfen; (*fig: région etc*) ausplündern ♦ *vi* (*mer, personne*) schäumen.

écumoire [ekymwaʀ] *nf* Schaumlöffel *m*.

écureuil [ekyʀœj] *nm* Eichhörnchen *nt*.

écurie [ekyʀi] *nf* Pferdestall *m*; (*de course*) Stall *m*.

écusson [ekysɔ̃] *nm* Wappen *nt*.

écuyer, -ère [ekɥije, ɛʀ] *nm/f* Reiter(in) *m(f)*.

eczéma [ɛgzema] nm Ekzem nt.
éd. abr (= édition) Aufl.; (= éditeur) Hrsg.
edelweiss [edɛlvajs] nm inv Edelweiß nt.
éden [edɛn] nm Paradies nt.
édenté, e [edɑ̃te] adj zahnlos.
EDF [ədeɛf] sigle f (= Électricité de France) französisches Elektrizitätswerk.
édicter [edikte] vt verordnen.
édifiant, e [edifjɑ̃, jɑ̃t] adj erbaulich; (iro) aufschlußreich.
édification [edifikasjɔ̃] nf (v vb) Erbauen nt; Aufstellen nt; Aufklären nt.
édifice [edifis] nm Gebäude nt.
édifier [edifje] vt (bâtiment) erbauen; (plan, théorie) aufstellen; (personne) erbauen, aufklären.
édiles [edil] nmpl Stadtväter pl.
édit [edi] nm Edikt nt, Erlaß m.
éditer [edite] vt (texte) redigieren; (publier) herausgeben; (auteur, musicien) herausbringen; (INFORM) editieren.
éditeur, -trice [editœʀ, tʀis] nm/f (de livre, disque, texte) Herausgeber(in) m(f); (maison d'édition) Verlag m; (de journal) Redakteur(in) m(f); (INFORM) Editor m.
édition [edisjɔ̃] nf (publication) Herausgeben nt; (industrie du livre) Verlagswesen nt; (préparation, INFORM) Bearbeiten nt; (série d'exemplaires) Auflage f; (version d'un texte) Ausgabe f; ~ **sur écran** Bearbeiten nt auf dem Bildschirm.
édito [edito] (fam) nm = **éditorial**.
éditorial, -aux [editɔʀjal, jo] nm Leitartikel m.
éditorialiste [editɔʀjalist] nm/f Leitartikler(in) m(f).
édredon [edʀədɔ̃] nm Federbett nt, Daunendecke f.
éducateur, -trice [edykatœʀ, tʀis] adj Erziehungs- ♦ nm/f Lehrer(in) m(f) ▶ **éducateur spécialisé** Lehrer(in) für Behinderte.
éducatif, -ive [edykatif, iv] adj erzieherisch.
éducation [edykasjɔ̃] nf Erziehung f; (de don, faculté) Entwicklung f; (formation: musicale, sexuelle etc) Unterricht m; **bonne/mauvaise** ~ gute/schlechte Erziehung ou Kinderstube; **sans** ~ (mal élevé) schlecht erzogen, ohne Kinderstube ▶ **l'Éducation (nationale)** (ADMIN) das Erziehungswesen ▶ **éducation permanente** Fortbildung f ▶ **éducation physique** Sport m, Leibesübungen pl.
édulcorer [edylkɔʀe] vt süßen; (fig) abmildern.
éduquer [edyke] vt (personne) erziehen; (faculté, don) entwickeln.
effacé, e [efase] adj (fig) zurückhaltend.
effacer [efase] vt (dessin) ausradieren; (tache) entfernen; (bande magnétique, INFORM) löschen; (fig: souvenir, erreur) tilgen, auslöschen; **s'effacer** vpr (s'estomper) verblassen; (pour laisser passer) zurücktreten.
effarant, e [efaʀɑ̃, ɑ̃t] adj beunruhigend.
effaré, e [efaʀe] adj beunruhigt.
effarement [efaʀmɑ̃] nm Beunruhigung f.

effarer [efaʀe] vt beunruhigen.
effaroucher [efaʀuʃe] vt aufschrecken.
effectif, -ive [efɛktif, iv] adj effektiv, wirkungsvoll ♦ nm (MIL, SCOL, COMM: gén pl) Bestand m.
effectivement [efɛktivmɑ̃] adv (d'une manière effective) effektiv, wirkungsvoll; (en effet) tatsächlich.
effectuer [efɛktɥe] vt (travail, opération, mission) ausführen; (déplacement, trajet etc) unternehmen; (mouvement) machen; **s'effectuer** vpr (v vt) ausgeführt werden; durchgelaufen werden; gemacht werden.
efféminé, e [efemine] adj weibisch.
effervescence [efɛʀvesɑ̃s] nf: **en** ~ in Aufruhr.
effervescent, e [efɛʀvesɑ̃, ɑ̃t] adj (cachet, boisson) sprudelnd; (fig) überschäumend.
effet [efɛ] nm (résultat, impression) Wirkung f; (SCIENCE) Effekt m; ~**s** nmpl (vêtements etc) Kleidung f; **avec** ~ **rétroactif** rückwirkend; **faire de l'**~ wirken; **sous l'**~ **de** unter dem Einfluß von; **à cet** ~ zu diesem Zweck; **en** ~ (effectivement) tatsächlich; **donner de l'**~ **à une balle** (TENNIS) einen Ball anschneiden ▶ **effet de commerce** Wechsel m ▶ **effet de couleur** Farbeffekt m ▶ **effet de lumière** Lichteffekt m ▶ **effet de style** Stilmittel nt ▶ **effets spéciaux** (CINÉ) Spezialeffekte pl.
effeuiller [efœje] vt (arbre) entlauben; (fleur) die Blätter abzupfen von.
efficace [efikas] adj wirksam; (personne) tüchtig, kompetent.
efficacité [efikasite] nf (v adj) Wirksamkeit f; Tüchtigkeit f, Kompetenz f.
effigie [efiʒi] nf Bildnis nt; **brûler qn en** ~ jds Puppe verbrennen.
effilé, e [efile] adj (doigt) dünn; (pointe) zugespitzt; (carrosserie) stromlinienförmig.
effiler [efile] vt (cheveux) ausdünnen; (tissu) ausfransen.
effilocher [efilɔʃe]: **s'**~ vpr ausfransen.
efflanqué, e [eflɑ̃ke] adj hager.
effleurement [eflœʀmɑ̃] nm: **touche à** ~ Berührungstaste f.
effleurer [eflœʀe] vt streifen; ~ **qn** (idée, pensée) jdm in den Sinn kommen.
effluves [eflyv] nmpl Ausdünstungen pl.
effondré, e [efɔ̃dʀe] adj (par un malheur) (zusammen)gebrochen.
effondrement [efɔ̃dʀəmɑ̃] nm (v vb) Einsturz m; Sturz m; Zusammenbruch m.
effondrer [efɔ̃dʀe]: **s'**~ vpr (mur, bâtiment) einstürzen; (prix, marché) stürzen; (personne) zusammenbrechen.
efforcer [efɔʀse]: **s'**~ vpr: **s'**~ **de faire qch** sich bemühen, etw zu tun.
effort [efɔʀ] nm Anstrengung f; **faire un** ~ sich bemühen, sich anstrengen; **faire l'**~ **de faire qch** sich die Mühe machen, etw zu tun; **sans** ~ mühelos ▶ **effort de volonté** Willensanstrengung f.
effraction [efʀaksjɔ̃] nf Einbruch m; **s'introduire**

par ~ dans einbrechen in +*acc.*
effrangé, e [efʀɑ̃ʒe] *adj* (*effiloché*) ausgefranst.
effrayant, e [efʀɛjɑ̃, ɑ̃t] *adj* schrecklich.
effrayer [efʀeje] *vt* erschrecken; **s'effrayer (de)** *vpr* erschrecken (über +*acc.*).
effréné, e [efʀene] *adj* wild, zügellos.
effritement [efʀitmɑ̃] *nm* (*voir vb*) Bröckeln *nt*; Nachgeben *nt*.
effriter [efʀite]: **s'~** *vpr* (*mur, roche*) bröckeln; (*monnaie, valeurs*) nachgeben.
effroi [efʀwa] *nm* panische Angst *f*.
effronté, e [efʀɔ̃te] *adj* unverschämt.
effrontément [efʀɔ̃temɑ̃] *adv* unverschämt.
effronterie [efʀɔ̃tʀi] *nf* Unverschämtheit *f*.
effroyable [efʀwajabl] *adj* grauenvoll.
effusion [efyzjɔ̃] *nf* (*gén pl*: *d'affection*) überschwenglicher Gefühlsausbruch *m*; **avec ~** überschwenglich; **sans ~ de sang** ohne Blutvergießen.
égal, e, -aux [egal, o] *adj* gleich; (*plan*) eben; (*constant*) gleichmäßig; (*ayant les mêmes droits*) gleichberechtigt ♦ *nm/f* Gleichgestellte(r) *f(m)*; **être ~ à zéro** gleich null sein; **ça lui/nous est ~** das ist ihm/uns egal; **sans ~** ohne gleichen, unvergleichlich; **à l'~ de** genauso wie; **d'~ à ~** auf gleichem Fuß.
également [egalmɑ̃] *adv* (*de manière égale*) genauso; (*aussi*) auch.
égaler [egale] *vt* (*personne*) gleichkommen +*dat*; (*record*) einstellen; **3 plus 3 égalent 6** 3 plus 3 ist (gleich) 6.
égalisateur, -trice [egalizatœʀ, tʀis] *adj* (*SPORT*): **but ~** Ausgleichstor *nt*.
égalisation [egalizasjɔ̃] *nf* (*SPORT*) Ausgleich *m*.
égaliser [egalize] *vt* (*sol*) einebnen; (*salaires, chances*) ausgleichen; (*cheveux*) gerade schneiden ♦ *vi* (*SPORT*) ausgleichen.
égalitaire [egalitɛʀ] *adj* egalitär.
égalitarisme [egalitaʀism] *nm* Egalitarismus *m*.
égalité [egalite] *nf* Gleichheit *f*; **être à ~ (de points)** punktegleich sein ▶ **égalité d'humeur** Gleichmut *m* ▶ **égalité de droits** Gleichberechtigung *f*.
égard [egaʀ] *nm* Rücksicht *f*; **~s** *nmpl* (*marques de respect*) Rücksicht; **à cet ~/certains ~s/tous ~s** in dieser/in mancher/in jeder Hinsicht; **eu ~ à** mit Rücksicht auf +*acc*; **par ~ pour** aus Rücksicht für; **sans ~ pour** ohne Rücksicht auf +*acc*; **à l'~ de** (*envers*) gegenüber +*dat*.
égaré, e [egaʀe] *adj* (*personne, animal*) verirrt; (*air, regard*) verloren, verwirrt.
égarement [egaʀmɑ̃] *nm* (*d'esprit*) Verwirrung *f*; (*gén pl*: *débauche*) Ausschweifung *f*.
égarer [egaʀe] *vt* verlegen; (*moralement*) irreleiten; **s'égarer** *vpr* (*perdre son chemin*) sich verirren; (*se perdre*) verloren gehen; (*dans une discussion etc*) vom Thema abkommen, abschweifen.
égayer [egeje] *vt* (*divertir*) erheitern, belusti-

gen; (*rendre gai*) aufheitern.
Égée [eʒe] *nf*: **la mer ~** die Ägäis *f*.
égérie [eʒeʀi] *nf* Muse *f*.
égide [eʒid] *nf*: **sous l'~ de** unter der Ägide *ou* Schirmherrschaft von.
églantier [eglɑ̃tje] *nm* Heckenrose *f*, Wildrose *f*.
églantine [eglɑ̃tin] *nf* Heckenrose *f*, Wildrose *f*.
églefin [eglǝfɛ̃] *nm* Schellfisch *m*.
église [egliz] *nf* Kirche *f*; **aller à l'~** in die Kirche gehen ▶ **l'Église catholique** die katholische Kirche.
égocentrique [egosɑ̃tʀik] *adj* egozentrisch.
égocentrisme [egosɑ̃tʀism] *nm* Egozentrik *f*.
égoïne [egɔin] *nf* Handsäge *f*.
égoïsme [egɔism] *nm* Egoismus *m*.
égoïste [egɔist] *adj* egoistisch ♦ *nm/f* Egoist(in) *m(f)*.
égoïstement [egɔistǝmɑ̃] *adv* egoistisch.
égorger [egɔʀʒe] *vt* die Kehle durchschneiden +*dat*.
égosiller [egozije]: **s'~** *vpr* sich heiser schreien.
égotisme [egotism] *nm* Egoismus *m*.
égout [egu] *nm* Abwasserkanal *m*; **eaux d'~** Abwasser *nt*.
égoutier [egutje] *nm* Kanalarbeiter *m*.
égoutter [egute] *vt* (*linge*) auswringen; (*vaisselle, fromage*) abtropfen lassen ♦ *vi* abtropfen; **s'égoutter** *vpr* (*vaisselle, fromage*) abtropfen; (*eau*) tropfen.
égouttoir [egutwaʀ] *nm*: **~ (à vaisselle)** Geschirrkorb *m*.
égratigner [egʀatiɲe] *vt* zerkratzen; (*fig*) verletzen; **s'égratigner** *vpr* sich kratzen.
égratignure [egʀatiɲyʀ] *nf* Kratzer *m*.
égrener [egʀǝne] *vt* (*blé*) entkörnen; (*raisin*) abzupfen; (*notes etc*) erklingen lassen; (*chapelet*) beten; **s'égrener** *vpr* (*heures etc*) vergehen; (*notes*) erklingen; (*se disperser*) sich auseinanderziehen.
égrillard, e [egʀijaʀ, aʀd] *adj* deftig, zotig.
Égypte [eʒipt] *nf*: **l'~** Ägypten *nt*.
égyptien, ne [eʒipsjɛ̃, jɛn] *adj* ägyptisch ♦ *nm/f*: **É~, ne** Ägypter(in) *m(f)*.
égyptologie [eʒiptɔlɔʒi] *nf* Ägyptologie *f*.
égyptologue [eʒiptɔlɔg] *nm/f* Ägyptologe *m*, Ägyptologin *f*.
eh [e] *excl* he; **~ bien** (*donc*) na gut, also; **~ bien!** (*surprise etc*) na sowas!; **~ bien?** (*attente, doute etc*) und?, also?
éhonté, e [eɔ̃te] *adj* schamlos.
éjaculation [eʒakylasjɔ̃] *nf* Ejakulation *f*.
éjaculer [eʒakyle] *vi* ejakulieren.
éjectable [eʒɛktabl] *adj*: **siège ~** Schleudersitz *m*.
éjecter [eʒɛkte] *vt* (*TECH*) auswerfen, ausstoßen; (*fam*) hinauswerfen.
éjection [eʒɛksjɔ̃] *nf* (*v vt*) Auswerfen *nt*; Hinauswurf *m*.
élaboration [elabɔʀasjɔ̃] *nf* (*v vt*) Ausarbeitung *f*; Produktion *f*.

élaboré, e [elabɔʀe] *adj* (*complexe*) ausgeklügelt.

élaborer [elabɔʀe] *vt* ausarbeiten; (*BIOL: substance*) produzieren.

élagage [elagaʒ] *nm* Stutzen *nt*; (*fig*) Kürzen *nt*.

élaguer [elage] *vt* (*arbre*) (zurecht)stutzen; (*fig*) zusammenstreichen.

élan [elɑ̃] *nm* (*ZOOL*) Elch *m*; (*SPORT*) Anlauf *m*; (*d'objet en mouvement*) Schwung *m*; (*fig: amoureux, de tendresse, patriotique*) Anwandlung *f*; **prendre son ~** Anlauf nehmen.

élancé, e [elɑ̃se] *adj* schlank.

élancement [elɑ̃smɑ̃] *nm* (*gén pl: douleur*) stechender Schmerz *m*.

élancer [elɑ̃se] **s'~** *vpr* sich stürzen; (*arbre, clocher*) (hoch) aufragen.

élargir [elaʀʒiʀ] *vt* verbreitern; (*vêtement*) weiter machen; (*groupe*) vergrößern; (*débat*) ausweiten; (*JUR*) freilassen; **s'élargir** *vpr* breiter werden; (*vêtement*) weiter werden.

élargissement [elaʀʒismɑ̃] *nm* Verbreiterung *f*; (*libération*) Freilassung *f*.

élasticité [elastisite] *nf* Elastizität *f*; (*ÉCON*) Flexibilität *f*.

élastique [elastik] *adj* elastisch; (*fig*) flexibel ♦ *nm* (*de bureau*) Gummiring *m*; (*pour la couture*) Gummiband *nt*.

élastomère [elastɔmɛʀ] *nm* Elastomer *nt*.

Elbe [ɛlb] *nf*: **l'île d'~** (die Insel *f*) Elba *nt*; **l'~** (*fleuve*) die Elbe *f*.

électeur, -trice [elɛktœʀ, tʀis] *nm/f* Wähler(in) *m(f)*.

électif, -ive [elɛktif, iv] *adj* gewählt.

élection [elɛksjɔ̃] *nf* Wahl *f*; **~s** *nfpl* Wahlen *pl*; **ma patrie d'~** meine Wahlheimat *f* ▶ **élection partielle** Nachwahl *f* ▶ **élections législatives** ≈ Parlamentswahlen *pl*.

électoral, e, -aux [elɛktɔʀal, o] *adj* Wahl-.

électoralisme [elɛktɔʀalism] *nm* Wahlpropaganda *f*.

électorat [elɛktɔʀa] *nm* Wählerschaft *f*.

électricien, ne [elɛktʀisjɛ̃, jɛn] *nm/f* Elektriker(in) *m(f)*.

électricité [elɛktʀisite] *nf* Elektrizität *f*; **avoir l'~** an das Stromnetz angeschlossen sein, Strom haben; **fonctionner à l'~** elektrisch betrieben werden, elektrisch sein; **allumer/éteindre l'~** das Licht anschalten/ausschalten ▶ **électricité statique** statische Elektrizität *f*.

électrification [elɛktʀifikasjɔ̃] *nf* (*RAIL*) Elektrifizierung *f*; (*d'un village etc*) Anschluß *m* an das Stromnetz.

électrifier [elɛktʀifje] *vt* (*RAIL*) elektrifizieren; (*village etc*) an das Stromnetz anschließen.

électrique [elɛktʀik] *adj* elektrisch.

électriser [elɛktʀize] *vt* elektrisieren.

électro [elɛktʀɔ] *préf* Elektro, elektro.

électro-aimant [elɛktʀoɛmɑ̃] (*pl* ~-~**s**) *nm* Elektromagnet *m*.

électrocardiogramme [elɛktʀokaʀdjɔgʀam] *nm* Elektrokardiogramm *nt*.

électrochoc [elɛktʀoʃɔk] *nm* Elektroschock *m*.

électrocuter [elɛktʀɔkyte] *vt* durch einen Stromschlag töten.

électrocution [elɛktʀɔkysjɔ̃] *nf* Stromschlag *m*.

électrode [elɛktʀɔd] *nf* Elektrode *f*.

électroencéphalogramme [elɛktʀoɑ̃sefalɔgʀam] *nm* Elektroenzephalogramm *nt*.

électrogène [elɛktʀɔʒɛn] *adj voir* **groupe**.

électrolyse [elɛktʀɔliz] *nf* Elektrolyse *f*.

électromagnétique [elɛktʀomaɲetik] *adj* elektromagnetisch.

électroménager [elɛktʀomenaʒe] *adj*: **appareils ~s** elektrische Haushaltsgeräte *pl*, Elektrogeräte *pl* ♦ *nm*: **l'~** (*secteur commercial*) die Elektrogeräteindustrie *f*.

électron [elɛktʀɔ̃] *nm* Elektron *nt*.

électronicien, ne [elɛktʀɔnisjɛ̃, jɛn] *nm/f* Elektroniker(in) *m(f)*.

électronique [elɛktʀɔnik] *adj* elektronisch ♦ *nf* (*science*) Elektronik *f*.

électronucléaire [elɛktʀonykleɛʀ] *nm*: **l'~** die Kernkraft *f*, die Atomkraft *f*.

électrophone [elɛktʀɔfɔn] *nm* Plattenspieler *m*.

électrostatique [elɛktʀostatik] *adj* elektrostatisch.

élégamment [elegamɑ̃] *adv* elegant.

élégance [elegɑ̃s] *nf* Eleganz *f*.

élégant, e [elegɑ̃, ɑ̃t] *adj* elegant.

élément [elemɑ̃] *nm* Element *nt*; (*composante*) Bestandteil *m*; **~s** *nmpl* (*eau, air etc*) Elemente *pl*; (*rudiments*) Grundzüge *pl*, Grundbegriffe *pl*.

élémentaire [elemɑ̃tɛʀ] *adj* (*simple*) einfach, simpel; (*fondamental*) grundlegend; (*CHIM*) Grundstoff-.

éléphant [elefɑ̃] *nm* Elefant *m* ▶ **éléphant de mer** See-Elefant *m*.

éléphanteau, x [elefɑ̃to] *nm* Elefantenjunge(s) *nt*.

éléphantesque [elefɑ̃tɛsk] *adj* riesig.

élevage [el(ə)vaʒ] *nm* Zucht *f*.

élévateur [elevatœʀ] *nm* Aufzug *m*, Fahrstuhl *m*.

élévation [elevasjɔ̃] *nf* Erhöhung *f*; (*d'un monument*) Errichtung *f*; (*monticule*) Anhöhe *f*; (*GÉOM: plan*) Aufriß *m*; (*REL*) Einsetzung *f* (der Hostie).

élève [elɛv] *nm/f* Schüler(in) *m(f)*; (*disciple*) Jünger *m* ▶ **élève infirmière** Schwesternschülerin *f*.

élevé, e [el(ə)ve] *adj* hoch; (*fig: noble*) erhaben; **bien/mal ~** gut/schlecht erzogen.

élever [el(ə)ve] *vt* (*enfant*) aufziehen; (*animaux*) züchten; (*taux, niveau etc*) erhöhen; (*âme, esprit*) erheben; (*monument*) errichten; **s'élever** *vpr* (*avion, alpiniste*) hochsteigen; (*clocher, montagne*) aufragen; (*cri, protestations*) erschallen, sich erheben; (*niveau, température*) steigen; (*difficultés*) auftreten; **~ des protestations** Protest einlegen; **~ la voix/le ton** die Stimme/den Ton heben; **~ qn au rang de héros national** jdn in den Rang eines Nationalhelden erheben; ~ **un nombre au carré** eine Zahl quadrieren *ou* ins Quadrat erheben; ~ **un nombre au cube** eine Zahl hoch drei nehmen; **s'~ contre qch** sich gegen etw erheben; **s'~ à** (*suj: frais, dégâts*) steigen auf +*acc.*

éleveur, -euse [el(ə)vœR, øz] *nm/f* (*de bétail*) Viehzüchter(in) *m(f).*

elfe [ɛlf] *nm* Elfe *f.*

élidé, e [elide] *adj*: **article/pronom** ~ *Artikel/ Pronomen, bei dem ein Vokal ausgelassen wird.*

élider [elide]: **s'~** *vpr* wegfallen.

éligibilité [eliʒibilite] *nf* Wählbarkeit *f.*

éligible [eliʒibl] *adj* wählbar.

élimé, e [elime] *adj* abgetragen, abgewetzt.

élimination [eliminasjɔ̃] *nf* Ausscheiden *nt.*

éliminatoire [eliminatwaR] *adj* (*épreuve*) Ausscheidungs- ♦ *nf* (*SPORT*) Ausscheidungswettkampf *m*; **note** ~ *unterdurchschnittliche Note in einem Hauptfach, die zum Nichtbestehen der Prüfung führt.*

éliminer [elimine] *vt* ausscheiden lassen; (*possibilité; MÉD: déchets etc*) ausscheiden; (*tuer, faire disparaître*) beseitigen.

élire [eliR] *vt* wählen; ~ **domicile à** seinen Wohnsitz wählen in +*dat.*

élision [elizjɔ̃] *nf* Weglassen *nt* eines Vokals.

élite [elit] *nf* Elite *f*; **tireur d'~** Scharfschütze *m*; **lycée d'~** Eliteschule *f.*

élitisme [elitism] *nm* Elitedenken *nt.*

élitiste [elitist] *adj* elitär.

élixir [eliksiR] *nm* Elixier *nt.*

═══════════════════ *MOT-CLÉ*

elle [ɛl] *pron* **1** (*sujet: personne*) sie; (: *chose: selon le genre du mot allemand*) er/sie/es; **elle me l'a dit** sie hat es mir gesagt; **c'est elle qui me l'a dit** sie hat es mir gesagt; **elle-même** sie selbst; **je mange une pomme, elle est aigre** ich esse einen Apfel; er ist sauer
2 (*avec préposition: personne: accusatif*) sie; (: *datif*) ihr; (: *chose: accusatif*) ihn/sie/es; (: *datif*) ihm/ihr/ihm; **pour elle** für sie; **avec elle** mit ihr
3: **elles** (*nominatif, accusatif*) sie; (*datif*) ihnen; **pour elles** für sie; **à cause d'elles** wegen ihnen.

elle-même [ɛlmɛm] *nf* (*pl* ~**s**-~**s**) sie selbst.

ellipse [elips] *nf* Ellipse *f.*

elliptique [eliptik] *adj* elliptisch; (*sous-entendu*) angedeutet.

élocution [elɔkysjɔ̃] *nf* Vortragsweise *f*; **défaut d'~** Sprachfehler *m.*

éloge [elɔʒ] *nm* Lob *nt*; (*discours*) Lobrede *f*; **faire l'~ de qn/qch** jdn loben/etw preisen.

élogieusement [elɔʒjøzmɑ̃] *adv* lobend.

élogieux, -euse [elɔʒjø, jøz] *adj* lobend.

éloigné, e [elwaɲe] *adj* weit (entfernt); (*famille, parent*) entfremdet.

éloignement [elwaɲmɑ̃] *nm* Entfernung *f.*

éloigner [elwaɲe] *vt* entfernen; (*fig: échéance, but*) verschieben; (: *soupçons, danger*) abwen-

den; **s'éloigner** *vpr* (*personne*) sich entfernen; (: *affectivement*) sich entfremden; (*véhicule*) wegfahren; (*époque, souvenir*) immer ferner werden; **s'~ de** sich entfernen von; (*sujet, but*) abkommen von.

élongation [elɔ̃gasjɔ̃] *nf* (*MÉD*) Überdehnung *f.*

éloquence [elɔkɑ̃s] *nf* Beredtheit *f*; (*art, de qn*) Redekunst *f.*

éloquent, e [elɔkɑ̃, ɑ̃t] *adj* (*personne*) beredt, wortgewandt; (*discours, mot, attitude*) vielsagend.

élu, e [ely] *pp de* **élire** ♦ *nm/f* (*POL*) Abgeordnete(r) *f(m)*; (*REL*) Auserwählte(r) *f(m).*

élucider [elyside] *vt* aufklären.

élucubrations [elykybRasjɔ̃] *nfpl* Hirngespinste *pl.*

éluder [elyde] *vt* ausweichen +*dat.*

élus [ely] *vb voir* **élire**.

élusif, -ive [elyzif, iv] *adj* ausweichend.

Élysée [elize] *nm*: **l'~, le palais de l'~** der Élyséepalast, *Residenz und Geschäftsräume des französischen Präsidenten.*

émacié, e [emasje] *adj* ausgemergelt, ausgezehrt.

émail, -aux [emaj, o] *nm* (*substance*) Email *nt*; (*des dents*) Zahnschmelz *m*; (*ART: objet*) Emailarbeit *f.*

émaillé, e [emaje] *adj* emailliert; ~ **de** übersät mit.

émailler [emaje] *vt* (*casserole, plat*) emaillieren; ~ **de** übersäen mit.

émanation [emanasjɔ̃] *nf* (*gén pl: exhalaisons*) Ausdünstung *f*; **être l'~ de qch** (*fig*) der Ausdruck einer Sache *gén* sein.

émancipation [emɑ̃sipasjɔ̃] *nf* (*de mineur*) Mündigsprechung *f*; (*des femmes*) Emanzipation *f.*

émancipé, e [emɑ̃sipe] *adj* (*femme*) emanzipiert.

émanciper [emɑ̃sipe] *vt* (*JUR*) mündig sprechen; (*libérer*) befreien; **s'émanciper** *vpr* (*de contraintes morales*) sich befreien, sich freimachen; (*femmes*) sich emanzipieren.

émaner [emane]: ~ **de** *vi* herrühren von.

émasculer [emaskyle] *vt* kastrieren, entmannen; (*fig*) entkräften.

emballage [ɑ̃balaʒ] *nm* Verpackung *f*; (*action d'emballer*) Einpacken *nt* ► **emballage perdu** Einwegverpackung *f.*

emballer [ɑ̃bale] *vt* einpacken, verpacken; (*moteur*) hochjagen; (*fam: enthousiasmer*) mitreißen, packen; **s'emballer** *vpr* (*moteur, cheval*) jagen; (*fam: personne*) sich hinreißen lassen.

emballeur, -euse [ɑ̃balœR, øz] *nm/f* Packer(in) *m(f).*

embarcadère [ɑ̃baRkadɛR] *nm* Anlegestelle *f.*

embarcation [ɑ̃baRkasjɔ̃] *nf* kleines Boot *nt.*

embardée [ɑ̃baRde] *nf* Schlenker *m*; **faire une** ~ einen Schlenker machen.

embargo [ɑ̃baRgo] *nm* Embargo *nt*; **mettre l'~ sur** ein Embargo verhängen über +*acc.*

embarquement [ɑ̃baRkəmɑ̃] *nm* Einsteigen *nt*;

(des voitures) Einschiffung f; "vol AF 321: ~ immédiat, porte 30" „Aufruf für Passagiere des Flugs AF 321, sich zum Flugsteig 30 zu begeben".

embarquer [ɑ̃baʀke] vt (personne) einsteigen lassen; (marchandise) verladen, einschiffen; (fam: voler) mitgehen lassen; (: arrêter) hoppnehmen ♦ vi einsteigen, an Bord gehen; **s'embarquer** vpr an Bord gehen; **s'~ dans** (affaire, aventure) sich einlassen auf.

embarras [ɑ̃baʀa] nm (gén pl: obstacle) Hindernis nt; (gêne) Verlegenheit f; **être dans l'~** (gêne financière) in (finanzieller) Verlegenheit sein; **n'avoir que l'~ du choix** die Qual der Wahl haben ▶ **embarras gastrique** Magenverstimmung f.

embarrassant, e [ɑ̃baʀasɑ̃, ɑ̃t] adj peinlich.

embarrassé, e [ɑ̃baʀase] adj (encombré) behindert; (gêné) verlegen; (explications etc) peinlich.

embarrasser [ɑ̃baʀase] vt (encombrer) behindern; (gêner) in Verlegenheit bringen; **s'~ de** (paquets, objets) sich bepacken mit; (fig: scrupules, problèmes) sich dat aufladen ou aufhalsen.

embauche [ɑ̃boʃ] nf (d'ouvrier) Einstellen nt; (travail) Anstellung f; **bureau d'~** Stellenvermittlung f.

embaucher [ɑ̃boʃe] vt (ouvrier etc) einstellen; **s'embaucher** vpr: **s'~ comme** eingestellt werden als.

embauchoir [ɑ̃boʃwaʀ] nm Schuhspanner m.

embaumer [ɑ̃bome] vt (corps) einbalsamieren; (lieu) mit Duft erfüllen ♦ vi duften; **~ la lavande** nach Lavendel duften.

embellie [ɑ̃beli] nf Aufheiterung f.

embellir [ɑ̃beliʀ] vt verschönern; (idéaliser) schöner erscheinen lassen; (: histoire) ausschmücken ♦ vi schöner werden.

embellissement [ɑ̃belismɑ̃] nm Verschönerung f.

embêtant, e [ɑ̃bɛtɑ̃, ɑ̃t] adj ärgerlich.

embêtement [ɑ̃bɛtmɑ̃] nm (gén pl: ennui) Unannehmlichkeit f.

embêter [ɑ̃bete] vt ärgern; (ennuyer) langweilen; **s'embêter** vpr (s'ennuyer) sich langweilen; **il ne s'embête pas!** der hat keinen Grund zur Klage!

emblée [ɑ̃ble]: **d'~** adv sofort.

emblème [ɑ̃blɛm] nm Emblem nt; (fig) Wahrzeichen nt.

embobiner [ɑ̃bɔbine] vt (fam) jdn um den kleinen Finger wickeln.

emboîtable [ɑ̃bwatabl] adj ineinandergreifend.

emboîter [ɑ̃bwate] vt (assembler) einfügen; **~ le pas à qn** jdm auf den Fersen folgen; **s'~ dans** passen in +acc; **s'~ (l'un dans l'autre)** ineinanderpassen.

embolie [ɑ̃bɔli] nf Embolie f.

embonpoint [ɑ̃bɔ̃pwɛ̃] nm Korpulenz f, Fülligkeit f; **prendre de l'~** füllig ou korpulent werden.

embouché, e [ɑ̃buʃe] adj: **mal ~** unflätig, vulgär.

embouchure [ɑ̃buʃyʀ] nf (GÉO) Mündung f; (MUS) Mundstück nt.

embourber [ɑ̃buʀbe]: **s'~** vpr im Morast steckenbleiben; **s'~ dans** (fig) versinken in +dat.

embourgeoiser [ɑ̃buʀʒwaze]: **s'~** vpr bürgerlich ou spießig werden.

embout [ɑ̃bu] nm Spitze f.

embouteillage [ɑ̃butɛjaʒ] nm (de voitures) (Verkehrs)stau m.

embouteiller [ɑ̃buteje] vt (route) verstopfen, blockieren.

emboutir [ɑ̃butiʀ] vt (TECH) treiben; (entrer en collision avec) prallen ou krachen gegen +acc.

embranchement [ɑ̃bʀɑ̃ʃmɑ̃] nm (routier) Abzweigung f.

embraser [ɑ̃bʀaze]: **s'~** vpr Feuer fangen.

embrassade [ɑ̃bʀasad] nf (gén pl) Umarmung f mit Küssen.

embrasse [ɑ̃bʀas] nf (de rideau) Schlaufe f.

embrasser [ɑ̃bʀase] vt küssen; (fig: contenir) umfangen, umfassen; **s'embrasser** vpr sich küssen; **~ une carrière** eine Laufbahn einschlagen; **~ du regard** mit einem Blick erfassen.

embrasure [ɑ̃bʀazyʀ] nf Öffnung f; **dans l'~ de la porte** in der Tür.

embrayage [ɑ̃bʀɛjaʒ] nm Kupplung f.

embrayer [ɑ̃bʀeje] vi (AUTO) kuppeln.

embrigader [ɑ̃bʀigade] vt anwerben.

embrocher [ɑ̃bʀɔʃe] vt aufspießen.

embrouillamini [ɑ̃bʀujamini] (fam) nm Durcheinander nt.

embrouillé, e [ɑ̃bʀuje] adj verworren, durcheinander.

embrouiller [ɑ̃bʀuje] vt (personne aussi) verwirren; (objets, idées) durcheinanderbringen; **s'embrouiller** vpr (personne) konfus werden.

embroussaillé, e [ɑ̃bʀusaje] adj (terrain) überwuchert; (cheveux) zottig.

embruns [ɑ̃bʀœ̃] nmpl Gischt m ou f.

embryologie [ɑ̃bʀijɔlɔʒi] nf Embryologie f.

embryon [ɑ̃bʀijɔ̃] nm Embryo m; (fig) Keim m.

embryonnaire [ɑ̃bʀijɔnɛʀ] adj embryonal; (fig) keimend.

embûches [ɑ̃byʃ] nfpl Fallen pl.

embué, e [ɑ̃bye] adj beschlagen; **les yeux ~s de larmes** mit tränenverschleierten Augen.

embuscade [ɑ̃byskad] nf Hinterhalt m; **tendre une ~ à qn** jdm (in einem Hinterhalt) auflauern.

embusquer [ɑ̃byske] vt (MIL etc) in einen Hinterhalt legen; **s'embusquer** vpr sich in den Hinterhalt legen; (péj) sich aus der Schußlinie verziehen.

éméché, e [emeʃe] (fam) adj beschwipst.

émeraude [em(ə)ʀod] nf Smaragd m ♦ adj inv smaragdgrün.

émergence [emɛʀʒɑ̃s] nf (fig) Auftauchen nt.

émerger [emɛʀʒe] vi (de l'eau) auftauchen; (fai-

re saillie, aussi fig) herausragen, hervorstechen.

émeri [em(ə)ʀi] *nm*: **papier** ~ Schmirgelpapier *nt*.

émérite [emeʀit] *adj* ausgezeichnet, hervorragend.

émerveillement [emɛʀvɛjmã] *nm* (*enchantement*) Staunen *nt*; (*vision*) wunderschöner Anblick *m*.

émerveiller [emɛʀveje] *vt* in Bewunderung versetzen; **s'émerveiller** *vpr*: **s'~ de qch** über etw *acc* staunen.

émet [emɛ] *vb voir* **émettre**.

émétique [emetik] *nm* Brechmittel *nt*.

émetteur, -trice [emetœʀ, tʀis] *adj* (*poste, station*) Sende- ♦ *nm* (*poste*) Sender *m*.

émetteur-récepteur [emetœʀʀesɛptœʀ] (*pl* ~s-~s) *nm* Sende- und Empfangsgerät *nt*.

émettre [emɛtʀ] *vt* (*son, lumière*) aussenden, ausstrahlen; (*RADIO, TV*) senden; (*billet, timbre, emprunt*) ausgeben; (*chèque*) ausstellen; (*hypothèse, avis, vœu*) zum Ausdruck bringen ♦ *vi* (*RADIO, TV*) senden; ~ **sur ondes courtes** auf Kurzwelle senden.

émeus *etc* [emø] *vb voir* **émouvoir**.

émeute [emøt] *nf* Aufruhr *m*.

émeutier, -ère [emøtje, jɛʀ] *nm/f* Aufrührer(in) *m(f)*.

émeuve [emœv] *vb voir* **émouvoir**.

émietter [emjete] *vt* (*pain, terre*) zerkrümeln; (*fig*) zersplittern; **s'émietter** *vpr* (*pain, terre*) krümeln.

émigrant, e [emigʀã, ãt] *nm/f* Emigrant(in) *m(f)*.

émigration [emigʀasjõ] *nf* Emigration *f*, Auswanderung *f*.

émigré, e [emigʀe] *nm/f* Emigrant(in) *m(f)*.

émigrer [emigʀe] *vi* auswandern.

émincé [emɛ̃se] *nm* (*CULIN*) Geschnetzeltes *nt*.

émincer [emɛ̃se] *vt* in Stücke schneiden.

éminemment [eminamã] *adv* überaus.

éminence [eminãs] *nf* (*colline*) Erhebung *f*; **Son/Votre É~** Seine/Eure Eminenz ▶ **éminence grise** graue Eminenz *f*.

éminent, e [eminã, ãt] *adj* (hoch) angesehen.

émir [emiʀ] *nm* Emir *m*.

émirat [emiʀa] *nm* Emirat *nt*; **les É~s arabes unis** die Vereinigten Arabischen Emirate *pl*.

émis [emi] *pp de* **émettre**.

émissaire [emisɛʀ] *nm* (*agent*) Sendbote *m*, Emissär *m*.

émission [emisjõ] *nf* (*TV, RADIO*) Sendung *f*; (*d'un son*) Aussenden *nt*; (*d'un timbre etc*) Ausgabe *f*.

émit [emi] *vb voir* **émettre**.

emmagasinage [ãmagazinaʒ] *nm* (Ein)lagerung *f*.

emmagasiner [ãmagazine] *vt* (*marchandises*) einlagern; (*souvenirs, connaissances*) sammeln.

emmailloter [ãmajɔte] *vt* (*doigt etc*) einwickeln; (*bébé*) wickeln.

emmanchure [ãmãʃyʀ] *nf* (*de vêtement*) Arm-

loch *nt*.

emmêlement [ãmɛlmã] *nm* (*état*) Wirrwarr *m*.

emmêler [ãmele] *vt* verheddern; (*fig: idées, affaires*) verwirren; **s'emmêler** *vpr* (*fils etc*) sich verheddern.

emménagement [ãmenaʒmã] *nm* Einzug *m*.

emménager [ãmenaʒe] *vi* einziehen; ~ **dans** einziehen in +*acc*.

emmener [ãm(ə)ne] *vt* mitnehmen; (*SPORT, MIL: guider*) anführen; ~ **qn au cinéma** jdn ins Kino mitnehmen, mit jdm ins Kino gehen; ~ **qn au restaurant** jdn in ein Restaurant mitnehmen, mit jdm in ein Restaurant gehen.

emment(h)al [emɛtal] *nm* (*fromage*) Emmentaler *m*.

emmerder [ãmɛʀde] (*fam!*) *vt* (*importuner*) ankotzen (*fam!*); (*ennuyer*) tödlich langweilen; **s'emmerder** *vpr* (*s'ennuyer*) sich tödlich langweilen; **je t'emmerde!** du kannst mich mal! (*fam!*).

emmitoufler [ãmitufle] *vt* warm einpacken; **s'emmitoufler** *vpr* sich warm einpacken, sich einmummeln.

émoi [emwa] *nm* Aufregung *f*; **en** ~ in Aufruhr, in heller Aufregung.

émollient, e [emɔljã, jãt] *adj* lindernd.

émoluments [emɔlymã] *nmpl* Vergütung *f*.

émonder [emõde] *vt* (*arbre*) beschneiden; (*amande etc*) blanchieren.

émotif, -ive [emɔtif, iv] *adj* (*personne*) emotional, gefühlsbetont; (*troubles etc*) emotional.

émotion [emosjõ] *nf* (*vif sentiment*) Gefühl *nt*, Emotion *f*; (*réaction affective*) Bewegtheit *f*, Gefühlsbewegung *f*; **donner des** ~**s à qn** jdn ängstigen; **son** ~ **a été vive** er/sie war sehr erregt.

émotionnant, e [emosjõnã, ãt] *adj* aufwühlend.

émotionnel, le [emosjɔnɛl] *adj* emotional.

émotionner [emosjɔne] *vt* aufwühlen, aufregen.

émoulu, e [emuly] *adj*: **frais** ~ **de** frisch entlassen aus, frisch von.

émoussé, e [emuse] *adj* (*couteau, lame*) stumpf.

émousser [emuse] *vt* (*couteau, lame*) stumpf machen; (*fig*) abstumpfen.

émoustiller [emustije] *vt* anregen.

émouvant, e [emuvã, ãt] *adj* rührend, bewegend.

émouvoir [emuvwaʀ] *vt* bewegen; (*attendrir aussi*) rühren; **s'émouvoir** *vpr* gerührt sein; **sans s'~** ungerührt.

empailler [ãpaje] *vt* (*animal*) ausstopfen.

empailleur, -euse [ãpajœʀ, øz] *nm/f* (*d'animaux*) Präparator(in) *m(f)*.

empaler [ãpale] *vt* aufspießen; **s'empaler sur** *vpr* sich aufspießen auf +*dat*.

empaquetage [ãpaktaʒ] *nm* Verpackung *f*.

empaqueter [ãpakte] *vt* verpacken.

emparer [ãpaʀe]: **s'~ de** *vpr* packen, ergreifen; (*otage etc*) sich bemächtigen +*gén*, nehmen; (*ville, position*) einnehmen; (*suj: peur, colère, doute*) überkommen, übermannen.

empâter [ɑ̃pɑte]: **s'~** *vpr* dicker werden.
empattement [ɑ̃patmɑ̃] *nm* (*AUTO*) Rad-abstand *m*; (*TYPO*) Serife *f*.
empêchement [ɑ̃pɛʃmɑ̃] *nm* Hindernis *nt*, Schwierigkeit *f*.
empêcher [ɑ̃peʃe] *vt* verhindern; ~ **qn de faire qch** jdn daran hindern *ou* davon abhalten, etw zu tun; ~ **que qch (n')arrive/qn (ne) fasse qch** verhindern, daß etw geschieht/jd etw macht; **il n'empêche que** trotzdem; **je ne peux pas m'~** **de penser** ich kann nicht umhin, zu denken; **il n'a pas pu s'~** **de rire** er konnte nicht anders, er mußte lachen.
empêcheur [ɑ̃peʃœʀ] *nm*: ~ **de tourner en rond** Spielverderber *m*.
empeigne [ɑ̃pɛɲ] *nf* Oberleder *nt*.
empennage [ɑ̃penaʒ] *nm* (*AVIAT*) Stabilisator *m*.
empereur [ɑ̃pʀœʀ] *nm* Kaiser *m*.
empesé, e [ɑ̃pəze] *adj* (*fig*) steif.
empeser [ɑ̃pəze] *vt* stärken.
empester [ɑ̃pɛste] *vt* (*lieu*) verstänkern ♦ *vi* stinken; ~ **le tabac/le vin** nach Tabak/Wein stinken.
empêtrer [ɑ̃petʀe]: **s'~** **dans** *vpr* (*fils, explications*) sich verheddern in +*dat*.
emphase [ɑ̃faz] *nf* Pathos *nt*; **avec ~** mit Pathos.
emphatique [ɑ̃fatik] *adj* (*style, mot*) empha-tisch.
empiècement [ɑ̃pjɛsmɑ̃] *nm* Passe *f*.
empierrer [ɑ̃pjeʀe] *vt* (*route*) schottern.
empiéter [ɑ̃pjete] *vi*: ~ **sur** übergreifen auf +*acc*.
empiffrer [ɑ̃pifʀe] (*fam*): **s'~** *vpr* sich vollstop-fen.
empiler [ɑ̃pile] *vt* aufstapeln, anhäufen; **s'em-piler** *vpr* sich ansammeln, sich häufen.
empire [ɑ̃piʀ] *nm* Reich *nt*; (*fig: influence*) Ein-fluß *m*; **style E~** Empire-Stil *m*; **sous l'~** **de la colère** unter dem Einfluß der Wut.
empirer [ɑ̃piʀe] *vi* sich verschlechtern.
empirique [ɑ̃piʀik] *adj* empirisch.
empirisme [ɑ̃piʀism] *nm* Empirismus *m*.
emplacement [ɑ̃plasmɑ̃] *nm* Platz *m*, Stelle *f*; **sur l'~** **de** am Ort +*gén*.
emplâtre [ɑ̃plɑtʀ] *nm* (*MÉD*) Packung *f*.
emplette [ɑ̃plɛt] *nf*: **faire des ~s** Besorgungen machen, einkaufen; **faire l'~** **de** kaufen.
emplir [ɑ̃pliʀ] *vt* füllen; (*fig: cœur*) erfüllen; **s'emplir (de)** *vpr* sich füllen (mit).
emploi [ɑ̃plwa] *nm* Gebrauch *m*; (*poste*) An-stellung *f*, Stelle *f*; **d'~** **facile/délicat** leicht/schwierig zu benutzen; **offre d'~** Stellenan-gebot *nt*; **demande d'~** Stellengesuch *nt*; **le plein ~** die Vollbeschäftigung *f* ▶ **emploi du temps** Zeitplan *m*.
emploie [ɑ̃plwa] *vb voir* **employer.**
employé, e [ɑ̃plwaje] *nm/f* Angestellte(r) *f(m)* ▶ **employé de banque** Bankangestellte(r) *f(m)* ▶ **employé de bureau** Büroangestellte(r) *f(m)* ▶ **employé de maison** Hausangestell-te(r) *f(m)*.

employer [ɑ̃plwaje] *vt* verwenden, gebrau-chen; (*ouvrier, main-d'œuvre*) beschäftigen, anstellen; **s'employer** *vpr*: **s'~** **à qch** sich ei-ner Sache *dat* widmen; ~ **la force** Gewalt an-wenden; ~ **les grands moyens** große Mittel aufbringen.
employeur, -euse [ɑ̃plwajœʀ, øz] *nm/f* Arbeit-geber(in) *m(f)*.
empocher [ɑ̃pɔʃe] *vt* einstecken.
empoignade [ɑ̃pwaɲad] *nf* Rauferei *f*.
empoigne [ɑ̃pwaɲ] *nf*: **foire d'~** Gerangel *nt*.
empoigner [ɑ̃pwaɲe] *vt* packen, greifen; **s'empoigner** *vpr* sich packen.
empois [ɑ̃pwa] *nm* Stärke *f*.
empoisonnement [ɑ̃pwazɔnmɑ̃] *nm* (*in-toxication*) Vergiftung *f*; (*crime*) Giftmord *m*; (*fam: ennui*) Ärger *m*.
empoisonner [ɑ̃pwazɔne] *vt* vergiften; (*empes-ter*) verpesten; **s'empoisonner** *vpr* (*suicide*) Gift nehmen; (*accidentellement*) sich *dat* eine Vergiftung zuziehen; ~ **qn** (*fam*) jdm auf die Nerven gehen; ~ **l'atmosphère** die Atmo-sphäre vergiften; **il nous empoisonne l'existence** er macht uns das Leben zur Hölle.
emporté, e [ɑ̃pɔʀte] *adj* (*personne, caractère*) jähzornig.
emportement [ɑ̃pɔʀtəmɑ̃] *nm* Zorn *m*.
emporte-pièce [ɑ̃pɔʀtəpjɛs] *nm inv* (*TECH*) Locheisen *nt*; **à l'~-~** (*fig*) beißend.
emporter [ɑ̃pɔʀte] *vt* mitnehmen; (*blessés, voyageurs*) wegbringen; (*entraîner*) mitreißen; (*arracher*) fortreißen; (*MIL: position*) einneh-men; **s'emporter** *vpr* (*de colère*) aufbrausen; **la maladie qui l'a emporté** die Krankheit, die ihn dahingerafft hat; **l'~** (*vaincre*) die Ober-hand gewinnen; **l'~** **sur** (*adversaire*) die Ober-hand gewinnen über +*acc*; (*méthode etc*) bes-ser sein als; **boissons/plats à ~** Getränke/Speisen zum Mitnehmen.
empoté, e [ɑ̃pɔte] *adj* (*fam: maladroit*) trottelig.
empourpré, e [ɑ̃puʀpʀe] *adj* purpurrot.
empreint, e [ɑ̃pʀɛ̃, ɛ̃t] *adj*: ~ **de** voller.
empreinte [ɑ̃pʀɛ̃t] *nf* (*de pied, main*) Abdruck *m*; (*fig*) Spuren *pl* ▶ **empreintes digitales** Fin-gerabdrücke *pl*.
empressé, e [ɑ̃pʀese] *adj* beflissen.
empressement [ɑ̃pʀɛsmɑ̃] *nm* Eifer *m*; (*hâte*) Eile *f*.
empresser [ɑ̃pʀese]: **s'~** *vpr*: **s'~** **de faire qch** sich beeilen, etw zu tun; **s'~** **auprès de** sich eifrig um jdn bemühen.
emprise [ɑ̃pʀiz] *nf* Einfluß *m*; **sous l'~** **de** unter dem Einfluß von.
emprisonnement [ɑ̃pʀizɔnmɑ̃] *nm* Haft *f*.
emprisonner [ɑ̃pʀizɔne] *vt* einsperren.
emprunt [ɑ̃pʀœ̃] *nm* Anleihe *f*; (*FINANCE aussi*) Darlehen *nt*; (*LING*) Lehnwort *nt*; **nom d'~** an-genommener Name *m*; ~ **d'État** Staatsanlei-he *f*; ~ **public à 5%** öffentliche Anleihe zu 5%.
emprunté, e [ɑ̃pʀœ̃te] *adj* (*gauche*) unbehol-fen.

emprunter [ɑ̃pʀɑ̃te] _vt_ sich _dat_ leihen; (_route, itinéraire_) einschlagen; (_style, manière, idée_) entlehnen.

emprunteur, -euse [ɑ̃pʀɑ̃tœʀ, øz] _nm/f_ Kreditnehmer(in) _m(f)_.

empuantir [ɑ̃pɥɑ̃tiʀ] _vt_ verpesten.

ému, e [emy] _pp de_ **émouvoir** ♦ _adj_ bewegt, gerührt.

émulation [emylasjɔ̃] _nf_ Nacheifern _nt_.

émule [emyl] _nm/f_ Nachahmer(in) _m(f)_.

émulsion [emylsjɔ̃] _nf_ Emulsion _f_; (_PHOTO_) lichtempfindliche Schicht _f_.

émut [emy] _vb voir_ **émouvoir**.

EN _sigle f_ (= _Education nationale_) _voir_ **éducation**.

═══════════════════ _MOT-CLÉ_

en [ɑ̃] _prép_ **1** (_endroit, pays: situation_) in +_dat_; (_direction_) in +_acc_; (: _pays_) nach; **habiter en France/ville** in Frankreich/in der Stadt leben; **aller en ville/France** in die Stadt/nach Frankreich gehen

2 (_temps_) in +_dat_; **en 3 jours/20 ans** in 3 Tagen/20 Jahren; **en été/juin** im Sommer/Juni

3 (_moyen de transport_) en; **en avion/taxi** im Flugzeug/Taxi

4 (_composition_) aus; **c'est en verre/bois** das ist aus Glas/Holz; **un collier en argent** eine Halskette aus Silber

5 (_description, état_): **une femme (habillée) en rouge** eine Frau in Rot; **peindre qch en rouge** etw rot anstreichen; **en étoile** in Sternform; **en T** in T-Form; **en chemise** im Hemd; **en chaussettes** auf Strümpfen; **en soldat** als Soldat; **en réparation** in Reparatur; **partir en vacances** in die Ferien fahren; **en deuil** in Trauer; **le même en plus grand** das gleiche in größer; **en bon diplomate, il n'a rien dit** als guter Diplomat hat er nichts gesagt; **fort en maths** gut in Mathematik; **en bonne santé** bei guter Gesundheit; **en deux volumes** in zwei Bänden; **en une pièce** an einem Stück; **se casser en deux/plusieurs morceaux** in zwei/mehrere Stücke zerbrechen

6 (_avec gérondif_): **en travaillant** bei der Arbeit; **en dormant** im Schlaf; **en apprenant la nouvelle/sortant** als er/sie _etc_ die Nachricht hörte/wegging; **sortir en courant** herausrennen

♦ _pron_ **1** (_indéfini_): **j'en ai/veux** (_des livres etc_) ich habe welche/möchte welche; (_du sable, lait etc_) ich habe/möchte davon; **en veux-tu?** (_v ci-dessus_) möchtest du welche/davon?; **je n'en veux pas** (_v ci-dessus_) ich möchte keine/nichts davon; **j'en ai 2** ich habe 2; **j'en ai assez** ich habe genug (davon); (_j'en ai marre_) mir reicht's; **en vouloir à qn** etwas gegen jdn haben; **où en étais-je?** wo war ich stehengeblieben?; **ne pas s'en faire** sich _dat_ keine Gedanken machen; **j'en viens à penser que ...** ich komme langsam zu dem Schluß, daß ...

2 (_provenance_): **j'en viens** ich komme daher

3 (_cause_): **il en est malade/perd le sommeil** er ist deswegen krank/kann deswegen nicht schlafen

4 (_autre complément_): **j'en connais les dangers/défauts** ich kenne die Gefahren/Fehler (dieser Sache); **j'en suis fier** ich bin stolz darauf; **j'en ai besoin** ich brauche es.

─────────────────────

ENA [ena] _sigle f_ (= _École nationale d'administration_) Eliteschule für Verwaltungskräfte.

énarque [enaʀk] _nm/f_ Absolvent(in) _m(f)_ der ENA.

encablure [ɑ̃kablyʀ] _nf_ (_NAUT_) Taulänge _f_.

encadrement [ɑ̃kadʀəmɑ̃] _nm_ (_de porte_) Rahmen _m_; ~ **du crédit** Kreditrahmen _m_.

encadrer [ɑ̃kadʀe] _vt_ (_tableau, image_) einrahmen; (_entourer_) umgeben; (_former_) ausbilden.

encadreur [ɑ̃kadʀœʀ] _nm_ Rahmer(in) _m(f)_.

encaisse [ɑ̃kɛs] _nf_ Geldbestände _pl_; ~ **or** Goldreserven _pl_.

encaissé, e [ɑ̃kese] _adj_ (_vallée_) steil; (_rivière_) tief eingeschnitten.

encaisser [ɑ̃kese] _vt_ (_chèque_) einlösen; (_argent_) einstreichen; (_coup, défaite_) einstecken.

encaisseur [ɑ̃kesœʀ] _nm_ Schuldeneintreiber _m_.

encan [ɑ̃kɑ̃]: **à l'~** _adv_ an den Meistbietenden.

encanailler [ɑ̃kanaje]: **s'~** _vi_ vulgär werden.

encart [ɑ̃kaʀ] _nm_ Einlage _f_; ~ **publicitaire** Werbebeilage _f_.

encarter [ɑ̃kaʀte] _vt_ einfügen; (_boutons_) an eine Karte nähen.

en-cas [ɑ̃kɑ] _nm inv_ (_repas_) kleine Zwischenmahlzeit _f_.

encastrable [ɑ̃kastʀabl] _adj_ (_four, élément_) Einbau-.

encastré [ɑ̃kastʀe] _adj_ (_four, baignoire_) eingebaut.

encastrer [ɑ̃kastʀe] _vt_: ~ **qch dans** etw einbauen in +_acc_; (_mur_) etw einlassen in +_acc_; **s'encastrer** _vpr_: **s'~ dans** hineinpassen in +_acc_; (_heurter_) hineinprallen in +_acc_.

encaustique [ɑ̃kostik] _nf_ (Bohner)wachs _nt_.

encaustiquer [ɑ̃kostike] _vt_ wachsen.

enceinte [ɑ̃sɛ̃t] _adj f_ schwanger ♦ _nf_ (_mur_) Mauer _f_; (_espace_) Umfriedung _f_; ~ **de six mois** im 6. Monat schwanger ▸ **enceinte (acoustique)** Lautsprecher _pl_.

encens [ɑ̃sɑ̃] _nm_ Weihrauch _m_.

encenser [ɑ̃sɑ̃se] _vt_ beweihräuchern.

encensoir [ɑ̃sɑ̃swaʀ] _nm_ Weihrauchfaß _nt_.

encéphalogramme [ɑ̃sefalɔgʀam] _nm_ Enzephalogramm _nt_.

encercler [ɑ̃sɛʀkle] _vt_ umzingeln.

enchaînement [ɑ̃ʃɛnmɑ̃] _nm_ (_d'idées, de mouvements_) Verknüpfung _f_; (_de séquences, morceaux de musique_) Überleitung _f_.

enchaîner [ɑ̃ʃene] _vt_ in Ketten legen; (_mouvements, séquence_) (miteinander) verknüpfen.

enchanté, e [ɑ̃ʃɑ̃te] _adj_ (_ravi_) entzückt, hocherfreut; (_ensorcelé_) bezaubert; (_de faire votre connaissance_) angenehm.

enchantement [ãʃãtmã] *nm* Zauber *m*; **comme par** ~ wie durch Zauber.

enchanter [ãʃãte] *vt* (*ravir*) (hoch) erfreuen.

enchanteur, -eresse [ãʃãtœʀ, tʀɛs] *adj* zauberhaft.

enchâsser [ãʃase] *vt* (*diamant*) fassen; ~ **qch dans** etw einfügen/einsetzen in +*acc*.

enchère [ãʃɛʀ] *nf* höheres Gebot *nt*; **vente aux** ~**s** Versteigerung *f*; **faire une** ~ ein höheres Gebot machen, höher bieten; **mettre** *ou* **vendre aux** ~**s** versteigern; **faire monter les** ~**s** (*fig*) den Preis in die Höhe treiben.

enchérir [ãʃeʀiʀ] *vi*: ~ **sur qn** jdn überbieten.

enchevêtrement [ãʃ(ə)vɛtʀəmã] *nm* Durcheinander *nt*.

enchevêtrer [ãʃ(ə)vɛtʀe] *vt* durcheinanderbringen; **s'enchevêtrer** *vpr* durcheinanderkommen.

enclave [ãklav] *nf* Enklave *f*.

enclaver [ãklave] *vt* (*entourer*) umgeben.

enclencher [ãklãʃe] *vt* auslösen; **s'enclencher** *vpr* sich einschalten.

enclin, e [ãklɛ̃, in] *adj*: **être** ~ **à qch** zu etw neigen; **être** ~ **à faire qch** dazu neigen, etw zu tun.

enclore [ãklɔʀ] *vt* (*champs*) einzäunen.

enclos [ãklo] *nm* Einfriedung *f*.

enclume [ãklym] *nf* Amboß *m*.

encoche [ãkɔʃ] *nf* Kerbe *f*.

encoder [ãkɔde] *vt* kodieren, verschlüsseln.

encodeur [ãkɔdœʀ] *nm* Kodierer *m*.

encoignure [ãkɔɲyʀ] *nf* Ecke *f*.

encoller [ãkɔle] *vt* (*papier peint*) mit Leim einstreichen.

encolure [ãkɔlyʀ] *nf* (*mesure*) Kragenweite *f*; (*fam*) Kragen *m*; (*cou*) Hals *m*.

encombrant, e [ãkɔ̃bʀã, ãt] *adj* sperrig.

encombre [ãkɔ̃bʀ]: **sans** ~ *adv* ohne Zwischenfälle.

encombré, e [ãkɔ̃bʀe] *adj* (*pièce, passage*) blockiert; (*lignes téléphoniques*) überlastet; (*marché*) gesättigt.

encombrement [ãkɔ̃bʀəmã] *nm* (*d'un lieu*) Überfüllung *f*; (*de circulation*) Verkehrsstockung *f*; (*des lignes téléphoniques*) Überlastung *f*; (*dimensions*) Größe *f*.

encombrer [ãkɔ̃bʀe] *vt* (*couloir, rue*) versperren; (*mémoire, marché etc*) überlasten; (*personne*) behindern; **s'encombrer de** *vpr* (*bagages etc*) sich beladen mit; ~ **le passage** den Weg versperren.

encontre [ãkɔ̃tʀ]: **à l'**~ **de** *prép* (*contre*) gegen; (*contrairement à*) im Gegensatz zu.

encorbellement [ãkɔʀbɛlmã] *nm* Erker *m*; **fenêtre en** ~ Erkerfenster *nt*.

encorder [ãkɔʀde]: **s'**~ *vpr* sich anseilen.

═══════════════ *MOT-CLÉ* ═══════════════

encore [ãkɔʀ] *adv* **1** (*continuation*) noch; **il y travaille encore** er arbeitet noch daran; **pas encore** noch nicht; **encore deux jours** noch zwei Tage
2 (*pas plus tard que*): **hier encore** erst gestern

3 (*de nouveau*) wieder, erneut; **encore un effort** noch ein bißchen; **elle a encore acheté un nouveau chapeau** sie hat schon wieder einen neuen Hut gekauft; **encore!** (*insatisfaction*) nicht schon wieder!; **(et puis) quoi encore?** was noch?; **encore une fois** noch einmal
4 (*intensif*): **encore plus fort/mieux** noch lauter/besser
5 (*aussi*): **non seulement** ... , **mais encore** nicht nur ..., sondern auch
6 (*restriction*) freilich, allerdings; **encore pourrais-je le faire, si** (*litt*) ... freilich könnte ich das machen, wenn ...; **si encore** wenn nur; **encore que** obwohl.

encourageant, e [ãkuʀaʒã, ãt] *adj* ermutigend.

encouragement [ãkuʀaʒmã] *nm* Ermutigung *f*; (*récompense*) Ansporn *m*.

encourager [ãkuʀaʒe] *vt* ermutigen; (*activité, tendance*) fördern; ~ **qn à faire qch** jdn dazu ermutigen, etw zu tun.

encourir [ãkuʀiʀ] *vt* sich *dat* zuziehen, auf sich *acc* ziehen.

encrasser [ãkʀase] *vt* verrußen.

encre [ãkʀ] *nf* Tinte *f* ▶ **encre de Chine** Tusche *f* ▶ **encre indélébile** wasserunlösliche Tinte ▶ **encre sympathique** unsichtbare Tinte.

encrer [ãkʀe] *vt* einschwärzen.

encreur [ãkʀœʀ] *adj m*: **rouleau** ~ Farbroller *m*.

encrier [ãkʀije] *nm* Tintenfaß *nt*.

encroûter [ãkʀute]: **s'**~ *vpr* (*personne*) in einen festen Trott geraten.

encyclique [ãsiklik] *nf* Enzyklika *f*.

encyclopédie [ãsiklɔpedi] *nf* Enzyklopädie *f*.

encyclopédique [ãsiklɔpedik] *adj* umfassend.

endémique [ãdemik] *adj* (*MÉD*) endemisch; (*fig*) weitverbreitet.

endetté, e [ãdete] *adj* verschuldet; **être très** ~ **envers qn** (*fig*) tief in jds Schuld *dat* stehen.

endettement [ãdetmã] *nm* Schulden *pl*.

endetter [ãdete] *vt* in Schulden stürzen +*dat*; **s'endetter** *vpr* sich verschulden.

endeuiller [ãdœje] *vt* in tiefe Trauer versetzen; **une manifestation endeuillée par qch** eine Veranstaltung, die von etw tragisch überschattet wurde.

endiablé, e [ãdjable] *adj* (*allure, rythme*) leidenschaftlich.

endiguer [ãdige] *vt* eindeichen; (*fig*) eindämmen.

endimancher [ãdimãʃe]: **s'**~ *vpr* seinen Sonntagsstaat anziehen.

endive [ãdiv] *nf* Chicorée *m*.

endocrine [ãdɔkʀin] *adj f*: **glande** ~ endokrine Drüse *f*.

endoctrinement [ãdɔktʀinmã] *nm* Indoktrinierung *f*.

endoctriner [ãdɔktʀine] *vt* indoktrinieren.

endolori, e [ãdɔlɔʀi] *adj* schmerzlich.

endommager [ãdɔmaʒe] *vt* beschädigen.

endormant, e [ãdɔʀmã, ãt] *adj* einschläfernd.

endormi, e [ãdɔʀmi] *pp de* **endormir** ♦ *adj* (*per-*

sonne) schlafend; (*indolent, lent*) schlafmützig; (*main, pied*) eingeschlafen.
endormir [ãdɔRmiR] *vt* (*enfant*) zum Schlafen bringen; (*suj: chaleur etc*) schläfrig machen; (*soupçons, ennemi etc*) einlullen; (*ennuyer*) langweilen; (*MÉD: anesthésier*) betäuben; **s'endormir** *vpr* einschlafen.
endoscope [ãdɔskɔp] *nm* Endoskop *nt.*
endoscopie [ãdɔskɔpi] *nf* Endoskopie *f.*
endosser [ãdose] *vt* (*responsabilité*) übernehmen; (*chèque*) indossieren, gegenzeichnen; (*uniforme, tenue*) anlegen.
endroit [ãdRwa] *nm* Ort *m*; (*emplacement*) Stelle *f*; (*opposé à l'envers*) rechte Seite *f*; **à l'**~ (*pas à l'envers*) richtigherum; **à l'**~ **de** (*à l'égard de*) gegenüber +*dat*; **par** ~**s** stellenweise.
enduire [ãdyiR] *vt*: ~ **qch de** etw bestreichen mit; **s'enduire** *vpr* sich einreiben mit.
enduit, e [ãdyi, yit] *pp de* **enduire** ♦ *nm* Überzug *m.*
endurance [ãdyRãs] *nf* Durchhaltevermögen *nt*, Ausdauer *f.*
endurant, e [ãdyRã, ãt] *adj* ausdauernd, zäh.
endurci, e [ãdyRsi] *adj*: **buveur** ~ abgehärteter Trinker *m*; **célibataire** ~ eingefleischter Junggeselle *m.*
endurcir [ãdyRsiR] *vt* abhärten; **s'endurcir** *vpr* hart ou zäh werden.
endurer [ãdyRe] *vt* erdulden, ertragen.
énergétique [enɛRʒetik] *adj* (*ressources, problèmes*) Energie-; (*aliment*) energiespendend.
énergie [enɛRʒi] *nf* Energie *f.*
énergique [enɛRʒik] *adj* energisch.
énergiquement [enɛRʒikmã] *adv* energisch.
énergisant, e [enɛRʒizã, ãt] *adj* energiespendend.
énergumène [enɛRgymɛn] *nm* Unruhestifter *m.*
énervant, e [enɛRvã, ãt] *adj* irritierend.
énervé, e [enɛRve] *adj* aufgeregt; (*agacé*) verärgert.
énervement [enɛRvəmã] *nm* Irritation *f.*
énerver [enɛRve] *vt* aufregen, nervös machen; **s'énerver** *vpr* sich aufregen.
enfance [ãfãs] *nf* Kindheit *f*; (*fig*) Anfangsstadium *nt*; (*enfants*) Kinder *pl*; **c'est l'**~ **de l'art** das ist kinderleicht; **petite** ~ frühe Kindheit *f*; **souvenir d'**~ Kindheitserinnerung *f*; **ami d'**~ Freund *m* aus Kindertagen; **retomber en** ~ seine zweite Kindheit erleben.
enfant [ãfã] *nm/f* Kind *nt*; **bon** ~ gutmütig ▶ **enfant adoptif** Adoptivkind ▶ **enfant de chœur** (*REL*) Ministrant *m*, Meßdiener *m*; (*fig*) Musterknabe *m* ▶ **enfant naturel** uneheliches Kind ▶ **enfant prodige** Wunderkind ▶ **enfant unique** Einzelkind.
enfanter [ãfãte] *vi* ein Kind gebären ♦ *vt* (*œuvre*) gebären, hervorbringen.
enfantillage [ãfãtijaʒ] (*péj*) *nm* Kinderei *f.*
enfantin, e [ãfãtɛ̃, in] *adj* (*d'enfant*) kindlich; (*péj: réaction etc*) kindisch; (*simple*) kinderleicht; (*langage*) Kinder-.

enfer [ãfɛR] *nm* Hölle *f*; **allure/bruit d'**~ Höllentempo *nt/-lärm m.*
enfermer [ãfɛRme] *vt* einschließen; (*prisonnier*) einsperren; **s'enfermer** *vpr* sich einschließen; **s'**~ **à clef** sich einschließen; **s'**~ **dans la solitude** sich in die Einsamkeit zurückziehen; **s'**~ **dans le mutisme** sich in Schweigen hüllen.
enferrer [ãfɛRe]: **s'**~ *vpr*: **s'**~ **dans** (*des explications, mensonges*) sich verstricken in +*dat.*
enfiévré [ãfjevRe] *adj* (*fig*) fiebrig.
enfilade [ãfilad] *nf*: **une** ~ **de ruelles** eine Reihe von Gassen; **une** ~ **de maisons** eine Häuserzeile; **en** ~ in einer Reihe; **prendre des rues en** ~ von einer Straße in die nächste gehen/fahren.
enfiler [ãfile] *vt* (*perles etc*) auffädeln; (*aiguille*) einfädeln; (*vêtement*) schlüpfen in +*acc*; (*rue, couloir*) einbiegen in +*acc*; ~ **qch dans** etw einfügen in +*acc*; **s'enfiler dans** *vpr* schlüpfen in +*acc.*
enfin [ãfɛ̃] *adv* endlich; (*en dernier lieu*) schließlich; (*de restriction*) oder aber; **mais** ~! also bitte!
enflammé, e [ãflame] *adj* (*torche, allumette*) brennend; (*MÉD: plaie*) entzündet; (*nature*) feurig; (*discours, déclaration*) flammend.
enflammer [ãflame] *vt* in Brand setzen; (*MÉD: fig*) entzünden; **s'enflammer** *vpr* (*v vt*) Feuer fangen; sich entzünden.
enflé, e [ãfle] *adj* (an)geschwollen; (*péj: style*) geschwollen.
enfler [ãfle] *vi* anschwellen.
enflure [ãflyR] *nf* (*MÉD*) Schwellung *f.*
enfoncé, e [ãfɔ̃se] *adj* (*toit, paroi*) eingerissen; (*crâne, côtes*) eingeschlagen; (*yeux*) tief liegend.
enfoncement [ãfɔ̃smã] *nm* (*recoin*) Ecke *f.*
enfoncer [ãfɔ̃se] *vt* (*clou, porte, plancher etc*) einschlagen; (*côtes, lignes ennemies*) zerschlagen; (*fam: surpasser*) schlagen, übertreffen ♦ *vi* versinken; **s'enfoncer** *vpr* versinken; **s'**~ **dans** (*neige, vase etc*) versinken in +*dat*; (*forêt, ville*) verschwinden in +*dat*; (*mensonge, erreur*) sich verstricken in +*dat*; ~ **qch dans** etw versenken in +*acc.*
enfouir [ãfwiR] *vt* (*dans le sol*) vergraben; (*dans un tiroir, une poche etc*) verstecken; **s'enfouir dans/sous** *vpr* sich vergraben in +*dat*/unter +*dat.*
enfourcher [ãfuRʃe] *vt* besteigen, steigen auf +*acc*; ~ **son dada** bei seinem Lieblingsthema sein.
enfourner [ãfuRne] *vt* (*pain*) in den Ofen schieben; (*poterie*) in den Brennofen schieben; (*fam: enfoncer*) schieben; **s'enfourner dans** *vpr* (*suj: personne*) verschwinden in +*dat.*
enfreignais [ãfRɛɲɛ] *vb voir* **enfreindre.**
enfreindre [ãfRɛ̃dR] *vt* übertreten, verletzen.
enfuir [ãfyiR]: **s'**~ *vpr* fliehen, weglaufen.
enfumer [ãfyme] *vt* (*salle, personnes*) einräuchern; (*pour faire sortir*) ausräuchern.
enfuyais [ãfyijɛ] *vb voir* **enfuir.**

ngagé, e [ãgaʒe] adj (littérature, politique) engagiert ♦ nm (MIL) Freiwillige(r) m.

ngageant, e [ãgaʒã, ãt] adj (attrayant) verführerisch.

ngagement [ãgaʒmã] nm (politique) Engagement nt; (promesse) Versprechen nt, Zusage f; (contrat professionnel) Vertrag m; (financier) Verpflichtung f; (MIL: combat) Gefecht nt; (: recrutement) Einstellung f, Anstellung f; (SPORT) Anstoß m; **prendre l'~ de faire qch** sich verpflichten, etw zu tun; **sans ~ (COMM)** ohne Verpflichtung.

ngager [ãgaʒe] vt (embaucher) anstellen, einstellen; (commencer: débat, hostilités, négociations) beginnen, anfangen; (lier) binden, verpflichten; (entraîner) beteiligen, verwickeln; (investir: argent) investieren, anlegen; (SPORT: concurrents, chevaux) melden; **s'engager** vpr (s'embaucher) eingestellt werden; (MIL) sich melden; (politiquement) sich engagieren; (promettre) sich verpflichten; (débuter: négociations) beginnen; **~ qn à faire qch/à qch** jdn drängen, etw zu tun/jdn zu etw drängen; **~ qch dans** etw hineinstecken in +acc; **s'~ à faire qch** sich verpflichten, etw zu tun; **s'~ dans** (rue, passage) einbiegen in +acc; (s'emboîter) hineinpassen in +acc; (carrière, affaire) sich verlegen auf +acc; (discussion) sich einlassen auf +acc.

ngazonner [ãgazɔne] vt mit Rasen bedecken.

ngeance [ãʒãs] nf Meute f.

ngelures [ãʒlyʀ] nfpl Frostbeulen pl.

ngendrer [ãʒãdʀe] vt zeugen; (fig) hervorbringen.

ngin [ãʒɛ̃] nm Gerät nt; (véhicule) Fahrzeug nt; (péj) Ding nt; (missile) Rakete f ▶ **engin blindé** Panzerfahrzeug nt ▶ **engin de terrassement** Planierfahrzeug nt ▶ **engin explosif** Sprengkörper m ▶ **engins spéciaux** Raketen pl.

nglober [ãglɔbe] vt umfassen, einschließen.

ngloutir [ãglutiʀ] vt verschlingen; **s'engloutir** vpr verschwinden.

nglué, e [ãglye] adj (doigts etc) klebrig.

ngoncé, e [ãgɔ̃se] adj: **~ dans** eingezwängt in +acc.

ngorgement [ãgɔʀʒəmã] nm (v vt) Verstopfung f; Sättigung f; (MÉD) Schwellung f.

ngorger [ãgɔʀʒe] vt (tuyau, rue) verstopfen; (saturer: marché) sättigen; **s'engorger** vpr verstopft werden.

ngouement [ãgumã] nm Begeisterung f, Schwärmerei f.

ngouffrer [ãgufʀe] vt (engloutir) verschlingen; **s'engouffrer dans** vpr hineinströmen in +acc.

ngourdi, e [ãguʀdi] adj (mains etc) gefühllos, taub.

ngourdir [ãguʀdiʀ] vt (membres, mains) einschlafen lassen, taub werden lassen; (esprit) abstumpfen; **s'engourdir** vpr (v vt) einschlafen, taub werden; abstumpfen.

ngrais [ãgʀɛ] nm Dünger m ▶ **engrais chimi-**que Kunstdünger ▶ **engrais naturel** Naturdünger ▶ **engrais organique** organischer Dünger ▶ **engrais vert** Gründüngung f.

engraisser [ãgʀese] vt (animal) mästen; (terre) düngen ♦ vi (grossir) dicker werden.

engranger [ãgʀãʒe] vt (foin) einbringen; (fig) sammeln.

engrenage [ãgʀənaʒ] nm (dispositif) Getriebe nt; **l'~ de la violence** die Kette der Gewalt.

engueuler [ãgœle] (fam!) vt anschnauzen (fam).

enguirlander [ãgiʀlãde] (fam) vt anschnauzen, ausschimpfen.

enhardir [ãaʀdiʀ] vt Mut machen +dat; **s'enhardir** vpr keck werden.

énième [ɛnjɛm] adj voir **nième**.

énigmatique [enigmatik] adj rätselhaft.

énigmatiquement [enigmatikmã] adv rätselhaft.

énigme [enigm] nf Rätsel nt.

enivrant, e [ãnivʀã, ãt] adj berauschend.

enivrer [ãnivʀe] vt (rendre ivre) betrunken machen; (suj: parfums, vitesse, succès) berauschen; **s'enivrer** vpr (en buvant) sich betrinken; **s'~ de** sich berauschen an +dat.

enjambée [ãʒãbe] nf Schritt m; **d'une ~** mit einem Schritt.

enjamber [ãʒãbe] vt überschreiten; (suj: pont) überspannen.

enjeu, x [ãʒø] nm Einsatz m.

enjoindre [ãʒwɛ̃dʀ] vt: **~ à qn de faire qch** jdn eindringlich mahnen, etw zu tun.

enjôler [ãʒole] vt überreden, beschwatzen.

enjôleur, -euse [ãʒolœʀ, øz] adj gewinnend.

enjolivement [ãʒɔlivmã] nm Ausschmückung f.

enjoliver [ãʒɔlive] vt ausschmücken.

enjoliveur [ãʒɔlivœʀ] nm (AUTO) Radkappe f.

enjoué, e [ãʒwe] adj fröhlich.

enlacer [ãlase] vt (personne) umarmen; (suj: corde, liane) umschlingen.

enlaidir [ãlediʀ] vt verunstalten ♦ vi häßlich werden.

enlevé, e [ãl(ə)ve] adj (morceau de musique) hinreißend gespielt.

enlèvement [ãlɛvmã] nm (rapt) Entführung f; **l'~ des ordures ménagères** die Müllabfuhr.

enlever [ãl(ə)ve] vt (ôter, déplacer) wegnehmen; (vêtement) ausziehen; (lunettes) absetzen; (faire disparaître, MÉD: organe) entfernen; (ordures, meubles à déménager) abholen; (kidnapper) entführen; (obtenir) davontragen; (MIL: position ennemie) einnehmen; (morceau de piano, etc) hinreißend spielen; **s'enlever** vpr (tache) herausgehen; **~ qch à qn** jdm etw wegnehmen; (espoir etc) jdm etw nehmen; **la maladie qui nous l'a enlevé** (euphémisme) die Krankheit, die ihn uns entrissen hat.

enliser [ãlize]: **s'~** vpr versinken.

enluminure [ãlyminyʀ] nf Buchmalerei f, Illumination f.

enneigé, e [ãneʒe] adj (pente, col) verschneit; (maison) eingeschneit.

enneigement [ɑ̃nɛʒmɑ̃] *nm* Schnee *m*; **bulletin d'~** Schneebericht *m*.

ennemi, e [ɛnmi] *adj* feindlich ♦ *nm/f* Feind(in) *m(f)*; **être ~ de** ein Feind sein von.

ennoblir [ɑ̃nɔbliʀ] *vt* adeln.

ennui [ɑ̃nɥi] *nm* (*lassitude*) Langeweile *f*; (*difficulté*) Schwierigkeit *f*; **avoir/s'attirer des ~s** Schwierigkeiten haben/bekommen.

ennuie [ɑ̃nɥi] *vb voir* **ennuyer**.

ennuyé, e [ɑ̃nɥije] *adj*: **je suis bien ~** (*gêné*) es ist mir peinlich.

ennuyer [ɑ̃nɥije] *vt* ärgern; (*lasser*) langweilen; **s'ennuyer** *vpr* sich langweilen; **si cela ne vous ennuie pas** wenn es Ihnen keine Umstände macht; **s'~ de qn/qch** (*regretter*) jdn/ etw vermissen.

ennuyeux, -euse [ɑ̃nɥijø, øz] *adj* (*lassant*) langweilig; (*contrariant*) ärgerlich.

énoncé [enɔse] *nm* (*d'un problème, d'une loi*) Wortlaut *m*; (*LING*) Aussage *f*.

énoncer [enɔse] *vt* ausdrücken; (*conditions*) formulieren.

enorgueillir [ɑ̃nɔʀɡœjiʀ]: **s'~ de** *vpr* sich rühmen +*gén*.

énorme [enɔʀm] *adj* enorm, gewaltig.

énormément [enɔʀmemɑ̃] *adv* ungeheuer; **~ de neige/gens** ungeheuer viel Schnee/viele Menschen.

énormité [enɔʀmite] *nf* (*d'une faute etc*) ungeheure(s) Ausmaß *nt*; (*propos incongru*) Ungeheuerlichkeit *f*.

en part. *abr* (= *en particulier*) bes.

enquérir [ɑ̃keʀiʀ]: **s'~ de** *vpr* sich erkundigen nach +*dat ou* über +*acc*.

enquête [ɑ̃kɛt] *nf* (*judiciaire, de police*) Untersuchung *f*, Ermittlung *f*; (*de journaliste*) Nachforschungen *pl*; (*sondage d'opinion*) (Meinungs)umfrage *f*.

enquêter [ɑ̃kete] *vi* ermitteln; (*journaliste*) Nachforschungen anstellen; (*faire un sondage*) eine Umfrage machen; **~ sur** Nachforschungen anstellen über +*acc*.

enquêteur, -euse *ou* **trice** [ɑ̃kɛtœʀ, øz, tʀis] *nm/f* Ermittler(in) *m(f)*; (*de sondage*) Meinungsforscher(in) *m(f)*.

enquière *etc* [ɑ̃kjɛʀ] *vb voir* **enquérir**.

enquiers *etc* [ɑ̃kje] *vb voir* **enquérir**.

enquiquiner [ɑ̃kikine] *vt* (*fam*) ärgern.

enquis [ɑ̃ki] *pp de* **enquérir**.

enraciné, e [ɑ̃ʀasine] *adj* tief verwurzelt.

enragé, e [ɑ̃ʀaʒe] *adj* (*MÉD: qui a la rage*) tollwütig; (*furieux*) tobend; (*passionné*) fanatisch; **~ de** (*fam*) verrückt nach.

enrageant, e [ɑ̃ʀaʒɑ̃, ɑ̃t] *adj* ärgerlich.

enrager [ɑ̃ʀaʒe] *vi* rasend *ou* wütend sein; **faire ~ qn** jdn wütend machen, jdn zum Rasen bringen.

enrayer [ɑ̃ʀeje] *vt* (*maladie, processus*) aufhalten, stoppen; **s'enrayer** *vpr* (*arme à feu, mécanisme*) klemmen.

enrégimenter [ɑ̃ʀeʒimɑ̃te] (*péj*) *vt* rekrutieren.

enregistrement [ɑ̃ʀ(ə)ʒistʀəmɑ̃] *nm* Aufnahme *f*; (*d'une plainte*) Registrierung *f*; **~ des bagages** (*à l'aéroport*) Gepäckaufgabe *f*.

enregistrer [ɑ̃ʀ(ə)ʒistʀe] *vt* (*disque, chanson, commande*) aufnehmen; (*remarquer*) registrieren, bemerken; (*ADMIN: prendre acte de*) eintragen, registrieren; (*mémoriser*) sich *dat* merken; (*bagages*) aufgeben.

enregistreur, -euse [ɑ̃ʀ(ə)ʒistʀœʀ, øz] *adj* (*machine*) Aufnahme- ♦ *nm* (*appareil*) Schreiber *m*, Aufzeichnungsgerät *nt* ▶ **enregistreur de vol** Flugschreiber *m*.

enrhumé, e [ɑ̃ʀyme] *adj* erkältet.

enrhumer [ɑ̃ʀyme]: **s'~** *vpr* sich erkälten.

enrichi, e [ɑ̃ʀiʃi] *adj* (*CHIM*) angereichert.

enrichir [ɑ̃ʀiʃiʀ] *vt* reich machen; (*moralement*) bereichern; (*connaissances*) erweitern; **s'enrichir** *vpr* reich werden.

enrichissant, e [ɑ̃ʀiʃisɑ̃, ɑ̃t] *adj* bereichernd.

enrichissement [ɑ̃ʀiʃismɑ̃] *nm* Bereicherung *f*.

enrober [ɑ̃ʀɔbe] *vt*: **~ qch de** etw umhüllen mit; (*fig*) etw verhüllen mit.

enrôlement [ɑ̃ʀolmɑ̃] *nm* (*inscription*) Aufnahme *f*.

enrôler [ɑ̃ʀole] *vt* aufnehmen; **s'enrôler (dans)** *vpr* sich anmelden (bei).

enroué, e [ɑ̃ʀwe] *adj* heiser.

enrouer [ɑ̃ʀwe]: **s'~** *vpr* heiser werden.

enrouler [ɑ̃ʀule] *vt* (*fil, corde*) aufwickeln; **s'enrouler** *vpr* sich aufspulen; **~ qch autour de** etw herumwickeln um.

enrouleur, -euse [ɑ̃ʀulœʀ, øz] *adj* (*TECH*) Wickel- ♦ *nm voir* **ceinture**.

enrubanné, e [ɑ̃ʀybane] *adj* mit Bändern besetzt.

ENS [ɛɛnɛs] *sigle f* (= *École normale supérieure*) *voir* **école**.

ensabler [ɑ̃sɑble] *vt* (*port, canal*) versanden lassen; (*embarcation*) auf eine Sandbank auflaufen lassen; **s'ensabler** *vpr* (*v vt*) versanden; auf eine Sandbank auflaufen.

ensacher [ɑ̃saʃe] *vt* eintüten.

ensanglanté, e [ɑ̃sɑ̃ɡlɑ̃te] *adj* blutbefleckt.

enseignant, e [ɑ̃sɛɲɑ̃, ɑ̃t] *adj* (*personnel*) Lehr- ♦ *nm/f* Lehrer(in) *m(f)*; **le corps ~** der Lehrkörper *m*.

enseigne [ɑ̃sɛɲ] *nf* Geschäftsschild *nt* ♦ *nm*: **~ de vaisseau** Leutnant *m* zur See; **à telle ~ que** sosehr, daß; **être logé à la même ~** (*fig*) im gleichen Boot sitzen ▶ **enseigne lumineuse** Leuchtreklame *f*.

enseignement [ɑ̃sɛɲ(ə)mɑ̃] *nm* Unterricht *m*; (*conclusion*) Lehre *f*; (*profession*) Lehrerberuf *m*; (*administration*) Unterrichtswesen *nt* ▶ **enseignement ménager** Hauswirtschaftslehre *f* ▶ **enseignement primaire** ≈ Grundschulerziehung *f* ▶ **enseignement privé** Privaterziehung *f* ▶ **enseignement public** staatliche Schulerziehung *f* ▶ **enseignement secondaire** ≈ Sekundarerziehung *f* ▶ **enseignement technique** ≈ Berufsschulunterricht *m*.

enseigner [ɑ̃sɛɲe] *vt* unterrichten; (*suj: choses*) lehren, beibringen ♦ *vi* (*être professeur*) unterrichten; ~ **qch à qn** jdm etw beibringen; ~ **à qn que** jdm beibringen, daß, jdn lehren, daß.

ensemble [ɑ̃sɑ̃bl] *adv* zusammen ♦ *nm* (*groupe, assemblage*) Komplex *m*; (*MATH*) Menge *f*; (*vêtement féminin*) Ensemble *nt*; (*unité, harmonie*) Einheit *f*; (*résidentiel*) Siedlung *f*; **l'~ du/de la** der/die/das ganze; **aller** ~ zusammenpassen; **impression/idée d'~** Gesamteindruck *m*/Gesamtidee *f*; **dans l'~** im ganzen; **dans son** ~ insgesamt ► **ensemble instrumental** Instrumentalensemble *nt* ► **ensemble vocal** Vokalensemble *nt*.

ensemblier [ɑ̃sɑ̃blije] *nm* Innenarchitekt(in) *m(f)*.

ensemencer [ɑ̃s(ə)mɑ̃se] *vt* besäen.

enserrer [ɑ̃seʀe] *vt* fest umschließen.

ensevelir [ɑ̃səv(ə)liʀ] *vt* begraben.

ensoleillé, e [ɑ̃sɔleje] *adj* sonnig.

ensoleillement [ɑ̃sɔlɛjmɑ̃] *nm* Sonnenstunden *pl*.

ensommeillé, e [ɑ̃sɔmeje] *adj* schläfrig, verschlafen.

ensorceler [ɑ̃sɔʀsəle] *vt* verzaubern.

ensuite [ɑ̃sɥit] *adv* dann.

ensuivre [ɑ̃sɥivʀ]: **s'~** *vpr* folgen, sich ergeben; **il s'ensuit que** daraus ergibt sich, daß, deshalb; **et tout ce qui s'ensuit** und so weiter.

entaché, e [ɑ̃taʃe] *adj*: ~ **de nullité** null und nichtig.

entacher [ɑ̃taʃe] *vt* beschmutzen.

entaille [ɑ̃taj] *nf* (*encoche*) Kerbe *f*; (*blessure*) Schnitt *m*; **se faire une** ~ sich schneiden.

entailler [ɑ̃taje] *vt* einkerben; **s'entailler** *vpr*: **s'~ le doigt** *etc* sich am *ou* in den Finger *etc* schneiden.

entamer [ɑ̃tame] *vt* (*pain*) anschneiden; (*bouteille*) anbrechen; (*hostilités, pourparlers*) eröffnen; (*altérer*) beeinträchtigen.

entartrer [ɑ̃taʀtʀe]: **s'~** *vpr* Kesselstein ansetzen; (*dents*) Zahnstein ansetzen.

entassement [ɑ̃tɑsmɑ̃] *nm* (*tas*) Anhäufung *f*.

entasser [ɑ̃tɑse] *vt* (*empiler*) anhäufen, aufhäufen; (*prisonniers etc*) zusammenpferchen; **s'entasser** *vpr* (*v vt*) sich anhäufen; zusammengepfercht werden; **s'~ dans** sich hineinquetschen in +*acc*.

entendement [ɑ̃tɑ̃dmɑ̃] *nm* Verständnis *nt*.

entendre [ɑ̃tɑ̃dʀ] *vt* hören; (*JUR: accusé, témoin*) anhören, vernehmen; (*comprendre*) verstehen; (*vouloir dire*) meinen; **s'entendre** *vpr* (*sympathiser*) sich verstehen; (*se mettre d'accord*) übereinkommen, sich einigen; **j'ai entendu dire que** ich habe gehört *ou* sagen hören, daß; ~ **être obéi/que** (*vouloir*) Gehorsam wollen/wollen, daß; **s'y** ~ sich darauf verstehen; ~ **parler de** hören von; ~ **raison** Vernunft annehmen; **je m'entends** ich meine; **entendons-nous** seien wir uns darüber im klaren; **cela s'entend** das versteht sich (von selbst); **laisser** ~ *ou* **donner à** ~ **que** zu verstehen geben, daß; **ce qu'il ne faut pas** ~! was es nicht alles gibt!; **j'ai mal entendu** ich

habe das nicht gut verstanden; **je suis heureux de vous l'~ dire** ich freue mich, daß Sie das sagen; **je vous entends très mal** ich verstehe Sie sehr schlecht.

entendu, e [ɑ̃tɑ̃dy] *pp de* **entendre** ♦ *adj* (*réglé*) abgemacht; (*au courant: air*) wissend; **étant ~ que** wenn man davon ausgeht, daß; ~**!** (*d'accord*) einverstanden!; **bien** ~**!** selbstverständlich!

entente [ɑ̃tɑ̃t] *nf* (*entre amis, pays*) Einvernehmen *nt*; (*accord, traité*) Vertrag *m*; **à double** ~ (*sens*) doppeldeutig.

entériner [ɑ̃teʀine] *vt* (*JUR*) bestätigen.

entérite [ɑ̃teʀit] *nf* Enteritis *f*.

enterrement [ɑ̃tɛʀmɑ̃] *nm* Begräbnis *nt*.

enterrer [ɑ̃teʀe] *vt* begraben; (*trésor etc*) vergraben.

entêtant, e [ɑ̃tɛtɑ̃, ɑ̃t] *adj* berauschend.

en-tête [ɑ̃tɛt] (*pl* ~**-~s**) *nm*: **papier à** ~**-~** Papier *nt* mit Briefkopf.

entêté, e [ɑ̃tete] *adj* dickköpfig.

entêtement [ɑ̃tɛtmɑ̃] *nm* Dickköpfigkeit *f*.

entêter [ɑ̃tete]: **s'~** *vpr* dickköpfig sein; **s'~ à faire qch** sich darauf versteifen, etw zu tun.

enthousiasmant, e [ɑ̃tuzjasmɑ̃, ɑ̃t] *adj* begeisternd.

enthousiasme [ɑ̃tuzjasm] *nm* Begeisterung *f*, Enthusiasmus *m*; **avec** ~ begeistert.

enthousiasmé, e [ɑ̃tuzjasme] *adj* begeistert.

enthousiasmer [ɑ̃tuzjasme] *vt* begeistern; **s'enthousiasmer** *vpr*: **s'~ (pour qch)** sich (für etw) begeistern.

enthousiaste [ɑ̃tuzjast] *adj* begeistert ♦ *nm/f* Enthusiast(in) *m(f)*.

enticher [ɑ̃tiʃe]: **s'~ de** *vpr* sich vernarren in +*acc*.

entier, -ère [ɑ̃tje, jɛʀ] *adj* ganz, (*intact, complet*) vollständig; (*personne, caractère*) geradlinig ♦ *nm* (*MATH*) ganze Zahl *f*; **en** ~ vollständig; **se donner tout** ~ **à qch** sich einer Sache *dat* ganz weihen; **lait** ~ Vollmilch *f*; **nombre** ~ ganze Zahl.

entièrement [ɑ̃tjɛʀmɑ̃] *adv* vollständig, völlig.

entité [ɑ̃tite] *nf* Wesen *nt*.

entomologie [ɑ̃tɔmɔlɔʒi] *nf* Insektenkunde *f*.

entomologiste [ɑ̃tɔmɔlɔʒist] *nm/f* Insektenforscher(in) *m(f)*.

entonner [ɑ̃tɔne] *vt* (*chanson*) anstimmen.

entonnoir [ɑ̃tɔnwaʀ] *nm* Trichter *m*.

entorse [ɑ̃tɔʀs] *nf* (*MÉD*) Verstauchung *f*; ~ **à la loi** Gesetzesverletzung *f*; ~ **au règlement** Regelverstoß *m*; **se faire une** ~ **à la cheville/au poignet** sich *dat* den Knöchel/das Handgelenk verstauchen.

entortiller [ɑ̃tɔʀtije] *vt*: ~ **qch dans** etw einwickeln in +*acc*; ~ **qch autour de** etw (herum)wickeln um; ~ **qn** (*fam*) jdn einwickeln; **s'entortiller dans** *vpr* (*draps*) sich verwickeln in +*acc*; (*réponses*) sich verstricken in +*acc*.

entourage [ɑ̃tuʀaʒ] *nm* (*personnes proches*) Umgebung *f*.

entouré, e [ɑ̃tuʀe] *adj* (*recherché, admiré*) populär; ~ **de** umgeben von.

entourer [ɑ̃tuʀe] vt umgeben; (cerner) umzingeln; (faire cercle autour de) umkreisen; (apporter son soutien à) umsorgen; **s'entourer** vpr: **s'~ de** (collaborateurs, amis) sich umgeben mit; **~ qch de** (clôture, trait) etw umfassen mit; **~ qn de soins** jdn umsorgen; **~ qn de prévenances** jdn umhegen; **s'~ de mystère/luxe** sich mit dem Schleier des Geheimnisvollen/mit Luxus umgeben; **s'~ de précautions** alle möglichen Vorsichtsmaßnahmen treffen.

entourloupette [ɑ̃tuʀlupɛt] nf (gén pl) übler Trick m.

entournures [ɑ̃tuʀnyʀ] nfpl: **gêné aux ~** (financièrement) in Geldschwierigkeiten.

entracte [ɑ̃tʀakt] nm Pause f.

entraide [ɑ̃tʀɛd] nf gegenseitige Hilfe f.

entraider [ɑ̃tʀede]: **s'~** vpr sich gegenseitig helfen.

entrailles [ɑ̃tʀaj] nfpl (intestins) Innereien pl, Eingeweide pl; (fig) Innere(s) nt.

entrain [ɑ̃tʀɛ̃] nm Elan m, Schwung m; **avec ~** mit Schwung; **sans ~** lustlos, ohne Schwung.

entraînant, e [ɑ̃tʀɛnɑ̃, ɑ̃t] adj mitreißend.

entraînement [ɑ̃tʀɛnmɑ̃] nm Training nt; **manquer d'~** nicht fit sein; **~ à chaîne/galet** Ketten-/Radantrieb m; **~ par ergots/friction** Dorn-/Reibungsantrieb m.

entraîner [ɑ̃tʀene] vt (tirer) ziehen; (TECH: actionner) antreiben; (emmener) mitschleppen; (mener à l'assaut) anführen; (SPORT) trainieren; (influencer) mitreißen; (impliquer) mit sich bringen; (causer) verursachen; **s'entraîner** vpr (SPORT) trainieren; **~ qn à** (inciter) jdn zu etw bringen; **~ qn à faire qch** jdn dazu bringen, etw zu tun; **s'~ à qch** (s'exercer) sich in etw dat üben; **s'~ à faire qch** sich darin üben, etw zu tun.

entraîneur, -euse [ɑ̃tʀɛnœʀ, øz] nm/f (SPORT) Trainer(in) m(f) ♦ nf (de bar) Animierdame f.

entrapercevoir [ɑ̃tʀapɛʀsəvwaʀ] vt einen Blick erhaschen von.

entrave [ɑ̃tʀav] nf (obstacle) Behinderung f.

entraver [ɑ̃tʀave] vt behindern.

entre [ɑ̃tʀ] prép zwischen +dat; (parmi) unter +dat; (avec mouvement) zwischen +acc; **l'un d'~ eux** einer von ou unter ihnen; **le meilleur d'~ eux** der beste unter ihnen; **ils préfèrent rester ~ eux** sie bleiben lieber unter sich; **~ autres (choses)** unter anderem; **~ nous** (soit dit) unter uns gesagt; **ils se battent ~ eux** sie schlagen sich (untereinander); **~ ces deux solutions, il n'y a guère de différence** es gibt zwischen diesen beiden Lösungen kaum einen Unterschied.

entrebâillé, e [ɑ̃tʀəbaje] adj angelehnt.

entrebâillement [ɑ̃tʀəbɑjmɑ̃] nm: **dans l'~ de la porte** in der halboffenen Tür.

entrebâiller [ɑ̃tʀəbaje] vt anlehnen.

entrechat [ɑ̃tʀəʃa] nm Sprung m.

entrechoquer [ɑ̃tʀəʃɔke]: **s'~** vpr aneinanderstoßen.

entrecôte [ɑ̃tʀəkot] nf Entrecôte nt.

entrecoupé, e [ɑ̃tʀəkupe] adj (paroles) unterbrochen; (voix) gebrochen.

entrecouper [ɑ̃tʀəkupe] vt: **~ qch de** etw unterbrechen mit; **s'entrecouper** vpr sich schneiden.

entrecroiser [ɑ̃tʀəkʀwaze] vt (fils, rubans) (miteinander) verschlingen; **s'entrecroiser** vpr sich ineinander verschlingen.

entrée [ɑ̃tʀe] nf (accès, porte) Eingang m; (d'une personne) Eintreten nt; (d'un véhicule) Einfahrt f; (billet) Eintrittskarte f; (CULIN: mets) Vorspeise f; (INFORM) Eingabe f; **~s** nfpl: **avoir ses ~s chez** ou **auprès de** ein willkommener Gast ou willkommen sein bei; **faire son ~ dans** (société) eingeführt werden in +acc; **d'~** (dès l'abord) von Anfang an ▶ **entrée de service** Dienstboteneingang ▶ **entrée des artistes** Künstlereingang ▶ **entrée en matière** Einführung f, Einleitung f ▶ **entrée en scène** Auftritt m ▶ **entrée en vigueur** Inkrafttreten nt ▶ **"entrée interdite"** „Eintritt verboten" ▶ **"entrée libre"** „Eintritt frei".

entrefaites [ɑ̃tʀəfɛt]: **sur ces ~** adv dann.

entrefilet [ɑ̃tʀəfilɛ] nm (article) Notiz f.

entregent [ɑ̃tʀəʒɑ̃] nm: **avoir de l'~** umgängliche Manieren haben.

entre-jambes [ɑ̃tʀəʒɑ̃b] nm inv (COUTURE) Schritt m.

entrelacement [ɑ̃tʀəlasmɑ̃] nm: **un ~ de** ein Netz nt von.

entrelacer [ɑ̃tʀəlase] vt (fils) ineinander verschlingen; **s'entrelacer** vpr sich miteinander verschlingen.

entrelarder [ɑ̃tʀəlaʀde] vt (viande) spicken; **entrelardé de** (fig) gespickt mit.

entremêler [ɑ̃tʀəmele] vt (fils) miteinander verschlingen; (mélanger) vermischen.

entremets [ɑ̃tʀəmɛ] nm Nachspeise f.

entremetteur, -euse [ɑ̃tʀəmɛtœʀ, øz] nm/f Vermittler(in) m(f); (péj) Kuppler(in) m(f).

entremettre [ɑ̃tʀəmɛtʀ]: **s'~** vpr vermitteln; (péj) sich einmischen.

entremise [ɑ̃tʀəmiz] nf (intervention) Vermittlung f; **par l'~ de** durch Vermittlung +gén.

entrepont [ɑ̃tʀəpɔ̃] nm (NAUT) Zwischendeck nt.

entreposer [ɑ̃tʀəpoze] vt einlagern.

entrepôt [ɑ̃tʀəpo] nm (hangar) Lagerhaus nt ▶ **entrepôt frigorifique** Kühlhaus nt.

entreprenant, e [ɑ̃tʀəpʀənɑ̃, ɑ̃t] vb voir **entreprendre** ♦ adj (actif) unternehmungslustig; (trop galant) dreist.

entreprendre [ɑ̃tʀəpʀɑ̃dʀ] vt (se lancer dans) machen, unternehmen; (commencer) angehen; **~ qn sur un sujet** jdn auf ein Thema ansprechen; **~ de faire qch** sich daran machen, etw zu tun.

entrepreneur [ɑ̃tʀəpʀənœʀ] nm Unternehmer(in) m(f) ▶ **entrepreneur de pompes funèbres** Bestattungsunternehmer m ▶ **entrepreneur (en bâtiment)** Bauunternehmer m.

entreprise [ɑ̃tʀəpʀiz] nf Unternehmen nt ▶ **en-**

treprise agricole Agrarunternehmen nt ► **entreprise de travaux publics** Hoch- und Tiefbauunternehmen nt.

entrer [ɑ̃tʀe] vi hereinkommen; (véhicule) hereinfahren; (pénétrer, s'enfoncer) eindringen ♦ vt (marchandises) einführen; (INFORM: données) eingeben; ~ **qch dans** etw hineintun in +acc; ~ **dans** (suj: personne) kommen in +acc; (: véhicule) fahren in +acc; (: marchandises) eingeführt werden in +acc; (pénétrer dans) eindringen in +acc; (fig: parti, profession, phase) eintreten in +acc; (: famille etc) ein Teil werden von; (heurter) zusammenstoßen mit; (faire partie de) ein Teil sein von; ~ **au couvent/à l'hôpital** in ein Kloster eintreten/ins Krankenhaus gehen; ~ **en fureur** wütend werden; ~ **en ébullition** zum Kochen kommen; ~ **en scène** (acteur) auftreten; (fig) auf der Bildfläche erscheinen; ~ **dans le système** (INFORM) (sich) einloggen; **laisser** ~ **qn** (visiteur etc) jdn einlassen; **laisser** ~ **qch** etw hereinlassen; **faire** ~ **qn** jdn hereinbitten.

entresol [ɑ̃tʀəsɔl] nm Zwischengeschoß nt (zwischen Erdgeschoß und erstem Stock).

entre-temps [ɑ̃tʀətɑ̃] adv in der Zwischenzeit, inzwischen.

entretenir [ɑ̃tʀət(ə)niʀ] vt (faire vivre) unterhalten; (: maîtresse) aushalten; (feu) am Leben halten; (amitié, relations) aufrechterhalten; **s'entretenir** vpr: **s'**~ **(de qch)** sich unterhalten (über etw acc); ~ **qn (de qch)** (lui parler) jdn unterhalten (mit etw); ~ **qn dans l'erreur** jdn im Irrtum belassen.

entretenu, e [ɑ̃tʀət(ə)ny] pp de **entretenir** ♦ adj (femme) ausgehalten; (maison, jardin): **bien** ~ gut gepflegt; **mal** ~ ungepflegt.

entretien [ɑ̃tʀətjɛ̃] nm (d'une maison, d'une famille) Unterhalt m; (discussion) Unterhaltung f; (audience) Unterredung f, Gespräch nt; (service) Wartung f; ~**s** (pourparlers: gén pl) Gespräche pl; **frais d'**~ Wartungskosten pl.

entretiendrai [ɑ̃tʀətjɛ̃dʀe] vb voir **entretenir**.

entretiens [ɑ̃tʀətjɛ̃] vb voir **entretenir**.

entretuer [ɑ̃tʀətɥe]: **s'**~ vpr sich gegenseitig umbringen.

entreverrai [ɑ̃tʀəveʀe] vb voir **entrevoir**.

entrevit [ɑ̃tʀəvi] vb voir **entrevoir**.

entrevoir [ɑ̃tʀəvwaʀ] vt (à peine) (kaum) ausmachen; (brièvement) kurz sehen; (fig: solution, problème) ahnen.

entrevu, e [ɑ̃tʀəvy] pp de **entrevoir**.

entrevue [ɑ̃tʀəvy] nf Gespräch nt; (audience) Interview nt.

entrouvert, e [ɑ̃tʀuveʀ, ɛʀt] pp de **entrouvrir** ♦ adj halb offen ou halb geöffnet.

entrouvrir [ɑ̃tʀuvʀiʀ] vt halb öffnen; **s'entrouvrir** vpr halb aufgehen.

énumération [enymeʀasjɔ̃] nf Aufzählung f.

énumérer [enymeʀe] vt aufzählen.

énurésie [enyʀezi] nf Bettnässen nt.

énurétique [enyʀetik] adj: **un enfant** ~ ein Bettnässer m.

envahir [ɑ̃vaiʀ] vt überfallen, einfallen in +acc; (suj: végétation, paperasse etc) sich ausbreiten in +dat; (: marchandises) überschwemmen; (: inquiétude, peur) überkommen.

envahissant, e [ɑ̃vaisɑ̃, ɑ̃t] adj (péj) aufdringlich.

envahissement [ɑ̃vaismɑ̃] nm Invasion f.

envahisseur [ɑ̃vaisœʀ] nm Angreifer m.

envasement [ɑ̃vɑzmɑ̃] nm Verschlammung f.

envaser [ɑ̃vaze]: **s'**~ vpr (véhicule, bateau) im Schlamm steckenbleiben; (lac, rivière) verschlammen.

enveloppe [ɑ̃v(ə)lɔp] nf (de lettre) (Brief)umschlag m; (revêtement, gaine) Gehäuse nt, Hülle f; **mettre sous** ~ in einen Umschlag stecken ► **enveloppe à fenêtre** Fensterumschlag m ► **enveloppe autocollante** selbstklebender Umschlag m ► **enveloppe budgétaire** Etat m.

envelopper [ɑ̃v(ə)lɔpe] vt (emballer) einpacken; (entourer) einhüllen; **s'**~ **dans un châle/une couverture** sich in einen Schal/eine Decke hüllen.

envenimer [ɑ̃v(ə)nime] vt (situation, relations) verschlimmern; **s'envenimer** vpr (plaie) schwären; (situation, relations) sich verschlechtern.

envergure [ɑ̃vɛʀgyʀ] nf (d'un oiseau, avion) Spannweite f; (d'un projet, d'une action) Tragweite f, Ausmaß nt; (d'une personne) Kaliber nt.

enverrai etc [ɑ̃veʀe] vb voir **envoyer**.

envers [ɑ̃vɛʀ] prép gegenüber +dat ♦ nm (d'une feuille) Rückseite f; (d'une étoffe, d'un vêtement) linke Seite f; (d'un problème) Kehrseite f; **à l'**~ (vêtement) links ou verkehrt herum; (objet) verkehrt herum; ~ **et contre tous** gegen Gott und die Welt; ~ **et contre tout** gegen alle Widerstände.

enviable [ɑ̃vjabl] adj beneidenswert; **peu** ~ nicht zu beneiden.

envie [ɑ̃vi] nf (jalousie) Neid m; (souhait, désir) Verlangen nt; (tache sur la peau) Muttermal nt; (autour des ongles) Niednagel m; **avoir** ~ **de qch** Lust auf etw acc haben; **avoir** ~ **de faire qch** Lust (darauf) haben, etw zu tun; **avoir** ~ **que** (sich dat) wünschen, daß; **donner** ~ **à qn l'**~ **de faire qch** jdn veranlassen, etw zu tun; **ça lui fait** ~ er hätte Lust darauf.

envier [ɑ̃vje] vt (personne) beneiden; ~ **qch à qn** jdn um etw beneiden; **n'avoir rien à** ~ **à** in nichts nachstehen +dat.

envieux, -euse [ɑ̃vjø, jøz] adj neidisch ♦ nm/f Neider(in) m(f).

environ [ɑ̃viʀɔ̃] adv etwa, ungefähr; ~**s** nmpl (alentours) Umgebung f; **aux** ~**s de** in der Umgebung von; **aux** ~**s de Noël** um Weihnachten herum.

environnant, e [ɑ̃viʀɔnɑ̃, ɑ̃t] adj umgebend, umliegend; (milieu) umgebend.

environnement [ɑ̃viʀɔnmɑ̃] nm Umwelt f.

environner [ɑ̃viʀɔne] vt umgeben.

envisageable [ɑ̃vizaʒabl] *adj* vorstellbar.
envisager [ɑ̃vizaʒe] *vt* sich vorstellen, sich vor Augen führen; ~ **de faire qch** vorhaben, etw zu tun.
envoi [ɑ̃vwa] *nm* (*action*) Versand *m*; (*paquet, colis*) Paket *nt*, Sendung *f*; ~ **contre remboursement** Nachnahme(sendung) *f*.
envoie [ɑ̃vwa] *vb voir* envoyer.
envol [ɑ̃vɔl] *nm* Abflug *m*.
envolée [ɑ̃vɔle] *nf* (*lyrique*) Höhenflug *m*.
envoler [ɑ̃vɔle]: **s'~** *vpr* (*oiseau*) abfliegen, wegfliegen; (*avion*) abfliegen; (*papier, feuille*) wegfliegen; (*fig: espoir, illusions*) sich verflüchtigen.
envoûtant, e [ɑ̃vutɑ̃, ɑ̃t] *adj* bezaubernd.
envoûtement [ɑ̃vutmɑ̃] *nm* Verzauberung *f*.
envoûter [ɑ̃vute] *vt* verzaubern.
envoyé, e [ɑ̃vwaje] *nm/f* (*POL*) Gesandte(r) *f(m)* ♦ *adj*: **bien** ~ (*remarque, réponse*) geschickt; ~ **permanent** ständiger Berichterstatter *m*; ~ **spécial** Sonderberichterstatter *m*.
envoyer [ɑ̃vwaje] *vt* schicken; (*émissaire, délégué, mission*) entsenden; (*ballon*) werfen; (*projectile*) abschießen; **s'envoyer** *vpr* (*fam: repas etc*) sich *dat* genehmigen; ~ **chercher qn/qch** nach jdm/einer Sache schicken; ~ **une gifle à qn** jdm eine Ohrfeige verabreichen; ~ **les couleurs** die Fahne hissen; ~ **par le fond** (*bateau*) versenken.
enzyme [ɑ̃zim] *nf ou m* (*CHIM*) Enzym *nt*.
éolien, ne [eɔljɛ̃, jɛn] *adj* Wind-.
éolienne [eɔljɛn] *nf* Windrad *nt*.
épagneul, e [epaɲœl] *nm/f* Spaniel *m*.
épais, se [epɛ, ɛs] *adj* dick; (*sauce, liquide*) dickflüssig; (*fumée, brouillard, ténèbres, forêt*) dicht; (*foule*) dichtgedrängt; (*péj: esprit*) schwerfällig.
épaisseur [epɛsœr] *nf* (*d'un mur*) Dicke *f*; (*du brouillard*) Dichte *f*.
épaissir [epesir] *vt* (*sauce*) andicken ♦ *vi* (*sauce, partie du corps, etc*) dick werden; **s'épaissir** *vpr* (*sauce*) dicker werden; (*brouillard*) dichter werden.
épaississement [epesismɑ̃] *nm* (*du brouillard*) Verdichten *nt*; (*de la peau, taille*) Dickerwerden *nt*.
épanchement [epɑ̃ʃmɑ̃] *nm* (*fig: du cœur*) Erguß *m*; **~s** *nmpl* (*fig*) (sentimentale) Ergüsse *pl* ▶ **épanchement de synovie** Wasser *nt* im Knie.
épancher [epɑ̃ʃe] *vt* (*douleur, joie*) zum Ausdruck bringen; **s'épancher** *vpr* (*personne*) sich aussprechen; (*liquide*) herausströmen.
épandage [epɑ̃daʒ] *nm* Düngen *nt* (*mit Jauche*).
épanoui, e [epanwi] *adj* (*fleur*) blühend; (*personne, visage, sourire*) strahlend.
épanouir [epanwir]: **s'~** *vpr* aufblühen; (*visage*) sich erhellen.
épanouissement [epanwismɑ̃] *nm* (*de personne*) Aufblühen *nt*.
épargnant, e [eparɲɑ̃, ɑ̃t] *nm/f* Sparer(in) *m(f)*.
épargne [eparɲ] *nf*: **l'~** das Sparen *nt*; **l'~-logement** das Bausparen *nt*.

épargner [eparɲe] *vt* sparen; (*ne pas tuer ou détruire*) verschonen ♦ *vi* sparen; ~ **qch à qn** jdm etw ersparen.
éparpillement [eparpijmɑ̃] *nm* (*des efforts*) Verschwendung *f*.
éparpiller [eparpije] *vt* verstreuen; (*pour répartir*) streuen; (*efforts*) verschwenden, vergeuden; **s'éparpiller** *vpr* sich zerstreuen; (*foule, manifestants etc*) sich verlaufen; (*étudiant, chercheur etc*) sich verzetteln.
épars, e [epar, ars] *adj* (*maisons*) verstreut.
épatant, e [epatɑ̃, ɑ̃t] (*fam*) *adj* phantastisch, super.
épaté, e [epate] *adj*: **nez** ~ platte (breite) Nase *f*.
épater [epate] *vt* (*étonner*) in Erstaunen versetzen; (*impressionner*) beeindrucken.
épaule [epol] *nf* Schulter *f*.
épaulé-jeté [epoleʒ(ə)te] (*pl* ~**s**-~**s**) *nm* (*SPORT*) Stoßen *nt*.
épaulement [epolmɑ̃] *nm* (*MIL*) Befestigungsmauer *f*; (*GÉO*) Schulter *f*.
épauler [epole] *vt* (*aider*) unterstützen; (*arme*) anlegen ♦ *vi* (*avec arme*) anlegen.
épaulette [epolɛt] *nf* (*MIL*) Epaulette *f*, Schulterstück *nt*; (*rembourrage*) Schulterpolster *nt*.
épave [epav] *nf* Wrack *nt*.
épée [epe] *nf* Schwert *nt*.
épeler [ep(ə)le] *vt* buchstabieren.
éperdu, e [epɛrdy] *adj* (*personne, regard*) verzweifelt; (*sentiment*) überschwenglich; (*fuite*) überstürzt.
éperdument [epɛrdymɑ̃] *adv*: ~ **amoureux** bis über beide Ohren verliebt; **s'en ficher** ~ (*fam*) sich einen Dreck (darum) scheren.
éperlan [epɛrlɑ̃] *nm* Stint *m*.
éperon [eprɔ̃] *nm* Sporn *m*; (*de navire*) Wellenbrecher *m*.
éperonner [eprɔne] *vt* (*cheval*) die Sporen geben +*dat*; (*navire*) rammen; (*fig*) anspornen.
épervier [epɛrvje] *nm* (*ZOOL*) Sperber *m*; (*PÊCHE*) Wurfnetz *nt*.
éphèbe [efɛb] *nm* (*fig*) Adonis *m*.
éphémère [efemɛr] *adj* (*vie*) kurz; (*succès*) kurzlebig.
éphéméride [efemerid] *nf* (*calendrier*) Abreißkalender *m*.
épi [epi] *nm* (*de blé, d'orge*) Ähre *f*; **stationnement en** ~ schräges Parken *nt*; **se garer en** ~ schräg parken ▶ **épi de cheveux** Haarbüschel *m*.
épice [epis] *nf* Gewürz *nt*.
épicé, e [epise] *adj* pikant.
épicéa [episea] *nm* Fichte *f*.
épicentre [episɑ̃tr] *nm* Epizentrum *nt*.
épicer [epise] *vt* würzen.
épicerie [episri] *nf* (*magasin*) Lebensmittelgeschäft *nt*; (*produits*) Lebensmittel *pl* ▶ **épicerie fine** Feinkostgeschäft *nt*.
épicier, -ière [episje, jɛr] *nm/f* Lebensmittelhändler(in) *m(f)*.

épicurien, ne [epikyʀjɛ̃, jɛn] *adj* epikureisch.
épidémie [epidemi] *nf* Epidemie *f*.
épidémique [epidemik] *adj* epidemisch.
épiderme [epidɛʀm] *nm* Haut *f*.
épidermique [epidɛʀmik] *adj* (*MÉD*) Haut-; (*réaction*) empfindlich.
épier [epje] *vt* (*personne*) bespitzeln; (*arrivée, changement*) gespannt erwarten; (*occasion*) lauern auf +*acc*.
épieu, x [epjø] *nm* Speer *m*.
épigramme [epigʀam] *nf* Epigramm *nt*.
épigraphe [epigʀaf] *nf* Inschrift *f*.
épilation [epilasjɔ̃] *nf* Enthaarung *f*, Enthaaren *nt*.
épilatoire [epilatwaʀ] *adj* (*crème, lait*) Enthaarungs-.
épilepsie [epilɛpsi] *nf* Epilepsie *f*.
épileptique [epilɛptik] *adj* epileptisch ♦ *nm/f* Epileptiker(in) *m(f)*.
épiler [epile] *vt* (*jambes*) enthaaren; (*sourcils*) zupfen; **s'épiler** *vpr*: **s'~ les jambes** (sich *dat*) die Beine enthaaren; **s'~ les sourcils** (sich *dat*) die Augenbrauen zupfen; **se faire ~** (sich *dat*) die Haare entfernen lassen; **crème à ~** Enthaarungscreme *f*; **pince à ~** Pinzette *f* (*zum Augenbrauenzupfen*).
épilogue [epilɔg] *nm* (*THÉÂT*) Epilog *m*; (*fig*) Ausgang *m*.
épiloguer [epilɔge] *vi*: **~ sur** sich auslassen über +*acc*.
épinard [epinaʀ] *nm* Spinat *m*; **~s** Spinat.
épine [epin] *nf* (*de rose*) Dorne *f*; (*d'oursin*) Stachel *m* ▶ **épine dorsale** Rückgrat *nt*.
épineux, -euse [epinø, øz] *adj* dornig; (*problème*) haarig.
épinglage [epɛ̃glaʒ] *nm* Stecken *nt*.
épingle [epɛ̃gl] *nf* Nadel *f*; **tirer son ~ du jeu** sich aus der Affäre ziehen; **tiré à quatre ~s** wie aus dem Ei gepellt; **monter qch en ~** auf etw *dat* herumreiten ▶ **épingle à chapeau** Hutnadel ▶ **épingle à cheveux** Haarnadel; **virage en ~ à cheveux** Haarnadelkurve *f* ▶ **épingle de cravate** Krawattennadel ▶ **épingle de nourrice** *ou* **de sûreté** *ou* **double** Sicherheitsnadel.
épingler [epɛ̃gle] *vt* (*COUTURE*) stecken; **~ qch sur** etw feststecken auf +*dat*.
épinière [epinjɛʀ] *adj f voir* **moelle**.
Épiphanie [epifani] *nf* Dreikönigsfest *nt*.
épiphénomène [epifenɔmɛn] *nm* Nebenwirkung *f*.
épique [epik] *adj* (*LITT*) episch; (*fig: extraordinaire*) ungeheuer; (*hum*) abenteuerlich.
épiscopal, e, -aux [episkɔpal, o] *adj* Bischofs-, bischöflich.
épiscopat [episkɔpa] *nm* Bischofsamt *nt*; (*évêques*) Episkopat *nt*.
épisode [epizɔd] *nm* (*de récit, film*) Abschnitt *m*; (*dans la vie, l'histoire*) Episode *f*; **roman à ~s** Fortsetzungsroman *m*; **film à ~s** Filmserie *f*.
épisodique [epizɔdik] *adj* (*intermittent*) gelegentlich; (*accessoire*) nebensächlich.
épisodiquement [epizɔdikmɑ̃] *adv* hin und

wieder.
épissure [episyʀ] *nf* Spleiß *m*, Verbindung *f*.
épistémologie [epistemɔlɔʒi] *nf* Erkenntnistheorie *f*.
épistolaire [epistɔlɛʀ] *adj* brieflich, Brief-; **être en relations ~s avec qn** mit jdm korrespondieren *ou* im Briefwechsel stehen.
épitaphe [epitaf] *nf* Epitaph *m*.
épithète [epitɛt] *nf* (*LING*) Attribut *nt*; (*nom, surnom*) Name *m* ♦ *adj*: **adjectif ~** attributives Adjektiv *nt*.
épître [epitʀ] *nf* Epistel *f*; (*LITT*) Brief *m* (*in Versform*).
épizootie [epizɔɔti] *nf* Epidemie *f* (*bei Tieren*).
éploré, e [eplɔʀe] *adj* (*personne, lettre*) weinerlich; (*visage*) verweint.
épluchage [eplyʃaʒ] *nm* (*de légumes*) Schälen *nt*; (*de dossier etc*) sorgfältiges Durcharbeiten *nt*.
épluche-légumes [eplyʃlegym] *nm inv* Kartoffelschäler *m*.
éplucher [eplyʃe] *vt* (*fruit, légumes*) schälen; (*texte, comptes*) sorgfältig durcharbeiten, genau unter die Lupe nehmen.
éplucheur [eplyʃœʀ] *nm* Kartoffelschäler *m*.
épluchures [eplyʃyʀ] *nfpl* Schalen *pl*.
épointer [epwɛ̃te] *vt* stumpf machen.
éponge [epɔ̃ʒ] *nf* Schwamm *m* ♦ *adj*: **tissu ~** Frottee *m ou nt*; **passer l'~ sur** (*fig*) hinweggehen über +*acc*; **jeter l'~** (*fig*) das Handtuch werfen; **serviette ~** Frotteehandtuch *nt*.
éponger [epɔ̃ʒe] *vt* (*liquide*) aufsaugen; (*surface*) (mit dem Schwamm) abwischen; (*dette, déficit*) absorbieren, auffangen; **s'~ le front** sich *dat* die Stirn abwischen.
épopée [epɔpe] *nf* Epos *nt*.
époque [epɔk] *nf* (*de l'histoire*) Epoche *f*, Ära *f*; (*de l'année, la vie*) Zeit *f*; **d'~** (*meuble etc*) Stil-; **à cette ~** in dieser Zeit; **à l'~ où** zu der Zeit als; **à l'~ de** zur Zeit +*gén*; **faire ~** Epoche *ou* Geschichte machen.
épouiller [epuje] *vt* entlausen.
époumoner [epumɔne]: **s'~** *vpr* sich heiser schreien.
épouse [epuz] *nf* Gattin *f*, Ehefrau *f*.
épouser [epuze] *vt* heiraten; (*idées, vues*) sich *dat* zu eigen machen; (*forme, mouvement*) sich anpassen an +*acc*.
époussetage [epustaʒ] *nm* Abstauben *nt*.
épousseter [epuste] *vt* abstauben.
époustouflant, e [epustuflɑ̃, ɑ̃t] *adj* atemberaubend, umwerfend.
époustoufler [epustufle] *vt* den Atem rauben +*dat*.
épouvantable [epuvɑ̃tabl] *adj* (*horrible*) schrecklich, entsetzlich; (*sens affaibli*) furchtbar.
épouvantablement [epuvɑ̃tabləmɑ̃] *adj* schrecklich.
épouvantail [epuvɑ̃taj] *nm* Vogelscheuche *f*; (*fig*) Schreckgespenst *nt*.
épouvante [epuvɑ̃t] *nf* Schrecken *m*; **film/livre d'~** Horrorfilm *m*/Horrorroman *m*.

épouvanter [epuvɑ̃te] *vt* (*terrifier*) in Angst und Schrecken versetzen; (*sens affaibli*) erschrecken.

époux, -ouse [epu, uz] *nm/f* Ehemann *m*, Ehefrau *f* ♦ *nmpl*: **les** ~ die Eheleute *pl*, das Ehepaar.

éprendre [epʀɑ̃dʀ]: **s'**~ **de** *vpr* sich verlieben in +*acc*.

épreuve [epʀœv] *nf* Prüfung *f*; (*SPORT*) Wettkampf *m*; (*PHOTO*) Abzug *m*; (*TYPO*) Fahne *f*; **à l'**~ **des balles** kugelsicher; **à l'**~ **du feu** feuerfest; **à toute** ~ unfehlbar; **mettre à l'**~ auf die Probe stellen ▶ **épreuve de force** Kraftprobe *f* ▶ **épreuve de résistance** Test *m* auf Widerstandsfähigkeit, Härtetest *m* ▶ **épreuve de sélection** (*SPORT*) Ausscheidung *f*.

épris [epʀi] *vb voir* **éprendre** ♦ *adj*: ~ **de** verliebt in +*acc*; **être** ~ **de justice** ein Verfechter *m* der Gerechtigkeit sein.

éprouvant, e [epʀuvɑ̃, ɑ̃t] *adj* (*pénible*) unangenehm.

éprouvé, e [epʀuve] *adj* (*sûr*) erprobt, bewährt.

éprouver [epʀuve] *vt* (*fatigue, douleur etc*) verspüren, fühlen; (*sentiment*) verspüren; (*difficultés etc*) begegnen +*dat*; (*faire souffrir, marquer*) Kummer machen +*dat*; (*mettre à l'épreuve: personne*) prüfen; (: *métal*) testen, erproben.

éprouvette [epʀuvɛt] *nf* Reagenzglas *nt*.

EPS [əpeɛs] *sigle f* (= *éducation physique et sportive*) Sportunterricht *m*.

épuisant, e [epɥizɑ̃, ɑ̃t] *adj* (*fatiguant*) erschöpfend.

épuisé, e [epɥize] *adj* erschöpft; (*livre*) vergriffen.

épuisement [epɥizmɑ̃] *nm* Erschöpfung *f*; **jusqu'à** ~ **du stock** *ou* **des stocks** solange der Vorrat reicht.

épuiser [epɥize] *vt* (*fatiguer*) ermüden; (*stock, ressources etc*) ausschöpfen; (*matière, sujet*) erschöpfen; **s'épuiser** *vpr* (*se fatiguer*) müde werden; (*stock*) ausgehen.

épuisette [epɥizɛt] *nf* (*PÊCHE*) Reuse *f*.

épuration [epyʀasjɔ̃] *nf* (*v vt*) Reinigung *f*; Säuberung *f*.

épure [epyʀ] *nf* Detailzeichnung *f*.

épurer [epyʀe] *vt* (*liquide*) reinigen; (*fig*) säubern.

équarrir [ekaʀiʀ] *vt* (*tronc d'arbre, pierre*) vierkantig zuschneiden; (*animal*) zerlegen.

Équateur [ekwatœʀ] *nm*: **l'**~ Ecuador *nt*.

équateur [ekwatœʀ] *nm* Äquator *m*.

équation [ekwasjɔ̃] *nf* Gleichung *f*; **mettre en** ~ gleichsetzen ▶ **équation du premier/second degré** Gleichung ersten/zweiten Grades.

équatorial, e, -aux [ekwatɔʀjal, jo] *adj* äquatorial, Äquatorial-.

équatorien, ne [ekwatɔʀjɛ̃, jɛn] *adj* ecuadorianisch.

équerre [ekɛʀ] *nf* (*pour dessiner*) Reißschiene *f*; (*pour mesurer*) Winkel *m*; (*pour fixer*) Winkeleisen *nt*; **en** ~ (*à angle droit*) rechtwinklig; **d'**~

rechtwinklig, im rechten Winkel; **double** ~ (*outil*) Reißschiene *f*.

équestre [ekɛstʀ] *adj* Reiter-; **statue** ~ Reiterstandbild *nt*.

équeuter [ekøte] *vt* entstielen.

équidé [ekide] *nm* Unpaarzeher *m*.

équidistance [ekɥidistɑ̃s] *nf*: **à** ~ (**de**) gleich weit entfernt (von).

équidistant, e [ekɥidistɑ̃, ɑ̃t] *adj* gleich weit entfernt; ~ **de** gleich weit entfernt von.

équilatéral, e, -aux [ekɥilateʀal, o] *adj* gleichseitig.

équilibrage [ekilibʀaʒ] *nm*: ~ **des roues** Auswuchten *nt* der Reifen.

équilibre [ekilibʀ] *nm* Gleichgewicht *nt*; **être en** ~ im Gleichgewicht sein; **mettre en** ~ ausgleichen; **avoir le sens de l'**~ einen guten Gleichgewichtssinn haben; **garder/perdre l'**~ das Gleichgewicht halten/verlieren; **en** ~ **instable** im instabilen Gleichgewicht ▶ **équilibre budgétaire** ausgeglichener Etat *m*.

équilibré, e [ekilibʀe] *adj* ausgeglichen.

équilibrer [ekilibʀe] *vt* ausgleichen; **s'équilibrer** *vpr* (*poids*) sich ausbalancieren; (*fig: défauts etc*) sich ausgleichen.

équilibriste [ekilibʀist] *nm/f* Seiltänzer(in) *m(f)*.

équinoxe [ekinɔks] *nm* Tagundnachtgleiche *f* ▶ **équinoxe d'automne** Winteranfang *m* ▶ **équinoxe de printemps** Sommeranfang *m*.

équipage [ekipaʒ] *nm* Mannschaft *f*; **en grand** ~ im großen Staat.

équipe [ekip] *nf* (*de joueurs*) Mannschaft *f*; (*au travail*) Team *nt*; (*bande*) Gruppe *f*; **travailler par** ~**s** *ou* **en** ~ im Team arbeiten; **faire** ~ **avec** sich zusammenschließen mit ▶ **équipe de chercheurs** Forschungsteam *nt* ▶ **équipe de sauveteurs** *ou* **de secours** Rettungsmannschaft *f*.

équipé, e [ekipe] *adj* ausgestattet.

équipée [ekipe] *nf* Eskapade *f*.

équipement [ekipmɑ̃] *nm* Ausrüstung *f*; (*aménagement*) Ausstattung *f*; **biens d'**~ Kapitalgüter *pl*; **dépenses d'**~ Ausstattungskosten *pl*; ~**s sportifs/collectifs** Sporteinrichtungen *pl*/Gemeinschaftseinrichtungen *pl*.

équiper [ekipe] *vt* (*personne*) ausrüsten; (*voiture, cuisine, région*) ausstatten; **s'équiper** *vpr* (*sportif*) sich ausrüsten; (*région, pays*) sich ausstatten; ~ **qn de** jdn ausrüsten mit; ~ **qch de** etw ausstatten mit.

équipier, -ière [ekipje, jɛʀ] *nm/f* Mannschaftsmitglied *nt*.

équitable [ekitabl] *adj* gerecht, fair.

équitablement [ekitabləmɑ̃] *adv* gerecht, fair.

équitation [ekitasjɔ̃] *nf* Reiten *nt*; **faire de l'**~ reiten.

équité [ekite] *nf* Fairneß *f*.

équivaille [ekivaj] *vb voir* **équivaloir**.

équivalence [ekivalɑ̃s] *nf* Äquivalenz *f*; (*de diplômes*) Gleichwertigkeit *f*.

équivalent, e [ekivalɑ̃, ɑ̃t] *adj* äquivalent, gleichwertig ♦ *nm*: **l'**~ **de qch** das Äquivalent einer Sache *gén*.

équivaloir [ekivalwaʀ]: ~ **à**   *vt* entsprechen +*dat*; (*refus etc*) gleichkommen +*dat*.

équivaut [ekivo] *vb voir* **équivaloir**.

équivoque [ekivɔk] *adj* (*ambigu*) doppeldeutig; (*louche*) zweideutig ♦ *nf* (*v adj*) Doppeldeutigkeit *f*; Zweideutigkeit *f*.

érable [eʀabl] *nm* Ahorn(baum) *m*.

éradication [eʀadikasjɔ̃] *nf* (*d'une maladie*) Ausmerzung *f*.

éradiquer [eʀadike] *vt* (*MÉD*) ausmerzen.

érafler [eʀafle] *vt* zerkratzen; **s'~ la main/les jambes** sich *dat* die Hand/die Beine zerkratzen.

éraflure [eʀaflyʀ] *nf* Kratzer *m*.

éraillé, e [eʀaje] *adj* (*voix*) heiser.

ère [ɛʀ] *nf* Ära *f*, Zeitalter *nt*; **en l'an 1050 de notre ~** im Jahr 1050 unserer Zeitrechnung ▶ **ère chrétienne: l'~ chrétienne** das christliche Zeitalter.

érection [eʀɛksjɔ̃] *nf* (*d'une statue*) Errichten *nt*; (*PHYS*) Erektion *f*.

éreintant, e [eʀɛ̃tɑ̃, ɑ̃t] *adj* erschöpfend.

éreinté, e [eʀɛ̃te] *adj* erschöpft.

éreinter [eʀɛ̃te] *vt* (*fatiguer*) erschöpfen; (*critiquer*) verreißen; **s'éreinter** *vpr*: **s'~ à faire qch** sich dabei verausgaben, etw zu tun.

ergonomie [ɛʀgɔnɔmi] *nf* Ergonomie *f*.

ergonomique [ɛʀgɔnɔmik] *adj* ergonomisch.

ergonomiste [ɛʀgɔnɔmist] *nm/f* Arbeitswissenschaftler(in) *m(f)*.

ergot [ɛʀgo] *nm* (*de coq*) Sporn *m*; (*TECH*) Klappe *f*; ~ **du seigle** Mutterkorn *nt*.

ergoter [ɛʀgɔte] *vi* Haare spalten.

ergoteur, -euse [ɛʀgɔtœʀ, øz] *nm/f* Haarspalter(in) *m(f)*.

ergothérapie [ɛʀgɔteʀapi] *nf* Ergotherapie *f*.

ériger [eʀiʒe] *vt* errichten; ~ **qch en principe/loi** etw zum Prinzip/Gesetz erheben; **s'ériger** *vpr*: **s'~ en juge/critique** sich zum Richter/Kritiker aufspielen.

ermitage [ɛʀmitaʒ] *nm* (*d'ermite*) Einsiedelei *f*; (*fig*) Zufluchtsort *m*.

ermite [ɛʀmit] *nm* Einsiedler *m*.

éroder [eʀɔde] *vt* erodieren.

érogène [eʀɔʒɛn] *adj* erogen.

érosion [eʀozjɔ̃] *nf* Erosion *f*; (*monétaire*) Wertverlust *m*.

érotique [eʀɔtik] *adj* erotisch; (*film*) Erotik-.

érotiser [eʀɔtize] *vt* erotisieren.

érotisme [eʀɔtism] *nm* Erotik *f*.

errance [eʀɑ̃s] *nf* Irrungen *pl*.

errant, e [eʀɑ̃, ɑ̃t] *adj*: **chien ~** streunender Hund *m*.

errata [eʀata] *nm ou nmpl* (*liste*) Fehlerverzeichnis *nt*.

erratum [eʀatɔm] (*pl* **errata**) *nm* (*erreur*) Fehler *m*, Erratum *nt*.

errements [ɛʀmɑ̃] *nmpl* (*fig*) Verirrungen *pl*.

errer [eʀe] *vi* (*personne*) umherirren; (*pensées*) schweifen.

erreur [eʀœʀ] *nf* Fehler *m*; (*de jugement*) Irrtum *m*; ~**s morales** Verfehlungen *pl*; **tomber dans l'~** in einen Irrtum verfallen; **être dans l'~** im Irrtum sein *ou* sich irren; **induire qn en ~** jdn irreführen; **par ~** irrtümlicherweise; **faire ~** sich irren ▶ **erreur d'impression** Druckfehler ▶ **erreur de date** Irrtum im Datum ▶ **erreur de fait** falsche Tatsache *f* ▶ **erreur de jugement** Fehleinschätzung *f* ▶ **erreur judiciaire** Justizirrtum ▶ **erreur tactique** taktischer Irrtum.

erroné, e [eʀɔne] *adj* irrig, falsch.

ersatz [eʀzats] *nm* Ersatz *m*.

éructer [eʀykte] *vi* rülpsen ♦ *vt* (*fig: injures etc*) hervorstoßen.

érudit, e [eʀydi, it] *adj* gelehrt, gebildet ♦ *nm/f* Gelehrte(r) *f(m)*.

érudition [eʀydisjɔ̃] *nf* Gelehrsamkeit *f*.

éruptif, -ive [eʀyptif, iv] *adj* (*GÉO*) Eruptions-; (*MÉD*) mit Ausschlag.

éruption [eʀypsjɔ̃] *nf* Ausbruch *m*; ~ **de boutons** Ausschlag *m*.

es [ɛ] *vb voir* **être**.

ès [ɛs] *prép*: **licencié ~ lettres** ≈ Magister *m* (der Geisteswissenschaften); **docteur ~ lettres/sciences** Dr. phil./Dr.rer.nat.

esbroufe [ɛsbʀuf] *nf*: **faire de l'~** angeben.

escabeau, x [ɛskabo] *nm* (*tabouret*) Hocker *m*; (*échelle*) Küchenleiter *f*.

escadre [ɛskadʀ] *nf* (*NAUT*) Geschwader *nt*; (*AVIAT*) Staffel *f*.

escadrille [ɛskadʀij] *nf* (*AVIAT*) Formation *f*.

escadron [ɛskadʀɔ̃] *nm* (*MIL*) Schwadron *f*.

escalade [ɛskalad] *nf* (*action*) Besteigen *nt*; (*en montagne*) Bergsteigen *nt*; **l'~ de la guerre/violence** die Eskalation *f* des Krieges/der Gewalt ▶ **escalade artificielle** Klettern *nt* (*mit Hilfsmitteln*) ▶ **escalade libre** freies Klettern.

escalader [ɛskalade] *vt* klettern auf +*acc*.

escalator [ɛskalatɔʀ] *nm* Rolltreppe *f*.

escale [ɛskal] *nf* Anlaufstation *f*; **faire ~ (à)** (*NAUT*) Zwischenhalt machen (in +*dat*); (*AVIAT*) zwischenlanden (in +*dat*); **vol sans ~** Non-Stop-Flug *m* ▶ **escale technique** Zwischenlandung *f* zum Auftanken.

escalier [ɛskalje] *nm* Treppe *f*; **dans l'~** *ou* **les ~s** auf der Treppe; **descendre l'~** *ou* **les ~s** die Treppe hinuntergehen ▶ **escalier de secours** Feuerleiter *f* ▶ **escalier de service** Hintertreppe, Dienstbotentreppe ▶ **escalier en colimaçon** Wendeltreppe ▶ **escalier mécanique** *ou* **roulant** Rolltreppe.

escalope [ɛskalɔp] *nf* Schnitzel *nt*.

escamotable [ɛskamɔtabl] *adj* (*train d'atterrissage, antenne*) einfahrbar, Teleskop-; (*table*) Auszieh-; (*lit*) Klapp-.

escamoter [ɛskamɔte] *vt* (*problème, questions*) umgehen, ausweichen +*dat*; (*train d'atterrissage*) einfahren; (*mots*) auslassen; (*suj: illusionniste*) wegzaubern; (*dérober*) verschwinden lassen.

escapade [ɛskapad] *nf*: **faire une ~** (*écolier etc*) ausreißen.

escarbille [ɛskaʀbij] *nf* Fünkchen *nt* Glut.

escarcelle [ɛskaʀsɛl] *nf*: **tomber dans l'~ de qn**

jdm zufallen.
escargot [ɛskaʀgo] *nm* Schnecke *f*.
escarmouche [ɛskaʀmuʃ] *nf* (*MIL*) Gefecht *nt*, Scharmützel *nt*; (*fig: propos hostiles*) Wortwechsel *m*.
escarpé, e [ɛskaʀpe] *adj* steil.
escarpement [ɛskaʀpəmɑ̃] *nm* (*pente*) Steilhang *m*.
escarpin [ɛskaʀpɛ̃] *nm* Pumps *m*.
escarre [ɛskaʀ] *nf* wundgelegene Stelle *f*.
Escaut [ɛsko] *nm*: **l'~** die Schelde *f*.
escient [ɛsjɑ̃] *nm*: **à bon** ~ aus gutem Grund.
esclaffer [ɛsklafe] : **s'~** *vpr* schallend loslachen.
esclandre [ɛsklɑ̃dʀ] *nm*: **faire un** ~ eine Szene machen.
esclavage [ɛsklavaʒ] *nm* Sklaverei *f*.
esclavagiste [ɛsklavaʒist] *adj* die Sklaverei befürwortend ♦ *nm/f* Befürworter(in) *m(f)* der Sklaverei.
esclave [ɛsklav] *nm/f* Sklave *m*, Sklavin *f*.
escogriffe [ɛskɔgʀif] (*péj*) *nm* Bohnenstange *f*.
escomptable [ɛskɔ̃tabl] *adj* (*papier, valeur*) abschreibbar.
escompte [ɛskɔ̃t] *nm* (*FIN*) Skonto *m ou nt*; (*COMM: remise*) Rabatt *m*.
escompter [ɛskɔ̃te] *vt* (*COMM*) nachlassen; (*espérer*) erwarten, zählen auf *+acc*; ~ **que** erwarten *ou* sich *dat* erhoffen, daß.
escorte [ɛskɔʀt] *nf* Eskorte *f*; **faire** ~ **à** Geleitschutz geben *+dat*.
escorter [ɛskɔʀte] *vt* eskortieren, Geleitschutz geben *+dat*.
escorteur [ɛskɔʀtœʀ] *nm* (*NAUT*) Geleitschiff *nt*.
escouade [ɛskwad] *nf* Trupp *m*.
escrime [ɛskʀim] *nf* Fechten *nt*; **faire de l'~** fechten.
escrimer [ɛskʀime] : **s'~** *vpr*: **s'~ à faire qch** sich anstrengen, etw zu tun.
escrimeur, -euse [ɛskʀimœʀ, øz] *nm/f* Fechter(in) *m(f)*.
escroc [ɛskʀo] *nm* Schwindler(in) *m(f)*.
escroquer [ɛskʀɔke] *vt*: ~ **qn (de qch)** jdn (um etw) beschwindeln; ~ **qch (à qn)** (von jdm) etw erschwindeln.
escroquerie [ɛskʀɔkʀi] *nf* Betrug *m*.
ésotérique [ezɔteʀik] *adj* esoterisch.
ésotérisme [ezɔteʀism] *nm* Esoterik *f*.
espace [ɛspas] *nm* Raum *m*; (*occupé par qch*) Platz *m*; (*écartement*) Zwischenraum *m*; (*intersidéral*) Weltraum *m*; **manquer d'~** nicht genug Platz haben ▶ **espace publicitaire** Werbefläche *f* ▶ **espace vital** Lebensraum *m*.
espacé, e [ɛspase] *adj* weit auseinanderliegend.
espacement [ɛspasmɑ̃] *nm* (*intervalle*) Zwischenraum *m*, Abstand *m* ▶ **espacement proportionnel** Proportionalabstand *m*.
espacer [ɛspase] *vt* (*spatialement*) (räumlich) verteilen; (*dans le temps*) (zeitlich) verteilen; **s'espacer** *vpr* immer seltener werden.
espadon [ɛspadɔ̃] *nm* Schwertfisch *m*.

espadrille [ɛspadʀij] *nf* Espadrille *f*.
Espagne [ɛspaɲ] *nf*: **l'~** Spanien *nt*.
espagnol, e [ɛspaɲɔl] *adj* spanisch ♦ *nm* (*LING*) Spanisch *nt* ♦ *nm/f*: **E~**, **e** Spanier(in) *m(f)*.
espagnolette [ɛspaɲɔlɛt] *nf* Fensterriegel *m*; **fermé à l'~** verriegelt.
espalier [ɛspalje] *nm* Spalier *nt*; **culture en** ~ Spalierzucht *f*.
espèce [ɛspɛs] *nf* (*aussi BIOL*) Art *f*; (*REL*) Gestalt *f*; **~s** *nfpl* (*COMM*) Bargeld *nt*; **une** ~ **de** ... eine Art ...; (*péj*) ein alter .../eine alte .../ein altes ...; ~ **de maladroit!** du altes Trampel!; ~ **de brute!** du brutaler Kerl!; **en l'~** (*dans ce cas particulier*) im vorliegenden Fall; **cas d'~** Einzelfall *m*; **payer en ~s** bar zahlen; **l'~ humaine** die Menschheit *f*.
espérance [ɛspeʀɑ̃s] *nf* Hoffnung *f*; **contre toute** ~ gegen alle Hoffnung ▶ **espérance de vie** Lebenserwartung *f*.
espérantiste [ɛspeʀɑ̃tist] *adj* Esperanto- ♦ *nm/f* Esperanto-Sprecher(in) *m(f)*.
espéranto [ɛspeʀɑ̃to] *nm* Esperanto *nt*.
espérer [ɛspeʀe] *vt* erhoffen, hoffen auf *+acc* ♦ *vi* hoffen; **j'espère (bien)** das hoffe ich (doch), das will ich doch hoffen; ~ **que** hoffen, daß; ~ **en qn/qch** seine Hoffnung auf jdn/etw setzen; **je n'en espérais pas tant** das hatte ich nicht erwartet.
espiègle [ɛspjɛgl] *adj* schelmisch, verschmitzt.
espièglerie [ɛspjɛgləʀi] *nf* Streich *m*.
espion, ne [ɛspjɔ̃, jɔn] *nm/f* Spion(in) *m(f)* ♦ *adj*: **bateau/avion** ~ Spionageschiff *nt*/Spionageflugzeug *nt*.
espionnage [ɛspjɔnaʒ] *nm* Spionage *f*; **film/roman d'~** Spionagefilm *m*/Spionageroman *m* ▶ **espionnage industriel** Industriespionage *f*.
espionner [ɛspjɔne] *vt* ausspionieren.
espionnite [ɛspjɔnit] *nf* übertriebene Furcht *f* vor Spionen.
esplanade [ɛsplanad] *nf* Promenade *f*.
espoir [ɛspwaʀ] *nm* Hoffnung *f*; **l'~ de qch** die Hoffnung auf etw *+acc*; **avoir bon** ~ **que** hoffen, daß; **garder l'~ que** die Hoffnung nicht verlieren, daß; **dans l'~ de/que** in der Hoffnung auf *+acc*/in der Hoffnung, daß; **reprendre** ~ wieder Hoffnung schöpfen; **un** ~ **de la boxe/du ski** eine Hoffnung im Boxen/ Skifahren; **c'est sans** ~ das ist hoffnungslos.
esprit [ɛspʀi] *nm* Geist *m*; (*humour, ironie*) Witz *m*; **paresse/vivacité d'~** geistige Trägheit *f*/ Lebhaftigkeit *f*; **l'~ d'une loi/réforme** der Geist eines Gesetzes/einer Reform; **l'~ d'équipe/de compétition/d'entreprise** Team-/ Wettbewerbs-/Unternehmungsgeist *m*; **dans mon** ~ (*selon moi*) meiner Meinung nach; **faire de l'~** geistvolle Bemerkungen machen; **reprendre ses ~s** (wieder) zu sich kommen; **perdre l'~** den Verstand verlieren; **avoir l'~ critique** ein kritischer Geist sein ▶ **esprits chagrins** kritische Geister *pl* ▶ **esprit de contradiction** Widerspruchsgeist ▶ **esprit de corps** Esprit de corps *m* ▶ **esprit de famille**

Familiensinn m ► **esprit malin**: **l'**~ **malin** der Böse m.

esquif [ɛskif] nm Skiff nt.

esquimau, x, -aude [ɛskimo, od] adj Eskimo- ♦ nm (glace) Eislutscher m ♦ nm/f: **E**~, **-aude** Eskimo m, Eskimofrau f; **chien** ~ Schlittenhund m.

esquinter [ɛskɛ̃te] (fam) vt erledigen; **s'esquinter** vpr: **s'**~ **à faire qch** sich völlig fertigmachen, um etw zu tun.

esquisse [ɛskis] nf Skizze f; **l'**~ **d'un sourire/changement** die Andeutung f eines Lächelns/einer Veränderung.

esquisser [ɛskise] vt skizzieren; **s'esquisser** vpr (changement) sich abzeichnen; ~ **un geste/un sourire** eine Geste/ein Lächeln andeuten.

esquive [ɛskiv] nf (BOXE) Körperparade f; (fig) Ausweichen nt.

esquiver [ɛskive] vt ausweichen +dat; **s'esquiver** vpr (partir) sich wegstehlen.

essai [ɛsɛ] nm (tentative) Versuch m; (d'un vêtement) Anprobe f; (d'une voiture) Probefahrt f; (LITT) Essay m; ~**s** nmpl (SPORT) Qualifikationswettbewerb m; (AUTO) Qualifikationsrennen nt; **à l'**~ versuchsweise; ~ **gratuit** kostenlose Probe f.

essaim [ɛsɛ̃] nm Schwarm m.

essaimer [eseme] vi (abeilles) (aus)schwärmen; (fig) expandieren.

essayage [ɛsɛjaʒ] nm (d'un vêtement) Anprobe f; **salon** ou **cabine d'**~ Anprobekabine f.

essayer [eseje] vt (aus)probieren; (vêtement, chaussures) anprobieren ♦ vi probieren, versuchen; ~ **de faire qch** probieren, etw zu tun; **essayez un peu!** (menace) versuchen Sie das bloß nicht!; **s'**~ **à faire qch** sich daran versuchen, etw zu tun; **s'**~ **à qch** sich an etw dat versuchen.

essayeur, euse [esɛjœʀ, øz] nm/f Schneider(in) m(f).

essayiste [esejist] nm/f Essayist(in) m(f).

ESSEC [esɛk] sigle f (= École supérieure des sciences économiques et sociales) Eliteschule für Betriebswirtschaftslehre.

essence [esɑ̃s] nf (carburant) Benzin nt; (d'une plante) Essenz f; (d'une chose, d'un être) Wesen nt; (BIOL: d'arbre) Art f; **par** ~ im wesentlichen; **prendre de l'**~ tanken ► **essence de café** Kaffee-Extrakt m ► **essence de citron** Zitronenöl nt ► **essence de lavande** Lavendelöl nt ► **essence de térébenthine** Terpentin nt.

essentiel, -le [esɑ̃sjɛl] adj (indispensable) unbedingt notwendig; (de base) wesentlich ♦ nm: **l'**~ **de** das Wesentliche +gen; **être** ~ **à** wesentlich sein für; **l'**~ **d'un discours** der Hauptteil m eines Vortrags; **emporter/acheter l'**~ das Nötigste mitnehmen/einkaufen; **c'est l'**~ das ist das Wesentliche.

essentiellement [esɑ̃sjɛlmɑ̃] adv im wesentlichen.

esseulé, e [esœle] adj einsam und verlassen.

essieu, x [esjø] nm (AUTO) Achse f.

essor [esɔʀ] nm (de l'économie etc) Aufschwung m; **prendre son** ~ (oiseau) auffliegen.

essorage [esɔʀaʒ] nm Auswringen nt; (dans une essoreuse) Schleudern nt.

essorer [esɔʀe] vt (linge) auswringen; (: dans une essoreuse) schleudern.

essoreuse [esɔʀøz] nf (à tambour) Schleuder f.

essouffler [esufle] vt außer Atem bringen, den Atem nehmen +dat; **s'essouffler** vpr außer Atem kommen; (fig) den Schwung verlieren.

essuie [esɥi] vb voir **essuyer**.

essuie-glace [esɥiglas] nm inv Scheibenwischer m.

essuie-mains [esɥimɛ̃] nm inv Handtuch nt.

essuierai etc [esyiʀɛ] vb voir **essuyer**.

essuie-tout [esɥitu] nm inv Küchenrolle f.

essuyage [esɥijaʒ] nm (de vaisselle, mains) Abtrocknen nt; (de surface mouillée) Abwischen nt.

essuyer [esɥije] vt (vaisselle, mains etc) abtrocknen; (meuble, surface etc) abwischen; (fig: subir) erleiden; **s'essuyer** vpr (après un bain) sich abtrocknen; ~ **la vaisselle** (Geschirr) abtrocknen.

est¹ [ɛ] vb voir **être**.

est² [ɛst] nm Osten m ♦ adj inv ost-, Ost-; (région) östlich; **à l'**~ im Osten; (direction) nach Osten; **à l'**~ **de** östlich von; **les pays de l'E**~ der Osten.

estafette [ɛstafɛt] nf (MIL) Kurier m.

estafilade [ɛstafilad] nf Schmiß m.

est-allemand, e [ɛstalmɑ̃] (pl ~-~**s**, **es**) adj ostdeutsch.

estaminet [ɛstaminɛ] nm Kneipe f, Schenke f.

estampe [ɛstɑ̃p] nf (image) Druck m.

estamper [ɛstɑ̃pe] vt (monnaies etc) prägen; (fam: escroquer) übers Ohr hauen.

estampille [ɛstɑ̃pij] nf Stempel m.

est-ce que [ɛskə] adv voir **être**.

este [ɛst] adj estnisch ♦ nm/f: **E**~ Este m, Estin f.

esthète [ɛstɛt] nm/f Ästhet(in) m(f).

esthéticien, ne [ɛstetisjɛ̃, jɛn] nm/f (ART) Ästhet(in) m(f) ♦ nf (d'institut de beauté) Kosmetikerin f.

esthétique [ɛstetik] adj (sens, jugement) Schönheits-; (joli, décoratif) schön, ästhetisch ♦ nf Ästhetik f ► **esthétique industrielle** Industriedesign nt.

esthétiquement [ɛstetikmɑ̃] adv ästhetisch.

estimable [ɛstimabl] adj (digne d'estime) hochgeschätzt; (que l'on peut évaluer) schätzbar.

estimatif, -ive [ɛstimatif, iv] adj geschätzt.

estimation [ɛstimasjɔ̃] nf Schätzen nt, Schätzung f; **d'après mes** ~**s** meiner Schätzung nach.

estime [ɛstim] nf Wertschätzung f; **avoir de l'**~ **pour qn** jdn schätzen.

estimer [ɛstime] vt schätzen; ~ **que/être** meinen, daß/meinen, zu sein; **s'**~ **heureux** sich glücklich schätzen.

estival, e, -aux [ɛstival, o] *adj* sommerlich; **station ~e** Sommerfrische *f.*

estivant, e [ɛstivɑ̃, ɑ̃t] *nm/f* Sommerfrischler(in) *m(f).*

estocade [ɛstɔkad] *nf:* **donner l'~ à** den Todesstoß versetzen +*dat.*

estomac [ɛstɔma] *nm* Magen *m;* **avoir l'~ creux** *ou* **vide** einen leeren Magen haben; **avoir mal à l'~** Magenschmerzen haben.

estomaqué, e [ɛstɔmake] *adj* verblüfft, platt.

estompe [ɛstɔ̃p] *nf* (ART) Wischzeichnung *f.*

estompé, e [ɛstɔ̃pe] *adj* verwischt, undeutlich.

estomper [ɛstɔ̃pe] *vt* verwischen; (PHOTO) schattieren; (*fig: souvenir, sentiment*) trüben; **s'estomper** *vpr* undeutlich werden; (*fig: sentiment, souvenir*) nachlassen.

Estonie [ɛstɔni] *nf:* **l'~** Estland *nt.*

estonien, ne [ɛstɔnjɛ̃, jɛn] *adj* estnisch ♦ *nm/f:* **E~, ne** Este *m,* Estin *f.*

estrade [ɛstʀad] *nf* Podium *nt,* Plattform *f.*

estragon [ɛstʀagɔ̃] *nm* Estragon *m.*

estropié, e [ɛstʀɔpje] *nm/f* Krüppel *m.*

estropier [ɛstʀɔpje] *vt* verkrüppeln; (*mot, texte*) entstellen, verdrehen.

estuaire [ɛstɥɛʀ] *nm* Mündung *f.*

estudiantin, e [ɛstydjɑ̃tɛ̃, in] *adj* studentisch.

esturgeon [ɛstyʀʒɔ̃] *nm* Stör *m.*

et [e] *conj* und; **~ puis?** und dann?; **~ alors** *ou* **(puis) après?** (*qu'importe!*) na und?; (*ensuite*) und dann?

ét. *abr* = **étage.**

ETA [ɔtea] *sigle m* ETA *f.*

étable [etabl] *nf* Kuhstall *m.*

établi [etabli] *nm* Werkbank *f.*

établir [etabliʀ] *vt* (*papiers d'identité, facture*) ausstellen; (*liste, programme, gouvernement, record*) aufstellen; (*règlement*) einführen; (*entreprise*) gründen; (*atelier*) einrichten; (*camp*) errichten; (*réputation*) sich *dat* verschaffen; (*usage, droit*) durchsetzen; (*fait, culpabilité*) beweisen; (*personne: aider à s'établir*) einführen; (*relations, liens d'amitié*) anknüpfen; **s'établir** *vpr* (*entente, silence*) eintreten; **s'~ (à son compte)** sich selbständig machen; **s'~ à/près de** sich niederlassen in +*dat*/in der Nähe von.

établissement [etablismɑ̃] *nm* (*entreprise*) Unternehmen *nt;* (*institution*) Einrichtung *f;* (*v vt*) Ausstellen *nt;* Aufstellen *nt;* Einführung *f;* Gründung *f;* Einrichten *nt;* Errichten *nt;* Verschaffen *nt;* Durchsetzen *nt;* Beweis *m;* Einführung; Anknüpfen *nt* ▶ **établissement commercial** Handelsunternehmen *nt* ▶ **établissement de crédit** Kreditinstitut *nt* ▶ **établissement hospitalier** Krankenhaus *nt* ▶ **établissement industriel** Industrieunternehmen *nt* ▶ **établissement public** öffentliche Einrichtung *f* ▶ **établissement scolaire** schulische Einrichtung, Schule *f.*

étage [etaʒ] *nm* Etage *f,* Stockwerk *nt;* (*de fusée, GEO*) Stufe *f;* **habiter à l'~/au deuxième ~** oben/im zweiten Stock(werk) wohnen; **maison à deux ~s** zweistöckiges Haus, Haus mit zwei Etagen; **de bas ~** niedrig.

étagement [etaʒmɑ̃] *nm* Abstufung *f.*

étager [etaʒe] *vt* (*prix*) abstufen, staffeln; (*cultures*) verschieden hoch anlegen; **s'étager** *vpr* (*zones, cultures*) verschieden hoch liegen; (*prix*) gestaffelt sein.

étagère [etaʒɛʀ] *nf* (*rayon*) (Regal)brett *nt;* (*meuble*) Regal *nt.*

étai [etɛ] *nm* Stütze *f.*

étain [etɛ̃] *nm* (*métal*) Zinn *nt;* **pot en ~** Zinnkrug *m.*

étais *etc* [etɛ] *vb voir* **être.**

étal [etal] *nm* (*de marché*) Stand *m.*

étalage [etalaʒ] *nm* (*de magasin*) Auslage *f;* (*de richesses, de connaissances*) Zurschaustellen *nt;* **faire ~ de qch** etw zur Schau stellen.

étalagiste [etalaʒist] *nm/f* Dekorateur(in) *m(f).*

étale [etal] *adj* ruhig.

étalement [etalmɑ̃] *nm* (*de carte, nappe*) Ausbreiten *nt;* (*échelonnement*) Verteilen *nt.*

étaler [etale] *vt* (*carte, nappe*) ausbreiten; (*peinture, beurre, liquide*) verstreichen; (*paiements, dates, vacances*) verteilen; (*exposer: marchandises*) ausstellen; (: *richesses, connaissances*) zur Schau stellen; **s'étaler** *vpr* (*liquide*) sich ausbreiten; (*fam: tomber*) auf die Nase fliegen; **s'~ sur** (*se répartir*) sich verteilen über +*acc.*

étalon [etalɔ̃] *nm* (*mesure*) Standard *m;* (*cheval*) Zuchthengst *m;* **l'~-or** der Goldstandard *m.*

étalonner [etalɔne] *vt* (*graduer*) eichen.

étamer [etame] *vt* verzinnen.

étameur [etamœʀ] *nm* Zinnschmied *m.*

étamine [etamin] *nf* (*de fleur*) Staubgefäß *nt.*

étanche [etɑ̃ʃ] *adj* wasserdicht; (*cloison*) undurchdringlich.

étanchéité [etɑ̃ʃeite] *nf* Wasserdichtigkeit *f.*

étancher [etɑ̃ʃe] *vt* (*liquide, sang*) aufhalten; **~ sa soif** seinen Durst löschen.

étançon [etɑ̃sɔ̃] *nm* Stütze *f.*

étançonner [etɑ̃sɔne] *vt* abstützen.

étang [etɑ̃] *nm* Teich *m.*

étant [etɑ̃] *vb voir* **être.**

étape [etap] *nf* Etappe *f;* (*lieu d'arrivée*) Rastplatz *m;* **faire ~ à** Rast machen in +*dat;* **brûler les ~s** (*fig*) Abkürzungen nehmen.

état [eta] *nm* (*condition*) Zustand *m;* (*condition sociale*) Stand *m;* (*liste, inventaire*) Bestandsaufnahme *f;* **État** (*POL*) Staat *m;* **être boucher de son ~** Metzger von Beruf sein; **en bon/mauvais ~** in gutem/schlechten Zustand; **en ~ (de marche)** in Ordnung; **remettre en ~** reparieren, instandsetzen; **être en ~ de faire qch** in der Lage sein, etw zu tun; **être hors d'~ de faire qch** außerstande sein, etw zu tun; **en tout ~ de cause** auf alle Fälle; **être dans tous ses ~s** Zustände haben; (*alléguer*) vorbringen; **en ~ de grâce** (*REL*) im Zustand der Gnade; **en ~ d'ivresse** unter Alkoholeinfluß ▶ **état civil** Personenstand *m* ▶ **état d'urgence** Notstand *m* ▶ **état d'alerte** Alarmzustand *m* ▶ **état d'esprit** Geisteszustand *m* ▶ **état de guerre** Kriegszustand *m* ▶ **état de santé** Gesundheitszustand *m* ▶ **état de**

de siège Belagerungszustand *m* ▶ **état de veille** Wachzustand *m* ▶ **état des lieux** unbewegliches Inventar *nt* ▶ **États du Golfe** Golfstaaten *pl* ▶ **états de service** Dienstzeugnis *nt*.

étatique [etatik] *adj* staatlich.

étatisation [etatizasjɔ̃] *nf* Verstaatlichung *f*.

étatiser [etatize] *vt* verstaatlichen.

étatisme [etatism] *nm* Staatskontrolle *f*.

état-major [etamaʒɔʀ] (*pl* ~**s**-~**s**) *nm* (*MIL*) Stab *m*; (*de parti, d'entreprise*) Mitarbeiterstab , *m*.

État-providence [etapʀɔvidɑ̃s] *nm* Wohlfahrts, staat *m*.

États-Unis [etazyni] *nmpl*: **les** ~-~ (**d'Amérique**) die Vereinigten Staaten *pl* (von Amerika).

étau, x [eto] *nm* Schraubstock *m*.

étayer [eteje] *vt* abstützen; (*fig*) unterstützen.

etc. [ɛtseteʀa] *abr* (= *et c(a)etera*) usw.

et c(a)etera [ɛtseteʀa] *adv* und so weiter.

été [ete] *pp de* **être** ♦ *nm* Sommer *m*; **en** ~ im Sommer.

éteignais [etɛɲɛ] *vb voir* **éteindre**.

éteignoir [etɛɲwaʀ] *nm* (*objet*) Kerzenlöscher *m*; (*péj: personne*) Spielverderber(in) *m(f)*.

éteindre [etɛ̃dʀ] *vt* ausmachen; (*radio*) ausschalten, ausmachen; (*chauffage*) ausmachen, abstellen; (*incendie, bougie, dette, aussi fig*) löschen; **s'éteindre** *vpr* ausgehen; (*incendie*) verlöschen; (*mourir*) verscheiden.

éteint, e [etɛ̃, ɛ̃t] *pp de* **éteindre** ♦ *adj* (*personne, regard, voix*) matt, stumpf; (*volcan*) erloschen; **tous feux** ~**s** ohne Licht.

étendard [etɑ̃daʀ] *nm* Standarte *f*.

étendre [etɑ̃dʀ] *vt* (*pâte, liquide*) streichen; (*déployer: carte, tapis*) ausbreiten; (*lessive, linge*) aufhängen; (*bras, jambes*) ausstrecken; (*blessé, malade*) hinlegen; (*vin, sauce*) strecken, verdünnen; (*agrandir*) ausweiten; (*fam: adversaire*) zu Boden strecken; **s'étendre** *vpr* (*augmenter, se propager*) sich ausweiten, sich ausdehnen; (*terrain, forêt etc*) sich erstrecken; (*s'allonger*) sich hinlegen; (*se reposer*) sich ausstrecken; (*sur un sujet, problème*) sich ausdehnen.

étendu, e [etɑ̃dy] *adj* (*terrain*) ausgedehnt; (*connaissances, pouvoirs etc*) umfassend, umfangreich.

étendue [etɑ̃dy] *nf* Ausmaß *nt*; (*surface: d'eau, de sable*) Fläche *f*.

éternel, le [etɛʀnɛl] *adj* ewig; **les neiges** ~**les** der ewige Schnee *m*.

éternellement [etɛʀnɛlmɑ̃] *adv* ewig.

éterniser [etɛʀnize]: **s'**~ *vpr* (*débat, situation*) ewig andauern; (*visiteur*) ewig lang bleiben.

éternité [etɛʀnite] *nf* Ewigkeit *f*; **il y a** *ou* **ça fait une** ~ **que** es ist schon ewig lang her, daß; **de toute** ~ seit Urzeiten.

éternuement [etɛʀnymɑ̃] *nm* Niesen *nt*.

éternuer [etɛʀnɥe] *vi* niesen.

êtes [ɛt] *vb voir* **être**.

étêter [etete] *vt* (*arbre*) kappen; (*clou, poisson*) den Kopf abschneiden von.

éther [etɛʀ] *nm* Äther *m*.

éthéré, e [eteʀe] *adj* (*regard, personne*) vergei, stigt.

Éthiopie [etjɔpi] *nf*: **l'**~ Äthiopien *nt*.

éthiopien, ne [etjɔpjɛ̃, jɛn] *adj* äthiopisch ♦ *nm/f*: **É**~, **ne** Äthiopier(in) *m(f)*.

éthique [etik] *adj* ethisch ♦ *nf* Ethik *f*.

ethnie [ɛtni] *nf* ethnische Gruppe *f*.

ethnique [ɛtnik] *adj* ethnisch.

ethnographe [ɛtnɔɡʀaf] *nm/f* Ethnograph(in) *m(f)*.

ethnographie [ɛtnɔɡʀafi] *nf* Ethnographie *f*.

ethnographique [ɛtnɔɡʀafik] *adj* ethnographisch.

ethnologie [ɛtnɔlɔʒi] *nf* Völkerkunde *f*.

ethnologique [ɛtnɔlɔʒik] *adj* ethnologisch, völkerkundlich.

ethnologue [ɛtnɔlɔɡ] *nm/f* Völkerkundler(in) *m(f)*.

éthologie [etɔlɔʒi] *nf* Verhaltensforschung *f*.

éthylique [etilik] *adj* Äthyl-; **alcool** ~ Äthylalkohol *m*.

éthylisme [etilism] *nm* Alkoholismus *m*.

étiage [etjaʒ] *nm* Niedrigwasser *nt*.

étiez [etje] *vb voir* **être**.

étincelant, e [etɛ̃s(ə)lɑ̃, ɑ̃t] *adj* funkelnd, glitzernd.

étinceler [etɛ̃s(ə)le] *vi* funkeln, glitzern.

étincelle [etɛ̃sɛl] *nf* Funke *m*.

étiolement [etjɔlmɑ̃] *nm* (*v vr*) Verwelken *nt*; Ermüden *nt*.

étioler [etjɔle]: **s'**~ *vpr* (*plante*) verwelken; (*enfant, esprit*) verkümmern.

étique [etik] *adj* dürr.

étiquetage [etik(ə)taʒ] *nm* (*action*) Beschriften *nt*.

étiqueter [etik(ə)te] *vt* (*paquet, boîte*) beschriften; (*péj: personne*) abstempeln.

étiqueteuse [etiktøz] *nf* (*machine*) Etikettiermaschine *f*.

étiquette [etikɛt] *nf* (*à coller*) Aufkleber *m*; (*fig*) Etikett *nt*; (*protocole*) Etikette *f*; **sans** ~ (*POL*) parteilos.

étirer [etiʀe] *vt* dehnen; **s'étirer** *vpr* (*personne*) sich strecken; **s'**~ **sur plusieurs kilomètres** sich über mehrere Kilometer erstrecken.

étoffe [etɔf] *nf* Stoff *m*; **avoir l'**~ **d'un chef** das Zeug zum Chef haben; **avoir de l'**~ Persönlichkeit haben.

étoffer [etɔfe] *vt* (*discours, récit etc*) ausfüllen, anreichern; **s'étoffer** *vpr* (*grossir*) füllig werden.

étoile [etwal] *nf* Stern *m*; (*vedette*) Star *m* ♦ *adj*: **danseur/danseuse** ~ Startänzer *m*/ -tänzerin *f*; **à la belle** ~ im Freien, unter freiem Himmel ▶ **étoile de mer** Seestern *m* ▶ **étoile filante** Sternschnuppe *f* ▶ **étoile polaire** Polarstern *m*.

étoilé, e [etwale] *adj* (*ciel*) Sternen-; (*nuit*) sternklar.

étoiler [etwale] *vt* (*parsemer*) übersäen; (*fêler*) zersplittern.

étole [etɔl] *nf* Stola *f*.

étonnamment [etɔnamã] *adv* erstaunlich.
étonnant, e [etɔnã, ãt] *adj* erstaunlich.
étonné, e [etɔne] *adj* erstaunt.
étonnement [etɔnmã] *nm* Erstaunen *nt*; **à mon grand** ~ zu meinem großen Erstaunen, zu meiner großen Verwunderung.
étonner [etɔne] *vt* erstaunen, verwundern; **s'**~ **que/de** erstaunt sein, daß/über +*acc*; **cela m'étonnerait (que)** es würde mich wundern (wenn).
étouffant, e [etufã, ãt] *adj* erstickend; (*fig*) bedrückend.
étouffé, e [etufe] *adj* erstickt; (*cris, rires aussi*) unterdrückt.
étouffée [etufe]: **à l'**~ *adv* gedünstet.
étouffement [etufmã] *nm* (*asphyxie*) Ersticken *nt*; (*difficulté à respirer*) Atemnot *f*.
étouffer [etufe] *vt* ersticken; (*bruit*) dämpfen; (*nouvelle, scandale*) vertuschen, unterdrücken ♦ *vi* (*respirer avec difficulté*) Atembeschwerden haben; (*avoir trop chaud*) vor Hitze fast ersticken; (*être mal à l'aise*) sich sehr unwohl fühlen; **s'étouffer** *vpr* sich verschlucken.
étouffoir [etufwar] *nm* (*MUS*) Dämpfer *m*.
étoupe [etup] *nf* Werg *m*.
étourderie [eturdəri] *nf* Schusseligkeit *f*; **faute d'**~ Flüchtigkeitsfehler *m*.
étourdi, e [eturdi] *adj* (*distrait*) schusselig.
étourdiment [eturdimã] *adv* unüberlegt.
étourdir [eturdir] *vt* (*suj: bruit, choc*) benommen machen, betäuben; (: *éloges, vitesse*) schwindelig machen.
étourdissant, e [eturdisã, ãt] *adj* atemberaubend; (*bruit*) ohrenbetäubend.
étourdissement [eturdismã] *nm* Schwindelgefühl *nt*.
étourneau, x [eturno] *nm* Star *m*.
étrange [etrãʒ] *adj* sonderbar, eigenartig.
étrangement [etrãʒmã] *adv* sonderbar, eigenartig.
étranger, -ère [etrãʒe, ɛr] *adj* (*d'un autre pays*) ausländisch; (*pas de la famille*) fremd ♦ *nm/f* (*v adj*) Ausländer(in) *m(f)*; Fremde(r) *f(m)* ♦ *nm*: **l'**~ die Fremde *f*; **à l'**~ im Ausland, in der Fremde; (*direction*) ins Ausland, in die Fremde; **de l'**~ aus dem Ausland; ~ **à** fremd +*dat*.
étrangeté [etrãʒte] *nf* Fremdheit *f*.
étranglé, e [etrãɡle] *adj*: **d'une voix** ~**e** mit erstickter Stimme.
étranglement [etrãɡləmã] *nm* (*v vt*) Erwürgen *nt*; Ersticken *nt*; (*d'une vallée, de canalisation*) Verengung *f*.
étrangler [etrãɡle] *vt* (*intentionnellement*) erwürgen; (*accidentellement*) ersticken; (*fig: presse, libertés*) unterdrücken; **s'étrangler** *vpr* (*en mangeant etc*) sich verschlucken.
étrave [etrav] *nf* Vordersteven *m*.

═══════════════ *MOT-CLÉ*

être [ɛtr] *vi* **1** sein; **il est fort** er ist stark; **il est instituteur** er ist Lehrer; **vous êtes fatigué** Sie sind müde; **elle est à Paris/au salon** sie ist in Paris/im Wohnzimmer; **je ne serai pas ici de-**main ich bin morgen nicht hier
2: **être à** (*appartenir*) gehören +*dat*; **ce livre est à Paul** das Buch gehört Paul; **c'est à moi/eux** das gehört mir/ihnen
3: **il est de Paris/de la même famille** er ist aus Paris/stammt aus der gleichen Familie; **il est des nôtres** er ist einer von uns
4 (*date*): **nous sommes le 5 juin** wir haben den 5. Juni
♦ *vb aux* **1** sein; **être arrivé/allé** angekommen/gegangen sein; **elle est partie** sie ist weggegangen
2 (*forme passive*) werden; **être mangé (par)** gegessen werden (von); **il a été promu** er ist befördert worden
3 (*obligation*): **c'est à faire** das muß gemacht werden; **c'est à essayer** das wäre zu versuchen; **il est à espérer/souhaiter que** es ist zu hoffen/wünschen, daß
♦ *vb impers* **1**: **il est** (+*adjectif*) es ist; **il est impossible de le faire** es ist unmöglich, das zu tun; **il serait facile de le faire** es wäre einfach, das zu tun; **il serait souhaitable que** es wäre zu wünschen, daß
2 (*heure*): **il est 10 heures/1 heure/minuit** es ist 10 Uhr/1 Uhr/Mitternacht
3 (*emphatique*): **c'est moi** ich bin's; **c'est à lui de le faire/de décider** er muß es machen/entscheiden
♦ *nm* (*individu*) Wesen *nt*.

───────────────

étreindre [etrɛ̃dr] *vt* (*amoureusement, amicalement*) umarmen; (*pour s'accrocher, retenir*) festhalten, umklammern; (*suj: douleur, peur*) ergreifen; **s'étreindre** *vpr* (*amants, amis*) sich umarmen.
étreinte [etrɛ̃t] *nf* (*amicale, amoureuse*) Umarmung *f*; (*pour s'accrocher, retenir*) Griff *m*; **resserrer son** ~ **autour de** immer mehr umzingeln.
étrenner [etrene] *vt* (*vêtement*) zum ersten Mal tragen.
étrennes [etrɛn] *nfpl* (*cadeaux*) Neujahrsgeschenke *pl*; (*gratifications*) ≈ Weihnachtsgeld *nt*.
étrier [etrije] *nm* Steigbügel *m*.
étriller [etrije] *vt* (*cheval*) striegeln; (*fam: battre*) vernichten.
étriper [etripe] *vt* ausweiden; (*fam*) abstechen.
étriqué, e [etrike] *adj* knapp; (*fig*) dürftig.
étroit, e [etrwa, wat] *adj* eng; (*surveillance, subordination*) streng; **à l'**~ eng, beschränkt ▶ **étroit d'esprit** engstirnig.
étroitement [etrwatmã] *adv* (*fig: intimement*) eng; (*surveiller etc*) streng.
étroitesse [etrwatɛs] *nf* Enge *f* ▶ **étroitesse d'esprit** Engstirnigkeit *f*.
étrusque [etrysk] *adj* etruskisch.
étude [etyd] *nf* (*action*) Studieren *nt*; (*ouvrage*) Untersuchung *f*, Studie *f*; (*de notaire*) Büro *nt*, Kanzlei *f*; (*salle de travail*) Studierzimmer *nt*; (*MUS*) Etüde *f*; ~**s** *nfpl* Studium *nt*; **faire des** ~**s** studieren; **être à l'**~ ge-

prüft werden; **faire des ~s de droit/médecine** Jura/Medizin studieren; **~s secondaires/supérieures** ≈ Oberstufenerziehung *f*/höhere Erziehung *f* ► **étude de cas** Fallstudie *f* ► **étude de faisabilité** Machbarkeitśstudie *f* ► **étude de marché** Marktstudie *f*.

étudiant, e [etydjɑ̃, jɑ̃t] *nm/f* Student(in) *m(f)* ◆ *adj* Studenten-.

étudié, e [etydje] *adj* (*air*) gespielt; (*démarche, système*) wohldurchdacht; (*prix*) niedrig.

étudier [etydje] *vt* (*élève*) lernen; (*analyser: problème, question*) untersuchen ◆ *vi* (*SCOL*) studieren.

étui [etɥi] *nm* Etui *nt*.

étuve [etyv] *nf* Dampfbad *nt*; (*appareil*) Sterilisator *m*, Autoklav *m*.

étuvée [etyve]: **à l'~** *adv* gedämpft.

étymologie [etimɔlɔʒi] *nf* (*science*) Etymologie *f*; (*origine*) Ursprung *m*.

étymologique [etimɔlɔʒik] *adj* etymologisch.

eu, eue [y] *pp de* avoir.

E.-U.(A.) [əya] *sigle mpl* (= *États-Unis (d'Amérique)*) USA *pl*.

eucalyptus [økaliptys] *nm* Eukalyptus *m*.

Eucharistie [økaʀisti] *nf* Eucharistie *f*, Altarssakrament *nt*.

eucharistique [økaʀistik] *adj* eucharistisch.

euclidien, ne [øklidjɛ̃, jɛn] *adj*: **géométrie ~ne** euklidische Geometrie *f*.

eugénique [øʒenik] *adj* eugenisch.

eugénisme [øʒenism] *nm* Eugenik *f*.

euh [ø] *excl* äh.

eunuque [ønyk] *nm* Eunuch *m*.

euphémique [øfemik] *adj* beschönigend.

euphémisme [øfemism] *nm* Euphemismus *m*, Beschönigung *f*.

euphonie [øfɔni] *nf* Wohlklang *m*.

euphorbe [øfɔʀb] *nf* Wolfsmilch *f*.

euphorie [øfɔʀi] *nf* Euphorie *f*.

euphorique [øfɔʀik] *adj* euphorisch.

euphorisant, e [øfɔʀizɑ̃, ɑ̃t] *adj* aufputschend.

eurafricain, e [øʀafʀikɛ̃, ɛn] *adj* euroafrikanisch.

eurasiatique [øʀazjatik] *adj* eurasisch.

Eurasie [øʀazi] *nf*: **l'~** Eurasien *nt*.

eurasien, ne [øʀazjɛ̃, jɛn] *adj* eurasisch.

Euratom [øʀatom] *sigle f* EURATOM *nt*.

eurent [yʀ] *vb voir* avoir.

eurocrate [øʀɔkʀat] (*péj*) *nm/f* Eurokrat(in) *m(f)*.

eurodevise [øʀɔdəviz] *nf* Eurowährung *f*.

eurodollar [øʀɔdɔlaʀ] *nm* Eurodollar *m*.

euromonnaie [øʀɔmɔnɛ] *nf* Eurowährung *f*.

Europe [øʀɔp] *nf*: **l'~** Europa *nt* ► **Europe centrale**: **l'~ centrale** Mitteleuropa *nt*.

européanisation [øʀɔpeanizasjɔ̃] *nf* Europäisierung *f*.

européaniser [øʀɔpeanize] *vt* europäisieren; **s'européaniser** *vpr* sich europäisieren.

européen, ne [øʀɔpeɛ̃, ɛn] *adj* europäisch ◆ *nm/f*: **E~, ne** Europäer(in) *m(f)*.

Eurovision [øʀɔvizjɔ̃] *nf* Eurovision *f*; **émission en ~** Eurovisionssendung *f*.

eus *etc* [y] *vb voir* avoir.

euthanasie [øtanazi] *nf* Euthanasie *f*.

eux [ø] *pron* sie; (*objet indirect, après prép* +*dat*) ihnen; **avec ~** mit ihnen.

évacuation [evakɥasjɔ̃] *nf* (*v vt*) Räumung *f*; Evakuierung *f*; Ausscheiden *nt*.

évacué, e [evakɥe] *adj* evakuiert.

évacuer [evakɥe] *vt* (*salle, région*) räumen; (*population, occupants*) evakuieren; (*MÉD*) ausscheiden.

évadé, e [evade] *adj* entwichen ◆ *nm/f* entwichener Häftling *m*.

évader [evade]: **s'~** *vpr* entweichen; (*fig*) fliehen, flüchten.

évaluation [evalɥasjɔ̃] *nf* Einschätzung *f*.

évaluer [evalɥe] *vt* einschätzen.

évanescent, e [evanesɑ̃, ɑ̃t] *adj* vergänglich.

évangélique [evɑ̃ʒelik] *adj* evangelisch.

évangélisateur, -trice [evɑ̃ʒelizatœʀ, tʀis] *adj* evangelisierend ◆ *nm* Evangelist *m*.

évangélisation [evɑ̃ʒelizasjɔ̃] *nf* Evangelisierung *f*.

évangéliser [evɑ̃ʒelize] *vt* evangelisieren.

évangéliste [evɑ̃ʒelist] *nm* Evangelist *m*.

évangile [evɑ̃ʒil] *nm* Evangelium *nt*; **tout ce qu'il dit n'est pas parole d'É~** man kann ihn nicht immer beim Wort nehmen.

évanoui, e [evanwi] *adj* bewußtlos, ohnmächtig; **tomber ~** in Ohnmacht fallen.

évanouir [evanwiʀ]: **s'~** *vpr* in Ohnmacht fallen, ohnmächtig werden; (*fig: disparaître*) schwinden.

évanouissement [evanwismɑ̃] *nm* (*MÉD*) Ohnmacht *f*.

évaporation [evapɔʀasjɔ̃] *nf* Verdampfen *nt*, Verdunsten *nt*.

évaporé, e [evapɔʀe] (*péj*) *adj* (*personne*) zerfahren.

évaporer [evapɔʀe]: **s'~** *vpr* verdampfen, verdunsten.

évasé, e [evaze] *adj* (*jupe*) ausgestellt.

évaser [evaze] *vt* (*tuyau*) ausweiten; (*jupe, pantalon*) ausstellen; **s'évaser** *vpr* weiter werden, sich weiten.

évasif, -ive [evazif, iv] *adj* ausweichend.

évasion [evazjɔ̃] *nf* (*d'un prisonnier*) Flucht *f*; **littérature d'~** Literatur, die eine Ausflucht aus der Wirklichkeit darstellt ► **évasion des capitaux** Kapitalflucht *f* ► **évasion fiscale** Steuerflucht *f*.

évasivement [evazivmɑ̃] *adv* ausweichend.

évêché [eveʃe] *nm* (*territoire*) Bistum *nt*; (*fonction*) Bischofsamt *nt*; (*palais, édifice*) Bischofssitz *m*.

éveil [evɛj] *nm* Erwachen *nt*; **être en ~** wachsam sein; **mettre qn en ~, donner l'~ à qn** jds Aufmerksamkeit erregen; **activités d'~** frühkindliche Aktivitäten *pl*.

éveillé, e [eveje] *adj* (*réveillé*) wach; (*vif*) aufgeweckt.

éveiller [eveje] *vt* (*personne*) (auf)wecken; (*curiosité, méfiance etc*) wecken, erregen; **s'éveiller** *vpr* (*se réveiller, aussi fig*) aufwachen.

événement [evɛnmã] *nm* Ereignis *nt*.
éventail [evãtaj] *nm* Fächer *m*; (*fig: choix*) Spektrum *nt*; **en ~** fächerförmig.
éventaire [evãtɛʀ] *nm* (*étalage*) Stand *m*.
éventé, e [evãte] *adj* (*parfum, vin*) schal; (*secret*) aufgedeckt.
éventer [evãte] *vt* (*secret, complot*) aufdecken; **s'éventer** *vpr* (*vin, parfum*) abstehen; (*avec un éventail*) sich *dat* Luft zufächeln.
éventrer [evãtʀe] *vt* (*animal, personne*) den Bauch aufschlitzen +*dat*; (*sac, maison etc*) aufreißen.
éventualité [evãtɥalite] *nf* Eventualität *f*; **dans l'~ de** im Falle +*gén*; **parer à toute ~** auf alle Eventualitäten vorbereitet sein.
éventuel, le [evãtɥɛl] *adj* eventuell, möglich.
éventuellement [evãtɥɛlmã] *adv* eventuell, möglicherweise.
évêque [evɛk] *nm* Bischof *m*.
Everest [ɛv(ə)ʀɛst] *nm*: **l'~** Mount Everest *m*.
évertuer [evɛʀtɥe]: **s'~** *vpr*: **s'~ à faire qch** sich anstrengen, etw zu tun.
éviction [eviksjɔ̃] *nf* (*de locataire*) Hinauswurf *m*; (*de rival*) Ausschalten *nt*.
évidemment [evidamã] *adv* (*de toute évidence*) offensichtlich; (*bien sûr*) natürlich.
évidence [evidãs] *nf* Offensichtlichkeit *f*; (*fait*) Tatsache *f*; **se rendre à l'~** sich den Tatsachen beugen; **nier l'~** die Tatsachen leugnen; **à l'~** offensichtlich; **de toute ~** ganz offensichtlich; **mettre en ~** aufzeigen.
évident, e [evidã, ãt] *adj* offensichtlich; **ce n'est pas ~** das ist nicht so einfach.
évider [evide] *vt* aushöhlen.
évier [evje] *nm* Spülbecken *nt*.
évincer [evɛ̃se] *vt* (*candidat, rival*) ausschalten.
évitable [evitabl] *adj* vermeidbar.
éviter [evite] *vt* ausweichen +*dat*; (*obstacle, ville*) meiden, umgehen; (*catastrophe, malheur*) verhindern; **~ de faire qch** vermeiden, etw zu tun; **~ que qch ne se passe** verhindern, daß etw geschieht; **~ qch à qn** jdm etw ersparen.
évocateur, -trice [evɔkatœʀ, tʀis] *adj* (*image*) anschaulich.
évocation [evɔkasjɔ̃] *nf* (*v vt*) Ansprechen *nt*; Heraufbeschwören *nt*.
évolué, e [evɔlɥe] *adj* (*esprit, peuple*) hochentwickelt; (*personne*) aufgeschlossen.
évoluer [evɔlɥe] *vi* sich entwickeln; (*aller et venir: danseur, avion etc*) kreisen.
évolutif, -ive [evɔlytif, iv] *adj* sich entwickelnd; (*maladie*) fortschreitend.
évolution [evɔlysjɔ̃] *nf* Entwicklung *f*; **~s** *nfpl* (*de danseur, avion*) Kreise *pl*.
évolutionnisme [evɔlysjɔnism] *nm* Evolutionstheorie *f*.
évolutionniste [evɔlysjɔnist] *adj* evolutionistisch ♦ *nm/f* Anhänger(in) *m(f)* der Evolutionstheorie.
évoquer [evɔke] *vt* (*mentionner*) ansprechen; (*suggérer, faire penser à*) heraufbeschwören.
ex [ɛks] *préf*: **~-ministre** Ex-Minister *m*; **~-président** Ex-Präsident *m*; **son ~-mari** ihr Ex-

Mann *m*; **son ~-femme** seine Ex-Frau *f*.
ex. *abr* (= *exemple*) Beisp.
exacerbé, e [ɛgzasɛʀbe] *adj* erhöht, gesteigert.
exacerber [ɛgzasɛʀbe] *vt* steigern, verschlimmern.
exact, e [ɛgza(kt), ɛgzakt] *adj* (*précis*) exakt, genau; (*correct*) exakt; (*ponctuel*) genau; **l'heure ~e** die genaue Uhrzeit *f*.
exactement [ɛgzaktəmã] *adv* genau, exakt; (*pour confirmer*) genau.
exaction [ɛgzaksjɔ̃] *nf* (*gén pl*) Machtmißbrauch *m* zur persönlichen Bereicherung.
exactitude [ɛgzaktityd] *nf* (*v adj*) Genauigkeit *f*; Exaktheit *f*.
ex aequo [ɛgzeko] *adv* (*classer*) gleich ♦ *adj inv*: **être classé premier ~ ~** sich den ersten Platz mit jemandem teilen.
exagération [ɛgzaʒeʀasjɔ̃] *nf* Übertreibung *f*.
exagéré, e [ɛgzaʒeʀe] *adj* übertrieben.
exagérément [ɛgzaʒeʀemã] *adv* übertrieben.
exagérer [ɛgzaʒeʀe] *vt* übertreiben ♦ *vi* übertreiben; (*dépasser les bornes*) zu weit gehen; **sans ~** ohne zu übertreiben; **s'~ qch** etw übertreiben; **il ne faut rien ~** nur nicht übertreiben.
exaltant, e [ɛgzaltã, ãt] *adj* begeisternd, mitreißend.
exaltation [ɛgzaltasjɔ̃] *nf* Begeisterung *f*, Hochstimmung *f*.
exalté, e [ɛgzalte] *adj* erregt, überhitzt ♦ *nm/f* (*péj*) exaltierte Person *f*.
exalter [ɛgzalte] *vt* (*enthousiasmer*) begeistern, erregen; (*glorifier*) preisen; **s'exalter** *vpr* sich begeistern.
examen [ɛgzamɛ̃] *nm* (*d'un dossier, d'un problème*) Untersuchung *f*; (*SCOL*) Prüfung *f*; **à l'~** auf Probe; **être à l'~** (*dossier, projet*) (derzeit) geprüft werden ▶ **examen blanc** Scheinprüfung *f* ▶ **examen d'entrée** Aufnahmeprüfung *f* ▶ **examen de conscience** Gewissensprüfung *f* ▶ **examen de la vue** Sehtest *m* ▶ **examen final** Abschlußprüfung *f*; ▶ **examen médical** ärztliche Untersuchung.
examinateur, -trice [ɛgzaminatœʀ, tʀis] *nm/f* (*SCOL*) Prüfer(in) *m(f)*.
examiner [ɛgzamine] *vt* prüfen; (*malade, problème, question*) untersuchen.
exaspérant, e [ɛgzaspeʀã, ãt] *adj* überaus ärgerlich.
exaspération [ɛgzaspeʀasjɔ̃] *nf* (*irritation*) Ärger *m*, Verärgerung *f*.
exaspérer [ɛgzaspeʀe] *vt* (*irriter*) zur Verzweiflung bringen.
exaucer [ɛgzose] *vt* (*vœu*) erfüllen; **~ qn** jdn erhören.
ex cathedra [ɛkskatedʀa] *adv* ex cathedra.
excavateur [ɛkskavatœʀ] *nm* Bagger *m*.
excavation [ɛkskavasjɔ̃] *nf* Ausgrabung *f*.
excavatrice [ɛkskavatʀis] *nf* = **excavateur**.
excédent [ɛksedã] *nm* Überschuß *m*; **en ~** überschüssig ▶ **excédent commercial** Han-

delsüberschuß *m* ▶ **excédent de bagages** Übergepäck *nt* ▶ **excédent de poids** Übergewicht *nt*.

excédentaire [ɛksedātɛʀ] *adj* überschüssig.

excéder [ɛksede] *vt* (*dépasser*) überschreiten; (*agacer*) zur Verzweiflung bringen; **excédé de fatigue** erschöpft; **excédé de travail** überarbeitet.

excellence [ɛkselɑ̃s] *nf* (*qualité*) hervorragende Qualität *f*; **son E~** Exzellenz *f*; **par ~** par excellence.

excellent, e [ɛkselɑ̃, ɑ̃t] *adj* ausgezeichnet, hervorragend.

exceller [ɛksele] *vi*: ~ **(en** *ou* **dans)** sich auszeichnen (in +*dat*).

excentricité [ɛksɑ̃tʀisite] *nf* Exzentrizität *f*.

excentrique [ɛksɑ̃tʀik] *adj* exzentrisch; (*quartier*) Außen-.

excentriquement [ɛksɑ̃tʀikmɑ̃] *adv* exzentrisch.

excepté, e [ɛksɛpte] *adj*: **les élèves/ dictionnaires ~s** ausgenommen Schüler/ Wörterbücher ♦ *prép*: ~ **les élèves** ausgenommen die Schüler; ~ **si** es sei denn; ~ **quand** außer wenn.

excepter [ɛksɛpte] *vt* ausnehmen.

exception [ɛksɛpsjɔ̃] *nf* Ausnahme *f*; **faire ~** eine Ausnahme sein; **faire une ~** eine Ausnahme machen; **sans ~** ohne Ausnahme, ausnahmslos; **à l'~ de** mit der Ausnahme von; **mesure d'~** außergewöhnliche Maßnahme *f*; **loi d'~** Ausnahmegesetz *nt*.

exceptionnel, le [ɛksɛpsjɔnɛl] *adj* (*inhabituel*) außergewöhnlich; (*excellent*) außerordentlich.

exceptionnellement [ɛksɛpsjɔnɛlmɑ̃] *adv* außergewöhnlich; (*par exception*) außerordentlich.

excès [ɛksɛ] *nm* Überschuß *m* ♦ *nmpl* (*abus*) Exzesse *pl*, Ausschweifungen *pl*; **à l'~** übertrieben; **tomber dans l'~ inverse** ins andere Extrem verfallen; **sans ~** mäßig ▶ **excès de langage** sprachliche Entgleisung *f* ▶ **excès de pouvoir** Überschreitung *f* der Machtbefugnisse ▶ **excès de vitesse** Geschwindigkeitsüberschreitung *f* ▶ **excès de zèle** Übereifer *m*.

excessif, -ive [ɛksesif, iv] *adj* überhöht.

excessivement [ɛksesivmɑ̃] *adv* übertrieben.

excipient [ɛksipjɑ̃] *nm* Trägersubstanz *f*.

exciser [ɛksize] *vt* herausschneiden.

excision [ɛksizjɔ̃] *nf* Beschneidung *f* (*von Mädchen*).

excitant [ɛksitɑ̃] *nm* Aufputschmittel *nt*.

excitation [ɛksitasjɔ̃] *nf* (*v vt*) Aufregung *f*; Erregung *f*.

excité, e [ɛksite] *adj* (*v vt*) aufgeregt; erregt.

exciter [ɛksite] *vt* aufregen; (*sexuellement*) erregen; (*PHYSIOL*) anregen; **s'exciter** *vpr* (*personne*) sich erregen, sich aufregen; ~ **qn à** jdn anstiften *ou* aufhetzen zu.

exclamatif, -ive [ɛksklamatif, iv] *adj* (*LING*) Ausruf-.

exclamation [ɛksklamasjɔ̃] *nf* Ausruf *m*.

exclamer [ɛksklame]: **s'~** *vpr* schreien; **"zut,"** **s'exclama-t-il** „Mist," rief er.

exclu, e [ɛkskly] *pp de* **exclure** ♦ *adj*: **il est/n'est pas ~ que** es ist ausgeschlossen/nicht ausgeschlossen, daß; **ce n'est pas ~** das läßt sich nicht ausschließen.

exclure [ɛsklyʀ] *vt* ausschließen; (*faire sortir*) hinausweisen.

exclusif, -ive [ɛksklyzif, iv] *adj* exklusiv; **dans le but ~ de faire qch** einzig und allein, um etw zu tun.

exclusion [ɛksklyzjɔ̃] *nf* (*d'une personne indésirable*) Ausschluß *m*; **à l'~ de** mit Ausnahme von.

exclusivement [ɛksklyzivmɑ̃] *adv* (*seulement*) ausschließlich; (*en exclusivité*) exklusiv; (*non inclus*) nicht inklusive.

exclusivité [ɛksklyzivite] *nf* Exklusivität *f*; (*COMM*) Alleinvertretung *f*; **film passant en ~ dans un cinéma** Film, der exklusiv in einem bestimmten Kino gezeigt wird.

excommunier [ɛkskɔmynje] *vt* exkommunizieren.

excréments [ɛkskʀemɑ̃] *nmpl* Exkremente *pl*.

excréter [ɛkskʀete] *vt* ausscheiden.

excroissance [ɛkskʀwasɑ̃s] *nf* Wucherung *f*.

excursion [ɛkskyʀsjɔ̃] *nf* Ausflug *m*; **faire une ~** einen Ausflug machen.

excursionniste [ɛkskyʀsjɔnist] *nm/f* Ausflügler(in) *m(f)*.

excusable [ɛkskyzabl] *adj* entschuldbar.

excuse [ɛkskyz] *nf* Entschuldigung *f*; (*prétexte aussi*) Ausrede *f*; ~**s** *nfpl* Entschuldigung; **faire des ~s** sich entschuldigen; **mot d'~** Entschuldigung; **faire** *ou* **présenter ses ~s à qn** jdn um Entschuldigung bitten; **lettre d'~s** Entschuldigung(sschreiben *nt*) *f*.

excuser [ɛkskyze] *vt* (*pardonner: personne*) verzeihen +*dat*; (: *faute*) verzeihen +*acc*; (*justifier*) entschuldigen; **s'excuser** *vpr* sich entschuldigen; ~ **qn de qch** (*dispenser*) jdn von etw befreien; **excusez-moi** Entschuldigung; **je m'excuse d'arriver si tôt** entschuldigen Sie, daß ich so früh komme; **se faire ~** sich entschuldigen lassen.

exécrable [ɛgzekʀabl] *adj* (*très mauvais*) scheußlich, gräßlich.

exécrer [ɛgzekʀe] *vt* verabscheuen.

exécutant, e [ɛgzekytɑ̃, ɑ̃t] *nm/f* Ausführende(r) *f(m)*.

exécuter [ɛgzekyte] *vt* (*prisonnier*) hinrichten; (*ordre, mission, travail, INFORM*) ausführen; (*opération*) durchführen; (*MUS: jouer*) vortragen; **s'exécuter** *vpr* sich fügen.

exécuteur, -trice [ɛgzekytœʀ, tʀis] *nm/f* (*testamentaire*) Vollstrecker *m* ♦ *nm* (*bourreau*) Scharfrichter *m*.

exécutif, -ive [ɛgzekytif, iv] *adj* exekutiv ♦ *nm*: **l'~** (*POL*) die Exekutive *f*.

exécution [ɛgzekysjɔ̃] *nf* (*v vt*) Hinrichtung *f*; Ausführung *f*; Durchführung *f*; Vortrag *m*; **mettre à ~** ausführen, durchführen

▶ **exécution capitale** Hinrichtung *f*.
exécutoire [ɛgzekytwaʀ] *adj* rechtlich verbindlich.
exégèse [ɛgzeʒɛz] *nf* Exegese *f*, Auslegung *f*.
exégète [ɛgzeʒɛt] *nm* Exeget *m*.
exemplaire [ɛgzɑ̃plɛʀ] *adj* beispielhaft, vorbildlich; (*châtiment*) exemplarisch ♦ *nm* (*d'ouvrage etc*) Exemplar *nt*; **en deux/trois** ~**s** in zweifacher/dreifacher Ausfertigung.
exemplairement [ɛgzɑ̃plɛʀmɑ̃] *adv* vorbildlich, beispielhaft; (*punir*) exemplarisch.
exemplarité [ɛgzɑ̃plaʀite] *nf* (*JUR: d'une peine*) Beispielcharakter *m*.
exemple [ɛgzɑ̃pl] *nm* Beispiel *nt*; (*précédent aussi*) Vorbild *nt*; **par** ~ zum Beispiel; **donner l'**~ ein Vorbild sein, ein Beispiel geben; **prendre** ~ **sur qn** sich an jdm ein Beispiel nehmen; **suivre l'**~ **de qn** jds Beispiel *dat* folgen; **à l'**~ **de** genau wie; **servir d'**~ (**à qn**) (jdm) als Beispiel dienen; **pour l'**~ (*punir*) exemplarisch.
exempt, e [ɛgzɑ̃, ɑ̃(p)t] *adj*: ~ **de** (*dispensé de*) befreit von; (*sans*) frei von; ~ **de taxes** steuerfrei.
exempter [ɛgzɑ̃(p)te] *vt*: ~ **qn de** jdn befreien von.
exercé, e [ɛgzɛʀse] *adj* (*yeux, oreilles*) geübt, geschult.
exercer [ɛgzɛʀse] *vt* ausüben; (*droit, prérogative*) geltend machen; (*personne, faculté*) trainieren ♦ *vi* (*médecin*) praktizieren; **s'exercer** *vpr* (*musicien*) üben; (*sportif*) trainieren; (*se faire sentir: pression, poussée etc*) sich auswirken; **s'**~ **à faire qch** üben, etw zu tun.
exercice [ɛgzɛʀsis] *nm* Übung *f*; (*de métier*) Ausübung *f*; (*physique*) Bewegung *f*; (*COMM, ADMIN: période*) Finanzjahr *nt*; **aller à l'**~ (*MIL*) auf Manöver gehen; **en** ~ (*juge, médecin*) im Amt; **dans l'**~ **de ses fonctions** in der Ausübung seines Amtes; ~**s d'assouplissement** Aufwärmübungen *pl*.
exergue [ɛgzɛʀg] *nm*: **mettre une inscription en** ~ **à** mit einer Inschrift versehen.
exhalaison [ɛgzalɛzɔ̃] *nf* Gerüche *pl*.
exhaler [ɛgzale] *vt* (*parfum*) ausströmen; (*souffle*) ausatmen; (*son, soupir*) ausstoßen.
exhausser [ɛgzose] *vt* (*construction*) aufstocken.
exhaustif, -ive [ɛgzostif, iv] *adj* erschöpfend.
exhaustivement [ɛgzostivmɑ̃] *adv* erschöpfend.
exhiber [ɛgzibe] *vt* (*montrer*) vorzeigen, vorlegen; (*péj*) zur Schau stellen; **s'exhiber** *vpr* (*personne*) sich zur Schau stellen; (*exhibitionniste*) sich entblößen.
exhibitionnisme [ɛgzibisjɔnism] *nm* Exhibitionismus *m*.
exhibitionniste [ɛgzibisjɔnist] *nm/f* Exhibitionist(in) *m(f)*.
exhortation [ɛgzɔʀtasjɔ̃] *nf* Flehen *nt*.
exhorter [ɛgzɔʀte] *vt*: ~ **qn à faire qch** jdn anflehen, etw zu tun.
exhumer [ɛgzyme] *vt* (*déterrer*) ausgraben.

exigeant, e [ɛgziʒɑ̃, ɑ̃t] *adj* anspruchsvoll.
exigence [ɛgziʒɑ̃s] *nf* Forderung *f*.
exiger [ɛgziʒe] *vt* fordern, erfordern.
exigible [ɛgziʒibl] *adj* fällig.
exigu, ë [ɛgzigy] *adj* eng, winzig.
exiguïté [ɛgziguite] *nf* Enge *f*.
exil [ɛgzil] *nm* Exil *nt*; **en** ~ im Exil.
exilé, e [ɛgzile] *nm/f* Exilant(in) *m(f)*.
exiler [ɛgzile] *vt* verbannen; **s'exiler** *vpr* ins Exil gehen.
existant, e [ɛgzistɑ̃, ɑ̃t] *adj* (*présent*) bestehend.
existence [ɛgzistɑ̃s] *nf* (*fait d'exister*) Existenz *f*; (*vie*) Leben *nt*, Dasein *nt*; **moyens d'**~ Lebensunterhalt *m*.
existentialisme [ɛgzistɑ̃sjalism] *nm* Existentialismus *m*.
existentiel, le [ɛgzistɑ̃sjɛl] *adj* existentiell.
exister [ɛgziste] *vi* existieren; (*vivre*) leben; **il existe** (*il y a*) es gibt.
exode [ɛgzɔd] *nm*: ~ **rural** Landflucht *f*.
exonération [ɛgzɔneʀasjɔ̃] *nf* (*d'impôts*) Befreiung *f*.
exonéré, e [ɛgzɔneʀe] *adj*: ~ **de TVA** von der Mehrwertsteuer befreit.
exonérer [ɛgzɔneʀe] *vt*: ~ **de** befreien von.
exorbitant, e [ɛgzɔʀbitɑ̃, ɑ̃t] *adj* astronomisch, ungeheuer.
exorbité, e [ɛgzɔʀbite] *adj*: **yeux** ~**s** weit aufgerissene Augen *pl*.
exorciser [ɛgzɔʀsize] *vt* exorzieren.
exorde [ɛgzɔʀd] *nm* Einführung *f*.
exotique [ɛgzɔtik] *adj* exotisch.
exotisme [ɛgzɔtism] *nm* Exotik *f*.
expansif, -ive [ɛkspɑ̃sif, iv] *adj* (*personne*) mitteilsam.
expansion [ɛkspɑ̃sjɔ̃] *nf* Expansion *f*.
expansionniste [ɛkspɑ̃sjɔnist] *adj* expansionistisch.
expansivité [ɛkspɑ̃sivite] *nf* Mitteilsamkeit *f*.
expatrié, e [ɛkspatʀije] *nm/f* im Ausland Lebende(r) *f(m)*.
expatrier [ɛkspatʀije] *vt* (*argent*) ins Ausland verschieben; **s'expatrier** *vpr* ins Ausland gehen.
expectative [ɛkspɛktativ] *nf*: **être dans l'**~ abwarten.
expectorant, e [ɛkspɛktɔʀɑ̃, ɑ̃t] *adj*: **sirop** ~ Hustensaft *m*.
expectorer [ɛkspɛktɔʀe] *vt* ausspeien.
expédient [ɛkspedjɑ̃] *nm* (*parfois péj*) Notbehelf *m*; **vivre d'**~**s** von Gelegenheitsarbeiten leben.
expédier [ɛkspedje] *vt* (*lettre, paquet*) abschicken; (*troupes, renfort*) entsenden, schicken; (*péj: faire rapidement*) kurzen Prozeß machen mit.
expéditeur, -trice [ɛkspeditœʀ, tʀis] *nm/f* Absender(in) *m(f)*.
expéditif, -ive [ɛkspeditif, iv] *adj* schnell, prompt.
expédition [ɛkspedisjɔ̃] *nf* Expedition *f*; (*d'une lettre*) Absenden *nt*.

expéditionnaire [ɛkspedisjɔnɛʀ] adj: **corps** ~ Expeditionskorps nt.

expérience [ɛkspeʀjɑ̃s] nf Erfahrung f; (scientifique) Experiment nt; **avoir de l'**~ Erfahrung haben; **avoir l'**~ **de** aus Erfahrung kennen; **faire l'**~ **de qch** die Erfahrung einer Sache gén machen.

expérimental, e, -aux [ɛkspeʀimɑtal, o] adj experimentell.

expérimentalement [ɛkspeʀimɑtalmɑ̃] adv experimentell.

expérimenté, e [ɛkspeʀimɑte] adj (personne) erfahren.

expérimenter [ɛkspeʀimɑte] vt (méthode, médicament) erproben.

expert, e [ɛkspɛʀ, ɛʀt] adj: **être** ~ **en** gut Bescheid wissen über +acc ♦ nm Experte m, Expertin f ► **expert en assurances** Versicherungsexperte m.

expert-comptable [ɛkspɛʀkɔ̃tabl] (pl ~**s**-~) nm Wirtschaftsprüfer(in) m(f).

expertise [ɛkspɛʀtiz] nf Gutachten nt.

expertiser [ɛkspɛʀtize] vt (tableau, objet de valeur) schätzen; (dégâts) abschätzen.

expier [ɛkspje] vt sühnen, büßen.

expiration [ɛkspiʀasjɔ̃] nf (de passeport, bail) Ablaufen nt; (de souffle) Ausatmen nt.

expirer [ɛkspiʀe] vi (passeport, bail) ablaufen; (respirer) ausatmen; (mourir) verscheiden.

explétif [ɛkspletif] nm (LING) Füllwort nt.

explicable [ɛksplikabl] adj erklärlich.

explicatif, -ive [ɛksplikatif, iv] adj erklärend.

explication [ɛksplikasjɔ̃] nf Erklärung f; (discussion) Aussprache f ► **explication de texte** (SCOL) Textanalyse f.

explicite [ɛksplisit] adj explizit, ausdrücklich.

explicitement [ɛksplisitmɑ̃] adv ausdrücklich.

expliciter [ɛksplisite] vt deutlich machen.

expliquer [ɛksplike] vt erklären; (justifier) rechtfertigen; **s'expliquer** vpr (se comprendre) verständlich sein; (parler clairement) sich ausdrücken; (discuter, se disputer) sich aussprechen; **je ne m'explique pas son retard** ich kann mir seine Verspätung nicht erklären; ~ (à qn) comment/que (jdm) erklären, wie/daß.

exploit [ɛksplwa] nm Großtat f; (SPORT) Leistung f.

exploitable [ɛksplwatabl] adj (domaine, forêt) der/die/das ausgebeutet werden kann; ~ **par machine** maschinenlesbar.

exploitant [ɛksplwatɑ̃] nm (AGR) Landwirt m; **les petits** ~**s** die Kleinbauern pl.

exploitation [ɛksplwatasjɔ̃] nf (entreprise) Betrieb m; (v vt) Ausbeutung f; Betreiben nt; Nutzung f; Ausnutzen nt; ~ **agricole** landwirtschaftlicher Betrieb m.

exploiter [ɛksplwate] vt (aussi péj) ausbeuten; (entreprise, ferme) betreiben; (dons, facultés etc) nutzen; (erreur, faiblesse) Nutzen ziehen aus, ausnützen.

exploiteur, -euse [ɛksplwatœʀ, øz] (péj) nm/f Ausbeuter(in) m(f).

explorateur, -trice [ɛksplɔʀatœʀ, tʀis] nm/f Forscher(in) m(f).

exploration [ɛksplɔʀasjɔ̃] nf Erforschung f.

explorer [ɛksplɔʀe] vt erforschen.

exploser [ɛksploze] vi explodieren; (fig: joie, colère) ausbrechen; **faire** ~ (bombe) zum Explodieren bringen; (véhicule etc) sprengen.

explosif, -ive [ɛksplozif, iv] adj explosiv ♦ nm Sprengstoff m.

explosion [ɛksplozjɔ̃] nf Explosion f ► **explosion de colère** Wutausbruch m ► **explosion de joie** Freudenausbruch m ► **explosion démographique** Bevölkerungsexplosion f.

exponentiel, le [ɛkspɔnɑ̃sjɛl] adj exponentiell.

exportateur, -trice [ɛkspɔʀtatœʀ, tʀis] adj Export- ♦ nm (personne) Exporteur m.

exportation [ɛkspɔʀtasjɔ̃] nf Export m.

exporter [ɛkspɔʀte] vt exportieren.

exposant [ɛkspozɑ̃] nm (personne) Aussteller m; (MATH) Exponent m.

exposé, e [ɛkspoze] adj (orienté) ausgerichtet ♦ nm (conférence) Referat nt; **être** ~ **à l'est/au sud** nach Osten/Süden gehen ou liegen.

exposer [ɛkspoze] vt (présenter) ausstellen; (parler de) darlegen; (mettre en danger) aufs Spiel setzen; (orienter) ausrichten; (PHOTO) belichten; **s'exposer à** vpr sich aussetzen +dat; ~ **qn/qch à** jdn/etw aussetzen +dat.

exposition [ɛkspozisjɔ̃] nf Ausstellung f; (de problème, situation) Darlegung f; (de maison) Ausrichtung f; (PHOTO) Belichtung f; **temps d'**~ Belichtungszeit f.

exprès¹ [ɛkspʀɛ] adv (délibérément) absichtlich; (spécialement) speziell; **faire** ~ **de faire qch** etw absichtlich tun; **il l'a fait/ne l'a pas fait** ~ das hat er absichtlich getan/nicht absichtlich getan.

exprès², -esse [ɛkspʀɛs] adj (ordre, défense) ausdrücklich ♦ adj inv: **lettre** ~ Eilbrief m; **colis** ~ Schnellpaket nt; **envoyer qch en** ~ etw per Eilboten schicken.

express [ɛkspʀɛs] adj, nm: (café) ~ Espresso m; (train) ~ Expreß(zug) m.

expressément [ɛkspʀesemɑ̃] adv ausdrücklich.

expressif, -ive [ɛkspʀesif, iv] adj ausdrucksvoll.

expression [ɛkspʀesjɔ̃] nf Ausdruck m; **réduit à sa plus simple** ~ (MATH) gekürzt; (fig) kurz gesagt; **liberté d'**~ Meinungsfreiheit f; **moyens d'**~ Ausdrucksmittel pl ► **expression toute faite** (stehende) Redewendung f.

expressionnisme [ɛkspʀesjɔnism] nm Expressionismus m.

expressivité [ɛkspʀesivite] nf (d'un regard) Ausdrucksstärke f.

exprimer [ɛkspʀime] vt ausdrücken; **s'exprimer** vpr (personne) sich ausdrücken; **bien s'**~ sich gut ausdrücken.

expropriation [ɛkspʀɔpʀijasjɔ̃] nf Enteignung f; **frapper d'**~ enteignen.

exproprier [ɛkspʀɔpʀije] vt enteignen.

expulser [ɛkspylse] vt (d'une salle) verweisen; (d'un groupe) ausschließen; (locataire) hinauswerfen; (*FOOTBALL*) vom Platz stellen *ou* verweisen.

expulsion [ɛkspylsjɔ̃] *nf* (*v vt*) Verweis *m*; Ausschluß *m*; Platzverweis *m*.

expurger [ɛkspyrʒe] *vt* (*livre*) zensieren.

exquis, e [ɛkski, iz] *adj* exquisit, herrlich; (*personne, temps*) reizend.

exsangue [ɛksɑ̃g] *adj* blutleer.

exsuder [ɛksyde] *vt* ausströmen.

extase [ɛkstɑz] *nf* Ekstase *f*; **être en** ~ in Ekstase sein.

extasier [ɛkstɑzje]: **s'**~ *vpr*: **s'**~ **sur** in Ekstase geraten über +*acc*.

extatique [ɛkstatik] *adj* ekstatisch.

extenseur [ɛkstɑ̃sœr] *nm* (*SPORT*) Expander *m*.

extensible [ɛkstɑ̃sibl] *adj* dehnbar.

extensif, -ive [ɛkstɑ̃sif, iv] *adj* extensiv.

extension [ɛkstɑ̃sjɔ̃] *nf* (*d'un muscle, ressort*) Strecken *nt*; (*fig: développement*) Expansion *f*; **à l'**~ im Streckverband.

exténuant, e [ɛkstenyɑ̃, ɑ̃t] *adj* erschöpfend.

exténuer [ɛkstenye] *vt* erschöpfen.

extérieur, e [ɛksterjœr] *adj* Außen-; (*influences, pressions*) äußere(r, s); (*superficiel*) äußerlich ♦ *nm* (*d'une maison, d'un récipient*) Außenseite *f*; (*d'une personne: apparence*) Äußere(s) *nt*; **contacts avec l'**~ Kontakte *pl* mit der Außenwelt; **à l'**~ (*dehors*) draußen; (*SPORT: coureur, cheval*) auf der Außenbahn.

extérieurement [ɛksterjœrmɑ̃] *adv* (*en apparence*) äußerlich.

extérioriser [ɛksterjɔrize] *vt* (*sentiment*) nach außen (hin) zeigen; (*idée*) ausdrücken.

extermination [ɛksterminasjɔ̃] *nf* Ausrottung *f*.

exterminer [ɛkstermine] *vt* ausrotten.

externat [ɛksterna] *nm* Tagesschule *f*.

externe [ɛkstern] *adj* extern ♦ *nm/f* (*SCOL*) Externe(r) *f(m)*, Tagesschüler(in) *m(f)*; (*étudiant en médecine*) ≈ Medizinstudent(in) *m(f)* (*im praktischen Jahr*).

extincteur [ɛkstɛ̃ktœr] *nm* Feuerlöscher *m*.

extinction [ɛkstɛ̃ksjɔ̃] *nf* (*d'un incendie*) Löschen *nt*; (*d'une race*) Aussterben *nt*; (*d'une dette*) Tilgung *f* ► **extinction de voix** (*MÉD*) Stimmverlust *m*.

extirper [ɛkstirpe] *vt* (*plante*) ausreißen; (*préjugés*) ausrotten; (*tumeur*) entfernen.

extorquer [ɛkstɔrke] *vt*: ~ **qch à qn** etw von jdm erpressen.

extorsion [ɛkstɔrsjɔ̃] *nf*: ~ **de fonds** Erpressung *f* von Geldern.

extra [ɛkstra] *adj inv* erstklassig ♦ *nm* Aushilfe *f* ♦ *préf* extra-, Extra-.

extraction [ɛkstraksjɔ̃] *nf* (*v extraire*) Gewinnung *f*; Ziehen *nt*; Herausziehen *nt*.

extrader [ɛkstrade] *vt* ausliefern.

extradition [ɛkstradisjɔ̃] *nf* Auslieferung *f*.

extra-fin, e [ɛkstrafɛ̃, in] (*pl* ~-~**s, es**) *adj* extrafein.

extra-fort, e [ɛkstrafɔr, ɔrt] (*pl* ~-~**s, es**) *adj* (*moutarde*) extrascharf.

extraire [ɛkstrɛr] *vt* (*minerai*) gewinnen; (*dent*)

ziehen; (*MATH: racine*) ziehen; ~ **qch de** (*balle, corps étranger*) etw herausziehen aus; (*citation etc*) etw entnehmen +*dat*.

extrait, e [ɛkstrɛ, ɛt] *pp de* **extraire** ♦ *nm* (*de plante*) Extrakt *m*, Auszug *m*; (*de film, livre*) Auszug *m* ► **extrait de naissance** Geburtsurkunde *f*.

extra-lucide [ɛkstralysid] (*pl* ~-~**s**) *adj*: **voyante** ~-~ Hellseherin *f*.

extraordinaire [ɛkstraɔrdinɛr] *adj* außergewöhnlich; **par** ~ zufälligerweise; **mission** ~ Sondermission *f*; **envoyé** ~ Sonderbeauftragte(r) *m*; **assemblée** ~ Sondersitzung *f*.

extraordinairement [ɛkstraɔrdinɛrmɑ̃] *adv* außergewöhnlich.

extrapoler [ɛkstrapɔle] *vi* extrapolieren.

extra-sensoriel, le [ɛkstrasɑ̃sɔrjɛl] (*pl* ~-~**s, les**) *adj* außersinnlich.

extra-terrestre [ɛkstraterɛstr(ə)] (*pl* ~-~**s**) *nm/f* Außerirdische(r) *f(m)*.

extra-utérin, e [ɛkstrayterɛ̃, in] (*pl* ~-~**s, es**) *adj* extrauterin.

extravagance [ɛkstravagɑ̃s] *nf* Extravaganz *f*.

extravagant, e [ɛkstravagɑ̃, ɑ̃t] *adj* extravagant.

extraverti, e [ɛkstravɛrti] *adj* extrovertiert.

extrayais *etc* [ɛkstrɛjɛ] *vb voir* **extraire**.

extrême [ɛkstrɛm] *adj* extrem; (*limite*) äußerste(r, s) ♦ *nm*: **les** ~**s** die Extreme *pl*; **d'une** ~ **simplicité/brutalité** von äußerster Einfachheit/Brutalität; **d'un** ~ **à l'autre** von einem Extrem ins andere; **à l'**~ extrem; **à l'**~ **rigueur** im äußersten Fall.

extrêmement [ɛkstrɛmmɑ̃] *adv* extrem.

extrême-onction [ɛkstrɛmɔ̃ksjɔ̃] (*pl* ~-~**s**) *nf* letzte Ölung *f*.

Extrême-Orient [ɛkstrɛmɔrjɑ̃] *nm*: **l'**~-~ der Ferne Osten *m*.

extrême-oriental, e, -aux [ɛkstrɛmɔrjɑ̃tal, o] *adj* fernöstlich.

extrémisme [ɛkstremism] *nm* Extremismus *m*.

extrémiste [ɛkstremist] *adj* extremistisch ♦ *nm/f* Extremist(in) *m(f)*.

extrémité [ɛkstremite] *nf* (*bout*) äußerstes Ende *nt*; (*situation*) äußerste Not *f*; (*action désespérée*) Verzweiflungstat *f*; ~**s** *nfpl* (*pieds et mains*) Extremitäten *pl*; **à la dernière** ~ (*à l'agonie*) in den letzten Zügen.

exubérance [ɛgzyberɑ̃s] *nf* Überschwenglichkeit *f*.

exubérant, e [ɛgzyberɑ̃, ɑ̃t] *adj* (*végétation*) üppig; (*caractère*) überschwenglich.

exulter [ɛgzylte] *vi* frohlocken.

exutoire [ɛgzytwar] *nm* (*fig*) Ventil *nt*.

ex-voto [ɛksvɔto] *nm inv* Votivbild *nt*.

eye-liner [ajlajnœr] (*pl* ~-~**s**) *nm* Lidstrich *m*.

F, f

F¹, f [ɛf] *nm inv* (*lettre*) F, f *nt*; ~ **comme François** ≈ F wie Friedrich.

F² [ɛf] *abr* = *franc*; (= *Fahrenheit*) F; (*appartement*): **un F2/F3** eine 2/3-Zimmer-Wohnung.

fa [fa] *nm inv* (*MUS*) F *nt*; (: *en chantant la gamme*) Fa *nt*.

fable [fabl] *nf* Fabel *f*; (*mensonge*) Lügengeschichte *f*.

fabricant [fabʀikɑ̃] *nm* Hersteller *m*.

fabrication [fabʀikasjɔ̃] *nf* Herstellung *f*.

fabrique [fabʀik] *nf* Fabrik *f*.

fabriquer [fabʀike] *vt* herstellen; (*construire*) bauen; (*fig: inventer*) erfinden; ~ **en série** in Serie herstellen; **qu'est-ce qu'il fabrique?** (*fam*) was macht er jetzt schon wieder?

fabulateur, -trice [fabylatœʀ, tʀis] *nm/f* Fabulant *m*.

fabulation [fabylasjɔ̃] *nf* Fabulieren *nt*.

fabuleusement [fabyløzmɑ̃] *adv* phantastisch, unwahrscheinlich.

fabuleux, -euse [fabylø, øz] *adj* (*récit etc*) Fabel-; (*somme, quantité etc*) sagenhaft, märchenhaft.

fac [fak] (*fam*) *abr f* = **faculté**.

façade [fasad] *nf* Fassade *f*.

face [fas] *nf* (*côté*) Seite *f*; (*visage*) Gesicht *nt*; (*fig: d'un problème*) Gesichtspunkt *m* ♦ *adj*: **le côté** ~ die Vorderseite; **perdre/sauver la** ~ das Gesicht verlieren/wahren; **regarder qn en** ~ jdm ins Gesicht sehen; **la maison/le trottoir d'en** ~ das Haus/der Gehweg gegenüber; **en** ~ **de** gegenüber von; (*fig*) im Angesicht +*gén*; **de** ~ (*portrait*) von vorn; (*place dans train*) nach vorne; ~ **à** gegenüber von; (*fig*) angesichts +*gén*; **faire** ~ **à qn/qch** jdm/etw gegenüberstehen; **faire** ~ **à la demande** (*COMM*) der Nachfrage *dat* nachkommen ► **face à face** *nm inv* Streitgespräch *nt* ♦ *adv* einander gegenüber.

facéties [fasesi] *nfpl* (*plaisanteries*) Witze *pl*.

facétieux, -euse [fasesjø, jøz] *adj* spöttisch.

facette [fasɛt] *nf* (*d'un diamant*) Facette *f*; (*d'un problème*) Seite *f*.

fâché, e [faʃe] *adj* wütend, böse; **être** ~ **avec qn** mit jdm zerstritten sein.

fâcher [faʃe] *vt* ärgern; **se fâcher** *vpr* wütend werden; **se** ~ **contre qn** sich über jdn ärgern; **se** ~ **avec qn** sich mit jdm zerstreiten.

fâcherie [faʃʀi] *nf* (*brouille*) Streit *m*.

fâcheusement [faʃøzmɑ̃] *adv* unangenehm.

fâcheux, -euse [faʃø, øz] *adj* (*regrettable*) bedauerlich; (*ennuyeux*) ärgerlich; **avoir une fâcheuse tendance à faire qch** die bedauerli-

facho [faʃo] (*fam*) *adj, nm/f* = **fasciste**.

facial, e, -aux [fasjal, jo] *adj* Gesichts-.

faciès [fasjɛs] *nm* (*visage*) Gesichtszüge *pl*.

facile [fasil] *adj* leicht, einfach; (*péj: littérature, effet*) seicht; **une femme** ~ ein leichtes Mädchen; ~ **à faire** leicht (zu machen); **il est** ~ **à vivre** man kommt gut mit ihm aus.

facilement [fasilmɑ̃] *adv* leicht; **se fâcher** ~ leicht ärgerlich werden.

facilité [fasilite] *nf* (*aise*) Leichtigkeit *f*; (*disposition, don*) Begabung *f*; (*moyen, occasion, possibilité*) Möglichkeit *f*; ~**s** *nfpl* (*possibilités*) Möglichkeiten *pl*; (*COMM: délais, conditions*) Bedingungen *pl* ► **facilités de crédit** günstige Kreditbedingungen *pl* ► **facilités de paiement** günstige Zahlungsbedingungen *pl*.

faciliter [fasilite] *vt* erleichtern.

façon [fasɔ̃] *nf* (*manière*) (Art und) Weise *f*; (*coupe*) Schnitt *m*; ~**s** *nfpl* Benehmen *nt*; **faire des** ~**s** (*péj: être affecté*) affektiert sein; (: *faire des histoires*) sich anstellen; **châle** ~ **cachemire** Schal *m* aus Kaschmirimitat; **de quelle** ~ **l'a-t-il fait?** wie hat er es gemacht?; **sans** ~ *adv* ohne Umstände ♦ *adj* schlicht; **de toute** ~ auf jeden Fall; **d'une autre** ~ anders; **en aucune** ~ auf keinen Fall; **de** ~ **agréable/agressive** auf angenehme/aggressive Weise, angenehm/aggressiv; **de** ~ **à faire** um etw zu tun; **de (telle)** ~ **que** so, daß; **de** ~ **à ce que** daß; **c'est une** ~ **de parler** das sagt man (nur) so.

faconde [fakɔ̃d] *nf* Redseligkeit *f*.

façonner [fasɔne] *vt* (*fabriquer*) herstellen; (*travailler*) bearbeiten; (*fig*) formen.

fac-similé [faksimile] (*pl* ~-~**s**) *nm* Faksimile *nt*.

facteur [faktœʀ] *nm* (*postier*) Briefträger *m*; (*MATH, fig*) Faktor *m* ► **facteur d'orgues/de pianos** Orgel-/Klavierbauer *m* ► **facteur rhésus** Rhesusfaktor *m*.

factice [faktis] *adj* (*bijou etc*) imitiert, nachgemacht; (*situation, sourire*) gekünstelt.

faction [faksjɔ̃] *nf* (*groupe*) (Splitter)gruppe *f*; (*garde*) Wache *f*; **être en** *ou* **de** ~ Wache stehen.

factoriel, le [faktɔʀjɛl] *adj* faktoriell.

factotum [faktɔtɔm] *nm* Faktotum *nt*.

factuel, le [faktɥɛl] *adj* Tatsachen-.

facturation [faktyʀasjɔ̃] *nf* Berechnung *f*; (*bureau*) Rechnungsabteilung *f*.

facture [faktyʀ] *nf* (*à payer*) Rechnung *f*; (*d'un artisan, artiste*) Technik *f*.

facturer [faktyʀe] *vt* berechnen, in Rechnung stellen.

facturier, -ière [faktyʀje, jɛʀ] *nm/f* (*employé*) Fakturist(in) *m(f)*.

facultatif, -ive [fakyltatif, iv] *adj* freiwillig; (*arrêt*) Bedarfs-.

faculté [fakylte] *nf* (*possibilité, pouvoir*) Fähigkeit *f*, Vermögen *nt*; (*UNIV*) Fakultät *f*; ~**s** *nfpl* (*moyens intellectuels*) (geistige) Fähigkeiten *pl*.

fadaises [fadɛz] *nfpl* dummes Zeug *nt*.
fade [fad] *adj* fad.
fading [fadiŋ] *nm* (*RADIO*) Ausblenden *nt*.
fagot [fago] *nm* (*de bois*) Reisigbündel *nt*.
fagoté, e [fagɔte] (*fam*) *adj*: **drôlement ~ un**möglich gekleidet.
Fahrenheit [faʀɛnajt] *adj* Fahrenheit.
faible [fɛbl] *adj* schwach; (*moralement*) (willens)schwach, charakterschwach ♦ *nm*: **le ~ de qn/qch** die schwache Stelle von jdm/etw; **avoir un ~ pour qn/qch** eine Schwäche *ou* ein Faible für jdn/etw haben ► **faible d'esprit** dümmlich.
faiblement [fɛbləmɑ̃] *adv* schwach.
faiblesse [fɛblɛs] *nf* Schwäche *f*.
faiblir [fɛbliʀ] *vi* schwächer werden; (*vent, résistance, intérêt*) nachlassen; (*ennemi*) erlahmen.
faïence [fajɑ̃s] *nf* Töpferware *f*.
faignant, e [fɛɲɑ̃, ɑ̃t] *nm/f, adj* = **fainéant**.
faille [faj] *vb voir* **falloir** ♦ *nf* (*GÉO*) Verwerfung *f*; (*fig: d'un système, d'une théorie*) Schwachstelle *f*.
failli, e [faji] *adj* bankrott ♦ *nm/f* Bankrotteur *m*.
faillible [fajibl] *adj* fehlbar.
faillir [fajiʀ] *vi*: **j'ai failli tomber** ich wäre beinahe hingefallen; **j'ai failli lui dire que ...** ich hätte ihm fast gesagt, daß ...; **~ à une promesse** ein Versprechen nicht halten; **~ à un engagement** eine Verabredung nicht einhalten.
faillite [fajit] *nf* Bankrott *m*; **être en ~** bankrott sein; **faire ~** Bankrott machen.
faim [fɛ̃] *nf* Hunger *m*; **~ d'amour/de richesses** Verlangen *nt ou* Hunger *m* nach Liebe/ Reichtum; **avoir ~** Hunger haben; **rester sur sa ~** noch nicht genug haben ► **faim de loup** Bärenhunger *m*.
fainéant, e [fɛneɑ̃, ɑ̃t] *adj* faul ♦ *nm/f* Faulenzer(in) *m(f)*.
fainéantise [fɛneɑ̃tiz] *nf* Faulenzerei *f*.

=============== *MOT-CLÉ* ===============

faire [fɛʀ] *vt* **1** machen; **que fait-il?** was macht er?; **qu'allons-nous faire?** was sollen wir tun?; **qu'a-t-il fait de sa sœur/valise?** was hat er mit seiner Schwester/mit seinem Koffer gemacht?; **que faire?** was tun?; **que faites-vous?** was machen Sie (gerade)?; (*quel métier*) was machen Sie (beruflich)?; **faire un travail** eine Arbeit machen; **faire le ménage** die Hausarbeit erledigen; **faire du bruit** Krach machen; **faire une faute** einen Fehler machen; **faire une offre** ein Angebot machen; **faire des dégâts** Schaden anrichten; **faire la lessive** Wäsche waschen; **faire la cuisine** kochen; **faire les courses** einkaufen; **faire les magasins** einen Einkaufsbummel machen; **faire l'Europe** Europa durchstreifen; **faire une remarque** eine Bemerkung machen; **il ne fait que critiquer** er kritisiert immer nur; **n'avoir que faire de qch** etw nicht nötig haben

2 (*produire*) erzeugen; **faire du vin** Wein erzeugen; **faire un film** einen Film drehen; **fait à la main** Handarbeit; **fait à la machine** mit der Maschine gefertigt
3 (*études*) betreiben; (*sport*) treiben; (*musique*) machen; **faire du droit/du français** Jura/ Französisch studieren; **faire du rugby** Rugby spielen; **faire du ski** Ski laufen; **faire du violon/piano** Geige/Klavier spielen
4 (*maladie*) haben; **faire du diabète/de la tension/de la fièvre** Diabetes/Bluthochdruck/ Fieber haben
5 (*simuler*): **faire le malade/l'ignorant** den Kranken/Unwissenden spielen
6 (*transformer, avoir un effet sur*): **faire de qn un frustré** jdn frustrieren; **faire de qn un avocat** jdn Anwalt werden lassen; **ça ne me fait rien** das ist mir egal; **ça ne me fait ni chaud ni froid** das ist mir egal; **ça ne fait rien** das macht nichts
7 (*calculs, prix, mesures*): **2 et 2 font 4** 2 und 2 macht *ou* ist 4; **9 divisé par 3 fait 3** 9 geteilt durch 3 macht *ou* ist 3; **ça fait 10 m** das sind 10 m; **ça fait 15 F** das macht 15F; **je vous le fais (à) 10 F** ich gebe es Ihnen für 10 F
8 (*dire*) sagen; **"vraiment?" fit-il** „wirklich?" sagte er
♦ *vi* **1** (*agir, s'y prendre*) machen; **il faut faire vite** wir müssen uns beeilen; **je n'ai pas pu faire autrement** es ging nicht anders; **comment a-t-il fait pour...?** wie hat er es geschafft, zu ...?; **tu fais bien de me le dire** gut, daß du mir das gesagt hast; **faites comme chez vous** fühlen Sie sich wie zu Hause
2 (*ses besoins*) machen
3 (*paraître*) aussehen; **faire vieux/démodé/petit** alt/altmodisch/klein aussehen; **ça fait bien** das sieht gut aus
♦ *vb substitut* machen; **remets-le en place – je viens de le faire** tu es zurück – ich hab's gerade *ou* schon gemacht; **je peux le voir? – faites!** kann ich es sehen? – bitte!
♦ *vb impers* **1**: **il fait beau** es ist schönes Wetter; **il fait froid/chaud** es ist kalt/warm; **il fait jour** es ist Tag
2 (*temps écoulé, durée*): **ça fait 5 heures qu'il est parti** er ist vor 5 Stunden weggefahren; **ça fait 2 ans/heures qu'il y est** er ist schon 2 Jahre/Stunden dort
3 (*avoir pour conséquence*): **faire que** bewirken, daß
♦ *vb semi-aux* (*avec infinitif*) lassen; **faire tomber qch** etw fallen lassen; **faire démarrer un moteur** einen Motor anlassen; **faire chauffer de l'eau** Wasser aufsetzen; **que veux-tu me faire croire?** was willst du mich glauben machen?; **cela fait dormir** das macht schläfrig; **cela fait tomber la fièvre** das bringt das Fieber zum Sinken; **essayer de faire tomber/ bouger qch** versuchen, etwas zu Fall/in Bewegung zu bringen; **cela le fait ressembler à un clown** damit sieht er wie ein Clown aus; **faire faire la vaisselle à qn** jdn Geschirr

spülen lassen; **faire réparer qch** etw reparieren lassen; **il m'a fait ouvrir la porte** (*contraindre*) er hat mich gezwungen, die Tür zu öffnen; **il m'a fait traverser la rue** (*aider*) er hat mir geholfen, die Straße zu überqueren

se faire *vpr* **1** (*vin, fromage*) reifen **2**: **cela se fait beaucoup** das sieht man oft; **cela ne se fait pas** das macht man nicht **3** (+*nom ou pronom*): **se faire une jupe** sich *dat* einen Rock machen *ou* nähen; **se faire des amis** Freunde gewinnen; **se faire du souci** sich *dat* Sorgen machen; **il ne s'en fait pas** er macht sich keine Sorgen; **sans s'en faire** ohne Bedenken; **se faire des illusions** sich *dat* Illusionen machen; **se faire beaucoup d'argent** sich *dat* viel Geld verdienen **4** (+*adj*): **se faire vieux** (langsam) alt werden; **se faire beau** sich schön machen **5**: **se faire à** (*s'habituer*) sich gewöhnen an +*acc*; **je n'arrive pas à me faire à la nourriture/au climat** ich kann mich einfach nicht an das Essen/Klima gewöhnen **6** (+*infinitif*): **se faire opérer** sich operieren lassen; **se faire couper les cheveux** sich *dat* die Haare schneiden lassen; **il s'est fait aider** (par Simon) er hat sich *dat* (von Simon) helfen lassen; **se faire montrer/expliquer qch** sich *dat* etw zeigen/erklären lassen; **se faire faire un vêtement** sich *dat* ein Kleidungsstück anfertigen lassen; **je vais me faire punir/gronder** ich werde noch bestraft/ausgeschimpft (werden) **7** (*impersonnel*): **comment se fait-il/faisait-il que ...?** wie kommt/kam es, daß ...?; **il peut se faire que ...** es kann sein, daß ... .

faire-part [fɛʀpaʀ] *nm inv*: **~-~ de mariage/décès** Heiratsanzeige *f*/Todesanzeige *f*.
fair-play [fɛʀplɛ] *adj inv* fair.
fais [fɛ] *vb voir* **faire**.
faisabilité [fəzabilite] *nf* Machbarkeit *f*.
faisable [fəzabl] *adj* machbar.
faisais [fəzɛ] *vb voir* **faire**.
faisan, e [fəzɑ̃, an] *nm/f* Fasan *m*.
faisandé, e [fəzɑ̃de] *adj* angegangen; (*fig: péj*) verdorben.
faisceau, x [fɛso] *nm* (*de lumière, électronique etc*) Strahl *m*; (*de branches etc*) Bündel *nt*.
faiseur, -euse [fəzœʀ, øz] *nm/f*: **~ d'embarras/de projets** (*péj*) Unruhestifter(in) *m(f)*/Ränkeschmied *m*; **faiseuse d'anges** Engelmacherin *f*.
faisons [f(ə)zɔ̃] *vb voir* **faire**.
faisselle [fɛsɛl] *nf* Käsesieb *nt*.
fait¹ [fɛ] *vb voir* **faire** ♦ *nm* (*événement*) Ereignis *nt*; (*réalité, donnée*) Tatsache *f*; **le ~ que** die Tatsache, daß; **le ~ de manger/travailler** das Essen/das Arbeiten; **être le ~ de** (*typique de*) typisch sein für; (*causé par*) verursacht sein von; **au ~ de** ~ Bescheid wissen über +*acc*; **au ~** übrigens; **aller droit au ~** sofort zur Sache kommen; **mettre qn au ~** jdn ins Bild setzen; **de ~** tatsächlich; **du ~ que** weil; **du ~**

de wegen +*gén ou dat*; **de ce ~** deswegen; **en ~** tatsächlich; **en ~ de repas/vacances** als Mahlzeit/Ferien; **c'est un ~** das ist eine Tatsache; **le ~ est que** die Tatsache ist, daß; **prendre ~ et cause pour qn** für jdn Partei ergreifen; **prendre qn sur le ~** jdn auf frischer Tat ertappen; **hauts ~s** (*exploits*) Großtaten *pl*; **dire son ~ à qn** jdm die Meinung sagen; **les ~s et gestes de qn** jds Tun und Treiben *nt* ▶ **fait accompli** vollendete Tatsache ▶ "**fait divers**" „Vermischtes".
fait², e [fɛ, fɛt] *pp de* **faire** ♦ *adj* (*mûr: fromage*) reif; (*maquillé: yeux*) geschminkt; (*vernis: ongles*) lackiert; **un homme bien ~** ein gutaussehender Mann; **être ~ pour** (*conçu*) gemacht sein für; (*doué*) begabt sein für; **c'en est ~ de lui/notre tranquillité** damit war es um ihn/unsere Ruhe geschehen; **tout(e) ~(e)** (*préparé à l'avance*) Fertig-; **idée toute ~e** vorgefaßte Idee *f*; **c'est bien ~ pour lui/eux** das geschieht ihm/ihnen ganz recht.
faîte [fɛt] *nm* (*d'arbre*) Wipfel *m*; (*du toit*) Giebel *m*; **au ~ de la gloire** auf dem Gipfel des Ruhms.
faites [fɛt] *vb voir* **faire**.
faîtière [fɛtjɛʀ] *nf* (*de tente*) Firststange *f*.
faitout, fait-tout [fɛtu] *nm inv* großer Kochtopf *m*.
falaise [falɛz] *nf* Klippe *f*.
falbalas [falbala] *nmpl* (*ornements excessifs*) Kinkerlitzchen *pl*; (*grande toilette*) Flitterkram *m*.
fallacieux, -euse [fa(l)lasjø, jøz] *adj* (*raisonnement*) irrig; (*apparences, espoir*) trügerisch.
falloir [falwaʀ] *vb impers*: **il va ~ 100 F** (*besoin*) es werden 100F nötig sein; **il doit ~ du temps pour faire cela** es muß Zeit kosten, das zu tun; **il faut faire les lits** (*obligation*) die Betten müssen gemacht werden; **il faut qu'il ait oublié** (*hypothèse*) er muß (wohl) vergessen haben; **il faut qu'il soit malade** er muß es (wohl) krank sein; **il a fallu qu'il l'apprenne** (*fatalité*) er hat es dann doch erfahren; **il me faut/faudrait 100 F/de l'aide** ich brauche/bräuchte 100F/Hilfe; **il vous faut tourner à gauche après l'église** nach der Kirche müssen Sie links abbiegen; **nous avons ce qu'il (nous) faut** wir haben alles, was wir brauchen; **il faut que je fasse les lits** ich muß die Betten machen; **il a fallu que je parte** ich mußte gehen; **il faudrait qu'elle rentre** sie sollte wirklich nach Hause gehen; **il faut toujours qu'il s'en mêle** er muß sich (ja) immer einmischen; **comme il faut** wie sich's gehört; **il s'en faut/s'en est fallu de 5 minutes/100 F (pour que)** es fehlten 5 Minuten/100F(, damit); **il ne fallait pas** (*pour remercier*) das war doch nicht nötig; **faut le faire!** (*fam*) da gehört schon was dazu!; **il s'en faut de beaucoup qu'elle soit riche** sie ist (wirklich und) wahrhaftig nicht reich; **il s'en est fallu de peu que** es hat nicht viel gefehlt, und; **tant s'en faut!** weit gefehlt!; **ou peu s'en faut** oder jedenfalls beinahe.
fallu [faly] *pp de* **falloir**.

falot – faste

falot, e [falo, ɔt] *adj* (*personne*) farblos ♦ *nm* (*lanterne*) Laterne *f*.
falsification [falsifikasjɔ̃] *nf* Fälschung *f*.
falsifier [falsifje] *vt* fälschen.
famé, e [fame] *adj*: **mal** ~ zwielichtig.
famélique [famelik] *adj* ausgehungert, halbverhungert.
fameux, -euse [famø, øz] *adj* (*illustre*) berühmt; (*bon: repas, plat etc*) ausgezeichnet, erstklassig; **un** ~ **problème** (*intensif*) ein echtes Problem; **pas** ~ nicht berühmt.
familial, e, -aux [familjal, jo] *adj* Familien- ♦ *nf* (*AUTO*) Kombi *m*.
familiariser [familjaʀize] *vt*: ~ **qn avec qch** jdn mit etw vertraut machen; **se familiariser** *vpr*: **se** ~ **avec** vertraut werden mit.
familiarité [familjaʀite] *nf* (*intimité*) Vertraulichkeit *f*; (*connaissance*) Vertrautheit *f*; ~**s** *nfpl* (*privautés*) (plumpe) Vertraulichkeiten *pl*.
familier, -ière [familje, jɛʀ] *adj* (*connu*) vertraut; (*dénotant une certaine intimité*) vertraulich; (*LING*) umgangssprachlich; (*cavalier, impertinent*) plumpvertraulich ♦ *nm* (*de lieu*) regelmäßiger Gast *m*.
familièrement [familjɛʀmɑ̃] *adv* (*simplement*) zwanglos; (*cavalièrement*) plumpvertraulich; (*sans recherche: s'exprimer*) umgangssprachlich.
famille [famij] *nf* Familie *f*; **il a de la** ~ **à Paris** er hat Verwandte in Paris; **de** ~ Familien-.
famine [famin] *nf* Hungersnot *f*.
fan [fan] *nm/f* Fan *m*.
fana [fana] (*fam*) *abr m/f* = **fanatique**.
fanal, -aux [fanal, o] *nm* (*sur un mât*) Leuchtfeuer *nt*; (*à main*) Laterne *f*.
fanatique [fanatik] *adj* fanatisch ♦ *nm/f* (*intolérant*) Fanatiker(in) *m(f)*; ~ **de rugby/de voile** Rugby-/Segelfan *m*.
fanatiquement [fanatikmɑ̃] *adv* fanatisch.
fanatiser [fanatize] *vt* fanatisieren.
fanatisme [fanatism] *nm* Fanatismus *m*.
fane [fan] *nf* Grün *nt*.
fané, e [fane] *adj* (*fleur*) verwelkt.
faner [fane]: **se** ~ *vpr* (*fleur*) verwelken, verblühen; (*couleur, tissu*) verblassen.
faneuse [fanøz] *nf* (*TECH*) Heuwender *m*.
fanfare [fɑ̃faʀ] *nf* (*orchestre*) Blaskapelle *f*; (*musique*) Fanfare *f*; **en** ~ mit Getöse.
fanfaron, ne [fɑ̃faʀɔ̃, ɔn] *nm/f* Angeber(in) *m(f)*.
fanfaronnades [fɑ̃faʀɔnad] *nfpl* Prahlerei *f*, Großsprecherei *f*.
fanfreluches [fɑ̃fʀəlyʃ] *nfpl* Firlefanz *m*.
fange [fɑ̃ʒ] *nf* Morast *m*.
fanion [fanjɔ̃] *nm* Wimpel *m*.
fanon [fanɔ̃] *nm* (*de baleine*) (Wal)barte *f*; (*de bœuf etc*) Wamme *f*.
fantaisie [fɑ̃tezi] *nf* Phantasie *f*, Einfallsreichtum *m*; (*caprice*) Laune *f*; (*MUS, LITT*) Phantasie(stück *nt*) *f* ♦ *adj*: **bijou** ~ Modeschmuck *m*; **agir selon sa** ~ nach Lust und Laune handeln.
fantaisiste [fɑ̃tezist] *adj* (*péj*) unseriös ♦ *nm* (*de music-hall*) Varietékünstler(in) *m(f)*.

fantasmagorique [fɑ̃tasmagɔʀik] *adj* phantastisch.
fantasme [fɑ̃tasm] *nm* Hirngespinst *nt*.
fantasmer [fɑ̃tasme] *vi* phantasieren.
fantasque [fɑ̃task] *adj* (*humeur, caractère*) launisch.
fantassin [fɑ̃tasɛ̃] *nm* Infanterist *m*.
fantastique [fɑ̃tastik] *adj* phantastisch.
fantoche [fɑ̃tɔʃ] (*péj*) *nm* Marionette *f*.
fantomatique [fɑ̃tɔmatik] *adj* gespenstisch.
fantôme [fɑ̃tom] *nm* Gespenst *nt*, Geist *m*; **gouvernement** ~ Schattenkabinett *nt*.
FAO [ɛfao] *sigle f* (= *Food and Agricultural Organization*) FAO *f*.
faon [fɑ̃] *nm* Hirschkalb *nt*, Rehkitz *nt*.
faramineux, -euse [faʀaminø, øz] (*fam*) *adj* kolossal, phänomenal.
farandole [faʀɑ̃dɔl] *nf* (*MUS*) Farandola *f* (*provenzalischer Tanz*).
farce [faʀs] *nf* (*CULIN*) Füllung *f*; (*blague*) Streich *m*; (*THÉÂT*) Farce *f*, Possenspiel *nt*; **faire une** ~ **à qn** jdm einen Streich spielen ► **farces et attrapes** Scherzartikel *pl*.
farceur, -euse [faʀsœʀ, øz] *nm/f* Spaßvogel *m*; (*fumiste*) Sprüchemacher *m*.
farci, e [faʀsi] *adj* (*CULIN*) gefüllt.
farcir [faʀsiʀ] *vt* (*CULIN*) füllen; **se farcir** *vpr* (*fam*): **je me suis farci la vaisselle** das Geschirrspülen blieb an mir hängen; (*fig*) ~ **qch de** etw spicken mit.
fard [faʀ] *nm* Schminke *f* ► **fard à joues** Rouge *nt*.
fardeau, x [faʀdo] *nm* Last *f*.
farder [faʀde] *vt* schminken; (*vérité*) verfälschen; **se farder** *vpr* sich schminken.
farfelu, e [faʀfəly] *adj* exzentrisch.
farfouiller [faʀfuje] (*péj*) *vi* herumwühlen.
fariboles [faʀibɔl] *nfpl* Unsinn *m*.
farine [faʀin] *nf* Mehl *nt* ► **farine de blé** Weizenmehl *nt* ► **farine de maïs** Maismehl *nt* ► **farine lactée** (*pour bouillie*) Babybrei *m*.
fariner [faʀine] *vt* mit Mehl bestäuben.
farineux, -euse [faʀinø, øz] *adj* (*pomme etc*) mehlig ♦ *nmpl* (*catégorie d'aliments*) Hülsenfrüchte und Kartoffeln.
farniente [faʀnjɛnte] *nm* Nichtstun *nt*.
farouche [faʀuʃ] *adj* (*sauvage*) scheu; (*déterminé*) stark, heftig.
farouchement [faʀuʃmɑ̃] *adv* heftig.
fart [faʀt] *nm* Skiwachs *nt*.
fartage [faʀtaʒ] *nm* (*action*) Wachsen *nt*; (*résultat*) Wachs *nt*.
farter [faʀte] *vt* wachsen.
fascicule [fasikyl] *nm* Heft *nt*.
fascinant, e [fasinɑ̃, ɑ̃t] *adj* faszinierend.
fascination [fasinasjɔ̃] *nf* Faszination *f*.
fasciner [fasine] *vt* faszinieren.
fascisant, e [faʃizɑ̃, ɑ̃t] *adj* faschistoïd.
fascisme [faʃism] *nm* Faschismus *m*.
fasciste [faʃist] *adj* faschistisch ♦ *nm/f* Faschist(in) *m(f)*.
fasse *etc* [fas] *vb voir* **faire**.
faste [fast] *nm* Pracht *f* ♦ *adj*: **un jour** ~ **ein**

Glückstag *m*.

fastidieux, -euse [fastidjø, jøz] *adj* langweilig.

fastueux, -euse [fastɥø, øz] *adj* prunkvoll, prächtig.

fat [fa(t)] *adj m* selbstgefällig.

fatal, e [fatal] *adj* (*maladie*) tödlich; (*erreur*) fatal; (*inévitable*) unvermeidlich, unabwendbar.

fatalement [fatalmɑ̃] *adv* unvermeidbar.

fatalisme [fatalism] *nm* Fatalismus *m*.

fataliste [fatalist] *adj* fatalistisch.

fatalité [fatalite] *nf* (*destin*) Schicksal *nt*; (*coïncidence fâcheuse*) Verhängnis *nt*.

fatidique [fatidik] *adj* schicksalhaft.

fatigant, e [fatigɑ̃, ɑ̃t] *adj* ermüdend; (*agaçant*) nervtötend.

fatigue [fatig] *nf* Müdigkeit *f*; (*d'un matériau*) Ermüdung *f*; **les ~s du voyage** die Strapazen *pl* der Reise.

fatigué, e [fatige] *adj* müde; (*estomac, foie*) verstimmt.

fatiguer [fatige] *vt* ermüden, müde machen; (*TECH*) überbeanspruchen, überlasten; (*fig: importuner*) belästigen, zur Last fallen +*dat* ♦ *vi* (*moteur*) überlastet sein; **se fatiguer** *vpr* müde werden, ermüden; **se ~ de** müde *ou* überdrüssig werden +*gén*; **se ~ à faire qch** sich dabei verausgaben, etw zu tun.

fatras [fatʀɑ] *nm* Durcheinander *nt*.

fatuité [fatɥite] *nf* Selbstgefälligkeit *f*.

faubourg [fobuʀ] *nm* Vorstadt *f*.

faubourien, ne [fobuʀjɛ̃, jɛn] *adj* (*accent*) (Pariser) Vorstadt-.

fauché, e [foʃe] (*fam*) *adj* abgebrannt, blank.

faucher [foʃe] *vt* (*herbe, champs*) mähen; (*suj: mort, véhicule*) niedermähen; (*fam: voler*) mopsen.

faucheur, -euse [foʃœʀ, øz] *nm/f* Mäher(in) *m(f)*, Schnitter(in) *m(f)* ♦ *nf* (*machine*) Mähmaschine *f*.

faucheux [foʃø] *nm* (*ZOOL*) Weberknecht *m*.

faucille [fosij] *nf* Sichel *f*.

faucon [fokɔ̃] *nm* (*ZOOL*) Falke *m*.

faudra [fodʀa] *vb voir* **falloir**.

faufil [fofil] *nm* Heftfaden *m*.

faufilage [fofilaʒ] *nm* Heften *nt*.

faufiler [fofile] *vt* (*COUTURE*) heften; **se faufiler** *vpr*: **se ~ dans/parmi** sich einschleichen in +*acc*; **se ~ entre** hindurchschlüpfen durch +*acc*.

faune [fon] *nf* (*ZOOL*) Fauna *f*, Tierwelt *f*; (*péj*) Haufen *m* ♦ *nm* Faun *m* ▸ **faune marine** Meeresfauna *f*, Meerestiere *pl*.

faussaire [fosɛʀ] *nm/f* Fälscher(in) *m(f)*.

fausse [fos] *adj voir* **faux**.

faussement [fosmɑ̃] *adv* (*accuser*) fälschlich; (*croire*) irrtümlich.

fausser [fose] *vt* (*serrure, objet*) verbiegen; (*résultat, données*) verfälschen; **~ compagnie à qn** jdm entkommen.

fausset [fosɛ] *nm*: **voix de ~** Falsett(stimme *f*) *nt*.

fausseté [foste] *nf* Falschheit *f*.

faut [fo] *vb voir* **falloir**.

faute [fot] *nf* Fehler *m*; (*mauvaise action*) Verfehlung *f*, Verstoß *m*; (*FOOTBALL etc*) Regelverstoß *m*; **par la ~ de Pierre** (*responsabilité*) durch Pierres Schuld; **c'est de sa/ma ~** das ist seine/meine Schuld; **être en ~** im Unrecht sein; **prendre qn en ~** jdn ertappen; **~ de** aus Mangel an +*dat*, mangels +*gén*; **~ de mieux** aus Mangel an etwas Besserem; **sans ~** (*à coup sûr*) ganz bestimmt ▸ **faute d'inattention** Flüchtigkeitsfehler *m* ▸ **faute d'orthographe** Schreibfehler *m* ▸ **faute de frappe** Tippfehler *m* ▸ **faute de goût** Geschmacksverirrung *f* ▸ **faute professionnelle** berufliches Fehlverhalten *nt*.

fauteuil [fotœj] *nm* Sessel *m* ▸ **fauteuil à bascule** Schaukelstuhl *m* ▸ **fauteuil club** Clubsessel *m* ▸ **fauteuil d'orchestre** (*THÉAT*) Sperrsitz *m* ▸ **fauteuil roulant** Rollstuhl *m*.

fauteur [fotœʀ] *nm*: **~ de troubles** Unruhestifter *m*.

fautif, -ive [fotif, iv] *adj* (*responsable*) schuldig; (*incorrect*) fehlerhaft ♦ *nm/f* (*coupable*) Schuldige(r) *f(m)*.

fauve [fov] *nm* (*animal*) Raubkatze *f* ♦ *adj* (*couleur*) rehbraun; **F~** (*peintre*) Maler des Fauvismus, Fauvist *m*.

fauvette [fovɛt] *nf* Grasmücke *f*.

fauvisme [fovism] *nm* Fauvismus *m*.

faux¹ [fo] *nf* (*AGR*) Sense *f*.

faux², fausse [fo, fos] *adj* falsch; (*falsifié*) gefälscht; (*MUS: piano*) verstimmt; (: *voix*) unrein ♦ *adv* (*MUS*) **jouer/chanter ~** falsch spielen/singen ♦ *nm* (*copie*) Fälschung *f*; (*opposé au vrai*) Unwahrheit *f*; **faire fausse route** vom rechten Weg abkommen; **faire ~ bond à qn** jdn hängenlassen ▸ **fausse alerte** blinder Alarm *m* ▸ **fausse clé** Dietrich *m* ▸ **fausse couche** *nf* Fehlgeburt *f* ▸ **fausse joie** eitle Freude *f* ▸ **fausse note** falsche Note *f* ▸ **faux amis** (*LING*) ähnliche Ausdrücke, die in zwei Sprachen verschiedene Bedeutungen haben ▸ **faux col** abnehmbarer Kragen *m* ▸ **faux départ** Fehlstart *m* ▸ **faux frais** *nmpl* Nebenausgaben *pl* ▸ **faux frère** (*péj*) falscher Freund *m* ▸ **faux mouvement** falsche Bewegung *f* ▸ **faux nez** falsche Nase *f* ▸ **faux nom** falscher Name *m* ▸ **faux pas** Stolpern *nt*; (*fig*) Fauxpas *m*, Fehltritt *m* ▸ **faux témoignage** falsches Zeugnis *nt*.

faux-filet [fofilɛ] (*pl* **~-~s**) *nm* (*CULIN*) ≈ Lendenstück *nt*.

faux-fuyant [fofɥijɑ̃] (*pl* **~-~s**) *nm* Ausflucht *f*.

faux-monnayeur [fomɔnɛjœʀ] (*pl* **~-~s**) *nm* Falschmünzer *m*.

faux-semblant [fosɑ̃blɑ̃] (*pl* **~-~s**) *nm* Vorwand *m*.

faux-sens [fosɑ̃s] *nm inv* schiefe Übersetzung *f*.

faveur [favœʀ] *nf* (*bienfait*) Gunst *f*; (*ruban*) schmales Band *nt*; **~s** *nfpl* Gunst; **avoir la ~ de qn** sich jds Gunst *gén* erfreuen; **régime/traitement de ~** Bevorzugung *f*; **à la ~ de be-**

günstigt durch; (*grâce à*) dank +*dat*; **en ~ de qn/qch** zu jds Gunsten/zugunsten einer Sache *gén.*

favorable [favɔʀabl] *adj* (*propice*) günstig; (*bien disposé*) wohlwollend; **être ~ à qch** einer Sache *dat* positiv gegenüberstehen.

favorablement [favɔʀabləmã] *adv* (*v adj*) günstig; wohlwollend.

favori, -ite [favɔʀi, it] *adj* (*préféré*) Lieblings- ♦ *nm* Favorit(in) *m(f)*; **~s** *nmpl* (*sur la joue*) Koteletten *pl*.

favoriser [favɔʀize] *vt* (*personne*) bevorzugen; (*activité*) fördern; (*suj: chance, événements*) begünstigen.

favorite [favɔʀit] *nf* (*du roi*) Favoritin *f*.

favoritisme [favɔʀitism] (*péj*) *nm* Vetternwirtschaft *f*.

fax [faks] *nm* Fax *nt*.

fayot [fajo] (*fam: péj*) *nm* Speichellecker *m*.

FB *abr* (= *franc belge*) BF.

FBI [ɛfbiaj] *sigle m* (= *Federal Bureau of Investigation*) FBI *nt*.

FC [ɛfse] *sigle m* (= *Football Club*) FC *m*.

fébrifuge [febʀifyʒ] *nm* fiebersenkend.

fébrile [febʀil] *adj* (*activité, attitude*) fieberhaft; (*personne*) aufgeregt.

fébrilement [febʀilmã] *adv* fieberhaft.

fécal, e, -aux [fekal, o] *adj voir* **matière**.

fécond, e [fekɔ̃, ɔ̃d] *adj* fruchtbar; (*imagination*) blühend; (*auteur*) produktiv.

fécondation [fekɔ̃dasjɔ̃] *nf* Befruchtung *f*.

féconder [fekɔ̃de] *vt* befruchten.

fécondité [fekɔ̃dite] *nf* Fruchtbarkeit *f*.

fécule [fekyl] *nf* Stärke *f*.

féculent [fekylã] *nm* stärkehaltiges *Nahrungsmittel*.

fédéral, e, -aux [fedeʀal, o] *adj* (*POL*) Bundes-.

fédéralisme [fedeʀalism] *nm* Föderalismus *m*.

fédéraliste [fedeʀalist] *adj* föderalistisch.

fédération [fedeʀasjɔ̃] *nf* (*sportive, de chasse*) Verband *m*; (*POL*) Staatenbund *m*, Föderation *f*.

fée [fe] *nf* Fee *f*.

féerie [fe(e)ʀi] *nf* (*THÉÂT*) Ausstattungsstück *nt* (*mit Märchenthemen*), märchenhafte Szene *f*.

féerique [fe(e)ʀik] *adj* zauberhaft, märchenhaft.

feignant, e [fɛɲã, ãt] *nm/f, adj* = **fainéant**.

feindre [fɛ̃dʀ] *vt* (*simuler*) vortäuschen; **~ de faire qch** vorgeben, etw zu tun.

feint, e [fɛ̃, fɛ̃t] *pp de* **feindre** ♦ *adj* vorgetäuscht.

feinte [fɛ̃t] *nf* Finte *f*.

feinter [fɛ̃te] *vi* (*SPORT*) eine Finte anwenden.

fêlé, e [fele] *adj:* **être ~** einen Sprung haben.

fêler [fele] *vt* (*verre, assiette*) einen Sprung machen in +*acc*; (*os*) anbrechen; **se fêler** *vpr* (*v vt*) einen Sprung bekommen; angebrochen sein.

félicitations [felisitasjɔ̃] *nfpl* Glückwünsche *pl*.

félicité [felisite] *nf* Seligkeit *f*.

féliciter [felisite] *vt* beglückwünschen, gratulieren +*dat*; **se féliciter** *vpr:* **se ~ de qch/d'avoir**

fait qch froh über etw sein/darüber sein, etw getan zu haben; **~ qn de qch** jdm zu etw gratulieren, jdn zu etw beglückwünschen; **~ qn d'avoir fait qch** jdm dazu gratulieren *ou* jdn dazu beglückwünschen, etw getan zu haben.

félin, e [felɛ̃, in] *adj* Katzen-, katzenartig ♦ *nm* (*ZOOL*) Katze *f*.

félon, ne [felɔ̃, ɔn] *adj* treulos, verräterisch.

félonie [felɔni] *nf* Verrat *m*.

fêlure [felyʀ] *nf* (*de vase, verre*) Sprung *m*; (*d'os*) Knacks *m*.

femelle [fəmɛl] *nf* (*d'animal*) Weibchen *nt* ♦ *adj:* **souris/perroquet ~** Mäuseweibchen *nt/* Papageienweibchen *nt*; **prise ~** Steckdose *f*.

féminin, e [feminɛ̃, in] *adj* weiblich; (*équipe, vêtements etc*) Frauen-; (*LING*) feminin, weiblich ♦ *nm* (*LING*) Femininum *nt*; **elle est peu ~e** sie wirkt nicht sehr feminin.

féminiser [feminize] *vt* (*rendre efféminé*) verweiblichen; **se féminiser** *vpr:* **cette profession se féminise** mehr und mehr Frauen ergreifen diesen Beruf.

féminisme [feminism] *nm* Feminismus *m*.

féministe [feminist] *adj* feministisch ♦ *nf* Feministin *f*.

féminité [feminite] *nf* Weiblichkeit *f*.

femme [fam] *nf* Frau *f*; **être très ~** sehr feminin sein; **devenir ~** Frau werden; **jeune ~** junge Frau ▸ **femme au foyer** Hausfrau *f* ▸ **femme célibataire** Junggesellin *f* ▸ **femme d'affaires** Geschäftsfrau *f* ▸ **femme de chambre** Zimmermädchen *nt* ▸ **femme de ménage** Putzfrau *f* ▸ **femme de tête** energische Frau ▸ **femme du monde** Frau von Welt ▸ **femme fatale** Femme fatale *f* ▸ **femme mariée** verheiratete Frau.

fémoral, e, -aux [femɔʀal, o] *adj* Oberschenkel-.

fémur [femyʀ] *nm* Oberschenkel *m*.

FEN [fɛn] *sigle f* (= *Fédération de l'éducation nationale*) *Lehrergewerkschaft.*

fenaison [fənɛzɔ̃] *nf* Heumachen *nt*.

fendillé, e [fãdije] *adj* aufgesprungen.

fendiller [fãdije]: **se ~** *vpr* aufspringen.

fendre [fãdʀ] *vt* spalten; (*foule*) sich *dat* einen Weg bahnen durch; (*flots*) durchpflügen; **se fendre** *vpr* bersten, zerspringen; **~ l'air** durch die Luft schießen.

fendu, e [fãdy] *adj* (*sol, mur*) rissig; (*crâne*) gespalten; (*lèvre*) aufgesprungen; (*jupe*) geschlitzt.

fenêtre [f(ə)nɛtʀ] *nf* Fenster *nt*; **regarder par la ~** aus dem Fenster schauen ▸ **fenêtre à guillotine** Schiebefenster *nt*.

fennec [fenɛk] *nm* Wüstenfuchs *m*.

fenouil [fənuj] *nm* Fenchel *m*.

fente [fãt] *nf* (*fissure*) Riß *m*, Sprung *m*; (*de boîte à lettres, dans un vêtement etc*) Schlitz *m*.

féodal, e, -aux [feɔdal, o] *adj* Lehns-.

féodalisme [feɔdalism] *nm* Lehnswesen *nt*.

féodalité [feɔdalite] *nf* Lehnswesen *nt*.

fer [fɛʀ] *nm* Eisen *nt*; (*de cheval*) Hufeisen *nt*; de *ou* **en** ~ aus Eisen; **santé/main de** ~ eiserne Gesundheit *f*/Hand *f*; **mettre aux** ~**s in** Ketten legen; **marquer au** ~ **rouge** brandmarken ▶ **fer à cheval** Hufeisen; **en** ~ **à cheval** hufeisenförmig ▶ **fer à friser** Lockenschere *f* ▶ **fer (à repasser)** Bügeleisen *nt* ▶ **fer à souder** Lötkolben *m* ▶ **fer à vapeur** Dampfbügeleisen *nt* ▶ **fer de lance** (*MIL*) Angriffsspitze *f*; (*fig*) Vorreiter *m* ▶ **fer forgé** Schmiedeeisen *nt*.

ferai *etc* [f(ə)ʀe] *vb voir* **faire**.

fer-blanc [fɛʀblɑ̃] (*pl* ~**s**–~**s**) *nm* Blech *nt*.

ferblanterie [fɛʀblɑ̃tʀi] *nf* (*métier*) Klempnerei *f*; (*produit*) Blech *nt*.

ferblantier [fɛʀblɑ̃tje] *nm* Klempner *m*, Spengler *m*.

férié, e [feʀje] *adj*: **jour** ~ Feiertag *m*.

ferions *etc* [fəʀjɔ̃] *vb voir* **faire**.

férir [feʀiʀ] *adv*: **sans coup** ~ ohne Widerstand, ohne Schwierigkeiten.

fermage [fɛʀmaʒ] *nm* (*loyer*) Pacht *f*.

ferme [fɛʀm] *nf* (*exploitation*) Bauernhof *m*; (*maison*) Bauernhaus *nt* ♦ *adj* fest; (*personne*) entschieden ♦ *adv*: **travailler** ~ hart arbeiten; **discuter** ~ heftig diskutieren; **tenir** ~ fest bleiben; **avoir la** ~ **intention de faire qch** die feste Absicht haben, etw zu tun.

fermé, e [fɛʀme] *adj* geschlossen; (*gaz, eau etc*) abgestellt; (*personne, visage*) verschlossen.

fermement [fɛʀməmɑ̃] *adv* (*v adj*) fest; entschieden; **être** ~ **opposé à** ein entschiedener Gegner sein von.

ferment [fɛʀmɑ̃] *nm* Ferment *nt*.

fermentation [fɛʀmɑ̃tasjɔ̃] *nf* Gärung *f*.

fermenter [fɛʀmɑ̃te] *vi* gären.

fermer [fɛʀme] *vt* schließen, zumachen; (*parapluie aussi*) zuklappen; (*rideaux aussi*) zuziehen; (*eau, électricité, robinet*) abstellen; (*aéroport, route*) sperren ♦ *vi* (*porte, valise*) zugehen; (*entreprise*) schließen, zumachen; **se fermer** *vpr* (*yeux, fleur*) sich schließen; (*blessure, plaie aussi*) zuheilen; ~ **à clef** etw zuschließen *ou* abschließen; ~ **la lumière/radio/télévision** das Licht/das Radio/den Fernseher ausschalten; ~ **les yeux (sur qch)** die Augen verschließen (vor etw *dat*); **se** ~ **à** sich verschließen (+*dat*).

fermeté [fɛʀməte] *nf* (*v adj*) Festigkeit *f*; Entschiedenheit *f*; **avec** ~ mit Entschiedenheit, entschieden.

fermette [fɛʀmɛt] *nf* kleines Bauernhaus *nt*.

fermeture [fɛʀmətyʀ] *nf* Schließen *nt*; (*d'eau, gaz etc*) Abstellen *nt*; (*d'aéroport, route*) Sperren *nt*; (*dispositif*) Verschluß *m*; **jour de** ~ (*COMM*) Ruhetag *m* ▶ **fermeture à glissière**, **fermeture éclair** ® Reißverschluß *m*.

fermier, -ière [fɛʀmje, jɛʀ] *nm/f* Bauer *m*, Bäuerin *f* (*locataire*) Pächter(in) *m(f)* ♦ *adj*: **beurre/cidre** ~ Landbutter *f*/Cidre *m* vom Land.

fermoir [fɛʀmwaʀ] *nm* Verschluß *m*, Schließe *f*.

féroce [feʀɔs] *adj* wild; (*appétit*) unbändig.

férocement [feʀɔsmɑ̃] *adv* wild.

férocité [feʀɔsite] *nf* Wildheit *f*.

ferons [f(ə)ʀɔ̃] *vb voir* **faire**.

ferrage [feʀaʒ] *nm* (*d'un cheval*) Beschlagen *nt*.

ferraille [feʀaj] *nf* Schrott *m*, Alteisen *nt*; **mettre à la** ~ verschrotten; **bruit de** ~ Scheppern *nt*.

ferrailleur [feʀajœʀ] *nm* Schrotthändler *m*.

ferrant [feʀɑ̃] *adj m voir* **maréchal**.

ferré, e [feʀe] *adj* (*chaussure*) genagelt; (*canne*) mit Eisen beschlagen; ~ **en** (*fam: savant*) beschlagen *ou* bewandert in +*dat*.

ferrer [feʀe] *vt* (*cheval, canne*) beschlagen; (*chaussure*) nageln.

ferreux, -euse [feʀø, øz] *adj* eisenhaltig.

ferronnerie [feʀɔnʀi] *nf* Schmiedeeisen *nt* ▶ **ferronnerie d'art** Kunstschmiedearbeit *f*.

ferronnier [feʀɔnje] *nm* (*ouvrier*) Kunstschmied(in) *m(f)*; (*commerçant*) Eisenwarenhändler(in) *m(f)*.

ferroviaire [feʀɔvjɛʀ] *adj* Eisenbahn-.

ferrugineux, -euse [feʀyʒinø, øz] *adj* eisenhaltig.

ferrure [feʀyʀ] *nf* (*garniture*) Eisenbeschlag *m*.

ferry [feʀi] (*pl* **ferries**), **ferry-boat** [feʀibot] (*pl* ~–~**s**) *nm* Fähre *f*.

fertile [fɛʀtil] *adj* (*aussi fig*) fruchtbar; ~ **en événements/incidents** ereignisreich.

fertilisant [fɛʀtilizɑ̃] *nm* Dünger *m*.

fertilisation [fɛʀtilizasjɔ̃] *nf* Düngen *nt*.

fertiliser [fɛʀtilize] *vt* (*terre*) düngen.

fertilité [fɛʀtilite] *nf* (*aussi fig*) Fruchtbarkeit *f*.

féru, e [feʀy] *adj*: ~ **de** begeistert von.

férule [feʀyl] *nf*: **être sous la** ~ **de qn** unter jds Fuchtel *dat* stehen.

fervent, e [fɛʀvɑ̃, ɑ̃t] *adj* (*prière*) inbrünstig; (*admirateur*) glühend.

ferveur [fɛʀvœʀ] *nf* Inbrunst *f*.

fesse [fɛs] *nf* Hinterbacke *f*; **les** ~**s** das Hinterteil *nt*.

fessée [fese] *nf* Schläge *pl* (*auf das Hinterteil*); **donner une** ~ **à qn** jdm den Hintern versohlen.

fessier [fesje] (*fam*) *nm* Hinterteil *nt*.

festin [fɛstɛ̃] *nm* Festmahl *nt*.

festival [fɛstival] *nm* Festival *nt*, Festspiele *pl*.

festivalier [fɛstivalje] *nm* Festivalbesucher(in) *m(f)*.

festivités [fɛstivite] *nfpl* Festlichkeiten *pl*.

feston [fɛstɔ̃] *nm* (*ARCHIT, COUTURE*) Feston *m*; (*décoration*) Girlande *f*.

festoyer [fɛstwaje] *vi* schmausen.

fêtard [fɛtaʀ] *nm* Feiernde(r) *m*.

fête [fɛt] *nf* (*publique*) Feiertag *m*; (*en famille*) Feier *f*; (*kermesse*) Fest *nt*; (*d'une personne*) Namenstag *m*; **faire la** ~ in Saus und Braus leben; **faire** ~ **à qn** jdn herzlich empfangen; **se faire une** ~ **de** sich freuen auf +*acc*; **jour de** ~ Festtag *m*, Feiertag *m*; **les** ~**s (de fin d'année)** die (Weihnachts)feiertage *pl*; **salle/comité des** ~**s** Festsaal *m*/Festausschuß *m*; **la** ~ **des Mères/Pères** der Mutter-/Vatertag *m*; **la** ~ **nationale** der Nationalfeiertag *m* ▶ **fête de charité** Wohltätigkeitsbasar *m* ▶ **fête foraine**

Jahrmarkt *m* ▶**fête mobile** beweglicher Feiertag *m*.
Fête-Dieu [fɛtdjø] (*pl* ~**s**-~) *nf*: **la** ~-~ Fronleichnam *m*.
fêter [fete] *vt* feiern.
fétiche [fetiʃ] *nm* Fetisch *m*; *animal/objet* ~ Fetisch.
fétichisme [fetiʃism] *nm* (*REL*) Fetischkult *m*; (*PSYCH*) Fetischismus *m*.
fétichiste [fetiʃist] *adj* fetischistisch.
fétide [fetid] *adj* (*odeur*) übel; (*haleine*) übelriechend.
fétu [fety] *nm*: ~ **de paille** Strohhalm *m*.
feu[1] [fø] *adj inv*: ~ **le roi** der verstorbene König; ~ **son père** sein verstorbener Vater.
feu[2], **x** [fø] *nm* Feuer *nt*; (*NAUT*) (Leucht)feuer *nt*; (*de voiture, avion*) Licht *nt*; (*de circulation*) Ampel *f*; (*de cuisinière*) (Herd)platte *f*; (*sensation de brûlure*) Brennen *nt*; ~**x** *nmpl* (*éclat, lumière*) Licht; (*de circulation*) Ampel; **tous** ~**x éteints** ohne Licht; **au** ~! Feuer, Feuer!; **à** ~ **doux/vif** auf kleiner/großer Flamme; **à petit** ~ (*CULIN*) auf Sparflamme; (*fig*) langsam; **faire** ~ (*avec arme*) feuern; **ne pas faire long** ~ (*fig: ne pas durer*) nicht von langer Dauer sein; **tué au** ~ im Gefecht gefallen; **mettre à** ~ (*fusée*) abfeuern; ~ **nourri** anhaltendes Feuer; **pris entre deux** ~**x** zwischen zwei Feuern; **être tout** ~ **tout flamme (pour)** Feuer und Flamme sein (für); **avoir le** ~ **sacré** Feuereifer haben; **en** ~ in Brand; **prendre** ~ Feuer fangen; **mettre le** ~ **à** in Brand stecken; **faire du** ~ Feuer machen; **avez-vous du** ~? (*pour cigarette*) haben Sie Feuer?; **donner le** ~ **vert à** grünes Licht geben +*dat*; **s'arrêter aux** ~ **ou au** ~ **rouge** an der roten Ampel stehenbleiben ▶**feu arrière** (*AUTO*) Rücklicht *nt* ▶**feu de camp** Lagerfeuer *nt* ▶**feu de cheminée** Kaminfeuer *nt* ▶**feu de joie** Freudenfeuer *nt* ▶**feu de paille** Strohfeuer *nt* ▶**feu orange/rouge/vert** gelbes/rotes/grünes Licht *nt* ▶**feux d'artifice** Feuerwerk *nt* ▶**feux de brouillard** Nebelscheinwerfer *pl* ▶**feux de croisement** Abblendlicht *nt* ▶**feux de position** Parklicht *nt* ▶**feux de route** Fernlicht *nt* ▶**feux de stationnement** Standlicht *nt*.
feuillage [fœjaʒ] *nm* Laub *nt*, Blätter *pl*.
feuille [fœj] *nf* Blatt *nt*; **rendre** ~ **blanche** (*SCOL*) ein leeres Blatt abgeben ▶**feuille d'impôts** Steuerbescheid *m* ▶**feuille de chou** (*péj: journal*) Käseblatt *nt* ▶**feuille de maladie** vom Arzt ausgestelltes Formular zur Vorlage bei der Sozialversicherung zwecks Kostenerstattung ▶**feuille (de papier)** Blatt Papier ▶**feuille de paye** Gehaltsabrechnung *f* ▶**feuille de température** Fieberkurve *f* ▶**feuille de vigne** Weinblatt *nt*; (*sur statue*) Feigenblatt *nt* ▶**feuille morte** welkes Blatt ▶**feuille volante** loses Blatt.
feuillet [fœjɛ] *nm* Blatt *nt*, Seite *f*.
feuilleté, e [fœjte] *adj* (*CULIN*) Blätterteig-; (*verre*) Verbund- ♦ *nm* (*pâtisserie*) Blät-

terteiggebäck *nt*.
feuilleter [fœjte] *vt* (*livre*) durchblättern.
feuilleton [fœjtɔ̃] *nm* (*roman*) Fortsetzungsroman *m*; (*TV, RADIO*) Serie *f*.
feuillette [fœjɛt] *vb voir* **feuilleter**.
feuillu, e [fœjy] *adj* belaubt ♦ *nm* (*BOT*) Laubbaum *m*.
feulement [følmɑ̃] *nm* Fauchen *nt*.
feutre [føtʀ] *nm* (*matière*) Filz *m*; (*chapeau*) Filzhut *m*; (*stylo*) Filzstift *m*.
feutré, e [føtʀe] *adj* (*tissu etc*) filzartig; (*pas, voix, atmosphère*) gedämpft.
feutrer [føtʀe] *vt* (*revêtir de feutre*) mit Filz auslegen; (*bruits*) dämpfen ♦ *vi* verfilzen; **se feutrer** *vpr* (*tissu*) verfilzen.
feutrine [føtʀin] *nf* (dünner) Filz *m*.
fève [fɛv] *nf* dicke Bohne *f*; (*dans la galette des Rois*) Glücksbohne *f* (*im Dreikönigskuchen*).
février [fevʀije] *nm* Februar *m*; *voir aussi* **juillet**.
fez [fɛz] *nm* Fes *m*.
FF [ɛfɛf] *abr* (= *franc français*) FF.
FFA *sigle fpl* (= *Forces françaises en Allemagne*) in Deutschland stationierte französische Truppen.
FFI *sigle fpl* (= *Forces françaises de l'intérieur (1942-45)*) Truppen der französischen Widerstandsbewegung.
fi [fi] *excl*: **faire** ~ **de** nicht befolgen.
fiabilité [fjabilite] *nf* Zuverlässigkeit *f*.
fiable [fjabl] *adj* zuverlässig.
fiacre [fjakʀ] *nm* Pferdedroschke *f*.
fiançailles [fjɑ̃saj] *nfpl* Verlobung *f*; (*période*) Verlobungszeit *f*.
fiancé, e [fjɑ̃se] *nm/f* Verlobte(r) *f(m)* ♦ *adj*: **être** ~ **(à)** verlobt sein (mit).
fiancer [fjɑ̃se]: **se** ~ *vpr*: **se** ~ **(à ou avec)** sich verloben (mit).
fiasco [fjasko] *nm* Fiasko *nt*, Mißerfolg *m*.
fiasque [fjask] *nf* Chiantiflasche *f*.
fibre [fibʀ] *nf* Faser *f*; **avoir la** ~ **paternelle** der geborene Vater sein ▶**fibre de verre** Glasfaser *f* ▶**fibre optique** optische Faser.
fibreux, -euse [fibʀø, øz] *adj* faserig.
fibrillation [fibʀijasjɔ̃] *nf* Herzflattern *nt*.
fibrome [fibʀom] *nm* Fibrom *nt*.
ficelage [fis(ə)laʒ] *nm* (*de paquet*) Verschnüren *nt*; (*de rôti, poulet*) Umwickeln *nt* mit Faden; (*liens*) Schnur *f*.
ficelé, e [fisle] (*fam*) *adj*: **bien/mal** ~ (*roman*) gut/schlecht geschrieben; (*film*) gut/schlecht gemacht.
ficeler [fis(ə)le] *vt* (*paquet*) verschnüren; (*rôti, poulet*) mit einem Faden umwickeln; (*prisonnier*) fesseln.
ficelle [fisɛl] *nf* Schnur *f*, Bindfaden *m*; (*pain*) Stangenweißbrot *nt*; ~**s** *nfpl* (*procédés cachés*) Tricks und Kniffe *pl*; **tirer les** ~**s** (*fig*) die Fäden ziehen.
fiche [fiʃ] *nf* (*carte*) Karteikarte *f*; (*formulaire*) Formular *nt*; (*ÉLEC*) Stecker *m* ▶**fiche de paye** Gehaltsabrechnung *f* ▶**fiche signalétique** (*POLICE*) Personenbeschreibung *f* ▶**fiche technique** technisches Merkblatt *nt*.

ficher [fiʃe] *vt* (*renseignement*) aufschreiben (*auf eine Karteikarte*); (*suj: police*) in die Akten aufnehmen; (*planter*) hineinstecken; (*fam: faire*) machen; **se ficher** *vpr*: **se ~ de** (*fam: se moquer*) sich lustig machen über +*acc*; (: *être indifférent*) sich nicht scheren um; **fiche-le dans un coin** tu es in die Ecke; **~ qn à la porte** (*fam*) jdn zur Tür rauswerfen; **fiche(-moi) le camp!** (*fam*) hau ab!; **fiche-moi la paix** (*fam*) laß mich in Ruhe *ou* Frieden.

fichier [fiʃje] *nm* Kartei *f*; (*INFORM*) Datei *f* ▶ **fichier d'adresses** (*INFORM*) Adressendatei *f*.

fichu, e [fiʃy] *pp de* **ficher** ♦ *adj* (*fam: inutilisable*) kaputt ♦ *nm* (*foulard*) Kopftuch *nt*; **n'être pas ~ de faire qch** (*fam*) nicht imstande *ou* in der Lage sein, etw zu tun; **mal/bien ~** (*fam: personne: malade*) schlecht/gut drauf; (: *appareil etc*) schlecht/gut gemacht; **~ temps/caractère** Mistwetter *nt*/mieser Charakter *m*.

fictif, -ive [fiktif, iv] *adj* fiktiv.

fiction [fiksjɔ̃] *nf* Fiktion *f*.

fictivement [fiktivmɑ̃] *adv* fiktiv.

fidèle [fidɛl] *adj* (*loyal*) treu; (*appareil*) zuverlässig; (*mémoire, historien, traducteur, récit*) zuverlässig, genau ♦ *nmf*: **les ~s** (*REL*) die Gläubigen *pl*; (*à l'église*) die Gemeinde *f*; (*clients*) die Stammkunden *pl*; **être ~ à** (*personne, époux*) treu sein +*dat*; (*parole donnée*) halten; (*ses habitudes, sa nature*) treu bleiben +*dat*.

fidèlement [fidɛlmɑ̃] *adv* (*v adj*) treu; zuverlässig.

fidélité [fidelite] *nf* (*v adj*) Treue *f*; Zuverlässigkeit *f*; Genauigkeit *f*; **~ conjugale** eheliche Treue.

Fidji [fidʒi] *nfpl*: **les îles ~** die Fidschiinseln *pl*.

fiduciaire [fidysjɛʀ] *adj* treuhänderisch.

fief [fjɛf] *nm* (*HIST*) Lehen *nt*; (*fig: zone d'influence*) Herrschaftsgebiet *nt*; (*POL*) Hochburg *f*.

fieffé, e [fjefe] *adj* Erz-.

fiel [fjɛl] *nm* Galle *f*; (*fig: animosité*) Bitterkeit *f*, Groll *m*.

fiente [fjɑ̃t] *nf* (Vogel)mist *m*.

fier[1] [fje]: **se ~ à** *vpr* sich verlassen auf +*acc*.

fier[2], **fière** [fje, fjɛʀ] *adj* stolz; **~ de qch/qn** stolz auf etw/jdn; **avoir fière allure** eine gute Figur machen.

fièrement [fjɛʀmɑ̃] *adv* stolz.

fierté [fjɛʀte] *nf* Stolz *m*.

fièvre [fjɛvʀ] *nf* Fieber *nt*; **avoir de la ~/39 de ~** Fieber/39 (Grad) Fieber haben ▶ **fièvre jaune** Gelbfieber *nt* ▶ **fièvre typhoïde** Typhus *m*.

fiévreusement [fjevʀøzmɑ̃] *adv* fieberhaft.

fiévreux, -euse [fjevʀø, øz] *adj* (*MÉD*) fiebrig; (*fig*) fieberhaft.

FIFA [fifa] *sigle f* (= *Fédération internationale de football association*) FIFA *f*.

fifre [fifʀ] *nm* (*instrument*) Querpfeife *f*; (*personne*) Querpfeifenspieler(in) *m(f)*.

fig *abr* (= *figure*) Abb.

figer [fiʒe] *vt* (*sang*) gerinnen lassen; (*fixer, immobiliser*) lähmen; (*fig: personne*) erstarren lassen, lähmen; **se figer** *vpr* (*sang*) gerinnen; (*huile*) fest werden; (*personne, sourire, institutions*) erstarren; **une situation figée** eine festgefahrene Situation.

fignoler [fiɲɔle] *vt* den letzten Schliff geben +*dat*.

figue [fig] *nf* Feige *f*.

figuier [figje] *nm* Feigenbaum *m*.

figurant, e [figyʀɑ̃, ɑ̃t] *nm/f* Statist(in) *m(f)*.

figuratif, -ive [figyʀatif, iv] *adj* (*art*) gegenständlich.

figuration [figyʀasjɔ̃] *nf* (*THÉÂT, CINÉ*) Statistenrolle *f*.

figure [figyʀ] *nf* (*visage*) Gesicht *nt*; (*image, forme, tracé*) Figur *f*; (*illustration, dessin*) Abbildung *f*; (*fig: aspect*) Aussehen *nt*; (*personnage*) Gestalt *f*; **se casser la ~** (*fam*) auf die Nase fallen; **faire ~ de** durchgehen für; **faire bonne ~** eine gute Figur machen; **faire triste ~** ein Trauerbild sein; **prendre ~** Gestalt annehmen ▶ **figure de rhétorique** rhetorischer Ausdruck *m* ▶ **figure de style** Stilmittel *nt*.

figuré, e [figyʀe] *adj* (*LING*) übertragen.

figurer [figyʀe] *vi* (*apparaître*) erscheinen ♦ *vt* (*représenter*) darstellen; **se ~ qch** sich *dat* etw vorstellen; **se ~ que** sich *dat* vorstellen, daß; **figurez-vous que** stellen Sie sich vor, daß.

figurine [figyʀin] *nf* Figurine *f*.

fil [fil] *nm* Faden *m*; (*du téléphone*) Leitung *f*; (*tissu*) Leinen *nt*; (*tranchant*) Schneide *f*; **au ~ des heures/années** im Laufe der Stunden/Jahre; **le ~ d'une histoire/de ses pensées** der rote Faden einer Geschichte/seiner Gedanken; **au ~ de l'eau** mit dem Strom; **de ~ en aiguille**, **nous sommes arrivé à (parler de)** wir kamen vom hundertsten ins tausendste und (sprachen schließlich über +*acc*); **ne tenir qu'à un ~** an einem seidenen Faden hängen; **donner du ~ à retordre à qn** jdm das Leben schwer machen; **donner un coup de ~** anrufen; **recevoir un coup de ~** angerufen werden ▶ **fil à coudre** Nähgarn *nt* ▶ **fil à pêche** Angelschnur *f* ▶ **fil à plomb** Lot *nt*, Senkblei *nt* ▶ **fil à souder** Lot ▶ **fil de fer** Draht *m* ▶ **fil de fer barbelé** Stacheldraht *m* ▶ **fil dentaire** Zahnseide *f* ▶ **fil électrique** Leitungsdraht *m*.

filage [filaʒ] *nm* (*de la laine etc*) Spinnen *nt*.

filament [filamɑ̃] *nm* (*ÉLEC*) Glühfaden *m*; (*de liquide etc*) Faden *m*.

filandreux, -euse [filɑ̃dʀø, øz] *adj* (*viande*) faserig.

filasse [filas] *adj inv*: **cheveux (couleur) ~** strohblondes Haar *nt*.

filature [filatyʀ] *nf* (*fabrique*) Spinnerei *f*; (*d'un suspect*) Beschattung *f*; **prendre qn en ~** jdn beschatten.

file [fil] *nf* Reihe *f*; (*d'attente*) Schlange *f*; **prendre la ~ d'attente** sich in die Schlange stellen; **prendre la ~ de droite** sich rechts einreihen; **se mettre en ~** sich einreihen; **stationner en double ~** in der zweiten Reihe parken; **à la ~** hintereinander; **en ~ indienne**

im Gänsemarsch ▸ **file d'attente** Warteschlange *f*.

filer [file] *vt* spinnen; (*MUS: note*) aushalten; (*prendre en filature*) beschatten; (*fam: donner*) geben ♦ *vi* (*bas*) eine Laufmasche haben; (*maille*) fallen; (*liquide, pâte*) Fäden ziehen; (*aller vite*) flitzen; (*fam: partir*) abhauen, sich aus dem Staub machen; ~ **trente nœuds** (*NAUT*) dreißig Knoten machen; ~ **à l'anglaise** sich auf französisch verabschieden; ~ **doux** sich fügen; ~ **un mauvais coton** auf die schiefe Bahn geraten sein.

filet [filɛ] *nm* (*de pêche etc*) Netz *nt*; (*à cheveux*) (Haar)netz *nt*; (*CULIN*) Filet *nt*; (*d'eau, sang*) Rinnsal *nt*; (*suj: police*) eine Falle stellen ▸ **filet à bagages** Gepäcknetz *nt* ▸ **filet à provisions** Einkaufsnetz *nt*.

filetage [filtaʒ] *nm* (*ensemble des filets*) Gewinde *nt*.

fileter [filte] *vt* ein Gewinde schneiden in +*acc*.

filial, e, -aux [filjal, jo] *adj* Kindes- ♦ *nf* Filiale *f*.

filiation [filjasjɔ̃] *nf* Abstammung *f*; (*fig*) Abfolge *f*.

filière [filjɛʀ] *nf* (*hiérarchique, administrative*) Wege *pl*; **suivre la** ~ von der Pike auf dienen.

filiforme [filifɔʀm] *adj* fadenförmig, fadendünn.

filigrane [filigʀan] *nm* (*d'un billet, timbre*) Wasserzeichen *nt*; **en** ~ (*fig*) zwischen den Zeilen.

filin [filɛ̃] *nm* (*NAUT*) Tau *nt*.

fille [fij] *nf* (*opposé à garçon*) Mädchen *nt*; (*opposé à fils*) Tochter *f*; (*vieilli: opposé à femme mariée*) (alte) Jungfer *f*; **petite** ~ kleines Mädchen; **vieille** ~ (alte) Jungfer ▸ **fille de joie** Dirne *f* ▸ **fille de salle** (*dans un restaurant*) Kellnerin *f*; (*dans un hôpital*) Krankenpflegerin *f*.

fille-mère [fijmɛʀ] (*pl* ~**s-**~**s**) (*péj*) *nf* ledige Mutter *f*.

fillette [fijɛt] *nf* kleines Mädchen *nt*.

filleul, e [fijœl] *nm/f* Patenkind *nt*.

film [film] *nm* Film *m* ▸ **film d'animation** Zeichentrickfilm *m* ▸ **film muet/parlant** Stummfilm *m*/Tonfilm *m* ▸ **film policier** Kriminalfilm *m*.

filmer [filme] *vt* filmen.

filon [filɔ̃] *nm* (*de mine*) Ader *f*; (*fig*) Goldgrube *f*.

filou [filu] *nm* Gauner *m*.

fils [fis] *nm* Sohn *m*; **le F~ de Dieu** der Sohn Gottes ▸ **fils à papa** (*péj*) verzogenes Kind *nt* reicher Eltern *pl* ▸ **fils de famille** junger Mann *m* aus gutem Hause.

filtrage [filtʀaʒ] *nm* (*liquide, nouvelles*) Filtern *nt*; (*de visiteurs*) Überprüfung *f*.

filtrant, e [filtʀɑ̃, ɑ̃t] *adj* (*huile solaire etc*) mit Filterwirkung.

filtre [filtʀ] *nm* Filter *m*; **avec ou sans** ~? (*cigarette*) mit oder ohne Filter? ▸ **filtre à air** Luftfilter *m*.

filtrer [filtʀe] *vt* filtern; (*fig: candidats, nouvelles*

etc) sieben ♦ *vi* (*lumière*) durchschimmern, durchscheinen; (*bruit, liquide, nouvelle*) durchsickern.

fin¹ [fɛ̃] *nf* Ende *nt*; (*but*) Ziel *nt*; ~**s** *nfpl* (*desseins*) Ziele *pl*; (**à la**) ~ **mai/juin** Ende Mai/Juni; **en** ~ **de journée/semaine** am Ende des Tages/der Woche; **prendre** ~ ein Ende nehmen, zu Ende gehen; **mener à bonne** ~ zu einem guten Ende bringen; **toucher à sa** ~ sich seinem Ende nähern; **mettre** ~ **à qch** einer Sache *dat* ein Ende machen; **mettre** ~ **à ses jours** sein Leben beenden; **à la** ~ schließlich; **sans** ~ ohne Ende; **à cette** ~ dazu, zu diesem Zweck; **à toutes** ~**s utiles** zur Information ▸ **fin de non-recevoir** (*JUR*) Abweisung *f*; (*ADMIN*) abschlägiger Bescheid *m*.

fin², e [fɛ̃, fin] *adj* (*papier, couche, cheveux*) dünn; (*visage*) feingeschnitten; (*taille*) schmal, zierlich; (*poudre, sable, sel*) fein; (*pointe, pinceau*) fein, spitz; (*esprit, personne, remarque*) feinsinnig ♦ *adv* fein; **vouloir jouer au plus** ~ **avec qn** jdn zu überlisten versuchen; **c'est** ~! (*iro*) das ist aber toll!; **avoir l'ouïe** ~**e** ein feines Gehör haben; **au** ~ **fond de** mitten in +*dat*; **savoir le** ~ **mot de l'histoire** die wahre Geschichte kennen; **la** ~**e fleur de ...** die Elite *f* +*gén*; **or/linge** ~ Feingold *nt*/Feinwäsche *f*; **vin/repas** ~ erlesener Wein *m*/köstliches Essen *nt* ▸ **fin gourmet** großer Feinschmecker *m* ▸ **fine mouche** (*fig*) raffinierte Person *f* ▸ **fin prêt** gestiefelt und gespornt ▸ **fines herbes** feingehackte Kräuter *pl* ▸ **fin soûl** völlig betrunken.

final, e [final] *adj* letzte(r, s); (*PHILOS*) final ♦ *nm* (*MUS*) Finale *nt*; **cause** ~**e** Urgrund *m*, letztlicher Grund *m*.

finale [final] *nf* (*SPORT*) Finale *nt*; **quart/huitièmes de** ~ Viertel-/Achtelfinale *nt*; **seizièmes de** ~ erste Runde *f* (*in einem 5-Runden-Wettbewerb*).

finalement [finalmɑ̃] *adv* schließlich; (*après tout*) letzten Endes.

finaliste [finalist] *nm/f* Endrundenteilnehmer(in) *m(f)*.

finalité [finalite] *nf* (*PHILOS*) Finalität *f*.

finance [finɑ̃s] *nf* Finanz(welt) *f*; ~**s** *nfpl* (*situation*) Finanzen *pl*; (*secteur, activités*) Finanz *f*; **moyennant** ~ gegen Zahlung *ou* Entgelt.

financement [finɑ̃smɑ̃] *nm* Finanzierung *f*.

financer [finɑ̃se] *vt* finanzieren.

financier, -ière [finɑ̃sje, jɛʀ] *adj* Finanz- ♦ *nm* Finanzier *m*.

financièrement [finɑ̃sjɛʀmɑ̃] *adv* finanziell.

finasser [finase] (*péj*) *vi* Tricks anwenden.

finaud, e [fino, od] *adj* listig, schlau.

fine [fin] *adj f voir* **fin²** ♦ *nf* (*alcool*) erlesener Branntwein *m*.

finement [finmɑ̃] *adv* fein.

finesse [finɛs] *nf* Feinheit *f*; ~**s** *nfpl* (*subtilités*) Feinheiten *pl* ▸ **finesse d'esprit** Scharfsinnigkeit *f* ▸ **finesse de goût** erlesener Geschmack *m*.

fini, e [fini] *adj* (*terminé*) fertig; (*sans avenir*) erledigt; (*MATH, PHILOS*) endlich ♦ *nm* (*d'un objet manufacturé*) Verarbeitung *f*; **bien/mal** ~ (*vêtement, ouvrage*) gut/schlecht verarbeitet; **un égoïste** ~ ein ausgemachter Egoist *m*.

finir [finiʀ] *vt* (*travail, opération*) fertigmachen, beenden; (*vie, études*) beenden; (*repas, paquet de bonbons etc*) aufessen; (*être placé en fin de*) abschließen ♦ *vi* (*se terminer*) zu Ende gehen, aufhören; ~ **quelque part** (*fam*) irgendwo enden *ou* landen; ~ **de faire qch** (*terminer*) etw beenden *ou* zu Ende machen; (*cesser*) aufhören, etw zu tun; ~ **par qch** enden in etw *dat ou* mit etw; ~ **par faire qch** schließlich etw tun; **il finit par m'agacer** er geht mir allmählich auf die Nerven; ~ **en pointe** spitz auslaufen; ~ **en tragédie** in *ou* mit einer Tragödie enden; **en** ~ **avec qch** etw beenden; **à n'en plus** ~ endlos, nicht endenwollend; **il a fini son travail** er ist mit seiner Arbeit fertig; **il n'a pas encore fini de parler** er redet immer noch; **il finit de manger** er ist gleich mit dem Essen fertig; **cela/il va mal** ~ das/er wird ein böses Ende nehmen; **c'est bientôt fini?** (*reproche*) hört das bald auf?

finish [finiʃ] *nm* Finish *nt*.

finissage [finisaʒ] *nm* Fertigstellung *f*, letzter Schliff *m*.

finisseur, -euse [finisœʀ, øz] *nm/f* (*SPORT*): **c'est un bon** ~ er ist gut im Finish.

finition [finisjɔ̃] *nf* Fertigstellung *f*, Vollendung *f*.

finlandais, e [fɛ̃lɑ̃dɛ, ɛz] *adj* finnisch ♦ *nm/f*: **F**~, **e** Finne *m*, Finnin *f*.

Finlande [fɛ̃lɑ̃d] *nf*: **la** ~ Finnland *nt*.

finnois, e [finwa, waz] *adj* finnisch ♦ *nm* (*LING*) Finnisch *nt*.

fiole [fjɔl] *nf* Fläschchen *nt*.

fiord [fjɔʀ(d)] *nm voir* **fjord**.

fioriture [fjɔʀityʀ] *nf* (*ornement*) Schnörkel *m*; (*MUS*) Verzierung *f*.

fioul [fjul] *nm* Heizöl *nt*.

firent [fiʀ] *vb voir* **faire**.

firmament [fiʀmamɑ̃] *nm* Firmament *nt*.

firme [fiʀm] *nf* Firma *f*.

fis [fi] *vb voir* **faire**.

fisc [fisk] *nm*: **le** ~ der Fiskus *m*, die Steuerbehörde *f*.

fiscal, e, -aux [fiskal, o] *adj* Steuer-; **l'année** ~**e** das Finanzjahr *nt*.

fiscaliser [fiskalize] *vt* besteuern.

fiscaliste [fiskalist] *nm/f* Steuerberater(in) *m(f)*.

fiscalité [fiskalite] *nf* (*système*) Steuerwesen *nt*; (*charges*) Steuerlast *f*.

fissible [fisibl] *adj* spaltbar.

fission [fisjɔ̃] *nf* Spaltung *f*.

fissure [fisyʀ] *nf* (*lézarde, cassure*) Sprung *m*; (*crevasse*) Riß *m*; (*fig*) Bruch *m*.

fissurer [fisyʀe]: **se** ~ *vpr* Risse bekommen, rissig werden.

fiston [fistɔ̃] (*fam*) *nm* Söhnchen *nt*.

fistule [fistyl] *nf* Fistel *f*.

fit [fi] *vb voir* **faire**.

FIV [ɛfive] *abr f* (= *fécondation in vitro*) In-vitro-Fertilisation *f*.

fixage [fiksaʒ] *nm* (*PHOTO*) Fixieren *nt*.

fixateur [fiksatœʀ] *nm* (*PHOTO*) Fixiermittel *nt*; (*pour cheveux*) Festiger *m*.

fixatif [fiksatif] *nm* Fixativ *nt*.

fixation [fiksasjɔ̃] *nf* (*d'un objet*) Befestigung *f*; (*d'une date, d'un prix*) Festlegung *f*; (*de ski*) Bindung *f* ♦ *nf* (*PSYCH*) Fixierung *f*.

fixe [fiks] *adj* fest; (*regard*) starr ♦ *nm* (*salaire*) Grundgehalt *nt*; **à date/heure** ~ zu einem bestimmten Datum/zu einer bestimmten Uhrzeit; **menu à prix** ~ Menü *nt* zu einem festen Preis.

fixé, e [fikse] *adj*: **être** ~ (**sur**) (*savoir à quoi s'en tenir*) genau Bescheid wissen (über +*acc*); **à l'heure** ~**e** zur festgesetzten *ou* festgelegten Stunde; **au jour** ~ am festgesetzten Tag.

fixement [fiksəmɑ̃] *adv* (*regarder*) starr.

fixer [fikse] *vt* (*attacher*) festmachen, befestigen; (*déterminer*) festlegen, festsetzen; (*CHIM, PHOTO*) fixieren; (*poser son regard sur*) fixieren, anstarren; **se fixer** *vpr* (*s'établir*) sich niederlassen; ~ **son attention sur** seine Aufmerksamkeit richten auf +*acc*; ~ **son choix sur** seine Wahl fallen lassen auf +*acc*; **se** ~ **sur** (*suj: regard, attention*) verweilen bei.

fixité [fiksite] *nf* (*d'un regard*) Starrheit *f*.

fjord [fjɔʀ(d)] *nm* Fjord *m*.

flacon [flakɔ̃] *nm* Fläschchen *nt*; (*de parfum*) Flakon *m*.

flagada [flagada] *adj inv* (*fam*) hundemüde, schlapp.

flagellation [flaʒelasjɔ̃] *nf* Geißelung *f*.

flageller [flaʒele] *vt* geißeln.

flageolant, e [flaʒɔlɑ̃, ɑ̃t] *adj* (*jambes*) schlotternd.

flageoler [flaʒɔle] *vi* (*jambes*) schlottern.

flageolet [flaʒɔlɛ] *nm* (*MUS*) Flageolett *nt*; (*CULIN*) Zwergbohne *f*.

flagornerie [flagɔʀnəʀi] *nf* Schmeicheleien *pl*.

flagorneur, -euse [flagɔʀnœʀ, øz] *nm/f* Schmeichler(in) *m(f)*.

flagrant, e [flagʀɑ̃, ɑ̃t] *adj* (*erreur, injustice*) himmelschreiend; **prendre qn en** ~ **délit** jdn auf frischer Tat ertappen.

flair [flɛʀ] *nm* (*du chien*) Geruchssinn *m*; (*fig*) Gespür *nt*.

flairer [fleʀe] *vt* (*humer*) beschnuppern; (*détecter*) aufspüren; (*fig: danger, piège*) wittern.

flamand, e [flamɑ̃, ɑ̃d] *adj* flämisch ♦ *nm* (*LING*) Flämisch *nt* ♦ *nm/f*: **F**~, **e** Flame *m*, Flamin *f*.

flamant [flamɑ̃] *nm* Flamingo *m*.

flambant [flɑ̃bɑ̃] *adv*: ~ **neuf** brandneu, funkelnagelneu.

flambé, e [flɑ̃be] *adj* flambiert.

flambeau, x [flɑ̃bo] *nm* Fackel *f*; **passer le** ~ **à qn** die Tradition an jdn weiterreichen.

flambée [flɑ̃be] *nf* (*feu*) (hell aufloderndes) Feuer *nt*; ~ **de violence** Aufflackern *nt* von Gewalt; ~ **des prix** Emporschießen *nt* der Preise.

flamber [flɑ̃be] *vi* (*feu*) auflodern; (*maison*) abbrennen ♦ *vt* (*poulet*) absengen; (*banane,* *crêpe*) flambieren; (*aiguille*) (in der Flamme) keimfrei machen.

flambeur, -euse [flãbœʀ, øz] *nm/f* Spieler(in) *m(f)* (*um große Einsätze*).

flamboyant, e [flãbwajã, ãt] *adj* (*couleur*) leuchtend; ~ **de haine/de colère** funkelnd vor Haß/Wut.

flamboyer [flãbwaje] *vi* (*couleur*) (auf)leuchten; (*feu*) (auf)lodern; (*soleil*) leuchten, gleißen; (*yeux*) funkeln.

flamenco [flamɛnko] *nm* Flamenco *m*.

flamingant, e [flamẽgã, ãt] *adj* flämisch-sprachig ♦ *nm/f*: F~, e Flämischsprecher(in) *m(f)*.

flamme [flɑm] *nf* Flamme *f*; (*fig*: *ardeur*) Glut *f*, Leidenschaft *f*; **en ~s** in Flammen.

flammèche [flamɛʃ] *nf* Funken *m*.

flammerole [flamʀɔl] *nf* Irrlicht *nt*.

flan [flã] *nm* (*CULIN*) Pudding *m*; **en rester comme deux ronds de** ~ völlig baff sein.

flanc [flã] *nm* (*ANAT*) Seite *f*; (*d'une armée, montagne*) Flanke *f*; **à** ~ **de coteau** am Hang; **tirer au** ~ (*fam*) sich drücken; **prêter le** ~ **à** (*fig*) sich aussetzen +*dat*.

flancher [flãʃe] *vi* (*armée*) zurückweichen; (*cœur*) versagen, aussetzen; (*moral*) nachlassen.

Flandre [flãdʀ] *nf*: **la** ~, **les** ~**s** Flandern *nt*.

flanelle [flanɛl] *nf* Flanell *m*.

flâner [flɑne] *vi* bummeln, umherschlendern.

flânerie [flɑnʀi] *nf* Bummel *m*.

flâneur, -euse [flɑnœʀ, øz] *adj* bummelnd ♦ *nm/f* Spaziergänger(in) *m(f)*.

flanquer [flãke] *vt* (*être accolé à*) flankieren; ~ **qch sur/dans** (*fam*) etw schmeißen auf +*acc*/in +*acc*; ~ **qch par terre** etw auf den Boden schmeißen; ~ **qn à la porte** (*fam*) jdn zur Tür hinauswerfen; ~ **la frousse à qn** (*fam*) jdm eine Heidenangst einjagen; **être flanqué de** (*suj*: *personne*) gefolgt sein von; **il est toujours flanqué de sa mère** er hat immer seine Mutter im Schlepptau.

flapi, e [flapi] *adj* hundemüde.

flaque [flak] *nf* (*d'eau*) Pfütze *f*, Lache *f*; (*d'huile, de sang etc*) Lache.

flash [flaʃ] (*pl* ~**es**) *nm* (*PHOTO*) Blitz(licht *nt*) *m*; **au** ~ mit Blitz(licht) ► **flash d'information** Kurznachrichten *pl* ► **flash publicitaire** Werbespot *m*.

flasque [flask] *adj* schlaff ♦ *nf* (*flacon*) Fläschchen *nt*.

flatter [flate] *vt* (*personne*) schmeicheln +*dat*; (*animal*) streicheln; **se flatter** *vpr*: **se** ~ **de qch** sich einer Sache *gén* rühmen; **se** ~ **de pouvoir faire qch** sich rühmen, etw tun zu können.

flatterie [flatʀi] *nf* Schmeichelei *f*.

flatteur, -euse [flatœʀ, øz] *adj* (*photo, portrait*) schmeichelhaft; (*éloges*) schmeichlerisch ♦ *nm/f* Schmeichler(in) *m(f)*.

flatulence [flatylãs] *nf*, **flatuosités** [flatɥozite] *nfpl* Blähungen *pl*.

fléau, x [fleo] *nm* (*calamité*) Geißel *f*, Plage *f*; (*de balance*) (Waage)balken *m*; (*pour le blé*) Dreschflegel *m*.

fléchage [fleʃaʒ] *nm* Ausschilderung *f*.

flèche [flɛʃ] *nf* Pfeil *m*; (*de clocher*) Turmspitze *f*; (*de grue*) Ausleger *m*, Arm *m*; (*trait d'esprit*) Pfeilspitze *f*; **monter en** ~ blitzschnell ansteigen.

flécher [fleʃe] *vt* ausschildern.

fléchette [fleʃɛt] *nf* Wurfpfeil *m*; ~**s** *nfpl* (*jeu*) Pfeilwurfspiel *nt*, Dartspiel *nt*; **jouer aux** ~**s** Darts spielen.

fléchir [fleʃiʀ] *vt* (*corps, genou*) beugen; (*personne, détermination de qn*) schwächen ♦ *vi* (*poutre*) durchhängen, sich durchbiegen; (*courage, prix etc*) nachlassen; (*personne*) schwach werden.

fléchissement [fleʃismã] *nm* (*v vt, vi*) Beugen *nt*; Schwächung *f*; Durchhängen *nt*; Nachlassen *nt*; Schwachwerden *nt*; (*de l'économie*) Flaute *f*.

flegmatique [flɛgmatik] *adj* phlegmatisch.

flegme [flɛgm] *nm* Phlegma *nt*.

flemmard, e [flemaʀ, aʀd] *adj* (*fam*) stinkfaul ♦ *nm/f* Faulpelz *m*.

flemme [flɛm] *nf*: **j'ai la** ~ **de le faire** ich habe keinen Bock, es zu tun.

flétan [fletã] *nm* Heilbutt *m*.

flétri, e [fletʀi] *adj* (*feuilles, fleur*) verwelkt, welk; (*fruit, peau, visage*) runzlig.

flétrir [fletʀiʀ] *vt* (*fleur*) verwelken lassen; (*fruit, peau, visage*) runzlig machen; **se flétrir** *vpr* (*v vt*) verwelken; runzlig werden; (*mémoire, réputation*) verunglimpfen.

fleur [flœʀ] *nf* Blume *f*; (*d'un arbre*) Blüte *f*; **être en** ~ blühen; **tissu à** ~**s** geblümter Stoff *m*; **papier à** ~**s** Papier *nt* mit Blümchenmuster; **être** ~ **bleue** sehr sentimental sein; **il a une sensibilité à** ~ **de peau** er ist sehr empfindlich; **faire une** ~ **à qn** jdm einen unerwarteten Gefallen tun ► **fleur de lis** bourbonische Lilie *f*.

fleurer [flœʀe] *vt*: ~ **bon la lavande** nach Lavendel duften *ou* riechen.

fleuret [flœʀɛ] *nm* (*arme*) Florett *nt*; (*SPORT*) Florett(fechten) *nt*.

fleurette [flœʀɛt] *nf*: **conter** ~ **à qn** jdm den Hof machen.

fleuri, e [flœʀi] *adj* (*jardin*) blühend, in voller Blüte; (*maison, balcon*) blumengeschmückt; (*papier, tissu*) geblümt; (*fig*: *style, propos*) blumig; (*péj*: *teint, nez*) gerötet.

fleurir [flœʀiʀ] *vi* blühen; (*fig*: *arts etc*) seine Blütezeit haben ♦ *vt* (*tombe, chambre*) mit Blumen schmücken.

fleuriste [flœʀist] *nm/f* (*vendeur*) Blumenhändler(in) *m(f)*, Florist(in) *m(f)*.

fleuron [flœʀɔ̃] *nm* (*fig*) Schmuckstück *nt*.

fleuve [flœv] *nm* Fluß *m*; (*fig*): ~ **de sang** Blutstrom *m*; ~ **de boue** Strom von Schlamm *m*; **roman**-~ Saga *f*; **discours**-~ Redefluß *m*.

flexibilité [flɛksibilite] *nf* (*v adj*) Biegsamkeit *f*; Elastizität *f*; Flexibilität *f*.

flexible [flɛksibl] *adj* (*objet*) biegsam; (*matériau*) elastisch; (*personne, caractère*) flexibel.

flexion [flɛksjɔ̃] nf Biegung f; (LING) Flexion f, Beugung f.

flibustier [flibystje] nm (pirate) Freibeuter m.

flic [flik] (fam) nm Polyp m, Bulle m.

flingue [flɛ̃g] (fam) nm Knarre f.

flipper [nm flipœʀ: vb flipe] nm (billard électrique) Flipper m ♦ vi (fam: être déprimé) ein Tief haben.

flirt [flœʀt] nm Flirt m.

flirter [flœʀte] vi flirten.

FLN [ɛfɛlɛn] sigle m (= Front de libération nationale) nationale Befreiungsfront.

FLNKS [ɛfɛlɛnkaɛs] sigle m (= Front de libération nationale kanak et socialiste) Befreiungsbewegung in Neukaledonien.

flocon [flɔkɔ̃] nm Flocke f; (de laine etc) Flöckchen nt ▶ **flocons d'avoine** Haferflocken pl.

floconneux, -euse [flɔkɔnø, øz] adj flockig.

flonflons [flɔ̃flɔ̃] nmpl grelle Klänge pl.

flopée [flɔpe] nf (fam): **une ~ de** ein Haufen.

floraison [flɔʀɛzɔ̃] nf Blütezeit f.

floral, e, -aux [flɔʀal, o] adj Blumen-.

floralies [flɔʀali] nfpl Blumenschau f.

flore [flɔʀ] nf (plantes) Flora f, Pflanzenwelt f ▶ **flore intestinale** (MÉD) Darmflora f.

Florence [flɔʀɑ̃s] n Florenz nt.

florentin, e [flɔʀɑ̃tɛ̃, in] adj florentinisch.

floriculture [flɔʀikyltyʀ] nf Blumenzucht f.

florifère [flɔʀifɛʀ] adj blühend.

florilège [flɔʀilɛʒ] nm Auslese f.

florissant, e [flɔʀisɑ̃, ɑ̃t] vb voir **fleurir** ♦ adj (entreprise, commerce) blühend, florierend; (santé, teint) blühend.

flot [flo] nm Flut f; **~s** nmpl (de la mer) Fluten pl, Wellen pl; **à ~s** in Strömen; **être à ~** (NAUT) flott sein; (fig) flüssig sein; **mettre à ~** (NAUT) flott machen.

flottage [flɔtaʒ] nm (du bois) Flößen nt.

flottaison [flɔtɛzɔ̃] nf: **ligne de ~** Wasserlinie f.

flottant, e [flɔtɑ̃, ɑ̃t] adj (vêtement) lose, wallend; (non fixe) schwankend.

flotte [flɔt] nf (NAUT) Flotte f; (fam: eau) Wasser nt; (: pluie) Regen m.

flottement [flɔtmɑ̃] nm (fig: hésitation) Schwanken nt, Zögern nt; (ÉCON) Floating nt.

flotter [flɔte] vi (bateau, bois) schwimmen; (dans l'air: nuage, odeur) schweben; (: drapeau, cheveux) wehen, flattern; (vêtements) wallen; (monnaie) floaten ♦ vt (bois) flößen ♦ vb impers (fam: pleuvoir): **il flotte** es regnet.

flotteur [flɔtœʀ] nm (d'hydravion etc) Schwimmkörper m; (de canne à pêche) Schwimmer m.

flottille [flɔtij] nf Flottille f.

flou, e [flu] adj verschwommen; (robe) lose.

flouer [flue] vt (fam) betrügen.

fluctuant, e [flyktɥɑ̃, ɑ̃t] adj schwankend.

fluctuation [flyktɥasjɔ̃] nf Schwankung f.

fluctuer [flyktɥe] vi schwanken.

fluet, te [flyɛ, ɛt] adj (personne) zart, zerbrechlich; (voix) dünn.

fluide [flɥid] adj flüssig ♦ nm (PHYS) Flüssigkeit f; (force invisible) Fluidum nt.

fluidifier [flɥidifje] vt verflüssigen.

fluidité [flɥidite] nf Flüssigkeit f.

fluor [flyɔʀ] nm Fluor nt.

fluoration [flyɔʀasjɔ̃] nf Fluorzusatz m.

fluoré, e [flyɔʀe] adj fluoriert.

fluorescent, e [flyɔʀesɑ̃, ɑ̃t] adj fluoreszierend, Leucht-.

flûte [flyt] nf Flöte f; (pain) Stangenbrot nt; **~!** (zut) Mist!; **petite ~** Pikkoloflöte f ▶ **flûte à bec** Blockflöte f ▶ **flûte de Pan** Panflöte f ▶ **flûte traversière** Querflöte f.

flûtiste [flytist] nm/f Flötist(in) m(f).

fluvial, e, -aux [flyvjal, jo] adj Fluß-.

flux [fly] nm Flut f; (écoulement) Fluß m, Fließen nt; **le ~ et le reflux** Ebbe f und Flut; (fig) das Auf und Ab.

fluxion [flyksjɔ̃] nf: **~ de poitrine** Lungenentzündung f.

FM [ɛfɛm] sigle f (= fréquence modulée) FM.

FMI [ɛfɛmi] sigle m (= Fonds monétaire international) IWF m.

FN [ɛfɛn] sigle m (= Front national) rechtsradikale politische Bewegung.

FNAC [fnak] sigle f (= Fédération nationale des achats de cadres) Kette von Buchläden.

FNSEA [ɛfɛnɛsəa] sigle f (= Fédération nationale des syndicats d'exploitants agricoles) Bauernverband.

FO [ɛfo] sigle f (= Force ouvrière) Gewerkschaft f.

foc [fɔk] nm (NAUT) Klüver m.

focal, e, -aux [fɔkal, o] adj Brenn- ♦ nf Brennweite f.

focaliser [fɔkalize] vt (fig) fokussieren.

foehn [føn] nm Föhn m.

fœtal, e, -aux [fetal, o] adj Fötus-.

fœtus [fetys] nm Fötus m.

foi [fwa] nf Glaube m; **sous la ~ du serment** unter Eid; **avoir ~ en** (confiance) vertrauen auf +acc; **ajouter ~ à** Glauben schenken +dat; **faire ~** als Nachweis gelten; **digne de ~** glaubwürdig; **sur la ~ de** auf Grund +gén; **être de bonne/mauvaise ~** guten Glaubens sein/nicht guten Glaubens sein.

foie [fwa] nm Leber f ▶ **foie gras** Gänseleber f.

foin [fwɛ̃] nm Heu nt; **faire les ~s** Heu machen; **faire du ~** (fam) Krach schlagen.

foire [fwaʀ] nf (marché) Markt m; (fête foraine) Jahrmarkt m; (exposition) Messe f; (fam: désordre, confusion) völliges Durcheinander nt; **faire la ~** (fig: fam) auf die Pauke hauen.

fois [fwa] nf: **une ~** einmal; **deux ~** zweimal; **trois ~** dreimal; **vingt ~** zwanzigmal; **2 ~ 2** mal 2; **deux/quatre ~ plus grand (que)** zweimal/viermal so groß (wie); **encore une ~** noch einmal; **cette ~** diesmal; **la ~ suivante** das nächste Mal, nächstes Mal; **des ~** manchmal; **chaque ~ que** jedesmal, wenn; **une (bonne) ~ pour toutes** ein für allemal; **une ~ que c'est fait** wenn es einmal gemacht ist; **une ~ qu'il sera parti** wenn er gegangen ist; **à la ~** auf einmal; **à la ~ grand et beau** groß und schön zugleich; **si des ~** (fam) wenn (zufällig); **non mais, des** ~! (*fam*) also, hören Sie mal!; **il était une** ~ es war einmal.

foison [fwazɔ̃] *nf*: **une** ~ **de** eine Fülle von; **à** ~ in Hülle und Fülle.

foisonnement [fwazɔnmɑ̃] *nm* (*abondance*) Fülle *f*.

foisonner [fwazɔne] *vi* (*abonder*) in Hülle und Fülle vorhanden sein; ~ **en** *ou* **de** reich sein an *+dat*.

fol [fɔl] *adj voir* **fou.**

folâtre [fɔlɑtʀ] *adj* ausgelassen.

folâtrer [fɔlɑtʀe] *vi* umhertollen.

folichon, ne [fɔliʃɔ̃, ɔn] *adj*: **ça n'a rien de** ~ das ist nicht gerade umwerfend.

folie [fɔli] *nf* Verrücktheit *f*; (*maladie*) Wahnsinn *m*; **faire des** ~**s** (*dépenses extravagantes*) ein Vermögen ausgeben ▶ **folie des grandeurs** Größenwahn *m*.

folklore [fɔlklɔʀ] *nm* Folklore *f*.

folklorique [fɔlklɔʀik] *adj* Volks-, volkstümlich; (*fam: péj*) seltsam.

folle [fɔl] *adj f, nf voir* **fou.**

follement [fɔlmɑ̃] *adv* wahnsinnig.

follet [fɔlɛ] *adj m*: **feu** ~ Irrlicht *nt*.

fomentateur, -trice [fɔmɑ̃tatœʀ, tʀis] *nm/f* Unruhestifter(in) *m(f)*.

fomenter [fɔmɑ̃te] *vt* schüren.

foncé, e [fɔ̃se] *adj* dunkel; **bleu/rouge** ~ dunkelblau/dunkelrot.

foncer [fɔ̃se] *vt* (*couleur, tissu*) dunkler machen; (*CULIN: moule etc*) auslegen ♦ *vi* (*tissu, teinte*) dunkler werden; (*fam: aller vite*) flitzen, rasen; ~ **sur** (*fam*) sich stürzen auf *+acc*.

fonceur, -euse [fɔ̃sœʀ, øz] *nm/f* (*fam*) Tatmensch *m*.

foncier, -ière [fɔ̃sje, jɛʀ] *adj* (*honnêteté, malhonnêteté*) grundlegend, fundamental; (*propriétaire, impôt*) Grund-.

foncièrement [fɔ̃sjɛʀmɑ̃] *adv* von Grund auf.

fonction [fɔ̃ksjɔ̃] *nf* Funktion *f*; (*profession*) Amt *nt*; (*poste*) Posten *m*; ~**s** *nfpl* (*activité, pouvoirs*) Aufgaben *pl*, Funktionen *pl*; (*corporelles, biologiques*) Funktionen *pl*; **entrer en** ~**s** sein Amt antreten; **reprendre ses** ~**s** seine Tätigkeit wieder aufnehmen; **voiture/maison de** ~ Dienstwagen *m*/Dienstwohnung *f*; **être** ~ **de** abhängen von; **en** ~ **de** (*par rapport à*) entsprechend *+dat*; **faire** ~ **de** (*suj: personne*) fungieren als; (: *chose*) dienen als; **la** ~ **publique** der öffentliche Dienst *m*.

fonctionnaire [fɔ̃ksjɔnɛʀ] *nm/f* ≈ Beamte(r) *m*, ≈ Beamtin *f*.

fonctionnariat [fɔ̃ksjɔnaʀja] *nm* ≈ Beamtentum *nt*.

fonctionnariser [fɔ̃ksjɔnaʀize] *vt* (*personne*) in den Staatsdienst übernehmen; (*profession*) als staatliche Aufgabe übernehmen.

fonctionnel, le [fɔ̃ksjɔnɛl] *adj* (*PHYSIOL*) Funktions-; (*bien conçu*) funktionell.

fonctionnellement [fɔ̃ksjɔnɛlmɑ̃] *adv* funktionell.

fonctionnement [fɔ̃ksjɔnmɑ̃] *nm* Funktionieren *nt*; (*d'une entreprise*) Betrieb *m*.

fonctionner [fɔ̃ksjɔne] *vi* (*machine, système*) funktionieren; (*entreprise, institution*) laufen; **faire** ~ bedienen.

fond [fɔ̃] *nm* (*d'un récipient, trou*) Boden *m*; (*d'une salle, d'un tableau, décor*) Hintergrund *m*; (*opposé à la forme*) Inhalt *m*; (*SPORT*) Langstreckenlauf *m*; **course** *ou* **épreuve de** ~ Langstreckenrennen *nt*; **un** ~ **de bouteille** ein Tropfen in der Flasche; **au** ~ **de** (*récipient*) auf dem Grund *ou* Boden *+gén*; (*salle*) im hinteren Teil *+gén*; **aller au** ~ **des choses/du problème** den Dingen/dem Problem auf den Grund gehen; **le** ~ **de sa pensée** seine wahren Gedanken; **il a un** ~ **d'honnêteté** er ist im Grunde anständig; **sans** ~ bodenlos; **toucher le** ~ **du désespoir** in äußerste Verzweiflung geraten; **envoyer par le** ~ (*NAUT*) versenken; **à** ~ (*connaître, soutenir*) gründlich, von Grund auf; (*appuyer, visser*) kräftig, fest; **à** ~ (**de train**) (*fam*) mit Höchstgeschwindigkeit, mit Karacho; **de fond en** ~ **de comble** (*fouiller*) von oben bis unten ▶ **fond de teint** Grundierung *f* ▶ **fond sonore** Geräuschkulisse *f*.

fondamental, e, -aux [fɔ̃damɑ̃tal, o] *adj* grundlegend, fundamental.

fondamentalement [fɔ̃damɑ̃talmɑ̃] *adv* grundlegend.

fondant, e [fɔ̃dɑ̃, ɑ̃t] *adj* (*neige, glace*) schmelzend; (*au goût: fruit*) auf der Zunge zergehend ♦ *nm* (*bonbon*) Fondant *m*.

fondateur, -trice [fɔ̃datœʀ, tʀis] *nm/f* Gründer(in) *m(f)*; **groupe** ~ Gründergruppe *f*; **membre** ~ Gründungsmitglied *nt*.

fondation [fɔ̃dasjɔ̃] *nf* Gründung *f*; (*établissement*) Stiftung *f*; ~**s** *nfpl* (*d'une maison*) Fundament *nt*; **travaux de** ~ Arbeiten *pl* am Fundament.

fondé, e [fɔ̃de] *adj* begründet ♦ *nm*: ~ **de pouvoir** Prokurist(in) *m(f)*; **bien** ~ wohlbegründet; **mal** ~ ungenügend begründet; **être** ~ **à croire** Grund zu der Annahme haben, daß.

fondement [fɔ̃dmɑ̃] *nm* (*base, motif*) Grund *m*; (*postérieur*) Hinterteil *nt*; ~**s** *nmpl* (*d'un édifice*) Fundament *nt*; (*fig: bases*) Grundlage *f*; **sans** ~ unbegründet, grundlos.

fonder [fɔ̃de] *vt* gründen; **se fonder** *vpr*: **se** ~ **sur qch** (*suj: personne*) sich stützen auf *+acc*; ~ **qch sur** (*fig: baser*) etw stützen auf *+acc*; ~ **un foyer** eine Familie gründen.

fonderie [fɔ̃dʀi] *nf* Gießerei *f*.

fondeur, -euse [fɔ̃dœʀ, øz] *nm/f* (*skieur*) Langläufer(in) *m(f)* ♦ *nm*: (**ouvrier**) ~ Gießer *m*.

fondre [fɔ̃dʀ] *vt* schmelzen; (*fig: mélanger*) vermischen ♦ *vi* schmelzen; (*dans de l'eau*) sich auflösen ♦ (*fig: argent, courage*) zerrinnen, dahinschmelzen; **se fondre** *vpr* (*se confondre*) miteinander verschmelzen; ~ **sur** herfallen über *+acc*; **faire** ~ schmelzen; (*dans de l'eau*) auflösen; ~ **en larmes** in Tränen ausbrechen.

fondrière [fɔ̃dʀijɛʀ] *nf* Schlagloch *nt*.

fonds [fɔ̃] *nm* (*de bibliothèque*) Sammlung *f*; ~

nmpl (argent) Kapital nt, Gelder pl; ~ (de commerce) Geschäft nt; être en ~ zahlungsfähig sein; à ~ perdus auf Nimmerwiedersehen; mise de ~ Kapitalaufwand m; le F~ monétaire international der Internationale Währungsfonds ▶ fonds de roulement Betriebskapital nt ▶ fonds publics Gelder der öffentlichen Hand, öffentliche Gelder.

fondu, e [fɔ̃dy] adj geschmolzen; (fig: couleurs) verschwommen, verfließend ♦ nm (CINÉ: ouverture) Einblendung f; (fermeture) Ausblendung f ▶ fondu enchaîné Überblendung f.

fondue [fɔ̃dy] nf: ~ (savoyarde)/bourguignonne Käsefondue nt/Fleischfondue nt.

fongicide [fɔ̃ʒisid] nm Fungizid nt; (MÉD) Hautpilzmittel nt.

font [fɔ̃] vb voir **faire.**

fontaine [fɔ̃tɛn] nf (source) Quelle f; (construction) Brunnen m.

fontanelle [fɔ̃tanɛl] nf Fontanelle f.

fonte [fɔ̃t] nf Schmelze f, Schmelzen nt; (métal) Gußeisen nt; **en ~ émaillée** aus emailliertem Gußeisen; **la ~ des neiges** die Schneeschmelze f.

fonts baptismaux [fɔ̃batismo] nmpl Taufbecken nt.

foot(ball) [fut(bol)] nm Fußball m; **jouer au ~** Fußball spielen.

footballeur, -euse [futbolœʀ, øz] nm/f Fußballspieler(in) m(f).

footing [futiŋ] nm: **faire du ~** joggen, Dauerlauf machen.

for [fɔʀ] nm: **dans** ou **en mon/son ~ intérieur** in meinem/seinem (ou ihrem) Innersten.

forage [fɔʀaʒ] nm (d'objet, rocher) Durchbohren nt; ~ **pétrolier** Ölbohrung f.

forain, e [fɔʀɛ̃, ɛn] adj Jahrmarkts- ♦ nm/f (marchand) Schausteller(in) m(f); (bateleur) Jahrmarktsunterhalter(in) m(f).

forban [fɔʀbɑ̃] nm (escroc) Gauner m.

forçat [fɔʀsa] nm (au bagne) Sträfling m.

force [fɔʀs] nf Kraft f; (degré de puissance) Stärke f; (violence) Gewalt f; (ÉLEC) Starkstrom m; ~s (physiques) Kräfte pl; (MIL) Streitkräfte pl; ~s de police Polizeikräfte pl; **avoir de la ~** Kraft haben, stark sein; **ménager ses ~s** mit seinen Kräften haushalten; **reprendre des ~s** wieder zu Kräften kommen; **être à bout de ~** am Ende seiner Kräfte sein; **c'est au-dessus de mes ~s** das geht über meine Kräfte; **de toutes mes/ses ~s** aus Leibeskräften; **à la ~ du poignet** (fig) im Schweiße seines Angesichtes; **à ~ de le critiquer** wenn man ihn fortwährend kritisiert; **à ~ d'essayer, il a réussi** durch wiederholtes Probieren hat er es geschafft; **arriver en ~** in Scharen ankommen; **de ~** mit Gewalt; **par la ~** ~ durch Gewaltanwendung; **à toute ~** unbedingt; **un cas de ~ majeure** ein Fall von höherer Gewalt; **faire ~ de rames** kräftig rudern; **faire ~ de voiles** mit vollen Segeln fahren; **être de ~ à faire qch** imstande sein, etw zu tun; **dans la ~ de l'âge** in der Blüte seiner

(ihrer) Jahre; **par la ~ des choses** zwangsläufig; **la ~ de l'habitude** die Macht der Gewohnheit; **les ~s armées** die Streitkräfte pl; **la ~ publique** die öffentliche Gewalt; **les ~s de l'ordre** die Polizei f, die Ordnungskräfte pl ▶ **force centrifuge** Zentrifugalkraft f ▶ **force d'âme** Seelengröße f, Seelenstärke f ▶ **force d'inertie** Trägheit f ▶ **force de caractère** Charakterstärke f ▶ **force de dissuasion** Abschreckungskraft f ▶ **force de frappe** Militärmacht f ▶ **force de la nature** Naturwunder nt ▶ **forces d'intervention** schnelle Eingreiftruppe f.

forcé, e [fɔʀse] adj (rire, attitude) gezwungen; (bain) unfreiwillig; (atterrissage) Not-; (comparaison) an den Haaren herbeigezogen; **c'est ~!** (inévitable) das geht gar nicht anders!

forcément [fɔʀsemɑ̃] adv (bien sûr) ganz bestimmt; **pas ~** nicht unbedingt.

forcené, e [fɔʀsəne] adj zwanghaft ♦ nm/f Wahnsinnige(r) f(m).

forceps [fɔʀsɛps] nm Geburtszange f.

forcer [fɔʀse] vt (porte, serrure) aufbrechen; (moteur) überfordern; (voix) überanstrengen; (plante) verfrühen ♦ vi (SPORT) sich verausgaben; **se forcer** vpr: **se ~ à qch/faire qch** sich zu etw zwingen/sich dazu zwingen, etw zu tun; ~ **qn à qch** jdn zu etw zwingen; ~ **qn à faire qch** jdn dazu zwingen, etw zu tun; ~ **la main à qn** jdm die Entscheidung abnehmen; ~ **la dose** (fam) es übertreiben; ~ **l'allure** die Geschwindigkeit erhöhen; ~ **le destin** den Lauf der Dinge bestimmen; ~ **l'attention** die Aufmerksamkeit auf sich ziehen; ~ **le respect** Respekt abnötigen; ~ **la consigne** Befehlen zuwiderhandeln.

forcing [fɔʀsiŋ] nm: **faire du ~** Druck machen.

forcir [fɔʀsiʀ] vi (enfant) kräftiger werden; (vent) auffrischen.

forclore [fɔʀklɔʀ] vt (JUR) ausschließen.

forclos, e [fɔʀklo] adj (JUR) ausgeschlossen.

forclusion [fɔʀklyzjɔ̃] nf (JUR) Verwirkung f (eines Rechts).

forer [fɔʀe] vt (objet, rocher) durchbohren; (trou, puits) bohren.

forestier, -ière [fɔʀɛstje, jɛʀ] adj Forst-, Wald-.

foret [fɔʀɛ] nm Bohrer m.

forêt [fɔʀɛ] nf Wald m ▶ **forêt vierge** Urwald m.

Forêt-Noire [fɔʀɛnwaʀ] nf (GÉO) Schwarzwald m.

forêt-noire [fɔʀɛnwaʀ] nf (CULIN) Schwarzwälder Kirschtorte f.

foreuse [fɔʀøz] nf Bohrmaschine f.

forfait [fɔʀfɛ] nm (COMM) Pauschalpreis m; (crime) Verbrechen nt, Schandtat f; **déclarer ~** nicht antreten, zurücktreten; **gagner par ~** gewinnen, weil der Gegner nicht angetreten ist; **travailler à ~** für eine Pauschale arbeiten; **vendre/acheter à ~** für eine Pauschalpreis kaufen/verkaufen.

forfaitaire [fɔʀfɛtɛʀ] adj Pauschal-.

forfait-vacances [fɔʀfɛvakɑ̃s] (pl ~s-~) nm

Pauschalreise *f.*

forfanterie [fɔʀfɑ̃tʀi] *nf* Prahlerei *f.*

forge [fɔʀʒ] *nf* (*du forgeron*) Schmiede *f.*

forgé, e [fɔʀʒe] *adj*: **fer** ~ Schmiedeeisen *nt*; ~ **de toutes pièces** von A bis Z erfunden.

forger [fɔʀʒe] *vt* (*métal, grille: plan*) schmieden; (*personnalité, moral*) formen; (*prétexte, alibi*) erfinden.

forgeron [fɔʀʒəʀɔ̃] *nm* Schmied *m.*

formaliser [fɔʀmalize]: **se** ~ *vpr* gekränkt sein; **se** ~ **de qch** an etw Anstoß nehmen.

formalisme [fɔʀmalism] *nm* (*artistique*) Formalismus *m*; (*administratif etc*) Förmlichkeit *f.*

formaliste [fɔʀmalist] *adj* formalistisch.

formalité [fɔʀmalite] *nf* Formalität *f*; **c'est une simple** ~ das ist nur eine Formalität.

format [fɔʀma] *nm* Format *nt*; **petit** ~ Kleinformat *nt.*

formater [fɔʀmate] *vt* (*disque*) formatieren; **non formaté** unformatiert.

formateur, -trice [fɔʀmatœʀ, tʀis] *adj* (*influence, expérience*) Bildungs- ♦ *nm/f* Erzieher(in) *m(f).*

formation [fɔʀmasjɔ̃] *nf* Bildung *f*; (*groupe*) Gruppe *f*; (*éducation, apprentissage*) Ausbildung *f*; (*GÉO*) Formation *f*; **en** ~ (*MIL, AVIAT*) in Formation; **la** ~ **permanente/continue** berufsbegleitende/weiterführende Ausbildung; **la** ~ **professionnelle** die Berufsausbildung; **la** ~ **des adultes** die Erwachsenenbildung.

forme [fɔʀm] *nf* Form *f*; (*genre*) Art *f*; ~**s** *nfpl* (*bonnes manières*) Umgangsformen *pl*; (*d'une femme*) Kurven *pl*; **en** ~ **de poire** birnenförmig; **sous** ~ **de** in der Form von; **être en** ~, **avoir la** ~ gut in Form sein; **être en pleine** ~ in Topform sein; **en bonne et due** ~ in gebührender Form, förmlich; **y mettre les** ~**s** so taktvoll wie möglich sein; **sans autre** ~ **de procès** ohne weiteres; **pour la** ~ um der Form willen, um der Form Genüge zu tun; **prendre** ~ (*objet, projet*) Gestalt annehmen.

formel, le [fɔʀmɛl] *adj* (*preuve, décision*) ausdrücklich, klar; (*logique*) formal; (*politesse*) förmlich, formell.

formellement [fɔʀmɛlmɑ̃] *adv* (*interdit*) ausdrücklich.

former [fɔʀme] *vt* bilden; (*projet, idée*) entwickeln; (*personne*) ausbilden; (*caractère, intelligence, goût*) ausbilden, entwickeln; (*lettre etc*) gestalten; **se former** *vpr* (*apparaître*) sich bilden, entstehen; (*se développer*) sich entwickeln.

formidable [fɔʀmidabl] *adj* (*important*) gewaltig, ungeheuer; (*excellent*) wunderbar, toll.

formidablement [fɔʀmidabləmɑ̃] *adv* wunderbar.

formol [fɔʀmɔl] *nm* Formalin *nt.*

Formose [fɔʀmoz] *nf* Formosa *nt.*

formulaire [fɔʀmylɛʀ] *nm* Formular *nt.*

formulation [fɔʀmylasjɔ̃] *nf* Formulierung *f*; (*de pensée*) Ausdruck *m.*

formule [fɔʀmyl] *nf* (*SCIENCE*) Formel *f*; (*de cré-* *dit*) System *nt*; (*paroles rituelles*) Floskel *f*; (*formulaire*) Formular *nt*; **selon la** ~ **consacrée** wie man so sagt ► **formule de politesse** Höflichkeitsfloskel *f*; (*en fin de lettre*) Briefschluß *m* ► **formule de vacances** Urlaubsprogramm *nt.*

formuler [fɔʀmyle] *vt* ausdrücken, formulieren.

forniquer [fɔʀnike] *vi* Unzucht treiben.

forsythia [fɔʀsisja] *nm* Forsythie *f.*

fort, e [fɔʀ, fɔʀt] *adj* stark; (*gros*) füllig; (*doué*) begabt; (*important*) beträchtlich, groß; (*sauce etc*) scharf ♦ *adv* (*frapper, serrer*) kräftig; (*sonner, parler*) laut; (*beaucoup, très*) sehr ♦ *nm* (*édifice*) Fort *nt*, Festung *f*; (*point fort*) starke Seite *f*, Stärke *f*; **être** ~ **en histoire/maths** gut in Geschichte/Mathematik sein; **c'est un peu** ~! das ist wirklich ein starkes Stück!; **à plus** ~**e raison** um so mehr; **avoir** ~ **à faire avec qn** Schwierigkeiten mit jdm haben; **se faire** ~ **de faire** damit angeben, etw zu tun; ~ **bien/ peu** sehr gut/wenig; **au plus** ~ **de** mitten in +*dat* ► **forte tête** Dickschädel *m.*

forte [fɔʀte] *nm* Forte *nt.*

fortement [fɔʀtəmɑ̃] *adv* (*désirer, espérer*) sehr; (*conseiller*) stark; (*s'intéresser, marquer*) sehr, stark.

forteresse [fɔʀtəʀɛs] *nf* (*citadelle*) Festung *f.*

fortifiant, e [fɔʀtifjɑ̃, jɑ̃t] *adj* stärkend ♦ *nm* (*MÉD*) Stärkungsmittel *nt.*

fortifications [fɔʀtifikasjɔ̃] *nfpl* Befestigungsanlagen *pl.*

fortifier [fɔʀtifje] *vt* stärken; (*MIL*) befestigen; **se fortifier** *vpr* (*personne*) stärker werden.

fortin [fɔʀtɛ̃] *nm* kleines Fort *nt.*

fortiori [fɔʀsjɔʀi]: **à** ~ *adv* um so mehr.

FORTRAN [fɔʀtʀɑ̃] *nm* FORTRAN *nt.*

fortuit, e [fɔʀtɥi, it] *adj* zufällig.

fortuitement [fɔʀtɥitmɑ̃] *adv* zufällig.

fortune [fɔʀtyn] *nf* (*richesse*) Vermögen *nt*; (*destin*) Schicksal *nt*; **faire** ~ reich werden; **de** ~ (*improvisé*) improvisiert; (*compagnon*) zufällig; **bonne/mauvaise** ~ Glück *nt*/Unglück *nt.*

fortuné, e [fɔʀtyne] *adj* wohlhabend.

forum [fɔʀɔm] *nm* Forum *nt*; (*TV: débat*) Diskussionsforum *nt.*

fosse [fos] *nf* (*grand trou*) Grube *f*; (*GÉO*) Graben *m*; (*tombe*) Grab *nt*, Gruft *f* ► **fosse à purin** Jauchegrube *f* ► **fosse aux lions/ours** Löwen-/Bärengrube *f* ► **fosse commune** Gemeinschaftsgrab *nt* ► **fosse d'orchestre** Orchestergraben *m* ► **fosse septique** Klärgrube *f* ► **fosses nasales** Nasenhöhlen *pl.*

fossé [fose] *nm* Graben *m*, Kluft *f.*

fossette [fosɛt] *nf* Grübchen *nt.*

fossile [fosil] *nm* Fossil *nt*, Versteinerung *f* ♦ *adj*: **animal/coquillage** ~ versteinertes Tier *nt*/versteinerte Muschel *f.*

fossilisé, e [fosilize] *adj* versteinert.

fossoyeur [foswajœʀ] *nm* Totengräber *m.*

fou (fol), folle [fu, fɔl] *adj* verrückt; (*regard,*

tentative, pensée) irr; (fam: extrême) wahnsinnig ♦ nm/f Verrückte(r) f(m) ♦ nm (d'un roi) Hofnarr m; (ÉCHECS) Läufer m; **ça prend un temps** ~ das dauert irre lang; **il a eu un succès** ~ er hatte einen wahnsinnigen Erfolg; **mèche/aiguille folle** widerspenstige Haarsträhne/stark ausschlagende Nadel; **herbe folle** Wildgras nt; ~ **à lier** völlig verrückt; ~ **furieux/folle furieuse** völlig verrückt; **être** ~ **de** (sport, art etc) verrückt sein auf +acc; (personne) verrückt sein nach; ~ **de chagrin/colère** verrückt vor Kummer/Wut; ~ **de joie** toll vor Freude; **faire le** ~ (enfant etc) Unsinn machen; **avoir le** ~ **rire** einen Lachkrampf haben ▶ **fou de Bassan** (Baß)tölpel m.

foucade [fukad] nf Laune f.

foudre [fudʀ] nf: **la** ~ **der Blitz; s'attirer les** ~**s de qn** jds Zorn auf sich acc ziehen.

foudroyant, e [fudʀwajɑ̃, ɑ̃t] adj (rapidité, succès) überwältigend; (maladie, poison) sofort tödlich; (regard) vernichtend.

foudroyer [fudʀwaje] vt (suj: foudre) erschlagen; (: crise cardiaque etc) niederstrecken; ~ **qn du regard** jdm einen vernichtenden Blick zuwerfen.

fouet [fwɛ] nm Peitsche f; (CULIN) Schneebesen m; **de plein** ~ (se heurter, entrer en collision) frontal.

fouettement [fwɛtmɑ̃] nm (de la pluie) Peitschen nt.

fouetter [fwete] vt peitschen; (personne) auspeitschen; (CULIN: sauce etc) schlagen.

fougère [fuʒɛʀ] nf Farn m.

fougue [fug] nf Schwung m.

fougueusement [fugøzmɑ̃] adv feurig.

fougueux, -euse [fugø, øz] adj feurig, ungestüm.

fouille [fuj] nf (de police, douane) Durchsuchung f; ~**s** nfpl (archéologiques) Ausgrabungen pl.

fouillé, e [fuje] adj (analyse) gründlich.

fouiller [fuje] vt (personne, local) durchsuchen; (sol) durchwühlen; (fig: étude etc) vertiefen; ~ **dans/parmi** herumwühlen in +dat/zwischen +dat.

fouillis [fuji] nm Durcheinander nt.

fouine [fwin] nf Steinmarder m.

fouiner [fwine] (péj) vi: ~ **dans** herumschnüffeln in +dat.

fouineur, -euse [fwinœʀ, øz] (péj) adj neugierig.

fouir [fwiʀ] vt wühlen.

fouisseur, -euse [fwisœʀ, øz] adj Wühl-.

foulage [fulaʒ] nm (du raisin) Stampfen nt.

foulante [fulɑ̃t] adj f: **pompe** ~ Druckpumpe f.

foulard [fulaʀ] nm (carré) (Schulter)tuch nt; (étoffe) Foulardseide f.

foule [ful] nf Menschenmenge f; **une** ~ **de** (beaucoup) eine Menge (von); **les** ~**s** die Massen pl; **venir en** ~ in Scharen kommen.

foulée [fule] nf (SPORT) Schritt m; **dans la** ~ **de** in der Folge +gén.

fouler [fule] vt (raisin) keltern; (blé) dreschen;

se fouler vpr (fam: se fatiguer) sich kaputtmachen; **se** ~ **la cheville/le bras** sich dat den Knöchel/den Arm verstauchen; ~ **aux pieds** (fig) mit Füßen treten; ~ **le sol de son pays** seinen Fuß auf heimatliche Erde setzen.

foulure [fulyʀ] nf Verstauchung f.

four [fuʀ] nm (Back)ofen m; (de potier) Brennofen m; (échec) Reinfall m; **plat allant au** ~ feuerfeste Schüssel.

fourbe [fuʀb] adj (personne) betrügerisch; (regard) verschlagen.

fourberie [fuʀbəʀi] nf Betrügerei f.

fourbi [fuʀbi] (fam) nm Krempel m.

fourbir [fuʀbiʀ] vt (polir) blankputzen, polieren; ~ **ses armes** (fig) sich zum Kampf rüsten.

fourbu, e [fuʀby] adj erschöpft.

fourche [fuʀʃ] nf (à foin) Heugabel f; (à fumier) Mistgabel f; (de bicyclette) Gabel f; (d'une route) Gabelung f.

fourcher [fuʀʃe] vi: **ma langue a fourché** da habe ich mich versprochen.

fourchette [fuʀʃɛt] nf Gabel f; (STATISTIQUE) Spanne f ▶ **fourchette à dessert** Kuchengabel f.

fourchu, e [fuʀʃy] adj (cheveu) gespalten; (arbre, chemin etc) gegabelt.

fourgon [fuʀgɔ̃] nm (AUTO) Lieferwagen m; (RAIL) Gepäckwagen m ▶ **fourgon mortuaire** ou **funéraire** Leichenwagen m.

fourgonnette [fuʀgɔnɛt] nf Lieferwagen m.

fourmi [fuʀmi] nf Ameise f; **j'ai des** ~**s dans les jambes** (fig) mir sind die Beine eingeschlafen.

fourmilière [fuʀmiljɛʀ] nf Ameisenhaufen m; (fig) Bienenhaus nt.

fourmillement [fuʀmijmɑ̃] nm (démangeaison) Kribbeln nt; (grouillement) Gewimmel nt, Wimmeln nt.

fourmiller [fuʀmije] vi (abonder, grouiller) wimmeln; **ce texte fourmille de fautes** in diesem Text wimmelt es von Fehlern.

fournaise [fuʀnɛz] nf Feuersbrunst f; (lieu très chaud) Treibhaus nt.

fourneau, x [fuʀno] nm (de cuisine) Herd m.

fournée [fuʀne] nf (de pain) Schub m; (de touristes) Schwung m.

fourni, e [fuʀni] adj (barbe, cheveux) dicht; **bien/mal** ~ **(en)** gut/schlecht ausgestattet (mit).

fournil [fuʀni] nm Backstube f.

fourniment [fuʀnimɑ̃] nm Ausrüstung f.

fournir [fuʀniʀ] vt (procurer) geben; (provisions) liefern; (travail, main-d'œuvre) machen; (produire) hervorbringen; **se fournir** vpr: **se** ~ **chez** einkaufen bei; ~ **un effort** sich anstrengen; ~ **en beliefern mit;** ~ **qch à qn** jdm etw geben; ~ **qn en qch** jdn mit etw beliefern.

fournisseur, -euse [fuʀnisœʀ] nm/f Lieferant(in) m(f).

fourniture [fuʀnityʀ] nf Lieferung f; ~**s** nfpl Ausstattung f ▶ **fournitures de bureau** Bürobedarf m, Büromaterial nt ▶ **fournitures**

scolaires Schreibwaren *pl (für die Schule)*.
fourrage [furaʒ] *nm* (Vieh)futter *nt*.
fourrager¹ [furaʒe] *vi*: ~ **dans/parmi** herumwühlen in +*dat*/zwischen +*dat*.
fourrager², -ère [furaʒe, ɛr] *adj* Futter-.
fourré, e [fure] *adj (bonbon, chocolat etc)* gefüllt; *(manteau, botte etc)* gefüttert ♦ *nm* Dickicht *nt*.
fourreau, x [furo] *nm (d'épée)* Scheide *f*; *(de parapluie)* Futteral *nt*; **robe/jupe** ~ Etuikleid *nt*/enger Rock *m*.
fourrer [fure] *(fam)* *vt*: ~ **qch dans** etw stecken in +*acc*; **se fourrer** *vpr*: **se** ~ **dans** sich verkriechen in +*dat*; *(mauvaise situation)* hineingeraten in +*acc*; **se** ~ **sous** sich verkriechen unter +*acc*.
fourre-tout [furtu] *nm inv (sac)* Reisetasche *f*; *(fig)* Mischmasch *m*.
fourreur [furœr] *nm* Kürschner(in) *m(f)*.
fourrière [furjɛr] *nf (pour chiens)* städtischer Hundezwinger *m*; *(pour voitures)* Abstellplatz *m* für abgeschleppte Fahrzeuge.
fourrure [furyr] *nf (pelage)* Fell *nt*; *(matériau, manteau)* Pelz *m*; **manteau/col de** ~ Pelzmantel *m*/Pelzkragen *m*.
fourvoyer [furvwaje]: **se** ~ *vpr* sich verirren; **se** ~ **dans** sich verirren in +*dat*.
foutre [futr] *(fam!)* *vt* = **ficher**.
foutu, e [futy] *(fam!)* *adj* = **fichu**.
foyer [fwaje] *nm (d'une cheminée, d'un four)* Feuerstelle *f*; *(d'incendie, d'infection)* Herd *m*; *(famille, domicile)* Heim *nt*; *(THÉÂT)* Foyer *nt*; *(local de réunion)* Klub *m*, Zentrum *nt*; *(résidence)* Wohnheim *nt*; *(OPTIQUE, PHOTO)* Brennpunkt *m*; **lunettes à double** ~ Bifokalbrille *f*.
FPA [ɛfpea] *sigle f (= formation professionnelle pour adultes)* Erwachsenenbildung *f*.
fracas [fraka] *nm* Krach *m*, Getöse *nt*.
fracassant, e [frakasɑ̃, ɑ̃t] *adj (bruit)* ohrenbetäubend; *(succès)* sensationell.
fracasser [frakase] *vt (porte etc)* zertrümmern; *(verre)* zerschlagen; **se fracasser** *vpr*: **se** ~ **contre** *ou* **sur** *(suj: bateau, véhicule)* zerschellen an +*dat*; **se** ~ **la tête/le bras** sich *dat* den Kopf/den Arm aufschlagen.
fraction [fraksjɔ̃] *nf (MATH)* Bruch *m*; *(partie)* Bruchteil *m*; **une** ~ **de seconde** der Bruchteil einer Sekunde.
fractionnaire [fraksjɔnɛr] *adj (MATH: nombre)* Bruch-.
fractionnement [fraksjɔnmɑ̃] *nm* Aufteilung *f*, Spaltung *f*.
fractionner [fraksjɔne] *vt* aufteilen; **se fractionner** *vpr* sich spalten.
fracture [fraktyr] *nf (MÉD)* Bruch *m* ▶ **fracture de la jambe** Beinbruch *m* ▶ **fracture du crâne** Schädelbruch *m* ▶ **fracture ouverte** offener Bruch *m*.
fracturer [fraktyre] *vt (coffre, serrure)* aufbrechen; *(os, membre)* brechen; **se** ~ **la jambe** sich *dat* ein Bein brechen; **se** ~ **le crâne** einen Schädelbruch erleiden.
fragile [fraʒil] *adj (objet)* zerbrechlich; *(esto-*

mac) empfindlich; *(santé)* schwach, zart; *(personne)* zart, zerbrechlich; *(fig: équilibre, situation)* unsicher.
fragiliser [fraʒilize] *vt* schwächen.
fragilité [fraʒilite] *nf (v adj)* Zerbrechlichkeit *f*; Empfindlichkeit *f*; Zartheit *f*; Unsicherheit *f*.
fragment [fragmɑ̃] *nm (morceau)* (Bruch)stück *nt*, Teil *m*; *(extrait)* Auszug *m*.
fragmentaire [fragmɑ̃tɛr] *adj* bruchstückhaft, unvollständig.
fragmenter [fragmɑ̃te] *vt (texte, territoire)* aufteilen; *(roches)* spalten; **se fragmenter** *vpr* zerbrechen.
frai [frɛ] *nm (ponte)* Laichen *nt*; *(œufs)* Laich *m*.
fraîche [frɛʃ] *adj voir* **frais**.
fraîchement [frɛʃmɑ̃] *adv (sans enthousiasme)* kühl, zurückhaltend; *(récemment)* kürzlich, neulich.
fraîcheur [frɛʃœr] *nf* Frische *f*.
fraîchir [frɛʃir] *vi* abkühlen; *(vent)* auffrischen.
frais¹, fraîche [frɛ, frɛʃ] *adj* frisch; *(dénué d'enthousiasme)* kühl, zurückhaltend ♦ *nm*: **mettre au** ~ *(au réfrigérateur)* kühl lagern; **il fait** ~ es ist kühl; **le voilà** ~! *(iro)* jetzt sitzt er schön in der Patsche!; **des troupes fraîches** frische Truppen *pl*; ~ **et dispos** frisch und munter; **à boire/servir** ~ gut gekühlt trinken/servieren; ~ **débarqué de sa province** frisch aus der Provinz eingetroffen; **prendre le** ~ frische Luft schöpfen *ou* schnappen.
frais² [frɛ] *nmpl (dépenses)* Kosten *pl*, Ausgaben *pl*; **faire des** ~ Geld ausgeben; **à grands/peu de** ~ unter großen/geringen Kosten; **faire res** ~ de die Kosten tragen für; **faire les** ~ **de la conversation** das Hauptgesprächsthema sein; **rentrer dans ses** ~ auf seine Kosten kommen; **tous** ~ **payés** *(voyage)* kostenlos; **en être pour ses** ~ *(fig)* seine Zeit verschwenden ▶ **frais d'entretien** laufende Kosten ▶ **frais de déplacement** Fahrtkosten *pl* ▶ **frais de scolarité** Schulgeld *nt* ▶ **frais de subsistance** Unterhaltskosten *pl* ▶ **frais fixes** Festkosten *pl* ▶ **frais généraux** allgemeine Unkosten *pl*.
fraise [frɛz] *nf* Erdbeere *f*; *(TECH)* Fräse *f*; *(de dentiste)* Bohrer *m* ▶ **fraise des bois** Walderdbeere *f*.
fraiser [frɛze] *vt (TECH)* fräsen.
fraiseuse [frɛzøz] *nf* Fräse *f*.
fraisier [frɛzje] *nm* Erdbeerpflanze *f*.
framboise [frɑ̃bwaz] *nf* Himbeere *f*.
framboisier [frɑ̃bwazje] *nm* Himbeerstrauch *m*.
franc, franche [frɑ̃, frɑ̃ʃ] *adj (personne)* offen, aufrichtig; *(visage)* offen; *(rire, attitude)* offen, freimütig; *(refus, couleur)* klar; *(coupure)* sauber; *(péj: complet)* völlig; *(zone, port)* Frei- ♦ *adv*: **à parler** ~ und ehrlich gesagt ♦ *nm (monnaie)* Franc *m*; ~ **de port** portofrei, gebührenfrei; **ancien** ~, ~ **léger** alter Franc; **nouveau** ~, ~ **lourd** neuer Franc ▶ **franc belge** belgischer Franc ▶ **franc français** französischer Franc ▶ **franc suisse** Schweizer

Franken m.

français, e [fʀɑ̃sɛ, ɛz] adj französisch ♦ nm (LING) Französisch nt ♦ nm/f: **F~, e** Franzose m, Französin f.

franc-comtois, e [fʀɑ̃kɔ̃twa, waz] (pl ~**s**-~**es**) adj aus der Franche-Comté ♦ nm/f: **F~-C~, e** Bewohner(in) m(f) der Franche-Comté.

France [fʀɑ̃s] nf: **la ~** Frankreich nt.

franche [fʀɑ̃ʃ] adj f voir **franc.**

Franche-Comté [fʀɑ̃ʃkɔ̃te] nf: **la ~-~** Franche-Comté f.

franchement [fʀɑ̃ʃmɑ̃] adv (avec franchise) offen; (tout à fait) ausgesprochen; (excl) ehrlich gesagt.

franchir [fʀɑ̃ʃiʀ] vt (obstacle, distance, fig) überwinden; (seuil, ligne, rivière) überschreiten.

franchisage [fʀɑ̃ʃizaʒ] nm Konzession f.

franchise [fʀɑ̃ʃiz] nf (sincérité) Offenheit f, Aufrichtigkeit f; (douanière, d'impôt) (Gebühren)freiheit f; (ASSURANCES) Selbstbeteiligung f; (COMM) Konzession f; **en toute ~** ehrlich gesagt ▸ **franchise de bagages** erlaubte Gepäckmenge f ▸ **franchise postale** Portofreiheit f.

franchissable [fʀɑ̃ʃisabl] adj (obstacle) überwindbar.

franciscain, e [fʀɑ̃siskɛ̃, ɛn] adj franziskanisch ♦ nm Franziskaner m.

franciser [fʀɑ̃size] vt französisieren.

franc-jeu [fʀɑ̃ʒø] (pl ~**s**-~**x**) nm: **jouer ~-~** fair sein.

franc-maçon [fʀɑ̃masɔ̃] (pl ~-~**s**) nm Freimaurer m.

franc-maçonnerie [fʀɑ̃masɔnʀi] (pl ~-~**s**) nf Freimaurerei f.

franco¹ [fʀɑ̃ko] adv: ~ **(de port)** franko, gebührenfrei.

franco² [fʀɑ̃ko] préf französisch.

franco-canadien [fʀɑ̃kokanadjɛ̃] nm (LING) kanadisches Französisch nt.

francophile [fʀɑ̃kɔfil] adj frankophil.

francophobe [fʀɑ̃kɔfɔb] adj frankophob.

francophone [fʀɑ̃kɔfɔn] adj französischsprachig, französischsprechend ♦ nm/f Französischsprechende(r) f(m).

francophonie [fʀɑ̃kɔfɔni] nf Gesamtheit der französischsprechenden Bevölkerungsgruppen.

franco-québécois [fʀɑ̃kɔkebekwa] nm (LING) Französisch nt des Quebec.

franc-parler [fʀɑ̃paʀle] nm inv Freimütigkeit f, Unverblümtheit f.

franc-tireur [fʀɑ̃tiʀœʀ] (pl ~**s**-~**s**) nm (MIL) Freischärler(in) m(f); (fig) Einzelkämpfer(in) m(f).

frange [fʀɑ̃ʒ] nf (de vêtement, tissu etc) Franse f; (de cheveux) Pony(franse) f; (fig) Rand m.

frangé, e [fʀɑ̃ʒe] adj: ~ **de** (tapis, nappe) mit einem Rand aus.

frangin [fʀɑ̃ʒɛ̃] nm (fam) Bruder m.

frangine [fʀɑ̃ʒin] nf (fam) Schwester f.

frangipane [fʀɑ̃ʒipan] nf (crème) Mandelcreme f.

franglais [fʀɑ̃glɛ] nm Französisch mit vielen Anglizismen.

franquette [fʀɑ̃kɛt]: **à la bonne ~** adv ohne Umstände, ganz zwanglos.

frappant, e [fʀapɑ̃, ɑ̃t] adj frappierend.

frappe [fʀap] nf Anschlag m; (BOXE) Schlag m; (FOOTBALL) Stoß m; (péj: voyou) rauher Kerl m; **la lettre est à la ~** der Brief wird gerade getippt.

frappé, e [fʀape] adj (vin) mit Eis gekühlt; (café) Eis-; ~ **de panique** von Panik gerührt; ~ **de stupeur** wie vom Donner gerührt.

frapper [fʀape] vt schlagen; (étonner) beeindrucken, auffallen +dat; (atteindre) treffen; (suj: impôt) treffen; (monnaie) prägen; **se frapper** vpr (s'inquiéter) sich aufregen; (s'étonner) sich wundern; ~ **à la porte** an die Tür klopfen, anklopfen; ~ **dans ses mains** in die Hände klatschen; ~ **du poing sur** mit der Faust schlagen auf +acc; ~ **un grand coup** (fig) einen entscheidenden Schlag anbringen.

frasques [fʀask] nfpl Eskapaden pl; **faire des ~** Eskapaden machen.

fraternel, le [fʀatɛʀnɛl] adj brüderlich.

fraternellement [fʀatɛʀnɛlmɑ̃] 'adv brüderlich.

fraterniser [fʀatɛʀnize] vi (avec) freundschaftlichen Umgang haben; (ensemble) sich anfreunden.

fraternité [fʀatɛʀnite] nf Brüderlichkeit f.

fratricide [fʀatʀisid] adj brudermörderisch.

fraude [fʀod] nf Betrug m; (SCOL) Täuschungsversuch m; **passer qch en ~** etw herein- ou herausschmuggeln ▸ **fraude électorale** Wahlfälschung f ▸ **fraude fiscale** Steuerbetrug m, Steuerhinterziehung f.

frauder [fʀode] vt, vi betrügen; ~ **le fisc** Steuern hinterziehen.

fraudeur, -euse [fʀodœʀ, øz] nm/f Betrüger(in) m(f); (élève, candidat) Schummler(in) m(f); (au fisc) Steuerbetrüger(in) m(f).

frauduleusement [fʀodyløzmɑ̃] adv betrügerisch, unlauter.

frauduleux, -euse [fʀodylø, øz] adj betrügerisch, unlauter.

frayer [fʀeje] vt (passage) bahnen, schaffen; (voie) erschließen, auftun ♦ vi (poisson) laichen; **se frayer** vpr: **se ~ un passage/chemin dans** sich dat einen Weg bahnen durch; ~ **avec qn** mit jdm verkehren.

frayeur [fʀejœʀ] nf Schrecken m.

fredaines [fʀədɛn] nfpl Unfug m.

fredonner [fʀədɔne] vt summen.

freezer [fʀizœʀ] nm Gefrierfach nt.

frégate [fʀegat] nf (HIST) Fregatte f; (moderne) U-Bootjäger m.

frein [fʀɛ̃] nm Bremse f; **mettre un ~ à** bremsen; **sans ~** (sans limites) grenzenlos, ungezügelt ▸ **frein à main** Handbremse f ▸ **frein moteur** Motorbremse f ▸ **freins à disques** Scheibenbremse f ▸ **freins à tambours** Trommelbremse f.

freinage [fʀɛnaʒ] *nm* Bremsen *nt*; **distance de** ~ Bremsweg *m*; **traces de** ~ Bremsspuren *pl*.

freiner [fʀɛne] *vi, vt* bremsen.

frelaté, e [fʀəlate] *adj* (*vin*) gepanscht; (*produit*) verfälscht; (*milieu, société*) verdorben.

frêle [fʀɛl] *adj* (*plante*) zart; (*personne aussi*) zerbrechlich.

frelon [fʀəlɔ̃] *nm* Hornisse *f*.

freluquet [fʀəlykɛ] (*péj*) *nm* Kerlchen *nt*.

frémir [fʀemiʀ] *vi* beben; (*de peur, de froid*) zittern; (*eau*) sieden; ~ **de colère** vor Zorn beben.

frémissement [fʀemismã] *nm* (*frisson, agitation*) Beben *nt*.

frêne [fʀɛn] *nm* Esche *f*.

frénésie [fʀenezi] *nf* Raserei *f*.

frénétique [fʀenetik] *adj* (*passion, sentiments*) rasend, wahnsinnig; (*musique, applaudissements*) frenetisch, rasend.

frénétiquement [fʀenetikmã] *adv* frenetisch.

fréquemment [fʀekamã] *adv* oft, häufig.

fréquence [fʀekãs] *nf* Häufigkeit *f*; (*PHYS*) Frequenz *f*; **haute/basse** ~ Hoch-/Niederfrequenz *f*.

fréquent, e [fʀekã, ãt] *adj* häufig.

fréquentable [fʀekãtabl] *adj*: **c'est un individu peu** ~ er ist kein guter Umgang.

fréquentation [fʀekãtasjɔ̃] *nf* (*d'un lieu*) häufiger Besuch *m*; (*d'une personne*) Umgang *m*; **mauvaises** ~**s** schlechter Umgang; **la** ~ **de ces gens** der Umgang mit diesen Leuten.

fréquenté, e [fʀekãte] *adj*: **très** ~ (*rue, plage*) belebt, geschäftig; (*établissement*) gut besucht; **un endroit mal** ~ ein Ort, den man meiden sollte.

fréquenter [fʀekãte] *vt* (*lieu*) häufig besuchen; (*personne*) Umgang haben mit; (*courtiser*) gehen mit; **se fréquenter** *vpr* sich häufig sehen.

frère [fʀɛʀ] *nm* Bruder *m*; (*REL*) (Kloster)bruder *m*; **partis** ~**s** Schwesterparteien *pl*; **pays** ~ Bruderländer *pl*.

fresque [fʀɛsk] *nf* (*ART*) Fresko *nt*; (*LITT*) Sittengemälde *nt*.

fret [fʀɛ(t)] *nm* Fracht *f*.

fréter [fʀete] *vt* (*navire, avion*) chartern.

frétiller [fʀetije] *vi* (*poisson etc*) zappeln; (*de joie*) springen, hüpfen; ~ **de la queue** mit dem Schwanz wedeln.

fretin [fʀətɛ̃] *nm*: **le menu** ~ kleine Fische *pl*.

freudien, ne [fʀødjɛ̃, jɛn] *adj* Freudsch.

freux [fʀø] *nm* Saatkrähe *f*.

friable [fʀijabl] *adj* (*matière*) bröckelig; (*os*) brüchig.

friand, e [fʀijã, fʀijãd] *adj*: **être** ~ **de qch** etw sehr gern mögen ♦ *nm* (*CULIN*) Fleischpastetchen *nt*; (: *sucré*) Mandelpastetchen *nt*.

friandise [fʀijãdiz] *nf* Leckerei *f*.

fric [fʀik] (*fam*) *nm* Mäuse *pl*, Knete *f*.

fricassée [fʀikase] *nf* Frikassee *nt*.

fric-frac [fʀikfʀak] *nm inv* (*fam*) Einbruch *m*.

friche [fʀiʃ] *nf*: **en** ~ brachliegend.

friction [fʀiksjɔ̃] *nf* (*massage*) Abreiben *nt*; (*chez* le coiffeur) Massage *f*; (*TECH*: frottement) Reibung *f*; (*fig*: heurts) Reiberei *f*.

frictionner [fʀiksjɔne] *vt* abreiben.

frigidaire ® [fʀiʒidɛʀ] *nm* Kühlschrank *m*.

frigide [fʀiʒid] *adj* frigide.

frigidité [fʀiʒidite] *nf* Frigidität *f*.

frigo [fʀigo] *abr m* (= *réfrigérateur*) Kühlschrank *m*.

frigorifier [fʀigɔʀifje] *vt* (*produit*) tiefkühlen; (*fam*) **être frigorifié** frieren wie ein Schneider.

frigorifique [fʀigɔʀifik] *adj* (*armoire, entrepôt*) Kühl-.

frileusement [fʀiløzmã] *adv* verfroren.

frileux, -euse [fʀilø, øz] *adj* verfroren; (*péj*) übervorsichtig.

frimas [fʀima] *nmpl* Rauhreif *m*.

frime [fʀim] (*fam*) *nf*: **c'est de la** ~ das ist alles nur Schau; **pour la** ~ nur zur Schau.

frimer [fʀime] (*fam*) *vi* eine Schau abziehen.

frimeur, -euse [fʀimœʀ, øz] *nm/f* Angeber(in) *m(f)*.

frimousse [fʀimus] *nf* Gesichtchen *nt*.

fringale [fʀɛ̃gal] *nf* (*fam*): **avoir la** ~ Heißhunger haben.

fringant, e [fʀɛ̃gã, ãt] *adj* (*personne*) munter, flott.

fringues [fʀɛ̃g] (*fam*) *nfpl* Klamotten *pl*.

fripé, e [fʀipe] *adj* zerknittert.

friperie [fʀipʀi] *nf* (*commerce*) Secondhand-Laden *m*; (*vêtements*) Kleider *pl* aus zweiter Hand.

fripes [fʀip] *nf* (*vêtements*) Klamotten *pl*.

fripier, -ière [fʀipje, jɛʀ] *nm/f* Kleiderhändler(in) *m(f)* (*mit Secondhand-Kleidern*).

fripon, ne [fʀipɔ̃, ɔn] *adj* spitzbübisch, schelmisch ♦ *nm/f* (*enfant*) Schlingel *m*, kleiner Schelm *m*.

fripouille [fʀipuj] (*péj*) *nf* Schurke *m*.

frire [fʀiʀ] *vt, vi* braten, fritieren.

frise [fʀiz] *nf* Fries *m*.

frisé, e [fʀize] *adj* lockig; (**chicorée**) ~**e** Frisée-salat *m*.

friser [fʀize] *vt* (*cheveux*) eindrehen; (*frôler*) streifen; (*fig*) grenzen an ♦ *vi* (*cheveux*) lockig sein, sich locken; (*enfant*) Locken haben; **se faire** ~ sich Locken legen lassen; **il a frisé la mort** er wäre um ein Haar gestorben; ~ **la quarantaine** fast vierzig sein.

frisette [fʀizɛt] *nf* Löckchen *nt*.

frisotter [fʀizɔte] *vi* (*cheveux*) sich kräuseln.

frisquet [fʀiskɛ] *adj m* kühl, frisch.

frisson [fʀisɔ̃] *nm* (*de peur*) Schaudern *nt*; (*de froid*) Schauer *m*; (*de douleur*) Erbeben *nt*.

frissonnement [fʀisɔnmã] *nm* (*v frisson*) Schaudern *nt*; Schauer *m*; Erbeben *nt*.

frissonner [fʀisɔne] *vi* (*personne*: *v frisson*) schaudern; erschauern; erbeben; (*eau, feuillage*) rauschen.

frit, e [fʀi, fʀit] *pp de* **frire** ♦ *adj* fritiert ♦ *nf* (*aussi*: **pomme** ~**e**) Pomme frite *f*, Fritte *f*.

friterie [fʀitʀi] *nf* (*boutique*) Pommes-frites-Bude *f*.

friteuse [fʀitøz] nf Friteuse f; ~ **électrique** elektrische Friteuse.

friture [fʀityʀ] nf (huile) Bratfett nt; (RADIO) Rauschen nt; (plat) Gebratenes nt; ~ **(de poissons)** gebratene Fische pl.

frivole [fʀivɔl] adj oberflächlich, leichtfertig.

frivolité [fʀivɔlite] nf Oberflächlichkeit f, Leichtfertigkeit f.

froc [fʀɔk] nm (REL) Kutte f; (fam: pantalon) Hosen pl.

froid, e [fʀwa, fʀwad] adj kalt; (fig: personne, accueil) kühl ♦ nm: **le** ~ die Kälte f; **il fait** ~ es ist kalt; **manger** ~ kalt essen; **avoir** ~ frieren; **j'ai** ~ mir ist kalt, ich friere; **prendre** ~ sich erkälten; **à** ~ (démarrer) kalt; (sans préparation) ohne Vorbereitung; **les grands** ~**s** die kalte Jahreszeit f; **jeter un** ~ (fig) wie eine kalte Dusche wirken; **être en** ~ **avec qn** mit jdm zerstritten sein; **battre** ~ **à qn** jdm die kalte Schulter zeigen.

froidement [fʀwadmɑ̃] adv (accueillir) kühl; (décider) mit kühlem Kopf, besonnen.

froideur [fʀwadœʀ] nf Kühle f.

froisser [fʀwase] vt zerknittern; (vexer) kränken; **se froisser** vpr (tissu) knittern; (se vexer) gekränkt sein, beleidigt sein; **se** ~ **un muscle** sich dat einen Muskel zerren.

frôlement [fʀolmɑ̃] nm (leichte) Berührung f.

frôler [fʀole] vt streifen, leicht berühren; (catastrophe, échec) nahe sein an +dat.

fromage [fʀɔmaʒ] nm Käse m ▶ **fromage blanc** ≈ Quark m ▶ **fromage de tête** ≈ Preßkopf m, ≈ Sülze f.

fromager, -ère [fʀɔmaʒe, ɛʀ] nm/f (marchand) Käsehändler(in) m(f) ♦ adj (industrie) Käse-.

fromagerie [fʀɔmaʒʀi] nf Käserei f; (boutique) Käseladen m.

froment [fʀɔmɑ̃] nm Weizen m.

fronce [fʀɔ̃s] nf (de tissu) geraffte Falte f.

froncement [fʀɔ̃smɑ̃] nm: ~ **de sourcils** Stirnrunzeln nt.

froncer [fʀɔ̃se] vt (tissu) raffen; ~ **les sourcils** die Stirn runzeln.

frondaisons [fʀɔ̃dɛzɔ̃] nfpl (feuillage) Laub nt, Blätter pl.

fronde [fʀɔ̃d] nf (lance-pierre) Schleuder f; **esprit de** ~ aufrührerischer Geist m.

frondeur, -euse [fʀɔ̃dœʀ, øz] adj aufrührerisch.

front [fʀɔ̃] nm (ANAT) Stirn f; (MIL, MÉTÉO, POL) Front f; **aller au** ~ (MIL) an die Front gehen; **avoir le** ~ **de faire qch** die Stirn haben, etw zu tun; **de** ~ (se heurter, attaquer, aborder etc) frontal; (rouler) Kopf an Kopf; (simultanément) gleichzeitig, zugleich; **faire** ~ **à** (adversaire) die Stirn bieten +dat; (épreuve, difficultés) sich stellen +dat ▶ **front de libération** Befreiungsfront f ▶ **front de mer** Küstenstrich m.

frontal, e, -aux [fʀɔ̃tal, o] adj (ANAT) Stirn-; (choc, attaque) frontal, Frontal-.

frontalier, -ière [fʀɔ̃talje, jɛʀ] adj Grenz- ♦ nm/f Grenzgänger(in) m(f).

frontière [fʀɔ̃tjɛʀ] nf Grenze f; **poste/ville** ~ Grenzposten m/Grenzstadt f; **à la** ~ an der Grenze.

frontispice [fʀɔ̃tispis] nm Titelblatt nt.

fronton [fʀɔ̃tɔ̃] nm (ARCHIT) Giebel m.

frottement [fʀɔtmɑ̃] nm (friction) Reiben nt; (bruit) Kratzen nt; ~**s** nmpl (fig: difficultés) Reibereien pl.

frotter [fʀɔte] vi reiben ♦ vt reiben; (pour nettoyer) scheuern; (meuble) polieren; (avec une brosse) bürsten; **se frotter** vpr: **se** ~ **à qn** (fig: souvent péj) sich mit jdm einlassen; **se** ~ **à qch** sich auf etw acc einlassen; ~ **une allumette** ein Streichholz anzünden ou anreißen; **se** ~ **les mains** sich dat die Hände reiben.

frottis [fʀɔti] nm (MÉD) Abstrich m.

frottoir [fʀɔtwaʀ] nm (d'allumettes) Reibfläche f.

frou-frou [fʀufʀu] (pl ~**s**-~**s**) nm (bruissement) Rascheln m.

frousse [fʀus] (fam) nf (peur) Muffe f; **avoir la** ~ Muffensausen haben.

fructifier [fʀyktifje] vi (argent) Zinsen tragen; (propriété) an Wert zunehmen; (arbre) Früchte tragen; **faire** ~ (argent) gewinnbringend anlegen.

fructueux, -euse [fʀyktɥø, øz] adj (opération financière) einträglich; (travaux, efforts, essai) erfolgreich.

frugal, e, -aux [fʀygal, o] adj (repas) frugal, einfach; (vie, personne) schlicht, genügsam.

frugalement [fʀygalmɑ̃] adv schlicht, einfach.

frugalité [fʀygalite] nf (v adj) Einfachheit f; Genügsamkeit f.

fruit [fʀɥi] nm Frucht f; (fig: du travail, de l'effort) Früchte pl; ~**s** nmpl Obst nt; (de la terre) Ertrag m ▶ **fruits de mer** Meeresfrüchte pl ▶ **fruits secs** Dörrobst m.

fruité, e [fʀɥite] adj fruchtig.

fruiterie [fʀɥitʀi] nf Obstgeschäft nt.

fruitier, -ière [fʀɥitje, jɛʀ] adj: **arbre** ~ Obstbaum m ♦ nm/f (marchand) Obsthändler(in) m(f).

fruste [fʀyst] adj ungehobelt, roh.

frustrant, e [fʀystʀɑ̃, ɑ̃t] adj frustrierend.

frustration [fʀystʀasjɔ̃] nf Frustration f.

frustré, e [fʀystʀe] adj frustriert.

frustrer [fʀystʀe] vt (PSYCH) frustrieren; (espoirs etc) zunichte machen; ~ **qn de qch** (priver) jdn um etw bringen.

FS abr (= franc suisse) SFr.

fuchsia [fyʃja] nm Fuchsie f.

fuel(-oil) [fjul(ɔjl)] (pl ~**s**(-~**s**)) nm Heizöl nt.

fugace [fygas] adj flüchtig.

fugitif, -ive [fyʒitif, iv] adj (lueur, amour) flüchtig, vergänglich; (prisonnier etc) flüchtig, entflohen ♦ nm/f Ausbrecher(in) m(f).

fugue [fyg] nf (d'un enfant) Ausreißen nt; (MUS) Fuge f; **faire une** ~ ausreißen.

fuir [fɥiʀ] vt fliehen ou flüchten vor; (responsabilités) sich entziehen +dat ♦ vi (personne) fliehen; (gaz, eau) entweichen; (robinet) tropfen; (tuyau) lecken, undicht sein.

fuite [fɥit] nf Flucht f; (écoulement) Entweichen

nt; (*divulgation*) Indiskretion *f*; **être en** ~ auf der Flucht sein; **mettre en** ~ in die Flucht schlagen; **prendre la** ~ die Flucht ergreifen; ~ **des capitaux** Kapitalflucht *f*.

fulgurant, e [fylgyʀɑ̃, ɑ̃t] *adj* (*vitesse, progrès*) atemberaubend.

fulminant, e [fylminɑ̃, ɑ̃t] *adj* (*lettre*) Protest-; (*regard*) drohend; ~ **de colère** wutschnaubend.

fulminer [fylmine] *vi*: ~ **contre** wettern gegen.

fumant, e [fymɑ̃, ɑ̃t] *adj* (*bûches, cendres*) rauchend; (*liquide*) dampfend; **un coup** ~ (*fam*) ein echtes Meisterstück.

fumé, e [fyme] *adj* (*CULIN*) geräuchert; (*verres*) getönt.

fume-cigarette [fymsigaʀɛt] *nm inv* Zigarettenspitze *f*.

fumée [fyme] *nf* Rauch *m*; **partir en** ~ (*fig*) sich in Rauch auflösen.

fumer [fyme] *vi* rauchen; (*liquide*) dampfen ♦ *vt* (*cigarette, pipe*) rauchen; (*jambon, poisson*) räuchern; (*terre, champ*) düngen.

fumerie [fymʀi] *nf*: ~ **d'opium** Opiumhöhle *f*.

fumerolles [fymʀɔl] *nfpl* Rauch *m* (*aus einem Vulkan*).

fûmes [fym] *vb voir* **être**.

fumet [fymɛ] *nm* Aroma *nt*.

fumeur, -euse [fymœʀ, øz] *nm/f* Raucher(in) *m(f)*; **compartiment (pour)** ~**s** Raucherabteil *nt*.

fumeux, -euse [fymø, øz] (*péj*) *adj* verschwommen, nebulös.

fumier [fymje] *nm* (*engrais*) Dünger *m*, Dung *m*.

fumigation [fymigasjɔ̃] *nf* (*MÉD*) Inhalieren *nt*.

fumigène [fymiʒɛn] *adj* (*appareil, bombe*) Rauch-.

fumiste [fymist] *nm/f* Faulpelz *m*.

fumisterie [fymistəʀi] (*péj*) *nf* Schwindel *m*.

fumoir [fymwaʀ] *nm* Rauchzimmer *nt*.

funambule [fynɑ̃byl] *nm* Seiltänzer *m*.

funèbre [fynɛbʀ] *adj* (*service, marche etc*) Trauer-; (*fig: lugubre*) düster, finster.

funérailles [fyneʀɑj] *nfpl* Begräbnis *nt*, Beerdigung *f*.

funéraire [fyneʀɛʀ] *adj* Bestattungs-.

funeste [fynɛst] *adj* (*erreur, conséquence*) tödlich, fatal; (*pressentiment*) ungut.

funiculaire [fynikylɛʀ] *nm* Seilbahn *f*.

FUNU [fyny] *sigle f* (= *Force d'urgence des Nations unies*) Einsatztruppe der UNO.

fur [fyʀ] *nm*: **au** ~ **et à mesure** nach und nach; **au** ~ **et à mesure que** sobald; **au** ~ **et à mesure de leur progression** je weiter sie vordrangen, im Laufe ihres Vordringens.

furax [fyʀaks] (*fam*) *adj inv* fuchsteufelswild.

furent [fyʀ] *vb voir* **être**.

furet [fyʀɛ] *nm* Frettchen *nt*.

fureter [fyʀ(ə)te] (*péj*) *vi* herumschnüffeln.

fureur [fyʀœʀ] *nf* (*colère*) Wut *f*; **faire** ~ Furore machen, in sein.

furibard, e [fyʀibaʀ, aʀd], **furibond, e** [fyʀibɔ̃, ɔ̃d] (*fam*) *adj* stinkwütend.

furie [fyʀi] *nf* (*colère*) Wut *f*; (*femme*) Furie *f*; **en**

~ (*mégère, mer*) tobend.

furieusement [fyʀjøzmɑ̃] *adv* wütend.

furieux, -euse [fyʀjø, jøz] *adj* wütend; (*combat*) wild, erbittert; (*tempête*) heftig; **être** ~ **contre qn** auf jdn wütend sein.

furoncle [fyʀɔ̃kl] *nm* Furunkel *m ou nt*.

furtif, -ive [fyʀtif, iv] *adj* verstohlen.

furtivement [fyʀtivmɑ̃] *adv* verstohlen.

fus [fy] *vb voir* **être**.

fusain [fyzɛ̃] *nm* (*ART*) Zeichenkohle *f*; (*BOT*) deutscher Buchsbaum *m*.

fuseau, x [fyzo] *nm* (*pour filer*) Spindel *f*; (*pantalon*) Keilhose *f*; **en** ~ (*jambes*) schlank; (*colonne*) gebaucht ▶ **fuseau horaire** Zeitzone *f*.

fusée [fyze] *nf* Rakete *f* ▶ **fusée éclairante** Leuchtrakete *f*.

fuselage [fyz(ə)laʒ] *nm* (*d'avion*) (*Flugzeug*)rumpf *m*.

fuselé, e [fyz(ə)le] *adj* (*doigts, jambes*) schlank.

fuser [fyze] *vi* (*rires*) hervorbrechen; (*questions*) niederhageln.

fusible [fyzibl] *nm* (*fil*) Schmelzdraht *m*; (*fiche*) Sicherung *f*.

fusil [fyzi] *nm* Gewehr *nt* ▶ **fusil à deux coups** doppelläufiges Gewehr ▶ **fusil de chasse** Jagdgewehr *nt*, Jagdflinte *f* ▶ **fusil sous-marin** Harpune *f*.

fusilier [fyzilje] *nm* Schütze *m* ▶ **fusilier marin** Marinesoldat *m*.

fusillade [fyzijad] *nf* Gewehrfeuer *nt*.

fusiller [fyzije] *vt* (*exécuter*) erschießen; ~ **qn du regard** jdn mit Blicken durchbohren.

fusil-mitrailleur [fyzimitʀajœʀ] (*pl* ~**s**-~**s**) *nm* Maschinengewehr *nt*.

fusion [fyzjɔ̃] *nf* (*d'un métal*) Schmelzen *nt*; (*COMM, SCIENCE*) Fusion *f*; (*fig*) Zusammenschluß *m*; **en** ~ schmelzend; **entrer en** ~ schmelzen, flüssig werden.

fusionner [fyzjɔne] *vi* (*sociétés, groupes: COMM*) fusionieren.

fustiger [fystiʒe] *vt* (*critiquer*) tadeln.

fut [fy] *vb voir* **être**.

fût [fy] *vb voir* **être** ♦ *nm* (*tonneau*) Faß *nt*; (*de canon, de colonne*) Schaft *m*; (*d'arbre*) Stamm *m*.

futaie [fytɛ] *nf* Hochwald *m*.

futé, e [fyte] *adj* schlau, gerissen.

fûtes [fyt] *vb voir* **être**.

futile [fytil] *adj* (*personne*) oberflächlich; (*prétexte, activité, propos*) nebensächlich.

futilement [fytilmɑ̃] *adv* unnütz.

futilité [fytilite] *nf* (*v adj*) Nebensächlichkeit *f*; (*de personne*) Oberflächlichkeit *f*.

futur, e [fytyʀ] *adj* zukünftig ♦ *nm* (*LING aussi*) Zukunft *f*, Futur *nt*; **son** ~ **époux** ihr zukünftiger Ehemann; **un** ~ **ministre** ein zukünftiger Minister *m*; **un** ~ **artiste** ein werdender Künstler *m*; **au** ~ (*LING*) im Futur ▶ **futur antérieur** vollendete Zukunft, Futur zwei.

futuriste [fytyʀist] *adj* futuristisch.

futurologie [fytyʀɔlɔʒi] *nf* Futurologie *f*.

fuyant, e [fɥijɑ̃, ɑ̃t] *vb voir* **fuir** ♦ *adj* (*regard*) ausweichend; (*personne*) schwer faßbar; (*li-*

gnes etc) fliehend; **perspective** ~e (ART) Fluchtlinien pl.

fuyard, e [fɥijaʀ, aʀd] nm/f (fugitif) Ausreißer(in) m(f).

fuyons [fɥijɔ̃] vb voir **fuir**.

G, g

G, g¹ [ʒe] nm inv (lettre) G, g nt; ~ **comme Gaston** ≈ G wie Gustav.

g² abr (= gramme) g; (= gauche) l.

gabardine [gabaʀdin] nf (tissu) Gabardine m.

gabarit [gabaʀi] nm (taille) Größe f; (valeur) Kaliber nt; **du même** ~ vom gleichen Kaliber ou Schlag.

gabegie [gabʒi] (péj) nf Chaos nt, Durcheinander nt.

Gabon [gabɔ̃] nm: **le** ~ Gabun nt.

gabonais, e [gabɔnɛ, ɛz] adj gabunisch ♦ nm/f: **G~, e** Gabuner(in) m(f).

gâcher [gɑʃe] vt (gâter) verderben; (vie) ruinieren; (gaspiller) verschwenden; (plâtre, mortier) anrühren.

gâchette [gɑʃɛt] nf Abzug m.

gâchis [gɑʃi] nm (désordre) Durcheinander nt; (gaspillage) Verschwendung f.

gadget [gadʒɛt] nm (machin) Dingsda nt; (nouveauté) (technische) Spielerei f.

gadin [gadɛ̃] (fam) nm: **prendre un** ~ (voll) auf die Nase fallen.

gadoue [gadu] nf (boue) Schlamm m.

gaélique [gaelik] adj gälisch ♦ nm (LING) Gälisch nt.

gaffe [gaf] nf (instrument) Bootshaken m; (fam: erreur) Schnitzer m; **faire** ~ (fam) aufpassen.

gaffer [gafe] vi einen Schnitzer machen.

gaffeur, -euse [gafœʀ, øz] nm/f (fam) Trampel nt.

gag [gag] nm Gag m.

gaga [gaga] (fam) adj verkalkt.

gage [gaʒ] nm (dans un jeu) Pfand nt; (de fidélité) Zeichen nt, Unterpfand nt; ~**s** nmpl (salaire) Lohn m; **mettre en** ~ verpfänden; **laisser en** ~ als Sicherheit hinterlegen.

gager [gaʒe] vt: ~ **que** wetten, daß.

gageure [gaʒyʀ] nf Herausforderung f.

gagnant, e [gaɲɑ̃, ɑ̃t] nm/f Gewinner(in) m(f) ♦ adj: **billet/numéro** ~ Gewinnlos nt/Gewinnzahl f ♦ adv: **jouer** ~ (aux courses) ein sicherer Gewinner sein.

gagne-pain [gaɲpɛ̃] nm inv Broterwerb m.

gagne-petit [gaɲpəti] (péj) nm inv Kleinverdiener m.

gagner [gaɲe] vt gewinnen; (somme d'argent, revenu) verdienen; (aller vers: lieu) erreichen; (suj: maladie, feu) angreifen, übergreifen auf

+acc; (: sommeil, faim, fatigue) überwältigen ♦ vi gewinnen; ~ **du temps** Zeit gewinnen; ~ **de la place** Platz sparen; ~ **sa vie** sich dat seinen Lebensunterhalt verdienen; ~ **du terrain** (an) Boden gewinnen; ~ **qn** jdn für sich gewinnen; ~ **le large** die offene See erreichen; ~ **qn de vitesse** jdm zuvorkommen; ~ **à faire qch** sich besser stehen, wenn man etw macht; ~ **en élégance/rapidité** eleganter/schneller werden.

gagneur, -euse [gaɲœʀ, øz] nm/f Gewinner(in) m(f).

gai, gaie [ge] adj fröhlich; (soirée, vie) heiter; (livre, pièce de théâtre) lustig, heiter; (un peu ivre) angeheitert.

gaiement [gemɑ̃] adv fröhlich.

gaieté [gete] nf (v adj) Fröhlichkeit f; Heiterkeit f; **de** ~ **de cœur** leichten Herzens.

gaillard, e [gajaʀ, aʀd] adj (robuste) kräftig; (grivois) derb ♦ nm Kerl m.

gaillardement [gajaʀdəmɑ̃] adv fröhlich.

gain [gɛ̃] nm (revenu: gén pl) Einkünfte pl; (au jeu) Gewinn(e pl) m; (lucre) Profit m; ~ **de temps** Zeitgewinn m; ~ **de place** Platzersparnis f; **avoir** ou **obtenir** ~ **de cause** seinen Willen durchsetzen.

gaine [gɛn] nf (corset) Hüfthalter m; (fourreau) Scheide f; (de fil électrique etc) Mantel m.

gaine-culotte [gɛnkylɔt] (pl ~**s**-~**s**) nf Miederhöschen n.

gainer [gene] vt umhüllen.

gala [gala] nm Gala(veranstaltung) f; **soirée de** ~ Galaabend m.

galamment [galamɑ̃] adv galant.

galant, e [galɑ̃, ɑ̃t] adj galant; **en** ~**e compagnie** (homme) in Damenbegleitung; (femme) in Herrenbegleitung.

galanterie [galɑ̃tʀi] nf Galanterie f.

galantine [galɑ̃tin] nf (CULIN) Fleisch in Aspik.

Galapagos [galapagɔs] nfpl: **les (îles)** ~ die Galapagosinseln pl.

galaxie [galaksi] nf Galaxie f.

galbe [galb] nm Rundung f.

galbé, e [galbe] adj wohlgerundet.

gale [gal] nf (MÉD) Krätze f; (de chien) Räude f.

galéjade [galeʒad] nf Lügengarn nt.

galère [galɛʀ] nf Galeere f; (fam) Schlamassel m.

galérer [galeʀe] (fam) vi schuften.

galerie [galʀi] nf Galerie f; (THÉÂT) Rang m; (de voiture) (Dach)gepäckträger m; (fig: spectateurs) Publikum nt ▸ **galerie de peinture** Gemäldegalerie f ▸ **galerie marchande** Einkaufspassage f.

galérien [galeʀjɛ̃] nm Galeerensklave m.

galet [galɛ] nm Kiesel(stein) m; (TECH) Rad nt, Rolle f; ~**s** nmpl Kies m.

galette [galɛt] nf (gâteau) runder flacher Kuchen ▸ **galette des Rois** Kuchen zum Dreikönigstag.

galeux, -euse [galø, øz] adj (chien) räudig.

Galice [galis] nf: **la** ~ Galicien nt.

Galicie [galisi] nf: **la** ~ Galizien nt.

galimatias [galimatja] (_péj_) _nm_ Kauderwelsch _nt_.
galipette [galipɛt] _nf_: **faire des** ~**s** Purzelbäume schlagen.
Galles [gal] _nfpl_: **le pays de** ~ Wales _nt_.
gallicisme [ga(l)lisism] _nm_ (_LING_) idiomatische Redewendung _f_; (: _dans une langue étrangère_) Gallizismus _m_.
gallois, e [galwa, waz] _adj_ walisisch ♦ _nm/f_: **G**~, **e** Waliser(in) _m(f)_.
gallo-romain, e [ga(l)lɔʀɔmɛ̃, ɛn] (_pl_ ~-~**s, es**) _adj_ galloromanisch.
galoche [galɔʃ] _nf_ Schuh _m_ mit Holzsohle.
galon [galɔ̃] _nm_ (_MIL_) Dienstgradabzeichen _nt_; (_décoratif_) Borte _f_; **prendre du** ~ befördert werden.
galop [galo] _nm_ Galopp _m_; **au** ~ im Galopp.
galopade [galɔpad] _nf_ (_fig_) Galopp _m_.
galopant, e [galɔpɑ̃, ɑ̃t] _adj_ (_inflation, démographie_) galoppierend.
galoper [galɔpe] _vi_ galoppieren; (_courir vite_) rennen.
galopin [galɔpɛ̃] (_péj_) _nm_ Strolch _m_, Straßenjunge _m_.
galvaniser [galvanize] _vt_ galvanisieren; (_fig_: _foule, public_) elektrisieren.
galvaudé, e [galvode] _adj_ abgedroschen.
galvauder [galvode] _vt_ (_talents_) verschwenden; (_réputation_) in den Schmutz ziehen.
gambade [gãbad] _nf_: **faire des** ~**s** herumspringen, herumtollen.
gambader [gãbade] _vi_ herumspringen, herumtollen.
gamberger [gãbɛʀʒe] (_fam_) _vt_ grübeln.
Gambie [gãbi] _nf_ (_pays_): **la** ~ Gambia _nt_.
gamelle [gamɛl] _nf_ (_de soldat, campeur_) Kochgeschirr _nt_; (_d'ouvrier_) Henkelmann _m_; **ramasser une** ~ auf die Nase fallen (_fam_).
gamin, e [gamɛ̃, in] _nm/f_ Kind _nt_ ♦ _adj_ (_puéril_) kindisch.
gaminerie [gaminʀi] _nf_ Kinderei _f_.
gamme [gam] _nf_ (_MUS_) Tonleiter _f_; (_fig_) Skala _f_.
gammé, e [game] _adj_: **croix** ~**e** Hakenkreuz _nt_.
Gand [gã] _n_ Gent _nt_.
gang [gãg] _nm_ Bande _f_, Gang _f_.
Gange [gãʒ] _nm_: **le** ~ der Ganges.
ganglion [gãglijɔ̃] _nm_ (_lymphatique_) Lymphknoten _m_; **avoir des** ~**s** geschwollene Drüsen haben.
gangrène [gãgʀɛn] _nf_ (_MÉD_) (Wund)brand _m_; (_fig_) Krebsübel _nt_.
gangrener [gãgʀəne] _vt_ (_MÉD_) brandig machen; (_fig_) zerfressen; **se gangrener** _vpr_ (_MÉD_) brandig werden.
gangreneux, -euse [gãgʀənø, øz] _adj_ brandig.
gangster [gãgstɛʀ] _nm_ Gangster _m_.
gangstérisme [gãgsteʀism] _nm_ Gangsterunwesen _nt_.
gangue [gãg] _nf_ (_MINÉRALOGIE_) Ganggestein _nt_, Hülle _f_.
ganse [gãs] _nf_ Borte _f_.
gant [gã] _nm_ Handschuh _m_; **prendre des** ~**s**

avec qn (_fig_) jdn mit Samthandschuhen anfassen; **relever le** ~ die Herausforderung annehmen ► **gant de crin** Massagehandschuh _m_ ► **gant de toilette** Waschhandschuh _m_ ► **gants de boxe** Boxhandschuhe _pl_ ► **gants de caoutchouc** Gummihandschuhe _pl_.
ganté, e [gãte] _adj_: ~ **de blanc** mit weißen Handschuhen.
ganterie [gãtʀi] _nf_ (_commerce_) Handschuhhandel _m_; (_magasin_) Handschuhgeschäft _nt_.
garage [gaʀaʒ] _nm_ (_abri_) Garage _f_; (_entreprise_) Autowerkstatt _f_ ► **garage à vélos** Fahrradschuppen _m_.
garagiste [gaʀaʒist] _nm/f_ (_propriétaire_) Werkstattbesitzer(in) _m(f)_; (_mécanicien_) Automechaniker(in) _m(f)_.
garance [gaʀãs] _adj inv_ krapprot.
garant, e [gaʀɑ̃, ɑ̃t] _nm/f_ Bürge _m_, Bürgin _f_; **se porter** ~ **de qch** für etw bürgen.
garantie [gaʀɑ̃ti] _nf_ Garantie _f_; (_gage_) Sicherheit _f_; (**bon de**) ~ Garantieschein _m_.
garantir [gaʀɑ̃tiʀ] _vt_ garantieren; (_COMM_: _appareil_) eine Garantie geben für; (_attester_: _fait_) versichern; ~ **de qch** vor etw _dat_ schützen; **je vous garantis que** ich versichere Ihnen, daß; **garanti 2 ans** 2 Jahre Garantie; **garanti pure laine** reine Wolle _f_ (mit Wollsiegel).
garce [gaʀs] (_péj_) _nf_ Schlampe _f_.
garçon [gaʀsɔ̃] _nm_ Junge _m_; (_fils_) Sohn _m_; (_célibataire_) Junggeselle _m_; **un gentil** ~ (_jeune homme_) ein netter junger Mann; **petit** ~ kleiner Junge ► **garçon boucher** Metzgerjunge _m_ ► **garçon coiffeur** Friseurlehrling _m_ ► **garçon d'écurie** Stallbursche _m_ ► **garçon de café** Kellner _m_ ► **garçon de courses** Laufbursche _m_, Botenjunge _m_ ► **un garçon manqué** ein halber Junge _m_.
garçonnet [gaʀsɔnɛ] _nm_ kleiner Junge _m_.
garçonnière [gaʀsɔnjɛʀ] _nf_ Junggesellenwohnung _f_.
garde [gaʀd(ə)] _nm_ (_de prisonnier_) Aufseher _m_, Wächter _m_; (_de domaine etc_) Aufseher; (_soldat, sentinelle_) Wache _f_, Wachtposten _m_ ♦ _nf_ Bewachung _f_; (_soldats_) Wache; (_faction_) Garde _f_; (_BOXE, ESCRIME_) Deckung _f_; (_d'une arme_) Heft _nt_; (_TYPO_: _page ou feuille de garde_) Vorsatzblatt _nt_; **de** ~ im Dienst; **mettre en** ~ warnen; **mise en** ~ Warnung _f_; **prendre** ~ **à** achten auf +_acc_; **prendre** ~ **à ne pas faire qch** darauf bedacht sein, etw nicht zu tun; **être sur ses** ~**s** auf der Hut sein; **monter la** ~ Wache stehen; **avoir la** ~ **des enfants** (_après divorce_) das Sorgerecht für die Kinder haben ► **garde à vue** _nm_ Polizeigewahrsam _m_ ► **garde champêtre** _nm_ Landpolizist _m_ ► **garde d'enfants** _nf_ Tagesmutter _f_ ► **garde d'honneur** _nf_ Ehrengarde _f_ ► **garde des Sceaux** _nm_ ≈ Justizminister _m_ ► **garde du corps** _nm_ Leibwache _f_ ► **garde forestier** _nm_ Förster _m_ ► **garde mobile** _nm ou nf_ Bereitschaftspolizei _f_.
gardé, e [gaʀde] _adj_: **pêche/chasse** ~**e** privates Fisch-/Jagdgebiet _nt_.
garde-à-vous [gaʀdavu] _nm inv_: **être/se mettre**

au ~·~·~ stillstehen; ~·~·~! stillgestanden!
garde-barrière [gaʀdəbaʀjɛʀ] (*pl* ~**s**-~(**s**)) *nm/f* Bahnwärter(in) *m(f)*.
garde-boue [gaʀdəbu] *nm inv* Schutzblech *nt*.
garde-chasse [gaʀdəʃas] (*pl* ~**s**-~(**s**)) *nm* Jagdaufseher *m*.
garde-côte   [gaʀdəkot]   (*pl*   ~-~**s**)   *nm* Küstenwache *f*.
garde-feu [gaʀdəfø] *nm inv* Funkenschirm *m*.
garde-fou [gaʀdəfu] (*pl* ~-~**s**) *nm* Geländer *nt*.
garde-malade [gaʀdəmalad] (*pl* ~**s**-~(**s**)) *nm/f* Krankenschwester *f* (im Hause), Krankenpfleger *m*.
garde-manger [gaʀdmɑ̃ʒe] *nm inv* Speisekammer *f*.
garde-meuble [gaʀdəmœbl] (*pl* ~-~(**s**)) *nm* Möbellager *nt*.
garde-pêche [gaʀdəpɛʃ] *nm inv* (*personne*) Fischereiaufseher *m*; (*navire*) Fischereischutzboot *nt*.
garder [gaʀde] *vt* halten; (*surveiller*) bewachen; (: *enfants*) hüten, aufpassen auf +*acc*; (*vêtement, chapeau*) anbehalten; (*attitude*) nicht ablegen, beibehalten; **se garder** *vpr* (*se conserver*) sich halten; ~ **à dîner** jdn zum Essen dabehalten; ~ **le lit** das Bett hüten; ~ **la chambre** das Haus hüten; ~ **la ligne** seine Figur behalten; ~ **le silence** das Schweigen wahren; ~ **à vue** (*JUR*) in Gewahrsam halten; **se ~ de faire qch** sich hüten, etw zu tun.
garderie [gaʀdəʀi] *nf* Kinderkrippe *f*.
garde-robe [gaʀdəʀɔb] (*pl* ~-~**s**) *nf* Garderobe *f*.
gardeur, -euse [gaʀdœʀ] *nm/f* Hirte *m*, Hirtin *f*.
gardian [gaʀdjɑ̃] *nm* Hirte *m* (*in der Camargue*).
gardien, ne [gaʀdjɛ̃, jɛn] *nm/f* (*de prison*) Aufseher(in) *m(f)*, Wärter(in) *m(f)*; (*de musée*) Wärter(in) *m(f)*; (*de domaine, réserve*) Aufseher(in) *m(f)*; (*d'immeuble*) Hausmeister(in) *m(f)*; (*de phare, cimetière*) Wächter(in) *m(f)*; (*fig: garant*) Hüter(in) *m(f)* ▶ **gardien de but** Torwart *m* ▶ **gardien de la paix** Polizist(in) *m(f)* ▶ **gardien de nuit** Nachtwächter *m*.
gardiennage [gaʀdjenaʒ] *nm* (*d'immeuble*) Hauswartposten *m*; (*service de surveillance*) Bewachungsdienst *m*.
gardon [gaʀdɔ̃] *nm* (*ZOOL*) Plötze *f*.
gare¹ [gaʀ] *nf* (*RAIL*) Bahnhof *m* ▶ **gare de triage** Verschiebebahnhof *m* ▶ **gare maritime** Hafenbahnhof *m* ▶ **gare routière** Busbahnhof *m*; (*camions*) Speditionshof *m*.
gare² [gaʀ] *excl*: ~ **à toi!** paß bloß auf!; ~ **à ne pas** ... Achtung, nicht ...; **sans crier** ~ ohne jede Vorwarnung.
garenne [gaʀɛn] *nf voir* **lapin**.
garer [gaʀe] *vt* parken; **se garer** *vpr* parken; (*pour laisser passer*) ausweichen.
gargantuesque [gaʀgɑ̃tɥɛsk] *adj* riesig.
gargariser [gaʀgaʀize]: **se** ~ *vpr* gurgeln; **se** ~ **de** (*fig*) seine helle Freude haben an +*dat*.
gargarisme [gaʀgaʀism] *nm* Gurgeln *nt*; (*produit*) Gurgelwasser *nt*.

gargote [gaʀgɔt] *nf* (*billige*) Kneipe *f*.
gargouille [gaʀguj] *nf* Wasserspeier *m*.
gargouillement [gaʀgujmɑ̃] *nm* = **gargouillis**.
gargouiller [gaʀguje] *vi* (*estomac*) knurren; (*eau*) gurgeln.
gargouillis [gaʀguji] *nm* (*gén pl*: *v vi*) Knurren *nt*; Gurgeln *nt*.
garnement [gaʀnəmɑ̃] *nm* Racker *m*, Schlingel *m*.
garni, e [gaʀni] *adj* (*plat*) mit Beilagen ♦ *nm* (*chambre*) möbliertes Zimmer *nt*.
garnir [gaʀniʀ] *vt* (*décorer, orner*) schmücken; (*remplir*) füllen; (*recouvrir*) bedecken; (*pourvoir, approvisionner*) ausstatten; (*renforcer aussi*) verstärken; (*CULIN*) garnieren; **se garnir** *vpr* (*pièce, salle*) sich füllen.
garnison [gaʀnizɔ̃] *nf* Garnison *f*.
garniture [gaʀnityʀ] *nf* (*décoration*) Verzierung *f*; (*protection*) Beschlag *m*; (*CULIN*: *légumes*) Beilagen *pl*; (: *persil etc*) Garnierung *f*; (: *farce*) Füllung *f* ▶ **garniture de cheminée** ≈ Nippes *pl* ▶ **garniture de frein** Bremsbelag *m* ▶ **garniture périodique** (Monats)binde *f*.
garrigue [gaʀig] *nf* strauchige Heide in Südfrankreich.
garrot [gaʀo] *nm* (*MÉD*) Aderpresse *f*; (*torture*) Garrotte *f*.
garrotter [gaʀɔte] *vt* (*fig*) fesseln.
gars [gɑ] *nm* Bursche *m*.
Gascogne [gaskɔɲ] *nf*: **la** ~ die Gascogne.
gascon, ne [gaskɔ̃, ɔn] *adj* Gascogner ♦ *nm/f*: **G~, ne** Gascogner(in) *m(f)*.
gas-oil [gazwal] *nm* Diesel(kraftstoff) *m*.
gaspillage [gaspijaʒ] *nm* Verschwendung *f*.
gaspiller [gaspije] *vt* verschwenden.
gaspilleur, -euse [gaspijœʀ, øz] *adj* verschwenderisch.
gastrique [gastʀik] *adj* Magen-, gastrisch.
gastro-entérite [gastʀoɑ̃teʀit] (*pl* ~-~**s**) *nf* Gastroenteritis *f*.
gastro-intestinal, e, -aux [gastʀoɛ̃tɛstinal, o] *adj* Magen-Darm-.
gastronome [gastʀɔnɔm] *nm/f* Gastronom(in) *m(f)*.
gastronomie [gastʀɔnɔmi] *nf* Gastronomie *f*.
gastronomique [gastʀɔnɔmik] *adj*: **menu** ~ Feinschmeckermenü *nt*.
gâteau, x [gɑto] *nm* Kuchen *m* ♦ *adj inv*: **papa-**~ Vater *m*, der die Kinder verhätschelt ▶ **gâteau d'anniversaire** Geburtstagstorte *f* ▶ **gâteau de riz** Reisbrei *m* ▶ **gâteau sec** Keks *m ou nt*, Plätzchen *nt*.
gâter [gɑte] *vt* (*enfant etc*) verwöhnen; (*gâcher*) verderben; **se gâter** *vpr* (*dent, fruit*) schlecht werden; (*temps, situation*) schlechter werden, sich verschlechtern.
gâterie [gɑtʀi] *nf* kleine Freude *f*.
gâteux, -euse [gɑtø, øz] *adj* senil.
gâtisme [gɑtism] *nm* Senilität *f*.
GATT [gat] *sigle m* (= *General Agreement on Tariffs and Trade*) GATT *nt*.
gauche [goʃ] *adj* linke(r, s); (*maladroit*) linkisch ♦ *nm*: **direct du** ~ (*BOXE*) linke Gerade *f*

♦ *nf* (*POL*) Linke *f*; **à** ~ **links; (***direction***) nach links; à la** ~ **de links von; de** ~ (*POL*) **linke(r, s).**

gauchement [goʃmã] *adv* linkisch, ungeschickt.

gaucher, -ère [goʃe, ɛʀ] *adj* linkshändig ♦ *nm/f* Linkshänder(in) *m(f).*

gaucherie [goʃʀi] *nf* Ungeschicklichkeit *f.*

gauchir [goʃiʀ] *vt* (*planche, objet*) verbiegen; (*fait, idée*) verdrehen.

gauchisant, e [goʃizã, ãt] *adj* linkslastig.

gauchisme [goʃism] *nm* (*POL*) linke Gesinnung *f.*

gauchiste [goʃist] *adj* linksradikal ♦ *nm/f* Linke(r) *f(m).*

gaufre [gofʀ] *nf* (*pâtisserie*) Waffel *f.*

gaufrer [gofʀe] *vt* prägen.

gaufrette [gofʀɛt] *nf* Waffel *f.*

gaufrier [gofʀije] *nm* (*moule*) Waffeleisen *nt.*

Gaule [gol] *nf:* **la** ~ Gallien *nt.*

gaule [gol] *nf* (*perche*) Stange *f*; (*canne à pêche*) Rute *f.*

gauler [gole] *vt* (*fruits*) mit einer Stange herunterholen.

gaullisme [golism] *nm* Gaullismus *m.*

gaulliste [golist] *adj* gaullistisch ♦ *nm/f* Gaullist(in) *m(f).*

gaulois, e [golwa, waz] *adj* gallisch; (*grivois*) derb ♦ *nm/f:* **G**~**, e** Gallier(in) *m(f).*

gauloiserie [golwazʀi] *nf* Derbheit *f.*

gausser [gose]: **se** ~ **de** *vpr* sich lustig machen über *+acc.*

gaver [gave] *vt* mästen; **se gaver** *vpr:* **se** ~ **de** sich vollstopfen mit; ~ **de** (*fig*) vollstopfen mit.

gay [gɛ] *adj* schwul.

gaz [gaz] *nm inv* Gas *nt* ♦ *nmpl* (*flatulences*) Blähungen *pl*; **mettre les** ~ (*AUTO*) aufs Gas steigen; **chambre/masque à** ~ Gaskammer *f*/Gasmaske *f* ▶ **gaz carbonique** Kohlegas *nt* ▶ **gaz de ville** Stadtgas *nt* ▶ **gaz en bouteilles** Flaschengas *nt* ▶ **gaz hilarant/lacrymogène** Lach-/Tränengas *nt* ▶ **gaz naturel/propane** Erd-/Propangas *nt.*

gaze [gaz] *nf* (*pansement*) Verbandsmull *m*; (*étoffe*) Gaze *f.*

gazéifié, e [gazeifje] *adj* kohlensäurehaltig.

gazelle [gazɛl] *nf* Gazelle *f.*

gazer [gaze] *vt* vergasen ♦ *vi* (*fam: bien marcher*) (wie geschmiert) laufen.

gazette [gazɛt] *nf* (*hum*) Zeitung *f.*

gazeux, -euse [gazø, øz] *adj* gasförmig; **eau/ boisson gazeuse** Mineralwasser *nt*/Getränk *nt* mit Kohlensäure.

gazoduc [gazodyk] *nm* Gasleitung *f.*

gazole [gazɔl] *nm* = **gas-oil.**

gazomètre [gazɔmɛtʀ] *nm* Gaszähler *m.*

gazon [gazɔ̃] *nm* (*herbe*) Gras *nt*; (*pelouse*) Rasen *m*; **motte de** ~ Grassode *f.*

gazonner [gazɔne] *vt* (*terrain*) mit Rasen bepflanzen.

gazouillement [gazujmã] *nm* (*v vi*) Zwitschern *nt*; Plappern *nt.*

gazouiller [gazuje] *vi* (*oiseau*) zwitschern; (*enfant*) plappern.

gazouillis [gazuji] *nmpl* (*d'un oiseau*) Zwitschern *nt.*

gd *abr* (= *grand*) gr. (= *groß*).

GDF [ʒedeɛf] *sigle m* (= *Gaz de France*) französisches Gaswerks.

geai [ʒɛ] *nm* Eichelhäher *m.*

géant, e [ʒeã, ãt] *adj* riesig ♦ *nm/f* Riese *m*, Riesin *f.*

geignement [ʒɛɲmã] *nm* Stöhnen *nt.*

geindre [ʒɛ̃dʀ] *vi* ächzen, stöhnen.

gel [ʒɛl] *nm* (*temps*) Frost *m*; (*produit de beauté*) Gel *nt*; (*fig: des salaires, prix*) Einfrieren *nt.*

gélatine [ʒelatin] *nf* Gelatine *f.*

gélatineux, -euse [ʒelatinø, øz] *adj* gallertartig.

gelé, e [ʒ(ə)le] *adj* (*liquide*) gefroren; (*lac*) zugefroren; (*fig: prix, emprunts, crédits*) eingefroren; **je suis** ~ mir ist eiskalt; **j'ai les doigts** ~**s** ich habe eiskalte Finger.

gelée [ʒ(ə)le] *nf* (*MÉTÉO: gel*) Frost *m*; (*de viande*) Gelee *m*, Aspik *m*; (*de fruits*) Gelee; **viande en** ~ Fleisch *nt* in Aspik ▶ **gelée blanche** Rauhreif *m* ▶ **gelée royale** Gelee royale.

geler [ʒ(ə)le] *vt* (*sol, liquide*) gefrieren lassen; (*prix, salaires, crédits, capitaux*) einfrieren; (*négociations*) stocken lassen ♦ *vi* (*sol, eau*) gefrieren; (*personne*) frieren ♦ *vb impers:* **il gèle** es friert.

gélule [ʒelyl] *nf* Kapsel *f.*

gelures [ʒəlyʀ] *nfpl* Frostbeulen *pl.*

Gémeaux [ʒemo] *nmpl:* **les** ~ die Zwillinge *pl*; **être (des)** ~ Zwilling sein.

gémir [ʒemiʀ] *vi* stöhnen.

gémissant, e [ʒemisã, ãt] *adj* stöhnend.

gémissement [ʒemismã] *nm* Stöhnen *nt.*

gemme [ʒɛm] *nf* Edelstein *m*; *voir aussi* **sel.**

gémonies [ʒemɔni] *nfpl:* **vouer qn aux** ~ jdn der öffentlichen Schande preisgeben.

gén. *abr* (= *généralement*) allg.

gênant, e [ʒɛnã, ãt] *adj* (*meuble, objet*) hinderlich; (*situation*) peinlich; (*témoin*) unangenehm.

gencive [ʒãsiv] *nf* Zahnfleisch *nt.*

gendarme [ʒãdaʀm] *nm* Polizist *m.*

gendarmer [ʒãdaʀme]: **se** ~ *vpr* Theater machen.

gendarmerie [ʒãdaʀməʀi] *nf* (*corps*) (Land)polizei *f*; (*caserne, bureaux*) Polizeiwache *f.*

gendre [ʒãdʀ] *nm* Schwiegersohn *m.*

gêne [ʒɛn] *nf* (*embarras, confusion*) Verlegenheit *f*; (*manque d'argent*) (Geld)verlegenheit *f*; **sans** ~ ungeniert; **avoir une certaine** ~ **à respirer** Schwierigkeiten beim Atmen haben.

gène [ʒɛn] *nm* Gen *nt* ▶ **gène dominant/ récessif** dominantes/rezessives Gen.

gêné, e [ʒene] *adj* (*embarrassé*) verlegen; (*dépourvu d'argent*) in Geldverlegenheit.

généalogie [ʒenealɔʒi] *nf* Genealogie *f.*

généalogique [ʒenealɔʒik] *adj* genealogisch.

êner [ʒene] *vt* (*déranger*) stören; (*encombrer*) behindern; (*embarrasser*) in Verlegenheit bringen, verlegen machen; **se gêner** *vpr* sich *dat* Mühe machen; **je vais me ~!** (*iro*) nichts kann mich davon abhalten; **ne vous gênez pas!** (*iro*) tun Sie sich keinen Zwang an!

énéral, e, -aux [ʒeneʀal, o] *adj* allgemein ♦ *nm* (*MIL*) General *m* ♦ *nf*: **(répétition)** ~e Generalprobe *f*; **en** ~ im allgemeinen; **à la satisfaction** ~e zur allgemeinen Zufriedenheit; **à la demande** ~e auf allgemeinen Wunsch; **assemblée** ~e Vollversammlung *f*; **grève** ~e Generalstreik *m*; **culture/médecine** ~e Allgemeinbildung *f*/Allgemeinmedizin *f*.

énéralement [ʒeneʀalmɑ̃] *adv* allgemein; ~ **parlant** allgemein gesprochen.

énéralisable [ʒeneʀalizabl] *adj*: **cette observation n'est pas** ~ diese Beobachtung läßt sich nicht verallgemeinern.

énéralisation [ʒeneʀalizasjɔ̃] *nf* Verallgemeinerung *f*.

énéralisé, e [ʒeneʀalize] *adj* ausgeweitet, übergreifend.

énéraliser [ʒeneʀalize] *vt, vi* verallgemeinern; **se généraliser** *vpr* sich ausweiten, sich ausbreiten.

énéraliste [ʒeneʀalist] *nm* (*MÉD*) praktischer Arzt *m*, praktische Arztin *f*.

énéralité [ʒeneʀalite] *nf*: **la** ~ **des ...** (*la majorité*) die meisten ...; ~**s** *nfpl* (*banalités*) Allgemeinplätze *pl*; (*introduction*) allgemeine Einführung *f*; **dans la** ~ **des cas** in den meisten Fällen.

énérateur, -trice [ʒeneʀatœʀ, tʀis] *adj*: **être** ~ **de** die Ursache sein von.

énération [ʒeneʀasjɔ̃] *nf* (*d'hommes*) Generation *f*; (*INFORM*) Erzeugung *f*, Generieren *nt*.

énératrice [ʒeneʀatʀis] *nf* (*ÉLEC*) Generator *m*.

énéreusement [ʒeneʀøzmɑ̃] *adv* großzügig.

énéreux, -euse [ʒeneʀø, øz] *adj* großzügig.

énérique [ʒeneʀik] *adj* artgemäß ♦ *nm* (*CINÉ, TV*: *au début du film*) Vorspann *m*; (*après le film*) Nachspann *m*.

énérosité [ʒeneʀozite] *nf* Großzügigkeit *f*.

ênes [ʒɛn] *n* Genua *nt*.

enèse [ʒənɛz] *nf* Entstehung *f*.

enêt [ʒ(ə)nɛ] *nm* Ginster *m*.

énéticien, ne [ʒenetisjɛ̃, jɛn] *nm/f* Genetiker(in) *m(f)*.

énétique [ʒenetik] *adj* genetisch ♦ *nf* Genetik *f*.

énétiquement [ʒenetikmɑ̃] *adv* genetisch.

êneur, -euse [ʒɛnœʀ, øz] *nm/f* (*qui gêne*) Hindernis *nt*; (*importun*) Eindringling *m*.

enève [ʒ(ə)nɛv] *n* Genf *nt*.

enevois, e [ʒən(ə)vwa, waz] *adj* Genfer ♦ *nm/f* Genfer(in) *m(f)*.

enévrier [ʒənevʀije] *nm* Wacholder *m*.

énial, e, -aux [ʒenjal, jo] *adj* genial; (*fam*: *formidable*) phantastisch.

énie [ʒeni] *nm* (*personne*) Genie *nt*; (*don*) Begabung *f*; **le** ~ (*MIL*) die Pioniere *pl*; **de** ~

(*homme, idée etc*) genial; **être le bon/mauvais** ~ **de qn** jds guter/böser Geist sein; **avoir du** ~ genial veranlagt sein ▶ **génie civil** Hoch- und Tiefbau *m*.

genièvre [ʒənjɛvʀ] *nm* Wacholder *m*; (*boisson*) Wacholder(schnaps) *m*.

génisse [ʒenis] *nf* Färse *f*; **foie de** ~ Rindsleber *f*.

génital, e, -aux [ʒenital, o] *adj* genital.

génitif [ʒenitif] *nm* Genitiv *m*.

génocide [ʒenɔsid] *nm* Völkermord *m*.

génois, e [ʒenwa, waz] *adj* genuesisch ♦ *nf* (*gâteau*) Biskuitkuchen *m*.

genou, x [ʒ(ə)nu] *nm* Knie *nt*; **à ~x** auf (den) Knien; **se mettre à** ~**x** sich hinknien, niederknien; **prendre qn sur ses** ~**x** jdn auf den Schoß nehmen.

genouillère [ʒ(ə)nujɛʀ] *nf* (*SPORT*) Knieschützer *m*.

genre [ʒɑ̃ʀ] *nm* Art *f*; (*LING*) Genus *nt*, Geschlecht *nt*; (*ART*) Genre *nt*; (*ZOOL etc*) Gattung *f*; **avoir bon/mauvais** ~ einen netten/üblen Eindruck machen.

gens [ʒɑ̃] *nmpl* Leute *pl*, Menschen *pl*; **de braves** ~ nette Leute; **les** ~ **d'Église** der Klerus *m*; **les** ~ **du monde** Leute von Welt; **jeunes** ~ junge Leute.

gentiane [ʒɑ̃sjan] *nf* Enzian *m*.

gentil, le [ʒɑ̃ti, ij] *adj* (*aimable*) nett; **c'est très** ~ **à vous** das ist sehr nett von Ihnen.

gentilhommière [ʒɑ̃tijɔmjɛʀ] *nf* (kleiner) Landsitz *m*.

gentillesse [ʒɑ̃tijɛs] *nf* (*amabilité*) Nettigkeit *f*.

gentillet, te [ʒɑ̃tijɛ, ɛt] *adj*: **une maison gentillette** ein nettes kleines Häuschen.

gentiment [ʒɑ̃timɑ̃] *adv* nett.

génuflexion [ʒenyfleksjɔ̃] *nf* Kniebeuge *f*.

géodésique [ʒeɔdezik] *adj* geodäsisch.

géographe [ʒeɔgʀaf] *nm/f* Geograph(in) *m(f)*.

géographie [ʒeɔgʀafi] *nf* Geographie *f*.

géographique [ʒeɔgʀafik] *adj* geographisch.

geôlier [ʒolje] *nm* Gefängniswärter *m*.

géologie [ʒeɔlɔʒi] *nf* Geologie *f*.

géologique [ʒeɔlɔʒik] *adj* geologisch.

géologiquement [ʒeɔlɔʒikmɑ̃] *adv* geologisch.

géologue [ʒeɔlɔg] *nm/f* Geologe *m*, Geologin *f*.

géomètre [ʒeɔmɛtʀ] *nm/f*: **(arpenteur-)** ~ Landvermesser(in) *m(f)*.

géométrie [ʒeɔmetʀi] *nf* Geometrie *f*; **à** ~ **variable** (*AVIAT*) mit ausfahrbaren Tragflächen.

géométrique [ʒeɔmetʀik] *adj* geometrisch.

géomorphologie [ʒeɔmɔʀfɔlɔʒi] *nf* Geomorphologie *f*.

géophysique [ʒeɔfizik] *nf* Geophysik *f*.

géopolitique [ʒeɔpɔlitik] *nf* Geopolitik *f*.

Géorgie [ʒeɔʀʒi] *nf*: **la** ~ Georgien *nt*.

géorgien, ne [ʒeɔʀʒjɛ̃, jɛn] *adj* georgisch ♦ *nm/f*: **G~, ne** Georgier(in) *m(f)*.

géostationnaire [ʒeɔstasjɔnɛʀ] *adj* geostationär.

géothermique [ʒeɔtɛʀmik] *adj*: **énergie** ~ Erdwärme *f*.

gérance [ʒeʀɑ̃s] *nf* Verwaltung *f*; **mettre en** ~ verwalten lassen; **prendre en** ~ verwalten.

géranium [ʒeʀanjɔm] *nm* Geranie *f*.

gérant, e [ʒeʀɑ̃, ɑ̃t] *nm/f* Leiter(in) *m(f)*, Manager(in) *m(f)* ▶ **gérant d'immeuble** Hausverwalter(in) *m(f)*.

gerbe [ʒɛʀb] *nf* (*de fleurs*) Strauß *m*; (*de blé*) Garbe *f*; (*d'eau*) Fontäne *f*.

gercé, e [ʒɛʀse] *adj* aufgesprungen, rauh.

gercer [ʒɛʀse] *vi* (*aussi:* **se** ~) aufspringen.

gerçure [ʒɛʀsyʀ] *nf* Riß *m*.

gérer [ʒeʀe] *vt* (*budget*) verwalten; (*entreprise*) leiten.

gériatrie [ʒeʀjatʀi] *nf* Geriatrie *f*, Altersheilkunde *f*.

gériatrique [ʒeʀjatʀik] *adj* geriatrisch.

germain, e [ʒɛʀmɛ̃, ɛn] *adj voir* **cousin**.

germanique [ʒɛʀmanik] *adj* germanisch.

germaniste [ʒɛʀmanist] *nm/f* Germanist(in) *m(f)*.

germe [ʒɛʀm] *nm* Keim *m*; (*fig aussi*) Saat *f*.

germer [ʒɛʀme] *vi* (*plante*) keimen; (*projet*) sich entwickeln.

gérondif [ʒeʀɔ̃dif] *nm* Gerundium *nt*.

gérontologie [ʒeʀɔ̃tɔlɔʒi] *nf* Gerontologie *f*.

gérontologue [ʒeʀɔ̃tɔlɔg] *nm/f* Gerontologe *m*, Gerontologin *f*.

gésier [ʒezje] *nm* Muskelmagen *m*.

gésir [ʒeziʀ] *vi* ruhen; *voir* **ci-gît**.

gestation [ʒɛstasjɔ̃] *nf* (*d'un animal*) Trächtigkeit *f*; (*d'une femme*) Schwangerschaft *f*; (*fig*) Reifungsprozeß *m*; **en** ~ in Vorbereitung.

geste [ʒɛst] *nm* Geste *f*; ~ **de générosité** großzügige Geste *f*; **s'exprimer par** ~**s** etwas mit den Händen ausdrücken; **faire un** ~ **de refus** eine ablehnende Geste machen; **il fit un** ~ **de la main pour m'appeler** er rief mich mit einer Handbewegung zu sich; **pas un** ~! keine Bewegung!

gesticuler [ʒɛstikyle] *vi* gestikulieren.

gestion [ʒɛstjɔ̃] *nf* (*d'entreprise*) Leitung *f*; (*de budget*) Verwaltung *f*, Leitung *f* ▶ **gestion de fichier(s)** Dateiverwaltung *f*.

gestionnaire [ʒɛstjɔnɛʀ] *nm/f* Verwalter(in) *m(f)*.

geyser [ʒezɛʀ] *nm* Geysir *m*, Geiser *m*.

Ghana [gana] *nm*: **le** ~ Ghana *nt*.

ghetto [geto] *nm* Ghetto *nt*.

gibecière [ʒib(ə)sjɛʀ] *nf* (*de chasseur*) Jagdtasche *f*; (*sac en bandoulière*) Schultertasche *f*.

gibelotte [ʒiblɔt] *nf* (*CULIN*) Hasenpfeffer *m* (in Weißwein).

gibet [ʒibɛ] *nm* Galgen *m*.

gibier [ʒibje] *nm* (*animaux*) Wild *nt*; (*fig*) Beute *f*.

giboulée [ʒibule] *nf* Regenschauer *m*.

giboyeux, -euse [ʒibwajø, øz] *adj* wildreich.

Gibraltar [ʒibʀaltaʀ] *nm* Gibraltar *nt*.

giclée [ʒikle] *nf* Spritzer *m*.

gicler [ʒikle] *vi* spritzen.

gicleur [ʒiklœʀ] *nm* (*AUTO*) Einspritzdüse *f*.

GIE [ʒeiə] *sigle m* (= *groupement d'intérêt économi-*

que) *voir* **groupement**.

gifle [ʒifl] *nf* Ohrfeige *f*; (*affront*) Beleid**…** gung *f*.

gifler [ʒifle] *vt* ohrfeigen.

gigantesque [ʒigɑ̃tɛsk] *adj* riesig.

gigantisme [ʒigɑ̃tism] *nm* Riesenwuchs *m*.

GIGN [ʒeiʒeɛn] *sigle m* (= *Groupe d'interventic de la gendarmerie nationale*) *Antiterroristentrup pe*.

gigogne [ʒigɔɲ] *adj*: **lits** ~**s** ausziehbare Be… ten *pl*; **tables** ~**s** Satz *m* von Tischen; **poupée** ~**s** Babuschkapuppen *pl*.

gigolo [ʒigɔlo] *nm* Gigolo *m*.

gigot [ʒigo] *nm* (*de mouton, d'agneau*) Keule *f*.

gigoter [ʒigɔte] *vi* zappeln.

gilet [ʒilɛ] *nm* (*de costume*) Weste *f*; (*pu* Strickjacke *f*; (*sous-vêtement*) Unterhemd **…** ▶ **gilet de sauvetage** Schwimmweste *f* ▶ **gile** **pare-balles** kugelsichere Weste.

gin [dʒin] *nm* Gin *m*.

gingembre [ʒɛ̃ʒɑ̃bʀ] *nm* Ingwer *m*.

gingivite [ʒɛ̃ʒivit] *nf* Zahnfleischentzündung ***f***

girafe [ʒiʀaf] *nf* Giraffe *f*.

giratoire [ʒiʀatwaʀ] *adj*: **sens** ~ Kreisverkeh**…** *m*.

girofle [ʒiʀɔfl] *nf*: **clou de** ~ (Gewürz)nelke *f*.

giroflée [ʒiʀɔfle] *nf* Goldlack *m*, Levkoje *f*.

girolle [ʒiʀɔl] *nf* Pfifferling *m*.

giron [ʒiʀɔ̃] *nm* (*genoux*) Schoß *m*; (*fig: sein*) Bu… sen *m*.

Gironde [ʒiʀɔ̃d] *nf*: **la** ~ die Gironde *f*.

girouette [ʒiʀwɛt] *nf* Wetterfahne *f*; (*fig*) Fah… ne *f* im Wind.

gisait *etc* [ʒizɛ] *vb voir* **gésir**.

gisement [ʒizmɑ̃] *nm* Ablagerung *f*.

gît [ʒi] *vb voir* **gésir**.

gitan, e [ʒitɑ̃, an] *nm/f* Zigeuner(in) *m(f)*.

gîte [ʒit] *nm* (*maison*) Unterkunft *f*; (*du lièvre* Bau *m*; ~ **rural** Ferienhaus *nt* auf dem Lande

gîter [ʒite] *vi* (*NAUT*) Schlagseite haben.

givrage [ʒivʀaʒ] *nm* Vereisen *nt*.

givrant, e [ʒivʀɑ̃, ɑ̃t] *adj*: **brouillard** ~ gefrie… rende Nässe *f*.

givre [ʒivʀ] *nm* Rauhreif *m*.

givré, e [ʒivʀe] *adj* (*fam: un peu fou*) beklopp**…** **citron** ~**/orange** ~**e** Zitronen-/Orangeneis (i… der Fruchtschale).

glabre [glabʀ] *adj* (*menton*) glattrasiert.

glaçage [glasaʒ] *nm* (*CULIN*) Überzug *m* au… Zuckerguß.

glace [glas] *nf* Eis *nt*; (*verre*) Glasscheibe *f*; (*m roir*) Spiegel *m*; (*de voiture*) Fenster *nt*; ~**s** *nf*… (*GÉO*) Eisfelder *pl*; **rester de** ~ unbewegt o eiskalt bleiben; **rompre la** ~ (*fig*) das Eis bre… chen.

glacé, e [glase] *adj* (*lac, eau*) zugefroren; (*bois* *son*) eisgekühlt; (*main*) eiskalt; (*rire, accueil* eisig, eiskalt.

glacer [glase] *vt* (*main, visage etc*) eiskalt wer… den lassen; (*boisson*) mit Eis) kühler… (*gâteau*) mit Zuckerguß überziehen; (*papie… tissu*) appretieren; ~ **qn** jdm das Blut in de… Adern gefrieren lassen.

laciaire [glasjɛʀ] *adj* Gletscher-; **ère ~** Eiszeit *f*.

lacial, e [glasjal, jo] *adj (froid, temps)* eiskalt; *(accueil aussi)* eisig.

acier [glasje] *nm (GÉO)* Gletscher *m*; *(marchand)* Eismann *m*.

lacière [glasjɛʀ] *nf (garde-manger)* Eisschrank *m*.

laçon [glasɔ̃] *nm* Eiszapfen *m*; *(pour boisson)* Eiswürfel *m*.

ladiateur [gladjatœʀ] *nm* Gladiator *m*.

laïeul [glajœl] *nm* Gladiole *f*.

laire [glɛʀ] *nf (MÉD)* Schleim *m*.

laise [glɛz] *nf* Lehm *m*.

laive [glɛv] *nm* zweischneidiges Schwert *nt*.

land [glɑ̃] *nm (de chêne, ANAT)* Eichel *f*; *(décoration)* Quaste *f*.

lande [glɑ̃d] *nf* Drüse *f*.

lander [glɑ̃de] *(fam) vi* rumhängen.

laner [glane] *vi (AGR)* nachlesen, Nachlese halten ♦ *vt (prix, récompenses)* einsammeln.

lapir [glapiʀ] *vi* kläffen.

lapissement [glapismɑ̃] *nm* Kläffen *nt*.

las [glɑ] *nm* Totenglocke *f*; **sonner le ~** die Totenglocke läuten.

lauque [glok] *adj* meergrün; *(fig)* trübselig.

lissade [glisad] *nf (par jeu)* Schlittern *nt*; *(chute)* Schlitterbahn *f*; **faire des ~s** schlittern.

lissant, e [glisɑ̃, ɑ̃t] *adj* rutschig, schlüpfrig.

lisse [glis] *nf*: **sports de ~** Gleitsportarten.

lissement [glismɑ̃] *nm (fig: de sens, tendance)* Verschiebung *f* ▶ **glissement de terrain** Erdrutsch *m*.

lisser [glise] *vi (avancer, coulisser)* gleiten; *(tomber)* rutschen; *(déraper)* ausrutschen; *(être glissant)* rutschig *ou* glatt sein ♦ *vt (fig: mot, conseil)* zuflüstern; **se glisser** *vpr (suj: erreur etc)* sich einschleichen; **~ qch sous/dans** etw schieben unter +*acc*/in +*acc*; **~ sur** *(fig: détail, fait)* leicht hinweggehen über +*acc*; **se ~ dans/entre** *(suj: personne)* schlüpfen in +*acc*/zwischen +*acc*.

lissière [glisjɛʀ] *nf* Gleitschiene *f*; **porte/fenêtre à ~** Schiebetür *f*/Schiebefenster *nt* ▶ **glissière de sécurité** *(AUTO)* Leitplanke *f*.

lissoire [gliswaʀ] *nf* Schlitterbahn *f*.

lobal, e, -aux [glɔbal, o] *adj* Gesamt-.

lobalement [glɔbalmɑ̃] *adv* insgesamt.

lobe [glɔb] *nm (GÉO)* Globus *m*; *(d'une pendule, d'un objet)* Glasglocke *f*; **sous ~** unter Glas ▶ **globe oculaire** Augapfel *m* ▶ **globe terrestre** Erdball *m*.

lobe-trotter [glɔbtʀɔtœʀ] *(pl ~-~s) nm* Globetrotter(in) *m(f)*.

lobulaire [glɔbylɛʀ] *adj*: **numération ~** Blutbild *nt*.

lobule [glɔbyl] *nm*: **~ blanc/rouge** weißes/rotes Blutkörperchen *nt*.

lobuleux, -euse [glɔbylø, øz] *adj*: **yeux ~** Glupschaugen *pl*.

loire [glwaʀ] *nf* Ruhm *m*; *(mérite)* Verdienst *m*; *(personne)* Berühmtheit *f*.

lorieux, -euse [glɔʀjø, jøz] *adj* glorreich.

glorifier [glɔʀifje] *vt* rühmen, preisen; **se glorifier de** *vpr* sich rühmen +*gén*.

gloriole [glɔʀjɔl] *nf* Eitelkeit *f*.

glose [gloz] *nf* Glosse *f*.

glossaire [glɔsɛʀ] *nm* Glossar *nt*.

glotte [glɔt] *nf* Glottis *f*, Stimmritze *f*.

glouglouter [gluglute] *vi* gluckern.

gloussement [glusmɑ̃] *nm* Glucksen *nt*.

glousser [gluse] *vi* gackern; *(rire)* glucksen.

glouton, ne [glutɔ̃, ɔn] *adj* gefräßig.

gloutonnerie [glutɔnʀi] *nf* Gefräßigkeit *f*.

glu [gly] *nf* Kleber *m*.

gluant, e [glyɑ̃, ɑ̃t] *adj* klebrig.

glucide [glysid] *nm* Kohle(n)hydrat *nt*.

glucose [glykoz] *nm* Glukose *f*.

gluten [glytɛn] *nm* Gluten *nt*.

glycérine [gliseʀin] *nf* Glyzerin *nt*.

glycine [glisin] *nf* Glyzinie *f*.

GMT [ʒeɛmte] *sigle (= Greenwich Mean Time)* GMT.

gnangnan [ɲɑ̃ɲɑ̃] *(fam) adj inv* quengelig.

GNL [ʒeɛnɛl] *sigle m (= gaz naturel liquéfié)* verflüssigtes Erdgas.

gnôle [ɲol] *(fam) nf*: **un petit verre de ~** ein Schnäpschen *nt*.

gnome [gnom] *nm* Gnom *m*.

gnon [ɲɔ̃] *(fam) nm* Hieb *m*.

GO [ʒeo] *sigle fpl (= grandes ondes)* LW ♦ *sigle m (= gentil organisateur)* Titel der Animatoren des Club Méditerranée.

go [go]: **tout de ~** *adv* ohne Umschweife.

goal [gol] *nm* Tor *nt*.

gobelet [gɔblɛ] *nm* Becher *m*; *(à dés)* (Würfel)becher *m*.

gober [gɔbe] *vt (œuf)* roh essen; *(fig: croire facilement)* schlucken.

goberger [gɔbɛʀʒe]: **se ~** *vpr* es sich *dat* gut gehen lassen.

Gobi [gɔbi] *n*: **désert de ~** Wüste *f* Gobi.

godasse [gɔdas] *(fam) nf* Latsche *f*.

godet [gɔdɛ] *nm (récipient)* Becher *m*; *(COUTURE)* weiche Falte *f*.

godiller [gɔdije] *vi (NAUT)* rudern; *(SKI)* wedeln.

goéland [gɔelɑ̃] *nm* Seemöwe *f*.

goélette [gɔelɛt] *nf* Schoner *m*.

goémon [gɔemɔ̃] *nm* Tang *m*.

gogo [gogo]: **à ~** *adv* in Hülle und Fülle.

goguenard, e [gɔgønaʀ, aʀd] *adj* spöttisch.

goguette [gɔgɛt] *nf*: **en ~** angesäuselt.

goinfre [gwɛ̃fʀ] *adj* gefräßig ♦ *nm* Vielfraß *m*.

goinfrer [gwɛ̃fʀe]: **se ~** *vpr* sich vollfressen; **se ~ de** sich vollstopfen mit.

goitre [gwatʀ] *nm* Kropf *m*.

golf [gɔlf] *nm (jeu)* Golf *nt*; *(terrain)* Golfplatz *m* ▶ **golf miniature** Minigolf *nt*.

golfe [gɔlf] *nm* Golf *m*; **le ~ de Gascogne** die (Bucht von) Biscaya *f*; **le ~ Persique** der persische Golf.

golfeur, -euse [gɔlfœʀ, øz] *nm/f* Golfer(in) *m(f)*.

gominé, e [gɔmine] *adj* (mit Pomade) angeklatscht.

gommage [gɔmaʒ] *nm (de la peau)* Peeling *nt*.

gomme [gɔm] *nf* (*à effacer*) Radiergummi *m ou nt*; (*résine*) Gummi *m*; **boule** *ou* **pastille de** ~ Halsbonbon *nt* ▸ **gomme à mâcher** Kaugummi *m ou nt*.

gommé, e [gɔme] *adj*: **papier** ~ gummiertes Papier *nt*.

gommer [gɔme] *vt* (*effacer*) ausradieren; (*enduire de gomme*) gummieren.

gond [gɔ̃] *nm* (*de porte, fenêtre*) Angel *f*; **sortir de ses** ~**s** (*fig*) an die Decke gehen.

gondole [gɔ̃dɔl] *nf* Gondel *f*; (*COMM*) Regal *nt* (*in einem Supermarkt*).

gondoler [gɔ̃dɔle] *vi* sich wellen, sich verziehen; **se gondoler** *vpr* sich wellen, sich verziehen; (*fam: rire*) sich schieflachen.

gonflable [gɔ̃flabl] *adj* (*bateau*) Gummi-; (*matelas*) Luft-.

gonflage [gɔ̃flaʒ] *nm* (*des pneus*) Aufpumpen *nt*.

gonflé, e [gɔ̃fle] *adj* (*yeux, visage*) geschwollen; (*ventre*) aufgebläht; **être** ~ (*fam: culotté*) gute Nerven haben.

gonflement [gɔ̃fləmɑ̃] *nm* (*v vt*) Aufpumpen *nt*; Vergrößerung *f*; (*MÉD*) Schwellung *f*.

gonfler [gɔ̃fle] *vt* (*pneu, ballon*) aufpumpen; (*nombre*) vergrößern; (*importance*) vermehren ♦ *vi* (*partie du corps*) anschwellen, aufgehen.

gonfleur [gɔ̃flœʀ] *nm* (*appareil*) Luftpumpe *f*.

gong [gɔ̃(g)] *nm* Gong *m*.

gonzesse [gɔ̃zɛs] (*fam*) *nf* Mieze *f*, Tussi *f*.

goret [gɔʀɛ] *nm* Ferkel *nt*.

gorge [gɔʀʒ] *nf* (*ANAT*) Kehle *f*, Hals *m*; (*poitrine*) Brust *f*; (*GÉO*) Schlucht *f*; (*rainure*) Rille *f*; **avoir mal à la** ~ Halsschmerzen haben; **avoir la** ~ **serrée** einen Kloß im Hals haben.

gorgé, e [gɔʀʒe] *adj*: ~ **de** gefüllt mit; (*d'eau*) durchtränkt mit.

gorgée [gɔʀʒe] *nf* Schluck *m*; **boire à petites/ grandes** ~**s** in *ou* mit großen/kleinen Schlucken trinken.

gorille [gɔʀij] *nm* Gorilla *m*.

gosier [gozje] *nm* Kehle *f*.

gosse [gɔs] *nm/f* Kind *nt*.

gothique [gɔtik] *adj* gotisch ♦ *nm* (*style*) Gotik *f* ▸ **gothique flamboyant** Flamboyantstil *m*.

gouache [gwaʃ] *nf* Gouache *f*.

gouaille [gwaj] *nf* Mundwerk *nt*.

goudron [gudʀɔ̃] *nm* Teer *m*.

goudronner [gudʀɔne] *vt* teeren, asphaltieren.

gouffre [gufʀ] *nm* Abgrund *m*.

goujat [guʒa] *nm* Rüpel *m*.

goujon [guʒɔ̃] *nm* Gründling *m*.

goulée [gule] *nf* Schluck *m*.

goulet [gulɛ] *nm* (*de port*) Hafeneinfahrt *f*; ~ **d'étranglement** Engpaß *m*.

goulot [gulo] *nm* Flaschenhals *m*; **boire au** ~ aus der Flasche trinken.

goulu, e [guly] *adj* gierig.

goulûment [gulymɑ̃] *adv* gierig.

goupille [gupij] *nf* Stift *m*.

goupiller [gupije] *vt* nageln; (*fam: combiner*) arrangieren, hinkriegen.

goupillon [gupijɔ̃] *nm* (*REL*) Weihwasserwedel *m*.

gourd, e [guʀ, guʀd] *adj* steif.

gourde [guʀd] *nf* (*récipient*) Feldflasche *f*; (*fam*) taube Nuß *f*.

gourdin [guʀdɛ̃] *nm* Knüppel *m*.

gourmand, e [guʀmɑ̃, ɑ̃d] *adj* naschhaft.

gourmandise [guʀmɑ̃diz] *nf* Gefräßigkeit *f* (*bonbon*) Leckerei *f*.

gourmet [guʀmɛ] *nm* Gourmet *m*, Feinschmecker *m*.

gourmette [guʀmɛt] *nf* Armband *nt*.

gourou [guʀu] *nm* Guru *m*.

gousse [gus] *nf* (*de vanille etc*) Schote *f* ▸ **gousse d'ail** Knoblauchzehe *f*.

gousset [gusɛ] *nm* (*de gilet*) Tasche *f*.

goût [gu] *nm* Geschmack *m*; ~**s** *nmpl*: **chacun ses** ~**s** jeder nach seinem Geschmack; **le** (**bon**) ~ der (gute) Geschmack; **de bon** ~ geschmackvoll; **de mauvais** ~ geschmacklos; **avoir du** ~ Geschmack haben; **manquer de** ~ keinen Geschmack haben; **avoir bon/ mauvais** ~ (*aliment*) gut/schlecht schmecken; (*personne*) einen guten/keinen guten Geschmack haben; **avoir du** ~ **pour** Gefallen haben an +*dat*; **prendre** ~ **à** Gefallen finden an +*dat*.

goûter [gute] *vt* (*essayer*) versuchen, probieren; (*apprécier*) genießen ♦ *vi* (*à 4 heures*) eine Nachmittagsmahlzeit einnehmen, vespern ♦ *nm* (*à 4 heures*) Vesper *f ou nt*, Nachmittagsmahlzeit *f*; ~ **à** versuchen, kosten; ~ **de qch** etw probieren ▸ **goûter d'anniversaire** Geburtstagsschmaus *m* ▸ **goûter d'enfants** Kinderfest *nt*.

goutte [gut] *nf* Tropfen *m*; (*d'alcool*) Tröpfchen *nt*; (*MÉD: maladie*) Gicht *f*; ~**s** *nfpl* (*MÉD: médicament*) Tropfen *pl*; **une** ~ **de whisky** ein Tröpfchen Whisky; ~ **à** ~ tröpfchenweise **tomber** ~ **à** ~ tröpfeln.

goutte-à-goutte [gutagut] *nm inv* (*MÉD*) Tropf *m*; **alimenter au** ~-~-~ über den *ou* am Tropf ernähren.

gouttelette [gutˈ(ə)lɛt] *nf* Tröpfchen *nt*.

goutter [gute] *vi* tropfen.

gouttière [gutjɛʀ] *nf* Dachrinne *f*.

gouvernail [guvɛʀnaj] *nm* Ruder *nt*.

gouvernant, e [guvɛʀnɑ̃, ɑ̃t] *adj* herrschend ♦ *nf* Gouvernante *f*.

gouverne [guvɛʀn] *nf*: **pour votre** ~ zu Ihrer Orientierung.

gouvernement [guvɛʀnəmɑ̃] *nm* Regierung *f*.

gouvernemental, e, -aux [guvɛʀnəmɑ̃tal, o] *adj* Regierungs-; (*journal*) regierungsfreundlich.

gouverner [guvɛʀne] *vt* (*pays, peuple*) regieren, (*diriger*) lenken, steuern; (*fig: personne, conduite*) lenken, leiten.

gouverneur [guvɛʀnœʀ] *nm* (*ADMIN, POL*) Gouverneur *m*; (*MIL*) Befehlshaber *m*.

goyave [gɔjav] *nf* Gua(ja)ve *f*.

GPL [ʒepeɛl] sigle m (= gaz de pétrole liquéfié) LPG nt.

grabataire [gʀabatɛʀ] adj bettlägerig.

grâce [gʀɑs] nf (charme) Grazie f, Anmut f; (REL) Gnade f; (faveur) Gunst f; (bienfait) Gefallen m; (bienveillance) Wohlwollen nt, Gunst; (JUR) Begnadigung f; ~s nfpl (REL) Dankgebet nt; **de bonne** ~ bereitwillig; **de mauvaise** ~ widerstrebend; **dans les bonnes ~s de qn** in jds Gunst dat; **faire** ~ **à qn de qch** jdm etw ersparen; **rendre** ~(s) **à** danksagen +dat; **demander** ~ um Gnade bitten; **droit de/ recours en** ~ (JUR) Gnadenrecht nt/ Gnadengesuch nt; ~ **à** (avec l'aide de) dank +gén.

gracier [gʀasje] vt begnadigen.

gracieusement [gʀasjøzmɑ̃] adv (aimablement) gefällig; (gratuitement) gratis; (avec grâce) graziös.

gracieux, -euse [gʀasjø, jøz] adj (charmant, élégant) graziös, anmutig; (aimable) freundlich; **à titre** ~ kostenlos, gratis; **concours** ~ kostenlose Hilfe f.

gracile [gʀasil] adj grazil.

gradation [gʀadasjɔ̃] nf Abstufung f.

grade [gʀad] nm Rang m; **monter en** ~ befördert werden.

gradé, e [gʀade] adj Unteroffizier m.

gradin [gʀadɛ̃] nm (dans un théâtre) Rang m; (de stade) Terrasse f; ~s nmpl (de stade) die Terrassen pl; **en** ~s terrassenförmig.

graduation [gʀaduasjɔ̃] nf Maßeinteilung f.

gradué, e [gʀadɥe] adj (exercices) (nach Schwierigkeitsgrad) gestaffelt; (thermomètre) in Grad eingeteilt; **règle** ~**e** Meßlatte f; **verre** ~ Meßbecher m.

graduel, le [gʀadɥɛl] adj allmählich.

graduellement [gʀadɥɛlmɑ̃] adv allmählich.

graduer [gʀadɥe] vt (règle, verre) mit Maßzahlen versehen; (exercices) nach Schwierigkeitsgrad staffeln; (effort etc) allmählich steigern.

graffiti [gʀafiti] nmpl Graffiti pl.

grain [gʀɛ̃] nm (de blé, d'orge etc) Korn nt; (d'un papier, tissu) Körnung f; (de chapelet) Perle f; (averse) Wolkenbruch m; **un** ~ **de** (petite quantité) ein Körnchen; **mettre son** ~ **de sel** (fig) seinen Senf dazugeben ▶ **grain de beauté** Schönheitsfleck m ▶ **grain de café** Kaffeebohne f ▶ **grain de poivre** Pfefferkorn nt ▶ **grain de poussière** Staubkörnchen nt ▶ **grain de raisin** Traube f ▶ **grain de sable** Sandkorn m.

graine [gʀɛn] nf (BOT) Samen m; **une** ~ **de voyou** ein zukünftiger Gauner; **casser la** ~ (fam) mampfen.

graineterie [gʀɛntʀi] nf Samenhandlung f.

grainetier, -ière [gʀɛntje, jɛʀ] nm/f Samenhändler(in) m(f).

graissage [gʀɛsaʒ] nm Abschmieren nt.

graisse [gʀɛs] nf Fett nt; (lubrifiant) (Schmier)fett nt.

graisser [gʀese] vt (machine, auto) abschmieren; (tacher) fettig machen.

graisseux, -euse [gʀɛsø, øz] adj (taché de graisse) fettig; (ANAT) Fett-.

grammaire [gʀa(m)mɛʀ] nf Grammatik f.

grammatical, e, -aux [gʀamatikal, o] adj grammatisch.

gramme [gʀam] nm Gramm nt.

grand, e [gʀɑ̃, gʀɑ̃d] adj groß; (voyage) lang ♦ adv: ~ **ouvert** weit offen; **voir** ~ großzügig denken; **en** ~ in großem Maßstab; **un** ~ **homme/artiste** ein großer Mann m/Künstler m; **avoir** ~ **besoin de qch** etw dringend nötig haben; **il est** ~ **temps de** es ist höchste Zeit, zu; **mon** ~ **frère** mein großer Bruder; **il est assez** ~ **pour** er ist (schon) groß genug, um; **au** ~ **air** im Freien; **au** ~ **jour** (fig) in aller Öffentlichkeit ▶ **grand blessé** Schwerverletzte(r) f(m) ▶ **grand brûlé** Verletzte(r) f(m) mit schweren Verbrennungen ▶ **grand écart** Spagat m ou nt ▶ **grand ensemble** Wohnsiedlung f ▶ **grand livre** (COMM) Hauptbuch nt ▶ **grand magasin** Kaufhaus nt ▶ **grand malade** Schwerkranke(r) f(m) ▶ **grand mutilé** Schwerbehinderte(r) f(m) ▶ **grand public** allgemeine Öffentlichkeit f ▶ **grande personne** Erwachsene(r) f(m) ▶ **grande surface** Supermarkt m ▶ **grandes écoles** renommierte Hochschulen mit Eingangsprüfungen ▶ **grandes lignes** (RAIL) Hauptstrecken pl ▶ **grandes vacances** große Ferien pl.

grand-angle [gʀɑ̃tɑ̃gl] (pl ~**s-**~**s**), **grand-angulaire** [gʀɑ̃tɑ̃gylɛʀ] (pl ~**s-**~**s**) nm Weitwinkel(objektiv) nt.

grand-chose [gʀɑ̃ʃoz] n inv: **pas** ~-~ nichts besonderes.

Grande-Bretagne [gʀɑ̃dbʀətaɲ] nf: **la** ~-~ Großbritannien nt.

grandement [gʀɑ̃dmɑ̃] adv (tout à fait) völlig; (largement) sehr; (généreusement) großzügig.

grandeur [gʀɑ̃dœʀ] nf Größe f; ~ **nature** adj lebensgroß.

grand-guignolesque [gʀɑ̃giɲɔlɛsk] (pl ~~-~**s**) adj grotesk.

grandiloquent, e [gʀɑ̃dilɔkɑ̃, ɑ̃t] adj hochtrabend.

grandiose [gʀɑ̃djoz] adj großartig, grandios.

grandir [gʀɑ̃diʀ] vi (enfant, arbre) wachsen; (bruit, hostilité) zunehmen ♦ vt (suj: vêtement, chaussure) größer erscheinen lassen; (fig) größer machen.

grandissant, e [gʀɑ̃disɑ̃, ɑ̃t] adj (bruit) zunehmend; (impatience) wachsend.

grand-mère [gʀɑ̃mɛʀ] (pl ~**(s)-**~**s**) nf Großmutter f.

grand-messe [gʀɑ̃mɛs] (pl ~**(s)-**~**s**) nf Hochamt nt.

grand-oncle [gʀɑ̃tɔ̃kl(ə)] (pl ~**s-**~**s**) nm Großonkel m.

grand-peine [gʀɑ̃pɛn]: **à** ~-~ adv mühselig, mühsam.

grand-père [gʀɑ̃pɛʀ] (pl ~**s-**~**s**) nm Großvater m.

grand-route [gʀɑ̃ʀut] nf Haupt(ver-

kehrs)straße f.
grand-rue [gʀɑ̃ʀy] nf Hauptstraße f.
grands-parents [gʀɑ̃paʀɑ̃] nmpl Großeltern pl.
grand-tante [gʀɑ̃tɑ̃t] (pl ~(s)-~s) nf Großtante f.
grand-voile [gʀɑ̃vwal] (pl ~(s)-~s) nf Großsegel nt.
grange [gʀɑ̃ʒ] nf Scheune f.
granit [gʀanit] nm Granit m.
granité [gʀanite] nm (sorbet) Gramolata f.
granitique [gʀanitik] adj Granit-.
granule [gʀanyl] nm (MÉD) Kügelchen nt.
granulé [gʀanyle] nm: des ~s Granulat nt.
granuleux, -euse [gʀanylø, øz] adj granuliert.
graphe [gʀaf] nm Graph m.
graphie [gʀafi] nf Schreibung f.
graphique [gʀafik] adj graphisch ♦ nm Graphik f.
graphisme [gʀafism] nm (art) Graphik f; (écriture) Handschrift f.
graphiste [gʀafist] nm/f Graphiker(in) m(f).
graphite [gʀafit] nm Graphit m.
graphologie [gʀafɔlɔʒi] nf Graphologie f.
graphologique [gʀafɔlɔʒik] adj graphologisch.
graphologue [gʀafɔlɔg] nm/f Graphologe m, Graphologin f.
grappe [gʀap] nf Traube f; (fig aussi) Ansammlung f ▶ **grappe de raisin** (Wein)traube f.
grappiller [gʀapije] vt nachlesen.
grappin [gʀapɛ̃] nm (TECH) Draggen m; **mettre le ~ sur** (fig) in die Finger bekommen.
gras, grasse [gʀɑ, gʀɑs] adj fett; (surface, main, cheveux) fettig; (terre) ertragreich; (toux) lose; (rire) kehlig; (plaisanterie) derb; (crayon) weich; (TYPO) fettgedruckt ♦ nm (CULIN) Fett nt; **faire la ~se matinée** lang ausschlafen; **corps** ~ Fett; **matière** ~se Fett.
gras-double [gʀɑdubl] (pl ~-~s) nm Pansen m.
grassement [gʀɑsmɑ̃] adv (rire) breit; ~ **payé** sehr gut bezahlt.
grassouillet, te [gʀɑsujɛ, ɛt] adj rundlich, dicklich.
gratifiant, e [gʀatifjɑ̃, jɑ̃t] adj befriedigend.
gratification [gʀatifikasjɔ̃] nf Gratifikation f.
gratifier [gʀatifje] vt: ~ **qn de qch** jdm etw gewähren; (sourire etc) jdm etw schenken.
gratin [gʀatɛ̃] nm (CULIN) Gratin nt; **au** ~ gratiniert, au gratin; **le** ~ (fam: élite) die Crème (de la crème).
gratiné, e [gʀatine] adj (CULIN) überbacken, gratiniert; (fam) höllisch.
gratinée [gʀatine] nf (soupe) überbackene Zwiebelsuppe f.
gratis [gʀatis] adv, adj gratis.
gratitude [gʀatityd] nf Dankbarkeit f.
gratte-ciel [gʀatsjɛl] nm inv Wolkenkratzer m.
grattement [gʀatmɑ̃] nm Kratzen nt.
gratte-papier [gʀatpapje] (péj) nm inv Schreiberling m.
gratter [gʀate] vt (frotter) kratzen; (enlever) abkratzen; (bras, bouton etc) sich kratzen an +dat; **se gratter** vpr sich kratzen.

grattoir [gʀatwaʀ] nm (outil) Spachtel m.
gratuit, e [gʀatɥi, ɥit] adj (entrée) frei; (hypo▮ thèse, idée) ungerechtfertigt, unbegründet▮ **billet** ~ Freikarte f.
gratuité [gʀatɥite] nf Gebührenfreiheit f.
gratuitement [gʀatɥitmɑ̃] adv (sans payer) gra▮ tis, kostenlos; (sans preuve, motif) unbe▮ gründet.
gravats [gʀava] nmpl Trümmer pl.
grave [gʀav] adj (maladie, accident, faute▮ schwer; (sérieux) ernst; (voix, son) tief ♦ nn▮ (MUS) tiefe Töne pl; **ce n'est pas (si)** ~ (que▮ ça)! das ist doch alles nicht so schlimm! **blessé** ~ Schwerverletzte(r) f(m).
graveleux, -euse [gʀav(ə)lø, øz] adj (terre▮ steinig; (fruit) grobkörnig; (chanson, propos▮ schmutzig.
gravement [gʀavmɑ̃] adv (v adj) schwer▮ ernst.
graver [gʀave] vt (plaque) gravieren; (nom▮ eingravieren; ~ **qch dans son esprit** ou **sa mé▮ moire** sich dat etw einprägen.
graveur [gʀavœʀ] nm Graveur m.
gravier [gʀavje] nm Kies m.
gravillons [gʀavijɔ̃] nmpl Schotter m.
gravir [gʀaviʀ] vt hinaufsteigen auf +acc.
gravitation [gʀavitasjɔ̃] nf Schwerkraft f, Gra▮ vitation f.
gravité [gʀavite] nf (v adj) Schwere f; Ernst m▮ (PHYS) Gravitation f.
graviter [gʀavite] vi: ~ **autour de** (soleil) sich▮ drehen um; (personne) sich sammeln um.
gravure [gʀavyʀ] nf (reproduction) Stich m; (ac▮ tion) Gravieren nt; (: d'un disque) Prägen nt.
gré [gʀe] nm: **à mon** ~ (goût) nach meinem▮ Geschmack; **à votre** ~ (désir) wie Sie▮ wünschen; **au** ~ **de qch** mit etw; **contre le** ~ **de qn** gegen jds Willen; **de son (plein)** ~ aus▮ freien Stücken; **de** ~ **ou de force** wohl oder▮ übel; **de bon** ~ bereitwillig; **bon** ~ **mal** ~ wohl oder übel; **de** ~ **à** ~ (COMM) nach ge▮ meinsamer Übereinkunft; **savoir** ~ **à qn de▮ qch** jdm wegen einer Sache gén ou dat sehr▮ dankbar sein.
grec, grecque [gʀɛk] adj griechisch ♦ nn▮ (LING) Griechisch nt ♦ nm/f: **G**~, **Grecque** Grie▮ che m, Griechin f.
Grèce [gʀɛs] nf: **la** ~ Griechenland nt.
gredin, e [gʀədɛ̃] nm/f Bösewicht m.
gréement [gʀemɑ̃] nm Takelung f.
greffe [gʀɛf] nf (AGR) Pfropfreis nt; (: action▮ Pfropfen nt; (MÉD: du cœur, rein) Transplanta▮ tion f, Verpflanzung f; (: organe) Transplan▮ tat nt ♦ nm (JUR) Kanzlei f ▶ **greffe du rein▮ Nierentransplantation** f, Nierenverpflan▮ zung f.
greffer [gʀefe] vt (BOT) pfropfen; (MÉD: tissu▮ organe) verpflanzen, transplantieren; **se▮ greffer** vpr: **se** ~ **sur qch** (fig) sich einer Sache▮ dat hinzufügen.
greffier, -ière [gʀefje, jɛʀ] nm/f (JUR) Ge▮ richtsschreiber(in) m(f).
grégaire [gʀegɛʀ] adj gesellig; **instinct** ~ Her▮

dentrieb *m*.

grège [gRεʒ] *adj*: **soie** ~ Rohseide *f*.

grêle [gRεl] *adj* mager ♦ *nf* Hagel *m*.

grêlé, e [gRεle] *adj* pockennarbig.

grêler [gRεle] *vb impers*: **il grêle** es hagelt.

grêlon [gRεlɔ̃] *nm* Hagelkorn *nt*.

grelot [gRəlo] *nm* Glöckchen *nt*.

grelottant, e [gRəlɔtɑ̃] *adj* zitternd, schlotternd.

grelotter [gRəlɔte] *vi* (*trembler*) zittern, schlottern.

grenade [gRənad] *nf* (*explosive*) Granate *f*; (*BOT*) Granatapfel *m* ▶ **grenade lacrymogène** Tränengasgranate *f*.

grenadier [gRənadje] *nm* (*MIL*) Grenadier *m*; (*BOT*) Granatapfelbaum *m*.

grenadine [gRənadin] *nf* (*boisson*) Grenadine *f*.

grenat [gRəna] *adj inv* granatrot.

grenier [gRənje] *nm* (*de maison*) Speicher *m*; (*de ferme*) Kornspeicher *m*.

grenouille [gRənuj] *nf* Frosch *m*.

grenouillère [gRənujεR] *nf* (*de bébé*) Strampelanzug *m*.

grenu, e [gRəny] *adj* grobkörnig.

grès [gRε] *nm* (*roche*) Sandstein *m*; (*poterie*) Steingut *nt*.

grésil [gRezil] *nm* Graupeln *pl*.

grésillement [gRezijmɑ̃] *nm* (*CULIN*) Brutzeln *nt*; (*RADIO*) Rauschen *nt*.

grésiller [gRezije] *vi* (*CULIN*) brutzeln; (*RADIO*) knacken, rauschen.

grève [gRεv] *nf* (*arrêt du travail*) Streik *m*; (*plage*) Ufer *m*; **se mettre en** *ou* **faire** ~ streiken ▶ **grève bouchon** Schwerpunktstreik *m* ▶ **grève de la faim** Hungerstreik *m* ▶ **grève de solidarité** Sympathiestreik *m* ▶ **grève du zèle** ≈ Dienst *m* nach Vorschrift ▶ **grève perlée** Bummelstreik *m* ▶ **grève sauvage** wilder Streik ▶ **grève sur le tas** Sitzstreik *m* ▶ **grève surprise** Blitzstreik *m* ▶ **grève tournante** Schachbrettstreik *m*.

grever [gRəve] *vt* (*budget, économie*) belasten; **grevé d'impôts** mit Steuern (schwer) belastet; **grevé d'hypothèques** mit Hypotheken überfrachtet.

gréviste [gRevist] *nm/f* Streikende(r) *f(m)*.

gribouillage [gRibujaʒ] *nm* (*dessin*) Kritzelei *f*; (*écriture*) Gekritzel *nt*.

gribouiller [gRibuje] *vt, vi* kritzeln.

gribouillis [gRibuji] *nm* (*dessin*) Kritzelei *f*; (*écriture*) Gekritzel *nt*.

grief [gRijεf] *nm* Klage *f*; **faire** ~ **à qn de qch** jdm etw vorwerfen.

grièvement [gRijεvmɑ̃] *adv*: ~ **blessé** schwer verletzt.

griffe [gRif] *nf* (*d'animal*) Kralle *f*; (*fig: d'un couturier, parfumeur*) Markenzeichen *nt*.

griffé, e [gRife] *adj* (*fig*) Designer-.

griffer [gRife] *vt* kratzen.

griffon [gRifɔ̃] *nm* (*oiseau*) Greif *m*.

griffonnage [gRifɔnaʒ] *nm* Gekritzel *nt*.

griffonner [gRifɔne] *vt* hinkritzeln.

griffure [gRifyR] *nf* Kratzspur *f*.

grignoter [gRiɲɔte] *vt* herumnagen an +*dat*; (*argent, temps*) aufzehren ♦ *vi* (*chipoter*) knabbern; ~ **du terrain** allmählich Raum gewinnen.

gril [gRil] *nm* Grill *m*.

grillade [gRijad] *nf* Gegrilltes *nt*.

grillage [gRijaʒ] *nm* (*treillis*) Gitter *nt*; (*clôture*) Drahtzaun *m*.

grillager [gRijaʒe] *vt* vergittern.

grille [gRij] *nf* (*portail*) Tor *nt*; (*clôture*) Gitterzaun *m*; (*fig: de mots croisés*) Kästchen *pl* ▶ **grille (des programmes)** (Sende)programm *nt* ▶ **grille des salaires** Gehaltstabelle *f*.

grille-pain [gRijpɛ̃] *nm inv* Toaster *m*.

griller [gRije] *vt* (*pain*) toasten; (*viande etc*) grillen; (*café*) rösten; (*ampoule, résistance*) durchbrennen lassen; (*feu rouge*) überfahren ♦ *vi* (*brûler*) gegrillt werden; **faire** ~ (*pain*) toasten; (*viande*) grillen.

grillon [gRijɔ̃] *nm* Grille *f*.

grimace [gRimas] *nf* Grimasse *f*; **faire des** ~**s** Grimassen schneiden.

grimacier, -ière [gRimasje, jεR] *adj*: **cet enfant est** ~ dieses Kind schneidet immer Gesichter.

grimoire [gRimwaR] *nm* unleserliche Schrift *f*.

grimpant, e [gRεpɑ̃, ɑ̃t] *adj*: **plante** ~**e** Kletterpflanze *f*; **rosier** ~ Kletterrose *f*.

grimper [gRεpe] *vt* steigen ♦ *vi* (*route, terrain*) ansteigen; (*fig: prix, nombre*) steigen; ~ **à/sur** klettern auf +*acc*.

grimpeur, -euse [gRεpœR, øz] *nm/f* (*alpiniste*) Bergsteiger(in) *m(f)*; (*cycliste*) Bergspezialist(in) *m(f)*.

grinçant, e [gRεsɑ̃, ɑ̃t] *adj* (*fig*) beißend, ätzend.

grincement [gRεsmɑ̃] *nm* (*v vi*) Quietschen *nt*; Knarren *nt* ▶ **grincement de dents** Zähneknirschen *nt*.

grincer [gRεse] *vi* (*porte, roue*) quietschen; (*plancher*) knarren; ~ **des dents** mit den Zähnen knirschen.

grincheux, -euse [gRεʃø, øz] *adj* mürrisch, knurrig.

gringalet [gRεgalε] *adj m* mickrig.

griotte [gRijɔt] *nf* Sauerkirsche *f*.

grippal, e, -aux [gRipal, o] *adj* (*état*) grippeartig.

grippe [gRip] *nf* Grippe *f*; **avoir la** ~ die *ou* eine Grippe haben; **prendre qn/qch en** ~ (*fig*) einen plötzlichen Widerwillen gegen jdn/ etw entwickeln.

grippé, e [gRipe] *adj*: **être** ~ die *ou* eine Grippe haben; (*moteur*) festgefressen sein.

gripper [gRipe] *vi* (*moteur etc*) sich festfressen.

grippe-sou [gRipsu] (*pl* ~-~**s**) *nm* Pfennigfuchser *m*.

gris, e [gRi, gRiz] *adj* grau; (*ivre*) beschwipst ♦ *nm* (*couleur*) Grau *nt*; **il fait** ~ es ist grau *ou* trüb; **faire** ~**e mine** eine mürrische Miene machen; **faire** ~**e mine à qn** jdm einen kühlen

Empfang bereiten; ~ **perle** perlgrau.
grisaille [gʀizaj] nf Trübheit f.
grisant, e [gʀizɑ̃, ɑ̃t] adj berauschend.
grisâtre [gʀizɑtʀ] adj (temps, ciel, jour) trüb.
griser [gʀize] vt berauschen; **se** ~ **de** sich berauschen an +dat.
griserie [gʀizʀi] nf Rausch m.
grisonnant, e [gʀizɔnɑ̃, ɑ̃t] adj ergrauend.
grisonner [gʀizɔne] vi (cheveux) grau werden; (personne) ergrauen.
Grisons [gʀizɔ̃] nmpl: **les** ~ Graubünden nt.
grisou [gʀizu] nm Grubengas nt.
gris-vert [gʀivɛʀ] adj graugrün.
grive [gʀiv] nf Drossel f.
grivois, e [gʀivwa, waz] adj derb.
grivoiserie [gʀivwazʀi] nf Zote f.
Groenland [gʀɔɛnlɑ̃d] nm: **le** ~ Grönland nt.
groenlandais, e [gʀɔɛnlɑ̃dɛ, ɛz] adj grönländisch ♦ nm/f: **G~**, **e** Grönländer(in) m(f).
grog [gʀɔg] nm Grog m.
groggy [gʀɔgi] adj inv groggy.
grogne [gʀɔɲ] nf (fam) Unruhe f.
grognement [gʀɔɲmɑ̃] nm Knurren nt.
grogner [gʀɔɲe] vi (animal) knurren; (personne) murren.
grognon, ne [gʀɔɲɔ̃, ɔn] adj mürrisch, knurrig.
groin [gʀwɛ̃] nm Rüssel m.
grommeler [gʀɔm(ə)le] vi grummeln.
grondement [gʀɔ̃dmɑ̃] nm (de tonnerre) Grollen nt.
gronder [gʀɔ̃de] vi (canon, moteur) donnern; (tonnerre) grollen; (animal) knurren; (révolte, mécontentement) gären, grollen ♦ vt (enfant) ausschimpfen.
groom [gʀum] nm Page m.
gros, grosse [gʀo, gʀos] adj dick; (volumineux, grand) groß; (travaux) umfangreich; (orage) schwer; (bruit) gewaltig ♦ adv: **risquer/gagner** ~ viel riskieren/verdienen ♦ nm (COMM) Großhandel m; **par** ~ **temps/grosse mer** bei schlechtem Wetter/stürmischer See; **le** ~ **de** der Großteil +gén; **en avoir** ~ **sur le cœur** sehr betrübt sein; **écrire** ~ in großen Buchstaben ou groß schreiben; **vente en** ~ Verkauf m en gros; **prix de** ~ Großhandelspreis m ▶ **gros intestin** Dickdarm m ▶ **gros lot** großes Los nt ▶ **gros mot** Schimpfwort nt ▶ **gros œuvre** (CONSTR) Rohbau m ▶ **gros plan** (PHOTO) Nahaufnahme f ▶ **gros porteur** (AVIAT) Jumbojet m ▶ **gros sel** Kochsalz nt ▶ **gros titre** Schlagzeile f ▶ **grosse caisse** (MUS) große Trommel f.
groseille [gʀozɛj] nf: ~ **(rouge)** rote Johannisbeere f; ~ **(blanche)** weiße Johannisbeere; ~ **à maquereau** Stachelbeere f.
groseillier [gʀozeje] nm (v nf) Johannisbeerstrauch m; Stachelbeerstrauch m.
gros-grain [gʀogʀɛ̃] (pl ~-~**s**) nm (ruban) Seidenripsband m.
grosse [gʀos] adj voir **gros** ♦ nf (COMM) Gros nt.
grossesse [gʀosɛs] nf Schwangerschaft f.
grosseur [gʀosœʀ] nf (v adj) Dicke f; Größe f;

(tumeur) Geschwulst f.
grossier, -ière [gʀosje, jɛʀ] adj (vulgaire) derb; (laine) grob; (travail, finition) schludrig; (erreur, faute) kraß.
grossièrement [gʀosjɛʀmɑ̃] adv (v adj) derb; grob; schludrig; (à peu près) grob.
grossièreté [gʀosjɛʀte] nf Derbheit f; (mot, propos) Grobheit f.
grossir [gʀosiʀ] vi (nombre) zunehmen; (bruit) anwachsen; (rivière, eaux) steigen ♦ vt (personne) jdn dicker erscheinen lassen, dicker machen; (nombre, importance) erhöhen; (erreur) übertreiben; (suj: microscope, lunette) vergrößern.
grossissant, e [gʀosisɑ̃, ɑ̃t] adj Vergrößerungs-.
grossissement [gʀosismɑ̃] nm (optique) Vergrößerung f.
grossiste [gʀosist] nm/f Großhändler(in) m(f).
grosso modo [gʀosomɔdo] adv ungefähr.
grotesque [gʀotɛsk] adj grotesk.
grotte [gʀɔt] nf Höhle f.
grouiller [gʀuje] vi (foule) umherlaufen; (fourmis) herumwuseln; **se grouiller** vpr (fam) sich sputen; ~ **de** wimmeln vor +dat.
groupe [gʀup] nm Gruppe f ▶ **groupe de pression** Interessengruppe f ▶ **groupe électrogène** Generator m ▶ **groupe sanguin** Blutgruppe f ▶ **groupe scolaire** Schulgebäude pl.
groupement [gʀupmɑ̃] nm Vereinigung f ▶ **groupement d'intérêt économique** wirtschaftliche Interessengemeinschaft f.
grouper [gʀupe] vt gruppieren; (personnes) versammeln; (ressources, moyens) zusammenlegen, vereinigen; **se grouper** vpr sich versammeln.
groupuscule [gʀupyskyl] (péj) nm (POL) Splittergruppe f.
gruau [gʀyo] nm: **farine de** ~ Weizenmehl nt.
grue [gʀy] nf (de chantier) Kran m; (CINÉ) Kamerabaum m; (ZOOL) Kranich m; **faire le pied de** ~ (fam) sich dat die Beine in den Bauch stehen.
gruger [gʀyʒe] vt übertölpeln.
grumeaux [gʀymo] nmpl (CULIN) Klumpen pl.
grumeleux, -euse [gʀym(ə)lø, øz] adj (sauce etc) klumpig; (peau etc) uneben.
grutier [gʀytje] nm Kranführer m.
gruyère [gʀyjɛʀ] nm Gruyère m, Greyerzer(käse) m.
Guadeloupe [gwadlup] nf: **la** ~ Guadeloupe nt.
guadeloupéen, ne [gwadlupeɛ̃, ɛn] adj aus Guadeloupe ♦ nm/f: **G~**, **ne** Bewohner(in) m(f) von Guadeloupe.
guano [gwano] nm Guano m.
Guatemala [gwatemala] nm: **le** ~ Guatemala nt.
guatémaltèque [gwatemaltɛk] adj guatemaltekisch.
gué [ge] nm Furt f; **passer à** ~ an einer Furt überqueren.
guenilles [gənij] nfpl Lumpen pl.
guenon [gənɔ̃] nf Äffin f.

guépard [gepaʀ] *nm* Gepard *m*.
guêpe [gɛp] *nf* Wespe *f*.
guêpier [gepje] *nm* (*fig*) Falle *f*.
guère [gɛʀ] *adv*: **ne** ... ~ **kaum; il n'y a** ~ **que lui qui soit resté** außer ihm ist kaum jemand dageblieben.
guéri, e [geʀi] *adj* (*personne*) geheilt; **être** ~ **de** (*fig*) von etw kuriert sein.
guéridon [geʀidɔ̃] *nm* Sockeltisch *m*.
guérilla [geʀija] *nf* Guerilla *f*.
guérillero [geʀijeʀo] *nm* Guerillero *m*.
guérir [geʀiʀ] *vt* (*MÉD*) heilen ♦ *vi* (*personne*) gesund werden; (*plaie*) heilen; ~ **de** (*MÉD*) genesen von; ~ **qn de** jdn heilen von.
guérison [geʀizɔ̃] *nf* Genesung *f*.
guérissable [geʀisabl] *adj* heilbar.
guérisseur, -euse [geʀisœʀ, øz] *nm/f* Heiler(in) *m(f)*.
guérite [geʀit] *nf* (*MIL*) Wachhäuschen *nt*; (*sur un chantier*) Baubude *f*.
Guernesey [gɛʀn(ə)zɛ] *nf* Guernsey *nt*.
guernesiais, e [gɛʀnəzjɛ, ɛz] *adj* aus Guernsey.
guerre [gɛʀ] *nf* (*MIL*) Krieg *m*; **en** ~ im Kriegszustand; **faire la** ~ **à** Krieg führen mit; **de** ~ **lasse** vom langen Hin und Her ermüdet; **de bonne** ~ (nur) fair ▶ **guerre atomique** Atomkrieg *m* ▶ **guerre civile** Bürgerkrieg *m* ▶ **guerre d'usure** Zermürbungskrieg *m* ▶ **guerre de religion** Religionskrieg *m* ▶ **guerre de tranchées** Grabenkrieg *m* ▶ **guerre froide** kalter Krieg ▶ **guerre mondiale** Weltkrieg *m* ▶ **guerre sainte** heiliger Krieg ▶ **guerre totale** totaler Krieg.
guerrier, -ière [gɛʀje, jɛʀ] *adj* kriegerisch ♦ *nm/f* Krieger(in) *m(f)*.
guerroyer [gɛʀwaje] *vi* Krieg führen.
guet [gɛ] *nm*: **faire le** ~ auf der Lauer liegen.
guet-apens [gɛtapɑ̃] *nm inv* Hinterhalt *m*.
guêtre [gɛtʀ(ə)] *nf* Gamasche *f*.
guetter [gete] *vt* (*épier*) lauern auf +*acc*; (*attendre*) warten auf +*acc*; (*pour surprendre*) auflauern +*dat*; (*suj: maladie, scandale*) drohen +*dat*.
guetteur [getœʀ] *nm* Wachtposten *m*.
gueule [gœl] *nf* (*d'animal*) Maul *nt*; (*du canon, tunnel*) Öffnung *f*; (*fam: visage*) Visage *f*; (: *bouche*) Klappe *f*, Maul; **ta** ~! (*fam*) halt's Maul!, Schnauze! ▶ **gueule de bois** (*fam*) Kater *m*.
gueule-de-loup [gœldəlu] (*pl* ~**s-**~**-**~) *nf* Löwenmäulchen *nt*.
gueuler [gœle] (*fam*) *vi* schreien, plärren.
gueuleton [gœltɔ̃] (*fam*) *nm* Fresserei *f*.
gueux [gø] *nm* Bettler *m*; (*coquin*) Schurke *m*.
gui [gi] *nm* Mistel *f*.
guibole [gibɔl] (*fam*) *nf* Bein *nt*.
guichet [giʃɛ] *nm* Schalter *m*; (*d'une porte*) Fenster(chen) *nt*; (*au théâtre*) Kasse *f*; **jouer à** ~**s fermés** vor ausverkauftem Haus spielen.
guichetier, -ière [giʃ(ə)tje, jɛʀ] *nm/f* Schalterbeamte(r) *f(m)*.
guide [gid] *nm* Führer(in) *m(f)*; (*livre*) Führer *m*

♦ *nf* (*fille scout*) Pfadfinderin *f*; ~**s** *nfpl* (*d'un cheval*) Zügel *pl*.
guider [gide] *vt* führen.
guidon [gidɔ̃] *nm* (*de vélo*) Lenkstange *f*.
guigne [giɲ] *nf* (*fam*): **avoir la** ~ Pech haben.
guignol [giɲɔl] *nm* Kasper *m*; (*fig*) Clown *m*.
guillemets [gijmɛ] *nmpl*: **entre** ~ in Anführungszeichen.
guilleret, te [gijʀɛ, ɛt] *adj* munter.
guillotine [gijɔtin] *nf* Guillotine *f*.
guillotiner [gijɔtine] *vt* enthaupten.
guimauve [gimov] *nf* (*BOT*) Eibisch *m*; (*fig*) Schmalz *nt*.
guimbarde [gɛ̃baʀd] *nf* (*vieille voiture*) Klapperkiste *f*.
guindé, e [gɛ̃de] *adj* gekünstelt.
Guinée [gine] *nf*: **la (République de)** ~ Guinea *nt*; **la** ~ **équatoriale** Äquatorialguinea *nt*.
Guinée-Bissau [ginebiso] *nf*: **la** ~-~ Guinea-Bissau *nt*.
guinéen, ne [ginéɛ̃, ɛn] *adj* guineisch ♦ *nm/f*: **G~, ne** Guineer(in) *m(f)*.
guingois [gɛ̃gwa]: **de** ~ *adv* schief.
guinguette [gɛ̃gɛt] *nf* Gartenlokal *nt*.
guirlande [giʀlɑ̃d] *nf* Girlande *f* ▶ **guirlande de Noël** Weihnachtsgirlande *f* ▶ **guirlande lumineuse** Lichterkette *f*.
guise [giz] *nf*: **à votre** ~ wie Sie wollen *ou* wünschen; **en** ~ **de** (*comme*) als; (*à la place de*) anstelle von.
guitare [gitaʀ] *nf* Gitarre *f* ▶ **guitare sèche** Gitarre ohne Verstärker.
guitariste [gitaʀist] *nm/f* Gitarrist(in) *m(f)*.
gustatif, -ive [gystatif, iv] *adj* Geschmacks-.
guttural, -e, -aux [gytyʀal, o] *adj* guttural.
guyanais, e [gɥijanɛ, ɛz] *adj* guyanisch; (*français*) französisch-guayanisch ♦ *nm/f*: **G~, e** Guayaner(in) *m(f)*.
Guyane [gɥijan] *nf*: **la** ~ Guayana *nt*; **la** ~ **française** Französisch-Guayana *nt*.
gymkhana [ʒimkana] *nm* ≈ Sportfest *nt* ▶ **gymkhana motocycliste** Geschicklichkeitswettbewerb *m* für Motorradfahrer.
gymnase [ʒimnɑz] *nm* Turnhalle *f*.
gymnaste [ʒimnast] *nm/f* Turner(in) *m(f)*.
gymnastique [ʒimnastik] *nf* (*SCOL*) Turnen *nt*; (*au réveil etc*) Gymnastik *f* ▶ **gymnastique corrective** Heilgymnastik *f* ▶ **gymnastique rythmique** Eurythmie *f*.
gymnique [ʒimnik] *adj* gymnastisch.
gynécologie [ʒinekɔlɔʒi] *nf* Gynäkologie *f*.
gynécologique [ʒinekɔlɔʒik] *adj* gynäkologisch.
gynécologue [ʒinekɔlɔg] *nm/f* Gynäkologe *m*, Gynäkologin *f*.
gypse [ʒips] *nm* Gips *m*.
gyrocompas [ʒiʀokɔ̃pɑ] *nm* Kreiselkompaß *m*.
gyrophare [ʒiʀofaʀ] *nm* (*sur une voiture*) ≈ Blaulicht *nt*.

H, h

H¹, h¹ [aʃ] *nm inv* (*lettre*) H, h *nt*; ~ **comme Henri** ≈ H wie Heinrich.
H² [aʃ] *abr* (= *hydrogène*) H; **bombe** ~ Wasserstoffbombe *f*.
h² *abr* = **heure**.
ha *abr* (= *hectare*) ha.
habile [abil] *adj* geschickt; (*malin*) gerissen.
habilement [abilmɑ̃] *adv* (*v adj*) geschickt; gerissen.
habileté [abilte] *nf* (*v adj*) Geschick *nt*; Gerissenheit *f*.
habilité, e [abilite] *adj*: ~ **à faire qch** ermächtigt, etw zu tun.
habiliter [abilite] *vt* ermächtigen.
habillage [abijaʒ] *nm* (*d'une personne*) Ankleiden *nt*; (*d'un objet*) Verkleidung *f*.
habillé, e [abije] *adj* (*vêtu*) gekleidet; (*robe, costume: chic*) elegant; ~ **de** (*TECH*) verkleidet mit; **trop** ~ zu vornehm angezogen.
habillement [abijmɑ̃] *nm* (*vêtements*) Kleidung *f*; (*profession*) Bekleidung *f*.
habiller [abije] *vt* anziehen; (*objet*) verkleiden; (*fournir en vêtements*) einkleiden; **s'habiller** *vpr* sich anziehen; (*se déguiser*) sich verkleiden; (*mettre des vêtements chic*) sich schick anziehen; **s'~ de noir** schwarz tragen; **s'~ chez Chanel** seine Kleidung bei Chanel kaufen.
habilleuse [abijøz] *nf* Garderobiere *f*.
habit [abi] *nm* (*costume*) Kostüm *nt*; ~**s** *nmpl* (*vêtements*) Kleidung *f*, Kleider *pl*; **prendre l'~** (*REL*) ins Kloster gehen ► **habit (de soirée)** Abendanzug *m*.
habitable [abitabl] *adj* bewohnbar.
habitacle [abitakl] *nm* (*de voiture*) Führerhaus *nt*; (*AVIAT*) Cockpit *nt*.
habitant, e [abitɑ̃, ɑ̃t] *nm/f* Einwohner(in) *m(f)*; (*d'une maison*) Bewohner(in) *m(f)*; **loger chez l'~** privat untergebracht sein.
habitat [abita] *nm* Lebensraum *m*; (*BOT, ZOOL*) Habitat *nt*.
habitation [abitasjɔ̃] *nf* (*fait de résider*) Wohnen *nt*; (*demeure*) Wohnsitz *m*; (*bâtiment*) Wohngebäude *nt*.
habité, e [abite] *adj* bewohnt.
habiter [abite] *vt* (*maison*) bewohnen, wohnen in +*dat*; (*ville*) wohnen in +*dat*; (*suj: sentiment, envie*) innewohnen +*dat* ♦ *vi*: ~ **à/dans** wohnen in +*dat*; ~ **chez qn** bei jdm wohnen; ~ **rue Montmartre** in der rue Montmartre wohnen.
habitude [abityd] *nf* Gewohnheit *f*; **avoir l'~ de faire qch** etw gewöhnlich tun; (*expérience*) gewohnt sein, etw zu tun; **avoir l'~ des enfants** Kinder gewöhnt sein; **prendre l'~ de faire qch** sich angewöhnen, etw zu tun; **perdre une** ~ sich etwas abgewöhnen; **d'~** gewöhnlich; **comme d'~** wie gewöhnlich; **par** ~ aus purer Gewohnheit.
habitué, e [abitɥe] *adj*: **être** ~ **à** gewöhnt sein an +*acc* ♦ *nm/f* (*d'une maison*) regelmäßige(r) Besucher(in) *m(f)*; (*d'un café etc*) Stammgast *m*.
habituel, le [abitɥɛl] *adj* üblich.
habituellement [abitɥɛlmɑ̃] *adv* üblicherweise; (*presque toujours*) normalerweise.
habituer [abitɥe] *vt*: ~ **qn à qch/faire qch** jdn an etw *acc* gewöhnen/jdn daran gewöhnen, etw zu tun; **s'habituer** *vpr*: **s'~ à qch** sich an etw *acc* gewöhnen; **s'~ à faire qch** sich daran gewöhnen, etw zu tun.
hâbleur, -euse [ˈɑblœR, øz] *adj* angeberisch.
hache [ˈaʃ] *nf* Axt *f*, Beil *nt*.
haché, e [ˈaʃe] *adj* (*CULIN*) gehackt; (*phrase, style*) abgehackt; **viande** ~**e** Hackfleisch *nt*.
hache-légumes [ˈaʃlegym] *nm inv* Gemüsezerkleinerer *m*.
hacher [ˈaʃe] *vt* (*viande, persil*) hacken; (*entrecouper*) zerhacken; ~ **menu** fein hacken.
hachette [ˈaʃɛt] *nf* Hackbeil *nt*.
hache-viande [ˈaʃvjɑ̃d] *nm inv* Fleischwolf *m*; (*couteau*) Hackmesser *nt*.
hachis [ˈaʃi] *nm* (*viande*) Hackfleisch *nt*; (*légumes*) feingehacktes Gemüse *nt* ► **hachis de bœuf** Rinderhackfleisch *nt*.
hachisch [ˈaʃiʃ] *nm* = **haschisch**.
hachoir [ˈaʃwaR] *nm* (*instrument*) Hackmesser *nt*; (*appareil*) Fleischwolf *m*; (*planche*) Hackbrett *nt*.
hachurer [ˈaʃyRe] *vt* schraffieren.
hachures [ˈaʃyR] *nfpl* Schraffur *f*.
hagard, e [ˈagaR, aRd] *adj* verstört.
haie [ˈɛ] *nf* Hecke *f*; (*SPORT*) Hürde *f*; (*fig: rangée*) Reihe *f*, Spalier *nt*; **400 m** ~**s** 400 m Hürden *pl* ► **haie d'honneur** Spalier.
haillons [ˈajɔ̃] *nmpl* Lumpen *pl*.
haine [ˈɛn] *nf* Haß *m*.
haineux, -euse [ˈɛnø, øz] *adj* haßerfüllt.
haïr [ˈaiR] *vt* hassen; **se haïr** *vpr* sich hassen.
hais [ˈɛ] *vb voir* **haïr**.
haïs [ˈai] *vb voir* **haïr**.
haïssable [ˈaisabl] *adj* verabscheuungswürdig.
Haïti [aiti] *n* Haiti *nt*.
haïtien, ne [aisjɛ̃, ɛn] *adj* haitianisch ♦ *nm/f*: H~, ne Haitianer(in) *m(f)*.
halage [ˈalaʒ] *nm*: **chemin de** ~ Treidelpfad *m*.
hâle [ˈɑl] *nm* (Sonnen)bräune *f*.
hâlé, e [ˈɑle] *adj* braun, sonnengebräunt.
haleine [alɛn] *nf* Atem *m*; **perdre** ~ atemlos werden; **à perdre** ~ bis zum Umfallen; **avoir mauvaise** ~ Mundgeruch haben; **reprendre** ~ (wieder) Atem schöpfen; **hors d'**~ außer Atem; **tenir en** ~ fesseln; (*en attente*) zappeln lassen; **de longue** ~ langwierig.
haler [ˈale] *vt* (*câble*) einholen; (*bateau*) schleppen.

haleter – hasarder

haleter ['alte] *vi* keuchen.
hall ['ol] *nm* Halle *f*.
hallali [alali] *nm* Halali *nt*.
halle ['al] *nf* Markthalle *f*; ~**s** *nfpl* (*marché*) städtische Markthallen *pl*.
hallebarde ['albaʀd] *nf* Hellebarde *f*; **il pleut des** ~**s** es gießt (wie aus Kübeln).
hallucinant, e [alysinɑ̃, ɑ̃t] *adj* verblüffend.
hallucination [alysinasjɔ̃] *nf* Halluzination *f*, Sinnestäuschung *f* ▶ **hallucination collective** Massenwahn *m*.
hallucinatoire [alysinatwaʀ] *adj* halluzinatorisch.
halluciné, e [alysine] *nm/f* Person *f* mit Wahnvorstellungen; (*fou*) Verrückte(r) *f(m)*.
hallucinogène [a(l)lysinɔʒɛn] *adj* halluzinogen ♦ *nm* Halluzinogen *nt*.
halo ['alo] *nm* (*de lumière*) Hof *m*.
halogène [alɔʒɛn] *nm*: **lampe (à)** ~ Halogenlampe *f*.
halte ['alt] *nf* Rast *f*; (*escale*) Zwischenstation *f*; (*RAIL*) Haltepunkt *m* ♦ *excl* halt; **faire** ~ halten.
halte-garderie ['altgaʀdəʀi] (*pl* ~**s**-~**s**) *nf* Kinderkrippe *f*.
haltère [altɛʀ] *nm* Hantel *f*; **faire des** ~**s** Gewichte heben.
haltérophile [alteʀɔfil] *nm* Gewichtheber *m*.
haltérophilie [alteʀɔfili] *nf* Gewichtheben *nt*.
hamac ['amak] *nm* Hängematte *f*.
Hambourg ['ɑ̃buʀ] *n* Hamburg *nt*.
hambourgeois, e ['ɑ̃buʀʒwa, waz] *adj* Hamburger.
hamburger ['ɑ̃buʀgœʀ] *nm* Hamburger *m*.
hameau, x ['amo] *nm* Weiler *m*.
hameçon [amsɔ̃] *nm* Angelhaken *m*; **mordre à l'**~ anbeißen.
hampe ['ɑ̃p] *nf* (*de drapeau*) Stange *f*; (*de lance*) Schaft *m*.
hamster ['amstɛʀ] *nm* Hamster *m*.
hanche ['ɑ̃ʃ] *nf* (*ANAT*) Hüfte *f*.
handball ['ɑ̃dbal] *nm* Handball *m*.
handballeur, -euse ['ɑ̃dbalœʀ, øz] *nm/f* Handballer(in) *m(f)*.
handicap ['ɑ̃dikap] *nm* Handikap *nt*.
handicapé, e ['ɑ̃dikape] *adj* behindert ♦ *nm/f* Behinderte(r) *f(m)* ▶ **handicapé mental** geistig Behinderter *m* ▶ **handicapé moteur** Spastiker *m* ▶ **handicapé physique** Körperbehinderter *m*.
handicaper ['ɑ̃dikape] *vt* behindern.
hangar ['ɑ̃gaʀ] *nm* Schuppen *m*; (*AVIAT*) Hangar *m*, Flugzeughalle *f*.
hanneton ['antɔ̃] *nm* Maikäfer *m*.
Hanovre ['anɔvʀ] *n* Hannover *nt*.
hanovrien, ne ['anɔvʀjɛ̃, ɛn] *adj* hannoverisch.
hanter ['ɑ̃te] *vt* (*suj: fantôme*) spuken in +*dat*, umgehen in +*dat*; (: *idée, souvenir*) verfolgen, keine Ruhe lassen +*dat*.
hantise ['ɑ̃tiz] *nf* (*übertriebene*) Angst *f*.
happer ['ape] *vt* (*avec la bouche*) schnappen; (*suj: train, voiture*) erfassen.
harangue ['aʀɑ̃g] *nf* feierliche Rede *f*; (*remon-*

trance) Sermon *m*.
haranguer ['aʀɑ̃ge] *vt* eine Rede halten +*dat*; (*sermonner*) eine Strafpredigt halten +*dat*.
haras ['aʀɑ] *nm* Gestüt *nt*.
harassant, e ['aʀasɑ̃, ɑ̃t] *adj* erschöpfend.
harassé, e ['aʀase] *adj* erschöpft; **être** ~ **de** (*travail etc*) (völlig) überhäuft sein mit.
harcèlement ['aʀsɛlmɑ̃] *nm* (*MIL*) ständige Überfälle *pl*; (*fig*) Bedrängen *nt* ▶ **harcèlement sexuel** sexuelle Belästigungen *pl*.
harceler ['aʀsəle] *vt* (*MIL*) immer wieder überfallen; (*CHASSE*) unerbittlich jagen; (*fig: importuner*) bedrängen; ~ **de questions** mit Fragen bestürmen.
hardes ['aʀd] (*péj*) *nfpl* (*alte*) Klamotten *pl*, Lumpen *pl*.
hardi, e ['aʀdi] *adj* (*courageux*) kühn, tapfer; (*décolleté, passage*) gewagt; (*style*) kühn.
hardiesse ['aʀdjɛs] *nf* (*courage*) Kühnheit *f*, Tapferkeit *f*; (*de style*) Kühnheit; (*péj: effronterie*) Unverfrorenheit *f*; ~**s** *nfpl* Frechheiten *pl*.
hardiment ['aʀdimɑ̃] *adv* tapfer.
harem ['aʀɛm] *nm* Harem *m*.
hareng ['aʀɑ̃] *nm* Hering *m* ▶ **hareng saur** Räucherhering *m*, Bückling *m*.
hargne ['aʀɲ] *nf* Gehässigkeit *f*.
hargneusement ['aʀɲøzmɑ̃] *adv* gehässig.
hargneux, -euse ['aʀɲø, øz] *adj* gehässig.
haricot ['aʀiko] *nm* Bohne *f* ▶ **haricot blanc** weiße Bohne ▶ **haricot rouge** Kidneybohne *f* ▶ **haricot vert** grüne Bohne, Stangenbohne *f*.
harmonica [aʀmɔnika] *nm* Mundharmonika *f*.
harmonie [aʀmɔni] *nf* Harmonie *f*; (*MUS: théorie*) Harmonielehre *f*; (: *d'un morceau*) Harmonien *pl*.
harmonieusement [aʀmɔnjøzmɑ̃] *adv* harmonisch.
harmonieux, -euse [aʀmɔnjø, øz] *adj* harmonisch.
harmonique [aʀmɔnik] *nm* (*MUS*) Oberton *m*.
harmoniser [aʀmɔnize] *vt* (*morceau de musique*) arrangieren; (*couleurs*) aufeinander abstimmen; **s'harmoniser** *vpr* harmonieren.
harmonium [aʀmɔnjɔm] *nm* Harmonium *nt*.
harnaché, e ['aʀnaʃe] *adj* (*péj*) aufgetakelt.
harnachement ['aʀnaʃmɑ̃] *nm* (*habillement*) Aufmachung *f*; (*équipement*) Ausrüstung *f*.
harnacher ['aʀnaʃe] *vt* (*cheval*) anschirren.
harnais ['aʀnɛ] *nm* Geschirr *nt*.
haro ['aʀo] *nm*: **crier** ~ **sur** wüst beschimpfen.
harpe ['aʀp] *nf* Harfe *f*.
harpie ['aʀpi] *nf* Harpyie *f*.
harpiste ['aʀpist] *nm/f* Harfenist(in) *m(f)*.
harpon ['aʀpɔ̃] *nm* Harpune *f*.
harponner ['aʀpɔne] *vt* harpunieren; (*fam*) aufhalten.
hasard ['azaʀ] *nm* Zufall *m*; **au** ~ (*sans but*) auf gut Glück; (*à l'aveuglette*) planlos; **par** ~ zufällig; **comme par** ~ wie durch Zufall; **à tout** ~ (*en cas de besoin*) für alle Fälle; (*en espérant trouver qch*) auf gut Glück.
hasarder ['azaʀde] *vt* (*mot, regard*) riskieren;

(vie, fortune) aufs Spiel setzen; **se ~ à faire qch** es wagen, etw zu tun.

hasardeux, -euse [ˈazaʀdø, øz] *adj (entreprise)* riskant; *(hypothèse)* gewagt.

haschisch [ˈaʃiʃ] *nm* Haschisch *nt*.

hâte [ˈɑt] *nf* Eile *f*, Hast *f*; **à la ~** hastig; **en ~** in aller Eile; **j'ai ~ de faire qch** ich kann es nicht abwarten, etw zu tun.

hâter [ˈɑte] *vt* beschleunigen; **se hâter** *vpr* sich beeilen; **se ~ de faire qch** schnell etw tun.

hâtif, -ive [ˈɑtif, iv] *adj (travail)* gepfuscht; *(décision)* übereilt; *(fruit, légume)* frühreif.

hâtivement [ˈɑtivmã] *adv (travailler)* überschnell; *(décider)* übereilt.

hauban [ˈobã] *nm (NAUT)* Want *f*.

hausse [ˈos] *nf* Anstieg *m*; *(de fusil)* Visier *nt*; **en ~** steigend.

hausser [ˈose] *vt (voix)* erheben; **se hausser** *vpr*: **se ~ sur la pointe des pieds** sich auf die Zehenspitzen stellen; **~ les épaules** mit den Schultern zucken; **~ le ton** die Stimme erheben.

haut, e [ˈo, ˈot] *adj* hoch ♦ *adv*: **monter/lever ~** hoch steigen/heben ♦ *nm (d'un objet)* oberer Teil *m*; *(d'un arbre)* Wipfel *m*; **~ de 2 m/5 étages** 2 m/5 Stockwerke hoch; **en ~e montagne** im Hochgebirge; **en ~ lieu** an höchster Stelle; **à ~e voix** mit lauter Stimme; **tout ~** laut; **un personnage ~ en couleur** eine sehr schillernde Persönlichkeit; **un mur de 3 m de ~** eine 3 m hohe Mauer; **des ~s et des bas** Höhen und Tiefen *pl*; **du ~ de ... von ... herab**; **tomber de ~** von oben herunterfallen; *(fig)* tief fallen; **prendre qch de (très) ~** auf etw *acc* hochmütig reagieren; **traiter qn de ~** jdn von oben herab behandeln; **de ~ en bas** *(regarder)* von oben bis unten; *(lire)* von Anfang bis Ende; *(frapper)* von oben nach unten; **en ~** oben; *(mouvement)* nach oben; **en ~ de** auf *+dat*; *(mouvement)* auf *+acc*; **dire qch bien ~** etw laut sagen; **plus ~** höher; *(position, aussi dans un texte)* weiter oben; *(parler)* lauter; **~ les mains!** Hände hoch! ► **haute couture** Haute Couture *f* ► **haute fidélité** High-Fidelity *f* ► **haute finance** Hochfinanz *f* ► **haute trahison** Hochverrat *m*.

hautain, e [ˈotɛ̃, ɛn] *adj* hochmütig.

hautbois [ˈobwɑ] *nm* Oboe *f*.

hautboïste [ˈoboist] *nm/f* Oboist(in) *m(f)*.

haut-de-forme [ˈodfɔʀm] *(pl* **~s-~-~)** *nm* Zylinder *m*.

haute-contre [ˈotkɔ̃tʀ] *(pl* **~s-~)** *nf* Kontratenor *m*.

hautement [ˈotmã] *adv (très)* höchst.

hauteur [ˈotœʀ] *nf* Höhe *f*; *(arrogance)* Hochmut *m*; **à ~ de** auf der Höhe von; **à ~ des yeux** in Augenhöhe; **être à la ~ de** auf der gleichen Höhe liegen wie; *(fig)* gewachsen sein *+dat*; **à la ~ (de)** *(fig)* der Situation gewachsen.

haut-fond [ˈofɔ̃] *(pl* **~s-~s)** *nm* Untiefe *f*.

haut-fourneau [ˈofuʀno] *(pl* **~s-~x)** *nm* Hochofen *m*.

haut-le-cœur [ˈolkœʀ] *nm inv* Würgen *nt*, Brechreiz *m*.

haut-le-corps [ˈolkɔʀ] *nm inv* Aufschrecken *nt*, Auffahren *nt*.

haut-parleur [ˈopaʀlœʀ] *(pl* **~-~s)** *nm* Lautsprecher *m*.

hauturier, -ière [ˈotyʀje, jɛʀ] *adj (navigation)* Hochsee-.

Havane [ˈavan] *nf*: **la ~** Havanna *nt* ♦ *nm (cigare)* Havanna *f*.

hâve [ˈɑv] *adj* hager.

havrais, e [ˈavʀɛ, ɛz] *adj* aus Le Havre ♦ *nm/f*: **H~, e** Einwohner(in) *m(f)* von Le Havre.

havre [ˈavʀ] *nm (fig)* Oase *f*.

havresac [ˈavʀəsak] *nm* Rucksack *m*.

Haye [ˈɛ] *n*: **La ~** Den Haag *nt*.

hayon [ˈɛjɔ̃] *nm (AUTO)* Hecktür *f*.

hé [ˈe] *excl* he.

hebdo [ɛbdo] *(fam)* *nm* Wochenzeitschrift *f*.

hebdomadaire [ɛbdɔmadɛʀ] *adj* wöchentlich ♦ *nm (journal)* Wochenzeitschrift *f*.

hébergement [ebɛʀʒəmã] *nm (logement)* Beherbergen *nt*, Aufnahme *f*.

héberger [ebɛʀʒe] *vt* (bei sich) aufnehmen, beherbergen.

hébété, e [ebete] *adj* benommen.

hébétude [ebetyd] *nf* Benommenheit *f*.

hébraïque [ebʀaik] *adj* hebräisch.

hébreu, x [ebʀø] *adj* hebräisch ♦ *nm (LING)* Hebräisch *nt*.

HEC [ˈaʃese] *sigle fpl (= École des hautes études commerciales)* Eliteschule für Betriebswirte.

hécatombe [ekatɔ̃b] *nf* Blutbad *nt*.

hectare [ɛktaʀ] *nm* Hektar *nt ou m*.

hecto [ɛkto] *préf* hekto-.

hectolitre [ɛktɔlitʀ] *nm* Hektoliter *m*.

hédoniste [edɔnist] *adj* hedonistisch.

hégémonie [eʒemɔni] *nf* Vorherrschaft *f*.

hein [ˈɛ̃] *excl*: **~?** *(comment?)* wie (bitte)?, was?; **tu m'approuves, ~?** du bist doch einverstanden, oder?; **Paul est venu, ~?** Paul ist gekommen, oder?; **que fais-tu, ~?** was machst du jetzt, na?

hélas [ˈelas] *excl* ach; **~ non/oui!** leider nicht/ leider!

héler [ˈele] *vt* herbeirufen.

hélice [elis] *nf (de bateau)* Schiffsschraube *f*; *(d'avion)* Propeller *m*; **escalier en ~** Wendeltreppe *f*.

hélicoïdal, e, -aux [elikɔidal, o] *adj* schneckenförmig.

hélicoptère [elikɔptɛʀ] *nm* Hubschrauber *m*.

hélio(gravure) [eljɔgravyʀ] *nf* Heliogravüre *f*.

héliomarin, e [eljɔmaʀɛ̃, in] *adj*: **centre ~** Seekurort *m*.

héliotrope [eljɔtʀɔp] *nm* Heliotrop *nt*.

héliport [elipɔʀ] *nm* Hubschrauberlandeplatz *m*.

héliporté, e [elipɔʀte] *adj* per Hubschrauber befördert.

hélium [eljɔm] *nm* Helium *nt*.

hellébore [e(ɛl)lebɔʀ] *nm* Nieswurz *f*.

hellénique [elenik] *adj* hellenisch.

helléniste [elenist] *nm/f* Hellenist(in) *m(f)*.
Helsinki [εlzinki] *n* Helsinki *nt*.
helvète [εlvεt] *adj* helvetisch ♦ *nm/f*: **H**~ Helvetier(in) *m(f)*.
Helvétie [εlvesi] *nf*: **l'**~ Helvetien *nt*.
helvétique [εlvetik] *adj* schweizerisch.
hématologie [ematɔlɔʒi] *nf* Hämatologie *f*.
hématome [ematom] *nm* Bluterguß *m*.
hémicycle [emisikl] *nm* Halbkreis *m*; **l'**~ (*POL*) das französische Parlament.
hémiplégie [emipleʒi] *nf* halbseitige Lähmung *f*.
hémisphère [emisfεr] *nm*: ~ **nord/sud** nördliche/südliche Hemisphäre *f ou* Halbkugel *f*.
hémisphérique [emisferik] *adj* halbkugelförmig.
hémoglobine [emɔglɔbin] *nf* Hämoglobin *nt*.
hémophile [emɔfil] *adj* bluterkrank; **il est** ~ er ist Bluter.
hémophilie [emɔfili] *nf* Bluterkrankheit *f*.
hémorragie [emɔraʒi] *nf* starke Blutung *f* ▶ **hémorragie cérébrale** Gehirnblutung *f* ▶ **hémorragie interne** innere Blutung.
hémorroïdes [emɔrɔid] *nfpl* Hämorrhoiden *pl*.
hémostatique [emɔstatik] *adj* blutstillend.
henné [ene] *nm* Henna *f*.
hennir [eniʀ] *vi* wiehern.
hennissement [enismɑ̃] *nm* Wiehern *nt*.
hep [εp] *excl* he.
hépatique [epatik] *adj* Leber-.
hépatite [epatit] *nf* Hepatitis *f*.
héraldique [eʀaldik] *nf* Heraldik *f*.
herbacé, e [εʀbase] *adj* (*BOT*) krautig.
herbage [εʀbaʒ] *nm* Weide *f*.
herbe [εʀb] *nf* Gras *nt*; (*CULIN, MÉD*) Kraut *nt*; **en** ~ unreif; (*fig*) angehend.
herbeux, -euse [εʀbø, øz] *adj* grasbestanden.
herbicide [εʀbisid] *nm* Unkrautvertilgungsmittel *nt*.
herbier [εʀbje] *nm* Herbarium *nt*.
herbivore [εʀbivɔʀ] *nm* Pflanzenfresser *m*.
herboriser [εʀbɔʀize] *vi* botanisieren.
herboriste [εʀbɔʀist] *nm/f* Naturheilkundige(r) *f(m)*.
herboristerie [εʀbɔʀistʀi] *nf* (*magasin*) Naturheilladen *m*.
herculéen, ne [εʀkyleε̃, εn] *adj* (*fig*) Riesen-.
hère [εʀ] *nm*: **pauvre** ~ armer Teufel *m*.
héréditaire [eʀeditεʀ] *adj* erblich.
hérédité [eʀedite] *nf* Vererbung *f*.
hérésie [eʀezi] *nf* Ketzerei *f*.
hérétique [eʀetik] *nm/f* Ketzer(in) *m(f)*.
hérissé, e [eʀise] *adj* (*poil, cheveux*) borstig, struppig; ~ **de** (*piquants, clous*) gespickt mit; (*pièges, difficultés*) voller.
hérisser [eʀise] *vt*: ~ **qn** (*fig*) jdn aufbringen; **se hérisser** *vpr* (*poils*) sich sträuben.
hérisson [eʀisɔ̃] *nm* Igel *m*.
héritage [eʀitaʒ] *nm* Erbschaft *f*; (*fig: culturel, politique*) Erbe *nt*; (*legs*) Vermächtnis *nt*; **faire un (petit)** ~ eine (kleine) Erbschaft machen.
hériter [eʀite] *vi*: ~ **de qch** etw erben; ~ **qch de**

qn etw von jdm erben; ~ **de qn** jdn beerben.
héritier, -ière [eʀitje, jεʀ] *nm/f* Erbe *m*, Erbin *f*.
hermaphrodite [εʀmafrɔdit] *nm* Zwitter *m*.
hermétique [εʀmetik] *adj* (*à l'air*) luftdicht; (*à l'eau*) wasserdicht; (*visage*) verschlossen; (*écrivain, style*) schwer zugänglich.
hermétiquement [εʀmetikmɑ̃] *adv* (*à l'air*) luftdicht; (*à l'eau*) wasserdicht.
hermine [εʀmin] *nf* Hermelin *nt*.
hernie ['εʀni] *nf* Bruch *m*.
héroïne [eʀɔin] *nf* Heldin *f*; (*drogue*) Heroin *nt*.
héroïnomane [eʀɔinɔman] *nm/f* Heroinsüchtige(r) *f(m)*.
héroïque [eʀɔik] *adj* heldenhaft, heroisch.
héroïquement [eʀɔikmɑ̃] *adv* heldenhaft.
héroïsme [eʀɔism] *nm* Heldentum *nt*.
héron [eʀɔ̃] *nm* Reiher *m*.
héros ['eʀo] *nm* Held *m*.
herpès [εʀpεs] *nm* Herpes *m*.
herse ['εʀs] *nf* (*AGR*) Egge *f*; (*de château*) Fallgitter *nt*.
hertz [εʀts] *nm* Hertz *nt*.
hertzien, ne [εʀtsjε̃, εn] *adj* elektromagnetisch.
hésitant, e [ezitɑ̃, ɑ̃t] *adj* zögernd.
hésitation [ezitasjɔ̃] *nf* Zögern *nt*.
hésiter [ezite] *vi* zögern; ~ **à faire qch** zögern, etw zu tun; **sans** ~ ohne Zögern; ~ **sur qch** unschlüssig sein über +*acc*; ~ **entre** schwanken zwischen +*dat*.
hétéro [eteʀo] *adj inv* = **hétérosexuel**.
hétéroclite [eteʀɔklit] *adj* (*ensemble*) heterogen; (*objets*) zusammengewürfelt.
hétérogène [eteʀɔʒεn] *adj* heterogen.
hétérosexuel, le [eteʀɔsεkɥεl] *adj* heterosexuell.
hêtre ['εtʀ] *nm* Buche *f*.
heure [œʀ] *nf* Stunde *f*; (*SCOL*) (Schul)stunde *f*; (*moment*) Zeit *f*; **c'est l'**~ es ist Zeit; **quelle** ~ **est-il?** wieviel Uhr ist es?, wie spät ist es?; **pourriez-vous me donner l'**~, **s'il vous plaît?** können Sie mir bitte sagen, wie spät es ist?; **2** ~**s (du matin)** 2 Uhr (morgens); **être à l'**~ pünktlich sein; (*montre*) richtig gehen; **mettre à l'**~ stellen; **100 km à l'**~ 100 Stundenkilometer; **à toute** ~ den ganzen Tag (lang); **24** ~**s sur 24** 24 Stunden am Tag, rund um die Uhr; **à l'**~ **qu'il est** im Augenblick; **sur l'**~ sofort; **pour l'**~ im Augenblick; **d'**~ **en**, **d'une** ~ **à l'autre** von einer Stunde zur anderen; **de bonne** ~ frühzeitig; **à l'**~ **actuelle** gegenwärtig ▶ **heure d'été** Sommerzeit *f* ▶ **heure de pointe** Hauptverkehrszeit *f* ▶ **heure locale** Ortszeit *f* ▶ **heures de bureau** Bürozeiten *pl*, Bürostunden *pl* ▶ **heures supplémentaires** Überstunden *pl*.
heureusement [œʀøzmɑ̃] *adv* glücklicherweise; ~ **qu'il est parti** glücklicherweise ist er gegangen.
heureux, -euse [œʀø, øz] *adj* glücklich; (*nature, caractère*) fröhlich; **être** ~ **de qch/faire qch** sich über etw freuen/sich darüber freuen,

etw zu tun; **être** ~ **que** glücklich sein, daß; **s'estimer** ~ **de qch** sich über etw *acc* glücklich schätzen; **encore** ~ **que** ein Glück, daß.

heurt ['œʀ] *nm* (*choc*) Zusammenstoß *m*; ~**s** *nmpl* (*désaccord*) Reibereien *pl*.

heurté, e ['œʀte] *adj* (*style, discours*) sprunghaft; (*couleurs*) sich beißend.

heurter ['œʀte] *vt* (*mur, porte*) stoßen gegen; (*personne*) zusammenstoßen mit; (: *fig*) verletzen; **se heurter** *vpr* sich stoßen; (*voitures, personnes*) zusammenstoßen; (*couleurs, tons*) nicht zusammenpassen, sich beißen; **se** ~ **à** (*fig*) stoßen auf +*acc*; ~ **qn de front** frontal mit jdm zusammenstoßen.

heurtoir ['œʀtwaʀ] *nm* Türklopfer *m*.

hévéa [evea] *nm* Hevea *f*.

hexagonal, e, -aux [ɛgzagɔnal, o] *adj* sechseckig; (*français*) französisch.

hexagone [ɛgzagɔn] *nm* Sechseck *nt*; **l'H**~ (*la France*) Frankreich *nt* (*wegen seiner annähernd sechseckigen Form*).

HF ['aʃɛf] *sigle f* (= *haute fréquence*) HF.

hiatus ['jatys] *nm* Hiatus *m*.

hibernation [ibɛʀnasjɔ̃] *nf* Winterschlaf *m*.

hiberner [ibɛʀne] *vi* Winterschlaf halten.

hibiscus [ibiskys] *nm* Hibiskus *m*.

hibou, x ['ibu] *nm* Eule *f*.

hic ['ik] (*fam*) *nm* Haken *m*.

hideusement ['idøzmɑ̃] *adv* abscheulich.

hideux, -euse ['idø, øz] *adj* abscheulich.

hier [jɛʀ] *adv* gestern; ~ **matin/soir/midi** gestern morgen/abend/mittag; **toute la journée d'**~ den ganzen gestrigen Tag lang.

hiérarchie ['jeʀaʀʃi] *nf* Hierarchie *f*.

hiérarchique ['jeʀaʀʃik] *adj* hierarchisch.

hiérarchiquement ['jeʀaʀʃikmɑ̃] *adv* hierarchisch.

hiérarchisation ['jeʀaʀʃizasjɔ̃] *nf* hierarchische Organisation *f*.

hiérarchiser ['jeʀaʀʃize] *vt* hierarchisch organisieren.

hiéroglyphe ['jeʀɔglif] *nm* Hieroglyphe *f*.

hiéroglyphique ['jeʀɔglifik] *adj* hieroglyphisch.

hi-fi ['ifi] *nf inv* Hi-Fi *nt*.

hilarant, e [ilaʀɑ̃, ɑ̃t] *adj* (*amusant*) sehr komisch.

hilare [ilaʀ] *adj* grinsend.

hilarité [ilaʀite] *nf* Heiterkeit *f*.

Himalaya [imalaja] *nm*: **l'**~ der Himalaja.

himalayen, ne [imalajɛ̃, ɛn] *adj* Himalaya-.

hindou, e [ɛ̃du] *adj* Hindu-; (*indien*) indisch ♦ *nm/f*: **H**~, **e** (*Indien*) Inder(in) *m(f)*; (*croyant*) Hindu *m*.

hindouisme [ɛ̃duism] *nm* Hinduismus *m*.

hippie ['ipi] *adj* Hippie- ♦ *nm/f* Hippie *m*.

hippique [ipik] *adj* Pferde-.

hippisme [ipism] *nm* Pferdesport *m*.

hippocampe [ipɔkɑ̃p] *nm* Seepferdchen *nt*.

hippodrome [ipɔdʀom] *nm* Hippodrom *nt*.

hippophagique [ipɔfaʒik] *adj*: **boucherie** ~ Pferdemetzgerei *f*.

hippopotame [ipɔpɔtam] *nm* Nilpferd *nt*.

hirondelle [iʀɔdɛl] *nf* Schwalbe *f*.

hirsute [iʀsyt] *adj* (*personne, tête*) strubbelig; (*barbe*) struppig.

hispanique [ispanik] *adj* hispanisch.

hispaniste [ispanist] *nm/f* Hispanist(in) *m(f)*.

hisser ['ise] *vt* hissen; **se** ~ **sur** sich hochziehen auf +*acc*.

histoire [istwaʀ] *nf* Geschichte *f*; ~**s** *nfpl* (*chichis*) Theater *nt*; (*ennuis*) Scherereien *pl*, Ärger *m*; **l'**~ **de France** die französische Geschichte; **l'**~ **sainte** die biblische Geschichte.

histologie [istɔlɔʒi] *nf* Histologie *f*.

historien, ne [istɔʀjɛ̃, ɛn] *nm/f* Historiker(in) *m(f)*.

historiographe [istɔʀjɔgʀaf] *nm* Geschichtsschreiber *m*.

historique [istɔʀik] *adj* historisch ♦ *nm*: **faire l'**~ **de** den Hintergrund geben zu.

historiquement [istɔʀikmɑ̃] *adv* historisch.

hit-parade ['itpaʀad] (*pl* ~-~**s**) *nm* Hitparade *f*.

hiver [ivɛʀ] *nm* Winter *m*; **en** ~ im Winter.

hivernal, e, -aux [ivɛʀnal, o] *adj* winterlich, Winter-.

hivernant, e [ivɛʀnɑ̃, ɑ̃t] *nm/f* Wintergast *m*.

hiverner [ivɛʀne] *vi* überwintern.

HLM ['aʃɛlɛm] *sigle m ou f* (= *habitation à loyer modéré*) ≈ Sozialwohnung *f*.

hobby ['ɔbi] *nm* Hobby *nt*.

hobereau ['ɔbʀo] *nm* (*petit seigneur*) Gutsherr *m*.

hochement ['ɔʃmɑ̃] *nm*: ~ **de tête** (*v vt*) Nicken *nt*; Kopfschütteln *nt*.

hocher ['ɔʃe] *vt*: ~ **la tête** mit dem Kopf nicken; (*signe négatif ou dubitatif*) den Kopf schütteln.

hochet ['ɔʃɛ] *nm* (*jouet*) Rassel *f*.

hockey ['ɔkɛ] *nm*: ~ **sur glace/gazon** Eishockey *nt*/Feldhockey *nt*.

hockeyeur, -euse ['ɔkɛjœʀ, øz] *nm/f* Hockeyspieler(in) *m(f)*; (*sur glace*) Eishockeyspieler(in) *m(f)*.

holà ['ɔla; hɔla] *nm*: **mettre le** ~ **à qch** einer Sache *dat* ein Ende setzen.

holding ['ɔldiŋ] *nm* Holding(gesellschaft *f*) *nt*.

hold-up ['ɔldœp] *nm inv* Raubüberfall *m*.

hollandais, e ['ɔlɑ̃dɛ, ɛz] *adj* holländisch ♦ *nm* (*LING*) Holländisch *nt* ♦ *nm/f*: **H**~, **e** Holländer(in) *m(f)*.

Hollande ['ɔlɑ̃d] *nf*: **la** ~ Holland *nt*.

hollande ['ɔlɑ̃d] *nm* (*fromage*) Holländer (Käse) *m*.

holocauste [ɔlɔkost] *nm* Holocaust *m*.

hologramme [ɔlɔgʀam] *nm* Hologramm *nt*.

homard ['ɔmaʀ] *nm* Hummer *m*.

homélie [ɔmeli] *nf* Predigt *f*.

homéopathe [ɔmeɔpat] *nm/f* Homöopath(in) *m(f)*.

homéopathie [ɔmeɔpati] *nf* Homöopathie *f*.

homéopathique [ɔmeɔpatik] *adj* homöopathisch.

homérique [ɔmeʀik] *adj* homerisch.

homicide [ɔmisid] *nm* Mord *m* ► **homicide involontaire** Totschlag *m*.
hommage [ɔmaʒ] *nm* Huldigung *f*; **présenter ses ~s à qn** jdn grüßen; **rendre ~ à qn** jdm huldigen.
homme [ɔm] *nm* (*individu*) Mann *m*; (*espèce*) Mensch *m*; **l'~ de la rue** der Mann auf der Straße ► **homme d'affaires** Geschäftsmann *m* ► **homme d'État** Staatsmann *m* ► **homme de loi** Jurist *m* ► **homme de main** Handlanger *m* ► **homme de paille** Strohmann *m* ► **homme des cavernes** Höhlenmensch *m*.
homme-grenouille [ɔmgrənuj] (*pl* ~s-~s) *nm* Froschmann *m*.
homme-orchestre [ɔmɔrkɛstr] (*pl* ~s-~s) *nm* Einmannband *f*.
homme-sandwich [ɔmsãdwitʃ] (*pl* ~s-~s) *nm* Plakatträger *m*.
homo [omo] (*fam*) *abr adj, nm* = **homosexuel**.
homogène [ɔmɔʒɛn] *adj* homogen.
homogénéisé, e [ɔmɔʒeneize] *adj* homogenisiert.
homogénéité [ɔmɔʒeneite] *nf* Homogenität *f*.
homologation [ɔmɔlɔgasjɔ̃] *nf* (*v homologuer*) Bestätigung *f*; Anerkennung *f*.
homologue [ɔmɔlɔg] *nm/f* Gegenstück *nt*.
homologué, e [ɔmɔlɔge] *adj* (*SPORT*) offiziell anerkannt; (*tarif*) genehmigt.
homologuer [ɔmɔlɔge] *vt* (*JUR*) sanktionieren, bestätigen; (*SPORT*) offiziell anerkennen.
homonyme [ɔmɔnim] *nm* (*LING*) Homonym *nt*; (*d'une personne*) Namensvetter *m*, Namensschwester *f*.
homosexualité [ɔmɔsɛksyalite] *nf* Homosexualität *f*.
homosexuel, le [ɔmɔsɛksyɛl] *adj* homosexuell ♦ *nm/f* Homosexuelle(r) *f(m)*.
Honduras ['ɔ̃dyras] *nm*: **le ~** Honduras *nt*.
Hong-Kong ['ɔ̃gkɔ̃g] *n* Hongkong *nt*.
hongre ['ɔ̃gr] *adj* (*cheval*) kastriert ♦ *nm* (*cheval*) Wallach *m*.
Hongrie ['ɔ̃gri] *nf*: **la ~** Ungarn *nt*.
hongrois, e ['ɔ̃grwa, waz] *adj* ungarisch ♦ *nm* (*LING*) Ungarisch *nt* ♦ *nm/f*: **H~, e** Ungar(in) *m(f)*.
honnête [ɔnɛt] *adj* ehrlich; (*juste, satisfaisant*) anständig, zufriedenstellend.
honnêtement [ɔnɛtmã] *adv* (*v adj*) ehrlich; anständig.
honnêteté [ɔnɛte] *nf* Ehrlichkeit *f*.
honneur [ɔnœr] *nm* Ehre *f*; (*considération*) Ehrung *f*; **~s** *nmpl* (*marques de distinction*) Ehrungen *pl*; **l'~ lui revient** ihm kommt die Ehre zu; **à qui ai-je l'~?** mit wem habe ich die Ehre?; **cela me/te fait ~** das ehrt mich/dich; **j'ai l'~ de ...** ich habe die große Ehre, ...; **en l'~ de** zu Ehren von; **faire ~ à** (*engagements*) einhalten; (*famille, professeur*) Ehre machen +*dat*; (*repas etc*) zu würdigen wissen; **être à l'~** den Ehrenplatz einnehmen; **être en ~** in Mode sein; **membre d'~** Ehrenmitglied *nt*; **table d'~** Ehrentisch *m*.
honorable [ɔnɔrabl] *adj* (*personne*) ehrenhaft;

(*suffisant*) zufriedenstellend, anständig.
honorablement [ɔnɔrabləmã] *adv* (*v adj*) ehrenhaft; zufriedenstellend.
honoraire [ɔnɔrɛr] *adj* ehrenamtlich; **~s** *nmpl* Honorar *nt*; **professeur ~** emeritierter Professor *m*.
honorer [ɔnɔre] *vt* (*adorer*) verehren; (*estimer*) schätzen; (*faire honneur à*) Ehre machen +*dat*; (*COMM*) einlösen, bezahlen; **s'honorer** *vpr*: **s'~ de** sich rühmen +*gén*; **~ qn de** jdn beehren mit.
honorifique [ɔnɔrifik] *adj* Ehren-.
honte ['ɔ̃t] *nf* Schande *f*; **avoir ~ de** sich schämen +*gén*; **faire ~ à qn** jdm Schande machen.
honteusement ['ɔ̃tøzmã] *adv* schändlich.
honteux, -euse ['ɔ̃tø, øz] *adj* (*personne*) beschämt; (*conduite, acte*) schändlich.
hôpital, -aux [ɔpital, o] *nm* Krankenhaus *nt*.
hoquet ['ɔkɛ] *nm* Schluckauf *m*; **avoir le ~** (einen) Schluckauf haben.
hoqueter ['ɔkte] *vi* (einen) Schluckauf haben.
horaire [ɔrɛr] *adj* Stunden- ♦ *nm* (*emploi du temps*) Zeitplan *m*; (*SCOL*) Stundenplan *m*; (*de transports*) Fahrplan *m*; (*AVIAT*) Flugplan *m*; **~s** *nmpl* (*heures de travail*) Arbeitszeit *f* ► **horaire à la carte** *ou* **flexible** *ou* **mobile** Gleitzeit *f*.
horde ['ɔrd] *nf* Horde *f*.
horizon [ɔrizɔ̃] *nm* Horizont *m*; (*paysage*) Landschaft *f*; **~s** *nmpl* Horizonte *pl*; **sur l'~** am Horizont.
horizontal, e, -aux [ɔrizɔtal, o] *adj* horizontal ♦ *nf*: **à l'~e** in der Horizontale.
horizontalement [ɔrizɔtalmã] *adv* horizontal.
horloge [ɔrlɔʒ] *nf* Uhr *f* ► **horloge normande** Standuhr *f* ► **horloge parlante** Zeitansage *f*.
horloger, -ère [ɔrlɔʒe, ɛr] *nm/f* Uhrmacher(in) *m(f)*.
horlogerie [ɔrlɔʒri] *nf* (*industrie*) Uhrenindustrie *f*; (*magasin*) Uhrengeschäft *nt*; **pièces d'~** Uhrteile *pl*.
hormis ['ɔrmi] *prép* außer +*dat*.
hormonal, e, -aux [ɔrmɔnal, o] *adj* hormonell.
hormone [ɔrmɔn] *nf* Hormon *nt*.
horodaté, e [ɔrɔdate] *adj* (*ticket*) mit Zeitangabe; (*stationnement*) mit Parkticket.
horodateur, -trice [ɔrɔdatœr, tris] *adj* (*appareil*) mit Zeitstempel ♦ *nm* Automat *m* mit Zeitstempel.
horoscope [ɔrɔskɔp] *nm* Horoskop *nt*.
horreur [ɔrœr] *nf* Entsetzen *nt*; (*objet*) Abscheulichkeit *f*; **l'~ d'une action/d'une scène** die Entsetzlichkeit einer Tat/einer Szene; **quelle ~!** wie entsetzlich!; **avoir ~ de qch** etw verabscheuen; **cela me fait ~** das widert mich an.
horrible [ɔribl] *adj* (*épouvantable*) schrecklich, grauenhaft; (*laid*) gräßlich.
horriblement [ɔribləmã] *adv* schrecklich, grauenhaft; (*extrêmement*) furchtbar.
horrifiant, e [ɔrifjã, ãt] *adj* entsetzlich.

horrifier [ɔʀifje] *vt* entsetzen.

horrifique [ɔʀifik] *adj* entsetzlich.

horripilant, e [ɔʀipilɑ̃, ɑ̃t] *adj* nervtötend.

horripiler [ɔʀipile] *vt* zur Verzweiflung bringen.

hors ['ɔʀ] *prép* (*sauf*) außer +*dat*; ~ **de** außerhalb von; ~ **de propos** unpassend; **être** ~ **de soi** außer sich *dat* sein ▶ **hors d'usage** defekt ▶ **hors ligne** außergewöhnlich ▶ **hors pair** außerordentlich ▶ **hors série** (*sur mesure*) nach Maß; (*exceptionnel*) außergewöhnlich ▶ **hors service** außer Betrieb.

hors-bord ['ɔʀbɔʀ] *nm inv* Außenborder *m*.

hors-concours ['ɔʀkɔ̃kuʀ] *adj inv* außer Konkurrenz.

hors-d'œuvre ['ɔʀdœvʀ] *nm inv* Vorspeise *f*, Hors-d'œuvre *nt*.

hors-jeu ['ɔʀʒø] *nm inv* Abseits *nt*.

hors-la-loi ['ɔʀlalwa] *nm inv* Geächteter *m*.

hors-piste(s) ['ɔʀpist] *nm inv* (*SKI*) Skilaufen *nt* abseits der Pisten.

hors-taxe [ɔʀtaks] *adj* (*article, boutique*) zollfrei; (*prix*) ohne Zoll.

hors-texte ['ɔʀtɛkst] *nm inv* Tafel *f*.

hortensia [ɔʀtɑ̃sja] *nm* Hortensie *f*.

horticole [ɔʀtikɔl] *adj* Gartenbau-.

horticulteur, -trice [ɔʀtikyltœʀ, tʀis] *nm/f* Gärtner(in) *m(f)*.

horticulture [ɔʀtikyltyʀ] *nf* Gartenbau *m*.

hospice [ɔspis] *nm* (*de vieillards*) Heim *nt*; (*asile*) Hospiz *nt*.

hospitalier, -ière [ɔspitalje, jɛʀ] *adj* (*accueillant*) gastfreundlich; (*MÉD*) Krankenhaus-.

hospitalisation [ɔspitalizasjɔ̃] *nf* Einweisung *f* ins Krankenhaus.

hospitaliser [ɔspitalize] *vt* ins Krankenhaus einweisen.

hospitalité [ɔspitalite] *nf* (*accueil*) Gastfreundschaft *f*; **offrir l'** ~ **à qn** jdn bewirten.

hostie [ɔsti] *nf* Hostie *f*.

hostile [ɔstil] *adj* feindselig; ~ **à** gegen +*acc*.

hostilité [ɔstilite] *nf* Feindseligkeit *f*; ~**s** *nfpl* Feindseligkeiten *pl*.

hôte [ot] *nm* (*maître de maison*) Gastgeber *m* ♦ *nm/f* (*invité*) Gast *m*; (*client*) Kunde(-in) *m(f)*; (*fig: occupant*) Bewohner(in) *m(f)* ▶ **hôte payant** zahlender Gast.

hôtel [otɛl] *nm* Hotel *nt* ▶ **hôtel de ville** Rathaus *nt* ▶ **hôtel (particulier)** Villa *f*.

hôtelier, -ière [otəlje, jɛʀ] *adj* Hotel- ♦ *nm/f* Hotelier *m*.

hôtellerie [otɛlʀi] *nf* (*profession*) Hotelgewerbe *nt*; (*auberge*) Gasthaus *nt*.

hôtesse [otɛs] *nf* (*maîtresse de maison*) Gastgeberin *f*; (*dans une agence, une foire*) Hosteß *f* ▶ **hôtesse d'accueil** Hosteß ▶ **hôtesse de l'air** Stewardeß *f*.

hotte ['ɔt] *nf* (*panier*) Kiepe *f*; (*de cheminée*) Abzugshaube *f*; ~ **aspirante** Dunstabzugshaube *f*.

houblon ['ublɔ̃] *nm* Hopfen *m*.

houe ['u] *nf* Hacke *f*.

houille ['uj] *nf* Kohle *f* ▶ **houille blanche** Wasserkraft *f*.

houiller, -ère ['uje, ɛʀ] *adj* Kohle-; (*terrain*) kohleführend ♦ *nf* (*mine*) Kohlebergwerk *nt*.

houle ['ul] *nf* Dünung *f*.

houlette ['ulɛt] *nf*: **sous la** ~ **de** unter der Führung von.

houleux, -euse ['ulø, øz] *adj* (*mer*) wogend, unruhig; (*fig*) erregt.

houppe ['up] *nf* (*cheveux*) Büschel *nt*; (*pour la poudre*) Puderquaste *f*.

houppette ['upɛt] *nf* (*pour la poudre*) Puderquaste *f*.

hourra ['uʀa] *excl* hurra ♦ *nm* Hurra *nt*.

houspiller ['uspije] *vt* ausschimpfen.

housse ['us] *nf* Bezug *m*; (*pour protéger temporairement*) Schonbezug *m* ▶ **housse penderie** Kleidersack *m*.

houx ['u] *nm* Stechpalme *f*.

H.S. [aʃɛs] *abr* (= *hors service*) *voir* **hors**.

H.T. ['aʃte] *abr* = **hors-taxe**.

hublot ['yblo] *nm* (*NAUT*) Bullauge *nt*; (*AVIAT*) Fenster *nt*.

huche ['yʃ] *nf*: ~ **à pain** Brotkasten *m*.

huées ['ɥe] *nfpl* Buhrufe *pl*.

huer ['ɥe] *vt* ausbuhen ♦ *vi* (*hibou etc*) rufen.

huile [ɥil] *nf* Öl *nt*; (*toile*) Ölgemälde *nt*; (*fam: personne importante*) hohe(s) Tier *nt*; **mer d'**~ spiegelglatte See *f*; **faire tache d'**~ sich ausbreiten ▶ **huile d'arachide** Erdnußöl *nt* ▶ **huile de foie de morue** Lebertran *m* ▶ **huile de ricin** Rizinusöl *nt* ▶ **huile de table** Salatöl *nt* ▶ **huile essentielle** ätherisches Öl ▶ **huile solaire** Sonnenöl *nt*.

huiler [ɥile] *vt* ölen.

huilerie [ɥilʀi] *nf* (*usine*) Ölmühle *f*.

huileux, -euse [ɥilø, øz] *adj* ölig.

huilier [ɥilje] *nm* Essig- und Ölflaschen *pl*.

huis [ɥi] *nm*: **à** ~ **clos** unter Ausschluß der Öffentlichkeit.

huissier [ɥisje] *nm* Amtsdiener *m*; (*JUR*) ≈ Gerichtsvollzieher *m*.

huit ['ɥi(t)] *num* acht; **dans** ~ **jours** in acht Tagen, in einer Woche; **samedi en** ~ Samstag in einer Woche, Samstag in acht Tagen.

huitaine ['ɥitɛn] *nf*: **une** ~ **de** ungefähr acht; **une** ~ **de jours** etwa eine Woche *ou* acht Tage.

huitante ['ɥitɑ̃t] *num* (*Suisse*) achtzig.

huitième ['ɥitjɛm] *num* achte(r, s) ♦ *nm* Achtel *nt*.

huître [ɥitʀ] *nf* Auster *f*.

hululement ['ylylmɑ̃] *nm* Schreien *nt*.

hululer ['ylyle] *vi* schreien.

humain, e [ymɛ̃, ɛn] *adj* (*d'homme*) menschlich; (*compatissant*) human ♦ *nm* Mensch *m*, menschliches Wesen *nt*.

humainement [ymɛnmɑ̃] *adv* (*v adj*) menschlich; human.

humanisation [ymanizasjɔ̃] *nf* Humanisierung *f*.

humaniser [ymanize] *vt* humanisieren, menschlicher machen.

humaniste [ymanist] *nm/f* Humanist(in) *m(f)*.

humanitaire [ymanitɛʀ] *adj* humanitär.

humanitarisme [ymanitaʀism] *nm* Humanitarismus *m*.

humanité [ymanite] *nf* Menschheit *f*; (*sensibilité*) Menschlichkeit *f*.

humanoïde [ymanɔid] *nm/f* menschenähnliches Wesen *nt*.

humble [œ̃bl] *adj* bescheiden.

humblement [œ̃bləmɑ̃] *adv* bescheiden.

humecter [ymɛkte] *vt* anfeuchten; **s'humecter** *vpr*: **s'~ les lèvres** sich *dat* die Lippen anfeuchten.

humer ['yme] *vt* einatmen.

humérus [ymeʀys] *nm* Oberarmknochen *m*.

humeur [ymœʀ] *nf* (*momentanée*) Laune *f*, Stimmung *f*; (*irritation*) schlechte Laune; (*tempérament*) Wesen *nt*; **être de mauvaise/bonne** ~ schlechte/gute Laune haben; **cela m'a mis de mauvaise/bonne** ~ das hat mir die Laune verdorben/mir die Stimmung gebessert; **être d'~ à faire qch** in der Stimmung sein, etw zu tun.

humide [ymid] *adj* feucht; (*terre, route*) naß; (*saison*) regnerisch.

humidificateur [ymidifikatœʀ] *nm* Verdunster *m*.

humidifier [ymidifje] *vt* befeuchten.

humidité [ymidite] *nf* Feuchtigkeit *f*.

humiliant, e [ymiljɑ̃, ɑ̃t] *adj* demütigend.

humiliation [ymiljasjɔ̃] *nf* Demütigung *f*.

humilier [ymilje] *vt* demütigen; **s'humilier** *vpr*: **s'~ devant qn** sich vor jdm erniedrigen.

humilité [ymilite] *nf* Bescheidenheit *f*.

humoriste [ymɔʀist] *nm/f* Humorist(in) *m(f)*.

humoristique [ymɔʀistik] *adj* humoristisch.

humour [ymuʀ] *nm* Humor *m*; **avoir de l'~** Humor haben; **il a un** ~ **particulier** er hat einen ganz eigenen Humor ▶ **humour noir** schwarzer Humor.

humus [ymys] *nm* Humus *m*.

huppé, e ['ype] (*fam*) *adj* vornehm.

hurlement ['yʀləmɑ̃] *nm* Heulen *nt*.

hurler ['yʀle] *vi* (*animal, vent*) heulen; (*personne: couleurs*) schreien; ~ **à la mort** (*suj: chien*) den Mond anjaulen.

hurluberlu [yʀlybɛʀly] (*péj*) *nm* Spinner *m*.

hutte ['yt] *nf* Hütte *f*.

hybride [ibʀid] *adj* hybrid.

hydratant, e [idʀatɑ̃, ɑ̃t] *adj* Feuchtigkeits-.

hydrate [idʀat] *nm*: ~**s de carbone** Kohle(n)hydrate *pl*.

hydrater [idʀate] *vt* Feuchtigkeit verleihen +*dat*.

hydraulique [idʀolik] *adj* hydraulisch.

hydravion [idʀavjɔ̃] *nm* Wasserflugzeug *nt*.

hydro [idʀɔ] *préf* Hydro-, hydro-.

hydrocarbure [idʀɔkaʀbyʀ] *nm* Kohlenwasserstoff *m*.

hydrocution [idʀɔkysjɔ̃] *nf* Synkope *f* beim Schwimmen.

hydro-électrique [idʀɔelɛktʀik] *adj* hydroelektrisch.

hydrogène [idʀɔʒɛn] *nm* Wasserstoff *m*.

hydroglisseur [idʀɔglisœʀ] *nm* Gleitboot *nt*.

hydrographie [idʀɔgʀafi] *nf* (*d'un pays*) Gewässer *pl*.

hydrographique [idʀɔgʀafik] *adj* hydrographisch.

hydrophile [idʀɔfil] *adj voir* **coton**.

hyène [jɛn] *nf* Hyäne *f*.

hygiène [iʒjɛn] *nf* Hygiene *f* ▶ **hygiène corporelle** Körperpflege *f* ▶ **hygiène intime** Intimpflege *f*.

hygiénique [iʒenik] *adj* hygienisch.

hygromètre [igʀɔmɛtʀ] *nm* Hygrometer *nt*.

hymne [imn] *nm* Hymne *f* ▶ **hymne national** Nationalhymne *f*.

hyper [ipɛʀ] *préf* hyper-, Hyper-.

hypermarché [ipɛʀmaʀʃe] *nm* Supermarkt *m*.

hypermétrope [ipɛʀmetʀɔp] *adj* weitsichtig.

hypernerveux, -euse [ipɛʀnɛʀvø, øz] *adj* hypernervös.

hypersensible [ipɛʀsɑ̃sibl] *adj* hypersensibel.

hypertendu, e [ipɛʀtɑ̃dy] *adj* mit zu hohem Blutdruck.

hypertension [ipɛʀtɑ̃sjɔ̃] *nf* Bluthochdruck *m*.

hypertrophié, e [ipɛʀtʀɔfje] *adj* vergrößert.

hypnose [ipnoz] *nf* Hypnose *f*.

hypnotique [ipnɔtik] *adj* hypnotisch.

hypnotiser [ipnɔtize] *vt* hypnotisieren.

hypnotiseur [ipnɔtizœʀ] *nm* Hypnotiseur *m*.

hypnotisme [ipnɔtism] *nm* Hypnotismus *m*.

hypocondriaque [ipɔkɔ̃dʀijak] *adj* hypochondrisch ♦ *nm/f* Hypochonder *m*.

hypocrisie [ipɔkʀizi] *nf* Heuchelei *f*.

hypocrite [ipɔkʀit] *adj* heuchlerisch ♦ *nm/f* Heuchler(in) *m(f)*.

hypocritement [ipɔkʀitmɑ̃] *adv* heuchlerisch.

hypotendu, e [ipɔtɑ̃dy] *adj* mit zu niedrigem Blutdruck.

hypotension [ipɔtɑ̃sjɔ̃] *nf* niedriger Blutdruck *m*.

hypoténuse [ipɔtenyz] *nf* Hypotenuse *f*.

hypothécaire [ipɔtekɛʀ] *adj*: **garantie/prêt** ~ Hypothekengarantie *f*/Hypothekenanleihe *f*.

hypothèque [ipɔtɛk] *nf* Hypothek *f*.

hypothéquer [ipɔteke] *vt* mit einer Hypothek belasten.

hypothermie [ipɔtɛʀmi] *nf* Hypothermie *f*.

hypothèse [ipɔtɛz] *nf* Hypothese *f*; (*possibilité*) Möglichkeit *f*; **dans l'~ où** gesetzt den Fall, daß.

hypothétique [ipɔtetik] *adj* hypothetisch.

hypothétiquement [ipɔtetikmɑ̃] *adv* hypothetisch.

hystérectomie [isteʀɛktɔmi] *nf* Hysterektomie *f*, Totaloperation *f*.

hystérie [isteʀi] *nf* Hysterie *f* ▶ **hystérie collective** Massenhysterie *f*.

hystérique [isteʀik] *adj* hysterisch.

Hz *abr* (= *Hertz*) Hz.

I, i

I, i [i] *nm inv (lettre)* I, i *nt;* ~ **comme Irma** ≈ I wie Ida.
ibère [ibɛʀ] *adj* iberisch.
ibérique [ibeʀik] *adj:* **la péninsule I**~ die Iberische Halbinsel *f.*
ibid. [ibid] *abr (= ibidem)* ibid.
iceberg [ajsbɛʀg] *nm* Eisberg *m.*
ici [isi] *adv* hier; **jusqu'**~ bis hier; *(temporel)* bis jetzt; **d'**~ **là** bis dahin; **d'**~ **peu** in Kürze.
icône [ikon] *nf* Ikone *f; (INFORM)* Ikon *nt.*
iconoclaste [ikɔnɔklast] *nm/f* Bilderstürmer(in) *m(f).*
iconographie [ikɔnɔgʀafi] *nf (science)* Ikonographie *f; (illustrations)* Abbildungen *pl.*
id. [id] *abr (= idem)* id.
idéal, e, -aux [ideal, o] *adj* ideal ♦ *nm* Ideal *nt; (système de valeurs)* Ideale *pl;* **l'**~ **serait que es** wäre ideal, wenn.
idéalement [idealmã] *adv* ideal.
idéalisation [idealizasjɔ̃] *nf* Idealisierung *f.*
idéaliser [idealize] *vt* idealisieren.
idéalisme [idealism] *nm* Idealismus *m.*
idéaliste [idealist] *adj* idealistisch ♦ *nm/f* Idealist(in) *m(f).*
idée [ide] *nf* Idee *f;* **se faire des** ~**s** sich *dat* Sachen einbilden; **agir selon son** ~ nach Gutdünken handeln; **avoir dans l'**~ **que** das Gefühl haben, daß; **je n'en ai pas la moindre** ~ ich habe nicht die geringste Ahnung; **à l'**~ **que** beim (bloßen) Gedanken, daß; **en voilà des** ~**s!** *(désapprobation)* der bloße Gedanke!; **avoir des** ~**s larges** offen sein; **avoir des** ~**s étroites** eingstirnig denken; **venir à l'**~ **de qn** jdm in den Sinn kommen ► **idée fixe** fixe Idee ► **idées noires** schwarze Gedanken *pl* ► **idées reçues** konventionelle Ansichten *pl.*
identifiable [idãtifjabl] *adj* identifizierbar.
identification [idãtifikasjɔ̃] *nf (v vb)* Gleichsetzung *f;* Identifizierung *f;* Ausmachen *nt;* Bestimmung *f.*
identifier [idãtifje] *vt (cadavre, voleur, empreintes)* identifizieren; *(bruit, accent)* ausmachen; *(échantillons)* bestimmen; ~ **à** *(assimiler)* gleichsetzen mit; **s'identifier** *vpr:* **s'**~ **avec** *ou* **à qch/qn** sich mit etw/jdm identifizieren.
identique [idãtik] *adj* identisch; ~ **à** identisch mit.
identité [idãtite] *nf (de vues, goûts)* Übereinstimmung *f; (d'une personne)* Identität *f* ► **identité judiciaire** Kriminaldienststelle zur Führung der Verbrecherkartei.
idéogramme [ideɔgʀam] *nm* Ideogramm *nt.*
idéologie [ideɔlɔʒi] *nf* Ideologie *f.*

idéologique [ideɔlɔʒik] *adj* ideologisch.
idiomatique [idjɔmatik] *adj:* **expression** ~ idiomatischer Ausdruck *m.*
idiome [idjom] *nm* Idiom *nt.*
idiot, e [idjo, idjɔt] *adj* idiotisch ♦ *nm/f* Idiot(in) *m(f).*
idiotie [idjɔsi] *nf* Idiotie *f.*
idiotisme [idjɔtism] *nm* idiomatischer Ausdruck *m.*
idoine [idwan] *adj* passend.
idolâtrer [idɔlatʀe] *vt* vergöttern.
idolâtrie [idɔlatʀi] *nf (REL)* Götzenverehrung *f; (amour passionné)* Vergötterung *f.*
idole [idɔl] *nf (REL)* Götzenbild *nt; (vedette)* Idol *nt.*
IDS [idees] *sigle f (= Initiative de défense stratégique)* SDI *f.*
idylle [idil] *nf (amourette)* Idyll *nt,* Romanze *f.*
idyllique [idilik] *adj* idyllisch.
if [if] *nm* Eibe *f.*
IFOP [ifɔp] *sigle m (= Institut français d'opinion publique)* französisches Meinungsforschungsinstitut.
IGF [iʒeɛf] *sigle m (= impôt sur les grandes fortunes)* Vermögenssteuer.
igloo [iglu] *nm* Iglu *nt ou m.*
IGN [iʒeɛn] *sigle m (= Institut géographique national)* topographisches Institut.
ignare [iɲaʀ] *adj* ungebildet, unwissend.
ignifuge [iɲifyʒ] *adj* feuerfest ♦ *nm* feuerfestes Material *nt.*
ignifugé, e [iɲifyʒe] *adj* feuerfest (gemacht).
ignifuger [iɲifyʒe] *vt* feuerfest machen.
ignoble [iɲɔbl] *adj* niederträchtig; *(taudis, nourriture)* furchtbar.
ignoblement [iɲɔblǝmã] *adv* gemein.
ignominie [iɲɔmini] *nf* Schmach *f,* Schande *f; (action)* Schandtat *f.*
ignominieux, -euse [iɲɔminjø, jøz] *adj* schändlich.
ignorance [iɲɔʀãs] *nf (d'un fait)* Unkenntnis *f; (manque d'instruction)* Unwissenheit *f,* Ignoranz *f;* **tenir qn dans l'**~ **de qch** jdn in Unkenntnis über etw lassen.
ignorant, e [iɲɔʀã, ãt] *adj* dumm ♦ *nm/f* Ignorant(in) *m(f);* **être** ~ **de** nichts wissen über *+acc;* **être** ~ **en** *(une matière)* sich nicht auskennen in *+dat;* **faire l'**~ den Dummen spielen.
ignoré, e [iɲɔʀe] *adj* unbekannt.
ignorer [iɲɔʀe] *vt* nie gehört haben von; *(bouder)* ignorieren; **j'ignore comment/si** ich weiß nicht, wie/ob; ~ **que** nicht wissen, daß; **je n'ignore pas que** ich weiß sehr wohl, daß; **je l'ignore** das weiß ich nicht; **tout** ~ **de qch** überhaupt nichts über etw *acc* wissen.
IGPN [iʒepeɛn] *sigle f (= Inspection générale de la police nationale)* Disziplinarbehörde der Polizei.
IGS [iʒeɛs] *sigle f (= Inspection générale des services)* Disziplinarbehörde der Polizei.
iguane [igwan] *nm* Leguan *m.*
il [il] *pron* er; *(selon le genre du nom allemand)* er/ sie/es; *(impersonnel)* es; ~**s** sie; ~ **neige** es

schneit; ~ **y a** (v avoir) es gibt.

île [il] nf Insel f; **les î~s** die Westindischen Inseln pl; **l'~ de Beauté** Korsika nt; **l'~ Maurice** Mauritius nt; **les ~s anglo-normandes** die Kanalinseln pl; **les ~s Britanniques** die britischen Inseln pl; **les ~s Shetland** die Shetlandinseln pl; **les ~s Sorlingues** die Schillen pl; **les ~s Vierges** die Jungferninseln pl.

iliaque [iljak] adj: **os/artère ~** Beckenknochen m/-arterie f.

illégal, e, -aux [i(l)legal, o] adj illegal; (décision etc) unrechtmäßig.

illégalement [i(l)legalmɑ̃] adv illegal.

illégalité [i(l)legalite] nf (v adj) Illegalität f; Unrechtmäßigkeit f; **être dans l'~** in der Illegalität ou außerhalb des Gesetzes leben.

illégitime [i(l)leʒitim] adj (enfant) unehelich; (pouvoir, revendications) unrechtmäßig; (craintes, optimisme) ungerechtfertigt.

illégitimement [i(l)leʒitimmɑ̃] adv unrechtmäßig.

illégitimité [i(l)leʒitimite] nf (de pouvoir) Unrechtmäßigkeit f; **gouverner dans l'~** unrechtmäßig regieren.

illettré, e [i(l)letʀe] adj (analphabète) analphabetisch ♦ nm/f Analphabet(in) m(f).

illicite [i(l)lisit] adj verboten.

illicitement [i(l)lisitmɑ̃] adv verbotenerweise.

illico [i(l)liko] (fam) adv auf der Stelle.

illimité, e [i(l)limite] adj unbegrenzt; (confiance) grenzenlos.

illisible [i(l)lizibl] adj unleserlich; (roman) unlesbar.

illisiblement [i(l)lizibləmɑ̃] adv unleserlich.

illogique [i(l)lɔʒik] adj unlogisch.

illogisme [i(l)lɔʒism] nm Unlogik f.

illumination [i(l)lyminasjɔ̃] nf (d'un monument etc) Beleuchtung f; (inspiration) Erleuchtung f; **~s** nfpl (lumières) Lichter pl.

illuminé, e [i(l)lymine] adj beleuchtet; (inspiré) erleuchtet ♦ nm/f (péj) Spinner(in) m(f).

illuminer [i(l)lymine] vt beleuchten; (visage, regard) aufhellen; **s'illuminer** vpr (visage, ciel) sich erhellen; (rue, vitrine) beleuchtet werden.

illusion [i(l)lyzjɔ̃] nf Illusion f; **se faire des ~s** sich dat Illusionen machen; **faire ~** täuschen, irreführen ▶ **illusion d'optique** optische Täuschung f.

illusionner [i(l)lyzjɔne] vt täuschen; **s'illusionner** vpr sich täuschen.

illusionnisme [i(l)lyzjɔnism] nm Zauberei f.

illusionniste [i(l)lyzjɔnist] nm/f Zauberkünstler(in) m(f).

illusoire [i(l)lyzwaʀ] adj illusorisch.

illusoirement [i(l)lyzwaʀmɑ̃] adv illusorisch.

illustrateur, -trice [i(l)lystʀatœʀ, tʀis] nm/f Illustrator(in) m(f).

illustratif, -ive [i(l)lystʀatif, iv] adj erläuternd.

illustration [i(l)lystʀasjɔ̃] nf Illustration f, Abbildung f; (ART) Illustrieren nt; (d'une théorie) Erläuterung f.

illustre [i(l)lystʀ] adj berühmt.

illustré, e [i(l)lystʀe] adj illustriert ♦ nm (périodique) Illustrierte f; (pour enfants) Comic-Heft nt.

illustrer [i(l)lystʀe] vt (ouvrage) illustrieren; (éclairer) erläutern; **s'illustrer** vpr sich auszeichnen, sich hervortun.

îlot [ilo] nm (petite île) Inselchen nt; (bloc de maisons) (Häuser)block m; **un ~ de verdure** ein Grasfleckchen nt.

ils [il] pron voir **il**.

image [imaʒ] nf Bild nt; (reflet) (Spiegel)bild nt; (tableau, représentation): **~ de** Bildnis nt +gén, Darstellung f +gén ▶ **image d'Épinal** Stereotyp nt ▶ **image de marque** Image nt ▶ **image pieuse** Votivbild nt.

imagé, e [imaʒe] adj bildreich.

imaginable [imaʒinabl] adj vorstellbar; **difficilement ~** schwer vorstellbar.

imaginaire [imaʒinɛʀ] adj imaginär; (maux, maladie, crainte) eingebildet.

imaginatif, -ive [imaʒinatif, iv] adj phantasievoll.

imagination [imaʒinasjɔ̃] nf Phantasie f; (invention) Einbildung f; **avoir de l'~** Phantasie haben.

imaginer [imaʒine] vt (se représenter) sich dat vorstellen; (inventer) sich dat ausdenken; **s'imaginer** vpr sich dat vorstellen; **~ que** sich dat vorstellen, daß; **j'imagine qu'il a voulu plaisanter** ich nehme an, er hat Spaß gemacht; **~ de faire qch** daran denken, etw zu tun; **qu'allez-vous ~ là?** was denken Sie sich bloß dabei?; **s'~ que** meinen, daß; **s'~ pouvoir faire qch** meinen, daß man etw tun kann; **s'~ à 60 ans** sich dat vorstellen, daß man 60 Jahre alt wäre; **ne t'imagine pas que** glaub bloß nicht, daß.

imbattable [ɛ̃batabl] adj unschlagbar.

imbécile [ɛ̃besil] adj blödsinnig ♦ nm/f Idiot(in) m(f).

imbécillité [ɛ̃besilite] nf Blödsinnigkeit f; (action, propos, film) Idiotie f.

imberbe [ɛ̃bɛʀb] adj bartlos.

imbiber [ɛ̃bibe] vt tränken; **s'imbiber de** vpr sich vollsaugen mit; **~ qch de** etw tränken mit; **imbibé d'eau** (chaussures, étoffe) durchnäßt; (terre) wassergetränkt.

imbriqué, e [ɛ̃bʀike] adj (v vr) sich überschneidend; überlappend.

imbriquer [ɛ̃bʀike] vt (cubes) ineinandersetzen; (plaques) überlappen lassen; **s'imbriquer** vpr überlappen.

imbroglio [ɛ̃bʀɔljo] nm Durcheinander nt; (THÉÂT) Intrigenspiel nt.

imbu, e [ɛ̃by] adj: **~ de** voller; **~ de soi-même** selbstzufrieden; **~ de sa supériorité** von seiner Überlegenheit überzeugt.

imbuvable [ɛ̃byvabl] adj ungenießbar.

imitable [imitabl] adj nachahmbar; **facilement ~** leicht zu imitieren.

imitateur, -trice [imitatœʀ, tʀis] nm/f Nachahmer(in) m(f); (MUSIC-HALL) Imitator(in) m(f).

imitation [imitasjɔ̃] *nf* Nachahmung *f*, Imitation *f*; (*pastiche, sketch, tableau etc*) Imitation; (*contrefacture*) Fälschung *f*; **un sac** ~ **cuir** eine Tasche aus Kunstleder *ou* Lederimitat; **à l'**~ **de** wie.

imiter [imite] *vt* nachahmen, imitieren; (*contrefaire*) imitieren, fälschen; (*suj: chose: ressembler à*) gleichen +*dat*; **il se leva et je l'imitai** er stand auf, und ich folgte seinem Beispiel.

immaculé, e [imakyle] *adj* blütenrein, blütenweiß ▶ **l'Immaculée Conception** die Unbefleckte Empfängnis *f*.

immanent, e [imanɑ̃, ɑ̃t] *adj* immanent, innewohnend.

immangeable [ɛ̃mɑ̃ʒabl] *adj* ungenießbar.

immanquable [ɛ̃mɑ̃kabl] *adj* (*cible, but*) unverfehlbar, nicht zu verfehlen; (*fatal*) unvermeidlich.

immanquablement [ɛ̃mɑ̃kabləmɑ̃] *adv* unfehlbar.

immatériel, -le [i(m)mateRjɛl] *adj* (*légèreté, minceur*) körperlos; (*PHILOS*) immateriell.

immatriculation [imatRikylasjɔ̃] *nf* (*v vt*) Anmeldung *f*; Einschreibung *f*.

immatriculer [imatRikyle] *vt* anmelden; (*à l'université*) einschreiben, immatrikulieren; **faire** ~ anmelden; immatrikulieren, einschreiben; **se faire** ~ sich anmelden; sich immatrikulieren, sich einschreiben; **une voiture immatriculée dans l'Ain** ein Auto mit Kennzeichen des Bezirks Ain.

immature [imatyR] *adj* unreif.

immaturité [imatyRite] *nf* Unreife *f*.

immédiat, e [imedja, jat] *adj* unmittelbar ♦ *nm*: **dans l'**~ augenblicklich; **dans le voisinage** ~ **de** in der unmittelbaren Umgebung von.

immédiatement [imedjatmɑ̃] *adv* (*aussitôt*) sofort; (*sans intermédiaire*) direkt, unmittelbar.

immémorial, e, -aux [i(m)memɔRjal, jo] *adj* uralt.

immense [i(m)mɑ̃s] *adj* riesig; (*influence, chagrin, succès*) ungeheuer.

immensément [i(m)mɑ̃semɑ̃] *adv* ungeheuer.

immensité [i(m)mɑ̃site] *nf* ungeheure Größe *f*; (*de la mer*) Weite *f*.

immergé, e [imɛRʒe] *adj* unter Wasser; (*terres*) überschwemmt.

immerger [imɛRʒe] *vt* eintauchen; (*déchets*) versenken; **s'immerger** *vpr* (*sous-marin*) (ab)tauchen.

immérité, e [imeRite] *adj* unverdient.

immersion [imɛRsjɔ̃] *nf* Eintauchen *nt*; (*de déchets*) Versenken *nt*.

immettable [ɛ̃metabl] *adj* (*vêtement*) untragbar.

immeuble [imœbl] *nm* Gebäude *nt* ♦ *adj* (*bien*) unbeweglich ▶ **immeuble de rapport** Investitionsobjekt *nt* ▶ **immeuble locatif** Wohnblock *m*.

immigrant, e [imigRɑ̃, ɑ̃t] *nm/f* Einwanderer *m*, Einwanderin *f*.

immigration [imigRasjɔ̃] *nf* Einwanderung *f*.

immigré, e [imigRe] *nm/f* Einwanderer *m*, Einwanderin *f*.

immigrer [imigRe] *vi* einwandern.

imminence [iminɑ̃s] *nf* unmittelbares Bevorstehen *nt*.

imminent, e [iminɑ̃, ɑ̃t] *adj* unmittelbar bevorstehend; (*conclusion*) bevorstehend.

immiscer [imise]: **s'**~ **dans** *vpr* sich einmischen in +*acc*.

immixtion [imiksjɔ̃] *nf* Einmischung *f*.

immobile [i(m)mɔbil] *adj* (*personne*) regungslos; (*eau, mer*) still; (*pièce de machine*) unbeweglich; **rester** *ou* **se tenir** ~ sich nicht bewegen.

immobilier, -ière [imɔbilje, jɛR] *adj* Immobilien-; (*biens*) unbeweglich ♦ *nm* (*COMM*) Immobilienhandel *m*; (*JUR*) Immobilienbesitz *m*.

immobilisation [imɔbilizasjɔ̃] *nf* (*d'un membre blessé*) Ruhigstellung *f*; (*de la circulation*) Lahmlegen *nt*; (*de capitaux*) Festlegen *nt*; ~**s** *nfpl* (*COMM*) (feste) Wertanlagen *pl*.

immobiliser [imɔbilize] *vt* lahmlegen; (*membre blessé*) ruhigstellen; (*stopper, empêcher de fonctionner*) zum Stillstand bringen; (*capitaux, actions*) festlegen; **s'immobiliser** *vpr* stehenbleiben.

immobilisme [imɔbilism] *nm* Änderungsfeindlichkeit *f*.

immobilité [imɔbilite] *nf* (*v adj*) Reglosigkeit *f*; Stille *f*; Unbeweglichkeit *f*.

immodéré, e [imɔdeRe] *adj* übermäßig, übertrieben.

immodérément [imɔdeRemɑ̃] *adv* übermäßig.

immoler [imɔle] *vt* (*REL*) opfern.

immonde [i(m)mɔ̃d] *adj* (*ruelle, taudis*) ekelhaft; (*trafic, propos*) widerlich.

immondices [imɔ̃dis] *nfpl* (*ordures*) Müll *m*, Abfall *m*; (*saletés*) Dreck *m*.

immoral, e, -aux [i(m)mɔRal, o] *adj* unmoralisch.

immoralement [i(m)mɔRalmɑ̃] *adv* unmoralisch.

immoralisme [i(m)mɔRalism] *nm* Unmoral *f*.

immoralité [i(m)mɔRalite] *nf* Unmoral *f*.

immortaliser [imɔRtalize] *vt* unsterblich machen.

immortel, -le [imɔRtɛl] *adj* unsterblich ♦ *nf* Strohblume *f*.

immuable [imɥabl] *adj* unveränderlich; **rester** ~ **dans ses convictions** unverrückbar an seinen Überzeugungen festhalten.

immunisation [imynizasjɔ̃] *nf* Immunisierung *f*.

immunisé, e [im(m)ynize] *adj*: ~ **contre** immun gegen.

immuniser [imynize] *vt* immunisieren; (*fig*) immun machen gegen.

immunitaire [imynitɛR] *adj* Immun-.

immunité [imynite] *nf* Immunität *f* ▶ **immunité diplomatique** diplomatische Immunität ▶ **immunité parlementaire** parlamentarische Immunität.

immunologie [imynɔlɔʒi] *nf* Immunologie *f*.
immutabilité [i(m)mytabilite] *nf* Unveränderlichkeit *f*.
impact [ɛ̃pakt] *nm* (*d'une nouvelle*) Auswirkung *f*; (*de la publicité, psychologique*) Wirkung *f*; (*d'une personne*) Ausstrahlung *f*; **point d'~** Aufprallstelle *f*.
impair, e [ɛ̃pɛʀ] *adj* ungerade ♦ *nm* (*gaffe*) Fehler *m*, Schnitzer *m*.
impalpable [ɛ̃palpabl] *adj* kaum spürbar.
imparable [ɛ̃paʀabl] *adj* unaufhaltbar.
impardonnable [ɛ̃paʀdɔnabl] *adj* unverzeihlich; (*personne*) unentschuldbar; **vous êtes ~ d'avoir fait cela** es ist unverzeihlich, daß Sie das getan haben.
imparfait, e [ɛ̃paʀfɛ, ɛt] *adj* (*inachevé, incomplet*) unvollständig; (*défectueux, grossier*) unvollkommen, mangelhaft ♦ *nm* (*LING*) Imperfekt *nt*.
imparfaitement [ɛ̃paʀfɛtmɑ̃] *adv* unvollkommen.
impartial, e, -aux [ɛ̃paʀsjal, jo] *adj* unparteiisch, unvoreingenommen.
impartialement [ɛ̃paʀsjalmɑ̃] *adv* unparteiisch.
impartialité [ɛ̃paʀsjalite] *nf* Unparteilichkeit *f*, Unvoreingenommenheit *f*.
impartir [ɛ̃paʀtiʀ] *vt* (*don*) zukommen lassen; (*JUR: délai*) gewähren; **dans les délais impartis** in der gewährten *ou* zugestandenen Zeit.
impasse [ɛ̃pɑs] *nf* Sackgasse *f*; **être dans l'~** (*négociations*) festgefahren sein ► **impasse budgétaire** Etatdefizit *nt*.
impassibilité [ɛ̃pasibilite] *nf* (*v adj*) Gelassenheit *f*; Unbeweglichkeit *f*.
impassible [ɛ̃pasibl] *adj* (*calme, imperturbable*) gelassen, ungerührt; (*fermé, impénétrable*) unbeweglich.
impassiblement [ɛ̃pasibləmɑ̃] *adv* gelassen.
impatiemment [ɛ̃pasjamɑ̃] *adv* ungeduldig.
impatience [ɛ̃pasjɑ̃s] *nf* Ungeduld *f*; **avec ~** ungeduldig; **attendre qch/qn avec ~** sich sehr auf etw/jdn freuen; **mouvement d'~** ungeduldige Bewegung; **signe d'~** ungeduldiges Zeichen.
impatient, e [ɛ̃pasjɑ̃, jɑ̃t] *adj* ungeduldig; **être ~ de faire qch** darauf brennen, etw zu tun.
impatienter [ɛ̃pasjɑ̃te] *vt* ärgern; **s'impatienter** *vpr* ungeduldig werden; **s'~ de/contre** die Geduld verlieren mit.
impayable [ɛ̃pɛjabl] *adj* unbezahlbar, köstlich.
impayé, e [ɛ̃peje] *adj* (*COMM*) unbezahlt; **~s** *nmpl* (*COMM*) Außenstände *pl*.
impeccable [ɛ̃pekabl] *adj* tadellos.
impeccablement [ɛ̃pekabləmɑ̃] *adv* tadellos.
impénétrable [ɛ̃penetʀabl] *adj* (*forêt*) undurchdringlich; (*impossible à comprendre*) unergründlich.
impénitent, e [ɛ̃penitɑ̃, ɑ̃t] *adj* unverbesserlich; (*pécheur*) reuelos.
impensable [ɛ̃pɑ̃sabl] *adj* (*inconcevable*) undenkbar; (*incroyable*) unglaublich.

imper [ɛ̃pɛʀ] *abr m* = **imperméable**.
impératif, -ive [ɛ̃peʀatif, iv] *adj* (*consigne, besoin*) dringend; (*disposition, loi*) zwingend, obligatorisch; (*ton, geste*) herrisch ♦ *nm* (*LING*) Imperativ *m*; **~s** *nmpl* (*d'une charge*) Voraussetzungen *pl*, Erfordernisse *pl*; (*de la mode*) Zwänge *pl*.
impérativement [ɛ̃peʀativmɑ̃] *adv* dringend.
impératrice [ɛ̃peʀatʀis] *nf* Kaiserin *f*.
imperceptible [ɛ̃pɛʀsɛptibl] *adj* kaum wahrnehmbar.
imperceptiblement [ɛ̃pɛʀsɛptibləmɑ̃] *adv* beinahe unmerklich.
imperdable [ɛ̃pɛʀdabl] *adj* der/die/das nicht zu verlieren ist.
imperfectible [ɛ̃pɛʀfɛktibl] *adj* der/die/das nicht weiter vervollkommnet werden kann.
imperfection [ɛ̃pɛʀfɛksjɔ̃] *nf* Unvollkommenheit *f*.
impérial, e, -aux [ɛ̃peʀjal, jo] *adj* kaiserlich.
impériale [ɛ̃peʀjal] *nf* (*d'un autobus*) Oberdeck *nt*; **autobus à ~** Doppeldecker(bus) *m*.
impérialisme [ɛ̃peʀjalism] *nm* Imperialismus *m*.
impérialiste [ɛ̃peʀjalist] *adj* imperialistisch.
impérieusement [ɛ̃peʀjøzmɑ̃] *adv*: **avoir ~ besoin de qch** etw dringend nötig haben.
impérieux, -euse [ɛ̃peʀjø, jøz] *adj* (*caractère, air, ton*) herrisch, gebieterisch; (*obligation, besoin*) dringend.
impérissable [ɛ̃peʀisabl] *adj* unvergänglich.
imperméabilisation [ɛ̃pɛʀmeabilizasjɔ̃] *nf* Imprägnierung *f*.
imperméabiliser [ɛ̃pɛʀmeabilize] *vt* imprägnieren, wasserdicht machen.
imperméable [ɛ̃pɛʀmeabl] *adj* (*terrain, sol*) undurchlässig; (*toile, surface*) wasserdicht ♦ *nm* (*vêtement*) Regenmantel *m*; **~ à** (*personne*) unzugänglich für.
impersonnel, -le [ɛ̃pɛʀsɔnɛl] *adj* unpersönlich.
impertinemment [ɛ̃pɛʀtinamɑ̃] *adv* unverschämt.
impertinence [ɛ̃pɛʀtinɑ̃s] *nf* Unverschämtheit *f*.
impertinent, e [ɛ̃pɛʀtinɑ̃, ɑ̃t] *adj* unverschämt, impertinent.
imperturbable [ɛ̃pɛʀtyʀbabl] *adj* unerschütterlich; **rester ~** sich nicht erschüttern lassen.
imperturbablement [ɛ̃pɛʀtyʀbabləmɑ̃] *adv* unerschütterlich.
impétrant, e [ɛ̃petʀɑ̃, ɑ̃t] *nm/f* Empfänger(in) *m(f)*.
impétueux, -euse [ɛ̃petɥø, øz] *adj* feurig, ungestüm.
impétuosité [ɛ̃petɥozite] *nf* Ungestüm *nt*.
impie [ɛ̃pi] *adj* gottlos.
impiété [ɛ̃pjete] *nf* Gottlosigkeit *f*.
impitoyable [ɛ̃pitwajabl] *adj* unerbittlich; (*critique, observateur*) schonungslos; (*regard, argumentation*) erbarmungslos.
impitoyablement [ɛ̃pitwajabləmɑ̃] *adv* erbar-

mungslos.
implacable [ɛ̃plakabl] *adj* unerbittlich; *(haine)* unversöhnlich.
implacablement [ɛ̃plakabləmɑ̃] *adv* unerbittlich.
implant [ɛ̃plɑ̃] *nm* Implantat *nt*.
implantation [ɛ̃plɑ̃tasjɔ̃] *nf (d'usine, industrie)* Ansiedlung *f*; *(MÉD)* Einpflanzen *nt*, Implantation *f*.
implanter [ɛ̃plɑ̃te] *vt (usine, industrie)* ansiedeln; *(usage, mode)* einführen; *(idée, préjugé)* einpflanzen; *(MÉD)* einpflanzen, implantieren; **s'implanter** *vpr (usine, industrie)* sich niederlassen.
implication [ɛ̃plikasjɔ̃] *nf (dans une affaire, un procès)* Verwicklung *f*; *(MATH)* Implikation *f*; **~s** *nfpl* Folgen *pl*, Auswirkungen *pl*.
implicite [ɛ̃plisit] *adj* implizit.
implicitement [ɛ̃plisitmɑ̃] *adv* implizit.
impliquer [ɛ̃plike] *(compromettre)* verwickeln; *vt (supposer, entraîner)* voraussetzen; *(MATH)* implizieren; *(signifier)* bedeuten; **~ que** bedeuten, daß.
implorant, e [ɛ̃plɔrɑ̃, ɑ̃t] *adj* flehentlich.
implorer [ɛ̃plɔre] *vt (personne, dieu)* anflehen; *(aide, faveur, appui)* flehen *ou* bitten um.
imploser [ɛ̃ploze] *vi* implodieren.
implosion [ɛ̃plozjɔ̃] *nf* Implosion *f*.
impoli, e [ɛ̃pɔli] *adj* unhöflich.
impoliment [ɛ̃pɔlimɑ̃] *adj* unhöflich.
impolitesse [ɛ̃pɔlitɛs] *nf* Unhöflichkeit *f*.
impondérable [ɛ̃pɔ̃derabl] *adj* unwägbar; **~s** *nmpl (facteurs)* Unwägbarkeiten *pl*; *(événements impondérables)* unvorhersehbare Ereignisse *pl*.
impopulaire [ɛ̃pɔpylɛr] *adj (personne)* unbeliebt; *(gouvernement, mesure)* unpopulär.
impopularité [ɛ̃pɔpylarite] *nf (v adj)* Unbeliebtheit *f*; Unpopularität *f*.
importable [ɛ̃pɔrtabl] *adj (im-mettable)* untragbar.
importance [ɛ̃pɔrtɑ̃s] *nf* Wichtigkeit *f*, Bedeutung *f*; *(de somme, effectif)* Beträchtlichkeit *f*; *(de désastre, dégâts)* Ausmaß *nt*; **avoir de l'~** wichtig *ou* bedeutend sein; **sans ~** unbedeutend, unwichtig; **quelle ~?** na und?; **d'~** wichtig, bedeutend.
important, e [ɛ̃pɔrtɑ̃, ɑ̃t] *adj* wichtig, bedeutend; *(somme, effectifs)* bedeutend, beträchtlich; *(dégâts, retard)* groß, beträchtlich; *(péj: airs, ton)* wichtigtuerisch ♦ *nm*: **l'~ (est de/que)** das Wichtigste (ist, zu/daß).
importateur, -trice [ɛ̃pɔrtatœr, tris] *adj (pays)* importierend, Import- ♦ *nm/f (COMM)* Importeur(in) *m(f)*; **pays ~ de blé** getreideimportierendes Land *nt*.
importation [ɛ̃pɔrtasjɔ̃] *nf* Import *m*, Einfuhr *f*; *(d'animaux, de plantes)* Einführen *nt*; *(de maladies)* Einschleppen *nt*.
importer [ɛ̃pɔrte] *vt (COMM)* importieren, einführen; *(maladies)* einschleppen; *(plantes)* einführen ♦ *vi (être important)* von Bedeutung sein, wichtig sein; **~ à qn** für jdn wichtig

sein; **il importe de/que** es ist wichtig, zu/daß; **peu m'importe** das ist mir egal *ou* gleich; **peu importe!** macht nichts!; **peu importe que** es macht nichts, daß; **peu importe le prix** der Preis spielt keine Rolle; *voir aussi* **n'importe**.
import-export [ɛ̃pɔrɛkspɔr] *(pl ~s–~s)* *nm* Import-Export-Geschäft *nt*.
importun, e [ɛ̃pɔrtœ̃, yn] *adj (curiosité, présence)* aufdringlich; *(visite)* ungelegen; *(personne)* lästig, aufdringlich ♦ *nm* Eindringling *m*.
importuner [ɛ̃pɔrtyne] *vt* belästigen; *(interruptions, remarques etc)* lästig sein +*dat*.
imposable [ɛ̃pozabl] *adj* steuerpflichtig.
imposant, e [ɛ̃pozɑ̃, ɑ̃t] *adj* beeindruckend; *(service d'ordre, majorité)* eindrucksvoll; *(personne, taille)* imposant.
imposé, e [ɛ̃poze] *adj (soumis à l'impôt)* besteuert; *(prix etc)* vorgeschrieben; **les figures ~es** *(PATINAGE)* Pflicht *f*.
imposer [ɛ̃poze] *vt (taxer)* besteuern; *(faire accepter par force etc)* aufzwingen; *(prix)* bestimmen; *(REL: mains)* auflegen; **s'imposer** *vpr (être nécessaire)* erforderlich sein; *(montrer sa prééminence)* sich durchsetzen; *(se faire connaître)* bekannt werden; *(être importun)* sich aufdrängen; **~ qch à qn** jdm etw auferlegen; *(façon de voir, présence)* jdm etw aufdrängen, jdm etw aufzwingen; *(conditions, décision, volonté)* jdm etw aufzwingen; **en ~ (à qn)** Eindruck machen (auf jdn); **ça s'impose!** das muß sein!
imposition [ɛ̃pozisjɔ̃] *nf (taxation)* Besteuerung *f*; **l'~ des mains** das Handauflegen *nt*.
impossibilité [ɛ̃pɔsibilite] *nf* Unmöglichkeit *f*; **être dans l'~ de faire qch** nicht in der Lage sein, etw zu tun.
impossible [ɛ̃pɔsibl] *adj* unmöglich ♦ *nm*: **l'~** das Unmögliche *nt*; **~ à faire** unmöglich; **il est ~ que/de** es ist unmöglich, daß/zu; **il m'est ~ de le faire** ich kann das unmöglich machen, es ist mir nicht möglich, das zu machen; **faire l'~** sein Möglichstes tun; **si, par ~** wenn wunderbarerweise.
imposteur [ɛ̃pɔstœr] *nm* Hochstapler *m*.
imposture [ɛ̃pɔstyr] *nf* Hochstapelei *f*.
impôt [ɛ̃po] *nm* Steuer *f*; **~s** *nmpl* Steuern *pl*; **payer des ~s** Steuern zahlen; **payer 1000 F d'~s** 1.000F Steuern zahlen ► **impôt direct** direkte Steuer ► **impôt foncier** Grundsteuer *f* ► **impôt indirect** indirekte Steuer ► **impôt sur la fortune** Vermögenssteuer *f* ► **impôt sur le chiffre d'affaires** Umsatzsteuer *f* ► **impôt sur le revenu** Einkommensteuer *f* ► **impôt sur le RPP** Lohnsteuer *f* ► **impôt sur les plus-values** Kapitalertragssteuer *f* ► **impôt sur les sociétés** Firmensteuer *f* ► **impôts locaux** Gemeindesteuern *pl*.
impotence [ɛ̃pɔtɑ̃s] *nf* Behinderung *f*.
impotent, e [ɛ̃pɔtɑ̃, ɑ̃t] *adj* behindert.
impraticable [ɛ̃pratikabl] *adj (projet, idée)* nicht machbar; *(route)* nicht befahrbar; *(sentier)* nicht begehbar.
imprécation [ɛ̃prekasjɔ̃] *nf* Verwünschung *f*.

imprécis, e [ɛ̃pResi, iz] *adj* ungenau.
imprécision [ɛ̃pResizjɔ̃] *nf* Ungenauigkeit *f*.
imprégner [ɛ̃pReɲe] *vt* tränken ♦ *vt* (*lieu, air*) erfüllen; (*suj: amertume, ironie etc*) durchziehen; **s'imprégner de** *vpr* (*d'eau*) sich vollsaugen mit; (*air, lieu*) erfüllt sein mit; (*fig: assimiler*) in sich aufnehmen.
imprenable [ɛ̃pRənabl] *adj* (*forteresse, citadelle*) uneinnehmbar; **vue** ~ unverbaubarer Ausblick *m*.
imprésario [ɛ̃pResaRjo] *nm* Impresario *m*.
imprescriptible [ɛ̃pRɛskRiptibl] *adj* (*JUR*) unveräußerlich.
impression [ɛ̃pResjɔ̃] *nf* Eindruck *m*; (*d'un ouvrage, tissu*) Druck *m*; **faire** *ou* **produire une vive** ~ einen lebhaften Eindruck machen; **faire bonne/mauvaise** ~ einen guten/ schlechten Eindruck machen; **donner l'~ d'être** ... den Eindruck machen, ... zu sein; **donner l'~ que** den Eindruck machen, als ob; **avoir l'~ que** den Eindruck haben, daß; **faire** ~ Eindruck machen, beeindrucken; ~**s de voyage** Reiseeindrücke *pl*.
impressionnable [ɛ̃pResjɔnabl] *adj* leicht zu beeindrucken; (*PHOTO*) lichtempfindlich.
impressionnant, e [ɛ̃pResjɔnɑ̃, ɑ̃t] *adj* eindrucksvoll; (*bouleversant*) bestürzend.
impressionner [ɛ̃pResjɔne] *vt* (*frapper*) beeindrucken; (*bouleverser*) bestürzen; (*PHOTO*) belichten.
impressionnisme [ɛ̃pResjɔnism] *nm* Impressionismus *m*.
impressionniste [ɛ̃pResjɔnist] *nm/f* Impressionist(in) *m(f)*.
imprévisible [ɛ̃pRevizibl] *adj* unvorhersehbar.
imprévoyance [ɛ̃pRevwajɑ̃s] *nf* Sorglosigkeit *f*.
imprévoyant, e [ɛ̃pRevwajɑ̃, ɑ̃t] *adj* sorglos.
imprévu, e [ɛ̃pRevy] *adj* (*événement*) unvorhergesehen, unerwartet; (*dépense, réaction*) unvorhergesehen; (*geste, succès*) unerwartet ♦ *nm*: **l'~** das Unerwartete *nt*; **un** ~ ein unerwartetes Ereignis *nt*; **en cas d'~** falls etwas dazwischenkommt; **sauf** ~ falls nichts dazwischenkommt.
imprimante [ɛ̃pRimɑ̃t] *nf* Drucker *m* ▶ **imprimante à jet d'encre** Tintenstrahldrucker *m* ▶ **imprimante à marguerite** Typenraddrucker *m* ▶ **imprimante (à) laser** Laserdrucker *m* ▶ **imprimante ligne par ligne** Zeilendrucker *m* ▶ **imprimante matricielle** Matrixdrucker *m* ▶ **imprimante thermique** Thermodrucker *m*.
imprimé, e [ɛ̃pRime] *adj* (*motif*) (auf)gedruckt; (*tissu*) bedruckt; (*livre, ouvrage*) gedruckt ♦ *nm* (*formulaire*) Formular *nt*; (*POSTE*) Drucksache *f*; (*tissu*) bedruckter Stoff *m*; (*dans une bibliothèque*) Druckwerk *nt*; **un** ~ **à fleurs/ pois** (*tissu*) ein Stoff mit Blumen-/ Pünktchenmuster.
imprimer [ɛ̃pRime] *vt* drucken; (*tissu*) bedrucken; (*INFORM*) (aus)drucken; (*empreinte, marque*) hinterlassen; (*visa, cachet*) aufstempeln; (*communiquer: mouvement, impulsion, vi-*

tesse) übermitteln; (*direction*) geben.
imprimerie [ɛ̃pRimRi] *nf* (*technique*) Drucken *nt*, Druck *m*; (*établissement*) Druckerei *f*.
imprimeur [ɛ̃pRimœR] *nm* Drucker *m*.
imprimeur-éditeur [ɛ̃pRimœReditœR] *nm* Verleger *m*.
imprimeur-libraire [ɛ̃pRimœRlibRɛR] *nm* Verleger und Buchhändler *m*.
improbable [ɛ̃pRɔbabl] *adj* unwahrscheinlich.
improductif, -ive [ɛ̃pRɔdyktif, iv] *adj* (*terre*) unfruchtbar; (*travail, personne*) unproduktiv; (*capital, richesses*) nicht gewinnbringend.
impromptu, e [ɛ̃pRɔ̃pty] *adj* improvisiert.
imprononçable [ɛ̃pRɔnɔ̃sabl] *adj* unmöglich auszusprechen.
impropre [ɛ̃pRɔpR] *adj* (*incorrect*) falsch; ~ **à** ungeeignet für.
improprement [ɛ̃pRɔpRəmɑ̃] *adv* falsch.
impropriété [ɛ̃pRɔpRijete] *nf*: **(de langage)** falscher Sprachgebrauch *m*.
improvisation [ɛ̃pRɔvizasjɔ̃] *nf* Improvisation *f*.
improvisé, e [ɛ̃pRɔvize] *adj* improvisiert; **avec des moyens** ~**s** provisorisch.
improviser [ɛ̃pRɔvize] *vt, vi* improvisieren; **s'improviser** *vpr* (*secours, réunion etc*) improvisiert werden; **s'~ cuisinier** spontan als Koch fungieren; ~ **qn cuisinier** jdn zum Koch ernennen.
improviste [ɛ̃pRɔvist] : **à l'~** *adv* unerwartet.
imprudemment [ɛ̃pRydamɑ̃] *adv* (*conduire, circuler*) leichtsinnig; (*parler*) unklug, unvorsichtig.
imprudence [ɛ̃pRydɑ̃s] *nf* Leichtsinn *m*; (*action imprudente*) Unvorsichtigkeit *f*.
imprudent, e [ɛ̃pRydɑ̃, ɑ̃t] *adj* leichtsinnig; (*remarque*) unklug, unvorsichtig.
impubère [ɛ̃pybɛR] *adj* vorpubertär.
impubliable [ɛ̃pyblijabl] *adj* nicht zu veröffentlichen.
impudemment [ɛ̃pydamɑ̃] *adv* unverschämt.
impudence [ɛ̃pydɑ̃s] *nf* Unverschämtheit *f*.
impudent, e [ɛ̃pydɑ̃, ɑ̃t] *adj* unverschämt.
impudeur [ɛ̃pydœR] *nf* Schamlosigkeit *f*.
impudique [ɛ̃pydik] *adj* (*indécent*) schamlos.
impudiquement [ɛ̃pydikmɑ̃] *adv* schamlos.
impuissance [ɛ̃pɥisɑ̃s] *nf* (*v adj*) Hilflosigkeit *f*; Wirkungslosigkeit *f*; Impotenz *f*.
impuissant, e [ɛ̃pɥisɑ̃, ɑ̃t] *adj* (*faible*) hilflos, schwach; (*sans effet*) wirkungslos, ineffektiv; (*sexuellement*) impotent ♦ *nm* Impotente(r) *m*; ~ **à faire qch** nicht in der Lage, etw zu tun, außerstande, etw zu tun.
impulsif, -ive [ɛ̃pylsif, iv] *adj* impulsiv.
impulsion [ɛ̃pylsjɔ̃] *nf* Impuls *m*; ~ **donnée aux affaires** wirtschaftlicher Aufschwung *m*; **sous l'~ de leurs chefs** unter dem Einfluß ihrer Vorgesetzten.
impulsivement [ɛ̃pylsivmɑ̃] *adv* impulsiv.
impulsivité [ɛ̃pylsivite] *nf* Impulsivität *f*.
impunément [ɛ̃pynemɑ̃] *adv* ungestraft.
impuni, e [ɛ̃pyni] *adj* unbestraft.
impunité [ɛ̃pynite] *nf* Straffreiheit *f*; **en toute**

~ ungestraft.
impur, e [ɛ̃pyʀ] *adj* unrein, verunreinigt; (*race*) nicht rein; (*impudique*) unzüchtig, unrein.
impureté [ɛ̃pyʀte] *nf* Unreinheit *f*.
imputable [ɛ̃pytabl] *adj*: ~ à (*attribuable*) zuzuschreiben +*dat*; ~ **sur** (*somme*) zu berechnen +*dat*.
imputation [ɛ̃pytasjɔ̃] *nf* (*COMM*: *d'un paiement*) Verrechnung *f*; (*allégation, accusation*) Anschuldigung *f*.
imputer [ɛ̃pyte] *vt* (*attribuer*) zuschreiben; (*frais, dépenses*) anrechnen.
imputrescible [ɛ̃pytʀesibl] *adj* unverweslich.
in [in] *adj inv* in, modern.
INA [ina] *sigle m* (= *Institut national de l'audiovisuel*) Nationales Radio- und Fernseharchiv.
inabordable [inabɔʀdabl] *adj* (*lieu*) unerreichbar; (*cher*) unerschwinglich.
inaccentué, e [inaksɑ̃tɥe] *adj* (*LING*) unbetont.
inacceptable [inakseptabl] *adj* unannehmbar.
inaccessible [inaksesibl] *adj* (*endroit*) unerreichbar; (*fig*: *obscur, inabordable*) unzugänglich; ~ à (*insensible à*) unberührt von.
inaccoutumé, e [inakutyme] *adj* ungewohnt.
inachevé, e [inaʃ(ə)ve] *adj* unvollendet; (*maison*) unfertig.
inactif, -ive [inaktif, iv] *adj* untätig; (*commerce*) bewegungslos; (*inefficace*) wirkungslos.
inaction [inaksjɔ̃] *nf* Untätigkeit *f*.
inactivité [inaktivite] *nf* (*ADMIN*): être en ~ im zeitweiligen Ruhestand sein; se faire mettre en ~ sich in den zeitweiligen Ruhestand versetzen lassen.
inadapté, e [inadapte] *adj* (*PSYCH*) verhaltensgestört ♦ *nm/f* (*péj*: *adulte*) Außenseiter *m*; ~ à nicht geeignet für; (*personne*) unfähig zu.
inadéquat, e [inadekwa(t), kwat] *adj* unangemessen.
inadéquation [inadekwasjɔ̃] *nf* Unangemessenheit *f*.
inadmissible [inadmisibl] *adj* unzulässig.
inadvertance [inadvɛʀtɑ̃s]: par ~ *adv* versehentlich, aus Versehen.
inaliénable [inaljenabl] *adj* unveräußerlich.
inaltérable [inalteʀabl] *adj* unveränderlich; ~ à l'air/la chaleur luft-/hitzebeständig.
inamovibilité [inamɔvibilite] *nf* Amt *nt* auf Lebenszeit.
inamovible [inamɔvibl] *adj* (*magistrat, sénateur*) auf Lebenszeit; (*fonction, emploi*) unkündbar.
inanimé, e [inanime] *adj* (*matière*) unbelebt; (*corps, personne*) leblos; tomber ~ in Ohnmacht fallen.
inanité [inanite] *nf* (*d'un espoir, d'une illusion*) Vergeblichkeit *f*; (*d'une conversation*) Leere *f*.
inanition [inanisjɔ̃] *nf*: tomber d'~ vor Hunger in Ohnmacht fallen; mourir d'~ verhungern.
inaperçu, e [inapɛʀsy] *adj*: passer ~ unbemerkt bleiben.
inappétence [inapetɑ̃s] *nf* Appetitlosigkeit *f*; (*fig*) Lustlosigkeit *f*.

inapplicable [inaplikabl] *adj* nicht anwendbar.
inapplication [inaplikasjɔ̃] *nf* (*d'écolier*) Unaufmerksamkeit *f*; (*de loi, règlement*) Unanwendbarkeit *f*.
inappliqué, e [inaplike] *adj* (*écolier*) unaufmerksam; (*procédé, loi*) nicht angewandt.
inappréciable [inapʀesjabl] *adj* unschätzbar.
inapte [inapt] *adj* (*MIL*) untauglich; ~ à qch/faire qch unfähig zu etw/dazu, etw zu tun.
inaptitude [inaptityd] *nf* Unfähigkeit *f*; (*MIL*) Untauglichkeit *f*.
inarticulé, e [inaʀtikyle] *adj* undeutlich, unartikuliert.
inassimilable [inasimilabl] *adj* (*notions*) unverständlich; (*substance*) nicht organisch abbaubar; (*immigrants*) nicht integrierbar.
inassouvi, e [inasuvi] *adj* ungestillt.
inattaquable [inatakabl] *adj* unangreifbar; (*argument*) unschlagbar; (*réputation, personne*) unantastbar.
inattendu, e [inatɑ̃dy] *adj* unerwartet ♦ *nm*: l'~ das Unerwartete *nt*.
inattentif, -ive [inatɑ̃tif, iv] *adj* unaufmerksam; ~ à qch ohne auf etw *acc* zu achten, unbekümmert um etw.
inattention [inatɑ̃sjɔ̃] *nf* Unaufmerksamkeit *f*, Unachtsamkeit *f*; une minute d'~ eine Minute der Unaufmerksamkeit; par ~ aus Flüchtigkeit; faute *ou* erreur d'~ Flüchtigkeitsfehler *m*.
inaudible [inodibl] *adj* (*son*) unhörbar; (*murmure*) kaum hörbar.
inaugural, e, -aux [inogyʀal, o] *adj* (*séance, cérémonie*) Eröffnungs-; (*vol, voyage*) Jungfern-; discours ~ (*d'un député*) Jungfernrede *f*, Antrittsrede *f*; (*lors d'une inauguration*) Eröffnungsansprache *f*.
inauguration [inogyʀasjɔ̃] *nf* Eröffnung *f*.
inaugurer [inogyʀe] *vt* (*monument, statue*) enthüllen; (*exposition*) eröffnen; (*route, usine*) einweihen, eröffnen; (*nouvelle politique*) einführen.
inauthenticité [inotɑ̃tisite] *nf* Unechtheit *f*.
inavouable [inavwabl] *adj* schändlich.
inavoué, e [inavwe] *adj* uneingestanden.
INC [iɛnse] *sigle m* (= *Institut national de la consommation*) Institut für Verbraucherforschung.
inca [ɛ̃ka] *adj* Inka- ♦ *nmpl*: les I~s die Inkas *pl*.
incalculable [ɛ̃kalkylabl] *adj* (*impossible à calculer*) unberechenbar; (*conséquences*) unabsehbar; un nombre ~ d'étoiles unzählbar viele Sterne.
incandescence [ɛ̃kɑ̃desɑ̃s] *nf* Weißglut *f*; en ~ weißglühend; porter qch à ~ etw zur Weißglut erhitzen; lampe/manchon à ~ Glühlampe *f*/Glühstrumpf *m*.
incandescent, e [ɛ̃kɑ̃desɑ̃] *adj* weißglühend.
incantation [ɛ̃kɑ̃tasjɔ̃] *nf* Zauberspruch *m*.
incantatoire [ɛ̃kɑ̃tatwaʀ] *adj* Zauber-.
incapable [ɛ̃kapabl] *adj* (*inapte*) unzurechnungsfähig; ~ de faire qch unfähig, etw zu tun; (*empêché*) nicht in der Lage, etw zu tun.

incapacitant, e [ɛ̃kapasitɑ̃, ɑ̃t] *adj* (*MIL*) lähmend.

incapacité [ɛ̃kapasite] *nf* (*incompétence*) Unfähigkeit *f*; **être dans l'~ de faire qch** außerstande sein, etw zu tun ► **incapacité de travail** Arbeitsunfähigkeit *f* ► **incapacité électorale** Entzug *m* des Wahlrechts ► **incapacité partielle** teilweise Arbeitsunfähigkeit ► **incapacité permanente** andauernde Arbeitsunfähigkeit ► **incapacité totale** völlige Arbeitsunfähigkeit.

incarcération [ɛ̃kaʀseʀasjɔ̃] *nf* Inhaftierung *f*.

incarcérer [ɛ̃kaʀseʀe] *vt* inhaftieren.

incarnation [ɛ̃kaʀnasjɔ̃] *nf* Inkarnation *f*, Menschwerdung *f*.

incarné, e [ɛ̃kaʀne] *adj* fleischgeworden; **ongle ~** eingewachsener Nagel *m*.

incarner [ɛ̃kaʀne] *vt* (*représenter*) verkörpern; **s'incarner** *vpr*: **s'~ dans** (*REL*) erscheinen in +*dat.*

incartade [ɛ̃kaʀtad] *nf* (*écart de conduite*) Ausrutscher *m*; (*ÉQUITATION*) Ausbrechen *nt*.

incassable [ɛ̃kɑsabl] *adj* unzerbrechlich; (*fil*) reißfest.

incendiaire [ɛ̃sɑ̃djɛʀ] *adj* (*balle, bombe*) Brand-; (*propos, déclarations*) Hetz-; (*œillade*) heiß ♦ *nm/f* Brandstifter(in) *mf*.

incendie [ɛ̃sɑ̃di] *nm* (*feu*) Feuer *nt*, Brand *m* ► **incendie criminel** Brandstiftung *f* ► **incendie de forêt** Waldbrand *m*.

incendier [ɛ̃sɑ̃dje] *vt* (*mettre le feu à*) in Brand setzen; (*brûler complètement*) niederbrennen; (*accabler de reproches*) grillen; (*visage, pommette*) glühen machen.

incertain, e [ɛ̃sɛʀtɛ̃, ɛn] *adj* (*indéterminé*) unbestimmt; (*douteux*) ungewiß; (*imprécis*) unbestimmt, ungenau; (*temps*) unbeständig; (*personne, pas, démarche*) unsicher.

incertitude [ɛ̃sɛʀtityd] *nf* (*d'une personne*) Unsicherheit *f*; (*d'un résultat, d'un fait*) Ungewißheit *f*; **~s** *nfpl* Ungewißheiten *pl*.

incessamment [ɛ̃sesamɑ̃] *adv* unverzüglich.

incessant, e [ɛ̃sesɑ̃, ɑ̃t] *adj* unaufhörlich.

incessible [ɛ̃sesibl] *adj* (*JUR*) nicht übertragbar.

inceste [ɛ̃sɛst] *nm* Inzest *m*.

incestueux, -euse [ɛ̃sɛstɥø, øz] *adj* inzestuös.

inchangé, e [ɛ̃ʃɑ̃ʒe] *adj* unverändert.

inchantable [ɛ̃ʃɑ̃tabl] *adj* unsingbar.

inchauffable [ɛ̃ʃofabl] *adj* nicht heizbar.

incidemment [ɛ̃sidamɑ̃] *adv* nebenbei.

incidence [ɛ̃sidɑ̃s] *nf* Effekt *m*, Wirkung *f*; (*PHYS*) Einfall *m*.

incident, e [ɛ̃sidɑ̃, ɑ̃t] *adj* (*JUR, LING*) Neben- ♦ *nm* Ereignis *nt*, Begebenheit *f*; (*petite difficulté*) Vorfall *m*; (*POL: désordre*) Zwischenfall *m*; **sans ~** ohne Zwischenfälle ► **incident de frontière** Grenzzwischenfall *m* ► **incident de parcours** kleiner Zwischenfall ► **incident diplomatique** diplomatischer Zwischenfall ► **incident technique** technisches Problem *nt*.

incinérateur [ɛ̃sineʀatœʀ] *nm* Müllverbren-

nungsanlage *f*.

incinération [ɛ̃sineʀasjɔ̃] *nf* (*d'ordures*) Müllverbrennung *f*; (*crémation*) Einäscherung *f*.

incinérer [ɛ̃sineʀe] *vt* verbrennen; (*défunt*) einäschern.

incise [ɛ̃siz] *nf* (*LING*) Einschub *m*.

inciser [ɛ̃size] *vt* (*BOT*) beschneiden; (*MÉD*) aufschneiden.

incisif, -ive [ɛ̃sizif, iv] *adj* (*ironie, style*) scharf, schneidend; (*personne*) schneidend, beißend.

incision [ɛ̃sizjɔ̃] *nf* (*BOT*) Schnitt *m*; (*d'un abcès*) Aufschneiden *nt*.

incisive [ɛ̃siziv] *nf* Schneidezahn *m*.

incitation [ɛ̃sitasjɔ̃] *nf* (*encouragement*) Ansporn *m*; (*provocation*) Anstiftung *f*.

inciter [ɛ̃site] *vt*: **~ qn à faire qch** jdn dazu veranlassen, etw zu tun; **~ qn à qch** jdn zu etw veranlassen; (*à la révolte etc*) jdn zu etw anstiften.

incivil, e [ɛ̃sivil] *adj* unhöflich.

inclinable [ɛ̃klinabl] *adj*: **siège à dossier ~** Stuhl *m* mit verstellbarer Rückenlehne.

inclinaison [ɛ̃klinɛzɔ̃] *nf* (*d'un toit, d'un mur*) Neigung *f*; (*d'une route*) Gefälle *nt*; (*d'un plan, d'une pente*) Steigung *f*; (*de la tête*) Neigen *nt*; (*d'un navire*) Neigung *f*.

inclination [ɛ̃klinasjɔ̃] *nf* (*penchant*) Neigung *f*; **montrer de l'~ pour les sciences** eine Neigung zu den Naturwissenschaften haben; **~ de (la) tête** Neigen *nt* des Kopfes; **~ (du buste)** Verbeugung *f*.

incliner [ɛ̃kline] *vt* neigen; (*navire*) zum Neigen bringen ♦ *vi*: **~ à qch** zu etw neigen; **s'incliner** *vpr* (*personne*) sich beugen; (*chemin, pente, toit*) Gefälle haben; **~ à qch** dazu neigen, etw zu tun; **~ la tête** *ou* **le front** mit dem Kopf nicken; **s'~ devant qn** sich vor jdm verbeugen; (*s'avouer battu*) sich jdm beugen; **s'~ devant qch** sich vor etw *dat* verbeugen; (*céder*) sich einer Sache *dat* beugen.

inclure [ɛ̃klyʀ] *vt* einschließen; (*joindre à un envoi*) beilegen; (*contenir*) enthalten.

inclus, e [ɛ̃kly, yz] *pp de* **inclure** ♦ *adj* (*joint à un envoi*) beigefügt; (*compris*) inklusive; **jusqu'au troisième chapitre ~** bis zum dritten Kapitel einschließlich; **jusqu'au 10 mars ~** bis einschließlich 10. März.

inclusion [ɛ̃klyzjɔ̃] *nf* (*v inclure*) Einschließen *nt*; Beilegen *nt*.

inclusivement [ɛ̃klyzivmɑ̃] *adv* inklusive.

inclut [ɛ̃kly] *vb voir* **inclure**.

incoercible [ɛ̃kɔɛʀsibl] *adj* nicht zu unterdrücken.

incognito [ɛ̃kɔɲito] *adv* inkognito ♦ *nm*: **garder l'~** sein Inkognito wahren.

incohérence [ɛ̃kɔeʀɑ̃s] *nf* Zusammenhanglosigkeit *f*.

incohérent, e [ɛ̃kɔeʀɑ̃, ɑ̃t] *adj* (*discours, ouvrage*) unzusammenhängend.

incollable [ɛ̃kɔlabl] *adj* (*riz*) nicht klebend; **il est ~** (*fam: personne*) er ist einfach unschlagbar.

incolore [ɛ̃kɔlɔʀ] *adj* (*aussi fig*) farblos; (*verre*) nicht getönt.

incomber [ɛ̃kɔ̃be] *vi*: ~ à qn jdm obliegen.

incombustible [ɛ̃kɔ̃bystibl] *adj* unbrennbar.

incommensurable [ɛ̃kɔmɑ̃syʀabl] *adj* unermeßlich.

incommodant, e [ɛ̃kɔmɔdɑ̃, ɑ̃t] *adj* lästig, störend.

incommode [ɛ̃kɔmɔd] *adj* (*peu pratique*) unpraktisch; (*inconfortable*) unbequem; (*JUR: établissement*) belästigend.

incommodément [ɛ̃kɔmɔdemɑ̃] *adv* unbequem.

incommoder [ɛ̃kɔmɔde] *vt* stören, lästig fallen +dat.

incommodité [ɛ̃kɔmɔdite] *nf* (*d'une position*) Unbequemlichkeit *f*.

incommunicable [ɛ̃kɔmynikabl] *adj* (*caractères, droits*) nicht übertragbar; (*pensée*) nicht mitteilbar.

incomparable [ɛ̃kɔ̃paʀabl] *adj* (*dissemblable*) nicht zu vergleichen, nicht vergleichbar; (*inégalable*) unvergleichlich.

incomparablement [ɛ̃kɔ̃paʀabləmɑ̃] *adv* unvergleichlich.

incompatibilité [ɛ̃kɔ̃patibilite] *nf* (*v adj*) Unvereinbarkeit *f*; Unverträglichkeit *f* ▶ **incompatibilité d'humeur** Unvereinbarkeit.

incompatible [ɛ̃kɔ̃patibl] *adj* nicht (miteinander) vereinbar; (*JUR: fonctions, mandats*) unvereinbar; (*MÉD: groupes sanguins*) nicht miteinander verträglich, unverträglich; ~ **avec** unvereinbar/unverträglich mit.

incompétence [ɛ̃kɔ̃petɑ̃s] *nf* (*v adj*) Inkompetenz *f*; Unfähigkeit *f*; mangelnde Zuständigkeit *f*.

incompétent, e [ɛ̃kɔ̃petɑ̃, ɑ̃t] *adj* (*ignorant*) inkompetent; (*incapable*) unfähig; (*JUR*) nicht zuständig.

incomplet, -ète [ɛ̃kɔ̃plɛ, ɛt] *adj* unvollständig; (*récit, œuvre*) unvollendet.

incomplètement [ɛ̃kɔ̃plɛtmɑ̃] *adv* nicht völlig, nicht ganz.

incompréhensible [ɛ̃kɔ̃pʀeɑ̃sibl] *adj* unverständlich; (*personne, accident*) unbegreiflich.

incompréhensif, -ive [ɛ̃kɔ̃pʀeɑ̃sif, iv] *adj* (*intransigeant*) verständnislos; (*peu coopératif*) stur.

incompréhension [ɛ̃kɔ̃pʀeɑ̃sjɔ̃] *nf* Stureheit *f*.

incompressible [ɛ̃kɔ̃pʀesibl] *adj* (*fluide*) nicht komprimierbar; (*dépenses*) nicht zu reduzieren; (*peine*) nicht zu verkürzen.

incompris, e [ɛ̃kɔ̃pʀi. iz] *adj* unverstanden.

inconcevable [ɛ̃kɔ̃s(ə)vabl] *adj* (*mystère, notion etc*) unvorstellbar; (*conduite etc*) unfaßbar; (*chapeau etc*) unglaublich.

inconciliable [ɛ̃kɔ̃siljabl] *adj* (*principes, intérêts*) unvereinbar; (*ennemis*) unversöhnlich.

inconditionnel, -le [ɛ̃kɔ̃disjɔnɛl] *adj* (*ordre, soumission*) bedingungslos; (*appui, soutien, partisan*) uneingeschränkt ▶ *nm/f* (*partisan*) blinder Fan *m*.

inconditionnellement [ɛ̃kɔ̃disjɔnɛlmɑ̃] *adv* uneingeschränkt.

inconduite [ɛ̃kɔ̃dɥit] *nf* liederlicher Lebenswandel *m*.

inconfort [ɛ̃kɔ̃fɔʀ] *nm* Unbequemlichkeit *f*.

inconfortable [ɛ̃kɔ̃fɔʀtabl] *adj* unbequem.

inconfortablement [ɛ̃kɔ̃fɔʀtabləmɑ̃] *adv* unbequem.

incongru, e [ɛ̃kɔ̃gʀy] *adj* unschicklich; (*remarque*) unpassend.

incongruité [ɛ̃kɔ̃gʀyite] *nf* Unschicklichkeit *f*; (*parole, action incongrue*) Ungeschicklichkeit *f*.

inconnu, e [ɛ̃kɔny] *adj* unbekannt ▶ *nm/f* Unbekannte(r) *f(m)*; (*étranger, tiers*) Fremde(r) *f(m)* ▶ *nm*: l'~ das Unbekannte *nt* ▶ *nf* (*MATH*) Unbekannte *f*.

inconsciemment [ɛ̃kɔ̃sjamɑ̃] *adv* unbewußt.

inconscience [ɛ̃kɔ̃sjɑ̃s] *nf* (*physique*) Bewußtlosigkeit *f*; (*morale*) Gedankenlosigkeit *f*.

inconscient, e [ɛ̃kɔ̃sjɑ̃, jɑ̃t] *adj* (*évanoui*) bewußtlos; (*irréfléchi*) gedankenlos; (*instinctif, spontané*) unbewußt ▶ *nm*: l'~ das Unbewußte *nt*; ~ **de** ... (*événement extérieur*) ohne ... zu bemerken; (*conséquences*) ohne ... zu bedenken.

inconséquence [ɛ̃kɔ̃sekɑ̃s] *nf* Inkonsequenz *f*; (*action, parole*) Gedankenlosigkeit *f*.

inconséquent, e [ɛ̃kɔ̃sekɑ̃, ɑ̃t] *adj* (*illogique*) inkonsequent; (*irréfléchi*) gedankenlos.

inconsidéré, e [ɛ̃kɔ̃sideʀe] *adj* unüberlegt, unbedacht.

inconsidérément [ɛ̃kɔ̃sideʀemɑ̃] *adv* unüberlegt.

inconsistant, e [ɛ̃kɔ̃sistɑ̃, ɑ̃t] *adj* (*raisonnement, accusation*) nicht stichhaltig; (*caractère, personne*) unentschlossen; (*crème, bouillie*) zu flüssig.

inconsolable [ɛ̃kɔ̃sɔlabl] *adj* untröstlich.

inconstance [ɛ̃kɔ̃stɑ̃s] *nf* Unbeständigkeit *f*.

inconstant, e [ɛ̃kɔ̃stɑ̃, ɑ̃t] *adj* unbeständig.

inconstitutionnel, -le [ɛ̃kɔ̃stitysjɔnɛl] *adj* verfassungswidrig.

inconstitutionnellement [ɛ̃kɔ̃stitysjɔnɛlmɑ̃] *adv* verfassungswidrig.

inconstructible [ɛ̃kɔ̃stʀyktibl] *adj* nicht bebaubar.

incontestable [ɛ̃kɔ̃tɛstabl] *adj* unbestreitbar.

incontestablement [ɛ̃kɔ̃tɛstabləmɑ̃] *adv* unbestreitbar.

incontesté, e [ɛ̃kɔ̃tɛste] *adj* unbestritten, unangefochten.

incontinence [ɛ̃kɔ̃tinɑ̃s] *nf* Inkontinenz *f*.

incontinent, e [ɛ̃kɔ̃tinɑ̃, ɑ̃t] *adj* (*MÉD*) inkontinent ▶ *adv* (*tout de suite*) unverzüglich.

incontournable [ɛ̃kɔ̃tuʀnabl] *adj* unausweichlich.

incontrôlable [ɛ̃kɔ̃tʀolabl] *adj* nicht verifizierbar.

inconvenance [ɛ̃kɔ̃v(ə)nɑ̃s] *nf* Unschicklichkeit *f*.

inconvenant, e [ɛ̃kɔ̃v(ə)nɑ̃, ɑ̃t] *adj* unpassend; (*tenue*) unschicklich; (*personne*) unanständig.

inconvénient [ɛ̃kɔ̃venjɑ̃] *nm* Nachteil *m*; **si vous n'y voyez pas d'~** wenn Sie nichts dagegen einzuwenden haben, wenn Sie keine

Einwände dagegen haben; **verrais-tu un** ~ **à ce que ...?** hättest du etwas dagegen, wenn ...?

inconvertible [ɛ̃kɔ̃vɛʀtibl] adj nicht konvertierbar.

incorporation [ɛ̃kɔʀpɔʀasjɔ̃] nf (MIL) Einberufung f.

incorporé, e [ɛ̃kɔʀpɔʀe] adj (micro etc) eingebaut.

incorporel, -le [ɛ̃kɔʀpɔʀɛl] adj: **biens** ~**s** immaterielle Güter pl.

incorporer [ɛ̃kɔʀpɔʀe] vt (mélanger) einrühren; (paragraphe) aufnehmen; (territoire) einverleiben, eingliedern; (personne) aufnehmen; (MIL: recrue) aufrufen, einziehen; (: affecter) aufrufen.

incorrect, e [ɛ̃kɔʀɛkt] adj (impropre, faux) falsch; (inconvenant) unpassend; (impoli) ungehobelt; (déloyal) unkorrekt.

incorrectement [ɛ̃kɔʀɛktəmɑ̃] adv (v adj) falsch; unpassend; ungehobelt; unkorrekt.

incorrection [ɛ̃kɔʀɛksjɔ̃] nf (terme impropre) falscher Ausdruck m; (action, remarque inconvenante) Unkorrektheit f.

incorrigible [ɛ̃kɔʀiʒibl] adj unverbesserlich.

incorruptible [ɛ̃kɔʀyptibl] adj unbestechlich.

incrédibilité [ɛ̃kʀedibilite] nf Unglaubwürdigkeit f.

incrédule [ɛ̃kʀedyl] adj (REL) ungläubig; (sceptique) skeptisch, zweifelnd.

incrédulité [ɛ̃kʀedylite] nf (v adj) Ungläubigkeit f; Skepsis f; **avec** ~ ungläubig.

increvable [ɛ̃kʀəvabl] adj (ballon) unzerstörbar; (pneu) pannensicher; (fam: personne) unverwüstlich.

incriminer [ɛ̃kʀimine] vt (personne) belasten; (action, conduite) beanstanden; (bonne foi, honnêteté) in Zweifel ziehen.

incrochetable [ɛ̃kʀɔʃ(ə)tabl] adj einbruchsicher.

incroyable [ɛ̃kʀwajabl] adj unglaublich.

incroyablement [ɛ̃kʀwajabləmɑ̃] adv unglaublich.

incroyant, e [ɛ̃kʀwajɑ̃, ɑ̃t] nm/f Ungläubige(r) f(m).

incrustation [ɛ̃kʀystasjɔ̃] nf (ART) Einlegearbeit f.

incruster [ɛ̃kʀyste] vt (ART) einlegen; (récipient, radiateur) Kesselstein verursachen in +dat; **s'incruster** vpr (invité) sich einnisten; (radiateur, conduite) Kesselstein bekommen; **s'**~ **dans** (corps étranger, caillou) sich einnisten in +dat.

incubateur [ɛ̃kybatœʀ] nm Inkubator m, Brutkasten m.

incubation [ɛ̃kybasjɔ̃] nf (MÉD) Inkubation f; (d'un œuf) Ausbrüten nt; (fig: d'une insurrection) Aushecken nt; **période d'**~ (MÉD) Inkubationszeit f.

inculpation [ɛ̃kylpasjɔ̃] nf Anklage f; **sous l'**~ **de** unter der Anklage +gén.

inculpé, e [ɛ̃kylpe] nm/f Angeklagte(r) f(m).

inculper [ɛ̃kylpe] vt: ~ **qn (de)** Anklage erheben gegen jdn (wegen +gén).

inculquer [ɛ̃kylke] vt: ~ **qch à qn** jdm etw einprägen.

inculte [ɛ̃kylt] adj (région, terre, sol) unbebaut; (personne, peuple) ungebildet; (cheveux, barbe) zerzaust.

incultivable [ɛ̃kyltivabl] adj (terrain) nicht bebaubar.

inculture [ɛ̃kyltyʀ] nf Bildungsmangel m.

incurable [ɛ̃kyʀabl] adj unheilbar.

incurie [ɛ̃kyʀi] nf Nachlässigkeit f.

incursion [ɛ̃kyʀsjɔ̃] nf Einfall m; (fig: entrée brusque) Hereinstürmen nt.

incurvé, e [ɛ̃kyʀve] adj geschwungen.

incurver [ɛ̃kyʀve] vt (barre de fer) biegen; **s'incurver** vpr (planche) sich (ver)biegen; (route) eine Biegung machen.

Inde [ɛ̃d] nf: **l'**~ Indien nt.

indécemment [ɛ̃desamɑ̃] adv unanständig.

indécence [ɛ̃desɑ̃s] nf Unanständigkeit f.

indécent, e [ɛ̃desɑ̃, ɑ̃t] adj unanständig; (déplacé) unangebracht.

indéchiffrable [ɛ̃deʃifʀabl] adj nicht zu entziffern; (fig: pensée, personnage) unergründlich.

indéchirable [ɛ̃deʃiʀabl] adj reißfest.

indécis, e [ɛ̃desi, iz] adj (personne) unentschlossen; (paix, victoire) zweifelhaft; (temps) unbeständig; (contours, formes) undeutlich.

indécision [ɛ̃desizjɔ̃] nf (de personne) Unentschlossenheit f.

indéclinable [ɛ̃deklinabl] adj nicht deklinierbar.

indécomposable [ɛ̃dekɔ̃pozabl] adj unzerteilbar; **un tout** ~ (fig) ein unteilbares Ganzes nt.

indécrottable [ɛ̃dekʀɔtabl] (fam) adj unverbesserlich.

indéfectible [ɛ̃defɛktibl] adj (attachement) unzerstörbar.

indéfendable [ɛ̃defɑ̃dabl] adj unhaltbar.

indéfini, e [ɛ̃defini] adj (imprécis, incertain) undefiniert; (illimité, LING) unbestimmt.

indéfiniment [ɛ̃definimɑ̃] adv unbegrenzt lange.

indéfinissable [ɛ̃definisabl] adj (mot) nicht zu definieren; (couleur, saveur) undefinierbar; (charme, émotion, trouble) unerklärlich; (personne) unergründlich.

indéformable [ɛ̃defɔʀmabl] adj formfest.

indélébile [ɛ̃delebil] adj (marque, tache) nicht zu entfernen; (encre, couleur) waschecht; (souvenir) unauslöschlich.

indélicat, e [ɛ̃delika, at] adj (grossier) taktlos; (malhonnête) unredlich.

indélicatesse [ɛ̃delikatɛs] nf (v adj) Taktlosigkeit f; Unredlichkeit f.

indémaillable [ɛ̃demajabl] adj maschenfest.

indemne [ɛ̃dɛmn] adj unverletzt, unversehrt.

indemnisable [ɛ̃dɛmnizabl] adj entschädigungsberechtigt.

indemnisation [ɛ̃dɛmnizasjɔ̃] nf Entschädigung f.

indemniser [ɛ̃dɛmnize] vt entschädigen; ~ **qn**

de qch jdn für etw entschädigen; **se faire** ~ eine Entschädigung bekommen.

indemnité [ɛ̃dɛmnite] *nf* Entschädigung *f*; (*allocation*) Zuschuß *m* ▸ **indemnité de licenciement** Abfindung *f* ▸ **indemnité de logement** Wohngeld *nt* ▸ **indemnité de chômage** Arbeitslosengeld *nt* ▸ **indemnité parlementaire** Abgeordnetenbezüge *pl*.

indémontable [ɛ̃demɔ̃tabl] *adj* nicht auseinanderzunehmen.

indéniable [ɛ̃denjabl] *adj* unleugbar, unbestreitbar.

indéniablement [ɛ̃denjabləmɑ̃] *adv* unbestreitbar.

indépendamment [ɛ̃depɑ̃damɑ̃] *adv* unabhängig; ~ **de** (*en faisant abstraction de*) abgesehen von; (*par surcroît, en plus*) zusätzlich zu.

indépendance [ɛ̃depɑ̃dɑ̃s] *nf* Unabhängigkeit *f* ▸ **indépendance matérielle** finanzielle Unabhängigkeit.

indépendant, e [ɛ̃depɑ̃dɑ̃, ɑ̃t] *adj* unabhängig; (*emploi*) selbständig; ~ **de** unabhängig von; **travailleur** ~ Freiberufler(in) *m(f)*; **chambre** ~**e** Zimmer *nt* mit separatem Eingang.

indépendantiste [ɛ̃depɑ̃dɑ̃tist] *adj* separatistisch ♦ *nm/f* Separatist(in) *m(f)*.

indéracinable [ɛ̃deʀasinabl] *adj* (*fig*) unausrottbar.

indéréglable [ɛ̃deʀeglabl] *adj* unverwüstlich.

indescriptible [ɛ̃dɛskʀiptibl] *adj* unbeschreiblich.

indésirable [ɛ̃deziʀabl] *adj* unerwünscht.

indestructible [ɛ̃dɛstʀyktibl] *adj* unzerstörbar; (*marque, impression*) unauslöschlich.

indéterminable [ɛ̃detɛʀminabl] *adj* (*indéfinissable*) undefinierbar.

indétermination [ɛ̃detɛʀminasjɔ̃] *nf* (*d'une personne*) Unentschlossenheit *f*.

indéterminé, e [ɛ̃detɛʀmine] *adj* unbestimmt; (*sens d'un mot, d'un passage*) ungewiß.

index [ɛ̃dɛks] *nm* (*doigt*) Zeigefinger *m*; (*d'un livre etc*) Index *m*; (*REL*): **l'I**~ der Index; **mettre qn/qch à l'**~ (*fig*) jdn/etw auf den Index setzen.

indexation [ɛ̃dɛksasjɔ̃] *nf* Anpassung *f*.

indexé, e [ɛ̃dɛkse] *adj*: ~ **(sur)** angepaßt (an +*acc*).

indexer [ɛ̃dɛkse] *vt*: ~ **(sur)** anpassen (an +*acc*).

indicateur, -trice [ɛ̃dikatœʀ, tʀis] *nm/f* (*de la police*) Informant *m*, Spitzel *m*; (*livre, brochure*) Verzeichnis *nt*; (*instrument*) Meßinstrument *nt*; (*ÉCON*) Index *m* ♦ *adj*: **poteau** ~ Straßenschild *nt*; **tableau** ~ Hinweisschild *nt* ▸ **indicateur de changement de direction** (*AUTO*) Blinker *m* ▸ **indicateur de vitesse/de pression/de niveau** Geschwindigkeits-/Druck-/Höhenmesser *m* ▸ **indicateur immobilier/des chemins de fer/des rues** Immobilienverzeichnis *nt*/Kursbuch *nt*/Straßenverzeichnis *nt*.

indicatif [ɛ̃dikatif] *nm* (*LING*) Indikativ *m*; (*RADIO: d'une émission*) Erkennungsmelodie *f*; (*TÉL*) Vorwahl *f* ♦ *adj*: **à titre** ~ zur Informa-

tion ▸ **indicatif d'appel** (*RADIO*) Rufzeichen *nt*.

indication [ɛ̃dikasjɔ̃] *nf* (*notification*) Angabe *f*; (*mode d'emploi*) Anweisung *f*; (*marque, signe*) Zeichen *nt*; (*renseignement*) Auskunft *f*; (*d'un médicament, d'une cure*) Anwendung *f*; ~**s** *nfpl* (*directives*) Anweisungen *pl* ▸ **indication d'origine** Angabe des Herkunftslandes.

indice [ɛ̃dis] *nm* (*marque, signe*) Zeichen *nt*; (*JUR: preuve*) Indiz *nt*; (*ÉCON, SCIENCES*) Index *m* ▸ **indice d'octane** Oktanzahl *f* ▸ **indice de la production industrielle** industrielle Produktionsziffern *pl* ▸ **indice de réfraction** Brechungsindex *m* ▸ **indice des prix** Preisindex *m* ▸ **indice du coût de la vie** Lebenshaltungsindex *m*.

indicible [ɛ̃disibl] *adj* unsagbar.

indien, ne [ɛ̃djɛ̃, jɛn] *adj* (*d'Inde*) indisch; (*d'Amérique*) indianisch ♦ *nm/f*: **I**~, **ne** (*d'Inde*) Inder(in) *m(f)*; (*d'Amérique*) Indianer(in) *m(f)*.

indifféremment [ɛ̃difeʀamɑ̃] *adv* wahllos.

indifférence [ɛ̃difeʀɑ̃s] *nf* Gleichgültigkeit *f*.

indifférencié, e [ɛ̃difeʀɑ̃sje] *adj* undifferenziert.

indifférent, e [ɛ̃difeʀɑ̃, ɑ̃t] *adj* gleichgültig; **être** ~ **à qn/qch** (*personne: insensible*) ungerührt von jdm/einer Sache sein; **ça m'est** ~ das ist mir völlig egal.

indifférer [ɛ̃difeʀe] *vt*: **cela m'indiffère** das ist mir gleichgültig.

indigence [ɛ̃diʒɑ̃s] *nf*: **vivre dans l'**~ in Armut leben.

indigène [ɛ̃diʒɛn] *adj* (*population, main-d'œuvre etc*) einheimisch; (*coutume etc*) der Einheimischen ♦ *nm/f* Einheimische(r) *f(m)*.

indigent, e [ɛ̃diʒɑ̃, ɑ̃t] *adj* arm.

indigeste [ɛ̃diʒɛst] *adj* unverdaulich.

indigestion [ɛ̃diʒɛstjɔ̃] *nf* Magenverstimmung *f*; **avoir une** ~ sich *dat* den Magen verdorben haben.

indignation [ɛ̃diɲasjɔ̃] *nf* Entrüstung *f*, Empörung *f*; **avec** ~ entrüstet, empört ▸ **indignation générale** allgemeine Entrüstung *ou* Empörung.

indigne [ɛ̃diɲ] *adj* unwürdig; ~ **de** (*de confiance, poste*) unwürdig +*gén*; (*de personne*) nicht würdig +*gén*.

indigné, e [ɛ̃diɲe] *adj* empört, entrüstet.

indignement [ɛ̃diɲmɑ̃] *adv* unwürdig.

indigner [ɛ̃diɲe] *vt* aufbringen, entrüsten; **s'indigner** *vpr*: **s'**~ **(de qch/contre qn)** sich (über etw/jdn) aufregen *ou* empören.

indignité [ɛ̃diɲite] *nf* (*acte*) Niederträchtigkeit *f*, Gemeinheit *f*.

indigo [ɛ̃digo] *nm* Indigo(blau) *nt*.

indiqué, e [ɛ̃dike] *adj* (*date, lieu*) angegeben; (*adéquat*) angemessen; **ce n'est pas très** ~ das ist nicht ratsam; **remède** ~ (*prescrit*) verschriebenes Mittel *nt*; **traitement** ~ verschriebene Behandlung *f*.

indiquer [ɛ̃dike] *vt* (*désigner*) (an)zeigen; (*médecin, livre, hôtel*) empfehlen; (*solution*) mitteilen; (*suj: étiquette, plan*) angeben, zeigen; ~ **qch/qn du doigt/de la main** auf jdn/etw mit dem Finger/mit der Hand zeigen; ~ **qn/qch du regard** mit den Augen auf jdn/etw deuten; **à l'heure indiquée** zur angegebenen Stunde; **pourriez-vous m'~ les toilettes?** könnten Sie mir sagen, wo die Toiletten sind?

indirect, e [ɛ̃diʀɛkt] *adj* indirekt; **complément d'objet** ~ Dativobjekt *nt.*

indirectement [ɛ̃diʀɛktəmɑ̃] *adv* indirekt.

indiscernable [ɛ̃disɛʀnabl] *adj* (*identique*) nicht zu unterscheiden; (*insaisissable*) kaum wahrnehmbar.

indiscipline [ɛ̃disiplin] *nf* Disziplinlosigkeit *f.*

indiscipliné, e [ɛ̃disipline] *adj* undiszipliniert, disziplinlos; (*cheveux etc*) unbändig.

indiscret, -ète [ɛ̃diskʀɛ, ɛt] *adj* indiskret.

indiscrétion [ɛ̃diskʀesjɔ̃] *nf* Indiskretion *f;* **sans ~,** ... ich will nicht indiskret sein, aber ... .

indiscutable [ɛ̃diskytabl] *adj* unbestreitbar.

indiscutablement [ɛ̃diskytabləmɑ̃] *adv* unbestreitbar.

indiscuté, e [ɛ̃diskyte] *adj* unbestritten.

indispensable [ɛ̃dispɑ̃sabl] *adj* (*garanties, précautions*) unerläßlich; (*connaissances, objet, vêtement*) unbedingt erforderlich; (*condition*) unverzichtbar; (*personne*) unersetzlich; ~ **à qn** unersetzlich für jdn; ~ **pour faire qch** unbedingt erforderlich, um etw zu tun.

indisponibilité [ɛ̃dispɔnibilite] *nf* Unabkömmlichkeit *f.*

indisponible [ɛ̃dispɔnibl] *adj* (*local*) nicht frei; (*personne, ouvrier*) unabkömmlich; (*capitaux*) gebunden.

indisposé, e [ɛ̃dispoze] *adj* unpäßlich.

indisposer [ɛ̃dispoze] *vt* (*incommoder*) nicht bekommen +*dat;* (*mécontenter*) verärgern.

indisposition [ɛ̃dispozisjɔ̃] *nf* Unpäßlichkeit *f.*

indissociable [ɛ̃disɔsjabl] *adj* untrennbar.

indissoluble [ɛ̃disɔlybl] *adj* unauflöslich.

indissolublement [ɛ̃disɔlybləmɑ̃] *adv* unauflöslich.

indistinct, e [ɛ̃distɛ̃(kt), ɛ̃kt] *adj* undeutlich.

indistinctement [ɛ̃distɛ̃ktəmɑ̃] *adv* (*peu clairement*) undeutlich; **tous les Français** ~ alle Franzosen ohne Unterschied.

individu [ɛ̃dividy] *nm* Individuum *nt;* **l'~ et la société** der Einzelne und die Gesellschaft.

individualiser [ɛ̃dividɥalize] *vt* individualisieren; (*personnaliser*) individuell gestalten; **s'individualiser** *vpr* sich individuell entwickeln.

individualisme [ɛ̃dividɥalism] *nm* Individualismus *m.*

individualiste [ɛ̃dividɥalist] *adj* individualistisch ♦ *nm/f* Individualist(in) *m(f).*

individualité [ɛ̃dividɥalite] *nf* (*originalité, particularité*) Individualität *f.*

individuel, le [ɛ̃dividɥɛl] *adj* individuell; (*personnel*) persönlich; (*isolé*) einzeln; **chambre ~le** Einzelzimmer *nt;* **maison ~le** einzelstehendes Haus *nt;* **propriété ~le** persönliches Eigentum *nt.*

individuellement [ɛ̃dividɥɛlmɑ̃] *adv* individuell.

indivis, e [ɛ̃divi, iz] *adj* (*bien, propriété, succession*) unteilbar; (*cohéritiers, propriétaires*) gemeinsam.

indivisible [ɛ̃divizibl] *adj* unauflöslich.

Indochine [ɛ̃dɔʃin] *nf:* **l'~** Indochina *nt.*

indochinois, e [ɛ̃dɔʃinwa, waz] *adj* indochinesisch.

indocile [ɛ̃dɔsil] *adj* widerspenstig.

indo-européen, ne [ɛ̃doøʀɔpeɛ̃, ɛn] (*pl* ~-~**s, nes**) *adj* indoeuropäisch, indogermanisch ♦ *nm* (*LING*) Indogermanisch *nt.*

indolence [ɛ̃dɔlɑ̃s] *nf* (*v adj*) Trägheit *f;* Lässigkeit *f.*

indolent, e [ɛ̃dɔlɑ̃, ɑ̃t] *adj* (*personne, élève*) träge, faul; (*regard, air, démarche*) lässig.

indolore [ɛ̃dɔlɔʀ] *adj* schmerzlos.

indomptable [ɛ̃dɔ̃(p)tabl] *adj* (*fauve*) unzähmbar; (*caractère, orgueil*) unbezähmbar; (*volonté, résistance*) unbeugsam.

indompté, e [ɛ̃dɔ̃(p)te] *adj* (*cheval*) nicht zugeritten.

Indonésie [ɛ̃dɔnezi] *nf:* **l'~** Indonesien *nt.*

indonésien, ne [ɛ̃dɔnezjɛ̃, jɛn] *adj* indonesisch ♦ *nm/f:* **l'~, ne** Indonesier(in) *m(f).*

indu, e [ɛ̃dy] *adj:* **à des heures ~es** zu einer unchristlichen Zeit.

indubitable [ɛ̃dybitabl] *adj* unzweifelhaft; **il est ~ que** es steht außer Zweifel, daß.

indubitablement [ɛ̃dybitabləmɑ̃] *adv* unzweifelhaft, zweifellos.

induction [ɛ̃dyksjɔ̃] *nf* Induktion *f.*

induire [ɛ̃dɥiʀ] *vt:* ~ **qch de** etw schließen aus; ~ **qn en erreur** jdn irreführen.

indulgence [ɛ̃dylʒɑ̃s] *nf* (*v adj*) Nachsichtigkeit *f;* Milde *f;* **avec ~** nachsichtig; milde.

indulgent, e [ɛ̃dylʒɑ̃, ɑ̃t] *adj* (*parent, professeur, regard*) nachsichtig; (*juge, examinateur*) milde.

indûment [ɛ̃dymɑ̃] *adv* (*à tort*) ungebührlich; (*injustement*) zu unrecht.

industrialisation [ɛ̃dystʀializasjɔ̃] *nf* Industrialisierung *f.*

industrialiser [ɛ̃dystʀialize] *vt* industrialisieren; **s'industrialiser** *vpr* industrialisiert werden.

industrie [ɛ̃dystʀi] *nf* (*ÉCON*) Industrie *f;* **petite ~** Kleingewerbe *nt;* **moyenne ~** mittlere Industrie; **grande ~** Großindustrie *f* ▶ **industrie automobile** Automobilindustrie *f* ▶ **industrie du livre** Verlagswesen *nt* ▶ **industrie du spectacle** Unterhaltungsindustrie *f* ▶ **industrie légère** Leichtindustrie *f* ▶ **industrie lourde** Schwerindustrie *f* ▶ **industrie textile** Textilindustrie *f.*

industriel, le [ɛ̃dystʀijɛl] *adj* Industrie-; (*activité*) industriell; (*pain etc*) Fabrik- ♦ *nm* Industrielle(r) *f(m).*

industriellement [ɛ̃dystʀijɛlmɑ̃] *adv* industriell.

industrieux, -euse [ɛ̃dystʀijø, ijøz] *adj* fleißig.

inébranlable [inebʀɑ̃labl] *adj* unerschütterlich; (*masse, colonne*) solid, fest.

inédit, e [inedi, it] *adj (non publié)* (bisher) unveröffentlicht; *(spectacle, moyen)* neuartig.
ineffable [inefabl] *adj* unbeschreiblich.
ineffaçable [inefasabl] *adj* unauslöschlich.
inefficace [inefikas] *adj* wirkungslos; *(machine, employé)* wenig leistungsfähig.
inefficacité [inefikasite] *nf (v adj)* Wirkungslosigkeit *f*; geringe Leistungsfähigkeit *f*.
inégal, e, -aux [inegal, o] *adj* ungleich; *(côtés, jours)* verschieden lang; *(rugueux)* uneben; *(irrégulier)* unregelmäßig; *(humeur)* unausgeglichen.
inégalable [inegalabl] *adj* einzigartig, unerreichbar.
inégalé, e [inegale] *adj* unerreicht, unübertroffen.
inégalement [inegalmã] *adv (différemment)* verschieden; *(injustement)* ungleich; *(irrégulièrement)* unregelmäßig.
inégalité [inegalite] *nf* Ungleichheit *f*; *(de sommes)* Verschiedenheit *f*; *(de hauteur)* Unterschied *m*; *(de terrain)* Unebenheit *f* ▶ **inégalités d'humeur** Unausgeglichenheit *f* ▶ **inégalités de terrain** Unebenheiten *pl*.
inélégance [inelegãs] *nf (v adj)* Uneleganz *f*; Unhöflichkeit *f*.
inélégant, e [inelegã, ãt] *adj (sans grâce)* unelegant; *(indélicat)* unhöflich.
inéligible [eleʒibl] *adj (POL)* nicht wählbar.
inéluctable [inelyktabl] *adj* unausweichlich.
inéluctablement [inelyktabləmã] *adv* unausweichlich.
inemployé, e [inãplwaje] *adj* ungenutzt.
inénarrable [inenaʀabl] *adj* urkomisch.
inepte [inɛpt] *adj (histoire, raisonnement)* unsinnig; *(personne)* unfähig.
ineptie [inɛpsi] *nf* Unsinn *m*.
inépuisable [inepɥizabl] *adj* unerschöpflich; **il est ~ sur ce sujet** über dieses Thema kann er stundenlang reden.
inéquitable [inekitabl] *adj* ungerecht.
inerte [inɛʀt] *adj (corps, membre)* unbeweglich; *(fig: personne)* apathisch, träge; *(PHYS: masse)* träge; *(: force, moment)* Trägheits-; *(CHIM: gaz)* Edel-; *(: liquide)* inaktiv.
inertie [inɛʀsi] *nf (de personne, PHYS)* Trägheit *f*.
inescompté, e [inɛskɔ̃te] *adj* unverhofft.
inespéré, e [inɛspeʀe] *adj* unverhofft.
inesthétique [inɛstetik] *adj* unschön.
inestimable [inɛstimabl] *adj* unschätzbar.
inévitable [inevitabl] *adj* unvermeidlich; *(obstacle)* unausweichlich.
inévitablement [inevitabləmã] *adv* zwangsläufig.
inexact, e [inɛgza(kt), akt] *adj* ungenau; *(calcul)* falsch; *(non ponctuel)* unpünktlich.
inexactement [inɛgzaktəmã] *adv* ungenau.
inexactitude [inɛgzaktityd] *nf (v adj)* Ungenauigkeit *f*; Fehlerhaftigkeit *f*; Unpünktlichkeit *f*; *(erreur)* Fehler *m*.
inexcusable [inɛkskyzabl] *adj (personne)* unentschuldbar; *(faute, négligence)* unentschuldbar, unverzeihlich.

inexécutable [inɛgzekytabl] *adj (plan, projet)* unausführbar; *(musique)* unspielbar.
inexistant, e [inɛgzistã, ãt] *adj* nicht vorhanden, wertlos.
inexorable [inɛgzɔʀabl] *adj (juge etc)* unerbittlich; *(destin etc)* unabwendbar.
inexorablement [inɛgzɔʀabləmã] *adv* unerbittlich.
inexpérience [inɛkspeʀjãs] *nf* Unerfahrenheit *f*.
inexpérimenté, e [inɛkspeʀimãte] *adj (ignorant, naïf)* unerfahren; *(alpiniste, geste)* ungeübt; *(arme, procédé)* unerprobt.
inexplicable [inɛksplikabl] *adj* unerklärlich.
inexplicablement [inɛksplikabləmã] *adv* auf unerklärliche Weise.
inexpliqué, e [inɛksplike] *adj* unerklärlich.
inexploitable [inɛksplwatabl] *adj* nicht nutzbar; *(inutilisable)* unbrauchbar.
inexploité, e [inɛksplwate] *adj* ungenutzt.
inexploré, e [inɛksplɔʀe] *adj* unerforscht.
inexpressif, -ive [inɛkspʀesif, iv] *adj* ausdruckslos.
inexpressivité [inɛkspʀesivite] *nf* Ausdruckslosigkeit *f*.
inexprimable [inɛkspʀimabl] *adj* unbeschreiblich.
inexprimé, e [inɛkspʀime] *adj* unausgesprochen.
inexpugnable [inɛkspygnabl] *adj* uneinnehmbar.
inextensible [inɛkstãsibl] *adj* nicht dehnbar.
in extenso [inɛkstẽso] *adv* ganz, vollständig ♦ *adj* vollständig.
inextinguible [inɛkstẽgibl] *adj (soif)* unstillbar.
in extremis [inɛkstʀemis] *adv* in letzter Minute; *(mariage, testament)* auf dem Sterbebett.
inextricable [inɛkstʀikabl] *adj* unentwirrbar; *(fig: affaire)* verwickelt, verworren.
inextricablement [inɛkstʀikabləmã] *adv* unentwirrbar.
infaillibilité [ẽfajibilite] *nf* Unfehlbarkeit *f*.
infaillible [ẽfajibl] *adj* unfehlbar.
infailliblement [ẽfajibləmã] *adv* garantiert.
infaisable [ẽfəzabl] *adj* unmöglich.
infamant, e [ẽfamã, ãt] *adj* verleumderisch.
infâme [ẽfam] *adj (détestable, odieux)* niederträchtig, gemein; *(malpropre, sale)* übel.
infamie [ẽfami] *nf* Niederträchtigkeit *f*, Gemeinheit *f*.
infanterie [ẽfãtʀi] *nf* Infanterie *f*.
infanticide [ẽfãtisid] *adj* kindermordend ♦ *nm/f* Kindesmörder(in) *m(f)* ♦ *nm (meurtre)* Kindsmord *m*.
infantile [ẽfãtil] *adj (MÉD)* Kinder-; *(PSYCH)* infantil, kindlich; *(péj)* kindisch.
infantilisme [ẽfãtilism] *nm (comportement)* kindisches Benehmen *nt*.
infarctus [ẽfaʀktys] *nm*: ~ **(du myocarde)** Herzinfarkt *m*.
infatigable [ẽfatigabl] *adj* unermüdlich.
infatigablement [ẽfatigabləmã] *adv* unermüdlich.

infatué, e [ɛ̃fatɥe] *adj* eingebildet; **être ~ de son importance** sehr von sich eingenommen sein.

infécond, e [ɛ̃fekɔ̃, ɔ̃d] *adj* unfruchtbar; (*esprit*) unproduktiv.

infect, e [ɛ̃fɛkt] *adj* (*cloaque, bourbier*) übel, ekelhaft; (*odeur, goût*) ekelhaft, widerlich; (*repas, vin, temps*) scheußlich, widerlich; (*personne*) widerlich.

infecter [ɛ̃fɛkte] *vt* (*atmosphère, eau*) verunreinigen, verseuchen; (*MÉD: personne*) infizieren, anstecken; (: *plaie*) infizieren; **s'infecter** *vpr* (*plaie*) sich infizieren.

infectieux, -euse [ɛ̃fɛksjø, jøz] *adj* (*germe*) Ansteckungs-; (*maladie*) ansteckend.

infection [ɛ̃fɛksjɔ̃] *nf* (*MÉD*) Infektion *f*, Entzündung *f*.

inféoder [ɛ̃feɔde]: **s'~** *vpr*: **s'~ à qn/qch** jdm/ einer Sache Treue geloben.

inférer [ɛ̃feʀe] *vt*: **~ qch de** etw schließen aus.

inférieur, e [ɛ̃feʀjœʀ] *adj* untere(r, s); (*partie, étage, couche*) Unter-, untere(r, s); (*qualité*) minderwertig; (*nombre*) niedriger; (*intelligence, esprit*) geringer, unterlegen ♦ *nm/f* Untergebene(r) *f(m)*; **~ à** (*nombre, somme, quantité*) kleiner als; (*moins bon que*) schlechter als; (*pas à la hauteur de*) nicht gewachsen +*dat*.

infériorité [ɛ̃feʀjɔʀite] *nf* (*d'une personne*) Minderwertigkeit *f*; **~ en nombre** zahlenmäßige Unterlegenheit *f*.

infernal, e, -aux [ɛ̃fɛʀnal, o] *adj* höllisch; (*satanique*) teuflisch.

infester [ɛ̃fɛste] *vt*: **infesté de moustiques/rats** von Mücken heimgesucht/mit Ratten verseucht.

infidèle [ɛ̃fidɛl] *adj* (*ami*) treulos; (*mari, femme*) untreu; (*traducteur, récit*) ungenau; (*REL*) ungläubig; **être ~ à une promesse** ein Versprechen nicht einhalten.

infidélité [ɛ̃fidelite] *nf* (*d'ami*) Treulosigkeit *f*; (*en amour*) Untreue *f*; (*erreur, inexactitude*) Ungenauigkeit *f*.

infiltration [ɛ̃filtʀasjɔ̃] *nf* (*de vent, lumière, ennemis*) Eindringen *nt*; (*de liquide*) Einsickern *nt*; (*MÉD*) Infiltration *f*.

infiltrer [ɛ̃filtʀe]: **s'~** *vpr*: **s'~ dans** eindringen in +*acc*; (*liquide*) einsickern in +*acc*; (*fig: noyauter*) sich einschleichen in +*acc*.

infime [ɛ̃fim] *adj* (*minuscule*) winzig; (*niveau*) niedrig.

infini, e [ɛ̃fini] *adj* unendlich; (*conversation, prétentions etc*) endlos ♦ *nm* Unendliche(s) *nt*; **à l'~** (*MATH*) bis Unendlich; (*discourir*) endlos, ohne Ende; (*agrandir, varier, multiplier*) unendlich; **s'étendre à l'~** sich bis ins Unendliche erstrecken; **un nombre ~ de** unendlich viele.

infiniment [ɛ̃finimɑ̃] *adv* (*sans borne*) grenzenlos; (*extrêmement*) unendlich; **~ grand/petit** unendlich groß/klein; **~ plus/mieux** unendlich viel mehr/unendlich viel besser.

infinité [ɛ̃finite] *nf*: **une ~ de** unendlich viele.

infinitésimal, e, -aux [ɛ̃finitezimal, o] *adj* (*quantité*) winzig.

infinitif, -ive [ɛ̃finitif, iv] *nm* Infinitiv *m* ♦ *adj* Infinitiv-.

infirme [ɛ̃fiʀm] *adj* behindert ♦ *nm/f* Behinderte(r) *f(m)* ▶ **infirme de guerre** Kriegsversehrte(r) *f(m)*, Kriegsinvalide *m* ▶ **infirme du travail** Arbeitsinvalide *m* ▶ **infirme mental** geistig Behinderte(r) ▶ **infirme moteur** Körperbehinderte(r) *f(m)*.

infirmer [ɛ̃fiʀme] *vt* (*preuve, témoignage*) entkräften; (*jugement*) für ungültig erklären.

infirmerie [ɛ̃fiʀməʀi] *nf* Krankenrevier *nt*, Krankenstation *f*.

infirmier, -ière [ɛ̃fiʀmje] *nm/f* Krankenpfleger *m*, Krankenschwester *f* ♦ *adj*: **élève ~, -ière** Krankenpflegeschüler *m*, Schwesternschülerin *f* ▶ **infirmière chef** Oberschwester *f* ▶ **infirmière diplômée** ≈ staatlich geprüfte Krankenschwester ▶ **infirmière visiteuse** Krankenschwester (*die Hausbesuche macht*).

infirmité [ɛ̃fiʀmite] *nf* Behinderung *f*.

inflammable [ɛ̃flamabl] *adj* leicht entzündlich.

inflammation [ɛ̃flamasjɔ̃] *nf* (*MÉD*) Entzündung *f*.

inflammatoire [ɛ̃flamatwaʀ] *adj* Entzündungs-.

inflation [ɛ̃flasjɔ̃] *nf* Inflation *f* ▶ **inflation galopante** galoppierende Inflation ▶ **inflation rampante** schleichende Inflation.

inflationniste [ɛ̃flasjɔnist] *adj* Inflations-.

infléchir [ɛ̃fleʃiʀ] *vt* (*politique*) umorientieren; **s'infléchir** *vpr* (*poutre, tringle*) sich biegen.

infléchissement [ɛ̃fleʃismɑ̃] *nm* (*de politique*) Umlenken *nt*.

inflexibilité [ɛ̃flɛksibilite] *nf* (*d'une règle*) Unbiegsamkeit *f*; (*d'une attitude, personne*) Unbeugsamkeit *f*.

inflexible [ɛ̃flɛksibl] *adj* (*personne, volonté*) unbeugsam; (*justice, règle, logique*) unbiegsam, unerbittlich.

inflexion [ɛ̃flɛksjɔ̃] *nf* (*de la voix*) Tonfall *m*; **~ de la tête** Neigen *nt* des Kopfes, Nicken *nt*; **point d'~** Wendepunkt *m*.

infliger [ɛ̃fliʒe] *vt*: **~ qch à qn** jdm etw auferlegen; (*affront*) jdm etw zufügen; **~ un démenti à qn** jdn widerlegen.

influençable [ɛ̃flyɑ̃sabl] *adj* beeinflußbar.

influence [ɛ̃flyɑ̃s] *nf* Einfluß *m*.

influencer [ɛ̃flyɑ̃se] *vt* beeinflussen.

influent, e [ɛ̃flyɑ̃, ɑ̃t] *adj* einflußreich.

influer [ɛ̃flye] *vi*: **~ sur** Einfluß haben auf +*acc*.

infographie ® [ɛ̃fɔgʀafi] *nf* Computergrafik *f*.

informateur, -trice [ɛ̃fɔʀmatœʀ, tʀis] *nm/f* Informant(in) *m(f)*; (*péj*) Spitzel *m*.

informaticien, ne [ɛ̃fɔʀmatisjɛ̃, jɛn] *nm/f* Informatiker(in) *m(f)*.

informatif, -ive [ɛ̃fɔʀmatif, iv] *adj* Informations-.

information [ɛ̃fɔʀmasjɔ̃] *nf* (*renseignement*) Auskunft *f*, Information *f*; (*INFORM*) Information; (*diffusion de renseignements*) Informationen *pl*; (*JUR*) Untersuchung *f*; **~s** *nfpl* (*RADIO, TV*) Nachrichten *pl*; **journal d'~** (*seriöse*) Tageszeitung *f*; **~s politiques/sportives** politi-

sche Nachrichten/Sportnachrichten *pl.*
informatique [ɛ̃fɔʀmatik] *nf* Informatik *f.*
informatisation [ɛ̃fɔʀmatizasjɔ̃] *nf* Umstellung *f* auf Computer.
informatiser [ɛ̃fɔʀmatize] *vt* auf Computer umstellen.
informe [ɛ̃fɔʀm] *adj* formlos; (*plan*) unförmig.
informé, e [ɛ̃fɔʀme] *adj*: **jusqu'à plus ample ~** bis auf weiteres.
informel, le [ɛ̃fɔʀmɛl] *adj* informell.
informer [ɛ̃fɔʀme] *vt*: **~ qn (de)** jdn informieren (über *+acc*) ♦ *vi*: **~ contre qn/sur qch** (*JUR*) gegen jdn/über etw *acc* Ermittlungen einleiten; **s'informer** *vpr*: **s'~ (de)** sich erkundigen (über *+acc*); **s'~ sur** sich informieren über *+acc.*
informulé, e [ɛ̃fɔʀmyle] *adj* unausgesprochen.
infortune [ɛ̃fɔʀtyn] *nf* Mißgeschick *nt.*
infos [ɛ̃fo] *nfpl* (= *informations*) voir **information**.
infraction [ɛ̃fʀaksjɔ̃] *nf* (*JUR*) Straftat *f*; **~ à** (*violation*) Verstoß *m* gegen; **être en ~** (*AUTO*) gegen die Straßenverkehrsordnung verstoßen.
infranchissable [ɛ̃fʀɑ̃ʃisabl] *adj* unüberwindlich; (*distance*) unüberbrückbar.
infrarouge [ɛ̃fʀaʀuʒ] *adj* infrarot ♦ *nm* Infrarot *nt.*
infrason [ɛ̃fʀasɔ̃] *nm* Ultraschall *m.*
infrastructure [ɛ̃fʀastʀyktyʀ] *nf* (*CONSTR*) Unterbau *m*; (*AVIAT*) Bodenanlagen *pl*; (*MIL, ECON*) Infrastruktur *f*; **~s** *nfpl* Infrastruktur.
infréquentable [ɛ̃fʀekɑ̃tabl] *adj*: **ils sont ~s** mit ihnen sollte man sich nicht abgeben.
infroissable [ɛ̃fʀwasabl] *adj* knitterfrei.
infructueux, -euse [ɛ̃fʀyktɥø, øz] *adj* fruchtlos.
infus, e [ɛ̃fy, yz] *adj*: **avoir la science ~e** angeborenes Wissen haben.
infuser [ɛ̃fyze] *vt* ziehen lassen ♦ *vi* ziehen.
infusion [ɛ̃fyzjɔ̃] *nf* Kräutertee *m.*
ingambe [ɛ̃gɑ̃b] *adj* rüstig.
ingénier [ɛ̃ʒenje]: **s'~** *vpr*: **s'~ à faire qch** bemüht sein, etw zu tun.
ingénierie [ɛ̃ʒeniʀi] *nf* Ingenieurwesen *nt* ▶ **ingénierie génétique** Gentechnologie *f.*
ingénieur [ɛ̃ʒenjœʀ] *nm* Ingenieur(in) *m(f)* ▶ **ingénieur agronome** Agronom(in) *m(f)* ▶ **ingénieur chimiste** Chemieingenieur(in) *m(f)* ▶ **ingénieur des mines** Bergbauingenieur(in) *m(f)* ▶ **ingénieur du son** Toningenieur(in) *m(f).*
ingénieur-conseil [ɛ̃ʒenjœʀkɔ̃sɛj] (*pl* **~s-~s**) *nm* beratender Ingenieur *m.*
ingénieusement [ɛ̃ʒenjøzmɑ̃] *adv* genial.
ingénieux, -euse [ɛ̃ʒenjø, jøz] *adj* genial; (*personne*) erfinderisch.
ingéniosité [ɛ̃ʒenjozite] *nf* (*v adj*) Genialität *f*; Einfallsreichtum *m.*
ingénu, e [ɛ̃ʒeny] *adj* naiv.
ingénue [ɛ̃ʒeny] *nf*: **jouer les ~s** die jugendliche Naive spielen.
ingénuité [ɛ̃ʒenɥite] *nf* Naivität *f.*
ingénument [ɛ̃ʒenymɑ̃] *adv* naiv.

ingérence [ɛ̃ʒeʀɑ̃s] *nf* Einmischung *f.*
ingérer [ɛ̃ʒeʀe]: **s'~** *vpr*: **s'~ dans** sich einmischen in *+acc.*
ingouvernable [ɛ̃guvɛʀnabl] *adj* nicht regierbar.
ingrat, e [ɛ̃gʀa, at] *adj* undankbar; (*sol, terre*) unfruchtbar; (*visage, mine*) unerfreulich; **~ envers** undankbar gegen.
ingratitude [ɛ̃gʀatityd] *nf* Undank *m*, Undankbarkeit *f.*
ingrédient [ɛ̃gʀedjɑ̃] *nm* (*CULIN*) Zutat *f*; (*d'un médicament*) Bestandteil *m.*
inguérissable [ɛ̃geʀisabl] *adj* unheilbar.
ingurgiter [ɛ̃gyʀʒite] *vt* (*nourriture*) herunterschlingen; (*boisson*) herunterstürzen; **faire ~ qch à qn** jdm etw (mit Gewalt) einflößen; (*fig*) jdn vollstopfen mit etw.
inhabile [inabil] *adj* ungeschickt.
inhabitable [inabitabl] *adj* unbewohnbar.
inhabité, e [inabite] *adj* unbewohnt.
inhabituel, le [inabitɥɛl] *adj* ungewöhnlich.
inhalateur [inalatœʀ] *nm* Inhalator *m* ▶ **inhalateur d'oxygène** (*AVIAT*) Sauerstoffmaske *f.*
inhalation [inalasjɔ̃] *nf* (*aspiration*) Einatmen *nt*; **faire une ~** *ou* **des ~s** inhalieren.
inhaler [inale] *vt* einatmen.
inhérent, e [ineʀɑ̃, ɑ̃t] *adj*: **~ à** innewohnend *+dat.*
inhibé, e [inibe] *adj* gehemmt.
inhiber [inibe] *vt* hemmen.
inhibition [inibisjɔ̃] *nf* Hemmung *f.*
inhospitalier, -ière [inɔspitalje, jɛʀ] *adj* ungastlich.
inhumain, e [inymɛ̃, ɛn] *adj* unmenschlich.
inhumation [inymasjɔ̃] *nf* Bestattung *f.*
inhumer [inyme] *vt* bestatten.
inimaginable [inimaʒinabl] *adj* unvorstellbar.
inimitable [inimitabl] *adj* unnachahmlich; (*qualité*) unnachahmbar.
inimitié [inimitje] *nf* Feindschaft *f.*
ininflammable [inɛ̃flamabl] *adj* nicht brennbar.
inintelligent, e [inɛ̃teliʒɑ̃, ɑ̃t] *adj* unintelligent.
inintelligible [inɛ̃teliʒibl] *adj* unverständlich.
inintelligiblement [inɛ̃teliʒiblǝmɑ̃] *adv* unverständlich.
inintéressant, e [inɛ̃teʀesɑ̃, ɑ̃t] *adj* uninteressant.
ininterrompu, e [inɛ̃teʀɔ̃py] *adj* (*continu*) ununterbrochen; (*effort, travail*) unermüdlich.
iniquité [inikite] *nf* (*d'un jugement, loi*) Ungerechtigkeit *f*; (*crime, usurpation*) Ungeheuerlichkeit *f.*
initial, e, -aux [inisjal, jo] *adj* (*état, cause*) Anfangs-, anfänglich; (*lettre*) Anfangs-; **~es** *nfpl* Initialen *pl.*
initialement [inisjalmɑ̃] *adv* anfänglich, anfangs.
initialiser [inisjalize] *vt* (*INFORM*) initialisieren.
initiateur, -trice [inisjatœʀ, tʀis] *nm/f* Initiator(in) *m(f)*; **~ d'une mode/technique** Wegbereiter *m* einer Mode/Technik.

initiation [inisjasjɔ̃] *nf* (*v vb*) Initiation *f*; Einweihung *f*; Einweisung *f*; Erlernen *nt*.

initiatique [inisjatik] *adj* (*rites*) Initiations-; (*épreuves*) Aufnahme-.

initiative [inisjativ] *nf* Initiative *f*; **prendre l'~ de faire qch** die Initiative ergreifen, etw zu tun; **avoir de l'~** Initiative haben; **esprit d'~** Unternehmungsgeist *m*; **qualités d'~** Initiative *f*; **à** *ou* **sur l'~ de qn** auf jds Initiative *acc* (hin); **de sa propre ~** auf eigene Initiative.

initié, e [inisje] *adj* eingeweiht ♦ *nm/f* Eingeweihte(r) *f(m)*.

initier [inisje] *vt*: **~ qn à** (*religion*) jdn feierlich aufnehmen in +*acc*; (*secret, procédé, art, jeu*) jdn einweihen in +*acc*; (*science*) jdn einweisen in +*acc*; **s'initier à** *vpr* (*métier, technique*) erlernen.

injectable [ɛ̃ʒɛktabl] *adj* zum Injizieren.

injecté, e [ɛ̃ʒɛkte] *adj*: **yeux ~s de sang** blutunterlaufene Augen *pl*.

injecter [ɛ̃ʒɛkte] *vt* einspritzen; (*MÉD*) injizieren, spritzen.

injection [ɛ̃ʒɛksjɔ̃] *nf* (*MÉD, ÉCON*) Injektion *f*; (*de ciment etc*) Einspritzen *nt*; (*piqûre*): **~ intraveineuse/sous-cutanée** intravenöse/subkutane Injektion *f ou* Spritze *f*.

injonction [ɛ̃ʒɔ̃ksjɔ̃] *nf* Anordnung *f*; **~ de payer** Zahlungsanordnung *f*.

injouable [ɛ̃ʒwabl] *adj* unspielbar.

injure [ɛ̃ʒyʀ] *nf* Beleidigung *f*; (*invective*) Schimpfwort *nt*.

injurier [ɛ̃ʒyʀje] *vt* beschimpfen.

injurieux, -euse [ɛ̃ʒyʀjø, jøz] *adj* beleidigend.

injuste [ɛ̃ʒyst] *adj* ungerecht; **~ avec** *ou* **envers qn** ungerecht gegen jdn.

injustement [ɛ̃ʒystəmã] *adv* ungerecht.

injustice [ɛ̃ʒystis] *nf* Ungerechtigkeit *f*; (*acte, jugement*) Unrecht *nt*; **haïr l'~** Unrecht hassen.

injustifiable [ɛ̃ʒystifjabl] *adj* nicht zu rechtfertigen.

injustifié, e [ɛ̃ʒystifje] *adj* ungerechtfertigt.

inlassable [ɛ̃lasabl] *adj* unermüdlich.

inlassablement [ɛ̃lasabləmã] *adv* unermüdlich.

inné, e [i(n)ne] *adj* angeboren.

innocemment [inɔsamã] *adv* unschuldig.

innocence [inɔsãs] *nf* Unschuld *f*.

innocent, e [inɔsã, ãt] *adj* unschuldig ♦ *nm/f* Unschuldige(r) *f(m)*; **~ de qch** einer Sache *gén* nicht schuldig; **faire l'~** die Unschuld spielen.

innocenter [inɔsãte] *vt* (*JUR: accusé*) für unschuldig erklären; (*suj: déclaration etc*) jds Unschuld beweisen.

innocuité [inɔkɥite] *nf* Harmlosigkeit *f*.

innombrable [i(n)nɔ̃bʀabl] *adj* unzählig; (*foule*) unübersehbar.

innommable [i(n)nɔmabl] *adj* unbeschreiblich.

innovateur, -trice [inɔvatœʀ, tʀis] *adj* innovativ.

innovation [inɔvasjɔ̃] *nf* Neuerung *f*.

innover [inɔve] *vi*: **~ en art** *ou* **en matière d'art** Neuerungen in der Kunst einführen.

inobservable [inɔpsɛʀvabl] *adj* unbeobachtbar.

inobservance [inɔpsɛʀvãs] *nf* Nicht(be)achtung *f*.

inobservation [inɔpsɛʀvasjɔ̃] *nf* Nichtbeachtung *f*.

inoccupé, e [inɔkype] *adj* (*logement*) unbewohnt, leerstehend; (*siège, emplacement*) frei, nicht besetzt; (*personne, vie*) untätig.

inoculer [inɔkyle] *vt*: **~ un virus à qn** (*volontairement*) jdm einen Virus einimpfen; **~ une maladie à qn** (*volontairement*) jdn gegen eine Krankheit impfen; **~ qn contre qch** jdn gegen etw impfen.

inodore [inɔdɔʀ] *adj* geruchlos.

inoffensif, -ive [inɔfãsif, iv] *adj* harmlos.

inondable [inɔdabl] *adj* Überschwemmungs-.

inondation [inɔdasjɔ̃] *nf* Überschwemmung *f*; (*afflux massif*) Flut *f*.

inonder [inɔde] *vt* überschwemmen; (*personne: suj: pluie*) bis auf die Haut durchnässen; (*fig*) strömen in +*acc*; **~ de** überschwemmen mit.

inopérable [inɔpeʀabl] *adj* inoperabel.

inopérant, e [inɔpeʀã, ãt] *adj* unwirksam, wirkungslos.

inopiné, e [inɔpine] *adj* unerwartet.

inopinément [inɔpinemã] *adv* unerwartet.

inopportun, e [inɔpɔʀtœ̃, yn] *adj* ungelegen.

inorganisation [inɔʀganizasjɔ̃] *nf* Mangel *m* an Organisation.

inorganisé, e [inɔʀganize] *adj* (*non syndiqué*) nicht gewerkschaftlich organisiert; (*désordonné*) chaotisch.

inoubliable [inublijabl] *adj* unvergeßlich.

inouï, e [inwi] *adj* unglaublich, unerhört; (*événement, circonstances*) unerhört.

inox [inɔks] *nm* Nirosta ® *nt*.

inoxydable [inɔksidabl] *adj* rostfrei ♦ *nm* (*COMM*) Nirosta ® *nt*.

inqualifiable [ɛ̃kalifjabl] *adj* unbeschreiblich, abscheulich.

inquiet, -ète [ɛ̃kjɛ, ɛ̃kjɛt] *adj* besorgt; (*par nature*) unruhig ♦ *nm/f* unruhiger Geist *m*; **~ de qch/au sujet de qch** besorgt über etw *acc*/jdn.

inquiétant, e [ɛ̃kjetã, ãt] *adj* beunruhigend; (*avenir, état d'un malade*) besorgniserregend; (*mine, visage, expression*) finster.

inquiéter [ɛ̃kjete] *vt* (*alarmer*) beunruhigen, Sorgen machen +*dat*; (*harceler*) schikanieren; **s'inquiéter** *vpr* (*s'alarmer*) sich *dat* Sorgen machen; **s'~ de** (*se soucier*) sich *dat* Sorgen *ou* Gedanken machen über +*acc*; (*s'enquérir*) sich erkundigen über +*acc*.

inquiétude [ɛ̃kjetyd] *nf* Besorgnis *f*; **donner de l'~** *ou* **des ~s à** Sorgen machen +*dat*; **avoir de l'~** *ou* **des ~s au sujet de** besorgt sein wegen +*gén ou dat*.

inquisiteur, -trice [ɛ̃kizitœʀ, tʀis] *adj* neugierig.

inquisition [ɛ̃kizisjɔ̃] *nf* Untersuchung *f*.

inracontable [ɛ̃Rakɔ̃tabl] *adj* nicht zu erzählen.

insaisissable [ɛ̃sezizabl] *adj* (*fugitif, ennemi*) flüchtig; (*nuance, différence*) schwer faßbar; (*JUR: bien*) nicht pfändbar.

insalubre [ɛ̃salybR] *adj* ungesund.

insalubrité [ɛ̃salybRite] *nf*: l'~ **de son logement** seine ungesunden Wohnverhältnisse.

insanité [ɛ̃sanite] *nf* Wahnsinn *m*.

insatiable [ɛ̃sasjabl] *adj* unersättlich; (*soif, faim*) unstillbar.

insatisfaction [ɛ̃satisfaksjɔ̃] *nf* (*v adj*) Unbefriedigtheit *f*; Unzufriedenheit *f*.

insatisfait, e [ɛ̃satisfɛ, ɛt] *adj* (*non comblé*) unbefriedigt; (*mécontent*) unzufrieden.

inscription [ɛ̃skRipsjɔ̃] *nf* (*sur mur, écriteau*) Inschrift *f*; (*à une institution*) Einschreibung *f*, Anmeldung *f*.

inscrire [ɛ̃skRiR] *vt* (*marquer: nom, date*) aufschreiben; (*sur un mur, une affiche etc*) schreiben; (*dans la pierre, le marbre*) einmeißeln; (*dans le métal*) eingravieren; (*dépenses: à un budget*) aufnehmen; (*nom: sur une liste*) einschreiben; (*personne: sur une liste d'attente, pour un rendez-vous*) eintragen; **s'inscrire** *vpr* sich anmelden; ~ **qn à** (*un club, la cantine, l'université*) jdn einschreiben in +*dat*; (*enfant: l'école*) jdn anmelden in +*dat*; (*un examen, concours*) jdn anmelden für; **s'~ (à)** (*un club, parti*) beitreten (+*dat*); (*à l'université*) sich immatrikulieren *ou* einschreiben (an +*dat*); (*à un examen, concours*) sich anmelden (zu); **s'~ dans** (*s'insérer: suj: projet etc*) fallen unter +*acc*; **s'~ en faux contre qch** etw anfechten.

inscrit, e [ɛ̃skRi, it] *pp de* **inscrire** ♦ *adj* (*étudiant*) eingeschrieben; (*électeur*) registriert.

insécable [ɛ̃sekabl] *adj*: **espace** ~ (*INFORM*) feste Leerstelle *f*.

insecte [ɛ̃sɛkt] *nm* Insekt *nt*.

insecticide [ɛ̃sɛktisid] *adj* Insektenvernichtungs- ♦ *nm* Insektenvernichtungsmittel *nt*, Insektizid *nt*.

insécurité [ɛ̃sekyRite] *nf* Unsicherheit *f*; **vivre dans l'~** in der Ungewißheit leben.

insémination [ɛ̃seminasjɔ̃] *nf* Befruchtung *f* ▶ **insémination artificielle** künstliche Befruchtung *ou* Besamung *f*.

insensé, e [ɛ̃sɑ̃se] *adj* (*projet, espoir, désir*) wahnsinnig, unsinnig; (*personne*) wahnsinnig; (*propos*) unsinnig.

insensibiliser [ɛ̃sɑ̃sibilize] *vt* (*membre, nerf, malade*) betäuben; (*à une allergie*) desensibilisieren; ~ **qn à qch** jdn gegen etw abstumpfen.

insensibilité [ɛ̃sɑ̃sibilite] *nf* (*v adj*) Taubheit *f*; Gefühllosigkeit *f*; Unempfänglichkeit *f*.

insensible [ɛ̃sɑ̃sibl] *adj* (*nerf, membre*) taub; (*personne: dur, sévère*) gefühllos; (*pouls*) nicht *ou* kaum wahrnehmbar; (*mouvement, progrès*) unmerklich; ~ **aux compliments** unempfänglich für Komplimente; ~ **à la poésie** ohne jeglichen Sinn für Poesie; ~ **au froid/à la chaleur** gegen Kälte/Hitze unempfindlich.

insensiblement [ɛ̃sɑ̃siblǝmɑ̃] *adv* unmerklich.

inséparable [ɛ̃sepaRabl] *adj* (*amis, couple*) unzertrennlich; ~ **de** (*objet*) fest verbunden mit, untrennbar von; ~**s** *nmpl* (*oiseaux*) Unzertrennliche *pl*.

insérer [ɛ̃seRe] *vt* einfügen; (*dans un livre etc*) einlegen; (*dans une enveloppe*) hineinstecken; (*dans un journal*) aufnehmen; **s'~ dans qch** (*fig*) im Rahmen einer Sache *gén* geschehen.

INSERM [insɛRm] *sigle m* (= *Institut national de la santé et de la recherche médicale*) nationales medizinisches Forschungsinstitut.

insertion [ɛ̃sɛRsjɔ̃] *nf* (*d'une personne*) Integration *f*.

insidieusement [ɛ̃sidjøzmɑ̃] *adv* heimtückisch.

insidieux, -euse [ɛ̃sidjø, jøz] *adj* heimtückisch, hinterhältig; (*maladie, fièvre*) schleichend, heimtückisch.

insigne [ɛ̃siɲ] *nm* (*d'un parti, club*) Abzeichen *nt* ♦ *adj* hervorragend.

insignifiant, e [ɛ̃siɲifjɑ̃, jɑ̃t] *adj* unbedeutend; (*paroles, visage, roman etc*) nichtssagend.

insinuant, e [ɛ̃sinɥɑ̃, ɑ̃t] *adj* anzüglich.

insinuation [ɛ̃sinɥasjɔ̃] *nf* Anspielung *f*; **procéder par** ~**s** Anspielungen machen.

insinuer [ɛ̃sinɥe] *vt*: **que voulez-vous** ~? was wollen Sie damit andeuten?; **s'insinuer** *vpr*: **s'~ dans** sich einschleichen in +*acc*.

insipide [ɛ̃sipid] *adj* fad(e); (*film, œuvre*) fad(e), öde; (*personne*) nichtssagend.

insistance [ɛ̃sistɑ̃s] *nf* (*d'une personne*) Beharren *nt*, Nachdruck *m*; **avec** ~ mit Nachdruck, nachdrücklich.

insistant, e [ɛ̃sistɑ̃, ɑ̃t] *adj* aufdringlich.

insister [ɛ̃siste] *vi* bestehen, beharren; (*s'obstiner*) beharrlich sein; ~ **sur** (*détail, note*) betonen; ~ **pour faire qch** darauf beharren, etw zu tun.

insociable [ɛ̃sɔsjabl] *adj* ungesellig.

insolation [ɛ̃sɔlasjɔ̃] *nf* (*MÉD*) Sonnenstich *m*; (*ensoleillement*) Sonnenschein *m*.

insolence [ɛ̃sɔlɑ̃s] *nf* Unverschämtheit *f*; **avec** ~ unverschämt, frech.

insolent, e [ɛ̃sɔlɑ̃, ɑ̃t] *adj* unverschämt, frech ♦ *nm/f* unverschämte Person *f*.

insolite [ɛ̃sɔlit] *adj* (*inhabituel*) ungewöhnlich; (*étrange, anormal*) ausgefallen.

insoluble [ɛ̃sɔlybl] *adj* (*problème*) unlösbar; ~ **dans** nicht löslich in +*dat*.

insolvable [ɛ̃sɔlvabl] *adj* zahlungsunfähig.

insomniaque [ɛ̃sɔmnjak] *adj* schlaflos.

insomnie [ɛ̃sɔmni] *nf* Schlaflosigkeit *f*; **avoir des** ~**s** an Schlaflosigkeit leiden.

insondable [ɛ̃sɔ̃dabl] *adj* (*mystère, secret*) unergründlich; (*maladresse, bêtise*) unermeßlich.

insonore [ɛ̃sɔnɔR] *adj* schalldicht.

insonorisation [ɛ̃sɔnɔRizasjɔ̃] *nf* Schalldämmung *f*.

insonoriser [ɛ̃sɔnɔRize] *vt* schalldicht machen.

insouciance [ɛ̃susjɑ̃s] *nf* (*v adj*) Sorglosigkeit *f*; Leichtsinn *m*.

insouciant, e [ɛ̃susjɑ̃, jɑ̃t] *adj* (*nonchalant*) sorglos, unbekümmert; (*imprévoyant*) leichtsinnig.

insoumis, e [ɛ̃sumi, iz] *adj* (*caractère, enfant*) widerspenstig, rebellisch; (*contrée, tribu*) unbezwungen ♦ *nm* (MIL) Soldat, der seinen Einberufungsbefehl nicht befolgt.

insoumission [ɛ̃sumisjɔ̃] *nf* (*indiscipline, rébellion*) Rebellion *f*; (MIL) Nichtbefolgen *nt* des Einberufungsbefehls.

insoupçonnable [ɛ̃supsɔnabl] *adj* über jeden Verdacht erhaben.

insoupçonné, e [ɛ̃supsɔne] *adj* ungeahnt.

insoutenable [ɛ̃sut(ə)nabl] *adj* (*opinion, théorie*) unhaltbar; (*effort, chaleur, spectacle*) unerträglich.

inspecter [ɛ̃spɛkte] *vt* (*contrôler*) kontrollieren; (*examiner avec attention*) (genau) untersuchen.

inspecteur, -trice [ɛ̃spɛktœʀ, tʀis] *nm/f* Inspektor(in) *m(f)* ▶ **inspecteur d'Académie** ≈ Schulrat *m*, ≈ Schulrätin *f* ▶ **inspecteur (de police)** (Polizei)inspektor(in) *m(f)* ▶ **inspecteur des finances** Steuerprüfer(in) *m(f)* ▶ **inspecteur (de l'enseignement) primaire** ≈ Schulrat, ≈ Schulrätin.

inspection [ɛ̃spɛksjɔ̃] *nf* Prüfung *f*, Kontrolle *f* ▶ **inspection des Finances** ≈ Finanzamt *nt* ▶ **inspection du Travail** ≈ Gewerbeaufsichtsamt *nt*.

inspirateur, -trice [ɛ̃spiʀatœʀ, tʀis] *nm/f* Inspiration *f*; (*instigateur*) Initiator(in) *m(f)*.

inspiration [ɛ̃spiʀasjɔ̃] *nf* (*divine*) Erleuchtung *f*, Eingebung *f*; (*d'un écrivain, chercheur*) Inspiration *f*; (*idée*) Eingebung *f*; (PHYSIOL: aspiration) Einatmen *nt*; **sous l'~ de qn** auf jds Anregung hin; **mode d'~** orientale orientalisch angehauchte Mode, vom Orient inspirierte Mode.

inspiré, e [ɛ̃spiʀe] *adj*: **être bien/mal ~ de faire qch** gut/schlecht beraten sein, etw zu tun.

inspirer [ɛ̃spiʀe] *vt* (*prophète*) erleuchten; (*poète*) inspirieren, anregen; (*ressentiment, pitié, amour*) erwecken; (*inquiétude etc*) Anlaß geben zu ♦ *vi* (*aspirer*) einatmen; **s'inspirer** *vpr*: **s'~ de qch** (*suj: romancier, artiste*) sich von etw inspirieren lassen; (: *mode, tableau*) von etw inspiriert sein; **~ qch à qn** (*œuvre, projet, action*) jdn zu etw anregen; (*crainte, horreur*) etw in jdm erwecken; **ça ne m'inspire pas beaucoup/vraiment pas** davon bin ich nicht gerade/überhaupt nicht begeistert.

instabilité [ɛ̃stabilite] *nf* Unbeständigkeit *f*; (*d'équilibre,* PSYCH) Instabilität *f*; (*de meuble*) Wackeligkeit *f*.

instable [ɛ̃stabl] *adj* unbeständig; (*meuble*) wackelig; (*équilibre: personne, caractère*) instabil.

installateur [ɛ̃stalatœʀ] *nm* Installateur *m*.

installation [ɛ̃stalasjɔ̃] *nf* (*v vt*) Installation *f*; Unterbringung *f*; Niederlassung *f*; Einzug *m*; (*ameublement etc*): **une ~ de fortune/provisoire** eine provisorische Einrichtung; **~s électriques** Elektroanlagen *pl*; **~s portuai-**res Hafenanlagen *pl* ▶ **installations industrielles** Industrieanlagen *pl*.

installé, e [ɛ̃stale] *adj*: **bien/mal ~** (*maison, cuisine etc*) gut/schlecht ausgestattet; (*personne*) gut/schlecht eingerichtet.

installer [ɛ̃stale] *vt* (*gaz, électricité, téléphone*) installieren, anschließen; (*appartement*) einrichten; (*fonctionnaire, magistrat*) einsetzen; (*rideaux etc*) anbringen; (*meuble, tente*) aufstellen; (*caser, loger: personne*) unterbringen; (*coucher*) legen; (*asseoir*) setzen; **s'installer** *vpr* (*s'établir*) sich niederlassen; (*emménager*) einziehen; (*sur un siège*) sich hinsetzen; (*fig: maladie, grève*) sich einnisten; **~ une salle de bains dans une pièce** in einem Zimmer ein Bad installieren; **s'~ à l'hôtel/chez qn** sich im Hotel/bei jdm einquartieren.

instamment [ɛ̃stamɑ̃] *adv* eindringlich.

instance [ɛ̃stɑ̃s] *nf* (JUR) Verfahren *nt*; **~s** *nfpl* (*prières*) inständige Bitten *pl*; **les ~s internationales** die internationalen Instanzen *pl*; **affaire en ~** schwebendes Verfahren; **courrier en ~** versandfertige Post *f*; **être en ~ de divorce** in Scheidung leben; **train en ~ de départ** abfahrbereiter Zug *m*; **en première ~** (JUR) in der ersten Instanz.

instant, e [ɛ̃stɑ̃, ɑ̃t] *adj* (*prière etc*) eindringlich ♦ *nm* Augenblick *m*; **sans perdre un ~** ohne eine Sekunde zu zögern; **en un ~** im Nu; **dans un ~** in einem Augenblick; **je l'ai vu à l'~ (même)** ich habe ihn eben gesehen; **à l'~ (même) où** im (gleichen) *ou* in dem Moment, wo; **à chaque** *ou* **tout ~** jederzeit; **pour l'~** im Augenblick, im Moment; **par ~s** manchmal; **de tous les ~s** ständig, fortwährend; **dès l'~ où** *ou* **que** seit dem Moment *ou* Augenblick, wo.

instantané, e [ɛ̃stɑ̃tane] *adj* (*lait, café*) Instant-; (*explosion, mort*) unmittelbar, sofortig ♦ *nm* (PHOTO) Momentaufnahme *f*.

instantanément [ɛ̃stɑ̃tanemɑ̃] *adv* sofort.

instar [ɛ̃staʀ] *nm*: **à l'~ de ...** dem Beispiel von ... folgend.

instaurer [ɛ̃stɔʀe] *vt* (*usage*) einführen; (*république*) einrichten.

instigateur, -trice [ɛ̃stigatœʀ, tʀis] *nm/f* (*d'un mouvement, d'une théorie*) Initiator(in) *m(f)*; (*d'une révolution, de troubles*) Anstifter(in) *m(f)*.

instigation [ɛ̃stigasjɔ̃] *nf*: **à l'~ de qn** auf jds Betreiben *acc*.

instillation [ɛ̃stilasjɔ̃] *nf* (MÉD) Einträufelung *f*.

instiller [ɛ̃stile] *vt* (MÉD) einträufeln.

instinct [ɛ̃stɛ̃] *nm* Instinkt *m*; **avoir l'~ des affaires** einen ausgeprägten Geschäftssinn haben; **d'~** instinktiv; **faire qch d'~** etw instinktiv tun; **~ grégaire** Herdentrieb *m*; **~ de conservation** Selbsterhaltungstrieb *m*.

instinctif, -ive [ɛ̃stɛ̃ktif, iv] *adj* instinktiv.

instinctivement [ɛ̃stɛ̃ktivmɑ̃] *adv* instinktiv.

instituer [ɛ̃stitɥe] *vt* einsetzen; (*débat*) beginnen; (*jeux*) einführen; (*organisme*) gründen; **s'instituer** *vpr*: **s'~ défenseur d'une cause** sich zum Verteidiger einer Sache *gén* machen.

institut [ɛ̃stity] *nm* Institut *nt*; **membre de l'I~** Mitglied *nt* des Institut de France ▶ **institut de beauté** Kosmetiksalon *m*, Schönheitsinstitut *nt* ▶ **institut médico-légal** Leichenschauhaus *nt* ▶ **Institut universitaire de technologie** ≈ Technische Hochschule *f ou* Universität *f*.

instituteur, -trice [ɛ̃stitytœʀ, tʀis] *nm/f* ≈ Grundschullehrer(in) *m(f)*.

institution [ɛ̃stitysjɔ̃] *nf* Einrichtung *f*, Institution *f*; (*collège, école privée*) Privatschule *f*; **~s** *nfpl* (*structures politiques et sociales*) Institutionen *pl*.

institutionnaliser [ɛ̃stitysjɔnalize] *vt* institutionalisieren.

instructeur [ɛ̃stʀyktœʀ] *adj*: **officier ~** (*MIL*) Ausbilder *m* ♦ *nm* Lehrer *m*; **juge ~** Untersuchungsrichter *m*.

instructif, -ive [ɛ̃stʀyktif, iv] *adj* lehrreich, instruktiv.

instruction [ɛ̃stʀyksjɔ̃] *nf* (*enseignement*) Unterricht *m*; (*savoir, connaissances*) Bildung *f*; (*JUR: d'une cause*) Ermittlungen *pl*; (*INFORM*) Anweisung *f*, Befehl *m*; **~s** *nfpl* (*directives*) Anweisungen *pl*; (*mode d'emploi*) Gebrauchsanweisung *f* ▶ **instruction civique** Staatsbürgerkunde *f*, Gemeinschaftskunde *f* ▶ **instruction ministérielle/préfectorale** ministerielle Anordnung *f*/Anordnung *f* der Präfektur ▶ **instruction publique/primaire** staatliche Schulen *pl*/Volksschulen *pl* ▶ **instruction religieuse** Religionsunterricht *m*.

instruire [ɛ̃stʀɥiʀ] *vt* (*élèves*) unterrichten, lehren; (*MIL: recrues*) ausbilden; (*JUR: affaire, procès*) ermitteln in +*dat*; **s'instruire** *vpr* (*se cultiver*) sich bilden; **~ qn de qch** (*informer*) jdn über etw *acc* informieren.

instruit, e [ɛ̃stʀɥi, it] *pp de* **instruire** ♦ *adj* (*cultivé*) gebildet.

instrument [ɛ̃stʀymɑ̃] *nm* (*outil*) Werkzeug *nt*; (*moyen, exécutant, MUS*) Instrument *nt* ▶ **instrument à cordes** Saiteninstrument *nt* ▶ **instrument à percussion** Schlaginstrument *nt* ▶ **instrument à vent** Blasinstrument *nt* ▶ **instrument de mesure** Meßinstrument *nt*, Meßgerät *nt* ▶ **instrument de musique** Musikinstrument *nt* ▶ **instrument de travail** Werkzeug.

instrumental, e, -aux [ɛ̃stʀymɑ̃tal, o] *adj*: **musique ~e** Instrumentalmusik *f*.

instrumentation [ɛ̃stʀymɑ̃tasjɔ̃] *nf* Instrumentierung *f*.

instrumentiste [ɛ̃stʀymɑ̃tist] *nm/f* Instrumentalist(in) *m(f)*.

insu [ɛ̃sy] *nm*: **à l'~ de qn** ohne jds Wissen; **à mon ~** ohne mein Wissen.

insubmersible [ɛ̃sybmɛʀsibl] *adj* unsinkbar.

insubordination [ɛ̃sybɔʀdinasjɔ̃] *nf* (*MIL*) Befehlsverweigerung *f*; (*d'un élève*) Aufsässigkeit *f*.

insubordonné, e [ɛ̃sybɔʀdɔne] *adj* (*v insubordination*) befehlsverweigernd; aufsässig.

insuccès [ɛ̃syksɛ] *nm* Mißerfolg *m*.

insuffisamment [ɛ̃syfizamɑ̃] *adv* unzureichend.

insuffisance [ɛ̃syfizɑ̃s] *nf* unzureichende Menge *f*; **~s** *nfpl* (*déficiences, lacunes*) Unzulänglichkeiten *pl*, Mängel *pl* ▶ **insuffisance cardiaque** Herzinsuffizienz *f*, Herzschwäche *f* ▶ **insuffisance hépatique** Leberschaden *m*.

insuffisant, e [ɛ̃syfizɑ̃, ɑ̃t] *adj* unzureichend; (*lumière*) nicht ausreichend; (*connaissances, travail*) mangelhaft, unzulänglich.

insuffler [ɛ̃syfle] *vt*: **~ qch (dans)** etw einblasen (in +*acc*); **~ qch à qn** jdm etw einflößen.

insulaire [ɛ̃sylɛʀ] *adj* Insel-.

insularité [ɛ̃sylaʀite] *nf* (*d'une île*) Insellage *f*; (*d'un peuple*) Inselmentalität *f*.

insuline [ɛ̃sylin] *nf* Insulin *nt*.

insultant, e [ɛ̃syltɑ̃, ɑ̃t] *adj* beleidigend.

insulte [ɛ̃sylt] *nf* Beleidigung *f*.

insulter [ɛ̃sylte] *vt* beschimpfen, beleidigen.

insupportable [ɛ̃sypɔʀtabl] *adj* unerträglich.

insurgé, e [ɛ̃syʀʒe] *adj* aufständisch ♦ *nm/f* Aufständische(r) *f(m)*.

insurger [ɛ̃syʀʒe]: **s'~ (contre)** *vpr* (*gouvernement*) sich erheben (gegen); (*pouvoir, abus*) sich auflehnen (gegen).

insurmontable [ɛ̃syʀmɔ̃tabl] *adj* unüberwindlich.

insurpassable [ɛ̃syʀpasabl] *adj* unübertrefflich.

insurrection [ɛ̃syʀɛksjɔ̃] *nf* Aufstand *m*.

insurrectionnel, le [ɛ̃syʀɛksjɔnɛl] *adj* Aufstands-.

intact, e [ɛ̃takt] *adj* unversehrt, intakt.

intangible [ɛ̃tɑ̃ʒibl] *adj* (*impalpable*) nicht greifbar; (*sacré*) unantastbar.

intarissable [ɛ̃taʀisabl] *adj* unerschöpflich; **être ~ sur qch** stundenlang über etw *acc* reden können.

intégral, e, -aux [ɛ̃tegʀal, o] *adj* (*complet*) vollständig; (*bronzage*) total ♦ *nf* (*MATH*) Integral *nt*; (*œuvres complètes*) Gesamtwerk *nt*.

intégralement [ɛ̃tegʀalmɑ̃] *adv* völlig.

intégralité [ɛ̃tegʀalite] *nf* Gesamtheit *f*; **dans son ~** in seiner/ihrer Gesamtheit.

intégrant, e [ɛ̃tegʀɑ̃, ɑ̃t] *adj*: **faire partie ~e de qch** ein fester Bestandteil von etw sein.

intégration [ɛ̃tegʀasjɔ̃] *nf* Integration *f*.

intégrationniste [ɛ̃tegʀasjɔnist] *adj* (*manifestation*) für die Rassenintegration; (*politique*) (Rassen)integrations-.

intègre [ɛ̃tɛgʀ] *adj* (*honnête*) rechtschaffen, integer.

intégré, e [ɛ̃tegʀe] *adj* integriert; **circuit ~** integrierter Schaltkreis *m*.

intégrer [ɛ̃tegʀe] *vt* (*incorporer*) integrieren ♦ *vi* (*argot universitaire*) aufgenommen werden; **s'intégrer** *vpr*: **s'~ à** *ou* **dans qch** sich in etw *acc* integrieren *ou* eingliedern.

intégrisme [ɛ̃tegʀism] *nm* Fundamentalismus *m*.

intégriste [ɛ̃tegʀist] *adj* fundamentalistisch ♦ *nm/f* Fundamentalist(in) *m(f)*.

intégrité [ɛ̃tegʀite] *nf* (*de personne*) Integrität *f*;

(*d'un territoire, d'une doctrine*) Unantastbarkeit *f.*

intellect [ētelɛkt] *nm* Intellekt *m.*

intellectualiser [ētelɛktɥalize] *vt* intellektualisieren.

intellectualisme [ētelɛktɥalism] *nm* Intellektualismus *m.*

intellectuel, le [ētelɛktɥɛl] *adj* intellektuell ♦ *nm/f* Intellektuelle(r) *f(m).*

intellectuellement [ētelɛktɥɛlmā] *adv* intellektuell.

intelligemment [ēteliʒamā] *adv* intelligent.

intelligence [ēteliʒās] *nf* Intelligenz *f*; (*personne*) kluger Kopf *m*; ~ **de qch** Verständnis *nt* einer Sache *gén*; **regard/sourire d'~** wissender Blick *m*/wissendes Lächeln *nt*; **vivre en bonne ~ avec qn** mit jdm gut auskommen; **avoir des ~s dans la place** Geheimkontakte vor Ort haben ▶**intelligence artificielle** künstliche Intelligenz.

intelligent, e [ēteliʒā, āt] *adj* intelligent, gescheit.

intelligentsia [ēteliʒɛnsja] *nf* Intelligenzler *pl.*

intelligible [ēteliʒibl] *adj* (*proposition etc*) verständlich; (*distinctement perçu*) deutlich.

intello [ētelo] (*fam*) *adj* (schrecklich) intellektuell ♦ *nm/f* Hirni *m*, Intelligenzbestie *f.*

intempérance [ētāperās] *nf* Unmäßigkeit *f.*

intempérant, e [ētāperā, āt] *adj* unmäßig, zügellos.

intempéries [ētāperi] *nfpl* schlechtes Wetter *nt.*

intempestif, -ive [ētāpɛstif, iv] *adj* unpassend.

intenable [ēt(ə)nabl] *adj* (*position*) unhaltbar; (*situation, chaleur, enfant*) unerträglich.

intendance [ētādās] *nf* (*MIL: service*) Versorgungstruppen *pl*; (: *bureau*) Verwaltung *f*; (*SCOL*) Finanzverwaltung *f*; (*POL: tâches économiques*) Finanzfragen *pl.*

intendant, e [ētādā] *nm/f* Verwalter(in) *m(f)*; (*SCOL*) Finanzverwalter(in) *m(f).*

intense [ētās] *adj* (*froid*) groß; (*lumière*) hell, intensiv; (*circulation*) stark; (*activité*) heftig; (*joie, plaisir*) intensiv.

intensément [ētāsemā] *adv* intensiv.

intensif, -ive [ētāsif, iv] *adj* intensiv; **cours ~** Intensivkurs *m* ▶**intensif en capital** kapitalintensiv ▶**intensif en main-d'œuvre** arbeitsintensiv.

intensification [ētāsifikasjō] *nf* Intensivierung *f.*

intensifier [ētāsifje] *vt* intensivieren; **s'intensifier** *vpr* intensiver werden.

intensité [ētāsite] *nf* Intensität *f*; (*d'un courant électrique*) Stromstärke *f*; (*d'une expression*) Stärke *f.*

intensivement [ētāsivmā] *adv* intensiv.

intenter [ētāte] *vt*: ~ **un procès/une action à qn** einen Prozeß/einen Vorgang gegen jdn anstrengen.

intention [ētāsjō] *nf* Absicht *f*; (*JUR*) Vorsatz *m*; **avec** *ou* **dans l'~ de nuire** mit dem Vorsatz zu schaden; **avoir l'~ de faire qch** beabsichti-

gen *ou* die Absicht haben, etw zu tun; **dans l'~ de faire qch** in der Absicht, etw zu tun; **à l'~ de qn** für jdn; **à cette ~** zu diesem Zweck; **sans ~** unabsichtlich; **agir dans une bonne ~** in guter Absicht handeln.

intentionné, e [ētāsjɔne] *adj*: **bien/mal ~** wohlgesinnt/nicht wohlgesinnt.

intentionnel, le [ētāsjɔnɛl] *adj* absichtlich; (*JUR*) vorsätzlich.

intentionnellement [ētāsjɔnɛlmā] *adv* (*v adj*) absichtlich; vorsätzlich.

inter [ētɛʀ] *nm* (*SPORT*): ~ **gauche** Halblinker *m*; ~ **droit** Halbrechter *m.*

interactif, -ive [ētɛʀaktif, iv] *adj* interaktiv.

interaction [ētɛʀaksjō] *nf* Wechselwirkung *f.*

interarmes [ētɛʀaʀm] *adj inv* kombiniert (*zwischen verschiedenen Waffengattungen*).

interbancaire [ētɛʀbākɛʀ] *adj* zwischen Banken.

intercalaire [ētɛʀkalɛʀ] *adj* (*feuillet*) Einleg-; (*fiche*) Trenn- ♦ *nm* (*feuille, feuillet*) Einlegblatt *nt.*

intercaler [ētɛʀkale] *vt*: ~ (**dans**) einfügen (in +*acc*); **s'intercaler** *vpr*: **s'~ entre** sich schieben zwischen +*acc.*

intercéder [ētɛʀsede] *vi*: ~ **pour qn** sich für jdn verwenden.

intercepter [ētɛʀsɛpte] *vt* abfangen; (*lumière, son, chaleur*) abhalten.

intercepteur [ētɛʀsɛptœʀ] *nm* (*AVIAT*) Abfangjäger *m.*

interception [ētɛʀsɛpsjō] *nf* Abfangen *nt*; **avion d'~** Abfangjäger *m.*

intercession [ētɛʀsesjō] *nf* Eintreten *nt.*

interchangeabilité [ētɛʀʃāʒabilite] *nf* Austauschbarkeit *f.*

interchangeable [ētɛʀʃāʒabl] *adj* austauschbar.

interclasse [ētɛʀklas] *nm* (*SCOL*) kurze Pause *f* (*zwischen Schulstunden*).

interclubs [ētɛʀklœb] *adj* zwischen verschiedenen Klubs.

intercommunal, e, -aux [ētɛʀkɔmynal, o] *adj* zwischen verschiedenen Gemeinden.

intercommunautaire [ētɛʀkɔmynotɛʀ] *adj* zwischen verschiedenen Gemeinschaften.

interconnexion [ētɛʀkɔnɛksjō] *nf* Vernetzung *f.*

intercontinental, e, -aux [ētɛʀkōtinātal, o] *adj* Interkontinental-.

intercostal, e, -aux [ētɛʀkɔstal, o] *adj* zwischen den Rippen.

interdépartemental, e, -aux [ētɛʀdepaʀtəmātal, o] *adj* zwischen verschiedenen Départements.

interdépendance [ētɛʀdepādās] *nf* wechselseitige Abhängigkeit *f.*

interdépendant, e [ētɛʀdepādā, āt] *adj* (wechselseitig) voneinander abhängig.

interdiction [ētɛʀdiksjō] *nf* Verbot *nt*; ~ **de faire qch** Verbot, etw zu tun; ~ **de séjour** Aufenthaltsverbot *nt.*

interdire [ētɛʀdiʀ] *vt* verbieten; (*passage*)

sperren; (_personne_) suspendieren; (_aliéné_) entmündigen; **s'interdire** _vpr_ (_excès etc_) sich _dat_ versagen; ~ **qch à qn** jdm etw verbieten; ~ **à qn de faire qch** jdm verbieten, etw zu tun; (_suj: chose_) jdn daran hindern, etw zu tun; **il s'interdit d'y penser** er vermeidet es, daran zu denken.

interdisciplinaire [ɛ̃tɛʀdisiplinɛʀ] _adj_ interdisziplinär.

interdit, e [ɛ̃tɛʀdi, it] _pp de_ **interdire ♦** _adj_ verboten; (_stupéfait_) erstaunt, verblüfft; (_prêtre_) verbannt; (_aliéné_) entmündigt **♦** _nm_ (_interdiction_) Bann _m_; **prononcer l'~ contre qn** jdn ausschließen; **film ~ aux moins de 18 ans** Film nur für Jugendliche über 18 Jahren; **sens/ stationnement ~** Einbahnstraße _f_/Parkverbot _nt_; **il est ~ de chéquier** sein Scheckbuch ist gesperrt; **être ~ de séjour** Aufenthaltsverbot haben.

intéressant, e [ɛ̃teʀesɑ̃, ɑ̃t] _adj_ interessant; **faire l'~** das Interesse auf sich _acc_ lenken.

intéressé, e [ɛ̃teʀese] _adj_ interessiert; (_service, amitié, motifs_) eigennützig; (_puissances, parties, personnes_) betroffen **♦** _nm/f_: **l'~, e** der/die Beteiligte _m/f_; **les ~s** die Beteiligten _pl_.

intéressement [ɛ̃teʀesmɑ̃] _nm_ (_aux bénéfices_) (Gewinn)beteiligung _f_.

intéresser [ɛ̃teʀese] _vt_ interessieren; (_élèves, public_) das Interesse +_gén_ wecken; (_ADMIN: concerner_) betreffen; (_COMM: aux bénéfices_) beteiligen; **s'intéresser** _vpr_: **s'~ à qn/qch** sich für jdn/etw interessieren; **ça n'intéresse personne** das interessiert doch niemanden; **s'~ à ce que fait qn** sich dafür interessieren, was jd macht.

intérêt [ɛ̃teʀɛ] _nm_ Interesse _nt_; (_importance, avantage_) Bedeutung _f_; (_COMM_) Anteil _m_; (_dividende_) Zinsen _pl_, Zins _m_; (_cupidité, égoïsme_) Eigennutz _m_; **~s** _nmpl_ (_avantage_) Interessen _pl_; (_COMM: part, argent_) Anteile _pl_; (_dividende_) Zinsen _pl_; **avoir ~ à faire qch** besser daran tun, etw zu tun ▶ **intérêts composés** Zinseszins _m_.

interface [ɛ̃tɛʀfas] _nf_ (_INFORM_) Schnittstelle _f_.

interférence [ɛ̃tɛʀfeʀɑ̃s] _nf_ Interferenz _f_.

interférer [ɛ̃tɛʀfeʀe] _vi_ interferieren.

intergouvernemental, e, -aux [ɛ̃tɛʀguvɛʀnəmɑ̃tal, o] _adj_ zwischen den Regierungen.

intérieur, e [ɛ̃teʀjœʀ] _adj_ innere(r, s); (_commerce, communication, navigation_) Binnen-; (_politique, cour_) Innen- **♦** _nm_: **l'~** das Innere _nt_; **ministère de l'l~** Innenministerium _nt_; **un ~ bourgeois/confortable** bürgerliche/bequeme (Innen)einrichtung _f_; **à l'~ (de)** im Inneren (von _ou_ +_gén_); (_avec mouvement_) ins Innere (von _ou_ +_gén_); **de l'~** (_fig_) von innen; **tourner (une scène) en ~** (_eine Szene_) im Studio drehen; **vêtement/chaussures d'~** Hausbekleidung _f_/Hausschuhe _pl_.

intérieurement [ɛ̃teʀjœʀmɑ̃] _adv_ (_secrètement_) innerlich.

intérim [ɛ̃teʀim] _nm_ (_intervalle_) Zwischenzeit _f_; **assurer l'~ (de qn)** die Vertretung (für jdn)

übernehmen; **par ~** _adj, adv_ vorläufig.

intérimaire [ɛ̃teʀimɛʀ] _adj_ (_fonction, charge_) stellvertretend **♦** _nm/f_ (_personne_) Zeitarbeiter(in) _m(f)_; **personnel ~** Zeitpersonal _nt_.

intérioriser [ɛ̃teʀjɔʀize] _vt_ verinnerlichen.

interjection [ɛ̃tɛʀʒɛksjɔ̃] _nf_ Ausruf _m_.

interjeter [ɛ̃tɛʀʒəte] _vt_: ~ **appel** Einspruch einlegen.

interligne [ɛ̃tɛʀliɲ] _nm_ Zwischenraum _m_; **simple/double ~** einfacher/doppelter Zeilenabstand _m_.

interlocuteur, -trice [ɛ̃tɛʀlɔkytœʀ, tʀis] _nm/f_ Gesprächspartner(in) _m(f)_; (_THÉÂT_) Dialogpartner(in) _m(f)_.

interlope [ɛ̃tɛʀlɔp] _adj_ (_illégal_) illegal; (_milieu, bar_) zwielichtig.

interloquer [ɛ̃tɛʀlɔke] _vt_ sprachlos machen.

interlude [ɛ̃tɛʀlyd] _nm_ Zwischenspiel _nt_, Intermezzo _nt_.

intermède [ɛ̃tɛʀmɛd] _nm_ (_interruption_) Pause _f_; (_interlude_) Zwischenspiel _nt_.

intermédiaire [ɛ̃tɛʀmedjɛʀ] _adj_ (_position, couleur_) Zwischen-; (_solution_) Kompromiß- **♦** _nm/f_ (_médiateur_) Vermittler(in) _m(f)_; (_COMM_) Mittelsmann _m_, Zwischenhändler _m_ **♦** _nm_: **sans ~** direkt, ohne Zwischenhandel; **par l'~ de** durch (die) Vermittlung von.

interminable [ɛ̃tɛʀminabl] _adj_ endlos.

interminablement [ɛ̃tɛʀminabləmɑ̃] _adv_ endlos.

interministériel, le [ɛ̃tɛʀministeʀjɛl] _adj_: **comité ~** Komitee _nt_, an dem mehrere Ministerien beteiligt sind.

intermittence [ɛ̃tɛʀmitɑ̃s] _nf_: **par ~** (_travailler_) unregelmäßig; (_entendre etc_) in unregelmäßigen Abständen.

intermittent, e [ɛ̃tɛʀmitɑ̃, ɑ̃t] _adj_ (_fièvre, bruit_) periodisch auftretend; (_pouls, efforts_) unregelmäßig; (_source, fontaine_) unregelmäßig sprudelnd; (_lumière_) flackernd.

internat [ɛ̃tɛʀna] _nm_ (_SCOL: établissement_) Internat _nt_; (_MÉD: fonction_) ≈ Stelle _f_ eines Medizinalassistenten; (: _concours_) ≈ Aufnahmeprüfung _f_ für die klinischen Semester.

international, e, -aux [ɛ̃tɛʀnasjɔnal, o] _adj_ international **♦** _nm/f_ (_SPORT: joueur_) Nationalspieler(in) _m(f)_.

internationalisation [ɛ̃tɛʀnasjɔnalizasjɔ̃] _nf_ internationale Ausweitung _f_.

internationaliser [ɛ̃tɛʀnasjɔnalize] _vt_ (_débat etc_) international ausweiten; (_port, zone_) international machen.

internationalisme [ɛ̃tɛʀnasjɔnalism] _nm_ Internationalismus _m_.

interne [ɛ̃tɛʀn] _adj_ innere(r, s); (_ANAT, politique_) Innen-; (_troubles_) innenpolitisch **♦** _nm/f_ (_SCOL: élève_) Internatsschüler(in) _m(f)_; (_MÉD_) ≈ Medizinalassistent(in) _m(f)_.

internement [ɛ̃tɛʀnəmɑ̃] _nm_ Internierung _f_; (_MÉD_) Einweisung _f_.

interner [ɛ̃tɛʀne] _vt_ (_POL_) internieren; (_MÉD_) in eine Anstalt einweisen.

interparlementaire [ɛ̃tɛʀpaʀləmãtɛʀ] adj interparlamentarisch.

interpellation [ɛ̃tɛʀpelasjɔ̃] nf (apostrophe) (schroffe) Anrede f; (POL) Anfrage f.

interpeller [ɛ̃tɛʀpəle] vt (appeler) zurufen +dat; (apostropher) beschimpfen; (suj: police: arrêter) festnehmen; (POL) befragen.

interphone [ɛ̃tɛʀfɔn] nm (Wechsel)sprechanlage f.

interplanétaire [ɛ̃tɛʀplanetɛʀ] adj interplanetarisch.

Interpol [ɛ̃tɛʀpɔl] sigle m Interpol f.

interpoler [ɛ̃tɛʀpɔle] vt einschieben.

interposer [ɛ̃tɛʀpoze] vt dazwischentun; **s'interposer** vpr (obstacle) dazwischenkommen; (dans une bagarre, discussion) dazwischenfahren; (s'entremettre) sich einmischen; **par personnes interposées** durch Mittelsmänner.

interprétariat [ɛ̃tɛʀpʀetaʀja] nm Dolmetschen nt.

interprétation [ɛ̃tɛʀpʀetasjɔ̃] nf Interpretation f; (interprétariat) Dolmetschen nt.

interprète [ɛ̃tɛʀpʀɛt] nm/f (traducteur) Dolmetscher(in) m(f); (MUS, THÉÂT, CINÉ) Interpret(in) m(f); (d'un texte) Ausleger(in) m(f); (d'un rêve, présage) Deuter(in) m(f); (porteparole) Sprecher(in) m(f).

interpréter [ɛ̃tɛʀpʀete] vt interpretieren; (songes, présages) deuten.

interprofessionnel, le [ɛ̃tɛʀpʀɔfesjɔnɛl] adj berufsübergreifend.

interrogateur, -trice [ɛ̃teʀɔgatœʀ, tʀis] adj fragend ♦ nm/f (SCOL: examinateur) Prüfer(in) m(f).

interrogatif, -ive [ɛ̃teʀɔgatif, iv] adj fragend; (LING) Frage-.

interrogation [ɛ̃teʀɔgasjɔ̃] nf (v vt) Befragung f; Verhör nt, Vernehmung f; Abfrage f; Prüfung f; ~ **écrite/orale** (SCOL) schriftliche/mündliche Prüfung; ~ **directe/indirecte** direkte/indirekte Frage f.

interrogatoire [ɛ̃teʀɔgatwaʀ] nm Verhör nt; (au tribunal) Vernehmung f.

interroger [ɛ̃teʀɔʒe] vt (personne) befragen; (inculpé) verhören, vernehmen; (données, ordinateur) abfragen; (candidat) prüfen; **s'interroger** vpr sich dat Gedanken machen; ~ **qn sur qch** jdn über etw acc befragen; ~ **qn du regard** jdm einen fragenden Blick zuwerfen.

interrompre [ɛ̃teʀɔ̃pʀ] vt unterbrechen; **s'interrompre** vpr aufhören.

interrupteur [ɛ̃teʀyptœʀ] nm Schalter m ► **interrupteur à bascule** Kippschalter m.

interruption [ɛ̃teʀypsjɔ̃] nf Unterbrechung f; **sans** ~ ohne Unterbrechung ► **interruption de grossesse** Schwangerschaftsabbruch m ► **interruption volontaire de grossesse** Schwangerschaftsabbruch, Abtreibung f.

interscolaire [ɛ̃tɛʀskɔlɛʀ] adj zwischen verschiedenen Schulen.

intersection [ɛ̃tɛʀsɛksjɔ̃] nf Schnittpunkt m;

(croisement) Kreuzung f.

intersidéral, e, -aux [ɛ̃tɛʀsideʀal, o] adj interstellar.

interstice [ɛ̃tɛʀstis] nm Zwischenraum m, Spalt m.

intersyndical, e, -aux [ɛ̃tɛʀsẽdikal, o] adj zwischen verschiedenen Gewerkschaften.

intertitre [ɛ̃tɛʀtitʀ] nm Zwischentitel m.

interurbain, e [ɛ̃teʀyʀbẽ, ɛn] adj (communication) Fern- ♦ nm: l'~ der Fernmeldedienst m.

intervalle [ɛ̃tɛʀval] nm (espace) Zwischenraum m; (de temps) Abstand m; (MUS) Intervall nt; **à deux mois d'**~ im Abstand von zwei Monaten; **à** ~s **rapprochés** in kurzen Abständen; **par** ~s von Zeit zu Zeit; **dans l'**~ inzwischen.

intervenant, e [ɛ̃tɛʀvənã, ãt] nm/f (conférencier) Sprecher(in) m(f).

intervenir [ɛ̃tɛʀvəniʀ] vi (s'immiscer) eingreifen; (police, pompiers) einschreiten; (POL) intervenieren; (intercéder) sich verwenden; (MÉD) einen Eingriff vornehmen; (se produire) sich ereignen; (jouer un rôle) dazwischenkommen; (prononcer une conférence) einen Vortrag halten; ~ **auprès de qn/en faveur de qn** sich bei jdm/für jdn verwenden.

intervention [ɛ̃tɛʀvãsjɔ̃] nf (v vi) Eingreifen nt; Einschreiten nt; Intervention f; (conférence) Vortrag m; ~ **(chirurgicale)** (chirurgischer) Eingriff m ► **intervention armée** bewaffnete Intervention.

interventionnisme [ɛ̃tɛʀvãsjɔnism] nm Interventionismus m.

interventionniste [ɛ̃tɛʀvãsjɔnist] adj interventionistisch.

intervenu [ɛ̃tɛʀv(ə)ny] pp de **intervenir**.

intervertir [ɛ̃tɛʀvɛʀtiʀ] vt umkehren; ~ **les rôles** die Rollen vertauschen.

interviendrai [ɛ̃tɛʀvjɛ̃dʀe] vb voir **intervenir**.

interviens [ɛ̃tɛʀvjɛ̃] vb voir **intervenir**.

interview [ɛ̃tɛʀvju] nf Interview nt.

interviewer [vt ɛ̃tɛʀvjuve; nm ɛ̃tɛʀvjuvœʀ] vt interviewen ♦ nm Interviewer m.

intervins [ɛ̃tɛʀvɛ̃] vb voir **intervenir**.

intestat [ɛ̃tɛsta] adj: **mourir** ~ sterben, ohne ein Testament zu hinterlassen.

intestin, e [ɛ̃tɛstɛ̃, in] adj: **querelles/luttes** ~**es** innere Kämpfe pl ♦ nm Darm m ► **intestin grêle** Dünndarm m.

intestinal, e, -aux [ɛ̃tɛstinal, o] adj Darm-; **occlusion/perforation** ~**e** Darmverschluß m/ Darmdurchbruch m.

intime [ɛ̃tim] adj intim; (convictions) innerste(r, s) ♦ nm/f Vertraute(r) f(m), enger Freund m, enge Freundin f.

intimement [ɛ̃timmã] adv (profondément) zutiefst; (étroitement) intim.

intimer [ɛ̃time] vt (citer) vorladen; (signifier légalement) offiziell mitteilen; ~ **à qn l'ordre de faire qch** jdm den Befehl zukommen lassen, etw zu tun.

intimidant, e [ɛ̃timidã, ãt] adj einschüchternd.

intimidation [ɛ̃timidasjɔ̃] nf: **manœuvres d'**~

Einschüchterungsversuch *m*.
intimider [ɛ̃timide] *vt* einschüchtern.
intimité [ɛ̃timite] *nf* (*familiarité*) enge *ou* intime Freundschaft *f*; (*vie privée*) Privatleben *nt*, Intimität *f*; (*d'un endroit*) Intimität; **dans l'~** privat; (*sans formalités*) im kleinen Kreis.
intitulé [ɛ̃tityle] *nm* Titel *m*.
intituler [ɛ̃tityle] *vt*: **comment a-t-il intitulé son livre?** welchen Titel hat er seinem Buch gegeben?; **s'intituler** *vpr* (*ouvrage*) den Titel tragen; (*personne*) sich nennen.
intolérable [ɛ̃tɔleʀabl] *adj* unerträglich; (*pratique*) unzulässig.
intolérance [ɛ̃tɔleʀɑ̃s] *nf* Intoleranz *f*; **avoir une ~ à la pénicilline** Penizillin nicht vertragen.
intolérant, e [ɛ̃tɔleʀɑ̃, ɑ̃t] *adj* intolerant.
intonation [ɛ̃tɔnasjɔ̃] *nf* Tonfall *m*; (*LING*) Intonation *f*.
intouchable [ɛ̃tuʃabl] *adj* unantastbar; (*REL*) unberührbar.
intoxication [ɛ̃tɔksikasjɔ̃] *nf* Vergiftung *f*; (*fig*) Gehirnwäsche *f* ▶ **intoxication alimentaire** Lebensmittelvergiftung *f*.
intoxiqué, e [ɛ̃tɔksike] *adj* (*par la drogue, le tabac etc*) süchtig ♦ *nm/f* Süchtige(r) *f(m)*, Suchtkranke(r) *f(m)*.
intoxiquer [ɛ̃tɔksike] *vt* vergiften; (*fig*) indoktrinieren; **s'intoxiquer** *vpr* sich vergiften.
intradermique [ɛ̃tʀadɛʀmik] *adj*: **injection ~** Spritze *f* unter die Haut.
intraduisible [ɛ̃tʀadɥizibl] *adj* (*mot, auteur*) unübersetzbar; (*fig*) nicht übertragbar.
intraitable [ɛ̃tʀɛtabl] *adj* (*intransigeant*) unnachgiebig; (*impitoyable*) unerbittlich; **~ sur** unnachgiebig in bezug auf +*acc*; **demeurer ~** hart bleiben, nicht nachgeben.
intramusculaire [ɛ̃tʀamyskylɛʀ] *adj*: **injection ~** Spritze *f* in den Muskel.
intransigeance [ɛ̃tʀɑ̃ziʒɑ̃s] *nf* (*v adj*) Sturheit *f*; Kompromißlosigkeit *f*.
intransigeant, e [ɛ̃tʀɑ̃ziʒɑ̃, ɑ̃t] *adj* unnachgiebig, stur; (*intolérant*) kompromißlos.
intransitif, -ive [ɛ̃tʀɑ̃zitif, iv] *adj* (*LING*) intransitiv.
intransportable [ɛ̃tʀɑ̃spɔʀtabl] *adj* (*blessé*) nicht transportfähig; (*objet*) nicht zu transportieren.
intraveineux, -euse [ɛ̃tʀavɛnø, øz] *adj*: **injection intraveineuse** intravenöse Spritze *f* ♦ *nf* intravenöse Spritze *f*.
intrépide [ɛ̃tʀepid] *adj* mutig, beherzt.
intrépidité [ɛ̃tʀepidite] *nf* Mut *m*, Beherztheit *f*.
intrigant, e [ɛ̃tʀigɑ̃, ɑ̃t] *adj* intrigant.
intrigue [ɛ̃tʀig] *nf* (*manœuvre*) Intrige *f*; (*scénario*) Handlung *f*; (*liaison*) Abenteuer *nt*.
intriguer [ɛ̃tʀige] *vi* intrigieren ♦ *vt* neugierig machen.
intrinsèque [ɛ̃tʀɛ̃sɛk] *adj* immanent.
introduction [ɛ̃tʀɔdyksjɔ̃] *nf* (*d'un ouvrage, exposé*) Einleitung *f*; (*action*) Einführen *nt*; (*de marchandise*) Einfuhr *f*; (*dans club, auprès de qn*) Einführung *f*; **~ aux mathématiques** Ein-

führung in die Mathematik; **paroles d'~** einleitende Worte *pl*; **chapitre d'~** Einleitung(skapitel *nt*) *f*; **lettre** *ou* **mot d'~** Einführungsschreiben *nt*.
introduire [ɛ̃tʀɔdɥiʀ] *vt* einführen; (*visiteur*) hereinführen; (*INFORM*) eingeben; **s'introduire** *vpr* (*usages, idées*) in Gebrauch kommen; **~ qch dans** etw stecken in +*acc*; **~ à qch** bekannt machen mit etw; **~ qn auprès de qn/ dans un club** jdn bei jdm einführen/in einem Klub einführen; **s'~ dans** (*personne, eau, fumée*) eindringen in +*acc*; (*dans un groupe*) sich *dat* Zutritt verschaffen in.
introduit, e [ɛ̃tʀɔdɥi, it] *pp de* **introduire** ♦ *adj*: **être bien ~ dans** Zugang haben zu.
introniser [ɛ̃tʀɔnize] *vt* einsetzen, inthronisieren.
introspection [ɛ̃tʀɔspɛksjɔ̃] *nf* Selbstbeobachtung *f*.
introuvable [ɛ̃tʀuvabl] *adj* unauffindbar; (*édition*) schwer auffindbar.
introverti, e [ɛ̃tʀɔvɛʀti] *adj* introvertiert ♦ *nm/f* Introvertierte(r) *f(m)*.
intrus, e [ɛ̃tʀy, yz] *nm/f* Eindringling *m*.
intrusion [ɛ̃tʀyziɔ̃] *nf* (*dans une société, un groupe*) Eindringen *nt*; (*ingérence*) Einmischung *f*.
intuitif, -ive [ɛ̃tɥitif, iv] *adj* intuitiv.
intuition [ɛ̃tɥisjɔ̃] *nf* Intuition *f*, Vorahnung *f*; **avoir une ~** eine Ahnung haben; **avoir l'~ de qch** etw ahnen; **avoir de l'~** Intuition haben.
intuitivement [ɛ̃tɥitivmɑ̃] *adv* intuitiv.
inusable [inyzabl] *adj* unverwüstlich.
inusité, e [inyzite] *adj* ungebräuchlich.
inutile [inytil] *adj* unnütz; (*superflu*) unnötig.
inutilement [inytilmɑ̃] *adv* unnütz.
inutilisable [inytilizabl] *adj* unbrauchbar.
inutilisé, e [inytilize] *adj* neuwertig, nicht gebraucht.
inutilité [inytilite] *nf* Nutzlosigkeit *f*.
invaincu, e [ɛ̃vɛ̃ky] *adj* unbesiegt.
invalide [ɛ̃valid] *adj* körperbehindert ♦ *nm/f* Körperbehinderte(r) *f(m)* ▶ **invalide de guerre** Kriegsbehinderte(r) *m*, Invalide *m* ▶ **invalide du travail** Arbeitsunfähige(r) *f(m)*.
invalider [ɛ̃valide] *vt* für ungültig erklären; (*donation, contrat, élection*) ungültig machen.
invalidité [ɛ̃validite] *nf* (Körper)behinderung *f*.
invariable [ɛ̃vaʀjabl] *adj* unveränderlich.
invariablement [ɛ̃vaʀjabləmɑ̃] *adv* unveränderlich.
invasion [ɛ̃vazjɔ̃] *nf* Invasion *f*.
invective [ɛ̃vɛktiv] *nf* Beschimpfung *f*.
invectiver [ɛ̃vɛktive] *vt* beschimpfen ♦ *vi*: **contre qch/qn** schimpfen gegen etw/jdn.
invendable [ɛ̃vɑ̃dabl] *adj* unverkäuflich.
invendu, e [ɛ̃vɑ̃dy] *adj* unverkauft.
invendus *nmpl* (*COMM*) unverkaufte Waren *pl*.
inventaire [ɛ̃vɑ̃tɛʀ] *nm* Inventar *nt*; (*JUR, fig*) Bestandsaufnahme *f*; (*COMM: liste*) Warenliste *f*; (: *opération*) Inventur *f*; **faire un ~** eine

Bestandsaufnahme machen; (*COMM*) Inventur machen; **procéder à l'**~ eine Bestandsaufnahme machen.

inventer [ɛ̃vɑ̃te] *vt* erfinden; (*imaginer*) sich *dat* ausdenken; (*subterfuge, moyen*) finden; ~ **de faire qch** auf den Gedanken kommen, etw zu tun.

inventeur, -trice [ɛ̃vɑ̃tœʀ, tʀis] *nm/f* Erfinder(in) *m(f)*.

inventif, -ive [ɛ̃vɑ̃tif, iv] *adj* (*créateur*) schöpferisch; (*ingénieux*) erfinderisch, einfallsreich.

invention [ɛ̃vɑ̃sjɔ̃] *nf* Erfindung *f*; (*découverte*) Entdeckung *f*; **manquer d'**~ wenig einfallsreich sein.

inventivité [ɛ̃vɑ̃tivite] *nf* Erfindungsreichtum *m*.

inventorier [ɛ̃vɑ̃tɔʀje] *vt* (*marchandises*) inventarisieren; (*succession, manuscrits*) auflisten.

invérifiable [ɛ̃veʀifjabl] *adj* nicht überprüfbar.

inverse [ɛ̃vɛʀs] *adj* (*ordre, rapport*) umgekehrt; (*sens*) entgegengesetzt ♦ *nm*: **l'**~ das Gegenteil *nt*; **en proportion** ~ umgekehrt proportional; **dans l'ordre** ~ in umgekehrter Reihenfolge; **dans le sens** ~ in entgegengesetzter Richtung; **dans le sens** ~ **des aiguilles d'une montre** gegen den Uhrzeigersinn; **en sens** ~ in die entgegengesetzte Richtung; **à l'**~ im Gegenteil.

inversement [ɛ̃vɛʀsəmɑ̃] *adv* umgekehrt.

inverser [ɛ̃vɛʀse] *vt* umkehren.

inversion [ɛ̃vɛʀsjɔ̃] *nf* Umkehrung *f*; (*d'un groupe de mots*) Inversion *f*.

invertébré, e [ɛ̃vɛʀtebʀe] *adj* wirbellos ♦ *nm* wirbelloses Tier *nt*.

inverti, e [ɛ̃vɛʀti] *nm/f* Homosexuelle(r) *f(m)*.

investigation [ɛ̃vɛstigasjɔ̃] *nf* Untersuchung *f*.

investir [ɛ̃vɛstiʀ] *vi* (*COMM*) investieren ♦ *vt* (*personne*) nominieren; (*MIL*) belagern; (*COMM*) investieren; **s'investir** *vpr* (*PSYCH*) sich engagieren, sich einbringen; ~ **qn de** (*d'une fonction*) jdn betrauen mit, jdn einsetzen in +*acc*; (*d'un pouvoir*) jdn ausstatten mit.

investissement [ɛ̃vɛstismɑ̃] *nm* (*financier*) Investition *f*; (*PSYCH*) Engagement *nt*.

investisseur [ɛ̃vɛstisœʀ] *nm* Investor(in) *m(f)*.

investiture [ɛ̃vɛstityʀ] *nf* Einsetzung *f*; (*à une élection*) Nominierung *f*.

invétéré, e [ɛ̃veteʀe] *adj* eingefleischt.

invincible [ɛ̃vɛ̃sibl] *adj* (*ennemi, armée*) unbezwingbar, unbesiegbar; (*argument*) unschlagbar; (*obstacle*) unüberwindlich; (*irrésistible*) unwiderstehlich.

invinciblement [ɛ̃vɛ̃sibləmɑ̃] *adv* (*fig: irrésistiblement*) unwiderstehlich.

inviolabilité [ɛ̃vjɔlabilite] *nf*: ~ **parlementaire** parlamentarische Immunität *f*.

inviolable [ɛ̃vjɔlabl] *adj* (*droit, secret, asile*) unverletzlich, unantastbar; (*parlementaire, diplomate*) immun.

invisible [ɛ̃vizibl] *adj* unsichtbar; **il est** ~ **aujourd'hui** heute ist er nicht zu sprechen.

invitation [ɛ̃vitasjɔ̃] *nf* Einladung *f*; **à** *ou* **sur l'**~ **de qn** (*exhortation*) auf jds Aufforderung *acc* hin; **lettre d'**~ Einladung.

invite [ɛ̃vit] *nf* Aufforderung *f*.

invité, e [ɛ̃vite] *nm/f* Gast *m*.

inviter [ɛ̃vite] *vt* einladen; ~ **qn à faire qch** (*exhorter*) jdn auffordern, etw zu tun; (*suj: chose*) jdn dazu einladen, etw zu tun.

invivable [ɛ̃vivabl] *adj* unerträglich.

involontaire [ɛ̃vɔlɔ̃tɛʀ] *adj* (*mouvement, acte*) unwillkürlich; (*peine, insulte*) unbeabsichtigt; (*témoin, complice*) unfreiwillig.

involontairement [ɛ̃vɔlɔ̃tɛʀmɑ̃] *adv* unwillkürlich.

invoquer [ɛ̃vɔke] *vt* (*Dieu, muse*) anrufen; (*excuse, argument*) anbringen; (*témoignage*) aufrufen; (*loi, texte, ignorance*) sich berufen auf +*acc*; ~ **la clémence/le secours de qn** jdn um Nachsicht/Hilfe bitten.

invraisemblable [ɛ̃vʀɛsɑ̃blabl] *adj* unwahrscheinlich; (*fantastique, inimaginable*) unglaublich.

invraisemblance [ɛ̃vʀɛsɑ̃blɑ̃s] *nf* Unwahrscheinlichkeit *f*.

invulnérable [ɛ̃vylneʀabl] *adj* (*position*) unangreifbar; ~ **à** (*personne*) gefeit gegen.

iode [jɔd] *nm* Jod *nt*.

iodé, e [jɔde] *adj* mit Jod angereichert.

ion [jɔ̃] *nm* Ion *nt*.

ionique [jɔnik] *adj* (*ARCHIT*) ionisch; (*SCIENCE*) Ionen-.

iota [jɔta] *nm* Jota *nt*.

irai *etc* [iʀe] *vb voir* **aller**.

Irak [iʀak] *nm*: **l'**~ Irak *m*.

irakien, ne [iʀakjɛ̃, jɛn] *adj* irakisch ♦ *nm/f*: **I**~, **ne** Iraker(in) *m(f)*.

Iran [iʀɑ̃] *nm*: **l'**~ Iran *m*.

iranien, ne [iʀanjɛ̃, jɛn] *adj* iranisch ♦ *nm/f*: **I**~, **ne** Iraner(in) *m(f)*.

Iraq [iʀak] *nm* = **Irak**.

iraquien, ne [iʀakjɛ̃, jɛn] = **irakien**.

irascible [iʀasibl] *adj* jähzornig.

irions *etc* [iʀjɔ̃] *vb voir* **aller**.

iris [iʀis] *nm* (*BOT*) Iris *f*, Schwertlilie *f*; (*ANAT*) Iris, Regenbogenhaut *f*.

irisé, e [iʀize] *adj* (in allen Regenbogenfarben) schillernd.

irlandais, e [iʀlɑ̃dɛ, ɛz] *adj* irisch ♦ *nm/f*: **I**~, **e** Ire *m*, Irin *f*.

Irlande [iʀlɑ̃d] *nf*: **l'**~ Irland *nt*; **la mer d'**~ die Irische See *f* ▶ **l'Irlande du Nord** Nordirland *nt*.

ironie [iʀɔni] *nf* Ironie *f* ▶ **ironie du sort** Ironie des Schicksals.

ironique [iʀɔnik] *adj* ironisch.

ironiquement [iʀɔnikmɑ̃] *adv* ironisch.

ironiser [iʀɔnize] *vi* spotten.

irons *etc* [iʀɔ̃] *vb voir* **aller**.

IRPP [iɛʀpepe] *sigle m* (= *impôt sur le revenu des personnes physiques*) Einkommensteuer *f*.

irradiation [iʀadjasjɔ̃] *nf* Bestrahlung *f*.

irradier [iʀadje] *vi* ausstrahlen ♦ *vt* bestrahlen.

irraisonné, e [iʀezɔne] *adj* (*geste, acte*)

unüberlegt; (*crainte*) unbegründet, unsinnig.
irrationnel, le [iʀasjɔnɛl] *adj* irrational.
irrattrapable [iʀatʀapabl] *adj* (*retard*) unaufholbar; (*bévue*) nicht wiedergutzumachen.
irréalisable [iʀealizabl] *adj* (*désir, souhait*) unerfüllbar; (*projet*) undurchführbar.
irréalisme [iʀealism] *nm* Realitätsferne *f*.
irréaliste [iʀealist] *adj* unrealistisch.
irréalité [iʀealite] *nf* Unwirklichkeit *f*.
irrecevable [iʀəs(ə)vabl] *adj* unannehmbar.
irréconciliable [iʀekɔ̃siljabl] *adj* unversöhnlich.
irrécouvrable [iʀekuvʀabl] *adj* nicht zurückzubekommen.
irrécupérable [iʀekypeʀabl] *adj* (*outil, voiture*) nicht mehr zu reparieren; (*personne*) nicht mehr zu retten.
irrécusable [iʀekyzabl] *adj* (*personne*) glaubwürdig; (*témoignage, preuve*) unanfechtbar, nicht widerlegbar.
irréductible [iʀedyktibl] *adj* (*obstacle*) unbezwingbar; (*volonté*) unbeugsam; (*opposition, ennemi*) unversöhnlich; (*MÉD*) nicht zu richten; (*MATH*) nicht reduzierbar.
irréductiblement [iʀedyktiblǝmã] *adv* erbittert.
irréel, le [iʀeɛl] *adj* unwirklich; **mode** ~ Irrealis *m*.
irréfléchi, e [iʀefleʃi] *adj* (*personne*) gedankenlos; (*geste, mouvement*) unwillkürlich; (*parole, propos, acte*) unüberlegt, gedankenlos.
irréfutable [iʀefytabl] *adj* unwiderlegbar.
irréfutablement [iʀefytablǝmã] *adv* unwiderlegbar.
irrégularité [iʀegylaʀite] *nf* (*v adj*) Unregelmäßigkeit *f*; Unebenheit *f*; Unbeständigkeit *f*; Ungesetzlichkeit *f*; ~s *nfpl* (*actions*) Unregelmäßigkeiten *pl*; (*inégalités*) Unebenheiten *pl*.
irrégulier, -ière [iʀegylje, jɛʀ] *adj* unregelmäßig; (*surface, terrain*) uneben; (*non constant*) unbeständig, wechselhaft; (*illégitime*) ungesetzlich; (*peu honnête*) zwielichtig; (*troupes, soldats*) irregulär.
irrégulièrement [iʀegyljɛʀmã] *adv* unregelmäßig.
irrémédiable [iʀemedjabl] *adj* nicht wiedergutzumachen.
irrémédiablement [iʀemedjablǝmã] *adv* unrettbar.
irremplaçable [iʀãplasabl] *adj* unersetzlich.
irréparable [iʀepaʀabl] *adj* irreparabel; (*fig*) nicht wiedergutzumachen.
irrépréhensible [iʀepreãsibl] *adj* untadelig.
irrépressible [iʀepʀesibl] *adj* unbezähmbar.
irréprochable [iʀepʀɔʃabl] *adj* (*honnête, parfait*) untadelig, einwandfrei; (*tenue, toilette*) untadelig, tadellos.
irrésistible [iʀezistibl] *adj* unwiderstehlich; (*preuve, logique*) zwingend.
irrésistiblement [iʀezistiblǝmã] *adv* unwiderstehlich.
irrésolu, e [iʀezɔly] *adj* unentschlossen.

irrésolution [iʀezɔlysjɔ̃] *nf* Unentschlossenheit *f*.
irrespectueux, -euse [iʀespɛktɥø, øz] *adj* respektlos.
irrespirable [iʀespiʀabl] *adj* nicht zu atmen; (*fig*) bedrückend, erstickend.
irresponsabilité [iʀespɔ̃sabilite] *nf* (*v adj*) Strafunmündigkeit *f*; Unzurechnungsfähigkeit *f*; Unverantwortlichkeit *f*; Verantwortungslosigkeit *f*.
irresponsable [iʀespɔ̃sabl] *adj* (*enfant*) nicht strafmündig; (*aliéné*) nicht zurechnungsfähig; (*politique, morale*) unverantwortlich; (*irréfléchi*) verantwortungslos.
irrévérencieux, -euse [iʀeveʀãsjø, jøz] *adj* respektlos.
irréversible [iʀevɛʀsibl] *adj* (*processus, opération*) nicht rückgängig zu machen; (*réaction chimique*) irreversibel.
irréversiblement [iʀevɛʀsiblǝmã] *adv* irreversibel.
irrévocable [iʀevɔkabl] *adj* unwiderruflich.
irrévocablement [iʀevɔkablǝmã] *adv* unwiderruflich.
irrigation [iʀigasjɔ̃] *nf* Bewässerung *f*.
irriguer [iʀige] *vt* bewässern.
irritabilité [iʀitabilite] *nf* Reizbarkeit *f*.
irritable [iʀitabl] *adj* reizbar.
irritant, e [iʀitã, ãt] *adj* irritierend; (*MÉD*) Reiz-.
irritation [iʀitasjɔ̃] *nf* (*exaspération*) Gereiztheit *f*; (*inflammation*) Reizung *f*.
irrité, e [iʀite] *adj* gereizt.
irriter [iʀite] *vt* reizen; **s'irriter** *vpr*: **s'**~ **contre qn/de qch** sich über jdn/etw ärgern.
irruption [iʀypsjɔ̃] *nf* Eindringen *nt*; **faire** ~ **dans un endroit/chez qn** plötzlich an einem Ort/bei jdm erscheinen.
ISBN [iɛsbeɛn] *sigle m* (= *International Standard Book Number*) ISBN.
Islam [islam] *nm* Islam *m*.
islamique [islamik] *adj* islamisch.
islandais, e [islãdɛ, ɛz] *adj* isländisch ♦ *nm* (*LING*) Isländisch *nt* ♦ *nm/f*: **I**~, **e** Isländer(in) *m(f)*.
Islande [islãd] *nf*: **l'**~ Island *nt*.
isocèle [izɔsɛl] *adj* gleichseitig.
isolant, e [izɔlã, ãt] *adj* isolierend; (*insonorisant*) schalldämmend ♦ *nm* Isoliermaterial *nt*.
isolateur [izɔlatœʀ] *nm* Isolator *m*.
isolation [izɔlasjɔ̃] *nf*: ~ **acoustique** Schalldämmung *f*; ~ **thermique** Wärmeisolierung *f*.
isolationnisme [izɔlasjɔnism] *nm* (*POL*) Isolationismus *m*.
isolé, e [izɔle] *adj* isoliert; (*séparé*) einzelstehend, einzeln; (*éloigné*) abgelegen; (*fait, cas*) Einzel-.
isolement [izɔlmã] *nm* (*action d'isoler*) Isolieren *nt*; (*de lieu, maison*) Abgelegenheit *f*; (*de personne*) Isoliertheit *f*; (*en prison*) Einzelhaft *f*.
isolément [izɔlemã] *adv* isoliert.

isoler [izɔle] vt isolieren; (prisonnier) in Einzelhaft nehmen, isolieren; (fig) für sich nehmen; **s'isoler** vpr sich absondern.
isoloir [izɔlwaʀ] nm Wahlkabine f.
isorel ® [izɔʀɛl] nm Preßspanplatte f.
isotherme [izɔtɛʀm] adj (camion) Kühl-.
Israël [isʀaɛl] nm Israel nt.
israélien, ne [isʀaeljɛ̃, jɛn] adj israelisch ♦ nm/f: **I~, ne** Israeli m/f.
israélite [isʀaelit] adj israelitisch, jüdisch ♦ nm/f: **I~** Israelit(in) m(f).
issu, e [isy] adj: **être ~ de** abstammen von; (résultant de) herrühren von.
issue [isy] nf Ausgang m; (d'une rue) Ausfahrt f; (résultat) Ergebnis nt; **à l'~ de** am Ende von, **chemin/rue sans ~** Sackgasse f ▶ **issue de secours** Notausgang m.
Istamboul, Istanbul [istãbul] nm Istanbul nt.
isthme [ism] nm Landenge f.
Italie [itali] nf: **l'~** Italien nt.
italien, ne [italjɛ̃, jɛn] adj italienisch ♦ nm (LING) Italienisch nt ♦ nm/f: **I~, ne** Italiener(in) m(f).
italique [italik] nm: **en ~(s)** kursiv.
item [itɛm] adv dito, desgleichen.
itératif, -ive [iteʀatif, iv] adj iterativ.
itinéraire [itineʀɛʀ] nm Route f.
itinérant, e [itineʀã, ãt] adj Wander-.
IUT [iyte] sigle m (= Institut universitaire de technologie) voir **institut**.
IVG [iveʒe] sigle f (= interruption volontaire de grossesse) voir **interruption**.
ivoire [ivwaʀ] nm Elfenbein nt; (ANAT) Zahnschmelz m.
ivoirien, ne [ivwaʀjɛ̃, jɛn] adj von der Elfenbeinküste ♦ nm/f: **I~, ne** Einwohner(in) m(f) der Elfenbeinküste.
ivraie [ivʀɛ] nf: **séparer le bon grain de l'~** die Spreu vom Weizen scheiden.
ivre [ivʀ] adj betrunken; **~ de colère** wutentbrannt; **~ de bonheur** freudentrunken; **~ mort** sturzbetrunken.
ivresse [ivʀɛs] nf Trunkenheit f.
ivrogne [ivʀɔɲ] nm/f Trinker(in) m(f).

J, j

J¹, j [ʒi] nm inv (lettre) J, j nt; **jour ~** Tag m X; **~ comme Joseph** ≈ J wie Julius.
J² abr (= Joule) J.
j' [ʒ] pron voir **je**.
jabot [ʒabo] nm (ZOOL) Kropf m; (de vêtement) Jabot nt, Spitzenrüsche f.
jacasser [ʒakase] vi (bavarder) schwatzen.
jachère [ʒaʃɛʀ] nf: **(être) en ~** brach(liegen).
jacinthe [ʒasɛ̃t] nf Hyazinthe f ▶ **jacinthe des**

bois Sternhyazinthe f.
jack [(d)ʒak] nm Jack m.
jacquard [ʒakaʀ] adj inv (tricot) im Shetlandmuster; (chandail) aus Jacquardgewebe.
jacquerie [ʒakʀi] nf Bauernaufstand m.
jade [ʒad] nm Jade m ou f.
jadis [ʒadis] adv einst(mals).
jaguar [ʒagwaʀ] nm Jaguar m.
jaillir [ʒajiʀ] vi (liquide) herausspritzen, hervorsprudeln; (lumière) hervorscheinen; (cri) erschallen; (foule) hervorbrechen; (gratte-ciel etc) emporragen.
jaillissement [ʒajismã] nm (d'eau) Aufspritzen nt, Emporschießen nt.
jais [ʒɛ] nm Gagat m, Pechkohle f; **(d'un noir) de ~** kohl(pech)rabenschwarz.
jalon [ʒalɔ̃] nm Markierungspfosten m; **poser des ~s** (fig) Zeichen setzen.
jalonner [ʒalɔne] vt markieren; (fig) abstecken.
jalousement [ʒaluzmã] adv eifersüchtig.
jalouser [ʒaluze] vt eifersüchtig sein auf +acc.
jalousie [ʒaluzi] nf Eifersucht f; (store) Jalousie f.
jaloux, -se [ʒalu, uz] adj eifersüchtig; **être ~ de qn/qch** eifersüchtig auf jdn/etw sein; **être ~ de qch** (attaché à) eifersüchtig über etw acc wachen.
jamaïquain, e, jamaïcain, e [ʒamaikɛ̃, ɛn] jamaikanisch ♦ nm/f: **J~, e** Jamaikaner(in) m(f).
Jamaïque [ʒamaik] nf: **la ~** Jamaika nt.
jamais [ʒamɛ] adv nie, niemals; (sans négation) je(mals); **~ de la vie!** nie im Leben!; **ne ... ~** niemals; **si ~ ... wenn ...** je(mals); **à (tout) ~, pour ~** auf (immer und) ewig.
jambage [ʒãbaʒ] nm (de lettre) Abstrich m; (de porte etc) Pfosten m.
jambe [ʒãb] nf Bein nt; **à toutes ~s** so schnell einen die Füße tragen.
jambières [ʒãbjɛʀ] nfpl (SPORT) Beinschiene f.
jambon [ʒãbɔ̃] nm Schinken m ▶ **jambon cru/fumé** roher/geräucherter Schinken.
jambonneau, x [ʒãbɔno] nm (gekochtes) Eisbein nt.
jante [ʒãt] nf Felge f.
janvier [ʒãvje] nm Januar m; voir aussi **juillet**.
Japon [ʒapɔ̃] nm: **le ~** Japan nt.
japonais, e [ʒapɔnɛ, ɛz] adj japanisch ♦ nm/f: **J~, e** Japaner(in) m(f).
japonaiserie [ʒapɔnɛzʀi] nf (bibelot) japanischer Ziergegenstand m.
jappement [ʒapmã] nm Gekläff nt.
japper [ʒape] vi kläffen.
jaquette [ʒakɛt] nf (de cérémonie) Cut(away) m; (de livre) Schutzumschlag m.
jardin [ʒaʀdɛ̃] nm Garten m ▶ **jardin botanique** botanischer Garten ▶ **jardin d'acclimatation** zoologischer Garten ▶ **jardin d'enfants** Kindergarten m ▶ **jardin potager** Gemüsegarten m ▶ **jardin public** Park m ▶ **jardin zoologique**

zoologischer Garten ▶ **jardins suspendus** hängende Gärten *pl*.
jardinage [ʒaʀdinaʒ] *nm* Gartenarbeit *f*.
jardiner [ʒaʀdine] *vi* im Garten arbeiten.
jardinet [ʒaʀdinɛ] *nm* Gärtchen *nt*.
jardinier, -ière [ʒaʀdinje, jɛʀ] *nm/f* Gärtner(in) *m(f)* ♦ *nf* (*de fenêtre*) Blumenkasten *m* ▶ **jardinier paysagiste** Landschaftsgärtner *m* ▶ **jardinière d'enfants** Kindergärtnerin *f* ▶ **jardinière (de légumes)** gemischtes Gemüse *nt*.
jargon [ʒaʀgɔ̃] *nm* Jargon *m*.
jarre [ʒaʀ] *nf* (Ton)krug *m*.
jarret [ʒaʀɛ] *nm* (*ANAT*) Kniekehle *f*; (*CULIN*) Haxe *f*, Hachse *f*.
jarretelle [ʒaʀtɛl] *nf* Strumpfhalter *m*.
jarretière [ʒaʀtjɛʀ] *nf* Strumpfband *nt*.
jars [ʒaʀ] *nm* Gänserich *m*.
jaser [ʒaze] *vi* schwatzen; (*indiscrètement*) klatschen.
jasmin [ʒasmɛ̃] *nm* Jasmin *m*.
jaspe [ʒasp] *nm* Jaspis *m*.
jatte [ʒat] *nf* Napf *m*, Schale *f*.
jauge [ʒoʒ] *nf* (*instrument*) Meßstab *m*; (*d'un récipient*) Rauminhalt *m*; (*d'un navire*) Tonnage *f* ▶ **jauge (de niveau) d'huile** Ölmeßstab *m*.
jauger [ʒoʒe] *vt* (*mesurer*) messen; (*juger*) beurteilen ♦ *vi*: ~ **6 mètres/3000 tonneaux** (*NAUT*) 6 Meter Tiefgang/3000 Tonnen (Fassungsvermögen) haben.
jaunâtre [ʒonɑtʀ] *adj* gelblich.
jaune [ʒon] *adj* gelb ♦ *nm* Gelb *nt*; (*d'œuf*) Eigelb *nt*, Dotter *m ou nt*; (*péj: briseur de grève*) Streikbrecher *m* ♦ *adv*: rire ~ gezwungen lachen.
jaunir [ʒoniʀ] *vt* gelb färben ♦ *vi* gelb werden, vergilben.
jaunisse [ʒonis] *nf* Gelbsucht *f*.
java [ʒava] *nf*: faire la ~ (*fam*) einen draufmachen.
Javel [ʒavɛl] *nf voir* eau.
javelliser [ʒavelize] *vt* (*eau*) chloren.
javelot [ʒavlo] *nm* Speer *m*; faire du ~ den Speer werfen.
jazz [dʒɑz] *nm* Jazz *m*.
je [ʒə], **j'** (*avant voyelle ou h muet*) *pron* ich.
jean [dʒin] *nm* (*pantalon*) Jeans *f ou pl*; (*tissu*) Jeansstoff *m*.
jeannette [ʒanɛt] *nf* (*planche*) Ärmelbrett *nt*.
jeep [(d)ʒip] *nf* Jeep *m*.
jérémiades [ʒeʀemjad] *nfpl* Gejammer *nt sg*.
jerrycan [dʒeʀikan] *nm* (Benzin)kanister *m*.
Jersey [ʒɛʀze] *nf* Jersey *nt*.
jersey [ʒɛʀze] *nm* (*tissu*) Jersey *m*; (*chandail*) Pullover *m*; point de ~ glatt rechts gestricktes Muster *nt*.
jésuite [ʒezɥit] *nm* Jesuit *m*; (*péj*) Heuchler *m*.
Jésus-Christ [ʒezykʀi(st)] *n* Jesus Christus *m*; **600 avant/après** ~-~ 600 vor/nach Christus *ou* Christi Geburt.
jet¹ [dʒɛt] *nm* (*avion*) Jet *m*.
jet² [ʒɛ] *nm* (*action*) Werfen *nt*; (*son résultat, distance*) Wurf *m*; (*jaillissement*) Strahl *m*: **arroser au** ~ abspritzen; **d'un (seul)** ~ in einem

Anlauf; **premier** ~ erster Entwurf *m*; **du premier** ~ auf Anhieb ▶ **jet d'eau** Wasserstrahl *m*; (*fontaine*) Fontäne *f*.
jetable [ʒ(ə)tabl] *adj* (*briquet, rasoir*) Wegwerf-, Einweg-.
jeté [ʒ(ə)te] *nm*: ~ **de lit** Tagesdecke *f*; ~ **de table** Tischläufer *m*.
jetée [ʒəte] *nf* (*digue*) Mole *f*.
jeter [ʒ(ə)te] *vt* (*lancer*) werfen; (: *violemment*) schleudern; (*se défaire de*) wegwerfen; (*passerelle, pont etc*) schlagen; (*bases, fondations*) legen; (*cri, insultes*) ausstoßen; (*lumière*) ausstrahlen; **se jeter** *vpr*: **se** ~ **contre/dans qch** sich gegen etw/in etw werfen; **se** ~ **dans** (*suj: fleuve*) münden in +*acc*; **se** ~ **sur** herfallen über +*acc*; ~ **qch à qn** jdm etw zuwerfen; (*de façon agressive*) jdm etw hinschleudern; ~ **l'ancre** den Anker werfen; ~ **un coup d'œil à** einen Blick werfen auf +*acc*; ~ **le trouble parmi** Unruhe stiften unter +*dat*; ~ **l'effroi parmi** Schrecken verbreiten unter +*dat*; ~ **un sort à qn** jdn behexen; ~ **qn dans la misère/l'embarras** jdn ins Unglück stürzen/in Verlegenheit bringen; ~ **qn dehors** jdn hinauswerfen; ~ **qn en prison** jdn ins Gefängnis werfen; ~ **l'éponge** (*fig*) das Handtuch werfen; ~ **des fleurs à qn** (*fig*) jdn mit Komplimenten überhäufen; ~ **la pierre à qn** den ersten Stein auf jdn werfen; **se** ~ **par la fenêtre** sich aus dem Fenster stürzen; **se** ~ **à l'eau** (*fig*) ins kalte Wasser springen.
jeton [ʒ(ə)tɔ̃] *nm* (*au jeu*) Spielmarke *f*; (*de téléphone*) Telefonmarke *f*, Jeton *m*; **avoir les** ~**s** (*fam*) Schiß haben; ▶ **jetons de présence** Direktorengehalt *nt*.
jette *etc* [ʒɛt] *vb voir* **jeter**.
jeu, x [ʒø] *nm* Spiel *nt*; (*cartes d'un joueur*) Blatt *nt*; (*d'un ressort*) Bewegung *f*; (*marge*) Spielraum *m*; **le** ~ (*au casino*) das Glücksspiel; **un** ~ **de clés/d'aiguilles** ein Satz *m* Schlüssel/ein Spiel *nt* Nadeln; **par** ~ zum Spaß; **d'entrée de** ~ von Anfang an; **cacher son** ~ sich *dat* nicht in die Karten sehen lassen; **c'est le** ~ *ou* **la règle du** ~ so ist das Spiel; **c'est un** ~ **(d'enfant)** das ist ein Kinderspiel; **il a beau** ~ **de protester maintenant** jetzt hat er leicht protestieren; **être en** ~ (*FOOTBALL*) im Spiel sein; (*fig*) auf dem Spiel stehen; **entrer en** ~ (*fig*) ins Spiel kommen; **mettre en** ~ (*fig*) aufs Spiel setzen; **remettre en** ~ (*FOOTBALL*) einwerfen; **entrer dans le** ~ **de qn** (*fig*) jds Spiel mitspielen; **se piquer** *ou* **se prendre au** ~ auf den Geschmack kommen; **jouer gros** ~ ein gewagtes Spiel spielen ▶ **jeu d'échecs** Schachspiel *nt* ▶ **jeu d'écritures** (*COMM*) Umschreibung *f*, Überbuchung *f* ▶ **jeu d'orgue** (Orgel)register *nt* ▶ **jeu de boules** Boulespiel *nt*; (*endroit*) Boulespielplatz *m* ▶ **jeu de cartes** Kartenspiel *nt* ▶ **jeu de construction** Baukasten *m* ▶ **jeu de hasard** Glücksspiel *nt* ▶ **jeu de l'oie** Art Würfelspiel *nt* ▶ **jeu de massacre** Schießbude *f* ▶ **jeu de mots** Wortspiel *nt* ▶ **jeu de patience** Geduldsspiel *nt* ▶ **jeu de**

société Gesellschaftsspiel *nt* ▶**jeux de lumière** Lichteffekte *pl* ▶**Jeux olympiques** Olympische Spiele *pl*.

jeu-concours [ʒøkɔ̃kuʀ] (*pl* ~x-~) *nm* Wettspiel *nt*.

jeudi [ʒødi] *nm* Donnerstag *m* ▶**jeudi saint** Gründonnerstag *m*; *voir aussi* **lundi**.

jeun [ʒœ̃]: **à ~** *adv* (*être*) nüchtern; (*prendre*) auf nüchternen Magen.

jeune [ʒœn] *adj* jung ♦ *adv*: **faire ~** jugendlich *ou* jung aussehen ♦ *nm*: **les ~s** die Jugend *f*, die Jugendlichen *pl*; **s'habiller ~** sich jugendlich kleiden ▶**jeune fille** (junges) Mädchen *nt* ▶**jeune homme** junger Mann *m* ▶**jeune premier** jugendlicher Liebhaber *m* ▶**jeunes gens** Jugendliche *pl* ▶**jeunes mariés** Jungverheiratete *pl*.

jeûne [ʒøn] *nm* Fasten *nt*.

jeûner [ʒøne] *vi* fasten.

jeunesse [ʒœnɛs] *nf* Jugend *f*; (*apparence*) Jugendlichkeit *f*.

jf *sigle f* (= *jeune fille*) *voir* **jeune**.

jh *sigle m* (= *jeune homme*) *voir* **jeune**.

jiu-jitsu [ʒyʒitsy] *nm inv* Jujutsu *nt*.

JO [ʒio] *sigle m* (= *Journal officiel*) Veröffentlichung *für* amtliche Verlautbarungen ♦ *sigle mpl* (= *Jeux olympiques*) *voir* **jeu**.

joaillerie [ʒɔajʀi] *nf* (*art*) Juwelierarbeit *f*; (*métier, commerce*) Juwelierberuf *m*; (*magasin*) Juweliergeschäft *nt*.

joaillier, -ière [ʒɔaje, jɛʀ] *nm/f* (*fabricant*) Goldschmied(in) *m(f)*; (*commerçant*) Juwelier *m*.

job [dʒɔb] (*fam*) *nm* Job *m*.

jobard, e [ʒɔbaʀ, aʀd] (*péj*) *adj* einfältig.

jockey [ʒɔke] *nm* Jockei *m*.

jogging [dʒɔgiŋ] *nm* Jogging *nt*; **faire du ~** joggen.

joie [ʒwa] *nf* Freude *f*.

joignais [ʒwaɲɛ] *vb voir* **joindre**.

joindre [ʒwɛ̃dʀ] *vt* verbinden; (*efforts etc*) vereinigen; (*à une lettre*) beifügen; (*réussir à contacter*) erreichen ♦ *vi* (*planches etc*) (gut) schließen; **se joindre** *vpr*: **se ~ à** sich anschließen +*dat*; **se ~ à qch** (*participer à*) bei etw mitmachen; **~ les mains** die Hände falten; **~ les deux bouts** (*fig*) (gerade) eben mit seinem Geld auskommen.

joint, e [ʒwɛ̃, ɛ̃t] *pp de* **joindre** ♦ *adj* (*à lettre*) beigefügt ♦ *nm* (*articulation, assemblage*) Gelenk *nt*; (*ligne*) Naht *f*; (*en ciment etc*) Fuge *f*; (*de robinet*) Dichtung *f*; (*fam: drogue*) Joint *m*; **sauter à pieds ~s** mit geschlossenen Füßen springen; **~ à** (*paquet, lettre etc*) beigefügt +*dat*; **pièce ~e** Anlage *f*; **trouver le ~** (*fig*) auf den Dreh kommen ▶**joint de cardan** Kardangelenk *nt* ▶**joint de culasse** Zylinderkopfdichtung *f*.

jointure [ʒwɛ̃tyʀ] *nf* (*ANAT*) Gelenk *nt*; (*TECH: ligne*) Naht *f*.

joker [(d)ʒɔkɛʀ] *nm* Joker *m*.

joli, e [ʒɔli] *adj* hübsch; **c'est du ~!** das ist ja reizend!; **un ~ gâchis** ein schöner Schlamassel; **c'est bien ~, mais** das ist ja schön und gut, aber.

joliment [ʒɔlimɑ̃] *adv* hübsch; (*fam: très*) ganz schön.

jonc [ʒɔ̃] *nm* (Schilf)rohr *nt*.

joncher [ʒɔ̃ʃe] *vt* (*être épars sur*) verstreut liegen auf +*dat*; **jonché de** bestreut mit.

jonction [ʒɔ̃ksjɔ̃] *nf* (*de routes*) Kreuzung *f*; (*de fleuves*) Zusammenfluß *m*; (*action de joindre*) Verbindung *f*; **opérer une ~** (*MIL etc*) eine Verbindung herstellen.

jongler [ʒɔ̃gle] *vi* jonglieren.

jongleur, -euse [ʒɔ̃glœʀ, øz] *nm/f* Jongleur(in) *m(f)*.

jonquille [ʒɔ̃kij] *nf* Osterglocke *f*.

Jordanie [ʒɔʀdani] *nf*: **la ~** Jordanien *nt*.

jordanien, ne [ʒɔʀdanjɛ̃, jɛn] *adj* jordanisch ♦ *nm/f*: **J~,** **ne** Jordanier(in) *m(f)*.

jouable [ʒwabl] *adj* (*pièce etc*) aufführbar, spielbar.

joue [ʒu] *nf* (*ANAT*) Backe *f*, Wange *f*; **mettre en ~** zielen auf +*acc*.

jouer [ʒwe] *vt* spielen; (*somme d'argent*) setzen; (*réputation etc*) aufs Spiel setzen; (*simuler*) heucheln, vortäuschen ♦ *vi* spielen; (*se voiler*: *bois, porte*) sich verziehen; (*avoir du jeu*) Spiel haben; (*avoir un effet*: *temps, argument etc*) seine Wirkung zeigen; **se jouer** *vpr*: **se ~ de** (*difficultés*) spielend fertig werden mit; **se ~ de qn** jdn zum Narren halten; **~ sur** setzen auf +*acc*; **~ de** (*MUS*) spielen; **~ à** spielen; **~ avec** (*sa santé etc*) aufs Spiel setzen; **~ un tour à qn** jdm einen Streich spielen; **~ la comédie** Theater spielen; **~ au héros** den Helden spielen; **~ des coudes** seine Ellbogen gebrauchen; **~ de malchance/malheur** vom Pech/Unglück verfolgt sein; **~ sur les mots** mit Worten spielen; **à toi/nous de ~** du bist/wir sind dran; **~ aux courses** auf Pferde setzen.

jouet [ʒwɛ] *nm* Spielzeug *nt*; **être le ~ de** (*fig*) das Opfer sein +*gén*.

joueur, -euse [ʒwœʀ, øz] *nm/f* Spieler(in) *m(f)*; (*fig*): **être beau/mauvais ~** ein guter/schlechter Verlierer sein ♦ *adj* (*enfant, chat*) verspielt.

joufflu, e [ʒufly] *adj* pausbäckig.

joug [ʒu] *nm* Joch *nt*; **sous le ~ de** unter dem Joch +*gén*.

jouir [ʒwiʀ] *vi* (*sexuellement*) kommen ♦ *vt*: **~ de** (*avoir*) haben; (*savourer*) genießen, sich erfreuen +*gén*.

jouissance [ʒwisɑ̃s] *nf* (*plaisir*) Freude *f*; (*sexuelle*) Höhepunkt *m*; (*JUR*: *usage*) Nutznießung *f*.

jouisseur, -euse [ʒwisœʀ, øz] (*péj*) *nm/f* Genußmensch *m*.

joujou, x [ʒuʒu] (*fam*) *nm* Spielzeug *nt*.

jour [ʒuʀ] *nm* Tag *m*; (*clarté*) Tageslicht *nt*; (*ouverture*) Öffnung *f*; (*COUTURE*) Durchbruch *m*; (*COUTURE*) Durchbrucharbeit *f*; **sous un ~ favorable/nouveau** in einem günstigen/neuen Licht; **de nos ~s** heutzutage; **un** ~ eines Tages; **tous les** ~**s** jeden Tag; **de** ~ tagsüber; **de** ~ **en** ~ von Tag zu Tag; **d'un** ~ **à l'autre** von einem Tag zum anderen; **du** ~ **au lendemain** von heute auf morgen; **au** ~ **le** ~ von einem Tag zum anderen; **il fait** ~ es ist Tag; **en plein** ~ am hellichten Tage; **au petit** ~ bei Tagesanbruch, am frühen Morgen; **au grand** ~ am hellichten Tage; **venir au** ~ **ans Licht kommen; mettre au** ~ ans Licht bringen; **être à** ~ auf dem laufenden sein; **mettre à** ~ auf den neuesten Stand bringen; **donner le** ~ **à** das Leben schenken +*dat*; **voir le** ~ das Licht der Welt erblicken; **se faire** ~ zu Tage treten ▶ **jour férié** Feiertag *m*.

journal, -aux [ʒuʀnal, o] *nm* Zeitung *f*; (*personnel*) Tagebuch *nt*; **le J**~ **officiel (de la République française)** *das Gesetz und Verordnungsblatt Frankreichs* ▶ **journal de bord** Logbuch *nt* ▶ **journal parlé** (Rundfunk)nachrichten *pl* ▶ **journal télévisé** (Fernseh)nachrichten *pl*.

journalier, -ière [ʒuʀnalje, jɛʀ] *adj* täglich; (*banal*) alltäglich ♦ *nm/f* Tagelöhner(in) *m(f)*.

journalisme [ʒuʀnalism] *nm* Journalismus *m*.

journaliste [ʒuʀnalist] *nm/f* Journalist(in) *m(f)*.

journalistique [ʒuʀnalistik] *adj* journalistisch.

journée [ʒuʀne] *nf* Tag *m*; ~ **continue** Achtstundentag ohne große Mittagspause.

journellement [ʒuʀnɛlmɑ̃] *adv* (*tous les jours*) Tag für Tag; (*souvent*) tagtäglich.

joute [ʒut] *nf* (*tournoi*) Lanzenstechen *nt* (zu Pferde); (*verbale*) Wortgefecht *nt*.

jouvence [ʒuvɑ̃s] *nf*: **bain de** ~ Jungbrunnen *m*.

jouxter [ʒukste] *vt* angrenzen an +*acc*.

jovial, e, -aux [ʒɔvjal, jo] *adj* jovial.

jovialité [ʒɔvjalite] *nf* Jovialität *f*.

joyau, x [ʒwajo] *nm* Juwel *nt*.

joyeusement [ʒwajøzmɑ̃] *adv* (*célébrer*) vergnügt.

joyeux, -euse [ʒwajø, øz] *adj* fröhlich; (*nouvelle*) freudig; ~ **Noël!** frohe *ou* fröhliche Weihnachten!; ~ **anniversaire!** alles Gute zum Geburtstag!

JT [ʒite] *sigle m* (= *journal télévisé*) *voir* **journal**.

jubilation [ʒybilasjɔ̃] *nf* Jubel *m*, Jauchzen *nt*.

jubilé [ʒybile] *nm* Jubiläum *nt*.

jubiler [ʒybile] *vi* jubilieren, jauchzen.

jucher [ʒyʃe] *vt*: ~ **sur** hinaufsetzen auf +*acc*; **se jucher** *vpr*: **se** ~ **sur** sich setzen auf +*acc*.

judaïque [ʒydaik] *adj* (*loi*) judaisch, jüdisch; (*religion*) jüdisch.

judaïsme [ʒydaism] *nm* Judentum *nt*.

judas [ʒyda] *nm* (*trou*) Guckloch *nt*.

judéo- [ʒydeɔ] *préf* jüdisch.

judéo-allemand, e [ʒydeɔalmɑ̃, ɑ̃d] (*pl* ~-~**s, es**) *adj* jiddisch ♦ *nm* (*LING*) Jiddisch *nt*.

judéo-chrétien, ne [ʒydeɔkʀetjɛ̃, ɛn] (*pl* ~-~**s, nes**) *adj* jüdisch-christlich.

judiciaire [ʒydisjɛʀ] *adj* gerichtlich, Justiz-.

judicieusement [ʒydisjøzmɑ̃] *adv* klug, umsichtig.

judicieux, -euse [ʒydisjø, jøz] *adj* klug, gescheit.

judo [ʒydo] *nm* Judo *nt*.

judoka [ʒydɔka] *nm/f* Judokämpfer(in) *m(f)*.

juge [ʒyʒ] *nm* Richter(in) *m(f)*; (*SPORT*) Kampfrichter(in) *m(f)* ▶ **juge d'instruction** Untersuchungsrichter(in) *m(f)* ▶ **juge de paix** Friedensrichter(in) *m(f)* ▶ **juge de touche** (*FOOTBALL*) Linienrichter *m* ▶ **juge des enfants** Jugendrichter(in) *m(f)*.

jugé [ʒyʒe] : **au** ~ *adv* aufs Geratewohl.

jugement [ʒyʒmɑ̃] *nm* Urteil *nt*; (*perspicacité*) Urteilsvermögen *nt* ▶ **jugement de valeur** Werturteil *nt*.

jugeote [ʒyʒɔt] (*fam*) *nf* Grips *m*.

juger [ʒyʒe] *vt* beurteilen, (*affaire*) entscheiden über +*acc*, beurteilen ♦ *vi*: ~ **au** ~ aufs Geratewohl; ~ **qn/qch satisfaisant** *etc* jdn/etw für zufriedenstellend *etc* halten; ~ **bon de faire qch** es für richtig halten, etw zu tun; ~ **que** meinen, daß, der Ansicht sein, daß; **jugez de ma surprise** stellen Sie sich meine Überraschung vor.

jugulaire [ʒygylɛʀ] *nf* (*ANAT*) Halsschlagader *f*; (*MIL*) Kinnband *nt*.

juguler [ʒygyle] *vt* in den Griff bekommen; (*inflation*) eindämmen.

juif, -ive [ʒɥif, ʒɥiv] *adj* jüdisch ♦ *nm/f* Jude *m*, Jüdin *f*.

juillet [ʒɥijɛ] *nm* Juli *m*; **en** ~ im Juli; **au mois de** ~ im Monat Juli; **arriver le 17** ~ am 17. Juli ankommen; **Genève, le 17** ~ (*lettre*) Genf, den 17. Juli; **début/fin** ~ Anfang/Ende Juli.

juin [ʒɥɛ̃] *nm* Juni *m*; *voir aussi* **juillet**.

jumeau, -elle, x [ʒymo, ɛl] *nm/f* Zwilling *m* ♦ *adj* (*frère, sœur*) Zwillings-; (*lits*) Doppel- ♦ *nf*: **jumelles** *nfpl* (*optiques*) Fernglas *nt*, Feldstecher *m*; **maisons jumelles** Doppelhaus *nt*.

jumelage [ʒym(ə)laʒ] *nm* (Städte)partnerschaft *f*.

jumeler [ʒym(ə)le] *vt* (*TECH*) koppeln, miteinander verbinden; (*villes*) zu Partnerstädten machen; **roues jumelées** Zwillingsreifen *pl*; **billets de loterie jumelés** Doppellos *nt*; **pari jumelé** gekoppelte Wette *f*.

jumelle [ʒymɛl] *adj, nf, nfpl voir* **jumeau**.

jument [ʒymɑ̃] *nf* Stute *f*.

jungle [ʒœ̃gl] *nf* Dschungel *m*.

junior [ʒynjɔʀ] *adj* (*SPORT*) Junioren-; (*mode, style*) Junior- ♦ *nm/f* (*SPORT*) Junior(in) *m(f)*.

junte [ʒœ̃t] *nf* Junta *f*.

jupe [ʒyp] *nf* (*vêtement*) Rock *m*.

jupe-culotte [ʒypkylɔt] (*pl* ~**s-**~**s**) *nf* Hosenrock *m*.

jupette [ʒypɛt] *nf* Röckchen *nt*.

jupon [ʒypɔ̃] *nm* Unterrock *m*.

Jura [ʒyʀa] *nm*: **le** ~ der Jura.

jurassien, ne [ʒyʀasjɛ̃, jɛn] *adj* aus dem Jura.

juré [ʒyʀe] *nm* Geschworene(r) *f(m)* ♦ *adj*: **ennemi** ~ Erzfeind *m*.

jurer [ʒyʀe] *vt* schwören, geloben ♦ *vi* schwören; (*dire des jurons*) fluchen; ~ (**avec**) (*être mal assorti*) sich beißen (mit); ~ **de faire qch** schwören, etw zu tun; ~ **que** schwören, daß; ~ **de qch** (*s'en porter garant*) etw ver-

sichern; **ils ne jurent que par lui** sie schwören auf ihn; **je vous jure!** (fam) (also) ehrlich!
juridiction [ʒyʀidiksjɔ̃] nf (compétence juridique) Rechtsprechung f; (ensemble de tribunaux) Gerichtsbarkeit f, Jurisdiktion f.
juridique [ʒyʀidik] adj juristisch; (études) Jura-.
juridiquement [ʒyʀidikmɑ̃] adv (devant la justice) gerichtlich; (du point de vue du droit) rechtlich.
jurisconsulte [ʒyʀiskɔ̃sylt] nm Rechtsberater m.
jurisprudence [ʒyʀispʀydɑ̃s] nf (JUR: décisions) (vorangegangene) Rechtsprechung f; (principes) Rechtsprechung f; **faire** ~ einen Präzedenzfall schaffen.
juriste [ʒyʀist] nm/f Jurist(in) m(f).
juron [ʒyʀɔ̃] nm Fluch m.
jury [ʒyʀi] nm (JUR) Geschworene pl; (SCOL) Prüfungsausschuß m.
jus [ʒy] nm Saft m ► **jus d'orange** Orangensaft m ► **jus de fruits** Fruchtsaft m ► **jus de pommes** Apfelsaft m ► **jus de viande** Bratensaft m.
jusant [ʒyzɑ̃] nm Ebbe f.
jusqu'au-boutiste [ʒyskobutist] adj extremistisch ♦ nm/f Extremist(in) m(f).
jusque [ʒysk]: **jusqu'à** prép (endroit) bis (an) +acc; (: ville, pays) bis (nach); (moment) bis, bis (zu); (limite) bis zu; **jusqu'au matin/soir** bis zum Morgen/Abend; **jusqu'à ce que** bis; **jusqu'à présent** ou **maintenant** bis jetzt; ~ **sur/ dans** bis zu/in +acc; ~ **vers** bis (hin) zu; ~-**là** (temps) bis jetzt; (espace) bis hier; **jusqu'ici** (temps) bis jetzt; (espace) bis hierher.
justaucorps [ʒystokɔʀ] nm Trikot nt.
juste [ʒyst] adj (équitable) gerecht; (légitime) gerechtfertigt, legitim; (exact, précis) genau; (vrai, correct) richtig; (étroit, insuffisant) knapp ♦ adv (avec exactitude) genau, richtig; (étroitement) knapp; (chanter) richtig; (seulement) nur, bloß; ~ **assez** gerade genug; **pouvoir tout** ~ **faire qch** etw nur noch schaffen; **au** ~ genau; **le** ~ **milieu** die goldene Mitte; **à** ~ **titre** mit vollem ou gutem Recht.
justement [ʒystəmɑ̃] adv (avec raison) zu Recht; (avec justice) gerecht; **c'est** ~ **ce qu'il fallait faire** (précisément) genau das mußte gemacht werden.
justesse [ʒystɛs] nf (exactitude) Richtigkeit f; (précision) Genauigkeit f; (d'une opinion) Scharfsinn m; **de** ~ mit knapper Not, gerade noch.
justice [ʒystis] nf (équité) Gerechtigkeit f; (pouvoir judiciaire) Justiz f; (exercice du pouvoir judiciaire) Rechtsprechung f; **rendre la** ~ Recht sprechen; **traduire en** ~ vor Gericht bringen; **obtenir** ~ sein Recht bekommen; **rendre** ~ **à qn** jdm Recht widerfahren lassen; **se faire** ~ (se venger) das Recht in die eigenen Hände nehmen; (se suicider) sich (selbst) richten.
justiciable [ʒystisjabl] adj: **être** ~ **des tribunaux français** der französischen Gerichtsbarkeit

unterworfen sein; **être** ~ **de** (fig) sich verantworten müssen vor +dat.
justicier, -ière [ʒystisje, jɛʀ] nm/f Kämpfer(in) m(f) für die Gerechtigkeit.
justifiable [ʒystifjabl] adj zu rechtfertigen, vertretbar.
justificatif, -ive [ʒystifikatif, iv] adj (document etc) unterstützend ♦ nm Beleg m.
justification [ʒystifikasjɔ̃] nf Rechtfertigung f; (TYPO) Ausrichtung f.
justifier [ʒystifje] vt rechtfertigen; (prouver) beweisen; **se justifier** vpr sich rechtfertigen; **justifié à droite/gauche** (TYPO) rechts/links ausgerichtet.
jute [ʒyt] nm Jute f.
juteux, -euse [ʒytø, øz] adj saftig; (fam) einträglich.
juvénile [ʒyvenil] adj jugendlich.
juxtaposer [ʒykstapoze] vt (objets) nebeneinander stellen.
juxtaposition [ʒykstapozisjɔ̃] nf Nebeneinander nt.

K, k

K¹, k [kɑ] nm inv (lettre) K, k nt; ~ **comme Kléber** ≈ K wie Konrad.
K² [kɑ] abr (= kilo) k; (= kilooctet) KB.
Kaboul [kabul] n Kabul nt.
kabyle [kabil] adj kabylisch ♦ nm/f: **K**~ Kabyle m, Kabylin f.
Kabylie [kabili] nf: **la** ~ Kabylien nt.
kafkaïen, ne [kafkajɛ̃, jɛn] adj (fig) kafkaesk.
kaki [kaki] adj inv khaki.
kaléidoscope [kaleidoskop] nm Kaleidoskop nt.
Kampuchéa [kɑ̃putʃea] nm: **le** ~ Kambodscha nt.
kangourou [kɑ̃guʀu] nm Känguruh nt.
kaolin [kaolɛ̃] nm (roche) Kaolin nt.
karaté [kaʀate] nm Karate nt.
kart [kaʀt] nm Go-Kart m.
karting [kaʀtiŋ] nm Go-Kart-Fahren nt.
kascher [kaʃɛʀ] adj inv koscher.
kayak [kajak] nm Kajak m.
Kenya [kenja] nm: **le** ~ Kenia nt.
képi [kepi] nm Käppi nt.
kermesse [kɛʀmɛs] nf (villageoise) Kirmes f; (de bienfaisance) Wohltätigkeitsbasar m.
kérosène [keʀozɛn] nm Kerosin nt.
kg abr (= kilogramme) kg.
KGB [kaʒebe] sigle m (= Komitet Gossoudarstvennoï Bezopasnosti) KGB m.
khmer, -ère [kmɛʀ] adj Khmer- ♦ nm/f: **K**~, -**ère** Khmer m(f).
khôl [kol] nm Kajal nt.

kidnapper [kidnape] *vt* entführen, kidnappen.
kidnappeur, -euse [kidnapœʀ, øz] *nm/f* Entführer(in) *m(f)*, Kidnapper(in) *m(f)*.
kidnapping [kidnapiŋ] *nm* Kindesentführung *f*.
kilo [kilo] *nm* Kilo *nt*.
kilogramme [kilɔgʀam] *nm* Kilogramm *nt*.
kilométrage [kilɔmetʀaʒ] *nm* (*au compteur*) Kilometerstand *m*.
kilomètre [kilɔmɛtʀ] *nm* Kilometer *m*; **~s** (à l')**heure** Stundenkilometer *pl*.
kilométrique [kilɔmetʀik] *adj* (*borne, compteur*) Kilometer-; (*distance*) in Kilometern.
kilooctet [kilɔɔktɛ] *nm* Kilobyte *nt*.
kilowatt [kilowat] *nm* Kilowatt *nt*.
kinésithérapeute [kineziteʀapøt] *nm/f* Physiotherapeut(in) *m(f)*.
kinésithérapie [kineziteʀapi] *nf* Physiotherapie *f*.
kiosque [kjɔsk] *nm* (*à journaux, fleurs*) Kiosk *m*; (*de jardin*) Pavillon *m*.
kirsch [kiʀʃ] *nm* Kirschwasser *nt*.
kitchenette [kitʃ(ə)nɛt] *nf* Kochnische *f*.
kiwi [kiwi] *nm* (*ZOOL*) Kiwi *m*; (*BOT*) Kiwi *f*.
klaxon [klaksɔn] *nm* Hupe *f*.
klaxonner [klaksɔne] *vi* hupen ♦ *vt* anhupen.
kleptomane [klɛptɔman] *nm/f* Kleptomane *m*, Kleptomanin *f*.
km *abr* (= *kilomètre*) km.
km/h *abr* (= *kilomètres/heure*) km/h.
knock-out [nɔkaut] *nm inv* (*BOXE*) Knockout *m*.
K.-O. [kao] *adj inv* k.o.
Ko *abr* (*INFORM* = *kilooctet*) KB.
koala [kɔala] *nm* Koala(bär) *m*.
Koweit [kɔwɛt] *nm*: **le ~** Kuwait *nt*.
koweitien, ne [kɔwɛtjɛ̃, jɛn] *adj* kuwaitisch ♦ *nm/f*: **K~, ne** Kuwaiter(in) *m(f)*.
krach [kʀak] *nm* (*ÉCON*) Börsenkrach *m*.
kraft [kʀaft] *nm*: **papier ~** Packpapier *nt*.
Kremlin [kʀɛmlɛ̃] *nm* Kreml *m*.
kurde [kyʀd] *adj* kurdisch ♦ *nm/f*: **K~** Kurde *m*, Kurdin *f*.
kW *abr* (= *kilowatt*) kW.
kW/h *abr* (= *kilowatt heure*) kWh.
kyrielle [kiʀjɛl] *nf*: **une ~ de** ein Strom von.
kyste [kist] *nm* Zyste *f*.

L, l

L, l¹ [ɛl] *nm inv* (*lettre*) L, l *nt*; **~ comme Louis** ≈ L wie Ludwig.
l² [ɛl] *abr* (= *litre*) l.
l' [l] *dét voir* **le**.
la [la] *nm* (*MUS*) A *nt*; (: *en chantant la gamme*) La *nt* ♦ *art, pron voir* **le**.
là [la] *adv* (*voir aussi* -*ci, celui*) dort, da; (*ici*) da,

hier; **est-ce que Catherine est ~?** ist Catherine da?; **elle n'est pas ~** sie ist nicht da; **c'est ~ que** dort; **~ où** da, wo; **de ~** (*fig*) daher; **tout est ~** es ist alles da; (*fig*) darum geht es ja gerade.
là-bas [labɑ] *adv* dort.
label [labɛl] *nm* Siegel *nt* ▶ **label de qualité** Gütezeichen *nt ou* -siegel *nt*.
labeur [labœʀ] *nm* Mühe *f*, Arbeit *f*.
labo [labo] *abr m* = **laboratoire**.
laborantin, e [labɔʀɑ̃tɛ̃, in] *nm/f* Laborant(in) *m(f)*.
laboratoire [labɔʀatwaʀ] *nm* Labor(atorium) *nt* ▶ **laboratoire d'analyses** Untersuchungslabor *nt* ▶ **laboratoire de langues** Sprachlabor *nt*.
laborieusement [labɔʀjøzmɑ̃] *adv* mühsam, mühselig.
laborieux, -euse [labɔʀjø, jøz] *adj* (*tâche*) mühsam, mühselig; (*personne*) fleißig; **les classes laborieuses** die Arbeiterklasse *f*.
labour [labuʀ] *nm* Pflügen *nt*; **~s** *nmpl* (*champs*) gepflügte Felder.
labourable [labuʀabl] *adj* bestellbar, kultivierbar.
labourage [labuʀaʒ] *nm* Pflügen *nt*.
labourer [labuʀe] *vt* pflügen; (*fig*) zerfurchen.
labrador [labʀadɔʀ] *nm* (*chien*) Labrador *m*; **le L~** (*GÉO*) Labrador.
labyrinthe [labiʀɛ̃t] *nm* Labyrinth *nt*.
lac [lak] *nm* See *m* ▶ **lac Léman** Genfer See.
lacer [lase] *vt* zubinden, zuschnüren.
lacérer [laseʀe] *vt* zerreißen, zerfetzen.
lacet [lasɛ] *nm* (*de chaussure*) Schnürsenkel *m*; (*de route*) Serpentine *f*; (*piège*) Schlinge *f*; **chaussures à ~s** Schnürschuhe *pl*.
lâche [laʃ] *adj* locker; (*poltron*) feige; (*vêtement*) lose ♦ *nm/f* Feigling *m*.
lâchement [laʃmɑ̃] *adv* feige.
lâcher [laʃe] *vt* loslassen; (*ce qui tombe, remarque*) fallenlassen; (*ce qui s'envole*) fliegenlassen; (*animal*) freilassen; (*SPORT: distancer*) hinter sich *dat* lassen; (*abandonner*) fallen lassen ♦ *vi* (*fil, amarres*) reißen; (*freins*) versagen ♦ *nm* (*de ballons, d'oiseaux*) Fliegenlassen *nt*; **~ les amarres** (die Leinen) losmachen; **~ les chiens après qn** die Hunde auf jdn hetzen; **~ prise** loslassen.
lâcheté [laʃte] *nf* (*faiblesse*) Feigheit *f*.
lacis [lasi] *nm* Netz *nt*.
laconique [lakɔnik] *adj* lakonisch.
laconiquement [lakɔnikmɑ̃] *adv* lakonisch.
lacrymal, e, -aux [lakʀimal, o] *adj* Tränen-.
lacrymogène [lakʀimɔʒɛn] *adj* (*gaz*) Tränen-; (*bombe, grenade*) Tränengas-.
lacs [lɑ] *nm* Schlinge *f*.
lactation [laktasjɔ̃] *nf* Milchabsonderung *f*.
lacté, e [lakte] *adj* Milch-.
lactique [laktik] *adj*: **acide ~** Milchsäure *f*; **ferment ~** Milchsäurebakterien *pl*.
lactose [laktoz] *nm* Milchzucker *m*.
lacune [lakyn] *nf* Lücke *f*.
lacustre [lakystʀ] *adj* (*plante*) Teich-; (*village*)

Pfahl-.

ad [lad] *nm* Stallbursche *m*.

à-dedans [ladãdã] *adv* drinnen; (*avec mouvement*) hinein; (*fig*) darin.

à-dehors [ladəɔʀ] *adv* da draußen.

à-derrière [ladɛʀjɛʀ] *adv* dahinter.

à-dessous [ladsu] *adv* darunter; (*fig*) dahinter.

à-dessus [ladsy] *adv* darüber; (*fig*) darauf.

à-devant [ladvã] *adv* da vorn, vorn.

adite [ladit] *adj voir* ledit.

adre [lɑdʀ] *adj* knauserig.

agon [lagɔ̃] *nm* Lagune *f* (*hinter einem Korallenriff*).

agune [lagyn] *nf* Lagune *f*.

à-haut [lao] *adv* da *ou* dort oben.

aïc [laik] *adj, nm* = **laïque**.

aïcisation [laisizasjɔ̃] *nf* Säkularisierung *f*.

aïciser [laisize] *vt* säkularisieren.

aïcité [laisite] *nf* (*caractère laïque*) Weltlichkeit *f*; (*séparation*) Trennung *f* von Kirche und Staat.

aid, e [lɛ, lɛd] *adj* häßlich; (*acte*) abscheulich, gemein.

aideron [lɛdʀɔ̃] *nm* häßliches Mädchen *nt*.

aideur [lɛdœʀ] *nf* Häßlichkeit *f*; (*bassesse*) Gemeinheit *f*.

aie [lɛ] *nf* Bache *f*, Wildsau *f*.

ainage [lɛnaʒ] *nm* (*vêtement*) wollenes Kleidungsstück *nt*; (*étoffe*) Wollstoff *m*.

aine [lɛn] *nf* Wolle *f*; **pure** ~ reine Wolle ► **laine à tricoter** Strickwolle *f* ► **laine de verre** Glaswolle *f* ► **laine peignée** Kammgarn *nt* ► **laine vierge** Schurwolle *f*.

aineux, -euse [lɛnø, øz] *adj* (*étoffe*) Woll-; (*cheveux*) wollig.

ainier, -ière [lɛnje, jɛʀ] *adj* Woll-.

aïque [laik] *adj* weltlich, Laien-; (*école, enseignement*) staatlich ◆ *nm/f* Laie *m*.

aisse [lɛs] *nf* (*de chien*) Leine *f*; **tenir en** ~ an der Leine führen.

aissé-pour-compte, laissée-pour-compte [lesepuʀkɔ̃t] (*pl* ~**s-**~-~) *adj* (*COMM*) unverkauft; (: *refusé*) zurückgegeben ◆ *nm* Ausgestoßene(r) *f(m)*; **les** ~**s-**~-~ **de la reprise économique** diejenigen, die am Wirtschaftsaufschwung nicht teilhaben.

aisser [lese] *vt, vb aux* lassen; **se laisser** *vpr*: **se** ~ **exploiter** sich ausbeuten lassen; ~ **qn tranquille** jdn in Ruhe lassen; ~ **qn faire** jdn machen lassen; **se** ~ **aller** sich gehenlassen; **rien ne laissait penser que** nichts deutete darauf hin, daß; **cela ne laisse pas de surprendre** es ist wirklich überraschend.

aisser-aller [leseale] *nm inv* (*désinvolture*) Unbekümmertheit *f*; (*péj*) Schlamperei *f*.

aisser-faire, laissez-faire [lesefɛʀ] *nm inv* Wirtschaftsliberalismus *m*, Laissez-faire *nt*.

laissez-passer [lesepase] *nm inv* Passierschein *m*.

ait [lɛ] *nm* Milch *f*; **frère/sœur de** ~ Milchbruder *m*/-schwester *f* ► **lait concentré** *ou* **condensé** Büchsenmilch *f*, Kondensmilch *f*

► **lait de beauté** Schönheitslotion *f* ► **lait de chèvre** Ziegenmilch *f* ► **lait de vache** Kuhmilch *f* ► **lait démaquillant** Reinigungsmilch *f* ► **lait écrémé** Magermilch *f* ► **lait en poudre** Milchpulver *nt* ► **lait entier** Vollmilch *f* ► **lait maternel** Muttermilch *f*.

laitage [lɛtaʒ] *nm* Milchprodukt *nt*.

laiterie [lɛtʀi] *nf* (*usine*) Molkerei *f*.

laiteux, -euse [lɛtø, øz] *adj* milchig.

laitier, -ière [letje, lɛtjɛʀ] *adj* Milch- ◆ *nm/f* Milchmann *m*, Milchfrau *f*, Milchhändler(in) *m(f)*.

laiton [lɛtɔ̃] *nm* Messing *nt*.

laitue [lety] *nf* (*salade*) (Kopf)salat *m*.

laïus [lajys] (*péj*) *nm* Sermon *m*.

lama [lama] *nm* Lama *nt*.

lambeau, x [lɑ̃bo] *nm* (*aussi fig*) Fetzen *m*; **en** ~**x** in Fetzen, zerfetzt.

lambin, e [lɑ̃bɛ̃, in] (*péj*) *adj* tranig.

lambiner [lɑ̃bine] (*péj*) *vi* bummeln, trödeln.

lambris [lɑ̃bʀi] *nm* Täfelung *f*.

lambrissé, e [lɑ̃bʀise] *adj* getäfelt.

lame [lam] *nf* Klinge *f*; (*lamelle*) (dünne) Platte *f*; (*vague*) Welle *f* ► **lame de fond** Dünung *f* ► **lame de rasoir** Rasierklinge *f*.

lamé, e [lame] *adj* mit Lamé durchwirkt ◆ *nm* Lamé *m*.

lamelle [lamɛl] *nf* (*petite lame*) Lamelle *f*, Blättchen *nt*; (*petit morceau*) kleiner Streifen *m*; (*BOT*) Lamelle; **couper en** ~**s** in dünne Scheiben schneiden.

lamentable [lamɑ̃tabl] *adj* erbärmlich.

lamentablement [lamɑ̃tabləmã] *adv* erbärmlich.

lamentation [lamɑ̃tasjɔ̃] *nf* (*gémissement*) Klagen *nt*; (*récrimination*) Wehklage *f*.

lamenter [lamɑ̃te]: **se** ~ *vpr*: **se** ~ **(sur)** klagen (über +*acc*).

lamifié, e [lamifje] *adj* Verbund- ◆ *nm* Laminat *nt*.

laminage [laminaʒ] *nm* Walzen *nt*.

laminer [lamine] *vt* (*fer, acier*) walzen; (*fig*) niederwalzen.

lamineur [laminœʀ] *nm* (*ouvrier*) Walzwerker *m*.

laminoir [laminwaʀ] *nm* Walzwerk *nt*; **passer au** ~ (*fig*) durch die Mangel gedreht werden.

lampadaire [lɑ̃padɛʀ] *nm* (*de salon*) Stehlampe *f*; (*dans la rue*) Straßenlaterne *f*.

lampe [lɑ̃p] *nf* Lampe *f*; (*TECH*) Röhre *f* ► **lampe à arc** Bogenlampe *f* ► **lampe à bronzer** Höhensonne *f* ► **lampe à pétrole** Petroleumlampe *f* ► **lampe à souder** Lötlampe *f* ► **lampe de poche** Taschenlampe *f* ► **lampe halogène** Halogenleuchte *f* ► **lampe témoin** Kontrollampe *f*.

lampée [lɑ̃pe] *nf* Schluck *m*.

lampe-tempête [lɑ̃pɑ̃pɛt] (*pl* ~**s-**~**s**) *nf* Sturmlampe *f*.

lampion [lɑ̃pjɔ̃] *nm* Lampion *m*.

lampiste [lɑ̃pist] *nm* (*RAIL*) Lampenwärter(in) *m(f)*; (*THÉÂT*) Beleuchter(in) *m(f)*; (*fig*) kleine(r) Untergebene(r) *f(m)*.

lamproie [lɑ̃pʀwa] nf Neunauge nt.

lance [lɑ̃s] nf Speer m, Lanze f ▸ **lance à eau** Wasserschlauch m ▸ **lance d'arrosage** Gartenschlauch m ▸ **lance d'incendie** Feuerwehrschlauch m.

lancée [lɑ̃se] nf: **continuer sur sa** ~ weitermachen.

lance-flammes [lɑ̃sflam] nm inv Flammenwerfer m.

lance-fusées [lɑ̃sfyze] nm inv Raketenwerfer m.

lance-grenades [lɑ̃sgʀənad] nm inv Granatenwerfer m.

lancement [lɑ̃smɑ̃] nm (d'un produit, d'une voiture) Einführung f; (d'un bateau) Stapellauf m; (d'une fusée) Abschuß m; **offre de** ~ Einführungsangebot nt; ~ **du disque/javelot/marteau** Diskus-/Speer-/Hammerwerfen nt.

lance-missiles [lɑ̃smisil] nm inv Raketenwerfer m.

lance-pierres [lɑ̃spjɛʀ] nm inv Steinschleuder f.

lancer [lɑ̃se] vt werfen; (cri, injure) ausstoßen; (bateau) vom Stapel lassen; (fusée) abschießen; (moteur) anlassen; (qn sur un sujet) bringen; (produit, mode) auf den Markt bringen; (artiste) herausbringen, lancieren; (mandat d'arrêt) erlassen; (emprunt) herausbringen, auflegen ♦ nm (SPORT) Wurf m; (PÊCHE) Angeln nt; **se lancer** vpr (prendre de l'élan) losstürmen; ~ **qch à qn** (ballon etc) jdm etw zuwerfen; (de façon agressive) etw auf jdn schleudern; ~ **un appel à qn** einen Appell an jdn richten; **se** ~ **sur** ou **contre** losstürmen auf +acc; **se** ~ **dans** sich stürzen in +acc ▸ **lancer du poids** nm Kugelstoßen nt.

lance-roquettes [lɑ̃sʀɔkɛt] nm inv Raketenwerfer m.

lance-torpilles [lɑ̃stɔʀpij] nm inv Torpedorohr nt.

lanceur, -euse [lɑ̃sœʀ, øz] nm/f (SPORT) Werfer(in) m(f) ♦ nm (ESPACE) Trägerrakete f.

lancinant, e [lɑ̃sinɑ̃, ɑ̃t] adj (douleur) stechend; (regrets etc) quälend.

lanciner [lɑ̃sine] vi (douleur) stechen; (fig) quälen.

landais, e [lɑ̃dɛ, ɛz] adj aus den Landes.

landau [lɑ̃do] nm (de bébé) Kinderwagen m.

lande [lɑ̃d] nf Heide f; **les L~s** nfpl die Landes pl.

langage [lɑ̃gaʒ] nm Sprache f; **changer de** ~ einen anderen Ton anschlagen ▸ **langage d'assemblage** Assemblersprache f ▸ **langage de programmation** Programmiersprache f ▸ **langage évolué** (INFORM) höhere Programmiersprache ▸ **langage machine** Maschinensprache f.

lange [lɑ̃ʒ] nm Wickeltuch nt; ~**s** nmpl Windeln pl.

langer [lɑ̃ʒe] vt wickeln; **table à** ~ Wickeltisch m.

langoureusement [lɑ̃guʀøzmɑ̃] adv schmachtend.

langoureux, -euse [lɑ̃guʀø, øz] adj schmachtend.

langouste [lɑ̃gust] nf Languste f.

langoustine [lɑ̃gustin] nf Garnele f.

langue [lɑ̃g] nf (ANAT, CULIN) Zunge f; (LING Sprache f; ~ **de terre** Landzunge f; **tirer la** (à) die Zunge herausstrecken (+dat); **donne sa** ~ **au chat** aufgeben, klein beigeben; **de française** französischsprachig; **mauvaise** Lästermaul nt ▸ **langue de bois** Bürokraten sprache f ▸ **langue maternelle** Muttersprache f ▸ **langue verte** Slang m ▸ **langue vivan te** lebende Sprache ▸ **langues étrangère** Fremdsprachen pl.

langue-de-chat [lɑ̃gdəʃa] (pl ~**s-~-~**) r Löffelbiskuit m.

languedocien, ne [lɑ̃gdɔsjɛ̃, jɛn] adj aus den Languedoc.

languette [lɑ̃gɛt] nf Lasche f; (de chaussure Zunge f.

langueur [lɑ̃gœʀ] nf (mélancolie) Wehmut f (abattement) Mattigkeit f.

languir [lɑ̃giʀ] vi matt sein, verkümmern (conversation) erlahmen; **se languir** vpr sic● sehnen; **faire** ~ **qn** jdn lange schmachten las sen.

languissant, e [lɑ̃gisɑ̃, ɑ̃t] adj schwach, matt.

lanière [lanjɛʀ] nf Riemen m.

lanoline [lanɔlin] nf Lanolin nt.

lanterne [lɑ̃tɛʀn] nf (portable) Laterne f; (électri que) Lampe f; (de voiture) Parkleuchte f ▸ **lan terne rouge** (fig) Schlußlicht nt.

lanterneau, x [lɑ̃tɛʀno] nm (ARCHI) Oberlich nt.

lanterner [lɑ̃tɛʀne] vi bummeln; **faire** ~ **qn** jd● warten lassen.

Laos [laɔs] nm: **le** ~ Laos nt.

laotien, ne [laɔsjɛ̃, jɛn] adj laotisch.

lapalissade [lapalisad] nf Binsenwahrheit f.

laper [lape] vt auflecken.

lapereau, x [lapʀo] nm junges Kaninchen nt.

lapidaire [lapidɛʀ] adj Stein-; (fig) kurz und bündig, knapp; **musée** ~ Skulpturenmuseum nt.

lapider [lapide] vt (attaquer) mit Steinen be werfen; (tuer) steinigen.

lapin [lapɛ̃] nm Kaninchen nt; **coup du** ~ (fam) Nackenschlag m; **poser un** ~ **à qn** (fam) jdn versetzen ▸ **lapin de garenne** Wildkaninchen nt.

lapis(-lazuli) [lapis(lazyli)] nm inv Lapislazuli m.

lapon, ne [lapɔ̃, ɔn] adj lapp(länd)isch ♦ nm/f L~, ne Lappe m, Lappin f.

Laponie [lapɔni] nf: **la** ~ Lappland nt.

laps [laps] nm: ~ **de temps** Zeitraum m.

lapsus [lapsys] nm (parlé) Versprecher m; (écrit) Lapsus m.

laquais [lakɛ] nm Lakai m.

laque [lak] nf Lack m; (pour cheveux) Haarlack m, Haarspray nt ♦ nm (objet) Lackarbeit f.

laqué, e [lake] adj lackiert.

laquelle [lakɛl] pron voir **lequel**.

larbin [laʀbɛ̃] (*péj*) *nm* Domestik *m*.

larcin [laʀsɛ̃] *nm* kleiner Diebstahl *m*.

lard [laʀ] *nm* Speck *m*.

larder [laʀde] *vt* (*CULIN*) spicken.

lardon [laʀdɔ̃] *nm* (*CULIN*) Speckstreifen *m*; (*fam: enfant*) Sprößling *m*.

large [laʀʒ] *adj* breit; (*vêtement*) weit; (*généreux*) großzügig ♦ *adv*: **calculer/voir** ~ großzügig berechnen/sehen ♦ *nm*: **5 m de** ~ 5 m breit; **le** ~ (*mer*) das offene Meer; **au** ~ **de** in Höhe von; **ne pas en mener** ~ sich gar nicht wohl in seiner Haut fühlen ► **large d'esprit** offen, liberal.

largement [laʀʒəmɑ̃] *adv* (*amplement*) weit; (*au minimum, sans compter*) reichlich; (*de loin*) beträchtlich; **il a** ~ **2000 francs par mois** er verdient locker seine 2000 Francs im Monat; **il a** ~ **le temps** er hat reichlich Zeit; **il a** ~ **de quoi vivre** er hat ein sehr gutes Auskommen.

largesse [laʀʒɛs] *nf* Großzügigkeit *f*; ~**s** *nfpl* großzügige Gaben *pl*.

largeur [laʀʒœʀ] *nf* Breite *f*; (*impression visuelle*) Großzügigkeit *f*; (*fig: de vue, d'esprit*) Weite *f*.

larguer [laʀge] *vt* (*fam: se débarrasser de*) loswerden; ~ **les amarres** die Leinen losmachen.

larme [laʀm] *nf* Träne *f*; **une** ~ **de** ein Tröpfchen *nt*; **en** ~**s** in Tränen; **pleurer à chaudes** ~**s** in Tränen aufgelöst sein, in Tränen zerfließen.

larmoyant, e [laʀmwajɑ̃, ɑ̃t] *adj* weinerlich.

larmoyer [laʀmwaje] *vi* (*yeux*) tränen; (*se plaindre*) jammern.

larron [laʀɔ̃] *nm* Spitzbube *m*.

larve [laʀv] *nf* Larve *f*; (*fig*) elender Wurm *m*.

larvé, e [laʀve] *adj* (*fig*) latent, versteckt.

laryngite [laʀɛ̃ʒit] *nf* Kehlkopfentzündung *f*.

laryngologiste [laʀɛ̃gɔlɔʒist] *nm/f* Laryngologe *m*, Laryngologin *f*.

larynx [laʀɛ̃ks] *nm* Kehlkopf *m*.

las, lasse [lɑ, lɑs] *adj* müde, matt; ~ **de qn/qch** jds/einer Sache *gén* überdrüssig; **être** ~ **de faire qch** es satt haben, etw zu tun.

lasagne [lazaɲ] *nf* Lasagne *f*.

lascar [laskaʀ] *nm* Spitzbube *m*; (*malin*) Schlingel *m*.

lascif, -ive [lasif, iv] *adj* lasziv, sinnlich.

laser [lazɛʀ] *nm* Laser *m*; **rayon** ~ Laserstrahl *m*; **disque** ~ CD *f*.

lassant, e [lɑsɑ̃, ɑ̃t] *adj* ermüdend.

lasse [lɑs] *adj f voir* **las**.

lasser [lɑse] *vt* (*ennuyer*) ermüden, müde machen; (*décourager*) erschöpfen; **se lasser** *vpr*: **se** ~ **de qch** einer Sache *gén* überdrüssig werden, etw leid werden.

lassitude [lɑsityd] *nf* Müdigkeit *f*.

lasso [laso] *nm* Lasso *nt*; **prendre au** ~ mit dem Lasso fangen.

latent, e [latɑ̃, ɑ̃t] *adj* latent.

latéral, e, -aux [lateʀal, o] *adj* seitlich.

latéralement [lateʀalmɑ̃] *adv* (*arriver*) von der Seite.

latex [latɛks] *nm inv* Latex *m*.

latin, e [latɛ̃, in] *adj* lateinisch ♦ *nm* (*LING*) Latein *nt*; **y perdre son** ~ rein gar nichts mehr verstehen.

latiniste [latinist] *nm/f* Latinist(in) *m(f)*.

latino-américain, e [latinoameʀikɛ̃, ɛn] (*pl* ~-~**s, es**) *adj* lateinamerikanisch.

latitude [latityd] *nf* Breite *f*; **à 48 degrés de** ~ **Nord** bei 48 Grad nördlicher Breite; **sous toutes les** ~**s** in allen Breiten; **avoir la** ~ **de faire qch** völlig freie Hand haben, etw zu tun.

latrines [latʀin] *nfpl* Latrinen *pl*.

latte [lat] *nf* Latte *f*; (*de plancher*) Brett *nt*.

lattis [lati] *nm* Lattenwerk *nt*.

laudanum [lodanɔm] *nm* Laudanum *nt*.

laudatif, -ive [lodatif, iv] *adj* lobend.

lauréat, e [lɔʀea, at] *nm/f* Gewinner(in) *m(f)*.

laurier [lɔʀje] *nm* (*BOT*) Lorbeer(baum) *m*; (*CULIN*) Lorbeerblatt *nt*; ~**s** *nmpl* (*fig*) Lorbeeren *pl*.

laurier-rose [lɔʀjeʀoz] (*pl* ~**s**-~**s**) *nm* Oleander *m*.

laurier-tin [lɔʀjetɛ̃] (*pl* ~**s**-~**s**) *nm* Steinlorbeer *m*.

lavable [lavabl] *adj* waschbar.

lavabo [lavabo] *nm* Waschbecken *nt*; ~**s** *nmpl* (*toilettes*) Toiletten *pl*; (*dans une pension, un lycée*) Waschräume *pl*.

lavage [lavaʒ] *nm* Waschen *nt* ► **lavage d'estomac** Magenspülung *f* ► **lavage de cerveau** Gehirnwäsche *f*.

lavallière [lavaljɛʀ] *nf* (*cravate*) Künstlerkrawatte *f* (*mit großer Schleife*).

lavande [lavɑ̃d] *nf* Lavendel *m*.

lavandière [lavɑ̃djɛʀ] *nf* Waschfrau *f*.

lave [lav] *nf* Lava *f*.

lave-glace [lavglas] (*pl* ~-~**s**) *nm* Scheibenwaschanlage *f*.

lave-linge [lavlɛ̃ʒ] *nm inv* Waschmaschine *f*.

lavement [lavmɑ̃] *nm* Klistier *nt*, Einlauf *m*.

laver [lave] *vt* waschen; (*dents*) putzen; (*tache*) abwaschen; (*baigner*) baden; (*fig*: ~ *affront*) rächen; **se laver** *vpr* sich waschen; ~ **la vaisselle** Geschirr spülen; ~ **le linge** Wäsche waschen; ~ **qn de** (*accusation*) jdn freisprechen von; **se** ~ **les dents** sich *dat* die Zähne putzen; **se** ~ **les mains** sich *dat* die Hände waschen; **se** ~ **les mains de qch** (*fig*) seine Hände wegen etw *dat ou gén* in Unschuld waschen.

laverie [lavʀi] *nf*: ~ (**automatique**) Waschsalon *m*.

lavette [lavɛt] *nf* (*chiffon*) Abwaschlappen *m*; (*brosse*) Spülbürste *f*; (*fig: péj*) Waschlappen *m*.

laveur, -euse [lavœʀ, øz] *nm/f*: ~ **de carreaux** Fensterputzer *m*; ~ **de voitures** Autowäscher *m*.

lave-vaisselle [lavvɛsɛl] *nm inv* Geschirrspülmaschine *f*.

lavis [lavi] *nm* (*technique*) Tuschzeichnen *nt*; (*dessin*) Tuschezeichnung *f*.

lavoir [lavwaʀ] *nm* (*dehors*) Waschplatz *m*; (*bac*) Waschzuber *m*; (*édifice*) Waschhaus *nt*.

laxatif, -ive [laksatif, iv] *adj* abführend, Abführ- ◊ *nm* Abführmittel *nt*.
laxisme [laksism] *nm* Laxheit *f*.
laxiste [laksist] *adj* lax.
layette [lɛjɛt] *nf* Babyausstattung *f*.

================================ *MOT-CLÉ*

le [lə], **la**, **l'** (*avant voyelle ou h muet*) (*pl* **les**) *art déf* **1** der *m*, die *f*, das *nt*; **le livre** das Buch; **la pomme** der Apfel; **l'amitié** die Freundschaft; **les étudiants/étudiantes** die Studenten/Studentinnen
2 (*indiquant la possession*): **se casser la jambe** sich *dat* das *ou* ein Bein brechen; **levez la main** heben Sie die Hand; **avoir les yeux gris/ le nez rouge** graue Augen/eine rote Nase haben; **avoir la conscience tranquille** ein gutes Gewissen haben
3 (*temps*): **le matin/soir** am Morgen/Abend; **le jeudi/dimanche** (*d'habitude*) donnerstags/sonntags; (*ce jeudi-là/dimanche-là*) am Donnerstag/ Sonntag
4 (*distribution, fraction*) pro; **10 F le mètre/kilo** 10F pro Meter/Kilo; **le tiers/quart de** ein Drittel/Viertel das
◊ *pron* **1** (*personne: mâle*) ihn; (: *femelle*) sie; (: *pluriel*) sie; **je le/la/les vois** ich sehe ihn/ sie/sie; **je l'écoute/les écoute** ich höre ihm *ou* ihr/ihnen zu
2 (*animal, chose: singulier: selon le genre du mot allemand*) ihn/sie/es; (: *pluriel*) sie; **je le** *ou* **la vois** ich sehe ihn/sie/es; **je les vois** ich sehe sie
3 (*remplaçant une phrase*): **je ne le savais pas** ich wußte es *ou* das nicht; **il était riche et ne l'est plus** er war reich und ist es nun nicht mehr.

lé [le] *nm* (*de tissu*) Breite *f*; (*de papier peint*) Bahn *f*.
leader [lidœʀ] *nm* (*POL*) Parteiführer *m*; (*SPORT*) Anführer *m*.
leadership [lidœʀʃip] *nm* (*POL*) führende Rolle *f*.
leasing [liziŋ] *nm* Leasing *nt*; **acheter en ~** im Mietkauf erwerben.
lèche-bottes [lɛʃbɔt] *nm inv* Speichellecker *m*.
lèchefrite [lɛfʀit] *nf* Tropfpfanne *f*.
lécher [leʃe] *vt* (*passer la langue sur*) ablecken; (*laper*) auflecken, aufschlecken; (*suj: flamme*) lecken an +*dat*, streifen; (*fam: fignoler*) sehr sorgfältig ausarbeiten; **se lécher** *vpr* (*doigts, lèvres*) sich *dat* lecken; **s'en ~ les doigts** sich *dat* die Finger danach lecken.
lèche-vitrines [lɛʃvitʀin] *nm inv*: **faire du ~-~** einen Schaufensterbummel machen.
leçon [l(ə)sɔ̃] *nf* (*heure de classe*) Stunde *f*; (*devoir*) Lektion *f*; (*enseignement, cours*) Unterricht *m*; (*avertissement*) Lehre *f*; (*conseils*) Belehrung *f*; **faire la ~** unterrichten; **faire la ~ à** (*fig*) einen langen Vortrag halten +*dat* ▶ **leçon de choses** Sachunterricht *m* ▶ **leçons**

particulières Privatstunden *pl*, Nachhilfestunden *pl*.
lecteur, -trice [lɛktœʀ, tʀis] *nm/f* (*de journal, livre*) Leser(in) *m(f)*; (*de manuscrits*) Lektor(in) *m(f)* ◊ *nm*: **~ de cassettes** Tonkopf *m*; **~ de disquette(s)** Diskettenlaufwerk *nt* ▶ **lecteur CD** CD-Player *m*.
lecture [lɛktyʀ] *nf* Lesen *nt*, Lektüre *f*; **en première/seconde ~** (*POL*) in erster/zweiter Lesung.
LED [lɛd] *sigle f* (= *light emitting diode*) LED *f*.
ledit, ladite [lədi] (*pl* **lesdits, lesdites**) *adj* besagte(r, s).
légal, e, -aux [legal, o] *adj* gesetzlich; (*médecine*) Gerichts-; **heure ~e** Normalzeit *f*.
légalement [legalmɑ̃] *adv* gesetzmäßig, rechtmäßig.
légalisation [legalizasjɔ̃] *nf* Legalisierung *f*.
légaliser [legalize] *vt* legalisieren.
légalité [legalite] *nf* Legalität *f*; **être dans la ~** gesetzmäßig sein; **sortir de la ~** außerhalb der Legalität sein.
légat [lega] *nm* Legat *nt*.
légataire [legatɛʀ] *nm*: **~ universel** Alleinerbe *m*.
légation [legasjɔ̃] *nf* Gesandtschaft *f*.
légendaire [leʒɑ̃dɛʀ] *adj* legendär; (*fig*) berühmt.
légende [leʒɑ̃d] *nf* Legende *f*; (*de monnaie, médaille*) Randschrift *f*; (*de dessin*) Text *m*.
léger, -ère [leʒe, ɛʀ] *adj* leicht; (*thé, boisson, parfum*) Leser(in) schwach; (*personne, ton*) leichtfertig; (*femme, mœurs*) locker, lose; (*peu sérieux*) oberflächlich; **à la légère** leichthin, gedankenlos.
légèrement [leʒɛʀmɑ̃] *adv* (*marcher, sauter*) leicht, locker; (*parler, agir*) leichthin; **~ plus grand** ein bißchen größer; **~ en retard** leicht im Verzug, leicht verspätet.
légèreté [leʒɛʀte] *nf* Leichtigkeit *f*; (*d'étoffe*) Duftigkeit *f*; (*péj*) Leichtfertigkeit *f*.
légiférer [leʒifeʀe] *vi* Gesetze erlassen.
légion [leʒjɔ̃] *nf* (*MIL*) Legion *f*; **être ~** sehr zahlreich sein ▶ **légion d'honneur** Ehrenlegion *f* ▶ **légion étrangère** Fremdenlegion *f*.
légionnaire [leʒjɔnɛʀ] *nm* Legionär *m*.
législateur [leʒislatœʀ] *nm* Gesetzgeber *m*.
législatif, -ive [leʒislatif, iv] *adj* (*fonction*) gesetzgebend.
législation [leʒislasjɔ̃] *nf* Gesetzgebung *f*, Gesetze *pl*.
législatives [leʒislativ] *nfpl* (allgemeine) Parlamentswahlen *pl*.
législature [leʒislatyʀ] *nf* Legislative *f*.
légiste [leʒist] *adj*: **médecin ~** Gerichtsmediziner(in) *m(f)*.
légitime [leʒitim] *adj* legitim; (*enfant*) ehelich; (*fig*) berechtigt; **en état de ~ défense** in Notwehr.
légitimement [leʒitimmɑ̃] *adv* rechtmäßig.
légitimer [leʒitime] *vt* (*enfant*) für ehelich erklären; (*justifier*) rechtfertigen, begründen.

égitimité [leʒitimite] *nf* (*JUR*) Rechtmäßigkeit *f*, Legitimität *f*.

egs [leg] *nm* Erbe *nt*, Vermächtnis *nt*.

éguer [lege] *vt*: ~ **qch à qn** jdm etw vermachen; (*fig*) etw an jdn vererben.

égume [legym] *nm* Gemüse *nt*; **une grosse** ~ (*fam*) ein hohes Tier *nt* ► **légumes secs** Hülsenfrüchte *pl* ► **légumes verts** Grüngemüse *nt*.

égumier [legymje] *nm* (*plat*) Gemüseschüssel *f*.

égumineuses [legyminøz] *nfpl* Hülsenfrüchte *pl*.

eitmotiv [lejtmɔtiv] *nm* Leitmotiv *nt*.

éman [lemã] *nm*: **le lac** ~ **der Genfer See**.

endemain [lãdmɛ̃] *nm*: **le** ~ am folgenden *ou* nächsten Tag; **le** ~ **matin/soir** am nächsten Morgen/Abend; **le** ~ **de** am Tag nach; **au** ~ **de** in den Tagen nach; **penser au** ~ an die Zukunft denken; **sans** ~ kurzlebig; **de beaux** ~**s** vielversprechende Aussichten; **des** ~**s qui chantent** eine rosige Zukunft.

énifiant, e [lenifjã, jãt] *adj* (*propos*) beruhigend, besänftigend; (*climat*) lindernd.

éninisme [leninism] *nm* Leninismus *m*.

éniniste [leninist] *adj* leninistisch.

ent, e [lã, lãt] *adj* langsam; (*administration*) schwerfällig.

ente [lãt] *nf* Nisse *f*.

entement [lãtmã] *adv* langsam.

enteur [lãtœʀ] *nf* (*v adj*) Langsamkeit *f*; Schwerfälligkeit *f*; ~**s** *nfpl* Schwerfälligkeit.

entille [lãtij] *nf* Linse *f* ► **lentille d'eau** Wasserlinse *f* ► **lentilles (de contact)** Kontaktlinsen *pl*.

éonin, e [leɔnɛ̃, in] *adj* (*contrat*) einseitig.

éopard [leɔpaʀ] *nm* Leopard *m*; **tenue** ~ (*MIL*) Tarnanzug *m*.

èpre [lɛpʀ] *nf* Lepra *f*.

épreux, -euse [lepʀø, øz] *nm/f* Leprakranke(r) *f(m)* ♦ *adj* (*mur*) abblätternd.

éproserie [lepʀozʀi] *nf* Leprakrankenhaus *nt*.

================= *MOT-CLÉ*

lequel, laquelle [ləkɛl] (*mpl* **lesquels**, *fpl* **lesquelles**) (*à + lequel = **auquel**, de + lequel = **duquel** etc*) *pron* **1** (*interrogatif: sujet*) welche(r,s); (*: accusatif*) welchen/welche/welches; (*: datif*) welchem/welcher/welchem; (*: pl*) welche; **dans lequel de ces hôtels avez-vous logé?** in welchem dieser Hotels haben Sie gewohnt?
2 (*relatif: sujet*) der/die/das; (*: accusatif*) den/die/das; (*: datif*) dem/der/den; **la femme à laquelle j'ai acheté mon chien** die Frau, von der ich meinen Hund gekauft habe
♦ *adj* (*relatif*): **auquel cas** in diesem Fall; **il prit un livre, lequel livre ...** er nahm ein Buch, und dieses Buch ... .

lɔs [le] *art voir* **le**.

lesbienne [lɛsbjɛn] *nf* Lesbierin *f*.

lesdits, lesdites [ledi, ledit] *adj voir* **ledit**.

lèse-majesté [lɛzmaʒɛste] *nf inv*: **crime de** ~-~ Majestätsbeleidigung *f*.

léser [leze] *vt* (*frustrer*) Unrecht tun +*dat*; (*blesser*) verletzen.

lésiner [lezine] *vi*: ~ (**sur**) sparen (an +*dat*).

lésion [lezjɔ̃] *nf* (*MÉD*) Verletzung *f* ► **lésions cérébrales** Gehirnverletzungen *pl*.

Lesotho [lezɔto] *nm*: **le** ~ Lesotho *nt*.

lesquels, lesquelles [lekɛl] *pron voir* **lequel**.

lessivable [lesivabl] *adj* abwaschbar.

lessivage [lesivaʒ] *nm* (Ab)waschen *nt*.

lessive [lesiv] *nf* (*poudre*) Waschpulver *nt*; (*linge*) Wäsche *f*; (*opération*) Waschen *nt*; **faire la** ~ (Wäsche) waschen.

lessivé, e [lesive] (*fam*) *adj* erledigt, schlapp.

lessiver [lesive] *vt* (*sol*) aufwischen; (*mur*) abwaschen.

lessiveuse [lesivøz] *nf* Waschkessel *m*.

lessiviel, le [lesivjɛl] *adj* Waschmittel-.

lest [lɛst] *nm* Ballast *m*; **jeter** *ou* **lâcher du** ~ (*fig*) Ballast abwerfen.

leste [lɛst] *adj* (*personne, mouvement*) flink, behende; (*manières*) unbekümmert, ungezwungen; (*plaisanterie*) anzüglich.

lestement [lɛstəmã] *adv* flink, behende.

lester [lɛste] *vt* mit Ballast beladen.

léthargie [letaʀʒi] *nf* (*MÉD*) Lethargie *f*; (*torpeur*) Dumpfheit *f*, Teilnahmslosigkeit *f*.

léthargique [letaʀʒik] *adj* träge.

letton, ne [letɔ̃, ɔn] *adj* lettisch ♦ *nm/f*: **L~, ne** Lette *m*, Lettin *f*.

Lettonie [letɔni] *nf*: **la** ~ Lettland *nt*.

lettre [lɛtʀ] *nf* (*missive*) Brief *m*; (*caractère*) Buchstabe *m*; ~**s** *nfpl* (*ART*) Literatur *f*; (*SCOL*) Geisteswissenschaften *pl*; **à la** ~ buchstäblich; (*prendre*) wörtlich; **par** ~ schriftlich; **en** ~**s majuscules** *ou* **capitales** in Großbuchstaben; **en toutes** ~**s** ausgeschrieben ► **lettre anonyme** anonymer Brief ► **lettre de change** Wechsel *m* ► **lettre de crédit** Kreditbrief *m* ► **lettre de voiture** Frachtbrief *m* ► **lettre morte**: **rester** ~ **morte** unbeachtet bleiben ► **lettre ouverte** offener Brief ► **lettre piégée** Briefbombe *f*.

lettré, e [letʀe] *adj* gebildet, belesen.

leu *nm* [lø] *voir* **queue**.

leucémie [løsemi] *nf* Leukämie *f*.

leucémique [løsemik] *adj* leukämisch.

================= *MOT-CLÉ*

leur [lœʀ] *adj possessif* (*selon le genre de l'objet en allemand*) ihr/ihre/ihr; (*pluriel*) ihre; **leur maison** ihr Haus; **leurs amis** ihre Freunde; **dans leur maison/cuisine** in ihrem Haus/ihrer Küche; **à leurs amis** ihren Freunden; **à leur approche** als sie näherkamen
♦ *pron* **1** (*objet indirect*) ihnen; **je leur ai dit la vérité** ich habe ihnen die Wahrheit gesagt; **je le leur ai donné** ich habe es ihnen gegeben
2 (*possessif*): **le/la leur** ihre(r,s); **les leurs** ihre.

leurre [lœʀ] *nm* Köder *m*; (*illusion*) Blendwerk

nt.

leurrer [lœʀe] *vt* blenden, täuschen; **se leurrer** *vpr* sich *dat* etwas vormachen.

levain [ləvɛ̃] *nm* Sauerteig *m*; **sans ~** ungesäuert.

levant, e [ləvɑ̃] *adj*: **soleil ~** aufgehende Sonne *f* ♦ *nm*: **le L~** (*GÉO*) der Orient.

levé, e [ləve] *adj*: **être ~ auf** (den Beinen) sein ♦ *nm*: **~ de terrain** Landvermessung *f*; **à mains ~es** (*vote*) durch Handheben; **au pied ~** stehenden Fußes.

levée [ləve] *nf* (*POSTES*) Leerung *f*; (*CARTES*) Stich *m* ▶ **levée d'écrou** Haftentlassung *f* ▶ **levée de boucliers** (*fig*) Welle *f* des Protests ▶ **levée de terre** Bodenerhebung *f* ▶ **levée de troupes** Truppenaushebung *f* ▶ **levée du corps** Abholung *f* des Leichnams ▶ **levée en masse** (*MIL*) (General)mobilmachung *f*.

lever [l(ə)ve] *vt* aufheben; (*vitre*) hochkurbeln; (*bras*) hochheben; (*difficulté*) beseitigen; (*impôts*) erheben; (*armée*) ausheben; (*lièvre*) aufstöbern; (*perdrix*) aufscheuchen; (*fam*: *fille*) aufgabeln ♦ *vi* aufgehen ♦ *nm*: **au ~** beim Aufstehen; **se lever** *vpr* (*personne*) aufstehen; (*soleil*) aufgehen; (*jour*) anbrechen; (*brouillard*) sich auflösen; **ça va se ~** das Wetter klart auf ▶ **lever de rideau** (*pièce*) kurzes Vorspiel *nt* ▶ **lever de soleil** Sonnenaufgang *m* ▶ **lever du jour** Tagesanbruch *m* ▶ **lever du rideau** Beginn *m* der Vorstellung, Anfangsvorhang *m*.

lève-tard [lɛvtaʀ] *nm/f inv* Langschläfer(in) *m(f)*.

lève-tôt [lɛvto] *nm/f inv* Frühaufsteher(in) *m(f)*.

levier [ləvje] *nm* Hebel *m*; **faire ~ sur** hebeln an +*dat* ▶ **levier de changement de vitesse** Schalthebel *m* ▶ **levier de commande** Schalthebel; **être aux ~s de commande** an den Schalthebeln der Macht sitzen.

lévitation [levitasjɔ̃] *nf* Schweben *nt*.

levraut [ləvʀo] *nm* Häschen *nt*.

lèvre [lɛvʀ] *nf* Lippe *f*; (*d'une plaie*) Wundrand *m*; **du bout des ~s** (*manger*) widerwillig; (*parler, répondre*) gezwungen; **petites/grandes ~s** (*ANAT*) kleine/große Schamlippen *pl*.

lévrier [levʀije] *nm* Windhund *m*.

levure [l(ə)vyʀ] *nf* Hefe *f* ▶ **levure chimique** Backpulver *nt* ▶ **levure de bière** Bierhefe *f*.

lexical, e, -aux [lɛksikal, o] *adj* Wortschatz-.

lexicographe [lɛksikɔgʀaf] *nm/f* Lexikograph(in) *m(f)*.

lexicographie [lɛksikɔgʀafi] *nf* Lexikographie *f*.

lexicologie [lɛksikɔlɔʒi] *nf* Lexikologie *f*.

lexique [lɛksik] *nm* Glossar *nt*; (*LING*) Wortschatz *m*.

lézard [lezaʀ] *nm* Eidechse *f*; (*peau*) Eidechsenleder *nt*.

lézarde [lezaʀd] *nf* Riß *m*, Spalte *f*.

lézardé, e [lezaʀde] *adj* rissig.

lézarder [lezaʀde] *vi* sich in der Sonne aalen; **se lézarder** *vpr* einen Sprung bekommen.

liaison [ljɛzɔ̃] *nf* Verbindung *f*; (*amoureuse*) Liaison *f*; (*CULIN*) Binden *nt*; (*PHONÉTIQUE*) Bindung *f*; **entrer/être en ~ avec** in Kontakt treten/sein mit ▶ **liaison de transmission (de données)** Verbindung *f* (zur Datenübertragung) ▶ **liaison radio** Funkverbindung *f* ▶ **liaison téléphonique** Telefonverbindung *f*.

liane [ljan] *nf* Liane *f*.

liant, e [ljɑ̃, ljɑ̃t] *adj* umgänglich, gesellig.

liasse [ljas] *nf* Bündel *nt*.

Liban [libɑ̃] *nm*: **le ~** Libanon *m*.

libanais, e [libanɛ, ɛz] *adj* libanesisch ♦ *nm/f* **L~, e** Libanese *m*, Libanesin *f*.

libations [libasjɔ̃] *nfpl*: **faire des ~** zechen.

libelle [libɛl] *nm* Schmähschrift *f*.

libellé [libele] *nm* Wortlaut *m*.

libeller [libele] *vt* (*lettre, rapport*) formulieren; **~ (au nom de)** (*chèque, mandat*) (auf jdn) ausstellen.

libellule [libelyl] *nf* Libelle *f*.

libéral, e, -aux [libeʀal, o] *adj* (*personne, attitude*) großzügig; (*économie, politique*) liberal ♦ *nm/f* (*POL*) Liberale(r) *f(m)*; **les professions ~es** die gehobenen Berufe *pl*.

libéralement [libeʀalmɑ̃] *adv* großzügig.

libéralisation [libeʀalizasjɔ̃] *nf* Liberalisierung *f*.

libéraliser [libeʀalize] *vt* liberalisieren.

libéralisme [libeʀalism] *nm* (*POL, ECON*) Liberalismus *m*; (*tolérance*) Großzügigkeit *f*.

libéralité [libeʀalite] *nf* (*générosité*) Großzügigkeit *f*; (*cadeau*) großzügige Gabe *f*.

libérateur, -trice [libeʀatœʀ, tʀis] *adj* befreiend ♦ *nm/f* Befreier(in) *m(f)*.

libération [libeʀasjɔ̃] *nf* Befreiung *f*; (*de prisonnier*) Freilassung *f*; (*de cran d'arrêt, levier*) Lösen *nt*; **la L~** die Befreiung (*Frankreichs 1945*) ▶ **libération conditionnelle** bedingte Haftentlassung *f*.

libéré, e [libeʀe] *adj* (*détenu*) entlassen; (*territoire, zone*) befreit; (*femme*) emanzipiert; **~ de** (*libre de*) befreit von; **être ~ sous caution/sur parole** gegen Kaution/auf Ehrenwort freigelassen werden.

libérer [libeʀe] *vt* befreien; (*prisonnier*) freilassen; (*soldat*) entlassen; (*gaz*) freisetzen; (*cran d'arrêt, levier*) lösen; (*ECON*) liberalisieren; **se libérer** *vpr* (*de rendez-vous*) sich freimachen; **~ qn de** (*liens, dette*) jdn befreien von; (*promesse*) jdn entbinden von.

Libéria [libeʀja] *nm*: **le ~** Liberia *nt*.

libérien, ne [libeʀjɛ̃, jɛn] *adj* liberisch, liberianisch.

libertaire [libeʀtɛʀ] *adj* libertär, anarchistisch.

liberté [libɛʀte] *nf* Freiheit *f*; (*loisir*) Freizeit *f*; **~s** *nfpl* (*privautés*) Freiheiten *pl*; **être en ~** frei sein; **mettre en ~** freilassen; **en ~ provisoire** auf Kaution freigelassen; **en ~ surveillée** mit Meldeverpflichtung freigelassen; **en ~ conditionnelle** auf Bewährung freigelassen ▶ **liberté d'action** Handlungsfreiheit *f* ▶ **liberté d'association** Versammlungsfreiheit *f* ▶ **li-**

berté d'esprit geistige Unabhängigkeit f ▶ **liberté d'opinion** Meinungsfreiheit f ▶ **liberté de conscience** Gewissensfreiheit f ▶ **liberté de culte** Glaubensfreiheit f ▶ **liberté de la presse** Pressefreiheit f ▶ **liberté de réunion** Versammlungsfreiheit ▶ **liberté syndicale** Freiheit des gewerkschaftlichen Zusammenschlusses ▶ **libertés individuelles** individuelle (staatsbürgerliche) Grundrechte pl.

libertin, e [libɛʀtɛ̃, in] adj zügellos.

libertinage [libɛʀtinaʒ] nm Zügellosigkeit f.

libidineux, -euse [libidinø, øz] adj lüstern.

libido [libido] nf Libido f.

libraire [libʀɛʀ] nm/f Buchhändler(in) m(f).

libraire-éditeur [libʀɛʀeditœʀ] (pl ~**s**-~**s**) nm Verlagsbuchhändler m.

librairie [libʀeʀi] nf Buchhandlung f.

librairie-papeterie [libʀeʀipapetʀi] (pl ~**s**-~**s**) nf Buch- und Schreibwarenhandlung f.

libre [libʀ] adj frei; (enseignement, école) Privat-; **de** ~ (place) frei; ~ **de** frei von; **être** ~ **de faire qch** frei sein, etw zu tun; **avoir le champ** ~ freie Hand haben; **en vente** ~ (produit) im freien Verkauf ▶ **libre arbitre** freier Wille m ▶ **libre concurrence** freier Wettbewerb m ▶ **libre entreprise** freies Unternehmertum nt.

libre-échange [libʀeʃɑ̃ʒ] nm Freihandel m.

librement [libʀəmɑ̃] adv frei.

libre-penseur, -euse [libʀəpɑ̃sœʀ, øz] (pl ~**s**-~**s**, **euses**) nm/f Freigeist m.

libre-service [libʀəsɛʀvis] (pl ~**s**-~**s**) nm (magasin) Selbstbedienungsladen m; (restaurant) Selbstbedienungsrestaurant nt.

librettiste [libʀetist] nm Librettist m.

Libye [libi] nf: **la** ~ Libyen nt.

libyen, ne [libjɛ̃, ɛn] adj libysch ♦ nm/f: **L~, ne** Libyer(in) m(f).

lice [lis] nf: **entrer en** ~ (fig) auf dem Plan erscheinen.

licence [lisɑ̃s] nf (permis) Erlaubnis f, Befugnis f; (COMM, SPORT) Lizenz f; (SCOL) Abschlußzeugnis nt; (liberté, aussi poétique, orthographique) Freiheit f; (des mœurs) Zügellosigkeit f; ~ **poétique** dichterische Freiheit f.

licencié, e [lisɑ̃sje] m(f); (SPORT) Lizenzspieler(in) m(f); ~ **ès lettres/en droit** ≈ Absolvent(in) m(f) des philosophischen/ juristischen Staatsexamens.

licenciement [lisɑ̃simɑ̃] nm Entlassung f, Kündigung f.

licencier [lisɑ̃sje] vt entlassen, kündigen +dat.

licencieux, -euse [lisɑ̃sjø, jøz] adj unzüchtig.

lichen [likɛn] nm Flechte f.

licite [lisit] adj gesetzlich, erlaubt.

licorne [likɔʀn] nf Einhorn nt.

licou [liku] nm Halfter m ou nt.

lie [li] nf Bodensatz m.

lié, e [lje] adj: **être très** ~ **avec qn** mit jdm sehr eng verbunden sein; **être** ~ **par** verpflichtet ou gebunden sein durch; **avoir partie** ~**e avec qn** mit jdm gemeinsame Sache machen.

Liechtenstein [liʃtɛnʃtajn] nm: **le** ~ Liechten-

stein nt.

lie-de-vin [lidvɛ̃] adj inv weinrot.

Liège [ljɛʒ] n Lüttich nt.

liège [ljɛʒ] nm Kork m.

liégeois, e [ljeʒwa, waz] adj aus Lüttich ♦ nm/f: **L~, e** Lütticher(in) m(f); **café/chocolat** ~ Mokka-/Schokoladeneis nt mit Schlagsahne.

lien [ljɛ̃] nm Band nt; (fig) Bande f, Verbindung f ▶ **liens de famille** ou **de parenté** Familienbande pl.

lier [lje] vt binden; (paquet) zubinden; (fig) verbinden; **se** ~ **(avec qn)** Freundschaft schließen (mit jdm); ~ **amitié (avec)** qn mit jdm Freundschaft schließen; ~ **conversation (avec)** eine Unterhaltung anknüpfen (mit); ~ **connaissance (avec)** eine Bekanntschaft anknüpfen (mit).

lierre [ljɛʀ] nm Efeu m.

liesse [ljɛs] nf: **être en** ~ in einem Freudentaumel sein.

lieu, x [ljø] nm Ort m; ~**x** nmpl: **vider** ou **quitter les** ~**x** die Räumlichkeiten verlassen; **arriver/être sur les** ~**x** am Schauplatz ankommen/sein; **en** ~ **sûr** an sicherer Stelle; **en haut** ~ an maßgeblicher Stelle; **en premier** ~ erstens; **en dernier** ~ schließlich; **avoir** ~ stattfinden; **avoir** ~ **de faire qch** Grund haben, etw zu tun; **tenir** ~ **de qch** als etw fungieren ou dienen; **donner** ~ **à** Veranlassung geben zu; **au** ~ **de** statt +gén ou dat; **au** ~ **qu'il y aille** anstatt zu gehen ▶ **lieu commun** Gemeinplatz m ▶ **lieu de départ** Abfahrtspunkt m ▶ **lieu de naissance** Geburtsort m ▶ **lieu de rendez-vous** Treffpunkt m ▶ **lieu de travail** Arbeitsstelle f ▶ **lieu géométrique** geometrischer Ort ▶ **lieu public** öffentlicher Ort.

lieu-dit [ljødi] (pl ~**x**-~**s**) nm Weiler m.

lieue [ljø] nf Meile f.

lieutenant [ljøt(ə)nɑ̃] nm ≈ Oberleutnant m ▶ **lieutenant de vaisseau** ≈ Kapitänleutnant m.

lieutenant-colonel [ljøtnɑ̃kɔlɔnɛl] (pl ~**s**-~**s**) nm ≈ Oberstleutnant m.

lièvre [ljɛvʀ] nm (Feld)hase m; (coureur) Schrittmacher m; **lever un** ~ (fig) ein heikles Thema anschneiden.

liftier [liftje] nm Liftboy m.

lifting [liftiŋ] nm (Face)lift m.

ligament [ligamɑ̃] nm Band nt.

ligature [ligatyʀ] nf (MÉD) Ligatur f.

ligaturer [ligatyʀe] vt (MÉD) abbinden.

ligne [liɲ] nf Linie f; (TRANSPORTS: liaison) Verbindung f; (: trajet) Strecke f, Linie; (de texte) Zeile f; (de téléphone) Leitung f; **garder la** ~ seine Figur halten; **en** ~ (INFORM) on line; **en** ~ **droite** in gerader Linie; **à la** ~ neue Zeile; **entrer en** ~ **de compte** in Betracht gezogen werden ▶ **ligne d'arrivée** Ziellinie f ▶ **ligne d'horizon** Horizont m ▶ **ligne de but** Torlinie f ▶ **ligne de conduite** Lebensregel f, Richtschnur f ▶ **ligne de départ** Startlinie f ▶ **ligne de flottaison** Wasserlinie f ▶ **ligne de mire** Visierlinie f ▶ **ligne de touche** Seitenlinie f

▶ **ligne directrice** Leitlinie *f* ▶ **ligne médiane** Mittellinie *f*.

ligné, e [liɲe] *adj*: **papier** ~ liniertes Papier *nt*.

lignée [liɲe] *nf* (*race, famille*) Linie *f*, Geschlecht *nt*; (*postérité*) Nachkommenschaft *f*.

ligneux, -euse [liɲø, øz] *adj* holzig, holzartig.

lignite [liɲit] *nm* Braunkohle *f*.

ligoter [ligɔte] *vt* binden, fesseln; (*fig*) knebeln.

ligue [lig] *nf* Bund *m*, Liga *f*.

liguer [lige]: **se** ~ *vpr* sich verbünden; **se** ~ **contre** sich verbünden gegen.

lilas [lila] *nm* Flieder *m*.

lillois, e [lilwa, waz] *adj* aus Lille ♦ *nm/f*: **L~, e** Einwohner(in) *m(f)* von Lille.

limace [limas] *nf* Nacktschnecke *f*.

limaille [limaj] *nf*: ~ **de fer** Eisen(feil)späne *pl*.

limande [limɑ̃d] *nf* (*poisson*) Scharbe *f*.

limande-sole [limɑ̃dsɔl] *nf* Rotzunge *f*.

limbes [lɛ̃b] *nmpl*: **être dans les** ~ in der Schwebe sein.

lime [lim] *nf* (*TECH*) Feile *f*; (*BOT*) Limette *f* ▶ **lime à ongles** Nagelfeile *f*.

limer [lime] *vt* feilen.

limier [limje] *nm* (*ZOOL*) Spürhund *m*; (*détective*) Schnüffler *m*.

liminaire [liminɛʀ] *adj* einführend.

limitatif, -ive [limitatif, iv] *adj* einschränkend.

limitation [limitasjɔ̃] *nf* Beschränkung *f*; **sans** ~ **de temps** zeitlich unbegrenzt ▶ **limitation de vitesse** Geschwindigkeitsbegrenzung *f* ▶ **limitation des armements** Rüstungsbeschränkung *f* ▶ **limitation des naissances** Geburtenregelung *f*.

limite [limit] *nf* Grenze *f*; **dans la** ~ **de** im Rahmen +*gén*; **à la** ~ zur Not, notfalls; **sans** ~**s** grenzenlos; **vitesse** ~ Höchstgeschwindigkeit *f*; **charge** ~ Höchstlast *f*; **cas** ~ Grenzfall *m*; **date** ~ **de vente** Verkaufsdatum *nt*; **date** ~ **de consommation** Haltbarkeitsdatum *nt* ▶ **limite d'âge** Altersgrenze *f*.

limiter [limite] *vt* (*délimiter*) begrenzen; **se limiter** *vpr* (*chose*) beschränkt sein auf +*acc*; ~ **qch** (**à**) (*restreindre*) etw beschränken (auf +*acc*); **se** ~ **à qch** sich auf etw *acc* beschränken; **se** ~ **à faire qch** sich damit begnügen, etw zu tun.

limitrophe [limitʀɔf] *adj* angrenzend, Nachbar-; ~ **de** angrenzend an +*acc*.

limogeage [limɔʒaʒ] *nm* Entlassung *f*.

limoger [limɔʒe] *vt* entlassen.

limon [limɔ̃] *nm* (*GÉOL*) Schlick *m*.

limonade [limɔnad] *nf* Limonade *f*.

limoneux, -euse [limɔnø, øz] *adj* (*eau*) schlammig.

limousin, e [limuzɛ̃, in] *adj* aus dem Limousin ♦ *nm* (*région*) Limousin *nt*.

limousine [limuzin] *nf* Limousine *f*.

limpide [lɛ̃pid] *adj* klar.

lin [lɛ̃] *nm* (*BOT*) Flachs *m*, Lein *m*; (*tissu*) Leinen *nt*.

linceul [lɛ̃sœl] *nm* Leichentuch *nt*.

linéaire [lineɛʀ] *adj* linear ♦ *nm*: ~ (**de vente**) Regalplatz *m*.

linge [lɛ̃ʒ] *nm* (*lessive*) Wäsche *f*; (*draps*) Bettwäsche *f*; (*pièce de tissu*) Tuch *nt*; (*aussi*: ~ **de corps**) Unterwäsche *f*; (*aussi*: ~ **de toilette**) Handtücher *pl* ▶ **linge sale** schmutzige Wäsche *f*.

lingère [lɛ̃ʒɛʀ] *nf* Weißnäherin *f*.

lingerie [lɛ̃ʒʀi] *nf* (Unter)wäsche *f*.

lingot [lɛ̃go] *nm* Barren *m*.

linguiste [lɛ̃gɥist] *nm/f* Linguist(in) *m(f)*.

linguistique [lɛ̃gɥistik] *adj* linguistisch; (*séjour, vacances*) Sprach- ♦ *nf* Linguistik *f*.

lino(léum) [lino(leɔm)] *nm* Linoleum *nt*.

linotte [linɔt] *nf*: **tête de** ~ Schussel *m*, Trottel *m*.

linteau [lɛ̃to] *nm* (*TECH*: *de porte, fenêtre*) Sturz *m*.

lion, ne [ljɔ̃, ljɔn] *nm/f* Löwe *m*, Löwin *f*; **être du L~** (*ASTROL*) Löwe sein ▶ **lion de mer** Seelöwe *m*.

lionceau, x [ljɔ̃so] *nm* Löwenjunges *nt*.

lippu, e [lipy] *adj* mit wulstigen Lippen.

liquéfier [likefje] *vt* verflüssigen; **se liquéfier** *vpr* flüssig werden; (*fig*: *personne*) jeglichen Widerstand aufgeben.

liqueur [likœʀ] *nf* Likör *m*.

liquidateur, -trice [likidatœʀ, tʀis] *nm/f*: ~ **judiciaire** (*gerichtlich bestellte(r)*) Konkursverwalter(in) *m(f)*.

liquidation [likidasjɔ̃] *nf* (*COMM*) Liquidation *f*; (*règlement*) Regelung *f*, Erledigung *f*; (*vente au rabais*) (Räumungs)verkauf *m*; (*meurtre*) Beseitigung *f*, Liquidierung *f* ▶ **liquidation judiciaire** gerichtliche Abwicklung *f*, Liquidierung.

liquide [likid] *adj* flüssig ♦ *nm* Flüssigkeit *f*; (*argent*) Bargeld *nt*; **en** ~ in bar; **air** ~ flüssige Luft *f*.

liquider [likide] *vt* (*société, biens*) verkaufen; (*compte, dettes*) regeln, bezahlen; (*affaire, travail, problème*) erledigen; (*COMM*) ausverkaufen; (*tuer*) beseitigen, liquidieren.

liquidités [likidite] *nfpl* (*COMM*) frei verfügbare Mittel *pl*.

liquoreux, -euse [likɔʀø, øz] *adj* (*vin etc*) likörartig.

lire [liʀ] *vt, vi* lesen ♦ *nf* (*monnaie italienne*) Lira *f*; ~ **qch à qn** jdm etw vorlesen.

lis [lis] *vb voir* **lire** ♦ *nm* = **lys**.

lisais [lizɛ] *vb voir* **lire**.

Lisbonne [lisbɔn] *n* Lissabon *nt*.

lise [liz] *vb voir* **lire**.

liseré [lizʀe] *nm* (*ruban*) Litze *f*; (*bande*) Borte *f*.

liseron [lizʀɔ̃] *nm* Winde *f*.

liseuse [lizøz] *nf* (*couvre-livre*) Buchhülle *f*; (*veste*) Bettjäckchen *nt*.

lisible [lizibl] *adj* lesbar; (*digne d'être lu*) lesenswert.

lisiblement [liziblǝmɑ̃] *adv* leserlich.

lisière [lizjɛʀ] *nf* (*de forêt, bois*) Rand *m*; (*de tissu*) Kante *f*, Saum *m*.

lisons [lizɔ̃] *vb voir* **lire**.

lisse [lis] adj glatt; (pneu) abgefahren.

lisser [lise] vt (moustache, vêtement) glattstreichen; (plumes) putzen; (cheveux) kämmen.

listage [listaʒ] nm Auflisten nt, Listing nt.

liste [list] nf Liste f; (INFORM) Listing nt; **faire la ~ de** eine Liste machen von ▶ **liste civile** Zivilliste f ▶ **liste d'attente** Warteliste f ▶ **liste de mariage** Hochzeitsliste f ▶ **liste électorale** Wählerverzeichnis nt ▶ **liste noire** schwarze Liste.

lister [liste] vt auflisten.

listing [listiŋ] nm Listing nt; **qualité ~** Entwurfqualität f.

lit [li] nm Bett nt; **faire son ~** sein Bett machen; **aller** ou **se mettre au ~** ins Bett gehen; **prendre le ~** sich ins Bett legen; **d'un premier ~** (JUR) aus erster Ehe ▶ **lit d'enfant** Kinderbett nt ▶ **lit de camp** Feldbett nt.

litanie [litani] nf Litanei f.

lit-cage [likaʒ] (pl ~s-~s) nm Faltbett nt (aus Metall).

litchi [litʃi] nm Litschi f.

literie [litʀi] nf Bettzeug nt.

litho(graphie) [lito(grafi)] nf Lithographie f.

lithographier [litografje] vt als Lithographie drucken.

litière [litjɛʀ] nf (paille) Streu f; (pour chats) Katzenstreu f.

litige [litiʒ] nm Rechtsstreit m; **en ~** (point) strittig.

litigieux, -euse [litiʒjø, jøz] adj umstritten, strittig.

litote [litɔt] nf Untertreibung f.

litre [litʀ] nm Liter m; (récipient) Litergefäß nt; **un ~ de vin/bière** ein Liter Wein/Bier.

littéraire [liteʀɛʀ] adj literarisch.

littéral, e, -aux [liteʀal, o] adj wörtlich.

littéralement [liteʀalmɑ̃] adv (textuellement) wörtlich; (au sens propre) buchstäblich.

littérature [liteʀatyʀ] nf Literatur f.

littoral, e, -aux [litɔʀal, o] adj Küsten- ♦ nm Küste f.

Lituanie [litɥani] nf: **la ~** Litauen nt.

lituanien, ne [litɥanjɛ̃, jɛn] adj litauisch ♦ nm/f: **L~, ne** Litauer(in) m(f).

liturgie [lityʀʒi] nf Liturgie f.

liturgique [lityʀʒik] adj liturgisch.

livide [livid] adj blaß, bleich.

living [liviŋ], **living-room** [liviŋʀum] (pl ~-rooms) nm Wohnzimmer nt.

livrable [livʀabl] adj lieferbar.

livraison [livʀɛzɔ̃] nf Lieferung f ▶ **livraison à domicile** Lieferung ins Haus.

livre [livʀ] nm Buch nt ♦ nf Pfund nt; **traduire qch à ~ ouvert** etw aus dem Stegreif übersetzen ▶ **livre blanc** Weißbuch nt ▶ **livre d'or** Goldenes Buch ▶ **livre de bord** Logbuch nt ▶ **livre de chevet** Lieblingsbuch nt ▶ **livre de comptes** Rechnungsbuch nt ▶ **livre de cuisine** Kochbuch nt ▶ **livre de messe** Meßbuch nt ▶ **livre de poche** Taschenbuch nt.

livrée [livʀe] nf Livree f.

livrer [livʀe] vt (marchandises) liefern; (client) beliefern; (otage, coupable) ausliefern; (complice) verraten; (secret, information) verraten, preisgeben; **se livrer à** vpr (se confier à) sich anvertrauen +dat; (se rendre) sich stellen +dat; (s'abandonner à) sich hingeben +dat; (se consacrer à) sich widmen +dat; (enquête) durchführen; **~ bataille** eine Schlacht schlagen; **livré à soi-même** sich dat selbst überlassen.

livresque [livʀɛsk] (péj) adj Buch-.

livret [livʀɛ] nm (petit livre) Broschüre f; (d'opéra) Libretto nt ▶ **livret de caisse d'épargne** Sparbuch nt ▶ **livret de famille** Familienstammbuch nt ▶ **livret scolaire** Zeugnisheft nt.

livreur, -euse [livʀœʀ, øz] nm/f Lieferant(in) m(f).

lob [lɔb] nm (TENNIS) Lob m.

lobe [lɔb] nm: **~ de l'oreille** Ohrläppchen nt.

lobé, e [lɔbe] adj lappig, gelappt.

lober [lɔbe] vt (balle) hoch spielen; (adversaire, gardien de but) den Ball heben über +acc.

local, e, -aux [lɔkal, o] adj lokal; (anesthésie) Lokal-, örtlich ♦ nm (salle) Raum m; **locaux** nmpl Räumlichkeiten pl.

localement [lɔkalmɑ̃] adv lokal; (par endroits) mancherorts.

localisé, e [lɔkalize] adj (douleur) lokal; (conflit) begrenzt.

localiser [lɔkalize] vt (dans l'espace) lokalisieren; (dans le temps) datieren; (limiter) eindämmen.

localité [lɔkalite] nf Örtlichkeit f, Ortschaft f.

locataire [lɔkatɛʀ] nm/f (de chambre) Mieter(in) m(f).

locatif, -ive [lɔkatif, iv] adj Miet-; (réparations) zu Lasten des Mieters gehend.

location [lɔkasjɔ̃] nf Mieten nt; (par le propriétaire) Vermieten nt; (de billets, places) Reservieren nt; (bureau) Vorverkaufskasse f; **~ de voitures** Autoverleih m.

location-vente [lɔkasjɔ̃vɑ̃t] (pl ~s-~s) nf Mietkauf m.

lock-out [lɔkaut] nm inv Aussperrung f.

lock-outer [lɔkaute] vt (atelier, usine) schließen; (employés) aussperren.

locomoteur, -trice [lɔkɔmɔtœʀ, tʀis] adj (ANAT, MÉD) Bewegungs-.

locomotion [lɔkɔmosjɔ̃] nf Fortbewegung f.

locomotive [lɔkɔmɔtiv] nf (RAIL) Lokomotive f; (fig) Schrittmacher m.

locomotrice [lɔkɔmɔtʀis] nf (RAIL) Triebwagen m.

locuteur, -trice [lɔkytœʀ, tʀis] nm/f Sprecher(in) m(f) ▶ **locuteur natif** Muttersprachler(in) m(f).

locution [lɔkysjɔ̃] nf Ausdruck m.

loden [lɔdɛn] nm (tissu) Loden m; (manteau) Lodenmantel m.

lof [lɔf] nm (NAUT) Luvseite f; **aller au ~** luven; **virer ~ pour ~** vor dem Wind kreuzen.

lofer [lɔfe] vi (NAUT) luven.

logarithme [lɔgaʀitm] nm Logarithmus m.
loge [lɔʒ] nf Loge f; (d'artiste) Ankleideraum m.
logeable [lɔʒabl] adj (endroit) bewohnbar.
logement [lɔʒmɑ̃] nm Unterkunft f; (maison, appartement) Wohnung f; (ADMIN) Wohnungsmarkt m; **chercher un** ~ eine Wohnung suchen; **crise du** ~ Wohnungsnot f ► **logement de fonction** Dienstwohnung f.
loger [lɔʒe] vt unterbringen; (suj: hôtel, école etc) aufnehmen ♦ vi (habiter) wohnen; **se loger** vpr: **trouver à se** ~ eine Unterkunft finden; **se** ~ **dans** (suj: balle, flèche etc) steckenbleiben in +dat.
logeur, -euse [lɔʒœʀ, øz] nm/f Vermieter(in) m(f).
loggia [lɔdʒja] nf Loggia f.
logiciel [lɔʒisjɛl] nm Software f.
logicien, ne [lɔʒisjɛ̃, jɛn] nm/f Logiker(in) m(f).
logique [lɔʒik] adj logisch ♦ nf Logik f; **c'est** ~ (fam: normal) das ist doch klar ou logisch; **la** ~ **de qch** die Logik einer Sache gén.
logiquement [lɔʒikmɑ̃] adv logischerweise; (de façon cohérente: raisonner etc) logisch; (normalement) eigentlich.
logis [lɔʒi] nm Wohnung f.
logisticien, ne [lɔʒistisjɛ̃, jɛn] adj logistisch ♦ nm/f Logistiker(in) m(f).
logistique [lɔʒistik] nf Logistik f ♦ adj: **soutien** ~ (MIL) logistische Unterstützung f.
logo [lɔgo], **logotype** [lɔgɔtip] nm (COMM) Logo nt.
loi [lwa] nf Gesetz nt; **les** ~**s de la mode** das Modediktat nt; **avoir force de** ~ Gesetzeskraft haben; **faire la** ~ das Sagen haben; **la** ~ **de la jungle/du plus fort** das Gesetz des Dschungels/Stärkeren.
loi-cadre [lwakadʀ(ə)] (pl ~**s**-~**s**) nf Rahmengesetz nt.
loin [lwɛ̃] adv (dans l'espace) weit; (dans le temps: passé) weit zurück; (: futur) fern; **plus** ~ weiter; **moins** ~ **(que)** nicht so weit (wie); ~ **de** weit von; **pas** ~ **de 1000 F** an die 1.000F; **au** ~ in der Ferne; **de** ~ von weitem; (de beaucoup) bei weitem; **il revient de** ~ (fig) er kommt von weit her; **de** ~ **en** ~ (par intervalles) hier und da; (de temps en temps) von Zeit zu Zeit; **aussi** ~ **que** so weit wie; ~ **de là** weit gefehlt.
lointain, e [lwɛ̃tɛ̃, ɛn] adj entfernt; (voyage) weit; (dans le passé) weit zurückliegend ♦ nm: **dans le** ~ in der Ferne.
loi-programme [lwapʀɔgʀam] (pl ~**s**-~**s**) nf Programmgesetz nt.
loir [lwaʀ] nm Siebenschläfer m.
Loire [lwaʀ] nf Loire f.
loisible [lwazibl] adj: **il vous est** ~ **de** es steht Ihnen frei, zu.
loisir [lwaziʀ] nm: **heures de** ~ Mußestunden pl; ~**s** nmpl (temps libre) Freizeit f; (activités) Freizeitgestaltung f; **avoir le** ~ **de faire qch** Zeit haben, etw zu tun; **(tout) à** ~ (en prenant son temps) in (aller) Ruhe; (autant qu'on le désire) nach Belieben.
lombaire [lɔ̃bɛʀ] adj (région, douleur) Kreuz-;

(vertèbre) Lenden-.
lombalgie [lɔ̃balʒi] nf Kreuzschmerzen pl.
Londres [lɔ̃dʀ] n London nt.
long, longue [lɔ̃, lɔ̃g] adj lang ♦ adv: **en dire** ~ viel sagen ♦ nm: **de 5 m de** ~ 5m lang ♦ nf: **à la longue** auf die Dauer; **faire** ~ **feu** im Sande verlaufen; **ne pas faire** ~ **feu** nicht lange dauern; **de longue date** alt; **de longue durée** von langer Dauer; **de longue haleine** langfristig; **être** ~ **à faire qch** lange dazu brauchen, etw zu tun; **en savoir** ~ sehr gut Bescheid wissen; **en** ~ längs; **(tout) le** ~ **de la rue** die Straße entlang; **tout au** ~ **de l'année/la vie** das ganze Jahr/Leben lang; **de** ~ **en large** kreuz und quer; **en** ~ **et en large** (fig) ausführlich.
longanimité [lɔ̃ganimite] nf Langmut f.
long-courrier [lɔ̃kuʀje] (pl ~-~**s**) nm (AVIAT) Langstreckenflugzeug nt.
longe [lɔ̃ʒ] nf (pour attacher) Strick m; (pour mener) Longe f; (CULIN) Lende f.
longer [lɔ̃ʒe] vt (en voiture) entlangfahren an +dat; (à pied) entlanggehen; (suj: mur, route) entlangführen an +dat.
longévité [lɔ̃ʒevite] nf Langlebigkeit f.
longiligne [lɔ̃ʒiliɲ] adj langgliedrig.
longitude [lɔ̃ʒityd] nf Länge f; **à 45 degrés de** ~ **nord** bei 45 Grad nördlicher Länge.
longitudinal, e, -aux [lɔ̃ʒitydinal, o] adj (en long) Längen-; (entaille, vallée) Längs-.
longtemps [lɔ̃tɑ̃] adv lange; **avant** ~ bald; **pendant** ~ lange; **je n'en ai pas pour** ~ ich brauche ou es dauert nicht lange; **mettre** ~ **à faire qch** lange brauchen, um etw zu tun; **ça ne va pas durer** ~ das dauert nicht lange; **il y a** ~ **que je travaille** ich arbeite schon lange; **il n'y a pas** ~ **que je travaille** ich arbeite noch nicht lange; **il y a** ~ **que je n'ai pas travaillé** ich arbeite schon lange nicht mehr.
longue [lɔ̃g] adj, nf voir **long**.
longuement [lɔ̃gmɑ̃] adv (longtemps) lang; (en détail) ausführlich.
longueur [lɔ̃gœʀ] nf Länge f; ~**s** nfpl Längen pl; **une** ~ **(de piscine)** eine Länge f; **tirer en** ~ sich in die Länge ziehen; **à** ~ **de journée** den lieben langen Tag, den ganzen Tag lang; **battre qn d'une** ~ jdn um eine Länge schlagen ► **longueur d'onde** Wellenlänge f.
longue-vue [lɔ̃gvy] (pl ~**s**-~**s**) nf Fernrohr nt.
looping [lupiŋ] nm Looping m.
lopin [lɔpɛ̃] nm: ~ **de terre** Stück nt Land.
loquace [lɔkas] adj redselig.
loque [lɔk] nf (fig: personne) Wrack nt; ~**s** nfpl (habits) Fetzen pl; **tomber en** ~**s** in Fetzen sein.
loquet [lɔkɛ] nm Riegel m.
lorgner [lɔʀɲe] vt (regarder) anstarren; (convoiter) liebäugeln mit.
lorgnette [lɔʀɲɛt] nf Opernglas nt.
lorgnon [lɔʀɲɔ̃] nm (face-à-main) Lorgnette f; (pince-nez) Zwicker m.
loriot [lɔʀjo] nm Pirol m.
lorrain, e [lɔʀɛ̃, ɛn] adj lothringisch ♦ nf: **la L**~

Lothringen nt ♦ nm/f: **L~**, e Lothringer(in) m(f); **quiche ~e** Quiche Lorraine f.

lors [lɔʀ] adv: ~ **de** (au moment de) anläßlich +gén; (pendant) während +gén; ~ **même que** selbst (dann), wenn.

lorsque [lɔʀsk] conj (passé) als; (présent et futur) wenn.

losange [lɔzɑ̃ʒ] nm Rhombus m, Raute f; **en ~** rautenförmig.

lot [lo] nm (part, portion) Anteil m; (de loterie) Los m; (destin) Los, Schicksal nt; (COMM) Sortiment nt; (INFORM) Batch nt; **un ~ de** (quantité) einige ► **lot de consolation** Trostpreis m.

loterie [lɔtʀi] nf (tombola) Lotterie f; (fig) Glückssache f ► **Loterie nationale** (französische) Staatslotterie f.

loti, e [lɔti] adj: **être bien/mal ~** es gut/schlecht getroffen haben.

lotion [losjɔ̃] nf Lotion f ► **lotion après rasage** Rasierwasser nt, Aftershave nt ► **lotion capillaire** Haarwasser nt.

lotir [lɔtiʀ] vt (diviser) parzellieren; (vendre) parzellenweise verkaufen.

lotissement [lɔtismɑ̃] nm (terrains bâtis) Siedlung f; (parcelle) Parzelle f.

loto [lɔto] nm (jeu d'enfant) Lottospiel nt; (loterie) Lotto nt.

lotte [lɔt] nf (de rivière) Quappe f; (de mer) Meereslotte f.

louable [lwabl] adj (appartement, garage) zu vermieten; (digne de louange) lobenswert; ~ **à l'année** mit Jahresmietvertrag zu vermieten.

louage [lwaʒ] nm: **voiture de ~** Mietwagen m.

louange [lwɑ̃ʒ] nf Lob nt; **~s** nfpl Lob nt; **à la ~ de qn** zu jds Lob.

loubard [lubaʀ] nm (junger) Rowdy m.

louche [luʃ] adj zwielichtig, dubios ♦ nf Schöpflöffel m.

loucher [luʃe] vi (personne) schielen; ~ **sur qch** nach etw schielen.

louer [lwe] vt (suj: propriétaire) vermieten; (: locataire) mieten; (réserver) reservieren; (faire l'éloge de: personne) loben; (: qualités, bontés, Dieu) preisen; **se ~ de qch** sich dat zu etw gratulieren; **se ~ d'avoir fait qch** sich dat dazu gratulieren, etw getan zu haben; **à ~** zu vermieten.

loufoque [lufɔk] (fam) adj verrückt.

loukoum [lukum] nm türkischer Honig m.

loulou [lulu] nm (chien): ~ **de Poméranie** Spitz m.

loup [lu] nm Wolf m; (poisson) Barsch m; (masque) Halbmaske f; **jeune ~** Jungdynamiker m ► **loup de mer** (marin) Seebär m.

loupe [lup] nf Lupe f; **à la ~** (fig) bis in die kleinste Einzelheit ► **loupe de noyer** (Walnuß)wurzelholz nt.

louper [lupe] (fam) vt (train etc) verpassen; (examen etc) durchfallen durch.

lourd, e [luʀ, luʀd] adj schwer; (démarche,

gestes) schwerfällig; (chaleur, temps) schwül, drückend; (nourriture, boisson) schwer (verdaulich); (style, plaisanterie) plump, schwerfällig ♦ adv: **peser ~** schwer wiegen ou sein; ~ **de conséquences** folgenschwer; ~ **de menaces** unheilverkündend, bedrohlich.

lourdaud, e [luʀdo, od] (péj) adj (au physique) schwerfällig; (au moral) flegelhaft.

lourdement [luʀdəmɑ̃] adv schwer; (insister, appuyer) heftig.

lourdeur [luʀdœʀ] nf Schwere f; (de démarche, gestes, style) Schwerfälligkeit f ► **lourdeur d'estomac** Magendrücken nt.

loustic [lustik] (fam) nm (farceur) Spaßmacher m; (type) Kerl m.

loutre [lutʀ] nf Fischotter m; (fourrure) Otterfell nt.

louve [luv] nf Wölfin f.

louveteau, x [luv(ə)to] nm Wolfsjunges nt; (scout) Wölfling m.

louvoyer [luvwaje] vi (NAUT) kreuzen; (fig) geschickt taktieren.

lover [lɔve]: **se ~** vpr (serpent) sich zusammenrollen.

loyal, e, -aux [lwajal, o] adj (fidèle) loyal, treu; (fair-play) fair.

loyalement [lwajalmɑ̃] adv (v adj) loyal; fair.

loyalisme [lwajalism] nm Loyalität f, Treue f.

loyauté [lwajote] nf (v adj) Loyalität f, Treue f; Fairneß f.

loyer [lwaje] nm Miete f ► **loyer de l'argent** Zinssatz m.

LSD [ɛlɛsde] sigle m (= Lysergsäurediäthylamid) LSD nt.

lu [ly] pp de **lire**.

lubie [lybi] nf Marotte f.

lubricité [lybʀisite] nf Lüsternheit f.

lubrifiant [lybʀifjɑ̃] nm Schmiermittel nt.

lubrifier [lybʀifje] vt schmieren.

lubrique [lybʀik] adj lüstern.

lucarne [lykaʀn] nf kleines Dachfenster nt.

lucide [lysid] adj (esprit) klar; (personne: conscient) bei klarem Verstand; (: perspicace) hellsichtig.

lucidité [lysidite] nf (v adj) Klarheit f; klarer Verstand m.

luciole [lysjɔl] nf Glühwürmchen nt.

lucratif, -ive [lykʀatif, iv] adj lukrativ, einträglich; **à but non ~** ≈ gemeinnützig.

ludique [lydik] adj Spiel-.

ludothèque [lydɔtɛk] nf Spielothek f.

luette [lɥɛt] nf Zäpfchen nt.

lueur [lɥœʀ] nf (pâle, d'espoir) Schimmer m; (rougeoyante, chaude) Glühen nt; (de désir, colère) Anflug m; (de raison, d'intelligence) Hauch m.

luge [lyʒ] nf Schlitten m; **faire de la ~** Schlitten fahren, rodeln.

lugeur, -euse [lyʒœʀ, øz] nm/f Rodler(in) m(f).

lugubre [lygybʀ] adj finster; (voix, musique)

düster.

lui[1] [lɥi] *pp de* **luire**.

================== *MOT-CLÉ*

lui[2] [lɥi] *pron* **1** (*objet indirect*: *personne*: *mâle*) ihm; (: *femelle*) ihr; (: *chose, animal*: *selon le genre du mot allemand*) ihm/ihr/ihm; **il lui a offert un cadeau** er hat ihm/ihr ein Geschenk gemacht **2** (*après préposition*: *avec accusatif*) ihn; (: *avec datif*) ihm; **elle est contente de lui** sie ist zufrieden mit ihm **3** (*dans comparaison*): **je la connais mieux que lui** (*que je ne le connais*) ich kenne sie besser als ihn; (*qu'il ne la connaît*) ich kenne sie besser als er; **elle est comme lui** sie ist wie er **4** (*forme emphatique*) er; **lui, il est à Paris** er, er ist in Paris; **c'est lui qui l'a fait** er hat es gemacht.

lui-même [lɥimɛm] *pron* er selbst; **il a une haute opinion de** ~-~ er hat eine hohe Meinung von sich; **il se contredit** ~-~ er widerspricht sich selbst; **il a agi de** ~-~ er hat aus eigenem Antrieb gehandelt.

luire [lɥiʀ] *vi* scheinen, leuchten; (*surface mouillée ou polie, reflet métallique*) glänzen; (*en rougeoyant*) glühen; (*yeux*) glänzen, leuchten.

luisant, e [lɥizɑ̃, ɑ̃t] *vb voir* **luire** ♦ *adj* (*métal*) glänzend; (*meuble*) schimmernd; (*étoiles*) leuchtend.

lumbago [lɔ̃bago] *nm* Hexenschuß *m*.

lumière [lymjɛʀ] *nf* Licht *nt*; (*éclaircissement*) Erleuchtung *f*; (*personne intelligente*) Leuchte *f*; **~s** *nfpl* (*d'une personne*) Geistesgaben *pl*; **à la** ~ **de** (*fig*) im Lichte +*gén*; **à la** ~ **électrique** bei elektrischem Licht; **faire de la** ~ Licht geben; **faire (toute) la** ~ **sur** (*fig*) gänzlich aufklären +*acc*; **mettre qch en** ~ (*fig*) etw ans Licht bringen; **le Siècle des** ~**s** die Aufklärung *f* ► **lumière du jour** Tageslicht *nt* ► **lumière du soleil** Sonnenlicht *nt*.

luminaire [lyminɛʀ] *nm* (*appareil*) Lampe *f*, Licht *nt*.

luminescent, e [lyminesɑ̃, ɑ̃t] *adj* (*tube*) Leuchtstoff-.

lumineux, -euse [lyminø, øz] *adj* (*corps, cadran, enseigne*) Leucht-; (*ciel, journée, couleur*) hell; (*PHYS*) Licht-; (*regard, teint*) klar.

luminosité [lyminozite] *nf* (*TECH*) Lichtstärke *f*.

lump [lœp] *nm*: **œufs de** ~ deutscher Kaviar *m*.

lunaire [lynɛʀ] *adj* Mond-.

lunatique [lynatik] *adj* launisch.

lunch [lœntʃ] *nm* (*réception*) Gabelfrühstück *nt*.

lundi [lœdi] *nm* Montag *m*; **on est** ~ heute ist Montag; **il est venu** ~ er ist am Montag gekommen; **le** ~ (*chaque lundi*) montags; **à** ~! bis Montag! ► **lundi de Pâques** Ostermontag *m* ► **lundi de Pentecôte** Pfingstmontag *m*.

lune [lyn] *nf* Mond *m*; **pleine** ~ Vollmond *m*; **nouvelle** ~ Neumond *m*; **être dans la** ~ (*distrait*) in höheren Regionen schweben ► **lune de miel** Flitterwochen *pl*.

luné, e [lyne] *adj*: **bien/mal** ~ gut/schlecht gelaunt.

lunette [lynɛt] *nf*: ~**s** *nfpl* Brille *f*; (*protectrices*) Schutzbrille *f* ► **lunette arrière** (*AUTO*) Heckscheibe *f* ► **lunette d'approche** Teleskop *nt* ► **lunettes de plongée** Taucherbrille *f* ► **lunettes de soleil** Sonnenbrille *f* ► **lunettes noires** dunkle Brille.

lurent [lyʀ] *vb voir* **lire**.

lurette [lyʀɛt] *nf*: **il y a belle** ~ vor zig Jahren.

luron [lyʀɔ̃] *nm*: **joyeux** *ou* **gai** ~ lockerer Vogel *m*.

lus [ly] *vb voir* **lire**.

lustre [lystʀ] *nm* (*de plafond*) Kronleuchter *m*; (*fig: éclat*) Glanz *m*.

lustrer [lystʀe] *vt* (*faire briller*) polieren; (*poil d'un animal*) striegeln; (*user*) glänzend machen.

lut [ly] *vb voir* **lire**.

luth [lyt] *nm* Laute *f*.

luthier [lytje] *nm* Geigenbauer *m*.

lutin [lytɛ̃] *nm* Kobold *m*.

lutrin [lytʀɛ̃] *nm* Lesepult *nt*.

lutte [lyt] *nf* Kampf *m*; (*SPORT*) Ringen *nt*; **de haute** ~ nach einem harten Kampf ► **lutte des classes** Klassenkampf *m* ► **lutte libre** (*SPORT*) Freistilringen *nt*.

lutter [lyte] *vi* kämpfen; (*SPORT*) ringen; ~ **pour/contre** kämpfen für/gegen.

lutteur, -euse [lytœʀ, øz] *nm/f* (*SPORT*) Ringer(in) *m(f)*; (*fig*) Kämpfer(in) *m(f)*.

luxation [lyksasjɔ̃] *nf* Ausrenken *nt*.

luxe [lyks] *nm* Luxus *m*; **de** ~ Luxus-.

Luxembourg [lyksɑ̃buʀ] *nm*: **le** ~ (*pays*) Luxemburg *nt*.

luxembourgeois, e [lyksɑ̃buʀʒwa, waz] *adj* luxemburgisch ♦ *nm/f*: **L**~, **e** Luxemburger(in) *m(f)*.

luxer [lykse] *vt*: **se** ~ **l'épaule/le genou** sich *dat* die Schulter/das Knie ausrenken.

luxueusement [lyksɥøzmɑ̃] *adv* luxuriös.

luxueux, -euse [lyksɥø, øz] *adj* luxuriös; (*maison*) prachtvoll.

luxure [lyksyʀ] *nf* Wollust *f*.

luxuriant, e [lyksyʀjɑ̃, jɑ̃t] *adj* üppig.

luzerne [lyzɛʀn] *nf* Luzerne *f*.

lycée [lise] *nm* Gymnasium *nt* ► **lycée technique** ≈ naturwissenschaftlich-technisches Gymnasium.

lycéen, ne [liseɛ̃, ɛn] *nm/f* Gymnasiast(in) *m(f)*.

lymphatique [lɛ̃fatik] *adj* (*fig*) apathisch, träge.

lyncher [lɛ̃ʃe] *vt* lynchen.

lynx [lɛ̃ks] *nm* Luchs *m*.

Lyon [liɔ̃] *n* Lyon *nt*.

lyonnais, e [liɔnɛ, ɛz] *adj* aus Lyon ♦ *nm/f*: **L**~, **e** Einwohner(in) *m(f)* von Lyon.

lyophilisé, e [ljɔfilize] *adj* gefriergetrocknet.

lyre [liʀ] *nf* Leier *f*.

lyrique [liʀik] *adj* lyrisch; **artiste** ~ Opernsänger(in) *m(f)*; **comédie** ~ komische Oper *f*.

lyrisme [liʀism] *nm* Lyrik *f*.

lys [lis] *nm* Lilie *f*.

M, m

M¹, m¹ [ɛm] *nm inv* (*lettre*) M, m *nt*; ~ **comme Marcel** ≈ M wie Martha.
M² [ɛm] *abr* = **Monsieur.**
m² [ɛm] *abr* (= *mètre*) m; (= *million*) Mio.
m' [m] *pron voir* **me.**
MA [ɛma] *sigle m* (= *maître auxiliaire*) *voir* **maître.**
ma [ma] *adj voir* **mon.**
maboul, e [mabul] (*fam*) *adj* bekloppt.
macabre [makabʀ] *adj* makaber.
macadam [makadam] *nm* Makadam *m.*
macaron [makaʀɔ̃] *nm* (*gâteau*) Makrone *f*; (*insigne*) rundes Etikett *nt*; (*natte*) (Haar)schnecke *f.*
macaroni [makaʀɔni] *nm* Makkaroni *pl*; ~ **au fromage** Käsemakkaroni *pl*; ~ **au gratin** Makkaroniauflauf *m.*
macédoine [masedwan] *nf*: ~ **de fruits** Obstsalat *m* ▶ **macédoine de légumes** gemischtes Gemüse *nt.*
macérer [maseʀe] *vt* einlegen ♦ *vi* eingelegt sein.
mâchefer [maʃfɛʀ] *nm* Schlacke *f.*
mâcher [maʃe] *vt* kauen; **ne pas ~ ses mots** kein Blatt vor den Mund nehmen; ~ **le travail à qn** jdm alles vorkauen.
machiavélique [makjavelik] *adj* machiavellistisch.
machin [maʃɛ̃] (*fam*) *nm* Ding(s) *nt*, Dingsda *nt*; **M~** (*fam*: *personne*) der Dingsda.
machinal, e, -aux [maʃinal, o] *adj* mechanisch.
machination [maʃinasjɔ̃] *nf* Machenschaften *pl.*
machine [maʃin] *nf* Maschine *f*; (*locomotive*) Lokomotive *f*; (*fig: rouages*) Maschinerie *f*; **M~** (*fam: personne*) die Dingsda *f*; **faire ~ arrière** (*NAUT*) rückwärts fahren; (*fig*) einen Rückzieher machen ▶ **machine à coudre** Nähmaschine *f* ▶ **machine à écrire** Schreibmaschine *f* ▶ **machine à laver** Waschmaschine *f* ▶ **machine à sous** Spielautomat *m* ▶ **machine à tricoter** Strickmaschine *f* ▶ **machine à vapeur** Dampfmaschine *f.*
machine-outil [maʃinuti] (*pl* ~**s**-~**s**) *nf* Werkzeugmaschine *f.*
machinerie [maʃinʀi] *nf* Maschinen *pl*; (*d'un navire*) Maschinenraum *m.*
machinisme [maʃinism] *nm* Mechanisierung *f.*
machiniste [maʃinist] *nm* (*THÉÂT*) Bühnentechniker *m*; (*de bus, métro*) Busfahrer *m.*
mâchoire [maʃwaʀ] *nf* Kiefer *m*; (*TECH*) Backe *f* ▶ **mâchoire de frein** Bremsbacke *f.*

mâchonner [maʃɔne] *vt* herumkauen auf +*dat.*
mâcon [makɔ̃] *nm* Macon-Wein *m.*
maçon [masɔ̃] *nm* Maurer *m.*
maçonner [masɔne] *vt* (*revêtir*) verputzen; (*boucher*) zumauern.
maçonnerie [masɔnʀi] *nf* (*activité*) Maurerarbeit *f*; (*murs*) Mauerwerk *nt.*
maçonnique [masɔnik] *adj* Freimaurer-.
macramé [makʀame] *nm* Makramee *nt.*
macrobiotique [makʀɔbjɔtik] *adj* makrobiotisch.
macrocosme [makʀɔkɔsm] *nm* Makrokosmos *m.*
macro-économie [makʀoekɔnɔmi] *nf* Makroökonomie *f.*
macrophotographie [makʀofɔtɔgʀafi] *nf* Vergrößerungsphotographie *f.*
macroscopique [makʀɔskɔpik] *adj* makroskopisch.
maculer [makyle] *vt* beschmutzen; (*TYPO*) verschmieren.
Madagascar [madagaskaʀ] *nf* Madagaskar *nt.*
Madame [madam] (*pl* **Mesdames**) *nf*: ~ **Dupont** Frau Dupont; **occupez-vous de** ~ würden Sie bitte die Dame bedienen; **bonjour,** ~ guten Tag; (*si le nom est connu*) guten Tag, Frau X; **m~!** (*pour appeler*) Entschuldigung!; (**chère**) ~ (*sur lettre*) sehr geehrte Frau X; **m~ la directrice** Frau Direktor; **Mesdames** meine Damen.
Madeleine [madlɛn] *nf*: **les îles de la** ~ die Magdalenen-Inseln *pl.*
madeleine [madlɛn] *nf* Madeleine *nt* (*kleines rundes Sandplätzchen*).
Mademoiselle [madmwazɛl] (*pl* **mesdemoiselles**) *nf* Fräulein *nt* (*ne s'utilise pratiquement plus*), Frau *f*; *voir aussi* **Madame.**
madère [madɛʀ] *nm* Madeira *m.*
madone [madɔn] *nf* Madonna *f.*
madré, e [madʀe] *adj* schlau, raffiniert.
Madrid [madʀid] *n* Madrid *nt.*
madrier [madʀije] *nm* Balken *m.*
madrigal, -aux [madʀigal, o] *nm* Madrigal *nt.*
madrilène [madʀilɛn] *adj* Madrider.
maestria [maɛstʀija] *nf* Meisterschaft *f*, Kunstfertigkeit *f.*
maestro [maɛstʀo] *nm* Maestro *m.*
maf(f)ia [mafja] *nf* Maf(f)ia *f.*
magasin [magazɛ̃] *nm* (*boutique*) Geschäft *nt*, Laden *m*; (*entrepôt*) Lager *nt*; (*d'une arme, PHOTO*) Magazin *nt*; **en** ~ auf Lager; **faire les** ~**s** einen Einkaufsbummel machen ▶ **magasin d'alimentation** Lebensmittelgeschäft *nt.*
magasinier [magazinje] *nm* Lagerist *m.*
magazine [magazin] *nm* (*revue*) Zeitschrift *f*; (*radiodiffusé, télévisé*) Magazin *nt.*
mage [maʒ] *nm*: **les Rois** ~**s** die Heiligen Drei Könige *pl.*
Maghreb [magʀɛb] *nm* Maghreb *m.*
maghrébin, e [magʀebɛ̃, in] *adj* maghrebinisch ♦ *nm/f*: **M~, e** ≈ Nordafrikaner(in) *m(f)*, Maghrebiner(in) *m(f).*

magicien, ne [maʒisjɛ̃, jɛn] *nm/f* Zauberer *m*, Zauberin *f*.

magie [maʒi] *nf* (*alchimie, sorcellerie*) Magie *f*; (*charme, séduction*) Zauber *m* ▸ **magie noire** schwarze Magie.

magique [maʒik] *adj* (*occulte*) magisch; (*fig*) wunderbar.

magistral, e, -aux [maʒistʀal, o] *adj* (*œuvre, adresse*) meisterhaft; (*ton*) meisterlich; (*gifle etc*) kräftig; **enseignement/cours** ~ Vorlesung *f*/Kursus *m*.

magistralement [maʒistʀalmɑ̃] *adv* meisterlich.

magistrat [maʒistʀa] *nm* (*JUR*) ≈ (Friedens)richter *m*.

magistrature [maʒistʀatyʀ] *nf* (*charge*) Richteramt *nt*; (*corps*) Gerichtswesen *nt* ▸ **magistrature assise** Richterstand *m* ▸ **magistrature debout** Staatsanwaltschaft *f*.

magma [magma] *nm* Magma *nt*; (*fig*) (unentwirrbares) Durcheinander *nt*.

magnanime [maɲanim] *adj* großmütig, großherzig.

magnanimité [maɲanimite] *nf* Großmut *f*, Großherzigkeit *f*.

magnat [magna] *nm* Magnat *m*; ~ **de la presse** Pressezar *m*.

magner [maɲe]: **se** ~ (*fam*) *vpr* sich beeilen.

magnésie [maɲezi] *nf* Magnesia *f*.

magnésium [maɲezjɔm] *nm* Magnesium *nt*.

magnétique [maɲetik] *adj* magnetisch; (*champ*) Magnet-.

magnétiser [maɲetize] *vt* magnetisieren; (*fig: fasciner*) faszinieren.

magnétiseur, -euse [maɲetizœʀ, øz] *nm/f* ≈ Handaufleger(in) *m(f)*.

magnétisme [maɲetism] *nm* Magnetismus *m*; (*fig: charme, fascination*) Faszination *f*, Anziehungskraft *f*.

magnéto [maɲeto] *nf* Magnetzünder *m*.

magnétocassette [maɲetokasɛt] *nm* Kassettenrecorder *m*.

magnétophone [maɲetɔfɔn] *nm* Tonbandgerät *nt* ▸ **magnétophone à cassettes** Kassettenrecorder *m*.

magnétoscope [maɲetɔskɔp] *nm* Videorecorder *m*.

magnificence [maɲifisɑ̃s] *nf* (*splendeur*) Pracht *f*; (*générosité*) Freigebigkeit *f*.

magnifier [maɲifje] *vt* (*glorifier*) verherrlichen; (*idéaliser*) idealisieren.

magnifique [maɲifik] *adj* (*somptueux*) großartig; (*splendide*) herrlich.

magnifiquement [maɲifikmɑ̃] *adv* (*très bien*) wunderbar.

magnolia [maɲɔlja] *nm* Magnolie *f*.

magnum [magnɔm] *nm* Magnum(flasche) *f*.

magot [mago] *nm* (*somme d'argent*) Geldberge *pl*; (*économies*) Erspartes *nt*.

magouille [maguj] (*fam*) *nf* finstere Geschäfte *pl*.

mahométan, e [maɔmetɑ̃, an] *adj* mohammedanisch.

mai [mɛ] *nm* Mai *m*; *voir aussi* **juillet**.

maigre [mɛgʀ] *adj* mager; (*repas, végétation, moisson etc*) dürftig, spärlich ♦ *adv*: **faire** ~ kein Fleisch essen; **jours** ~**s** Fastentage *pl*.

maigrelet, -ette [mɛgʀəlɛ, ɛt] *adj* dürr.

maigreur [mɛgʀœʀ] *nf* (*de personne, viande*) Magerkeit *f*; (*de repas, végétation*) Spärlichkeit *f*, Dürftigkeit *f*.

maigrichon, -onne [megʀiʃɔ̃, ɔn] *adj* schmächtig, mickerig.

maigrir [megʀiʀ] *vi* abnehmen, abmagern ♦ *vt*: ~ **qn** (*vêtement*) jdn schlank machen.

mailing [meliŋ] *nm* Postwurfsendung *f*.

maille [maj] *nf* Masche *f*; (*dans un filet etc*) Loch *nt*; **avoir** ~ **à partir avec qn** noch ein Hühnchen mit jdm zu rupfen haben ▸ **maille à l'endroit/à l'envers** rechte/linke Masche.

maillechort [majʃɔʀ] *nm* Neusilber *nt*.

maillet [majɛ] *nm* (*outil*) Holzhammer *m*; (*de croquet*) Schläger *m*.

maillon [majɔ̃] *nm* (*d'une chaîne*) Glied *nt*.

maillot [majo] *nm* (*de corps*) Unterhemd *nt*; (*de danseur*) Trikot *nt*; (*de sportif*) (Sport)trikot ▸ **maillot de bain** Badeanzug *m*; (*d'homme*) Badehose *f* ▸ **maillot de corps** Unterhemd ▸ **maillot deux pièces** zweiteiliger Badeanzug, Bikini *m* ▸ **maillot jaune** gelbes Trikot.

main [mɛ̃] *nf* Hand *f*; (*TYPO: de papier*) Buch *nt* (*25 Blatt Papier*); **la** ~ **dans la** ~ Hand in Hand; **à deux** ~**s** mit beiden Händen; **à la** ~ (*tenir, avoir*) in den Händen, in der Hand; (*faire, tricoter etc*) von Hand; **se donner la** ~ sich *dat* die Hand geben; **donner** *ou* **tendre la** ~ **à qn** jdm die Hand reichen; **se serrer la** ~ sich die Hände schütteln; **serrer la** ~ **à qn** jdm die Hand geben; **demander la** ~ **d'une femme** um die Hand einer Frau *gén* anhalten; **sous la** ~ unter der Hand; **haut les** ~**s!** Hände hoch!; **à** ~ **levée** (*ART*) Freihand-; **à** ~**s levées** (*voter*) durch Handheben; **attaque à** ~ **armée** bewaffneter Überfall *m*; **à** ~ **droite/gauche** nach rechts/links; **de première** ~ aus erster Hand; **de** ~ **de maître** meisterlich; **à remettre en** ~**s propres** eigenhändig zu übergeben; **faire** ~ **basse sur qch** sich bedienen bei etw; **mettre la dernière** ~ **à qch** letzte Hand an etw *acc* legen; **mettre la** ~ **à la pâte** (*fig*) ordentlich zupacken; **avoir qch/qn bien en** ~ etw/jdn gut in der Hand haben; **prendre qch en** ~ etw in die Hand nehmen; **avoir/céder** *ou* **passer la** ~ (*CARTES*) herauskommen/abgeben; **forcer la** ~ **à qn** jdn zwingen; **s'en laver les** ~**s** (*fig*) seine Hände in Unschuld waschen; **se faire la** ~ sich einarbeiten; **perdre la** ~ die Übung verlieren; **en un tour de** ~ im Handumdrehen ▸ **main courante** Handlauf *m*.

mainate [mɛnat] *nm* Hirtenstar *m*.

main-d'œuvre [mɛ̃dœvʀ] (*pl* ~**s**-~) *nf* (*façon*) Arbeit *f*; (*ouvriers*) Arbeitskräfte *pl*.

main-forte [mɛ̃fɔʀt] *nf*: **prêter** ~-~ **à qn** jdm beistehen.

mainmise [mɛ̃miz] *nf* Inbesitznahme *f*; **avoir la**

~ **sur** die Macht haben über +*acc.*

maint, e [mɛ̃, mɛ̃t] *adj* manche(r, s); **à ~es reprises** immer wieder.

maintenance [mɛ̃t(ə)nɑ̃s] *nf* (*entretien*) Wartung *f.*

maintenant [mɛ̃t(ə)nɑ̃] *adv* jetzt; ~ **que** jetzt, wo *ou* da.

maintenir [mɛ̃t(ə)niʀ] *vt* halten; (*garder, affirmer, confirmer*) aufrechterhalten; **se maintenir** *vpr* anhalten, andauern; (*santé*) gleich bleiben; (*préjugé, malade*) sich halten.

maintien [mɛ̃tjɛ̃] *nm* Haltung *f*; (*d'opinion etc*) Aufrechterhaltung *f*; ~ **de l'ordre** Aufrechterhaltung der Ordnung.

maintiendrai [mɛ̃tjɛ̃dʀe] *vb voir* **maintenir.**

maintiens [mɛ̃tjɛ̃] *vb voir* **maintenir.**

maire [mɛʀ] *nm* Bürgermeister(in) *m(f).*

mairie [meʀi] *nf* (*endroit*) Rathaus *nt*; (*administration*) Stadtverwaltung *f.*

mais [mɛ] *conj* aber; ~ **non!** nein, nein!; ~ **enfin!** (*indignation*) also wirklich!

maïs [mais] *nm* Mais *m.*

maison [mɛzɔ̃] *nf* (*bâtiment*) Haus *nt*; (*chez-soi, demeure*) Zuhause *nt*; (*COMM*) Firma *f* ♦ *adj inv* (*fam: bagarre etc*) wahnsinnig; **pâté/tarte ~** selbstgemachte Pastete *f*/Torte *f*; (*dans un restaurant*) Pastete/Torte Hausmacherart; **à la ~** zu Hause; (*direction*) nach Hause; **fils/ami de la ~** Sohn/Freund des Hauses ► **Maison Blanche** Weißes Haus *nt* ► **maison centrale** Zuchthaus *nt* ► **maison close** Freudenhaus *nt* ► **maison d'arrêt** Untersuchungsgefängnis *nt* ► **maison de campagne** Landhaus *nt* ► **maison de correction** Besserungsanstalt *f* ► **maison de la culture** ≈ Kulturzentrum *nt* ► **maison de passe** Freudenhaus ► **maison de repos** Erholungsheim *nt* ► **maison de retraite** Altersheim *nt* ► **maison de santé** Heilanstalt *f* ► **maison des jeunes et de la culture** Jugend- und Kulturzentrum *nt* ► **maison mère** Stammhaus *nt.*

maisonnée [mɛzɔne] *nf* Haushalt *m.*

maisonnette [mɛzɔnɛt] *nf* Häuschen *nt.*

maître, -esse [mɛtʀ, mɛtʀɛs] *nm/f* (*dirigeant*) Herr(in) *m(f)*; (*propriétaire*) Eigentümer(in) *m(f)*; (*SCOL*) Lehrer(in) *m(f)* ♦ *nm* (*artiste*) Meister *m* ♦ *nf* (*amante*) Geliebte *f*, Mätresse *f* ♦ *adj* (*principal, essentiel*) wesentlich, Haupt-; (*carte*) Trumpf-; **M~** (*titre: JUR*) Herr *m* (*vor dem Namen eines Rechtsanwaltes oder Notars*); **maison de ~** Herrenhaus *nt*; **être ~ de** beherrschen; **être/rester ~ de la situation** Herr der Lage sein/bleiben; **se rendre ~ de qch** etw unter Kontrolle bekommen; **être passé ~ dans l'art de qch** etw meisterhaft beherrschen; **une maîtresse femme** eine energische Frau ► **maître à penser** geistiger Führer *m* ► **maître assistant** (*UNIV*) ≈ Dozent(in) *m(f)* ► **maître auxiliaire** (*SCOL*) Aushilfslehrer *m* ► **maître chanteur** Erpresser *m* ► **maître d'armes** Fechtmeister *m* ► **maître/maîtresse d'école** Lehrer(in) *m(f)* ► **maître d'hôtel** (*do-*

mestique) Butler *m*; (*restaurant*) Oberkellner *m* ► **maître d'œuvre** (*CONSTR*) Vorarbeiter *m* ► **maître d'ouvrage** (*CONSTR*) Bauherr *m* ► **maître de chapelle** Chorleiter *m* ► **maître de conférences** (*UNIV*) Dozent(in) *m(f)* ► **maître/maîtresse de maison** Hausherr(in) *m(f)* ► **maître nageur** Rettungsschwimmer *m* ► **maître queux** Chefkoch *m.*

maître-autel [mɛtʀotɛl] (*pl* ~**s-**~**s**) *nm* Hochaltar *m.*

maîtresse [mɛtʀɛs] *nf voir* **maître.**

maîtrise [metʀiz] *nf* (*aussi*: ~ **de soi**) Selbstbeherrschung *f*; (*habileté*) Können *nt*; (*domination*) Herrschaft *f*; (*diplôme*) ≈ Magisterwürde *f*; (*contremaîtres et chefs d'équipe*) Aufsicht *f.*

maîtriser [metʀize] *vt* (*cheval, forcené etc*) bändigen; (*incendie*) unter Kontrolle bringen; (*sujet*) meistern, beherrschen; (*émotion*) beherrschen; **se maîtriser** *vpr* sich beherrschen.

majesté [maʒɛste] *nf* Majestät *f*; **Sa/Votre M~** Seine/Ihre Majestät.

majestueusement [maʒɛstɥøzmɑ̃] *adv* majestätisch.

majestueux, -euse [maʒɛstɥø, øz] *adj* majestätisch.

majeur, e [maʒœʀ] *adj* (*important*) wichtig; (*JUR*) mündig; (*fig*) verantwortlich; (*MUS: intervalle*) groß; (: *gamme*) Dur- ♦ *nm/f* (*JUR*) Volljährige(r) *f(m)* ♦ *nm* (*doigt*) Mittelfinger *m*; **en ~e partie** größtenteils; **la ~e partie de** der größere Teil +*gén.*

major [maʒɔʀ] *nm* (*MIL*) Major *m*; ~ **de la promotion** Jahrgangsbester *m.*

majoration [maʒɔʀasjɔ̃] *nf* Erhöhung *f.*

majordome [maʒɔʀdɔm] *nm* Oberkellner *m.*

majorer [maʒɔʀe] *vt* erhöhen.

majorette [maʒɔʀɛt] *nf* Majorette *f.*

majoritaire [maʒɔʀitɛʀ] *adj* Mehrheits-; **système** *ou* **scrutin ~** Mehrheitssystem *nt.*

majorité [maʒɔʀite] *nf* (*JUR*) Mehrheit *f*; (*JUR*) Volljährigkeit *f*; **en ~** hauptsächlich; **avoir la ~** die Mehrheit haben; **la ~ silencieuse** die schweigende Mehrheit ► **majorité absolue** absolute Mehrheit ► **majorité civile** Bürgerrechte *pl* ► **majorité électorale** Wahlrecht *nt* ► **majorité pénale** Strafmündigkeit *f* ► **majorité relative** relative Mehrheit.

Majorque [maʒɔʀk] *nf* Mallorca *nt.*

majuscule [maʒyskyl] *adj, nf*: **(lettre)** ~ Großbuchstabe *m.*

mal, maux [mal, mo] *nm* Böse *nt*; (*malheur*) Übel *nt*; (*douleur physique*) Schmerz *m*; (*maladie*) Krankheit *f*; (*difficulté, peine*) Schwierigkeit *f*, Mühe *f*; (*souffrance morale*) Leiden *nt* ♦ *adv* schlecht ♦ *adj inv* (*opposé à bien*): **c'est ~ (de faire qch)** es ist schlecht(, etw zu tun); **être ~** (*mal installé*) sich nicht wohl fühlen; **se sentir** *ou* **se trouver ~** sich nicht wohl fühlen; **être ~ avec qn** mit jdm schlecht stehen; **il comprend ~** er versteht schlecht; **il a ~ compris** er hat es mißverstanden; ~ **tourner**

sich zum Schlechten wenden; **craignant** ~ **faire** aus Angst, etwas falsch zu machen; ~ **en point** nicht in Höchstform; **dire du** ~ **de qn** schlecht von jdm reden; **ne vouloir de** ~ **à personne** niemandem übelwollen; **il n'a rien fait de** ~ er hat nichts Böses getan; **penser du** ~ **de qn** über jdn schlecht denken; **ne voir aucun** ~ **à** nichts Schlechtes sehen in +*dat*; **avoir du** ~ **à faire qch** Mühe haben, etw zu tun; **sans penser** *ou* **songer à** ~ ohne sich etwas Schlimmes dabei zu denken; **faire du** ~ **à qn** jdm wehtun; **il n'y a pas de** ~ da ist nichts Schlimmes dabei; **se donner du** ~ **pour faire qch** sich Mühe geben, etw zu tun; **se faire** ~ sich weh tun; **se faire** ~ **au pied** sich am Fuß verletzen; **ça fait** ~ das tut weh; **j'ai** ~ **(ici)** mir tut es (hier) weh; **j'ai** ~ **au dos** ich habe Rückenschmerzen; **avoir** ~ **à la tête/aux dents** Kopf-/Zahnschmerzen haben; **avoir des maux de ventre** Bauchschmerzen haben; **j'ai** ~ **au cœur** mir ist schlecht; **avoir le** ~ **de l'air** luftkrank sein; **avoir le** ~ **du pays** Heimweh haben; **elle a pris** ~ es wurde ihr schlecht ► **mal de la route** Reisekrankheit *f* (*beim Autofahren*) ► **mal de mer** Seekrankheit *f*.

malabar [malabaʀ] *nm* (*fam*) Muskelprotz *m*.

malade [malad] *adj* krank ♦ *nm/f* Kranke(r) *f(m)*; **tomber** ~ krank werden; **être** ~ **du cœur** herzleidend *ou* herzkrank sein; ~ **mental** Geisteskranke(r) *f(m)*; **grand** ~ Schwerkranke(r) *f(m)*.

maladie [maladi] *nf* Krankheit *f* ► **maladie infantile** Kinderkrankheit *f* ► **maladie de peau** Hautkrankheit *f*.

maladif, -ive [maladif, iv] *adj* (*personne*) kränkelnd; (*pâleur*) kränklich; (*curiosité, besoin, peur*) krankhaft.

maladresse [maladʀɛs] *nf* Ungeschicklichkeit *f*.

maladroit, e [maladʀwa, wat] *adj* ungeschickt; (*balourd*) linkisch.

maladroitement [maladʀwatmɑ̃] *adv* ungeschickt.

mal-aimé, e [maleme] (*pl* ~-~**s, es**) *nm/f* Ungeliebte(r) *f(m)*.

malais, e [malɛ, ɛz] *adj* malaiisch ♦ *nm/f*: **M~,** Malaie *m*, Malaiin *f*.

malaise [malɛz] *nm* (*MÉD*) Unwohlsein *nt*; (*inquiétude*) Unbehagen *nt*; (*mécontentement*) Unzufriedenheit *f*; **avoir un** ~ sich nicht wohl fühlen.

malaisé, e [maleze] *adj* schwer, schwierig.

Malaisie [malɛzi] *nf*: **la péninsule de** ~ die malaysische Halbinsel *f*.

malappris, e [malapʀi, iz] *nm/f* Flegel *m*.

malaria [malaʀja] *nf* Malaria *f*.

malavisé, e [malavize] *adj* unbedacht.

Malawi [malawi] *nm*: **le** ~ Malawi *nt*.

malaxer [malakse] *vt* (*pétrir*) weichkneten; (*mêler*) verkneten.

malaxeur [malaksœʀ] *nm* (*TECH*) Mischer *m*.

Malaysia [malɛzja] *nf*: **la** ~ Malaysia *nt*.

malchance [malʃɑ̃s] *nf* Pech *nt*; (*mésaventure*) Ungeschick *nt*; **par** ~ unglücklicherweise; **quelle** ~! so ein Pech!

malchanceux, -euse [malʃɑ̃sø, øz] *adj* unglücklich.

malcommode [malkɔmɔd] *adj* unpraktisch.

Maldives [maldiv] *nfpl* Malediven *pl*.

maldonne [maldɔn] *nf* (*CARTES*) falsches Geben *nt*; **il y a** ~ (*fig*) es liegt ein Mißverständnis vor.

mâle [mɑl] *nm* Mann *m* ♦ *adj* männlich; **prise** ~ (*ÉLEC*) Stecker *m*; **souris** ~ Mäuserich *m*.

malédiction [malediksjɔ̃] *nf* Fluch *m*.

maléfice [malefis] *nm* Verhexung *f*, Verzauberung *f*.

maléfique [malefik] *adj* böse.

malencontreusement [malɑ̃kɔ̃tʀøzmɑ̃] *adv* unglückseligerweise.

malencontreux, -euse [malɑ̃kɔ̃tʀø, øz] *adj* unangenehm, ärgerlich.

malentendant, e [malɑ̃tɑ̃dɑ̃, ɑ̃t] *nm/f*: **les** ~**s** die Schwerhörigen *pl*.

malentendu [malɑ̃tɑ̃dy] *nm* Mißverständnis *nt*.

malfaçon [malfasɔ̃] *nf* Fehler *m*.

malfaisant, e [malfəzɑ̃, ɑ̃t] *adj* (*être*) boshaft; (*idées, influence*) schädlich.

malfaiteur [malfɛtœʀ] *nm* Übeltäter *m*.

malfamé, e [malfame] *adj* anrüchig, verrufen.

malformation [malfɔʀmasjɔ̃] *nf* Mißbildung *f*.

malfrat [malfʀa] *nm* (*fam*) Gauner *m*.

malgache [malgaʃ] *adj* madegassisch ♦ *nm/f*: **M~** Madegasse *m*, Madegassin *f*.

malgré [malgʀe] *prép* trotz +*gén ou dat*; ~ **soi/lui** gegen seinen Willen; ~ **tout** trotz allem.

malhabile [malabil] *adj* unbeholfen.

malheur [malœʀ] *nm* Unglück *nt*; **par** ~ unglücklicherweise; **quel** ~! so ein Unglück!; **faire un** ~ (*fam*: *un éclat*) Unheil anrichten; (: *avoir du succès*) großes Aufsehen erregen.

malheureusement [malœʀøzmɑ̃] *adv* unglücklicherweise, leider.

malheureux, -euse [malœʀø, øz] *adj* unglücklich; (*regrettable*) bedauerlich; (*malchanceux*: *personne*) glücklos; (: *entreprise, tentative*) un(glück)selig; (*insignifiant*) unbedeutend ♦ *nm/f* Arme(r) *f(m)*; **la malheureuse femme/victime** die arme Frau/das arme Opfer.

malhonnête [malɔnɛt] *adj* unredlich, unlauter.

malhonnêtement [malɔnɛtmɑ̃] *adv* unredlich.

malhonnêteté [malɔnɛtte] *nf* Unredlichkeit *f*, Unlauterkeit *f*.

Mali [mali] *nm*: **le** ~ Mali *nt*.

malice [malis] *nf* Bosheit *f*; **par** ~ aus purer Bosheit; **sans** ~ ohne Arg.

malicieusement [malisjøzmɑ̃] *adv* schelmisch.

malicieux, -ieuse [malisjø, jøz] *adj* schelmisch.

malien, ne [maljɛ̃, ɛn] *adj* aus Mali ♦ *nm/f*: **M~, ne** Einwohner(in) *m(f)* von Mali.

malignité [maliɲite] *nf* (*MÉD*) Bösartigkeit *f*.

malin, -igne [malɛ̃, maliɲ] *adj* clever, schlau; (*malicieux*) schalkhaft; (*MÉD*) bösartig; **faire le** ~ **angeben**; **éprouver un** ~ **plaisir à** etw mit Schadenfreude tun; **c'est** ~! (*iro*) das ist ja genial!

malingre [malɛ̃gʀ] *adj* schwächlich.

malintentionné, e [malɛ̃tɑ̃sjɔne] *adj* böswillig, bösartig.

malle [mal] *nf* großer Reisekoffer *m*; ~ **arrière** (*AUTO*) Kofferraum *m*.

malléable [maleabl] *adj* formbar; (*personne, caractère*) beeinflußbar, formbar.

mallette [malɛt] *nf* (*valise*) Köfferchen *nt*; (*pour documents*) Aktenkoffer *m* ▶**mallette de voyage** Handkoffer *m*.

malmener [malməne] *vt* (*maltraiter*) grob behandeln; (*fig*) hart angreifen.

malnutrition [malnytʀisjɔ̃] *nf* schlechte Ernährung *f*.

malodorant, e [malɔdɔʀɑ̃, ɑ̃t] *adj* übelriechend.

malotru, e [malɔtʀy] *nm/f* Lümmel *m*, Flegel *m*.

malouin, e [malwɛ̃, in] *adj* aus Saint-Malo ♦ *nm/f* Einwohner(in) *m(f)* von Saint-Malo ♦ *nfpl*: **les M~es** die Falkland-Inseln *pl*.

malpoli, e [malpɔli] *adj* unhöflich.

malpropre [malpʀɔpʀ] *adj* schmutzig; (*travail*) gepfuscht; (*malhonnête*) unanständig.

malpropreté [malpʀɔpʀəte] *nf* Unsauberkeit *f*.

malsain, e [malsɛ̃, ɛn] *adj* (*humidité, logement*) gesundheitsschädlich; (*esprit, curiosité*) krankhaft.

malséant, e [malseɑ̃, ɑ̃t] *adj* unschicklich.

malsonnant, e [malsɔnɑ̃, ɑ̃t] *adj* anstößig.

malt [malt] *nm* Malz *nt*; **whisky pur** ~ Maltwhisky *m*.

maltais, e [maltɛ, ɛz] *adj* maltesisch ♦ *nm/f*: **M~, e** Malteser(in) *m(f)*.

Malte [malt] *nf* Malta *nt*.

malté, e [malte] *adj* gemalzt.

maltraiter [maltʀete] *vt* mißhandeln; (*fig*) hart angreifen.

malus [malys] *nm* Erhöhung der Versicherungsprämie nach Autounfällen.

malveillance [malvɛjɑ̃s] *nf* (*hostilité*) Feindseligkeit *f*; (*intention de nuire*) Böswilligkeit *f*; (*JUR*) böse Absicht *f*.

malveillant, e [malvɛjɑ̃, ɑ̃t] *adj* feindselig.

malvenu, e [malvəny] *adj*: **être** ~ **de** *ou* **à faire qch** nicht das Recht haben, etw zu tun.

malversation [malvɛʀsasjɔ̃] *nf* Unterschlagung *f*, Veruntreuung *f*.

maman [mamɑ̃] *nf* Mama *f*.

mamelle [mamɛl] *nf* Zitze *f*.

mamelon [mam(ə)lɔ̃] *nm* (*ANAT*) Brustwarze *f*; (*petite colline*) Hügel *m*.

mamie [mami] (*fam*) *nf* Oma *f*.

mammifère [mamifɛʀ] *nm* Säugetier *nt*.

mammouth [mamut] *nm* Mammut *nt*.

manager [manadʒɛʀ] *nm* Manager(in) *m(f)*; (*SPORT*) Trainer(in) *m(f)*; ~ **commercial** Marketingmanager *m*.

manceau, -elle [mɑ̃so, ɛl] *adj* aus le Mans ♦ *nm/f*: **M~, -elle** Bewohner(in) *m(f)* von le Mans.

manche [mɑ̃ʃ] *nf* Ärmel *m*; (*d'un jeu, tournoi*) Runde *f* ♦ *nm* Griff *m*; (*de violon, guitare*) Hals *m*; **la M~** (*GÉO*) der Ärmelkanal; **faire la** ~ den Hut herumgehen lassen; **se débrouiller comme un** ~ (*maladroit*) zwei linke Hände haben ▶**manche à air** *nf* (*AVIAT*) Windsack *m* ▶**manche à balai** *nm* (*AVIAT*) Steuerknüppel *m*; (*INFORM*) Joystick *m*.

manchette [mɑ̃ʃɛt] *nf* (*de chemise*) Manschette *f*; (*coup*) Schlag *m* (mit dem Unterarm); (*titre*) Schlagzeile *f*; **faire la** ~ **des journaux** in die Schlagzeilen kommen.

manchon [mɑ̃ʃɔ̃] *nm* (*de fourrure*) Muff *m* ▶**manchon (à incandescence)** Glühstrumpf *m*.

manchot, e [mɑ̃ʃo, ɔt] *adj* (*d'un bras*) einarmig ♦ *nm* (*ZOOL*) Pinguin *m*.

mandarine [mɑ̃daʀin] *nf* Mandarine *f*.

mandat [mɑ̃da] *nm* (*postal*) Postanweisung *f*; (*d'un député, président*) Mandat *nt*; (*procuration*) Vollmacht *f*; **toucher un** ~ eine Postanweisung erhalten ▶**mandat d'amener** Vorladung *f* ▶**mandat d'arrêt** Haftbefehl *m* ▶**mandat de perquisition** Durchsuchungsbefehl *m*.

mandataire [mɑ̃datɛʀ] *nm/f* Bevollmächtigte(r) *f(m)*, Vertreter(in) *m(f)*.

mandat-carte [mɑ̃dakaʀt] (*pl* ~**s-**~**s**) *nm* Postanweisung *f* als Postkarte.

mandater [mɑ̃date] *vt* bevollmächtigen; (*député*) ein Mandat geben +*dat*.

mandat-lettre [mɑ̃dalɛtʀ] (*pl* ~**s-**~**s**) *nm* Postanweisung *f*.

mandchou, e [mɑ̃tʃu] *adj* mandschurisch.

mander [mɑ̃de] *vt* kommen lassen.

mandibule [mɑ̃dibyl] *nf* (*de personne*) Unterkiefer(knochen) *m*; (*d'insecte*) Mundwerkzeuge *pl*.

mandoline [mɑ̃dɔlin] *nf* Mandoline *f*.

manège [manɛʒ] *nm* (*école d'équitation*) Reitschule *f*; (*à la foire*) Manege *f*; (*d'un cirque*) Karussell *nt*; (*fig: manœuvre*) Schliche *pl*; **faire un tour de** ~ Karussell fahren ▶**manège de chevaux de bois** Pferdekarussell *nt*.

manette [manɛt] *nf* Hebel *m*.

manganèse [mɑ̃ganɛz] *nm* Mangan *nt*.

mangeable [mɑ̃ʒabl] *adj* eßbar.

mangeaille [mɑ̃ʒaj] (*péj*) *nf* Fraß *m*.

mangeoire [mɑ̃ʒwaʀ] *nf* Futtertrog *m*.

manger [mɑ̃ʒe] *vt* essen; (*ronger, attaquer*) zerfressen; (*utiliser, consommer*) verschlingen ♦ *vi* essen.

mange-tout [mɑ̃ʒtu] *nm inv*: **pois** ~-~ Zuckererbse *f*; **haricot** ~-~ Gartenbohne *f*.

mangeur, -euse [mɑ̃ʒœʀ, øz] *nm/f* Esser(in) *m(f)*.

mangouste [mɑ̃gust] *nf* (*ZOOL*) Mungo *m*.

mangue [mɑ̃g] *nf* Mango *f*.

maniabilité [manjabilite] *nf* (*de voiture, voilier*) Wendigkeit *f*.

maniable [manjabl] *adj* (*outil*) handlich; (*voiture, voilier*) wendig; (*personne*) lenksam, fügsam.

maniaque [manjak] *adj* (*pointilleux*) pingelig ♦ *nm/f* (*obsédé, fou*) Wahnsinnige(r) *f(m)*; (*méticuleux*) Pingelskrämer *m*.

manie [mani] *nf* Manie *f*; (*MÉD*) Wahn *m*.

maniement [manimɑ̃] *nm* Umgang *m* ▶ **maniement d'armes** (*MIL*) Waffenübung *f*.

manier [manje] *vt* umgehen mit; (*péj: peuple, foule*) manipulieren; **se manier** *vpr* (*fam*) sich beeilen.

manière [manjɛR] *nf* Art *f*, Weise *f*; (*style*) Stil *m*; ~**s** *nfpl* (*attitude*) Benehmen *nt*, Manieren *pl*; (*chichis*) Theater *nt*; **de** ~ **à** so daß, damit; **de telle** ~ **que** so daß; **de cette** ~ auf diese Weise; **d'une** ~ **générale** ganz allgemein; **de toute** ~ auf alle Fälle, jedenfalls; **d'une certaine** ~ in gewisser Weise; **manquer de** ~**s** kein Benehmen *ou* keine Manieren haben; **faire des** ~**s** Theater machen; **sans** ~**s** zwanglos; **employer la** ~ **forte** hart durchgreifen; **complément/adverbe de** ~ Attribut/Adverb der Art und Weise.

maniéré, e [manjeRe] *adj* manieriert.

manif [manif] *nf* (*abr de manifestation*) Demo *f*.

manifestant, e [manifɛstɑ̃, ɑ̃t] *nm/f* Demonstrant(in) *m(f)*.

manifestation [manifɛstasjɔ̃] *nf* (*de joie, mécontentement*) Ausdruck *m*; (*symptôme*) Symptom *nt*; (*fête, réunion etc*) Ereignis *nt*; (*POL*) Demonstration *f*.

manifeste [manifɛst] *adj* offenbar, offensichtlich ♦ *nm* Manifest *nt*.

manifestement [manifɛstəmɑ̃] *adv* offenbar.

manifester [manifɛste] *vt* kundtun, zum Ausdruck bringen; (*révéler*) zeigen, zum Ausdruck bringen ♦ *vi* (*POL*) demonstrieren; **se manifester** *vpr* (*émotion, symptômes*) sich zeigen; (*difficultés*) auftauchen; (*personne, témoin etc*) sich melden.

manigancer [manigɑ̃se] *vt* einfädeln.

manigances [manigɑ̃s] *nfpl* Tricks *pl*.

manioc [manjɔk] *nm* Maniok *m*.

manipulateur, -trice [manipylatœR, tRis] *nm/f* (*technicien*) Techniker(in) *m(f)*; (*prestidigitateur*) Zauberkünstler(in) *m(f)*; (*péj*) Manipulator(in) *m(f)*.

manipulation [manipylasjɔ̃] *nf* (*TECH*) Handhabung *f*; (*de colis, MÉD*) Manipulation *f*; ~**s électorales** (*péj*) Wahlmanipulierung *f* ▶ **manipulation génétique** Genmanipulierung *f*.

manipuler [manipyle] *vt* handhaben.

manivelle [manivɛl] *nf* Kurbel *f*.

manne [man] *nf* Manna *nt*.

mannequin [mankɛ̃] *nm* (*COUTURE*) Schneiderpuppe *f*; (*d'un étalage*) Schaufensterpuppe *f*; (*femme*) Mannequin *nt*; **taille** ~ perfekte Figur *f*.

manœuvrable [manœvRabl] *adj* (*bateau, véhicule*) gut zu steuern.

manœuvre [manœvR] *nf* (*opération*) Bedienung *f*; (*AUTO*) Steuern *nt*; (*RAIL*) Rangieren *nt*; (*MIL,*

fig) Manöver *nt* ♦ *nm* (*ouvrier*) Handlanger *m*; **fausse** ~ Fehlhandlung *f*, Fehler *m*.

manœuvrer [manœvRe] *vt* (*cordage, bateau, voiture*) steuern; (*levier, machine*) bedienen; (*personne*) manipulieren ♦ *vi* manövrieren; (*agir adroitement*) geschickt zu Werke gehen; (*MIL*) ein Manöver veranstalten.

manoir [manwaR] *nm* Landsitz *m*.

manomètre [manɔmɛtR] *nm* Manometer *nt*.

manquant, e [mɑ̃kɑ̃, ɑ̃t] *adj* fehlend.

manque [mɑ̃k] *nm* Mangel *m*; (*MÉD*) Entzug *m*; ~**s** *nmpl* (*lacunes*) Mängel *pl*; ~ **de** Mangel an +*dat*; **par** ~ **de** aus Mangel an ▶ **manque à gagner** Gewinnausfall *m*.

manqué, e [mɑ̃ke] *adj* verfehlt; (*essai*) gescheitert; **garçon** ~ halber Junge *m*.

manquement [mɑ̃kmɑ̃] *nm*: ~ **à** Verstoß *m ou* Verfehlung *f* gegen.

manquer [mɑ̃ke] *vi* fehlen; (*échouer*) fehlschlagen ♦ *vt* (*coup, objectif*) verfehlen; (*personne*) verpassen, verfehlen; (*cours, réunion*) versäumen; (*occasion*) verpassen ♦ *vb impers*: **il (nous) manque encore 100 F** es fehlen (uns) noch 100F; **il manque des pages** es fehlen Seiten; **l'argent qui leur manque** das Geld, das ihnen fehlt; **la voix lui manqua** die Stimme versagte ihm; **il/cela me manque** er/es fehlt mir; ~ **à** (*règles etc*) verstoßen gegen; ~ **de** (*argent, preuves*) nicht genug haben, Mangel haben an +*dat*; (*d'un article*) nicht genug haben von; (*patience, imagination, audace etc*) nicht haben; **ne pas** ~ **qn** (*se venger*) jdn nicht ungeschoren davonkommen lassen; **il n'a pas manqué de le lui dire** er hat es nicht versäumt, es ihm zu sagen; **il a manqué (de) se tuer** er wäre beinahe tödlich verunglückt; **il ne manquerait plus que ça** gerade noch das hätte gefehlt; **je n'y manquerai pas** ich werde es nicht versäumen.

mansarde [mɑ̃saRd] *nf* Mansarde *f*.

mansardé, e [mɑ̃saRde] *adj*: **chambre** ~**e** Mansardenzimmer *nt*.

mansuétude [mɑ̃sɥetyd] *nf* Milde *f*.

mante [mɑ̃t] *nf*: ~ **religieuse** Gottesanbeterin *f*.

manteau, x [mɑ̃to] *nm* Mantel *m*; (*de cheminée*) Kaminsims *nt*; **sous le** ~ heimlich.

mantille [mɑ̃tij] *nf* Mantilla *f*.

manucure [manykyR] *nf* Maniküre *f*.

manuel, le [manɥɛl] *adj* (*travail, habileté*) manuell; (*commande*) Hand- ♦ *nm/f* (*travailleur*) Handarbeiter(in) *m(f)* ♦ *nm* (*ouvrage*) Handbuch *nt*; **travailleur** ~ Arbeiter *m*.

manuellement [manɥɛlmɑ̃] *adv* von Hand.

manufacture [manyfaktyR] *nf* (*établissement*) Fabrik *f*.

manufacturé, e [manyfaktyRe] *adj*: **produit** ~ Fertigerzeugnis *nt*.

manuscrit, e [manyskRi, it] *adj* handschriftlich ♦ *nm* Manuskript *nt*.

manutention [manytɑ̃sjɔ̃] *nf* (*COMM: manipulation*) Verladen *nt*.

manutentionnaire [manytɑ̃sjɔnɛR] *nm/f* Verladearbeiter(in) *m(f)*.

manutentionner [manytɑ̃sjɔne] *vt* verladen.
mappemonde [mapmɔ̃d] *nf* (*carte*) Weltkarte *f*; (*sphère*) Globus *m*.
maquereau, x [makʀo] *nm* (*ZOOL*) Makrele *f*; (*souteneur*) Zuhälter *m*.
maquerelle [makʀɛl] *nf* (*fam*) Puffmutter *f*.
maquette [makɛt] *nf* Modell *nt*; (*TYPO*) Layout *nt*.
maquettiste [maketist] *nm/f* Modellbauer(in) *m(f)* ▶ **maquettiste publicitaire** Layouter(in) *m(f)*.
maquignon [makiɲɔ̃] *nm* (*marchand*) Pferdehändler *m*; (*péj*) Roßtäuscher *m*.
maquillage [makijaʒ] *nm* Schminken *nt*; (*de passeport, papiers*) Fälschen *nt*; (*produits*) Make-up *nt*.
maquiller [makije] *vt* schminken, fälschen; **se maquiller** *vpr* sich schminken.
maquilleur, -euse [makijœʀ, øz] *nm/f* Maskenbildner(in) *m(f)*.
maquis [maki] *nm* Dickicht *nt*; (*HIST: résistance*) französische Widerstandsbewegung im 2. Weltkrieg.
maquisard, e [makizaʀ] *nm/f* französischer Widerstandskämpfer(in) *m(f)* (*im 2. Weltkrieg*).
marabout [maʀabu] *nm* Marabu *m*.
maraîchage [maʀɛʃaʒ] *nm* Gemüseanbau *m*.
maraîcher, -ère [maʀeʃe, ɛʀ] *adj* Gemüse- ♦ *nm/f* Gemüsegärtner(in) *m(f)*.
marais [maʀɛ] *nm* Sumpf *m*, Moor *nt* ▶ **marais salant** Salzsumpf *m*.
marasme [maʀasm] *nm* (*ÉCON, POL*) Stagnation *f*; (*apathie*) Lustlosigkeit *f*.
marathon [maʀatɔ̃] *nm* Marathon *m*.
marâtre [maʀɑtʀ] *nf* (*péj*) Rabenmutter *f*.
maraude [maʀod] *nf* (*de volailles etc*) Diebstahl *m*; (*dans un verger*) Felddiebstahl *m*; (*vagabondage*) Herumstreunen *nt*; **en ~** herumstreunend; (*taxi*) auf Fahrgastsuche.
maraudeur, -euse [maʀodœʀ, øz] *nm/f* Dieb(in) *m(f)*.
marbre [maʀbʀ] *nm* Marmor *m*; (*statue de marbre*) Marmorstatue *f*; (*TYPO*) Stehsatz *m*; **rester de ~** keine Miene verziehen.
marbrer [maʀbʀe] *vt* marmorieren.
marbrerie [maʀbʀəʀi] *nf* (*atelier*) Steinmetzwerkstatt *f*.
marbrier [maʀbʀije] *nm* Steinmetz *m*.
marbrière [maʀbʀijɛʀ] *nf* Marmorsteinbruch *m*.
marbrures [maʀbʀyʀ] *nfpl* (*marques*) Marmorierung *f*.
marc [maʀ] *nm* (*de raisin, pommes*) Obstwasser *nt* ▶ **marc de café** Kaffeesatz *m*.
marcassin [maʀkasɛ̃] *nm* Frischling *m*.
marchand, e [maʀʃɑ̃, ɑ̃d] *nm/f* Händler(in) *m(f)* ♦ *adj*: **prix ~** Handelspreis *m*; **valeur ~e** Marktwert *m*; **qualité ~e** gängige Qualität *f* ▶ **marchand au détail** Einzelhändler *m* ▶ **marchand de biens** Grundstücksmakler *m* ▶ **marchand de canons** (*péj*) Waffenhändler *m* ▶ **marchand de charbon** Kohlenhändler *m* ▶ **marchand de cycles** Fahrradhändler *m*

▶ **marchand de fruits** Obsthändler *m* ▶ **marchand de journaux** Zeitungshändler *m* ▶ **marchand de légumes** Gemüsehändler *m* ▶ **marchand de poisson** Fischhändler *m* ▶ **marchand de sable** Sandmann *m* ▶ **marchand de tableaux** Kunsthändler *m* ▶ **marchand de tapis** Teppichhändler *m*; (*péj*) Händlernatur *f* ▶ **marchand de vins** Weinhändler *m* ▶ **marchand des quatre saisons** Obst- und Gemüsehändler *m* ▶ **marchand en gros** Großhändler *m*.
marchandage [maʀʃɑ̃daʒ] *nm* Handeln *nt*; (*péj: électoral*) Feilschen *nt*.
marchander [maʀʃɑ̃de] *vt* handeln *ou* feilschen um; (*éloges*) geizen mit ♦ *vi* handeln, feilschen.
marchandise [maʀʃɑ̃diz] *nf* Ware *f*.
marchant, e [maʀʃɑ̃] *adj*: **aile ~e** (*d'un parti*) aktiver Flügel *m*.
marche [maʀʃ] *nf* (*d'escalier*) Stufe *f*; (*activité*) Gehen *nt*; (*promenade*) Spaziergang *m*; (*allure, démarche, fonctionnement*) Gang *m*; (*d'un train, navire*) Fahrt *f*; (*du temps, progrès*) Lauf *m*; (*d'un service*) Verlauf *m*; (*MIL, MUS*) Marsch *m*; **ouvrir/fermer la ~** als erster/letzter marschieren; **à une heure de ~** zu Fuß eine Stunde entfernt; **dans le sens de la ~** in Fahrtrichtung; **prendre le train en ~** während der Fahrt aufspringen; **mettre en ~** in Gang setzen; **remettre qch en ~** etw wieder in Gang setzen; **se mettre en ~** (*personne*) aufbrechen ▶ **marche à suivre** (*sur notice*) Gebrauchsanweisung *f* ▶ **marche arrière** Rückwärtsgang *m*; **faire ~ arrière** (*AUTO*) rückwärts fahren; (*fig*) einen Rückzieher machen.
marché [maʀʃe] *nm* Markt *m*; (*accord, affaire*) Geschäft *nt*; **par dessus le ~** obendrein, noch dazu; **faire son ~** einkaufen; **mettre le ~ en main à qn** jdn vor ein Ultimatum stellen ▶ **marché à terme** Termingeschäft *nt* ▶ **marché aux fleurs** Blumenmarkt *m* ▶ **marché aux puces** Flohmarkt *m* ▶ **Marché commun** Gemeinsamer Markt *m* ▶ **marché du travail** Arbeitsmarkt *m* ▶ **marché noir** Schwarzmarkt *m*; **faire du ~ noir** Schwarzhandel betreiben.
marchepied [maʀʃəpje] *nm* (*RAIL*) Trittbrett *nt*; **servir de ~ à qn** (*fig*) jdm als Sprungbrett dienen.
marcher [maʀʃe] *vi* (*personne*) (zu Fuß) gehen; (: *se promener*) spazierengehen; (*MIL*) marschieren; (*fonctionner*) laufen; (*fam: consentir*) mitmachen; (: *croire naïvement*) darauf hereinfallen; **~ sur** gehen auf +*dat*; (*mettre le pied sur*) treten auf +*acc*; (*MIL: ville etc*) zumarschieren auf +*acc*; **~ dans** (*herbe etc*) gehen in +*dat*; (*flaque*) treten in +*acc*; **faire ~ qn** (*pour rire*) jdn auf den Arm nehmen; (*pour tromper*) jdn an der Nase herumführen.
marcheur, -euse [maʀʃœʀ, øz] *nm/f* Wanderer *m*, Wanderin *f*.
marcotte [maʀkɔt] *nf* Senker *m*, Ableger *m*.

marcotter [markɔte] vt absenken.
mardi [mardi] nm Dienstag m ► **Mardi gras** Fastnachtsdienstag m; *voir aussi* **lundi**.
mare [mar] nf (*d'eau*) Tümpel m ► **mare de sang** Blutlache f.
marécage [mareka3] nm Sumpf m, Moor nt.
marécageux, -euse [mareka3ø, øz] adj sumpfig.
maréchal, -aux [mareʃal, o] nm Marschall m ► **maréchal des logis** (*MIL*) ≈ Feldwebel m.
maréchal-ferrant [mareʃalferɑ̃] (*pl* **maréchaux-ferrants**) nm Schmied m.
maréchaussée [mareʃose] nf (*hum*) Gendarmerie f.
marée [mare] nf Gezeiten pl; (*poissons*) frische Seefische pl ► **marée basse** Niedrigwasser nt ► **marée descendante** Ebbe f ► **marée haute** Hochflut f ► **marée humaine** Menschenmenge f ► **marée montante** Flut f ► **marée noire** Ölteppich m.
marelle [marɛl] nf: **jouer à la** ~ ≈ Himmel und Hölle spielen.
marémotrice [maremɔtris] adj: **usine/énergie** ~ Gezeitenkraftwerk nt/-energie f.
mareyeur, -euse [marɛjœr, øz] nm/f Fischgroßhändler(in) m(f).
margarine [margarin] nf Margarine f.
marge [mar3] nf Rand m; (*fig*) Spielraum m; **en** ~ am Rande; **en** ~ **de** am Rande +*gén*; (*qui se rapporte à*) im Zusammenhang mit ► **marge bénéficiaire** Gewinnspanne f ► **marge d'erreur** zulässige Fehlergrenze f ► **marge de sécurité** Sicherheitsabstand m.
margelle [mar3ɛl] nf (*de puits*) Brunnenrand m.
margeur [mar3œr] nm (*de machine à écrire*) Randsteller m.
marginal, e, -aux [mar3inal, o] adj Rand-; (*secondaire*) Neben- ♦ nm/f Aussteiger m.
marguerite [margərit] nf (*BOT*) Margerite f; (*INFORM*) Typenrad nt.
marguillier [margije] nm Kirchendiener m.
mari [mari] nm (Ehe)mann m.
mariage [marja3] nm (*union, état*) Ehe f; (*noce*) Heirat f, Hochzeit f; (*fig*) Verbindung f ► **mariage blanc** nicht vollzogene Ehe ► **mariage civil** standesamtliche Trauung f ► **mariage d'amour** Liebesheirat f ► **mariage d'intérêt** Geldheirat f ► **mariage de raison** Vernunftehe f ► **mariage religieux** kirchliche Trauung.
marié, e [marje] adj verheiratet ♦ nm/f Bräutigam m/Braut f (*am Hochzeitstag*); **les** ~**s** das Brautpaar; **les jeunes** ~**s** die Frisch- *ou* Jungvermählten pl.
marier [marje] vt (*suj: prêtre etc*) trauen; (*suj: parents*) verheiraten; (*fig: combiner*) vereinen; **se marier** vpr heiraten; **se** ~ **avec** heiraten +*acc*.
marijuana [mariʒɥana] nf Marihuana nt.
marin, e [marɛ̃, in] adj (*sel*) Meer-; (*animal*) Meeres-; (*air, carte*) See- ♦ nm (*navigateur*) Seemann m; (*matelot*) Matrose m ♦ nf Marine f;

(*ART*) Seestück nt ♦ nm (*MIL*) Marinesoldat m; **(bleu)** ~**e** marineblau ► **marine à voiles** Segelflotte f ► **marine de guerre** Kriegsmarine f ► **marine marchande** Handelsmarine f.
marina [marina] nf Yachthafen m.
marinade [marinad] nf Marinade f.
marine [marin] nf, adj *voir* **marin**.
mariner [marine] vi (*CULIN*) in einer Marinade liegen ♦ vt (*CULIN*) marinieren; **faire** ~ marinieren; (*fam: qn*) endlos warten lassen.
marinier [marinje] nm Flußschiffer m.
marinière [marinjɛr] nf (*blouse*) Windjacke f; **moules** ~ Miesmuscheln pl in Weinsud.
marionnette [marjɔnɛt] nf Marionette f; ~**s** nfpl (*spectacle*) Puppentheater nt.
marital, e, -aux [marital, o] adj: **autorisation** ~**e** Zustimmung f des Ehemanns.
maritalement [maritalmɑ̃] adv: **vivre** ~ in eheähnlicher Gemeinschaft leben.
maritime [maritim] adj See-.
marjolaine [mar3ɔlɛn] nf Majoran m.
mark [mark] nm *inv* Mark f.
marketing [marketiŋ] nm Marketing nt.
marmaille [marmaj] (*péj*) nf Gören pl.
marmelade [marməlad] nf (*compote*) Kompott nt; (*confiture*) Marmelade f; **en** ~ (*fig*) zu Brei geschlagen.
marmite [marmit] nf Topf m.
marmiton [marmitɔ̃] nm Küchenjunge m.
marmonner [marmɔne] vt, vi murmeln.
marmot [marmo] (*fam*) nm Kind nt.
marmotte [marmɔt] nf Murmeltier m.
marmotter [marmɔte] vt, vi murmeln.
Maroc [marɔk] nm: **le** ~ Marokko nt.
marocain, e [marɔkɛ̃, ɛn] adj marokkanisch ♦ nm/f: **M**~, **e** Marokkaner(in) m(f).
maroquin [marɔkɛ̃] nm (*peau*) Saffian m, Maroquin m; (*portefeuille de ministre*) Ministerposten m.
maroquinerie [marɔkinri] nf (*industrie*) Lederverarbeitung f; (*boutique*) Lederwarengeschäft nt; (*articles*) Lederwaren pl.
maroquinier [marɔkinje] nm (*fabricant*) Lederwarenfabrikant m; (*marchand*) Lederwarenhändler m.
marotte [marɔt] nf Marotte f.
marquage [marka3] nm Kennzeichnung f.
marquant, e [markɑ̃, ɑ̃t] adj markant, auffallend.
marque [mark] nf Zeichen nt; (*de pas, doigts*) Abdruck m; (*insigne, signe*) Abzeichen nt; (*décompte des points*) (Spiel)stand m; (*COMM*) Marke f; (*: de disques*) Label nt; ~ **du pluriel** (*LING*) Pluralzeichen nt; ~ **d'affection/de joie** Zeichen der Zuneigung/der Freude; **à vos** ~**s!** (*SPORT*) auf die Plätze!; **de** ~ adj (*COMM*) Marken-; (*fig: personnage, hôte*) bedeutend ► **marque de fabrique** Marken- *ou* Firmenzeichen nt ► **marque déposée** eingetragenes Warenzeichen nt.
marqué, e [marke] adj (*linge, drap, visage*) gezeichnet; (*taille*) betont; (*différence, préférence*)

deutlich; (*personne*: *politiquement etc*) abgestempelt; **il n'y a rien de** ~ hier steht nichts.

marquer [maʀke] *vt* (*noter*) aufschreiben; (: *frontières*) einzeichnen; (*linge, drap etc*) zeichnen; (*bétail*) brandmarken, kennzeichnen; (*endommager*) beschädigen; (*impressionner*) beeindrucken; (*indiquer*) anzeigen; (*anniversaire*) (festlich) begehen; (*SPORT*: *but, essai, panier*) schießen; (: *joueur*) decken; (*souligner*: *différence*) aufzeigen; (: *taille*) betonen, hervorheben; (*manifester*) ausdrücken, zeigen ♦ *vi* (*coup*) sitzen; (*événement, personnalité*) von Bedeutung sein; (*SPORT*: *joueur*) ein Tor schießen; ~ **qn de son influence** jdn beeinflussen; ~ **qn de son empreinte** jdm seinen Stempel aufdrücken; ~ **un temps d'arrêt** für einen Augenblick pausieren; ~ **le pas** (*fig*) auf der Stelle treten; ~ **le coup** (*fêter*) gebührend feiern; ~ **d'une pierre blanche** im Kalender rot anstreichen; ~ **les points** (*tenir la marque*) den Spielstand aufschreiben; ~ **des points** Punkte gewinnen.

marqueté, e [maʀkəte] *adj* Intarsien-.

marqueterie [maʀkɛtʀi] *nf* Intarsienarbeit *f*.

marqueur, -euse [maʀkœʀ, øz] *nm/f* (*SPORT*: *de but*) Torschütze *m* ♦ *nm* (*feutre*) Marker *m*.

marquis, e [maʀki] *nm/f* Marquis *m*, Marquise *f* ♦ *nf* (*auvent*) Markise *f*; **les (îles) M~es** die Marquesas-Inseln *pl*.

marraine [maʀɛn] *nf* (*d'un enfant*) Patentante *f*, Patin *f*.

Marrakech [maʀakɛʃ] *n* Marrakesch *nt*.

marrant, e [maʀɑ̃, ɑ̃t] *adj* (*fam*) lustig; **pas** ~ (*personne*) griesgrämig.

marre [maʀ] (*fam*) *adv*: **en avoir** ~ **de** die Nase voll haben von.

marrer [maʀe] (*fam*): **se** ~ *vpr* sich kugeln.

marron [maʀɔ̃] *nm* Eßkastanie *f* ♦ *adj inv* (*couleur*) braun ♦ *adj* (*péj*) krumm; (: *faux*) falsch ▶ **marrons glacés** kandierte Kastanien *pl*.

marronnier [maʀɔnje] *nm* (Eß)kastanie(nbaum *m*) *f*.

Mars [maʀs] *nm ou f* Mars *m*.

mars [maʀs] *nm* März *m*; *voir aussi* **juillet**.

marseillais, e [maʀsɛjɛ, ɛz] *adj* aus Marseille ♦ *nm/f*: **M~**, **e** Einwohner(in) *m(f)* von Marseille ♦ *nf*: **la M~e** die Marseillaise *f* (*französische Nationalhymne*).

Marseille [maʀsɛj] *n* Marseille *nt*.

marsouin [maʀswɛ̃] *nm* Tümmler *m*.

marsupiaux [maʀsypjo] *nmpl* Beuteltiere *pl*.

marteau [maʀto] *nm* Hammer *m*; (*de porte*) Türklopfer *m* ▶ **marteau pneumatique** Preßlufthammer *m*.

marteau-pilon [maʀtopilɔ̃] (*pl* ~**x**-~**s**) *nm* Maschinenhammer *m*.

marteau-piqueur [maʀtopikœʀ] (*pl* ~**x**-~**s**) *nm* Preßlufthammer *m*.

martel [maʀtɛl] *nm*: **se mettre** ~ **en tête** sich *dat* Sorgen machen.

martèlement [maʀtɛlmɑ̃] *nm* Hämmern *nt*; (*de pas etc*) Dröhnen *nt*.

marteler [maʀtəle] *vt* (*métal*) hämmern; (*frap*-

per *à coups répétés*) einhämmern auf +*acc*; (*mots, phrases*) scharf artikulieren.

martial, e, -aux [maʀsjal, jo] *adj* (*allure, voix etc*) kriegerisch; **arts martiaux** Kampfsportarten *pl*; **loi** ~**e** Kriegsgesetz *nt*; **cour** ~**s** Kriegsgericht *nt*.

martien, ne [maʀsjɛ̃, jɛn] *adj* Mars-.

martinet [maʀtinɛ] *nm* (*fouet*) (mehrschwänzige) Peitsche *f*; (*ZOOL*) Mauersegler *m*.

martingale [maʀtɛ̃gal] *nf* (*COUTURE*) Halbgürtel *m*; (*JEU*) Gewinnsystem *nt*.

martiniquais, e [maʀtinikɛ, ɛz] *adj* aus Martinique ♦ *nm/f*: **M~**, **e** Einwohner(in) *m(f)* von Martinique.

Martinique [maʀtinik] *nf*: **la** ~ Martinique *nt*.

martin-pêcheur [maʀtɛ̃pɛʃœʀ] (*pl* ~**s**-~**s**) *nm* Eisvogel *m*.

martre [maʀtʀ] *nf* (*ZOOL*) Marder *m*; (*fourrure*) Marderfell *nt* ▶ **martre zibeline** Zobel *m*.

martyr, e [maʀtiʀ] *nm/f* Märtyrer(in) *m(f)* ♦ *adj* grausam behandelt; **enfants** ~**s** mißhandelte Kinder *pl*.

martyre [maʀtiʀ] *nm* Martyrium *nt*; **souffrir le** ~ Höllenqualen erleiden.

martyriser [maʀtiʀize] *vt* (*REL*) martern; (*enfant*) mißhandeln; (*fig*) peinigen.

marxisme [maʀksism] *nm* Marxismus *m*.

marxiste [maʀksist] *adj* marxistisch ♦ *nm/f* Marxist(in) *m(f)*.

mas [mɑ(s)] *nm* südfranzösisches Bauernhaus.

mascara [maskaʀa] *nm* Wimperntusche *f*.

mascarade [maskaʀad] *nf* (*accoutrement*) Maskerade *f*; (*hypocrisie*) Heuchelei *f*.

mascotte [maskɔt] *nf* Maskottchen *nt*.

masculin, e [maskylɛ̃, in] *adj* männlich; (*équipe, vêtements, métier*) Männer-; (*LING*) maskulin ♦ *nm* Maskulinum *nt*.

masochisme [mazɔʃism] *nm* Masochismus *m*.

masochiste [mazɔʃist] *adj* masochistisch ♦ *nm/f* Masochist(in) *m(f)*.

masque [mask] *nm* Maske *f* ▶ **masque à gaz** Gasmaske *f* ▶ **masque à oxygène** Sauerstoffmaske *f* ▶ **masque de beauté** Gesichtsmaske *f* ▶ **masque de plongée** Tauchermaske *f*.

masqué, e [maske] *adj* maskiert; **bal** ~ Maskenball *m*.

masquer [maske] *vt* (*cacher*) verbergen; (*goût, odeur*) übertönen.

massacrant, e [masakʀɑ̃, ɑ̃t] *adj*: **être d'une humeur** ~**e** äußerst schlecht *ou* übel gelaunt sein.

massacre [masakʀ] *nm* Massaker *nt*; (*d'adversaire*) Niedermetzeln *nt*; (*de volaille*) Schlachten *nt*; **jeu de** ~ (*à la foire*) Ballwurfspiel *nt*.

massacrer [masakʀe] *vt* massakrieren; (*fig*: *adversaire*) niedermetzeln; (*volaille*) schlachten; (*paysage*) verschandeln; (*texte*) verhunzen.

massage [masaʒ] *nm* Massage *f*.

masse [mas] *nf* Masse *f*; (*d'eau, de rocher, d'air*)

Massen *pl*; (*de cailloux, documents, mots*) Berge *pl*; (*maillet*) Vorschlaghammer *m*; **les ~s laborieuses** die Arbeitermassen *pl*; **la grande ~ des** ... die Masse +*gén*; **une ~** *ou* **des ~s de** (*fam*) jede Menge; **en ~** *adv* en masse, in Scharen ♦ *adj* (*exécutions, production*) Massen- ▶ **masse monétaire** (*FIN*) Geldvolumen *nt* ▶ **masse salariale** Lohnaufkommen *nt*.

massepain [maspɛ̃] *nm* Marzipan *nt*.

masser [mase] *vt* (*assembler*) versammeln; (*pétrir*) massieren; **se masser** *vpr* sich versammeln.

masseur, -euse [masœʀ, øz] *nm/f* (*personne*) Masseur *m*, Masseuse *f* ♦ *nm* (*appareil*) Massagegerät *nt*.

massicot [masiko] *nm* (*TYPO*) Papierschneidemaschine *f*, Guillotine *f*.

massif, -ive [masif, iv] *adj* massiv; (*visage, silhouette*) massig; (*départs, déportations etc*) Massen- ♦ *nm* (*montagneux*) Massiv *nt*; (*de fleurs*) Beet *nt*.

massivement [masivmɑ̃] *adv* massiv.

mass média [masmedja] *nmpl* Massenmedien *pl*.

massue [masy] *nf* Keule *f*; **argument ~** schlagendes Argument *nt*.

mastic [mastik] *nm* (*pour vitres*) Kitt *m*; (*pour fentes*) Spachtelmasse *f*.

masticage [mastikaʒ] *nm* (*de fente*) Verspachteln *nt*; (*de vitre*) Verkitten *nt*.

mastication [mastikasjɔ̃] *nf* Kauen *nt*.

mastiquer [mastike] *vt* (*aliment*) kauen; (*fente*) verspachteln; (*vitre*) kitten.

mastoc [mastɔk] (*fam*) *adj inv* feist.

mastodonte [mastɔdɔ̃t] *nm* (*personne*) Koloß *m*; (*machine, véhicule*) Gigant *m*.

masturbation [mastyʀbasjɔ̃] *nf* Onanie *f*.

masturber [mastyʀbe] *vt*: **se ~** masturbieren, onanieren.

m'as-tu-vu [matyvy] *nm/f inv* Wichtigtuer(in) *m(f)*, Angeber(in) *m(f)*.

masure [mazyʀ] *nf* Bruchbude *f*.

mat, e [mat] *adj* matt; (*peau*) braun; (*bruit, son*) dumpf ♦ *adj inv*: **être ~** (*ÉCHECS*) schachmatt sein.

mât [mɑ] *nm* (*NAUT*) Mast *m*; (*poteau, perche*) Stange *f*.

matamore [matamɔʀ] *nm* Maulheld *m*.

match [matʃ] *nm* Spiel *nt* ▶ **match aller** Hinspiel *nt* ▶ **match nul** unentschiedenes Spiel; **faire ~ nul** unentschieden spielen ▶ **match retour** Rückspiel *nt*.

matelas [mat(ə)lɑ] *nm* Matratze *f* ▶ **matelas à ressorts** Sprungfedermatratze *f* ▶ **matelas pneumatique** Luftmatratze *f*.

matelasser [mat(ə)lase] *vt* (*fauteuil*) polstern; (*manteau*) füttern.

matelassier, -ière [mat(ə)lasje, jɛʀ] *nm/f* Polsterer(in) *m(f)*.

matelot [mat(ə)lo] *nm* Matrose *m*.

mater [mate] *vt* (*personne, prisonniers*) bändigen; (*incendie, révolte, passions*) unter Kontrolle bringen; (*fam: regarder*) angucken.

matérialisation [mateʀjalizasjɔ̃] *nf* Verwirklichung *f*; (*SPIRITISME*) Materialisation *f*.

matérialiser [mateʀjalize] *vt* verwirklichen; **se matérialiser** *vpr* sich materialisieren.

matérialisme [mateʀjalism] *nm* Materialismus *m*.

matérialiste [mateʀjalist] *adj* materialistisch ♦ *nm/f* Materialist(in) *m(f)*.

matériau [mateʀjo] *nm* (*CONSTR*) Baumaterial *nt*; **~x** *nmpl* (*documents*) Materialien *pl* ▶ **matériaux de construction** Baumaterialien *pl*.

matériel, le [mateʀjɛl] *adj* materiell; (*impossibilité, organisation, aide*) praktisch; (*preuve*) greifbar; (*péj: personne*) materialistisch ♦ *nm* Material *nt*; (*de camping, pêche*) Ausrüstung *f*; (*INFORM*) Hardware *f*; **il n'a pas le temps ~ de le faire** er hat effektiv keine Zeit, es zu machen ▶ **matériel d'exploitation** Betriebsmittel *pl* ▶ **matériel roulant** (*RAIL*) rollendes Material.

matériellement [mateʀjɛlmɑ̃] *adv* (*v adj*) in materieller Hinsicht; praktisch; materialistisch; **c'est ~ impossible** das ist praktisch unmöglich.

maternel, le [matɛʀnɛl] *adj* mütterlich; (*grand-père, oncle*) mütterlicherseits ♦ *nf* (*aussi*: **école ~le**) Kindergarten *m*.

materner [matɛʀne] *vt* bemuttern.

maternisé, e [matɛʀnize] *adj*: **lait ~** Flaschennahrung *f*.

maternité [matɛʀnite] *nf* (*état, qualité de mère*) Mutterschaft *f*; (*grossesse*) Schwangerschaft *f*; (*établissement*) Entbindungsheim *nt*; (*service*) Entbindungsstation *f*.

math [mat] *abr fpl* (*fam: mathématiques*) Mathe *f*.

mathématicien, ne [matematisjɛ̃, jɛn] *nm/f* Mathematiker(in) *m(f)*.

mathématique [matematik] *adj* mathematisch ♦ *nf* Mathematik *f*; **~s** *nfpl* Mathematik ▶ **mathématiques modernes** moderne Mathematik.

matheux, -euse [matø, øz] (*fam*) *nm/f* Mathestudent(in) *m(f)*; (*fort en maths*) Mathegenie *nt*.

maths [mat] *abr fpl* = **math**.

matière [matjɛʀ] *nf* (*PHYS*) Materie *f*; (*COMM, TECH*) Material *nt*; (*d'un livre etc*) Stoff *m*; (*SCOL: discipline*) Fach *nt*; **en ~ de** auf dem Gebiet +*gén*; **donner ~ à** Anlaß geben zu ▶ **matière grise** graue Zellen *pl*; (*fig*) Verstand *m* ▶ **matière plastique** Kunststoff *m* ▶ **matières grasses** Fett *nt* ▶ **matières premières** Rohstoffe *pl*.

MATIF [matif] *sigle m* (= *Marché à terme des instruments financiers*) Kontrollorgan der französischen Börse.

Matignon [matiɲɔ̃] *nm* Amtssitz des französischen Premierministers.

matin [matɛ̃] *nm* Morgen *m*, Vormittag *m*; **le ~** (*moment*) am Morgen, morgens; **jusqu'au ~** bis (früh)morgens; **le lendemain ~** am nächsten Morgen; **hier ~** gestern morgen; **demain ~** morgen früh; **du ~ au soir** von morgens bis abends; **tous les** ~**s** jeden Morgen; **une heure du** ~ ein Uhr nachts; **à demain** ~**!** bis morgen früh!; **un beau** ~ eines schönen Morgens; **de grand** *ou* **bon** ~ am frühen Morgen.

matinal, e, -aux [matinal, o] *adj (toilette, gymnastique)* morgendlich, Morgen-; *(de bonne heure)* Früh-; **être** ~ früh auf den Beinen sein; *(habituellement)* Frühaufsteher sein.

mâtiné, e [matine] *adj* Mischlings-.

matinée [matine] *nf (matin)* Morgen *m*, Vormittag *m*; *(spectacle)* Matinee *f*; **en** ~ in der Frühvorstellung *ou* Matinee.

matois, e [matwa, waz] *adj* schlau, gewitzt.

matou [matu] *nm* Kater *m*.

matraquage [matʀakaʒ] *nm* Knüppeln *nt* ▶ **matraquage publicitaire** massive Werbung *f*.

matraque [matʀak] *nf (de malfaiteur)* Knüppel *m*; *(de policier)* Schlagstock *m*, Gummiknüppel *m*.

matraquer [matʀake] *vt* (nieder)knüppeln; *(touristes etc)* ausnehmen; *(disque etc)* immer wieder spielen.

matriarcal, e, -aux [matʀijaʀkal, o] *adj* matriarchalisch.

matrice [matʀis] *nf (ANAT)* Gebärmutter *f*; *(TECH: moule)* Form *f*; *(MATH)* Matrix *f*.

matricule [matʀikyl] *nf (aussi:* **registre** ~) Aufnahmeregister *nt* ♦ *nm (aussi:* **numéro** ~) Kennummer *f*.

matrimonial, e, -aux [matʀimɔnjal, jo] *adj* ehelich, Ehe-.

matrone [matʀon] *nf* Matrone *f*.

mature [matyʀ] *adj* reif.

mâture [matyʀ] *nf (NAUT)* Masten *pl*.

maturité [matyʀite] *nf* Reife *f*; *(âge mur)* reifes Alter *nt*; *(circonspection, sagesse)* Weisheit *f*; *(Suisse: baccalauréat)* ≈ Abitur *nt*.

maudire [modiʀ] *vt* verfluchen.

maudit, e [modi, it] *adj (réprouvé)* verdammt; *(fam: satané)* verflucht.

maugréer [mogʀee] *vi* murren.

mauresque [mɔʀɛsk] *adj* maurisch.

Maurice [mɔʀis] *nf*: **l'île** ~ Mauritius *nt*.

mauricien, ne [mɔʀisjɛ̃, jɛn] *adj* mauritisch ♦ *nm/f*: **M**~, **ne** Mauritier(in) *m(f)*.

Mauritanie [mɔʀitani] *nf*: **la** ~ Mauretanien *nt*.

mauritanien, ne [mɔʀitanjɛ̃, jɛn] *adj* mauretanisch ♦ *nm/f*: **M**~, **ne** Mauretanier(in) *m(f)*.

mausolée [mozɔle] *nm* Mausoleum *nt*.

maussade [mosad] *adj* mürrisch; *(ciel, temps)* unfreundlich.

mauvais, e [mɔvɛ, ɛz] *adj* schlecht; *(faux)* falsch; *(méchant, malveillant)* böse, übel ♦ *nm*: **le** ~ das Schlechte ♦ *adv*: **sentir** ~ schlecht riechen; **le** ~ **numéro** die falsche Nummer; **le** ~ **moment** der falsche Augenblick; **il fait** ~ es ist schlechtes Wetter; **la mer est** ~**e** das Meer ist stürmisch; **faire un** ~ **coup à qn** jdn aufs Kreuz legen ▶ **mauvais coucheur** Streithammel *m*, übler Kunde *m* ▶ **mauvais garçon** schwerer Junge *m* ▶ **mauvais joueur**

schlechte Verlierer *m* ▶ **mauvais pas** Klemme *f* ▶ **mauvais payeur** säumiger Zahler *m* ▶ **mauvais traitements** Mißhandlungen *pl* ▶ **mauvaise herbe** Unkraut *nt* ▶ **mauvaise langue** Lästermaul *nt* ▶ **mauvaise passe** schwierige Situation *f*; *(période)* schlimme Zeit *f* ▶ **mauvaise tête** Dickschädel *m*.

mauve [mov] *nm* Mauve *nt* ♦ *nf (BOT)* Malve *f* ♦ *adj (couleur)* malvenfarbig, mauve.

mauviette [movjɛt] *nf (péj)* Schwächling *m*.

maux [mo] *nmpl voir* **mal**.

max. [maks] *abr (= maximum)* max.

maximal, e, -aux [maksimal, o] *adj* maximal.

maxime [maksim] *nf* Maxime *f*.

maximum [maksimɔm] *adj* maximal, Höchst- ♦ *nm* Maximum *nt*; **au** ~ *adv (le plus possible)* bis zum äußersten; *(tout au plus)* höchstens, maximal.

Mayence [majɑ̃s] *n* Mainz *nt*.

mayonnaise [majɔnɛz] *nf* Mayonnaise *f*.

mazout [mazut] *nm* Heizöl *nt*; **poêle à** ~ Ölofen *m*.

MDM [ɛmdeɛm] *sigle mpl (= Médecins du monde)* Ärzteorganisation für die Dritte Welt.

M(e) *abr* = **maître**.

me [m(ə)], *(avant voyelle ou h muet)* **m'** *pron (acc)* mich; *(dat)* mir; **il** ~ **voit** er sieht mich; **il** ~ **donne un livre** er gibt mir ein Buch; **pour moi** für mich; **avec moi** mit mir.

méandres [meɑ̃dʀ] *nmpl (d'un cours d'eau)* Windungen *pl*; *(fig: de la politique, pensée)* Winkelzüge *pl*.

mec [mɛk] *(fam) nm* Typ *m*, Kerl *m*.

mécanicien, ne [mekanisjɛ̃, jɛn] *nm/f* Mechaniker(in) *m(f)*; *(RAIL)* Lokomotivführer(in) *m(f)* ▶ **mécanicien navigant** *ou* **de bord** Bordingenieur *m*.

mécanicien-dentiste [mekanisjɛ̃dɑ̃tist] *(pl* ~**s-**~**s)** *nm* Zahntechniker *m*.

mécanicienne-dentiste [mekanisjɛn-] *(pl* ~**s-**~**s)** *nf* Zahntechnikerin *f*.

mécanique [mekanik] *adj (tissage etc)* maschinell; *(jouet, geste etc)* mechanisch ♦ *nf (science)* Mechanik *f*; *(technologie)* Maschinenbau *m*; *(mécanisme)* Mechanismus *m*; **s'y connaître en** ~ technisch geschickt *ou* versiert sein; **ennui** ~ Motorschaden *m* ▶ **mécanique hydraulique** Hydraulik *f* ▶ **mécanique ondulatoire** Wellenmechanik *f*.

mécaniquement [mekanikmɑ̃] *adv (agir, répondre)* mechanisch.

mécanisation [mekanizasjɔ̃] *nf* Mechanisierung *f*.

mécaniser [mekanize] *vt* mechanisieren.

mécanisme [mekanism] *nm (d'une serrure, horloge)* Mechanismus *m*; *(biologique, économique)* Prozeß *m*.

mécano [mekano] *(fam) nm (mécanicien)* Mechaniker(in) *m(f)*.

mécanographie [mekanɔgʀafi] *nf* maschinelle Datenverarbeitung *f*.

mécanographique [mekanɔgʀafik] *adj (fiche)* Buchungs-.

mécène [mesɛn] *nm* Gönner *m*, Mäzen *m*.
méchamment [meʃamã] *adv* böse, bösartig.
méchanceté [meʃãste] *nf* Gemeinheit *f*.
méchant, e [meʃã, ãt] *adj* (*personne, sourire*) boshaft, gemein; (*enfant*) unartig, böse; (*animal*) bösartig; (*fam: avant le nom: affaire, humeur*) übel; (: *intensif*) toll.
mèche [mɛʃ] *nf* (*d'une lampe, bougie*) Docht *m*; (*d'un explosif*) Zündschnur *f*; (*MÉD*) Tupfer *m*; (*de vilebrequin, perceuse, de dentiste*) Bohrer *m*; (*de cheveux: coupés*) Locke *f*; (: *d'une autre couleur*) Strähne *f*; **se faire faire des ~s** sich *dat* Strähnchen machen lassen; **vendre la ~** aus der Schule plaudern; **être de ~ avec qn** mit jdm unter einer Decke stecken.
méchoui [meʃwi] *nm* Fest, an dem ein am Spieß gebratenes Schaf verzehrt wird.
mécompte [mekɔ̃t] *nm* (*erreur de calcul*) Rechenfehler *m*; (*déception*) Enttäuschung *f*.
méconnais [mekɔnɛ] *vb voir* **méconnaître**.
méconnaissable [mekɔnɛsabl] *adj* unkenntlich.
méconnaissais [mekɔnɛsɛ] *vb voir* **méconnaître**.
méconnaissance [mekɔnɛsãs] *nf* Unkenntnis *f*.
méconnaître [mekɔnɛtʀ] *vt* verkennen.
méconnu, e [mekɔny] *pp de* **méconnaître** ♦ *adj* (*génie etc*) verkannt.
mécontent, e [mekɔ̃tã, ãt] *adj*: ~ (**de**) (*insatisfait*) unzufrieden (mit); (*contrarié*) verärgert (über) ♦ *nm* Unzufriedener *m*.
mécontentement [mekɔ̃tãtmã] *nm* (*déplaisir*) Ärger *m*; (*insatisfaction*) Unzufriedenheit *f*.
mécontenter [mekɔ̃tãte] *vt* verärgern.
Mecque [mɛk] *nf*: **la ~** Mekka *nt*.
mécréant, e [mekʀeã, ãt] *adj* (*fam: peuple*) ungläubig; (: *personne*) atheistisch.
médaille [medaj] *nf* Medaille *f*.
médaillé, e [medaje] *nm/f* (*SPORT*) Medaillenträger(in) *m(f)*.
médaillon [medajɔ̃] *nm* Medaillon *nt*.
médecin [med(ə)sɛ̃] *nm* Arzt *m* ▶ **médecin de famille** Hausarzt *m* ▶ **médecin du bord** Schiffsarzt *m* ▶ **médecin généraliste** praktischer Arzt ▶ **médecin légiste** Gerichtsmediziner *m* ▶ **médecin traitant** behandelnder Arzt.
médecine [med(ə)sin] *nf* (*science*) Medizin *f*; (*profession*) Arztberuf *m* ▶ **médecine du travail** Arbeitsmedizin *f* ▶ **médecine générale** Allgemeinmedizin *f* ▶ **médecine infantile** Kinderheilkunde *f* ▶ **médecine légale** Gerichtsmedizin *f* ▶ **médecine préventive** vorbeugende Medizin.
médian, e [medjã, jan] *adj* (*MATH*) halbierend.
médias [medja] *nmpl* Medien *pl*.
médiateur, -rice [medjatœʀ, tʀis] *nm/f* (*arbitre*) Mittelsmann *m*, Vermittler *m*.
médiathèque [medjatɛk] *nf* Mediothek *f*.
médiation [medjasjɔ̃] *nf* (*arbitrage*) Schlichtung *f*; **la ~ de l'ONU** die Vermittlung der UNO.

médiatique [medjatik] *adj* Medien-.
médiator [medjatɔʀ] *nm* Plektron *nt*.
médical, e, -aux [medikal, o] *adj* (*soin, profession*) ärztlich.
médicalement [medikalmã] *adv* aus medizinischer Sicht, medizinisch.
médicament [medikamã] *nm* Medikament *nt*.
médicamenteux, -euse [medikamãtø, øz] *adj* (*produit*) Arznei-; (*traitement*) medikamentös.
médication [medikasjɔ̃] *nf* (*traitement*) medikamentöse Behandlung *f*.
médicinal, e, -aux [medisinal, o] *adj* (*herbe, plante*) Heil-.
médico-légal, e, -aux [medikɔlegal, o] *adj* gerichtsmedizinisch.
médico-social, e, -aux [medikɔsɔsjal, o] *adj* sozialmedizinisch.
médiéval, e, -aux [medjeval, o] *adj* mittelalterlich.
médiocre [medjɔkʀ] *adj* mittelmäßig.
médiocrité [medjɔkʀite] *nf* Mittelmäßigkeit *f*.
médire [mediʀ] : ~ **de** *vt* herziehen über +*acc*.
médisance [medizãs] *nf* üble Nachrede *f*.
médisant, e [medizã, ãt] *vb voir* **médire** ♦ *adj* verleumderisch.
médit [medi] *pp de* **médire**.
méditatif, -ive [meditatif, iv] *adj* nachdenklich, grüblerisch.
méditation [meditasjɔ̃] *nf* Meditation *f*; **se livrer à de longues ~s** lange nachdenken *ou* nachsinnen; **entrer en ~** sich sammeln.
méditer [medite] *vt* (*approfondir*) meditieren *ou* nachdenken über +*acc*; (*préparer*) planen ♦ *vi* (*réfléchir*) nachdenken, meditieren; ~ **sur qch** über etw *acc* nachdenken *ou* meditieren.
Méditerranée [mediteʀane] *nf*: **la (mer) ~** das Mittelmeer.
méditerranéen, ne [mediteʀaneɛ̃, ɛn] *adj* Mittelmeer- ♦ *nm/f*: **M~, ne** Mittelmeeranrainer(in) *m(f)*.
médium [medjɔm] *nm* Medium *nt*.
médius [medjys] *nm* Mittelfinger *m*.
méduse [medyz] *nf* Qualle *f*.
méduser [medyze] *vt* sprachlos machen.
meeting [mitiŋ] *nm* Treffen *nt* ▶ **meeting aérien** Flugschau *f*.
méfait [mefɛ] *nm* (*faute*) Missetat *f*; ~**s** *nmpl* (*ravages*) Schäden *pl*.
méfiance [mefjãs] *nf* Mißtrauen *nt*.
méfiant, e [mefjã, jãt] *adj* mißtrauisch.
méfier [mefje]: **se ~** *vpr* sich in acht nehmen, achtgeben; **se ~ de** mißtrauen +*dat*; (*faire attention*) aufpassen auf.
mégalomane [megalɔman] *adj* größenwahnsinnig.
mégalomanie [megalɔmani] *nf* Größenwahn *m*.
mégalopole [megalɔpɔl] *nf* moderne Riesenstadt *f*.
méga-octet [megaɔktɛ] *nm* Megabyte *nt*.
mégarde [megaʀd] *nf*: **par ~** aus Versehen,

versehentlich.

négatonne [megatɔn] nf Megatonne f.

négère [meʒɛʀ] (péj) nf Megäre f.

négot [mego] nm Kippe f.

négoter [megɔte] (fam) vi kleinlich sein.

neilleur, e [mɛjœʀ] adj (comparatif) bessere(r, s) ♦ nm/f: **il fait ~ qu'hier** es ist schöner als gestern ♦ nm/f: **le ~, la ~e** (personne) der/die Beste; (chose) der/die/das Beste; **le ~ (de)** der/die/das beste (von); **le ~ des deux** der/die/das bessere von beiden; **c'est la ~e!** das ist ja wohl die Höhe! ▶ **meilleur marché** billiger.

néjuger [meʒyʒe] vt falsch beurteilen.

nélancolie [melɑ̃kɔli] nf Melancholie f, Schwermut f.

nélancolique [melɑ̃kɔlik] adj (personne) melancholisch, schwermütig; (regard, air) schwermütig; (MÉD) melancholisch.

Mélanésie [melanezi] nf: **la ~** Melanesien nt.

nélange [melɑ̃ʒ] nm Mischung f; (opération) Mischen nt; **sans ~** unverdünnt; (bonheur etc) ungetrübt.

nélangé, e [melɑ̃ʒe] adj gemischt; (laine) Misch-.

nélanger [melɑ̃ʒe] vt mischen; (mettre en désordre, confondre) durcheinanderbringen; **se mélanger** vpr (liquides, couleurs) sich vermengen.

nélanine [melanin] nf Melanin nt.

nélasse [melas] nf Melasse f.

nélée [mele] nf (bataille, cohue) (Hand)gemenge nt; (RUGBY) offenes Gedränge nt.

nêler [mele] vt (ver)mischen; (réunir) vermengen, vermischen; (embrouiller) verwirren, durcheinanderbringen; **se mêler** vpr sich vermischen; **~ à** (hinzu)mischen zu; **se ~ à** ou **avec** (suj: chose) sich vermischen mit; **se ~ à** (suj: personne) sich mischen unter +acc; (: odeurs etc) sich vermischen mit; **se ~ de** (suj: personne) sich mischen in +acc; **~ qn à une affaire** jdn in eine Sache verwickeln; **mêle-toi de tes affaires!** kümmere dich um deine eigenen Angelegenheiten!

nélodie [melɔdi] nf Melodie f.

mélodieux, -euse [melɔdjø, jøz] adj melodisch.

nélodique [melɔdik] adj melodisch.

nélodramatique [melɔdʀamatik] adj melodramatisch.

nélodrame [melɔdʀam] nm Melodrama nt.

nélomane [melɔman] nm/f Musikfreund(in) m(f).

nelon [m(ə)lɔ̃] nm Melone f ▶ **melon d'eau** Wassermelone f.

mélopée [melɔpe] nf eintöniger Gesang m.

nembrane [mɑ̃bʀan] nf Membran f.

nembre [mɑ̃bʀ] nm (ANAT) Glied nt; (personne, pays, élément) Mitglied nt ♦ adj (pays, état) Mitglieds-; **être ~ de** ein Mitglied sein von; **~ de phrase** Satzglied nt ▶ **membre (viril)** Glied.

mémé [meme] (fam) nf Oma f.

MOT-CLÉ

même [mɛm] adj **1**: **le/la même ...** (identique) der/die/das gleiche ...; (semblable) derselbe/dieselbe/dasselbe ...; **ils ont les mêmes goûts** sie haben die gleichen Geschmack; **en même temps** gleichzeitig
2 (après le nom: renforcement): **il est la loyauté même** er ist die Treue selbst; **ce sont ses paroles mêmes** das sind genau seine Worte; **ce sont celles-là mêmes** das sind dieselben
♦ pron: **le/la même** (semblable) der/die/das gleiche; (identique) derselbe/dieselbe/dasselbe; **les mêmes** (semblables) die gleichen; (identiques) dieselben; **cela revient au même** das kommt aufs gleiche heraus; **ce sont toujours les mêmes qui ...** es sind immer dieselben, die ...
♦ adv **1** (renforcement): **il n'a même pas pleuré** er hat nicht einmal geweint; **même André l'a dit** sogar André hat es gesagt; **ici même** genau hier; **même si** auch wenn
2: **à même la bouteille** direkt aus der Flasche; **à même la peau** direkt auf der Haut; **être à même de faire qch** in der Lage sein, etw zu tun
3: **faire de même** das gleiche tun; **lui de même** er auch; **de même que** wie auch; **il en va/est allé de même pour** das gleiche gilt für/traf zu auf +acc.

mémento [memɛ̃to] nm (note) Notiz f.

mémoire [memwaʀ] nf Gedächtnis nt; (INFORM) Speicher m; (souvenir) Erinnerung f ♦ nm (ADMIN, JUR) Memorandum nt; (SCOL) Aufsatz m; **~s** nmpl Memoiren pl; **avoir la ~ des visages/chiffres** ein gutes Personengedächtnis/Zahlengedächtnis haben; **n'avoir aucune ~** ein furchtbar schlechtes Gedächtnis haben; **avoir de la ~** ein gutes Gedächtnis haben; **à la ~ de** zur Erinnerung an +acc; **pour ~** übrigens; **de ~** auswendig; **de ~ d'homme** seit Menschengedenken; **mettre en ~** (INFORM) abspeichern ▶ **mémoire morte** ROM nt, Lesespeicher m ▶ **mémoire rémanente** Magnetspeicher m, Festspeicher m ▶ **mémoire vive** RAM nt, Lese-Schreibspeicher m.

mémorable [memɔʀabl] adj denkwürdig.

mémorandum [memɔʀãdɔm] nm (d'un diplomate) Memorandum nt; (carnet) Notizbuch nt.

mémorial, -aux [memɔʀjal, jo] nm Denkmal nt.

mémorialiste [memɔʀjalist] nm/f Memoirenschreiber(in) m(f).

mémoriser [memɔʀize] vt sich dat einprägen; (INFORM) (ab)speichern.

menaçant, e [mənasã, ãt] adj drohend; (temps) bedrohlich.

menace [mənas] nf Drohung f; (danger) Bedrohung f ▶ **menace en l'air** leere Drohung.

menacer [mənase] vt drohen +dat; (mettre en danger) bedrohen; **~ qn de qch** jdn mit etw

bedrohen; ~ **qn de faire qch** jdm drohen, etw
zu tun.

ménage [menaʒ] *nm* (*travail*) Haushalt *m*,
Hausarbeit *f*; (*couple*) Ehepaar *nt*; (*famille*, ADMIN) Haushalt; **faire le** ~ den Haushalt machen; **faire des** ~s Putzstellen haben;
monter son ~ sich einrichten, seinen Haushalt einrichten; **se mettre en** ~ **avec qn** mit
jdm einen gemeinsamen Hausstand
gründen; **heureux en** ~ glücklich verheiratet; **faire bon/mauvais** ~ **avec qn** sich mit jdm
gut/schlecht vertragen ▶ **ménage à trois**
Dreierbeziehung *f*.

ménagement [menaʒmã] *nm* Rücksicht *f*; ~s
nmpl Umsicht *f*; **avec** ~ rücksichtsvoll; **sans**
~ rücksichtslos.

ménager¹ [menaʒe] *vt* (*traiter avec mesure*)
schonend behandeln, schonen; (*vêtements,
santé*) schonen; (*temps, argent*) sparen; (*surprise*) bereiten; (*installer*) anbringen; **se ménager** *vpr* (*prendre soin de sa santé*) sich schonen;
se ~ **qch** (*réserver*) sich *dat* etw sichern.

ménager², -ère [menaʒe, ɛʀ] *adj* Haushalts- ◆
nf (*femme*) Hausfrau *f*; (*service de couverts*) Besteckkasten *m*.

ménagerie [menaʒʀi] *nf* (*lieu*) Tierpark *m*;
(*animaux*) Menagerie *f*.

mendiant, e [mãdjã, jãt] *nm/f* (*personne*) Bettler(in) *m(f)* ◆ *nm* (*aussi*: **les quatres** ~s) ≈ Studentenfutter *nt*.

mendicité [mãdisite] *nf* Bettelei *f*.

mendier [mãdje] *vi* betteln ◆ *vt* betteln um.

menées [məne] *nfpl* Schliche *pl*.

mener [m(ə)ne] *vt* (*diriger*) leiten; (*cortège, file*)
(an)führen; (*enquête*) durchführen; (*vie*)
führen ◆ *vi* (SPORT) führen, die Führung haben; ~ **à/chez** *vt* (*suj: personne*) mitnehmen
nach/zu; (: *train, bus, métro*) führen nach/zu; ~
qch à bonne fin *ou* **à terme** *ou* **à bien** etw
glücklich zu Ende führen; ~ **à rien** zu nichts
führen; ~ **à tout** alle Möglichkeiten bieten.

meneur, -euse [mənœʀ, øz] *nm/f* (*chef, dirigeant*) Anführer(in) *m(f)*; (*péj: agitateur*)
Rädelsführer(in) *m(f)* ▶ **meneur d'hommes**
geborener Menschenführer *m* ▶ **meneur de
jeu** (RADIO, TV) Quizmaster *m*.

menhir [meniʀ] *nm* Menhir *m*.

méningite [menɛ̃ʒit] *nf* Hirnhautentzündung
f, Meningitis *f*.

ménisque [menisk] *nm* Meniskus *m*.

ménopause [menopoz] *nf* Wechseljahre *pl*.

menotte [mənɔt] *nf* (*main*) Händchen *nt*; ~s
nfpl Handschellen *pl*; **passer les** ~s **à qn** jdm
(die) Handschellen anlegen.

mens [mã] *vb voir* **mentir**.

mensonge [mãsɔ̃ʒ] *nm* Lüge *f*; **le** ~ (das)
Lügen *nt*.

mensonger, -ère [mãsɔ̃ʒe, ɛʀ] *adj* verlogen,
falsch.

menstruation [mãstʀyasjɔ̃] *nf* Menstruation *f*,
Monatsblutung *f*.

menstruel, le [mãstʀyɛl] *adj* (*cycle*)
Menstruations-, Monats-.

mensualiser [mãsyalize] *vt* (*salaire*) monatlich
zahlen; (*ouvrier, salarié*) monatlich bezahlen.

mensualité [mãsyalite] *nf* (*traite*) Monatsrate *f*
(*salaire: d'ouvrier*) Monatslohn *m*; (: *de salarié*)
Monatsgehalt *nt*.

mensuel, le [mãsyɛl] *adj* monatlich, Monats-
◆ *nm/f* (*employé*) monatlich bezahlte(r) Angestellte(r) *f(m)* ◆ *nm* (PRESSE) Monatszeitschrift *f*.

mensuellement [mãsyɛlmã] *adv* jeden Monat
monatlich.

mensurations [mãsyʀasjɔ̃] *nfpl* (Körper)Maße
pl.

mentais [mãtɛ] *vb voir* **mentir**.

mental, e, -aux [mãtal, o] *adj* (*calcul*) Kopf-
(*maladie*) Geistes-; (*âge*) geistig; (*restriction*)
innerlich.

mentalement [mãtalmã] *adv* (*réciter*) auswendig; (*compter*) im Kopf.

mentalité [mãtalite] *nf* Denkweise *f*, Mentalität *f*; **quelle** ~! was für eine Einstellung!

menteur, -euse [mãtœʀ, øz] *nm/f* Lügner(in)
m(f).

menthe [mãt] *nf* Minze *f* ▶ **menthe à l'eau**
Pfefferminzsirup *m* (*mit Wasser*).

mentholé, e [mãtɔle] *adj* (*cigarette*) Menthol-.

mention [mãsjɔ̃] *nf* (*note*) Vermerk *m*; (*référence*) Erwähnung *f*; ~ **passable/assez bien/bien/très bien** (SCOL) ≈ Note ausreichend
befriedigend/gut/sehr gut; **faire** ~ **de** erwähnen; **"rayer la** ~ **inutile"** „Nichtzutreffendes bitte streichen".

mentionner [mãsjɔne] *vt* erwähnen.

mentir [mãtiʀ] *vi* lügen; ~ **à qn** jdn belügen *ou*
jdn anlügen.

menton [mãtɔ̃] *nm* Kinn *nt*; **double** ~ Doppelkinn *nt*.

mentonnière [mãtɔnjɛʀ] *nf* (*d'un casque*) Kinnriemen *m*.

menu, e [məny] *adj* (*très petit*) winzig; (*mince*)
dünn; (*peu important*) gering(fügig) ◆ *adv*: **hacher** ~ fein hacken ◆ *nm* (*liste de mets*) Speisekarte *f*; (*à prix fixe*) Menü *nt*; **par le** ~ (*raconter*)
bis ins kleinste Detail ▶ **menu touristique**
Touristenmenü *nt* ▶ **menue monnaie** Kleingeld *nt*.

menuet [mənyɛ] *nm* Menuett *nt*.

menuiserie [mənyizʀi] *nf* (*métier*) Schreinerhandwerk *f*; (CONSTR) Schreinerei *f*;
(*d'amateur*) Schreinern *nt*; (*local*) Schreinerwerkstatt *f*; **plafond en** ~ Holzdecke *f*.

menuisier [mənyizje] *nm* Schreiner *m*.

méprendre [mepʀɑ̃dʀ]: **se** ~ *vpr* sich irren; **se**
~ **sur** sich täuschen in +*dat*; **se ressembler à**
s'y ~ sich zum Verwechseln ähnlich sehen.

mépris [mepʀi] *pp de* **méprendre** ◆ *nm* (*dédain*)
Verachtung *f*; **le** ~ **de** (*indifférence*) die Mißachtung +*gén*; **au** ~ **de** ohne Rücksicht auf
+*acc*.

méprisable [mepʀizabl] *adj* verachtenswert.

méprisant, e [mepʀizã, ãt] *adj* verächtlich.

méprise [mepʀiz] *nf* (*confusion*) Irrtum *m*; (*malentendu*) Mißverständnis *nt*.

mépriser [meprize] vt verachten; (*gloire, danger*) mißachten, verachten.

mer [mɛʀ] nf Meer nt; **en** ~ auf See; **prendre la** ~ in See stechen; **en haute** ou **pleine** ~ auf hoher See; **la** ~ **Adriatique** die Adria f; **la** ~ **des Antilles** ou **des Caraïbes** die Karibik f; **la** ~ **Baltique** die Ostsee f; **la** ~ **Caspienne** das Kaspische Meer; **la** ~ **Égée** die Ägäis f; **la** ~ **Morte** das Tote Meer; **la** ~ **Noire** das Schwarze Meer; **la** ~ **du Nord** die Nordsee f; **la** ~ **Rouge** das Rote Meer; **les** ~**s du Sud** die Südsee f.

mercantile [mɛʀkɑ̃til] (*péj*) adj (*esprit*) Krämer-.

mercantilisme [mɛʀkɑ̃tilism] nm (*péj*) Gewinnsucht f.

mercenaire [mɛʀsənɛʀ] nm Söldner m.

mercerie [mɛʀsəʀi] nf (*boutique*) Kurzwarengeschäft nt; **articles de** ~ Kurzwaren pl.

merci [mɛʀsi] excl danke ♦ nm (*remerciement*) Dank m ♦ nf Gnade f; **dire** ~ **à qn** jdm danken, jdm Dankeschön sagen; ~ **beaucoup** vielen Dank; ~ **de** ou **pour** vielen Dank für; **non,** ~ nein, danke; **sans** ~ gnadenlos; **à la** ~ **de qn/ qch** jdm/einer Sache ausgeliefert.

mercier, -ière [mɛʀsje, jɛʀ] nm/f Kurzwarenhändler(in) m(f).

mercredi [mɛʀkʀədi] nm Mittwoch m; ~ **des Cendres** Aschermittwoch m; voir aussi **lundi**.

mercure [mɛʀkyʀ] nm Quecksilber nt.

merde [mɛʀd] (*fam!*) nf, excl Scheiße f (*fam!*).

merdeux, -euse [mɛʀdø, øz] (*fam!*) nm/f (kleiner) Scheißer m (*fam!*).

mère [mɛʀ] nf Mutter f; (*animal*) Muttertier nt ♦ adj (*idée*) Haupt-; (*langue*) Mutter- ▶ **mère adoptive** Adoptivmutter f ▶ **mère célibataire** ledige Mutter ▶ **mère de famille** Mutter ▶ **mère porteuse** Leihmutter f.

merguez [mɛʀgɛz] nf pikante nordafrikanische Wurst.

méridien [meʀidjɛ̃] nm Meridian m.

méridional, e, -aux [meʀidjɔnal, o] adj südlich; (*du Midi*) südfranzösisch ♦ nm/f (*du Midi*) Südfranzose m, Südfranzösin f.

meringue [məʀɛ̃g] nf Baiser nt, Meringue f.

mérinos [meʀinos] nm (*ZOOL*) Merinoschaf nt; (*laine*) Merinowolle f.

merisier [məʀizje] nm Vogelkirschbaum m.

méritant, e [meʀitɑ̃, ɑ̃t] adj verdienstvoll.

mérite [meʀit] nm (*vertu*) Verdienst nt; (*valeur*) Wert m; **tout le** ~ **lui en revient** das ist ganz allein sein Verdienst; **il a au moins le** ~ **d'être franc** er ist wenigstens offen und ehrlich.

mériter [meʀite] vt verdienen; ~ **que** es verdienen, daß; ~ **de réussir** den Erfolg verdienen.

méritocratie [meʀitɔkʀasi] nf Leistungsgesellschaft f.

méritoire [meʀitwaʀ] adj verdienstvoll.

merlan [mɛʀlɑ̃] nm Weißling m.

merle [mɛʀl] nm Amsel f.

merluche [mɛʀlyʃ] nf Meerhecht m.

mérou [meʀu] nm Riesenbarsch m.

merveille [mɛʀvɛj] nf Wunder nt; **faire** ~ ou **des** ~**s** Wunder vollbringen; **à** ~ ausgezeichnet, wunderbar; **les Sept M**~**s du monde** die sieben Weltwunder pl.

merveilleux, -euse [mɛʀvɛjø, øz] adj herrlich, wunderbar.

mes [me] adj possessif voir **mon**.

mésalliance [mezaljɑ̃s] nf Mesalliance f, nicht standesgemäße Heirat f.

mésallier [mezalje]: **se** ~ vpr sich unstandesgemäß verheiraten.

mésange [mezɑ̃ʒ] nf Meise f ▶ **mésange bleue** Blaumeise f.

mésaventure [mezavɑ̃tyʀ] nf Mißgeschick nt.

Mesdames [medam] nfpl voir **Madame**.

Mesdemoiselles [medmwazɛl] nfpl voir **Mademoiselle**.

mésentente [mezɑ̃tɑ̃t] nf Unstimmigkeit f.

mésestimer [mezɛstime] vt geringschätzen, mißachten.

Mésopotamie [mezɔpɔtami] nf: **la** ~ Mesopotamien nt.

mésopotamien, ne [mezɔpɔtamjɛ̃, jɛn] adj mesopotamisch.

mesquin, e [mɛskɛ̃, in] adj kleinlich; **esprit** ~ Kleingeist m.

mesquinerie [mɛskinʀi] nf Kleinlichkeit f.

mess [mɛs] nm Kasino nt.

message [mesaʒ] nm Nachricht f ▶ **message d'erreur** (*INFORM*) Fehlermeldung f ▶ **message publicitaire** (*spot*) Werbung f ▶ **message téléphoné** telefonisch durchgegebenes Telegramm nt.

messager, -ère [mesaʒe, ɛʀ] nm/f Bote m, Botin f.

messageries [mesaʒʀi] nfpl: ~ **(électroniques)** elektronisches Notizbrett nt, Teletext nt ▶ **messageries roses** Kontaktanzeigen im Teletext ▶ **messageries aériennes** Luftfracht f ▶ **messageries de presse** Zeitungsvertrieb m ▶ **messageries maritimes** Schiffahrtsgesellschaft f.

messe [mɛs] nf Messe f; **aller à la** ~ in die Messe ou zur Kirche gehen ▶ **messe basse** stille Messe; **faire des** ~**s basses** (*péj*) tuscheln ▶ **messe chantée** gesungene Messe ▶ **messe de minuit** Mitternachtsmesse f, Mette f ▶ **messe noire** schwarze Messe.

messie [mesi] nm: **le M**~ der Messias m.

Messieurs [mesjø] nmpl voir **Monsieur**.

mesure [m(ə)zyʀ] nf (*taille, dimension*) Maß nt; (*MUS*) Takt m; (*récipient*) Meßbecher m; (*modération, retenue*) Mäßigung f, Maßhalten nt; (*fait de mesurer*) Messen nt; (*disposition, acte*) Maßnahme f; ~ **de longueur/capacité** Längenmaß nt/Hohlmaß nt; **prendre des** ~**s** Maßnahmen ergreifen; **sur** ~ (*costume*) nach Maß, maßgeschneidert; (*emploi du temps*) auf die persönlichen Bedürfnisse abgestimmt; **à la** ~ **de** angemessen +dat; **dans la** ~ **où** soweit ou insofern, als; **dans une certaine** ~ in gewisser Weise; **à** ~ **que** so wie; **en** ~ (*MUS*) im Takt; **être en** ~ **de faire qch** imstande sein, etw zu tun; **dépasser la** ~ (*fig*) zu weit gehen.

mesuré, e [məzyʀe] *adj* gemäßigt.

mesurer [məzyʀe] *vt* messen; (*juger*) ermessen, einschätzen; (*modérer*) mäßigen; **se mesurer** *vpr*: **se ~ avec** *ou* **à qn** sich mit jdm messen; **il mesure 1 m 80** er ist 1 m 80 groß; **~ qch à** (*proportionner*) etw anmessen an +*acc*.

met [mɛ] *vb voir* **mettre**.

métabolisme [metabɔlism] *nm* Stoffwechsel *m*.

métairie [meteʀi] *nf* Kleingut *nt*.

métal, -aux [metal, o] *nm* Metall *nt*.

métalangage [metalɑ̃gaʒ] *nm* Metasprache *f*.

métallique [metalik] *adj* (*fil, charpente*) Metall-; (*éclat, reflet, son*) metallisch.

métallisé, e [metalize] *adj* (*peinture*) mit Metallic-Effekt.

métallurgie [metalyʀʒi] *nf* Metallurgie *f*.

métallurgique [metalyʀʒik] *adj* metallurgisch.

métallurgiste [metalyʀʒist] *nm/f* (*ouvrier*) Metallarbeiter(in) *m(f)*.

métamorphose [metamɔʀfoz] *nf* Metamorphose *f*; (*ZOOL, fig*) Verwandlung *f*.

métamorphoser [metamɔʀfoze] *vt* (*fig*) verwandeln.

métaphore [metafɔʀ] *nf* Metapher *f*, Bild *nt*.

métaphorique [metafɔʀik] *adj* (*valeur*) metaphorisch, bildlich; (*discours, style*) bildreich.

métaphoriquement [metafɔʀikmɑ̃] *adv* metaphorisch, bildlich.

métaphysique [metafizik] *nf* Metaphysik *f* ♦ *adj* metaphysisch.

métapsychique [metapsiʃik] *adj* parapsychologisch.

métayer, -ère [meteje, ɛʀ] *nm/f* Kleinpächter(in) *m(f)*.

métempsycose [metɑ̃psikoz] *nf* Seelenwanderung *f*.

météo [meteo] *nf* (*bulletin*) Wetterbericht *m*; (*service*) Wetterdienst *m*.

météore [meteɔʀ] *nm* Meteor *m*.

météorite [meteɔʀit] *nm ou f* Meteorit *m*.

météorologie [meteɔʀɔlɔʒi] *nf* (*étude*) Wetterkunde *f*, Meteorologie *f*; (*service*) Wetterdienst *m*.

météorologique [meteɔʀɔlɔʒik] *adj* meteorologisch, Wetter-.

météorologiste [meteɔʀɔlɔʒist], **météorologue** [meteɔʀɔlɔg] *nm/f* Meteorologe *m*, Meteorologin *f*.

métèque [metɛk] (*péj*) *nm* Kaffer *m*.

méthane [metan] *nm* Methan *nt*.

méthode [metɔd] *nf* Methode *f*; (*ouvrage*) Lehrbuch *nt*.

méthodique [metɔdik] *adj* methodisch.

méthodiquement [metɔdikmɑ̃] *adv* methodisch.

méthodiste [metɔdist] *adj* methodistisch ♦ *nm/f* Methodist(in) *m(f)*.

méthylène [metilɛn] *nm*: **bleu de ~** Methylenblau *nt*.

méticuleux, -euse [metikylø, øz] *adj* gewissenhaft.

métier [metje] *nm* Beruf *m*; (*artisanal*) Handwerk *nt*; (*technique, expérience*) Erfahrung *f* (*aussi*: **~ à tisser**) Webstuhl *m*; **être du ~** von Fach sein.

métis, se [metis] *adj* Mischlings- ♦ *nm/f* Mischling *m*.

métisser [metise] *vt* kreuzen.

métrage [metʀaʒ] *nm* (*mesure*) Vermessen *nt* (*longueur de tissu*) Länge *f*; **long ~** (*CINÉ*) (langer) Spielfilm *m*; **moyen ~** (*CINÉ*) Film *m* mittlerer Länge; **court ~** (*CINÉ*) Kurzfilm *m*.

mètre [mɛtʀ] *nm* Meter *m ou* nt; (*règle, ruban*) Metermaß *nt*; **un cent/huit cents ~s** (*SPORT*) ein Hundert-/Achthundertmeterlauf *m* ► **mètre carré** Quadratmeter *m* ► **mètre cube** Kubikmeter *m*.

métrer [metʀe] *vt* vermessen.

métreur, -euse [metʀœʀ, øz] *nm/f*: **~ (vérificateur, -trice)** Vermesser(in) *m(f)*; (*de travaux*) Baukostenkalkulator(in) *m(f)*.

métrique [metʀik] *adj* metrisch ♦ *nf* (*prosodie*) Metrik *f*.

métro [metʀo] *nm* U-Bahn *f*.

métronome [metʀɔnɔm] *nm* Metronom *nt*.

métropole [metʀɔpɔl] *nf* (*capitale*) Hauptstadt *f*; (*France*) Frankreich *nt*.

métropolitain, e [metʀɔpɔlitɛ̃, ɛn] *adj* (*territoire, troupe*) französisch.

mets [mɛ] *vb voir* **mettre** ♦ *nm* Gericht *nt*.

mettable [metabl] *adj* tragbar.

metteur [metœʀ] *nm*: **~ en scène** Regisseur(in) *m(f)*.

═══════════════════════ *MOT-CLÉ*

mettre [mɛtʀ] *vt* **1** (*placer*) tun, setzen, stellen, legen; **mettre ses gants dans un tiroir** die Handschuhe in eine Schublade legen; **mettre le couvercle sur une casserole** den Deckel auf einen Topf tun; **mettre une lettre dans une enveloppe** einen Brief in einen Umschlag stecken; **mettre en bouteille** in Flaschen (ab)füllen; **mettre en pages** in Seiten umbrechen; **mettre à la poste** zur Post geben; **mettre debout/assis** hinstellen/hinsetzen
2 (*vêtements*: *revêtir*) anziehen; (: *porter*) tragen; **mets ton bonnet** zieh eine Mütze an; **je ne mets plus mon manteau** ich trage meinen Mantel nicht mehr
3 (*faire fonctionner*: *chauffage, électricité*) anmachen, anstellen; (: *réveil, minuteur*) stellen; **faire mettre le gaz/l'électricité** Gas/Elektrizität legen lassen; **mettre en marche** in Gang setzen
4 (*consacrer*): **mettre du temps/deux heures à faire qch** lang/zwei Stunden brauchen, um etw zu machen; **y mettre du sien** sich einsetzen
5 (*écrire*) schreiben; **qu'est-ce qu'il a mis sur la carte?** was hat er auf die Karte geschrieben?; **mettez ... au pluriel** bilden Sie den Plural von ...
6 (*supposer*): **mettons que ...** angenommen, ...
se mettre *vpr* **1** (*réfléchi*): **vous pouvez vous**

mettre là Sie können sich dort hinsetzen; **se mettre au lit** sich ins Bett legen; **se mettre bien avec qn** sich mit jdm gut stellen; **se mettre mal avec qn** mit jdm Probleme bekommen; **se mettre de l'encre sur les doigts** sich *dat* die Finger mit Tinte verschmieren; **se mettre qn à dos** jdn gegen sich aufbringen **2** (*s'habiller*): **se mettre en maillot de bain** sich *dat* einen Badeanzug anziehen; **n'avoir rien à se mettre** nichts anzuziehen haben **3**: **se mettre à** sich machen an +*acc*; **se mettre au travail** sich an die Arbeit machen; **se mettre à faire qch** anfangen, etw zu tun; **se mettre au piano** (*s'asseoir*) sich ans Klavier setzen; (*apprendre*) anfangen, Klavierspielen zu lernen; **se mettre au régime** eine Diät anfangen.

meublant, e [mœblɑ̃, ɑ̃t] *adj* (*tissus etc*) wirkungsvoll, wohnlich.

meuble [mœbl] *nm* (*objet*) Möbelstück *nt*; (*ameublement*) Möbelbranche *f* ♦ *adj* (*sol, terre*) locker; **biens ~s** (*JUR*) bewegliches Gut *nt*.

meublé, e [mœble] *adj*: **chambre ~e** möbliertes Zimmer *nt* ♦ *nm* (*pièce*) möbliertes Zimmer *nt*; (*appartement*) möblierte Wohnung *f*.

meubler [mœble] *vt* möblieren; (*fig*) erfüllen ♦ *vi* (*tissu, rideaux*) einen gemütlichen Effekt haben; **se meubler** *vpr* sich einrichten.

meugler [møgle] *vi* muhen.

meule [møl] *nf* (*à broyer*) Mühlstein *m*; (*à aiguiser, à polir*) Schleifstein *m*; (*de foin, blé*) Haufen *m*; (*de fromage*) Laib *m*.

meunier, -ière [mønje, jɛʀ] *nm/f* Müller(in) *m(f)*; **truite meunière** Forelle auf Müllerinart.

meurs *etc* [mœʀ] *vb voir* **mourir**.

meurtre [mœʀtʀ] *nm* Mord *m*.

meurtrier, -ière [mœʀtʀije, ijɛʀ] *nm/f* Mörder(in) *m(f)* ♦ *adj* mörderisch; (*arme*) Mord-; (*accident*) tödlich ♦ *nf* Schießscharte *f*.

meurtrir [mœʀtʀiʀ] *vt* quetschen; (*fig*) verletzen.

meurtrissure [mœʀtʀisyʀ] *nf* blauer Fleck *m*; (*d'un fruit, légume*) Druckstelle *f*; (*fig*) Narbe *f*.

meus *etc* [mœ] *vb voir* **mouvoir**.

Meuse [mœz] *nf* Maas *f*.

meute [møt] *nf* Meute *f*.

meuve [mœv] *vb voir* **mouvoir**.

mévente [mevɑ̃t] *nf* Absatzflaute *f*.

mexicain, e [mɛksikɛ̃, ɛn] *adj* mexikanisch ♦ *nm/f*: **M~, e** Mexikaner(in) *m(f)*.

Mexique [mɛksik] *nm*: **le ~** Mexiko *nt*.

mezzanine [mɛdzanin] *nf* Zwischengeschoß *nt*.

Mgr *abr* = **monseigneur**.

mi [mi] *nm* (*MUS*) E *nt*; (: *en chantant la gamme*) Mi *nt* ♦ *préf* halb-; **à la ~-janvier** Mitte Januar; **~-bureau, ~-chambre** halb Büro, halb Schlafzimmer; **à ~-hauteur** auf halber Höhe.

miaou [mjau] *nm* Miau *nt*.

miaulement [mjolmɑ̃] *nm* Miauen *nt*.

miauler [mjole] *vi* miauen.

mi-bas [miba] *nm inv* Kniestrumpf *m*.

mica [mika] *nm* (*GÉOL*) Glimmer *m*.

mi-carême [mikaʀɛm] (*pl ~-~s*) *nf*: **la ~-~** der dritte Donnerstag in der Fastenzeit.

miche [miʃ] *nf* Laib *m* Brot.

mi-chemin [miʃmɛ̃]: **à ~-~** *adv* auf halbem Wege.

mi-clos, e [miklo, kloz] (*pl ~-~, es*) *adj* halbgeschlossen.

micmac [mikmak] (*fam: péj*) *nm* Tricks *pl*.

mi-côte [mikot]: **à ~-~** *adv* auf halber Höhe.

mi-course [mikuʀs]: **à ~-~** *adv* auf halber Strecke.

micro [mikʀo] *nm* (*microphone*) Mikrophon *nt*; (*INFORM*) Mikrocomputer *m*.

microbe [mikʀɔb] *nm* Mikrobe *f*.

microbiologie [mikʀobjɔlɔʒi] *nf* Mikrobiologie *f*.

microchirurgie [mikʀoʃiʀyʀʒi] *nf* Mikrochirurgie *f*.

microclimat [mikʀoklima] *nm* Mikroklima *nt*.

microcosme [mikʀɔkɔsm] *nm* Mikrokosmos *m*.

micro-cravate [mikʀokʀavat] (*pl ~s-~s*) *nm* Körpermikrophon *nt*.

micro-économie [mikʀoekɔnɔmi] *nf* Mikroökonomie *f*.

micro-édition [mikʀoedisjɔ̃] *nf* Desktop-Publishing *nt*.

micro-électronique [mikʀoelɛktʀɔnik] *nf* Mikroelektronik *f*.

microfiche [mikʀofiʃ] *nf* Mikrofiche *nt ou m*.

microfilm [mikʀofilm] *nm* Mikrofilm *m*.

micro-onde [mikʀoɔ̃d] (*pl ~-~s*) *nf* Mikrowelle *f* ♦ *nm inv* Mikrowellenherd *m*; **four à ~-~s** Mikrowellenherd.

micro-ordinateur [mikʀoɔʀdinatœʀ] (*pl ~-~s*) *nm* Mikrocomputer *m*.

micro-organisme [mikʀoɔʀganism] (*pl ~-~s*) *nm* Mikroorganismus *m*.

microphone [mikʀofɔn] *nm* Mikrophon *nt*.

microplaquette [mikʀoplakɛt] *nf* Mikrochip *m*.

microprocesseur [mikʀopʀɔsesœʀ] *nm* Mikroprozessor *m*.

microscope [mikʀɔskɔp] *nm* Mikroskop *nt* ▶ **microscope électronique** Elektronenmikroskop *nt*.

microscopique [mikʀɔskɔpik] *adj* mikroskopisch; (*examen, opération*) mit dem Mikroskop.

microsillon [mikʀosijɔ̃] *nm* Langspielplatte *f*.

MIDEM [midɛm] *sigle m* (= *Marché international du disque et de l'édition musicale*) Messe der Musikindustrie.

midi [midi] *nm* (*milieu du jour*) Mittag *m*; (*moment du déjeuner*) Mittagszeit *f*; (*sud*) Süden *m*; **à ~** um zwölf Uhr, mittags; **tous les ~s** jeden Mittag; **le repas de ~** das Mittagessen *nt*; **en plein ~** mitten am Tag; **le M~** (*de la France*) Südfrankreich *nt*.

midinette [midinɛt] (*péj*) *nf* dummes Gänschen *nt*.

mie [mi] *nf* weiches Inneres *nt* (*des Brotes*).

miel [mjɛl] nm Honig m; **être tout** ~ (fig) zuckersüß tun.

mielleux, -euse [mjɛlø, øz] (péj) adj zuckersüß.

mien, ne [mjɛ̃, mjɛn] pron: **le(la) mien(ne)** meine(r, s); **les** ~**s** meine; (ma famille) die Meinen pl.

miette [mjɛt] nf Krümel m; (fig: de la conversation etc) Bruchstück nt; **en** ~**s** (fig) in Stücken; **une** ~ **de** (un peu) ein kleines bißchen.

══════════════ MOT-CLÉ

mieux [mjø] adv **1** (comparatif): **mieux (que)** besser (als); **elle travaille/mange mieux** sie arbeitet/ißt besser; **elle travaille mieux que lui** sie arbeitet besser als er; **elle va mieux** es geht ihr besser; **aimer mieux** lieber mögen; **j'attendais mieux de vous** ich hatte etwas Besseres von Ihnen erwartet; **crier à qui mieux mieux** sich gegenseitig zu übertönen versuchen; **de mieux en mieux** immer besser

2 (superlatif) am besten; **ce que je sais le mieux faire** was ich am besten kann; **les travaux les mieux faits** die am besten ausgeführten Arbeiten; **au mieux** bestenfalls; **être au mieux avec qn** mit jdm bestens stehen; **pour le mieux** zum Besten

♦ adj **1** besser; **se sentir mieux** sich besser fühlen; **c'est mieux ainsi** so ist es besser

2 (superlatif): **le mieux des deux** der/die/das Bessere von beiden; **le/la mieux** der/die/das Beste; **les mieux** die Besten

3 (plus joli): **il est mieux sans moustache/que son frère** er sieht besser aus ohne Schnurrbart/als sein Bruder

♦ nm **1** (amélioration, progrès) Verbesserung f

2 (qch de mieux): **faute de mieux** in Ermangelung einer besseren Lösung

3: **de mon/ton mieux** so gut wie ich kann/du kannst; **faire de son mieux** sein Bestes tun.

mieux-être [mjøzɛtr] nm inv (financier) höherer Lebensstandard m.

mièvre [mjɛvr] adj geziert.

mignon, ne [miɲɔ̃, ɔn] adj niedlich, süß; (aimable, gentil) nett.

migraine [migrɛn] nf Migräne f.

migrant, e [migrɑ̃, ɑ̃t] nm/f Wanderarbeiter(in) m(f) ♦ adj Wander-.

migrateur, -trice [migratœr, tris] adj wandernd.

migration [migrasjɔ̃] nf (de populations) Wanderung f; (d'oiseaux, de poissons) Zug m.

mijaurée [miʒɔre] nf Zierpuppe f.

mijoter [miʒɔte] vt (plat) schmoren, köcheln; (: préparer avec soin) liebevoll zubereiten; (fig: tramer) von langer Hand vorbereiten ♦ vi (plat) köcheln, schmoren; (personne) schmoren.

mil [mil] num tausend.

Milan [milɑ̃] n Mailand nt.

milanais, e [milanɛ, ɛz] adj Mailänder.

mildiou [mildju] nm Mehltau m.

milice [milis] nf Miliz f.

milicien [milisjɛ̃] nm Milizsoldat m.

milieu, x [miljø] nm Mitte f; (fig: état intermédiaire) Mittelding nt; (BIOL, GÉO) Lebensbereich m, Lebensraum m; (entourage) Milieu nt; (pègre) Unterwelt f; **au** ~ **de** mitten in +dat; **au beau** ou **en plein** ~ **(de)** mitten in +dat; **le juste** ~ das Mittelding, die goldene Mitte ▶ **milieu de terrain** (FOOTBALL: joueur) Mittelfeldspieler m; (: joueurs) Mittelfeld nt.

militaire [militɛr] adj (école, gouvernement) Militär- ♦ nm Soldat m; **marine** ~ Marine f; **service** ~ Militärdienst m.

militairement [militɛrmɑ̃] adv (occuper) mit Waffengewalt.

militant, e [militɑ̃, ɑ̃t] adj militant ♦ nm/f Militante(r) f(m).

militantisme [militɑ̃tism] nm Militanz f.

militariser [militarize] vt militarisieren.

militarisme [militarism] nm Militarismus m.

militer [milite] vi: ~ **pour/contre** sich einsetzen für/gegen; (suj: arguments, raisons) sprechen für/gegen.

milk-shake [milkʃɛk] (pl ~-~s) nm Milchshake m.

mille [mil] num (ein)tausend ♦ nm: **mettre dans le** ~ ins Schwarze treffen; **page** ~ Seite tausend ▶ **mille marin** nm Seemeile f.

millefeuille [milfœj] nm (CULIN) Blätterteiggebäck nt mit Cremefüllung.

millénaire [milenɛr] nm Jahrtausend nt ♦ adj tausendjährig; (fig) uralt.

mille-pattes [milpat] nm inv Tausendfüßler m.

millésime [milezim] nm (d'un vin) Jahrgang m.

millésimé, e [milezime] adj Jahrgangs-.

millet [mijɛ] nm Hirse f.

milliard [miljar] nm Milliarde f.

milliardaire [miljardɛr] nm/f Milliardär(in) m(f).

millième [miljɛm] adj tausendste(r, s) ♦ nm Tausendstel nt.

millier [milje] nm: **un** ~ **(de)** etwa tausend; **par** ~**s** zu Tausenden.

milligramme [miligram] nm Milligramm nt.

millimètre [milimɛtr] nm Millimeter m.

millimétré, e [milimetre] adj: **papier** ~ Millimeterpapier nt.

million [miljɔ̃] nm Million f.

millionième [miljɔnjɛm] nm Millionstel nt.

millionnaire [miljɔnɛr] nm/f Millionär(in) m(f).

mi-lourd [milur] (pl ~-~s) adj (SPORT) Halbschwergewichts- ♦ nm Halbschwergewichtler m.

mime [mim] nm/f (acteur) Pantomime m, Pantomimin f ♦ nm (art) Pantomime f.

mimer [mime] vt pantomimisch darstellen; (singer) imitieren.

mimétisme [mimetism] nm Nachahmung f, Mimikry f.

mimique [mimik] nf Mimik f, Mienenspiel nt; (signes) Gebärden pl.

mimosa [mimoza] nm Mimose f.

mi-moyen [mimwajɛ̃] (*pl* ~-~**s**) *adj* (*SPORT*) Halbmittelgewichts- ♦ *nm* Halbmittelgewichtler *m*.
MIN [min] *sigle m* (= *Marché d'intérêt national*) Markt für landwirtschaftliche Erzeugnisse.
min. [min] *abr* (= *minimum*) mind.
minable [minabl] *adj* erbärmlich.
minaret [minaʀɛ] *nm* Minarett *nt*.
minauder [minode] *vi* sich geziert benehmen.
minauderies [minodʀi] *nfpl* Getue *nt*.
mince [mɛ̃s] *adj* (*peu épais*) dünn; (*filet d'eau*) schmal; (*svelte*) schlank; (*fig: profit, connaissances*) gering; (*prétexte*) fadenscheinig ♦ *excl* ~ **alors!** verdammter Mist!
minceur [mɛ̃sœʀ] *nf* Dünne *f*; (*sveltesse*) Schlankheit *f*.
mincir [mɛ̃siʀ] *vi* abnehmen.
mine [min] *nf* (*figure, physionomie*) Miene *f*; (*allure*) Aussehen *nt*; (*gisement*) Bergwerk *nt*; (*de crayon, explosif*) Mine *f*; ~**s** *nfpl* (*péj*) Getue *nt*, Gehabe *nt*; **une** ~ **de** (*fig*) eine Fundgrube an +*dat*; **avoir bonne** ~ (*personne*) gut aussehen; (*iro*) dumm aus der Wäsche gucken; **avoir mauvaise** ~ (*personne*) schlecht aussehen; **faire grise** ~ **à** qn jdm mürrisch begegnen; **faire** ~ **de faire** qch so tun, als täte man etw; **ne pas payer de** ~ nicht nach viel aussehen; ~ **de rien** mit einer Unschuldsmiene ▶ **mine à ciel ouvert** Tagebau *m* ▶ **mine de charbon** Kohlenbergwerk *nt*.
miner [mine] *vt* (*saper*) aushöhlen; (*fig*) unterminieren; (*MIL*) verminen.
minerai [minʀɛ] *nm* Erz *nt*.
minéral, e, -aux [mineʀal, o] *adj* Mineral-; (*CHIM*) anorganisch ♦ *nm* Mineral *nt*.
minéralier [mineʀalje] *nm* Erzfrachter *m*.
minéralisé, e [mineʀalize] *adj* (*eau*) mit Mineralien versetzt.
minéralogie [mineʀalɔʒi] *nf* Mineralogie *f*.
minéralogique [mineʀalɔʒik] *adj* mineralogisch; **plaque** ~ Nummernschild *nt*; **numéro** ~ polizeiliches Kennzeichen *nt*.
minet, te [minɛ, ɛt] *nm/f* (*chat*) Kätzchen *nt* ♦ *nf* (*péj*) Modepüppchen *nt* ♦ *nm* (*péj*) Modeaffe *m*.
mineur, e [minœʀ] *adj* zweitrangig; (*JUR*) minderjährig; (*MUS: intervalle*) klein; (: *gamme*) Moll- ♦ *nm/f* (*JUR*) Minderjährige(r) *f(m)* ♦ *nm* (*travailleur*) Bergmann *m*; (*MIL*) Minenleger *m* ▶ **mineur de fond** Grubenarbeiter *m*.
miniature [minjatyʀ] *adj* Miniatur- ♦ *nf* Miniatur *f*; **la** ~ (*genre*) die Miniaturmalerei *f*; **en** ~ in Miniatur.
miniaturisation [minjatyʀizasjɔ̃] *nf* Verkleinerung *f*.
miniaturiser [minjatyʀize] *vt* verkleinern.
miniaturiste [minjatyʀist] *nm/f* Miniaturmaler(in) *m(f)*.
minibus [minibys] *nm* Kleinbus *m*, Minibus *m*.
minicassette [minikasɛt] *nf* (*cassette*) Minikassette *f* (*für Diktiergerät*).
minichaîne [miniʃɛn] *nf* Kompaktanlage *f*.
minier, -ière [minje, jɛʀ] *adj* (*gisement, industrie*)

Bergwerks-, Bergbau-; (*pays, bassin*) Bergbau-.
mini-jupe [miniʒyp] (*pl* ~-~**s**) *nf* Minirock *m*.
minimal, e, -aux [minimal, o] *adj* (*dose*) Mindest-; (*température*) Tiefst-.
minime [minim] *adj* (*fait, salaire*) sehr klein; (*perte, dépenses*) minimal ♦ *nm/f* (*SPORT*) Junior(in) *m(f)*.
minimiser [minimize] *vt* (*conséquences*) auf ein Minimum reduzieren; (*incident, importance*) herunterspielen.
minimum [minimɔm] *adj* (*âge*) Mindest-; (*perte, gain*) minimal ♦ *nm* Minimum *nt*; **un** ~ **de** ein Minimum an +*dat*; **au** ~ mindestens ▶ **minimum vital** (*salaire*) Mindestlohn *m*; (*niveau de vie*) Existenzminimum *nt*.
mini-ordinateur [miniɔʀdinatœʀ] (*pl* ~-~**s**) *nm* Minicomputer *m*.
ministère [ministɛʀ] *nm* Ministerium *f*; (*portefeuille*) Ministerposten *m*; (*gouvernement*) Regierung *f*, Kabinett *nt*; (*REL*) Priesteramt *nt* ▶ **ministère public** (*JUR*) Staatsanwaltschaft *f*.
ministériel, le [ministeʀjɛl] *adj* (*crise, arrêté*) Regierungs-; (*journal*) regierungstreu.
ministrable [ministʀabl] *adj* (*député*) fähig, Minister zu werden.
ministre [ministʀ] *nm* Minister(in) *m(f)*; (*REL*) Pfarrer(in) *m(f)* ▶ **ministre d'État** Minister(in) *m(f)* (*in wichtiger Funktion*).
minitel [minitɛl] ® *nm* ≈ Bildschirmtext *m*.
minium [minjɔm] *nm* Mennige *f*.
minois [minwa] *nm* Gesichtchen *nt*.
minorer [minɔʀe] *vt* (*minimiser*) auf ein Minimum reduzieren; (*diminuer*) herabsetzen; (*sous-évaluer*) unterbewerten.
minoritaire [minɔʀitɛʀ] *adj* (*POL*) Minderheits-; (*SOCIOLOGIE*) Minderheiten-.
minorité [minɔʀite] *nf* Minderheit *f*; (*d'une personne*) Unmündigkeit *f*; (: *période*) Minderjährigkeit *f*; **la/une** ~ **de** die/eine Minderheit +*gén*; **être en** ~ in der Minderheit sein; **mettre en** ~ überstimmen.
Minorque [minɔʀk] *nf* Menorca *nt*.
minoterie [minɔtʀi] *nf* Getreidemühle *f*.
minotier [minɔtje] *nm* Mühlenbesitzer *m*.
minuit [minɥi] *nm* Mitternacht *f*.
minuscule [minyskyl] *adj* (*infime*) winzig, sehr klein ♦ *nf*: (**lettre**) ~ kleiner Buchstabe *m*.
minutage [minytaʒ] *nm* genaue zeitliche Planung *f*.
minute [minyt] *nf* Minute *f*; (*JUR: original*) Urschrift *f*; ~**!** Moment mal!; **d'une** ~ **à l'autre** jeden Augenblick; **à la** ~ sofort, auf der Stelle; **entrecôte** *ou* **steak** ~ Minutensteak *nt*.
minuter [minyte] *vt* zeitlich genau festlegen.
minuterie [minytʀi] *nf* Schaltuhr *f*.
minuteur [minytœʀ] *nm* Küchenwecker *m*.
minutie [minysi] *nf* (*v adj*) Akribie *f*, Gewissenhaftigkeit *f*; peinliche Genauigkeit *f*; Kniffeligkeit *f*; **avec** ~ mit größter Sorgfalt.
minutieusement [minysjøzmɑ̃] *adv* sorgfältig, sehr genau.

minutieux, -euse [minysjø, jøz] *adj* (*personne*) gewissenhaft; (*inspection, soin*) äußerst genau; (*travail*) kniffelig.

mioche [mjɔʃ] (*fam*) *nm* Steppke *m*.

mirabelle [miʀabɛl] *nf* (*fruit*) Mirabelle *f*; (*eau de vie*) Mirabellenschnaps *m*.

miracle [miʀakl] *nm* Wunder *nt*; **par** ~ wie durch ein Wunder; **faire** *ou* **accomplir des** ~**s** Wunder vollbringen.

miraculé, e [miʀakyle] *adj* (*malade*) durch ein Wunder geheilt.

miraculeux, -euse [miʀakylø, øz] *adj* (*surnaturel*) wundersam, übernatürlich; (*étonnant*) Wunder-.

mirador [miʀadɔʀ] *nm* (*MIL*) Wachturm *m*.

mirage [miʀaʒ] *nm* Fata Morgana *f*; (*fig*) Trugbild *nt*.

mire [miʀ] *nf* (*TV*) Testbild *nt*; **point de** ~ Zielpunkt *m*; (*fig*) Ziel *nt*.

mirent [miʀ] *vb voir* **mettre**.

mirer [miʀe] *vt* durchleuchten; **se mirer** *vpr*: **se** ~ **dans** (*personne*) sich betrachten in +*dat*; (*chose*) sich (wider)spiegeln in +*dat*.

mirifique [miʀifik] *adj* großartig, phantastisch.

mirobolant, e [miʀɔbɔlɑ̃, ɑ̃t] *adj* phantastisch.

miroir [miʀwaʀ] *nm* Spiegel *m*; (*image*) Spiegelbild *nt*, Abbild *nt*.

miroiter [miʀwate] *vi* spiegeln; **faire** ~ **qch à qn** jdm etw in den leuchtendsten Farben ausmalen.

miroiterie [miʀwatʀi] *nf* (*usine*) Spiegelfabrik *f*.

mis, e [mi, miz] *pp de* **mettre** ♦ *adj* (*couvert*) aufgelegt; (*table*) gedeckt; **bien/mal** ~ (*personne*) gut/schlecht angezogen.

misaine [mizɛn] *nf*: **mât de** ~ Fockmast *m*.

misanthrope [mizɑ̃tʀɔp] *adj* menschenfeindlich ♦ *nm* Menschenfeind *m*.

mise [miz] *nf* (*au jeu*) Einsatz *m*; (*tenue*) Kleidung *f*; **être de** ~ angebracht sein ▶ **mise à feu** Zündung *f* ▶ **mise à jour** Aktualisierung *f* ▶ **mise à mort** Tötung *f* ▶ **mise à pied** (*d'un employé*) Entlassung *f* ▶ **mise à prix** (*aux enchères*) Ausgangspreis *m* ▶ **mise au point** (*PHOTO*) Scharfstellen *nt*; (*fig*) Richtigstellung *f* ▶ **mise de fonds** Investition *f* ▶ **mise en bouteilles** Abfüllung *f* in Flaschen ▶ **mise en plis** Dauerwelle *f* ▶ **mise en scène** Inszenierung *f* ▶ **mise en service** Inbetriebnahme *f*.

miser [mize] *vt* (*enjeu*) setzen; ~ **sur** setzen auf +*acc*; (*fig*) rechnen mit.

misérable [mizeʀabl] *adj* elend; (*salaire*) kümmerlich; (*honteux, mesquin*) jämmerlich ♦ *nm/f* (*miséreux*) Elende(r) *f(m)*.

misère [mizɛʀ] *nf* Armut *f*, Elend *nt*; ~**s** *nfpl* (*malheurs*) Elend; (*ennuis*) Sorgen *pl*; **être dans la** ~ Not leiden; **salaire de** ~ Hungerlohn *m*; **faire des** ~**s à qn** jdn quälen *ou* schikanieren ▶ **misère noire** bittere Armut *f*.

miséreux, -euse [mizeʀø, øz] *adj* bettelarm, elend.

miséricorde [mizeʀikɔʀd] *nf* Barmherzigkeit *f*.

miséricordieux, -euse [mizeʀikɔʀdjø, jøz] *adj* barmherzig.

misogyne [mizɔʒin] *adj* frauenfeindlich ♦ *nm/f* Frauenfeind(in) *m(f)*.

missel [misɛl] *nm* Meßbuch *nt*.

missile [misil] *nm* Rakete *f* ▶ **missile autoguidé** Rakete mit Eigenlenkung ▶ **missile balistique** Raketengeschoß *nt* ▶ **missile de croisière** Marschflugkörper *m*, Cruise Missile *nt* ▶ **missile stratégique** strategische Rakete.

mission [misjɔ̃] *nf* (*charge, tâche*) Auftrag *m*; (*groupe*) Delegation *f*; (*REL*) Mission *f*; (*vocation*) Sendung *f*, Mission; **partir en** ~ (*ADMIN, POL*) in offiziellem Auftrag reisen ▶ **mission de reconnaissance** (*MIL*) Aufklärungsmission *f*.

missionnaire [misjɔnɛʀ] *nm/f* Missionar(in) *m(f)*.

missive [misiv] *nf* Schreiben *nt*.

mistral [mistʀal] *nm* Mistral *m*.

mit [mi] *vb voir* **mettre**.

mitaine [mitɛn] *nf* fingerloser Handschuh *m*.

mite [mit] *nf* Motte *f*.

mité, e [mite] *adj* mottenzerfressen.

mi-temps [mitɑ̃] *nf inv* (*SPORT*) Halbzeit *f*; **travailler à** ~-~ halbtags arbeiten; **travail à** ~-~ Halbtagsarbeit *f*.

miteux, -euse [mitø, øz] *adj* schäbig.

mitigé, e [mitiʒe] *adj* (*conviction, ardeur, zèle*) lauwarm; (*sentiments*) gemischt.

mitonner [mitɔne] *vt* (*plat*) sehr sorgfältig zubereiten; (*affaire*) geschickt in die Wege leiten.

mitoyen, ne [mitwajɛ̃, jɛn] *adj* gemeinsam; **maisons** ~**nes** Doppelhaus *nt*; (*plus de deux*) Reihenhäuser *pl*.

mitraille [mitʀaj] *nf* (*balles de fonte*) Kartätsche *f*; (*décharge*) Geschützfeuer *nt*.

mitrailler [mitʀaje] *vt* (*avion, train*) (mit Maschinengewehren) beschießen; (*photographier*) immer wieder knipsen; ~ **qn de questions** jdn mit Fragen bombardieren.

mitraillette [mitʀajɛt] *nf* Maschinenpistole *f*.

mitrailleur [mitʀajœʀ] *nm* Maschinengewehr-Schütze *m*, MG-Schütze *m* ♦ *adj m*: **fusil** ~ Maschinengewehr *nt*.

mitrailleuse [mitʀajøz] *nf* Maschinengewehr *nt*.

mitre [mitʀ] *nf* Mitra *f*.

mitron [mitʀɔ̃] *nm* Bäckerlehrling *m*.

mi-voix [mivwa] : **à** ~-~ *adv* halblaut.

mixage [miksaʒ] *nm* (*CINÉ*) Tonmischung *f*.

mixer, mixeur [miksœʀ] *nm* (*CULIN*) Mixer *m*.

mixité [miksite] *nf* (*SCOL*) Koedukation *f*.

mixte [mikst] *adj* (*équipe*) gemischt; (*mariage*) Misch-; **à usage** ~ Mehrzweck-; **cuisinière** ~ kombinierter Gas- und Elektroherd *m*; **cargo** ~ Frachter *m* mit Passagierbeförderung.

mixture [mikstyʀ] *nf* Mixtur *f*; (*péj: boisson*) Gesöff *nt*; (*fig*) Mischmasch *m*.

MJC [ɛmʒize] sigle f = maison des jeunes et de la culture.

ml abr (= millilitre) ml.

MLF [ɛmɛlɛf] sigle m (= Mouvement de libération de la femme) Frauenbewegung f.

Mlle (pl ~s) abr (= Mademoiselle) Frl.

MM abr = **Messieurs**.

Mme (pl ~s) abr = **Madame**.

mn abr (= minute) Min.

mnémotechnique [mnemotɛknik] adj mnemotechnisch, zur Gedächtnisstütze.

Mo abr = **méga-octet**.

mobile [mɔbil] adj beweglich; (amovible) lose; (nomade) Wander-, mobil ♦ nm (motif) Beweggrund m; (ART) Mobile nt; (PHYS) sich bewegender Körper m.

mobilier, -ière [mɔbilje, jɛʀ] adj (JUR) beweglich ♦ nm (meubles) Mobiliar nt; **effets ~s** übertragbare Effekte pl; **valeurs mobilières** übertragbare Werte pl; **vente mobilière** Eigentumsverkauf m; **saisie mobilière** Eigentumspfändung f.

mobilisable [mɔbilizabl] adj wehrtüchtig.

mobilisation [mɔbilizasjɔ̃] nf Mobilisieren nt ▶ **mobilisation générale** allgemeine Mobilmachung f.

mobiliser [mɔbilize] vt mobilisieren; (fig: enthousiasme, courage) wecken.

mobilité [mɔbilite] nf (de population etc) Mobilität f; (de reflets, regard) Lebhaftigkeit f.

mobylette® [mɔbilɛt] nf Mofa nt.

mocassin [mɔkasɛ̃] nm Mokassin m.

moche [mɔʃ] (fam) adj (personne) häßlich; (temps, attitude) schlecht, mies.

modalité [mɔdalite] nf Modalität f; ~**s** nfpl (JUR) Modalitäten pl ▶ **modalités de paiement** Zahlungsbedingungen pl.

mode [mɔd] nf Mode f; (secteur) Modebranche f ♦ nm (genre: LING, INFORM) Modus m; (MUS) Tongeschlecht nt; **à la ~** modisch ▶ **mode d'emploi** Gebrauchsanweisung f; ~ **de production/d'exploitation** Produktionsweise f/Auswertungsweise f ▶ **mode de paiement** Zahlungsweise f ▶ **mode de vie** Lebensweise f ▶ **mode dialogué** (INFORM) Dialogbetrieb m, Dialogmodus m.

modelage [mɔd(ə)laʒ] nm Modellieren nt.

modèle [mɔdɛl] nm Modell nt; (exemple) Beispiel nt; (maquette, ART: sujet) Vorlage f; (: personne qui pose) Modell nt; (COMM: type standard) Muster nt ♦ adj (parfait, exemplaire) mustergültig; (cuisine, ferme) Muster-; **un ~ de fidélité/générosité** ein Muster an Treue/Großzügigkeit ▶ **modèle courant** Standardmodell nt ▶ **modèle de série** Serienmodell nt ▶ **modèle déposé** eingetragenes Warenzeichen nt ▶ **modèle réduit** verkleinertes Modell.

modelé [mɔd(ə)le] nm Konturen pl.

modeler [mɔd(ə)le] vt modellieren; (façonner) formen; ~ **sa conduite sur celle de son père**

sich dat ein Beispiel am Verhalten des Vaters nehmen.

modéliste [mɔdelist] nm/f (de modèles réduits) Modellbauer(in) m(f).

modem [mɔdɛm] nm Modem nt.

modérateur, -trice [mɔdeʀatœʀ, tʀis] adj vermittelnd ♦ nm/f (conciliateur) Schlichter(in) m(f).

modération [mɔdeʀasjɔ̃] nf (qualité) Mäßigung f ▶ **modération de peine** Strafmilderung f.

modéré, e [mɔdeʀe] adj gemäßigt; (prix, vent, température) mäßig ♦ nm/f (POL) Gemäßigte(r) m(f).

modérément [mɔdeʀemɑ̃] adv maßvoll, in Maßen.

modérer [mɔdeʀe] vt (colère, ambition) mäßigen; (dépenses) einschränken; (allure, vitesse) drosseln; **se modérer** vpr sich mäßigen.

moderne [mɔdɛʀn] adj modern; (langues, histoire) neuere(r, s) ♦ nm: **le ~** (ameublement) moderne Möbel pl; **enseignement ~** neusprachlicher Unterricht m.

modernisation [mɔdɛʀnizasjɔ̃] nf Modernisierung f.

moderniser [mɔdɛʀnize] vt modernisieren; **se moderniser** vpr sich der Mode anpassen, mit der Mode gehen.

modernisme [mɔdɛʀnism] nm Modernismus m.

modernité [mɔdɛʀnite] nf moderner Stil m ou Geschmack m.

modeste [mɔdɛst] adj bescheiden; (tenue, mise, origine) schlicht.

modestement [mɔdɛstəmɑ̃] adv bescheiden.

modestie [mɔdɛsti] nf Bescheidenheit f; **fausse ~** falsche Bescheidenheit.

modicité [mɔdisite] nf geringe Höhe f, Niedrigkeit f; **la ~ des prix** die Niedrigkeit der Preise, die niedrigen Preise.

modifiable [mɔdifjabl] adj veränderbar, modifizierbar.

modification [mɔdifikasjɔ̃] nf (Ver)änderung f.

modifier [mɔdifje] vt (ver)ändern, modifizieren; (LING) näher bestimmen; **se modifier** vpr sich ändern, sich wandeln.

modique [mɔdik] adj gering.

modiste [mɔdist] nf Modistin f.

modulaire [mɔdylɛʀ] adj aus einzelnen Elementen zusammengesetzt.

modulation [mɔdylasjɔ̃] nf Modulation f ▶ **modulation de fréquence** Frequenzmodulation f.

module [mɔdyl] nm Modul nt; (élément) (Bau)element nt ▶ **module lunaire** Mondfähre f.

moduler [mɔdyle] vt modulieren; (air) trällern; (adapter) anpassen.

moelle [mwal] nf Mark nt; **jusqu'à la ~** (fig) bis ins Mark ▶ **moelle épinière** Rückenmark nt.

moelleux, -euse [mwalø, øz] adj weich; (aliment) kremig; (voix, son) weich, sanft.

moellon [mwalɔ̃] nm Baustein m.

mœurs [mœʀ(s)] _nfpl_ Sitten _pl_; (_manières, comportement_) Benehmen _nt_; (_pratiques sociales, coutumes_) Bräuche _pl_; ~ **simples/bohèmes** einfaches Leben _nt_/Leben der Bohème; **femme de mauvaises** ~ leichtes Mädchen _nt_; **passer dans les** ~ Sitte werden; **contraire aux bonnes** ~ gegen die guten Sitten.

mohair [mɔɛʀ] _nm_ Mohair _m_.

================= MOT-CLÉ

moi [mwa] _pron_ **1** (_sujet_) ich; **c'est moi** ich bin's; **c'est moi qui l'ai fait** das habe ich gemacht; **il l'a fait mieux que moi** er hat es besser als ich gemacht
2 (_objet direct; après prép avec acc_) mich; **c'est moi que vous avez appelé?** haben Sie mich gerufen?; **pour moi** für mich
3 (_objet indirect; après prép avec dat_) mir; **apporte-le-moi** bring es mir; **donnez-m'en** geben Sie mir etwas davon; **avec moi** mit mir; **chez moi** bei mir (zu Hause)
4 (_emphatique_): **moi, je** ... ich (für mein Teil) ...
♦ _nm_ (PSYCH) Ich _nt_.

moignon [mwaɲɔ̃] _nm_ Stumpf _m_.

moi-même [mwamɛm] _pron_ ich selbst; **pour** ~-~ für mich selbst; **avec** ~-~ mit mir selbst.

moindre [mwɛ̃dʀ] _adj_ geringer; (_prix, température_) niedriger; **le(la)** ~ der/die/das geringste; **les** ~**s** die geringsten; **c'est la** ~ **des choses** das ist eine Kleinigkeit.

moine [mwan] _nm_ Mönch _m_.

moineau, x [mwano] _nm_ Spatz _m_.

================= MOT-CLÉ

moins [mwɛ̃] _adv_ **1** (_comparatif_): **moins (que)** weniger (als); **elle travaille moins que moi** sie arbeitet weniger als ich; **il a 3 ans de moins que moi** er ist 3 Jahre jünger als ich; **moins grand que** kleiner als; **moins je travaille, mieux je me porte** je weniger ich arbeite, desto besser geht es mir
2 (_superlatif_): **le moins** am wenigsten; **c'est ce que j'aime le moins** das mag ich am wenigsten; **le moins doué** der am wenigsten Begabte, der Unbegabteste; **la moins douée** die am wenigsten Begabte, die Unbegabteste; **au moins** wenigstens; **du moins** wenigstens; **pour le moins** mindestens
3: **moins de** weniger; **moins de sable/de livres** weniger Sand/Bücher; **moins de 2 ans/100 F** weniger als 2 Jahre/100F
4: **100 F/3 jours de moins** 100F/3 Tage weniger; **de l'argent en moins** weniger Geld; **le soleil en moins** ohne die Sonne; **de moins en moins** immer weniger
5: **à moins que** außer daß, es sei denn, daß; **à moins de prendre un taxi, nous serons en retard** wenn wir kein Taxi nehmen, kommen wir zu spät; **à moins que tu ne te maries** es sei denn, du heiratest; **à moins d'un accident** wenn kein Unfall passiert
♦ _prép_: **4 moins 2** 4 weniger _ou_ minus 2; **il es** (**six heures) moins 5** es ist fünf vor (sechs); **était moins cinq** (_fig_) es war fünf vor zwölf; **fait moins 5** es ist minus 5 (Grad).

moins-value [mwɛ̃valy] (_pl_ ~-~**s**) _nf_ Wertmin derung _f_; (_d'une taxe, d'un impôt_) Minderbe trag _m_.

moire [mwaʀ] _nf_ (_tissu_) Moiré _nt_.

moiré, e [mwaʀe] _adj_ (_tissu, papier_) geflammt (_reflets_) schimmernd.

mois [mwa] _nm_ Monat _m_; (_salaire_) Monatsge halt _nt_; (_somme due_) Monatsrate _f_; **treizième** dreizehntes Monatsgehalt; **double** ~ z sätzliches Monatsgehalt.

moïse [mɔiz] _nm_ Körbchen _nt_.

moisi, e [mwazi] _adj_ schimmelig ♦ _nm_ Schim mel _m_; **odeur de** ~ Modergeruch _m_; **goût de** Schimmelgeschmack _m_.

moisir [mwaziʀ] _vi_ schimmeln; (_fig: croupir_) versauern ♦ _vt_ schimmelig machen.

moisissure [mwazisyʀ] _nf_ Schimmel _m_.

moisson [mwasɔ̃] _nf_ Ernte _f_; (_époque_) Ernteze _f_; **faire ample** ~ **de renseignements** ein reiche Ernte von Auskünften zusammen bringen.

moissonner [mwasɔne] _vt_ (_céréales_) ernter (_champ_) abernten; (_fig_) einheimsen.

moissonneur, -euse [mwasɔnœʀ, øz] _nm_ Erntearbeiter(in) _m(f)_.

moissonneuse [mwasɔnøz] _nf_ (_machine_ Mähmaschine _f_.

moissonneuse-batteuse [mwasɔnøzbatøz] (_ ~-~-~**s**) _nf_ Mähdrescher _m_.

moissonneuse-lieuse [mwasɔnøzlijøz] (~-~-~**s**) _nf_ Mähbinder _m_.

moite [mwat] _adj_ feucht.

moitié [mwatje] _nf_ Hälfte _f_; **sa** ~ (_épouse_) sein bessere Hälfte; **la** ~ **de** die Hälfte +_gén_; **la** du temps/des gens die Hälfte der Zeit/de Leute; ~ **moins grand** halb so groß; **plus long** um die Hälfte länger; **à** ~ zu Hälfte; **à** ~ **prix** zum halben Preis; **de** ~ zu Hälfte.

moitié-moitié [mwatje-mwatje] (_fam_) _adv_: **pa** tager ~-~ halbe-halbe machen.

moka [mɔka] _nm_ (_café_) Mokka _m_; (_gâteau_) Mok katorte _f_.

mol [mɔl] _adj voir_ **mou**.

molaire [mɔlɛʀ] _nf_ Backenzahn _m_.

moldave [mɔldav] _adj_ aus Moldawien.

Moldavie [mɔldavi] _nf_: **la** ~ Moldawien _nt_.

môle [mol] _nm_ Mole _f_.

moléculaire [mɔlekylɛʀ] _adj_ Molekular-.

molécule [mɔlekyl] _nf_ Molekül _nt_.

moleskine [mɔlɛskin] _nf_ Moleskin _m ou nt_.

molester [mɔlɛste] _vt_ (_physiquement_) mißhan deln.

molette [mɔlɛt] _nf_ (_outil_) Spornrad _nt_; (_roulette_ Rädchen _nt_.

mollasse [mɔlas] _adj_ (_péj_) schlaff.

molle [mɔl] _adj f voir_ **mou**.

mollement [mɔlmã] *adv* (*faiblement*) kraftlos; (*paresseusement*) träge; (*protester*) schwach.

mollesse [mɔlɛs] *nf* Weichheit *f*; (*péj: de visage, traits*) Weichlichkeit *f*.

mollet [mɔlɛ] *nm* Wade *f* ♦ *adj m*: œuf ~ weichgekochtes Ei *nt*.

molletière [mɔltjɛʀ] *adj f*: bande ~ Wickelgamasche *f*.

molleton [mɔltɔ̃] *nm* Molton *m*.

molletonné, e [mɔltɔne] *adj* gefüttert.

mollir [mɔliʀ] *vi* (*jambes*) weich werden; (*vent*) abflauen; (*personne, courage*) nachlassen.

mollusque [mɔlysk] *nm* (*ZOOL*) Weichtier *nt*; (*péj: personne*) fauler Knochen *m*.

molosse [mɔlɔs] *nm* großer Wachhund *m*.

môme [mom] (*fam*) *nm/f* (*enfant*) Knirps *m* ♦ *nf* (*fille, femme*) Biene *f*.

moment [mɔmã] *nm* Moment *m*, Augenblick *m*; **les grands ~s de l'histoire** die großen Augenblicke *ou* Momente der Geschichte; **un ~ de gêne/bonheur** ein peinlicher/glücklicher Moment *ou* Augenblick; **profiter du ~** die Gelegenheit beim Schopf packen; **ce n'est pas le ~** jetzt ist nicht der richtige Zeitpunkt; **à un certain ~** irgendwann; **à un ~ donné** zu einem bestimmten Zeitpunkt; **à quel ~?** wann (genau)?; **au même ~** im gleichen Augenblick; **pour un bon ~** eine ganze Zeit lang, ziemlich lange; **pour le ~** im Moment *ou* Augenblick; **au ~ de partir** beim Gehen; **au ~ où** in dem Moment, als, zu der Zeit, als; **à tout ~** jederzeit; (*continuellement*) immer, die ganze Zeit; **en ce ~** jetzt; **sur le ~** zu der Zeit; **par ~s** manchmal, ab und zu; **d'un ~ à l'autre** jeden Augenblick; **du ~ où** *ou* **que** da; **n'avoir pas un ~ à soi** keine Minute Zeit für sich haben.

momentané, e [mɔmãtane] *adj* kurz.

momentanément [mɔmãtanemã] *adv* kurz; (*provisoirement*) momentan.

momie [mɔmi] *nf* Mumie *f*.

mon, ma [mɔ̃] (*pl* **mes**) *adj possessif* mein(e).

monacal, e, -aux [mɔnakal, o] *adj* klösterlich, Kloster-.

Monaco [mɔnako] *nm*: (**la principauté de**) ~ (das Fürstentum) Monaco *nt*.

monarchie [mɔnaʀʃi] *nf* Monarchie *f* ► **monarchie absolue** absolutistische Monarchie ► **monarchie parlementaire** parlamentarische Monarchie.

monarchiste [mɔnaʀʃist] *adj* monarchistisch ♦ *nm/f* Monarchist(in) *m(f)*.

monarque [mɔnaʀk] *nm* Monarch *m*.

monastère [mɔnastɛʀ] *nm* Kloster *nt*.

monastique [mɔnastik] *adj* klösterlich, Kloster-.

monceau, x [mɔ̃so] *nm* Haufen *m*.

mondain, e [mɔ̃dɛ̃, ɛn] *adj* (*soirée, obligations*) gesellschaftlich; (*vie*) Gesellschafts-; (*peintre, écrivain*) modisch ♦ *nm* Mann *m*/Frau *f* von Welt; carnet ~ Klatschblatt *nt* ♦ *nf*: la M~e, la police ~e die Sittenpolizei *f*.

mondanités [mɔ̃danite] *nfpl* (*vie mondaine*) Ge-

sellschaftsleben *nt*; (*paroles*) oberflächliche Konversation *f*; (*PRESSE*) Klatschspalte *f*.

monde [mɔ̃d] *nm* Welt *f*; (*gens*) Leute *pl*; (*milieu*) Kreise *pl*; **le** ~ (*la bonne société*) die feine Gesellschaft *f*, die High Society *f*; **le** ~ **capitaliste** die kapitalistische Welt; **le** ~ **végétal** die Pflanzenwelt; **le** ~ **du spectacle** die Welt des Theaters; **être du même** ~ sich in den gleichen Kreisen bewegen; **ne pas être du même** ~ nicht in den gleichen Kreisen verkehren; **il y a du** ~ es sind viele Leute da; (*quelques personnes*) es sind Leute da; **beaucoup/peu de** ~ viele/wenige Leute; **mettre au** ~ zur Welt bringen; **l'autre** ~ das Jenseits; **tout le** ~ alle, jedermann; **pas le moins du** ~ nicht im geringsten; **se faire un** ~ **de qch** viel Wirbel um etw machen; **homme/femme du** ~ Mann *m*/Frau *f* von Welt.

mondial, e, -aux [mɔ̃djal, jo] *adj* (*population etc*) Welt-; (*influence etc*) weltweit.

mondialement [mɔ̃djalmã] *adv* weltweit.

mondialisation [mɔ̃djalizasjɔ̃] *nf* (*d'un conflit*) weltweite Ausbreitung *f*.

mondovision [mɔ̃dɔvizjɔ̃] *nf* weltweite Fernsehsendung *f*.

monégasque [mɔnegask] *adj* monegassisch ♦ *nm/f*: **M~** Monegasse *m*, Monegassin *f*.

monétaire [mɔnetɛʀ] *adj* (*unité*) Währungs-; (*circulation*) Geld-.

monétarisme [mɔnetaʀism] *nm* Monetarismus *m*.

monétique [mɔnetik] *nf* Plastikgeld *nt*.

mongol, e [mɔ̃gɔl] *adj* mongolisch ♦ *nm/f*: **M~, e** Mongole *m*, Mongolin *f*.

Mongolie [mɔ̃gɔli] *nf* Mongolei *f*.

mongolien, ne [mɔ̃gɔljɛ̃, jɛn] *adj* mongoloid ♦ *nm/f* Mongoloide(r) *f(m)*.

mongolisme [mɔ̃gɔlism] *nm* Mongolismus *m*.

moniteur, -trice [mɔnitœʀ, tʀis] *nm(f)* (*SPORT*) Lehrer(in) *m(f)*; (*de colonie de vacances*) Betreuer(in) *m(f)* ♦ *nm* (*INFORM*) Monitor *m*, Bildschirm *m* ► **moniteur d'auto-école** Fahrlehrer(in) *m(f)* ► **moniteur cardiaque** Herzmonitor *m*.

monitorat [mɔnitɔʀa] *nm* (*formation*) Lehrerausbildung *f* (*für Sportlehrer*); (*fonction*) (Sport)lehreramt *nt*.

monnaie [mɔnɛ] *nf* (*pièce*) Münze *f*; (*ÉCON*) Geld *nt*, Währung *f*; (*petites pièces*) Kleingeld *nt*; **faire de la** ~ Geld wechseln; **avoir la** ~ **de 20 F** 20F wechseln können; **faire** *ou* **donner à qn la** ~ **de 20 F** jdm 20F wechseln; **rendre à qn la** ~ (**sur 20 F)** jdm (auf 20F) herausgeben; **servir de** ~ **d'échange** als Tauschobjekt dienen; **payer en** ~ **de singe** jdn mit leeren Worten abspeisen; **c'est** ~ **courante** das ist gang und gäbe ► **monnaie légale** gesetzliches Zahlungsmittel *nt*.

monnayable [mɔnɛjabl] *adj* verkäuflich.

monnayer [mɔneje] *vt* (*billet, terrain, valeur*) zu Geld machen; (*génie, talent*) Kapital schlagen aus.

monnayeur [mɔnɛjœʀ] *nm voir* **faux**.

mono [mɔnɔ] *abr* (= *monophonique*) Mono-, mono-.

monochrome [mɔnɔkʀom] *adj* einfarbig.

monocle [mɔnɔkl] *nm* Monokel *nt*.

monocoque [mɔnɔkɔk] *adj*: **voiture** ~ selbsttragende Karosserie *f* ♦ *nm* (*voilier*) *Schiff mit einem einzigen Schiffskörper.*

monocorde [mɔnɔkɔʀd] *adj* monoton.

monoculture [mɔnɔkyltyʀ] *nf* Monokultur *f*.

monogamie [mɔnɔgami] *nf* Monogamie *f*.

monogramme [mɔnɔgʀam] *nm* Monogramm *nt*.

monolingue [mɔnɔlɛ̃g] *adj* einsprachig.

monolithique [mɔnɔlitik] *adj* (*fig*) starr.

monologue [mɔnɔlɔg] *nm* Selbstgespräch *nt*; (*THÉÂT*) Monolog *m* ▶ **monologue intérieur** innerer Monolog.

monologuer [mɔnɔlɔge] *vi* (*v nm*) Selbstgespräche führen; einen Monolog halten.

monôme [mɔnom] *nm* (*MATH*) Monom *nt*; (*file d'étudiants*) Studentenumzug *m*.

monoparental, e, -aux [mɔnɔpaʀɑ̃tal, o] *adj* (*famille*) mit nur einem Elternteil.

monophasé, e [mɔnɔfaze] *adj* einphasig.

monophonie [mɔnɔfɔni] *nf* Monowiedergabe *f*, Mono *nt*.

monoplace [mɔnɔplas] *adj* einsitzig ♦ *nm*, *nf* Einsitzer *m*.

monoplan [mɔnɔplɑ̃] *nm* Eindecker *m*.

monopole [mɔnɔpɔl] *nm* Monopol *nt*.

monopolisation [mɔnɔpɔlizasjɔ̃] *nf* (*v vt*) Monopolisierung *f*; Alleinanspruch *m*.

monopoliser [mɔnɔpɔlize] *vt* monopolisieren; (*fig*) für sich allein beanspruchen.

monorail [mɔnɔʀaj] *nm* Einschienenbahn *f*.

monoski [mɔnɔski] *nm* Monoski *m*; **faire du** ~ Monoski fahren.

monosyllabe [mɔnɔsi(l)lab] *nm* einsilbiges Wort *nt*.

monosyllabique [mɔnɔsi(l)labik] *adj* einsilbig.

monotone [mɔnɔtɔn] *adj* monoton.

monotonie [mɔnɔtɔni] *nf* Monotonie *f*.

monseigneur [mɔ̃sɛɲœʀ] *nm* (*archevêque, évêque*) Exzellenz *f*; (*cardinal*) Eminenz *f*.

Monsieur [mɔsjø] (*pl* **Messieurs**) *nm* Herr *m*; **un m**~ ein Herr; ~ **Dubois** Herr Dubois; **m**~! (*pour appeler*) hallo!, Entschuldigung!; **occupez-vous de** ~ würden Sie bitte den Herrn bedienen; **bonjour,** ~ guten Tag; (*si le nom est connu*) guten Tag, Herr X; **(cher)** ~ (*sur lettre*) sehr geehrter Herr X; **m**~ **le directeur** Herr Direktor; **Messieurs** meine Herren.

monstre [mɔ̃stʀ] *nm* (*être anormal*) Monstrum *nt*; (*MYTHOLOGIE*) Ungeheuer *nt*; (*personne laide*) Monster *nt*; (*personne méchante*) Scheusal *nt* ♦ *adj* (*fam*) Riesen-; **un travail** ~ eine Wahnsinnsarbeit *f* ▶ **monstre sacré** (*THÉÂT, CINÉ*) Superstar *m*.

monstrueux, -euse [mɔ̃stʀyø, øz] *adj* (*difforme: laideur*) ungeheuer; (: *personne*) mißgebildet; (*colossal*) Riesen-; (*abominable*) ungeheuerlich, grauenhaft.

monstruosité [mɔ̃stʀyozite] *nf* Ungeheuerlichkeit *f*; (*MÉD*) Mißbildung *f*.

mont [mɔ̃] *nm*: **par ~s et par vaux** über Berg und Tal; **le** ~ **de Vénus** der Venusberg *m*; **le** ~ **Blanc** der Montblanc *m*.

montage [mɔ̃taʒ] *nm* (*assemblage*) Montage *f*; (*d'une tente, affaire financière etc*) Aufbau *m*; (*PHOTO*) Photomontage *f*; (*CINÉ*) Schnitt *m* ▶ **montage sonore** Tonschnitt *m*.

montagnard, e [mɔ̃taɲaʀ, aʀd] *adj* Berg-, Gebirgs- ♦ *nm/f* Gebirgsbewohner(in) *m(f)*.

montagne [mɔ̃taɲ] *nf* Berg *m*; (*région*) Gebirge *nt*, Berge *pl*; **une** ~ **de** (*fig*) ein Berg von; **la haute/moyenne** ~ das Hoch-/Mittelgebirge *nt*; ~**s Rocheuses** Rocky Mountains *pl* ▶ **montagnes russes** Berg- und Talbahn *f*, Achterbahn *f*.

montagneux, -euse [mɔ̃taɲø, øz] *adj* bergig, gebirgig.

montalbanais, e [mɔ̃talbanɛ, ɛz] *adj* aus Montauban ♦ *nm/f*: **M**~, **e** Bewohner(in) *m(f)* von Montauban.

montant, e [mɔ̃tɑ̃, ɑ̃t] *adj* (*mouvement*) aufwärts; (*marée*) steigend; (*robe, col, corsage*) hochgeschlossen ♦ *nm* (*somme*) Betrag *m* (*d'une fenêtre, d'un lit*) Pfosten *m*; (*d'une échelle*) Sprosse *f*.

mont-de-piété [mɔ̃dpjete] (*pl* ~**s**-~-~) *nm* Pfandleihanstalt *f*, Leihhaus *nt*.

monte [mɔ̃t] *nf* (*accouplement*) Beschälung *f* (*d'un jockey*) Sitz *m*.

monte-charge [mɔ̃tʃaʀʒ] *nm inv* Lastenaufzug *m*.

montée [mɔ̃te] *nf* (*escalade, chemin*) Aufstieg *m* (*côte*) Steigung *f*, Anstieg *m*; **au milieu de la** ~ auf halber Höhe.

monte-plats [mɔ̃tpla] *nm inv* Speiseaufzug *m*.

monter [mɔ̃te] *vi* steigen; (*passager*) einsteigen; (*avion*) aufsteigen; (*voiture*) hochfahren; (*chemin, route*) ansteigen; (*niveau, température, prix*) (an)steigen; (*brouillard*) sich heben (*bruit*) anschwellen; (*CARTES*) höher bieten; (*à cheval*) reiten ♦ *vt* (*escalier, marches, côte*) hinaufgehen; (*cheval*) aufsitzen auf +*acc*; (*valise, déjeuner, courrier*) hinauftragen; (*tente*) aufschlagen; (*machine, échafaudage, étagère etc*) aufstellen; (*bijou*) fassen; (*manches, col*) annähen; (*film*) schneiden; (*pièce*) aufführen (*société*) aufbauen; **se monter** *vpr* (*s'équiper*) sich ausrüsten; ~ **son ménage** seinen Haushalt einrichten; **monté en** (*équipé*) ausgestattet mit; ~ **sur/à un arbre/une échelle** auf einen Baum/eine Leiter steigen; ~ **à cheval** reiten; ~ **à bord** an Bord gehen; ~ **à la tête de qn** jdm zu Kopf steigen; **être monté contre qn** auf jdn wütend *ou* gegen jdn aufgebracht sein; ~ **sur les planches** zum Theater gehen; ~ **en grade** aufsteigen; ~ **qch en épingle** etw völlig übertreiben; ~ **la garde** Wache stehen; ~ **à l'assaut** zum Angriff übergehen; se ~ **à** (*frais, réparation*) sich belaufen auf +*acc*.

monteur, -euse [mɔ̃tœʀ, øz] *nm/f* (*TECH*) Monteur(in) *m(f)*; (*CINÉ*) Cutter(in) *m(f)*.

monticule [mɔ̃tikyl] *nm* (*éminence*) Hügel *m*; (*tas*) Haufen *m*.

montmartrois, e [mɔ̃maʀtʀwa, waz] *adj* von Montmartre.

montre [mɔ̃tʀ] *nf* Uhr *f*; ~ **en main** auf die Minute genau; **faire** ~ **de** (*étaler*) zur Schau stellen; (*faire preuve de*) unter Beweis stellen; **contre la** ~ gegen die Uhr ▸ **montre de plongée** Taucheruhr *f*.

Montréal [mɔ̃ʀeal] *n* Montreal *nt*.

montréalois, e [mɔ̃ʀealwa, waz] *adj* aus Montreal ♦ *nm/f*: **M~, e** Bewohner(in) *m(f)* von Montreal.

montre-bracelet [mɔ̃tʀabʀaslɛ] (*pl* ~**s**-~**s**) *nf* Armbanduhr *f*.

montrer [mɔ̃tʀe] *vt* zeigen; **se montrer** *vpr* (*paraître*) erscheinen, sich zeigen; ~ **à qn qu'il a tort** jdm beweisen, daß er Unrecht hat; ~ **qch du doigt** mit dem Finger auf etw *acc* zeigen; **se** ~ **habile/à la hauteur** sich geschickt/kompetent zeigen, sich als geschickt/kompetent erweisen.

montreur, -euse [mɔ̃tʀœʀ, øz] *nm/f*: ~ **d'ours** Bärenführer *m*; ~ **de marionnettes** Marionettenspieler *m*.

monture [mɔ̃tyʀ] *nf* (*bête*) Reittier *nt*; (*d'une bague*) Fassung *f*; (*de lunettes*) Gestell *nt*.

monument [mɔnymɑ̃] *nm* Denkmal *nt*, Monument *nt* ▸ **monument aux morts** Kriegerdenkmal *nt*.

monumental, e, -aux [mɔnymɑ̃tal, o] *adj* monumental; (*énorme*) gewaltig.

moquer [mɔke]: **se** ~ *vpr*: **se** ~ **de** sich lustig machen über +*acc*; (*fam*: *se désintéresser de*) sich nicht kümmern um; **se** ~ **de qn** sich über jdn lustig machen.

moquerie [mɔkʀi] *nf* (*plaisanterie*) Spott *m*.

moquette [mɔkɛt] *nf* Teppichboden *m*.

moqueur, -euse [mɔkœʀ, øz] *adj* spöttisch.

moral, e, -aux [mɔʀal, o] *adj* moralisch; (*principes*) Moral-; (*force, douleur*) seelisch, Seelen- ♦ *nm* (*état d'esprit*) Stimmung *f*, Moral *f*; **avoir le** ~ **à zéro** überhaupt nicht in Stimmung sein, völlig niedergeschlagen sein.

morale [mɔʀal] *nf* Moral *f*; **faire la** ~ **à qn** jdm die Leviten lesen.

moralement [mɔʀalmɑ̃] *adv* moralisch; (*agir, se conduire*) anständig.

moralisateur, -trice [mɔʀalizatœʀ, tʀis] *adj* moralisierend ♦ *nm/f* Moralprediger(in) *m(f)*.

moraliser [mɔʀalize] *vi* Moralpredigten halten.

moraliste [mɔʀalist] *nm/f* (*auteur*) Moralist(in) *m(f)*; (*moralisateur*) Moralprediger(in) *m(f)* ♦ *adj* moralisierend.

moralité [mɔʀalite] *nf* Moralität *f*; (*enseignement*) Moral *f*.

moratoire [mɔʀatwaʀ] *adj*: **intérêts** ~**s** Verzugszinsen *pl*.

morave [mɔʀav] *adj* mährisch.

Moravie [mɔʀavi] *nf*: **la** ~ Mähren *nt*.

morbide [mɔʀbid] *adj* (*curiosité*) krankhaft; (*goût*) abwegig.

morceau, x [mɔʀso] *nm* Stück *nt*; (*d'une œuvre littéraire*) Auszug *m*; **couper en** ~**x** in Stücke schneiden.

morceler [mɔʀsəle] *vt* aufteilen.

morcellement [mɔʀsɛlmɑ̃] *nm* Aufteilung *f*.

mordant, e [mɔʀdɑ̃, ɑ̃t] *adj* bissig; (*froid*) beißend ♦ *nm* (*dynamisme*) Schwung *m*.

mordicus [mɔʀdikys] (*fam*) *adv* steif und fest.

mordiller [mɔʀdije] *vt* knabbern an +*dat*.

mordoré, e [mɔʀdɔʀe] *adj* goldbraun.

mordre [mɔʀdʀ] *vt* beißen; (*suj*: *lime, ancre, vis*) fassen ♦ *vi* (*poisson*) anbeißen; ~ **sur** (*ligne de départ, marge*) übertreten; ~ **à l'hameçon** anbeißen.

mordu, e [mɔʀdy] *pp de* **mordre** ♦ *adj* (*amoureux*) rasend verliebt ♦ *nm/f*: **un** ~ **de la voile/du jazz** ein wilder Segelfan *m*/Jazzfan *m*.

morfondre [mɔʀfɔ̃dʀ]: **se** ~ *vpr* Trübsal blasen.

morgue [mɔʀg] *nf* (*arrogance*) Dünkel *m*; (*lieu*: *de la police*) Leichenschauhaus *nt*; (: *à l'hôpital*) Leichenhalle *f*.

moribond, e [mɔʀibɔ̃, ɔ̃d] *adj* todgeweiht.

morille [mɔʀij] *nf* Morchel *f*.

mormon, e [mɔʀmɔ̃, ɔn] *adj* Mormonen- ♦ *nm/f* Mormone *m*, Mormonin *f*.

morne [mɔʀn] *adj* (*personne, visage*) trübsinnig, trübselig; (*temps, vie*) düster, trübselig.

morose [mɔʀoz] *adj* (*personne*) mürrisch; (*marché*) schleppend.

morphine [mɔʀfin] *nf* Morphium *nt*.

morphinomane [mɔʀfinɔman] *nm/f* Morphinist(in) *m(f)*.

morphologie [mɔʀfɔlɔʒi] *nf* Morphologie *f*; (*forme*) Gestalt *f*; (*LING*) Formenlehre *f*.

morphologique [mɔʀfɔlɔʒik] *adj* morphologisch.

mors [mɔʀ] *nm* Gebiß *nt*.

morse [mɔʀs] *nm* (*ZOOL*) Walroß *nt*; (*TÉL*) Morsealphabet *nt*.

morsure [mɔʀsyʀ] *nf* Biß *m*; (*plaie*) Bißwunde *f*.

mort, e [mɔʀ] *pp de* **mourir** ♦ *nf* Tod *m*; (*fig*) Ende *nt* ♦ *adj*; (*peau*) abgestorben ♦ *nm/f* Tote(r) *f(m)* ♦ *nm* (*CARTES*) Tisch *m*; **il y a eu plusieurs** ~**s** es gab mehrere Tote; **de** ~ (*tête, lit, silence*) Toten-; (*pulsion, menace, peine*) Todes-; **blessé à** ~ tödlich verletzt; **à la** ~ **de qn** bei jds Tod; **à la vie, à la** ~ in guten und schlechten Zeiten; ~ **ou vif** tot oder lebendig; ~ **de peur** zu Tode erschrocken; ~ **de fatigue** todmüde; **faire le** ~ sich tot stellen; (*fig*) nichts von sich *dat* hören lassen; **se donner la** ~ sich *dat* das Leben nehmen ▸ **mort clinique** klinischer Tod.

mortadelle [mɔʀtadɛl] *nf* Mortadella *f*.

mortalité [mɔʀtalite] *nf* Sterblichkeit *f*, Sterblichkeitsziffer *f* ▸ **mortalité infantile** Kindersterblichkeit *f*.

mort-aux-rats [mɔʀ(t)oʀa] *nf inv* Rattengift *nt*.

mortel, le [mɔʀtɛl] *adj* (*entraînant la mort*) tödlich; (*REL*) sterblich; (*fig*: *intense*) furchtbar; (: *ennuyeux*) tödlich (langweilig) ♦ *nm/f* Sterbliche(r) *f(m)*.

mortellement [mɔʀtɛlmɑ̃] _adv_ (_blessé etc_) tödlich; (_pâle etc_) toten-; (_ennuyeux etc_) sterbens-.

morte-saison [mɔʀt(ə)sɛzɔ̃] (_pl_ ~**-s**-~**s**) _nf_ Sauregurkenzeit _f_.

mortier [mɔʀtje] _nm_ (_TECH_) Mörtel _m_; (_récipient, canon_) Mörser _m_.

mortifier [mɔʀtifje] _vt_ zutiefst treffen, tief verletzen.

mort-né, e [mɔʀne] (_pl_ ~-~**s, es**) _adj_ totgeboren; (_fig_) von Anfang an zum Scheitern verurteilt.

mortuaire [mɔʀtɥɛʀ] _adj_: **cérémonie** ~ Totenfeier _f_; **avis** ~**s** Todesanzeige _f_; **chapelle** ~ Totenkapelle _f_; **couronne** ~ Grabkranz _m_; **domicile** ~ Trauerhaus _nt_; **drap** ~ Leichentuch _nt_.

morue [mɔʀy] _nf_ Kabeljau _m_; (_salée_) Stockfisch _m_.

morvandeau, -elle [mɔʀvɑ̃do, ɛl] _adj_ aus dem Morvan ♦ _nm/f_: **M**~, **-elle** Bewohner(in) _m(f)_ des Morvan.

morveux, -euse [mɔʀvø, øz] (_fam_) _adj_ rotznasig.

mosaïque [mɔzaik] _nf_ Mosaik _nt_.

mosan, e [mɔzɑ̃] _adj_ (_de la Meuse_) Maas-.

Moscou [mɔsku] _n_ Moskau _nt_.

moscovite [mɔskɔvit] _adj_ Moskauer.

mosellan, e [mɔzɛlɑ̃, an] _adj_ (_de la Moselle_) Mosel- ♦ _nm/f_: **M**~, **e** Mosellaner(in) _m(f)_.

mosquée [mɔske] _nf_ Moschee _f_.

mot [mo] _nm_ Wort _nt_; **bon** ~ Bonmot _nt_; **mettre/écrire/recevoir un** ~ ein paar Zeilen schreiben/erhalten; **le** ~ **de la fin** das letzte Wort; ~ **à** ~ wortwörtlich; **en un** ~ mit einem Wort; ~ **pour** ~ Wort für Wort, wortwörtlich; **à** ~**s couverts** durch die Blume; **avoir le dernier** ~ das letzte Wort haben; **prendre qn au** ~ jdn beim Wort nehmen; **se donner le** ~ sich absprechen; **avoir son** ~ **à dire** auch ein Wörtchen mitzureden haben; **avoir des** ~**s avec qn** (_se quereller_) mit jdm einen Wortwechsel haben ► **mot d'ordre** Kennwort _nt_ ► **mot de passe** Parole _f_ ► **mots croisés** Kreuzworträtsel _nt_.

motard [mɔtaʀ] _nm_ Motorradfahrer(in) _m(f)_, Krafdahrer _m_; (_de la police_) Motorradpolizist(in) _m(f)_.

motel [mɔtɛl] _nm_ Motel _nt_.

moteur, -trice [mɔtœʀ, tʀis] _adj_ (_MÉD_) motorisch; (_TECH_) Antriebs- ♦ _nm_ Motor _m_; (_fig: personne_) treibende Kraft _f_; (: _cause_) Antrieb _m_; **à 4 roues motrices** mit Allradantrieb; **à** ~ motorgetrieben, Motor- ► **moteur à deux temps** Zweitaktmotor _m_ ► **moteur à explosion** Verbrennungsmotor _m_ ► **moteur à quatre temps** Viertaktmotor _m_ ► **moteur thermique** Verbrennungsmotor.

motif [mɔtif] _nm_ Motiv _nt_; (_raison_) Grund _m_; ~**s** _nmpl_ (_JUR_) Begründung _f_; **sans** ~ _adj_ grundlos.

motion [mosjɔ̃] _nf_ Antrag _m_ ► **motion de censure** Mißtrauensantrag _m_.

motivation [mɔtivasjɔ̃] _nf_ (_v vt_) Begründung _f_;

Motivation _f_; (_ÉCON_) Kaufmotivation _f_.

motivé, e [mɔtive] _adj_ (_acte_) begründet; (_personne_) motiviert.

motiver [mɔtive] _vt_ begründen; (_PSYCH_) motivieren.

moto [moto] _nf_ Motorrad _nt_ ► **moto de trial** Trialmotorrad _nt_.

moto-cross [motokʀɔs] _nm inv_ Moto-Cross _nt_.

motoculteur [mɔtɔkyltœʀ] _nm_ Gartenfräse _f_.

motocyclette [mɔtɔsiklɛt] _nf_ Motorrad _nt_.

motocyclisme [mɔtɔsiklism] _nm_ Motorradsport _m_.

motocycliste [mɔtɔsiklist] _nm/f_ Motorradfahrer(in) _m(f)_.

motoneige [motonɛʒ] _nf_ Motorschlitten _m_.

motorisé, e [mɔtɔʀize] _adj_ motorisiert.

motoriser [mɔtɔʀize] _vt_ motorisieren.

motrice [mɔtʀis] _nf_ (_RAIL_) Triebwagen _m_ ♦ _adj f_ _voir_ **moteur**.

motte [mɔt] _nf_: ~ **de terre** Erdscholle _f_ ► **motte de beurre** Klumpen _m_ Butter ► **motte de gazon** Sode _f_.

motus [mɔtys] _excl_: ~ (**et bouche cousue**)! still, nichts verraten!

mou (mol), molle [mu, mɔl] _adj_ weich; (_péj: visage, traits_) weichlich; (: _poignée de main_) schlaff; (: _résistance, protestations_) schwach ♦ _nm_ (_abats_) Lunge _f_; **avoir du** ~ (_corde_) locker sein; **donner du** ~ locker lassen.

mouchard, e [muʃaʀ, aʀd] _nm/f_ Spion(in) _m(f)_; (_SCOL_) Petze _f_; (_POLICE_) Spitzel _m_ ♦ _nm_ (_appareil_) Kontrollgerät _nt_.

mouche [muʃ] _nf_ Fliege _f_; (_de taffetas_) Schönheitspflästerchen _nt_; (_sur une cible_) Schwarze _nt_; (_ESCRIME_) Spitzenschutz _m_; **prendre la** ~ schnell einschnappen; **faire** ~ ins Schwarze treffen ► **mouche tsé-tsé** Tsetsefliege _f_.

moucher [muʃe] _vt_ (_enfant_) die Nase putzen +_dat_; (_chandelle, lampe_) putzen; (_fam: remettre en place_) herunterputzen; **se moucher** _vpr_ sich _dat_ die Nase putzen, sich schneuzen.

moucheron [muʃʀɔ̃] _nm_ Mücke _f_.

moucheté, e [muʃ(ə)te] _adj_ (_cheval_) gescheckt; (_laine_) gesprenkelt.

mouchoir [muʃwaʀ] _nm_ Taschentuch _nt_ ► **mouchoir en papier** Papiertaschentuch _nt_.

moudre [mudʀ] _vt_ mahlen.

moue [mu] _nf_ Schmollmund _m_; **faire la** ~ einen Flunsch ziehen.

mouette [mwɛt] _nf_ Möwe _f_.

mouf(f)ette [mufɛt] _nf_ Skunk _m_, Stinktier _nt_.

moufle [mufl] _nf_ (_gant_) Fausthandschuh _m_; (_TECH_) Seilblock _m_ (_eines Flaschenzugs_).

mouflon [muflɔ̃] _nm_ Mufflon _nt_.

mouillage [mujaʒ] _nm_ (_lieu_) Liegeplatz _m_.

mouillé, e [muje] _adj_ feucht.

mouiller [muje] _vt_ naß machen, (_humecter_) anfeuchten; (_diluer_) verdünnen; (_CULIN: ragoût, sauce_) mit Flüssigkeit verdünnen; (_mine_) legen ♦ _vi_ (_NAUT_) ankern; **se mouiller** _vpr_ naß werden; (_fam: s'avancer_) ein Risiko eingehen; ~ **l'ancre** Anker werfen.

mouillette [mujɛt] *nf* (*de pain*) Stück *nt* Brot (*zum Eintunken*).

moulage [mulaʒ] *nm* (*action*) Gießen *nt*; (*produit, objet*) Abguß *m*.

moulais [mulɛ] *vb voir* **moudre**.

moulant, e [mulɑ̃, ɑ̃t] *adj* enganliegend.

moule [mul] *vb voir* **moudre** ♦ *nf* (*mollusque*) Miesmuschel *f* ♦ *nm* Form *f* ▶ **moule à gâteaux** Kuchenform *f* ▶ **moule à gaufre** Waffeleisen *nt* ▶ **moule à tarte** flache Kuchenform.

moulent [mul] *vb voir* **moudre; mouler**.

mouler [mule] *vt* (*couler substance*) gießen; (*reproduire*) einen Abguß machen von; (*écrire*) wie gedruckt schreiben; (*coller à*) eng anliegen an +*dat*; ~ **qch sur** (*fig*) etw formen an +*dat*.

moulin [mulɛ̃] *nm* Mühle *f* ▶ **moulin à café** Kaffeemühle *f* ▶ **moulin à eau** Wassermühle *f* ▶ **moulin à légumes** Gemüsezerkleinerer *m* ▶ **moulin à paroles** Quasselstrippe *f* ▶ **moulin à poivre** Pfeffermühle *f* ▶ **moulin à prières** Gebetsmühle *f* ▶ **moulin à vent** Windmühle *f*.

mouliner [muline] *vt* zerkleinern.

moulinet [mulinɛ] *nm* Rolle *f*; **faire des ~s avec les bras** die Arme herumwirbeln.

moulinette ® [mulinɛt] *nf* Gemüsezerkleinerer ®.

moulons [mulɔ̃] *vb voir* **moudre**.

moulu, e [muly] *pp de* **moudre** ♦ *adj* gemahlen.

moulure [mulyʀ] *nf* Stuckverzierung *f*.

mourant, e [muʀɑ̃, ɑ̃t] *vb voir* **mourir** ♦ *adj* (*personne*) sterbend; (*feu, son, voix*) ersterbend; (*regard, yeux*) brechend ♦ *nm/f* Sterbende(r) *f(m)*.

mourir [muʀiʀ] *vi* sterben; (*civilisation, pays*) untergehen; (*flamme*) erlöschen; ~ **de faim** verhungern; (*fig*) vor Hunger beinahe umkommen; ~ **de froid** erfrieren; ~ **d'ennui** sich zu Tode langweilen; ~ **de rire** sich totlachen; ~ **de vieillesse** an Altersschwäche sterben; ~ **assassiné** ermordet werden; ~ **d'envie de faire qch** darauf brennen, etw zu tun; **s'ennuyer à ~** sich zu Tode langweilen.

mousquetaire [muskətɛʀ] *nm* Musketier *m*.

mousqueton [muskətɔ̃] *nm* (*fusil*) Karabiner *m*; (*anneau*) Karabinerhaken *m*.

moussant, e [musɑ̃, ɑ̃t] *adj*: **bain ~** Schaumbad *nt*.

mousse [mus] *nf* (*BOT*) Moos *nt*; (*écume*) Schaum *m*; (*CULIN: dessert*) Mousse *f*; (*caoutchouc*) Schaumgummi *m* ♦ *nm* (*NAUT*) Schiffsjunge *m* ▶ **mousse à raser** Rasierschaum *m* ▶ **mousse carbonique** Feuerlöschschaum *m* ▶ **mousse de nylon** Nylonschaum *m*; (*tissu*) Nylonstretch *m*.

mousseline [muslin] *nf* Musselin *m*; **pommes ~** Kartoffelpüree *nt*.

mousser [muse] *vi* schäumen.

mousseux, -euse [musø, øz] *adj* schaumig ♦ *nm*: (**vin**) ~ Schaumwein *m*.

mousson [musɔ̃] *nf* Monsun *m*.

moussu, e [musy] *adj* (*pierre etc*) bemoost.

moustache [mustaʃ] *nf* Schnurrbart *m*; ~**s** *nfpl* (*d'animal*) Schnurrhaare *pl*.

moustachu, e [mustaʃy] *adj* mit Schnurrbart.

moustiquaire [mustikɛʀ] *nf* (*rideau*) Moskitonetz *nt*; (*fenêtre*) Fliegenfenster *nt*.

moustique [mustik] *nm* Stechmücke *f*.

moutarde [mutaʀd] *nf* Senf *m* ♦ *adj inv* senfgelb ▶ **moutarde extra-forte** extrascharfer Senf.

moutardier [mutaʀdje] *nm* Senftopf *m*.

mouton [mutɔ̃] *nm* Schaf *nt*; (*peau*) Schafsleder *nt*; (*fourrure*) Schaffell *nt*; (*CULIN*) Hammelfleisch *nt*; ~**s** *nmpl* (*petits nuages*) Schäfchenwolken *pl*; (*de poussière*) Wollmäuse *pl*.

mouture [mutyʀ] *nf* (*action*) Mahlen *nt*; (*péj: reprise*) Neuaufguß *m*.

mouvant, e [muvɑ̃, ɑ̃t] *adj* (*fig: terrain*) unsicher.

mouvement [muvmɑ̃] *nm* Bewegung *f*; (*trafic*) Betrieb *m*; (*d'une phrase, d'un récit*) Rhythmus *m*; (*MUS: mesure, rythme*) Tempo *nt*; (: *partie*) Satz *m*; (*d'un terrain*) Konturen *pl*; (*de montre*) Uhrwerk *nt*; (*variation: de prix, valeurs*) Schwankung *f*; ~ **révolutionnaire** revolutionäre Bewegung; ~ **syndical** Gewerkschaftsbewegung *f*; **en** ~ in Bewegung; **mettre qch en** ~ etw in Bewegung setzen, etw in Gang bringen ▶ **mouvement de colère** Anwandlung *f* von schlechter Laune ▶ **mouvement d'humeur** Wutausbruch *m* ▶ **mouvement d'opinion** Stimmungsumschwung *m* ▶ **le mouvement perpétuel** das Perpetuum Mobile *nt*.

mouvementé, e [muvmɑ̃te] *adj* bewegt; (*vivant*) lebhaft; (*agité*) turbulent, stürmisch.

mouvoir [muvwaʀ] *vt* bewegen; (*fig: personne*) antreiben, animieren; **se mouvoir** *vpr* sich bewegen.

moyen, ne [mwajɛ̃, jɛn] *adj* mittlere(r, s); (*de grandeur moyenne, passable*) durchschnittlich; (*lecteur, spectateur, température*) Durchschnitts- ♦ *nm* (*procédé*) Mittel *nt*; ~**s** *nmpl* (*ressources pécuniaires*) Mittel *pl*; **au** ~ **de** mit Hilfe von; **y a-t-il** ~ **de?** ist es möglich, zu?; **par quel** ~? wie?, auf welche Weise?; **avec les** ~**s du bord** (*fig*) mit eigenen Mitteln; **par tous les** ~**s** auf Biegen und Brechen, mit allen Mitteln; **employer les grands** ~**s** zum Äußersten greifen; **par ses propres** ~**s** allein, selbst ▶ **moyen âge** Mittelalter *nt* ▶ **moyen d'expression** Ausdrucksmittel *nt* ▶ **moyen de locomotion** Verkehrsmittel *nt* ▶ **moyen de transport** Transportmittel *nt* ▶ **moyen terme** Mittelweg *m*.

moyenâgeux, -euse [mwajɛnaʒø, øz] *adj* mittelalterlich.

moyen-courrier [mwajɛ̃kuʀje] (*pl* ~-~**s**) *nm* Mittelstreckenflugzeug *nt*.

moyennant [mwajɛnɑ̃] *prép* mittels +*gén*; ~ **quoi** wodurch.

moyenne [mwajɛn] *nf* Durchschnitt *m*; (*MATH,*

STATISTIQUE) Mittelwert *m*; (*AUTO*) Durchschnittsgeschwindigkeit *f*; **avoir la** ~ (*SCOL*) die Note „ausreichend" erhalten; **en** ~ durchschnittlich ▶**moyenne d'âge** Durchschnittsalter *nt* ▶**moyenne entreprise** mittlerer Betrieb *m*.

moyennement [mwajɛnmɑ̃] *adv* durchschnittlich; (*travailler etc*) mittelmäßig.

Moyen-Orient [mwajɛnɔʀjɑ̃] *nm*: **le** ~-~ der Mittlere Osten *m*.

moyeu, x [mwajø] *nm* Radnabe *f*.

Mozambique [mɔzɑ̃bik] *nm*: **le** ~ Mosambik *nt*.

MRAP [mʀap] *sigle m* (= *Mouvement contre le racisme, l'antisémitisme et pour la paix*) antifaschistische Bewegung.

MRG [ɛmɛʀʒe] *sigle m* (= *Mouvement des radicaux de gauche*) politische Partei.

ms *abr* (= *manuscrit*) MS.

MST [ɛmɛste] *sigle f* (= *maladie sexuellement transmissible*) sexuell übertragbare Krankheit *f*.

mû, mue [my] *pp de* **mouvoir**.

mucosité [mykozite] *nf* Schleim *m*.

mucus [mykys] *nm* Schleim *m*.

mue [my] *pp de* **mouvoir** ♦ *nf* (*v vi*) Mauser *f*; Häuten *nt*; Stimmbruch *m*.

muer [mɥe] *vi* (*oiseau*) sich mausern; (*serpent, mammifère*) sich häuten; (*adolescent*) im Stimmbruch sein; (*voix*) brechen; **se muer** *vpr*: **se** ~ **en** sich verwandeln in +*acc*.

muet, te [mɥɛ, mɥɛt] *adj* stumm ♦ *nm/f* Stumme(r) *f(m)* ♦ *nm*: **le** ~ (*CINÉ*) der Stummfilm *m*; ~ **d'admiration/d'étonnement** sprachlos vor Bewunderung/Staunen.

mufle [myfl] *nm* (*du lion, bœuf*) Maul *nt*; (*fam: péj: goujat*) Flegel *m* ♦ *adj* flegelhaft.

mugir [myʒiʀ] *vi* (*bœuf, vache*) brüllen; (*vent, sirène*) heulen.

mugissement [myʒismɑ̃] *nm* (*v vb*) Brüllen *nt*; Heulen *nt*.

muguet [mygɛ] *nm* (*BOT*) Maiglöckchen *nt*; (*MÉD*) Schwämmchen *nt*.

mulâtre, -tresse [mylatʀ, mylatʀɛs] *nm/f* Mulatte *m*, Mulattin *f*.

mule [myl] *nf* (*ZOOL*) Maulesel *m*; ~**s** *nfpl* (*pantoufles*) Pantoffeln *pl*.

mulet [mylɛ] *nm* (*mammifère*) Maulesel *m*; (*poisson*) Meerbarbe *f*.

muletier, -ière [myl(ə)tje, jɛʀ] *adj*: **chemin** ~ Maultierpfad *m*.

mulot [mylo] *nm* Feldmaus *f*.

multicolore [myltikɔlɔʀ] *adj* bunt, vielfarbig.

multicoque [myltikɔk] *adj, nm*: (**voilier**) ~ Schiff *nt* mit mehreren Schwimmkörpern.

multidisciplinaire [myltidisiplinɛʀ] *adj*: **enseignement** ~ fachübergreifender Unterricht *m*.

multiforme [myltifɔʀm] *adj* vielgestaltig.

multilatéral, e, -aux [myltilateʀal, o] *adj* mehrseitig, multilateral.

multimilliardaire [myltimiljaʀdɛʀ] *nm/f* Multimilliardär(in) *m(f)*.

multimillionnaire [myltimiljɔnɛʀ] *nm/f* Multimillionär(in) *m(f)*.

multinational, e, -aux [myltinasjɔnal, o] *adj* multinational.

multinationale [myltinasjɔnal] *nf* multinationales Unternehmen *nt*.

multiple [myltipl] *adj* mehrfach; (*activités, aspects, causes*) vielfach; (*varié*) verschieden ♦ *nm* (*MATH*) Vielfaches *nt*.

multiplex [myltiplɛks] *nm* (*dispositif*) Multiplexer *m*; (*programme*) Konferenzschaltung *f*.

multiplicateur [myltiplikatœʀ] *nm* (*MATH*) Multiplikator *m*.

multiplication [myltiplikasjɔ̃] *nf* (*v vb*) Zunahme *f*; Vermehrung *f*; (*MATH*) Multiplikation *f*.

multiplicité [myltiplisite] *nf* Vielfalt *f*.

multiplier [myltiplije] *vt* (*attaques, essais etc*) vermehren; (*MATH*) multiplizieren; **se multiplier** *vpr* (*ouvrages, partis, accidents*) zunehmen; (*être vivant*) sich vermehren.

multiprogrammation [myltipʀɔgʀamasjɔ̃] *nf* Mehrprogrammbetrieb *m*.

multipropriété [myltipʀɔpʀijete] *nf* Timesharing *nt*.

multirisque [myltiʀisk] *adj*: **assurance** ~ Versicherung *f* gegen mehrere Risiken.

multitraitement [myltitʀɛtmɑ̃] *nm* Mehrprozessorbetrieb *m*.

multitude [myltityd] *nf* Menge *f*; **une** ~ **de** eine Vielzahl von, sehr viele.

Munich [mynik] *n* München *nt*.

munichois, e [mynikwa, waz] *adj* Münchner ♦ *nm/f*: **M**~, **e** Münchner(in) *m(f)*.

municipal, e, -aux [mynisipal, o] *adj* Stadt-.

municipalité [mynisipalite] *nf* (*corps municipal*) Stadtverwaltung *f*; (*commune*) Stadt *f*, Gemeinde *f*.

munificence [mynifisɑ̃s] *nf* Großzügigkeit *f*.

munir [myniʀ] *vt*: ~ **de** ausstatten *ou* versehen mit; **se munir** *vpr*: **se** ~ **de** sich versehen mit.

munitions [mynisjɔ̃] *nfpl* Munition *f*.

muqueuse [mykøz] *nf* Schleimhaut *f*.

mur [myʀ] *nm* Mauer *f*; (*de terre, rondins*) Wall *m*; **un** ~ **d'incompréhension/de haine** eine Mauer von Verständnislosigkeit/Haß; **faire le** ~ über die Mauer abhauen ▶ **mur du son** Schallmauer *f*.

mûr, e [myʀ] *adj* reif; (*projet*) spruchreif.

muraille [myʀaj] *nf* Mauer *f*; (*fortification*) (Stadt)mauer *f*.

mural, e, -aux [myʀal, o] *adj* Wand-; (*plante*) Mauer- ♦ *nm* (*ART*) Wandmalerei *f*.

mûre [myʀ] *nf* (*de la ronce*) Brombeere *f*; (*du mûrier*) Maulbeere *f*.

mûrement [myʀmɑ̃] *adv*: **ayant** ~ **réfléchi** nach reiflicher Überlegung.

murène [myʀɛn] *nf* Muräne *f*.

murer [myʀe] *vt* (*enclos*) ummauern; (*porte, issue*) zumauern; (*personne*) einmauern.

muret [myʀɛ] *nm* Mäuerchen *nt*.

mûrier [myʀje] *nm* (*arbre*) Maulbeerbaum *m*; (*ronce*) Brombeerstrauch *m*.

mûrir [myʀiʀ] *vi* reifen; (*abcès, furoncle*) reif

werden; (idée,.projet) heranreifen ♦ vt reifen lassen; (pensée, projet) ausbrüten.

murmure [myʀmyʀ] nm (de ruisseau, vagues) Plätschern nt; (d'arbre) Wispern nt; ~s nmpl (plaintes) Murren nt; ~ d'approbation/d'admiration beifälliges/bewunderndes Murmeln nt; ~ de protestation Protestgemurmel nt.

murmurer [myʀmyʀe] vi (chuchoter) murmeln; (protester, se plaindre) murren; (ruisseau, vagues) plätschern; (arbre) wispern.

mus etc [my] vb voir **mouvoir.**

musaraigne [myzaʀɛɲ] nf Spitzmaus f.

musarder [myzaʀde] vi die Zeit vertrödeln; (en marchant) herumtrödeln.

musc [mysk] nm Moschus m.

muscade [myskad] nf: (noix (de)) ~ Muskat(nuß f) m.

muscat [myska] nm (raisin) Muskatellertraube f; (vin) Muskateller m.

muscle [myskl] nm Muskel m.

musclé, e [myskle] adj muskulös; (fig: politique, régime etc) Gewalt-, brutal.

muscler [myskle] vt (bras, ventre) die Muskeln stärken in +dat.

musculaire [myskylɛʀ] adj Muskel-.

musculation [myskylasjɔ̃] nf: (travail ou exercices de) ~ Muskeltraining nt.

musculature [myskylatyʀ] nf Muskulatur f.

muse [myz] nf Muse f.

museau, x [myzo] nm Schnauze f.

musée [myze] nm Museum nt; (de peinture) Kunstgalerie f.

museler [myz(ə)le] vt (aussi fig) einen Maulkorb anlegen +dat.

muselière [myzəljɛʀ] nf Maulkorb m.

musette [myzɛt] nf (sac) Proviantbeutel m ♦ adj inv: bal ~ Tanzvergnügen nt mit Akkordeonmusik.

muséum [myzeɔm] nm Museum nt für Naturwissenschaften.

musical, e, -aux [myzikal, o] adj (notation, études) musikalisch; (émission, soirée) Musik-; (phrase, voix) klangvoll.

music-hall [myzikol] (pl ~-~s) nm Varieté nt.

musicien, ne [myzisjɛ̃, jɛn] adj musikalisch ♦ nm/f Musiker(in) m(f).

musique [myzik] nf Musik f; (fanfare) Musikkapelle f; (notation écrite) Noten pl; (d'un vers, d'une phrase) Melodie f; faire de la ~ musizieren ► musique de chambre Kammermusik f ► musique de film Filmmusik f ► musique de fond Hintergrundmusik f ► musique militaire Militärmusik f.

musqué, e [myske] adj Moschus-.

must [mœst] nm Muß nt.

musulman, e [myzylmɑ̃, an] adj mohammedanisch, moslemisch ♦ nm/f Mohammedaner(in) m(f), Moslem m.

mutant, e [mytɑ̃, ɑ̃t] nm/f Mutation f.

mutation [mytasjɔ̃] nf (BIOL) Mutation f; (ADMIN: d'un fonctionnaire) Versetzung f.

muter [myte] vt (ADMIN) versetzen.

mutilation [mytilasjɔ̃] nf Verstümmelung f.

mutilé, e [mytile] nm/f Krüppel m; grand ~ Schwerbeschädigte(r) f(m) ► mutilé de guerre Kriegsversehrte(r) f(m) ► mutilé du travail Berufsinvalide m, Berufsinvalidin f.

mutiler [mytile] vt verstümmeln.

mutin, e [mytɛ̃, in] adj verschmitzt ♦ nm (MIL, NAUT) Meuterer m.

mutiner [mytine]: se ~ vpr meutern.

mutinerie [mytinʀi] nf Meuterei f.

mutisme [mytism] nm Stummheit f.

mutualiste [mytɥalist] adj (assurance, société) auf Gegenseitigkeit.

mutualité [mytɥalite] nf (assurance) Versicherung f auf Gegenseitigkeit.

mutuel, le [mytɥɛl] adj (réciproque) gegenseitig; (société) auf Gegenseitigkeit.

mutuelle [mytɥɛl] nf Versicherung f auf Gegenseitigkeit.

mutuellement [mytɥɛlmɑ̃] adv gegenseitig.

myocarde [mjɔkaʀd] nm voir **infarctus.**

myope [mjɔp] adj kurzsichtig ♦ nm/f Kurzsichtige(r) f(m).

myopie [mjɔpi] nf Kurzsichtigkeit f.

myosotis [mjɔzɔtis] nm Vergißmeinnicht nt.

myriade [miʀjad] nf Myriade f.

myrtille [miʀtij] nf Heidelbeere f.

mystère [mistɛʀ] nm (secret, cachotterie) Geheimnis nt; (énigme) Rätsel nt; le ~ de la Trinité/de la foi das Geheimnis der Dreifaltigkeit/des Glaubens.

mystérieusement [misteʀjøzmɑ̃] adv auf geheimnisvolle Weise.

mystérieux, -euse [misteʀjø, jøz] adj geheimnisvoll; (insolite) sonderbar.

mysticisme [mistisism] nm Mystik f.

mystificateur, -trice [mistifikatœʀ, tʀis] nm/f Schwindler(in) m(f).

mystification [mistifikasjɔ̃] nf (tromperie) Täuschung f, Betrug m; (mythe) Mythos m.

mystifier [mistifje] vt (duper) narren, irreführen; (tromper) täuschen, betrügen.

mystique [mistik] adj mystisch ♦ nm/f Mystiker(in) m(f).

mythe [mit] nm (récit) Sage f; (représentation déformée) Mythos m; le ~ de la galanterie française der Mythos von der französischen Galanterie.

mythifier [mitifje] vt mystifizieren.

mythique [mitik] adj (inspiration, tradition) mythisch; (personnage) sagenhaft, Sagen-.

mythologie [mitɔlɔʒi] nf Mythologie f.

mythologique [mitɔlɔʒik] adj mythologisch.

mythomane [mitɔman] adj lügensüchtig ♦ nm/f Phantast(in) m(f).

N, n

N¹, n [ɛn] *nm inv* (*lettre*) N, n *nt*; ~ **comme Nicolas** ≈ N wie Nordpol.
N² [ɛn] *abr* (= *nord*) N.
n' [n] *adv voir* **ne.**
nabot [nabo] (*péj*) *nm* Knirps *m.*
nacelle [nasɛl] *nf* (*de ballon*) Korb *m.*
nacre [nakʀ] *nf* Perlmutt *nt.*
nacré, e [nakʀe] *adj* schimmernd.
nage [naʒ] *nf* Schwimmen *nt*; (*style*) (Schwimm)stil *m*; **traverser/s'éloigner à la** ~ durchschwimmen/wegschwimmen; **en** ~ schweißgebadet ► **nage indienne** Seitenschwimmen *nt* ► **nage libre** Freistil *m* ► **nage papillon** Schmetterlingsstil *m.*
nageoire [naʒwaʀ] *nf* Flosse *f.*
nager [naʒe] *vi* schwimmen; (*fig*) in der Luft hängen, ins Schwimmen kommen ♦ *vt*: ~ **le crawl** (im) Kraulstil schwimmen; **il nage dans ses vêtements** die Kleider sind ihm viel zu groß; ~ **dans le bonheur** im Glück schwimmen.
nageur, -euse [naʒœʀ, øz] *nm/f* Schwimmer(in) *m(f).*
naguère [nagɛʀ] *adv* unlängst; (*autrefois*) damals.
naïf, -ïve [naif, naiv] *adj* naiv.
nain, e [nɛ̃, nɛn] *nm/f* Zwerg(in) *m(f)* ♦ *adj* (*arbre etc*) Zwerg-.
nais *etc* [nɛ] *vb voir* **naître.**
naissais *etc* [nɛsɛ] *vb voir* **naître.**
naissance [nɛsɑ̃s] *nf* Geburt *f*; (*fig*) Entstehung *f*; **donner** ~ **à** gebären; (*fig*) entstehen lassen; **prendre** ~ anfangen, entstehen; **aveugle de** ~ von Geburt (an) blind; **français de** ~ Franzose von Geburt; **à la** ~ **des cheveux** an den Haarwurzeln.
naissant, e [nɛsɑ̃, ɑ̃t] *adj* (*calvitie, barbe, jour*) beginnend; (*sentiment*) entstehend.
naît [nɛ] *vb voir* **naître.**
naître [nɛtʀ] *vi* geboren werden; ~ (**de**) (*fig*) entstehen (aus); **il est né en 1960** er ist 1960 geboren; **il naît plus de filles que de garçons** es werden mehr Mädchen als Jungen geboren; **faire** ~ (*fig*) erwecken.
naïvement [naivmɑ̃] *adv* naiv.
naïveté [naivte] *nf* Naivität *f.*
Namibie [namibi] *nf*: **la** ~ Namibia *nt.*
nana [nana] (*fam*) *nf* Biene *f.*
nancéien, ne [nɑ̃sejɛ̃, ɛn] *adj* aus Nancy ♦ *nm/f*: **N~, ne** Einwohner(in) *m(f)* von Nancy.
nantais, e [nɑ̃tɛ, ɛz] *adj* aus Nantes ♦ *nm/f*: **N~, e** Einwohner(in) *m(f)* von Nantes.
nantir [nɑ̃tiʀ] *vt*: ~ **qn de** jdn versehen *ou* ausstatten mit; **les nantis** (*péj*) die Wohlhabenden.
napalm [napalm] *nm* Napalm *nt.*
naphtaline [naftalin] *nf*: **boules de** ~ Mottenkugeln *pl.*
Naples [napl] *n* Neapel *nt.*
napolitain, e [napɔlitɛ̃, ɛn] *adj* neapolitanisch; **tranche** ~**e** Napolitanerschnitte *f.*
nappe [nap] *nf* Tischdecke *f* ► **nappe d'eau** glatte Wasserfläche *f* ► **nappe de brouillard** Nebelbank *f* ► **nappe de gaz** Gasansammlung *f* ► **nappe de mazout** Ölteppich *m* ► **nappe phréatique** Grundwasserspiegel *m.*
napper [nape] *vt*: ~ **qch de** etw überziehen mit.
napperon [napʀɔ̃] *nm* Untersetzer *m.*
naquit *etc* [naki] *vb voir* **naître.**
narcisse [naʀsis] *nm* Narzisse *f.*
narcissique [naʀsisik] *adj* narzißtisch.
narcissisme [naʀsisism] *nm* Narzißmus *m.*
narcotique [naʀkɔtik] *adj* betäubend ♦ *nm* Betäubungsmittel *nt*, Narkosemittel *nt.*
narguer [naʀge] *vt* spöttisch ansehen.
narine [naʀin] *nf* Nasenloch *nt.*
narquois, e [naʀkwa, waz] *adj* spöttisch.
narrateur, -trice [naʀatœʀ, tʀis] *nm/f* Erzähler(in) *m(f).*
narratif, -ive [naʀatif, iv] *adj* erzählend, Erzähl-.
narration [naʀasjɔ̃] *nf* Erzählung *f*; (*SCOL*) Aufsatz *m.*
narrer [naʀe] *vt* erzählen.
NASA [naza] *sigle f* (= *National Aeronautics and Space Administration*) NASA *f.*
nasal, e, -aux [nazal, o] *adj* (*ANAT*) Nasen-; (*LING*) nasal.
naseau, x [nazo] *nm* Nüster *f.*
nasillard, e [nazijaʀ, aʀd] *adj* näselnd.
nasiller [nazije] *vi* (*personne*) näseln; (*microphone etc*) quäken.
nasse [nas] *nf* Reuse *f.*
natal, e [natal] *adj* Geburts-.
nataliste [natalist] *adj* geburtenfreundlich.
natalité [natalite] *nf* Geburtenrate *f.*
natation [natasjɔ̃] *nf* Schwimmen *nt*; **faire de la** ~ Schwimmsport betreiben.
natif, -ive [natif, iv] *adj* (*inné*) angeboren; (**de**) gebürtig (aus).
nation [nasjɔ̃] *nf* Nation *f* ► **les Nations unies** die Vereinten Nationen *pl.*
national, e, -aux [nasjɔnal, o] *adj* national; **nationaux** *nmpl* (*citoyens*) Bürger *pl.*
nationale [nasjɔnal] *nf*: (*route*) ~ ≈ Bundesstraße *f.*
nationalisation [nasjɔnalizasjɔ̃] *nf* Verstaatlichung *f*, Nationalisierung *f.*
nationaliser [nasjɔnalize] *vt* verstaatlichen.
nationalisme [nasjɔnalism] *nm* Nationalismus *m.*
nationaliste [nasjɔnalist] *nm/f* Nationalist(in) *m(f).*
nationalité [nasjɔnalite] *nf* Nationalität *f*; **il est de** ~ **française** er ist französischer Staats-

bürger.

natte [nat] *nf* (*tapis*) Matte *f*; (*cheveux*) Zopf *m*.

natter [nate] *vt* flechten.

naturalisation [natyʀalizasjɔ̃] *nf* (*de personne*) Einbürgerung *f*.

naturalisé, e [natyʀalize] *adj* eingebürgert, naturalisiert.

naturaliser [natyʀalize] *vt* (*personne*) einbürgern, naturalisieren; (*animal*) ausstopfen.

naturaliste [natyʀalist] *nm/f* (*empailleur*) Tierpräparator(in) *m(f)*; (*savant*) Naturforscher(in) *m(f)*.

nature [natyʀ] *nf* Natur *f*; (*tempérament aussi*) Wesen *nt* ♦ *adj inv*: **omelette/pommes** ~ (*CULIN*) Omelette *f*/Kartoffeln *pl* natur; (*sans affectation*) natürlich; **payer en** ~ in Naturalien zahlen; **peint d'après** ~ nach der Natur gemalt; ~ **morte** Stilleben *nt*; **être de** ~ **à faire qch** so geartet sein, daß man etw macht.

naturel, -elle [natyʀɛl] *adj* natürlich; (*non synthétique*) Natur- ♦ *nm* (*caractère*) Wesen *nt*, Naturell *nt*; (*spontanéité*) Natürlichkeit *f*; **au** ~ (*CULIN*) ohne Zutaten.

naturellement [natyʀɛlmɑ̃] *adv* natürlich.

naturisme [natyʀism] *nm* Freikörperkultur *f*, FKK.

naturiste [natyʀist] *adj* FKK- ♦ *nm/f* FKK-Anhänger(in) *m(f)*.

naufrage [nofʀaʒ] *nm* Schiffbruch *m*; **faire** ~ Schiffbruch erleiden.

naufragé, e [nofʀaʒe] *adj* schiffbrüchig ♦ *nm/f* Schiffbrüchige(r) *f(m)*.

nauséabond, e [nozeabɔ̃, ɔ̃d] *adj* widerlich, ekelhaft.

nausée [noze] *nf*: **j'ai la** ~ mir ist übel ► **nausées matinales** morgendliche Übelkeit *f*.

nautique [notik] *adj* nautisch; **sports** ~**s** Wassersport *m*.

nautisme [notism] *nm* Wassersport *m*.

naval, e [naval] *adj* (*construction, chantier*) Schiffs-; (*MIL: forces, combat*) See-.

navet [navɛ] *nm* (Steck)rübe *f*; (*péj: film*) schlechter Film *m*.

navette [navɛt] *nf* (*pour tisser*) (Weber)schiffchen *nt*; (*transport*) Pendelverkehr *m*; **faire la** ~ (**entre**) pendeln (zwischen) ► **navette spatiale** Raumfähre *f*.

navigabilité [navigabilite] *nf* (*d'un navire*) Seetüchtigkeit *f*; (*d'un avion*) Flugtüchtigkeit *f*.

navigable [navigabl] *adj* schiffbar.

navigant, e [navigɑ̃, ɑ̃t] *adj* (*personnel*) fliegend ♦ *nm/f* fliegendes Personal *nt*.

navigateur [navigatœʀ] *nm* (*AVIAT*) Navigator *m*; (*NAUT*) Seefahrer *m*.

navigation [navigasjɔ̃] *nf* (*action ou art de naviguer*) Schiffahrt *f*; (*trafic maritime*) Schiffsverkehr *m*; (*trafic aérien*) Flugverkehr *m*; **compagnie de** ~ Schiffahrtsgesellschaft *f*.

naviguer [navige] *vi* fahren.

navire [naviʀ] *nm* Schiff *nt* ► **navire de guerre** Kriegsschiff *nt* ► **navire marchand** Handelsschiff *nt*.

navire-citerne [naviʀsitɛʀn] (*pl* ~**s-**~**s**) *nm* Tanker *m*.

navrant, e [navʀɑ̃, ɑ̃t] *adj* (*affligeant*) betrüblich, traurig; (*consternant*) bestürzend.

navrer [navʀe] *vt* betrüben; **je suis navré (que)** es tut mir leid(, daß); **je suis navré de ne pas pouvoir venir** es tut mir leid, daß ich nicht kommen kann.

NB *abr* (= *nota bene*) NB.

ND *sigle f* (= *Notre-Dame*) der Mutter Jesu geweihte Kirche.

NDLR [ɛndeɛlɛʀ] *sigle f* (= *note de la rédaction*) Hinweis des Herausgebers.

ne [n(ə)] *adv* nicht übersetzt; **je** ~ **dors pas/plus** ich schlafe nicht/nicht mehr; **je crains qu'il** ~ **vienne** ich fürchte, er kommt.

né, e [ne] *pp de* **naître** ♦ *adj*: **un comédien** ~ der geborene Schauspieler; ~**e Dupont** geborene Dupont; **bien** ~(**e**) (*d'une famille honorable*) aus gutem Hause.

néanmoins [neɑ̃mwɛ̃] *adv* trotzdem.

néant [neɑ̃] *nm* Nichts *nt*; **réduire à** ~ vernichten.

nébuleuse [nebyløz] *nf* (*ASTRON*) Nebel *m*.

nébuleux, -euse [nebylø, øz] *adj* (*ciel*) trübe; (*fig*) nebulös, unklar.

nébuliseur [nebylizœʀ] *nm* Zerstäuber *m*.

nébulosité [nebylozite] *nf* (*MÉTÉO*) Wolken *pl* ► **nébulosité variable** strichweise bedeckt.

nécessaire [neseseʀ] *adj* notwendig, nötig ♦ *nm*: **faire le** ~ alles Nötige tun; **est-ce bien** ~? muß daß (unbedingt) sein?; **il est** ~ **de** ... man muß unbedingt ...; **n'emporter que le strict** ~ nur das Nötigste mitnehmen ► **nécessaire de couture** Nähzeug *nt* ► **nécessaire de toilette** (*sac*) Kulturbeutel *m* ► **nécessaire de voyage** (Reise)necessaire *nt*.

nécessairement [neseseʀmɑ̃] *adv* notgedrungen, zwangsläufig.

nécessité [nesesite] *nf* Notwendigkeit *f*; **se trouver dans la** ~ **de faire qch** sich gezwungen sehen, etw zu tun; **par** ~ notgedrungen.

nécessiter [nesesite] *vt* (*suj: chose*) erfordern.

nécessiteux, -euse [nesesitø, øz] *adj* bedürftig ♦ *nmpl*: **les** ~ die Bedürftigen *pl*.

nec plus ultra [nɛkplysyltʀa] *nm*: **le** ~ ~ ~ (**de**) das Nonplusultra (an); **le** ~ ~ ~ **du confort** *etc* das Nonplusultra an Bequemlichkeit *etc*.

nécrologie [nekʀɔlɔʒi] *nf* (*notice biographique*) Nachruf *m*.

nécrologique [nekʀɔlɔʒik] *adj*: **article** ~ Nachruf *m* (*in einer Zeitung*); **rubrique** ~ Todesanzeigen *pl*.

nécromancie [nekʀɔmɑ̃si] *nf* Geisterbeschwörung *f*.

nécromancien, ne [nekʀɔmɑ̃sjɛ̃, jɛn] *nm/f* Geisterbeschwörer(in) *m(f)*.

nécrose [nekʀoz] *nf* Nekrose *f*.

nectar [nɛktaʀ] *nm* Nektar *m*.

nectarine [nɛktaʀin] *nf* Nektarine *f*.

néerlandais, e [neɛʀlɑ̃dɛ, ɛz] *adj* niederländisch ♦ *nm* (*LING*) Niederländisch *nt* ♦ *nm/f*:

N~, e Niederländer(in) _m(f)_.
nef [nɛf] _nf_ Schiff _nt_.
néfaste [nefast] _adj_ (_influence_) schlecht; (_jour_) unglückselig.
négatif, -ive [negatif, iv] _adj_ negativ; (_réponse_) verneinend ♦ _nm_ (_PHOTO_) Negativ _nt_.
négation [negasjɔ̃] _nf_ (_action de nier_) Negation _f_, Negieren _nt_; (_LING_) Verneinung _f_.
négative [negativ] _nf_: **répondre par la** ~ mit Nein antworten.
négativement [negativmɑ̃] _adv_: **répondre** ~ mit Nein antworten.
négligé, e [negliʒe] _adj_ (_en désordre_) schlampig ♦ _nm_ (_tenue_) Négligé _nt_.
négligeable [negliʒabl] _adj_ unbedeutend, unwesentlich; **non** ~ nicht vernachlässigbar.
négligemment [negliʒamɑ̃] _adv_ (_sans soin_) nachlässig; (_avec indifférence_) unsorgfältig; (_distraitement_) zerstreut.
négligence [negliʒɑ̃s] _nf_ Nachlässigkeit _f_; (_faute, erreur_) Versehen _nt_.
négligent, e [negliʒɑ̃, ɑ̃t] _adj_ nachlässig.
négliger [negliʒe] _vt_ vernachlässigen; (_avis, précautions_) nicht beachten; **se négliger** _vpr_ sich gehen lassen; ~ **de faire qch** es versäumen, etw zu tun.
négoce [negɔs] _nm_ Handel _m_.
négociable [negɔsjabl] _adj_ übertragbar.
négociant, e [negɔsjɑ̃, jɑ̃t] _nm/f_ Händler(in) _m(f)_.
négociateur, -trice [negɔsjatœr, tris] _nm/f_ Unterhändler(in) _m(f)_.
négociation [negɔsjasjɔ̃] _nf_ Verhandlung _f_ ▶ **négociations collectives** Kollektivverhandlungen _pl_.
négocier [negɔsje] _vt_ aushandeln; (_virage, obstacle_) nehmen ♦ _vi_ (_POL_) verhandeln.
nègre [nɛgr] (_péj_) _nm_ Neger _m_; (_écrivain_) Ghostwriter _m_ ♦ _adj_ Neger-; **parler petit** ~ Kauderwelsch sprechen.
négresse [negrɛs] (_péj_) _nf_ Negerin _f_.
négrier [negrije] _nm_ (_fig_) Sklavenhändler _m_.
négroïde [negrɔid] _adj_ negroid.
neige [nɛʒ] _nf_ Schnee _m_; **battre les œufs en** ~ Eiweiß zu Schnee schlagen ▶ **neige carbonique** Trockenschnee _m_ ▶ **neige poudreuse** Pulverschnee _m_.
neiger [neʒe] _vi_ schneien.
neigeux, -euse [nɛʒø, øz] _adj_ (_couvert de neige_) schneebedeckt, verschneit.
nénuphar [nenyfar] _nm_ Seerose _f_.
néo-calédonien, ne [neokaledɔnjɛ̃, jɛn] (_pl_ ~-~**s, nes**) _adj_ neukaledonisch ♦ _nm/f_: **N~-C~, ne** Neukaledonier(in) _m(f)_.
néocapitalisme [neokapitalism] _nm_ Neokapitalismus _m_.
néo-colonialisme [neokɔlɔnjalism] _nm_ Neokolonialismus _m_.
néologisme [neɔlɔʒism] _nm_ Neologismus _m_.
néon [neɔ̃] _nm_ Neon _nt_.
néo-natal, e [neonatal] (_pl_ ~-~**s, es**) _adj_ Neugeborenen-.
néophyte [neɔfit] _nm/f_ Neuling _m_.

néo-zélandais, e [neozelɑ̃dɛ, ɛz] (_pl_ ~-~, **es**) _adj_ neuseeländisch ♦ _nm/f_: **N~-~, e** Neuseeländer(in) _m(f)_.
Népal [nepal] _nm_: **le** ~ Nepal _nt_.
népalais, e [nepalɛ, ɛz] _adj_ nepalesisch ♦ _nm/f_: **N~, e** Nepalese _m_, Nepalesin _f_.
néphrétique [nefretik] _adj_ (_colique_) Nieren-.
néphrite [nefrit] _nf_ Nierenentzündung _f_.
népotisme [nepɔtism] _nm_ Vetternwirtschaft _f_.
nerf [nɛr] _nm_ Nerv _m_; (_fig: vigueur_) Elan _m_, Schwung _m_; ~**s** _nmpl_ (_sensibilité, équilibre_) Nerven _pl_; **être/vivre sur les** ~**s** in ständiger Nervenanspannung sein/leben; **être à bout de** ~**s** am Ende seiner Nerven sein; **passer ses** ~**s sur qn** seine Wut an jdm auslassen.
nerveusement [nɛrvøzmɑ̃] _adv_ nervös.
nerveux, -euse [nɛrvø, øz] _adj_ nervös; (_MÉD, ANAT_) Nerven-; (_tendineux_) sehnig; (_voiture_) sensibel.
nervosité [nɛrvozite] _nf_ (_agitation: permanente_) Nervosität _f_; (: _passagère_) Erregung _f_; (_irritabilité_) Reizbarkeit _f_.
nervure [nɛrvyr] _nf_ (_de feuille_) Ader _f_; (_ARCHIT, TECH_) Rippe _f_.
n'est-ce pas [nɛspɑ] _adv_: **c'est bon,** ~-~ ~? das ist gut, nicht (wahr)?; **il a peur,** ~-~ ~? er hat Angst, oder?; ~-~ ~ **que c'est bon?** ist das nicht gut?; **lui,** ~-~ ~, **il peut se le permettre** also er, er kann sich das ja erlauben.
net, nette [nɛt] _adj_ (_évident_) deutlich; (_photo, film_) scharf; (_propre_) sauber; (_COMM_) Netto- ♦ _adv_ (_refuser_) glatt ♦ _nm_: **mettre au** ~ ins reine schreiben; **faire place nette** reinen Tisch machen; **s'arrêter** ~ plötzlich stehenbleiben; **la lame a cassé** ~ die Klinge ist glatt durchgebrochen; ~ **d'impôt** steuerfrei.
nettement [nɛtmɑ̃] _adv_ klar; (_distinctement_) deutlich; ~ **mieux/meilleur** deutlich besser; ~ **plus grand** deutlich größer.
netteté [nɛtte] _nf_ (_évidence_) Deutlichkeit _f_; (_PHOTO_) Schärfe _f_; (_propreté_) Sauberkeit _f_.
nettoie _etc_ [nɛtwa] _vb voir_ **nettoyer**.
nettoiement [nɛtwamɑ̃] _nm_ (_ADMIN_) Reinigung _f_; **service du** ~ Reinigungsdienst _m_.
nettoierai _etc_ [nɛtware] _vb voir_ **nettoyer**.
nettoyage [netwajaʒ] _nm_ Reinigung _f_, Säuberung _f_ ▶ **nettoyage à sec** chemische Reinigung.
nettoyant [netwajɑ̃] _nm_ (_produit_) Reinigungsmittel _nt_.
nettoyer [netwaje] _vt_ reinigen, säubern; (_fig: vider_) ausräumen; (_ruiner_) erledigen.
neuf[1] [nœf] _num_ neun.
neuf[2], neuve [nœf] _adj_ neu; (_pensée, idée_) neu(artig); (_regard_) frisch ♦ _nm_: **repeindre à** ~ neu streichen; **remettre à** ~ renovieren; **n'acheter que du** ~ nur Neues kaufen; **quoi de** ~? was gibt's Neues?
neurasthénique [nørastenik] _adj_ neurasthenisch.
neurochirurgie [nøroʃiryrʒi] _nf_ Neurochirurgie _f_.
neurochirurgien [nøroʃiryrʒjɛ̃] _nm_ Neuro-

chirurg(in) *m(f)*.

neuroleptique [nøʀɔlɛptik] *nm* Neuroleptikum *nt*.

neurologie [nøʀɔlɔʒi] *nf* Neurologie *f*.

neurologique [nøʀɔlɔʒik] *adj* neurologisch.

neurologue [nøʀɔlɔg] *nm/f* Neurologe *m*, Neurologin *f*.

neurone [nøʀɔn] *nm* Neuron *nt*.

neuropsychiatre [nøʀɔpsikjatʀ] *nm/f* Neuropsychiater(in) *m(f)*.

neuropsychiatrie [nøʀɔpsikjatʀi] *nf* Neuropsychiatrie *f*.

neutralisation [nøtʀalizasjɔ̃] *nf* (*v vt*) Lähmung *f*; Neutralisierung *f*.

neutraliser [nøtʀalize] *vt* (*adversaire etc*) lähmen; (*CHIM*) neutralisieren.

neutralisme [nøtʀalism] *nm* (*POL*) Neutralismus *m*, Neutralitätspolitik *f*.

neutraliste [nøtʀalist] *adj* neutralistisch.

neutralité [nøtʀalite] *nf* Neutralität *f*.

neutre [nøtʀ] *adj* neutral; (*LING*) sächlich ♦ *nm* (*LING*) Neutrum *nt*.

neutron [nøtʀɔ̃] *nm* Neutron *nt*.

neuve [nœv] *adj voir* **neuf²**.

neuvième [nœvjɛm] *num* neunte(r, s).

névé [neve] *nm* Firn(schnee) *m*.

neveu, x [n(ə)vø] *nm* Neffe *m*.

névralgie [nevʀalʒi] *nf* Neuralgie *f*.

névralgique [nevʀalʒik] *adj* neuralgisch; **centre ~** Nervenzentrum *nt*.

névrite [nevʀit] *nf* Neuritis *f*, Nervenentzündung *f*.

névrose [nevʀoz] *nf* Neurose *f*.

névrosé, e [nevʀoze] *adj* neurotisch ♦ *nm/f* Neurotiker(in) *m(f)*.

névrotique [nevʀɔtik] *adj* neurotisch.

New York [njujɔʀk] *n* New York *nt*.

new-yorkais, e [njujɔʀkɛ, ɛz] (*pl* ~-~, **es**) *adj* New Yorker.

nez [ne] *nm* Nase *f*; **rire au ~ de qn** jdm ins Gesicht lachen; **avoir du ~** eine feine Spürnase haben; **avoir le ~ fin** (*fig*) einen guten Riecher haben; **~ à ~ avec qn** Auge in Auge mit jdm; **avoir qn dans le ~** jdn nicht riechen können; **à vue de ~** nach Augenmaß.

NF *sigle f* (= *norme française*) ≈ DIN.

ni [ni] *conj*: **~ l'un ~ l'autre ne sont** ... weder der eine noch der andere sind...; **il n'a rien vu ~ entendu** er hat weder etwas gesehen noch etwas gehört.

niais, e [njɛ, njɛz] *adj* dümmlich.

niaiserie [njɛzʀi] *nf* Dummheit *f*, Einfältigkeit *f*; (*action, parole niaise*) Dummheit; (*futilité*) Albernheit *f*.

Nicaragua [nikaʀagwa] *nm*: **le ~** Nicaragua *nt*.

nicaraguayen, ne [nikaʀagwajɛ̃, jɛn] *adj* nicaraguanisch.

Nice [nis] *n* Nizza *nt*.

niche [niʃ] *nf* (*de chien*) (Hunde)hütte *f*; (*de mur*) Nische *f*; (*farce*) Streich *m*.

nichée [niʃe] *nf* Brut *f*.

nicher [niʃe] *vi* brüten; **se ~ dans** (*faire son nid*) (s)ein Nest bauen in +*dat*; (*se blottir*) sich kuscheln in +*acc*; (*se cacher*) sich verstecken in +*dat*.

nichon [niʃɔ̃] (*fam*) *nm* Brust *f*.

nickel [nikɛl] *nm* Nickel *nt* ♦ *adj* blitzblank.

niçois, e [niswa, waz] *adj* aus Nizza ♦ *nm/f*: **N~, e** Einwohner(in) *m(f)* von Nizza.

nicotine [nikɔtin] *nf* Nikotin *nt*.

nid [ni] *nm* Nest *nt*; (*fig: repaire etc*) Unterschlupf *m*, Nest ▶ **nid d'abeilles** (*TEXTILE*) Wabenmuster *nt* ▶ **nid de poule** Schlagloch *nt*.

nièce [njɛs] *nf* Nichte *f*.

nième [ɛnjɛm] *adj*: **la ~ fois** das zigste Mal.

nier [nje] *vt* leugnen.

nigaud, e [nigo, od] *nm/f* Dummkopf *m*.

Niger [niʒɛʀ] *nm*: **le ~** Niger *nt*; (*fleuve*) der Niger.

Nigéria [niʒeʀja] *nm*: **le ~** Nigeria *nt*.

nigérian, e [niʒeʀjɑ̃, an] *adj* (*du Nigéria*) nigerianisch.

nigérien, ne [niʒeʀjɛ̃, jɛn] *adj* aus Niger.

night-club [najtklœb] (*pl* ~-~**s**) *nm* Nachtklub *m*.

nihilisme [niilism] *nm* Nihilismus *m*.

nihiliste [niilist] *adj* nihilistisch.

Nil [nil] *nm* Nil *m*.

n'importe [nɛ̃pɔʀt] *adv*: **~ qui** jeder; **il dit ~ quoi** er redet irgendwelchen Unsinn; **~ quoi!** (*fam*) so ein Blödsinn!; **~ lequel/laquelle d'entre nous** irgendeiner/irgendeine von uns; **à ~ quel prix** zu jedem Preis; **~ quand** irgendwann; **~ comment** (*sans soin*) schlampig; **~ comment, il part ce soir** wie auch immer, er fährt jedenfalls heute abend.

nippes [nip] *nfpl* Klamotten *pl*.

nippon, on [nipɔ̃, ɔn] *adj* japanisch.

nique [nik] *nf*: **faire la ~ à** auslachen.

nitouche [nituʃ] *nf*: **une sainte ~** (*péj*) eine Scheinheilige.

nitrate [nitʀat] *nm* Nitrat *nt*.

nitrique [nitʀik] *adj*: **acide ~** Salpetersäure *f*.

nitroglycérine [nitʀogliseʀin] *nf* Nitroglyzerin *nt*.

niveau, x [nivo] *nm* Höhe *f*; (*fig*) Niveau *nt*; **au ~ de** (*à la hauteur de*) auf gleicher Höhe mit; (*à côté de*) neben +*dat*; (*en ce qui concerne*) was ... betrifft; **de ~** (**avec**) gleich hoch (wie); **le ~ de la mer** der Meeresspiegel ▶ **niveau (à bulle)** Wasserwaage *f* ▶ **niveau (d'eau)** Wasserstand *m* ▶ **niveau de vie** Lebensstandard *m* ▶ **niveau social** gesellschaftliche Stellung *f*.

niveler [niv(ə)le] *vt* einebnen; (*fig*) angleichen.

niveleuse [niv(ə)løz] *nf* (*TECH*) Planiermaschine *f*.

nivellement [nivɛlmɑ̃] *nm* Nivellieren *nt*, Einebnen *nt*; (*fig*) Angleichen *nt*.

nivernais, e [nivɛʀnɛ, ɛz] *adj* aus Nevers.

NN [ɛnɛn] *abr* (= *nouvelle norme*) neue Klassifikation für Hotels.

n° *abr* (= *numéro*) Nr.

nobiliaire [nɔbiljɛʀ] *adj voir* **particule**.

noble [nɔbl] *adj* edel; (*généreux*) großzügig, nobel; (*majestueux*) würdevoll ♦ *nm/f* Adlige(r) *f(m)*.

noblesse [nɔblɛs] *nf* Adel *m*; (*d'une action etc*) Großmütigkeit *f*.

noce [nɔs] *nf* Hochzeit *f*; (*gens*) Hochzeitsgäste *pl*; **en secondes ~s** in zweiter Ehe; **faire la ~** (*fam*) einen draufmachen ▶ **noces d'argent** Silberhochzeit *f* ▶ **noces d'or** goldene Hochzeit ▶ **noces de diamant** diamantene Hochzeit.

noceur [nɔsœʀ] *nm* Lebemann *m*.

nocif, -ive [nɔsif, iv] *adj* schädlich.

nocivité [nɔsivite] *nf* Schädlichkeit *f*.

noctambule [nɔktɑ̃byl] *nm/f* Nachtschwärmer(in) *m(f)*.

nocturne [nɔktyʀn] *adj* (*sorties etc*) nächtlich; (*ZOOL*) Nacht- ♦ *nf* (*SPORT*) Spiel *nt* am Abend; (*d'un magasin*) Öffnungszeit *f* am Abend; **en ~** abends.

nodule [nɔdyl] *nm* Knötchen *nt*.

Noël [nɔɛl] *nf* Weihnachten *nt*.

nœud [nø] *nm* Knoten *m*; (*en ruban*) Schleife *f*; (*d'une question*) Kernpunkt *m* ▶ **nœud coulant** Schlinge *f* ▶ **nœud de vipères** (*fig*) Schlangennest *nt* ▶ **nœud gordien** gordischer Knoten ▶ **nœud papillon** Fliege *f*.

noie *etc* [nwa] *vb voir* **noyer**.

noir, e [nwaʀ] *adj* schwarz; (*race, personne*) farbig; (*sombre*) dunkel; (*triste, mauvais*) düster; (*roman, film*) Kriminal-; (*travail*) Schwarz-; (*ivre*) blau ♦ *nm/f* (*personne*) Schwarze(r) *f(m)* ♦ *nm* (*couleur*) Schwarz *nt* ♦ *adv*: **au ~** (*travailler*) schwarz; (*acheter, vendre*) auf dem schwarzen Markt; **blé ~** Buchweizen *m*; **il fait ~** es ist stockfinster; **avoir des idées ~es** Trübsal blasen; **dans le ~** im Dunkeln.

noirâtre [nwaʀɑtʀ] *adj* (*teinte*) schwärzlich.

noirceur [nwaʀsœʀ] *nf* Schwärze *f*.

noircir [nwaʀsiʀ] *vi* schwarz werden ♦ *vt* schwärzen; (*fig: situation*) in den schwärzesten Farben malen; (*réputation*) verunglimpfen.

noire [nwaʀ] *nf* (*MUS*) Viertelnote *f*.

noise [nwaz] *nf*: **chercher ~ à** Streit suchen mit.

noisetier [nwaz(ə)tje] *nm* Haselnußstrauch *m*.

noisette [nwazɛt] *nf* Haselnuß *f*; (*de beurre etc*) (nußgroßes) Stückchen *nt* ♦ *adj* (*yeux*) nußbraun.

noix [nwa] *nf* Walnuß *f*; **à la ~** (*fam*) wertlos; **une ~ de beurre** ein kleines Stück Butter ▶ **noix de cajou** Cashewnuß *f* ▶ **noix de coco** Kokosnuß *f* ▶ **noix de veau** Kalbsnüßchen *nt* ▶ **noix muscade** Muskatnuß *f*.

nom [nɔ̃] *nm* Name *m*; (*LING*) Substantiv *nt*, Hauptwort *nt*; **connaître qn de ~** jdn dem Namen nach kennen; **au ~ de qn** in jds Namen; **~ d'une pipe** *ou* **d'un chien!** (*fam*) verdammt nochmal! ▶ **nom commun** Gattungsbegriff *m* ▶ **nom composé** zusammengesetztes Substantiv ▶ **nom d'emprunt** Pseudonym *nt* ▶ **nom de Dieu!** (*fam!*) verflixt und zugenäht!

▶ nom de famille Familienname *m* ▶ **nom de jeune fille** Mädchenname *m* ▶ **nom propre** Eigenname *m*.

nomade [nɔmad] *adj* nomadisch ♦ *nm/f* Nomade *m*, Nomadin *f*.

nombre [nɔ̃bʀ] *nm* Zahl *f*; (*singulier et pluriel*) Numerus *m*; **venir en ~** in Scharen kommen; **depuis ~ d'années** seit vielen Jahren; **sans ~** zahllos; (*bon*) **~ de** viele; **ils sont au ~ de trois** sie sind zu dritt; **au ~ de mes amis** unter meinen Freunden ▶ **nombre entier** ganze Zahl ▶ **nombre premier** Primzahl *f*.

nombreux, -euse [nɔ̃bʀø, øz] *adj* (*foule, famille etc*) groß; **être ~** (*pl*) zahlreich sein; **de ~ ... viele ...**; **de ~ cas** viele Fälle.

nombril [nɔ̃bʀi(l)] *nm* Nabel *m*.

nomenclature [nɔmɑ̃klatyʀ] *nf* Wortliste *f*; (*terminologie*) Nomenklatur *f*.

nominal, e, -aux [nɔminal, o] *adj* (*autorité, valeur*) nominell; (*appel, liste*) namentlich; (*LING*) Nominal-.

nominatif, -ive [nɔminatif, iv] *nm* Nominativ *m* ♦ *adj*: **liste nominative** Namensliste *f*; **titre ~** Namensaktie *f*.

nomination [nɔminasjɔ̃] *nf* Ernennung *f*.

nommément [nɔmemɑ̃] *adv* namentlich.

nommer [nɔme] *vt* nennen; (*citer*) erwähnen; (*désigner, promouvoir*) ernennen; **se nommer** *vpr*: **il se nomme Jean** er heißt Jean.

non [nɔ̃] *adv* nicht; (*réponse*) nein; **Paul est venu, ~?** Paul ist gekommen, oder?; **c'est sympa, ~?** das ist doch nett, oder?; **je pense que ~** ich glaube nicht; **je suis sûr que ~** ganz sicher nicht; **répondre que ~** mit Nein antworten; **dire que ~** Nein sagen; **~ (pas) que ...** nicht, daß...; **moi ~ plus** ich auch nicht; **mais ~, ce n'est pas mal** aber das ist doch nicht schlecht; **mais ~, il n'est pas médecin** aber (nein), er ist doch kein Arzt; **~ mais (des fois)!** das darf doch (wohl) nicht wahr sein!; **~ loin** nicht weit; **~ seulement** nicht nur.

non- [nɔ̃] *préf* nicht-.

nonagénaire [nɔnaʒenɛʀ] *adj* neunzigjährig ♦ *nm/f* Neunzigjährige(r) *f(m)*.

non-agression [nɔnagʀesjɔ̃] *nf*: **pacte de ~-~** Nichtangriffspakt *m*.

non alcoolisé, e [nɔnalkɔlize] *adj* alkoholfrei.

non aligné, e [nɔnaliɲe] *adj* (*POL*) blockfrei.

non-alignement [nɔnaliɲmɑ̃] *nm* (*POL*) Blockfreiheit *f*.

nonante [nɔnɑ̃t] *num* (*Belgique, Suisse*) neunzig.

non-assistance [nɔnasistɑ̃s] *nf*: **~-~ à personne en danger** unterlassene Hilfeleistung *f*.

nonce [nɔ̃s] *nm* Nuntius *m*.

nonchalamment [nɔ̃ʃalamɑ̃] *adv* lässig.

nonchalance [nɔ̃ʃalɑ̃s] *nf* Lässigkeit *f*, Nonchalance *f*.

nonchalant, e [nɔ̃ʃalɑ̃, ɑ̃t] *adj* lässig.

non-conformisme [nɔ̃kɔ̃fɔʀmism(ə)] *nm* Nonkonformismus *m*.

non conformiste [nɔ̃kɔ̃fɔʀmist] *adj* nonkonformistisch ♦ *nm/f* Nonkonformist(in) *m(f)*.

non-conformité [nɔ̃kɔ̃fɔʀmite] *nf* mangelnde

Übereinstimmung *f.*

non-croyant, e [nɔ̃kʀwajɑ̃, ɑ̃t] *(pl ~-~s, es)* *nm/f* Ungläubige(r) *f(m).*

non directif, -ive [nɔ̃diʀɛktif, iv] *adj (questionnaire etc)* neutral.

non engagé, e [nɔnɑ̃gaʒe] *adj (artiste)* politisch nicht engagiert.

non-fumeur, -euse [nɔ̃fymœʀ, øz] *(pl ~-~s, euses) nm/f* Nichtraucher(in) *m(f).*

non-ingérence [nɔnɛ̃ʒeʀɑ̃s] *nf* Nichteinmischung *f.*

non-initié, e [nɔninisje] *(pl ~-~s, es) adj* laienhaft ♦ *nmpl* Uneingeweihte *pl.*

non-inscrit, e [nɔnɛ̃skʀi, it] *(pl ~-~s, es) nm/f (POL: député)* Unabhängige(r) *f(m).*

non-intervention [nɔnɛ̃tɛʀvɑ̃sjɔ̃] *nf (POL)* Nichteinmischung *f.*

non-lieu [nɔ̃ljø] *nm*: **il y a eu ~-~** das (Straf)verfahren wurde eingestellt.

nonne [nɔn] *nf* Nonne *f.*

nonobstant [nɔnɔpstɑ̃] *prép* trotz *+gén ou dat* ♦ *adv* trotzdem.

non-paiement [nɔ̃pɛmɑ̃] *(pl ~-~s) nm* Nichtzahlung *f.*

non-prolifération [nɔ̃pʀɔlifeʀasjɔ̃] *nf* Nichtverbreitung *f* (von Atomwaffen).

non-résident [nɔ̃ʀesidɑ̃] *(pl ~-~s) nm* Nicht(orts)ansässige(r) *m.*

non-retour [nɔ̃ʀətuʀ] *nm*: **le point de ~-~** der Punkt, von dem es kein Zurück mehr gibt.

non-sens [nɔ̃sɑ̃s] *nm* Nonsens *m.*

non-spécialiste [nɔ̃spesjalist] *(pl ~-~s) nm/f* Laie *m.*

non-stop [nɔnstɔp] *adj inv* nonstop, Nonstop-.

non-syndiqué, e [nɔ̃sɛ̃dike] *(pl ~-~s, es) nm/f* nicht gewerkschaftlich organisierte(r) Arbeitnehmer(in) *m(f).*

non-violence [nɔ̃vjɔlɑ̃s] *nf* Gewaltlosigkeit *f.*

non-violent, e [nɔ̃vjɔlɑ̃, ɑ̃t] *adj* gewaltfrei ♦ *nm/f* Vertreter(in) *m(f)* der Gewaltlosigkeit.

nord [nɔʀ] *nm* Norden *m* ♦ *adj inv* nördlich, Nord-; **au ~** im Norden; **au ~ de** nördlich von; **perdre le ~** die Orientierung verlieren.

nord-africain, e [nɔʀafʀikɛ̃, ɛn] *(pl ~-~s, es) adj* nordafrikanisch ♦ *nm/f*: **N~-A~, e** Nordafrikaner(in) *m(f).*

nord-américain, e [nɔʀ amerikɛ̃, ɛn] *(pl ~-~s, es) adj* nordamerikanisch ♦ *nm/f*: **N~-A~, e** Nordamerikaner(in) *m(f).*

nord-coréen, ne [nɔʀkɔʀeɛ̃, ɛn] *(pl ~-~s, nes) adj* nordkoreanisch.

nord-est [nɔʀɛst] *nm inv* Nordosten *m.*

nordique [nɔʀdik] *adj* nordisch.

nord-ouest [nɔʀwɛst] *nm inv* Nordwesten *m.*

nord-vietnamien, ne [nɔʀvjɛtnamjɛ̃, ɛn] *(pl ~-~s, nes) adj* nordvietnamesisch ♦ *nm/f*: **N~-V~, ne** Nordvietnamese *m*, Nordvietnamesin *f.*

noria [nɔʀja] *nf (fig)* Kette *f.*

normal, e, -aux [nɔʀmal, o] *adj* normal.

normale [nɔʀmal] *nf* Norm *f.*

normalement [nɔʀmalmɑ̃] *adv* normalerweise.

normalien, ne [nɔʀmaljɛ̃, jɛn] *nm/f (élève instituteur)* Student(in) einer Ecole normale, Grundschullehrer(in) in der Ausbildung.

normalisation [nɔʀmalizasjɔ̃] *nf* Normalisierung *f.*

normalisé, e [nɔʀmalize] *adj* normalisiert.

normaliser [nɔʀmalize] *vt* normen; *(POL)* normalisieren.

normand, e [nɔʀmɑ̃, ɑ̃d] *adj* aus der Normandie ♦ *nm/f*: **N~, e** Mann *m*/Frau *f* aus der Normandie; **une réponse de N~** eine unklare Antwort.

Normandie [nɔʀmɑ̃di] *nf* Normandie *f.*

normatif, -ive [nɔʀmatif, iv] *adj* normativ.

norme [nɔʀm] *nf* Norm *f.*

Norvège [nɔʀvɛʒ] *nf*: **la ~** Norwegen *nt.*

norvégien, ne [nɔʀveʒjɛ̃, jɛn] *adj* norwegisch ♦ *nm (LING)* Norwegisch *nt* ♦ *nm/f*: **N~, ne** Norweger(in) *m(f).*

nos [no] *adj possessif voir* **notre.**

nostalgie [nɔstalʒi] *nf* Nostalgie *f.*

nostalgique [nɔstalʒik] *adj* nostalgisch.

notable [nɔtabl] *adj* bedeutend ♦ *nm/f* Prominente(r) *f(m).*

notablement [nɔtabləmɑ̃] *adv* bedeutend.

notaire [nɔtɛʀ] *nm* Notar(in) *m(f).*

notamment [nɔtamɑ̃] *adv* besonders.

notariat [nɔtaʀja] *nm* Notariat *nt.*

notarié [nɔtaʀje] *adj m*: **acte ~** (notariell) beglaubigte Urkunde *f.*

notation [nɔtasjɔ̃] *nf* Notierung *f*; *(SCOL)* Zensierung *f*; *(note, trait)* Note *f.*

note [nɔt] *nf (MUS, SCOL)* Note *f*; *(facture)* Rechnung *f*; *(billet)* Notiz *f*; *(annotation)* Anmerkung *f*; **prendre des ~s** sich *dat* Notizen machen; **prendre ~ de qch** sich *dat* etw merken; **forcer la ~** zu weit gehen; **une ~ de tristesse/de gaieté** eine traurige/fröhliche Note ► **note de service** Memo(randum) *nt.*

noté, e [nɔte] *adj*: **être bien/mal ~** *(employé etc)* gut/schlecht bewertet werden.

noter [nɔte] *vt (écrire)* sich *dat* notieren; *(remarquer)* bemerken; *(donner une appréciation)* bewerten; **notez bien que ...** beachten Sie bitte, daß... .

notice [nɔtis] *nf* Notiz *f*; **~ explicative** Erläuterung *f.*

notification [nɔtifikasjɔ̃] *nf* Benachrichtigung *f*; *(acte)* Bekanntgabe *f.*

notifier [nɔtifje] *vt*: **~ qch à qn** jdn von etw benachrichtigen.

notion [nosjɔ̃] *nf* Vorstellung *f*; **avoir des ~s de** Grundkenntnisse haben in.

notoire [nɔtwaʀ] *adj* bekannt; *(en mal)* notorisch; **le fait est ~** die Tatsache ist allgemein bekannt.

notoirement [nɔtwaʀmɑ̃] *adv* bekanntlich.

notoriété [nɔtɔʀjete] *nf* allgemeine Bekanntheit *f*; **c'est de ~ publique** das ist ja allgemein bekannt.

notre [nɔtʀ] *(pl nos) adj poss (selon le genre de l'objet en allemand)* unser/unsere/unser; *(pl)* unsere.

nôtre [notʀ] *pron*: **le/la** ~ der/die/das unsere; **les** ~**s** unsere; *(famille, groupe)* die Unsrigen *pl*; **serez-vous des** ~**s?** schließen Sie sich uns an?

nouba [nuba] *nf*: **faire la** ~ einen draufmachen.

nouer [nwe] *vt* binden; ~ **la conversation** ein Gespräch anknüpfen; **j'avais la gorge nouée** mir war die Kehle wie zugeschnürt.

noueux, -euse [nwø, øz] *adj (bois)* knorrig; *(main)* knotig.

nougat [nuga] *nm* Süßigkeit *aus Honig und Mandeln.*

nougatine [nugatin] *nf* ≈ Krokant *m.*

nouille [nuj] *nf* Nudel *f*; *(fam)* Blödmann *m.*

nounou [nunu] *nf (fam)* Amme *f.*

nounours [nunuʀs] *nm (fam)* Teddybär *m.*

nourri, e [nuʀi] *adj (feu, applaudissements)* anhaltend.

nourrice [nuʀis] *nf* Amme *f*; **mettre en** ~ zu einer Ziehmutter geben.

nourricier, -ère [nuʀisje, jɛʀ] *adj (père, mère)* pflege-.

nourrir [nuʀiʀ] *vt (alimenter)* füttern; *(donner les moyens de subsister)* ernähren; *(espoir, haine)* nähren; **nourri logé** mit Übernachtung und Verpflegung; **bien nourri** gut genährt; **mal nourri** schlecht ernährt; ~ **au sein** stillen; **se** ~ **de légumes** sich von Gemüse ernähren; **se** ~ **de rêves** nur in Träumen leben.

nourrissant, e [nuʀisɑ̃, ɑ̃t] *adj* nahrhaft.

nourrisson [nuʀisɔ̃] *nm* Säugling *m.*

nourriture [nuʀityʀ] *nf* Nahrung *f.*

nous [nu] *pron (sujet)* wir; *(objet)* uns; ~**-mêmes** wir selbst; *(objet)* uns selbst.

nouveau (nouvel), nouvelle, x [nuvo, nuvɛl] *adj* neu ♦ *nm/f* Neue(r) *f(m)* ♦ *nm*: **il y a du** ~ es gibt was Neues; **de** ~, **à** ~ nochmals ▸ **nouveau riche** neureich ▸ **nouveau venu/ nouvelle venue** Neuankömmling *m.*

nouveau-né, e [nuvone] *(pl* ~-~**s, es)** *adj* neugeboren ♦ *nm* Neugeborene(s) *nt.*

nouveauté [nuvote] *nf* Neuheit *f.*

nouvel [nuvɛl] *adj m voir* **nouveau.**

Nouvel An *nm* Neujahr *nt.*

nouvelle [nuvɛl] *adj f voir* **nouveau** ♦ *nf* Nachricht *f*; *(LITT)* Novelle *f*; ~**s** *nfpl* Nachrichten *pl*; **je suis sans** ~**s de lui** ich habe nichts (mehr) von ihm gehört ▸ **nouvelle vague** *(CI-NÉ)* Nouvelle Vague *f.*

Nouvelle-Angleterre [nuvɛlɑ̃glətɛʀ] *nf*: **la** ~-~ Neuengland *nt.*

Nouvelle-Calédonie [nuvɛlkaledɔni] *nf*: **la** ~-~ Neukaledonien *nt.*

Nouvelle-Guinée [nuvɛlgine] *nf*: **la** ~-~ Neuguinea *nt.*

nouvellement [nuvɛlmɑ̃] *adv* vor kurzem, unlängst.

Nouvelle-Orléans [nuvɛlɔʀleɑ̃] *nf*: **la** ~-~ New Orleans *nt.*

Nouvelle-Zélande [nuvɛlzelɑ̃d] *nf*: **la** ~-~ Neuseeland *nt.*

nouvelliste [nuvelist] *nm/f* Novellist(in) *m(f).*

novateur, -trice [nɔvatœʀ, tʀis] *adj*

Neuerungs- ♦ *nm/f* Neuerer(in) *m(f).*

novembre [nɔvɑ̃bʀ] *nm* November *m*; *voir aussi* **juillet.**

novice [nɔvis] *adj* unerfahren ♦ *nm/f (débutant)* Neuling *m*; *(REL)* Novize *m*, Novizin *f.*

noviciat [nɔvisja] *nm* Noviziat *nt.*

noyade [nwajad] *nf* Ertrinken *nt*; **il y a eu trois** ~**s l'été passé** letzen Sommer sind drei Leute ertrunken.

noyau, x [nwajo] *nm* Kern *m*; *(GÉO, fig)* Mittelpunkt *m*; *(petit groupe)* (kleine) Gruppe *f.*

noyautage [nwajotaʒ] *nm (POL)* Unterwanderung *f.*

noyauter [nwajote] *vt (POL)* unterwandern.

noyé, e [nwaje] *nm/f* Ertrunkene(r) *f(m).*

noyer [nwaje] *nm (BOT)* Walnußbaum *m*; *(bois)* Nußbaum *nt* ♦ *vt* ertränken; *(fig: submerger)* überschwemmen; **se noyer** *vpr* ertrinken; ~ **son chagrin** seinen Kummer ersäufen; ~ **son moteur** den Motor absaufen lassen; ~ **le poisson** um den heißen Brei herumreden; **se** ~ **dans** *(fig: détails etc)* sich verlieren in.

NT *sigle m* *(= Nouveau Testament)* NT.

NU *sigle fpl* *(= Nations unies)* UN *f.*

nu, e [ny] *adj* nackt; *(chambre)* leer; *(plaine)* kahl; *(fil)* blank ♦ *nm (ART)* Akt *m*; **(les) pieds** ~**s** barfuß; **(la) tête** ~**e** barhäuptig, ohne Kopfbedeckung; **à mains** ~**es** mit bloßen Händen; **se mettre** ~ sich (nackt) ausziehen; **mettre à** ~ entblößen.

nuage [nɥaʒ] *nm* Wolke *f*; **sans** ~**s** *(fig)* ungetrübt; **être dans les** ~**s** in höheren Regionen schweben, nicht bei der Sache sein; **un** ~ **de lait** ein Tröpfchen *nt* Milch.

nuageux, -euse [nɥaʒø, øz] *adj* wolkig.

nuance [nɥɑ̃s] *nf* Nuance *f*; **il y a une** ~ **entre** es gibt einen feinen Unterschied zwischen *+dat*; **une** ~ **de tristesse** ein Anflug *m* von Traurigkeit.

nuancé, e [nɥɑ̃se] *adj* nuanciert.

nuancer [nɥɑ̃se] *vt* nuancieren.

nubile [nybil] *adj* heiratsfähig.

nucléaire [nykleɛʀ] *adj* Kern- ♦ *nm*: **le** ~ die Kernenergie *f.*

nudisme [nydism] *nm* Freikörperkultur *f.*

nudiste [nydist] *nm/f* Nudist(in) *m(f).*

nudité [nydite] *nf* Nacktheit *f.*

nuée [nɥe] *nf*: **une** ~ **de** eine Wolke von, ein Schwarm von.

nues [ny] *nfpl*: **tomber des** ~ aus allen Wolken fallen; **porter qn aux** ~ jdn in den Himmel loben.

nuire [nɥiʀ] *vi* schädlich sein; ~ **à** schaden *+dat.*

nuisances [nɥizɑ̃s] *nfpl* schädliche Umwelteinflüsse *pl.*

nuisible [nɥizibl] *adj* schädlich; **animal** ~ Schädling *m.*

nuisis *etc* [nɥizi] *vb voir* **nuire.**

nuit [nɥi] *nf* Nacht *f*; *(à l'hôtel)* Übernachtung *f*; **il fait** ~ es ist Nacht; **cette** ~ heute nacht; **de** ~ *(vol, service)* Nacht-; *(travailler, voyager)*

nachts ► **nuit blanche** schlaflose Nacht ► **nuit de noces** Hochzeitsnacht *f* ► **nuit de Noël** Heiligabend *m* ► **la nuit des temps** die graue Vorzeit *f*.
uitamment [nɥitamɑ̃] *adv* bei Nacht, nachts.
uitées [nɥite] *nfpl* Übernachtungen *pl*.
ul, nulle [nyl] *adj* (*aucun*) kein; (*non valable*) ungültig; (*péj*) unnütz ♦ *pron* niemand; **résultat** *ou* **match** ~ (*SPORT*) unentschieden; ~**le part** (*en aucun endroit*) nirgends.
ullement [nylmɑ̃] *adv* keineswegs.
ullité [nylite] *nf* (*de document, mariage*) Ungültigkeit *f*, Bedeutungslosigkeit *f*; (*péj: personne*) Null *f*.
uméraire [nymerɛr] *nm* Bargeld *nt*.
uméral, e, -aux [nymeral, o] *adj* (*système*) Zahlen-; **adjectif** ~ Zahlwort *nt*.
umérateur [nymeratœr] *nm* Zähler *m*.
umération [nymerasjɔ̃] *nf*: ~ **décimale** Dezimalsystem *nt*; ~ **binaire** Binärsystem *nt*.
umérique [nymerik] *adj* numerisch.
umériquement [nymerikmɑ̃] *adv* numerisch.
umériser [nymerize] *vt* digitalisieren.
uméro [nymero] *nm* Nummer *f*; (*de journal aussi*) Heft *nt*; **faire** *ou* **composer un** ~ eine Nummer wählen; **un (drôle de)** ~ ein ulkiger Kerl *m* ► **numéro d'identification personnel** (persönliche) Geheimzahl *f* ► **numéro d'immatriculation** polizeiliches Kennzeichen *nt* ► **numéro de téléphone** Telefonnummer *f* ► **numéro minéralogique** polizeiliches Kennzeichen ► **numéro vert** ≈ gebührenfreier Anruf *m*.
umérotation [nymerɔtasjɔ̃] *nf* Numerierung *f*.
uméroter [nymerɔte] *vt* numerieren.
umerus clausus [nymerys klozys] *nm inv* Numerus Clausus *m*.
umismate [nymismat] *nm/f* Numismatiker(in) *m(f)*.
umismatique [nymismatik] *nf* Münzkunde *f*.
u-pied [nypje] *nm* (*chaussure*) Gummilatsche *f*.
uptial, e, -aux [nypsjal, jo] *adj* Hochzeits-.
uptialité [nypsjalite] *nf*: **taux de** ~ Zahl *f* der Eheschließungen.
uque [nyk] *nf* Nacken *m*.
u-tête [nytɛt] *adj inv* barhäuptig.
utritif, -ive [nytritif, iv] *adj* (*fonction, valeur*) Nähr-; (*élément, aliment*) nahrhaft.
utrition [nytrisjɔ̃] *nf* Ernährung *f*.
utritionnel, le [nytrisjɔnɛl] *adj* Ernährungs-.
utritionniste [nytrisjɔnist] *nm/f* Ernährungswissenschaftler(in) *m(f)*.
ylon [nilɔ̃] *nm* Nylon *nt*.
ymphomane [nɛ̃fɔman] *adj* mannstoll ♦ *nf* Nymphomanin *f*.

O, o

O¹, o [o] *nm inv* (*lettre*) O, o *nt*; ~ **comme Oscar** ≈ O wie Otto.
O² [o] *abr* (= *ouest*) W.
OAS [oɑɛs] *sigle f* (= *Organisation de l'armée secrète*) OAS *f*, ehemalige algerische Untergrundorganisation.
oasis [ɔazis] *nf ou m* Oase *f*.
obédience [ɔbedjɑ̃s] *nf*: **les pays d'**~ **communiste** die Länder, die Anhänger des Kommunismus sind.
obéir [ɔbeir] *vi* gehorchen; ~ **à** (*personne, puissance*) gehorchen +*dat*; (*ordre, loi, impulsion*) folgen +*dat*; (*force*) nachgeben +*dat*; (*loi naturelle*) unterliegen +*dat*.
obéissance [ɔbeisɑ̃s] *nf* Gehorsam *m*.
obéissant, e [ɔbeisɑ̃, ɑ̃t] *adj* gehorsam.
obélisque [ɔbelisk] *nm* Obelisk *m*.
obèse [ɔbɛz] *adj* fettleibig.
obésité [ɔbezite] *nf* Fettleibigkeit *f*.
objecter [ɔbʒɛkte] *vt* (*prétexter: fatigue*) vorgeben; ~ **qch à qch** etw gegen etw einwenden; ~ **qch à qn** jdm etw entgegenhalten; ~ **à qn que** jdm entgegenhalten, daß.
objecteur [ɔbʒɛktœr] *nm*: ~ **de conscience** Wehrdienstverweigerer *m*.
objectif, -ive [ɔbʒɛktif, iv] *adj* objektiv, sachlich ♦ *nm* (*OPTIQUE, PHOTO*) Objektiv *nt*; (*MIL, fig*) Ziel *nt*, Objektive *f* ► **objectif grand angulaire** Weitwinkelobjektiv *nt*.
objection [ɔbʒɛksjɔ̃] *nf* (*critique*) Einwand *m*; (*opposition*) Widerspruch *m* ► **objection de conscience** Wehrdienstverweigerung *f*.
objectivement [ɔbʒɛktivmɑ̃] *adv* objektiv.
objectivité [ɔbʒɛktivite] *nf* Objektivität *f*.
objet [ɔbʒɛ] *nm* Gegenstand *m*; (: *d'une recherche, du désir aussi*) Objekt *nt*; **être** *ou* **faire l'**~ **de qch** Gegenstand einer Sache *gén* sein; **sans** ~ (*sans fondement*) gegenstandslos; (**bureau des**) ~**s trouvés** Fundbüro *nt* ► **objet d'art** Kunstgegenstand *m* ► **objets personnels** persönliche Habe *f* ► **objets de toilette** Toilettenartikel *pl*.
obligataire [ɔbligatɛr] *nm* Inhaber(in) *m(f)* einer Obligation.
obligation [ɔbligasjɔ̃] *nf* Pflicht *f*; (*JUR: réglementaire*) Verpflichtung *f*; (*COMM*) Obligation *f*, Schuldverschreibung *f*; **sans** ~ **d'achat** ohne Kaufzwang; **sans** ~ **de votre part** unverbindlich; **être dans l'**~ **de faire qch** verpflichtet sein, etw zu tun; **avoir l'**~ **de faire qch** verpflichtet sein, etw zu tun ► **obligations familiales/mondaines** familiäre/gesellschaftliche Verpflichtungen.

obligatoire [ɔbligatwaʀ] *adj* obligatorisch.
obligatoirement [ɔbligatwaʀmã] *adv* (*nécessairement*) unbedingt; (*fatalement*) zwangsläufig.
obligé, e [ɔbliʒe] *adj*: ~ de faire qch verpflichtet, etw zu tun; **être très** ~ à qn (*redevable*) jdm sehr verbunden *ou* verpflichtet sein; **je suis (bien)** ~ ich muß (wohl); **je suis** ~ **de le faire** ich muß es tun, ich bin gezwungen, es zu tun.
obligeamment [ɔbliʒamã] *adv* freundlicherweise.
obligeance [ɔbliʒãs] *nf*: **avoir l'**~ **de faire qch** so freundlich sein, etw zu tun.
obligeant, e [ɔbliʒã, ãt] *adj* (*personne*) zuvorkommend; (*offre*) freundlich.
obliger [ɔbliʒe] *vt*: ~ **qn à qch** jdn zu etw zwingen; ~ **qn à faire qch** jdn dazu zwingen, etw zu tun; ~ **qn** (*JUR: engager*) jdn verpflichten; (*aider, rendre service à*) jdm einen Gefallen tun.
oblique [ɔblik] *adj* schief, schräg; **regard** ~ schiefer Blick *m*; **en** ~ (*en diagonale*) diagonal.
obliquement [ɔblikmã] *adv* schief, schräg.
obliquer [ɔblike] *vi*: ~ **vers** (*seitwärts*) abbiegen in Richtung auf +*acc*.
oblitération [ɔbliteʀasjɔ̃] *nf* (*de timbre*) Entwerten *nt*; (*MÉD*) Blockierung *f*, Verstopfung *f*.
oblitérer [ɔbliteʀe] *vt* (*timbre*) entwerten, stempeln; (*MÉD: canal, vaisseau*) blockieren, verstopfen; (*fig*) verwischen.
oblong, oblongue [ɔblɔ̃, ɔ̃g] *adj* länglich.
obnubiler [ɔbnybile] *vt*: **être obnubilé par une idée** von einer Idee besessen sein.
obole [ɔbɔl] *nf* Obolus *m*.
obscène [ɔpsɛn] *adj* obszön, unanständig.
obscénité [ɔpsenite] *nf* Obszönität *f*, Unanständigkeit *f*.
obscur, e [ɔpskyʀ] *adj* (*sombre*) finster, dunkel; (*fig: raisons, point, exposé*) obskur; (: *vague: sentiment*) dunkel; (*malaise*) undefinierbar; (*médiocre: personne, vie, poste*) unscheinbar; (*inconnu: écrivain, origine*) obskur.
obscurantisme [ɔpskyʀãtism] *nm* Aufklärungsfeindlichkeit *f*.
obscurcir [ɔpskyʀsiʀ] *vt* (*assombrir*) verdunkeln; (*fig*) unklar machen; **s'obscurcir** *vpr*: **le ciel s'obscurcit** es wird dunkel.
obscurément [ɔpskyʀemã] *adv*: **il sentait** ~ **que** er hatte das dumpfe Gefühl, daß.
obscurité [ɔpskyʀite] *nf* Dunkelheit *f*; (*anonymat*) Obskurität *f*; (*médiocrité*) Unscheinbarkeit *f*; **dans l'**~ im Dunkeln.
obsédant, e [ɔpsedã] *adj*: **un souvenir** ~ eine Erinnerung, die einem nicht mehr aus dem Kopf geht.
obsédé, e [ɔpsede] *nm/f*: **un** ~ **de qch** (*maniaque*) ein von etw Besessener *m* ▶ **obsédé sexuel** Sexbesessener *m*.
obséder [ɔpsede] *vt* verfolgen; **être obsédé par** besessen sein von.
obsèques [ɔpsek] *nfpl* Begräbnis *nt* ▶ **obsèques nationales** Staatsbegräbnis *nt*.

obséquieux, -euse [ɔpsekjø, jøz] *adj* unterwürfig, kriecherisch.
observable [ɔpsɛʀvabl] *adj* wahrnehmbar.
observance [ɔpsɛʀvãs] *nf* (*REL*) Befolgung (*einer Glaubensregel*).
observateur, -trice [ɔpsɛʀvatœʀ, tʀis] *adj* aufmerksam ♦ *nm/f* Beobachter(in) *m(f)*.
observation [ɔpsɛʀvasjɔ̃] *nf* Beobachtung *f* (*d'un règlement etc*) Befolgen *nt*, Einhaltung *f* (*commentaire, critique*) Bemerkung *f*; **en** ~ (*MÉD*) unter Beobachtung; **avoir l'esprit d'**~ eine gute Beobachtungsgabe haben.
observatoire [ɔpsɛʀvatwaʀ] *nm* Observatorium *nt*; (*lieu élevé*) Beobachtungsstand *m*.
observer [ɔpsɛʀve] *vt* (*regarder, examiner*) beobachten; (*surveiller, épier*) belauern; (*remarquer*) bemerken; (*respecter*) befolgen, beachten; **s'observer** *vpr* (*se surveiller*) sich in acht nehmen, sich vorsehen; **faire** ~ **qch à qn** jdn auf etw *acc* aufmerksam machen.
obsession [ɔpsesjɔ̃] *nf* Besessenheit *f*; **avoir l'**~ **de** besessen sein von.
obsessionnel [ɔpsesjɔnɛl] *adj* (*idée*) zwanghaft; (*PSYCH*) Zwangs-.
obsolescence [ɔpsolesãs] *nf* Veralten *nt*.
obsolescent, e [ɔpsolesã, ãt] *adj* veraltet.
obsolète [ɔpsolɛt] *adj* veraltet.
obstacle [ɔpstakl] *nm* Hindernis *nt*; (*SPORT, fig*) Hürde *f*; **faire** ~ **à qch** (*projet*) sich einer Sache *dat* entgegenstellen.
obstétricien, ne [ɔpstetʀisjɛ̃, jɛn] *nm/f* Geburtshelfer(in) *m(f)*.
obstétrique [ɔpstetʀik] *nf* Geburtshilfe *f*.
obstination [ɔpstinasjɔ̃] *nf* Eigensinn *m*, Sturheit *f*.
obstiné, e [ɔpstine] *adj* (*personne, caractère*) eigensinnig; (*effort, travail, résistance*) stur, hartnäckig.
obstinément [ɔpstinemã] *adv* hartnäckig.
obstiner [ɔpstine]: **s'**~ *vpr* nicht nachgeben, stur bleiben; **s'**~ **à faire qch** hartnäckig darauf bestehen, etw zu tun; **s'**~ **sur qch** sich auf etw *acc* versteifen.
obstruction [ɔpstʀyksjɔ̃] *nf* Verstopfung *f*; (*SPORT*) Sperren *nt*; **faire de l'**~ (*fig*) sich querstellen.
obstructionnisme [ɔpstʀyksjɔnism] *nm* (*POL*) Verschleppungstaktik *f*.
obstruer [ɔpstʀye] *vt* (*canalisation*) verstopfen; (*passage, chemin*) versperren; (*vaisseau aussi*) blockieren; **s'obstruer** *vpr* (*v vt*) blockiert werden; versperrt werden; blockiert *ou* verstopft werden.
obtempérer [ɔptãpeʀe] *vi* gehorchen, sich fügen; ~ **à** Folge leisten +*dat*.
obtenir [ɔptəniʀ] *vt* bekommen, erhalten; (*augmentation*) erzielen, erhalten; (*total, résultat*) erreichen; ~ **de pouvoir faire qch** es schaffen, daß man etw machen kann; ~ **qch à qn** jdm etw beschaffen; ~ **de qn qu'il fasse qch** erreichen, daß jd etw macht; ~ **satisfaction** Genugtuung erhalten.
obtention [ɔptãsjɔ̃] *nf* (*v vt*) Erhalt *m*; Erzielen

nt; Erreichen *nt*.

btenu [ɔpt(ə)ny] *pp de* **obtenir**.

btiendrai *etc* [ɔptjɛ̃dʀe] *vb voir* **obtenir**.

btiens *etc* [ɔptjɛ̃] *vb voir* **obtenir**.

btint *etc* [ɔptɛ̃] *vb voir* **obtenir**.

bturateur [ɔptyʀatœʀ] *nm* (*PHOTO*) Verschluß *m* ▶ **obturateur à rideau** Schlitzverschluß *m*.

bturation [ɔptyʀasjɔ̃] *nf* (*v vt*) Verstopfen *nt*; Füllen *nt*, Plombieren *nt*; **vitesse d'**~ (*PHOTO*) Belichtungszeit *f* ▶ **obturation (dentaire)** Füllung *f*, Plombe *f*.

bturer [ɔptyʀe] *vt* (*ouverture, trou*) zustopfen; (*dent*) füllen, plombieren.

btus, e [ɔpty, yz] *adj* (*angle*) stumpf; (*fig*) stumpf, abgestumpft.

bus [ɔby] *nm* Granate *f*.

bvier [ɔbvje]: ~ **à** *vt* vorbeugen gegen.

)C *sigle fpl* (= *ondes courtes*) KW.

ccasion [ɔkazjɔ̃] *nf* Gelegenheit *f*; (*COMM: article usagé*) Artikel *m* aus zweiter Hand; (: *acquisition avantageuse*) Gelegenheitskauf *m*; (*circonstance*) Gelegenheit, Anlaß *m*; **à plusieurs** ~**s** mehrfach; **à cette/la première** ~ bei dieser/bei der ersten *ou* nächsten Gelegenheit; **à l'**~ gelegentlich; **à l'**~ **de** aus Anlaß +*gén*, anläßlich +*gén*; **avoir l'**~ **de faire qch** die Gelegenheit haben, etw zu tun; **être l'**~ **de qch** der Anlaß für etw sein; **d'**~ *adj* (*livre*) antiquarisch; (*voiture*) gebraucht ♦ *adv* (*acheter*) aus zweiter Hand.

ccasionnel, le [ɔkazjɔnɛl] *adj* (*fortuit*) zufällig; (*non régulier: clients, visites*) gelegentlich; (: *travail*) Gelegenheits-.

ccasionnellement [ɔkazjɔnɛlmɑ̃] *adv* gelegentlich.

ccasionner [ɔkazjɔne] *vt* verursachen; ~ **qch à qn** jdm etw verursachen.

ccident [ɔksidɑ̃] *nm*: **l'**~ der Westen.

ccidental, e, -aux [ɔksidɑtal, o] *adj* westlich ♦ *nm/f* Bewohner(in) *m(f)* der westlichen Welt.

ccidentaliser [ɔksidɑtalize] *vt* westlich beeinflussen, verwestlichen.

cciput [ɔksipyt] *nm* Hinterkopf *m*.

ccire [ɔksiʀ] *vt* (*obsolescent*) meucheln.

ccitan, e [ɔksitɑ̃, an] *adj* okzitanisch ♦ *nm* (*LING*) Okzitanisch *nt*.

cclusion [ɔklyzjɔ̃] *nf*: ~ **intestinale** Darmverschluß *m*.

cculte [ɔkylt] *adj* okkult.

cculter [ɔkylte] *vt* (*fig*) überschatten, verdunkeln.

ccultisme [ɔkyltism] *nm* Okkultismus *m*.

ccupant, e [ɔkypɑ̃, ɑt] *adj* (*armée, autorité*) Besatzungs- ♦ *nm/f* (*d'un appartement*) Bewohner(in) *m(f)*; (*d'un véhicule*) Insasse(-in) *m(f)*.

ccupation [ɔkypasjɔ̃] *nf* (*de pays, usine*) Besetzung *f*; (*passe-temps, emploi*) Beschäftigung *f*; **l'O**~ ('41-44) die Besetzung Frankreichs durch deutsche Truppen.

ccupé, e [ɔkype] *adj* besetzt; (*personne*) beschäftigt; (*esprit*) völlig in Anspruch genommen.

occuper [ɔkype] *vt* (*pays, territoire, usine*) besetzen; (*place, endroit*) einnehmen, beanspruchen; (*appartement, maison*) bewohnen; (*surface, période*) ausfüllen; (*heure, loisirs*) in Anspruch nehmen, beanspruchen; (*poste, fonction*) innehaben, bekleiden; (*personne, main d'œuvre*) beschäftigen; **s'occuper** *vpr*: **s'**~ **de** (*se charger de*) sich kümmern um; (*s'intéresser à, pratiquer*) sich beschäftigen mit; **ça occupe trop de place** das nimmt zuviel Platz weg, das braucht zuviel Platz.

occurrence [ɔkyʀɑ̃s] *nf*: **en l'**~ in diesem Fall.

OCDE [ɔsedeə] *sigle f* (= *Organisation de coopération et de développement économique*) OECD *f*.

océan [ɔseɑ̃] *nm* Ozean *m*; **l'**~ **Indien** der Indische Ozean.

Océanie [ɔseani] *nf*: **l'**~ Ozeanien *nt*.

océanique [ɔseanik] *adj* Meeres-; (*climat*) See-.

océanographe [ɔseanɔgʀaf] *nm/f* Ozeanograph(in) *m(f)*.

océanographie [ɔseanɔgʀafi] *nf* Ozeanographie *f*.

océanographique [ɔseanɔgʀafik] *adj* ozeanographisch.

océanologie [ɔseanɔlɔʒi] *nf* Ozeanologie *f*.

ocelot [ɔs(ə)lo] *nm* Ozelot *m*.

ocre [ɔkʀ] *adj inv* ocker(farben).

octane [ɔktan] *nm* Oktan *nt*.

octante [ɔktɑ̃t] *num* (*Suisse*) achtzig.

octave [ɔktav] *nf* Oktave *f*.

octet [ɔktɛ] *nm* Byte *nt*.

octobre [ɔktɔbʀ] *nm* Oktober *m*; *voir aussi* **juillet**.

octogénaire [ɔktɔʒenɛʀ] *adj* achtzigjährig ♦ *nm/f* Achtzigjährige(r) *f(m)*.

octogonal, e, -aux [ɔktɔgɔnal, o] *adj* achteckig.

octogone [ɔktɔgɔn] *nm* Achteck *nt*.

octroi [ɔktʀwa] *nm* (*de droit, faveur*) Gewähren *nt*, Bewilligen *nt*.

octroyer [ɔktʀwaje] *vt*: ~ **qch à qn** jdm etw gewähren *ou* bewilligen; **s'octroyer** *vpr* sich *dat* genehmigen.

oculaire [ɔkylɛʀ] *adj* Augen-.

oculiste [ɔkylist] *nm/f* Augenarzt(-ärztin) *m(f)*.

ode [ɔd] *nf* Ode *f*.

odeur [ɔdœʀ] *nf* Geruch *m*; **mauvaise** ~ Gestank *m*; **bonne** ~ Duft *m*.

odieusement [ɔdjøzmɑ̃] *adv* widerlich, ekelhaft.

odieux, -euse [ɔdjø, jøz] *adj* widerlich, ekelhaft; (*enfant*) unerträglich.

odontologie [ɔdɔ̃tɔlɔʒi] *nf* Zahnheilkunde *f*.

odorant, e [ɔdɔʀɑ̃, ɑt] *adj* duftend.

odorat [ɔdɔʀa] *nm* Geruchssinn *m*; **avoir l'**~ **fin** eine feine Nase haben.

odoriférant, e [ɔdɔʀiferɑ̃, ɑt] *adj* duftend, wohlriechend.

odyssée [ɔdise] *nf* Odyssee *f*.

OEA [ɔəa] *sigle f* (= *Organisation des États américains*) OAS *f*.

œcuménique [ekymenik] *adj* ökumenisch.

œcuménisme [ekymenism] *nm* Ökume-

nismus *m*.
œdème [edɛm] *nm* Ödem *nt*.
œil [œj] (*pl* **yeux**) *nm* Auge *nt*; (*d'une aiguille*)
Öhr *nt*; **avoir un ~ au beurre noir** *ou* **un ~ poché**
ein blaues Auge haben; **à l'~** nu mit bloßem
Auge; **avoir l'~ sur qn/qch** (*être vigilant*) auf
jdn/etw aufpassen; **avoir l'~ sur qn** (*surveiller*)
ein Auge auf jdn haben; **tenir qn à ~** jdn im
Auge behalten; **faire de l'~ à qn** jdm (schöne)
Augen machen, mit jdm liebäugeln; **voir qch
d'un bon ~** etw gut finden; **voir qch d'un mauvais ~** etw nicht gerne sehen; **à mes yeux** in
meinen Augen; **de ses propres yeux** mit eigenen Augen; **fermer les yeux (sur qch)** (*fig*) (bei
etw) ein Auge zudrücken; **ne pas pouvoir fermer l'~** kein Auge zutun können; **les yeux fermés** mit geschlossenen Augen; **à l'~** (*fam:
gratuitement*) umsonst; **~ pour ~, dent pour
dent** Auge um Auge, Zahn um Zahn; **pour tes
beaux yeux** (*fig*) wegen deiner schönen
blauen Augen ► **œil de verre** Glasauge *nt*.
œil-de-bœuf [œjdəbœf] (*pl* **~s-~-~**) *nm* kleines
rundes oder ovales Fenster.
œillade [œjad] *nf*: **lancer une ~ à qn** jdm zuzwinkern; **faire des ~s à qn** jdm schöne Augen machen.
œillères [œjɛʀ] *nfpl* Scheuklappen *pl*; **avoir des
~** (*fig*) Scheuklappen tragen.
œillet [œjɛ] *nm* (*BOT*) Nelke *f*; (*trou, bordure rigide*) Öse *f*.
œnologue [enɔlɔg] *nm/f* Weinkenner(in) *m(f)*.
œsophage [ezɔfaʒ] *nm* Speiseröhre *f*.
œstrogène [ɛstʀɔʒɛn] *adj* Östrogen *nt*.
œuf [œf, *pl* ø] *nm* Ei *nt*; **étouffer qch dans l'~** etw
im Keim ersticken ► **œuf à la coque**
weich(gekocht)es Ei ► **œuf dur** hart(gekocht)es Ei ► **œuf mollet** wachsweiches Ei
► **œuf de Pâques** Osterei *nt* ► **œuf au plat**
Spiegelei *nt* ► **œuf poché** pochiertes Ei
► **œuf à repriser** Stopfei *nt* ► **œufs brouillés**
Rührei *nt*.
œuvre [œvʀ] *nf* Werk *nt*; (*ART*) (Kunst)werk *nt*;
(*organisation charitable*) Stiftung *f* ♦ *nm* (*d'un artiste*) Werk; **~s** *nfpl* (*REL*: *actions, actes*) Werke
pl; **bonnes ~s, ~s de bienfaisance** gute Werke;
le gros ~ der Rohbau; **être/se mettre à l'~**
arbeiten/sich an die Arbeit machen; **mettre
en ~** (*moyens*) einsetzen, Gebrauch machen
von; (*plan, loi, projet*) umsetzen ► **œuvre d'art**
Kunstwerk.
œuvrer [œvʀe] *vi*: **~ pour** arbeiten für.
offensant, e [ɔfɑ̃sɑ̃, ɑ̃t] *adj* beleidigend, verletzend.
offense [ɔfɑ̃s] *nf* (*affront*) Beleidigung *f*,
Kränkung *f*; (*REL*) Sünde *f*.
offenser [ɔfɑ̃se] *vt* (*personne*) beleidigen,
kränken; (*bon sens, bon goût, principes*) verletzen; (*Dieu*) sündigen gegen; **s'~ de qch** an
etw *dat* Anstoß nehmen.
offensif, -ive [ɔfɑ̃sif, iv] *adj* (*armes, guerre*)
Offensiv-, Angriffs-.
offensive [ɔfɑ̃siv] *nf* (*MIL*) Offensive *f*, Angriff
m; **l'~ de l'hiver** der Einbruch des Winters;

passer à l'~ zum Angriff übergehen.
offert, e [ɔfɛʀ, ɛʀt] *pp de* offrir.
offertoire [ɔfɛʀtwaʀ] *nm* Offertorium *nt*.
office [ɔfis] *nm* (*charge*) Amt *nt*; (*bureau, agence*)
Büro *nt*; (*REL*: *messe*) Gottesdienst *m* ♦ *nm ou*
nf (*pièce*) Vorratskammer *f*; **faire ~ de** (*suj:
personne*) fungieren als; (: *local, objet*) dienen
als; **avocat désigné d'~** Pflichtverteidiger *m*;
bons ~s (*POL*) Vermittlung *f* ► **office du tourisme** Fremdenverkehrsamt *nt*.
officialisation [ɔfisjalizasjɔ̃] *nf* offizielle Anerkennung *f*.
officialiser [ɔfisjalize] *vt* offiziell anerkennen.
officiel, le [ɔfisjɛl] *adj* offiziell; (*voiture*)
Dienst-; (*personnage*) Amts- ♦ *nm/f* Offiziel-
le(r) *f(m)*; (*SPORT*) Funktionär(in) *m(f)*.
officiellement [ɔfisjɛlmɑ̃] *adv* offiziell.
officier [ɔfisje] *nm* (*MIL*) Offizier *m* ♦ *vi* (*REL*)
einen Gottesdienst (ab)halten ► **officier de
l'état-civil** Standesbeamte(r) *m*, -beamtin *f*
► **officier de police** Polizeibeamte(r) *m*,
-beamtin *f*.
officieusement [ɔfisjøzmɑ̃] *adv* halbamtlich.
officieux, -euse [ɔfisjø, jøz] *adj* halbamtlich.
officinal, e, -aux [ɔfisinal, o] *adj*: **plantes ~es**
Heilpflanzen *pl*.
officine [ɔfisin] *nf* (*de pharmacie*) Labor *nt*
(einer Apotheke); (*ADMIN*: *pharmacie*) Apotheke *f*; (*péj*) Brutstätte *f*.
offrais [ɔfʀɛ] *vb voir* offrir.
offrande [ɔfʀɑ̃d] *nf* Gabe *f*; (*REL*) Opfergabe *f*.
offrant [ɔfʀɑ̃] *nm*: **vendre/adjuger au plus ~** an
den Meistbietenden verkaufen/versteigern.
offre [ɔfʀ] *vb voir* offrir ♦ *nf* (*proposition*) Vorschlag *m*; (*avance*) Angebot *nt*; (*aux enchères*)
Gebot *m*; (*ADMIN*: *soumission*) Angebot, Offerte *f*; **l'~** (*ÉCON*) das Angebot ► **offre d'emploi**
Stellenangebot *nt*; **"~s d'emploi"** „Stellen-
markt" ► **offre publique d'achat** Übern-
nahmeangebot *nt* ► **offres de service** Dienst-
angebot *nt*.
offrir [ɔfʀiʀ] *vt* (*donner*) geben; (*proposer, présenter*) anbieten; (*aspect, spectacle*) darbieten;
s'offrir *vpr* (*se présenter*) sich darbieten; (*se
payer*) sich *dat* leisten *ou* genehmigen; **~ (à
qn) de faire qch** (jdm) anbieten, etw zu tun; **~
à boire à qn** jdm etwas zu trinken anbieten;
~ ses services à qn jdm seine Dienste anbieten; **~ le bras à qn** jdm den Arm reichen; **s'~
comme guide/en otage** sich als Führer/Geisel
anbieten; **s'~ aux regards** sich dem Blicken
aussetzen.
offset [ɔfsɛt] *nm* Offsetdruck *m*.
offusquer [ɔfyske] *vt*: **~ qn** jdm ein Dorn im
Auge sein; **s'offusquer** *vpr*: **s'~ de qch** sich
über etw *acc* ärgern, an etw *dat* Anstoß nehmen.
ogive [ɔʒiv] *nf* (*ARCHIT*) Spitzbogen *m*; (*MIL*)
Sprengkopf *m*; **voûte en ~** Spitzbogengewe-
wölbe *nt*; **arc en ~** Spitzbogen ► **ogive nucléaire** nuklearer Sprengkopf.
ogre [ɔgʀ] *nm* Menschenfresser *m*.
oh [o] *excl* oh!; **~ là là!** oh je!; **pousser des ~! et**

des ah! starr vor Staunen sein.

ie [wa] *nf* Gans *f* ► **oie blanche** (*péj: jeune fille candide*) Unschuld *f* vom Lande.

ignon [ɔɲɔ̃] *nm* Zwiebel *f*; (*bulbe*) (Blumen)zwiebel *f*; (*MÉD: grosseur*) Ballen *m*; **ce ne sont pas tes ~s** (*fam*) das geht dich gar nichts an; **aux petits ~s** fabelhaft.

indre [wɛ̃dR] *vt* (*REL*) salben.

iseau, x [wazo] *nm* Vogel *m* ► **oiseau de nuit** Nachtvogel *m* ► **oiseau de proie** Greifvogel *m*.

iseau-lyre [wazoliR] (*pl* ~**x**-~**s**) *nm* Leierschwanz *m*.

iseau-mouche [wazomuʃ] (*pl* ~**x**-~**s**) *nm* Kolibri *m*.

iseleur [waz(ə)lœR] *nm* Vogelfänger *m*.

iselier, -ière [wazəlje, jɛR] *nm/f* Vogelhändler(in) *m(f)*.

isellerie [wazɛlRi] *nf* Vogelhandlung *f*.

iseux, -euse [wazø, øz] *adj* (*dispute, question*) unnütz, sinnlos.

isif, -ive [wazif, iv] *adj* müßig ♦ *nm/f* (*péj*) Müßiggänger(in) *m(f)*.

isillon [wazijɔ̃] *nm* Vögelchen *nt*.

isiveté [wazivte] *nf* Müßiggang *m*.

IT [ɔite] *sigle f* (= *Organisation internationale du travail*) ILO *f*.

)K [okɛ] *excl* O.K.

)L *sigle fpl* (= *ondes longues*) LW.

léagineux, -euse [ɔleaʒinø, øz] *adj* ölhaltig; (*liquide*) ölig.

léiculteur [ɔleikyltœR] *nm* Olivenzüchter *m*.

léiculture [ɔleikyltyR] *nf* Olivenanbau *m*.

léoduc [ɔleɔdyk] *nm* (Öl)pipeline *f*.

lfactif, -ive [ɔlfaktif, iv] *adj* Geruchs-.

ligarchie [ɔligaRʃi] *nf* Oligarchie *f*.

ligo-élément [ɔligoelemɑ̃] (*pl* ~-~**s**) *nm* Spurenelement *nt*.

ligopole [ɔligɔpɔl] *nm* Oligopol *nt*.

livâtre [ɔlivɑtR] *adj* grünlich; (*teint*) fahl.

live [ɔliv] *nf* Olive *f*; (*type d'interrupteur*) Druckknopf *m* ♦ *adj inv* olivgrün.

liveraie [ɔlivRɛ] *nf* Olivenhain *m*.

livier [ɔlivje] *nm* Olivenbaum *m*; (*bois*) Olivenholz *nt*.

lographe [ɔlɔgRaf] *adj*: **testament ~** eigenhändig verfaßtes Testament *nt*.

)LP [ɔelpe] *sigle f* (= *Organisation de libération de la Palestine*) PLO *f*.

lympiade [ɔlɛ̃pjad] *nf* (*période*) Olympiade *f*; **les ~s** (*jeux*) die Olympischen Spiele *pl*.

lympien, ne [ɔlɛ̃pjɛ̃, jɛn] *adj* olympisch.

lympique [ɔlɛ̃pik] *adj* olympisch; **piscine/stade ~** Olympiabecken *nt* /-stadion *nt*.

)M *sigle fpl* (= *ondes moyennes*) MW.

)man [ɔman] *n*: **le sultanat d'~** das Sultanat Oman.

ombilical, e, -aux [ɔbilikal, o] *adj* Nabel-.

ombrage [ɔ̃bRaʒ] *nm* (*ombre*) Schatten *m*; **~s** *nmpl* (*feuillage*) (schattiges) Blätterwerk *nt*; **prendre ~ de qch** etw übelnehmen; **porter ~ à qn** jdn kränken *ou* verletzen.

ombragé, e [ɔ̃bRaʒe] *adj* schattig.

ombrageux, -euse [ɔ̃bRaʒø, øz] *adj* (*cheval, âne*) unruhig; (*personne*) empfindlich.

ombre [ɔ̃bR] *nf* Schatten *m*; **à l'~** im Schatten; (*fam: en prison*) im Kittchen; **à l'~ de** im Schatten +*gén*; **donner/faire de l'~** Schatten spenden/werfen; **il n'y a pas l'~ d'un doute** es gibt nicht den geringsten Zweifel; **dans l'~** im Dunkeln; **vivre dans l'~** in der Verborgenheit leben; **laisser qn dans l'~** jdn im Unklaren lassen ► **ombre à paupières** Lidschatten *m* ► **ombre portée** Schlagschatten *m* ► **ombres chinoises** (chinesisches) Schattenspiel *m*.

ombrelle [ɔ̃bRɛl] *nf* Sonnenschirmchen *nt*.

ombrer [ɔ̃bRe] *vt* schattieren.

omelette [ɔmlɛt] *nf* Omelett *nt* ► **omelette baveuse** *nicht ganz durchgebackenes Omelett* ► **omelette flambée** flambiertes Omelett ► **omelette au fromage** Käseomelett *nt* ► **omelette aux herbes** Kräuteromelett *nt* ► **omelette au jambon** Omelett mit Schinken ► **omelette norvégienne** *Eiskrem in Biskuit, mit Baisermasse überbacken*.

omettre [ɔmɛtR] *vt* unterlassen, (*oublier*) vergessen; (*de liste*) auslassen; **~ de faire qch** etw nicht tun.

omis [ɔmi] *pp de* **omettre**.

omission [ɔmisjɔ̃] *nf* Unterlassung *f*; Vergessen *nt*; Auslassen *nt*.

omni... [ɔmni] *préf* omni..., Omni... .

omnibus [ɔmnibys] *nm*: (**train**) **~** Personenzug *m*.

omnidirectionnel, le [ɔmnidiRɛksjɔnɛl] *adj* (*antenne, radiophare*) Rundum-.

omnidisciplinaire [ɔmnidisiplinɛR] *adj* in allen Disziplinen.

omnipotent, e [ɔmnipɔtɑ̃, ɑ̃t] *adj* allmächtig.

omnipraticien, ne [ɔmnipRatisjɛ̃, jɛn] *nm/f* Allgemeinarzt(-ärztin) *m(f)*.

omniprésent, e [ɔmnipRezɑ̃, ɑ̃t] *adj* allgegenwärtig.

omniscient, e [ɔmnisjɑ̃, jɑ̃t] *adj* allwissend.

omnisports [ɔmnispɔR] *adj inv* Sport-.

omnium [ɔmnjɔm] *nm* (*FIN, COMM*) Handelsgesellschaft *f*; (*CYCLISME*) aus mehreren Bahnwettbewerben bestehender Radwettkampf; (*COURSES*) Ausgleichsrennen *nt*.

omnivore [ɔmnivɔR] *adj* allesfressend.

omoplate [ɔmɔplat] *nf* Schulterblatt *nt*.

OMS [ɔemɛs] *sigle f* (= *Organisation mondiale de la santé*) WHO *f*.

== *MOT-CLÉ*

on [ɔ̃] *pron* **1** (*indéterminé, les gens*) man; **on peut le faire ainsi** man kann es so machen; **autrefois, on croyait que** früher glaubte man, daß.
2 (*quelqu'un*): **on les a attaqués** man hat sie angegriffen, sie wurden angegriffen; **on vous demande au téléphone** Sie werden am Telefon verlangt
3 (*nous: fam*) wir; **on va y aller demain** wir gehen morgen hin

4: on ne peut plus stupide/ridicule dümmer/
lächerlicher geht's nicht.

once [ɔ̃s] *nf* Unze *f.*
oncle [ɔ̃kl] *nm* Onkel *m.*
onction [ɔ̃ksjɔ̃] *nf voir* **extrême-onction**.
onctueux, -euse [ɔ̃ktɥø, øz] *adj* cremig.
onde [ɔ̃d] *nf* Welle *f*; **sur l'~** (*eau*) auf den Wellen; **sur les ~s** (*la radio*) im Radio; **mettre en
~s** für den Rundfunk bearbeiten; **grandes
~s** Langwellen *pl*; **petites ~s** Kurzwellen *pl*
► **onde de choc** Druckwelle *f* ► **onde porteuse** Trägerwelle *f* ► **ondes courtes** Kurzwellen ► **ondes moyennes** Mittelwellen *pl* ► **ondes sonores** Schallwellen *pl.*
ondée [ɔ̃de] *nf* Regenguß *m.*
on-dit [ɔ̃di] *nm inv* Gerücht *nt.*
ondoyer [ɔ̃dwaje] *vi* (*blé, herbe*) wogen; (*drapeau*) flattern.
ondulant, e [ɔ̃dylɑ̃, ɑ̃t] *adj* (*démarche*) schwankend; (*ligne*) Wellen-.
ondulation [ɔ̃dylasjɔ̃] *nf* (*des cheveux*) Welle *f*;
(*de blé, herbe*) Wogen *nt* ► **ondulation du sol**
Bodenwelle *f.*
ondulé, e [ɔ̃dyle] *adj* (*cheveux*) wellig; (*route,
chaussée*) uneben.
onduler [ɔ̃dyle] *vi* (*cheveux*) sich wellen; (*vagues, houle, blés*) wogen; (*route*) un-
eben sein.
onéreux, -euse [ɔnerø, øz] *adj* kostspielig; **à
titre ~** gegen Entgelt.
ongle [ɔ̃gl] *nm* Nagel *m*; **se ronger les ~s** Nägel
kauen; **se faire les ~s** sich *dat* die Fingernägel maniküren.
onglet [ɔ̃glɛ] *nm* (*rainure*) Rille *f*; (*bande de papier*) Ansetzfalz *m*; (*viande*) Stück Rindfleisch
bester Qualität.
onguent [ɔ̃gɑ̃] *nm* Salbe *f.*
onirique [ɔniʀik] *adj* traumhaft, Traum-.
onirisme [ɔniʀism] *nm*: **être pris d'~** Halluzina-
tionen haben.
onomatopée [ɔnɔmatɔpe] *nf* (*LING*) Lautmale-
rei *f.*
ont [ɔ̃] *vb voir* **avoir**.
ONU [ɔny] *sigle f* (= *Organisation des Nations
unies*) UNO *f.*
onusien, ne [ɔnyzjɛ̃, jɛn] *adj* UNO-.
onyx [ɔniks] *nm* Onyx *m.*
onze ['ɔ̃z] *num* elf ♦ *nm*: **le ~ de France** die französische Elf.
onzième ['ɔ̃zjɛm] *num* elfte(r, s) ♦ *nm/f* Elfte(r)
f(m) ♦ *nm* (*fraction*) Elftel *nt.*
OPA [ɔpea] *sigle f* (= *offre publique d'achat*)
Übernahmeangebot *nt.*
opacifier [ɔpasifje] *vt* (*vitre*) undurchsichtig
machen.
opacité [ɔpasite] *nf* (*v opaque*) Undurchsichtig-
keit *f*; Undurchdringlichkeit *f.*
opale [ɔpal] *nf* Opal *m.*
opalescent, e [ɔpalesɑ̃, ɑ̃t] *adj* (*lampe, lumière*)
opalisierend.
opalin, e [ɔpalɛ̃, in] *adj* opalartig.
opaline [ɔpalin] *nf* Opalglas *nt.*

opaque [ɔpak] *adj* (*vitre, verre*) undurchsichtig
(*brouillard*) undurchdringlich; **~ à** undurch
dringlich für.
OPEP [ɔpɛp] *sigle f* (= *Organisation des pays ex-
portateurs de pétrole*) OPEC *f.*
opéra [ɔpeʀa] *nm* Oper *f*; (*édifice*) Opernhaus
nt.
opérable [ɔpeʀabl] *adj* operierbar.
opéra-comique [ɔpeʀakɔmik] (*pl* **~s-~s**) *nn*
komische Oper *f.*
opérant, e [ɔpeʀɑ̃, ɑ̃t] *adj* (*mesure*) wirksam.
opérateur, -trice [ɔpeʀatœʀ, tʀis] *nm/f* (*machiniste, manipulateur*) Operator(in) *m(f)*, Bedie-
ner(in) *m(f)* ► **opérateur (de prise de vues)**
Kameramann *m.*
opération [ɔpeʀasjɔ̃] *nf* Operation *f*; (*COMM*
Geschäft *nt*; (*TECH*) Funktionieren *nt*; **salle
d'~** Operationssaal *m*; **table d'~** Operations
tisch *m* ► **opération à cœur ouvert** Operation
am offenen Herzen ► **opération publicitaire**
Werbemaßnahme *f* ► **opération de sauvetage** Rettungsaktion *f.*
opérationnel, le [ɔpeʀasjɔnɛl] *adj* (*organisation
usine*) funktionsfähig; (*MIL*) einsatzfähig; **re
cherche ~le** Unternehmensforschung *f.*
opératoire [ɔpeʀatwaʀ] *adj* (*manœuvre, métho
de*) operativ; (*choc*) postoperativ; **bloc ~** OP
Bereich *m.*
opéré, e [ɔpeʀe] *adj* (*MÉD*) operiert ♦ *nm/f* Ope-
rierte(r) *f(m)*; **un grand ~** jemand, der eine
schwere Operation hinter sich hat.
opérer [ɔpeʀe] *vt* (*MÉD*) operieren; (*changement, sauvetage*) durchführen; (*choix*) treffen
(*addition*) ausführen ♦ *vi* (*faire effet*) wirken
(*procéder, agir*) vorgehen; (*MÉD*) operieren
s'opérer *vpr* stattfinden, sich ereignen; **~ qn**
des amygdales jdm die Mandeln herausnehmen; **~ qn du cœur** jdn am Herzen operieren; **se faire ~** sich operieren lassen; **se faire
~ des amygdales** sich *dat* die Mandeln herausnehmen lassen; **se faire ~ du cœur** sich
einer Herzoperation unterziehen.
opérette [ɔpeʀɛt] *nf* Operette *f.*
ophtalmique [ɔftalmik] *adj* (*nerf*) Seh-; (*migraine*) Augen-.
ophtalmologie [ɔftalmɔlɔʒi] *nf* Augenheilkun-
de *f.*
ophtalmologique [ɔftalmɔlɔʒik] *adj* ophthal-
mologisch.
ophtalmologue [ɔftalmɔlɔg] *nm/f* Augen-
arzt(-ärztin) *m(f).*
opiacé, e [ɔpjase] *adj* opiumhaltig.
opinel ® [ɔpinɛl] *nm* Klappmesser *nt.*
opiner [ɔpine] *vi*: **~ de la tête** zustimmend mit
dem Kopf nicken; **~ à** (*approuver*) zustimmen +*dat.*
opiniâtre [ɔpinjatʀ] *adj* (*personne, caractère*) eigensinnig, hartnäckig; (*lutte, résistance*)
hartnäckig.
opiniâtreté [ɔpinjatʀəte] *nf* Hartnäckigkeit *f.*
opinion [ɔpinjɔ̃] *nf* Meinung *f*; **~s** *nfpl* (*philoso-
phiques, religieuses*) Ansichten *pl*, Anschau-
ungen *pl*; (*politiques*) Meinung; **avoir bonne/**

mauvaise ~ **de** eine gute/schlechte Meinung haben von ▶ **l'opinion américaine** die amerikanische Öffentlichkeit ▶ **l'opinion (publique)** die öffentliche Meinung.

piomane [ɔpjɔman] *nm/f* Opiumsüchtige(r) *f(m)*.

pium [ɔpjɔm] *nm* Opium *nt*.

pportun, e [ɔpɔRtœ̃, yn] *adj* opportun, günstig; **en temps ~** zu gegebener Zeit.

pportunément [ɔpɔRtynemã] *adv* günstig.

pportunisme [ɔpɔRtynism] *nm* Opportunismus *m*.

pportuniste [ɔpɔRtynist] *nm/f* Opportunist(in) *m(f)* ♦ *adj* opportunistisch.

pportunité [ɔpɔRtynite] *nf* (*à-propos*) Angemessenheit *f*; (*occasion*) (günstige) Gelegenheit *f*.

pposant, e [ɔpozã, ãt] *adj* (*parti*) gegnerisch; (*minorité*) opponierend ♦ *nm* (*à un régime, projet*) Gegner *m*; **les ~s** (*membres de l'opposition*) die Opposition.

pposé, e [ɔpoze] *adj* (*contraire*) entgegengesetzt; (*rive*) gegenüberliegend; (*couleurs*) kontrastierend; (*faction*) gegnerisch ♦ *nm*: **l'~** (*contraire*) das Gegenteil; **il est tout l'~ de son frère** er ist das genaue Gegenteil von seinem Bruder; **à l'~ de** (*du côté opposé à*) gegenüber von; (*fig*) im Gegensatz zu; **être ~ à qch** (*contre*) gegen etw sein; **à l'~** (*fig*) dagegen, andererseits.

pposer [ɔpoze] *vt* einander gegenüberstellen; (*résistance*) entgegenstellen; (*mettre en conflit*) in Konflikt bringen; **s'opposer** *vpr* (*l'un à l'autre*) entgegengesetzt sein; (: *couleurs*) kontrastieren; **~ qch à** (*comme objection, contraste*) etw entgegenhalten +*dat*; (*comme obstacle, défense*) etw entgegensetzen +*dat*; **s'~ à** (*interdire, empêcher*) Widerspruch erheben gegen; (*tenir tête à*) sich auflehnen gegen; **sa religion s'y oppose** das kann er mit seiner Religion nicht in Einklang bringen; **s'~ à ce que qn fasse qch** dagegen sein, daß jd etw tut.

pposition [ɔpozisjɔ̃] *nf* (*POL*) Opposition *f*; (*résistance*) Widerstand *m*; (*objection*) Widerspruch *m*; **par ~ à** im Gegensatz zu; **entrer en ~ avec qn** in Konflikt mit jdm geraten; **être en ~ avec** (*parents, directeur*) sich widersetzen +*dat*; (*idées, conduite*) im Widerspruch stehen zu; **faire ~ à un chèque** einen Scheck sperren.

ppressant, e [ɔpResã, ãt] *adj* (*chaleur*) drückend; (*atmosphère*) beklemmend, bedrückend.

ppresser [ɔpRese] *vt* (*chaleur, angoisse*) bedrücken; **se sentir oppressé** sich beklommen fühlen.

ppresseur [ɔpResœR] *nm* Unterdrücker *m*.

ppressif, -ive [ɔpResif, iv] *adj* drückend.

ppression [ɔpResjɔ̃] *nf* (*gêne, malaise*) Beklemmung *f*; (*asservissement*) Unterdrückung *f*.

pprimé, e [ɔpRime] *adj* unterdrückt.

opprimer [ɔpRime] *vt* (*asservir, étouffer*) unterdrücken; (: *l'opinion*) unterdrücken, mundtot machen.

opprobre [ɔpRɔbR] *nm* Schande *f*; **vivre dans l'~** in Schande leben.

opter [ɔpte] *vi*: **~ pour** sich entscheiden für; **~ entre** (sich) entscheiden zwischen.

opticien, ne [ɔptisjɛ̃, jɛn] *nm/f* Optiker(in) *m(f)*.

optimal, e, -aux [ɔptimal, o] *adj* optimal.

optimisation [ɔptimizasjɔ̃] *nf* (*v vt*) Optimierung *f*; optimale Nutzung *f*.

optimiser [ɔptimize] *vt* (*dispositif, machine*) optimieren; (*ressources*) optimal (aus)nutzen.

optimisme [ɔptimism] *nm* Optimismus *m*.

optimiste [ɔptimist] *adj* optimistisch ♦ *nm/f* Optimist(in) *m(f)*.

optimum [ɔptimɔm] *nm* Optimum *nt* ♦ *adj* optimal, beste(r, s).

option [ɔpsjɔ̃] *nf* (*SCOL*) Wahlfach *nt*; (*COMM*: *supplément*) (optionales) Extra *nt*; **matière à ~** Wahlfach; **texte à ~** wahlweiser Zusatztext *m*; **être en ~** auf Wunsch erhältlich sein; **prendre une ~ sur** sich *dat* ein Vorverkaufsrecht *ou* eine Option sichern auf +*acc* ▶ **option par défaut** (*INFORM*) Vorgabe(option) *f*.

optionnel, le [ɔpsjɔnɛl] *adj* (*matière*) Wahl-; (*branche*) wahlweise; (*accessoire etc*) zusätzlich.

optique [ɔptik] *adj* (*nerf*) Seh-; (*verres*) optisch ♦ *nf* Optik *f*; (*industrie*) optische Industrie *f*; (*fig*) Sehweise *f*.

opulence [ɔpylãs] *nf* (*v adj*) Reichtum *m*; Üppigkeit *f*; **vivre dans l'~** im Überfluß leben.

opulent, e [ɔpylã, ãt] *adj* (*pays*) reich; (*maison, vie, formes*) üppig.

opuscule [ɔpyskyl] *nm* kleines Werk *nt*.

or [ɔR] *nm* Gold *nt* ♦ *conj* nun, aber; **en ~** golden, Gold-; (*occasion*) einmalig; **un mari en ~** ein wahrer Schatz von einem Ehemann; **une affaire en ~** (*achat*) ein Schnäppchen *nt*; (*commerce*) eine Goldgrube; **plaqué ~** vergoldet ▶ **or blanc** Weißgold *nt* ▶ **or jaune** Gelbgold *nt* ▶ **or noir** flüssiges Gold.

oracle [ɔRakl] *nm* Orakel *nt*.

orage [ɔRaʒ] *nm* Gewitter *nt*; (*fig*) Sturm *m*.

orageux, -euse [ɔRaʒø, øz] *adj* Gewitter-; (*fig*) stürmisch.

oraison [ɔRɛzɔ̃] *nf* (*REL*) Gebet *nt* ▶ **oraison funèbre** Grabrede *f*.

oral, e, -aux [ɔRal, o] *adj* mündlich; (*LING*) oral ♦ *nm* mündliche Prüfung *f*; **par voie ~e** oral.

oralement [ɔRalmã] *adv* mündlich.

orange [ɔRãʒ] *nf* Orange *f*, Apfelsine *f* ♦ *adj inv* orange ▶ **orange amère** Pomeranze *f* ▶ **orange pressée** frischgepreßter Orangensaft *m* ▶ **orange sanguine** Blutorange *f*.

orangé, e [ɔRãʒe] *adj* orange(farben).

orangeade [ɔRãʒad] *nf* Orangeade *f*.

oranger [ɔRãʒe] *nm* Orangenbaum *m*.

orangeraie [ɔRãʒRɛ] *nf* Orangenhain *m*.

orangerie [ɔRãʒRi] *nf* Orangerie *f*.

orang-outan(g) [ɔRãutã] (*pl* ~**s**-~**s**) *nm*

Orang-Utan *m*.
orateur [ɔRatœR] *nm* Redner *m*; *(personne élo-
quente)* guter Redner.
oratoire [ɔRatwaR] *nm* Oratorium *nt*; *(au bord
du chemin)* Wegkapelle *f* ♦ *adj* rednerisch.
oratorio [ɔRatɔRjo] *nm* Oratorium *nt*.
orbital, e, -aux [ɔRbital, o] *adj*: **station** ~e
Raumstation *f*.
orbite [ɔRbit] *nf (PHYS)* Umlaufbahn *f*; *(ANAT)*
Augenhöhle *f*; **placer** *ou* **mettre un satellite sur**
ou **en** ~ einen Satelliten in *ou* auf die Umlaufbahn bringen; **dans l'**~ **de** *(fig)* im Ein-
flußbereich von; **mettre qch sur** ~ *(fig)* etw
lancieren.
Orcades [ɔRkad] *nfpl*: **les** ~ die Orkney-Inseln
pl.
orchestral, e, -aux [ɔRkɛstRal, o] *adj*
Orchester-.
orchestrateur, -trice [ɔRkɛstRatœR, tRis] *nm/f*
Orchestrierer(in) *m(f)*.
orchestration [ɔRkɛstRasjɔ̃] *nf (MUS)* Orche-
strierung *f*; *(fig)* Inszenierung *f*.
orchestre [ɔRkɛstR] *nm (MUS)* Orchester *nt*; *(de
jazz)* Kapelle *f*; *(THÉÂT, CINÉ)* Parkett *nt*.
orchestrer [ɔRkɛstRe] *vt (MUS)* orchestrieren;
(fig) inszenieren.
orchidée [ɔRkide] *nf* Orchidee *f*.
ordinaire [ɔRdinɛR] *adj* gewöhnlich; *(de tous les
jours)* alltäglich; *(modèle, qualité)* üblich ♦ *nm*:
intelligence au-dessus de l'~ überdurch-
schnittliche Intelligenz *f* ♦ *nf (essence)* Nor-
malbenzin *nt*; **d'**~ gewöhnlich.
ordinairement [ɔRdinɛRmɑ̃] *adv* gewöhnlich.
ordinal, e, -aux [ɔRdinal, o] *adj*: **adjectif** ~
Zahlwort *nt*; **nombre** ~ Ordnungszahl *f*.
ordinateur [ɔRdinatœR] *nm* Computer *m*; **mettre sur** ~ (in den Computer) eingeben ▶ **ordinateur domestique** Heimcomputer *m* ▶ **ordinateur individuel** *ou* **personnel** Personal
Computer, PC *m*.
ordination [ɔRdinasjɔ̃] *nf (REL)* (Priester)weihe
f.
ordonnance [ɔRdɔnɑ̃s] *nf (disposition)* Anordnung *f*; *(MÉD)* Rezept *nt*, Verordnung *f*; *(décret, loi)* Verordnung *f*; *(MIL)* Ordonnanz *f*; **rendre une** ~ de non-lieu die Einstellung des
Prozesses anordnen; **officier d'**~ Adjutant *m*.
ordonnancer [ɔRdɔnɑ̃se] *vt (disposer, agencer)*
organisieren.
ordonnateur, -trice [ɔRdɔnatœR, tRis] *nm/f*
(d'une cérémonie, fête) Organisator(in) *m(f)*
▶ **ordonnateur des pompes funèbres** Bestattungsunternehmer *m*.
ordonné, e [ɔRdɔne] *adj (en bon ordre)*
(wohl)geordnet; *(personne)* ordentlich;
(MATH: ensemble) geordnet.
ordonnée [ɔRdɔne] *nf (MATH)* Ordinate *f*.
ordonner [ɔRdɔne] *vt (donner un ordre)*: ~ **à qn
de faire qch** jdm befehlen, etw zu tun; *(arranger, agencer)* anordnen; *(MATH)* ordnen; *(REL)*
weihen; *(MÉD)* verordnen; **s'ordonner** *vpr
(faits)* sich gruppieren; *(idées)* sich ordnen;
~ **le huis clos** den Ausschluß der

Öffentlichkeit verfügen.
ordre [ɔRdR] *nm* Ordnung *f*; *(succession: alphabétique etc)* Reihenfolge *f*; *(directive)* Anordnung
f; *(association)* Verband *m*; *(REL)* Orden *m*; *(AR-
CHIT)* (Säulen)ordnung *f*; **être/entrer dans les**
~**s** *(REL)* einem Orden angehören/in einen
Orden eintreten; *(prêtre)* Priester sein/
werden; **en** ~ in Ordnung; **mettre en** ~ aufräumen, in Ordnung bringen; **avoir de l'**~ ordentlich sein; **mettre bon** ~ à Ordnung
schaffen in +*dat*; **rentrer dans l'**~ wieder in
Ordnung kommen; **procéder par** ~ der Reihe
nach vorgehen; **par** ~ **d'entrée en scène** in
der Reihenfolge des Auftrittes; **je n'ai pas
d'**~ **à recevoir de vous** Sie haben mir keine
Befehle zu geben; **être aux** ~**s** *ou* **sous les** ~**s
de qn** jds Befehlsgewalt *dat* unterstellt sein;
jusqu'à nouvel ~ bis auf weiteres; **rappeler qn
à l'**~ jdn zur Ordnung rufen; **donner (à qn)
l'**~ **de faire qch** (jdm) den Befehl geben, etw
zu tun; **dans le même** ~/**un autre** ~ **d'idées** im
gleichen/in einem anderen Zusammenhang;
de premier ~ ersten Ranges, erstklassig; **de
second** ~ zweitklassig; **payer à l'**~ **de** ausstellen auf +*acc*; **d'**~ **pratique** praktischer Art
▶ **ordre de grandeur** Größenordnung *f* ▶ **ordre de grève** Streikbefehl *m* ▶ **ordre du jour**
(d'une réunion) Tagesordnung *f*; **à l'**~ **du jour**
(fig) auf der Tagesordnung ▶ **ordre de mission** *(MIL)* Dienstbefehl *m*; *(fig)* Auftrag *m*
▶ **ordre de route** Marschbefehl *m* ▶ **l'ordre
public** die öffentliche Ordnung.
ordure [ɔRdyR] *nf* Unrat *m*; *(propos, écrit)*
Schmutz *m*; *(fam!: personne)* Mistkerl *m*; ~**s**
nfpl (déchets) Müll *m* ▶ **ordures ménagères**
Hausmüll *m*.
ordurier, -ière [ɔRdyRje, jɛR] *adj* vulgär.
orée [ɔRe] *nf*: **à l'**~ **de** *(forêt)* am Rand +*gén*.
oreille [ɔRɛj] *nf* Ohr *nt*; *(d'un écrou)* Öhr *nt*; *(de
marmite, tasse)* Henkel *m*; **avoir de l'**~ ein gutes Gehör haben; **avoir l'**~ **fine** ein gutes Gehör haben; **être dur d'**~ schwerhörig sein;
dire qch à l'~ **de qn** jdm etw ins Ohr sagen;
l'~ **basse** *(penaud)* niedergeschlagen; **se faire
tirer l'**~ *(se faire prier)* sich lange bitten lassen.
oreiller [ɔRɛje] *nm* Kopfkissen *nt*.
oreillette [ɔRɛjɛt] *nf (ANAT)* (Herz)vorhof *m*;
(de bonnet) Ohrenklappe *f*.
oreillons [ɔRɛjɔ̃] *nmpl (MÉD)* Ziegenpeter *m*,
Mumps *m ou f*.
ores [ɔR]: **d'**~ **et déjà** *adv* bereits.
orfèvre [ɔRfɛvR] *nm (objets d'or)* Gold-
schmied *m*; *(objets d'argent etc)* Silberschmied
m; **être** ~ **en la matière** *(fig)* sich bestens auskennen.
orfèvrerie [ɔRfɛvRəRi] *nf (v nm: art, métier)*
Goldschmiedekunst *f*, Silberschmiedekunst
f; *(: ouvrage)* Gold *nt*; Silber *nt*.
orfraie [ɔRfRɛ] *nf* Seeadler *m*; **pousser des cris
d'**~ aus vollem Halse schreien.
organe [ɔRgan] *nm* Organ *nt*; *(voix)* Stimme *f*;
(porte-parole) Sprachrohr *nt* ▶ **organes de**

commande Steuerung f ▶ **organes de transmission** Getriebe nt.

organigramme [ɔʀganigʀam] nm Organisationsplan m; (INFORM) Flußdiagramm nt.

organique [ɔʀganik] adj organisch.

organisateur, -trice [ɔʀganizatœʀ, tʀis] nm/f Organisator(in) m(f).

organisateur-conseil [ɔʀganizatœʀkɔ̃sɛj] (pl ~**s**-~**s**) nm Management-Berater(in) m(f).

organisation [ɔʀganizasjɔ̃] nf Organisation f ▶ **l'Organisation internationale du travail** die Internationale Arbeitsorganisation ▶ **l'Organisation mondiale de la santé** die Weltgesundheitsorganisation ▶ **l'Organisation des Nations unies** die Vereinten Nationen pl ▶ **l'Organisation du traité de l'Atlantique Nord** der Nordatlantikpakt.

organisationnel, le [ɔʀganizasjɔnɛl] adj organisatorisch.

organisé, e [ɔʀganize] adj gut organisiert; (esprit, personne) methodisch.

organiser [ɔʀganize] vt organisieren; (mettre sur pied aussi) veranstalten; **s'organiser** vpr (personne) sich einrichten; (choses) in Ordnung kommen.

organisme [ɔʀganism] nm Organismus m; (ADMIN, POL) Organ nt; (association, organisation) Organisation f.

organiste [ɔʀganist] nm/f Organist(in) m(f).

orgasme [ɔʀgasm] nm Orgasmus m.

orge [ɔʀʒ] nf Gerste f.

orgeat [ɔʀʒa] nm: **sirop d'**~ Mandelmilch f.

orgelet [ɔʀʒəlɛ] nm (MÉD) Gerstenkorn nt.

orgie [ɔʀʒi] nf Orgie f; **une** ~ **de** (surabondance) eine Fülle von.

orgue [ɔʀg] nm Orgel f ▶ **orgue de Barbarie** Drehorgel f ▶ **orgue électrique** ou **électronique** elektronische Orgel.

orgueil [ɔʀgœj] nm (péj) Hochmut m; (amour-propre) Stolz m; **l'**~ **de la collection** das Prachtstück der Sammlung.

orgueilleux, -euse [ɔʀgøjø, øz] adj hochmütig, überheblich.

Orient [ɔʀjɑ̃] nm: **l'**~ der Orient.

orientable [ɔʀjɑ̃tabl] adj schwenkbar.

oriental, e, -aux [ɔʀjɑ̃tal, o] adj (de l'est) östlich; (de l'Orient) orientalisch ♦ nm/f: **O**~, **e** Orientale(-in) m(f).

orientation [ɔʀjɑ̃tasjɔ̃] nf (d'une maison etc) Lage f; (de pièce mobile) Ausrichtung f; (de voyageur, touriste) Orientierung f; (d'un journal etc) Ausrichtung, Tendenz f; **avoir le sens de l'**~ einen guten Orientierungssinn haben ▶ **orientation professionnelle** Berufsberatung f.

orienté, e [ɔʀjɑ̃te] adj (POL) tendenziös; ~ **au sud** nach Süden gelegen.

orienter [ɔʀjɑ̃te] vt ausrichten; (maison) legen; (voyageur, touriste) die Richtung weisen +dat; (élève) beraten; ~ **vers** (recherches) richten auf +acc; **s'orienter** vpr (se repérer) sich zurechtfinden; **s'**~ **vers** (recherches, étudiant) sich ausrichten auf +acc.

orienteur, -euse [ɔʀjɑ̃tœʀ, øz] nm/f (SCOL) Berufsberater(in) m(f).

orifice [ɔʀifis] nm Öffnung f.

oriflamme [ɔʀiflam] nf Banner nt.

origan [ɔʀigɑ̃] nm Oregano m.

originaire [ɔʀiʒinɛʀ] adj: **être** ~ **de** (personne) stammen aus; (animal, plante) beheimatet sein in +dat.

original, e, -aux [ɔʀiʒinal, o] adj (pièce, document etc) original; (idée, auteur etc) ursprünglich; (bizarre) originell ♦ nm/f (fam: excentrique) Original nt ♦ nm (document, œuvre) Original.

originalité [ɔʀiʒinalite] nf Originalität f; (d'un nouveau modèle) Besonderheit f.

origine [ɔʀiʒin] nf Ursprung m; (de personne, message, vin) Herkunft f; (d'un animal) Abstammung f; (cause) Grund m; ~**s** nfpl (d'une personne) Herkunft; **les** ~**s de la vie** die Anfänge pl des Lebens; **il est d'**~ **allemande** er ist gebürtiger Deutscher; **pneus d'**~ Originalreifen pl; **dès l'**~ von Anfang an; **à l'**~ am Anfang, anfänglich; **être à l'**~ **de qch** der Grund für etw sein; **avoir son** ~ **dans qch** seinen Ursprung in etw dat haben.

originel, le [ɔʀiʒinɛl] adj ursprünglich; **le péché** ~ die Erbsünde.

originellement [ɔʀiʒinɛlmɑ̃] adv (à l'origine) ursprünglich; (dès l'origine) von Anfang an.

oripeaux [ɔʀipo] nmpl (haillons) Fetzen pl.

ORL [ɔɛʀɛl] sigle f (= oto-rhino-laryngologie) HNO f ♦ sigle m/f (= oto-rhino-laryngologiste) HNO-Arzt m.

orme [ɔʀm] nm Ulme f; (bois) Rüster f.

orné, e [ɔʀne] adj (style, discours) ausgeschmückt; ~ **de** geschmückt mit.

ornement [ɔʀnəmɑ̃] nm Verzierung f; (colifichet, fanfreluche) Zierat m ▶ **ornements sacerdotaux** Priestergewänder pl.

ornemental, e, -aux [ɔʀnəmɑ̃tal, o] adj (style, motif) ornamental; (plante) Zier-.

ornementer [ɔʀnəmɑ̃te] vt verzieren.

orner [ɔʀne] vt schmücken, verzieren; (pièce, discours) ausschmücken.

ornière [ɔʀnjɛʀ] nf: **sortir de l'**~ (routine) aus dem gewohnten Trott ausbrechen; (impasse) wieder aus der Sackgasse herauskommen.

ornithologie [ɔʀnitɔlɔʒi] nf Ornithologie f.

ornithologique [ɔʀnitɔlɔʒik] adj ornithologisch.

ornithologue [ɔʀnitɔlɔg] nm/f Ornithologe(-in) m(f).

orphelin, e [ɔʀfəlɛ̃, in] adj verwaist ♦ nm/f Waisenkind nt, Waise f ▶ **orphelin de mère/de père** Halbwaise f.

orphelinat [ɔʀfəlina] nm Waisenhaus nt.

ORSEC [ɔʀsɛk] sigle f (= Organisation des secours); **le plan** ~ ≈ der Plan für den Katastrophenfall.

orteil [ɔʀtɛj] nm Zehe f; **gros** ~ große ou dicke Zehe.

orthodontiste [ɔʀtodɔ̃tist] nm/f Kieferorthopäde(-in) m(f).

orthodoxe [ɔʀtɔdɔks] *adj* (*REL*) orthodox; (*aussi fig*) traditionsgebunden.
orthodoxie [ɔʀtɔdɔksi] *nf* Orthodoxie *f*.
orthogonal, e, -aux [ɔʀtɔgɔnal, o] *adj* rechtwinklig, orthogonal.
orthographe [ɔʀtɔgʀaf] *nf* Rechtschreibung *f*.
orthographier [ɔʀtɔgʀafje] *vt* (richtig) schreiben; **mal orthographié** falsch geschrieben.
orthopédie [ɔʀtɔpedi] *nf* Orthopädie *f*.
orthopédique [ɔʀtɔpedik] *adj* orthopädisch.
orthopédiste [ɔʀtɔpedist] *nm/f* (*médecin*) Orthopäde(-in) *m(f)*; (*fabricant, commerçant*) Orthopädist(in) *m(f)*.
orthophonie [ɔʀtɔfɔni] *nf* Logopädie *f*.
orthophoniste [ɔʀtɔfɔnist] *nm/f* Logopäde(-in) *m(f)*.
ortie [ɔʀti] *nf* Brennessel *f* ▶ **ortie blanche** Taubnessel *f*.
OS [ɔɛs] *sigle m* (= *ouvrier spécialisé*) *voir* **ouvrier**.
os [ɔs] *nm* Knochen *m* ▶ **os à moelle** Markknochen *m* ▶ **os de seiche** Schulp *m*.
oscar [ɔskaʀ] *nm* (*CINÉ*) Oscar *m* ▶ **oscar de la publicité** Preis *m* für Werbung.
oscillation [ɔsilasjɔ̃] *nf* Schwingung *f*; **~s** *nfpl* (*fig: fluctuations*) Schwankungen *pl*.
osciller [ɔsile] *vi* schwingen; **~ entre** (*hésiter*) schwanken zwischen +*dat*.
osé, e [oze] *adj* gewagt.
oseille [ozɛj] *nf* (*BOT*) Sauerampfer *m*; (*fam: argent*) Moos *nt*.
oser [oze] *vt* wagen ♦ *vi*: **~ faire qch** es wagen, etw zu tun; **je n'ose pas** ich traue mich nicht.
osier [ozje] *nm* (*BOT*) (Korb)weide *f*; **d'~, en ~** Korb-.
Oslo [ɔslo] *n* Oslo *nt*.
osmose [ɔsmoz] *nf* Osmose *f*.
ossature [ɔsatyʀ] *nf* (*squelette*) Skelett *nt*; (*du visage*) Knochen *pl*; (*d'un bâtiment etc*) Gerippe *nt*; (*fig*) Struktur *f*.
osselet [ɔslɛ] *nm* (*ANAT*) Knöchelchen *nt*; **~s** *nmpl* (*jeu*) Spiel, bei dem man mit dem Handrücken kleine Plastikteile aufzufangen versucht.
ossements [ɔsmɑ̃] *nmpl* Gebeine *pl*.
osseux, -euse [ɔsø, øz] *adj* Knochen-; (*main, visage*) knochig.
ossifier [ɔsifje]: **s'~** *vpr* verknöchern.
ossuaire [ɔsɥɛʀ] *nm* Beinhaus *nt*, Ossarium *nt*.
ostensible [ɔstɑ̃sibl] *adj* ostentativ, offenkundig.
ostensiblement [ɔstɑ̃siblǝmɑ̃] *adv* ostentativ.
ostensoir [ɔstɑ̃swaʀ] *nm* Monstranz *f*.
ostentation [ɔstɑ̃tasjɔ̃] *nf* Prahlerei *f*; **faire qch avec ~** viel Aufhebens damit machen, daß man etw tut.
ostentatoire [ɔstɑ̃tatwaʀ] *adj* prahlerisch.
ostraciser [ɔstʀasize] *vt* ächten.
ostracisme [ɔstʀasism] *nm* Ächtung *f*; **frapper qn d'~** jdn ächten; **frapper qch d'~** etw verbannen.
ostréicole [ɔstʀeikɔl] *adj* Austern-.
ostréiculteur, -trice [ɔstʀeikyltœʀ, tʀis] *nm/f*

Austernzüchter(in) *m(f)*.
ostréiculture [ɔstʀeikyltyʀ] *nf* Austernzucht *f*.
otage [ɔtaʒ] *nm* Geisel *f*; **prendre qn en ~** jdn als Geisel nehmen.
OTAN [ɔtɑ̃] *sigle f* (= *Organisation du traité de l'Atlantique Nord*) NATO *f*.
otarie [ɔtaʀi] *nf* Seelöwe *m*.
OTASE [ɔtaz] *sigle f* (= *Organisation du traité de l'Asie du Sud-Est*) SEATO *f*.
ôter [ote] *vt* wegnehmen; (*vêtement*) ausziehen; (*tache, noyau*) herausmachen; (*arête*) herausziehen; (*MATH*) abziehen; **~ qch à qn** jdm etw wegnehmen; **6 ôté de 10 égale 4** 10 weniger 6 ist 4.
otite [ɔtit] *nf* Mittelohrentzündung *f*.
oto-rhino-laryngologie [ɔtɔʀinolaʀɛ̃gɔlɔʒi] *nf* Hals-Nasen-Ohren-Heilkunde *f*.
oto-rhino(-laryngologiste) [ɔtɔʀino(laʀɛ̃gɔlɔʒist(ǝ))] *nm/f* Hals-Nasen-Ohrenarzt(-ärztin) *m(f)*.
ottomane [ɔtɔman] *nf* Ottomane *f*.
ou [u] *conj* oder; **~ ... ~** entweder ... oder; **~ bien** oder (auch).

═══════════════════ *MOT-CLÉ*

où [u] *pron relatif* **1** (*lieu*) wo; (: *direction*) wohin; **la chambre où il était** das Zimmer, in dem er war; **la ville où je l'ai rencontré** die Stadt, wo ich ihn kennenlernte; **la ville où je vais** die Stadt, in die ich *ou* wohin ich fahre; **l'endroit où je me rends** der Ort, an den *ou* wohin ich mich begebe; **la pièce d'où il est sorti** das Zimmer, aus dem er herausging; **le village d'où je viens** das Dorf, aus dem ich komme; **les villes par où il est passé** die Städte, durch die er gefahren ist

2 (*temps, état*): **le jour où il est parti** der Tag, an dem er wegging; **au prix où sont les choses** bei den Preisen heutzutage

♦ *adv* **1** (*interrogatif: situation*) wo; (: *direction*) wohin; **où est-elle?** wo ist sie?; **où va-t-il?** wohin geht er?; **d'où vient que ...?** wie kommt es, daß ...?.

2 (*relatif*) wo; **le pays où il est né** das Land, in dem er geboren ist; **où que l'on aille** wohin man auch geht.

─────────────────────────────

OUA [ɔya] *sigle f* (= *Organisation de l'unité africaine*) OAU *f*.
ouais [wɛ] (*fam*) *excl* ja.
ouate ['wat] *nf* Watte *f*; **tampon d'~** Wattebausch *m* ▶ **ouate de cellulose** Zellstoffwatte *f* ▶ **ouate hydrophile** Verbandswatte *f*.
ouaté, e ['wate] *adj* (*doublé*) wattiert; (*atmosphère*) abgeschirmt; (*pas, bruit*) gedämpft.
ouater ['wate] *vt* (*doubler*) wattieren.
ouatine [watin] *nf* wattierter Stoff *m*.
oubli [ubli] *nm* (*acte*) Vergessen *nt*; (*étourderie, négligence*) Vergeßlichkeit *f*; **tomber dans l'~** in Vergessenheit geraten.
oublier [ublije] *vt* vergessen; (*ne pas voir*) übersehen; (*ne pas mettre*) vergessen, auslassen; **s'oublier** *vpr* (*s'emporter*) sich vergessen;

~ que/de faire qch vergessen, daß/vergessen, etw zu tun; ~ l'heure die Zeit vergessen.

oubliettes [ublijɛt] *nfpl* Verlies *nt*; **jeter aux ~** (*fig*: *fam*) völlig vergessen.

oublieux, -euse [ublijø, ijøz] *adj*: ~ **du devoir** pflichtvergessen.

oued [wɛd] *nm* Wadi *m*.

ouest [wɛst] *nm* Westen *m* ♦ *adj inv* West-; (*longitude, région*) westlich; **l'O~** (*région de France*) Westfrankreich *nt*; (*POL*: *l'Occident*) der Westen; **à l'~** im Westen; **à l'~ de** westlich von; **vent d'~** Westwind *m*.

ouest-allemand, e [wɛstalmã, ãd] (*pl* ~-~s, es) *adj* westdeutsch.

ouf [uf] *excl* uff.

Ouganda [ugãda] *nm*: **l'~** Uganda *nt*.

ougandais, e [ugãdɛ, ɛz] *adj* ugandisch ♦ *nm/f*: **O~, e** Ugander(in) *m(f)*.

oui ['wi] *adv* ja; **répondre (par)** ~ mit Ja antworten; **mais ~, bien sûr** aber ja doch, natürlich; **je suis sûr que** ~ ich bin sicher (,daß das stimmt); **je pense que** ~ ich denke ja; **pour un** ~ **ou pour un non** ohne ersichtlichen Grund.

ouï-dire ['widiʀ] *nm inv*: **par** ~-~ vom Hörensagen.

ouïe [wi] *nf* Gehör *nt*; ~**s** *nfpl* (*de poisson*) Kiemen *pl*; (*d'un violon*) Schalloch *nt*.

ouïr [wiʀ] *vt*: **avoir ouï dire que** gehört haben, daß.

ouistiti ['wistiti] *nm* Pinseläffchen *nt*.

ouragan [uʀagã] *nm* Orkan *m*; (*fig*) Sturm *m*.

Oural [uʀal] *nm*: **l'~** der Ural.

ouralo-altaïque [uʀaloaltaik] *adj* uralaltaisch.

ourdir [uʀdiʀ] *vt* (*complot*) aushecken.

ourdou [uʀdu] *nm inv* (*LING*) Urdu *nt*.

ourlé, e [uʀle] *adj* (*mouchoir, couture*) gesäumt.

ourler [uʀle] *vt* säumen.

ourlet [uʀlɛ] *nm* Saum *m*; (*de l'oreille*) Rand *m*; **faire un ~ à** säumen; **faux ~** falscher Saum.

ours [uʀs] *nm* Bär *m*; (*péj*: *homme*) Brummbär *m* ▶ **ours blanc** Eisbär *m* ▶ **ours brun** Braunbär *m* ▶ **ours mal léché** ungehobelter Kerl *m* ▶ **ours marin** Seebär *m* ▶ **ours (en peluche)** Teddybär *m*.

ourse [uʀs] *nf* Bärin *f*; **la Grande/Petite O~** der große/kleine Bär *ou* Wagen.

oursin [uʀsɛ̃] *nm* Seeigel *m*.

ourson [uʀsɔ̃] *nm* Bärenjunge(s) *nt*.

ouste [ust] *excl* raus.

outil [uti] *nm* Werkzeug *nt* ▶ **outil de travail** Arbeitsgerät *nt*.

outillage [utijaʒ] *nm* Ausrüstung *f*.

outiller [utije] *vt* ausrüsten.

outrage [utʀaʒ] *nm* (*injure*) Beleidigung *f*; **faire subir les derniers ~s à** (*femme*) vergewaltigen ▶ **outrage aux bonnes mœurs** Erregung öffentlichen Ärgernisses ▶ **outrage à magistrat** Beamtenbeleidigung *f* ▶ **outrage à la pudeur** Erregung *f* öffentlichen Ärgernisses.

outragé, e [utʀaʒe] *adj* empört.

outrageant, e [utʀaʒã, ãt] *adj* empörend.

outrager [utʀaʒe] *vt* (*personne*) (schwer) beleidigen; ~ **les bonnes mœurs/le bon sens** gegen die guten Sitten/den gesunden Menschenverstand verstoßen.

outrageusement [utʀaʒøzmã] *adv* (*excessivement*) übertrieben.

outrance [utʀãs] *nf* Übertreibung *f*; **à** ~ **bis** zum Exzeß.

outrancier, -ière [utʀãsje, jɛʀ] *adj* maßlos, übertrieben.

outre [utʀ] *nf* Schlauch *m* ♦ *prép* außer +*dat* ♦ *adv*: **passer** ~ weitergehen; **passer** ~ **à** hinweggehen über +*acc*; **en** ~ außerdem, überdies; ~ **que** abgesehen davon, daß; ~ **mesure** über die *ou* alle Maßen.

outré, e [utʀe] *adj* (*excessif*) übertrieben; (*indigné*) empört.

outre-Atlantique [utʀatlãtik] *adv* jenseits des Atlantiks.

outrecuidance [utʀəkɥidãs] *nf* (*suffisance*) Überheblichkeit *f*; (*audace*) Anmaßung *f*.

outrecuidant, e [utʀəkɥidã, ãt] *adj* überheblich, anmaßend.

outre-Manche [utʀəmãʃ] *adv* jenseits des (Ärmel)kanals.

outremer [utʀəmɛʀ] *adj* (*bleu*) ultramarin(blau).

outre-mer [utʀəmɛʀ] *adv* in Übersee; **d'~-~** Übersee-.

outrepasser [utʀəpase] *vt* überschreiten.

outrer [utʀe] *vt* (*pensée, attitude, jeu, accent*) übertreiben; (*indigner: personne*) aufbringen.

outre-Rhin [utʀəʀɛ̃] *adv* auf der anderen Rheinseite.

outsider [autsajdœʀ] *nm* Außenseiter *m*.

ouvert, e [uvɛʀ, ɛʀt] *pp de* **ouvrir** ♦ *adj* offen; (*robinet, gaz*) aufgedreht; (*chasse, séance*) eröffnet; (*fig*) aufgeschlossen; **guerre** ~**e** offener Krieg; **campagne** ~**e** eröffnete Kampagne; **à** ~ geöffnet für; **à bras** ~**s** mit offenen Armen.

ouvertement [uvɛʀtəmã] *adv* offen; (*franchement aussi*) frei heraus.

ouverture [uvɛʀtyʀ] *nf* (*action*) Öffnen *nt*; (*orifice, POL*) Öffnung *f*; (*MUS*) Ouverture *f*; ~**s** *nfpl* (*offres, propositions*) Angebot *nt*; **heures d'~** Öffnungszeiten *pl*; (**du diaphragme**) (*PHOTO*) Blende *f* ▶ **ouverture d'esprit** Aufgeschlossenheit *f*.

ouvrable [uvʀabl] *adj*: **jour** ~ ♦ Werktag *m*; **heures** ~**s** Geschäftszeiten *pl*.

ouvrage [uvʀaʒ] *nm* (*objet, œuvre*) Werk *nt*; (*TRICOT*) Arbeit *f*; (*MIL*) Befestigungsanlage *f*, Verteidigungsanlage *f*; **panier** *ou* **corbeille à** ~ Handarbeitskorb *m*; **se mettre à l'~** sich an die Arbeit machen ▶ **ouvrage à l'aiguille** (Nadel)arbeit *f* ▶ **ouvrage d'art** (*GÉNIE CIVIL*) Bauwerk *nt* (*Brücke, Tunnel etc*).

ouvragé, e [uvʀaʒe] *adj* (fein) verziert.

ouvrant, e [uvʀã, ãt] *vb voir* **ouvrir** ♦ *adj*: **toit** ~ (*AUTO*) Schiebedach *m*.

ouvré, e [uvʀe] *adj* (*façonné*) (fein) bearbeitet; **jour** ~ Arbeitstag *m*.

ouvre-boîte(s) [uvʀəbwat] *nm inv* Büchsenöffner *m*.
ouvre-bouteille(s) [uvʀəbutɛj] *nm inv* Flaschenöffner *m*.
ouvreuse [uvʀøz] *nf* Platzanweiserin *f*.
ouvrier, -ière [uvʀije, ijɛʀ] *nm/f* Arbeiter(in) *m(f)* ♦ *nf* (*abeille*) Arbeitsbiene *f* ♦ *adj* Arbeiter-; **la classe ouvrière** die Arbeiterklasse ▶ **ouvrier agricole** Landarbeiter(in) *m(f)* ▶ **ouvrier qualifié** Facharbeiter(in) *m(f)* ▶ **ouvrier spécialisé** Hilfsarbeiter(in) *m(f)*.
ouvrir [uvʀiʀ] *vt* öffnen; (*brèche, passage*) schaffen; (*fonder; commencer: exposition, débat*) eröffnen; (*eau, électricité, chauffage*) anmachen, anstellen; (*robinet*) aufdrehen ♦ *vi* (*porte*) aufgehen; (*magasin, théâtre*) aufmachen, öffnen; (*commencer*) anfangen; **s'ouvrir** *vpr* (*yeux, fleurs, porte*) aufgehen, sich öffnen; (*procès*) anfangen; ~ **l'œil** (*fig*) die Augen aufmachen; ~ **l'appétit à qn** jds Appetit anregen; ~ **des horizons/perspectives** neue Horizonte/Perspektiven (er)öffnen; ~ **une session** (*INFORM*) eine Arbeitssitzung beginnen; ~ **à cœur/trèfle** mit Herz/Kreuz herauskommen; ~ **ou s'**~ **sur** sich öffnen nach; **s'**~ **à qch** sich etw *dat* öffnen; **s'**~ **à qn de ses soucis** jdn in seine Probleme einbeziehen; **s'**~ **les veines** sich *dat* die Pulsadern aufschneiden.
ovaire [ɔvɛʀ] *nm* Eierstock *m*.
ovale [ɔval] *adj* oval.
ovation [ɔvasjɔ̃] *nf* Ovation *f*.
ovationner [ɔvasjɔne] *vt*: ~ **qn** jdm zujubeln.
ovin, e [ɔvɛ̃, in] *adj* (*race*) Schafs-; ~**s** *nmpl* Schafe *pl*.
OVNI [ɔvni] *sigle m* (= *objet volant non identifié*) UFO *nt*.
ovoïde [ɔvɔid] *adj* eiförmig.
ovulation [ɔvylasjɔ̃] *nf* Ovulation *f*, Eisprung *m*.
ovule [ɔvyl] *nm* (*PHYSIOL*) Ei *nt*, Eizelle *f*; (*PHARM*) Zäpfchen *nt*.
oxydable [ɔksidabl] *adj* oxydierbar.
oxyde [ɔksid] *nm* Oxyd *nt* ▶ **oxyde de carbone** Kohlenmonoxyd *nt*.
oxyder [ɔkside]: **s'**~ *vpr* oxydieren.
oxygène [ɔksiʒɛn] *nm* Sauerstoff *m*; **cure d'**~ Frischluftkur *f*.
oxygéné, e [ɔksiʒene] *adj* **eau** ~**e** Wasserstoff(su)peroxyd *nt*; **cheveux** ~**s** wasserstoffblonde Haare *pl*.
oxyure [ɔksjyʀ] *nm* Spulwurm *m*.
ozone [ozon] *nm* Ozon *m ou nt*.

P, p

P, p¹ [pe] *nm inv* (*lettre*) P, p *nt*; ~ **comme Pierre** ≈ P wie Paula.
p² *abr* (= *page*) s.
PAC [pak] *sigle f* (= *politique agricole commune*) gemeinsame Agrarpolitik *f* der EG.
pacage [pakaʒ] *nm* Weide *f*.
pacemaker [pɛsmɛkœʀ] *nm* (Herz)schrittmacher *m*.
pachyderme [paʃidɛʀm] *nm* Dickhäuter *m*.
pacificateur, -trice [pasifikatœʀ, tʀis] *adj* friedenstiftend.
pacification [pasifikasjɔ̃] *nf* (*de pays, peuple*) Befriedung *f*.
pacifier [pasifje] *vt* (*pays, peuple*) Ruhe und Frieden stiften in +*dat*, befrieden; (*fig*) beruhigen.
pacifique [pasifik] *adj* friedlich; (*personne*) friedlich, friedfertig ♦ *nm*: **le P**~ der Pazifik; **l'océan P**~ der Pazifische Ozean.
pacifiquement [pasifikmã] *adv* friedlich.
pacifisme [pasifism] *nm* Pazifismus *m*.
pacifiste [pasifist] *nm/f* Pazifist(in) *m(f)*.
pack [pak] *nm* (*RUGBY*) Sturm *m*; (*emballage*) Pack *m*.
pacotille [pakɔtij] (*péj*) *nf* Billigware *f*; **de** ~ billig.
pacte [pakt] *nm* Pakt *m* ▶ **pacte d'alliance** Bündnis *nt* ▶ **pacte de non-agression** Nichtangriffspakt *m*.
pactiser [paktize] *vi*: ~ **avec** sich einigen mit; ~ **avec le crime/sa conscience** sich mit dem Verbrechen abfinden/sich mit seinem Gewissen arrangieren.
pactole [paktɔl] *nm* Goldgrube *f*.
paddock [padɔk] *nm* (*prairie*) Koppel *f*; (*dans un hippodrome*) Sattelplatz *m*.
PAF [paf] *sigle f* (= *Police de l'air et des frontières*) ≈ Grenzschutz *m*.
pagaie [pagɛ] *nf* Paddel *nt*.
pagaille [pagaj] *nf* Durcheinander *nt*, Unordnung *f*; **en** ~ (*en quantité*) in Unmengen; (*en désordre*) in Unordnung.
paganisme [paganism] *nm* Heidentum *nt*.
pagayer [pageje] *vi* paddeln.
page [paʒ] *nf* Seite *f* ♦ *nm* Page *m*; **mettre en** ~**s** (in Seiten) umbrechen; **mise en** ~**s** Layout *nt*; **être à la** ~ auf dem laufenden sein ▶ **page blanche** leere Seite ▶ **page de garde** Vorsatzpapier *nt*.
page-écran [paʒekʀã] (*pl* ~**s**-~**s**) *nf* Bildschirmseite *f*.
paginer [paʒine] *vt* paginieren.
pagne [paɲ] *nm* Lendenschurz *m*.

pagode [pagɔd] *nf* Pagode *f*.
paie [pɛ] *nf* = **paye**.
paiement [pɛmã] *nm* = **payement**.
païen, ne [pajɛ̃, pajɛn] *adj* heidnisch ♦ *nm/f* Heide *m*, Heidin *f*.
paillard, e [pajaʀ, aʀd] *adj* derb.
paillasse [pajas] *nf* (*matelas*) Strohsack *m*; (*d'un évier*) Ablauf *m*.
paillasson [pajasɔ̃] *nm* (*de porte*) Fußmatte *f*.
paille [paj] *nf* Stroh *nt*; (*pour boire*) Strohhalm *m*; (*TECH*: *défaut*) Fehler *m*; **être sur la ~ ruiniert sein ▸ paille de fer** Stahlwolle *f*.
paillé, e [paje] *adj* (*chaise*) mit strohgeflochtenem Sitz.
pailleté, e [paj(ə)te] *adj* mit Pailletten besetzt.
paillette [pajɛt] *nf* Paillette *f*; **~s** *nfpl* (*décoratives*) Pailletten *pl*; **lessive en ~s** Seifenflocken *pl*.
pain [pɛ̃] *nm* Brot *nt*; **~ de sucre** Zuckerhut *m*; **~ de cire** Stück *nt* Wachs; **~ de poisson/ légumes** Fisch-/Gemüsepastete *f*; **petit** *ou* Brötchen *nt* ▸ **pain** bis Graubrot *nt* ▸ **pain complet** Vollkornbrot *nt* ▸ **pain d'épice(s)** Lebkuchen *m* ▸ **pain de campagne** Landbrot *nt* ▸ **pain de mie** Weißbrot *nt* (*ohne Kruste*) ▸ **pain de seigle** Roggenbrot *nt* ▸ **pain fantaisie** *nach Stück* (*anstatt nach Gewicht*) *verkauftes Brot* ▸ **pain grillé** Toast *m* ▸ **pain noir** Schwarzbrot *nt* ▸ **pain perdu** *in Ei getunktes, gebratenes Brot*.
pair, e [pɛʀ] *adj* gerade ♦ *nf* Paar *nt* ♦ *nm* (*titre*) Peer *m*; (*gén pl*: *égal*) Seinesgleichen *pl*; **une ~e de lunettes** eine Brille *f*; **une ~e de tenailles** eine Beißzange *f*; **les deux font la ~e** die beiden passen gut zusammen; **aller** *ou* **marcher de ~ (avec)** Hand in Hand gehen (mit); **au ~ (FIN)** zum Nennwert; **valeur au ~** Nennwert *m*; (*devises*) Parität *f*; **jeune fille au ~** Aupair-Mädchen *nt*.
pais [pɛ] *vb voir* **paître**.
paisible [pezibl] *adj* friedlich; (*sommeil, lac*) ruhig.
paisiblement [pezibləmã] *adv* friedlich.
paître [pɛtʀ] *vi* weiden, grasen.
paix [pɛ] *nf* Friede(n) *m*; **faire la ~ avec** sich versöhnen mit; **vivre en ~ avec** in Frieden leben mit; **avoir la ~** Ruhe haben.
Pakistan [pakistã] *nm*: **le ~** Pakistan *nt*.
pakistanais, e [pakistanɛ, ɛz] *adj* pakistanisch ♦ *nm/f*: **P~, e** Pakistaner(in) *m(f)*.
palabrer [palabʀe] *vi* palavern.
palabres [palabʀ] *nfpl* Palaver *nt*.
palace [palas] *nm* Luxushotel *nt*.
palais [palɛ] *nm* Palast *m*; (*ANAT*) Gaumen *m* ▸ **le Palais-Bourbon** *Sitz der französischen Nationalversammlung* ▸ **le palais de Justice** *der Pariser Gerichtshof* ▸ **palais des expositions** Ausstellungshalle *f*.
palan [palã] *nm* Flaschenzug *m*.
Palatinat [palatina] *nm*: **le ~** die Pfalz *f*.
pale [pal] *nf* (*d'hélice, de rame*) Blatt *nt*; (*de roue*) Schaufel *f*.
pâle [pal] *adj* (*personne, teint*) bleich, blaß;

(*lueur, couleur*) blaß; **une ~ imitation** ein blasser Abklatsch *m*; **~ de colère/d'indignation** bleich vor Wut/Empörung; **bleu/vert ~** blaßblau/blaßgrün.
palefrenier [palfʀənje] *nm* Pferdepfleger(in) *m(f)*, Reitbursche *m*.
paléontologie [paleɔ̃tɔlɔʒi] *nf* Paläontologie *f*.
paléontologiste [paleɔ̃tɔlɔʒist] *nm/f* Paläontologe *m*, Paläontologin *f*.
Palestine [palɛstin] *nf*: **la ~** Palästina *nt*.
palestinien, ne [palɛstinjɛ̃, jɛn] *adj* palästinensisch ♦ *nm/f*: **P~, ne** Palästinenser(in) *m(f)*.
palet [palɛ] *nm* Scheibe *f*; (*HOCKEY*) Puck *m*.
paletot [palto] *nm* (*kurzer*) Mantel *m*.
palette [palɛt] *nf* Palette *f*; (*ensemble de couleurs*) Farbpalette *f*.
palétuvier [paletyvje] *nm* Mangrovenbaum *m*.
pâleur [palœʀ] *nf* Blässe *f*.
palier [palje] *nm* (*d'escalier*) Treppenabsatz *m*; (*TECH*) Lager *nt*; (*d'un graphique, fig*) Plateau *nt*; **voler en ~** auf gleicher Höhe fliegen; **par ~s** in Stufen.
pâlir [paliʀ] *vi* (*personne*) erbleichen; (*couleur*) verblassen; **faire ~ qn** jdn blaß werden lassen.
palissade [palisad] *nf* Zaun *m*.
palissandre [palisɑ̃dʀ] *nm* Palisander *m*.
palliatif, -ive [paljatif, iv] *adj* (*MÉD*) lindernd ♦ *nm* (*mesure*) Überbrückungsmaßnahme *f*.
pallier [palje] *vt* ausgleichen; **~ à** ausgleichen.
palmarès [palmaʀɛs] *nm* Preisträgerliste *f*; (*SPORT*) Siegerliste *f*; (: *d'athlète*) Liste *f* der Sieger.
palme [palm] *nf* (*BOT*) Palmzweig *m*; (*symbole de la victoire*) Siegespalme *f*; (*de plongeur*) Schwimmflosse *f*; **~s** *nfpl* (*académiques*) Auszeichnung für Verdienste um das Erziehungswesen.
palmé, e [palme] *adj* mit Schwimmhäuten.
palmeraie [palməʀɛ] *nf* Palmenhain *m*.
palmier [palmje] *nm* Palme *f*.
palmipède [palmipɛd] *nm* (*oiseau*) Schwimmvogel *m*.
palois, e [palwa, waz] *adj* aus Pau ♦ *nm/f*: **P~, e** Einwohner(in) *m(f)* von Pau.
palombe [palɔ̃b] *nf* Ringeltaube *f*.
pâlot, te [palo, ɔt] *adj* blaß, bläßlich.
palourde [paluʀd] *nf* Venusmuschel *f*.
palpable [palpabl] *adj* spürbar, greifbar.
palper [palpe] *vt* befühlen, anfassen.
palpitant, e [palpitã, ãt] *adj* (*film, récit*) spannend, aufregend.
palpitation [palpitasjɔ̃] *nf*: **avoir des ~s** Herzklopfen haben.
palpiter [palpite] *vi* (*cœur, pouls*) schlagen; (: *plus fort*) rasen.
paludisme [palydism] *nm* Malaria *f*.
palustre [palystʀ] *adj* Sumpf-.
pâmer [pame] *vpr*: **se ~ d'amour/d'admiration** vor Liebe/Bewunderung vergehen; **se ~ devant** (*fig*) dahinschmelzen vor.

pâmoison [pɑmwazɔ̃] *nf*: **tomber en** ~ in Ohnmacht fallen.
pampa [pɑ̃pa] *nf* Pampa *f*.
pamphlet [pɑ̃flɛ] *nm* Schmähschrift *f*.
pamphlétaire [pɑ̃fletɛʀ] *nm/f* Autor(in) *m(f)* einer Schmähschrift.
pamplemousse [pɑ̃pləmus] *nm* (*fruit*) Grapefruit *f*, Pampelmuse *f*.
pan [pɑ̃] *nm* (*de manteau*) Vorderbahn *f*; (*de rideau*) Bahn *f*; (*de prisme, tour*) Seite *f*; (*d'affiche etc*) Stück *nt*, Teil *m* ♦ *excl* peng ▶ **pan de chemise** Hemdschoß *m* ▶ **pan de mur** Mauerstück *nt*.
panacée [panase] *nf* Allheilmittel *nt*.
panachage [panaʃaʒ] *nm* (*de couleurs*) Mischung *f*; (*POL*) Panaschieren *nt*.
panache [panaʃ] *nm* (*faisceau de plumes*) Federbusch *m*; **se battre avec** ~ beherzt kämpfen; ~ **de fumée** Rauchfahne *f*.
panaché, e [panaʃe] *adj*: **œillet** ~ bunte Nelke *f* ♦ *nm* (*bière*) Radler *m*; **glace** ~e gemischtes Eis *nt*; **salade** ~e gemischter Salat *m*; **bière** ~e Radler.
panais [panɛ] *nm* Pastinake *f*.
Panama [panama] *nm*: **le** ~ Panama *nt*.
panaméen, ne [panameɛ̃, ɛn] *adj* panamaisch.
panaris [panaʀi] *nm* Nagelbettentzündung *f*.
pancarte [pɑ̃kaʀt] *nf* Schild *nt*; (*dans un défilé*) Transparent *nt*.
pancréas [pɑ̃kʀeas] *nm* Bauchspeicheldrüse *f*.
panda [pɑ̃da] *nm* Panda(bär) *m*.
pané, e [pane] *adj* paniert.
panégyrique [paneʒiʀik] *nm*: **faire le** ~ **de qn** jdn überschwenglich loben.
panier [panje] *nm* Korb *m*; (*à diapositives*) Magazin *nt*; **mettre au** ~ wegwerfen ▶ **panier à provisions** Einkaufskorb *m* ▶ **panier à salade** (*CULIN*) Salatschleuder *f*; (*POLICE*) grüne Minna *f* ▶ **panier de crabes** (*fig*) Schlangengrube *f* ▶ **panier percé** (*fig*) Verschwender(in) *m(f)*.
panier-repas [panjeʀ(ə)pa] (*pl* ~**s**-~) *nm* Lunchpaket *nt*.
panification [panifikasjɔ̃] *nf* Brotbacken *nt*.
panifier [panifje] *vt* zu Brot (ver)backen.
panique [panik] *nf* Panik *f*.
paniquer [panike] *vt* in Panik versetzen ♦ *vi* in Panik geraten.
panne [pan] *nf* Panne *f*; **mettre en** ~ (*NAUT*) stoppen; **être** *ou* **tomber en** ~ eine Panne haben; **être en** ~ **d'essence** kein Benzin mehr haben ▶ **panne d'électricité** Stromausfall *m* ▶ **panne de courant** Stromausfall ▶ **panne sèche**: **être en** ~ **sèche** kein Benzin mehr haben.
panneau, x [pano] *nm* Tafel *f*; (*de boiserie*) Paneel *nt*; (*de tapisserie*) Wandbehang *m*; (*ARCHIT*) (vorgefertigte) Platte *f*; (*COUTURE*) Einsatz *m*; **donner** *ou* **tomber dans le** ~ (*fig*) in die Falle gehen ▶ **panneau d'affichage** Anschlagbrett *nt* ▶ **panneau de signalisation** Straßenschild *nt* ▶ **panneau électoral** Wahlplakat *nt* ▶ **panneau indicateur** Straßenschild ▶ **panneau publicitaire** Plakatwand *f*.

panonceau [panɔ̃so] *nm* Schild *nt*.
panoplie [panɔpli] *nf* (*d'armes*) Waffensammlung *f*; (*d'arguments etc*) ansehnliche Reihe *f*; ~ **de pompier/d'infirmière** (*jouet*) Feuerwehrmann-/Krankenschwesterausrüstung *f*.
panorama [panɔʀama] *nm* (*vue*) Panorama *nt*, Aussicht *f*; (*peinture*) Panorama; (*fig*) Übersicht *f*.
panoramique [panɔʀamik] *adj* Panorama-; (*carrosserie*) mit Rundumverglasung ♦ *nm* (*CINÉ, TV*) Rundumschwenk *m*.
panse [pɑ̃s] *nf* Pansen *m*.
pansement [pɑ̃smɑ̃] *nm* Verband *m* ▶ **pansement adhésif** Klebeverband *m*, Pflaster *nt*.
panser [pɑ̃se] *vt* verbinden; (*cheval*) striegeln.
pantalon [pɑ̃talɔ̃] *nm* Hose *f* ▶ **pantalon de golf** Golfhose *f* ▶ **pantalon de pyjama** Schlafanzughose *f* ▶ **pantalon de ski** Skihose *f*.
pantalonnade [pɑ̃talɔnad] *nf* Farce *f*.
pantelant, e [pɑ̃t(ə)lɑ̃, ɑ̃t] *adj* keuchend, nach Luft schnappend.
panthère [pɑ̃tɛʀ] *nf* (*d'Afrique*) Leopard *m*.
pantin [pɑ̃tɛ̃] *nm* Hampelmann *m*.
pantois [pɑ̃twa] *adj m*: **rester** ~ sprachlos sein.
pantomime [pɑ̃tɔmim] *nf* Pantomime *f*; (*péj*) Affentheater *nt*.
pantouflard, e [pɑ̃tuflaʀ, aʀd] (*péj*) *adj* stubenhockerisch.
pantoufle [pɑ̃tufl] *nf* Pantoffel *m*.
panure [panyʀ] *nf* Paniermehl *nt*.
PAO [peao] *sigle f* (= *publication assistée par ordinateur*) DTP *nt*.
paon [pɑ̃] *nm* Pfau *m*.
papa [papa] *nm* Papa *m*.
papauté [papote] *nf* Papsttum *nt*.
papaye [papaj] *nf* Papaya(frucht) *f*.
pape [pap] *nm* Papst *m*.
paperasse [papʀas] (*péj*) *nf* Papierwust *m*.
paperasserie [papʀasʀi] (*péj*) *nf* Papierwust *m*; (*administrative*) Papierkrieg *m*.
papeterie [papɛtʀi] *nf* (*usine*) Papierfabrik *f*; (*magasin*) Schreibwarenladen *m*; (*articles*) Schreibwaren *pl*; (*fabrication du papier*) Papierherstellung *f*.
papetier, -ière [pap(ə)tje, jɛʀ] *nm/f* (*fabricant*) Papierhersteller(in) *m(f)*; (*commerçant*) Schreibwarenhändler(in) *m(f)*.
papetier-libraire [pap(ə)tjɛlibʀɛʀ] *nm* Schreibwaren- und Buchhändler(in) *m(f)*.
papier [papje] *nm* Papier *nt*; (*feuille*) Blatt *nt* Papier; (*écrit officiel*) Dokument *nt*; ~**s** *nmpl* (*d'identité*) (Ausweis)papiere *pl*; **jeter une phrase sur le** ~ einen Satz zu Papier bringen; **sur le** ~ (*théoriquement*) auf dem Papier; **noircir du** ~ Seite um Seite beschreiben ▶ **papier à dessin** Zeichenpapier *nt* ▶ **papier à lettres** Briefpapier *nt* ▶ **papier bible** Dünndruckpapier *nt* ▶ **papier buvard** Löschpapier *nt* ▶ **papier calque** Transparentpapier *nt* ▶ **papier carbone** Kohlepapier *nt* ▶ **papier collant** Klebestreifen *m*, Tesafilm *m* ® ▶ **papier couché** Kunstdruckpapier *nt* ▶ **papier**

(d')aluminium Alufolie *f* ▶ **papier d'Arménie** Räucherpapier *nt* ▶ **papier d'emballage** Packpapier *nt* ▶ **papier de brouillon** Schmierpapier *nt* ▶ **papier de soie** Seidenpapier *nt* ▶ **papier de tournesol** Lackmuspapier *nt* ▶ **papier de verre** Sandpapier *nt* ▶ **papier en continu** Endlospapier *nt* ▶ **papier glacé** appretiertes Papier ▶ **papier gommé** gummiertes Papier ▶ **papier hygiénique** Toilettenpapier *nt* ▶ **papier journal** Zeitungspapier *nt* ▶ **papier kraft** Packpapier *nt* ▶ **papier mâché** Papiermaché *nt* ▶ **papier machine** Schreibmaschinenpapier *nt* ▶ **papier peint** Tapete *f* ▶ **papier pelure** Dünndruckpapier *nt* ▶ **papier thermique** Thermopapier *nt*.

papier-filtre [papjefiltʀ] *nm* Filterpapier *nt*.

papier-monnaie [papjemɔnɛ] *nm* Papiergeld *nt*.

papille [papij] *nf*: ~**s gustatives** Geschmacksknospen *pl*.

papillon [papijɔ̃] *nm* Schmetterling *m*; (*fam*: *contravention*) Strafzettel *m*; (*TECH*: *écrou*) Flügelmutter *f* ▶ **papillon de nuit** Nachtschmetterling *m*.

papillonner [papijɔne] *vi* herumflattern; (*s'éparpiller*) flatterhaft sein.

papillote [papijɔt] *nf* (*pour cheveux*) Papierlockenwickel *m*; (*de gigot*) Papiermanschette *f*.

papilloter [papijɔte] *vi* (*yeux, paupières*) zwinkern; (*lumière, étoiles*) funkeln.

papotage [papɔtaʒ] *nm* Geschwätz *nt*.

papoter [papɔte] *vi* schwatzen.

papou, e [papu] *adj* papuanisch ♦ *nm/f*: **P~, e** Papuaner(in) *m(f)*.

Papouasie-Nouvelle-Guinée [papwazinuvɛlgine] *nf*: **la** ~-~-~ Papua-Neuguinea *nt*.

paprika [papʀika] *nm* Paprika *m*.

papyrus [papiʀys] *nm* Papyrus *m*.

pâque [pɑk] *nf* Passahfest *nt*; **P~s** *nfpl* Ostern *nt*; **l'île de P~s** die Osterinsel *f*.

paquebot [pak(ə)bo] *nm* Passagierschiff *nt*.

pâquerette [pɑkʀɛt] *nf* Gänseblümchen *nt*.

Pâques [pɑk] *nfpl voir* **pâque**.

paquet [pakɛ] *nm* Paket *nt*; (*de cigarettes*) Päckchen *nt*; ~**s** *nmpl* (*bagages*) Gepäck *nt*; **un** ~ **de** (*fig: tas*) ein Haufen; **mettre le** ~ (*fam*) sein Bestes tun ▶ **paquet de mer** (*vague*) große Welle *f*.

paquetage [pak(ə)taʒ] *nm* (*MIL*) Ausrüstung *f*.

paquet-cadeau [pakɛkado] (*pl* ~**-s-**~**x**) *nm*: **pourriez-vous me faire un** ~**-**~? können Sie es bitte als Geschenk einpacken?

━━━━━━━━ *MOT-CLÉ* ━━━━━━━━

par [paʀ] *prép* **1** (*agent*) von; **la souris a été mangée par le chat** die Maus ist von der Katze gefressen worden
2 (*lieu*): **passer par Lyon** über Lyon fahren; **passer par la côte** an der Küste entlang fahren; **par la fenêtre** aus dem Fenster; **par terre** auf dem Boden; **par le haut/bas** von oben/unten; **par ici** hierher; (*dans la région*) hier;

par-ci, par-là hier und da
3 (*fréquence, distribution*) pro; **trois fois par semaine** dreimal pro Woche *ou* in der Woche; **trois par jour/personne** drei am Tag/pro Person; **par centaines** zu Hunderten; **2 par 2** (*marcher, entrer*) zu zweit; (*prendre*) jeweils zwei
4 (*cause*): **par amour** aus Liebe
5 (*moyen*) mit; **par la poste** mit der Post; **finir/commencer par faire qch** schließlich/anfangs etw tun.

━━━━━━━━━━━━━━━━━━━━━━━━

para [paʀa] *nm* (*abr de parachutiste*) Fallschirmspringer *m*.

parabole [paʀabɔl] *nf* (*REL*) Parabel *f*, Gleichnis *nt*; (*GÉOM*) Parabel.

parabolique [paʀabɔlik] *adj* Parabol-.

parachever [paʀaʃ(ə)ve] *vt* vollenden.

parachutage [paʀaʃytaʒ] *nm* (*v vt*) Fallschirmabsprung *m*; plötzliches Auftauchen *nt*.

parachute [paʀaʃyt] *nm* Fallschirm *m*.

parachuter [paʀaʃyte] *vt* mit dem Fallschirm absetzen; (*fig: fam*) hineinkatapultieren.

parachutisme [paʀaʃytism] *nm* Fallschirmspringen *nt*.

parachutiste [paʀaʃytist] *nm/f* Fallschirmspringer(in) *m(f)*.

parade [paʀad] *nf* Parade *f*; (*BOXE*) Abwehr *f*; **de** ~ Parade-; (*superficiel*) Schau-; **trouver la** ~ **à une attaque/mesure** einen Angriff/eine Maßnahme parieren; **faire** ~ **de qch** etw zur Schau stellen.

parader [paʀade] *vi* herumstolzieren.

paradis [paʀadi] *nm* Paradies *nt*; **le P~ terrestre** das Paradies auf Erden.

paradisiaque [paʀadizjak] *adj* paradiesisch, himmlisch.

paradoxal, e, -aux [paʀadɔksal, o] *adj* paradox.

paradoxalement [paʀadɔksalmɑ̃] *adv* paradoxerweise.

paradoxe [paʀadɔks] *nm* Paradox *nt*.

parafe [paʀaf] *nm voir* **paraphe**.

parafer [paʀafe] *vt voir* **parapher**.

paraffine [paʀafin] *nf* Paraffin *nt*.

paraffiné, e [paʀafine] *adj*: **papier** ~ Wachspapier *nt*.

parages [paʀaʒ] *nmpl* (*NAUT*) Gewässer *pl*; **dans les** ~ **(de)** in der unmittelbaren Umgebung (von).

paragraphe [paʀagʀaf] *nm* Absatz *m*, Abschnitt *m*.

paragrêle [paʀagʀɛl] *adj*: **canon** ~ Kanone *f* zur Hagelabwehr.

Paraguay [paʀagwɛ] *nm*: **le** ~ Paraguay *nt*.

paraître [paʀɛtʀ] *vi* (*apparaître*) erscheinen; (*soleil*) herauskommen; (*sembler*) scheinen; **aimer/vouloir** ~ (*briller*) gern Aufmerksamkeit erregen/Aufmerksamkeit erregen wollen; **il paraît que** es scheint, daß; **il me paraît que** mir scheint, daß; **il paraît absurde de/préférable que** es scheint absurd zu/es ist wohl vorzuziehen, daß; **laisser** ~ **qch** etw zeigen; ~ **en justice** vor Gericht erscheinen; ~ **en public/à l'écran** in der Öffentlichkeit/im Fernsehen auftreten; **il ne paraît pas son âge** man sieht ihm sein Alter nicht an.

parallèle [paʀalɛl] *adj* parallel; (*comparable*) vergleichbar; (*non officiel*) inoffiziell; (*société, médecine, école*) alternativ ♦ *nf* Parallele *f* ♦ *nm*: **faire un** ~ **entre** eine Parallele ziehen zwischen; ~ **(de latitude)** (*GÉO*) Breitengrad *m*; **en** ~ parallel; **mettre en** ~ (*fig*) vergleichen.

parallèlement [paʀalɛlmɑ̃] *adv* parallel.

parallélépipède [paʀalelepipɛd] *nm* Parallelepiped *nt*.

parallélisme [paʀalelism] *nm* Parallelität *f*; (*AUTO: des roues*) Spurtreue *f*.

parallélogramme [paʀalelɔgʀam] *nm* Parallelogramm *nt*.

paralyser [paʀalize] *vt* lähmen; (*suj: grève*) lahmlegen.

paralysie [paʀalizi] *nf* Lähmung *f*.

paralytique [paʀalitik] *adj* paralytisch, gelähmt ♦ *nm/f* Paralytiker(in) *m(f)*.

paramédical, e, -aux [paʀamedikal, o] *adj*: **personnel** ~ medizinisches Hilfspersonal *nt*.

paramètre [paʀamɛtʀ] *nm* Parameter *m*.

paramilitaire [paʀamilitɛʀ] *adj* paramilitärisch.

paranoïa [paʀanɔja] *nf* Paranoia *f*, Verfolgungswahn *m*.

paranoïaque [paʀanɔjak] *nm/f* Paranoiker(in) *m(f)* ♦ *adj* paranoisch.

paranormal, e, -aux [paʀanɔʀmal, o] *adj* paranormal.

parapet [paʀapɛ] *nm* Brüstung *f*.

paraphe [paʀaf] *nm* (*trait*) Federstrich *m*; (*signature*) Unterschriftskürzel *nt*.

parapher [paʀafe] *vt* paraphieren.

paraphrase [paʀafʀɑz] *nf* Umschreibung *f*, Paraphrasierung *f*.

paraphraser [paʀafʀɑze] *vt* umschreiben, paraphrasieren.

paraplégie [paʀapleʒi] *nf* doppelseitige Lähmung *f*.

paraplégique [paʀapleʒik] *adj* doppelseitig gelähmt ♦ *nm/f* Paraplegiker(in) *m(f)*.

parapluie [paʀaplчi] *nm* Regenschirm *m* ▶ **parapluie atomique** *ou* **nucléaire** Nuklearschutz *m* ▶ **parapluie pliant** Knirps ® *m*.

parapsychique [paʀapsiʃik] *adj* parapsychologisch.

parapsychologie [paʀapsikɔlɔʒi] *nf* Parapsychologie *f*.

parascolaire [paʀaskɔlɛʀ] *adj* außerschulisch.

parasitaire [paʀazitɛʀ] *adj* parasitär.

parasite [paʀazit] *nm* (*BIOL*) Parasit *m*, Schmarotzer *m*; (*péj: personne*) Schmarotzer ♦ *adj* (*BOT, BIOL*) Schmarotzer-, Parasiten-; ~**s** *nmpl* (*TÉL*) Störung *f*.

parasitisme [paʀazitism] *nm* Parasitentum *nt*, Schmarotzertum *nt*.

parasol [paʀasɔl] *nm* Sonnenschirm *m*.

paratonnerre [paʀatɔnɛʀ] *nm* Blitzableiter *m*.

paravent [paʀavɑ̃] *nm* (*meuble*) spanische Wand *f*, Wandschirm *m*; (*fig*) Schirm *m*.

parc [paʀk] *nm* Park *m*; (*pour le bétail*) Pferch *m*; (*d'enfant*) Laufstall *m*; (*MIL: entrepôt*) Depot *nt*; (*ensemble d'unités*) Bestand *m*; (*d'une société*) Wagenpark *m* ▶ **parc à huîtres** Austernbank *f* ▶ **parc automobile** (*d'un pays*) Wagenbestand *m* ▶ **parc d'attractions** Vergnügungspark *m* ▶ **parc de stationnement** Parkplatz *m* ▶ **parc national** Nationalpark *m* ▶ **parc naturel** Naturpark *m* ▶ **parc zoologique** Zoo *m*, zoologischer Garten *m*.

parcelle [paʀsɛl] *nf* (*de terrain*) Parzelle *f*; (*d'or, de vérité*) Stückchen *nt*.

parce que [paʀs(ə)kə] *conj* weil.

parchemin [paʀʃəmɛ̃] *nm* Pergament *nt*.

parcheminé, e [paʀʃəmine] *adj* (*cuir, papier*) Pergament-; (*visage, peau*) zerknittert, faltig.

parcimonie [paʀsimɔni] *nf* Sparsamkeit *f*; **avec** ~ äußerst sparsam.

parcimonieux, -euse [paʀsimɔnjø, jøz] *adj* äußerst sparsam.

par-ci par-là [paʀsipaʀla] *adv* hier und da.

parc(o)mètre [paʀk(o)mɛtʀ] *nm* Parkuhr *f*.

parcourir [paʀkuʀiʀ] *vt* (*trajet, distance*) durchlaufen, zurücklegen; (*lieu*) durchgehen; (*en lisant*) überfliegen; (*corps, personne*) gehen durch; ~ **qch des yeux** *ou* **du regard** seinen Blick über etw *acc* schweifen lassen.

parcours [paʀkuʀ] *vb voir* **parcourir** ♦ *nm* Strecke *f*, Route *f*; (*HIPPISME*) Parcours *m*; (*GOLF*) Runde *f* ▶ **parcours du combattant** (*MIL*) Truppenübungsgelände *nt*; (*fig*) Hindernisrennen *nt*.

parcouru [paʀkuʀy] *pp de* **parcourir**.

par-delà [paʀdəla] *prép* auf der anderen Seite von; (*fig*) trotz.

par-dessous [paʀdəsu] *prép* unter +*dat*; (*avec mouvement*) unter +*acc* ♦ *adv* darunter.

pardessus [paʀdəsy] *nm* Mantel *m*.

par-dessus [paʀdəsy] *prép* über +*dat*; (*avec mouvement*) über +*acc* ♦ *adv* darüber; ~-~ **le marché** zu allem Überfluß.

par-devant [paʀdəvɑ̃] *adv* vorn(e); (*attaquer*) von vorn.

pardon [paʀdɔ̃] *nm* Verzeihung *f*, Vergebung *f* ♦ *excl* Verzeihung, Entschuldigung; (*contradiction, pour interpeller*) entschuldigen Sie; (*demande de répéter*) wie bitte?; **demander** ~ **à qn** (**de qch**) jdn (wegen einer Sache *gén*) um Verzeihung *ou* Entschuldigung bitten; **demander** ~ **à qn d'avoir fait qch** jdn um Verzeihung bitten, weil man etw getan hat; **je vous demande** ~ verzeihen *ou* entschuldigen Sie.

pardonnable [paʀdɔnabl] *adj* entschuldbar.

pardonner [paʀdɔne] *vt* verzeihen, vergeben; (*excuser*) entschuldigen; ~ **qch à qn** jdm etw verzeihen; ~ **à qn** jdm vergeben; **qui ne pardonne pas** tödlich.

paré, e [paʀe] *adj* vorbereitet; (*protégé*) gewappnet.

pare-balles [paʀbal] adj inv kugelsicher.

pare-boue [paʀbu] nm inv Schutzblech nt.

pare-brise [paʀbʀiz] nm inv Windschutzscheibe f.

pare-chocs [paʀʃɔk] nm inv Stoßstange f.

pare-étincelles [paʀetɛ̃sɛl] nm inv Schutzgitter nt.

pare-feu [paʀfø] nm inv Feuerschneise f ♦ adj inv: **portes** ~-~ Feuertüren pl.

pareil, le [paʀɛj] adj (identique) gleich; (tel) derartig ♦ adv: **habillés** ~ gleich angezogen ♦ nm/f: **ne pas avoir son** ~ nicht seinesgleichen haben, ohnegleichen sein; ~ **à** wie; **faire** ~ das gleiche tun; **de** ~**s livres** solche Bücher; **je n'ai jamais entendu** ~ **discours** ou **un discours** ~ so etwas habe ich noch nie gehört; **j'en veux un** ~ ich möchte auch so etwas haben; **rien de** ~ nichts ähnliches; **en** ~ **cas** in einem solchen Fall; **sans** ~ ohnegleichen; **c'est du** ~ **au même** das ist gehupft wie gesprungen; **rendre la** ~**le à qn** jdm gleiches mit gleichem vergelten.

pareillement [paʀɛjmɑ̃] adv (aussi) ebenso.

parement [paʀmɑ̃] nm (CONSTR) Außenseite f; (revers) Aufschlag m; ~ **d'autel** Antependium nt.

parent, e [paʀɑ̃, ɑ̃t] nm/f Verwandte(r) f(m) ♦ adj: **être** ~ **de qn** mit jdm verwandt sein; ~**s** nmpl (père et mère) Eltern pl; (proches) Verwandtschaft f ► **parents adoptifs** Adoptiveltern pl ► **parents en ligne directe** direkte Verwandte ► **parents par alliance** angeheiratete Verwandte.

parental, e, -aux [paʀɑ̃tal, o] adj elterlich.

parenté [paʀɑ̃te] nf Verwandtschaft f.

parenthèse [paʀɑ̃tɛz] nf Klammer f; (digression) Einschub m; **ouvrir/fermer la** ~ die Klammer öffnen/schließen; **entre** ~**s** in Klammern; **mettre entre** ~**s** in Klammern setzen.

parer [paʀe] vt schmücken, zieren; (CULIN: viande) vorbereiten; (éviter) parieren, abwehren; **se parer** vpr: **se** ~ **de** sich schmücken mit; ~ **à** abwenden; ~ **à toute éventualité** auf alle Eventualitäten vorbereitet sein; ~ **au plus pressé** sich um die dringendsten Probleme kümmern.

pare-soleil [paʀsɔlɛj] nm inv Sonnenblende f.

paresse [paʀɛs] nf Faulheit f; ~ **intestinale** Darmträgheit f.

paresser [paʀese] vi faulenzen.

paresseusement [paʀesøzmɑ̃] adv faul; (avec lenteur) träge.

paresseux, -euse [paʀesø, øz] adj (personne, esprit) faul; (démarche, attitude) schwerfällig; (estomac) träge ♦ nm (ZOOL) Faultier nt.

parfaire [paʀfɛʀ] vt (ouvrage, travail) vervollkommnen; (ressemblance, connaissances) vervollständigen.

parfait, e [paʀfɛ, ɛt] pp de **parfaire** ♦ adj perfekt, vollkommen; (accompli) völlig, total ♦ nm (LING) Perfekt nt; (CULIN) Parfait nt.

parfaitement [paʀfɛtmɑ̃] adv perfekt, ausge-

zeichnet; **cela lui est** ~ **égal** das ist ihm völlig ou vollkommen egal; ~**!** doch!

parfaites [paʀfɛt] vb voir **parfaire**.

parfasse [paʀfas] vb voir **parfaire**.

parferai [paʀfʀe] vb voir **parfaire**.

parfois [paʀfwa] adv manchmal.

parfum [paʀfœ̃] nm (produit) Parfüm nt; (odeur: de fleur) Duft m; (: de tabac, vin) Aroma nt; (goût) Geschmack m.

parfumé, e [paʀfyme] adj (papier à lettres etc, femme) parfümiert; (fleur, fruit) duftend, wohlriechend; ~ **au café** mit Kaffeegeschmack.

parfumer [paʀfyme] vt (suj: odeur, bouquet) mit Duft erfüllen; (mouchoir) parfümieren; (crème, gâteau) aromatisieren; **se parfumer** vpr sich parfümieren, Parfüm tragen.

parfumerie [paʀfymʀi] nf (boutique) Parfümerie f; (industrie) Parfümindustrie f; **rayon** ~ Toilettenartikel pl.

parfumeur, -euse [paʀfymœʀ, øz] nm/f (fabricant) Parfümhersteller m; (commerçant) Parfümhändler(in) m(f).

pari [paʀi] nm Wette f ► **pari mutuel urbain** Art von Pferdewette.

paria [paʀja] nm Ausgestoßene(r) m.

parier [paʀje] vt wetten; **j'aurais parié que si/ non** ich hätte darauf gewettet/dagegen gewettet.

parieur [paʀjœʀ] nm Wetter m.

Paris [paʀi] n Paris nt.

parisien, ne [paʀizjɛ̃, jɛn] adj Pariser ♦ nm/f: **P~, ne** Pariser(in) m(f).

paritaire [paʀitɛʀ] adj: **commission** ~ gemeinsamer Ausschuß m.

parité [paʀite] nf Gleichheit f ► **parité de change** Wechselkursparität f.

parjure [paʀʒyʀ] nm Meineid m ♦ nm/f Meineidige(r) f(m).

parjurer [paʀʒyʀe] : **se** ~ vpr einen Meineid schwören.

parka [paʀka] nm Parka m.

parking [paʀkiŋ] nm Parkplatz m.

parlant, e [paʀlɑ̃, ɑ̃t] adj (fig: portrait, image) ausdrucksvoll ♦ adv: **généralement/ humainement** ~ allgemein/menschlich gesprochen; **le cinéma** ~ der Tonfilm.

parlé, e [paʀle] adj: **langue** ~**e** gesprochene Sprache f.

parlement [paʀləmɑ̃] nm Parlament nt.

parlementaire [paʀləmɑ̃tɛʀ] adj (régime, indemnité) parlamentarisch; (mandat, débats) Parlaments- ♦ nm (député) Parlamentarier(in) m(f), Parlamentsabgeordnete(r) f(m); (négociateur) Parlamentär(in) m(f).

parlementarisme [paʀləmɑ̃taʀism] nm Parlamentarismus m.

parlementer [paʀləmɑ̃te] vi verhandeln.

parler [paʀle] vi reden, sprechen; (avouer) reden ♦ nm (manière de parler) Sprache f; (dialecte) Dialekt m; **les faits parlent d'eux-mêmes** die Tatsachen sprechen für sich; ~ **de** sprechen ou reden von; ~ **(à qn) de** (mit jdm) reden über +*acc*; ~ **de faire qch** davon sprechen, daß man etw tun will; ~ **pour qn** für jdn sprechen; ~ **(le) français** Französisch sprechen; ~ **en français** französisch sprechen; ~ **affaires/politique** über Geschäfte/ Politik reden; ~ **en dormant** im Schlaf sprechen; ~ **du nez** durch die Nase sprechen; ~ **en l'air** ins Blaue hinein reden; **sans ~ de** (*fig*) ganz abgesehen von; **tu parles!** von wegen!; **n'en parlons plus** reden wir nicht mehr davon.

parleur [paʀlœʀ] *nm*: **beau ~** Schönredner *m*.

parloir [paʀlwaʀ] *nm* (*de prison*) Besuchszimmer *nt*; (*REL*) Parlatorium *nt*.

parlote [paʀlɔt] *nf* Geschwätz *nt*.

parme [paʀm] *adj* malvenfarben.

parmesan [paʀməzɑ̃] *nm* Parmesan *m*.

parmi [paʀmi] *prép* unter +*dat*.

parodie [paʀɔdi] *nf* Parodie *f*.

parodier [paʀɔdje] *vt* parodieren.

paroi [paʀwa] *nf* Wand *f*; (*cloison*) Trennwand *f*; **~ rocheuse** Felswand *f*.

paroisse [paʀwas] *nf* Pfarrei *f*.

paroissial, e, -aux [paʀwasjal, jo] *adj* (*église*) Pfarr-; (*salle*) Pfarrei-.

paroissien, ne [paʀwasjɛ̃, jɛn] *nm/f* Gemeindemitglied *nt*.

parole [paʀɔl] *nf* Wort *nt*, Sprache *f*; **~s** *nfpl* (*MUS*) Worte *pl*, Text *m*; **la bonne ~** (*REL*) das Wort Gottes; **tenir ~** sein Wort halten; **n'avoir qu'une ~** zu seinem Wort stehen; **avoir/obtenir la ~** das Wort haben/erhalten; **prendre la ~** das Wort ergreifen; **demander la ~** ums Wort bitten; **donner la ~ à qn** jdm das Wort geben; **perdre la ~** die Sprache verlieren; **croire qn sur ~** jdm aufs Wort glauben; **prisonnier sur ~** auf Bewährung entlassener Strafgefangener *m*; **temps de ~** Sprechzeit *f*, Redezeit *f*; **histoire sans ~s** Zeichenwitz *m* ohne Worte; **ma ~!** (*surprise*) du meine Güte! ▸ **parole d'honneur** Ehrenwort *nt*.

parolier, -ière [paʀɔlje, jɛʀ] *nm/f* (*MUS*) Texter(in) *m(f)*; (*OPÉRA*) Librettist *m*.

paroxysme [paʀɔksism] *nm* Höhepunkt *m*.

parpaing [paʀpɛ̃] *nm* großer, behauener Mauerstein.

parquer [paʀke] *vt* (*voiture*) parken; (*bestiaux*) einsperren, einpferchen; (*MIL*) stationieren.

parquet [paʀkɛ] *nm* (*plancher*) Parkett *nt*; **le ~** (*JUR*) die Staatsanwaltschaft *f*.

parqueter [paʀkəte] *vt* mit Parkett auslegen.

parrain [paʀɛ̃] *nm* Pate *m*; (*d'un nouvel adhérent*) Bürge *m*.

parrainage [paʀɛnaʒ] *nm* (*d'un enfant*) Patenschaft *f*; (*patronage*) Schirmherrschaft *f*.

parrainer [paʀene] *vt* unterstützen, fördern; (*nouvel adhérent*) bürgen für.

parricide [paʀisid] *nm* (*de père*) Vatermord *m*; (*de mère*) Muttermord *m* ▸ *nm/f* Vater-/ Muttermörder(in) *m(f)*.

pars [paʀ] *vb voir* partir.

parsemer [paʀsəme] *vt* (*suj: feuilles, papiers*) verstreut sein über +*acc*; ~ **qch de** etw

übersäen *ou* bestreuen mit.

part [paʀ] *vb voir* partir ▸ *nf* Teil *m*; (*d'efforts, de peines*) Anteil *m*, Teil *m ou nt*; (*FIN*) Aktie *f*; **prendre ~ à** teilnehmen an +*dat*; (*soucis, douleur de qn*) Anteil nehmen an +*dat*; **faire ~ de qch à qn** jdm etw mitteilen; **pour ma ~** ich für mein(en) Teil, was mich betrifft; **à ~ tière** mit vollen Rechten; **de la ~ de qn** von jdm; **remettez-lui ce paquet de ma ~** geben Sie ihm das Paket von mir; **c'est de la ~ de qui?** (*au téléphone*) wer ist am Apparat, bitte?; **de toute(s) part(s)** von allen Seiten; **de ~ et d'autre** auf beiden Seiten; **de ~ en ~** durch und durch; **d'une ~ ... d'autre ~** einerseits ... andererseits; **nulle ~** nirgendwo; **autre ~** anderswo; **quelque ~** irgendwo; **à ~** *adv* gesondert; (*de côté*) beiseite ▸ *adj* außergewöhnlich, besonders; **à ~ cela** abgesehen davon; **pour une large** *ou* **bonne ~** zum großen Teil; **prendre qch en mauvaise ~** schlecht auf etw *acc* reagieren; **faire la ~ des choses** Zugeständnisse machen; **faire la ~ du feu** (*fig*) retten, was noch zu retten ist.

part. *abr* (= *particulièrement*) insbes.

partage [paʀtaʒ] *nm* Teilen *nt*; (*POL: de suffrages*) Gleichheit *f*; **donner/recevoir qch en ~** etw als Anteil geben/bekommen; **sans ~** ungeteilt.

partagé, e [paʀtaʒe] *adj* geteilt; (*avis, personnes*) uneinig.

partager [paʀtaʒe] *vt* teilen; **se partager** *vpr* sich *dat* teilen; ~ **un gâteau en quatre/une ville en deux** einen Kuchen in vier Stücke aufteilen/eine Stadt in zwei Teile teilen; ~ **la joie de qn/la responsabilité d'un acte** jds Freude/die Verantwortung für eine Tat teilen; ~ **qch avec qn** etw mit jdm teilen.

partance [paʀtɑ̃s] : **en ~** *adv* (*train, bateau*) abfahrbereit; (*avion*) startbereit; **le train en ~ pour Poitiers** der Zug nach Poitiers.

partant, e [paʀtɑ̃, ɑ̃t] *vb voir* partir ▸ *adj*: **être ~ pour qch** (*d'accord pour*) bereit sein für etw ▸ *nm* (*SPORT*) Teilnehmer *m*.

partenaire [paʀtənɛʀ] *nm/f* Partner(in) *m(f)* ▸ **partenaires sociaux** Sozialpartner *pl*.

parterre [paʀtɛʀ] *nm* (*de fleurs*) Blumenbeet *nt*; (*THÉÂT*) Parkett *nt*.

parti [paʀti] *nm* Partei *f*; (*décision*) Entscheidung *f*; **un beau/riche ~** eine gute Partie; **tirer ~ de** Nutzen ziehen aus; **prendre le ~ de faire qch** sich entschließen, etw zu tun; **prendre ~ (pour/contre qn)** (für/gegen jdn) Partei ergreifen; **prendre son ~ de qch** sich mit etw abfinden ▸ **parti pris** Voreingenommenheit *f*.

partial, e, -aux [paʀsjal, jo] *adj* voreingenommen, parteiisch.

partialement [paʀsjalmɑ̃] *adv* voreingenommen.

partialité [paʀsjalite] *nf* Voreingenommenheit *f*.

participant, e [paʀtisipɑ̃, ɑ̃t] *nm/f* Teilnehmer(in) *m(f)*; (*à un concours*) Wettbewerber(in) *m(f)*; (*d'une société*) Teilhaber(in) *m(f)*.

participation [paʀtisipasjɔ̃] nf (à un jeu, une réunion) Teilnahme f; (COMM) Beteiligung f; (au chagrin, succès de qn) Anteilnahme f; ~ aux frais Beteiligung an den Kosten; ~ aux bénéfices Gewinnbeteiligung f; ~ ouvrière Mitbestimmung f; avec la ~ de unter Mitwirkung von.

participe [paʀtisip] nm Partizip nt ▶ **participe passé** Partizip Perfekt nt ▶ **participe présent** Partizip Präsens nt.

participer [paʀtisipe] vi (SCOL) sich beteiligen; ~ à teilnehmen an +dat; (profits etc) beteiligt sein an +dat; (frais, entreprise etc) sich beteiligen an +dat; (chagrin, succès de qn) Anteil nehmen an +dat.

particulariser [paʀtikylaʀize]: se ~ vpr sich unterscheiden.

particularisme [paʀtikylaʀism] nm Gefühl nt der Identität.

particularité [paʀtikylaʀite] nf (caractère particulier) Besonderheit f.

particule [paʀtikyl] nf Teilchen nt; (LING) Partikel f ▶ **particule (nobiliaire)** Adelsprädikat nt.

particulier, -ière [paʀtikylje, jɛʀ] adj (personnel, privé) privat, persönlich; (propre) eigene(r, s); (cas) Einzel-; (intérêt) Eigen-; (droit) Sonder-; (caractéristique, spécial) eigen, typisch; (spécifique) speziell ♦ nm (individu) Privatperson f; avec un soin ~ mit besonderer Sorgfalt; "~ vend ..." „von Privat zu verkaufen ..."; être ~ à (région, personne etc) eigen sein +dat; en ~ (à part) gesondert; (en privé) vertraulich; (surtout) besonders.

particulièrement [paʀtikyljɛʀmɑ̃] adv (notamment) besonders.

partie [paʀti] nf Teil m; (spécialité) Gebiet nt; (MUS) Stimme f; (JUR, fig: adversaire) Partei f; (de cartes, tennis etc) Spiel nt, Partie f; (fig: lutte, combat) Kampf m; ~ de campagne Landpartie f; ~ de pêche Angelpartie f; en ~ teilweise; faire ~ de qch zu etw gehören; prendre qn à ~ jdn ins Gebet nehmen; (malmener) sich dat jdn vornehmen; en grande ~ zu einem großen Teil; en majeure ~ hauptsächlich; ce n'est que ~ remise aufgeschoben ist nicht aufgehoben; avoir ~ liée avec qn mit jdm gemeinsame Sache machen ▶ **partie civile** (JUR) Privatkläger m ▶ **partie publique** (JUR) Staatsanwaltschaft f.

partiel, le [paʀsjɛl] adj Teil-, teilweise ♦ nm (SCOL: examen) Teilprüfung f.

partiellement [paʀsjɛlmɑ̃] adv teilweise.

partir [paʀtiʀ] vi gehen, weggehen; (en voiture etc) wegfahren; (train, bus etc) abfahren; (avion) abfliegen; (lettre, bouton) abgehen; (pétard, fusil, affaire) losgehen; (bouchon) herausfliegen; (tache) herausgehen; (moteur) anspringen; ~ de (lieu: personne) aufbrechen von; (: route; principe) ausgehen von; ~ pour/à (lieu) aufbrechen nach; ~ de rien mit nichts anfangen; (fig: personne) ganz unten anfangen; à ~ de ... von ... an, ab ... .

partisan, e [paʀtizɑ̃, an] nm/f Anhänger(in) m(f)

♦ adj (partial) einseitig; être ~ de qch für etw sein; être ~ de faire qch dafür sein, etw zu tun.

partition [paʀtisjɔ̃] nf Partitur f.

partout [paʀtu] adv überall; de ~ von überall her; trente ~ (TENNIS) dreißig beide; quarante ~ (TENNIS) Einstand.

paru, e [paʀy] pp de **paraître**.

parure [paʀyʀ] nf (vêtements, ornements) Staat m, Aufmachung f; (de table, sous-vêtements) Garnitur f; ~ de diamants Diamantschmuck m.

parus [paʀy] vb voir **paraître**.

parution [paʀysjɔ̃] nf (d'un livre) Veröffentlichung f.

parvenir [paʀvəniʀ]: ~ à vt erreichen; ~ à ses fins/à un âge avancé sein Ziel/ein fortgeschrittenes Alter erreichen; ~ à faire qch es schaffen, etw zu tun; faire ~ qch à qn jdm etw zukommen lassen.

parvenu, e [paʀvəny] pp de **parvenir** ♦ nm/f (péj) Emporkömmling m.

parviendrai etc [paʀvjɛ̃dʀe] vb voir **parvenir**.

parviens etc [paʀvjɛ̃] vb voir **parvenir**.

parvis [paʀvi] nm Vorplatz m.

pas¹ [pa] nm Schritt m; (GÉO: col) Pas m; (de vis, d'écrou) Gewinde nt; ~ à ~ Schritt für Schritt; à grands ~ mit großen Schritten; d'un ~ lourd/lent mit schwerem/langsamem Schritt; marcher d'un bon ~ zügig gehen; au ~ de course im Laufschritt; s'approcher à ~ de loup sich heranschleichen; rouler au ~ im Schritttempo fahren; revenir ou retourner sur ses ~ den gleichen Weg zurückgehen; c'est à deux ~ d'ici es ist ganz in der Nähe; faire les cent ~ auf und ab gehen; faire les premiers ~ den ersten Schritt tun; sur le ~ de la porte auf der Schwelle; se tirer d'un mauvais ~ sich aus einer Klemme befreien; mettre qn au ~ jdn auf Linie bringen ▶ **pas de l'oie** (MIL) Stechschritt m ▶ **pas de porte** (fig) Ablösesumme f (für eine Wohnung etc) ▶ **Pas de Calais** Straße f von Dover.

═══════════════════════ MOT-CLÉ

pas² [pɑ] adv **1** (avec ne, non etc) nicht; **je ne vais pas à l'école** ich gehe nicht in die Schule; **il ne la voit pas/ne l'a pas vue/ne la verra pas** er sieht sie nicht/hat sie nicht gesehen/wird sie nicht sehen; **je ne mange pas de pain** ich esse kein Brot; **ils n'ont pas d'enfants** sie haben keine Kinder; **il m'a dit de ne pas le faire** er hat mir gesagt, daß ich es nicht tun soll; **pas encore** noch nicht; **pas du tout** überhaupt nicht; **non pas que ...** nicht daß ...; **je n'en sais pas plus** mehr weiß ich nicht darüber; **il n'y avait pas plus de 200 personnes** es waren nicht mehr als 200 Leute da; **ce n'est pas sans peine/hésitation que ...** nicht ohne Mühe/Zögern ...; **il n'est pas plus/moins intelligent que vous** er ist nicht intelligenter/weniger intelligent als Sie; **ils sont quatre et non pas trois** sie sind zu viert, nicht zu dritt;

pascal – passer

322   FRANÇAIS–ALLEMAND

je ne reviendrai/il ne recommencera pas de sitôt so bald komme ich nicht wieder/fängt er nicht wieder damit an **2** (*sans ne, non etc*): **pas moi** ich nicht; **tu viens ou pas?** kommst du oder nicht?; **elle travaille, lui pas** *ou* **pas lui** sie arbeitet, er nicht; **pas de sucre, merci!** danke, keinen Zucker!; **une pomme pas mûre** ein unreifer Apfel; **pas plus tard qu'hier** nicht später als gestern; **pas mal** nicht schlecht; **pas mal de problèmes/d'argent** ziemlich viele Probleme/viel Geld.

pascal, e, -aux [paskal, o] *adj* österlich.
passable [pasabl] *adj* passabel, leidlich (gut).
passablement [pasabləmɑ̃] *adv* (*pas trop mal*) ganz passabel; **~ de** ziemlich viel(e).
passade [pasad] *nf* Laune *f*.
passage [pasaʒ] *nm* (*d'un train*) Durchfahrt *f*; (*du temps*) Vergehen *nt*; (*traversée*) Überquerung *f*; (*prix de la traversée*) Überfahrt *f*; (*d'un état à l'autre, lieu*) Übergang *m*; (*extrait*) Passage *f*, Abschnitt *m*; **"n'obstruez pas** *ou* **laissez le ~"** „Durchfahrt freihalten"; **sur le ~ du cortège** am Weg der Prozession; **de ~** (*touristes*) auf der Durchfahrt; (*amants etc*) vorübergehend, flüchtig; **au ~** (*en passant*) im Vorübergehen ▶ **passage à niveau** Bahnübergang *m* ▶ **passage à vide** Leerlauf *m* ▶ **passage clouté** Fußgängerüberweg *m* ▶ **"passage interdit"** „Durchfahrt verboten" ▶ **passage protégé** Vorfahrtsstraße *f* ▶ **passage souterrain** Unterführung *f*.
passager, -ère [pasaʒe, ɛʀ] *adj* (*de courte durée*) vorübergehend; (*bonheur*) flüchtig; (*rue etc*) Durchgangs- ♦ *nm/f* Passagier(in) *m(f)*; **~ clandestin** blinder Passagier *m*.
passagèrement [pasaʒɛʀmɑ̃] *adv* vorübergehend.
passant, e [pasɑ̃, ɑ̃t] *adj* (*rue, endroit*) geschäftig, lebendig ♦ *nm/f* Passant(in) *m(f)* ♦ *nm* (*d'une ceinture, courroie*) Schlaufe *f*.
passation [pasasjɔ̃] *nf*: **~ des pouvoirs** Übergabe *f* der Macht.
passe [pas] *nf* (SPORT) Paß *m*; (*magnétique*) Überstreichen *nt*; (NAUT: *chenal*) Schiffahrtsweg *m* ♦ *nm* (*passe-partout*) Hauptschlüssel *m*; (*de cambrioleur*) Dietrich *m*; **être en ~ de faire qch** auf dem besten Wege sein, etw zu tun; **être dans une bonne/mauvaise ~** (*fig*) gute/schlechte Zeiten durchmachen ▶ **passe d'armes** (*fig*) erregter Schlagabtausch *m*.
passé, e [pase] *adj* (*événement, temps*) vergangen; (*couleur, tapisserie*) verblaßt ♦ *prép*: **~ 10 heures** nach 10 Uhr ♦ *nm* Vergangenheit *f*; **dimanche ~** am vergangenen Sonntag; **il est ~ midi** *ou* **midi ~** es ist schon nach Mittag, Mittag ist schon vorbei; **~ de mode** unmodern; **par le ~** früher, in der Vergangenheit ▶ **passé composé** Passé composé *nt* ▶ **passé simple** Passé simple *nt*.
passe-droit [pasdʀwa] (*pl* ~-~**s**) *nm* Sondervergünstigung *f*.

passéiste [paseist] *adj* rückwärtsgerichtet.
passementerie [pasmɑ̃tʀi] *nf* (*objets*) Litzen, Bänder und Spitzen *pl*.
passe-montagne [pasmɔ̃taɲ] (*pl* ~-~**s**) *nm* Kapuzenmütze *f*.
passe-partout [paspaʀtu] *nm inv* (*clé*) Hauptschlüssel *m*; (*de cambrioleur*) Dietrich *m* ♦ *adj inv*: **tenue/phrase** ~-~ Allzweckkleidung *f*/Allzweckwendung *f*.
passe-passe [paspas] *nm inv*: **tour de** ~-~ Taschenspielertrick *m*; (*fig*) Trick *m*.
passe-plat [paspla] (*pl* ~-~**s**) *nm* Durchreiche *f*.
passeport [paspɔʀ] *nm* Paß *m*.
passer [pase] *vi* (*se rendre, aller*) gehen; (*voiture*) vorbeifahren; (*piétons, jours*) vorbeigehen; (*chez qn, à travers un obstacle*) vorbeikommen; (*courant électrique*) durchfließen; (*air, soleil, lumière*) durchkommen; (*temps, douleur*) vergehen; (*liquide, café*) durchlaufen; (*être digéré*) rutschen; (*accusé*) erscheinen; (*projet de loi*) angenommen werden; (*réplique, plaisanterie*) durchgehen; (SCOL: *réussir un examen*) bestehen; (*devenir*) werden; (*film, pièce*) laufen; (*couleur, papier*) verblassen; (*mode, maladie*) vorübergehen; (CARTES) passen ♦ *vt* (*frontière, rivière etc*) überqueren; (*douane*) passieren; (*examen*) ablegen; (*visite médicale*) machen; (*temps, journée*) verbringen; (*permettre: faute, bêtise, caprice*) durchgehen lassen; (*donner*) geben; (: *message*) übermitteln; (*enfiler: vêtement*) anziehen; (*arriver à faire entrer: dépasser*) vorbeigehen an +*dat*; (: *en voiture etc*) vorbeifahren an +*dat*; (*café*) filtern; (*thé, soupe*) durchseihen; (*film*) zeigen; (*pièce, disque*) spielen; **se passer** *vpr* (*scène, action*) stattfinden, sich abspielen; (*arriver*) passieren, geschehen; (*se dérouler*) ablaufen; (*s'écouler*) vergehen; **~ par** gehen durch; (*véhicule*) fahren durch; (*intermédiaire, organisme*) gehen über +*acc*; (*expérience*) durchmachen; **~ sur** (*ne pas tenir compte de*) übergehen; **~ dans les mœurs** *ou* **l'usage** üblich *ou* gebräuchlich werden; **~ avant** kommen vor; **~ d'une pièce dans une autre** von einem Zimmer ins andere gehen; **laisser ~** durchlassen; (*affaire, erreur*) durchgehen lassen; (*occasion*) verstreichen lassen; **~ dans la classe supérieure** (in die nächste Klasse) versetzt werden; **~ en seconde/troisième** (AUTO) in den zweiten/dritten Gang schalten; **~ à la radio/télévision** im Radio/Fernsehen kommen; **~ aux aveux** ein Geständnis ablegen; **~ à l'action** zur Tat schreiten; **~ directeur/président** Direktor/Präsident werden; **~ inaperçu** unbemerkt bleiben; **~ pour riche/un imbécile** für reich/einen Idioten gehalten werden *ou* gelten; **~ à table** sich zu Tisch setzen; **~ au salon** ins Wohnzimmer gehen; **~ à l'opposition/à l'ennemi** zur Opposition/zum Feind überlaufen; **je ne fais que ~** ich bin nur auf einen Sprung hier; **passe encore d'arriver en retard, mais** es mag ja noch angehen, daß man zu spät

kommt, aber; **dire qch en passant** etw beiläufig sagen; **faire** ~ **à qn le goût** *ou* **l'envie de qch** jdm den Geschmack an einer Sache *dat* verderben; **faire** ~ **pour** ausgeben für; **passons** nun aber weiter; ~ **la visite médicale** ärztlich untersucht werden; ~ **une maladie à qn** jdn mit einer Krankheit anstecken; ~ **la seconde/troisième** (*AUTO*) in den zweiten/dritten Gang schalten; ~ **son chemin** seiner Wege gehen; ~ **son tour** aussetzen; ~ **en fraude** schmuggeln; ~ **la tête/la main par la portière** den Kopf/die Hand aus der Tür strecken; ~ **le balai/l'aspirateur** fegen/staubsaugen; **je vous passe M. Blanc** ich verbinde Sie mit Herrn Blanc; (*je lui passe l'appareil*) ich gebe Ihnen Herrn Blanc; ~ **la parole à qn** jdm das Wort geben; ~ **qn par les armes** jdn erschießen; ~ **commande de** bestellen; ~ **un marché/accord** einen Vertrag/ein Abkommen schließen; **se** ~ **les mains sous l'eau** die Hände unter das Wasser halten; **se** ~ **de l'eau sur le visage** sich Wasser über das Gesicht laufen lassen; **cela se passe de commentaires** da erübrigt sich jeglicher Kommentar; **se** ~ **de qch** (*s'en priver*) auf etw *acc* verzichten; **que s'est-il passé?** was ist passiert *ou* geschehen?

passereau, x [pɑsʀo] *nm* Spatz *m*.

passerelle [pɑsʀɛl] *nf* (*pont étroit*) Fußgängerbrücke *f*; (*d'un navire, avion*) Gangway *f*; ~ **(de commandement)** (Kommando)brücke *f*.

passe-temps [pɑstɑ̃] *nm inv* Zeitvertreib *m*.

passette [pɑsɛt] *nf* Teesieb *nt*.

passeur, -euse [pɑsœʀ, øz] *nm/f* (*de personnes*) Menschenschmuggler(in) *m(f)*; (*de drogues*) Drogenschmuggler(in) *m(f)*.

passible [pɑsibl] *adj*: ~ **de** zu bestrafen mit.

passif, -ive [pasif, iv] *adj* passiv ♦ *nm* (*LING*) Passiv *nt*; (*COMM*) Passiva *pl*, Schulden *pl*.

passion [pɑsjɔ̃] *nf* Leidenschaft *f*; (*fanatisme*) Fanatismus *m*; (*REL*) Passion *f*; **avoir la** ~ **de** eine Leidenschaft haben für; **la** ~ **du jeu** die Spielleidenschaft *f*.

passionnant, e [pɑsjɔnɑ̃, ɑ̃t] *adj* spannend; (*personne*) faszinierend.

passionné, e [pɑsjɔne] *adj* leidenschaftlich; (*description*) begeistert ♦ *nm/f*: **c'est un** ~ **d'échecs** er ist ein begeisterter Schachspieler; **être** ~ **de qch** sich für etw begeistern.

passionnel, le [pɑsjɔnɛl] *adj* (*crime*) aus Leidenschaft; (*drame*) der Leidenschaften.

passionnément [pɑsjɔnemɑ̃] *adv* leidenschaftlich.

passionner [pɑsjɔne] *vt* (*suj: roman, mystère etc*) faszinieren, fesseln; (: *débat, discussion*) begeistern, erregen; **se passionner** *vpr*: **se** ~ **pour qch** sich leidenschaftlich für etw interessieren.

passivement [pasivmɑ̃] *adv* passiv.

passivité [pasivite] *nf* Passivität *f*.

passoire [pɑswaʀ] *nf* Sieb *nt*; (*à thé*) Teesieb *nt*.

pastel [pastɛl] *nm* (*dessin*) Pastellzeich-

nung *f* ♦ *adj inv* Pastell-.

pastèque [pastɛk] *nf* Wassermelone *f*.

pasteur [pastœʀ] *nm* (*protestant*) Pfarrer *m*.

pasteurisation [pastœʀizasjɔ̃] *nf* Pasteurisierung *f*.

pasteuriser [pastœʀize] *vt* pasteurisieren.

pastiche [pastiʃ] *nm* Persiflage *f*.

pasticher [pastiʃe] *vt* nachahmen, persiflieren.

pastille [pastij] *nf* (*à sucer*) Pastille *f*; (*de papier etc*) Scheibchen *nt*; ~**s pour la toux** Hustenpastillen *pl*.

pastis [pastis] *nm* Pastis *m*.

pastoral, e, -aux [pastɔʀal, o] *adj* (*vie, roman*) Hirten-.

Patagonie [patagɔni] *nf*: **la** ~ Patagonien *nt*.

patate [patat] *nf* (*fam: pomme de terre*) Kartoffel *f* ▶ **patate douce** Süßkartoffel *f*.

pataud, e [pato, od] *adj* tolpatschig, tapsig.

patauger [patoʒe] *vi* (*pour s'amuser*) planschen; (*fig*) ins Schwimmen geraten in +*dat*; ~ **dans** (*en marchant*) waten in +*dat*.

patchouli [patʃuli] *nm* Patschuli *nt*.

patchwork [patʃwœʀk] *nm* Patchwork *nt*.

pâte [pat] *nf* Teig *m*; (*autre substance molle*) Brei *m*, Paste *f*; ~**s** *nfpl* (*macaroni etc*) Teigwaren *pl* ▶ **pâte à choux** Brandteig *m* ▶ **pâte à modeler** Knetmasse *f* ▶ **pâte à papier** Papierbrei *m* ▶ **pâte brisée** Mürbeteig *m* ▶ **pâte d'amandes** Marzipan *nt* ▶ **pâte de fruits** Geleeschnitte *f* ▶ **pâte feuilletée** Blätterteig *m*.

pâté [pate] *nm* (*charcuterie*) Pastete *f*; (*tache d'encre*) Tintenfleck *m* ▶ **pâté de foie** Leberpastete *f* ▶ **pâté de maisons** Häuserblock *m* ▶ **pâté de sable** Sandkuchen *m* ▶ **pâté en croûte** Fleischpastete *f*.

pâtée [pate] *nf* Futterbrei *m*.

patelin [patlɛ̃] (*fam*) *nm* Örtchen *nt*.

patente [patɑ̃t] *nf* (*COMM*) ≈ Gewerbesteuer *f*.

patenté, e [patɑ̃te] *adj* (*COMM*) lizenziert; (*fig: attitré*) anerkannt.

patère [patɛʀ] *nf* Haken *m*.

paternalisme [patɛʀnalism] *nm* Paternalismus *m*.

paternaliste [patɛʀnalist] *adj* paternalistisch.

paternel, le [patɛʀnɛl] *adj* (*amour, soins*) Vater-; (*ligne, autorité*) väterlich.

paternité [patɛʀnite] *nf* Vaterschaft *f*.

pâteux, -euse [patø, øz] *adj* dickflüssig, zähflüssig; **avoir la bouche** *ou* **langue pâteuse** eine belegte *ou* pelzige Zunge haben.

pathétique [patetik] *adj* ergreifend.

pathologie [patɔlɔʒi] *nf* Pathologie *f*.

pathologique [patɔlɔʒik] *adj* pathologisch, krankhaft.

patibulaire [patibylɛʀ] *adj* finster, düster.

patiemment [pasjamɑ̃] *adv* geduldig.

patience [pasjɑ̃s] *nf* Geduld *f*; (*CARTES*) Patience *f*; **être à bout de** ~ mit seiner Geduld am Ende sein; **perdre** ~ die Geduld verlieren; **prendre** ~ geduldig sein.

patient, e [pasjɑ̃, jɑ̃t] *adj* geduldig ♦ *nm/f* (*MÉD*) Patient(in) *m(f)*.

patienter [pasjɑ̃te] _vi_ sich gedulden, geduldig warten.

patin [patɛ̃] _nm_ (_de patineur_) Schlittschuh _m_; (_d'un traîneau, d'une luge_) Kufe _f_; (_sport_) Schlittschuhlaufen _nt_; (_de feutre_) Filzpantoffel _m_; (_pièce de tissu_) Filz _m_ (_als Unterlage, um Böden zu schützen_) ► **patin (de frein)** (_TECH_) Bremsschuh _m_ ► **patins (à glace)** Schlittschuhe _pl_ ► **patins à roulettes** Rollschuhe _pl_; **faire du ~ à roulettes** Rollschuh laufen.

patinage [patinaʒ] _nm_ (_technique_) Schlittschuhlaufen _nt_, Eislaufen _nt_ ► **patinage artistique** Eiskunstlaufen _nt_ ► **patinage de vitesse** Eisschnellaufen _nt_.

patine [patin] _nf_ Patina _f_.

patiner [patine] _vi_ (_personne_) Schlittschuh laufen; (_embrayage_) schleifen; (_roue, voiture_) nicht fassen; **se patiner** _vpr_ (_meuble, cuir_) Glanz bekommen.

patineur, -euse [patinœʀ, øz] _nm/f_ Schlittschuhläufer(in) _m(f)_.

patinoire [patinwaʀ] _nf_ Eisbahn _f_.

patio [pasjo] _nm_ Patio _m_, Innenhof _m_.

pâtir [pɑtiʀ] _vi_: **~ de** leiden unter +_dat_.

pâtisserie [pɑtisʀi] _nf_ (_boutique_) Konditorei _f_; (_métier_) Konditorhandwerk _nt_; (_à la maison_) Backen _nt_; **~s** _nfpl_ (_gâteaux_) feine Kuchen _pl_, Gebäck _nt_.

pâtissier, -ière [pɑtisje, jɛʀ] _nm/f_ Konditor(in) _m(f)_.

pâtisson [pɑtisɔ̃] _nm_ Art Kürbis.

patois [patwa] _nm_ Mundart _f_, Dialekt _m_.

patriarche [patʀijaʀʃ] _nm_ Patriarch _m_.

patrie [patʀi] _nf_ Vaterland _nt_.

patrimoine [patʀimwan] _nm_ Erbe _nt_; **~ génétique** _ou_ **héréditaire** Erbgut _nt_.

patriote [patʀijɔt] _adj_ patriotisch ♦ _nm/f_ Patriot(in) _m(f)_.

patriotique [patʀijɔtik] _adj_ patriotisch.

patriotisme [patʀijɔtism] _nm_ Patriotismus _m_.

patron, ne [patʀɔ̃, ɔn] _nm/f_ (_chef_) Chef(in) _m(f)_; (_propriétaire_) Besitzer(in) _m(f)_; (_MÉD_) Chefarzt _m_, Chefärztin _f_; (_REL: saint_) Namenspatron(in) _m(f)_ ♦ _nm_ (_COUTURE_) Schnittmuster _nt_; **~s et employés** Arbeitgeber und Arbeitnehmer ► **patron de thèse** Doktorvater _m_.

patronage [patʀɔnaʒ] _nm_ (_parrainage_) Schirmherrschaft _f_; (_club_) Jugendklub _m_; **sous le ~ de** unter der Schirmherrschaft von.

patronal, e, -aux [patʀɔnal, o] _adj_ Arbeitgeber-.

patronat [patʀɔna] _nm_ Arbeitgeber _pl_.

patronner [patʀɔne] _vt_ (_personne, entreprise_) protegieren, sponsern; (_candidature_) unterstützen.

patronnesse [patʀɔnɛs] _adj_ _f_: **dame ~** Gönnerin _f_.

patronyme [patʀɔnim] _nm_ Familienname _m_.

patronymique [patʀɔnimik] _adj_: **nom ~** Familienname _m_.

patrouille [patʀuj] _nf_ (_MIL_) Patrouille _f_; (_de police_) Streife _f_ ► **patrouille de chasse** Jagdgeschwader _nt_ ► **patrouille de reconnaissance**

Aufklärungspatrouille _f_.

patrouiller [patʀuje] _vi_ patrouillieren.

patrouilleur [patʀujœʀ] _nm_ (_NAUT_) Patrouillenboot _nt_; (_AVIAT_) Patrouillenflugzeug _nt_.

patte [pat] _nf_ (_jambe_) Bein _nt_; (_pied: de chien, chat_) Pfote _f_; (: _de canard etc_) Fuß _m_; (_languette de cuir, d'étoffe_) Streifen _m_; (: _de poche_) Klappe _f_; **~s (de lapin)** Koteletten _pl_; **à ~s d'éléphant** (_pantalon_) ausgestellt; **~s d'oie** (_rides_) Krähenfüße _pl_ ► **pattes de mouche** (_écriture_) Gekrickel _nt_.

pattemouille [patmuj] _nf_ Bügeltuch _nt_.

pâturage [pɑtyʀaʒ] _nm_ Weide _f_, Weideland _nt_.

pâture [pɑtyʀ] _nf_ Futter _nt_.

paume [pom] _nf_ Handfläche _f_, Handteller _m_.

paumé, e [pome] (_fam: péj_) _adj_: **il est complètement ~** er ist völlig verkorkst.

paumer [pome] _vt_ (_fam: perdre_) verlieren; **se paumer** _vpr_ sich verlaufen.

paupérisation [popeʀizasjɔ̃] _nf_ Verarmung _f_.

paupérisme [popeʀism] _nm_ Verarmung _f_.

paupière [popjɛʀ] _nf_ Lid _nt_.

paupiette [popjɛt] _nf_: **~s de veau** Kalbsroulade _f_.

pause [poz] _nf_ Pause _f_.

pause-café [pozkafe] (_pl_ **~s-~**) _nf_ Kaffeepause _f_.

pauvre [povʀ] _adj_ arm ♦ _nm/f_ Arme(r) _f(m)_; **les ~s** die Armen _pl_; **~ en calcium** kalkarm.

pauvrement [povʀəmɑ̃] _adv_ ärmlich.

pauvreté [povʀəte] _nf_ Armut _f_.

pavage [pavaʒ] _nm_ (_action_) Pflastern _nt_; (_revêtement_) Pflaster _nt_, Pflasterung _nt_.

pavaner [pavane]: **se ~** _vpr_ umherstolzieren.

pavé, e [pave] _adj_ gepflastert ♦ _nm_ (_bloc_) Pflasterstein _m_; (_pavement_) Pflaster _nt_, Pflasterung _f_; (_bifteck_) (viereckiges) Steak _nt_; (_fam: livre_) Wälzer _m_; **être sur le ~** auf der Straße sitzen.

paver [pave] _vt_ pflastern.

pavillon [pavijɔ̃] _nm_ (_belvédère, kiosque_) Pavillon _m_; (_maisonnette, villa_) Häuschen _nt_; (_d'hôpital_) Station _f_; (_de cor, de trompette_) Schalltrichter _m_; (_de l'oreille_) Muschel _f_; (_drapeau_) Flagge _f_ ► **pavillon de complaisance** Billigflagge _f_.

pavoiser [pavwaze] _vt_ beflaggen ♦ _vi_ (_NAUT_) flaggen; (_fig_) frohlocken, jubilieren.

pavot [pavo] _nm_ Mohn _m_.

payable [pɛjabl] _adj_ zahlbar.

payant, e [pɛjɑ̃, ɑ̃t] _adj_ (_hôte, spectateur_) zahlend; (_billet_) nicht kostenlos; (_spectacle_) wo Eintritt verlangt wird; (_place_) kostenpflichtig; (_fig: entreprise, coup_) gewinnbringend; **c'est ~** das lohnt sich.

paye [pɛj] _nf_ Lohn _m_.

payement [pɛjmɑ̃] _nm_ Zahlung _f_; (_d'employé_) Bezahlung _f_.

payer [peje] _vt_ (_créancier_) zahlen +_dat_; (_employé_) bezahlen, zahlen +_dat_; (_rente, loyer, impôts, appartement_) zahlen; (_déplacement_) bezahlen; (_fig: faute, crime_) bezahlen für ♦ _vi_ (_métier_) gut bezahlt sein; (_effort, tactique, crime, coup_) sich auszahlen; **se payer** *vpr*: **se** ~ **qch** sich *dat* etw leisten; **il me l'a fait** ~ **10 F** er hat mich 10F dafür zahlen lassen; ~ **qch à qn** jdm etw (be)zahlen; **ils nous ont payé le voyage** sie haben uns die Reise gezahlt; ~ **qn de retour** es jdm heimzahlen; ~ **par chèque** mit einem Scheck (be)zahlen; ~ **en espèces** bar zahlen; ~ **cher qch** etw teuer bezahlen; ~ **de sa personne** sich ganz einbringen; **cela ne paie pas de mine** das macht nicht viel her; **se** ~ **de mots** nur daherreden (anstatt zu handeln); **se** ~ **la tête de qn** jdn auf die Schippe nehmen; (*duper*) jdn an der Nase herumführen.

pays [pei] *nm* Land *nt*; **du** ~ *adj* einheimisch; **le** ~ **de Galles** Wales *nt*.

paysage [peiza3] *nm* Landschaft *f*.

paysager, -ère [peiza3e, ɛʀ] *adj voir* **jardin; bureau.**

paysagiste [peiza3ist] *nm/f* (*ART*) Landschaftsmaler(in) *m(f)*; (*de jardin*) Landschaftsarchitekt(in) *m(f)*.

paysan, ne [peizã, an] *nm/f* Bauer *m*, Bäuerin *f* ♦ *adj* bäuerlich.

paysannat [peizana] *nm* Bauern *pl*.

Pays-Bas [peiba] *nmpl* Niederlande *pl*.

PC [pese] *sigle m* (= *parti communiste*) KP *f*; (= *personal computer*) PC *m*.

pcc *abr* (= *pour copie conforme*) DD.

PCV [peseve] *abr* (= *percevoir*) R-Gespräch *nt*.

PDG [pede3e] *sigle m* (= *président directeur général*) *voir* **président.**

p.-ê. *abr* = **peut-être.**

péage [pea3] *nm* (*sur autoroute*) Straßenzoll *m*, Maut *f*; (*sur pont*) Brückenzoll *m*; (*endroit*) Mauthäuschen *nt*; **autoroute à** ~ Autobahn *f* mit Straßenzoll.

peau, x [po] *nf* Haut *f*; **gants de** ~ Handschuhe *pl* aus feinem Leder; **être bien/mal dans sa** ~ sich in seiner Haut wohl fühlen/nicht wohl fühlen; **se mettre dans la** ~ **de qn** sich in jds Lage versetzen; **faire** ~ **neuve** seinen Stil völlig ändern ▶ **peau d'orange** Orangenhaut *f* ▶ **peau de chamois** (*chiffon*) Fensterleder *nt*.

peaufiner [pofine] *vt* abrunden.

Peau-Rouge [poʀu3] (*pl* ~**x**-~**s**) *nm/f* Rothaut *f*.

peccadille [pekadij] *nf* lässliche Sünde *f*.

pêche [pɛʃ] *nf* (*fruit*) Pfirsich *m*; (*au poisson*) Fischen *nt*; (: *à la ligne*) Angeln *nt*; (*poissons pêchés*) Fang *m*; **aller à la** ~ fischen/angeln gehen; **avoir la** ~ (*fam*) in Spitzenform sein; ~ **à la ligne** Angeln *nt*; ~ **sous-marine** Unterwasserfischen *nt*.

péché [peʃe] *nm* Sünde *f* ▶ **péché mignon** lässliche Sünde.

pêche-abricot [pɛʃabʀiko] (*pl* ~**s**-~**s**) *nf* Aprikosenpfirsich *m*.

pécher [peʃe] *vi* sündigen; (*être insuffisant*) fehlerhaft sein; ~ **contre la bienséance/les bonnes mœurs** gegen den guten Ton/die guten Sitten verstoßen.

pêcher [peʃe] *nm* (*BOT*) Pfirsichbaum *m* ♦ *vi* (*en mer*) fischen; (*en rivière*) angeln ♦ *vt* (*attraper*)

fangen, fischen; ~ **au chalut** mit dem Schleppnetz fischen.

pêcheur [pɛʃœʀ] *nm* (*v pêcher*) Fischer(in) *m(f)*; Angler(in) *m(f)* ▶ **pêcheur de perles** Perlenfischer *m*.

pécheur, -eresse [peʃœʀ, peʃʀɛs] *nm/f* Sünder(in) *m(f)*.

pectine [pɛktin] *nf* Pektin *nt*.

pectoral, e, -aux [pɛktɔʀal, o] *adj* (*sirop*) zum Einreiben der Brust; (*muscle*) Brust-; **pectoraux** *nmpl* (*ANAT*) Brustmuskulatur *f*.

pécule [pekyl] *nm* Ersparnisse *pl*.

pécuniaire [pekynjɛʀ] *adj* finanziell.

pécuniairement [pekynjɛʀmã] *adv* finanziell.

pédagogie [pedagɔ3i] *nf* Pädagogik *f*.

pédagogique [pedagɔ3ik] *adj* pädagogisch, Erziehungs-; **formation** ~ Lehrerausbildung *f*.

pédagogue [pedagɔg] *nm/f* Pädagoge *m*, Pädagogin *f*.

pédale [pedal] *nf* Pedal *nt*.

pédaler [pedale] *vi* in die Pedale treten.

pédalier [pedalje] *nm* (*d'une bicyclette*) Pedale *pl*.

pédalo [pedalo] *nm* Tretboot *nt*.

pédant, e [pedã, ãt] *adj* (*péj*) wichtigtuerisch ♦ *nm/f* Wichtigtuer(in) *m(f)*.

pédantisme [pedãtism] *nm* Wichtigtuerei *f*.

pédéraste [pedeʀast] *nm* Homosexuelle(r) *m*.

pédérastie [pedeʀasti] *nf* Homosexualität *f*.

pédestre [pedɛstʀ] *adj*: **tourisme** ~ Wandern *nt*; **randonnée** ~ (*excursion*) Wanderung *f*.

pédiatre [pedjatʀ] *nm/f* Kinderarzt *m*, Kinderärztin *f*.

pédiatrie [pedjatʀi] *nf* Kinderheilkunde *f*, Pädiatrie *f*.

pédicure [pedikyʀ] *nm/f* Fußpfleger(in) *m(f)*.

pedigree [pedigʀe] *nm* Stammbaum *m*.

peeling [piliŋ] *nm* Schälkur *f*.

pègre [pɛgʀ] *nf* Unterwelt *f*.

peignais *etc* [pɛɲɛ] *vb voir* **peindre.**

peigne [pɛɲ] *vb voir* **peindre; peigner** ♦ *nm* Kamm *m*.

peigné, e [peɲe] *adj*: **laine** ~**e** Kammgarn *nt*.

peigner [peɲe] *vt* kämmen; **se peigner** *vpr* sich kämmen.

peignez *etc* [peɲe] *vb voir* **peindre.**

peignis *etc* [peɲi] *vb voir* **peindre.**

peignoir [peɲwaʀ] *nm* Bademantel *m*; (*chez le coiffeur etc*) Frisierumhang *m*; (*déshabillé*) Morgenmantel *m* ▶ **peignoir de bain** Bademantel ▶ **peignoir de plage** Bademantel.

peignons *etc* [peɲɔ̃] *vb voir* **peindre.**

peinard, e [pɛnaʀ, aʀd] (*fam*) *adj* gemütlich, geruhsam; **on est** ~ **ici** hier geht es gemütlich zu.

peindre [pɛdʀ] *vt* (*ART*) malen; (*mur*) streichen; (*fig: dépeindre*) beschreiben.

peine [pɛn] *nf* (*effort*) Mühe *f*; (*chagrin*) Kummer *m*; (*punition*) Strafe *f*; **faire de la** ~ **à qn** jds Mitleid erwecken; **prendre la** ~ **de faire qch** sich *dat* die Mühe machen, etw zu tun; **se donner de la** ~ sich *dat* Mühe geben; **ce**

n'est pas la ~ es ist nicht nötig; **avoir de la ~ à faire qch** Mühe haben, etw zu tun; **donnez-vous la ~ d'entrer** kommen Sie doch bitte herein; **pour la ~** dafür; **c'est ~ perdue** das ist verlorene Liebesmüh; **à ~ kaum**; **à ~ était-elle sortie que** kaum war sie gegangen, als; **c'est à ~ si on l'entend** man hört ihn kaum; **défense d'afficher sous ~ d'amende** Plakatieren wird strafrechtlich verfolgt ▶ **peine capitale** *ou* **de mort** Todesstrafe *f.*

peiner [pene] *vi* sich quälen ♦ *vt* betrüben.

peint, e [pɛ̃, pɛ̃t] *pp de* **peindre**.

peintre [pɛ̃tʀ] *nm* (*ouvrier*) Anstreicher(in) *m(f)*; (*ART*) Maler(in) *m(f)*; ~ **en bâtiment** Anstreicher(in).

peinture [pɛ̃tyʀ] *nf* (*ART*) Malerei *f*; (*tableau*) Bild *nt*, Gemälde *nt*; (*matière*) Farbe *f*; (*action: de mur*) Anstreichen *nt*; (: *de paysage, personne*) Malen *nt*; (*surface peinte*) Anstrich *m*; "~ fraîche" „Vorsicht, frisch gestrichen!"; **ne pas pouvoir voir qn en ~** jdn nicht ausstehen können ▶ **peinture brillante** *ou* **laquée** Glanzlack *m* ▶ **peinture mate** Mattlack *m.*

péjoratif, ive [peʒɔʀatif, iv] *adj* pejorativ, abwertend.

Pékin [pekɛ̃] *n* Peking *nt.*

pékinois, e [pekinwa, waz] *adj*, *nm* (*chien*) Pekinese *m.*

PEL [peɛl] *sigle m* (= *plan d'épargne logement*) ≈ Bausparen *nt.*

pelade [pəlad] *nf* Haarausfall *m.*

pelage [pəlaʒ] *nm* Fell *nt.*

pelé, e [pəle] *adj* (*chien*) haarlos; (*terrain*) kahl ♦ *nm/f*: **trois ~s et un tondu** nur eine Handvoll Leute.

pêle-mêle [pɛlmɛl] *adv* durcheinander.

peler [pəle] *vt* schälen, pellen ♦ *vi* sich schälen.

pèlerin [pɛlʀɛ̃] *nm* Pilger(in) *m(f).*

pèlerinage [pɛlʀinaʒ] *nm* Pilgerfahrt *f*, Wallfahrt *f*; (*lieu*) Wallfahrtsort *m.*

pèlerine [pɛlʀin] *nf* Cape *nt.*

pélican [pelikɑ̃] *nm* Pelikan *m.*

pelisse [pəlis] *nf* Mantel *m* mit Pelzfutter.

pelle [pɛl] *nf* Schaufel *f*; (*de terrassier*) Spaten *m* ▶ **pelle à gâteau** *ou* **à tarte** Tortenschaufel *f*, Tortenheber *m* ▶ **pelle mécanique** Schaufelbagger *m.*

pelletée [pɛlte] *nf* Schaufel *f.*

pelleter [pɛlte] *vt* schaufeln.

pelleteuse [pɛltøz] *nf* (*pelle mécanique*) Schaufelbagger *m.*

pelletier [pɛltje] *nm* Kürschner(in) *m(f).*

pellicule [pelikyl] *nf* (*couche fine*) Häutchen *nt*; (*PHOTO, CINÉ*) Film *m*; **~s** *nfpl* (*MED*) Schuppen *pl.*

Péloponnèse [pelɔpɔnɛz] *nm* Peloponnes *m ou f.*

pelote [p(ə)lɔt] *nf* (*de fil, laine*) Knäuel *nt*; ~ **d'épingles** Nadelkissen *nt*; ~ **basque** Pelota *f.*

peloter [p(ə)lɔte] *vt* (*fam*) begrapschen; **se peloter** *vpr* Petting machen.

peloton [p(ə)lɔtɔ̃] *nm* (*MIL, groupe*) Trupp *m*;

(*SPORT*) (Haupt)feld *nt*; ~ **d'exécution** Hinrichtungskommando *nt.*

pelotonner [p(ə)lɔtɔne]: **se** ~ *vpr* sich zusammenrollen.

pelouse [p(ə)luz] *nf* (*gazon*) Rasen *m*; (*COURSES*) Zuschauerbereich im Innenbereich der Pferderennbahn.

peluche [p(ə)lyʃ] *nf* (*poil*) Fluse *f*; **animal en ~** Plüschtier *nt*, Stofftier *nt.*

pelucher [p(ə)lyʃe] *vi* fusselig werden.

pelucheux, -euse [p(ə)lyʃø, øz] *adj* fusselig.

pelure [p(ə)lyʀ] *nf* (*de fruit, légume*) Schale *f* ▶ **pelure d'oignon** Zwiebelschale *f*, Zwiebelhaut *f.*

pénal, e, -aux [penal, o] *adj* Straf-.

pénalisation [penalizasjɔ̃] *nf* (*SPORT*) Bestrafung *f.*

pénaliser [penalize] *vt* bestrafen.

pénalité [penalite] *nf* Strafe *f*; (*RUGBY*) Strafstoß *m.*

penalty [penalti] (*pl* **penalties**) *nm* Elfmeter *m.*

pénard, e [penaʀ, aʀd] *adj voir* **peinard.**

pénates [penat] *nmpl*: **regagner ses ~** an den heimischen Herd zurückkehren.

penaud, e [pəno, od] *adj* verlegen.

penchant [pɑ̃ʃɑ̃] *nm*: **avoir un ~ à qch** eine Neigung zu etw haben; **avoir un ~ pour qch** eine Vorliebe für etw haben.

penché, e [pɑ̃ʃe] *adj* schräg.

pencher [pɑ̃ʃe] *vi* sich neigen ♦ *vt* neigen; **se pencher** *vpr* sich vorbeugen; (*se baisser*) sich hinunterneigen; ~ **pour** neigen zu; **se** ~ **sur** (*fig: problème, question*) sich vertiefen in +*acc*; **se** ~ **au dehors** herauslehnen.

pendable [pɑ̃dabl] *adj*: **c'est un cas** ~! das ist ein Fall für den Richter!; **tour** ~ schlechter *ou* übler Scherz *m.*

pendaison [pɑ̃dɛzɔ̃] *nf* (*de personne*) Erhängen *nt.*

pendant, e [pɑ̃dɑ̃, ɑ̃t] *adj* (*qui pend*) hängend; (*en instance*) schwebend ♦ *nm*: **être le ~ de** das Gegenstück sein zu ♦ *prép* während; **faire ~ à** entsprechen +*dat*; ~ **que** während ▶ **pendants d'oreilles** Ohrringe *pl.*

pendeloque [pɑ̃d(ə)lɔk] *nf* (*bijou*) Ohrgehänge *nt*; (*de lustre*) Leuchtergehänge *nt.*

pendentif [pɑ̃dɑ̃tif] *nm* (*bijou*) Anhänger *m.*

penderie [pɑ̃dʀi] *nf* (*meuble*) Kleiderschrank *m*; (*placard*) Ankleidekammer *f.*

pendiller [pɑ̃dije] *vi* herumbaumeln.

pendre [pɑ̃dʀ] *vt* (*objet*) aufhängen; (*personne*) hängen ♦ *vi* hängen; **se pendre** *vpr*: **se** ~ **(à)** (*se suicider*) sich aufhängen (an +*acc*); ~ **à** hängen an +*dat*; **se** ~ **à** (*se suspendre*) sich hängen an +*acc.*

pendu, e [pɑ̃dy] *pp de* **pendre** ♦ *nm/f* Gehenkte(r) *f(m).*

pendulaire [pɑ̃dylɛʀ] *adj* pendelnd, Pendel-.

pendule [pɑ̃dyl] *nf* Stiluhr *f*; (*au mur*) Wanduhr *f* ♦ *nm* Pendel *nt.*

pendulette [pɑ̃dylɛt] *nf*: ~ **de voyage** Reiseuhr *f.*

pêne [pɛn] *nm* Riegel *m.*

pénétrant, e [penetʀɑ̃, ɑ̃t] adj (froid) durchdringend, schneidend; (pluie) durchdringend; (odeur) penetrant; (œil, regard) scharf, durchdringend; (perspicace) scharfsinnig ♦ nf (route) Schnellstraße f.

pénétration [penetʀasjɔ̃] nf (fig: d'idées etc) Durchdringen nt; (perspicacité) Auffassungsgabe f; **force de** ~ (MIL) Durchschlagskraft f.

pénétré, e [penetʀe] adj (air, ton) überzeugt; **être** ~ **de** erfüllt ou durchdrungen sein von; **être** ~ **de son importance** von seiner eigenen Wichtigkeit sehr überzeugt sein.

pénétrer [penetʀe] vi eindringen ♦ vt eindringen in +acc; (mystère, secret) herausfinden; **se pénétrer** vpr: **se** ~ **de qch** sich dat etw in den Kopf setzen; ~ **dans** ou **à l'intérieur de** eindringen in +acc.

pénible [penibl] adj mühsam, schwierig; (douloureux, affligeant) schmerzlich; (personne) lästig; **il m'est** ~ **de** macht mir sehr traurig, zu.

péniblement [penibləmɑ̃] adv mühsam; (avec douleur) schmerzlich; (tout juste) kaum.

péniche [peniʃ] nf Frachtkahn m, Lastkahn m; ~ **de débarquement** Landungsboot nt.

pénicilline [penisilin] nf Penizillin nt.

péninsulaire [penɛ̃sylɛʀ] adj Halbinsel-.

péninsule [penɛ̃syl] nf Halbinsel f.

pénis [penis] nm Penis m.

pénitence [penitɑ̃s] nf (repentir) Reue f; (peine) Buße f; (punition) Strafe f; **pour ta** ~ zur Strafe; **faire** ~ Buße tun.

pénitencier [penitɑ̃sje] nm (prison) Zuchthaus nt.

pénitent, e [penitɑ̃, ɑ̃t] adj reuig.

pénitentiaire [penitɑ̃sjɛʀ] adj Straf-.

pénombre [penɔ̃bʀ] nf Halbdunkel nt.

pensable [pɑ̃sabl] adj: **ce n'est pas** ~ das ist undenkbar.

pensant, e [pɑ̃sɑ̃, ɑ̃t] adj: **bien** ~ konformistisch.

pense-bête [pɑ̃sbɛt] (pl ~-~s) nm Eselsbrücke f.

pensée [pɑ̃se] nf (faculté) Denken nt; (ce que l'on pense) Gedanke m; (manière de penser) Gedanken pl; (esprit) Geist m; (doctrine) Lehre f; (BOT) Stiefmütterchen nt; **en** ~ im Geist.

penser [pɑ̃se] vi denken; (réfléchir aussi) nachdenken ♦ vt denken; (imaginer) sich dat denken; (concevoir) sich dat ausdenken; ~ **à** denken an +acc; (problème, offre) nachdenken über +acc; ~ **que** denken, daß; ~ **à faire qch** daran denken, etw zu tun; ~ **faire qch** vorhaben, etw zu tun; ~ **du bien/du mal de qn/qch** gut/schlecht über jdn/etw denken; **faire** ~ **à** erinnern an +acc; **n'y pensons plus** vergessen wir's; **qu'en pensez-vous?** was denken ou halten Sie davon?; **je le pense aussi** das denke ich auch; **je ne le pense pas** ich denke, nicht; **je pense que oui/non** ich denke ja/nein; **j'aurais pensé que si/non** ich hätte gedacht ja/nein; **vous n'y pensez pas!** daran ist nicht zu denken!; **sans** ~ **à mal** ohne etwas Böses zu denken.

penseur [pɑ̃sœʀ] nm Denker(in) m(f); **libre** ~ Freidenker(in) m(f).

pensif, -ive [pɑ̃sif, iv] adj nachdenklich.

pension [pɑ̃sjɔ̃] nf (allocation) Rente f; (prix du logement) Unterkunft f; (petit hôtel) Pension f; (école) Internat nt; **prendre** ~ **chez qn/dans un hôtel** sich bei jdm/in einem Hotel einquartieren; **prendre qn en** ~ jdm ein Zimmer vermieten; **mettre en** ~ (enfant) in ein Internat schicken; ► **pension alimentaire** (d'étudiant) Unterhaltszuschuß m; (de divorcée) Unterhalt m; ► **pension complète** Vollpension f; ► **pension d'invalidité** Invalidenrente f; ► **pension de famille** Familienpension f; ► **pension de guerre** Kriegsrente f.

pensionnaire [pɑ̃sjɔnɛʀ] nm/f (dans hôtel) Pensionsgast m; (dans une école) Internatsschüler(in) m(f).

pensionnat [pɑ̃sjɔna] nm Internat nt.

pensionné, e [pɑ̃sjɔne] adj pensioniert ♦ nm/f Rentner(in) m(f).

pensivement [pɑ̃sivmɑ̃] adv nachdenklich.

pensum [pɛ̃sɔm] nm (SCOL) Strafarbeit f; (fig) lästige Arbeit f.

pentagone [pɛ̃tagɔn] nm (GÉOM) Fünfeck nt; **le P**~ (POL) das Pentagon.

pentathlon [pɛ̃tatlɔ̃] nm (moderner) Fünfkampf m.

pente [pɑ̃t] nf Hang m; (descente) Abhang m; (inclinaison) Gefälle nt; **en** ~ schräg, abfallend.

Pentecôte [pɑ̃tkot] nf: **la** ~ Pfingsten nt; (dimanche) der Pfingstsonntag; **lundi de** ~ Pfingstmontag m.

pénurie [penyʀi] nf Mangel m, Knappheit f; ~ **de main d'œuvre** Personalmangel m.

pépé [pepe] (fam) nm Opa m.

pépère [pepɛʀ] (fam) adj gemütlich ♦ nm Opa m.

pépier [pepje] vi zwitschern.

pépin [pepɛ̃] nm (BOT) Kern m; (fam: ennui) Haken m; (: parapluie) Regenschirm m.

pépinière [pepinjɛʀ] nf Baumschule f; (fig) Brutstätte f.

pépiniériste [pepinjeʀist] nm/f Gärtner(in) m(f) (hauptsächlich mit Frühbeeten).

pépite [pepit] nf Goldklumpen m.

PER [peœʀ] sigle m (= plan d'épargne retraite) ≈ Rentensparen nt.

perçant, e [pɛʀsɑ̃, ɑ̃t] adj durchdringend, stechend; (vue) scharf; (cri, voix) schrill.

percée [pɛʀse] nf Durchbruch m; (trouée) Öffnung f; **tenter/faire une** ~ einen Durchbruch versuchen/machen.

perce-neige [pɛʀsənɛʒ] nm ou f Schneeglöckchen nt.

perce-oreille [pɛʀsɔʀɛj] (pl ~-~s) nm Ohrenkneifer m.

percepteur [pɛʀsɛptœʀ] nm (ADMIN) Steuereinnehmer(in) m(f).

perceptible [pɛʀsɛptibl] adj wahrnehmbar.

perception [pɛʀsɛpsjɔ̃] nf (sensation) Wahrnehmung *f*; (*d'impôts etc*) Einnahme *f*; (*bureau*) Finanzamt *nt*.

percer [pɛRse] *vt* ein Loch machen in +*acc*; (*oreilles, narines*) durchstechen; (*abcès*) aufschneiden; (*coffre-fort*) sprengen; (*pneu*) zum Platzen bringen; (*trou, tunnel*) bohren; (*fenêtre*) ausbrechen; (*avenue*) anlegen; (*mystère, énigme*) auflösen; (*suj: bruit, lumière, soleil*) durchdringen ♦ *vi* durchkommen; (*réussir*) den Durchbruch schaffen; ~ **une dent** zahnen.

perceuse [pɛRsøz] *nf* Bohrer *m* ▶ **perceuse à percussion** Schlagbohrer *m*.

percevable [pɛRsəvabl] *adj* zahlbar, zu zahlen.

percevoir [pɛRsəvwaR] *vt* (*discerner*) wahrnehmen; (*taxe, impôt*) einnehmen.

perche [pɛRʃ] *nf* (*ZOOL*) Flußbarsch *m*; (*pièce de bois, métal*) Stange *f*; ~ **à son** Galgen *m*.

percher [pɛRʃe] *vt*: ~ **sur** setzen auf +*acc* ♦ *vi* (*aussi*: **se** ~) (*oiseau*) hocken.

perchiste [pɛRʃist] *nm/f* (*SPORT*) Stabhochspringer *m*; (*TV, CINÉ*) Tontechniker(in) *m(f)*.

perchoir [pɛRʃwaR] *nm* Stange *f*; (*POL*) Präsidentenamt in der französischen Nationalversammlung.

perclus, e [pɛRkly, yz] *adj*: ~ **de rhumatismes** vom Rheuma lahmgelegt.

perçois *etc* [pɛRswa] *vb voir* **percevoir**.

percolateur [pɛRkɔlatœR] *nm* Kaffeemaschine *f*.

perçu, e [pɛRsy] *pp de* **percevoir**.

percussion [pɛRkysjɔ̃] *nf* (*MUS*) Schlagzeug *nt*.

percussionniste [pɛRkysjɔnist] *nm/f* Schlagzeuger(in) *m(f)*.

percutant, e [pɛRkytɑ̃, ɑ̃t] *adj* (*article, discours*) schlagkräftig; **obus** ~ Durchschlaggeschoß *nt*.

percuter [pɛRkyte] *vt* stoßen auf +*acc*, schlagen auf +*acc*; (*suj: véhicule*) knallen gegen ♦ *vi*: ~ **contre** knallen gegen.

percuteur [pɛRkytœR] *nm* (*d'arme à feu*) Hammer *m*.

perdant, e [pɛRdɑ̃, ɑ̃t] *nm/f* (*personne*) Verlierer(in) *m(f)*.

perdition [pɛRdisjɔ̃] *nf* (*morale*) Verderben *nt*; **en** ~ (*NAUT*) in Seenot; **lieu de** ~ Sündenpfuhl *m*.

perdre [pɛRdR] *vt* verlieren; (*gaspiller*) verschwenden; (*manquer*) verpassen; (*moralement*) verderben, ins Verderben stürzen; (*causer préjudice à*) jds Verderben sein ♦ *vi* verlieren; (*financièrement*) einen Verlust machen; (*fuire*) undicht sein, lecken; **se perdre** *vpr* (*s'égarer*) sich verlaufen; (*rester inutilisé*) liegenbleiben; (*disparaître: paroles, rivière*) sich verlieren; (*métier, sens, usage*) verloren gehen; **il ne perd rien pour attendre!** er kommt noch dran!; ~ **son chemin** sich verirren; ~ **de vue** aus den Augen verlieren; ~ **connaissance/l'équilibre** das Bewußtsein/das Gleichgewicht verlieren; ~ **la raison/la parole/la vue** den Verstand/die Sprache/das Augenlicht verlieren.

perdreau, x [pɛRdRo] *nm* Rebhuhnjunges *nt*.

perdrix [pɛRdRi] *nf* Rebhuhn *nt*.

perdu, e [pɛRdy] *pp de* **perdre** ♦ *adj* verloren; (*enfant, chien*) verirrt; (*isolé*) abgelegen, gottverlassen; (*emballage*) Einweg-; (*occasion*) verpaßt, vertan; **il est** ~ (*malade, blessé*) er ist nicht zu retten; **à vos moments** ~**s** in einer Mußestunde.

père [pɛR] *nm* Vater *m*; (*REL*) Pater *m*; ~**s** *nmpl* (*ancêtres*) Vorväter *pl*; **de** ~ **en fils** vom Vater auf den Sohn; ~ **de famille** Familienvater *m*; **le** ~ **Noël** der Weihnachtsmann.

pérégrinations [peRegRinasjɔ̃] *nfpl* Wanderschaft *f*.

péremption [peRɑ̃psjɔ̃] *nf*: **date de** ~ Verfallsdatum *nt*.

péremptoire [peRɑ̃ptwaR] *adj* kategorisch.

pérennité [peRenite] *nf* Fortbestand *m*.

péréquation [peRekwasjɔ̃] *nf* Anpassung *f*.

perfectible [pɛRfɛktibl] *adj* verbesserungsfähig.

perfection [pɛRfɛksjɔ̃] *nf* Vollkommenheit *f*, Perfektion *f*; **à la** ~ vollkommen.

perfectionné, e [pɛRfɛksjɔne] *adj* (*machine etc*) kompliziert.

perfectionnement [pɛRfɛksjɔnmɑ̃] *nm* Vervollkommnen *nt*.

perfectionner [pɛRfɛksjɔne] *vt* vervollkommnen; **se perfectionner** *vpr*: **se** ~ **en anglais** sein Englisch verbessern.

perfectionniste [pɛRfɛksjɔnist] *nm/f* Perfektionist(in) *m(f)*.

perfide [pɛRfid] *adj* heimtückisch; (*manœuvre*) hinterlistig.

perfidie [pɛRfidi] *nf* (*v adj*) Heimtücke *f*; Hinterlist *f*.

perforant [pɛRfɔRɑ̃] *adj* (*balle, obus*) panzerbrechend.

perforation [pɛRfɔRasjɔ̃] *nf* (*v vt*) Perforieren *nt*, Lochen *nt*; (*trou*) Perforierung *f*; ~ **intestinale** Darmperforation *f*.

perforatrice [pɛRfɔRatRis] *nf* (*perceuse*) Bohrer *m*.

perforé, e [pɛRfɔRe] *adj*: **carte/bande** ~**e** Lochkarte *f*/Lochstreifen *m*.

perforer [pɛRfɔRe] *vt* (*intestin*) perforieren; (*ticket, bande, carte*) lochen.

perforeuse [pɛRfɔRøz] *nf voir* **perforatrice**.

performance [pɛRfɔRmɑ̃s] *nf* Leistung *f*; ~**s** *nfpl* Leistung.

performant, e [pɛRfɔRmɑ̃, ɑ̃t] *adj* (*ÉCON*) wettbewerbsfähig; (*TECH*) leistungsfähig.

perfusion [pɛRfyzjɔ̃] *nf* (*MÉD*) Infusion *f*; **faire une** ~ **à qn** jdm eine Infusion legen.

péricliter [peRiklite] *vi* bergab gehen.

péridurale [peRidyRal] *nf* Epiduralanästhesie *f*.

périgourdin, e [peRiguRdɛ̃, in] *adj* aus dem Périgord; (*ville*) aus Périgueux ♦ *nm/f*: **P~,** e Einwohner(in) *m(f)* von Périgord/Périgueux.

péri-informatique [peRiɛ̃fɔRmatik] (*pl* ~-~**s**) *nf* Peripheriegeräte *pl*.

péril [peRil] *nm* Gefahr *f*; **au** ~ **de sa vie** unter

Lebensgefahr; **à ses risques et ~s** auf eigene Gefahr.

•érilleux, -euse [peʀijø, øz] *adj* gefährlich.

•érimé, e [peʀime] *adj* (*conception, idéologie*) veraltet, überholt; (*billet*) verfallen; (*passeport*) abgelaufen.

•érimètre [peʀimɛtʀ] *nm* (*MATH*) Umfang *m*; (*ligne*) Grenze *f*; (*zone*) Umkreis *m*.

•érinatal, e, -aux [peʀinatal] *adj* perinatal.

période [peʀjɔd] *nf* Zeit *f*, Zeitraum *m*; (*PHYS, MATH*) Periode *f*; **~ de l'ovulation** Zeit des Eisprungs; **~ d'incubation** Inkubationszeit *f*.

•ériodique [peʀjɔdik] *adj* periodisch; (*journal, publication*) regelmäßig erscheinend ♦ *nm* (*revue*) Zeitschrift *f*; **garniture** *ou* **serviette ~** (Damen)binde *f*.

•ériodiquement [peʀjɔdikmɑ̃] *adv* periodisch.

•éripéties [peʀipesi] *nfpl* Ereignisse *pl*, Vorfälle *pl*.

•ériphérie [peʀifeʀi] *nf* Peripherie *f*; (*d'une ville*) Stadtrand *m*.

•ériphérique [peʀifeʀik] *adj* Außen-; (*ANAT, INFORM*) peripher ♦ *nm* (*INFORM*) Peripheriegerät *nt*; (*boulevard*) **~** Umgehungsstraße *f*.

•ériphrase [peʀifʀɑz] *nf* Umschreibung *f*.

•ériple [peʀipl] *nm* Reise *f*.

•érir [peʀiʀ] *vi* (*personne*) umkommen, sterben; (*navire*) untergehen.

•ériscolaire [peʀiskɔlɛʀ] *adj* außerschulisch.

•ériscope [peʀiskɔp] *nm* Periskop *nt*.

•érissable [peʀisabl] *adj* (*denrée*) verderblich.

•éristyle [peʀistil] *nm* Peristyle *nt*.

•éritonite [peʀitɔnit] *nf* Bauchfellentzündung *f*.

•erle [pɛʀl] *nf* Perle *f*; (*de liquide*) Tropfen *m*; (*erreur*) Stilblüte *f*.

•erlé, e [pɛʀle] *adj* (*dents*) perlengleich; (*rire*) perlend; (*travail*) hervorragend; (*orge*) Perl-; **grève ~e** Teilstreik *m*.

•erler [pɛʀle] *vi* (*sueur*) herabperlen, herabtropfen.

•erlier, -ière [pɛʀlje, jɛʀ] *adj* Perlen-.

•ermanence [pɛʀmanɑ̃s] *nf* Beständigkeit *f*; (*local: ADMIN, MÉD*) Bereitschaft(szentrale) *f*; (: *SCOL*) Studierraum *m*; **en ~** *adv* permanent, ständig; **assurer une ~** die Grundversorgung sicherstellen; **être de ~** Bereitschaft(sdienst) haben.

•ermanent, e [pɛʀmanɑ̃, ɑ̃t] *adj* (*trait, élément, situation*) beständig, dauerhaft; (*pouvoir*) beständig; (*continu*) ständig; (*comité, envoyé*) ständig ♦ *nf* Dauerwelle *f* ♦ *nm* (*d'un syndicat, parti*) bezahlter Funktionär *m*.

•erméable [pɛʀmeabl] *adj* durchlässig; **~ à** (*fig*) offen für.

•ermettre [pɛʀmɛtʀ] *vt* erlauben; **se permettre** *vpr*: **se ~ qch** sich *dat* etw erlauben *ou* herausnehmen; **~ à qn de faire qch** jdm erlauben, etw zu tun; **rien ne permet de penser que ...** nichts berechtigt zum Glauben, daß ...; **~ qch à qn** jdm etw erlauben; **se ~ de faire qch** sich *dat* erlauben, etw zu tun; **permettez!** erlauben Sie!

permis, e [pɛʀmi, iz] *pp de* **permettre** ♦ *nm* Genehmigung *f*, Erlaubnis *f* ► **permis d'inhumer** Totenschein *m* ► **permis de chasse** Jagdschein *m* ► **permis de conduire** Führerschein *m* ► **permis de construire** Baugenehmigung *f* ► **permis de pêche** Angelschein *m* ► **permis de séjour** Aufenthaltsgenehmigung *f* ► **permis de travail** Arbeitsgenehmigung *f* ► **permis poids lourds** LKW-Führerschein *m*.

permissif, -ive [pɛʀmisif, iv] *adj* freizügig.

permission [pɛʀmisjɔ̃] *nf* Erlaubnis *f*; (*MIL*) Urlaub *m*; (: *papier*) Urlaubsschein *m*; **avoir la ~ de faire qch** die Erlaubnis haben, etw zu tun; **en ~** (*MIL*) auf Urlaub.

permissionnaire [pɛʀmisjɔnɛʀ] *nm* (*MIL*) Soldat *m* auf Urlaub.

permutable [pɛʀmytabl] *adj* austauschbar.

permutation [pɛʀmytasjɔ̃] *nf* Tausch *m*; (*MATH*) Permutation *f*.

permuter [pɛʀmyte] *vt* austauschen ♦ *vi* tauschen.

pernicieux, -euse [pɛʀnisjø, jøz] *adj* (*MÉD*) bösartig; (: *anémie*) perniziös; (*fig*) gefährlich.

péroné [peʀɔne] *nm* Wadenbein *nt*.

pérorer [peʀɔʀe] *vi* Volksreden halten.

Pérou [peʀu] *nm*: **le ~** Peru *nt*.

perpendiculaire [pɛʀpɑ̃dikylɛʀ] *adj* rechtwinklig, senkrecht ♦ *nf* Senkrechte *f*; **~ à** senkrecht zu.

perpendiculairement [pɛʀpɑ̃dikylɛʀmɑ̃] *adv* senkrecht.

perpète [pɛʀpɛt] (*fam*) *nf*: **à ~** (*loin*) ewig weit weg; (*longtemps*) ewig; **être condamné à ~** lebenslänglich bekommen.

perpétrer [pɛʀpetʀe] *vt* begehen, verüben.

perpétuel, le [pɛʀpetɥɛl] *adj* ständig, fortwährend; (*fonction etc*) auf Lebenszeit, lebenslang.

perpétuellement [pɛʀpetɥɛlmɑ̃] *adv* ewig, ständig.

perpétuer [pɛʀpetɥe] *vt* aufrechterhalten, bewahren; **se perpétuer** *vpr* (*usage, injustice*) sich einschleifen; (*espèce*) überleben.

perpétuité [pɛʀpetɥite] *nf*: **à ~** *adj* lebenslänglich ♦ *adv*: **être condamné à ~** zu lebenslänglich verurteilt werden.

perplexe [pɛʀplɛks] *adj* ratlos.

perplexité [pɛʀplɛksite] *nf* Ratlosigkeit *f*.

perquisition [pɛʀkizisjɔ̃] *nf* Haussuchung *f*.

perquisitionner [pɛʀkizisjɔne] *vi* eine Haussuchung vornehmen.

perron [peʀɔ̃] *nm* Freitreppe *f*.

perroquet [peʀɔkɛ] *nm* Papagei *m*.

perruche [peʀyʃ] *nf* Wellensittich *m*.

perruque [peʀyk] *nf* Perücke *f*.

persan, e [pɛʀsɑ̃, an] *adj* (*chat, cheval*) Perser-.

Perse [pɛʀs] *nf*: **la ~** Persien *nt*.

persécuter [pɛʀsekyte] *vt* verfolgen.

persécution [pɛʀsekysjɔ̃] *nf* Verfolgung *f*.

persévérance [pɛʀseveʀɑ̃s] *nf* Ausdauer *f*, Beharrlichkeit *f*.

persévérant, e [pɛʀseveʀɑ̃, ɑ̃t] _adj_ ausdauernd, beharrlich.

persévérer [pɛʀseveʀe] _vi_ nicht aufgeben; ~ **à croire que** unbeirrt glauben, daß; ~ **dans qch** etw nicht aufgeben; (_dans une erreur_) auf einer Sache _dat_ beharren.

persiennes [pɛʀsjɛn] _nfpl_ Fensterläden _pl_ (_mit schrägen Latten_).

persiflage [pɛʀsifla3] _nm_ Spott _m_, Gespött _nt._

persifleur, -euse [pɛʀsiflœʀ, øz] _adj_ spöttisch.

persil [pɛʀsi] _nm_ Petersilie _f._

persillé, e [pɛʀsije] _adj_ (_avec du persil_) Petersilien-; (_fromage_) mit Schimmelpilzen, (_viande_) durchwachsen.

Persique [pɛʀsik] _adj_: **le golfe** ~ der Persische Golf _m._

persistance [pɛʀsistɑ̃s] _nf_ (_de fièvre, odeur, douleur etc_) Anhalten _nt_; (_de personne_) Beharrlichkeit _f._

persistant, e [pɛʀsistɑ̃, ɑ̃t] _adj_ anhaltend, andauernd; (_feuilles_) immergrün; **arbre à feuillage** ~ immergrüner Baum _m._

persister [pɛʀsiste] _vi_ (_froid, mode, douleur etc_) anhalten, fortdauern; (_personne_) nicht aufhören, beharrlich sein; ~ **dans qch** auf etw _dat_ beharren; ~ **à faire qch** etw weiterhin tun.

personnage [pɛʀsɔnaʒ] _nm_ Persönlichkeit _f_; (_LITT_) Person _f._

personnaliser [pɛʀsɔnalize] _vt_ (_voiture, appartement_) eine persönliche Note geben +_dat_; (_impôt, assurance, crédit_) auf den einzelnen abstimmen.

personnalité [pɛʀsɔnalite] _nf_ Persönlichkeit _f._

personne [pɛʀsɔn] _nf_ Person _f ♦ pron_ niemand; ~**s** _nfpl_ Menschen _pl_; **10 F par** ~ 10F pro Person; **en** ~ persönlich; **il n'y a** ~ es ist niemand da; **mieux que** ~ besser als alle anderen ► **personne à charge** Abhängige(r) _f(m)_ ► **personne âgée** älterer Mensch _m_ ► **personne civile** _ou_ **morale** (_JUR_) juristische Person _f._

personnel, le [pɛʀsɔnɛl] _adj_ persönlich; (_égoiste_) selbstsüchtig; (_LING_) Personal- ♦ _nm_ (_employés_) Personal _nt_; **service du** ~ Personalabteilung _f._

personnellement [pɛʀsɔnɛlmɑ̃] _adv_ persönlich.

personnification [pɛʀsɔnifikasjɔ̃] _nf_ Verkörperung _f._

personnifier [pɛʀsɔnifje] _vt_ verkörpern; **c'est l'honnêteté personnifiée** er ist die Ehrlichkeit in Person.

perspective [pɛʀspɛktiv] _nf_ Perspektive _f_; (_point de vue_) Blickwinkel _m_; (_chose escomptée_) Aussichten _pl_; ~**s** _nfpl_ Aussichten; **en** ~ in Aussicht.

perspicace [pɛʀspikas] _adj_ scharfsinnig.

perspicacité [pɛʀspikasite] _nf_ Scharfsinn _m._

persuader [pɛʀsɥade] _vt_: ~ **qn de qch** jdn von etw überzeugen; ~ **qn de faire qch** jdn dazu überreden, etw zu tun; **j'en suis persuadé** davon bin ich überzeugt.

persuasif, -ive [pɛʀsɥazif, iv] _adj_ überzeugend.

persuasion [pɛʀsɥazjɔ̃] _nf_ Überzeugung(skraft) _f._

perte [pɛʀt] _nf_ Verlust _m_; (_gaspillage_) Verschwendung _f_; (_d'une occasion_) Verpassen _nt_ (_fig: morale_) Ruin _m_; ~**s** _nfpl_ Verluste _pl_; **à** ~ (_COMM_) mit Verlust; **à** ~ **de vue** soweit das Auge reicht; (_fig_) endlos; **en pure** ~ für nichts und wieder nichts; **courir à sa** ~ auf den Ruin zusteuern; **être en** ~ **de vitesse** auf dem absteigenden Ast sein; **avec** ~ **et fracas** mit Gewalt; ~ **de chaleur/d'énergie** Hitzeverlust _m_/Energieverlust _m_; ~ **sèche** Totalverlust _m_ ► **pertes blanches** Ausfluß _m._

pertinemment [pɛʀtinamɑ̃] _adv_ treffend; (_savoir_) genau.

pertinence [pɛʀtinɑ̃s] _nf_ Genauigkeit _f._

pertinent, e [pɛʀtinɑ̃, ɑ̃t] _adj_ treffend.

perturbateur, -trice [pɛʀtyʀbatœʀ, tʀis] _adj_ störend ♦ _nm/f_ Störenfried _m._

perturbation [pɛʀtyʀbasjɔ̃] _nf_ Störung _f_; (_agitation_) Unruhe _f_ ► **perturbation (atmosphérique)** atmosphärische Störungen _pl._

perturber [pɛʀtyʀbe] _vt_ stören; (_PSYCH_) beunruhigen, verstören.

péruvien, ne [peʀyvjɛ̃, jɛn] _adj_ peruanisch ♦ _nm/f_: **P~, ne** Peruaner(in) _m(f)._

pervenche [pɛʀvɑ̃ʃ] _nf_ (_BOT_) Immergrün _nt_ ♦ _adj_: **bleu** ~ strahlendes Blau _nt._

pervers, e [pɛʀvɛʀ, ɛʀs] _adj_ pervers ♦ _nm/f_ perverser Mensch _m._

perversion [pɛʀvɛʀsjɔ̃] _nf_ Perversion _f._

perversité [pɛʀvɛʀsite] _nf_ Perversität _f._

perverti, e [pɛʀvɛʀti] _nm/f_ perverser Mensch _m._

pervertir [pɛʀvɛʀtiʀ] _vt_ verderben.

pesage [pəzaʒ] _nm_ (_action_) Wiegen _nt_; (_HIPPISME: salle_) Wiegezimmer _nt_; (: _enceinte_) Wiegeplatz _m._

pesamment [pəzamɑ̃] _adv_ schwerfällig.

pesant, e [pəzɑ̃, ɑ̃t] _adj_ schwer; (_pas_) schwer(fällig); (_présence_) lästig; (_sommeil_) tief ♦ _nm_: **valoir son** ~ **d'or** sein Gewicht in Gold wert sein.

pesanteur [pəzɑ̃tœʀ] _nf_ (_PHYS_) Schwerkraft _f._

pèse-bébé [pɛzbebe] (_pl_ ~-~**(s)**) _nm_ Säuglingswaage _f._

pesée [pəze] _nf_ Wiegen _nt_; (_examen_) Abwägen _nt_; (_pression_) Druck _m._

pèse-lettre [pɛzlɛtʀ] (_pl_ ~-~**(s)**) _nm_ Briefwaage _f._

pèse-personne [pɛzpɛʀsɔn] (_pl_ ~-~**(s)**) _nm_ Personenwaage _f._

peser [pəze] _vt_ wiegen; (_considérer, comparer_) abwägen ♦ _vi_ wiegen; (_fig_) schwer wiegen; ~ **cent kilos** 100 kg wiegen; ~ **sur** (_levier, bouton_) drücken auf +_acc_; (_fig: accabler_) lasten auf +_dat_; (: _responsabilité, remords_) belasten; (_influencer_) beeinflussen; ~ **à qn** jdm zu schaffen machen.

pessimisme [pesimism] _nm_ Pessimismus _m._

pessimiste [pesimist] _adj_ pessimistisch ♦ _nm/f_

Pessimist(in) *m(f)*.

peste [pɛst] *nf* Pest *f*; **une ~** *(fig)* eine Nervensäge *f*.

pester [pɛste] *vi*: **~ contre** schimpfen auf +*acc*.

pesticide [pɛstisid] *nm* Schädlingsbekämpfungsmittel *nt*.

pestiféré [pɛstifeʀe] *nm/f* Pestkranke(r) *f(m)*.

pestilentiel, le [pɛstilɑ̃sjɛl] *adj* übelriechend; *(odeur)* übel.

pet [pɛ] *(fam!) nm* Furz *m (fam!)*.

pétale [petal] *nm* Blütenblatt *nt*.

pétanque [petɑ̃k] *nf südfranzösisches Kugelspiel*.

pétarade [petaʀad] *nf* Fehlzündungen *pl*.

pétarader [petaʀade] *vi* Fehlzündungen haben.

pétard [petaʀ] *nm (feu d'artifice)* Knallkörper *m*; *(de cotillon)* Knallbonbon *m ou nt*.

pet-de-nonne [pɛdnɔn] *(pl* ~**s-**~-~*) nm* Nonnenfürzchen *nt*.

péter [pete] *(fam) vi (grenade)* explodieren; *(ficelle, bouton, lacet)* bersten; *(fam!)* furzen *(fam!)*.

pète-sec [pɛtsɛk] *adj inv* scharfzüngig.

pétillant, e [petijɑ̃, ɑ̃t] *adj (eau)* perlend; *(vin)* moussierend; *(regard)* funkelnd.

pétiller [petije] *vi (flamme, feu, bois)* knistern; *(mousse, écume, champagne)* perlen; *(joie, yeux)* funkeln; **~ d'intelligence** vor Intelligenz sprühen.

petit, e [p(ə)ti, it] *adj* klein; *(pluie)* fein; *(court)* kurz; *(bruit, cri)* schwach; *(mesquin)* gemein ♦ *nm/f (petit enfant)* Kleinkind *nt* ♦ *nm (d'un animal)* Junge(s) *nt*; **mon ~** mein Kleiner; **ma ~e** meine Kleine; **pauvre ~** armer Kleiner, armes Kerlchen; **pour ~s et grands** für Groß und Klein; **~ à ~** nach und nach ► **petit(e) ami(e)** Freund(in) *m(f)* ► **petit déjeuner** Frühstück *nt* ► **petit doigt** kleiner Finger *m* ► **petit écran** Fernsehen *nt* ► **petit four** Petit four *nt* ► **petit pain** Brötchen *nt* ► **petite monnaie** Kleingeld *nt* ► **petits pois** Erbsen *pl* ► **les petites annonces** die Kleinanzeigen *pl* ► **petites gens** kleine Leute *pl*.

petit-beurre [p(ə)tibœʀ] *(pl* ~**s-**~*) nm* Butterplätzchen *nt*.

petit-bourgeois, petite-bourgeoise [p(ə)tibuʀʒwa] *(pl* ~**(e)s-**~**(es))** *(péj) adj* kleinbürgerlich ♦ *nm/f* Kleinbürger(in) *m(f)*, Spießbürger(in) *m(f)*.

petite-fille [p(ə)titfij] *(pl* ~**s-**~**s)** *nf* Enkelin *f*.

petitement [pətitmɑ̃] *adv (mesquinement)* gemein; *(chichement)* in ärmlichen Verhältnissen; **être logé ~** sehr beengt wohnen.

petitesse [p(ə)titɛs] *nf* Kleinheit *f*; *(de somme)* Geringfügigkeit *f*; *(mesquinerie)* Gemeinheit *f*.

petit-fils [p(ə)tifis] *(pl* ~**s-**~*) nm* Enkel *m*.

pétition [petisjɔ̃] *nf* Petition *f*, Bittschrift *f*; **faire signer une ~** Unterschriften sammeln.

pétitionnaire [petisjɔnɛʀ] *nm/f* Bittsteller(in) *m(f)*.

petit-lait [p(ə)tilɛ] *(pl* ~**s-**~**s)** *nm* Molke *f*.

petit-nègre [p(ə)tinɛgʀ] *(péj) nm* Kauderwelsch *nt*.

petits-enfants [p(ə)tizɑ̃fɑ̃] *nmpl* Enkelkinder *pl*.

petit-suisse [p(ə)tisɥis] *(pl* ~**s-**~**s)** *nm Frischkäse in Portionstöpfchen*.

pétoche [petɔʃ] *(fam) nf*: **avoir la ~** Muffensausen haben.

pétri, e [petʀi] *adj*: **~ d'orgueil** vom Ehrgeiz zerfressen.

pétrifier [petʀifje] *vt* versteinern.

pétrin [petʀɛ̃] *nm* Backtrog *m*; **dans le ~** *(fam)* in der Klemme, in einer Zwickmühle.

pétrir [petʀiʀ] *vt* kneten.

pétrochimie [petʀoʃimi] *nf* Petrochemie *f*.

pétrochimique [petʀoʃimik] *adj* petrochemisch.

pétrochimiste [petʀoʃimist] *nm/f* Petrochemiker(in) *m(f)*.

pétrodollar [petʀodɔlaʀ] *nm* Petrodollar *m*.

pétrole [petʀɔl] *nm* Öl *nt*; **lampe à ~** Paraffinlampe *f* ► **pétrole lampant** Paraffin *nt*.

pétrolier, -ière [petʀɔlje, jɛʀ] *adj (industrie, société, produit)* Öl-; *(pays)* ölproduzierend ♦ *nm (navire)* Öltanker *m*; *(financier)* Ölmagnat *m*; *(technicien)* Ölarbeiter *m*.

pétrolifère [petʀɔlifɛʀ] *adj* ölhaltig, ölführend.

P et T [peete] *sigle fpl (= postes et télécommunications)* ≈ Bundespost *f*.

pétulant, e [petylɑ̃, ɑ̃t] *adj* ausgelassen.

pétunia [petynja] *nm* Petunie *f*.

━━━━━━━━━━━━━ *MOT-CLÉ*

peu [pø] *adv* **1** wenig; **il boit peu** er trinkt wenig; **il est peu bavard** er ist nicht gerade geschwätzig; **peu avant/après** kurz davor/danach
2: **peu de** *(nombre)* wenige; *(quantité)* wenig; **peu de femmes** wenige Frauen; **il a peu de pain/d'espoir** er hat wenig Brot/Hoffnung; **à peu de frais** billig; **pour peu de temps** (für) kurze Zeit; **depuis peu** seit kurzem; **c'est (si) peu de chose** das ist (doch) eine Kleinigkeit
3 *(locutions)*: **peu à peu** nach und nach; **à peu près** ungefähr; **à peu près 10 kg/10 F** ungefähr 10 kg/10F; **avant** *ou* **sous peu** bald, binnen kurzem; **de peu** knapp; **il a gagné de peu** er hat nur knapp gewonnen; **il s'en est fallu de peu** es wäre beinahe passiert; **éviter qch de peu** einer Sache *dat* knapp entgehen; **il est de peu mon cadet** er ist nur wenig jünger als ich
♦ *nm* **1**: **le peu de gens qui** die wenigen Leute, die; **peu (de gens) le savent** nur wenige wissen das; **le peu de courage qui nous restait** das bißchen Mut, das uns noch blieb
2: **un peu** ein bißchen, etwas, ein wenig; **un petit peu** ein kleines bißchen; **un peu d'espoir** eine Spur von Hoffnung, ein bißchen Hoffnung; **elle est un peu grande** sie ist ein bißchen groß; **essayez un peu!** versucht ihr es einmal!; **un peu plus/moins de** etwas

mehr/weniger; **un peu plus et il** *ou* **pour un peu, il la blessait** fast *ou* um ein Haar hätte er sie verletzt.

peuplade [pœplad] *nf* Stamm *m*.
peuple [pœpl] *nm* Volk *nt*; **il y a du ~** es sind viele Leute da.
peuplé, e [pœple] *adj* bevölkert; **très/peu ~** dicht/schwach bevölkert.
peupler [pœple] *vt* bevölkern; (*étang*) bestücken; (*habiter*) leben in +*dat*; (*fig*: *imagination, rêves*) erfüllen; **se peupler** *vpr* sich bevölkern; (*fig*) sich füllen.
peuplier [pøplije] *nm* Pappel *f*.
peur [pœʀ] *nf* Angst *f*; **avoir ~ (de)** Angst haben (vor); **avoir ~ de faire qch** Angst haben, etw zu tun; **avoir ~ que** fürchten, daß; **j'ai ~ qu'il ne soit trop tard** ich fürchte, es ist zu spät; **j'ai ~ qu'il (ne) vienne (pas)** ich fürchte, er kommt (nicht); **prendre ~** Angst bekommen; **faire ~ à qn** jdm Angst machen *ou* einjagen; **de ~ de faire qch** aus Furcht davor, etw zu tun; **de ~ que** aus Furcht, daß.
peureux, -euse [pøʀø, øz] *adj* ängstlich.
peut [pø] *vb voir* **pouvoir**.
peut-être [pøtɛtʀ] *adv* vielleicht; **~-~ bien** es kann gut sein; **~-~ que** es kann sein, daß; **~-~ fera-t-il beau dimanche** vielleicht ist am Sonntag schönes Wetter.
peuvent [pœv] *vb voir* **pouvoir**.
peux *etc* [pø] *vb voir* **pouvoir**.
p. ex. *abr* (= *par exemple*) z.B.
phalange [falɑ̃ʒ] *nf* (*des doigts*) Fingerglied *nt*; (*des orteils*) Zehenglied *nt*; (*MIL, fig*) Phalanx *f*.
phallique [falik] *adj* phallisch.
phallocrate [falɔkʀat] *nm* Phallokrat *m*.
phallocratie [falɔkʀasi] *nf* Phallokratie *f*.
phallus [falys] *nm* Phallus *m*.
phare [faʀ] *nm* (*en mer*) Leuchtturm *m*; (*d'un aéroport*) Leuchtfeuer *nt*; (*de véhicule*) Scheinwerfer *m* ♦ *adj*: **produit ~** führendes Produkt *nt*; **se mettre en** *ou* **mettre ses ~s** das Fernlicht einschalten ▶ **phares de recul** (*AUTO*) Rückfahrscheinwerfer *pl*.
pharmaceutique [faʀmasøtik] *adj* pharmazeutisch.
pharmacie [faʀmasi] *nf* (*science*) Pharmazie *f*; (*magasin*) Apotheke *f*; (*produits*) Arzneimittel *pl*; (*armoire*) Arzneischränkchen *nt*.
pharmacien, ne [faʀmasjɛ̃, jɛn] *nm/f* Apotheker(in) *m(f)*.
pharmacologie [faʀmakɔlɔʒi] *nf* Arzneimittelkunde *f*.
pharyngite [faʀɛ̃ʒit] *nf* Rachenkatarrh *m*.
pharynx [faʀɛ̃ks] *nm* Rachen *m*.
phase [faz] *nf* Phase *f*.
phénoménal, e, -aux [fenɔmenal, o] *adj* phänomenal.
phénomène [fenɔmɛn] *nm* Phänomen *nt*; (*excentrique*) (komischer) Kauz *m*; (*génie*) Genie *nt*; (*monstre*) Freak *m*.
philanthrope [filɑ̃tʀɔp] *nm/f* Menschenfreund *m*.

philanthropie [filɑ̃tʀɔpi] *nf* Menschenfreundlichkeit *f*.
philanthropique [filɑ̃tʀɔpik] *adj* menschenfreundlich.
philatélie [filateli] *nf* Philatelie *f*, Briefmarkensammeln *nt*.
philatélique [filatelik] *adj* Briefmarken-.
philatéliste [filatelist] *nm/f* Briefmarkensammler(in) *m(f)*.
philharmonique [filaʀmɔnik] *adj* philharmonisch.
philippin, e [filipɛ̃, in] *adj* philippinisch ♦ *nm/f* **P~, e** Filipino *m*, Filipina *f*.
Philippines [filipin] *nfpl* Philippinen *pl*.
philistin [filistɛ̃] *nm* (*béotien*) Banause *m*, Banausin *f*.
philo [filo] (*fam*) *nf* Philosophie *f*.
philosophe [filɔzɔf] *nm/f* Philosoph(in) *m(f)* ♦ *adj* philosophisch.
philosopher [filɔzɔfe] *vi* philosophieren.
philosophie [filɔzɔfi] *nf* Philosophie *f*; (*calme, résignation*) (philosophische) Gelassenheit *f*.
philosophique [filɔzɔfik] *adj* philosophisch.
philosophiquement [filɔzɔfikmɑ̃] *adv* philosophisch.
philtre [filtʀ] *nm* Zaubertrank *m*.
phlébite [flebit] *nf* Venenentzündung *f*.
phlébologue [flebɔlɔg] *nm/f* Venenspezialist(in) *m(f)*.
phobie [fɔbi] *nf* Phobie *f*; (*horreur*) Abscheu *m*.
phonétique [fɔnetik] *adj* phonetisch ♦ *nf* Phonetik *f*.
phonétiquement [fɔnetikmɑ̃] *adv* phonetisch.
phonographe [fɔnɔgʀaf] *nm* Grammophon *nt*.
phoque [fɔk] *nm* (*ZOOL*) Seehund *m*; (*fourrure*) Seal *m*.
phosphate [fɔsfat] *nm* Phosphat *nt*.
phosphaté, e [fɔsfate] *adj* Phosphat-.
phosphore [fɔsfɔʀ] *nm* Phosphor *m*.
phosphoré, e [fɔsfɔʀe] *adj* Phosphor-.
phosphorescent, e [fɔsfɔʀesɑ̃, ɑ̃t] *adj* phosphoreszierend.
phosphorique [fɔsfɔʀik] *adj*: **acide ~** Phosphorsäure *f*.
photo¹ [fɔto] *nf* (*abr de photographie*) Foto *nt*, Photo *nt* ♦ *adj* (*abr de photographique*): **appareil ~** Fotoapparat *m*; **pellicule ~** Film *m*; **être mieux en ~ qu'au naturel** auf dem Foto besser aussehen als in Wirklichkeit; **prendre qn en ~** ein Foto von jdm machen; **faire de la ~** fotografieren ▶ **photo d'identité** Paßbild *nt* ▶ **photo en couleurs** Farbfoto *nt*.
photo² [fɔto] *préf* foto-, Foto-.
photocopie [fɔtɔkɔpi] *nf* (*procédé*) Fotokopieren *nt*; (*document*) Fotokopie *f*.
photocopier [fɔtɔkɔpje] *vt* fotokopieren.
photocopieur [fɔtɔkɔpjœʀ] *nm*, **photocopieuse** [fɔtɔkɔpjøz] *nf* (*machine*) Fotokopierer *m*.
photo-électrique [fɔtɔelɛktʀik] *adj* (*cellule*) Foto-.
photo-finish [fɔtofiniʃ] (*pl* **~s-~**) *nf* (*appareil*) Zielkamera *f*; (*photo*) Zielfoto *nt*.

photogénique [fɔtɔʒenik] *adj* fotogen.

photographe [fɔtɔgʀaf] *nm/f* Fotograf(in) *m(f)*; (*commerçant*) Fotohändler(in) *m(f)*.

photographie [fɔtɔgʀafi] *nf* Fotografie *f*; **faire de la** ~ fotografieren; (*comme métier*) Fotograf(in) sein.

photographier [fɔtɔgʀafje] *vt* fotografieren.

photographique [fɔtɔgʀafik] *adj* fotografisch; (*papier, impression*) Foto-.

photogravure [fɔtɔgʀavyʀ] *nf* Lichtdruck *m*.

photomaton ® [fɔtɔmatɔ̃] *nm* (*appareil*) Fotoautomat *m* (*für Paßbilder*).

photomontage [fɔtɔmɔ̃taʒ] *nm* Fotomontage *f*.

photo-robot [fɔtɔʀɔbo] (*pl* ~**s**-~**s**) *nf* Phantombild *nt*.

photosensible [fɔtɔsɑ̃sibl] *adj* lichtempfindlich.

photostat [fɔtɔsta] *nm* Fotokopie *f*.

phrase [fʀɑz] *nf* Satz *m*; (*MUS*) Phrase *f*; ~**s** *nfpl* (*péj*) Phrasen *pl*.

phraséologie [fʀazeɔlɔʒi] *nf* Ausdrucksweise *f*; (*bavardage, rhétorique*) Phrasen *pl*.

phraseur, -euse [fʀazœʀ, øz] *nm/f* Schwätzer(in) *m(f)*.

phrygien, ne [fʀiʒjɛ̃, jɛn] *adj*: **bonnet** ~ phrygische Haube *f*.

phtisie [ftizi] *nf* Schwindsucht *f*.

phylloxéra [filɔkseʀa] *nm* Reblaus *f*.

physicien, ne [fizisjɛ̃, jɛn] *nm/f* Physiker(in) *m(f)*.

physiologie [fizjɔlɔʒi] *nf* Physiologie *f*.

physiologique [fizjɔlɔʒik] *adj* körperlich, physiologisch.

physiologiquement [fizjɔlɔʒikmɑ̃] *adv* körperlich.

physionomie [fizjɔnɔmi] *nf* Gesichtsausdruck *m*; (*fig: d'une région*) Gestalt *f*.

physionomiste [fizjɔnɔmist] *adj*: **être** ~ ein gutes Personengedächtnis haben.

physiothérapie [fizjoteʀapi] *nf* Physiotherapie *f*.

physique [fizik] *adj* (*monde, géographie, science, phénomène*) physikalisch; (*force, éducation, état*) physisch; (*douleur, peur, amour*) körperlich ♦ *nm* (*d'une personne*) Statur *f* ♦ *nf* Physik *f*; **au** ~ körperlich.

physiquement [fizikmɑ̃] *adv* (*matériellement*) physikalisch; (*au physique*) körperlich.

phytothérapie [fitoteʀapi] *nf* Pflanzen- *ou* Naturheilkunde *f*.

p.i. *abr* (= *par intérim*) *voir* **intérim**.

piaffer [pjafe] *vi* (*cheval*) auf der Stelle traben; ~ **d'impatience** vor Ungeduld zittern.

piaillement [pjɑjmɑ̃] *nm* Kreischen *nt*.

piailler [pjɑje] *vi* kreischen.

pianiste [pjanist] *nm/f* Pianist(in) *m(f)*.

piano [pjano] *nm* Klavier *nt* ► **piano à queue** Flügel *m* ► **piano mécanique** Pianola *nt*.

pianoter [pjanɔte] *vi* (*jouer du piano*) (auf dem Klavier) klimpern; ~ **sur** mit den Fingern trommeln auf +*acc*.

piaule [pjol] (*fam*) *nf* Bude *f*.

piauler [pjole] *vi* (*enfant*) wimmern; (*oiseau*) piepsen.

PIB [peibe] *sigle m* (= *produit intérieur brut*) BSP *nt*.

pic [pik] *nm* (*instrument*) Spitzhacke *f*; (*montagne, cime*) Gipfel *m*; (*ZOOL*) Specht *m*; **à** ~ *adv* (*verticalement*) senkrecht; **arriver à** ~ wie gerufen kommen; **tomber à** ~ sich gut treffen; **couler à** ~ auf den Boden sinken; ~ **à glace** Eispickel *m*.

picard, e [pikaʀ, aʀd] *adj* picardisch ♦ *nm/f*: **P**~, **e Picarde** *m*, **Picardin** *f*.

Picardie [pikaʀdi] *nf* Picardie *f*.

picaresque [pikaʀɛsk] *adj* pikaresk.

piccolo [pikɔlo] *nm* Pikkoloflöte *f*.

pichenette [piʃnɛt] *nf* Schnipsen *nt*.

pichet [piʃɛ] *nm* Krug *m*.

pickpocket [pikpɔkɛt] *nm* Taschendieb(in) *m(f)*.

pick-up [pikœp] *nm inv* (*tourne-disque*) Plattenspieler *m*.

picorer [pikɔʀe] *vt* picken.

picot [piko] *nm* (*pointe*) Zacken *m*.

picotement [pikɔtmɑ̃] *nm* Kribbeln *nt*.

picoter [pikɔte] *vt* picken ♦ *vi* (*piquer, irriter*) stechen, prickeln.

pictural, e, -aux [piktyʀal, o] *adj* bildlich.

pie [pi] *nf* (*ZOOL*) Elster *f*; (*fig*) Quasselstrippe *f* ♦ *adj inv*: **cheval** ~ geschecktes Pferd *nt*; **vache** ~ gescheckte Kuh *f*.

pièce [pjɛs] *nf* Stück *nt*; (*d'un logement*) Zimmer *nt*; (*d'un mécanisme, d'une machine, COUTURE*) Teil *nt*; (*de monnaie*) Geldstück *nt*, Münze *f*; (*document*) Dokument *nt*; (*d'un jeu d'échecs*) Figur *f*; **mettre en** ~**s** in Stücke schlagen; **dix francs** ~ je zehn Francs, zehn Francs das Stück; **vendre à la** ~ stückweise verkaufen; **travailler à la** ~ Akkord arbeiten; **payer à la** ~ Stücklohn zahlen; **inventer de toutes** ~**s** frei erfinden; **un deux-**~**s cuisine** eine Zweizimmerwohnung mit Küche ► **pièce d'identité** Ausweis *m*; **avez-vous une** ~ **d'identité?** können Sie sich ausweisen? ► **pièce à conviction** Beweisstück *nt* ► **pièce d'eau** Zierteich *m* ► **pièce de rechange** Ersatzteil *nt* ► **pièce de résistance** (*plat*) Hauptgericht *nt* ► **pièce montée** Baumkuchen *m* ► **pièces détachées** Einzelteile *pl* ► **pièces justificatives** zusätzliche Dokumente *pl*.

pied [pje] *nm* Fuß *m*; (*d'un verre*) Stiel *m*; (*de meuble*) Bein *nt*; (*bout du lit*) Fußende *nt*; (*POÉSIE*) Versfuß *m*; ~**s nus** barfuß; **à** ~ zu Fuß; **à** ~ **sec** trockenen Fußes; **à** ~ **d'œuvre** startbereit; **au** ~ **de la lettre** buchstäblich; **au** ~ **levé** aus dem Stand; **de** ~ **en cap** von Kopf bis Fuß; **en** ~ als Standbild; **avoir** ~ Boden unter den Füßen haben; **avoir le** ~ **marin** seefest sein; **perdre** ~ den Boden unter den Füßen verlieren; **sécher/vendre une récolte sur** ~ eine Ernte auf dem Halm trocknen lassen/verkaufen; **être sur** ~ wieder auf den Beinen sein; **mettre sur** ~ auf die Beine stellen; **mettre à** ~ entlassen; **sur le** ~ **de guerre**

schlagbereit; **sur un** ~ **d'égalité** auf gleicher Basis; **sur** ~ **d'intervention** auf Abruf; **faire du** ~ **à qn** (*prévenir*) jdm warnend vors Schienbein treten; (*galamment*) mit jdm füßeln; **mettre les** ~**s quelque part** irgendwo hingehen; **faire des** ~**s et des mains** Himmel und Erde in Bewegung setzen; **mettre qn au** ~ **du mur** jdn in die Enge treiben; **c'est le** ~**!** (*fam*) das ist ja toll *ou* Spitze!; **il s'est levé du** ~ **gauche** er ist mit dem linken Bein zuerst aufgestanden ▶ **pied à coulisse** Schieblehre *f* ▶ **pied de nez: faire un** ~ **de nez à qn** jdm eine lange Nase drehen ▶ **pied de salade** Kopf *m* Salat ▶ **pied de vigne** Weinstock *m*.

pied-à-terre [pjetatɛʀ] *nm inv* Zweitwohnung *f*.

pied-bot [pjebo] (*pl* ~**s-**~**s**) *nm* Mensch *m* mit Klumpfuß.

pied-de-biche [pjedbiʃ] (*pl* ~**s-**~**-**~) *nm* (*levier*) Klaue *f*; (*COUTURE*) Steppfuß *m*.

pied-de-poule [pjedpul] *adj inv* Hahnentritt-.

piédestal, -aux [pjedɛstal, o] *nm* Sockel *m*.

pied-noir [pjenwaʀ] (*pl* ~**s-**~**s**) *nm* in *Algerien geborener Franzose*.

piège [pjɛʒ] *nm* Falle *f*; **prendre au** ~ in einer Falle fangen; **tomber dans le** ~ in die Falle gehen.

piéger [pjeʒe] *vt* in der Falle fangen; (*avec une bombe, mine*) verminen; **lettre piégée** Briefbombe *f*; **voiture piégée** Autobombe *f*.

pierraille [pjeʀaj] *nf* Geröll *nt*.

pierre [pjɛʀ] *nf* Stein *m*; **première** ~ Grundstein *m*; **faire d'une** ~ **deux coups** zwei Fliegen mit einer Klappe schlagen ▶ **pierre à briquet** Feuerstein *m* ▶ **pierre de taille** Quaderstein *m* ▶ **pierre de touche** (*fig*) Prüfstein *m* ▶ **pierre fine** Halbedelstein *m* ▶ **pierre ponce** Bimsstein *m* ▶ **pierre tombale** Grabstein *m*.

pierreries [pjɛʀʀi] *nfpl* Edelsteine *pl*.

pierreux, -euse [pjeʀø, øz] *adj* steinig.

piété [pjete] *nf* Frömmigkeit *f*.

piétinement [pjetinmã] *nm* (*bruit: fig*) Stocken *nt*.

piétiner [pjetine] *vi* (*foule, troupeau*) herumtrampeln; (*marquer le pas*) auf der Stelle treten; (*trépigner*) aufstampfen; (*fig: affaire, négociation*) stocken; (: *discussion*) auf der Stelle treten ♦ *vt* herumtrampeln auf +*dat*.

piéton, ne [pjetɔ̃, ɔn] *nm/f* Fußgänger(in) *m(f)* ♦ *adj* (*rue, zone*) Fußgänger-.

piétonnier, -ière [pjetɔnje, jɛʀ] *adj* Fußgänger-.

piètre [pjɛtʀ] *adj* armselig.

pieu, x [pjø] *nm* Pfahl *m*; (*fam: lit*) Falle *f*.

pieusement [pjøzmã] *adv* (*avec piété*) fromm; (*avec respect*) respektvoll.

pieuvre [pjœvʀ] *nf* Tintenfisch *m*.

pieux, -euse [pjø, pjøz] *adj* (*REL*) fromm.

pif [pif] (*fam*) *nm* Riechkolben *m*; **au** ~ nach dem Gefühl.

piffer [pife] (*fam*) *vt*: **je ne peux pas le** ~ ich kann ihn nicht riechen.

pifomètre [pifɔmɛtʀ] (*fam*) *nm* Gefühl *nt*; **au** ~

nach dem Gefühl.

pige [piʒ] *nf* (*rémunération*) Akkordlohn *m*.

pigeon [piʒɔ̃] *nm* (*ZOOL*) Taube *f* ▶ **pigeon voyageur** Brieftaube *f*.

pigeonnant, e [piʒɔnɑ̃, ɑ̃t] *adj* (*poitrine*) wohlgerundet.

pigeonneau, x [piʒɔno] *nm* junge Taube *f*.

pigeonnier [piʒɔnje] *nm* (*colombier*) Taubenschlag *m*.

piger [piʒe] (*fam*) *vt, vi* kapieren.

pigiste [piʒist] *nm/f* (*typographe*) Akkordarbeiter(in) *m(f)* beim Schriftsatz; (*journaliste*) freiberufliche(r) Journalist(in) *m(f)* (*derʼ die nach Zeilen bezahlt wird*).

pigment [pigmã] *nm* Pigment *nt*.

pignon [piɲɔ̃] *nm* (*d'un mur*) Giebel *m*; (*d'un engrenage*) Zahnrad *ni*; (*graine*) Pinienkern *m*; **avoir** ~ **sur rue** gut etabliert sein.

pile [pil] *nf* (*tas*) Stapel *m*, Stoß *m*; (*d'un pont*) Pfeiler *m*; (*ÉLEC*) Batterie *f* ♦ *adj*: **le côté** ~ die Zahlseite *f* ♦ *adv* (*brusquement*) plötzlich, abrupt; (*à point nommé*) pünktlich; **à deux heures** ~ (um) Punkt zwei Uhr; **jouer à** ~ **ou face** (mit Münzen) knobeln; ~ **ou face?** Kopf oder Zahl?

piler [pile] *vt* (*écraser*) zerdrücken, zerstoßen.

pileux, -euse [pilø, øz] *adj*: **système** ~ Behaarung *f*.

pilier [pilje] *nm* Pfeiler *m*; (*personne*) Stütze *f*; (*RUGBY*) Stürmer *m* ▶ **pilier de bar** Barhocker *m*.

pillage [pijaʒ] *nm* Plünderung *f*.

pillard, e [pijaʀ, aʀd] *nm/f* Plünderer *m*, Plünderin *f*.

piller [pije] *vt* plündern.

pilleur, -euse [pijœʀ, øz] *nm/f* Plünderer *m*, Plünderin *f*.

pilon [pilɔ̃] *nm* (*instrument*) Stößel *m*; (*de volaille*) Keule *f*; **mettre un livre au** ~ ein Buch einstampfen.

pilonner [pilɔne] *vt* (*MIL*) unter Beschuß nehmen.

pilori [piloʀi] *nm*: **mettre** *ou* **clouer qn au** ~ jdn an den Pranger stellen.

pilotage [pilotaʒ] *nm* (*de navire*) Lotsen *nt*; (*d'avion*) Fliegen *nt* ▶ **pilotage automatique** Autopilot *m* ▶ **pilotage sans visibilité** Blindflug *m*.

pilote [pilot] *nm* (*NAUT*) Lotse *m*; (*AVIAT*) Pilot *m*; (*de char, voiture de course*) Fahrer *m* ♦ *adj* Modell- ▶ **pilote d'essai** Versuchspilot *m* ▶ **pilote de chasse** Jagdflieger *m* ▶ **pilote de course** Rennfahrer *m* ▶ **pilote de ligne** Linienpilot *m*.

piloter [pilote] *vt* (*navire*) lotsen; (*avion*) fliegen; (*automobile*) fahren; ~ **qn** jdn lotsen; **piloté par menu** (*INFORM*) menügesteuert.

pilotis [piloti] *nm* (*pilot*) Pfahlwerk *nt*; **maison sur** ~ Pfahlbau *m*.

pilule [pilyl] *nf* Pille *f*; **prendre la** ~ die Pille nehmen ▶ **pilule anticonceptionnelle** Antibabypille *f*.

pimbêche [pɛ̃bɛʃ] (*péj*) *nf* Ziege *f*, hochnäsiges

Frauenzimmer *nt*.

piment [pimɑ̃] *nm* Peperoni *f*; (*fig*) Würze *f* ▶ **piment rouge** Peperoni.

pimenté, e [pimɑ̃te] *adj* gepfeffert.

pimenter [pimɑ̃te] *vt* (*plat*) würzen; (*fig*) pfeffern; **plat pimenté** scharf gewürztes Gericht *nt*; **cuisine pimentée** scharfe Küche *f*.

pimpant, e [pɛ̃pɑ̃, ɑ̃t] *adj* adrett und gepflegt.

pin [pɛ̃] *nm* (BOT) Kiefer *f*; (*bois*) Kiefernholz *nt* ▶ **pin maritime** Strandkiefer *f* ▶ **pin parasol** Schirmkiefer *f*, Pinie *f*.

pinacle [pinakl] *nm*: **porter qn au ~** jdn über den grünen Klee loben.

pinard [pinaʀ] (*fam*) *nm* Wein *m*.

pince [pɛ̃s] *nf* (*outil*) Zange *f*; (*d'un homard, crabe*) Schere *f*; (COUTURE) Abnäher *m* ▶ **pince à épiler** Pinzette *f* ▶ **pince à linge** Wäscheklammer *f* ▶ **pince à sucre** Zuckerzange *f* ▶ **pince universelle** Kombizange *f* ▶ **pinces de cycliste** Hosenklammern *pl*.

pincé, e [pɛ̃se] *adj* (*air*) steif; (*sourire, bouche*) verkniffen; (*nez*) gerümpft ♦ *nf*: **une ~e de sel/poivre** eine Prise Salz/Pfeffer.

pinceau, x [pɛ̃so] *nm* (*instrument*) Pinsel *m*.

pincement [pɛ̃smɑ̃] *nm*: **un ~ au cœur** ein Hauch *m* von Wehmut.

pince-monseigneur [pɛ̃smɔ̃sɛɲœʀ] (*pl* **~s-~**) *nf* Brechstange *f*.

pince-nez [pɛ̃sne] *nm inv* Kneifer *m*.

pincer [pɛ̃se] *vt* kneifen; (*cordes*) zupfen; (COUTURE) abnähen; (*fam: malfaiteur*) schnappen; **se pincer** *vpr*: **se ~ le doigt** sich *dat* den Finger klemmen; **se ~ le nez** sich *dat* die Nase zuhalten.

pince-sans-rire [pɛ̃ssɑ̃ʀiʀ] *nm inv* Mensch, der mit unerschütterlicher Miene Witze erzählt.

pincettes [pɛ̃sɛt] *nfpl* (*instrument*) Pinzette *f*; (*pour le feu*) Feuerzange *f*.

pinçon [pɛ̃sɔ̃] *nm* Kneifspur *f*.

pinède [pinɛd] *nf* Kiefernhain *m*.

pingouin [pɛ̃gwɛ̃] *nm* Pinguin *m*.

ping-pong [piŋpɔ̃g] (*pl* **~-~s**) *nm* Pingpong *nt*.

pingre [pɛ̃gʀ] *adj* knauserig.

pinson [pɛ̃sɔ̃] *nm* Buchfink *m*.

pintade [pɛ̃tad] *nf* Perlhuhn *nt*.

pin up [pinœp] *nf inv* Pin-up-Girl *nt*.

pioche [pjɔʃ] *nf* (*outil*) Spitzhacke *f*.

piocher [pjɔʃe] *vt* (*terre, sol*) aufhacken; (*fam: travailler*) ackern für; **~ dans** herumwühlen in +*dat*.

piolet [pjɔlɛ] *nm* Eispickel *m*.

pion, ne [pjɔ̃, pjɔn] *nm/f* (*péj: SCOL: surveillant*) Aufsicht *f* ♦ *nm* (*de jeu*) Figur *f*; (: ECHECS) Bauer *m*; (: DAMES) (Dame)stein *m*.

pionnier [pjɔnje] *nm* Pionier *m*.

pipe [pip] *nf* Pfeife *f*; **fumer la ~/une ~** Pfeife/ eine Pfeife rauchen ▶ **pipe de bruyère** Bruyèrepfeife *f*.

pipeau, x [pipo] *nm* (*flûte*) (Weiden)flöte *f*.

pipe-line [piplin] (*pl* **~-~s**) *nm* Pipeline *f*.

piper [pipe] *vt* (*dé, carte*) zinken; **sans ~ mot** (*fam*) ohne einen Pieps (zu sagen); **les dés**

sont pipés (*fig*) das ist ein abgekartetes Spiel.

pipette [pipɛt] *nf* Pipette *f*.

pipi [pipi] (*fam*) *nm*: **faire ~** Pipi machen.

piquant, e [pikɑ̃, ɑ̃t] *adj* (*barbe, rosier etc*) kratzig; (*saveur, moutarde, fig: mots*) scharf; (*description, style*) gepfeffert ♦ *nm* (*épine*) Dorne *f*; (*de hérisson*) Stachel *m*; (*fig: agrément*) Würze *f*.

pique [pik] *nf* (*arme*) Pike *f*, Spieß *m* ♦ *nm* (CARTES) Pik *nt*; **envoyer** *ou* **lancer des ~s à qn** Spitzen gegen jdn verteilen.

piqué, e [pike] *adj* (*tissu*) gesteppt; (*livre, glace*) fleckig; (*vin*) sauer; (MUS: *note*) Staccato-; (*fam*) bekloppt ♦ *nm* (TEXTILE) Pikee *nt*; (AVIAT) Sturzflug *m*.

pique-assiette [pikasjɛt] (*péj*) *nm inv* Schmarotzer(in) *m(f)*.

pique-fleurs [pikflœʀ] *nm inv* Blumenigel *m*.

pique-nique [piknik] (*pl* **~-~s**) *nm* Picknick *nt*.

pique-niquer [piknike] *vi* ein Picknick machen.

pique-niqueur, -euse [piknikœʀ, øz] (*pl* **~-~s, euses**) *nm/f* Picknickteilnehmer(in) *m(f)*.

pique-olives [pikɔliv] *nm inv* Partyspießchen *nt*.

piquer [pike] *vt* stechen; (*planter*) hineinstecken; (*fixer*) feststecken; (MED) eine Spritze geben +*dat*; (*serpent, fumée, froid*) beißen; (*barbe*) kratzen; (*ortie, poivre, piment*) brennen; (COUTURE) steppen; (*intérêt, curiosité etc*) erregen; (*fam: voler*) klauen; (: *arrêter*) schnappen ♦ *vi* (*oiseau, avion*) einen Sturzflug machen; (*saveur*) scharf sein; **se piquer** *vpr* (*avec une aiguille*) sich stechen; (*avec une seringue*) sich spritzen; (*se vexer*) sich ärgern; **se ~ de faire qch** sich *dat* viel darauf einbilden, daß man etw tut; **~ sur** (*suj: avion*) einen Sturzflug machen auf +*acc*; (: *oiseau*) sich stürzen auf +*acc*; **~ du nez** (*avion*) einen Sturzflug machen; **~ une tête** (*plonger*) einen Kopfsprung machen; **~ un galop** galoppieren; **~ un cent mètres** 100m sprinten; **~ une crise** einen Anfall bekommen; **~ au vif** (*fig*) bis ins Mark treffen.

piquet [pike] *nm* (*pieu*) Pflock *m*; (*de tente*) Hering *m*; **mettre un élève au ~** einen Schüler in die Ecke stellen; **~ de grève** Streikposten *m*; **~ d'incendie** Feuerbekämpfungstrupp *m*.

piqueté, e [pikte] *adj*: **~ de** gesprenkelt mit.

piqûre [pikyʀ] *nf* (*d'épingle, d'insecte*) Stich *m*; (*d'ortie*) Brennen *m*; (MED) Spritze *f*; (COUTURE) Naht *f*; (*de ver*) Loch *nt*; (*tache*) Stockfleck *m*; **faire une ~ à qn** jdm eine Spritze setzen *ou* geben.

piranha [piʀana] *nm* Piranha *m*.

piratage [piʀataʒ] *nm* Piraterie *f*.

pirate [piʀat] *nm* Pirat *m*; (*escroc*) Gauner *m* ♦ *adj*: **émetteur ~** Piratensender *m*; **édition ~** Raubdruck *m* ▶ **pirate de l'air** Luftpirat *m*.

pirater [piʀate] *vt* (*œuvre*) eine Raubkopie machen von.

piraterie [piʀatʀi] *nf* Piratentum *nt*; (*acte*) Piraterie *f*.

pire [piʀ] *adj* (*comparatif*) schlechter, schlimmer ♦ *nm*: **le** ~ (**de**) der/die/das Schlechteste unter ♦ *+dat*; **le** (**la**) ~ (*adjectif*) der/die/das schlechteste; **au** ~ schlechtestenfalls.

pirogue [piʀɔg] *nf* Einbaum *m*.

pirouette [piʀwɛt] *nf* Pirouette *f*; **répondre par une** ~ geschickt ausweichen.

pis [pi] *nm* (*de vache*) Euter *nt* ♦ *adj* schlimm ♦ *adv* schlimmer; **le** ~ (*pire*) das Schlimmste; **de mal en** ~ immer schlimmer; **qui** ~ **est** und was noch schlimmer ist; **au** ~ **aller** schlimmstenfalls.

pis-aller [pizale] *nm inv* Notlösung *f*, Notbehelf *m*.

piscicole [pisikɔl] *adj* Fischzucht-.

pisciculteur [pisikyltœʀ] *nm* Fischzüchter *m*.

pisciculture [pisikyltyʀ] *nf* Fischzucht *f*.

piscine [pisin] *nf* Schwimmbad *nt* ▶ **piscine couverte** Hallenbad *nt* ▶ **piscine en plein air** Freibad *nt* ▶ **piscine olympique** Olympiabecken *nt*.

pissenlit [pisɑ̃li] *nm* Löwenzahn *m*; **manger les** ~**s par la racine** (*fam*) die Gänseblümchen von unten besehen.

pisser [pise] (*fam!*) *vi* pinkeln (*fam*), pissen (*fam!*).

pissotière [pisɔtjɛʀ] (*fam*) *nf* Pissoir *nt*.

pistache [pistaʃ] *nf* Pistazie *f*.

pistard [pistaʀ] *nm* (*cycliste*) Bahnfahrer *m*.

piste [pist] *nf* (*d'un animal, de magnétophone, aussi fig*) Spur *f*, Fährte *f*; (*d'un hippodrome, vélodrome*) Bahn *f*; (*de stade*) Rennbahn *f*; (*de cirque*) Manege *f*, Ring *m*; (*de danse*) Tanzfläche *f*; (*de patinage*) Ring; (*de ski*) Piste *f*; (*sentier*) Weg *m*; (*AVIAT*) Start- und Landebahn *f*; **être sur la** ~ **de qn** jdm auf der Spur sein, auf jds Spur sein ▶ **piste cavalière** Treidelpfad *m* ▶ **piste cyclable** Radweg *m* ▶ **piste sonore** Tonspur *f*.

pister [piste] *vt* verfolgen.

pisteur [pistœʀ] *nm* (*SKI*) Pistenwart *m*.

pistil [pistil] *nm* Stempel *m*.

pistolet [pistɔlɛ] *nm* (*arme*) Pistole *f*; (*à peinture, vernis*) Spritzpistole *f* ▶ **pistolet à air comprimé** Luftgewehr *nt* ▶ **pistolet à bouchon** Spielzeugpistole *f* ▶ **pistolet à eau** Wasserpistole *f*.

pistolet-mitrailleur [pistɔlɛmitʀajœʀ] (*pl* ~**s-**~**s**) *nm* Maschinenpistole *f*.

piston [pistɔ̃] *nm* (*TECH*) Kolben *m*; (*MUS*) Ventil *m*; (*fig: appui*) Beziehungen *pl*.

pistonner [pistɔne] *vt* Beziehungen spielen lassen für.

pitance [pitɑ̃s] (*péj*) *nf* (Essens)ration *f*.

piteusement [pitøzmɑ̃] *adv* jämmerlich.

piteux, -euse [pitø, øz] *adj* jämmerlich; **en** ~ **état** in einem jammervollen *ou* jämmerlichen Zustand.

pitié [pitje] *nf* Mitleid *nt*; **sans** ~ erbarmungslos; **par** ~, ... haben Sie Mitleid, ...; **il me fait** ~ er tut mir leid; **avoir** ~ **de qn** Mitleid mit jdm haben; **faire** ~ Mitleid erregen.

piton [pitɔ̃] *nm* Haken *m* ▶ **piton rocheux** Felsnase *f*.

pitoyable [pitwajabl] *adj* erbärmlich.

pitoyablement [pitwajabləmɑ̃] *adv* erbärmlich (schlecht).

pitre [pitʀ] *nm* Clown *m*.

pitrerie [pitʀəʀi] *nf* Unsinn *m*, Faxen *pl*.

pittoresque [pitɔʀɛsk] *adj* (*lieu*) malerisch; (*personnage*) originell; (*expression, détail*) anschaulich, bildhaft.

pivert [pivɛʀ] *nm* Grünspecht *m*.

pivoine [pivwan] *nf* Pfingstrose *f*.

pivot [pivo] *nm* (*axe*) Lagerzapfen *m*, Drehzapfen *m*; (*fig*) Dreh- und Angelpunkt *m*.

pivotant, e [pivotɑ̃, ɑ̃t] *adj* Dreh-.

pivoter [pivote] *vi* sich drehen; ~ **sur ses talons** sich auf dem Absatz herumdrehen.

pixel [piksɛl] *nm* Pixel *nt*.

pizza [pidza] *nf* Pizza *f*.

PJ [peʒi] *sigle f* (= *police judiciaire*) Kriminalpolizei *f* ♦ *sigle fpl* (= *pièces jointes*) Anl.

PL [peɛl] *sigle m* (= *poids lourd*) *voir* **poids**.

pl. *abr* = **place**.

placage [plakaʒ] *nm* (*revêtement*) Furnier *nt*; (*bois*) Furnier(holz) *nt*.

placard [plakaʀ] *nm* (*armoire*) Schrank *m*; (*affiche, écriteau*) Plakat *nt*; (*TYPO*) Korrekturabzug *m* ▶ **placard publicitaire** Großanzeige *f*.

placarder [plakaʀde] *vt* (*avis, affiche*) anschlagen, anbringen; (*mur*) (mit Plakaten) bekleben.

place [plas] *nf* Platz *m*; (*endroit*) Ort *m*, Platz; (*siège de voiture*) Sitz *m*; (*prix: de spectacle*) Eintritt *m*; (: *dans un bus*) Fahrpreis *m*; (*fig: situation*) Lage *f*; (*classement*) Rang *m*; (*emploi*) Stelle *f*; **mettre en** ~ an die richtige Stelle tun; **sur** ~ an Ort und Stelle; **se rendre sur** ~ sich an Ort und Stelle begeben; **faire de la** ~ Platz schaffen *ou* machen; **faire** ~ **à qch** einer Sache *dat* weichen; **prendre** ~ Platz nehmen; **ça prend de la** ~ das nimmt viel Platz weg; **à votre** ~ an Ihrer Stelle; **à la** ~ **de** anstelle von; **remettre qn à sa** ~ jdn auf seinen Platz verweisen; **ne pas tenir en** ~ nicht auf der Stelle bleiben können; **une quatre** ~**s** (*AUTO*) ein Viersitzer *m*; **il y a 20** ~**s assises/debout** es gibt 20 Sitzplätze/Stehplätze ▶ **place d'honneur** Ehrenplatz *m* ▶ **place forte** Festung *f*.

placé, e [plase] *adj* (*HIPPISME*) plaziert; **haut** ~ (*fig: personne*) hochgestellt, von hohem Rang; **être bien/mal** ~ (*spectateur*) einen guten/schlechten Platz haben; (*concurrent*) gut/schlecht plaziert sein; **être bien/mal** ~ **pour faire qch** gut/kaum in der Lage sein, etw zu tun.

placebo [plasebo] *nm* Placebo *nt*.

placement [plasmɑ̃] *nm* (*emploi*) Unterbringung *f* (in einer Stelle); (*investissement*) Anlage *f*; **agence** *ou* **bureau de** ~ Stellenvermittlungsbüro *nt*.

placenta [plasɛ̃ta] *nm* Plazenta *f*.

lacer [plase] vt (*chose*) setzen, stellen, legen; (*personne*) unterbringen; (*marchandises, valeurs*) absetzen; (*capital, argent*) anlegen; (*mot, histoire*) anbringen; (*événement*) datieren; **se placer** vpr (*cheval*) sich plazieren; **se ~ au premier rang/devant qch** sich in die erste Reihe/ vor etw acc stellen ou setzen; **~ qn chez qn** jdn bei jdm unterbringen; **~ qn sous les ordres de qn** jdn unter jds Befehl stellen.

lacide [plasid] adj ruhig, gelassen.

lacidement [plasidmã] adv ruhig, gelassen.

lacidité [plasidite] nf Ruhe f, Gelassenheit f.

lacier, -ière [plasje, jɛʀ] nm/f Handelsvertreter(in) m(f).

lafond [plafɔ̃] nm Decke f; (*altitude maximum*) Steig- ou Gipfelhöhe f; (*fig*) Obergrenze f.

lafonner [plafɔne] vt (*pièce*) eine Decke geben +dat ♦ vi (*AVIAT*) die Gipfelhöhe erreichen; (*fig*) die Obergrenze erreichen.

lafonnier [plafɔnje] nm Deckenlicht nt; (*AUTO*) Innenbeleuchtung f.

lage [plaʒ] nf Strand m; (*d'un lac, fleuve*) Ufer nt; (*horaire*) Zeitabschnitt m; (*musicale*) Zwischenmusik f; (*gamme*) Spektrum nt; (*de disque*) Spur f ► **plage arrière** (*AUTO*) Hutablage f.

lagiaire [plaʒjɛʀ] nm/f Plagiator(in) m(f).

lagiat [plaʒja] nm Plagiat nt.

lagier [plaʒje] vt plagiieren.

lagiste [plaʒist] nm Strandwart m.

laid [plɛd] nm (*Reise*)decke f.

laidant, e [plɛdã, ãt] adj (*JUR*) klagend.

laider [plede] vi (*avocat*) das Plädoyer halten; (*plaignant*) Klage erheben ♦ vt (*cause*) verteidigen, vertreten; **~ l'irresponsabilité/la légitime défense** auf Unzurechnungsfähigkeit/ Notwehr plädieren; **~ coupable/non coupable** schuldig/nicht schuldig plädieren; **~ pour** ou **en faveur de qn** (*fig*) für jdn sprechen.

laideur, -euse [plɛdœʀ, øz] nm/f (*JUR*) (prozeßführende) Partei f.

laidoirie [plɛdwaʀi] nf Plädoyer nt (*des Verteidigers*).

laidoyer [plɛdwaje] nm Plädoyer nt.

laie [plɛ] nf Wunde f.

laignant, e [plɛɲã, ãt] vb voir **plaindre** ♦ adj (*JUR: partie*) klagend ♦ nm/f (*JUR*) Kläger(in) m(f).

laindre [plɛ̃dʀ] vt bedauern; **se plaindre** vpr (*gémir*) klagen; (*protester*) sich beklagen; **se ~ de** (*souffrir*) klagen über +acc; **se ~ à qn de qn/qch** sich bei jdm über jdn/etw beklagen; **se ~ que** sich beklagen, daß.

laine [plɛn] nf Ebene f.

lain-pied [plɛ̃pje]: **de ~-~** adv auf gleicher Höhe; **de ~-~ avec** auf gleicher Höhe mit.

laint, e [plɛ̃, ɛ̃t] pp de **plaindre**.

lainte [plɛ̃t] nf Klage f; **porter ~** Klage erheben, klagen.

laintif, -ive [plɛ̃tif, iv] adj klagend.

laire [plɛʀ] vi gefallen, Anklang finden; **se plaire** vpr (*quelque part*) sich wohlfühlen, gedeihen; **elle plaît aux hommes** sie gefällt den Männern, sie findet Anklang bei den Männern; **cela me plaît** das gefällt mir; **essayer de ~ à qn** jdm zu gefallen suchen; **ce qu'il vous plaira** wie Sie wünschen; **s'il vous plaît** bitte; **se ~ à lire** am Lesen Gefallen finden.

plaisamment [plɛzamã] adv hübsch.

plaisance [plɛzãs] nf (*aussi:* **navigation de ~**) Hobbysegeln nt.

plaisancier [plɛzãsje] nm Freizeitsegler m.

plaisant, e [plɛzã, ãt] adj (*maison, décor, site*) schön; (*personne*) angenehm, nett; (*histoire, anecdote*) amüsant, unterhaltend.

plaisanter [plɛzãte] vi Spaß machen, scherzen ♦ vt (*personne*) necken; **pour ~** zum Spaß; **on ne plaisante pas avec cela** damit scherzt man nicht; **tu plaisantes!** mach keine Witze!

plaisanterie [plɛzãtʀi] nf Scherz m, Spaß m.

plaisantin [plɛzãtɛ̃] nm (*blagueur*) Scherzbold m; (*fumiste*) Windhund m.

plaise etc [plɛz] vb voir **plaire**.

plaisir [plɛziʀ] nm Genuß m, Vergnügen nt; (*PSYCH, plaisir des sens*) Lust f; (*joie*) Freude f; **chaque âge a ses ~s** jedes Alter hat seine Freuden; **boire/manger avec ~** mit Genuß trinken/essen; **faire ~ à qn** (*délibérément*) jdm eine Freude machen; **ça me fait ~** das freut mich; **prendre ~ à qch** Gefallen an etw dat finden; **prendre ~ à faire qch** Gefallen daran finden, etw zu tun; **j'ai le ~ de** es ist mir eine Freude, zu; **M et Mme Lesucre ont le ~ de vous faire part de ...** Herr und Frau Lesucre beehren sich, Ihnen ... bekanntzugeben; **se faire un ~ de faire qch** etw sehr gern ou mit großem Vergnügen tun; **faites-moi le ~ de ...** machen Sie mir die Freude und ...; **au ~ (de vous revoir)** bis hoffentlich bald einmal; **pour le ~** zum reinen Vergnügen.

plaît [plɛ] vb voir **plaire**.

plan, e [plã, an] adj eben ♦ nm Plan m; (*GÉOM*) Ebene f; (*CINÉ*) Einstellung f; **sur tous les ~s** in jeder Hinsicht; **au premier/second ~** im Vordergrund/Hintergrund; **à l'arrière** im Hintergrund; **mettre qch au premier ~** etw dat den Vorrang geben; **mettre qch au second ~** etw zurückstellen; **mettre qch sur le même ~** (*fig*) etw gleichrangig einstufen; **de premier/ second ~** erst-/zweitrangig; **sur le ~ sexuel** was das Sexuelle betrifft; **laisser en ~** aufgeben ► **plan d'action** Aktionsplan m ► **plan d'eau** Wasserfläche f ► **plan de cuisson** Herdfläche f ► **plan de sustentation** Tragflügel m ► **plan de travail** Arbeitsfläche f ► **plan de vol** Flugdokumentation f ► **plan directeur** (*ÉCON*) Plan m.

planche [plãʃ] nf Brett nt; (*dans un livre*) Abbildung f; (*de salades, radis, poireaux*) Beet nt; **~s** nfpl (*THÉÂT*) Bretter pl, Bühne f sg; **en ~s** aus Brettern; **faire la ~** (*dans l'eau*) den toten Mann machen; **avoir du pain sur la ~** die Hände voll zu tun haben ► **planche à découper** Schneidbrett nt ► **planche à dessin** Reißbrett nt, Zeichenbrett nt ► **planche à pain**

Schneidbrett; (*fig:* *femme*) Bügelbrett *nt*
▶ **planche à repasser** Bügelbrett *nt* ▶ **planche
à roulettes** Skateboard *nt*; (*sport*) Skateboardfahren *nt* ▶ **planche à voile** Surfbrett
nt; (*sport*) Windsurfen *nt* ▶ **planche de salut**
(*fig*) Rettungsanker *m*.

plancher [plɑ̃ʃe] *nm* Fußboden *m* ♦ *vi* (*fam: travailler beaucoup*) sich abrackern; ~ **des
cotisations/salaires** untere Grenze *f ou* Unter-
grenze *f* der Beiträge/Gehälter.

planchiste [plɑ̃ʃist] *nm/f* Windsurfer(in) *m(f)*.

plancton [plɑ̃ktɔ̃] *nm* Plankton *nt*.

planer [plane] *vi* gleiten; (*fumée, odeur*) in der
Luft hängen; (*être euphorique*) schweben; ~
sur (*danger, soupçons*) schweben über +*dat*.

planétaire [planetɛʀ] *adj* Planeten-.

planétarium [planetaʀjɔm] *nm* Planetarium *nt*.

planète [planɛt] *nf* Planet *m*.

planeur [planœʀ] *nm* Segelflugzeug *nt*.

planification [planifikasjɔ̃] *nf* Planung *f*.

planifier [planifje] *vt* planen.

planisphère [planisfɛʀ] *nm* Planiglob(ium) *nt*.

planning [planiŋ] *nm* (*de travail*) Arbeitsplan *m*
▶ **planning familial** Familienplanung *f*.

planque [plɑ̃k] (*fam*) *nf* (*emploi*) ruhige Kugel
f; (*cachette*) Versteck *nt*.

planquer [plɑ̃ke] (*fam*) *vt* (*cacher*) verstecken;
se planquer *vpr* sich verstecken.

plant [plɑ̃] *nm* Setzling *m*.

plantaire [plɑ̃tɛʀ] *adj voir* **voûte**.

plantation [plɑ̃tasjɔ̃] *nf* Pflanzung *f*, Plantage *f*;
~**s** *nfpl* Pflanzungen *pl*.

plante [plɑ̃t] *nf* Pflanze *f* ▶ **plante d'appartement** Haus- *ou* Zimmerpflanze *f* ▶ **plante du
pied** Fußsohle *f* ▶ **plante verte** (Grün)pflanze
f.

planter [plɑ̃te] *vt* pflanzen; (*lieu*) bepflanzen;
(*pieu, piquet, clou*) einschlagen; (*drapeau, échelle, décors*) aufstellen; (*tente*) aufschlagen;
(*fam: abandonner*) stehenlassen; **se planter** *vpr*
(*fam: se tromper*) sich irren; ~ **là** stehenlassen; **se** ~ **dans** (*se tromper*) sich vertun bei; **se**
~ **devant qn/qch** sich vor jdn/etw hinpflan-
zen.

planton [plɑ̃tɔ̃] *nm* (*MIL*) Bursche *m*, Melder *m*.

plantureux, -euse [plɑ̃tyʀø, øz] *adj* (*repas*)
reichlich; (*femme, poitrine*) üppig.

plaquage [plakaʒ] *nm* (*RUGBY*) Tackling *nt*.

plaque [plak] *nf* Platte *f*; (*de verglas*) Schicht *f*;
(*d'eczéma, rouge etc*) Fleck *m*; (*dentaire*) Zahnstein *m*; (*avec inscription*) Schild *nt*; ~ **d'immatriculation** *ou* **minéralogique** Nummernschild
nt, Kraftfahrzeugkennzeichen *nt* ▶ **plaque
chauffante** Heizplatte *f* ▶ **plaque d'identité**
(*de soldat*) Erkennungsmarke *f*; (*de chien*)
Hundemarke *f* ▶ **plaque de beurre** Stück *nt*
Butter ▶ **plaque de chocolat** Tafel *f* Schokolade ▶ **plaque de cuisson** Kochplatte *f* ▶ **plaque de four** Herdplatte *f* ▶ **plaque de propreté** Türbeschlag *m* ▶ **plaque sensible** (*PHOTO*)
lichtempfindliche Platte ▶ **plaque tournante**
(*fig*) Drehscheibe *f*.

plaqué, e [plake] *adj:* ~ **or** vergoldet; ~ **argent**

versilbert.

plaquer [plake] *vt* (*bois*) furnieren; (*RUGBY:* adversaire) zu Fall bringen; (*fam: laisser tomber*)
fallen lassen; **se plaquer** *vpr:* **se** ~ **contre** sich
pressen gegen; ~ **sur** *ou* **contre** (*aplatir*) pressen gegen; ~ **qn contre** jdn drücken an +*acc*.

plaquette [plaket] *nf* (*de chocolat*) Tafel *f*; (*de
beurre*) Stück *nt*; (*livre*) Bändchen *nt*; (*PHARM:
de pilules, gélules*) Klarsichtpackung für Arzneimittel; (*INFORM*) Platine *f* ▶ **plaquette de frein**
nf Bremsbelag *m*.

plasma [plasma] *nm* Plasma *nt*.

plastic [plastik] *nm* Plastiksprengstoff *m*.

plastifié, e [plastifje] *adj* plastiküberzogen,
plastikbeschichtet.

plastifier [plastifje] *vt* mit Plastik überziehen
ou beschichten.

plastiquage [plastikaʒ] *nm* Sprengung *f*.

plastique [plastik] *adj* plastisch ♦ *nm* Plastik *nt*
♦ *nf* Plastik *f*; **en** ~ Plastik-.

plastiquer [plastike] *vt* sprengen.

plastiqueur [plastikœʀ] *nm* Attentäter *m* (*eines*
Sprengstoffanschlags).

plastron [plastʀɔ̃] *nm* (*de chemise*) Hemdbrust
f.

plastronner [plastʀɔne] (*péj*) *vi* sich brüsten.

plat, e [pla, at] *adj* flach; (*cheveux*) glatt; (*style,
livre*) langweilig; (*vin*) fade ♦ *nm* (*récipient*)
Schale *f*; (*mets*) Gericht *nt*; (*d'une route*) flache Strecke *f*; **le premier/deuxième** ~ (*d'un repas*) der erste/zweite Gang; **le** ~ **de la main**
die Handfläche *f*; **à** ~ **ventre** *adv* bäuchlings;
à ~ (*horizontalement*) horizontal; (*personne*)
völlig fertig; **pneu à** ~ platter Reifen *m*; **batterie à** ~ leere Batterie *f* ▶ **plat cuisiné** Fertiggericht *nt* ▶ **plat de résistance** Hauptgericht *nt* ▶ **plat du jour** Tagesgericht *nt*.

platane [platan] *nm* Platane *f*.

plateau, x [plato] *nm* (*support*) Tablett *nt*; (*de
table*) Platte *f*; (*d'une balance*) Waagschale *f*;
(*GÉO: d'un graphique*) Plateau *nt*; (*de tourne-
disque*) Plattenteller *m*; **sur le** ~ (*CINÉ*) bei den
Dreharbeiten; (*TV*) in der Diskussionsrunde
▶ **plateau à fromage** Käseplatte *f*.

plateau-repas [platoʀəpa] (*pl* ~**-x-**~) *nm* Es-
senstablett *nt*.

plate-bande [platbɑ̃d] (*pl* ~**s-**~**s**) *nf* Rabatte *f*.

platée [plate] *nf* Schale *f*.

plate-forme [platfɔʀm] (*pl* ~**s-**~**s**) *nf* Plattform
f; (*POL*) Wählerschaft *f* ▶ **plate-forme conti-
nentale** Festlandssockel *m* ▶ **plate-forme de
forage** Bohrinsel *f* ▶ **plate-forme pétrolière**
Ölbohrinsel *f*.

platine [platin] *nm* (*métal*) Platin *nt* ♦ *nf* (*d'un
tourne-disque*) Plattenteller *m* ♦ *adj inv:* **cheveux** ~ platinblonde Haare *pl*; **blond** ~ Pla-
tinblond *nt* ▶ **platine laser** CD-Player *m*.

platitude [platityd] *nf* Platitüde *f*.

platonique [platɔnik] *adj* (*amour*) platonisch.

plâtras [plɑtʀɑ] *nm* Schutt *m*.

plâtre [plɑtʀ] *nm* (*matériau*) Gips *m*; (*statue*)
Gipsstatue *f*; (*MÉD*) Gips(verband) *m*; ~**s**
nmpl (*revêtements*) Stuck *m*; **avoir un bras dans**

le ~ den Arm in *ou* im Gips haben.
plâtrer [plɑtʀe] *vt* (*mur*) verputzen; (*MÉD*) in Gips legen.
plâtrier [plɑtʀije] *nm* (*ouvrier*) Gipser *m*.
plausible [plozibl] *adj* plausibel.
play-back [plɛbak] *nm inv* Playback *nt*.
play-boy [plɛbɔj] (*pl* ~-~**s**) *nm* Playboy *m*.
plébiscite [plebisit] *nm* Volksentscheid *m*.
plébisciter [plebisite] *vt* (*élire*) wählen; (*fig: approuver*) mit großer Mehrheit unterstützen.
plein, e [plɛ̃, plɛn] *adj* voll; (*porte, roue*) massiv; (*joues, visage, formes*) voll, rund; (*chienne, jument*) trächtig ♦ *nm*: **faire le** ~ (*d'essence*) volltanken; **faire le** ~ **des voix** die Maximalzahl von Stimmen bekommen; **les** ~**s** (*écriture*) die Abstriche *pl*; ~ **de** voller; **avoir de l'argent** ~ **les poches** die Taschen voller Geld haben; **avoir les mains** ~**es** die Hände voll haben; **à** ~**es mains** (*ramasser*) mit vollen Händen; (*empoigner*) mit fester Hand; **à ou en** ~ völlig; **à** ~ **régime** mit Vollgas; **à** ~ **temps** *ou* **temps** ~ ganztags; **en** ~ **air** im Freien; **jeux de** ~ **air** Spiele im Freien; **en** ~ **soleil** in der prallen Sonne; **en** ~**e mer** auf hoher See; **en** ~**e rue** mitten auf der Straße; **en** ~ **milieu** genau in der Mitte, mittendrin; **en** ~ **jour** am hellichten Tag; **en** ~**e nuit** mitten in der Nacht; **en** ~**e croissance** mitten im Wachstum; **en avoir** ~ **le dos** (*fam*) die Nase voll haben ► **pleins pouvoirs** Vollmacht *f*.
pleinement [plɛnmɑ̃] *adv* völlig.
plein-emploi [plɛnɑ̃plwa] *nm* Vollbeschäftigung *f*.
plénière [plenjɛʀ] *adj f*: **assemblée** *ou* **réunion** ~ Vollversammlung *f*, Plenarsitzung *f*.
plénipotentiaire [plenipɔtɑ̃sjɛʀ] *nm* Bevollmächtigter *m*.
plénitude [plenityd] *nf* (*d'un son, des formes*) Fülle *f*; (*d'un droit*) Vollständigkeit *f*.
pléthore [pletɔʀ] *nf*: **il y a** ~ **de** es gibt mehr als genug.
pléthorique [pletɔʀik] *adj* (*classes*) überfüllt; (*documentation*) überzählig.
pleurer [plœʀe] *vi* weinen; (*yeux*) tränen ♦ *vt* (*regretter*) nachtrauern +*dat*; (*mort de qn*) beweinen; (*sort*) beklagen; ~ **de rire** Tränen lachen.
pleurésie [plœʀezi] *nf* Brustfellentzündung *f*.
pleureuse [plœʀøz] *nf* Klageweib *nt*.
pleurnicher [plœʀniʃe] *vi* flennen, heulen.
pleurs [plœʀ] *nmpl*: **en** ~ in Tränen.
pleut [plø] *vb voir* **pleuvoir**.
pleutre [pløtʀ] *adj* feige.
pleuvait *etc* [pløvɛ] *vb voir* **pleuvoir**.
pleuviner [pløvine] *vb impers*: **il pleuvine** es nieselt.
pleuvoir [pløvwaʀ] *vb impers*: **il pleut** es regnet ♦ *vi* (*coups, critiques*) niederregnen, niederhageln; (*nouvelles, lettres*) in Fluten hereinkommen; **il pleut des cordes** es regnet Bindfäden; **il pleut à verse** es regnet in Strömen; **il pleut à torrents** es gießt.
pleuvra *etc* [pløvʀa] *vb voir* **pleuvoir**.

plèvre [plɛvʀ] *nf* Brustfell *nt*.
plexiglas ® [plɛksiglas] *nm* Plexiglas ® *nt*.
pli [pli] *nm* Falte *f*; (*dans un papier*) Kniff *m*; (*d'un pantalon*) Bügelfalte *f*; (*ADMIN: lettre*) Brief *m*; (*CARTES*) Stich *m*; **mettre sous** ~ in den Umschlag stecken; **prendre le** ~ **de faire qch** sich *dat* angewöhnen, etw zu tun; **ça ne va pas faire un** ~ das geht glatt; **faux** ~ Falte ► **pli d'aisance** Kellerfalte *f*.
pliable [plijabl] *adj* faltbar.
pliage [plijaʒ] *nm* (*action*) Falten *nt*.
pliant, e [plijɑ̃, plijɑ̃t] *adj* Klapp- ♦ *nm* (*siège*) Klappstuhl *m*.
plier [plije] *vt* (*papier, étoffe*) zusammenfalten; (*table pliante*) zusammenklappen; (*genou, bras*) beugen, biegen ♦ *vi* (*branche, arbre*) sich biegen; (*fig: personne*) nachgeben; **se plier à** *vpr* sich beugen +*dat*; ~ **bagage** seine Siebensachen zusammenpacken, seine Zelte abbrechen.
plinthe [plɛ̃t] *nf* (*au bas d'une cloison*) Fußleiste *f*, Scheuerleiste *f*.
plissé, e [plise] *adj* (*jupe, robe*) plissiert; (*peau*) faltig, runzlig; (*GÉO*) mit Bodenfalten ♦ *nm* (*COUTURE*) Plissee *nt*.
plissement [plismɑ̃] *nm* (*GÉO*) Faltung *f*; ~ **de terrain** Bodenwelle *f*.
plisser [plise] *vt* (*papier, étoffe*) zerknittern; (*jupe*) fälteln; (*front*) runzeln; (*bouche*) verziehen; **se plisser** *vpr* (*se froisser*) Falten bekommen, knittern.
pliure [plijyʀ] *nf* (*du bras, genou*) Beuge *f*; (*d'un ourlet*) Falte *f*.
plomb [plɔ̃] *nm* (*métal*) Blei *nt*; (*d'une cartouche*) Schrot *m ou nt*; (*PÊCHE*) Senker *m*, Senkgewicht *nt*; (*sceau*) Plombe *f*; (*ÉLEC*) Sicherung *f*; **sommeil de** ~ Tiefschlaf *m*; **soleil de** ~ sengende Sonne *f*.
plombage [plɔ̃baʒ] *nm* (*de dent*) Füllung *f*, Plombe *f*.
plomber [plɔ̃be] *vt* (*canne, ligne*) mit Blei beschweren; (*colis, wagon, marchandises*) verplomben; (*mur*) (aus)loten; (*dent*) plombieren.
plomberie [plɔ̃bʀi] *nf* (*installation*) Rohre und Leitungen *pl*; (*travail du plombier*) Installieren *nt*, Installation *f*.
plombier [plɔ̃bje] *nm* Installateur *m*, Klempner *m*.
plonge [plɔ̃ʒ] *nf*: **faire la** ~ Geschirr spülen.
plongeant, e [plɔ̃ʒɑ̃, ɑ̃t] *adj* (*vue*) von oben; (*décolleté*) tief (ausgeschnitten).
plongée [plɔ̃ʒe] *nf* (*SPORT*) Tauchen *nt*; (*CINÉ, TV*) Aufnahme *f* von oben; ~ **sous-marine** Tauchen *nt*.
plongeoir [plɔ̃ʒwaʀ] *nm* Sprungbrett *nt*.
plongeon [plɔ̃ʒɔ̃] *nm* Sprung *m*.
plonger [plɔ̃ʒe] *vi* (*personne*) springen; (*oiseau, avion*) einen Sturzflug machen; (*sous-marin*) abtauchen; (*gardien de but*) hechten; (*regard*) sich erstrecken ♦ *vt* (*immerger*) tauchen; (*enfoncer*) (hinein)stoßen; ~ **dans un sommeil profond** in einen tiefen Schlaf versinken; ~ **dans l'obscurité** in Dunkelheit hüllen *ou* tau-

plongeur – pochette

chen; ~ qn dans l'embarras/le découragement jdn in Verlegenheit bringen/in Verzweiflung stürzen.

plongeur, -euse [plɔ̃ʒœʀ, øz] nm/f Taucher(in) m(f); (de restaurant) Tellerwäscher(in) m(f).

plot [plo] nm (ÉLEC) Kontakt m.

ploutocratie [plutɔkʀasi] nf Plutokratie f.

ploutocratique [plutɔkʀatik] adj plutokratisch.

ployer [plwaje] vt: ~ **les genoux** die Knie beugen ♦ vi sich biegen, nachgeben; ~ **sous le joug** unter dem Joch zusammenbrechen.

plu [ply] pp de **plaire, pleuvoir.**

pluie [plɥi] nf Regen m; **une ~ fine** ein Nieselregen m; **une ~ de** (cendres) ein Regen von; (pierres, baisers) ein Hagel m von; **retomber en ~** niederprasseln; **sous la ~** im Regen.

plumage [plymaʒ] nm Gefieder nt.

plume [plym] nf Feder f; **dessin à la ~** Federzeichnung f; **prendre la ~** zur Feder greifen.

plumeau, x [plymo] nm Staubwedel m.

plumer [plyme] vt rupfen.

plumet [plymɛ] nm Federbusch m.

plumier [plymje] nm Griffelkasten m.

plupart [plypaʀ] nf: **la ~** die meisten; **la ~ des hommes/d'entre nous** die meisten Menschen/die meisten von uns; **la ~ du temps** meistens; **dans la ~ des cas** in den meisten Fällen; **pour la ~** meistens.

pluralisme [plyʀalism] nm Pluralismus m.

pluralité [plyʀalite] nf (multiplicité) Verschiedenheit f; (LING) Mehrzahl f.

pluridisciplinaire [plyʀidisiplinɛʀ] adj: **enseignement ~** fachübergreifender Unterricht m.

pluriel [plyʀjɛl] nm Plural m; **au ~** im Plural.

=================== MOT-CLÉ

plus [ply] adv **1** (forme négative): **ne ... plus** nicht mehr; **je n'ai plus d'argent** ich habe kein Geld mehr; **il ne travaille plus** er arbeitet nicht mehr; **il ne reste plus que deux tomates** es sind nur noch zwei Tomaten da
2 (comparatif) mehr; (superlatif): **le plus** am meisten; **plus grand/intelligent (que)** größer/intelligenter (als); **le plus grand/intelligent** der größte/intelligenteste
3: **plus de** mehr; **plus de pain** mehr Brot; **plus de 3 heures/4 kilos** mehr als 3 Stunden/4 Kilo; **plus d'argent/de possibilités (que)** mehr Geld/Möglichkeiten (als); **plus de 10 personnes** mehr als 10 Personen; **il était plus de minuit** es war schon nach Mitternacht
4: **plus que** als; **il travaille plus que moi** er arbeitet mehr als ich; **3 heures/kilos de plus que** 3 Stunden/Kilo mehr als; **3 ans de plus que moi** er ist 3 Jahre älter als ich
5 (locutions): **sans plus** aber mehr (auch) nicht; **de plus** (en supplément) zusätzlich; (en outre) außerdem; **de plus en plus** mehr und mehr, immer mehr; **3 kilos en plus** 3 Kilo mehr; **en plus de** zusätzlich zu; **(tout) au plus**

(aller)höchstens; **d'autant plus que** um so mehr als; **qui plus est** und außerdem; **plus ou moins** mehr oder weniger; **ni plus ni moins** nicht mehr und nicht weniger; **plus il travaille, plus il est heureux** je mehr er arbeitet, desto glücklicher ist er
♦ prép: **4 plus 2** 4 plus 2.

plusieurs [plyzjœʀ] pron mehrere, einige; **ils sont ~** sie sind zu mehreren.

plus-que-parfait [plyskəpaʀfɛ] nm Plusquamperfekt nt.

plus-value [plyvaly] (pl ~-~s) nf (ÉCON) Mehrwert m; (bénéfice) Gewinn m; (budgétaire) Überschuß m.

plut [ply] vb voir **plaire; pleuvoir.**

plutonium [plytɔnjɔm] nm Plutonium nt.

plutôt [plyto] adv eher, vielmehr; **je ferais ~ ceci** ich würde lieber das machen; **fais ~ comme ça** mach es lieber so; **~ que (de) faire qch** (an)statt etw zu tun; **~ grand/rouge** eher groß/rot.

pluvial, e, -aux [plyvjal, jo] adj (eaux) Regen-.

pluvieux, -euse [plyvjø, jøz] adj regnerisch.

pluviosité [plyvjozite] nf Niederschlag(smenge f) m.

PM [peɛm] sigle f (= Police militaire) Militärpolizei f.

PME [peɛm] sigle fpl (= petites et moyennes entreprises) klein- und mittelständische Betriebe pl.

PMI [peɛmi] sigle f (= (centre de) protection maternelle et infantile) voir **protection.**

PMU [peɛmy] sigle m (= pari mutuel urbain) voir **pari.**

PNB [peɛnbe] sigle m (= produit national brut) BSP nt.

pneu, x [pnø] nm (de roue) Reifen m; (message) Rohrpostbrief m.

pneumatique [pnømatik] nm Reifen m ♦ adj (marteau) Preßluft-; (tube) Rohrpost-; (canot) Schlauch-.

pneumonie [pnømɔni] nf Lungenentzündung f.

PO sigle fpl (= petites ondes) MW.

Pô [po] nm Po m.

poche [pɔʃ] nf Tasche f; (sous les yeux) Tränensack m; (d'eau, de pétrole) Ablagerung f; (de pus) Beule f; (ZOOL) Beutel m ♦ nm (livre) Taschenbuch nt; **faire une ~** ou des **~s** sich ausbeulen; **carnet/couteau/lampe de ~** Taschenbuch/Taschenmesser nt/Taschenlampe f; **en être de sa ~** Geld verloren haben; **c'est dans la ~** das haben wir in der Tasche.

poché, e [pɔʃe] adj: **œuf ~** pochiertes Ei nt; **œil ~** blaues Auge nt.

pocher [pɔʃe] vt (CULIN) pochieren; (PEINTURE) skizzieren ♦ vi (vêtement) ausbeulen.

poche-revolver [pɔʃʀəvɔlvɛʀ] (pl ~s-~) nf Gesäßtasche f.

pochette [pɔʃɛt] nf (de timbres, d'aiguilles etc) Heftchen nt; (sac: de femme) Täschchen nt; (:

d'homme) Handtasche f; (sur veston) kleine Tasche f; (mouchoir) Ziertuch nt ▶ **pochette d'allumettes** Streichholzheftchen nt ▶ **pochette de disque** Plattenhülle f ▶ **pochette surprise** Wundertüte f.

pochoir [pɔʃwaʀ] nm (ART) Schablone f.

podium [pɔdjɔm] nm Podest nt.

poêle [pwal] nm (appareil de chauffage) Ofen m ♦ nf: ~ (à frire) Bratpfanne f.

poêlon [pwalɔ̃] nm Schmortopf m.

poème [pɔɛm] nm Gedicht nt.

poésie [pɔezi] nf (poème) Gedicht nt; (art) Lyrik f, Dichtung f.

poète [pɔɛt] nm Dichter(in) m(f); (fig: rêveur) Träumer(in) m(f) ♦ adj dichterisch veranlagt.

poétique [pɔetik] adj poetisch; **licence** ~ dichterische Freiheit f.

poétiquement [pɔetikmɑ̃] adv poetisch.

poétiser [pɔetize] vt verklären.

pognon [pɔɲɔ̃] (fam) nm Kohle f, Kies m.

poids [pwa] nm Gewicht nt; (fardeau) Last f; (responsabilité) Belastung f; (des années) Last, Bürde f; (importance) Bedeutung f; (objet de métal) Beschwerer m; (SPORT) Kugel f; ~ **et haltères** nmpl Gewichtheben nt; **vendre qch au** ~ etw nach Gewicht verkaufen; **prendre du** ~ zunehmen; **perdre du** ~ abnehmen; **faire le** ~ (fig) sich messen können; **de** ~ (important) gewichtig ▶ **poids coq** (BOXE) Bantamgewicht nt ▶ **poids lourd** (BOXE) Schwergewicht nt; (camion) Lastkraftwagen m ▶ **poids mort** (TECH) Leergewicht nt; (fig: péj) Ballast m ▶ **poids mouche** (BOXE) Fliegengewicht nt ▶ **poids moyen** (BOXE) Mittelgewicht nt ▶ **poids plume** (BOXE) Federgewicht nt ▶ **poids utile** Nutzlast f.

poignant, e [pwaɲɑ̃, ɑ̃t] adj (émotion, souvenir) schmerzlich; (lecture) ergreifend.

poignard [pwaɲaʀ] nm Dolch m.

poignarder [pwaɲaʀde] vt erdolchen.

poigne [pwaɲ] nf (main, poing) Hand f; (force) Griff m; (fig) Entschlossenheit f; **à** ~ entschlossen.

poignée [pwaɲe] nf (de couvercle, porte, etc) Griff m; (quantité) Handvoll f ▶ **poignée de main** Händedruck m.

poignet [pwaɲɛ] nm Handgelenk nt; (d'une chemise) Manschette f.

poil [pwal] nm Haar nt; (de tissu, tapis) Flor m; (de pinceau, brosse) Borste f; (pelage) Fell nt; (ensemble des poils) Haare pl; **avoir du** ~ **sur la poitrine** Haare auf der Brust haben; **à** ~ (fam) splitterfasernackt; **au** ~ (fam) klasse; **de tout** ~ aller Sorten; **être de bon/mauvais** ~ (fam) gut/schlecht drauf sein ▶ **poil à gratter** Juckpulver nt.

poilu, e [pwaly] adj haarig.

poinçon [pwɛ̃sɔ̃] nm (outil) Pfriem m; (marque de contrôle) Stempel m.

poinçonner [pwɛ̃sɔne] vt (marchandise, bijou etc) stempeln; (billet, ticket) knipsen.

poinçonneuse [pwɛ̃sɔnøz] nf (outil) Knipszange f.

poindre [pwɛ̃dʀ] vi (fleur) hervorkommen; (aube, jour) anbrechen.

poing [pwɛ̃] nm Faust f; **dormir à** ~**s fermés** fest schlafen.

point [pwɛ̃] vb voir **poindre** ♦ nm Punkt m; (endroit) Stelle f, Ort m; (moment) Zeitpunkt m; (question) Frage f; (COUTURE) Stich m; (TRICOT) Masche f ♦ adv voir **pas**; **ne** ... ~ nicht; ~ **d'intersection/de contact** Schnittpunkt m/ Kontaktpunkt m; **faire le** ~ (NAUT, AVIAT) die Position bestimmen; **faire le** ~ **de la situation** die Lage zusammenfassen; **en tout** ~ in jeder Hinsicht; **être sur le** ~ **de faire qch** im Begriff sein, etw zu tun; **au** ~ ou **à tel** ~ **que** so sehr, daß; **au** ~ **de faire qch** so sehr, daß man etw macht; **mettre au** ~ (mécanisme, procédé) entwickeln; (appareil-photo) scharf einstellen; (affaire) klären; **à** ~ (viande) medium; **à** ~ **nommé** zur rechten Zeit; **du** ~ **de vue de** vom Standpunkt +gén; **au** ~ **de vue scientifique** vom wissenschaftlichen Standpunkt aus ▶ **point chaud** Krisenherd m ▶ **point culminant** Höhepunkt m ▶ **point d'eau** Wasserstelle f ▶ **point d'exclamation** Ausrufungszeichen nt ▶ **point d'interrogation** Fragezeichen nt ▶ **point d'orgue** Fermate f ▶ **point de chaînette** Kettenstich m ▶ **point de chute** (fig) Haltepunkt m ▶ **point de côté** Seitenstechen nt ▶ **point de croix** Kreuzstich m ▶ **point de départ** Abfahrtspunkt m ▶ **point de non-retour** Punkt, von dem es kein Zurück gibt ▶ **point de repère** Orientierungspunkt m ▶ **point de tige** Stielstich m ▶ **point de vente** Verkaufsstelle f ▶ **point de vue** (paysage) Aussichtspunkt m; (fig) Ansicht f, Meinung f ▶ **point faible** schwacher Punkt ▶ **point final** Schlußpunkt m ▶ **point mort**: **au** ~ **mort im** Leerlauf ▶ **au point mousse/de jersey** (TRICOT) rechts/glatt gestrickt ▶ **point noir** (sur le visage) Mitesser m; (AUTO) gefährliche Stelle f ▶ **points cardinaux** (vier) Himmelsrichtungen pl ▶ **points de suspension** Auslassungspunkte pl.

pointage [pwɛ̃taʒ] nm (sur liste) Abhaken nt; (d'employés, ouvriers) Kontrolle f; (sur machine) Stempeln nt.

pointe [pwɛ̃t] nf Spitze f; **faires des** ~**s** (DANSE) Spitzentanz machen; **une** ~ **d'ail** ein Hauch m Knoblauch; **une** ~ **d'accent/d'ironie** ein Anflug m von einem Akzent/von Ironie; **faire** ou **pousser une** ~ **jusqu'à** einen Abstecher machen nach +acc; **sur la** ~ **des pieds** auf Zehenspitzen; **en** ~ spitz; **de** ~ adj (industries, recherches) führend; (vitesse, heures) Spitzen- ▶ **pointe d'asperge** Spargelspitze f.

pointer [pwɛ̃te] vt (cocher) abhaken; (employés, ouvriers) kontrollieren; (diriger) richten; (MUS: note) punktieren ♦ vi (ouvrier, employé) stempeln; (pousses) durchkommen; (jour) anbrechen; ~ **qch vers qch** etw auf etw acc richten; ~ **les oreilles** (suj: chien) die Ohren aufstellen.

pointeur, -euse [pwɛ̃tœʀ] nm/f (personne) Aufsicht *f*; (: *SPORT*) Zeitnehmer(in) *m(f)* ♦ *nf* (*machine*) Stechuhr *f*.

pointillé [pwɛ̃tije] *nm* (*trait*) punktierte Linie *f*; (*ART*) Tupfentechnik *f*.

pointilleux, -euse [pwɛ̃tijø, øz] *adj* pingelig.

pointu, e [pwɛ̃ty] *adj* spitz; (*son, voix*) schrill; (*analyse*) genau.

pointure [pwɛ̃tyʀ] *nf* Größe *f*.

point-virgule [pwɛ̃viʀgyl] (*pl* ~**s-**~**s**) *nm* Strichpunkt *m*.

poire [pwaʀ] *nf* (*fruit*) Birne *f*; (*fam: péj*) Depp *m* ▶ **poire à injections** Klistierspritze *f* ▶ **poire à lavement** Einlauf *m* ▶ **poire électrique** birnenförmiger Schalter *m*.

poireau, x [pwaʀo] *nm* Lauch *m*, Porree *m*.

poireauter [pwaʀote] (*fam*) *vi* warten.

poirier [pwaʀje] *nm* (*BOT*) Birnbaum *m*; **faire le ~** einen Kopfstand machen.

pois [pwa] *nm* (*BOT*) Erbse *f*; (*sur une étoffe*) Punkt *m*; **à ~** gepunktet ▶ **pois cassés** getrocknete (halbe) Erbsen *pl* ▶ **pois chiche** Kichererbse *f* ▶ **pois de senteur** Wicke *f*.

poison [pwazɔ̃] *nm* Gift *nt*.

poisse [pwas] (*fam*) *nf* Pech *m*.

poisser [pwase] *vi* kleben.

poisseux, -euse [pwasø, øz] *adj* klebrig.

poisson [pwasɔ̃] *nm* Fisch *m*; **les P~s** (*ASTROL*) die Fische *pl*; **être des P~s** Fisch sein ▶ **poisson d'avril** ≈ Aprilscherz *m*; **~ d'avril!** April, April! ▶ **poisson rouge** Goldfisch *m* ▶ **poisson volant** fliegender Fisch *m*.

poisson-chat [pwasɔ̃ʃa] (*pl* ~**s-**~**s**) *nm* Wels *m*.

poissonnerie [pwasɔnʀi] *nf* (*magasin*) Fischgeschäft *nt*.

poissonneux, -euse [pwasɔnø, øz] *adj* fischreich.

poissonnier, -ière [pwasɔnje, jɛʀ] *nm/f* Fischhändler(in) *m(f)* ♦ *nf* (*ustensile*) Fischtopf *m*.

poisson-scie [pwasɔsi] (*pl* ~**s-**~**s**) *nm* Sägefisch *m*.

poitevin, e [pwat(ə)vɛ̃, in] *adj* von Poitou; (*ville*) von Poitiers ♦ *nm/f*: **P~, e** Einwohner(in) *m(f)* von Poitou/Poitiers.

poitrail [pwatʀaj] *nm* Brust *f*.

poitrine [pwatʀin] *nf* Brust *f*; (*seins aussi*) Busen *m*.

poivre [pwavʀ] *nm* Pfeffer *m* ▶ **poivre blanc** weißer Pfeffer ▶ **poivre et sel** (*cheveux*) graumeliert ▶ **poivre de Cayenne** Cayennepfeffer *m* ▶ **poivre en grains** Pfefferkörner *pl* ▶ **poivre gris** schwarzer Pfeffer ▶ **poivre moulu** gemahlener Pfeffer ▶ **poivre vert** grüner Pfeffer.

poivré, e [pwavʀe] *adj* pfeffrig; (*plaisanterie*) gepfeffert.

poivrer [pwavʀe] *vt* pfeffern.

poivrier [pwavʀije] *nm* (*BOT*) Pfefferstrauch *m*; (*ustensile*) Pfefferstreuer *m*.

poivrière [pwavʀijɛʀ] *nf* (*ustensile*) Pfefferstreuer *m*.

poivron [pwavʀɔ̃] *nm* Paprika *m* ▶ **poivron rouge/vert** roter/grüner Paprika.

poix [pwa] *nf* Pech *nt*.

poker [pɔkɛʀ] *nm*: **le ~** Poker *nt*; **partie de ~** (*fig*) Pokerpartie *f* ▶ **poker d'as** Würfelpoker *nt*.

polaire [pɔlɛʀ] *adj* Polar-; (*froid*) Eises-.

polarisation [pɔlaʀizasjɔ̃] *nf* Polarisation *f*.

polariser [pɔlaʀize] *vt* (*ÉLEC*) polarisieren; (*fig: attirer*) anziehen; (: *réunir, concentrer*) konzentrieren; **être polarisé sur** (*personne*) sich konzentrieren auf +*acc*.

pôle [pol] *nm* Pol *m*; **le ~ Nord/Sud** der Nord-/Südpol *m*; **~ positif/négatif** (*ÉLEC*) positiver/negativer Pol, Plus-/Minuspol *m* ▶ **pôle d'attraction** Anziehungspunkt *m*.

polémique [pɔlemik] *adj* polemisch ♦ *nf* (*controverse*) Streit *m*.

polémiquer [pɔlemike] *vi* polemisieren.

polémiste [pɔlemist] *nm/f* Polemiker(in) *m(f)*.

poli, e [pɔli] *adj* höflich; (*lisse*) poliert, glatt.

police [pɔlis] *nf* Polizei *f*; **assurer la ~ de** *ou* **dans** die Ordnung garantieren in +*dat*; **être dans la ~** bei der Polizei sein; **peine de simple ~** Polizeistrafe *f* ▶ **police d'assurance** Versicherungspolice *f* ▶ **police de caractère** (*TYPO*) Schriftbild *nt* ▶ **police des mœurs** Sittenpolizei *f* ▶ **police judiciaire** Kriminalpolizei *f* ▶ **police secours** Notdienst *m* ▶ **police secrète** Geheimpolizei *f*.

polichinelle [pɔliʃinɛl] *nm* Kasper *m*; **secret de ~** offenes Geheimnis *nt*.

policier, -ière [pɔlisje, jɛʀ] *adj* (*méthodes, régime*) Polizei-; (*mesures*) polizeilich ♦ *nm* Polizist(in) *m(f)*; (*aussi*: **roman ~**) Krimi *m*.

policlinique [pɔliklinik] *nf* ≈ Ambulanz *f*.

poliment [pɔlimɑ̃] *adv* höflich.

polio(myélite) [pɔljɔ(mjelit)] *nf* Kinderlähmung *f*, Polio *f*.

polir [pɔliʀ] *vt* polieren; (*fig: parachever*) Schliff geben +*dat*.

polisson, ne [pɔlisɔ̃, ɔn] *adj* frech.

politesse [pɔlites] *nf* Höflichkeit *f*; **~s** *nfpl* Höflichkeiten *pl*; **devoir une ~ à qn** jdm einen Gefallen schulden; **rendre une ~ à qn** sich bei jdm für einen Gefallen revanchieren.

politicard [pɔlitikaʀ] (*péj*) *nm* politischer Intrigant *m*.

politicien, ne [pɔlitisjɛ̃, jɛn] *nm/f* Politiker(in) *m(f)* ♦ *adj* Politiker-.

politique [pɔlitik] *adj* politisch ♦ *nf* Politik *f* ♦ *nm* (*politicien*) Politiker *m* ▶ **politique étrangère** Außenpolitik *f* ▶ **politique intérieure** Innenpolitik *f*.

politiquement [pɔlitikmɑ̃] *adv* politisch; (*avec habilité*) geschickt.

politisation [pɔlitizasjɔ̃] *nf* Politisierung *f*.

politiser [pɔlitize] *vt* politisieren.

pollen [pɔlɛn] *nm* Pollen *m*, Blütenstaub *m*.

polluant, e [pɔlɥɑ̃, ɑ̃t] *adj* umweltverschmutzend; **produit ~** umweltschädliches Produkt *nt*.

polluer [pɔlɥe] *vt* verschmutzen; **eaux polluées** verschmutzte Gewässer *pl*.

pollueur, -euse [pɔlɥœʀ, øz] *nm/f* Umweltverschmutzer(in) *m(f)*.

pollution [pɔlysjɔ̃] *nf* Umweltverschmutzung *f*; ~ **de l'air** Luftverschmutzung *f*.
polo [polo] *nm* (*sport*) Polo *nt*; (*tricot*) Polohemd *nt*.
Pologne [pɔlɔɲ] *nf*: **la** ~ Polen *nt*.
polonais, e [pɔlɔnɛ, ɛz] *adj* polnisch ♦ *nm* (*LING*) Polnisch *nt* ♦ *nm/f*: **P~, e** Pole *m*, Polin *f*.
poltron, ne [pɔltrɔ̃, ɔn] *adj* feige.
poly [pɔli] *préfixe* poly-.
polyamide [pɔliamid] *nm* Polyamid *nt*.
polyarthrite [pɔliartrit] *nf* Polyarthritis *f*.
polychrome [pɔlikrom] *adj* vielfarbig.
polyclinique [pɔliklinik] *nf* Poliklinik *f*.
polycopie [pɔlikɔpi] *nf* Vervielfältigung *f*.
polycopié, e [pɔlikɔpje] *adj* (*cours*) vervielfältigt ♦ *nm* Vorlesungsskriptum *nt*.
polycopier [pɔlikɔpje] *vt* vervielfältigen.
polyculture [pɔlikyltyr] *nf* Mischkultur *f*.
polyester [pɔliɛstɛr] *nm* Polyester *nt*.
polyéthylène [pɔlietilɛn] *nm* Polyäthylen *nt*.
polygame [pɔligam] *adj* polygam.
polygamie [pɔligami] *nf* Polygamie *f*.
polyglotte [pɔliglɔt] *adj* polyglott, vielsprachig.
polygone [pɔligon] *nm* Vieleck *nt*, Polygon *nt*.
Polynésie [pɔlinezi] *nf*: **la** ~ Polynesien *nt*; **la** ~ **française** Französisch-Polynesien *nt*.
polynésien, ne [pɔlinezjɛ̃, jɛn] *adj* polynesisch ♦ *nm/f*: **P~, ne** Polynesier(in) *m(f)*.
polynôme [pɔlinom] *nm* Polynom *nt*.
polype [pɔlip] *nm* (*ZOOL*) Polyp *m*; (*MÉD*) Polype *f*.
polystyrène [pɔlistirɛn] *nm* Styropor ® *nt*.
polytechnicien, ne [pɔlitɛknisjɛ̃, jɛn] *nm/f* Absolvent(in) *od* Schüler(in) der École polytechnique.
polytechnique [pɔlitɛknik] *adj*: **École** ~ technische Militärakademie *f*.
polyvalent, e [pɔlivalɑ̃, ɑ̃t] *adj* (*mot*) polyvalent; (*personne*) vielseitig; (*salle*) Mehrzweck-; (*vaccin*) Mehrfach-; (*inspecteur*) Steuer- ♦ *nm* (*contrôleur du fisc*) Steuerprüfer *m*.
pomélo [pomelo] *nm* Grapefruit *f*.
Poméranie [pomerani] *nf*: **la** ~ Pommern *nt*.
pommade [pɔmad] *nf* (*MÉD*) Salbe *f*.
pomme [pɔm] *nf* Apfel *m*; (*pomme de terre*) Kartoffel *f*; **tomber dans les** ~**s** (*fam*) in Ohnmacht fallen ▶ **pomme d'Adam** Adamsapfel *m* ▶ **pomme d'arrosoir** Brausekopf *m* ▶ **pomme de pin** Tannenzapfen *m* ▶ **pomme de terre** Kartoffel *f* ▶ **pommes allumettes** streichholzdünn geschnittene Pommes frites *pl* ▶ **pommes frites** Pommes frites *pl* ▶ **pommes vapeur** Salzkartoffeln *pl*.
pommé, e [pɔme] *adj* fest.
pommeau, x [pɔmo] *nm* (*de canne, parapluie*) Knauf *m*; (*de selle*) Knopf *m*.
pommelé, e [pɔm(ə)le] *adj*: **cheval** ~ Apfelschimmel *m*; **gris** ~ geschecktes Grau *m*.
pommer [pɔme] *vi* (*choux, laitue*) sich zum Kopf formen, sich runden.
pommette [pɔmɛt] *nf* Wange *f*.

pommier [pɔmje] *nm* Apfelbaum *m*.
pompage [pɔ̃paʒ] *nm* Pumpen *nt*.
pompe [pɔ̃p] *nf* (*appareil*) Pumpe *f*; (*faste*) Pomp *m*; **en grande** ~ mit großem Pomp ▶ **pompe à eau** Wasserpumpe *f* ▶ **pompe (à essence)** Zapfsäule *f* ▶ **pompe à huile** Ölpumpe *f* ▶ **pompe à incendie** Feuerspritze *f* ▶ **pompe de bicyclette** Fahrradpumpe *f* ▶ **pompes funèbres** Beerdigungsinstitut *nt*.
pomper [pɔ̃pe] *vt* pumpen; (*évacuer*) auspumpen; (*absorber*) aufsaugen ♦ *vi* pumpen.
pompeusement [pɔ̃pøzmɑ̃] *adv* schwülstig.
pompeux, -euse [pɔ̃pø, øz] (*péj*) *adj* bombastisch, schwülstig.
pompier [pɔ̃pje] *nm* (*sapeur-pompier*) Feuerwehrmann *m* ♦ *adj m* (*péj*) schwülstig, aufgeblasen.
pompiste [pɔ̃pist] *nm/f* Tankwart *m*.
pompon [pɔ̃pɔ̃] *nm* Bommel *m*, Pompon *m*.
pomponner [pɔ̃pɔne] *vt* feinmachen; **se pomponner** *vpr* sich feinmachen.
ponce [pɔ̃s] *nf*: **pierre** ~ Bimsstein *m*.
poncer [pɔ̃se] *vt* schleifen.
ponceuse [pɔ̃søz] *nf* (*machine*) Schleifmaschine *f*.
poncif [pɔ̃sif] *nm* (*banalité*) Klischee *nt*.
ponction [pɔ̃ksjɔ̃] *nf* (*d'argent*) Entnahme *f* ▶ **ponction lombaire** (*MÉD*) Lumbarpunktion *f*.
ponctionner [pɔ̃ksjɔne] *vt* (*MÉD*) punktieren.
ponctualité [pɔ̃ktɥalite] *nf* Pünktlichkeit *f*; (*assiduité*) Gewissenhaftigkeit *f*.
ponctuation [pɔ̃ktɥasjɔ̃] *nf* Zeichensetzung *f*; (*MUS*) Phrasierung *f*.
ponctuel, le [pɔ̃ktɥɛl] *adj* (*à l'heure*) pünktlich; (*scrupuleux*) gewissenhaft; (*TECH*) punktförmig; (*fig: opération, intervention*) punktuell.
ponctuellement [pɔ̃ktɥɛlmɑ̃] *adv* (*à l'heure*) pünktlich; (*scrupuleusement*) gewissenhaft.
ponctuer [pɔ̃ktɥe] *vt* (*texte*) mit Satzzeichen versehen; (*MUS*) phrasieren; ~ **une phrase/un mot de** ... einen Satz/ein Wort mit ... durchsetzen.
pondération [pɔ̃derasjɔ̃] *nf* Ausgeglichenheit *f*.
pondéré, e [pɔ̃dere] *adj* (*esprit, personne*) ausgeglichen.
pondérer [pɔ̃dere] *vt* (*équilibrer*) ausgleichen; (*ÉCON: indice*) bewerten.
pondeuse [pɔ̃døz] *nf* Legehenne *f*.
pondre [pɔ̃dr] *vt* (*œufs*) legen; (*fig: fam*) produzieren ♦ *vi* (Eier) legen.
poney [pɔnɛ] *nm* Pony *nt*.
pongiste [pɔ̃ʒist] *nm/f* Tischtennisspieler(in) *m(f)*.
pont [pɔ̃] *nm* Brücke *f*; (*NAUT*) Deck *nt*; ~ **arrière/avant** (*AUTO*) Hinter-/Vorderachse *f*; **faire le** ~ einen Fenstertag nehmen; **faire un** ~ **d'or à** jdm goldene Brücken bauen ▶ **pont à péage** Zollbrücke *f* ▶ **pont aérien** Luftbrücke *f* ▶ **pont basculant** Klappbrücke *f* ▶ **pont d'envol** Startdeck *nt* ▶ **pont de graissage** Rampe *f* ▶ **pont élévateur** Heberampe *f*

▶ **pont roulant** Rollkran *m* ▶ **pont suspendu** Hängebrücke *f* ▶ **pont tournant** Drehbrücke *f* ▶ **Ponts et Chaussées** (*ADMIN*) Amt für Straßenbau.

ponte [pɔ̃t] *nf* (*action*) Legen *nt*; (*œufs pondus*) Gelege *nt* ♦ *nm* (*fam: personnage*) hohes Tier *nt*.

pontife [pɔ̃tif] *nm* (*REL*) Pontifex *m*.

pontifiant, e [pɔ̃tifjɑ̃, jɑ̃t] *adj* (*ton*) belehrend.

pontifier [pɔ̃tifje] *vi* dozieren.

pont-levis [pɔ̃lvi] (*pl ~s-~*) *nm* Zugbrücke *f*.

ponton [pɔ̃tɔ̃] *nm* Ponton *m*.

pop [pɔp] *adj inv* Pop- ♦ *nm* (*MUS*) Popmusik *f*.

pop-corn [pɔpkɔʀn] *nm inv* Popkorn *nt*.

popeline [pɔplin] *f* Popeline *m ou f*.

populace [pɔpylas] (*péj*) *nf* Pöbel *m*.

populaire [pɔpylɛʀ] *adj* Volks-; (*croyances, traditions, bon sens*) volkstümlich; (*LING*) umgangssprachlich; (*milieu, classes, clientèle*) Arbeiter-; (*mesure, écrivain, roi, politique*) populär.

populariser [pɔpylaʀize] *vt* populär machen.

popularité [pɔpylaʀite] *nf* Beliebtheit *f*, Popularität *f*.

population [pɔpylasjɔ̃] *nf* Bevölkerung *f*; (*d'une ville*) Einwohner *pl* ▶ **population active** arbeitende Bevölkerung ▶ **population agricole** Bauernschaft *f* ▶ **population civile** Zivilbevölkerung *f*.

populeux, -euse [pɔpylø, øz] *adj* dicht bevölkert.

porc [pɔʀ] *nm* (*ZOOL*) Schwein *nt*; (*CULIN*) Schweinefleisch *nt*; (*peau*) Schweinsleder *nt*.

porcelaine [pɔʀsəlɛn] *nf* Porzellan *nt*.

porcelet [pɔʀsəlɛ] *nm* Ferkel *nt*.

porc-épic [pɔʀkepik] (*pl ~s-~s*) *nm* Stachelschwein *nt*.

porche [pɔʀʃ] *nm* Vorhalle *f*.

porcher, -ère [pɔʀʃe, ɛʀ] *nm/f* Schweinehirt(in) *m(f)*.

porcherie [pɔʀʃəʀi] *nf* (*étable*) Schweinestall *m*; (*fig*) Saustall *m*.

porcin, e [pɔʀsɛ̃, in] *adj* (*race, élevage*) Schweine-; (*fig: visage, yeux*) Schweins-.

pore [pɔʀ] *nm* Pore *f*.

poreux, -euse [pɔʀø, øz] *adj* porös.

porno [pɔʀno] *adj* (*abr de pornographique*) Porno- ♦ *nm* Porno *m*.

pornographie [pɔʀnɔgʀafi] *nf* Pornographie *f*.

pornographique [pɔʀnɔgʀafik] *adj* pornographisch.

port [pɔʀ] *nm* Hafen *m*; (*ville*) Hafenstadt *f*; (*INFORM*) Port *m*, Ausgang *m*; (*de l'uniforme*) Tragen *nt*; (*maintien*) Haltung *f*; (*PTT*) Porto *nt*; **arriver à bon ~** (*personne*) gesund ankommen; (*chose*) gut ankommen ▶ **port d'arme** Tragen von Waffen ▶ **port d'attache** (*NAUT*) Heimathafen *m*; (*fig*) Heimat *f* ▶ **port d'escale** angelaufener Hafen ▶ **port de commerce** Handelshafen *m* ▶ **port de pêche** Fischereihafen *m* ▶ **port de tête** Kopfhaltung *f* ▶ **port dû** unfrei ▶ **port franc** Freihafen *m* ▶ **port payé** frei ▶ **port pétrolier** Ölhafen *m*.

portable [pɔʀtabl] *adj* tragbar.

portail [pɔʀtaj] *nm* Eingangsportal *nt*; (*d'une cathédrale*) Portal *nt*.

portant, e [pɔʀtɑ̃, ɑ̃t] *adj* (*mur*) tragend; (*roues*) laufend; **bien ~** gesund; **mal ~** krank.

portatif, -ive [pɔʀtatif, iv] *adj* tragbar.

porte [pɔʀt] *nf* Tür *f*; (*d'une ville, forteresse, SKI*) Tor *nt*; **mettre qn à la ~** jdn vor die Tür setzen, jdn hinauswerfen; **prendre la ~** (weg)gehen; **faire du ~ à ~** hausieren; **journée ~s ouvertes** Tag der offenen Tür ▶ **porte d'entrée** Eingangstür *f* ▶ **porte d'embarquement** (*AVIAT*) Tor ▶ **porte de secours** Notausgang *m* ▶ **porte de service** Dienstboteneingang *m*.

porté, e [pɔʀte] *adj*: **être ~ à faire qch** dazu neigen, etw zu tun; **être ~ sur qch** auf etw *acc* ganz scharf sein.

porte-à-faux [pɔʀtafo] *nm inv*: **en ~-~-~** freitragend; (*fig*) fehl am Platz.

porte-avions [pɔʀtavjɔ̃] *nm inv* Flugzeugträger *m*.

porte-bagages [pɔʀtbagaʒ] *nm inv* (*d'une bicyclette, moto*) Gepäckständer *m*; (*AUTO*) Dachgepäckträger *m*.

porte-bébé [pɔʀtbebe] (*pl ~-~s*) *nm* Babytrage *f*.

porte-bonheur [pɔʀtbɔnœʀ] *nm inv* Glücksbringer *m*, Talisman *m*.

porte-bouteilles [pɔʀtbutɛj] *nm inv* (*à anse*) Flaschenkorb *m*; (*à casiers*) Flaschenregal *nt*.

porte-cartes [pɔʀtəkart] *nm inv* (*de cartes d'identité*) Kartenetui *nt*; (*de cartes géographiques*) Kartentasche *f*.

porte-cigarettes [pɔʀtsigaʀɛt] *nm inv* Zigarettenetui *nt*.

porte-clefs [pɔʀtəkle] *nm inv* Schlüsselring *m*.

porte-conteneurs [pɔʀtəkɔ̃tnœʀ] *nm inv* Containerschiff *nt*.

porte-couteau [pɔʀtkuto] (*pl ~-~x*) *nm* Messerbänkchen *nt*.

porte-crayon [pɔʀtkʀejɔ̃] (*pl ~-~s*) *nm* Bleistifthalter *m*.

porte-documents [pɔʀtdɔkymɑ̃] *nm inv* Aktenmappe *f*.

porte-drapeau [pɔʀtdʀapo] (*pl ~-~x*) *nm* (*MIL*) Fahnenträger *m*; (*fig: chef*) Anführer(in) *m(f)*.

portée [pɔʀte] *nf* (*d'une arme*) Reichweite *f*; (*fig: importance*) Tragweite *f*; (*capacités*) Möglichkeiten *pl*; (*d'un animal etc*) Wurf *m*; (*MUS*) Notenlinien *pl*; **hors de ~** (**de**) außer Reichweite (von); **à ~ de la main** in Reichweite; **à ~ de voix** in Rufweite; **à la ~ de qn** in jds Reichweite; (*fig*) auf jds Niveau; **à la ~ de toutes les bourses** für jeden Geldbeutel (erschwinglich).

portefaix [pɔʀtəfɛ] *nm* Träger *m*.

porte-fenêtre [pɔʀtfənɛtʀ] (*pl ~s-~s*) *nf* Verandatür *f*.

portefeuille [pɔʀtəfœj] *nm* (*porte-monnaie*) Brieftasche *f*; (*d'un ministre*) Zuständigkeitsbereich *m*, Portefeuille *nt*; (*BOURSE*) Portfolio *nt*; **faire un lit en ~** die

Decken und Laken in einem Bett sehr straff einschlagen.

porte-jarretelles [pɔʀtʒaʀtɛl] *nm inv* Strumpfgürtel *m*.

porte-jupe [pɔʀtəʒyp] (*pl* ~-~**s**) *nm* Rockbügel *m*.

portemanteau, x [pɔʀt(ə)mɑ̃to] *nm* Garderobenständer *m*.

porte-mine [pɔʀtəmin] (*pl* ~-~**s**) *nm* Drehbleistift *m*.

porte-monnaie [pɔʀtmɔnɛ] *nm inv* Geldbeutel *m*, Portemonnaie *nt*.

porte-parapluies [pɔʀtpaʀaplɥi] *nm inv* Schirmständer *m*.

porte-parole [pɔʀtpaʀɔl] *nm inv* Wortführer(in) *m(f)*.

porte-plume [pɔʀtəplym] *nm inv* Federhalter *m*.

porter [pɔʀte] *vt* tragen; (*apporter*) bringen; (*inscrire*) eintragen ♦ *vi* (*voix*) tragen; (*regard, cri, arme*) reichen; (*fig: reproche, coup*) die gewünschte Wirkung erzielen; **se porter** *vpr*: **se ~ bien/mal** sich gut/schlecht fühlen; **elle portait le nom de Rosalie** sie trug den Namen Rosalie, sie hieß Rosalie; **~ qn au pouvoir** jdn an die Macht bringen; **~ secours à qn** jdm Hilfe leisten; **~ assistance à qn** jdn unterstützen; **~ bonheur à qn** jdm Glück bringen; **~ son âge** sein Alter zeigen; **~ un toast** einen Toast ausbringen; **~ atteinte à** angreifen; **se faire ~ malade** sich krankmelden; **~ un jugement sur qn/qch** über jdn/etw ein Urteil fällen; **~ un livre à l'écran** ein Buch für den Film bearbeiten; **~ une cuillère à sa bouche** einen Löffel zum Mund führen; **~ son attention/regard sur** die Aufmerksamkeit/den Blick richten auf *+acc*; **~ un fait à la connaissance de qn** jdn von etw in Kenntnis setzen; **tout porte à croire que** alles läßt darauf schließen, daß; **~ sur** (*peser*) getragen werden von; (*accent*) liegen auf *+dat*; (*heurter: tête*) aufschlagen auf *+acc*; (*avoir pour objet*) sich drehen um; **~ de l'argent au crédit d'un compte** einem Konto Geld gutschreiben; **se ~ partie civile/garant/candidat** als Nebenkläger/Bürge/Kandidat auftreten.

porte-savon [pɔʀtsavɔ̃] (*pl* ~-~**s**) *nm* Seifenschale *f*.

porte-serviettes [pɔʀtsɛʀvjɛt] *nm inv* Handtuchhalter *m*.

porteur, -euse [pɔʀtœʀ, øz] *nm/f* Überbringer(in) *m(f)* ♦ *nm* (*dans une gare etc*) Gepäckträger *m*; (*en montagne*) Träger *m*; (*FIN: d'une action, obligation*) Inhaber(in) *m(f)* ♦ *adj*: **être ~ de** (*bonnes nouvelles*) überbringen; (*de microbes*) übertragen; **gros ~** (*avion*) Jumbo-Jet *m*; **au ~** (*chèque, action*) an den Überbringer.

porte-voix [pɔʀtəvwa] *nm inv* Megaphon *nt*.

portier [pɔʀtje] *nm* Portier *m*.

portière [pɔʀtjɛʀ] *nf* Tür *f*.

portillon [pɔʀtijɔ̃] *nm* Sperre *f*.

portion [pɔʀsjɔ̃] *nf* (*de nourriture*) Portion *f*;

(*d'héritage*) Anteil *m*; (*de terrain, route, de l'humanité*) Teil *m*.

portique [pɔʀtik] *nm* (*GYMNASTIQUE*) Querstange *f*; (*ARCHIT*) Säulenhalle *f*; (*RAIL*) Signalbrücke *f* ► **portique de sécurité** *ou* **électronique** elektronische Sicherheitskontrolle *f*.

porto [pɔʀto] *nm* Portwein *m*.

portoricain, e [pɔʀtɔʀikɛ̃, ɛn] *adj* puertoricanisch.

Porto Rico [pɔʀtɔʀiko] *nf* Puerto Rico *nt*.

portrait [pɔʀtʀɛ] *nm* Porträt *nt*; (*description*) Beschreibung *f*, Porträt; **elle est le ~ de sa mère** sie ist das Ebenbild ihrer Mutter.

portraitiste [pɔʀtʀetist] *nm/f* Porträtmaler(in) *m(f)*.

portrait-robot [pɔʀtʀeʀɔbo] (*pl* ~**s**-~**s**) *nm* Phantombild *nt*.

portuaire [pɔʀtɥɛʀ] *adj* Hafen-.

portugais, e [pɔʀtygɛ, ɛz] *adj* portugiesisch ♦ *nm* (*LING*) Portugiesisch *nt* ♦ *nm/f*: **P~, e** Portugiese *m*, Portugiesin *f*.

Portugal [pɔʀtygal] *nm*: **le ~** Portugal *nt*.

POS [peoɛs] *sigle m* (= *plan d'occupation des sols*) Flächennutzungsplan *m*.

pose [poz] *nf* (*attitude*) Haltung *f*, Pose *f*; (*de moquette*) Verlegen *nt*; (*de rideau, papier peint*) Anbringen *nt*; (**temps de**) **~** (*PHOTO*) Belichtungszeit *f*.

posé, e [poze] *adj* (*réfléchi*) gesetzt, bedächtig.

posément [pozemɑ̃] *adv* bedächtig.

posemètre [pozmɛtʀ] *nm* Belichtungsmesser *m*.

poser [poze] *vt* (*placer*) legen; (*debout*) stellen; (*déposer: chose*) ablegen; (: *personne*) absetzen; (*moquette, carrelage*) verlegen; (*rideaux, papier peint*) anbringen; (*MATH: dans une opération*) schreiben; (*principe, conditions*) aufstellen; (*question, problème*) stellen; (*difficulté*) bereiten; (*personne: mettre en valeur*) Status verleihen *+dat* ♦ *vi* (*modèle*) posieren, sitzen; **se poser** *vpr* (*oiseau, avion*) landen; (*question, problème*) sich stellen; **~ son regard sur qn/qch** den Blick auf jdn/etw ruhen lassen; **~ sa candidature** sich bewerben; (*POL*) kandidieren; **se ~ en** sich aufspielen als.

poseur, -euse [pozœʀ, øz] *nm/f* (*péj*) Angeber(in) *m(f)* ► **poseur de carrelages** Fliesenleger *m* ► **poseur de parquets** Parkettleger *m*.

positif, -ive [pozitif, iv] *adj* positiv; (*atteste*) bestimmt, sicher; (*objectif*) nüchtern; **pôle ~** Pluspol *m*.

position [pozisjɔ̃] *nf* Lage *f*; (*attitude, posture*) Stellung *f*; (*DANSE*) Position *f*; (*MIL: attitude*) Haltung *f*; (*emplacement*) Stelle *f*; (: *d'un navire, MIL*) Position; (*dans un classement*) Position, Platz *m*; (*point de vue, attitude*) Meinung *f*, Haltung; (*d'un compte en banque*) Stand *m*; **être dans une ~ difficile/délicate** in einer schwierigen/heiklen Lage sein; **prendre ~** (*fig*) Stellung beziehen.

positionner [pozisjɔne] *vt* (*compte en banque*) den Stand berechnen von; (*PUBLICITÉ: produit*) einführen; (*TECH: pièce*) an die richtige Stel-

le bringen.
positivement [pozitivmɑ̃] *adv* positiv; (*impossible*) wirklich.
posologie [pozɔlɔʒi] *nf* Einnahmevorschrift *f*.
possédant, e [pɔsedɑ̃, ɑ̃t] *adj* (*classe*) besitzend ♦ *nm/f:* **les ~s** die besitzende Klasse *f*.
possédé, e [pɔsede] *nm/f* Besessene(r) *f(m)*.
posséder [pɔsede] *vt* besitzen, haben; (*qualité, talent*) haben; (*bien connaître*) beherrschen; (*fam: duper*) aufsitzen lassen.
possesseur [pɔsesœR] *nm* Inhaber(in) *m(f)*.
possessif, -ive [pɔsesif, iv] *adj* (*LING*) besitzanzeigend, Possessiv-; (*personne*) besitzergreifend ♦ *nm* (*LING*) Possessiv(pronomen) *nt*.
possession [pɔsesjɔ̃] *nf* Besitz *m*, Eigentum *nt*; (*LING*) Besitzanzeige *f*; **être en ~ de qch** im Besitz einer Sache *gén* sein; **entrer en ~ de qch** in den Besitz einer Sache *gén* kommen; **en sa/ma ~** in seinem/meinem Besitz; **prendre ~ de qch** von etw Besitz ergreifen; **être en ~ de toutes ses facultés** im Vollbesitz seiner geistigen Kräfte sein.
possibilité [pɔsibilite] *nf* Möglichkeit *f*; (*de projet*) Machbarkeit *f*; **avoir la ~ de faire qch** die Möglichkeit haben, etw zu tun.
possible [pɔsibl] *adj* möglich; (*réalisable*) durchführbar ♦ *nm* **faire (tout) son ~** sein Möglichstes tun; **pas ~** (*fam*) unmöglich; **il est ~ que** es ist möglich, daß, möglicherweise; **autant que ~** soviel wie möglich; **si (c'est) ~** wenn möglich; (**ce n'est) pas ~!** (*étonnement*) das darf doch nicht wahr sein!; **comme c'est pas ~** (*fam*) wie verrückt; **le plus/moins ~ de livres** so wenige/viele Bücher wie möglich; **le plus/moins ~ d'eau** soviel/so wenig Wasser wie möglich; **aussitôt** *ou* **dès que ~** sobald wie möglich, baldmöglichst; **gentil au ~** ungeheuer *ou* äußerst nett.
postal, e, -aux [pɔstal, o] *adj* Post-; **sac ~** Postsack *m*.
postdater [pɔstdate] *vt* (zu)rückdatieren.
poste [pɔst] *nf* Post *f*; (*bureau*) Post, Postamt *nt* ♦ *nm* (*MIL, de budget*) Posten *m*; (*charge, fonction*) Posten, Stelle *f*; (*de radio, télévision*) Gerät *nt*; **~ 31** (*TÉL*) Apparat 31; **agent/employé des ~s** Postbeamte(r) *f(m)*; **les P~s et Télécommunications** die *französische* Post; **mettre à la ~** zur Post bringen ► **poste d'essence** Tankstelle *f* ► **poste d'incendie** Feuerlöschstelle *f* ► **poste de commandement** Hauptquartier *nt* ► **poste de contrôle** Kontrollposten *m* ► **poste de douane** Zollstation *f* ► **poste de nuit** Nachtschicht *f* ► **poste de péage** Mautstation *f* ► **poste de pilotage** Cockpit *nt* ► **poste de radio** Radiogerät *nt* ► **poste de secours** Erste-Hilfe-Station *f* ► **poste de télévision** Fernsehgerät *nt* ► **poste de travail** Arbeitsstelle *f* ► **poste (de police)** Polizeiwache *f* ► **poste émetteur** Sender *m* ► **poste restante** *nf* postlagernde Post.
poster [*vb* pɔste, *n* pɔstɛR] *vt* (*lettre, colis*) aufge-

ben; (*soldats, policiers etc*) postieren, aufstellen ♦ *nm* Plakat *nt*, Poster *nt*; **se poster** *vpr* sich hinstellen.
postérieur, e [pɔsteRjœR] *adj* (*date, document*) spätere(r, s); (*partie*) hintere(r, s) ♦ *nm* (*fam*) Hintern *m*.
postérieurement [pɔsteRjœRmɑ̃] *adv* später; **~ à** nach *+dat*.
posteriori [pɔsteRjɔRi]: **a ~** *adv* hinterher.
postérité [pɔsteRite] *nf* Nachwelt *f*.
postface [pɔstfas] *nf* Nachschrift *f*, Anhang *m*.
posthume [pɔstym] *adj* (*enfant*) nach dem Tod des Vaters geboren; (*œuvre, décoration, gloire*) posthum.
postiche [pɔstiʃ] *adj* (*cheveux, chignon*) falsch ♦ *nm* Haarteil *nt*.
postier, -ière [pɔstje, jɛR] *nm/f* Postangestellte(r) *f(m)*.
postillon [pɔstijɔ̃] *nm* (*de salive*) Speichel(tröpfchen *nt*) *m*.
postillonner [pɔstijɔne] *vi* eine feuchte Aussprache haben.
post-natal, e [pɔstnatal] *adj* postnatal.
postopératoire [pɔstɔpeRatwaR] *adj* postoperativ.
postscolaire [pɔstskɔlɛR] *adj* weiterbildend.
post-scriptum [pɔstskRiptɔm] *nm inv* Postskriptum *nt*.
postsynchronisation [pɔstsɛ̃kRɔnizasjɔ̃] *nf* Synchronisierung *f*.
postsynchroniser [pɔstsɛ̃kRɔnize] *vt* synchronisieren.
postulant, e [pɔstylɑ̃, ɑ̃t] *nm/f* Bewerber(in) *m(f)*.
postulat [pɔstyla] *nm* Postulat *nt*.
postuler [pɔstyle] *vt* (*emploi*) sich bewerben um.
posture [pɔstyR] *nf* (*attitude*) Haltung *f*; **être en bonne/mauvaise ~** in einer guten/schlechten Lage sein.
pot [po] *nm* Topf *m*; **avoir du ~** (*fam: chance*) Schwein *ou* Glück haben; **boire** *ou* **prendre un ~** (*fam*) einen trinken; **découvrir le ~ aux roses** das Geheimnis herausfinden ► **pot à tabac** Tabakdose *f* ► **pot d'échappement** Auspufftopf *m* ► **pot de chambre** Nachttopf *m* ► **pot de fleurs** Blumentopf *m*.
potable [pɔtabl] *adj* trinkbar; (*fam: travail, devoir*) tragbar; **eau (non) ~** (kein) Trinkwasser.
potache [pɔtaʃ] (*fam*) *nm* Schuljunge *m*.
potage [pɔtaʒ] *nm* Suppe *f*.
potager, -ère [pɔtaʒe, ɛR] *adj* (*plante, cultures*) Gemüse-; (**jardin) ~** Gemüsegarten *m*.
potasse [pɔtas] *nf* (*CHIM*) Pottasche *f*; (*engrais*) Kali(dünger *m*) *nt*.
potasser [pɔtase] (*fam*) *vt* schuften.
potassium [pɔtasjɔm] *nm* Kalium *nt*.
pot-au-feu [pɔtofø] *nm inv* (*mets*) Potaufeu *nt*; (*viande*) Suppenfleisch *nt*.
pot-de-vin [podvɛ̃] (*pl* ~s-~-~) *nm* Schmiergeld *nt*, Bestechungsgeld *nt*.
pote [pɔt] (*fam*) *nm* Kumpel *m*.

poteau, x [pɔto] *nm* Pfosten *m*, Pfahl *m* ▶ **poteau d'arrivée** Zielpfosten *m* ▶ **poteau d'exécution** Hinrichtungsplatz *m* ▶ **poteau de départ** Startpfosten *m* ▶ **poteau indicateur** Wegweiser *m* ▶ **poteau télégraphique** Telegrafenmast *m* ▶ **poteaux (de but)** Torpfosten *pl.*

potée [pɔte] *nf* (*CULIN*) Eintopf mit Schweinefleisch und Kohl.

potelé, e [pɔt(ə)le] *adj* rundlich, mollig.

potence [pɔtɑ̃s] *nf* (*gibet*) Galgen *m*; **en ~** (*en T*) T-förmig.

potentat [pɔtɑ̃ta] *nm* Herrscher *m*; (*péj*) Despot *m*.

potentiel, le [pɔtɑ̃sjɛl] *adj* (*LING*) potentiell ♦ *nm* Potential *nt*; (*LING*) Potentialis *m*.

potentiellement [pɔtɑ̃sjɛlmɑ̃] *adv* potentiell.

potentiomètre [pɔtɑ̃sjɔmɛtʀ] *nm* Potentiometer *nt*.

poterie [pɔtʀi] *nf* (*fabrication*) Töpferei *f*; (*objet*) Keramik *f*, Töpferware *f*.

potiche [pɔtiʃ] *nf* (*vase*) große Porzellanvase *f*.

potier, -ière [pɔtje, jɛʀ] *nm/f* Töpfer(in) *m(f)*.

potins [pɔtɛ̃] *nmpl* (*bavardages*) Klatsch *m*.

potion [posjɔ̃] *nf* Trank *m*.

potiron [pɔtiʀɔ̃] *nm* Kürbis *m*.

pot-pourri [popuʀi] (*pl* ~**s**-~**s**) *nm* (*MUS*) Potpourri *nt*.

pou, x [pu] *nm* Laus *f*.

pouah [pwa] *excl* puh.

poubelle [pubɛl] *nf* Mülleimer *m*, Abfalleimer *m*.

pouce [pus] *nm* Daumen *m*; **se tourner** *ou* **se rouler les** ~**s** Däumchen drehen; **manger sur le** ~ (*fam*) auf die Schnelle etwas essen.

poudre [pudʀ] *nf* Pulver *nt*; (*fard*) Puder *m*; (*explosif*) (Schieß)pulver *nt*; **café en** ~ Pulverkaffee *m*; **lait en** ~ Milchpulver *nt*; **savon en** ~ Seifenpulver *nt* ▶ **poudre à canon** Schießpulver *nt* ▶ **poudre à éternuer** Niespulver *nt* ▶ **poudre à récurer** Scheuerpulver *nt* ▶ **poudre de riz** Reispuder *m*.

poudrer [pudʀe] *vt* pudern; **se poudrer** *vpr* sich pudern; **se** ~ **le visage** sich *dat* das Gesicht pudern.

poudreux, -euse [pudʀø, øz] *adj* (*route*) staubig; (*neige*) pulverig ♦ *nf* (*neige*) Pulverschnee *m*.

poudrier [pudʀije] *nm* (*boîte*) Puderdose *f*.

poudrière [pudʀijɛʀ] *nf* (*dépôt*) Pulvermagazin *nt*; (*fig: région*) Pulverfaß *nt*.

pouf [puf] *nm* Puff *m*.

pouffer [pufe] *vi*: ~ **(de rire)** kichern.

pouffiasse [pufjas] *nf* (*fam*) fette Kuh *f*; (*prostituée*) Nutte *f*.

pouilleux, -euse [pujø, øz] *adj* verlaust; (*fig: sordide*) heruntergekommen.

poulailler [pulaje] *nm* Hühnerstall *m*; (*fam: THÉÂT*) Galerie *f*.

poulain [pulɛ̃] *nm* Fohlen *nt*; (*fig: protégé*) Schützling *m*.

poularde [pulaʀd] *nf* Poularde *f*.

poule [pul] *nf* (*ZOOL*) Henne *f*; (*CULIN*) Huhn *nt*; (*SPORT*) Turnier, bei dem jeder gegen jeden antritt; (*RUGBY*) Gruppe *f*; (*fam: fille*) Biene *f*; (: *maîtresse*) Geliebte *f* ▶ **poule d'eau** Teichhuhn *nt* ▶ **poule mouillée** Waschlappen *m* ▶ **poule pondeuse** Legehenne *f*.

poulet [pulɛ] *nm* (*jeune poule*) junges Huhn *nt*; (*CULIN*) Hühnchen *nt*; (*fam: policier*) Bulle *m*.

poulette [pulɛt] *nf* Junghenne *f*; (*fam: fille*) Biene *f*.

pouliche [puliʃ] *nf* junge Stute *f*.

poulie [puli] *nf* Flaschenzug *m*.

poulpe [pulp] *nm* Tintenfisch *m*.

pouls [pu] *nm* Puls *m*; **prendre le** ~ **de qn** jdm den Puls fühlen.

poumon [pumɔ̃] *nm* Lunge *f* ▶ **poumon artificiel** *ou* **d'acier** eiserne Lunge.

poupe [pup] *nf* (*NAUT*) Heck *nt*; **avoir le vent en** ~ (*fig*) Rückenwind *ou* den Wind im Rücken haben.

poupée [pupe] *nf* Puppe *f*; **jouer à la** ~ mit Puppen spielen; **maison de** ~ Puppenhaus *nt*; **jardin de** ~ winziger Garten *m*.

poupin, e [pupɛ̃, in] *adj* pummelig.

poupon [pupɔ̃] *nm* Baby *nt*.

pouponner [pupɔne] *vi* Mutter spielen.

pouponnière [pupɔnjɛʀ] *nf* Kinderkrippe *f*.

════════════════════════════ *MOT-CLÉ*

pour [puʀ] *prép* **1** für; **pour Marie/moi** für Marie/mich; **pour trois jours** für drei Tage; **pour 10 F d'essence** für 10F Benzin; **un livre pour les enfants de cinq ans** ein Buch für Fünfjährige; **mauvais pour la santé** schlecht für die Gesundheit; **être pour la peine de mort** für die Todesstrafe sein; **payer pour qn** für jdn zahlen; **il a parlé pour moi** (*à ma place*) er hat für mich gesprochen; **pour un Français, il parle bien le suédois** für einen Franzosen spricht er gut Schwedisch

2 (*direction*) nach; **partir pour Rouen** nach Rouen fahren; **le train pour Rouen** der Zug nach Rouen

3 (*en vue de, intention*) zu; **pour le plaisir** zum Vergnügen; **pour ton anniversaire** zu deinem Geburtstag; **pour de bon** wirklich; **pour quoi faire?** wozu?; **pour que** damit

4 (*à cause de*) wegen; **fermé pour (cause de) travaux** wegen Reparaturarbeiten/Bauarbeiten geschlossen; **c'est pour cela que j'ai démissionné** und deswegen habe ich gekündigt

5 (*comme*) als; **la femme qu'il a eue pour mère** die Frau, die er zur Mutter hatte

6 (*point de vue*): **pour moi** (*quant à moi*) was mich betrifft; **pour moi, il a tort** meiner Meinung nach hat er unrecht; **pour ce qui est de nos vacances** was unseren Urlaub betrifft

7 (*avec infinitif: but*): **pour faire qch** um etw zu tun; (: *cause*): **pour avoir fait qch** dafür, etw getan zu haben

8 (*locutions*): **10 pour cent** 10 Prozent; **10 pour cent des gens** 10 Prozent aller Menschen; **je n'y suis pour rien** ich kann nichts dafür; **être**

pour beaucoup dans qch wesentlich zu etw beigetragen haben; **pour autant que je sache** soweit ich weiß; **pour riche qu'il soit** wie reich er auch sein mag; **ce n'est pas pour dire, mais** ... *(fam)* ich will ja nichts sagen, aber ... ♦ *nm*: **le pour et le contre** das Für und Wider.

pourboire [puʀbwaʀ] *nm* Trinkgeld *nt*.
pourcentage [puʀsɑ̃taʒ] *nm* Prozentsatz *m*; **travailler au ~** Prozente bekommen.
pourchasser [puʀʃase] *vt* verfolgen.
pourfendeur [puʀfɑ̃dœʀ] *nm* Widersacher *m*.
pourfendre [puʀfɑ̃dʀ] *vt* angreifen.
pourlécher [puʀleʃe]: **se ~** *vpr* sich *dat* die Lippen lecken.
pourparlers [puʀpaʀle] *nmpl* Verhandlungen *pl*; **être en ~ avec** in Verhandlung stehen mit.
pourpre [puʀpʀ] *adj* purpurrot.
pourquoi [puʀkwa] *adv, conj* warum ♦ *nm*: **le ~ (de)** der Grund *m* (für); **~ pas?** warum nicht?; **je ne comprends pas ~** ... ich verstehe nicht, warum ...; **expliquer ~** erklären, warum; **c'est ~** darum.
pourrai *etc* [puʀɛ] *vb voir* **pouvoir**.
pourri, e [puʀi] *adj* faul; *(feuilles)* faul, verfault; *(arbre, bois, câble)* morsch; *(roche, pierre)* brüchig, mürbe; *(temps, climat, hiver)* scheußlich; *(société, personne)* verdorben ♦ *nm*: **sentir le ~** faulig *ou* nach Verwesung riechen.
pourrir [puʀiʀ] *vi* faulen; *(fig)* verfaulen; *(cadavre)* verwesen; *(fig: situation politique)* immer schlimmer werden; *(: conflit)* sich verschärfen ♦ *vt* verfaulen lassen; *(fig: corrompre)* verderben; *(: gâter)* verziehen.
pourrissement [puʀismɑ̃] *nm* *(de cadavre)* Verwesung *f*.
pourriture [puʀityʀ] *nf* *(de feuille, fruit)* Verfaulen *nt*; *(péj: personne)* Arschloch *nt*.
pourrons *etc* [puʀɔ̃] *vb voir* **pouvoir**.
poursuis [puʀsɥi] *vb voir* **poursuivre**.
poursuite [puʀsɥit] *nf* Verfolgung *f*; **~s** *nfpl* *(JUR)* (strafrechtliche) Verfolgung; **(course) ~** *(CYCLISME)* Verfolgerrennen *nt*; **la ~ de la fortune/gloire** die Jagd nach dem Glück/dem Ruhm.
poursuivant, e [puʀsɥivɑ̃, ɑ̃t] *vb voir* **poursuivre** ♦ *nm/f* Verfolger(in) *m(f)*; *(JUR)* Kläger(in) *m(f)*.
poursuivre [puʀsɥivʀ] *vt* verfolgen; *(continuer)* fortsetzen; *(mauvais payeur)* zusetzen +*dat*; *(femme)* nachlaufen +*dat*; *(fortune, gloire)* nachjagen +*dat* ♦ *vi* *(dans un récit)* fortfahren; **se poursuivre** *vpr* fortgeführt werden; **~ qn au civil** *(JUR)* Zivilklage gegen jdn führen.
pourtant [puʀtɑ̃] *adv* trotzdem; **et ~** und trotzdem; **mais ~** aber trotzdem; **c'est ~ facile** und es ist doch einfach.
pourtour [puʀtuʀ] *nm* *(circonférence)* Umfang *m*; *(bords)* Außenbereich *m*.
pourvoi [puʀvwa] *nm*: **~ en cassation/en grâce/en révision** Berufung *f*/Gnadengesuch *nt*/Wiederaufnahmeantrag *m*.

pourvoir [puʀvwaʀ] *vt* *(personne)*: **~ en** versehen mit; *(chose)* ausstatten mit ♦ *vi*: **~ à qch** für etw sorgen; *(emploi)* etw besetzen; **se pourvoir** *vpr*: **se ~ en cassation** *(JUR)* Berufung einlegen.
pourvoyeur, -euse [puʀvwajœʀ, øz] *nm/f* *(de drogue)* Beschaffer(in) *m(f)*; **~ de fonds** Geldgeber(in) *m(f)*.
pourvu, e [puʀvy] *pp de* **pourvoir** ♦ *adj*: **~ de** versehen mit; **~ que** vorausgesetzt daß; **~ qu'il vienne!** hoffentlich kommt er!
pousse [pus] *nf* *(croissance)* Wachsen *nt*; *(bourgeon)* Sproß *m*, Trieb *m* ▸ **pousses de bambou** Bambussprossen *pl*.
poussé, e [puse] *adj* *(technique)* hochentwickelt; *(moteur)* hochgezüchtet.
pousse-café [puskafe] *nm inv* Likör *m* *(zum Kaffee)*.
poussée [puse] *nf* Druck *m*; *(de la foule, l'ennemi)* Ansturm *m*; *(MÉD)* Ausbruch *m*; *(des prix)* Anstieg *m*; *(d'un parti politique)* Aufkommen *nt*; *(révolutionnaire)* Aufstand *m*; **écarter qn d'une ~** jdn zur Seite schubsen.
pousse-pousse [puspus] *nm inv* Rikscha *f*.
pousser [puse] *vt* schieben, schuben; *(bousculer)* stoßen; *(exhorter)* drängen; *(acculer)* treiben; *(stimuler)* anspornen; *(émettre)* ausstoßen; *(recherches, études)* vorantreiben ♦ *vi* *(croître)* wachsen; **se pousser** *vpr* (zur Seite) rutschen; **faire ~** *(plante)* anbauen; **~ un moteur/une voiture** einen Motor/Wagen auf Hochtouren fahren; **~ qn à bout** jdn zum äußersten treiben; **il a poussé la gentillesse jusqu'à faire qch** er war sogar so nett, etw zu tun; **~ jusqu'à un endroit/plus loin** bis zu einem Ort/weiter vorstoßen.
poussette [pusɛt] *nf* Kinderwagen *m*.
poussette-canne [pusɛtkan] *(pl ~s-~s)* *nf* Buggy *m*.
poussier [pusje] *nm* Kohlenstaub *m*.
poussière [pusjɛʀ] *nf* Staub *m*; **une ~** ein Staubkorn *nt*; **et des ~s** *(fig)* und ein paar Zerquetschte ▸ **poussière de charbon** Kohlenstaub *m*.
poussiéreux, -euse [pusjeʀø, øz] *adj* staubig; *(teint)* grau.
poussif, -ive [pusif, iv] *adj* *(cheval, personne)* kurzatmig; *(moteur)* stotternd.
poussin [pusɛ̃] *nm* Küken *nt*.
poussoir [puswaʀ] *nm* Knopf *m*.
poutre [putʀ] *nf* *(en bois)* Balken *m*; *(en fer, ciment armé)* Träger *m* ▸ **poutres apparentes** offenliegende Balken *pl*.
poutrelle [putʀɛl] *nf* *(petite poutre)* kleiner Balken *m*; *(barre d'acier)* Träger *m*.

================================ *MOT-CLÉ*

pouvoir [puvwaʀ] *nm* Macht *f*; *(JUR: d'un tuteur, mandataire)* Befugnis *f*; *(propriété)*: **pouvoir absorbant** Saugfähigkeit *f*; **pouvoirs** *nmpl* *(surnaturels, extraordinaires)* Kräfte *pl*; *(attributions: d'un préfet etc)* Befugnisse *pl* ▸ **pouvoir calorifique** Heizwert *m* ▸ **pouvoir d'achat** Kaufkraft *f* ▶ **les pouvoirs publics** die öffentliche Hand *f*

♦ *vb semi-aux* **1** können; **je ne peux pas le réparer** ich kann es nicht reparieren; **tu ne peux pas savoir!** du kannst es dir gar nicht vorstellen!; **je ne peux pas dire le contraire** ich kann kaum das Gegenteil behaupten; **je n'en peux plus** (*épuisé*) ich kann nicht mehr; (*à bout de nerfs*) ich halt es nicht mehr aus; **tu peux le dire!** das kannst du wohl sagen!; **il aurait pu le dire!** er hätte es sagen können!; **il a pu avoir un accident** es kann sein, daß er einen Unfall hatte **2** (*avoir le droit, la permission*) dürfen, können; **vous pouvez aller au cinéma** ihr könnt *ou* dürft ins Kino gehen; **qu'est-ce que je pouvais bien faire?** was hätte ich (schon) tun können?

♦ *vb impers* können; **il peut arriver que ...** es kann vorkommen, daß ...; **il pourrait pleuvoir** es könnte Regen geben

♦ *vt*: **il a fait (tout) ce qu'il a pu** er hat (alles) getan, was er konnte; **on ne peut mieux** so gut wie irgend möglich

♦ *vpr*: **il se peut que ...** es könnte sein, daß ...; **cela se pourrait** das könnte sein.

pp *abr* (= *pages*) S.

p.p. *abr* (= *par procuration*) i.A.

p.p.c.m. [pepeseεm] *sigle m* (= *plus petit commun multiple*) kleinstes gemeinsames Vielfaches *nt*.

PQ [peky] *sigle f* (= *province de Québec*) Quebec *nt*.

PR [peεR] *sigle m* (= *Parti républicain*) politische Partei ♦ *sigle f* (= *poste restante*) *voir* **poste**.

pragmatique [pragmatik] *adj* pragmatisch.

pragmatisme [pragmatism] *nm* Pragmatismus *m*.

Prague [prag] *n* Prag *nt*.

prairie [pReRi] *nf* Wiese *f*.

praline [pRalin] *nf* (*bonbon*) Zuckermandel *f*; (*au chocolat*) Praline *f*.

praliné, e [pRaline] *adj* (*amande*) mit Zuckerguß; (*feuilleté*) mit Mandelfüllung; (*chocolat, crème, glace*) mit gerösteten Mandeln.

praticable [pRatikabl] *adj* (*route*) befahrbar; (*chemin*) begehbar; (*projet*) machbar, durchführbar.

praticien, ne [pRatisjε̃, jεn] *nm/f* (*médecin*) praktizierender Arzt *m*, praktizierende Ärztin *f*.

pratiquant, e [pRatikɑ̃, ɑ̃t] *adj* (*REL*) praktizierend.

pratique [pRatik] *nf* Praxis *f*; (*d'une religion, d'un métier*) Ausübung *f* ♦ *adj* praktisch; **dans la ~** in der Praxis; **mettre en ~** in die Praxis umsetzen.

pratiquement [pRatikmɑ̃] *adv* (*dans la pratique*) in der Praxis, praktisch; (*à peu près*) praktisch.

pratiquer [pRatike] *vt* ausüben; (*méthode, le chantage etc*) anwenden; (*sport*) betreiben,

ausüben; (*opération*) durchführen; (*ouverture, abri*) machen ♦ *vi* (*REL*) praktizieren.

pré [pRe] *nm* Wiese *f*.

préalable [pRealabl] *adj* vorhergehend ♦ *nm* (*condition*) Voraussetzung *f*, Vorbedingung *f*; **condition ~ (de)** Voraussetzung (für); **sans avis ~** ohne Vorankündigung; **au ~** vorerst.

préalablement [pRealabləmɑ̃] *adv* vorerst.

Préalpes [pRealp] *nfpl*: **les ~** das Alpenvorland.

préalpin, e [pRealpε̃, in] *adj* des Alpenvorlandes.

préambule [pReɑ̃byl] *nm* Einleitung *f*; (*d'un texte de loi*) Präambel *f*; **sans ~** ohne Einleitung.

préau, x [pReo] *nm* (*d'école*) Schulhof *m*.

préavis [pReavi] *nm* Vorankündigung *f*; **~ (de licenciement)** Kündigungsfrist *f*.

prébende [pRebɑ̃d] (*péj*) *nf* Pfründe *f*.

précaire [pRekεR] *adj* prekär.

précaution [pRekosjɔ̃] *nf* (*mesure*) Vorsichtsmaßnahme *f*; (*prudence*) Vorsicht *f*; **avec ~** vorsichtig; **sans ~** unvorsichtig; **prendre des** *ou* **ses ~s** Vorsichtsmaßnahmen *ou* Sicherheitsvorkehrungen treffen; **par ~** zur Sicherheit; **pour plus de ~** um sicherzugehen ▶ **précautions oratoires** vorsichtige Formulierungen *pl*.

précautionneusement [pRekosjɔnøzmɑ̃] *adv* vorsichtig.

précautionneux, -euse [pRekosjɔnø, øz] *adj* vorsichtig.

précédemment [pResedamɑ̃] *adv* vorher.

précédent, e [pResedɑ̃, ɑ̃t] *adj* vorhergehend ♦ *nm* Präzedenzfall *m*; **le jour ~** der Vortag *m*; **sans ~** erstmalig, einmalig.

précéder [pResede] *vt* kommen vor *+dat*; (*dans le temps*) vorangehen *+dat*; (*marcher devant, être perçu avant*) vorausgehen *+dat*; (*rouler devant*) vorausfahren; (*arriver avant*) ankommen vor *+dat*.

précepte [pResεpt] *nm* Grundsatz *m*.

précepteur, -trice [pResεptœR] *nm/f* Hauslehrer(in) *m(f)*.

préchauffer [pRefofe] *vt* (*four*) vorheizen.

prêcher [pRefe] *vt, vi* (*REL*) predigen.

prêcheur, -euse [pRefœR, øz] *adj* predigend ♦ *nm/f* Prediger(in) *m(f)*.

précieusement [pResjøzmɑ̃] *adv* (*garder*) sorgfältig; (*s'exprimer*) geschraubt.

précieux, -euse [pResjø, jøz] *adj* kostbar; (*collaborateur, conseils*) wertvoll; (*littérature, style, écrivain*) preziös, geschraubt.

préciosité [pResjozite] *nf* (*de style, écrivain*) Geschraubtheit *f*.

précipice [pResipis] *nm* Abgrund *m*; **au bord du ~** am Rande des Abgrundes.

précipitamment [pResipitamɑ̃] *adv* überstürzt.

précipitation [pResipitasjɔ̃] *nf* (*hâte*) Hast *f*; (*CHIM*) Niederschlag *m*; **~s (atmosphériques)** Niederschläge *pl*.

précipité, e [pResipite] *adj* (*respiration*) beschleunigt; (*pas*) hastig; (*démarche, départ,*

precipiter – préjugé

350 FRANÇAIS–ALLEMAND

entreprise) überstürzt.

précipiter [pʀesipite] *vt* (*faire tomber*) hinabstürzen; (*accélérer*) beschleunigen; (*départ, événements*) überstürzen; **se précipiter** *vpr* (*battements du cœur, respiration*) sich beschleunigen, schneller werden; (*événements*) sich überstürzen; ~ **du haut de** hinabstürzen von; **se ~ sur qn/qch** sich auf jdn/etw stürzen; **se ~ vers qn/qch** auf jdn/etw zustürzen; **se ~ au devant de qn** jdm entgegenstürzen.

précis, e [pʀesi, iz] *adj* genau; (*bruit, contours, point*) deutlich; (*homme, dessin, tir, mesures*) präzise ♦ *nm* Zusammenfassung *f*.

précisément [pʀesizemɑ̃] *adv* genau; ~! genau!; **ma vie n'est pas ~ folichonne** mein Leben ist nicht gerade abwechslungsreich; (*justement*): **c'est ~ pour cela que je viens vous voir** und genau deswegen komme ich zu Ihnen.

préciser [pʀesize] *vt* präzisieren; **se préciser** *vpr* konkreter werden.

précision [pʀesizjɔ̃] *nf* Genauigkeit *f*; (*détail*) Einzelheit *f*, Detail *nt*; ~**s** *nfpl* weitere Einzelheiten *pl*.

précoce [pʀekɔs] *adj* (*plante, animal*) früh; (*enfant, jeune fille*) frühreif; (*saison, mariage, calvitie*) verfrüht.

précocité [pʀekɔsite] *nf* (*de plante, animal*) Frühe *f*; (*d'enfant, de jeune fille*) Frühreife *f*.

préconçu, e [pʀekɔ̃sy] (*péj*) *adj* vorgefaßt.

préconiser [pʀekɔnize] *vt* empfehlen, befürworten.

précontraint, e [pʀekɔ̃tʀɛ̃, ɛ̃t] *adj*: **béton ~** Spannbeton *m*.

précuit, e [pʀekɥi, it] *adj* vorgekocht.

précurseur [pʀekyʀsœʀ] *nm* Vorläufer(in) *m(f)* ♦ *adj m*: **signes ~s** Vorzeichen *pl*.

prédateur [pʀedatœʀ] *nm* Raubtier *nt*.

prédécesseur [pʀedesesœʀ] *nm* Vorgänger(in) *m(f)*.

prédécoupé, e [pʀedekupe] *adj* vorgeschnitten.

prédestiner [pʀedɛstine] *vt*: ~ **qn à qch** jdn zu etw vorbestimmen; ~ **qn à faire qch** jdn dazu vorbestimmen, etw zu tun.

prédicateur [pʀedikatœʀ] *nm* Prediger *m*.

prédiction [pʀediksjɔ̃] *nf* Prophezeiung *f*.

prédilection [pʀedilɛksjɔ̃] *nf*: **avoir une ~ pour qn/qch** eine Vorliebe für etw/jdn haben; **de ~** Lieblings-.

prédire [pʀediʀ] *vt* prophezeien, vorhersagen.

prédisposer [pʀedispoze] *vt*: ~ **qn à qch** jdn auf etw vorbereiten; ~ **qn à faire qch** jdn darauf vorbereiten, etw zu tun.

prédisposition [pʀedispozisjɔ̃] *nf* Veranlagung *f*.

prédit [pʀedi] *pp de* **prédire**.

prédominance [pʀedɔminɑ̃s] *nf* Vorherrschaft *f*.

prédominant, e [pʀedɔminɑ̃, ɑ̃t] *adj* vorherrschend.

prédominer [pʀedɔmine] *vi* vorherrschen.

pré-électoral, e, -aux [pʀeelɛktɔʀal, o] *adj* vor den Wahlen.

pré-emballé, e [pʀeɑ̃bale] (*pl ~-~s, es*) *adj* verpackt.

prééminence [pʀeeminɑ̃s] *nf* Vorrang *m*.

prééminent, e [pʀeeminɑ̃, ɑ̃t] *adj* (*rang*) höher; (*vertu, place*) vorrangig.

préemption [pʀeɑ̃psjɔ̃] *nf*: **droit de ~** Vorkaufsrecht *nt*.

préencollé, e [pʀeɑ̃kɔle] *adj* (*papier peint*) vorgeleimt.

préétabli, e [pʀeetabli] *adj* (*plan*) vorgefaßt.

préexistant, e [pʀeɛgzistɑ̃, ɑ̃t] *adj* bereits bestehend.

préfabrication [pʀefabʀikasjɔ̃] *nf* Vorfertigung *f*.

préfabriqué, e [pʀefabʀike] *adj* (*escalier, panneau*) vorgefertigt; (*maison*) Fertig-; (*construction*) Fertigbau-; (*péj: sourire, aveux*) schablonenhaft ♦ *nm* Fertigbauteil *nt*.

préface [pʀefas] *nf* Vorwort *nt*.

préfacer [pʀefase] *vt* ein Vorwort schreiben für.

préfectoral, e, -aux [pʀefɛktɔʀal, o] *adj* (*administration*) Präfektur-; (*arrêté*) Polizei-; **par mesure ~e** ≈ polizeilich.

préfecture [pʀefɛktyʀ] *nf* Präfektur *f*, ≈ Kreisverwaltung *f*; (*bureau*) Präfektur, ≈ Rathaus *nt*; (*ville*) ≈ Kreisstadt *f* ▶ **préfecture de police** Pariser Polizeihauptquartier.

préférable [pʀefeʀabl] *adj* vorzuziehen; **être ~ à** vorzuziehen sein +*dat*; **il est ~ de faire qch** man sollte etw lieber machen.

préféré, e [pʀefeʀe] *adj* Lieblings- ♦ *nm/f* (*personne*) Liebling *m*.

préférence [pʀefeʀɑ̃s] *nf* Vorliebe *f*; **de ~ am liebsten**; **de ~ à** lieber als; **avoir une ~ pour** eine Vorliebe haben für; **n'avoir pas de ~** keine besondere Vorliebe haben; **donner la ~ à qn** jdm den Vorzug geben; **par ordre de ~** nach Beliebtheit aufgeführt; **obtenir la ~ (sur qn)** (jdm) vorgezogen werden.

préférentiel, le [pʀefeʀɑ̃sjɛl] *adj* (*traitement, tarif*) Vorzugs-.

préférer [pʀefeʀe] *vt*: ~ **qn/qch (à)** jdn/etw vorziehen (+*dat*), jdn/etw lieber mögen (als); ~ **faire qch** etw lieber tun; **je préférerais du thé** ich hätte lieber Tee.

préfet [pʀefɛ] *nm* Präfekt *m* ▶ **préfet de police** Polizeipräfekt *m*.

préfigurer [pʀefigyʀe] *vt* ankündigen.

préfixe [pʀefiks] *nm* Präfix *nt*, Vorsilbe *f*.

préhistoire [pʀeistwaʀ] *nf* Vorgeschichte *f*.

préhistorique [pʀeistɔʀik] *adj* prähistorisch; (*fig: chapeau, voiture etc*) antik.

préjudice [pʀeʒydis] *nm* (*matériel*) Nachteil *m*, Schaden *m*; (*moral*) Schaden; **porter ~ à qn/qch** jdm/einer Sache schaden; **au ~ de qn** zu jds Schaden; **au ~ de qch** zum Schaden einer Sache *gén*.

préjudiciable [pʀeʒydisjabl] *adj*: ~ **à** schädlich für.

préjugé [pʀeʒyʒe] *nm* Vorurteil *nt*; **avoir un ~ contre qn/qch** Vorurteile gegen jdn/etw haben; **bénéficier d'un** ~ **favorable** von vornherein positiv beurteilt werden.

préjuger [pʀeʒyʒe] *vt*: ~ **de qch** etw im voraus verurteilen.

prélasser [pʀelɑse]: **se** ~ *vpr* es sich *dat* bequem machen.

prélat [pʀela] *nm* Prälat *m*.

prélavage [pʀelavaʒ] *nm* Vorwäsche *f*.

prélèvement [pʀelɛvmɑ̃] *nm* (*MÉD*) Entnahme *f*; (*FIN*) Abbuchung *f*; **faire un** ~ **de sang** Blut abzapfen, eine Blutprobe nehmen; ~ **automatique** Abbuchungserlaubnis *f*.

prélever [pʀel(ə)ve] *vt* (*échantillon, organe, tissu etc*) entnehmen; ~ (**sur**) (*sur son compte*) abheben (von).

préliminaire [pʀeliminɛʀ] *adj* Vor-, vorbereitend; ~**s** *nmpl* (*négotiations*) Vorgespräche *pl*; (*prélude*) Vorspiel *nt*.

prélude [pʀelyd] *nm* (*MUS: avant le concert*) Einspielen *nt*; (: *pièce*) Präludium *nt*; (*fig*) Vorspiel *nt*.

préluder [pʀelyde]: ~ **à** *vt* hinleiten zu.

prématuré, e [pʀematyʀe] *adj* (*démarche, retraite, nouvelle*) verfrüht, vorzeitig; (*vieillesse, mort*) vorzeitig; (*accouchement*) verfrüht, Früh-; (*enfant*) frühgeboren ♦ *nm/f* Frühgeburt *f*.

prématurément [pʀematyʀemɑ̃] *adv* vor der Zeit, zu früh.

préméditation [pʀemeditasjɔ̃] *nf*: **avec** ~ vorsätzlich.

préméditer [pʀemedite] *vt* vorsätzlich planen.

prémices [pʀemis] *nfpl* (*début*) Anfänge *pl*.

premier, -ière [pʀəmje, jɛʀ] *adj* erste(r, s); (*branche, marche, barreau*) unterste(r, s); (*à un examen*) beste(r, s); (*en importance*) wichtigste(r, s); (*cause, donnée, principe*) grundlegend; (*objectif*) vorrangig ♦ *nm/f* Erste(r) *f(m)* ♦ *nm* (*première étage*) erster Stock *m* ♦ *nf* (*AUTO*) erster Gang *m*; (*première classe*) erste Klasse *f*; (*THÉÂT, CINÉ*) Premiere *f*; (*exploit*) Weltpremiere *f*; **au** ~ **abord** auf den ersten Blick; **du** ~ **coup** gleich, auf Anhieb; **à la première occasion** bei der ersten (besten) Gelegenheit; **de première qualité** von bester Qualität; **de** ~ **choix** *ou* **ordre** erstklassig, beste(r, s); **de première importance** von höchster Wichtigkeit; **de première nécessité** absolut notwendig; **le** ~ **venu** der Erstbeste; **première classe** erste Klasse *f*; **jeune** ~ jugendlicher Liebhaber *m*; **le** ~ **de l'an** der Neujahrstag *m*; **enfant du** ~ **lit** Kind *nt* aus erster Ehe; **en** ~ **lieu** in erster Linie; ~ **âge** erstes Babyalter *nt*; **P**~ **ministre** Premierminister(in) *m(f)*; **première communion** Erstkommunion *f*.

première [pʀəmjɛʀ] *adj, nf voir* **premier**.

premièrement [pʀəmjɛʀmɑ̃] *adv* (*dans une énumération*) erstens; (*d'abord*) zuerst, zunächst; (*introduisant une objection*) zunächst einmal.

premier-né, première-née [pʀəmjene] (*pl* ~**s**-~**s**) *nm* Erstgeborene(r) *f(m)*.

prémisse [pʀemis] *nf* Prämisse *f*.

prémolaire [pʀemɔlɛʀ] *nf* kleiner Backenzahn

m, Prämolar *m*.

prémonition [pʀemɔnisjɔ̃] *nf* Vorahnung *f*.

prémonitoire [pʀemɔnitwaʀ] *adj* warnend.

prémunir [pʀemyniʀ]: **se** ~ *vpr*: **se** ~ **contre qch** sich gegen etw schützen *ou* wappnen.

prenant, e [pʀənɑ̃, ɑ̃t] *vb voir* **prendre** ♦ *adj* (*captivant*) fesselnd.

prénatal, e [pʀenatal] *adj* (*soins, visite*) Vorgeburts-; (*allocation*) Schwangerschafts-.

prendre [pʀɑ̃dʀ] *vt* nehmen; (*enlever*) wegnehmen; (*aller chercher*) holen; (*emporter, emmener*) mitnehmen; (*malfaiteur, poisson*) fangen; (*MIL: ville*) einnehmen; (*ÉCHECS*) schlagen; (*CARTES*) stechen; (*surprendre*) ertappen; (*aliment, boisson*) zu sich nehmen; (*médicament*) einnehmen; (*billet, essence etc*) kaufen; (*commande*) aufnehmen; (*engagement, risques*) eingehen; (*photographie, calque, empreinte, notes*) machen; (*renseignements, nouvelles*) einholen; (*avis, ordres*) entgegennehmen; (*mesures, précautions*) ergreifen; (*voix, ton, attitude, pose, client*) annehmen; (*dispositions*) treffen; (*température*) messen; (*pouls*) fühlen; (*du poids, de l'âge, de la valeur*) zunehmen an +*dat*; (*couleur, goût*) bekommen; (*s'accorder*) sich *dat* gönnen; (*coûter: place*) brauchen; (: *temps*) kosten; (*demander: somme, prix*) verlangen, nehmen; (*prélever: pourcentage, argent*) bekommen; (*traiter: enfant, problème*) behandeln; (*réagir à*) aufnehmen ♦ *vi* (*ciment, pâte*) fest werden; (*peinture*) trocknen; (*bouture, semis, greffe, vaccin*) anschlagen; (*plaisanterie, mensonge*) funktionieren; (*feu: allumette*) angehen; (*incendie*) losbrennen; (*bois*) brennen; **se prendre** *vpr*: **se** ~ **pour** sich halten für; ~ **qn par la main/dans ses bras** jdn an der Hand/in die Arme nehmen; ~ **en photo** fotografieren; ~ **au piège** in einer Falle fangen; ~ **la relève** das Ruder übernehmen; ~ **la défense de qn** jdn verteidigen; ~ **l'air** (in der frischen Luft) spazierengehen; ~ **son temps** sich *dat* Zeit lassen; ~ **le deuil** Trauer anlegen; ~ **feu** Feuer fangen; ~ **l'eau** (*embarcation*) lecken; ~ **sa retraite** in den Ruhestand *ou* in Pension gehen; ~ **la parole/la fuite** das Wort/die Flucht ergreifen; ~ **congé de qn** sich von jdm verabschieden; ~ **des notes** sich *dat* Notizen machen; ~ **un virage** eine Kurve nehmen; ~ **place** Platz nehmen, sich hinsetzen; ~ **qn comme** *ou* **pour amant/associé** sich *dat* jdn zum Liebhaber/Partner nehmen; ~ **sur soi** (*supporter*) auf sich *acc* nehmen; ~ **sur soi de faire qch** es übernehmen, etw zu tun; ~ **du plaisir/de l'intérêt à qch** an etw *dat* Gefallen/Interesse finden; ~ **qch au sérieux** etw ernst nehmen; ~ **qn en sympathie/horreur** jdn mögen/verabscheuen; ~ **qn en faute/flagrant délit** jdn bei einem Fehler/in flagranti ertappen; ~ **qn pour qch/qn** (*considérer*) jdn für etw/jdn halten; ~ **qch pour prétexte** etw als Vorwand benutzen; ~ **qn à témoin** jdn als Zeugen benennen; **à tout** ~ insgesamt, alles in allem; ~ (**un**) **rendez-vous avec qn** mit jdm ein Treffen ausmachen; ~ à **gauche** (nach) links abbiegen; **s'en** ~ à (agresser) angreifen; (passer sa colère sur) seine Wut auslassen ou sich abreagieren an +dat; (remettre en question) in Frage stellen; (critiquer) kritisieren; se ~ **d'amitié** ou **d'affection pour qn** jdn liebgewinnen; **s'y** ~ (procéder) vorgehen; **il faudra s'y** ~ à **l'avance** damit muß man früh anfangen; **s'y** ~ à **deux fois** es zweimal versuchen; se ~ **par la main** sich an der Hand nehmen; se ~ **les doigts** sich an die Finger klemmen.

preneur [pʀənœʀ] nm: **être** ~ kaufwillig sein; **trouver** ~ einen Käufer ou Abnehmer finden.

preniez etc [pʀənje] vb voir **prendre**.

prenne etc [pʀɛn] vb voir **prendre**.

prénom [pʀenɔ̃] nm Vorname m.

prénommer [pʀenɔme]: se ~ vpr: **elle se prénomme Claude** sie heißt (mit Vornamen) Claude.

prénuptial, e, -aux [pʀenypsjal, o] adj (certificat, examen) Ehefähigkeits-.

préoccupant, e [pʀeɔkypɑ̃, ɑ̃t] adj kritisch, bedenklich.

préoccupation [pʀeɔkypasjɔ̃] nf Sorge f.

préoccupé, e [pʀeɔkype] adj besorgt.

préoccuper [pʀeɔkype] vt (personne) Sorgen machen +dat, sorgen; (esprit, attention) stark beschäftigen; **se préoccuper** vpr: **se** ~ **de qch** sich um etw Sorgen machen.

préparateur, -trice [pʀepaʀatœʀ, tʀis] nm/f (de laboratoire) Laborant(in) m(f); (en pharmacie) pharmazeutisch-technischer Assistent m, pharmazeutisch-technische Assistentin f.

préparatifs [pʀepaʀatif] nmpl Vorbereitungen pl.

préparation [pʀepaʀasjɔ̃] nf Vorbereitung f; (de repas, café, viande) Zubereitung f; (CHIM, PHARM) Präparat nt; (SCOL: devoir) Hausaufgabe f.

préparatoire [pʀepaʀatwaʀ] adj vorbereitend.

préparer [pʀepaʀe] vt vorbereiten; (repas, café, viande) zubereiten; (examen) sich vorbereiten auf +acc; **se préparer** vpr (orage, tragédie) sich anbahnen; **se** ~ à **qch/faire qch** sich auf etw acc vorbereiten/darauf vorbereiten, etw zu tun; ~ **qn** à **qch** jdn vorbereiten auf etw acc; ~ **qch** à **qn** (surprise etc) etw für jdn auf Lager haben; (suj: sort, avenir etc) jdm etw bringen.

prépondérance [pʀepɔ̃deʀɑ̃s] nf Dominanz f.

prépondérant, e [pʀepɔ̃deʀɑ̃, ɑ̃t] adj dominant.

préposé, e [pʀepoze] adj: ~ (à **qch**) beauftragt (mit etw) ♦ nm (employé) Angestellte(r) f(m); (ADMIN: facteur) Briefträger(in) m(f); (de la douane) Zöllner(in) m(f).

préposer [pʀepoze] vt: ~ **qn** à **qch** jdn mit etw beauftragen.

préposition [pʀepozisjɔ̃] nf Präposition f.

prérentrée [pʀeʀɑ̃tʀe] nf Rückkehr der Lehrer in die Schule vor Ferienende.

préretraite [pʀeʀ(ə)tʀɛt] nf vorgezogener Ruhestand m.

prérogative [pʀeʀɔgativ] nf Vorrecht nt.

près [pʀɛ] adv nahe, in der Nähe; ~ **de** (lieu) (nah) an +dat, nah bei; (personne) bei; (la retraite, mort, mourir) kurz vor; (presque) beinahe; **de** ~ genau; à **5 mm/5 kg** ~ auf 5mm/5 kg genau; à **cela** ~ **que** abgesehen davon, daß; **je ne suis pas** ~ **de lui pardonner** ich habe ihm noch lange nicht verziehen; **je ne suis pas** ~ **d'oublier** das habe ich noch lange nicht vergessen; **on n'est pas à un jour** ~ auf einen Tag kommt es jetzt auch nicht mehr an.

présage [pʀezaʒ] nm Vorzeichen nt.

présager [pʀezaʒe] vt (prévoir) vorhersehen, voraussehen; (annoncer) voraussagen.

pré-salé [pʀesale] (pl ~**s-**~**s**) nm (CULIN) Fleisch von Schafen, die auf Salzwiesen gegrast haben.

presbyte [pʀɛsbit] adj weitsichtig.

presbytère [pʀɛsbitɛʀ] nm Pfarrhaus nt.

presbytie [pʀɛsbisi] nf Weitsichtigkeit f.

prescience [pʀesjɑ̃s] nf Vorahnung f.

préscolaire [pʀeskɔlɛʀ] adj Vorschul-.

prescriptible [pʀɛskʀiptibl] adj (JUR) verjährend.

prescription [pʀɛskʀipsjɔ̃] nf (instruction) Vorschrift f; (JUR) Verjährung f; (MÉD) Anweisung f.

prescrire [pʀɛskʀiʀ] vt (repos, remède, traitement) verordnen; (suj: circonstances) bestimmen; **se prescrire** vpr (JUR) verjähren.

prescrit, e [pʀɛskʀi, it] pp de **prescrire** ♦ adj vorgeschrieben.

préséance [pʀeseɑ̃s] nf Vortritt m, Vorrang m.

présélection [pʀeselɛksjɔ̃] nf Vorauswahl f; (de candidats) Vorausscheidung f.

présélectionner [pʀeselɛksjɔne] vt eine Vorauswahl treffen aus; (dispositif) voreinstellen.

présence [pʀezɑ̃s] nf (de personne) Anwesenheit f; (d'un acteur, écrivain) Ausstrahlung f; **la** ~ **française en Afrique** die französische Präsenz in Afrika; **en** ~ **de** (personne) in Gegenwart von, vor +dat; (fig: incidents etc) angesichts +gén; **en** ~ (armées: parties) sich gegenüberstehend; **sentir une** ~ die Anwesenheit eines Menschen spüren; **faire acte de** ~ sein Gesicht zeigen ▸ **présence d'esprit** Geistesgegenwart f.

présent, e [pʀezɑ̃, ɑ̃t] adj (personne) anwesend; (chose) vorhanden; (actuel) gegenwärtig ♦ nm (partie du temps) Gegenwart f; (LING) Präsens nt; (cadeau) Geschenk nt ♦ nf: **la** ~**e** (COMM) das vorliegende Schreiben; ~**s** nmpl (personnes) Anwesende pl; "~!" „hier!"; **la** ~**e lettre/loi** der vorliegende Brief/das vorliegende Gesetz; **participe/infinitif** ~ Partizip nt/Infinitiv m Präsens; à ~ jetzt, im Augenblick; **dès** à ~ von nun an, ab jetzt; **jusqu'à** ~ bis jetzt; à ~ **que** jetzt, wo.

présentable [pʀezɑ̃tabl] adj vorzeigbar.

présentateur, -trice [pʀezɑ̃tatœʀ, tʀis] nm/f (animateur) Moderator(in) m(f).

présentation [pʀezɑ̃tasjɔ̃] nf (de personne) Vorstellung f; (de billet, pièce d'identité) Vorzeigen nt; (d'émission) Ansage f; (de collection) Vorstellen nt; (de thèse, projet, note) Vorlegen nt; (dans vitrine) Ausstellen nt; (apparence) Erscheinung f; **faire les ~s** die Vorstellung übernehmen.

présenter [pʀezɑ̃te] vt (personne, collection) vorstellen; (candidature, candidat) anmelden; (fauteuil, plat etc) anbieten; (montrer) vorzeigen; (spectacle, vue) (dar)bieten; (émission) ansagen; (thèse, projet, note) vorlegen; (étalage, vitrine) ausstellen; (défense, théorie, doctrine) darlegen; (condoléances, félicitations, excuses) aussprechen; (symptômes, avantages, danger) haben, aufweisen ♦ vi: ~ **mal/bien** einen guten/schlechten Eindruck machen; **se présenter** vpr (arriver) ankommen; (se faire connaître) sich vorstellen; (à un examen) machen; (à une élection) sich stellen; (doute, solution, difficulté) auftauchen; (occasion) sich bieten; **se ~ bien/mal** (affaire) gut/schlecht aussehen.

présentoir [pʀezɑ̃twaʀ] nm (étagère) Schauregal nt.

préservatif [pʀezɛʀvatif] nm Präservativ nt.

préservation [pʀezɛʀvasjɔ̃] nf (v vt) Schutz m; Bewahren nt.

préserver [pʀezɛʀve] vt: ~ **de** (protéger) schützen vor +dat; (sauver) bewahren vor +dat.

présidence [pʀezidɑ̃s] nf Vorsitz m, Präsidentschaft f; **la ~ de la République** die Präsidentschaft (in Frankreich).

président, e [pʀezidɑ̃] nm/f Vorsitzende(r) f(m); (POL) Präsident(in) m(f) ► **président du jury d'examen** Vorsitzender der Prüfungskommission ► **président de concours** Prüfungsvorsitzender m ► **président de la République** Präsident der Republik, Staatspräsident m ► **président directeur général** Generaldirektor m ► **président du jury** (JUR) Sprecher m der Schöffen; (d'examen) Vorsitzender der Prüfungskommission.

présidentiel, le [pʀezidɑ̃sjɛl] adj Präsidentschafts-; ~**les** nfpl Präsidentschaftswahlen pl.

présider [pʀezide] vt leiten, den Vorsitz führen bei; (dîner) Ehrengast sein bei.

présomption [pʀezɔ̃psjɔ̃] nf (prétention) Anmaßung f; (supposition) Vermutung f, Annahme f.

présomptueux, -euse [pʀezɔ̃ptɥø, øz] adj anmaßend.

presque [pʀɛsk] adv fast, beinahe; ~ **toujours** fast immer; ~ **autant** fast beinahe soviel; ~ **tous** fast alle; ~ **rien** fast gar nichts; ~ **pas** fast nicht; ~ **pas de** fast kein(e, r); **il n'y avait ~ personne** es war fast niemand; **il n'y avait personne, ou** ~ es war keiner da, fast keiner jedenfalls; **on pourrait** ~ **dire que** man könnte beinahe sagen, daß.

presqu'île [pʀɛskil] nf Halbinsel f.

pressant, e [pʀesɑ̃, ɑ̃t] adj (ordre, prières, besoin) dringend; (personne) beharrlich; (inquiétude, danger) drängend; (situation) unaufschiebbar; **se faire** ~ drängen.

presse [pʀɛs] nf Presse f; **heures/moments de** ~ Stoßzeit f; **mettre sous** ~ in den Druck geben; **ouvrage sous** ~ Werk nt im Druck; **avoir bonne/mauvaise** ~ (fig) eine gute/schlechte Presse haben ► **presse d'information** renommierte Presse ► **presse d'opinion** Meinungspresse f ► **presse du cœur** Regenbogenpresse f ► **presse féminine** Frauenzeitschriften pl.

pressé, e [pʀese] adj (air) eilig; (urgent) dringend ♦ nm: **aller au plus** ~ das Wichtigste zuerst erledigen; **être** ~ es eilig haben; **être** ~ **de faire qch** es eilig haben, etw zu tun; **orange** ~ frisch gepreßter Orangensaft m; **citron** ~ Zitronensaft m.

presse-citron [pʀɛsitʀɔ̃] nm inv Zitronenpresse f.

presse-fruits [pʀɛsfʀɥi] nm inv Saftpresse f.

pressentiment [pʀesɑ̃timɑ̃] nm Vorgefühl nt, Vorahnung f.

pressentir [pʀesɑ̃tiʀ] vt ahnen; ~ **qn comme ministre** bei jdm wegen des Ministeramtes vorfühlen.

presse-papiers [pʀɛspapje] nm inv Briefbeschwerer m.

presse-purée [pʀɛspyʀe] nm inv Kartoffelstampfer m.

presser [pʀese] vt (fruit) auspressen; (éponge) ausdrücken; (interrupteur, bouton) drücken auf +acc; (harceler) drängen; (brusquer) beschleunigen ♦ vi drängen; **se presser** vpr (se hâter) sich beeilen; (se grouper) sich aneinanderdrücken; ~ **le pas** ou **l'allure** seinen Schritt ou Gang beschleunigen; ~ **qn de questions** jdn mit Fragen bestürmen; ~ **qn de faire qch** jdn dazu drängen, etw zu tun; **le temps presse** es eilt; **rien ne presse** es eilt nicht; **se** ~ **contre qn** sich an jdn drücken.

pressing [pʀesiŋ] nm (magasin) chemische Reinigung f.

pression [pʀesjɔ̃] nf Druck m; (bouton) Druckknopf m; **faire** ~ **sur qn/qch** auf jdn/etw Druck ausüben; **sous** ~ unter Druck ► **pression artérielle** Blutdruck m ► **pression atmosphérique** Luftdruck m.

pressoir [pʀeswaʀ] nm (machine) Presse f.

pressurer [pʀesyʀe] vt auspressen.

pressurisation [pʀesyʀizasjɔ̃] nf Druckausgleich m.

pressurisé, e [pʀesyʀize] adj mit Druckausgleich.

prestance [pʀɛstɑ̃s] nf sicheres Auftreten nt.

prestataire [pʀɛstatɛʀ] nm/f Leistungsempfänger(in) m(f); ~ **de services** Dienstleistende(r) f(m).

prestation [pʀɛstasjɔ̃] nf Leistung f ► **prestation de serment** Leistung eines Eides ► **prestation de service** Dienstleistung f ► **prestations familiales** Familienbeihilfe f.

preste [pʀɛst] adj flink.

prestement [pʀɛstəmɑ̃] *adv* behende.
prestidigitateur, -trice [pʀɛstidiʒitatœʀ, tʀis] *nm/f* Zauberkünstler(in) *m(f)*.
prestidigitation [pʀɛstidiʒitasjɔ̃] *nf* Zaubern *nt*.
prestige [pʀɛstiʒ] *nm* Prestige *nt*.
prestigieux, -euse [pʀɛstiʒjø, jøz] *adj* angesehen.
présumer [pʀezyme] *vt*: ~ **que** annehmen, daß; ~ **de qn/qch** jdn/etw überschätzen *ou* zu hoch einschätzen; ~ **qn coupable/innocent** jdn für schuldig/unschuldig halten.
présupposé [pʀesypoze] *nm* Voraussetzung *f*.
présupposer [pʀesypoze] *vt* voraussetzen; ~ **que** voraussetzen *ou* davon ausgehen, daß.
présupposition [pʀesypozisjɔ̃] *nf* Voraussetzung *f*.
présure [pʀezyʀ] *nf* Lab *nt*.
prêt, e [pʀɛ, pʀɛt] *adj* bereit; (*repas*) fertig, bereit ♦ *nm* (*action*) Verleihen *nt*; (*somme*) Anleihe *f*; ~ **à faire qch** bereit, etw zu tun; ~ **à tout** zu allem bereit; ~ **à toute éventualité** auf alles vorbereitet; ~ **pour qch/faire qch** für etw bereit/dafür bereit, etw zu tun; **à vos marques!, ~s? partez!** auf die Plätze, fertig, los!; ~ **sur gages** Pfandleihe *f*.
prêt-à-porter [pʀɛtapɔʀte] (*pl* ~**s-~-~**) *nm* Konfektion *f*.
prétendant [pʀetɑ̃dɑ̃] *nm* (*à un trône*) Prätendent *m*; (*d'une femme*) Freier *m*.
prétendre [pʀetɑ̃dʀ] *vt* (*affirmer*) behaupten; ~ **faire qch** (*avoir l'intention*) beabsichtigen, etw zu tun; ~ **à** (*droit, titre*) Anspruch erheben auf *+acc*.
prétendu, e [pʀetɑ̃dy] *adj* (*supposé*) angeblich.
prétendument [pʀetɑ̃dymɑ̃] *adv* angeblich.
prête-nom [pʀɛtnɔ̃] (*pl* ~**-~s**) *nm* Strohmann *m*.
prétentieux, -euse [pʀetɑ̃sjø, jøz] *adj* anmaßend, überheblich; (*maison, villa*) angeberisch, protzig.
prétention [pʀetɑ̃sjɔ̃] *nf* (*de personne*) Anmaßung *f*, Überheblichkeit *f*; (*exigence*) Anspruch *m*, Forderung *f*; (*ambition*) Ambition *f*; **sans** ~ bescheiden; ~**s de salaire** Gehaltsvorstellungen *pl*.
prêter [pʀete] *vt* leihen; (*attribuer*) unterstellen ♦ *vi* (*s'élargir*) nachgeben; **se prêter** *vpr*: **se** ~ **à qch** (*personne: consentir à*) bei etw mitmachen; (*chose: pouvoir s'adapter à*) sich eignen für; ~ **aux commentaires/à équivoque/à rire** Anlaß zu Kommentaren/zu Mißverständnissen/zum Lachen geben; ~ **assistance à** helfen *+dat*; ~ **attention** aufpassen; ~ **serment** einen Eid leisten; ~ **l'oreille** hören; ~ **sur gages** auf Pfand leihen; ~ **de l'importance à qch** einer Sache *dat* Wichtigkeit beimessen.
prêteur, -euse [pʀɛtœʀ, øz] *adj* Verleih- ♦ *nm* Geldverleiher *m* ► **prêteur sur gages** Pfandleiher *m*.
prétexte [pʀetɛkst] *nm* Vorwand *m*; **sous aucun** ~ keinesfalls, unter gar keinen Umständen;

sous ~ **que/de** unter dem Vorwand, daß/zu.
prétexter [pʀetɛkste] *vt* vorschützen, vorgeben; ~ **que** vorschützen, daß.
prêtre [pʀɛtʀ] *nm* Priester *m*.
prêtre-ouvrier [pʀɛtʀuvʀije] (*pl* ~**s-~s**) *nm* Arbeiterpriester *m*.
prêtrise [pʀɛtʀiz] *nf* Priesteramt *nt*.
preuve [pʀœv] *nf* Beweis *m*; **jusqu'à** ~ **du contraire** bis zum Beweis des Gegenteils; **faire** ~ **de** zeigen, beweisen; **faire ses** ~**s** seine Fähigkeiten beweisen *ou* unter Beweis stellen ► **preuve matérielle** (*JUR*) Indiz *nt* ► **preuve par neuf** (*MATH*) Neunerprobe *f*.
prévaloir [pʀevalwaʀ] *vi* sich durchsetzen, siegen; **se** ~ **de qch** *vpr* (*tirer avantage de*) etw ausnutzen; (*tirer vanité de*) sich *dat* etwas einbilden auf etw *+acc*.
prévarication [pʀevaʀikasjɔ̃] *nf* Pflichtvergessenheit *f*.
prévaut [pʀevo] *vb voir* **prévaloir**.
prévenances [pʀevnɑ̃s] *nfpl* Aufmerksamkeit *f*.
prévenant, e [pʀevnɑ̃, ɑ̃t] *adj* aufmerksam.
prévenir [pʀev(ə)niʀ] *vt* (*éviter*) verhindern; ~ **qn (de qch)** (*avertir*) jdn (vor etw) warnen; (*informer*) jdn (von etw) benachrichtigen; ~ **les besoins/ désirs/questions de qn** (*anticiper*) jds Bedürfnissen/Wünschen/Fragen *dat* zuvorkommen; ~ **les objections de qn** jds Einwänden *dat* vorbeugen; ~ **qn contre/en faveur de qn/qn** jdn einnehmen für/gegen etw/jdn.
préventif, -ive [pʀevɑ̃tif, iv] *adj* (*mesure*) vorbeugend; (*JUR*) Untersuchungs-.
prévention [pʀevɑ̃sjɔ̃] *nf* Verhütung *f*; (*préjugé*) Vorurteil *nt*; **faire six mois de** ~ (*JUR*) sechs Monate in Untersuchungshaft sitzen ► **prévention routière** ≈ Sicherheit *f* im Straßenverkehr.
prévenu, e [pʀev(ə)ny] *adj*: **être** ~ **contre/en faveur de qn** gegen/für jdn voreingenommen sein ♦ *nm/f* Angeklagte(r) *f(m)* (*in Untersuchungshaft*).
prévisible [pʀevizibl] *adj* vorhersehbar.
prévision [pʀevizjɔ̃] *nf*: **en** ~ **de qch** in Erwartung einer Sache *gén* ► **prévisions météorologiques** Wettervorhersage *f*.
prévisionnel, le [pʀevizjɔnɛl] *adj* (*étude, mesure, budget*) Voraus-.
prévoir [pʀevwaʀ] *vt* (*deviner*) vorhersehen; (*anticiper*) erwarten; (*préparer*) vorbereiten; **prévu pour 4 personnes** für vier Personen vorgesehen.
prévoyance [pʀevwajɑ̃s] *nf* Vorsorge *f*; **société/caisse de** ~ Rentenversicherung *f*/ Rentenfonds *m*.
prévoyant, e [pʀevwajɑ̃, ɑ̃t] *vb voir* **prévoir** ♦ *adj* vorsorgend, vorausschauend.
prévu [pʀevy] *pp de* **prévoir**.
prier [pʀije] *vi* beten ♦ *vt* (*Dieu*) beten zu; (*personne*) inständig bitten; ~ **qn de faire qch** jdn ersuchen *ou* bitten, etw zu tun; ~ **qn à dîner/ d'assister à une réunion** jdn zum Essen/zu einem Treffen einladen; **se faire** ~ sich

lange bitten lassen; **je vous en prie** bitte; **je vous prie de bien vouloir m'excuser** könnten Sie mich bitte entschuldigen.

prière [pʀijɛʀ] *nf* (*REL*) Gebet *nt*; (*demande instante*) Bitte *f*; **dire une ~/ses ~s** beten; **"~ de sonner avant d'entrer"** „bitte erst läuten und dann eintreten".

primaire [pʀimɛʀ] *adj* (*SCOL*) Grundschul-; (*péj*) simpel; (*PEINTURE*) Primär-, Grund- ♦ *nm* (*SCOL*) Grundschulausbildung *f*; **secteur ~** (*ÉCON*) Primärsektor *m*; **ère ~** Primär *nt*.

primauté [pʀimote] *nf* Vorrang *m*.

prime [pʀim] *nf* Prämie *f*; (*cadeau*) Werbegeschenk *nt* ♦ *adj*: **de ~ abord** auf den ersten Blick ► **prime de risque** Gefahrenzulage *f* ► **prime de transport** Reisespesen *pl*.

primer [pʀime] *vt* (*récompenser*) prämieren ♦ *vi* überwiegen; **~ sur qch** (*l'emporter sur*) einer Sache *dat* überlegen sein.

primesautier, -ière [pʀimsotje, jɛʀ] *adj* impulsiv.

primeur [pʀimœʀ] *nf*: **avoir la ~ de qch** der/die erste sein, der etw erfährt; **~s** *nfpl* (*fruits*) Frühobst *nt*; (*légumes*) Frühgemüse *nt*; **marchand de ~s** Obst- und Gemüsehändler *m*.

primevère [pʀimvɛʀ] *nf* Schlüsselblume *f*.

primitif, -ive [pʀimitif, iv] *adj* primitiv; (*forme, état, texte*) Ur-, ursprünglich.

primo [pʀimo] *adv* erstens.

primordial, e, -aux [pʀimɔʀdjal, jo] *adj* wesentlich, unerläßlich.

prince [pʀɛ̃s] *nm* Prinz *m* ► **prince charmant** Märchenprinz *m* ► **prince héritier** Kronprinz *m*.

princesse [pʀɛ̃sɛs] *nf* Prinzessin *f*.

princier, -ière [pʀɛ̃sje, jɛʀ] *adj* fürstlich.

princièrement [pʀɛ̃sjɛʀmɑ̃] *adv* fürstlich.

principal, e, -aux [pʀɛ̃sipal, o] *adj* Haupt- ♦ *nm* (*essentiel*) das Wesentliche *nt*; (*d'un collège*) Rektor *m*; (*d'une dette*) Hauptschuld *f* ♦ *nf*: (**proposition**) **~e** Hauptsatz *m*.

principalement [pʀɛ̃sipalmɑ̃] *adv* hauptsächlich.

principauté [pʀɛ̃sipote] *nf*: **la ~ de Monaco/du Liechtenstein** das Fürstentum Monaco/Liechtenstein.

principe [pʀɛ̃sip] *nm* Prinzip *nt*; **~s** *nmpl* Prinzipien *pl*; **partir du ~ que** davon ausgehen, daß; **par ~** aus Prinzip; **en ~** im Prinzip; **pour le ~** aus Prinzip; **de ~** (*accord*) prinzipiell; (*hostilité*) grundsätzlich.

printanier, -ière [pʀɛ̃tanje, jɛʀ] *adj* Frühjahrs-.

printemps [pʀɛ̃tɑ̃] *nm* Frühling *m*, Frühjahr *nt*.

priori [pʀijɔʀi]: **a ~** *adv* a priori.

prioritaire [pʀijɔʀitɛʀ] *adj* (*personne, industrie*) bevorrechtigt; (*véhicule*) mit Vorfahrt; (*INFORM*) mit Vorrang.

priorité [pʀijɔʀite] *nf*: **avoir la ~ (sur)** (*AUTO*) Vorfahrt haben (vor +*dat*); **en ~** vorrangig, zuerst ► **priorité à droite** rechts vor links.

pris, e [pʀi, pʀiz] *pp de* **prendre** ♦ *adj* (*place*)

besetzt; (*journée, mains*) voll; (*personne*) beschäftigt; (*billets*) vergeben; (*crème, glace, ciment*) fest; **avoir le nez ~** eine verstopfte Nase haben; **avoir la gorge ~e** einen entzündeten Hals haben; **être ~ de peur** von Furcht ergriffen sein; **être ~ de fatigue** von Müdigkeit übermannt werden.

prise [pʀiz] *nf* (*d'une ville*) Einnahme *f*; (*SPORT: de judo, catch*) Griff *m*; (*PÊCHE*) Fang *m*; (*CHASSE*) Beute *f*; (*ÉLEC: fiche*) Stecker *m*; (: *femelle*) Steckdose *f*; **avoir/n'avoir pas de ~** einen/keinen Angriffspunkt haben; **en ~** (*AUTO*) im Gang; **être aux ~s avec qn** (*fig*) sich *dat* mit jdm in den Haaren liegen; **lâcher ~** loslassen; **donner ~ à** (*fig*) Anlaß geben zu; **avoir ~ sur qn** Einfluß auf jdn haben ► **prise d'eau** Wasserzapfstelle *f*, Hydrant *m* ► **prise d'otages** Geiselnahme *f* ► **prise de contact** Kontaktaufnahme *f* ► **prise de courant** Steckdose ► **prise de sang** Blutabnahme *f* ► **prise de son** Tonaufnahme *f* ► **prise de tabac** Prise *f* Tabak ► **prise de terre** Erdung *f* ► **prise de vue** Aufnahme *f* ► **prise en charge** (*par un taxi*) Grundpreis *m*; (*par la sécurité sociale*) Kostenübernahme *f* ► **prise multiple** Mehrfachsteckdose *f*.

priser [pʀize] *vt* (*tabac, héroïne*) nehmen, schnupfen; (*estimer, apprécier*) schätzen ♦ *vi* schnupfen.

prisme [pʀism] *nm* Prisma *nt*.

prison [pʀizɔ̃] *nf* Gefängnis *nt*; **aller/être en ~** ins Gefängnis wandern/im Gefängnis sitzen; **faire de la/risquer la ~** im Gefängnis sitzen/Gefängnis riskieren; **être condamné à cinq ans de ~** zu fünf Jahren Gefängnis verurteilt werden.

prisonnier, -ière [pʀizɔnje, jɛʀ] *nm/f* (*détenu*) Häftling *m*, Gefangene(r) *f(m)* ♦ *adj* gefangen; **faire qn ~** jdn gefangennehmen ► **prisonnier de guerre** Kriegsgefangener *m* ► **prisonnier politique** politischer Gefangener.

prit [pʀi] *vb voir* **prendre**.

privatif, -ive [pʀivatif, iv] *adj* (*jardin etc*) Privat-; (*peine etc*) Freiheits-.

privations [pʀivasjɔ̃] *nfpl* Entbehrungen *pl*.

privatisation [pʀivatizasjɔ̃] *nf* Privatisierung *f*.

privatiser [pʀivatize] *vt* privatisieren.

privautés [pʀivote] *nfpl* Freiheiten *pl*.

privé, e [pʀive] *adj* privat, Privat-; (*correspondance, vie*) persönlich, Privat- ♦ *nm*: **en ~** im kleinsten Kreis, privat; **~ de** ohne; **dans le ~** (*ÉCON: secteur*) im Privatsektor.

priver [pʀive] *vt*: **~ qn de qch** (*droits*) jdm etw entziehen; (*sommeil, plaisir*) jdm etw rauben; (*dessert*) jdm etw vorenthalten; **se priver** *vpr*: **se ~ de qch/faire qch** sich *dat* etw versagen/sich *dat* versagen, etw zu tun; **ne pas se ~ de faire qch** es sich nicht nehmen lassen, etw zu tun.

privilège [pʀivilɛʒ] *nm* Privileg *nt*, Vorrecht *nt*.

privilégié, e [pʀivileʒje] *adj* (*personne, classe*) privilegiert; (*favorisé*) begünstigt.

privilégier [pʀivileʒje] *vt* (*personne*) begünstigen, bevorzugen; (*méthode, chose*) den Vorzug geben +*dat.*

prix [pʀi] *nm* Preis *m*; **mettre à ~** (*aux enchères*) einen Mindestpreis festsetzen für; **au ~ fort** zum Höchstpreis; **acheter qch à ~ d'or** ein kleines Vermögen für etw bezahlen; **hors de ~** sehr teuer; **à aucun ~** um keinen Preis; **à tout ~** um jeden Preis ▶ **prix conseillé** Richtpreis *m* ▶ **prix d'achat** Einkaufspreis *m* ▶ **prix de revient** Selbstkostenpreis *m* ▶ **prix de vente** Verkaufspreis *m*.

pro [pʀo] *abr* (= *professionnel*) Profi *m*.

probabilité [pʀɔbabilite] *nf* Wahrscheinlichkeit *f*; **~s** *nfpl* Wahrscheinlichkeit; **selon toute ~** aller Wahrscheinlichkeit nach.

probable [pʀɔbabl] *adj* wahrscheinlich.

probablement [pʀɔbabləmã] *adv* wahrscheinlich.

probant, e [pʀɔbã, ãt] *adj* beweiskräftig, überzeugend.

probatoire [pʀɔbatwaʀ] *adj* (*examen, test*) Probe-; (*stage*) Probe-, Versuchs-.

probité [pʀɔbite] *nf* Redlichkeit *f*.

problématique [pʀɔblematik] *adj* problematisch ♦ *nf* Problematik *f*.

problème [pʀɔblɛm] *nm* Problem *nt*.

procédé [pʀɔsede] *nm* Verfahren *nt*, Prozeß *m*; (*conduite*) Verhalten *nt*, Vorgehensweise *f*.

procéder [pʀɔsede] *vi* (*agir*) vorgehen; **~ à** durchführen.

procédure [pʀɔsedyʀ] *nf* Verfahrensweise *f*; (*JUR*) Prozeßordnung *f*; **~ civile/pénale** Zivil-/Strafprozeßordnung *f*.

procès [pʀɔsɛ] *nm* Prozeß *m*; **être en ~ avec qn** mit jdm prozessieren; **faire le ~ de qn/qch** (*fig*) jdm/einer Sache den Prozeß machen; **sans autre forme de ~** ohne weitere Umstände.

processeur [pʀɔsɛsœʀ] *nm* Prozessor *m*.

procession [pʀɔsesjɔ̃] *nf* Prozession *f*.

processus [pʀɔsesys] *nm* Prozeß *m*.

procès-verbal [pʀɔsɛvɛʀbal] (*pl* **procès-verbaux**) *nm* (*relation écrite*) Protokoll *nt*; (*constat*) Bericht *m*; (*contravention*) Strafmandat *nt*.

prochain, e [pʀɔʃɛ̃, ɛn] *adj* nächste(r, s); (*proche*) nah, bevorstehend ♦ *nm* Nächste(r) *f(m)*; **la ~e fois** das nächste Mal; **la semaine ~e** nächste Woche; **à la ~e!** (*fam*) bis bald!; **un jour ~** bald.

prochainement [pʀɔʃɛnmã] *adv* bald, demnächst.

proche [pʀɔʃ] *adj* nah; **~s** *nmpl* (*parents*) nächste Verwandte *pl*; **~ de** nah bei; **être ~ de qn** jdm nah sein; **de ~ en ~** nach und nach; **l'un de ses ~s** (*amis*) einer seiner engeren Freunde.

Proche-Orient [pʀɔʃɔʀjã] *nm*: **le ~-~** der Nahe Osten *m*.

proclamation [pʀɔklamasjɔ̃] *nf* Bekanntgabe *f*.

proclamer [pʀɔklame] *vt* (*annoncer*) erklären, verkündigen; (*la république, un roi*) ausrufen, proklamieren; (*résultats d'un examen*) bekanntgeben; (*son innocence etc*) erklären, be-

teuern.

procréer [pʀɔkʀee] *vt* zeugen, hervorbringen.

procuration [pʀɔkyʀasjɔ̃] *nf* Vollmacht *f*; **donner ~ à qn** jdm eine Vollmacht erteilen; **par ~** durch Stellvertreter.

procurer [pʀɔkyʀe] *vt* (*fournir*) verschaffen; (*causer*) bereiten, machen; **se procurer** *vpr* sich *dat* verschaffen.

procureur [pʀɔkyʀœʀ] *nm*: **~ (de la République)** ≈ Staatsanwalt *m* ▶ **procureur général** ≈ Generalstaatsanwalt *m*.

prodigalité [pʀɔdigalite] *nf* (*générosité*) Großzügigkeit *f*; **~s** *nfpl* (*dépenses*) Verschwendung *f*.

prodige [pʀɔdiʒ] *nm* Wunder *nt*.

prodigieusement [pʀɔdiʒjøzmã] *adv* phantastisch, wunderbar.

prodigieux, -euse [pʀɔdiʒjø, jøz] *adj* phantastisch, wunderbar.

prodigue [pʀɔdig] *adj* verschwenderisch; **le fils ~** der verlorene Sohn.

prodiguer [pʀɔdige] *vt* (*argent, biens etc*) verschwenden, vergeuden; **~ qch à qn** jdn überhäufen *ou* überschütten mit etw.

producteur, -trice [pʀɔdyktœʀ, tʀis] *adj*: **~ de blé/pétrole** weizenerzeugend/ölproduzierend ♦ *nm/f* (*de biens, denrées*) Hersteller(in) *m(f)*; (*CINÉ, RADIO, TV*) Produzent(in) *m(f)*; **société productrice** (*CINÉ*) Filmgesellschaft *f*.

productif, -ive [pʀɔdyktif, iv] *adj* (*activité, sol*) fruchtbar, ertragreich; (*investissement, capital, personnel*) produktiv.

production [pʀɔdyksjɔ̃] *nf* Produktion *f*; (*rendement*) Ertrag *m*; (*produits*) Erzeugnisse *pl*.

productivité [pʀɔdyktivite] *nf* Produktivität *f*.

produire [pʀɔdɥiʀ] *vt* (*suj: pays*) erzeugen; (: *entreprise*) produzieren, herstellen; (: *vigne, terre*) hervorbringen; (*résultat, changement, impression, sensation*) bewirken; (*son*) erzeugen; (*œuvre*) schaffen; (*documents, témoins*) liefern, beibringen ♦ *vi* Gewinn bringen, arbeiten; **se produire** *vpr* (*acteur*) sich produzieren; (*changement, événement*) sich ereignen.

produit, e [pʀɔdɥi] *pp de* **produire** ♦ *nm* Produkt *nt*; (*d'un consommateur*) Rendite *f*; (*de la terre*) Frucht *f* ▶ **produit d'entretien** Putzmittel *nt* ▶ **produit des ventes** Verkaufsertrag *m* ▶ **produit national brut** Bruttosozialprodukt *nt* ▶ **produit net** Reingewinn *m* ▶ **produit pour la vaisselle** Geschirrspülmittel *nt* ▶ **produits alimentaires** Lebensmittel *pl* ▶ **produits de beauté** Kosmetika *pl*.

proéminent, e [pʀɔeminã, ãt] *adj* (*nez, front*) herausragend, vorstehend.

prof. [pʀɔf] (*fam*) *abr* = **professeur**.

profane [pʀɔfan] *adj* (*REL*) weltlich; (*non initié*) Laien- ♦ *nm/f* Laie *m*; **être ~** (ein) Laie sein.

profaner [pʀɔfane] *vt* (*REL*) entweihen; (*fig*) entwürdigen.

proférer [pʀɔfeʀe] *vt* von sich geben.

professer [pʀɔfese] *vt* (*déclarer*) bekunden, kundtun; (*enseigner*) unterrichten.

professeur [pʀɔfɛsœʀ] *nm* Lehrer(in) *m(f)*; (à

l'université) Professor(in) *m(f)*.
profession [pʀɔfesjɔ̃] *nf* (*métier*) Beruf *m*; **faire** ~ **de** sich bekennen zu; **de** ~ von Beruf; **"sans** ~" „arbeitslos"; (*femme mariée*) „Hausfrau".
professionnel, -le [pʀɔfesjɔnɛl] *adj* Berufs-, beruflich ♦ *nm/f* Profi *m*; (*ouvrier qualifié*) Facharbeiter(in) *m(f)*.
professoral, e, -aux [pʀɔfesɔʀal, o] *adj* (*péj*) dozierend; **le corps** ~ der Lehrkörper *m*.
professorat [pʀɔfesɔʀa] *nm* Lehrberuf *m*.
profil [pʀɔfil] *nm* Profil *nt*; (*section*) Längsschnitt *m*; **de** ~ im Profil ▸ **profil des ventes** Verkaufsprofil *nt* ▸ **profil psychologique** Persönlichkeitsprofil *nt*.
profilé, e [pʀɔfile] *adj* profiliert; (*aile etc*) stromlinienförmig.
profiler [pʀɔfile] *vt* (*TECH*) stromlinienförmig machen; **se profiler** *vpr* sich abzeichnen.
profit [pʀɔfi] *nm* (*avantage*) Nutzen *m*, Vorteil *m*; (*COMM*) Profit *m*, Gewinn *m*; **au** ~ **de qn/qch** zugunsten von jdm/zugunsten einer Sache *gén*; **tirer** ~ **de qch** Gewinn aus etw ziehen; **mettre qch à** ~ etw nutzbringend verwenden ▸ **profits et pertes** (*COMM*) Gewinne und Verluste *pl*.
profitable [pʀɔfitabl] *adj* gewinnbringend, nützlich.
profiter [pʀɔfite] *vt*: ~ **de** (*avantage, privilège*) ausnutzen; (*occasion*) nutzen; ~ **de qch pour faire qch** etw dazu nutzen, um etw zu tun; ~ **de ce que** davon profitieren, daß; ~ **à qn/qch** jdm/einer Sache *dat* nutzen *ou* nützlich sein; ~ **à qn** (*aliment, séjour*) jdm guttun.
profiteur, -euse [pʀɔfitœʀ, øz] (*péj*) *nm/f* Profitmacher *m*, Profitgeier *m*.
profond, e [pʀɔfɔ̃, ɔ̃d] *adj* tief; (*esprit, écrivain, signification*) tiefsinnig; (*erreur*) schwer; (*indifférence*) vollkommen ♦ *adv*: **au plus** ~ **de** in den Tiefen +*gén*; **la France** ~**e** die Seele *f* Frankreichs.
profondément [pʀɔfɔ̃demɑ̃] *adv* (*creuser, pénétrer etc*) tief; (*choqué, convaincu etc*) vollkommen; ~ **endormi** fest eingeschlafen.
profondeur [pʀɔfɔ̃dœʀ] *nf* Tiefe *f*; **en** ~ (*agir, exprimer*) tiefgehend ▸ **profondeur de champ** (*PHOTO*) Schärfentiefe *f*.
profusément [pʀɔfyzemɑ̃] *adv* stark.
profusion [pʀɔfyzjɔ̃] *nf* Fülle *f*; **à** ~ in Hülle und Fülle.
progéniture [pʀɔʒenityʀ] *nf* Nachwuchs *m*.
progiciel [pʀɔʒisjɛl] *nm* (Software)paket *nt* ▸ **progiciel d'application** Anwendungsprogramm *nt*.
progouvernemental, e, -aux [pʀɔguvɛʀnəmɑ̃tal, o] *adj* regierungsfreundlich.
programmable [pʀɔgʀamabl] *adj* programmierbar.
programmateur, -trice [pʀɔgʀamatœʀ, tʀis] *nm/f* (*CINÉ, RADIO, TV*) Programmdirektor(in) *m(f)* ♦ *nm* (*de machine à laver*) Programmschalter *m*.
programmation [pʀɔgʀamasjɔ̃] *nf* (*CINÉ, RADIO,*

TV) Programm *nt*; (*INFORM*) Programmieren *nt*.
programme [pʀɔgʀam] *nm* Programm *nt*; (*SCOL, UNIV*) Lehrplan *m*.
programmé, e [pʀɔgʀame] *adj* programmiert.
programmer [pʀɔgʀame] *vt* programmieren; (*TV, RADIO*) aufs Programm setzen.
programmeur, -euse [pʀɔgʀamœʀ, øz] *nm/f* Programmierer(in) *m(f)*.
progrès [pʀɔgʀɛ] *nm* Fortschritt *m*; (*d'un incendie, d'une inondation etc*) Fortschreiten *nt*, Ausbreiten *nt*; **faire des** ~ Fortschritte machen; **être en** ~ Fortschritte machen.
progresser [pʀɔgʀese] *vi* (*mal, troupes*) vorrücken, vordringen; (*idée*) sich verbreiten; (*inondation*) sich ausbreiten; (*élève, recherche*) Fortschritte machen.
progressif, -ive [pʀɔgʀesif, iv] *adj* (*impôt, taux*) progressiv; (*développement*) fortschreitend; (*difficulté*) zunehmend.
progression [pʀɔgʀesjɔ̃] *nf* (*v vi*) Vorrücken *nt*; Verbreitung *f*; Ausbreitung *f*; Fortschritte *pl*; (*MATH*) Progression *f*.
progressiste [pʀɔgʀesist] *adj* progressiv.
progressivement [pʀɔgʀesivmɑ̃] *adv* nach und nach.
prohibé, e [pʀɔibe] *adj* verboten.
prohiber [pʀɔibe] *vt* verbieten, untersagen.
prohibitif, -ive [pʀɔibitif, iv] *adj* (*tarifs, prix*) unerschwinglich; **mesure/loi prohibitive** Verbot *nt*.
prohibition [pʀɔibisjɔ̃] *nf* Verbot *nt*; (*HIST*) Prohibition *f*.
proie [pʀwa] *nf* Beute *f*; (*fig*) Beute *f*, Opfer *nt*; **être la** ~ **de** ein Opfer sein +*gén*, zum Opfer fallen +*dat*; **être en** ~ **à** (*doute, sentiment*) geplagt werden von; (*douleur, mal*) leiden an +*dat*.
projecteur [pʀɔʒɛktœʀ] *nm* Projektor *m*; (*de théâtre, cirque*) Scheinwerfer *m*.
projectile [pʀɔʒɛktil] *nm* Geschoß *nt*.
projection [pʀɔʒɛksjɔ̃] *nf* (*de film, photos*) Vorführen *nt*; **conférence avec** ~ Diavortrag *m*.
projectionniste [pʀɔʒɛksjɔnist] *nm/f* (Film-) vorführer(in) *m(f)*.
projet [pʀɔʒɛ] *nm* Plan *m*; (*ébauche*) Entwurf *m*; **faires des** ~**s** Pläne machen ▸ **projet de loi** Gesetzentwurf *m*.
projeter [pʀɔʒ(ə)te] *vt* (*envisager*) planen; (*ombre, lueur, gravillons*) werfen; (*étincelles*) sprühen; (*film, photos*) projizieren, vorführen; ~ **de faire qch** planen, etw zu tun.
prolétaire [pʀɔletɛʀ] *nm* Proletarier *m*.
prolétariat [pʀɔletaʀja] *nm* Proletariat *nt*.
prolétarien, ne [pʀɔletaʀjɛ̃, jɛn] *adj* proletarisch.
prolifération [pʀɔlifeʀasjɔ̃] *nf* (*v vi*) Vermehrung *f*; Verbreitung *f*.
proliférer [pʀɔlifeʀe] *vi* (*plantes, animaux, cellules*) sich stark vermehren; (*magasins, crime etc*) sich ausbreiten.
prolifique [pʀɔlifik] *adj* (*race, espèce*) fruchtbar; (*artiste*) sehr produktiv.

prolixe [pʀɔliks] *adj* wortreich.
prolo [pʀɔlo] *(fam) abr m/f* Prolo *m*.
prologue [pʀɔlɔg] *nm* Prolog *m*.
prolongateur [pʀɔlɔ̃gatœʀ] *nm* Verlängerungsschnur *f*.
prolongation [pʀɔlɔ̃gasjɔ̃] *nf* Verlängerung *f*; **jouer les ~s** (*SPORT*) in die Verlängerung gehen.
prolongé, e [pʀɔlɔ̃ʒe] *adj* (*effort, rires*) andauernd; (*exposition, séjour*) verlängert.
prolongement [pʀɔlɔ̃ʒmɑ̃] *nm* Verlängerung *f*; **~s** *nmpl* Folgen *pl*, Auswirkungen *pl*; **dans le ~ de** weiterführend von.
prolonger [pʀɔlɔ̃ʒe] *vt* verlängern; (*rue, voie ferrée, piste*) weiterführen; (*être dans le prolongement de*) die Verlängerung sein von; **se prolonger** *vpr* (*leçon, repas, effet*) andauern; (*route, chemin*) weitergehen.
promenade [pʀɔm(ə)nad] *nf* Spaziergang *m*; (*en voiture, à vélo*) Spazierfahrt *f*; **faire une ~** einen Spaziergang machen; **partir en ~** spazierengehen ▶ **promenade à pied** Spaziergang ▶ **promenade à vélo** Fahrradtour *f*.
promener [pʀɔm(ə)ne] *vt* spazierenführen; **se promener** *vpr* (*à pied*) spazierengehen; (*en voiture*) spazierenfahren; **~ qch sur** (*doigts, main, regards*) etw gleiten lassen über +*acc*; **se ~ sur** wandern über +*acc*.
promeneur, -euse [pʀɔm(ə)nœʀ, øz] *nm/f* Spaziergänger(in) *m(f)*.
promesse [pʀɔmɛs] *nf* Versprechen *nt* ▶ **promesse d'achat** Kaufversprechen *nt* ▶ **promesse de vente** Verkaufsversprechen *nt*.
prometteur, -euse [pʀɔmetœʀ, øz] *adj* vielversprechend.
promettre [pʀɔmɛtʀ] *vt* versprechen ♦ *vi* (*enfant, musicien etc*) vielversprechend sein; **se promettre** *vpr*: **se ~ de faire qch** sich *dat* versprechen, etw zu tun; **~ à qn de faire qch** jdm versprechen, etw zu tun.
promeus [pʀɔmø] *vb voir* **promouvoir**.
promis, e [pʀɔmi, iz] *pp de* **promettre** ♦ *adj*: **être ~ à qch** (*destiné*) bestimmt sein für etw.
promiscuité [pʀɔmiskɥite] *nf* Mangel *m* an Privatsphäre.
promit [pʀɔmi] *vb voir* **promettre**.
promontoire [pʀɔmɔ̃twaʀ] *nm* Landspitze *f*.
promoteur, -trice [pʀɔmɔtœʀ, tʀis] *nm/f* (*instigateur*) Initiator(in) *m(f)* ▶ **promoteur (immobilier)** (Immobilien)makler(in) *m(f)*.
promotion [pʀɔmosjɔ̃] *nf* (*avancement*) Beförderung *f*; (*de politique, recherche*) Förderung *f*; (*élèves d'une même année*) Jahrgang(sstufe *f*) *m*; **article en ~** Sonderangebot *nt* ▶ **promotion des ventes** Absatzförderung *f*.
promotionnel, le [pʀɔmosjɔnɛl] *adj* Werbe-.
promouvoir [pʀɔmuvwaʀ] *vt* (*personne*) befördern; (*politique, réforme, recherche*) fördern, sich einsetzen für; (*COMM: produit*) werben für.
prompt, e [pʀɔ̃(pt), pʀɔ̃(p)t] *adj* schnell; (*changement*) plötzlich; **~ à qch** schnell bei der Hand mit etw; **~ à faire qch** schnell dabei, etw zu tun.
promptement [pʀɔ̃ptəmɑ̃] *adv* schnell.
prompteur [pʀɔ̃ptœʀ] *nm* (*TV*) Neger *m*, Teleprompter *m*.
promptitude [pʀɔ̃(p)tityd] *nf* Schnelligkeit *f*.
promu, e [pʀɔmy] *pp de* **promouvoir** ♦ *adj* befördert.
promulguer [pʀɔmylge] *vt* verkünden, erlassen.
prôner [pʀone] *vt* (*louer*) loben; (*préconiser*) empfehlen.
pronom [pʀɔnɔ̃] *nm* Pronomen *nt*.
pronominal, e, -aux [pʀɔnɔminal, o] *adj*: **verbe ~** reflexives Verb *nt*.
prononcé, e [pʀɔnɔ̃se] *adj* (*marqué*) ausgeprägt.
prononcer [pʀɔnɔ̃se] *vt* aussprechen; (*jugement, sentence*) verkünden; (*discours*) sprechen ♦ *vi* (*JUR*) das Urteil verkünden; **se prononcer** *vpr* (*se décider*) sich entscheiden; **~ bien/mal** eine gute/schlechte Aussprache haben; **sans ~ un mot** ohne ein Wort zu sagen; **se ~ sur qch** seine Meinung über etw *acc* äußern, sich zu etw äußern; **se ~ en faveur de/contre** sich aussprechen für/gegen; **ça se prononce comment?** wie spricht man das aus?
prononciation [pʀɔnɔ̃sjasjɔ̃] *nf* Aussprache *f*; (*d'un jugement*) Verkündigung *f*; **avoir une bonne/mauvaise ~** eine gute/schlechte Aussprache haben.
pronostic [pʀɔnɔstik] *nm* (*MÉD, fig*) Prognose *f*; (*COURSES*) Voraussagen *pl*.
pronostiquer [pʀɔnɔstike] *vt* (*MÉD*) prognostizieren; (*annoncer*) voraussagen.
pronostiqueur, -euse [pʀɔnɔstikœʀ, øz] *nm/f* Vorhersager(in) *m(f)*.
propagande [pʀɔpagɑ̃d] *nf* Propaganda *f*; **faire de la ~ pour qch** für etw Propaganda machen.
propagandiste [pʀɔpagɑ̃dist] *nm/f* Propagandist(in) *m(f)*.
propagation [pʀɔpagasjɔ̃] *nf* (*v vr*) Ausbreitung *f*; Verbreitung *f*; Vermehrung *f*.
propager [pʀɔpaʒe] *vt* verbreiten; **se propager** *vpr* sich ausbreiten; (*nouvelle, théorie*) sich verbreiten; (*espèce*) sich vermehren.
propane [pʀɔpan] *nm* Propan *nt*.
propension [pʀɔpɑ̃sjɔ̃] *nf*: **~ à qch/faire qch** Neigung *f* zu etw/dazu, etw zu tun.
prophète, prophétesse [pʀɔfɛt, pʀɔfetɛs] *nm/f* Prophet(in) *m(f)*.
prophétie [pʀɔfesi] *nf* Prophezeiung *f*.
prophétique [pʀɔfetik] *adj* prophetisch.
prophétiser [pʀɔfetize] *vt* prophezeien.
prophylactique [pʀɔfilaktik] *adj* vorbeugend, prophylaktisch.
prophylaxie [pʀɔfilaksi] *nf* Prophylaxe *f*.
propice [pʀɔpis] *adj* günstig.
proportion [pʀɔpɔʀsjɔ̃] *nf* (*relation*) Verhältnis *nt*; **~s** *nfpl* Proportionen *pl*; **en ~** proportional; **en ~ de** im Verhältnis zu; **il n'y a aucune**

~ **entre la faute et la peine** die Strafe steht in keinem Verhältnis zum Verbrechen; **hors de** ~ unverhältnismäßig; **toute(s)** ~**(s) gardée(s)** den Verhältnissen entsprechend.

proportionné, e [pʀɔpɔʀsjɔnе] *adj*: ~ **à** proportional zu; **bien** ~ wohlproportioniert.

proportionnel, le [pʀɔpɔʀsjɔnɛl] *adj* (*traitement, rétribution*) proportional, anteilig; (*retraite, impôt*) Teil-; (*scrutin, représentation*) Verhältnis-; ~ **à** proportional zu; **représentation** ~**le** Verhältniswahlrecht *nt*.

proportionnellement [pʀɔpɔʀsjɔnɛlmɑ̃] *adv* proportional.

proportionner [pʀɔpɔʀsjɔnе] *vt*: ~ **qch à qch** etw auf etw *acc* abstimmen.

propos [pʀɔpo] *nm* (*paroles*) Worte *pl*; (*intention*) Absicht *f*; **à quel** ~? in welcher Angelegenheit?; **à** ~ **de** bezüglich +*gén*; **à tout** ~ ständig, bei jeder Gelegenheit; **à ce** ~ in diesem Zusammenhang; **à** ~ *adv* gelegen, günstig; **à** ~, **dis-moi** apropos, sag mir; **hors de** ~, **mal à** ~ unangebracht.

proposer [pʀɔpoze] *vt* (*suggérer*) vorschlagen; (*offrir*) anbieten; (*candidat*) vorschlagen; (*loi, motion*) einbringen; **se proposer** *vpr*: **se** ~ **pour faire qch** sich anbieten, etw zu tun; **se** ~ **de faire qch** sich *dat* vornehmen, etw zu tun.

proposition [pʀɔpozisjɔ̃] *nf* (*offre*) Angebot *nt*; (*suggestion*) Vorschlag *m*; (*POL*) Antrag *m*; (*LING*) Satz *m*; **sur la** ~ **de** auf Antrag von ▸ **proposition de loi** Gesetzesantrag *m*.

propre [pʀɔpʀ] *adj* sauber; (*cahier, copie, travail*) ordentlich; (*chien, chat*) stubenrein; (*honnête*) ordentlich, redlich; (*intensif possessif*) eigene(r, s); (*LING: sens*) eigene(r, s), besondere(r, s) ♦ *nm*: **mettre** *ou* **recopier au** ~ (*SCOL*) ins Reine schreiben; **le** ~ **de** (*qualité distinctive*) eine Eigenschaft +*gén*; **au** ~ (*LING*) im ursprünglichen Sinn; ~ **à** (*particulier*) typisch für, eigen +*dat*; (*approprié*) angemessen +*dat*; ~ **à faire qch** (*de nature à*) dazu geeignet, etw zu tun; **appartenir à qn en** ~ jdm zu eigen sein; ~ **à rien** (*péj: personne*) Tunichtgut *m*.

proprement [pʀɔpʀəmɑ̃] *adv* (*avec propreté*) sauber, ordentlich; (*avec netteté*) ordentlich; (*avec honnêteté*) redlich, anständig; (*strictement*) strenggenommen; (*littéralement*) eigentlich; **à** ~ **parler** eigentlich, strenggenommen; **le village** ~ **dit** das eigentliche Dorf.

propret, te [pʀɔpʀɛ, ɛt] *adj* blitzsauber.

propreté [pʀɔpʀəte] *nf* Sauberkeit *f*; (*netteté*) Gepflegtheit *f*; (*de cahier, copie*) Ordentlichkeit *f*.

propriétaire [pʀɔpʀijetɛʀ] *nm/f* Besitzer(in) *m(f)*, Eigentümer(in) *m(f)*; (*pour le locataire*) Vermieter(in) *m(f)*, Hausbesitzer(in) *m(f)* ▸ **propriétaire (immobilier)** Besitzer ▸ **propriétaire récoltant** Anbauer *m* ▸ **propriétaire terrien** Landbesitzer *m*.

propriété [pʀɔpʀijete] *nf* (*JUR, droit*) Besitz *m*; (*immeuble, objet etc*) Eigentum *nt*; (*villa*) Eigen-

tum, Hausbesitz *m*; (*terres*) Landbesitz *m*, Ländereien *pl*; (*qualité, CHIMIE, MATH*) Eigenschaft *f*; (*correction*) Angemessenheit *f* ▸ **propriété artistique et littéraire** künstlerische und literarische Rechte *pl* ▸ **propriété industrielle** Patentrechte *pl*.

propulser [pʀɔpylse] *vt* (*missile, engin*) antreiben; (*projeter*) schleudern.

propulsion [pʀɔpylsjɔ̃] *nf* Antrieb *m*.

prorata [pʀɔʀata] *nm*: **au** ~ **de** im Verhältnis zu.

prorogation [pʀɔʀɔgasjɔ̃] *nf* (*v vt*) Verschieben *nt*; Verlängerung *f*; Vertagen *nt*.

proroger [pʀɔʀɔʒe] *vt* (*renvoyer*) aufschieben; (*prolonger*) verlängern; (*assemblée*) vertagen.

prosaïque [pʀozaik] *adj* prosaisch.

proscription [pʀɔskʀipsjɔ̃] *nf* (*bannissement*) Verbannung *f*; (*interdiction*) Verbot *nt*.

proscrire [pʀɔskʀiʀ] *vt* (*bannir*) verbannen; (*interdire*) verbieten.

prose [pʀoz] *nf* Prosa *f*.

prosélyte [pʀozelit] *nm/f* Neubekehrte(r) *f(m)*.

prosélytisme [pʀozelitism] *nm*: **faire du** ~ andere zu bekehren versuchen.

prospecter [pʀɔspɛkte] *vt* (*terrain*) nach Bodenschätzen suchen in *dat*; (*COMM*) erforschen.

prospecteur-placier [pʀɔspɛktœʀplasje] (*pl* ~**s**-~**s**) *nm* Arbeitsvermittler *m*.

prospectif, -ive [pʀɔspɛktif, iv] *adj* Zukunfts-.

prospection [pʀɔspɛksjɔ̃] *nf* (*v vt*) Suche *f* nach Bodenschätzen; Erforschung *f*.

prospectus [pʀɔspɛktys] *nm* Prospekt *m*.

prospère [pʀɔspɛʀ] *adj* (*année, période*) erfolgreich; (*santé*) blühend; (*finances, entreprise*) florierend, gutgehend.

prospérer [pʀɔspeʀe] *vi* (*personne, plante, animal*) gut gedeihen; (*entreprise, ville, science*) blühen, florieren.

prospérité [pʀɔspeʀite] *nf* Wohlstand *m*.

prostate [pʀɔstat] *nf* Prostata *f*.

prosterner [pʀɔstɛʀne]: **se** ~ *vpr* sich niederwerfen.

prostituée [pʀɔstitɥe] *nf* Prostituierte *f*.

prostitution [pʀɔstitɥsjɔ̃] *nf* Prostitution *f*.

prostré, e [pʀɔstʀe] *adj* ausgestreckt.

protagoniste [pʀɔtagɔnist] *nm* Protagonist *m*.

protecteur, -trice [pʀɔtɛktœʀ, tʀis] *adj* beschützend; (*ÉCON: régime, système*) Schutz- ♦ *nm/f* Beschützer(in) *m(f)*; (*des arts*) Mäzen(in) *m(f)*.

protection [pʀɔtɛksjɔ̃] *nf* Schutz *m*; (*d'un personnage influent, ÉCON*) Protektion *f*; **écran/ enveloppe de** ~ Schutzschirm *m/* Schutzumschlag *m*; (**centre de**) ~ **maternelle et infantile** Wohlfahrtsorganisation für Schwangere und Kleinkinder ▸ **protection civile** Zivilschutz *m* ▸ **protection judiciaire** Rechtsschutz *m*.

protectionnisme [pʀɔtɛksjɔnism] *nm* Protektionismus *m*.

protectionniste [pʀɔtɛksjɔnist] *adj* protektionistisch.

protégé, e [prɔteʒe] *nm/f* Schützling *m*, Protégé *m*.

protège-cahier [prɔtɛʒkaje] (*pl* ~-~s) *nm* Schutzumschlag *m*.

protège-dents [prɔtɛʒdɑ̃] *nm inv* (*BOXE*) Zahnschutz *m*.

protéger [prɔteʒe] *vt* schützen; (*physiquement*) beschützen; (*intérêt, liberté*) wahren, schützen; (*aider: personne*) protegieren; (: *arts*) fördern; **se protéger** *vpr*: **se ~ de qch/contre qch** sich vor etw *dat*/gegen etw schützen.

protéine [prɔtein] *nf* Protein *nt*.

protestant, e [prɔtɛstɑ̃, ɑ̃t] *adj* protestantisch ◆ *nm/f* Protestant(in) *m(f)*.

protestantisme [prɔtɛstɑ̃tism] *nm* Protestantismus *m*.

protestataire [prɔtɛstatɛʀ] *nm/f* Protestierende(r) *f(m)*.

protestation [prɔtɛstasjɔ̃] *nf* (*plainte*) Protest *m*; (*déclaration*) Beteuerung *f*.

protester [prɔtɛste] *vi* protestieren; **~ de son innocence/sa loyauté** seine Unschuld/Treue beteuern.

prothèse [prɔtɛz] *nf* (*appareil*) Prothese *f* ▶ **prothèse dentaire** Zahnprothese *f*, Gebiß *nt*.

protocolaire [prɔtɔkɔlɛʀ] *adj* protokollarisch; (*conventionnel*) förmlich; (*questions, règles*) Protokoll-.

protocole [prɔtɔkɔl] *nm* Protokoll *nt*; **chef du ~** Protokollchef *m* ▶ **protocole d'accord** Vereinbarungsprotokoll *nt* ▶ **protocole opératoire** Operationsvorgang *m*.

prototype [prɔtɔtip] *nm* Prototyp *m*.

protubérance [prɔtybeʀɑ̃s] *nf* Beule *f*.

protubérant, e [prɔtybeʀɑ̃, ɑ̃t] *adj* vorstehend.

proue [pʀu] *nf* Bug *m*.

prouesse [pʀuɛs] *nf* (*acte de courage*) Heldentat *f*; (*exploit*) Meisterleistung *f*.

prouvable [pʀuvabl] *adj* beweisbar.

prouver [pʀuve] *vt* beweisen.

provenance [pʀɔv(ə)nɑ̃s] *nf* Herkunft *f*, Ursprung *m*; **avion/train en ~ de** Flugzeug *nt*/Zug *m* aus.

provençal, e, -aux [pʀɔvɑ̃sal, o] *adj* provenzalisch ◆ *nm* (*LING*) Provenzalisch *nt* ◆ *nm/f*: **P~, e, -aux** Provenzale *m*, Provenzalin *f*.

Provence [pʀɔvɑ̃s] *nf* Provence *f*.

provenir [pʀɔv(ə)niʀ] *vi*: **~ de** (*venir de*) (her)kommen aus; (*tirer son origine de*) stammen von; (*résulter de*) resultieren.

proverbe [pʀɔvɛʀb] *nm* Sprichwort *nt*.

proverbial, e, -aux [pʀɔvɛʀbjal, jo] *adj* sprichwörtlich.

providence [pʀɔvidɑ̃s] *nf* Vorsehung *f*.

providentiel, le [pʀɔvidɑ̃sjɛl] *adj* glücklich, unerwartet.

province [pʀɔvɛ̃s] *nf* Provinz *f*; **Paris et la ~** Paris und das übrige Frankreich.

provincial, e, -aux [pʀɔvɛ̃sjal, jo] *adj* Provinz-;

(*péj*) provinziell, provinzlerisch ◆ *nm/f* Provinzler(in) *m(f)*.

proviseur [pʀɔvizœʀ] *nm* (*SCOL*) Direktor *m*.

provision [pʀɔvizjɔ̃] *nf* Vorrat *m*; (*acompte*) Anzahlung *f*, Vorschuß *m*; (*dans un compte*) Deckung *f*; **~s** *nfpl* Vorräte *pl*; **faire ~ de qch** einen von Vorrat von etw anlegen.

provisoire [pʀɔvizwaʀ] *adj* vorläufig; (*construction, installation, gouvernement*) provisorisch; **mise en liberté ~** vorläufige Haftentlassung *f*.

provisoirement [pʀɔvizwaʀmɑ̃] *adv* vorläufig.

provocant, e [pʀɔvɔkɑ̃, ɑ̃t] *adj* provozierend.

provocateur [pʀɔvɔkatœʀ] *nm* (*meneur*) Provokateur *m*.

provocation [pʀɔvɔkasjɔ̃] *nf* Provokation *f*.

provoquer [pʀɔvɔke] *vt* provozieren; (*défier*) herausfordern; (*causer*) hervorrufen; (*révolte, troubles*) verursachen.

proxénète [pʀɔksenɛt] *nm* Zuhälter *m*.

proxénétisme [pʀɔksenetism] *nm* Zuhälterei *f*.

proximité [pʀɔksimite] *nf* Nähe *f*; **à ~ (de)** in der Nähe (von).

prude [pʀyd] *adj* prüde.

prudemment [pʀydamɑ̃] *adv* vorsichtig.

prudence [pʀydɑ̃s] *nf* (*v adj*) Vorsicht *f*, Umsicht *f*; **par (mesure de) ~** als Vorsichtsmaßnahme.

prudent, e [pʀydɑ̃, ɑ̃t] *adj* vorsichtig; (*sage*) umsichtig; **ce n'est pas ~** das ist unklug; **soyez ~!** passen Sie auf!

prune [pʀyn] *nf* Pflaume *f*.

pruneau, x [pʀyno] *nm* Backpflaume *f*.

prunelle [pʀynɛl] *nf* (*de l'œil*) Pupille *f*; (*BOT*) Schlehe *f*; (*eau de vie*) Schlehenschnaps *m*.

prunier [pʀynje] *nm* Pflaumenbaum *m*.

Prusse [pʀys] *nf*: **la ~** Preußen *nt*.

PS [peɛs] *sigle m* (= *parti socialiste*) sozialistische Partei *f*; (= *post-scriptum*) PS.

psalmodier [psalmɔdje] *vt* (*REL*) singen; (*fig*) herunterleiern.

psaume [psom] *nm* Psalm *m*.

pseudonyme [psødɔnim] *nm* Pseudonym *nt*.

PSU [peɛsy] *sigle m* (= *parti socialiste unifié*) politische Partei.

psy [psi] (*fam*) *abr m/f* = **psychiatre**.

psychanalyse [psikanaliz] *nf* Psychoanalyse *f*.

psychanalyser [psikanalize] *vt* einer Psychoanalyse unterziehen, analysieren; **se faire ~** eine Analyse machen.

psychanalyste [psikanalist] *nm/f* Psychoanalytiker(in) *m(f)*.

psychanalytique [psikanalitik] *adj* psychoanalytisch.

psychédélique [psikedelik] *adj* psychedelisch.

psychiatre [psikjatʀ] *nm/f* Psychiater(in) *m(f)*.

psychiatrie [psikjatʀi] *nf* Psychiatrie *f*.

psychiatrique [psikjatʀik] *adj* psychiatrisch.

psychique [psiʃik] *adj* psychisch.

psychisme [psiʃism] *nm* Psyche *f*.

psychologie [psikɔlɔʒi] *nf* Psychologie *f*; (*intuition*) Menschenkenntnis *f*.

psychologique [psikɔlɔʒik] *adj* (*méthode, théo-*

rie) psychologisch; (*fait, état*) psychisch.

psychologiquement [psikɔlɔʒikmɑ̃] *adv* psychologisch.

psychologue [psikɔlɔg] *nm/f* Psychologe *m*, Psychologin *f*; **être** ~ (*intuitif*) eine gute Menschenkenntnis haben.

psychomoteur, -trice [psikomɔtœʀ, tʀis] *adj* psychomotorisch.

psychopathe [psikɔpat] *nm/f* Psychopath(in) *m(f)*.

psychopédagogie [psikopedagɔʒi] *nf* Erziehungspsychologie *f*.

psychose [psikoz] *nf* Psychose *f*.

psychosomatique [psikosɔmatik] *adj* psychosomatisch.

psychothérapie [psikoteʀapi] *nf* Psychotherapie *f*.

psychotique [psikɔtik] *adj* psychotisch.

pte *abr* = **porte**.

PTT [petete] *sigle fpl* (= *Postes, télécommunications et télédiffusion*) ≈ Bundespost *f*.

pu [py] *pp de* **pouvoir**.

puanteur [pɥɑ̃tœʀ] *nf* Gestank *m*.

pub [pyb] (*fam*) *abr* = **publicité**.

pubère [pybɛʀ] *adj* pubertierend.

puberté [pybɛʀte] *nf* Pubertät *f*.

pubis [pybis] *nm* (*bas-ventre*) Scham *f*; (*os*) Schambein *nt*.

public, -ique [pyblik] *adj* öffentlich; (*SCOL*) staatlich; (*scrutin*) offen ♦ *nm* (*population*) Öffentlichkeit *f*; (*assistance*) Publikum *nt*; **en** ~ öffentlich; **interdit au** ~ für die Öffentlichkeit nicht zugänglich; **le grand** ~ die (große) Öffentlichkeit.

publication [pyblikasjɔ̃] *nf* Veröffentlichung *f*; (*de bans, loi*) Verkündigung *f*; (*de nouvelle*) Verbreitung *f*.

publicitaire [pyblisitɛʀ] *adj* Werbe-; (*vente*) Werbungs- ♦ *nm/f* Werbefachmann *m/* Werbefachfrau *f*; **rédacteur/dessinateur** ~ Werberedakteur *m/*Werbegraphiker *m*.

publicité [pyblisite] *nf* Werbung *f*; (*annonce*) Annonce *f*; **faire trop de** ~ **autour de qch/qn** (*révélations*) um etw/jdn zuviel Aufhebens machen.

publier [pyblije] *vt* veröffentlichen; (*suj: éditeur*) herausgeben, herausbringen; (*bans, décret, loi*) verkünden; (*nouvelle*) verbreiten.

publipostage [pyblipɔstaʒ] *nm* Postwurfsendung *f*.

publique [pyblik] *adj f voir* **public**.

publiquement [pyblikmɑ̃] *adv* öffentlich.

puce [pys] *nf* Floh *m*; (*INFORM*) Chip *m*; **les** ~**s**, **le marché aux** ~**s** der Flohmarkt; **mettre la** ~ **à l'oreille de qn** einen Verdacht in jdm erwecken.

puceau, x [pyso] *adj m:* **être** ~ eine Jungfrau sein.

pucelle [pysɛl] *adj f:* **être** ~ eine Jungfrau sein.

puceron [pys(ə)ʀɔ̃] *nm* Blattlaus *f*.

pudeur [pydœʀ] *nf* (*chasteté*) Schamhaftigkeit *f*; (*discrétion*) Diskretion *f*.

pudibond, e [pydibɔ̃, ɔ̃d] *adj* prüde.

pudique [pydik] *adj* (*chaste*) schamhaft; (*discret*) dezent, diskret.

pudiquement [pydikmɑ̃] *adv* schamhaft.

puer [pɥe] (*péj*) *vi* stinken ♦ *vt* stinken nach.

puéricultrice [pɥeʀikyltʀis] *nf* Säuglingsschwester *f*.

puériculture [pɥeʀikyltyʀ] *nf* Säuglingspflege *f*.

puéril, e [pɥeʀil] *adj* kindisch.

puérilement [pɥeʀilmɑ̃] *adv* kindisch.

puérilité [pɥeʀilite] *nf* kindische Art *f*; (*acte*) kindisches Benehmen *nt*.

pugilat [pyʒila] *nm* Faustkampf *m*.

puis [pɥi] *vb voir* **pouvoir** ♦ *adv* dann; (*en outre*) **et** ~ und dann; **et** ~ **après?** na und?; **et** ~ **quoi encore?** sonst noch was?

puisard [pɥizaʀ] *nm* (*égout*) Senkgrube *f*.

puiser [pɥize] *vt:* ~ **qch dans qch** etw aus etw schöpfen; (*exemple, renseignement*) etw einer Sache *dat* entnehmen.

puisque [pɥisk] *conj* da; ~ **je te le dis!** und wenn ich es dir sage!

puissamment [pɥisamɑ̃] *adv* (*fam: très*) sehr.

puissance [pɥisɑ̃s] *nf* Macht *f*; (*de personnalité*) Stärke *f*; (*PHYS*) Leistung *f*; (*d'un microscope*) Vergrößerung *f*; **deux (à la)** ~ **cinq** zwei hoch fünf; **en** ~ potentiell; **les** ~**s occultes** die übernatürlichen Mächte *pl*.

puissant, e [pɥisɑ̃, ɑ̃t] *adj* mächtig; (*musculature*) stark, kräftig.

puisse *etc* [pɥis] *vb voir* **pouvoir**.

puits [pɥi] *nm* (*d'eau*) Brunnen *m*; (*de pétrole*) Bohrloch *nt* ▶ **puits artésien** artesischer Brunnen ▶ **puits de mine** Schacht *m* ▶ **puits de science** (*personne*) Born *m* des Wissens.

pull(-over) [pyl(ɔvɛʀ)] (*pl* **pull(-over)s**) *nm* Pullover *m*.

pulluler [pylyle] *vi* schwärmen, wimmeln; **les erreurs pullulent** es wimmelt von *ou* vor Fehlern.

pulmonaire [pylmɔnɛʀ] *adj* Lungen-.

pulpe [pylp] *nf* (*de fruit, légume*) Fleisch *nt*.

pulsation [pylsasjɔ̃] *nf* (*du cœur, pouls*) Schlagen *nt* ▶ **pulsations (du cœur)** Herzschlag *m*.

pulsé [pylse] *adj m:* **air** ~ Warmluft.

pulsion [pylsjɔ̃] *nf* Trieb *m*; ~ **sexuelle** Sexualtrieb *m*.

pulvérisateur [pylveʀizatœʀ] *nm* (*à parfum*) Zerstäuber *m*; (*à peinture*) Sprühdose *f*; (*pour médicament*) Spray *m*.

pulvérisation [pylveʀizasjɔ̃] *nf* Versprühen *nt*.

pulvériser [pylveʀize] *vt* (*solide*) pulverisieren; (*liquide*) sprühen; (*fig: adversaire*) fertigmachen; (*record*) brechen.

puma [pyma] *nm* Puma *m*.

punaise [pynɛz] *nf* (*ZOOL*) Wanze *f*; (*clou*) Reißzwecke *f*.

punch [pœnʃ] *nm* (*boisson*) Punsch *m*; (*BOXE*) Schlagkraft *f*; (*dynamisme*) Pfeffer *m*.

punching-ball [pœnʃiŋbol] (*pl* ~-~**s**) *nm* (*BOXE*) Punchingball *m*.

punir [pyniʀ] *vt* bestrafen; ~ **qn de qch** jdn für etw bestrafen.

punitif, -ive [pynitif, iv] *adj*: **expédition punitive** Strafexpedition *f*.
punition [pynisjɔ̃] *nf* Bestrafung *f*.
pupille [pypij] *nf* (*ANAT*) Pupille *f*; (*enfant*) Mündel *nt* ▶ **pupille de l'État** Fürsorgekind *nt* ▶ **pupille de la Nation** Kriegswaise *f*.
pupitre [pypitʀ] *nm* (*SCOL*) Pult *nt*; (*REL*) Kanzel *f*; (*MUS*) Notenständer *m*; (: *de chef d'orchestre*) (Dirigenten)pult *nt*; (*INFORM*) Konsole *f* ▶ **pupitre de commande** Befehlskonsole *f*.
pupitreur, -euse [pypitʀœʀ, øz] *nm/f* (*INFORM*) Operator(in) *m(f)*.
pur, e [pyʀ] *adj* rein; (*vin*) unverdünnt; (*whisky, gin*) pur; (*air, ciel*) klar; (*intentions*) lauter ♦ *nm*: ∼ **et dur** (*POL*) Hardliner *m*; ∼ **et simple** schlicht und einfach; **en** ∼**e perte** vergeblich ▶ **pure laine** reine Wolle.
purée [pyʀe] *nf*: ∼ (**de pommes de terre**) Kartoffelbrei *m*, Kartoffelpüree *nt* ▶ **purée de marrons** Kastanienpüree *nt* ▶ **purée de pois** (*fig*: *brouillard*) Erbsensuppe *f*, Waschküche *f* ▶ **purée de tomates** Tomatenpüree *nt*.
purement [pyʀmɑ̃] *adv* rein.
pureté [pyʀte] *nf* Reinheit *f*.
purgatif [pyʀɡatif] *nm* Abführmittel *nt*.
purgatoire [pyʀɡatwaʀ] *nm* Fegefeuer *nt*.
purge [pyʀʒ] *nf* (*POL*) Säuberungsaktion *f*; (*MÉD*) starkes Abführmittel *nt*.
purger [pyʀʒe] *vt* (*conduite, radiateur*) leeren; (*circuit hydraulique, freins*) lüften; (*MÉD*) entschlacken; (*peine*) verbüßen; (*POL*) säubern.
purification [pyʀifikasjɔ̃] *nf* Reinigung *f* ▶ **purification ethnique** ethnische Säuberung(saktionen *pl*) *f*.
purifier [pyʀifje] *vt* (*air, eau, liquide*) reinigen; (*TECH*: *âme*) läutern.
purin [pyʀɛ̃] *nm* Jauche *f*.
puriste [pyʀist] *nm/f* Purist(in) *m(f)*.
puritain, e [pyʀitɛ̃, ɛn] *adj* puritanisch ♦ *nm/f* Puritaner(in) *m(f)*.
puritanisme [pyʀitanism] *nm* Puritanismus *m*.
pur-sang [pyʀsɑ̃] *nm inv* Vollblut *nt*.
purulent, e [pyʀylɑ̃, ɑ̃t] *adj* eitrig.
pus [py] *vb voir* **pouvoir** ♦ *nm* Eiter *m*.
pusillanime [pyzi(l)lanim] *adj* zaghaft, ängstlich.
pustule [pystyl] *nf* Pustel *f*.
putain [pytɛ̃] (*fam!*) *nf* Hure *f*, Nutte *f* (*fam!*); **ce/cette** ∼ **de ...** diese(r, s) verdammte ... .
putois [pytwa] *nm* Iltis *m*; **crier comme un** ∼ schreien wie am Spieß.
putréfaction [pytʀefaksjɔ̃] *nf* Verwesung *f*.
putréfier [pytʀefje] *vt* verwesen lassen; (*fruit*) verfaulen lassen; **se putréfier** *vpr* verwesen; (*fruit*) verfaulen.
putrescible [pytʀesibl] *adj* leicht verderblich.
putride [pytʀid] *adj* (*cadavre*) verfaulend; (*eau, odeur*) faulig.
putsch [putʃ] *nm* Putsch *m*.
puzzle [pœzl] *nm* Puzzle *nt*; (*fig*) Rätsel *nt*.
PV [peve] *sigle m* = **procès-verbal**.
PVC [pevese] *sigle m* (= *polychlorure de vinyle*) PVC *nt*.

pygmée [piɡme] *nm* Pygmäe *m*.
pyjama [piʒama] *nm* Schlafanzug *m*.
pylône [pilon] *nm* (*d'un pont*) Pfeiler *m*; (*mât, poteau*) Mast *m*.
pyramide [piʀamid] *nf* Pyramide *f*.
pyrénéen, ne [piʀeneɛ̃, ɛn] *adj* Pyrenäen-.
Pyrénées [piʀene] *nfpl* Pyrenäen *pl*.
pyrex ® [piʀɛks] *nm* Jenaer Glas ® *nt*.
pyrogravure [piʀoɡʀavyʀ] *nf* (*art*) Brandmalerei *f*.
pyrolyse [piʀoliz] *nf* Pyrolyse *f*.
pyromane [piʀɔman] *nm/f* Pyromane *m*, Pyromanin *f*.
python [pitɔ̃] *nm* Python(schlange *f*) *m*.

Q, q

Q, q[1] [ky] *nm inv* (*lettre*) Q, q *nt*; ∼ **comme quintal** ≈ Q wie Quelle.
q[2] [ky] *abr* = **quintal**.
Qatar [kataʀ] *nm*: **le** ∼ Katar *nt*.
qcm *sigle fpl* (= *questions à choix multiples*) Multiple Choice-Fragen *pl*.
QG [kyʒe] *sigle m* (= *quartier général*) HQ *nt*.
QHS [kyaʃɛs] *sigle m* (= *quartier de haute sécurité*) Hochsicherheitstrakt *m*.
QI [kyi] *sigle m* (= *quotient intellectuel*) IQ *m*.
qqch. *abr* (= *quelque chose*) etw.
qqn *abr* (= *quelqu'un*) jd(n).
quadragénaire [k(w)adʀaʒenɛʀ] *nm/f* (*de quarante ans*) Vierzigjährige(r) *f(m)*; (*de quarante à cinquante ans*) Person *f* in den Vierzigern.
quadrangulaire [k(w)adʀɑ̃ɡylɛʀ] *adj* viereckig.
quadrature [k(w)adʀatyʀ] *nf*: **c'est la** ∼ **du cercle** das ist die Quadratur des Kreises.
quadrichromie [k(w)adʀikʀɔmi] *nf* Vierfarbendruck *m*.
quadrilatère [k(w)adʀilatɛʀ] *nm* Viereck *nt*.
quadrillage [kadʀijaʒ] *nm* (*de police etc*) Errichtung *f* eines Kontrollnetzes; (*ensemble des lignes*) Netz *nt*.
quadrille [kadʀij] *nm* Quadrille *f*.
quadrillé, e [kadʀije] *adj* (*papier*) kariert.
quadriller [kadʀije] *vt* (*papier, page etc*) in Quadrate aufteilen; (*ville, région etc*) mit einem Kontrollnetz überziehen.
quadrimoteur [kadʀimɔtœʀ] *adj* viermotorig ♦ *nm* viermotoriges Flugzeug *nt*.
quadripartite [kwadʀipaʀtit] *adj* (*entre pays*) Viermächte-; (*entre partis*) Vierer-.
quadriphonie [k(w)adʀifɔni] *nf* Quadrophonie *f*.
quadriréacteur [k(w)adʀiʀeaktœʀ] *nm* vierstrahlige Düsenmaschine *f*.
quadrupède [k(w)adʀypɛd] *nm* Vierfüßer *m* ♦

adj vierfüßig.
quadruple [k(w)adʀypl] *adj* vierfach ♦ *nm*: **le ~ de** das Vierfache von.
quadrupler [k(w)adʀyple] *vt* vervierfachen ♦ *vi* sich vervierfachen.
quadruplés, -ées [k(w)adʀyple] *nm/fpl* Vierlinge *pl.*
quai [ke] *nm* (*d'un port*) Kai *m*; (*d'une gare*) Bahnsteig *m*; (*d'un cours d'eau*) Uferstraße *f*; **être à ~** (*navire*) im Hafen liegen; (*train*) am Bahnsteig stehen ► **le Quai d'Orsay** *Sitz des französischen Außenministeriums* ► **le Quai des Orfèvres** *Hauptsitz der französischen Kriminalpolizei.*
qualificatif, -ive [kalifikatif, iv] *adj* (*LING*) erläuternd ♦ *nm* (*terme*) Bezeichnung *f.*
qualification [kalifikasjɔ̃] *nf* (*aptitude*) Qualifikation, Befähigung *f*; (*SPORT*) nähere Bestimmung *f*; (*désignation*) Benennung *f* ► **qualification professionnelle** berufliche Qualifikation.
qualifier [kalifje] *vt* (*LING*) näher bestimmen; (*appeler*) bezeichnen; (*SPORT*) qualifizieren; **se qualifier** *vpr* (*SPORT*) sich qualifizieren; **~ qch de crime** etw als Verbrechen bezeichnen; **~ qn de sot** jdn einen Dummkopf nennen; **être qualifié pour** qualifiziert sein für.
qualitatif, -ive [kalitatif, iv] *adj* qualitativ.
qualitativement [kalitativmɑ̃] *adv* qualitativ.
qualité [kalite] *nf* Qualität *f*; (*vertu*) (gute) Eigenschaft *f*; **en ~ de** in der Eigenschaft als; **ès ~s** in offizieller Funktion; **avoir ~ pour** berechtigt sein zu; **de ~** hervorragend, ausgezeichnet; **rapport ~-prix** Verhältnis *nt* zwischen Qualität und Preis.
quand [kɑ̃] *conj, adv* wenn; **~ je serai riche** wenn ich (einmal) reich bin; **~ même** trotzdem; **tu exagères ~ même** also wirklich, da übertreibst du aber; **~ bien même** wenn auch, selbst wenn.
quant [kɑ̃] *adv*: **~ à moi/cette affaire** was mich/diese Angelegenheit betrifft; **il n'a rien dit ~ à ses projets** er hat mir nichts über seine Pläne gesagt.
quant-à-soi [kɑ̃taswa] *nm inv*: **rester sur son ~-~-~** reserviert bleiben.
quantième [kɑ̃tjɛm] *nm* Wievielte *m.*
quantifiable [kɑ̃tifjabl] *adj* quantifizierbar.
quantifier [kɑ̃tifje] *vt* quantifizieren.
quantitatif, -ive [kɑ̃titatif, iv] *adj* quantitativ.
quantitativement [kɑ̃titativmɑ̃] *adv* quantitativ.
quantité [kɑ̃tite] *nf* (*opposé à qualité*) Menge *f*, Quantität *f*; **~ négligeable** vernachlässigbare Größe *f*; **en grande ~** in großen Mengen; **en ~s industrielles** in riesigen Mengen; **en ~ haufenweise; du travail en ~** viel Arbeit.
quarantaine [kaʀɑ̃tɛn] *nf* (*isolement*) Quarantäne *f*; **une ~ (de)** ungefähr vierzig; **avoir la ~** um die Vierzig sein; **mettre en ~** unter Quarantäne stellen; (*fig*) schneiden.
quarante [kaʀɑ̃t] *num* vierzig.
quarantième [kaʀɑ̃tjɛm] *adj* vierzigste(r, s) ♦

nm Vierzigstel *nt.*
quart [kaʀ] *nm* (*fraction*) Viertel *nt*; (*surveillance*) Wache *f*; **un ~ de poulet/fromage** ein Viertel Huhn/Käse; **un ~ de beurre** ein halbes Pfund *nt* Butter; **un ~ de vin** ein Viertel Wein; **un kilo/une livre un ~ ou et ~** eineinviertel Kilo/Pfund; **le ~ de** ein Viertel von; **deux heures et ou un ~** Viertel nach zwei; **une heure moins le ~** Viertel vor eins; **il est moins le ~** es ist Viertel vor; **les trois ~s du temps** die meiste Zeit; **être de ~** Wache schieben; **prendre le ~** die Wache übernehmen ► **quart d'heure** Viertelstunde *f* ► **quart de tour** Vierteldrehung *f*; **au ~ de tour** (*fig*) sofort ► **quarts de finale** Viertelfinale *nt.*
quarté [k(w)aʀte] *nm* Viererwette *f.*
quarteron [kaʀtəʀɔ̃] *(péj) nm* (*groupe*) Handvoll *f*, kleiner Haufen *m.*
quartette [k(w)aʀtɛt] *nm* Quartett *nt.*
quartier [kaʀtje] *nm* Viertel *nt*; (*d'une ville*) (Stadt)viertel *nt*; (*portion*) Stück *nt*; **~s** *nmpl* (*MIL*) Quartier *nt*; (*sur blason*) Wappenfeld *nt*; **avoir ~ libre** Ausgang haben; **ne pas faire de ~** unbarmherzig vorgehen ► **quartier commerçant** Geschäftsviertel *nt* ► **quartier général** Hauptquartier *nt* ► **quartier résidentiel** Wohnviertel *nt.*
quartier-maître [kaʀtjemɛtʀ] (*pl* ~s-~s) *nm* (*NAUT*) Maat *m.*
quartz [kwaʀts] *nm* Quarz *m.*
quasi [kazi] *adv* quasi ♦ *préf*: **~-certitude** annähernde Gewißheit *f*; **la ~-totalité de** fast die Gesamtheit *+gén.*
quasiment [kazimɑ̃] *adv* fast.
quaternaire [kwatɛʀnɛʀ] *adj*: **ère ~** Quartär *nt.*
quatorze [katɔʀz] *num* vierzehn.
quatorzième [katɔʀzjɛm] *adj* vierzehnte(r, s) ♦ *nm* Vierzehntel *nt.*
quatrain [katʀɛ̃] *nm* Vierzeiler *m.*
quatre [katʀ] *num* vier; **à ~** zu viert; **monter/descendre (l'escalier) ~ à ~** vier Stufen auf einmal nehmen; **à ~ mains** (*morceau*) vierhändig; **à ~ pattes** auf allen Vieren; **être tiré à ~ épingles** in Schale sein; **faire les ~ cents coups** alles mögliche anstellen; **se mettre en ~ pour qn** sich *dat* für jdn ein Bein ausreißen.
quatre-(cent)-vingt-et-un [kat(ʀə)(sɑ̃)vɛ̃teœ̃] *nm inv* Würfelspiel.
quatre-vingt-dix [katʀəvɛ̃dis] *num* neunzig.
quatre-vingts [katʀəvɛ̃] *num* achtzig.
quatrième [katʀijɛm] *num* vierte.
quatuor [kwatɥɔʀ] *nm* Quartett *nt.*

========================= *MOT-CLÉ*

que [kə] *conj* **1** (*introduisant complétive*) daß; **il sait que tu es là** er weiß, daß du hier bist; **je voudrais que tu acceptes** ich möchte, daß du annimmst

2 (*reprise d'autres conjonctions*): **quand il rentrera et qu'il aura mangé** wenn er zurück ist und gegessen hat; **si vous y allez ou que vous lui**

téléphoniez wenn Sie dorthin gehen oder ihn/sie anrufen
3 (*en tête de phrase*: *hypothèse, souhait, ordre etc*): **qu'il le veuille ou non** ob er will oder nicht; **qu'il fasse ce qu'il voudra! er soll doch machen, was er will!**
4 (*temps*): **elle venait à peine de sortir qu'il se mit à pleuvoir** sie war kaum aus dem Haus, als es zu regnen anfing; **il y a 4 ans qu'il est parti** es ist 4 Jahre her, daß er weggegangen ist, er ist nun schon 4 Jahre weg
5 (*attribut*): **c'est une erreur que de croire ...** es ist ein Fehler, zu glauben ...
6 (*but*) damit; **tenez-le qu'il ne tombe pas** halten Sie es fest, damit es nicht hinfällt
7 (*après comparatif*) als; **plus grand que** größer als
8 (*seulement*): **ne ... que** nur; **il ne boit que de l'eau** er trinkt nur Wasser
♦ *adv* (*exclamation*): **(qu'est-ce) qu'il est bête!** wie dumm er ist!, ist der dumm!; **(qu'est-ce) qu'il court vite!** wie schnell er läuft!, läuft der schnell!; **que de livres!** sind das viele Bücher!
♦ *pron* **1** (*relatif*: *personne*) den/die; (: *chose*) den/die/das; **le livre que tu lis** das Buch, das du liest; **le journal que tu lis** die Zeitung, die du liest; **l'homme que je vois** der Mann, den ich sehe; **la femme que je vois** die Frau, die ich sehe; (*temps*): **un jour/un été que j'étais à Avignon** eines Tages/in einem Sommer, als ich in Avignon war
2 (*interrogatif*) was; **que fais-tu?, qu'est-ce que tu fais?** was machst du?; **je ne sais que faire** ich weiß nicht, was ich tun soll; **que préfères-tu?** was magst du lieber?; **que fait-il dans la vie?** was macht er (beruflich)?; **qu'est-ce que c'est?** (*ceci*) was ist das?

Québec [kebɛk] *nm*: **le ~** Quebec *nt*.
québécois, e [kebekwa, waz] *adj* aus Quebec ♦ *nm/f*: **Q~, e** Bewohner(in) *m(f)* von Quebec.

===================== *MOT-CLÉ*

quel, quelle (*pl* **quels, quelles**) [kɛl] *adj* **1** (*interrogatif*) welche(r, s); (: *pluriel*) welche; **quel livre?** welches Buch?; **dans quel pays êtes-vous allé?** in welches Land sind Sie gefahren?; **quels acteurs préfères-tu?** welche Schauspieler magst du am liebsten?; **de quel auteur va-t-il parler?** über welchen Autor spricht er?; **quel est ce livre?** was ist das für ein Buch?
2 (*exclamatif*): **quelle surprise/coïncidence!** so eine Überraschung/ein Zufall!; **quel dommage!** wie schade!
3: **quel que soit le coupable** wer auch immer der Schuldige ist, ganz gleich, wer der Schuldige ist; **quel que soit votre avis** was auch immer Ihre Meinung ist, ganz gleich, was Ihre Meinung ist
♦ *pron interrogatif* welche(r,s); **de ces enfants,**

quel est le plus intelligent? welches von diesen Kindern ist das intelligenteste?

quelconque [kɛlkɔ̃k] *adj* (*n'importe quel*) irgendein(e); (*médiocre*) mittelmäßig; (*sans attrait*) gewöhnlich; **un ami/un prétexte ~** irgendein Freund/Vorwand; **pour une raison ~** aus irgendeinem Grund.

===================== *MOT-CLÉ*

quelque [kɛlk] *adj* **1** (*avec pl*) einige; **il a quelques amis** er hat einige Freunde; **a-t-il quelques amis?** hat er Freunde?; **il a dit quelques mots de remerciement** er hat zum Dank einige *ou* ein paar Worte gesprochen
2 (*avec sg*) einige(r,s); **cela fait quelque temps que je ne l'ai (pas) vu** ich habe ihn schon einige Zeit nicht mehr gesehen; **il habite à quelque distance d'ici** er wohnt ziemlich weit von hier entfernt
3 (*pl avec article*): **les quelques enfants/livres qui ...** die paar *ou* wenigen Kinder/Bücher, die ...
4: **quelque livre qu'il choisisse** welches Buch er auch auswählt, ganz gleich, welches Buch er auswählt ; **quelque temps qu'il fasse** ganz gleich *ou* egal, wie das Wetter ist
5 (*locutions*): **quelque chose** etwas; **quelque chose d'autre** etwas anderes; **puis-je faire quelque chose pour vous?** kann ich etwas für Sie tun?; **y être pour quelque chose** etwas dazu beigetragen haben; **quelque part** irgendwo; **en quelque sorte** gewissermaßen, sozusagen
♦ *adv* (*environ, à peu près*) etwa; **une rue de quelque 100 mètres** eine Straße von etwa 100 Metern (Länge); **20 kg et quelque(s)** etwas über 20 Kilo; **quelque peu** ziemlich.

quelquefois [kɛlkəfwa] *adv* manchmal.
quelques-uns, quelques-unes [kɛlkəzœ̃, yn] *pron* einige, manche; **~-~ de nos lecteurs** manche von unseren Lesern.
quelqu'un, quelqu'une [kɛlkœ̃, yn] *pron* jemand; **~ d'autre** jemand anders *ou* anderer.
quémander [kemɑ̃de] *vt* betteln um.
qu'en dira-t-on [kɑ̃diratɔ̃] *nm inv* Gerede *nt*.
quenelle [kənɛl] *nf* Klößchen *nt* (*aus Fleisch oder Fisch*).
quenouille [kənuj] *nf* (Spinn)rocken *m*.
querelle [kəʀɛl] *nf* Streit *m*; **chercher ~ à qn** mit jdm Streit suchen.
quereller [kəʀele]: **se ~** *vpr* sich streiten.
querelleur, -euse [kəʀelœʀ, øz] *adj* streitsüchtig, zankend.
question [kɛstjɔ̃] *nf* Frage *f*; **il a été ~ de** es ging um; **de quoi est-il ~?** worum geht es?; **il n'en est pas ~** das steht außer Frage; **c'est hors de ~** (das) kommt nicht in Frage; **en ~** fraglich; **(re)mettre en ~** in Frage stellen; **poser une ~** eine Frage stellen; **poser la ~ de confiance** die Vertrauensfrage stellen; **il est**

~ **de les emprisonner** sie kommen möglicherweise ins Gefängnis; **c'est une ~ de temps/d'habitude** das ist eine Zeitfrage/ eine Frage der Gewohnheit ► **question d'actualité** (*PRESSE*) aktuelle Frage *f* ► **question piège** Fangfrage *f* ► **questions sociales** soziale Fragen *pl* ► **question subsidiaire** Zusatzfrage *f*.

questionnaire [kɛstjɔnɛʀ] *nm* Fragebogen *m*.

questionner [kɛstjɔne] *vt* befragen, Fragen stellen +*dat*; ~ **qn sur qch** jdn über etw *acc* befragen.

quête [kɛt] *nf* (*collecte*) Sammlung *f*; (*recherche*) Suche *f*; **faire la ~** (*à l'église*) sammeln; (*artiste*) mit dem Hut herumgehen; **se mettre en ~ de qch** sich auf die Suche nach etw machen.

quêter [kete] *vi* sammeln ♦ *vt* (*suffrages*) bitten um; (*louanges*) sich bemühen um; (*sourire, regard*) betteln um.

quetsche [kwɛtʃ] *nf* Zwetschge *f*.

queue [kø] *nf* Schwanz *m*; (*de lettre*) Schleife *f*; (*de note*) Hals *m*; (*d'une comète*) Schweif *m*; (*d'une casserole, d'un fruit, d'une feuille*) Stiel *m*; (*file de personnes*) Schlange *f*; (*fig: fin*) Ende *nt*; **en ~** (**de train**) am Ende des Zuges; **faire la ~** Schlange stehen; **se mettre à la ~** sich anstellen; **histoire sans ~ ni tête** hirnrissige Geschichte; **à la ~ leu leu** im Gänsemarsch; **piano à ~** Flügel *m* ► **queue de cheval** Pferdeschwanz *m* ► **queue de poisson: faire une ~ de poisson à qn** (*AUTO*) jdn schneiden; **finir en ~ de poisson** unvermittelt aufhören.

queue-de-pie [kødpi] (*pl* ~**s**-~-~) *nf* Frack *m*.

queux [kø] *nm voir* **maître**.

═══════════ *MOT-CLÉ*

qui [ki] *pron* **1** (*interrogatif: sujet*) wer; **qui (est-ce qui) est venu?** wer ist gekommen?; **je ne sais pas qui c'est** ich weiß nicht, wer das ist
2 (*objet direct, après préposition avec accusatif*); wen; **qui as-tu vu?** wen hast du gesehen?; **qui est-ce que tu as vu?** wen hast du gesehen?; **pour qui?** für wen?
3 (*objet indirect, après préposition avec datif*) wem; **à qui est ce sac?** wem gehört diese Tasche?; **avec qui parlais-tu?** mit wem hast du gesprochen?
♦ *pron relatif* **1** (*sujet: personne*) der/die; (*: chose, animal*) der/die/das; **la femme/fleur qui die** Frau/Blume, die; **qu'est-ce qui est sur la table?** was ist auf dem Tisch?
2 (*après prép*): **l'homme pour qui je travaille** der Mann, für den ich arbeite; **la dame avec qui je t'ai vu** die Dame, mit der ich dich gesehen habe
3 (*sans antécédent*): **amenez qui vous voulez** bringen Sie mit, wen Sie wollen.

quiche [kiʃ] *nf*: ~ **lorraine** Quiche *f* Lorraine.

quiconque [kikɔ̃k] *pron* (*rel*) wer auch immer; (*indéf*): **mieux que ~** besser als irgendein(e) anderer(andere).

quidam [k(ɥ)idam] *nm* (*hum*): **un ~** jemand.

quiétude [kjetyd] *nf* (*d'un lieu*) Stille *f*; (*d'une personne*) innere Ruhe *f*; **en toute ~** in aller Ruhe.

quignon [kiɲɔ̃] *nm*: ~ **de pain** (*croûton*) Brotkruste *f*; (*morceau*) Stück *nt* Brot.

quille [kij] *nf* Kegel *m*; (*d'un bateau*) Kiel *m*; (**jeu de**) ~**s** Kegeln *nt*.

quincaillerie [kɛ̃kajʀi] *nf* (*ustensiles*) Eisen- und Haushaltswaren *pl*; (*magasin*) Eisen- und Haushaltswarenhandlung *f*.

quincaillier, -ère [kɛ̃kaje, jɛʀ] *nm/f* Eisen- und Haushaltswarenhändler(in) *m(f)*.

quinconce [kɛ̃kɔ̃s] *nm*: **en ~** in versetzten Reihen.

quinine [kinin] *nf* Chinin *nt*.

quinquagénaire [kɛ̃kaʒenɛʀ] *nm/f* (*de cinquante ans*) Fünfzigjährige(r) *f(m)*; (*de cinquante à soixante ans*) Person *f* in den Fünfzigern.

quinquennal, e, -aux [kɛ̃kenal, o] *adj* Fünfjahres-, fünfjährig.

quintal, -aux [kɛ̃tal, o] *nm* Doppelzentner *m*.

quinte [kɛ̃t] *nf*: ~ (**de toux**) Hustenanfall *m*.

quintessence [kɛ̃tesɑ̃s] *nf* Quintessenz *f*.

quintette [k(ɥ)ɛtɛt] *nm* Quintett *nt*.

quintuple [kɛ̃typl] *adj* fünffach ♦ *nm*: **le ~ de** das Fünffache von.

quintupler [kɛ̃typle] *vt* verfünffachen ♦ *vi* sich verfünffachen.

quintuplés, -ées [kɛ̃typle] *nm/fpl* Fünflinge *pl*.

quinzaine [kɛ̃zɛn] *nf*: **une ~ (de)** etwa fünfzehn; **une ~ (de jours)** vierzehn Tage *pl*.

quinze [kɛ̃z] *num* fünfzehn ♦ *nm*: **le ~ de France** die französische Rugbymannschaft *f*; **demain/lundi en ~** morgen/Montag in vierzehn Tagen; **dans ~ jours** in vierzehn Tagen.

quinzième [kɛ̃zjɛm] *adj* fünfzehnte(r, s) ♦ *nm* Fünfzehntel *nt*.

quiproquo [kipʀɔko] *nm* (*méprise*) Verwechslung *f*; (*malentendu*) Mißverständnis *nt*.

quittance [kitɑ̃s] *nf* (*reçu*) Quittung *f*; (*facture*) Rechnung *f*.

quitte [kit] *adj*: **être ~ envers qn** mit jdm quitt sein; **être ~ de qch** (*obligation*) etw los sein; **en être ~ à bon compte** gut dabei wegkommen; ~ **à faire qch** selbst wenn das bedeutet, daß man etw tun muß; **jouer à ~ ou double** alles auf eine Karte setzen; **c'est du ~ ou double** da setzen wir alles auf eine Karte.

quitter [kite] *vt* verlassen; (*vêtement*) ausziehen; (*école*) aufgeben; (*métier*) aufgeben; **se quitter** *vpr* sich trennen, auseinandergehen; **ne pas ~ qn d'une semelle** jdm nicht von der Fersen weichen; ~ **la route** (*véhicule*) von der Straße abkommen; **ne quittez pas** (*TÉL*) bleiben Sie am Apparat.

quitus [kitys] *nm*: **donner ~ à** entlasten.

qui-vive [kiviv] *nm inv*: **être sur le ~** auf der Hut sein.

═══════════ *MOT-CLÉ*

quoi [kwa] *pron interrog* **1** (*interrogation directe*) was; **quoi de plus beau que ...?** was ist schöner als ...?; **quoi?** (*qu'est-ce que tu dis?*)

was?, wie?; **quoi de neuf?** gibt es etwas Neues?
2 (*avec prép*): **à quoi penses-tu?** woran denkst du?; **de quoi parlez-vous?** wovon reden Sie?; **en quoi puis-je vous aider?** was kann ich für Sie tun?; **à quoi bon?** wozu das Ganze?
3 (*interrogation indirecte*): **dis-moi à quoi ça sert** sag mir, wozu das gut ist; **je ne sais pas à quoi il pense** ich weiß nicht, woran er denkt; **j'aimerais savoir de quoi il est question** ich wüßte gern, wovon die Rede ist
♦ *pron rel* **1** was; **ce à quoi tu m'obliges** das, was du von mir verlangst; **emporter de quoi écrire** etwas zum Schreiben mitnehmen; **il n'a pas de quoi se l'acheter** er hat nicht genug Geld, um es zu kaufen; **il y a de quoi être fier** darauf kann man stolz sein; **merci – il n'y a pas de quoi** danke – gern geschehen
2 (*locutions*): **après quoi** wonach; **sur quoi** woraufhin; **sans quoi** ansonsten; **faute de quoi** ansonsten, andernfalls; **moyennant quoi** wofür; **comme quoi** wie man sieht
3: **quoi que**: **quoi qu'il arrive** was auch passiert; **quoi qu'il en soit** wie dem auch sein mag; **quoi qu'elle fasse** was auch immer sie tut; **si vous avez besoin de quoi que ce soit** falls Sie irgendeinen Wunsch haben sollten
♦ *interj*: **quoi!** was?

quoique [kwak] *conj* obwohl.
quolibet [kɔlibɛ] *nm* spöttische Bemerkung *f*.
quorum [k(w)ɔrɔm] *nm* beschlußfähige Anzahl *f*, Quorum *nt*.
quota [k(w)ɔta] *nm* Quote *f*, Kontingent *nt*.
quote-part [kɔtpaʀ] (*pl* **~s–~s**) *nf* Anteil *m*.
quotidien, ne [kɔtidjɛ̃, jɛn] *adj* (*journalier*) täglich; (*banal*) alltäglich ♦ *nm* (*vie quotidienne*) Alltag *m*; (*journal*) Tageszeitung *f*; **les grands ~s** die großen Tageszeitungen *pl*.
quotidiennement [kɔtidjɛnmɑ̃] *adv* alltäglich.
quotient [kɔsjɑ̃] *nm* (MATH) Quotient *m* ▶ **quotient intellectuel** Intelligenzquotient *m*.
quotité [kɔtite] *nf* (FIN) Anteil *m*.

R, r

R, r [ɛʀ] *nm inv* (*lettre*) R, r *nt*; **~ comme Raoul** ≈ R wie Richard.
rab [ʀab] (*fam*) *nm* Extraportion *f*.
rabâcher [ʀabɑʃe] *vt* dauernd wiederholen.
rabais [ʀabɛ] *nm* Rabatt *m*; **au ~** mit Rabatt.
rabaisser [ʀabese] *vt* (*prétentions, autorité*) herabsetzen, schmälern; (*influence*) schmälern; (*personne, mérites, talents*) herabsetzen, heruntermachen.

rabane [ʀaban] *nf* (Raphia)bast *m*.
Rabat [ʀaba] *n* Rabat *nt*.
rabat [ʀaba] *vb voir* **rabattre** ♦ *nm* (*partie rabattue*) Klappe *f*.
rabat-joie [ʀabaʒwa] *nm/f inv* Spielverderber(in) *m(f)*.
rabatteur, -euse [ʀabatœʀ, øz] *nm/f* (*de gibier*) Treiber(in) *m(f)*; (*péj: de clients etc*) Schlepper *m*.
rabattre [ʀabatʀ] *vt* (*couvercle, siège*) herunterklappen; (*col, couture*) umschlagen; (*gibier, balle*) treiben; (*somme*) nachlassen; (*orgueil, prétentions*) mäßigen, herunterschrauben; (*mailles*) abketten; **se rabattre** *vpr* (*bords, couvercle*) herunterfallen; (*véhicule, coureur: changer de direction*) einscheren; **se ~ sur** vorlieb nehmen mit.
rabattu, e [ʀabaty] *pp de* **rabattre** ♦ *adj* (*col*) heruntergeschlagen; (*chapeau*) tief heruntergezogen; (*poche*) mit Klappe.
rabbin [ʀabɛ̃] *nm* Rabbiner *m*.
rabiot [ʀabjo] (*fam*) *nm voir* **rab**.
rabique [ʀabik] *adj* Tollwut-.
râble [ʀɑbl] *nm* Rücken *m*.
râblé, e [ʀɑble] *adj* stämmig.
rabot [ʀabo] *nm* Hobel *m*.
raboter [ʀabɔte] *vt* (ab)hobeln.
raboteux, -euse [ʀabɔtø, øz] *adj* (*chemin*) holprig.
rabougri, e [ʀabugʀi] *adj* (*végétal*) verkümmert; (*personne*) mickrig.
rabrouer [ʀabʀue] *vt* eine Abfuhr erteilen +*dat*.
racaille [ʀakɑj] (*péj*) *nf* Gesindel *nt*.
raccommodage [ʀakɔmɔdaʒ] *nm* Flicken *nt*.
raccommoder [ʀakɔmɔde] *vt* (*vêtement, linge*) flicken; (*chaussette*) stopfen; (*fam: réconcilier*) (miteinander) versöhnen; **se raccommoder avec** *vpr* (*fam*) sich versöhnen mit.
raccompagner [ʀakɔ̃paɲe] *vt* zurückbringen.
raccord [ʀakɔʀ] *nm* (TECH: *pièce*) Verbindungsstück *nt*; (CINÉ) Übergang *m* ▶ **raccord de maçonnerie** Ausfugung *f* ▶ **raccord de peinture** Übergang.
raccordement [ʀakɔʀdəmɑ̃] *nm* (*action*) Verbinden *nt*; (*jonction*) Verbindung *f*.
raccorder [ʀakɔʀde] *vt* verbinden; **se raccorder à** *vpr* verbunden sein mit; (*fig: se rattacher à*) zusammenpassen mit; **~ qn au réseau du téléphone** (TÉL) jdn ans Telefonnetz anschließen.
raccourci [ʀakuʀsi] *nm* (*chemin*) Abkürzung *f*; (*fig: tour elliptique etc*) Verkürzung *f*; **en ~** kurz gesagt.
raccourcir [ʀakuʀsiʀ] *vt* (*vêtement*) kürzer machen; (*texte, trajet*) kürzen ♦ *vi* (*au lavage*) eingehen; (*jours*) kürzer werden.
raccroc [ʀakʀo] *nm*: **par ~** zufällig.
raccrocher [ʀakʀɔʃe] *vt* (*tableau, vêtement*) wieder aufhängen; (*récepteur*) auflegen; (*fam: affaire*) retten ♦ *vi* (TÉL) auflegen, aufhängen; **se raccrocher à** *vpr* sich klammern an +*acc*; **ne raccrochez pas** (TÉL) bitte legen Sie nicht

auf.

ace [ʀas] nf Rasse f; (origine) Geschlecht nt; (fam: espèce) Gattung f; **de** ~ Rasse-.

acé, e [ʀase] adj (animal) Rasse-; (personne) rassig.

achat [ʀaʃa] nm (v vt) (erneutes) Kaufen nt; Nachkaufen nt; Rückkauf m; Kauf m; Aufkaufen nt; Ablösen nt; Erlösung f; Sühne f; Wiedergutmachung f; Zulassung f; Freikaufen nt.

acheter [ʀaʃ(ə)te] vt (acheter de nouveau) wieder kaufen, noch einmal kaufen; (acheter davantage de) nachkaufen; (acheter après avoir vendu) zurückkaufen; (acheter d'occasion) kaufen; (part, firme) aufkaufen; (pension, rente) ablösen; (REL) erlösen; (: péché) sühnen; (mauvaise conduite, oubli, défaut) wettmachen; (otage, esclave) freikaufen; **se racheter** vpr (REL) erlöst werden; (criminel, coupable) es wiedergutmachen.

achidien, ne [ʀaʃidjɛ̃, jɛn] adj Rückgrat-.

achitique [ʀaʃitik] adj (enfant) rachitisch; (fig) kümmerlich; (végétal) verkümmert, dürr.

achitisme [ʀaʃitism] nm Rachitis f.

acial, e, -aux [ʀasjal, jo] adj Rassen-.

acine [ʀasin] nf Wurzel f; (des ongles) Bett nt; (LING) Stamm m; ~ **carrée/cubique** Quadrat-/Kubikwurzel f; **prendre** ~ Wurzeln schlagen.

acisme [ʀasism] nm Rassismus m.

aciste [ʀasist] adj rassistisch ♦ nm/f Rassist(in) m(f).

acket [ʀakɛt] nm Erpressung f.

acketteur [ʀakɛtœʀ] nm Erpresser m.

aclée [ʀakle] (fam) nf (correction) Tracht f Prügel; (défaite) Prügel pl.

aclement [ʀakləmɑ̃] nm (bruit) Kratzen nt.

acler [ʀakle] vt (os, tache, boue) abkratzen; (casserole, plat) auskratzen; (instrument de musique) herumkratzen auf +dat; (frotter contre) reiben an +dat; **se racler** vpr: **se ~ la gorge** sich räuspern.

aclette [ʀaklɛt] nf (CULIN) Raclette f ou nt.

acloir [ʀaklwaʀ] nm (outil) Kratzer m.

acolage [ʀakɔlaʒ] nm (v vt) Ansprechen nt; Anwerben nt.

acoler [ʀakɔle] vt (suj: prostituée) ansprechen; (: parti, marchand) (aufdringlich) werben.

acoleur, -euse [ʀakɔlœʀ, øz] (péj) adj (publicité, affiche) schreierisch.

acontars [ʀakɔ̃taʀ] nmpl Geschichten pl.

aconter [ʀakɔ̃te] vt erzählen.

acorni, e [ʀakɔʀni] adj (cuir) verhärtet.

acornir [ʀakɔʀniʀ] vt (dessécher) verhärten, verhornen.

adar [ʀadaʀ] nm Radar m ou nt.

ade [ʀad] nf (bassin) Reede f; **en** ~ **de Toulon** im Hafen von Toulon; **laisser en** ~ (fig) im Stich lassen; **rester en** ~ (fig) auf dem Trockenen sitzen.

adeau, x [ʀado] nm Floß nt ▶ **radeau de sauvetage** Rettungsfloß nt.

adial, e, -aux [ʀadjal, jo] adj radial; **pneu à carcasse** ~**e** Gürtelreifen m.

radiant, e [ʀadjɑ̃, jɑ̃t] adj (chaleur) strahlend.

radiateur [ʀadjatœʀ] nm (d'appartement) Heizkörper m; (AUTO) Kühler m ▶ **radiateur électrique** elektrischer Ofen m.

radiation [ʀadjasjɔ̃] nf (PHYS) Strahlung f; (d'une liste) Streichung f.

radical, e, -aux [ʀadikal, o] adj radikal ♦ nm (LING) Stamm m; (MATH) Wurzelzeichen nt; **le parti** ~ konservative politische Partei.

radicalement [ʀadikalmɑ̃] adv radikal.

radicaliser [ʀadikalize] vt (opinions etc) radikalisieren; **se radicaliser** vpr radikaler werden.

radier [ʀadje] vt streichen.

radiesthésie [ʀadjɛstezi] nf Radiästhesie f.

radiesthésiste [ʀadjɛstezist] nm/f Radiästhesist(in) m(f).

radieux, -euse [ʀadjø, jøz] adj strahlend.

radin, e [ʀadɛ̃, in] (fam) adj knauserig.

radio[1] [ʀadjo] nf (appareil) Radio(gerät) nt; (radiodiffusion) Rundfunk m; (MÉD) Röntgenaufnahme f ♦ nm (personne) Bordfunker m; **à la** ~ im Radio; **passer à la** ~ im Radio kommen; **passer une** ~ geröntgt werden; **se faire faire une** ~ **des poumons** die Lungen geröntgt bekommen ▶ **radio libre** unabhängiger Radiosender m, Privatsender m.

radio[2] [ʀadjo] préf Radio-.

radioactif, -ive [ʀadjoaktif, iv] adj radioaktiv.

radioactivité [ʀadjoaktivite] nf Radioaktivität f.

radioamateur [ʀadjoamatœʀ] nm Amateurfunker m.

radiobalise [ʀadjobaliz] nf Funkfeuer nt.

radiocassette [ʀadjokasɛt] nf Radiorecorder m.

radiodiffuser [ʀadjodifyze] vt senden, übertragen.

radiodiffusion [ʀadjodifyzjɔ̃] nf Rundfunk m.

radioélectrique [ʀadjoelɛktʀik] adj Radio-.

radiographie [ʀadjɔgʀafi] nf (procédé) Röntgen nt; (photo) Röntgenaufnahme f.

radiographier [ʀadjɔgʀafje] vt röntgen; **se faire** ~ geröntgt werden.

radioguidage [ʀadjogidaʒ] nm (NAUT, AVIAT) Funksteuerung f; (AUTO: diffusion d'informations) Verkehrsfunk m.

radioguider [ʀadjogide] vt funksteuern.

radiologie [ʀadjɔlɔʒi] nf Radiologie f.

radiologique [ʀadjɔlɔʒik] adj radiologisch.

radiologue [ʀadjɔlɔg] nm/f Radiologe m, Radiologin f.

radiophare [ʀadjofaʀ] nm Funkfeuer nt.

radiophonique [ʀadjofɔnik] adj (programme, émission) Radio-; **jeu** ~ Spielprogramm nt.

radioreportage [ʀadjoʀ(ə)pɔʀtaʒ] nm Funkreportage f.

radio-réveil [ʀadjoʀevɛj] (pl ~**s**-~**s**) nm Radiowecker m.

radioscopie [ʀadjɔskɔpi] nf Radioskopie f, Durchleuchten nt.

radio-taxi [ʀadjotaksi] (pl ~-~**s**) nm Funktaxi nt.

radiotéléphone [ʀadjotelefɔn] nm Funktelefon *nt*.

radiotélescope [ʀadjotelɛskɔp] *nm* Radioteleskop *nt*.

radiotélévisé, e [ʀadjotelevize] *adj* in Funk und Fernsehen gesendet.

radiothérapie [ʀadjoteʀapi] *nf* Strahlentherapie *f*.

radis [ʀadi] *nm* Radieschen *nt* ▶ **radis noir** Rettich *m*.

radium [ʀadjɔm] *nm* Radium *nt*.

radoter [ʀadɔte] *vi* faseln.

radoub [ʀadu] *nm*: **bassin** *ou* **cale de** ~ Trockendock *nt*.

radouber [ʀadube] *vt* (im Dock) reparieren.

radoucir [ʀadusiʀ] *vt* (*temps, température*) wärmer machen; **se radoucir** *vpr* (*température, temps*) wärmer werden; (*personne, voix*) sich beruhigen.

radoucissement [ʀadusismɑ̃] *nm* (*de temps, température*) Erwärmung *f*.

rafale [ʀafal] *nf* (*de vent*) Bö *f*, Windstoß *m*; (*de balles, d'obus*) Salve *f*; (*d'applaudissements*) Sturm *m*; **souffler en ~s** böig wehen; **une ~ de balles** eine Salve ▶ **rafale de mitrailleuse** Maschinengewehrsalve *f*.

raffermir [ʀafɛʀmiʀ] *vt* (*tissus, muscle*) festigen, stärken; (*popularité, gouvernement*) (ver)stärken; **se raffermir** *vpr* (*v vt*) kräftiger werden; zunehmen.

raffermissement [ʀafɛʀmismɑ̃] *nm* (*fig*) Stärkung *f*.

raffinage [ʀafinaʒ] *nm* (*de sucre, pétrole*) Raffinieren *nt*.

raffiné, e [ʀafine] *adj* (*sucre, pétrole*) raffiniert; (*élégance, éducation*) erlesen, verfeinert; (*personne*) kultiviert; (*nourriture*) verfeinert.

raffinement [ʀafinmɑ̃] *nm* (*d'élégance, éducation*) Erlesenheit *f*.

raffiner [ʀafine] *vt* (*sucre, pétrole*) raffinieren; (*langage, manières*) verfeinern.

raffinerie [ʀafinʀi] *nf* Raffinerie *f*.

raffoler [ʀafɔle]: ~ **de** *vt* ganz wild *ou* versessen sein auf +*acc*.

raffut [ʀafy] (*fam*) *nm* Radau *m*.

rafiot [ʀafjo] *nm* (*mauvais bateau*) alter Kahn *m*.

rafistoler [ʀafistɔle] (*fam*) *vt* zurechtflicken.

rafle [ʀɑfl] *nf* (*de police*) Razzia *f*.

rafler [ʀɑfle] (*fam*) *vt* an sich *acc* raffen.

rafraîchir [ʀafʀeʃiʀ] *vt* (*atmosphère, température*) abkühlen; (*boisson, dessert*) kühlen; (*personne*) erfrischen; (*rénover*) auffrischen ♦ *vi*: **mettre du vin/une boisson à** ~ Wein/ein Getränk kalt stellen; **se rafraîchir** *vpr* (*temps, température*) sich abkühlen; (*personne*) sich erfrischen, sich abkühlen; ~ **la mémoire** *ou* **les idées à qn** jds Gedächtnis auffrischen.

rafraîchissant, e [ʀafʀeʃisɑ̃, ɑ̃t] *adj* erfrischend.

rafraîchissement [ʀafʀeʃismɑ̃] *nm* (*de la température*) Abkühlung *f*; (*boisson*) Erfrischung *f*.

ragaillardir [ʀagajaʀdiʀ] (*fam*) *vt* aufmuntern.

rage [ʀaʒ] *nf* (*MÉD*) Tollwut *f*; (*fureur*) Wut *f*; **fai-**

re ~ (*tempête, incendie*) wüten ▶ **rage de dents** rasende Zahnschmerzen *pl*.

rager [ʀaʒe] *vi* wütend sein; **faire** ~ **qn** jdn wütend machen.

rageur, -euse [ʀaʒœʀ, øz] *adj* jähzornig.

raglan [ʀaglɑ̃] *adj inv* Raglan-.

ragots [ʀago] (*fam*) *nmpl* Klatsch *m*.

ragoût [ʀagu] *nm* Ragout *nt*.

ragoûtant, e [ʀagutɑ̃, ɑ̃t] *adj*: **peu** ~ (*mets*) widerlich.

raid [ʀɛd] *nm* (*MIL*) Überfall *m*; (: *attaque aérienne*) Luftangriff *m*; (*SPORT*) Langstreckenrennen *nt* ▶ **raid à skis** Langstreckenrennen (auf Skiern) ▶ **raid automobile** Langstreckenrennen.

raide [ʀɛd] *adj* steif; (*cheveux*) glatt; (*tendu*) gespannt; (*escarpé*) steil; (*alcool*) stark; (*osé*) gewagt; (*fam: surprenant*) unglaublich; (: *sans argent*) abgebrannt, total pleite ♦ *adv* (*à pic*) steil; **tomber** ~ **mort** auf der Stelle tot umfallen.

raideur [ʀɛdœʀ] *nf* (*d'attitude, maintien*) Steifheit *f*; (*de sentier, pente*) Steilheit *f*.

raidir [ʀediʀ] *vt* (*muscles, membres*) anspannen; (*câble, fil de fer*) straff anziehen, anspannen; **se raidir** *vpr* sich anspannen; (*fig: se crisper*) sich wappnen; (*se montrer plus intransigeant*) sich verhärten.

raidissement [ʀedismɑ̃] *nm* (*d'une position*) Verhärtung *f*.

raie [ʀɛ] *nf* (*ZOOL*) Rochen *m*; (*rayure*) Streifen *m*; (*des cheveux*) Scheitel *m*.

raifort [ʀɛfɔʀ] *nm* Meerrettich *m*.

rail [ʀɑj] *nm* Schiene *f*; **par** ~ per Bahn.

railler [ʀɑje] *vt* verspotten.

raillerie [ʀɑjʀi] *nf* Spott *m*.

railleur, -euse [ʀɑjœʀ, øz] *adj* spöttisch.

rail-route [ʀɑjʀut] *adj inv*: **transport** ~-~ Schienen- und Straßentransport *m*.

rainure [ʀenyʀ] *nf* Rille *f*.

raisin [ʀɛzɛ̃] *nm* Traube *f* ▶ **du raisin blanc/noir** weiße/rote Trauben *pl* ▶ **du raisin muscat** Muskatellertrauben *pl* ▶ **raisins secs** Rosinen *pl*.

raison [ʀɛzɔ̃] *nf* (*faculté*) Vernunft *f*, Verstand *m*; (*motif*) Grund *m*; **avoir** ~ recht haben; **donner** ~ **à qn** jdm recht geben; **avoir** ~ **de qn** mit jdm fertigwerden; **se faire une** ~ sich damit abfinden; **perdre la** ~ den Verstand verlieren; **ramener qn à la** ~ jdn wieder zur Vernunft bringen; **demander** ~ **à qn de** (*affront etc*) jdn zur Rechenschaft ziehen für; **entendre** ~ auf die Stimme der Vernunft hören; **plus que de** ~ mehr als gut ist; ~ **de plus** um so mehr; **à plus forte** ~ um so mehr; **en** ~ **de** (*à cause de*) wegen +*gén ou dat*; **à** ~ **de** (*au taux de*) in Höhe von; (*à proportion de*) entsprechend; **sans** ~ grundlos; **pour la simple** ~ **que** aus dem einfachen Grunde, daß; **pour quelle** ~? warum? ▶ **raison d'État** Staatsräson *f* ▶ **raison d'être** (*de qn*) Lebensinhalt *m* ▶ **raison sociale** Firmenname *m*.

raisonnable [ʀɛzɔnabl] *adj* vernünftig.

aisonnablement [ʀɛzɔnabləmɑ̃] adv vernünftig.

aisonné, e [ʀɛzɔne] adj (projet) (wohl) überlegt; (méthode, grammaire) systematisch.

aisonnement [ʀɛzɔnmɑ̃] nm (faculté) logisches Denken nt; (argumentation) Argumentation f; ~s nmpl (objections etc) Einwände pl.

aisonner [ʀɛzɔne] vi (penser) denken; (argumenter) argumentieren; (discuter) Einwände machen ♦ vt (personne) gut zureden +dat; **se raisonner** vpr: **raisonne-toi** sei vernünftig.

aisonneur, -euse [ʀɛzɔnœʀ, øz] (péj) adj spitzfindig.

ajeunir [ʀaʒœniʀ] vt jünger machen; (suj: cure etc; entreprise: personnel) verjüngen; (: installation, mobilier) modernisieren ♦ vi jünger werden; (paraître) jünger aussehen; (entreprise) modernisiert werden.

ajout [ʀaʒu] nm Ergänzung f.

ajouter [ʀaʒute] vt hinzufügen; (commentaire) anfügen; ~ **que** hinzufügen, daß; **en ~ dick** auftragen.

ajustement [ʀaʒystəmɑ̃] nm (salaires, prix) Angleichung f.

ajuster [ʀaʒyste] vt (cravate) zurechtrücken; (coiffure) wieder in Ordnung bringen; (salaires, prix) anpassen; (machine, tir etc) neu einstellen; **se rajuster** vpr seine Kleider in Ordnung bringen.

âle [ʀɑl] nm Röcheln nt ▸ **râle d'agonie** Todesröcheln nt.

alenti [ʀalɑ̃ti] nm: **au ~** (AUTO) im Leerlauf; (CINÉ) in Zeitlupe; (fig) auf Sparflamme.

alentir [ʀalɑ̃tiʀ] vt verlangsamen; (production, expansion) drosseln ♦ vi langsamer werden; **se ralentir** vpr langsamer werden, sich verlangsamen.

alentissement [ʀalɑ̃tismɑ̃] nm Verlangsamung f.

âler [ʀɑle] vi röcheln; (fam: protester) schimpfen, motzen.

alliement [ʀalimɑ̃] nm: **signe de ~** Zeichen nt zum Sammeln.

allier [ʀalje] vt (rassembler) versammeln; (rejoindre) sich wieder anschließen +dat; (gagner à sa cause) für sich gewinnen; **se rallier à** vpr sich anschließen +dat.

allonge [ʀalɔ̃ʒ] nf (de table) Ausziehplatte f; (ÉLEC) Verlängerungsschnur f; (de crédit etc) Erhöhung f; (argent) Zuzahlung f.

allonger [ʀalɔ̃ʒe] vt (vêtement) länger machen; (période, route) verlängern ♦ vi länger werden.

allumer [ʀalyme] vt wieder anzünden; (fig) wieder entfachen; **se rallumer** vpr (lumière) wieder angehen.

allye [ʀali] nm Rallye f.

amages [ʀamaʒ] nmpl (dessin) Rankenwerk nt; (d'oiseaux) Gezwitscher nt.

amassage [ʀamasaʒ] nm Einsammeln nt ▸ **ramassage scolaire** Schulbusdienst m.

amassé, e [ʀamase] adj (trapu) stämmig, gedrungen; (concis) zusammengefaßt.

ramasse-miettes [ʀamasmjɛt] nm inv Tischbesen m.

ramasse-monnaie [ʀamasmɔnɛ] nm inv Zahlteller m.

ramasser [ʀamase] vt (par terre) aufheben; (recueillir) einsammeln; (récolter: champignons, bois mort etc) sammeln; (: pommes de terre) auflesen, ernten; (ordures) abholen; **se ramasser** vpr (sur soi-même) sich zusammenkauern.

ramasseur, -euse [ʀamasœʀ, øz] nm/f: ~ **de balles** (TENNIS) Balljunge m; **ramasseuse de balles** Ballmädchen nt.

ramassis [ʀamasi] (péj) nm Haufen m.

rambarde [ʀɑ̃baʀd] nf Geländer nt.

rame [ʀam] nf (aviron) Ruder nt; (de métro) Zug m; (de papier) Ries nt; **faire force de ~s** sich in die Riemen legen ▸ **rame de haricots** Bohnenstange f.

rameau, x [ʀamo] nm Zweig m; **les R~x** (REL) Palmsonntag m.

ramener [ʀam(ə)ne] vt zurückbringen; (rapporter, revenir avec) mitbringen; (en voiture) nach Hause fahren; (rétablir: paix, ordre, sécurité) wiederherstellen; **se ramener** vpr (fam: arriver) aufkreuzen, auftauchen; ~ **qch à** (faire revenir) etw zurückbringen +dat; (réduire) etw reduzieren auf +acc; ~ **la couverture sur ses genoux** die Decke wieder über die Knie ziehen; ~ **qn à la vie/raison** jdn wieder ins Leben zurückrufen/zur Vernunft bringen; **se ~ à** hinauslaufen auf +acc.

ramequin [ʀamkɛ̃] nm (récipient) Auflaufförmchen nt.

ramer [ʀame] vi rudern.

rameur, -euse [ʀamœʀ] nm/f Ruderer m, Ruderin f.

rameuter [ʀamøte] vt zusammenrufen.

ramier [ʀamje] nm: **(pigeon)** ~ Ringeltaube f.

ramification [ʀamifikasjɔ̃] nf Verzweigung f; (fig) Zweig m.

ramifier [ʀamifje]: **se ~** vpr sich verzweigen.

ramolli, e [ʀamɔli] adj (biscuit etc) aufgeweicht.

ramollir [ʀamɔliʀ] vt weich machen; **se ramollir** vpr weich werden.

ramonage [ʀamɔnaʒ] nm Fegen nt.

ramoner [ʀamɔne] vt (conduit, cheminée) fegen; (pipe) saubermachen.

ramoneur [ʀamɔnœʀ] nm Schornsteinfeger m.

rampe [ʀɑ̃p] nf (d'escalier) (Treppen)geländer nt; (dans un garage, THÉÂTRE) Rampe f; (montée) Steigung f; (lampes) Flutlicht nt; **passer la ~** rüberkommen ▸ **rampe de lancement** Abschußrampe f.

ramper [ʀɑ̃pe] vi kriechen.

rancard [ʀɑ̃kaʀ] (fam) nm (renseignement) Tip m; **avoir ~ avec qn** sich mit jdm treffen; **donner ~ à qn** sich mit jdm verabreden.

rancart [ʀɑ̃kaʀ] (fam) nm: **mettre au ~** ausrangieren.

rance [ʀɑ̃s] adj ranzig.

rancir [ʀɑ̃siʀ] vi ranzig werden.

rancœur [ʀɑ̃kœʀ] nf Groll m.

rançon [ʀɑ̃sɔ̃] _nf_ Lösegeld _nt_; **la ~ du succès** _etc_ der Preis des Erfolges _etc_.

rançonner [ʀɑ̃sɔne] _vt_ berauben.

rancune [ʀɑ̃kyn] _nf_ Groll _m_; **garder ~ à qn (de qch)** gegen jdn (wegen einer Sache _gén_) einen Groll hegen; **sans ~!** nichts für ungut!

rancunier, -ière [ʀɑ̃kynje, jɛʀ] _adj_ nachtragend.

randonnée [ʀɑ̃dɔne] _nf_ (_excursion_) Ausflug _m_; (_à pied_) Wanderung _f_; (_activité_) Wandern _nt_.

randonneur, -euse [ʀɑ̃dɔnœʀ, øz] _nm/f_ Wanderer _m_, Wanderin _f_.

rang [ʀɑ̃] _nm_ (_rangée_) Reihe _f_; (_grade, position_) Rang _m_; (_collier_) Kette _f_; **se mettre en ~s** sich in einer Reihe aufstellen; **se mettre en ~s par quatre** sich in Viererreihen aufstellen; **se mettre sur les ~s** (_fig_) sich unter die Bewerber einreihen; **au premier/dernier ~** (_de sièges_) in der ersten/letzten Reihe; (_fig_) an erster/letzter Stelle; **sortir du ~** (_MIL_) aus dem Mannschaftsstand zum Offizier aufsteigen; **rentrer dans le ~** ins Glied zurücktreten; **au ~ de** (_au nombre de_) unter +_dat_.

rangé, e [ʀɑ̃ʒe] _adj_ (_vie_) geordnet; (_personne_) ordentlich.

rangée [ʀɑ̃ʒe] _nf_ Reihe _f_.

rangement [ʀɑ̃ʒmɑ̃] _nm_ Aufräumen _nt_; (_classement_) Ordnen _nt_; **faire du ~** aufräumen.

ranger [ʀɑ̃ʒe] _vt_ (_classer_) ordnen; (_mettre à sa place_) wegräumen, aufräumen; (: _voiture_) parken; (_mettre de l'ordre dans_) aufräumen; (_disposer_) anordnen; **se ranger** _vpr_ (_se disposer_) sich anordnen; (_s'écarter_) ausweichen; (_se garer_) parken; (_s'assagir_) sich beruhigen; **~ qn/ qch parmi** etw/jdn einordnen unter +_acc ou dat_; **se ~ à** (_avis, opinion_) sich anschließen +_dat_.

ranimer [ʀanime] _vt_ (_personne_) wiederbeleben; (_forces, courage, souvenirs_) wieder aufleben lassen; (_colère_) wieder entfachen; (_feu_) schüren.

rapace [ʀapas] _nm_ (_ZOOL_) Greifvogel _m_ ♦ _adj_ (_péj_) geldgierig ▶ **rapace diurne** Taggreifvogel _m_ ▶ **rapace nocturne** Nachtgreifvogel _m_.

rapatrié, e [ʀapatʀije] _nm/f_ Repatriierter _m_.

rapatriement [ʀapatʀimɑ̃] _nm_ Rückholung _f_.

rapatrier [ʀapatʀije] _vt_ aus dem Ausland zurückholen.

râpe [ʀɑp] _nf_ (_CULIN_) Reibe _f_; (_à bois_) Raspel _f_.

râpé, e [ʀɑpe] _adj_ (_CULIN_) gerieben; (_vêtement, tissu_) abgeschabt, abgewetzt ♦ _nm_ (_fromage_) Reibkäse _m_.

râper [ʀɑpe] _vt_ reiben, raspeln.

rapetisser [ʀap(ə)tise] _vt_ (_vêtement_) kürzer machen; (_faire paraître plus petit_) kleiner erscheinen lassen; (_distance_) verkürzen.

râpeux, -euse [ʀɑpø, øz] _adj_ (_langue_) rauh; (_vin_) ruppig.

raphia [ʀafja] _nm_ (Raphia)bast _m_.

rapide [ʀapid] _adj_ schnell; (_intelligence_) wach, schnell ♦ _nm_ (_d'un cours d'eau_) Stromschnelle _f_; (_train_) Schnellzug _m_.

rapidement [ʀapidmɑ̃] _adv_ schnell.

rapidité [ʀapidite] _nf_ Schnelligkeit _f_.

rapiécer [ʀapjese] _vt_ flicken.

rappel [ʀapɛl] _nm_ (_d'un exilé, d'un ambassadeur_) Zurückberufung _f_; (_MIL_) Einberufung _f_; (_vaccination_) Wiederholungsimpfung _f_; (_THÉÂT etc_) Vorhang _m_; (_de salaire_) Nachzahlung _f_; (_d'une aventure, d'un nom, d'une date_) Erinnerung _f_; (_sur écriteau_) Wiederholung _f_; (_TECH_) Rücklauf _m_; (_NAUT_) Aussitzen _nt_; (_ALPINISME_) Abseilen _nt_; **~ à l'ordre** Ordnungsruf _m_.

rappeler [ʀap(ə)le] _vt_ zurückrufen; (_acteur_) noch einmal herausrufen; (_MIL_) wieder einberufen; (_INFORM_) abrufen; (_évoquer_) erinnern an +_acc_; **se rappeler** _vpr_ (_se souvenir_) sich erinnern; **se ~ que/de** sich erinnern, daß/an +_acc_; **~ qn à la vie/à la décence** jdn ins Leben zurückrufen/jdn auf den rechten Weg bringen; **ça rappelle la Provence** das erinnert (mich) an die Provence; **~ à qn de faire qch** jdn daran erinnern, etw zu tun.

rappelle [ʀapɛl] _vb voir_ **rappeler**.

rappliquer [ʀaplike] (_fam_) _vi_ aufkreuzen.

rapport [ʀapɔʀ] _nm_ (_compte rendu_) Bericht _m_; (: _de médecin légiste, d'expert_) Gutachten _nt_; (_profit_) Ertrag _m_; (_lien_) Zusammenhang _m_; (_proportion_) Verhältnis _nt_; **~s** _nmpl_ Beziehungen _pl_; **avoir ~ à** in Beziehung stehen mit, zu tun haben mit; **être en ~ avec** (_correspondance_) im Zusammenhang stehen mit; (_corrélation_) in Beziehung stehen zu; **être en ~ avec qn** mit jdm in Verbindung stehen; **se mettre en ~ avec qn** sich mit jdm in Verbindung setzen; **par ~ à** im Vergleich zu; **sous le ~ de** hinsichtlich +_gén_; **sous tous (les) ~s** in jeder Hinsicht ▶ **rapports (sexuels)** (Geschlechts)verkehr _m_.

rapporté, e [ʀapɔʀte] _adj_: **pièce ~e** aufgesetztes Teil _nt_.

rapporter [ʀapɔʀte] _vt_ (_remettre à sa place, rendre_) zurückbringen; (_apporter davantage_) noch einmal bringen; (_revenir avec, ramener_) mitbringen; (_COUTURE_) aufnähen; (_produire_) abwerfen, einbringen; (_relater_) berichten; (_JUR: annuler_) aufheben ♦ _vi_ (_investissement, propriété_) Gewinn abwerfen; (_activité_) einträglich sein; (_péj: moucharder_) petzen; **se ~ à** _vpr_ sich beziehen auf +_acc_; **s'en ~ à qn** jdm das Urteil überlassen.

rapporteur, -euse [ʀapɔʀtœʀ, øz] _nm/f_ (_d'un procès, d'une commission_) Berichterstatter(in) _m(f)_; (_péj_) Petze _f_ ♦ _nm_ (_GÉOM_) Winkelmesser _m_.

rapproché, e [ʀapʀɔʃe] _adj_ nah; **~s** (_l'un à l'autre_) nah aufeinander folgend.

rapprochement [ʀapʀɔʃmɑ̃] _nm_ (_réconciliation_) Versöhnung _f_; (_analogie_) Parallele _f_.

rapprocher [ʀapʀɔʃe] _vt_ (_approcher_) heranrücken; (_deux objets_) zusammenrücken; (_personnes_) zusammenbringen; (_associer, comparer_) vergleichen, gegenüberstellen; **se rapprocher** _vpr_ näherkommen, sich nähern, sich näherkommen; **se ~ de** sich nähern +_dat_;

(_présenter une analogie avec_) vergleichbar sein mit.

rapt [Rapt] _nm_ Entführung _f._

raquette [Rakɛt] _nf_ Schläger _m_; (_à neige_) Schneeschuh _m._

rare [RɑR] _adj_ selten; (_cheveux, herbe_) dünn; **il est ~ que** es kommt selten vor, daß; **se faire ~** (_personne_) sich rar machen.

raréfaction [RaRefaksjɔ̃] _nf_ (_de l'air_) Verdünnung _f._

raréfier [RaRefje]: **se ~** _vpr_ knapp werden; (_air_) sich verdünnen.

rarement [RɑRmɑ̃] _adv_ selten.

rareté [RɑRte] _nf_ Seltenheit _f._

rarissime [RaRisim] _adj_ außerordentlich selten.

RAS [ɛRaɛs] _abr_ (= _rien à signaler_) nichts zu berichten.

ras, e [Rɑ, Rɑz] _adj_ (_tête, cheveux_) kurzgeschoren; (_poil, herbe_) kurz; (_mesure, cuillère_) gestrichen ♦ _adv_ (_couper_) kurz; **faire table ~e** Tabula rasa _ou_ reinen Tisch machen; **en ~ campagne** auf dem flachen Land; **à ~ bords** randvoll, gestrichen voll; **en avoir ~ le bol** (_fam_) die Nase gestrichen voll haben; **~ du cou** (_pull, robe_) mit rundem Halsausschnitt.

rasade [Rɑzad] _nf_ randvolles Glas _nt._

rasant, e [Rɑzɑ̃, ɑ̃t] _adj_ (_fam: ennuyeux_) langweilig.

rascasse [Raskas] _nf_ (_ZOOL_) Skorpionsfisch _m._

rasé, e [Rɑze] _adj:_ **~ de frais** frisch rasiert; **~ de près** (sehr) glatt rasiert.

rase-mottes [Rɑzmɔt] _nm inv_ (_vol_) Tiefflug _m_; **faire du ~-~** im Tiefflug fliegen.

raser [Rɑze] _vt_ (_barbe, cheveux_) abrasieren; (_menton, personne_) rasieren; (_fam: ennuyer_) langweilen; (_démolir_) dem Erdboden gleichmachen; (_frôler_) streifen; **se raser** _vpr_ (_se faire la barbe_) sich rasieren; (_fam: s'ennuyer_) sich langweilen, sich mopsen.

rasoir [RɑzwaR] _nm_ Rasierapparat _m_ ▶ **rasoir électrique** Rasierapparat ▶ **rasoir mécanique** Naßrasierer.

rassasier [Rasazje] _vt_ sättigen; **être rassasié** satt sein.

rassemblement [Rasɑ̃bləmɑ̃] _nm_ Versammlung _f_; (_MIL_) Sammeln _nt._

rassembler [Rasɑ̃ble] _vt_ versammeln; (_troupes_) zusammenziehen; (_regrouper, accumuler_) (an)sammeln; **se rassembler** _vpr_ sich versammeln; **~ ses idées** seine Gedanken sammeln; **~ son courage** seinen ganzen Mut zusammennehmen.

rasseoir [RaswaR]: **se ~** _vpr_ sich wieder hinsetzen.

rasséréner [RaseRene]: **se ~** _vpr_ sich (wieder) beruhigen.

rassir [Rasir] _vi_ altbacken werden.

rassis, e [Rasi, iz] _adj_ (_pain, brioche_) altbacken.

rassurant, e [RasyRɑ̃, ɑ̃t] _adj_ beruhigend.

rassuré, e [RasyRe] _adj:_ **ne pas être très ~** ziemlich beunruhigt sein.

rassurer [RasyRe] _vt_ beruhigen; **se rassurer** _vpr_ sich beruhigen; **rassure-toi** beruhige dich.

rat [Ra] _nm_ Ratte _f_ ▶ **rat musqué** Moschusratte _f._

ratatiné, e [Ratatine] _adj_ runzelig.

ratatiner [Ratatine] _vt_ schrumpfen; (_peau_) zerknittern; **se ratatiner** _vpr_ zerknittern, verschrumpeln.

ratatouille [Ratatuj] _nf_ Ratatouille _nt._

rate [Rat] _nf_ (_ANAT_) Milz _f._

raté, e [Rate] _adj_ (_tentative, opération_) mißlungen; (_vacances_) verdorben; (_spectacle_) mißraten ♦ _nm/f_ (_personne_) Versager(in) _m(f)_ ♦ _nm_ (_AUTO_) Fehlzündung _f_; (_d'arme à feu_) Blindgänger _m_; (_fig_) Rückschlag _m._

râteau, x [Rɑto] _nm_ (_de jardinage_) Rechen _m._

râtelier [Rɑtəlje] _nm_ (_pour bétail_) Futterraufe _f_; (_fam: dentier_) Gebiß _nt._

rater [Rate] _vi_ (_coup de feu_) nicht abgehen; (_affaire, projet etc_) fehlschlagen, schiefgehen ♦ _vt_ (_cible, balle_) verfehlen; (_train, occasion_) verpassen; (_démonstration, devoir, plat_) verpfuschen; (_examen_) durchfallen bei _ou_ durch; **~ son coup** versagen.

raticide [Ratisid] _nm_ Rattengift _nt._

ratification [Ratifikasjɔ̃] _nf_ Ratifizierung _f._

ratifier [Ratifje] _vt_ ratifizieren.

ratio [Rasjo] _nm_ Verhältnis _nt._

ration [Rasjɔ̃] _nf_ Ration _f_; (_fig_) Teil _m_ ▶ **ration alimentaire** Nahrungsbedarf _m._

rationalisation [Rasjɔnalizasjɔ̃] _nf_ Rationalisierung _f._

rationaliser [Rasjɔnalize] _vt_ rationalisieren.

rationnel, le [Rasjɔnɛl] _adj_ (_pensée, esprit, personne_) rational; (_procédé, méthode_) rationell.

rationnellement [Rasjɔnɛlmɑ̃] _adv_ rationell.

rationnement [Rasjɔnmɑ̃] _nm_ Rationierung _f_; **carte** _ou_ **ticket de ~** ≈ Lebensmittelmarke _f._

rationner [Rasjɔne] _vt_ (_vivres_) rationieren; (_personne_) auf (feste) Rationen setzen; **se rationner** _vpr_ sich einteilen.

ratisser [Ratise] _vt_ (_allée_) (glatt)harken; (_feuilles_) zusammenharken; (_fouiller_) durchkämmen.

raton [Ratɔ̃] _nm:_ **~ laveur** Waschbär _m._

RATP [ɛRatepe] _sigle f_ (= _Régie autonome des transports parisiens_) Pariser Verkehrsverbund.

rattacher [Rataʃe] _vt_ (_animal_) wieder anbinden; (_cheveux_) wieder festbinden; **se ~ à** _vpr_ (_avoir un lien avec_) verbunden sein mit; **~ à** (_annexer_) angliedern an +_acc_; (_fig: rapprocher_) verknüpfen _ou_ verbinden mit; (_relier_) binden an +_acc._

rattrapage [RatRapaʒ] _nm_ (_SCOL_) Nachholunterricht _m_; (_ÉCON_) Aufholen _nt._

rattraper [RatRape] _vt_ (_fugitif, animal_) wieder einfangen; (_empêcher de tomber_) auffangen; (_rejoindre_) einholen; (_réparer_) wiedergutmachen; **se rattraper** _vpr_ (_se raccrocher_) sich festhalten; (_regagner: temps perdu_) aufholen; (_: l'argent_) seinen Verlust wettmachen; (_réparer une gaffe etc_) es wiedergutmachen; (_éviter une erreur, bévue_) sich fangen; **~ son retard/le temps perdu** seine Verspätung/die verlorene

Zeit wieder aufholen.
rature [ʀatyʀ] *nf* Korrektur *f*.
raturer [ʀatyʀe] *vt* ausstreichen, durchstreichen.
rauque [ʀok] *adj* heiser, rauh.
ravagé, e [ʀavaʒe] *adj* (*visage*) verhärmt.
ravager [ʀavaʒe] *vt* verwüsten; (*suj: maladie, chagrin etc*) verheeren.
ravages [ʀavaʒ] *nmpl* (*de la guerre, de l'alcoolisme*) Verheerungen *pl*; (*d'un incendie, orage etc*) Verwüstung *f*; **faire des** ~ (*intempéries, guerre*) Verwüstung anrichten; (*fig: séducteur*) Herzen brechen.
ravalement [ʀavalmɑ̃] *nm* (*de maison*) Restaurierung *f*.
ravaler [ʀavale] *vt* (*mur, façade*) restaurieren; (*déprécier*) erniedrigen; (*avaler de nouveau*) (wieder) hinunterschlucken; ~ **sa colère** seine Wut hinunterschlucken.
ravaudage [ʀavodaʒ] *nm* Flicken *nt*.
ravauder [ʀavode] *vt* flicken.
rave [ʀav] *nf* Rübe *f*.
ravi, e [ʀavi] *adj* begeistert; **être** ~ **de/que** hoch erfreut sein über +*acc*/darüber, daß.
ravier [ʀavje] *nm* (Vorspeisen)platte *f*.
ravigote [ʀavigɔt] *adj*: **sauce** ~ Soße mit Eiern, Zwiebeln und Kapern.
ravigoter [ʀavigɔte] (*fam*) *vt* aufmuntern.
ravin [ʀavɛ̃] *nm* Schlucht *f*.
raviner [ʀavine] *vt* (*éroder*) auswaschen.
ravioli [ʀavjɔli] *nmpl* Ravioli *pl*.
ravir [ʀaviʀ] *vt* (*enchanter*) hinreißen; (*enlever de force*) jdm etw rauben; **à** ~ hinreißend.
raviser [ʀavize]: **se** ~ *vpr* seine Meinung ändern.
ravissant, e [ʀavisɑ̃, ɑ̃t] *adj* hinreißend, entzückend.
ravissement [ʀavismɑ̃] *nm* Entzücken *nt*.
ravisseur, -euse [ʀavisœʀ, øz] *nm/f* Entführer(in) *m(f)*.
ravitaillement [ʀavitajmɑ̃] *nm* Versorgung *f*; (*provisions*) Vorräte *pl*; **aller au** ~ einkaufen gehen ▶ **ravitaillement en vol** Auftanken *nt* während des Fluges.
ravitailler [ʀavitaje] *vt* (*population, armée*) versorgen; (*véhicule*) auftanken; **se ravitailler** *vpr* sich versorgen.
raviver [ʀavive] *vt* (*feu, flamme*) neu beleben; (*couleurs*) auffrischen; (*douleur*) wieder aufleben lassen.
ravoir [ʀavwaʀ] *vt* (*avoir de nouveau*) wiederbekommen.
rayé, e [ʀeje] *adj* (*à rayures*) gestreift; (*éraflé*) zerkratzt.
rayer [ʀeje] *vt* (*érafler*) zerkratzen; (*barrer, radier*) streichen.
rayon [ʀejɔ̃] *nm* Strahl *m*; (*MATH*) Radius *m*; (*d'une roue*) Speiche *f*; (*étagère*) Regal *nt*; (*de grand magasin*) Abteilung *f*; (*fig: domaine*) Bereich *m*; (*d'une ruche*) Wabe *f*; ~**s** *nmpl* (*MÉD*) Strahlen *pl*, Strahlung *f*; **dans un** ~ **de** in einem Umkreis von ▶ **rayon d'action** Aktionsradius *m* ▶ **rayon de braquage** Wende-

kreis *m* ▶ **rayon de soleil** (*aussi fig*) Sonnenstrahl *m* ▶ **rayon laser** Laserstrahl *m* ▶ **rayon vert** grünes Leuchten *nt* ▶ **rayons infrarouges** Infrarotstrahlen *pl* ▶ **rayons ultraviolets** Ultraviolettstrahlen *pl* ▶ **rayons X** Röntgenstrahlen *pl*.
rayonnage [ʀejɔnaʒ] *nm* Regal *nt*.
rayonnant, e [ʀejɔnɑ̃, ɑ̃t] *adj* strahlend; ~ (*joie*) strahlend vor; (*santé*) strotzend vor.
rayonne [ʀejɔn] *nf* (*TEXTILE*) Kunstseide *f*, Reyon ® *nt*.
rayonnement [ʀejɔnmɑ̃] *nm* Strahlung *f*; (*fig*) Einfluß *m*.
rayonner [ʀejɔne] *vi* (*chaleur, énergie*) ausgestrahlt werden; (*être radieux*) strahlen; (*avenues, axes etc*) strahlenförmig verlaufen; (*civilisation*) sich ausbreiten; (*touristes*) (von einem Ausgangspunkt aus) Ausflüge machen.
rayure [ʀejyʀ] *nf* (*motif*) Streifen *m*; (*éraflure*) Schramme *f*, Kratzer *m*; (*rainure*) Rille *f*; (*d'un fusil*) Zug *m*; **à** ~**s** gestreift.
raz-de-marée [ʀɑdmaʀe] *nm inv* Flutwelle *f*; (*fig*) Welle *f*.
razzia [ʀa(d)zja] *nf* Razzia *f*.
R-D [ɛʀde] *sigle f* (= *recherche-développement*) FE, Forschung *f* und Entwicklung *f*.
RDA [ɛʀdea] *sigle f* (= *République démocratique allemande*) DDR *f*.
RDB [ɛʀdebe] *sigle m* (= *revenu disponible brut*) Gesamteinkommen *nt*.
rdc *abr* = **rez-de-chaussée**.
ré [ʀe] *nm* (*MUS*) D *nt*; (: *en chantant la gamme*) Re.
réabonnement [ʀeabɔnmɑ̃] *nm* Erneuerung *f* des Abonnements.
réabonner [ʀeabɔne] *vt*: ~ **qn à qch** jds Abonnement für etw erneuern; **se réabonner (à qch)** *vpr* das Abonnement (für etw) erneuern.
réac [ʀeak] *abr adj* (*fam*) = **réactionnaire**.
réacteur [ʀeaktœʀ] *nm* (*AVIAT*) Düsentriebwerk *nt* ▶ **réacteur nucléaire** (Kern- *ou* Atom)reaktor *m*.
réactif [ʀeaktif] *nm* Reagens *nt*.
réaction [ʀeaksjɔ̃] *nf* Reaktion *f*; (*mouvement contraire*) Rückstoß *m*; **avion/moteur à** ~ Düsenflugzeug *nt*/Düsentriebwerk *nt* ▶ **réaction en chaîne** Kettenreaktion *f*.
réactionnaire [ʀeaksjɔnɛʀ] *adj* reaktionär.
réactualiser [ʀeaktɥaliz] *vt* aktualisieren.
réadaptation [ʀeadaptasjɔ̃] *nf* (Wieder)anpassung *f*; (*MÉD*) Rehabilitierung *f*.
réadapter [ʀeadapte] *vt* (wieder) anpassen; (*MÉD*) rehabilitieren; **se réadapter (à)** *vpr* sich wieder anpassen (an +*acc*).
réaffirmer [ʀeafiʀme] *vt* wieder bestätigen.
réagir [ʀeaʒiʀ] *vi* reagieren; ~ **à/contre** reagieren auf +*acc*; ~ **sur** sich auswirken auf +*acc*.
réajuster [ʀeaʒyste] *vt* = **rajuster**.
réalisable [ʀealizabl] *adj* durchführbar; (*COMM: valeur*) realisierbar.
réalisateur, -trice [ʀealizatœʀ, tʀis] *nm/f* Regisseur(in) *m(f)*.

réalisation [realizasjɔ̃] *nf* (*de projet*) Verwirklichung *f*; (*de rêve, souhait*) Erfüllung *f*; (*de film*) Regie *f*; (*de bien, capital*) Flüssigmachen *nt*; (*œuvre*) Werk *nt*.

réaliser [realize] *vt* (*projet*) durchführen, verwirklichen; (*rêve, souhait*) wahrmachen, erfüllen; (*exploit*) vollbringen; (*achat, vente*) tätigen; (*film*) machen, produzieren; (*bien, capital*) zu Geld machen; (*comprendre*) begreifen; **se réaliser** *vpr* (*projet*) verwirklicht werden; (*prévision*) in Erfüllung gehen; ~ **que** begreifen, daß.

réalisme [realism] *nm* Realismus *m*.

réaliste [realist] *adj* realistisch ♦ *nm/f* Realist(in)*m(f)*.

réalité [realite] *nf* Realität *f*; **en** ~ in Wirklichkeit; **dans la** ~ in der Wirklichkeit; **devenir** ~ wahr werden.

réanimation [reanimasjɔ̃] *nf* Wiederbelebung *f*; **service de** ~ Intensivstation *f*.

réanimer [reanime] *vt* (*MÉD*) wiederbeleben.

réapparaître [reaparɛtʀ] *vi* wieder erscheinen.

réapparition [reaparisjɔ̃] *nf* Wiedererscheinen *nt*.

réapprovisionner [reapʀɔvizjɔne] *vt* (*magasin*) (wieder) aufstocken; **se réapprovisionner** *vpr* seine Vorräte wieder aufstocken.

réarmement [rearməmɑ̃] *nm* Wiederbewaffnung *f*.

réarmer [rearme] *vt* (*arme*) wieder aufladen; (*bateau*) wieder beladen ♦ *vi* (*pays*) wieder aufrüsten.

réassortiment [reasɔrtimɑ̃] *nm* Aufstocken *nt*.

réassortir [reasɔrtiʀ] *vt* wieder aufstocken.

réassurance [reasyrɑ̃s] *nf* Rückversicherung *f*.

réassurer [reasyre] *vt* rückversichern.

réassureur [reasyrœr] *nm* Rückversicherungsgesellschaft *f*.

rebaptiser [ʀ(ə)batize] *vt* (*rue*) umbenennen.

rébarbatif, -ive [rebarbatif, iv] *adj* abstoßend.

rebattre [ʀ(ə)batʀ] *vt*: ~ **les oreilles à qn de qch** jdm mit etw die Ohren vollreden.

rebattu, e [ʀ(ə)baty] *pp de* **rebattre** ♦ *adj* abgedroschen.

rebelle [ʀəbɛl] *nm/f* Rebell(in) *m(f)* ♦ *adj* (*troupes*) aufständisch; (*enfant, mèche etc*) widerspenstig; ~ **à** (*la patrie*) aufrührerisch gegen; (*la discipline, l'effort*) sich auflehnend gegen; (*un art, un sujet*) nicht zugänglich für.

rebeller [ʀ(ə)bele]: **se** ~ *vpr* rebellieren; **se** ~ **contre** rebellieren gegen.

rébellion [rebeljɔ̃] *nf* Rebellion *f*, Aufruhr *m*; (*ensemble des rebelles*) Rebellen *pl*.

rebiffer [ʀ(ə)bife]: **se** ~ (*fam*) *vpr* sich sträuben.

reboisement [ʀ(ə)bwazmɑ̃] *nm* Aufforsten *nt*.

reboiser [ʀ(ə)bwaze] *vt* aufforsten.

rebond [ʀ(ə)bɔ̃] *nm* (*du sol*) Aufspringen *nt*; (*d'un mur*) Abprallen *nt*.

rebondi, e [ʀ(ə)bɔ̃di] *adj* (*ventre*) prall, dick und rund; (*joues*) dick.

rebondir [ʀ(ə)bɔ̃diʀ] *vi* (*sur le sol*) aufspringen; (*contre un mur*) abprallen; (*fig: procès, conversation*) wieder in Gang kommen.

rebondissements [ʀ(ə)bɔ̃dismɑ̃] *nmpl* (*de procès*) Umschwünge *pl*.

rebord [ʀ(ə)bɔʀ] *nm* Rand *m*.

reboucher [ʀ(ə)buʃe] *vt* (*flacon*) wieder zustöpseln; (*trou*) wieder zustopfen.

rebours [ʀ(ə)buʀ]: **à** ~ *adv* (*brosser, caresser*) gegen den Strich; (*comprendre etc*) verkehrt.

rebouteux, -euse [ʀ(ə)butø, øz] (*fam*) *nm/f* Knochenklempner *m*.

reboutonner [ʀ(ə)butɔne] *vt* wieder zuknöpfen.

rebrousse-poil [ʀ(ə)bʀuspwal]: **à** ~-~ *adv* (*caresser*) gegen den Strich; **prendre qn à** ~-~ jdn verkehrt behandeln.

rebrousser [ʀ(ə)bʀuse] *vt*: ~ **chemin** kehrtmachen, umkehren.

rebuffade [ʀ(ə)byfad] *nf* Abfuhr *f*.

rébus [rebys] *nm* (*jeu*) Bilderrätsel *nt*, Rebus *m ou nt*; (*fig*) Rätsel *nt*.

rebut [ʀəby] *nm*: **mettre** *ou* **jeter qch au** ~ etw zum alten Eisen werfen, etw ausrangieren.

rebutant, e [ʀ(ə)bytɑ̃, ɑ̃t] *adj* abstoßend.

rebuter [ʀ(ə)byte] *vt* (*suj: travail, matière*) entmutigen; (: *attitude, manières*) abschrecken.

récalcitrant, e [rekalsitʀɑ̃, ɑ̃t] *adj* störrisch.

recaler [ʀ(ə)kale] *vt* (*SCOL*) durchfallen lassen.

récapitulatif, -ive [rekapitylatif, iv] *adj* zusammenfassend.

récapituler [rekapityle] *vt* (*résumer*) zusammenfassen; (*passer en revue*) rekapitulieren.

recel [ʀəsɛl] *nm* (*JUR*) Hehlerei *f*.

receler [ʀ(ə)səle] *vt* (*produit d'un vol*) (ver)hehlen; (*fig: contenir*) verhehlen.

receleur, -euse [ʀ(ə)səlœr, øz] *nm/f* Hehler(in) *m(f)*.

récemment [resamɑ̃] *adv* kürzlich.

recensement [ʀ(ə)sɑ̃smɑ̃] *nm* (*de la population*) Volkszählung *f*; (*des ressources, possibilités etc*) Aufstellung *f*.

recenser [ʀ(ə)sɑ̃se] *vt* (*population*) zählen; (*inventorier*) auflisten.

récent, e [resɑ̃, ɑ̃t] *adj* (*événement, nouvelle*) neueste(r, s); (*construction, dégâts*) neu.

recentrer [ʀ(ə)sɑ̃tʀe] *vt* (*POL*) zur Mitte rücken.

récépissé [resepise] *nm* Empfangsbescheinigung *f*.

réceptacle [resɛptakl] *nm* Sammelbecken *nt*; (*BOT*) Blütenboden *m*.

récepteur, -trice [resɛptœr, tris] *adj* Empfangs- ♦ *nm* (*TÉL*) Hörer *m*; (*RADIO, TV*) Apparat *m*, Empfänger *m*.

réceptif, -ive [resɛptif, iv] *adj*: ~ (**à**) empfänglich (für).

réception [resɛpsjɔ̃] *nf* Empfang *m*; (*SPORT: après un saut*) Landung *f*; (: *du ballon*) Annahme *f*; **heures de** ~ Bürozeiten *pl*; (*MÉD*)

Sprechzeiten pl.

réceptionnaire [ʀesɛpsjɔnɛʀ] nm/f (COMM) Angestellte(r) f(m) in der Warenannahme.

réceptionner [ʀesɛpsjɔne] vt (marchandises) in Empfang nehmen; (ballon) annehmen.

réceptionniste [ʀesɛpsjɔnist] nm/f Empfangsdame f, Empfangschef m.

réceptivité [ʀesɛptivite] nf (à une influence) Empfänglichkeit f; (à une maladie) Anfälligkeit f.

récessif, -ive [ʀesesif, iv] adj rezessiv.

récession [ʀesesjɔ̃] nf Rezession f.

recette [ʀ(ə)sɛt] nf (CULIN, fig) Rezept nt; (COMM) Einnahmen fpl; (bureau des impôts) Finanzamt nt; ~s nfpl (COMM) Einnahmen; **faire ~ einschlagen.**

receveur, -euse [ʀ(ə)səvœʀ, øz] nm/f (des contributions) Eintreiber(in) m(f); (des postes) Vorsteher(in) m(f); (d'autobus) Schaffner(in) m(f); (MÉD: de sang, d'organe) Empfänger(in) m(f) ▶ **receveur universel** Universalempfänger(in) m(f).

recevoir [ʀ(ə)səvwaʀ] vt erhalten, bekommen; (accueillir) in Empfang nehmen; (laisser entrer) hereinlassen; (conseils, confidences, ordres) in Empfang nehmen, bekommen; (émission, image, chaîne) bekommen, empfangen; (sacrement) empfangen; (coups, correction, blessure) einstecken; (modifications, solution) erfahren; (candidat) zulassen; (JUR: plainte) annehmen ♦ vi Gäste empfangen; **se recevoir** vpr (athlète) landen, aufkommen; **il reçoit de 8 à 10** er ist von 8 bis 10 Uhr zu sprechen; (MÉD) er hat Sprechstunde von 8 bis 10 Uhr; ~ **qn à dîner** jdn zum Abendessen einladen; **être reçu** (à un examen) durchkommen; **être bien/mal reçu** gut/schlecht aufgenommen werden.

rechange [ʀ(ə)ʃɑ̃ʒ] nf: **de ~** (pièces, vêtements, roue) Reserve-; (politique, plan, solution) Ausweich-; **des vêtements de ~** Kleider pl zum Wechseln.

rechaper [ʀ(ə)ʃape] vt (pneu) runderneuern.

réchapper [ʀeʃape] vi: ~ **de** ou **à** (accident, maladie) glücklich überstehen; **va-t-il en ~?** wird er es überstehen?

recharge [ʀ(ə)ʃaʀʒ] nf (de briquet) Nachfüllpatrone f; (de stylo) Tintenpatrone f.

rechargeable [ʀ(ə)ʃaʀʒabl] adj nachfüllbar.

recharger [ʀ(ə)ʃaʀʒe] vt (camion) wieder beladen; (fusil) wieder laden; (appareil de photo) laden; (briquet, stylo) nachfüllen; (batterie) wieder aufladen.

réchaud [ʀeʃo] nm Rechaud m, Stövchen nt.

réchauffé [ʀeʃofe] nm (nourriture) aufgewärmtes Essen nt; (fig) alter Hut m.

réchauffer [ʀeʃofe] vt aufwärmen; **se réchauffer** vpr (personne) sich aufwärmen; (température) wieder wärmer werden; **se ~ les doigts** sich dat die Finger wärmen.

rêche [ʀɛʃ] adj rauh.

recherche [ʀ(ə)ʃɛʀʃ] nf Suche f; (scientifique) Forschung f; (raffinement) Eleganz f; ~s nfpl (de la police) Nachforschungen pl; (scientifi-

ques) Forschung; **être à la ~ de qch** auf der Suche nach etw sein; **se mettre à la ~ de qch** sich auf die Suche nach etw machen.

recherché, e [ʀ(ə)ʃɛʀʃe] adj (demandé) begehrt, gesucht; (raffiné) erlesen; (précieux) affektiert.

rechercher [ʀ(ə)ʃɛʀʃe] vt suchen; (cause d'un phénomène, nouveau procédé) forschen nach; (la perfection, le bonheur etc) streben nach; ~ **et remplacer** (INFORM) Suchen und Ersetzen.

rechigner [ʀ(ə)ʃiɲe] vi sich sträuben; ~ **à qch** sich gegen etw sträuben; ~ **à faire qch** sich dagegen sträuben, etw zu tun.

rechute [ʀ(ə)ʃyt] nf Rückfall m; **faire** ou **avoir une ~** einen Rückfall haben ou erleiden.

rechuter [ʀ(ə)ʃyte] vi einen Rückfall haben ou erleiden.

récidive [ʀesidiv] nf Rückfall m.

récidiver [ʀeside] vi rückfällig werden; (MÉD) wieder auftreten.

récidiviste [ʀesidivist] nm/f Wiederholungstäter(in) m(f).

récif [ʀesif] nm Riff nt.

récipiendaire [ʀesipjɑ̃dɛʀ] nm (UNIV) Empfänger(in) m(f) (eines Diploms etc); (d'une société) neu aufgenommene(r) Kandidat(in) m(f).

récipient [ʀesipjɑ̃] nm Behältnis nt, Behälter m.

réciproque [ʀesipʀɔk] adj gegenseitig; (LING) reflexiv; (MATH) reziprok ♦ nf: **la ~** das Gegenteil.

réciproquement [ʀesipʀɔkmɑ̃] adv (mutuellement) gegenseitig; **et ~** und umgekehrt.

récit [ʀesi] nm Erzählung f.

récital [ʀesital] nm Konzert nt.

récitant, e [ʀesitɑ̃, ɑ̃t] nm/f Erzähler(in) m(f).

récitation [ʀesitasjɔ̃] nf Vortrag m; (texte) Text m (zum auswendigen Vortragen).

réciter [ʀesite] vt vortragen; (péj) herunterleiern.

réclamation [ʀeklamasjɔ̃] nf (plainte) Reklamation f, Beschwerde f; **service des ~s** Beschwerdeabteilung f.

réclame [ʀeklam] nf (publicité) Werbung f; (annonce) Reklame f; **faire de la ~ (pour qch/qn)** Werbung machen (für etw/jdn); **article en ~** Sonderangebot nt.

réclamer [ʀeklame] vt erfordern, erforderlich machen ♦ vi (protester) sich beschweren; **se réclamer** vpr: **se ~ de qn** sich auf jdn berufen.

reclassement [ʀ(ə)klasmɑ̃] nm (v vt) Neueinteilung f; Neueinstufung f.

reclasser [ʀ(ə)klase] vt (fiches, dossiers) neu einteilen; (fonctionnaire, ouvrier) neu einstufen.

reclus, e [ʀəkly, yz] nm/f Einsiedler(in) m(f).

réclusion [ʀeklyzjɔ̃] nf (JUR) Freiheitsstrafe f ▶ **réclusion à perpétuité** lebenslänglicher Freiheitsentzug m.

recoiffer [ʀ(ə)kwafe] vt: ~ **un enfant** einem Kind das Haar wieder machen ou richten; **se recoiffer** vpr sich dat das Haar wieder machen *ou* richten.

recoin [Rəkwɛ̃] *nm* verborgener Winkel *m*; *(fig: du cœur, de la conscience)* geheimer Winkel.

reçois *etc* [Rəswa] *vb voir* **recevoir**.

reçoive *etc* [Rəswav] *vb voir* **recevoir**.

recoller [R(ə)kɔle] *vt (enveloppe)* wieder zukleben; *(assiette cassée, morceaux)* kleben.

récolte [Rekɔlt] *nf* Ernte *f*; *(de documents, d'observations)* Ausbeute *f*.

récolter [Rekɔlte] *vt* ernten.

recommandable [R(ə)kɔmɑ̃dabl] *adj* empfehlenswert; **peu** ~ nicht zu empfehlen.

recommandation [R(ə)kɔmɑ̃dasjɔ̃] *nf* Empfehlung *f*; **lettre de** ~ Empfehlungsschreiben *nt*.

recommandé, e [R(ə)kɔmɑ̃de] *adj (méthode etc)* empfohlen; **en** ~ *(PTT)* eingeschrieben.

recommander [R(ə)kɔmɑ̃de] *vt* empfehlen; *(PTT)* als Einschreiben schicken; **se recommander** *vpr*: **se** ~ **à qn** sich jdm empfehlen; ~ **à qn de faire qch** jdm empfehlen, etw zu tun; **il est recommandé de** es empfiehlt sich, zu; **se** ~ **de qn** sich auf jdn berufen.

recommencer [R(ə)kɔmɑ̃se] *vt* wieder anfangen; *(refaire)* noch einmal anfangen; *(récidiver)* noch einmal machen ♦ *vi* wieder anfangen; *(reprendre au commencement)* wieder von vorne anfangen; *(récidiver)* rückfällig werden; ~ **à faire qch** wieder anfangen, etw zu tun; **ne recommence pas!** fang bloß nicht wieder an!

récompense [Rekɔ̃pɑ̃s] *nf* Belohnung *f*; *(prix)* Preis *m*; **recevoir qch en** ~ etw zur *ou* als Belohnung bekommen.

récompenser [Rekɔ̃pɑ̃se] *vt* belohnen; ~ **qn de** *ou* **pour qch** jdn für etw belohnen.

recompter [R(ə)kɔ̃te] *vt, vi* noch einmal zählen.

réconciliation [Rekɔ̃siljasjɔ̃] *nf* Versöhnung *f*, Aussöhnung *f*.

réconcilier [Rekɔ̃silje] *vt* versöhnen, aussöhnen; *(opinions, doctrines)* in Einklang bringen; **se réconcilier** *vpr* sich versöhnen, sich aussöhnen.

reconductible [R(ə)kɔ̃dyktibl] *adj* verlängerbar.

reconduction [R(ə)kɔ̃dyksjɔ̃] *nf* Verlängerung *f*; *(d'une politique)* Fortsetzung *f*.

reconduire [R(ə)kɔ̃dɥiʀ] *vt (à la porte)* herausbegleiten; *(à la maison)* nach Hause bringen; *(JUR, POL)* verlängern.

réconfort [Rekɔ̃fɔʀ] *nm* Trost *m*.

réconfortant, e [Rekɔ̃fɔʀtɑ̃, ɑ̃t] *adj* tröstlich.

réconforter [Rekɔ̃fɔʀte] *vt (consoler)* trösten; *(revigorer)* stärken.

reconnais *etc* [R(ə)kɔnɛ] *vb voir* **reconnaître**.

reconnaissable [R(ə)kɔnɛsabl] *adj* erkennbar.

reconnaissais *etc* [R(ə)kɔnɛsɛ] *vb voir* **reconnaître**.

reconnaissance [R(ə)kɔnɛsɑ̃s] *nf (gratitude)* Dankbarkeit *f*; *(de gouvernement, pays)* Anerkennung *f*; *(de terrain, positions)* Erkundung *f*;

(MIL) Aufklärung *f*; **en** ~ *(MIL)* auf Erkundung ► **reconnaissance de dette** Schuldanerkennung *f*.

reconnaissant, e [R(ə)kɔnɛsɑ̃, ɑ̃t] *vb voir* **reconnaître** ♦ *adj* dankbar; **je vous serais** ~ **de bien vouloir faire qch** ich wäre Ihnen sehr dankbar, wenn Sie etw tun könnten.

reconnaître [R(ə)kɔnɛtʀ] *vt* erkennen; *(distinguer)* auseinanderhalten; *(avouer)* zugeben; *(pays, enfant, valeur etc)* anerkennen; *(difficultés, qualités)* zugestehen; *(MIL)* erkunden; **se reconnaître** *vpr* sich erkennen; ~ **que** zugeben *ou* zugestehen, daß; ~ **qn/qch à** jdn/etw erkennen an +*dat*; **je lui reconnais certaines qualités** ich gestehe ihm gewisse Qualitäten zu; **se** ~ **quelque part** sich irgendwo zurechtfinden.

reconnu, e [R(ə)kɔny] *pp de* **reconnaître** ♦ *adj* anerkannt.

reconquérir [R(ə)kɔ̃keRiR] *vt* zurückgewinnen.

reconquête [R(ə)kɔ̃kɛt] *nf* Wiedererlangen *nt*.

reconsidérer [R(ə)kɔ̃sideRe] *vt* noch einmal überdenken.

reconstituant, e [R(ə)kɔ̃stitɥɑ̃, ɑ̃t] *adj* stärkend, kräftigend ♦ *nm* Stärkungsmittel *nt*.

reconstituer [R(ə)kɔ̃stitɥe] *vt* rekonstruieren; *(fortune, patrimoine)* wiederherstellen; *(BIOL: tissus etc)* erneuern.

reconstitution [R(ə)kɔ̃stitysjɔ̃] *nf (v vt)* Rekonstruktion *f*; Wiederherstellung *f*; Erneuerung *f*.

reconstruction [R(ə)kɔ̃stRyksjɔ̃] *nf* Wiederaufbau *m*.

reconstruire [R(ə)kɔ̃stRɥiR] *vt* wiederaufbauen.

reconversion [R(ə)kɔ̃vɛRsjɔ̃] *nf* Umstellung *f*; *(recyclage)* Umschulung *f*.

reconvertir [R(ə)kɔ̃vɛRtiR] *vt* umschulen; *(usine)* umstellen; **se reconvertir** *vpr*: **se** ~ **dans** umschulen auf +*acc*.

recopier [R(ə)kɔpje] *vt (transcrire)* abschreiben; *(mettre au propre)* ins reine schreiben.

record [R(ə)kɔR] *nm* Rekord *m* ♦ *adj* Rekord-; **battre tous les** ~**s** alle Rekorde schlagen; **en un temps** ~ in Rekordzeit; **à une vitesse** ~ mit Rekordgeschwindigkeit ► **record du monde** Weltrekord *m*.

recoucher [R(ə)kuʃe] *vt (enfant)* wieder ins Bett bringen; **se recoucher** *vpr* wieder ins Bett gehen.

recoudre [R(ə)kudR] *vt (bouton)* wieder annähen; *(plaie, incision)* nähen.

recoupement [R(ə)kupmɑ̃] *nm*: **par** ~ durch Kombinieren.

recouper [R(ə)kupe] *vt (tranche)* (erneut) abschneiden; *(vêtement)* neu zuschneiden ♦ *vi* *(CARTES)* noch einmal abheben; **se recouper** *vpr (témoignages, déclarations)* übereinstimmen; ~ **du pain** mehr Brot abschneiden.

recourais *etc* [R(ə)kuRɛ] *vb voir* **recourir**.

recourbé, e [R(ə)kuRbe] *adj* gebogen, krumm.

recourber [R(ə)kuRbe] *vt* biegen.

recourir [R(ə)kuRiR] *vi* (*SPORT*) noch einmal laufen; ~ **à** (*personne, agence*) sich wenden an +*acc*; (*force, ruse, emprunt*) zurückgreifen auf +*acc*.

recours [R(ə)kuR] *vb voir* **recourir** ♦ *nm*: **le ~ à la violence** die Gewaltanwendung *f*; **le ~ à la ruse** die Verwendung einer List; **avoir ~ à** sich wenden an +*acc*; **en dernier ~** als letzter Ausweg; **c'est sans ~** es ist ausweglos ▶ **recours en grâce** Gnadengesuch *nt*.

recouru, e [RəkuRy] *pp de* **recourir**.

recousu, e [Rəkuzy] *pp de* **recoudre**.

recouvert, e [RəkuvɛR, ɛRt] *pp de* **recouvrir**.

recouvrable [R(ə)kuvRabl] *adj* (*somme*) eintreibbar.

recouvrais *etc* [RəkuvRɛ] *vb voir* **recouvrer; recouvrir**.

recouvrement [R(ə)kuvRəmɑ̃] *nm* (*d'une somme*) Eintreiben *nt*.

recouvrer [R(ə)kuvRe] *vt* (*la vue, santé, raison etc*) wiedererlangen; (*impôts, créance*) eintreiben, einziehen.

recouvrir [R(ə)kuvRiR] *vt* (*couvrir à nouveau*) wieder zudecken; (*couvrir entièrement*) zudecken; (*cacher*) verbergen; (*fig: embrasser*) umfassen; **se recouvrir** *vpr* (*idées, concepts*) sich decken.

recracher [R(ə)kRaʃe] *vt* ausspucken.

récréatif, -ive [RekReatif, iv] *adj* unterhaltsam, erholsam.

récréation [RekReasjɔ̃] *nf* (*détente*) Erholung *f*; (*SCOL*) Pause *f*.

recréer [R(ə)kRee] *vt* (*reconstruire*) wiederherstellen; (*fig: atmosphère, scène*) wiedererschaffen.

récrier [RekRije]: **se ~** *vpr* protestieren.

récriminations [RekRiminasjɔ̃] *nfpl* Vorwürfe *pl*.

récriminer [RekRimine] *vi*: ~ **contre qn/qch** sich über jdn/etw beschweren.

recroqueviller [R(ə)kRɔk(ə)vije]: **se ~** *vpr* (*plantes, feuilles*) sich aufrollen; (*personne*) sich zusammenkauern.

recru, e [RəkRy] *adj*: ~ **de fatigue** völlig erschöpft.

recrudescence [R(ə)kRydesɑ̃s] *nf* erneutes Aufflackern *nt*.

recrue [RəkRy] *nf* (*MIL*) Rekrut *m*; (*gén*) neues Mitglied *nt*.

recrutement [R(ə)kRytmɑ̃] *nm* (*v vt*) Aushebung *f*, Rekrutierung *f*; Einstellung *f*; (An)werbung *f*.

recruter [R(ə)kRyte] *vt* (*MIL*) ausheben; (*personnel, collaborateurs*) einstellen; (*clients, partisans, adeptes*) anwerben.

rectal, e, -aux [Rɛktal. o] *adj*: **par voie ~e** rektal.

rectangle [Rɛktɑ̃gl] *nm* Rechteck *nt* ▶ **rectangle blanc** (*TV*) Symbol für Filme, die für Jugendliche nicht geeignet sind.

rectangulaire [Rɛktɑ̃gylɛR] *adj* rechteckig.

recteur [RɛktœR] *nm* Rektor *m*.

rectificatif, -ive [Rɛktifikatif, iv] *adj* berichtigend ♦ *nm* Berichtigung *f*.

rectification [Rɛktifikasjɔ̃] *nf* (*v vt*) Begradigung *f*; Berichtigung *f*; Richtigstellung *f*.

rectifier [Rɛktifje] *vt* (*tracé, virage*) begradigen; (*calcul, compte, adresse*) berichtigen; (*erreur, faute*) richtigstellen, berichtigen.

rectiligne [Rɛktiliɲ] *adj* (*allée, mouvement*) gerade (verlaufend); (*GÉOM*) geradlinig.

rectitude [Rɛktityd] *nf* Rechtschaffenheit *f*.

recto [Rɛkto] *nm* Vorderseite *f*.

rectorat [RɛktɔRa] *nm* (*bureau*) Rektorat *nt*.

rectum [Rɛktɔm] *nm* Rektum *nt*, Mastdarm *m*.

reçu, e [R(ə)sy] *pp de* **recevoir** ♦ *adj* (*idées*) althergebracht; (*candidat*) der/die die Prüfung bestanden hat ♦ *nm* (*COMM*) Quittung *f*.

recueil [Rəkœj] *nm* Sammlung *f*.

recueillement [R(ə)kœjmɑ̃] *nm* Andacht *f*, Sammlung *f*.

recueilli, e [R(ə)kœji] *adj* andächtig.

recueillir [R(ə)kœjiR] *vt* sammeln; (*accueillir*) (bei sich) aufnehmen; **se recueillir** *vpr* sich sammeln.

recuire [R(ə)kɥiR] *vi*: **faire ~** noch einmal kochen.

recul [R(ə)kyl] *nm* (*d'une armée, épidémie etc*) Rückzug *m*; (*d'une arme à feu*) Rückstoß *m*, Rückschlag *m*; **avoir un mouvement de ~** zurückschrecken *ou* -fahren; **prendre du ~** Abstand nehmen; **avec le ~** mit der Zeit, im Laufe der Zeit.

reculade [R(ə)kylad] (*péj*) *nf* Rückzieher *m*.

reculé, e [R(ə)kyle] *adj* (*isolé*) zurückgezogen; (*lointain*) entfernt.

reculer [R(ə)kyle] *vi* (*véhicule*) sich rückwärts bewegen; (*conducteur*) rückwärts fahren; (*foule*) zurückweichen; (*épidémie, civilisation*) Boden verlieren; (*se dérober*) sich zurückziehen ♦ *vt* (*meuble*) zurückschieben; (*véhicule*) zurücksetzen; (*mur, frontières*) versetzen, verschieben; (*possibilités, limites*) erweitern; (*date, livraison, décision*) verschieben, hinausschieben; ~ **devant** (*danger, difficulté*) zurückschrecken vor.

reculons [R(ə)kylɔ̃]: **à ~** *adv* rückwärts.

récupérable [RekypeRabl] *adj* (*créance*) eintreibbar; (*heures*) aufzuholen(d); (*ferraille*) wiederverwertbar.

récupération [RekypeRasjɔ̃] *nf* (*de vieux métaux etc*) Wiederverwertung *f*; (*POL*) Übernahme *f*.

récupérer [RekypeRe] *vt* (*rentrer en possession de*) wiederbekommen; (*forces*) wiedererlangen; (*déchets etc*) wiederverwerten; (*journée, heure de travail*) wieder einholen, aufholen; (*délinquant etc*) rehabilitieren; (*POL*) übernehmen ♦ *vi* sich erholen.

récurer [RekyRe] *vt* scheuern; **poudre à ~** Scheuermittel *nt*.

reçus [Rəsy] *vb voir* **recevoir**.

récusable [Rekyzabl] *adj* (*v vt*) abzulehnen(d); zurückzuweisen(d).

récuser [Rekyze] *vt* (*témoin, juré*) ablehnen; (*ar-*

gument, témoignage) zurückweisen; **se récuser**
vpr sich für nicht zuständig erklären.
reçut [Rəsy] vb voir **recevoir**.
recyclage [R(ə)siklaʒ] nm (v vt) Umschulung f;
Wiederverwertung f; **cours de** ~ Umschulung.
recycler [R(ə)sikle] vt (SCOL, employés) umschulen; (matériaux, eaux usées etc) wiederverwerten; **se recycler** vpr sich weiterbilden.
rédacteur, -trice [Redaktœr, tRis] nm/f (journaliste) Redakteur(in) m(f); (d'ouvrage
de référence) Herausgeber(in) m(f); ~ **en chef**
Chefredakteur(in) m(f) ▶ **rédacteur publicitaire** Werbetexter(in) m(f).
rédaction [Redaksjɔ̃] nf (d'article, devoir) Schreiben nt; (de contrat) Aufsetzen nt; (JOURNA-
LISME) Redaktion f; (SCOL) Aufsatz m.
reddition [Redisjɔ̃] nf Kapitulation f.
redéfinir [R(ə)definiR] vt neu definieren.
redemander [Rədmɑ̃de] vt (renseignement)
nachfragen nach; (récupérer) zurück-
verlangen; ~ **de** nachverlangen.
redémarrer [R(ə)demaRe] vi (véhicule) wieder
losfahren; (fig: industrie etc) neuen Aufschwung nehmen.
rédemption [Redɑ̃psjɔ̃] nf Erlösung f.
redéploiement [R(ə)deplwamɑ̃] nm Umstrukturierung f.
redescendre [R(ə)desɑ̃dR] vi wieder herunterkommen ou -gehen ♦ vt (bagages etc) wieder
herunterholen; (pente etc) wieder heruntersteigen.
redevable [R(ə)dəvabl] adj: **être** ~ **de qch à qn**
(somme) jdm etw schulden; (service) jdm für
etw zu Dank verpflichtet sein; (vie) jdm etw
verdanken.
redevance [R(ə)dəvɑ̃s] nf (TÉL, TV) Gebühr f.
redevenir [R(ə)dəv(ə)niR] vi wieder werden.
rédhibitoire [RedibitwaR] adj: **vice** ~ Annullie-
rungsgrund m.
rediffuser [R(ə)difyze] vt wiederholen, noch
einmal senden.
rediffusion [R(ə)difyzjɔ̃] nf Wiederholung f.
rédiger [Rediʒe] vt (article, devoir etc) abfassen;
(contrat) aufsetzen.
redire [R(ə)diR] vt wiederholen; **avoir** ou **trouver**
à ~ **à qch** an einer Sache dat etwas auszusetzen haben.
redistribuer [R(ə)distRibɥe] vt (cartes etc) noch
einmal geben; (richesses, tâches, revenus) umverteilen.
redite [R(ə)dit] nf unnötige Wiederholung f.
redondance [R(ə)dɔ̃dɑ̃s] nf Redundanz f.
redonner [R(ə)dɔne] vt zurückgeben; (du courage, des forces) wiederherstellen.
redoublé, e [Rəduble] adj: **frapper à coups** ~**s**
doppelt so laut klopfen.
redoubler [R(ə)duble] vt (SCOL: classe) wiederholen; (lettre) verdoppeln ♦ vi (tempête, vent,
violence) zunehmen; (SCOL) sitzenbleiben; ~
de (amabilité, efforts, soins) verdoppeln; **le vent**
redouble de violence der Wind ist doppelt so
heftig geworden.

redoutable [R(ə)dutabl] adj furchtbar.
redouter [R(ə)dute] vt fürchten; ~ **que**
fürchten, daß; ~ **de faire qch** sich davor
fürchten, etw zu tun.
redoux [Rədu] nm Wärmeeinbruch m.
redressement [R(ə)dRɛsmɑ̃] nm (ÉCON) (Wieder)aufschwung m; ~ **fiscal** Steuernachzah-
lung f; **maison de** ~ Besserungsanstalt f.
redresser [R(ə)dRese] vt (arbre, mât) wieder
aufrichten; (pièce tordue) wieder geraderich-
ten; (AUTO) ausrichten; (AVIAT) hochziehen;
(situation, économie) sanieren, wiederherstellen; **se redresser** vpr (se remettre droit) sich
wieder aufrichten; (se tenir très droit) sich gerade aufrichten; (fig: pays, situation) wieder
auf die Beine kommen.
réducteur, -trice [Redyktœr, tRis] adj (péj: sim-
plificateur) vereinfachend.
réduction [Redyksjɔ̃] nf (de hauteur, quantité,
prix) Reduzierung f; (de salaire, amende, budget) Kürzung f; (de personnel) Einsparung f;
(de carte, photographie) Verkleinerung f; (rabais, remise) Rabatt m; **en** ~ in Miniatur.
réduire [RedɥiR] vt (hauteur, quantité, prix) reduzieren; (salaires, budget, texte, fraction) kürzen;
(personnel) einsparen; (consommation, vitesse,
tendance) reduzieren, drosseln; (carte, photographie) verkleinern; (MÉD: fracture) einrichten; (rebelles) bezwingen; (jus, sauce) einkochen; **se réduire à** vpr sich reduzieren auf
+acc; ~ **qn au silence** jdn zum Schweigen
bringen; ~ **qn au désespoir** jdn zur Verzweiflung treiben; ~ **qch à** (fig) etw zu-
rückführen auf +acc; ~ **qch en** (transformer)
etw verwandeln in +acc; **se** ~ **en** sich verwandeln in +acc; **en être réduit à** gezwungen
sein zu.
réduit, e [Redɥi, it] pp de **réduire** ♦ adj (prix, tarif)
reduziert; (échelle) verkleinert; (vitesse) ge-
drosselt ♦ nm (local) Abstellkammer f.
rééditer [Reedite] vt (ouvrage) neu herausgeben.
réédition [Reedisjɔ̃] nf (d'un ouvrage) Neuher-
ausgabe f; (ouvrage) Neuauflage f.
rééducation [Reedykasjɔ̃] nf (MÉD) Physiotherapie f; (de la parole) Sprechtherapie f; (de dé-
linquants) Rehabilitation f; **centre de** ~ phy-
siotherapeutisches Zentrum nt.
rééduquer [Reedyke] vt (blessé etc) physiothe-
rapeutisch behandeln; (délinquant) rehabilitieren.
réel, le [Reɛl] adj (non fictif) real, tatsächlich;
(salaire, valeur) tatsächlich; (intensif) wirklich,
echt ♦ nm Realität f.
réélection [Reelɛksjɔ̃] nf Wiederwahl f.
rééligible [Reeliʒibl] adj wiederwählbar.
réélire [ReeliR] vt wiederwählen.
réellement [Reɛlmɑ̃] adv wirklich.
réembaucher [Reɑ̃boʃe] vt wiedereinstellen.
réemployer [Reɑ̃plwaje] vt (méthode, produit)
wiederverwenden; (argent) neu investieren;
(personnel, employé) wieder einstellen.
rééquilibrer [ReekilibRe] vt (budget) (wieder)

ausgleichen; (*roues*) auswuchten; (*forces*) ausgleichen.

réescompte [ʀeɛskɔ̃t] *nm* Rediskontierung *f.*

réessayer [ʀeeseje] *vt* noch einmal versuchen.

réévaluation [ʀeevalɥasjɔ̃] *nf* Aufwertung *f.*

réévaluer [ʀeevalɥe] *vt* aufwerten.

réexaminer [ʀeɛgzamine] *vt* noch einmal untersuchen.

réexpédier [ʀeɛkspedje] *vt* (*à l'envoyeur*) zurücksenden; (*au destinataire*) nachsenden.

réexportation [ʀeɛkspɔʀtasjɔ̃] *nf* Wiederausfuhr *f.*

réexporter [ʀeɛkspɔʀte] *vt* wieder ausführen.

réf. *abr* (= *référence*) Bez.

refaire [ʀ(ə)fɛʀ] *vt* (*faire de nouveau*) noch einmal machen, wiederholen; (*recommencer, faire tout autrement*) neu machen; (*réparer*) reparieren; (*restaurer*) restaurieren; (*rétablir*) wiederherstellen; **se refaire** *vpr* (*en santé, argent etc*) sich erholen; **se ~ une santé** sich erholen; **se ~ à qch** (*se réhabituer à*) sich wieder an etw *acc* gewöhnen; **être refait** (*fam: dupé*) übers Ohr gehauen werden.

refasse [ʀəfas] *vb voir* **refaire**.

réfection [ʀefɛksjɔ̃] *nf* Instandsetzung *f*; **en ~** in Reparatur.

réfectoire [ʀefɛktwaʀ] *nm* Speisesaal *m*; (*de caserne*) Kantine *f.*

referai *etc* [ʀ(ə)fʀe] *vb voir* **refaire**.

référé [ʀefeʀe] *nm* (*JUR*) einstweilige Verfügung *f.*

référence [ʀefeʀɑ̃s] *nf* (*renvoi*) Verweis *m*; (*COMM: de lettre, facture*) Bezug(nahme *f*) *f*); **~s** *nfpl* (*recommandations*) Referenzen *pl*; **faire ~ à** Bezug nehmen auf +*acc*; **ouvrage de ~** Nachschlagewerk *nt*; **ce n'est pas une ~** das ist nicht gerade eine Empfehlung; **"~s exigées"** „bitte Referenzen angeben".

référendum [ʀefeʀɛ̃dɔm] *nm* Referendum *nt.*

référer [ʀefeʀe] *vt*: **en ~ à qn** jdm die Entscheidung überlassen; **se référer à** *vpr* (*ami, avis*) sich beziehen auf +*acc*; (*texte, définition*) sich beziehen auf +*acc*, Bezug nehmen auf +*acc*; (*se rapporter à*) zusammenhängen mit.

refermer [ʀ(ə)fɛʀme] *vt* wieder zumachen *ou* schließen; **se refermer** *vpr* sich schließen.

refiler [ʀ(ə)file] (*fam*) *vt*: **~ qch à qn** jdm etw andrehen.

refit [ʀəfi] *vb voir* **refaire**.

réfléchi, e [ʀefleʃi] *adj* (*personne, caractère*) besonnen, bedächtig; (*action, décision*) überlegt; (*LING*) reflexiv.

réfléchir [ʀefleʃiʀ] *vt* (*lumière, image*) reflektieren, (wider)spiegeln ♦ *vi* nachdenken, überlegen; **~ à** *ou* **sur** nachdenken über +*acc*; **c'est tout réfléchi** das ist bereits entschieden.

réflecteur [ʀeflɛktœʀ] *nm* (*AUTO*) Rückstrahler *m.*

reflet [ʀ(ə)flɛ] *nm* Spiegelbild *nt*, Spiegelung *f*; (*fig: d'une société, culture*) Spiegelbild; **~s** *nmpl* (*du soleil, de la lumière*) Widerschein *m*, Reflexe *pl*; (*d'une étoffe, d'un métal, des cheveux*) Schimmern *nt.*

refléter [ʀ(ə)flete] *vt* (*lumière, image, objet*) reflektieren, widerspiegeln; (*sentiments*) widerspiegeln; (*bonté etc*) erkennen lassen; **se refléter** *vpr* sich spiegeln; (*fig*) sich widerspiegeln.

reflex [ʀeflɛks] *adj inv* (*PHOTO*) Spiegelreflex-.

réflexe [ʀeflɛks] *nm* Reflex *m* ♦ *adj*: **mouvement ~** Reflexbewegung *f*; **avoir de bons ~s** gute Reflexe haben ► **réflexe conditionné** bedingter Reflex.

réflexion [ʀeflɛksjɔ̃] *nf* (*PHYS*) Reflexion *f*; (*fait de penser*) (Nach)denken *nt*; (*pensée*) Gedanke *m*; (*remarque*) Bemerkung *f*; **sans ~** unüberlegt; **après mûre ~** nach reiflicher Überlegung; **~ faite, à la ~** wenn ich es recht überlege; **cela demande ~** darüber müßte man erst einmal nachdenken; **délai de ~** Zeit *f* zum Nachdenken.

refluer [ʀ(ə)flye] *vi* (*eaux*) zurückfließen; (*foule, manifestants*) zurückströmen.

reflux [ʀəfly] *nm* Ebbe *f.*

refondre [ʀ(ə)fɔ̃dʀ] *vt* (*texte, manuel*) völlig umarbeiten *ou* neu bearbeiten.

refont [ʀ(ə)fɔ̃] *vb voir* **refaire**.

reformater [ʀ(ə)fɔʀmate] *vt* neu formatieren.

réformateur, -trice [ʀefɔʀmatœʀ, tʀis] *nm/f* Reformer(in) *m(f)*; (*REL*) Reformer(in) *m(f)* ♦ *adj* Reform-.

Réformation [ʀefɔʀmasjɔ̃] *nf* (*REL*) Reformation *f.*

réforme [ʀefɔʀm] *nf* Reform *f*; (*MIL*) Ausmusterung *f*; (*REL*) Reformation *f*; **conseil de ~** (*MIL*) Musterungsausschuß *m.*

réformé, e [ʀefɔʀme] *adj* (*REL*) reformiert ♦ *nm/f* (*REL*) Protestant(in) *m(f)* ♦ *nm* (*MIL*) Untauglicher *m.*

reformer [ʀ(ə)fɔʀme] *vt*: **~ les rangs** (*MIL*) ins Glied zurückfallen; **se reformer** *vpr* (*troupe, groupe*) sich neu formieren.

réformer [ʀefɔʀme] *vt* reformieren; (*MIL*) ausmustern.

réformisme [ʀefɔʀmism] *nm* Reformpolitik *f.*

réformiste [ʀefɔʀmist] *adj* (*POL*) reformfreudig, Reform- ♦ *nm/f* Reformpolitiker(in) *m(f).*

refoulé, e [ʀ(ə)fule] *adj* verklemmt.

refoulement [ʀ(ə)fulmɑ̃] *nm* (*d'envahisseurs*) Zurückdrängen *nt*; (*de liquide, PSYCH*) Verdrängung *f.*

refouler [ʀ(ə)fule] *vt* (*envahisseurs*) zurückdrängen; (*liquide, PSYCH*) verdrängen; (*larmes, colère*) unterdrücken.

réfractaire [ʀefʀaktɛʀ] *adj* (*rebelle*) aufsässig; (*TECH*) hitzebeständig; (*maladie*) die auf keine Behandlung anspricht; **être ~ à** (*ordres, discipline*) sich widersetzen +*dat.*

réfracter [ʀefʀakte] *vt* brechen.

réfraction [ʀefʀaksjɔ̃] *nf* Brechung *f.*

refrain [ʀ(ə)fʀɛ̃] *nm* Refrain *m*; (*fig*) Lied *nt.*

refréner, réfréner [ʀefʀene] *vt* zügeln.

réfrigérant, e [ʀefʀiʒeʀɑ̃, ɑ̃t] *adj* (*mélange*) Kühl-.

réfrigérateur [ʀefʀiʒeʀatœʀ] *nm* Kühlschrank *m*, Eisschrank *m.*

réfrigération [ʀefʀiʒeʀasjɔ̃] nf Kühlung f.
réfrigéré, e [ʀefʀiʒeʀe] adj (camion, wagon) Kühl-.
réfrigérer [ʀefʀiʒeʀe] vt (denrées alimentaires) kühlen; (fam: glacer) unterkühlen; (fig) abkühlen.
refroidir [ʀ(ə)fʀwadiʀ] vt (potage, café etc) abkühlen lassen; (air, atmosphère) kühler machen; (fig: enthousiasme, personne) abkühlen ♦ vi abkühlen; **se refroidir** vpr abkühlen; (prendre froid) sich erkälten.
refroidissement [ʀ(ə)fʀwadismɑ̃] nm Abkühlen nt; (grippe, rhume) Erkältung f.
refuge [ʀ(ə)fyʒ] nm Zuflucht f; (de montagne) Schutzhütte f; (pour piétons) Verkehrsinsel f; **chercher/trouver** ~ **auprès de qn** bei jdm Zuflucht suchen/finden.
réfugié, e [ʀefyʒje] adj geflüchtet ♦ nm/f Flüchtling m.
réfugier [ʀefyʒje]: **se** ~ vpr (se blottir) sich flüchten; **se** ~ **en France** nach Frankreich flüchten ou fliehen.
refus [ʀ(ə)fy] nm (v vt) Verweigerung f; Ablehnung f; Annahmeverweigerung f; **ce n'est pas de** ~ (fam) da sage ich nicht nein.
refuser [ʀ(ə)fyze] vt (ne pas accorder) verweigern; (ne pas accepter) ablehnen; (marchandise défectueuse etc) nicht annehmen ♦ vi (ÉQUITATION) verweigern; **se refuser** vpr: **se** ~ **à faire qch** sich weigern, etw zu tun; ~ **de faire qch** sich weigern, etw zu tun; ~ **du monde** Leute wegschicken; **se** ~ **à qn** sich jdm verweigern; **il ne se refuse rien** er läßt es sich an nichts fehlen.
réfutable [ʀefytabl] adj widerlegbar.
réfuter [ʀefyte] vt widerlegen; (objections) zerstreuen.
regagner [ʀ(ə)gaɲe] vt (argent) zurückgewinnen; (affection, faveur, amitié) wiedergewinnen; (lieu, place) zurückkommen nach; ~ **le temps perdu** verlorene Zeit wieder aufholen; ~ **du terrain** wieder an Boden gewinnen.
regain [ʀəgɛ̃] nm (herbe) Grummet nt; **un** ~ **de** (fig) ein neuer Aufschwung in +dat.
régal [ʀegal] nm Wonne f; **c'est un (vrai)** ~ das ist eine (wahre) Wonne; **un** ~ **pour les yeux** eine Wonne für die Augen, ein Augenschmaus m.
régalade [ʀegalad] nf: **boire à la** ~ aus der (vom Mund entfernt gehaltenen) Flasche trinken.
régaler [ʀegale] vt: ~ **qn** jdn fürstlich bewirten; **se régaler** vpr (faire un bon repas) schlemmen.
regard [ʀ(ə)gaʀ] nm Blick m; **parcourir du** ~ von oben bis unten ansehen; **menacer du** ~ drohend ansehen; **au** ~ **de la loi** dem Gesetz nach; **en** ~ gegenüber; **en** ~ **de** verglichen mit.
regardant, e [ʀ(ə)gaʀdɑ̃, ɑ̃t] (péj) adj: **peu** ~ (**sur**) nicht pingelig (mit); (dépensier) nicht knauserig (mit).

regarder [ʀ(ə)gaʀde] vt ansehen, betrachten; (livre, film, match) sich dat ansehen; (situation, avenir) betrachten; (considérer) im Auge haben, bedacht sein auf +acc; (concerner) angehen ♦ vi schauen, gucken; ~ **la télévision** fernsehen; ~ **dans le dictionnaire/l'annuaire** im Wörterbuch/im Telefonbuch nachsehen; ~ **par la fenêtre** aus dem Fenster sehen; ~ **vers** (maison) gehen nach; ~ **à** achten auf +acc; **dépenser sans** ~ mit seinem Geld verschwenderisch umgehen, sein Geld zum Fenster hinauswerfen; **cela me regarde** das ist meine Sache; **ça ne vous regarde pas** das geht Sie nichts an.
régates [ʀegat] nfpl Regatta f.
régénérer [ʀeʒeneʀe] vt regenerieren.
régent [ʀeʒɑ̃] nm Regent m.
régenter [ʀeʒɑ̃te] vt bestimmen über +acc.
régie [ʀeʒi] nf (ADMIN) Verwaltung f; (CINÉ, THÉÂT) Produktion f; (RADIO, TV) Regie f; ~ **d'État** staatlich geführtes Unternehmen.
regimber [ʀ(ə)ʒɛ̃be] vi (personne) sich sträuben.
régime [ʀeʒim] nm Regime nt; (ADMIN) System nt; (MÉD) Diät f; (d'un fleuve) Strömung(sverhältnisse pl) f; (d'un moteur) Drehzahl f; (fig: vitesse, allure) Geschwindigkeit f; (de bananes, dattes) Büschel nt; **suivre un/se mettre au** ~ Diät leben/auf Diät gehen; ~ **sans sel** salzlose Kost f ou Diät f; **à bas/haut** ~ (AUTO) niedertourig/hochtourig; **à plein** ~ auf vollen Touren ▶ **régime matrimonial** Ehe(schließungs)abkommen nt.
régiment [ʀeʒimɑ̃] nm (MIL) Regiment nt; **un** ~ **de** (fam) Heerscharen von; **un copain de** ~ ein Freund m aus der Militärzeit.
région [ʀeʒjɔ̃] nf Gegend f; (ADMIN) Gebiet nt; (ANAT) Bereich m; **la** ~ **parisienne** die Gegend um Paris.
régional, e, -aux [ʀeʒjɔnal, o] adj regional; (accords, administration) Regional-.
régionalisation [ʀeʒjɔnalizasjɔ̃] nf Regionalisierung f.
régionalisme [ʀeʒjɔnalism] nm Regionalismus m.
régir [ʀeʒiʀ] vt bestimmen; (LING aussi) regieren.
régisseur [ʀeʒisœʀ] nm Verwalter(in) m(f); (CINÉ, THÉÂT, TV) Produktionsassistent(in) m(f).
registre [ʀəʒistʀ] nm Register nt; (LING) Stilebene f, Register; (INFORM) Verzeichnis nt ▶ **registre de comptabilité** Hauptbuch nt ▶ **registre de l'état civil** Standesamtsregister nt.
réglable [ʀeglabl] adj verstellbar; (payable) zahlbar.
réglage [ʀeglaʒ] nm Einstellen nt.
règle [ʀɛgl] nf Regel f; (instrument) Lineal nt; (REL) Ordensregel f; ~**s** nfpl (MÉD) Regel; **avoir pour** ~ **de faire qch** es sich dat zur Regel machen, etw zu tun; **en** ~ (papiers) in Ordnung; **se mettre en** ~ seine Situation legalisieren; **mes papiers sont en** ~ meine Papiere

sind in Ordnung; **dans** *ou* **selon les** ~**s** den Regeln entsprechend; **être la** ~ die Regel sein; **être de** ~ üblich sein; **en** ~ **générale** generell, im allgemeinen ▶ **règle à calcul** Rechenschieber *m*, Rechenstab *m* ▶ **règle de trois** Dreisatz *m*.

réglé, e [ʀɛgle] *adj (affaire, vie, personne)* geregelt; *(papier)* liniert; **bien** ~**e** *(femme)* mit regelmäßigen Monatsblutungen.

règlement [ʀɛgləmɑ̃] *nm* Regelung *f*, Regeln *pl*; *(paiement)* Bezahlung *f*; ~ **à la commande** Bezahlung bei Bestellung; ~ **en espèces/par chèque** Barbezahlung *f*/Bezahlung mit Scheck ▶ **règlement de compte(s)** Begleichung *f* alter Rechnungen ▶ **règlement intérieur** Hausordnung *f*; *(SCOL)* Schulordnung *f* ▶ **règlement judiciaire** Zwangsvollstreckung *f*.

réglementaire [ʀɛgləmɑ̃tɛʀ] *adj* vorschriftsmäßig.

réglementation [ʀɛgləmɑ̃tasjɔ̃] *nf* Regulierung *f*; *(règlements)* Bestimmungen *pl*.

réglementer [ʀɛgləmɑ̃te] *vt (production, industrie, prix)* steuern, regulieren.

régler [ʀegle] *vt (mécanisme, machine)* regulieren, einstellen; *(moteur)* einstellen; *(thermostat etc)* regeln, einstellen; *(modalités, question, problème)* regeln; *(note, facture, dette)* regeln, bezahlen; *(fournisseur)* bezahlen; *(papier)* linieren; ~ **qch sur** etw ausrichten nach; ~ **son compte à qn** sich jdn vornehmen; ~ **un compte avec qn** mit jdm ein Hühnchen rupfen, mit jdm eine alte Rechnung begleichen.

réglisse [ʀeglis] *nf (plante)* Süßholz *nt*; **pâte de** ~ Lakritz *m ou nt*; **bâton de** ~ Lakritzstange *f*.

règne [ʀɛɲ] *nm* Herrschaft *f*; **le** ~ **végétal/animal** das Pflanzen-/Tierreich *nt*.

régner [ʀeɲe] *vi* herrschen.

regonfler [ʀ(ə)gɔ̃fle] *vt (ballon)* wieder aufblasen; *(pneu)* wieder aufpumpen.

regorger [ʀ(ə)gɔʀʒe] *vi:* ~ **de** überfließen vor +*dat ou* von.

régresser [ʀegʀese] *vi (phénomène)* nachlassen, zurückgehen; *(enfant, malade)* Rückschritte machen.

régressif, -ive [ʀegʀesif, iv] *adj* rückläufig.

régression [ʀegʀesjɔ̃] *nf* Rückgang *m*; *(de la délinquance)* Abnahme *f*; *(PSYCH)* Rückschritt *m*; **être en** ~ zurückgehen, abnehmen.

regret [ʀ(ə)gʀɛ] *nm (nostalgie)* Sehnsucht *f*; *(repentir)* Reue *f*; *(d'un projet non réalisé)* Bedauern *nt*; **à** ~ ungern; **avec** ~ mit Bedauern; **à mon grand** ~ zu meinem großen Bedauern; **être au** ~ **de ne pas pouvoir faire qch** leider *ou* bedauerlicherweise etw nicht tun können; **j'ai le** ~ **de vous informer que** bedauerlicherweise *ou* leider muß ich Ihnen mitteilen, daß.

regrettable [ʀ(ə)gʀetabl] *adj* bedauerlich.

regretter [ʀ(ə)gʀete] *vt (époque passée, personne partie)* nachtrauern +*dat*; *(imprudence, faute, décision)* bedauern; *(action commise)* bereuen;

~ **d'avoir fait qch** es bereuen, etw getan zu haben; ~ **que** es bedauern, daß; **je regrette** es tut mir leid; **non, je regrette** nein, tut mir leid.

regroupement [ʀ(ə)gʀupmɑ̃] *nm* Zusammenfassung *f*; *(groupe)* Gruppe *f*.

regrouper [ʀ(ə)gʀupe] *vt (grouper)* zusammenfassen; *(contenir)* umfassen; **se regrouper** *vpr* sich zusammenschließen.

régularisation [ʀegylaʀizasjɔ̃] *nf* Regulierung *f*; **être en voie de** ~ in Ordnung gebracht werden.

régulariser [ʀegylaʀize] *vt (fonctionnement)* regulieren; *(trafic)* regeln; *(papiers)* in Ordnung bringen; ~ **sa situation** seine Verhältnisse ordnen.

régularité [ʀegylaʀite] *nf (v régulier)* Regelmäßigkeit *f*; Gleichmäßigkeit *f*; gleichbleibende Leistung *f*; Legalität *f*; Anständigkeit *f*.

régulateur, -trice [ʀegylatœʀ, tʀis] *adj* Regulierungs-, regulierend ♦ *nm:* ~ **de vitesse/de température** Geschwindigkeits-/Temperaturregler *m*.

régulation [ʀegylasjɔ̃] *nf (du trafic)* Regelung *f* ▶ **régulation des naissances** Geburtenregelung *f*.

régulier, -ière [ʀegylje, jɛʀ] *adj* regelmäßig; *(uniforme)* gleichmäßig; *(constant)* gleichbleibend; *(légal)* ordnungsgemäß; *(fam: correct)* anständig; **clergé** ~ Ordensgeistliche *pl*; **troupes régulières** reguläre Truppen *pl*.

régulièrement [ʀegyljɛʀmɑ̃] *adv* regelmäßig; *(uniformément)* gleichmäßig; *(légalement)* ordnungsgemäß; *(normalement)* normalerweise.

régurgiter [ʀegyʀʒite] *vt* wieder hochbringen.

réhabiliter [ʀeabilite] *vt* rehabilitieren; *(quartier)* sanieren; **se réhabiliter** *vpr* sich rehabilitieren.

réhabituer [ʀeabitɥe]: **se** ~ *vpr:* **se** ~ **à qch** sich wieder an etw *acc* gewöhnen; **se** ~ **à faire qch** sich wieder daran gewöhnen, etw zu tun.

rehausser [ʀəose] *vt* erhöhen; *(dessin, portrait)* hervorheben.

réimporter [ʀeɛ̃pɔʀte] *vt* wiedereinführen.

réimpression [ʀeɛ̃pʀesjɔ̃] *nf* Neuauflage *f*.

réimprimer [ʀeɛ̃pʀime] *vt* neu auflegen.

rein [ʀɛ̃] *nm* Niere *f*; ~**s** *nmpl (dos)* Kreuz *nt*; **avoir mal aux** ~**s** Kreuzschmerzen haben ▶ **rein artificiel** künstliche Niere.

réincarnation [ʀeɛ̃kaʀnasjɔ̃] *nf* Reinkarnation *f*.

réincarner [ʀeɛ̃kaʀne]: **se** ~ *vpr* reinkarniert werden.

reine [ʀɛn] *nf* Königin *f*; *(ÉCHECS)* Dame *f* ▶ **reine mère** Königinmutter *f*.

reine-claude [ʀɛnklod] *(pl* ~**s**-~**s)** *nf* Reneklode *f*.

reinette [ʀɛnɛt] *nf* Renette *f*.

réinitialisation [ʀeinisjalizasjɔ̃] *nf* Resetten *nt*.

réinscrire [ʀeɛ̃skʀiʀ] *vt* wiedereinschreiben.

réinsérer [ʀeɛ̃seʀe] *vt* rehabilitieren.

réinsertion [ʀeɛ̃sɛʀsjɔ̃] *nf* Rehabilitation *f*.

réinstaller [ʀeɛ̃stale] *vt* (*étagère*) wieder anbringen; (*téléphone*) wieder anschließen; ~ **qn dans** (*fonctions*) jdn wieder einsetzen in +acc; **se réinstaller** *vpr* (*dans un fauteuil*) sich wieder hinsetzen; (*dans une maison*) sich wieder einrichten.

réintégrer [ʀeɛ̃tegʀe] *vt* (*lieu*) zurückkehren nach +acc; (*fonctionnaire*) wieder einsetzen.

réitérer [ʀeiteʀe] *vt* wiederholen.

rejaillir [ʀ(ə)ʒajiʀ] *vi* (*liquide*) aufspritzen; ~ **sur** spritzen auf +acc; (*fig*) zurückfallen auf +acc.

rejet [ʀəʒɛ] *nm* Ablehnung *f*; (*POÉSIE*) Enjambement *nt*; (*BOT*) Schößling *m*; **phénomène de ~** (*MÉD*) Abstoßung *f* (*eines implantierten Organes*).

rejeter [ʀəʒ(ə)te] *vt* (*écarter*) ablehnen; (*déverser*) hinauswerfen; (*renvoyer*) zurückwerfen; (*envahisseur*) zurückschlagen; (*vomir*) erbrechen; **se rejeter** *vpr*: **se ~ sur qch** auf etw *acc* zurückgreifen; ~ **la tête en arrière** den Kopf nach hinten werfen; ~ **la responsabilité de qch sur qn** die Verantwortung für etw auf jdn abwälzen.

rejeton [ʀəʒ(ə)tɔ̃] *nm* (*fam: enfant*) Sprößling *m*.

rejoindre [ʀ(ə)ʒwɛ̃dʀ] *vt* (*famille, régiment*) zurückkehren zu; (*lieu*) zurückkehren nach +acc; (*rattraper*) einholen; (*suj: route etc*) münden in +acc; **se rejoindre** *vpr* (*personnes*) sich treffen; (*routes*) zusammenlaufen; (*fig: observations, arguments*) übereinstimmen; **je te rejoins au café** ich treffe dich im Café.

réjoui, e [ʀeʒwi] *adj* freudig.

réjouir [ʀeʒwiʀ] *vt* (*personne, cœur*) erfreuen; (*regard*) eine Freude sein für; **se réjouir** *vpr* sich freuen; **se ~ de qch** sich über etw *acc* freuen; **se ~ de faire qch** Freude daran haben, etw zu tun; **se ~ que** sich (darüber) freuen, daß.

réjouissances [ʀeʒwisɑ̃s] *nfpl* (*fête*) Freudenfest *nt*.

réjouissant, e [ʀeʒwisɑ̃, ɑ̃t] *adj* freudig.

relâche [ʀəlɑʃ] *nf*: **faire ~** (*navire*) (in einen Hafen) einlaufen; (*CINÉ*) geschlossen haben; **jour de ~** (*CINÉ*) Ruhetag *m*; **sans ~** ohne Unterbrechung, ohne Pause.

relâché, e [ʀ(ə)lɑʃe] *adj* locker.

relâchement [ʀ(ə)lɑʃmɑ̃] *nm* (*de cordes, discipline*) Lockerung *f*; (*d'élève etc*) Nachlassen *nt*.

relâcher [ʀ(ə)lɑʃe] *vt* (*ressort, cordes, discipline*) lockern; (*animal, prisonnier*) freilassen ♦ *vi* (*NAUT*) Station machen; **se relâcher** *vpr* (*cordes*) sich lockern, locker werden; (*discipline*) sich lockern; (*élève etc*) nachlassen.

relais [ʀ(ə)lɛ] *nm* (*SPORT: course*) Staffel(lauf *m*) *f*; (*RADIO, TV*) Übertragung *f*; **satellite de ~** Übertragungssatellit *m*; **servir de ~** als Mittelsmann dienen; **équipe de ~** (*dans une usine*) Schicht *f*; **travail par ~** Schichtarbeit *f*; **prendre le ~ de qn** jdn ablösen ▶ **relais de poste** (*HIST*) Poststation *f* ▶ **relais routier** Raststätte *f* (*für LKW-Fahrer*).

relance [ʀəlɑ̃s] *nf* Aufschwung *m*.

relancer [ʀ(ə)lɑ̃se] *vt* (*balle*) zurückwerfen; (*moteur*) wieder anlassen; (*fig: économie, agriculture, projet*) ankurbeln; (*débiteur*) ermahnen.

relater [ʀ(ə)late] *vt* erzählen.

relatif, -ive [ʀ(ə)latif, iv] *adj* relativ; (*positions, situations*) gegenseitig; (*LING*) Relativ-; ~ **à qch** etw betreffend.

relation [ʀ(ə)lasjɔ̃] *nf* (*récit*) Erzählung *f*; (*rapport*) Relation *f*, Verhältnis *nt*; ~**s** *nfpl* (*rapports*) Beziehungen *pl*; (*sexuelles*) Verhältnis *nt*; (*amis*) Bekannte *pl*; **avoir des ~s** Beziehungen haben; **être/entrer en ~(s) avec** in Verbindung *ou* Kontakt stehen/treten mit; **mettre qn en ~(s) avec** jdn in Kontakt bringen mit; **avoir *ou* entretenir des ~s avec** Beziehungen haben *ou* unterhalten zu *ou* mit ▶ **relations internationales** internationale Beziehungen ▶ **relations publiques** (*COMM*) Public Relations *pl*, Öffentlichkeitsarbeit *f*.

relativement [ʀ(ə)lativmɑ̃] *adv* relativ; ~ **à** verglichen mit.

relativiser [ʀəlativize] *vt* relativieren.

relativité [ʀ(ə)lativite] *nf* Relativität *f*.

relax [ʀəlaks] *adj inv* (*personne*) gelassen; **fauteuil ~** *nm* Ruhesessel *m*.

relaxant, e [ʀ(ə)laksɑ̃, ɑ̃t] *adj* entspannend.

relaxation [ʀ(ə)laksasjɔ̃] *nf* Entspannung *f*.

relaxe [ʀəlaks] *adj* = **relax**.

relaxer [ʀəlakse] *vt* (*détendre*) entspannen; (*JUR: détenu*) freilassen, entlassen; **se relaxer** *vpr* sich entspannen.

relayer [ʀ(ə)leje] *vt* (*collaborateur, coureur etc*) ablösen; (*RADIO, TV*) übertragen; **se relayer** *vpr* sich *ou* einander ablösen.

relecture [ʀ(ə)lɛktyʀ] *nf* nochmaliges Lesen *nt*; (*rédaction*) Zweitkorrektur *f*.

relégation [ʀ(ə)legasjɔ̃] *nf* (*SPORT*) Abstieg *m*.

reléguer [ʀ(ə)lege] *vt* (*confiner*) verbannen; ~ **au second plan** an die zweite Stelle verweisen; **être relégué** (*SPORT*) absteigen; **se sentir relégué** sich abgeschoben fühlen.

relents [ʀəlɑ̃] *nmpl* Gestank *m*; (*fig*) Geruch *m*.

relève [ʀəlɛv] *nf* Ablösung *f*; (*personnes*) Ablösung(smannschaft) *f*; **prendre la ~** übernehmen.

relevé, e [ʀəl(ə)ve] *adj* (*bord de chapeau*) hochgeschlagen; (*manches*) hochgekrempelt; (*virage*) überhöht; (*conversation, style*) gehoben; (*sauce, plat*) scharf, stark gewürzt ♦ *nm* (*liste*) Aufstellung *f*; (*facture*) Rechnung *f*; (*d'un compteur*) Stand *m* ▶ **relevé d'identité bancaire** Bankverbindung und Kontonummer *f* ▶ **relevé de compte** Kontoauszug *m*.

relèvement [ʀ(ə)lɛvmɑ̃] *nm* (*d'un taux, niveau*) Erhöhung *f*.

relever [ʀəl(ə)ve] *vt* (*statue, meuble*) wieder aufstellen, wieder aufrichten; (*personne tombée*) wieder auf die Beine helfen +dat; (*vitre*) hochdrehen; (*store*) hochziehen; (*plafond, niveau de vie, salaire*) erhöhen; (*économie, entreprise*) einen Aufschwung geben +dat; (*col*) hochstellen; (*style, conversation*) verfeinern; (*plat, sauce*) würzen, verfeinern; (*sentinelle, équipe*) ablösen; (*souligner*) betonen, hervorheben; (*remarquer*) bemerken; (*répliquer à*) erwidern auf +*acc*; (: *défi*) annehmen; (*noter*) aufschreiben; (: *plan*) zu Papier bringen; (*compteur*) ablesen; (*cahiers, copies*) einsammeln; (*maille*) wieder aufnehmen ♦ *vi* (*jupe, bord*) sich hochschieben; **se relever** *vpr* aufstehen; ~ **qn de** (*fonctions, vœux*) jdn entbinden von; ~ **la tête** den Kopf heben; (*fig*) den Kopf wieder hoch tragen; ~ **de** *vt* (*être du ressort de*) eine Angelegenheit sein von.

relief [Rəljɛf] *nm* Relief *nt*; (*de pneu*) Profil *nt*; ~**s** *nmpl* (*restes*) Überreste *pl*; **en** ~ erhaben; (*photographie*) dreidimensional; **mettre en** ~ hervorheben; **donner du** ~ **à** plastisch machen.

relier [Rəlje] *vt* verbinden; (*livre*) binden; ~ **qch à** etw verbinden mit; **livre relié cuir** in Leder gebundenes Buch.

relieur, -euse [RəljœR, jøz] *nm/f* Buchbinder(in) *m(f)*.

religieusement [R(ə)liʒjøzmã] *adv* (*vivre*) fromm; (*enterré, mariés*) kirchlich; (*scrupuleusement*) gewissenhaft; (*écouter*) ganz genau.

religieux, -euse [R(ə)liʒjø, jøz] *adj* (*REL*) religiös; (*respect, silence*) andächtig ♦ *nm* Mönch *m* ♦ *nf* Nonne *f*; (*gâteau*) doppelter Windbeutel.

religion [R(ə)liʒjɔ̃] *nf* Religion *f*; **entrer en** ~ in einen Orden gehen *ou* eintreten.

reliquaire [RəlikɛR] *nm* Reliquienschrein *m*.

reliquat [Rəlika] *nm* (*d'une somme*) Restbetrag *m*.

relique [Rəlik] *nf* Reliquie *f*; (*souvenir*) Andenken *nt*.

relire [R(ə)liR] *vt* (*à nouveau*) noch einmal lesen; (*vérifier*) durchlesen, überprüfen; **se relire** *vpr* das Geschriebene noch einmal durchlesen.

reliure [RəljyR] *nf* (*art, métier*) Buchbinderei *f*; (*couverture*) Einband *m*.

reloger [R(ə)lɔʒe] *vt* anderswo unterbringen.

relu, e [Rəly] *pp de* **relire**.

reluire [R(ə)lɥiR] *vi* glänzen, schimmern.

reluisant, e [R(ə)lɥizã, ãt] *vb voir* **reluire** ♦ *adj*: **peu** ~ (*fig*) nicht gerade glänzend.

reluquer [R(ə)lyke] (*fam*) *vt* anstarren.

remâcher [R(ə)mɑʃe] *vt* (*rancune, échec*) nachgrübeln über +*acc*.

remailler [R(ə)mɑje] *vt* (*tricot*) stopfen; (*filet*) flicken.

remaniement [R(ə)manimã] *nm*: ~ **ministériel** Kabinettsumbildung *f*.

remanier [R(ə)manje] *vt* (*texte*) völlig umarbeiten; (*cabinet*) umbilden.

remarier [R(ə)maRje]: **se** ~ *vpr* sich wiederverheiraten.

remarquable [R(ə)maRkabl] *adj* (*événement, exploit*) bemerkenswert; (*orateur, médecin*) hervorragend, ausgezeichnet.

remarquablement [R(ə)maRkabləmã] *adv* außerordentlich.

remarque [R(ə)maRk] *nf* Bemerkung *f*; (*écrite*) Anmerkung *f*.

remarquer [R(ə)maRke] *vt* bemerken; **se remarquer** *vpr* auffallen; ~ **que** bemerken, daß; **se faire** ~ (*péj*) auffallen; **faire** ~ **à qn que** jdn darauf hinweisen, daß; **faire** ~ **qch à qn** jdn auf etw +*acc* hinweisen; **remarquez que**...

remballer [Rãbale] *vt* wieder einpacken.

rembarrer [RãbaRe] *vt*: ~ **qn** (*repousser*) jdn zurückweisen; (*remettre à sa place*) jdn zurechtweisen.

remblai [Rãblɛ] *nm* Böschung *f*, Damm *m*; **travaux de** ~ Aufschüttungsarbeiten *pl*.

remblayer [Rãbleje] *vt* (*route*) aufschütten; (*fossé*) zuschütten.

rembobiner [Rãbɔbine] *vt* wieder aufwickeln.

rembourrage [RãbuRaʒ] *nm* (*matière*) Polsterung *f*; (*de vêtement*) Wattierung *f*.

rembourré, e [RãbuRe] *adj* gepolstert.

rembourrer [RãbuRe] *vt* (*siège, dossier*) polstern; (*vêtements*) wattieren.

remboursable [RãbuRsabl] *adj* zurückzahlbar.

remboursement [RãbuRsəmã] *nm* (*de personne*) Rückerstattung *f*; **envoi contre** ~ Nachnahme *f*.

rembourser [RãbuRse] *vt* (*dette, emprunt*) zurückzahlen; (*personne*) bezahlen.

rembrunir [RãbRyniR]: **se** ~ *vpr* finster werden.

remède [R(ə)mɛd] *nm* (*médicament*) Heilmittel *nt*, Arzneimittel *nt*; (*traitement*) Behandlung *f*; (*fig*) (Heil)mittel *nt*; **trouver un** ~ **à** ein Mittel finden gegen.

remédier [R(ə)medje]: ~ **à** *vt* abhelfen +*dat*.

remembrement [R(ə)mãbRəmã] *nm* Flurbereinigung *f*.

remémorer [R(ə)memɔRe]: **se** ~ *vpr* sich *dat* ins Gedächtnis zurückrufen.

remerciements [RɔmɛRsimã] *nmpl* Dank *m*; **(avec) tous mes** ~ mit herzlichem *ou* bestem Dank.

remercier [R(ə)mɛRsje] *vt* danken +*dat*; (*congédier*) entlassen; ~ **qn de qch** jdm für etw danken; ~ **qn d'avoir fait qch** jdm dafür danken, daß er/sie etw gemacht hat; **non, je vous remercie** nein, danke.

remettre [R(ə)mɛtR] *vt* (*vêtement*) wieder anziehen; (*replacer*) zurückstellen; (*ajouter*) hinzufügen *ou* hinzugeben; (*rétablir: personne*) wieder auf die Beine bringen; (*rendre*) zurückgeben; (*confier*) übergeben; (*prix, récompense, décoration*) verleihen; (*ajourner*) verschieben; **se remettre** *vpr* (*personne malade*) sich erholen; (*temps*) (wieder) besser werden; ~ **qch en place** etw (an seinen Platz) zurücklegen *ou* zurückstellen; ~ **une pendule à l'heure** eine Uhr stellen; ~ **un moteur/une machine en marche** einen Motor/eine Maschine wieder in Gang bringen; ~ **en état** *ou* **en ordre** wieder in Ordnung bringen; ~ **en cause** *ou* **question** in Frage stellen; ~ **sa démission**

seine Kündigung einreichen, kündigen; ~ **au lendemain** auf morgen verschieben; ~ **à plus tard** auf später verschieben; ~ **à neuf** wieder wie neu machen; ~ **qn à sa place** (*fig*) jdn auf seinen Platz verweisen; **s'en** ~ **à** sich richten nach; **se** ~ **à faire qch** wieder anfangen, etw zu tun.

éminiscence [Reminisɑ̃s] *nf* Erinnerung *f*.

emis, e [R(ə)mi, iz] *pp de* **remettre**.

emise [R(ə)miz] *nf* (*d'un colis, d'une récompense etc*) Übergabe *f*; (*rabais*) Rabatt *m*, Nachlaß *m*; (*local*) Schuppen *m*, Remise *f* ► **remise à neuf** Renovierung *f* ► **remise de peine** Strafnachlaß *m* ► **remise en cause** Infragestellen *nt* ► **remise en ordre** Inordnungbringen *nt* ► **remise en question** Infragestellen.

emiser [R(ə)mize] *vt* (*outil, valise*) wegräumen; (*voiture*) wegstellen.

émission [Remisjɔ̃] *nf* (*dans une maladie*) leichte Besserung *f*; **sans** ~ unerbittlich.

emodeler [R(ə)mɔd(ə)le] *vt* neu formen; (*fig: restructurer*) umstrukturieren.

émois, e [Remwa, waz] *adj* aus Reims ♦ *nm/f*: **R~, e** Einwohner(in) *m(f)* von Reims.

emontant [R(ə)mɔ̃tɑ̃] *nm* Stärkung *f*.

emontée [R(ə)mɔ̃te] *nf* (*des eaux, de la fièvre etc*) erneutes Ansteigen *nt*, erneuter Anstieg *m* ► **remontées mécaniques** Skilifte *pl*.

emonte-pente [R(ə)mɔ̃tpɑ̃t] (*pl* ~-~**s**) *nm* (*SKI*) Skilift *m*.

emonter [R(ə)mɔ̃te] *vi* wieder ansteigen; (*sur un cheval*) wieder aufsteigen; (*après une descente*) wieder hinaufsteigen; (*dans une voiture*) wieder einsteigen; (*au deuxième étage etc*) wieder hinaufgehen; (*jupe*) hochrutschen; (*route*) ansteigen; (*baromètre, fièvre*) (wieder) steigen ♦ *vt* (*escalier*) wieder hinaufgehen; (*pente*) wieder hinaufsteigen; (*fleuve*) hinauffahren; (*: en nageant*) hinaufschwimmen; (*pantalon, manches*) hochkrempeln; (*col*) hochschlagen; (*limite, niveau*) erhöhen; (*réconforter*) aufmuntern; (*garde-robe, collection*) erneuern; (*montre, mécanisme*) aufziehen; ~ **à** (*dater de*) zurückgehen auf +*acc*; ~ **en voiture** wieder (ins Auto) einsteigen; ~ **le moral à qn** jds Laune verbessern.

emontoir [R(ə)mɔ̃twaR] *nm* Aufziehmechanismus *m*.

emontrances [R(ə)mɔ̃trɑ̃s] *nfpl* Rüge *f*, Tadel *m*.

emontrer [R(ə)mɔ̃tre] *vt* (*montrer de nouveau*) wieder zeigen; **en** ~ **à qn** es jdm zeigen.

emords [R(ə)mɔR] *nm* schlechtes Gewissen *nt*; **avoir des** ~ Gewissensbisse haben.

emorque [R(ə)mɔrk] *nf* Anhänger *m*; (*véhicule*) abschleppen; **prendre en** ~ (*bateau*) schleppen; **être à la** ~ **de qn** sich an jdn anhängen.

emorquer [R(ə)mɔrke] *vt* (*véhicule*) abschleppen; (*bateau*) schleppen.

emorqueur [R(ə)mɔrkœR] *nm* (*NAUT*) Schlepper *m*.

émoulade [Remulad] *nf* Remoulade *f*.

rémouleur [Remulœr] *nm* Scherenschleifer *m*.

remous [Rəmu] *nm* (*à l'arrière d'un navire*) Kielwasser *nt*; (*d'une rivière*) Wirbel *m*; ~ *nmpl* (*fig*) Unruhe *f*.

rempailler [Rɑ̃paje] *vt* (*chaise*) neu (mit Korbgeflecht) bespannen.

rempailleur, -euse [Rɑ̃pajœR, øz] *nm/f* Korbflechter(in) *m(f)* (*der/die Stühle repariert*).

rempart [Rɑ̃paR] *nm* (*de château, fig*) (Schutz)wall *m*; ~**s** *nmpl* Stadtmauer.

rempiler [Rɑ̃pile] *vt* (*dossiers, livres etc*) wieder aufstapeln ♦ *vi* (*fam: MIL*) sich länger verpflichten.

remplaçant, e [Rɑ̃plasɑ̃, ɑ̃t] *nm/f* Ersatz *m*; (*temporaire*) Vertretung *f*; (*THÉÂT*) Zweitbesetzung *f*.

remplacement [Rɑ̃plasmɑ̃] *nm* Vertretung *f*; (*permanent*) Ersatz *m*; **assurer le** ~ **de qn** die Vertretung für jdn übernehmen; **faire des** ~**s** Vertretungen übernehmen.

remplacer [Rɑ̃plase] *vt* ersetzen; (*temporairement*) vertreten; (*: acteur*) einspringen für; (*pneu*) wechseln; (*ampoule*) auswechseln; ~ **par** ersetzen durch.

rempli, e [Rɑ̃pli] *adj* (*journée, emploi du temps*) ausgefüllt, voll; (*forme, visage*) füllig; ~ **de** voll mit.

remplir [Rɑ̃pliR] *vt* füllen; (*journée, vacances, vie, questionnaire*) ausfüllen; (*obligations, promesses, conditions*) erfüllen; (*fonction, rôle*) ausüben, erfüllen; **se remplir** *vpr* sich füllen; ~ **qch de** etw füllen mit; ~ **qn de** jdn erfüllen mit.

remplissage [Rɑ̃plisaʒ] (*péj*) *nm* Füllsel *nt*.

rempocher [Rɑ̃pɔʃe] *vt* wieder in die Tasche stecken.

remporter [Rɑ̃pɔRte] *vt* (*livre, marchandise*) (wieder) mitnehmen; (*victoire, succès*) davontragen.

rempoter [Rɑ̃pɔte] *vt* umtopfen.

remuant, e [Rəmɥɑ̃, ɑ̃t] *adj* (*enfant etc*) lebhaft.

remue-ménage [R(ə)mymenaʒ] *nm inv* Tohuwabohu *nt*.

remuer [Rəmɥe] *vt* (*partie du corps*) bewegen; (*café*) umrühren; (*salade*) mischen; (*émouvoir*) rühren, bewegen; (*objet: déplacer*) verschieben ♦ *vi* (*dent*) wackeln; (*feuille, personne*) sich bewegen; (*fig*) sich bemerkbar machen; **se remuer** *vpr* (*se mouvoir*) sich bewegen; (*fam*) sich anstrengen.

rémunérateur, -trice [RemyneRatœR, tRis] *adj* einträglich, lukrativ.

rémunération [RemyneRasjɔ̃] *nf* Bezahlung *f*, Entlohnung *f*.

rémunérer [RemyneRe] *vt* (*personne*) bezahlen, entlohnen; (*travail*) bezahlen.

renâcler [R(ə)nɑkle] *vi* (*animal*) schnauben; (*fig*) murren.

Renaissance [R(ə)nɛsɑ̃s] *nf*: **la** ~ die Renaissance *f*.

renaître [R(ə)nɛtR] *vi* wiederaufleben; ~ **à l'espoir** neue Hoffnung schöpfen.

rénal, e, -aux [Renal, o] *adj* Nieren-.

renard [ʀ(ə)naʀ] *nm* Fuchs *m*; (*fourrure*) Fuchs(pelz) *m*.

renardeau [ʀ(ə)naʀdo] *nm* Fuchsjunges *nt*.

rencard [ʀɑ̃kaʀ] *nm* = **rancard**.

rencart [ʀɑ̃kaʀ] *nm* = **rebut**.

renchérir [ʀɑ̃ʃeʀiʀ] *vi* (*prix*) steigen; (*vie*) teurer werden, sich verteuern; ~ **(sur)** (*en paroles*) etwas hinzufügen (zu).

renchérissement [ʀɑ̃ʃeʀismɑ̃] *nm* Verteuerung *f*.

rencontre [ʀɑ̃kɔ̃tʀ] *nf* Treffen *nt*; (*SPORT*) Begegnung *f*; (*de cours d'eau*) Zusammenfluß *m*; (*de véhicules*) Zusammenstoß *m*; (*d'idées*) Zusammentreffen *nt*; **faire la ~ de qn** jds Bekanntschaft machen, jdn kennenlernen; **aller à la ~ de qn** jdm entgegengehen; **amours de ~** zufällige Liebschaften *pl*.

rencontrer [ʀɑ̃kɔ̃tʀe] *vt* sich treffen mit; (*par hasard*) treffen, begegnen +*dat*; (*SPORT*) treffen auf +*acc*; (*mot, expression, difficultés, opposition*) stoßen auf +*acc*; (*regard, yeux*) begegnen +*dat*; **se rencontrer** *vpr* (*personnes*) sich treffen, sich begegnen; (*fleuves*) zusammenfließen; (*regards*) sich begegnen; (*véhicules*) zusammenstoßen.

rendement [ʀɑ̃dmɑ̃] *nm* Leistung *f*; (*d'un investissement*) Ertrag *m*; **à plein ~** auf vollen Touren.

rendez-vous [ʀɑ̃devu] *nm inv* Verabredung *f*; (: *d'amoureux aussi*) Rendezvous *nt*; (*lieu*) Treffpunkt *m*; **recevoir sur ~:~** nur mit Voranmeldung zu sprechen sein; **donner** *ou* **fixer un ~:~ à qn** sich mit jdm verabreden; **avoir ~:~ (avec qn)** eine Verabredung (mit jdm) haben, (mit jdm) verabredet sein; **prendre ~:~ (avec qn)** sich (mit jdm) verabreden; **prendre ~:~ chez le médecin** sich *dat* einen Termin beim Arzt geben lassen ▶ **rendez-vous spatial** Ankoppelungsmanöver *nt* im Weltall.

rendormir [ʀɑ̃dɔʀmiʀ]: **se ~** *vpr* wieder einschlafen.

rendre [ʀɑ̃dʀ] *vt* zurückgeben; (*salut, visite etc*) erwidern; (*honneurs*) erweisen; (*vomir*) erbrechen; (*exprimer*) ausdrücken; (*verdict, jugement, etc*) erlassen; (*faire devenir*) machen; (*produire*) hervorbringen; **se rendre** *vpr* (*capituler*) sich ergeben; (*aller*) sich begeben, gehen; ~ **qn célèbre/qch possible** jdn berühmt/ etw möglich machen; ~ **la vue/l'espoir/la santé à qn** jdm das Augenlicht/die Hoffnung/ die Gesundheit wiedergeben; ~ **la liberté** die Freiheit schenken +*dat*; ~ **la monnaie** (Wechsel)geld herausgeben; **se ~ à** (*arguments, ordres*) sich beugen +*dat*; **se ~ insupportable/ malade** unerträglich werden/sich krank machen; **se ~ compte de qch** etw bemerken, sich *dat* einer Sache *gén* bewußt sein.

rendu, e [ʀɑ̃dy] *pp de* **rendre**.

renégat, e [ʀənega, at] *nm/f* Abtrünnige(r) *f(m)*.

renégocier [ʀənegɔsje] *vt* neu verhandeln.

rênes [ʀɛn] *nfpl* Zügel *pl*.

renfermé, e [ʀɑ̃fɛʀme] *adj* (*personne*) ver-schlossen ♦ *nm*: **sentir le ~** muffig riechen.

renfermer [ʀɑ̃fɛʀme] *vt* (*contenir*) enthalten; **se renfermer** *vpr*: **se ~ (sur soi-même)** sich (in sich selbst) zurückziehen.

renfiler [ʀɑ̃file] *vt* (*collier etc*) neu auffädeln; (*pull*) (wieder) überziehen.

renflé, e [ʀɑ̃fle] *adj* bauchig.

renflement [ʀɑ̃fləmɑ̃] *nm* Wölbung *f*.

renflouer [ʀɑ̃flue] *vt* (*bateau*) wieder flottmachen; (*fig*) aus seinen Schwierigkeiten heraushelfen.

renfoncement [ʀɑ̃fɔ̃smɑ̃] *nm* Vertiefung *f*, Nische *f*.

renforcer [ʀɑ̃fɔʀse] *vt* verstärken; (*expression, argument*) bekräftigen; (*soupçons*) bestärken; ~ **qn dans ses opinions** jdn in seiner Meinung bestätigen *ou* bestärken.

renfort [ʀɑ̃fɔʀ]: ~**s** *nmpl* Verstärkung *f*; **en ~** zur Verstärkung; **à grand ~ de** mit (einem) großen Aufwand an +*dat*.

renfrogné, e [ʀɑ̃fʀɔɲe] *adj* mißmutig, verdrießlich.

renfrogner [ʀɑ̃fʀɔɲe]: **se ~** *vpr* (*personne*) ein verdrießliches Gesicht machen; (*visage*) sich verziehen.

rengager [ʀɑ̃gaʒe] *vt* (*personnel*) wiedereinstellen; **se rengager** *vpr* (*MIL*) sich wieder verpflichten.

rengaine [ʀɑ̃gɛn] (*péj*) *nf* altes Lied *nt*.

rengainer [ʀɑ̃gene] *vt* (*revolver*) wieder ins Halfter stecken; (*épée*) wieder in die Scheide stecken; (*fam: compliment, discours*) zurücknehmen.

rengorger [ʀɑ̃gɔʀʒe]: **se ~** *vpr* sich aufplustern.

renier [ʀənje] *vt* verleugnen; (*engagements*) nicht anerkennen.

renifler [ʀ(ə)nifle] *vi* schnüffeln ♦ *vt* (*tabac*) schnupfen; (*odeur*) schnüffeln.

rennais, e [ʀɛnɛ, ɛz] *adj* aus Rennes ♦ *nm/f*: **R~, e** Einwohner(in) *m(f)* von Rennes.

renne [ʀɛn] *nm* Ren(tier) *nt*.

renom [ʀɔnɔ̃] *nm* Ruf *m*; **vin de grand ~** berühmter Wein *m*, Wein mit einem großen Namen.

renommé, e [ʀ(ə)nɔme] *adj* renommiert, berühmt ♦ *nf* Ruhm *m*; (*d'un magasin*) guter Ruf *m*, Renommee *nt*.

renoncement [ʀ(ə)nɔ̃smɑ̃] *nm* Verzicht *m*.

renoncer [ʀ(ə)nɔ̃se]: ~ **à** *vt* aufgeben; (*droit, succession*) verzichten auf +*acc*; ~ **à faire qch** darauf verzichten, etw zu tun; **j'y renonce** ich verzichte.

renouer [ʀənwe] *vt* (*cravate, lacets*) neu binden; (*conversation, liaison*) wieder anknüpfen; ~ **avec** (*tradition*) wieder anknüpfen an +*acc*; (*habitude*) wieder aufnehmen; ~ **avec qn** sich mit jdm wieder anfreunden.

renouveau, x [ʀ(ə)nuvo] *nm*: ~ **de succès** erneuter Erfolg *m*.

renouvelable [ʀ(ə)nuv(ə)labl] *adj* verlängerbar; (*expérience*) wiederholbar.

renouveler [ʀ(ə)nuv(ə)le] *vt* erneuern; (*personnel, membres d'un comité) austauschen; (passeport) erneuern, verlängern; (bail, contrat) verlängern; (usage, mode, style) wiederbeleben; (demande, remerciements, exploit, méfait) wiederholen; **se renouveler** vpr (incident) sich wiederholen; (cellules etc) sich erneuern; (artiste, écrivain) einen neuen Anfang machen.

renouvellement [ʀ(ə)nuvɛlmɑ̃] nm (v vt) Erneuern nt; Austauschen nt; Verlängerung f; Wiederbelebung f; Wiederholung f; Erneuerung f; Neuanfang m.

rénovation [ʀenɔvasjɔ̃] nf Renovierung f.

rénover [ʀenɔve] vt (immeuble) renovieren; (meuble) restaurieren; (enseignement, méthodes) erneuern; (quartier) sanieren.

renseignement [ʀɑ̃sɛɲmɑ̃] nm Auskunft f; (MIL) Aufklärung f; **prendre des ~s sur** Auskunft einholen über +acc, sich erkundigen über +acc; **(guichet des) ~s** Auskunft(sschalter m) f; **(service des) ~s** (TÉL) (Fernsprech)auskunft f; **service de ~s** Nachrichtendienst m; **agent de ~s** Geheimagent m; **les ~s généraux** ≈ die Geheimpolizei f.

renseigner [ʀɑ̃seɲe] vt: ~ **qn (sur)** jdn informieren (über +acc); **se renseigner** vpr sich erkundigen.

rentabiliser [ʀɑ̃tabilize] vt rentabel machen.

rentabilité [ʀɑ̃tabilite] nf Rentabilität f.

rentable [ʀɑ̃tabl] adj rentabel.

rente [ʀɑ̃t] nf (revenu d'un bien, capital) Einkommen nt, Rendite f; (pension) Rente f; (titre) Staatsanleihe f ► **rente viagère** Leibrente f.

rentier, -ière [ʀɑ̃tje, jɛʀ] nm/f Rentner(in) m(f).

rentrée [ʀɑ̃tʀe] nf: ~ **(d'argent)** Einnahmen pl; **la ~ (des classes)** der Schuljahresbeginn; **la ~ parlementaire** das Wiederzusammentreten nt des Parlamentes (nach den Ferien); **réussir sa ~** (artiste, acteur) ein Comeback machen.

rentrer [ʀɑ̃tʀe] vi (entrer de nouveau: venir) wieder hereinkommen; (: aller) wieder hineingehen; (entrer: venir) hereinkommen; (: aller) hineingehen; (chez soi: venir) nach Hause kommen; (: aller) nach Hause gehen; (pénétrer) eindringen; (revenu, argent) hereinkommen ♦ vt (foins) einbringen; (véhicule etc) abstellen; (chemise dans pantalon etc) hineinstecken; (griffes) einziehen; (train d'atterrissage) einfahren; (larmes, rage) zurückhalten, hinunterschlucken; ~ **dans un arbre** gegen einen Baum prallen; **être rentré dans l'ordre** wieder seinen geordneten ou normalen Gang gehen; ~ **dans ses frais** auf seine Kosten kommen; ~ **le ventre** den Bauch einziehen.

enverrai etc [ʀɑ̃vɛʀe] vb voir **renvoyer**.

renversant, e [ʀɑ̃vɛʀsɑ̃, ɑ̃t] adj umwerfend.

renverse [ʀɑ̃vɛʀs] nf: **à la ~** nach hinten.

renversé, e [ʀɑ̃vɛʀse] adj (écriture) nach links geneigt; (image) umgekehrt; (stupéfait) verdattert.

renversement [ʀɑ̃vɛʀsəmɑ̃] nm (d'un régime) Umsturz m; ~ **de la situation** Umkehrung f der Lage.

renverser [ʀɑ̃vɛʀse] vt (faire tomber) umwerfen, umstoßen, umkippen; (piéton) anfahren; (: tuer) totfahren; (liquide, contenu d'un récipient) verschütten; (inverser: image) umkehren; (ordre des mots etc) umdrehen; (tradition, ordre établi) umstoßen; (ministère, gouvernement) stürzen; (stupéfier) umwerfen; **se renverser** vpr (tomber) umfallen; (véhicule) umkippen; (liquide) verschüttet werden; ~ **la tête** den Kopf nach hinten beugen; ~ **la vapeur** (fig) den Kurs ändern.

renvoi [ʀɑ̃vwa] nm (licenciement) Entlassung f; (référence) Verweis m; (éructation) Rülpser m.

renvoyer [ʀɑ̃vwaje] vt zurückschicken; (congédier) entlassen; (TENNIS) zurückschlagen; (lumière, son) reflektieren; (ajourner) verschieben; ~ **qn à** (référer) jdn verweisen auf +acc; ~ **qch au lendemain** etw auf den nächsten Tag verschieben.

réorganisation [ʀeɔʀganizasjɔ̃] nf Umorganisation f.

réorganiser [ʀeɔʀganize] vt umorganisieren.

réorienter [ʀeɔʀjɑ̃te] vt umorientieren.

réouverture [ʀeuvɛʀtyʀ] nf Wiedereröffnung f.

repaire [ʀ(ə)pɛʀ] nm Höhle f.

repaître [ʀəpɛtʀ] vt weiden, ergötzen; **se repaître de** vpr sich ergötzen an +dat.

répandre [ʀepɑ̃dʀ] vt (renverser) verschütten; streuen; (étaler) streichen; **se répandre** vpr (liquide) ausfließen; (odeur, fumée) sich verbreiten; (foule) sich ergießen; (épidémie, mode etc) sich ausbreiten; **se ~ en** (injures, compliments) sich ergehen in +dat.

répandu, e [ʀepɑ̃dy] pp de **répandre** ♦ adj (courant) verbreitet.

réparable [ʀepaʀabl] adj reparabel, zu reparieren; (perte etc) wiedergutzumachen.

reparaître [ʀ(ə)paʀɛtʀ] vi wieder erscheinen.

réparateur, -trice [ʀepaʀatœʀ, tʀis] nm/f Reparierer(in) m(f).

réparation [ʀepaʀasjɔ̃] nf Reparatur f; (fig) Wiedergutmachung f; ~**s** nfpl (travaux) Reparaturarbeiten pl; **en ~** in Reparatur.

réparer [ʀepaʀe] vt reparieren; (fig) wiedergutmachen.

reparler [ʀ(ə)paʀle] vi: ~ **de qn/qch** noch einmal über jdn/etw sprechen; ~ **à qn** (après fâcherie) wieder mit jdm sprechen.

repars [ʀəpaʀ] vb voir **repartir**.

repartie [ʀepaʀti] nf schlagfertige Antwort f; **avoir de la ~** schlagfertig sein; **esprit de ~** Schlagfertigkeit f.

repartir [ʀ(ə)paʀtiʀ] vi (wieder) gehen; (retourner) zurückgehen; (moteur) wieder anspringen; (fig: affaire) sich wieder erholen; ~ **à zéro** noch einmal von vorne anfangen.

répartir [ʀepaʀtiʀ] vt verteilen; (somme, travail etc: aussi) aufteilen; **se répartir** vpr (travail) sich dat teilen; (rôles) aufteilen; **se ~ sur** verteilen über +acc; ~ **en** unterteilen in +acc.

répartition [ʀepaʀtisjɔ̃] nf (de somme, travail)

Aufteilung *f*; (*de personnes, objets, poids*) Verteilung *f*.
repas [ʀ(ə)pɑ] *nm* Mahlzeit *f*; **à l'heure des** ~ zur Essenszeit.
repassage [ʀ(ə)pɑsaʒ] *nm* Bügeln *nt*.
repasser [ʀ(ə)pɑse] *vi* (*passer de nouveau*) wieder vorbeikommen ♦ *vt* (*vêtement, tissu*) bügeln; (*examen*) noch einmal machen; (*film*) noch einmal zeigen; (*plat, pain*) (noch einmal) reichen; (*leçon, rôle*) wiederholen.
repasseuse [ʀ(ə)pɑsøz] *nf* (*machine*) Bügelmaschine *f*.
repayer [ʀ(ə)peje] *vt* zurückzahlen.
repêchage [ʀ(ə)pɛʃaʒ] *nm*: **examen de** ~ Nachprüfung *f*.
repêcher [ʀ(ə)peʃe] *vt* (*noyé*) auffischen, bergen; (*fam: candidat*) retten.
repeindre [ʀ(ə)pɛ̃dʀ] *vt* neu streichen.
repenser [ʀ(ə)pɑ̃se] *vi*: ~ **à qch** (*par hasard*) sich an etw *acc* erinnern; (*considérer à nouveau*) etw noch einmal überdenken.
repentir [ʀəpɑ̃tiʀ]: **se** ~ *vpr* Reue empfinden ♦ *nm* Reue *f*; **se** ~ **de qch** etw bereuen; **se** ~ **d'avoir fait qch** bereuen, etw getan zu haben.
répercussions [ʀepɛʀkysjɔ̃] *nfpl* Auswirkungen *pl*, Folgen *pl*.
répercuter [ʀepɛʀkyte] *vt* (*son, voix*) reflektieren; (*informations, hausse des prix, impôt, taxe*) weitergeben; (*consignes, charges etc*) weiterleiten; **se répercuter** *vpr* (*bruit, écho*) widerhallen; **se** ~ **sur** (*fig*) sich auswirken auf +*acc*.
repère [ʀ(ə)pɛʀ] *nm* Zeichen *nt*, Markierung *f*; (*monument etc*) Orientierungshilfe *f*; **point de** ~ Bezugspunkt *m*.
repérer [ʀ(ə)peʀe] *vt* entdecken; (*abri, ennemi*) auskundschaften; **se repérer** *vpr* (*s'orienter*) sich zurechtfinden; **se faire** ~ entdeckt werden.
répertoire [ʀepɛʀtwaʀ] *nm* Verzeichnis *nt*, Register *nt*; (*INFORM*) Verzeichnis; (*d'un artiste, chanteur*) Repertoire *nt*.
répertorier [ʀepɛʀtɔʀje] *vt* auflisten.
répéter [ʀepete] *vt* wiederholen; (*rapporter*) weitererzählen, weitersagen; (*leçon*) noch einmal durcharbeiten; (*THÉÂT etc*) proben ♦ *vi* (*THÉÂT etc*) proben; **se répéter** *vpr* sich wiederholen; **je te répète que** ich sage dir noch einmal, daß.
répétitif, -ive [ʀepetitif, iv] *adj* sich dauernd wiederholend, monoton.
répétition [ʀepetisjɔ̃] *nf* Wiederholung *f*; (*THÉÂT*) Probe *f*; ~**s** *nfpl* (*leçons*) Nachhilfestunden *pl*; **armes à** ~ Repetiergewehre *pl*, Mehrlader *pl* ▶ **répétition générale** Generalprobe *f*.
repeupler [ʀ(ə)pœple] *vt* (*pays*) wiederbevölkern; (*forêt*) wieder mit Wild besetzen.
repiquage [ʀ(ə)pikaʒ] *nm* (*de plantes*) Verpflanzen *nt*; (*d'enregistrement*) Neuaufnahme *f*.
repiquer [ʀ(ə)pike] *vt* (*plantes*) versetzen; (*enregistrement*) noch einmal aufnehmen.
répit [ʀepi] *nm* Erholungspause *f*; **sans** ~ unun-

terbrochen, unablässig; **ne pas laisser de** ~ **à qn** jdm keine Ruhe lassen.
replacer [ʀ(ə)plase] *vt* zurücktun.
replanter [ʀ(ə)plɑ̃te] *vt* (*plantes*) umsetzen; (*forêt*) aufforsten.
replat [ʀəpla] *nm* Felsvorsprung *m*.
replâtrer [ʀ(ə)plɑtʀe] *vt* (*mur*) neu verputzen; (*fig*) flicken.
replet, -ète [ʀəplɛ, ɛt] *adj* dick.
repli [ʀəpli] *nm* (*d'une étoffe*) Falte *f*; (*MIL, fig*) Rückzug *m* ▶ **replis de terrain** Bodenwellen *pl*.
replier [ʀ(ə)plije] *vt* (*vêtement*) zusammenfalten; (*jambes*) unterschlagen; **se replier** *vpr* (*troupes, armée*) sich zurückziehen, zurückweichen; **se** ~ **sur soi-même** sich (in sich selbst) zurückziehen.
réplique [ʀeplik] *nf* (*repartie*) Antwort *f*, Erwiderung *f*; (*objection*) Einwand *m*; (*THÉÂT*) Replik *f*, Erwiderung; (*copie*) Nachahmung *f*; **donner la** ~ **à qn** jdm sein Stichwort geben; **sans** ~ (*ton*) keine Widerrede duldend; (*argument*) nicht zu widerlegen.
répliquer [ʀeplike] *vi* (*répondre*) erwidern; (*avec impertinence*) Widerworte geben; (*riposter*) zurückschlagen; ~ **à** erwidern auf +*acc*; ~ **que** antworten *ou* erwidern, daß.
replonger [ʀ(ə)plɔ̃ʒe] *vt* wieder eintauchen; **se replonger** *vpr*: **se** ~ **dans** sich wieder vertiefen in +*acc*.
répondant, e [ʀepɔ̃dɑ̃, ɑ̃t] *nm/f* Bürge *m*, Bürgin *f*.
répondeur [ʀepɔ̃dœʀ] *nm*: ~ **automatique** automatischer Anrufbeantworter *m*.
répondre [ʀepɔ̃dʀ] *vi* antworten; (*avec impertinence*) Widerworte geben; (*freins, mécanisme*) reagieren, ansprechen; ~ **à** (*question, remarque, invitation etc*) antworten auf +*acc*; (*personne*) antworten +*dat*; (*avec impertinence*) Widerworte geben +*dat*; (*convocation*) Folge leisten +*dat*; (*affection, salut, sourire*) erwidern; (*excitation, provocation*) reagieren auf +*acc*; (*suj: véhicule, mécanisme*) ansprechen auf +*acc*; (*correspondre à*) entsprechen +*dat*; ~ **que** antworten, daß; ~ **de** bürgen für.
réponse [ʀepɔ̃s] *nf* Antwort *f*; (*solution*) Lösung *f*; (*réaction*) Reaktion *f*; **avec** ~ **payée** mit Rückantwort; **avoir** ~ **à tout** auf alles eine Antwort haben; **en** ~ **à** als Antwort auf +*acc*.
report [ʀəpɔʀ] *nm* (*ajournement*) Verschieben *nt*; (*de total, suffrages*) Übertrag *m*.
reportage [ʀ(ə)pɔʀtaʒ] *nm* Reportage *f*; (*écrit*) Bericht *m*.
reporter¹ [ʀəpɔʀtɛʀ] *nm* Reporter(in) *m(f)*.
reporter² [ʀəpɔʀte] *vt* (*ajourner*) verschieben; (*transférer*) übertragen; **se reporter** *vpr*: **se** ~ **à** (*époque*) sich zurückversetzen in +*acc*; (*document, texte*) sich beziehen auf +*acc*.
repos [ʀ(ə)po] *nm* Ruhe *f*; ~! (*MIL*) rühren!; **au** ~ in Ruhestellung; (*soldat*) der nicht strammsteht; **ce n'est pas de tout** ~ es ist kein reines Vergnügen.

reposant, e [ʀ(ə)pozɑ̃, ɑ̃t] *adj* erholsam; (*sommeil*) erfrischend.

repose [ʀ(ə)poz] *nf* (*de moteur, appareil*) Wiedereinbau *m*.

reposé, e [ʀ(ə)poze] *adj* ausgeruht, frisch; à **tête** ~e in aller Ruhe.

repose-pied [ʀəpozpje] *nm inv* (*de motocyclette*) Fußraste *f*; (*de fauteuil*) Fußstütze *f*.

reposer [ʀ(ə)poze] *vt* (*verre*) wieder hinstellen *ou* absetzen; (*livre*) wieder hinlegen; (*rideaux, carreaux*) wieder anbringen; (*question*) wieder aufwerfen; (*délasser*) entspannen, erfrischen ♦ *vi* (*liquide, pâte*) ruhen; **se reposer** *vpr* (*se délasser*) sich ausruhen; **ici repose** hier ruht; ~ **sur** (*suj: bâtiment*) ruhen auf +*dat*; (*fig: affirmation*) beruhen auf +*dat*; **se ~ sur qn** sich auf jdn verlassen.

repoussant, e [ʀ(ə)pusɑ̃, ɑ̃t] *adj* abstoßend.

repousser [ʀ(ə)puse] *vi* nachwachsen ♦ *vt* (*personne*) abstoßen, zurückstoßen; (*ennemi, attaque*) zurückschlagen; (*offre, proposition, tentation*) ablehnen; (*rendez-vous, entrevue*) aufschieben; (*tiroir, table*) zurückschieben; (*cuir*) (mit der Hand) prägen.

répréhensible [ʀepʀeɑ̃sibl] *adj* tadelnswert.

reprendre [ʀ(ə)pʀɑ̃dʀ] *vt* (*prisonnier*) wieder festnehmen *ou* ergreifen; (*MIL: ville*) zurückerobern; (*aller chercher*) wieder abholen; (*prendre à nouveau*) wieder nehmen; (*récupérer, COMM: article usagé*) zurücknehmen; (*se resservir de*) noch einmal nehmen; (*firme, entreprise, argument, idée*) übernehmen; (*recommencer*) wieder aufnehmen; (*refaire: article etc*) bearbeiten; (: *jupe, pantalon*) ändern; (*rejouer*) erneut bringen; (*réprimander*) tadeln; (*corriger*) verbessern ♦ *vi* (*cours, classes*) wieder anfangen, wieder beginnen; (*froid, pluie etc*) wieder einsetzen; (*affaires, industrie*) sich erholen; **se reprendre** *vpr* (*se corriger*) sich verbessern; (*se ressaisir*) sich fangen; **s'y ~ à deux fois** es zweimal versuchen; ~ **courage** wieder Mut schöpfen, neuen Mut schöpfen; ~ **des forces** wieder zu Kräften kommen, neue Kraft schöpfen; ~ **ses habitudes/sa liberté** wieder in seine alten Gewohnheiten verfallen/seine Freiheit wiedererlangen; ~ **la route/l'air** sich wieder auf den Weg machen/weiterfliegen; ~ **connaissance** wieder zu Bewußtsein *ou* zu sich kommen; ~ **haleine** *ou* **son souffle** verschnaufen; ~ **la parole** wieder das Wort ergreifen; **je reprends** ich fahre fort; **reprit-il** sagte er; ~ **du pain** noch einmal Brot nehmen; ~ **un œuf** noch ein Ei nehmen.

reprenne *etc* [ʀəpʀɛn] *vb voir* **reprendre**.

représailles [ʀ(ə)pʀezaj] *nfpl* Repressalien *pl*.

représentant, e [ʀ(ə)pʀezɑ̃tɑ̃, ɑ̃t] *nm/f* Vertreter(in) *m(f)*; (*COMM*) Handelsvertreter(in) *m(f)*.

représentatif, -ive [ʀ(ə)pʀezɑ̃tatif, iv] *adj* repräsentativ.

représentation [ʀ(ə)pʀezɑ̃tasjɔ̃] *nf* (*symbole, image*) Darstellung *f*; (*de pièce, opéra*) Auf-

führung *f*; (*de pays, syndicat, maison de commerce*) Vertretung *f*; **faire de la** ~ (*COMM*) Vertreter(in) sein; **frais de** ~ (*d'un diplomate*) Aufwandsentschädigung *f*.

représenter [ʀ(ə)pʀezɑ̃te] *vt* darstellen; (*pièce, opéra*) aufführen; (*pays, syndicat, maison de commerce*) vertreten; **se représenter** *vpr* (*occasion*) sich wieder bieten; (*s'imaginer*) sich *dat* vorstellen; **se** ~ **à** (*examen*) sich noch einmal melden zu; (*élections*) sich noch einmal aufstellen lassen zu.

répressif, -ive [ʀepʀesif, iv] *adj* repressiv.

répression [ʀepʀesjɔ̃] *nf* (*v réprimer*) Unterdrückung *f*; Niederschlagen *nt*; Bestrafung *f*; (*POL*) Repression *f*; **mesures de** ~ Strafmaßnahmen *pl*.

réprimande [ʀepʀimɑ̃d] *nf* Tadel *m*, Verweis *m*.

réprimander [ʀepʀimɑ̃de] *vt* tadeln.

réprimer [ʀepʀime] *vt* (*désirs, passions, envie*) unterdrücken; (*révolte*) niederschlagen; (*abus, désordres*) vorgehen gegen, bestrafen.

repris, e [ʀ(ə)pʀi, iz] *pp de* **reprendre** ♦ *nm*: ~ **de justice** Vorbestrafter *m*.

reprise [ʀ(ə)pʀiz] *nf* (*MIL*) Rückeroberung *f*; (*de firme, entreprise*) Übernahme *f*; (*de texte, article*) Bearbeitung *f*; (*recommencement*) Wiederbeginn *m*; (*économique*) Wiederaufschwung *m*; (*THÉÂT, TV, CINÉ*) Wiederholung *f*; (*BOXE etc*) Runde *f*; (*AUTO: en accélérant*) Beschleunigung *f*; (*COMM: d'un article usagé*) Inzahlungnahme *f*; (*de location*) Ablösesumme *f*; (*raccommodage*) Kunststopfen *nt*; **la** ~ **des hostilités** die Wiederaufnahme der Feindseligkeiten; **à plusieurs** ~s mehrmals.

repriser [ʀ(ə)pʀize] *vt* (*raccommoder*) stopfen; **aiguille à** ~ Stopfnadel *f*.

réprobateur, -trice [ʀepʀɔbatœʀ, tʀis] *adj* tadelnd, mißbilligend.

réprobation [ʀepʀɔbasjɔ̃] *nf* Mißbilligung *f*.

reproche [ʀ(ə)pʀɔʃ] *nm* Vorwurf *m*; **ton/air de** ~ vorwurfsvoller Ton *m*/Blick *m*; **faire des** ~s à qn jdm Vorwürfe machen; **faire** ~ à qn d'avoir menti jdm vorwerfen, daß er/sie gelogen hat; **sans** ~(s) tadellos.

reprocher [ʀ(ə)pʀɔʃe] *vt* vorwerfen; **se** ~ sich *dat* vorwerfen; **n'avoir rien à** ~ à qch an etw *dat* nichts auszusetzen haben.

reproducteur, -trice [ʀ(ə)pʀɔdyktœʀ, tʀis] *adj* Fortpflanzungs-.

reproduction [ʀ(ə)pʀɔdyksjɔ̃] *nf* (*de nature, de son*) Wiedergabe *f*; (*tableau, dessin*) Reproduktion *f*; (*BIOL*) Fortpflanzung *f*; **droits de** ~ (*Vervielfältigungs*)rechte *pl*; ~ **interdite** alle Rechte vorbehalten.

reproduire [ʀ(ə)pʀɔdɥiʀ] *vt* (*nature, réalité, son*) wiedergeben; (*dessin etc*) reproduzieren; **se reproduire** *vpr* (*BIOL*) sich fortpflanzen; (*faits, erreurs*) sich wiederholen.

reprographie [ʀ(ə)pʀɔgʀafi] *nf* Reprographie *f*.

réprouvé, e [ʀepʀuve] *nm/f* Gestrauchelte(r) *f(m)*.

réprouver [ʀepʀuve] *vt* mißbilligen.
reptation [ʀɛptasjɔ̃] *nf* Kriechen *nt*.
reptile [ʀɛptil] *nm* Reptil *nt*, Kriechtier *nt*.
repu, e [ʀəpy] *pp de* **repaître ♦** *adj* satt.
républicain, e [ʀepyblikɛ̃, ɛn] *adj* republikanisch ♦ *nm/f* Republikaner(in) *m(f)*.
république [ʀepyblik] *nf* Republik *f*; R~ **centrafricaine** Zentralafrikanische Republik; R~ **démocratique allemande** Deutsche Demokratische Republik; R~ **dominicaine** Dominikanische Republik; R~ **fédérale d'Allemagne** Bundesrepublik Deutschland *f*; R~ **populaire de Chine** Volksrepublik China *f*.
répudier [ʀepydje] *vt (femme)* verstoßen; *(opinion, doctrine)* verwerfen.
répugnance [ʀepyɲɑ̃s] *nf* Ekel *m*, Abscheu *m ou f*; **avoir** *ou* **éprouver de la ~ pour** *(médicament)* sich ekeln vor; *(comportement, travail)* verabscheuen; **avoir** *ou* **éprouver de la ~ à faire qch** etw sehr ungern tun.
répugnant, e [ʀepyɲɑ̃, ɑ̃t] *adj* ekelhaft, abscheulich.
répugner [ʀepyɲe]: ~ **à** *vt (suj: nourriture)* anekeln; (: *comportement)* anwidern; ~ **à faire qch** etw sehr ungern tun.
répulsion [ʀepylsjɔ̃] *nf* Abscheu *m ou f*.
réputation [ʀepytasjɔ̃] *nf* Ruf *m*; **avoir la ~ d'être avare** den Ruf haben, geizig zu sein; **connaître qn/qch de ~** jdn/etw dem Namen nach kennen; **de ~ mondiale** von Weltruf, weltberühmt.
réputé, e [ʀepyte] *adj* berühmt; **être ~ pour** berühmt sein für.
requérir [ʀəkeʀiʀ] *vt (nécessiter)* erfordern; *(JUR)* fordern.
requête [ʀəkɛt] *nf (prière)* Bitte *f*; *(JUR)* Ersuchen *nt*.
requiem [ʀekɥijɛm] *nm (REL)* Totenmesse *f*; *(MUS)* Requiem *nt*.
requiers *etc* [ʀəkjɛʀ] *vb voir* **requérir**.
requin [ʀəkɛ̃] *nm* Hai *m*.
requinquer [ʀ(ə)kɛ̃ke] *vt (fam)* aufmöbeln.
requis, e [ʀəki, iz] *pp de* **requérir ♦** *adj* erforderlich.
réquisition [ʀekizisjɔ̃] *nf (v vt)* Requirierung *f*; Dienstverpflichtung *f*.
réquisitionner [ʀekizisjɔne] *vt* beschlagnahmen; *(civils etc)* dienstverpflichten.
réquisitoire [ʀekizitwaʀ] *nm (JUR)* Schlußplädoyer *nt (der Anklage)*; ~ **contre** Anklage *f* gegen.
RER [ɛʀøɛʀ] *sigle m (= Réseau express régional)* Schnellzugnetz *von Paris.*
rescapé, e [ʀɛskape] *nm/f* Überlebende(r) *f(m)*.
rescousse [ʀɛskus] *nf*: **aller/venir à la ~ de qn** jdm zu Hilfe eilen/kommen; **appeler qn à la ~** jdn zu Hilfe rufen.
réseau, x [ʀezo] *nm* Netz *nt*; *(INFORM)* Netzwerk *nt*.
réséda [ʀezeda] *nm* Reseda *f*.
réservation [ʀezɛʀvasjɔ̃] *nf* Reservierung *f*.
réserve [ʀezɛʀv] *nf* Reserve *f*; *(entrepôt)* Lager *nt*; *(zoologique, botanique, d'Indiens etc)* Reser-

vat *nt*, Schutzgebiet *nt*; *(de pêche, chasse)* Revier *nt*; *(MIL)* Reserve(truppen *pl) f*; *(restriction: gén pl)* Einschränkung *f*; ~s *nfpl (de gaz, pétrole etc)* Reserven *pl*; *(nutritives)* Vorräte *pl*, Reserven; **officier de** ~ Reserveoffizier *m*; **sous toutes** ~s mit allen Vorbehalten; **sous** ~ **de** unter Vorbehalt +*gén*; **sans** ~ ohne Vorbehalt, vorbehaltlos; **avoir qch en** ~ etw in Reserve haben; **mettre qch en** ~ etw als Reserve einlagern; **tenir qch en** ~ etw in Reserve halten; **de** ~ Reserve- ▸ **réserve naturelle** Naturschutzgebiet *nt*.
réservé, e [ʀezɛʀve] *adj* reserviert; *(chasse, pêche)* privat; ~ **à** *ou* **pour** reserviert für.
réserver [ʀezɛʀve] *vt (retenir)* reservieren, vorbestellen; *(réponse, diagnostic)* sich *dat* vorbehalten; **se réserver** *vpr*: **se ~ qch** sich *dat* etw reservieren; ~ **qch pour/à** etw vorsehen *ou* reservieren für; ~ **qch à qn** etw für jdn reservieren; *(surprise, accueil etc)* jdm etw bereiten; *(suj: avenir, sort)* etw für jdn bereithalten; **se ~ de faire qch** sich *dat* vorbehalten, etw zu tun; **se ~ le droit de faire qch** sich *dat* das Recht vorbehalten, etw zu tun.
réserviste [ʀezɛʀvist] *nm* Reservist *m*.
réservoir [ʀezɛʀvwaʀ] *nm (d'eau)* Reservoir *nt*; *(d'essence)* Tank *m*.
résidence [ʀezidɑ̃s] *nf (ADMIN)* Wohnsitz *m*; *(habitation luxueuse)* Residenz *f*; *(groupe d'immeubles)* Wohnblock *m*; **en** ~ **surveillée** unter Hausarrest ▸ **résidence principale** Hauptwohnsitz *m* ▸ **résidence secondaire** Nebenwohnsitz *m*, zweiter Wohnsitz ▸ **résidence universitaire** Studentenwohnheim *nt*.
résident, e [ʀezidɑ̃, ɑ̃t] *nm/f (étranger)* ausländische(r) Bürger(in) *m(f)*; *(d'un immeuble)* Bewohner(in) *m(f)* ♦ *adj (INFORM)* (speicher)resident.
résidentiel, le [ʀezidɑ̃sjɛl] *adj* Wohn-.
résider [ʀezide] *vi (habiter)* wohnen; ~ **en** *(fig: problème etc)* bestehen in +*dat*.
résidu [ʀezidy] *nm (CHIM, PHYS)* Rückstand *m*; *(fig)* Überbleibsel *m*.
résiduel, le [ʀezidɥɛl] *adj (produit)* Rückstands-.
résignation [ʀeziɲasjɔ̃] *nf* Resignation *f*.
résigné, e [ʀeziɲe] *adj* resigniert.
résigner [ʀeziɲe] *vt (fonction)* zurücktreten von; **se résigner** *vpr* resignieren; **se ~ à qch** sich mit etw abfinden; **se ~ à faire qch** sich damit abfinden, etw zu tun.
résiliable [ʀeziljabl] *adj* auflösbar.
résilier [ʀezilje] *vt* auflösen.
résille [ʀezij] *nf* Haarnetz *nt*.
résine [ʀezin] *nf* Harz *nt*.
résiné, e [ʀezine] *adj*: **vin** ~ geharzter Wein *m*.
résineux, -euse [ʀezinø, øz] *adj* harzig ♦ *nm* Nadelbaum *m*.
résistance [ʀezistɑ̃s] *nf* Widerstand *m*; *(endurance)* Widerstandsfähigkeit *f*; *(fil)* Heizelement *nt*; *(POL)* Résistance *f (französische Widerstandsbewegung im 2. Weltkrieg)*.
résistant, e [ʀezistɑ̃, ɑ̃t] *adj* widerstandsfähig

♦ nm/f (POL) Widerstandskämpfer(in) m(f).

résister [ʀeziste] vi standhalten; (plante, coureur) widerstandsfähig sein; (patriote) Widerstand leisten; ~ à (assaut, attaque, fatigue) standhalten +dat; (effort, souffrance) aushalten; (suj: matériau, plante) widerstandsfähig sein gegen; (désobéir à) sich widersetzen +dat; (tentation, péché) widerstehen +dat.

résolu, e [ʀezɔly] pp de **résoudre** ♦ adj (ferme) entschlossen; **être ~ à qch** zu etw entschlossen sein; **être ~ à faire qch** entschlossen sein, etw zu tun.

résolument [ʀezɔlymã] adv entschlossen.

résolution [ʀezɔlysjɔ̃] nf (de problème) Lösung f; (fermeté) Entschlossenheit f; (décision) Beschluß m; (INFORM, MUS) Auflösung f; **prendre la ~ de faire qch** den Entschluß fassen, etw zu tun; **bonnes ~s** gute Vorsätze pl.

résolvais etc [ʀezɔlvɛ] vb voir **résoudre**.

résolve etc [ʀesɔlv] vb voir **résoudre**.

résonance [ʀezɔnɑ̃s] nf (d'une cloche) Klang m; (d'une salle) Akustik f; (PHYS, MUS) Resonanz f.

résonner [ʀezɔne] vi (cloche) klingen; (pas) hallen; (voix) erklingen, schallen; (salle, rue) widerhallen; ~ **de** widerhallen von.

résorber [ʀezɔʀbe]: **se ~** vpr (tumeur, abcès) sich zurückbilden; (déficit, chômage) aufgefangen werden.

résoudre [ʀezudʀ] vt lösen; **se résoudre** vpr: **se ~ à faire qch** sich dazu durchringen, etw zu tun; ~ **qn à faire qch** jdn dazu bewegen, etw zu tun; ~ **de faire qch** beschließen, etw zu tun.

respect [ʀɛspɛ] nm Respekt m, Achtung f; (pour les morts) Ehrfurcht f; **présenter ses ~s à qn** jdm seine Ehrerbietung erweisen; **tenir qn en ~** jdn in Schach halten.

respectabilité [ʀɛspɛktabilite] nf Achtbarkeit f.

respectable [ʀɛspɛktabl] adj (personne) achtbar, anständig; (scrupules etc) ehrenhaft; (quantité) ansehnlich, beachtlich.

respecter [ʀɛspɛkte] vt (personne, idéal) achten, respektieren; (tradition, convenances, loi) achten; (consignes, hiérarchie, ordre alphabétique) beachten; (lieu, objet) achten auf +acc; **faire ~ la loi** dem Gesetz Geltung verschaffen; **le lexicographe qui se respecte** jeder Lexikograph, der etwas auf sich hält.

respectif, -ive [ʀɛspɛktif, iv] adj jeweilig.

respectivement [ʀɛspɛktivmã] adv beziehungsweise.

respectueusement [ʀɛspɛktɥøzmã] adv respektvoll.

respectueux, -euse [ʀɛspɛktɥø, øz] adj respektvoll; **à une distance respectueuse** in respektvollem Abstand; **être ~ de** achten.

respirable [ʀɛspiʀabl] adj: **pas ~** unerträglich.

respiration [ʀɛspiʀasjɔ̃] nf Atem m; (fonction) Atmung f; **retenir sa ~** den Atem anhalten ▶ **respiration artificielle** künstliche Beatmung f.

respiratoire [ʀɛspiʀatwaʀ] adj (voies) Atem-; (troubles) der Atemwege.

respirer [ʀɛspiʀe] vi atmen; (être soulagé) aufatmen; (se reposer) verschnaufen ♦ vt einatmen; (santé, calme etc) ausstrahlen.

resplendir [ʀɛsplɑ̃diʀ] vi strahlen, leuchten.

resplendissant, e [ʀɛsplɑ̃disɑ̃, ɑ̃t] adj strahlend.

responsabilité [ʀɛspɔ̃sabilite] nf Verantwortung f; (légale) Haftung f; **accepter/refuser la ~ de** die Verantwortung übernehmen/ablehnen für; **prendre ses ~s** für seine Handlungen die Verantwortung übernehmen; **décliner toute ~** jegliche Verantwortung ablehnen ▶ **responsabilité civile** Haftpflicht f ▶ **responsabilité collective** kollektive Verantwortung ▶ **responsabilité morale** moralische Verantwortung ▶ **responsabilité pénale** Straffähigkeit f.

responsable [ʀɛspɔ̃sabl] adj verantwortlich (für); (légalement) haftbar ♦ nm/f (du ravitaillement etc) Verantwortliche(r) f(m); (d'un parti, syndicat etc) Vertreter(in) m(f); ~ **de** verantwortlich für.

resquiller [ʀɛskije] vi (au cinéma, match etc) sich hineinschleichen, ohne zu bezahlen; (dans le train etc) schwarzfahren.

resquilleur, -euse [ʀɛskijœʀ, øz] nm/f (pas invité) ungebetener Gast m; (au cinéma, match) jemand, der keinen Eintritt bezahlt hat; (dans le train) Schwarzfahrer(in) m(f).

ressac [ʀəsak] nm Brandung f.

ressaisir [ʀ(ə)seziʀ]: **se ~** vpr sich fassen, sich fangen; (équipe sportive) sich fangen.

ressasser [ʀ(ə)sase] vt (remords) wälzen; (histoires, critiques) (immer) wieder aufwärmen.

ressemblance [ʀ(ə)sɑ̃blɑ̃s] nf Ähnlichkeit f.

ressemblant, e [ʀ(ə)sɑ̃blɑ̃, ɑ̃t] adj ähnlich.

ressembler [ʀ(ə)sɑ̃ble]: ~ **à** vt ähneln +dat, ähnlich sein +dat; **se ressembler** vpr sich ähneln, einander ähnlich sein.

ressemeler [ʀ(ə)səm(ə)le] vt neu besohlen.

ressens etc [ʀ(ə)sɑ̃] vb voir **ressentir**.

ressentiment [ʀ(ə)sɑ̃timã] nm Groll m, Ressentiment nt.

ressentir [ʀ(ə)sɑ̃tiʀ] vt empfinden, verspüren; **se ressentir** vpr: **se ~ de qch** (travail etc) unter den Folgen von etw leiden.

resserre [ʀəsɛʀ] nf Schuppen m.

resserrement [ʀ(ə)sɛʀmã] nm (goulet) Verengung f; (de liens) Stärkung f.

resserrer [ʀ(ə)seʀe] vt (nœud, boulon) anziehen; (liens d'amitié) stärken; **se resserrer** vpr (route, vallée) sich verengen; (liens) enger werden; **se ~ autour de** enger heranrücken an +acc.

ressers etc [ʀ(ə)sɛʀ] vb voir **resservir**.

resservir [ʀ(ə)sɛʀviʀ] vt (servir à nouveau) wieder auftischen; (servir davantage de) nachgeben ♦ vi noch einmal gebraucht werden; **se ~ de** (plat) sich aku nachnehmen von; (outil etc) noch einmal verwenden; ~ **qn (d'un plat)** jdm (von einem Gericht) nachgeben; ~ **de qch à qn** jdm etw nachgeben.

ressort [RəsɔR] *vb voir* **ressortir ♦** *nm* (*pièce*) Feder *f*; **avoir du/manquer de** ~ innere Kraft/ keine innere Kraft haben; **en dernier** ~ als letzten Ausweg; **être du** ~ **de qn** in jds Ressort *ou* Bereich fallen.

ressortir [RəsɔRtiR] *vi* (*sortir à nouveau: venir*) wieder herauskommen; (*partir*) wieder hinausgehen; (*projectile etc*) wieder austreten; (*contraster*) sich abheben **♦** *vt* wieder herausnehmen *ou* herausziehen; **il ressort de ceci que** daraus ergibt sich, daß; ~ **à** (*ADMIN, JUR*) unterliegen +*dat*; **faire** ~ **qch** etw betonen, etw hervorheben.

ressortissant, e [R(ə)sɔRtisɑ̃, ɑ̃t] *nm/f* Staatsbürger(in) *m(f)*.

ressouder [R(ə)sude] *vt* neu löten.

ressource [R(ə)suRs] *nf* (*recours*) Möglichkeit *f*; ~**s** *nfpl* Mittel *pl*; (*fig*) Möglichkeiten *pl*; **leur seule** ~ **était de** ihre einzige Möglichkeit war, zu; ~**s d'énergie** Energiequellen *pl*.

ressusciter [Resysite] *vt* wiederbeleben **♦** *vi* (*Christ*) (von den Toten) auferstehen; (*fig: pays*) neues Leben erlangen.

restant, e [Rɛstɑ̃, ɑ̃t] *adj* restlich, übrig **♦** *nm:* **le** ~ **(de)** der Rest (von *ou* +*gén*); **un** ~ **de vin** ein Rest *m* Wein; **un** ~ **de gloire** ein Überrest *m* des Ruhms; "**poste-~e**" „postlagernd".

restaurant [RɛstɔRɑ̃] *nm* Restaurant *nt*; **manger au** ~ im Restaurant essen ► **restaurant d'entreprise** Betriebskantine *f* ► **restaurant universitaire** Mensa *f*.

restaurateur, -trice [RɛstɔRatœR, tRis] *nm/f* (*aubergiste*) Gastronom(in) *m(f)*; (*de tableaux*) Restaurator(in) *m(f)*.

restauration [RɛstɔRasjɔ̃] *nf* (*v vt*) Wiederherstellen *nt*; Restaurieren *nt*; Wiedereinsetzen *nt*; **la** ~ (*hôtellerie*) das Gastronomiegewerbe *nt* ► **restauration rapide** Fast food *nt*.

restaurer [RɛstɔRe] *vt* (*discipline, paix*) wiederherstellen; (*œuvre d'art*) restaurieren; (*dynastie*) wieder einsetzen; **se restaurer** *vpr* etwas essen.

restauroute [RɛstɔRut] *nm* = **restoroute**.

reste [Rɛst] *nm* Rest *m*; ~**s** *nmpl* (*CULIN*) Reste *pl*; (*d'une cité, fortune*) Überreste *pl*; (*dépouille mortelle*) sterbliche Überreste; **utiliser un** ~ **de poulet/soupe/tissu** einen Rest Huhn/ Suppe/Stoff verwerten; **je me charge du** ~ ich übernehme den Rest *ou* das Übrige; **pour le** ~**, quant au** ~ was den Rest angeht *ou* betrifft; **le** ~ **du temps** die restliche *ou* übrige Zeit; **le** ~ **des gens** die übrigen Leute; **avoir du temps/de l'argent de** ~ Zeit/Geld übrig haben; **et tout le** ~ und so weiter; **ne voulant pas être** *ou* **demeurer en** ~ nicht ins Hintertreffen geraten wollen; **partir sans demander son** ~ (*fig*) sich *dat* den Rest ersparen; **du** ~ außerdem; **au** ~ außerdem.

rester [Rɛste] *vi* bleiben; (*subsister*) übrigbleiben **♦** *vb impers:* **il reste du pain** es ist noch Brot übrig; **il reste deux œufs** es sind noch zwei Eier übrig; **il reste du temps** es ist noch Zeit; **il reste 10 minutes** es sind noch 10

Minuten Zeit; **il me reste du pain/deux œufs** ich habe noch Brot/zwei Eier; **il me reste assez de temps/10 minutes** ich habe noch genug Zeit/noch 10 Minuten Zeit; **voilà tout ce qui (me) reste** das ist alles, was ich noch (übrig) habe; **ce qui (me) reste à faire** was ich noch tun muß; **(il) reste à savoir/établir si** es wäre noch abzuwarten/festzustellen, ob; **il reste, il restera pas moins que** es bleibt die Tatsache, daß; **en** ~ **à** es belassen bei; **restons-en là** lassen wir es dabei; ~ **immobile** sich nicht bewegen; ~ **assis** sitzenbleiben; ~ **habillé** sich nicht ausziehen; ~ **sur sa faim** (*fig*) unbefriedigt bleiben; ~ **sur une impression** einen bleibenden Eindruck behalten; **il a failli y** ~ (*fam*) er wäre fast draufgegangen.

restituer [Rɛstitɥe] *vt* zurückgeben; (*texte, inscription*) wiederherstellen; (*énergie*) wieder abgeben; (*son*) wiedergeben.

restitution [Rɛstitysjɔ̃] *nf* Rückgabe *f*.

restoroute [RɛstɔRut] *nm* (Autobahn)raststätte *f*.

restreindre [RɛstRɛ̃dR] *vt* einschränken; **se restreindre** *vpr* (*dans ses dépenses etc*) sich einschränken; (*champ de recherches etc*) sich beschränken.

restreint, e [RɛstRɛ̃, ɛ̃t] *pp de* **restreindre ♦** *adj* beschränkt; (*vocabulaire*) begrenzt.

restrictif, ive [RɛstRiktif, iv] *adj* einschränkend.

restriction [RɛstRiksjɔ̃] *nf* Einschränkung *f*, Beschränkung *f*; (*condition*) Einschränkung; ~**s** *nfpl* (*rationnement*) Beschränkungen *pl*; **faire des** ~**s** (*mentales*) Vorbehalte anmelden; **sans** ~ ohne Einschränkung, uneingeschränkt.

restructuration [RəstRyktyRasjɔ̃] *nf* Umstrukturierung *f*.

restructurer [RəstRyktyRe] *vt* umstrukturieren.

résultante [Rezyltɑ̃t] *nf* Resultat *nt*.

résultat [Rezylta] *nm* Ergebnis *nt*; (*SPORT*) Resultat *nt*, Ergebnis; ~**s** *nmpl* (*d'un examen, des élections*) Resultate *pl*, Ergebnisse *pl*; **exiger/ obtenir des** ~**s** Resultate *ou* Ergebnisse sehen wollen/erzielen ► **résultats sportifs** Sportergebnisse *pl*.

résulter [Rezylte]: ~ **de** *vt* herrühren von **♦** *vb impers:* **il en résulte que** daraus ergibt sich, daß.

résumé [Rezyme] *nm* Zusammenfassung *f*; (*ouvrage*) Übersicht *f*; **faire le** ~ **de** zusammenfassen; **en** ~ zusammenfassend.

résumer [Rezyme] *vt* zusammenfassen; (*récapituler*) rekapitulieren, zusammenfassen; **se résumer** *vpr* (*personne*) zusammenfassen; **se** ~ **à** hinauslaufen auf +*acc*.

resurgir [R(ə)syRʒiR] *vi* wieder auftauchen.

résurrection [RezyRɛksjɔ̃] *nf* Auferstehung *f*.

rétablir [RetabliR] *vt* (*communication*) wieder aufnehmen; (*courant*) wieder einstellen; (*faits*) richtigstellen; (*vérité, ordre, discipline*) wieder herstellen; (*monarchie*) wieder einsetzen; (*guérir*) wieder herstellen, gesund werden lassen; **se rétablir** *vpr* (*personne*) gesund werden; (*silence, calme*) wieder eintreten; ~ **qn dans ses droits** jdm seine Rechte wieder zusprechen.

rétablissement [retablismã] *nm* (*guérison*) Genesung *f*; (*v vt*) Wiederaufnahme *f*; Wiedereinschalten *nt*; Richtigstellung *f*; Wiederherstellung *f*; Wiedereinsetzung *f*.

rétamer [retame] *vt* (*casseroles*) neu beschichten.

rétameur [retamœr] *nm* Kesselflicker *m*.

retaper [r(ə)tape] *vt* (*mettre en état*) herrichten; (*redactylographier*) noch einmal tippen; (*fam: revigorer*) wieder auf die Beine bringen.

retard [r(ə)tar] *nm* Verspätung *f*; (*dans un paiement, sur un programme*) Rückstand *m*; (*mental, industriel*) Zurückbleiben *nt*; **arriver en ~** zu spät kommen; **être en ~** (*personne*) zu spät kommen; (*train*) Verspätung haben; (*dans paiement, travail*) im Rückstand sein; (*pays*) rückständig sein; **être en ~ de (de deux heures)** (zwei Stunden) Verspätung haben; **avoir un ~ de deux heures/2 km** (*SPORT*) zwei Stunden/2 km zurückliegen; **avoir du ~** Verspätung haben; (*sur un programme*) im Rückstand sein; **prendre du ~** sich verspäten; (*montre*) nachgehen; **rattraper son ~** seine Verspätung/seinen Rückstand aufholen; **sans ~** unverzüglich; **~ à l'allumage** Spätzündung *f*.

retardataire [r(ə)tardatɛr] *adj* (*idées*) rückständig ♦ *nm/f* Zuspätkommende(r) *f(m)*.

retardé, e [r(ə)tarde] *adj* (*enfant*) zurückgeblieben ♦ *nm/f* Zurückgebliebene(r) *f(m)*.

retardement [r(ə)tardəmã] *nm*: **à ~** (*mine, mécanisme*) mit Zeitauslöser; **bombe à ~** Zeitbombe *f*.

retarder [r(ə)tarde] *vt* (*mettre en retard*) aufhalten, verspäten; (: *sur un programme*) in Rückstand bringen; (*montre*) zurückstellen; (*départ, date*) verschieben ♦ *vi* (*horloge, montre*) nachgehen; (*fig: personne*) hinter der Zeit herhinken; **je retarde (d'une heure)** meine Uhr geht (eine Stunde) nach.

retendre [r(ə)tãdr] *vt* nachspannen.

retenir [rət(ə)nir] *vt* zurückhalten; (*garder*) dabehalten; (*retarder*) aufhalten; (*saisir, maintenir*) halten; (*se rappeler*) behalten; (: *MATH*) im Kopf behalten; (*accepter*) annehmen; (*réserver*) reservieren; **se retenir** *vpr* sich beherrschen; ~ **un rire/sourire** sich das Lachen/Lächeln verkneifen; ~ **son souffle** *ou* **haleine** die Luft anhalten; ~ **qn à dîner** jdn bitten, zum Essen zu bleiben; **je pose 3 et je retiens 2** 3 hinschreiben, 2 im Sinn; ~ **qn de faire qch** jdn daran hindern, etw zu tun; ~ **qch sur etw** zurückbehalten von; **se ~ à** (*se raccrocher*) sich halten an +*acc*; **se ~ de faire qch** es sich *dat* verkneifen, etw zu tun.

rétention [retãsjõ] *nf*: ~ **d'urine** Harnverhaltung *f*.

retentir [r(ə)tãtir] *vi* (*bruit, paroles*) hallen; ~ **de** widerhallen von; ~ **sur** (*fig*) sich auswirken auf +*acc*.

retentissant, e [r(ə)tãtisã, ãt] *adj* (*voix*) schallend; (*choc*) donnernd; (*fig: succès etc*) aufsehenerregend.

retentissement [r(ə)tãtismã] *nm* (*répercussion: gén pl*) Auswirkung *f*; (*d'une nouvelle, d'un discours*) durchschlagende Wirkung *f*.

retenu, e [rət(ə)ny] *pp de* **retenir** ♦ *adj* (*place*) reserviert; (*personne*) verhindert; (*propos*) zurückhaltend ♦ *nf* (*somme*) Abzug *m*; (*MATH*) (im Kopf) behaltene Zahl *f*; (*SCOL*) Nachsitzen *nt*; (*modération, réserve*) Zurückhaltung *f*; (*AUTO*) Rückstau *m*.

réticence [retisãs] *nf* (*hésitation*) Zögern *nt*; (*omission*) Auslassung *f*; **sans ~** *adv* bedenkenlos, ohne zu zögern.

réticent, e [retisã, ãt] *adj* zögernd.

retiendrai [rətjẽdre] *vb voir* **retenir**.

retiens [rətjẽ] *vb voir* **retenir**.

rétif, -ive [retif, iv] *adj* störrisch.

rétine [retin] *nf* Netzhaut *f*.

retint [rətẽ] *vb voir* **retenir**.

retiré, e [r(ə)tire] *adj* (*personne, vie*) zurückgezogen; (*quartier*) abgelegen.

retirer [r(ə)tire] *vt* (*candidature, plainte*) zurückziehen; (*vêtement*) ausziehen; (*lunettes*) abnehmen; (*enlever*) wegnehmen; (*sortir*) herausnehmen; (*bagages, objet en gage, billet réservé*) abholen; (*somme d'argent*) abheben; **se retirer** *vpr* (*partir*) sich zurückziehen, weggehen; (*prendre sa retraite*) in den Ruhestand gehen; (*POL, d'une compétition*) zurücktreten; (*reculer*) zurückweichen; ~ **un bénéfice/des avantages de** einen Vorteil/Vorteile haben von; **se ~ de** sich zurückziehen aus.

retombées [rətõbe] *nfpl* (*radioactives*) Niederschlag *m*; (*d'un événement*) Auswirkungen *pl*; (*d'une invention*) Nebenprodukte *pl*.

retomber [r(ə)tõbe] *vi* (*tomber de nouveau*) noch einmal fallen; (*atterrir*) aufkommen; (*redescendre*) herunterkommen; (*pendre*) fallen; ~ **malade/dans l'erreur** wieder krank werden/sich wieder irren; ~ **sur qn** (*responsabilité, frais*) auf jdn fallen.

retordre [r(ə)tɔrdr] *vt*: **donner du fil à ~ à qn** jdm Kopfschmerzen machen.

rétorquer [retɔrke] *vt* erwidern.

retors, e [rətɔr, ɔrs] *adj* gewitzt, schlau.

rétorsion [retɔrsjõ] *nf*: **mesures de ~** Vergeltungsmaßnahmen *pl*.

retouche [r(ə)tuʃ] *nf* (*à une peinture, photographie*) Retusche *f*; (*à un vêtement*) Änderung *f*; **faire des ~s à** retuschieren; ändern.

retoucher [r(ə)tuʃe] *vt* (*photographie, tableau, texte*) retuschieren; (*vêtement*) ändern.

retour [r(ə)tur] *nm* Rückkehr *f*; (*voyage*) Rückreise *f*; (*de marchandise*) Rückgabe *f*; (*PTT*) Rücksendung *f*; **au ~** bei der Rückkehr; **pendant le ~** während der Rückfahrt; **à mon/ton ~** bei meiner/deiner

Rückkehr; **être de** ~ **(de)** zurücksein (von/ aus +*dat*); **de** ~ **chez moi** wieder zu Hause; "**de** ~ **dans 10 minutes**" „bin in 10 Minuten zurück"; **en** ~ dafür; **par** ~ **du courrier** postwendend; **par un juste** ~ **des choses** gerechterweise; **match** ~ Rückspiel *nt*; ~ **en arrière** (*CINÉMA, LITTÉRATURE*) Rückblende *f*; (*mesure*) Rückschritt *m* ► "**retour à l'envoyeur**" „zurück an Absender" ► **retour (automatique) à la ligne** (*INFORM*) automatische Zeilenschaltung *f* ► **retour de chariot** Wagenrücklauf *m* ► **retour de flamme** Wiederaufleben *nt* der Gefühle ► **retour de manivelle** Schuß, der nach hinten losgeht.

retournement [ʀ(ə)tuʀnəmɑ̃] *nm*: ~ **de la situation** Veränderung *f* der Situation.

retourner [ʀ(ə)tuʀne] *vt* (*dans l'autre sens*) umdrehen; (: *caisse*) auf den Kopf stellen; (*sac, vêtement, foin*) wenden; (*terre, sol*) umgraben; (*renvoyer: lettre*) zurückschicken; (: *marchandise*) zurückgeben, umtauschen; (*restituer*) zurückgeben; (*émouvoir: personne*) erschüttern ♦ *vi* (*aller de nouveau*) wieder gehen ♦ *vb impers:* **savoir de quoi il retourne** wissen, worum es geht; **se retourner** *vpr* (*personne*) sich umdrehen; (*voiture*) sich überschlagen; ~ **à** (*état initial, activité*) zurückkehren zu; ~ **sa veste** (*fig*) sein Fähnchen nach dem Wind hängen; ~ **en arrière** *ou* **sur ses pas** umkehren; ~ **quelque part** wieder irgendwohin gehen; ~ **chez** wieder gehen zu; ~ **chez soi** heimgehen; ~ **à l'école** wieder in die Schule gehen; **s'en** ~ wieder zurückgehen; **se** ~ **contre qn/ qch** (*fig*) sich gegen jdn/etw wenden; **il sait se** ~ (*fig*) er findet sich immer zurecht.

retracer [ʀ(ə)tʀase] *vt* (*raconter*) wiedergeben.

rétracter [ʀetʀakte] *vt* (*affirmation, promesse*) zurücknehmen; (*antenne etc*) einziehen; **se rétracter** *vpr* (*sur ses promesses*) sein Versprechen zurücknehmen; (*antenne etc*) einziehbar sein.

retraduire [ʀ(ə)tʀadɥiʀ] *vt* (*à nouveau*) noch einmal übersetzen; (*dans la langue de départ*) (zu)rückübersetzen.

retrait [ʀ(ə)tʀɛ] *nm* (*de candidature, plainte*) Zurückziehen *nt*; (*du permis de conduire etc*) Wegnahme *f*; (*de bagage, billet réservé*) Abholung *f*; (*de somme d'argent*) Abheben *nt*; (*POL, d'une compétition*) Rücktritt *m*; (*de personne, armée, eaux*) Zurückweichen *nt*; **en** ~ zurückgesetzt; **écrire en** ~ einrücken ► **retrait du permis (de conduire)** Führerscheinentzug *m*.

retraite [ʀ(ə)tʀɛt] *nf* (*d'une armée*) Rückzug *m*; (*d'un employé, fonctionnaire*) Ruhestand *m*; (: *pension*) Rente *f*; (*asile, refuge*) Zuflucht(sort *m*) *f*; (*REL*) Exerzitien *pl*; **être à la** ~ im Ruhestand sein; **mettre à la** ~ in den Ruhestand versetzen; **prendre sa** ~ in den Ruhestand gehen ► **retraite anticipée** vorgezogener Ruhestand ► **retraite aux flambeaux** Fackelzug *m* (*zum Zapfenstreich*).

retraité, e [ʀ(ə)tʀete] *adj* pensioniert ♦ *nm/f*

Rentner(in) *m(f)*.

retraitement [ʀ(ə)tʀɛtmɑ̃] *nm* Wiederaufbereitung *f*.

retraiter [ʀ(ə)tʀete] *vt* wiederaufbereiten.

retranchements [ʀ(ə)tʀɑ̃ʃmɑ̃] *nmpl* (*MIL*) Schanzen *pl*; **attaquer qn dans ses** ~ jds Schanzen angreifen; **forcer qn dans ses** ~ jdn hinter seine Schanzen treiben; **poursuivre qn dans ses derniers** ~ jdn in die Enge treiben.

retrancher [ʀ(ə)tʀɑ̃ʃe] *vt* (*MATH*) entfernen; (*nombre, somme*) abziehen; **se retrancher** *vpr*: **se** ~ **derrière/dans** sich verschanzen hinter +*dat*/in +*dat*.

retranscrire [ʀ(ə)tʀɑ̃skʀiʀ] *vt* noch einmal übertragen.

retransmettre [ʀ(ə)tʀɑ̃smɛtʀ] *vt* übertragen.

retransmission [ʀ(ə)tʀɑ̃smisjɔ̃] *nf* (*RADIO, TV*) Übertragung *f*; (: *émission*) Sendung *f*.

retravailler [ʀ(ə)tʀavaje] *vi* die Arbeit wieder aufnehmen ♦ *vt* überarbeiten.

retraverser [ʀ(ə)tʀavɛʀse] *vt* wieder überqueren +*acc*.

rétréci, e [ʀetʀesi] *adj* eingelaufen.

rétrécir [ʀetʀesiʀ] *vt* (*vêtement*) enger machen ♦ *vi* (*vêtement*) eingehen; **se rétrécir** *vpr* sich verengen, enger werden.

rétrécissement [ʀetʀesismɑ̃] *nm* (*de lainage*) Einlaufen *nt*.

retremper [ʀ(ə)tʀɑ̃pe]: **se** ~ *vpr*: **se** ~ **dans** (*fig: atmosphère, ambiance*) wieder ganz aufgehen in +*dat*.

rétribuer [ʀetʀibɥe] *vt* bezahlen.

rétribution [ʀetʀibysjɔ̃] *nf* Bezahlung *f*.

rétro [ʀetʀo] *adj inv:* **mode/style** ~ Nostalgiemode *f*/-stil *m* ♦ *nm* (*fam*) = **rétroviseur.**

rétroactif, -ive [ʀetʀoaktif, iv] *adj* rückwirkend.

rétrocéder [ʀetʀosede] *vt* wieder abtreten.

rétrocession [ʀetʀosesjɔ̃] *nf* Wiederabtretung *f*.

rétrograde [ʀetʀogʀad] *adj* rückschrittlich.

rétrograder [ʀetʀogʀade] *vi* (*élève, économie*) zurückfallen; (*AUTO*) hinunterschalten ♦ *vt* (*MIL*) degradieren; (*ADMIN, SPORT*) zurückstufen.

rétroprojecteur [ʀetʀopʀoʒɛktœʀ] *nm* Overheadprojektor *m*.

rétrospectif, -ive [ʀetʀospɛktif, iv] *adj* (*étude*) zurückblickend; (*jalousie, peur*) im nachhinein ♦ *nf* Retrospektive *f*, Rückschau *f*.

rétrospectivement [ʀetʀospɛktivmɑ̃] *adv* im nachhinein.

retroussé, e [ʀ(ə)tʀuse] *adj:* **nez** ~ Stupsnase *f*.

retrousser [ʀ(ə)tʀuse] *vt* (*pantalon, jupe, manches*) hochkrempeln; (*nez*) rümpfen; (*lèvres*) verziehen.

retrouvailles [ʀ(ə)tʀuvaj] *nfpl* Wiedersehen *nt*.

retrouver [ʀ(ə)tʀuve] *vt* wiederfinden; (*occasion, travail*) (wieder) finden; (*reconnaître*) wiedererkennen; (*revoir*) wiedersehen; (*rejoindre*) wiedertreffen; **se retrouver** *vpr* (*se rencontrer*) sich treffen; (*s'orienter*) sich zurechtfinden; **se** ~ **seul/sans argent** auf einmal allein/ohne Geld dastehen; **se ~ quelque part** irgendwo landen; **s'y ~** (*rentrer dans ses frais*) auf seine Kosten kommen.

rétroviseur [ʀetʀɔvizœʀ] *nm* Rückspiegel *m*.

réunifier [ʀeynifje] *vt* wiedervereinigen.

Réunion [ʀeynjɔ̃] *nf*: **la ~** Réunion *nt*.

réunion [ʀeynjɔ̃] *nf* Versammlung *f*; (*de famille etc*) Treffen *nt* ▶ **réunion électorale** Wahlveranstaltung *f* ▶ **réunion sportive** Sportveranstaltung *f*.

réunionnais, e [ʀeynjɔnɛ, ɛz] *adj* von der Insel Réunion ♦ *nm/f*: **R~, e** Einwohner(in) *m(f)* von la Réunion.

réunir [ʀeyniʀ] *vt* (*convoquer*) versammeln; (*rapprocher*) zusammenbringen; (*rassembler*) sammeln; (*États, tendances*) vereinigen; (*raccorder, relier*) verbinden; (*annexer*) anschließen; **se réunir** *vpr* (*se rencontrer*) zusammenkommen; (*s'associer*) sich verbünden; (*chemins, cours d'eau etc*) ineinander münden.

réussi [ʀeysi] *adj* gelungen.

réussir [ʀeysiʀ] *vi* gelingen; (*personne: dans un projet, dans la vie*) Erfolg haben; (: *à un examen*) bestehen ♦ *vt* (*examen*) bestehen; **~ à faire qch** es schaffen, etw zu tun; **~ à qn** (*aliment*) jdm bekommen; **le travail/le mariage lui réussit** die Arbeit/die Ehe bekommt ihm gut; **elle a bien réussi sa sauce** die Soße ist ihr gut gelungen.

réussite [ʀeysit] *nf* Erfolg *m*; (*CARTES*) Patience *f*.

réutiliser [ʀeytilize] *vt* wiederverwenden.

revaloir [ʀ(ə)valwaʀ] *vt*: **je vous revaudrai cela** dafür werde ich mich revanchieren.

revalorisation [ʀ(ə)valɔʀizasjɔ̃] *nf* (*v vt*) Aufwertung *f*; Erhöhung *f*.

revaloriser [ʀ(ə)valɔʀize] *vt* (*monnaie*) aufwerten; (*salaires, pensions*) erhöhen; (*doctrine, institution, tradition*) wieder aufwerten.

revanche [ʀ(ə)vɑ̃ʃ] *nf* Rache *f*; (*SPORT*) Revanche *f*; **prendre sa ~** (**sur**) sich rächen (an +*dat*); **en ~** andererseits.

rêvasser [ʀɛvase] *vi* vor sich hinträumen.

rêve [ʀɛv] *nm* Traum *m*; (*activité*) Träumen *nt*; **de ~** traumhaft; **la voiture/maison de ses ~s** das Auto/Haus seiner Träume ▶ **rêve éveillé** Tagtraum *m*.

rêvé, e [ʀeve] *adj* Traum-.

revêche [ʀəvɛʃ] *adj* mürrisch.

réveil [ʀevɛj] *nm* Aufwachen *nt*; (*de la nature*) Erwachen *nt*; (*d'un volcan*) Aktivwerden *nt*; (*pendule*) Wecker *m*; **au ~** beim Aufwachen; **sonner le ~** (*MIL*) zum Wecken blasen.

réveille-matin [ʀevɛjmatɛ̃] *nm inv* Wecker *m*.

réveiller [ʀeveje] *vt* (*personne*) (auf)wecken; (*douleur*) wecken; (*souvenirs*) wachrufen, wecken; **se réveiller** *vpr* (*personne*) aufwachen; (*douleur, animosité*) wieder aufleben; (*volcan*) wieder aktiv werden; (*nature*) wieder erwachen.

réveillon [ʀevɛjɔ̃] *nm* Heiligabend *m*; (*du Nouvel An*) Sylvester *nt*; (*dîner*) Abendessen *nt* am Heiligabend/an Sylvester.

réveillonner [ʀevɛjɔne] *vi* Heiligabend/Sylvester feiern.

révélateur, -trice [ʀevelatœʀ, tʀis] *adj*: **~ (de qch)** bezeichnend (für etw) ♦ *nm* (*PHOTO*) Entwickler *m*.

révélation [ʀevelasjɔ̃] *nf* (*information*) Enthüllung *f*; (*prise de conscience*) Erkenntnis *f*; (*artiste etc*) Sensation *f*; (*REL*) Offenbarung *f*; (*d'un secret, projet*) Bekanntgabe *f*.

révéler [ʀevele] *vt* (*divulguer*) enthüllen, bekanntgeben; (*témoigner de*) zeigen; (*faire connaître: qn*) bekanntmachen; (*REL*) offenbaren; **se révéler** *vpr* (*talent etc*) sich zeigen; **se ~ facile/faux** sich als leicht/falsch erweisen; **se ~ cruel/un allié sûr** sich als grausam/als sicherer Verbündeter herausstellen *ou* erweisen.

revenant, e [ʀ(ə)vənɑ̃, ɑ̃t] *nm/f* Gespenst *nt*, Geist *m*.

revendeur, -euse [ʀ(ə)vɑ̃dœʀ, øz] *nm/f* (*détaillant*) Einzelhändler(in) *m(f)*; (*d'occasion*) Gebrauchtwarenhändler(in) *m(f)*.

revendicatif, -ive [ʀ(ə)vɑ̃dikatif, iv] *adj* Protest-.

revendication [ʀ(ə)vɑ̃dikasjɔ̃] *nf* Forderung *f*; **journée de ~** ≈ Aktionstag *m*.

revendiquer [ʀ(ə)vɑ̃dike] *vt* fordern; (*responsabilité*) beanspruchen; (*attentat*) sich bekennen zu ♦ *vi* (*POL*) sich für seine Forderungen einsetzen.

revendre [ʀ(ə)vɑ̃dʀ] *vt* (*d'occasion*) weiterverkaufen; (*détailler*) (im Einzelhandel) verkaufen; **avoir du talent/de l'énergie à ~** mehr als genug Talent/Energie haben.

revenir [ʀəv(ə)niʀ] *vi* (*venir de nouveau, réapparaître*) wiederkommen; (*rentrer*) zurückkehren; (*calme*) wieder eintreten; **faire ~** (*CULIN*) anbräunen; **~ cher** teuer kommen; (*fig*) teuer zu stehen kommen; **~ à 100 F** 100F kosten; **~ à** (*études, conversation, projet*) wieder aufnehmen; (*équivaloir à*) hinauslaufen auf +*acc*; **~ à qn** (*rumeur, nouvelle*) jdm zugetragen werden; (*part, honneur, responsabilité*) jdm zufallen; (*souvenir, nom*) jdm einfallen; **~ de** (*maladie, étonnement, erreur*) sich erholen von; **~ sur** (*question, sujet*) zurückkehren zu; (*promesse*) zurücknehmen; (*engagement*) zurücktreten von; **~ à la charge** wieder zum Angriff übergehen; **l'appétit lui est revenu** er hat seinen Appetit wiedergewonnen; **~ à soi** wieder zu sich kommen; **je n'en reviens pas** (*surprise*) ich kann es nicht fassen; **~ sur ses pas** umkehren; **cela revient au même** das läuft aufs gleiche heraus; **cela revient à dire que** das läuft darauf hinaus, daß; **~ de loin** (*fig*) dem Totengräber gerade noch von der Schippe gesprungen sein.

revente [ʀ(ə)vɑ̃t] *nf* Weiterverkauf *m*, Wiederverkauf *m*.

revenu, e [ʀəv(ə)ny] *pp de* revenir ♦ *nm* (*d'un individu*) Einkommen *nt*; (*de l'État*) Einnahmen *pl*; (*d'une terre*) Ertrag *m*; (*d'un capital*) Rendite *f*; **~s** *nmpl* (*de qn*) Einkünfte *pl*.

rêver [Reve] *vi* träumen; (*rêvasser*) (*vor sich hin*) träumen ♦ *vt* träumen; ~ **de** träumen von; ~ **à** träumen von; ~ **que** träumen, daß.

réverbération [ReveRbeRasjɔ̃] *nf* (*de lumière*) Rückstrahlung *f*.

réverbère [ReveRbɛR] *nm* Straßenlaterne *f*.

réverbérer [ReveRbeRe] *vt* (*chaleur, lumière*) zurückstrahlen, reflektieren.

reverdir [R(ə)veRdiR] *vi* wieder grün werden.

révérence [ReveRɑ̃s] *nf* (*salut: d'homme*) Verbeugung *f*; (: *de femme*) Knicks *m*; (*vénération*) Hochachtung *f*, Ehrfurcht *f*.

révérencieux, -euse [ReveRɑ̃sjø, jøz] *adj* ehrfurchtsvoll, hochachtungsvoll.

révérend, e [ReveRɑ̃, ɑ̃d] *adj*: **mon R~ Père** Pater.

révérer [ReveRe] *vt* ehren; (*REL*) verehren.

rêverie [RevRi] *nf* Träumerei *f*.

reverrai *etc* [RəveRe] *vb voir* **revoir**.

revers [R(ə)vɛR] *nm* (*d'une feuille, de la main, d'une médaille*) Rückseite *f*; (*d'une étoffe*) linke Seite *f*; (*d'un veston*) Revers *nt*; (*de pantalon*) Aufschlag *m*; (*échec*) Rückschlag *m*; (*TENNIS etc*) Rückhand *f*; **d'un ~ de main** mit dem Handrücken; **le ~ de la médaille** (*fig*) die Kehrseite *f* der Medaille; **prendre à ~** (*MIL*) von hinten angreifen ► **revers de fortune** Umkehrung *f* der Geschicke.

reverser [R(ə)vɛRse] *vt*: **reverse-moi du vin** schenk mir noch etwas Wein ein.

réversible [ReveRsibl] *adj* (*vêtement, tissu*) Wende-.

revêtement [R(ə)vɛtmɑ̃] *nm* (*d'une paroi*) Verkleidung *f*; (*des sols, d'une chaussée*) Belag *m*; (*enduit*) Überzug *m*.

revêtir [R(ə)vetiR] *vt* (*vêtement*) überziehen, anziehen; (*forme, caractère*) annehmen; ~ **qn de qch** (*vêtement*) jdm etw anziehen; (*autorité*) jdm etw verleihen; ~ **qch de** (*carreaux*) etw auslegen mit; (*boiserie*) etw verkleiden mit; (*asphalte, enduit etc*) etw überziehen mit; (*signature*) etw versehen mit.

rêveur, -euse [RevœR, øz] *adj* verträumt ♦ *nm/f* Träumer(in) *m(f)*.

reviendrai *etc* [R(ə)vjɛ̃dRe] *vb voir* **revenir**.

revienne *etc* [Rəvjɛn] *vb voir* **revenir**.

revient [Rəvjɛ̃] *vb voir* **revenir** ♦ *nm*: **prix de ~** Selbstkostenpreis *m*.

revigorer [R(ə)vigɔRe] *vt* beleben.

revint [Rəvɛ̃] *vb voir* **revenir**.

revirement [R(ə)viRmɑ̃] *nm* (*changement d'avis*) Meinungsumschwung *m*; (*d'une situation, de l'opinion*) Umschwung *m*.

revis [Rəvi] *vb voir* **revoir**.

révisable [Revizabl] *adj* überprüfbar.

réviser [Revize] *vt* (*texte, ouvrage*) überprüfen; (*comptes*) prüfen; (*SCOL*) wiederholen; (*machine, moteur etc*) überholen; (*procès*) wiederaufnehmen.

révision [Revizjɔ̃] *nf* (*v vt*) Überprüfung *f*; Prüfung *f*; Wiederholung *f*; Überholen *nt*; Wiederaufnahme *f*, Revision *f*; **conseil de ~** Musterungskommission *f*; **faire ses ~s** (*SCOL*)

den Stoff wiederholen; **la ~ des 10.000 km** (*AUTO*) die Inspektion bei 10000 km.

révisionnisme [Revizjɔnism] *nm* Revisionismus *m*.

révisionniste [Revizjɔnist] *nm/f* Revisionist(in) *m(f)*.

revisser [R(ə)vise] *vt* wieder zuschrauben.

revit [Rəvi] *vb voir* **revoir**.

revitaliser [R(ə)vitalize] *vt* neu beleben.

revivifier [R(ə)vivifje] *vt* neu beleben.

revivre [R(ə)vivR] *vi* wiederaufleben ♦ *vt* noch einmal durchleben; **faire ~** wieder aufleben lassen.

révocable [Revɔkabl] *adj* (*délégué*) absetzbar; (*contrat*) widerrufbar.

révocation [Revɔkasjɔ̃] *nf* (*v révoquer*) Amtsenthebung *f*, Entlassung *f*; Annullierung *f*; Widerrufen *nt*.

revoir [R(ə)vwaR] *vt* wiedersehen; (*être à nouveau le témoin de*) noch einmal erleben; (*en imagination*) vor sich *dat* sehen; (*réviser: texte, édition*) durchsehen, korrigieren; (: *SCOL*) wiederholen ♦ *nm*: **au ~** auf Wiedersehen; **se revoir** *vpr* (*amis*) sich wiedersehen; **au ~, Monsieur/Madame** auf Wiedersehen; **dire au ~ à qn** sich von jdm verabschieden.

révoltant, e [Revɔltɑ̃, ɑ̃t] *adj* empörend.

révolte [Revɔlt] *nf* Aufstand *m*; (*indignation*) Empörung *f*.

révolter [Revɔlte] *vt* entrüsten, empören; **se révolter** *vpr*: **se ~ (contre)** rebellieren (gegen).

révolu, e [Revɔly] *adj* vergangen; **âgé de 18 ans ~s** ab dem vollendeten 18. Lebensjahr; **après 3 ans ~s** nach 3 vollen Jahren.

révolution [Revɔlysjɔ̃] *nf* (*rotation*) Umdrehung *f*; (*POL*) Revolution *f*; **être en ~** (*pays etc*) revoltieren; **la ~ industrielle** die industrielle Revolution; **la R~ française** die französische Revolution.

révolutionnaire [RevɔlysjɔnɛR] *adj* (*période, gouvernement*) Revolutions-; (*opinions, méthodes*) revolutionär ♦ *nm/f* Revolutionär(in) *m(f)*.

révolutionner [Revɔlysjɔne] *vt* (*technique, industrie*) revolutionieren; (*personne, quartier*) in Unruhe versetzen.

revolver [RevɔlvɛR] *nm* Revolver *m*.

révoquer [Revɔke] *vt* (*fonctionnaire*) seines Amtes entheben; (*arrêt, contrat*) annullieren, aufheben; (*donation*) rückgängig machen.

revoyais *etc* [Rəvwaje] *vb voir* **revoir**.

revu, e [R(ə)vy] *pp de* **revoir**.

revue [R(ə)vy] *nf* (*MIL: défilé*) Parade *f*; (: *inspection*) Inspektion *f*; (*périodique*) Zeitschrift *f*; (*satirique*) Kabarett *nt*; (*de music-hall*) Revue *f*; **passer en ~** (*MIL*) inspizieren; (*problèmes, possibilités*) durchgehen; ~ **de (la) presse** Presseschau *f*.

révulsé, e [Revylse] *adj* (*yeux*) verdreht; (*visage*) verzerrt.

Reykjavik [Rekjavik] *n* Reykjavik *nt*.

rez-de-chaussée [Red(ə)ʃose] *nm inv* Erdge-

schoß *nt.*
RF [ɛʀɛf] *sigle f* (= *République française*) Frankreich *nt.*
RFA [ɛʀɛfa] *sigle f* (= *République fédérale d'Allemagne*) BRD *f.*
RG [ɛʀʒe] *sigle mpl* (= *renseignements généraux*) *voir* **renseignement.**
rhabiller [ʀabije] *vt* wieder anziehen; **se rhabiller** *vpr* sich wieder anziehen.
rhapsodie [ʀapsɔdi] *nf* Rhapsodie *f.*
rhénan, e [ʀenɑ̃, an] *adj* rheinisch.
Rhénanie [ʀenani] *nf* Rheinland *nt.*
rhéostat [ʀeɔsta] *nm* Potentiometer *nt.*
rhésus [ʀezys] *adj* Rhesus- ♦ *nm* Rhesusfaktor *m* ► **rhésus négatif** rhesusnegativ ► **rhésus positif** rhesuspositiv.
rhétorique [ʀetɔʀik] *nf* Rhetorik *f* ♦ *adj* rhetorisch.
Rhin [ʀɛ̃] *nm:* **le** ~ der Rhein.
rhinite [ʀinit] *nf* Nasenkatarrh *m.*
rhinocéros [ʀinɔseʀɔs] *nm* Rhinozeros *nt.*
rhinopharyngite [ʀinofaʀɛ̃ʒit] *nf* Halsentzündung *f.*
rhodanien, ne [ʀɔdanjɛ̃, jɛn] *adj* der Rhone, Rhone-.
Rhodésie [ʀɔdezi] *nf:* **la** ~ Rhodesien *nt.*
rhodésien, ne [ʀɔdezjɛ̃, jɛn] *adj* rhodesisch.
rhododendron [ʀɔdɔdɛ̃dʀɔ̃] *nm* Rhododendron *m.*
Rhône [ʀon] *nm:* **le** ~ die Rhone *f.*
rhubarbe [ʀybaʀb] *nf* Rhabarber *m.*
rhum [ʀɔm] *nm* Rum *m.*
rhumatisant, e [ʀymatizɑ̃, ɑ̃t] *nm/f* Rheumatiker(in) *m(f).*
rhumatismal, e, -aux [ʀymatismal, o] *adj* rheumatisch.
rhumatisme [ʀymatism] *nm* Rheuma(tismus *m*) *nt;* **avoir des** ~**s** Rheuma haben.
rhumatologie [ʀymatɔlɔʒi] *nf* Rheumatologie *f.*
rhumatologue [ʀymatɔlɔg] *nm/f* Rheumatologe *m,* Rheumatologin *f.*
rhume [ʀym] *nm* Schnupfen *m;* **le** ~ **des foins** Heuschnupfen *m* ► **rhume de cerveau** Kopfgrippe *f.*
ri [ʀi] *pp de* **rire.**
riant, e [ʀ(i)jɑ̃, ʀ(i)jɑ̃t] *vb voir* **rire** ♦ *adj* (*visage, yeux*) lachend; (*campagne, paysage*) strahlend.
RIB [ʀib] *sigle m* (= *relevé d'identité bancaire*) *voir* **relevé.**
ribambelle [ʀibɑ̃bɛl] *nf:* **une** ~ **d'enfants** eine Meute *f* Kinder.
ricain, e [ʀikɛ̃, ɛn] (*péj*) *adj* amerikanisch.
ricanement [ʀikanmɑ̃] *nm* (*v vi*) boshaftes Lachen *nt;* Kichern *nt.*
ricaner [ʀikane] *vi* (*avec méchanceté*) boshaft lachen; (*bêtement*) blöde kichern.
riche [ʀiʃ] *adj* reich; (*somptueux*) prächtig; (*aliment*) nahrhaft, mächtig; (*fertile*) fruchtbar; (*sujet, matière*) ergiebig; (*documentation, vocabulaire*) umfangreich ♦ *nm/f:* **les** ~**s** die Reichen *pl;* ~ **en** reich an +*dat;* ~ **de** voller.
richement [ʀiʃmɑ̃] *adv* reichlich; (*avec ma-*

gnificence) prächtig.
richesse [ʀiʃɛs] *nf* Reichtum *m;* (*somptuosité*) Pracht *f;* (*de sujet*) Ergiebigkeit *f;* (*de documentation*) Umfang *m;* ~**s** *nfpl* (*possessions*) Reichtümer *pl;* (*d'un musée, d'une région*) Schätze *pl.*
richissime [ʀiʃisim] *adj* steinreich.
ricin [ʀisɛ̃] *nm:* **huile de** ~ Rizinusöl *nt.*
ricocher [ʀikɔʃe] *vi:* ~ (**sur**) hüpfen (auf +*dat*); (*balle*) abprallen von; **faire** ~ (*pierre*) schnalzen *ou* hüpfen lassen.
ricochet [ʀikɔʃɛ] *nm:* **faire** ~ hüpfen; (*fig*) indirekte Auswirkungen haben; **faire des** ~**s** Steine auf dem Wasser hüpfen lassen; **par** ~ (*fig*) indirekt.
rictus [ʀiktys] *nm* Grinsen *nt.*
ride [ʀid] *nf* Falte *f,* Runzel *f;* (*sur l'eau, le sable, la neige*) kleine Welle *f.*
ridé, e [ʀide] *adj* faltig, runzlig.
rideau, x [ʀido] *nm* Vorhang *m;* **tirer/ouvrir les** ~**x** die Vorhänge zuziehen/aufziehen ► **rideau de fer** (*d'une devanture*) Eisenrouleau *nt;* (*POL*) Eiserner Vorhang.
ridelle [ʀidɛl] *nf* Wagenleiter *f.*
rider [ʀide] *vt* (*peau, front*) runzeln; (*eau, sable etc*) kräuseln; **se rider** *vpr* (*avec l'âge*) faltig werden, Falten bekommen; (*de contrariété*) sich runzeln.
ridicule [ʀidikyl] *adj* lächerlich ♦ *nm:* **le** ~ (*état*) das Lächerliche *nt;* (*absurdité*) die lächerliche Seite *f;* **tourner qn en** ~ jdn lächerlich machen.
ridiculement [ʀidikylmɑ̃] *adv* lächerlich.
ridiculiser [ʀidikylize] *vt* lächerlich machen; **se ridiculiser** *vpr* sich lächerlich machen.
ridule [ʀidyl] *nf* Fältchen *nt.*
rie [ʀi] *vb voir* **rire.**

========== MOT-CLÉ ==========

rien [ʀjɛ̃] *pron* **1:** (**ne**) ... **rien** nichts; **il n'a rien dit/fait** er hat nichts gesagt/gemacht; **il n'a rien** er hat nichts; **qu'est-ce que vous avez?** – **rien** was haben Sie? – nichts; **de rien!** bitte!, keine Ursache!; **n'avoir peur de rien** vor nichts zurückschrecken
2 (*quelque chose*): **a-t-il jamais rien fait pour nous?** hat er je etwas für uns getan?
3: **rien d'intéressant** nichts interessantes; **rien d'autre** nichts anderes; **rien du tout** überhaupt nichts
4: rien que nichts als; **rien que la vérité** nichts als die Wahrheit; **rien que cela** nur das; **rien que pour lui faire plaisir** nur um ihm eine Freude zu machen;
♦ *nm:* **un petit rien** (*cadeau*) eine Kleinigkeit; **des riens** Nichtigkeiten *pl;* **un rien de** ein Hauch (von); **en un rien de temps** im Nu.

rieur, -euse [ʀ(i)jœʀ, ʀ(i)jøz] *adj* fröhlich.
rigide [ʀiʒid] *adj* steif; (*personne, éducation*) streng.
rigidité [ʀiʒidite] *nf* (*v adj*) Steifheit *f;* Strenge *f;* ~ **cadavérique** Leichenstarre *f.*

rigolade [ʀiɡɔlad] *nf* Spaß *m*; **c'est de la** ~ (*pas sérieux*) das ist ein Witz; (*facile*) das ist ein Kinderspiel.

rigole [ʀiɡɔl] *nf* (*conduit*) Rinne *f*; (*filet d'eau*) Rinnsal *nt*.

rigoler [ʀiɡɔle] (*fam*) *vi* (*rire*) lachen; (*s'amuser*) sich amüsieren, Spaß haben; (*plaisanter*) scherzen, Spaß machen.

rigolo, -ote [ʀiɡɔlo, ɔt] (*fam*) *adj* lustig, komisch; (*étrange*) komisch ♦ *nm/f* Scherzbold *m*; (*péj: fumiste*) Schaumschläger *m*.

rigorisme [ʀiɡɔʀism] *nm* Puritanismus *m*.

rigoriste [ʀiɡɔʀist] *adj* puritanisch.

rigoureusement [ʀiɡuʀøzmɑ̃] *adv* (*démontrer*) ganz genau; (*classer*) streng; ~ **vrai/interdit** genau der Wahrheit entsprechend/ strengstens verboten.

rigoureux, -euse [ʀiɡuʀø, øz] *adj* (*morale, personne, châtiment*) streng; (*climat*) rauh, hart; (*interdiction, neutralité*) strikt; (*démonstration, analyse, preuves*) genau.

rigueur [ʀiɡœʀ] *nf* (*v adj*) Strenge *f*; Härte *f*; Striktheit *f*; Genauigkeit *f*; **être de** ~ vorgeschrieben sein, Pflicht sein; **"tenue de soirée de** ~**"** „Abendbekleidung (erwünscht)"; **à la** ~ zur Not; **tenir** ~ **à qn de qch** jdm etw nicht verzeihen.

riions [ʀijɔ̃] *vb voir* **rire**.

rillettes [ʀijɛt] *nfpl* ≈ Schmalzfleisch *nt*.

rime [ʀim] *nf* Reim *m*; **n'avoir ni** ~ **ni raison** weder Sinn noch Verstand haben.

rimer [ʀime] *vi* (*mots*) sich reimen; ~ **avec** sich reimen auf +*acc ou* mit; **ne** ~ **à rien** völlig ungereimt sein.

rimmel [ʀimɛl] *nm* Wimperntusche *f*.

rinçage [ʀɛ̃saʒ] *nm* (*v vt*) Ausspülen *nt*; Abspülen *nt*; Spülen *nt*; (*programme de machine à laver*) Spülgang *m*.

rince-doigts [ʀɛ̃sdwa] *nm inv* Fingerschale *f*.

rincer [ʀɛ̃se] *vt* (*récipient*) ausspülen; (*objet*) abspülen; (*linge*) spülen; **se** ~ **la bouche** (sich *dat*) den Mund ausspülen.

ring [ʀiŋ] *nm* Boxring *m*; **monter sur le** ~ in den Ring steigen *ou* gehen.

ringard, e [ʀɛ̃ɡaʀ, aʀd] (*péj*) *adj* altmodisch.

rions [ʀijɔ̃] *vb voir* **rire**.

ripaille [ʀipaj] *nf*: **faire** ~ schmausen.

riper [ʀipe] *vi* (*déraper*) ausgleiten.

ripoliné, e [ʀipoline] *adj* mit Hochglanzlack gestrichen, hochglanzlackiert.

riposte [ʀipɔst] *nf* (*repartie*) (schlagfertige) Antwort *f*; (*fig: contre-attaque*) Gegenschlag *m*.

riposter [ʀipɔste] *vi* (*répondre*) antworten; (*contre-attaquer*) zurückschlagen; ~ **que** erwidern, daß; ~ **à** erwidern +*acc*.

rire [ʀiʀ] *vi* lachen; (*se divertir*) Spaß haben; (*plaisanter*) Spaß machen ♦ *nm* Lachen *nt*; **se rire** *vpr*: **se** ~ **de** (*difficultés*) nicht ernst nehmen; ~ **de** lachen über +*acc*; **tu veux** ~! das soll wohl ein Witz sein!; ~ **aux éclats/aux larmes** schallend/Tränen lachen; ~ **jaune** gezwungen lachen; ~ **sous cape** sich *dat* ins Fäustchen lachen; ~ **au nez de qn** jdm ins Gesicht lachen; **pour** ~ zum Spaß.

ris [ʀi] *vb voir* **rire** ♦ *nm*: ~ **de veau** Kalbsbries *m*.

risée [ʀize] *nf*: **être la** ~ **de** zum Gespött +*gén* werden.

risette [ʀizɛt] *nf*: **faire** ~ **à qn** jdn anlächeln.

risible [ʀizibl] *adj* lächerlich.

risque [ʀisk] *nm* Risiko *nt*; **aimer le** ~ die Gefahr lieben; **l'attrait du** ~ der Reiz der Gefahr; **prendre un** ~/**des** ~**s** ein Risiko/Risiken eingehen; **à ses** ~**s et périls** auf eigene Gefahr, auf eigenes Risiko; **au** ~ **de faire qch** auf die Gefahr hin, etw zu tun ▶ **risque d'incendie** Feuergefahr *f*.

risqué, e [ʀiske] *adj* riskant, gewagt; (*plaisanterie, histoire*) gewagt.

risquer [ʀiske] *vt* (*mettre en danger*) riskieren, aufs Spiel setzen; (*s'exposer à*) riskieren; (*hasarder, tenter*) wagen; **se risquer** *vpr*: **se** ~ **dans** (*s'aventurer*) sich wagen in +*acc*; **tu risques qu'on te renvoie** *ou* **de te faire renvoyer** du riskierst deinen Arbeitsplatz; **ça ne risque rien** da kann nichts passieren; **il a risqué de se tuer** er wäre beinahe dabei umgekommen; **ce qui risque de se produire** was passieren könnte; **il ne risque pas de recommencer** es besteht keine Gefahr, daß er es wieder macht; ~ **le tout pour le tout** alles auf eine Karte setzen; **se** ~ **à qch** (*tenter*) etw wagen; **se** ~ **à faire qch** es wagen, etw zu tun.

risque-tout [ʀiskətu] *nm/f inv* Draufgänger(in) *m(f)*.

rissoler [ʀisɔle] *vi, vt*: **(faire)** ~ **de la viande/des légumes** Fleisch/Gemüse anbräunen.

ristourne [ʀistuʀn] *nf* Rabatt *m*.

rit [ʀi] *vb voir* **rire**.

rite [ʀit] *nm* Ritus *m*; (*fig*) Ritual *nt* ▶ **rites d'initiation** Initiationsriten *pl*.

ritournelle [ʀituʀnɛl] *nf* (*fig*): **c'est toujours la même** ~ (*fam*) immer die gleiche alte Leier, immer das gleiche Lied.

rituel, le [ʀitɥɛl] *adj* rituell ♦ *nm* Ritual *nt*.

rituellement [ʀitɥɛlmɑ̃] *adv* rituell.

rivage [ʀivaʒ] *nm* Ufer *nt*.

rival, e, -aux [ʀival, o] *adj* rivalisierend, gegnerisch ♦ *nm/f* (*adversaire*) Gegner(in) *m(f)*; (*en amour*) Rivale *m*, Rivalin *f*, Nebenbuhler(in) *m(f)*; **sans** ~ *adj* unerreicht.

rivaliser [ʀivalize] *vi*: ~ **avec** (*suj: personne*) rivalisieren mit, sich messen mit; (*choses: être comparable*) sich messen können mit; ~ **d'élégance/de générosité avec qn** jdn an Eleganz/Großzügigkeit übertreffen wollen.

rivalité [ʀivalite] *nf* Rivalität *f*.

rive [ʀiv] *nf* Ufer *nt*.

river [ʀive] *vt* (*clou, pointe*) nieten; (*plaques de métal*) zusammennieten; **être rivé sur** (*suj: regard, yeux*) gefesselt sein von; **rester rivé sur place** wie angewurzelt dastehen.

riverain, e [ʀiv(ə)ʀɛ̃, ɛn] *nm/f* (*d'un fleuve, lac*) Uferbewohner(in) *m(f)*; (*d'une route, rue*) Anlieger(in) *m(f)*.

rivet [ʀivɛ] *nm* Niete *f*.

riveter [ʀiv(ə)te] *vt* nieten.
rivière [ʀivjɛʀ] *nf* Fluß *m*; ~ **de diamants** Diamantenkollier *nt*.
rixe [ʀiks] *nf* Rauferei *f*.
riz [ʀi] *nm* Reis *m* ▶ **riz au lait** Milchreis *m*.
rizière [ʀizjɛʀ] *nf* Reisfeld *nt*.
RMI [ɛʀɛmi] *sigle m* (= *revenu minimum d'insertion*) *gesetzlich festgelegtes Mindesteinkommen.*
RN [ɛʀɛn] *sigle f* (= *route nationale*) *voir* **route**.
robe [ʀɔb] *nf* Kleid *nt*; (*de juge, d'avocat*) Robe *f*, Talar *m*; (*d'ecclésiastique*) Soutane *f*; (*d'un animal*) Fell *nt* ▶ **robe de baptême** Taufkleid *nt* ▶ **robe de chambre** Morgenrock *m*, Morgenmantel *m* ▶ **robe de grossesse** Umstandskleid *nt* ▶ **robe de mariée** Brautkleid *nt* ▶ **robe de soirée** Abendkleid *nt*.
robinet [ʀɔbinɛ] *nm* Hahn *m* ▶ **robinet du gaz** Gashahn *m* ▶ **robinet mélangeur** Mischbatterie *f*.
robinetterie [ʀɔbinɛtʀi] *nf* Armaturen *pl*.
roboratif, -ive [ʀɔbɔʀatif, iv] *adj* erfrischend, stärkend.
robot [ʀɔbo] *nm* Roboter *m* ▶ **robot de cuisine** Küchenmaschine *f*.
robotique [ʀɔbɔtik] *nf* Robotik *f*.
robotiser [ʀɔbɔtize] *vt* (*personne, travailleur*) in Roboter verwandeln; (*monde, vie*) automatisieren.
robuste [ʀɔbyst] *adj* robust.
robustesse [ʀɔbystɛs] *nf* Robustheit *f*.
roc [ʀɔk] *nm* Fels(en) *m*.
rocade [ʀɔkad] *nf* (*AUTO*) Umgehungsstraße *f*.
rocaille [ʀɔkaj] *nf* (*pierraille*) Geröll *nt*; (*terrain caillouteux*) steiniges Gelände *nt*; (*jardin*) Steingarten *m* ♦ *adj*: **style** ~ Rokokostil *m*.
rocailleux, -euse [ʀɔkajø, øz] *adj* (*chemin*) steinig; (*style, voix*) hart.
rocambolesque [ʀɔkãbɔlɛsk] *adj*: **aventure** ~ ≈ Münchhausiade *f*.
roche [ʀɔʃ] *nf* (*matière*) Fels(en) *m*; (*bloc*) Felsen *m*; ~**s éruptives/calcaires** Vulkan-/Kreidefelsen *pl*.
rocher [ʀɔʃe] *nm* (*bloc*) Felsen *m*; (*matière*) Fels(en) *m*; (*ANAT*) Felsenbein *nt*.
rochet [ʀɔʃɛ] *nm*: **roue à** ~ Sperrad *nt*.
rocheux, -euse [ʀɔʃø, øz] *adj* felsig; **les (montagnes) Rocheuses** die Rocky Mountains *pl*.
rock (and roll) [ʀɔk(ɛnʀɔl)] *nm* Rock (and Roll) *m*.
rocker [ʀɔkœʀ] *nm* (*chanteur*) Rocksänger(in) *m(f)*; (*adepte*) Rockfan *m*.
rocking-chair [ʀɔkiŋ(t)ʃɛʀ] (*pl* ~-~**s**) *nm* Schaukelstuhl *m*.
rococo [ʀɔkɔko] *nm* Rokoko *nt* ♦ *adj* Rokoko-.
rodage [ʀɔdaʒ] *nm* (*AUTO*) Einfahren *nt*; "**en** ~" „wird eingefahren".
rodéo [ʀɔdeo] *nm* Rodeo *nt*.
roder [ʀɔde] *vt* (*moteur, voiture*) einfahren; (*fam: spectacle, service*) aus den Anfangsschwierigkeiten herausbringen.
rôder [ʀode] *vi* herumziehen; (*péj*) sich herumtreiben.

rôdeur, -euse [ʀodœʀ, øz] *nm/f* Herumtreiber(in) *m(f)*.
rodomontades [ʀɔdɔmɔ̃tad] *nfpl* Aufschneidereien *pl*.
rogatoire [ʀɔgatwaʀ] *adj*: **commission** ~ Rechtshilfeersuchen *nt*.
rogne [ʀɔɲ] *nf*: **être en** ~ gereizt *ou* wütend sein; **mettre en** ~ wütend machen; **se mettre en** ~ wütend *ou* gereizt werden.
rogner [ʀɔɲe] *vt* (*ongles*) schneiden; (*cuir, plaque de métal etc*) beschneiden; (*prix etc*) kürzen ♦ *vi*: ~ **sur** kürzen.
rognons [ʀɔɲɔ̃] *nmpl* Nieren *pl*.
rognures [ʀɔɲyʀ] *nfpl* (*de papier, cuir*) Schnitzel *pl*, Abfälle *pl*.
rogue [ʀɔg] *adj* arrogant, abweisend.
roi [ʀwa] *nm* König *m*; **les R~s mages** die Heiligen Drei Könige *pl*; **le jour** *ou* **la fête des R~s**, **les R~s** das Dreikönigsfest *nt*.
roitelet [ʀwat(ə)lɛ] *nm* (*ZOOL*) Zaunkönig *m*; (*péj*) kleiner König *m*.
rôle [ʀol] *nm* Rolle *f*; **jouer un** ~ **important dans** eine wichtige Rolle spielen bei.
rollmops [ʀɔlmɔps] *nm* Rollmops *m*.
romain, e [ʀɔmɛ̃, ɛn] *adj* (*de Rome*) römisch; (*TYPO*) mager ♦ *nm/f*: **R~, e** Römer(in) *m(f)* ♦ *nf* (*laitue*) Romagna-Salat *m*.
roman, e [ʀɔmɑ̃, an] *adj* romanisch ♦ *nm* (*livre*) Roman *m*; (*ARCHIT*) Romanik *f* ▶ **roman d'espionnage** Spionageroman *m* ▶ **roman policier** Kriminalroman *m*.
romance [ʀɔmɑ̃s] *nf* sentimentale Ballade *f*.
romancer [ʀɔmɑ̃se] *vt* (*déformer*) romantisch verklären.
romanche [ʀɔmɑ̃ʃ] *adj* romantsch, rätoromanisch ♦ *nm* Romantsch *nt*, Rätoromanisch *nt*.
romancier, -ière [ʀɔmɑ̃sje, jɛʀ] *nm/f* Romanschriftsteller(in) *m(f)*.
romand, e [ʀɔmɑ̃, ɑ̃d] *adj* aus der französischen Schweiz, französischschweizerisch ♦ *nm/f*: **R~, e** Französischschweizer(in) *m(f)*.
romanesque [ʀɔmanɛsk] *adj* (*fantastique*) sagenhaft; (*sentimental*) romantisch, sentimental.
roman-feuilleton [ʀɔmɑ̃fœjtɔ̃] (*pl* ~**s**-~**s**) *nm* Fortsetzungsroman *m*.
roman-fleuve [ʀɔmɑ̃flœv] (*pl* ~**s**-~**s**) *nm* Saga *f*.
romanichel, le [ʀɔmaniʃɛl] *nm/f* Zigeuner(in) *m(f)*.
roman-photo [ʀɔmɑ̃fɔto] (*pl* ~**s**-~**s**) *nm* Foto-Roman *m*.
romantique [ʀɔmɑ̃tik] *adj* romantisch.
romantisme [ʀɔmɑ̃tism] *nm* Romantik *f*.
romarin [ʀɔmaʀɛ̃] *nm* Rosmarin *m*.
rombière [ʀɔ̃bjɛʀ] (*péj*) *nf* alte Schachtel *f*.
Rome [ʀɔm] *nf* Rom *nt*.
rompre [ʀɔ̃pʀ] *vt* (*branche, amarres, traité*) brechen; (*digue*) sprengen; (*silence, entretien*) unterbrechen; (*fiançailles*) lösen; (*équilibre*) stören ♦ *vi* (*fiancés*) sich trennen; **se**

rompre *vpr* (*corde*) reißen; (*digue, branche*) brechen; (*veine*) platzen; ~ **avec** (*personne*) brechen mit; (*habitude, tradition*) aufgeben, brechen mit; **à tout** ~ wie wild; **applaudir à tout** ~ tosenden Beifall spenden; ~ **la glace** (*fig*) das Eis brechen; **rompez (les rangs)!** (*MIL*) wegtreten!; **se** ~ **les os** *ou* **le cou** sich *dat* sämtliche Knochen *ou* den Hals brechen.

rompu, e [ʀɔ̃py] *pp de* **rompre ♦** *adj* (*fourbu*) kaputt, erschöpft; ~ **à** (*expérimenté*) beschlagen in +*dat*.

romsteck [ʀɔmstɛk] *nm* Rumpsteak *nt*.

ronce [ʀɔ̃s] *nf* (*BOT*) Brombeerstrauch *m*; ~ **de noyer** Walnußwurzelholz *nt*; ~**s** *nfpl* (*branches épineuses*) Dornenzweige *pl*.

ronchonner [ʀɔ̃ʃɔne] (*fam*) *vi* meckern.

rond, e [ʀɔ̃, ʀɔ̃d] *adj* rund; (*fam: ivre*) voll ♦ *nm* (*cercle*) Kreis *m* ♦ *adv*: **tourner** ~ (*moteur*) rund laufen; **ça ne tourne pas** ~ (*fig*) da stimmt etwas nicht; **pour faire un compte** ~ um es aufzurunden; **en** ~ im Kreis; **je n'ai plus un** ~ (*fam*) ich habe keinen roten Heller mehr; **faire des** ~**s de jambe** katzbuckeln ▶ **rond de serviette** Serviettenring *m*.

rond-de-cuir [ʀɔ̃dkɥiʀ] (*pl* ~**s-**~**-**~; *péj*) *nm* Bürohengst *m*.

ronde [ʀɔ̃d] *nf* (*de surveillance*) Runde *f*, Rundgang *m*; (*danse*) Ringelreihen *m*; (*MUS note*) ganze Note *f*; **à 10 km à la** ~ im Umkreis von 10 km; **passer qch à la** ~ etw herumreichen *ou* herumgehen lassen.

rondelet, te [ʀɔ̃dlɛ, ɛt] *adj* (*ventre, femme*) rundlich; (*somme*) stattlich; (*bourse*) prall gefüllt.

rondelle [ʀɔ̃dɛl] *nf* (*tranche*) Scheibe *f*; (*TECH*) Unterlegscheibe *f*.

rondement [ʀɔ̃dmɑ̃] *adv* (*promptement*) zügig, prompt; (*franchement*) geradeheraus, ohne Umschweife.

rondeur [ʀɔ̃dœʀ] *nf* Rundheit *f*; (*bonhomie*) Offenherzigkeit *f*; ~**s** *nfpl* (*d'une femme*) Rundungen *pl*.

rondin [ʀɔ̃dɛ̃] *nm* Klotz *m*, Holzscheit *nt*.

rond-point [ʀɔ̃pwɛ̃] (*pl* ~**s-**~**s**) *nm* Kreisverkehr *m*.

ronéotyper [ʀɔneɔtipe] *vt* mit Matrize vervielfältigen.

ronflant, e [ʀɔ̃flɑ̃, ɑ̃t] (*péj*) *adj* hochfliegend.

ronflement [ʀɔ̃fləmɑ̃] *nm* (*v vi*) Schnarchen *nt*; Brummen *nt*; Bullern *nt*.

ronfler [ʀɔ̃fle] *vi* (*personne*) schnarchen; (*moteur*) brummen; (*poêle*) bullern.

ronger [ʀɔ̃ʒe] *vt* (*suj: souris, chien etc*) annagen, nagen an +*dat*; (: *vers, insectes, rouille*) anfressen; (: *mal, pensée*) quälen; **se ronger** *vpr*: **se** ~ **les ongles** an den Fingernägeln kauen; ~ **son frein** vor Ungeduld fiebern; **se** ~ **d'inquiétude/de souci** vor Unruhe/Sorgen verzehrt werden; **se** ~ **les sangs** vor Sorgen fast umkommen.

rongeur [ʀɔ̃ʒœʀ] *nm* Nagetier *nt*, Nager *m*.

ronronnement [ʀɔ̃ʀɔnmɑ̃] *nm* Schnurren *nt*.

ronronner [ʀɔ̃ʀɔne] *vi* schnurren.

roque [ʀɔk] *nm* Rochade *f*.

roquefort [ʀɔkfɔʀ] *nm* Roquefort *m*.

roquer [ʀɔke] *vi* eine Rochade machen, rochieren.

roquet [ʀɔkɛ] *nm* (*chien*) (kleiner) Kläffer *m*.

roquette [ʀɔkɛt] *nf* (*MIL*) Rakete *f*; ~ **antichar** Panzerabwehrrakete *f*.

rosace [ʀɔzas] *nf* Rosette *f*, Fensterrose *f*.

rosaire [ʀɔzɛʀ] *nm* Rosenkranz *m*.

rosbif [ʀɔsbif] *nm* Roastbeef *nt*.

rose [ʀoz] *nf* Rose *f*; (*vitrail*) Rosette *f* ♦ *adj* rosa, rosarot ♦ *nm* (*couleur*) Rosa(rot) *nt*; ~ **bonbon** *adj* bonbonrosa ▶ **rose des sables** Sandrose *f* ▶ **rose des vents** Windrose *f*.

rosé, e [ʀoze] *adj* rosa(farben), zartrosa ♦ *nm*: (*vin*) ~ Rosé(wein) *m*.

roseau, x [ʀozo] *nm* Schilf *nt*.

rosée [ʀoze] *adj f voir* **rosé** ♦ *nf* Tau *m*; **une goutte de** ~ ein Tautropfen *m*.

roseraie [ʀozʀɛ] *nf* Rosengarten *m*; (*plantation*) Rosenzucht *f*.

rosette [ʀozɛt] *nf*: **la** ~ (**de la Légion d'honneur**) die Ehrenlegion *f*.

rosier [ʀozje] *nm* Rosenstrauch *m*.

rosir [ʀoziʀ] *vi* (leicht) erröten.

rosse [ʀɔs] *nf* (*péj: cheval*) Klepper *m*, Gaul *m* ♦ *adj* scharf.

rosser [ʀɔse] (*fam*) *vt* verprügeln.

rossignol [ʀɔsiɲɔl] *nm* Nachtigall *f*; (*crochet*) Dietrich *m*.

rot [ʀo] *nm* Rülpser *m*; (*de bébé*) Bäuerchen *nt*.

rotatif, -ive [ʀɔtatif, iv] *adj* (*pompe*) Kreisel-; (*foreuse*) Dreh- ♦ *nf* Rotationspresse *f*.

rotation [ʀɔtasjɔ̃] *nf* Umdrehung *f*, Rotation *f*; **par** ~ im Turnus ▶ **rotation des cultures** Fruchtwechsel *m* ▶ **rotation des stocks** (*COMM*) Lagerumschlag *m*.

rotatoire [ʀɔtatwaʀ] *adj*: **mouvement** ~ Drehbewegung *f*.

roter [ʀɔte] (*fam*) *vi* rülpsen.

rôti [ʀoti] *nm* Braten *m*; ~ **de bœuf/porc** Rinder-/Schweinebraten *m*.

rotin [ʀɔtɛ̃] *nm* Rattan *nt*; **fauteuil en** ~ Rattansessel *m*.

rôtir [ʀotiʀ] *vt, vi* braten; **faire** ~ braten; **se** ~ **au soleil** sich in der Sonne aalen.

rôtisserie [ʀotisʀi] *nf* (*restaurant*) Rotisserie *f*.

rôtissoire [ʀotiswaʀ] *nf* Grill *m*.

rotonde [ʀɔtɔ̃d] *nf* (*ARCHIT*) Rundbau *m*.

rotor [ʀɔtɔʀ] *nm* Rotor *m*.

Rotterdam [ʀɔtɛʀdam] *n* Rotterdam *nt*.

rotule [ʀɔtyl] *nf* Kniescheibe *f*.

roturier, -ière [ʀɔtyʀje, jɛʀ] *nm/f* Bürgerliche(r) *f(m)*.

rouage [ʀwaʒ] *nm* (*d'un mécanisme*) Zahnrad *nt*; (*fig*) Rädchen *nt* im Getriebe; ~**s** *nmpl* (*fig*) Räderwerk *nt*.

roubaisien, ne [ʀubezjɛ̃, ɛn] *adj* aus Roubaix ♦ *nm/f*: **R**~, **ne** Einwohner(in) *m(f)* von Roubaix.

roublard, e [ʀublaʀ, aʀd] (*péj*) *adj* durchtrieben.

rouble [ʀubl] *nm* Rubel *m*.

roucoulement [ʀukulmã] nm (bruit) Gurren nt.

roucouler [ʀukule] vi (tourterelle, chanteur) gurren; (amoureux) turteln.

roue [ʀu] nf Rad nt; **faire la ~** ein Rad schlagen; **descendre en ~ libre** im Leerlauf herunterfahren; **~s avant/arrière** Vorder-/Hinterräder pl; **pousser à la ~** sich ins Zeug legen; **grande ~** (à la foire) Riesenrad nt ▶ **roue à aubes** Schaufelrad nt ▶ **roue de secours** Reserverad nt ▶ **roue dentée** Zahnrad nt.

roué, e [ʀwe] adj gerissen.

rouennais, e [ʀwanɛ, ɛz] adj aus Rouen ♦ nm/f: R~, e Einwohner(in) m(f) von Rouen.

rouer [ʀwe] vt: ~ **de coups** verprügeln.

rouet [ʀwɛ] nm Spinnrad nt.

rouge [ʀuʒ] adj rot ♦ nm/f (POL) Rote(r) f(m) ♦ nm (couleur) Rot nt; (fard) Rouge nt ♦ adv: **voir ~** rot sehen; (vin) Rotwein m; **passer au ~** (signal) auf Rot schalten; (automobiliste) bei Rot durchfahren; **porter au ~** (métal) rotglühend werden lassen; **sur la liste ~** (TÉL) nicht im Telefonbuch; ~ **de honte** schamrot; ~ **de colère** rot vor Wut ou Zorn; **se fâcher tout ~** sich schwarz ärgern ▶ **rouge (à lèvres)** Lippenstift m.

rougeâtre [ʀuʒatʀ] adj rötlich.

rougeaud, e [ʀuʒo, od] adj (teint) rötlich; (personne) rotwangig.

rouge-gorge [ʀuʒgɔʀʒ] (pl ~s-~s) nm Rotkehlchen nt.

rougeoiement [ʀuʒwamã] nm roter Schimmer m.

rougeole [ʀuʒɔl] nf Masern pl.

rougeoyant, e [ʀuʒwajã, ãt] adj rot schimmernd.

rougeoyer [ʀuʒwaje] vi rot glühen.

rouget [ʀuʒɛ] nm Seebarbe f.

rougeur [ʀuʒœʀ] nf Röte f; ~s nfpl (MÉD: tâches) rote Flecken pl.

rougir [ʀuʒiʀ] vi rot werden; (de honte, timidité) erröten; (ciel) sich röten.

rouille [ʀuj] nf Rost m; (CULIN) pikante provenzalische Knoblauchmayonnaise zu Fischsuppe ♦ adj inv (couleur) rostrot.

rouillé, e [ʀuje] adj verrostet, rostig; (fig) eingerostet.

rouiller [ʀuje] vt rosten lassen; (corps, esprit) einrosten lassen ♦ vi rosten; **se rouiller** vpr rosten; (fig) einrosten.

roulade [ʀulad] nf (CULIN) Roulade f; (MUS) Koloratur f; (SPORT) Rolle f.

roulage [ʀulaʒ] nm (transport) Straßentransport m.

roulant, e [ʀulã, ãt] adj (meuble) auf Rollen; (surface, trottoir) Roll-; **matériel/personnel ~** (RAIL) rollendes Material nt/Personal nt.

roulé, e [ʀule] adj: **bien ~e** (fam: femme) wohlgerundet ♦ nm (CULIN) (Biskuit)rolle f.

rouleau, x [ʀulo] nm Rolle f; (de machine à écrire) Walze f; (bigoudi) Lockenwickler m; (vague) Roller m; **être au bout du ~** (fig) am Ende sein ▶ **rouleau à pâtisserie** Nudelrolle f

▶ **rouleau compresseur** Dampfwalze f ▶ **rouleau de pellicule** Filmspule f.

roulé-boulé [ʀulebule] (pl ~s-~s) nm (SPORT) Rolle f.

roulement [ʀulmã] nm (rotation: d'ouvriers) Schichtwechsel m; (: de capitaux) Umlauf m; **par ~** im Turnus ▶ **roulement à billes** Kugellager nt ▶ **roulement de tambour** Trommelwirbel m; ▶ **roulement de tonnerre** Donnergrollen nt.

rouler [ʀule] vt rollen; (tissu, papier, tapis) aufrollen; (pâte) ausrollen; (fam: tromper) reinlegen ♦ vi (bille, boule, dé) rollen; (voiture, train, automobiliste, cycliste) fahren; (bateau) rollen, schlingern; (tonnerre) grollen; **se rouler** vpr: **se ~ dans** (boue) sich wälzen in +dat; (couverture) sich einrollen in +acc; ~ **dans la farine** (fam) reinlegen; ~ **les épaules/hanches** mit den Schultern schwanken/mit den Hüften wackeln; ~ **les "r"** das „R" rollen; ~ **sa bosse** viel herumkommen; ~ **en bas de** (personne) herunterrollen; ~ **sur** (conversation) sich drehen um; ~ **sur l'or** im Geld schwimmen.

roulette [ʀulɛt] nf (d'un meuble) Rolle f; (de dentiste) Bohrer m; (à pâtisserie) Teigrädchen nt; **la ~** (jeu) Roulett nt; **fauteuil à ~s** Sessel m auf Rollen; **la ~ russe** russisches Roulett.

roulier [ʀulje] nm (NAUT) Roll-on-roll-off-Fähre f.

roulis [ʀuli] nm Schlingern nt.

roulotte [ʀulɔt] nf Planwagen m.

roumain, e [ʀumɛ̃, ɛn] adj rumänisch ♦ nm/f: R~, e Rumäne m, Rumänin f.

Roumanie [ʀumani] nf: **la ~** Rumänien nt.

roupiller [ʀupije] (fam) vi pennen.

rouquin, e [ʀukɛ̃, in] (péj) nm/f Rotschopf m.

rouspéter [ʀuspete] (fam) vi schimpfen.

rousse [ʀus] adj voir **roux**.

rousseur [ʀusœʀ] nf: **tache de ~** Sommersprosse f.

roussi [ʀusi] nm: **ça sent le ~** es riecht angebrannt; (fig) da ist etwas faul.

roussir [ʀusiʀ] vt (herbe, linge) ansengen ♦ vi (feuilles) braun werden; **faire ~** (CULIN) anbräunen.

routage [ʀutaʒ] nm Sortieren von Drucksachen und Paketen nach Versandgebieten.

routard, e [ʀutaʀ, aʀd] nm/f Tramper(in) m(f).

route [ʀut] nf Straße f; (itinéraire, fig: voie) Weg m; **par (la) ~** auf dem Landweg; **il y a 3 heures de ~** es ist eine Strecke von 3 Stunden; **en ~** unterwegs; **en ~!** auf geht's!; **en cours de ~** unterwegs; **mettre en ~** (voiture, moteur) anlassen; **se mettre en ~** sich auf den Weg machen; **faire ~ vers** auf dem Weg sein nach; **faire fausse ~** (fig) sich verirren ▶ **route nationale** ≈ Bundesstraße f.

router [ʀute] vt nach Versandgebieten sortieren.

routier, -ière [ʀutje, jɛʀ] adj Straßen- ♦ nm (camionneur) Lastwagenfahrer m; (restaurant) (Fernfahrer)raststätte f; (scout) Pfadfinder *m*; (*cycliste*) Straßenfahrer *m* ♦ *nf* (*voiture*) Tourenwagen *m*; **carte routière** Straßenkarte *f*; **vieux** ~ alter Kämpe *m*.

routine [ʀutin] *nf* Routine *f*; **contrôle de** ~ Routineuntersuchung *f*.

routinier, -ière [ʀutinje, jɛʀ] *adj* (*travail, procédé*) eingefahren; (*personne, esprit*) starr.

rouvert, e [ʀuvɛʀ, ɛʀt] *pp de* **rouvrir.**

rouvrir [ʀuvʀiʀ] *vt* wieder öffnen; (*débat etc*) wieder eröffnen ♦ *vi* (*porte*) wieder aufgehen; (*frontière*) wieder geöffnet werden; (*débat etc*) wieder eröffnet werden; **se rouvrir** *vpr* (*porte*) wieder aufgehen, sich wieder öffnen; (*blessure*) wieder aufgehen.

roux, rousse [ʀu, ʀus] *adj* (*barbe, cheveux*) rot; (*personne*) rothaarig ♦ *nm/f* Rothaarige(r) *f(m)* ♦ *nm* (*CULIN*) Mehlschwitze *f*.

royal, e, -aux [ʀwajal, o] *adj* königlich; (*festin, cadeau*) fürstlich, prächtig; (*fam: paix*) göttlich; (*péj*) erhaben.

royalement [ʀwajalmã] *adv* königlich.

royaliste [ʀwajalist] *adj* royalistisch.

royaume [ʀwajom] *nm* Königreich *nt*; (*fig*) Reich *nt*; **le** ~ **des cieux** das Himmelreich *nt*.

Royaume-Uni [ʀwajomyni] *nm*: **le** ~-~ das Vereinigte Königreich *nt*.

royauté [ʀwajote] *nf* (*dignité*) Königswürde *f*; (*régime*) Monarchie *f*.

RP [ɛʀpe] *sigle f* (= *recette principale*) Hauptpostamt *nt*; = *région parisienne* ♦ *sigle fpl* (= *relations publiques*) PR *nt*.

RPR [ɛʀpeɛʀ] *sigle m* (= *Rassemblement pour la République*) politische Partei.

RSVP [ɛʀɛsvepe] *abr* (= *répondez s'il vous plaît*) u.A.w.g.

rte *abr* = **route.**

RTL [ɛʀteɛl] *sigle f* (= *Radio-Télévision Luxembourg*) RTL.

RU [ʀy] *sigle m* (= *restaurant universitaire*) Mensa *f*.

ruade [ʀɥad] *nf* Tritt *m*.

ruban [ʀybã] *nm* Band *nt*; (*de téléscripteur, d'acier etc*) Streifen *m*; (*de machine à écrire*) Farbband *nt* ► **ruban adhésif** Klebestreifen *m*.

rubéole [ʀybeɔl] *nf* Röteln *pl*.

rubicond, e [ʀybikɔ̃, ɔ̃d] *adj* hochrot.

rubis [ʀybi] *nm* Rubin *m*; **payer** ~ **sur l'ongle** bar auf den Tisch des Hauses bezahlen.

rubrique [ʀybʀik] *nf* Rubrik *f*; (*PRESSE*) Spalte *f*.

ruche [ʀyʃ] *nf* Bienenhaus *nt*.

rucher [ʀyʃe] *nm* Bienenstock *m*.

rude [ʀyd] *adj* (*barbe, climat*) rauh; (*toile*) grob, rauh; (*épreuve*) hart; (*métier, tâche*) hart, schwer; (*bourru*) grob; (*voix*) harsch; **un** ~ **paysan/montagnard** ein knorriger Bauer/ Bergbewohner; **un** ~ **appétit** (*fam*) ein Bärenhunger *m*; **être mis à** ~ **épreuve** auf eine harte Probe gestellt werden.

rudement [ʀydmã] *adv* hart.

rudesse [ʀydɛs] *nf* (*de barbe, climat*) Rauheit *f*; (*de toile, de comportement*) Grobheit *f*.

rudimentaire [ʀydimãtɛʀ] *adj* (*ameublement,*

équipement) elementar; (*connaissances*) rudimentär, Grundlagen-.

rudiments [ʀydimã] *nmpl* Grundlagen *pl*.

rudoyer [ʀydwaje] *vt* grob behandeln.

rue [ʀy] *nf* Straße *f*; (*BOT*) Raute *f*; **être à la** ~ auf der Straße stehen; **jeter qn à la** ~ jdn hinauswerfen.

ruée [ʀɥe] *nf* Gedränge *nt*; **la** ~ **vers l'or** der Goldrausch.

ruelle [ʀɥɛl] *nf* Sträßchen *nt*.

ruer [ʀɥe] *vi* (*cheval, âne*) ausschlagen; **se ruer** *vpr*: **se** ~ **sur** sich stürzen auf +*acc*; ~ **dans les brancards** auf die Barrikaden gehen; **se** ~ **vers** sich stürzen auf +*acc*; **se** ~ **dans** sich stürzen in +*acc*; **se** ~ **hors de** sich hinausstürzen aus.

rugby [ʀygbi] *nm* Rugby *nt* ► **rugby à treize/ quinze** Rugby mit 13/15 Spielern.

rugir [ʀyʒiʀ] *vi, vt* brüllen.

rugissement [ʀyʒismã] *nm* Brüllen *nt*.

rugosité [ʀygozite] *nf* Rauheit *f*; (*aspérité*) rauhe Stelle *f*.

rugueux, -euse [ʀygø, øz] *adj* rauh.

ruine [ʀɥin] *nf* (*d'un édifice*) Ruine *f*; (*fig*) Ruin *m*; ~**s** *nfpl* Ruinen *pl*; **tomber en** ~ zerfallen.

ruiner [ʀɥine] *vt* ruinieren; **se ruiner** *vpr* sich ruinieren.

ruineux, -euse [ʀɥinø, øz] *adj* ruinös, sehr kostspielig.

ruisseau, x [ʀɥiso] *nm* (*cours d'eau*) Bach *m*; (*caniveau*) Gosse *f*; **des** ~**x de larmes** Tränenströme *pl*.

ruisselant, e [ʀɥis(ə)lã, ãt] *adj* strömend.

ruisseler [ʀɥis(ə)le] *vi* (*eau, larmes*) strömen; (*pluie*) in Strömen fließen; (*mur, arbre*) tropfen; ~ **de larmes/sueur** tränenüberströmt/ schweißgebadet sein; ~ **de lumière** lichtdurchflutet sein.

ruissellement [ʀɥisɛlmã] *nm* Strömen *nt*; ~ **de lumière** Lichtflut *f*.

rumeur [ʀymœʀ] *nf* (*bruit confus*) Lärm *m*, Gemurmel *nt*; (*nouvelle*) Gerücht *nt*.

ruminer [ʀymine] *vt* (*herbe*) wiederkäuen; (*chagrin, projet*) mit sich herumtragen ♦ *vi* wiederkäuen.

rumsteck [ʀɔmstɛk] *nm* = **romsteck.**

rupestre [ʀypɛstʀ] *adj* (*plante*) Stein-; (*art*) Fels-.

rupture [ʀyptyʀ] *nf* (*d'un câble*) Zerreißen *nt*; (*d'une digue, d'un contrat*) Bruch *m*; (*d'un tendon*) Riß *m*; (*des négociations etc*) Abbruch *m*; (*séparation, désunion*) Bruch, Trennung *f*; **être en** ~ **de ban** illegal wieder eingewandert sein; **en** ~ **de stock** ausverkauft.

rural, e, -aux [ʀyʀal, o] *adj* Land-, ländlich ♦ *nmpl*: **les ruraux** die Landbewohner *pl*.

ruse [ʀyz] *nf* List *f*; **par** ~ durch eine List.

rusé, e [ʀyze] *adj* listig, gewitzt.

russe [ʀys] *adj* russisch ♦ *nm* (*LING*) Russisch *nt* ♦ *nm/f*: **R**~ Russe *m*, Russin *f*.

Russie [ʀysi] *nf*: **la** ~ Rußland *nt*.

rustine [ʀystin] *nf* Flicken *m* (*für den Fahrradschlauch*).

rustique [ʀystik] adj (mobilier etc) rustikal; (vie) ländlich; (plante) widerstandsfähig.

rustre [ʀystʀ] nm Flegel m.

rut [ʀyt] nm Brunst(zeit) f; **être en** ~ brünstig sein.

rutabaga [ʀytabaga] nm Kohlrübe f.

rutilant, e [ʀytilɑ̃, ɑ̃t] adj glänzend.

RV sigle m = **rendez-vous**.

Rwanda [ʀwɑ̃da] nm: **le** ~ Ruanda nt.

rythme [ʀitm] nm Rhythmus m; (de la vie) Tempo nt; **au** ~ **de 10 par jour** im Takt von 10 pro Tag.

rythmé, e [ʀitme] adj rhythmisch.

rythmer [ʀitme] vt (marche, musique etc) einen Rhythmus geben +dat.

rythmique [ʀitmik] adj rhythmisch.

S, s

S[1], s[1] [ɛs] nm inv (lettre) S, s nt; ~ **comme Suzanne** ≈ S wie Samuel.

S[2] [ɛs] abr (= sud) S.

s[2] abr (= seconde) Sek; (= siècle) Jh.

s' [s] pron voir **se**.

s/ abr (= sur) a.

SA [ɛsa] sigle f (= société anonyme) AG f; (= Son Altesse) SH.

sa [sa] adj possessif voir **son[1]**.

sabbatique [sabatik] adj: **année** ~ Forschungsjahr nt.

sable [sɑbl] nm Sand m ▶ **sables mouvants** Treibsand m.

sablé, e [sɑble] adj (allée) sandig ♦ nm ≈ Butterkeks m.

sabler [sɑble] vt mit Sand bestreuen; (contre le verglas) streuen; ~ **le champagne** Champagner schlürfen.

sableux, -euse [sɑblø, øz] adj sandig.

sablier [sɑblije] nm Sanduhr f; (de cuisine) Eieruhr f.

sablière [sɑblijɛʀ] nf Sandgrube f.

sablonneux, -euse [sɑblɔnø, øz] adj sandig.

saborder [sabɔʀde] vt (navire) versenken; (entreprise) aufgeben; **se saborder** vpr (v vt) sich versenken; den Betrieb einstellen.

sabot [sabo] nm (de cheval, bœuf) Huf m; (chaussure) Holzschuh m; (TECH) Schuh m ▶ **sabot (de Denver)** Hemmschuh m ▶ **sabot de frein** Bremsschuh m.

sabotage [sabɔtaʒ] nm Sabotage f.

saboter [sabɔte] vt sabotieren; (bâcler) verhunzen.

saboteur, -euse [sabɔtœʀ, øz] nm/f Saboteur(in) m(f).

sabre [sɑbʀ] nm Säbel m.

sabrer [sɑbʀe] vt niedermetzeln; (article etc) zusammenstreichen.

sac [sak] nm Tasche f; (à charbon, plâtre etc) Sack m; (pillage) Plünderung f; **mettre à** ~ plündern ▶ **sac à dos** Rucksack m ▶ **sac à main** Handtasche f ▶ **sac à provisions** Einkaufstasche f ▶ **sac de couchage** Schlafsack m ▶ **sac de plage** Badetasche f ▶ **sac de voyage** Reisetasche f.

saccade [sakad] nf Ruck m; **par** ~**s** ruckweise.

saccadé, e [sakade] adj (gestes) ruckartig; (voix) abgehackt.

saccage [sakaʒ] nm (v vt) Plünderung f; Verwüstung f.

saccager [sakaʒe] vt (piller) plündern; (dévaster) verwüsten.

saccharine [sakaʀin] nf Saccharin nt, Süßstoff m.

saccharose [sakaʀoz] nm Saccharose f.

SACEM [sasɛm] sigle f (= Société des auteurs, compositeurs et éditeurs de musique) ≈ GEMA f.

sacerdoce [sasɛʀdɔs] nm Priestertum nt; (fig) Berufung f.

sacerdotal, e, -aux [sasɛʀdɔtal, o] adj Priester-, priesterlich.

sachant [saʃɑ̃] vb voir **savoir**.

sache etc [saʃ] vb voir **savoir**.

sachet [saʃɛ] nm Tütchen nt; (de lavande) Säckchen nt; (de shampooing) Kissen nt; **thé en** ~**s** Teebeuteltee m ▶ **sachet de thé** Teebeutel m.

sacoche [sakɔʃ] nf Tasche f; (de bicyclette, motocyclette) Satteltasche f; (du facteur) Posttasche f; (d'outils) Werkzeugtasche f.

sacquer [sake] (fam) vt (candidat) durchfallen lassen; (employé) rausschmeißen; (réprimander, mal noter) runterputzen.

sacraliser [sakʀalize] vt heiligen.

sacre [sakʀ] nm (d'un souverain, évêque) Krönung f.

sacré, e [sakʀe] adj (REL) geheiligt, heilig; (droit, promesse etc) heilig; (fam: satané) verdammt; (ANAT) Kreuzbein-.

sacrement [sakʀəmɑ̃] nm Sakrament nt; **administrer les derniers** ~**s à qn** jdm die letzte Ölung ou die Sterbesakramente geben.

sacrer [sakʀe] vt (souverain, évêque) salben.

sacrifice [sakʀifis] nm Opfer nt; **faire le** ~ **de qch** etw opfern.

sacrificiel, le [sakʀifisjɛl] adj Opfer-.

sacrifier [sakʀifje] vt opfern; **se sacrifier** vpr sich aufopfern; ~ **à** (obéir à) sich unterordnen +dat; **articles sacrifiés** Waren pl zu Schleuderpreisen.

sacrilège [sakʀilɛʒ] nm (REL) Sakrileg nt, Frevel m; (fig) Frevel ♦ nm/f (REL) Frevler(in) m(f) ♦ adj frevelhaft.

sacristain [sakʀistɛ̃] nm Küster m.

sacristie [sakʀisti] nf Sakristei f.

sacro-saint, e [sakʀosɛ̃, sɛt] (pl ~-~**s, es**) adj hochheilig.

sadique [sadik] adj sadistisch ♦ nm/f Sadist(in) m(f).

sadisme [sadism] *nm* Sadismus *m*.
sadomasochisme [sadomazɔʃism] *nm* Sadomasochismus *m*.
sadomasochiste [sadomazɔʃist] *nm/f* Sadomasochist(in) *m(f)*.
safari [safaʀi] *nm* Safari *f*; **faire un** ~ auf eine Safari gehen.
safari-photo [safaʀifɔto] (*pl* ~**s**-~**s**) *nm* Fotosafari *f*.
safran [safʀɑ̃] *nm* Safran *m*.
saga [saga] *nf* Saga *f*.
sagace [sagas] *adj* scharfsinnig.
sagacité [sagasite] *nf* Scharfsinn *m*.
sagaie [sagɛ] *nf* Wurfspieß *m*.
sage [saʒ] *adj* (*avisé, prudent*) klug, weise; (*enfant*) brav, artig; (*chaste*) anständig ♦ *nm* Weiser *m*.
sage-femme [saʒfam] (*pl* ~**s**-~**s**) *nf* Hebamme *f*.
sagement [saʒmɑ̃] *adv* (*raisonnablement*) klug, weise; (*tranquillement*) artig.
sagesse [saʒɛs] *nf* Weisheit *f*, Klugheit *f*; (*d'un enfant*) Bravheit *f*, Artigkeit *f*.
Sagittaire [saʒitɛʀ] *nm* (*ASTROL*) Schütze *m*; **être du** ~ Schütze sein.
Sahara [saaʀa] *nm* Sahara *f*.
saharien, ne [saaʀjɛ̃, jɛn] *adj* Sahara- ♦ *nf* (*veste*) Safarijacke *f*.
Sahel [saɛl] *nm* Sahel *m*.
sahélien, ne [saeljɛ̃, jɛn] *adj* Sahel-.
saignant, e [sɛɲɑ̃, ɑ̃t] *adj* blutend, blutig; (*viande*) blutig.
saignée [seɲe] *nf* (*MÉD*) Aderlaß *m*; (*fig: pertes*) schwere Verluste *pl*; (*ANAT*): **la** ~ **du bras** die Armbeuge *f*.
saignement [sɛɲmɑ̃] *nm* Blutung *f* ▶ **saignement de nez** Nasenbluten *nt*.
saigner [seɲe] *vi* bluten ♦ *vt* (*MÉD*) Blut abnehmen +*dat*; (*animal: égorger*) ausbluten lassen; (*fig: exploiter*) ausnehmen, schröpfen; ~ **du nez** Nasenbluten haben; ~ **qn à blanc** jdn weißbluten.
saillant, e [sajɑ̃, ɑ̃t] *adj* (*pommettes, menton*) vorstehend; (*corniche etc*) vorragend; (*fait, événements*) bedeutend.
saillie [saji] *nf* (*d'une construction*) Vorsprung *m*; (*trait d'esprit*) witzige Bemerkung *f*; (*accouplement*) Bespringen *nt*; **faire** ~ hervorragen, hervorstehen; **en** ~ herausragend, hervorstehend.
saillir [sajiʀ] *vi* (*faire saillie*) hervorstehen, herausragen; (*veine, muscle*) hervortreten ♦ *vt* (*couvrir*) bespringen, decken; **faire** ~ (*muscles etc*) hervortreten lassen.
sain, e [sɛ̃, sɛn] *adj* gesund; ~ **et sauf** unversehrt, wohlbehalten; ~ **d'esprit** bei klarem Verstand, bei bester geistiger Gesundheit.
saindoux [sɛ̃du] *nm* Schweineschmalz *nt*.
sainement [sɛnmɑ̃] *adv* (*vivre*) gesund; (*raisonner*) vernünftig.
saint, e [sɛ̃, sɛ̃t] *adj* heilig ♦ *nm/f* (*REL*) Heilige(r) *f(m)* ♦ *nm* (*statue*) Heiligenstatue *f*; **la S~e Vierge** die heilige Jungfrau Maria *f*.

saint-bernard [sɛ̃bɛʀnaʀ] *nm inv* (*chien*) Bernhardiner *m*.
Saint-Esprit [sɛ̃tɛspʀi] *nm*: **le** ~-~ der Heilige Geist *m*.
sainteté [sɛ̃te] *nf* Heiligkeit *f*; **Sa S~ le pape** seine Heiligkeit, der Papst.
Saint-Laurent [sɛ̃lɔʀɑ̃] *nm*: **le** ~-~ der Sankt-Lorenz-Strom *m*.
Saint-Marin [sɛ̃maʀɛ̃] *nm* San Marino *nt*.
Saint-Père [sɛ̃pɛʀ] (*pl* ~**s**-~**s**) *nm*: **le** ~-~ der Heilige Vater *m*.
Saint-Pierre-et-Miquelon [sɛ̃pjɛʀemiklɔ̃] *nm* Saint-Pierre-et-Miquelon *nt*.
Saint-Siège [sɛ̃sjɛʒ] *nm inv*: **le** ~-~ der Heilige Stuhl *m*.
Saint-Sylvestre [sɛ̃silvɛstʀ] *nf*: **la** ~-~ Sylvester *nt*.
Saint-Vincent et les Grenadines [sɛ̃vɛ̃sɑ̃elegʀənadin] *nm* Saint-Vincent und die Grenadinen *pl*.
sais *etc* [sɛ] *vb voir* **savoir**.
saisie [sezi] *nf* (*JUR*) Beschlagnahmung *f*; (*de texte*) Eingabe *f* ▶ **saisie de données** Dateneingabe *f*.
saisir [seziʀ] *vt* ergreifen; (*comprendre, entendre*) erfassen; (*INFORM*) eingeben; (*CULIN*) scharf anbraten; (*JUR*) beschlagnahmen; **se** ~ **de** *vpr* (*personne*) ergreifen; **être saisi** (*frappé: de douleur, d'étonnement*) ergriffen sein; ~ **un tribunal d'une affaire** ein Gericht wegen einer Sache anrufen.
saisissant, e [sezisɑ̃, ɑ̃t] *adj* (*spectacle, récit*) ergreifend; (*contraste*) auffallend.
saisissement [sezismɑ̃] *nm*: **muet de** ~ überwältigt.
saison [sɛzɔ̃] *nf* Jahreszeit *f*; (*des moissons, semailles*) Zeit *f*; (*touristique*) Saison *f*; **la belle/ mauvaise** ~ die schöne/kalte Jahreszeit; **être de** ~ (*fig*) angebracht *ou* passend sein; **en/ hors** ~ in/außerhalb der Saison; **haute/ basse/morte** ~ Hoch-/Neben-/Nachsaison *f*; **la** ~ **des pluies** die Regenzeit *f*; **la** ~ **des amours** die Zeit *f* der Liebe.
saisonnier, -ière [sɛzɔnje, jɛʀ] *adj* (*produits*) der Jahreszeit; (*culture, maladie*) jahreszeitenbedingt; (*travail*) Saison- ♦ *nm* (*travailleur*) Saisonarbeiter *m*.
sait [sɛ] *vb voir* **savoir**.
salace [salas] *adj* schlüpfrig.
salade [salad] *nf* Salat *m*; (*fam: confusion*) Durcheinander *nt*; **de la** ~ Salat; **raconter des** ~**s** (*fam*) Märchen erzählen; **haricots en** ~ Bohnensalat *m* ▶ **salade de concombres** Gurkensalat *m* ▶ **salade de fruits** Obstsalat *m* ▶ **salade de tomates** Tomatensalat *m* ▶ **salade niçoise** Salade niçoise *f* ▶ **salade russe** russischer Salat.
saladier [saladje] *nm* (*récipient*) Salatschüssel *f*; (*contenu*) Schüssel *f* (voll).
salaire [salɛʀ] *nm* Gehalt *nt*; (*hebdomadaire, journalier, fig*) Lohn *m*; **un** ~ **de misère** ein Hungerlohn *m* ▶ **salaire brut** Bruttogehalt *nt*; Bruttolohn *m* ▶ **salaire de base** Grundgehalt

nt; Grundlohn m ▶ **salaire minimum interpro-fessionnel de croissance (SMIC)** gesetzlicher Mindestlohn m ▶ **salaire net** Nettogehalt nt; Nettolohn m.

salaison [salɛzɔ̃] nf (opération) Einsalzen nt, Pökeln nt; ~s nfpl (produits) Gepökeltes nt.

salamandre [salamɑ̃dʀ] nf Salamander m.

salami [salami] nm Salami f.

salant [salɑ̃] adj m: **marais** ~ Salzsumpf m.

salarial, e, -aux [salaʀjal, jo] adj (v salaire) Gehalts-; Lohn-.

salariat [salaʀja] nm (v salaire) Gehaltsemp-fänger pl; Lohnempfänger pl.

salarié, e [salaʀje] adj (v salaire) mit festem Gehalt/Lohn ♦ nm/f Gehaltsempfänger(in) m(f); Lohnempfänger(in) m(f).

salaud [salo] (fam!) nm Scheißkerl m (fam!), Schweinehund m (fam!).

sale [sal] adj schmutzig, dreckig; (fam: avant le nom) dreckig.

salé, e [sale] adj (liquide, saveur) salzig; (assai-sonné de sel; fam: note, facture) gesalzen; (con-servé au sel) gepökelt, Salz-; (fig: his-toire, plaisanterie) gepfeffert, pikant ♦ nm (porc salé) Salzfleisch nt, Pökelfleisch nt; **petit** ~ Bauchfleisch nt.

salement [salmɑ̃] adv (manger etc) wie ein Schwein.

saler [sale] vt (plat) salzen; (pour conserver) ein-salzen, einpökeln.

saleté [salte] nf (état) Schmutzigkeit f; (crasse) Dreck m, Schmutz m; (tache, chose sale sur vêtement etc) Dreckfleck m, Dreck; (action vile, obscénité) Schweinerei f; (chose sans valeur) Mist m; **vivre dans la** ~ im Dreck leben.

salière [saljɛʀ] nf Salzfäßchen nt.

saligaud [saligo] (fam!) nm Schweinehund m (fam!).

salin, e [salɛ̃, in] adj Salz- ♦ nf Saline f.

salinité [salinite] nf Salzgehalt m.

salir [saliʀ] vt beschmutzen, schmutzig ma-chen; (lieu) verdrecken; (fig) in den Dreck ou Schmutz ziehen; **se salir** vpr sich schmutzig machen; (se compromettre) seinen Ruf be-flecken.

salissant, e [salisɑ̃, ɑ̃t] adj leicht schmutzend, empfindlich; (métier) schmutzig; **ce tissue est** ~ auf diesem Stoff sieht man den Schmutz gut.

salissure [salisyʀ] nf Dreck m; (tache) Dreck-fleck m.

salive [saliv] nf Speichel m, Spucke f.

saliver [salive] vi sabbern, Speichel abson-dern.

salle [sal] nf Zimmer nt; (d'hôpital) Station f; (de restaurant) Speiseraum m; (de musée, d'un ciné-ma, public) Saal m; **faire** ~ **comble** (ein) volles Haus haben ▶ **salle à manger** Eßzimmer nt; (mobilier) Eßzimmer(möbel pl) nt ▶ **salle d'ar-mes** (pour l'escrime) Fechtsaal m ▶ **salle d'at-tente** Wartesaal m ▶ **salle d'eau** Duschraum m ▶ **salle d'embarquement** (à l'aéroport) Ab-flughalle f ▶ **salle d'exposition** Ausstellungs-

halle f ▶ **salle d'opération** Operationssaal m ▶ **salle de bain(s)** Badezimmer nt ▶ **salle de bal** Ballsaal m ▶ **salle de cinéma** Kino(saal m) nt ▶ **salle de classe** Klassenzimmer nt ▶ **salle de jeux** Spielsaal m ▶ **salle de projec-tion** Filmtheater nt ▶ **salle de séjour** Wohn-zimmer nt ▶ **salle de spectacle** (THÉÂT) Thea-ter nt; (CINÉ) Kino nt ▶ **salle des machines** Maschinenraum m ▶ **salle des ventes** Auk-tionssaal m.

salmonellose [salmɔneloz] nf Salmonellenver-giftung f.

salon [salɔ̃] nm Wohnzimmer nt; (mobilier) Wohnzimmer(möbel pl) nt; (exposition) Aus-stellung f; (mondain, littéraire) Salon m ▶ **salon de coiffure** Frisörsalon m ▶ **salon de thé** Café nt.

salopard [salopaʀ] (fam!) nm Scheißkerl m (fam!).

salope [salɔp] (fam!) nf Miststück nt (fam!).

saloper [salɔpe] (fam!) vt versauen (fam!).

saloperie [salɔpʀi] (fam!) nf Schweinerei f (fam), Sauerei f (fam), Mist m (fam), Schund m (fam).

salopette [salɔpɛt] nf (de travail) Overall m; (pantalon) Latzhose f.

salpêtre [salpɛtʀ] nm Salpeter m.

salsifis [salsifi] nm Schwarzwurzel f.

SALT [salt] sigle (= Strategic Arms Limitation Talks) SALT.

saltimbanque [saltɛ̃bɑ̃k] nm/f Schausteller(in) m(f).

salubre [salybʀ] adj gesund.

salubrité [salybʀite] nf Bekömmlichkeit f; **me-sures de** ~ **publique** Maßnahmen pl der öffentlichen Gesundheitspflege.

saluer [salɥe] vt grüßen, begrüßen; (pour dire au revoir) sich verabschieden von; (MIL) grüßen, salutieren +dat; (fig: acclamer) be-grüßen.

salut [saly] nm (sauvegarde) Wohl nt; (REL) Heil nt, Erlösung f; (geste, parole d'accueil etc) Gruß m; (MIL) Salut m ♦ excl (fam: pour dire bonjour) hallo; (: pour dire au revoir) tschüs ▶ **salut pu-blic** öffentliche Wohlfahrt f.

salutaire [salytɛʀ] adj (remède) heilsam; (avis, conseils) nützlich.

salutations [salytasjɔ̃] nfpl Grüße pl; **veuillez agréer, Monsieur, mes** ~ **distinguées** ou **respectueuses** ≈ mit freundlichen Grüßen.

salutiste [salytist] nm/f Mitglied nt der Heilsar-mee.

Salvador [salvadɔʀ] nm: **le** ~ El Salvador nt.

salve [salv] nf (MIL) Salve f ▶ **salve d'applaudis-sements** Beifallsstürme pl.

samaritain [samaʀitɛ̃] nm: **le bon S~** der barmherzige Samariter m.

samedi [samdi] nm Samstag m; voir aussi **lundi**.

Samoa [samɔa] nfpl: **les (îles)** ~ die Samoa-Inseln pl.

SAMU [samy] sigle m (= service d'assistance médi-cale d'urgence) ≈ medizinischer Notdienst.

sanatorium [sanatɔʀjɔm] nm Sanatorium nt.

sanctifier [sɑ̃ktifje] *vt* heiligen.
sanction [sɑ̃ksjɔ̃] *nf* (*punition*) Sanktion *f*; (*approbation*) Sanktionierung *f*; **prendre des ~s contre** Sanktionen anwenden gegen.
sanctionner [sɑ̃ksjɔne] *vt* (*loi, décret, usage*) sanktionieren; (*punir*) bestrafen.
sanctuaire [sɑ̃ktɥɛʀ] *nm* (*d'une église*) Allerheiligstes *nt*; (*édifice, lieu saint*) heiliger Ort *m*.
sandale [sɑ̃dal] *nf* Sandale *f*.
sandalette [sɑ̃dalɛt] *nf* Sandalette *f*.
sandow ® [sɑ̃do] *nm* Gummiriemen *m*.
sandwich [sɑ̃dwi(t)ʃ] *nm* Sandwich *nt*; **être pris en ~ entre** eingeklemmt sein zwischen +*dat*.
sang [sɑ̃] *nm* Blut *nt*; **être en ~** blutüberströmt sein; **jusqu'au ~** bis Blut kommt; **se faire du mauvais ~** sich aufregen ▶ **sang bleu** blaues Blut.
sang-froid [sɑ̃fʀwa] *nm inv* Kaltblütigkeit *f*; **garder son ~-~** einen kühlen Kopf bewahren; **perdre son ~-~** seinen kühlen Kopf verlieren; **reprendre son ~ ~** sich wieder beruhigen; **faire qch de ~-~** etw kaltblütig machen.
sanglant, e [sɑ̃glɑ̃, ɑ̃t] *adj* blutig; (*reproche, affront*) verletzend.
sangle [sɑ̃gl] *nf* Gurt *m*.
sangler [sɑ̃gle] *vt*: **sanglé dans son uniforme** in seine Uniform gezwängt.
sanglier [sɑ̃glije] *nm* Wildschwein *nt*.
sanglot [sɑ̃glo] *nm* Schluchzer *m*.
sangloter [sɑ̃glɔte] *vi* schluchzen.
sangsue [sɑ̃sy] *nf* Blutegel *m*.
sanguin, e [sɑ̃gɛ̃, in] *adj* (*vaisseau, groupe*) Blut-; (*fig: tempérament*) feurig.
sanguinaire [sɑ̃ginɛʀ] *adj* (*animal, personne*) blutrünstig; (*lutte*) blutig.
sanguine [sɑ̃gin] *nf* (*orange*) Blutorange *f*; (*ART*) Rötelzeichnung *f*.
sanguinolent, e [sɑ̃ginɔlɑ̃, ɑ̃t] *adj* blutig.
sanisette ® [sanizɛt] *nf* (*automatische*) öffentliche Toilette.
sanitaire [sanitɛʀ] *adj* (*MÉD*) Gesundheits-; **~s** *nmpl* Sanitäreinrichtungen *pl*; **installation ~** sanitäre Anlagen *pl*.
sans [sɑ̃] *prép* ohne; **~ scrupules** skrupellos; **~ manches** ärmellos; **~ qu'il s'en aperçoive** ohne daß er es merkt.
sans-abri [sɑ̃zabʀi] *nm/f inv* Obdachlose(r) *f(m)*.
sans-emploi [sɑ̃zɑ̃plwa] *nm/f inv* Arbeitslose(r) *f(m)*.
sans-gêne [sɑ̃ʒɛn] *adj inv* ungeniert ♦ *nm inv* (*attitude*) Ungeniertheit *f*.
sans-logis [sɑ̃lɔʒi] *nm/f inv* Obdachlose(r) *f(m)*.
sans-souci [sɑ̃susi] *adj inv* sorglos.
sans-travail [sɑ̃tʀavaj] *nm/f inv* Arbeitslose(r) *f(m)*.
santal [sɑ̃tal] *nm* Sandelholz *nt*.
santé [sɑ̃te] *nf* Gesundheit *f*; **avoir une ~ de fer** eine eiserne Gesundheit haben; **avoir une ~ délicate** eine zarte Gesundheit haben; **être en bonne ~** bei guter Gesundheit sein, gesund sein; **boire à la ~ de qn** auf jds Wohl trinken; **à la ~ de Momo!** auf Momo!; **à votre/ta ~!**

zum Wohl!; **la ~ publique** das Gesundheitswesen *nt*.
santon [sɑ̃tɔ̃] *nm* Krippenfigur *f*.
saoudien, ne [saudjɛ̃, jɛn] *adj* saudiarabisch ♦ *nm/f*: **S~, ne** Saudiaraber(in) *m(f)*.
saoul, e [su, sul] *adj* = **soûl**.
sape [sap] *nf*: **travail de ~** (*MIL*) Grabenarbeiten *pl*; (*fig*) Unterminierung *f*; **~s** *nfpl* (*fam*) Klamotten *pl*.
saper [sape] *vt* (*fondations etc*) untergraben; (*fig*) unterminieren; **se saper** *vpr* (*fam*) sich anziehen.
sapeur [sapœʀ] *nm* (*MIL*) Pionier *m*.
sapeur-pompier [sapœʀpɔ̃pje] (*pl* **~s-~s**) *nm* Feuerwehrmann *m*.
saphir [safiʀ] *nm* Saphir *m*.
sapin [sapɛ̃] *nm* Tanne *f*; (*bois*) Tannenholz *nt* ▶ **sapin de Noël** Weihnachtsbaum *m*.
sapinière [sapinjɛʀ] *nf* Tannenwald *m*.
SAR [ɛsaɛʀ] *sigle f* (= *Son Altesse Royale*) SKH/IKH.
sarabande [saʀabɑ̃d] *nf* Sarabande *f*; (*fig*) Affentheater *nt*.
sarbacane [saʀbakan] *nf* Blasrohr *nt*; (*jouet*) Pusterohr *nt*.
sarcasme [saʀkasm] *nm* Sarkasmus *m*; (*remarque*) sarkastische Bemerkung *f*.
sarcastique [saʀkastik] *adj* sarkastisch.
sarcastiquement [saʀkastikmɑ̃] *adv* sarkastisch.
sarcelle [saʀsɛl] *nf* Krickente *f*.
sarclage [saʀklaʒ] *nm* Jäten *nt*.
sarcler [saʀkle] *vt* jäten.
sarcloir [saʀklwaʀ] *nm* Jäthacke *f*.
sarcophage [saʀkɔfaʒ] *nm* Sarkophag *m*.
Sardaigne [saʀdɛɲ] *nf*: **la ~** Sardinien *f*.
sarde [saʀd] *adj* sardisch ♦ *nm/f*: **S~** Sarde *m*, Sardin *f*.
sardine [saʀdin] *nf* Sardine *f*; **~s à l'huile** Ölsardinen *pl*.
sardinerie [saʀdinʀi] *nf* Konservenfabrik *f* für Sardinen.
sardinier, -ière [saʀdinje, jɛʀ] *adj* (*pêche, industrie*) Sardinen- ♦ *nm* (*bateau*) Sardinenboot *nt*.
sardonique [saʀdɔnik] *adj*: **rire ~** hämisches Lachen *nt*.
sari [saʀi] *nm* Sari *m*.
SARL [ɛsaɛʀɛl] *sigle f* (= *société à responsabilité limitée*) GmbH *f*.
sarment [saʀmɑ̃] *nm*: **~ (de vigne)** Weinranke *f*.
sarrasin [saʀazɛ̃] *nm* (*BOT*) Buchweizen *m*; (*farine*) Buchweizenmehl *nt*.
sarrau [saʀo] *nm* Kittel *m*.
Sarre [saʀ] *nf*: **la ~** das Saarland *nt*; (*rivière*) die Saar *f*.
sarriette [saʀjɛt] *nf* Bohnenkraut *nt*.
sarrois, e [saʀwa, waz] *adj* aus dem Saarland, saarländisch ♦ *nm/f*: **S~, e** Saarländer(in) *m(f)*.
sas [sas] *nm* (*d'un sous-marin, d'un engin spatial*) Luftschleuse *f*; (*d'une écluse*) Schleusenkammer *f*.

satané, e [satane] *adj* verflucht, verflixt.
satanique [satanik] *adj* teuflisch.
satelliser [satelize] *vt* (*fusée*) in die Umlaufbahn schießen; (*pays*) zu seinem Satelliten machen.
satellite [satelit] *nm* Satellit *m*; **retransmis par ~** (*RADIO, TV*) über Satelliten übertragen, Satelliten-; **pays ~** Satellitenstaat *m*.
satellite-espion [satelitɛspjɔ̃] (*pl* **~s-~s**) *nm* Spionagesatellit *m*.
satellite-observatoire [satelitɔpsɛʀvatwaʀ] (*pl* **~s-~s**) *nm* Beobachtungssatellit *m*.
satellite-relais [satelitʀəlɛ] (*pl* **~s-~**) *nm* (*RADIO, TV*) Übertragungssatellit *m*.
satiété [sasjete] *nf*: **manger à ~** sich satt essen; **boire à ~** seinen Durst löschen; **répéter à ~** bis zum Überdruß wiederholen.
satin [satɛ̃] *nm* Satin *m*.
satiné, e [satine] *adj* (*tissu*) satiniert; (*peau*) seidig.
satinette [satinɛt] *nf* Baumwollsatin *m*.
satire [satiʀ] *nf* Satire *f*; **faire la ~ de** spotten über +*acc*.
satirique [satiʀik] *adj* satirisch.
satiriste [satiʀist] *nm/f* Satiriker(in) *m(f)*.
satisfaction [satisfaksjɔ̃] *nf* (*d'un besoin, désir*) Befriedigung *f*; (*état*) Zufriedenheit *f*; **à ma grande ~** zu meiner großen Genugtuung; **obtenir ~** Genugtuung erlangen; **donner ~ (à qn)** (jdn) zufriedenstellen.
satisfaire [satisfɛʀ] *vt* befriedigen; **se satisfaire de** *vpr* zufrieden sein mit; **~ à** (*engagement, revendication*) nachkommen +*dat*; (*conditions*) erfüllen.
satisfaisant, e [satisfəzɑ̃, ɑ̃t] *adj* befriedigend.
satisfait, e [satisfɛ, ɛt] *pp de* **satisfaire** ♦ *adj* (*personne, air*) zufrieden; (*curiosité, désir*) befriedigt; **~ de** zufrieden mit.
satisfasse *etc* [satisfas] *vb voir* **satisfaire**.
satisferai *etc* [satisfʀe] *vb voir* **satisfaire**.
saturation [satyʀasjɔ̃] *nf* (*PHYS*) Sättigung *f*; (*de l'emploi, du marché*) Übersättigung *f*; **arriver à ~** den Sättigungspunkt erreichen.
saturer [satyʀe] *vt* (*éponge*) sich vollsaugen lassen; (*marché etc*) übersättigen; **~ qn/qch de** jdn/etw übersättigen mit; **être saturé de qch** mit etw übersättigt sein.
saturnisme [satyʀnism] *nm* Bleivergiftung *f*.
satyre [satiʀ] *nm* (*divinité*) Satyr *m*; (*péj*) Lustmolch *m*.
sauce [sos] *nf* Sauce *f*, Soße *f*; (*accompagnant un rôti*) (Braten)soße *f*; **en ~** mit Soße ► **sauce à salade** Salatsoße *f* ► **sauce aux câpres** Kapernsoße *f* ► **sauce blanche** weiße Soße ► **sauce chasseur** Pilzsoße *f* ► **sauce suprême** Geflügelsoße *f* ► **sauce tomate** Tomatensoße *f*.
saucer [sose] *vt* (*assiette*) mit Brot auswischen.
saucière [sosjɛʀ] *nf* Soßenschüssel *f*, Sauciere *f*.
saucisse [sosis] *nf* Wurst *f*.
saucisson [sosisɔ̃] *nm* Wurst *f* ► **saucisson à l'ail** Knoblauchwurst *f* ► **saucisson sec** Hart-

wurst *f*.
saucissonner [sosisɔne] (*fam*) *vi* einen Happen essen.
sauf¹ [sof] *prép* außer +*dat*; **~ si** außer, wenn; **~ que** außer, daß; **~ avis contraire** sofern nichts Gegenteiliges gesagt wird; **~ empêchement** wenn sich keine Probleme ergeben; **~ erreur** wenn ich mich nicht irre; **~ imprévu** wenn nichts Unvorhergesehenes dazwischenkommt.
sauf², sauve [sof, sov] *adj* unbeschadet; **laisser la vie sauve à qn** jds Leben verschonen.
sauf-conduit [sofkɔ̃dɥi] (*pl* **~-~s**) *nm* freies Geleit *nt*, Geleitbrief *m*.
sauge [soʒ] *nf* Salbei *m*.
saugrenu, e [sogʀəny] *adj* absurd.
saule [sol] *nm* Weide *f* ► **saule pleureur** Trauerweide *f*.
saumâtre [somɑtʀ] *adj* (*eau*) leicht salzig; (*goût*) unangenehm; **la trouver ~** (*fam*) es unverschämt finden.
saumon [somɔ̃] *nm* Lachs *m* ♦ *adj inv* (*couleur*) lachsrosa; **~ fumé** Räucherlachs *m*.
saumoné, e [somɔne] *adj*: **truite ~e** Lachsforelle *f*.
saumure [somyʀ] *nf* Salzlake *f*.
sauna [sona] *nm* Sauna *f*.
saupoudrer [sopudʀe] *vt*: **~ qch de** etw bestreuen mit; (*fig: de citations etc*) etw spicken mit.
saupoudreuse [sopudʀøz] *nf* Streuer *m*.
saur [soʀ] *adj m*: **hareng ~** Bückling *m*.
saurai *etc* [soʀe] *vb voir* **savoir**.
saut [so] *nm* Sprung *m*; (*SPORT*) Springen *nt*; (: *HIPPISME*) Springreiten *nt*; (: *SKI*) Skispringen *nt*; **faire un ~** in einen Satz machen; **faire un ~ chez qn** auf einen Sprung bei jdm vorbeischauen; **au ~ du lit** beim Aufstehen; **~ en hauteur/longueur/à la perche** Hoch-/Weit-/Stabhochsprung *m*; **le ~ à la corde** Seil(chen)springen *nt* ► **saut en parachute** Fallschirm(ab)sprung *m* ► **saut périlleux** Salto mortale *m*.
saute [sot] *nf*: **~ de température** Temperaturumschwung *m*; **avoir des ~s d'humeur** launisch sein.
sauté, e [sote] *adj* (*CULIN*) gebraten ♦ *nm*: **~ de veau** ≈ Kalbsbraten *m*.
saute-mouton [sotmutɔ̃] *nm inv*: **jouer à ~-~** Bockspringen spielen.
sauter [sote] *vi* springen; (*exploser*) in die Luft fliegen; (*fusibles*) durchbrennen; (*corde etc*) reißen; (*bouchon, bouton*) abgehen ♦ *vt* (*obstacle*) überspringen; **~ dans/sur/vers** springen in +*acc*/auf +*acc*/auf +*acc* zu; **faire ~** in die Luft sprengen; (*CULIN*) braten; **~ à cloche-pied/à pieds joints** auf einem Fuß/zwei Füßen hüpfen; **~ en parachute** mit dem Fallschirm abspringen; **~ à la corde** seilspringen; **~ à bas du lit** aus dem Bett springen; **~ de joie** vor Freude hüpfen; **~ au cou de qn** jdm um den Hals fallen; **~ d'un sujet à l'autre** von einem Thema zum anderen springen; **~**

aux yeux in die Augen springen; ~ **au plafond** (*fig*) an die Decke gehen.

sauterelle [sotʀɛl] *nf* Heuschrecke *f*.

sauterie [sotʀi] *nf* Tänzchen *nt*.

sauteur, -euse [sotœʀ, øz] (*SPORT*) *nm/f* Springer(in) *m(f)* ♦ *nf* (*casserole*) Bratpfanne *f* ▸ **sauteur à la perche** Stabhochspringer *m* ▸ **sauteur à skis** Skispringer *m*.

sautillement [sotijmɑ̃] *nm* Hüpfen *nt*.

sautiller [sotije] *vi* hüpfen.

sautoir [sotwaʀ] *nm* (*bijou*) Halskette *f*; (*SPORT*) Sprunggrube *f*; **porter en** ~ um den Hals tragen ▸ **sautoir (de perles)** Perlenkette *f*.

sauvage [sovaʒ] *adj* wild; (*plante*) wild(wachsend); (*insociable*) ungesellig; (*mœurs*) rauh; (*vente etc*) unerlaubt ♦ *nm/f* (*primitif*) Wilde(r) *f(m)*; (*brute*) Barbar(in) *m(f)*; (*timide*) Einzelgänger(in) *m(f)*.

sauvagement [sovaʒmɑ̃] *adv* wild.

sauvageon, ne [sovaʒɔ̃, ɔn] *nm/f* kleiner Wildfang *m*.

sauvagerie [sovaʒʀi] *nf* Wildheit *f*; (*insociabilité*) Ungeselligkeit *f*.

sauve [sov] *adj f voir* **sauf²**.

sauvegarde [sovgaʀd] *nf* Schutz *m*; (*INFORM*) Speichern *nt*, Sichern *nt*; **sous la** ~ **de** unter dem Schutz von *ou gén*; **disquette/fichier de** ~ Sicherungsdiskette *f*/Sicherungsdatei *f*.

sauvegarder [sovgaʀde] *vt* schützen; (*INFORM*) (ab)speichern, sichern.

sauve-qui-peut [sovkipø] *nm inv* Panik *f* ♦ *excl* rette sich, wer kann.

sauver [sove] *vt* retten; (*REL*) retten, erlösen; **se sauver** *vpr* (*s'enfuir*) weglaufen; (*fam: partir*) abhauen; ~ **qn** de jdn retten aus; ~ **la vie à qn** jdm das Leben retten; ~ **les apparences** den Schein wahren.

sauvetage [sov(ə)taʒ] *nm* Rettung *f*; **gilet de** ~ Schwimmweste *f* ▸ **sauvetage en montagne** Bergrettung *f*, Bergwacht *f*.

sauveteur [sov(ə)tœʀ] *nm* Retter *m*.

sauvette [sovɛt] *nf*: **à la** ~ (*se marier etc*) überstürzt; **vente à la** ~ illegaler Verkauf *m*.

sauveur [sovœʀ] *nm* Retter *m*; **le S~** (*REL*) der Erlöser *m*.

SAV [ɛsave] *sigle m* (= *service après vente*) *voir* **service**.

savais *etc* [savɛ] *vb voir* **savoir**.

savamment [savamɑ̃] *adv* (*avec érudition*) gelehrt; (*habilement*) geschickt.

savane [savan] *nf* Savanne *f*.

savant, e [savɑ̃, ɑ̃t] *adj* (*personne: érudit, instruit*) gelehrt; (*édition, revue, travaux*) wissenschaftlich; (*habile: démonstration, combinaison*) geschickt; (*compliqué*) schwierig ♦ *nm* Gelehrter *m*; **animal** ~ dressiertes Tier *nt*.

savate [savat] *nf* ausgelatschter Schuh *m*; (*SPORT*) ≈ Kickboxen *nt*.

saveur [savœʀ] *nf* Geschmack *m*; (*fig*) Reiz *m*.

Savoie [savwa] *nf*: **la** ~ Savoyen *nt*.

savoir [savwaʀ] *vt* kennen, wissen; (*le grec, la grammaire, sa leçon, son rôle etc; être capable de*) können; (*métier*) verstehen ♦ *nm* Wissen *nt*;

aux yeux in die Augen springen; ~

se savoir *vpr* (*chose: être connu*) bekannt werden; ~ **que** wissen, daß; ~ **si/comment/ combien ...** wissen, ob/wie/wieviele ....; ~ **nager** schwimmen können; ~ **se montrer ferme** hart bleiben können; **se** ~ **malade/incurable** wissen, daß man krank/unheilbar krank ist; **il faut** ~ **que** man muß wissen, daß; **vous n'êtes pas sans** ~ **que** es ist Ihnen sicher nicht unbekannt, daß; **je crois** ~ **que** ich glaube zu wissen, daß; **je n'en sais rien** ich habe keine Ahnung; **à** ~ *adv* nämlich; **à** ~ **que** und zwar, daß; **faire** ~ **qch à qn** jdn etw wissen lassen; **ne rien vouloir** ~ nichts wissen wollen; **pas que je sache** nicht daß ich wüßte; **sans le** ~ unbewußt; **en** ~ **long** viel wissen.

savoir-faire [savwaʀfɛʀ] *nm inv*: **le** ~-~ das Know-how.

savoir-vivre [savwaʀvivʀ] *nm inv* Kultiviertheit *f*.

savon [savɔ̃] *nm* Seife *f*; **un** ~ ein Stück *nt* Seife; **passer un** ~ **à qn** (*fam*) jdm ordentlich den Kopf waschen.

savonner [savɔne] *vt* einseifen; **se savonner** *vpr* sich einseifen; **se** ~ **les mains/pieds** sich *dat* die Hände/Füße einseifen.

savonnerie [savɔnʀi] *nf* Seifenfabrik *f*.

savonnette [savɔnɛt] *nf* Toilettenseife *f*.

savonneux, -euse [savɔnø, øz] *adj* Seifen-.

savons [savɔ̃] *vb voir* **savoir**.

savourer [savuʀe] *vt* genießen.

savoureux, -euse [savuʀø, øz] *adj* köstlich, lecker; (*fig*) pikant.

savoyard, e [savwajaʀ, aʀd] *adj* aus Savoyen ♦ *nm/f*: **S~, e** Savoyarde *m*, Savoyardin *f*.

Saxe [saks] *nf*: **la** ~ Sachsen *nt*.

saxo(phone) [saksɔ(fɔn)] *nm* Saxophon *nt*.

saxophoniste [saksɔfɔnist] *nm/f* Saxophonspieler(in) *m(f)*.

saynète [sɛnɛt] *nf* kleine Komödie *f*.

scabreux, -euse [skabʀø, øz] *adj* (*dangereux*) heikel; (*indécent*) anstößig.

scalpel [skalpɛl] *nm* Skalpell *nt*.

scalper [skalpe] *vt* skalpieren.

scampi [skɑ̃pi] *nmpl* Scampi *pl*.

scandale [skɑ̃dal] *nm* Skandal *m*; **provoquer un** ~ einen Skandal verursachen; **faire du** ~ (*tapage*) Spektakel machen, Krach schlagen; **au grand** ~ **de** zur großen Entrüstung *ou* zum großen Ärgernis von; **faire** ~ Anstoß erregen.

scandaleusement [skɑ̃daløzmɑ̃] *adv* skandalös.

scandaleux, -euse [skɑ̃dalø, øz] *adj* skandalös.

scandaliser [skɑ̃dalize] *vt* (*personne*) entsetzen; **se** ~ (**de**) *vpr* sich entrüsten (über +*acc*), sich empören (über +*acc*).

scander [skɑ̃de] *vt* skandieren.

scandinave [skɑ̃dinav] *adj* skandinavisch ♦ *nm/f*: **S~** Skandinavier(in) *m(f)*.

Scandinavie [skɑ̃dinavi] *nf*: **la** ~ Skandinavien *nt*.

scanner [skanɛʀ] nm Scanner m.
scanographie [skanɔgʀafi] nf (MÉD) Scanning nt; (image) Scan m.
scaphandre [skafɑ̃dʀ] nm (de plongeur) Taucheranzug m; (de cosmonaute) Raumanzug m ▶ **scaphandre autonome** Unterwasseratmungsgerät nt.
scaphandrier [skafɑ̃dʀije] nm Taucher m.
scarabée [skaʀabe] nm Skarabäus m, Pillendreher m.
scarlatine [skaʀlatin] nf: **la ~** Scharlach m.
scarole [skaʀɔl] nf Endivie f.
scatologique [skatɔlɔʒik] adj skatologisch.
sceau, x [so] nm Siegel nt; (fig) Stempel m; **sous le ~ du secret** unter dem Siegel der Verschwiegenheit.
scélérat, e [seleʀa, at] nm/f Schurke m, Schurkin f ♦ adj schurkisch.
sceller [sele] vt besiegeln; (fermer) versiegeln.
scellés [sele] nmpl: **mettre les ~ sur** versiegeln.
scénario [senaʀjo] nm (CINÉ) Skript nt, Drehbuch nt.
scénariste [senaʀist] nm/f Drehbuchschreiber(in) m(f).
scène [sɛn] nf (lieu de l'action) Schauplatz m; (THÉÂT) Bühne f; (dispute, THÉÂT: partie d'un acte) Szene f; (fig: événement, spectacle) Schauspiel m; **la ~ politique/internationale** die politische/internationale Szene; **sur le devant de la ~** im Rampenlicht; **entrer en ~** auftreten; **par ordre d'entrée en ~** in der Reihenfolge der Auftritte; **mettre en ~** (THÉÂTRE, fig) inszenieren; (CINÉ) verfilmen; **porter à/adapter pour la ~** auf die Bühne bringen/für die Bühne bearbeiten; **faire une ~ (à qn)** (jdm) eine Szene machen ▶ **scène de ménage** Ehekrach m.
scénique [senik] adj (effet) szenisch; (art) Bühnen-.
scepticisme [sɛptisism] nm Skepsis f; (PHILOS) Skeptizismus m.
sceptique [sɛptik] adj skeptisch ♦ nm/f Skeptiker(in) m(f).
sceptre [sɛptʀ] nm Zepter nt.
schéma [ʃema] nm Schema nt; (résumé) Umriß m.
schématique [ʃematik] adj schematisch.
schématiquement [ʃematikmɑ̃] adv schematisch.
schématisation [ʃematizasjɔ̃] nf Schematisierung f.
schématiser [ʃematize] vt schematisieren.
schismatique [ʃismatik] adj schismatisch.
schisme [ʃism] nm (REL) Schisma nt, Kirchenspaltung f; (POL) Spaltung f.
schiste [ʃist] nm Schiefer m.
schisteux, -euse [ʃistø, øz] adj (roche) schieferig, Schiefer-; (falaise) Schiefer-.
schizophrène [skizɔfʀɛn] nm/f Schizophrene(r) f(m) ♦ adj schizophren.
schizophrénie [skizɔfʀeni] nf Schizophrenie f.
sciatique [sjatik] adj: **nerf ~** Ischiasnerv m ♦ nf Ischias m.

scie [si] nf Säge f; (fam: péj: rengaine) Ohrwurm m; (: personne) Langweiler m ▶ **scie à bois** Holzsäge f ▶ **scie à découper** Laubsäge f ▶ **scie à métaux** Metallsäge f ▶ **scie circulaire** Kreissäge f ▶ **scie sauteuse** Stichsäge f.
sciemment [sjamɑ̃] adv wissentlich.
science [sjɑ̃s] nf Wissenschaft f; (savoir) Wissen nt; (savoir-faire) Geschick nt; **les ~s** (SCOL) die Naturwissenschaften pl; **~s appliquées** angewandte Wissenschaften; **~s expérimentales** experimentelle Wissenschaften; **~s humaines** Geisteswissenschaften; **~s naturelles** Naturwissenschaften; **~s occultes** okkulte Wissenschaften; **~s politiques** politische Wissenschaft; **~s sociales** Sozialwissenschaft f.
science-fiction [sjɑ̃sfiksjɔ̃] (pl **~s-~s**) nf Science-fiction f.
scientifique [sjɑ̃tifik] adj wissenschaftlich ♦ nm/f (savant) Wissenschaftler(in) m(f); (étudiant) Student(in) m(f) der Naturwissenschaften.
scientifiquement [sjɑ̃tifikmɑ̃] adv wissenschaftlich.
scier [sje] vt sägen; (retrancher) absägen.
scierie [siʀi] nf Sägewerk nt.
Scilly [sili]: **les îles ~** nfpl die Scilly-Inseln pl.
scinder [sɛ̃de] vt aufspalten; **se scinder** vpr (parti) sich spalten.
scintillant, e [sɛ̃tijɑ̃, ɑ̃t] adj (lumière) funkelnd; (tissu) glänzend.
scintillement [sɛ̃tijmɑ̃] nm Funkeln nt.
scintiller [sɛ̃tije] vi funkeln.
scission [sisjɔ̃] nf Spaltung f.
sciure [sjyʀ] nf: **~ (de bois)** Sägemehl nt.
sclérose [skleʀoz] nf Sklerose f; (fig) Verknöcherung f ▶ **sclérose artérielle** Arteriosklerose f ▶ **sclérose en plaques** multiple Sklerose.
sclérosé, e [skleʀoze] adj (tissu) sklerotisch; (fig) verknöchert.
scléroser [skleʀoze]: **se ~** vpr sklerotisch werden; (fig) verknöchern.
scolaire [skɔlɛʀ] adj Schul-; (succès etc) schulisch; (péj) schulmeisterhaft; **l'année ~** das Schuljahr nt; **d'âge ~** im schulpflichtigen Alter.
scolarisation [skɔlaʀizasjɔ̃] nf (v vt) Versorgung f mit Schulen; Einschulung f.
scolariser [skɔlaʀize] vt (pays, région) mit Schulen versorgen; (enfant) einschulen.
scolarité [skɔlaʀite] nf (fait d'aller à l'école) Schulbesuch m; (durée des études) Schulzeit f; **frais de ~** Schulgeld nt; **la ~ obligatoire** die Schulpflicht f.
scolastique [skɔlastik] adj scholastisch.
scoliose [skɔljoz] nf Skoliose f.
scoop [skup] nm (PRESSE) Knüller m.
scooter [skutœʀ] nm Motorroller m.
scorbut [skɔʀbyt] nm Skorbut m.
scorbutique [skɔʀbytik] adj skorbutisch.
score [skɔʀ] nm (SPORT) Punktestand m; (dans un test) Punktzahl f; (électoral etc) Ergebnis nt.

scories [skɔʀi] *nfpl* Schlacke *f.*
scorpion [skɔʀpjɔ̃] *nm* Skorpion *m*; **être du S~** (*ASTROL*) Skorpion sein.
scotch [skɔtʃ] *nm* (*whisky*) Scotch *m*; **S~** ® (*adhésif*) Tesafilm ® *m.*
scotcher [skɔtʃe] *vt* mit Tesafilm ® kleben.
scout, e [skut] *adj* Pfadfinder- ♦ *nm* Pfadfinder *m.*
scoutisme [skutism] *nm* Pfadfinderbewegung *f.*
scribe [skʀib] *nm* Schreiber *m*; (*péj*) Schreiberling *m.*
scribouillard [skʀibujaʀ] (*péj*) *nm* Schreiberling *m.*
script [skʀipt] *nm* (*écriture*) Druckschrift *f*; (*CINÉ*) Drehbuch *nt*; **écrire en ~** in Druckschrift schreiben.
scripte [skʀipt] *nf*, **script-girl** *nf* Skriptgirl *nt.*
scriptural, e, -aux [skʀiptyʀal, o] *adj*: **monnaie ~e** Buchgeld *nt.*
scrofuleux, -euse [skʀɔfylø, øz] *adj* skrofulös.
scrupule [skʀypyl] *nm* Skrupel *m*; **être sans ~s** skrupellos sein; **se faire un ~ de qch** wegen einer Sache *gén* Skrupel haben.
scrupuleusement [skʀypyløzmã] *adv* gewissenhaft.
scrupuleux, -euse [skʀypylø, øz] *adj* (*honnête*) gewissenhaft.
scrutateur, -trice [skʀytatœʀ, tʀis] *adj* forschend ♦ *nm/f* (*de vote*) Wahlhelfer(in) *m(f).*
scruter [skʀyte] *vt* genau betrachten; (*les alentours, l'obscurité*) erforschen.
scrutin [skʀytɛ̃] *nm* Wahl *f*; **ouverture du ~** Wahlbeginn *m*; **clôture du ~** Wahlende *nt* ▶ **scrutin à deux tours** Wahl mit zwei Wahlgängen ▶ **scrutin de liste** Listenwahl *f* ▶ **scrutin majoritaire** Mehrheitswahl *f* ▶ **scrutin proportionnel** Verhältniswahl *f* ▶ **scrutin uninominal** Nominalwahl *f.*
sculpter [skylte] *vt* (*œuvre d'art*) in Stein hauen; (*matière*) behauen; (*suj: érosion*) formen.
sculpteur [skyltœʀ] *nm* Bildhauer(in) *m(f).*
sculptural, e, -aux [skyltyʀal, o] *adj* (*décoration*) plastisch; (*fig: beauté, forme*) statuenhaft.
sculpture [skyltyʀ] *nf* (*ART*) Bildhauerei *f*; (*œuvre*) Skulptur *f*, Statue *f* ▶ **sculpture sur bois** Holzplastik *f.*
sdb. *abr* (= *salle de bain*) *voir* **salle.**
SE *sigle f* (= *Son Excellence*) SE.

MOT-CLÉ

se, s' [sə] *pron* **1** (*réfléchi*) sich; **se voir dans un miroir** sich in einem Spiegel sehen; **se casser la jambe/laver les mains** sich *dat* das Bein brechen/die Hände waschen
2 (*réciproque*) sich, einander; **ils s'aiment** sie lieben sich *ou* einander
3 (*passif*): **cela se répare facilement** das ist leicht zu reparieren.

séance [seɑ̃s] *nf* Sitzung *f*; (*CINÉ, THÉÂT*) Vorstellung *f*; **ouvrir/lever la ~** die Sit-

zung eröffnen/schließen; **~ tenante** unverzüglich.
séant, e [seɑ̃, ɑ̃t] *adj* anständig ♦ *nm* (*postérieur*) Hinterteil *nt.*
seau, x [so] *nm* Eimer *m* ▶ **seau à glace** (*Eis*)kühler *m.*
sébum [sebɔm] *nm* Hauttalg *m.*
sec, sèche [sɛk, sɛʃ] *adj* trocken; (*fruits*) getrocknet; (*bruit*) kurz; (*réponse, ton*) schroff; (*cœur*) hart; (*décharné*) dürr ♦ *nm*: **tenir au ~** trocken aufbewahren ♦ *nf* (*fam: cigarette*) Klippe *f* ♦ *adv* (*démarrer*) hart; **à pied ~** trockenen Fußes; **à ~** (*cours d'eau*) ausgetrocknet; (*source*) versiegt; (*à court d'idées*) einfallslos; (*à court d'argent*) auf dem Trockenen; **je le bois ~** ich trinke es pur; **boire ~** (*beaucoup*) saufen.
SECAM [sekam] *sigle m* (= *séquentiel couleur à mémoire*) SECAM *f.*
sécante [sekɑ̃t] *nf* Sekante *f.*
sécateur [sekatœʀ] *nm* Gartenschere *f.*
sécession [sesesjɔ̃] *nf*: **faire ~** sich abspalten; **la guerre de S~** der Amerikanische Bürgerkrieg *m.*
séchage [seʃaʒ] *nm* Trocknen *nt.*
sèche [sɛʃ] *adj*, *nf voir* **sec.**
sèche-cheveux [sɛʃʃəvø] *nm inv* Haartrockner *m*, Fön *m.*
sèche-linge [sɛʃlɛ̃ʒ] *nm inv* Wäschetrockner *m.*
sèche-mains [sɛʃmɛ̃] *nm inv* Händetrockner *m.*
sèchement [sɛʃmã] *adv* (*frapper etc*) kurz; (*répliquer etc*) schroff.
sécher [seʃe] *vt* trocknen; (*peau, blé, bois*) austrocknen; (*étang*) trockenlegen; (*fam: SCOL*) schwänzen ♦ *vi* trocknen; (*fam: candidat*) ins Rotieren kommen; **se sécher** *vpr* (*après le bain*) sich abtrocknen.
sécheresse [seʃʀɛs] *nf* Trockenheit *f.*
séchoir [seʃwaʀ] *nm* Wäschetrockner *m.*
second, e [s(ə)gɔ̃, ɔ̃d] *adj* zweite(r, s) ♦ *nm* (*adjoint*) zweiter Mann *m*; (*NAUT*) ≈ Unteroffizier *m*, ≈ Maat *m*; (*étage*) zweiter Stock *m* ♦ *nf* Sekunde *f*; (*SCOL: degré*) ≈ Obersekunda *f*, ≈ elfte Klasse *f*; (*AUTO*) zweiter Gang *m*; **trouver son ~ souffle** (*SPORT, fig*) seinen Tiefpunkt überwinden; **être dans un état ~** in einem Trancezustand sein; **doué de ~e vue** mit dem zweiten Gesicht begabt, hellseherisch begabt; **de ~e main** aus zweiter Hand; **voyager en ~e** zweiter Klasse reisen.
secondaire [s(ə)gɔ̃dɛʀ] *adj* (*événement, rôle*) zweitrangig, sekundär; (*SCOL*) höher, Sekundar-; (*effets*) Neben-.
seconde [s(ə)gɔ̃d] *adj*, *nf voir* **second.**
seconder [s(ə)gɔ̃de] *vt* helfen +*dat*, unterstützen; (*favoriser*) unterstützen.
secouer [s(ə)kwe] *vt* schütteln; (*tapis*) ausschütteln; (*passagers*) durchschütteln; (*suj: explosion, séisme*: *traumatiser*) erschüttern; (*fam: faire se démener*) aufrütteln; **se secouer** *vpr* sich schütteln; (*fam: se démener*) sich aufrappeln; **~ la poussière d'un tapis/manteau**

einen Teppich ausschütteln/den Staub aus einem Mantel schütteln; ~ **la tête** den Kopf schütteln.

secourable [s(ə)kuʀabl] adj hilfsbereit.

secourir [s(ə)kuʀiʀ] vt (sauver) retten; (venir en aide à) helfen; (misère) lindern.

secourisme [s(ə)kuʀism] nm Erste Hilfe f.

secouriste [s(ə)kuʀist] nm/f Lebensretter(in) m(f).

secourons [səkuʀɔ̃] vb voir **secourir**.

secours [s(ə)kuʀ] vb voir **secourir** ♦ nm Hilfe f; ~ nmpl (soins à un malade, blessé) Hilfe(leistung) f; (équipe de secours) Rettungsmannschaften pl; **au ~**! Hilfe!; **appeler au ~** um Hilfe rufen; **appeler qn à son ~** jdn zu Hilfe rufen; **aller au ~ de qn** jdm zu Hilfe eilen; **porter ~ à qn** jdm helfen; **les premiers ~** Erste Hilfe; **sa mémoire/cet outil lui a été d'un grand ~** sein Gedächtnis/dieses Werkzeug war ihm eine große Hilfe ou hat ihm sehr geholfen; ~ **en montagne** Bergrettung f, Bergwacht f.

secouru, e [səkuʀy] pp de **secourir**.

secousse [s(ə)kus] nf Erschütterung f; (électrique) Schock m ► **secousse sismique** ou **tellurique** Erdstoß m.

secret, -ète [səkʀɛ, ɛt] adj geheim; (langage, code, rites) Geheim-; (renfermé) reserviert ♦ nm Geheimnis nt ♦ nf: **la (police) secrète** die Geheimpolizei f; **en ~** insgeheim; **au ~** in Einzelhaft; **promettre le ~** versprechen, das Geheimnis zu wahren; **le ~ de la confession** das Beichtgeheimnis ► **secret d'État** Staatsgeheimnis nt ► **secret de fabrication** Produktionsgeheimnis nt ► **secret professionnel** Berufsgeheimnis nt.

secrétaire [s(ə)kʀetɛʀ] nm/f Sekretär(in) m(f) ♦ nm (meuble) Sekretär m ► **secrétaire d'ambassade** Botschaftssekretär(in) m(f) ► **secrétaire d'État** Staatssekretär(in) m(f) ► **secrétaire de direction** Direktionssekretär(in) m(f) ► **secrétaire de mairie** ≈ städtische(r) Protokollführer(in) m(f) ► **secrétaire de rédaction** Redaktionsassistent(in) m(f) ► **secrétaire général** Generalsekretär(in) m(f) ► **secrétaire médicale** Arztsekretärin f.

secrétariat [s(ə)kʀetaʀja] nm (profession) Sekretärinnenberuf m; (bureau) Sekretariat nt ► **secrétariat d'État** Amt nt des Staatssekretärs ► **secrétariat général** Generalsekretariat nt.

secrète [səkʀɛt] adj, nf voir **secret**.

secrètement [səkʀɛtmɑ̃] adv heimlich, insgeheim.

sécréter [sekʀete] vt (substance) absondern.

sécrétion [sekʀesjɔ̃] nf Absondern nt; (substance) Sekret nt, Absonderung f.

sectaire [sɛktɛʀ] adj sektiererisch.

sectarisme [sɛktaʀism] nm Sektentum nt.

secte [sɛkt] nf Sekte f.

secteur [sɛktœʀ] nm Sektor m; **branché sur le ~** (ÉLEC) ans Stromnetz angeschlossen; "**fonctionne sur pile et ~**" „im Batterie- oder Netzbetrieb"; **le ~ privé/public** der private/öffentliche Sektor; **le ~ primaire/secondaire/tertiaire** Primär-/Sekundär-/Tertiärsektor m.

section [sɛksjɔ̃] nf (coupe, dessin) Schnitt m; (mesure) Durchmesser m, Querschnitt m; (tronçon) Abschnitt m; (: de parcours d'autobus) Teilstrecke f; (d'une entreprise, école) Abteilung f; (d'un parti) Sektion f; (MIL) Zug m; ~ **rythmique** (MUS) Rhythmusgruppe f; ~ **des cuivres** Blechbläser pl.

sectionner [sɛksjɔne] vt (membre) abtrennen; (tige, câble) durchschneiden; **se sectionner** vpr (câble) reißen.

sectoriel, le [sɛktɔʀjɛl] adj (ÉCON etc) einen bestimmten Sektor betreffend.

sectorisation [sɛktɔʀizasjɔ̃] nf Unterteilung f in Sektoren.

sectoriser [sɛktɔʀize] vt in Sektoren unterteilen.

sécu [seky] abr f (= sécurité sociale) voir **sécurité**.

séculaire [sekylɛʀ] adj (qui a lieu tous les cent ans) Jahrhundert-; (très vieux) uralt.

séculariser [sekylaʀize] vt säkularisieren.

séculier, -ière [sekylje, jɛʀ] adj weltlich.

sécurisant, e [sekyʀizɑ̃, ɑ̃t] adj beruhigend.

sécuriser [sekyʀize] vt ein Gefühl der Sicherheit geben +dat.

sécurité [sekyʀite] nf Sicherheit f; **impression de ~** Gefühl nt der Sicherheit; **être en ~** in Sicherheit sein; **dispositif/système de ~** Sicherheitsvorrichtung f/-system nt; **mesures de ~** Sicherheitsmaßnahmen pl; **la ~ de l'emploi** ein sicherer Arbeitsplatz m; ~ **routière** Sicherheit im Straßenverkehr; **la S~ sociale** die Sozialversicherung f.

sédatif, -ive [sedatif, iv] adj (action) beruhigend; (produit aussi) Beruhigungs- ♦ nm Beruhigungsmittel nt.

sédentaire [sedɑ̃tɛʀ] adj seßhaft; (profession) sitzend.

sédiment [sedimɑ̃] nm Bodensatz m; ~**s** nmpl (alluvions) Sedimente pl, Ablagerungen pl.

sédimentaire [sedimɑ̃tɛʀ] adj Sediment-.

sédimentation [sedimɑ̃tasjɔ̃] nf Ablagerung f.

séditieux, -euse [sedisjø, jøz] adj aufständisch, rebellisch.

sédition [sedisjɔ̃] nf Aufstand m.

séducteur, -trice [sedyktœʀ, tʀis] adj verführerisch ♦ nm Verführer m, Verführerin f.

séduction [sedyksjɔ̃] nf Verführung f; (charme, attrait) Reiz m.

séductrice [sedyktʀis] adj, nf voir **séducteur**.

séduire [sedɥiʀ] vt (personne) erobern; (femme: déshonorer) verführen; (suj: chose) ansprechen.

séduisant, e [sedɥizɑ̃, ɑ̃t] vb voir **séduire** ♦ adj verführerisch.

séduit, e [sedɥi, it] pp de **séduire**.

segment [sɛgmɑ̃] nm (GÉOM) Segment nt; (section, morceau) Abschnitt m; ~ **(de piston)** Kolbenring m ► **segment de frein** Bremsschuh m.

segmenter [sɛgmɑ̃te] vt teilen; **se segmenter**

vpr sich aufspalten.

ségrégation [segʀegasjɔ̃] *nf* Absonderung *f*
▶ **ségrégation raciale** Rassentrennung *f*.

ségrégationnisme [segʀegasjɔnism] *nm* Rassentrennung *f*.

ségrégationniste [segʀegasjɔnist] *adj*: **politique** ~ Politik *f* der Rassentrennung.

seiche [sɛʃ] *nf* Tintenfisch *m*.

seigle [sɛgl] *nm* Roggen *m*.

seigneur [sɛɲœʀ] *nm* (*féodal*) (Guts)herr *m*; **le S**~ (*REL*) der Herr *m*.

seigneurial, e, -aux [sɛɲœʀjal, jo] *adj* Herren-.

sein [sɛ̃] *nm* (*ANAT*) Brust *f*; (*fig: poitrine*) Busen *m*; **au ~ de** (*équipe, institution*) inmitten +*gén*; **nourrir au** ~ stillen.

Seine [sɛn] *nf* Seine *f*.

séisme [seism] *nm* Erdbeben *nt*.

séismique *etc* [seismik] *adj voir* **sismique** *etc*.

SEITA [seta] *sigle f = Société d'exploitation industrielle des tabacs et allumettes.*

seize [sɛz] *num* sechzehn.

seizième [sɛzjɛm] *adj* sechzehnte(r, s) ♦ *nm* (*fraction*) Sechzehntel *nt*.

séjour [seʒuʀ] *nm* Aufenthalt *m*; (*pièce*) Wohnzimmer *nt*.

séjourner [seʒuʀne] *vi* sich aufhalten.

sel [sɛl] *nm* Salz *nt*; (*fig*) Würze *f* ▶ **sel de cuisine** Kochsalz *nt* ▶ **sel fin** *ou* **de table** Tafelsalz *nt* ▶ **sel gemme** Steinsalz *nt* ▶ **sels de bain** Badesalz *nt*.

sélect, e [selɛkt] *adj* auserlesen.

sélectif, -ive [selɛktif, iv] *adj* selektiv; (*RADIO*) trennscharf.

sélection [selɛksjɔ̃] *nf* Auswahl *f*; **faire** *ou* **opérer une** ~ **parmi** eine Auswahl treffen unter +*dat*; **épreuve de** ~ Ausscheidungswettkampf *m* ▶ **sélection naturelle** natürliche Auslese *f*.

sélectionné, e [selɛksjɔne] *adj* ausgewählt.

sélectionner [selɛksjɔne] *vt* auswählen.

sélectionneur, -euse [selɛksjɔnœʀ, øz] *nm/f* (*SPORT*) *Person, die die Mannschaftsaufstellung vornimmt.*

sélectivement [selɛktivmɑ̃] *adv* selektiv.

sélectivité [selɛktivite] *nf* (*RADIO*) Trennschärfe *f*.

sélénologie [selenɔlɔʒi] *nf* Mondforschung *f*.

self [sɛlf] (*fam*) *nm* SB-Restaurant *nt*.

self-service [sɛlfsɛʀvis] (*pl* ~-~**s**) *adj* Selbstbedienungs- ♦ *nm* (*magasin*) Selbstbedienungsladen *m*; (*restaurant*) Selbstbedienungsrestaurant *nt*.

selle [sɛl] *nf* Sattel *m*; (*CULIN*) Rücken *m*; ~**s** *nfpl* Stuhlgang *m*; **aller à la** ~ (*MÉD*) Stuhlgang haben; **se mettre en** ~ aufsitzen.

seller [sele] *vt* satteln.

sellette [sɛlɛt] *nf*: **mettre qn sur la** ~ jdn ins Kreuzverhör nehmen; **être sur la** ~ im Blickpunkt der Öffentlichkeit stehen.

sellier [selje] *nm* Sattler *m*.

selon [s(ə)lɔ̃] *prép* (*en se conformant à*) gemäß +*dat*; (*en fonction de*) je nach +*dat*; (*d'après*)

laut +*dat*; ~ **que** je nachdem, ob; ~ **moi** meiner Meinung nach; **c'est** ~ (*fam*) es kommt darauf an.

semailles [s(ə)mɑj] *nfpl* (*Aus*)saat *f*.

semaine [s(ə)mɛn] *nf* Woche *f*; **la** ~ **de quarante heures** die 40-Stunden-Woche *f*; **la** ~ **du livre** Bücherwoche *f*; **en** ~ werktags, unter der Woche; **la petite** ~ (*vivre etc*) von einem Tag zum anderen ▶ **la semaine sainte** die Karwoche *f*.

semainier [s(ə)menje] *nm* (*calendrier*) Wochenkalender *m*.

sémantique [semɑ̃tik] *adj* semantisch ♦ *nf* Semantik *f*.

sémaphore [semafɔʀ] *nm* (*RAIL*) Signalmast *m*; (*NAUT*) Semaphor *m*.

semblable [sɑ̃blabl] *adj* ähnlich ♦ *nm* (*prochain*) Mitmensch *m*; **être** ~ **à** ähneln +*dat*; **de** ~**s mésaventures/calomnies** dergleichen *ou* solche Mißgeschicke/Verleumdungen.

semblant [sɑ̃blɑ̃] *nm*: **un** ~ **d'intérêt/de vérité** ein Anschein von Interesse/Wahrheit; **faire** ~ (**de faire qch**) so tun als ob (man etw machte).

sembler [sɑ̃ble] *vi* scheinen ♦ *vb impers*: **il (me) semble inutile/bon de** es scheint (mir) unnötig/ratsam, zu; **il semble (bien) que** es scheint, daß, es hat den Anschein, daß; **il ne semble pas que** es hat nicht den Anschein, daß; **il me semble (bien) que** mir scheint, daß; **il me semble le connaître** ich glaube, ich kenne ihn; **cela leur semblait cher/pratique** es kam ihnen teuer/praktisch vor, es schien ihnen teuer/praktisch zu sein; ~ **être** scheinbar sein, scheinen; **comme/quand bon lui semble** nach seinem Gutdünken.

semelle [s(ə)mɛl] *nf* Sohle *f*; (*intérieure*) Einlegesohle *f*; **battre la** ~ mit den Füßen stampfen ▶ **semelles compensées** Plateausohlen *pl*.

semence [s(ə)mɑ̃s] *nf* (*graine*) Samen(korn *nt*) *m*; (*sperme*) Samen *m*; (*clou*) Tapeziernagel *m*.

semer [s(ə)me] *vt* aussäen; (*fig: poursuivants*) abschütteln; ~ **la confusion** Verwirrung säen *ou* stiften; ~ **la discorde parmi** Zwietracht säen unter +*dat*; ~ **la terreur parmi** Angst und Schrecken verbreiten unter +*dat*.

semestre [s(ə)mɛstʀ] *nm* (*période*) Halbjahr *nt*; (*SCOL*) Semester *nt*.

semestriel, le [s(ə)mɛstʀijɛl] *adj* (*assemblée, bulletin*) Halbjahres-; (*qui dure six mois*) sechsmonatig.

semeur, -euse [s(ə)mœʀ, øz] *nm/f* Sämann *m*, Säer(in) *f(m)*.

semi- [səmi] *préf* halb-, Halb-.

semi-automatique [səmiɔtɔmatik] (*pl* ~-~**s**) *adj* halbautomatisch.

semi-conducteur [səmikɔ̃dyktœʀ] (*pl* ~-~**s**) *nm* Halbleiter *m*.

semi-conserve [səmikɔ̃sɛʀv(ə)] (*pl* ~-~**s**) *nf* begrenzt haltbare Konserve *f*.

semi-fini [səmifini] (*pl* ~-~**s**) *adj m* halbfertig.

semi-liberté [səmilibɛrte] (*pl* ~-~**s**) *nf* eingeschränkte Freiheit *f*.

sémillant, e [semijɑ̃, ɑ̃t] *adj* lebhaft.

séminaire [seminɛʀ] *nm* Seminar *nt*; (*REL*) Priesterseminar *nt*.

séminariste [seminaʀist] *nm* Seminarist *m*.

sémiologie [semjɔlɔʒi] *nf* Semiologie *f*.

semi-public, -ique [səmipyblik] (*pl* ~-~**s, iques**) *adj* (*JUR*) halböffentlich.

semi-remorque [səmiʀəmɔʀk] (*pl* ~-~**s**) *nf* Auflieger *m* ♦ *nm* (*camion*) Sattelschlepper *m*.

semis [s(ə)mi] *nm* (*plants*) Sämlinge *pl*; (*terrain*) Saatbeet *nt*.

sémite [semit] *adj*, **sémitique** [semitik] *adj* semitisch.

semoir [səmwaʀ] *nm* (*machine*) Sämaschine *f*.

semonce [səmɔ̃s] *nf* (*NAUT*) Aufforderung, Fahne zu zeigen und anzuhalten; (*réprimande*) Verweis *m*; **coup de ~** (*NAUT*) Schuß *m* vor den Bug.

semoule [s(ə)mul] *nf* Grieß *m* ► **semoule de maïs** Maismehl *nt* ► **semoule de riz** Reismehl *nt*.

sempiternel, le [sɑ̃pitɛʀnɛl] *adj* ewig.

sénat [sena] *nm* Senat *m*.

sénateur [senatœʀ] *nm* Senator *m*.

sénatorial, e, -aux [senatɔʀjal, jo] *adj* Senator-.

Sénégal [senegal] *nm*: **le ~** Senegal *m*.

sénégalais, e [senegalɛ, ɛz] *adj* senegalesisch ♦ *nm/f*: **S~, e** Senegalese *m*, Senegalesin *f*.

sénescence [senesɑ̃s] *nf* Alterung *f*.

sénevé [sɛnve] *nm* (*BOT*) Senfpflanze *f*; (*graine*) Senfkorn *nt*.

sénile [senil] *adj* (*voix*) altersschwach; (*tremblement*) Alters-; (*péj*) senil.

sénilité [senilite] *nf* Senilität *f*.

senior [senjɔʀ] *nm/f* (*SPORT*) Senior(in) *m(f)*.

sens [sɑ̃s] *vb voir* **sentir** ♦ *nm* Sinn *m*; (*signification aussi*) Bedeutung *f*; (*direction*) Richtung *f*; **~** *nmpl* (*sensualité*) Sinne *pl*; **avoir le ~ des affaires** (einen guten) Geschäftssinn haben; **avoir le ~ de la mesure** einen Sinn für das rechte Maß haben; **en dépit du bon ~** gegen jeden Sinn und Verstand, gegen den gesunden Menschenverstand; **tomber sous le ~** logisch sein; **ça n'a pas de ~** das ergibt keinen Sinn; **en ce ~ que** (*dans la mesure où*) insofern als; (*c'est-à-dire que*) in dem Sinne, daß; **en ~, dans un ~** in gewisser Hinsicht; **à mon ~** meiner Meinung nach; **dans le ~ des aiguilles d'une montre** im Uhrzeigersinn; **dans le ~ de la longueur/largeur** der Länge/Breite nach; **dans le mauvais ~** verkehrt herum; **bon ~** gesunder Menschenverstand *m*; **reprendre ses ~** wieder zu sich kommen ► **sens commun** gesunder Menschenverstand ► **sens dessus dessous** völlig durcheinander, kopfüber, kopfunter ► **sens figuré** übertragener (Wort)sinn ► **sens interdit** Einbahnstraße *f* ► **sens propre** eigentlicher Wortsinn ► **sens unique** Einbahnstraße *f*.

sensass [sɑ̃sɑs] (*fam*) *adj* irre.

sensation [sɑ̃sasjɔ̃] *nf* (*impression des sens*) Gefühl *nt*; (*effet*) Sensation *f*; **faire ~** Aufsehen erregen; **à ~** sensationell.

sensationnel, le [sɑ̃sasjɔnɛl] *adj* fantastisch.

sensé, e [sɑ̃se] *adj* vernünftig.

sensibilisation [sɑ̃sibilizasjɔ̃] *nf* Sensibilisierung *f*.

sensibiliser [sɑ̃sibilize] *vt* (*PHOTO*) lichtempfindlich machen; **~ qn (à)** jdn sensibilisieren (für).

sensibilité [sɑ̃sibilite] *nf* Empfindlichkeit *f*; (*affectivité, émotivité*) Sensibilität *f*.

sensible [sɑ̃sibl] *adj* sensibel, empfindlich; (*perceptible*) wahrnehmbar; (*appréciable*) spürbar; (*balance, baromètre*) empfindlich; (*PHOTO*) lichtempfindlich; **~ à** (*flatterie, musique*) empfänglich für; (*chaleur, radiations*) empfindlich gegen.

sensiblement [sɑ̃sibləmɑ̃] *adv* (*notablement*) merklich; **ils ont ~ le même poids** sie haben ungefähr *ou* so etwa das gleiche Gewicht.

sensiblerie [sɑ̃sibləʀi] *nf* Überempfindlichkeit *f*.

sensitif, -ive [sɑ̃sitif, iv] *adj* (*nerf*) sensorisch; (*personne*) überempfindlich.

sensoriel, le [sɑ̃sɔʀjɛl] *adj* sensorisch.

sensorimoteur, -trice [sɑ̃sɔʀimɔtœʀ, tʀis] (*pl* ~**s, trices**) *adj* sensomotorisch.

sensualité [sɑ̃sɥalite] *nf* Sinnlichkeit *f*.

sensuel, le [sɑ̃sɥɛl] *adj* sinnlich.

sent [sɑ̃] *vb voir* **sentir**.

sente [sɑ̃t] (*litt*) *nf* Pfad *m*.

sentence [sɑ̃tɑ̃s] *nf* (*jugement*) Urteil *nt*; (*adage*) Maxime *f*.

sentencieusement [sɑ̃tɑ̃sjøzmɑ̃] *adv* dozierend.

sentencieux, -euse [sɑ̃tɑ̃sjø, jøz] *adj* dozierend.

senteur [sɑ̃tœʀ] *nf* Duft *m*.

senti, e [sɑ̃ti] *adj*: **bien ~** (*mots etc*) gut gewählt.

sentier [sɑ̃tje] *nm* Pfad *m*.

sentiment [sɑ̃timɑ̃] *nm* Gefühl *nt*; **avoir le ~ que** das Gefühl haben, daß; **veuillez agréer l'expression de mes ~s respectueux/dévoués** ≈ mit freundlichen Grüßen; **faire du ~** (*péj*) auf die Tränendrüsen drücken; **si vous me prenez par les ~s** wenn Sie an meine Gefühle appellieren.

sentimental, e, -aux [sɑ̃timɑ̃tal, o] *adj* sentimental; (*vie, aventure*) Liebes-.

sentimentalisme [sɑ̃timɑ̃talism] *nm* Sentimentalität *f*.

sentimentalité [sɑ̃timɑ̃talite] *nf* Sentimentalität *f*.

sentinelle [sɑ̃tinɛl] *nf* (*MIL*) Wachposten *m*; **être en ~** Wache stehen.

sentir [sɑ̃tiʀ] *vt* fühlen, spüren; (*par l'odorat*) riechen; (*répandre une odeur de*) riechen nach +*dat*; (*avoir la même odeur que*) riechen wie; (*avoir le goût*) schmecken nach +*dat*; (*fig: dénoter, annoncer*) schmecken *ou* riechen nach +*dat* ♦ *vi* (*exhaler une mauvaise odeur*) stinken;

se sentir *vpr*: **se ~ bien** sich wohl fühlen; **~ bon/mauvais** gut/schlecht riechen; **ne pas pouvoir ~ qn** (*fam*) jdn nicht riechen können; **se ~ mal** sich krank *ou* unwohl fühlen; **se ~ le courage/la force de faire qch** den Mut/die Kraft verspüren, etw zu tun; **se ~ coupable d'avoir fait qch** sich schuldig fühlen, weil man etw getan hat; **ne plus se ~ de joie** vor Freude außer sich *dat* sein.

seoir [swaʀ] *vb impers*: **~ à** sich ziemen *ou* schicken für; **comme il (leur) sied** wie es sich (für sie) gehört.

séparation [sepaʀasjɔ̃] *nf* Trennung *f*; (*cloison*) Trennwand *f* ▶ **séparation de biens** Gütertrennung *f* ▶ **séparation de corps** gesetzliche Trennung ▶ **séparation des pouvoirs** Gewaltenteilung *f*.

séparatisme [sepaʀatism] *nm* Separatismus *m*.

séparatiste [sepaʀatist] *nm/f* Separatist(in) *m(f)* ♦ *adj* separatistisch.

séparé, e [sepaʀe] *adj* (*appartements, maisons*) separat; (*pouvoirs, juridictions, époux*) getrennt; **~ de** getrennt von.

séparément [sepaʀemɑ̃] *adv* getrennt.

séparer [sepaʀe] *vt* trennen; (*personnes qui se battent*) (voneinander) trennen; (*époux, alliés, amis*) voneinander trennen, auseinanderbringen; (*problèmes, notions*) trennen, auseinanderhalten; **se séparer** *vpr* (*époux, adversaires*) sich trennen; (*route, tige etc*) sich teilen; (*prendre congé*) Abschied nehmen; **~ une pièce/un jardin en deux** ein Zimmer/einen Garten in zwei Teile aufteilen; **~ qch de** (*détacher*) etw (ab)trennen von; **~ qch par** *ou* **au moyen de** etw teilen durch *ou* mit; **~ de** (*se détacher*) sich lösen von; (*époux, employé, objet personnel*) sich trennen von.

sépia [sepja] *nf* (*colorant*) Sepia *f*; (*dessin*) Sepiazeichnung *f*.

sept [sɛt] *num* sieben.

septante [sɛptɑ̃t] *num* (*Belgique, Suisse*) siebzig.

septembre [sɛptɑ̃bʀ] *nm* September *m*; *voir aussi* **juillet**.

septennal, e, -aux [sɛptenal, o] *adj* siebenjährig; (*festival*) Siebenjahr-.

septennat [sɛptena] *nm* siebenjährige Amtszeit *f*.

septentrional, e, -aux [sɛptɑ̃tʀijɔnal, o] *adj* nördlich.

septicémie [sɛptisemi] *nf* Blutvergiftung *f*.

septième [sɛtjɛm] *adj* siebte(r, s) ♦ *nm* (*fraction*) Siebtel *nt*; **être au ~ ciel** im siebten Himmel sein.

septique [sɛptik] *adj*: **fosse ~** Klärgrube *f*.

septuagénaire [sɛptɥaʒenɛʀ] *adj* siebzigjährig ♦ *nm/f* Siebzigjährige(r) *f(m)*.

sépulcral, e, -aux [sepylkʀal, o] *adj* (*voix*) Grabes-.

sépulcre [sepylkʀ] *nm* Grabstätte *f*.

sépulture [sepyltyʀ] *nf* (*inhumation*) Bestattung *f*; (*tombeau*) Grabstätte *f*.

séquelles [sekɛl] *nfpl* Folgen *pl*.

séquence [sekɑ̃s] *nf* (*CINÉ*) Sequenz *f*; (*INFORM*)

Folge *f*.

séquenceur [sekɑ̃sœʀ] *nm* (*INFORM*) Sequenzer *m*.

séquentiel, le [sekɑ̃sjɛl] *adj* sequentiell; **traitement ~** sequentielle Behandlung *f*.

séquestration [sekɛstʀasjɔ̃] *nf* (*v vt*) Freiheitsberaubung *f*; Beschlagnahmung *f*.

séquestre [sekɛstʀ] *nm* Beschlagnahmung *f*; **mettre sous ~** beschlagnahmen.

séquestrer [sekɛstʀe] *vt* (*personne*) der Freiheit berauben; (*biens*) beschlagnahmen.

serai *etc* [səʀe] *vb voir* **être**.

sérail [seʀaj] *nm* Serail *nt*.

serbe [sɛʀb] *adj* serbisch ♦ *nm/f*: **S~** Serbe *m*, Serbin *f*.

Serbie [sɛʀbi] *nf*: **la ~** Serbien *nt*.

serbo-croate [sɛʀbokʀɔat] *nm* (*LING*) Serbokroatisch *nt*.

serein, e [səʀɛ̃, ɛn] *adj* (*visage, regard, personne*) ruhig, gelassen; (*ciel*) wolkenlos; (*jugement*) nüchtern.

sereinement [səʀɛnmɑ̃] *adv* gelassen.

sérénade [seʀenad] *nf* Serenade *f*; (*fam*) Radau *m*, Spektakel *m*.

sérénité [seʀenite] *nf* (*v adj*) Gelassenheit *f*; Wolkenlosigkeit *f*; Nüchternheit *f*.

serez [səʀe] *vb voir* **être**.

serf, serve [sɛʀ(f), sɛʀv] *nm/f* Leibeigene(r) *f(m)*.

serfouette [sɛʀfwɛt] *nf* Hacke *f*.

serge [sɛʀʒ] *nf* Serge *f*.

sergent [sɛʀʒɑ̃] *nm* ≈ Feldwebel *m*.

sergent-chef [sɛʀʒɑ̃ʃɛf] (*pl* **~s-~s**) *nm* ≈ Oberfeldwebel *m*.

sergent-major [sɛʀʒɑ̃maʒɔʀ] (*pl* **~s-~s**) *nm* ≈ Hauptfeldwebel *m*.

sériciculture [seʀisikyltyʀ] *nf* Seidenraupenzucht *f*.

série [seʀi] *nf* Reihe *f*, Serie *f*; (*de clefs, casseroles, outils*) Satz *m*; (*SPORT*) Klasse *f*; **en ~** serienweise; (*fabrication*) in Serie; **de ~** (*voiture*) Serien-; **hors ~** (*COMM*) spezialgefertigt; (*fig*) außergewöhnlich ▶ **série noire** (*roman policier*) Kriminalromane *pl*; (*suite de malheurs*) Pechsträhne *f* ▶ **série télévisée** Fernsehserie *f*.

sérier [seʀje] *vt* (*questions, difficultés*) ordnen.

sérieusement [seʀjøzmɑ̃] *adv* (*avec sérieux, vraiment*) ernsthaft; (*sans plaisanter*) ernst; **il est ~ atteint** er ist ernstlich erkrankt; **il parle ~** er meint es ernst; **~? ernsthaft?, im Ernst?**

sérieux, -euse [seʀjø, jøz] *adj* ernst; (*élève, employé, travail, études*) gewissenhaft; (*client, renseignement*) zuverlässig; (*maison, proposition*) seriös; (*important*) bedeutend ♦ *nm* (*v adj*) Ernst *m*; Gewissenhaftigkeit *f*; Zuverlässigkeit *f*; Seriosität *f*; **garder son ~** ernst bleiben; **manquer de ~** nicht den nötigen Ernst haben; **prendre au ~** ernst nehmen; **se prendre au ~** sich ernst nehmen.

sérigraphie [seʀigʀafi] *nf* Siebdruck *m*.

serin [s(ə)ʀɛ̃] *nm* (*ZOOL*) Kanarienvogel *m*.

seriner [s(ə)ʀine] *vt*: **~ qch à qn** jdm etw einbleuen.

seringue [s(ə)ʀɛ̃g] nf Spritze f.

serions [səʀjɔ̃] vb voir **être**.

serment [sɛʀmɑ̃] nm Schwur m; (juré aussi) Eid m; **prêter** ~ schwören; **faire le** ~ **de faire qch** schwören, etw zu tun; **témoigner sous** ~ unter Eid aussagen.

sermon [sɛʀmɔ̃] nm Predigt f.

sermonner [sɛʀmɔne] vt predigen +dat.

SERNAM [sɛʀnam] sigle m (= Service national de messageries) ≈ Bahnpost f.

sérologie [seʀɔlɔʒi] nf Serologie f.

serpe [sɛʀp] nf Sichel f.

serpent [sɛʀpɑ̃] nm Schlange f ► **serpent à lunettes** Brillenschlange f ► **serpent à sonnettes** Klapperschlange f ► **le serpent monétaire (européen)** die (europäische) Währungsschlange f.

serpenter [sɛʀpɑ̃te] vi sich schlängeln.

serpentin [sɛʀpɑ̃tɛ̃] nm (CHIM) Spirale f; (ruban) Luftschlange f.

serpillière [sɛʀpijɛʀ] nf Putz- ou Scheuerlappen m.

serpolet [sɛʀpɔle] nm wilder Thymian m.

serrage [seʀaʒ] nm (d'un frein, d'une vis) Anziehen nt; **collier de** ~ Muffe f.

serre [sɛʀ] nf (construction) Gewächshaus nt; ~**s** nfpl (griffes) Krallen pl; **l'effet de** ~ der Treibhauseffekt m ► **serre chaude** Treibhaus nt ► **serre froide** Kühlhaus nt.

serré, e [seʀe] adj (habits) eng; (passagers etc) dicht gedrängt; (réseau) dicht; (tissu) dicht gewebt; (écriture) gedrängt; (fig: lutte, partie, match) knapp; (café) sehr stark ♦ adv: **jouer** ~ vorsichtig spielen; **écrire** ~ eine gedrängte Schrift haben; **j'avais la gorge** ~**e** mir war die Kehle wie zugeschnürt; **j'avais le cœur** ~ das Herz war mir schwer.

serre-livres [sɛʀlivʀ] nm inv Bücherstütze f.

serrement [sɛʀmɑ̃] nm: ~ **de main** Händeschütteln nt; ~ **de cœur** Bedrücktheit f.

serrer [seʀe] vt (tenir) festhalten; (comprimer, coincer) drücken, pressen; (corde, ceinture, nœud) zuziehen; (frein, vis) anziehen; (robinet) fest zudrehen; (poings) ballen; (mâchoires) zusammenbeißen; (suj: vêtement) zu eng sein +dat; (rapprocher: personnes, livres, lignes) zusammenrücken; (automobiliste, cycliste) zur Seite drängen ♦ vi: ~ **à droite/gauche** sich rechts/links halten; **se serrer** vpr (se rapprocher: personnes) zusammenrücken; ~ **la main à qn** jdm die Hand schütteln; ~ **qn dans ses bras/contre son cœur** jdn in die Arme schließen/an den Herz drücken; ~ **la gorge/le cœur à qn** (suj: chagrin, douleur) jdm den Hals zuschnüren/das Herz schwer machen; ~ **les dents** (fig) mit den Zähnen knirschen; ~ **qn de près** jdm auf den Fersen sein; ~ **le trottoir** dicht am Bordstein entlangfahren; ~ **sa droite/gauche** sich rechts/links halten; ~ **la vis à qn** jdn hart anfassen; ~ **les rangs** die Reihen schließen; **se** ~ **contre qn** sich

eng an jdn schmiegen; **se** ~ **les coudes** zusammenhalten; **se** ~ **la ceinture** den Gürtel enger schnallen.

serre-tête [sɛʀtɛt] nm inv (ruban, bandeau) Stirnband nt.

serrure [seʀyʀ] nf Schloß nt.

serrurerie [seʀyʀʀi] nf (métier) Schlosserhandwerk nt; (ferronnerie) Schlosserei f ► **serrurerie d'art** Kunstschmiedearbeit f.

serrurier [seʀyʀje] nm Schlosser m.

sers etc [sɛʀ] vb voir **servir**.

sert etc [sɛʀ] vb voir **servir**.

sertir [sɛʀtiʀ] vt (pierre précieuse) fassen; (TECH) (miteinander) verklammern.

sérum [seʀɔm] nm Serum nt ► **sérum antitétanique** Tetanusserum nt ► **sérum antivenimeux** Schlangenserum nt ► **sérum artificiel** künstliches Serum ► **sérum de vérité** Wahrheitsdroge f ► **sérum physiologique** Serumersatz m ► **sérum sanguin** Blutserum nt.

servage [sɛʀvaʒ] nm Knechtschaft f.

servant [sɛʀvɑ̃] nm (REL) Ministrant m; (MIL) Mitglied nt der Bedienungsmannschaft.

servante [sɛʀvɑ̃t] nf (bonne) Dienstmädchen nt.

serve [sɛʀv] vb voir **servir** ♦ nf voir **serf**.

serveur, -euse [sɛʀvœʀ, øz] nm/f (de restaurant) Kellner(in) m(f); (CARTES) Geber(in) m(f); (TENNIS) Aufschläger(in) m(f) ♦ nm: ~ **de données** Server m ♦ adj: **centre** ~ (INFORM) Dienstleistungszentrum nt.

serviable [sɛʀvjabl] adj gefällig, hilfsbereit.

service [sɛʀvis] nm (des convives, clients, pour boire) Bedienung f; (série de repas) Sitzung f; (aide, faveur) Gefallen m; (fonction, travail) Dienst m; (temps de travail) Dienstzeit f; (département) Abteilung f; (de bus, bateau etc) Verbindung f; (REL: office) Gottesdienst m; (de vaisselle) Service nt; (de linge de table) Satz m; (TENNIS, VOLLEY-BALL) Aufschlag m; ~**s** nmpl (travail, prestations) Dienst; (ÉCON: secteur) Dienstleistungsbetriebe pl; ~ **compris/non compris** inklusive Bedienung/Bedienung nicht enthalten; **être en** ~ **chez qn** bei jdm angestellt sein; **être au** ~ **de qch** im Dienste einer Sache gén stehen; **être au** ~ **de qn** jdm zur Verfügung stehen; **porte de** ~ Dienstboteneingang m; **pendant le** ~ während der Dienstzeit; **rendre** ~ (à qn) (jdm) helfen; (suj: objet, outil) (jdm) gute Dienste leisten; **il aime rendre** ~ er ist gerne gefällig, er ist hilfsbereit; **rendre un** ~ **à qn** jdm einen Gefallen tun; **reprendre du** ~ seinen Dienst wieder aufnehmen; **heures de** ~ Dienstzeiten pl; **avoir 25 ans de** ~ 25 Dienstjahre haben; **être/mettre en** ~ in Betrieb sein/nehmen; **hors** ~ außer Betrieb; **en** ~ **commandé** in offizieller Mission, offiziell; **premier/second** ~ erste/zweite Sitzung f ► **service à café** Kaffeeservice nt ► **service à thé** Teeservice nt ► **service après vente** Kundendienst m ► **service d'ordre** Ordner pl ► **service funèbre** Trauergottesdienst m ► **service militaire** Militärdienst *m* ▶ **service public** öffentlicher Dienst ▶ **services secrets** Geheimdienst *m* ▶ **services sociaux** Sozialdienste *pl.*

serviette [sɛʀvjɛt] *nf* (*de table*) Serviette *f*; (*de toilette*) Handtuch *nt*; (*porte-documents*) Aktentasche *f* ▶ **serviette éponge** Frotteehandtuch *nt* ▶ **serviette hygiénique** Monatsbinde *f*.

servile [sɛʀvil] *adj* unterwürfig.

servilement [sɛʀvilmɑ̃] *adv* unterwürfig.

servilité [sɛʀvilite] *nf* Unterwürfigkeit *f*.

servir [sɛʀviʀ] *vt* dienen +*dat*; (*suj: domestique*) arbeiten für; (*convive, client*) bedienen; (*plat, boisson*) servieren; (*fig: aider*) helfen; (*rente, pension, intérêts*) auszahlen; (*pièce d'artillerie*) bestücken ♦ *vi* (*TENNIS*) aufschlagen; (*CARTES*) geben; (*être militaire*) dienen; **se servir** *vpr* (*prendre d'un plat*) sich bedienen; ~ **à qn** (*s'approvisionner*) jdm nutzen; ~ **de** dienen als; **ça m'a servi pour faire ...** damit habe ich ... gemacht; ~ **à qch/faire qch** (*outil etc*) zu etw benutzt werden/dazu benutzt werden, etw zu tun; **qu'est-ce que je vous sers?** was kann ich Ihnen geben?; **ça peut** ~ das könnte von Nutzen sein; **ça peut encore** ~ das kann noch von Nutzen sein; **à quoi cela sert-il?** wozu soll das gut sein?; **cela ne sert à rien** das hat gar keinen Nutzen, das nutzt gar nichts; ~ **(à qn) de** (jdm) dienen als; ~ **la messe** die Messe lesen; ~ **les intérêts de** jds Interessen *dat* nutzen; ~ **à dîner/déjeuner à qn** jdm das Abendessen/Essen servieren; **se** ~ **chez qn** bei jdm einkaufen; **se** ~ **de** (*plat*) sich bedienen mit, sich *dat* nehmen von; (*voiture, outil, relations, amis*) benutzen.

serviteur [sɛʀvitœʀ] *nm* Diener *m*.

servitude [sɛʀvityd] *nf* Knechtschaft *f*; (*fig: contrainte*) Zwang *m*; (*JUR*) Auflage *f*.

servocommande [sɛʀvokɔmɑ̃d] *nf* Servolenkung *f*.

servofrein [sɛʀvofʀɛ̃] *nm* Servobremse *f*.

servomécanisme [sɛʀvomekanism] *nm* Servomechanismus *m*.

ses [se] *adj possessif voir* **son**.

sésame [sezam] *nm* (*BOT*) Sesam *m*.

session [sesjɔ̃] *nf* Sitzung *f*.

set [sɛt] *nm* (*SPORT*) Satz *m* ▶ **set de table** (*napperons*) Sets *pl.*

seuil [sœj] *nm* Schwelle *f*; **sur le** ~ an der Schwelle; **au** ~ **de** (*fig*) an der Schwelle +*gén* ▶ **seuil de rentabilité** Gewinnschwelle *f*.

seul, e [sœl] *adj* (*sans compagnie*) allein; (*isolé*) einsam, ohne; (*objet, mot etc*) einzel; (*unique*) einzig ♦ *adv*: **vivre** ~ allein leben ♦ *nm/f*: **j'en veux un** ~ ich möchte nur einen/eine/eins; **un** ~ **livre** ein einziges Buch; **un** ~ **homme** ein einziger Mensch; **le** ~ **livre/homme** das einzige Buch/der einzige Mann; ~ **ce livre/cet homme, ce livre/cet homme** ~ nur dieses Buch/ nur dieser Mann; **lui** ~ **peut** nur er allein kann; **à lui (tout)** ~ ganz allein, ohne Hilfe; **d'un** ~ **coup** mit einem Schlag; **parler tout** ~ Selbstgespräche führen; **faire qch (tout)** ~ etw (ganz) alleine machen; ~ **à** ~ unter vier

Augen; **il en reste un** ~ es ist nur noch einer/ eine/eines da; **pas un** ~ kein einziger.

seulement [sœlmɑ̃] *adv* nur; (*pas avant*) erst; (*mais*) aber; ~ **5** nur *ou* bloß 5; ~ **eux** nur sie, sie allein; ~ **hier/à 10 heures** erst gestern/ erst um 10 Uhr; **il consent,** ~ **il demande des garanties** er ist einverstanden, aber er möchte eine Garantie; **non** ~ **...,** **mais aussi** *ou* **encore** nicht nur..., sondern auch.

sève [sɛv] *nf* (*d'une plante*) Saft *m*; (*fig*) Lebenskraft *f*.

sévère [sevɛʀ] *adj* streng; (*punition, mesures*) hart; (*pertes, échec*) schwer.

sévèrement [sevɛʀmɑ̃] *adv* streng.

sévérité [severite] *nf* Strenge *f*; Härte *f*, Schwere *f*.

sévices [sevis] *nmpl* Mißhandlung *f*.

sévir [seviʀ] *vi* (*punir*) hart durchgreifen; (*suj: fléau*) grassieren, wüten; ~ **contre** streng vorgehen gegen.

sevrage [səvʀaʒ] *nm* Entwöhnung *f*; (*d'un toxicomane*) Entzug *m*.

sevrer [səvʀe] *vt* entwöhnen; ~ **qn de qch** (*fig*) jdm etw vorenthalten.

sexagénaire [sɛksaʒenɛʀ] *adj* sechzigjährig ♦ *nm/f* Sechzigjährige(r) *f(m)*.

sexe [sɛks] *nm* (*catégorie*) Geschlecht *nt*; (*sexualité*) Sex *m*; (*organe*) Geschlecht *nt*; **le** ~ **fort/ faible** das starke/schwache Geschlecht.

sexisme [sɛksism] *nm* Sexismus *m*.

sexiste [sɛksist] *nm* Sexist *m* ♦ *adj* sexistisch.

sexologie [sɛksɔlɔʒi] *nf* Sexualwissenschaft *f*.

sexologue [sɛksɔlɔg] *nm/f* Sexualwissenschaftler(in) *m(f)*.

sextant [sɛkstɑ̃] *nm* Sextant *m*.

sexualité [sɛksɥalite] *nf* Sexualität *f*.

sexué, e [sɛksɥe] *adj* (*reproduction*) geschlechtlich.

sexuel, le [sɛksɥɛl] *adj* sexuell; **acte** ~ Geschlechtsakt *m*.

sexuellement [sɛksɥɛlmɑ̃] *adv* sexuell.

seyait [sejɛ] *vb voir* **seoir**.

seyant, e [sejɑ̃, ɑ̃t] *vb voir* **seoir** ♦ *adj* (*vêtement*) kleidsam.

Seychelles [seʃɛl] *nfpl*: **les** ~ die Seychellen *pl.*

SG [ɛsʒe] *sigle m* = *secrétaire général.*

shaker [ʃɛkœʀ] *nm* Cocktailshaker *m*.

shampooiner [ʃɑ̃pwine] *vt* shampoonieren.

shampooineur, -euse [ʃɑ̃pwinœʀ, øz] *nm/f* (*personne*) Friseurlehrling *m* (*der die Haare wäscht*) ♦ *nf* (*appareil*) Shampooniermaschine *f*.

shampooing [ʃɑ̃pwɛ̃] *nm* (*lavage*) Haarwäsche *f*; (*produit*) Shampoo *nt*; **se faire un** ~ sich *dat* die Haare waschen ▶ **shampooing colorant** Tönungsshampoo *nt* ▶ **shampooing traitant** Kurshampoo *nt*.

Shetland [ʃɛtlɑ̃d]: **les îles** ~ *nfpl* die Shetlandinseln *pl.*

shimmy [ʃimi] *nm* (*AUTO*) Vibrationen *pl* (*aus schlecht ausgewuchtetem Reifen*).

shoot [ʃut] *nm* (*FOOTBALL*) Schuß *m*.

shooter [ʃute] *vi* (*FOOTBALL*) schießen; **se**

shooter *vpr* (*drogué*) fixen, spritzen.
shopping [ʃɔpiŋ] *nm*: **faire du ~** einkaufen gehen.
short [ʃɔʀt] *nm* Shorts *pl*.
SI [ɛsi] *sigle m* = *syndicat d'initiative*.

═══════════════ MOT-CLÉ

[si] *adv* **1** (*oui*) doch; **Paul n'est pas venu? – si!**
Paul ist nicht gekommen? – doch!; **mais si!**
doch, doch!; **je suis sûr que si** ich bin ganz sicher; **je vous assure que si** ich versichere es
Ihnen
2 (*tellement*) so; **si gentil/vite** so nett/schnell;
ce n'est pas si facile so einfach ist das nicht;
si rapide qu'il soit so schnell er auch sein
mag
♦ *conj* **1** (*éventualité, hypothèse, souhait*) wenn; **si
j'étais riche** wenn ich reich wäre; **si tu veux**
wenn du willst; **si seulement** wenn (doch)
nur; **s'il pouvait (seulement) venir!** wenn er
doch (nur) kommen könnte!
2 (*interrogation indirecte*) ob; **je me demande si**
ich frage mich, ob
3 (*opposition*) während; **s'il est aimable, sa
femme par contre ...** während er freundlich
ist, ist seine Frau ...
4 (*explication*): **s'il le fait, c'est que ...** er macht
es nur, weil ...
5 (*locutions*): **si ce n'est ...** außer ...; **si ce n'est
que** außer daß; **si bien que** so (sehr), daß;
(tant et) si bien que so sehr, daß
♦ *nm* (*MUS*) H *nt*; (: *en chantant la gamme*) Si *nt*.

siamois, e [sjamwa, waz] *adj* siamesisch; **frères
~/sœurs ~es** siamesische Zwillinge *pl*.
Sibérie [siberi] *nf*: **la ~** Sibirien *nt*.
sibérien, ne [siberjɛ̃, jɛn] *adj* sibirisch.
sibyllin, e [sibilɛ̃, in] *adj* (*fig*) geheimnisvoll.
SICAV [sikav] *sigle f* = *société d'investissement à
capital variable*.
siccatif, -ive [sikatif, iv] *adj* (*MÉD*: *pommade*) austrocknend.
Sicile [sisil] *nf*: **la ~** Sizilien *nt*.
sicilien, ne [sisiljɛ̃, jɛn] *adj* sizilianisch.
sida [sida] *sigle m* (= *syndrome immunodéficitaire
acquis*) AIDS *nt*.
sidéral, e, -aux [sideʀal, o] *adj* Stern-.
sidérant, e [sideʀɑ̃, ɑ̃t] *adj* verblüffend.
sidéré, e [sideʀe] *adj* verblüfft, sprachlos.
sidérurgie [sideʀyʀʒi] *nf* Eisenverhüttung *f*.
sidérurgique [sideʀyʀʒik] *adj* Eisenhütten-.
siècle [sjɛkl] *nm* Jahrhundert *nt*; **le ~ des lumières** das Zeitalter der Aufklärung; **le ~
(REL)** die Welt *f*.
sied [sje] *vb voir* seoir.
siège [sjɛʒ] *nm* Sitz *m*; (*d'une douleur, maladie*)
Herd *m*; (*MIL*) Belagerung *f*; **lever le ~** die
Belagerung aufheben; **mettre le ~ devant
une ville** eine Stadt belagern; **se présenter par
e ~** (*MÉD*: *enfant*) Steißlage haben ► **siège arrière** (*AUTO*) Rücksitz *m* ► **siège avant** (*AUTO*)
Vordersitz *m* ► **siège baquet** (*AUTO*) Schalensitz *m* ► **siège social** (*COMM*) Firmensitz *m*.

siéger [sjeʒe] *vi* (*député*) einen Sitz haben; (*assemblée, tribunal*) tagen; (*résider, se trouver*)
sich befinden.
sien, ne [sjɛ̃, sjɛn] *pron*: **le(la) sien(ne)** seine(r,
s); (*possesseur féminin*) ihre(r, s); **les ~s/
siennes** seine; (*possesseur féminin*) ihre; **y mettre du ~** das Seinige tun; **faire des ~nes** (*fam*)
etwas anstellen; **les ~s** (*sa famille*) die Seinen; (*de femme*) die Ihren.
siérait *etc* [sjeʀɛ] *vb voir* seoir.
Sierra Leone [sjeʀa leɔn(e)] *nf*: **la ~ ~** Sierra
Leone *nt*.
sieste [sjɛst] *nf* Siesta *f*, Mittagsschlaf *m*; **faire
la ~** Mittagsschlaf halten.
sieur [sjœʀ] *nm*: **le ~ Duval** Herr Duval; (*hum*)
der gnädige Herr Duval.
sifflant, e [siflɑ̃, ɑ̃t] *adj* (*toux*) pfeifend;
(**consonne**) **~e** Zischlaut *m*.
sifflement [sifləmɑ̃] *nm* Pfeifen *nt*; (*RADIO*)
Pfeifton *m*.
siffler [sifle] *vi* pfeifen; (*merle, serpent, projectile,
vapeur*) zischen ♦ *vt* (*air, chanson*) pfeifen;
(*animal etc*) pfeifen nach; (*fille*) nachpfeifen
+*dat*; (*pièce, orateur*) auspfeifen; (*faute, fin d'un
match, départ*) abpfeifen; (*fam*: *verre, bouteille*)
kippen.
sifflet [siflɛ] *nm* (*instrument*) Pfeife *f*; (*sifflement*)
Pfiff *m*; **~s** *nmpl* (*de mécontentement*) Pfiffe *pl*;
coup de ~ Pfiff.
siffloter [siflɔte] *vi* vor sich hinpfeifen.
sigle [sigl] *nm* Abkürzung *f*.
signal, -aux [siɲal, o] *nm* (*signe convenu*) Zeichen *nt*; (*fig*: *indice, signe précurseur*)
(An)zeichen *nt*; (*écriteau*) Schild *nt*; (*appareil*)
Signal *nt*; **donner le ~ de** das Signal *ou* Zeichen geben zu ► **signal d'alarme**
Alarm(signal *nt*) *m* ► **signal d'alerte** Warnsignal *nt* ► **signal de détresse** Notruf *m* ► **signal horaire** Zeitzeichen *nt* ► **signal optique**
Lichtsignal *nt* ► **signal sonore** Tonsignal *nt*
► **signaux routiers** Verkehrszeichen *pl*.
signalement [siɲalmɑ̃] *nm* Personenbeschreibung *f*.
signaler [siɲale] *vt* (*être l'indice de*) anzeigen,
ankündigen; (*à la police*) melden; **se signaler**
vpr: **se ~ (par)** sich hervortun (durch); **~ qch
à qn** jdn auf etw hinweisen; **~ (à qn) que** jdn
darauf hinweisen, daß; **se ~ à l'attention de
qn** jds Aufmerksamkeit auf sich *acc* ziehen.
signalétique [siɲaletik] *adj*: **fiche ~** Personalbogen *m*.
signalisation [siɲalizasjɔ̃] *nf* (*ensemble des signaux*) Verkehrszeichen *pl*; **panneau de ~**
Verkehrsschild *nt*.
signaliser [siɲalize] *vt* beschildern.
signataire [siɲatɛʀ] *nm/f* Unterzeichnende(r)
f(m).
signature [siɲatyʀ] *nf* Unterschrift *f*; (*action*)
Unterzeichnung *f*.
signe [siɲ] *nm* Zeichen *nt*; (*MATH, MUS*) Vorzeichen *nt*; (*ASTROL*) Sternzeichen *nt*; **ne pas
donner ~ de vie** kein Lebenszeichen von sich
geben; **c'est bon/mauvais ~** das ist ein

gutes/schlechtes Zeichen; **c'est ~ que** das ist ein Zeichen dafür, daß; **faire un ~ de la tête/main** ein Zeichen mit dem Kopf/der Hand geben; **faire ~ à qn** *(fig)* sich bei jdm melden; **faire ~ à qn d'entrer** jdn hereinbitten; **en ~ de** als Zeichen für; **~s extérieurs de richesse** äußere Anzeichen von Reichtum ▶ **le signe de la croix** das Kreuzzeichen ▶ **signe de ponctuation** Satzzeichen *nt* ▶ **signe du zodiaque** Sternzeichen ▶ **signes particuliers** besondere Merkmale *pl*.

signer [sine] *vt* unterschreiben, unterzeichnen; *(œuvre)* signieren; **se signer** *vpr* sich bekreuzigen.

signet [sine] *nm* Lesezeichen *nt*.

significatif, -ive [sinifikatif, iv] *adj* bezeichnend, vielsagend.

signification [sinifikasjɔ̃] *nf* Bedeutung *f*.

signifier [sinifje] *vt* *(vouloir dire)* bedeuten; **~ qch à qn** (jdm) etw zu verstehen geben.

silence [silɑ̃s] *nm* Schweigen *nt*; *(MUS)* Pause *f*; **garder le ~ sur qch** über etw *acc* Stillschweigen bewahren; **passer sous ~** stillschweigend übergehen; **réduire au ~** zum Schweigen bringen; **"~!"** "Ruhe!"

silencieusement [silɑ̃sjøzmɑ̃] *adv* leise.

silencieux, -euse [silɑ̃sjø, jøz] *adj* still, leise; *(personne)* schweigsam ♦ *nm* *(d'arme)* Schalldämpfer *m*.

silex [sileks] *nm* Feuerstein *m*.

silhouette [silwɛt] *nf* Silhouette *f*; *(lignes, contour)* Umriß *m*.

silicate [silikat] *nm* Silikat *nt*.

silice [silis] *nf* Kieselerde *f*.

siliceux, -euse [silisø, øz] *adj* *(terrain)* kiesig.

silicium [silisjɔm] *nm* Silizium *nt*; **plaquette de ~** Silikonchip *m*.

silicone [silikon] *nf* Silikon *nt*.

silicose [silikoz] *nf* Silikose *f*.

sillage [sijaʒ] *nm* Kielwasser *nt*; **dans le ~ de** *(fig)* im Kielwasser von.

sillon [sijɔ̃] *nm* *(d'un champ)* Furche *f*; *(d'un disque)* Rille *f*.

sillonner [sijone] *vt* *(creuser)* furchen; *(parcourir en tous sens)* durchstreifen.

silo [silo] *nm* Silo *nt*.

simagrées [simagRe] *nfpl* Getue *nt*.

simiesque [simjɛsk] *adj* affenartig.

similaire [similɛR] *adj* ähnlich.

similarité [similaRite] *nf* Ähnlichkeit *f*.

similicuir [similikɥiR] *nm* Kunstleder *nt*.

similigravure [similigRavyR] *nf* Halbtonradierung *f*.

similitude [similityd] *nf* Ähnlichkeit *f*.

simple [sɛ̃pl] *adj* einfach; *(péj)* einfältig, simpel ♦ *nm*: **~ messieurs/dames** *(TENNIS)* Herren-/Dameneinzel *nt*; **~s** *nfpl* *(plantes)* Heilkräuter *pl*; **une ~ objection/formalité** nur ein Einwand/eine bloße Formsache; **un ~ employé/particulier** ein einfacher Angestellter/Bürger *m*; **dans le plus ~ appareil** im Adamskostüm/Evaskostüm; **réduit à sa plus ~ expression** auf das Einfachste reduziert;

cela varie du ~ **au double** das kann bis zu doppelt so viel werden ▶ **un simple d'esprit** ein Einfaltspinsel *m* ▶ **simple soldat** Gefreiter *m*.

simplement [sɛ̃pləmɑ̃] *adv* einfach.

simplet, te [sɛ̃plɛ, ɛt] *adj* *(personne)* einfältig.

simplicité [sɛ̃plisite] *nf* Einfachheit *f*; *(candeur)* Naivität *f*; **en toute ~** simplistisch.

simplification [sɛ̃plifikasjɔ̃] *nf* Vereinfachung *f*.

simplifier [sɛ̃plifje] *vt* vereinfachen; *(MATH)* kürzen.

simpliste [sɛ̃plist] *adj* einfach, simpel.

simulacre [simylakR] *nm*: **ce fut un ~ de procès** das war ein Scheinprozeß.

simulateur, -trice [simylatœR, tRis] *nm/f* Simulant(in) *m(f)* ♦ *nm*: **~ de vol** Flugsimulator *m*.

simulation [simylasjɔ̃] *nf* Vortäuschung *f*.

simulé, e [simyle] *adj* simuliert, vorgetäuscht.

simuler [simyle] *vt* vortäuschen; *(maladie, fatigue, ivresse)* simulieren.

simultané, e [simyltane] *adj* gleichzeitig, simultan.

simultanéité [simyltaneite] *nf* Gleichzeitigkeit *f*.

simultanément [simyltanemɑ̃] *adv* gleichzeitig.

sinapisme [sinapism] *nm* Senfpflaster *nt*.

sincère [sɛ̃sɛR] *adj* aufrichtig, ehrlich; **mes ~ condoléances** mein aufrichtiges Beileid.

sincèrement [sɛ̃sɛRmɑ̃] *adv* aufrichtig, ehrlich.

sincérité [sɛ̃seRite] *nf* Aufrichtigkeit *f*; **en toute ~** ganz offen.

sinécure [sinekyR] *nf* Ruheposten *m*.

sine die [sinedje] *adv* unbefristet, auf unbestimmte Zeit.

sine qua non [sinekwanɔn] *adj*: **condition ~ ~** unbedingt notwendige Voraussetzung *f*; Conditio *f* sine qua non.

singe [sɛ̃ʒ] *nm* Affe *m*.

singer [sɛ̃ʒe] *vt* nachäffen.

singeries [sɛ̃ʒRi] *nfpl* *(simagrées)* Mätzchen *pl* *(grimaces)* Faxen *pl*.

singulariser [sɛ̃gylaRize] *vt* auszeichnen; **se singulariser** *vpr* *(personne)* auffallen.

singularité [sɛ̃gylaRite] *nf* Einzigartigkeit *f*.

singulier, -ière [sɛ̃gylje, jɛR] *adj* *(étrange)* eigenartig; *(peu commun)* einzigartig; *(LING)* Singular- ♦ *nm* *(LING)* Singular *m*.

singulièrement [sɛ̃gyljɛRmɑ̃] *adv* *(bizarrement)* eigenartigerweise; *(beaucoup, très)* außerordentlich; *(notamment)* bemerkenswert.

sinistre [sinistR] *adj* unheimlich ♦ *nm* *(incendie)* Unglück *nt*; *(catastrophe)* Katastrophe *f*; *(ASSURANCES)* Schadensfall *m*; **un ~ imbécile/crétin** ein schrecklicher Idiot/Dummkopf.

sinistré, e [sinistRe] *adj* *(maison, région)* von einer Katastrophe heimgesucht ♦ *nm/f* Katastrophenopfer *nt*.

sinistrose [sinistRoz] *nf* *(pessimisme)* übertriebener Pessimismus *m*.

sino [sino] *préf*: **~-indien** indisch-chinesisch.

non [sinɔ̃] conj sonst, andernfalls; (sa uf) außer; (si ce n'est) wenn nicht.

nueux, -euse [sinyø, øz] adj gewunden; (fig) verschlungen, umständlich.

nuosités [sinyozite] nfpl Kurven und Windungen pl.

nus [sinys] nm (ANAT) Höhle f; (MATH) Sinus m.

nusite [sinyzit] nf Stirnhöhleninfektion f.

nusoïdal, e, -aux [sinyzɔidal, o] adj Sinus-, sinusförmig.

nusoïde [sinyzɔid] nf Sinuskurve f.

onisme [sjɔnism] nm Zionismus m.

oniste [sjɔnist] adj zionistisch.

phon [sifɔ̃] nm Siphon m; (tube) Saugheber m.

phonner [sifɔne] vt absaugen.

re [siR] nm: S~ (au roi) Majestät; un triste ~ Sire.

rène [siRɛn] nf Sirene f ▶ sirène d'alarme Alarmsirene f.

rop [siRo] nm Sirup m ▶ sirop contre la toux Hustensirup m ou -saft m ▶ sirop de framboise Himbeersirup m; (boisson) Himbeersaft n ▶ sirop de menthe Pfefferminzsirup m; (boisson) Pfefferminzgetränk nt.

roter [siRɔte] vt schlürfen.

rupeux, -euse [siRypø, øz] adj (liquide) sirupartig; (péj: musique) süßlich.

s, e [si, siz] adj: ~ rue de la Paix in der Rue de la Paix gelegen.

sal [sizal] nm Sisal m.

smique [sismik] adj seismisch.

smographe [sismɔgraf] nm Seismograph m.

smologie [sismɔlɔʒi] nf Seismologie f.

te [sit] nm (paysage) Umgebung f; (emplacement) Lage f; ~s naturels Naturlandschaften pl; ~s historiques historische Stätten pl; ~s touristiques (touristische) Sehenswürdigkeiten pl.

tôt [sito] adv: ~ parti, il est revenu kaum war er gegangen, kam er wieder; (sitôt après) kurz danach; pas de ~ nicht so bald; ~ après) que sobald.

tuation [situasjɔ̃] nf Lage f, Situation f; (emploi) Stellung f; être en ~ de faire qch in der Lage sein, etw zu tun ▶ situation de famille Familienstand m.

tué, e [sitɥe] adj: bien/mal ~ gut/schlecht gelegen.

tuer [sitɥe] vt legen; (en pensée) einordnen; se situer vpr (être, se trouver) liegen; (THÉÂT) sich abspielen.

x [sis] num sechs.

xième [sizjɛm] adj sechste(r, s) ♦ nm (fraction) Sechstel nt.

aï ® [skaj] nm Skai nt, Kunstleder nt.

ate(board) [skɛt(bɔRd)] nm (planche) Skateboard nt; (sport) Skateboardfahren nt.

etch [skɛtʃ] nm Sketch m.

i [ski] nm Ski m; (sport) Skifahren nt; une paire de ~s (ein Paar) Skier pl; faire du ~ Ski laufen, skifahren; aller faire du ~ skifahren gehen ▶ ski alpin alpiner Skilauf m ▶ ski de

fond (Ski)langlauf m ▶ ski de piste Abfahrtslauf m ▶ ski de randonnée (Ski)langlauf m ▶ ski nautique Wasserski nt.

ski-bob [skibɔb] (pl ~-~s) nm Skibob m.

skier [skje] vi Ski laufen, skifahren.

skieur, -euse [skjœR, skjøz] nm/f Skifahrer(in) m(f).

skif(f) [skif] nm Skiff nt.

slalom [slalɔm] nm Slalom m; faire du ~ entre (fig) sich durchschlängeln durch ▶ slalom géant Riesenslalom m ▶ slalom spécial Spezialslalom m.

slalomer [slalɔme] vi Slalom fahren.

slalomeur, -euse [slalɔmœR, øz] nm/f Slalomfahrer(in) m(f).

slave [slav] adj slawisch ♦ nm/f: S~ Slawe m, Slawin f.

slavisant, e [slavizɑ̃, ɑ̃t] nm/f Slawist(in) m(f).

slip [slip] nm Unterhose f; (de bain: d'homme) Badehose f; (: de bikini) Unterteil m ou nt.

slogan [slɔgɑ̃] nm Slogan m.

slovaque [slɔvak] adj slowakisch ♦ nm (LING) Slowakisch nt ♦ nm/f: S~ Slowake m, Slowakin f.

Slovaquie [slɔvaki] nf Slowakei f.

slovène [slɔvɛn] adj slowenisch ♦ nm/f Slowene m, Slowenin f.

Slovénie [slɔveni] nf: la ~ Slowenien nt.

slow [slo] nm (danse) langsamer Tanz m.

smasher [sma(t)ʃe] vi, vt (TENNIS) schmettern.

SME [ɛsɛmə] sigle m (= Système monétaire européen) EWS nt.

SMIC [smik] sigle m = salaire minimum interprofessionnel de croissance.

smicard, e [smikaR, aRd] nm/f Angestellte(r) f(m), die/der Mindestlohn bezieht.

smocks [smɔk] nmpl Smokarbeit f.

smoking [smɔkiŋ] nm Smoking m.

SMUR [smyR] sigle m (= service médical d'urgence et de réanimation) mobiler Notfalldienst.

snack [snak] nm Snack m.

SNC abr (= service non compris) voir service.

SNCB [ɛsɛnsebe] sigle f (= Société nationale des chemins de fer belges) belgische Eisenbahn.

SNCF [ɛsɛnseɛf] sigle f (= Société nationale des chemins de fer français) französische Eisenbahn.

snob [snɔb] adj snobistisch ♦ nm/f Snob m.

snober [snɔbe] vt: ~ qn jdn von oben herab behandeln.

snobinard, e [snɔbinaR, aRd] (péj) nm/f Snob m.

snobisme [snɔbism] nm Snobismus m.

sobre [sɔbR] adj (personne) mäßig, enthaltsam; (élégance, style) schlicht.

sobrement [sɔbRəmɑ̃] adv (boire) mäßig; (s'habiller) schlicht.

sobriété [sɔbRijete] nf (v adj) Mäßigkeit f, Enthaltsamkeit f; Schlichtheit f.

sobriquet [sɔbRikɛ] nm Spitzname m.

soc [sɔk] nm Pflugschar f.

sociabilité [sɔsjabilite] nf Geselligkeit f.

sociable [sɔsjabl] adj gesellig.

social, e, -aux [sɔsjal, jo] adj sozial; (de la société) gesellschaftlich.

socialement [sɔsjalmɑ̃] *adv* (*v adj*) sozial; gesellschaftlich.

socialisant, e [sɔsjalizɑ̃, ɑ̃t] *adj* mit sozialistischen Tendenzen.

socialisation [sɔsjalizasjɔ̃] *nf* (*v vt*) Sozialisierung *f*; Vergesellschaftung *f*.

socialiser [sɔsjalize] *vt* sozialisieren; (*POL*) vergesellschaften.

socialisme [sɔsjalism] *nm* Sozialismus *m*.

socialiste [sɔsjalist] *adj* sozialistisch ♦ *nm/f* Sozialist(in) *m(f)*.

sociétaire [sɔsjetɛʀ] *nm/f* Mitglied *nt*.

société [sɔsjete] *nf* Gesellschaft *f*; (*sportive*) Verein *m*; **l'archipel de la S~** die Gesellschaftsinseln *pl*; **la bonne/haute** ~ die gute/gehobene Gesellschaft; **la** ~ **d'abondance/de consommation** die Wohlstands-/Konsumgesellschaft *f* ► **société à responsabilité limitée** Gesellschaft mit beschränkter Haftung ► **société anonyme** Aktiengesellschaft *f* ► **société d'investissement à capital variable** Investment Trust *m* ► **société de capitaux** Kapitalgesellschaft *f* ► **société de services** Dienstleistungsfirma *f* ► **société par actions** Aktiengesellschaft *f* ► **société savante** gelehrte Gesellschaft.

socio [sɔsjɔ] *préf* sozio-, Sozio-, Gesellschafts-.

socioculturel, le [sɔsjokyltyʀɛl] *adj* soziokulturell.

socio-économique [sɔsjoekɔnɔmik] (*pl* ~-~**s**) *adj* sozialökonomisch.

socio-éducatif, -ive [sɔsjoedykatif, iv] (*pl* **socio-educatifs, ives**) *adj* sozialpädagogisch.

sociolinguistique [sɔsjolɛ̃ɡɥistik] *adj* soziolinguistisch.

sociologie [sɔsjɔlɔʒi] *nf* Soziologie *f*.

sociologique [sɔsjɔlɔʒik] *adj* soziologisch.

sociologue [sɔsjɔlɔɡ] *nm/f* Soziologe *m*, Soziologin *f*.

socio-professionnel, le [sɔsjopʀɔfesjɔnɛl] (*pl* ~-~**s, les**) *adj* (*catégorie*) sozial.

socle [sɔkl] *nm* Sockel *m*; (*de lampe*) Fuß *m*.

socquette [sɔkɛt] *nf* Socke *f*.

soda [sɔda] *nm* (*eau gazéifiée*) Mineralwasser *nt*.

sodium [sɔdjɔm] *nm* Natrium *nt*.

sodomie [sɔdɔmi] *nf* Sodomie *f*.

sodomiser [sɔdɔmize] *vt* Sodomie betreiben mit.

sœur [sœʀ] *nf* Schwester *f*; (*religieuse*) Nonne *f*; ~ **Elisabeth** (*REL*) Schwester Elisabeth ► **sœur aînée** ältere Schwester ► **sœur cadette** jüngere Schwester ► **sœur de lait** Ziehschwester *f*.

sofa [sɔfa] *nm* Sofa *nt*.

Sofia [sɔfja] *n* Sofia *nt*.

SOFRES [sɔfʀɛs] *sigle f* (= *Société française d'enquête par sondage*) französisches Meinungsforschungsinstitut.

soi [swa] *pron* sich; **cela va de** ~ das versteht sich von selbst; *voir aussi* **moi.**

soi-disant [swadizɑ̃] *adj inv* sogenannt, angeblich ♦ *adv* angeblich.

soie [swa] *nf* Seide *f*; (*poil*) Borste *f* ► **soie sau vage** Wildseide *f*.

soient [swa] *vb voir* **être.**

soierie [swaʀi] *nf* (*industrie*) Seidenindustrie (*tissu*) Seide *f*.

soif [swaf] *nf* Durst *m*; **avoir** ~ Durst haber **donner** ~ (**à qn**) (jdn) durstig machen; ~ **d** (*fig*) Gier *f* auf +*acc ou* nach +*dat*.

soigné, e [swaɲe] *adj* (*personne, mains, tenue* gepflegt; (*travail*) sorgfältig; (*fam: intensif*) ge hörig, ordentlich.

soigner [swaɲe] *vt* pflegen; (*suj: docteur*) be handeln; (*travail*) sorgfältig machen; (*détail présentation*) sorgfältig ausarbeiten; (*clientèl invités*) gut sorgen für.

soigneur [swaɲœʀ] *nm* Betreuer *m*.

soigneusement [swaɲøzmɑ̃] *adv* sorgfältig.

soigneux, -euse [swaɲø, øz] *adj* sorgfältig **être** ~ **de** sorgfältig umgehen mit *ou* achte auf +*acc*.

soi-même [swamɛm] *pron* (sich) selbst.

soin [swɛ̃] *nm* Sorgfalt *f*; (*charge, responsabilité* Verantwortung *f* ♦ *nmpl* Pflege *f*; (*prévenance* Fürsorge *f*; **avoir** *ou* **prendre** ~ **de qch/qn** sic um etw/jdn kümmern; **avoir** *ou* **prendre** ~ **d** **faire qch** darauf achten, etw zu tun; **sans** ~ unachtsam; ~**s du cheveu/de beauté/du corp** Haar-/Schönheits-/Körperpflege *f*; **les** ~**s d** **ménage** die Versorgung *f* des Haushalts; **le premiers** ~**s** erste Hilfe *f*; **aux bons** ~**s de** bemuttern; **confier qn aux** ~**s de qn** jdm jd anvertrauen.

soir [swaʀ] *nm* Abend *m*; **dimanche** ~ Sonnta abend; **il fait frais/il travaille le** ~ abends ist e kühl/er arbeitet abends; **ce** ~ heute abend; **ce** ~**!** bis heute abend!; **hier** ~ gester abend; **demain** ~ morgen abend; **la veille a** ~ am Vorabend; **sept heures du** ~ sieben Uh abends; **dix heures du** ~ zehn Uhr nachts; **l repas du** ~ das Abendessen *nt*; **le journal du** ~ die Abendzeitung *f*.

soirée [swaʀe] *nf* Abend *m*; (*réception*) Abend gesellschaft *f*; **donner un film/une pièce en** ~ eine Abendvorstellung geben.

soit [swa] *vb voir* **être** ♦ *adv* (*bien*) in Ordnung einverstanden ♦ *conj* (*à savoir*) das heißt; ~ ... ~ ... entweder ... oder ....; ~ **un triangle AB** gegeben ist ein Dreieck ABC; ~ **que** ..., ~ **que** ... sei es, daß ..., oder daß ... .

soixantaine [swasɑ̃tɛn] *nf*: **une** ~ (**de**) etw sechzig; **avoir la** ~ (*âge*) um die sechzig (Ja re alt) sein.

soixante [swasɑ̃t] *num* sechzig.

soixante-dix [swasɑ̃tdis] *num* siebzig.

soixante-dixième [swasɑ̃tdizjɛm] *adj* siebzi ste(r, s).

soixante-huitard, e [swasɑ̃tɥitaʀ, aʀd] (*pl* ~ ~**s, es**) *adj* achtundsechziger, 68er ♦ *nm* Achtundsechziger(in) *m(f)*.

soixantième [swasɑ̃tjɛm] *adj* sechzigste(r, s).

soja [sɔʒa] *nm* Soja *nt*; (*graines*) Sojabohnen *p* **germes de** ~ Sojabohnenkeimlinge *pl*.

sol [sɔl] *nm* Boden *m*; *(revêtement)* Bodenbelag *m*; *(MUS)* G *nt*; (: *en chantant la gamme)* Sol *nt*.

solaire [sɔlɛʀ] *adj* Sonnen-; *(cadran, chauffage)* Solar-.

solarium [sɔlaʀjɔm] *nm* Solarium *nt*.

soldat [sɔlda] *nm* Soldat *m* ► **le Soldat inconnu** der unbekannte Soldat ► **soldat de plomb** Zinnsoldat *m*.

solde [sɔld] *nf (MIL)* Sold *m* ♦ *nm (COMM)* Saldo *m*; ~**s** *nmpl (COMM)* Ausverkauf *m*; *(articles)* Ausverkaufsware *f*; **à la** ~ **de qn** *(péj)* in jds Sold *dat*; **en** ~ zu reduzierten Preisen; **aux** ~**s** im Ausverkauf ► **solde à payer** zu zahlender Restbetrag ► **solde créditeur** Schuld *f* ► **solde débiteur** Guthaben *nt*.

solder [sɔlde] *vt (marchandise)* ausverkaufen; *(compte: en acquittant le solde)* begleichen; (: *en l'arrêtant)* saldieren, abschließen; **se solder** *vpr*: **se** ~ **par** *(fig)* enden mit; **article soldé (à) 10 F** auf 10F reduzierter Artikel.

soldeur, -euse [sɔldœʀ, øz] *nm/f* Discounthändler(in) *m(f)*.

sole [sɔl] *nf* Seezunge *f*.

soleil [sɔlɛj] *nm* Sonne *f*; *(BOT)* Sonnenblume *f*; *(feu d'artifice)* Feuerrad *nt*; *(acrobatie)* Riesenwelle *f*; **il y a** *ou* **il fait du** ~ die Sonne scheint; **au** ~ in der Sonne; **en plein** ~ in der prallen Sonne; **le** ~ **levant/couchant** die aufgehende/ untergehende Sonne; **le** ~ **de minuit** die Mitternachtssonne *f*.

solennel, le [sɔlanɛl] *adj* feierlich.

solennellement [sɔlanɛlmɑ̃] *adv* feierlich.

solennité [sɔlanite] *nf* Feierlichkeit *f*; *(fête)* Feier(lichkeit) *f*; ~**s** *nfpl (formalités)* Formalitäten *pl*.

solénoïde [sɔlenɔid] *nm* Magnetspule *f*.

solfège [sɔlfɛʒ] *nm* allgemeine Musiklehre *f*; *(notation)* Notenschrift *f*.

soli [sɔli] *nmpl de* **solo**.

solidaire [sɔlidɛʀ] *adj (personnes)* solidarisch; *(TECH: choses, pièces mécaniques)* miteinander verbunden; *(JUR: engagement)* für alle Beteiligten bindend; *(: débiteurs etc)* gemeinsam haftend; **être** ~ **de** solidarisch sein mit; *(mécanisme)* verbunden sein mit.

solidairement [sɔlidɛʀmɑ̃] *adv* solidarisch.

solidariser [sɔlidaʀize]: **se** ~ **(avec)** *vpr* sich solidarisieren (mit), sich solidarisch erklären (mit).

solidarité [sɔlidaʀite] *nf (entre personnes)* Solidarität *f*; *(de mécanismes, phénomènes)* Verbindung *f*; **par** ~ **(avec)** aus Solidarität (mit).

solide [sɔlid] *adj (mur, maison, meuble, outil)* stabil; *(matière, amitié, institutions)* fest; *(connaissances)* solid; *(argument)* solid, handfest; *(personne)* kräftig, robust; *(nourriture, aliment, PHYS)* fest; *(cœur)* stark ♦ *nm (corps)* Festkörper *m*; **un** ~ **coup de poing** *(fam)* ein gewaltiger Fausthieb; **avoir les reins** ~**s** *(fig)* finanziell solide sein; ~ **au poste** *(fig)* zuverlässig.

solidement [sɔlidmɑ̃] *adv* kräftig.

solidifier [sɔlidifje] *vt* fest werden lassen; **se**

solidifier *vpr* sich verfestigen.

solidité [sɔlidite] *nf (v adj)* Stabilität *f*; Festigkeit *f*; Dauerhaftigkeit *f*; Handfestigkeit *f*.

soliloque [sɔlilɔk] *nm* Selbstgespräch *nt*.

soliste [sɔlist] *nm/f* Solist(in) *m(f)*.

solitaire [sɔlitɛʀ] *adj* einsam; *(isolé: arbre, maison)* einzeln(stehend) ♦ *nm/f* Einsiedler(in) *m(f)* ♦ *nm (diamant)* Solitär *m*; *(jeu)* Solitär *nt*.

solitude [sɔlityd] *nf* Einsamkeit *f*.

solive [sɔliv] *nf* Deckenbalken *m*.

sollicitations [sɔlisitasjɔ̃] *nfpl (requêtes)* dringende Bitten *pl*; *(tentations)* Lockungen *pl*; *(TECH)* Anforderung *f*.

solliciter [sɔlisite] *vt (personne)* sich wenden an; *(emploi)* sich bewerben um; *(faveur, audience)* bitten um; *(moteur)* belasten; *(suj: occupations, attractions etc)* reizen; ~ **qn de faire qch** jdn darum bitten, etw zu tun.

sollicitude [sɔlisityd] *nf* Fürsorge *f*.

solo [sɔlo] *(pl* **soli)** *nm* Solo *nt*.

solstice [sɔlstis] *nm* Sonnenwende *f* ► **solstice d'été** Sommersonnenwende *f* ► **solstice d'hiver** Wintersonnenwende *f*.

solubilisé, e [sɔlybilize] *adj* löslich.

solubilité [sɔlybilite] *nf* Löslichkeit *f*.

soluble [sɔlybl] *adj* löslich; *(problème etc)* lösbar.

soluté [sɔlyte] *nm*: ~ **physiologique** physiologische Lösung *f*.

solution [sɔlysjɔ̃] *nf* Lösung *f*; *(dénouement)* Auflösung *f* ► **solution de continuité** Unterbrechung *f* ► **solution de facilité** bequeme Lösung.

solutionner [sɔlysjɔne] *vt* lösen.

solvabilité [sɔlvabilite] *nf* Löslichkeit *f*; *(de problème)* Lösbarkeit *f*.

solvable [sɔlvabl] *adj* zahlungsfähig.

solvant [sɔlvɑ̃] *nm* Lösungsmittel *nt*.

Somalie [sɔmali] *nf*: **la** ~ Somalia *nt*.

somalien, ne [sɔmaljɛ̃, jɛn] *adj* somalisch.

somatique [sɔmatik] *adj* körperlich.

somatiser [sɔmatize] *vt* körperlich zum Ausdruck bringen.

sombre [sɔ̃bʀ] *adj* dunkel; *(péj)* düster; *(personne)* finster; *(humeur)* schwarz; **une** ~ **brute** ein finsterer Geselle *m*.

sombrer [sɔ̃bʀe] *vi (bateau)* untergehen, sinken; ~ **corps et biens** mit Mann und Maus untergehen; ~ **dans la misère/le désespoir/la folie** im Elend verkommen/in Verzweiflung sinken/dem Wahnsinn verfallen.

sommaire [sɔmɛʀ] *adj (simple)* einfach ♦ *nm* Zusammenfassung *f*; **faire le** ~ **de** zusammenfassen; **exécution** ~ Standgericht *nt*.

sommairement [sɔmɛʀmɑ̃] *adv* einfach; *(juger)* summarisch.

sommation [sɔmasjɔ̃] *nf (JUR)* Aufforderung *f*; *(avant de faire feu)* Vorwarnung *f*, Anruf *m*.

somme [sɔm] *nf* Summe *f*; *(fig: d'efforts, de travail)* Menge *f* ♦ *nm*: **faire un** ~ ein Nickerchen machen; **faire la** ~ **de** addieren; **en** ~ insgesamt; ~ **toute** letzten Endes.

sommeil [sɔmɛj] *nm* Schlaf *m*; **avoir** ~ müde *ou*

schläfrig sein; **avoir le** ~ **léger** einen leichten Schlaf haben.

sommeiller [sɔmeje] *vi* schlafen; (*fig*) schlummern.

sommelier, -ière [sɔməlje, jɛʀ] *nm/f* Getränkekellner(in) *m(f)*.

sommer [sɔme] *vt*: ~ **qn de faire qch** jdn auffordern, etw zu tun.

sommes [sɔm] *vb voir* **être; sommer**.

sommet [sɔmɛ] *nm* Gipfel *m*; (*d'un arbre*) Wipfel *m*; (*de la hiérarchie*) Spitze *f*; (*GÉOM*) Scheitelpunkt *m*; (*conférence*) Gipfel(konferenz *f*) *m*.

sommier [sɔmje] *nm* (*d'un lit*) Bettrost *m*; ~ **à lattes** Lattenrost *m*; ~ **métallique** Metallrost *m*; ~ **à ressorts** Sprungfederrost *m*.

sommité [sɔ(m)mite] *nf* (*personnalité*) Kapazität *f*.

somnambule [sɔmnãbyl] *nm/f* Schlafwandler(in) *m(f)* ♦ *adj*: **être** ~ schlafwandeln.

somnambulisme [sɔmnãbylism] *nm* Schlafwandeln *nt*.

somnifère [sɔmnifɛʀ] *nm* Schlafmittel *nt*; (*comprimé*) Schlaftablette *f*.

somnolence [sɔmnɔlãs] *nf* (*demi-sommeil*) Halbschlaf *m*; (*tendance à s'assoupir*) Schläfrigkeit *f*.

somnolent, e [sɔmnɔlã, ãt] *adj* schläfrig.

somnoler [sɔmnɔle] *vi* dösen.

somptuaire [sɔ̃ptɥɛʀ] *adj*: **lois** ~**s** Gesetze *pl* gegen übertriebenen Luxus; **dépenses** ~**s** Luxusausgaben *pl*.

somptueusement [sɔ̃ptɥøzmã] *adv* aufwendig.

somptueux, -euse [sɔ̃ptɥø, øz] *adj* prunkvoll, prächtig; (*cadeau*) aufwendig.

somptuosité [sɔ̃ptɥozite] *nf* (*v adj*) Prunk *m*; Aufwendigkeit *f*.

son¹, sa [sɔ̃] (*pl* **ses**) *adj possessif* (*possesseur masculin*) sein(e); (*possesseur féminin*) ihr(e).

son² [sɔ̃] *nm* Ton *m*; (*résidu de mouture*) Kleie *f*; **régler le** ~ den Ton regeln ► **spectacle son et lumière** Son et Lumière *m*.

sonar [sɔnaʀ] *nm* Echolot *nt*.

sonate [sɔnat] *nf* Sonate *f*.

sondage [sɔ̃daʒ] *nm* (*de terrain*) Bohrung *f*; (*en mer*) Tiefenmessung *f*; (*dans l'atmosphère, MÉD*) Sondierung *f* ► **sondage (d'opinion)** Meinungsumfrage *f*.

sonde [sɔ̃d] *nf* (*NAUT*) Lot *nt*; (*MÉTÉO, MÉD*) Sonde *f*; (*d'alimentation*) Ernährungsschlauch *m*; (*de forage*) Bohrer *m* ► **sonde à avalanche** Lawinensuchgerät *nt* ► **sonde spatiale** Raumsonde *f*.

sonder [sɔ̃de] *vt* untersuchen; (*NAUT*) ausloten; (*terrain*) bohren in +*dat*; (*atmosphère*) untersuchen, sondieren; (*fig: cœur, conscience, avenir, opinion*) erforschen, ergründen; (: *personne*) ausfragen; ~ **le terrain** (*fig*) das Terrain sondieren, die Lage peilen.

songe [sɔ̃ʒ] *nm* Traum *m*.

songer [sɔ̃ʒe]: ~ **à** *vt* (*penser à, envisager*) denken an +*acc*; ~ **à faire qch** daran denken, etw

zu tun; ~ **que** bedenken, daß.

songerie [sɔ̃ʒʀi] *nf* Träumerei *f*.

songeur, -euse [sɔ̃ʒœʀ, øz] *adj* nachdenklich; **ça me laisse** ~ das stimmt mich nachdenklich.

sonnaille [sɔnaj] *nf* (*cloche*) (Kuh)glocke *f*; ~**s** *nfpl* (*son*) Geläut(e) *nt*.

sonnant, e [sɔnã, ãt] *adj*: **en espèces** ~**es et tré-buchantes** in klingender Münze; **à huit heures** ~**es** Schlag acht Uhr.

sonné, e [sɔne] *adj* (*fam: fou*) bekloppt; **il a qua-rante ans bien** ~**s** er ist gut über vierzig; **il est midi** ~ es ist zwölf vorbei.

sonner [sɔne] *vi* (*cloche*) klingen, läuten; (*réveil, téléphone, à la porte*) klingeln; (*donner une impression*) klingen, tönen ♦ *vt* (*cloche, tocsin*) läuten +*dat*, klingeln nach; (*messe, réveil*) läuten zu; (*fam: étourdir*) umwerfen; ~ **les heures** die Stunden schlagen; ~ **du clairon** ins Horn stoßen; ~ **bien/mal** (*phrase, mot*) gut/schlecht klingen; ~ **creux** hohl klingen; ~ **faux** falsch klingen; **minuit vient de** ~ es hat gerade Mitternacht geschlagen; ~ **chez qn** bei jdm klingeln.

sonnerie [sɔnʀi] *nf* (*du téléphone, du réveil*) Klingeln *nt*; (*d'horloge*) Schlagen *nt*; (: *mécanisme*) Schlagwerk *nt*, Läutwerk *nt*; (*sonnette*) Klingel *f*.

sonnet [sɔnɛ] *nm* Sonett *nt*.

sonnette [sɔnɛt] *nf* (*clochette*) Glocke *f*; (*de por-te, électrique*) Klingel *f* ► **sonnette d'alarme** Alarm *m* ► **sonnette de nuit** Nachtglocke *f*.

sono [sɔno] *nf voir* **sonorisation**.

sonore [sɔnɔʀ] *adj* (*ondes*) Schall-; (*film, signal*) Ton-; (*métal, voix*) klingend; (*salle, pièce*) mit einer guten Akustik; (*LING*) stimmhaft; **ef-fets** ~**s** Klangeffekte *pl*.

sonorisation [sɔnɔʀizasjɔ̃] *nf* (*v vt*) Vertonung *f*; Einrichten *nt* einer Lautsprecheranlage; (*matériel*) Lautsprecheranlage *f*.

sonoriser [sɔnɔʀize] *vt* (*film, spectacle*) vertonen; (*salle*) mit einer Lautsprecheranlage versehen.

sonorité [sɔnɔʀite] *nf* Klang *m*; (*d'un lieu*) Akustik *f*; ~**s** *nfpl* Klänge *pl*.

sonothèque [sɔnɔtɛk] *nf* Tonarchiv *nt*.

sont [sɔ̃] *vb voir* **être**.

sophisme [sɔfism] *nm* Sophismus *m*.

sophiste [sɔfist] *nm/f* Sophist(in) *m(f)*.

sophistication [sɔfistikasjɔ̃] *nf* (*de personne*) Kultiviertheit *f*.

sophistique [sɔfistik] *adj* (*argument*) spitzfindig.

sophistiqué, e [sɔfistike] *adj* (*personne*) kultiviert; (*style, élégance*) gesucht; (*complexe*) hochentwickelt.

soporifique [sɔpɔʀifik] *adj* einschläfernd; (*péj*) langweilig.

soprano [sɔpʀano] *nm* Sopran *m* ♦ *nm/f* (*personne*) Sopran; (*femme aussi*) Sopranistin *f*.

sorbet [sɔʀbɛ] *nm* Sorbet *nt*.

sorbetière [sɔʀbətjɛʀ] *nf* Eismaschine *f*.

sorbier [sɔʀbje] *nm* Eberesche *f*.

orcellerie [sɔʀsɛlʀi] nf Hexerei f.

orcier, -ière [sɔʀsje, jɛʀ] adj: **ce n'est pas ~** (fam) das ist keine Zauberei ♦ nm Zauberer m ♦ nf Hexe f.

ordide [sɔʀdid] adj (logement, quartier) verkommen; (gains, affaire) schmutzig.

Sorlingues [sɔʀlɛ̃g] nfpl: **les (îles) ~** die Scilly-Inseln pl.

ornettes [sɔʀnɛt] (péj) nfpl Gefasel nt.

ort [sɔʀ] vb voir **sortir** ♦ nm Schicksal nt; (situation) Los nt; **jeter un ~ à qn** jdn verhexen; **un coup du ~** ein Schicksalsschlag m; **c'est une ironie du ~** das ist eine Ironie des Schicksals; **le ~ en est jeté** die Würfel sind gefallen; **tirer au ~** losen; **tirer qch au ~** etw verlosen.

ortable [sɔʀtabl] adj: **il n'est pas ~** man kann ihn nicht vorzeigen.

ortant, e [sɔʀtɑ̃, ɑ̃t] vb voir **sortir** ♦ adj (numéro) gezogen; (député, président) scheidend.

orte [sɔʀt] nf voir **sortir** ♦ nf Sorte f, Art f; **une ~ de** eine Art (von); **de la ~** so; **en quelque ~** gewissermaßen; **de (telle) ou en ~ que** so, daß; **faire en ~ que** darauf achten, daß.

ortie [sɔʀti] nf Ausgang m; (MIL) Ausfall m; (attaque verbale) Schimpfkanonade f; (écoulement) Austreten nt; (de livre) Veröffentlichung f; (promenade) Spaziergang m; (de capitaux) Abfluß m; **~s** (sommes dépensées) Ausgaben pl; **à sa ~** als er/sie ging; **à la ~ de l'école/l'usine** (moment) nach der Schule/Arbeit; (lieu) am Schul-/Fabriktor; **"~ de camions"** „LKW-Ausfahrt" ► **sortie de bain** (vêtement) Bademantel m ► **sortie de secours** Notausgang m ► **sortie papier** Ausdruck m.

ortilège [sɔʀtilɛʒ] nm Zauber m.

ortir [sɔʀtiʀ] vi (aller dehors, se promener) hinausgehen; (partir, se retirer) (weg)gehen; (aller au spectacle, dans le monde etc) ausgehen; (apparaître) herauskommen; (eau, fumée) austreten; (numéro gagnant) gezogen werden ♦ vt ausführen; (produit, ouvrage, modèle) herausbringen; (fam: personne) hinauswerfen; (: boniments, incongruités) von sich geben; (INFORM: sur papier) ausdrucken ♦ nm: **au ~ de l'hiver/ l'enfance** gegen Ende des Winters/der Kindheit; **se sortir** vpr: **se ~ de** sich ziehen aus; **~ de** (d'un endroit) kommen aus; (véhicule) herausfahren aus; (hôpital, prison, route, rails etc) herauskommen aus; (maladie, mauvais pas etc) sich erholen von; **~ qch (de)** etw herausnehmen (aus); **~ de ses gonds** (fig) aus der Haut fahren; **~ du système** (INFORM) das System verlassen; **~ de table** vom Tisch aufstehen; **~ qn d'affaire/d'embarras** jdm aus der Verlegenheit helfen; **s'en ~** (malade) durchkommen; (d'une difficulté etc) sich aus der Affäre ziehen.

SOS [ɛsoɛs] sigle m SOS nt.

osie [sɔzi] nm Doppelgänger(in) m(f).

ot, sotte [so, sɔt] adj dumm ♦ nm/f Dummkopf m.

ottement [sɔtmɑ̃] adv dumm.

sottise [sɔtiz] nf Dummheit f.

sou [su] nm: **être près de ses ~s** seine Pfennige zusammenhalten; **être sans le ~** keinen blanken ou roten Heller haben; **économiser ~ à ~** Pfennig für Pfennig sparen; **n'avoir pas un ~ de bon sens** nicht für fünf Pfennig Verstand haben; **de quatre ~s** wertlos.

souahéli, e [swaeli] adj Kisuaheli- ♦ nm (LING) Kisuaheli nt.

soubassement [subasmɑ̃] nm (d'une construction) Unterbau m; (d'une colonne) Sockel m; (GÉO) Grundgestein nt.

soubresaut [subʀəso] nm (de peur etc) Satz m; (d'un cheval) Sprung m; (d'un véhicule) Ruck m.

soubrette [subʀɛt] nf Soubrette f.

souche [suʃ] nf (d'un arbre) Stumpf m; (d'un registre, carnet) Abschnitt m; **dormir comme une ~** schlafen wie ein Stein; **de vieille ~** aus altem Geschlecht; **chéquier à ~(s)** Scheckheft nt mit Abrissen.

souci [susi] nm Sorge f; (BOT) Ringelblume f; **se faire du ~** sich dat Sorgen machen; **avoir (le) ~ de** die Sorge tragen für ► **soucis financiers** Finanzsorgen pl.

soucier [susje]: **se ~ de** vpr sich sorgen um.

soucieux, -euse [susjø, jøz] adj bekümmert, besorgt; **être ~ de son apparence** großen Wert auf sein Äußeres legen.

soucoupe [sukup] nf Untertasse f ► **soucoupe volante** fliegende Untertasse.

soudain, e [sudɛ̃, ɛn] adj, adv plötzlich.

soudainement [sudɛnmɑ̃] adv plötzlich.

soudaineté [sudɛnte] nf (d'un événement) Plötzlichkeit f; (d'une catastrophe) Unverhofftheit f.

Soudan [sudɑ̃] nm Sudan m.

soudanais, e [sudanɛ, ɛz] adj sudanesisch ♦ nm/f: **S~, e** Sudaner(in) m(f).

soude [sud] nf Natron nt ► **soude caustique** Ätznatron nt.

soudé, e [sude] adj (pétales, organes) verbunden.

souder [sude] vt (avec fer à souder) löten; (par soudure autogène) schweißen; (fig) zusammenschweißen; **se souder** vpr (os) zusammenwachsen.

soudeur, -euse [sudœʀ, øz] nm/f Schweißer(in) m(f).

soudoyer [sudwaje] (péj) vt bestechen, kaufen.

soudure [sudyʀ] nf (v vt) Löten nt; Schweißen nt; (alliage) Verbindung f; (joint) Lötstelle f; Schweißnaht f; **faire la ~** (COMM) eine Versorgungslücke überbrücken; (fig) einen Übergang überbrücken.

souffert, e [sufɛʀ, ɛʀt] pp de **souffrir**.

soufflage [suflaʒ] nm (du verre) Glasblasen nt.

souffle [sufl] nm (expiration) Atemzug m; (respiration) Atem m; (d'une explosion) Druckwelle f; (d'un ventilateur) Luftzug m; (fig) Inspiration f; **le ~ de qn** jds Atem m; **retenir son ~** die Luft ou den Atem anhalten; **manquer de ~** kurzatmig sein; **être à bout de ~** außer Atem sein; **avoir le ~ court** kurzatmig sein; **un ~**

d'air *ou* **de vent** ein Luftzug *m* ► **souffle au cœur** (*MÉD*) Herzgeräusch *nt*.

soufflé, e [sufle] *adj* (*CULIN*) soufflé; (*fam: surpris*) platt, baff ♦ *nm* (*CULIN*) Soufflé *nt*.

souffler [sufle] *vi* (*vent, personne*) blasen; (: *respirer avec peine*) schnaufen ♦ *vt* (*feu, bougie*) ausblasen; (*chasser*) wegblasen, wegpusten; (*verre*) blasen; (*détruire*) umblasen, in die Luft sprengen; (*dire*) jdm etw zuflüstern; (: *rôle*) soufflieren; (*JEUX: dame, pion*) nehmen; (*fam: voler*) wegnehmen; ~ **sur** blasen auf +*acc*; **laisser** ~ (*fig: personne, animal*) verschnaufen lassen; **ne pas** ~ **mot** kein Sterbenswörtchen sagen.

soufflerie [sufləri] *nf* Gebläse *nt*.

soufflet [sufle] *nm* (*instrument*) Blasebalg *m*; (*entre wagons*) Verbindungsgang *m*; (*COUTURE*) Zwickel *m*; (*gifle*) Ohrfeige *f*.

souffleur, -euse [suflœr, øz] *nm/f* (*THÉÂT*) Souffleur *m*, Souffleuse *f*; (*de verre*) Glasbläser(in) *m(f)*.

souffrance [sufrãs] *nf* Leiden *nt*; **en** ~ (*marchandise*) noch nicht geliefert; (*affaire*) unerledigt.

souffrant, e [sufrã, ãt] *adj* (*personne*) unpäßlich; (*air*) leidend.

souffre-douleur [sufrədulœr] *nm inv* Prügelknabe *m*.

souffreteux, -euse [sufrətø, øz] *adj* kränklich.

souffrir [sufrir] *vi* leiden ♦ *vt* (*éprouver*) erleiden; (*supporter*) ertragen, aushalten; ~ **de** leiden unter +*dat*; ~ **des reins** Nierenleiden haben; **ne pas pouvoir** ~ nicht leiden können; **faire** ~ **qn** (*suj: personne*) jdm weh tun; (: *cors, blessure etc*) jdm weh tun.

soufre [sufr] *nm* Schwefel *m*.

soufrer [sufre] *vt* schwefeln.

souhait [swe] *nm* Wunsch *m*; **tous nos** ~**s de réussite** unsere besten Erfolgswünsche; **à vos** ~**s!** Gesundheit!; **onctueux à** ~ weich, wie man es sich nur wünschen kann.

souhaitable [swetabl] *adj* wünschenswert.

souhaiter [swete] *vt* wünschen; ~ **le bonjour à qn** jdm guten Morgen sagen; ~ **la bonne année à qn** jdm ein frohes Neues Jahr wünschen; ~ **bon voyage/bonne route à qn** jdm eine gute Reise wünschen; **il est à** ~ **que** es wäre wünschenswert *ou* zu wünschen, daß.

souiller [suje] *vt* schmutzig machen; (*fig*) beschmutzen, beflecken.

souillure [sujyr] *nf* Makel *m*.

soûl, e [su, sul] *adj* betrunken ♦ *nm*: **boire/ manger tout son** ~ nach Herzenslust trinken/essen; ~ **de musique/plaisirs** musik-/ freudentrunken.

soulagement [sulaʒmã] *nm* Erleichterung *f*.

soulager [sulaʒe] *vt* (*personne*) erleichtern; (*douleur, peine*) lindern; ~ **qn de** (*fardeau*) jdm abnehmen; ~ **qn de son portefeuille** (*hum*) jdm um seine Brieftasche erleichtern.

soûler [sule] *vt* betrunken machen; (*fig*) bene-

beln, jdn berauschen; **se soûler** *vpr* sich betrinken; **se** ~ **de** (*vitesse, musique*) sich berauschen an +*dat*.

soûlerie [sulri] (*péj*) *nf* Besäufnis *nt*.

soulèvement [sulɛvmã] *nm* (*insurrection*) Aufstand *m*; (*GÉO*) Hebung *f*.

soulever [sul(ə)ve] *vt* hochheben; (*vagues*) erzeugen; (*poussière*) aufwirbeln; (*pousser à la révolte*) aufhetzen; (*indigner*) empören; (*enthousiasme, protestations*) auslösen; (*difficultés*) nach sich ziehen; (*question, problème*) aufwerfen; **se soulever** *vpr* (*personne couchée*) sich aufrichten; (*couvercle etc*) sich heben; (*s'insurger*) sich auflehnen; **cela (me) soulève le cœur** da dreht sich mir der Magen um.

soulier [sulje] *nm* Schuh *m*; **une paire de** ~**s** ein Paar *nt* Schuhe ► **souliers à talons** Schuhe *pl* mit Absatz ► **souliers plats** flache Schuhe *pl*.

souligner [suliɲe] *vt* unterstreichen; (*fig aussi*) betonen.

soumettre [sumɛtr] *vt* (*pays, rebelles, à règlement, formalité etc*) unterwerfen; (*à traitement, épreuve, analyse, examen*) unterziehen; **se** ~ **(à)** sich unterwerfen (+*dat*); ~ **qch à qn** (*projet, problème, article*) jdm etw vorlegen; **revenus soumis à l'impôt** steuerpflichtige Einkünfte *pl*.

soumis, e [sumi, iz] *pp de* **soumettre** ♦ *adj* (*personne, air*) unterwürfig.

soumission [sumisjõ] *nf* (*de rebelles etc*) Unterwerfung *f*; (*docilité*) Unterwürfigkeit *f*; (*COMM*) Angebot *nt*.

soumissionner [sumisjone] *vt* (*COMM*) ein Angebot machen für.

soupape [supap] *nf* Ventil *nt* ► **soupape de sûreté** Sicherheitsventil *nt*.

soupçon [supsõ] *nm* Verdacht *m*; (*petite quantité*) **un** ~ **de** eine Spur; **au dessus de tout** ~ über jeden Verdacht erhaben.

soupçonner [supsone] *vt* (*personne*) verdächtigen; (*qch*) vermuten; ~ **que** den Verdacht hegen, daß; ~ **qn de qch** jdn einer Sache *gén* verdächtigen; ~ **qn d'être ...** jdn verdächtigen, ... zu sein.

soupçonneux, -euse [supsonø, øz] *adj* mißtrauisch.

soupe [sup] *nf* Suppe *f* ► **soupe à l'oignon** Zwiebelsuppe *f* ► **soupe au lait: être** ~ **au lait** jähzornig sein ► **soupe de poisson** Fischsuppe *f* ► **soupe populaire** Volksküche *f*.

soupente [supãt] *nf* (*placard*) Schrank *m* unter der Treppe.

souper [supe] *vi* (*régional: dîner*) zu Abend essen, Abendbrot essen ♦ *nm* Abendessen *nt*; **avoir soupé de qch** (*fam*) die Nase von etw voll haben.

soupeser [supəze] *vt* in der Hand wiegen; (*fig*) abwägen.

soupière [supjɛr] *nf* Suppenschüssel *f*.

soupir [supir] *nm* Seufzer *m*; (*MUS*) Viertelpause *f*; ~ **de soulagement** Seufzer der Erleichterung; **rendre le dernier** ~ seinen letzten Seufzer tun.

soupirail, -aux [supiʀaj, o] *nm* Kellerfenster *nt.*

soupirant [supiʀɑ̃] (*péj*) *nm* Verehrer *m.*

soupirer [supiʀe] *vi* seufzen; ~ **après qch** sich nach etw sehnen.

souple [supl] *adj* weich; (*membres, corps, personne*) geschmeidig, gelenkig; (*branche*) biegsam; (*col, cuir*) weich, geschmeidig; (*fig: règlement, esprit, caractère*) flexibel; (*gracieux*) anmutig.

souplesse [suplɛs] *nf* (*v adj*) Geschmeidigkeit *f*; Biegsamkeit *f*; Gelenkigkeit *f*; Flexibilität *f*; Anmut *f*; **en ~** mit Leichtigkeit.

source [suʀs] *nf* Quelle *f*; **~s** *nfpl* (*documents*) Quellen *pl*; **prendre sa ~ à/dans** (*suj: cours d'eau*) entspringen in +*dat*; **tenir qch de bonne ~ ou de ~ sûre** etw aus sicherer Quelle wissen *ou* haben ▶ **source d'eau minérale** Mineralquelle *f* ▶ **source de chaleur** Wärmequelle *f* ▶ **source lumineuse** Lichtquelle *f* ▶ **source thermale** Thermalquelle *f.*

sourcier, -ière [suʀsje, jɛʀ] *nm/f* Wünschelrutengänger(in) *m(f).*

sourcil [suʀsi] *nm* Augenbraue *f.*

sourcilière [suʀsiljɛʀ] *adj f voir* **arcade.**

sourciller [suʀsije] *vi:* **sans ~** ohne mit der Wimper zu zucken.

sourcilleux, -euse [suʀsijø, øz] *adj* (*pointilleux*) pingelig, kleinlich; (*hautain*) hochmütig.

sourd, e [suʀ, suʀd] *adj* taub; (*bruit, voix, gémissement*) leise; (*couleur*) stumpf; (*douleur*) dumpf; (*lutte*) stumm; (*LING*) stimmlos ♦ *nm/f* Taube(r) *f(m)*; **être ~ à** taub sein für.

sourdait *etc* [suʀdɛ] *vb voir* **sourdre.**

sourdement [suʀdəmɑ̃] *adv* (*avec un bruit sourd*) leise; (*secrètement*) leise, still und heimlich.

sourdine [suʀdin] *nf* (*MUS*) Dämpfer *m*, Sordino *nt*; **en ~** *adv* leise; **mettre une ~ à** einen Dämpfer aufsetzen +*dat.*

sourd-muet, sourde-muette [suʀmɛ, suʀdmɥɛt] (*pl* **~s-~s, ~es-~tes**) *adj* taubstumm ♦ *nm/f* Taubstumme(r) *f(m).*

sourdre [suʀdʀ] *vi* (*eau*) sprudeln; (*fig*) aufsteigen.

souriant, e [suʀjɑ̃, jɑ̃t] *vb voir* **sourire** ♦ *adj* fröhlich.

souricière [suʀisjɛʀ] *nf* Mausefalle *f*; (*fig*) Falle *f.*

sourie [suʀi] *vb voir* **sourire.**

sourire [suʀiʀ] *vi* lächeln ♦ *nm* Lächeln *nt*; **~ à qn** jdn anlächeln; (*fig: chance*) jdm lachen; **faire un ~ à qn** jdn anlächeln; **garder le ~** sich nicht unterkriegen lassen.

souris [suʀi] *vb voir* **sourire** ♦ *nf* Maus *f.*

sournois, e [suʀnwa, waz] *adj* heimtückisch.

sournoisement [suʀnwazmɑ̃] *adv* heimtückisch.

sournoiserie [suʀnwazʀi] *nf* Heimtücke *f.*

sous¹ [su] *prép* unter +*dat*; (*avec mouvement*) unter +*acc*; **~ la pluie/le soleil** im Regen/in der Sonne; **~ mes yeux** vor meinen Augen; **~ terre** unterirdisch; **~ vide** vakuumverpackt, Vakuum-; **~ le choc** unter Schock; **~**

l'influence/l'action de unter dem Einfluß/der Einwirkung von; **~ les ordres/la protection de** unter Befehl/unter dem Schutz +*gen*; **~ antibiotiques** unter Antibiotika; **~ perfusion** am Tropf; **~ Louis XIV** unter Ludwig dem Vierzehnten, zur Zeit Ludwigs des Vierzehnten; **~ peu** in Kürze.

sous² [su] *préf* unter-, Unter-.

sous-alimentation [suzalimɑ̃tɑsjɔ̃] (*pl* **~-~s**) *nf* Unterernährung *f.*

sous-alimenté, e [suzalimɑ̃te] (*pl* **~-~s, es**) *adj* unterernährt.

sous-bois [subwa] *nm inv* Unterholz *nt.*

sous-catégorie [sukategɔʀi] (*pl* **~-~s**) *nf* Unterabteilung *f.*

sous-chef [suʃɛf] (*pl* **~-~s**) *nm* stellvertretender Leiter *m*; **~-~ de bureau** stellvertretender Büroleiter *m.*

sous-comité [sukɔmite] (*pl* **~-~s**) *nm* Unterkomitee *nt.*

sous-commission [sukɔmisjɔ̃] (*pl* **~-~s**) *nf* Unterausschuß *m.*

sous-continent [sukɔ̃tinɑ̃] (*pl* **~-~s**) *nm* Subkontinent *m.*

sous-couche [sukuʃ] (*pl* **~-~s**) *nf* Grundierung *f.*

souscripteur, -trice [suskʀiptœʀ, tʀis] *nm/f* Abonnent(in) *m(f)*; (*d'une lettre de change*) Aussteller(in) *m(f).*

souscription [suskʀipsjɔ̃] *nf* (*somme versée*) Subskription *f*; **ouvrage offert en ~** Werk *nt* im Subskriptionsangebot.

souscrire [suskʀiʀ]: **~ à** *vt* (*emprunt*) zeichnen, signieren; (*publication*) subskribieren; (*fig: approuver*) gutheißen.

sous-cutané, e [sukytane] (*pl* **~-~s, es**) *adj* subkutan.

sous-développé, e [sudevlɔpe] (*pl* **~-~s, es**) *nm/f* unterentwickelt.

sous-développement [sudevlɔpmɑ̃] (*pl* **~-~s**) *nm* Unterentwicklung *f.*

sous-directeur, -trice [sudiʀɛktœʀ, tʀis] (*pl* **~-~s, trices**) *nm/f* stellvertretender Direktor *m*, stellvertretende Direktorin *f.*

sous-emploi [suzɑ̃plwa] (*pl* **~-~s**) *nm* Unterbeschäftigung *f.*

sous-employé, e [suzɑ̃plwaje] (*pl* **~-~s, es**) *adj* unterbeschäftigt.

sous-ensemble [suzɑ̃sɑ̃bl] (*pl* **~-~s**) *nm* (*MATH*) Untermenge *f.*

sous-entendre [suzɑ̃tɑ̃dʀ] *vt* andeuten; **~-~ que** andeuten, daß.

sous-entendu, e [suzɑ̃tɑ̃dy] (*pl* **~-~s, es**) *adj* unausgesprochen; (*LING*) ausgelassen ♦ *nm* Andeutung *f*, Anspielung *f.*

sous-équipé, e [suzekipe] (*pl* **~-~s, es**) *adj* unterversorgt.

sous-estimer [suzɛstime] *vt* unterschätzen.

sous-exploiter [suzɛksplwate] *vt* nicht vollständig ausschöpfen.

sous-exposer [suzɛkspoze] *vt* unterbelichten.

sous-fifre [sufifʀ] (*pl* **~-~s** *péj*) *nm* Unterling *m.*

sous-groupe [sugʀup] (*pl* **~-~s**) *nm* Untergruppe *f*.

sous-homme [suzɔm] (*pl* ~-~s *péj*) *nm* Untermensch *m*.

sous-jacent, e [suʒasɑ̃, ɑ̃t] (*pl* ~-~s, es) *adj* darunterliegend, tieferliegend; (*fig*) zugrundeliegend.

sous-lieutenant [suljøtnɑ̃] (*pl* ~-~s) *nm* ≈ Unterleutnant *m*.

sous-locataire [sulɔkatɛʀ] (*pl* ~-~s) *nm/f* Untermieter(in) *m(f)*.

sous-location [sulɔkasjɔ̃] (*pl* ~-~s) *nf* Untermiete *f*; **en** ~-~ zur Untermiete.

sous-louer [sulwe] *vt*: ~-~ **à qn** (*suj: locataire principal*) an jdn untervermieten; (*au locataire principal*) jds Untermieter sein.

sous-main [sumɛ̃] *nm inv* Schreibunterlage *f*; **racheter des actions en** ~-~ Aktien unter der Hand weiterverkaufen.

sous-marin, e [sumaʀɛ̃, in] (*pl* ~-~s, es) *adj* Unterwasser-; (*flore*) Meeres-; (*volcan*) im Meer ♦ *nm* Unterseeboot *nt*, U-Boot *nt*.

sous-médicalisé, e [sumedikalize] (*pl* ~-~s, es) *adj* medizinisch unterversorgt.

sous-nappe [sunap] (*pl* ~-~s) *nf* Moltontuch *nt*.

sous-officier [suzɔfisje] (*pl* ~-~s) *nm* Unteroffizier *m*.

sous-ordre [suzɔʀdʀ] (*pl* ~-~s) *nm* (*ZOOL*) Untergattung *f*; (*employé*) Untergebene(r) *f(m)*; **créancier en** ~-~ Zweitgläubiger *m*.

sous-payé, e [supeje] (*pl* ~-~s, es) *adj* unterbezahlt.

sous-préfecture [supʀefɛktyʀ] (*pl* ~-~s) *nf* Unterpräfektur *f*.

sous-préfet [supʀefɛ] (*pl* ~-~s) *nm* Unterpräfekt *m*.

sous-production [supʀɔdyksjɔ̃] (*pl* ~-~s) *nf* Unterproduktion *f*.

sous-produit [supʀɔdɥi] (*pl* ~-~s) *nm* Nebenprodukt *nt*; (*péj*) schwacher Abklatsch *m*.

sous-programme [supʀɔgʀam] (*pl* ~-~s) *nm* Unterprogramm *nt*.

sous-pull [supul] (*pl* ~-~s) *nm* Unterziehpulli *m*.

sous-secrétaire [susəkʀetɛʀ] (*pl* ~-~s) *nm*: ~- ~ **d'État** Unterstaatssekretär *m*.

soussigné [susiɲe] *adj*: **je** ~ ... ich, der/die Unterzeichnete, ... ♦ *nm/f*: **le** ~ der Unterzeichnete *m*; **les** ~s die Unterzeichneten *pl*.

sous-sol [susɔl] (*pl* ~-~s) *nm* Untergeschoß *nt*; (*GÉO*) Untergrund *m*; **en** ~-~ im Untergeschoß.

sous-tasse [sutas] (*pl* ~-~s) *nf* Untertasse *f*.

sous-tendre [sutɑ̃dʀ] *vt* umspannen; (*raisonnement, politique*) zugrundeliegen +*dat*.

sous-titre [sutitʀ] (*pl* ~-~s) *nm* Untertitel *m*.

sous-titré, e [sutitʀe] (*pl* ~-~s, es) *adj* mit Untertiteln.

soustraction [sustʀaksjɔ̃] *nf* Subtraktion *f*.

soustraire [sustʀɛʀ] *vt* subtrahieren, abziehen; **se soustraire** *vpr*: **se** ~ **à** (*dérober*) sich entziehen +*dat*; ~ **qch à qn** jdm etw wegnehmen; ~ **qn à** jdn schützen vor +*dat*.

sous-traitance [sutʀɛtɑ̃s] (*pl* ~-~s) *nf* (vertraglich geregelte) Weitervergabe *f* von Arbeit; (*travail*) Zulieferarbeit *f*.

sous-traitant [sutʀɛtɑ̃] (*pl* ~-~s) *nm* Zulieferer *m*.

sous-traiter [sutʀɛte] *vt* (*affaire*) weitervergeben ♦ *vi* (*devenir sous-traitant*) als Zulieferer arbeiten; (*faire appel à un sous-traitant*) Arbeit an Dritte weitervergeben.

soustrayais [sustʀɛjɛ] *vb voir* **soustraire**.

sous-verre [suvɛʀ] *nm inv* Bilderrahmen *m*.

sous-vêtement [suvɛtmɑ̃] (*pl* ~-~s) *nm* Stück *nt* Unterwäsche; ~-~s *nmpl* Unterwäsche *f*.

soutane [sutan] *nf* Soutane *f*.

soute [sut] *nf* Laderaum *m* ▸ **soute à bagages** Gepäckraum *m*.

soutenable [sut(ə)nabl] *adj* (*opinion, cause*) vertretbar.

soutenance [sut(ə)nɑ̃s] *nf*: ~ **de thèse** Verteidigung *f* der Doktorarbeit, Rigorosum *nt*.

soutènement [sutɛnmɑ̃] *nm*: **mur de** ~ Stützmauer *f*.

souteneur [sut(ə)nœʀ] *nm* Zuhälter *m*.

soutenir [sut(ə)niʀ] *vt* unterstützen; (*supporter*) tragen; (*consolider, empêcher de tomber*) stützen; (*réconforter, aider*) beistehen +*dat*; (*assaut, choc*) aushalten; (*intérêt, effort*) aufrechterhalten; (*argument, doctrine, thèse*) verfechten, verteidigen; **se soutenir** *vpr* (*s'aimer mutuellement*) sich *ou* einander unterstützen, sich *ou* einander helfen; (*sur ses jambes*) sich halten; (*point de vue*) vertretbar *ou* haltbar sein; ~ **que** behaupten, daß; ~ **la comparaison avec qch** dem Vergleich mit etw standhalten; ~ **le regard de qn** jds Blick *dat* standhalten *ou* nicht ausweichen.

soutenu, e [sut(ə)ny] *pp de* **soutenir** ♦ *adj* (*attention, efforts*) anhaltend; (*style*) gehoben; (*couleur*) stark, kräftig.

souterrain, e [sutɛʀɛ̃, ɛn] *adj* unterirdisch; (*fig*) versteckt ♦ *nm* unterirdischer Gang *m*.

soutien [sutjɛ̃] *nm* Stütze *f*; **apporter son** ~ **à** unterstützen ▸ **soutien de famille** (*ADMIN*) Ernährer *m*.

soutiendrai *etc* [sutjɛ̃dʀe] *vb voir* **soutenir**.

soutien-gorge [sutjɛ̃gɔʀʒ] (*pl* ~s-~) *nm* Büstenhalter *m*; (*de maillot de bain*) Oberteil *nt*.

soutiens *etc* [sutjɛ̃] *vb voir* **soutenir**.

soutint *etc* [sutɛ̃] *vb voir* **soutenir**.

soutirer [sutiʀe] *vt*: ~ **qch à qn** jdm etw entlocken.

souvenance [suv(ə)nɑ̃s] *nf* (*litt*): **avoir** ~ **de** in Erinnerung haben.

souvenir [suv(ə)niʀ] *nm* (*réminiscence*) Erinnerung *f*; (*objet, marque*) Andenken *nt*; (*de voyage*) Reiseandenken *nt*; **se souvenir** *vpr*: **se** ~ **de** sich erinnern an +*acc*; **garder le** ~ **de** sich erinnern an +*acc*; **en** ~ **de** zur Erinnerung an +*acc*; **amical** ~ (*en fin de lettre*) ≈ mit herzlichen Grüßen; **se** ~ **que** sich erinnern, daß.

souvent [suvɑ̃] *adv* oft; **peu** ~ selten; **le plus** ~ meistens.

souvenu, e [suvəny] *pp de* **souvenir**.

souverain, e [suv(ə)Rɛ̃, ɛn] *adj* (*POL*) souverän, unabhängig; (*suprême*) höchste(r, s) ♦ *nm/f* Herrscher(in) *m(f)*; **le ~ pontife** der Papst *m*.

souverainement [suv(ə)Rɛnmɑ̃] *adv* (*sans appel*) eigenmächtig; (*extrêmement*) aufs äußerste.

souveraineté [suv(ə)Rɛnte] *nf* Souveränität *f*.

souviendrai *etc* [suvjɛ̃dRe] *vb voir* **se souvenir**.

souviens *etc* [suvjɛ̃] *vb voir* **se souvenir**.

souvint *etc* [suvɛ̃] *vb voir* **se souvenir**.

soviétique [sɔvjetik] *adj* sowjetisch ♦ *nm/f*: **S~** Sowjetbürger(in) *m(f)*.

soyeux, -euse [swajø, øz] *adj* seidig.

soyez [swaje] *vb voir* **être**.

soyons [swajɔ̃] *vb voir* **être**.

SPA [ɛspea] *sigle f* (= *Société protectrice des animaux*) Tierschutzbund *m*.

spacieux, -euse [spasjø, jøz] *adj* geräumig.

spaciosité [spasjɔzite] *nf* Geräumigkeit *f*.

spaghettis [spageti] *nmpl* Spaghetti *pl*.

sparadrap [spaRadRa] *nm* Heftpflaster *nt*.

spartiate [spaRsjat] *adj* spartanisch; **~s** *nfpl* (*sandales*) Riemchensandalen *pl*.

spasme [spasm] *nm* Krampf *m*, Verkrampfung *f*.

spasmodique [spasmɔdik] *adj* krampfartig.

spasmophilie [spasmɔfili] *nf* Spasmophilie *f*.

spatial, e, -aux [spasjal, jo] *adj* (*AVIAT*) (Welt)raum-; (*PSYCH*) räumlich.

spatule [spatyl] *nf* (*ustensile*) Spachtel *m*; (*MÉD*) Spatel *m*; (*bout*) Spitze *f*.

speaker, -ine [spikœR, kRin] *nm/f* Ansager(in) *m(f)*.

spécial, e, -aux [spesjal, jo] *adj* speziell, besondere(r, s); (*bizarre*) merkwürdig, eigenartig.

spécialement [spesjalmɑ̃] *adv* speziell, besonders; (*tout exprès*) eigens, speziell; **pas ~** nicht besonders.

spécialisation [spesjalizasjɔ̃] *nf* Spezialisierung *f*.

spécialisé, e [spesjalize] *adj* spezialisiert.

spécialiser [spesjalize]: **se ~** *vpr* sich spezialisieren.

spécialiste [spesjalist] *nm/f* Spezialist(in) *m(f)*.

spécialité [spesjalite] *nf* Spezialgebiet *nt*; (*d'un cuisinier etc*) Spezialität *f* ▶ **spécialité médicale** medizinisches Fachgebiet *nt* ▶ **spécialité pharmaceutique** Patentmedizin *f*.

spécieux, -euse [spesjø, jøz] *adj* trügerisch.

spécification [spesifikasjɔ̃] *nf* genauere Angabe *f*, Spezifizierung *f*.

spécificité [spesifisite] *nf* Besonderheit *f*.

spécifier [spesifje] *vt* genau angeben, spezifizieren; **~ que** betonen, daß.

spécifique [spesifik] *adj* spezifisch.

spécifiquement [spesifikmɑ̃] *adv* spezifisch; (*tout exprès*) eigens.

spécimen [spesimɛn] *nm* typisches Exemplar *nt*; (*de revue, manuel etc*) Probeexemplar *nt* ♦ *adj* Probe-.

spectacle [spɛktakl] *nm* Anblick *m*; (*représenta-*

tion) Vorstellung *f*, Aufführung *f*; (*industrie*) Unterhaltungsindustrie *f*; **au ~ de** beim Anblick +*gén*; **se donner en ~** (*péj*) sich zur Schau stellen, eine große Schau abziehen.

spectaculaire [spɛktakylɛR] *adj* spektakulär.

spectateur, -trice [spɛktatœR, tRis] *nm/f* Zuschauer(in) *m(f)*.

spectre [spɛktR] *nm* Gespenst *nt*; (*PHYS*) Spektrum *nt* ▶ **spectre solaire** Sonnenspektrum *nt*.

spéculateur, -trice [spekylatœR, tRis] *nm/f* Spekulant(in) *m(f)*.

spéculatif, -ive [spekylatif, iv] *adj* spekulativ; (*FIN*) Spekulations-.

spéculation [spekylasjɔ̃] *nf* Spekulation *f*.

spéculer [spekyle] *vi* spekulieren; **~ sur** (*tabler sur*) spekulieren auf +*acc*.

spéléologie [speleɔlɔʒi] *nf* Höhlenforschung *f*.

spéléologique [speleɔlɔʒik] *adj* Höhlen-.

spéléologue [speleɔlɔg] *nm/f* Höhlenforscher(in) *m(f)*.

spermatozoïde [spɛRmatɔzɔid] *nm* Spermium *nt*.

sperme [spɛRm] *nm* Sperma *nt*, Samenflüssigkeit *f*.

spermicide [spɛRmisid] *adj* spermizid ♦ *nm* Spermizid *nt*.

sphère [sfɛR] *nf* Kugel *f*; (*fig*) Sphäre *f*, Bereich *m*; **~ d'activité/d'influence** Wirkungs-/Einflußbereich *m*.

sphérique [sferik] *adj* rund, kugelförmig.

sphincter [sfɛ̃ktɛR] *nm* Schließmuskel *m*.

sphinx [sfɛ̃ks] *nm* Sphinx *f*; (*ZOOL*) Schwärmer *m*.

spirale [spiRal] *nf* Spirale *f*; **en ~** spiralenförmig.

spire [spiR] *nf* Windung *f*.

spiritisme [spiRitism] *nm* Spiritismus *m*.

spirituel, le [spiRitɥɛl] *adj* geistlich, spirituell; (*intellectuel*) geistig; (*fin, piquant*) geistreich; **musique ~le** geistliche Musik *f*; **concert ~** geistliches Konzert *nt*.

spirituellement [spiRitɥɛlmɑ̃] *adv* spirituell; (*avec esprit*) geistreich.

spiritueux [spiRitɥø] *nm* Spirituose *f*.

splendeur [splɑ̃dœR] *nf* (*de soleil, temps*) Strahlen *nt*; (*de fête, paysage, femme*) Herrlichkeit *f*, Pracht *f*; (*chose splendide*) Herrlichkeit.

splendide [splɑ̃did] *adj* (*soleil, temps, journée*) strahlend, herrlich; (*fête, paysage, femme*) herrlich, prachtvoll; (*effort, réalisation*) hervorragend, großartig.

spolier [spɔlje] *vt*: **~ qn (de)** jdn berauben (+*gén*).

spongieux, -euse [spɔ̃ʒjø, jøz] *adj* schwammig.

sponsor [spɔ̃sɔR] *nm* Sponsor *m*.

sponsoriser [spɔ̃sɔRize] *vt* sponsern.

spontané, e [spɔ̃tane] *adj* spontan.

spontanéité [spɔ̃taneite] *nf* Spontaneität *f*.

spontanément [spɔ̃tanemɑ̃] *adv* spontan.

sporadique [spɔRadik] *adj* sporadisch; (*maladie*) sporadisch auftretend.

sporadiquement [spɔʀadikmɑ̃] *adv* sporadisch.

sport [spɔʀ] *nm* Sport *m* ♦ *adj inv*: **ensemble ~** Freizeitanzug *m*; **faire du ~** Sport treiben ▶ **sport d'équipe** Mannschaftssport(art *f*) *m* ▶ **sport d'hiver** Wintersport *m* ▶ **sport de combat** Kampfsport(art *f*) *m* ▶ **sport individuel** Einzelsport *m*.

sportif, -ive [spɔʀtif, iv] *adj* Sport-; (*allure, démarche*) sportlich; (*attitude, esprit*) Sports- ♦ *nm/f* Sportler(in) *m(f)*; **les résultats ~s** die Sportergebnisse *pl*.

sportivement [spɔʀtivmɑ̃] *adv* sportlich.

sportivité [spɔʀtivite] *nf* Sportlichkeit *f*.

spot [spɔt] *nm* (*lampe*) Scheinwerfer *m*; ~ (**publicitaire**) Werbespot *m*.

spray [spʀɛ] *nm* Spray *m ou nt*.

sprint [spʀint] *nm* (*en fin de course*) Endspurt *m*; (*épreuve*) Sprint *m*; **gagner au ~** im Endspurt gewinnen; **piquer un ~** zum Endspurt ansetzen.

sprinter [*n* spʀintœʀ, *vi* spʀinte] *nm* Sprinter *m* ♦ *vi* sprinten.

squale [skwal] *nm* Haifisch *m*.

square [skwaʀ] *nm* Grünanlage *f*.

squash [skwaʃ] *nm* Squash *nt*.

squat [skwat] *nm* (*maison*) besetztes Haus *nt*.

squatter [skwate] *nm* Hausbesetzer(in) *m(f)* ♦ *vt* besetzen.

squelette [skəlɛt] *nm* Skelett *nt*.

squelettique [skəletik] *adj* spindeldürr; (*fig*) dürftig, kümmerlich.

Sri Lanka [sʀilɑ̃ka] *nm*: **le ~ ~** Sri Lanka *nt*.

sri-lankais, e [sʀilɑ̃kɛ, ɛz] (*pl* ~-~, **es**) *adj* srilankisch.

ss *abr* = **sous**.

SSR [ɛsɛsɛʀ] *sigle f* (= *Société suisse romande de radiotélévision*) Radio- und Fernsehsender für die französischsprachige Schweiz.

St. *abr* = **saint**.

stabilisateur, -trice [stabilizatœʀ, tʀis] *adj* stabilisierend ♦ *nm* Stabilisator *m*.

stabiliser [stabilize] *vt* stabilisieren; (*terrain*) befestigen.

stabilité [stabilite] *nf* Stabilität *f*.

stable [stabl] *adj* stabil.

stade [stad] *nm* (*SPORT*) Stadion *nt*; (*phase*) Stadium *nt*.

stage [staʒ] *nm* (*pratique*) Praktikum *nt*; (*cours*) Fortbildungskurs *m*; (*d'avocat, d'enseignant*) ≈ Referendarzeit *f*.

stagiaire [staʒjɛʀ] *nm/f* Praktikant(in) *m(f)* ♦ *adj*: **avocat/professeur ~** ≈ Referendar(in) *m(f)*.

stagnant, e [stagnɑ̃, ɑ̃t] *adj* (*eaux*) stehend; (*fig*) ruhend, stagnierend.

stagnation [stagnasjɔ̃] *nf* (*fig*) Stagnation *f*.

stagner [stagne] *vi* (*eau etc*) stehen; (*fig*) stagnieren.

stalactite [stalaktit] *nf* Stalaktit *m*.

stalagmite [stalagmit] *nf* Stalagmit *m*.

stalle [stal] *nf* (*de cheval*) Box *f*.

stand [stɑ̃d] *nm* (*d'exposition*) Stand *m* ▶ **stand de ravitaillement** (*AUTO*) Box *f*; (*CYCLISME*) Verpflegungsposten *m* ▶ **stand de tir** Schießstand *m*.

standard [stɑ̃daʀ] *adj inv* Standard- ♦ *nm* Standard *m*; (*téléphonique*) Telefonzentrale *f*.

standardisation [stɑ̃daʀdizasjɔ̃] *nf* Standardisierung *f*.

standardiser [stɑ̃daʀdize] *vt* standardisieren.

standardiste [stɑ̃daʀdist] *nm/f* Telefonist(in) *m(f)*.

standing [stɑ̃diŋ] *nm* Status *m*; **immeuble de grand ~** Luxuswohnungen *pl*.

star [staʀ] *nf*: ~ (**de cinéma**) (Film)star *m*.

starlette [staʀlɛt] *nf* Starlet *nt*.

starter [staʀtɛʀ] *nm* (*AUTO*) Choke *m*; (*SPORT*) Starter *m*; **mettre le ~** den Choke ziehen.

station [stasjɔ̃] *nf* (*lieu d'arrêt*) Haltestelle *f*; (*RADIO, TV*) Sender *m*; (*d'observation scientifique, REL*) Station *f*; (*de villégiature*) Ferienort *m*; **la ~ debout** die aufrechte Haltung, das Stehen ▶ **station balnéaire** Badeort *m* ▶ **station de graissage** Abschmierbucht *f* ▶ **station de lavage** Waschplatz *m* ▶ **station de ski** Wintersportort *m* ▶ **station de sports d'hiver** Wintersportort *m* ▶ **station de taxis** Taxistand *m* ▶ **station thermale** Thermalbad *nt*.

stationnaire [stasjɔnɛʀ] *adj* gleichbleibend.

stationnement [stasjɔnmɑ̃] *nm* Parken *nt*; ~ **interdit** Parkverbot *nt* ▶ **stationnement alterné** Parken abwechselnd auf der einen und der anderen Straßenseite.

stationner [stasjɔne] *vi* parken.

station-service [stasjɔ̃sɛʀvis] (*pl* ~**s-~**) *nf* Tankstelle *f*.

statique [statik] *adj* (*ÉLEC*) statisch; (*fig*) unbewegt, starr.

statisticien, ne [statistisjɛ̃, jɛn] *nm/f* Statistiker(in) *m(f)*.

statistique [statistik] *nf* Statistik *f* ♦ *adj* statistisch; ~**s** *nfpl* (*données*) statistische Angaben *pl*.

statistiquement [statistikmɑ̃] *adv* statistisch.

statue [staty] *nf* Statue *f*.

statuer [statɥe] *vi*: ~ **sur qch** etw entscheiden.

statuette [statɥɛt] *nf* Statuette *f*.

statu quo [statykwo] *nm*: **maintenir le ~ ~** den Status quo aufrechterhalten.

stature [statyʀ] *nf* (*taille*) Größe *f*; (*fig*) Statur *f* Bedeutung *f*; **de haute ~** groß gewachsen.

statut [staty] *nm* Status *m*; ~**s** *nmpl* (*règlement*) Statuten *pl*, Satzung *f*.

statutaire [statytɛʀ] *adj* satzungsgemäß.

statutairement [statytɛʀmɑ̃] *adv* laut Satzung.

Ste *abr* (= *sainte*) Hl.

Sté *abr* (= *société*) Ges.

steak [stɛk] *nm* Steak *nt*.

stèle [stɛl] *nf* Stele *f*.

stellaire [stelɛʀ] *adj* Stern-.

stencil [stɛnsil] *nm* Matrize *f*.

sténo [steno] *préf* Steno-.

sténodactylo [stenɔdaktilo] *nf* (*personne*) Stenotypistin *f*; (*technique*) Stenographie *f* und Maschinenschreiben *nt*.

sténo(graphe) [stenɔ(gʀaf)] *nm/f* Stenograph(in) *m(f)*.

sténo(graphie) [stenɔ(gʀafi)] *nf* Stenographie *f*; **prendre en sténo** stenographieren.

sténographier [stenɔgʀafje] *vt* stenographieren.

sténographique [stenɔgʀafik] *adj* stenographisch.

sténotypie [stenɔtipi] *nf* Stenographie *f* und Maschinenschreiben *nt*.

stentor [stɑ̃tɔʀ] *nm*: **voix de ~** Stentorstimme *f*.

stéphanois, e [stefanwa, waz] *adj* aus Saint-Étienne ♦ *nm/f*: **S~, e** Einwohner(in) *m(f)* von Saint-Étienne.

steppe [stɛp] *nf* Steppe *f*.

stère [stɛʀ] *nm* Raummeter *m*, Ster *nt*.

stéréo(phonie) [steʀeɔ(fɔni)] *nf* Stereophonie *f*, Stereo *nt*; **en stéréo** in Stereo.

stéréo(phonique) [steʀeɔ(fɔnik)] *adj* Stereo-.

stéréoscope [steʀeɔskɔp] *nm* Stereoskop *nt*.

stéréoscopique [steʀeɔskɔpik] *adj* Stereoskop-, 3-D-.

stéréotype [steʀeɔtip] *nm* Klischee *nt*.

stéréotypé, e [steʀeɔtipe] *adj* stereotyp.

stérile [steʀil] *adj* unfruchtbar; (*aseptique*) steril.

stérilement [steʀilmɑ̃] *adv* steril.

stérilet [steʀilɛ] *nm* Spirale *f*.

stérilisateur [steʀilizatœʀ] *nm* Sterilisator *m*.

stérilisation [steʀilizasjɔ̃] *nf* (*de personne*) Sterilisation *f*; (*d'instrument, biberon*) Sterilisieren *nt*; (*de blessure*) Desinfizieren *nt*.

stériliser [steʀilize] *vt* (*personne, instrument, biberon*) sterilisieren; (*blessure*) desinfizieren; **lait stérilisé** pasteurisierte Milch *f*.

stérilité [steʀilite] *nf* Unfruchtbarkeit *f*.

sternum [stɛʀnɔm] *nm* Brustbein *nt*.

stéthoscope [stetɔskɔp] *nm* Stethoskop *nt*.

stick [stik] *nm* Stift *m*; (*déodorant*) Deostift *m*.

stigmates [stigmat] *nmpl* (*REL*) Wundmal *nt*.

stigmatiser [stigmatize] *vt* brandmarken.

stimulant, e [stimylɑ̃, ɑ̃t] *adj* (*réussite, succès*) ermutigend, aufmunternd; (*potion*) anregend ♦ *nm* (*MÉD*) Aufputschmittel *nt*; (*fig*) Ansporn *m*.

stimulateur [stimylatœʀ] *nm*: **~ cardiaque** Herzschrittmacher *m*.

stimulation [stimylasjɔ̃] *nf* Stimulierung *f*.

stimuler [stimyle] *vt* (*personne*) stimulieren, anregen; (*estomac, appétit*) anregen; (*fig: exportations etc*) beleben.

stimulus [stimylys] (*pl* **stimuli** *ou* **~**) *nm* Stimulus *m*.

stipulation [stipylasjɔ̃] *nf* Bedingung *f*.

stipuler [stipyle] *vt* (*condition*) vorschreiben; (*détail*) genau angeben; **~ que** verlangen *ou* vorschreiben, daß.

stock [stɔk] *nm* (*de marchandises*) Lagerbestand *m*; (*d'or*) Vorrat *m*, Reserve *f*; (*fig: de chemises, d'histoires etc*) Vorrat *m*; **en ~** vorrätig, auf Lager.

stockage [stɔkaʒ] *nm* Lagerung *f*.

stocker [stɔke] *vt* (*marchandises*) auf Lager legen, einlagern; (*déchets*) lagern.

Stockholm [stɔkɔlm] *n* Stockholm *nt*.

stockiste [stɔkist] *nm* Händler *m*.

stoïcisme [stɔisism] *nm* Stoizismus *m*.

stoïque [stɔik] *adj* stoisch.

stoïquement [stɔikmɑ̃] *adv* stoisch.

stomacal, e, -aux [stɔmakal, o] *adj* Magen-.

stomatologie [stɔmatɔlɔʒi] *nf* Stomatologie *f*.

stomatologue [stɔmatɔlɔg] *nm/f* Stomatologe *m*, Stomatologin *f*.

stop [stɔp] *nm* (*AUTO: panneau*) Stoppschild *nt*; (: *feux arrière*) Bremslicht *nt*; (*auto-stop*) Anhalterfahren *nt* ♦ *excl* halt!, stop!; (*dans un télégramme*) stop; **faire du ~** trampen.

stoppage [stɔpaʒ] *nm* Kunststopfen *nt*.

stopper [stɔpe] *vt* (*navire*) anhalten, stoppen; (*mouvement, attaque*) aufhalten; (*vêtement, bas*) stopfen ♦ *vi* anhalten.

store [stɔʀ] *nm* Rollo *nt*; (*de magasin*) Rolladen *m*.

strabisme [stʀabism] *nm* Schielen *nt*.

strangulation [stʀɑ̃gylasjɔ̃] *nf* Erwürgen *nt*, Strangulation *f*.

strapontin [stʀapɔ̃tɛ̃] *nm* (*siège*) Klappsitz *m*; (*fig: place secondaire*) Nebenrolle *f*.

Strasbourg [stʀazbuʀ] *n* Straßburg *nt*.

strasbourgeois, e [stʀazbuʀʒwa, waz] *adj* straßburgisch ♦ *nm/f*: **S~, e** Straßburger(in) *m(f)*.

strass [stʀas] *nm* Straß *m*.

stratagème [stʀataʒɛm] *nm* List *f*.

strate [stʀat] *nf* Stratum *nt*.

stratège [stʀatɛʒ] *nm* Stratege *m*.

stratégie [stʀateʒi] *nf* Strategie *f*.

stratégique [stʀateʒik] *adj* strategisch.

stratégiquement [stʀateʒikmɑ̃] *adv* strategisch.

stratifié, e [stʀatifje] *adj* (*GÉO*) geschichtet; (*TECH*) beschichtet.

stratosphère [stʀatɔsfɛʀ] *nf* Stratosphäre *f*.

stratosphérique [stʀatɔsfeʀik] *adj* Stratosphären-.

stress [stʀɛs] *nm* Streß *m*.

stressant, e [stʀɛsɑ̃, ɑ̃t] *adj* stressig.

stresser [stʀese] *vt* stressen, Streß verursachen +*dat*; **être stressé** im Streß *ou* gestreßt sein.

strict, e [stʀikt] *adj* streng; (*obligation, interprétation*) strikt; (*tenue*) schlicht; **c'est son droit le plus ~** das ist sein/ihr gutes Recht; **dans la plus ~e intimité** im engsten Familienkreis; **au sens ~ du mot** im wahrsten Sinn des Wortes; **le ~ nécessaire** *ou* **minimum** das Allernotwendigste *nt*.

strictement [stʀiktəmɑ̃] *adv* streng; (*vêtu*) konservativ.

strident, e [stʀidɑ̃, ɑ̃t] *adj* schrill, kreischend.

strie [stʀi] *nf* Streifen *m*; (*GÉO*) Rille *f*.

strier [stʀije] *vt* mit Streifen versehen.

strip-tease [stʀiptiz] (*pl* **~-~s**) *nm* Striptease *m*.

strip-teaseuse [stʀiptizøz] (*pl* **~-~s**) *nf* Striptease-Tänzerin *f*, Stripperin *f*.

striures [striijyr] *nfpl* Streifen *pl.*
strophe [strɔf] *nf* Strophe *f.*
structure [stryktyr] *nf* Struktur *f;* ~**s d'accueil** Empfangseinrichtungen *pl;* ~**s touristiques** touristische Einrichtungen *pl.*
structurer [stryktyre] *vt* strukturieren.
strychnine [strikniɲ] *nf* Strychnin *nt.*
stuc [styk] *nm* Stuck *m.*
studieusement [stydjøzmɑ̃] *adv* fleißig.
studieux, -euse [stydjø, jøz] *adj* fleißig; (*vacances, retraite*) den Studien gewidmet.
studio [stydjo] *nm* (*logement*) Einzimmerwohnung *f;* (*d'artiste, de photographe*) Atelier *nt;* (*de danse, CINÉMA, RADIO, TV*) Studio *nt.*
stupéfaction [stypefaksjɔ̃] *nf* Verblüffung *f.*
stupéfait, e [stypefɛ, ɛt] *adj* verblüfft.
stupéfiant, e [stypefjɑ̃, jɑt] *adj* verblüffend ♦ *nm* (*MÉD*) Rauschgift *nt.*
stupéfier [stypefje] *vt* (*étonner*) verblüffen.
stupeur [stypœr] *nf* Verblüffung *f;* (*MÉD*) Benommenheit *f.*
stupide [stypid] *adj* dumm; (*hébété*) benommen.
stupidement [stypidmɑ̃] *adv* dumm.
stupidité [stypidite] *nf* Dummheit *f.*
style [stil] *nm* Stil *m;* **meuble de** ~ Stilmöbel *nt;* **en** ~ **télégraphique** im Telegrammstil ▸ **style administratif** Verwaltungssprache *f* ▸ **style de vie** Lebensart *f,* Lebensstil *m* ▸ **style journalistique** journalistischer Stil.
stylé, e [stile] *adj* (*domestique*) geschult.
stylet [stilɛ] *nm* (*poignard*) Stilett *nt;* (*MÉD*) Sonde *f.*
stylisé, e [stilize] *adj* stilisiert.
styliste [stilist] *nm/f* Designer(in) *m(f);* (*écrivain*) Stilist(in) *m(f).*
stylistique [stilistik] *nf* Stilistik *f* ♦ *adj* stilistisch, Stil-.
stylo [stilo] *nm* Kugelschreiber *m* ▸ **stylo (à) bille** Kugelschreiber *m* ▸ **stylo à encre** Füller *m.*
stylo-feutre [stilɔføtr] (*pl* ~**s-**~**s**) *nm* Filzstift *m.*
su, e [sy] *pp de* **savoir** ♦ *nm:* **au** ~ **de qn** mit jds Wissen.
suaire [sɥɛr] *nm* Leichentuch *nt.*
suant, e [sɥɑ̃, sɥɑ̃t] *adj* (*en sueur*) verschwitzt.
suave [sɥav] *adj* (*odeur*) süß; (*voix, coloris*) süß, lieblich.
subalterne [sybaltɛrn] *adj* (*employé, officier*) untergeben; (*rôle*) untergeordnet ♦ *nm/f* Untergebene(r) *f(m).*
subconscient [sypkɔ̃sjɑ̃] *n* Unterbewußtsein *nt.*
subdiviser [sybdivize] *vt* unterteilen.
subdivision [sybdivizjɔ̃] *nf* Unterteilung *f.*
subir [sybir] *vt* erleiden; (*influence, charme*) erliegen +*dat;* (*traitement, opération, examen*) sich unterziehen +*dat;* (*personne*) ertragen.
subit, e [sybi, it] *adj* plötzlich.
subitement [sybitmɑ̃] *adv* plötzlich.
subjectif, -ive [sybʒɛktif, iv] *adj* subjektiv.
subjectivement [sybʒɛktivmɑ̃] *adv* subjektiv.

subjectivité [sybʒɛktivite] *nf* Subjektivität *f.*
subjonctif [sybʒɔ̃ktif] *nm* Konjunktiv *m.*
subjuguer [sybʒyge] *vt* (*auditoire etc*) gefangennehmen.
sublime [syblim] *adj* (*paysage etc*) wunderbar, wunderschön; (*personne*) hervorragend.
sublimer [syblime] *vt* sublimieren.
submergé, e [sybmɛrʒe] *adj* überschwemmt; ~ **de** (*fig*) überschwemmt *ou* überhäuft mit.
submerger [sybmɛrʒe] *vt* (*inonder*) überschwemmen.
submersible [sybmɛrsibl] *nm* U-Boot *nt.*
subordination [sybɔrdinasjɔ̃] *nf* Unterordnung *f.*
subordonné, e [sybɔrdɔne] *adj* (*LING*) untergeordnet, Neben- ♦ *nm/f* Untergebene(r) *f(m)* ♦ *nf* (*LING*) Nebensatz *m;* ~ **à** (*personne*) untergeordnet +*dat,* untergeben +*dat;* (*résultats*) abhängig von.
subordonner [sybɔrdɔne] *vt:* ~ **qn/qch à** jdn/etw unterordnen +*dat.*
subornation [sybɔrnasjɔ̃] *nf* Bestechung *f.*
suborner [sybɔrne] *vt* bestechen.
subrepticement [sybrɛptismɑ̃] *adv* heimlich.
subroger [sybrɔʒe] *vt* (*JUR*) in die Rechte eines anderen einsetzen.
subside [sybzid] *nm* Zuschuß *m,* Beihilfe *f.*
subsidiaire [sybzidjɛr] *adj:* **question** ~ entscheidende Frage *f.*
subsistance [sybzistɑ̃s] *nf* Unterhalt *m;* **contribuer à la** ~ **de qn** zu jds Unterhalt beitragen; **pourvoir à la** ~ **de qn** für jds Unterhalt sorgen; **moyens de** ~ Unterhaltsmittel *pl.*
subsister [sybziste] *vi* (*rester*) (weiter) bestehen; (*vivre*) leben; (*survivre*) überleben.
subsonique [sybsonik] *adj* Überschall-.
substance [sypstɑ̃s] *nf* Substanz *f,* Stoff *m;* (*fig*) Substanz, Gehalt *m;* **en** ~ im wesentlichen.
substantiel, le [sypstɑ̃sjɛl] *adj* (*aliment, repas*) nahrhaft; (*avantage, bénéfice*) wesentlich, bedeutend.
substantif [sypstɑ̃tif] *nm* Substantiv *nt.*
substantiver [sypstɑ̃tive] *vt* substantivieren.
substituer [sypstitɥe] *vt:* ~ **qn/qch à** jdn/etw ersetzen durch; **se substituer** *vpr:* **se** ~ **à qn** (*pour représenter*) jdn vertreten; (*pour évincer*) jdn ersetzen.
substitut [sypstity] *nm* (*JUR: magistrat*) Vertreter *m;* (*succédané*) Ersatz *m.*
substitution [sypstitysjɔ̃] *nf* Ersetzen *nt.*
subterfuge [sybtɛrfyʒ] *nm* List *f;* (*échappatoire*) Ausflucht *f,* Ausrede *f.*
subtil, e [syptil] *adj* (*personne, esprit, réponse*) fein; (*raisonnement, manœuvre, nuance*) subtil.
subtilement [syptilmɑ̃] *adv* subtil.
subtiliser [syptilize] *vt* (*dérober*) entwenden.
subtilité [syptilite] *nf* (*de personne*) Feinsinn *m;* (*de raisonnement, manœuvre*) Subtilität *f;* (*de nuance*) Feinheit *f.*
subtropical, e, -aux [sybtrɔpikal, o] *adj* subtropisch.
suburbain, e [sybyrbɛ̃, ɛn] *adj* Vorstadt-.
subvenir [sybvənir]: ~ **à** *vt* sorgen für.

subvention [sybvɑ̃sjɔ̃] nf Subvention f, Zuschuß m.

subventionner [sybvɑ̃sjɔne] vt subventionieren, bezuschussen.

subversif, -ive [sybvɛʀsif, iv] adj subversiv, umstürzlerisch.

subversion [sybvɛʀsjɔ̃] nf Subversion f.

suc [syk] nm Saft m; ~s **gastriques** Magensaft m.

succédané [syksedane] nm Ersatz m.

succéder [syksede]: ~ **à** vt (qn) die Nachfolge antreten +gén, nachfolgen +dat; (dans une série, énumération etc) folgen auf +acc; **se succéder** vpr aufeinanderfolgen.

succès [syksɛ] nm Erfolg m; **avec** ~ erfolgreich; **sans** ~ erfolglos; **avoir du** ~ erfolgreich sein, Erfolg haben; **auteur à** ~ Erfolgsautor m; **livre à** ~ Bucherfolg m, Bestseller m ▶ **succès de librairie** Bestseller ▶ **succès féminins** Eroberungen pl, Erfolg msg bei den Damen.

successeur [syksesœʀ] nm Nachfolger m; (JUR: héritier) Erbe m, Erbin f.

successif, -ive [syksesif, iv] adj aufeinanderfolgend.

succession [syksesjɔ̃] nf (série) Abfolge f; (JUR: patrimoine) Erbe nt; (POL) Nachfolge f; **prendre la** ~ **de qn** jds Nachfolge antreten.

successivement [syksesivmɑ̃] adv nacheinander.

succinct, e [syksɛ̃, ɛ̃t] adj knapp, kurz und bündig.

succinctement [syksɛ̃tmɑ̃] adv knapp, kurz und bündig.

succion [sy(k)sjɔ̃] nf Saugen nt; **bruit de** ~ Sauggeräusch nt.

succomber [sykɔ̃be] vi (mourir) umkommen; (fig) unterliegen, erliegen; ~ **à** (sommeil, fatigue) überwältigt werden von; (tentation) erliegen +dat.

succulent, e [sykylɑ̃, ɑ̃t] adj köstlich.

succursale [sykyʀsal] nf Filiale f; **magasin à** ~s **multiples** Ladenkette f.

sucer [syse] vt lutschen; ~ **son pouce** am Daumen lutschen.

sucette [sysɛt] nf (bonbon) Lutscher m; (de bébé) Schnuller m.

suçoter [sysɔte] vt lutschen an +dat.

sucre [sykʀ] nm Zucker m; **prendre deux** ~s **dans son café** zwei Stück Zucker zum Kaffee nehmen ▶ **sucre cristallisé** Kristallzucker m ▶ **sucre d'orge** Malzzucker m ▶ **sucre de betterave** Rübenzucker m ▶ **sucre de canne** Rohrzucker m ▶ **sucre en morceaux** Würfelzucker m ▶ **sucre en poudre** Puderzucker m ▶ **sucre glace** Puderzucker.

sucré, e [sykʀe] adj (au goût) süß; (tasse de thé etc) gezuckert; (produit alimentaire) gesüßt; (péj) zuckersüß.

sucrer [sykʀe] vt zuckern; **se sucrer** vpr sich dat Zucker nehmen; (fam: s'enrichir) sich gesundstoßen.

sucrerie [sykʀəʀi] nf (usine) Zuckerfabrik f,

Zuckerraffinerie f; ~s nfpl (bonbons) Zuckerzeug nt, Süßigkeiten pl.

sucrier, -ière [sykʀije, ijɛʀ] adj (industrie, région) Zucker- ▶ nm (récipient) Zuckerdose f.

sud [syd] nm Süden m ▶ adj inv Süd-; **au** ~ im Süden; (avec mouvement) nach Süden; **au** ~ **de** im Süden ou südlich von.

sud-africain, e [sydafʀikɛ̃, ɛn] (pl ~-~s, es) adj südafrikanisch.

sud-américain, e [sydameʀikɛ̃, ɛn] (pl ~-~, es) adj südamerikanisch ▶ nm/f: **S~-A~**, e Süd- ou Lateinamerikaner(in) m(f).

sudation [sydasjɔ̃] nf Schwitzen nt.

sud-est [sydɛst] nm inv Südosten m ▶ adj inv südöstlich.

sud-ouest [sydwɛst] nm inv Südwesten m ▶ adj inv südwestlich.

sud-vietnamien, ne [sydvjɛtnamjɛ̃, ɛn] (pl ~-~s, nes) adj südvietnamesisch ▶ nm/f: **S~-V~**, **ne** Südvietnamese m, Südvietnamesin f.

Suède [sɥɛd] nf: **la** ~ Schweden nt.

suédois, e [sɥedwa, waz] adj schwedisch ▶ nm (LING) Schwedisch nt ▶ nm/f: **S~**, e Schwede m, Schwedin f.

suer [sɥe] vi schwitzen; (fam: se fatiguer) sich abquälen; ~ **à grosses gouttes** reichlich schwitzen.

sueur [sɥœʀ] nf Schweiß m; **en** ~ völlig verschwitzt, schweißgebadet; **donner des** ~s **froides à qn/avoir des** ~s **froides** jdm kalte Schauer über den Rücken jagen/in kalten Schweiß gebadet sein.

suffire [syfiʀ] vi (être assez) ausreichen, genügen ▶ vb impers: **il suffit d'une négligence pour que** man braucht nur einmal unachtsam zu sein und; **se suffire** vpr (à soi-même) unabhängig sein; ~ **pour faire qch** ausreichen, um etw zu tun; **cela suffit pour les irriter/qu'ils se fâchent** das reicht ou genügt schon, um sie zu ärgern; **cela lui suffit** das reicht ihm/ihr; **ça suffit!** jetzt reicht's aber!

suffisamment [syfizamɑ̃] adv ausreichend, genügend; ~ **de** genug, genügend.

suffisance [syfizɑ̃s] nf (vanité) Selbstgefälligkeit f; **en** ~ zur Genüge.

suffisant, e [syfizɑ̃, ɑ̃t] adj ausreichend; (vaniteux) selbstgefällig.

suffisons [syfizɔ̃] vb voir **suffire**.

suffixe [syfiks] nm Suffix nt, Nachsilbe f.

suffocant, e [syfɔkɑ̃, ɑ̃t] adj (étouffant) stickig; (stupéfiant) verblüffend.

suffocation [syfɔkasjɔ̃] nf Erstickung f.

suffoquer [syfɔke] vt (suj: chaleur) erdrücken; (: fumée) ersticken; (: émotion, colère, nouvelles) überwältigen ▶ vi ersticken; ~ **de colère/d'indignation** vor Wut/Entrüstung beinahe ersticken.

suffrage [syfʀaʒ] nm (voix) Stimme f; ~ **universel/direct/indirect** allgemeines Wahlrecht nt/direkte/indirekte Wahl f; ~s **exprimés** gültige Stimmen pl; **ce livre a remporté tous les** ~s dieses Buch hat allen gefallen.

suggérer [sygʒeʀe] vt (conseiller) vorschlagen;

(évoquer, faire penser à) erinnern an +*akk.*

suggestif, -ive [syg3ɛstif, iv] *adj (évocateur)* stimmungsvoll; *(érotique)* aufreizend.

suggestion [syg3ɛstjɔ̃] *nf* Vorschlag *m*; *(PSYCH)* Suggestion *f.*

suggestivité [syg3ɛstivite] *nf* Stimmungsgeladenheit *f.*

suicidaire [sɥisidɛʀ] *adj* selbstmörderisch.

suicide [sɥisid] *nm* Selbstmord *m* ♦ *adj*: **opération ~** Selbstmordkommando *nt.*

suicidé, e [sɥiside] *nm/f* Selbstmörder(in) *m(f).*

suicider [sɥiside]: **se ~** *vpr* sich umbringen, Selbstmord begehen.

suie [sɥi] *nf* Ruß *m.*

suif [sɥif] *nm* Talg *m.*

suinter [sɥɛ̃te] *vi (liquide)* sickern; *(mur)* schwitzen.

suis [sɥi] *vb voir* **être; suivre.**

suisse [sɥis] *adj* schweizerisch ♦ *nm/f*: **S~** Schweizer(in) *m(f)* ♦ *nf*: **la S~** die Schweiz ♦ *nm (bedeau)* Kirchendiener *m*; **la S~ allemande** *ou* **alémanique** die deutsch(sprachig)e Schweiz *f* ► **suisse romand(e)** *adj* französischschweizerisch ♦ *nm/f* Französischschweizer(in) *m(f)*; **la S~ romande** die französisch(sprachig)e Schweiz *f.*

suisse-allemand, e [sɥisalmɑ̃, ɑ̃d] *adj* deutschschweizerisch ♦ *nm/f* Deutschschweizer(in) *m(f).*

suit [sɥi] *vb voir* **suivre.**

suite [sɥit] *nf (ce qui suit)* Folge *f*, Fortsetzung *f*; *(série)* Reihe *f*, Folge *f*; *(cohérence)* Zusammenhang *m*; *(appartement)* Zimmerflucht *f*, Suite *f*; *(escorte)* Gefolge *nt*, Gefolgschaft *f*; *(MUS)* Suite *f*; **~s** *nfpl (d'une maladie, chute)* Folgen *pl*; **prendre la ~ de** *(directeur etc)* jds Nachfolge antreten; **donner ~ à** weiterverfolgen; **faire ~ à** folgen auf +*acc*; **(faisant) ~ à votre lettre du** mit Bezug auf Ihr Schreiben vom; **sans ~** *adj* zusammenhanglos; **de ~** *adv (d'affilée)* nacheinander; *(immédiatement)* unmittelbar; **par la ~** später; **à la ~ de** *(en conséquence de)* aufgrund von; **par ~ de** infolge +*gén*; **avoir de la ~ dans les idées** zielstrebig sein; **attendre la ~ des événements** den Lauf der Ereignisse abwarten.

suivant, e [sɥivɑ̃, ɑ̃t] *vb voir* **suivre** ♦ *adj* folgend ♦ *nm/f*: **au ~!** der Nächste bitte! ♦ *prép (selon)* gemäß +*dat*; **~ que** je nachdem, ob; **l'exercice ~** *(ci-après)* die folgende Übung.

suive [sɥiv] *vb voir* **suivre.**

suiveur [sɥivœʀ] *nm (CYCLISME)* Begleiter *m*; *(péj)* Mitläufer *m.*

suivi, e [sɥivi] *pp de* **suivre** ♦ *adj (régulier)* regelmäßig; *(COMM: article)* serienmäßig hergestellt; *(cohérent)* logisch; *(politique)* konsequent ♦ *nm (MÉD)* Nachuntersuchung *f*; **très/peu ~** *(cours)* sehr/nicht sehr gut besucht; *(mode)* die großen/kaum Anklang findet; *(feuilleton etc)* sehr/nicht sehr beliebt.

suivre [sɥivʀ] *vt* folgen +*dat*; *(suj: bagages)* (nach)folgen +*dat*; *(consigne)* befolgen; *(SCOL: être inscrit à)* teilnehmen an +*dat*; (: *être*

attentif à) aufpassen bei, verfolgen; *(observer l'évolution de)* beobachten; *(COMM: article)* weiter führen ♦ *vi* folgen; *(écouter attentivement)* gut aufpassen; **se suivre** *vpr* aufeinander folgen; *(être cohérent)* schlüssig sein; **~ des yeux** mit den Augen folgen +*dat ou* verfolgen; **faire ~** *(lettre)* nachsenden; **~ son cours** *(enquête, maladie)* seinen/ihren Lauf nehmen; **à ~** Fortsetzung folgt.

sujet, te [sy3ɛ, ɛt] *adj*: **être ~ à** *(accidents)* neigen zu; *(vertige etc)* leiden unter +*dat* ♦ *nm/f (d'un souverain)* Untertan(in) *m(f)* ♦ *nm (matière)* Gegenstand *m*; *(thème)* Thema *nt*; *(raison)* Gegenstand, Anlaß *m*; *(LING)* Subjekt *nt*; **un ~ de dispute/discorde/mécontentement** ein Anlaß zum Streit/zur Zwietracht/zur Unzufriedenheit; **c'est à quel ~?** worum geht es?; **avoir ~ de se plaindre** allen Grund zur Klage haben; **un mauvais ~** *(péj)* ein übles Subjekt; **au ~ de** über +*acc*; **~ à caution** fragwürdig, zweifelhaft ► **sujet d'examen** Prüfungsstoff *m* ► **sujet d'expérience** *(animal)* Versuchstier *nt* ► **sujet de conversation** Gesprächsthema *nt.*

sujétion [sy3esjɔ̃] *nf (soumission)* Unterwerfung *f*; *(fig: contrainte)* Zwang *m.*

sulfater [sylfate] *vt* schwefeln.

sulfureux, -euse [sylfyʀø, øz] *adj* schwefelig; *(vapeurs, bains aussi)* Schwefel-.

sulfurique [sylfyʀik] *adj*: **acide ~** Schwefelsäure *f.*

sulfurisé, e [sylfyʀize] *adj*: **papier ~** Wachspapier *nt.*

summum [sɔ(m)mɔm] *nm*: **le ~ de** der Gipfel +*gén.*

super [sypɛʀ] *adj inv (fam)* super- ♦ *préf* super-, Super-.

superbe [sypɛʀb] *adj (très beau)* wundervoll, herrlich; *(remarquable)* phantastisch ♦ *nf* Arroganz *f.*

superbement [sypɛʀbəmɑ̃] *adv* herrlich.

super(carburant) [sypɛʀ(kaʀbyʀɑ̃)] *nm* Super(benzin) *nt.*

supercherie [sypɛʀʃəʀi] *nf* Betrug *m.*

supérette [sypeʀɛt] *nf* kleinerer Supermarkt *m.*

superfétatoire [sypɛʀfetatwaʀ] *adj (litt)* entbehrlich.

superficie [sypɛʀfisi] *nf (mesure)* (Grund)fläche *f*; *(surface)* Oberfläche *f.*

superficiel, le [sypɛʀfisjɛl] *adj* oberflächlich; *(plaie, brûlure)* Oberflächen-.

superficiellement [sypɛʀfisjɛlmɑ̃] *adv* oberflächlich.

superflu, e [sypɛʀfly] *adj* überflüssig ♦ *nm*: **le ~** das Überflüssige *nt.*

superforme [sypɛʀfɔʀm] *(fam) nf* Topform *f.*

super-grand [sypɛʀgʀɑ̃] *(pl ~-~s fam) nm* Supermacht *f.*

super-huit [sypɛʀɥit] *adj inv*: **caméra/film ~-~** Super-8-Kamera *f*/-Film *m.*

supérieur, e [sypeʀjœʀ] *adj* obere(r, s); *(plus élevé)* höher; *(meilleur)* besser; *(excellent* hautain) überlegen ♦ *nm (hiérarchique)* Vorgesetzte(r) *f(m);* ~ **à** höher als; *(meilleur)* besser als; **Mère** ~**e** Mutter Superior *f,* Mutter Oberin *f;* **à l'étage** ~ im oberen Stockwerk; ~ **en nombre** zahlenmäßig überlegen, in der Überzahl.

supérieurement [syperjœrmɑ̃] *adv* überragend.

supériorité [syperjɔrite] *nf* Überlegenheit *f* ► **supériorité numérique** Überzahl *f.*

superlatif [syperlatif] *nm* Superlativ *m* ► **superlatif relatif** relativer Superlativ.

supermarché [sypɛrmarʃe] *nm* Supermarkt *m.*

superposable [sypɛrpozabl] *adj (lits)* Etagen-; *(figures)* die übereinandergelegt werden können.

superposer [sypɛrpoze] *vt* aufeinander legen; *(meubles, caisses)* stapeln; *(faire chevaucher)* überlagern; **se superposer** *vpr (images, souvenirs)* sich vermischen; **lits superposés** Etagenbett *nt.*

superposition [sypɛrpozisjɔ̃] *nf (v vt)* Aufeinanderstellen *nt;* Stapeln *nt;* Überlagerung *f.*

superproduction [sypɛrprɔdyksjɔ̃] *nf (film)* Monumentalfilm *m.*

superpuissance [sypɛrpɥisɑ̃s] *nf* Supermacht *f.*

supersonique [sypɛrsɔnik] *adj* Überschall-.

superstitieux, -euse [sypɛrstisjø, jøz] *adj* abergläubisch.

superstition [sypɛrstisjɔ̃] *nf* Aberglaube *m.*

superstructure [sypɛrstryktyr] *nf* Überbau *m.*

supertanker [sypɛrtɑ̃kœr] *nm* Supertanker *m.*

superviser [sypɛrvize] *vt* überwachen, beaufsichtigen.

superviseur [sypɛrvizœr] *nm (INFORM)* Überwachungsprogramm *nt.*

supervision [sypɛrvizjɔ̃] *nf* Aufsicht *f.*

suppl. *abr* = **supplément.**

supplanter [syplɑ̃te] *vt* verdrängen.

suppléance [sypleɑ̃s] *nf* Vertretung *f.*

suppléant, e [sypleɑ̃, ɑ̃t] *adj (juge, fonctionnaire)* stellvertretend; *(professeur, médecin)* Aushilfs- ♦ *nm/f* (Stell)vertreter(in) *m(f).*

suppléer [syplee] *vt (ce qui manque)* ergänzen; *(lacune)* ausfüllen; *(défaut)* ausgleichen; *(remplacer)* vertreten; ~ **à** *(compenser)* etw ausgleichen; *(chose manquante)* ersetzen.

supplément [syplemɑ̃] *nm (à payer)* Zuschlag *m;* *(d'un livre)* Anhang *m;* *(d'un journal)* Beilage *f;* **être en** ~ *(au menu etc)* extra kosten; **un** ~ **d'information** zusätzliche Informationen *pl;* **un** ~ **de travail** zusätzliche Arbeit *f,* Mehrarbeit *f;* **un** ~ **de frites/viande** eine Extraportion Pommes frites/Fleisch.

supplémentaire [syplemɑ̃tɛr] *adj* zusätzlich; *(train, bus, avion)* Zusatz-.

supplétif, -ive [sypletif, iv] *adj (MIL)* Hilfs-.

suppliant, e [syplijɑ̃, ijɑ̃t] *adj* flehend.

supplication [syplikasjɔ̃] *nf (REL)* Fürbitte *f;* ~**s** *nfpl* Flehen *nt.*

supplice [syplis] *nm (peine corporelle)* Folter *f;*

(souffrance) Qual *f;* **être au** ~ *(appréhension)* auf die Folter gespannt sein; *(douleur)* Folterqualen erleiden.

supplier [syplije] *vt* anflehen.

supplique [syplik] *nf* Bittschrift *f.*

support [sypɔr] *nm* Stütze *f;* *(pour outils)* Ständer *m* ► **support audiovisuel** audiovisuelles Hilfsmittel *nt* ► **support publicitaire** Werbemittel *nt.*

supportable [sypɔrtabl] *adj* erträglich; *(conduite)* tragbar.

supporter[1] [sypɔrte] *vt (porter)* tragen; *(mur, édifice)* stützen; *(endurer: personne)* ertragen, aushalten; *(: conséquences)* ertragen, erdulden; *(résister à)* vertragen; *(SPORT)* unterstützen.

supporter[2] [sypɔrtɛr] *nm (sportif etc)* Fan *m.*

supposé, e [sypoze] *adj* mutmaßlich.

supposer [sypoze] *vt* annehmen; *(suj: chose)* voraussetzen; ~ **que** annehmen, daß; **en supposant** *ou* **à** ~ **que** angenommen *ou* vorausgesetzt, (daß).

supposition [sypozisjɔ̃] *nf* Annahme *f.*

suppositoire [sypozitwar] *nm* Zäpfchen *nt.*

suppôt [sypo] *(péj) nm* Komplize *m,* Komplizin *f.*

suppression [sypresjɔ̃] *nf (v vt)* Beseitigung *f;* Weglassen *nt;* Abschaffung *f;* Streichung *f;* Behebung *f;* Unterdrückung *f.*

supprimer [syprime] *vt* beseitigen, entfernen; *(clause, mot)* weglassen; *(congés, impôt, libertés, emploi, privilèges)* abschaffen; *(service d'autobus etc)* streichen; *(douleur, anxiété)* beheben; *(publication, article, loi)* unterdrücken; ~ **qch à qn** jdm etw entziehen.

suppuration [sypyrasjɔ̃] *nf* Eiterung *f.*

suppurer [sypyre] *vi* eitern.

supputations [sypytasjɔ̃] *nfpl (fig)* Mutmaßungen *pl.*

supputer [sypyte] *vt* mutmaßen über +*akk.*

supranational, e, -aux [sypranasjɔnal, ɔno] *adj* übernational.

suprématie [sypremasi] *nf (POL)* Vormachtstellung *f;* *(intellectuelle, morale)* Überlegenheit *f.*

suprême [syprɛm] *adj (chef, autorité, pouvoir)* oberste(r, s); *(bonheur, habileté)* höchste(r, s); **un** ~ **espoir** eine letzte Hoffnung; **un** ~ **effort** eine äußerste Anstrengung; **les honneurs** ~**s** die höchsten Ehren.

suprêmement [syprɛmmɑ̃] *adv* außerordentlich.

════════════════ *MOT-CLÉ*

sur[1] [syr] *prép* **1** *(position)* auf +*dat;* *(au-dessus)* über +*dat;* **tes lunettes sont sur la table** deine Brille ist auf dem Tisch; **je n'ai pas d'argent sur moi** ich habe kein Geld dabei *ou* bei mir **2** *(direction)* auf +*acc;* *(par dessus)* über +*acc;* **pose-le sur la table** lege es auf den Tisch; **en rentrant sur Paris** auf dem Rückweg nach Paris; **sur votre droite** zu Ihrer Rechten, rechts; **avoir de l'influence/un effet sur** Einfluß/

Wirkung haben auf +*acc*
3 (*temps*): **avoir accident sur accident** einen Unfall nach dem anderen haben; **sur ce** daraufhin
4 (*à propos de*) über +*acc*; **un livre/une conférence sur Balzac** ein Buch/Vortrag über Balzac
5 (*proportion*): **un sur 10** einer von 10; **avoir un sur dix** (*SCOL*) ≈ eine Sechs bekommen; **sur vingt, deux sont venus** von 20 sind 2 gekommen; **4 m sur 2** 4 mal 2 m.

sur², e [syʀ] *adj* (*aigre*) sauer.
sûr, e [syʀ] *adj* sicher; (*digne de confiance*) zuverlässig; **être ~ de qn** sich *dat* jds sicher sein; **~ et certain** ganz sicher; **~ de soi** selbstsicher; **le plus ~ est de** das Sicherste ist, zu.
surabondance [syʀabɔ̃dɑ̃s] *nf* (*de produits, richesse*) Überfluß *m*; (*de couleurs, détails*) Überfülle *f*; **en ~** in Hülle und Fülle.
surabondant, e [syʀabɔ̃dɑ̃, ɑ̃t] *adj* (*production*) Über-; (*récolte*) mehr als ausreichend.
surabonder [syʀabɔ̃de] *vi* im Überfluß vorhanden sein.
suractivité [syʀaktivite] *nf* Hyperaktivität *f*.
suraigu, -uë [syʀegy] *adj* schrill.
surajouter [syʀaʒute] *vt* hinzufügen; **se ~ à** *vpr* noch hinzukommen zu.
suralimentation [syʀalimɑ̃tasjɔ̃] *nf* Überernährung *f*.
suralimenté, e [syʀalimɑ̃te] *adj* (*personne*) überernährt.
suranné, e [syʀane] *adj* veraltet.
surarmement [syʀaʀməmɑ̃] *nm* Überbewaffnung *f*.
surbaissé, e [syʀbese] *adj* (*plafond*) heruntergezogen.
surcapacité [syʀkapasite] *nf* Überkapazität *f*.
surcharge [syʀʃaʀʒ] *nf* Überlastung *f*; (*de marchandises*) Überbelastung *f*; (*PHILATÉLIE*) Überdruck *m*; **prendre des passagers en ~** zuviele Passagiere mitnehmen ► **surcharge de bagages** Übergepäck *nt* ► **surcharge de travail** zusätzliche Arbeit *f*, Mehrarbeit *f*.
surchargé, e [syʀʃaʀʒe] *adj* überladen; (*emploi du temps*) überlastet; **~ de travail/soucis** mit Arbeit/Sorgen überlastet.
surcharger [syʀʃaʀʒe] *vt* (*véhicule*) überbeladen; (*personne*) überbelasten; (*texte*) übersäen; (*timbre*) überdrucken; (*mémoire, emploi du temps*) überlasten, zu sehr belasten; (*décoration*) überladen.
surchauffe [syʀʃof] *nf* (*ÉCON*) Überhitzung *f*.
surchauffé, e [syʀʃofe] *adj* (*pièce*) überheizt; (*esprits*) überhitzt.
surchoix [syʀʃwa] *adj inv* von bester Qualität.
surclasser [syʀklase] *vt* übertreffen.
surconsommation [syʀkɔ̃sɔmasjɔ̃] *nf* überhöhter Verbrauch *m*.
surcouper [syʀkupe] *vt* übertrumpfen.
surcroît [syʀkʀwa] *nm*: **un ~ de travail/d'inquiétude** zusätzliche Arbeit/Unruhe; **par**

ou **de ~** zu allem Überfluß, obendrein; **en ~** zusätzlich.
surdi-mutité [syʀdimytite] (*pl* ~-~**s**) *nf* Taubstummheit *f*; **atteint de ~-~** taubstumm.
surdité [syʀdite] *nf* Taubheit *f*; **atteint de ~ totale** völlig taub.
surdoué, e [syʀdwe] *adj* höchstbegabt.
sureau, x [syʀo] *nm* Holunder *m*.
sureffectifs [syʀefɛktif] *nmpl* Übersetzung *f*.
surélever [syʀel(ə)ve] *vt* (*immeuble*) aufstocken.
sûrement [syʀmɑ̃] *adv* sicher; **~ pas** ganz sicher nicht.
suremploi [syʀɑ̃plwa] *nm* Überbeschäftigung *f*.
surenchère [syʀɑ̃ʃɛʀ] *nf* (*COMM*) höheres Gebot *nt*; **~ de violence** Eskalation *f* der Gewalt; **~ électorale** gegenseitiges Übertrumpfen *nt* im Wahlkampf.
surenchérir [syʀɑ̃ʃeʀiʀ] *vi* (*COMM*) höher bieten; **~ sur qn** (*fig*) jdn zu überbieten versuchen.
surendettement [syʀɑ̃dɛtmɑ̃] *nm* Überverschuldung *f*.
surent [syʀ] *vb voir* **savoir**.
surentraîné, e [syʀɑ̃tʀene] *adj* übertrainiert.
suréquipé, e [syʀekipe] *adj* übermäßig gut ausgestattet.
surestimer [syʀɛstime] *vt* überschätzen.
sûreté [syʀte] *nf* Sicherheit *f*; **être/mettre en ~** in Sicherheit *dat* sein/in Sicherheit *acc* bringen; **pour plus de ~** zur Sicherheit; **attentat/crime contre la ~ de l'État** Vergehen *nt* gegen die Staatssicherheit; **la S~ (nationale)** der staatliche Sicherheitsdienst *m*.
surexcité, e [syʀɛksite] *adj* sehr aufgeregt.
surexciter [syʀɛksite] *vt* überreizen.
surexploiter [syʀɛksplwate] *vt* (*champ*) auslaugen; (*personne*) übermäßig ausnutzen.
surexposer [syʀɛkspoze] *vt* überbelichten.
surf [sœʀf] *nm* Surfen *nt*; **faire du ~** surfen.
surface [syʀfas] *nf* (*MATH*) Oberfläche *f*, Fläche *f*; **faire ~** auftauchen; **en ~** oberflächlich gesehen; **la pièce fait 100 mètres carrés de ~** das Zimmer hat eine Fläche von 100 Quadratmetern ► **surface de réparation** (*SPORT*) Strafraum *m* ► **surface de sustentation** (*AVIAT*) Tragfläche *f* ► **surface porteuse** (*AVIAT*) Tragfläche *f*.
surfait, e [syʀfɛ, ɛt] *adj* überbewertet.
surfeur, -euse [sœʀfœʀ, øz] *nm/f* Surfer(in) *m(f)*.
surfiler [syʀfile] *vt* (*COUTURE*) versäubern.
surfin, e [syʀfɛ̃, in] *adj* hochfein.
surgélateur [syʀʒelatœʀ] *nm* Tiefkühltruhe *f*.
surgélation [syʀʒelasjɔ̃] *nf* Tiefkühlung *f*.
surgelé, e [syʀʒəle] *adj* Tiefkühl-, tiefgekühlt.
surgeler [syʀʒəle] *vt* tiefkühlen.
surgir [syʀʒiʀ] *vi* plötzlich auftauchen; (*jaillir*) hervorschießen.
surhomme [syʀɔm] *nm* Übermensch *m*.
surhumain, e [syʀymɛ̃, ɛn] *adj* übermenschlich.

surimposer [syʀɛ̃poze] vt (surtaxer) übermäßig besteuern.

surimpression [syʀɛ̃pʀesjɔ̃] nf (PHOTO) Doppelbelichtung f.

Surinam [syʀinam] nm: **le** ~ Surinam nt.

surinfection [syʀɛ̃fɛksjɔ̃] nf Sekundärinfektion f.

surjet [syʀʒɛ] nm Überwendlingssaum m.

sur-le-champ [syʀləʃɑ̃] adv sofort, auf der Stelle.

surlendemain [syʀlɑ̃d(ə)mɛ̃] nm: **le** ~ der übernächste Tag; (quand?) am übernächsten Tag; **le** ~ **de** der zweite Tag nach; (quand?) am zweiten Tag nach; **le** ~ **soir** der übernächste Abend; (quand?) am übernächsten Abend.

surligneur [syʀliɲœʀ] nm Marker m.

surmenage [syʀmənaʒ] nm Überanstrengung f.

surmené, e [syʀməne] adj überanstrengt.

surmener [syʀməne] vt überanstrengen, überfordern; **se surmener** vpr sich übernehmen, sich überanstrengen.

surmonter [syʀmɔ̃te] vt (suj: coupole etc) sich erheben über +dat; (vaincre) überwinden.

surmultiplié, e [syʀmyltiplije] adj: **vitesse** ~**e** Overdrive m.

surnager [syʀnaʒe] vi obenauf schwimmen; (fig) übrigbleiben.

surnaturel, le [syʀnatyʀɛl] adj übernatürlich ♦ nm: **le** ~ das Übernatürliche nt.

surnom [syʀnɔ̃] nm Spitzname m.

surnombre [syʀnɔ̃bʀ] nm: **être en** ~ in der Überzahl sein.

surnommer [syʀnɔme] vt taufen.

surnuméraire [syʀnymeʀɛʀ] adj überzählig.

suroît [syʀwa] nm Südwester m.

surpasser [syʀpɑse] vt übertreffen; **se surpasser** vpr sich selbst übertreffen.

surpayer [syʀpeje] vt (personne) zuviel bezahlen +dat; (marchandise) zu teuer bezahlen.

surpeuplé, e [syʀpœple] adj (région) überbevölkert; (maison) überfüllt.

surpeuplement [syʀpœpləmɑ̃] nm Überbevölkerung f.

surpiquer [syʀpike] vt überwendlings nähen.

surpiqûre [syʀpikyʀ] nf Überwendlingsnaht f.

surplace [syʀplas] nm: **faire du** ~ im Schneckentempo fahren.

surplis [syʀpli] nm Chorhemd nt.

surplomb [syʀplɔ̃] nm Überhang m; **en** ~ (falaise) überhängend; (mur, balcon) vorspringend.

surplomber [syʀplɔ̃be] vi (mur) vorspringen; (falaise) überhängen ♦ vt überragen.

surplus [syʀply] nm (COMM) Überschuß m; ~ **de bois/tissu** (reste) Holz-/Stoffrest m; **au** ~ übrigens; ~ **américains** amerikanische Armeebestände pl.

surpopulation [syʀpɔpylasjɔ̃] nf Überbevölkerung f.

surprenant, e [syʀpʀənɑ̃, ɑ̃t] vb voir **surprendre** ♦ adj überraschend.

surprendre [syʀpʀɑ̃dʀ] vt überraschen; (voleur) erwischen; (secret) herausfinden; (conversation) mithören; (clin d'œil etc) mitbekommen; **se surprendre** vpr: **se** ~ **à faire qch** sich dabei ertappen, wie man etw tut.

surprime [syʀpʀim] nf Zuschlagsprämie f.

surpris, e [syʀpʀi, iz] pp de **surprendre** ♦ adj überrascht; ~ **de/que** überrascht über +acc/ darüber, daß.

surprise [syʀpʀiz] nf Überraschung f; **faire une** ~ **à qn** jdm eine Überraschung bereiten, jdn überraschen; **voyage sans** ~**s** ereignislose Reise f; **avoir la** ~ **de voir que** zu seiner Überraschung sehen, daß; **par** ~ unvorbereitet.

surprise-partie [syʀpʀizpaʀti] (pl ~**s**-~**s**) nf Fete f.

surprit [syʀpʀi] vb voir **surprendre**.

surproduction [syʀpʀɔdyksjɔ̃] nf Überproduktion f.

surréaliste [syʀʀealist] adj surrealistisch.

sursaut [syʀso] nm Zusammenzucken nt; **se réveiller en** ~ aus dem Schlaf auffahren ► **sursaut d'énergie** Energieanwandlung f ou -anfall m ► **sursaut d'indignation** plötzlicher Ausbruch m von Entrüstung.

sursauter [syʀsote] vi zusammenfahren.

surseoir [syʀswaʀ]: ~ **à** vt (délibération, publication) aufschieben; (JUR: poursuites, exécution) aussetzen.

sursis [syʀsi] nm (JUR) Bewährung f; (: de condamnation à mort) Aufschub m; (fig) Bewährungsfrist f; ~ (**d'appel** ou **d'incorporation**) (MIL) Zurückstellung f; **condamné à 5 mois (de prison) avec** ~ zu 5 Monaten (Haftstrafe) mit Bewährung verurteilt; **on lui a accordé le** ~ man hat ihm/ihr Bewährung gegeben.

sursitaire [syʀsitɛʀ] nm (MIL) Zurückgestellter m.

sursois etc [syʀswa] vb voir **surseoir**.

sursoyais etc [syʀswaje] vb voir **surseoir**.

surtaxe [syʀtaks] nf Zuschlag m; (POSTES) Nachporto nt.

surtension [syʀtɑ̃sjɔ̃] nf (ÉLEC) Überspannung f.

surtout [syʀtu] adv (avant tout) vor allem; (particulièrement) besonders; **il songe** ~ **à ses propres intérêts** er denkt vor allem an seine eigenen Interessen; **il aime le sport,** ~ **le football** er mag Sport, besonders Fußball; **cet été, il a** ~ **fait de la pêche** diesen Sommer hat er hauptsächlich geangelt; ~ **pas d'histoires!** bloß keine Geschichten!; ~ **ne dites rien!** sagen Sie bloß nichts!; ~ **pas!** bitte nicht!; ~ **pas lui!** bloß nicht er!; ~ **que** ... um so mehr, als ... .

survécu, e [syʀveky] pp de **survivre**.

surveillance [syʀvɛjɑ̃s] nf Überwachung f; (d'un gardien) Aufsicht f; **être sous la** ~ **de qn** unter jds Aufsicht stehen; **la** ~ **médicale** unter ärztlicher Aufsicht; **la** ~ **du territoire** der Geheimdienst m.

surveillant, e [syʀvɛjɑ̃, ɑ̃t] nm/f Aufseher(in)

m(f); (*SCOL*) Aufsicht *f*.
surveiller [syʀveje] *vt* (*enfant*) aufpassen auf +*acc*; (*malade, bagages, suspect*) überwachen; (*élèves, prisonnier, travaux, cuisson*) beaufsichtigen; (*territoire, bâtiment*) bewachen; (*SCOL: examen*) Aufsicht führen bei; **se surveiller** *vpr* sich zurückhalten; ~ **son langage/sa ligne** auf seine Sprache/Linie achten.
survenir [syʀvəniʀ] *vi* eintreten, vorkommen; (*personne*) auftauchen.
survenu, e [syʀv(ə)ny] *pp de* **survenir**.
survêtement [syʀvɛtmɑ̃] *nm* (*SPORT*) Trainingsanzug *m*.
survie [syʀvi] *nf* Überleben *nt*; (*fig*) Weiterbestehen *nt*; (*REL*) Leben *nt* nach dem Tode; **équipement de** ~ Überlebensausrüstung *f*.
surviens [syʀvjɛ̃] *vb voir* **survenir**.
survint [syʀvɛ̃] *vb voir* **survenir**.
survirer [syʀviʀe] *vi* aus der Kurve getragen werden.
survit [syʀvi] *vb voir* **survivre**.
survitrage [syʀvitʀaʒ] *nm* Doppelverglasung *f*.
survivance [syʀvivɑ̃s] *nf* (*litt*) Überleben *nt*.
survivant, e [syʀvivɑ̃, ɑ̃t] *vb voir* **survivre** ♦ *nm/f* (*d'un accident*) Überlebende(r) *f(m)*; (*d'une époque, société*) Überbleibsel *nt*; (*JUR: d'une personne*) Hinterbliebene(r) *f(m)*.
survivre [syʀvivʀ] *vi* überleben; (*fig*) weiterbestehen; ~ **à** überleben; (*suj: œuvre*) überdauern; **la victime a peu de chances de** ~ das Opfer hat kaum eine Überlebenschance.
survol [syʀvɔl] *nm* Überfliegen *nt*.
survoler [syʀvɔle] *vt* überfliegen.
survolté, e [syʀvɔlte] *adj* (*ÉLEC*) hinauftransformiert; (*fig*) überreizt.
sus [sy(s)] *adv*: **en** ~ **de** zusätzlich zu ♦ *vb voir* **savoir**; **en** ~ zusätzlich; ~ **à l'ennemi!** los auf den Feind!
susceptibilité [sysɛptibilite] *nf* Empfindlichkeit *f*.
susceptible [sysɛptibl] *adj* (*qui se vexe*) empfindlich; ~ **d'améliorations** *ou* **d'être amélioré** verbesserungsfähig; **être** ~ **de faire qch** (*capacité*) in der Lage sein, etw zu tun; (*probabilité*) imstande sein, etw zu tun.
susciter [sysite] *vt* hervorrufen; ~ **des ennuis à qn** jdm Schwierigkeiten machen.
susdit, e [sysdi, dit] *adj* obengenannt.
susmentionné, e [sysmɑ̃sjɔne] *adj* obenerwähnt.
susnommé, e [sysnɔme] *adj* obengenannt.
suspect, e [syspɛ(kt), ɛkt] *adj* (*personne, attitude etc*) verdächtig; (*témoignage, opinions*) zweifelhaft ♦ *nm/f* (*JUR*) Verdächtige(r) *f(m)*; **être** ~/**peu** ~ **de qch** einer Sache *gén* verdächtigt/nicht verdächtigt werden können.
suspecter [syspɛkte] *vt* (*personne*) verdächtigen; (*honnêteté etc*) anzweifeln; ~ **qn d'être/d'avoir fait qch** jdn im Verdacht haben, etw zu sein/etw getan zu haben; ~ **qn de qch** jdn einer Sache *gén* verdächtigen; ~ **qn de faire qch** jdn verdächtigen, etw zu tun.
suspendre [syspɑ̃dʀ] *vt* (*accrocher*) etw auf-

hängen; (*interrompre*) einstellen; (: *journal*) verbieten; (*démettre*) suspendieren; (*remettre*) verschieben; (: *séance*) vertagen; **se suspendre à** *vpr* sich hängen an +*acc*; ~ **qch à** etw aufhängen an +*dat*.
suspendu, e [syspɑ̃dy] *pp de* **suspendre** ♦ *adj* (*accroché*): **être** ~ **à** hängen an +*dat*; (*perché*): **être** ~ **au-dessus de** schweben über +*dat*; (*AUTO*): **voiture bien/mal** ~**e** gut/schlecht gefedertes Auto *nt*; **être** ~ **aux lèvres de qn** an jds Lippen *dat* hängen.
suspens [syspɑ̃] *nm*: **en** ~ (*affaire, question*) in der Schwebe; **tenir en** ~ (*lecteurs, spectateurs*) fesseln, in Spannung halten.
suspense [syspɛns] *nm* Spannung *f*.
suspension [syspɑ̃sjɔ̃] *nf* (*AUTO*) Federung *f*; (*lustre*) Hängelampe *f*; (*de travaux, paiements*) Einstellung *f*; (*de journal*) Verbot *nt*; (*de prêtre, fonctionnaire*) Suspendierung *f*; (*de jugement*) Verschiebung *f*; **en** ~ (*poussières, particules*) schwebend ▶ **suspension d'audience** Vertagung *f*.
suspicieux, -euse [syspisjø, jøz] *adj* mißtrauisch.
suspicion [syspisjɔ̃] *nf* Verdacht *m*.
sustentation [systɑ̃tasjɔ̃] *nf* (*AVIAT*) Auftrieb *m*.
sustenter [systɑ̃te]: **se** ~ *vpr* (*hum*) sich stärken.
susurrer [sysyʀe] *vt* flüstern.
sut [sy] *vb voir* **savoir**.
suture [sytyʀ] *nf*: **point de** ~ Stich *m*.
suturer [sytyʀe] *vt* nähen.
suzeraineté [syz(ə)ʀɛnte] *nf* Lehnsheit *f*.
svelte [svɛlt] *nf* schlank.
SVP [ɛsvepe] *sigle* (= *s'il vous plaît*) bitte.
Swaziland [swazilɑ̃d] *nm*: **le** ~ Swasiland *nt*.
syllabe [si(l)lab] *nf* Silbe *f*.
sylphide [silfid] *nf* (*fig*) Elfe *f*.
sylvestre [silvɛstʀ] *adj*: **pin** ~ Föhre *f*.
sylvicole [silvikɔl] *adj* forstwirtschaftlich.
sylviculture [silvikyltyʀ] *nf* Forstwirtschaft *f*.
symbole [sɛ̃bɔl] *nm* Symbol *nt*; ~ **graphique** (*INFORM*) grafisches Symbol.
symbolique [sɛ̃bɔlik] *adj* symbolisch ♦ *nf* Symbolik *f*.
symboliquement [sɛ̃bɔlikmɑ̃] *adv* symbolisch.
symboliser [sɛ̃bɔlize] *vt* symbolisieren.
symétrie [simetʀi] *nf* Symmetrie *f*; **axe/centre de** ~ Symmetrieachse *f*/-zentrum *nt*.
symétrique [simetʀik] *adj* symmetrisch.
symétriquement [simetʀikmɑ̃] *adv* symmetrisch.
sympa [sɛ̃pa] (*fam*) *adj inv voir* **sympathique**.
sympathie [sɛ̃pati] *nf* Sympathie *f*; **avoir de la** ~ **pour qn** Sympathie für jdn empfinden, jdn sympathisch finden; **témoignages de** ~ Beileidsbekundungen *pl*; **croyez à toute ma** ~ mein aufrichtiges Beileid.
sympathique [sɛ̃patik] *adj* sympathisch; (*déjeuner, endroit etc*) nett.
sympathisant, e [sɛ̃patizɑ̃, ɑ̃t] *nm/f* Sympathi-

sant(in) *m(f)*.
sympathiser [sɛ̃patize] *vi* (*s'entendre*) sich gut verstehen; (*se fréquenter*) freundschaftlichen Umgang haben; **ils ont tout de suite sympathisé** sie verstanden sich auf Anhieb.
symphonie [sɛ̃fɔni] *nf* Symphonie *f*, Sinfonie *f*.
symphonique [sɛ̃fɔnik] *adj* sinfonisch.
symposium [sɛ̃pozjɔm] *nm* Symposium *nt*.
symptomatique [sɛ̃ptɔmatik] *adj* symptomatisch; ~ **de** symptomatisch für.
symptôme [sɛ̃ptom] *nm* Symptom *nt*.
synagogue [sinagɔg] *nf* Synagoge *f*.
synchrone [sɛ̃kʀon] *adj* synchron.
synchronique [sɛ̃kʀonik] *adj*: **tableau** ~ Tabelle *f* zeitgleicher Ereignisse.
synchronisation [sɛ̃kʀonizasjɔ̃] *nf* Synchronisierung *f*.
synchronisé, e [sɛ̃kʀonize] *adj* synchronisiert.
synchroniser [sɛ̃kʀonize] *vt* synchronisieren, abstimmen; (*film*) synchronisieren.
syncope [sɛ̃kɔp] *nf* (*MÉD*) Ohnmacht *f*; (*MUS*) Synkope *f*; **tomber en** ~ in Ohnmacht fallen.
syncopé, e [sɛ̃kɔpe] *adj* synkopisch.
syndic [sɛ̃dik] *nm* (*d'immeuble*) Verwalter *m*.
syndical, e, -aux [sɛ̃dikal, o] *adj* gewerkschaftlich, Gewerkschafts-; (*tarif*) Gewerkschafts-; **centrale** ~**e** Gewerkschaftshaus *nt*.
syndicalisme [sɛ̃dikalism] *nm* (*mouvement, doctrine*) Gewerkschaftsbewegung *f*; (*activités*) gewerkschaftliche Betätigung *f*.
syndicaliste [sɛ̃dikalist] *nm/f* Gewerkschaftler(in) *m(f)*.
syndicat [sɛ̃dika] *nm* Gewerkschaft *f*; (*non professionnel*) Verband *m* ▶ **syndicat d'initiative** Fremdenverkehrsbüro *nt* ▶ **syndicat de producteurs** Produktionsgemeinschaft *f* ▶ **syndicat de propriétaires** Eigentümerverband *m* ▶ **syndicat patronal** Arbeitgebervereinigung *f*.
syndiqué, e [sɛ̃dike] *adj* gewerkschaftlich organisiert; **non** ~ nicht gewerkschaftlich organisiert.
syndiquer [sɛ̃dike]: **se** ~ *vpr* sich gewerkschaftlich organisieren; (*adhérer*) in eine/die Gewerkschaft eintreten.
syndrome [sɛ̃dʀom] *nm* Syndrom *nt*.
synergie [sinɛʀʒi] *nf* Synergismus *m*.
synode [sinɔd] *nm* Synode *f*.
synonyme [sinɔnim] *adj* synonym ♦ *nm* Synonym *nt*; **être** ~ **de** synonym sein mit.
synopsis [sinɔpsis] *nf ou m* (*CINÉ*) Abriß *m* der Handlung.
synoptique [sinɔptik] *adj*: **tableau** ~ Übersicht(stabelle) *f*.
synovie [sinɔvi] *nf*: **épanchement de** ~ Ansammlung von Wasser im Kniegelenk.
syntaxe [sɛ̃taks] *nf* Syntax *f*, Satzbau *m*.
synthèse [sɛ̃tɛz] *nf* Synthese *f*; **faire la** ~ **de** (*résumer*) etw zusammenfassen; **avoir l'esprit de** ~ einen Sinn für das Wesentliche haben.
synthétique [sɛ̃tetik] *adj* synthetisch.
synthétiser [sɛ̃tetize] *vt* (*faits, éléments*) zusammenfassen.

synthétiseur [sɛ̃tetizœʀ] *nm* Synthesizer *m*.
syphilis [sifilis] *nf* Syphilis *f*.
syphilitique [sifilitik] *adj* syphilitisch.
Syrie [siʀi] *nf*: **la** ~ Syrien *nt*.
syrien, ne [siʀjɛ̃, jɛn] *adj* syrisch ♦ *nm/f*: S~, ne Syrier(in) *m(f)*.
systématique [sistematik] *adj* systematisch.
systématiquement [sistematikmɑ̃] *adv* systematisch.
systématiser [sistematize] *vt* systematisieren.
système [sistɛm] *nm* System *nt*; **le** ~ **D** (*fam*) Einfallsreichtum *m*; ~ **décimal** Dezimalsystem *nt*; ~ **expert** Expertensystem *nt*; ~ **d'exploitation à disques** Diskettenlaufwerk *nt*; ~ **métrique** metrisches System; ~ **nerveux** Nervensystem *nt*; ~ **solaire** Sonnensystem *nt*.

T, t

T, t¹ [te] *nm inv* (*lettre*) T, t *nt*; ~ **comme Thérèse** ≈ T wie Theodor.
t² *abr* (= *tonne*) t.
t' [t] *pron voir* **te**.
ta [ta] *adj possessif voir* **ton¹**.
tabac [taba] *nm* Tabak *m* ♦ *adj inv*: (**couleur**) ~ tabakbraun; **passer qn à** ~ (*fam*: *battre*) jdn verprügeln; **faire un** ~ (*fam*) groß einschlagen; (**débit** *ou* **bureau de**) ~ Tabakwaren- und Zeitungshandlung *f* ▶ **tabac à priser** Schnupftabak *m* ▶ **tabac blond** heller Tabak ▶ **tabac brun** dunkler Tabak ▶ **tabac gris** Shag *m*.
tabagie [tabaʒi] *nf* Raucherhöhle *f*.
tabagisme [tabaʒism] *nm* Nikotinabhängigkeit *f*.
tabasser [tabase] *vt* (*fam*) verdreschen.
tabatière [tabatjɛʀ] *nf* Schnupftabakdose *f*.
tabernacle [tabɛʀnakl] *nm* Tabernakel *m*.
table [tabl] *nf* Tisch *m*; (*invités*) Tischgesellschaft *f*; (*liste*) Verzeichnis *nt*; (*numérique*) Tabelle *f*; **à** ~! zu Tisch!, (das) Essen ist fertig!; **se mettre à** ~ sich zu Tisch setzen; (*fam*: *parler*) auspacken; **mettre** *ou* **dresser/desservir la** ~ den Tisch decken/abdecken; **faire** ~ **rase de** Tabula rasa machen mit ▶ **table à repasser** Bügelbrett *nt* ▶ **table basse** Couchtisch *m* ▶ **table d'écoute** Abhörgerät *nt*; **être sur** ~ **d'écoute** abgehört werden ▶ **table d'harmonie** Schallbrett *nt* ▶ **table de chevet** Nachttisch(chen *nt*) *m* ▶ **table de cuisson** Kochplatte *f* ▶ **table de lecture** (*MUS*) Plattenteller *m* ▶ **table de multiplication** Multiplikationstabelle *f ou* -tafel *f* ▶ **table de nuit** Nachttisch(chen) *m* ▶ **table de toilette** Waschtisch *m* ▶ **table des matières** Inhaltsverzeichnis *nt*

▶**table ronde** (*débat*) runder Tisch ▶**table roulante** Teewagen *m* ▶**table traçante** (*INFORM*) Plotter *m*.

tableau, x [tablo] *nm* (*ART*) Bild *nt*, Gemälde *nt*; (*reproduction*) Bild; (*description*) Schilderung *f*; (*panneau*) Tafel *f*; (*schéma*) Tabelle *f* ▶**tableau chronologique** chronologische Übersicht *f* ▶**tableau d'affichage** Anschlagbrett *nt* ▶**tableau de bord** Armaturenbrett *nt* ▶**tableau de chasse** Strecke *f* ▶**tableau de contrôle** Kontrolltafel *f* ▶**tableau noir** schwarzes Brett *nt*.

tablée [table] *nf* Tischgesellschaft *f*.

tabler [table] *vi*: ~ **sur** rechnen mit.

tablette [tablɛt] *nf* (*planche*) Regalbrett *nt* ▶**tablette de chocolat** Tafel *f* Schokolade.

tableur [tablœʀ] *nm* (*INFORM*) Tabelle *f*.

tablier [tablije] *nm* Schürze *f*.

tabou, e [tabu] *adj* tabu ♦ *nm* Tabu *nt*.

tabouret [tabuʀɛ] *nm* Schemel *m*, Hocker *m*.

tabulateur [tabylatœʀ] *nm* Tabulator *m*.

tac [tak] *nm*: **répondre du ~ au ~** mit gleicher Münze zurückzahlen.

tache [taʃ] *nf* Fleck *m*; (*de couleur, lumière*) Klecks *m*; **faire ~ d'huile** schnell um sich greifen ▶**taches de rousseur** *ou* **de son** Sommersprossen *pl* ▶**tache de vin** (*sur la peau*) Geburtsmal *nt*.

tâche [taʃ] *nf* Aufgabe *f*; **travailler à la ~** im Stücklohn arbeiten.

tacher [taʃe] *vt* schmutzig *ou* fleckig machen, beschmutzen; (*fig*) beflecken, beschmutzen; **se tacher** *vpr* (*fruits*) Flecken bekommen.

tâcher [taʃe] *vi*: ~ **de faire qch** versuchen, etw zu machen.

tâcheron [taʃ(ə)ʀɔ̃] *nm* (*péj*) Malocher *m*.

tacheté, e [taʃte] *adj*: ~ **(de)** gesprenkelt (mit).

tachisme [taʃism] *nm* Tachismus *m*.

tachiste [taʃist] *nm* Tachist *m*.

tachygraphe [takigʀaf] *nm* Tachograph *m*.

tachymètre [takimɛtʀ] *nm* Tachometer *m*.

tacite [tasit] *adj* stillschweigend.

tacitement [tasitmɑ̃] *adv* stillschweigend.

taciturne [tasityʀn] *adj* schweigsam.

tacot [tako] (*fam*) *nm* Karre *f*.

tact [takt] *nm* Takt *m*, Feingefühl *nt*; **avoir du ~** taktvoll sein, Takt haben.

tacticien, ne [taktisjɛ̃, jɛn] *nm/f* Taktiker(in) *m(f)*.

tactile [taktil] *adj* Tast-.

tactique [taktik] *adj* taktisch ♦ *nf* Taktik *f*.

taffetas [tafta] *nm* Taft *m*.

Tahiti [taiti] *nf* Tahiti *nt*.

tahitien, ne [taisjɛ̃, jɛn] *adj* tahitianisch ♦ *nm/f*: **T~, ne** Tahitianer(in) *m(f)*.

taie [tɛ] *nf*: ~ **(d'oreiller)** Kopfkissenbezug *m*.

taillader [tajade] *vt* (*table etc*) einritzen; **se ~ le menton en se rasant** sich *dat* beim Rasieren ins Kinn schneiden.

taille [taj] *nf* (*grandeur, grosseur*) Größe *f*; (: de vêtement: *milieu du corps*) Taille *f*; (*de pierre*) Behauen *nt*; (*de diamant*) Schleifen *nt*; (*de*

plante, arbre) Beschneiden *nt*; **être de ~ à faire qch** imstande *ou* fähig sein, etw zu tun; **de ~** von Format; **quelle ~ faites-vous?** welche Größe haben Sie?

taillé, e [taje] *adj* (*arbre*) beschnitten; (*moustache*) gestutzt; ~ **pour** wie gemacht *ou* geschaffen für; ~ **en pointe** spitz zugeschnitten.

taille-crayon(s) [tajkʀɛjɔ̃] *nm inv* Bleistiftspitzer *m*.

tailler [taje] *vt* (*pierre*) behauen; (*diamant*) schneiden, schleifen; (*arbre, plante*) beschneiden; (*vêtement*) zuschneiden; (*crayon*) anspitzen ♦ *vi*: ~ **dans la chair/le bois** ins Fleisch/Holz schneiden; **se tailler** *vpr* (*barbe*) sich *dat* stutzen; (*victoire, réputation*) sich *dat* verschaffen; (*fam*: *s'enfuir*) abhauen; ~ **grand/petit** (*vêtement*) groß/klein ausfallen.

tailleur [tajœʀ] *nm* (*couturier*) Schneider *m*; (*vêtement*) Kostüm *nt*; **en ~** (*assis*) im Schneidersitz ▶**tailleur de diamants** Diamantenschleifer *m*.

tailleur-pantalon [tajœʀpɑ̃talɔ̃] (*pl* ~**s**-~**s**) *nm* Hosenanzug *m*.

taillis [taji] *nm* Dickicht *nt*.

tain [tɛ̃] *nm* (*d'une glace*) Belag *m*; **glace sans ~** Spiegel, durch den man von einer Seite hindurch sehen kann.

taire [tɛʀ] *vt* für sich behalten ♦ *vi*: **faire ~ qn** jdn zum Schweigen bringen; **se taire** *vpr* (*ne pas parler, s'abstenir de s'exprimer*) schweigen; (*s'arrêter de parler ou de crier; bruit, voix*) verstummen; **tais-toi!** sei ruhig!, Ruhe! **taisez-vous!** seid ruhig!, Ruhe!

Taiwan [tajwan] *n* Taiwan *nt*.

talc [talk] *nm* Talkum(puder *m*) *nt*.

talé, e [tale] *adj* (*fruit*) mit Druckstellen.

talent [talɑ̃] *nm* Talent *nt*; **avoir du ~** Talent haben.

talentueux, -euse [talɑ̃tɥø, øz] *adj* talentiert, begabt.

talion [taljɔ̃] *nm*: **la loi du ~** Auge um Auge, Zahn um Zahn.

talisman [talismɑ̃] *nm* Talisman *m*.

talkie-walkie [tokiwoki] (*pl* ~**s**-~**s**) *nm* Walkie-Talkie *nt*.

taloche [talɔʃ] *nf* (*fam*: *claque*) Ohrfeige *f*; (*TECH*) Reibebrett *nt* (*für Putz*).

talon [talɔ̃] *nm* (*ANAT*) Ferse *f*; (*de chaussure, chaussette*) Absatz *m*; (*de jambon, pain*) Ende *nt*, Kanten *m*; (*de chèque, billet*) Abschnitt *m*; **être sur les ~s de qn** jdm auf den Fersen folgen *ou* sein; **tourner les ~s** auf dem Absatz kehrtmachen; **montrer les ~s** Fersengeld geben ▶**talons aiguilles** Pfennigabsätze *pl* ▶**talons plats** flache Absätze *pl*.

talonner [talɔne] *vt* (*voiture, concurrent*) dicht folgen +*dat*, verfolgen; (*cheval*) die Fersen geben +*dat*; (*harceler*) hart verfolgen; (*RUGBY*) hetzen.

talonnette [talɔnɛt] *nf* (*de chaussure*) Absatz *m*.

talquer [talke] *vt* (mit Talkum) einpudern.

talus [taly] *nm* Abhang *m* ▶**talus de déblai** Abhang m ▶ **talus de remblai** Böschung f.

tamarin [tamaʀɛ̃] nm Tamarinde f.

tambour [tɑ̃buʀ] nm Trommel f; (musicien) Trommler m; (porte) Drehtür f; **sans ~ ni trompette** sang- und klanglos.

tambourin [tɑ̃buʀɛ̃] nm Tamburin nt.

tambouriner [tɑ̃buʀine] vi: ~ **contre** trommeln gegen ou an +acc.

tambour-major [tɑ̃buʀmaʒɔʀ] (pl ~s-~s) nm Tambourmajor m.

tamis [tami] nm Sieb nt.

Tamise [tamiz] nf Themse f.

tamisé, e [tamize] adj (fig) gedämpft.

tamiser [tamize] vt sieben.

tampon [tɑ̃pɔ̃] nm (en coton) Wattebausch m; (hygiénique) Tampon m; (bouchon) Stöpsel m; (timbre) Stempel m; (amortisseur) Puffer m; (INFORM) Pufferspeicher m ▶ **tampon à récurer** Topfschwamm m ▶ **tampon buvard** Löscher m ▶ **tampon encreur** Stempelkissen nt.

tamponner [tɑ̃pɔne] vt (essuyer) abtupfen; (avec un timbre) stempeln; (heurter) zusammenstoßen mit; **se tamponner** vpr (voitures) zusammenstoßen, aufeinanderfahren.

tamponneuse [tɑ̃pɔnøz] adj f: **autos ~s** Autoselbstfahrer pl, Autoskooter pl.

tam-tam [tamtam] (pl ~-~s) nm Tamtam nt.

tancer [tɑ̃se] vt ausschimpfen.

tanche [tɑ̃ʃ] nf Schleie f.

tandem [tɑ̃dɛm] nm Tandem nt; (fig) (Zwie)gespann nt.

tandis [tɑ̃di] conj: ~ **que** während.

tangage [tɑ̃gaʒ] nm Stampfen nt.

tangent, e [tɑ̃ʒɑ̃, ɑ̃t] adj (MATH) tangential ♦ nf (MATH) Tangente f; **c'était** ~ (fam) es war knapp.

Tanger [tɑ̃ʒe] n Tanger m.

tangible [tɑ̃ʒibl] adj greifbar.

tango [tɑ̃go] nm Tango m ♦ adj inv (couleur) leuchtend orange.

tanguer [tɑ̃ge] vi (NAUT) stampfen.

tanière [tanjɛʀ] nf Höhle f.

tanin [tanɛ̃] nm Gerbsäure f; (du vin) Tannin m.

tank [tɑ̃k] nm (char) Panzer m; (citerne) Tank m.

tanker [tɑ̃kœʀ] nm Tanker m.

tannage [tanaʒ] nm Gerben nt.

tanner [tane] vt gerben; (fam: harceler) auf die Nerven gehen.

tannerie [tanʀi] nf Gerberei f.

tanneur [tanœʀ] nm Gerber m.

tant [tɑ̃] adv so viel, so sehr; ~ **de** (sable, eau etc) so viel; (gens, livres etc) so viele; ~ **que** (tellement) so, daß; (aussi longtemps que) solange; ~ **mieux** so besser; ~ **mieux pour lui** um so besser für ihn; ~ **pis** macht nichts; ~ **pis pour lui** Pech für ihn; **s'il est un** ~ **soit peu subtil, il comprendra** wenn er nur ein bißchen Verstand hat, wird er das verstehen; ~ **bien que mal** einigermaßen; ~ **s'en faut** weit gefehlt; **ce n'est pas** ~ **leur maison qui me plaît que leur jardin** es ist nicht so sehr ihr Haus, das mir gefällt, sondern ihr Garten; **les en-**

fants, ~ **filles que garçons** alle Kinder, sowohl die Mädchen als auch die Jungen.

tante [tɑ̃t] nf Tante f.

tantinet [tɑ̃tinɛ] nm: **un** ~ ein kleines bißchen.

tantôt [tɑ̃to] adv (cet après-midi) heute nachmittag; ~ ... ~ manchmal ... manchmal, bald ... bald.

Tanzanie [tɑ̃zani] nf: **la** ~ Tansania nt.

TAO [teao] sigle f (= traduction assistée par ordinateur) computergestützte Übersetzung f.

taon [tɑ̃] nm Bremse f.

tapage [tapaʒ] nm (bruit) Lärm m, Krawall m ▶ **tapage nocturne** (JUR) nächtliche Ruhestörung f.

tapageur, -euse [tapaʒœʀ, øz] adj (personnes) lärmend, laut; (toilette) schrill, auffällig; (publicité) schreiend.

tape [tap] nf Klaps m.

tape-à-l'œil [tapalœj] adj inv protzig.

taper [tape] vt (personne) schlagen; (porte) zuschlagen, zuknallen; (dactylographier: lettre, cours) tippen, schreiben; (INFORM) eintippen, eingeben ♦ vi (soleil) stechen; **se taper** vpr (fam: travail) am Hals haben; (: boire, manger) verschlingen; ~ **qn de 10 francs** (fam) jdn um 10 Francs anpumpen; ~ **sur qn** jdn verhauen; (fig) jdn schlechtmachen; ~ **sur qch** auf etw +acc schlagen; ~ **à la porte** an die Tür klopfen; ~ **dans** (fam: se servir) anzapfen; ~ **des mains** in die Hände klatschen; ~ **des pieds** mit den Füßen trampeln ou stampfen; ~ **(à la machine)** (mit der Maschine) tippen, maschineschreiben.

tapi, e [tapi] pp de **tapir**.

tapinois [tapinwa] nm: **en** ~ heimlich.

tapioca [tapjɔka] nm Tapioka f.

tapir [tapiʀ]: **se** ~ vpr (se blottir) kauern; (se cacher) sich verstecken.

tapis [tapi] nm Teppich m; (de table, de jeu) Tuch nt; **être sur le** ~ (fig) auf der Tagesordnung sein; **mettre sur le** ~ aufs Tapet bringen; **aller/envoyer au** ~ (BOXE) zu Boden gehen/schicken ▶ **tapis de sol** Bodenplane f ▶ **tapis roulant** Fließband nt.

tapis-brosse [tapibʀɔs] (pl ~-~s) nm Fußmatte f.

tapisser [tapise] vt tapezieren; ~ **(de)** beziehen (mit).

tapisserie [tapisʀi] nf (papier peint) Tapete f; (tenture) Wandteppich m; (: travail) Teppichweberei f; (broderie) Gobelinarbeit f; (: travail) (Gobelin)sticken nt; **faire** ~ (fig) ein Mauerblümchen sein.

tapissier, -ière [tapisje, jɛʀ] nm/f (aussi: ~-décorateur) Tapezierer m.

tapoter [tapɔte] vt (frapper) leicht klopfen auf +acc.

taquet [takɛ] nm (coin, cale) Keil m; (cheville, butée) Pflock m.

taquin, e [takɛ̃, in] adj schelmisch, neckisch.

taquiner [takine] vt necken.

taquinerie [takinʀi] nf Neckerei f.

tarabiscoté, e [taʀabiskɔte] adj überladen.

tarabuster [taʀabyste] *vt* (*inquiéter*) Sorgen machen +*dat*.

tarama [taʀama] *nm* Taramasalata *f*.

tarauder [taʀode] *vt* (*plaque, écrou*) ein Loch bohren in +*acc*; (*vis, boulon*) ein Gewinde schneiden in +*acc*; (*fig*) zusetzen +*dat*.

tard [taʀ] *adv* spät ♦ *nm*: **sur le** ~ spät im Leben; **au plus** ~ spätestens; **plus** ~ später.

tarder [taʀde] *vi* (*chose*) lange auf sich *acc* warten lassen ♦ *vb impers*: **il me tarde de le revoir** ich kann es kaum erwarten, ihn wiederzusehen; ~ **à faire qch** es lange herausschieben, etw zu tun; **sans (plus)** ~ ohne (weitere) Verzögerung.

tardif, -ive [taʀdif, iv] *adj* spät; (*regrets*) verspätet.

tardivement [taʀdivmã] *adv* spät.

tare [taʀ] *nf* (*poids*) Tara *f*; (*défaut*) Schaden *m*.

targette [taʀʒɛt] *nf* Riegel *m*.

targuer [taʀge]: **se** ~ **de** *vpr* sich rühmen +*gén*.

tarif [taʀif] *nm* (*liste*) Preisliste *f*; (*prix*) Preis *m*; **voyager à plein** ~**/à** ~ **réduit** zum vollen/zu einem reduzierten Preis fahren.

tarifaire [taʀifɛʀ] *adj* Tarif-, tariflich.

tarifer [taʀife] *vt* einen Tarif festsetzen für.

tarification [taʀifikasjɔ̃] *nf* Festlegung *f* eines Tarifs.

tarir [taʀiʀ] *vi* versiegen ♦ *vt* (*source*) austrocknen; (*fig*) erschöpfen.

tarot(s) [taʀo] *nm* Tarot *nt*.

tartare [taʀtaʀ] *adj*: **sauce** ~ ≈ Remouladensoße *f*; **steak** ~ Steak Tartare *nt*.

tarte [taʀt] *nf* Kuchen *m* ▶ **tarte à la crème** Sahnetorte *f* ▶ **tarte aux pommes/abricots** Apfel-/Aprikosenkuchen *m*.

tartelette [taʀtəlɛt] *nf* Törtchen *nt*.

tartine [taʀtin] *nf* (*de pain*) Schnitte *f*, Butterbrot *nt* ▶ **tartine beurrée** Butterbrot *nt* ▶ **tartine de** *ou* **au miel** Honigbrot *nt*.

tartiner [taʀtine] *vt* streichen; (*pain*) bestreichen; **fromage à** ~ Streichkäse *m*.

tartre [taʀtʀ] *nm* (*des dents*) Zahnstein *m*; (*de chaudière*) Kesselstein *m*.

tas [tɑ] *nm* Haufen *m*; **un** ~ **de** (*fam*) eine Menge, ein Haufen; **en** ~ auf einem Haufen; **dans le** ~ (*fig*) darunter; **formé sur le** ~ am Arbeitsplatz ausgebildet.

Tasmanie [tasmani] *nf*: **la** ~ Tasmanien *nt*.

tasmanien, ne [tasmanjɛ̃, jɛn] *adj* tasmanisch.

tasse [tɑs] *nf* Tasse *f*; **boire la** ~ (*en nageant*) Wasser schlucken ▶ **tasse à café** Kaffeetasse *f* ▶ **tasse à thé** Teetasse *f*.

tassé, e [tɑse] *adj*: **bien** ~ (*café*) stark.

tasseau, x [tɑso] *nm* Holzleiste *f*.

tassement [tɑsmã] *nm* (*ÉCON*) Rückgang *m*; (*de vertèbres*) Zusammendrücken *nt*.

tasser [tɑse] *vt* (*terre, neige*) festtreten, feststampfen; (*entasser*) stopfen; **se tasser** *vpr* (*sol, terrain*) sich setzen; (*personne avec l'âge*) zusammenfallen; (*problème*) sich geben.

tâter [tɑte] *vt* abtasten; **se tâter** *vpr* (*hésiter*) sich *dat* unschlüssig sein; ~ **de** (*prison etc*) er-

fahren; ~ **le terrain** das Gelände *ou* Terrain sondieren.

tatillon, ne [tatijɔ̃, ɔn] *adj* pedantisch, pingelig.

tâtonnement [tatɔnmã] *nm*: **par** ~**s** (*fig*) durch Probieren.

tâtonner [tatɔne] *vi* herumtappen; (*fig*) im Dunkeln tappen.

tâtons [tatɔ̃]: **à** ~ *adv*: **chercher à** ~ tasten nach; **avancer à** ~ sich vorantasten.

tatouage [tatwaʒ] *nm* (*dessin*) Tätowierung *f*; (*action*) Tätowieren *nt*.

tatouer [tatwe] *vt* tätowieren.

taudis [todi] *nm* Bruchbude *f*.

taule [tol] (*fam*) *nf* Kittchen *nt*.

taupe [top] *nf* (*ZOOL*) Maulwurf *m*; (*peau*) Maulwurfsfell *nt*; (*fam: espion*) Geheimagent *m*.

taupinière [topinjɛʀ] *nf* Maulwurfshügel *m*.

taureau, x [tɔʀo] *nm* Stier *m*; **être du T**~ (*ASTROL*) Stier sein.

taurillon [tɔʀijɔ̃] *nm* Stierkalb *nt*.

tauromachie [tɔʀɔmaʃi] *nf* Stierkampf *m*.

taux [to] *nm* (*proportion*) Rate *f*; (*prix*) Preis *m*; ~ **d'alcool** (*dans le sang*) Alkoholspiegel *m* ▶ **taux d'escompte** Diskontsatz *m* ▶ **taux d'intérêt** Zinssatz *m*, Zinsfuß *m* ▶ **taux de mortalité** Sterblichkeitsrate *f ou* -ziffer *f*.

tavelé, e [tav(ə)le] *adj* (*fruit*) mit Druckstellen.

taverne [tavɛʀn] *nf* Gasthaus *nt*.

taxable [taksabl] *adj* versteuerbar.

taxation [taksasjɔ̃] *nf* Besteuerung *f*.

taxe [taks] *nf* (*contribution*) Abgabe *f*; (*impôt*) Steuer *f*; (*douanière*) Zoll *m*; **toutes** ~**s comprises** alle Abgaben inklusive ▶ **taxe à** *ou* **sur la valeur ajoutée** Mehrwertsteuer *f* ▶ **taxe de base** (*TÉL*) Grundgebühr *f* ▶ **taxe de séjour** Kurtaxe *f*.

taxer [takse] *vt* besteuern; ~ **qn de qch** (*accuser*) jdn einer Sache *gén* beschuldigen; (*qualifier*) jdn etw nennen.

taxi [taksi] *nm* Taxi *nt*.

taxidermie [taksidɛʀmi] *nf* Taxidermie *f*, Präparieren *nt*.

taxidermiste [taksidɛʀmist] *nm/f* Tierpräparator(in) *m(f)*.

taximètre [taksimɛtʀ] *nm* Taxameter *nt*.

TB [tebe] *abr* (= *très bien*) ≈ sehr gut.

TCF [teseɛf] *sigle m* (= *Touring Club de France*) ≈ ADAC *m*.

Tchad [tʃad] *nm*: **le** ~ (der) Tschad.

tchadien, ne [tʃadjɛ̃, jɛn] *adj* tschadisch ♦ *nm/f*: **T**~, **ne** Tschader(in) *m(f)*.

tchao [tʃao] (*fam*) *excl* tschau, ciao.

tchécoslovaque [tʃekɔslɔvak] *adj* tschechoslowakisch ♦ *nm/f*: **T**~ Tschechoslowake *m*, Tschechoslowakin *f*.

Tchécoslovaquie [tʃekɔslɔvaki] *nf*: **la** ~ die Tschechoslowakei *f*.

tchèque [tʃɛk] *adj* tschechisch ♦ *nm* (*LING*) Tschechisch *nt* ♦ *nm/f*: **T**~ Tscheche *m*, Tschechin *f*; **la République** ~ die Tschechische Republik *f*.

TDF [tedeɛf] *sigle f* (= *Télévision de France*) Fernseh-Aufsichtsgremium.

te [tə] *pron* (*objet direct, accusatif*) dich; (*objet indirect, datif*) dir; **je ~ vois** ich sehe dich; **je ~ le donne** ich gebe es dir.

té [te] *nm* (*de dessinateur*) Reißschiene *f*.

technicien, ne [tɛknisjɛ̃, jɛn] *nm/f* Techniker(in) *m(f)*.

technicité [tɛknisite] *nf* technische Beschaffenheit *f*.

technico-commercial, e, -aux [tɛknikokɔmɛʀsjal, jo] *adj*: **employé ~-~** technisch ausgebildeter Verkäufer *m*.

technique [tɛknik] *adj* technisch ♦ *nf* Technik *f*.

techniquement [tɛknikmã] *adv* technisch.

technocrate [tɛknɔkʀat] *nm/f* Technokrat(in) *m(f)*.

technocratie [tɛknɔkʀasi] *nf* Technokratie *f*.

technocratique [tɛknɔkʀatik] *adj* technokratisch.

technologie [tɛknɔlɔʒi] *nf* Technologie *f*.

technologique [tɛknɔlɔʒik] *adj* technologisch.

technologue [tɛknɔlɔg] *nm/f* Technologe *m*, Technologin *f*.

teck [tɛk] *nm* Teakholz *nt*.

teckel [tekɛl] *nm* Dackel *m*.

TEE [teəə] *sigle m* (= *Trans-Europe-Express*) TEE *m*.

tee-shirt [tiʃœʀt] (*pl ~-~s*) *nm* T-Shirt *nt*.

Téhéran [teeʀã] *n* Teheran *nt*.

teignais *etc* [tɛɲɛ] *vb voir* **teindre**.

teigne [tɛɲ] *vb voir* **teindre** ♦ *nf* (*ZOOL*) Motte *f*; (*MÉD*) Kopfgrind *m*.

teigneux, -euse [tɛɲø, øz] *adj* (*fam: hargneux*) ungenießbar.

teindre [tɛ̃dʀ] *vt* färben; **se teindre** *vpr*: **se ~ (les cheveux)** sich *dat* die Haare färben.

teint, e [tɛ̃, tɛ̃t] *pp de* **teindre** ♦ *adj* gefärbt ♦ *nm* (*du visage: permanent*) Teint *m*; (*momentané*) Farbe *f* ♦ *nf* (*couleur*) Farbe *f*; **grand ~** (*tissu*) farbecht; **bon ~** waschecht; **une ~e de** ein Anflug *ou* Hauch von.

teinté, e [tɛ̃te] *adj* (*verres*) getönt; (*bois*) gebeizt; **~ acajou** auf Mahagoni gebeizt; **~ de pourpre/d'ironie** mit einem Hauch von Purpur/Ironie.

teinter [tɛ̃te] *vt* (*eau, produit*) färben; (*bois*) beizen.

teinture [tɛ̃tyʀ] *nf* (*substance*) Farbe *f*; (: *pour bois*) Beize *f*; (*action*) Färben *nt*; Beizen *nt*; (*MÉD*) Tinktur *f* ▶ **teinture d'iode** Jodtinktur *f* ▶ **teinture d'arnica** Arnikatinktur *f*.

teinturerie [tɛ̃tyʀʀi] *nf* Reinigung *f*.

teinturier, -ière [tɛ̃tyʀje, jɛʀ] *nm/f* Angestellte(r) *f(m)* in einer Reinigung ♦ *nm* (*magasin*) Reinigung *f*.

tel, telle [tɛl] *adj*: **un ~/une ~le** (*pareil*) so ein/so eine; (*indéfini*) ein gewisser/eine gewisse; (*intensif*) ein solcher/eine solche; **~ un miroir** wie ein Spiegel; **~ quel** so; **~ que** so wie.

tél. *abr* (= *téléphone*) Tel.

télé¹ [tele] *nf* (*abr de télévision*) Fernsehen *nt*;

(*poste*) Fernseher *m*; **à la ~** im Fernsehen.

télé² [tele] *préf* Tele-, tele-.

télébenne [telebɛn], **télécabine** [telekabin] *nf* Kabinenbahn *f*.

télécarte [telekaʀt] *nf* Telefonkarte *f*.

télécharger [teleʃaʀʒe] *vt* (in einer elektronischen Mailbox) ablegen.

TELECOM [telekɔm] *abr* (= *Télécommunications*) ≈ Telekom *f*.

télécommande [telekɔmãd] *nf* Fernsteuerung *f*.

télécommander [telekɔmãde] *vt* fernsteuern.

télécommunications [telekɔmynikasjõ] *nfpl* Telekommunikation *f*, Fernmeldewesen *nt*.

télécopie [telekɔpi] *nf* (Tele)fax *nt*.

télécopieur [telekɔpjœʀ] *nm* Faxgerät *nt*.

télédétection [teledetɛksjõ] *nf* Fernerkennung *f*.

télédiffuser [teledifyze] *vt* ausstrahlen, senden.

télédiffusion [teledifyzjõ] *nf* Fernsehsendung *f*.

télédistribution [teledistʀibysjõ] *nf* Kabelfernsehen *nt*.

téléenseignement [teleãsɛɲmã] *nm* Fern(lehr)kurs *m*.

téléférique [telefeʀik] *nm* = **téléphérique**.

téléfilm [telefilm] *nm* Fernsehfilm *m*.

télégramme [telegʀam] *nm* Telegramm *nt* ▶ **télégramme téléphoné** per Telefon durchgegebenes Telegramm.

télégraphe [telegʀaf] *nm* Telegraf *m*.

télégraphie [telegʀafi] *nf* Telegrafie *f*.

télégraphier [telegʀafje] *vt, vi* telegrafieren.

télégraphique [telegʀafik] *adj* telegrafisch; (*style*) Telegramm-.

télégraphiste [telegʀafist] *nm/f* Telegrafenbeamte(r) *f(m)*.

téléguider [telegide] *vt* fernsteuern; (*fig*) aus der Ferne lenken.

téléinformatique [teleɛ̃fɔʀmatik] *nf* Informatik *f* mit Fernzugriff.

télématique [telematik] *nf* Telematik *f*.

téléobjectif [teleɔbʒɛktif] *nm* Teleobjektiv *nt*.

télépathie [telepati] *nf* Telepathie *f*.

téléphérique [telefeʀik] *nm* Seilbahn *f*.

téléphone [telefɔn] *nm* Telefon *nt*; (*appel*) Anruf *m*; **avoir le ~** (ein) Telefon haben; **au ~** am Telefon ▶ **téléphone arabe** Buschtelefon *nt* ▶ **téléphone à touches** Tastentelefon *nt* ▶ **téléphone à carte** Kartentelefon *nt*.

téléphoner [telefɔne] *vi* telefonieren ♦ *vt* (*nouvelle*) telefonisch mitteilen; **~ à qn** jdn anrufen.

téléphonique [telefɔnik] *adj* telefonisch; **cabine/appareil ~** Telefonzelle *f*/-apparat *m*; **conversation/appel/liaison ~** Telefongespräch *nt*/-anruf *m*/-verbindung *f*.

téléphoniste [telefɔnist] *nm/f* Telefonist(in) *m(f)*.

téléprospection [telepʀɔspɛksjõ] *nf* Telefonverkauf *m*.

télescopage [telɛskɔpaʒ] *nm* Ineinanderfahren *nt*, Zusammenstoß *m*.

télescope [telɛskɔp] *nm* Teleskop *nt*.

télescoper [telɛskɔpe] *vt* hineinfahren in +*acc*, zusammenstoßen mit; **se télescoper** *vpr* (*véhicules*) zusammenstoßen.

télescopique [telɛskɔpik] *adj* Teleskop-.

téléscripteur [teleskriptœr] *nm* Fernschreiber *m*.

télésiège [telesjɛʒ] *nm* Sessellift *m*.

téléski [teleski] *nm* Skilift *m*.

téléspectateur, -trice [telespɛktatœr, tris] *nm/f* (Fernseh)zuschauer(in) *m(f)*.

télétexte [teletekst] *nm* Teletext *m*, Bildschirmtext *m*.

télétraitement [teletrɛtmɑ̃] *nm* Fernverarbeitung *f* (*von Daten*).

télétransmission [teletrɑ̃smisjɔ̃] *nf* Datenübertragung *f*.

télétype [teletip] *nm* Fernschreiber *m*.

téléviser [televize] *vt* im Fernsehen senden *ou* übertragen.

téléviseur [televizœr] *nm* Fernseher *m*, Fernsehgerät *nt*.

télévision [televizjɔ̃] *nf* (*système*) Fernsehen *nt*; **(poste de)** ~ Fernsehgerät *nt*, Fernseher *m*; **avoir la** ~ Fernsehen haben; **à la** ~ im Fernsehen ► **télévision par câble** Kabelfernsehen *nt*.

télex [telɛks] *nm* Telex *nt*, Fernschreiben *nt*.

télexer [telɛkse] *vt* per Fernschreiben mitteilen.

télexiste [telɛksist] *nm/f* Angestellte(r) *f(m)* am Fernschreiber.

telle [tɛl] *adj voir* **tel**.

tellement [tɛlmɑ̃] *adv* (*tant*) so sehr, so viel; (*si*) derartig, so; ~ **plus grand/cher (que)** so viel größer/teurer (als); ~ **de** (*sable, eau etc*) so viel; (*gens, livres etc*) so viele; **il était ~ fatigué qu'il s'est endormi** er war so müde, daß er eingeschlafen ist; **il s'est endormi** ~ **il était fatigué** er ist eingeschlafen, so müde war er; **pas** ~ nicht besonders, nicht so sehr; **pas** ~ **fort/lentement** nicht sehr laut/langsam; **il ne mange pas** ~ er ißt nicht besonders viel.

tellurique [telyrik] *adj*: **secousse** ~ Erdstoß *m*.

téméraire [temerɛr] *adj* tollkühn.

témérairement [temerɛrmɑ̃] *adv* tollkühn.

témérité [temerite] *nf* Tollkühnheit *f*.

témoignage [temwaɲaʒ] *nm* (*JUR*) Zeugnis *nt*; (*déclaration*) Zeugenaussage *f*.

témoigner [temwaɲe] *vt* (*manifester*) zeigen, beweisen ♦ *vi* (*JUR*) eine Zeugenaussage machen, als Zeuge aussagen; ~ **que** aussagen *ou* bezeugen, daß; ~ **de** (*confirmer*) bezeugen, beweisen.

témoin [temwɛ̃] *nm* Zeuge *m*, Zeugin *f*; (*SPORT*) Staffelholz *nt* ♦ *adj* Kontroll-, Test-; ~ **le fait que ...** als Beweis dient die Tatsache, daß ...; **être** ~ **de** Zeuge/Zeugin sein von; **prendre à** ~ als Zeugen aufrufen; **appartement** ~ Musterwohnung *f* ► **témoin à charge** Zeuge *m*/ Zeugin *f* der Anklage ► **Témoin de Jéhovah** Zeuge *m*/Zeugin *f* Jehovas ► **témoin de mo-**

ralité Referenz *f* (*für ein Führungszeugnis*) ► **témoin oculaire** Augenzeuge *m*/-zeugin *f*.

tempe [tɑ̃p] *nf* Schläfe *f*.

tempérament [tɑ̃peramɑ̃] *nm* (*caractère*) Temperament *nt*, Naturell *nt*; (*constitution*) Verfassung *f*; **à** ~ (*vente*) Teilzahlungs-; **avoir du** ~ Temperament haben, temperamentvoll sein.

tempérance [tɑ̃perɑ̃s] *nf* Enthaltsamkeit *f*; **société de** ~ Temperenzlervereinigung *f*.

tempérant, e [tɑ̃perɑ̃, ɑ̃t] *adj* gemäßigt.

température [tɑ̃peratyr] *nf* Temperatur *f*; (*MÉD*) Fieber *nt*; **prendre la** ~ **de** die Temperatur messen bei; (*fig*) die Stimmung erkunden bei; **avoir** *ou* **faire de la** ~ Fieber ou erhöhte Temperatur haben; **courbe de** ~ Fieberkurve *f*.

tempéré, e [tɑ̃pere] *adj* gemäßigt.

tempérer [tɑ̃pere] *vt* (*ardeur, passions*) mäßigen, mildern.

tempête [tɑ̃pɛt] *nf* Sturm *m*, Unwetter *nt*; (*fig*) Sturm ► **tempête d'injures** Hagel *m* von Beschimpfungen ► **tempête de neige** Schneesturm *m* ► **tempête de sable** Sandsturm *m*.

tempêter [tɑ̃pete] *vi* toben, wettern.

temple [tɑ̃pl] *nm* Tempel *m*; (*protestant*) Kirche *f*.

tempo [tɛmpo] *nm* Tempo *nt*.

temporaire [tɑ̃pɔrɛr] *adj* vorübergehend; (*travail*) Zeit-.

temporairement [tɑ̃pɔrɛrmɑ̃] *adv* zeitweilig, vorübergehend.

temporel, le [tɑ̃pɔrɛl] *adj* (*REL*) weltlich; (*LING*) zeitlich, Zeit-; (*PHILOS*) zeitlich.

temporisateur, -trice [tɑ̃pɔrizatœr, tris] *adj* Verzögerungs-.

temporisation [tɑ̃pɔrizasjɔ̃] *nf* Verzögerung *f*.

temporiser [tɑ̃pɔrize] *vi* Zeit schinden.

temps [tɑ̃] *nm* Zeit *f*; (*atmosphériques, conditions*) Wetter *nt*; (*MUS*) Takt *m*; **les** ~ **changent/sont durs** die Zeiten ändern sich/sind hart; **il fait beau/mauvais** ~ es ist schönes/schlechtes Wetter; **passer/employer son** ~ **à faire qch** seine Zeit damit verbringen/dazu verwenden, etw zu tun; **avoir le** ~/**tout le** ~/**juste le** ~ Zeit/viel Zeit/gerade genug Zeit haben; **avoir du** ~ **de libre** Zeit haben; **avoir fait son** ~ seine beste Zeit hinter sich *dat* haben; **en** ~ **de paix/guerre** in Friedens-/Kriegszeiten; **en** ~ **utile** *ou* **voulu** zu gegebener Zeit; **de** ~ **en** ~, **de** ~ **à autre** von Zeit zu Zeit, dann und wann; **en même** ~ zur gleichen Zeit, gleichzeitig; **à** ~ rechtzeitig; **pendant ce** ~ währenddessen; **à plein/mi-**~ (*travailler*) ganztags/halbtags; **à** ~ **partiel** (*travailler*) Teilzeit-; (*travail*) Teilzeit-; **moteur à quatre** ~ Viertaktmotor *m*; **dans le** ~ früher; **de tout** ~ seit jeher, schon immer; **au** *ou* **du** ~ **où** zur Zeit, als ► **temps d'accès** (*INFORM*) Zugriffszeit *f* ► **temps d'arrêt** Pause *f* ► **temps de pose** (*PHOTO*) Belichtungszeit *f* ► **temps mort** (*SPORT*) Auszeit *f*; (*COMM*) Flaute *f*; (*dans la conversation*) Pause *f* ► **temps partagé** (*IN-*

FORM) Timesharing *nt* ▶ **temps réel** (*INFORM*) Echtzeit *f*.

tenable [t(ə)nabl] *adj* (*fig*) erträglich.

tenace [tənas] *adj* beharrlich, hartnäckig.

tenacement [tənasmã] *adv* hartnäckig, beharrlich.

ténacité [tenasite] *nf* Hartnäckigkeit *f*, Beharrlichkeit *f*.

tenailler [tənaje] *vt* (*fig*) quälen.

tenailles [tənaj] *nfpl* (*TECH*) Kneifzange *f*.

tenais *etc* [t(ə)nɛ] *vb voir* **tenir**.

tenancier, -ière [tənãsje] *nm/f* Pächter(in) *m(f)*.

tenant, e [tənã, ãt] *adj voir* **séance** ♦ *nm/f*: ~ **du titre** (*SPORT*) Titelhalter(in) *m(f)*; ♦ *nm*: **d'un seul** ~ in einem Stück; **les ~s et les aboutissants** die näheren Umstände *pl*.

tendance [tãdãs] *nf* Tendenz *f*; (*inclination aussi*) Hang *m*; (*de l'art, des prix*) Trend *m*; ~ **à la hausse/baisse** Aufwärts-/Abwärtstrend *m*; **il a ~ à oublier que** er neigt dazu, zu vergessen, daß.

tendanciel, le [tãdãsjɛl] *adj* tendenziell.

tendancieux, -euse [tãdãsjø, jøz] *adj* tendenziös.

tendeur [tãdœʀ] *nm* (*TECH*) Spanner *m*; (*de vélo*) Kettenspanner *m*; (*de câble*) Kabelspanner *m*.

tendineux, -euse [tãdinø, øz] *adj* (*viande*) voller Sehnen.

tendinite [tãdinit] *nf* Sehnenscheidenentzündung *f*.

tendon [tãdɔ̃] *nm* Sehne *f* ▶ **tendon d'Achille** Achillessehne *f*.

tendre [tãdʀ] *adj* zart; (*bois, roche*) weich; (*affectueux*) zärtlich ♦ *vt* (*raidir*) spannen; (: *muscle*) anspannen; ~ **qch à qn** (*présenter*) jdm etw hinhalten; (*offrir*) jdm etw anbieten; (*piège, embuscade*) jdm etw stellen; **se tendre** *vpr* (*corde*) sich spannen; (*relations, atmosphère*) angespannt werden; ~ **à qch** etw anstreben; ~ **à faire qch** danach streben, etw zu tun; ~ **l'oreille** die Ohren spitzen; ~ **la main à qn** jdm die Hand reichen; ~ **la perche à qn** (*en parlant*) jdm ein Stichwort geben; **tendu de soie** mit Seide bespannt.

tendrement [tãdʀəmã] *adv* zärtlich.

tendresse [tãdʀɛs] *nf* Zärtlichkeit *f*; ~**s** *nfpl* Zärtlichkeiten *pl*.

tendu, e [tãdy] *pp de* **tendre** ♦ *adj* (*arc, corde*) gespannt; (*situation, relations*) angespannt.

ténèbres [tenɛbʀ] *nfpl* Finsternis *f*.

ténébreux, -euse [tenebʀø, øz] *adj* (*affaire*) finster.

teneur [tənœʀ] *nf* (*contenu*) Gehalt *m*; (*d'une lettre*) Wortlaut *m* ▶ **teneur en cuivre** Kupfergehalt *m*.

ténia [tenja] *nm* Bandwurm *m*.

tenir [t(ə)niʀ] *vt* halten; (*magasin, hôtel*) haben, führen ♦ *vi* halten; (*neige, gel*) andauern; (*résister*) aushalten; **se tenir** *vpr* (*avoir lieu*) stattfinden ♦ *vb impers*: **ça ne tient qu'à lui** das hängt nur von ihm selbst ab; ~ **à** (*aimer*) hängen an +*dat*; (*avoir pour cause*) herrühren *ou* kommen von; ~ **à faire qch** etw unbedingt tun wollen; ~ **à ce que qn fasse qch** großen Wert darauf legen, daß jd etw macht; ~ **de** (*ressembler à*) ähneln +*dat*; ~ **qn pour** jdn halten für; ~ **qch de qn** etw von jdm haben; ~ **la caisse/les comptes** die Kasse/die Bücher führen; ~ **un rôle** eine Rolle spielen; ~ **de la place** Platz brauchen; ~ **l'alcool** Alkohol gut vertragen; ~ **le coup** durchhalten, es aushalten; ~ **bon** durchhalten; ~ **au chaud** warm halten; ~ **chaud** warm machen; ~ **prêt** bereithalten; ~ **parole** sein Wort halten; ~ **en respect** in Schach halten; ~ **sa langue** den Mund halten; **tiens, voilà le stylo!** hier ist ja der Füller!; **tiens, Pierre!** guck mal, Pierre!; **tiens?** (*surprise*) ach, wirklich?; **tiens-toi bien!** (*fig*) setz dich hin!, mach dich auf was gefaßt!; **se** ~ **debout** sich aufrecht halten; **se** ~ **droit** gerade stehen; **bien/mal se** ~ (*se conduire*) sich gut/schlecht benehmen; **se** ~ **à qch** sich an etw +*dat* festhalten; **s'en** ~ **à qch** sich an etw +*acc* halten.

tennis [tenis] *nm* Tennis *nt*; (*court*) Tennisplatz *m* ♦ *nmpl ou fpl* (*aussi*: **chaussures de** ~) Tennisschuhe *pl* ▶ **tennis de table** Tischtennis *nt*.

tennisman [tenisman] *nm* Tennisspieler *m*.

ténor [tenɔʀ] *nm* Tenor *m*.

tension [tãsjɔ̃] *nf* Spannung *f*; (*MÉD*) Blutdruck *m*; **faire** *ou* **avoir de la** ~ (einen) hohen Blutdruck haben ▶ **tension nerveuse** nervöse Anspannung *f* ▶ **tension raciale** Rassenkonflikte *pl*.

tentaculaire [tãtakylɛʀ] *adj* (*fig*) sich weit ausdehnend.

tentacule [tãtakyl] *nm* (*de pieuvre*) Tentakel *nt ou m*, Fangarm *m*.

tentant, e [tãtã, ãt] *adj* verlockend.

tentateur, -trice [tãtatœʀ, tʀis] *adj* verführerisch ♦ *nm* (*REL*) Versucher *m*.

tentation [tãtasjɔ̃] *nf* Versuchung *f*.

tentative [tãtativ] *nf* Versuch *m* ▶ **tentative d'évasion** Ausbruchsversuch *m* ▶ **tentative de suicide** Selbstmordversuch *m*.

tente [tãt] *nf* Zelt *nt* ▶ **tente à oxygène** Sauerstoffzelt *nt*.

tenter [tãte] *vt* in Versuchung führen; (*essayer*) versuchen; ~ **de faire qch** versuchen, etw zu tun; **être tenté de penser/croire** versucht *ou* in Versuchung sein, zu denken/zu glauben; ~ **sa chance** sein Glück versuchen.

tenture [tãtyʀ] *nf* Wandbehang *m*.

tenu, e [t(ə)ny] *pp de* **tenir** ♦ *adj*: **bien/mal** ~ gut/schlecht geführt ♦ *nf* (*d'hôtel, de magasin, maison*) Führung *f*; (*vêtements*) Kleidung *f*, Aufzug *m*; (*allure*) Haltung *f*; (*comportement*) Benehmen *nt*; **être** ~ **à faire qch** gehalten sein, etw zu tun; **être** ~ **à qch** zu etw verpflichtet sein; **avoir de la** ~**e** (*personne*) gute Manieren haben, sich gut benehmen; (*journal*) Niveau haben ▶ **tenue de combat** Kampfanzug *m* ▶ **tenue de route** (*AUTO*) Straßenlage *f* ▶ **tenue de soirée** Abendkleidung *f* ▶ **te-**

nue de sport Sportkleidung *f* ► **tenue de ville** Straßenbekleidung *f* ► **tenue de voyage** Reisebekleidung*f*.

ténu, e [teny] *adj* fein; *(voix)* schwach.

tenue [teny] *nf voir* **tenu.**

ter [tɛʀ] *adj*: **16** ~ 16 b.

tératogène [teʀatɔʒɛn] *adj* Kindesmißbildungen verursachend.

térébenthine [teʀebɑ̃tin] *nf*: **(essence de)** ~ Terpentin *nt.*

tergal ® [tɛʀgal] *nm* ≈ Trevira ® *nt.*

tergiversations [tɛʀʒivɛʀsasjɔ̃] *nfpl* Ausflüchte *pl.*

tergiverser [tɛʀʒivɛʀse] *vi* Ausflüchte machen.

terme [tɛʀm] *nm (LING)* Ausdruck *m*; *(élément)* Glied *nt*; *(fin)* Ende *nt*; *(échéance)* Frist *f*, Termin *m*; **être en bons/mauvais** ~**s avec qn** mit jdm auf gutem/nicht auf gutem Fuß stehen; **en d'autres** ~**s** anders ausgedrückt; **vente/ achat à** ~ *(COMM)* Terminverkauf *m*/ Terminkauf *m*; **au** ~ **de** am Ende +*gén*; **à court/moyen/long** ~ kurz-/mittel-/langfristig; **accoucher/naître à** ~ fristgemäß gebären/ geboren werden; **naissance avant** ~ Frühgeburt *f*; **naître avant** ~ zu früh geboren werden; **mettre un** ~ **à** ein Ende setzen +*dat*; **toucher à son** ~ auf sein Ende zugehen, seinem Ende zugehen.

terminaison [tɛʀminɛzɔ̃] *nf (LING)* Endung *f*.

terminal, e, -aux [tɛʀminal, o] *adj (partie, phase)* End-, letzte(r, s); *(MED)* unheilbar ♦ *nm* Terminal *m*; *(gare)* Bahnhof *m* ♦ *nf (SCOL)* ≈ Abschlußklasse *f*, Oberprima *f*.

terminer [tɛʀmine] *vt* beenden; *(nourriture)* aufessen; *(boisson)* austrinken; *(être le dernier élément)* abschließen; **se terminer** *vpr* zu Ende sein; **se** ~ **par/en** *(repas, chansons)* aufhören mit; *(pointe, boule)* auslaufen in +*acc.*

terminologie [tɛʀminɔlɔʒi] *nf* Terminologie *f*.

terminus [tɛʀminys] *nm* Endstation *f*.

termite [tɛʀmit] *nm* Termite *f*.

termitière [tɛʀmitjɛʀ] *nf* Termitenhügel *m*.

ternaire [tɛʀnɛʀ] *adj (MATH)* ternär; *(rythme, mesure)* Dreier-.

terne [tɛʀn] *adj (couleur, teint)* matt, trüb; *(personne, style)* matt, langweilig; *(regard, œil)* stumpf.

ternir [tɛʀniʀ] *vt* matt *ou* glanzlos machen; *(fig: honneur, réputation)* beflecken; **se ternir** *vpr* stumpf *ou* glanzlos werden.

terrain [teʀɛ̃] *nm (sol)* Boden *m*; *(parcelle)* Grundstück *nt*; *(fig)* Gebiet *nt*, Bereich *m*; **gagner/perdre du** ~ Boden gewinnen/ verlieren ► **terrain d'atterrissage** Landestreifen *m* ► **terrain d'aviation** Flugplatz *m* ► **terrain d'entente** gemeinsame Grundlage *f* ► **terrain de camping** Zeltplatz *m*, Campingplatz *m* ► **terrain de football** Fußballplatz *m* ► **terrain de golf** Golfplatz *m* ► **terrain de jeu** Spielplatz *m* ► **terrain de rugby** Rugbyfeld *nt* ► **terrain vague** unbebautes Gelände *nt.*

terrasse [teʀas] *nf* Terrasse *f*; *(sur le toit)* Dach-

terrasse *f*; **culture en** ~**s** Terrassenanbau *m*; **à la** ~ *(café)* auf der Terrasse, draußen.

terrassement [teʀasmɑ̃] *nm (activité)* Erdarbeiten *pl*; *(terres creusées)* Erdaufschüttung *f*; *(RAIL)* Bahndamm *m.*

terrasser [teʀase] *vt (sub: adversaire)* niederschlagen; *(: maladie, crise cardiaque etc)* niederstrecken.

terrassier [teʀasje] *nm* Straßenarbeiter *m.*

terre [tɛʀ] *nf* Erde *f*; *(opposé à mer: contrée)* Land *nt*; ~**s** *nfpl (propriété)* Landbesitz *m*, Ländereien *pl*; **La T**~ die Erde; **une** ~ **d'élection/d'exil** ein Wahl-/Exilland *nt*; **travail de la** ~ Landarbeit *f*; **pipe/vase en** ~ Tonpfeife *f*/-vase *f*; **mettre en** ~ *(plante etc)* in den Boden pflanzen, einpflanzen; *(personne)* beerdigen, begraben; **à** *ou* **par** ~ auf dem Boden; *(avec mouvement)* auf den Boden; ~ **à** ~ sachlich, nüchtern ► **terre cuite** Terrakotta *f* ► **la Terre de Feu** Feuerland *nt* ► **la terre ferme** das Festland ► **terre glaise** Ton *m* ► **la Terre promise** das Gelobte Land ► **la Terre Sainte** das Heilige Land.

terreau [teʀo] *nm* Kompost(erde *f*) *m.*

Terre-Neuve [tɛʀnœv] *nf* Neufundland *nt.*

terre-plein [tɛʀplɛ̃] *(pl* ~-~**s)** *nm (sur route)* Mittelstreifen *m.*

terrer [teʀe]: **se** ~ *vpr* sich verkriechen.

terrestre [teʀɛstʀ] *adj (surface, croûte)* Erd-; *(ZOOL, BOT, MIL)* Land-; *(REL)* weltlich, irdisch.

terreur [teʀœʀ] *nf (peur)* Schrecken *m*; **régime/politique de la** ~ Terrorregime *nt*/ -politik *f*.

terreux, -euse [teʀø, øz] *adj (goût, teint, couleur)* erdig; *(légumes, bottes)* mit Erde beschmutzt.

terrible [teʀibl] *adj (affreux)* furchtbar, schrecklich; *(violent)* fürchterlich; **pas** ~ *(fam)* nicht so toll.

terriblement [teʀibləmɑ̃] *adv (très)* furchtbar.

terrien, ne [teʀjɛ̃, jɛn] *nm/f (habitant de la Terre)* Erdbewohner(in) *m(f)*; *(non marin)* Landbewohner(in) *m(f)* ♦ *adj*: **propriétaire** ~ Landbesitzer(in) *m(f).*

terrier [teʀje] *nm (de lapin)* Bau *m*; *(chien)* Terrier *m.*

terrifiant, e [teʀifjɑ̃, jɑ̃t] *adj (effrayant)* erschreckend; *(extraordinaire)* schrecklich.

terrifier [teʀifje] *vt* in Schrecken versetzen.

terril [teʀi(l)] *nm* Halde *f*.

terrine [teʀin] *nf (récipient)* Terrine *f*; *(CULIN)* ≈ Pastete *f*.

territoire [teʀitwaʀ] *nm* Territorium *nt*; *(de pays aussi)* Hoheitsgebiet *nt*; *(de commune, département)* Gebiet *nt*; **les** ~**s d'Outre-mer** die *französischen Überseegebiete.*

territorial, e, -aux [teʀitɔʀjal, jo] *adj* territorial-, Territorial-; **eaux** ~**es** Hoheitsgewässer *pl*; **armée** ~**e** Territorialarmee *f*; **collectivités** ~**es** ≈ Kommunen *pl.*

terroir [teʀwaʀ] *nm (AGR)* Ackerboden *m*; **accent du** ~ ländlicher Akzent *m*; **traditions du** ~ ländliche Bräuche *pl.*

terroriser [teʀɔʀize] *vt* terrorisieren.
terrorisme [teʀɔʀism] *nm* Terrorismus *m*.
terroriste [teʀɔʀist] *nm/f* Terrorist(in)*m(f)* ♦ *adj* terroristisch.
tertiaire [tɛʀsjɛʀ] *adj* (*ÉCON*) Dienstleistungs-; (*GÉO*) Tertiär-, tertiär ♦ *nm* (*ÉCON*) Dienstleistungssektor *m*.
tertiarisation [tɛʀsjaʀizasjɔ̃] *nf* Zunahme *f* des Dienstleistungssektors.
tertre [tɛʀtʀ] *nm* Anhöhe *f*, Hügel *m*.
tes [te] *adj possessif voir* **ton**[1].
tesson [tesɔ̃] *nm*: ~ **de bouteille** Glasscherbe *f*.
test [tɛst] *nm* Test *m* ► **test de niveau** Einstufungstest *m*.
testament [tɛstamɑ̃] *nm* Testament *nt*; **faire son** ~ sein Testament machen.
testamentaire [tɛstamɑ̃tɛʀ] *adj* testamentarisch.
tester [tɛste] *vt* testen.
testicule [tɛstikyl] *nm* Hoden *m*.
tétanie [tetani] *nf* Muskelkrampf *m*.
tétanos [tetanos] *nm* Tetanus *m*, Wundstarrkrampf *m*.
têtard [tɛtaʀ] *nm* Kaulquappe *f*.
tête [tɛt] *nf* Kopf *m*; (*d'un cortège, d'une armée*) Spitze *f*; (*FOOTBALL*) Kopfball *m*; **il a une** ~ **sympathique** er sieht sympathisch aus, er hat ein sympathisches Gesicht; **il a une** ~ **de plus** er ist einen Kopf größer; **gagner d'une (courte)** ~ um Kopfeslänge gewinnen; **de** ~ (*wagon, voiture*) vorderste(r, s); (*concurrent*) führend; (*calculer*) im Kopf; **par** ~ (*par personne*) pro Kopf; **être à la** ~ **de qch** an der Spitze einer Sache *gén* stehen; **prendre la** ~ **de qch** die Führung bei einer Sache übernehmen; **perdre la** ~ (*s'affoler*) den Kopf verlieren; (*devenir fou*) verrückt werden; **ça ne va pas la** ~? (*fam*) du bist wohl nicht ganz richtig im Kopf?; **se mettre en** ~ **de faire qch** es sich *dat* in den Kopf setzen, etw zu tun; **tenir** ~ **à qn** jdm die Stirn bieten; **la** ~ **la première** kopfüber; **la** ~ **basse** mit hängendem Kopf; **avoir la** ~ **dure** (*fig*) einen Dickschädel *ou* Dickkopf haben; **faire une** ~ (*FOOTBALL*) köpfen; **faire la** ~ (*fig*) schmollen; **être en** ~ (*SPORT*) in Führung *ou* an der Spitze sein; **arriver en** ~ Erste(r, s) sein *ou* werden; **en** ~ **à** ~ unter vier Augen; **de la** ~ **aux pieds** von Kopf bis Fuß ► **tête brûlée** (*fig*) Desperado *m* ► **tête chercheuse** Lenkkopf *m* ► **tête d'affiche** (*THÉÂT etc*) Hauptdarsteller(in) *m(f)* ► **tête d'enregistrement** Tonkopf *m* ► **tête d'impression** Druckkopf *m* ► **tête de bétail** Stück *nt* Vieh ► **tête de lecture** Tonkopf *m* ► **tête de ligne** (*RAIL*) Ausgangsbahnhof *m* ► **tête de liste** (*POL*) Spitzenkandidat *m* ► **tête de mort** Totenkopf *m* ► **tête de pont** Brückenkopf *m* ► **tête de série** (*TENNIS*) gesetzter Spieler *m*, gesetzte Spielerin *f* ► **tête de Turc** (*fig*) Prügelknabe *m* ► **tête de veau** Kalbskopf *m*.
tête-à-queue [tɛtakø] *nm inv*: **faire un** ~-~-~ sich um 180 Grad drehen.
tête-à-tête [tɛtatɛt] *nm inv* Gespräch *nt* unter vier Augen; (*amoureux*) Tête-à-tête *nt*; **en** ~-~-~ unter vier Augen, privat.
tête-bêche [tɛtbɛʃ] *adv* (*dormir*) Kopf bei Fuß; (*mettre deux choses*) umgekehrt nebeneinander.
tétée [tete] *nf* (*action*) Saugen *nt*; (*repas*) Mahlzeit *f* (*eines Säuglings beim Stillen*).
téter [tete] *vt*: ~ (**sa mère**) (von der Mutter) gestillt *ou* gesäugt werden.
tétine [tetin] *nf* (*de vache*) Euter *nt*; (*de caoutchouc*) Sauger *m*; (*sucette*) Schnuller *m*.
téton [tetɔ̃] (*fam*) *nm* (*de femme*) Brust *f*.
têtu, e [tety] *adj* stur, störrisch.
texte [tɛkst] *nm* Text *m*; ~**s choisis** ausgewählte Texte *pl*; **apprendre son** ~ (*THÉÂT, CINÉ*) seinen Text *ou* seine Rolle lernen; **un** ~ **de loi** ein Gesetzestext *m*.
textile [tɛkstil] *adj* Textil- ♦ *nm* Stoff *m*; (*industrie*) die Textilindustrie *f*.
textuel, le [tɛkstɥɛl] *adj* wörtlich.
textuellement [tɛkstɥɛlmɑ̃] *adv* wörtlich.
texture [tɛkstyʀ] *nf* (*d'une matière*) Textur *f*.
TGV [teʒeve] *sigle m* (= *train à grande vitesse*) TGV *m*.
thaï, e [taj] *adj* thailändisch.
thaïlandais, e [tajlɑ̃dɛ, ɛz] *adj* thailändisch ♦ *nm/f*: **T**~, **e** Thailänder(in) *m(f)*.
Thaïlande [tajlɑ̃d] *nf*: **la** ~ Thailand *nt*.
thalassothérapie [talasoteʀapi] *nf* Meerwassertherapie *f*.
thé [te] *nm* Tee *m*; (*réunion*) Teegesellschaft *f*; **prendre le** ~ Tee trinken; **faire du** ~ Tee kochen ► **thé au citron** Tee mit Zitrone ► **thé au lait** Tee mit Milch.
théâtral, e, -aux [teatʀal, o] *adj* dramatisch, Theater-; (*péj*) theatralisch.
théâtre [teatʀ] *nm* Theater *nt*; (*œuvres*) Dramen *pl*, Theaterstücke *pl*; (*fig: lieu*) Schauplatz *m*; **faire du** ~ (*en professionnel*) beim Theater sein, Schauspieler(in) *m(f)* sein; (*en amateur*) Theater spielen.
théière [tejɛʀ] *nf* Teekanne *f*.
théine [tein] *nf* Tein *nt*.
théisme [teism] *nm* Theismus *m*.
thématique [tematik] *adj* thematisch.
thème [tɛm] *nm* Thema *nt*; (*SCOL: traduction*) Übersetzung *f* in die Fremdsprache ► **thème astral** Geburtskonstellation *f*.
théocratie [teɔkʀasi] *nf* Theokratie *f*.
théocratique [teɔkʀatik] *adj* theokratisch.
théologie [teɔlɔʒi] *nf* Theologie *f*.
théologien [teɔlɔʒjɛ̃] *nm* Theologe *m*, Theologin *f*.
théologique [teɔlɔʒik] *adj* theologisch.
théorème [teɔʀɛm] *nm* Lehrsatz *m*, Theorem *nt*.
théoricien, ne [teɔʀisjɛ̃, jɛn] *nm/f* Theoretiker(in) *m(f)*.
théorie [teɔʀi] *nf* Theorie *f*; **en** ~ theoretisch.
théorique [teɔʀik] *adj* theoretisch.
théoriquement [teɔʀikmɑ̃] *adv* theoretisch.
théoriser [teɔʀize] *vi* theoretisieren.
thérapeutique [teʀapøtik] *adj* therapeutisch ♦

nf (*traitement*) Therapie *f*.

thérapie [teʀapi] *nf* Therapie *f*.

thermal, e, -aux [tɛʀmal, o] *adj* Thermal-; **station ~e** Thermalbad *nt*.

thermes [tɛʀm] *nmpl* (*établissement thermal*) Thermalbad *nt*; (*romains*) Thermen *pl*.

thermique [tɛʀmik] *adj* (*énergie*) thermisch, Wärme-; (*unité*) Wärme-.

thermodynamique [tɛʀmodinamik] *adj* thermodynamisch.

thermoélectrique [tɛʀmoelɛktʀik] *adj* thermoelektrisch.

thermomètre [tɛʀmɔmɛtʀ] *nm* Thermometer *nt*.

thermonucléaire [tɛʀmonykleɛʀ] *adj* thermonuklear.

thermos ® [tɛʀmos] *nm ou nf*: (**bouteille**) ~ Thermosflasche *f*.

thermostat [tɛʀmɔsta] *nm* Thermostat *m*.

thésaurisation [tezɔʀizasjɔ̃] *nf* Horten *nt*.

thésauriser [tezɔʀize] *vi* horten.

thèse [tɛz] *nf* These *f*; (*de doctorat*) Dissertation *f*; **pièce/roman à** ~ Thesenstück *nt*/ -roman *m*.

thibaude [tibod] *nf* Unterteppich *m*.

thon [tɔ̃] *nm* Thunfisch *m*.

thonier [tɔnje] *nm* Thunfischfänger *m*.

thoracique [tɔʀasik] *adj*: **cage** ~ Brustkorb *m*.

thorax [tɔʀaks] *nm* Brustkorb *m*.

thrombose [tʀɔ̃boz] *nf* Thrombose *f*.

thym [tɛ̃] *nm* Thymian *m*.

thyroïde [tiʀɔid] *nf* Schilddrüse *f*.

tiare [tjaʀ] *nf* Tiara *f*.

Tibet [tibɛ] *nm*: **le** ~ Tibet *nt*.

tibétain, e [tibetɛ̃, ɛn] *adj* tibetanisch ♦ *nm/f*: **T~, e** Tibetaner(in) *m(f)*.

tibia [tibja] *nm* Schienbein *nt*.

Tibre [tibʀ] *nm* Tiber *m*.

tic [tik] *nm* (*mouvement nerveux*) Zucken *nt*; (*manie*) Eigenart *f*, Tick *m*.

ticket [tikɛ] *nm* (*de bus, métro*) Fahrkarte *f*, Fahrschein *m* ▶ **ticket de caisse** Kassenzettel *m* ▶ **ticket de quai** Bahnsteigkarte *f* ▶ **ticket modérateur** Eigenbeteiligung *f* an den Arztkosten ▶ **ticket repas** Essensmarke *f*.

tic-tac [tiktak] *nm inv* Ticken *nt*.

tiède [tjɛd] *adj* lauwarm; (*vent, air*) lau ♦ *adv*: **boire** ~ lauwarm trinken.

tièdement [tjɛdmɑ̃] *adv* lauwarm.

tiédeur [tjedœʀ] *nf* Lauheit *f*.

tiédir [tjediʀ] *vi* (*se réchauffer*) warm werden; (*refroidir*) kalt werden.

tiédissement [tjedismɑ̃] *nm* (*en se réchauffant*) Aufwärmen *nt*; (*en refroidissant*) Abkühlen *nt*.

tien [tjɛ̃] *pron*: **le (la) tien(ne)** deine(r, s); **les ~s** deine; (*ta famille*) die Deinen.

tienne [tjɛn] *vb voir* **tenir** ♦ *pron voir* **tien**.

tiens [tjɛ̃] *vb voir* **tenir**.

tierce [tjɛʀs] *adj, nf voir* **tiers**.

tiercé [tjɛʀse] *nm* (*aux courses*) Dreierwette *f*.

tiers, tierce [tjɛʀ, tjɛʀs] *adj* dritte(r, s) ♦ *nm* (*fraction*) Drittel *nt*; (*JUR*: *inconnu*) Dritte(r)

m(f) ♦ *nf* (*MUS*) Terz *f*; (*CARTES*) Dreierreihe *f*; **une tierce personne** eine dritte Person *f*, ein Dritter *m*; **assurance au** ~ Haftpflichtversicherung *f* ▶ **le tiers-monde** die Dritte Welt ▶ **tiers payant** Zahlung *f* durch die Kasse ▶ **tiers provisionnel** ≈ Abschlagssteuer *f*.

tiers-mondisme [tjɛʀmɔ̃dism] *nm* Unterstützung *f* für die Dritte Welt.

TIG [teiʒe] *sigle m* (= *travail d'intérêt général*) *voir* **travail**.

tige [tiʒ] *nf* (*de fleur, plante*) Stiel *m*, Stengel *m*; (*baguette*) Stab *m*.

tignasse [tiɲas] *nf* Mähne *f*.

Tigre [tigʀ] *nm* Tigris *m*.

tigre [tigʀ] *nm* Tiger *m*.

tigré, e [tigʀe] *adj* (*tacheté*) gefleckt; (*rayé*) getigert.

tigresse [tigʀɛs] *nf* Tigerin *f*.

tilleul [tijœl] *nm* (*arbre*) Linde *f*; (*boisson*) Lindenblütentee *m*.

tilt [tilt] *nm*: **ça a fait** ~ plötzlich ging mir/ihm *etc* ein Licht auf.

timbale [tɛ̃bal] *nf* (*gobelet*) Becher *m*; ~**s** *nfpl* (*MUS*) Pauken *pl*.

timbalier [tɛ̃balje] *nm* (*MUS*) Pauker *m*.

timbrage [tɛ̃bʀaʒ] *nm*: **dispensé de** ~ freigestempelt.

timbre [tɛ̃bʀ] *nm* (*timbre-poste*) Briefmarke *f*; (*tampon*) Stempel *m*; (*cachet de la poste*) Poststempel *m*; (*sonnette*) Klingel *f*; (*MUS*) Klang *m*, Farbe *f* ▶ **timbre fiscal** Steuermarke *f*.

timbré, e [tɛ̃bʀe] *adj* (*enveloppe*) frankiert; (*voix*) wohlklingend; (*fam: fou*) bescheuert; **papier** ~ Stempelpapier *nt*.

timbre-poste [tɛ̃bʀpɔst(ə)] *nm* Briefmarke *f*.

timbrer [tɛ̃bʀe] *vt* (*affranchir*) frankieren; (*tamponner*) stempeln.

timide [timid] *adj* schüchtern; (*fig: soleil, réaction, tentative etc*) zögernd.

timidement [timidmɑ̃] *adv* schüchtern.

timidité [timidite] *nf* Schüchternheit *f*.

timonerie [timɔnʀi] *nf* Ruderhaus *nt*.

timonier [timɔnje] *nm* Steuermann *m*.

timoré, e [timɔʀe] *adj* ängstlich.

tint *etc* [tɛ̃] *vb voir* **tenir**.

tintamarre [tɛ̃tamaʀ] *nm* Getöse *nt*, Heidenlärm *m*.

tintement [tɛ̃tmɑ̃] *nm* (*de cloche*) Läuten *nt* ▶ **tintement d'oreilles** Klingeln *nt* in den Ohren.

tinter [tɛ̃te] *vi* (*cloche*) klingeln, läuten; (*argent, clefs*) klirren, klingeln.

Tipp-Ex ® [tipɛks] *nm* Tipp-Ex ® *nt*.

tique [tik] *nf* Zecke *f*.

tiquer [tike] *vi* stutzen.

TIR [tiʀ] *sigle mpl* (= *transports internationaux routiers*) TIR.

tir [tiʀ] *nm* Schießen *nt*; (*trajectoire*) Schuß *m*; (*stand*) Schießbude *f* ▶ **tir à l'arc** Bogenschießen *nt* ▶ **tir au fusil** Gewehrschießen *nt* ▶ **tir au pigeon** Tontaubenschießen *nt* ▶ **tir de barrage** Sperrfeuer *nt* ▶ **tir de mitraillette** MG-Beschuß *m*.

tirade [tiʀad] nf (THÉÂT) langer Monolog m; (péj) Tirade f.

tirage [tiʀaʒ] nm (PHOTO) Abzug m; (TYPO, INFORM) Drucken nt; (d'un journal) Druck m; (de livre) Auflage f; (d'une cheminée, d'un poêle) Zug m; (de loterie) Ziehung f; (fam: désaccord) Unstimmigkeiten f ▶ **tirage au sort** Auslosung f.

tiraillement [tiʀajmɑ̃] nm (douleur) stechende Schmerzen pl; (fig: doutes, hésitations) quälende Ungewißheit f; (conflits) Spannungen pl.

tirailler [tiʀaje] vt (suj: remords, honte, faim etc) quälen; (: personnes, problèmes) plagen.

tirailleur [tiʀajœʀ] nm Einzelschütze m.

tirant [tiʀɑ̃] nm: ~ **d'eau** Tiefgang m.

tire [tiʀ] nf: **voleur/vol à la** ~ Taschendieb m/ Taschendiebstahl m.

tiré, e [tiʀe] adj (visage, traits) abgespannt ♦ nm (COMM) Bezogene(r) f(m), Trassat m; ~ **par les cheveux** (fig) an den Haaren herbeigezogen ▶ **tiré à part** Sonderdruck m.

tire-au-flanc [tiʀoflɑ̃] (péj) nm inv Drückeberger m.

tire-botte [tiʀbɔt] (pl ~-~**s**) nm Stiefelknecht m.

tire-bouchon [tiʀbuʃɔ̃] (pl ~-~**s**) nm Korkenzieher m.

tire-d'aile [tiʀdɛl]: **à** ~-~ adv pfeilschnell.

tire-fesses [tiʀfɛs] nm inv Schlepplift m.

tire-lait [tiʀlɛ] nm inv Milchpumpe f.

tire-larigot [tiʀlaʀigo] (fam): **à** ~-~ adv nach Herzenslust.

tirelire [tiʀliʀ] nf Sparbüchse f.

tirer [tiʀe] vt ziehen; (fermer) zuziehen; (chèque) einlösen; (balle, coup) abschießen; (animal, FOOTBALL) schießen; (journal, livre) drucken; (PHOTO) abziehen ♦ vi schießen; (cheminée) ziehen; **se tirer** vpr (fam) sich verziehen; ~ **qch de** (extraire) etw herausziehen aus; (: jus d'un fruit) etw auspressen aus; (: son d'un instrument) etw entlocken +dat; ~ **6 mètres** (NAUT) 6 m Tiefgang haben; ~ **sur** ziehen an +dat; (faire feu sur) schießen auf +acc; (couleur) grenzen an +acc; ~ **la langue** die Zunge herausstrecken; ~ **avantage/parti de** Nutzen ziehen aus/ausnutzen; ~ **son nom de** seinen Namen haben von; ~ **son origine de** seinen Ursprung haben in +dat; ~ **qn de** (embarras) jdm heraushelfen aus; ~ **les cartes** die Karten legen; ~ **une substance d'une matière première** einem Rohstoff eine Substanz entziehen; ~ **à l'arc** bogenschießen; **à la carabine** mit dem Karabiner schießen; ~ **en longueur** sich in die Länge ziehen; ~ **sur la quarantaine** fast vierzig (Jahre) sein; ~ **à sa fin** auf sein Ende zugehen; **s'en** ~ durchkommen.

tiret [tiʀɛ] nm Gedankenstrich m; (en fin de ligne) Trennstrich m.

tireur, -euse [tiʀœʀ, øz] nm/f (MIL) Schütze m, Schützin f; (COMM) Trassant m ▶ **tireur d'élite** Eliteschütze m ▶ **tireuse de cartes** Kartenlegerin f.

tiroir [tiʀwaʀ] nm Schublade f.

tiroir-caisse [tiʀwaʀkɛs] (pl ~**s**-~**s**) nm Registrierkasse f.

tisane [tizan] nf Kräutertee m.

tison [tizɔ̃] nm glimmendes Holzstück nt.

tisonner [tizɔne] vt schüren.

tisonnier [tizɔnje] nm Schürhaken m.

tissage [tisaʒ] nm Weben nt.

tisser [tise] vt weben; (fig: réseau, relations) spinnen.

tisserand, e [tisʀɑ̃, ɑ̃d] nm/f Weber(in) m(f).

tissu1 [tisy] nm Stoff m; (ANAT, BIOL) Gewebe nt ▶ **tissu de mensonges** Lügengespinst nt.

tissu2, **e** [tisy] adj: ~ **de** durchwoben mit.

tissu-éponge [tisyepɔ̃ʒ] (pl ~**s**-~**s**) nm Frottee nt ou m.

titane [titan] nm Titan m.

titanesque [titanɛsk] adj gigantisch.

titiller [titije] vt (fig) reizen.

titrage [titʀaʒ] nm (d'un film) Titeln nt; (d'un alcool) Titrieren nt.

titre [titʀ] nm Titel m; (de journal, journal parlé, télévisé) Schlagzeile f; (diplôme) Diplom nt, Qualifikation f; (CHIM) Titer m, Gehalt m; **en** ~ (champion, responsable) offiziell; **à juste** ~ mit vollem Recht; **au même** ~ **(que)** genauso (wie); **à** ~ **d'exemple** als Beispiel; **à** ~ **exceptionnel** ausnahmsweise; **à** ~ **gracieux** unentgeltlich; **à** ~ **provisoire** provisorisch; **à** ~ **d'essai** versuchsweise; **à** ~ **privé** privat ▶ **titre courant** Spaltentitel m ▶ **titre de propriété** Eigentumsurkunde f ▶ **titre de transport** Fahrausweis m.

titré, e [titʀe] adj (noble) mit einem Titel.

titrer [titʀe] vt (CHIM) titrieren; (PRESSE) zur Schlagzeile machen; ~ **10°** 10 Volumenprozent Alkohol haben, 10prozentig sein.

titubant, e [titybɑ̃, ɑ̃t] adj taumelnd.

tituber [titybe] vi taumeln, (sch)wanken.

titulaire [titylɛʀ] adj (professeur) amtierend ♦ nm (ADMIN) Amtsinhaber(in) m(f); **être** ~ **de** (poste) innehaben; (permis) besitzen.

titularisation [titylaʀizasjɔ̃] nf Amtseinsetzung f.

titulariser [titylaʀize] vt in ein Amt einsetzen.

TNP [teɛnpe] sigle m (= Théâtre national populaire) Pariser Theater.

TNT [teɛnte] sigle m (= Trinitrotoluène) TNT nt.

toast [tost] nm Toast m; **porter un** ~ **à qn** einen Toast auf jdn ausbringen.

toaster [tostœʀ] nm Toaster m.

toboggan [tɔbɔgɑ̃] nm (jeu) Rutschbahn f; (AUTO) kreuzungsfreie Überführung f.

toc [tɔk] nm: **en** ~ nachgemacht.

tocsin [tɔksɛ̃] nm Alarmglocke f.

toge [tɔʒ] nf (romaine) Toga f; (de juge, professeur) Talar m.

Togo [tɔgo] nm: **le** ~ Togo nt.

togolais, e [tɔgɔlɛ, ɛz] adj togolesisch ♦ nm/f: T~, e Togolese m, Togolesin f.

tohu-bohu [tɔybɔy] nm inv Tohuwabohu nt.

toi [twa] pron du; (objet direct, accusatif) dich; (ob-

jet indirect, datif) dir; **pour** ~ für dich; **avec** ~ mit dir; *voir aussi* **moi.**

toile [twal] *nf* (*tissu*) Stoff *m*, Tuch *nt*; (*grossière, de chanvre*) Leinwand *f*; (ART) Gemälde *nt*; **grosse** ~ Segeltuch *nt*; **tisser sa** ~ (*araignée*) ein *ou* ihr Netz spinnen ▶ **toile cirée** Wachstuch *nt* ▶ **toile d'araignée** Spinnennetz *nt*; (*saleté*) Spinnwebe *f* ▶ **toile de fond** (*fig*) Hintergrund *m* ▶ **toile de jute** Sackleinwand *f*, Rupfen *m* ▶ **toile de lin** Leinentuch *nt* ▶ **toile de tente** Zeltplane *f* ▶ **toile émeri** Schmirgelpapier *nt*.

toilettage [twaleta3] *nm* (*d'un animal*) Putzen *nt*; (*d'un texte*) Ausbessern *nt*.

toilette [twalɛt] *nf* Toilette *f*; ~**s** *nfpl* Toiletten *pl*; **les** ~**s pour dames/messieurs** die Damen-/Herrentoiletten *pl*; **faire sa** ~ sich waschen; **articles de** ~ Toilettenartikel *pl* ▶ **toilette intime** Intimpflege *f*.

toi-même [twamɛm] *pron* du selbst; (*objet indirect, datif*) dir selbst.

toise [twaz] *nf*: **passer qn à la** ~ jds Körpergröße messen.

toiser [twaze] *vt* von oben bis unten mustern.

toison [twazɔ̃] *nf* (*de mouton*) Vlies *nt*; (*cheveux*) Haarpracht *f*.

toit [twa] *nm* Dach *nt* ▶ **toit ouvrant** Schiebedach *nt*.

toiture [twatyR] *nf* Bedachung *f*, Dach *nt*.

Tokyo [tɔkjo] *n* Tokio *nt*.

tôle [tol] *nf* Blech *nt*; ~**s** *nfpl* (*carrosserie*) Karosserie *f* ▶ **tôle d'acier** Stahlblech *nt* ▶ **tôle ondulée** Wellblech *nt*.

tolérable [tɔleRabl] *adj* erträglich.

tolérance [tɔleRãs] *nf* Toleranz *f*, Duldsamkeit *f*; (MÉD) Vertragen *nt*; (TECH) Toleranz *f*; (*hors taxe*) Freibetrag *m*.

tolérant, e [tɔleRã, ãt] *adj* tolerant.

tolérer [tɔleRe] *vt* ertragen, tolerieren; (MÉD) vertragen; (*erreur, marge*) zulassen; (*hors taxe*) erlauben.

tollé [tɔ(l)le] *nm*: **un** ~ **général** ein allgemeiner Aufschrei *m*.

TOM [tɔm] *sigle m ou mpl* (= *territoire(s) d'outremer*) französische Überseegebiete.

tomate [tɔmat] *nf* Tomate *f*.

tombal, e [tɔ̃bal, o] *adj*: **pierre** ~**e** Grabstein *m*.

tombant, e [tɔ̃bã, ãt] *adj* (*fig*): **épaules** ~**es** Hängeschultern *pl*.

tombe [tɔ̃b] *nf* Grab *nt*.

tombeau, x [tɔ̃bo] *nm* Grabmal *nt*; **rouler à** ~ **ouvert** mit halsbrecherischer Geschwindigkeit fahren.

tombée [tɔ̃be] *nf*: **à la** ~ **du jour** *ou* **de la nuit** bei(m) Einbruch der Nacht.

tomber [tɔ̃be] *vi* fallen; (*fruit, feuille*) herunterfallen, herabfallen; (*gouvernement*) stürzen; (*jour*) zu Ende gehen, sich neigen; (*nuit*) hereinbrechen ♦ *vt*: ~ **la veste** (*fam*) die Jacke ausziehen; ~ **sur** (*rencontrer*) zufällig treffen; (*attaquer*) herfallen über +*acc*; ~ **de fatigue/de sommeil** vor Erschöpfung/Müdigkeit fast umfallen; ~ **à l'eau** ins Wasser fallen; ~ **jus-**

te (*en devinant*) genau richtig raten; ~ **en panne** eine Panne haben; ~ **en ruine** zur Ruine verfallen; **Noël tombe un mardi** Weihnachten fällt auf einen Dienstag; **ça tombe bien/mal** das trifft sich gut/schlecht; **il est bien/mal tombé** er hat Glück/Pech gehabt; **laisser** ~ fallen lassen.

tombereau, x [tɔ̃bRo] *nm* Kippkarren *m*.

tombeur [tɔ̃bœR] (*péj*) *nm* Frauenheld *m*.

tombola [tɔ̃bɔla] *nf* Tombola *f*.

Tombouctou [tɔ̃buktu] *n* Timbuktu *nt*.

tome [tɔm] *nm* (*d'un livre*) Band *m*.

tommette, tomette [tɔmɛt] *nf* sechseckige Fußbodenfliese *f*.

ton¹, ta [tɔ̃] (*pl* **tes**) *adj possessif* dein(e).

ton² [tɔ̃] *nm* Ton *m*; (*d'un morceau*) Tonart *f*; (*de la voix*) Tonhöhe *f*; (*style*) Stil *m*; **élever** *ou* **hausser le** ~ die Stimme erheben; **donner le** ~ (*fig*) den Ton angeben; **si vous le prenez sur ce** ~ wenn Sie es so nehmen; **il est de bon** ~ **de faire qch** es gehört zum guten Ton, etw zu tun; ~ **sur** ~ Ton in Ton.

tonal, e [tɔnal] *adj* tonal.

tonalité [tɔnalite] *nf* (*au téléphone*) Freizeichen *nt*; (MUS) Tonalität *f*; (: *ton*) Tonart *f*; (*de couleur*) (Farb)ton *m*.

tondeuse [tɔ̃døz] *nf* (*à gazon*) Rasenmäher *m*; (*de coiffeur*) Haarschneidemaschine *f*; (*pour la tonte*) Schafschere *f*.

tondre [tɔ̃dR] *vt* (*pelouse, herbe*) mähen; (*haie, cheveux*) schneiden; (*mouton, toison*) scheren.

tondu, e [tɔ̃dy] *pp* de **tondre** ♦ *adj* (*cheveux*) kurz geschnitten; (*crâne*) geschoren.

tonicité [tɔnisite] *nf* (MÉD: *des tissus*) Tonus *m*; (*fig*) erfrischende Wirkung *f*.

tonifiant, e [tɔnifjã, jãt] *adj* erfrischend, stärkend.

tonifier [tɔnifje] *vi, vt* (*suj: air, eau*) stärken, erfrischen.

tonique [tɔnik] *adj* (*médicament, lotion, boisson*) stärkend; (*air, froid*) erfrischend, belebend; (*personne, idée*) erfrischend ♦ *nm* Tonikum *nt* ♦ *nf* (MUS) Tonika *f*.

tonitruant, e [tɔnitRyã, ãt] *adj*: **voix** ~**e** donnernde Stimme *f*.

tonnage [tɔna3] *nm* (*d'un bateau*) Tonnage *f*.

tonnant, e [tɔnã, ãt] *adj* donnernd.

tonne [tɔn] *nf* Tonne *f*.

tonneau, x [tɔno] *nm* Faß *nt*; **jauger 2000** ~**x** (NAUT) 2.000 Bruttoregistertonnen haben; **faire un** ~ (*voiture*) sich überschlagen; (*avion*) eine Rolle machen.

tonnelet [tɔnlɛ] *nm* Fäßchen *nt*.

tonnelier [tɔnəlje] *nm* Böttcher *m*, Küfer *m*.

tonnelle [tɔnɛl] *nf* Gartenlaube *f*.

tonner [tɔne] *vi* donnern ♦ *vb impers*: **il tonne** es donnert; ~ **contre qn/qch** gegen jdn/etw wettern.

tonnerre [tɔnɛR] *nm* Donner *m*; **du** ~ (*fam*) toll; **coup de** ~ (*fig*) Blitz *m* aus heiterem Himmel ▶ **tonnerre d'applaudissements** donnernder Applaus *m*.

tonsure [tɔ̃syʀ] nf (de moine) Tonsur f.
tonte [tɔ̃t] nf Schafschur f.
tonus [tɔnys] nm (des muscles) Tonus m; (d'une personne) Energie f.
top [tɔp] nm: **au 3ème** ~ beim dritten Ton (des Zeitzeichens) ♦ adj: ~ **secret** streng geheim.
topaze [tɔpɑz] nf Topas m.
toper [tɔpe] vi: **tope-là/topez-là!** topp!, abgemacht!
topinambour [tɔpinɑ̃buʀ] nm Topinambur m.
topo [tɔpo] (fam) nm (résumé) Zusammenfassung f; **c'est toujours le même** ~ es ist immer dasselbe.
topographie [tɔpɔgʀafi] nf Topographie f.
topographique [tɔpɔgʀafik] adj topographisch.
toponymie [tɔpɔnimi] nf Ortsnamenkunde f.
toquade [tɔkad] (fam) nf (pour qn) Vernarrtheit f; (pour qch) Spleen m.
toque [tɔk] nf (de fourrure) Pelzmütze f ▶ **toque de cuisinier** Kochmütze f ▶ **toque de juge** Barett nt.
toqué, e [tɔke] (fam) adj bekloppt.
torche [tɔʀʃ] nf Fackel f ▶ **torche électrique** Taschenlampe f.
torcher [tɔʀʃe] (fam) vt abwischen.
torchon [tɔʀʃɔ̃] nm Lappen m; (à vaisselle) Geschirrtuch nt.
tordre [tɔʀdʀ] vt (chiffon, vêtement) auswringen; (barre) verbiegen; (visage, bouche) verziehen; **se tordre** vpr (barre) sich biegen; (roue) sich verbiegen; (ver, serpent) sich winden; ~ **le bras à qn** jdm den Arm verdrehen; ~ **le cou à un poulet** einem Huhn den Hals umdrehen; **se** ~ **le pied/bras** sich den Fuß/Arm verrenken; **se** ~ **de douleur/rire** sich vor Schmerzen krümmen/vor Lachen biegen.
tordu, e [tɔʀdy] pp de **tordre** ♦ adj (fig: fam) verrückt.
torero [tɔʀeʀo] nm Torero m.
tornade [tɔʀnad] nf Tornado m.
toron [tɔʀɔ̃] nm Seilstrang m.
Toronto [tɔʀɔ̃to] n Toronto nt.
torpeur [tɔʀpœʀ] nf Betäubung f.
torpille [tɔʀpij] nf (MIL) Torpedo m.
torpiller [tɔʀpije] vt torpedieren.
torpilleur [tɔʀpijœʀ] nm (MIL) Torpedoboot nt.
torréfaction [tɔʀefaksjɔ̃] nf Rösten nt.
torréfier [tɔʀefje] vt rösten.
torrent [tɔʀɑ̃] nm Sturzbach m; **un** ~ **de** (fig) eine Flut von; **il pleut à** ~s es regnet ou gießt in Strömen.
torrentiel, le [tɔʀɑ̃sjɛl] adj strömend.
torride [tɔʀid] adj glühend heiß.
tors, torse [tɔʀ, tɔʀs] adj (fils) gedreht; (jambes) unförmig.
torsade [tɔʀsad] nf (ARCHIT) gedrehte Verzierung f.
torsader [tɔʀsade] vt verdrehen.
torse [tɔʀs] nm Oberkörper m ♦ adj f voir **tors**.
torsion [tɔʀsjɔ̃] nf (TECH, PHYS) Torsion f; (action de tordre) Verdrehen nt.

tort [tɔʀ] nm (défaut) Fehler m; (préjudice) Unrecht nt; ~s nmpl (JUR) Schuld f; **avoir** ~ unrecht haben; **être dans son** ~ im Unrecht sein; **donner** ~ **à qn** jdm unrecht geben; (suj: chose) jdn Lügen strafen; **causer du** ~ **à** schaden +dat; **à** ~ zu unrecht; **à** ~ **ou à raison** zu recht oder zu unrecht; **à** ~ **et à travers** aufs Geratewohl, wild drauflos.
torticolis [tɔʀtikɔli] nm steife(r) Hals m.
tortiller [tɔʀtije] vt (corde, mouchoir) zusammendrehen, zwirbeln; (cheveux, cravate) zwirbeln an, spielen mit; (doigts) drehen; **se tortiller** vpr sich winden.
tortionnaire [tɔʀsjɔnɛʀ] nm Folterknecht m.
tortue [tɔʀty] nf Schildkröte f; (fig) lahme Ente f.
tortueux, -euse [tɔʀtɥø, øz] adj (rue) gewunden, sich schlängelnd; (fig) umständlich, kompliziert.
torture [tɔʀtyʀ] nf (supplice) Folter f; (fig) Tortur f.
torturé, e [tɔʀtyʀe] adj (fig) gequält.
torturer [tɔʀtyʀe] vt (prisonnier) foltern; (suj: problème, question) quälen.
torve [tɔʀv] adj: **regard** ~ böser Blick m.
Toscane [tɔskan] nf Toskana f.
tôt [to] adv früh; ~ **ou tard** früher oder später; **si** ~ so bald; **au plus** ~ so bald wie möglich; **jeudi au plus** ~ frühestens Donnerstag; **plus** ~ früher; **il eut** ~ **fait de faire qch** er brauchte nicht lang, um etw zu tun.
total, e, -aux [tɔtal, o] adj (silence) völlig; (somme, hauteur) Gesamt- ♦ nm (somme) Summe f; **au** ~ insgesamt, im ganzen; **faire le** ~ **(de)** zusammenzählen, zusammenrechnen.
totalement [tɔtalmɑ̃] adv völlig, total.
totalisateur, -trice [tɔtalizatœʀ, tʀis] adj (appareil, machine) Addier- ♦ nm (COMM) Addiermaschine f, Rechenmaschine f.
totaliser [tɔtalize] vt (additionner) aufaddieren; (avoir au total) insgesamt erreichen.
totalitaire [tɔtalitɛʀ] adj totalitär.
totalitarisme [tɔtalitaʀism] nm Totalitarismus m.
totalité [tɔtalite] nf: **la** ~ **des élèves** alle Schüler, die Gesamtheit f der Schüler; **la** ~ **de la population** die gesamte Bevölkerung; **la** ~ **de la classe** die ganze Klasse; **la** ~ **de mes biens** mein gesamtes Vermögen f.
totem [tɔtɛm] nm Totem nt.
toubib [tubib] (fam) nm Doktor m.
touchant, e [tuʃɑ̃, ɑ̃t] adj rührend.
touche [tuʃ] nf (de piano, de machine à écrire etc) Taste f; (de violon) Griffbrett nt; (PEINTURE etc) Pinselstrich m; (fig: de couleur, nostalgie etc) Hauch m, Anflug m; (RUGBY) Auslinie f; (FOOTBALL: remise en touche) Einwurf m; (: ligne de touche) Auslinie f; (ESCRIME) Treffer m; **en** ~ (SPORT) im Spiel; **avoir une drôle de** ~ (fam) eigenartig aussehen ▶ **touche à effleurement** Folientaste f ▶ **touche de commande** Steuertaste f ▶ **touche de fonction** Funktionstaste f ▶ **touche de retour** Return-

Taste *f*.

touche-à-tout [tuʃatu] (*péj*) *nm inv* (*enfant*) vorwitziges Kind *nt*; (*fig: chercheur, inventeur*) Hansdampf *m* in allen Gassen.

toucher [tuʃe] *nm* (*sens*) Tastsinn *m*; (*MUS*) Anschlag *m* ♦ *vt* berühren; (*atteindre, affecter*) betreffen; (*émouvoir*) ergreifen; (*concerner*) betreffen; (*contacter*) erreichen; (*recevoir*) bekommen; (*faire escale à*) anlaufen; **se toucher** *vpr* sich berühren; **au** ~ anzufühlen; ~ **à** berühren; (*drogue*) anrühren; (*modifier*) ändern; (*concerner*) betreffen; ~ **au but** fast am Ziel sein; **je vais lui en** ~ **un mot** ich werde ein Wörtchen mit ihm darüber reden; ~ **à sa fin** *ou* **son terme** seinem Ende *ou* auf sein Ende zugehen.

touffe [tuf] *nf* Büschel *nt* ► **touffe d'herbe** Grasbüschel *nt*.

touffu, e [tufy] *adj* (*haie, forêt, cheveux*) dicht; (*fig: style, texte*) überladen.

toujours [tuʒuʀ] *adv* immer; (*encore*) immer noch; ~ **plus** immer mehr; **pour** ~ für immer; **depuis** ~ schon immer; ~ **est-il que** die Tatsache bleibt bestehen, daß; **essaie** ~ **du** kannst es ja mal versuchen.

toulonnais, e [tulɔnɛ, ɛz] *adj* aus Toulon ♦ *nm/f*: **T~, e** Einwohner(in) *m(f)* von Toulon.

toulousain, e [tuluzɛ̃, ɛn] *adj* aus Toulouse ♦ *nm/f*: **T~, e** Einwohner(in) *m(f)* von Toulouse.

toupet [tupe] *nm* Toupet *nt*, Haarteil *nt*; (*fam: culot*) Frechheit *f*.

toupie [tupi] *nf* (*jouet*) Kreisel *m*.

tour [tuʀ] *nf* Turm *m*; (*immeuble*) Hochhaus *nt* ♦ *nm* (*excursion*) Ausflug *m*; (: *à pied*) Spaziergang *m*; (*SPORT*) Runde *f*; (*d'être servi ou de jouer etc*) Reihe *f*; (*rotation*) Drehung *f*; (*de la situation, conversation*) Wende *f*; (*AUTO*) Umdrehung *f*; (*POL*) Wahlgang *m*; (*ruse*) Trick *m*; (*de prestidigitation, d'acrobatie*) Kunststück *nt*; (*de cartes*) (Karten)trick *m*; (*de potier*) Töpferscheibe *f*; (*à bois, métaux*) Drehscheibe *f*; **faire le** ~ **de** (*à pied*) herumgehen um; (*en voiture*) herumfahren um; (*fig: questions, possibilités*) durchspielen; **faire un** ~ einen Ausflug machen; (*à pied*) einen Spaziergang machen; **faire un** ~ **d'Europe** (quer) durch Europa reisen; **faire un** ~ **de ville** einen Rundgang durch die Stadt machen; **2 000 T~s/ Minute** 2000 Umdrehungen pro Minute; **un 33/45** ~**s** eine LP *f*/Single *f*; **fermer à double** ~ zweimal abschließen; **c'est mon/ton** ~ ich bin/du bist dran *ou* an der Reihe; **c'est au** ~ **de Philippe** Philippe ist an der Reihe *ou* dran; **à** ~ **de rôle**, ~ **à** ~ abwechselnd; **à** ~ **de bras** mit ganzer Kraft; **en un** ~ **de main** im Handumdrehen ► **tour d'horizon** Überblick *m* ► **tour um de chant** Tournee *f* ► **tour** *nf* **de contrôle** Kontrollturm *m* ► **tour** *nm* **de force** Gewaltaktion *f* ► **tour** *nm* **de garde** Wachdienst *m* ► **tour** *nf* **de lancement** (*d'une fusée*) Abschußrampe *f* ► **tour** *nm* **de main: en un** ~ **de main** im Handumdrehen ► **tour** *nm* **de passe-passe** Trick *m* ► **tour** *nm* **de poitrine**

Brustumfang *m ou* -weite *f* ► **tour** *nm* **de reins** verrenkte(s) Kreuz *nt* ► **tour** *nm* **de taille** Taillenweite *f* ► **tour** *nm* **de tête** Kopfumfang *m*.

tourangeau, -elle [tuʀɑ̃ʒo, ɛl] *adj* (*de Touraine*) aus der Touraine; (*de Tours*) aus Tours ♦ *nm/ f*: **T~, -elle** Bewohner(in) *m(f)* der Touraine; Einwohner(in) *m(f)* von Tours.

tourbe [tuʀb] *nf* Torf *m*.

tourbeux, -euse [tuʀbø, øz] *adj* torfig.

tourbière [tuʀbjɛʀ] *nf* Torfmoor *nt*.

tourbillon [tuʀbijɔ̃] *nm* (*d'eau*) Strudel *m*; (*de vent*) Wirbelwind *m*; (*de poussière*) Gestöber *nt*; (*fig*) Herumwirbeln *nt*.

tourbillonner [tuʀbijɔne] *vi* (*vent, poussière, fig*) herumwirbeln; (*eau, rivière*) strudeln.

tourelle [tuʀɛl] *nf* (*de château*) Türmchen *nt*; (*de véhicule*) Turm *m*.

tourisme [tuʀism] *nm* Tourismus *m*; (*industrie*) Tourismusindustrie *f*; **office du** ~ Verkehrsbüro *nt*; **avion/voiture de** ~ Privatflugzeug *nt/* -wagen *m*; **faire du** ~ auf Besichtigungstour gehen.

touriste [tuʀist] *nm/f* Tourist(in) *m(f)*.

touristique [tuʀistik] *adj* (*région*) Touristen-; **voyage** ~ Reise *f*.

tourment [tuʀmɑ̃] *nm* Qual *f*.

tourmente [tuʀmɑ̃t] *nf* (*de vent, neige*) Sturm *m*; (*fig: politique*) Unruhe *f*.

tourmenté, e [tuʀmɑ̃te] *adj* (*personne, visage*) gequält; (*mer, période*) stürmisch; (*paysage, tableau*) Sturm-.

tourmenter [tuʀmɑ̃te] *vt* quälen; **se tourmenter** *vpr* sich quälen.

tournage [tuʀnaʒ] *nm* (*d'un film*) Dreharbeiten *pl*.

tournant, e [tuʀnɑ̃, ɑ̃t] *adj* (*feu, scène, mouvement*) Dreh-; (*chemin*) gewunden; (*escalier*) Wendel- ♦ *nm* (*de route*) Kurve *f*; (*fig: dans la vie, politique*) Wende(punkt *m*) *f*.

tourné, e [tuʀne] *adj* (*lait, vin*) verdorben; (*bois*) gedreht, gedrechselt; **bien** ~ (*personne*) wohlgestalt; **mal** ~ (*lettre, article*) schlecht formuliert; **avoir l'esprit mal** ~ eine schmutzige Phantasie haben.

tournebroche [tuʀnəbʀɔʃ] *nm* Drehspieß *m*.

tourne-disque [tuʀnədisk] (*pl* ~-~**s**) *nm* Plattenspieler *m*.

tournedos [tuʀnədo] *nm* Tournedo(s) *nt*.

tournée [tuʀne] *nf* Runde *f*; (*d'artiste*) Tournee *f*; (*de politicien*) Rundreise *f*; **payer une** ~ eine Runde zahlen *ou* ausgeben; **faire la** ~ **de** (*visiter*) eine Rundreise machen durch ► **tournée électorale** Wahlkampfreise *f* ► **tournée musicale** Konzertreise *f*.

tournemain [tuʀnəmɛ̃] *nm*: **en un** ~ im Handumdrehen.

tourner [tuʀne] *vt* drehen; (*sauce, mélange*) umrühren; (*NAUT: cap*) umrunden, umsegeln; (*obstacle, difficulté*) umgehen ♦ *vi* (*pivoter*) sich drehen; (*changer de direction*) abbiegen; (*vent*) drehen; (*moteur, compteur*) laufen; (*lait etc*) sauer werden, schlecht werden; (*chance*) sich wenden; (*fonctionner*) funktionieren; **se tourner** *vpr* sich umdrehen; ~ **en ridicule** lächerlich machen; ~ **le dos à** den Rücken zuwenden +*dat*; (*fig*) den Rücken kehren +*dat*; (*ne pas faire face à*) die Augen verschließen vor +*dat*; ~ **la tête** den Kopf herumdrehen; ~ **la tête à qn** jdm den Kopf verdrehen; ~ **de l'œil** (*fam*) umkippen; ~ **la page** (*fig*) eine neue Seite aufschlagen; **bien/mal** ~ sich zum Guten/Schlechten entwickeln; ~ **autour de** herumlaufen um; (*planète*) sich drehen um; ~ **autour du pot** (*fig*) wie die Katze um den heißen Brei schleichen; ~ **à/en** sich verwandeln in +*acc*; ~ **à la pluie/au rouge** regnerisch/rot werden; ~ **court** ein plötzliches Ende finden; **se** ~ **vers** sich zuwenden +*dat*; (*pour demander aide, conseil*) sich wenden an +*acc*; **se** ~ **les pouces** Däumchen drehen.

tournesol [tuʀnəsɔl] *nm* Sonnenblume *f*.

tourneur [tuʀnœʀ] *nm* (*sur bois*) Drechsler *m*; (*sur métaux*) Dreher *m*.

tournevis [tuʀnəvis] *nm* Schraubenzieher *m ou* -dreher *m*.

tourniquet [tuʀnikɛ] *nm* (*pour arroser*) Rasensprenger *m*; (*portillon*) Drehkreuz *nt*; (*présentoir*) Drehständer *m*; (*CHIRURGIE*) Aderpresse *f*.

tournis [tuʀni] (*fam*) *nm*: **donner le** ~ Schwindel verursachen; **j'ai le** ~ mir ist schwindelig.

tournoi [tuʀnwa] *nm* Turnier *nt* ▶ **tournoi de bridge** Bridgeturnier *nt* ▶ **tournoi de tennis** Tennisturnier *nt* ▶ **tournoi des cinq nations** (*RUGBY*) Fünfländerturnier *nt*.

tournoyer [tuʀnwaje] *vi* (*oiseau*) kreisen; (*fumée*) herumwirbeln.

tournure [tuʀnyʀ] *nf* (*LING*) Ausdruck *m*; (*tour de phrase*) Formulierung *f*; **la** ~ **des choses** der Lauf der Dinge; **la** ~ **des événements** der Gang der Ereignisse ▶ **tournure d'esprit** Geisteshaltung *f*.

tour-opérateur [tuʀɔpeʀatœʀ] (*pl* ~-~**s**) *nm* Reiseveranstalter *m*.

tourte [tuʀt] *nf* (*CULIN*) Pastete *f*.

tourteau, x [tuʀto] *nm* (*AGR*) Ölkuchen *m*; (*ZOOL*) Taschenkrebs *m*.

tourtereaux [tuʀtəro] *nmpl* (*amoureux*) Turteltauben *pl*.

tourterelle [tuʀtəʀɛl] *nf* Turteltaube *f*.

tourtière [tuʀtjɛʀ] *nf* Pastetenform *f*.

tous [tu] *adj, pron voir* **tout**.

Toussaint [tusɛ̃] *nf*: **la** ~ Allerheiligen *nt*.

tousser [tuse] *vi* husten.

toussoter [tusɔte] *vi* hüsteln.

════════════════ *MOT-CLÉ*

tout, e [tu, tut] (*mpl* **tous**, *fpl* **toutes**) *adj* **1** (*avec article singulier*): **tout le/toute la** ... der/die/das ganze ...; **tout le lait** die ganze Milch; **tout l'argent** das ganze Geld; **toute la nuit/semaine** die ganze Nacht/Woche lang *ou* über; **tout le livre/bureau** das ganze Buch/Büro; **tout un**

pain/un livre ein ganzes Brot/Buch; **tout le monde** alle; **tout le temps** dauernd; **c'est tout le contraire** ganz im Gegenteil; **c'est toute une affaire/histoire** das ist eine verzwickte Angelegenheit/Geschichte

2 (*avec article pluriel*): **tous/toutes les ... alle ...;** **tous les livres/enfants** alle Bücher/Kinder; **tous les deux** alle beide; **tous les trois** alle drei; **toutes les nuits** (*chaque*) jede Nacht; **toutes les fois que** ... jedesmal wenn ...; **toutes les trois semaines** alle drei Wochen

3 (*sans article*): **à tout âge** in jedem Alter; **à toute heure** zu jeder Stunde; **à toute vitesse** mit Höchstgeschwindigkeit; **de tous côtés** *ou* **toutes parts** von allen Seiten; **pour toute nourriture/tout vêtement, il avait** ... seine ganze Nahrung/Kleidung war ...; **à tout hasard** auf gut Glück

♦ *pron* **1**: **tout** alles; **il a tout fait** er hat alles gemacht; **tout ou rien** alles oder nichts; **c'est tout** (*fini*) das ist alles; **en tout** insgesamt; **en tout et pour tout** alles in allem; **tout ce qu'il sait** alles, was er weiß; **tout ce qu'il y a de plus aimable** sehr liebenswürdig

2: **tous/toutes** alle; **je les vois tous/toutes** ich sehe sie alle; **nous y sommes tous allés** wir sind alle hingegangen

♦ *nm* Ganzes *nt*; **le tout** alles; **pas du tout** gar nicht; **du tout au tout** ganz und gar, völlig; **le tout est de** ... die Hauptsache ist, zu ...

♦ *adv* ('*toute*' *avant adj f commençant par consonne ou h aspiré*) **1** (*très, complètement*) ganz; **elle était tout émue/toute petite** sie war ganz gerührt/klein; **le tout premier** der allererste; **tout seul** ganz allein; **le livre tout entier** das ganze *ou* gesamte Buch; **tout ouvert/rouge** ganz offen/rot; **tout près** *ou* **à côté** ganz in der Nähe; **tout en haut** ganz oben; **tout droit** geradeaus; **parler tout bas** ganz leise sprechen; **tout simplement** ganz einfach

2: **tout en travaillant, il écoutait la radio** während er arbeitete, *ou* bei der Arbeit hörte er Radio; **tout en mangeant, il écoutait la radio** während er aß, *ou* beim Essen hörte er Radio

3 (*locutions*): **tout d'abord** zuallererst; **tout à coup** plötzlich; **tout à fait** völlig; (*exactement*) genau; **tout à l'heure** (*passé*) soeben, gerade; (*futur*) gleich; **à tout à l'heure!** bis gleich!; **tout de même** trotzdem; **tout de suite** sofort; **tout terrain** *ou* **tous terrains** *adj inv* Gelände-.

────────────

tout-à-l'égout [tutalegu] *nm inv* Kanalisation *f*.

toutefois [tutfwa] *adv* jedoch, dennoch.

toutes [tut] *adj, pron voir* **tout**.

toutou [tutu] (*fam*) *nm* Hündchen *nt*.

tout-petit [tup(ə)ti] (*pl* ~-~**s**) *nm* Kleinkind *nt*.

tout-puissant, ~e-~e [tupɥisɑ̃, tutpɥisɑ̃t] (*pl* ~(**es**)-~(**e**)**s**) *adj* allmächtig.

tout-venant [tuv(ə)nɑ̃] *nm inv*: **le** ~-~ alles Mögliche *m*.

toux [tu] *nf* Husten *m*.

toxémie [tɔksemi] *nf* Blutvergiftung *f*.

toxicité [tɔksisite] *nf* Giftigkeit *f*.
toxicologie [tɔksikɔlɔʒi] *nf* Toxikologie *f*.
toxicologique [tɔksikɔlɔʒik] *adj* toxikologisch.
toxicomane [tɔksikɔman] *nm/f* Rauschgiftsüchtige(r) *f(m)*, Drogensüchtige(r) *f(m)*.
toxicomanie [tɔksikɔmani] *nf* Drogensucht *f*.
toxine [tɔksin] *nf* Gift(stoff *m*) *nt*.
toxique [tɔksik] *adj* giftig.
toxoplasmose [tɔksoplasmoz] *nf* Toxoplasmose *f*.
TP [tepe] *sigle mpl* = *travaux pratiques*; *travaux publics*.
trac [tʀak] *nm* (*aux examens etc*) Prüfungsangst *f*; (*THÉÂT*) Lampenfieber *nt*; **avoir le ~** (*aux examens*) Prüfungsangst haben; (*THÉÂT*) Lampenfieber haben.
traçant, e [tʀasɑ̃, ɑ̃t] *adj*: **obus ~** Leuchtkugel *f*; **table ~e** Plotter *m*.
tracas [tʀaka] *nmpl* Scherereien *pl*.
tracasser [tʀakase] *vt* plagen, quälen; (*harceler*) bedrängen; **se tracasser** *vpr* sich *dat* Sorgen machen.
tracasseries [tʀakasʀi] *nfpl* Schikanen *pl*.
tracassier, -ière [tʀakasje, jɛʀ] *adj* schikanös.
trace [tʀas] *nf* Spur *f*; (*de doigts*) Abdruck *m*; **suivre qn à la ~** jds Spuren folgen ▶ **traces de freinage** Bremsspuren *pl* ▶ **traces de pas** Fußspuren *pl* ▶ **traces de pneus** Reifenspuren *pl*.
tracé [tʀase] *nm* (*parcours*) Verlauf *m*; (*plan*) Plan *m*.
tracer [tʀase] *vt* (*mot*) schreiben; (*route, ligne*) zeichnen; (*piste*) markieren; (*fig: chemin, voie*) weisen, zeigen.
traceur [tʀasœʀ] *nm* (*INFORM*) Plotter *m*.
trachée(-artère) [tʀaʃe(aʀtɛʀ)] (*pl* ~**s**-(~**s**)) *nf* Luftröhre *f*.
trachéite [tʀakeit] *nf* Luftröhrenentzündung *f*.
tract [tʀakt] *nm* Flugblatt *nt*.
tractations [tʀaktasjɔ̃] *nfpl* Handeln *nt*, Feilschen *nt*.
tracter [tʀakte] *vt* ziehen, schleppen.
tracteur [tʀaktœʀ] *nm* Traktor *m*.
traction [tʀaksjɔ̃] *nf* Zug *m*; (*TECH*) Ziehen *nt*; (*GYMNASTIQUE*) Klimmzug *m*; (*AUTO*) Antrieb *m* ▶ **traction arrière** Hinterradantrieb *m* ▶ **traction avant** Vorderradantrieb *m* ▶ **traction électrique** Elektroantrieb *m* ▶ **traction mécanique** mechanischer Antrieb.
trad. *abr* (= *traduit*) übers.; (= *traduction*; = *traducteur*) Übers.
tradition [tʀadisjɔ̃] *nf* Tradition *f*, Brauch *m*; (*familiale*) Tradition.
traditionalisme [tʀadisjɔnalism] *nm* Traditionalismus *m*.
traditionaliste [tʀadisjɔnalist] *adj* traditionalistisch.
traditionnel, le [tʀadisjɔnɛl] *adj* (*folklorique*) Volks-; (*morale etc*) traditionell.
traditionnellement [tʀadisjɔnɛlmɑ̃] *adv* traditionell.
traducteur, -trice [tʀadyktœʀ, tʀis] *nm/f* Übersetzer(in) *m(f)* ◆ *nm* (*INFORM*)

Übersetzerprogramm *nt* ▶ **traducteur interprète** Übersetzer und Dolmetscher *m*.
traduction [tʀadyksjɔ̃] *nf* (*action*) Übersetzen *nt*; (*texte*) Übersetzung *f* ▶ **traduction simultanée** Simultanübersetzung *f*.
traduire [tʀadyiʀ] *vt* (*dans une autre langue*) übersetzen; (*exprimer*) ausdrücken; **se ~ par** (*s'exprimer*) zum Ausdruck kommen in +*dat*, sich ausdrücken in +*dat*; **~ en/du français** ins Französische/aus dem Französischen übersetzen; **~ qn en justice** jdn der Justiz übergeben.
traduis *etc* [tʀadyi] *vb voir* **traduire**.
traduisible [tʀadyizibl] *adj* übersetzbar.
traduit, e [tʀadyi, it] *pp de* **traduire**.
trafic [tʀafik] *nm* (*commerce*) Handel *m*; (*circulation*) Verkehr *m*; **~ routier/aérien** Straßen-/Flugverkehr *m* ▶ **trafic d'armes** Waffenhandel *m*, Waffenschieberei *f* ▶ **trafic de drogue** Drogenhandel *m*, Drogenschieberei *f*.
trafiquant, e [tʀafikɑ̃, ɑ̃t] *nm/f* Schieber(in) *m(f)*.
trafiquer [tʀafike] (*péj*) *vt* (*moteur*) frisieren; (*vin*) panschen ◆ *vi* ein Schieber sein.
tragédie [tʀaʒedi] *nf* Tragödie *f*.
tragédien, ne [tʀaʒedjɛ̃, ɛn] *nm/f* Tragöde *m*, Tragödin *f*.
tragi-comique [tʀaʒikɔmik] (*pl* ~-~**s**) *adj* tragikomisch.
tragique [tʀaʒik] *adj* tragisch ◆ *nm*: **prendre qch au ~** etw tragisch nehmen.
tragiquement [tʀaʒikmɑ̃] *adv* tragisch.
trahir [tʀaiʀ] *vt* verraten; **se trahir** *vpr* (*personne*) sich verraten; **ses forces l'ont trahi** seine Kräfte verließen ihn.
trahison [tʀaizɔ̃] *nf* Verrat *m*.
traie *etc* [tʀɛ] *vb voir* **traire**.
train [tʀɛ̃] *nm* (*RAIL*) Zug *m*; (*allure*) Tempo *nt*; (*fig: ensemble*) Satz *m*; (: *série*) Folge *f*; **être en ~ de faire qch** gerade etw tun; **mettre qch en ~** etw in Gang bringen; **mettre qn en ~** jdn in Schwung bringen; **aller bon ~** (*vite*) gute Fortschritte machen, gut vorangehen ▶ **train à grande vitesse** Hochgeschwindigkeitszug *m* ▶ **train arrière** (*AUTO*) Hinterachse *f* ▶ **train autos-couchettes** Autoreisezug *m* ▶ **train avant** (*AUTO*) Vorderachse *f* ▶ **train d'atterrissage** Fahrgestell *nt* ▶ **train de vie** Lebensstil *m* ▶ **train électrique** (*jouet*) elektrische Eisenbahn *f* ▶ **train spécial** Sonderzug *m*.
traînailler [tʀɛnaje] *vi* = **traînasser**.
traînant, e [tʀɛnɑ̃, ɑ̃t] *adj* schleppend.
traînard, e [tʀɛnaʀ, aʀd] (*péj*) *nm/f* lahmer Mensch *m*, lahme Ente *f*.
traînasser [tʀɛnase] *vi* bummeln.
traîne [tʀɛn] *nf* (*de robe*) Schleppe *f*; **être à la ~** (*en arrière, en retard*) zurückbleiben.
traîneau, x [tʀɛno] *nm* Schlitten *m*.
traînée [tʀɛne] *nf* (*de sable, de sang*) Spur *f*; (*de peinture*) Streifen *m*; (*dans le ciel*) Kondensstreifen *m*; (*péj: femme*) leichtes Mädchen *nt*.
traîner [tʀɛne] *vt* ziehen, schleppen; (*enfant,*

chien) hinter sich dat herziehen ♦ vi (aller ou agir lentement) bummeln, trödeln; (vagabonder) sich herumtreiben; (durer) sich hinziehen; (être en désordre) herumliegen; se **traîner** vpr (ramper) kriechen; (marcher avec difficulté) sich herumschleppen; (durer) sich hinziehen; ~ **qn au cinéma** jdn ins Kino schleifen ou schleppen; ~ **les pieds** schlurfen; ~ **par terre** (robe etc) auf dem Boden schleifen; ~ **qch par terre** etw auf dem Boden schleifen lassen; **il traîne un rhume depuis l'hiver** er schleppt schon seit dem Winter einen Schnupfen mit sich herum; ~ **en longueur** sich in die Länge ziehen.

training [tʀeniŋ] nm (entraînement) Training nt; (survêtement) Trainingsanzug m.

train-train [tʀɛtʀɛ̃] nm inv tägliches Einerlei nt, Trott m.

traire [tʀɛʀ] vt melken.

trait, e [tʀɛ] pp de **traire** ♦ nm (ligne) Strich m; (caractéristique) Zug m; (flèche) Pfeil m; ~s nmpl (du visage) Gesichtszüge pl; **d'un** ~ (boire) in einem Zug; **boire à longs** ~s in großen Schlucken trinken; **de** ~ (animal) Zug-; **avoir** ~ **à** sich beziehen auf +acc; ~ **pour** ~ (exactement) ganz genau ►**trait d'esprit** Geistesblitz m ►**trait d'union** Bindestrich m; (fig) Verbindung f ►**trait de caractère** Charakterzug m ►**trait de génie** Geniestreich m.

traitable [tʀɛtabl] adj (personne) umgänglich; (sujet) zu bewältigen.

traitant, e [tʀɛtɑ̃, ɑ̃t] adj: **votre médecin** ~ Ihr Hausarzt m, der behandelnde Arzt; **shampooing** ~ Pflegeshampoo nt.

traite [tʀɛt] nf (COMM) Tratte f; (AGR) Melken nt; **d'une (seule)** ~ ohne Unterbrechung ►**la traite des blanches** Mädchenhandel m ►**la traite des noirs** Sklavenhandel m.

traité [tʀete] nm Vertrag m.

traitement [tʀɛtmɑ̃] nm Behandlung f; (d'affaire, difficulté) Handhabung f; (INFORM, TECH) Verarbeitung f; (salaire) Gehalt nt, Bezüge pl; **suivre un** ~ sich in Behandlung unterziehen; **mauvais** ~s Mißhandlungen pl ►**traitement de données** Datenverarbeitung f ►**traitement de texte** Textverarbeitung f ►**traitement par lots** (INFORM) Stapelverarbeitung f.

traiter [tʀete] vt behandeln; (affaire, difficulté) handhaben; (INFORM, TECH) verarbeiten ♦ vi verhandeln; ~ **de qch** von etw handeln, etw behandeln; ~ **qn d'idiot** jdn einen Idioten nennen; **bien/mal** ~ gut/schlecht behandeln.

traiteur [tʀɛtœʀ] nm ≈ Partyservice m; (charcutier) Geschäft für Fleischspezialitäten und Fertiggerichte.

traître, -esse [tʀɛtʀ, tʀɛtʀɛs] adj (heim)tückisch ♦ nm/f Verräter(in) m(f); **prendre qn en** ~ jdn hinterrücks ou heimtückisch überfallen.

traîtrise [tʀetʀiz] nf (caractère) Heimtücke f; (acte) Verrat m.

trajectoire [tʀaʒɛktwaʀ] nf (d'un objet) Flug-

bahn f; (d'un astre) Bahn f.

trajet [tʀaʒɛ] nm (parcours) Strecke f; (voyage) Reise f; (itinéraire) Route f; (d'un nerf, d'une artère) Verlauf m; (d'un projectile) Flugbahn f.

tram [tʀam] nm = **tramway**.

trame [tʀam] nf (d'un tissu) Schuß m; (d'un roman) Grundgerüst nt.

tramer [tʀame] vt (complot, coup) aushecken.

trampoline [tʀɑ̃pɔlin] nm Trampolin nt; (sport) Trampolinspringen nt.

tramway [tʀamwɛ] nm Straßenbahn f.

tranchant, e [tʀɑ̃ʃɑ̃, ɑ̃t] adj (couteau, lame) scharf; (personne, ton) kategorisch ♦ nm (d'un couteau) Schneide f; (de la main) Handkante f; **à double** ~ zweischneidig.

tranche [tʀɑ̃ʃ] nf (morceau) Scheibe f; (: de gâteau) Stück nt; (arête) Kante f; (de travaux, temps, vie) Abschnitt m; (d'actions, de bons) Tranche f; (de revenus, d'impôts) Stufe f; ~ (d'émission) (LOTERIE) Ausgabe f; ~ **d'âge/de salaires** Alters-/Gehaltsstufe f; **couper en** ~s in Scheiben schneiden.

tranché, e [tʀɑ̃ʃe] adj deutlich.

tranchée [tʀɑ̃ʃe] nf Graben m.

trancher [tʀɑ̃ʃe] vt (in Scheiben) schneiden; (couper: corde) durchschneiden; (: tête) abschneiden; (fig: résoudre) entscheiden ♦ vi: ~ **avec** ou **sur** sich deutlich unterscheiden von.

tranchet [tʀɑ̃ʃɛ] nm Messer nt.

tranchoir [tʀɑ̃ʃwaʀ] nm (couteau) Hack– ou Wiegemesser nt.

tranquille [tʀɑ̃kil] adj ruhig; (rassuré) beruhigt; **se tenir** ~ (enfant) still halten; **avoir la conscience** ~ ein ruhiges ou gutes Gewissen haben; **laisse-moi** ~! laß mich in Ruhe!

tranquillement [tʀɑ̃kilmɑ̃] adv ruhig.

tranquillisant, e [tʀɑ̃kiliza, ɑ̃t] adj beruhigend ♦ nm Beruhigungsmittel nt.

tranquilliser [tʀɑ̃kilize] vt beruhigen; **se tranquilliser** vpr sich beruhigen.

tranquillité [tʀɑ̃kilite] nf Ruhe f; **en toute** ~ in aller Ruhe ►**tranquillité d'esprit** Gemütsruhe f.

transaction [tʀɑ̃zaksjɔ̃] nf Transaktion f, Geschäft nt.

transafricain, e [tʀɑ̃zafʀikɛ̃, ɛn] adj transafrikanisch.

transalpin, e [tʀɑ̃zalpɛ̃, in] adj transalpin.

transaméricain, e [tʀɑ̃zameʀikɛ̃, ɛn] adj transamerikanisch.

transat [tʀɑ̃zat] abr f (= course) transatlantique) Transatlantikrennen nt ♦ nm (chaise longue) Liegestuhl m.

transatlantique [tʀɑ̃zatlɑ̃tik] adj Übersee-, Transatlantik- ♦ nm (bateau) Überseedampfer m.

transbordement [tʀɑ̃sbɔʀdəmɑ̃] nm Umladen nt.

transborder [tʀɑ̃sbɔʀde] vt umladen; (passagers) umschiffen.

transcendant, e [tʀɑ̃sɑ̃dɑ̃, ɑ̃t] adj (PHILOS) transzendental; **pas** ~ (fam) nicht so toll.

transcodeur [tʀɑ̃skɔdœʀ] nm (INFORM) Compi-

ler *m*; (*TV*) Transcoder *m*.
transcontinental, e, -aux [tʀɑ̃skɔ̃tinɑ̃tal, o] *adj* transkontinental.
transcription [tʀɑ̃skʀipsjɔ̃] *nf* (*de texte*) Abschrift *f*; (*MUS*) Umsetzung *f*.
transcrire [tʀɑ̃skʀiʀ] *vt* (*recopier*) abschreiben; (*MUS*) umsetzen.
transe [tʀɑ̃s] *nf*: **être/entrer en** ~ in Trance sein/verfallen; ~**s** *nfpl* (*affres*) Höllenqualen *pl*.
transférable [tʀɑ̃sfeʀabl] *adj* übertragbar.
transfèrement [tʀɑ̃sfɛʀmɑ̃] *nm* (*d'un prisonnier*) Überführung *f*, Verlegung *f* ▶ **transfèrement cellulaire** Überführung im Gefängnisauto.
transférer [tʀɑ̃sfeʀe] *vt* (*prisonnier*) verlegen, überführen; (*PSYCH*) übertragen; (*société, bureau*) verlegen; (*joueur*) transferieren; (*argent*) überweisen; (*fonctionnaire*) versetzen.
transfert [tʀɑ̃sfɛʀ] *nm* (*v vt: de prisonnier*) Überführung *f*, Überlegung *f*, Verlegung *f*, Transfer *m*, Versetzung *f* ▶ **transfert de fonds** Übertragung von Geldmitteln.
transfiguration [tʀɑ̃sfigyʀasjɔ̃] *nf* Verklärung *f*.
transfigurer [tʀɑ̃sfigyʀe] *vt* verklären.
transfo [tʀɑ̃sfo] (*fam*) *abr m* (= *transformateur*) Trafo *m*.
transformable [tʀɑ̃sfɔʀmabl] *adj* (*structure*) veränderbar; (*RUGBY: essai*) der verwandelt werden kann.
transformateur [tʀɑ̃sfɔʀmatœʀ] *nm* (*ÉLEC*) Transformator *m*.
transformation [tʀɑ̃sfɔʀmasjɔ̃] *nf* (*de personne*) Veränderung *f*; (*de maison, magasin*) Umbau *m*; (*de matière première*) Umwandlung *f*; (*de vêtement*) Änderung *f*; (*RUGBY*) Verwandlung *f*; ~**s** *nfpl* (*travaux*) Umbauarbeiten *pl*; **industrie de** ~ verarbeitende Industrie *f*.
transformer [tʀɑ̃sfɔʀme] *vt* verändern; (*maison, magasin*) umbauen; (*matière première*) umwandeln, verwandeln; (*vêtement*) ändern; (*RUGBY: essai*) verwandeln; **se transformer** *vpr* sich verändern; (*radicalement*) sich wandeln; (*larve, embryon*) sich wandeln; ~ **la houille en énergie** Öl in Energie verwandeln *ou* umwandeln; ~ **du plomb en or** Blei in Gold verwandeln *ou* zu Gold machen.
transfuge [tʀɑ̃sfyʒ] *nm* Überläufer *m*.
transfuser [tʀɑ̃sfyze] *vt* (*sang*) übertragen; (*personne*) eine Bluttransfusion geben +*dat*.
transfusion [tʀɑ̃sfyzjɔ̃] *nf*: ~ **sanguine** Bluttransfusion *f*.
transgresser [tʀɑ̃sgʀese] *vt* übertreten.
transhumance [tʀɑ̃zymɑ̃s] *nf* Almauftrieb *m*.
transhumer [tʀɑ̃zyme] *vi* (*troupeaux*) auf die Alm treiben.
transi, e [tʀɑ̃zi] *adj* (*vor Kälte*) erstarrt.
transiger [tʀɑ̃ziʒe] *vi* (*personne*) einen Kompromiß schließen; (*avec sa conscience*) kompromittieren; ~ **sur qch** in bezug auf eine Sache einen Kompromiß schließen.
transistor [tʀɑ̃zistɔʀ] *nm* Transistor *m*.
transistorisé, e [tʀɑ̃zistɔʀize] *adj* Transistor-.

transit [tʀɑ̃zit] *nm* (*COMM*) Transitverkehr *m*; **de** ~ Transit-; **en** ~ (*marchandises*) im Transit; (*voyageurs*) Transit-.
transitaire [tʀɑ̃zitɛʀ] *nm* (*COMM*) Spediteur *m*.
transiter [tʀɑ̃zite] *vi* (*marchandises*) befördert werden über +*acc*; (*personnes*) reisen über +*acc*.
transitif, -ive [tʀɑ̃zitif, iv] *adj* transitiv.
transition [tʀɑ̃zisjɔ̃] *nf* (*dans le temps*) Übergang *m*; (*dans un discours*) Überleitung *f*; **de** ~ Übergangs-.
transitoire [tʀɑ̃zitwaʀ] *adj* (*de transition*) Übergangs-; (*fugitif*) kurzlebig.
translucide [tʀɑ̃slysid] *adj* durchscheinend.
transmet [tʀɑ̃smɛ] *vb voir* **transmettre**.
transmettais *etc* [tʀɑ̃smɛtɛ] *vb voir* **transmettre**.
transmetteur [tʀɑ̃smɛtœʀ] *nm* Sender *m*.
transmettre [tʀɑ̃smɛtʀ] *vt* übertragen; (*secret, recette*) mitteilen; (*vœux, amitiés, ordre, message*) übermitteln; (*TV, RADIO*) übertragen, senden.
transmis, e [tʀɑ̃smi, iz] *pp de* **transmettre**.
transmissible [tʀɑ̃smisibl] *adj* übertragbar.
transmission [tʀɑ̃smisjɔ̃] *nf* (*de message, d'ordre*) Übermittlung *f*; ~**s** *nfpl* (*MIL*) Fernmelder *pl* ▶ **transmission de données** Datenübertragung *f* ▶ **transmission de pensée** Gedankenübertragung *f*.
transnational, e, -aux [tʀɑ̃snasjɔnal, o] *adj* übernational.
transocéanique [tʀɑ̃zɔseanik] *adj* Übersee-.
transparaître [tʀɑ̃spaʀɛtʀ] *vi* durchscheinen.
transparence [tʀɑ̃spaʀɑ̃s] *nf* Durchsichtigkeit *f*, Transparenz *f*; **regarder qch par** ~ etw gegen das Licht halten.
transparent, e [tʀɑ̃spaʀɑ̃, ɑ̃t] *adj* durchsichtig.
transpercer [tʀɑ̃spɛʀse] *vt* (*suj: arme*) durchbohren; (*froid, insulte*) durchdringen; ~ **un vêtement/mur** durch ein Kleidungsstück/durch eine Mauer hindurchgehen.
transpiration [tʀɑ̃spiʀasjɔ̃] *nf* Schweiß *m*.
transpirer [tʀɑ̃spiʀe] *vi* schwitzen; (*information, nouvelle*) durchsickern.
transplant [tʀɑ̃splɑ̃] *nm* verpflanztes Organ *nt*, Transplantat *nt*.
transplantation [tʀɑ̃splɑ̃tasjɔ̃] *nf* (*BOT, MÉD*) Verpflanzen *nt*; (: *intervention*) Verpflanzung *f*.
transplanter [tʀɑ̃splɑ̃te] *vt* verpflanzen.
transport [tʀɑ̃spɔʀ] *nm* Beförderung *f*, Transport *m*; ~ **de colère/joie** Wut-/Freudenausbruch *m* ▶ **transport aérien** Lufttransport *m* ▶ **transport de marchandises** Warentransport *m* ▶ **transport de voyageurs** Beförderung von Passagieren *m* ▶ **transports publics** *ou* **en commun** öffentliche Verkehrsmittel *pl* ▶ **transports routiers** Straßentransport *m*, Transport auf der Straße.
transportable [tʀɑ̃spɔʀtabl] *adj* (*marchandise*) transportabel; (*malade*) transportfähig.
transporter [tʀɑ̃spɔʀte] *vt* befördern, trans-

portieren; (*voyageurs*) befördern; (*TECH*: *énergie*) übertragen; **se transporter** *vpr* (*se rendre*) sich begeben; ~ **qn à l'hôpital** jdn ins Krankenhaus bringen; **être transporté de bonheur/joie** vor Glück/Freude hingerissen sein.

transporteur [tʀɑ̃spɔʀtœʀ] *nm* (*entrepreneur*) Spediteur *m*.

transposer [tʀɑ̃spoze] *vt* versetzen; ~ **un morceau** (*MUS*) ein Stück transponieren.

transposition [tʀɑ̃spozisjɔ̃] *nf* Versetzung *f*; (*MUS*) Transponierung *f*.

transrhénan, e [tʀɑ̃sʀenɑ̃, an] *adj* jenseits des Rheins gelegen.

transsaharien, ne [tʀɑ̃(s)saaʀjɛ̃, jɛn] *adj* quer durch die Sahara.

transsexuel, le [tʀɑ̃(s)sɛksɥɛl] *nm/f* Transsexuelle(r) *f(m)*.

transsibérien, ne [tʀɑ̃(s)sibeʀjɛ̃, jɛn] *adj* transsibirisch.

transvaser [tʀɑ̃svaze] *vt* umfüllen, umgießen.

transversal, e, -aux [tʀɑ̃svɛʀsal, o] *adj* Quer-.

transversalement [tʀɑ̃svɛʀsalmɑ̃] *adv* quer.

trapèze [tʀapez] *nm* Trapez *nt*.

trapéziste [tʀapezist] *nm/f* Trapezkünstler(in) *m(f)*.

trappe [tʀap] *nf* (*porte*) Falltür *f*; (*piège*) Falle *f*.

trappeur [tʀapœʀ] *nm* Trapper *m*.

trapu, e [tʀapy] *adj* untersetzt, stämmig.

traquenard [tʀaknaʀ] *nm* Falle *f*.

traquer [tʀake] *vt* hetzen.

traumatisant, e [tʀomatizɑ̃, ɑ̃t] *adj* traumatisch.

traumatiser [tʀomatize] *vt* einen Schock versetzen +*dat*, traumatisieren.

traumatisme [tʀomatism] *nm* (*PSYCH*) Trauma *nt*, Schock *m* ▶ **traumatisme crânien** Gehirntrauma *nt*.

traumatologie [tʀomatɔlɔʒi] *nf* Traumatologie *f*.

travail, -aux [tʀavaj, o] *nm* Arbeit *f*; (*MÉD*) Wehen *pl*; **travaux** *nmpl* (*de réparation, agricoles etc*) Arbeiten *pl*; (*sur route*) Straßenarbeiten *pl*; (*de construction*) Bauarbeiten *pl*; **être en ~** (*MÉD*) in den Wehen liegen; **entrer en ~** (*MÉD*) Wehen bekommen; **être sans ~** arbeitslos sein ▶ **travail (au) noir** Schwarzarbeit *f* ▶ **travail d'intérêt général** sozialer Dienst (*für Straftäter*) ▶ **travail forcé** Zwangsarbeit *f* ▶ **travail posté** Schichtarbeit *f* ▶ **travaux des champs** Feldarbeit *f* ▶ **travaux dirigés** (*SCOL*) Schularbeiten *pl* unter Aufsicht ▶ **travaux forcés** ≈ Zuchthaus *nt* ▶ **travaux manuels** (*SCOL*) Werken *nt* ▶ **travaux ménagers** Hausarbeit *f* ▶ **travaux pratiques** praktische Arbeit; (*en laboratoire*) Laborarbeit *f* ▶ **travaux publics** öffentliche Bauvorhaben *pl*, Hochund Tiefbau *m*.

travaillé, e [tʀavaje] *adj* (*fignolé*) poliert.

travailler [tʀavaje] *vi* arbeiten; (*bois*) sich verziehen *ou* werfen ♦ *vt* (*bois, métal*) bearbeiten; (*pâte*) durchkneten; (*discipline*) arbeiten an +*dat*; (*agir sur*) zu beeinflussen versuchen; **cela le travaille** das geht ihm im Kopf herum, das treibt ihn um; ~ **la terre** den Boden bestellen; ~ **son piano** Klavier üben; ~ **à** arbeiten an +*dat*; (*fig: contribuer à*) hinarbeiten auf +*acc*.

travailleur, -euse [tʀavajœʀ, øz] *adj* arbeitsam, fleißig sein ♦ *nm/f* Arbeiter(in) *m(f)* ▶ **travailleur de force** Schwerarbeiter *m* ▶ **travailleur intellectuel** Kopfarbeiter *m* ▶ **travailleur manuel** Arbeiter *m* ▶ **travailleur social** Sozialarbeiter *m* ▶ **travailleuse familiale** Haushaltshilfe *f*.

travée [tʀave] *nf* (*rangée*) Reihe *f*; (*ARCHIT*) Joch *nt*.

traveller's (chèque) [tʀavlœʀs(ʃɛk)] *nm* Reisecheck *m*.

travelling [tʀavliŋ] *nm* (*chariot*) Kamerawagen *m*; (*technique*) Kamerafahrt *f* ▶ **travelling optique** Zoomaufnahmen *pl*.

travelo [tʀavlo] (*fam*) *nm* Transvestit *m*.

travers [tʀavɛʀ] *nm* (*défaut*) Schwäche *f*; **en ~ (de)** quer (zu); **à ~** quer durch; **au ~ (de)** quer (durch); **de ~** schief.

traverse [tʀavɛʀs] *nf* (*RAIL*) Schwelle *f*; **chemin de ~** Abkürzung *f*.

traversée [tʀavɛʀse] *nf* (*de salle, forêt*) Durchquerung *f*; (*de ville, tunnel*) Durchfahrt *f*; (*en mer*) Überfahrt *f*.

traverser [tʀavɛʀse] *vt* (*rue, mer, frontière*) überqueren; (*salle, forêt*) durchqueren, gehen durch; (*ville, tunnel*) durchfahren; (*percer, passer à travers*) durchgehen durch; (*vivre*) durchmachen.

traversin [tʀavɛʀsɛ̃] *nm* Kopf- *ou* Nackenrolle *f*.

travesti [tʀavɛsti] *nm* Transvestit *m*.

travestir [tʀavɛstiʀ] *vt* (*vérité etc*) verzerren, verfälschen; **se travestir** *vpr* (*se costumer*) sich verkleiden; (*artiste*) in Frauenkleidung auftreten; (*PSYCH*) sich wie eine Frau kleiden.

trayais *etc* [tʀɛjɛ] *vb voir* **traire.**

trayeuse [tʀɛjøz] *nf* (*machine*) Melkmaschine *f*.

trébucher [tʀebyʃe] *vi*: ~ **(sur)** stolpern (über +*acc*).

trèfle [tʀɛfl] *nm* (*BOT*) Klee *m*; (*CARTES*) Kreuz *nt* ▶ **trèfle à quatre feuilles** vierblättriges Kleeblatt *nt*.

treillage [tʀejaʒ] *nm* Spalier *nt*.

treille [tʀɛj] *nf* (*vigne*) Wein(ranke *f*) *m*; (*tonnelle*) Weinlaube *f*.

treillis [tʀeji] *nm* (*métallique, en bois*) Gitter *nt*; (*MIL*) Drillich *m*.

treize [tʀɛz] *num* dreizehn.

treizième [tʀɛzjɛm] *adj* dreizehnte(r, s) ♦ *nm* (*fraction*) Dreizehntel *nt*.

tréma [tʀema] *nm* Trema *nt*.

tremblant, e [tʀɑ̃blɑ̃, ɑ̃t] *adj* zitternd.

tremble [tʀɑ̃bl] *nm* (*BOT*) Zitterpappel *f*, Espe *f*.

tremblé, e [tʀɑ̃ble] *adj* zitterig.

tremblement [tʀɑ̃bləmɑ̃] *nm* Zittern *nt*; (*de*

flamme) Flackern *nt* ▶ **tremblement de terre** Erdbeben *nt*.

trembler [tʀɑ̃ble] *vi* zittern; *(flamme)* flackern; *(terre)* beben; ~ **de** *(froid, fièvre)* zittern vor +*dat*; *(peur)* zittern *ou* schlottern vor +*dat*; ~ **pour qn** um jdn zittern *ou* bangen.

tremblotant, e [tʀɑ̃blɔtɑ̃, ɑ̃t] *adj* zitternd.

trembloter [tʀɑ̃blɔte] *vi (mains, voix)* leicht zittern; *(flamme)* leicht flackern.

trémolo [tʀemɔlo] *nm* Tremolo *nt*.

trémousser [tʀemuse]: **se ~** *vpr* herumzappeln.

trempage [tʀɑ̃paʒ] *nm (du linge)* Einweichen *nt*.

trempe [tʀɑ̃p] *nf*: **un homme de cette/sa ~** ein Mann von diesem/seinem Schlag.

trempé, e [tʀɑ̃pe] *adj* patschnaß; **acier ~** gehärteter Stahl *m*.

tremper [tʀɑ̃pe] *vt (mouiller)* durchnässen; *(faire ~)* einweichen; *(plonger)* eintauchen ♦ *vi (lessive)* eingeweicht sein; **se tremper** *vpr (dans la mer, piscine etc)* kurz hineingehen *ou* hineintauchen; **faire ~** einweichen; **mettre à ~** einweichen; ~ **dans** *(affaire, crime)* verwickelt sein in +*dat*; **se faire ~** völlig durchnäßt werden.

trempette [tʀɑ̃pɛt] *nf*: **faire ~** *(dans la mer)* kurz ins Meer gehen.

tremplin [tʀɑ̃plɛ̃] *nm* Sprungbrett *nt*; *(SKI)* Sprungschanze *f*.

trentaine [tʀɑ̃tɛn] *nf*: **une ~ (de)** etwa dreißig; **avoir la ~** etwa dreißig (Jahre alt) sein.

trente [tʀɑ̃t] *num* dreißig; **être/se mettre sur son ~ et un** seine besten Kleider tragen/anziehen.

trente-six [tʀɑ̃t(ə)sis] *num*: **voir ~-~ chandelles** Sternchen sehen.

trente-trois [tʀɑ̃t(ə)tʀwa] *num*: **~-~ tours** *(disque)* Langspielplatte *f*.

trentième [tʀɑ̃tjɛm] *adj* dreißigste(r, s) ♦ *nm (fraction)* Dreißigstel *nt*.

trépanation [tʀepanasjɔ̃] *nf* Trepanation *f*, operative Schädelöffnung *f*.

trépaner [tʀepane] *vt* trepanieren.

trépasser [tʀepase] *vi* dahinscheiden.

trépidant, e [tʀepidɑ̃, ɑ̃t] *adj (rythme)* pulsierend; *(vie)* hektisch.

trépidation [tʀepidasjɔ̃] *nf (d'une machine, d'un moteur)* Vibration *f*; *(de la vie)* Hektik *f*.

trépider [tʀepide] *vi* vibrieren.

trépied [tʀepje] *nm (d'appareil)* Stativ *nt*; *(meuble)* Dreifuß *m*.

trépignement [tʀepiɲmɑ̃] *nm* Trampeln *nt*, Stampfen *nt*.

trépigner [tʀepiɲe] *vi*: ~ **(de colère/d'impatience)** (vor Zorn/Ungeduld) stampfen *ou* trampeln.

très [tʀɛ] *adv* sehr; ~ **beau/bien** sehr schön/gut; ~ **critiqué/admiré** viel kritisiert/bewundert; ~ **industrialisé** hochindustrialisiert; **j'ai ~ envie de chocolat** ich habe große Lust auf Schokolade; **j'ai ~ faim** ich habe großen Hunger.

trésor [tʀezɔʀ] *nm* Schatz *m* ▶ **Trésor (public)** *(argent)* öffentliche Finanzen *pl*; *(service)* Finanzverwaltung *f*.

trésorerie [tʀezɔʀʀi] *nf (fonds)* Finanzen *pl*; *(gestion)* Kassenführung *f*; *(bureaux)* Kasse *f*; **difficultés de ~** Finanzprobleme *pl*.

trésorier, -ière [tʀezɔʀje, jɛʀ] *nm/f (d'une association, société)* Schatzmeister(in) *m(f)*, Kassenführer(in) *m(f)*.

trésorier-payeur [tʀezɔʀjepejœʀ] *(pl* **~s-~s)** *nm*: **~-~ général** Zahlmeister *m*.

tressaillement [tʀesajmɑ̃] *nm* Zittern *nt*.

tressaillir [tʀesajiʀ] *vi* beben; *(de peur aussi)* zittern.

tressauter [tʀesote] *vi* auffahren.

tresse [tʀɛs] *nf (de cheveux)* Zopf *m*; *(cordon, galon)* Tresse *f*.

tresser [tʀese] *vt* flechten; *(corde)* drehen.

tréteau, x [tʀeto] *nm* Gestell *nt*; **les ~x** *(THÉÂT)* die Bretter *pl*.

treuil [tʀœj] *nm* Winde *f*.

trêve [tʀɛv] *nf* Waffenstillstand *m*; *(fig)* Ruhe *f*; ~ **de plaisanteries** Schluß mit den Witzen; **sans ~** ohne Unterlaß, unaufhörlich.

tri [tʀi] *nm* Sortieren *nt*; *(sélection)* Auswahl *f*; *(bureau)* Sortierstelle *f*.

triage [tʀijaʒ] *nm* Sortieren *nt*; *(sélection)* Auswahl *f*; *(RAIL)* Rangieren *nt*; **gare de ~** Rangierbahnhof *m*.

trial [tʀijal] *nm* Geländefahren *nt*.

triangle [tʀijɑ̃gl] *nm* Dreieck *nt*; *(MUS)* Triangel *m* ▶ **triangle équilatéral** gleichseitiges Dreieck ▶ **triangle isocèle** gleichschenkliges Dreieck ▶ **triangle rectangle** rechtwinkliges Dreieck.

triangulaire [tʀijɑ̃gylɛʀ] *adj* dreieckig.

tribal, e, -aux [tʀibal, o] *adj* Stammes-.

tribord [tʀibɔʀ] *nm*: **à ~** steuerbord(s).

tribu [tʀiby] *nf* Stamm *m*.

tribulations [tʀibylasjɔ̃] *nfpl (mésaventures)* Abenteuer *pl*.

tribunal, -aux [tʀibynal, o] *nm* Gericht *nt* ▶ **tribunal d'instance** ≈ Friedensgericht *nt* ▶ **tribunal de commerce** Handelsgericht *nt* ▶ **tribunal de grande instance** ≈ oberster Gerichtshof *m* ▶ **tribunal de police** Polizeigericht *nt* ▶ **tribunal pour enfants** ≈ Jugendgericht *nt*.

tribune [tʀibyn] *nf (estrade, de stade)* Tribüne *f*; *(d'église)* Empore *f*; *(de tribunal)* Galerie *f*; *(débat)* Diskussion *f* ▶ **tribune libre** *(PRESSE)* Kolumne *f*.

tribut [tʀiby] *nm* Abgabe *f*, Tribut *m*; **payer un lourd ~ à** einen schweren Tribut zahlen an +*dat*.

tributaire [tʀibytɛʀ] *adj*: **être ~ de** abhängig sein von.

tricentenaire [tʀisɑ̃t(ə)nɛʀ] *nm* Dreihundertjahrfeier *f*.

tricher [tʀiʃe] *vi* einen Täuschungsversuch machen.

tricherie [tʀiʃʀi] *nf* Schummelei *f*, Betrug *m*.

tricheur, -euse [tʀiʃœʀ, øz] *nm/f* Betrüger(in)

m(f), Mogler(in) m(f).

trichromie [tʀikʀɔmi] nf (PHOTO) Dreifarben-druck m.

tricolore [tʀikɔlɔʀ] adj dreifarbig; (français) französisch; **le drapeau** ~ die Trikolore f.

tricot [tʀiko] nm (technique) Stricken nt; (ouvrage) Strickarbeit f, Strickzeug nt; (tissu) Strickware f, Trikot nt; (vêtement) Pullover m ▶ **tricot de corps** Unterhemd nt.

tricoter [tʀikɔte] vt stricken; **machine/aiguille à** ~ Strickmaschine f/-nadel f.

trictrac [tʀiktʀak] nm Tricktrack nt.

tricycle [tʀisikl] nm Dreirad nt.

tridimensionnel, le [tʀidimɑ̃sjɔnɛl] adj dreidimensional.

triennal, e, -aux [tʀijenal, o] adj (prix, foire, élection) dreijährlich; (charge, mandat, plan) Dreijahres-.

trier [tʀije] vt sortieren; (choisir) auswählen; (fruits) aussortieren; (grains) auslesen.

trieur, -euse [tʀijœʀ, tʀijøz] nm/f Sortierer(in) m(f) ♦ nm Sortiermaschine f.

trigonométrie [tʀigɔnɔmetʀi] nf Trigonometrie f.

trigonométrique [tʀigɔnɔmetʀik] adj trigonometrisch.

trilingue [tʀilɛ̃g] adj dreisprachig.

trilogie [tʀilɔʒi] nf Trilogie f.

trimaran [tʀimaʀɑ̃] nm Trimaran m.

trimbaler [tʀɛ̃bale] (fam) vt mit sich herum-schleppen.

trimer [tʀime] (fam) vi sich abrackern, schuf-ten.

trimestre [tʀimɛstʀ] nm (SCOL) Trimester nt; (COMM) Quartal nt, Vierteljahr nt.

trimestriel, le [tʀimɛstʀijɛl] adj (revue, activité) vierteljährlich; (SCOL) Trimester-.

trimoteur [tʀimɔtœʀ] nm dreimotoriges Flug-zeug nt.

tringle [tʀɛ̃gl] nf Stange f.

Trinité [tʀinite] nf: **la** ~ (REL) die Dreieinigkeit f, die Heilige Dreifaltigkeit f; ~ **et Tobago** Trinidad und Tobago nt.

trinquer [tʀɛ̃ke] vi anstoßen; (fam) büßen müssen; ~ **à qch/la santé de qn** auf etw acc/ jds Gesundheit anstoßen.

trio [tʀijo] nm Trio nt.

triomphal, e, -aux [tʀijɔ̃fal, o] adj triumphal.

triomphalement [tʀijɔ̃falmɑ̃] adv (recevoir, saluer) triumphal; (annoncer, montrer) trium-phierend.

triomphant, e [tʀijɔ̃fɑ̃, ɑ̃t] adj triumphierend.

triomphateur, -trice [tʀijɔ̃fatœʀ, tʀis] nm/f Triumphator m.

triomphe [tʀijɔ̃f] nm Triumph m; (d'une idée, mode aussi) Siegeszug m; **être reçu en** ~ triumphal empfangen werden; **être porté en** ~ im Triumph auf den Schultern getragen werden.

triompher [tʀijɔ̃fe] vi triumphieren; (concurrent, parti) (triumphal) siegen; ~ **de qch/qn** über etw/jdn triumphieren.

triparti, e [tʀipaʀti] adj Dreiparteien-.

tripartite [tʀipaʀtit] adj = triparti.

triperie [tʀipʀi] nf (boutique) Geschäft, wo Inne-reien verkauft werden.

tripes [tʀip] nfpl (CULIN) Kutteln pl, Kaldaunen pl; (fam) Bauch m.

triphasé, e [tʀifaze] adj dreiphasig.

triplace [tʀiplas] adj dreisitzig.

triple [tʀipl] adj dreifach; (à trois éléments) drei-teilig ♦ nm: **le** ~ (**de**) das Dreifache (von); **en** ~ **exemplaire** in dreifacher Ausfertigung.

triplé [tʀiple] nm (HIPPISME) Wette auf drei Pfer-de in drei verschiedenen Rennen; (SPORT) Hat-Trick m; ~**s, -es** nm/fpl Drillinge pl.

triplement [tʀipləmɑ̃] adv dreifach ♦ nm Ver-dreifachung f.

tripler [tʀiple] vi sich verdreifachen ♦ vt ver-dreifachen.

Tripoli [tʀipɔli] n Tripoli nt.

triporteur [tʀipɔʀtœʀ] nm Dreirad für Waren-transporte.

tripot [tʀipo] (péj) nm Spielhölle f.

tripotage [tʀipɔtaʒ] (péj) nm Herumfummeln nt.

tripoter [tʀipɔte] vt (stylo, objet) herumfum-meln mit; (fam: femme) herumfummeln an.

trique [tʀik] nf Knüppel m.

trisannuel, le [tʀizanɥɛl] adj (qui a lieu tous les trois ans) dreijährlich; (qui dure trois ans) drei-jährig.

triste [tʀist] adj traurig; **un** ~ **personnage** eine Jammergestalt; **une** ~ **affaire** eine traurige Angelegenheit.

tristement [tʀistəmɑ̃] adv traurig.

tristesse [tʀistɛs] nf Traurigkeit f.

triton [tʀitɔ̃] nm Triton m.

triturer [tʀityʀe] vt (pâte) kneten; (mouchoir) herumfummeln an +dat; **se triturer** vpr: **se** ~ **les méninges** (fam) sich den Kopf zerbre-chen.

trivial, e, -aux [tʀivjal, jo] adj (vulgaire) derb, vulgär; (commun) trivial, alltäglich.

trivialité [tʀivjalite] nf (grossièreté) Derbheit f, Vulgarität f; (banalité) Trivialität f.

troc [tʀɔk] nm Tauschhandel m.

troène [tʀɔɛn] nm Liguster m.

troglodyte [tʀɔglɔdit] nm/f Höhlenbewoh-ner(in) m(f).

trognon [tʀɔɲɔ̃] nm (de fruit) Kerngehäuse nt; (de légume) Strunk m.

trois [tʀwa] num drei; **les** ~ **quarts de** dreivier-tel +gen; **c'est** ~ **fois rien** das ist nicht der Rede wert.

trois-huit [tʀwaɥit] nmpl: **faire les** ~-~ in Acht-stundenschichten arbeiten.

troisième [tʀwazjɛm] adj dritte(r, s) ▶ **le troi-sième âge** das Seniorenalter; (personnes) die Senioren pl.

troisièmement [tʀwazjɛmmɑ̃] adv drittens.

trolleybus [tʀɔlɛbys] nm Obus m.

trombe [tʀɔ̃b] nf: **en** ~ wie ein Wirbelwind ▶ **trombes d'eau** Regenguß m.

trombone [tʀɔ̃bɔn] nm (instrument) Posaune f; (musicien) Posaunist(in) m(f); (de bureau)

Büroklammer *f* ▶ **trombone à coulisse** Zugposaune *f*.

tromboniste [tʀɔbɔnist] *nm/f* Posaunist(in) *m(f)*.

trompe [tʀɔp] *nf* (*d'éléphant*) Rüssel *m*; (*MUS*) Horn *nt* ▶ **trompe de brume** Nebelhorn *nt* ▶ **trompe d'Eustache** Eustachische Röhre *f* ▶ **trompes (utérines)** Eileiter *pl*.

trompe-l'œil [tʀɔplœj] *nm inv*: **en** ~-~ (*peinture*) Illusions-.

tromper [tʀɔpe] *vt* betrügen; (*suj: distance, objet, ressemblance*) täuschen; (*espoir, attente*) enttäuschen; (*vigilance, poursuivants*) irreführen; **se tromper** *vpr* sich irren, sich täuschen; **se** ~ **de voiture/jour** sich im Auto/im Tag täuschen; **se** ~ **de 3 cm/20 F** sich um 3 cm/20F vertun.

tromperie [tʀɔpʀi] *nf* Betrug *m*.

trompette [tʀɔpɛt] *nf* Trompete *f*; **nez en** ~ Himmelfahrtsnase *f*.

trompettiste [tʀɔpetist] *nm/f* Trompeter(in) *m(f)*.

trompeur, -euse [tʀɔpœʀ, øz] *adj* täuschend.

trompeusement [tʀɔpøzmɑ̃] *adv* täuschend.

tronc [tʀɔ̃] *nm* (*BOT*) Stamm *m*; (*ANAT*) Rumpf *m*; (*d'église*) Opferstock *m* ▶ **tronc commun** (*SCOL*) gemeinsamer Unterricht *m* ▶ **tronc d'arbre** Baumstamm *m* ▶ **tronc de cône** Kegelstumpf *m*.

tronche [tʀɔ̃ʃ] (*fam*) *nf* Birne *f*.

tronçon [tʀɔ̃sɔ̃] *nm* Teilstrecke *f*.

tronçonner [tʀɔ̃sɔne] *vt* zersägen.

tronçonneuse [tʀɔ̃sɔnøz] *nf* Kettensäge *f*.

trône [tʀon] *nm* Thron *m*; **monter sur le** ~ den Thron besteigen.

trôner [tʀone] *vi* thronen.

tronquer [tʀɔ̃ke] *vt* verstümmeln.

trop [tʀo] *adv* zu; (*avec verbe*) zu viel; (*aimer, chauffer, insister*) zu sehr; ~ (**nombreux**) zu viele, zu zahlreich; ~ **peu (nombreux)** zu wenige; ~ **souvent** zu oft; ~ **longtemps** zu lange; ~ **de** (*nombre*) zu viele; (*quantité*) zuviel; **des livres/5 F de** *ou* **en** ~ einige Bücher/5F zuviel; **du lait en** ~ zuviel Milch.

trophée [tʀɔfe] *nm* Trophäe *f*.

tropical, e, -aux [tʀɔpikal, o] *adj* tropisch.

tropique [tʀɔpik] *nm* (*ligne*) Wendekreis *m*; ~**s** *nmpl* (*régions*) die Tropen *pl* ▶ **tropique du Cancer/Capricorne** Wendekreis des Krebses/des Steinbocks.

trop-plein [tʀoplɛ̃] (*pl* ~-~**s**) *nm* Überlauf *m*; (*d'énergie*) Überschuß *m*.

troquer [tʀɔke] *vt* eintauschen.

trot [tʀo] *nm* Trab *m*; **aller au** ~ traben, im Trab reiten; **partir au** ~ lostraben.

trotter [tʀɔte] *vi* traben; (*souris, enfants*) herumtrippeln.

trotteuse [tʀɔtøz] *nf* (*de montre*) Sekundenzeiger *m*.

trottiner [tʀɔtine] *vi* trippeln.

trottinette [tʀɔtinɛt] *nf* Roller *m*.

trottoir [tʀɔtwaʀ] *nm* Bürgersteig *m*, Gehweg *m*; **faire le** ~ (*péj*) auf den Strich gehen ▶ **trot-**

toir roulant Rollsteig *m*.

trou [tʀu] *nm* Loch *nt*; (*moment de libre*) Lücke *f* ▶ **trou d'aération** Luftloch *nt* ▶ **trou d'air** Luftloch *nt* ▶ **trou de la serrure** Schlüsselloch *nt* ▶ **trou de mémoire** Gedächtnislücke *f* ▶ **trou noir** (*ASTRON*) schwarzes Loch.

troublant, e [tʀublɑ̃, ɑ̃t] *adj* verwirrend.

trouble [tʀubl] *adj* trüb; (*fig: louche*) zwielichtig, düster ♦ *adv*: **voir** ~ undeutlich sehen ♦ *nm* (*désarroi, embarras*) Verwirrung *f*; (*émoi sensuel*) Erregung *f*; (*zizanie*) Unruhe *f*; ~**s** *nmpl* (*POL*) Aufruhr *m*, Unruhen *pl*; (*MÉD*) Beschwerden *pl*, Störung *f* ▶ **troubles de la personnalité** Persönlichkeitsprobleme *pl* ▶ **troubles de la vision** Sehstörungen *pl*.

trouble-fête [tʀublafɛt] *nm/f inv* Spielverderber(in) *m(f)*.

troubler [tʀuble] *vt* (*personne*) verwirren; (: *inquiéter*) beunruhigen; (: *émouvoir*) bewegen; (*liquide*) trüben; (*perturber*) stören; **se troubler** *vpr* (*personne*) verlegen werden; ~ **l'ordre public** Ruhe und Ordnung stören.

troué, e [tʀue] *adj* durchlöchert ♦ *nf* (*dans un mur, une haie*) Lücke *f*; (*GÉO*) Spalte *f*; (*MIL*) Durchbruch *m*.

trouer [tʀue] *vt* (*vêtement, papier*) ein Loch machen in +*acc*; (*mur*) durchbohren; (*fig: silence, air, nuit*) durchbrechen.

trouille [tʀuj] (*fam*) *nf*: **avoir la** ~ einen Mordsbammel haben.

troupe [tʀup] *nf* (*MIL*) Truppe *f*; (*groupe*) Gruppe *f*, Schar *f* ▶ **troupe (de théâtre)** Theatertruppe *f*, Ensemble *nt* ▶ **troupes de choc** Stoßtruppen *pl*.

troupeau, x [tʀupo] *nm* Herde *f*.

trousse [tʀus] *nf* (*étui*) Etui *nt*; (*d'écolier*) (Feder)mäppchen *nt*; (*de docteur*) Arzttasche *f*; **aux** ~**s de** (*fig*) auf den Fersen von ▶ **trousse à outils** Werkzeugtasche *f* ▶ **trousse de toilette** *ou* **de voyage** Kulturbeutel *m*.

trousseau, x [tʀuso] *nm* (*de mariée*) Aussteuer *f* ▶ **trousseau de clefs** Schlüsselbund *m*.

trouvaille [tʀuvaj] *nf* Entdeckung *f*, Fund *m*.

trouver [tʀuve] *vt* finden; **se trouver** *vpr* (*être*) sein; (*être soudain*) sich finden ♦ *vr impers*: **il se trouve que** zufälligerweise; ~ **le loyer cher/le prix excessif** die Miete hoch/den Preis zu hoch finden; **aller/venir** ~ **qn** jdn besuchen gehen/kommen; **je trouve que** ich finde, daß; ~ **à boire/critiquer** etwas zu Trinken/etwas auszusetzen finden; **se** ~ **à 3 km** 3 km entfernt sein; **se** ~ **bien** sich wohl fühlen; **se** ~ **mal** in Ohnmacht fallen; **il se trouve dans l'impossibilité de faire qch** es ist ihm unmöglich, etw zu tun.

truand [tʀyɑ̃] *nm* Gangster *m*, Ganove *m*.

truander [tʀyɑ̃de] (*fam*) *vt* betrügen, übers Ohr hauen.

trublion [tʀyblijɔ̃] *nm* Unruhestifter *m*.

truc [tʀyk] (*fam*) *nm* (*astuce*) Dreh *m*, Kniff *m*; (*de cinéma, de prestidigitateur*) Trick *m*; (*fam*: *chose*) Ding *nt*; **avoir le** ~ (*fam*) den Trick *ou*

Bogen raushaben; **c'est pas mon** ~ (*fam*) das liegt mir nicht.

truchement [tʀyʃmɑ̃] *nm*: **par le** ~ **de qn** durch jdn, durch jds Vermittlung.

trucider [tʀyside] (*fam*) *vt* umlegen.

truculence [tʀykylɑ̃s] *nf* Urigkeit *f*.

truculent, e [tʀykylɑ̃, ɑ̃t] *adj* urig, urwüchsig.

truelle [tʀyɛl] *nf* (*de maçon*) Kelle *f* ▶ **truelle à poisson** Fischmesser *nt*.

truffe [tʀyf] *nf* Trüffel *f*; (*fam: nez*) Nase *f*.

truffer [tʀyfe] *vt* (*CULIN*) trüffeln; **truffé de** (*erreurs, contresens, citations*) gespickt mit; (*pièges*) voller.

truie [tʀɥi] *nf* Sau *f*.

truite [tʀɥit] *nf* Forelle *f*.

truquage [tʀykaʒ] *nm* (*v vt*) Fälschung *f*; Manipulation *f*; Zinken *nt*; (*CINÉ*) Trickaufnahmen *pl*.

truquer [tʀyke] *vt* (*élections*) fälschen; (*serrure*) manipulieren; (*cartes*) zinken; (*CINÉ*) Trickaufnahmen anwenden bei.

trust [tʀœst] *nm* Trust *m*, Konzern *m*.

truster [tʀœste] *vt* (*COMM*) monopolisieren.

tsar [dzaʀ] *nm* Zar *m*.

tsé-tsé [tsetse] *nf inv*: (**mouche**) ~-~ Tsetsefliege *f*.

TSF [teɛsɛf] *sigle f* (= *télégraphie sans fil*) Radio *nt*.

tsigane [tsigan] *adj, nm/f* = **tzigane**.

TSVP [teɛsvepe] *abr* (= *tournez s'il vous plaît*) b.w.

TTC [tetese] *abr* (= *toutes taxes comprises*) alles inbegriffen.

tu¹ [ty] *pron du* ♦ *nm*: **employer le** ~ **du** sagen.

tu², e [ty] *pp de* **taire**.

tuant, e [tɥɑ̃, tɥɑ̃t] *adj* (*épuisant*) erschöpfend; (*énervant*) unausstehlich.

tuba [tyba] *nm* (*MUS*) Tuba *f*; (*SPORT*) Schnorchel *m*.

tubage [tybaʒ] *nm* (*MÉD*) Intubierung *f*.

tube [tyb] *nm* (*de mesure, en verre*) Röhre *f*; (*de canalisation, métallique etc*) Rohr *nt*; (*de comprimés*) Röhrchen *nt*; (*de dentifrice etc*) Tube *f*; (*chanson*) Hit *m* ▶ **tube à essai** Reagenzglas *nt* ▶ **tube de peinture** Farbtube *f* ▶ **tube digestif** Verdauungskanal *m*.

tuberculeux, -euse [tybɛʀkylø, øz] *adj* tuberkulös ♦ *nm/f* Tuberkulosekranke(r) *f(m)*.

tuberculose [tybɛʀkyloz] *nf* Tuberkulose *f*.

tubulaire [tybylɛʀ] *adj* (*table, meuble*) Stahlrohr-.

tubulure [tybylyʀ] *nf* (*tube*) Rohr *nt*; ~**s** *nfpl* (*tubes*) Rohrleitungen *pl*; ~**s d'échappement/ d'admission** Auspuff-/Ansaugrohre *pl*.

TUC [tyk] *sigle m* (= *travail d'utilité collective*) ≈ ABM *f*.

tuciste [tysist] *nm/f* ≈ ABM-Kraft *f*.

tué, e [tɥe] *nm/f*: **cinq** ~**s** fünf Tote *pl*.

tue-mouche [tymuʃ] *adj*: **papier** ~-~ Fliegenfänger *m*.

tuer [tɥe] *vt* töten; (*commerce*) ruinieren; (*inspiration, amour*) abtöten; **se tuer** *vpr* (*se suicider*) sich umbringen, sich *dat* das Leben neh-

men; (*dans un accident*) umkommen; **se** ~ **au travail** (*fig*) sich totarbeiten.

tuerie [tyʀi] *nf* Blutbad *nt*, Gemetzel *nt*.

tue-tête [tytɛt] : **à** ~-~ *adv* aus Leibeskräften.

tueur [tɥœʀ] *nm* (*assassin*) Mörder *m* ▶ **tueur à gages** bezahlter Killer *m*.

tuile [tɥil] *nf* Dachziegel *m*; (*fam: ennui*) Pech *nt*.

tulipe [tylip] *nf* Tulpe *f*.

tulle [tyl] *nm* Tüll *m*.

tuméfié, e [tymefje] *adj* geschwollen.

tumeur [tymœʀ] *nf* Tumor *m*.

tumulte [tymylt] *nm* Tumult *m*.

tumultueux, -euse [tymyltɥø, øz] *adj* (*discussion, passion*) stürmisch; (*foule*) tobend, lärmend.

tuner [tynɛʀ] *nm* Tuner *m*.

tungstène [tœkstɛn] *nm* Wolfram *nt*.

tunique [tynik] *nf* (*romaine*) Tunika *f*.

Tunis [tynis] *n* Tunis *nt*.

Tunisie [tynizi] *nf*: **la** ~ Tunesien *nt*.

tunisien, ne [tynizjɛ̃, jɛn] *adj* tunesisch ♦ *nm/f*: **T~, ne** Tunesier(in) *m(f)*.

tunisois, e [tynizwa, waz] *adj* aus Tunis.

tunnel [tynɛl] *nm* Tunnel *m*.

turban [tyʀbɑ̃] *nm* Turban *m*.

turbin [tyʀbɛ̃] (*fam*) *nm* Job *m*; **aller au** ~ zur Arbeit gehen; **après le** ~ nach der Arbeit.

turbine [tyʀbin] *nf* Turbine *f*.

turbo [tyʀbo] *nm* Turbolader *m*; **un moteur** ~ ein Turbomotor *m*.

turbopropulseur [tyʀbopʀɔpylsœʀ] *nm* Turboantrieb *m*.

turboréacteur [tyʀboʀeaktœʀ] *nm* Turbotriebwerk *nt*.

turbot [tyʀbo] *nm* Steinbutt *m*.

turbotrain [tyʀbotʀɛ̃] *nm* Turbozug *m*.

turbulences [tyʀbylɑ̃s] *nfpl* Turbulenzen *pl*.

turbulent, e [tyʀbylɑ̃, ɑ̃t] *adj* (*enfant*) wild, ausgelassen.

turc, turque [tyʀk] *adj* türkisch ♦ *nm* (*LING*) Türkisch *nt* ♦ *nm/f*: **T~, Turque** Türke *m*, Türkin *f*; **à la turque** (*cabinet*) Steh-.

turf [tyʀf] *nm* Pferderennen *pl*; (*paris*) Pferdewetten *pl*.

turfiste [tyʀfist] *nm/f* Rennfanatiker(in) *m(f)*.

turpitude [tyʀpityd] *nf* Niedertracht *f*.

Turque [tyʀk] *nf voir* **turc**.

turque [tyʀk] *adj f voir* **turc**.

Turquie [tyʀki] *nf* Türkei *f*.

turquoise [tyʀkwaz] *adj inv* türkis ♦ *nf ou nm* Türkis *m*.

tut *etc* [ty] *vb voir* **taire**.

tutelle [tytɛl] *nf* (*JUR*) Vormundschaft *f*; (*de l'État, d'une société*) Treuhandschaft *f*; **mettre en** ~ unter Vormundschaft stellen *acc*; **être sous la** ~ **de qn** unter jds Aufsicht *dat* stehen.

tuteur, -trice [tytœʀ, tʀis] *nm/f* (*JUR*) Vormund *m* ♦ *nm* (*de plante*) Stütze *f*.

tutoiement [tytwamɑ̃] *nm* Duzen *nt*.

tutoyer [tytwaje] *vt* duzen.

tutti quanti [tutikwăti] *nmpl*: **et ~ ~** und der ganze Rest.
tutu [tyty] *nm* Balletträckchen *nt*.
tuyau, x [tɥijo] *nm* (*rigide*) Rohr *nt*, Röhre *f*; (*flexible*) Schlauch *m*; (*fam*: *conseil*) Wink *m*, Tip *m*; (: *renseignement*) Info *nt* ▶ **tuyau d'arrosage** Gartenschlauch *m* ▶ **tuyau d'échappement** Auspuffrohr *nt* ▶ **tuyau d'incendie** Feuerwehrschlauch *m*.
tuyauterie [tɥijɔtri] *nf* Rohrsystem *nt*.
tuyère [tyjɛr] *nf* Düse *f*.
TV [teve] *sigle f* (= *télévision*) TV *nt*.
TVA [tevea] *sigle f* (= *taxe à ou sur la valeur ajoutée*) MWSt *f*.
tweed [twid] *nm* Tweed *m*.
tympan [tɛ̃pɑ̃] *nm* (*ANAT*) Trommelfell *nt*.
type [tip] *nm* Typ *m*; (*fam*: *homme*) Typ ♦ *adj* typisch; **avoir le ~ nordique** (*race*) ein nordischer Typ sein; **c'est le ~ même du vieux garçon** er ist ein typischer Junggeselle.
typé, e [tipe] *adj* ausgeprägt.
typhoïde [tifɔid] *nf* Typhus *m*.
typhon [tifɔ̃] *nm* Taifun *m*.
typhus [tifys] *nm* Flecktyphus *m*.
typique [tipik] *adj* typisch.
typiquement [tipikmɑ̃] *adv* typisch.
typographe [tipɔgraf] *nm/f* Schriftsetzer(in) *m(f)*.
typographie [tipɔgrafi] *nf* Typographie *f*; (*procédé*) Buchdruck *m*.
typographique [tipɔgrafik] *adj* typographisch.
typologie [tipɔlɔʒi] *nf* Typologie *f*.
typologique [tipɔlɔʒik] *adj* typologisch.
tyran [tirɑ̃] *nm* Tyrann *m*.
tyrannie [tirani] *nf* Tyrannei *f*.
tyrannique [tiranik] *adj* tyrannisch.
tyranniser [tiranize] *vt* tyrannisieren.
Tyrol [tirɔl] *nm*: **le ~** Tirol *nt*.
tyrolien, ne [tirɔljɛ̃, jɛn] *adj* Tiroler ♦ *nm/f*: **T~, ne** Tiroler(in) *m(f)*.
tzar [dzar] *nm* = **tsar**.
tzigane [dzigan] *adj* Zigeuner- ♦ *nm/f* Zigeuner(in) *m(f)*.

U, u

U, u [y] *nm inv* (*lettre*) U, u *nt*; **~ comme Ursula** ≈ U wie Ulrich.
ubiquité [ybikɥite] *nf*: **avoir le don d'~** überall zugleich sein.
UDF [ydeɛf] *sigle f* (= *Union pour la démocratie française*) politische Partei.
UEFA [yefa] *sigle f* (= *Union of European Football Associations*) UEFA *f*.
UFR [yɛfɛr] *sigle f* (= *unité de formation et de recherche*) Universitätsabteilung.
UHF [yaʃɛf] *sigle f* (= *ultra-haute fréquence*) UHF.
UHT [yaʃte] *sigle* (= *ultra-haute température*): **lait** *m* **UHT** H-Milch *f*.
Ukraine [ykrɛn] *nf* Ukraine *f*.
ukrainien, ne [ykrɛnjɛ̃, jɛn] *adj* ukrainisch ♦ *nm/f*: **U~, ne** Ukrainer(in) *m(f)*.
ulcération [ylserasjɔ̃] *nf* Geschwürbildung *f*.
ulcère [ylsɛr] *nm* Geschwür *nt*; **~ à l'estomac** Magengeschwür *nt*.
ulcérer [ylsere] *vt* (*MÉD*) Geschwüre verursachen in +*dat*; (*fig*) zutiefst verärgern.
ulcéreux, -euse [ylserø, øz] *adj* geschwürig; (*plaie*) vereitert.
ultérieur, e [ylterjœr] *adj* später; **reporté à une date ~e** auf einen späteren Zeitpunkt verschoben.
ultérieurement [ylterjœrmɑ̃] *adv* später.
ultimatum [yltimatɔm] *nm* Ultimatum *nt*.
ultime [yltim] *adj* letzte(r, s).
ultra [yltra] *préf* ultra-.
ultra-court, e [yltrakur, kurt] (*pl* ~-~**s, es**) *adj*: **ondes ~-~es** Ultrakurzwellen *pl*.
ultramoderne [yltramɔdɛrn] *adj* hypermodern.
ultra-rapide [yltrarapid] (*pl* ~-~**s**) *adj* ultraschnell.
ultra-sensible [yltrasɑ̃sibl] (*pl* ~-~**s**) *adj* (*PHOTO*) hochempfindlich.
ultra(-)sons [yltrasɔ̃] *nmpl* Ultraschall *m*.
ultra(-)violet, te [yltravjɔle, ɛt] (*pl* ~**s, tes**) *adj* ultraviolett.
ululer [ylyle] *vi* schreien.

===================================== *MOT-CLÉ*

un, une [œ̃, yn] *art indéf* eine(r, s); **un homme** ein Mann; **une femme** eine Frau; **une chaussure** ein Schuh; **une tulipe** eine Tulpe; **un chocolat** eine Schokolade
♦ *pron* eine(r, s); **l'un des meilleurs** einer der besten; **l'un ..., l'autre ...** der eine ..., der andere ...; **les uns ..., les autres ...** die einen ..., die anderen ...; **l'un et l'autre** beide; **l'un ou l'autre** eine(r, s) von beiden; **l'un l'autre** einander; **les uns les autres** einander; **pas un seul** kein einziger; **un par un** einer nach dem anderen
♦ *num* eins
♦ *nf*: **la une** (*PRESSE*) die Titelseite; (*chaîne de télévision*) das Erste (Programm).

unanime [ynanim] *adj* einstimmig; **ils sont ~s (à penser que)** sie sind sich einig (darin, daß).
unanimement [ynanimmɑ̃] *adv* einstimmig.
unanimité [ynanimite] *nf* Einstimmigkeit *f*; **à l'~** einstimmig; **faire l'~** einstimmig angenommen werden.
UNEF [ynɛf] *sigle f* (= *Union nationale des étudiants de France*) Studentengewerkschaft.
UNESCO [ynɛsko] *sigle f* (= *United Nations Educational, Scientific and Cultural Organization*) UNESCO *f*.

uni, e [yni] *adj* (*tissu, couleur*) einfarbig, uni; (*surface, terrain*) eben; (*famille, groupe*) eng verbunden; (*pays*) vereinigt ♦ *nm* (*étoffe unie*) Unistoff *m*.

UNICEF [ynisɛf] *sigle m ou f* (= *United Nations International Children's Emergency Fund*) UNICEF *f*.

unidirectionnel, le [ynidiʀɛksjɔnɛl] *adj* (*antenne, émetteur*) Richt-.

unième [ynjɛm] *adj*: **vingt et** ~ einundzwanzigste(r, s); **trente et** ~ einunddreißigste(r, s); **cent** ~ hunderterste(r, s); **mille et** ~ tausenderste(r, s).

unificateur, -trice [ynifikatœʀ, tʀis] *adj* (*mouvement*) Vereinigungs-.

unification [ynifikasjɔ̃] *nf* Vereinigung *f*.

unifier [ynifje] *vt* vereinigen; **s'unifier** *vpr* sich vereinigen.

uniforme [ynifɔʀm] *adj* (*mouvement*) gleichmäßig; (*surface*) eben; (*ton*) gleichförmig; (*objets, maisons*) gleichartig; (*fig: vie, conduite*) einförmig ♦ *nm* Uniform *f*; **être sous l'**~ dienen.

uniformément [ynifɔʀmemɑ̃] *adv* (*v adj*) gleichmäßig; eben; gleichförmig; gleichartig; einförmig.

uniformisation [ynifɔʀmizasjɔ̃] *nf* Vereinheitlichung *f*.

uniformiser [ynifɔʀmize] *vt* vereinheitlichen.

uniformité [ynifɔʀmite] *nf* (*v adj*) Gleichmäßigkeit *f*; Ebenheit *f*; Gleichförmigkeit *f*; Gleichartigkeit *f*; Einförmigkeit *f*.

unijambiste [yniʒɑ̃bist] *nm/f* Einbeinige(r) *f(m)*.

unilatéral, e, -aux [ynilateʀal, o] *adj* einseitig; **stationnement** ~ Parken *nt* auf nur einer Straßenseite.

unilatéralement [ynilateʀalmɑ̃] *adv* einseitig.

uninominal, e, -aux [yninɔminal, o] *adj* (*scrutin, vote*) Einzel-.

union [ynjɔ̃] *nf* Vereinigung *f*; (*d'éléments, couleurs, mariage*) Verbindung *f*; **l'U~ des républiques socialistes soviétiques** die Union *f* der sozialistischen Sowjetrepubliken; **l'U~ soviétique** die Sowjetunion *f* ▶ **union conjugale** eheliche Verbindung ▶ **union de consommateurs** Verbraucherverband *m* ▶ **union douanière** Zollunion *f* ▶ **union libre** freie Liebe *f*.

unique [ynik] *adj* (*seul*) einzig; (*exceptionnel*) einzigartig; **prix/système** ~ Einheitspreis *m*/-system *nt*; **ménage à salaire** ~ Haushalt *m* mit einem Einkommen; **route à voie** ~ Einbahnstraße *f*; **fils** ~ einziger Sohn; **fille** ~ einzige Tochter; ~ **en France** einzigartig in Frankreich.

uniquement [ynikmɑ̃] *adv* nur, bloß.

unir [yniʀ] *vt* (*nations*) vereinen, vereinigen; (*éléments, couleurs, qualités*) verbinden; (*en mariage*) trauen; **s'unir** *vpr* sich vereinigen; ~ **qch à** etw vereinigen/verbinden mit; **s'**~ **à** *ou* **avec** sich vereinigen mit.

unisexe [ynisɛks] *adj* Einheits-; (*coiffure*) für Damen und Herren.

unisson [ynisɔ̃] *nm*: **à l'**~ einstimmig.

unitaire [yniteʀ] *adj* (*POL*) vereinigend; **prix** ~ Einzelpreis *m*.

unité [ynite] *nf* Einheit *f*; (*harmonie*) Einigkeit *f*; (*MATH*) Einer *m* ▶ **unité centrale (de traitement)** (*INFORM*) zentrale Prozesseinheit *f* ▶ **unité d'action** konzertierte Aktion *f* ▶ **unité de valeur** (*SCOL*) Unterrichtseinheit *f* ▶ **unité de vues** Einstimmigkeit *f*.

univers [univɛʀ] *nm* Universum *nt*; (*fig*) Welt *f*.

universalisation [ynivɛʀsalizasjɔ̃] *nf* Verallgemeinerung *f*.

universaliser [ynivɛʀsalize] *vt* verallgemeinern.

universalité [ynivɛʀsalite] *nf* (*de langage etc*) Allgemeingültigkeit *f*; (*d'esprit*) Vielseitigkeit *f*.

universel, le [ynivɛʀsɛl] *adj* allgemein; (*esprit, outil, système*) vielseitig; **remède** ~ Allheilmittel *nt*.

universellement [ynivɛʀsɛlmɑ̃] *adv*: ~ **connu/méprisé** allgemein anerkannt/verachtet.

universitaire [ynivɛʀsitɛʀ] *adj* Universitäts- ♦ *nm/f* Lehrkraft *f* an der Universität, Akademiker(in) *m(f)*.

université [ynivɛʀsite] *nf* Universität *f*.

univoque [ynivɔk] *adj* eindeutig.

Untel [œ̃tɛl] *nm*: **Monsieur** ~ Herr Soundso; **Madame** ~ Frau Soundso.

upériser [ypeʀize] *vt*: **lait upérisé** H-Milch *f*.

uppercut [ypɛʀkyt] *nm* Aufwärtshaken *m*.

uranium [yʀanjɔm] *nm* Uran *nt*.

urbain, e [yʀbɛ̃, ɛn] *adj* Stadt-; (*transports*) städtisch; (*poli*) weltgewandt.

urbanisation [yʀbanizasjɔ̃] *nf* Verstädterung *f*.

urbaniser [yʀbanize] *vt* urbanisieren, städtebaulich erschließen.

urbanisme [yʀbanism] *nm* Städtebau *m*.

urbaniste [yʀbanist] *nm/f* Stadtplaner(in) *m(f)*.

urbanité [yʀbanite] *nf* Weltgewandtheit *f*.

urée [yʀe] *nf* Harnstoff *m*.

urémie [yʀemi] *nf* Urämie *f*, Harnvergiftung *f*.

urgence [yʀʒɑ̃s] *nf* Dringlichkeit *f*; (*MED*) Notfall *m*; **d'**~ dringend; **en cas d'**~ im Notfall; **service des** ~**s** Unfallstation *f*.

urgent, e [yʀʒɑ̃, ɑ̃t] *adj* dringend.

urinaire [yʀinɛʀ] *adj* Harn-.

urinal, -aux [yʀinal, o] *nm* Urinal *nt*.

urine [yʀin] *nf* Urin *m*.

uriner [yʀine] *vi* urinieren.

urinoir [yʀinwaʀ] *nm* Pissoir *nt*.

urique [yʀik] *adj*: **acide** ~ Harnsäure *f*.

urne [yʀn] *nf* Urne *f*; **aller aux** ~**s** (*voter*) zur Wahl gehen ▶ **urne funéraire** Urne.

urologie [yʀɔlɔʒi] *nf* Urologie *f*.

urologue [yʀɔlɔg] *nm/f* Urologe *m*, Urologin *f*.

URSS [yʀs] *sigle f* (= *Union des Républiques Socialistes Soviétiques*) UdSSR *f*.

urticaire [yʀtikɛʀ] *nf* Nesselsucht *f*.

Uruguay [yʀygwɛ] *nm*: **l'**~ Uruguay *nt*.

uruguayen, ne [yʀygwajɛ̃, ɛn] *adj* uruguayisch.

us [ys] *nmpl*: ~ **et coutumes** Sitten und Gebräuche *pl*.

US(A) [ɛs(a)] *sigle mpl* (= *United States (of America)*) USA *pl*.

usage [yzaʒ] *nm* (*utilisation*) Benutzung *f*, Gebrauch *m*; (*coutume*) Sitte *f*, Brauch *m*; (*LING*) Gebrauch; (*bonnes manières*) (gute) Manieren *pl*; **c'est l'~** das ist (der) Brauch; **faire ~ de** Gebrauch machen von; **avoir l'~ de** benutzen können; **à l'~** mit dem Gebrauch; **à l'~ de** (*pour*) zum Gebrauch von, für; **en ~** in Gebrauch; **hors d'~** nicht mehr zu gebrauchen; **à ~ interne/externe** (*MÉD*) zum inneren/äußerlichen Gebrauch ► **usage de faux** (*JUR*) Verbreitung *f* von Fälschungen.

usagé, e [yzaʒe] *adj* (*usé*) abgenutzt; (*d'occasion*) gebraucht.

usager, -ère [yzaʒe, ɛʀ] *nm/f* Benutzer(in) *m(f)*.

usé, e [yze] *adj* abgenutzt; (*santé, personne*) verbraucht; (*rebattu*) abgedroschen; **eaux ~es** Abwässer *pl*.

user [yze] *vt* abnutzen; (*santé, personne*) mitnehmen, verschleißen; (*consommer*) verbrauchen; **s'user** *vpr* sich abnutzen; (*facultés, santé*) nachlassen; **~ de** gebrauchen, anwenden; **s'~ à la tâche** *ou* **au travail** sich bei der Arbeit aufreiben.

usine [yzin] *nf* Fabrik *f*, Werk *nt* ► **usine à gaz** Gaswerk *nt* ► **usine atomique** Atomkraftwerk *nt* ► **usine marémotrice** Gezeitenkraftwerk *nt*.

usiner [yzine] *vt* (*traiter*) verarbeiten, maschinell bearbeiten; (*fabriquer*) (fabrikmäßig) herstellen.

usité, e [yzite] *adj* gebräuchlich; **peu ~** kaum gebräuchlich.

ustensile [ystɑ̃sil] *nm* Gerät *nt* ► **ustensile de cuisine** Küchengerät *nt*.

usuel, le [yzɥɛl] *adj* üblich.

usufruit [yzyfʀɥi] *nm* Nutznießung *f*.

usuraire [yzyʀɛʀ] *adj* wucherisch.

usure [yzyʀ] *nf* Abnutzung *f*, Verschleiß *m*; (*de l'usurier*) Wucher *m*; **avoir qn à l'~** jdn langsam überreden ► **usure normale** normaler Verschleiß.

usurier, -ière [yzyʀje, jɛʀ] *nm/f* Wucherer *m*, Wucherin *f*.

usurpateur, -trice [yzyʀpatœʀ, tʀis] *nm/f* Usurpator(in) *m(f)*.

usurpation [yzyʀpasjɔ̃] *nf* (widerrechtliche) Aneignung *f*.

usurper [yzyʀpe] *vt* sich *dat* widerrechtlich aneignen; **réputation usurpée** falscher Ruf *m*.

ut [yt] *nm* (*MUS*) C *nt*.

utérin, e [yteʀɛ̃, in] *adj* Gebärmutter-; **frère ~** Halbbruder *m* mütterlicherseits.

utérus [yteʀys] *nm* Gebärmutter *f*.

utile [ytil] *adj* nützlich; **~ à qn/qch** jdm/einer Sache *dat* nützlich; **si cela peut vous être ~** wenn Ihnen das etwas nützt.

utilement [ytilmɑ̃] *adv* nützlich.

utilisable [ytilizabl] *adj* benutzbar.

utilisateur, -trice [ytilizatœʀ, tʀis] *nm/f* Benutzer(in) *m(f)*.

utilisation [ytilizasjɔ̃] *nf* Benutzung *f*.

utiliser [ytilize] *vt* benutzen; (*force, moyen*) anwenden; (*restes*) verwenden, verwerten.

utilitaire [ytilitɛʀ] *adj* (*objet, véhicule*) Gebrauchs-; (*but*) auf Nützlichkeit ausgerichtet ♦ *nm* (*INFORM*) Hilfsprogramm *nt*.

utilité [ytilite] *nf* Nützlichkeit *f*, Nutzen *m*; **jouer les ~s** (*THÉÂT*) Nebenrollen spielen; **reconnu d'~ publique** staatlich zugelassen; **ce n'est d'aucune/c'est d'une grande ~** das nutzt überhaupt nichts/das ist von großem Nutzen.

utopie [ytɔpi] *nf* Utopie *f*.

utopique [ytɔpik] *adj* utopisch.

utopiste [ytɔpist] *nm/f* Utopist(in) *m(f)*.

UV [yve] *sigle f* (= *unité de valeur*) *voir* **unité** ♦ *sigle mpl* (= *ultra-violets*) UV.

$$V, v$$

V¹, v¹ [ve] *nm inv* (*lettre*) V, v *nt*; **~ comme Victor** ≈ V wie Viktor; **en ~** in V-Form; **encolure/décolleté en ~** V-Kragen *m*/V-Ausschnitt *m*.

V² *abr* (= *volt*) V.

v² *abr* (= *voir*) s.; (= *vers*) V.

va [va] *vb voir* **aller**.

vacance [vakɑ̃s] *nf* (*poste*) freie Stelle *f*, Vakanz *f*; **~s** *nfpl* Ferien *pl*; **les grandes ~s** die großen Ferien; **prendre des/ses ~s (en juin)** (im Juni) Ferien machen; **aller en ~s** in die Ferien fahren ► **vacances de Noël** Weihnachtsferien *pl* ► **vacances de Pâques** Osterferien *pl*.

vacancier, -ière [vakɑ̃sje, jɛʀ] *nm/f* Urlauber(in) *m(f)*.

vacant, e [vakɑ̃, ɑ̃t] *adj* (*poste, chaire*) frei; (*appartement*) leerstehend, frei.

vacarme [vakaʀm] *nm* Lärm *m*, Getöse *nt*.

vacataire [vakatɛʀ] *nm/f* (*remplaçant*) Vertretung *f*; (*avec contrat temporaire*) Person mit zeitlich befristetem Arbeitsvertrag.

vaccin [vaksɛ̃] *nm* (*substance*) Impfstoff *m*; (*opération*) Impfung *f* ► **vaccin antirabique** Tollwutimpfung *f*.

vaccination [vaksinasjɔ̃] *nf* Impfung *f*.

vacciner [vaksine] *vt* impfen; **~ qn contre qch** jdn gegen etw impfen; **être vacciné** (*fig*) ein gebranntes Kind sein.

vache [vaʃ] *nf* Kuh *f*; (*cuir*) Rindsleder *nt* ♦ *adj* (*fam: méchant*) gemein; **manger de la ~ enragée** am Hungertuch nagen; **période des ~s maigres** magere Zeiten *pl ou* Jahre *pl*; **parler français comme une ~ espagnole** nur sehr gebrochen Französisch sprechen ► **vache à eau** Wassersack *m* ► **vache à lait** (*péj*) Trottel *m* ► **vache laitière** Milchkuh *f*.

vachement [vaʃmɑ̃] (*fam*) *adv* unheimlich.

vacher, -ère [vaʃe, ɛʀ] *nm/f* Kuhhirte *m*, Kuhhirtin *f*.

vacherie [vaʃʀi] *(fam) nf* Gemeinheit *f*.

vacherin [vaʃʀɛ̃] *nm (fromage)* Art Weichkäse aus dem Jura; ~ **glacé** *(gâteau)* Eismeringue *f* mit Schlagsahne.

vachette [vaʃɛt] *nf (cuir)* Kalbsleder *nt*.

vacillant, e [vasijɑ̃, ɑ̃t] *adj (démarche)* schwankend; *(flamme, lumière)* flackernd; *(esprit)* wankelmütig; *(mémoire)* unbeständig.

vaciller [vasije] *vi (personne, mur etc)* schwanken; *(bougie, flamme, lumière)* flackern; *(mémoire, raison, intelligence)* unzuverlässig sein; ~ **dans ses résolutions** in seinen Entscheidungen unschlüssig sein.

vacuité [vakɥite] *nf* Leere *f*.

vade-mecum [vademekɔm] *nm inv* Handbuch *nt*.

vadrouille [vadʀuj] *(fam) nf*: **être en** ~ einen Bummel machen.

vadrouiller [vadʀuje] *vi (fam)* bummeln.

va-et-vient [vaevjɛ̃] *nm inv (de pièce)* Hin und Her *nt*; *(de personnes, véhicules)* Kommen und Gehen *nt*; *(ÉLEC)* Zweiwegschalter *m*.

vagabond, e [vagabɔ̃, ɔ̃d] *adj (chien)* streunend; *(vie)* unstet, Wander-; *(peuple)* nomadenhaft; *(imagination, pensées)* umherschweifend ♦ *nm (rôdeur)* Vagabund *m*, Landstreicher *m*; *(aventurier, voyageur)* Abenteurer *m*, Wandervogel *m*.

vagabondage [vagabɔ̃daʒ] *nm (v vi)* Umherziehen *nt*; Umherschweifen *nt*; *(JUR)* Landstreicherei *f*.

vagabonder [vagabɔ̃de] *vi (errer)* umherziehen; *(pensées, imagination)* schweifen.

vagin [vaʒɛ̃] *nm* Scheide *f*, Vagina *f*.

vaginal, e, -aux [vaʒinal, o] *adj* Scheiden-, vaginal.

vagir [vaʒiʀ] *vi (bébé)* schreien.

vagissement [vaʒismɑ̃] *nm* Schreien *nt (eines Neugeborenen)*.

vague [vag] *nf* Welle *f* ♦ *adj (imprécis)* unbestimmt, vage; *(flou)* verschwommen; *(vêtement)* weit, lose ♦ *nm*: **être/rester dans le** ~ im unklaren sein/bleiben; **un** ~ **bureau/ cousin** irgendein Büro *nt*/Vetter *m*; ~ **souvenir/notion** vage Erinnerung *f*/ Vorstellung *f*; **regarder dans le** ~ ins Leere starren ▶ **vague à l'âme** *nm* unerklärliches, melancholisches Gefühl ▶ **vague d'assaut** *nf (MIL)* Angriffswelle *f* ▶ **vague de chaleur** *nf* Hitzewelle *f* ▶ **vague de fond** *nf (fig)* Sturmwelle *f* ▶ **vague de froid** *nf* Kältewelle *f*.

vaguelette [vaglɛt] *nf* kleine Welle *f*.

vaguement [vagmɑ̃] *adv* vage.

vaguer [vage] *vi (imagination)* schweifen.

vaillamment [vajamɑ̃] *adv* mutig, tapfer.

vaillant, e [vajɑ̃, ɑ̃t] *adj (courageux)* mutig, tapfer; *(vigoureux)* gesund; **n'avoir pas un sou** ~ keinen roten Heller haben.

vaille [vaj] *vb voir* **valoir**.

vain, e [vɛ̃, vɛn] *adj (illusoire)* vergeblich; *(personne)* eitel, eingebildet; **en** ~ vergeblich.

vaincre [vɛ̃kʀ] *vt* besiegen; *(fig)* überwinden.

vaincu, e [vɛ̃ky] *pp de* **vaincre** ♦ *nm/f* Besiegte(r) *f(m)*.

vainement [vɛnmɑ̃] *adv* vergeblich, vergebens.

vainquais *etc* [vɛ̃kɛ] *vb voir* **vaincre**.

vainqueur [vɛ̃kœʀ] *nm* Sieger *m* ♦ *adj m* siegreich.

vais [vɛ] *vb voir* **aller**.

vaisseau, x [vɛso] *nm (ANAT)* Gefäß *nt*; *(NAUT)* Schiff *nt* ▶ **vaisseau sanguin** Blutgefäß *nt* ▶ **vaisseau spatial** Raumschiff *nt*.

vaisselier [vɛsəlje] *nm* Geschirrschrank *m*.

vaisselle [vɛsɛl] *nf* Geschirr *nt*; *(lavage)* Abwasch *m*; **faire la** ~ (das) Geschirr spülen, abwaschen.

val [val] *(pl* **vaux** *ou* ~**s**) *nm* Tal *nt*; **par monts et (par) vaux** über Berg und Tal.

valable [valabl] *adj* gültig; *(motif, excuse, solution)* annehmbar; *(interlocuteur, écrivain)* fähig.

valablement [valablǝmɑ̃] *adv*: **ce billet ne peut être** ~ **utilisé** diese Fahrkarte ist nicht gültig; **pour en parler** ~ um mitreden zu können.

Valais [valɛ] *nm* Wallis *nt*.

valent *etc* [val] *vb voir* **valoir**.

valet [valɛ] *nm (domestique)* Diener *m*; *(péj)* Lakai *m*; *(cintre)* stummer Diener; *(CARTES)* Bube *m* ▶ **valet de chambre** Kammerdiener *m* ▶ **valet de ferme** Knecht *m* ▶ **valet de pied** Lakai.

valeur [valœʀ] *nf* Wert *m*; *(titre)* Wertpapier *nt*; ~**s** *nfpl (morales)* (sittliche) Werte *pl*; **mettre en** ~ *(bien)* nutzbar machen; *(terrain)* urbar machen; *(fig)* zur Geltung bringen; **avoir de la** ~ wertvoll sein; **prendre de la** ~ an Wert gewinnen *ou* zunehmen; **sans** ~ wertlos ▶ **valeur absolue** Absolutwert *m* ▶ **valeur d'échange** Tauschwert *m* ▶ **valeur nominale** Nennwert *m* ▶ **valeurs mobilières** bewegliche Habe *f*.

valeureux, -euse [valœʀø, øz] *adj* tapfer.

validation [validasjɔ̃] *nf* Gültigkeitserklärung *f*.

valide [valid] *adj* gesund; *(passeport, billet)* gültig.

valider [valide] *vt* für gültig erklären.

validité [validite] *nf* Gültigkeit *f*.

valions [valjɔ̃] *vb voir* **valoir**.

valise [valiz] *nf* Koffer *m*; **faire sa** ~ (den Koffer) packen; **la** ~ **diplomatique** diplomatisches Gepäck *nt*.

vallée [vale] *nf* Tal *nt*; **la** ~ **de la Loire** das Loiretal.

vallon [valɔ̃] *nm* kleines Tal *nt*.

vallonné, e [valɔne] *adj* hügelig.

vallonnement [valɔnmɑ̃] *nm* Talbildung *f*.

valoir [valwaʀ] *vi (un certain prix)* wert sein; *(être valable)* taugen; *(équivaloir à)* so gut sein wie; *(mériter)* lohnen ♦ *vt (causer, procurer)*: ~ **qch à qn** jdm etw einbringen; **se valoir** *vpr* gleichwertig sein; *(péj)* gleichwenig taugen; **faire** ~ *(ses droits, prérogatives)* geltend machen, anmelden; (*domaine, capitaux*) nutzbar machen; **faire** ~ **que** geltend machen, daß; **se faire** ~ sich *dat* Achtung verschaffen; **vaille que vaille** koste es, was es wolle; **cela ne me dit rien qui vaille** das verspricht nichts Gutes; **ce climat ne me vaut rien** dieses Klima ist nichts für mich; ~ **la peine** sich lohnen, die *ou* der Mühe wert sein; **ça vaut mieux** das ist besser; **il vaut mieux que je parte** ich gehe jetzt besser; **ça ne vaut rien** das taugt nichts; ~ **cher** teuer sein; **que vaut ce candidat/cette méthode?** was taugt dieser Kandidat/diese Methode?

valorisation [valɔʀizasjɔ̃] *nf* (*v vt*) Aufwertung *f*; Wertsteigerung *f*; Steigerung *f* des Ansehens.

valoriser [valɔʀize] *vt* (*région*) aufwerten; (*produit*) im Wert steigern; (*PSYCH*) das Ansehen +*gén* steigern.

valse [vals] *nf* Walzer *m*; **c'est la** ~ **des étiquettes** die Preise steigen ständig.

valser [valse] *vi* Walzer tanzen; **aller** ~ (*fam: fig*) (hin)fliegen.

valu, e [valy] *pp de* **valoir**.

valve [valv] *nf* (*ZOOL*) Muschelschale *f*; (*TECH*) Ventil *nt*; (*MÉD*) Herzklappe *f*.

vamp [vãp] *nf* Vamp *m*.

vampire [vãpiʀ] *nm* Vampir *m*.

van [vã] *nm* (*véhicule*) Pferdetransportwagen *m*.

vandale [vãdal] *nm/f* Vandale *m*, Vandalin *f*.

vandalisme [vãdalism] *nm* Vandalismus *m*.

vanille [vanij] *nf* Vanille *f*; **glace/crème à la** ~ Vanilleeis *nt*/Vanillecreme *f*.

vanillé, e [vanije] *adj* Vanille-.

vanilline [vanilin] *nf* Vanillin *nt*.

vanité [vanite] *nf* (*inutilité*) Vergeblichkeit *f*, Nutzlosigkeit *f*; (*orgueil*) Eitelkeit *f*, Einbildung *f*; **tirer** ~ **de** sich *dat* etwas einbilden auf +*acc*.

vaniteux, -euse [vanitø, øz] *adj* eitel, eingebildet.

vanity-case [vanitikɛz] (*pl* ~-~**s**) *nm* Kosmetikkoffer *m*.

vanne [van] *nf* (*d'écluse etc*) Schieber *m*; (*fam: remarque*) sarkastische Bemerkung *f*; **lancer une** ~ **à qn** jdn heruntermachen.

vanneau, x [vano] *nm* Kiebitz *m*.

vanner [vane] *vt* (*blé*) schwingen; (*fam: fatiguer*) fertigmachen.

vannerie [vanʀi] *nf* (*fabrication*) Korbmacherei *f*; (*objets*) Korbwaren *pl*.

vannier [vanje] *nm* Korbmacher *m*.

vantail [vãtaj] (*pl* **vantaux**) *nm* (*de fenêtre*) Fensterflügel *m*; (*de porte*) Türflügel *m*.

vantard, e [vãtaʀ, aʀd] *adj* angeberisch, großsprecherisch.

vantardise [vãtaʀdiz] *nf* Aufschneiderei *f*, Prahlerei *f*.

vanter [vãte] *vt* (an)preisen; **se vanter** *vpr* angeben; **se** ~ **de qch** sich einer Sache *gén* rühmen; (*péj*) mit etw angeben; **se** ~ **d'avoir fait/de pouvoir faire qch** damit angeben, daß

man etw gemacht hat/daß man etw kann.

va-nu-pieds [vanypje] *nm/f inv* Gammler(in) *m(f)*.

vapeur [vapœʀ] *nf* Dampf *m*; (*brouillard, buée*) Dunst *m*; ~**s** *nfpl* (*bouffées de chaleur*) Wallungen *pl*; **les** ~**s du vin** Weindünste *pl*; **machine/locomotive à** ~ Dampfmaschine *f*/-lokomotive *f*; **à toute** ~ (*fig*) mit Volldampf; **renverser la** ~ (*fig*) eine Kehrtwendung machen; **cuit à la** ~ gedämpft.

vaporeux, -euse [vapɔʀø, øz] *adj* (*lumière*) dunstig; (*tissu*) duftig.

vaporisateur [vapɔʀizatœʀ] *nm* Zerstäuber *m*.

vaporiser [vapɔʀize] *vt* (*CHIM*) verdampfen; (*parfum etc*) zerstäuben.

vaquer [vake] *vi* (*ADMIN*) im Urlaub sein; ~ **à ses occupations** seinen Geschäften nachgehen.

varappe [vaʀap] *nf* Felsklettern *nt*.

varappeur, -euse [vaʀapœʀ] *nm/f* Felskletterer *m*, Felskletterin *f*.

varech [vaʀɛk] *nm* Tang *m*.

vareuse [vaʀøz] *nf* (*de marin*) Matrosenbluse *f*; (*d'uniforme*) Uniformjacke *f*.

variable [vaʀjabl] *adj* veränderlich; (*résultats*) verschieden ♦ *nf* (*MATH*) Variable *f*, Veränderliche *f*.

variante [vaʀjãt] *nf* Variante *f*.

variation [vaʀjasjɔ̃] *nf* (*de temps, humeur*) Veränderung *f*; (*TECH, MATH*) Variation *f*; ~**s** *nfpl* (*changements*) Veränderungen *pl*; (*de température etc*) Schwankungen *pl*; (*différences*) Unterschiede *pl*; (*MUS*) Variationen *pl*.

varice [vaʀis] *nf* Krampfader *f*.

varicelle [vaʀisɛl] *nf* Windpocken *pl*.

varié, e [vaʀje] *adj* (*divers*) abwechslungsreich; (*non monotone*) unterschiedlich, verschieden; **hors d'œuvre** ~**s** (gemischte) Vorspeisenplatte *f*.

varier [vaʀje] *vi* (*temps, humeur*) sich ändern; (*TECH, MATH*) variieren; (*être divers*) unterschiedlich sein; (*changer d'avis*) seine Meinung ändern; (*différer d'opinion*) verschiedener Meinung sein ♦ *vt* (*diversifier*) variieren; (*faire alterner*) abwechseln.

variété [vaʀjete] *nf* Abwechslungsreichtum *m*; (*type*) Spielart *f*, Variante *f*; **une (grande)** ~ **de** eine große Auswahl an +*dat*; **spectacle/émission de** ~**s** Varietéstück *nt*/-programm *nt*.

variole [vaʀjɔl] *nf* Pocken *pl*.

variqueux, -euse [vaʀikø, øz] *adj* Krampfader-.

Varsovie [vaʀsɔvi] *n* Warschau *nt*.

vas [va] *vb voir* **aller**.

vasculaire [vaskylɛʀ] *adj* Gefäß-.

vascularisé, e [vaskylaʀize] *adj* mit Gefäßen durchsetzt *ou* durchzogen.

vase [vaz] *nm* Vase *f* ♦ *nf* Schlamm *m*, Morast *m*; **vivre en** ~ **clos** abgeschieden leben ▶ **vase de nuit** Nachttopf *m* ▶ **vases communicants** kommunizierende Röhren *pl*.

vasectomie [vazɛktɔmi] *nf* Vasektomie *f*.

vaseline [vaz(ə)lin] *nf* Vaseline *f*.

vaseux, -euse [vazø, øz] *adj* schlammig; (*raisonnement*) schwammig; (*fatigué*) schlapp; **je me sens** ~ mir ist schwummrig.

vasistas [vazistas] *nm* kleines Oberlicht *nt* (*in einer Tür*).

vasque [vask] *nf* (*bassin*) Brunnenbecken *nt*; (*coupe*) (flache) Schale *f*.

vassal, e, -aux [vasal, o] *nm/f* Vasall(in) *m(f)*.

vaste [vast] *adj* weit; (*connaissances, expérience*) umfangreich, groß.

Vatican [vatikã] *nm* Vatikan *m*.

vaticiner [vatisine] (*péj*) *vi* wirres Zeug prophezeien.

va-tout [vatu] *nm inv*: **jouer son** ~-~ alles auf eine Karte setzen.

vaudeville [vod(ə)vil] *nm* (*comédie*) Lustspiel *nt*; (*genre*) Vaudeville *nt*.

vaudrai *etc* [vodʀɛ] *vb voir* **valoir**.

vau-l'eau [volo] *adv*: **s'en aller à** ~-~ (*fig*) den Bach hinuntergehen.

vaurien, ne [voʀjɛ̃, jɛn] *nm/f* (*fam: garnement*) Satansbraten *m*.

vaut [vo] *vb voir* **valoir**.

vautour [votuʀ] *nm* Geier *m*.

vautrer [votʀe]: **se** ~ *vpr* sich (herum)wälzen; (*dans le vice*) sich suhlen.

vaux [vo] *nmpl de* **val** ♦ *vb voir* **valoir**.

va-vite [vavit]: **à la** ~-~ *adv* auf die Schnelle.

VDQS [vedekyɛs] *abr* (= *vin délimité de qualité supérieure*) Qualitätswein.

veau, x [vo] *nm* Kalb *nt*; (*CULIN*) Kalbfleisch *nt*; (*peau*) Kalbsleder *nt*.

vecteur [vɛktœʀ] *nm* Träger *m*; (*MATH*) Vektor *m*.

vécu, e [veky] *pp de* **vivre** ♦ *adj* wahr, erlebt.

vedettariat [vədetaʀja] *nm* (*condition*) Startum *nt*; (*attitude*) Starallüren *pl*.

vedette [vədɛt] *nf* (*artiste*) Star *m*; (*fig: personnalité*) (bekannte) Persönlichkeit *f*; (*canot*) Motorboot *nt*; **mettre qn en** ~ jdn groß herausstreichen; (*fig*) jdn in den Vordergrund rücken; **avoir la** ~ im Mittelpunkt des Interesses stehen.

végétal, e, -aux [veʒetal, o] *adj* (*vie, règne etc*) Pflanzen-; (*graisse, teinture*) pflanzlich ♦ *nm* Pflanze *f*.

végétalien, ne [veʒetaljɛ̃, jɛn] *adj* streng vegetarisch ♦ *nm/f* strenge(r) Vegetarier(in) *m(f)*, Veganer(in) *m(f)*.

végétalisme [veʒetalism] *nm* strenger Vegetarismus *m*.

végétarien, ne [veʒetaʀjɛ̃, jɛn] *adj* vegetarisch ♦ *nm/f* Vegetarier(in) *m(f)*.

végétarisme [veʒetaʀism] *nm* Vegetarismus *m*.

végétatif, -ive [veʒetatif, iv] (*péj*) *adj* vor sich hin vegetierend.

végétation [veʒetasjɔ̃] *nf* Vegetation *f*; ~**s** *nfpl* (*MÉD*) Polypen *pl*; **opérer qn des** ~**s** jdm die Polypen entfernen.

végéter [veʒete] *vi* dahin vegetieren.

véhémence [veemɑ̃s] *nf* Heftigkeit *f*, Leiden-

schaftlichkeit *f*; **avec** ~ mit Leidenschaft.

véhément, e [veemɑ̃, ɑ̃t] *adj* heftig, leidenschaftlich.

véhicule [veikyl] *nm* Fahrzeug *nt*; (*fig: support*) Mittel *nt* ▶ **véhicule utilitaire** Nutzfahrzeug *nt*.

véhiculer [veikyle] *vt* befördern; (*troupes, substances*) transportieren; (*idées*) vermitteln.

veille [vɛj] *nf* (*garde*) Wache *f*; (*PSYCH*) Wachzustand *m*; **la** ~ (*jour*) der Vortag, der Tag davor; (*quand?*) am Vortag; **la** ~ **au soir** am Vorabend; (*quand?*) am Tag vor; **à la** ~ **de** (*kurz*) vor, am Vorabend +*gén*; **l'état de** ~ der Wachzustand.

veillée [veje] *nf* (*réunion*) Abendgesellschaft *f* ▶ **veillée d'armes** (*fig*) Vorabend *m* ▶ **veillée funèbre** Totenwache *f*.

veiller [veje] *vi* (*rester debout*) aufbleiben; (*ne pas dormir*) wach bleiben; (*être de garde*) wachen; (*être vigilant*) wachsam sein ♦ *vt* (*malade, mort*) wachen *ou* Wache halten bei; ~ **à** (*s'occuper de*) sich kümmern um; ~ **à faire qch/à ce que** aufpassen, daß man etw tut/ aufpassen, daß; ~ **sur** aufpassen auf +*acc*.

veilleur [vɛjœʀ] *nm*: ~ **de nuit** Nachtwächter *m*.

veilleuse [vɛjøz] *nf* (*lampe*) Nachtlicht *nt*; (*AUTO*) Standlicht *nt*; (*flamme*) Zündflamme *f*; **en** ~ (*lampe*) verdunkelt; (*fig*) auf Sparflamme.

veinard, e [vɛnaʀ, aʀd] (*fam*) *nm/f* Glückspilz *m*.

veine [vɛn] *nf* (*ANAT*) Vene *f*; (*filon minéral: inspiration*) Ader *f*; (*du bois, marbre etc*) Maserung *f*; (*fam: chance*) Glück *nt*.

veiné, e [vene] *adj* (*peau, marbre*) geädert; (*bois*) gemasert.

veineux, -euse [vɛnø, øz] *adj* venös.

Velcro ® [vɛlkʀo] *nm* Klettverschluß *m*.

vêler [vele] *vi* kalben.

vélin [velɛ̃] *nm*: (**papier**) ~ weiches Pergament *nt*.

véliplanchiste [veliplɑ̃ʃist] *nm/f* Windsurfer(in) *m(f)*.

vélivole [velivol] *nm/f* Segelflieger(in) *m(f)*.

velléitaire [veleitɛʀ] *adj* unentschlossen.

velléités [veleite] *nfpl* Anwandlungen *pl*.

vélo [velo] *nm* Fahrrad *nt*; **faire du** ~ radfahren.

véloce [velos] *adj* schnell.

vélocité [velosite] *nf* (*vitesse*) Geschwindigkeit *f*.

vélodrome [velodʀom] *nm* Radrennbahn *f*.

vélomoteur [velomotœʀ] *nm* Mofa *nt*.

véloski [veloski] *nm* Skibob *m*.

velours [v(ə)luʀ] *nm* Samt *m* ▶ **velours côtelé** Kordsamt *m*.

velouté, e [vəlute] *adj* samtig; (*au goût*) kremig ♦ *nm*: ~ **d'asperges/de tomates** Spargel-/ Tomatencremesuppe *f*.

velouteux, -euse [vəlutø, øz] *adj* samtartig.

velu, e [vəly] *adj* haarig.

vélum [velɔm] *nm* Sonnensegel *nt*.
venais *etc* [vənɛ] *vb voir* **venir**.
venaison [vənɛzɔ̃] *nf* Wild *nt*.
vénal, e, -aux [venal, o] *adj* (*personne*) bestechlich, käuflich; (*charge*) käuflich.
vénalité [venalite] *nf* Käuflichkeit *f*, Bestechlichkeit *f*.
venant [v(ə)nɑ̃] *nm*: **à tout ~** jedem.
vendable [vɑ̃dabl] *adj* verkäuflich.
vendange [vɑ̃dɑ̃ʒ] *nf* (*opération, période*: *gén pl*) Weinlese *f*; (*raisins*) Traubenernte *f*, Weinlese.
vendanger [vɑ̃dɑ̃ʒe] *vi* Wein lesen ♦ *vt* lesen.
vendangeur, -euse [vɑ̃dɑ̃ʒœʀ, øz] *nm/f* Weinleser(in) *m(f)*.
vendéen, ne [vɑ̃deɛ̃, ɛn] *adj* aus der Vendée ♦ *nm/f*: **V~, ne** Bewohner(in) *m(f)* der Vendée.
vendeur, -euse [vɑ̃dœʀ, øz] *nm/f* Verkäufer(in) *m(f)* ► **vendeur de journaux** Zeitungsverkäufer *m*.
vendre [vɑ̃dʀ] *vt* verkaufen; (*trahir*) verraten; **se vendre** *vpr*: **cela se vend à la douzaine** das wird im Dutzend verkauft; **cela se vend bien** das verkauft sich *ou* geht gut; **"à ~"** „zu verkaufen".
vendredi [vɑ̃dʀədi] *nm* Freitag *m* ► **vendredi saint** Karfreitag *m*; *voir aussi* **lundi**.
vendu, e [vɑ̃dy] *pp de* **vendre** ♦ *adj* gekauft.
venelle [vənɛl] *nf* Rache *f*.
vénéneux, -euse [venenø, øz] *adj* giftig, Gift-.
vénérable [veneʀabl] *adj* ehrwürdig.
vénération [veneʀasjɔ̃] *nf* (*REL*) Verehrung *f*; (*pour personne*) Achtung *f*.
vénér(é)ologie [veneʀ(e)ɔlɔʒi] *nf* Lehre *f* von den Geschlechtskrankheiten.
vénérer [veneʀe] *vt* (*REL*) verehren; (*maître, traditions*) ehren.
vénerie [vɛnʀi] *nf* Jägerei *f*.
vénérien, ne [veneʀjɛ̃, jɛn] *adj* Geschlechts-.
Venezuela [venezɥɛla] *nm*: **le ~** Venezuela *nt*.
vénézuélien, ne [venezɥeljɛ̃, jɛn] *adj* venezuelisch, venezolanisch.
vengeance [vɑ̃ʒɑ̃s] *nf* Rache *f*.
venger [vɑ̃ʒe] *vt* rächen; (*affront*) sich rächen für; **se venger** *vpr* sich rächen; **se ~ de qch** sich für etw rächen; **se ~ de qn** sich an jdm rächen; **se ~ sur qch/qn** sich an etw/jdm rächen.
vengeur, -eresse [vɑ̃ʒœʀ, ʒ(ə)ʀɛs] *nm/f* Rächer(in) *m(f)* ♦ *adj* Rache-.
véniel, le [venjɛl] *adj*: **faute ~le** verzeihlicher *ou* entschuldbarer Fehler *m*; **péché ~** läßliche Sünde *f*.
venimeux, -euse [vənimø, øz] *adj* giftig, Gift-; (*fig*) boshaft, giftig.
venin [vənɛ̃] *nm* Gift *nt*; (*fig*) Bosheit *f*.
venir [v(ə)niʀ] *vi* kommen; **~ de** (*lieu*) kommen von *ou* aus; (*cause*) herrühren *ou* kommen von; **je viens d'y aller/de le voir** ich bin gerade dorthin gegangen/ich habe ihn gerade gesehen; **s'il vient à pleuvoir** falls es regnen sollte; **j'en viens à croire que** ich glaube langsam, daß; **il en est venu à mendier** es kam soweit,

daß er betteln mußte; **en ~ aux mains** handgreiflich werden; **les années/générations à ~** die kommenden Jahre/Generationen; **où veux-tu en ~?** worauf willst du hinaus?; **je vois ~** ich weiß, worauf du aus bist; **il me vient une idée** ich habe eine Idee; **il me vient des soupçons** mir kommt ein Verdacht; **faire ~ qn** jdn kommen lassen, jdn rufen; **d'où vient que?** wie kommt es, daß?; **~ au monde** auf die *ou* zur Welt kommen.
Venise [vəniz] *n* Venedig *nt*.
vent [vɑ̃] *nm* Wind *m*; **il y a du ~** es ist windig; **c'est du ~** (*fig*) das ist leeres Gerede, das ist nur heiße Luft; **sous le ~** gegen den Wind; **avoir le ~ debout** *ou* **en face/arrière** *ou* **en poupe** Gegenwind/Rückenwind haben; **(être) dans le ~** (*fam*) in (sein); **prendre le ~** (*fig*) sehen, woher der Wind weht; **avoir ~ de** (*apprendre*) Wind bekommen von; **contre ~s et marées** trotz aller Hindernisse, komme was da wolle; **autant en emporte le ~** das ist alles in den Wind gesprochen.
vente [vɑ̃t] *nf* Verkauf *m*; (*activité*) Verkaufen *nt*; (*secteur*) Vertrieb *m*, Verkauf; **mettre en ~** zum Verkauf anbieten ► **vente aux enchères** Versteigerung *f* ► **vente de charité** Wohltätigkeitsbasar *m* ► **vente par correspondance** Versandhandel *m* ► **vente à tempérament** Ratenkauf *m*.
venté, e [vɑ̃te] *adj* windig.
venter [vɑ̃te] *vb impers*: **il vente** es ist windig.
venteux, -euse [vɑ̃tø, øz] *adj* windig.
ventilateur [vɑ̃tilatœʀ] *nm* Ventilator *m*.
ventilation [vɑ̃tilasjɔ̃] *nf* (*de local*) Belüftung *f* (*installation*) Lüftung *f*; (*COMM*) Aufschlüsselung *f*.
ventiler [vɑ̃tile] *vt* (*local*) belüften; (*répartir*) aufgliedern.
ventouse [vɑ̃tuz] *nf* (*MÉD*) Schröpfkopf *m*; (*de caoutchouc*) Saugnapf *m*; (*pour déboucher*) Saugglocke *f*; (*ZOOL*) Saugnapf.
ventral, e, -aux [vɑ̃tral, o] *adj* Bauch-.
ventre [vɑ̃tʀ] *nm* Bauch *m*; **avoir/prendre du ~** einen Bauch haben/bekommen; **avoir mal au ~** Bauchschmerzen haben.
ventricule [vɑ̃tʀikyl] *nm* Herzkammer *f*.
ventriloque [vɑ̃tʀilɔk] *nm/f* Bauchredner(in *m(f)*.
ventripotent, e [vɑ̃tʀipɔtɑ̃, ɑ̃t] *adj* dickbäuchig.
ventru, e [vɑ̃tʀy] *adj* dickbäuchig.
venu, e [v(ə)ny] *pp de* **venir** ♦ *nf* (*arrivée*) Ankunft *f* ♦ *adj*: **être mal ~ de faire qch** keinen Grund *ou* keine Ursache haben, etw zu tun.
vêpres [vɛpʀ] *nfpl* Vesper *f*.
ver [vɛʀ] *nm* Wurm *m*; (*du bois*) Holzwurm *m* ► **ver à soie** Seidenraupe *f* ► **ver blanc** Made *f* ► **ver de terre** Regenwurm *m* ► **ver luisant** Glühwürmchen *nt* ► **ver solitaire** Bandwurm *m*.
véracité [veʀasite] *nf* Wahrhaftigkeit *f*.
véranda [veʀɑ̃da] *nf* Veranda *f*.
verbal, e, -aux [vɛʀbal, o] *adj* (*oral*) mündlich

(*LING*) verbal.
verbalement [vɛʀbalmɑ̃] *adv* mündlich.
verbaliser [vɛʀbalize] *vi* (*POLICE*) einen Strafzettel schreiben ♦ *vt* (*PSYCH*) verbalisieren, aussprechen.
verbalisme [vɛʀbalism] (*péj*) *nm* Wortgeklingel *nt*.
verbe [vɛʀb] *nm* (*LING*) Verb *nt*; **le V~** (*REL*) das Wort; **avoir le ~ sonore** laut reden; **la magie du ~** der Zauber des Wortes.
verbeux, -euse [vɛʀbø, øz] *adj* wortreich.
verbiage [vɛʀbjaʒ] *nm* Geschwätz *nt*.
verbosité [vɛʀbozite] *nf* Redseligkeit *f*.
verdâtre [vɛʀdɑtʀ] *adj* grünlich.
verdeur [vɛʀdœʀ] *nf* (*vigueur*) Vitalität *f*; (*crudité*) Derbheit *f*; (*de fruit, vin*) Unreife *f*.
verdict [vɛʀdik(t)] *nm* Urteil *nt*; **rendre son ~** das Urteil fällen.
verdir [vɛʀdiʀ] *vi* grün werden ♦ *vt* grün werden lassen.
verdoyant, e [vɛʀdwajɑ̃, ɑ̃t] *adj* grün.
verdure [vɛʀdyʀ] *nf* (*arbres, feuillages*) Laub *nt*; (*légumes verts*) Grüngemüse *nt*.
véreux, -euse [veʀø, øz] *adj* (*contenant des vers*) wurmig; (*malhonnête*) unredlich.
verge [vɛʀʒ] *nf* (*ANAT*) Penis *m*, Glied *nt*; (*baguette*) Rute *f*.
verger [vɛʀʒe] *nm* Obstgarten *m*.
vergeture [vɛʀʒətyʀ] *nf* (*gén pl*) Schwangerschaftsstreifen *m*.
verglacé, e [vɛʀglase] *adj* vereist.
verglas [vɛʀglɑ] *nm* Glatteis *nt*.
vergogne [vɛʀgɔɲ] *nf*: **sans ~** schamlos.
véridique [veʀidik] *adj* (*témoin*) ehrlich; (*récit*) wahrheitsgemäß.
vérifiable [veʀifjabl] *adj* nachprüfbar.
vérificateur, -trice [veʀifikatœʀ, tʀis] *nm/f* Prüfer(in) *m(f)*, Revisor(in) *m(f)* ► **vérificateur des comptes** Rechnungs- *ou* Buchprüfer(in) *m(f)*.
vérification [veʀifikasjɔ̃] *nf* Überprüfung *f*; (*confirmation*) Bestätigung *f* ► **vérification d'identité** Ausweiskontrolle *f*.
vérificatrice [veʀifikatʀis] *nf voir* **vérificateur**.
vérifier [veʀifje] *vt* überprüfen; (*hypothèse*) verifizieren, nachprüfen; (*prouver*) beweisen; **se vérifier** *vpr* sich bewahrheiten.
vérin [veʀɛ̃] *nm* Hebevorrichtung *f*.
véritable [veʀitabl] *adj* echt; (*nom, identité, histoire*) wahr; **un ~ désastre** eine echte Katastrophe; **un ~ miracle** ein wahres Wunder.
véritablement [veʀitabləmɑ̃] *adv* wirklich.
vérité [veʀite] *nf* Wahrheit *f*; (*d'un portrait*) Naturtreue *f*; (*sincérité*) Aufrichtigkeit *f*; **en ~, à la ~** in Wirklichkeit.
vermeil, le [vɛʀmɛj] *adj* karminrot ♦ *nm* vergoldetes Silber *nt*.
vermicelles [vɛʀmisɛl] *nmpl* Fadennudeln *pl*.
vermifuge [vɛʀmifyʒ] *nm* Wurmmittel *nt* ♦ *adj*: **poudre ~** Wurmpulver *nt*.
vermillon [vɛʀmijɔ̃] *adj inv* zinnoberrot.
vermine [vɛʀmin] *nf* Ungeziefer *nt*; (*fig*: *racaille*) Pack *nt*, Gesindel *nt*.

vermoulu, e [vɛʀmuly] *adj* wurmstichig.
vermout(h) [vɛʀmut] *nm* Wermut *m*.
verni, e [vɛʀni] *adj* lackiert; (*poteries*) glasiert; **souliers ~s** Lackschuhe *pl*; **t'es vraiment ~!** (*fam*) du hast vielleicht ein Schwein!
vernir [vɛʀniʀ] *vt* lackieren; (*poteries*) glasieren.
vernis [vɛʀni] *nm* Lack *m*; (*fig*) Schliff *m* ► **vernis à ongles** Nagellack *m*.
vernissage [vɛʀnisaʒ] *nm* (*d'une exposition*) Vernissage *f*; (*d'un tableau etc*) Lackieren *nt*; (*d'une poterie*) Glasieren *nt*.
vernisser [vɛʀnise] *vt* glasieren.
vérole [veʀɔl] *nf* (*aussi*: **petite ~**: *variole*) Pocken *pl*; (*fam*: *syphilis*) Syphilis *f*.
verrai *etc* [vɛʀe] *vb voir* **voir**.
verre [vɛʀ] *nm* Glas *nt*; **boire** *ou* **prendre un ~** etwas trinken gehen ► **verre à dents** Zahnputzbecher *m* ► **verre à liqueur** Likörglas *nt* ► **verre à pied** Stielglas *nt* ► **verre à vin** Weinglas *nt* ► **verre armé** Drahtglas *nt* ► **verre de lampe** Lampenglas *nt* ► **verre de montre** Uhrglas *nt* ► **verre dépoli** Milchglas *nt* ► **verre feuilleté** Verbundglas *nt* ► **verre trempé** gehärtetes Glas ► **verres de contact** Kontaktlinsen *pl* ► **verres fumés** getönte (Brillen)gläser *pl*.
verrerie [vɛʀʀi] *nf* (*fabrique*) Glashütte *f*; (*activité*) Glasbläserei *f*; (*objets*) Glas *nt*.
verrier [vɛʀje] *nm* (*ouvrier*) Glasbläser *m*; (*artiste*) Glasmaler *m*.
verrière [vɛʀjɛʀ] *nf* (*grand vitrage*) großes Fenster *nt*; (*toit vitré*) Glasdach *nt*.
verrons *etc* [vɛʀɔ̃] *vb voir* **voir**.
verroterie [vɛʀɔtʀi] *nf* Glasperlen *pl*.
verrou [vɛʀu] *nm* Riegel *m*; (*GEO, MIL*) Sperre *f*; **mettre le ~** den Riegel vorschieben; **être sous les ~s** hinter Schloß und Riegel sein; **mettre qn sous les ~s** jdn hinter Schloß und Riegel stecken.
verrouillage [vɛʀujaʒ] *nm* Verriegelung *f* ► **verrouillage central** Zentralverriegelung *f*.
verrouiller [vɛʀuje] *vt* (*porte*) verriegeln, zuriegeln; (*MIL*) abriegeln.
verrue [vɛʀy] *nf* Warze *f*.
vers¹ [vɛʀ] *nm* Vers *m* ♦ *nmpl* Gedichte *pl*, Lyrik *f*.
vers² [vɛʀ] *prép* (*en direction de*) in Richtung auf +*acc*, auf ... *acc* zu; (*près de, dans les environs de*) in der Nähe von; (*temporel*) gegen, etwa um; **se diriger ~ la porte** auf die Tür zugehen.
versant [vɛʀsɑ̃] *nm* Abhang *m*.
versatile [vɛʀsatil] *adj* unbeständig, wankelmütig.
verse [vɛʀs] *nf*: **il pleut à ~** es gießt in Strömen.
versé, e [vɛʀse] *adj*: **être ~ dans** bewandert *ou* beschlagen sein in +*dat*.
Verseau [vɛʀso] *nm*: **le ~** Wassermann *m*; **être du ~** Wassermann sein.
versement [vɛʀsəmɑ̃] *nm* (*paiement*) Zahlung *f*; (*sur un compte*) Einzahlung *f*; **en trois ~s** in

drei Raten.

verser [vɛʀse] *vt* (*liquide, grains*) schütten; (*servir*) gießen, einschenken; (*larmes, sang*) vergießen; (*argent*: *à qn*) zahlen; (: *sur un compte*) einzahlen; (*basculer*) umstürzen ♦ *vi*: ~ **dans le mélo** immer melodramatischer werden; ~ **dans** (*soldat*) zuweisen zu.

verset [vɛʀsɛ] *nm* (*REL*) Vers *m*.

verseur [vɛʀsœʀ] *adj m voir* **bec; bouchon.**

versification [vɛʀsifikasjɔ̃] *nf* Verskunst *f*.

versifier [vɛʀsifje] *vt* in Versform bringen ♦ *vi* (*souvent péj*) Verse schmieden.

version [vɛʀsjɔ̃] *nf* (*traduction*) Übersetzung *f* (*aus der Fremdsprache*); (*interprétation*) Version *f*; (*d'un texte*) Ausgabe *f*; **film en** ~ **originale** Film *m* in Originalfassung.

verso [vɛʀso] *nm* Rückseite *f*; **voir au** ~ siehe Rückseite.

vert, e [vɛʀ, vɛʀt] *adj* grün; (*vin*) jung; (*personne*) rüstig; (*cru, âpre*) derb ♦ *nm* Grün *nt*; **en dire des** ~**es (et des pas mûres)** schamlose Reden führen; **en voir des** ~**es (et des pas mûres)** harte Zeiten durchmachen; **en raconter des** ~**es** schmutzige Witze erzählen; **se mettre au** ~ ins Grüne gehen ▶ **vert bouteille** *adj inv* flaschengrün ▶ **vert d'eau** *adj inv* seegrün ▶ **vert pomme** *adj inv* apfelgrün.

vert-de-gris [vɛʀdəgʀi] *nm inv* Grünspan *m* ♦ *adj inv* graugrün.

vertébral, e, -aux [vɛʀtebʀal, o] *adj*: **colonne** ~**e** Wirbelsäule *f*.

vertèbre [vɛʀtɛbʀ] *nf* (Rücken)wirbel *m*.

vertébré, e [vɛʀtebʀe] *adj* Wirbel-; ~**s** *nmpl* Wirbeltiere *pl*.

vertement [vɛʀtəmɑ̃] *adv* scharf.

vertical, e, -aux [vɛʀtikal, o] *adj* vertikal, senkrecht.

verticale [vɛʀtikal] *nf* Senkrechte *f*; **à la** ~ vertikal, senkrecht.

verticalement [vɛʀtikalmɑ̃] *adv* vertikal, senkrecht.

verticalité [vɛʀtikalite] *nf* senkrechte Lage *f*.

vertige [vɛʀtiʒ] *nm*: **j'ai le** ~ ich bin nicht schwindelfrei; **j'ai des** ~**s** mir ist schwindlig; **ça me donne le** ~ davon wird mir schwindlig; (*m'impressionne*) das macht mich ganz schwindlig.

vertigineux, -euse [vɛʀtiʒinø, øz] *adj* (*altitude, paroi, gorge*) schwindelerregend; (*hausse, vitesse*) atemberaubend.

vertu [vɛʀty] *nf* (*propriété*) Eigenschaft *f*; (*opposé à vice*) Tugend *f*; (*chasteté*) Tugendhaftigkeit *f*, Sittsamkeit *f*; **en** ~ **de** kraft +*gén*.

vertueusement [vɛʀtɥøzmɑ̃] *adv* tugendhaft.

vertueux, -euse [vɛʀtɥø, øz] *adj* tugendhaft; (*action, conduite*) ehrenhaft.

verve [vɛʀv] *nf* Witz *m*, Redegewandtheit *f*; **être en** ~ in Höchstform sein.

verveine [vɛʀvɛn] *nf* Eisenkraut *nt*; (*infusion*) Eisenkrauttee *m*.

vésicule [vezikyl] *nf* Bläschen *nt* ▶ **vésicule biliaire** Gallenblase *f*.

vespasienne [vɛspazjɛn] *nf* Pissoir *nt*.

vespéral, e, -aux [vɛspeʀal, o] *adj* abendlich.

vessie [vesi] *nf* (Harn)blase *f*; **prendre des** ~**s pour des lanternes** (*fam*) völlig danebenliegen.

veste [vɛst] *nf* Jacke *f*; **retourner sa** ~ (*fig*) sein Fähnchen nach dem Wind drehen ▶ **veste croisée** Zweireiher *m* ▶ **veste droite** Einreiher *m*.

vestiaire [vɛstjɛʀ] *nm* (*au théâtre etc*) Garderobe *f*; (*SPORT etc*) Umkleideraum *m*; (*armoire*) ~ Spind *m ou nt*.

vestibule [vɛstibyl] *nm* Diele *f*; (*d'hôtel, temple etc*) Vorhalle *f*.

vestige [vɛstiʒ] *nm* (*objet*) Überrest *m*, Relikt *nt*; (*fragment*) Spur *f*; (*fig: de grandeur, noblesse*) Rest *m*; ~**s** *nmpl* Überreste *pl*.

vestimentaire [vɛstimɑ̃tɛʀ] *adj* (*détail, élégance*) der Kleidung; (*dépenses*) für Kleidung.

veston [vɛstɔ̃] *nm* Jacke *f*.

vêtais *etc* [vɛtɛ] *vb voir* **vêtir.**

vêtement [vɛtmɑ̃] *nm* Kleidungsstück *nt*; **le** ~ (*COMM*) die Bekleidungsbranche *f*; ~**s** *nmpl* (*habits*) Kleider *pl*, Kleidung *f* ▶ **vêtements de sport** Sportbekleidung *f*.

vétéran [veteʀɑ̃] *nm* Veteran *m*.

vétérinaire [veteʀinɛʀ] *adj* Veterinär-, tierärztlich ♦ *nm/f* Tierarzt *m*, Tierärztin *f*.

vétille [vetij] *nf* Lappalie *f*, Bagatelle *f*.

vétilleux, -euse [vetijø, øz] *adj* peinlich genau, pingelig.

vêtir [vetiʀ] *vt* anziehen; **se vêtir** *vpr* sich anziehen.

vêtit *etc* [veti] *vb voir* **vêtir.**

vétiver [vetivɛʀ] *nm* Vetiveria *f*.

véto [veto] *nm* Veto *nt*; **droit de** ~ Vetorecht *nt*; **mettre** *ou* **opposer un** ~ **à** (sein) Veto einlegen gegen.

vêtu, e [vety] *pp de* **vêtir** ♦ *adj*: **elle était** ~**e d'un pantalon gris** sie trug eine graue Hose; ~ **de rouge** in Rot gekleidet; **chaudement** ~ warm angezogen.

vétuste [vetyst] *adj* uralt.

vétusté [vetyste] *nf* verwahrloster Zustand *m*.

veuf, veuve [vœf, vœv] *adj* verwitwet ♦ *nm* Witwer *m* ♦ *nf* Witwe *f*.

veuille *etc* [vœj] *vb voir* **vouloir.**

veuillez *etc* [vœje] *vb voir* **vouloir.**

veule [vøl] *adj* ohne Rückgrat.

veulent [vœl] *vb voir* **vouloir.**

veulerie [vølʀi] *nf* Schwäche *f*.

veut [vø] *vb voir* **vouloir.**

veuvage [vœvaʒ] *nm* (*d'un homme*) Witwerstand *m*; (*d'une femme*) Witwenstand *m*.

veuve [vœv] *vb voir* **veuf.**

veux [vø] *vb voir* **vouloir.**

vexant, e [vɛksɑ̃, ɑ̃t] *adj* (*blessant*) verletzend; (*contrariant*) ärgerlich, irritierend.

vexations [vɛksasjɔ̃] *nfpl* (*humiliations*) Demütigungen *pl*.

vexatoire [vɛksatwaʀ] *adj*: **mesures** ~**s** Schikanen *pl*.

vexer [vɛkse] *vt* beleidigen; **se vexer** *vpr* beleidigt sein.

VF [veɛf] *sigle f* (= *version française*) in französischer Sprache.
VHF [veaʃɛf] *sigle f* (= *Very High Frequency*) VHF.
via [vja] *prép* über +*acc.*
viabiliser [vjabilize] *vt* erschließen; **terrain entièrement viabilisé** vollständig erschlossener Baugrund *m.*
viabilité [vjabilite] *nf* (*d'une route, d'un chemin*) Befahrbarkeit *f.*
viable [vjabl] *adj* (*enfant*) lebensfähig; (*entreprise*) durchführbar.
viaduc [vjadyk] *nm* Viadukt *m ou nt.*
viager, -ère [vjaʒe, ɛʀ] *adj*: **rente viagère** Leibrente *f* ♦ *nm* (Leib)rente *f*; **mettre en ~** gegen eine Leibrente verkaufen.
viande [vjɑ̃d] *nf* Fleisch *nt.*
viatique [vjatik] *nm* (*REL*) Viatikum *nt*; (*provisions, argent, fig: connaissance etc*) Wegzehrung *f.*
vibraphone [vibʀafɔn] *nm* Vibraphon *nt.*
vibraphoniste [vibʀafɔnist] *nm/f* Vibraphonist(in) *m(f).*
vibration [vibʀasjɔ̃] *nf* Schwingung *f*, Vibration *f.*
vibratoire [vibʀatwaʀ] *adj* Schwingungs-; (*massage*) Vibrations-.
vibrer [vibʀe] *vi* (*corde, membrane, sol*) schwingen, vibrieren ♦ *vt* (*TECH: béton*) schütteln; **faire ~** zum Schwingen bringen; (*personne, auditoire*) mitreißen, fesseln; **sa voix vibrait d'émotion** in seiner Stimme schwang Rührung mit.
vibromasseur [vibʀomasœʀ] *nm* Vibrator *m.*
vicaire [vikɛʀ] *nm* Vikar *m.*
vice¹ [vis] *nm* (*immoralité*) Laster *nt*; **~ de fabrication/construction** Fabrikations-/Konstruktionsfehler *m* ▶ **vice de forme** Formfehler *m.*
vice² [vis] *préf* Vize-.
vice-consul [viskɔ̃syl] (*pl* ~-~**s**) *nm* Vizekonsul *m.*
vice-présidence [vispʀezidɑ̃s] (*pl* ~-~**s**) *nf* Vizepräsidentschaft *f.*
vice-président, e [vispʀezidɑ̃, ɑ̃t] (*pl* ~-~**s, es**) *nm/f* Vizepräsident *m.*
vice-roi [visʀwa] (*pl* ~-~**s**) *nm* Vizekönig *m.*
vice-versa [visevɛʀsa] *adv* umgekehrt.
vichy [viʃi] *nm* (*toile*) karierter Baumwollstoff; (*eau minérale*) Vichywasser *nt*; **carottes V~** in Butter gedünstete Karotten mit Petersilie.
vichyssois, e [viʃiswa, waz] *adj* aus Vichy ♦ *nm/f*: **V~, e** Einwohner(in) *m(f)* von Vichy.
vicié, e [visje] *adj* (*air*) verunreinigt; (*JUR*) ungültig.
vicier [visje] *vt* (*JUR*) ungültig machen.
vicieux, -euse [visjø, jøz] *adj* (*pervers*) pervers; (*fautif*) inkorrekt, falsch.
vicinal, e, -aux [visinal, o] *adj*: **chemin ~** Nebenstraße *f.*
vicissitudes [visisityd] *nfpl* (*infortunes*) Kümmernisse *pl*, Schicksalsschläge *pl.*
vicomte [vikɔ̃t] *nm* Vicomte *m.*
vicomtesse [vikɔ̃tɛs] *nf* Vicomtesse *f.*

victime [viktim] *nf* Opfer *nt*; **être (la) ~ de** ein Opfer +*gén* sein, zum Opfer fallen +*dat*; **être ~ d'une attaque** das Opfer eines Angriffs sein; **être ~ d'un accident** einen Unfall erleiden.
victoire [viktwaʀ] *nf* Sieg *m.*
victorieusement [viktɔʀjøzmɑ̃] *adv* siegreich.
victorieux, -euse [viktɔʀjø, jøz] *adj* siegreich; (*sourire, attitude*) triumphierend.
victuailles [viktɥɑj] *nfpl* Lebensmittel *pl.*
vidange [vidɑ̃ʒ] *nf* (*d'un fossé, réservoir*) Entleerung *f*; (*AUTO*) Ölwechsel *m*; (*bonde*) Abflußöffnung *m*; **~s** *nfpl* (*matières*) Abwässer *pl*; **faire la ~** (*AUTO*) Öl wechseln; **tuyau de ~** Abwasserschlauch *m.*
vidanger [vidɑ̃ʒe] *vt* entleeren; **faire ~ la voiture** einen Ölwechsel machen lassen.
vide [vid] *adj* leer ♦ *nm* (*PHYS*) Vakuum *nt*; (*espace*) Lücke *f*; (*sous soi*) Abgrund *m*; (*fig*) Leere *f*; **~ de** ohne; **sous ~** im Vakuum; **emballé sous ~** vakuumverpackt; **regarder dans le ~** ins Leere starren; **avoir peur du ~** nicht schwindelfrei sein; **parler dans le ~** wie gegen eine Wand reden; **faire le ~** (*dans son esprit*) an gar nichts denken; **faire le ~ autour de qn** jdn fliehen; **à ~** (*sans occupants*) leer; (*sans charge*) unbeladen; (*TECH*) im Leerlauf.
vidé, e [vide] (*fam*) *adj* (*fix und*) fertig.
vidéo [video] *nf* Video *nt* ♦ *adj inv* Video-.
vidéocassette [videokasɛt] *nf* Videokassette *f.*
vidéoclub [videoklœb] *nm* Videoklub *m.*
vide-ordures [vidɔʀdyʀ] *nm inv* Müllschlucker *m.*
vidéotex ® [videɔtɛks] *nm* Bildschirmtext *m.*
vide-poches [vidpɔʃ] *nm inv* (*AUTO*) Handschuhfach *nt.*
vide-pomme [vidpɔm] *nm inv* Apfelentkerner *m.*
vider [vide] *vt* (*récipient*) (aus)leeren; (*contenu*) ausschütten; (*salle, lieu*) räumen; (*boire*) austrinken, leeren; (*volaille, poisson*) ausnehmen; (*querelle*) beilegen; (*fam: fatiguer*) erschöpfen; (*expulser*) rausschmeißen; **se vider** *vpr* sich leeren; **~ les lieux** das Feld räumen.
videur [vidœʀ] *nm* (*de boîte de nuit*) Rausschmeißer *m.*
vie [vi] *nf* Leben *nt*; **être en ~** leben, am Leben sein; **sans ~** (*aussi fig*) leblos; **à ~** auf Lebenszeit; **dans la ~ courante** im täglichen Leben; **avoir la ~ dure** sich hartnäckig halten; **mener la ~ dure à qn** jdm das Leben schwer machen.
vieil [vjɛj] *adj m voir* **vieux.**
vieillard [vjejaʀ] *nm* alter Mann *m*; **les ~s** *nmpl* die alten Leute *pl.*
vieille [vjɛj] *adj f voir* **vieux.**
vieilleries [vjejʀi] *nfpl* alte Sachen *pl*; (*fig*) alter Kram *m.*
vieillesse [vjɛjɛs] *nf* Alter *nt*; (*vieillards*) alte Leute *pl.*
vieilli, e [vjeji] *adj* gealtert; (*suranné*) überaltert.
vieillir [vjejiʀ] *vi* alt werden, altern; (*se flétrir*)

altern; (*institutions, doctrine*) veralten; (*vin, alcool*) altern, reifen ♦ *vt* alt machen; (*attribuer un âge plus avancé*) älter machen; **se vieillir** *vpr* sich für älter ausgeben, als man ist; **il a beaucoup vieilli** er ist alt geworden.

vieillissement [vjejismɑ̃] *nm* Altern *nt*; (*d'institutions, de doctrine*) Veralten *nt*.

vieillot, te [vjɛjo, ɔt] *adj* überholt, veraltet.

vielle [vjɛl] *nf* (*MUS*) Drehleier *f*.

viendrai *etc* [vjɛ̃dʀe] *vb voir* **venir**.

Vienne [vjɛn] *n* (*en Autriche*) Wien *nt*.

vienne *etc* [vjɛn] *vb voir* **venir**.

viennois, e [vjenwa, waz] *adj* wienerisch ♦ *nm/f*: **V~, e** Wiener(in) *m(f)*.

viens *etc* [vjɛ̃] *vb voir* **venir**.

vierge [vjɛʀʒ] *adj* jungfräulich, unberührt; (*page, feuille*) unbeschrieben; (*espaces, neige, terres*) unberührt; (*film*) unbelichtet ♦ *nf* Jungfrau *f*; **être ~** Jungfrau sein; **être de la V~** (*ASTROL*) Jungfrau sein; **~ de** ohne.

Viêt-Nam, Vietnam [vjɛtnam] *nm*: **le ~-~** Vietnam *nt* ▶ **Viêt-Nam du Nord** Nordvietnam *nt* ▶ **Viêt-Nam du Sud** Südvietnam *nt*.

vietnamien, ne [vjɛtnamjɛ̃, jɛn] *adj* vietnamesisch ♦ *nm/f*: **V~, ne** Vietnamese *m*, Vietnamesin *f*.

vieux (vieil), vieille [vjø, vjɛj] *adj* alt ♦ *nm/f* Alte(r) *f(m)* ♦ *nm*: **le ~ et le neuf** das Alte und das Neue; **vieux** *nmpl* (*personnes âgées*) alte Menschen *pl*; (*fam: parents*) Alten *pl*; **un petit ~** ein alter Mann; **mon ~/ma vieille** (*fam*) mein Lieber/meine Liebe; **pauvre ~!** armes Schwein!; **prendre un coup de ~** über Nacht altern; **se faire ~** sich alt machen; **un ~ de la vieille** ein alter Hase *m* ▶ **vieil or** *adj inv* altgold ▶ **vieille fille** alte Jungfer *f* ▶ **vieux garçon** Junggeselle *m* ▶ **vieux jeu** *adj inv* altmodisch ▶ **vieux rose** *adj inv* altrosa.

vif, vive [vif, viv] *adj* (*animé*) lebhaft; (*alerte*) rege, wach; (*emporté*) aufbrausend; (*aigu*) scharf; (*lumière, couleur*) grell; (*air*) frisch; (*vent*) scharf; (*froid*) schneidend; (*sentiment*) tief ♦ *nm*: **toucher** *ou* **piquer qn au ~** jdn tief treffen; **de vive voix** mündlich; **tailler** *ou* **couper dans le ~** schonungslos vorgehen; **à ~** (*plaie*) offen; **avoir les nerfs à ~** aufs äußerste gespannt sein; **brûlé ~** bei lebendigem Leibe verbrannt; **sur le ~** (*ART*) nach der Natur; **entrer dans le ~ du sujet/débat** zum Kern der Sache/Debatte kommen.

vif-argent [vifaʀʒɑ̃] *nm inv* Quecksilber *nt*.

vigie [viʒi] *nf* Ausguck *m*; (*poste*) Mastkorb *m*.

vigilance [viʒilɑ̃s] *nf* Wachsamkeit *f*.

vigilant, e [viʒilɑ̃, ɑ̃t] *adj* wachsam.

vigile [viʒil] *nm* (*veilleur de nuit*) Nachtwächter *m*; (*de police privée*) Wachmann *m*.

vigne [viɲ] *nf* (*plante*) Weinstock *m*; (*plantation*) Weinberg *m* ▶ **vigne vierge** wilder Wein *m*.

vigneron [viɲ(ə)ʀɔ̃] *nm* Winzer *m*.

vignette [viɲɛt] *nf* (*motif ornemental, petite illustration*) Vignette *f*; (*de marque*) Markenzeichen *nt*; (*AUTO*) ≈ Kfz-Steuerplakette *f*; (*sur médicament*) Gebührenmarke *f* (*auf Medika-*

menten, die bei Vorlage von der Krankenkasse ersetzt werden).

vignoble [viɲɔbl] *nm* (*plantation*) Weinberg *m*; (*vignes d'une région*) Weinberge *pl*.

vigoureusement [viguʀøzmɑ̃] *adv* (*frotter etc*) kräftig; (*protester*) energisch; (*exprimer*) leidenschaftlich; (*peindre*) ausdrucksstark.

vigoureux, -euse [viguʀø, øz] *adj* kräftig; (*style, dessin*) kraftvoll, ausdrucksstark.

vigueur [vigœʀ] *nf* (*robustesse*) Kraft *f*, Stärke *f*; (*fig: de la pensée, du style, du coloris*) Ausdruckskraft *f*; **être/entrer en ~** (*JUR*) in Kraft sein/treten; **selon la loi en ~** nach dem geltenden Gesetz.

vil, e [vil] *adj* abscheulich, gemein; **à ~ prix** spottbillig.

vilain, e [vilɛ̃, ɛn] *adj* (*laid*) häßlich; (*temps, affaire, blessure*) scheußlich; (*enfant*) ungezogen ♦ *nm* (*HIST*) Leibeigener *m*; **ça va faire du** *ou* **tourner au ~** das wird bös ausgehen ▶ **vilain mot** Grobheit *f*.

vilainement [vilɛnmɑ̃] *adv* schlimm.

vilebrequin [vilbʀəkɛ̃] *nm* (*outil*) Bohrwinde *f*; (*AUTO*) Kurbelwelle *f*.

vilenie [vil(ə)ni] *nf* Abscheulichkeit *f*, Gemeinheit *f*.

vilipender [vilipɑ̃de] *vt* verunglimpfen.

villa [vila] *nf* Villa *f*.

village [vilaʒ] *nm* Dorf *nt* ▶ **village de toile** Zeltstadt *f* ▶ **village de vacances** Feriendorf *nt*.

villageois, e [vilaʒwa, waz] *adj* ländlich ♦ *nm/f* Dorfbewohner(in) *m(f)*.

ville [vil] *nf* Stadt *f*; **habiter en ~** in der Stadt wohnen; **aller en ~** in die Stadt fahren/gehen ▶ **ville champignon** Stadt, die aus dem Boden geschossen ist.

villégiature [vi(l)leʒjatyʀ] *nf* Urlaub *m*.

vin [vɛ̃] *nm* Wein *m*; **avoir le ~ gai/triste** nach ein paar Gläschen lustig/traurig werden ▶ **vin blanc** Weißwein *m* ▶ **vin d'honneur** kleiner Empfang *m* ▶ **vin de messe** Meßwein *m* ▶ **vin de pays** Landwein *m* ▶ **vin de table** *ou* **ordinaire** Tafelwein *m* ▶ **vin rosé** Rosé(wein) *m* ▶ **vin rouge** Rotwein *m*.

vinaigre [vinɛgʀ] *nm* Essig *m*; **tourner au ~** (*fig*) eine schlechte Wendung nehmen ▶ **vinaigre de vin** Weinessig *m*.

vinaigrette [vinɛgʀɛt] *nf* Vinaigrette *f*, Salatsoße *f*.

vinaigrier [vinɛgʀije] *nm* (*fabricant*) Essighersteller *m*; (*flacon*) Essigflasche *f*.

vinasse [vinas] *nf* (*péj*) schlechter Wein *m*.

vindicatif, -ive [vɛ̃dikatif, iv] *adj* rachsüchtig.

vindicte [vɛ̃dikt] *nf*: **désigner qn à la ~ publique** jdn an den Pranger stellen; **s'exposer à la ~ publique** sich der allgemeinen Kritik aussetzen.

vineux, -euse [vinø, øz] *adj* (*couleur*) weinrot; (*odeur*) Wein-.

vingt [vɛ̃] *num* zwanzig; **~ et un** einundzwanzig.

vingtaine [vɛ̃tɛn] *nf*: **une ~ (de)** etwa zwanzig.

vingtième [vɛ̃tjɛm] *adj* zwanzigste(r, s); **le ~ siècle** das zwanzigste Jahrhundert.
vingt-quatre [vɛ̃tkatʀ] *num*: **~-~ heures sur ~- ~ rund um die Uhr.**
vinicole [vinikɔl] *adj* (*production*) Wein-; (*région*) Weinbau-.
vinification [vinifikasjɔ̃] *nf* (*du raisin*) Verarbeitung *f* zu Wein; (*des sucres*) Abbau *m* zu Alkohol.
vins *etc* [vɛ̃] *vb voir* **venir.**
vinyle [vinil] *nm* Vinyl *nt.*
viol [vjɔl] *nm* (*d'une femme*) Vergewaltigung *f*; (*d'un lieu sacré*) Entweihung *f*, Schändung *f.*
violacé, e [vjɔlase] *adj* ins Violette spielend.
violation [vjɔlasjɔ̃] *nf* (*d'un droit, secret*) Verletzung *f* ▶ **violation de sépulture** (*JUR*) Grabschändung *f.*
violemment [vjɔlamɑ̃] *adv* (*brutalement*) brutal, mit Gewalt.
violence [vjɔlɑ̃s] *nf* Gewalt *f*; (*de personne*) Gewalttätigkeit *f*, Brutalität *f*; **~s** *nfpl* Gewalttätigkeiten *pl*; **faire ~ à qn** jdm Gewalt antun; **se faire ~** sich zwingen.
violent, e [vjɔlɑ̃, ɑ̃t] *adj* (*personne, instincts*) gewalttätig, brutal; (*langage*) brutal; (*choc, effort, bruit, vent*) gewaltig; (*remède*) drastisch; (*colère, besoin, désir*) heftig.
violenter [vjɔlɑ̃te] *vt* vergewaltigen.
violer [vjɔle] *vt* (*femme*) vergewaltigen; (*lieu, sépulture*) schänden; (*loi, traité, secret, serment*) brechen; (*convenances*) verstoßen gegen.
violet, te [vjɔlɛ, ɛt] *adj* violett ♦ *nm* Violett *nt* ♦ *nf* Veilchen *nt.*
violeur [vjɔlœʀ] *nm* Vergewaltiger *m.*
violine [vjɔlin] *adj* veilchenblau.
violon [vjɔlɔ̃] *nm* Geige *f*; (*de violoneux*) Fiedel *f*; (*musicien*) Geiger(in) *m(f)*; (*fam: prison*) Kittchen *nt*; **premier ~** erste Geige ▶ **violon d'Ingres** Hobby *nt.*
violoncelle [vjɔlɔ̃sɛl] *nm* Cello *nt.*
violoncelliste [vjɔlɔ̃selist] *nm/f* Cellist(in) *m(f).*
violoniste [vjɔlɔnist] *nm/f* Geiger(in) *m(f).*
VIP [veipe] *sigle m* (= *Very Important Person*) VIP *m.*
vipère [vipɛʀ] *nf* Viper *f.*
virage [viʀaʒ] *nm* Kurve *f*; (*fig: POL etc*) Wende *f*; (*d'un véhicule*) Wenden *nt*; (*CHIM*) Farbänderung *f*; (*de cuti-réaction*) positive Reaktion *f*; (*PHOTO*) Tönung *f*; **prendre un ~** eine Kurve nehmen ▶ **virage sans visibilité** unübersichtliche Kurve ▶ **virage sur l'aile** (*AVIAT*) Kurvenflug *m.*
virago [viʀago] (*péj*) *nf* Mannweib *nt.*
viral, e, -aux [viʀal, o] *adj* Virus-.
virée [viʀe] *nf* (*courte*) Spritztour *f*; (: *à pied*) Bummel *m*; (*longue*) Ausflug *m.*
virement [viʀmɑ̃] *nm* (*FIN*) Überweisung *f* ▶ **virement bancaire** Banküberweisung *f* ▶ **virement postal** Postüberweisung *f.*
virent [viʀ] *vb voir* **voir.**
virer [viʀe] *vt* (*FIN*) überweisen; (*PHOTO: épreuve*) tönen; (*fam: renvoyer*) rausschmeißen ♦ *vi* (*changer de direction*) wenden,

umdrehen; (*changer de couleur*) umschlagen; (*cuti-réaction*) positiv ausfallen; **~ au bleu/ rouge** blau/rot anlaufen; **~ de bord** (*NAUT*) kreuzen; **~ sur l'aile** (*AVIAT*) eine Kurve fliegen.
virevolte [viʀvɔlt] *nf* (*d'une danseuse*) schnelle Drehung *f*; (*fig*) plötzlicher Umschwung *m.*
virevolter [viʀvɔlte] *vi* herumwirbeln; (*aller en tous sens*) herumflattern.
virginal, e, -aux [viʀʒinal, o] *adj* jungfräulich; (*fig*) unbefleckt.
virginité [viʀʒinite] *nf* Jungfräulichkeit *f*; (*fig*) Reinheit *f.*
virgule [viʀgyl] *nf* Komma *nt*; **4 ~ 2** 4 Komma 2 ▶ **virgule flottante** Gleitkomma *nt.*
viril, e [viʀil] *adj* (*attributs, force*) männlich; (*attitude, air etc*) mannhaft.
viriliser [viʀilize] *vt* vermännlichen.
virilité [viʀilite] *nf* (*attributs masculins*) Männlichkeit *f*; (*vigueur sexuelle*) Potenz *f*, Manneskraft *f*; (*courage*) Entschlossenheit *f.*
virologie [viʀɔlɔʒi] *nf* Virologie *f.*
virologiste [viʀɔlɔʒist] *nm/f* Virologe *m*, Virologin *f.*
virtualité [viʀtɥalite] *nf* Möglichkeit *f.*
virtuel, le [viʀtɥɛl] *adj* (*théorique*) virtuell; (*potentiel*) potentiell.
virtuellement [viʀtɥɛlmɑ̃] *adv* (*presque*) praktisch.
virtuose [viʀtɥoz] *nm/f* Virtuose *m*, Virtuosin *f* ♦ *adj* technisch vollendet, virtuos.
virtuosité [viʀtɥozite] *nf* Virtuosität *f*; **exercices de ~** Fingerübungen *pl.*
virulence [viʀylɑ̃s] *nf* (*v adj*) Schärfe *f*, Heftigkeit *f*; Bösartigkeit *f.*
virulent, e [viʀylɑ̃, ɑ̃t] *adj* heftig, scharf; (*microbe, poison*) bösartig; (*satire, critique*) geharnischt, scharf.
virus [viʀys] *nm* Virus *m ou nt.*
vis [vis] *vb voir* **voir; vivre** ♦ *nf* Schraube *f* ▶ **vis à tête plate** Flachkopfschraube *f* ▶ **vis à tête ronde** Rundkopfschraube *f* ▶ **vis platinées** (*AUTO*) Kontakte *pl* ▶ **vis sans fin** Endlosschraube *f.*
visa [viza] *nm* (*sceau*) Stempel *m*; (*dans passeport*) Visum *nt* ▶ **visa de censure** (*CINÉ*) Zensurvermerk *m* (*zur Altersbeschränkung*).
visage [vizaʒ] *nm* Gesicht *nt*; **à ~ découvert** unverblümt, offen.
visagiste [vizaʒist] *nm/f* (Gesichts)kosmetiker(in) *m(f).*
vis-à-vis [vizavi] *adv* gegenüber ♦ *nm inv* Gegenüber *nt*; **~-~-~ de** (*en face de*) gegenüber von; (*à l'égard de*) gegenüber; (*en comparaison de*) im Vergleich zu; **en ~-~-~** (*immeubles*) gegenüberliegend; **sans ~-~-~** (*immeuble*) mit freiem Ausblick, ohne Gegenüber.
viscéral, e, -aux [viseʀal, o] *adj* (*ANAT*) Eingeweide-; (*fig*) tief verwurzelt.
viscères [visɛʀ] *nmpl* Eingeweide *pl.*
viscose [viskoz] *nf* Viskose *f.*
viscosité [viskozite] *nf* Viskosität *f.*
visée [vize] *nf* (*avec une arme*) Zielen *nt*; (*ARPEN-*

TAGE) Anpeilen *nt*; ~s *nfpl* Absichten *pl*; **avoir des ~s sur qn/qch** es auf jdn/etw abgesehen haben.

viser [vize] *vi* (*tireur*) zielen ♦ *vt* (*objectif, cible*) anpeilen; (*carrière etc*) anstreben; (*concerner*) betreffen; (*apposer un visa sur*) mit einem Sichtvermerk versehen; ~ **à qch** auf etw *acc* hinzielen; ~ **à faire qch** darauf hinzielen, etw zu tun.

viseur [vizœʀ] *nm* (*d'arme*) Kimme *f*; (*PHOTO*) Sucher *m*.

visibilité [vizibilite] *nf* Sicht *f*; **bonne/mauvaise** ~ gute/schlechte Sicht; **sans** ~ (*pilotage*) Blind-; (*virage*) unübersichtlich.

visible [vizibl] *adj* sichtbar; (*évident*) sichtlich; (*disponible*) zu sprechen.

visiblement [vizibləmɑ̃] *adv* (*ostensiblement*) sichtlich, sichtbar; (*manifestement*) offensichtlich.

visière [vizjɛʀ] *nf* (*de casquette, képi*) (Mützen)schirm *m*; (*qui s'attache*) Augenblende *f*; **mettre sa main en** ~ die Hand schützend über die Augen legen.

vision [vizjɔ̃] *nf* (*sens*) Sehvermögen *nt*; (*image mentale: conception*) Vorstellung *f*, Bild *nt*; (*apparition*) Halluzination *f*, Vision *f*; **en première** ~ (*CINÉ*) als Erstaufführung.

visionnaire [vizjɔnɛʀ] *adj* visionär ♦ *nm* Visionär *m*.

visionner [vizjɔne] *vt* (*PHOTO*) (mit dem Bildbetrachter) ansehen; (*CINÉ*) vorbetrachten.

visionneuse [vizjɔnøz] *nf* Bildbetrachter *m*, Bildwerfer *m*.

visite [vizit] *nf* Besuch *m*; (*touristique, d'inspection*) Besichtigung *f*; (*MÉD: à domicile*) Hausbesuch *m*; (*consultation*) Visite *f*; (*MIL: d'entrée*) Musterung *f*; **faire une** ~ *ou* **rendre** ~ **à qn** jdn besuchen; **être en** ~ (**chez qn**) (bei jdm) zu Besuch sein; **heures de** ~ Besuchszeiten *pl*; **droit de** ~ (*JUR*) Besuchsrecht *nt* ► **visite de douane** Zollkontrolle *f* ► **visite domiciliaire** Haus(durch)suchung *f* ► **visite médicale** ärztliche Untersuchung *f*.

visiter [vizite] *vt* (*prisonniers, malades*) besuchen; (*musée, ville*) besichtigen.

visiteur, -euse [vizitœʀ, øz] *nm/f* Besucher(in) *m(f)* ► **visiteur des douanes** Zollbeamte(r) *m* ► **visiteur médical** Pharmavertreter *m*.

vison [vizɔ̃] *nm* Nerz *m*.

visqueux, -euse [viskø, øz] *adj* zähflüssig; (*péj: surface*) glitschig; (*manières*) schleimig.

visser [vise] *vt* festschrauben; (*serrer*) zuschrauben.

visu [vizy]: **de** ~ *adv* mit eigenen Augen.

visualisation [vizɥalizasjɔ̃] *nf*: **écran de** ~ Bildschirm *m*.

visualiser [vizɥalize] *vt* (*INFORM*) (auf dem Bildschirm) anzeigen.

visuel, le [vizɥɛl] *adj* visuell ♦ *nm* (*INFORM*) Bildschirm *m*, Monitor *m*.

visuellement [vizɥɛlmɑ̃] *adv* visuell.

vit [vi] *vb voir* **voir; vivre.**

vital, e, -aux [vital, o] *adj* (*fonctions, espace*)

Lebens-; (*indispensable*) lebensnotwendig.

vitalité [vitalite] *nf* (*d'une personne*) Vitalität *f*; (*d'une entreprise, région*) Dynamik *f*; (*d'une tradition*) Lebendigkeit *f*.

vitamine [vitamin] *nf* Vitamin *nt*.

vitaminé, e [vitamine] *adj* mit Vitaminen angereichert, Vitamin-.

vitaminique [vitaminik] *adj* Vitamin-.

vite [vit] *adv* schnell, rasch; **faire** ~ schnell handeln; (*se dépêcher*) sich beeilen.

vitesse [vitɛs] *nf* Geschwindigkeit *f*; (*AUTO: dispositif*) Gang *m*; **prendre qn de** ~ jdm zuvorkommen; **faire de la** ~ schnell fahren; **prendre de la** ~ schneller werden; **à toute** ~ mit Volldampf; **être en perte de** ~ (*avion*) an Auftrieb verlieren; (*fig*) auf dem absteigenden Ast sein; **changer de** ~ (*AUTO*) schalten; **en première/deuxième** ~ im ersten/zweiten Gang ► **vitesse acquise** Schwung *m* ► **vitesse de croisière** Reisegeschwindigkeit *f* ► **vitesse de la lumière** Lichtgeschwindigkeit *f* ► **vitesse de pointe** Spitzengeschwindigkeit *f* ► **vitesse du son** Schallgeschwindigkeit *f*.

viticole [vitikɔl] *adj* Weinbau-.

viticulteur [vitikyltœʀ] *nm* Weinbauer *m*.

viticulture [vitikyltyʀ] *nf* Weinbau *m*.

vitrage [vitʀaʒ] *nm* (*cloison*) Glaswand *f*; (*toit*) Glasdach *nt*; (*rideau*) Store *m*.

vitrail, -aux [vitʀaj, o] *nm* buntes Kirchenfenster *nt*; (*technique*) Glasmalerei *f*.

vitre [vitʀ] *nf* (Glas)scheibe *f*; (*AUTO*) Scheibe *f*.

vitré, e [vitʀe] *adj* Glas-; **porte** ~**e** Glastür *f*.

vitrer [vitʀe] *vt* verglasen.

vitreux, -euse [vitʀø, øz] *adj* Glas-; (*œil*) glasig.

vitrier [vitʀije] *nm* Glaser *m*.

vitrifier [vitʀifje] *vt* (*par fusion*) zu Glas verschmelzen; (*par enduit*) glasieren; (*parquet*) versiegeln.

vitrine [vitʀin] *nf* Schaufenster *nt*; (*petite armoire*) Vitrine *f*; **en** ~ im Schaufenster ► **vitrine publicitaire** Schaukasten *m*.

vitriol [vitʀijɔl] *nm* Schwefelsäure *f*; **critique au** ~ ätzende Kritik *f*.

vitupérations [vitypeʀasjɔ̃] *nfpl* Geschimpfe *nt sg*.

vitupérer [vitypeʀe] *vi* schimpfen; ~ **contre qn/qch** über jdn/etw schimpfen.

vivable [vivabl] *adj* (*personne*) verträglich; (*endroit*) bewohnbar.

vivace¹ [vivas] *adj* (*plante*) widerstandsfähig; (*haine*) tief verwurzelt.

vivace² [vivatʃe] *adv* (*MUS*) vivace.

vivacité [vivasite] *nf* (*animation*) Lebhaftigkeit *f*; (*d'esprit, regard*) Regheit *f*; (*de lumière, couleur*) Grellheit *f*.

vivant, e [vivɑ̃, ɑ̃t] *vb voir* **vivre** ♦ *adj* lebendig; (*langue*) lebend ♦ *nm*: **du** ~ **de qn** zu jds Lebzeiten; **les** ~**s et les morts** die Lebenden *ou* Lebendigen und die Toten.

vivarium [vivaʀjɔm] *nm* Terrarium *nt*.

vivats [viva] *nmpl* Hochrufe *pl*, Vivatrufe *pl*.

vive [viv] *adj f voir* **vif** ♦ *vb voir* **vivre** ♦ *excl*: ~ **le**

roi/la république! es lebe der König/die Republik!; ~ **les vacances/la liberté!** ein Hoch auf die Ferien/die Freiheit!

vivement [vivmɑ̃] *adv* (*brusquement*) brüsk; (*regretter, s'intéresser*) sehr ♦ *excl:* ~ **les vacances!** wenn doch nur schon Ferien wären!; **mener** ~ **une affaire** eine Sache mit viel Schwung betreiben; ~ **qu'il s'en aille!** wenn er doch nur ginge!

viveur [vivœʀ] (*péj*) *nm* Lebemann *m*.

vivier [vivje] *nm* (*réservoir*) Fischtank *m*; (*étang*) Fischteich *m*; (*fig*) Brutstätte *f*.

vivifiant, e [vivifjɑ̃, jɑ̃t] *adj* belebend, erfrischend.

vivifier [vivifje] *vt* beleben.

vivions [vivjɔ̃] *vb voir* **vivre**.

vivipare [vivipaʀ] *adj* lebendgebärend.

vivisection [viviseksjɔ̃] *nf* Vivisektion *f*.

vivoter [vivɔte] *vi* dahinvegetieren.

vivre [vivʀ] *vi* leben, (*habiter*) leben, wohnen ♦ *vt* erleben; (*une certaine vie*) führen ♦ *nm:* **le** ~ **et le logement** Kost und Logis; ~**s** *nmpl* (*nourriture*) Verpflegung *f*; **se laisser** ~ das Leben nehmen, wie es kommt; ~ **au jour le jour** von der Hand in den Mund leben; **apprendre à** ~ **à qn** jdn Lebensart lehren, jdm Lebensart beibringen; **le colonialisme a vécu** die Zeit des Kolonialismus ist vorbei; **il est facile/difficile à** ~ mit ihm ist gut/nicht gut Kirschen essen; **faire** ~ **qn** (*pourvoir à sa subsistance*) jdn ernähren; ~ **de** leben von; (*aliments*) sich nur ernähren von; ~ **d'amour et d'eau fraîche** von Luft und Liebe leben.

vivrier, -ère [vivʀije, ijɛʀ] *adj:* **cultures vivrières** Anbau *m* von Nährpflanzen.

vlan [vlɑ̃] *excl* peng.

VO [veo] *sigle f* = **version originale**.

vocable [vɔkabl] *nm* Wort *nt*, Begriff *m*.

vocabulaire [vɔkabylɛʀ] *nm* (*ensemble de termes*) Wortschatz *m*; (*d'un auteur*) Vokabular *nt*; (*d'un domaine*) Terminologie *f*; (*livre*) Wörterbuch *nt*.

vocal, e, -aux [vɔkal, o] *adj* Stimm-.

vocalique [vɔkalik] *adj* vokalisch.

vocalise [vɔkaliz] *nf* Stimmübung *f*; **faire des** ~**s** Stimmübungen *pl* machen.

vocaliser [vɔkalize] *vi* (*LING*) in einen Vokal verwandeln; (*MUS*) Stimmübungen machen.

vocation [vɔkasjɔ̃] *nf* Berufung *f*; **avoir la** ~ **de l'enseignement** sich zum Lehrer berufen fühlen.

vociférations [vɔsifeʀasjɔ̃] *nfpl* Geschrei *nt*, Gebrüll *nt*.

vociférer [vɔsifeʀe] *vi* brüllen, (wütend) schreien ♦ *vt* herausschreien, herausbrüllen.

vodka [vɔdka] *nf* Wodka *m*.

vœu, x [vø] *nm* (*souhait*) Wunsch *m*; (*à Dieu*) Gelübde *nt*; **faire** ~ **de faire qch** geloben, etw zu tun; **avec tous (nos) meilleurs** ~**x** mit (unseren) besten Wünschen ▶ **vœux de bonheur** Glückwünsche *pl* ▶ **vœux de bonne année** Glückwünsche zum neuen Jahr.

vogue [vɔg] *nf* Mode *f*; **en** ~ in Mode, in.

voguer [vɔge] *vi* segeln.

voici [vwasi] *prép* hier ist/sind; ~ **mon bureau/des fleurs** hier ist mein Büro/sind Blumen; **il est parti** ~ **trois ans** nun sind es drei Jahre, seit er weggegangen ist; ~ **une semaine que je l'ai vu** es ist jetzt eine Woche her, daß ich ihn gesehen habe; **me** ~ da *ou* hier bin ich.

voie [vwa] *vb voir* **voir** ♦ *nf* Weg *m*; (*RAIL*) Gleis *nt*; (*AUTO*) (Fahr)spur *f*; **par** ~ **buccale** *ou* **orale** oral; **par** ~ **rectale** rektal; **suivre la** ~ **hiérarchique** den Dienstweg gehen; **ouvrir/montrer la** ~ den Weg öffnen/zeigen; **être en bonne** ~ auf dem besten Weg sein; **mettre qn sur la** ~ jdm auf die Sprünge helfen; **être en** ~ **d'achèvement/de rénovation** fast fertig sein/gerade erneuert werden; **route à deux/trois** ~**s** zwei-/dreispurige Fahrbahn *f*; **par** ~ **aérienne/maritime** auf dem Luftweg/Seeweg ▶ **voie à sens unique** Einbahnstraße *f* ▶ **voie d'eau** (*entrée d'eau*) Leck *nt* ▶ **voie de fait** (*JUR*) Handgreiflichkeit *f*, Tätlichkeit *f* ▶ **voie de garage** Abstellgleis *nt* ▶ **voie express** Schnellstraße *f* ▶ **voie ferrée** Schienenweg *m* ▶ **la voie lactée** die Milchstraße *f* ▶ **voie navigable** Schiffahrtsstraße *f*, Schiffahrtsweg *m* ▶ **voie prioritaire** Vorfahrtsstraße *f* ▶ **voie privée** Privatweg *m* ▶ **voie publique** öffentliche Straße *f*.

voilà [vwala] *prép* da ist/sind; ~ **le livre/les livres que vous cherchiez** da ist das Buch/da sind die Bücher, die Sie gesucht haben; **les** ~ da sind sie; **en** ~ **un** hier ist eine(r, s); ~ **deux ans** vor jetzt zwei Jahren; ~ **deux ans que** nun sind es zwei Jahre, daß; **et** ~! na also!; ~ **tout** das ist alles, das wär's; "~!" (*en apportant qch*) hier, bitte.

voilage [vwalaʒ] *nm* (*rideau*) Tüllgardine *f*; (*tissu*) Tüll *m*.

voile [vwal] *nm* Schleier *m*; (*tissu léger*) Tüll *m*; (*PHOTO: défaut*) dunkler Schleier ♦ *nf* (*de bateau*) Segel *nt*; (*sport*) Segeln *nt*; **prendre le** ~ den Schleier nehmen, ins Kloster gehen; **mettre à la** ~ (die) Segel setzen ▶ **voile** *nm* **au poumon** Schatten *m* auf der Lunge ▶ **voile** *nm* **du palais** Gaumensegel *nt*.

voiler [vwale] *vt* verschleiern; (*roue*) verbiegen, verbeulen; (*bois*) verziehen; **se voiler** *vpr* (*lune*) sich verschleiern; (*regard, ciel*) sich trüben; (*voix*) heiser werden; (*roue, disque*) sich verbiegen; (*planche*) sich verziehen; **se** ~ **la face** sein Gesicht verhüllen.

voilette [vwalɛt] *nf* Hutschleier *m*.

voilier [vwalje] *nm* Segelschiff *nt*; (*plus petit*) Segelboot *nt*.

voilure [vwalyʀ] *nf* (*d'un voilier*) Segel *pl*; (*d'un avion*) Tragflächen *pl*; (*d'un parachute*) Fallschirmkappen *pl*.

voir [vwaʀ] *vi* sehen; (*comprendre*) verstehen ♦ *vt* sehen; (*être témoin de*) erleben; (*imaginer*) sich vorstellen; (*fréquenter*) verkehren mit; **se voir** *vpr:* **se** ~ **critiquer/transformer**

kritisiert/verändert werden; **cela se voit** (*cela arrive*) das kommt vor; (*c'est évident*) das sieht man; ~ **que/comme** sehen, daß/wie; ~ **à faire qch** darauf achten, etw zu machen; ~ **loin** (*fig*) vorausschauen, weitsichtig sein; ~ **venir** (*fig*) abwarten; **faire** ~ **qch à qn** jdm etw zeigen; **en faire** ~ **à qn** (*fig*) jdm die Hölle heiß machen; **ne pas pouvoir** ~ **qn** (*fig*) jdn nicht ausstehen können; **regardez** ~ sehen Sie nur!; **montrez** ~ zeigen Sie mal!; **dites** ~ sagen Sie mal!; **voyons!** (*indignation*) na, hör/hört mal!; **c'est à** ~! das werden wir sehen!; **c'est ce qu'on va** ~! das werden wir ja sehen!; **avoir quelque chose à** ~ **avec qch** mit etw zu tun haben; **cela n'a rien à** ~ das hat nichts damit zu tun.

voire [vwaʀ] *adv* ja sogar.

voirie [vwaʀi] *nf* (*enlèvement des ordures*) Müllabfuhr *f*; (*entretien des voies*) Instandhaltung *f* der öffentlichen Straßen; (*administration*) Straßenbauamt *nt*.

vois *etc* [vwa] *vb voir* **voir**.

voisin, e [vwazɛ̃, in] *adj* (*proche*) benachbart; (*ressemblant*) nah verwandt ♦ *nm/f* Nachbar(in) *m(f)*; **la maison** ~**e** das Nachbarhaus; **pays** ~ Nachbarland *nt* ▶ **voisin de table** Tischnachbar(in) *m(f)* ▶ **voisin de dortoir** Bettnachbar(in) *m(f)* ▶ **voisin de palier** Flurnachbar(in) *m(f)*.

voisinage [vwazinaʒ] *nm* (*proximité*) Nähe *f*; (*environs*) Umgebung *f*; (*quartier, voisins*) Nachbarschaft *f*; **relations de bon** ~ gutnachbarliche Beziehungen *pl*.

voisiner [vwazine] *vi*: ~ **avec qn/qch** (*être proche*) sich in jds Nähe/in der Nähe von etw befinden.

voit [vwa] *vb voir* **voir**.

voiture [vwatyʀ] *nf* Wagen *m*, Auto *nt*; (*wagon*) Wagen; **en** ~! alles einsteigen! ▶ **voiture d'enfant** Kinderwagen *m* ▶ **voiture de sport** Sportwagen *m*.

voiture-lit [vwatyʀli] (*pl* ~**s**-~**s**) *nf* Schlafwagen *m*.

voiture-restaurant [vwatyʀʀɛstɔʀɑ̃] (*pl* ~**s**-~**s**) *nf* Speisewagen *m*.

voix [vwa] *nf* Stimme *f*; ~ **passive** Passiv *nt*; ~ **active** Aktiv *nt*; **la** ~ **de la raison** die Stimme der Vernunft; **à haute** ~ laut, mit lauter Stimme; **à** ~ **basse** leise, mit leiser Stimme; **avoir de la** ~ eine laute Stimme haben; **rester sans** ~ sprachlos sein, keinen Ton hervorbringen; **à deux/quatre** ~ zwei-/vierstimmig; **avoir/ne pas avoir** ~ **au chapitre** etwas/nichts zu sagen haben; **mettre aux** ~ zur Abstimmung stellen ▶ **voix de basse** Baß *m* ▶ **voix de ténor** Tenor *m*.

vol¹ [vɔl] *nm* Flug *m*; **un** ~ **de moineaux/perdrix** ein Schwarm *m* Spatzen/Rebhühner; **à** ~ **d'oiseau** (in der) Luftlinie; **en** ~ im Flug; **attraper qch au** ~ etw im Flug erwischen; **saisir une remarque au** ~ eine Bemerkung (im Vorübergehen) aufschnappen; **prendre son** ~ wegfliegen; **de haut** ~ (*fig*) großen Stils ▶ **vol à voile** Segelflug *m* ▶ **vol de nuit** Nachtflug *m* ▶ **vol en palier** Horizontalflug *m* ▶ **vol libre** (*SPORT*) Drachenfliegen *nt* ▶ **vol plané** (*AVIAT*) Gleitflug *m*.

vol² [vɔl] *nm* (*délit*) Diebstahl *m* ▶ **vol à l'étalage** Ladendiebstahl *m* ▶ **vol à la tire** Taschendiebstahl *m* ▶ **vol à main armée** bewaffneter Raubüberfall *m* ▶ **vol avec effraction** Einbruchsdiebstahl *m* ▶ **vol qualifié** schwerer Diebstahl ▶ **vol simple** (*JUR*) leichter Diebstahl.

vol. *abr* (= *volume*) Vol.

volage [vɔlaʒ] *adj* (*personne*) unbeständig, flatterhaft; (*humeur*) wechselhaft.

volaille [vɔlaj] *nf* (*oiseaux*) Federvieh *nt*, Geflügel *nt*; (*oiseau*) Vogel *m*; (*viande*) Geflügel.

volailler [vɔlaje] *nm* Geflügelhändler *m*.

volant, e [vɔlɑ̃, ɑ̃t] *adj* fliegend; (*feuille*) lose; (*personnel*) Flug- ♦ *nm* (*AUTO*) Lenkrad *nt*, Steuer *nt*; (*TECH: de commande*) Steuer(rad) *nt*; (*balle*) Federball *m*; (*jeu*) Federball(spiel) *nt*; (*de tissu*) Volant *m*; (*feuillet détachable*) Abreißblatt *nt*; **les** ~**s** *nmpl* (*AVIAT*) das Flugpersonal *nt*.

volatil, e [vɔlatil] *adj* flüchtig.

volatile [vɔlatil] *nm* (*oiseau*) Vogel *m*.

volatiliser [vɔlatilize]: **se** ~ *vpr* (*CHIM*) sich verflüchtigen; (*fig*) sich in Luft auflösen.

vol-au-vent [vɔlovɑ̃] *nm inv* Königinpastete *f*.

volcan [vɔlkɑ̃] *nm* Vulkan *m*; (*personne*) Hitzkopf *m*.

volcanique [vɔlkanik] *adj* vulkanisch; (*tempérament*) aufbrausend.

volcanologie [vɔlkanɔlɔʒi] *nf* Vulkanforschung *f*.

volcanologue [vɔlkanɔlɔg] *nm/f* Vulkanexperte *m*, Vulkanexpertin *f*.

volée [vɔle] *nf* (*d'oiseaux*) Schwarm *m*; (*TENNIS*) Flugball *m*; **rattraper qch à la** ~ etw im Flug erwischen; **semer à la** ~ breitwürfig säen; **à toute** ~ mit voller Kraft; **de haute** ~ (*expert*) erstklassig ▶ **volée de coups** Hagel *m* von Schlägen ▶ **volée de flèches** Pfeilhagel *m* ▶ **volée d'obus** Granathagel *m*.

voler [vɔle] *vi* (*dans le ciel*) fliegen; (*voleur*) stehlen; (*aller vite*) eilen ♦ *vt* (*dérober*) stehlen; (*personne*) bestehlen; ~ **en éclats** zersplittern; ~ **de ses propres ailes** auf eigenen Füßen stehen.

volet [vɔle] *nm* (*de fenêtre*) Fensterladen *m*; (*TECH*) Klappe *f*; (*AVIAT: sur l'aile*) Landeklappe *f*; (*de document*) Abschnitt *m*; (*fig: d'un plan etc*) Seite *f*; **trié sur le** ~ handverlesen ▶ **volet de freinage** (*AVIAT*) Bremsklappe *f*.

voleter [vɔl(ə)te] *vi* (umher)flattern.

voleur, -euse [vɔlœʀ, øz] *nm/f* Dieb(in) *m(f)* ♦ *adj* diebisch.

volière [vɔljɛʀ] *nf* Voliere *f*.

volley [vɔlɛ] *nm* = **volley-ball**.

volley-ball [vɔlɛbɔl] (*pl* ~-~**s**) *nm* Volleyball *m*.

volleyeur, -euse [vɔlɛjœʀ, øz] *nm/f* Volleyballspieler(in) *m(f)*.

volontaire [vɔlɔ̃tɛʀ] *adj* freiwillig; (*décidé*) entschlossen ♦ *nm/f* Freiwillige(r) *f(m)*; (**engagé**) ~ (*MIL*) Freiwillige(r) *m*.

volontairement [vɔlɔ̃tɛʀmɑ̃] *adv* freiwillig.

volontariat [vɔlɔ̃taʀja] *nm* (*MIL*) freiwilliger Militärdienst *m*.

volontarisme [vɔlɔ̃taʀism] *nm* Voluntarismus *m*.

volontariste [vɔlɔ̃taʀist] *adj* voluntaristisch.

volonté [vɔlɔ̃te] *nf* Wille *m*; (*fermeté*) Willenskraft *f*; **à ~** nach Belieben; **bonne ~** guter Wille; **mauvaise ~** Mangel *m* an gutem Willen; **les dernières ~s de qn** jds letzter Wille.

volontiers [vɔlɔ̃tje] *adv* gern; (*réponse*) aber gern, mit Vergnügen.

volt [vɔlt] *nm* Volt *nt*.

voltage [vɔltaʒ] *nm* Spannung *f*; (*d'un appareil*) Voltzahl *f*.

volte-face [vɔltəfas] *nf inv* Kehrtwendung *f*; **faire ~-~** kehrtmachen.

voltige [vɔltiʒ] *nf* (*au cirque*) Akrobatik *f*; (*ÉQUITATION*) Voltigieren *nt*; (*AVIAT*) Luftakrobatik *f*; (*fig*) (geistige) Klimmzüge *pl*; **numéro de haute ~** (*au cirque*) Trapezakt *m*; (*fig*) Balanceakt *m*.

voltiger [vɔltiʒe] *vi* (*feuilles, oiseaux*) herumflattern; (*cheveux etc*) wehen.

voltigeur, -euse [vɔltiʒœʀ] *nm/f* (*au cirque*) Trapezkünstler(in) *m(f)*.

voltmètre [vɔltmɛtʀ] *nm* Voltmeter *nt*.

volubile [vɔlybil] *adj* redselig.

volubilis [vɔlybilis] *nm* (*BOT*) Winde *f*.

volume [vɔlym] *nm* (*d'un corps*) Volumen *nt*, Rauminhalt *m*; (*GÉOM: solide*) Körper *m*; (*quantité, importance*) Umfang *m*; (*intensité*) Lautstärke *f*; (*livre*) Band *m*.

volumétrique [vɔlymetʀik] *adj* volumetrisch.

volumineux, -euse [vɔlyminø, øz] *adj* umfangreich; (*courrier etc*) reichlich.

volupté [vɔlypte] *nf* (*des sens*) Lust *f*; (*esthétique etc*) Genuß *m*.

voluptueusement [vɔlyptɥøzmɑ̃] *adv* wollüstig, sinnlich.

voluptueux, -euse [vɔlyptɥø, øz] *adj* wollüstig, sinnlich.

volute [vɔlyt] *nf* (*ARCHIT*) Volute *f* ► **volute de fumée** Rauchkringel *m*.

vomi [vɔmi] *nm* Erbrochene(s) *nt*.

vomir [vɔmiʀ] *vi* brechen, sich erbrechen ♦ *vt* spucken, speien; (*lave*) hinausschleudern, spucken; (*vapeurs, injures*) ausstoßen; (*exécrer*) verabscheuen.

vomissement [vɔmismɑ̃] *nm* (*action*) Erbrechen *nt*; (*matières, aussi pl*) Erbrochene(s) *nt*.

vomissure [vɔmisyʀ] *nf* Erbrochene(s) *nt*.

vomitif [vɔmitif] *nm* Brechmittel *nt*.

vont [vɔ̃] *vb voir* **aller**.

vorace [vɔʀas] *adj* gefräßig; (*fig*) unersättlich.

voracement [vɔʀasmɑ̃] *adv* gefräßig.

voracité [vɔʀasite] *nf* (*v adj*) Gefräßigkeit *f*; Unersättlichkeit *f*.

vos [vo] *adj possessif voir* **votre**.

Vosges [voʒ] *nfpl* Vogesen *pl*.

vosgien, ne [voʒjɛ̃, jɛn] *adj* vogesisch, Vogesen-.

votant, e [vɔtɑ̃, ɑ̃t] *nm/f* Wähler(in) *m(f)*.

vote [vɔt] *nm* (*consultation*) Abstimmung *f*; (*suffrage*) Stimme *f*; (*élection*) Wahl *f* ► **vote à bulletins secrets** geheime schriftliche Abstimmung ► **vote à main levée** Abstimmung durch Handheben ► **vote par correspondance** Briefwahl *f* ► **vote par procuration** Stimmabgabe *f* durch Vertreter ► **vote secret** geheime Wahl.

voter [vɔte] *vi* abstimmen; (*élection*) wählen ♦ *vt* (*loi, décision*) annehmen.

votre [vɔtʀ] (*pl* **vos**) *adj possessif* euer/eu(e)re; (*forme de politesse*) Ihr(e); **vos** eure; (*forme de politesse*) Ihre.

vôtre [votʀ] *pron*: **le (la) ~** eure(r, s); (*forme de politesse*) Ihre(r, s); **les ~s** eure; (*forme de politesse*) Ihre; (*famille*) die Ihrigen, Ihre Familie; **à la ~!** (*toast*) auf euer/Ihr Wohl!

voudrai *etc* [vudʀe] *vb voir* **vouloir**.

voué, e [vwe] *adj*: **~ à l'échec** zum Scheitern verurteilt; **taudis ~s à la démolition** abbruchreife Gebäude *pl*.

vouer [vwe] *vt* (*REL*) weihen; (*vie, temps*) widmen; **se vouer** *vpr*: **se ~ à** sich widmen +*dat*; **~ une haine/amitié éternelle à qn** jdm ewigen Haß/ewige Freundschaft schwören.

════════ *MOT-CLÉ*

vouloir [vulwaʀ] *vi*, *vt* **1** (*exiger*) wollen; **vouloir faire qch** etw tun wollen; **vouloir que qn fasse qch** wollen, daß jd etw tut; **que me veut-il?** was will er von mir?; **sans le vouloir** unabsichtlich; **je voudrais ceci** ich möchte das; **je voudrais faire qch** ich möchte etw tun; **le hasard a voulu que ...** wie es der Zufall so wollte ...; **la tradition veut que ...** die Tradition verlangt, daß ...

2 (*désirer*) wollen, mögen; **voulez-vous du thé?** möchten Sie Tee?; **comme vous voudrez** wie Sie wünschen *ou* möchten

3 (*consentir*): **je veux bien** (*bonne volonté*) gern; (*concession*) von mir aus, na gut; **oui, si on veut** ja, wenn man so will; **veuillez attendre** bitte warten Sie; **veuillez agréer, Madame** *ou* **Monsieur, l'expression de mes sentiments distingués** (*formule épistolaire*) mit freundlichen Grüßen

4: **en vouloir: en vouloir à qn** es auf jdn abgesehen haben; **s'en vouloir d'avoir fait qch** sich darüber ärgern, daß man etw getan hat; **il en veut à mon argent** er ist auf mein Geld aus

5: **vouloir de: l'entreprise ne veut plus de lui** die Firma will ihn nicht mehr; **elle ne veut pas de son aide** sie will seine Hilfe nicht

6: **vouloir dire (que)** bedeuten (daß)

♦ *nm*: **le bon vouloir de qn** jds guter Wille.

voulu, e [vuly] *pp de* **vouloir** ♦ *adj* (*délibéré*) absichtlich; (*requis*) erforderlich.

═══════════════════ *MOT-CLÉ*

vous [vu] *pron* (*sujet:* *pl*) ihr; (: *forme de politesse:* *sg et pl*) Sie; (*objet direct, après préposition gouvernant l'accusatif:* *pl*) euch; (: *forme de politesse:* *sg et pl*) Sie; (*objet indirect, après préposition gouvernant le datif:* *pl*) euch; (: *forme de politesse*) Ihnen; (*réfléchi, réciproque*) euch; (: *forme de politesse*) sich; **vous pouvez vous asseoir** ihr könnt euch/Sie können sich setzen; **je vous prie de ...** ich bitte euch/Sie, zu ...; **je vous le jure** ich schwöre es euch/Ihnen; **vous-même(s)** Sie selbst; **vous devez y aller vous-même** Sie müssen selbst hingehen ♦ *nm:* **employer le vous** die Sie-Form benutzen.

vous-même [vumɛm] *pron* (*sujet*) ihr selbst; (: *forme de politesse*) Sie selbst; **pour ~-~s** für euch/Sie selbst; **avec ~-~s** mit euch/Ihnen selbst.

voûte [vut] *nf* Gewölbe *nt* ▶ **voûte céleste** Himmelsgewölbe *nt* ▶ **voûte du palais** (*ANAT*) Gaumen *m* ▶ **voûte plantaire** Fußgewölbe *nt*.

voûté, e [vute] *adj* (*cave, pièce*) gewölbt; (*dos*) gekrümmt; (*personne*) gebeugt.

voûter [vute] *vt* (*ARCHIT*) wölben; **se voûter** *vpr* krumm werden.

vouvoiement [vuvwamɑ̃] *nm* Siezen *nt*.

vouvoyer [vuvwaje] *vt* siezen.

voyage [vwajaʒ] *nm* Reise *f*; (*trajet*) Weg *m*; (*course*) Fahrt *f*; (*fait de voyager*) Reisen *nt*; **faire un ~** eine Reise machen; **faire bon ~** eine gute *ou* angenehme Reise haben; **être en ~** auf Reisen sein; **partir en ~** verreisen; **aimer les ~s** gern reisen; **les gens du ~** das fahrende Volk ▶ **voyage d'affaires** Geschäftsreise *f*, Dienstreise *f* ▶ **voyage d'agrément** Vergnügungsreise *f* ▶ **voyage de noces** Hochzeitsreise *f* ▶ **voyage organisé** Gesellschaftsreise *f*.

voyager [vwajaʒe] *vi* reisen; (*suj: marchandises*) transportiert werden.

voyageur, -euse [vwajaʒœʀ, øz] *nm/f* (*passager*) Fahrgast *m*; (*touriste etc*) Reisende(r) *f(m)*; (*aventurier*) Abenteurer(in) *m(f)* ♦ *adj* (*tempérament*) reiselustig; **un grand ~** ein reiselustiger Mensch *m* ▶ **voyageur de commerce** Handlungsreisende(r) *m*.

voyagiste [vwajaʒist] *nm* (*tour-opérateur*) Reiseveranstalter *m*.

voyais *etc* [vwajɛ] *vb voir* **voir**.

voyance [vwajɑ̃s] *nf* Hellsehen *nt*.

voyant, e [vwajɑ̃, ɑ̃t] *adj* (*criard*) grell, schreiend ♦ *nm/f* (*personne*) Hellseher(in) *m(f)* ♦ *nm* (*signal*) Warnlicht *nt*.

voyelle [vwajɛl] *nf* Vokal *m*.

voyeur [vwajœʀ] *nm* Voyeur *m*.

voyeurisme [vwajœʀism] *nm* Voyeurismus *m*.

voyons [vwajɔ̃] *vb voir* **voir**.

voyou [vwaju] *nm* Rowdy *m*; (*enfant*) Flegel *m* ♦ *adj* rüpelhaft.

VPC [vepese] *sigle f* = **vente par correspondan-**

ce.

vrac [vʀak]: **en ~** *adv* (*pêle-mêle*) durcheinander; (*COMM*) lose.

vrai, e [vʀɛ] *adj* wahr; (*réel*) echt ♦ *nm:* **le ~ das Wahre**; **son ~ nom** sein wirklicher Name; **un ~ comédien/sportif** ein echter Schauspieler/Sportler; **à dire ~, à ~ dire** offen gestanden; **il est ~ que** es stimmt, daß; **être dans le ~** recht haben.

vraiment [vʀɛmɑ̃] *adv* wirklich, wahrhaftig.

vraisemblable [vʀɛsɑ̃blabl] *adj* (*plausible*) einleuchtend; (*probable*) wahrscheinlich.

vraisemblablement [vʀɛsɑ̃blabləmɑ̃] *adv* wahrscheinlich.

vraisemblance [vʀɛsɑ̃blɑ̃s] *nf* (*v adj*) Plausibilität *f*; Wahrscheinlichkeit *f*; (*romanesque*) Lebensnähe *f*; **selon toute ~** aller Wahrscheinlichkeit nach.

vraquier [vʀakje] *nm* (*NAUT*) Frachter *m* (*für Schüttgut*).

vrille [vʀij] *nf* (*BOT*) Ranke *f*; (*outil*) Vorbohrer *m*; (*spirale*) Spirale *f*; **descendre en ~, faire une ~** (*AVIAT*) trudeln.

vrillé, e [vʀije] *adj* (*en forme de vrille*) spiralig.

vriller [vʀije] *vt* (*avec outil*) vorbohren.

vrombir [vʀɔ̃biʀ] *vi* dröhnen, brummen.

vrombissant, e [vʀɔ̃bisɑ̃, ɑ̃t] *adj* brummend, dröhnend.

vrombissement [vʀɔ̃bismɑ̃] *nm* Brummen *nt*, Dröhnen *nt*.

VRP [veɛʀpe] *sigle m* (= *voyageur, représentant, placier*) Vertreter *m*.

VTT [vetete] *sigle m* (= *vélo tout terrain*) Mountain-Bike *nt*.

vu, e [vy] *pp de* **voir** ♦ *nm:* **au ~ et au su de tous** vor aller Augen ♦ *adj:* **bien/mal ~** gut/schlecht angesehen ♦ *prép* wegen +*gén*, angesichts +*gén*; **~ que** angesichts der Tatsache, daß; **ni ~ ni connu** unbemerkt.

vue [vy] *nf* (*fait de voir, spectacle*) Anblick *m*; (*sens*) Sehvermögen *nt*; (*panorama*) Aussicht *f*; (*image*) Ansicht *f*; **~s** *nfpl* (*idées*) Ansichten *pl*; (*desseins*) Absichten *pl*; **perdre la ~** erblinden; **perdre de ~** (*personne*) aus den Augen verlieren; (*principes, objectifs*) abkommen von; **à la ~ de tous** vor aller Augen; **hors de ~** außer Sicht(weite); **à première ~** auf den ersten Blick; **connaître qn de ~** jdn vom Sehen kennen; **à ~** (*COMM*) bei Empfang; **tirer à ~** ohne Vorwarnung schießen; **à ~ d'œil** merklich, sichtlich; **avoir ~ sur** (einen) Ausblick haben auf +*acc*; **en ~** (*homme*) angesehen; (*COMM*) exponiert; **avoir en ~** etw anvisieren; **arriver en ~ d'un endroit** in Sichtweite eines Ortes kommen; **en ~ de faire qch** mit der Absicht, etw zu tun ▶ **vue d'ensemble** Überblick *m* ▶ **vue de l'esprit** Gedankenspielerei *f*.

vulcanisation [vylkanizasjɔ̃] *nf* Vulkanisierung *f*.

vulcaniser [vylkanize] *vt* vulkanisieren.

vulcanologie [vylkanɔlɔʒi] *nf* = **volcanologie.**

vulcanologue [vylkanɔlɔg] *nm/f* = **volcanolo-**

gue.
vulgaire [vylgɛʀ] *adj* ordinär, vulgär; (*trivial*) gemein, banal ♦ *nm* (*vulgarité*) Vulgäre(s) *nt*, Ordinäre(s) *nt*; **de ~s chaises de cuisine** ganz ordinäre Küchenstühle; **nom ~** (*BOT, ZOOL*) volkstümliche Bezeichnung *f*.
vulgairement [vylgɛʀmã] *adv* (*grossièrement*) ordinär, vulgär; (*communément*) allgemein.
vulgarisation [vylgaʀizasjɔ̃] *nf*: **ouvrage de ~** populärwissenschaftliches Werk *nt*.
vulgariser [vylgaʀize] *vt* (*connaissances etc*) populär machen; (*rendre vulgaire*) derb *ou* ordinär machen.
vulgarité [vylgaʀite] *nf* Vulgarität *f*.
vulnérabilité [vylneʀabilite] *nf* (*v adj*) Verwundbarkeit *f*; Verletzlichkeit *f*; Schutzlosigkeit *f*.
vulnérable [vylneʀabl] *adj* (*physiquement*) verwundbar; (*moralement*) verletzlich; (*stratégiquement*) ungeschützt.
vulve [vylv] *nf* Vulva *f*.
vumètre [vymɛtʀ] *nm* Lautstärkeanzeige *f*.
Vve *abr* (= *veuve*) Wwe.

white-spirit [wajtspiʀit] (*pl ~-~s*) *nm* Terpentinersatz *m*.
Winchester [winʃɛstɛʀ] *nm*: **disque ~** (*INFORM*) Winchesterplatte *f*.

X, x

X, x [iks] *nm inv* (*lettre*) X, x *nt*; **~ comme Xavier** ≈ X wie Xanthippe; **plainte contre ~** (*JUR*) Klage *f* gegen Unbekannt.
xénophobe [gzenɔfɔb] *nm/f* Fremdenhasser(in) *m(f)*.
xénophobie [gzenɔfɔbi] *nf* Ausländerhaß *m*, Ausländerfeindlichkeit *f*.
xérès [gzeʀes] *nm* Sherry *m*.
xylographie [gzilɔgʀafi] *nf* Holzschnitt *m*.
xylophone [gzilɔfɔn] *nm* Xylophon *nt*.

W, w

W¹, w [dublǝve] *nm inv* (*lettre*) w, W *nt*; **~ comme William** ≈ W wie Wilhelm.
W² [dublǝve] *abr* (= *watt*) W.
wagon [vagɔ̃] *nm* (*de voyageurs*) Wagen *m*; (*de marchandises*) Waggon *m*.
wagon-citerne [vagɔ̃sitɛʀn] (*pl ~s-~s*) *nm* Tankwagen *m*.
wagon-lit [vagɔ̃li] (*pl ~s-~s*) *nm* Schlafwagen *m*.
wagonnet [vagɔnɛ] *nm* Lore *f*.
wagon-poste [vagɔ̃pɔst] (*pl ~s-~s*) *nm* Postwagen *m*.
wagon-restaurant [vagɔ̃ʀɛstɔʀɑ̃] (*pl ~s-~s*) *nm* Speisewagen *m*.
walkman ® [wɔkman] *nm* Walkman ® *m*.
Wallis et Futuna [walisefutuna] *nfpl*: **les îles ~ ~ ~** die Wallis-und-Futuna-Inseln *pl*.
wallon, ne [walɔ̃, ɔn] *adj* wallonisch ♦ *nm* (*LING*) Wallonisch *nt* ♦ *nm/f*: **W~, ne** Wallone *m*, Wallonin *f*.
Wallonie [walɔni] *nf*: **la ~** Wallonien *nt*.
water-polo [watɛʀpɔlo] *nm* Wasserball *m*.
waters [watɛʀ] *nmpl* Toilette *f*, Klo *nt* (*fam*).
watt [wat] *nm* Watt *nt*.
w-c [vese] *nmpl* WC *nt*, Toilette *f*.
week-end [wikɛnd] (*pl ~-~s*) *nm* Wochenende *nt*.
western [wɛstɛʀn] *nm* Western *m*.
Westphalie [vɛsfali] *nf*: **la ~** Westfalen *nt*.
whisky [wiski] (*pl* **whiskies**) *nm* Whisky *m*.

Y, y

Y, y¹ [igʀɛk] *nm inv* (*lettre*) Y *nt*, y *nt*; **~ comme Yvonne** ≈ Y wie Ypsilon.

MOT-CLÉ

y² [i] *adv* **1** (*à cet endroit: situation*) da, dort; **nous y sommes restés une semaine** wir blieben eine Woche dort; **nous y sommes** wir sind da
2 (*à cet endroit: mouvement*) dahin, dorthin; **nous y allons demain** wir fahren morgen dorthin
♦ *pron* **1** (*vérifier la syntaxe du verbe employé*) **j'y pense** ich denke daran; **s'y connaître** sich (da) auskennen; **il y a** *voir* **avoir**.

yacht [ʲɔt] *nm* Jacht *f*.
yaourt [ʲauʀt] *nm* Joghurt *m ou nt*.
yaourtière [ʲauʀtjɛʀ] *nf* Joghurtmaschine *f*.
Yémen [ʲemɛn] *nm* Jemen *m*.
yéménite [ʲemenit] *adj* jemenitisch.
yeux [ʲø] *nmpl de* **œil**.
yoga [ʲɔga] *nm* Joga *m ou nt*, Yoga *m ou nt*.
yoghourt [ʲɔguʀt] *nm* = **yaourt**.
yole [ʲɔl] *nf* Skiff *m*.
yougoslave [ʲugɔslav] *adj* jugoslawisch ♦ *nm/f*: **Y~** Jugoslawe *m*, Jugoslawin *f*.
Yougoslavie [ʲugɔslavi] *nf*: **la ~** Jugoslawien *nt*.
youyou [ʲuju] *nm* Dingi *nt*.

yo-yo ['jojo] *nm inv* Jojo *nt*.
yucca ['juka] *nm* Yuccapalme *f*.

Z, z

Z, z [zɛd] *nm inv* (*lettre*) Z, z *nt*; ~ **comme Zoé** ≈ Z wie Zacharias.
ZAC [zak] *sigle f* (= *zone d'aménagement concerté*) *städtisches Entwicklungsgebiet*.
Zaïre [zaiʀ] *nm*: **le** ~ Zaire *nt*.
zaïrois, e [zaiʀwa, waz] *adj* zairisch ♦ *nm/f*: **Z**~, **e** Zairer *m*, Zairerin *f*.
Zambèze [zãbɛz] *nm* Sambesi *m*.
Zambie [zãbi] *nf*: **la** ~ Sambia *nt*.
zèbre [zɛbʀ] *nm* Zebra *nt*.
zébré, e [zebʀe] *adj* gestreift.
zébrure [zebʀyʀ] *nf* (*gén pl*) Streifen *m*.
zélateur, -trice [zelatœʀ, tʀis] *nm/f* Eiferer *m*, · Eiferin *f*.
zèle [zɛl] *nm* Eifer *m*; **faire du** ~ (*péj*) übereifrig sein.
zélé, e [zele] *adj* eifrig.
zénith [zenit] *nm* Zenith *m*; (*fig aussi*) Höhepunkt *m*.
zéro [zeʀo] *num* (*chiffre, nombre*) Null *f* ♦ *nm* (*SCOL*) ≈ Sechs *f*; **au-dessus/au-dessous de** ~ (*température*) über/unter Null; **réduire à** ~ auf Nichts reduzieren; **partir de** ~ wieder von vorne anfangen; **trois (buts) à** ~ drei zu null.
zeste [zɛst] *nm* (*CULIN*) Schale *f*; **un** ~ **de citron** ein Stück Zitronenschale.
zézayer [zezeje] *vi* lispeln.
ZI [ʒedi] *sigle f* = **zone industrielle**.
zibeline [ziblin] *nf* Zobel *m*.
zigouiller [ziguje] (*fam*) *vt* abmurksen.
zigzag [zigzag] *nm* Zickzack *m*; (*point de machine à coudre*) Zickzackstich *m*.
zigzaguer [zigzage] *vi* sich im Zickzack bewegen.
Zimbabwe [zimbabwe] *nm*: **le** ~ Simbabwe *nt*.
zimbabwéen, ne [zimbabweɛ̃, ɛn] *adj* simbabwisch.
zinc [zɛ̃g] *nm* (*CHIM*) Zink *nt*; (*comptoir*) Theke *f*, Tresen *m*.
zinguer [zɛ̃ge] *vt* (*toit*) mit Blech decken; (*fer*) verzinken.
zingueur [zɛ̃gœʀ] *nm*: (**plombier**) ~ Dachdecker *m*.
zinnia [zinja] *nm* Zinnie *f*.
zircon [ziʀkɔ̃] *nm* Zirkon *nt*.
zizanie [zizani] *nf*: **mettre** *ou* **semer la** ~ Zwietracht säen.
zizi [zizi] (*fam*) *nm* Pimmel *m*.
zodiacal, e, -aux [zɔdjakal, o] *adj* Tierkreis-.
zodiaque [zɔdjak] *nm* Tierkreis *m*.
zona [zona] *nm* Gürtelrose *f*.
zonage [zonaʒ] *nm* (*ADMIN*) Zoneneinteilung *f*.
zonard [zonaʀ] (*fam*) *nm* Rowdy *m*.
zone [zon] *nf* Zone *f*, Gebiet *nt*; (*INFORM*) Feld *nt*; (*quartiers*): **la** ~ die Slums *pl*; **de seconde** ~ (*fig*) zweitrangig ▸ **zone bleue** ≈ Kurzparkzone *f* ▸ **zone d'action** (*MIL*) Aktionsgebiet *nt* ▸ **zone d'extension** (städtisches) Wachstumsgebiet *nt* ▸ **zone d'urbanisation** (städtisches) Wachstumsgebiet *nt* ▸ **zone franche** Freizone *f* ▸ **zone industrielle** Industriegebiet *nt* ▸ **zone résidentielle** Wohngebiet *nt* ▸ **zones monétaires** Währungszonen *pl*.
zoner [zone] (*fam*) *vt* herumhängen.
zoo [zo(o)] *nm* Zoo *m*.
zoologie [zɔɔlɔʒi] *nf* Zoologie *f*.
zoologique [zɔɔlɔʒik] *adj* zoologisch.
zoologiste [zɔɔlɔʒist] *nm/f* Zoologe *m*, Zoologin *f*.
zoom [zum] *nm* (*PHOTO*) Zoomlinse *f*.
zootechnicien, ne [zootɛknisjɛ̃, jɛn] *nm/f* Tierzüchter(in) *m(f)*.
zootechnique [zootɛknik] *adj* Tierzucht-.
Zurich [zyʀik] *n* Zürich *nt*.
zut [zyt] *excl* Mist.

Deutsch-Französisch
Allemand-Français

A, a

A, a [aː] *nt* A, a *m inv*; ~ **wie Anton** ≈ A comme Anatole; **das ~ und O** l'essentiel *m*; **wer ~ sagt, muß auch B sagen** (*Sprichwort*) quand le vin est tiré, il faut le boire; **von ~ bis Z** de A à Z.

A *f abk* (= *Autobahn*) A.

à [a] *präp* (*bes WIRTS*) à.

a. *abk* (*bei Ortsangaben*) = **am.**

AA *nt abk* (= *Auswärtiges Amt*) (ministère *m* des) Affaires *fpl* étrangères.

Aachen ['aːxən] (**–s**) *nt* Aix-la-Chapelle.

Aal [aːl] (**–(e)s, –e**) *m* anguille *f*.

aalen ['aːlən] (*umg*) *vr*: **sich in der Sonne ~** lézarder au soleil.

a.a.O. *abk* (= *am angegebenen od angeführten Ort*) loc. cit.

Aas [aːs] (**–es, –e** *od* **Äser**) *nt* charogne *f*; **~geier** *m* vautour *m*.

ab [ap] *präp +Dat* dès; **Kinder ab 12 Jahren** les enfants de plus de 12 ans; **ab morgen/Montag/Januar** dès demain/lundi/(le mois de) janvier; **ab sofort** dès maintenant; **ab Werk** (*WIRTS*) départ usine
♦ *adv* **1** (*weg, entfernt*) loin; (*herunter*): **der Knopf ist ab** le bouton est parti; **ab ins Bett!** (ouste) au lit!; **links ab** à gauche; **Hut ab!** (*alle Achtung!*) chapeau!
2 (*zeitlich*): **von da ab** dès ce moment, dès lors; **von heute ab** dès aujourd'hui, à partir d'aujourd'hui
3 (*auf Fahrplänen*): **München ab 12.20** Munich (départ) 12h20; **der Zug fährt ab Hauptbahnhof** le train part de la gare principale
4: **ab und zu** *od* **an** de temps en temps, parfois.

abändern ['ap|ɛndərn] *vt* modifier; (*Gesetzentwurf*) amender; (*Strafe*) commuer; (*Urteil*) réviser.

Abänderung *f* modification *f*; (*von Kleid*) retouche *f*; (*von Programm*) changement *m*;

~santrag *m* (*PARL*) proposition *f od* projet *m* d'amendement.

abarbeiten ['ap|arbaɪtən] *vr* trimer ♦ *vt* (*Schulden*) travailler pour rembourser; (*Pensum*) s'acquitter de; **abgearbeitet aussehen** avoir l'air épuisé(e).

Abart ['ap|aːrt] *f* variante *f*.

abartig *adj* anormal(e).

Abb. *abk* (= *Abbildung*) fig.

Abbau ['apbau] (**–(e)s**) *m* (*Zerlegung*) démontage *m*; (*von Personal, Preisen*) réduction *f*; (*von Vorurteilen*) disparition *f* (progressive); (*von Kräften*) déclin *m*; (*BERGB*) exploitation *f*; (*CHEM*) décomposition *f*; **a~bar** *adj*: **biologisch a~bar** biodégradable.

abbauen *vt* (*zerlegen*) démonter; (*verringern*) réduire; (*allmählich abschaffen*) supprimer (peu à peu); (*BERGB*) extraire; (*CHEM*) décomposer; **Arbeitsplätze ~** réduire *od* comprimer les effectifs.

abbeißen ['apbaɪsən] *unreg vt*: **vom Butterbrot ~** mordre dans une tartine; **ein Stück von etw ~** mordre un bout de qch.

abbeizen ['apbaɪtsən] *vt* décaper.

abbekommen ['apbəkɔmən] *unreg vt* recevoir; (*Regen*) prendre; (*Licht*) avoir; (*umg: Farbe, Aufkleber*) arriver à enlever; (: *Deckel, Schraube*) arriver à dévisser; **wir haben den Regen voll ~** (*umg*) nous nous sommes fait tremper jusqu'aux os; **eines Tages wird er sein Teil ~** (*fig*) un jour il aura sa part d'ennuis; **etwas ~** (*beschädigt werden*) être abîmé(e); (*verletzt werden*) être blessé(e); **sie hat keinen (Mann) ~** elle n'a pas réussi à se caser.

abberufen ['apbəruːfən] *unreg vt* rappeler.

Abberufung *f* rappel *m*.

abbestellen ['apbəʃtɛlən] *vt* (*Abonnement*) résilier; (*Zeitung*) résilier son abonnement à; (*Zimmer*) annuler (sa réservation de).

abbezahlen ['apbətsaːlən] *vt* payer.

abbiegen ['apbiːgən] *unreg vi* tourner ♦ *vt* (*Ast*) casser; (*verhindern*) éviter; **nach links ~** tourner *od* prendre à gauche.

Abbiegespur *f* voie *f* de sélection.
Abbild ['apbɪlt] *nt* image *f*; **a~en** ['apbɪldən] *vt* reproduire; **~ung** *f* reproduction *f*; (*Schaubild*) figure *f*, diagramme *m*.
abbinden ['apbɪndən] *unreg vt* (*abnehmen*) enlever; (*MED: Arm, Bein etc*) poser un garrot à; (*Soße*) lier.
Abbitte ['apbɪtə] *f*: ~ **leisten** *od* **tun** (*geh*) demander pardon.
abblasen ['apblaːzən] *unreg vt* (*Staub*) enlever en soufflant; (*umg: absagen*) annuler.
abblättern ['apblɛtərn] *vi* (*Putz, Farbe*) s'écailler.
abblenden ['apblɛndən] *vt*: **die Scheinwerfer** ~ se mettre en code ♦ *vi* (*AUT*) se mettre en code.
Abblendlicht ['apblɛntlɪçt] *nt* feux *mpl* de croisement.
abblitzen ['apblɪtsən] (*umg*) *vi*: **jdn** ~ **lassen** envoyer promener qn.
abbrechen ['apbrɛçən] *unreg vt* (*Ast, Henkel*) casser; (*Beziehungen, Verhandlungen*) rompre; (*Spiel*) interrompre; (*Gebäude, Brücke*) démolir; (*Zelt*) démonter; (*Lager*) lever; (*COMPUT*) abandonner ♦ *vi* se casser; (*aufhören*) arrêter; **sich** *Dat* **einen** ~ (*umg: Umstände machen*) faire toute une histoire; (*sich sehr anstrengen*) se mettre en quatre.
abbrennen ['apbrɛnən] *unreg vt* brûler; (*Feuerwerk*) tirer ♦ *vi* brûler; **abgebrannt sein** (*umg: kein Geld haben*) être fauché(e).
abbringen ['apbrɪŋən] *unreg vt*: **jdn davon** ~, **etw zu tun** dissuader qn de faire qch; (*von Glauben, Thema*) détourner qn de qch; **jdn von seiner Meinung** ~ faire changer d'avis qn; **jdn vom Weg** ~ détourner qn de son chemin; **ich bringe den Verschluß nicht ab** (*umg*) je n'arrive pas à enlever le couvercle.
abbröckeln ['apbrœkəln] *vi* (*Verputz*) s'écailler; (*Kalk, Außenwand*) s'effriter; (*Börsenkurse*) être en baisse.
Abbruch ['apbrʊx] *m* (*von Verhandlungen, diplomatischen Beziehungen*) rupture *f*; (*von Zelten*) démontage *m*; (*von Lager*) levée *f*; (*von Gebäude*) démolition *f*; (*COMPUT*) abandon *m*; **einer Sache** *Dat* **keinen** ~ **tun** (*geh*) ne pas nuire à qch; **~arbeiten** *pl* travaux *mpl* de démolition; **a~reif** *adj* en ruine.
abbrühen ['apbryːən] *vt* blanchir.
abbuchen ['apbuːxən] *vt* prélever; **einen Betrag vom Konto** ~ prélever une somme sur le compte, débiter le compte d'une somme; **meine Telefonrechnung wird automatisch abgebucht** je paie ma facture de téléphone par prélèvement automatique.
abbürsten ['apbyrstən] *vt* brosser.
abbüßen ['apbyːsən] *vt* (*Strafe*) purger.
Abc [aːbeːˈtseː] (–, –) *nt* (*Elementarwissen*) b a ba *m*.
ABC-Alarm *m* alerte signalant une attaque avec des armes atomiques, biologiques ou chimiques.
abchecken [apˈtʃɛkən] *vt* vérifier.

ABC-Staaten *pl* l'Argentine, le Brésil et le Chili.
ABC-Waffen *pl* armes *fpl* atomiques, biologiques et chimiques.
abdampfen ['apdampfən] *vi* (*umg: losgehen/ losfahren*) se tirer.
abdanken ['apdaŋkən] *vi* démissionner; (*König etc*) abdiquer.
Abdankung *f* démission *f*; (*von König etc*) abdication *f*.
abdecken ['apdɛkən] *vt* (*Haus*) arracher le toit de; (*Dach*) arracher; (*Tisch*) débarrasser; (*Bett*) ouvrir; (*Loch, Beet*) couvrir.
abdichten ['apdɪçtən] *vt* colmater; (*NAUT*) calfater, caréner.
abdrängen ['apdrɛŋən] *vt* pousser de côté.
abdrehen ['apdreːən] *vt* (*abstellen*) fermer; (*Kopf*) détourner; (*Knopf*) faire sauter; (*Film*) tourner ♦ *vi* changer de cap; **nach Osten** ~ se diriger vers l'est.
abdriften ['apdrɪftən] (*umg*) *vi* aller à la dérive.
abdrosseln ['apdrɔsəln] *vt* (*AUT: Motor*) faire tourner au ralenti.
Abdruck¹ ['apdrʊk] (**–s, Abdrücke**) *m* (*Gips~, Wachs~*) moulage *m*; (*Finger~*) empreinte *f*.
Abdruck² ['apdrʊk] (**–(e)s, –e**) *m* (*Nachdrucken, Gedrucktes*) reproduction *f*; **a~en** *vt* publier.
abdrücken ['apdrʏkən] *vt* (*Ader*) comprimer; (*Waffe*) faire partir; (*Boot vom Ufer*) pousser au large *od* loin du rivage; (*Zähne in Gips*) prendre un moulage de ♦ *vi* (*beim Schießen*) tirer ♦ *vr* (*sich abzeichnen*) s'imprimer; **jdm die Luft** ~ serrer la gorge de qn.
abebben ['apˈɛbən] *vi* (*Wasser*) reculer; (*fig*) diminuer.
Abend ['aːbənt] (**–s, –e**) *m* soir *m*; **guten ~!** bonsoir!; **zu** ~ **essen** dîner; **den ganzen** ~ (**über**) (pendant) toute la soirée; **a~** *adv*: **heute/ gestern/morgen a~** ce/hier/demain soir; **~anzug** *m* smoking *m*; **~brot** *nt* repas *m* du soir; **~essen** *nt* dîner *m*; **a~füllend** *adj* qui dure toute la *od* une soirée; **~gymnasium** *nt* cours *mpl* du soir (*préparant au baccalauréat*); **~kasse** *f* guichet *m* *od* bureau *m* (de location); **~kleid** *nt* robe *f* du soir; **~kurs** *m* cours *m* du soir; **~land** *nt* Occident *m*; **a~lich** *adj* du soir; **~mahl** *nt* (*protestantisch*) (sainte) cène *f*; (*katholisch: Sakrament*) communion *f*; **das letzte** **~mahl** la Cène; **~rot** *nt* ciel rose le soir.
abends *adv* le soir.
Abend-: **~stern** *m* étoile *f* du soir *od* du berger; **~vorstellung** *f* (*représentation f* en) soirée *f*; **~zeitung** *f* journal *m* du soir.
Abenteuer ['aːbəntɔyər] (**–s, –**) *nt* aventure *f*; **a~lich** *adj* (*gefährlich*) risqué(e); (*seltsam*) excentrique; **~spielplatz** *m* aire *f* de jeux.
Abenteurer(in) (**–s, –**) *m(f)* aventurier(-ière).
aber ['aːbər] *konj* mais ♦ *adv*: **tausend und** ~ **tausend** des milliers et des milliers (de); **oder** ~ sinon; **das ist** ~ **schön!** que c'est beau!; **bist du** ~ **braun!** qu'est-ce que tu es bronzé(e)!; **nun ist** ~ **Schluß!** ça suffit comme ça!; ~, ~!

voyons!; **vielen Dank – ~ bitte!** merci beaucoup – je t'en *od* vous en prie!

Aberglaube ['a:bərglaubə] *m* superstition *f*.

abergläubisch ['a:bərglɔybɪʃ] *adj* superstitieux(-euse).

aberkennen ['ap|ɛrkɛnən] *unreg vt*: **jdm etw ~** priver qn de qch.

Aberkennung *f* privation *f*.

abermalig *adj* nouveau(nouvelle).

abermals *adv* une nouvelle fois, une fois de plus.

Abf. *abk* (= *Abfahrt*) départ *m*.

abfahren ['apfa:rən] *unreg vi* partir ♦ *vt* (*Schutt*) enlever; (*Kamera*) lancer; (*Strecke*) parcourir; (*Arm, Bein*) arracher; (*Reifen*) user; (*Fahrkarte*) utiliser; **der Zug ist abgefahren** le train est parti; (*fig*) il est trop tard; **der Zug fährt um 8.00 von Paris ab** le train quitte Paris à 8h00; **voll auf jdn ~** (*umg*) en pincer pour qn; **jdn ~ lassen** (*umg: abweisen*) envoyer promener qn.

Abfahrt ['apfa:rt] *f* départ *m*; (*SKI*) descente *f*; (: *Piste*) piste *f*; (*von Autobahn*) sortie *f*; **Vorsicht bei der ~ des Zuges!** attention au départ du train!

Abfahrts-: **~lauf** *m* (*SKI*) descente *f*; **~tag** *m* jour *m* du départ; **~zeit** *f* heure *f* du départ.

Abfall ['apfal] *m* (*Rest*) déchets *mpl*; (*Rückstand*) résidus *mpl*; (*von Speisen etc*) restes *mpl*; (*von Leistung*) baisse *f*; (*von Glauben, Partei*) abandon *m*; **~eimer** *m* poubelle *f*.

abfallen *unreg vi* (*Blätter*) tomber; (*Putz*) s'effriter; (*Gelände etc*) descendre en pente; (*von Glauben*) renier; (*Druck, Temperatur*) baisser; (*übrigbleiben*) rester; **wieviel fällt bei dem Geschäft für mich ab?** (*umg*) combien ça me rapporterait?; **gegen jdn/etw ~** mal supporter la comparaison avec qn/qch.

abfällig ['apfɛlɪç] *adj* peu flatteur(-euse), désobligeant(e).

Abfallprodukt *nt* sous-produit *m*.

abfangen ['apfaŋən] *unreg vt* (*Nachricht*) intercepter; (*Person, Ball*) attraper; (*Spion*) prendre; (*Auto, Flugzeug*) reprendre le contrôle de; (*Aufprall, Stoß*) amortir; (*umg: Kunden*) appâter.

abfärben ['apfɛrbən] *vi* (*Wäsche*) déteindre; (*fig*) être contagieux(-euse); **auf jdn ~** (*fig*) déteindre sur qn.

abfassen ['apfasən] *vt* rédiger.

abfeiern ['apfaɪərn] (*umg*) *vt*: **Überstunden ~** prendre un congé après avoir fait des heures supplémentaires.

abfertigen ['apfɛrtɪgən] *vt* (*fertigmachen*) préparer; (*Flugzeug*) préparer pour le décollage; (*bedienen*) s'occuper de; **jdn schroff ~** envoyer promener qn.

Abfertigung *f* traitement *m*; (*von Kunden*) service *m*; (*von Antragstellern*) *fait de s'occuper de.*

abfeuern ['apfɔyərn] *vt* (*Waffe*) faire partir; (*Schuß*) tirer.

abfinden ['apfɪndən] *unreg vt* (*Gläubiger*) rembourser; (*Verletzten*) dédommager ♦ *vr*: **sich mit etw ~/nicht abfinden** être/ne pas être satisfait(e) de qch; **sich mit jdm ~/nicht ~** arriver/ne pas arriver à se mettre d'accord avec qn.

Abfindung *f* (*von Gläubigern*) remboursement *m*; (*Geld*) indemnité *f*.

abflachen ['apflaxən] *vt* aplatir ♦ *vi* (*fig*) être en baisse.

abflauen ['apflauən] *vi* (*Wind, Erregung*) tomber; (*Nachfrage*) baisser; (*Geschäft*) aller moins bien.

abfliegen ['apfli:gən] *unreg vi* (*Flugzeug*) décoller; (*Passagier*) partir ♦ *vt* (*Gebiet*) survoler.

abfließen ['apfli:sən] *unreg vi* couler; (*Verkehr*) passer; **ins Ausland ~** (*Geld*) sortir du pays.

Abflug ['apflu:k] *m* décollage *m*; **~zeit** *f* heure *f* du départ.

Abfluß ['apflʊs] *m* (*Vorgang*) écoulement *m*; (*Öffnung*) voie *f* d'écoulement; (*von Badewanne*) bonde *f*; (*von Kapital, Arbeitskräften*) fuite *f*; **~rohr** *nt* tuyau *m* d'écoulement.

Abfolge ['apfɔlgə] *f* ordre *m*.

abfotografieren ['apfotografi:rən] *vt* photographier.

abfragen ['apfra:gən] *vt* (*Schüler, Datenbank*) interroger; (*Vokabeln*) interroger sur.

abfrieren ['apfri:rən] *unreg vi*: **ihm sind die Füße abgefroren** il a attrapé des engelures aux pieds.

Abfuhr ['apfu:r] *f* (–, **–en**) enlèvement *m*; **sich** *Dat* **eine ~ holen** (*umg*) se faire remettre en place.

abführen ['apfy:rən] *vt* (*Verbrecher*) emmener au poste; (*Gelder, Steuern*) payer ♦ *vi* (*MED*) avoir des propriétés laxatives; **von etw ~** (*von Thema, Weg*) détourner de qch.

Abführmittel *nt* laxatif *m*.

Abfüllanlage *f* chaîne *f* de mise en bouteilles.

abfüllen ['apfʏlən] *vt* (*Flaschen*) remplir; (*Flüssigkeit*) mettre en bouteille.

Abgabe ['apga:bə] *f* (*von Waren*) vente *f*; (*von Wärme*) émission *f*; (*von Prüfungsarbeit, Stimmzettel*) remise *f*; (*von Ball*) passe *f*; (*gew pl: Steuer*) impôt *m*.

abgabenfrei *adj* exonéré(e).

abgabenpflichtig *adj* soumis(e) à l'impôt.

Abgabetermin *m* dernier délai *m*; (*für Dissertation etc*) date *f* de remise.

Abgang ['apgaŋ] *m* départ *m*; (*THEAT*) sortie *f*; (*MED: von Nierenstein etc*) évacuation *f*; (: *Fehlgeburt*) fausse couche *f*; (*kein pl: der Post, von Waren*) expédition *f*; **reißenden ~ finden** se vendre comme des petits pains.

Abgangszeugnis *nt* certificat *m* de fin d'études.

Abgas ['apga:s] *nt* gaz *m inv* d'échappement; **a~frei** *adv*: **a~frei verbrennen** ne pas produire de gaz toxiques à la combustion; **~katalysator** (**–s, –en**) *m* pot *m* catalytique.

ABGB (*ÖSTERR*) *nt abk* (= *Allgemeines Bürgerliches Gesetzbuch*) ≈ code *m* civil (*en Autriche*).

abgeben ['apge:bən] *unreg vt* remettre; (*an Garderobe*; *Erklärung*) donner; (*Ball*) passer; (*Wärme*) émettre, produire; (*Waren*) vendre; (*Amt, Vorsitz*) quitter; (*Schuß*) tirer; (*Urteil*) rendre ♦ *vr*: **sich mit jdm/etw** ~ s'occuper de qn/qch; *„Kinderwagen abzugeben"* "landau à vendre"; **jdm etw** ~ (*teilen*) donner qch à qn; **eine traurige/gute Figur** ~ faire triste/bonne figure.

abgebrannt ['apgəbrant] (*umg*) *adj*: ~ **sein** être fauché(e).

abgebrüht ['apgəbry:t] (*umg*) *adj* (*skrupellos*) cynique.

abgedroschen ['apgədrɔʃən] *adj* usé(e); (*Witz*) éculé(e).

abgefeimt ['apgəfaimt] *adj* perfide.

abgegriffen ['apgəgrifən] *adj* (*Buch*) épuisé(e); (*Redensart*) usé(e).

abgehackt ['apgəhakt] *adv*: ~ **reden** parler d'un ton sec.

abgehalftert ['apgəhalftərt] (*umg*) *adj* (*fig*) fini(e).

abgehangen ['apgəhaŋən] *adj*: **(gut)** ~ (*Fleisch*) faisandé(e).

abgehärtet ['apgəhɛrtət] *adj* endurci(e).

abgehen ['apge:ən] *unreg vi* partir; (*THEAT*) quitter la scène; (*von der Schule*) quitter l'école; (*MED: Gallenstein*) être éliminé(e); (*verkauft werden*) se vendre; (*abgezogen, abgerechnet werden*) être déduit(e) ♦ *vt* (*Strecke, Weg*) parcourir; (*MIL*) patrouiller; **der Fötus ging in der dritten Woche ab** le fœtus a été expulsé pendant la troisième semaine; **von seiner Meinung** ~ changer d'avis; **von einer Forderung** ~ renoncer à une exigence; **ihm geht jedes Taktgefühl ab** (*umg: fehlt*) il manque vraiment de tact; **das ist noch einmal gut abgegangen** (*umg*) ça aurait pu mal finir.

abgekämpft ['apgəkɛmpft] *adj* épuisé(e).

abgekartet ['apgəkartət] *adj*: **ein ~es Spiel** un drôle de jeu.

abgeklärt ['apgəklɛ:rt] *adj* serein(e).

abgelegen ['apgəle:gən] *adj* éloigné(e), isolé(e).

abgelten ['apgɛltən] *unreg vt* satisfaire.

abgemacht ['apgəmaxt] *adj* convenu(e); ~! d'accord!

abgemagert ['apgəma:gərt] *adj* amaigri(e).

abgeneigt ['apgənaikt] *adj* +*Dat* hostile à; **jdm/ einer Sache nicht** ~ **sein** n'avoir rien contre qn/qch.

abgenutzt ['apgənʊtst] *adj* usé(e).

Abgeordnete(r) ['apgə|ɔrdnətə(r)] *f(m)* député *m*.

abgerissen ['apgərisən] *adj* (*zerlumpt*) en loques; (*unzusammenhängend*) décousu(e).

Abgesandte(r) ['apgəzantə(r)] *f(m)* envoyé(e).

abgeschieden ['apgəʃi:dən] *adj* (*einsam*): ~ **leben** *od* **wohnen** vivre retiré(e) du monde *od* en solitaire.

abgeschlagen ['apgəʃla:gən] *adj* (*besiegt*) battu(e); (*erschöpft*) épuisé(e).

abgeschlossen ['apgəʃlɔsən] *adj attrib* (*Woh-*

nung) indépendant(e).

abgeschmackt ['apgəʃmakt] *adj* (*Preis*) exorbitant(e).

abgesehen ['apgəze:ən] *adv*: ~ **von** ... à part ... .

abgespannt ['apgəʃpant] *adj* épuisé(e).

abgestanden ['apgəʃtandən] *adj* (*Flüssigkeit*) pas frais(fraîche); (*Bier*) plat(e); (*Luft*) confiné(e).

abgestorben ['apgəʃtɔrbən] *adj* (*Glieder*) engourdi(e); (*Pflanze, Ast, Gewebe*) mort(e).

abgestumpft ['apgəʃtʊmpft] *adj* (*Person*) insensible; (*Gefühle, Gewissen*) émoussé(e).

abgetakelt ['apgəta:kəlt] *adj* (*fig*) usé(e) par la vie.

abgetan ['apgəta:n] *adj*: **damit ist die Sache** ~ comme ça, le problème est réglé.

abgetragen ['apgətra:gən] *adj* (*Kleidung, Schuhe*) usé(e).

abgetrennt ['apgətrɛnt] *adj* (*COMPUT*) autonome.

abgewinnen ['apgəvinən] *unreg vt*: **jdm etw** ~ (*Geld*) faire perdre qch à qn; (*Lächeln, Freundschaft*) obtenir qch de qn; **einer Sache** *Dat* **Geschmack** ~ **können** trouver goût à qch; **einer Sache** *Dat* **etwas/nichts** ~ **können** trouver qch intéressant/sans intérêt; **dem Meer Land** ~ assécher des terres.

abgewogen ['apgəvo:gən] *adj* (*Urteil*) équitable; (*Worte*) bien pesé(e).

abgewöhnen ['apgəvø:nən] *vt*: **jdm etw** ~ faire perdre l'habitude de qch à qn; **sich** *Dat* **etw** ~ perdre l'habitude de qch; **sich das Rauchen** ~ arrêter de fumer.

abgießen ['apgi:sən] *unreg vt* (*Flüssigkeit*) jeter; (*Kartoffeln, Eier*) jeter l'eau de.

Abglanz ['apglants] *m* reflet *m*.

abgleiten ['apglaitən] *unreg vi* glisser; (*Währung*) baisser.

Abgott ['apgɔt] *m* idole *f*.

abgöttisch ['apgœtiʃ] *adv*: ~ **lieben** idolâtrer, aimer à la folie.

abgraben ['apgra:bən] *unreg vt* (*Erdschicht*) enlever (à la pelle); **jdm das Wasser** ~ (*fig*) ôter à qn le pain de la bouche.

abgrasen ['apgra:zən] *vt* (*Feld*) brouter l'herbe de.

abgrenzen ['apgrɛntsən] *vt* (*abtrennen*) séparer; (*Pflichten*) déterminer; (*Bereich*) délimiter; (*Begriffe*) définir ♦ *vr* prendre ses distances.

Abgrund ['apgrʊnt] *m* abîme *m*; **an den Rand des ~s geraten** être au bord du gouffre.

abgründig ['apgryndiç] *adj* (*Lächeln*) mystérieux(-euse).

abgrundtief *adj* sans bornes.

abgucken ['apgʊkən] (*umg*) *vt, vi* copier.

Abguß ['apgʊs] *m* (*Form*) copie *f*; (*Vorgang*) fonte *f*.

abhaben ['apha:bən] (*umg*) *vt* (*Hut*) avoir enlevé; (*abbekommen*) être arrivé(e) à enlever; **willst du ein Stück** ~? tu en veux un bout?

abhacken ['aphakən] *vt* couper (à la hache).

abhaken ['apha:kən] vt (auf Papier) cocher.

abhalten ['aphaltən] unreg vt (Versammlung) tenir; (Besprechung) avoir; (Gottesdienst) célébrer; **jdn von etw ~** empêcher qn de faire qch.

abhandeln ['aphandəln] vt (Thema) traiter; **jdm die Waren ~** conclure un marché avec qn; **jdm 8 Mark ~** obtenir de qn qu'il baisse le prix de 8 marks.

abhanden [ap'handən] adv: **~ kommen** s'égarer; **mir ist mein Schirm ~ gekommen** j'ai égaré mon parapluie.

Abhandlung ['aphandluŋ] f traité m.

Abhang ['aphaŋ] m pente f.

abhängen ['aphɛŋən] vt (Bild, Anhänger) décrocher; (Verfolger) se débarrasser de ♦ vi (pp: abgehangen: Fleisch) se faisander; **von jdm/ etw ~** dépendre de qn/qch; **das hängt ganz davon ab** ça dépend.

abhängig ['aphɛŋɪç] adj dépendant(e); **A~keit** f dépendance f.

abhärten ['aphɛrtən] vt endurcir ♦ vr s'endurcir; **sich gegen etw ~** s'endurcir à qch.

abhauen ['aphauən] unreg vt (Kopf, Ast) couper; (Baum) abattre ♦ vi (umg: pp: abgehauen) filer; **hau ab!** fiche le camp!

abheben ['aphe:bən] unreg vt (Dach, Deckel, Schicht) enlever; (Telefonhörer) décrocher; (Karten) couper; (Masche) glisser; (Geld) prélever ♦ vi (Flugzeug, Rakete) décoller; (Kartenspiel) couper ♦ vr se distinguer; **sich von etw ~** (Farben, Umrisse) ressortir sur qch.

abheften ['aphɛftən] vt (Rechnungen etc) classer; (Nähen) faufiler.

abhelfen ['aphɛlfən] unreg vi +Dat (Fehler) réparer.

abhetzen ['aphɛtsən] vr s'épuiser.

Abhilfe ['aphɪlfə] f secours m; **~ schaffen** prendre les mesures nécessaires; **auf ~ dringen** insister pour que des mesures soient prises.

abholen ['apho:lən] vt (Gegenstand) aller chercher; (Person) aller chercher, passer prendre; (verhaften) arrêter.

abholzen ['aphɔltsən] vt (Wald) déboiser.

Abhöranlage f appareil m d'écoute.

abhorchen ['aphɔrçən] vt (MED) ausculter.

abhören ['aphø:rən] vt (Vokabeln) faire réciter; (Telefongespräch, Tonband etc) écouter; **abgehört werden** être sur table d'écoute.

Abhörgerät nt appareil m d'écoute.

abhungern ['aphuŋərn] vr: **sich** Dat **10 Kilo ~** perdre 10 kilos en suivant un régime draconien.

Abi ['abi] nt abk (= Abitur) ≈ bac m.

Abitur [abi'tu:r] (**-s, -e**) nt ≈ baccalauréat m.

Abiturient(in) [abituri'ɛnt(ɪn)] m(f) bachelier(-ière).

Abk. abk (= Abkürzung) abréviation f.

abkämmen ['apkɛmən] vt (Gegend) passer au peigne fin.

abkanzeln ['apkantsəln] (umg) vt: **jdn ~** enguirlander qn.

abkapseln ['apkapsəln] vr se couper du monde, s'isoler.

abkarten ['apkartən] (umg) vt: **die Sache war von vornherein abgekartet** c'est un coup monté.

abkassieren ['apkasi:rən] vi encaisser.

abkaufen ['apkaufən] vt acheter; **jdm alles ~** (umg: glauben) gober tout ce que qn raconte.

Abkehr f renonciation f.

abkehren ['apke:rən] vt détourner ♦ vr se détourner.

abklappern ['apklapərn] (umg) vt (Läden, Kunden) faire le tour de; (Straße) parcourir.

abklären ['apklɛ:rən] vt clarifier ♦ vr se clarifier.

Abklatsch ['apklatʃ] (**-es, -e**) m (fig) pâle imitation f.

abklemmen ['apklɛmən] vt (Leitung) couper.

abklingen ['apklɪŋən] unreg vi (Fieber, Lärm) diminuer d'intensité.

abklopfen ['apklɔpfən] vt (Putz) enlever (en tapant dessus); (MED) ausculter (par percussion), percuter.

abknallen ['apknalən] (umg) vt descendre.

abknöpfen ['apknœpfən] vt (Kragen, Bezug) déboutonner; **jdm etw ~** (umg) prendre qch à qn.

abkochen ['apkɔxən] vt (keimfrei machen) faire bouillir.

abkommandieren ['apkɔmandi:rən] vt (MIL) envoyer; (zu bestimmtem Dienst) affecter.

abkommen ['apkɔmən] unreg vi (sich frei machen) se libérer; **von der Straße/vom Weg ~** s'égarer; **vom Kurs ~** dévier; **vom Thema ~** s'écarter du sujet.

Abkommen (**-s, –**) nt accord m.

abkömmlich ['apkœmlɪç] adj disponible.

Abkömmling m (Nachkomme) descendant(e) m/f.

abkönnen ['apkœnən] unreg (umg) vt: **das kann ich nicht ab** désolé(e), je ne peux pas.

abkoppeln ['apkɔpəln] vt détacher, découpler.

abkratzen ['apkratsən] vt (Schmutz, Lack) gratter ♦ vi (umg) crever.

abkriegen ['apkri:gən] (umg) vt siehe **abbekommen**.

abkühlen ['apky:lən] vt (Getränk, Essen) refroidir; (Gefühle, Beziehung) rendre moins intense ♦ vr (Mensch) se rafraîchir; (Wetter, Luft) se refroidir; (Zuneigung, Beziehung) se refroidir, devenir moins intense.

Abkunft ['apkunft] f origine f, ascendance f.

abkürzen ['apkYrtsən] vt abréger; (Strecke) raccourcir; **den Weg ~** prendre un raccourci.

Abkürzung f (Wort) abréviation f; (Weg) raccourci m.

abladen ['apla:dən] unreg vt décharger; **Verantwortung auf jdn ~** se décharger d'une responsabilité sur qn.

Ablage ['apla:gə] f (Aktenordnung) classement m; **~ für etw** endroit m où poser od laisser qch.

ablagern ['apla:gərn] vi (Wein) se faire; (Holz)

sécher ♦ *vt* déposer ♦ *vr* se déposer.
Ablagerung *f* dépôt *m*.
ablassen ['aplasən] *unreg vt* (*Wasser*) vider; (*Luft*) faire sortir; (*vom Preis*) remettre ♦ *vi*: **von etw** ~ renoncer à qch; **Dampf** ~ (*fig*) épancher sa bile.
Ablauf *m* (*Abfluß*) écoulement *m*; (*von Ereignissen*) déroulement *m*; (*einer Frist*) échéance *f*, expiration *f*; (*einer Zeit*) terme *m*; (*Startplatz*) départ *m*; **nach** ~ **des Jahres/dieser Zeit** après un délai d'une année/ce délai; **vor** ~ **des Jahres/dieser Zeit** avant la fin de l'année/de cette période.
ablaufen ['aplaufən] *unreg vi* (*abfließen*) s'écouler; (*Ereignisse*) se dérouler; (*Uhr*) s'arrêter; (*Frist*) arriver à échéance; (*Zeit*) être passé(e); (*Paß*) expirer ♦ *vt* (*Sohlen*) user; **an ihm läuft alles ab** rien ne l'émeut; ~ **lassen** (*Platte, Tonband*) passer; (*Film*) projeter; **sich** *Dat* **die Beine** *od* **Hacken nach etw** ~ (*umg*) chercher qch partout; **jdm den Rang** ~ dépasser qn.
Ableben ['aple:bən] *nt* (*förmlich*) décès *m*.
ablegen ['aple:gən] *vt* (*Gegenstand*) poser; (*Kleider*) enlever; (: *nicht mehr tragen*) ne plus mettre; (*Gewohnheit*) perdre; (*Prüfung*) passer; (*Zeugnis*) rendre; (*Schriftwechsel*) classer ♦ *vi* (*Schiff*) appareiller; **einen Schwur** *od* **Eid** ~ prêter serment; **bitte legen Sie doch ab!** donnez-moi votre manteau!
Ableger (*–s, –*) *m* (*BOT*) bouture *f*; (*von Firma*) succursale *f*.
ablehnen ['aple:nən] *vt* (*Angebot, Verantwortung, Einladung*) décliner; (*Antrag, Vorschlag*) rejeter; (*mißbilligen*) désapprouver; (*Hilfe, Amt*) refuser ♦ *vi* refuser, dire non.
ablehnend *adj* négatif(-ive); (*Geste*) de refus ♦ *adv*: **sich** ~ **verhalten** avoir une attitude négative.
Ablehnung *f* refus *m*; **auf** ~ **stoßen** se heurter à un refus.
ableisten ['aplaistən] *vt* (*förmlich: Zeit*) achever.
ableiten ['aplaitən] *vt* (*Wasser, Rauch, Blitz*) détourner; (*herleiten*) tirer; (*MATH, GRAM*) dériver.
Ableitung *f* détournement *m*; (*Wort*) dérivé *m*.
ablenken ['aplɛŋkən] *vt* détourner; (*Schuß, Strahlen*) dévier; (*zerstreuen*) distraire ♦ *vi* (*vom Thema*) changer de sujet; **das lenkt ab** (*zerstreut*) ça change les idées; (*stört*) ça empêche de se concentrer.
Ablenkung *f* distraction *f*.
Ablenkungsmanöver *nt* diversion *f*.
ablesen ['aple:zən] *unreg vt* (*Text, Rede*) lire; (*Meßgeräte, Werte*) relever; **jdm jeden Wunsch von den Augen** ~ aller au-devant des désirs de qn.
ableugnen ['aplɔygnən] *vt* nier (catégoriquement).
ablichten ['aplɪçtən] *vt* (*fotografieren*) photographier; (*fotokopieren*) photocopier.
abliefern ['apli:fərn] *vt* (*Ware*) livrer; (*Geld*) remettre; (*Kind*) amener; (*abgeben: Waffen, Schlüssel, Arbeit*) rendre.

Ablieferung *f* (*von Waren*) livraison *f*.
abliegen ['apli:gən] *unreg vi* (*entfernt sein, auch fig*) être éloigné(e) *od* loin.
ablisten ['aplɪstən] *vt*: **jdm etw** ~ soutirer qch à qn.
Ablöse *f* (*bei Wohnung*) pas *m* de porte; (*für Fußballspieler*) transfert *m*.
ablösen ['aplø:zən] *vt* (*Briefmarke*) décoller; (*Pflaster, Fleisch*) enlever; (*im Amt, Methode, System*) remplacer; (*Wache, Schichtarbeiter*) prendre la relève de; (*FINANZ*) rembourser; (*gegen Zahlung übernehmen: Einrichtung*) payer un pas de porte pour ♦ *vr* (*abgehen*) se détacher; (*sich abwechseln*) se relayer; (*Regen und Sonne*) alterner.
Ablösung *f* (*Person(en)*) relève *f*.
abluchsen ['apluksən] (*umg*) *vt*: **jdm etw** ~ soutirer qch à qn.
Abluft *f* (*TECH*) air *m* vicié.
ABM *pl abk* (= *Arbeitsbeschaffungsmaßnahmen*) mesures de création d'emplois.
abmachen ['apmaxən] *vt* (*entfernen*) enlever; (*vereinbaren*) convenir de; (*in Ordnung bringen*) régler; **etw mit sich allein** ~ (*umg*) décider qch soi-même.
Abmachung *f* (*Vereinbarung*) accord *m*.
abmagern ['apma:gərn] *vi* maigrir.
Abmagerungskur *f* régime *m*; **eine** ~ **machen** suivre un régime.
Abmarsch ['apmarʃ] *m* départ *m*; **a~bereit** *adj* prêt(e) (*à partir*).
abmarschieren ['apmarʃi:rən] *vi* se mettre en marche.
abmelden ['apmɛldən] *vt* annoncer le départ de; (*Auto*) faire annuler l'immatriculation de; (*Telefon*) faire couper; (*COMPUT*) sortir de ♦ *vr* annoncer son départ; (*im Hotel*) régler sa note; (*bei Verein*) démissionner; **bei jdm abgemeldet sein** (*umg*) ne plus être bien vu(e) de qn; **er ist bei mir abgemeldet** (*umg*) je ne veux plus entendre parler de lui; **sich bei der Polizei** ~ annoncer son départ au commissariat.
abmessen ['apmɛsən] *unreg vt* mesurer; (*Schaden*) évaluer.
Abmessung *f* mesure *f*, détermination *f*; (*Ausmaß*) mesure.
abmontieren ['apmɔnti:rən] *vt* démonter.
abmühen ['apmy:ən] *vr* se donner beaucoup de peine.
abnabeln ['apna:bəln] *vt* couper le cordon ombilical de.
abnagen ['apna:gən] *vt* ronger.
Abnäher ['apnɛ:ər] (*–s, –*) *m* pince *f*.
Abnahme ['apna:mə] *f* (*Verringerung*) baisse *f* (*Entfernen*) fait d'enlever; (*WIRTS*) achat *m*; (*vor Gebäude, Fahrzeug*) inspection *f*.
abnehmen ['apne:mən] *unreg vt* (*Brille, Deckel*) enlever; (*Bild, Telefonhörer*) décrocher; (*Führerschein*) retirer; (*Geld*) prendre; (*Bein, Finger*) couper; (*Prüfung*) faire passer; (*glauben*) croire; (*auf Tauglichkeit prüfen*) contrôler (*Maschen*) diminuer ♦ *vi* (*schlanker werden*) maigrir; (*weniger werden*) baisser, diminuer

jdm etw ~ (*Koffer, Paket*) porter qch pour qn; (*Verantwortung*) décharger qn de qch; (*Arbeit, Besorgung*) faire qch pour qn; **jdm ein Versprechen** ~ obtenir une promesse de qn; **jdm einen Eid** ~ faire prêter serment à qn; **jdm die Beichte** ~ confesser qn; **~der Mond** lune *f* dans *od* sur son décroît.

Abnehmer (**–s, –**) *m* (*WIRTS*) preneur *m*, acheteur *m*; **viele/wenige** ~ **finden** bien/mal se vendre.

Abneigung ['apnaɪɡʊŋ] *f*: ~ **(gegen)** aversion *f* (pour).

abnorm [ap'nɔrm] *adj* anormal(e).

abnötigen ['apnøːtɪɡən] *vt*: **jdm etw** ~ arracher qch à qn; **jdm Respekt** ~ forcer le respect de qn.

abnutzen ['apnʊtsən] *vt* user.

Abnutzung *f* usure *f*.

Abo ['abo] (**–s, –s**; *umg*) *nt abk* = **Abonnement**.

Abonnement (**–s, –s**) *nt* abonnement *m*.

Abonnent(in) [abɔ'nɛnt(ɪn)] *m(f)* abonné(e).

abonnieren [abɔ'niːrən] *vt* (*Zeitung*) être abonné(e) à.

abordnen ['ap|ɔrdnən] *vt* déléguer; **jdn zu einer Konferenz/nach Genf** ~ envoyer qn à une conférence/à Genève.

Abordnung *f* délégation *f*.

Abort [a'bɔrt] (**–(e)s, –e**) *m* (*veraltet*) cabinets *mpl*.

abpacken ['appakən] *vt* emballer.

abpassen ['appasən] *vt* (*Person, Gelegenheit*) attendre; (*jdm auflauern*) guetter; (*in Größe*) faire sur mesure; **etw gut** ~ bien choisir son moment pour qch, faire qch au bon moment.

abpausen ['appaʊzən] *vt* décalquer, copier.

abpfeifen ['appfaɪfən] *unreg vt*: **das Spiel** ~ siffler la fin du match ♦ *vi* siffler.

Abpfiff ['appfɪf] *m* coup *m* de sifflet (*indiquant la fin du match*).

abplagen ['applaːɡən] *vr* peiner.

abprallen ['appralən] *vi* (*Ball, Geschoß*) rebondir; (*von der Leitplanke*) heurter; **an jdm** ~ (*Vorwürfe*) ne pas toucher qn.

abputzen ['appʊtsən] *vt* (*Schuhe, Füße*) essuyer; **sich** *Dat* **die Nase** ~ se moucher.

abquälen ['apkvɛːlən] *vr* (*Schüler, Arbeiter*) peiner; (*Patient*) souffrir; **sich mit einem Aufsatz** ~ peiner sur une rédaction.

abquetschen ['apkvɛtʃən] *vr*: **sich** *Dat* **den Arm** ~ se broyer le bras.

abrackern ['aprakərn] (*umg*) *vr* se mettre en quatre.

abraten ['apraːtən] *unreg vi* déconseiller; **jdm von etw** ~ déconseiller qch à qn.

abräumen ['aprɔʏmən] *vt* (*Tisch*) débarrasser; (*Geschirr*) enlever; (*Frühstück*) enlever le couvert de ♦ *vi* débarrasser.

abreagieren ['apreagiːrən] *vt* (*Zorn*) passer ♦ *vr* se défouler; **seinen Ärger an anderen** ~ passer sa colère sur les autres.

abrechnen ['aprɛçnən] *vt* (*abziehen*) déduire; (*Kasse*) faire ♦ *vi* (*Rechnung begleichen, auch fig*)

régler ses comptes; (*Kasse machen*) faire sa caisse; (*Rechnung aufstellen*) préparer l'addition *od* la facture; **mit jdm** ~ régler ses comptes avec qn.

Abrechnung *f* (*Aufstellung*) relevé *m* (détaillé); (*Rechnung*) facture *f*; (*Bilanz*) bilan *m*; (*Abzug*) déduction *f*; (*Rache*) vengeance *f*; **in** ~ **stellen** (*förmlich: abziehen*) déduire.

Abrechnungszeitraum *m* exercice *m* comptable.

Abrede ['apreːdə] *f*: **etw in** ~ **stellen** (*geh*) contester qch.

abregen ['apreːɡən] (*umg*) *vr* se calmer.

abreiben ['apraɪbən] *unreg vt* (*Schmutz*) frotter; (*Rost*) gratter; (*Tisch*) nettoyer; (*Hände*) s'essuyer; (*trockenreiben*) essuyer; **jdn mit einem Handtuch** ~ frotter qn avec une serviette.

Abreibung (*umg*) *f* (*Prügel*) raclée *f*.

Abreise ['apraɪzə] *f* départ *m*.

abreisen *vi* partir (en voyage); (*Rückreise antreten*) partir.

Abreißblock *m* bloc-notes *m*.

abreißen ['apraɪsən] *unreg vt* (*Haus, Brücke*) démolir; (*Blatt, Faden, Blumen*) arracher ♦ *vi* (*Faden*) casser; (*Gespräch*) s'arrêter net, être interrompu(e); **den Kontakt nicht** ~ **lassen** ne pas perdre le contact; **der Strom der Flüchtlinge reißt nicht ab** il y a un afflux ininterrompu de réfugiés.

abrichten ['aprɪçtən] *vt* dresser.

abriegeln ['apriːɡəln] *vt* (*Tür*) verrouiller; (*Straße, Gebiet*) interdire l'accès à.

abringen ['aprɪŋən] *unreg vt*: **sich** *Dat* **ein Lächeln** ~ se forcer à sourire.

Abriß ['aprɪs] (**–sses, –sse**) *m* (*Übersicht*) aperçu *m*; (*Abbruch*) démolition *f*.

abrollen ['aprɔlən] *vt* (*abwickeln*) dérouler ♦ *vi* (*vonstatten gehen*) se dérouler.

abrücken ['aprʏkən] *vt* éloigner ♦ *vi* (*von einer Meinung etc*) démordre.

Abruf ['apruːf] *m*: **auf** ~ à disposition; **Ware auf** ~ **verkaufen** vendre des marchandises à terme.

abrufen *unreg vt* (*Mensch*) rappeler; (*COMPUT*) rappeler à l'écran; (*Ware*) faire livrer; (*Summe*) prélever.

abrunden ['aprʊndən] *vt* arrondir; (*Eindruck, Geschmack*) parfaire; (*Roman*) parachever.

abrüsten ['aprʏstən] *vi* (*MIL*) désarmer.

Abrüstung *f* désarmement *m*.

abrutschen ['aprʊtʃən] *vi* (*Erdmassen*) glisser; (*Leistung*) baisser; (*FLUG*) glisser sur l'aile.

Abs. *abk* (= *Absender*) exp.; (= *Absatz*) §.

absacken ['apzakən] *vi* s'enfoncer.

Absage ['apzaːɡə] *f* réponse *f* négative; **eine** ~ **an den Kommunismus** un rejet du communisme.

absagen *vt* (*Sitzung, Teilnahme*) annuler; (*Einladung*) décliner ♦ *vi* (*ablehnen*) dire non; **jdm** ~ annuler son rendez-vous avec qn.

absägen ['apzɛːɡən] *vt* scier.

absahnen ['apzaːnən] *vt* écrémer; **das beste für sich** ~ tirer la couverture à soi.

Absatz ['apzats] *m* (*Schuh~*) talon *m*; (*neuer Abschnitt*) alinéa *m*; (*Treppen~*) palier *m*; (*von Ware*) ventes *fpl*; (*JUR: im Gesetzbuch*) article *m*; (*Bodensatz*) dépôt *m*; ~**flaute** *f* forte baisse *f* des ventes; ~**förderung** *f* promotion *f* des ventes; ~**gebiet** *nt* secteur *m* de vente; ~**schwierigkeiten** *pl* résistance *f* de l'acheteur; ~**ziffern** *pl* chiffres *mpl* de ventes.

absaufen ['apzaʊfən] *unreg* (*umg*) *vi* (*ertrinken*) se noyer; (*Motor*) être noyé(e); (*Schiff*) couler.

absaugen ['apzaʊgən] *vt* (*Flüssigkeit*) aspirer; (*Teppich, Sofa*) passer l'aspirateur sur.

abschaben ['apʃaːbən] *vt* gratter.

abschaffen ['apʃafən] *vt* (*Todesstrafe, Gesetz*) abolir; (*Angestellte, Haustier, Auto*) se défaire de.

Abschaffung *f* abolition *f*.

abschalten ['apʃaltən] (*umg*) *vt* éteindre ♦ *vi* (*nicht mehr konzentrieren*) décrocher.

abschattieren ['apʃatiːrən] *vt* hachurer.

abschätzen ['apʃɛtsən] *vt* évaluer.

abschätzig ['apʃɛtsɪç] *adj* (*Blick*) méprisant(e); (*Bemerkung*) peu flatteur(-euse).

Abschaum ['apʃaʊm] (**–(e)s**) *m* lie *f*, rebut *m*; **der ~ der Menschheit** le rebut du genre humain.

Abscheu ['apʃɔy] (**–(e)s**) *m od f* dégoût *m*; **~ vor etw haben** trouver qch dégoûtant; **etw mit ~ tun** répugner à faire qch; **a~erregend** *adj* dégoûtant(e); **a~lich** *adj* épouvantable.

abschicken ['apʃɪkən] *vt* expédier.

abschieben ['apʃiːbən] *unreg* *vt* (*wegschieben*) pousser; (*umg: loswerden*) se débarrasser de; (*Ausländer*) expulser; **~ auf** *+Akk* (*Verantwortung, Schuld*) rejeter sur.

Abschied ['apʃiːt] (**–(e)s, –e**) *m* adieu *m*; (*von Armee*) retour *m* à la vie civile; **~ nehmen** faire ses adieux, prendre congé; **seinen ~ nehmen** (*MIL*) se faire réformer; **zum ~** en guise d'adieu.

Abschieds-: ~**brief** *m* lettre *f* d'adieu; ~**feier** *f* fête *f* (*à l'occasion d'un départ*); ~**schmerz** *m* douleur *f* des adieux.

abschießen ['apʃiːsən] *unreg* *vt* (*Vogel, Geschoß*) tirer; (*Pfeil*) décocher; (*Menschen, Flugzeug*) abattre; (*Bein*) arracher; (*umg: Minister*) se débarrasser de.

abschinden ['apʃɪndən] *vr* (*umg*) s'esquinter la santé.

abschirmen ['apʃɪrmən] *vt* protéger ♦ *vr* protéger; (*sich isolieren*) s'isoler.

abschlaffen ['apʃlafən] (*umg*) *vi* se laisser aller.

abschlagen ['apʃlaːgən] *unreg* *vt* (*wegschlagen*) arracher; (*WIRTS*) déduire; (*FUSSBALL*) envoyer d'un coup de volée, renvoyer; (*ablehnen*) rejeter; (*MIL*) repousser.

abschlägig ['apʃlɛːgɪç] *adj* (*Antwort, Bescheid*) négatif(-ive); **jdn ~ bescheiden** (*förmlich*) donner une réponse négative à qn.

Abschlagszahlung *f* acompte *m*.

abschleifen ['apʃlaɪfən] *unreg* *vt* raboter; (*Rost*)

gratter; (*Parkett*) poncer ♦ *vr* (*Belag, Farbe*) partir; (*Mensch, Wesen*) se calmer.

Abschleppdienst *m* (*AUT*) service *m* de dépannage.

abschleppen ['apʃlɛpən] *vt* remorquer ♦ *vr*: **sich mit etw ~** traîner qch (à grand-peine).

Abschleppseil *nt* câble *m* de remorquage.

abschließen ['apʃliːsən] *unreg* *vt* fermer à clé; (*beenden, eingehen*) conclure; (*Studium*) terminer; (*Geschäftsjahr*) clore; (*Versicherung*) contracter; (*Wette*) faire ♦ *vr* (*sich isolieren*) se couper du monde ♦ *vi* (*zuschließen*) fermer à clé; (*enden*) conclure; **mit abgeschlossenem Studium** avec un diplôme universitaire; **mit der Vergangenheit ~** rompre avec le passé; **mit dem Leben ~** dire adieu à la vie.

abschließend *adj* de conclusion ♦ *adv* en conclusion.

Abschluß ['apʃlʊs] *m* (*Beendigung*) fin *f*; (*WIRTS: Bilanz*) solde *m*; (*Geschäfts~*) affaire *f*, marché *m*; (*von Vertrag*) conclusion *f*; **einen ~ machen** (*umg: ~prüfung*) réussir à ses examens; **zum ~ en conclusion**; ~**feier** *f* distribution *f* des prix; ~**prüfung** *f* examen *m* de dernière année; ~**rechnung** *f* décompte *m* final; ~**zeugnis** *nt* (*SCH*) certificat *m* de fin d'études.

abschmecken ['apʃmɛkən] *vt* (*kosten*) goûter; (*würzen*) assaisonner.

abschmieren ['apʃmiːrən] *vt* (*AUT*) graisser, lubrifier.

abschminken ['apʃmɪŋkən] *vt, vr* se démaquiller; **das kannst du dir gleich ~!** (*umg*) il n'en est pas question!

abschmirgeln ['apʃmɪrgəln] *vt* poncer.

abschnallen ['apʃnalən] *vt* (*Ski*) défaire la fixation de; (*Gürtel*) détacher ♦ *vr* détacher sa ceinture ♦ *vi* (*umg: nicht mehr folgen können*) décrocher; (: *fassungslos sein*) être éberlué(e).

abschneiden ['apʃnaɪdən] *unreg* *vt* couper; (*Einwand*) rejeter; (*Truppen*) couper (la retraite à); (*Stadtteil*) interdire l'accès à ♦ *vi*: **bei etw gut/schlecht ~** (*umg*) bien/mal réussir qch.

Abschnitt ['apʃnɪt] *m* (*von Strecke*) section *f*; (*von Buch*) passage *m*; (*MIL: von Front*) secteur *m*; (*Kontroll~*) talon *m*; (*MATH: von Kreis*) segment *m*; (*Zeit~*) époque *f*.

abschnüren ['apʃnyːrən] *vt* (*Bein*) poser un garrot sur; (*Luft*) couper; (*Blut*) couper la circulation de.

abschöpfen ['apʃœpfən] *vt* enlever.

abschrauben ['apʃraʊbən] *vt* dévisser.

abschrecken ['apʃrɛkən] *vt* (*Menschen*) faire peur à; (*Ei*) passer sous l'eau froide; (*Stahl*) tremper ♦ *vi* (*Strafe*) avoir un effet dissuasif; ~**d** *adj* (*Anblick*) effroyable; **ein ~des Beispiel** un exemple à ne pas suivre; **eine ~de Wirkung haben** avoir un effet de dissuasion.

abschreiben ['apʃraɪbən] *unreg* *vt* copier; (*WIRTS*) déduire; (*umg: verlorengeben*) mettre une croix sur, faire son deuil de ♦ *vi* (*SCH*) copier; **jdm ~** envoyer une réponse négative *od* dire non à qn; **er ist bei mir abgeschrieben** je ne veux plus entendre parler de lui.

Abschreibung *f* (*WIRTS*) déduction *f*; (*Wertminderung*) dépréciation *f*.

Abschrift ['apʃrɪft] *f* copie *f*; **beglaubigte** ~ copie conforme.

abschuften ['apʃʊftən] (*umg*) *vr* s'éreinter.

abschürfen ['apʃyrfən] *vt* écorcher.

Abschuß ['apʃʊs] *m* (*von Rakete*) lancement *m*; (*von Waffe*) tir *m*; (*Herunterschießen*) fait *m* de descendre; (*Tötung*) chasse *f*.

abschüssig ['apʃʏsɪç] *adj* en pente.

Abschußliste (*umg*) *f*: **er steht auf der** ~ il est sur la liste noire.

Abschußrampe *f* rampe *f* de lancement.

abschütteln ['apʃʏtəln] *vt* (*Staub*) secouer; (*Verfolger*) semer; (*Müdigkeit*) surmonter; (*Erinnerung*) chasser.

abschütten ['apʃʏtən] *vt* (*Flüssigkeit etc*) jeter.

abschwächen ['apʃvɛçən] *vt* (*Wirkung*) diminuer; (*Eindruck, Behauptung, Kritik*) atténuer ♦ *vr* diminuer; (*MET: Hoch*) se dissiper.

abschweifen ['apʃvaɪfən] *vi* (*Redner*) s'éloigner du sujet; (*Gedanken*) errer; (*vom Weg*) s'éloigner.

Abschweifung *f* (*von Thema*) digression *f*.

abschwellen ['apʃvɛlən] *unreg vi* (*Geschwulst, Knöchel*) désenfler; (*Lärm*) diminuer.

abschwenken ['apʃvɛŋkən] *vi* (*Fahrzeug; MIL*) tourner; (*Kamera*) faire un panoramique.

abschwindeln ['apʃvɪndəln] *vt*: **jdm etw** ~ soutirer qch à qn.

abschwören ['apʃvøːrən] *unreg vi* +*Dat* renoncer à; (*seinem Glauben*) renier.

absehbar ['apzeːbaːr] *adj* (*Folgen*) prévisible; **das Ende ist** ~ la fin est toute proche *od* en vue; **in** ~**er Zeit** dans un proche avenir.

absehen *unreg vt* prévoir ♦ *vi*: **von etw** ~ (*von Strafe, Anzeige, Besuch*) renoncer à qch; (*nicht berücksichtigen*) ne pas tenir compte de qch; **jdm etw** ~ (*erlernen*) apprendre qch de qn; **es auf jdn/etw abgesehen haben** avoir jeté son dévolu sur qn/qch.

abseilen ['apzaɪlən] *vt* faire descendre (le long d'une corde) ♦ *vr* (*Bergsteiger*) descendre en rappel.

abseits *nt* (*SPORT*) hors-jeu *m*; **im** ~ **stehen** être hors jeu; **ins** ~ **geraten** (*fig*) tomber dans l'oubli, être mis(e) à l'index.

abseits ['apzaɪts] *adv* à l'écart ♦ *präp* +*Gen* à l'écart de.

absenden ['apzɛndən] *unreg vt* (*Brief*) expédier, envoyer; (*Boten*) envoyer.

Absender(in) (**-s, -**) *m(f)* expéditeur(-trice).

abservieren ['apzɛrviːrən] *vt* (*Tisch*) desservir; (*Geschirr*) enlever; (*umg: abfertigen*) se débarrasser de.

absetzbar ['apzɛtsbaːr] *adj* (*Beamter*) qui peut être licencié(e); (*Waren*) vendable; (*von Steuer*) déductible.

absetzen ['apzɛtsən] *vt* (*niederstellen*) poser; (*aussteigen lassen; König*) déposer; (*abnehmen*) enlever; (*verkaufen*) écouler; (*abziehen*) dédui-

re; (*entlassen*) destituer de ses fonctions; (*absagen*) annuler; (*Regierung*) dissoudre; (*Medikament*) arrêter de prendre; (*Therapie*) interrompre; (*hervorheben*) mettre en valeur ♦ *vi*: **er trank das Glas ohne abzusetzen** il a fait cul sec ♦ *vr* (*umg: sich entfernen*) se tirer; (*sich ablagern*) se déposer; **das kann man** ~ c'est déductible.

Absetzung *f* (*Abzug*) déduction *f*; (*Entlassung*) destitution *f*; (*von König*) déposition *f*; (*Streichung*) annulation *f*.

absichern ['apzɪçərn] *vt* protéger ♦ *vr* se couvrir.

Absicht ['apzɪçt] *f* intention *f*; **mit** ~ exprès, délibérément; **ohne** ~ involontairement, malgré soi; **a**~**lich** *adj* voulu(e).

absichtslos *adj* involontaire.

absinken ['apzɪŋkən] *unreg vi* (*Wasserspiegel, Temperatur, Leistungen*) baisser; (*Geschwindigkeit, Interesse*) diminuer; (*Schiff*) couler.

absitzen ['apzɪtsən] *unreg vt* (*Strafe*) purger ♦ *vi* (*vom Pferd*) descendre.

absolut [apzo'luːt] *adj* absolu(e); (*Genuß*) vrai(e) ♦ *adv* absolument.

Absolutismus [apzolu'tɪsmʊs] *m* absolutisme *m*.

Absolvent(in) *m(f)*: **die** ~**en eines Lehrgangs** les personnes qui ont suivi une série de cours.

absolvieren [apzɔl'viːrən] *vt* (*Pensum*) finir; (*Prüfung*) réussir.

absonderlich [ap'zɔndərlɪç] *adj* étrange.

absondern *vt* (*isolieren*) isoler; (*ausscheiden*) sécréter ♦ *vr* se couper (du monde), s'isoler.

Absonderung *f* isolement *m*; (*MED*) sécrétion *f*.

absorbieren [apzɔr'biːrən] *vt* absorber.

abspalten ['apʃpaltən] *vt* enlever (*en fendant*) ♦ *vr* se séparer.

abspannen ['apʃpanən] *vt* (*Pferde, Wagen*) détacher ♦ *vi* (*sich entspannen*) se détendre.

Abspannung ['apʃpanʊŋ] *f* (*Ermüdung*) fatigue *f*.

absparen ['apʃpaːrən] *vt*: **sich** *Dat* **etw** ~ acheter qch avec ses économies.

abspecken ['apʃpɛkən] (*umg*) *vt* perdre ♦ *vi* maigrir.

abspeisen ['apʃpaɪzən] *vt* (*fig*) consoler.

abspenstig ['apʃpɛnstɪç] *adj*: ~ **machen** soutirer; **jdm seine Frau** ~ **machen** séduire la femme de qn; **jdn einer Partei** ~ **machen** faire en sorte que qn quitte un parti.

absperren ['apʃpɛrən] *vt* (*Gebiet*) fermer; (*SÜDD: Tür*) fermer à clé.

Absperrung *f* (*Vorgang*) interdiction *f* d'accès; (*Sperre*) barrière *f*.

abspielen ['apʃpiːlən] *vt* (*Platte, Tonband*) jouer; (*SPORT: Ball*) passer ♦ *vr* se dérouler; **vom Blatt** ~ (*MUS*) déchiffrer.

absplittern ['apʃplɪtərn] *vt* fendre.

Absprache ['apʃpraːxə] *f* accord *m*; **ohne vorherige** ~ sans s'être concertés(-ées).

absprechen ['apʃprɛçən] *unreg vt* (*vereinbaren*)

convenir de ♦ *vr*: **die beiden hatten sich vorher abgesprochen** ils s'étaient entendus à l'avance; **jdm etw** ~ (*aberkennen*) priver qn de qch; **jdm die Begabung** ~ contester le talent de qn.

abspringen ['apʃprɪŋən] *unreg vi* sauter; (*Farbe, Lack*) partir; (*umg: sich distanzieren*) renoncer.

Absprung ['apʃprʊŋ] *m* saut *m*; **den** ~ **schaffen** (*umg*) arriver à rompre avec le passé, prendre un nouveau départ.

abspulen ['apʃpuːlən] *vt* dérouler.

abspülen ['apʃpyːlən] *vt* (*Schmutz*) faire partir; (*Geschirr*) rincer.

abstammen ['apʃtamən] *vi* descendre; (*Wort*) être dérivé(e).

Abstammung *f* origine *f*; **französischer** ~ d'origine française.

Abstand ['apʃtant] *m* (*räumlich*) distance *f*; (*zeitlich*) intervalle *m*; (*umg: Abfindung*) petite somme *f*; ~ **halten** (*AUT*) respecter la distance de sécurité; **von etw** ~ **nehmen** (*geh*) prendre ses distances par rapport à qch; ~ **von etw gewinnen** (*fig*) prendre ses distances par rapport à qch; **ihm fehlt der innere** ~ il n'est pas assez objectif; **mit** ~ **der Beste** de loin le meilleur; **mit großem** ~ **führen** avoir distancé tous les autres concurrents.

Abstandssumme *f* compensation *f*.

abstatten ['apʃtatən] *vt* (*förmlich: Dank*) présenter; (*Besuch*) rendre.

abstauben ['apʃtaʊbən] *vt* épousseter; (*umg: stehlen*) piquer ♦ *vi* essuyer la poussière.

abstechen ['apʃtɛçən] *unreg vt* (*Teil*) découper; (*Tier*) égorger ♦ *vi* (*sich abheben*) se distinguer.

Abstecher (**–s, –**) *m* détour *m*.

abstecken ['apʃtɛkən] *vt* (*Fläche*) délimiter; (*Saum*) épingler.

abstehen ['apʃteːən] *unreg vi* (*Ohren*) être décollé(e); (*Haare*) se dresser sur la tête; (*entfernt sein*) être loin.

Absteige *f* (*pej*) hôtel *m* minable.

absteigen ['apʃtaɪɡən] *unreg vi* descendre; (*SPORT*) être relégué(e), descendre; **auf dem** ~**den Ast sein** être sur une mauvaise pente.

abstellen ['apʃtɛlən] *vt* (*niederstellen*) poser; (*ausschalten: Maschine*) éteindre; (: *Strom*) couper; (: *Hahn*) fermer; (*entfernt stellen*) éloigner; (*beenden*) mettre fin à; (*hinstellen*) mettre; (*unterstellen, lagern*) entreposer; (*abkommandieren*) détacher; ~ **auf** +*Akk* (*ausrichten*) adapter à; **das läßt sich nicht** ~ on ne peut rien y faire; **das läßt sich** ~ ce n'est pas irréversible.

Abstellgleis *nt* voie *f* de garage; **jdn aufs** ~ **schieben** mettre qn sur une voie de garage.

Abstellkammer *f*, **Abstellraum** *m* débarras *m*.

abstempeln ['apʃtɛmpəln] *vt* (*Briefmarke*) oblitérer; (*Menschen*) étiqueter; **etw zu** *od* **als etw** ~ classer qch parmi qch.

absterben ['apʃtɛrbən] *unreg vi* (*Ast, Zellen*) mourir; (*Körperteil*) s'engourdir.

Abstieg ['apʃtiːk] (**–(e)s, –e**) *m* descente *f*;

(*SPORT*) relégation *f*; (*Niedergang*) déclin *m*.

abstimmen ['apʃtɪmən] *vi* voter ♦ *vt* (*Farben*) marier; (*Interessen*) concilier; (*Termine, Ziele*) faire coïncider ♦ *vr* se mettre d'accord.

Abstimmung *f* (*Stimmenabgabe*) vote *m*.

abstinent [apsti'nɛnt] *adj* abstinent(e).

Abstinenz [apsti'nɛnts] *f* abstinence *f*.

Abstinenzler(in) (**–s, –**) *m(f)* personne *qui ne boit jamais d'alcool*, abstinent(e).

abstoßen ['apʃtoːsən] *unreg vt* (*fortbewegen, anekeln*) repousser; (*beschädigen*) abîmer; (*WIRTS: Ware*) écouler; (: *Aktien*) vendre.

abstoßend *adj* repoussant(e).

abstottern ['apʃtɔtərn] (*umg*) *vt* rembourser.

abstrahieren [apstra'hiːrən] *vi*: ~ **von** faire abstraction de.

abstrakt [ap'strakt] *adj* abstrait(e) ♦ *adv* d'une manière abstraite.

Abstraktion [apstraktsi'oːn] *f* abstraction *f*.

Abstraktum [ap'straktʊm] (**–s, Abstrakta**) *nt* (*Begriff*) notion *f* abstraite.

abstrampeln ['apʃtrampəln] (*umg*) *vr* trimer.

abstreifen ['apʃtraɪfən] *vt* (*Asche*) faire tomber; (*Schuhe, Füße*) essuyer; (*Schmuck*) enlever; (*Gegend*) passer au peigne fin.

abstreiten ['apʃtraɪtən] *unreg vt* nier.

Abstrich ['apʃtrɪç] *m* (*Abzug*) réduction *f*; (*MED*) frottis *m*; ~**e machen** (*fig*) devenir moins exigeant(e).

abstufen ['apʃtuːfən] *vt* (*Hang*) arranger en terrasses; (*Farben*) arranger en dégradés; (*Gehälter*) échelonner.

abstumpfen ['apʃtʊmpfən] *vt* rendre moins tranchant(e), émousser; (*fig*) rendre insensible ♦ *vi* s'émousser; (*fig*) devenir insensible.

Absturz ['apʃtʊrts] *m* (*von Bergsteiger*) chute *f*; (*FLUG*) accident *m*.

abstürzen ['apʃtʏrtsən] *vi* (*Bergsteiger*) faire une chute; (*FLUG*) s'écraser.

absuchen ['apzuːxən] *vt* fouiller; (*Horizont*) scruter.

absurd [ap'zʊrt] *adj* absurde.

Abszeß [aps'tsɛs] (**–sses, –sse**) *m* abcès *m*.

Abt [apt] (**–(e)s, ⸚e**) *m* abbé *m*.

Abt. *abk* (= *Abteilung*) service *m*.

abtasten ['aptastən] *vt* palper; (*ELEK*) balayer; (*bei Durchsuchung*) fouiller.

abtauen ['aptaʊən] *vi* (*Schnee, Eis*) fondre; (*Straße*) dégeler; (*Kühlschrank*) être (en train d'être) dégivré(e) ♦ *vt* dégivrer.

abtauschen ['aptaʊʃən] *vt*: **jdm etw** ~ échanger qch avec qn.

Abtei [ap'taɪ] (**–, –en**) *f* abbaye *f*.

Abteil [ap'taɪl] (**–(e)s, –e**) *nt* compartiment *m*.

abteilen ['aptaɪlən] *vt* diviser; (*abtrennen*) cloisonner.

Abteilung *f* (*in Firma, in Krankenhaus*) service *m*; (*in Kaufhaus*) rayon *m*; (*JUR*) article *m*; (*MIL*) unité *f*; ~**sleiter(in)** *m(f)* chef *m* de service; (*in Kaufhaus*) chef de rayon.

abtelefonieren ['aptelefoniːrən] *vi* (*téléphoner pour*) se décommander.

abtippen ['aptɪpən] vt taper.

Äbtissin [ɛp'tɪsɪn] f abbesse f.

abtönen ['aptø:nən] vt (Farben) adoucir.

abtöten ['aptø:tən] vt détruire; (Nerv) endormir.

abtragen ['aptra:gən] unreg vt (Hügel) aplanir; (Erde, Geschirr) enlever; (Mauer, Ruine) raser; (Kleider) user.

abträglich ['aptrɛ:klɪç] adj: **einer Sache** Dat ~ **sein** nuire à qch.

Abtragung f (GEOL) érosion f.

Abtransport (–(e)s, –e) m (der Waren) enlèvement m, transport m; (der Verwundeten) évacuation f.

abtransportieren ['aptranspɔrti:rən] vt (Kranken) emmener; (Truppen) retirer; (Ladung, Möbel) transporter.

abtreiben ['aptraɪbən] unreg vt (Boot, Flugzeug) faire dériver ♦ vi (Schiff) dériver; (Schwimmer) être emporté(e) par le courant; **(ein Kind)** ~ avorter.

Abtreibung f avortement m.

Abtreibungsparagraph m article de loi relatif à l'avortement.

abtrennen ['aptrɛnən] vt (lostrennen) découdre; (entfernen, abteilen) séparer.

abtreten ['aptre:tən] unreg vt (abnutzen) user; (überlassen) céder ♦ vi (Wache) être relevé(e); (zurücktreten) démissionner; (THEAT) quitter la scène; **sich** Dat **die Füße** ~ s'essuyer les pieds; ~! (MIL) rompez!

Abtritt ['aptrɪt] m (Rücktritt) démission f.

abtrocknen ['aptrɔknən] vt (Geschirr) essuyer; (Tränen) sécher ♦ vi (Geschirr trocknen) essuyer la vaisselle; (trocken werden) sécher.

abtropfen ['aptrɔpfən] vi égoutter.

abtrünnig ['aptrʏnɪç] adj déloyal(e); **jdm/einer Sache** ~ **werden** être déloyal(e) envers qn/qch.

abtun ['aptu:n] unreg vt (umg: ablegen) enlever; (fig: Argument, Kritik) écarter, rejeter; **etw kurz** ~ balayer qch.

aburteilen ['apʊrtaɪlən] vt juger.

abverlangen ['apfɛrlaŋən] vt: **jdm etw** ~ demander qch à qn.

abwägen ['apvɛ:gən] unreg vt peser.

abwählen ['apvɛ:lən] vt (Vorsitzenden) ne pas réélire; (SCH: Fach) arrêter.

abwälzen ['apvɛltsən] vt (Schuld, Verantwortung) rejeter; (Arbeit) se décharger de; **die Kosten auf jdn** ~ faire supporter les frais à qn.

abwandeln ['apvandəln] vt modifier.

abwandern ['apvandərn] vi (Menschen, Arbeiter) émigrer; (MET: Tief) se déplacer.

Abwärme ['apvɛrmə] f chaleur f dégagée.

abwarten ['apvartən] vt, vi attendre; **das Gewitter** ~ attendre la fin de l'orage; ~ **und Tee trinken** (umg) voir venir.

abwärts ['apvɛrts] adv vers le bas; ~ **fahren** od **steigen** descendre; **alle vom Direktor** ~ tout le monde, y compris le directeur et tous ses subordonnés.

abwärtsgehen vi unpers: **mit ihm geht es ab-**

wärts il est sur une mauvaise pente; **mit dem Land geht es abwärts** ce pays est en plein déclin.

Abwasch ['apvaʃ] (–(e)s) m vaisselle f.

abwaschen unreg vt (Schmutz) enlever (en lavant); (Geschirr) laver.

Abwasser ['apvasər] (–s, **Abwässer**) nt: **Abwässer** (pl) eaux fpl usées; ~**aufbereitung** f épuration f des eaux d'égout; ~**kanal** m égout m.

abwechseln ['apvɛksəln] vi alterner; (Menschen) se relayer ♦ vr se relayer.

abwechselnd adv tour à tour; **er lachte und weinte** ~ il passait du rire aux larmes.

Abwechslung f changement m; (Zerstreuung) distraction f; **zur** ~ pour changer.

abwechslungsreich adj mouvementé(e), varié(e).

Abweg ['apve:k] m: **auf** ~**e geraten** s'égarer; **auf** ~**e führen** égarer, détourner du droit chemin.

abwegig ['apve:gɪç] adj étrange.

Abwehr ['apve:r] f (Ablehnung) rejet m; (Verteidigung; SPORT) défense f; (Schutz) protection f; (Geheimdienst) contre-espionnage m; **auf** ~ **stoßen** se heurter à un refus; ~**dienst** m contre-espionnage m; **a**~**en** vt (Feind, Angriff) repousser; (Neugierige) renvoyer; (Gefahr) éviter; (Ball) dégager; (Verdacht) écarter; (Vorwurf) répondre à; (Dank) couper court à; **a**~**ende Geste** geste m de refus; ~**reaktion** f réaction f de rejet; ~**stoff** m anticorps m.

abweichen ['apvaɪçən] unreg vi (Werte) être différent(e); (von Kurs, Straße) s'écarter de (Meinung) différer; **vom rechten Weg** ~ (fig) s'écarter du droit chemin.

abweichend adj divergent(e).

Abweichler (–s, –) m (POL) personne aux opinions déviantes.

Abweichung f écart m; **zulässige** ~ (TECH) écart admissible, marge f de tolérance.

abweisen ['apvaɪzən] unreg vt (Besucher) renvoyer; (Bewerber, Hilfe) refuser; (Klage, Antrag) rejeter; **er läßt sich nicht** ~ il est obstiné; ~**d** adj (Haltung) de rejet ♦ adv: **jdn** ~**d behandeln** être peu aimable avec qn.

abwenden ['apvɛndən] unreg vt (Blick, Kopf) détourner; (verhindern) éviter ♦ vr se détourner.

abwerben ['apvɛrbən] unreg vt: **einer Firma einen Mitarbeiter** ~ débaucher un cadre d'une autre entreprise.

Abwerbung f ≈ chasse f aux têtes.

abwerfen ['apvɛrfən] unreg vt (Kleidungsstück) se débarrasser de; (Reiter) désarçonner; (Profit) rapporter; (Ballast, Bomben, Flugblätter) lâcher; (Spielkarte) se défausser de.

abwerten ['apvɛrtən] vt (FINANZ) dévaluer; (fig) rabaisser, dénigrer; ~**d** adj péjoratif(-ive).

Abwertung f dévaluation f.

abwesend ['apve:zənt] adj absent(e); (zerstreut) distrait(e).

Abwesenheit ['apveːzənhaɪt] *f* absence *f*; **in jds** ~ **en** l'absence de qn; **durch** ~ **glänzen** briller par son absence.
abwetzen ['apvɛtsən] *vt* élimer.
abwickeln ['apvɪkəln] *vt* (*Garn, Verband*) dérouler; (*Geschäft*) conclure; (*erledigen*) s'occuper de.
abwiegen ['apviːgən] *unreg vt* préparer la quantité voulue de, peser.
abwimmeln ['apvɪməln] (*umg*) *vt* (*Menschen*) se débarrasser de; (*Auftrag*) se défiler de.
abwinken ['apvɪŋkən] *vi* (*ablehnen*) refuser.
abwirtschaften ['apvɪrtʃaftən] *vi* péricliter ♦ *vt* faire péricliter.
abwischen ['apvɪʃən] *vt* essuyer; (*Hände*) s'essuyer.
abwracken ['apvrakən] *vt* (*Schiff*) envoyer à la ferraille; **abgewrackter Mensch** loque *f*.
Abwurf ['apvʊrf] *m* (*von Bomben etc*) largage *m*; (*von Reiter*) chute *f*; (*Fußball, Handball*) lancer *m*.
abwürgen ['apvʏrgən] (*umg*) *vt* (*Streik*) réprimer; (*Motor*) caler; **jdm die Luft** ~ serrer la gorge de qn; **etw von vornherein** ~ étouffer qch dans l'œuf.
abzahlen ['aptsaːlən] *vt* payer, rembourser.
abzählen ['aptsɛːlən] *vt* compter; **abgezähltes Fahrgeld** monnaie *f* pour le ticket.
Abzählreim ['aptsɛːlraɪm] *m* comptine *f*.
Abzahlung *f* remboursement *m*; **auf** ~ **kaufen** acheter à tempérament.
abzapfen ['aptsapfən] *vt* (*Bier*) tirer; **jdm Blut** ~ faire une prise de sang à qn; **jdm Geld** ~ (*umg*) soutirer de l'argent à qn.
abzäunen ['aptsɔynən] *vt* clôturer.
Abzeichen ['aptsaɪçən] *nt* insigne *m*; (*Orden*) ordre *m*.
abzeichnen ['aptsaɪçnən] *vt* dessiner; (*unterschreiben*) signer ♦ *vr* (*sichtbar sein*) se dessiner; (*bevorstehen*) se préciser.
Abziehbild *nt* décalcomanie *f*.
abziehen ['aptsiːən] *unreg vt* (*entfernen*) retirer; (*Tierfell*) dépouiller de; (*Bett*) défaire; (*subtrahieren*) déduire; (*PHOT: Negativ*) tirer une épreuve de; (*vervielfältigen*) tirer ♦ *vi* (*Rauch*) s'échapper; (*Truppen*) se retirer, partir; (*umg: weggehen*) se tirer; (*abdrücken*) tirer.
abzielen ['aptsiːlən] *vi*: ~ **auf** +*Akk* viser.
Abzug ['aptsuːk] *m* (*von Truppen*) retrait *m*; (*von Waffen*) détente *f*, gâchette *f*; (*PHOT*) épreuve *f*, copie *f*; (*Korrekturfahne*) épreuve *f*; (*Rabatt*) rabais *m*; (*gew pl: Steuern, Abgaben*) retenue *f*; (*Abzug~*) conduit *m* d'évacuation; **nach** ~ **aller Unkosten** après déduction des frais; **jdm freien** ~ **gewähren** accorder un sauf-conduit à qn.
abzüglich ['aptsyːklɪç] *präp* +*Gen* moins, sans.
abzugsfähig *adj* déductible.
abzweigen ['aptsvaɪgən] *vi* bifurquer ♦ *vt* utiliser.
Abzweigung *f* bifurcation *f*, embranchement *m*.

Accessoires [aksɛsoˈaːrs] *pl* accessoires *mpl*.
ach [ax] *interj* oh; ~ **Gott!** mon Dieu!; ~, **wie schade** (oh!) quel dommage!; ~, **was du nicht sagst!** (eh bien!) ça alors!; ~, **laß mich in Ruhe!** mais laisse-moi tranquille, enfin!; ~ **ja?** c'est vrai?; ~ **so!** ah! (je comprends!); ~ **was!** mais non!; **mit A~ und Krach** à grand-peine.
Achse ['aksə] *f* axe *m*; (*AUT*) essieu *m*; **auf** ~ **sein** (*umg*) être en voyage.
Achsel ['aksəl] (*-, -n*) *f* épaule *f*; ~**höhle** *f* aisselle *f*; ~**zucken** (*-s*) *nt* haussement *m* d'épaules.
Achsenbruch *m* (*AUT*) rupture *f* d'essieu.
Achsenkreuz *nt* coordonnées *fpl*.
Acht[1] (*-, -en*) *f* (*Zahl*) huit *m inv*.
Acht[2] *f*: **habt a~!** (*MIL*) en garde!; **sich in a~ nehmen** faire attention; **etw völlig außer a~ lassen** ne pas tenir compte de qch.
acht [axt] *num* huit; ~ **Tage** (*eine Woche*) huit jours.
achtbar *adj* (*Erfolg, Leistung*) remarquable; (*Eltern*) honorable.
achte(r, s) *adj* huitième.
Achteck *nt* octogone *m*.
Achtel *nt* huitième *m*; **ein** ~ **Rotwein** ≈ un petit verre de rouge; ~**note** *f* croche *f*.
achten *vt* respecter ♦ *vi*: **auf etw** *Akk* ~ faire attention à qch; **darauf** ~, **daß ...** veiller à ce que ... .
ächten ['ɛçtən] *vt* bannir.
Achterbahn *f* montagnes *fpl* russes.
Achterdeck *nt* pont *m* arrière.
achtfach *adj* octuple.
achtgeben *unreg vi*: ~ (**auf** +*Akk*) faire attention (à); **gib acht!** attention!
achthundert *num* huit cent(s).
achtlos *adv* sans faire attention; **viele gehen** ~ **daran vorbei** beaucoup de gens passent devant sans rien remarquer.
achtmal *adv* huit fois.
achtsam *adj* attentif(-ive).
Achtstundentag *m* journée *f* de huit heures.
achttausend *num* huit mille.
Achtung ['axtʊŋ] *f*: ~ **vor jdm/etw** respect *m* pour qn/qch ♦ *interj*: ~! attention!; (*MIL*) garde-à-vous!; **alle** ~! mes compliments!; ~ **fertig, los!** à vos marques, prêts? partez!; „~ **Hochspannung!"** "attention, haute tension!".
Achtungserfolg *m* succès *m* d'estime.
achtzehn *num* dix-huit.
achtzehnte(r, s) *adj* dix-huitième.
achtzig *num* quatre-vingts; **A~er(in)** (*-s, -*) *m(f)* octogénaire *m/f*.
Achtzigerjahre *pl* années *fpl* quatre-vingts.
achtzigste(r, s) *adj* quatre-vingtième.
ächzen ['ɛçtsən] *vi* (*Mensch*) gémir; (*Holz, Balken*) craquer.
Acker ['akər] (*-s, ⁻*) *m* champ *m*; ~**bau** *m* agriculture *f*; ~**bau und Viehzucht** l'agriculture e l'élevage *m*.
ackern *vt* (*Feld*) labourer ♦ *vi* (*Bauer*) labourer (*umg*) peiner.

a conto [a 'kɔnto] adv (WIRTS) à compte.
A.D. abk (= Anno Domini) apr. J.-C.
a.D. abk (= außer Dienst) à la retraite.
a.d. abk (bei Ortsnamen = an der) sur.
ad absurdum [at ap'zʊrdʊm] adv: ~ ~ **führen** prouver par l'absurde.
ADAC abk (= Allgemeiner Deutscher Automobilclub) ≈ Touring Club de France.
ad acta [at 'akta] adv: etw ~ ~ **legen** classer qch.
Adapter [a'daptər] m adaptateur m.
adaptieren [adap'tiːrən] vt adapter.
adäquat [adɛ'kvaːt] adj (Lohn) adéquat(e); (Ausdruck) approprié(e); (Stellung, Verhalten) convenable.
addieren [a'diːrən] vt additionner.
Addis Abeba ['adɪs 'aːbeba] nt Addis Abeba.
Addition [aditsi'oːn] f addition f.
Ade [a'deː] (–s, –s) nt adieu m; **a**~ interj adieu.
Adel ['aːdəl] (–s) m noblesse f; ~ **verpflichtet** noblesse oblige.
adelig adj siehe **adlig**.
adeln vt anoblir.
Adelsstand m noblesse f, aristocratie f.
Aden ['aːdən] nt: Golf m von ~ golfe m d'Aden.
Ader ['aːdər] (–, –n) f (ANAT) veine f; (BOT) nervure f; (BERGB) filon m; (fig: Veranlagung) aptitude f.
ad hoc [at'hɔk] adj (geh) ad hoc.
Adjektiv ['atjɛktiːf] (–s, –e) nt adjectif m.
Adler ['aːdlər] (–s, –) m aigle m; ~**auge** nt yeux mpl d'aigle; ~**nase** f nez m aquilin.
adlig adj (Familie) noble.
Administration [atminɪstratsi'oːn] f administration f.
Admiral [atmi'raːl] (–s, –e) m amiral m.
Admiralität f amirauté f.
adoptieren [adɔp'tiːrən] vt adopter.
Adoption [adɔptsi'oːn] f adoption f.
Adoptiveltern pl parents mpl adoptifs.
Adoptivkind nt enfant m adoptif.
Adr. abk (= Adresse) adresse f.
Adressant [adrɛ'sant] m (veraltet) expéditeur m.
Adressat [adrɛ'saːt] (–en, –en) m (veraltet) destinataire m.
Adreßbuch nt répertoire m d'adresses; (privat) carnet m d'adresses.
Adresse [a'drɛsə] f adresse f; **an der falschen** ~ **sein** (umg) s'adresser à la mauvaise personne.
adressieren [adrɛ'siːrən] vt adresser.
Adressiermaschine f adressographe ® m.
Adria ['aːdria] f Adriatique f.
Adriatisches Meer [adri'aːtɪʃəs meːr] nt (förmlich) mer f Adriatique.
Advent [at'vɛnt] (–(e)s, –e) m Avent m.
Adventskalender m calendrier m de l'Avent.
Adventskranz m couronne f de l'Avent (comportant quatre bougies pour les quatre dimanches de l'Avent).
Adverb [at'vɛrp] nt adverbe m.
adverbial [atvɛrbi'aːl] adj adverbial(e).

aero- [aero] präf aéro.
Aerobic [ae'roːbik] (–s) nt aérobic f.
aerodynamisch adj aérodynamique.
Affäre [a'fɛːrə] f (Angelegenheit) affaire f; (Verhältnis) aventure f; **sich aus der** ~ **ziehen** (umg) se tirer d'affaire.
Affe ['afə] (–n, –n) m singe m; (umg: Kerl) zouave m.
Affekt (–(e)s, –e) m: **im** ~ **handeln** agir sans réfléchir.
affektiert [afɛk'tiːrt] adj affecté(e).
affen-: ~**artig** adj: **mit** ~**artiger Geschwindigkeit** (umg) rapide comme l'éclair; ~**geil** (umg) adj génial(e); **A**~**hitze** (umg) f chaleur f tropicale; **A**~**liebe** f adoration f (béate); **A**~**schande** (umg) f scandale m; **A**~**tempo** (umg) f: **in** od **mit einem A**~**tempo** à fond de train; (laufen) à toute allure; **A**~**theater** (umg) nt histoires fpl (pas possibles).
affig ['afɪç] adj affecté(e).
Affront [a'frõː] (–s, –s) m (geh) affront m.
Afghane(-in) [af'gaːnə] (–n, –n) m(f) Afghan(e).
afghanisch adj afghan(e).
Afghanistan [af'gaːnɪstaːn] (–s) nt l'Afghanistan m.
Afrika ['aːfrika] (–s) nt l'Afrique f.
Afrikaans [afri'kaːns] (–s) nt (LING) afrikaans m.
Afrikaner(in) [afri'kaːnər(ɪn)] (–s, –) m(f) Africain(e).
afrikanisch adj africain(e).
afro-amerikanisch ['aːfro|ameri'kaːnɪʃ] adj afro-américain(e).
After ['aftər] (–s, –) m anus m.
AG abk (= Aktiengesellschaft) SARL f; = **Amtsgericht**.
Ägäis [ɛ'gɛːɪs] f mer f Égée.
ägäisch adj: **Ä**~**es Meer** mer f Égée.
Agent(in) [a'gɛnt(ɪn)] m(f) (Spion) agent m secret; (Vertreter) agent, représentant(e) m/f; (Vermittler) imprésario m.
Agententätigkeit f activité f d'agent secret.
Agentur [agɛn'tuːr] f agence f; ~**bericht** m dépêche f d'agence.
Aggregat [agre'gaːt] (–(e)s, –e) nt (TECH) bloc m, groupe m; ~**zustand** m état m.
Aggression [agresi'oːn] f agression f; **seine** ~**en abreagieren** se défouler.
aggressiv [agre'siːf] adj agressif(-ive).
Aggressivität [agresivi'tɛːt] f agressivité f.
Agitation [agitatsi'oːn] f (POL) agitation f.
Agrar-: ~**politik** f politique f agraire; ~**reform** f réforme f agraire; ~**staat** m pays m agricole.
Ägypten [ɛ'gyptən] (–s) nt l'Égypte f.
Ägypter(in) (–s, –) m(f) Égyptien(ne).
ägyptisch adj égyptien(ne).
ah [aː] interj ah.
aha [a'haː] interj ah.
Aha-Erlebnis nt déclic m.
ahd. abk (= althochdeutsch) vieil haut allemand m.
Ahn [aːn] (–en, –en) m ancêtre m.

ahnden ['aːndən] *vt* (*geh*) punir.
ähneln ['ɛːnəln] *vi* +*Dat* ressembler à ♦ *vr* se ressembler.
ahnen ['aːnən] *vt* deviner; (*Tod, Gefahr*) pressentir; **nichts Böses** ~ ne se douter de rien; **du ahnst es nicht!** (*umg*) c'est pas possible!; **davon habe ich nichts geahnt** je tombe des nues.
Ahnenforschung *f* généalogie *f*.
ähnlich ['ɛːnlɪç] *adj* semblable; **jdm** ~ **sehen** ressembler à qn; **sich** ~ **sehen** se ressembler; **das sieht ihm** ~! (*umg*) c'est bien de lui!; **Ä~keit** *f* ressemblance *f*.
Ahnung ['aːnʊŋ] *f* (*Vorgefühl*) pressentiment *m*; (*Vermutung*) idée *f*; **keine** ~! (*umg*) aucune idée!
ahnungslos *adj* (*nichts ahnend*) qui ne se doute de rien; (*unwissend*) qui n'a pas la moindre idée ♦ *adv*: **er kam** ~ **herein/an** il est entré/arrivé sans se douter de rien.
Ahorn ['aːhɔrn] (**-s, -e**) *m* érable *m*.
Ähre ['ɛːrə] *f* épi *m*.
Aids [eːdz] *nt* sida *m*.
Akademie [akade'miː] *f* (*Hochschule*) établissement d'enseignement supérieur.
Akademiker(in) [aka'deːmikər(ɪn)] (**-s, -**) *m(f)* universitaire *m/f*.
akademisch *adj* (*SCH*) universitaire; (*fig*) académique.
Akazie [a'kaːtsiə] *f* (*BOT*) acacia *m*.
Akk. *abk* (= *Akkusativ*) acc.
akklimatisieren [aklimati'ziːrən] *vr* s'acclimater.
Akkord [a'kɔrt] (**-(e)s, -e**) *m* (*MUS*) accord *m*; **im** ~ **arbeiten** travailler à la pièce; ~**arbeit** *f* travail *m* à la pièce.
Akkordeon [a'kɔrdeɔn] (**-s, -s**) *nt* accordéon *m*.
Akkordlohn *m* salaire *m* à la pièce.
Akkreditiv [akredi'tiːf] (**-s, -e**) *nt* lettre *f* de crédit.
Akku ['aku] *m* *abk* (= *Akkumulator*) accu *m*.
akkurat [aku'raːt] *adj* précis(e); (*sorgfältig*) méticuleux(-euse).
Akkusativ ['akuzatiːf] (**-s, -e**) *m* accusatif *m*; ~**objekt** *nt* objet *m* direct.
Akne ['aknə] *f* acné *f*.
Akribie [akri'biː] *f* (*geh*) méticulosité *f*, précision *f*.
Akrobat(in) [akro'baːt(ɪn)] (**-en, -en**) *m(f)* acrobate *m/f*.
Akropolis [a'kroːpolɪs] *f* Acropole *f*.
Akt [akt] (**-(e)s, -e**) *m* acte *m*; (*Zeremonie*) cérémonie *f*; (*KUNST*) nu *m*.
Akte ['aktə] *f* dossier *m*; **etw zu den** ~**n legen** classer qch.
Akten-: ~**deckel** *m* classeur *m*; ~**koffer** *m* attaché-case *m*; **a~kundig** *adj* notoire; **das ist a~kundig geworden** c'est un fait avéré; ~**notiz** *f* note *f* (*dans un dossier*); ~**ordner** *m* classeur *m*; ~**schrank** *m* classeur *m* (*meuble*); ~**tasche** *f* serviette *f*; ~**zeichen** *nt* référence *f*.

Aktie ['aktsiə] *f* action *f*; **wie stehen die** ~**n?** (*hum*: *umg*) comment ça va?
Aktien-: ~**emission** (**-, -en**) *f* émission *f* d'actions; ~**gesellschaft** *f* société *f* à responsabilité limitée; ~**index** (**-(es), -e** *od* **-indices**) *m* indice *m* de la Bourse; ~**kapital** *nt* capital *m* social; ~**kurs** *m* cours *m* des actions; ~**paket** *nt* paquet *m* d'actions.
Aktion [aktsi'oːn] *f* action *f*; (*Polizei*~, *Such*~) opération *f*; **in** ~ en action; **in** ~ **treten/setzen** entrer/mettre en action.
Aktionär(in) [aktsio'nɛːr(ɪn)] (**-s, -e**) *m(f)* actionnaire *m/f*.
Aktionärsversammlung *f* assemblée *f* des actionnaires.
Aktionismus [aktsio'nɪsmʊs] *m* activisme *m*.
Aktionsradius [aktsi'oːnzraːdiʊs] (**-, -ien**) *m* rayon *m* d'action.
aktiv [ak'tiːf] *adj* actif(-ive); (*MIL*) d'active, en service actif; ~ **werden** passer aux actes **politisch** ~ **sein** avoir une activité politique; ~**es Wahlrecht** droit *m* de vote; **A~** (**-s, -e**) *m* (*GRAM*) voix *f* active, actif *m*.
Aktiva [ak'tiːva] *pl* actif *msg*.
Aktivforderung *f* (*WIRTS*) dette *f* active.
aktivieren [akti'viːrən] *vt* (*Massen*) motiver (*pour l'action ou une action politique*); (*CHEM* *Arbeit*) activer; (*PHYS*) rendre radioactif(-ive); (*Kampagne*) intensifier; (*Mitarbeiter*) faire s'activer; (*FINANZ*: *Kosten*) mettre à l'actif; **jdn politisch** ~ motiver qn pour l'action politique.
Aktivität [aktivi'tɛːt] *f* activité *f*.
Aktivposten *m* actif *m*.
Aktivsaldo *m* solde *m* créditeur.
aktualisieren [aktuali'ziːrən] *vt* (*COMPUT*) mettre à jour.
Aktualität [aktuali'tɛːt] *f* actualité *f*.
aktuell [aktu'ɛl] *adj* (*Thema, Problem*) actuel(le); (*Mode: en vogue*) (du) dernier cri *inv*; **eine** ~**e Sendung** une émission sur l'actualité.
akupunktieren [akupʊŋk'tiːrən] *vt* traiter par l'acupuncture.
Akupunktur [akupʊŋk'tuːər] *f* acupuncture *f*.
Akustik [a'kʊstɪk] *f* acoustique *f*.
akustisch [a'kʊstɪʃ] *adj* acoustique ♦ *adv*: **ich habe dich rein** ~ **nicht verstanden** j'ai mal entendu ce que tu as dit.
akut [a'kuːt] *adj* (*Frage*) urgent(e); (*Bedrohung*) certain(e); (*Gefahr*) imminent(e); (*MED*) aigu(aiguë).
AKW (**-s, -s**) *nt* *abk* = **Atomkraftwerk**.
Akzent [ak'tsɛnt] (**-(e)s, -e**) *m* accent *m*; ~**e setzen** (*fig*) donner des indications générales; **neue** ~**e setzen** marquer un tournant; **a~frei** *adv* sans accent.
akzentuieren [aktsɛntu'iːrən] *vt* accentuer.
Akzentverschiebung *f* (*fig*) changement *m* d'éclairage.
Akzept (**-(e)s, -e**) *nt* (*WIRTS*) acceptation *f*.
akzeptabel [aktsɛp'taːbl] *adj* (*Preise*) acceptable.
akzeptieren [aktsɛp'tiːrən] *vt* accepter.

AL f abk (= Alternative Liste) groupement de petits partis de gauche.

à la [a la] adv (KOCH) à la.

à la carte [ala'kart] adv à la carte.

Alarm [a'larm] (–(e)s, –e) m alerte f, alarme f; **blinder** ~ fausse alerte; ~ **schlagen** donner od sonner l'alarme; ~**anlage** f système m d'alarme; **a~bereit** adj en état d'alerte, prêt(e) à intervenir; ~**bereitschaft** f état m d'alerte; **in** ~**bereitschaft sein** être prêt(e) à intervenir.

alarmieren [alar'mi:rən] vt (zu Hilfe rufen) alerter; (beunruhigen) alarmer.

Alaska [a'laska] (–s) nt l'Alaska m.

Albaner(in) [al'ba:nər(ın)] (–s, –) m(f) Albanais(e).

Albanien [al'ba:niən] (–s) nt l'Albanie f.

albanisch adj albanais(e).

albern [albərn] adj sot(te), idiot(e); (Betrag, Angelegenheit) ridicule.

Album ['album] (–s, Alben) nt album m.

Alge ['algə] f algue f.

Algebra ['algebra] f algèbre f.

Algerien [al'ge:riən] (–s) nt l'Algérie f.

Algerier(in) (–s, –) m(f) Algérien(ne).

algerisch [al'ge:rıʃ] adj algérien(ne).

Algier ['alʒi:ər] (–s) nt Alger.

ALGOL ['algɔl] (–(s)) nt algol m.

Algorithmus [algo'rıtmʊs] (–, –men) m algorithme m.

alias ['a:lias] adv alias.

Alibi ['a:libi] (–s, –s) nt alibi m.

Alimente [ali'mɛntə] pl pension fsg alimentaire.

alkalisch [al'ka:lıʃ] adj alcalin(e).

Alkohol ['alkohɔl] (–s, –e) m alcool m; **unter** ~ **stehen** être en état d'ébriété; **a~arm** adj peu alcoolisé(e); **a~frei** adj sans alcool; ~**gehalt** m teneur f en alcool.

Alkoholika pl boissons fpl alcoolisées.

Alkoholiker(in) [alko'ho:likər(ın)] (–s, –) m(f) alcoolique m/f.

alkoholisch adj (Getränke) alcoolisé(e).

Alkoholverbot nt interdiction f de boire de l'alcool.

All [al] (–s) nt univers m; (RAUMFAHRT) espace m.

allabendlich adj de tous les soirs, quotidien(ne).

allbekannt adj très connu(e).

═══════════════ SCHLÜSSELWORT ═══════════════

alle(r, s) pron **1** (substantivisch: nt sg): **alles** tout; **das alles** tout cela; **alles Gute** mes meilleurs vœux; **alles in allem** l'un dans l'autre, à tout prendre; **trotz allem** malgré tout; **vor allem** avant tout, surtout; **ist das alles?** (im Geschäft) ce sera tout?; **das wäre alles** ce sera tout; **was hast du alles gesehen?** raconte-moi tout ce que tu as vu; **was es nicht alles gibt!** qu'est-ce qu'il ne faut pas entendre!; **wer alles weiß davon?** qui d'autre est au courant?; **alles aussteigen!** tout le monde descend!

2 (substantivisch: pl: sämtliche) tous(toutes); **alle sind gekommen** tout le monde est venu, ils(elles) sont tous(toutes) venu(e)s; **alle beide** (tous(toutes)) les deux; **wir alle** nous tous(toutes); **wir alle möchten** nous aimerions tous(toutes); **sie sind alle nicht gekommen** aucun(e) d'entre eux(elles) n'est venu(e); **alle die** tous(toutes) ceux(celles) qui

3 (adjektivisch: sg) tout(e) le(la); (: pl) tous(toutes) les; **alles Geld** tout l'argent; **alles Bier** toute la bière; **alle Milch** tout le lait; **alle Kinder** tous les enfants; **trotz aller Bemühungen** malgré tous nos/ses etc efforts; **ohne allen Zweifel** sans aucun doute

4 (mit Zeit- oder Maßangaben) **alle 10 Minuten** toutes les 10 minutes; **alle fünf Meter** tous les cinq mètres

♦ adj (umg: aufgebraucht) fini(e); **die Milch ist alle** il n'y a plus de lait; **etw alle machen** finir qch.

alledem ['aləde:m] pron: **bei** od **trotz** ~ malgré tout; **zu** ~ en plus.

Allee [a'le:] f allée f.

allein [a'laın] adj seul(e); (ohne Hilfe) tout(e) seul(e) ♦ adv (nur) seulement ♦ konj mais; **er** ~ **ist schuld** c'est lui l'unique coupable; ~ **(schon) der Gedanke** rien que d'y penser; **nicht** ~ (nicht nur) pas seulement; **von** ~ de lui-même/d'elle-même; **A~eigentümer(in)** m(f) propriétaire m/f unique; ~**erziehend** adj célibataire, seul(e); **A~erziehende(r)** f(m) père(mère) dans une famille monoparentale, parent m seul; **A~gang** m: **im A~gang** tout(e) seul(e); **A~herrscher(in)** m(f) monarque m; **A~hersteller** m fabricant m exclusif.

alleinig [a'laınıç] adj (Erbe) unique; (Vertreter, Hersteller) exclusif(-ive).

Allein-: ~**sein** nt solitude f; **a~stehend** adj célibataire; ~**unterhalter(in)** m(f) vedette f d'un one man show; ~**verdiener** m soutien m de famille, salarié(e) m/f dans une famille à salaire unique; ~**vertretung** f distribution f exclusive; ~**vertretungsvertrag** m contrat m d'exclusivité.

allemal ['alə'ma:l] adv (jedesmal) chaque fois; (ohne weiteres) sans problème; **ein für** ~ une fois pour toutes.

allenfalls ['alən'fals] adv (höchstens) au plus; (möglicherweise) le cas échéant.

aller- ['alər] in zW (mit Superl) de loin; ~**beste(r, s)** ['alər'bɛstə(r, s)] adj de loin le(la) meilleur(e).

allerdings ['alər'dıŋs] adv (einschränkend) toutefois; (bekräftigend) bien sûr.

allerfrühestens ['alər'fry:əstəns] adv au plus tôt.

Allergie [aler'gi:] f allergie f.

allergisch [a'lɛrgıʃ] adj allergique; **gegen etw** ~ **sein** être allergique à qch; **auf etw** Akk ~ **reagieren** faire une allergie à qch; (fig) être allergique à qch.

aller-: ~**hand** *adj unver* (*umg*) toutes sortes de; **ich bin auf** ~**hand gefaßt** je m'attends au pire; **das ist doch** ~**hand!** (*entrüstet*) c'est un comble!; ~**hand!** (*lobend*) bravo!; **A**~**heiligen** *nt* Toussaint *f;* ~**höchste(r, s)** *adj* (*Berg*) le(la) plus haut(e) de tous(toutes); (*Preis*) maximum; **es wird** *od* **ist** ~**höchste Zeit** *od* **Eisenbahn, daß** ... il est grand temps que ...; ~**höchstens** *adv* au plus; ~**lei** *adj unver* toutes sortes de; **wir haben** ~**lei gesehen** nous en avons vu de toutes les couleurs; **wir haben** ~**lei erlebt** nous avons eu toutes sortes d'aventures; ~**letzte(r, s)** *adj* tout(e) dernier(-ière); **der ist wirklich das** ~**letzte** (*umg*) son attitude est incroyable; **das ist das** ~**letzte** (*umg*) c'est un comble; ~**neu(e)ste(r, s)** *adj* tout(e) dernier(-ière); ~**seits** *adv* (*umg:* *alle zusammen*) tous; (*überall*) partout; **prost** ~**seits!** à votre santé à tous!
Allerwelts- *in zW:* **ein Allerweltsgesicht** *nt* un visage quelconque; **Allerweltsphrasen** *pl* des mots creux.
allerwenigste(r, s) *adj:* **von uns allen hat er das** ~ **Geld** de nous tous, c'est lui qui a le moins d'argent; **die** ~**n Leute wissen das** très peu de gens le savent.
Allerwerteste(r) (*umg*) *m* (*hum*) postérieur *m.*
allesamt *adv* comme un seul homme.
Alleskleber (-s, -) *m* colle *f* universelle.
Alleskönner *m* génie *m* universel.
Alleswisser (-s, -; *pej*) *m* (monsieur *m*) je-sais-tout *m.*
Allgäu ['algɔy] *nt région des Alpes bavaroises.*
allgegenwärtig *adj* omniprésent(e).
allgemein ['algəmaın] *adj* général(e) ♦ *adv* (*beliebt, bekannt*) de tous; **das** ~**e Wahlrecht** le suffrage universel; **es ist** ~ **üblich** c'est l'usage; **im** ~**en** en général; **im** ~**en Interesse** dans l'intérêt général; **auf** ~**en Wunsch** à la demande générale; **A**~**bildung** *f* culture *f* générale; ~**gültig** *adj* général(e); **A**~**heit** *f* (*Öffentlichkeit*) communauté *f;* **A**~**heiten** *pl* (*Redensarten*) généralités *fpl;* ~**verständlich** *adj* à la portée de tous; **A**~**wissen** *nt* connaissances *fpl* générales.
Allheilmittel [al'haılmıtəl] *nt* panacée *f.*
Allianz [ali'ants] *f* alliance *f.*
Alliierte(r) [ali'iːrtə(r)] *f(m)* allié(e) *m/f.*
all-: ~**jährlich** *adj* annuel(le); ~**mächtig** *adj* tout(e) puissant(e); ~**mählich** *adj* progressif(-ive) ♦ *adv* progressivement, petit à petit; **es wird** ~**mählich Zeit** (*umg*) ça n'est pas trop tôt; **A**~**radantrieb** *m:* **mit A**~**radantrieb** à quatre roues motrices; ~**seitig** *adj* général(e); **A**~**tag** *m* quotidien *m;* **morgen beginnt wieder der graue A**~**tag** demain, c'est de nouveau métro, boulot, dodo; ~**täglich** *adj* (*gewöhnlich*) banal(e); (*jeden Tag stattfindend*) quotidien(ne); ~**tags** *adv* en semaine.
Allüren [a'lyːrən] *pl* manières *fpl;* (*eines Stars etc*) allures *fpl.*
all-: ~**wissend** *adj* omniscient(e); ~**zu** *adv*

beaucoup trop; ~**zugern** *adv* (*bereitwillig*) très volontiers; ~**zuoft** *adv* trop *od* très souvent; ~**zuviel** *adv* (beaucoup) trop.
Allzweck- ['altsvɛk-] *in zW* polyvalent(e).
Alm [alm] (-, -en) *f* alpage *m.*
Almosen ['almoːzən] (-s, -) *nt* aumône *f.*
Alpen ['alpən] *pl* Alpes *fpl;* ~**blume** *f* fleur *f* des Alpes; ~**glühen** *nt* coucher de soleil sur les Alpes (*enneigées*); ~**veilchen** *nt* cyclamen *m;* ~**vorland** *nt* Préalpes *fpl.*
Alphabet [alfa'beːt] (-(e)s, -e) *nt* alphabet *m.*
alphabetisch *adj* alphabétique.
alphanumerisch [alfanu'meːrıʃ] *adj* alphanumérique.
alpin [al'piːn] *adj* des Alpes, alpin(e).
Alpinist(in) [alpi'nıst(ın)] *m(f)* alpiniste *m/f.*
Alptraum ['alptraʊm] *m* cauchemar *m.*

als [als] *konj* **1** (*zeitlich*) au moment où, quand **als er merkte, daß** quand il a remarqué que; **damals, als** ... à cette époque, où ...; **gerade als** ... juste au moment où ...
2 (*in der Eigenschaft*) en tant que, comme; **als Clown verkleidet** déguisé(e) en clown; **als Kind war ich immer sehr ängstlich** quand j'étais petit(e), j'étais très peureux(-euse) **als Antwort** en tant que *od* comme réponse **als Beweis** pour *od* comme preuve
3 (*bei Vergleichen*): **schöner als** plus beau(belle) que; **soviel als möglich** autant que possible; **soweit als möglich** dans la mesure du possible; **nichts als Ärger** rien que des ennuis; **alles andere als** tout sauf
4: als ob *od* **wenn** comme si; **als wäre nichts geschehen** comme s'il ne s'était rien passé.

alsbaldig [als'baldıç] *konj: „zum* ~**en Verbrauch bestimmt"** "à consommer tout de suite".
also ['alzoː] *adv* (*folglich*) donc; **es ist** ~ **doch wahr** c'était donc vrai; **ich komme** ~ **morgen** je viendrai donc demain; ~ **wie ich schon sagte** je disais donc; ~ **gut** *od* **schön!** bon d'accord!; ~, **so was!** ça alors!; **na** ~**!** tu vois/vous voyez bien!
alt [alt] *adj* vieux(vieille); (*antik, ehemalig*) ancien(ne); (*Brot*) sec(sèche); (*Fehler*) commun(e); (*Freund*) vieux(vieille), de longue date; (*Mitglied*) de longue date; (*Witz*) éculé(e); **sie ist drei Jahre** ~ elle a trois ans **ich bin nicht mehr der** ~**e** j'ai beaucoup changé; **alles beim** ~**en lassen** ne rien changer; **ich werde heute nicht** ~ (**werden**) (*umg*) je ne vai pas m'éterniser; ~ **und jung tout le monde wie in** ~**en Zeiten** comme au bon vieu temps; **das** ~**e Lied** la même chanson *od* ren gaine; ~ **aussehen** (*fig: umg*) avoir l'air bête **A**~ (-s, -e) *m* (*MUS: Stimme*) alto *f;* (*Sängerir* contralto *m.*
Altar [al'taːr] (-(e)s, -äre) *m* autel *m.*
Alt-: ~**bau** *m* vieil immeuble *m;* ~**bauwohnung** *f* appartement *m* dans un vieil im meuble; **a**~**bekannt** *adj* bien connu(e

a~**bewährt** adj (Methode etc) qui a fait ses preuves; (Tradition etc) ancien(ne); ~**bier** nt bière brune allemande; a~**deutsch** adj allemand(e) ancien(ne); a~**eingesessen** adj établi(e) de longue date, vieux(vieille); ~**eisen** nt ferraille f.

Alten-: ~**teil** ['altəntaɪl] nt: **sich aufs** ~**teil setzten** od **zurückziehen** se retirer de la vie publique; **A~(wohn)heim** nt maison f de retraite.

Alter ['altər] (–s, –) nt âge m; (letzter Lebensabschnitt) vieillesse f; **er ist in deinem** ~ il a ton âge; **im** ~ **von** à l'âge de.

älter ['ɛltər] adj attrib plus âgé(e) od vieux(vieille); **ein** ~**er Herr** un monsieur d'un certain âge.

altern ['altərn] vi vieillir.

alternativ [altɛrna'tiːf] adj (Medizin) parallèle, alternatif(-ive) ♦ adv: ~ **leben** avoir un mode de vie alternatif.

Alternative [altɛrna'tiːvə] f solution f de rechange.

Alternativszene f monde m marginal.

alters ['altərs] adv (geh): **von** od **seit** ~ **(her)** depuis toujours.

alters-: ~**bedingt** adj dû(due) à l'âge; **A~erscheinung** f signe m de vieillesse; **A~grenze** f limite f d'âge; **A~heim** nt maison f de retraite; **A~rente** f retraite f; **A~ruhegeld** nt retraite f; ~**schwach** adj (Mensch) invalide; (Möbel) branlant(e); **ein** ~**schwaches Auto** une vieille guimbarde; **A~versorgung** f retraite f.

Altertum ['altərtuːm] (–s) nt (kein pl: Zeit) antiquité f; **Altertümer** pl (Gegenstände) antiquités fpl.

altertümlich adj (veraltet) vieillot(te).

älteste(r, s) ['ɛltəstə(r, s)] adj attrib le(la) plus vieux(vieille); (Sohn, Tochter etc) aîné(e).

alt-: ~**gedient** adj (Soldat) qui a de nombreuses années de service; **A~glas** nt verre m usagé; **A~glascontainer** m conteneur m de collecte du verre usagé; ~**hergebracht** adj traditionnel(le); **A~herrenmannschaft** f équipe f de vétérans; ~**klug** adj précoce; **A~material** nt déchets mpl; **A~metall** nt ferraille f; ~**modisch** adj démodé(e), vieux jeu inv; **A~papier** nt vieux papiers mpl; **A~philologie** f philologie f classique; **A~stadt** f vieille ville f; **A~stimme** f (voix f de) contralto m; **A~warenhändler** m marchand m d'occasion; **A~weibersommer** m été m indien.

Alu ['aːlu] abk = Aluminium.

Alufolie ['aːlufoːliə] f papier m aluminium.

Aluminium [alu'miːniʊm] (–s) nt aluminium m; ~**folie** f papier m aluminium.

am [am] = an dem.

Amalgam [amal'gaːm] (–s, –s) nt amalgame m.

Amateur [ama'tøːr] m, in zW amateur (m).

Amazonas [ama'tsoːnas] m Amazone f.

Ambiente [ambi'ɛntə] nt milieu m.

Ambition [ambitsi'oːn] f: ~**en auf etw** Akk **haben** avoir pour ambition (d'acquérir) qch.

Amboß ['ambɔs] (–sses, –sse) m enclume f.

ambulant [ambu'lant] adj (MED) ambulatoire ♦ adv: **einen Eingriff** ~ **vornehmen** opérer au service de consultation externe, procéder à une opération qui ne nécessite pas d'hospitalisation.

Ambulanz f (in Klinik) service m de consultation externe.

Ameise ['aːmaɪzə] f fourmi f.

Ameisenhaufen m fourmilière f.

Amerika [a'meːrika] (–s) nt l'Amérique f.

Amerikaner(in) [ameri'kaːnər(ɪn)] (–s, –) m(f) Américain(e) ♦ m (Gebäck) gâteau sec recouvert de sucre glace.

amerikanisch adj américain(e).

Ami ['ami] (–s, –s; umg) m Amerloque m; (Soldat) G.I. m.

Amme ['amə] f (Nährmutter) nourrice f.

Ammenmärchen ['amənmɛːrçən] nt histoire f à dormir debout.

Amnestie [amnɛs'tiː] f amnistie f.

Amok ['aːmɔk] m: ~ **laufen** être pris(e) de folie meurtrière.

Amortisation [amɔrtizatsi'oːn] f amortissement m.

amortisieren [amɔrti'ziːrən] vr être amorti(e).

Ampel ['ampəl] (–, –n) f (Verkehrs~) feu(x) m(pl) (de signalisation).

Amphibie [am'fiːbiə] f batracien m.

Amphibienfahrzeug nt véhicule m amphibie.

amphibisch adj amphibie.

Amphitheater [am'fiːteaːtər] nt amphithéâtre m.

Ampulle [am'pʊlə] f (MED) ampoule f.

amputieren [ampu'tiːrən] vt amputer.

Amsel ['amzəl] (–, –n) f merle m.

Amsterdam [amstər'dam] nt Amsterdam.

Amt [amt] (–(e)s, ⁻er) nt (Posten) fonction f, poste m; (Aufgabe) fonction; (Behörde) office m; (TEL) central m; **von** ~**s wegen** officiellement.

amtieren [am'tiːrən] vi être en fonction, occuper son poste; **als Präsident** ~ (fungieren) remplacer provisoirement le président.

amtierend adj par intérim inv.

amtlich adj officiel(le) ♦ adv: **eine** ~ **beglaubigte Fotokopie** une photocopie certifiée conforme; ~**es Kennzeichen** (AUT) numéro m minéralogique.

Amts-: ~**arzt** m médecin m officiel; a~**ärztlich** adj (Attest) officiel(le) ♦ adv: a~**ärztlich untersuchen werden** passer une visite médicale (officiellement reconnue); ~**deutsch(e)** (pej) nt jargon m administratif; ~**eid** m: **den** ~**eid ablegen** prêter serment (au moment d'entrer en fonction); ~**geheimnis** nt secret m professionnel; ~**gericht** nt ≈ tribunal m civil; ~**mißbrauch** m abus m de pouvoir; ~**periode** f: **während ihrer** ~**periode** pendant la période où elle exerçait ses fonctions; ~**person** f officiel m, représentant(e) m/f des pouvoirs publics; ~**richter(in)** m(f) juge m au tribunal civil; ~**schimmel** *m* (*hum*) bureaucratie *f*; ~**sitz** *m* (*Ort*) bureaux *mpl* de l'administration; ~**sprache** *f* langue *f* officielle; ~**stunden** *pl* heures *fpl* de bureau; ~**weg** *m*: **auf dem** ~**weg** par la voie hiérarchique; ~**zeit** *f siehe* ~**periode.**

amüsant [amy'zant] *adj* amusant(e).

Amüsement [amyzə'mã:] (**–s, –s**) *nt* divertissement *m*.

amüsieren [amy'zi:rən] *vt* amuser ♦ *vr* s'amuser; **sich über etw** *Akk* ~ rire de qch.

=========================== *SCHLÜSSELWORT*

an [an] *präp* +*Dat* **1** (*räumlich: wo?*): **am Bahnhof** à la gare; **an der Wand** au mur; **am Fenster** à la fenêtre; **am Tatort** sur les lieux du crime; **an diesem Ort** à cet endroit; **zu nahe an etw** trop près de qch; **am Fluß** au bord de la rivière; **Frankfurt am Main** Francfort sur le Main; **Köln liegt am Rhein** Cologne est située au bord du *od* sur le Rhin; **an der Autobahn** près *od* au bord de l'autoroute; **sie wohnen Tür an Tür** ils(elles) habitent sur le même palier, ils(elles) sont voisin(e)s

2 (*zeitlich: wann?*): **am kommenden Sonntag** le dimanche suivant; **am vergangenen** *od* **letzten Sonntag** dimanche dernier; **an diesem Tag** ce jour-là; **an Ostern** à Pâques; **am 1. Mai** le 1er mai; **am Morgen/Abend** le matin/soir

3: **an etw sterben** mourir de qch; **an Masern erkranken** attraper la rougeole; **es an der Leber haben** (*umg*) avoir le foie fragile; **arm an Fett** pauvre en matières grasses; **an der ganzen Sache ist nichts** ce n'est pas si compliqué que ça; **jdn an der Hand nehmen** prendre qn par la main; **an (und für) sich** à vrai dire

4 (*als Superlativ*): **sie singt am besten** c'est elle qui chante le mieux; **sie sieht am schönsten aus** c'est elle la plus belle

5 (*als Verlaufsform: umg*): **ich bin am Arbeiten** je suis en train de travailler

♦ *präp* +*Akk* **1** (*räumlich: wohin?*): **etw an die Wand hängen** accrocher qch au mur; **sie ging an die Wand schreiben** écrire sur le mur; **er ging an die Tür** il est allé ouvrir la porte; **sie ging ans Telefon** elle est allée répondre au téléphone; **sich an die Arbeit machen** se mettre au travail

2 (*zeitlich*): **bis an sein Lebensende/80. Lebensjahr** jusqu'à la fin de sa vie/à l'âge de 80 ans

3 (*gerichtet an*): **ein Brief an meine Mutter** une lettre à ma mère; **einen Brief an jdn schreiben** écrire une lettre à qn; **ein Päckchen an jdn schicken** envoyer un colis à qn; **ich habe eine Frage an dich** j'ai une question pour toi; **an etw denken** penser à qch

♦ *adv* **1** (*ungefähr*) environ; **an die hundert** environ cent; **an die 5 DM/3 Stunden** environ 5 DM/trois heures

2 (*auf Fahrplänen*): **Frankfurt an 18.17** arrivée à Francfort à 18h17, Francfort arr. 18.17

3 (*ab*): **von dort an** à partir de là; **von heute an** dorénavant, dès aujourd'hui; **von da an sprach er nie wieder ein Wort mit mir** depuis ce

jour-là, il ne m'a plus adressé la parole **4** (*angeschaltet, angezogen*): **das Licht ist an** la lumière est allumée; **er hatte einen dunklen Anzug an** il portait un costume sombre; **sie hatte nichts an** (*umg*) elle était toute nue.

analog [ana'lo:k] *adj* analogue.

Analogie [analo'gi:] *f* analogie *f*.

Analogrechner [ana'lo:krɛçnər] (**–s, –**) *m* calculateur *m* analogique.

Analphabet(in) [an|alfa'be:t(ın)] (**–en, –en**) *m(f)* analphabète *m/f*.

Analyse [ana'ly:zə] *f* analyse *f*.

analysieren [analy'zi:rən] *vt* analyser.

Anämie [anɛ'mi:] *f* anémie *f*.

Ananas ['ananas] (**–, –** *od* **–se**) *f* ananas *m*.

Anarchie [anar'çi:] *f* anarchie *f*.

Anarchist(in) *m(f)* anarchiste *m/f*.

Anästhesist(in) [an|ɛste'zıst(ın)] (**–en, –en**) *m(f)* anesthésiste *m/f*.

Anatomie [anato'mi:] *f* anatomie *f*.

anbahnen ['anba:nən] *vr* (*Beziehungen*) s'établir; (*sich andeuten*) se préparer.

Anbahnung *f* établissement *m*, début *m*.

anbändeln ['anbɛndəln] (*umg*) *vi*: ~ **mit** s'amouracher de.

Anbau ['anbaʊ] *m* (*AGR*) culture *f*; (*Gebäude*) annexe *f*.

anbauen *vt* (*AGR*) planter; (*Gebäudeteil*) ajouter.

Anbaugebiet *nt*: **ein gutes** ~ **für etw** un terrain idéal pour la culture de qch.

Anbaumöbel *pl* mobilier *que l'on achète par éléments*.

Anbeginn ['anbəgın] *m* (*geh*) début *m*.

anbehalten ['anbəhaltən] *unreg vt* garder.

anbei [an'baı] *adv* (*förmlich*) ci-joint; ~ **(schicken wir Ihnen)** ... (veuillez trouver) ci-joint ... .

anbeißen ['anbaısən] *unreg vi* (*Fisch*) mordre; (*auf Angebot eingehen*) mordre à l'hameçon ♦ *vt* mordre dans, manger une bouchée de; **zum A**~ (*umg*) à croquer.

anbelangen ['anbəlaŋən] *vt*: **was mich anbelangt** en ce qui me concerne.

anberaumen ['anbəraʊmən] *vt* (*förmlich*) arranger.

anbeten ['anbe:tən] *vt* être en adoration devant.

Anbetracht ['anbətraxt] *m*: **in** ~ +*Gen* en considération de.

Anbetung *f* adoration *f*.

anbiedern ['anbi:dərn] *vr* (*pej*): **sich bei jdm** ~ chercher à gagner la faveur de qn.

anbieten ['anbi:tən] *unreg vt* proposer, offrir; (*Speise, Getränk*) offrir ♦ *vr* (*Mensch*) se proposer; (*Gelegenheit*) se présenter; **das bietet sich als Lösung an** c'est une solution possible.

Anbieter (**–s, –**) *m* (*von Waren*) fournisseur *m*.

anbinden ['anbındən] *unreg vt* attacher.

Anblick ['anblık] *m* spectacle *m*; **a**~**en** *vt* regarder.

anbraten ['anbra:tən] *unreg vt* (*Fleisch*) faire

rissoler.

anbrechen [ˈanbrɛçən] *unreg vt* (*Vorräte*) entamer ♦ *vi* (*Zeitalter*) commencer; (*Tag*) se lever; (*Nacht*) tomber.

anbrennen [ˈanbrɛnən] *unreg vi* prendre feu, se mettre à brûler; (*KOCH*) attacher.

anbringen [ˈanbrɪŋən] *unreg vt* (*herbeibringen*) ramener; (*Bitte*) faire; (*Wissen, Witz, Ware*) placer; (*festmachen*) poser.

Anbruch [ˈanbrʊx] *m*: **bei** ~ **der Dunkelheit** à la tombée de la nuit; **bei** ~ **des Tages** au lever du jour.

anbrüllen [ˈanbrʏlən] *vt* (*umg*) enguirlander.

Andacht [ˈandaxt] (*–, –en*) *f* recueillement *m*; (*Versenkung*) contemplation *f*; (*Gottesdienst*) office *m*.

andächtig [ˈandɛçtɪç] *adj* (*Beter*) recueilli(e); (*Zuhörer*) captivé(e); (*Stille*) religieux(-euse).

andauern [ˈandauərn] *vi* se poursuivre, durer.

andauernd *adj* continuel(le) ♦ *adv* continuellement.

Anden [ˈandən] *pl*: **die** ~ les Andes *fpl*.

Andenken [ˈandɛŋkən] (*–s, –*) *nt* souvenir *m*.

andere(r, s) [ˈandərə(r, s)] *pron* autre; **der/die/das** ~ l'autre; **die** ~**n** les autres; **am** ~**n Tage** le lendemain; **ein** ~**s Mal** une autre fois; **kein** ~**r** nul autre; **er war alles** ~ **als zufrieden** il était tout sauf satisfait; **von etwas** ~**m sprechen** parler d'autre chose, changer de sujet; **unter** ~**m** notamment; **von einem Tag zum** ~**n** du jour au lendemain; **sie hat einen** ~**n** elle a quelqu'un d'autre; **wer ander(e)s?** qui d'autre?; **niemand ander(e)s** personne d'autre; **es blieb mir nichts ander(e)s übrig, als selbst zu gehen** il ne me restait plus qu'à y aller moi-même; **jemand ander(e)s** quelqu'un d'autre.

anderenfalls *adv* autrement, sinon.

ander(e)norts *adv* ailleurs.

anderenteils, and(e)rerseits *adv* d'autre part.

andermal *adv*: **ein** ~ une autre fois.

ändern [ˈɛndərn] *vt* changer, modifier ♦ *vr* changer; **daran ist (leider) nichts zu** ~ on ne peut (malheureusement) rien y faire.

anders *adv* autrement; **wie nicht** ~ **zu erwarten** comme on pouvait s'y attendre; **wie könnte es** ~ **sein?** comment pourrait-il en être autrement?; **ich kann nicht** ~ (*kann es nicht lassen*) c'est plus fort que moi; (*muß leider*) je n'ai pas le choix; ~ **ausgedrückt** autrement dit; **irgendwo** ~ autre part; ~ **aussehen** avoir l'air *od* être différent(e); **seine Stimme klingt ganz** ~ **als deine** sa voix est très différente de la tienne; ~**artig** *adj* d'un autre type, différent(e); **A**~**denkende(r)** *f(m)* personne qui pense autrement.

anderseits [ˈandərzaɪts] *adv* d'autre part.

anders-: ~**farbig** *adj* d'une autre couleur; ~**gläubig** *adj* d'une autre confession; ~**herum** *adv* dans l'autre sens; ~**lautend** *adj attrib* (*förmlich*): ~**lautende Berichte** des récits contradictoires; ~**wo** *adv* ailleurs; ~**woher**

adv d'ailleurs; ~**wohin** *adv* ailleurs.

anderthalb [ˈandərthalp] *adj* un(e) et demi(e).

Änderung [ˈɛndərʊŋ] *f* changement *m*, modification *f*; (*an Kleidungsstück*) retouche *f*.

Änderungsantrag [ˈɛndərʊŋsantraːk] *m* (*PARL*) amendement *m*.

anderweitig [ˈandərvaɪtɪç] *adj* autre ♦ *adv* (*anders*) à quelqu'un d'autre; (*anderswo*) ailleurs.

andeuten [ˈandɔytən] *vt* suggérer; (*Wink geben*) indiquer.

Andeutung *f* (*Hinweis*) allusion *f*; (*Spur*) ombre *f*; ~**en machen** faire des allusions.

andeutungsweise *adv* (*als Anspielung*) par allusion; (*undeutlich*) indistinctement; (*als flüchtiger Hinweis*) en passant.

andichten [ˈandɪçtən] *vt*: **jdm etw** ~ (*umg*) attribuer qch à qn.

Andorra [anˈdɔra] (*–s*) *nt* Andorre *f*.

Andorraner(in) [andɔˈraːnər(ɪn)] *m(f)* Andorran(e).

Andrang [ˈandraŋ] *m* afflux *m*.

andrehen [ˈandreːən] *vt* (*Licht etc*) allumer; **jdm etw** ~ (*umg*) refiler qch à qn.

andrerseits [andrərˈzaɪts] *siehe* **anderenteils**.

androhen [ˈandroːən] *vt*: **jdm etw** ~ menacer qn de qch.

Androhung *f* menace *f*; **unter** ~ **von Gewalt** en menaçant de recourir à la force; **unter** ~ **von Strafe** sous peine de poursuites.

anecken [ˈanɛkən] (*umg*) *vi*: **(bei jdm/allen)** ~ se faire mal voir (de qn/tous).

aneignen [ˈanaɪgnən] *vt*: **sich** *Dat* **etw** ~ s'approprier qch; (*lernen*) acquérir qch.

aneinander [anaɪˈnandər] *adv* (*vorbeifahren*) l'un(e) à côté de l'autre; (*denken*) l'un(e) à l'autre; ~**fügen** *vt* joindre; ~**geraten** *unreg vi* en venir aux mains; ~**legen** *vt* (*Seiten, Bretter*) poser côte à côte; ~**reihen** *vr* se succéder ♦ *vt* juxtaposer.

Anekdote [anɛkˈdoːtə] *f* anecdote *f*.

anekeln [ˈanˌeːkəln] *vt* dégoûter.

Anemone [aneˈmoːnə] *f* anémone *f*.

anerkannt [ˈanˌɛrkant] *adj* reconnu(e) (de tous).

anerkennen [ˈanˌɛrkɛnən] *unreg vt* (*Regierung*) reconnaître; (*Bemühungen*) apprécier; **das muß man** ~ (*zugeben*) il faut le reconnaître; (*würdigen*) c'est appréciable; **die Vaterschaft** ~ reconnaître (la paternité de) l'enfant.

anerkennend *adj* élogieux(-euse).

anerkennenswert *adj* louable.

Anerkennung *f* (*eines Staates*) reconnaissance *f*; (*Würdigung*) appréciation *f*.

anerziehen [ˈanˌɛrtsiːən] *vt*: **jdm etw** ~ apprendre qch à qn.

anerzogen [ˈanˌɛrtsoːɡən] *adj* appris(e).

anfachen [ˈanfaxən] *vt* attiser.

anfahren [ˈanfaːrən] *unreg vt* (*herbeibringen*) amener; (*umfahren und verletzen*) renverser; (*Ort*) aller *od* se rendre à; (*Kurve*) prendre; (*zurechtweisen*) remettre à sa place ♦ *vi* (*losfahren*) démarrer.

Anfahrt ['anfaːrt] f (Anfahrtsweg, Anfahrtszeit) trajet m; (Zufahrt) accès m.

Anfall ['anfal] m (MED) crise f; (fig) accès m; in einem ~ von (fig) pris(e) d'un accès de.

anfallen unreg vt (angreifen) attaquer; (fig: ergreifen) saisir ♦ vi (Arbeit) se présenter; (Produkt, Nebenprodukte) être obtenu(e); (sich anhäufen) s'accumuler; **die ~den Kosten** les frais encourus; **die ~den Reparaturen** les réparations nécessaires.

anfällig ['anfɛlɪç] adj fragile; ~ **für etw** sujet(te) à qch.

Anfang ['anfaŋ] (-(e)s, Anfänge) m début m, commencement m; **von ~ an** dès le début od départ: **am** od **zu** ~ au début; **für den** ~ pour commencer; ~ **Fünfzig** tout juste la cinquantaine; ~ **Mai** (au) début (du mois de) mai; ~ **des Monats** au début du mois; **dieses Projekt steckt erst in den Anfängen** ce projet n'en est qu'à ses premiers balbutiements.

anfangen ['anfaŋən] unreg vt commencer; (machen) faire ♦ vi commencer; **damit kann ich nichts** ~ (nützt mir nichts) ça ne me sert à rien; (verstehe ich nicht) c'est du chinois pour moi; **mit dir ist heute (aber) gar nichts anzufangen!** tu n'es pas à prendre avec des pincettes, aujourd'hui!, **tu es** vraiment pénible, aujourd'hui!; **nichts mit sich anzufangen wissen** ne savoir que faire; **nichts mit jdm anzufangen wissen** ne savoir que faire de qn.

Anfänger(in) ['anfɛŋər(ɪn)] (-s, -) m(f) débutant(e).

anfänglich ['anfɛŋlɪç] adj initial(e).

anfangs adv au début; **wie ich schon** ~ **erwähnte** comme je l'ai déjà dit (au début); **A~buchstabe** m première lettre f, initiale f; **A~gehalt** nt salaire m d'embauche; **A~stadium** nt première phase f, début m; **A~zeit** f (von Veranstaltungen) heure f.

anfassen ['anfasən] vt (ergreifen) prendre; (berühren) toucher; (Angelegenheit) aborder; (Person) traiter ♦ vi (helfen) mettre la main à la pâte ♦ vr: **sich weich/kalt** ~ être doux(douce)/froid(e) (au toucher).

anfechtbar ['anfɛçtbaːr] adj contestable.

anfechten ['anfɛçtən] unreg vt (Urteil) faire appel de; (Meinung, Vertrag) contester; (beunruhigen) troubler.

anfeinden ['anfaɪndən] vt attaquer.

anfertigen ['anfɛrtɪgən] vt (Gutachten, Protokoll) rédiger; (sich Dat) **einen Anzug** ~ **lassen** se faire faire un costume.

anfeuchten ['anfɔʏçtən] vt humecter.

anfeuern ['anfɔʏərn] vt (fig) aiguillonner, pousser.

anflehen ['anfleːən] vt implorer.

anfliegen ['anfliːgən] unreg vt (Land) atterrir en; (Stadt) atterrir à.

Anflug ['anfluːk] m (FLUG) arrivée f; (Spur) pointe f, touche f.

anfordern ['anfɔrdərn] vt (Bericht, Nachschub, WIRTS) commander; (zusätzliche Arbeits-

kräfte) demander.

Anforderung f (Beanspruchung) demande f; (WIRTS) commande f.

Anfrage ['anfraːgə] f demande f; (POL, PARL) question f; **große** ~ question à laquelle il est répondu lors d'une session du Parlement.

anfragen ['anfraːgən] vi s'enquérir.

anfreunden ['anfrɔʏndən] vr (mit Menschen) se lier d'amitié; (mit Gedanken) se familiariser; **sich mit etw** ~ (fig) se faire à qch.

anfügen ['anfyːgən] vt (hinzusetzen) ajouter.

anfühlen ['anfyːlən] vt tâter ♦ vr: **sich kalt/ weich** ~ être froid(e)/doux(douce) (au toucher).

anführen ['anfyːrən] vt (leiten) être à la tête de; (zitieren) citer; (umg: betrügen) avoir.

Anführer(in) m(f) meneur(-euse).

Anführung f (Leitung) direction f, commandement m; (Zitat) citation f.

Anführungsstriche, Anführungszeichen pl guillemets mpl.

Angabe ['angaːbə] f (gew pl: Auskunft) indication f; (TECH) spécification f; (SPORT) service m; (kein pl: Prahlerei) vantardise f; **ohne** ~ **von Gründen** sans donner de raisons, sans explication; ~**n über etw** Akk **machen** donner des renseignements sur qch, répondre à des questions sur qch; ~**n zur Person** (förmlich) nom, prénom, adresse, date de naissance etc.

angeben ['angeːbən] unreg vt (Namen, Preis, Maße) indiquer, donner; (Zeuge) citer; (anzeigen) dénoncer; (Tempo, Takt, Kurs) donner ♦ vi (umg: prahlen) se vanter; (SPORT) servir.

Angeber(in) (-s, -; umg) m(f) vantard(e).

Angeberei [angeːbə'raɪ] (umg) f vantardise f.

angeblich ['angeːplɪç] adj soi-disant inv ♦ adv apparemment, paraît-il.

angeboren ['angəboːrən] adj inné(e); (MED) congénital(e).

Angebot ['angəboːt] nt offre f; (Auswahl) choix m; (WIRTS): ~ **an** +Dat choix de; **ein** ~ **machen/bekommen** faire/recevoir une offre; ~ **und Nachfrage** l'offre et la demande; **im** ~ (umg) en action.

Angebotspreis m prix m demandé.

angebracht ['angəbraxt] adj (Bemerkung) judicieux(-euse); **etw für** ~ **halten** trouver qch judicieux, trouver bon de faire qch.

angebrannt ['angəbrant] adj: **es riecht hier so** ~ ça sent le brûlé.

angebrochen ['angəbrɔxən] adj entamé(e); **was sollen wir mit dem ~en Abend machen?** (umg) la soirée n'est pas terminée; qu'est-ce qu'on pourrait faire?

angebunden ['angəbʊndən] adj: **kurz** ~ (umg) brusque.

angegossen ['angəgɔsən] adj: **wie** ~ **sitzen** aller comme un gant.

angegriffen ['angəgrɪfən] adj (Gesundheit, Nerven) fragile.

angehalten ['angəhaltən] adj: ~ **sein, etw zu tun** être obligé(e) de faire qch.

angehaucht ['angəhaʊxt] adj: **links** ~ **sein**

(*umg*) avoir des tendances gauchistes; **rechts** ~ **sein** (*umg*) sympathiser avec la droite.

angeheiratet ['angəhaıratət] *adj* par alliance.

angeheitert ['angəhaıtərt] *adj* éméché(e).

angehen ['ange:ən] *unreg vt* (*betreffen*) regarder; (*Aufgabe, Probleme*) s'attaquer à; (*Gegner*) attaquer ♦ *vi* (*Radio, Licht*) s'allumer; (*umg: beginnen*) commencer ♦ *vt unpers*: **es geht nicht an, daß** ... il est hors de question que ...; **es geht noch an, daß** ... on peut tout juste admettre que ...; **das geht dich nichts an** ça ne te regarde pas; **was geht das ihn an?** en quoi cela le regarde-t-il?, qu'est-ce que ça peut lui faire?; **jdn um etw** ~ demander qch à qn; **gegen jdn/etw** ~ (*entgegentreten*) lutter contre qn/qch; **gegen etw** ~ (*Mißstände*) lutter contre qch.

angehend *adj* (*Lehrer*) futur(e); **er ist ein** ~**er Vierziger** (*umg*) il frise la quarantaine.

angehören ['angəhø:rən] *vi +Dat* appartenir à.

Angehörige(r) *f(m)* (*Familien*~) proche parent(e).

Angeklagte(r) ['angəkla:ktə(r)] *f(m)* accusé(e).

angeknackst ['angəknakst] (*umg*) *adj* (*Gesundheit*) atteint(e); (*Selbstbewußtsein*) ébranlé(e).

Angel ['aŋəl] (**–**, **–n**) *f* (*zum Fischfang*) canne *f* à pêche; (*Tür*~, *Fenster*~) gond *m*, charnière *f*; **die Welt aus den** ~**n heben** changer le monde.

Angelegenheit ['angələ:gənhaıt] *f* affaire *f*.

angelernt ['angəlɛrnt] *adj*: ~**er Arbeiter** ≈ ouvrier *m*.

Angelhaken *m* hameçon *m*.

angeln ['aŋəln] *vt, vi* pêcher.

Angelpunkt *m* point *m* essentiel.

Angelrute *f* canne *f* à pêche.

Angelsachse(-sächsin) ['aŋəlzaksə] (**–n**, **–n**) *m(f)* Anglo-Saxon(ne).

angelsächsisch ['aŋəlzɛksıʃ] *adj* anglo-saxon(ne).

Angelschein *m* permis *m* de pêche.

angemessen ['angəmɛsən] *adj* approprié(e); **eine der Leistung** ~**e Bezahlung** une rétribution correspondant au travail requis.

angenehm ['angəne:m] *adj* agréable; ~! (*bei Vorstellung*) enchanté(e)!; **es wäre mir sehr** ~, **wenn** ... je vous serais reconnaissant(e) de ...; **das A**~**e mit dem Nützlichen verbinden** joindre l'utile à l'agréable.

angenommen ['angənɔmən] *adj* (*Zahl*) approximatif(-ive); ~, **das trifft zu** admettons que ce soit vrai; ~, **wir** ... supposons que nous ... .

angepaßt ['angəpast] *adj* (*Mensch, Verhalten*) conformiste.

angeregt ['angəre:kt] *adj* animé(e).

angesäuselt ['angəzɔyzəlt] (*umg*) *adj* pompette.

angeschlagen ['angəʃla:gən] (*umg*) *adj* (*Mensch, Nerven*) à bout; (*Gesundheit*) mauvais(e).

angeschlossen ['angəʃlɔsən] *adj* (*Firma*) associé(e); **die der EG** ~**en Länder** les pays (qui font partie) de la CE.

angeschmiert ['angəʃmi:rt] (*umg*) *adj*: **der/die A**~**e sein** être bien attrapé(e).

angeschrieben ['angəʃri:bən] (*umg*) *adj*: **bei jdm gut/schlecht** ~ **sein** être bien/mal vu(e) de qn.

angesehen ['angəze:ən] *adj* respecté(e).

Angesicht ['angəzıçt] (**–es**, **–er**) *nt* (*geh*) visage *m*; **im** ~ **der Tatsache, daß**... eu égard au fait que ... .

angesichts ['angəzıçts] *präp +Gen* en raison de.

angespannt ['angəʃpant] *adj* tendu(e); (*Aufmerksamkeit*) soutenu(e).

Angest. *abk* = **Angestellte(r)**.

angestammt ['angəʃtamt] *adj* (*überkommen*) transmis(e) de père en fils; (*ererbt*) héréditaire.

Angestellte(r) ['angəʃtɛltə(r)] *f(m)* employé(e); (*Büro*~) employé(e) de bureau.

Angestelltenversicherung *f* ≈ sécurité *f* sociale.

angestrengt ['angəʃtrɛŋt] *adj* (*Miene, Ausdruck*) tendu(e) ♦ *adv* (*nachdenken*) très fort; (*arbeiten*) dur.

angetan ['angəta:n] *adj*: **von jdm/etw** ~ **sein** être séduit(e) par qn/qch; **danach** *od* **dazu** ~ **sein** être propice *od* bien choisi(e); **es jdm** ~ **haben** avoir impressionné *od* séduit qn.

angetrunken ['angətruŋkən] *adj* éméché(e).

angewiesen ['angəvi:zən] *adj*: **auf jdn/etw** ~ **sein** dépendre de qn/qch; **auf sich selbst** ~ **sein** devoir se débrouiller tout(e) seul(e).

angewöhnen ['angəvø:nən] *vt*: **jdm/sich etw** ~ habituer qn/s'habituer à qch.

Angewohnheit ['angəvo:nhaıt] *f* habitude *f*.

angewurzelt ['angəvʊrtsəlt] *adj*: **wie** ~ **dastehen** être figé(e) sur place.

angiften ['angıftən] (*pej: umg*) *vt* s'en prendre à.

angleichen ['anglaıçən] *unreg vt*: **etw einer Sache** *Dat* ~ adapter qch à qch ♦ *vr*: **sich jdm/einer Sache** *Dat* ~ s'adapter à qn/qch.

Angler(in) ['aŋlər(ın)] (**–s**, **–**) *m(f)* pêcheur (-euse) (à la ligne).

angliedern ['angli:dərn] *vt*: ~ (+*Dat od* **an** +*Akk*) (*Verein, Partei*) rattacher (à); (*Land*) annexer (à).

Anglikaner(in) [aŋgli'ka:nər(ın)] *m(f)* anglican(e).

anglikanisch *adj* anglican(e).

Anglist(in) [aŋ'glıst(ın)] (**–en**, **–en**) *m(f)* angliciste *m/f*.

Angola [aŋ'go:la] (**–s**) *nt* l'Angola *m*.

angolanisch [aŋgo'la:nıʃ] *adj* angolais(e).

angreifen ['angraıfən] *unreg vt* attaquer; (*Aufgabe, Problem, Arbeit*) s'attaquer à; (*Gesundheit*) atteindre ♦ *vi* attaquer.

Angreifer(in) (**–s**, **–**) *m(f)* agresseur *m*.

angrenzen ['angrɛntsən] *vi*: **an etw** *Akk* ~ être voisin(e) de qch.

Angriff ['angrıf] *m* attaque *f*; **etw in** ~ **nehmen** s'attaquer à qch.

Angriffsfläche *f*: **jdm/einer Sache eine** ~ **bieten**

être une cible facile pour qn/qch.
angriffslustig *adj* agressif(-ive).
Angst [aŋst] (–, ⁻e) *f* (*Furcht*) peur *f*; (*Sorge*) crainte *f*; ~ **haben (vor** +*Dat*) avoir peur (de); ~ **um jdn/etw haben** se faire du souci pour qn/qch; **nur keine** ~! ne crains/craignez rien!; **jdm** ~ **einflößen** *od* **einjagen** faire peur à qn; **es mit der** ~ **zu tun bekommen** *od* **kriegen** prendre peur; **a**~ *adj*: **jdm a**~ **machen** faire peur à qn; **ihm ist/wird (es) a**~ **(und bange)** il a de plus en plus peur; **a**~**frei** *adj* sans crainte; ~**hase** (*umg*) *m* poule *f* mouillée.
ängstigen ['ɛŋstɪgən] *vt* faire peur à ♦ *vr* se faire du souci.
ängstlich *adj* (*furchtsam*) peureux(-euse); (*besorgt*) inquiet(-ète); (*schüchtern*) timide, craintif(-ive); **Ä**~**keit** *f* caractère *m* craintif.
Angstschweiß *m*: **mir brach der** ~ **aus** j'en ai eu des sueurs froides.
angurten ['anɡʊrtən] *vt, vr* = **anschnallen**.
Anh. *abk* (= *Anhang*) appendice *m*.
anhaben ['anhaːbən] *unreg vt* avoir mis(e); **jdm nichts** ~ **können** ne rien faire à qn.
anhaften ['anhaftən] *vi* être collé(e), rester; ~ +*Dat* (*fig*) être inhérent(e) à.
anhalten ['anhaltən] *unreg vt* (*Fahrzeug*) arrêter; (*Luft, Atem*) retenir ♦ *vi* (*stoppen*) s'arrêter; (*andauern*) continuer; **jdm etw** ~ (*Kleid etc*) tenir qch devant qn; **um die Hand eines Mädchens** ~ demander la main d'une jeune fille; **jdn zur Arbeit/Pünktlichkeit** ~ encourager qn à travailler/à être ponctuel(le).
anhaltend *adj* (*Beifall*) interminable; (*Regen*) ininterrompu(e).
Anhalter(in) (–s, –) *m(f)* auto-stoppeur(-euse); **per** ~ **fahren** faire du stop.
Anhaltspunkt *m*: **jdm einen** ~ **für etw geben** donner une idée à qn sur qch.
anhand [an'hant] *präp* +*Gen* en se fondant sur.
Anhang ['anhaŋ] *m* (*von Buch, Vertrag*) appendice *m*; (*Leute*) disciples *mpl*; (*Kinder*) enfants *mpl*; (*Anhängerschaft*) partisans *mpl*.
anhängen ['anhɛŋən] *vt* suspendre; (*Wagen*) accrocher; (*anfügen*; COMPUT) ajouter ♦ *vr*: **sich an jdn** ~ suivre qn; **jdm etw** ~ (*umg*: *pej*) mettre qch sur le dos de qn.
Anhänger (–s, –) *m* (*Mensch*) partisan *m*; (AUT) caravane *f*; (*am Koffer*) étiquette *f*; (*Schmuck*) pendentif *m*; ~**schaft** *f* partisans *mpl*.
anhängig *adj* (JUR) devant les tribunaux; ~ **machen** (*Prozeß*) intenter.
anhänglich *adj* affectueux(-euse); **A**~**keit** *f* attachement *m*.
Anhängsel (–s, –) *nt* breloque *f*.
anhauen ['anhauən] (*umg*) *vt* (*ansprechen*) aborder.
anhäufen ['anhɔʏfən] *vt* accumuler ♦ *vr* s'accumuler.
Anhäufung ['anhɔʏfʊŋ] *f* accumulation *f*.
anheben ['anheːbən] *unreg vt* (*Gegenstand*) soulever; (*Preise, Steuern*) augmenter.
anheimelnd ['anhaɪmɛlnt] *adj* familier(-ière).
anheimstellen [an'haɪmʃtɛlən] *vt*: **jdm etw** ~

(*geh*) s'en remettre à qn de qch.
anheizen ['anhaɪtsən] *vt* (*Stimmung*) rendre plus animé(e); (*Ofen*) allumer; (*Krise*) rendre plus aigu(aiguë); (*umg*: *Wirtschaft*) stimuler.
anheuern ['anhɔʏərn] *vt* engager.
Anhieb ['anhiːb] *m*: **auf** ~ **tout de suite.**
anhimmeln ['anhɪməln] (*umg*) *vt* être en adoration devant.
Anhöhe ['anhøːə] *f* colline *f*.
anhören ['anhøːrən] *vt* écouter ♦ *vr* s'entendre; **sich Dat etw** ~ écouter qch; **man hört ihr an, daß sie traurig ist** sa voix trahit sa tristesse.
Anhörung *f* audition *f*.
Animateur [anima'tøːr] *m* animateur *m*.
Animierdame [ani'miːrdaːmə] *f* entraîneuse *f*.
animieren [ani'miːrən] *vt*: **(zu etw)** ~ inciter (à qch).
Anis [a'niːs] (–(e)s, –e) *m* anis *m*.
Ank. *abk* (= *Ankunft*) arrivée *f*.
ankämpfen ['ankɛmpfən] *vi*: **gegen etw** ~ lutter contre qch.
Ankara ['aŋkara] *nt* Ankara.
Ankauf ['ankaʊf] *m* achat *m*; ~ **und Verkauf von ... achat et vente de ... .**
ankaufen *vt* acheter ♦ *vr* acheter du terrain.
Anker ['aŋkər] (–s, –) *m* ancre *f*; **vor** ~ **gehen** jeter l'ancre.
ankern *vi* jeter l'ancre, mouiller.
Ankerplatz *m* mouillage *m*.
anketten ['ankɛtən] *vt* (*Hund*) attacher (avec une chaîne); (*Fahrrad*) fixer (avec une chaîne); **angekettet sein** (*umg*) ne pas être libre de ses mouvements.
Anklage ['anklaːɡə] *f* accusation *f*, partie *f* plaignante; **gegen jdn** ~ **erheben** porter plainte contre qn; ~**bank** *f* banc *m* des accusés.
anklagen ['anklaːɡən] *vt* accuser; **(jdn einer Sache Gen)** ~ (JUR) inculper (qn de qch).
Anklagepunkt *m* chef *m* d'accusation.
Ankläger ['anklɛːɡər] (–s, –) *m* = **Anklagevertreter**.
Anklageschrift *f* acte *m* d'accusation.
Anklagevertreter *m* avocat *m* du ministère public.
anklammern ['anklamərn] *vt* agrafer ♦ *vr*: **sich an etw** *Akk od Dat* ~ se cramponner à qch.
Anklang ['anklaŋ] *m*: **(bei jdm)** ~ **finden** être bien reçu(e) (par qn).
ankleben ['ankleːbən] *vt*: „**Plakate** ~ **verboten!**" "défense d'afficher!"
Ankleidekabine *f* cabine *f*.
ankleiden ['anklaɪdən] *vt* habiller ♦ *vr* s'habiller.
anklingen ['anklɪŋən] *vi*: **an jdn/etw** ~ rappeler qn/qch.
anklopfen ['anklɔpfən] *vi* frapper.
anknipsen ['anknɪpsən] *vt* allumer; (*Schalter*) appuyer sur.
anknüpfen ['anknʏpfən] *vt* (*Band etc*) attacher, nouer; (*fig*: *Beziehungen*) établir ♦ *vi*: ~ **an**

+*Dat* reprendre.
Anknüpfungspunkt *m* liaison *f*, point *m* de départ.
ankommen ['ankɔmən] *unreg vi* arriver ♦ *vi unpers*: **er ließ es auf einen Streit/einen Versuch ~** il n'a pas eu peur d'une explication/ d'essayer; **es kommt darauf an** ça dépend; (*wichtig sein*) c'est ce qui compte; **bei jdm ~** (*Anklang finden*) avoir du succès chez qn; **gegen jdn/etw ~** s'opposer à qn/qch; **damit kommst du bei ihm nicht an!** ça ne marchera pas avec lui!; **es darauf ~ lassen** voir venir; **auf die paar Mark soll es mir nicht ~** ne pinaillons pas pour quelques malheureux francs.
ankoppeln ['ankɔpəln] *vt* coupler.
ankreiden ['ankraɪdən] *vt*: **jdm etw (dick** *od* **übel) ~** faire grief à qn de qch.
ankreuzen ['ankrɔytsən] *vt* marquer d'une croix, cocher.
ankündigen ['ankʏndɪgən] *vt* annoncer.
Ankündigung *f* annonce *f*.
Ankunft ['ankʊnft] *f* arrivée *f*.
Ankunftstafel *f* tableau *m* des arrivées.
Ankunftszeit *f* heure *f* d'arrivée.
ankurbeln ['ankʊrbəln] *vt* (*Wirtschaft, Produktion*) relancer; (*AUT*) faire partir à la manivelle.
Anl. *abk* (= *Anlage*) PJ.
anlachen ['anlaxən] *vt* regarder en riant; **sich** *Dat* **jdn ~** (*umg*) draguer qn.
Anlage ['anla:gə] *f* (*Fabrik, Gebäudekomplex*) installations *fpl*; (*Park*) parc *m*; (*TECH, MIL, SPORT etc*) équipement *m*; (*ELEK*) installation *f*; (*FINANZ*) placement *m*; (*umg: Stereo~*) chaîne *f*; (*Entwurf, Plan*) conception *f*, structure *f*; (*Begabung, Veranlagung*) talent *m*; (*Beilage*) annexe *f*; (*Veranlagung*): **~ zu** tendance *f* à; **elektrische ~** installations électriques; **sanitäre ~n** installations sanitaires; **als ~** *od* **in der ~ erhalten Sie ...** veuillez trouver ci-joint ...; **~berater(in)** *m(f)* conseiller(-ère) en placements; **~kapital** *nt* capital *m* à investir.
Anlagenabschreibung *f* amortissement *m* admis par le fisc.
Anlagevermögen *nt* immobilisations *fpl*.
anlangen ['anlaŋən] *vi* arriver ♦ *vt* (*betreffen*) concerner; **was mich anlangt ...** en ce qui me concerne, ..., quant à moi, ...; **was dieses Problem anlangt ...** en ce qui concerne ce problème, ...
Anlaß ['anlas] (**–sses, Anlässe**) *m* (*Ursache*) cause *f*; (*Gelegenheit, Ereignis*) occasion *f*; **~ zu raison** *f* **de; aus ~** +*Gen* à l'occasion de; **~ zur Besorgnis/Freude geben** être inquiétant(e)/ réjouissant(e); **beim geringsten** *od* **bei jedem ~** sous n'importe quel prétexte; **etw zum ~ nehmen** profiter de qch.
anlassen *unreg vt* (*Motor*) mettre en marche, démarrer; (*Mantel etc*) garder; (*Licht, Radio etc*) laisser allumé(e) ♦ *vr* commencer.
Anlasser (**–s, –**) *m* (*AUT*) démarreur *m*.
anläßlich ['anlɛslɪç] *präp* +*Gen* à l'occasion de.
anlasten ['anlastən] *vt*: **jdm etw ~** imputer qch

à qn.
Anlauf ['anlaʊf] *m* (*SPORT*) élan *m*; (*Versuch*) tentative *f*; **~ nehmen** (*SPORT*) prendre son élan; **einen neuen ~ nehmen** *od* **machen** faire une nouvelle tentative.
anlaufen *unreg vi* (*Motor*) partir; (*beginnen*) commencer; (*Film*) sortir; (*SPORT*) prendre son élan; (*Metall*) se ternir; (*Fenster*) se couvrir de buée ♦ *vt* (*Hafen*) faire escale à; **rot ~** rougir; **angelaufen kommen** arriver; **gegen etw ~** (*fig*) combattre qch.
Anlaufstelle *f* endroit *m* où s'adresser.
Anlaufzeit *f* (*fig*) temps *m* pour se préparer.
anläuten ['anlɔytən] *vi* téléphoner ♦ *vt* téléphoner à.
anlegen ['anle:gən] *vt* (*Lineal*) placer; (*Maßstab*) appliquer; (*Leiter*) poser; (*Spielkarte*) jouer; (*förmlich: anziehen*) revêtir; (*Park, Garten*) aménager; (*Liste*) établir; (*Kartei, Akte*) constituer; (*COMPUT: Datei*) créer; (*Geld: investieren*) placer; (: *ausgeben*) dépenser, mettre; (*Gewehr*) épauler ♦ *vi* (*Schiff*) mouiller; **die Ohren ~** (*fig*) être désagréablement surpris; **es auf einen Streit ~** chercher la bagarre; **strengere Maßstäbe ~** imposer des normes plus strictes; **sich mit jdm ~** (*umg*) chercher noise à qn; **auf jdn ~** (*MIL*) viser qn.
Anlegeplatz *m* mouillage *m*.
Anleger(in) (**–s, –**) *m(f)* (*FINANZ*) investisseur *m*.
Anlegestelle *f* mouillage *m*.
anlehnen ['anle:nən] *vt* (*Leiter, Fahrrad*) appuyer, poser; (*Tür, Fenster*) entrebâiller ♦ *vr* s'appuyer; (*an Vorbild*) imiter.
Anlehnung *f*: **in ~ an jdn/etw** en imitant qn/ qch.
anlehnungsbedürftig *adj* qui a besoin d'affection.
anleiern ['anlaɪərn] (*umg*) *vt* commencer.
Anleihe ['anlaɪə] *f* (*FINANZ*) emprunt *m*; (*Wertpapier*) titre *m*; **öffentliche ~** emprunt public.
anleiten ['anlaɪtən] *vt*: **jdn bei einer Arbeit ~** montrer (comment faire) un travail à qn; **jdn zu etw ~** encourager qn à qch.
Anleitung *f* instructions *fpl*, conseils *mpl*; **unter jds ~** en suivant les conseils de qn.
anlernen ['anlɛrnən] *vt*: **jdn ~** former qn.
Anlernling *m* stagiaire *m/f*.
anlesen ['anle:zən] *unreg vt*: **sich** *Dat* **etw ~** apprendre qch en lisant; (*Wissen, Kenntnisse*) acquérir qch en lisant.
anliefern ['anli:fərn] *vt*, *vi* livrer.
Anliegen (**–s, –**) *nt* problème *m*; (*Wunsch*) demande *f*.
anliegen ['anli:gən] *unreg vi* (*Kleidung*) être moulant(e).
anliegend *adj* (*Grundstück*) voisin(e); (*Kleidung*) moulant(e); (*beigefügt*) ci-joint(e).
Anlieger (**–s, –**) *m* riverain *m*; „**~ frei**" "riverains autorisés".
anlocken ['anlɔkən] *vt* attirer.
anlügen ['anly:gən] *unreg vt* mentir à.
Anm. *abk* = **Anmerkung**.

anmachen ['anmaxən] *vt* (*anschalten, anzünden*) allumer; (*befestigen*) fixer; (*Salat*) assaisonner; **jdn** ~ (*umg*) draguer qn.

anmahnen ['anma:nən] *vt* envoyer un rappel à propos de.

anmalen ['anma:lən] *vt* (*bemalen*) peindre; (*ausmalen*) dessiner ♦ *vr* (*pej: schminken*) se farder.

Anmarsch ['anmarʃ] *m*: **im** ~ **sein** arriver; (*umg*) rappliquer.

anmaßen ['anma:sən] *vr*: **sich** *Dat* **etw** ~ (*Rechte*) s'attribuer qch; **sich** *Dat* **ein Urteil über etw** *Akk* ~ se permettre de porter un jugement sur qch; **~d** *adj* arrogant(e).

Anmaßung *f* suffisance *f*.

Anmeldeformular ['anmɛldəfɔrmu:la:r] *nt* formulaire *m* d'inscription.

anmelden *vt* (*Besucher, Besuch*) annoncer; (*Radio*) payer la redevance pour; (*Auto*) faire immatriculer; (*Recht*) faire valoir; (*Ansprüche zu Steuerzwecken*) déclarer; (*Kind für Schule*) inscrire; (*COMPUT*) entrer ♦ *vr* (*sich ankündigen*) s'annoncer; (*polizeilich*) annoncer son arrivée; (*für Kurs etc*) s'inscrire; **ein Gespräch nach Deutschland** ~ demander une ligne pour l'Allemagne.

anmeldepflichtig *adj* (*Krankheiten*) dont la déclaration est obligatoire.

Anmeldung *f* (*Büro*) réception *f*; **nur nach voriger** ~ (uniquement) sur rendez-vous.

anmerken ['anmɛrkən] *vt* (*hinzufügen*) ajouter; (*anstreichen*) noter; **jdm seine Unsicherheit** ~ remarquer le manque d'assurance de qn, remarquer que qn manque d'assurance; **sich** *Dat* **nichts** ~ **lassen** ne rien laisser paraître.

Anmerkung *f* remarque *f*.

Anmut ['anmu:t] *f* charme *m*.

anmuten *vt*: **seltsam** ~ faire une impression bizarre.

anmutig *adj* charmant(e).

annähen ['annɛ:ən] *vt* coudre.

annähern ['annɛ:ərn] *vr* s'approcher, approcher; (*Land, Standpunkt*) se rapprocher.

annähernd *adj* (*Wert, Betrag*) approximatif(-ive) ♦ *adv*: **nicht** ~ **soviel** beaucoup moins.

Annäherung *f* (*POL*) rapprochement *m*.

Annäherungsversuch *m* avance *f*.

Annahme ['anna:mə] *f* (*Vermutung*) supposition *f*; (*von Gesetz, Kind, Namen*) adoption *f*; *siehe auch* ~**stelle**; ~**bestätigung** *f* récépissé *m*, reçu *m*; ~**stelle** *f* (*bei Post, für Lottoscheine*) guichet *m*; ~**verweigerung** *f* refus *m*.

annehmbar ['anne:mba:r] *adj* acceptable.

annehmen *unreg vt* accepter; (*Wettschein, Gespräch, Namen, Angewohnheit*) prendre; (*Kind*) adopter; (*vermuten*) admettre ♦ *vr*: **sich einer Sache** *Gen* ~ (*sich kümmern um*) s'occuper de qch; **jdn an Kindes Statt** ~ adopter qn; **angenommen, das ist so** admettons que ce soit vrai.

Annehmlichkeit *f* (*oft pl*) commodité *f*.

annektieren [anɛk'ti:rən] *vt* annexer.

anno ['ano] *adv*: **von A~ dazumal** *od* **Tobak** (*umg*) antédiluvien(ne).

Annonce [a'nõ:sə] *f* annonce *f*.

annoncieren [anõ'si:rən] *vt* annoncer ♦ *vi* mettre *od* insérer une annonce.

annullieren [anu'li:rən] *vt* annuler.

Anode [a'no:də] *f* anode *f*.

anöden ['an|ø:dən] (*umg*) *vt* casser les pieds à.

anomal [ano'ma:l] *adj* (*regelwidrig*) irrégulier(-ière); (*nicht normal*) anormal(e).

anonym [ano'ny:m] *adj* anonyme.

Anorak ['anorak] (**–s, –s**) *m* anorak *m*.

anordnen ['an|ɔrdnən] *vt* ranger, classer; (*befehlen*) ordonner.

Anordnung *f* (*Befehl*) ordre *m*; ~**en treffen** donner des ordres.

anorganisch ['an|ɔrgaːnɪʃ] *adj* inorganique.

anpacken ['anpakən] *vt* (*anfassen*) saisir; (*in Angriff nehmen*) s'attaquer à; (*behandeln*) s'y prendre avec; **mit** ~ mettre la main à la pâte.

anpassen ['anpasən] *vt* (*Kleidung*) ajuster; (*angleichen*) adapter ♦ *vr* (*dem Klima, den Verhältnissen*) s'adapter; (*anderen*) se conformer.

Anpassung *f* adaptation *f*; (*von Kleidung*) ajustage *m*.

anpassungsfähig *adj* adaptable.

Anpassungsvermögen *nt* adaptabilité *f*.

anpeilen ['anpaɪlən] *vt* (*mit Radar, Funk etc*) mettre le cap sur (*après avoir fait le point*).

Anpfiff ['anpfɪf] *m* (*SPORT*) coup *m* de sifflet (*annonçant le début d'un match*); (: *Spielbeginn*) coup d'envoi; (*umg: Zurechtweisung*) savon *m*; **einen** ~ **bekommen** (*umg*) se faire enguirlander.

anpflanzen ['anpflantsən] *vt* planter.

anpöbeln ['anpø:bəln] (*umg*) *vt* s'en prendre à.

Anprall ['anpral] *m*: ~ (**gegen** *od* **an** +*Akk*) choc *m* (contre), impact *m* (sur).

anprangern ['anpraŋərn] *vt* dénoncer.

anpreisen ['anpraɪzən] *unreg vt* recommander (chaleureusement); **sich** (**als etw**) ~ se vanter (d'être qch).

Anprobe ['anpro:bə] *f* essayage *m*.

anprobieren ['anprobi:rən] *vt* essayer.

anpumpen ['anpumpən] (*umg*) *vt*: **jdn um 10 Mark** ~ emprunter 10 marks à qn; **jdn** ~ demander des sous à qn.

anquatschen ['ankvatʃən] (*umg*) *vt* baratiner.

Anrainer ['anraɪnər] (**–s, –**) *m* voisin *m*.

anranzen ['anrantsən] (*umg*) *vt* enguirlander.

anraten ['anra:tən] *unreg vt* conseiller; **auf A~ von** suivant les conseils de; **auf A~ des Arztes** selon les prescriptions du médecin.

anrechnen ['anrɛçnən] *vt* (*Betrag*) compter; (*altes Gerät*) accorder une remise pour; (*bewerten*) tenir compte de; **jdm etw hoch** ~ avoir une haute opinion de qn à cause de qch.

anrechnungsfähig *adj* qui compte.

Anrecht ['anrɛçt] *nt* droit *m*; **ein** ~ **auf etw** *Akk* **haben** avoir droit à qch.

Anrede ['anre:də] *f* titre *m*.

anreden *vt* (*ansprechen*) s'adresser à; (*be-*

lästigen) aborder; **jdn mit Frau/Exzellenz** ~ appeler qn "Madame/Excellence"; **jdn mit "Sie"** ~ vouvoyer qn.

anregen ['anreːgən] *vt (stimulieren)* stimuler; *(vorschlagen)* suggérer; **eine Frage** ~ poser une question; **angeregte Unterhaltung** conversation *f* animée.

anregend *adj (Mittel)* excitant(e); *(Luft)* qui réveille; *(Gespräch)* stimulant(e).

Anregung *f (Stimulieren)* stimulation *f*; *(Vorschlag)* suggestion *f*; *(Denkanstoß)* idée *f*.

anreichern ['anraiçərn] *vt (CHEM)* enrichir; *(KOCH)* rendre plus riche.

Anreise ['anraizə] *f* (voyage *m* d')aller *m*.

anreisen *vi* arriver; **aus München angereist kommen** arriver de Munich.

anreißen ['anraisən] *unreg vt (Thema, Problem)* aborder (brièvement).

Anreiz ['anraits] *m* motivation *f*.

anreizen *vt* attirer.

anrempeln ['anrɛmpəln] *(umg) vt* heurter, se cogner contre.

anrennen ['anrɛnən] *unreg vi*: **gegen etw** ~ *(gegen Wind etc)* avancer en luttant contre qch.

Anrichte ['anrıçtə] *f* buffet *m*.

anrichten *vt (Essen)* servir; *(: garnieren)* présenter; *(Verwirrung)* provoquer; *(Schaden)* faire; **Unheil** ~ faire des siennes; **da hast du aber etwas angerichtet!** *(umg: verursacht)* quelle pagaille tu as semée!; *(: angestellt)* c'est du joli!

anrüchig ['anryçiç] *adj* louche.

anrücken ['anrykən] *vi arriver; (MIL)* avancer.

Anruf ['anruːf] *m (TEL)* appel *m*; ~**beantworter** *m* répondeur *m* (automatique).

anrufen *unreg vt (TEL)* appeler; *(bitten)* implorer ♦ *vi* appeler.

anrühren ['anryːrən] *vt (anfassen)* toucher; *(mischen)* préparer, faire; **nichts** ~ *(nichts essen)* ne rien manger.

ans [ans] = **an das**.

Ansage ['anzaːgəl] *f* annonce *f*.

ansagen *vt (Zeit)* donner; *(Programm)* annoncer; *(diktieren)* dicter ♦ *vr* annoncer sa visite.

Ansager(in) (**-s, -**) *m(f) (RUNDF, TV)* speaker(ine).

ansammeln ['anzaməln] *vt (Reichtümer)* accumuler, amasser ♦ *vr (Druck)* s'accumuler; *(Wut)* monter; *(Menschen)* se rassembler.

Ansammlung *f* accumulation *f*, amas *m*; *(Leute)* rassemblement *m*, attroupement *m*.

ansässig ['anzɛsıç] *adj* établi(e).

Ansatz ['anzats] *m (Beginn)* début *m*; *(Versuch)* tentative *f*; *(Haar~)* racine *f*; *(Hals~)* naissance *f*; *(Rost~, Kalk~)* dépôt *m*; *(Verlängerungsstück)* rallonge *f*; *(Veranschlagung)* évaluation *f*; **etw im** ~ **bringen** prévoir qch; **die ersten Ansätze zu etw** les premières amorces de qch; ~**punkt** *m* point *m* de départ; ~**stück** *nt (TECH)* rallonge *f*, embout *m*.

anschaffen ['anʃafən] *vt* acquérir, acheter; **sich** *Dat* **Kinder** ~ *(umg)* faire des enfants.

Anschaffung *f* acquisition *f*.

anschalten ['anʃaltən] *vt* allumer.

anschauen ['anʃauən] *vt* regarder.

anschaulich *adj* vivant(e) ♦ *adv*: **etw** ~ **erklären** expliquer qch clairement.

Anschauung *f (Meinung)* opinion *f*, idée *f*; **aus eigener** ~ par expérience; ~**smaterial** *nt* matériel *m* documentaire.

Anschein ['anʃain] *m* apparence *f*; **dem** ~ **nach** apparemment; **allem** ~ **nach** selon toute apparence; **es hat den** ~, **daß** ... il semble que ... .

anscheinend *adj* apparent(e) ♦ *adv* apparemment.

anschieben ['anʃiːbən] *unreg vt (Fahrzeug)* pousser.

Anschiß ['anʃıs] *(umg) m*: **einen** ~ **bekommen** se faire engueuler.

Anschlag ['anʃlaːk] *m (Bekanntmachung)* annonce *f*; *(Plakat)* affiche *f*; *(Attentat)* attentat *m*; *(WIRTS)* devis *m*; *(auf Klavier)* toucher *m*; *(auf Schreibmaschine)* frappe *f*; **200 Anschläge in der Minute** ≈ 40 mots/minute; **bis zum** ~ **aufdrehen** ouvrir à fond; **ein Gewehr im** ~ **haben** être prêt à tirer; ~**brett** *nt* panneau *m* od tableau *m* d'affichage.

anschlagen ['anʃlaːgən] *unreg vt (Zettel)* afficher; *(beschädigen: Tasse)* ébrécher; *(Akkord)* frapper, plaquer; *(Kosten)* évaluer; *(stoßen)*: **sich** *Dat* **den Kopf** ~ se cogner la tête ♦ *vi (wirken)* être efficace; *(Hund)* aboyer; *(SPORT)* servir; *(umg: dick machen)* faire grossir; **einen anderen Ton** ~ changer de ton; **ein schnelleres Tempo** ~ passer à la vitesse supérieure.

anschlagfrei *adj*: ~**er Drucker** imprimante *f* sans impact.

Anschlagsäule *f* colonne *f* d'affichage od Morris.

anschleppen ['anʃlɛpən] *(umg) vt (unerwünscht)* s'amener avec.

anschließen ['anʃliːsən] *unreg vt (Gerät)* brancher; *(Sender)* relayer; *(Fahrrad etc)* enchaîner, cadenasser; *(folgen lassen, hinzufügen)* ajouter ♦ *vi*: **an etw** *Akk* ~ *(räumlich)* être contigu(ë) à qch; *(zeitlich)* suivre qch ♦ *vr*: **sich jdm** ~ se joindre à qn; *(beipflichten)* se ranger à l'avis de qn.

anschließend *adj (räumlich)* contigu(ë); *(zeitlich)* qui suit ♦ *adv* ensuite; ~ **an** +*Akk* (tout de suite) après.

Anschluß ['anʃlus] *m (ELEK)* branchement *m*, raccordement *m*; *(von Wasser etc)* branchement *m*; *(EISENB, FLUG)* correspondance *f*; *(TEL: Verbindung)* communication *f*; *(: Apparat)* ligne *f*; *(COMPUT)* porte *f* d'accès; *(POL)* annexion *f*; **im** ~ **an** +*Akk* (immédiatement) après; ~ **finden** *(Kontakt)* se faire des amis; ~ **bekommen** *(TEL)* avoir od obtenir la communication; „**kein** ~ **unter dieser Nummer"** "il n'y a pas d'abonné au numéro que vous avez demandé"; **den** ~ **verpassen** *(fig)* manquer le coche.

anschmiegen ['anʃmiːgən] *vr*: **sich an jdn/etw**

~ se blottir contre qn/qch.

anschmiegsam ['anʃmiːkzaːm] *adj* (*Mensch*) tendre, câlin(e); (*Stoff*) souple.

anschmieren ['anʃmiːrən] *vt* barbouiller; (*umg*) mener en bateau; (: *betrügen*) rouler.

anschnallen ['anʃnalən] *vt* (*Skier, Schlittschuh*) mettre; (*im Auto*) mettre la ceinture à ♦ *vr* attacher sa ceinture; „**bitte ~**" "attachez vos ceintures".

Anschnallpflicht *f*: **in Taxis ist jetzt ~** *le port de la ceinture (de sécurité) est devenu obligatoire dans les taxis.*

anschnauzen ['anʃnautsən] (*umg*) *vt* engueuler.

anschneiden ['anʃnaɪdən] *unreg vt* (*Brot, Wurst*) entamer; (*Kurve*) négocier; (*Thema, Problem*) aborder.

Anschnitt ['anʃnɪt] *m* (*Schnittfläche von Brot, Wurst*) partie *f* coupée, coupe *f*; (*Stück*) entame *f*.

anschreiben ['anʃraɪbən] *unreg vt* écrire, inscrire; (*an Behörde etc*) écrire à ♦ *vi* (*Kredit geben*) faire crédit; **können Sie es mir ~?** pouvez-vous le mettre sur mon compte?; **bei jdm gut angeschrieben sein** être dans les petits papiers de qn; **bei jdm schlecht angeschrieben sein** être mal vu(e) de qn.

anschreien ['anʃraɪən] *unreg vt* crier après, apostropher.

Anschrift ['anʃrɪft] *f* adresse *f*.

Anschriftenliste *f* liste *f* d'adresses.

Anschuldigung ['anʃʊldɪɡʊŋ] *f* accusation *f*.

anschwärzen ['anʃvɛrtsən] (*umg*) *vt* (*fig*) dénigrer.

anschwellen ['anʃvɛlən] *unreg vi* (*Körperteil*) enfler, gonfler; (*Fluß*) être en crue, monter; (*Lärm*) s'enfler.

anschwemmen ['anʃvɛmən] *vt* charrier.

anschwindeln ['anʃvɪndəln] (*umg*) *vt* raconter des bobards à.

ansehen ['anzeːən] *unreg vt* regarder; (**sich** *Dat*) **etw ~** (*besichtigen*) visiter qch; (*Fernsehsendung*) regarder qch; (*Film, Stück, Sportveranstaltung*) aller voir qch; **jdm etw ~** lire qch sur le visage de qn; **jdn/etw als etw ~** considérer qn/qch comme qch; **ich kann das nicht länger (mit) ~** je trouve ça insoutenable.

Ansehen (**-s**) *nt* considération *f*; (*Ruf*) réputation *f*; **ohne ~ der Person** (*JUR*) sans acception de personne.

ansehnlich ['anzeːnlɪç] *adj* (*Mensch*) de belle apparence *od* stature; (*Betrag*) considérable.

anseilen ['anzaɪlən] *vt* encorder ♦ *vr* s'encorder.

ansein ['anzaɪn] (*umg*) *unreg vi* être allumé(e).

ansetzen ['anzɛtsən] *vt* (*Wagenheber*) mettre, placer; (*anlegen, an Mund etc*) mettre; (: *Trompete*) emboucher; (: *Glas*) porter à sa bouche; (*anfügen*) ajouter; (*Knospen, Frucht*) faire, produire; (*Blätter*) pousser, se couvrir de; (*Bowle*) faire macérer; (*Termin*) fixer; (*Kosten*) calculer ♦ *vi* (*beginnen*) commencer; (*Entwicklung*) s'amorcer ♦ *vr* (*Rost*) se former; (*Kalk*)

se déposer; (*Fett*) ~ engraisser; **zu etw** ~ commencer à faire qch; **jdn auf jdn** ~ mettre qn sur la trace de qn; **jdn auf eine Aufgabe** ~ affecter qn à une tâche.

Ansicht ['anzɪçt] *f* (*sichtbarer Teil*) vue *f*; (*Meinung*) avis *m*, opinion *f*; **zur** ~ à l'examen; **meiner** ~ **nach** à mon avis.

Ansichtskarte *f* carte *f* postale.

Ansichtssache *f*: **das ist** ~ c'est une affaire d'opinion.

ansiedeln ['anziːdəln] *vt* établir; (*Tierart*) introduire ♦ *vr* s'établir, se fixer; (*Industrie etc*) s'implanter.

Ansinnen ['anzɪnən] (**-s, -**) *nt* (*geh*) prétention *f*.

ansonsten [an'zɔnstən] *adv* à part cela, par ailleurs.

anspannen ['anʃpanən] *vt* (*Tiere, Wagen*) atteler; (*Muskel*) bander.

Anspannung *f* tension *f*; **unter** ~ **aller Kräfte** de toutes ses forces.

ansparen ['anʃpaːrən] *vt* économiser.

Anspiel ['anʃpiːl] *nt* (*Spielbeginn*) commencement *m* du jeu.

anspielen *vi* (*SPORT*) ouvrir le jeu; **auf etw** *Akk* ~ faire allusion à qch.

Anspielung *f*: ~ **auf** +*Akk* allusion *f* à.

Ansporn ['anʃpɔrn] (**-(e)s**) *m* stimulation *f*.

anspornen *vt*: **jdn zu etw** ~ pousser *od* inciter qn à qch.

Ansprache ['anʃpraːxə] *f* allocution *f*.

ansprechen ['anʃprɛçən] *unreg vt* (*reden mit*) adresser la parole à; (*belästigend*) importuner; (*gefallen*) plaire à; (*Kundenkreis, Öffentlichkeit*) s'adresser à; (*Thema*) aborder ♦ *vi* (*gefallen*) plaire; (*reagieren*) réagir; (*wirken*) faire de l'effet; **jdn mit Herr Professor** ~ appeler qn professeur; **jdn um etw** ~ (*geh*) demander qch à qn; **jdn auf etw** *Akk* (**hin**) ~ parler de qch à qn.

ansprechend *adj* séduisant(e), charmant(e).

Ansprechpartner *m* interlocuteur *m*.

anspringen ['anʃprɪŋən] *unreg vi* (*AUT*) démarrer ♦ *vt* (*subj: Tier*) bondir sur.

Anspruch ['anʃprux] *m* (*Recht*) droit *m*; (*Forderung*) exigence *f*, revendication *f*; **den Ansprüchen gerecht werden** répondre aux exigences; **hohe Ansprüche stellen** *od* **haben** être très exigeant(e); ~ **auf etw** *Akk* **haben** avoir droit à qch; **etw in** ~ **nehmen** avoir recours à qch; **das nimmt mich ganz in** ~ ça me prend toute mon énergie.

anspruchslos *adj* sans prétentions, modeste.

anspruchsvoll *adj* exigeant(e), difficile; (*Musik, Lektüre*) difficile; (*WIRTS: Ausstattung*) haut *inv* de gamme.

anspucken ['anʃpukən] *vt* cracher sur.

anstacheln ['anʃtaxəln] *vt* inciter, stimuler.

Anstalt ['anʃtalt] (**-, -en**) *f* (*Schule, Heim, Gefängnis*) établissement *m*; (*Heil~*) maison *f* de santé; **~en machen, etw zu tun** se préparer *od* s'apprêter à faire qch.

Anstand ['anʃtant] *m* décence *f*; (*Manieren*)

bonnes manières *fpl*; **(keinen)** ~ **an etw** *Dat*
nehmen *(geh)* (ne pas) se formaliser de qch.
anständig ['anʃtɛndɪç] *adj (Mensch, Benehmen)*
honnête; *(Leistung, Arbeit)* satisfaisant(e),
honnête; *(umg: groß, tüchtig)* gros(se); **A~keit**
f honnêteté *f; (Güte)* caractère *m* satisfaisant.
Anstands-: ~**besuch** *m* visite *f* de courtoisie;
a~halber ['anʃtantshalbər] *adv* pour la forme;
a~los *adv* sans problème.
anstarren ['anʃtarən] *vt* regarder fixement,
fixer du regard.
anstatt [an'ʃtat] *präp* +Gen au lieu de, à la place de ♦ *konj:* ~ **etw zu tun** au lieu de faire
qch.
anstauen ['anʃtauən] *vr* s'accumuler.
anstechen ['anʃtɛçən] *unreg vt (Blase, Reifen)*
crever; *(Faß)* mettre en perce.
anstecken ['anʃtɛkən] *vt (Abzeichen, Blume,
Ring)* mettre; *(MED)* contaminer, infecter;
(Pfeife, Kerzen) allumer; *(Haus)* mettre le feu à
♦ *vr:* **ich habe mich bei ihm angesteckt** il m'a
contaminé(e) ♦ *vi* être contagieux(-euse);
jdn mit seinem Lachen/Gähnen ~ communiquer son rire/son envie de bâiller à qn.
ansteckend *adj* contagieux(-euse).
Anstecknadel *f* pins *m*.
Ansteckung *f* contagion *f*.
anstehen ['anʃteːən] *unreg vi* faire la queue;
(Verhandlungspunkt) être à l'ordre du jour;
etw ~ **lassen** remettre qch.
ansteigen ['anʃtaɪɡən] *vi (Straße)* monter; *(Gelände)* être en pente; *(Temperatur, Preise)* augmenter, monter.
anstelle [an'ʃtɛlə] *präp* +Gen à la place de.
anstellen ['anʃtɛlən] *vt (einschalten: Gerät)* allumer; *(Wasser)* ouvrir; *(anlehnen)* poser, placer; *(Arbeit geben)* engager; *(vornehmen: Experiment, Vergleiche, Nachforschungen)* faire ♦ *vr
(Schlange stehen)* faire la queue; *(sich zieren)*
faire le(la) timide; *(umg)* **etwas** ~ faire des
bêtises; **sich dumm/geschickt** ~ mal/bien s'y
prendre.
Anstellung *f (Einstellung)* engagement *m; (Posten)* emploi *m*, poste *m;* ~ **auf Lebenszeit** statut *m* de titulaire; **eine feste** ~ **haben** avoir un
emploi fixe.
ansteuern ['anʃtɔʏərn] *vt* mettre le cap sur.
Anstich ['anʃtɪç] *m (von Faß)* mise *f* en perce.
Anstieg ['anʃtiːk] (**-(e)s, -e**) *m (von Berg, Straße)*
montée *f*, pente *f; (Weg nach oben)* chemin *m*
(d'accès); *(von Preisen, Temperatur)* hausse *f*.
anstiften ['anʃtɪftən] *vt (Unglück)* provoquer;
jdn zu etw ~ pousser qn à qch.
Anstifter(in) (**-s, -**) *m(f)* instigateur(-trice) *m/f*.
Anstiftung *f* incitation *f*.
anstimmen ['anʃtɪmən] *vt (Lied)* entonner;
(Geschrei) pousser.
Anstoß ['anʃtoːs] *m (Impuls)* impulsion *f;*
(SPORT) coup *m* d'envoi; **der erste** ~ l'impulsion initiale; **ein Stein des** ~**es** un sujet *od*
une pomme de discorde; ~ **erregen** se créer
des ennuis; ~ **nehmen an** +Dat être cho-
qué(e) par *od* de; **a~en** *unreg vt* pousser ♦ *vi*

(SPORT) donner le coup d'envoi; *(mit Gläsern)*
trinquer; *(sich stoßen)* se cogner; *(mit der Zunge)* zézayer; **an etw** *Akk* **a~en** *(angrenzen)* être
attenant(e) à qch; **auf jds Wohl/die Zukunft**
a~en boire à la santé de qn/à notre *etc* avenir.
anstößig ['anʃtøːsɪç] *adj* choquant(e); **A~keit** *f*
caractère *m* choquant, inconvenance *f*.
anstrahlen ['anʃtraːlən] *vt* illuminer; *(strahlend
ansehen)* regarder avec un grand sourire.
anstreben ['anʃtreːbən] *vt* aspirer à.
anstreichen ['anʃtraɪçən] *unreg vt* peindre;
(markieren) marquer.
Anstreicher(in) (**-s, -**) *m(f)* peintre *m* (en
bâtiment).
anstrengen ['anʃtrɛŋən] *vt (Augen, Person)* fatiguer; *(JUR: Prozeß)* intenter ♦ *vr* faire un effort, se donner de la peine; **seinen Geist/**
sein Gedächtnis ~ faire un effort mental/de
mémoire; **eine Klage** ~ *(JUR)* porter plainte.
anstrengend *adj* fatigant(e).
Anstrengung *f* effort *m; (Strapaze)* gros effort.
Anstrich ['anʃtrɪç] *m* couche *f* de peinture;
(fig: Note) apparence *f*.
Ansturm ['anʃtʊrm] *m* assaut *m; (auf Ware)*
ruée *f*.
Ansuchen ['anzuːxən] (**-s, -**) *nt (förmlich)* demande *f*, requête *f*.
Antagonismus [antago'nɪsmʊs] *m* antagonisme *m*.
antanzen ['antantsən] *(umg) vi* s'amener, se
pointer.
Antarktis [ant'|arktɪs] (**-**) *f (GEOG)* Antarctique
m.
antarktisch *adj (GEOG)* antarctique.
antasten ['antastən] *vt (berühren, angreifen)*
tâter, toucher; *(Recht, Ehre)* porter atteinte à.
Anteil ['antaɪl] (**-s, -e**) *m (Teil)* part *f; (Mitgefühl)*
compassion *f*, sympathie *f; (gew pl: FINANZ,
WIRTS)* action *f;* ~ **an etw** *Dat* **nehmen** *(sich beteiligen)* participer à qch, prendre part à
qch; *(sich interessieren)* s'intéresser à qch; ~
an etw *Dat* **haben** *(beitragen)* contribuer à qch;
(teilnehmen) participer à qch.
anteilig *adj* proportionnel(le).
anteilmäßig *adv (förmlich)* proportionnellement.
Anteilnahme (**-**) *f (Mitleid)* compassion *f*,
sympathie *f; (Teilnahme)* participation *f*.
Antenne [an'tɛnə] *f* antenne *f;* **eine/keine** ~ **für**
etw haben *(fig: umg)* avoir/ne pas avoir le
feeling pour qch.
Anthologie [antolo'giː] *f* anthologie *f*.
Anthrazit [antra'tsiːt] (**-s, -e**) *m* anthracite *m*.
Anthropologie [antropolo'giː] (**-**) *f* anthropologie *f*.
Anthroposophie [antropozo'fiː] (**-**) *f* anthroposophie *f*.
Anti-: ~**alkoholiker(in)** *m(f)* personne *f* qui ne
boit jamais d'alcool; **a~autoritär** *adj* non autoritaire; ~**babypille** *f* pilule *f* anticonceptionnelle; ~**biotikum** (**-s, -biotika**) *nt* antibio-

tique *m*.
antik [anˈtiːk] *adj* (*Kulturen, Mythologie*) antique, de l'Antiquité; (*Möbel etc*) ancien(ne).
Antike *f* antiquité *f*.
Antikörper *m* anticorps *m*.
Antillen [anˈtɪlən] *pl* (*GEOG*) Antilles *fpl*.
Antilope [antiˈloːpə] *f* antilope *f*.
Antipathie [antipaˈtiː] *f* antipathie *f*.
antippen [ˈantɪpən] *vt* tapoter (sur); (*Pedal, Bremse*) appuyer légèrement sur; (*fig: Thema*) effleurer.
Antiquariat [antikvariˈaːt] (*–(e)s, –e*) *nt* librairie *f* d'occasion; **modernes** ~ livres *mpl* soldés.
antiquarisch [antiˈkvaːrɪʃ] *adj* d'occasion.
antiquiert [antiˈkviːrt] (*pej*) *adj* démodé(e), désuet(-ète).
Antiquitäten [antikviˈtɛːtən] *pl* antiquités *fpl*; **~handel** *m* commerce *m* d'antiquités; **~händler(in)** *m(f)* antiquaire *m/f*.
antiseptisch [antiˈzɛptɪʃ] *adj* antiseptique.
Antlitz [ˈantlɪts] (*–es, –e*) *nt* (*geh*) face *f*.
Antrag [ˈantraːk] (*–(e)s, Anträge*) *m* (*POL*) motion *f*; (*Gesuch*) requête *f*, demande *f*; (*Formular*) formulaire *m*; (*Heirats~*) demande en mariage; **einen** ~ **auf etw** *Akk* **stellen** faire une demande de qch.
Antragsformular *nt* formulaire *m* de demande.
Antragsteller(in) (*–s, –*) *m(f)* demandeur(demanderesse).
antreffen [ˈantrɛfən] *unreg vt* trouver; **jdn bei der Arbeit/bei bester Laune** ~ trouver qn en plein travail/d'excellente humeur.
antreiben [ˈantraɪbən] *unreg vt* pousser; (*Motor*) entraîner, faire marcher; (*fig*) entraîner ♦ *vi* échouer (sur le rivage); **jdn zur Eile/Arbeit** ~ exhorter qn à se dépêcher/à travailler.
Antreiber (*–s, –*; *pej*) *m* négrier *m*.
antreten [ˈantreːtən] *unreg vt* (*Amt, Regierung, Stellung*) prendre; (*Erbschaft*) recueillir; (*Strafe*) commencer à purger; (*Beweis*) fournir; (*Reise, Urlaub*) partir en ♦ *vi* (*sich aufstellen*) s'aligner; (*SPORT*) concourir; (*zum Dienst*) se présenter; **gegen jdn** ~ affronter qn.
Antrieb [ˈantriːp] *m* impulsion *f*, stimulation *f*; (*TECH*) entraînement *m*; **aus eigenem** ~ de sa propre initiative.
Antriebskraft *f* (*TECH*) force *f* motrice *od* d'entraînement.
antrinken [ˈantrɪŋkən] *unreg vt* (*Flasche, Glas*) entamer; **sich** *Dat* **Mut/einen Rausch** ~ boire pour se donner du courage/se soûler; **angetrunken sein** être en état d'ébriété.
Antritt [ˈantrɪt] *m* (*Beginn*) début *m*; (*eines Amtes*) entrée *f* en fonction.
antun [ˈantuːn] *unreg vt*: **jdm etw** ~ faire qch à qn; **sich** *Dat* **etw** ~ (*verhüllend*) attenter à ses jours; **sich** *Dat* **Zwang** ~ se faire violence.
Antwerpen [antˈvɛrpən] (*–s*) *nt* (*GEOG*) Anvers.
Antwort [ˈantvɔrt] (*–, –en*) *f* réponse *f*; **um** ~ **wird gebeten** répondez s'il vous plaît (R.S.V.P.).

antworten *vi* répondre; **jdm** ~ répondre à qn; **auf eine Frage** ~ répondre à une question.
anvertrauen [ˈanfertrauən] *vt*: **jdm etw** ~ confier qch à qn ♦ *vr*: **sich jdm** ~ se confier à qn.
anvisieren [ˈanviziːrən] *vt* (*fig*) envisager.
anwachsen [ˈanvaksən] *unreg vi* s'accroître, augmenter; (*Pflanze*) prendre racine.
anwählen [ˈanvɛːlən] *vt*: **eine Stadt direkt** ~ appeler une ville par l'automatique.
Anwalt [ˈanvalt] (*–(e)s, Anwälte*) *m* avocat *m*; (*fig*) avocat, défenseur *m*.
Anwältin *f* avocate *f*, femme *f* avocat.
Anwaltsbüro *nt* cabinet *m* d'avocat.
Anwaltschaft *f*: **die** ~ **für jdn übernehmen** assumer la défense de qn.
Anwaltskammer *f* ≈ Conseil *m* de l'ordre des avocats.
Anwaltskosten *pl* frais *mpl* de justice.
Anwandlung [ˈanvandluŋ] *f* caprice *m*, passade *f*; **eine** ~ **von Furcht/Reue** une peur passagère/un remords passager.
anwärmen [ˈanvɛrmən] *vt* chauffer légèrement.
Anwärter(in) [ˈanvɛrtər(ɪn)] *m(f)* candidat(e) *m/f*.
anweisen [ˈanvaɪzən] *unreg vt* (*zuweisen*) assigner, attribuer; (*befehlen*) ordonner à; (*anleiten*) diriger; (*FINANZ: überweisen*) virer.
Anweisung *f* (*Zuweisung*) attribution *f*, assignation *f*; (*Befehl*) ordre *m*; (*Anleitung*) mode *m* d'emploi; (*WIRTS: Zahlung*) paiement *m*; (*Post~*) mandat *m*.
anwendbar [ˈanvɛntbaːr] *adj* applicable.
anwenden [ˈanvɛndən] *unreg vt* (*Gerät*) utiliser; (*Mittel, Therapie, Gewalt*) recourir à; (*Gesetz, Regel*): **etw auf etw** ~ appliquer qch à qch.
Anwenderprogramm *nt* (*COMPUT*) programme *m* d'application.
Anwendersoftware *f* logiciel *m* d'application.
Anwendung *f* application *f*; (*MED: Therapie*) soins *mpl* hydrothérapiques; **~smöglichkeit** *f* application *f* possible.
anwerben [ˈanvɛrbən] *vt* recruter.
anwerfen [ˈanvɛrfən] *unreg vt* (*TECH*) lancer, mettre en marche.
anwesend [ˈanveːzənt] *adj* présent(e); **die A~en** les personnes présentes.
Anwesenheit *f* présence *f*.
Anwesenheitsliste *f* liste *f* de présence.
anwidern [ˈanviːdərn] *vt* dégoûter.
Anwohner(in) [ˈanvoːnər(ɪn)] (*–s, –*) *m(f)* riverain(e) *m/f*.
Anzahl [ˈantsaːl] *f* (*Menge*) quantité *f*; (*Gesamtzahl*) nombre *m*.
anzahlen *vt* (*Betrag*) payer; (*Gekauftes*) payer un acompte pour.
Anzahlung *f* acompte *m*.
anzapfen [ˈantsapfən] *vt* (*Faß*) mettre en perce; (*Baum*) gemmer; (*TEL*) mettre sur écoute; (*umg*): **ich habe ihn um 100 DM angezapft** je l'ai tapé de 100 DM.

Anzeichen ['antsaɪçən] nt signe m, indice m.
Anzeige ['antsaɪgə] f (Zeitungs~) annonce f; (Werbung) publicité f; (COMPUT, Meßgerät) affichage m; (bei Polizei) dénonciation f; ~ **gegen** jdn erstatten dénoncer qn.
anzeigen vt (Zeit) indiquer; (Geburt) faire part de; (bei Polizei) dénoncer.
Anzeigenteil m (rubrique f des) annonces fpl.
Anzeigenwerbung f publicité f dans la presse.
anzeigepflichtig adj dont la déclaration est obligatoire.
Anzeiger m (TECH) indicateur m; (Zeitung) gazette f.
anzetteln ['antsɛtəln] (umg) vt tramer, manigancer.
anziehen ['antsiːən] unreg vt (Kleidung) mettre; (Kind, Puppe) habiller; (anlocken) attirer; (Schraube, Handbremse) serrer; (Seil) tirer (sur); (Knie, Beine) plier; (Feuchtigkeit) absorber ♦ vr s'habiller ♦ vi (Preise, Aktien) monter, être en hausse; (AUT) accélérer; (sich nähern) s'approcher; (MIL) avancer.
anziehend adj attirant(e), attrayant(e).
Anziehung f (Reiz) attrait m, charme m.
Anziehungskraft f attirance f; (PHYS) force f d'attraction.
Anzug ['antsuːk] m (Hose und Jacke) costume m; (Gefahr etc) : im ~ sein menacer.
anzüglich ['antsyːklɪç] adj (Bemerkung) désobligeant(e); (Witz) de mauvais goût; A~keit f caractère m désobligeant; (Bemerkung) allusion f désobligeante.
anzünden ['antsʏndən] vt (Feuer, Zigarette) allumer; (Haus) mettre le feu à.
Anzünder m allume-gaz m inv.
anzweifeln ['antsvaɪfəln] vt mettre en doute.
AOK (–) f abk = **Allgemeine Ortskrankenkasse**.
Aorta [a'ɔrta] (–, **Aorten**) f (MED) aorte f.
APA f abk (= Austria Presse Agentur) agence de presse autrichienne.
apart [a'part] adj (reizvoll) chic inv; (: Gesicht) extraordinaire.
Apartheid [a'paːrthaɪt] f apartheid m.
Apartment [a'partmənt] (–s, –s) nt appartement m.
Apathie [apa'tiː] f apathie f.
apathisch [a'paːtɪʃ] adj apathique.
Apennin [apɛ'niːn] (–s, –en) m, **Apenninen** pl (GEOG) Apennins mpl.
Aperitif [aperi'tiːf] (–s, –s) m apéritif m.
Apfel ['apfəl] (–s, ∸) m pomme f; in den sauren ~ beißen (umg) avaler la pilule; etw für einen ~ und ein Ei kaufen (umg) acheter qch pour une bouchée de pain; ~mus nt purée f de pommes; ~saft m jus m de pommes.
Apfelsine [apfəl'ziːnə] f orange f.
Apfeltasche f chausson m aux pommes.
Apfelwein m cidre m.
apl. abk = außerplanmäßig.
APO, Apo ['aːpo] (–) f abk (= außerparlamentarische Opposition) opposition extraparlementaire.

apolitisch ['apoli:tɪʃ] adj (geh) apolitique.
Apostel [a'pɔstəl] (–s, –) m apôtre m.
Apostroph [apo'stroːf] (–s, –e) m apostrophe f.
Apotheke [apo'teːkə] f pharmacie f.
apothekenpflichtig adj vendu(e) (uniquement) en pharmacie.
Apotheker(in) (–s, –) m(f) pharmacien(ne) m/f.
Appalachen [apa'laxən] pl (GEOG) Appalaches mpl.
Apparat [apa'raːt] (–(e)s, –e) m appareil m; (Foto~) appareil-photo m; (Fernseh~, Radio~) poste m; am ~! (TEL: als Antwort) c'est moi; bleiben Sie am ~! ne quittez pas!; wer ist am ~? (TEL) qui est à l'appareil?
Apparatur [apara'tuːr] f appareillage m.
Appartement [apart(ə)'mãː] (–s, –s) nt appartement m.
Appell [a'pɛl] (–s, –e) m (MIL) appel m; (fig): ~ (an +Akk) appel (à); zum ~ antreten se présenter à l'appel.
appellieren [apɛ'liːrən] vi: ~ an +Akk faire appel à, en appeler à.
Appetit [ape'tiːt] (–(e)s, –e) m appétit m; ~ auf etw Akk haben avoir envie de (manger) qch; guten ~! bon appétit!; ~happen m amuse-gueule m inv (fam); a~lich adj appétissant(e); ~losigkeit f manque m d'appétit.
Applaus [ap'laʊs] (–es, –e) m applaudissements mpl.
Appretur [apre'tuːr] f (von Textilien) apprêt m.
approbiert [apro'biːrt] adj (Arzt) diplômé(e).
Apr. abk = **April**.
Après-Ski [aprɛ'ʃiː] (–) nt (Kleidung) vêtements confortables que l'on porte aux sports d'hiver, lorsqu'on ne skie pas.
Aprikose [apri'koːzə] f abricot m.
April [a'prɪl] (–(s), –e) m avril m; jdn in den ~ schicken faire un poisson d'avril à qn; „~! ~!" poisson d'avril!; siehe auch **September**; ~scherz m poisson m d'avril.
apropos [apro'poː] adv à propos.
Aquaplaning [akva'plaːnɪŋ] (–(s)) nt aquaplaning m.
Aquarell [akva'rɛl] (–s, –e) nt aquarelle f.
Aquarium [a'kvaːriʊm] (–s, **Aquarien**) nt aquarium m.
Äquator [ɛ'kvaːtɔr] m équateur m.
Äquivalent [ɛkviva'lɛnt] (–(e)s, –e) nt équivalent m.
Ar [aːr] (–s, –e) nt od m (Maß) are m.
Ära ['ɛːra] (–, **Ären**) f ère f.
Araber(in) ['aːrabər(ɪn)] (–s, –) m(f) (GEOG) Araber m/f.
Arabien [a'raːbiən] (–s) nt (GEOG) l'Arabie f.
Arabisch nt (LING) arabe m.
arabisch adj (GEOG) arabe; ~er Golf golfe m Persique; ~e Wüste désert m d'Arabie.
Arbeit ['arbaɪt] (–, –en) f travail m; (Stelle) emploi m; (Klassen~) devoir m, interrogation f; etw in ~ haben être en train de faire qch; etw in ~ geben commander qch; nur halbe ~ machen faire les choses à moitié; Tag der ~ fête f du Travail; sich Akk an die ~ machen, an

die ~ **gehen** se mettre au travail; **jdm ~ machen** *(Mühe)* donner beaucoup de travail à qn.

arbeiten *vi* travailler; *(funktionieren)* fonctionner ♦ *vt (herstellen)* faire ♦ *vr:* **sich nach oben** *od* **an die Spitze** ~ *(fig)* s'élever à la force du poignet; **an etw** *Dat* ~ travailler à qch; **gegen etw** ~ lutter contre qch.

Arbeiter(in) (**–s, –**) *m(f)* travailleur(-euse); *(ungelernt)* ouvrier(-ière); ~**familie** *f* famille *f* d'ouvriers; ~**mitbestimmung** *f* participation *f* ouvrière; ~**schaft** *f* ouvriers *mpl*; ~**-und-Bauern-Staat** *m (ehemals DDR)* Etat *m* ouvrier et paysan; ~**wohlfahrt** *f* association *f* de solidarité ouvrière.

Arbeit-: ~**geber(in)** (**–s, –**) *m(f)* employeur(-euse) *m/f*; ~**nehmer(in)** (**–s, –**) *m(f)* salarié(e) *m/f*; **a~sam** *adj* travailleur(-euse).

Arbeits-: ~**amt** *nt* ≈ Agence *f* nationale pour l'emploi; ~**auffassung** *f* conscience *f* professionnelle; ~**aufwand** *m* travail *m*; ~**bedingungen** *pl* conditions *fpl* de travail; ~**beschaffung** *f* création *f* d'emplois; ~**erlaubnis** *f* permis *m* de travail; **a~fähig** *adj* apte au travail; **a~frei** *adj* chômé(e); ~**gang** *m* phase *f*, opération *f*; ~**gemeinschaft** *f* groupe *m* de travail, équipe *f*; ~**gericht** *nt* conseil *m* de prud'hommes; **a~intensiv** *adj* qui fait appel à une main-d'œuvre abondante, intensif(-ive) en main-d'œuvre; ~**konflikt** *m* conflit *m* du travail; ~**kraft** *f* énergie *f*; ~**kräfte** *pl (Mitarbeiter)* main-d'œuvre *f*; **a~los** *adj* au chômage, sans emploi; ~**lose(r)** *f(m)* chômeur(-euse) *m/f*; ~**losengeld** *f* allocation *f* (de) chômage; ~**losenhilfe** *f* ≈ allocation *f* de fin de droits; ~**losenversicherung** *f* assurance *f* chômage; ~**losigkeit** *f* chômage *m*; ~**markt** *m* marché *m* du travail; ~**moral** *f* attitude *f* envers le travail; *(Arbeitsklima)* ambiance *f* de travail; ~**niederlegung** *f* débrayage *m*; ~**platte** *f (in Küche)* plan *m* de travail; ~**platz** *m* lieu *m* de travail; *(Stelle)* emploi *m*; ~**recht** *nt* droit *m* du travail; **a~scheu** *adj* fainéant(e); ~**schutz** *m* mesures *de protection des travailleurs*; ~**suche** *f*: **auf ~suche sein** chercher du travail, être à la recherche d'un emploi; ~**tag** *m* journée *f* de travail; ~**teilung** *f* division *f* *od* répartition *f* du travail; ~**tier** *(umg)* *nt (fig)* bourreau *m* de travail; **a~unfähig** *adj* inapte au travail; ~**unfall** *m* accident *m* du travail; ~**verhältnis** *nt* contrat *m* de travail; ~**vermittlung** *f (Amt)* ≈ Agence *f* nationale pour l'emploi; *(privat)* agence *od* bureau *m* de placement; ~**vertrag** *m* contrat *m* de travail; ~**wut** *f (hum)*: **von einer wahren ~wut gepackt sein** travailler comme un(e) fou(folle); ~**zeit** *f* temps *m* *od* heures *fpl* de travail; ~**zeitverkürzung** *f* réduction *f* du temps de travail; ~**zeugnis** *nt* certificat *m* de travail; ~**zimmer** *nt* cabinet *m* de travail, bureau *m*.

Archäologe(-in) [arçɛoˈloːgə] (**–n, –n**) *m(f)* archéologue *m/f*.

Arche [ˈarçə] *f*: **die ~ Noah** l'arche *f* de Noé.

Architekt(in) [arçiˈtɛkt(ɪn)] (**–en, –en**) *m(f)* architecte *m/f*.

architektonisch [arçitɛkˈtoːnɪʃ] *adj* architectural(e).

Architektur [arçitɛkˈtuːr] *f* architecture *f*.

Archiv [arˈçiːf] (**–s, –e**) *nt* archives *fpl*.

ARD *f abk (= Arbeitsgemeinschaft der öffentlichrechtlichen Rundfunkanstalten der Bundesrepublik Deutschland) association des radios publiques allemandes.*

Areal [areˈaːl] (**–s, –e**) *nt* terrain *m*.

Arena [aˈreːna] (**–, Arenen**) *f* arène *f*.

arg [ark] *adj (heftig: Enttäuschung, Kopfschmerzen)* terrible, gros(se) ♦ *adv* terriblement, très; **etw liegt im ~en** qch est sens dessus dessous.

Argentinien [argɛnˈtiːniən] (**–s**) *nt* l'Argentine *f*.

Argentinier(in) (**–s, –**) *m(f) (GEOG)* Argentin(e) *m/f*.

argentinisch [argɛnˈtiːnɪʃ] *adj (GEOG)* argentin(e).

Ärger [ˈɛrgər] (**–s**) *m (Wut)* colère *f*; *(Unannehmlichkeit)* ennuis *mpl*; ~ **haben (mit)** avoir des ennuis (avec); ~ **bekommen** s'attirer des ennuis; **jdm ~ machen** *od* **bereiten** donner du fil à retordre à qn; **ä~lich** *adj (zornig)* en colère, furieux(-euse); *(lästig)* fâcheux(-euse), ennuyeux(-euse).

ärgern *vt* fâcher, contrarier ♦ *vr* se fâcher, s'énerver; **sich schwarz** *od* **grün und blau ~** être fou(folle) furieux(-euse).

Ärgernis (**–ses, –se**) *nt* contrariété *f*; *(Anstoß)* scandale *m*; **öffentliches ~ erregen** commettre un outrage aux bonnes mœurs.

arg-: ~**listig** *adj* perfide; ~**listige Täuschung** fraude *f*; ~**los** *adj* innocent(e); **A~losigkeit** *f* innocence *f*.

Argument [arguˈmɛnt] *nt* argument *m*.

argumentieren [argumɛnˈtiːrən] *vi* argumenter.

Argusauge [ˈargʊs|augə] *nt (geh)*: **mit ~n** avec des yeux d'aigle.

Argwohn *m* soupçons *mpl*, méfiance *f*.

argwöhnisch *adj* soupçonneux(-euse), méfiant(e).

Arie [ˈaːriə] *f* air *m*, aria *f*.

Aristokrat(in) [arɪstoˈkraːt(ɪn)] (**–en, –en**) *m(f)* aristocrate *m/f*.

Aristokratie [arɪstokraˈtiː] *f* aristocratie *f*.

aristokratisch *adj* aristocratique.

arithmetisch [arɪtˈmeːtɪʃ] *adj* arithmétique; ~**es Mittel** moyenne *f* arithmétique.

Arkade [arˈkaːdə] *f (Bogengang: gew pl)* arcade *f*.

Arktis [ˈarktɪs] (**–**) *f (GEOG)* Arctique *m*.

arktisch *adj (GEOG)* arctique.

Arm (**–(e)s, –e**) *m* bras *m*; *(von Leuchter)* branche *f*; *(von Polyp)* tentacule *m*; **jdn auf den ~ nehmen** *(hum: umg)* mener qn en bateau; **jdn unter die ~e greifen** *(fig)* donner un coup de main à qn; **einen langen/den längeren ~ haben**

jouer un rôle déterminant/prépondérant; ~ **in** ~ bras dessus, bras dessous; **jdm in die ~e laufen** tomber sur qn.

arm [arm] *adj* pauvre; ~ **an etw sein** être pauvre en qch; ~ **dran sein** (*umg*) être à plaindre.

Armatur [arma'tuːr] *f* (*ELEK*) induit *m*.

Armaturenbrett *nt* (*AUT*) tableau *m* de bord.

Armband *nt* bracelet *m*; ~**uhr** *f* montre (-bracelet) *f*.

Armbinde *f* (*als Kennzeichen*) brassard *m*.

Arme(r) *f(m)* pauvre *m/f*; **die** ~**n** les pauvres.

Armee [ar'meː] *f* armée *f*; ~**korps** *nt* corps *m* d'armée.

Ärmel ['ɛrməl] (**-s, -**) *m* manche *f*; **etw aus dem** ~ **schütteln** (*fig*) faire qch en un tour de main.

Ärmelkanal (**-s**) *m* (*GEOG*) Manche *f*.

Armenien [ar'meːniən] (**-s**) *nt* (*GEOG*) l'Arménie *f*.

Armenier(in) (**-s, -**) *m(f)* (*GEOG*) Arménien(ne) *m/f*.

armenisch *adj* (*GEOG*) arménien(ne).

Armlehne *f* accoudoir *m*.

Armleuchter (*pej: umg*) *m* (*Dummkopf*) manche *m*.

ärmlich ['ɛrmlɪç] *adj* pauvre; **aus** ~**en Verhältnissen** issu(e) d'un milieu très modeste.

Armreif *m* bracelet *m*.

armselig *adj* misérable; (*schlecht: Leistung*) minable.

Armut ['armuːt] (**-**) *f* pauvreté *f*.

Armutszeugnis *nt* (*fig*): **jdm ein** ~ **ausstellen** montrer l'incompétence de qn; **sich ein** ~ **ausstellen** se révéler incapable.

Aroma [a'roːma] (**-s, Aromen**) *nt* arôme *m*.

aromatisch [aro'maːtɪʃ] *adj* aromatique.

arrangieren [arã'ʒiːrən] *vt* (*Fest, Treffen, Reise*) organiser ♦ *vr* s'arranger.

Arrest [a'rɛst] (**-(e)s, -e**) *m* (*MIL*) arrêts *mpl*; (*SCH*) retenue *f*.

arretieren [are'tiːrən] *vt* (*TECH*) bloquer.

arriviert [ari'viːrt] (*pej*) *adj* parvenu(e).

arrogant [aro'gant] *adj* arrogant(e).

Arroganz *f* arrogance *f*.

Arsch [arʃ] (**-es, ¨e**; *umg!*) *m* cul *m* (*umg!*); **leck mich am** ~! (*laß mich in Ruhe*) fous-moi la paix!; ~**kriecher** (*umg!*) *nt* lèche-cul *m inv* (*umg!*); ~**loch** (*umg!*) *nt* (*Mensch*) connard *m* (*umg!*).

Arsen [ar'zeːn] (**-s**) *nt* arsenic *m*.

Art [aːrt] (**-, -en**) *f* (*Weise*) manière *f*, façon *f*; (*Sorte*) sorte *f*; (*Wesen*) caractère *m*, nature *f*; (*BIOL*) espèce *f*; **auf meine** ~ à ma façon; **Häuser aller** ~ toutes sortes de maisons; **es ist nicht seine** ~, **das zu tun** cela ne lui ressemble pas; **Sauerkraut nach** ~ **des Hauses** (*KOCH*) choucroute maison; **einzig in seiner** ~ **sein** être unique en son genre; **auf diese** ~ **(und Weise)** de cette manière; **das ist doch keine** ~! en voilà des façons!; **aus der** ~ **schlagen** ne pas ressembler aux autres membres de sa famille.

arten *vi*: **nach jdm** ~ (*geh*) tenir de qn; **der Mensch ist so geartet, daß ...** l'homme est ainsi fait que ... .

Arterie [ar'teːriə] *f* artère *f*.

Arterienverkalkung *f* artériosclérose *f*.

Artgenosse ['aːrtgənɔsə] *m* congénère *m*.

Arthritis [ar'triːtɪs] (**-, -ritiden**) *f* (*MED*) arthrite *f*.

Arthrose [ar'troːzə] *f* (*MED*) arthrose *f*.

artig ['aːrtɪç] *adj* (*folgsam*) sage.

Artikel [ar'tiːkəl] (**-s, -**) *m* article *m*.

Artillerie [artɪlə'riː] *f* artillerie *f*.

Artischocke [arti'ʃɔkə] *f* artichaut *m*.

Artist(in) [ar'tɪst(ɪn)] (**-en, -en**) *m(f)* artiste *m/f* de cirque, acrobate *m/f*.

Artistik [ar'tɪstɪk] (**-**) *f* (*Zirkus~, Varietékunst*) agilité *f*; **das ist bloße** ~ c'est dénué de substance.

Arznei [aːrts'naɪ] *f*, **Arzneimittel** *nt* médicament *m*.

Arzt [aːrtst] (**-es, ¨e**) *m* médecin *m*; **praktischer** ~ généraliste *m*.

Ärztekammer *f* ≈ ordre des médecins.

Arzthelferin *f* assistante *f* médicale.

Ärztin *f* (femme *f*) médecin *m*.

ärztlich ['ɛːrtstlɪç] *adj* médical(e).

Arztpraxis *f* cabinet *m* médical.

Arztrechnung *f* note *f* d'honoraires (de médecin).

As [as] (**-ses, -se**) *nt* (*Karte, fig: Mensch*) as *m*; (*MUS*) la *m* bémol.

Asbest [as'bɛst] (**-(e)s, -e**) *m* amiante *m*.

Asche ['aʃə] *f* cendre *f*.

Aschen-: ~**bahn** *f* (*SPORT*) cendrée *f*; ~**becher** *m* cendrier *m*; ~**brödel** (**-s, -**), ~**puttel** (**-s, -**) *nt* Cendrillon *f*.

Aschermittwoch *m* mercredi *m* des Cendres.

Aserbaidschan [azɛrbaɪ'dʒaːn], **Aserbeidschan** *nt* l'Azerbaïdjan *m*.

Asiat(in) [azi'aːt(ɪn)] (**-en, -en**) *m(f)* Asiatique *m/f*.

asiatisch *adj* asiatique.

Asien ['aːziən] (**-s**) *nt* l'Asie *f*.

asozial ['azotsiaːl] (*pej*) *adj* asocial(e); (*Familie*) socialement inadapté(e).

Asoziale(r) (*pej*) *f(m)* marginal(e); (*pl: Elemente*) éléments *mpl* asociaux.

Aspekt [as'pɛkt] (**-(e)s, -e**) *m* aspect *m*.

Asphalt [as'falt] (**-s, -e**) *m* asphalte *m*, goudron *m*.

asphaltieren [asfal'tiːrən] *vt* asphalter, goudronner.

Asphaltstraße *f* route *f* goudronnée.

Aspik [as'piːk] (**-s, -e**) *m* (*KOCH*) aspic *m*.

aß *etc* [aːs] *vb siehe* **essen**.

Ass. *abk* = **Assessor**.

Assemblersprache [ə'sɛmblərʃpraːxə] *f* (*COMPUT*) langage *m* d'assemblage.

Assessor(in) [a'sɛsɔr(ɪn)] (**-s, -en**) *m(f)* fonctionnaire *m* en début de carrière.

Assistent(in) [asɪs'tɛnt(ɪn)] *m(f)* assistant(e) *m/f*.

Assistenzarzt [asɪs'tɛntsaːrtst] *m* ≈ médecin *m* des hôpitaux.

Assoziation [asotsiatsi'oːn] *f* association *f*.

assoziieren [asotsi'iːrən] *vt* (*geh*) associer.

Ast [ast] (*–(e)s*, *ᴄe*) *m* branche *f*; **sich** *Dat* **einen ~ lachen** (*umg*) se tordre de rire; **auf dem absteigenden ~ sein** être sur une mauvaise pente.

AStA ['asta] (*–(s)*, *–(s)*) *m abk* (= *Allgemeiner Studentenausschuß*) association nationale des étudiants allemands.

Aster ['astər] (*–*, *–n*) *f* (*BOT*) aster *m*.

ästhetisch [ɛs'teːtɪʃ] *adj* esthétique.

Asthma ['astma] (*–s*) *nt* (*MED*) asthme *m*.

Asthmatiker(in) [ast'maːtikər(ɪn)] (*–s*, *–*) *m(f)* asthmatique *m/f*.

astrein ['astraɪn] (*umg*) *adj* (*fig: moralisch einwandfrei*) correct(e); (: *echt*) véritable; (*prima*) super *inv*.

Astrologe(-in) [astro'loːgə] (*–n*, *–n*) *m(f)* astrologue *m/f*.

Astrologie [astrolo'giː] *f* astrologie *f*.

Astronaut(in) [astro'naʊt(ɪn)] (*–en*, *–en*) *m(f)* astronaute *m/f*.

Astronautik *f* astronautique *f*.

Astronom(in) [astro'noːm(ɪn)] (*–en*, *–en*) *m(f)* astronome *m/f*.

Astronomie [astrono'miː] *f* astronomie *f*.

ASU *abk* (= *Arbeitsgemeinschaft Selbständiger Unternehmer*) association de petits commerçants; (= *Abgassonderuntersuchung*) contrôle annuel du niveau de pollution des véhicules automobiles.

ASW *f abk* (= *außersinnliche Wahrnehmung*) perception *f* extrasensorielle.

Asyl [a'zyːl] (*–s*, *–e*) *nt* asile *m*; (*Heim*) hospice *m*; (*Obdachlosen~*) refuge *m* pour les sans-abri; **jdm politisches ~ gewähren** accorder l'asile politique à qn; **um ~ bitten** demander l'asile politique.

Asylant(in) [azy'lant(ɪn)] (*–en*, *–en*) *m(f)* demandeur(-euse) *m/f* d'asile.

Asylrecht *nt* (*POL*) droit *m* d'asile.

A.T. *abk* (= *Altes Testament*) Ancien Testament *m*.

Atelier [atəli'eː] (*–s*, *–s*) *nt* (*für Künstler*) atelier *m*; (*für Filmaufnahmen*) studio *m*.

Atem ['aːtəm] (*–s*) *m* (*Luft*) haleine *f*, souffle *m*; (*Atmen*) respiration *f*; **~ holen** *od* **schöpfen** reprendre son souffle; **den ~ anhalten** retenir sa respiration; **außer ~** hors d'haleine; **jdn in ~ halten** (*fig*) tenir qn en haleine; **jdm den ~ verschlagen** couper le souffle à qn; **einen langen/den längeren ~ haben** faire preuve d'endurance/de plus d'endurance; **a~beraubend** *adj* (*Spannung*) à vous couper le souffle, incroyable; (*Tempo*) vertigineux(-euse); (*Schönheit*) époustouflant(e); **a~los** *adj* (*Mensch*) hors d'haleine; (*Stille*) tendu(e); (*Tempo*) fulgurant(e); **~not** *f* étouffement *m*, dyspnée *f* (*MED*); **~pause** *f* temps *m* d'arrêt, pause *f*; **~wege** *pl* (*ANAT*) voies *fpl* respiratoires; **~zug** *m* souffle *m*; **in einem ~zug** (*fig*) en même temps.

Atheismus [ate'ɪsmʊs] *m* athéisme *m*.

Atheist(in) *m(f)* athée *m/f*; **a~isch** *adj* athée.

Athen [a'teːn] (*–s*) *nt* Athènes *f*.

athenisch *adj* athénien(ne).

Äther ['ɛːtər] (*–s*, *–*) *m* éther *m*.

Äthiopien [ɛti'oːpiən] (*–s*) *nt* l'Éthiopie *f*.

Äthiopier(in) (*–s*, *–*) *m(f)* Éthiopien(ne) *m/f*.

äthiopisch *adj* éthiopien(ne).

Athlet(in) [at'leːt(ɪn)] (*–en*, *–en*) *m(f)* athlète *m/f*.

Athletik *f* athlétisme *m*.

Atlantik [at'lantɪk] (*–s*) *m* Atlantique *m*.

atlantisch *adj* (*GEOG*) atlantique; **der A~e Ozean** l'océan *m* Atlantique.

Atlas ['atlas] (*–ses*, **Atlanten**) *m* atlas *m*; **~gebirge** *nt* (*GEOG*) Atlas *m*.

atmen ['aːtmən] *vi* respirer.

Atmosphäre [atmo'sfɛːrə] *f* (*von Erde*, *TECH*) atmosphère *f*; (*Stimmung*) ambiance *f*, atmosphère *f*.

atmosphärisch *adj* atmosphérique.

Atmung ['aːtmʊŋ] *f* respiration *f*.

atmungsaktiv *adj* (*Stoff*) qui respire.

Ätna ['ɛːtna] (*–s*) *m* (*GEOG*) Etna *m*.

Atom [a'toːm] (*–s*, *–e*) *nt* atome *m*; **~abfall** *m* déchets *mpl* radioactifs.

atomar [ato'maːr] *adj* nucléaire.

Atom-: **~bombe** *f* bombe *f* atomique; **~bunker** *m* abri *m* anti-atomique; **~energie** *f* énergie *f* nucléaire; **~kern** *m* noyau *m* de l'atome; **~kernforschung** *f* recherche *f* nucléaire; **~kraftgegner(in)** *m(f)* antinucléaire *m/f*; **~kraftwerk** *nt* centrale *f* nucléaire; **~krieg** *m* guerre *f* atomique; **~lobby** *f* lobby *m* nucléaire; **~macht** *f* puissance *f* nucléaire; **~meiler** *m* réacteur *m* nucléaire; **~müll** *m* déchets *mpl* radioactifs; **~physik** *f* physique *f* nucléaire; **~pilz** *m* champignon *m* atomique; **~reaktor** *m* réacteur *m* nucléaire; **~sperrvertrag** *m* (*POL*) traité *m* de non-prolifération des armes nucléaires; **~sprengkopf** *m* ogive *f* nucléaire; **~stopp** *m* (*POL*) arrêt des essais nucléaires; **~strom** *m* électricité provenant d'une centrale nucléaire; **~testgelände** *nt* site *m* d'essais nucléaires; **~versuch** *m* essai *m* nucléaire; **~waffen** *pl* armes *fpl* nucléaires; **a~waffenfrei** *adj* dénucléarisé(e); **~wirtschaft** *f* industrie *f* nucléaire; **~zeitalter** *nt* ère *f* atomique.

Attaché [ata'ʃeː] (*–s*, *–s*) *m* attaché *m*.

Attacke [a'takə] *f* (*Angriff*) attaque *f*.

Attentat [atɛn'taːt] (*–(e)s*, *–e*) *nt* attentat *m*.

Attentäter(in) [atɛn'tɛːtər(ɪn)] *m(f)* auteur *m* d'un attentat.

Attest [a'tɛst] (*–(e)s*, *–e*) *nt* attestation *f*, certificat *m*.

Attraktion [atraktsi'oːn] *f* (*Tourismus*, *Zirkus*) attraction *f*; (*Reiz*) attrait *m*, charme *m*.

attraktiv [atrak'tiːf] *adj* (*Mensch*) séduisant(e); (*Angebot*, *Beruf*) attrayant(e), intéressant(e).

Attrappe [a'trapə] *f* objet *m* factice, imitation *f*.

Attribut [atri'buːt] (*–(e)s*, *–e*) *nt* (*GRAM*) modificatif m.

ätzen ['ɛtsən] vi être caustique od corrosif.

ätzend adj (Säure) corrosif(-ive), caustique; (Geruch) âcre; (Spott) caustique; (umg) incroyable.

au [aʊ] interj aïe.

================= SCHLÜSSELWORT

auch [aʊx] adv **1** (ebenfalls) aussi; **das ist auch schön** c'est joli aussi; **er kommt – ich auch** il va venir – moi aussi; **nicht nur …, sondern auch …** non seulement …, mais aussi …; **auch nicht** pas non plus; **ich auch nicht** moi non plus; **das habe ich auch vergessen** ça aussi, je l'ai oublié; **oder auch** ou encore; **auch das noch!** il ne manquait plus que ça!

2 (selbst, sogar) même; **auch wenn das Wetter schlecht ist** même s'il fait mauvais temps; **ohne auch nur zu fragen** sans même demander

3 (wirklich): **du siehst müde aus – bin ich auch** tu as l'air fatigué – je le suis; **so sieht es auch aus** ça se voit

4 (auch immer): **wer auch (immer) kommt, wird herzlich empfangen** nous accueillons à bras ouverts tous ceux qui viennent; **was auch geschehen mag** quoi qu'il arrive; **wo auch immer er auftrat, waren die Säle ausverkauft** où qu'elle allât, elle faisait toujours salle pleine; **wie dem auch sei** quoi qu'il en soit; **wie sehr er sich auch bemühte, es ging alles schief** malgré tous ses efforts, tout est allé de travers.

Audienz [aʊdi'ɛnts] (–, –en) f audience f.

Audimax [aʊdi'maks] (–; umg) nt (UNIV) grand amphi m.

audiovisuell [aʊdiovizu'ɛl] adj audiovisuel(le).

Auditorium [aʊdi'toːriʊm] nt (Hörsaal) amphithéâtre m; (geh: Zuhörerschaft) auditoire m.

================= SCHLÜSSELWORT

auf [aʊf] präp +Dat **1** (wo?) sur; **auf dem Tisch** sur la table; **auf der Post** à la poste; **auf der Straße** dans la rue; **auf dem Land** à la campagne; **auf der ganzen Welt** dans le monde entier; **was hat es damit auf sich?** de quoi s'agit-il?

2 (während): **auf der Reise/dem Heimweg** pendant le voyage/voyage de retour; **auf der Fete ein Lied singen** chanter une chanson lors de la fête

♦ präp + Akk **1** (wohin?) sur; **auf den Tisch** sur la table; **auf die Post gehen** aller à la poste; **auf die Schule gehen** aller à l'école; **aufs Land ziehen** aller habiter à la campagne; **etw auf einen Zettel schreiben** écrire qch sur un billet; **auf den Boden fallen** tomber par terre

2 (mit Zeit- und Maßangaben): **auf Lebenszeit** à vie; **auf 2 Jahre** pour 2 ans; **auf die Sekunde genau** à la seconde près; **jdn auf eine Tasse Kaffee/eine Zigarette(nlänge) einladen** inviter qn à boire un café/fumer une cigarette; **jdn**

auf 10 Uhr zu sich bestellen faire venir qn pour od à 10 heures

3 (als Reaktion): **auf seinen Vorschlag (hin)** suivant son conseil; **auf meinen Brief/meine Bitte hin** en réponse à ma lettre/demande

4: **auf deutsch** en allemand; **bis auf ihn** sauf od à part lui; **auf einmal** (plötzlich) tout à coup; **zwei auf einmal** deux à la fois; **auf unseren lieben Onkel Albert!** buvons à la santé de notre cher oncle Albert!; **die Nacht (von Montag) auf Dienstag** la nuit de lundi à mardi; **es geht auf Weihnachten** Noël approche; **auf einen Polizisten kommen 1.000 Bürger** il y a un agent de police pour 1000 habitants

♦ adv **1** (offen): **das Fenster ist auf** la fenêtre est ouverte; **Augen auf!** ouvre(z) l'œil!

2 (aufgestanden): **ist er schon auf?** il est déjà levé?

3: **auf und ab gehen** faire les cent pas; **auf und davon gehen** partir; **auf!** (los!) allons!; **auf nach Rom!** si on allait à Rome?, on part pour Rome!

♦ konj: **auf daß** (pour) que; **auf daß wir nie vergessen, wem wir dies zu verdanken haben!** n'oublions jamais à qui nous en sommes redevables!

aufarbeiten ['aʊf|arbaɪtən] vt (Korrespondenz etc) mettre à jour; (Möbel) restaurer.

aufatmen ['aʊf|aːtmən] vi pousser un soupir de soulagement, respirer.

aufbahren ['aʊf|baːrən] vt exposer.

Aufbau ['aʊfbaʊ] m (Bauen) construction f; (kein pl: Gliederung, Struktur) structure f; (: Schaffung) création f; (AUT) carrosserie f.

aufbauen ['aʊfbaʊən] vt (Zelt, Maschine, Gerüst) monter; (Stadt) reconstruire; (Vortrag, Aufsatz) structurer; (Gruppe) fonder; (Sportler, Politiker) lancer; (Beziehungen) établir **♦** vi (sich gründen auf) se fonder sur **♦** vr: **sich vor jdm ~** (umg) se planter en face de qn; **sich Dat eine Existenz ~** se bâtir une vie.

aufbäumen ['aʊfbɔymən] vr se cabrer.

aufbauschen ['aʊfbaʊʃən] vt (Segel, fig) gonfler; (Röcke) faire bouffer.

aufbegehren ['aʊfbəgeːrən] vi (geh) s'insurger.

aufbehalten ['aʊfbəhaltən] unreg (umg) vt garder.

aufbekommen ['aʊfbəkɔmən] unreg vt (öffnen) réussir à ouvrir; (Hausaufgaben) avoir à faire.

aufbereiten ['aʊfbəraɪtən] vt traiter; (Trinkwasser auch) épurer; (Text etc) préparer.

Aufbereitungsanlage f usine f de traitement.

aufbessern ['aʊfbɛsərn] vt (Gehalt) augmenter; (Kenntnisse) consolider, améliorer.

aufbewahren ['aʊfbəvaːrən] vt garder, conserver; (Gepäck) garder; (Lebensmittel, Arznei) conserver.

Aufbewahrung f (Gepäck~) consigne f; **jdm etw zur ~ geben** donner qch à garder à qn.

aufbieten ['aʊfbiːtən] *unreg vt* (*Kraft, Verstand*) rassembler; (*Einfluß*) user de, faire jouer; (*Armee, Polizei*) mobiliser; (*Brautpaar*) publier les bans de.

Aufbietung *f*: unter ~ aller Kräfte en déployant toutes ses forces.

aufbinden ['aʊfbɪndən] *unreg* (*umg*) *vt*: laß dir doch so etwas nicht ~! tu ne vas tout de même pas avaler ça!

aufblähen ['aʊfblɛːən] *vr* se gonfler; (*MED*) enfler; (*fig: pej*) se rengorger.

aufblasbar *adj* gonflable.

aufblasen ['aʊfblaːzən] *unreg vt* gonfler ♦ *vr* (*umg: pej*) faire l'important.

aufbleiben ['aʊfblaɪbən] *unreg vi* (*Laden, Fenster*) rester ouvert(e); (*Mensch*) rester debout, veiller.

aufblenden ['aʊfblɛndən] *vt*: die Scheinwerfer ~ se mettre pleins phares *od* en phares ♦ *vi* (*PHOT*) ouvrir en fondu; (*AUT*) se mettre pleins phares *od* en phares.

aufblicken ['aʊfblɪkən] *vi* lever les yeux; zu jdm ~ (*fig*) admirer qn.

aufblühen ['aʊfblyːən] *vi* (*Blume*) éclore; (*Mensch*) s'épanouir; (*Wirtschaft*) prospérer.

aufblühend *adj* (*WIRTS*) florissant(e), prospère.

aufbocken ['aʊfbɔkən] *vt* (*Auto*) mettre sur cric.

aufbrauchen ['aʊfbraʊxən] *vt* dépenser, épuiser.

aufbrausen ['aʊfbraʊzən] *vi* (*fig*) se mettre en colère, s'emporter.

aufbrausend *adj* emporté(e), irascible.

aufbrechen ['aʊfbrɛçən] *unreg vt* (*Kiste, Auto*) ouvrir (en forçant); (*Schloß*) fracturer ♦ *vi* (*Knospen*) éclore; (*Wunde*) se rouvrir; (*gehen*) partir.

aufbringen ['aʊfbrɪŋən] *unreg vt* (*umg: öffnen*) réussir à ouvrir; (*Gerüchte*) faire courir; (*in Umlauf setzen: Mode*) lancer; (*beschaffen*) trouver; (: *Mut*) avoir; (*kapern: Schiff*) capturer; (*ärgern*) mettre en colère; (*aufwiegeln*): ~ gegen monter contre; Verständnis für jdn ~ se montrer compréhensif(-ive) envers qn.

Aufbruch ['aʊfbrʊx] *m* (*kein pl: Weggehen*) départ *m*; (*in Straße*) nid *m* de poules; ~stimmung *f* agitation *f* du départ.

aufbrühen ['aʊfbryːən] *vt* faire.

aufbrummen ['aʊfbrʊmən] (*umg*) *vt*: jdm die Kosten ~ faire payer la note à qn.

aufbürden ['aʊfbyrdən] *vt*: jdm etw ~ charger qn de qch, mettre qch sur le dos de qn.

aufdecken ['aʊfdɛkən] *vt* (*Bett*) ouvrir; (*Tischtuch*) mettre; (*Spielkarten*) retourner; (*enthüllen: Verbrechen, Plan*) révéler, dévoiler; (*Mißstände*) faire éclater au grand jour.

aufdonnern ['aʊfdɔnərn] (*pej: umg*) *vr* s'attifer.

aufdrängen ['aʊfdrɛŋən] *vt*: jdm etw ~ imposer qch à qn ♦ *vr*: sich jdm ~ (*Mensch*) imposer sa présence à qn; (*Gedanke, Verdacht*) ne pas sortir de la tête de qn.

aufdrehen ['aʊfdreːən] *vt* (*Wasserhahn, Ventil*

etc) ouvrir; (*Schraubverschluß*) dévisser; (*Radio etc*) allumer ♦ *vi* (*umg: in Stimmung kommen*) se laisser aller; sich *Dat* die Haare ~ mettre des bigoudis.

aufdringlich ['aʊfdrɪŋlɪç] *adj* importun(e), envahissant(e); (*Parfüm*) pénétrant(e).

aufeinander [aʊf|aɪˈnandər] *adv* (*umg*) l'un(e) sur l'autre; sich ~ verlassen compter l'un sur l'autre; A~folge *f* succession *f*; ~folgen *vi* se succéder; ~folgend *adj* consécutif(-ive); ~legen *vt* mettre l'un(e) sur l'autre, superposer; ~prallen *vi* (*Autos*) se heurter, entrer en collision; (*Truppen, Meinungen*) s'affronter; ~treffen *vt* s'affronter.

Aufenthalt ['aʊf|ɛnthalt] (*–s, –e*) *m* (*in Stadt, Land*) séjour *m*; (*Verzögerung*) retard *m*; (*Unterbrechung von Fahrt od Flug*) arrêt *m*; (*Wohnort*) domicile *m*.

Aufenthaltserlaubnis *f* permis *m* de séjour.

Aufenthaltsraum *m* (*SCH*) salle *f* commune; (*in Betrieb*) salle de réunion; (*in Hotel*) salon *m*.

auferlegen ['aʊf|ɛrleːgən] *vt* infliger.

auferstehen ['aʊf|ɛrˈʃteːən] *unreg vi untr* ressusciter.

Auferstehung *f* résurrection *f*.

aufessen ['aʊf|ɛsən] *unreg vt* finir (de manger).

auffahren ['aʊffaːrən] *unreg vi* (*dicht aufschließen*) suivre de très près; (*aufschrecken*) sursauter; (*in den Himmel*) monter au ciel; (*wütend werden*) s'emporter; (*Auto: dagegenfahren*): ~ auf +*Akk* heurter, tamponner ♦ *vt* (*Kanonen, Geschütz*) mettre en batterie; (*umg: Speisen, Getränke*) servir.

auffahrend *adj* (*zornig*) qui s'emporte facilement, irascible.

Auffahrt *f* (*Haus~*) allée *f*; (*Autobahn~*) bretelle *f* d'accès.

Auffahrunfall *m* collision *f* en chaîne.

auffallen ['aʊffalən] *unreg vi* se faire remarquer; jdm fällt etw *Akk* auf qn remarque qch; angenehm/unangenehm ~ faire bonne/mauvaise impression; nur nicht ~! ne nous faisons surtout pas remarquer!

auffallend *adj* remarquable, extraordinaire; (*Kleid*) voyant(e).

auffällig ['aʊffɛlɪç] *adj* voyant(e), frappant(e); (*verdächtig*) suspect(e).

auffangen ['aʊffaŋən] *unreg vt* (*Ball*) attraper; (*Flüchtlinge*) accueillir; (*Wasser*) recueillir; (*Strahlen*) intercepter; (*Funkspruch*) capter; (*Preise*) arrêter la hausse de; (*Aufprall etc*) amortir.

Auffanglager *nt* camp *m* *od* centre *m* d'accueil.

auffassen ['aʊffasən] *vt* (*verstehen*) comprendre; (*auslegen*) interpréter; etw falsch/richtig ~ mal/bien comprendre qch.

Auffassung *f* (*Meinung*) opinion *f*, avis *m*; (*Auslegung*) conception *f*; (*auch*: ~sgabe) intelligence *f*.

auffindbar ['aʊffɪntbaːr] *adj* trouvable.

aufflammen ['aʊfflamən] *vi* s'enflammer,

s'embraser.

auffliegen ['aʊffli:gən] unreg vi (Vogel) s'envoler; (umg: Rauschgiftring etc) être démantelé(e).

auffordern ['aʊffɔrdərn] vt (befehlen) exhorter; (bitten) inviter, prier.

Aufforderung f (Befehl) exhortation f; (Einladung) invitation f.

aufforsten ['aʊffɔrstən] vt (Gebiet) reboiser; (Wald) reconstituer.

auffrischen ['aʊffrɪʃən] vt (Farbe, Kenntnisse) rafraîchir; (Erinnerungen) raviver ♦ vi (Wind) fraîchir.

aufführen ['aʊffy:rən] vt (THEAT) jouer; (in einem Verzeichnis) mentionner ♦ vr (sich benehmen) se conduire, se comporter; **einzeln** ~ détailler, spécifier.

Aufführung f (THEAT) représentation f; (Liste) énumération f.

auffüllen ['aʊffʏlən] vt remplir; (Vorräte) compléter; (Öl) remettre.

Aufgabe ['aʊfga:bə] f (Auftrag, Arbeit) tâche f; (Pflicht, SCH) devoir m; (Funktion) fonction f; (Verzicht) abandon m; (von Gepäck) expédition f; (von Post) envoi m, expédition; (von Inserat) publication f; (Schließung: von Geschäft) fermeture f (définitive); **sich** Dat **etw zur** ~ **machen** se donner qch comme but od pour tâche.

aufgabeln ['aʊfga:bəln] (umg) vt (fig) dégoter, pêcher.

Aufgabenbereich m ressort m, compétence f.

Aufgang ['aʊfgaŋ] m (Sonnen~) lever m; (Treppe) escalier m.

aufgeben ['aʊfge:bən] unreg vt (Paket, Telegramm) envoyer, expédier; (Gepäck) expédier; (Bestellung) passer; (Inserat) mettre; (Schularbeit) donner; (Geschäft: schließen) fermer; (verzichten) abandonner, renoncer à; (abschreiben: Verlorenes) renoncer à, faire une croix sur ♦ vi abandonner; **das Rauchen** ~ arrêter de fumer; **jdm etw** ~ (Rätsel, Problem) poser qch à qn.

Aufgebot ['aʊfgəbo:t] nt (von Polizei) déploiement m; (von Kräften) mobilisation f; (Ehe~) publication f des bans.

aufgedonnert ['aʊfgədɔnərt] (pej: umg) adj attifé(e).

aufgedreht ['aʊfgədre:t] (umg) adj (complètement) excité(e).

aufgedunsen ['aʊfgedʊnzən] adj enflé(e), boursouflé(e).

aufgehen ['aʊfge:ən] unreg vi (Sonne, THEAT: Vorhang) se lever; (Teig, Saat) lever; (sich öffnen) s'ouvrir; (Knoten) se défaire; (Knospe) éclore; (MATH) être divisible; **jdm** ~ devenir clair(e) pour qn ♦ vi (sich widmen): **in etw** Dat ~ se consacrer entièrement à qch; **in Rauch** ~ partir en fumée; **in Flammen** ~ être la proie des flammes.

aufgeilen ['aʊfgaɪlən] (umg!) vt faire bander (umg!) ♦ vr bander (umg!).

aufgeklärt ['aʊfgəklɛ:rt] adj éclairé(e); (sexuell) qui a reçu une éducation sexuelle.

aufgekratzt ['aʊfgəkratst] (umg) adj gai(e), joyeux(-euse).

aufgelaufen ['aʊfgəlaʊfən] adj: ~**e Zinsen** (FINANZ) intérêts mpl cumulés od courus.

Aufgeld nt (FINANZ) supplément m.

aufgelegt ['aʊfgəle:kt] adj: **gut/schlecht** ~ **sein** être de bonne/mauvaise humeur; **zu etw** ~ **sein** être d'humeur à qch (umg).

aufgelöst ['aʊfgəlø:st] (umg) adj (fassungslos) bouleversé(e).

aufgeräumt ['aʊfgərɔʏmt] adj (gutgelaunt) de bonne humeur, enjoué(e).

aufgeregt ['aʊfgəre:kt] adj énervé(e), excité(e).

aufgeschlossen ['aʊfgəʃlɔsən] adj (fig) ouvert(e).

aufgeschmissen ['aʊfgəʃmɪsən] (umg) adj fichu(e), cuit(e).

aufgetakelt ['aʊfgəta:kəlt] (umg) adj attifé(e).

aufgeweckt ['aʊfgəvɛkt] adj (fig) éveillé(e).

aufgießen ['aʊfgi:sən] unreg vt (Wasser) verser; (Tee) faire.

aufgliedern ['aʊfgli:dərn] vr répartir.

aufgreifen ['aʊfgraɪfən] unreg vt (Thema, Punkt) reprendre; (Verdächtige) appréhender.

aufgrund [aʊf'grʊnt] präp +Gen (wegen) en raison de.

Aufgußbeutel ['aʊfgʊsbɔʏtəl] m sachet m.

aufhaben ['aʊfha:bən] unreg vt (Hut, Brille) porter; (SCH) avoir à faire ♦ vi être ouvert(e); **den Mund/das Fenster** ~ avoir la bouche/fenêtre ouverte.

aufhalsen ['aʊfhalzən] (umg: pej) vt: **jdm etw** ~ mettre qch sur le dos de qn.

aufhalten ['aʊfhaltən] unreg vt (Fliehende, Fahrzeug) arrêter; (Feind) repousser; (Entwicklung) freiner; (Katastrophe) empêcher; (Menschen) retenir, déranger; (Betrieb) perturber; (Tür, Hand, Sack, Augen) garder od tenir ouvert(e) ♦ vr (bleiben) s'attarder, rester; (wohnen) séjourner, habiter; **sich über** jdn/etw ~ (aufregen) être énervé(e) par qn/qch; **sich lange bei etw** ~ passer beaucoup de temps à qch; **sich mit etw** ~ perdre son temps avec qch.

aufhängen ['aʊfhɛŋən] unreg vt (Wäsche) étendre; (Bild, Mantel) accrocher; (Hörer) raccrocher; (Menschen) pendre ♦ vr se pendre.

Aufhänger (–s, –) m (am Mantel) attache f; (fig: für Aufsatz, Geschichte) point m de départ.

Aufhängung f (TECH) suspension f.

aufheben ['aʊfhe:bən] unreg vt (hochheben) soulever; (vom Boden) ramasser; (aufbewahren) conserver; (ausgleichen) compenser; (Sitzung, Belagerung) lever; (Urteil) casser; (Gesetz) abroger ♦ vr (sich ausgleichen) se compenser; **bei jdm gut aufgehoben sein** être en de bonnes mains avec qn; **sich** Dat **etw für später** ~ garder qch pour plus tard; **viel A~(s) machen** faire beaucoup de bruit.

aufheitern ['aʊfhaɪtərn] vr (Himmel) s'éclaircir; (*Miene*) se dérider; (*Stimmung*) s'améliorer ♦ *vt* (*Menschen*) égayer.

Aufheiterungen *pl* (*MET*) éclaircies *fpl*.

aufheizen ['aʊfhaɪtsən] *vt*: **die Stimmung** ~ échauffer les esprits.

aufhellen ['aʊfhɛlən] *vt* éclaircir ♦ *vr* s'éclaircir.

aufhetzen ['aʊfhɛtsən] *vt*: ~ **gegen** dresser *od* monter contre.

aufheulen ['aʊfhɔʏlən] *vi* se mettre à hurler; (*Motor*) vrombir.

aufholen ['aʊfhoːlən] *vi* rattraper son retard.

aufhorchen ['aʊfhɔrçən] *vi* dresser l'oreille.

aufhören ['aʊfhøːrən] *vi* (*enden*) s'arrêter, se terminer; ~, **etw zu tun** arrêter *od* cesser de faire qch; **da hört sich doch alles auf!** (*umg*) c'est le comble!

aufkaufen ['aʊfkaʊfən] *vt* acheter (en masse).

aufklappbar *adj* (*Verdeck*) ouvrable.

aufklappen ['aʊfklapən] *vt* ouvrir.

aufklären ['aʊfklɛːrən] *vt* (*Geheimnis, Fall*) élucider; (*Irrtum*) expliquer; (*sexuell*) donner une éducation sexuelle à; (*MIL*) reconnaître ♦ *vr* (*Wetter, Geheimnis*) s'éclaircir; (*Irrtum*) s'expliquer; ~ **über** *+Akk* mettre au courant de.

Aufklärung *f* (*von Geheimnis*) éclaircissement *m*; (*Unterrichtung*) information *f*; (*sexuell*) éducation *f* sexuelle; (*Zeitalter*) Siècle *m* des lumières; (*MIL, FLUG*) reconnaissance *f*.

Aufklärungsarbeit *f* travail *m* d'information.

Aufklärungspflicht *f* (*MED*) obligation du médecin d'informer les patients sur les risques d'une opération.

aufkleben ['aʊfkleːbən] *vt* coller.

Aufkleber (**-s, -**) *m* autocollant *m*.

aufknöpfen ['aʊfknœpfən] *vt* déboutonner.

aufkochen ['aʊfkɔxən] *vt* faire bouillir.

aufkommen ['aʊfkɔmən] *unreg vi* (*Wind*) se lever; (*Zweifel, Gefühl, Mode*) naître; **für jdn/etw** ~ (*Kosten tragen*) prendre qn/qch à sa charge; **endlich kam Stimmung auf** il y avait enfin de l'ambiance.

aufkreuzen ['aʊfkrɔʏtsən] (*umg*) *vi* (*erscheinen*) s'amener.

aufkündigen ['aʊfkʏndɪgən] *vt* (*Vertrag etc*) résilier.

aufladen ['aʊflaːdən] *unreg vt* (*Last, Batterie*) charger; (*Verantwortung*): **jdm etw** ~ charger qn de qch ♦ *vr* (*Batterie etc*) se recharger; **sich** *Dat* **etw** ~ assumer qch.

Auflage ['aʊflaːgə] *f* (*Buch*) édition *f*; (*von Zeitung etc*) tirage *m*; (*Bedingung*) condition *f*; **jdm etw zur** ~ **machen** imposer qch à qn.

auflassen ['aʊflasən] *unreg* (*umg*) *vt* (*offen lassen*) laisser ouvert(e); (*anbehalten*) garder; **die Kinder länger** ~ permettre aux enfants d'aller se coucher plus tard.

auflauern ['aʊflaʊərn] *vi*: **jdm** ~ guetter qn.

Auflauf ['aʊflaʊf] *m* (*KOCH*) soufflé *m*; (*Menschen*~) attroupement *m*.

auflaufen *unreg vi* (*Schiff*) échouer; (*Zinsen*) s'accumuler; **jdn** ~ **lassen** (*umg*) laisser qn se

planter.

Auflaufform *f* (*KOCH*) moule *m* à soufflés.

aufleben ['aʊfleːbən] *vi* (*Mensch*) reprendre du poil de la bête; (*Pflanze*) se remettre; (*Gespräch*) reprendre; (*Interesse*) renaître.

auflegen ['aʊfleːgən] *vt* (*Platte etc*) mettre; (*Telefonhörer*) raccrocher; (*Buch etc*) publier; (*FINANZ: Aktien*) émettre ♦ *vi* (*TEL*) raccrocher.

auflehnen ['aʊfleːnən] *vt* (*aufstützen*) appuyer ♦ *vr*: **sich gegen jdn/etw** ~ se révolter contre qn/qch.

Auflehnung *f* (*Widerstand*) révolte *f*, rébellion *f*.

auflesen ['aʊfleːzən] *unreg vt* ramasser.

aufleuchten ['aʊflɔʏçtən] *vi* s'allumer; (*Augen*) s'illuminer.

aufliegen ['aʊfliːgən] *unreg vi* être posé(e); (*zur Einsicht ausliegen: Zeitung etc*) être disponible.

auflisten ['aʊflɪstən] *vt* dresser la liste de; (*COMPUT*) lister.

auflockern ['aʊflɔkərn] *vt* (*Erde*) rendre meuble, ameublir; (*Eintönigkeit*) dissiper; (*Stimmung, Atmosphäre*) détendre; (*Stadtbild, Unterricht*) rendre plus vivant(e).

auflösen ['aʊfløːzən] *vt* (*in Wasser*) diluer, délayer; (*Rätsel*) résoudre; (*Ehe, Versammlung, Partei, Parlament*) dissoudre; (*Haare etc*) dénouer; (*Geschäft*) liquider; (*Konto*) fermer; (*Mißverständnis*) lever ♦ *vr* se dissoudre; **bevor sie ins Altersheim ging, löste Frau Schmitz ihren Haushalt auf** avant de partir en maison de repos, Mme Schmitz a vendu ou donné la plupart de ses affaires; **er war in Tränen aufgelöst** il avait fondu en larmes.

Auflösung *f* (*eines Rätsels*) solution *f*; (*TECH*) définition *f*; (*MUS*) bécarre *m*.

aufmachen ['aʊfmaxən] *vt* (*öffnen*) ouvrir; (*gründen*) fonder; (*zurechtmachen*) arranger ♦ *vr* (*gehen*) se mettre en route.

Aufmacher *m* (*PRESSE*) gros titre *m*.

Aufmachung *f* (*Kleidung*) tenue *f*; (*Gestaltung*) présentation *f*.

aufmerksam ['aʊfmɛrkzaːm] *adj* attentif(-ive); (*höflich*) aimable; **auf jdn/etw** ~ **werden** remarquer qn/qch; **(das ist) sehr** ~ **von Ihnen** (*zuvorkommend*) c'est très aimable à vous; **jdn auf jdn/etw** ~ **machen** attirer l'attention de qn sur qn/qch; **A~keit** *f* attention *f*; (*Geschenk*) (petite) attention; (*Höflichkeit*) égard *m*.

aufmöbeln ['aʊfmøːbəln] (*umg*) *vt* (*Gegenstand*) retaper; (*beleben*) ravigoter.

aufmucken ['aʊfmʊkən] (*umg*) *vi* rouspéter.

aufmuntern ['aʊfmʊntərn] *vt* (*ermutigen*) encourager; (*erheitern*) égayer.

aufmüpfig ['aʊfmʏpfɪç] (*umg*) *adj* rebelle.

Aufnahme ['aʊfnaːmə] *f* (*Empfang, Reaktion*) accueil *m*; (*in Verein, Krankenhaus etc*) admission *f*; (*in Liste, Programm etc*) insertion *f*; (*von Verhandlungen etc*) début *m*; (*von Beziehungen etc*) établissement *m*; (*Notieren*) rédaction *f*; (*PHOT*) photo *f*; (*auf Tonband etc*) enregistrement *m*; **zur** ~ **eines Kredites gezwungen sein**

être obligé d'emprunter de l'argent; **~antrag** m demande f d'adhésion; **a~fähig** adj réceptif(-ive); **~leiter** m (*FILM*) directeur m de la production; (*RUNDF, TV*) réalisateur m; **~prüfung** f examen m d'entrée.

aufnehmen ['aʊfneːmən] *unreg* vt (*hochheben*) soulever; (*vom Boden*) ramasser; (*beginnen*: *Kampf, Verhandlungen, Fährte*) ouvrir; (*empfangen, reagieren auf*) accueillir; (: *in Verein, Krankenhaus etc*) admettre; (*in Liste etc*) insérer, inclure; (*Punkt in Tagesordnung*) inscrire; (*fassen*) pouvoir accueillir; (*begreifen*) saisir; (*erfassen: Eindrücke*) assimiler; (*FINANZ: Geld*) emprunter; (*notieren: Diktat*) prendre; (: *Unfall*) dresser un constat de; (*auf Tonband, Platte*) enregistrer; (*fotografieren*) prendre en photo; (*beim Stricken: Maschen*) reprendre; **es mit jdm ~ können** pouvoir se mesurer à qn; **Kontakt mit jdm ~** prendre contact avec qn.

aufnötigen ['aʊfnøːtɪgən] vt: **jdm etw ~** imposer qch à qn.

aufoktroyieren ['aʊfɔktroajiːrən] vt: **jdm etw ~** (*geh*) imposer qch à qn.

aufopfern ['aʊfɔpfərn] vt sacrifier ♦ vr se sacrifier.

aufopfernd adj dévoué(e).

aufpassen ['aʊfpasən] vi (*aufmerksam sein*) faire attention; **auf jdn/etw ~** (*beaufsichtigen*) surveiller qn/qch; **aufgepaßt!** attention!

Aufpasser(in) (**-s, -**) m(f) (*pej*) mouchard(e) m/f; (*Beobachter*) observateur(-trice) m/f; (*bei Prüfung*) surveillant(e) m/f.

aufpflanzen ['aʊfpflantsən] (*umg*) vr: **sich vor jdm ~** se planter devant qn.

aufplatzen ['aʊfplatsən] vi crever, éclater.

aufplustern ['aʊfpluːstərn] vr (*Vogel*) se hérisser.

aufprägen ['aʊfprɛːgən] vt: **einer Sache seinen Stempel ~** (*fig*) marquer qch; **jdm seinen Stempel ~** influencer qn.

Aufprall ['aʊfpral] (**-(e)s, -e**) m choc m, impact m.

aufprallen vi: **auf etw** *Akk* **~** heurter qch.

Aufpreis ['aʊfpraɪs] m majoration f.

aufpulvern ['aʊfpʊlvərn] (*umg*) vt, vi remonter.

aufpumpen ['aʊfpʊmpən] vt gonfler.

aufputschen ['aʊfpʊtʃən] vt (*aufhetzen*) soulever; (*erregen*) exciter, stimuler.

Aufputschmittel nt stimulant m.

aufraffen ['aʊfrafən] (*umg*) vr: **sich zu einer Arbeit** etc **~** trouver l'énergie pour faire un travail etc.

aufräumen ['aʊfrɔʏmən] vt, vi ranger; **mit etw ~** (*fig*) en finir avec qch.

Aufräumungsarbeiten pl travaux mpl de déblaiement.

aufrecht ['aʊfrɛçt] adj droit(e).

aufrechterhalten *unreg* vt maintenir.

aufregen ['aʊfreːgən] vt (*ärgerlich machen*) irriter; (*nervös machen*) rendre nerveux(-euse); (*beunruhigen*) inquiéter; (*in Erregung versetzen*) exciter ♦ vr (*nervös werden*) s'énerver; (*sich*

entrüsten*) s'irriter.

aufregend adj excitant(e).

Aufregung f (*Erregung*) émotion f (forte); (*Durcheinander*) émoi m.

aufreiben ['aʊfraɪbən] *unreg* vt (*Haut*) écorcher; (*erschöpfen*) épuiser; (*MIL: völlig vernichten*) anéantir ♦ vr (*durch Arbeit*) s'épuiser.

aufreibend adj épuisant(e).

aufreihen ['aʊfraɪən] vt (*in einer Reihe*) aligner; (*Perlen*) enfiler.

aufreißen ['aʊfraɪsən] *unreg* vt (*Umschlag*) déchirer; (*Augen*) écarquiller; (*Mund*) ouvrir grand; (*Tür*) ouvrir brusquement; (*Straße*) éventrer; (*umg: Mädchen*) allumer ♦ vi (*Naht*) se découdre; (*Wunde*) se rouvrir.

Aufreißer (**-s, -**) m dragueur m.

aufreizen ['aʊfraɪtsən] vt (*erregen*) exciter.

aufreizend adj provocant(e).

aufrichten ['aʊfrɪçtən] vt (*gerade stellen*) redresser; (*bauen*) ériger; (*moralisch*) remonter ♦ vr se redresser; (*moralisch*) reprendre courage; **sich im Bett ~** s'asseoir dans son lit.

aufrichtig ['aʊfrɪçtɪç] adj sincère; **A~keit** f sincérité f.

aufrollen ['aʊfrɔlən] vt (*zusammenrollen*) enrouler; **einen Fall/Prozeß wieder ~** rouvrir une affaire/un procès.

aufrücken ['aʊfrʏkən] vi avancer, se pousser; (*beruflich*) être promu.

Aufruf ['aʊfruːf] m (*zur Hilfe, des Namens*) appel m; (*FINANZ*) retrait m.

aufrufen *unreg* vt appeler; **einen Schüler ~** interroger un élève; **jds Namen ~** appeler qn.

Aufruhr ['aʊfruːr] (**-(e)s, -e**) m (*Erregung*) émoi m, trouble m; (*POL*) révolte f, insurrection f; **in ~ sein** être en effervescence.

Aufrührer(in) (**-s, -**) m(f) insurgé(e) m/f, rebelle m/f.

aufrührerisch ['aʊfryːrərɪʃ] adj (*Reden*) séditieux(-euse); (*Gruppen*) rebelle.

aufrunden ['aʊfrʊndən] vt (*Summe*) arrondir.

aufrüsten ['aʊfrʏstən] vt armer ♦ vi s'armer.

Aufrüstung f armement m.

aufrütteln ['aʊfrʏtəln] vt secouer.

aufs [aʊfs] = **auf das**.

aufsagen ['aʊfzaːgən] vt (*Gedicht*) réciter; **jdm die Freundschaft ~** (*geh*) rompre avec qn.

aufsammeln ['aʊfzaməln] vt ramasser, recueillir.

aufsässig ['aʊfzɛsɪç] adj rebelle.

Aufsatz ['aʊfzats] m (*auf Schrank etc*) dessus m; (*in Fachzeitschrift*) article m; (*Schul~*) rédaction f, dissertation f.

aufsaugen ['aʊfzaʊgən] *unreg* vt absorber.

aufschauen ['aʊfʃaʊən] vi lever les yeux.

aufscheuchen ['aʊfʃɔʏçən] vt effrayer.

aufschichten ['aʊfʃɪçtən] vt entasser, empiler.

aufschieben ['aʊfʃiːbən] *unreg* vt (*öffnen*) ouvrir; (*verzögern*) remettre.

Aufschlag ['aʊfʃlaːk] m (*an Kleidungsstück*) revers m; (*Aufprall*) choc m; (*Preis~*) supplément m; (*TENNIS*) service m.

aufschlagen ['aʊfʃlaːgən] *unreg* vt (*Buch, Augen*)

ouvrir; (*verwunden*): **sich** *Dat* **das Knie** ~ s'ouvrir le genou; (*aufbauen: Zelt*) dresser, monter; (*Wohnsitz, Lager*) installer; (*hochschlagen: Ärmel*) retrousser; (*Kragen*) relever ♦ *vi* (*teurer werden*) augmenter; (*TENNIS*) servir; (*aufprallen*) percuter; **schlagt Seite 111 auf** ouvrez à la page 111.

aufschließen ['aʊfʃliːsən] *unreg vt* ouvrir ♦ *vi* (*aufrücken*) se serrer, se pousser.

Aufschluß ['aʊfʃlʊs] *m* renseignement *m*, information *f*; ~ **über etw verlangen** demander des éclaircissements sur qch.

aufschlüsseln ['aʊfʃlʏsəln] *vt*: ~ (**nach**) ventiler (par).

aufschlußreich *adj* révélateur(-trice).

aufschnappen ['aʊfʃnapən] *vt* (*umg*) surprendre, saisir au vol ♦ *vi* (*Schloß*) s'ouvrir tout seul.

aufschneiden ['aʊfʃnaɪdən] *unreg vt* (*Knoten, Paket*) ouvrir (en coupant); (*Brot, Wurst*) découper, couper en tranches; (*Geschwür*) percer; (*MED*) inciser ♦ *vi* (*umg: prahlen*) se vanter.

Aufschneider (*–s, –*) *m* vantard *m*.

Aufschnitt ['aʊfʃnɪt] *m* (*Wurst~*) charcuterie *f*; (*Käse~*) fromage *m* en tranches.

aufschnüren ['aʊfʃnyːrən] *vt* (*Schuhe*) délacer; (*Band*) dénouer; (*Paket*) déficeler.

aufschrauben ['aʊfʃraʊbən] *vt* (*fest~*) visser; (*lösen*) dévisser.

aufschrecken ['aʊfʃrɛkən] *vt* faire sursauter ♦ *vi* sursauter.

Aufschrei ['aʊfʃraɪ] *m* cri *m*; (*fig*) tollé *m*.

aufschreiben ['aʊfʃraɪbən] *unreg vt* noter.

aufschreien *unreg vi* pousser des cris.

Aufschrift ['aʊfʃrɪft] *f* inscription *f*.

Aufschub ['aʊfʃuːp] (*–(e)s, Aufschübe*) *m* délai *m*; **jdm** ~ **gewähren** accorder un délai à qn.

aufschürfen ['aʊfʃʏrfən] *vt*: **sich** *Dat* **die Haut** ~ s'écorcher; **sich** *Dat* **das Knie** ~ s'écorcher le genou.

aufschütten ['aʊfʃʏtən] *vt* (*Flüssigkeit*) verser; (*Kohle*) rajouter; (*Damm, Deich*) élever; **Kaffee** ~ faire du café.

aufschwatzen ['aʊfʃvatsən] (*umg*) *vt*: **jdm etw** ~ persuader qn de prendre qch.

Aufschwung ['aʊfʃvʊŋ] *m* (*Auftrieb, Elan*) élan *m*, essor *m*; (*wirtschaftlich*) relance *f*, reprise *f*; (*SPORT*) bascule *f*.

aufsehen ['aʊfzeːən] *unreg vi* lever les yeux; (*fig*): **zu jdm** ~ admirer qn; **A**~ (*–s*) *nt* sensation *f*; ~**erregend** *adj* qui fait sensation.

Aufseher(in) (*–s, –*) *m(f)* surveillant(e) *m/f*; (*Museums~, Park~*) gardien(ne) *m/f*.

aufsein ['aʊfzaɪn] *unreg* (*umg*) *vi* (*Tür, Geschäft etc*) être ouvert(e); (*Mensch*) être debout.

aufsetzen ['aʊfzɛtsən] *vt* (*Hut, Brille*) mettre; (*Essen*) mettre à cuire; (*Fuß*) poser; (*Dokument, Schreiben*) rédiger (le brouillon de) ♦ *vr* se redresser ♦ *vi* (*Flugzeug*) atterrir.

Aufsicht ['aʊfzɪçt] *f* (*Kontrolle*) surveillance *f*; (*Person*) garde *m*, surveillant(e) *m/f*; **die** ~ **ha-**

ben *od* **führen** être de garde; **bei einer Prüfung** ~ **führen** être de surveillance à un examen.

Aufsichtspflicht *f* (*JUR: über Kind*) responsabilité juridique.

Aufsichtsrat *m* conseil *m* d'administration.

aufsitzen ['aʊfzɪtsən] *unreg vi* (*aufgerichtet sitzen*) s'asseoir bien droit; (*lange aufbleiben*) veiller; (*auf Pferd, Motorrad*) monter en selle; (*Schiff*) (s')échouer; **jdn** ~ **lassen** (*umg*) poser un lapin à qn; **jdm** ~ (*umg*) se faire avoir par qn.

aufspalten ['aʊfʃpaltən] *vt* (*Gruppe, Land*) diviser ♦ *vr* se diviser.

aufspannen ['aʊfʃpanən] *vt* (*Netz, Sprungtuch*) tendre; (*Schirm*) ouvrir.

aufsparen ['aʊfʃpaːrən] *vt* mettre de côté.

aufsperren ['aʊfʃpɛrən] *vt* (*aufschließen*) ouvrir; (*Mund*) ouvrir tout(e) grand(e); **die Ohren** ~ (*umg*) dresser l'oreille.

aufspielen ['aʊfʃpiːlən] *vr* se donner de grands airs; **sich als Chef** ~ jouer les chefs.

aufspießen ['aʊfʃpiːsən] *vt* (*Fleisch*) embrocher; (: *mit der Gabel*) piquer; (*Schmetterlinge*) épingler.

aufspringen ['aʊfʃprɪŋən] *unreg vi* (*auf fahrenden Zug etc*) sauter; (*hochspringen*) bondir, sauter; (*Ball*) rebondir; (*sich öffnen*) s'ouvrir (brusquement); (*Hände, Lippen*) se gercer; ~ **auf** +*Akk* sauter sur.

aufspüren ['aʊfʃpyːrən] *vt* dépister.

aufstacheln ['aʊfʃtaxəln] *vt* (*anspornen*) inciter, encourager; (*aufhetzen*) soulever, exciter.

aufstampfen ['aʊfʃtampfən] *vi*: **mit dem Fuß** ~ taper du pied.

Aufstand ['aʊfʃtant] *m* soulèvement *m*.

aufständisch ['aʊfʃtɛndɪʃ] *adj* séditieux(-euse), rebelle.

aufstauen ['aʊfʃtaʊən] *vr* (*Arbeit*) s'accumuler; (*Ärger*) monter.

aufstechen ['aʊfʃtɛçən] *unreg vt* (*Blase etc*) percer.

aufstecken ['aʊfʃtɛkən] *vt* (*auf etw stecken: Ring, Kerzen*) mettre; (*Haar: mit Nadeln*) relever; (*umg: aufgeben*) laisser tomber, plaquer.

aufstehen ['aʊfʃteːən] *unreg vi* se lever; (*Tür*) être ouvert(e); **da mußt du früher** *od* **eher** ~! (*umg*) ce n'est pas comme ça que tu vas y arriver!

aufsteigen ['aʊfʃtaɪgən] *unreg vi* (*auf Fahrrad, Pferd etc*) monter; (*hochsteigen: Bergsteiger*) monter, grimper; (*Flugzeug*) prendre de l'altitude; (*Rauch*) monter, s'élever; (*beruflich*) monter en grade, être promu(e); (*SPORT*) monter, être promu(e); ~ **auf** +*Akk* monter sur; (*Berg*) escalader; **in jdm** ~ (*Haß, Verdacht*) monter en qn; (*Erinnerung*) s'éveiller dans l'esprit de qn.

Aufsteiger (*–s, –*) *m* (*SPORT*) équipe *f* promue; (**sozialer**) ~ arriviste *m*.

aufstellen ['aʊfʃtɛlən] *vt* (*hinstellen: Tisch*) mettre (en place), poser; (*Gerüst*) monter; (*Kind: nach dem Fallen*) relever; (*aufrecht stellen*) mettre debout; (*Maschine*) monter, installer; (*aufreihen*) aligner; (*Wachen*) poster; (*Essen*) mettre sur le feu; (*formieren*: *Heer, Mannschaft*) constituer; (*nominieren*: *Kandidaten*) proposer; (*Forderung*) formuler; (*formulieren*: *Programm etc*) établir; (*Rekord*) battre ♦ *vr* (*hintereinander*) se mettre en rangs; **Behauptungen** ~ se livrer à des allégations.

Aufstellung *f* (*SPORT*) composition *f*; (*Liste*) liste *f*.

Aufstieg ['aʊfʃtiːk] (*–(e)s, –e*) *m* (*auf Berg*) ascension *f*; (*Weg*) montée *f*; (*Aufwärtsentwicklung*) essor *m*; (*beruflich*) avancement *m*; (*SPORT*) promotion *f*; ~**schance**, ~**smöglichkeit** *f* perspective *f* de promotion.

aufstöbern ['aʊfʃtøːbərn] *vt* (*Wild*) lever; (*umg*: *entdecken*) dénicher, dégoter.

aufstocken ['aʊfʃtɔkən] *vt* augmenter; (*Gebäude*) surélever.

aufstoßen ['aʊfʃtoːsən] *unreg vt* (*Tür*) pousser ♦ *vi* faire un renvoi, roter (*fam*); **jdm** ~ (*fig*) frapper qn.

aufstrebend ['aʊfʃtreːbənd] *adj* en pleine expansion.

Aufstrich ['aʊfʃtrɪç] *m* pâte *f* à tartiner.

aufstülpen ['aʊfʃtʏlpən] *vt* (*Hosenbeine*) retrousser; (*Hut*) mettre, enfoncer.

aufstützen ['aʊfʃtʏtsən] *vr* s'appuyer ♦ *vt* (*Körperteil*) appuyer; (*Menschen*) soutenir; **sich** ~ **auf** +*Akk* s'appuyer sur.

aufsuchen ['aʊfzuːxən] *vt* (*geh*: *besuchen*) rendre visite à; (*konsultieren*) consulter.

auftakeln ['aʊftaːkəln] *vt* (*NAUT*) gréer ♦ *vr* (*pej*: *umg*) s'attifer.

Auftakt ['aʊftakt] *m* (*MUS*) levé *m*; (*fig*) prélude *m*.

auftanken ['aʊftaŋkən] *vi* (*Flugzeug*) faire le plein ♦ *vt* (*Flugzeug*) ravitailler; (*Auto*) remplir le réservoir de.

auftauchen ['aʊftaʊxən] *vi* (*aus Wasser etc*) émerger, faire surface; (*gefunden werden*) être retrouvé(e); (*umg*: *kommen*) arriver, apparaître; (*Zweifel, Fragen, Problem*) apparaître, surgir.

auftauen ['aʊftaʊən] *vt* (*Gefrorenes*) décongeler ♦ *vi* (*Eis*) fondre; (*fig*: *Mensch*) se dégeler.

aufteilen ['aʊftaɪlən] *vt* répartir, partager; (*Raum*) diviser.

Aufteilung *f* (*siehe vt*) répartition *f*; division *f*.

auftischen ['aʊftɪʃən] *vt* (*Essen*) servir; (*pej*: *Lügen*) sortir.

Auftr. *abk* = **Auftrag**.

Auftrag ['aʊftraːk] (*–(e)s, Aufträge*) *m* (*Bestellung*) commande *f*; (*Anweisung*) instruction *f*; (*Aufgabe*) tâche *f*, mission *f*; **etw in** ~ **geben** commander qch; **im** ~ +*Gen* par ordre de, de la part de; **Ihrem** ~ **gemäß** selon votre commande; **im** ~ *od* **i.A. J. Brun** pp J. Brun.

auftragen ['aʊftraːgən] *unreg vt* (*Farbe, Salbe*) mettre, appliquer; (*Kleidung*) user; (*geh*: *Essen*) servir ♦ *vi* (*dick machen*) grossir; **jdm etw** ~ (*beauftragen*) charger qn de qch; **dick** ~ (*fig*: *umg*) forcer la dose.

Auftraggeber(in) ['aʊftraːk] (*–s, –*) *m(f)* (*WIRTS*) client(e) *m/f*.

Auftragsbestätigung *f* confirmation *f* de commande.

Auftragswerk *nt* œuvre *f* de commande.

auftreiben ['aʊftraɪbən] *unreg* (*umg*) *vt* (*ausfindig machen*) dénicher.

auftrennen ['aʊftrɛnən] *vt* découdre.

auftreten ['aʊftreːtən] *unreg vt* (*Tür*) enfoncer ♦ *vi* (*erscheinen*) se présenter; (*THEAT*) entrer en scène; (*sich verhalten*) se conduire; (*fig*: *eintreten*) se produire; (*Schwierigkeiten etc*) surgir, apparaître; **als Vermittler** *etc* ~ agir en tant que médiateur *etc*; **mit dem Fuß** ~ poser le pied; **geschlossen** ~ faire front commun.

Auftreten (*–s*) *nt* (*Vorkommen*) existence *f*; (*Benehmen*) conduite *f*, attitude *f*.

Auftrieb ['aʊftriːp] *m* (*PHYS*) poussée *f* verticale; (*fig*) essor *m*, impulsion *f*; **jdm** ~ **geben** donner de l'élan à qn.

Auftritt ['aʊftrɪt] *m* scène *f*; (*von Schauspieler*) entrée *f* en scène.

auftrumpfen ['aʊftrʊmpfən] *vi* (*Überlegenheit zeigen*) montrer sa supériorité.

auftun ['aʊftuːn] *unreg vt* (*geh*: *Tür, Mund*) ouvrir; (*umg*: *ausfindig machen*) dégoter ♦ *vr* (*sich öffnen*) s'ouvrir; (*sich bieten*) se présenter.

auftürmen ['aʊftʏrmən] *vr* (*Gebirge etc*) se dresser (majestueusement); (*Schwierigkeiten*) s'accumuler.

aufwachen ['aʊfvaxən] *vi* s'éveiller, se réveiller.

aufwachsen ['aʊfvaksən] *unreg vi* grandir.

Aufwand ['aʊfvant] (*–(e)s*) *m* (*an Kraft, Geld etc*) dépense *f*; (*Kosten*) frais *mpl*; (*Luxus*) luxe *m*, faste *m*; **bitte, keinen** ~! surtout ne faites pas de chichi (pour moi)!

Aufwandsentschädigung *f* frais *mpl* de représentation, note *f* de frais.

aufwärmen ['aʊfvɛrmən] *vt* (*Essen*) réchauffer; (*alte Geschichten*) ressasser ♦ *vr* (*SPORT*) s'échauffer.

aufwarten ['aʊfvartən] *vi* (*zu bieten haben*): (**jdm**) **mit etw** ~ offrir qch (à qn), réserver qch (à qn).

aufwärts ['aʊfvɛrts] *adv* (*in Rangordnung*) à partir de; ~ **fahren** *od* **gehen** monter; **A~entwicklung** *f* progrès *m*.

aufwärtsgehen *unreg vi*: **mit seiner Gesundheit geht es aufwärts** il reprend du poil de la bête; **mit der Wirtschaft geht es aufwärts** l'économie est en pleine reprise.

Aufwasch ['aʊfvaʃ] *m* vaisselle *f*; **alles in einem** ~ (*umg*) tout à la fois.

aufwecken ['aʊfvɛkən] *vt* réveiller.

aufweichen ['aʊfvaɪçən] *vt* (*Brot*) faire tremper; (*Boden*) détremper; (*System*) miner.

aufweisen ['aʊfvaɪzən] *unreg vt* montrer.

aufwenden ['aʊfvɛndən] *unreg vt* consacrer; (*Geld*) dépenser.

aufwendig *adj* (*Projekt*) coûteux(-euse); (*Fest*) somptueux(-euse).

aufwerfen ['aʊfvɛrfən] *unreg vt* (*Probleme*) soulever; (*Fenster etc*) ouvrir (brusquement) ♦ *vr*: **sich zum Richter** ~ s'ériger en juge.

aufwerten ['aʊfvɛrtən] *vt* (*FINANZ*) réévaluer; (*fig*) rehausser.
Aufwertung *f* (*FINANZ*) réévaluation *f*.
aufwickeln ['aʊfvɪkəln] *vt* (*aufrollen*) enrouler; (*umg*: *Haar*) mettre des bigoudis dans; (*lösen*) dérouler.
aufwiegeln ['aʊfviːgəln] *vt* soulever.
aufwiegen ['aʊfviːgən] *unreg vt* compenser.
Aufwind ['aʊfvɪnt] *m* vent *m* ascendant; **neuen** ~ **bekommen** (*fig*) avoir un second souffle.
aufwirbeln ['aʊfvɪrbəln] *vt* soulever (des tourbillons de); **Staub** ~ (*fig*) provoquer des remous.
aufwischen ['aʊfvɪʃən] *vt* essuyer.
aufwühlen ['aʊfvyːlən] *vt* (*Erde*) creuser, défoncer; (*Gefühle*) remuer.
aufzählen ['aʊftsɛːlən] *vt* énumérer.
aufzeichnen ['aʊftsaɪçnən] *vt* dessiner; (*schriftlich*) noter; (*auf Band*) enregistrer.
Aufzeichnung *f* (*gew pl: schriftlich*) note *f*; (*Tonband~, Film~*) enregistrement *m*.
aufzeigen ['aʊftsaɪgən] *vt* montrer.
aufziehen ['aʊftsiːən] *unreg vt* (*hochziehen*) hisser; (*öffnen*) ouvrir; (*Uhr*) remonter; (*Foto*) coller; (*Fest, Unternehmung*) organiser; (*Kinder, Tiere*) élever; (*MED: Spritze*) préparer; (*umg: necken*) taquiner ♦ *vi* (*aufmarschieren*) arriver au pas; (*Sturm, Gewitter*) se préparer; (*Wolken*) s'amonceler.
Aufzucht ['aʊftsʊxt] *f* (*Großziehen*) élevage *m*.
Aufzug ['aʊftsuːk] *m* (*Fahrstuhl*) ascenseur *m*; (*Aufmarsch*) défilé *m*; (*pej: umg: Kleidung*) accoutrement *m*; (*THEAT*) acte *m*.
aufzwingen ['aʊftsvɪŋən] *unreg vt*: **jdm etw** ~ imposer qch à qn.
Aug. *abk* = *August*.
Augapfel ['aʊk|apfəl] *m* globe *m* oculaire; **jdn/etw wie seinen** ~ **hüten** tenir à qn/qch comme à la prunelle de ses yeux.
Auge ['aʊgə] (*-s, -n*) *nt* œil *m*; (*Fett~*) œil de graisse; (*auf Würfel*) point *m*; **unter vier** ~**n** entre quatre yeux; **vor meinen** ~**n** sous mes yeux; **vor aller** ~**n** au vu et au su de tout le monde, devant tout le monde; **jdn/etw mit anderen** ~**n (an)sehen** voir qn/qch d'un autre œil; **jdn/etw im** ~ **behalten** ne pas quitter qn/qch du regard; **ganz** ~ **und Ohr sein** être tout yeux, tout oreilles; **ihm gingen die** ~**n auf** (*fig*) ses yeux se sont dessillés; **ein** ~/**beide** ~**n zudrücken** (*umg*) fermer les yeux; **jdn/etw aus den** ~**n verlieren** perdre qn/qch de vue; **etw ins** ~ **fassen** envisager qch; **das kann leicht ins** ~ **gehen** (*umg*) ça risque de mal finir; **gute/schlechte** ~**n haben** avoir une bonne/mauvaise vue; **jdm etw vor** ~**n führen** montrer qch à qn; **einer Gefahr ins** ~ **sehen** faire face à un danger.
Augenarzt *m* ophtalmologue *m*, oculiste *m*.
Augenblick *m* instant *m*; **im ersten** ~ tout d'abord; **im** ~ actuellement, en ce moment; **jeden** ~ à tout moment; **a~lich** *adj* (*sofort*) immédiat(e); (*gegenwärtig*) présent(e), actuel(le) ♦ *adv* (*derzeitig*) en ce moment, ac-

tuellement.
Augen-: ~**braue** *f* sourcil *m*; ~**höhe** *f*: **in** ~**höhe** à hauteur des yeux; ~**licht** *nt* vue *f*; ~**merk** *nt* (*geh*) attention *f*; ~**schein** *kein pl m* (*geh*): **jdn/etw in** ~**schein nehmen** examiner qn/qch de près; **a~scheinlich** *adj* (*geh*) évident(e), apparent(e); ~**weide** *f* régal *m* pour les yeux; ~**wischerei** *f* (*fig*) frime *f* (*umg*); ~**zeuge(-in)** *m(f)* témoin *m* oculaire.
August [aʊˈgʊst] (*-(e)s od –, -e*) *m* août *m*; *siehe auch* **September**.
Auktion [aʊktsiˈoːn] *f* vente *f* aux enchères.
Auktionator [aʊktsioˈnaːtɔr] *m* commissaire-priseur *m*.
Aula ['aʊla] (*-, Aulen od –s*) *f* (*SCH*) salle *f* des fêtes; (*UNIV*) amphithéâtre *m*.
Au-pair-Mädchen [oˈpɛːrmɛːtçən] *nt* jeune fille *f* au pair.
Aus *nt* (*SPORT: Ausscheiden*) élimination *f*; (*fig: Ende*) fin *f*; **ins** ~ **gehen** sortir (du terrain).

=================== *SCHLÜSSELWORT*

aus [aʊs] *präp* +*Dat* **1** (*räumlich*) de; **aus dem Zimmer kommen** sortir de la chambre; **aus dem Garten/der Stadt kommen** venir du jardin/de la ville; **er ist aus Berlin** il vient de Berlin; **aus dem Fenster** par la fenêtre
2 (*Material*) de, en; **eine Statue aus Marmor** une statue de *od* en marbre; **ein Herz aus Stein** un cœur de pierre
3 (*auf Ursache deutend*) par; **aus Mitleid** par pitié; **aus Erfahrung** (*wissen*) par expérience; **aus Versehen** par mégarde; **aus Spaß** pour plaisanter *od* rire
♦ *adv* **1** (*zu Ende*) fini(e); **aus und vorbei** fini(e)
2: **bei ihr gehen Gerichtsvollzieher aus und ein** c'est un vrai défilé d'huissiers chez elle; **weder aus noch ein wissen** ne plus savoir que faire; **sie ist doch nur auf dein Geld aus** c'est son argent qui l'intéresse
3 (*ausgeschaltet*): **ist der Herd aus?** le four est-il éteint?; **ist das Licht aus?** la lumière est-elle éteinte?
4 (*in Verbindung mit von*): **von Rom aus** depuis Rome; **vom Fenster aus** de la fenêtre; **von sich aus** (*selbständig*) de lui-même/d'elle-même; **OK, von mir aus** d'accord(, si tu veux); **von ihm aus geht es in Ordnung** il est d'accord.

ausarbeiten ['aʊs|arbaɪtən] *vt* élaborer.
ausarten ['aʊs|artən] *vi* dégénérer.
ausatmen ['aʊs|aːtmən] *vi* expirer.
ausbaden ['aʊsbaːdən] (*umg*) *vt*: **etw** ~ **müssen** devoir payer les pots cassés pour qch.
Ausbau ['aʊsbaʊ] *m* (*Erweitern*) agrandissement *m*.
ausbauen *vt* (*vergrößern, erweitern*) agrandir; (*herausnehmen*) démonter.
ausbaufähig *adj* (*fig*) qui peut être développé(e).
ausbedingen ['aʊsbədɪŋən] *unreg vt*: **sich** *Dat* **etw** ~ se réserver qch.

ausbeißen ['aʊsbaɪsən] *unreg vr:* **sich** Dat **an etw** Dat **die Zähne** ~ (*fig*) se casser les dents sur qch.

ausbessern ['aʊsbɛsərn] *vt* réparer.

ausbeulen ['aʊsbɔylən] *vt* (*AUT*) débosseler, réparer les bosses de; (*Kleidung*) déformer.

Ausbeute ['aʊsbɔytə] *f* rendement *m*; (*Gewinn*) bénéfice *m*.

ausbeuten *vt* exploiter.

ausbezahlen ['aʊsbətsaːlən] *vt* (*Geld*) payer (entièrement); (*Erben*) désintéresser.

ausbilden ['aʊsbɪldən] *vt* former; (*Fähigkeiten*) développer; (*Geschmack*) cultiver; **stark ausgebildet sein** (*Fähigkeit, Charakteristik*) être très prononcé(e).

Ausbilder(in) (−s, −) *m(f)* formateur(-trice) *m/f.*

Ausbildung *f* (*beruflich*) formation *f*; **er ist noch in der** ~ il n'a pas encore terminé sa formation.

Ausbildungs-: ~**beihilfe** *f* allocation *f* de formation professionnelle; ~**förderung** *f* ≈ crédit-formation *m* individualisé; ~**platz** *m* (*Stelle*) place *f* de stage.

ausbitten ['aʊsbɪtən] *unreg vt:* **sich** Dat **etw** ~ (*geh*) demander qch; **ich bitte mir Ruhe aus!** silence, je vous prie!

ausblasen ['aʊsblaːzən] *unreg vt* souffler.

ausbleiben ['aʊsblaɪbən] *unreg vi* (*Personen*) ne pas venir; (*Ereignisse*) ne pas se produire; **es konnte nicht** ~**, daß** ... comme il fallait s'y attendre, ...

ausblenden ['aʊsblɛndən] *vt* couper.

Ausblick ['aʊsblɪk] *m* vue *f*; (*fig*) perspective *f*.

ausbomben ['aʊsbɔmbən] *vt* bombarder la maison de.

ausbooten ['aʊsboːtən] (*umg*) *vt* (*Person*) dégommer.

ausbrechen ['aʊsbrɛçən] *unreg vi* (*Gefangener*) s'évader; (*fig*) échapper à; (*Krieg, Feuer*) éclater; (*Krankheit*) se déclarer; (*Vulkan*) entrer en éruption ♦ *vt* (*Steine*) casser, détacher; (*Zahn*) casser; **in der Kurve brach ihm das Auto aus** il a perdu le contrôle de sa voiture dans le virage; **beim ersten Schuß brach Panik aus** le premier coup de fusil a semé la panique; **dem Kranken brach der Schweiß aus** le malade se mit à transpirer (à grosses gouttes); **in Tränen** ~ fondre en larmes; **in Gelächter** ~ éclater de rire.

Ausbrecher(in) (−s, −; *umg*) *m(f)* (*Gefangener*) évadé(e) *m/f.*

ausbreiten ['aʊsbraɪtən] *vt* (*Waren*) étaler; (*Tuch*) étendre; (*Karte*) déplier; (*Arme*) écarter, étendre; (*Flügel*) déployer ♦ *vr* (*Nebel, Wärme*) se répandre; (*Seuche, Feuer*) se propager; (*Ebene, pej: über Thema*) s'étendre.

ausbrennen ['aʊsbrɛnən] *unreg vt* (*Wunde*) cautériser ♦ *vi* (*Haus, Auto*) être réduit(e) en cendres; (*zu Ende brennen*) finir de brûler, s'éteindre; (*Vulkan*) s'éteindre; **er ist (völlig) ausgebrannt** (*fig*) il est à bout.

ausbringen ['aʊsbrɪŋən] *unreg vt* (*Trink-*

spruch) porter.

Ausbruch ['aʊsbrʊx] *m* (*von Gefangenen*) évasion *f*; (*eines Krieges, einer Epidemie*) début *m*; (*von Vulkan*) éruption *f*; (*Gefühls~*) débordement *m*; **zum** ~ **kommen** se déclarer.

ausbrüten ['aʊsbryːtən] *vt* couver.

Ausbuchtung ['aʊsbʊxtʊŋ] *f* (*Küste*) échancrure *f.*

ausbügeln ['aʊsbyːgəln] *vt* repasser; (*umg*: *Fehler*) éliminer.

ausbuhen ['aʊsbuːən] *vt* siffler, huer.

Ausbund ['aʊsbʊnt] *m*: **ein** ~ **an** *od* **von Tugend/Frechheit** la vertu/l'insolence personnifiée.

ausbürgern ['aʊsbyrgərn] *vt:* **jdn** ~ déchoir qn de sa nationalité.

ausbürsten ['aʊsbyrstən] *vt* brosser.

Ausdauer ['aʊsdaʊər] *f* endurance *f*, persévérance *f.*

ausdauernd *adj* persévérant(e), tenace; (*BOT*) vivace ♦ *adv* continuellement.

ausdehnen ['aʊsdeːnən] *vt* (*räumlich*) étendre; (*Gummi*) étirer; (*zeitlich*) prolonger ♦ *vr* s'étendre.

ausdenken ['aʊsdɛŋkən] *unreg vt* (*zu Ende denken*) considérer à fond; **sich** Dat **etw** ~ imaginer qch; **das ist nicht auszudenken** (*unvorstellbar*) je préfère ne pas y penser.

ausdiskutieren ['aʊsdɪskutiːrən] *vt* discuter dans les moindres détails.

ausdrehen ['aʊsdreːən] *vt* (*Gas*) fermer, éteindre; (*Licht*) éteindre.

Ausdruck ['aʊsdrʊk] *m* expression *f*; (*einzelnes Wort*) terme *m*; (*COMPUT*) sortie *f* (sur imprimante); **mit dem** ~ **des Bedauerns** (*förmlich*) en exprimant ses (vifs) regrets; **Ausdrücke gebrauchen** jurer.

ausdrucken *vt* (*COMPUT*) imprimer.

ausdrücken ['aʊsdrykən] *vt* (*formulieren, zeigen*) exprimer; (*Zigarette*) écraser; (*Zitrone, Schwamm*) presser ♦ *vr* s'exprimer.

ausdrücklich *adj* exprès(-esse) ♦ *adv* expressément.

Ausdrucks-: ~**fähigkeit** *f* facilité *f* d'expression *od* de parole, aisance *f* à s'exprimer; (*von Augen*) expressivité *f*; **a~los** *adj* sans expression, inexpressif(-ive); **a~voll** *adj* expressif(-ive); ~**weise** *f* manière *f* de s'exprimer.

Ausdünstung ['aʊsdynstʊŋ] *f* (*Dampf*) évaporation *f*; (*Geruch*) mauvaise odeur *f.*

auseinander [aʊsˈaɪˈnandər] *adv* (*räumlich, zeitlich*): ~ **liegen** être éloigné(e) l'un(e) de l'autre; ~ **schreiben** écrire en deux mots; **weit** ~ très loin l'un(e) de l'autre); **Schüler** ~ **setzen** séparer des élèves; ~ **sein** (*Paar, Ehe*) être séparé(e); ~**bringen** *unreg vt* séparer; ~**fallen** *unreg vi* tomber en morceaux; ~**gehen** *unreg vi* (*Menschen*) se séparer; (*Meinungen*) diverger; (*Gegenstand*) tomber en morceaux; (*umg: dick werden*) grossir, s'empâter; ~**halten** *unreg vt* (*unterscheiden*) distinguer; ~**klaffen** *vi* être béant(e); (*Meinungen*) diverger radicalement; ~**laufen** *unreg vi* (*umg: sich trennen*) se séparer; (*Menge*) se disperser; ~**leben** *vr* perdre contact; ~**nehmen** *unreg vt* (*zerlegen*) démonter; ~**setzen** *vt* (*erklären*) expliquer ♦ *vr* (*sich verständigen*) s'expliquer; (*sich befassen*): **sich mit etw** ~**setzen** réfléchir à qch, se pencher sur qch; **A~setzung** *f* (*Diskussion*) discussion *f*; (*Streit*) dispute *f*.

auserkoren ['aus|ɛrkoːrən] *adj* élu(e).

auserlesen ['aus|ɛrleːzən] *adj* (*Wein, Speisen*) exquis(e), de choix.

ausersehen ['aus|ɛrzeːən] *unreg vt* (*geh*): **dazu** ~ **sein, etw zu tun** avoir été désigné(e) pour faire qch.

ausfahrbar *adj* (*Antenne, Fahrgestell*) escamotable.

ausfahren ['ausfaːrən] *unreg vt* (*spazierenfahren: im Auto*) faire faire un tour à; (: *im Kinderwagen*) (aller) promener; (*liefern*) (aller) livrer; (*AUT: Kurve*) prendre bien à l'extérieur; (*Auto*) pousser à fond; (*TECH: Fahrwerk*) sortir ♦ *vi* (*spazierenfahren*) (aller) faire un tour; (*NAUT*) prendre la mer; **ausgefahrene Wege** chemins *mpl* défoncés.

Ausfahrer *m* livreur *m*.

Ausfahrt *f* (*Autobahn~, Garagen~*) sortie *f*; (*des Zuges etc*) départ *m*; (*Spazierfahrt*) tour *m*.

Ausfahrtsstraße *f* (route *f* de) sortie *f*.

Ausfall ['ausfal] *m* (*Wegfall, Verlust*) perte *f*; (*Nichtstattfinden*) annulation *f*; (*Versagen: MED*) arrêt *m*, défaillance *f*; (: *TECH*) panne *f*; (*Produktionsstörung*) arrêt de la production; (*MIL*) sortie *f*; (*Fechten*) botte *f*; (*radioaktiv*) retombées *fpl* (radioactives).

ausfallen ['ausfalən] *unreg vi* (*Zähne, Haare*) tomber; (*nicht stattfinden*) ne pas avoir lieu; (*wegbleiben: Person*) être absent(e); (: *Lohn*) ne plus être payé(e); (*nicht funktionieren*) tomber en panne; **wie ist das Spiel ausgefallen?** qui a gagné?, quel est le score?; **die Prüfung ist gut ausgefallen** les résultats de l'examen sont bons; **die Schule fällt morgen aus** il n'y aura pas classe demain.

ausfallend *adj* (*Worte*) blessant(e); ~ **werden** faire des remarques désobligeantes.

Ausfallstraße *f* (route *f* de) sortie *f*.

ausfegen ['ausfeːgən] *vt* balayer.

ausfeilen ['ausfailən] *vt* limer; (*Stil*) polir.

ausfertigen ['ausfɛrtɪgən] *vt* (*förmlich: Paß*) délivrer; (: *Urkunde, Rechnung*) établir; **doppelt** ~ faire en deux exemplaires.

Ausfertigung *f* (*von Paß*) délivrance *f*; (*Exemplar*) exemplaire *m*; **in doppelter/dreifacher** ~ en deux/trois exemplaires.

ausfindig ['ausfɪndɪç] *adv*: **jdn/etw** ~ **machen** (finir par) trouver qn/qch.

ausfliegen ['ausfliːgən] *unreg vt* évacuer par avion ♦ *vi* (*Jungvögel*) s'envoler, quitter le nid; **sie war ausgeflogen** (*umg*) elle était sortie.

ausfließen ['ausfliːsən] *unreg vi* (*herausfließen*) s'écouler; (*auslaufen*) fuir; (*Eiter etc*) suinter.

ausflippen ['ausflɪpən] (*umg*) *vi* flipper; **ein ausgeflippter Typ** un excentrique.

Ausflucht ['ausfluxt] (–, **Ausflüchte**) *f* (*Ausrede*) prétexte *m*.

Ausflug ['ausfluːk] *m* excursion *f*.

Ausflügler(in) ['ausflyːklər(ɪn)] (–**s**, –) *m(f)* excursionniste *m/f*.

Ausfluß ['ausflus] *m* (*Stelle*) bonde *f*; (*MED*) écoulement *m*.

ausfragen ['ausfraːgən] *vt* interroger.

ausfransen ['ausfranzən] *vi* s'effilocher.

ausfressen ['ausfrɛsən] *unreg vt* (*aushöhlen*) ronger, creuser; **etwas** ~ (*umg: anstellen*) faire des bêtises.

Ausfuhr ['ausfuːr] (–, –**en**) *f* exportation *f*; ~**artikel** *m* article *m* d'exportation.

ausführbar ['ausfyːrbaːr] *adj* (*durchführbar*) faisable, réalisable; (*WIRTS*) exportable.

ausführen ['ausfyːrən] *vt* (*spazierenführen: Menschen, Hund*) sortir, (aller) promener; (*mit jdm ausgehen*) sortir avec; (*WIRTS*) exporter; (*verwirklichen*) réaliser; (*erledigen, gestalten*) exécuter; (*erklären*) expliquer; **die** ~**de Gewalt** le pouvoir exécutif.

Ausfuhrgenehmigung *f* permis *m* d'exportation.

ausführlich *adj* détaillé(e) ♦ *adv* en détail; **A~keit** *f* abondance *f* de détails.

Ausführung *f* (*Durchführung*) exécution *f*; (*von Produktion: Modell*) modèle *m*; (: *Herstellungsart*) version *f*; (*von Thema*) traitement *m*; (*Erklärung*) explication *f*.

Ausfuhrverbot *nt* interdiction *f* d'exporter.

Ausfuhrzoll *m* droits *mpl* *od* taxe *f* à l'exportation *od* de sortie.

ausfüllen ['ausfylən] *vt* (*Loch*) combler; (*Zeit*) occuper, employer; (*Platz*) occuper; (*Fragebogen etc, Beruf*) remplir; **jdn (ganz)** ~ (*in Anspruch nehmen*) absorber qn (complètement).

Ausg. *abk* (= *Ausgabe*) éd.

Ausgabe ['ausgaːbə] *f* (*Geld*) dépense *f*; (*Aushändigung*) distribution *f*; (*Gepäck~*) consigne *f* (*où on retire les bagages*); (*Schalter*) guichet *m*; (*Buch*) édition *f*; (*Nummer*) numéro *m*; (*Ausführung*) modèle *m*, version *f*; (*COMPUT*) sortie *f*.

Ausgang ['ausgaŋ] *m* (*Stelle*) sortie *f*; (*kein pl: Ende*) fin *f*; (: *Ausgangspunkt*) point *m* de départ; (: *Ergebnis*) issue *f*; (*Ausgehtag*) jour *m* de sortie; **ein Unfall mit tödlichem** ~ un accident mortel; **kein** ~ sans issue, sortie interdite; ~ **haben** (*dienstfrei*) avoir congé *od* son jour de sortie.

Ausgangs-: ~**basis** *f* base *f*; ~**punkt** *m* point *m* de départ; ~**sperre** *f* consigne *f*.

ausgeben ['ausgeːbən] *unreg vt* (*Geld*) dépenser; (*austeilen*) distribuer; (*drucken*) imprimer, sortir ♦ *vr*: **sich für etw/jdn** ~ se faire passer pour qch/qn; **ich gebe heute abend einen aus** (*umg*) ce soir, j'offre un pot.

ausgebeult ['ausgəbɔylt] *adj* (*Kleidung*) avec des poches; (*Hut*) cabossé(e).

ausgebucht ['ausgəbuːxt] *adj* (*Vorstellung, Flug*

Maschine) complet(-ète).

Ausgeburt ['aʊsgəbuːrt] (pej) f (der Phantasie etc) produit m.

ausgedehnt ['aʊsgədeːnt] adj vaste, étendu(e); (zeitlich, Spaziergang) long(longue).

ausgedient ['aʊsgədiːnt] adj (Soldat) libéré(e); (verbraucht) usé(e), hors d'usage; ~ **haben** avoir fait son temps.

ausgefallen ['aʊsgəfalən] adj (ungewöhnlich) inhabituel(le), insolite.

ausgeglichen ['aʊsgəglɪçən] adj (Mensch, Temperament) équilibré(e); (Klima) tempéré(e); (Spiel) égal(e); **A~heit** f équilibre m.

Ausgehanzug m tenue f de sortie.

ausgehen ['aʊsgeːən] unreg vi (weggehen, sich vergnügen) sortir; (Haare, Zähne) tomber; (Vorräte, Geld) venir à manquer, s'épuiser; (Feuer, Ofen, Licht) s'éteindre; (Resultat haben) finir, se terminer; (spazierengehen) aller se promener; (abgeschickt werden: Post) partir; **mir ist der Zucker ausgegangen** je n'ai plus de sucre; **mir ging das Benzin aus** je suis tombé(e) en panne d'essence; **allmählich geht mir die Geduld aus** je commence à perdre patience; **auf etw** Akk ~ viser qch; **von etw** ~ (wegführen, zugrunde legen) se fonder sur qch; (herrühren) venir de qch; (ausgestrahlt werden) provenir de qch; **wir können davon** ~, **daß** ... nous pouvons partir du principe que ...; **leer** ~ ne rien obtenir, revenir bredouille; **gut/schlecht** ~ bien/mal finir.

ausgehungert ['aʊsgəhʊŋərt] adj affamé(e); (abgezehrt) émacié(e).

Ausgehverbot nt (MIL) consigne f.

ausgeklügelt ['aʊsgəklyːgəlt] adj ingénieux(-euse).

ausgekocht ['aʊsgəkɔxt] (pej: umg) adj (durchtrieben) rusé(e), retors(e).

ausgelassen ['aʊsgəlasən] adj débordant(e) de gaieté, enjoué(e); **A~heit** f gaieté f, enjouement m.

ausgelastet ['aʊsgəlastət] adj surchargé(e).

ausgeleiert ['aʊsgəlaɪərt] adj usé(e).

ausgelernt ['aʊsgəlɛrnt] adj qui a fini son apprentissage, qualifié(e).

ausgemacht ['aʊsgəmaxt] (umg) adj (vereinbart) convenu(e); **ein** ~**er Dummkopf** un parfait imbécile; **es gilt als** ~, **daß** ... il est entendu que ...; **es war eine** ~**e Sache, daß** ... c'était chose convenue que ... .

ausgemergelt ['aʊsgəmɛrgəlt] adj (Gesicht) émacié(e), décharné(e).

ausgenommen ['aʊsgənɔmən] präp (+Gen od Dat) sauf ♦ konj sauf si; **Anwesende sind** ~ à l'exception des personnes présentes.

ausgepowert ['aʊsgəpoːvərt] (umg) adj: ~ **sein** être vidé(e), être vanné(e).

ausgeprägt ['aʊsgəprɛːkt] adj marqué(e), prononcé(e).

ausgerechnet ['aʊsgərɛçnət] adv: ~ **du mußt mir das vorwerfen!** toi, me faire des reproches!; ~ **heute kommt er** il ne pouvait arriver à un pire moment!

ausgeschlossen ['aʊsgəʃlɔsən] adj (unmöglich) exclu(e).

ausgeschnitten ['aʊsgəʃnɪtən] adj (Kleid) décolleté(e).

ausgesprochen ['aʊsgəʃprɔxən] adj (Begabung) prononcé(e); (Lüge etc) caractérisé(e); (unverkennbar) caractéristique, typique ♦ adv: ~ **schlecht/schön** vraiment très mauvais(e)/beau(belle); ~**es Pech haben** n'avoir vraiment pas de chance; **sich** ~ **freuen** être vraiment (très) content(e).

ausgestorben ['aʊsgəʃtɔrbən] adj (Tierart) disparu(e); **die Straßen waren wie** ~ les rues étaient désertes.

ausgesucht ['aʊsgəzuːxt] adj (besonders groß) marqué(e) ♦ adv très, extrêmement.

ausgewogen ['aʊsgəvoːgən] adj équilibré(e), pondéré(e); (Maß) égal(e).

ausgezeichnet ['aʊsgətsaɪçnət] adj excellent(e).

ausgiebig ['aʊsgiːbɪç] adj (Essen) copieux(-euse), abondant(e) ♦ adv: ~ **schlafen/essen** dormir/manger tout son soûl; ~**en Gebrauch von etw machen** beaucoup se servir de qch.

ausgießen ['aʊsgiːsən] unreg vt (aus einem Behälter) verser; (weggießen) jeter; (Behälter) vider; (TECH: füllen) remplir.

Ausgleich ['aʊsglaɪç] (-(e)s, -e) m (Gleichgewicht) équilibre m; (bei Konflikt) accord m; (von Verlust) compensation f; (SPORT) égalisation f; **zum** ~ en compensation; **das ist ein guter** ~ c'est bon pour l'équilibre.

ausgleichen ['aʊsglaɪçən] unreg vt (Höhenunterschied) égaliser; (Unterschied) aplanir, équilibrer; (Mangel, Verlust) compenser; (Konto) équilibrer ♦ vi (zwischen Menschen) jouer les médiateurs; (SPORT) égaliser ♦ vr s'équilibrer, se compenser; ~**de Gerechtigkeit** justice f distributive.

Ausgleichssport m (exercices mpl de) gymnastique f (pour quelqu'un qui fait un travail sédentaire).

Ausgleichstor nt but m égalisateur.

ausglühen ['aʊsglyːən] vt (Nadel etc) flamber.

ausgraben ['aʊsgraːbən] unreg vt déterrer; (Leichen) exhumer; (fig) ressortir.

Ausgrabung f (archäologisch) fouilles fpl; (archäologische Funde) objets mpl anciens.

ausgrenzen ['aʊsgrɛntsən] vt exclure.

Ausgrenzung f mise f à l'écart.

Ausguck ['aʊsgʊk] m poste m d'observation.

Ausguß ['aʊsgʊs] m (Spüle) évier m; (Abfluß) bonde f; (Tülle) bec m.

aushaben ['aʊshaːbən] unreg (umg) vt (Kleidung) avoir enlevé; (Buch) avoir fini (de lire) ♦ vi (Schule) sortir (de classe).

aushalten ['aʊshaltən] unreg vt (Schmerzen, Hunger, Vergleich) supporter; (Blick) soutenir; (pej: Geliebte) entretenir; (umg): **sich von jdm** ~ **lassen** se faire entretenir par qn ♦ vi (durchhalten) tenir bon; **das ist ja nicht zum A~** c'est in-

supportable.
aushandeln ['aʊshandəln] *vt* négocier.
aushändigen ['aʊshɛndɪgən] *vt* remettre.
Aushang ['aʊshaŋ] *m* avis *m*.
aushängen ['aʊshɛŋən] *unreg vt* (*Meldung*) afficher; (*Fenster*) décrocher ♦ *vi* (*Meldung*) être affiché(e) ♦ *vr* (*Kleidung, Falten*) se défroisser.
Aushängeschild *nt* (*fig*) pub *f* (ambulante).
ausharren ['aʊsharən] *vi* patienter.
aushäusig ['aʊshɔyzɪç] *adj* (*Mensch*) sorti(e).
ausheben ['aʊshe:bən] *unreg vt* (*Erde*) enlever; (*Grube*) creuser; (*Tür*) déboîter; (*Nest*) vider; (*Diebesnest*) faire une descente dans; (*MIL*) lever.
aushecken ['aʊshɛkən] (*umg*) *vt* inventer, élaborer.
ausheilen ['aʊshaɪlən] *vt, vi* (*Krankheit*) guérir (complètement).
aushelfen ['aʊshɛlfən] *unreg vi* +*Dat*: **jdm** ~ donner un coup de main à qn.
Aushilfe ['aʊshɪlfə] *f* aide *f*; (*Person*) intérimaire *m/f*; **als** ~ **arbeiten** faire de l'intérim.
Aushilfs-: ~**kraft** *f* intérimaire *m/f*; ~**lehrer(in)** *m(f)* maître(maîtresse) *m/f* auxiliaire; **a**~**weise** *adv* à titre provisoire, temporairement.
aushöhlen ['aʊshø:lən] *vt* creuser; (*fig*) épuiser.
ausholen ['aʊsho:lən] *vi* (*zum Schlag, Wurf*) lever le bras; (*zur Ohrfeige*) lever la main; (*beim Gehen*) allonger le pas; **weit** ~ (*fig*) remonter au déluge; **zum Gegenschlag** ~ contre-attaquer.
aushorchen ['aʊshɔrçən] *vt* faire parler.
aushungern ['aʊshʊŋərn] *vt* affamer.
auskennen ['aʊskɛnən] *unreg vr* (*an einem Ort*) se repérer facilement; (*in Fragen etc*) s'y connaître; **man kennt sich bei ihm nie aus** avec lui, on ne sait jamais à quoi s'en tenir.
auskippen ['aʊskɪpən] *vt* vider.
ausklammern ['aʊsklamərn] *vt* (*Thema*) laisser de côté.
Ausklang ['aʊsklaŋ] *m* (*von Fest*) fin *f*; (*von Musik*) dernières notes *fpl*; **zum** ~ **des Abends** pour clore la soirée.
ausklappbar ['aʊsklapba:r] *adj* pliable.
auskleiden ['aʊsklaɪdən] *vr* (*geh*) se dévêtir ♦ *vt* (*Wand*) revêtir, garnir.
ausklingen ['aʊsklɪŋən] *unreg vi* (*Ton, Lied*) s'éteindre; (*Fest*) se terminer.
ausklinken ['aʊsklɪŋkən] *vt* (*Seil*) détacher.
ausklopfen ['aʊsklɔpfən] *vt* (*Teppich*) battre; (*Pfeife*) débourrer.
ausknöpfbar ['aʊsknœpfba:r] *adj* (*Futter*) amovible.
auskochen ['aʊskɔxən] *vt* (*Wäsche*) faire bouillir; (*Knochen*) cuire; (*MED*) stériliser.
auskommen ['aʊskɔmən] *unreg vi*: **mit jdm (gut)** ~ (bien) s'entendre avec qn; **mit etw** ~ (*genügend haben*) se débrouiller avec qch; **ohne jdn/etw** ~ (pouvoir) se passer de qn/qch; **A**~ (**-s**) *nt*: **sein A**~ **haben** avoir de quoi vivre; **mit ihr ist kein A**~ il n'y a pas moyen de s'en-

tendre avec elle.
auskosten ['aʊskɔstən] *vt* savourer.
auskramen ['aʊskra:mən] (*umg*) *vt* déballer; (*fig: alte Geschichten etc*) ressortir.
auskratzen ['aʊskratsən] *vt* racler, gratter; (*MED: Gebärmutter*) cureter ♦ *vi* (*umg: weglaufen*) filer.
auskugeln ['aʊsku:gəln] *vr*: **sich** *Dat* **den Arm** ~ se démettre le bras.
auskundschaften ['aʊskʊntʃaftən] *vt* (*Gegend*) explorer; (*Versteck, Geheimnis*) découvrir.
Auskunft ['aʊskʊnft] (**-, Auskünfte**) *f* (*Mitteilung*) renseignement *m*; (*kein pl: Stelle*) bureau *m* de renseignements *od* d'information; (*TEL*) renseignements.
auskuppeln ['aʊskʊpəln] *vi* débrayer.
auskurieren ['aʊskuri:rən] (*umg*) *vt* guérir complètement.
auslachen ['aʊslaxən] *vt* se moquer de.
ausladen ['aʊsla:dən] *unreg vt* (*Ladung, Auto*) décharger; (*umg: Gäste*) décommander ♦ *vi* (*Äste*) s'étendre.
ausladend *adj* (*Gebärden, Bewegung*) large.
Auslage ['aʊsla:gə] *f* (*Waren*) étalage *m*, éventaire *m*; (*Schaufenster*) vitrine *f*; ~**n** *pl* (*Kosten*) frais *mpl*.
auslagern ['aʊsla:gərn] *vt* (*Kunstgegenstände*) mettre en lieu sûr.
Ausland ['aʊslant] *nt* étranger *m*; **im** ~, **ins** ~ à l'étranger.
Ausländer(in) ['aʊslɛndər(ɪn)] (**-s, -**) *m(f)* étranger(-ère) *m/f*.
Ausländerfeindlichkeit *f* xénophobie *f*.
ausländisch *adj* étranger(-ère).
Auslands-: ~**aufenthalt** *m* séjour *m* à l'étranger; ~**gespräch** *m* communication *f* internationale; ~**korrespondent(in)** *m(f)* correspondant(e) permanent(e) *m/f* (à l'étranger); ~**reise** *f* voyage *m* à l'étranger; ~**schutzbrief** *m* contrat de garantie automobile pour voyages à l'étranger; ~**vertretung** *f* (*von Staat*) représentation *f* à l'étranger; (*von Firma*) succursale *f* à l'étranger.
auslassen ['aʊslasən] *unreg vt* omettre; (*Gelegenheit*) laisser passer; (*Fett*) faire fondre; (*Kleidungsstück: weiter machen*) élargir; (*umg: Radio, Heizung*) ne pas allumer; (: *Kleidungsstück: nicht anziehen*) ne pas mettre ♦ *vr*: **sich über etw** *Akk* ~ (*pej*) s'étendre sur qch; **seine Wut an jdm** ~ passer sa colère sur qn.
Auslassung *f* (*von Wort etc*) omission *f*; ~**zeichen** *nt* apostrophe *f*.
auslasten ['aʊslastən] *vt* (*Fahrzeug*) charger au maximum; (*Maschine auch*) utiliser à pleine capacité; (*Person*) occuper à plein temps.
Auslauf ['aʊslaʊf] *m* espace *m*; (*Ausflußstelle*) voie *f* d'écoulement.
auslaufen *unreg vi* (*Flüssigkeit*) s'écouler, couler; (*Behälter*) fuir; (*Farbe*) s'estomper (au lavage); (*NAUT*) appareiller; (*langsam aufhören: Motoren, Läufer*) ralentir progressivement; (*zu Ende sein*) se terminer; (*nicht weitergeführt werden: Serie*) ne plus se faire.

Ausläufer ['auslɔyfər] m (von Gebirge) contrefort m; (Pflanze) pousse f; (MET: von Hoch) anticyclone m, champ m de hautes pressions; (: von Tief) dépression f, perturbation f.

ausleeren ['auslə:rən] vt vider.

auslegen ['ausle:gən] vt étaler; (Köder, Schlinge) placer, poser; (Geld) avancer; (Zimmer, Boden) revêtir; (Text etc) interpréter.

Ausleger (–s, –) m (von Kran etc) flèche f.

Auslegeware kein pl f revêtements mpl de sol.

Auslegung f interprétation f.

ausleiern ['auslaiərn] vi s'user.

Ausleihe ['auslaiə] f prêt m; (Stelle) salle f de prêt.

ausleihen ['auslaiən] unreg vt (verleihen) prêter; **sich** Dat **etw** ~ emprunter qch.

auslernen ['auslɛrnən] vi (Lehrling) finir son apprentissage; **man lernt nie aus** (Sprichwort) on n'a jamais fini d'apprendre.

Auslese ['ausle:zə] f (Vorgang) choix m, sélection f; (Elite) élite f; (Wein) grand cru m.

auslesen ['ausle:zən] unreg vt (aussondern) trier; (auswählen) sélectionner; (umg: zu Ende lesen) finir de lire.

ausliefern ['ausli:fərn] vt livrer; (an anderen Staat) extrader ♦ vi (WIRTS) livrer ♦ vr: **sich jdm** ~ se livrer à qn; **jdm/etw ausgeliefert sein** être à la merci de qn/qch.

Auslieferungsabkommen nt traité m od convention f d'extradition.

Auslieferungslager nt (WIRTS) entrepôt m de distribution.

ausliegen ['ausli:gən] unreg vi (Waren) être exposé(e), être en vitrine; (Liste) pouvoir être consulté(e); (Zeitschrift) être à la disposition du public.

auslöschen ['auslœʃən] vt éteindre; (Geschriebenes, Spuren, fig) effacer.

auslosen ['auslo:zən] vt tirer au sort.

auslösen ['auslø:zən] vt (Explosion, Schuß, Alarm) déclencher; (Reaktion) provoquer; (Panik) jeter, semer; (Gefühle, Heiterkeit) susciter; (Gefangene) racheter; (Pfand) dégager.

Auslöser (–s, –) m (PHOT) déclencheur m; (Anlaß) cause f (immédiate).

ausloten ['auslo:tən] vt sonder.

ausmachen ['ausmaxən] vt (Licht, Feuer) éteindre; (Radio) fermer; (entdecken) repérer; (erkennen) distinguer; (vereinbaren) convenir de, fixer; (Anteil darstellen, bedeuten) constituer, représenter; **das macht ihm nichts aus** ça ne lui fait rien, ça ne le dérange pas; **macht es Ihnen etwas aus, wenn ...?** ça vous dérange si ...?; **das macht einen Unterschied aus** ça change tout; **eine ausgemachte Sache** une affaire entendue.

ausmalen ['ausma:lən] vt (Bild, Umrisse) colorier; (schildern) décrire, dépeindre; **sich** Dat **etw** ~ s'imaginer qch.

Ausmaß ['ausma:s] nt (von Gegenstand, Fläche) dimensions fpl; (von Katastrophe) ampleur f; (von Liebe etc) grandeur f; **das nimmt ungeheu-**

re ~e an ça prend des proportions considérables.

ausmerzen ['ausmɛrtsən] vt (Fehler, Stelle) supprimer; (Erinnerung) chasser.

ausmessen ['ausmɛsən] unreg vt mesurer.

ausmisten ['ausmistən] vt (Stall) nettoyer (de son fumier); (fig: umg: Schrank, Zimmer) mettre de l'ordre dans.

ausmustern ['ausmustərn] vt (Maschine, Fahrzeug etc) retirer du service; (MIL) réformer.

Ausnahme ['ausna:mə] f exception f; **mit** ~ **von** à l'exception de; **~erscheinung** f cas m exceptionnel od à part; **~fall** m exception f; **~zustand** m (POL) état m d'exception.

ausnahmslos adv sans exception.

ausnahmsweise adv exceptionnellement.

ausnehmen ['ausne:mən] unreg vt (Tier, Fisch, Nest) vider; (pej: umg) plumer, saigner; (ausschließen) exclure ♦ vr (wirken) avoir l'air; **sich vorteilhaft** ~ être à son avantage.

ausnehmend adv extrêmement.

ausnüchtern ['ausnyçtərn] vt, vi dessoûler.

Ausnüchterungszelle f salle f de dégrisement.

ausnutzen ['ausnutsən], **ausnützen** ['ausnytsən] vt (Zeit, Gelegenheit) profiter de; (Einfluß) user de; (Gutmütigkeit) abuser de; (Menschen) profiter de la bonté de.

auspacken ['auspakən] vt (Koffer) défaire; (Kleider, Geschenk) déballer ♦ vi (umg: alles sagen) parler, vider son sac.

auspfeifen ['auspfaifən] unreg vt siffler, huer.

ausplaudern ['ausplaudərn] vt (Geheimnis) révéler.

ausposaunen ['auspozaunən] (umg) vt crier sur les toits.

ausprägen ['auspre:gən] vr (Begabung, Charaktereigenschaft) se révéler, se faire jour.

auspressen ['auspresən] vt presser.

ausprobieren ['ausprobi:rən] vt essayer.

Auspuff ['auspuf] (–(e)s, –e) m (AUT) échappement m; **~rohr** nt, **~topf** m pot m d'échappement.

auspumpen ['auspumpən] vt (Wasser) pomper; **jdm den Magen** ~ faire un lavage d'estomac à qn.

ausquartieren ['auskvarti:rən] vt déloger.

ausquetschen ['auskvetʃən] vt (Zitrone etc) presser; (umg: ausfragen) cuisiner; (: aus Neugier) presser de questions.

ausradieren ['ausradi:rən] vt effacer, gommer.

ausrangieren ['ausrãʒi:rən] (umg) vt mettre au rancart.

ausrauben ['ausraubən] vt dévaliser.

ausräumen ['ausrɔymən] vt (Dinge) enlever; (Schrank, Zimmer) vider; (Bedenken) écarter.

ausrechnen ['ausrɛçnən] vt (Aufgabe) résoudre; (Preis, Summe) calculer; **sich** Dat **etw** ~ **können** pouvoir s'imaginer qch; **ich rechne mir bei der Wahl große Chancen aus** je pense avoir de très fortes chances d'être élu(e).

Ausrechnung f calcul m.

Ausrede ['aʊsreːdə] *f* excuse *f*, prétexte *m*; **a~n** ['aʊsreːdən] *vi* finir (de parler) ♦ *vt*: **jdm etw a~n** dissuader qn de qch; **er hat mich nicht mal a~n lassen** il ne m'a même pas laissé terminer.

ausreichen ['aʊsraɪçən] *vi* suffire.

ausreichend *adj* suffisant(e); (*SCH*) ≈ passable.

Ausreise ['aʊsraɪzə] *f*: **bei der** ~ en quittant le pays; **jdm die** ~ **verweigern** interdire à qn de quitter le territoire; **~erlaubnis** *f* autorisation *f* de quitter le territoire.

ausreisen ['aʊsraɪzən] *vi* sortir du pays; **nach Polen** ~ partir pour la Pologne.

ausreißen ['aʊsraɪsən] *unreg vt* arracher ♦ *vi* (*Riß bekommen*) se déchirer; (*umg: weglaufen*) se tirer; **er hat sich** *Dat* **kein Bein ausgerissen** (*umg*) il ne s'est pas foulé.

ausrenken ['aʊsrɛŋkən] *vt*: **sich** *Dat* **das Knie** ~ se déboîter le genou; **jdm den Arm** ~ déboîter le bras de qn.

ausrichten ['aʊsrɪçtən] *vt* (*Botschaft, Gruß*) transmettre; (*Hochzeit etc*) organiser; (*erreichen*) obtenir; (*in gerade Linie bringen*) aligner; (*Preise, Löhne*) aligner, ajuster; (*TYP*) justifier ♦ *vr* (*in eine Linie stellen*) s'aligner; **jdm etw** ~ faire savoir qch à qn; **ich werde es ihm** ~ je le lui dirai; **bitte richten Sie ihm einen Gruß aus** saluez-le de ma part.

ausrollen ['aʊsrɔlən] *vi* (*Flugzeug*) rouler lentement (après l'atterrissage); (*Auto*) continuer en roue libre ♦ *vt* (*Teppich*) dérouler.

ausrotten ['aʊsrɔtən] *vt* (*Unkraut, Insekten*) détruire; (*fig*) mettre fin à.

ausrücken ['aʊsrʏkən] *vt* (*Text*) faire se terminer en retrait dans la marge de droite ♦ *vi* (*MIL*) se mettre en marche; (*Feuerwehr, Polizei*) sortir; (*umg: weglaufen*) décamper.

Ausruf ['aʊsruːf] *m* (*Schrei*) exclamation *f*, cri *m*; (*Verkünden*) proclamation *f*.

ausrufen *unreg vt* (*schreien*) crier; (*Stationen, Schlagzeile*) annoncer; (*Streik, Revolution*) proclamer; **jdn** ~ (**lassen**) (*über Lautsprecher*) faire appeler qn.

Ausrufezeichen *nt* point *m* d'exclamation.

ausruhen ['aʊsruːən] *vt* reposer ♦ *vi, vr* se reposer.

ausrüsten ['aʊsrʏstən] *vt* équiper.

Ausrüstung *f* équipement *m*.

ausrutschen ['aʊsrʊtʃən] *vi* glisser, déraper.

Ausrutscher (**-s, -**; *umg*) *m* dérapage *m*; (*fig*) gaffe *f*.

Aussage ['aʊszaːgə] *f* déclaration *f*; (*Zeugen~*) déposition *f*, témoignage *m*; **der Angeklagte/ Zeuge verweigerte die** ~ l'accusé/le témoin a refusé de parler.

aussagekräftig *adj* intéressant(e); **eine** ~**e Biographie** une biographie qui en dit long sur le personnage.

aussagen ['aʊszaːgən] *vt*: **viel** ~ **über** +*Akk* en dire long sur ♦ *vi* (*JUR*) déposer, témoigner.

Aussatz ['aʊszats] (**-es**) *m* (*MED*) lèpre *f*.

aussaugen ['aʊszaʊgən] *vt* sucer; (*fig: ausbeu*

ten) exploiter, piller.

ausschaben ['aʊsʃaːbən] *vt* (*Patientin*) faire un curetage à.

ausschalten ['aʊsʃaltən] *vt* (*Maschine*) arrêter; (*Licht*) éteindre; (*Strom*) couper; (*fig: Gegner, Fehlerquelle*) éliminer.

Ausschank ['aʊsʃaŋk] (**-(e)s, Ausschänke**) *m* (*kein pl*: *Getränkeausgabe*) vente *f*; (*Theke*) comptoir *m*; (*Raum*) café *m*.

Ausschankerlaubnis *f* licence *f* de débit de boissons.

Ausschau ['aʊsʃaʊ] *f*: ~ **halten nach** chercher des yeux, guetter.

ausschauen *vi*: **nach jdm** ~ (*Ausschau halten*) guetter qn; **wie schaut's aus?** comment ça va?

ausscheiden ['aʊsʃaɪdən] *unreg vt* (*aussondern*) éliminer; (*MED*) excréter, éliminer ♦ *vi* (*nicht in Betracht kommen*) ne pas entrer en ligne de compte; (*SPORT*) être éliminé(e); ~ **aus** quitter; **er scheidet für den Posten aus** il n'a pas le bon profil pour ce poste.

Ausscheidung *f* (*MED*) matière *f* excrétée; (*SPORT*) élimination *f*.

ausschenken ['aʊsʃɛŋkən] *vt* servir.

ausscheren ['aʊsʃeːrən] *vi* (*Fahrzeug*) quitter la file; (*zum Überholen*) déboîter.

ausschildern ['aʊsʃɪldərn] *vt* signaler.

ausschimpfen ['aʊsʃɪmpfən] *vt* gronder.

ausschlachten ['aʊsʃlaxtən] *vt* (*Auto*) démonter (pour récupérer des pièces); (*pej: umg: Ereignis*) exploiter.

ausschlafen ['aʊsʃlaːfən] *unreg vi, vr* dormir tant qu'on veut ♦ *vt*: **seinen Rausch** ~ cuver son vin; **ich bin nicht ausgeschlafen** je n'ai pas assez dormi.

Ausschlag ['aʊsʃlaːk] *m* (*MED*) éruption *f*, boutons *mpl*; (*Pendel~*) oscillation *f*; (*Nadel~*) déviation *f*; **den** ~ **geben** (*fig*) être déterminant(e).

ausschlagen ['aʊsʃlaːgən] *unreg vt* (*Zähne*) casser; (*Feuer*) étouffer; (*auskleiden*) revêtir; (*verweigern*) refuser ♦ *vi* (*Pferd*) ruer; (*BOT*) bourgeonner; (*Zeiger*) osciller.

ausschlaggebend *adj* déterminant(e).

ausschließen ['aʊsʃliːsən] *unreg vt* exclure; (*aus Haus*) mettre à la porte; (*Möglichkeit, Fall, Zweifel, Irrtum*) exclure, écarter; (*SPORT*) disqualifier ♦ *vr* (*aus Haus*) oublier sa clé; **ich will mich nicht** ~ et ça me concerne aussi.

ausschließlich *adj* exclusif(-ive) ♦ *adv* exclusivement ♦ *präp* +*Gen* à l'exclusion de.

ausschlüpfen ['aʊsʃlʏpfən] *vi* (*aus Ei*) éclore (*aus Puppe*) sortir de sa chrysalide.

Ausschluß ['aʊsʃlʊs] *m* exclusion *f*; **unter** ~ **de Öffentlichkeit stattfinden** se tenir à huis clos.

ausschmücken ['aʊsʃmʏkən] *vt* décorer; (*fig* enjoliver, embellir.

ausschneiden ['aʊsʃnaɪdən] *unreg vt* (*Artikel, Fi guren*) découper; (*Büsche*) élaguer, tailler (*Kleid*) échancrer, décolleter; **eine angefault Stelle** ~ couper une partie blette.

Ausschnitt ['aʊsʃnɪt] *m* (*Teil*) fragment *m*

morceau *m*; (*von Kleid*) décolleté *m*; (*Zeitungs~*) coupure *f*; (*aus Film etc*) extrait *m*.

ausschöpfen ['aʊsʃœpfən] *vt* (*fig*) épuiser; **ein Boot ~** vider l'eau d'une barque.

ausschreiben ['aʊsʃraɪbən] *unreg vt* (*ganz schreiben*) écrire en toutes lettres; (*Scheck, Rezept, Rechnung*) établir; (*Wettbewerb*) annoncer; (*Projekt*) lancer un appel d'offre pour; **eine Stelle ~** faire paraître une annonce pour pourvoir un poste.

Ausschreibung *f* (*von Wahlen*) proclamation *f*; (*von Stelle*) mise *f* au concours; (*von Bauarbeiten etc*) mise *f* en adjudication.

Ausschreitung ['aʊsʃraɪtʊŋ] *f* (*Gewalttätigkeit*) excès *m*, acte *m* de violence; **es kam zu ~en** il y a eu des scènes de violence *od* des excès.

Ausschuß ['aʊsʃʊs] *m* (*Gremium*) comité *m*, commission *f*; (*Abfall*) articles *mpl* défectueux; (*WIRTS: auch:* **~ware**) articles de second choix.

ausschütten ['aʊsʃʏtən] *vt* (*Flüssigkeit*) verser; (: *verschütten*) renverser; (: *wegschütten, leeren*) vider; (*FINANZ: Geld*) payer ♦ *vr*: **sich (vor Lachen) ~** se tordre de rire.

Ausschüttung *f* (*FINANZ*) attribution *f*.

ausschwärmen ['aʊsʃvɛrmən] *vi* (*Bienen*) essaimer; (*Menschen*) se disséminer (en masse); (*MIL*) se déployer.

ausschweifend ['aʊsʃvaɪfənt] *adj* (*Leben*) dissolu(e); (*Phantasie*) débordant(e).

Ausschweifung *f* excès *m*.

ausschweigen ['aʊsʃvaɪgən] *unreg vr* garder le silence.

ausschwenken ['aʊsʃvɛŋkən] *vi* (*Fahrzeug*) virer; (*Kran*) pivoter; (*Boot*) virer de bord.

ausschwitzen ['aʊsʃvɪtsən] *vt* (*Fieber*) exsuder, transpirer pour faire tomber; (*Flüssigkeit*) éliminer; (*subj: Mauerwerk*) laisser suinter.

aussehen ['aʊszeːən] *unreg vi* sembler, avoir l'air; **gut ~** (*gesund*) avoir bonne mine; (*attraktiv*) être beau(belle); **wie sieht's aus?** (*umg: wie steht's?*) comment ça va?; **das sieht nach nichts aus** cela ne ressemble à rien; **es sieht nach Regen aus** on dirait qu'il va pleuvoir; **es sieht schlecht aus** ça se présente mal; **es sieht ganz so/danach aus, als ob ...** on dirait que ...; **A~** (**–s**) *nt* apparence *f*, aspect *m*.

aussein ['aʊsaɪn] *unreg* (*umg*) *vi* (*zu Ende sein*) être fini(e); (*nicht zu Hause sein*) être sorti(e); (*nicht brennen, abgeschaltet sein*) être éteint(e) ♦ *vi unpers*: **es ist aus mit ihm** c'en est fait de lui, il est fichu; **auf etw** *Akk* **~** viser qch.

außen ['aʊsən] *adv* à l'extérieur, dehors; (*nach ~: fig*) en apparence; **~ ist es rot** l'extérieur est rouge; **das Fenster geht nach ~ auf** la fenêtre s'ouvre vers l'extérieur.

Außen-: **~antenne** *f* antenne *f* extérieure; **~arbeiten** *pl* travaux *mpl* à l'extérieur; **~aufnahme** *f* extérieur *m*; **~bezirk** *m* quartier *m* périphérique, faubourg *m*; **~bordmotor** *m* (moteur *m*) hors-bord *m inv*.

aussenden ['aʊszɛndən] *unreg vt* (*Menschen*) envoyer; (*Signale, Strahlen*) émettre.

Außen-: **~dienst** *m*: **im ~dienst sein** être affecté(e) au service extérieur; **~handel** *m* commerce *m* extérieur; **~minister** *m* ministre *m* des Affaires étrangères; **~ministerium** *nt* ministère *m* des Affaires étrangères; **~politik** *f* politique *f* étrangère *od* extérieure; **~seite** *f* extérieur *m*; **~seiter(in)** (**–s, –**) *m(f)* (*SPORT*) outsider *m*; **~seiter der Gesellschaft** marginal(e) *m/f*; **~spiegel** *m* (*AUT*) rétroviseur *m*; **~stände** *pl* (*bes WIRTS*) créances *fpl*; **~stehende(r)** *f(m)* observateur(-trice) extérieur(e); **~stelle** *f* (*Zweigstelle*) agence *f*, succursale *f*; **~stürmer** *m* (*SPORT*) ailier *m*; **~welt** *f* monde *m* extérieur.

außer ['aʊsər] *präp* +*Dat* (*abgesehen von*) sauf; (*räumlich*) en dehors de ♦ *konj* (*ausgenommen*) sauf; **~ Gefahr sein** être hors de danger; **das steht völlig ~ Zweifel** ça ne fait pas l'ombre d'un doute, c'est certain; **~ Landes** à l'étranger; **~ Kraft sein** (*nicht mehr gültig sein*) ne plus être valable; **~ sich** *Dat* **sein** être hors de soi; **~ sich** *Dat* **geraten** s'emporter; **~ wenn** sauf quand; **~ daß** sauf que; *siehe auch* **Betrieb**; **Dienst**; **~amtlich** *adj* non officiel(le), privé(e).

außerdem *konj* en outre, en plus.

außerdienstlich *adj* privé(e).

äußere(r, s) ['ɔʏsərə(r, s)] *adj* extérieur(e); (*Verletzung*) superficiel(le); **das Äußere** (*äußere Erscheinung*) les apparences *fpl*; (*Aussehen*) l'apparence *f* (physique); **ein gepflegtes Äußeres** une mise soignée; **auf sein Äußeres achten** soigner sa mise.

außer-: **~ehelich** *adj* extraconjugal(e); **~fahrplanmäßig** *adj* supplémentaire; **~gewöhnlich** *adj* inhabituel(le); (*außerordentlich*) extraordinaire, exceptionnel(le); **~halb** *präp* +*Gen* en dehors de ♦ *adv* au dehors, à l'extérieur; **~irdisch** *adj* extraterrestre; **A~kraftsetzung** *f* abrogation *f*, annulation *f*.

äußerlich *adj* extérieur(e), externe; (*scheinbar*) apparent(e) ♦ *adv* en apparence; **rein ~ betrachtet** à première vue; **„nur zur ~en Anwendung"** "à usage externe"; **Ä~keit** *f* (*Kleinigkeit*) détail *m* sans importance; (*Oberflächlichkeit*) apparence *f*; (*Formalität*) formalité *f*.

äußern *vt* (*aussprechen*) exprimer ♦ *vr* (*sich aussprechen*) s'exprimer; (*sich zeigen*) se manifester.

außer-: **~ordentlich** *adj* extraordinaire; **~planmäßig** *adj* qui n'était pas prévu(e); **~sinnlich** *adj*: **~sinnliche Wahrnehmung** perception *f* extrasensorielle.

äußerst ['ɔʏsərst] *adv* extrêmement.

außerstande [aʊsər'ʃtandə] *adv*: **~ sein, etw zu tun** être incapable de faire qch.

äußerste(r, s) *adj* extrême; (*Termin, Preis*) dernier(-ière); **im ~n Fall** à la rigueur.

Äußerste(s) *nt*: **bis zum ~n gehen** faire tout son possible.

äußerstenfalls *adv* à la rigueur.

Äußerung f (Bemerkung) propos mpl; (Behauptung) affirmation f; (Zeichen) expression f.

aussetzen ['aʊszɛtsən] vt (Kind, Tier) abandonner; (Boote) mettre à l'eau; (Belohnung) offrir; (Urteil, Verfahren) suspendre ♦ vi (Musik) s'interrompre; (Atmung) s'arrêter; (Herz) cesser de battre; (Motor) avoir des ratés, caler; (Mensch: mit Medikament) arrêter; (: bei Arbeit) s'interrompre; (: Pause machen) prendre congé; jdn/sich etw Dat ~ (preisgeben) exposer qn/s'exposer à qch; jdm ausgesetzt sein être à la merci de qn; was haben Sie daran auszusetzen? que trouvez-vous à y redire?; an jdm/einer Sache etwas auszusetzen haben avoir qch à reprocher à qn/qch.

Aussicht ['aʊszɪçt] f (Blick) vue f; (in Zukunft) perspective f; in ~ sein être en vue; etw in ~ haben avoir qch en vue; jdm etw in ~ stellen faire espérer qch à qn.

aussichts-: ~los adj sans espoir; A~punkt m point m de vue; ~reich adj prometteur(-euse); A~turm m belvédère m.

Aussiedler(in) ['aʊszi:dlər(ɪn)] (-s, -) m(f) (Auswanderer) émigrant(e) m/f.

aussöhnen ['aʊszø:nən] vt réconcilier ♦ vr (Feinde) se réconcilier; sich mit etw ~ (fig) accepter qch.

Aussöhnung f réconciliation f.

aussondern ['aʊszɔndərn] vt sélectionner; (Unbrauchbares) éliminer.

aussorgen ['aʊszɔrgən] vi: ausgesorgt haben n'avoir plus de soucis financiers.

aussortieren ['aʊszɔrti:rən] vt trier.

ausspannen ['aʊsʃpanən] vt (Tuch) étendre, étaler; (Netz) étendre, déployer; (Pferd, Kutsche) dételer; (umg: Mädchen): jdm ~ piquer à qn ♦ vi (sich erholen) se détendre.

aussparen ['aʊsʃpa:rən] vt (Platz) ménager, réserver.

aussperren ['aʊsʃpɛrən] vt (ausschließen) fermer la porte à; (Streikende) lock-outer.

Aussperrung f (INDUSTRIE) lock-out m inv.

ausspielen ['aʊsʃpi:lən] vt (Karte) jouer; (Geldprämie) mettre en jeu; (Erfahrung, Wissen) faire valoir ♦ vi (KARTEN) ouvrir le jeu; jdn gegen jdn ~ se servir de qn contre qn; bei jdm ausgespielt haben (fig) ne plus être bien vu(e) de qn.

Ausspielung f (im Lotto) tirage m.

ausspionieren ['aʊsʃpioni:rən] vt (Pläne etc) découvrir, trouver; (Person) espionner.

Aussprache ['aʊsʃpra:xə] f (Sprechweise) diction f; (Akzent) accent m; (von Wort) prononciation f; (Unterredung) discussion f.

aussprechen ['aʊsʃprɛçən] unreg vt (Wort, Urteil, Strafe) prononcer; (zu Ende sprechen) finir; (äußern) exprimer; (Warnung) donner ♦ vr (sich äußern) s'exprimer; (sich anvertrauen) se confier, s'épancher; (diskutieren) s'expliquer ♦ vi (zu Ende sprechen) finir de parler; sich für/gegen jdn/etw ~ se prononcer en faveur de/contre qn/qch; der Regierung das Vertrauen ~ passer un vote de confiance.

Ausspruch ['aʊsʃprʊx] m mots mpl; (geflügeltes Wort) adage m.

ausspucken ['aʊsʃpʊkən] vt, vi cracher.

ausspülen ['aʊsʃpy:lən] vt rincer.

ausstaffieren ['aʊsʃtafi:rən] vt (Person) déguiser; (Zimmer) garnir.

Ausstand ['aʊsʃtant] m (Streik) grève f; in den ~ treten se mettre en grève; seinen ~ geben organiser une fête pour son départ.

ausstatten ['aʊsʃtatən] vt (Zimmer, Hotel) équiper; jdn mit etw ~ doter qn de qch; ein Zimmer neu ~ changer l'aménagement intérieur d'une pièce.

Ausstattung f (Ausstatten) équipement m; (THEAT) décor m et costumes mpl; (Aussteuer) trousseau m; (Aufmachung) présentation f; (Einrichtung: von Zimmer) décor; (von Auto) équipement.

ausstechen ['aʊsʃtɛçən] unreg vt (Rasenstück) découper; (Graben) creuser; (Augen) crever; (Kekse) découper; (übertreffen) supplanter.

ausstehen ['aʊsʃte:ən] unreg vt (ertragen) endurer, supporter ♦ vi (noch nicht dasein) ne pas (encore) être arrivé(e), manquer; jdn/etw nicht ~ können ne pas supporter qn/qch; etw ist ausgestanden (endlich vorbei) qch est enfin terminé.

aussteigen ['aʊsʃtaɪgən] unreg vi (aus Fahrzeug) descendre; (umg: aus Geschäft) se retirer; (: aus Gesellschaft) se marginaliser; alles ~! (von Schaffner) tout le monde descend!

Aussteiger(in) (umg) m(f) marginal(e) m/f.

ausstellen ['aʊsʃtɛlən] vt (Waren, Bilder) exposer; (Wache) placer, poster; (Paß, Zeugnis, Scheck) délivrer; (Scheck) émettre, établir; (Rechnung etc) établir; (umg: ausschalten) éteindre; ausgestellt sein (Rock) être évasé(e).

Aussteller(in) m(f) (auf Messe) exposant(e) m/f; (von Scheck) tireur m.

Ausstellung f (Kunst~ etc) exposition f; (Handels~) exposition, salon m; (von Scheck) tirage m, émission f; (eines Passes etc) délivrance f; (einer Rechnung) établissement m.

Ausstellungsdatum nt (eines Schecks) date d'émission.

Ausstellungsstück nt (in Schaufenster) objet r en vitrine.

aussterben ['aʊsʃtɛrbən] unreg vi disparaître A~ nt disparition f, extinction f.

Aussteuer ['aʊsʃtɔʏər] f trousseau m, dot f.

aussteuern ['aʊsʃtɔʏərn] vt (Verstärker) régler (AUT) reprendre le contrôle de.

Ausstieg ['aʊsʃti:k] (-(e)s, -e) m descente ; (Ausgang) sortie f; ~ aus der Atomenergi. abandon m de l'énergie nucléaire; ~ aus de Gesellschaft marginalisation f.

ausstopfen ['aʊsʃtɔpfən] vt empailler.

ausstoßen ['aʊsʃto:sən] unreg vt (Luft, Rauch, émettre; (Drohungen) proférer; (Seufzer Schrei) pousser; (aus Partei) exclure; (aus Fe milie) rejeter; (Auge) crever; (Zahn) casser

(*herstellen*) produire.
ausstrahlen ['aʊsʃtraːlən] *vt* (*Wärme, Licht*) répandre; (*RUNDF, TV*) émettre, diffuser ♦ *vi* (*RUNDF, TV*) émettre; **Ruhe** ~ respirer le calme.
Ausstrahlung *f* rayonnement *m*.
ausstrecken ['aʊsʃtrɛkən] *vt* (*Arme, Beine*) étendre, allonger; (*Fühler*) déployer ♦ *vr* (*sich hinlegen*) s'étendre.
ausstreichen ['aʊsʃtraɪçən] *unreg vt* (*durchstreichen*) rayer, barrer; (*Falten*) faire disparaître.
ausstreuen ['aʊsʃtrɔʏən] *vt* répandre, disséminer; (*fig: Gerücht*) propager, divulguer.
ausströmen ['aʊsʃtrøːmən] *vt* (*Wärme, Duft*) répandre ♦ *vi* (*Gas*) fuir, s'échapper; **von ihm strömt Ruhe aus** il respire le calme.
aussuchen ['aʊszuːxən] *vt* choisir; **such dir etwas aus!** choisis ce que tu préfères!
Austausch ['aʊstaʊʃ] *m* échange *m*; **a~bar** *adj* (*auswechselbar*) échangeable; (*gleichwertig*) interchangeable.
austauschen *vt* échanger; (*Motor*) changer, remplacer; (*SPORT: Spieler*) remplacer.
Austausch-: ~**motor** *m* moteur *m* de rechange; ~**student(in)** *m(f)* étudiant(e) *m/f* participant à un échange.
austeilen ['aʊstaɪlən] *vt* distribuer.
Auster ['aʊstər] (*–, –n*) *f* huître *f*.
austesten ['aʊstɛstən] *vt* (*COMPUT*) tester.
austoben ['aʊstoːbən] *vr* (*Kind*) se dépenser; (*Erwachsene*) se défouler; (*sich müde machen*) s'épuiser.
austragen ['aʊstraːgən] *unreg vt* (*Post*) distribuer; (*Streit etc*) régler; (*Wettkämpfe*) disputer; (*Daten, Zahlen*) supprimer ♦ *vr* (*sich abmelden*) annuler son inscription; **ein Kind** ~ (*nicht abtreiben*) porter une grossesse à terme.
Austräger ['aʊstrɛːgər] *m* (*von Waren*) livreur *m*; (*Zeitungs*~) porteur *m* de journaux.
Austragungsort *m* (*SPORT*) lieu *m* (de la rencontre).
Australien [aʊsˈtraːliən] (*–s*) *nt* l'Australie *f*.
Australier(in) (*–s, –*) *m(f)* Australien(ne) *m/f*.
australisch *adj* australien(ne).
austreiben ['aʊstraɪbən] *unreg vt* (*Geister*) exorciser ♦ *vi* (*Bäume, Knospen*) bourgeonner; **jdm etw** ~ (*bes durch Schläge*) faire passer qch à qn.
austreten ['aʊstreːtən] *unreg vi* (*aus Verein, Partei*) quitter; (*herauskommen: Flüssigkeit*) fuir, s'échapper; (*umg: zur Toilette*) aller aux toilettes ♦ *vt* (*Feuer*) éteindre (avec les pieds); (*Schuhe*) éculer; (*Treppe*) user; **aus etw** ~ quitter qch.
austricksen ['aʊstrɪksən] (*umg*) *vt* (*SPORT*) avoir par la ruse; (*fig*) esquiver.
austrinken ['aʊstrɪŋkən] *unreg vt* (*Glas*) finir ♦ *vi* finir son verre.
Austritt ['aʊstrɪt] *m* (*aus Verein, Partei etc*) départ *m*; (*von Flüssigkeit, Gas*) fuite *f*.
austrocknen ['aʊstrɔknən] *vi* se dessécher;

(*Bach*) tarir ♦ *vt* (*Gläser*) essuyer.
austüfteln ['aʊstʏftəln] (*umg*) *vt* combiner; (*ersinnen*) inventer.
ausüben ['aʊsˌyːbən] *vt* exercer; (*Amt*) occuper; **die Praxis von etw** ~ pratiquer qch.
Ausübung *f* exercice *m*, pratique *f*; **in** ~ **seines Dienstes** *od* **seiner Pflicht** (*förmlich*) dans l'exercice de ses fonctions.
ausufern ['aʊsˌuːfərn] *vi* (*fig*) dégénérer.
Ausverkauf ['aʊsfɛrkaʊf] *m* soldes *mpl*; (*fig: Verrat*) trahison *f*.
ausverkaufen *vt* solder; (*Geschäft*) liquider.
ausverkauft *adj* (*Artikel*) épuisé(e); (*THEAT*): **vor** ~**em Haus spielen** afficher "complet"; **das Stück ist** ~ il n'y a plus de billets pour la pièce.
auswachsen ['aʊsvaksən] *unreg vr* (*sich verbessern*) s'arranger; **sich zu etw** ~ se transformer en qch.
Auswahl ['aʊsvaːl] *f* choix *m*, sélection *f*; (*SPORT*) sélection *f*; (*WIRTS: Angebot*) choix.
auswählen ['aʊsvɛːlən] *vt* choisir.
Auswanderer ['aʊsvandərər] (*–s, –*) *m* (**Auswanderin** *f*) émigrant(e) *m/f*.
auswandern *vi* émigrer.
Auswanderung *f* émigration *f*.
auswärtig ['aʊsvɛrtɪç] *adj* (*von auswärts kommend*) de l'extérieur; (*Politik*) international(e); (*Schüler, Mitarbeiter*) étranger(-ère); **A~e(s) Amt** ministère *m* des Affaires étrangères.
auswärts ['aʊsvɛrts] *adv* à l'extérieur; (*nach außen*) vers l'extérieur; ~ **essen** manger au restaurant; **A~spiel** *nt* match *m* à l'extérieur.
auswaschen ['aʊsvaʃən] *unreg vt* laver; (*Fleck*) enlever en lavant; (*spülen*) rincer; (*GEOL*) éroder.
auswechseln ['aʊsvɛksəln] *vt* (*tauschen*) échanger; (*ersetzen*) remplacer, changer; (*SPORT: Spieler*) remplacer.
Ausweg ['aʊsveːk] *m* issue *f*; **der letzte** ~ le dernier ressort; **a~los** *adj* sans issue.
ausweichen ['aʊsvaɪçən] *unreg vi*: **jdm/etw** *Dat* ~ éviter qn/qch; **auf ein anderes Thema** ~ changer de sujet.
ausweichend *adj* évasif(-ive).
Ausweichmanöver *nt* écart *m* (*pour éviter un obstacle*); (*fig*) manœuvre *f* dilatoire.
ausweinen ['aʊsvaɪnən] *vr* pleurer un bon coup.
Ausweis ['aʊsvaɪs] (*–es, –e*) *m* (*Personal*~) carte *f* d'identité; (*Mitgleids*~, *Bibliotheks*~ *etc*) carte; ~, **bitte** vos papiers, s'il vous plaît.
ausweisen ['aʊsvaɪzən] *unreg vt* (*aus dem Land weisen*) expulser ♦ *vr* (*Identität nachweisen*) montrer ses papiers.
Ausweis-: ~**karte** *f* carte *f* d'identité; ~**kontrolle** *f* contrôle *m* d'identité; ~**papiere** *pl* papiers *mpl* (d'identité).
Ausweisung *f* (*aus Land*) expulsion *f*.
ausweiten ['aʊsvaɪtən] *vt* (*Schuhe, Pullover*) élargir, distendre; (*Handel, Einfluß*)

étendre ♦ *vr (Konflikt)* prendre de l'ampleur.

auswendig ['ausvɛndɪç] *adv* par cœur; **etw ~ lernen** apprendre qch par cœur.

auswerfen ['ausvɛrfən] *unreg vt (Anker, Netz)* jeter; *(Patronenhülse)* éjecter; *(FINANZ: Prämien)* payer; *(produzieren)* produire.

auswerten ['ausvɛrtən] *vt (Berichte)* analyser; *(Daten)* exploiter.

Auswertung *f (siehe vt)* analyse *f*; exploitation *f*.

auswickeln ['ausvɪkəln] *vt (Paket)* déballer, défaire; *(Bonbon)* ôter le papier de.

auswirken ['ausvɪrkən] *vr*: **sich auf/in etw** *Akk* **~** se répercuter sur qch.

Auswirkung *f* effet *m*, répercussions *fpl*.

auswischen ['ausvɪʃən] *vt (säubern)* essuyer; *(löschen)* effacer; **jdm eins ~** *(umg)* rendre la monnaie de sa pièce à qn.

Auswuchs ['ausvuːks] *m* excroissance *f*; *(fig)* produit *m* (monstrueux).

auswuchten ['ausvʊxtən] *vt (AUT: Reifen)* équilibrer.

auszacken ['austsakən] *vt* denteler.

auszahlen ['austsaːlən] *vt* payer; *(Miterbe)* désintéresser ♦ *vr (sich lohnen)* payer, être payant(e).

auszählen ['austsɛːlən] *vt*: **die Stimmen ~** dépouiller le scrutin; *(BOXEN)*: **ausgezählt werden** être envoyé(e) au tapis pour le compte.

auszeichnen ['austsaɪçnən] *vt (mit Preisschild versehen)* marquer le prix de, étiqueter; *(ehren)* honorer; *(MIL)* décorer ♦ *vr (sich hervortun)* se distinguer.

Auszeichnung *f (Ehrung)* distinction *f*; *(Ehre)* honneur *m*; *(Orden)* décoration *f*; *(WIRTS)* étiquetage *m*, indication *f* du prix; **mit ~** avec mention.

ausziehbar *adj (Tisch)* à rallonge.

ausziehen ['austsiːən] *unreg vt (Kleidung)* enlever, ôter; *(Haare, Zähne, Nagel etc)* arracher; *(Tisch)* rallonger; *(Antenne)* sortir; *(nachmalen)* repasser sur ♦ *vr* se déshabiller ♦ *vi (aufbrechen)* partir; *(aus Wohnung)* déménager.

Auszubildende(r) ['austsʊbɪldəndə(r)] *f(m)* stagiaire *m/f*; *(als Handwerker auch)* apprenti(e) *m/f*.

Auszug ['austsuːk] *m (aus Wohnung)* déménagement *m*; *(aus Buch etc)* extrait *m*, passage *m*; *(Extrakt)* extrait, essence *f*; *(Konto~)* relevé *m*; *(Abmarsch)* départ *m*.

autark [au'tark] *adj* autarcique.

authentisch [au'tɛntɪʃ] *adj* authentique.

Auto ['auto] *(-s, -s) nt* voiture *f*; **~ fahren** conduire; **mit dem ~ fahren** prendre la voiture, aller en voiture; **~atlas** *m* atlas *m* routier; **~bahn** *f* autoroute *f*; **~bahndreieck** *nt* échangeur *m*; **~bahnkreuz** *nt* échangeur *m*; **~bahnzubringer** *m* bretelle *f* d'autoroute.

Autobiographie [autobiogra'fiː] *f* autobiographie *f*.

Autobus *m* (auto)bus *m*; *(für längere Reise)* car *m*.

Auto-: **~fähre** *f* ferry(-boat) *m*; **~fahrer(in)**

m(f) automobiliste *m/f*; **~fahrt** *f* tour *m* en voiture; **~friedhof** *(umg) m* casse *f*, ferraille *f*; **~gas** *nt* gaz *m inv* de pétrole liquéfié (GPL).

autogen [auto'geːn] *adj* autogène; **~es Training** training *m* autogène.

Autogramm [auto'gram] *nt* autographe *m*.

Autokino *nt* drive-in *m*.

Automat *(-en, -en) m* distributeur *m* (automatique).

Automatenrestaurant *nt* cafétéria *f* automatique *(consistant en une série de distributeurs d'aliments)*.

Automatik [auto'maːtɪk] *f (AUT)* transmission *f* automatique; *(Gesamtanlage)* dispositif *m* de commande automatique.

automatisch *adj* automatique.

Automatisierung [automati'ziːrʊŋ] *f* automatisation *f*.

Automobilausstellung [automo'biːlausʃtɛlʊŋ] *f* salon *m* de l'automobile.

Automobilindustrie *f* industrie *f* automobile.

autonom [auto'noːm] *adj* autonome.

Autopsie [auto'psiː] *f* autopsie *f*.

Autor(in) ['autor(-'toːrɪn)] *m(f)* auteur *m*.

Auto-: **~radio** *nt* autoradio *m*; **~reifen** *m* pneu *m* (de voiture); **~reisezug** *m* train *m* auto-couchettes; **~rennen** *nt* course *f* d'automobiles.

autorisieren [autori'ziːrən] *vt* autoriser.

autoritär [autori'tɛːr] *adj* autoritaire.

Autorität *f* autorité *f*.

Autoschalter *m* guichet-auto *m*.

Auto-: **~stopp** *m*: **per ~stopp fahren** faire du stop; **~telefon** *nt* téléphone *m* de voiture; **~unfall** *m* accident *m* de voiture; **~verleih** *m*, **~vermietung** *f* location *f* de voitures; **~waschanlage** *f* station *f* de lavage; **~zubehör** *nt* accessoires *mpl* pour voitures.

AvD *(-) m abk (= Automobilclub von Deutschland)* ≈ Touring Club *m* de France.

Axt [akst] *(-, -̈e) f* hache *f*.

AZ, Az *abk (= Aktenzeichen)* réf.

Azoren [a'tsoːrən] *pl (GEOG)*: **die ~** les Açores *fpl*.

Azteke [ats'teːkə] *(-n, -n) m(f)*: **die ~n** les Aztèques *mpl*.

Azubi [a'tsuːbi] *(-s, -s; umg) mf abk =* **Auszubildende(r)**.

B, b

B, b [be:] nt (*Buchstabe*) B, b m; ~ **wie Bertha** B comme Berthe; **B-Dur/b-Moll** (*MUS*) si m bémol majeur/mineur.
B *f abk* = **Bundesstraße.**
Baby ['be:bi] (**-s, -s**) nt bébé m; ~**ausstattung** f layette f; ~**nahrung** f aliments mpl pour bébé; ~**raum** m (*in Flughafen etc*) nursery f; ~**sitter(in)** (**-s, -**) m(f) baby-sitter m/f; ~**speck** (*umg*) m rondeurs fpl (de l'adolescence).
Bach [bax] (**-(e)s, ̈-e**) m ruisseau m.
Backblech nt tôle f à pâtisserie, plaque f à gâteaux.
Backbord (**-(e)s, -e**) nt (*NAUT*) bâbord m; **an** ~ à bâbord.
Backe f joue f; (*Gesäßhälfte*) fesse f; (*von Bremse etc*) mâchoire f.
backen ['bakən] *unreg vt* (*Brot, Kuchen*) faire (cuire); (*Fisch: im Ofen*) faire cuire; (: *in der Pfanne*) faire frire ♦ *vi* (*Person*) faire de la pâtisserie.
Backenbart m favoris mpl.
Backenzahn m molaire f.
Bäcker(in) ['bɛkər(ın)] (**-s, -**) m(f) boulanger(-ère) m/f.
Bäckerei [bɛkə'raı] f boulangerie f.
Bäckerjunge m apprenti boulanger m.
Back-: ~**fisch** m (*KOCH*) friture f de poissons; (*veraltet*) jouvencelle f; ~**form** f moule m (à pâtisserie); ~**hähnchen** nt (*KOCH*) poulet m rôti; ~**obst** nt (*KOCH*) fruits mpl secs; ~**ofen** m four m; ~**pflaume** f (*KOCH*) pruneau m; ~**pulver** nt levure f (chimique); ~**stein** m brique f.
bäckt *etc* [bɛkt] *vb siehe* **backen.**
Backwaren pl pain et pâtisseries.
Bad [ba:t] (**-(e)s, ̈-er**) nt bain m; (*Raum*) salle f de bains; (*Schwimm*~) piscine f; (*Kurort*) station f thermale; (*See*~) station balnéaire; **ein** ~ **im Meer** un bain de mer; **medizinische Bäder** des bains médicaux.
Bade-: ~**anstalt** f (*Schwimmbad*) piscine f; ~**anzug** m maillot m de bain; ~**gast** m (*gew pl: im Kurort*) curiste m/f; (: *im Schwimmbad*) baigneur(-euse) m/f; ~**hose** f slip m *od* maillot m de bain; ~**kappe** f bonnet m de bain; ~**mantel** m peignoir m; ~**meister** m maître nageur m; ~**mütze** f bonnet m de bain.
baden ['ba:dən] *vi* prendre un bain; (*schwimmen*) se baigner ♦ *vt* baigner; (**mit etw**) ~ **gehen** (*fig: umg*) se planter (avec qch).
Baden-Württemberg ['ba:dən'vyrtəmbɛrk] nt le Bade-Wurtemberg.

Bade-: ~**ort** m station f balnéaire; ~**sachen** pl affaires fpl de bain; ~**tuch** nt drap m de bain; ~**wanne** f baignoire f; ~**zimmer** nt salle f de bains.
baff [baf] (*umg*) adj: ~ **sein** être sidéré(e).
BAföG, Bafög (**-**) nt abk (= *Bundesausbildungsförderungsgesetz*) bourse d'études.
BAG (**-**) nt abk (= *Bundesarbeitsgericht*) ≈ conseil m de prud'hommes.
Bagatelle [baga'tɛlə] f bagatelle f.
Bagdad ['bakdat] nt Bag(h)dad.
Bagger ['bagər] (**-s, -**) m excavateur m, pelle f mécanique; (*NAUT*) drague f.
baggern *vt* excaver; (*NAUT*) draguer ♦ *vi* (*NAUT*) draguer.
Baggersee m lac artificiel dans une ancienne gravière.
Bahamas [ba'ha:mas] pl: **die** ~ les Bahamas fpl.
Bahn [ba:n] (**-, -en**) f (*Eisen*~) train m; (*Straßen*~) tram(way) m; (*Weg*) chemin m; (*Spur*) voie f; (*Renn*~) piste f; (*ASTRON: von Gestirn, Geschoß auch*) trajectoire f; (*Stoff*~) panneau m; **frei** ~ (*WIRTS*) franco en gare; **jdm freie Sache die** ~ **frei machen** ouvrir la voie à qn/à qch; **auf die schiefe** ~ **geraten** *od* **kommen** être sur la mauvaise pente; **von der rechten** ~ **abkommen** s'éloigner du droit chemin; **jdn aus der** ~ **werfen** (*fig*) déboussoler qn; ~**anschluß** m raccordement m ferroviaire; ~**beamte(r)** m cheminot m, employé m des chemins de fer; **b~brechend** adj novateur(-trice); ~**brecher(in)** (**-s, -**) m(f) pionnier(-ière) m/f; ~**bus** m autocar dont le service est organisé par la société des chemins de fer; ~**damm** m remblai m.
bahnen *vt*: **sich einen Weg** ~ se frayer un chemin; **jdm einen Weg** ~ frayer un chemin à qn.
Bahn-: ~**fahrt** f voyage m en train; ~**gleis** nt voie f ferrée.
Bahnhof m gare f; **ich verstehe nur** ~ (*hum: umg*) c'est du chinois pour moi; **jdn mit großem** ~ **empfangen** (*hum: umg*) dérouler le tapis rouge pour qn.
Bahnhofs-: ~**halle** f hall m de gare; ~**mission** f centre d'accueil réservé aux voyageurs; ~**restaurant** nt buffet m de gare; ~**vorsteher** m chef m de gare; ~**wirtschaft** f buffet m de gare.
bahn-: ~**lagernd** adv: **etw** ~**lagernd schicken** ≈ envoyer qch par colis express (*sans livraison à domicile*); **B~linie** f ligne f de chemin de fer; **B~polizei** f police f des chemins de fer; **B~schranke** f barrière f de passage à niveau; **B~steig** m quai m; **B~steigkarte** f ticket m de quai; **B~strecke** f voie f de chemin de fer; **B~übergang** m passage m à niveau; **beschrankter/unbeschrankter B~übergang** passage à niveau gardé/non gardé; **B~wärter** m garde-barrière m.

Bahrain [ba'raın] *nt* Bahreïn *m*.
Bahre ['ba:rə] *f* brancard *m*, civière *f*.
Baiser [bɛ'ze:] (**–s, –s**) *nt* (*KOCH*) meringue *f*.
Baisse ['bɛ:sə] (**–n, –n**) *f* (*Börse*) baisse *f*; (*plötzlich*) effondrement *m*.
Bajonett [bajo'nɛt] (**–(e)s, –e**) *nt* baïonnette *f*.
Bajuware(-in) [baju'va:rə] (**–n, –n**) *m(f)* (*veraltet*) Bavarois(e) *m/f*.
Bakelit ® [bake'li:t] (**–s**) *nt* Bakélite ® *f*.
Bakterie [bak'te:riə] *f* (*gew pl*) bactérie *f*.
bakteriologisch [bakterio'lo:gıʃ] *adj* bactériologique.
Balance [ba'lã:sə] *f* équilibre *m*.
balancieren *vt* faire tenir en équilibre ♦ *vi* se tenir en équilibre.
bald [balt] *adv* (*zeitlich*) bientôt; (*leicht*) vite; (*umg: fast, beinahe*) presque; **das macht er so ~ nicht wieder** il n'est pas près de le refaire; **~ darauf** peu de temps après; **das ist ~ gemacht** c'est facile; **bis ~!** à bientôt!; **~ ... ~ ...** tantôt ... tantôt ... .
baldig ['baldıç] *adj* prompt(e), rapide; **auf ~es Wiedersehen** à bientôt; **~st** *adv* très prochainement.
baldmöglichst *adv* dans les plus brefs délais, le plus tôt possible.
Baldrian ['baldria:n] (**–s, –e**) *m* (*BOT*) valériane *f*.
Balearen [bale'a:rən] *pl* (*GEOG*): **die ~** les Baléares *fpl*.
Balg¹ [balk] (**–(e)s, ⁻e**) *m* (*Haut*) peau *f*.
Balg² (**–(e)s, ⁻er**; *pej: umg*) *nt od m* (*Kind*) garnement *m*.
balgen ['balgən] *vr* se battre.
Balkan ['balka:n] *m* (*GEOG*: *~länder*): **der ~** les Balkans *mpl*.
Balken ['balkən] (**–s, –**) *m* poutre *f*.
Balkon [bal'kõ:] (**–s, –s** *od* **–e**) *m* balcon *m*.
Ball [bal] (**–(e)s, ⁻e**) *m* (*groß: Fußball etc*) ballon *m*; (*klein: Tennis etc*) balle *f*; (: *Billard*) boule *f*; (*Tanz*) bal *m*; **am ~ sein** (*umg*) être dans la course; **am ~ bleiben** (*umg*) s'accrocher.
Ballade [ba'la:də] *f* ballade *f*.
Ballast ['balast] (**–(e)s, –e**) *m* lest *m*; (*fig*) charge *f*; **~stoffe** *pl* (*MED*) fibres *fpl* alimentaires.
Ballen (**–s, –**) *m* balle *f*; (*ANAT: an Daumen*) thénar *m*; (*an Zehen*) partie antérieure de la plante du pied.
ballen ['balən] *vt* (*Papier*) mettre en boule; (*Faust*) serrer ♦ *vr* s'amonceler; (*Menschen*) s'amonceler, se serrer; (*Industrieanlage*) se concentrer.
Ballerina [balə'ri:na] (**–, –nen**) *f* ballerine *f*.
ballern ['balərn] (*umg*) *vi* (*schießen*) tirailler; **gegen die Tür ~** cogner à la porte.
Ballett [ba'lɛt] (**–(e)s, –e**) *nt* ballet *m*; **~(t)änzer(in)** *m(f)* danseur(-euse) *m/f* (de ballet).
Ballistik [ba'lıstık] *f* balistique *f*.
Balljunge *m* ramasseur *m* de balles.
Ballkleid *nt* robe *f* de bal.
Ballon [ba'lõ:] (**–s, –s** *od* **–e**) *m* ballon *m*.
Ballspiel *nt* jeu *m* de balle *od* ballon.

Ballung ['baluŋ] *f* concentration *f*.
Ballungs-: **~gebiet** *nt*, **~raum** *m* agglomération *f*; **~zentrum** *nt* centre *m*.
Balsam ['balza:m] (**–s, –e**) *m* baume *m*.
Balte ['baltə] (**–n, –n**) *m* Balte *m*.
Baltikum ['baltikum] (**–s**) *nt*: **das ~** les pays *mpl* baltes.
Baltin *f* Balte *f*.
baltisch *adj* balte.
Balz [balts] (**–, –en**) *f* pariade *f*.
Bambus ['bambus] (**–ses, –se**) *m* bambou *m*; **~rohr** *nt* canne *f* de bambou.
Bammel ['baməl] (**–s**; *umg*) *m*: **(einen) ~ vor jdm/etw haben** avoir la frousse de qn/qch.
banal [ba'na:l] *adj* banal(e).
Banalität [banali'tɛ:t] *f* banalité *f*.
Banane [ba'na:nə] *f* banane *f*.
Bananen-: **~republik** *f* république *f* bananière; **~schale** *f* peau *f* de banane; **~stecker** *m* fiche-banane *f*.
Banause [ba'naozə] (**–n, –n**; *pej*) *m* beauf *m*.
Band¹ [bant] (**–(e)s, ⁻e**) *m* (*Buch~*) volume *m*; **das spricht Bände** ça en dit long.
Band² (**–(e)s, ⁻er**) *nt* (*Stoff~, Ordens~*) ruban *m*; (*Fließ~*) chaîne *f*; (*Ziel~*) ligne *f* d'arrivée; (*Ton~*) bande *f*; (*ANAT*) ligament *m*; **etw auf ~ aufnehmen** enregistrer qch; **am laufenden ~** (*umg*) sans arrêt.
Band³ (**–(e)s, –e**) *nt* (*Freundschafts~ etc*) lien *m*.
Band⁴ [bɛnt] (**–, –s**) *f* (*MUS*) orchestre *m*; (*Pop~*) groupe *m*.
band *etc vb siehe* **binden**.
Bandage [ban'da:ʒə] *f* bandage *m*.
bandagieren *vt* bander.
Bandbreite *f* (*von Meinungen etc*) éventail *m*.
Bande ['bandə] *f* (*Verbrecher*) gang *m*; (*Straßen~, beim Kegeln, Billard*) bande *f*.
bändigen ['bɛndıgən] *vt* (*Tier*) apprivoiser; (*Kinder*) faire obéir; (*Trieb, Leidenschaft*) maîtriser, réfréner.
Bandit [ban'di:t] (**–en, –en**) *m* bandit *m*.
Band-: **~maß** *nt* mètre *m* à ruban; **~nudel** *f* (*KOCH: gew pl*) ≈ tagliatelle *f*; **~säge** *f* scie *f* à ruban; **~scheibe** *f* (*ANAT*) disque *m* intervertébral; **~scheibenschaden** *m* hernie *f* discale; **~wurm** *m* (*ZOOL*) ténia *m*, ver *m* solitaire.
bange ['baŋə] *adj* (*Gefühl, Warten*) angoissé(e); **mir wird es ~** je commence à m'inquiéter; **jdm ~ machen** faire peur à qn.
bangen *vi*: **um jdn/etw ~** se faire du souci pour qn/qch ♦ *vi unpers*: **mir bangt vor der Prüfung** j'appréhende cet examen.
Bangkok ['baŋkɔk] *nt* Bangkok.
Bangladesch [baŋgla'dɛʃ] (**–s**) *nt* le Bangladesh.
Banjo ['banjo, 'bɛndʒo] (**–s, –s**) *nt* banjo *m*.
Bank¹ [baŋk] (**–, ⁻e**) *f* (*Sitz~, Sand~*) banc *m*; **etw auf die lange ~ schieben** (*fam*) remettre qch à plus tard.
Bank² [baŋk] (**–, –en**) *f* (*Geld~*) banque *f*; **die ~ sprengen** faire sauter la banque; **~anweisung** *f* virement *m* (bancaire); **~beamte(r)** *m* employé *m* de banque; **~einlage** *f* dépôt *m*.

Bankett [baŋ'kɛt] (–(e)s, –e) nt (*Essen*) banquet m; (*auch*: ~e: *Straßenrand*) accotement m.
Bankette f siehe **Bankett**.
Bank-: ~**fach** nt (*Schließfach*) coffre-fort m; ~**gebühr** f frais mpl bancaires; ~**geheimnis** nt secret m bancaire; ~**halter** m banquier m.
Bankier [baŋki'eː] (–s, –s) m banquier m.
Bank-: ~**konto** nt compte m en banque; ~**leitzahl** f code m de la banque, numéro m d'agence; ~**note** f billet m de banque; ~**raub** m hold-up m inv (*d'une banque*).
bankrott [baŋ'krɔt] adj en faillite; ~ **sein** être en faillite; ~ **gehen** faire faillite; B~ (–(e)s, –e) m faillite f; B~ **machen** faire faillite; den B~ **anmelden** od **erklären** déposer son bilan; B~**erklärung** f (*fig*) constat m d'échec.
Banküberfall m hold-up m inv (*d'une banque*), braquage m.
Bann [ban] (–(e)s, –e) m (*magische Wirkung*) charme m; (*GESCHICHTE*: *Kirchen~*) excommunication f; **jdn in seinen** ~ **ziehen** envoûter qn; **b~en** vt (*Gefahr*) conjurer; (*bezaubern*: *Zuschauer*) ensorceler, captiver; (*Geister*) exorciser; (*GESCHICHTE*) excommunier.
Banner (–s, –) nt (*Fahne*) bannière f.
Bar (–, –s) f bar m.
bar [baːr] adj (*unbedeckt*) découvert(e), nu(e); (*offenkundig*): ~**er Unsinn** folie pure; **das ist** ~**er Unsinn** c'est complètement idiot; (*frei von*): **sie war** ~ **aller Hoffnung** elle avait perdu tout espoir; ~**es Geld** argent m liquide; **etw (in)** ~ **bezahlen** payer qch comptant od en espèces; **gegen** ~ **kaufen** acheter (au) comptant; **etw für** ~**e Münze nehmen** (*fig*) prendre qch pour argent comptant.
Bär [bɛːr] (–en, –en) m (*ZOOL*) ours m; **jdm einen** ~**en aufbinden** (*umg*) faire marcher qn; **der Große** ~ (*ASTRON*) la Grande Ourse; **der Kleine** ~ (*ASTRON*) la Petite Ourse.
Baracke [ba'rakə] f baraque f; ~**nlager** nt baraquement m.
Barbados [bar'baːdɔs] nt la Barbade f.
barbarisch [bar'baːrɪʃ] adj barbare.
Barbestand m encaisse f.
Bardame f barmaid f.
Bärenhunger (*umg*) m: **einen** ~ **haben** avoir une faim de loup.
bärenstark (*umg*) adj fort(e) comme un bœuf, très costaud inv; (*fig*) sensationnel(le).
Barfrau f barmaid f.
barfuß adj pieds nus.
barg etc [bark] vb siehe **bergen**.
Bar-: ~**geld** nt argent m liquide, espèces fpl; **b~geldlos** adj: **b~geldloser Zahlungsverkehr** transaction f par virement; ~**geschäft** nt (*WIRTS*) opération f au comptant; **b~häuptig** adj nu-tête inv; ~**hocker** m tabouret m de bar.
Bärin f (*ZOOL*) ourse f.
Bariton [ba'ritɔn] m (*MUS*) baryton m.
Bar-: ~**kauf** m achat m au comptant; ~**keeper** ['baːrkiːpər] (–s, –) m tenancier m de bar; ~**kredit** m prêt m en espèces; ~**mann** (–(e)s, ~er) m barman m.

barmherzig [barm'hɛrtsɪç] adj miséricordieux(-euse); B~**keit** f miséricorde f.
Barock [ba'rɔk] nt od m baroque m.
Barometer [baro'meːtər] (–s, –) nt baromètre m; **das** ~ **steht auf Sturm** (*fig*) il y a de l'orage dans l'air.
Baron(in) [ba'roːn(ɪn)] (–s, –e) m(f) baron(ne) m/f.
Baronesse [baro'nɛsə] f fille f d'un baron.
Barren ['barən] (–s, –) m (*SPORT*) barres fpl parallèles; (*Gold~*) lingot m.
Barriere [bari'ɛːrə] f barrière f.
Barrikade [bari'kaːdə] f barricade f; (*umg*): **auf die** ~**n gehen** od **steigen** se battre.
Barsch [barʃ] (–(e)s, –e) m (*ZOOL*) perche f.
barsch [barʃ] adj brusque ♦ adv: **jdn** ~ **anfahren** rudoyer qn.
Barschaft f argent m liquide.
Barscheck m chèque m non barré.
barst etc [barst] vb siehe **bersten**.
Bart [baːrt] (–(e)s, ~e) m barbe f; (*Schlüssel~*) panneton m.
bärtig ['bɛːrtɪç] adj barbu(e).
Barvermögen nt capital m disponible, liquidités fpl.
Barzahlung f paiement m comptant.
Basalt [ba'zalt] (–(e)s, –e) m basalte m.
Basar [ba'zaːr] (–s, –e) m (*Markt*) bazar m; (*Wohltätigkeits~*) vente f de charité.
Base ['baːzə] f (*CHEM*) base f; (*Kusine*) cousine f.
Basedowsche Krankheit ['baːzədovʃə] f maladie f de Basedow.
Basel ['baːzəl] nt Bâle f.
Basen pl von **Basis**; **Base**.
BASIC ['beɪsɪk] nt (*COMPUT*) basic m.
basieren [ba'ziːrən] vt fonder ♦ vi: **auf etw** Dat ~ se fonder sur qch.
Basilika [ba'ziːlika] (–, –ken) f basilique f.
Basilikum [ba'ziːlikʊm] (–s, –s od –ken) nt (*BOT*) basilic m.
Basis ['baːzɪs] (–, **Basen**) f base f; ~ **und Überbau** (*POL*) base et superstructure f.
basisch ['baːzɪʃ] adj (*CHEM*) basique.
Basisgruppe f groupe m de militants.
Baske ['baskə] (–n, –n) m basque m.
Baskenland nt pays m basque.
Baskenmütze f béret m basque.
Baskin f Basque f.
Baß [bas] (**Basses, Bässe**) m (*MUS*) basse f.
Bassin [ba'sɛ̃ː] (–s, –s) nt bassin m.
Bassist [ba'sɪst] m bassiste m.
Baßschlüssel m clé f de fa.
Baßstimme f voix f de basse.
Bast [bast] (–(e)s, –s) m raphia m.
basta ['basta] interj: (**und damit**) ~! un point c'est tout!
basteln vt, vi bricoler.
Bastler ['bastlər] (–s, –) m (*Mensch*) bricoleur m.
BAT m abk (= *Bundesangestelltentarif*) échelle des traitements pour les fonctionnaires allemands.
bat etc [baːt] vb siehe **bitten**.

Bataillon [batal'jo:n] (**-s, -e**) *nt* bataillon *m*.
Batik ['ba:tɪk] *f* batik *m*; **b~en** *vi* faire du batik.
Batist [ba'tɪst] (**-(e)s, -e**) *m* batiste *f*.
Batterie [batə'ri:] *f (in Gerät)* pile *f*.
Bau [bau] (**-(e)s**) *m* construction *f*; *(Aufbau)* structure *f*; *(Körper~)*: **er ist von kräftigem ~** il est solidement charpenté *od* bâti; *(~stelle)* chantier *m*; *(pl: ~e: Tier)* terrier *m*, tanière *f*; *(: BERGB)* mine *f*; *(pl: ~ten: Gebäude)* bâtiment *m*, édifice *m*; **der ~ eines Hauses** la construction d'une maison; **auf dem ~ arbeiten** travailler dans le bâtiment; **sich im ~ befinden** être en construction; **~abschnitt** *m* tranche *f* de(s) travaux; **~arbeiten** *pl (Straßen~)* travaux *mpl*; **~arbeiter** *m* ouvrier *m* du bâtiment.
Bauch [baux] (**-(e)s, Bäuche**) *m* ventre *m*; **auf den ~ fallen** *(umg)* se planter; **aus dem hohlen ~** *(umg)* au pied levé; **~fell** *nt (ANAT)* péritoine *m*; **~höhle** *f (ANAT)* cavité *f* abdominale.
bauchig *adj (Gefäß)* ventru(e).
Bauchlandung *f*: **eine ~ machen** *(umg: fig)* se planter.
bäuchlings ['bɔyçlɪŋs] *adv* à plat ventre.
Bauch-: **~muskel** *m* muscle *m* abdominal; **~nabel** *m* nombril *m*; **~redner** *m* ventriloque *m*; **~schmerzen** *pl* mal *m* au *od* maux *mpl* de ventre; **~speicheldrüse** *f (ANAT)* pancréas *m*; **~tanz** *m* danse *f* du ventre; **~weh** *nt* mal *m* au ventre.
Baud-Rate [baut'ra:tə] *f (COMPUT)* débit *m* en bauds.
bauen ['bauən] *vt* construire; *(Nest)* faire; *(umg: Unfall)* causer; *(MUS: Instrumente)* fabriquer ♦ *vi* construire; **auf jdn/etw ~** compter sur qn/qch; **da hast du Mist gebaut** *(umg)* t'as vraiment foiré; **gut gebaut sein** *(Mensch)* être bien bâti(e); **kräftig gebaut sein** être solidement charpenté(e).
Bauer[1] ['bauər] (**-n** *od* **-s, -n**) *m* paysan *m*, agriculteur *m*; *(pej: Rüpel)* rustre *m*; *(Schach)* pion *m*.
Bauer[2] ['bauər] (**-s, -**) *nt od m (Vogel~)* cage *f*.
Bäuerchen ['bɔyərçən] *nt (Kindersprache)* rot *m*.
Bäuerin ['bɔyərɪn] *f* paysanne *f*, agricultrice *f*.
bäuerlich *adj* paysan(ne); *(Kunst)* rustique.
Bauern-: **~brot** *nt* pain *m* paysan; **~bursche** *m* garçon *m* de ferme; **~fängerei** *f* attrapenigaud *m*; **~frühstück** *nt (KOCH)* omelette au jambon et aux pommes de terre; **~haus** *nt*, **~hof** *m* ferme *f*; **~möbel** *nt (gew pl)* meubles *mpl* rustiques; **~regel** *f* dicton *m (météorologique)*; **~schaft** *f* paysannerie *f*; **~schläue** *f* ruse *f*.
bau-: **~fällig** *adj* délabré(e); **B~fälligkeit** *f* délabrement *m*; **B~firma** *f* entreprise *f* de construction; **B~führer** *m* contremaître *m*; **B~gelände** *nt* terrain *m* à bâtir; **B~genehmigung** *f* permis *m* de construire; **B~gerüst** *nt* échafaudage *m*; **B~grube** *f* fondations *fpl*; **B~herr** *m* maître *m* d'ouvrage; **B~holz** *nt* bois *m* de construction *od* d'œu-

vre; **B~ingenieur** *m* ingénieur *m* des tra-   ᵛx publics *od* en génie civil.
Bauj. *abk* = **Baujahr.**
Bau-: **~jahr** *nt* année *f* de construction; **VW ~jahr 1988** VW modèle 1988; **~kasten** *m* jeu *m* de construction; **~klötzchen** *nt* cube *m*; **~kosten** *pl* coût *msg* de la construction; **~land** *nt* terrain *m* à bâtir; **~leiter** *m* chef *m* de chantier, maître *m* d'œuvre; **b~lich** *adj*: **in gutem/schlechtem b~lichem Zustand** d'une construction solide/peu solide; **~löwe** *(umg: pej)* *m* requin *m (de l'immobilier)*; **~lücke** *f* terrain *m* vague.
Baum [baum] (**-(e)s, Bäume**) *m* arbre *m*; **heute könnte ich Bäume ausreißen** j'ai vraiment la pêche aujourd'hui.
baumeln ['bauməln] *vi* pendre, être suspendu(e); **mit den Beinen ~** balancer les jambes.
bäumen ['bɔymən] *vr* se cabrer.
Baum-: **~grenze** *f* limite *f* des arbres; **~kuchen** *m (KOCH)* sorte de pièce montée; **~schule** *f* pépinière *f*; **~stamm** *m* tronc *m* d'arbre; **~stumpf** *m* souche *f*; **~wolle** *f* coton *m*.
Bau-: **~plan** *m* plan *m*; **~platz** *m* terrain *m* à bâtir; **~polizei** *f* service chargé du contrôle de la construction, ≈ Direction *f* départementale de l'équipement.
bäurisch ['bɔyrɪʃ] *adj* rustre.
Bausatz *m* kit *m*.
Bausch [bauʃ] (**-(e)s, Bäusche**) *m (Watt~)* tampon *m*; **in ~ und Bogen** en bloc.
bauschen *vt* gonfler ♦ *vi (Hemd)* être bouffant(e) ♦ *vr* gonfler.
bauschig *adj* bouffant(e).
bau-: **~sparen** *vi* souscrire à un plan d'épargne-logement; **B~sparkasse** *f* caisse *f* d'épargne-logement, société *f* de crédit immobilier; **B~sparvertrag** *m* plan *m* d'épargne-logement; **B~stein** *m* pierre *f*; *(Spielzeug)* cube *m*; *(fig)* composante *f*; **B~stelle** *f* chantier *m*; **B~stil** *m* style *m (architectural)*; **~technisch** *adj* concernant la construction; **B~teil** *nt* élément *m*.
Bauten *pl von* **Bau.**
Bau-: **~unternehmer** *m* entrepreneur *m*; **~weise** *f* style *m* de construction; **~werk** *nt* édifice *m*; **~zaun** *m* clôture *f* de chantier.
b.a.w. *abk (= bis auf weiteres)* jusqu'à nouvel ordre.
Bayer(in) ['baiər(ɪn)] (**-n, -n**) *m(f)* Bavarois(e) *m/f*.
Bayern *nt* la Bavière.
bayrisch *adj* bavarois(e).
Bazillus [ba'tsɪlʊs] (**-, Bazillen**) *m* bacille *m*.
Bd. *abk (= Band)* vol.
Bde. *abk (= Bände)* vol.
beabsichtigen [bə'|apzɪçtɪgən] *vt*: **~, etw zu tun** avoir l'intention de faire qch.
beachten [bə'|axtən] *vt (befolgen: Gebot, Vorschrift, Regel)* respecter; *(: Vorfahrt)* observer; *(zur Kenntnis nehmen)* considérer.
beachtenswert *adj* remarquable.
beachtlich *adj (Position, Ereignis)* important(e);

(Leistung) remarquable ♦ *adv (sehr)* considé-rablement, beaucoup.

Beachtung *f (von Regeln etc)* respect *m*; **das verdient** ~ cela mérite d'être pris en compte; **jdm keine** ~ **schenken** ne pas tenir compte de qn.

Beamte(r) [bə'|amtə(r)] *(–n, –n) m* fonctionnaire *m*; *(Bank~)* employé *m*.

Beamtenlaufbahn *f*: **die** ~ **einschlagen** entrer dans la fonction publique.

Beamtenverhältnis *nt*: **im** ~ **stehen** être fonctionnaire.

beamtet *adj (förmlich)* fonctionnaire.

Beamtin *f* fonctionnaire *f*; *(Bank~)* employée *f* de banque.

beängstigend [bə'|εŋstɪgənt] *adj (Lage, Zustand)* inquiétant(e); *(Geschwindigkeit)* effrayant(e).

beanspruchen [bə'|anʃpruxən] *vt (Recht, Erbe)* revendiquer; *(Zeit, Platz)* prendre; *(Benzin)* consommer; *(Reifen, Stoff)* user; *(jds Geduld)* abuser de; **seine Arbeit beansprucht ihn sehr** il est très pris par son travail.

beanstanden [bə'|anʃtandən] *vt* critiquer; *(Rechnung)* contester.

Beanstandung *f* réclamation *f*.

beantragen [bə'|antra:gən] *vt* demander.

beantworten [bə'|antvɔrtən] *vt* répondre à.

Beantwortung *f* réponse *f*; **in** ~ **Ihres Schreibens** *(förmlich)* en réponse à votre courrier.

bearbeiten [bə'|arbaɪtən] *vt (Antrag, Akte, Fall)* étudier, s'occuper de; *(Thema, CHEM)* traiter; *(Buch, Film)* adapter; *(Material)* travailler; *(Land, Acker)* cultiver; *(umg: beeinflussen wollen)* travailler; **jdn mit Fäusten** ~ tabasser qn.

Bearbeitung *f (siehe vt)* traitement *m*; adaptation *f*; culture *f*.

Bearbeitungsgebühr *f* frais *mpl* administratifs.

beatmen [bə'a:tmən] *vt*: **jdn künstlich** ~ pratiquer la respiration artificielle sur qn.

Beatmung [bə'|a:tmʊŋ] *f* respiration *f* artificielle.

beaufsichtigen [bə'|aʊfzɪçtɪgən] *vt* surveiller.

Beaufsichtigung *f* surveillance *f*.

beauftragen [bə'|aʊftra:gən] *vt* charger; **jdn mit etw** ~ charger qn de faire qch.

Beauftragte(r) *f(m)* représentant(e) *m/f*.

bebauen [bə'baʊən] *vt (Grundstück)* construire sur; *(AGR)* cultiver.

beben ['be:bən] *vi* trembler; **B~** *(–s, –)* *nt* tremblement *m*.

bebildern [bə'bɪldərn] *vt* illustrer.

Becher ['bεçər] *(–s, –) m* gobelet *m*; *(für Joghurt)* pot *m*.

bechern ['bεçərn] *(umg)* *vi* picoler.

Becken ['bεkən] *(–s, –) nt* bassin *m*; *(Wasch~)* lavabo *m*; *(MUS)* cymbale *f*.

Bedacht [bə'daxt] *m*: **mit** ~ *(vorsichtig)* avec circonspection; *(absichtlich)* en connaissance de cause, délibérément; **ohne** ~ sans réflé-chir.

bedacht *adj (Vorgehen, Entschluß)* réfléchi(e);

auf etw *Akk* ~ **sein** faire attention à qch.

bedächtig [bə'dεçtɪç] *adj (umsichtig)* réfléchi(e); *(langsam)* lent(e), posé(e).

bedanken [bə'daŋkən] *vr*: **sich bei jdm für etw** ~ remercier qn de *od* pour qch; **ich bedanke mich herzlich** je vous remercie beaucoup.

Bedarf [bə'darf] *(–(e)s) m* besoin *m*; *(WIRTS)* demande *f*; *(Bedarfsmenge)* besoins *mpl*; ~ **an** +*Dat* besoins en; **je nach** ~ selon les besoins; **alles für den häuslichen** ~ tout pour la maison; **bei** ~ en cas de besoin; ~ **an etw** *Dat* **haben** avoir besoin de qch; **mein** ~ **ist gedeckt!** *(umg)* ça suffit comme ça!

Bedarfs-: ~**artikel** *m* article *m* de première nécessité; ~**deckung** *f* satisfaction *f* des besoins; ~**fall** *m*: **im** ~**fall** en cas de besoin; ~**güter** *pl* biens *mpl* de consommation; ~**haltestelle** *f* arrêt *m* facultatif.

bedauerlich [bə'daʊərlɪç] *adj* regrettable.

bedauern [bə'daʊərn] *vt* regretter; *(bemitleiden)* plaindre; **wir** ~, **Ihnen mitteilen zu müssen**, ... nous avons le regret de vous annoncer ...; **B~** *(–s)* *nt* regret *m*; **zu meinem B~** à mon regret.

bedauernswert *adj (Zustände)* regrettable; *(Mensch)* à plaindre.

bedecken [bə'dεkən] *vt* couvrir.

bedeckt *adj* couvert(e).

bedenken [bə'dεŋkən] *unreg vt (Folgen)* réfléchir à; **ich gebe zu** ~, **daß** ... *(geh)* permettez-moi de vous faire remarquer que ...; **jdn mit etw** ~ gratifier qn de qch; **B~** *(–s, –) nt (kein pl: Überlegen)* réflexion *f*; *(gew pl: Zweifel)* doute *m*; (: *Skrupel*) scrupule *m*; **mir kommen B~** je commence à avoir des doutes.

bedenkenlos *adv (ohne Zögern)* sans la moindre hésitation.

bedenklich *adj (besorgt)* préoccupé(e); *(bedrohlich)* inquiétant(e), menaçant(e); *(zweifelhaft)* douteux(-euse).

Bedenkzeit *f* délai *m* de réflexion.

bedeuten [bə'dɔytən] *vt* signifier; *(zur Folge haben)*: **das bedeutet nichts Gutes** cela n'est pas bon signe.

bedeutend *adj (von großem Ansehen)* éminent(e); *(hervorragend)* remarquable; *(wichtig, bemerkenswert)* important(e); *(beträchtlich)* considérable.

bedeutsam *adj (wichtig)* important(e); *(vielsagend)* éloquent(e).

Bedeutung *f (Sinn)* signification *f*, sens *m*; *(Wichtigkeit)* importance *f*.

bedeutungslos *adj (Wort, Zeichen)* dépourvu(e) de sens; *(Mensch, Ereignis)* sans importance.

bedeutungsvoll *adj (vielsagend)* éloquent(e); *(wichtig)* important(e).

bedienen [bə'di:nən] *vt (Menschen)* servir; *(Maschine)* faire fonctionner, faire marcher ♦ *vr (beim Essen)*: **bitte** ~ **Sie sich!** servez-vous! ♦ *vi* servir; **werden Sie schon bedient?** on vous sert?; **gut/schlecht bedient sein** *(umg)* être bien/mal servi(e); **ich bin bedient!** *(umg)* j'en ai par-dessus la tête!; **er läßt sich gern ~** il aime se faire servir *od* faire le pacha.

Bedienung *f* service *m*; (*von Maschinen*) maniement *m*; (*Kellnerin*) serveuse *f*.

Bedienungsanleitung *f* mode *m* d'emploi.

Bedienungszuschlag *m* service *m*.

bedingen [bə'dɪŋən] *vt* (*verursachen*) causer; (*voraussetzen*) exiger.

bedingt *adj* (*Richtigkeit, Tauglichkeit*) limité(e); (*Lob*) réservé(e); (*Zusage, Annahme*) conditionnel(le); (*Reflex*) conditionné(e); (**nur**) ~ **gelten** être valable sous toutes réserves.

Bedingung *f* condition *f*; **~en** *pl* (*Verhältnisse*) conditions; **mit** *od* **unter der ~, daß ...** à condition que ...; **zu günstigen ~en** (*WIRTS*) à des conditions avantageuses.

Bedingungsform *f* (*GRAM*) conditionnel *m*.

bedingungslos *adj* sans condition, inconditionnel(le).

bedrängen [bə'drɛŋən] *vt* (*Feind*) harceler; (*gegnerische Mannschaft*) serrer de près; (*bedrücken: Sorgen etc*) accabler; **jdn mit Fragen ~** presser qn de questions.

Bedrängnis [bə'drɛŋnɪs] *f* (*seelisch*) détresse *f*; **in ~ geraten** (*finanziell, zeitlich, seelisch*) se retrouver dans une situation difficile.

Bedrängung *f* détresse *f*.

bedrohen [bə'droːən] *vt* menacer.

bedrohlich *adj* menaçant(e).

Bedrohung *f* menace *f*.

bedrucken [bə'drʊkən] *vt* (*Papier*) imprimer.

bedrücken [bə'drʏkən] *vt* accabler; **bedrückt sein (über** +*Akk*) être déprimé(e) (à cause de).

bedürfen [bə'dʏrfən] *unreg vi* +*Gen* (*geh*) avoir besoin de; **ohne daß es eines Hinweises bedurft hätte** sans se faire prier.

Bedürfnis [bə'dʏrfnɪs] (**-ses, -se**) *nt* besoin *m*; **~ nach etw haben** avoir grand besoin de qch; **~anstalt** *f* (*förmlich*) toilettes *fpl* publiques; **b~los** *adj* modeste.

bedürftig *adj* (*arm*) dans le besoin.

Beefburger ['biːfbɜːgə] (**-s, –**) *m* hamburger *m*.

Beefsteak ['biːfsteːk] (**-s, -s**) *nt* (*KOCH*) bifteck *m*; **deutsches ~** steak *m* haché.

beehren [bə'ǀeːrən] *vt* (*geh*) honorer ♦ *vr*: **sich ~, etw zu tun** (*förmlich*) avoir l'honneur de faire qch.

beeilen [bə'ǀaɪlən] *vr* se dépêcher.

beeindrucken [bə'ǀaɪndrʊkən] *vt* impressionner.

beeinflußbar *adj* (*Mensch*) influençable.

beeinflussen [bə'ǀaɪnflʊsən] *vt* influencer.

Beeinflussung *f* influence *f*.

beeinträchtigen [bə'ǀaɪntrɛçtɪgən] *vt* (*Freude, Genuß*) gâcher; (*Freiheit*) empiéter sur; (*vermindern: Sehvermögen, Wert, Qualität*) porter préjudice à.

beend(ig)en [bə'ǀɛnd(ɪg)ən] *vt* finir, terminer; (*Krieg*) mettre fin à.

Beend(ig)ung *f* (*Ende*) fin *f*.

beengen [bə'ǀɛŋən] *vt* (*Subj: Kleidung*) serrer; (*fig: jdn*) gêner; **~de Kleidung** vêtements ser-

rés *od* trop étroits.

beengt *adj* à l'étroit; (*fig*) mal à l'aise; **in ~en Verhältnisse leben** vivre dans la gêne.

beerben [bə'ǀɛrbən] *vt* hériter de.

beerdigen [bə'ǀeːrdɪgən] *vt* enterrer.

Beerdigung *f* enterrement *m*.

Beerdigungsinstitut *nt* (entreprise *f* de) pompes *fpl* funèbres.

Beere ['beːrə] *f* baie *f*; (*Trauben~*) grain *m*.

Beerenauslese *f* (*Wein*) vin fait de raisins spécialement sélectionnés.

Beerenobst *nt* baies *fpl* comestibles.

Beet [beːt] (**-(e)s, -e**) *nt* (*Blumen~*) plate-bande *f*; (*Gemüse~*) carré *m*.

befähigen [bə'fɛːɪgən] *vt* rendre capable, qualifier.

befähigt *adj* (*begabt*) capable, compétent(e); (*durch Ausbildung*) qualifié(e).

Befähigung *f* (*Können*) compétences *fpl*; (*berufliche Voraussetzung*) titres *mpl*.

befahl *etc* [bə'faːl] *vb siehe* **befehlen**.

befahrbar [bə'faːrbaːr] *adj* (*Straße*) praticable, carrossable; (*Wasserweg*) navigable.

befahren [bə'faːrən] *unreg vt* (*Straße, Route*) emprunter; (*NAUT: Wasserweg, Meer*) naviguer sur ♦ *adj* (*Straße*) fréquenté(e).

befallen [bə'falən] *unreg vt* (*Krankheit*) frapper; (*Übelkeit, Fieber, Ekel*) prendre; (*Angst, Zweifel*) saisir; (*Ungeziefer*) envahir.

befangen [bə'faŋən] *adj* (*schüchtern*) intimidé(e); (*voreingenommen*) partial(e); **in etw** *Dat* **~ sein** (*geh*) être immuable dans qch; **B~heit** *f* (*Schüchternheit*) gêne *f*, timidité *f*; (*Voreingenommenheit*) parti *m* pris.

befassen [bə'fasən] *vr*: **sich ~ mit** s'occuper de.

Befehl [bə'feːl] (**-(e)s, -e**) *m* (*Anordnung*) ordre *m*; (*Befehlsgewalt*) commandement *m*; (*COMPUT*) instruction *f*; **auf ~ handeln** exécuter un ordre; **zu ~, Herr Hauptmann!** (*MIL*) à vos ordres, mon capitaine!; **den ~ haben** *od* **führen** commander.

befehlen *unreg vt* ordonner; **jdm etw ~** ordonner qch à qn; **über jdn/etw ~** commander qn/qch; **du hast mir gar nichts zu ~** (*umg*) je n'ai pas d'ordre(s) à recevoir de toi.

befehligen *vt* (*Streitkräfte*) commander.

Befehls-: **~empfänger** *m* exécutant *m*; **~form** *f* (*GRAM*) impératif *m*; **~haber** (**-s, –**) *m* (*MIL*) commandant *m*; **~notstand** *m* (*JUR*) situation où l'on est obligé d'obéir aux ordres; **~ton** *m* ton *m* de commandement; **~verweigerung** *f* (*MIL*) refus *m* d'obéissance.

befestigen [bə'fɛstɪgən] *vt* (*anbringen, festmachen: Straße, Ufer*) fixer; (*stärken: Straße, Ufer*) stabiliser, consolider; (*Stadt*) fortifier.

Befestigung *f* (*das Anbringen*) fixation *f*; (*von Ufer*) consolidation *f*; (*von Stadt*) fortification *f*; **~sanlage** *f* fortifications *fpl*.

befeuchten [bə'fɔʏçtən] *vt* humecter, mouiller.

befiehlst *etc* [bə'fiːlst] *vb siehe* **befehlen**.

befinden [bə'fɪndən] *unreg vr* (*an bestimmtem*

Ort) se trouver; (*geh: sich fühlen*) se sentir ♦ *vt* (*geh*): **jdn für schuldig** ~ déclarer qn coupable ♦ *vi* (*geh: urteilen*): ~ **über** +*Akk* juger.

Befinden (–**s**) *nt* (*Zustand*) état *m* de santé; (*geh: Meinung*) opinion *f*; **sich nach jds** ~ **erkundigen** s'enquérir de l'état de santé de qn.

beflecken [bə'flɛkən] *vt* tacher; (*geh: Ruf, Ehre*) entacher.

befliegen [bə'fliːɡən] *unreg vt* (*Land, Strecke*) desservir; **eine stark** *od* **viel beflogene Strecke** une ligne très fréquentée.

beflügeln [bə'flyːɡəln] *vt* (*geh*) donner des ailes à.

befohlen [bə'foːlən] *pp von* **befehlen; Gott** ~! adieu!

befolgen [bə'fɔlɡən] *vt* suivre.

befördern [bə'fœrdərn] *vt* (*Güter, Gepäck*) transporter; (*Post*) acheminer; (*im Beruf*) promouvoir; **jdn ins Freie** ~ (*umg*) mettre qn dehors.

Beförderung *f* (*von Gütern*) transport *m*; (*beruflich*) promotion *f*; ~**skosten** *pl* frais *mpl* de transport.

befragen [bə'fraːɡən] *vt* interroger; (*um Stellungnahme bitten; Wörterbuch*) consulter; (*die Karten*) tirer; **jdn** ~ **über** +*Akk* interroger qn sur.

Befragung *f* interrogation *f*; (*Umfrage*) sondage *m*, enquête *f*.

befreien [bə'fraɪən] *vt* libérer; (*freistellen*) exempter; (*reinigen*) débarrasser ♦ *vr* se libérer.

Befreier(in) (–**s**, –) *m(f)* libérateur(-trice) *m/f*.

befreit *adj* (*erleichtert*) soulagé(e).

Befreiung *f* libération *f*; (*Erlassen*) exemption *f*.

Befreiungs-: ~**bewegung** *f* mouvement *m* de libération; ~**kampf** *m*: **der** ~**kampf des kurdischen Volkes** la lutte du peuple kurde pour sa libération; ~**versuch** *m* (*Befreiung*) tentative *f* d'évasion.

befremden [bə'frɛmdən] *vt* (*Benehmen, Frage: jdn*) déconcerter, sembler étrange à; **B**~ (–**s**) *nt* surprise *f*, étonnement *m*; **etw mit B**~ **sehen** être déconcerté(e) par qch; **zu meinem B**~ à ma grande surprise.

befremdlich [bə'frɛmtlɪç] *adj* étrange.

befreunden [bə'frɔʏndən] *vr*: **sich** ~ **mit** se lier d'amitié avec; (*mit Idee etc*) se familiariser avec.

befreundet *adj* ami(e); **wir sind schon lange (miteinander)** ~ il y a déjà longtemps que nous sommes amis.

befriedigen [bə'friːdɪɡən] *vt* satisfaire.

befriedigend *adj* satisfaisant(e).

Befriedigung *f* satisfaction *f*; **etw mit** ~ **feststellen** constater qch avec satisfaction.

befristet [bə'frɪstət] *adj* (*Vertrag, Waffenstillstand*) à durée limitée; (*Tätigkeit, Visum*) temporaire; ~ **sein auf** +*Akk* n'être valable que pour.

befruchten [bə'frʊxtən] *vt* féconder; (*Diskussion, Gedanken*) stimuler; **künstlich** ~ inséminer artificiellement.

Befruchtung *f*: **künstliche** ~ insémination *f* artificielle.

Befugnis [bə'fuːknɪs] (–, –**se**) *f* pouvoir *m*.

befugt *adj* autorisé(e), habilité(e).

befühlen [bə'fyːlən] *vt* palper.

Befund [bə'fʊnt] (–(**e**)**s**, –**e**) *m* (*von Sachverständigen*) conclusions *fpl*; (*MED*) diagnostic *m*; **ohne** ~ (*MED*) test *m* négatif.

befürchten [bə'fʏrçtən] *vt* craindre; **es steht zu** ~, **daß** ... il faut malheureusement s'attendre à ce que ... .

Befürchtung *f* (*gew pl*) crainte *f*.

befürworten [bə'fyːrvɔrtən] *vt* (*Gesetz, Vorschlag*) soutenir; (*Neuerung*) être favorable à; (*Antrag*) approuver.

Befürworter(in) (–**s**, –) *m(f)* défenseur *m*.

Befürwortung *f* (*siehe vt*) soutien *m*; approbation *f*.

begabt [bə'ɡaːpt] *adj* doué(e); **für etw** ~ **sein** être doué(e) pour qch.

Begabung [bə'ɡaːbʊŋ] *f* don *m*, talent *m*.

begaffen [bə'ɡafən] (*umg: pej*) *vt* regarder bouche bée.

begann *etc* [bə'ɡan] *vb siehe* **beginnen**.

begatten [bə'ɡatən] *vr* s'accoupler ♦ *vt* s'accoupler avec.

begeben [bə'ɡeːbən] *unreg vr* (*gehen*) se rendre; (*geh: geschehen*) se passer; **sich in ärztliche Behandlung** ~ consulter un médecin; **sich in Gefahr** ~ s'exposer à un danger; **B**~**heit** *f* événement *m*, fait *m*.

begegnen [bə'ɡeːɡnən] *vi* +*Dat* rencontrer; (*widerfahren*) arriver; (*geh: behandeln*) traiter; **ihre Blicke begegneten sich** leurs regards se sont rencontrés; **so etwas ist mir noch nie begegnet** cela ne m'est encore jamais arrivé.

Begegnung *f* rencontre *f*.

begehen [bə'ɡeːən] *unreg vt* (*Straftat, Fehler, Dummheit*) commettre; (*geh: Feier*) célébrer; (*Strecke*) parcourir; (*Straße etc*) suivre.

begehren [bə'ɡeːrən] *vt* désirer.

begehrenswert *adj* désirable.

begehrt *adj* (*Posten*) convoité(e); (*Reiseziel*) en vogue.

begeistern [bə'ɡaɪstərn] *vr*: **sich an etw** *Dat od* **für etw** ~ s'enthousiasmer pour qch ♦ *vt* remplir d'enthousiasme; **er ist für nichts zu** ~ il ne s'intéresse à rien.

begeistert *adj* enthousiaste.

Begeisterung *f* enthousiasme *m*.

Begierde [bə'ɡiːrdə] *f* désir *m*.

begierig [bə'ɡiːrɪç] *adj* désireux(-euse); (*voll Verlangen*) avide; **auf etw** *Akk* ~ **sein** attendre qch avec impatience.

begießen [bə'ɡiːsən] *unreg vt* arroser.

Beginn [bə'ɡɪn] (–(**e**)**s**) *m* commencement *m*, début *m*; **zu** ~ au commencement *od* début.

beginnen *unreg vt, vi* commencer.

beglaubigen [bə'ɡlaʊbɪɡən] *vt* (*Dokument, Abschrift*) authentifier; (*Echtheit*) certifier; **eine notariell beglaubigte Abschrift** une copie certifiée conforme (par un notaire).

Beglaubigung *f* authentification *f*.
Beglaubigungsschreiben *nt* lettres *fpl* de créance.
begleichen [bə'glaɪçən] *unreg vt* régler.
Begleitbrief *m* lettre *f* d'accompagnement.
begleiten [bə'glaɪtən] *vt* accompagner; (*zum Schutz*) escorter.
Begleiter(in) (**–s**, **–**) *m(f)* (*Freund*) compagnon(compagne) *m/f* ♦ *m* (*von Reisegruppe, MUS*) accompagnateur(-trice) *m/f*; (*zum Schutz*) escorte *f*.
Begleit-: ~**erscheinung** *f* effet *m* secondaire; ~**musik** *f* musique *f* d'accompagnement; ~**papiere** *f* (*WIRTS*) documents *mpl* joints; ~**schiff** *nt* escorteur *m*; ~**schreiben** *nt* lettre *f* jointe; ~**umstände** *pl* circonstances *fpl* concomitantes.
Begleitung *f* compagnie *f*; (*zum Schutz*) escorte *f*; (*MUS*) accompagnement *m*; **in** ~ **von** +*Dat* en compagnie de.
beglücken [bə'glʏkən] *vt* faire plaisir à.
beglückwünschen [bə'glʏkvʏnʃən] *vt* féliciter; **jdn zu etw** ~ féliciter qn pour *od* de qch; **sich zu etw** ~ se féliciter de qch.
begnadet [bə'gnaːdət] *adj* talentueux(-euse).
begnadigen [bə'gnaːdɪgən] *vt* gracier.
Begnadigung *f* grâce *f*.
begnügen [bə'gnyːgən] *vr*: **sich mit etw** ~ se contenter de qch.
Begonie [bə'goːniə] *f* bégonia *m*.
begonnen [bə'gɔnən] *pp von* **beginnen**.
begossen [bə'gɔsən] *pp von* **begießen** ♦ *adj*: **er stand da wie ein** ~**er Pudel** (*umg*) il était bien penaud.
begraben [bə'graːbən] *unreg vt* (*Toten*) enterrer; (*Hoffnung*) abandonner; (*Streit*) oublier; **dort möchte ich nicht** ~ **sein** (*umg*) je n'aimerais pas me retrouver dans un trou pareil.
Begräbnis [bə'grɛːpnɪs] (**–ses**, **–se**) *nt* enterrement *m*.
begradigen [bə'graːdɪgən] *vt* (*Fluß*) corriger le cours de; (*Straße*) refaire en éliminant les tournants.
begreifen [bə'graɪfən] *unreg vt* (*verstehen*) comprendre.
begreiflich [bə'graɪflɪç] *adj* compréhensible; **es ist mir nicht** ~ je ne comprends vraiment pas; **jdm etw** *Akk* ~ **machen** expliquer qch à qn; **sich jdm** ~ **machen** se faire comprendre de qn.
begrenzen [bə'grɛntsən] *vt* (*beschränken*) limiter.
begrenzt *adj* limité(e); (*geistig*) borné(e); **B~heit** [bə'grɛntsthaɪt] *f* limitation *f*; (*von Menschen*) étroitesse *f* d'esprit.
Begriff [bə'grɪf] (**–(e)s**, **–e**) *m* notion *f*, concept *m*; (*Meinung, Vorstellung*) idée *f*, conception *f*; **im** ~ **sein, etw zu tun** être sur le point de faire qch; **sein Name ist mir ein/kein** ~ son nom me dit quelque chose/ne me dit rien; **du machst dir keinen** ~ (**davon**) tu ne peux pas t'imaginer; **schwer von** ~ **sein** (*umg*) avoir la

comprenette un peu dure; **für meine** ~**e** pour moi.
Begriffsbestimmung *f* définition *f*.
begriffsstutzig (*pej*) *adj* bouché(e).
begrub *etc* [bə'gruːp] *vb siehe* **begraben**.
begründen [bə'grʏndən] *vt* (*Tat, Abwesenheit*) justifier, étayer; (*beginnen*) fonder; **etw näher** ~ donner les raisons précises de qch, expliquer qch plus en détail.
Begründer(in) (**–s**, **–**) *m(f)* fondateur(-trice) *m/f*.
begründet *adj* (*Zweifel, Hoffnung*) justifié(e); (*Aussicht*) raisonnable; **sachlich** ~ fondé(e) (sur des faits).
Begründung *f* justification *f*, explication *f*.
begrünen [bə'gryːnən] *vt* (*Balkon*) fleurir; (*Siedlung*) aménager des espaces verts dans.
begrüßen [bə'gryːsən] *vt* (*Gäste*) accueillir; (*Neuerungen, Vorschlag, Entwicklung*) accueillir favorablement; (*Entwicklung*) se réjouir de; ~**swert** *adj* (*Änderung, Aussicht, Verbesserung*) bienvenu(e).
Begrüßung *f* (*von Menschen*) accueil *m*; **zur** ~ **der Gäste** pour accueillir les invités, en l'honneur des invités.
begünstigen [bə'gʏnstɪgən] *vt* favoriser; **vom Wetter begünstigt sein** avoir lieu par temps favorable.
begutachten [bə'guːtʔaxtən] *vt* (*fachmännisch*) expertiser; (*umg: ansehen*) examiner, jeter un coup d'œil à.
begütert [bə'gyːtərt] *adj* aisé(e).
begütigen [bə'gyːtɪgən] *vt* calmer.
begütigend *adj* (*Worte etc*) apaisant(e) ♦ *adv*: ~ **auf jdn einreden** essayer de calmer qn.
behaart [bə'haːrt] *adj* (*Mensch, Arm*) poilu(e); (*Pflanze*) velu(e).
behäbig [bə'hɛːbɪç] *adj* (*dick*) corpulent(e); (*geruhsam*) lent(e).
behaftet [bə'haftət] *adj*: **mit etw** ~ **sein** être affligé(e) de qch.
behagen [bə'haːgən] *vi*: **jd/etw behagt ihm nicht** qn/qch ne lui plaît pas; **B~** (**–s**) *nt* sensation *f* de bien-être; **mit B~ essen** manger avec délectation.
behaglich [bə'haːklɪç] *adj* (*Möbel*) confortable; (*Atmosphäre*) douillet(te); (*Wärme*) agréable; **B~keit** *f* bien-être *m*.
behalten [bə'haltən] *unreg vt* garder; (*Mehrheit, Recht*) conserver; (*Farbe*) ne pas perdre; (*im Gedächtnis*) retenir; **die Nerven** ~ garder son sang-froid; ~ **Sie (doch) Platz!** ne vous dérangez pas!; **etw für sich** ~ garder qch pour soi.
Behälter [bə'hɛltər] (**–s**, **–**) *m* récipient *m*.
behandeln [bə'handəln] *vt* traiter; (*MED*) soigner; **der** ~**de Arzt** le médecin traitant.
Behandlung *f* traitement *m*; (*von Maschine*) maniement *m*; **in** ~ **sein** suivre un traitement.
behängen [bə'hɛŋən] *vt* orner.
beharren [bə'harən] *vi*: **auf etw** *Dat* ~ ne pas

démordre de qch; **sie beharrte darauf mitzu-kommen** elle insistait pour nous *etc* accompagner.

beharrlich [bə'harlıç] *adj* (*ausdauernd*) résolu(e), persévérant(e); (*hartnäckig*) opiniâtre, tenace; **B~keit** *f* (*siehe adj*) persévérance *f*; ténacité *f*.

behaupten [bə'haʊptən] *vt* affirmer; (*Recht, Position*) défendre ♦ *vr* s'affirmer; **von jdm ~, daß er ...** affirmer que qn ...; **sich auf dem Markt ~** s'imposer sur le marché.

Behauptung *f* (*Äußerung*) affirmation *f*.

Behausung [bə'haʊzʊŋ] *f* habitation *f*; (*armselig*) taudis *m*.

beheben [bə'he:bən] *unreg vt* (*beseitigen*) supprimer; (*Mißstände*) remédier à; (*Schaden, Störung*) réparer.

beheimatet [bə'haima:tət] *adj* (*Mensch*) domicilié(e); **diese Pflanze/dieses Tier ist in den Alpen ~** les Alpes sont l'environnement naturel de cette plante/cet animal, cette plante/cet animal vient des Alpes.

beheizbar *adj* (*Heckscheibe*) chauffant(e).

beheizen [bə'haitsən] *vt* chauffer.

Behelf [bə'hɛlf] (**–(e)s**, **–e**) *m* expédient *m*; **b~en** *unreg vr*: **sich mit etw b~en** se débrouiller avec qch.

Behelfsausfahrt *f* sortie *f* provisoire.

behelfsmäßig *adj* improvisé(e); (*vorübergehend*) provisoire.

behelligen [bə'hɛlıgən] *vt* importuner.

behend [bə'hɛnt], **behende** [bə'hɛndə] *adj* agile.

beherbergen [bə'hɛrbɛrgən] *vt* héberger; (*fig*) contenir.

beherrschen [bə'hɛrʃən] *vt* (*Volk, Land*) gouverner; (*Situation, Markt, Szene, Landschaft*) dominer; (*Gefühle*) refréner; (*Sprache, Handwerk*) posséder ♦ *vr* se maîtriser.

beherrscht *adj* (*Ton*) calme; (*Mensch*) maître(sse) de soi; **B~heit** *f* maîtrise *f* de soi.

Beherrschung *f* (*Selbst~*) maîtrise *f* de soi; **die ~ verlieren** perdre son sang-froid.

beherzigen [bə'hɛrtsıgən] *vt* prendre à cœur.

beherzt *adj* courageux(-euse).

behielt *etc* [bə'hi:lt] *vb siehe* **behalten**.

behilflich [bə'hılflıç] *adj*: **jdm (bei etw) ~ sein** aider qn (à faire qch).

behindern [bə'hındərn] *vt* (*Bewegung, Verkehr*) entraver; (*Sicht, Arbeit*) gêner; (*Gegner*) faire obstruction à.

Behinderte(r) *f(m)* handicapé(e) *m/f*.

Behinderung *f* (*siehe vt*) encombrement *m*; entrave *f*; (*Körper~*) handicap *m*.

Behörde [bə'hø:rdə] *f* autorité *f*; (*Amtsgebäude*) bureaux *mpl* de l'administration.

behördlich [bə'hø:rtlıç] *adj* officiel(le).

behüten [bə'hy:tən] *vt* (*bewachen*) garder, surveiller; **jdn vor etw** *Dat* **~** préserver qn de qch; **Gott behüte!** jamais de la vie!

behütet *adj* (*Jugend etc*) bien protégé(e).

behutsam [bə'hu:tza:m] *adj* (*Vorgehen, Schritte*)

prudent(e) ♦ *adv* (*berühren*) doucement; **B~keit** *f* prudence *f*.

═══════════════ *SCHLÜSSELWORT*

bei [baı] *präp +Dat* **1** chez; **beim Friseur** chez le coiffeur; **bei seinen Eltern wohnen** habiter chez ses parents; **H. Schmitt, bei Neumeier** (*in Adresse*) H. Schmitt, chez Neumeier; **bei Collins arbeiten** travailler chez Collins; **etw bei sich haben** avoir qch sur soi; **jdn bei sich haben** avoir qn avec soi; **bei Goethe** chez Goethe; **beim Militär** à l'armée; **bei seinem Talent** avec un talent pareil

2 (*Zustand, Tätigkeit ausdrückend*): **bei Nacht/Tag** de nuit/jour; **bei Nebel** par temps de brouillard; **bei Regen** sous la pluie; **bei solcher Hitze** avec une chaleur pareille; **bei meiner Ankunft** quand je suis arrivé(e), à mon arrivée; **bei der Arbeit** pendant le travail; **ich habe ihm bei der Arbeit geholfen** je l'ai aidé dans son travail; **bei guter Gesundheit sein** être en bonne santé; **bei offenem Fenster schlafen** dormir avec la fenêtre ouverte; **bei Gefahr Scheibe einschlagen** en cas de danger, casser la vitre; **er war gerade beim Essen/Lesen** il était en train de manger/lire.

beibehalten ['baıbəhaltən] *unreg vt* conserver.

Beibehaltung *f* maintien *m*.

Beiblatt ['baıblat] *nt* supplément *m*.

Beiboot ['baıbo:t] *nt* canot *m*.

beibringen ['baıbrıŋən] *unreg vt* (*herbeibringen*: *Beweis, Gründe*) fournir; (*Zeugen*) produire; **jdm etw ~** (*Wunde, Niederlage*) infliger qch à qn; (*Ordnung, Manieren*) apprendre qch à qn; (*Mathematik etc*) enseigner qch à qn; (*umg*: *zu verstehen geben*) faire comprendre qch à qn.

Beichte ['baıçtə] *f* confession *f*.

beichten *vt* (*Sünden*) confesser ♦ *vi* se confesser.

Beicht-: **~geheimnis** *nt* secret *m* de la confession; **~stuhl** *m* confessionnal *m*; **~vater** *m* confesseur *m*.

beide ['baıdə] *pron* les deux; **die ~n Teller** les deux assiettes; **~ Hände** les deux mains; **meine ~n Brüder** mes deux frères; **die ersten ~n** les deux premiers(-ières); **alle ~** tous(toutes) les deux; **alles ~s** les deux (choses); **wir ~** nous deux; **einer von ~n** l'un des deux; **eines von ~n** l'un ou l'autre; **keiner/keins von ~n** ni l'un(e) ni l'autre; **~mal** *adv* les deux fois.

beider-: **~lei** *adj*: **Menschen ~lei Geschlechts** des personnes des deux sexes; **~seitig** *adj* (*Lungenentzündung*) double; **im ~seitigen Einverständnis** d'un commun accord; **~seits** *adv*: **die Regierungen stimmten ~seits zu** les gouvernements ont tous deux donné leur accord ♦ *präp +Gen* de part et d'autre de.

beidhändig ['baıthɛndıç] *adj* ambidextre.

beidrehen ['baıdre:ən] *vi* (*Schiff*) se mettre en panne.

beidseitig ['baɪtzaɪtɪç] *adj* des deux côtés.
beieinander [baɪ|aɪ'nandər] *adv* ensemble; **~sein** *unreg* (*umg*) *vi*: **gut ~sein** (*gesundheitlich*) se sentir bien; (*geistig*) avoir toutes ses facultés.
Beifahrer(in) ['baɪfaːrər(ɪn)] *m(f)* (*im Auto, Motorrad*) passager(-ère); (*bei LKW*) deuxième chauffeur *m*; **~sitz** *m* place *f* à côté du conducteur.
Beifall ['baɪfal] (**-(e)s**) *m* applaudissements *mpl*; (*Zustimmung*) approbation *f*.
beifallheischend ['baɪfalhaɪʃənt] *adj* (*geh*) qui cherche l'approbation.
beifällig ['baɪfɛlɪç] *adj* approbateur(-trice).
Beifallsruf *m* acclamation *f*, bravo *m*.
Beifilm ['baɪfɪlm] *m* court métrage *m* (*qui passe avant un autre film*).
beifügen ['baɪfyːgən] *vt* joindre ♦ *vi* ajouter.
Beigabe ['baɪgaːbə] *f* complément *m*.
beige ['bɛːʒə] *adj* beige.
beigeben ['baɪgeːbən] *unreg* (*zufügen*) ajouter; (*mitgeben*) adjoindre ♦ *vi*: **klein ~** capituler.
Beigeschmack ['baɪgəʃmak] *m* arrière-goût *m*; (*von Worten, Taten*) pointe *f*.
Beihilfe ['baɪhɪlfə] *f* (*für Bedürftige*) aide *f*; (*Studien~*) bourse *f*; (*kein pl: JUR*) complicité *f*; **wegen ~ zum Mord** (*JUR*) pour complicité de meurtre; **b~fähig** *adj* (*Maßnahme*) pouvant faire l'objet d'une subvention.
beikommen ['baɪkɔmən] *unreg vi +Dat* venir à bout de.
Beil [baɪl] (**-(e)s, -e**) *nt* hache *f*.
Beiladung ['baɪlaːduŋ] *f* charge *f* supplémentaire.
Beilage ['baɪlaːgə] *f* (*Zeitungs~ etc*) supplément *m*; (: *Werbung*) encart *m* (publicitaire); (*KOCH*) garniture *f*.
beiläufig ['baɪlɔʏfɪç] *adj* (*Bemerkung*) fait(e) en passant ♦ *adv* en passant.
beilegen ['baɪleːgən] *vt* (*hinzufügen*) joindre; (*beimessen*) accorder; (*enden*) régler.
beileibe [baɪ'laɪbə] *adv*: **~ nicht** sûrement pas.
Beileid ['baɪlaɪt] *nt* condoléances *fpl*; **herzliches ~** toutes mes condoléances.
beiliegend ['baɪliːgənt] *adj* ci-joint(e).
beim [baɪm] = **bei dem**; **er war gerade ~ Essen/Lesen** il était justement en train de manger/lire.
beimessen ['baɪmɛsən] *unreg vt* accorder.
Bein [baɪn] (**-(e)s, -e**) *nt* (*von Mensch, Hosen~*) jambe *f*; (*von Tier*) patte *f*; (*vom Möbelstück*) pied *m*; **wieder auf den ~en sein** être remis(e); **jdm ein ~ stellen** faire un croc-en-jambe à qn; **wir sollten uns auf die ~e machen** (*umg*) nous devrions nous mettre en route; **jdm ~e machen** (*umg*: *antreiben*) secouer qn; **die ~e in die Hand nehmen** (*umg*) prendre ses jambes à son cou; **etw auf die ~e stellen** (*fig*) mettre qch sur pied.
beinah(e) *adv* presque.
Beiname ['baɪnaːmə] *m* surnom *m*.
Beinbruch *m* fracture *f* de la jambe; **das ist**

kein ~ (*umg*) il n'y a pas de quoi en faire un drame!
beinhalten [bə'|ɪnhaltən] *vt* contenir.
Beipackzettel ['baɪpaktsɛtəl] *m* (*einer Ware*) notice *f* (explicative).
beipflichten ['baɪpflɪçtən] *vi*: **jdm/einer Sache ~** être d'accord avec qn/qch.
Beiprogramm ['baɪprogram] *nt* avant-programme *m*.
Beirat ['baɪraːt] *m* (*Berater*) conseil *m*; (*Körperschaft*) comité *m* consultatif.
beirren [bə'|ɪrən] *vt*: **jdn ~** désarçonner qn; **sich nicht ~ lassen** ne pas se laisser troubler.
Beirut [baɪ'ruːt] *nt* Beyrouth.
beisammen [baɪ'zamən] *adv* ensemble; **~haben** *unreg vt*: **er hat (sie) nicht alle ~** (*umg*) il lui manque une case; **B~sein** (**-s**) *nt* réunion *f*.
Beischlaf ['baɪʃlaːf] *m* coït *m*; (*JUR*) rapports *mpl* sexuels.
Beisein ['baɪzaɪn] (**-s**) *nt* présence *f*.
beiseite [baɪ'zaɪtə] *adv* (*schieben*) de côté; (*THEAT*) en aparté; (*stehen, gehen*) à l'écart; **Spaß ~!** trêve de plaisanterie!; **etw ~ legen** (*sparen*) mettre qch de côté; **jdn/etw ~ schaffen** faire disparaître qn/qch.
beisetzen ['baɪzɛtsən] *vt* (*begraben*) enterrer; (*Urne*) inhumer.
Beisetzung *f* (*von Toten*) enterrement *m*, obsèques *fpl*; (*von Urne*) inhumation *f*.
Beisitzer(in) ['baɪzɪtsər(ɪn)] (**-s, -**) *m(f)* assesseur *m*.
Beispiel ['baɪʃpiːl] (**-(e)s, -e**) *nt* exemple *m*; **zum ~** par exemple; **mit gutem ~ vorangehen** montrer l'exemple; **ein ~ geben** donner un exemple; **sich an jdm ein ~ nehmen** prendre exemple sur qn; **b~haft** *adj* exemplaire; **b~los** *adj* sans précédent.
beispielsweise ['baɪʃpiːlsvaɪzə] *adv* par exemple.
beispringen ['baɪʃprɪŋən] *unreg vi*: **jdm ~** venir au secours de qn.
beißen ['baɪsən] *unreg vt* mordre; (*subj: Rauch, Säure*) piquer ♦ *vi* (*siehe vt*) mordre; piquer ♦ *vr* (*Farben*) jurer; **in etw** *Akk* **~** mordre dans qch; **sich** *Akk* **auf die Zunge ~** se mordre la langue.
beißend *adj* piquant(e); (*Hohn, Spott*) mordant(e), caustique.
Beißzange ['baɪstsaŋə] *f* pince *f* coupante.
Beistand ['baɪʃtant] (**-(e)s, ¨e**) *m* assistance *f*; (*JUR*) avocat *m*; **jdm ~ leisten** aider qn.
beistehen ['baɪʃteːən] *unreg vi*: **jdm ~** soutenir qn.
Beistelltisch ['baɪʃtɛltɪʃ] *m* desserte *f*.
beisteuern ['baɪʃtɔʏərn] *vt* (*Geld, Beitrag*) donner.
beistimmen ['baɪʃtɪmən] *vi +Dat* être d'accord avec.
Beistrich ['baɪʃtrɪç] *m* virgule *f*.
Beitrag ['baɪtraːk] (**-(e)s, ¨e**) *m* contribution *f*; (*Aufsatz*) article *m*; (*Mitglieds~*) cotisation *f*; (*Versicherungs~*) prime *f*; **einen ~ zu etw leisten** contribuer à qch.
beitragen ['baɪtraːgən] *unreg vt* (*Geld*) donner ♦

vi (mithelfen): ~ **zu** contribuer à; **sein Teil zu etw** ~ faire sa part de qch, contribuer à qch.

beitrags-: ~**frei** *adj* non soumis(e) à contribution, sans cotisation; ~**pflichtig** *adj* soumis(e) à contribution; ~**pflichtig sein** être assujetti(e); **B~rückerstattung** *f* remboursement *m* de la cotisation; **B~satz** *m* taux *m* de cotisation.

beitreten ['baɪtreːtən] *unreg vi* adhérer.

Beitritt ['baɪtrɪt] (–(e)s, –e) *m* adhésion *f*.

Beitrittserklärung *f* déclaration *f* d'adhésion.

Beiwagen ['baɪvaːgən] *m* (*Motorrad~*) side-car *m*; (*Straßenbahn~*) baladeuse *f*, remorque *f*.

beiwohnen ['baɪvoːnən] *vi* (*geh*): **einer Sache** *Dat* ~ assister à qch.

Beiwort ['baɪvɔrt] *nt* adjectif *m*.

Beize ['baɪtsə] *f* (*KOCH*) marinade *f*; (*Holz~*) teinture *f*.

beizeiten [baɪ'tsaɪtən] *adv* à temps.

bejahen [bə'jaːən] *vt* (*Frage, Vorschlag*) répondre par l'affirmative à; (*gutheißen: Leben*) approuver.

bejahrt [bə'jaːrt] *adj* âgé(e).

bejammern [bə'jamərn] *vt* déplorer.

bejammernswert *adj* pitoyable, déplorable.

bekakeln [bə'kaːkəln] (*umg*) *vt* discuter.

bekam *etc* [bə'kam] *vb siehe* **bekommen**.

bekämpfen [bə'kɛmpfən] *vt* combattre; (*Schädlinge, Unkraut, Seuche, Mißstände*) lutter contre ♦ *vr* se battre.

Bekämpfung *f* lutte *f*.

bekannt [bə'kant] *adj* connu(e); (*nicht fremd*): **mit jdm** ~ **sein** connaître qn; **darf ich** ~ **machen? Herr Blau, Herr Grün** je vous présente Monsieur Blau, Monsieur Grün; **jdn mit jdm** ~ **machen** présenter qn à qn; **sich mit etw** ~ **machen** se familiariser avec qch; **das ist mir** ~ je suis au courant; **es kommt mir** ~ **vor** ça me rappelle qch; **sie kommt mir** ~ **vor** il me semble que je la connais; **es ist** ~, **daß** ... il est bien connu que ... .

Bekannte(r) *f(m)* connaissance *f*.

Bekanntenkreis *m* cercle *m* d'amis.

bekanntermaßen *adv* comme on le sait.

Bekannt-: ~**gabe** *f* annonce *f*; **b~geben** *unreg vt* annoncer; ~**heitsgrad** *m* degré *m* de célébrité; **b~lich** *adv* comme chacun sait; **b~machen** *vt* annoncer, publier; ~**machung** *f* annonce *f*; (*Anschlag etc*) avis *m*; ~**schaft** *f* connaissance *f*; **mit etw** ~**schaft machen** avoir affaire à qch.

bekehren [bə'keːrən] *vt* convertir ♦ *vr* se convertir.

Bekehrung *f* conversion *f*.

bekennen [bə'kɛnən] *unreg vt* reconnaître; (*seinen Glauben*) affirmer ♦ *vr*: **sich zu einem Glauben** ~ faire profession d'une *od* professer une croyance; **sich schuldig** ~ s'avouer coupable; **die B~de Kirche** mouvement protestant de résistance au nazisme.

Bekenntnis [bə'kɛntnɪs] (–ses, –se) *nt* aveu *m*; (*Religion*) confession *f*; **ein** ~ **zur Demokratie**

ablegen se déclarer partisan(e) de la démocratie; ~**schule** *f* école *f* libre *od* religieuse.

beklagen [bə'klaːgən] *vt* (*Los, Menschen*) plaindre; (*geh: Verluste, Toten*) déplorer ♦ *vr* se plaindre.

beklagenswert *adj* (*Mensch*) à plaindre; (*Situation, Umstände, Zustände*) déplorable; (*Unfall*) terrible.

beklatschen [bə'klatʃən] *vt* applaudir.

bekleben [bə'kleːbən] *vt*: **etw mit Bildern/ Plakaten** ~ coller des images/des affiches sur qch.

bekleckern [bə'klɛkərn] (*umg*) *vt* tacher, salir ♦ *vr* se salir; **sich die Bluse** ~ tacher son chemisier.

bekleiden [bə'klaɪdən] *vt* habiller, vêtir; (*geh: Amt*) occuper; **leicht bekleidet** légèrement vêtu(e).

Bekleidung *f* (*Kleidung*) habillement *m*; ~**s-industrie** *f* industrie *f* textile.

beklemmen [bə'klɛmən] *vt* oppresser.

Beklemmung *f* oppression *f*; (*Gefühl der Angst*) angoisse *f*; ~**en bekommen** avoir des palpitations.

beklommen [bə'klɔmən] *adj* angoissé(e); **B~heit** *f* angoisse *f*.

bekloppt [bə'klɔpt] (*umg*) *adj* tapé(e), timbré(e).

beknackt [bə'knakt] (*umg*) *adj* con(ne).

beknien [bə'kniːən] (*umg*) *vt* supplier (à genoux).

bekommen [bə'kɔmən] *unreg vt* (*erhalten*) recevoir; (*Angst, Hunger*) avoir (de plus en plus); (: *Krankheit, Zug*) attraper; (*Kind, Fieber*) avoir; (*Stelle*) obtenir ♦ *vi*: **jdm** ~ convenir à qn; **das Essen ist mir nicht** ~ j'ai mal digéré *od* supporté le repas; **wir** ~ **Schnee** il va y avoir de la neige; **wir bekamen Schnee** nous avons eu de la neige; **wir** ~ **Besuch/Ärger/ Schwierigkeiten** nous allons avoir des visites/des ennuis/des problèmes; **wir bekamen Besuch/Ärger/Schwierigkeiten** nous avons eu des visites/des ennuis/des problèmes; **einen Eindruck** ~ se faire une idée, avoir une impression; **sie bekommt ein Baby** elle attend un enfant; **ich bekomme einen Kaffee** un café, s'il vous plaît; **etw zu sehen/ hören** ~ voir/entendre qch; **etw fertig** ~ (arriver à) terminer qch; **es mit jdm zu tun** ~ avoir affaire à qn; **etw satt** *od* **über** ~ en avoir par-dessus la tête de qch; **wohl bekomm's!** à la vôtre!; **es nicht über sich** *Dat* ~, **etw zu tun** ne pas arriver à faire qch.

bekömmlich [bə'kœmlɪç] *adj* (*Essen*) digeste.

beköstigen [bə'kœstɪgən] *vt* nourrir.

bekräftigen [bə'krɛftɪgən] *vt* confirmer.

Bekräftigung *f* confirmation *f*.

bekreuzigen [bə'krɔʏtsɪgən] *vr* se signer.

bekriegen [bə'kriːgən] *vt* faire la guerre à ♦ *vr* se disputer.

bekritteln [bə'krɪtəln] (*pej*) *vt*: **jdn/etw** ~ chercher la petite bête chez qn/dans qch.

bekümmern [bə'kʏmərn] *vt* inquiéter.

bekunden [bə'kʊndən] *vt* (*sagen*) exprimer; (*zeigen*) manifester.
belächeln [bə'lɛçəln] *vt* sourire de.
beladen [bə'la:dən] *unreg vt* charger ♦ *adj*: ~ **sein (mit)** être chargé(e) (de).
Belag [bə'la:k] (-(e)s, ⁻e) *m* revêtement *m*; (*Brot~*) *fromage, charcuterie etc*; (*auf Pizza, auf Tortenboden, zwischen Brotscheiben*) garniture *f*; (*Zahn~*) tartre *m*; (*Brems~*) garniture; **einen** ~ **auf der Zunge haben** avoir la langue chargée *od* pâteuse.
belagern [bə'la:gərn] *vt* (*Festung*) assiéger; (*umg: Menschen*) harceler.
Belagerung *f* siège *m*; ~**szustand** *m* état *m* de siège.
Belang [bə'laŋ] (-(e)s) *m*: **von/ohne** ~ **sein** être important(e)/sans importance; ~**e** *pl* intérêts *mpl*.
belangen *vt* (*JUR*): **jdn gerichtlich** ~ poursuivre qn en justice.
belanglos *adj* insignifiant(e).
Belanglosigkeit *f* caractère *m* futile.
belassen [bə'lasən] *unreg vt* laisser; **es dabei** ~ **en rester là.**
Belastbarkeit *f* (*von Brücke, Aufzug*) charge *f* admissible; (*von Menschen, Nerven*) résistance *f*.
belasten [bə'lastən] *vt* charger; (*Organ, Körper*) surmener; (: *Stromnetz*) surcharger; (*Umwelt*) polluer; (*fig: bedrücken*) accabler; (*WIRTS: Konto*) débiter; (*FINANZ: Haus, Etat, Steuerzahler*) grever ♦ *vr* (*JUR*) s'incriminer; **etw (mit einer Hypothek)** ~ hypothéquer qch; **sich** ~ **mit** (*mit Arbeit, Sorgen*) s'accabler de; (*mit Schuld*) se couvrir de.
belastend *adj* (*bedrückend*) pénible; (*JUR*): ~**es Material** pièces *fpl* à conviction.
belästigen [bə'lɛstɪgən] *vt* harceler.
Belästigung *f* désagrément *m*; (*durch Lärm etc*) nuisance *f*; (*körperlich*) harcèlement *m*.
Belastung [bə'lastʊŋ] *f* (*Last*) charge *f*; (*Gewicht, Sorge*) poids *m*; (*von Organ etc*) surmenage *m*; (*von Umwelt*) pollution *f*; (*FINANZ*) charges *fpl*; (*JUR*) accusation *f*; (*mit Hypothek*) hypothèque *f*.
Belastungs-: ~**material** *nt* (*JUR*) pièces *fpl* à conviction; ~**probe** *f* (*TECH*) essai *m* de fonctionnement continu; (*fig*) test *m*; ~**zeuge** *m* témoin *m* à charge.
belaubt [bə'laʊpt] *adj*: **dicht** ~ **sein** être feuillu(e) *od* couvert(e) de feuilles.
belaufen [bə'laʊfən] *unreg vr*: **sich auf etw** *Akk* ~ s'élever à qch.
belauschen [bə'laʊʃən] *vt* écouter, épier.
beleben [bə'le:bən] *vt* (*anregen*) animer; (*Konjunktur*) stimuler; (*jds Hoffnungen*) encourager ♦ *vr* (*Augen*) s'éclairer; (*Stadt*) s'animer.
belebend *adj* stimulant(e).
belebt [bə'le:pt] *adj* (*Straße*) animé(e).
Beleg [bə'le:k] (-(e)s, -e) *m* (*WIRTS*) reçu *m*; (*Beweis*) pièce *f* justificative, attestation *f*; (*Beispiel*) exemple *m*.
belegen [bə'le:gən] *vt* (*Boden*) recouvrir, re-

vêtir; (*Kuchen, Brot*) garnir; (*Platz, Zimmer*) occuper; (: *vorbestellen*) réserver; (*Kurs, Vorlesung*) s'inscrire à; (*Ausgaben*) justifier; (*urkundlich beweisen*) prouver; (*MIL: mit Bomben*) bombarder; (*mit Strafe, Zoll*) infliger.
Belegschaft *f* personnel *m*.
belegt *adj* (*besetzt*) occupé(e); (*Zunge*) chargé(e); (*Stimme*) voilé(e); ~**e Brote** canapés *mpl*.
belehren [bə'le:rən] *vt* (*lehren*) instruire; (*informieren*) informer; **er ist nicht zu** ~ il n'en fait qu'à sa tête.
Belehrung *f* formation *f*; (*Zurechtweisung*) leçon *f*.
beleibt [bə'laɪpt] *adj* corpulent(e).
beleidigen [bə'laɪdɪgən] *vt* vexer, blesser; (*JUR*) diffamer.
beleidigt *adj* offensé(e); (*gekränkt*) vexé(e); **die** ~**e Leberwurst spielen** (*umg*) prendre la mouche.
Beleidigung *f* insulte *f*; (*JUR*) diffamation *f*.
beleihen [bə'laɪən] *unreg vt* (*WIRTS*) accorder une hypothèque sur.
belemmert [bə'lɛmərt] (*umg*) *adj* (*ärgerlich*) embêtant(e); (*betreten*) hébété(e).
belesen [bə'le:zən] *adj* cultivé(e).
beleuchten [bə'lɔʏçtən] *vt* (*anleuchten*) illuminer; (*mit Licht versehen*) éclairer; (*Problem*) éclaircir.
Beleuchter(in) (-s, -) *m(f)* (*THEAT*) éclairagiste *m/f*.
Beleuchtung *f* éclairage *m*; (*von Gebäude*) illumination *f*.
beleumdet [bə'lɔʏmdət], **beleumundet** [bə'lɔʏmʊndət] *adj*: **gut/schlecht** ~ **sein** avoir une bonne/mauvaise réputation.
Belgien ['bɛlgiən] (-s) *nt* la Belgique.
Belgier(in) (-s, -) *m(f)* Belge *m/f*.
belgisch *adj* belge.
Belgrad ['bɛlgra:t] *nt* Belgrade.
belichten [bə'lɪçtən] *vt* (*PHOT*) exposer.
Belichtung *f* (*PHOT*) exposition *f*.
Belichtungsmesser (-s, -) *m* posemètre *m*.
Belieben [bə'li:bən] *nt*: **nach** ~ (*Antwort*) comme vous voulez; (*KOCH*) à volonté.
belieben *vi unpers* (*geh*): **wie es Ihnen beliebt** comme il vous plaira.
beliebig [bə'li:bɪç] *adj*: **ein** ~**er/eine** ~**e/ein** ~**es** ... n'importe quel(le) ..., un(e) ... quelconque ♦ *adv*: ~ **viel** autant qu'il vous *etc* plaira; **in** ~**er Reihenfolge** dans n'importe quel ordre; **ein** ~**es Beispiel** un exemple pris au hasard; **eine** ~**e Auswahl** von quelques.
beliebt [bə'li:pt] *adj* populaire; (*Mensch*) aimé(e); (*Buch, Thema, Film*) en vogue; (*Ziel*) très fréquenté(e), touristique; **sich bei jdm** ~ **machen** se faire apprécier de qn; **B**~**heit** *f* popularité *f*.
beliefern [bə'li:fərn] *vt* fournir.
Belize [bɛ'li:z] *nt* le Belize.
bellen ['bɛlən] *vi* aboyer.
Belletristik [bɛle'trɪstɪk] *f* littérature *f*.
belohnen [bə'lo:nən] *vt* récompenser.

Belohnung f récompense f.
Belüftung [bə'lʏftʊŋ] f aération f.
Belüftungsanlage f ventilateur m.
belügen [bə'ly:gən] unreg vt mentir à; **sich selbst** ~ se mentir à soi-même.
belustigen [bə'lʊstɪgən] vt amuser.
Belustigung f divertissement m; **zu meiner** ~ à mon grand amusement.
bemächtigen [bə'mɛçtɪgən] vr: **sich einer Sache/Person** ~ Gen s'emparer de qch/qn.
bemalen [bə'ma:lən] vt (Wand) peindre; (Papier) peindre sur; (verzieren: Dose, Schrank) décorer ♦ vr (pej: schminken) se farder.
bemängeln [bə'mɛŋəln] vt critiquer.
bemannen [bə'manən] vt (Schiff, Flugzeug, Wachtturm) équiper en personnel.
Bemannung f équipage m.
bemänteln [bə'mɛntəln] vt (geh: Fehler, Versagen) minimiser; (Eigenschaft) dissimuler.
bemerkbar adj (Verbesserung, Verschlechterung) sensible; **sich** ~ **machen** (Person) se faire remarquer; (Unruhe, Müdigkeit) se faire sentir.
bemerken [bə'mɛrkən] vt remarquer; **nebenbei bemerkt** soit dit en passant.
bemerkenswert adj remarquable.
Bemerkung f remarque f.
bemessen [bə'mɛsən] unreg vt (zuteilen) calculer; **knapp/reichlich** ~ calculer juste/large.
bemitleiden [bə'mɪtlaɪdən] vt plaindre.
bemittelt [bɪ'mɪtəlt] adj aisé(e), fortuné(e).
bemühen [bə'my:ən] vr (sich Mühe geben) faire des efforts; (geh: gehen) se déplacer; (beanspruchen) mettre à contribution; **sich** ~, **etw zu tun** s'efforcer de faire qch; **sich um jdn/etw** ~ prendre soin de qn/de qch; **sich um eine Stelle** ~ chercher un emploi.
bemüht adj: (darum) ~ **sein, etw zu tun** se donner de la peine pour faire qch.
Bemühung f (gew pl: Anstrengung) effort m; (pl: Dienstleistung) services mpl.
bemüßigt [bə'my:sɪçt] adj: **sich** ~ **fühlen** od **sehen** (geh) se voir contraint(e) de.
bemuttern [bə'mʊtərn] vt dorloter.
benachbart [bə'naxba:rt] adj voisin(e).
benachrichtigen [bə'na:xrɪçtɪgən] vt informer.
Benachrichtigung f avis m; **die** ~ **der Eltern ist in solchen Fällen notwendig** dans les cas de ce genre, il est indispensable d'avertir les parents.
benachteiligen [bə'na:xtaɪlɪgən] vt désavantager; **ich fühle mich benachteiligt!** je me sens lésé(e)!
benebeln [bə'ne:bəln] vt griser; **benebelt sein** (umg) être éméché(e).
benehmen [bə'ne:mən] unreg vr se comporter; **B~** (**-s**) nt comportement m; **kein B~ haben** ne pas savoir se tenir.
beneiden [bə'naɪdən] vt envier.
beneidenswert adj enviable.
Beneluxländer ['be:nelʊkslɛndər] pl, **Benelux-staaten** pl Benelux m.
benennen [bə'nɛnən] unreg vt (Pflanze, Straße)

donner un nom à; (Täter) nommer; **etw/jdn nach jdm** ~ donner à qch/qn le nom de qn.
Bengel ['bɛŋəl] (**-s, -;** umg) m garnement m.
Benimm [bə'nɪm] (**-s;** umg) m savoir-vivre m inv.
Benin [be'ni:n] (**-s**) nt le Bénin.
benommen [bə'nɔmən] adj hébété(e).
benoten [bə'no:tən] vt noter.
benötigen [bə'nø:tɪgən] vt avoir besoin de.
benutzen [bə'nʊtsən], **benützen** [bə'nʏtsən] vt utiliser; (Bücherei) fréquenter; (Zug, Taxi) prendre.
Benutzer(in), **Benützer(in)** (**-s, -**) m(f) (von Gegenstand) utilisateur(-trice) m/f; (von Bücherei etc) usager m.
benutzerfreundlich adj (COMPUT) convivial(e).
Benutzung, Benützung f utilisation f; **jdm etw zur** ~ **überlassen** mettre qch à la disposition de qn; **etw in** ~ **nehmen** utiliser qch.
Benzin [bɛnt'si:n] (**-s, -e**) nt (AUT) essence f; (Reinigungs~) benzine f; ~**einspritzanlage** f injecteur m; ~**kanister** m bidon m d'essence; ~**tank** m réservoir m (d'essence); ~**uhr** f jauge f.
beobachten [bə'o:baxtən] vt observer; (Patient) mettre en observation; (überwachen: verdächtige Person) surveiller; (bemerken) remarquer.
Beobachter(in) (**-s, -**) m(f) observateur(-trice) m/f; (eines Unfalls) témoin m; (PRESSE, TV) correspondant(e) m/f; **er ist ein guter** ~ il est très observateur.
Beobachtung f observation f; (polizeilich) surveillance f.
beordern [bə'ɔrdərn] vt: **jdn zu sich** ~ faire venir qn.
bepacken [bə'pakən] vt charger.
bepflanzen [bə'pflantsən] vt planter.
bequatschen [bə'kvatʃən] (umg) vt (überreden) convaincre; **etw** ~ discuter qch.
bequem [bə'kve:m] adj confortable; (Lösung, Ausrede, Schüler) facile; (Untergebene) docile; (pej: träge) paresseux(-euse) ♦ adv: **das kann man** ~ **in einer Stunde tun** on peut facilement le faire en une heure; **machen Sie sich's** ~ mettez-vous à l'aise.
bequemen [bə'kve:mən] (pej) vr (sich endlich entschließen): **sich** ~ **zu** condescendre à; (gehen) se déplacer.
Bequemlichkeit f confort m; (Faulheit) paresse f; **sie liebt ihre** ~ elle aime ses aises.
Ber. abk = Bericht; Beruf.
beraten [bə'ra:tən] unreg vt conseiller; (besprechen) débattre ♦ vr tenir conseil; **sich mit jdm** ~ délibérer avec qn; **gut/schlecht** ~ **sein** être bien/mal avisé(e); **sich** ~ **lassen** prendre conseil; **sich von jdm** ~ **lassen** consulter qn.
beratend adj: **jdm** ~ **zur Seite stehen** assister qn à titre consultatif.
Berater(in) (**-s, -**) m(f) conseiller(-ère) m/f; ~**vertrag** m (WIRTS) contrat m d'expert-conseil.

beratschlagen [bə'ra:tʃla:gən] *vt* délibérer de ♦ *vi* délibérer.
Beratung *f* (*Auskunft, Ratschlag*) conseils *mpl*; (*ärztlich*) consultation *f*; (*Besprechung*) délibération *f*.
Beratungsstelle *f* bureau *m* d'information.
berauben [bə'raubən] *vt* voler.
berauschen [bə'rauʃən] *vt* griser, enivrer ♦ *vr*: **sich an etw** *Dat* ~ se griser de qch, s'enivrer de qch.
berauschend *adj*: **das war nicht sehr** ~ (*ironisch*) ce n'était pas très passionnant.
berechenbar [bə'rɛçənba:r] *adj* calculable; (*Verhalten*) prévisible.
berechnen [bə'rɛçnən] *vt* calculer; (*anrechnen*) facturer; ~**d** *adj* calculateur(-trice).
Berechnung *f* calcul *m*; (*WIRTS*) facturation *f*; **etw aus** ~ **tun** faire qch par calcul.
berechtigen [bə'rɛçtɪgən] *vt* donner droit à; (*fig*) justifier; **alles berechtigt zu der Hoffnung, daß ...** tout porte à croire que ... .
berechtigt [bə'rɛçtɪçt] *adj* justifié(e), fondé(e).
Berechtigung *f* autorisation *f*; (*fig*) justification *f*.
bereden [bə're:dən] *vt* (*besprechen*) discuter; (*überreden*) convaincre ♦ *vr* discuter.
beredt [bə're:t] *adj* éloquent(e).
Bereich [bə'raɪç] (**-(e)s, -e**) *m* (*Bezirk*) région *f*; (*Sachgebiet*) domaine *m*; **in jds** ~ **fallen** être de la compétence *od* du ressort de qn; **im** ~ **des Möglichen** dans le domaine du possible.
bereichern [bə'raɪçərn] *vt* enrichir ♦ *vr* s'enrichir; **sich auf Kosten anderer** ~ s'enrichir sur le dos des autres.
Bereifung [bə'raɪfʊŋ] *f* pneus *mpl*.
bereinigen [bə'raɪnɪgən] *vt* (*Angelegenheit*) régler; (*Mißverständnis*) dissiper; (*Verhältnis*) normaliser.
bereisen [bə'raɪzən] *vt* parcourir.
bereit [bə'raɪt] *adj* prêt(e); **zu etw** ~ **sein** être prêt(e) à qch; **sich** ~ **halten** se tenir prêt(e); **sich** ~ **machen** se préparer; **sich** ~ **erklären** *od* **finden** se déclarer prêt(e).
bereiten *vt* préparer; (*Kummer, Freude*) causer; **einer Sache** *Dat* **ein Ende** ~ mettre fin à qch.
bereit-: ~**halten** *unreg vt* avoir sous la main; ~**legen** *vt* préparer; ~**machen** *vt* préparer ♦ *vr* se préparer.
bereits *adv* déjà.
Bereit-: ~**schaft** *f* disponibilité *f*; (*Polizeieinheit*) unité *f* (*prête à intervenir*); **in** ~**schaft sein** être prêt(e); (*Polizei*) être prêt(e) à intervenir; (*Arzt*) être de garde; ~**schaftsarzt** *m* médecin *m* de garde; ~**schaftsdienst** *m* permanence *f*; ~**schaftsdienst haben** être de permanence; **b**~**stehen** *unreg vi* être prêt(e); **b**~**stellen** *vt* préparer; (*Truppen, Maschinen*) mettre à disposition; (*Geld etc*): **etw für etw b**~**stellen** affecter qch à qch.
Bereitung *f* (*förmlich*) préparation *f*.
bereitwillig *adj* obligeant(e) ♦ *adv* obligeam-

ment; **B**~**keit** *f* obligeance *f*.
bereuen [bə'rɔyən] *vt* regretter.
Berg [bɛrk] (**-(e)s, -e**) *m* montagne *f*; **mit etw (nicht) hinterm** ~ **halten** (ne pas) faire mystère de qch; **über alle** ~**e sein** être loin; **noch nicht über den** ~ **sein** ne pas être sorti(e) de l'auberge; **über den** ~ **sein** arriver au bout du tunnel; **mit seinen Kräften geht es rapide b**~**ab** ses forces sont en train de décliner (rapidement); **b**~**an** *adv*: **es geht steil b**~**an la pente est très raide**; ~**arbeiter** *m* mineur *m*; **b**~**auf** *adv*: **b**~**auf gehen/fahren** monter; ~**bahn** *f* chemin *m* de fer de montagne; ~**bau** *m* exploitation *f* minière.
bergen ['bɛrgən] *unreg vt* (*in Sicherheit bringen*) sauver; (*enthalten*) contenir.
bergeweise ['bɛrgəvaɪzə] *adv* à foison.
Bergführer *m* guide *m* de montagne.
Berggipfel *m* sommet *m*.
bergig ['bɛrgɪç] *adj* montagneux(-euse).
Berg-: ~**kamm** *m* crête *f*; ~**kette** *f* chaîne *f* de montagnes; ~**kristall** *m* cristal *m* de roche; ~**mann** (**-(e)s, -leute**) *m* mineur *m*; ~**not** *f*: **in** ~**not sein/geraten** être en détresse (en montagne); ~**predigt** *f* (*REL*) sermon *m* sur la montagne; ~**rettungsdienst** *m* secours *m* en montagne; ~**rutsch** *m* glissement *m* de terrain; ~**schuh** *m* chaussure *f* de montagne; ~**ski** *m* ski qui se trouve en amont de l'autre; ~**steigen** (**-s**) *nt* alpinisme *m*; ~**steiger(in)** (**-s, -**) *m(f)* alpiniste *m/f*; ~**-und-Tal-Bahn** *f* montagnes *fpl* russes.
Bergung ['bɛrgʊŋ] *f* sauvetage *m*.
Bergwacht *f* secours *m* en montagne.
Bergwerk *nt* mine *f*.
Bericht [bə'rɪçt] (**-(e)s, -e**) *m* rapport *m*, compte *m* rendu; (*mündlich auch*) récit *m*; **b**~**en** (*schriftlich*) faire un rapport sur, rapporter; (*mündlich*) rapporter, raconter ♦ *vi* faire un rapport; **jdm etw b**~**en** rapporter qch à qn; **über etw** *Akk* **b**~**en** faire un rapport sur qch; ~**erstatter(in)** *m(f)* reporter *m*; (*im Ausland*) correspondant(e) *m/f*; ~**erstattung** *f* rapport *m*.
berichtigen [bə'rɪçtɪgən] *vt* corriger.
Berichtigung *f* correction *f*.
berieseln [bə'ri:zəln] *vt* arroser; (*pej*) inonder.
Berieselung *f* arrosage *m*; **die dauernde** ~ **mit Musik** le flot ininterrompu de musique.
Berieselungsanlage *f* arroseur *m*.
Beringmeer ['be:rɪŋme:r] *nt* mer *f* de Béring.
beritten [bə'rɪtən] *adj*: **die** ~**e Polizei** la police montée.
Berlin [bɛr'li:n] (**-s**) *nt* Berlin.
Berliner(in) (**-s, -**) *m(f)* Berlinois(e) *m/f* ♦ *m* (*KOCH*) beignet *m* à la confiture ♦ *adj attrib* berlinois(e).
berlinerisch (*umg*) *adj* (*Dialekt*) berlinois(e).
Bermudas [bɛr'mu:das] *pl*: **auf den** ~ dans les Bermudes.
Bern [bɛrn] (**-s**) *nt* Berne.
Bernhardiner [bɛrnhar'di:nər] (**-s, -**) *m* (*ZOOL*)

saint-bernard *m.*
Bernstein ['bɛrnʃtaın] *m* ambre *m* (jaune).
bersten ['bɛrstən] *unreg vi* (*Behälter, Mauer*) se
fendre; (*Eis, Glas*) se briser; **vor Neugierde** ~
brûler de curiosité; **vor Ungeduld** ~ brûler
d'impatience; **vor Wut** ~ être fou(folle) de
rage.
berüchtigt [bə'rʏçtıçt] *adj* (*Gegend, Lokal*) mal
famé(e); (*Verbrecher*) notoire.
berücksichtigen [bə'rʏkzıçtıgən] *vt* (*jdn, Be-*
dürfnisse) prendre en considération, tenir
compte de; (*Bewerbung, Antrag*) prendre en
considération.
Berücksichtigung *f* prise *f* en compte; **in** *od*
unter ~ **der Tatsache, daß** ... compte tenu du
fait que ... .
Beruf [bə'ru:f] (**–(e)s, –e**) *m* profession *f*, métier
m; **ohne** ~ sans profession; **von** ~ de métier;
was sind Sie von ~? que faites-vous dans la
vie?; **seinen** ~ **verfehlt haben** avoir raté sa vocation; **im** ~ **stehen** travailler.
berufen *unreg vt* (*einsetzen*) nommer ♦ *vr*: **sich**
auf jdn ~ se réclamer de qn; **sich auf etw** ~ se
prévaloir de qch ♦ *adj* (*Kritiker, Lehrer*) très
compétent(e); (*ausersehen*): **zu etw** ~ **sein**
avoir la vocation de qch; **sich zu etw** ~ **fühlen**
se sentir destiné(e) à qch; **aus** ~**em Munde**
de source sûre; **ich will es nicht** ~ (*umg*) touchons du bois.
beruflich *adj* professionnel(le); ~ **unterwegs**
sein être en voyage d'affaires.
Berufs-: ~**ausbildung** *f* formation *f* professionnelle; **b~bedingt** *adj* professionnel(le);
b~begleitend *adj*: **b~begleitender Unterricht**
formation *f* continue; ~**berater(in)** *m(f)*
conseiller(-ère) *m/f* d'orientation; ~**beratung**
f orientation *f* professionnelle; ~**bezeich-**
nung *f* dénomination *f* professionnelle;
b~bildend *adj*: **b~bildende Schule** école *f* de
formation professionnelle; ~**bildungswerk**
nt mesures d'encouragement à la formation
professionnelle des jeunes handicapés; ~**er-**
fahrung *f* expérience *f* professionnelle;
~**feuerwehr** *f* pompiers *mpl* (de métier);
b~fremd *adj* qui ne correspond pas à ma *etc*
formation professionnelle; ~**geheimnis** *nt*
secret *m* professionnel; ~**krankheit** *f* maladie *f* professionnelle; ~**kriminalität** *f* banditisme *m*; ~**leben** *nt* vie *f* professionnelle; **im**
~**leben stehen** travailler; **b~mäßig** *adj* pro-
fessionnel(le); ~**risiko** *nt* risques *mpl* du métier; ~**schule** *f* école *f* professionnelle; ~**sol-**
dat *m* militaire *m* de carrière; ~**sportler** *m*
sportif *m* professionnel; **b~tätig** *adj*: **b~tätig**
sein exercer une activité professionnelle,
travailler; ~**unfähigkeit** *f* incapacité *f* de travail; ~**unfall** *m* accident *m* du travail; ~**ver-**
bot *nt*: **jdm** ~**verbot erteilen** interdire à qn
d'exercer sa profession; (*einem Arzt*) radier
qn; ~**verkehr** *m* heures *fpl* de pointe; ~**wahl** *f*
choix *m* d'une profession.
Berufung *f* (*Ernennung, von Nachfolger*) nomination *f*; (*JUR*) appel *m*, recours *m*; (*innerer Auf-*

trag): ~ **zu** vocation *f* de; ~ **einlegen** faire appel; **unter** ~ **auf etw** *Akk* (*förmlich*) en se référé-
rant à qch.
Berufungsgericht *nt* cour *f* d'appel.
Berufungsverfahren *nt* procédure *f* d'appel.
beruhen [bə'ru:ən] *vi*: **auf etw** *Dat* ~ être fon-
dé(e) sur qch; **eine Sache auf sich** ~ **lassen** ne
pas poursuivre qch; **das beruht auf Gegensei-**
tigkeit c'est réciproque.
beruhigen [bə'ru:ıgən] *vt* calmer; (*Gewissen*)
soulager ♦ *vr* se calmer; (*Situation*) s'arranger; **beruhigt sein** être rassuré(e); **Kamillen-**
tee beruhigt den Magen la camomille est bonne contre les maux d'estomac.
beruhigend *adj* rassurant(e); (*Mittel*) cal-
mant(e), tranquillisant(e).
Beruhigung *f* (*des Gewissens*) soulagement *m*;
(*von Mensch*): **zu Ihrer** ~ pour vous rassurer.
Beruhigungsmittel *nt* tranquillisant *m*, calmant *m*.
Beruhigungsspritze *f* injection *f* de calmant.
berühmt [bə'ry:mt] *adj* célèbre; **das war nicht**
(gerade) ~ (*umg*) ce n'était pas fameux; ~-
berüchtigt *adj* notoire; **B~heit** *f* célébrité *f*.
berühren [bə'ry:rən] *vt* toucher; (*flüchtig er-*
wähnen) effleurer ♦ *vr* se toucher; (*Bereiche*)
être proches; (*MATH*) être tangent(e)s; **von**
etw peinlich berührt sein être très gêné(e) par
qch.
Berührung *f* contact *m*; (*MATH*) tangence *f*;
(*Erwähnen*) mention *f*.
Berührungspunkt *m* point *m* de contact.
bes. *abk* (= *besonders*) en part. (= *en particulier*).
besagen [bə'za:gən] *vt* signifier.
besagt *adj* (*förmlich*) ledit(ladite), mention-
né(e).
besaiten [bə'zaıtən] *vt*: **neu** ~ remplacer les
cordes de; (*TENNIS*) recorder.
besänftigen [bə'zɛnftıgən] *vt* apaiser, calmer.
Besänftigung *f* apaisement *m*.
besät [bə'zɛːt] *adj*: ~ **mit** jonché(e) de.
Besatz [bə'zats] (**–es, –e**) *m* bordure *f*.
Besatzung *f* (*MIL*) armée *f* d'occupation;
(*NAUT, FLUG*) équipage *m*.
Besatzungsmacht *f* force *f* d'occupation.
Besatzungszone *f* zone *f* d'occupation.
besaufen [bə'zaufən] *unreg* (*umg*) *vr* se soûler,
prendre une cuite.
beschädigen [bə'ʃɛːdıgən] *vt* endommager,
abîmer.
Beschädigung *f* endommagement *m*; (*Stelle*)
dégât *m*, dommage *m*.
beschaffen [bə'ʃafən] *vt* procurer, fournir ♦
adj: **so** ~ **sein, daß** ... être tel(le) que ...; **sich**
Dat **etw** ~ se procurer qch; **B~heit** *f* nature *f*.
Beschaffung *f* acquisition *f*.
beschäftigen [bə'ʃɛftıgən] *vt* occuper; (*beruf-*
lich) employer; (*innerlich*) préoccuper ♦ *vr*
s'occuper.
beschäftigt *adj* occupé(e); (*angestellt*) em-
ployé(e).
Beschäftigung *f* (*Beruf, Arbeitsstelle*) emploi *m*,
poste *m*; (*Tätigkeit*) occupation *f*; ~ **mit** (*Befas-*

sen) intérêt *m* pour; **einer** ~ **nachgehen** (*förmlich*) travailler.
Beschäftigungsprogramm *nt* plan *m* de création d'emplois.
Beschäftigungstherapie *f* ergothérapie *f*.
beschämen [bə'ʃɛːmən] *vt* faire honte à.
beschämend *adj* honteux(-euse); (*Hilfsbereitschaft, Gefühl*) gênant(e).
beschämt *adj* honteux(-euse).
Beschämung *f* (*Zustand*) honte *f*.
beschatten [bə'ʃatən] *vt* (*Schatten werfen auf*) faire de l'ombre à, ombrager; (*Verdächtige*) surveiller.
beschaulich [bə'ʃaulɪç] *adj* (*Abend, Leben, Mensch*) tranquille; (*REL*) contemplatif(-ive).
Bescheid [bə'ʃaɪt] (*-(e)s, -e*) *m*: ~ **bekommen** être informé(e); (*JUR*) être notifié(e); ~ **wissen** être au courant; **jdm** ~ **geben** *od* **sagen** renseigner qn; **jdm ordentlich** ~ **sagen** (*umg*) dire ses quatre vérités à qn; **auf** ~ **der Behörde** par ordre des autorités.
bescheiden [bə'ʃaɪdən] *unreg vr*: **sich** ~ **mit** se contenter de ♦ *vt*: **etw abschlägig** ~ (*förmlich*) rejeter qch ♦ *adj* modeste; (*Mahl*) frugal(e); **B~heit** *f* modestie *f*.
bescheinen [bə'ʃaɪnən] *unreg vt* (*Sonne*) briller sur; (*Licht, Lampe*) éclairer.
bescheinigen [bə'ʃaɪnɪgən] *vt* (*bezeugen*) attester; (*bestätigen*) certifier; **hiermit wird bescheinigt, daß** ... il est certifié par la présente que ... .
Bescheinigung *f* attestation *f*; (*Quittung*) reçu *m*.
bescheißen [bə'ʃaɪsən] *unreg* (*umg!*) *vt* rouler (*umg*).
beschenken [bə'ʃɛŋkən] *vt* faire un cadeau à.
bescheren [bə'ʃeːrən] *vt*: **jdm etw** ~ (*an Weihnachten*) offrir qch à qn; **mal sehen, was uns das neue Jahr beschert!** je me demande ce que nous réserve l'année prochaine.
Bescherung *f* (*der Weihnachtsgeschenke*) distribution *f* des cadeaux de Noël; (*umg: unangenehme Sache*) tuile *f*; **da haben wir die** ~! (*umg*) nous voilà dans de beaux draps!
bescheuert [bə'ʃɔʏɐt] (*umg*) *adj* (*verrückt*) dingue.
beschichten [bə'ʃɪçtən] *vt* (*TECH*) enduire, revêtir.
Beschichtung *f* (*TECH*) revêtement *m*.
beschicken [bə'ʃɪkən] *vt* (*WIRTS: Markt, Messe*) participer à.
beschießen [bə'ʃiːsən] *unreg vt* tirer sur.
beschildern [bə'ʃɪldɐn] *vt* signaliser.
beschimpfen [bə'ʃɪmpfən] *vt* insulter, couvrir d'injures.
Beschimpfung *f* insulte *f*, injure *f*.
beschirmen [bə'ʃɪrmən] *vt* (*geh: beschützen*) protéger.
Beschiß [bə'ʃɪs] (*-sses; umg!*) *m*: **das ist** ~! c'est de la triche! (*umg*).
beschissen (*umg!*) *pp von* **bescheißen** ♦ *adj* chiant(e) (*umg!*).
Beschlag [bə'ʃlaːk] (*-(e)s, ̈e*) *m* (*Metallband*) ar-

mature *f*; (*Überzug: auf Metall*) ternissure *f*; (*Hufeisen*) fers *mpl* (à cheval); **jdn/etw in** ~ **nehmen** *od* **mit** ~ **belegen** accaparer qn/qch.
beschlagen [bə'ʃlaːgən] *unreg vt* (*Truhe, Tür*) garnir de ferrures; (*Pferd, Schuhe*) ferrer; (*Fenster*) couvrir de buée, embuer; (*Metall*) ternir ♦ *vi, vr* (*Fenster, Spiegel*) se couvrir de buée; (*Metall*) se ternir ♦ *adj*: **in etw** *Dat* ~ **sein** (*sich gut auskennen*) être ferré(e) en qch.
beschlagnahmen *vt* saisir, confisquer; (*hum: Person*) accaparer.
Beschlagnahmung *f* saisie *f*, confiscation *f*.
beschleunigen [bə'ʃlɔʏnɪgən] *vt* accélérer; (*Arbeit auch*) activer; (*Wachstum*) stimuler ♦ *vi* (*AUT*) accélérer; **er beschleunigte seine Schritte** il a pressé le pas.
Beschleunigung *f* accélération *f*.
beschließen [bə'ʃliːsən] *unreg vt* (*entscheiden*) décider; (*Gesetz*) adopter; (*beenden*) terminer.
beschlossen [bə'ʃlɔsən] *adj* (*entschieden*) décidé(e) ♦ *pp von* **beschließen**; **das ist** ~**e Sache** la décision est prise.
Beschluß [bə'ʃlus] (*-sses, Beschlüsse*) *m* décision *f*; (*kein pl; veraltend: Ende*) clôture *f*; **einen** ~ **fassen** prendre une décision.
beschlußfähig *adj*: ~ **sein** avoir atteint le quorum.
beschmieren [bə'ʃmiːrən] *vt* (*Wand*) barbouiller.
beschmutzen [bə'ʃmutsən] *vt* salir.
beschneiden [bə'ʃnaɪdən] *unreg vt* (*Hecke*) tailler; (*Flügel*) rogner, couper; (*REL*) circoncire; (*jds Rechte, Freiheit*) restreindre.
beschnuppern [bə'ʃnupɐn] *vr* (*Hunde*) se flairer; (*fig: umg*) se jauger.
beschönigen [bə'ʃøːnɪgən] *vt* embellir; ~**der Ausdruck** euphémisme *m*.
beschränken [bə'ʃrɛŋkən] *vt* limiter, restreindre ♦ *vr* se limiter; **sich auf etw** *Akk* ~ (*Mensch*) s'en tenir à qch; (*Vorkommen, Regelung*) ne concerner que qch.
beschrankt [bə'ʃraŋkt] *adj* (*Bahnübergang*) gardé(e).
beschränkt [bə'ʃrɛŋkt] *adj* limité(e); (*Verhältnisse*) modeste; (*Mensch*) borné(e); (*pej: geistig*) idiot(e); **Gesellschaft mit** ~**er Haftung** société *f* à responsabilité limitée; **B~heit** *f* (*geistig*) étroitesse *f* d'esprit; (*von Raum*) exiguïté *f*.
Beschränkung *f* (*das Beschränken*) limitation *f*; **jdm** ~**en auferlegen** imposer des restrictions à qn.
beschreiben [bə'ʃraɪbən] *unreg vt* décrire; (*Papier*) écrire sur.
Beschreibung *f* description *f*; **deine Unordnung/das spottet jeder** ~! ton désordre/cela dépasse les bornes!
beschriften [bə'ʃrɪftən] *vt* écrire sur, étiqueter.
Beschriftung *f* (*das Beschriften*) étiquetage *m*; (*Auf~, Unterschrift*) inscription *f*.
beschuldigen [bə'ʃuldɪgən] *vt* accuser.

Beschuldigung *f* accusation *f*.
beschummeln [bə'ʃʊməln] (*umg*) *vt* rouler ♦ *vi* tricher.
Beschuß [bə'ʃʊs] *m*: **jdn/etw unter** ~ **nehmen** (*MIL*) tirer sur qn/qch; (*fig*) tirer à boulets rouges sur qn/qch; **unter** ~ **geraten** se faire tirer dessus; (*fig*) être attaqué(e) de toutes parts.
beschützen [bə'ʃʏtsən] *vt*: ~ (**vor** +*Dat*) protéger (de).
Beschützer(in) (–s, –) *m(f)* protecteur(-trice) *m/f*.
beschwatzen [bə'ʃvatsən] (*umg*) *vt* (*überreden*) embobiner.
Beschwerde [bə'ʃveːrdə] *f* (*Klage*) plainte *f*; (*pl*: *Leiden*) souffrance *f*, douleur *f*; (*selten*: *Mühe*) peine *f*; (*Reklamation*) réclamation *f*; ~ **einlegen** (*förmlich*) porter plainte; **b~frei** *adj* en bonne santé; ~**frist** *f* (*JUR*) délai *m* de recours.
beschweren [bə'ʃveːrən] *vt* (*mit Gewicht*) rendre plus lourd(e), alourdir; (*fig*) peiner ♦ *vr* se plaindre.
beschwerlich *adj* pénible.
beschwichtigen [bə'ʃvɪçtɪgən] *vt* apaiser, calmer.
Beschwichtigung *f* apaisement *m*.
beschwindeln [bə'ʃvɪndəln] (*umg*) *vt* (*betrügen*) duper; (*belügen*) raconter des bobards à.
beschwingt [bə'ʃvɪŋt] *adj* gai(e), enjoué(e); (*Schritt*) léger(-ère).
beschwipst [bə'ʃvɪpst] (*umg*) *adj* éméché(e).
beschwören [bə'ʃvøːrən] *unreg vt* (*Aussage*) jurer, affirmer sous serment; (*anflehen*) implorer, supplier; (*Geister*) conjurer.
beseelen [bə'zeːlən] *vt* (*Natur*) animer; (*innerlich erfüllen*) habiter.
besehen [bə'zeːən] *unreg vt* regarder (de près), examiner; **genau** ~ à y regarder de près.
beseitigen [bə'zaɪtɪgən] *vt* se débarrasser de; (*Fehler*) supprimer; (*Zweifel*) lever; **jdn** ~ (*verhüllend*) supprimer qn, se débarrasser de qn.
Beseitigung *f* élimination *f*, suppression *f*.
Besen ['beːzən] (–s, –) *m* balai *m*; (*pej*: *umg*) mégère *f*; ~**stiel** *m* manche *m* à balai.
besessen [bə'zɛsən] *pp von* **besitzen** ♦ *adj* obsédé(e); (*von einer Idee etc*) possédé(e); **wie** ~ **arbeiten** travailler comme un(e) fou(folle).
besetzen [bə'zɛtsən] *vt* occuper; (*Rolle*) attribuer; (*mit Edelstein, Spitzen*) garnir.
besetzt *adj* occupé(e); (*Hotel*) complet(-ète); **B~zeichen** *nt* (*TEL*) tonalité *f* occupée.
Besetzung *f* occupation *f*; (*Gesamtheit der Schauspieler*) distribution *f*; **zweite** ~ (*THEAT*) doublure *f*.
besichtigen [bə'zɪçtɪgən] *vt* visiter.
Besichtigung *f* visite *f*.
besiedeln *vt*: **dicht/dünn besiedelt** à forte/faible densité (de population).
Besied(e)lung [bə'ziːd(ə)lʊŋ] *f* peuplement *m*.
besiegeln [bə'ziːgəln] *vt* (*Freundschaft*) sceller; (*Schicksal, Los*) régler.

besiegen [bə'ziːgən] *vt* vaincre; (*Angst, Zweifel*) surmonter.
Besiegte(r) [bə'ziːktə(r)] *f(m)* vaincu(e) *m/f*.
besinnen [bə'zɪnən] *unreg vr* (*nachdenken*) réfléchir; (*erinnern*): **sich auf etw** *Akk* ~ se rappeler de qch; **sich anders** ~ changer d'avis.
besinnlich *adj* paisible; (*Gesichtsausdruck*) songeur(-euse).
Besinnung *f* (*Bewußtsein*) connaissance *f*; **die** ~ **verlieren** perdre connaissance; **ohne** ~ **nicht bei** ~ **sein** être sans connaissance; **zur** ~ **kommen** reprendre connaissance; (*fig*) revenir à la raison.
besinnungslos *adj* (*bewußtlos*) sans connaissance; (*fig*) hors de soi.
Besitz [bə'zɪts] (–es) *m* (*das Besitzen*) possession *f*; (*Eigentum*) biens *mpl*; (*Landgut*) propriété *f*; **etw in** ~ **nehmen** prendre possession de qch; **etw geht in jds** ~ **über** qn entre en possession de qch; **eine Hotelkette in japanischem** ~ une chaîne d'hôtels détenue par des Japonais; ~**anspruch** *m* droit *m* à la propriété; **b~anzeigend** *adj* possessif(-ive).
besitzen *unreg vt* avoir, posséder; (*Eigenschaft*) avoir.
Besitzer(in) (–s, –) *m(f)* propriétaire *m/f*; **den** ~ **wechseln** changer de propriétaire.
Besitz-: ~**ergreifung** *f* prise *f* de possession; ~**nahme** *f* entrée *f* en possession *od* en jouissance; ~**tum** *nt* (*gesamter Besitz*) biens *mpl*; **meine** ~**tümer** mes biens.
Besitzung *f* (*Grundbesitz*) propriété *f*, terre *f*.
Besitzurkunde *f* titre *m* de propriété.
besoffen [bə'zɔfən] (*umg*) *adj* bourré(e).
besohlen [bə'zoːlən] *vt* ressemeler.
Besoldung [bə'zɔldʊŋ] *f* (*von Beamten*) traitement *m*; (*von Soldaten*) solde *f*.
besondere(r, s) [bə'zɔndərə(r, s)] *adj* (*außergewöhnlich*) exceptionnel(le); (*ausgefallen, speziell, separat*) particulier(-ière); (*Auftrag*) spécial(e); (*Bezahlung*) supplémentaire; **nichts/etwas B~s** rien/quelque chose de spécial; **im** ~**n** (*speziell*) en particulier; (*hauptsächlich*) principalement.
Besonderheit *f* particularité *f*.
besonders *adv* (*hauptsächlich*) principalement, surtout; (*nachdrücklich*) expressément; (*außergewöhnlich*) particulièrement; (*sehr*) énormément; (*extra*) séparément; **nicht** ~ pas particulièrement; **das Essen/der Film war nicht** ~ (*umg*) le repas/le film n'était pas génial; **wie geht's dir? – nicht** ~ (*umg*) comment vas-tu? – couci-couça.
besonnen [bə'zɔnən] *adj* (*Mensch*) réfléchi(e); (*Verhalten, Vorgehen*) sage; **B~heit** *f* sagesse *f*.
besorgen [bə'zɔrgən] *vt* (*kaufen*) acheter; (*beschaffen*) se procurer, obtenir; (*erledigen, sich kümmern um*) s'occuper de; **es jdm** ~ (*umg*) ne pas l'envoyer dire à qn.
besorglich *adj* (*Sorge erweckend*) inquiétant(e).
Besorgnis (–, –se) *f* inquiétude *f*; **b~erregend** *adj* inquiétant(e).
besorgt [bə'zɔrkt] *adj* inquiet(-ète); **B~heit** *f*

inquiétude f.
Besorgung f (Kauf) acquisition f, achat m;
~**en machen** faire des courses.
bespannen [bəˈʃpanən] vt (MUS) monter, doter de cordes; (TENNIS) corder.
bespielbar adj (Rasen) praticable; (Tonband-
kassette) utilisable.
bespielen [bəˈʃpiːlən] vt (Tonband, Schallplatte)
enregistrer sur.
bespitzeln [bəˈʃpɪtsəln] vt espionner.
besprechen [bəˈʃprɛçən] unreg vt discuter;
(Tonband etc) enregistrer sur; (Buch, Theaterstück) faire la critique de ♦ vr: **sich mit jdm** ~
se concerter avec qn.
Besprechung f (Unterredung) entretien m, discussion f; (von Buch) critique f.
bespringen [bəˈʃprɪŋən] unreg vt (Tier) couvrir,
monter.
bespritzen [bəˈʃprɪtsən] vt (anfeuchten) humecter (de fines gouttelettes), mouiller; (beschmutzen) éclabousser.
besser [ˈbɛsər] Komp adj meilleur(e) ♦ adv
mieux; **du hättest** ~ ... tu aurais mieux fait
de ...; **um so** od **desto** ~! tant mieux!; **immer** ~
de mieux en mieux; ~**e Leute** des gens
biens; **er hält sich für etwas B**~**es** il se croit
supérieur; **dieses Ferienhaus ist nur eine** ~**e**
Gartenlaube! (pej) c'est une cabane de jardin
qui n'a de la maison de vacances que le
nom; ~ **gesagt** ... ou plutôt ...; **jdn eines B**~**en**
belehren détromper qn; **sich eines B**~**en be-**
sinnen se raviser; **das wäre ja noch** ~! (ironisch) il ne manquerait plus que ça!; ~**ge-**
hen unreg vi unpers: **es geht ihm** ~ il va mieux.
bessern vt améliorer ♦ vr s'améliorer; (Patient) aller mieux.
Besserung f amélioration f; **gute** ~! prompt
rétablissement!; **auf dem Weg(e) der** ~ **sein**
aller mieux.
Besserwisser(in) (–s, –) m(f) bêcheur(-euse)
m/f.
Bestand [bəˈʃtant] (–(e)s, ¨e) m (kein pl: Fortbe-
stehen) persistance f, continuité f; (Kassen~)
encaisse f; (Vorrat) stock m; **eiserner** ~ stock
de sécurité; ~ **haben** od **von** ~ **sein** durer,
persister.
bestanden pp von **bestehen** ♦ adj: **nach** ~**er**
Prüfung après avoir réussi l'examen.
beständig [bəˈʃtɛndɪç] adj constant(e); (Wetter)
stable; (Stoffe) résistant(e).
Bestandsaufnahme f inventaire m.
Bestandsüberwachung f contrôle m des
stocks.
Bestandteil m (Einzelteil) partie f, élément m;
(Zutat) ingrédient m; **sich in seine** ~**e auflösen**
se décomposer, se désintégrer.
bestärken [bəˈʃtɛrkən] vt: **jdn in etw** Dat ~
confirmer qn dans qch.
bestätigen [bəˈʃtɛːtɪgən] vt confirmer; (WIRTS:
Empfang) accuser réception de; (anerkennen)
reconnaître ♦ vr se confirmer; **jdn** ~ (im Amt)
confirmer qch à qn.

Bestätigung f confirmation f.
bestatten [bəˈʃtatən] vt (geh) inhumer.
Bestattung f inhumation f.
Bestattungsinstitut nt pompes fpl funèbres.
bestäuben [bəˈʃtɔybən] vt (Kuchen) saupoudrer; (Pflanze) féconder (avec du pollen).
bestaunen [bəˈʃtaʊnən] vt admirer.
beste(r, s) Superl adj meilleur(e) ♦ adv: **am** ~**n**
le mieux; **jdn zum** ~**n haben** se moquer de
qn; **das B**~ **aus etw machen** tirer le meilleur
parti de qch; **eine Geschichte zum** ~**n geben**
raconter une histoire; **aufs** ~ au mieux; **er**
tut sein B~**s** il fait de son mieux; **zu jds B**~**n**
pour le bien de qn; **es steht nicht zum** ~**n** ça
s'annonce mal; **das B**~ **vom B**~**n** le nec plus
ultra; **sie singt am** ~**n** c'est elle qui chante le
mieux; **so ist es am** ~**n** c'est mieux ainsi; **am**
~**n gehst du gleich** il vaut mieux que tu par-
tes tout de suite.
bestechen [bəˈʃtɛçən] unreg vt (Zeuge) suborner; (Beamte) corrompre ♦ vi (Eindruck machen) séduire.
bestechend adj (Schönheit) fascinant(e); (Eindruck) très bon(bonne); (Angebot) allé-
chant(e), séduisant(e).
bestechlich adj corruptible, vénal(e); **B**~**keit**
f vénalité f, corruption f.
Bestechung f corruption f; (von Zeugen auch)
subornation f.
Bestechungsgelder pl pots-de-vin mpl.
Bestechungsversuch m tentative f de corruption.
Besteck [bəˈʃtɛk] (–(e)s, –e) nt couverts mpl;
(MED) instruments mpl; ~**kasten** m ménagère
f.
bestehen [bəˈʃteːən] unreg vi (existieren) exister; (andauern) durer ♦ vt (Probe, Prüfung)
réussir; (Kampf: veraltet) soutenir; **es besteht**
kein Zweifel, daß ... il est indubitable que ...;
die Schwierigkeit/das Problem besteht darin,
daß ... la difficulté/le problème réside dans
le fait que ...; **aus etw** ~ se composer de qch;
auf etw Dat ~ insister sur qch; **vor jdm** ~
s'imposer devant qn; **B**~ nt (Vorhandensein)
existence f; **das 100-jährige B**~ **einer Firma/**
eines Staates feiern célébrer les cent ans
d'existence d'une société/d'un État.
bestehenbleiben vi subsister, demeurer.
bestehlen [bəˈʃteːlən] unreg vt voler.
besteigen [bəˈʃtaɪgən] unreg vt (Berg) escalader; (Fahrzeug) monter dans; (Pferd) monter;
(Thron) accéder à.
Bestellbuch nt carnet m de commandes.
Bestelleingang .m (WIRTS) réception f d'une
od de la commande.
bestellen [bəˈʃtɛlən] vt (Waren) commander;
(reservieren lassen) réserver; (jdn) faire venir;
(ausrichten) transmettre; (nominieren) nommer, désigner; (Acker) cultiver; **wie bestellt**
und nicht abgeholt (umg) complètement per-
du(e); **er hat nichts** od **nicht viel zu** ~ il n'a rien
à dire; **ich bin für 10 Uhr bestellt** j'ai rendez-
vous à 10 heures; **es ist schlecht um ihn be-**

stellt ça se présente mal pour lui.
Bestell-: ~**formular** nt bon m de commande;
~**nummer** f numéro m de commande;
~**schein** m bon m de commande.
Bestellung f (WIRTS) commande f; (Auftrag) ordre m; (Botschaft, Nachricht) message m; (Ernennung) nomination f.
bestenfalls ['bɛstən'fals] adv dans le meilleur des cas.
bestens ['bɛstəns] adv (ausgezeichnet) parfaitement (bien); **ich danke** ~ je vous remercie beaucoup.
besteuern [bə'ʃtɔyərn] vt (jdn) imposer; (Waren auch) taxer.
bestialisch [bɛsti'a:lɪʃ] adj bestial(e).
besticken [bə'ʃtɪkən] vt garnir de broderies.
Bestie ['bɛstiə] f bête f féroce; (fig) brute f.
bestimmen [bə'ʃtɪmən] vt (entscheiden, anordnen) décréter, ordonner; (festsetzen) fixer, déterminer; (beherrschen, prägen) marquer; (vorsehen) destiner; (ernennen) désigner; (definieren) déterminer ♦ vi (verfügen): **über jdn/etw** ~ disposer de qn/qch; **du hast hier nichts zu** ~ tu n'as pas voix au chapitre; **er kann über sein Geld allein** ~ il peut disposer de son argent comme il l'entend.
bestimmend adj déterminant(e), décisif(-ive).
bestimmt adj (feststehend, gewiß) certain(e); (entschlossen) décidé(e); (: Ton) ferme; (Artikel) défini(e) ♦ adv sûrement, certainement; **ein** ~**es Buch** un certain livre, un livre en particulier; **suchen Sie etwas B~es?** cherchez-vous quelque chose de particulier?; **B~heit** f (Entschlossenheit) détermination f; (Gewißheit) conviction f; **in** od **mit aller B~heit** avec conviction.
Bestimmung f (Verordnung) décret m, ordonnance f; (Festsetzen) fixation f; (Verwendungszweck) destination f; (kein pl: Schicksal) destin m; (Definition) définition f; **etw seiner** ~ **übergeben** inaugurer qch.
Bestimmungs-: ~**bahnhof** m (gare f de) destination f; **b~gemäß** adj conformément aux dispositions en vigueur; ~**ort** m destination f.
Bestleistung f record m.
bestmöglich adj le(la) meilleur(e) possible; **die** ~**e Lösung** la meilleure solution (possible).
Best.-Nr. abk = **Bestellnummer**.
bestrafen [bə'ʃtra:fən] vt punir.
Bestrafung f punition f.
bestrahlen [bə'ʃtra:lən] vt (subj: Sonne, Lampe, Licht) éclairer; (MED) traiter par radiothérapie.
Bestrahlung f (MED) séance f de radiothérapie.
Bestreben [bə'ʃtre:bən] (–s) nt effort m.
bestrebt [bə'ʃtre:pt] adj: ~ **sein, etw zu tun** chercher à faire qch.
Bestrebung f (gew pl) tentative f.
bestreichen [bə'ʃtraiçən] unreg vt (Brot) tartiner; (Oberfläche) enduire.
bestreiken [bə'ʃtraikən] vt (INDUSTRIE: Betrieb, Fabrik) faire grève dans, immobiliser en faisant grève; **die Fabrik wird zur Zeit bestreikt** l'usine est en grève.
bestreiten [bə'ʃtraitən] unreg vt (abstreiten) nier, contester; (finanzieren) financer; (den Verlauf gestalten) mettre sur pied.
bestreuen [bə'ʃtrɔyən] vt: **etw mit etw** ~ répandre qch sur qch; (mit Zucker etc) saupoudrer qch sur qch.
bestricken [bə'ʃtrɪkən] vt (fig) ensorceler.
Bestseller [bɛst'sɛlər] (–s, –) m best-seller m.
Bestuhlung [bə'ʃtu:luŋ] f sièges mpl.
bestürmen [bə'ʃtyrmən] vt (mit Fragen, Bitten etc) assaillir; (MIL) donner l'assaut à.
bestürzen [bə'ʃtyrtsən] vt bouleverser, consterner.
bestürzend adj (Nachrichten) bouleversant(e), consternant(e).
bestürzt adj bouleversé(e), consterné(e).
Bestürzung f consternation f.
Bestzeit f (bes SPORT) meilleur temps m.
Besuch [bə'zu:x] (–(e)s, –e) m visite f; (Teilnahme) fréquentation f; **einen** ~ **bei jdm machen** rendre visite à qn; ~ **haben** avoir de la visite od des visites; **bei jdm auf** od **zu** ~ **sein** être en visite chez qn.
besuchen vt (jdn) rendre visite à; (Ort, Museum, Patienten, Kunden) visiter; (Vorstellung, Gottesdienst) assister à; (Schule, Universität) aller à; (Kurs) suivre; **gut besucht** fréquenté(e).
Besucher(in) (–s, –) m(f) visiteur(-euse) m/f.
Besuchs-: ~**erlaubnis** f (im Gefängnis) autorisation f de visite; ~**zeit** f heures fpl de visite; ~**zimmer** nt (im Haus) chambre f d'amis; (im Krankenhaus etc) salon m.
besudeln [bə'zu:dəln] vt (Wände) souiller; (Namen, Ehre) entacher.
betagt [bə'ta:kt] adj (geh) d'un âge avancé.
betasten [bə'tastən] vt tâter, palper.
betätigen [bə'tɛ:tɪgən] vt (Maschine) faire marcher; (Schalter, Bremsen) actionner ♦ vr exercer une activité; **sich politisch/künstlerisch** ~ exercer une activité politique/artistique; **sich als etw** ~ travailler comme qch.
Betätigung f (Beschäftigung) activité f; (kein pl: TECH) actionnement m.
betäuben [bə'tɔybən] vt (Nerv) endormir; (Schmerz) calmer; (durch Narkose) anesthésier; (durch Schlag) assommer; (durch Lärm) assourdir; (durch Geruch) griser, enivrer; (Gewissen) apaiser; **ein** ~**der Duft** une odeur enivrante.
Betäubung f: **örtliche** ~ anesthésie f locale.
Betäubungsmittel nt anesthésique m.
Bete ['be:tə] f: **rote** ~ betterave f rouge.
beteiligen [bə'tailɪgən] vr: **sich** ~ **an** +Dat participer à, prendre part à; (finanziell) avoir part à ♦ vt: **jdn** ~ **an** +Dat faire participer qn à; (finanziell) intéresser qn à; **sich an den Unkosten** ~ participer aux frais.

Beteiligte(r) *f(m)* (*Mitwirkender*) participant(e) *m/f*; (*finanziell*) associé(e) *m/f*; **eine für alle ~n befriedigende Lösung** une solution satisfaisante pour tous les intéressés.
Beteiligung *f* participation *f*; (*Anteil*) part *f*.
beten ['be:tən] *vt, vi* prier.
beteuern [bə'tɔʏərn] *vt* déclarer; (*Unschuld*) protester de.
Beteuerung *f* (*siehe vt*) déclaration *f*; protestation *f*.
Beton [be'tõː] (**–s, –s**) *m* béton *m*.
betonen [bə'to:nən] *vt* accentuer; (*bekräftigen*) insister sur; (*farblich*) faire ressortir.
betonieren [beto'ni:rən] *vt* bétonner; **die gegensätzlichen Standpunkte sind betoniert** les positions des deux parties sont bien arrêtées.
Betonmischmaschine *f* bétonnière *f*, bétonneuse *f*.
betont [bə'to:nt] *adj* ostensible; (*Kühle, Sachlichkeit*) voulu(e), étudié(e) ♦ *adv*: **er benahm sich ~ lässig** il prenait un air désinvolte.
Betonung *f* accentuation *f*; (*fig*): **die ~ einer Sache** *Gen* l'accent mis sur qch.
betören [bə'tøːrən] *vt* ensorceler.
Betr. *abk* = **Betreff**.
betr. *abk* (= *betreffend, betreffs*) concerne, concernant.
Betracht [bə'traxt] *m*: **(nicht) in ~ kommen** (ne pas) entrer en ligne de compte; **jdn/etw in ~ ziehen** prendre qn/qch en considération; **jdn/etw außer ~ lassen** ne pas tenir compte de qn/qch; **außer ~ bleiben** ne pas être pris(e) en considération.
betrachten *vt* contempler; (*fig*) considérer; **jdn als etw ~** considérer qn comme qch.
Betrachter(in) (**–s, –**) *m(f)* observateur(-trice) *m/f*.
beträchtlich [bə'trɛçtlɪç] *adj* considérable.
Betrachtung *f* (*kein pl*: *Ansehen*) contemplation *f*; (: *fig*) examen *m*; (*Überlegung*) considération *f*; **über etw** *Akk* **~en anstellen** se livrer à des considérations sur qch.
Betrag [bə'traːk] (**–(e)s, ⁻e**) *m* montant *m*; **~ erhalten** (*WIRTS*) pour acquit; **b~en** *unreg vi* (*ausmachen*) s'élever à ♦ *vr* se comporter.
Betragen (**–s**) *nt* comportement *m*; (*in Zeugnis*) conduite *f*.
betrauen [bə'trauən] *vt*: **jdn mit etw ~** confier qch à qn.
betrauern [bə'trauərn] *vt* pleurer.
beträufeln [bə'trɔʏfəln] *vt*: **mit etw ~** arroser de quelques gouttes de qch.
Betreff *m*: **~**: **Ihr Schreiben vom ...** Objet: votre courrier du ...; **in diesem** *od* **dem ~** (*förmlich*) à ce sujet.
betreffen [bə'trɛfən] *unreg vt* concerner; **was mich betrifft** en ce qui me concerne.
betreffend *adj* (*erwähnt*) mentionné(e); (*zuständig*) compétent(e).
betreffs [bə'trɛfs] *präp* +*Gen* (*förmlich*) concernant.

betreiben [bə'traɪbən] *unreg vt* (*Gewerbe*) exercer; (*Geschäft*) avoir, tenir; (*Handel, Studien, Politik*) faire; (*vorantreiben*) activer; (*TECH*: *antreiben*) faire marcher; **auf jds B~** *Akk* **hin** (*förmlich*) à l'instigation de qn.
betreten [bə'tre:tən] *unreg vt* (*Haus, Baustelle*) entrer dans; (*Rasen, Gelände*) marcher sur; (*Bühne*) entrer en ♦ *adj* (*Schweigen, Gesichtsausdruck*) embarrassé(e), gêné(e); „**B~ verboten!**" "défense d'entrer!".
betreuen [bə'trɔʏən] *vt* (*Personen*) s'occuper de; (*Reisegruppe*) accompagner; (*Projekt*) être responsable de.
Betreuer(in) (**–s, –**) *m(f)* accompagnateur(-trice) *m/f*.
Betreuung *f* (*MED*) soins *mpl* (médicaux); (: *Person*) garde-malade *m/f*; **er wurde mit der ~ der Gruppe beauftragt** on lui a confié le groupe.
Betrieb [bə'tri:p] (**–(e)s, –e**) *m* (*Unternehmen*) entreprise *f*; (*Tätigkeit: von Maschine*) fonctionnement *m*; (*umg: Treiben, Trubel*) animation *f*; **eine Maschine in/außer ~ setzen** mettre une machine en marche/hors service; **außer ~ sein** être hors service; **eine Maschine in ~ nehmen** mettre une machine en marche; **~ sein/nehmen** être/mettre en service; **in den Geschäften herrscht großer ~** les magasins sont bondés.
betrieblich *adj* qui concerne l'entreprise, de l'entreprise.
Betriebs-: **~anleitung** *f* instructions *fpl*, mode *m* d'emploi; **~ausflug** *m* sortie *organisée pour le personnel d'une entreprise*; **~ausgaben** *pl* charges *fpl* (d'exploitation); **b~bereit** *adj* prêt(e) à fonctionner, en état de marche; **b~eigen** *adj* appartenant à l'entreprise; **~erlaubnis** *f* permis *m* d'exploitation; **b~fähig** *adj* en état de marche; **~ferien** *pl* fermeture *f* annuelle; **~führung** *f* gestion *f*; **~geheimnis** *nt* secret *m* professionnel; **~kapital** *nt* fonds *m* de roulement; **~klima** *nt* ambiance *f* de travail; **~kosten** *pl* charges *fpl* (d'exploitation); **~leitung** *f* direction *f*; **~rat** *m* comité *m* d'entreprise; **~rente** *f* retraite *f*; **b~sicher** *adj* fiable; **~stoff** *m* carburant *m*; **~störung** *f* panne *f*; **~system** *nt* (*COMPUT*) système *m* d'exploitation; **~unfall** *m* accident *m* du travail; **~wirt** *m* diplômé *m* en gestion d'entreprise; **~wirtschaft(slehre)** *f* gestion *f* d'entreprise.
betrinken [bə'trɪŋkən] *unreg vr* s'enivrer.
betroffen [bə'trɔfən] *pp von* **betreffen** ♦ *adj* (*bestürzt*) bouleversé(e); **ein ~es Gesicht machen** avoir l'air consterné.
betrüben [bə'try:bən] *vt* attrister, affliger.
betrübt [bə'try:pt] *adj* affligé(e); **zu Tode ~ sein** être profondément affligé(e).
Betrug [bə'tru:k] (**–(e)s**) *m* tromperie *f*, supercherie *f*, (*JUR*) fraude *f*.
betrügen [bə'try:gən] *unreg vt* tromper, escroquer; (*Ehepartner*) tromper; (*Zoll, Steuerbehörde*) frauder ♦ *vr* se faire des illusions; **jdn**

um 100 Mark ~ escroquer 100 marks à qn.
Betrüger(in) **(–s, –)** *m(f)* escroc *m*.
betrügerisch *adj* frauduleux(-euse); **in** ~**er
Absicht** avec une intention frauduleuse.
betrunken [bə'trʊŋkən] *adj* ivre; **B~e(r)** *f(m)*
personne *f* ivre.
Bett [bɛt] **(–(e)s, –en)** *nt* lit *m*; (*Feder~*) édredon
m; **das** ~ **beziehen** changer les draps; **ins** *od*
zu ~ **gehen** aller se coucher; **er hat sich ins
gemachte** ~ **gelegt** (*fig*) c'est un fils à papa;
das ~ **(müssen)** (devoir) garder le lit;
~**bezug** *m* housse *f* d'édredon; ~**couch** *f*
canapé-lit *m*; ~**decke** *f* couverture *f*; (*Dau-
nen~*) couette *f*; (*Überwurf*) couvre-lit *m*.
bettelarm ['bɛtəl|arm] *adj* pauvre comme Job.
Bettelei [bɛtə'laɪ] (*pej*) *f* mendicité *f*.
Bettelmönch *m* frère *m* (d'un ordre) mendiant.
betteln *vi* mendier.
betten *vt* (*Verletzten*) coucher; (*Kopf*) poser;
(*Bett machen für*) faire le lit de.
Bett-: ~**hupferl** (*SÜDD*) *nt* friandise prise juste
avant d'aller se coucher; **b~lägerig** *adj* ali-
té(e); ~**laken** *nt* drap *m*; ~**lektüre** *f* livre *m* de
chevet.
Bettler(in) ['bɛtlər(ɪn)] **(–s, –)** *m(f)* mendiant(e)
m/f.
Bett-: ~**nässer** **(–s, –)** *m* enfant *m* incontinent
od énurétique; ~**ruhe** *f*: **der Arzt hat völlige**
~**ruhe angeordnet** le médecin lui *etc* a ordonné le repos; ~**schwere** *f* (*umg*): **die nötige**
~**schwere haben** *od* **bekommen** être prêt(e) à
aller se coucher; ~**(t)uch** *nt* drap *m*; ~**vorleger** *m* descente *f* de lit; ~**wäsche** *f* draps *mpl*;
~**zeug** (*umg*) *nt* literie *f* (*sans matelas*).
betucht [bə'tuːxt] (*umg*) *adj* aisé(e).
betulich [bə'tuːlɪç] *adj* (*übertrieben besorgt*) trop
attentionné(e); (*Redeweise*) tarabiscoté(e).
betupfen [bə'tʊpfən] *vt* tamponner.
Beuge *f* (*von Arm, Bein*) pli *m*.
beugen ['bɔygən] *vt* (*Körperteil*) plier; (*GRAM*)
décliner; (: *Verb*) conjuguer; (*Gesetz, Regeln,
Recht*) transgresser ♦ *vr* (*sich lehnen*) se pencher; (*sich fügen*) se soumettre.
Beule ['bɔylə] *f* bosse *f*.
beunruhigen [bə'|ʊnruːɪgən] *vt* inquiéter ♦ *vr*
s'inquiéter; **ich bin über etw** *Akk* **beunruhigt**
qch m'inquiète.
Beunruhigung *f* inquiétude *f*.
beurkunden [bə'|uːrkʊndən] *vt* certifier.
beurlauben [bə'|uːrlaʊbən] *vt* donner un
congé à; (*suspendieren*) donner son congé à.
beurteilen [bə'|ʊrtaɪlən] *vt* juger; **jdn/etw
falsch** ~ se méprendre sur qn/qch; **jdn/etw
richtig** ~ avoir raison au sujet de qn/qch.
Beurteilung *f* jugement *m*; (*Note*) note *f*.
Beurteilungsgespräch *nt* entrevue *f* initiale.
Beute ['bɔytə] **(–)** *f* butin *m*; (*Jagd~, Tier*) proie
f; (*fig: Opfer*) victime *f*.
Beutel **(–s, –)** *m* (*Tasche*) sac *m*; (*Wasch~, Kos-
metik~*) trousse *f*; (*Geld~*) porte-monnaie *m*
inv; (*Tabaks~*) blague *f*; (*von Känguruh*) poche *f*.
bevölkern [bə'fœlkərn] *vt* peupler; (*füllen*) en-

vahir.
Bevölkerung *f* population *f*.
Bevölkerungs-: ~**dichte** *f* densité *f* de population; ~**explosion** *f* explosion *f* démographique; ~**schicht** *f* couche *f* sociale *od* de la population; ~**statistik** *f* statistiques *fpl* démo-
graphiques.
bevollmächtigen [bə'fɔlmɛçtɪgən] *vt* autoriser, mandater.
Bevollmächtigte(r) *f(m)* mandataire *m/f*.
Bevollmächtigung *f* procuration *f*.
bevor [bə'foːr] *konj* avant de *+inf*, avant que
+sub; ~**munden** *vt untr* maintenir en tutelle;
~**stehen** *unreg vi* être imminent(e); **der
schwerste Teil steht uns noch** ~ le plus dur
est encore à venir; ~**stehend** *adj* immi-
nent(e).
bevorzugen *vt* (*lieber mögen*) préférer; (*besser
behandeln*) favoriser.
bevorzugt [bə'foːrtsuːkt] *adv*: **etw** ~ **abfertigen**
s'occuper de qch en priorité.
Bevorzugung *f* préférence *f*.
bewachen [bə'vaxən] *vt* surveiller; (*Schatz*)
garder; **„bewachter Parkplatz"** "parking gardé".
bewachsen [bə'vaksən] *adj*: ~ **mit**
(re)couvert(e) de.
Bewachung *f* (*das Bewachen*) surveillance *f*;
(*Leute*) garde *f*; **jdn/etw unter** ~ **stellen** faire
surveiller qn/qch.
bewaffnen [bə'vafnən] *vt* armer ♦ *vr* s'armer.
bewaffnet *adj* armé(e); (*Überfall*) à main armée.
Bewaffnung *f* armement *m*.
bewahren [bə'vaːrən] *vt* (*behalten; veraltend:
aufbewahren*) garder; (*behüten, schützen*) préserver, protéger; **jdn vor etw** ~ préserver qn
de qch; **(Gott) bewahre!** jamais de la vie!
bewähren [bə'vɛːrən] *vr* (*Mensch*) faire ses
preuves; (*Regelung*) se révéler efficace; **diese Maschine hat sich (gut) bewährt** nous avons
bien fait d'acheter cette machine.
bewahrheiten [bə'vaːrhaɪtən] *vr* se vérifier.
bewährt *adj* éprouvé(e).
Bewährung *f* (*JUR*) sursis *m*; **ein Jahr Gefängnis mit** ~ un an de prison avec sursis.
Bewährungs-: ~**frist** *f* délai *m* probatoire;
~**helfer** *m* contrôleur *m* judiciaire; ~**probe** *f*:
etw einer ~**probe** *Dat* **unterziehen** mettre qch
à l'épreuve.
bewaldet [bə'valdət] *adj* boisé(e).
bewältigen [bə'vɛltɪgən] *vt* surmonter; (*Arbeit,
Aufgabe*) venir à bout de; (*Strecke*)
parcourir; (*Portion*) arriver à manger.
bewandert [bə'vandərt] *adj*: **in etw** *Dat* ~ **sein**
s'y connaître en qch.
Bewandtnis [bə'vantnɪs] *f*: **damit hat es folgende** ~ à savoir.
bewässern [bə'vɛsərn] *vt* irriguer.
Bewässerung *f* irrigation *f*.
bewegen¹ [bə'veːgən] *vt* bouger, remuer; (*jdn,
rühren*) émouvoir, toucher; (: *beschäftigen*)

préoccuper ♦ *vr* bouger; (*an anderen Ort*) se déplacer; (*Preis*) varier, fluctuer; (*sich verhalten*) se comporter; **der Preis bewegt sich um die 50 Mark** le prix s'élève à environ 50 marks.

bewegen² [bə'veːgən] *unreg vt*: **jdn zu etw** ~ décider qn à faire qch.

bewegend *adj* émouvant(e).

Beweggrund *m* mobile *m*.

beweglich *adj* mobile; (*flink*) agile; (*geistig wendig*) vif(vive).

bewegt [bə'veːkt] *adj* (*unruhig: Leben, Vergangenheit*) agité(e), mouvementé(e); (*Zeit, Epoche*) troublé(e); (*Meer*) agité(e); (*ergriffen*) ému(e).

Bewegung *f* mouvement *m*; (*körperliche Betätigung*) exercice *m*; (*innere*) émoi *m*, émotion *f*; **keine** ~! pas un geste!; **sich** *Dat* ~ **machen** prendre de l'exercice; **etw in** ~ **setzen** (*fig*) mettre qch en branle; **sich in** ~ **setzen** (*Zug etc*) se mettre en marche.

Bewegungs-: ~**drang** *m* besoin *m* de bouger; ~**freiheit** *f* liberté *f* de mouvement; **b**~**los** *adj* immobile.

beweinen [bə'vaɪnən] *vt* pleurer.

Beweis [bə'vaɪs] (**–es, –e**) *m* preuve *f*; (*MATH*) démonstration *f*; **etw unter** ~ **stellen** établir la preuve de qch, prouver qch; **als** ~ **meiner Freundschaft/Dankbarkeit** en témoignage de mon amitié/de ma reconnaissance; ~**aufnahme** *f* (*JUR*) instruction *f*; **b**~**bar** *adj* que l'on peut prouver.

beweisen *unreg vt* prouver; (*JUR*) prouver, produire la preuve de; (*MATH*) démontrer; (*Mut, Geschmack, Charakter*) faire preuve de; **was zu** ~ **war** ce qu'il fallait démontrer (C.Q.F.D.).

Beweis-: ~**führung** *f* argumentation *f*; ~**kraft** *f* valeur *f* de preuve; **b**~**kräftig** *adj* (*Argument*) probant(e); (*Indizien*) concluant(e); ~**last** *f* (*JUR*) charge *f* de la preuve; ~**mittel** *nt* (*JUR*) preuve *f*; ~**stück** *nt* pièce *f* à conviction.

bewenden [bə'vɛndən] *vi*: **es bei etw** ~ **lassen** se contenter de qch.

bewerben [bə'vɛrbən] *unreg vr* poser sa candidature; **sich um eine Stelle** ~ poser sa candidature à un poste; **sich bei einer Firma** ~ faire une demande d'emploi auprès d'une entreprise.

Bewerber(in) (**–s, –**) *m(f)* candidat(e) *m/f*.

Bewerbung *f* (*Vorgang*) candidature *f*; (*Schreiben*) demande *f* d'emploi.

Bewerbungsbogen *m* formulaire *m* de demande d'emploi.

Bewerbungsunterlagen *pl* dossier *m* de candidature.

bewerfen [bə'vɛrfən] *unreg vt* (*verputzen*) crépir; **jdn mit etw** ~ jeter qch sur qn.

bewerkstelligen [bə'vɛrkʃtɛlɪgən] *vt* arriver à obtenir.

bewerten [bə'veːrtən] *vt* évaluer; (*Note geben*) noter; (*Äußerung, Menschen*) juger.

bewilligen [bə'vɪlɪgən] *vt* accorder.

Bewilligung *f* autorisation *f*.

bewirken [bə'vɪrkən] *vt* (*verursachen*) provoquer, entraîner; (*erreichen*) obtenir.

bewirten [bə'vɪrtən] *vt* régaler.

bewirtschaften [bə'vɪrtʃaftən] *vt* (*Hotel*) gérer; (*Landwirtschaft*) exploiter; „**bewirtschaftete Hütte**" "refuge gardé".

Bewirtung *f* (*das Bewirten*) accueil *m*; (*Essen und Getränke*) repas *m*.

bewog *etc* [bə'voːk] *vb siehe* **bewegen²**.

bewogen [bə'voːgən] *pp von* **bewegen²**.

bewohnbar *adj* habitable.

bewohnen [bə'voːnən] *vt* habiter.

Bewohner(in) *m(f)* (*von Land, Gebiet*) habitant(e) *m/f*; (*von Haus, Wohnung*) occupant(e) *m/f*.

bewölkt [bə'vœlkt] *adj* nuageux(-euse).

Bewölkung *f* nuages *mpl*; **schwache/starke/zunehmende/aufgelockerte** ~ peu nuageux/très nuageux/de plus en plus nuageux/nuages épars.

Bewölkungsauflockerung *f* dissipation *f* des nuages.

Bewunderer(in) (**–s, –**) *m(f)* admirateur(-trice) *m/f*.

bewundern [bə'vʊndərn] *vt* admirer; ~**swert** *adj* admirable.

Bewunderung *f* admiration *f*.

bewußt [bə'vʊst] *adj* (*absichtlich*) intentionnel(le); (*geistig wach*) conscient(e); (*bereits erwähnt*) nommé(e); **sich** *Dat* **einer Sache** *Gen* ~ **sein/werden** être conscient(e)/prendre conscience de qch; **jdm etw** ~ **machen** faire prendre conscience de qch à qn; ~**los** *adj* sans connaissance; ~**los werden** perdre connaissance; **B**~**losigkeit** *f* perte *f* de connaissance, évanouissement *m*; **bis zur B**~**losigkeit** (*umg*) jusqu'à saturation, à n'en plus finir; ~**machen** *vt*: **sich** *Dat* **etw** ~**machen** se rendre compte de qch; **jdm etw** ~**machen** faire prendre conscience de qch à qn; **B**~**sein** (**–s**) *nt* conscience *f*; (*MED*) connaissance *f*; (*PSYCH*) conscient *m*; **das B**~**sein verlieren/wiedererlangen** perdre/reprendre connaissance; **das B**~**sein und Unterbewußtsein** le conscient et le subconscient; **das politische B**~**sein** la conscience politique; **bei (vollem) B**~**sein sein** avoir toute sa connaissance; **sich** *Dat* **etw ins B**~**sein rufen** se rappeler qch; **im B**~**sein, daß ...** conscient(e) du fait que ...; **allmählich kam ihm zu(m) B**~**sein, daß ...** il se rendit peu à peu compte que ... .

Bewußtseins-: ~**bildung** *f* (*POL*) formation *f* d'une conscience politique; **b**~**erweiternd** *adj*: **b**~**erweiternde Drogen** hallucinogènes *mpl*; ~**erweiterung** *f* élargissement *m* du champ de la conscience; ~**spaltung** *f* schizophrénie *f*.

Bez. *abk* = **Bezirk**.

bez. *abk* (= *bezüglich*) concerne, concernant.

bezahlen [bə'tsaːlən] *vt* payer; **etw macht sich bezahlt** qch en vaut la peine; **bitte** ~! l'addition, s'il vous plaît!; **etw teuer** ~ **müssen** (*fig*) payer cher qch.

Bezahlung f paiement m; **gegen** od **für** ~ moyennant paiement; **ohne** ~ gratuitement.

bezähmen [bə'tsɛ:mən] vt (Leidenschaft, Neugierde) réfréner; (Hunger) dominer.

bezaubern [bə'tsaʊbərn] vt charmer; **~d** adj ravissant(e).

bezeichnen [bə'tsaɪçnən] vt (kennzeichnen) marquer; (beschreiben) décrire; (nennen, bedeuten) désigner; (charakterisieren: Schwäche, Einstellung) être caractéristique de; **jdn als Lügner** ~ qualifier qn de menteur; **jdn als fähig** ~ déclarer qn capable.

bezeichnend adj caractéristique.

Bezeichnung f (kein pl: Markierung, Kennzeichnung) marquage m; (Benennung) désignation f, nom m; (Ausdruck) expression f; (Beschreibung) description f.

bezeugen [bə'tsɔygən] vt (bestätigen) confirmer; (JUR) attester, témoigner de; (geh: Teilnahme, Interesse) témoigner de.

bezichtigen [bə'tsɪçtɪgən] vt accuser; **jdn einer Sache** Gen ~ accuser qn de qch.

Bezichtigung f accusation f.

beziehen [bə'tsi:ən] unreg vt (Möbel) recouvrir; (Bett) changer les draps de; (Haus, Wohnung) emménager dans; (Standpunkt, Position) adopter; (Zeitung) être abonné(e) à; (Waren) faire venir; (Gehalt) percevoir ♦ vr (Himmel) se couvrir; (betreffen): **sich auf jdn/etw** ~ concerner qn/qch; **etw auf jdn/etw** ~ appliquer qch à qn/qch; **ich beziehe mich auf Ihr Schreiben vom** ... nous vous remercions de votre courrier du ... .

Beziehung f (Verbindung) relation f; (Zusammenhang) rapport m; (Verhältnis) lien m; (Hinsicht) sens m, point m de vue; **diplomatische ~en unterhalten** entretenir des relations diplomatiques; **etw zu etw in** ~ **setzen** établir un rapport entre qch et qch, mettre qch en rapport avec qch; **seine ~en spielen lassen** se faire pistonner; **~en zu jdm haben** (vorteilhaft) avoir de bonnes relations avec qn.

beziehungsweise konj (genauer gesagt) ou plutôt; (im anderen Fall) respectivement, ou.

beziffern [bə'tsɪfərn] vt (angeben): ~ **auf** +Akk chiffrer à.

Bezirk [bə'tsɪrk] (-(e)s, -e) m (Stadt~) quartier m; (Polizei~) district m; (fig) domaine m.

Bezirkskarte f (EISENB) abonnement valable sur une partie seulement du réseau.

bezirzen [bə'tsɪrtsən] (umg) vt ensorceler.

bezogen [bə'tso:gən] pp von **beziehen**.

Bezogene(r) [bə'tso:gənə(r)] f(m) (von Scheck etc) tiré m.

Bezug [bə'tsu:k] (-(e)s, -̈e) m (Überzug: von Sofa) garniture f; (Bett~) housse f; (WIRTS: von Waren) achat m; (von Zeitung) abonnement m; (von Rente) perception f; (Beziehung) rapport m, lien m; **Bezüge** pl (Gehalt) appointements mpl; **keinen** ~ **zur Realität haben** se faire des illusions; **in b~ auf** +Akk en ce qui concerne; **mit** od **unter** ~ **auf** (förmlich) suite à; ~ **nehmen**

auf (förmlich) se référer à.

bezüglich [bə'tsy:klɪç] präp +Gen concernant ♦ adj (GRAM: Fürwort) relatif(-ive).

Bezugnahme f: **unter** ~ **auf Ihr Schreiben** (förmlich) (comme) suite à votre courrier.

Bezugs-: ~**person** f personne f la plus importante; ~**preis** m (WIRTS) prix m d'achat; ~**quelle** f source f d'approvisionnement; ~**recht** nt (FINANZ) droit m de souscription; ~**schein** m bon m d'achat, certificat m de souscription.

bezuschussen [bə'tsu:ʃʊsən] vt subventionner.

bezwecken [bə'tsvɛkən] vt avoir pour but; **was bezweckst du damit?** à quoi veux-tu en venir?

bezweifeln [bə'tsvaɪfəln] vt douter de, mettre en doute.

bezwingen [bə'tsvɪŋən] unreg vt vaincre, triompher de.

Bf. abk = **Bahnhof; Brief.**

BfA (-) f abk (= Bundesversicherungsanstalt für Angestellte) ≈ GMF f (= garantie mutuelle des fonctionnaires).

BfV (-) nt abk (= Bundesamt für Verfassungsschutz) office chargé de s'assurer que la constitution allemande est respectée.

BG f abk (= Berufsgenossenschaft) association f professionnelle.

BGB (-) nt abk = **Bürgerliches Gesetzbuch.**

BGH (-) m abk = **Bundesgerichtshof.**

BGS (-) m abk = **Bundesgrenzschutz.**

BH (-s, -(s)) m abk (= Büstenhalter) soutien-gorge m.

Bhf abk = **Bahnhof.**

BI f abk = **Bürgerinitiative.**

bibbern ['bɪbərn] (umg) vi trembler.

Bibel ['bi:bəl] (-, -n) f Bible f.

bibelfest adj versé(e) dans la Bible.

Biber ['bi:bər] (-s, -) m (ZOOL) castor m.

Biberbettuch nt drap m en finette.

Bibliographie f bibliographie f.

bibliophil [biblio'fi:l] adj bibliophile.

Bibliothek [biblio'te:k] (-, -en) f bibliothèque f.

Bibliothekar(in) [bibliote'ka:r(ɪn)] (-s, -e) m(f) bibliothécaire m/f.

biblisch ['bi:blɪʃ] adj biblique.

Bidet [bi'de:] (-s, -s) nt bidet m.

bidirektional [bidirɛktsio'na:l] adj bidirectionnel(le); ~**es Drucken** impression f aller-retour.

bieder ['bi:dər] adj (rechtschaffen) honnête, (pej) niais(e).

Biedermann (-(e)s, -männer; pej) m petit bourgeois m.

Biedermeier ['bi:dərmaɪər] (-s) nt (Stil) style m Biedermeier (début du XIXe siècle).

biegbar ['bi:kba:r] adj pliable, flexible.

Biege f: **eine** ~ **machen** (umg) faire un tour.

biegen ['bi:gən] unreg vt plier; (Ast) courber ♦ vr (Ast, Blech) plier; (Straße) tourner; (Mensch, Körper) ployer ♦ vi (Auto, Straße) tourner; **sich vor Lachen** ~ se tordre de rire; **auf B~ oder**

Brechen coûte que coûte.

biegsam ['bi:kza:m] *adj* (*Material*) flexible; (*Körper, auch fig*) souple.

Biegung *f* (*von Straße*) tournant *m*; (*von Fluß*) coude *m*.

Biene ['bi:nə] *f* abeille *f*; (*veraltet: umg: Mädchen*) poupée *f*.

Bienen-: ~**honig** *m* miel *m* (d'abeille); ~**königin** *f* (*ZOOL*) reine *f* (*abeille*); ~**korb** *m* ruche *f*; ~**stich** *m* (*KOCH*) sorte de frangipane; ~**stock** *m* ruche *f*; ~**wachs** *nt* cire *f* d'abeille.

Bier [bi:r] (**-(e)s, -e**) *nt* bière *f*; **zwei ~, bitte!** deux bières, s'il vous plaît!; **das ist/ist nicht mein/dein ~** c'est/ce n'est pas mon/ton problème; ~**brauer** (**-s, -**) *m* brasseur *m*; ~**deckel** *m* dessous *m* de verre; ~**filz** *m* dessous *m* de verre (en feutre); ~**krug** *m* chope *f*; ~**schinken** *m* = ~**wurst**; ~**seidel** *nt* chope *f*; ~**wurst** *f* (*KOCH*) sorte de mortadelle.

Biest [bi:st] (**-s, -er**; *umg: pej*) *nt* (*Tier*) (sale) bête *f*; (*Mensch*) brute *f*; (*Frau*) garce *f*.

biestig (*umg*) *adj* infect(e).

bieten ['bi:tən] *unreg vt* (*an~*) offrir; (*Anlaß, Leistungen*) fournir; (*Schwierigkeiten*) présenter; (*geh: Hand*) tendre, donner; (*dar~: Film, Schauspiel, Anblick*) présenter; (*Unterhaltung*) proposer ♦ *vr* se présenter ♦ *vi* (*bei Versteigerung*) faire une enchère; **sich** *Dat* **etw ~ lassen** accepter qch.

Bigamie [biga'mi:] *f* bigamie *f*.

bigott [bi'gɔt] *adj* bigot(e).

Bikini [bi'ki:ni] (**-s, -s**) *m* bikini *m*.

Bilanz [bi'lants] *f* bilan *m*; ~ **machen** *od* **eine ~ aufstellen** (*WIRTS*) dresser *od* établir son bilan; (**die**) ~ **ziehen** (*fig*) dresser le bilan; ~**prüfer** *m* commissaire *m* aux comptes.

bilateral ['bi:latera:l] *adj* bilatéral(e).

Bild [bɪlt] (**-(e)s, -er**) *nt* (*Gemälde*) tableau *m*; (*Foto*) photo *f*; (*Zeichnung*) dessin *m*; (*Fernseh~, Metapher*) image *f*; (*THEAT*) scène *f*; (*Spiegel~*) reflet *m*, image; (*Anblick*) vue *f*; (*fig: Eindruck*) impression *f*; (: *Vorstellung*) idée *f*; **ein ~ machen** *od* **knipsen** faire une photo; **über etw** *Akk* **im ~ sein** être au courant de qch; **jdn** (**über etw** *Akk*) **ins ~ setzen** mettre qn au courant (de qch); **ein ~ für die Götter sein** (*umg: hum*) être impayable; ~**auflösung** *f* (*TV*) résolution *f*; ~**band** *m* livre *m* illustré, beau livre; ~**bericht** *m* reportage *m* photographique; ~**beschreibung** *f* (*SCH*) description *f* d'un tableau.

bilden ['bɪldən] *vt* (*Kreis, Reihe; erziehen*) former; (*Regierung, Verein; sein, ausmachen*) constituer; (*Sätze*) construire; (*modellieren*) façonner ♦ *vr* (*entstehen*) se former, se développer; (*geistig*) s'instruire; (*kulturell*) se cultiver; **sich** *Dat* **eine Meinung** *od* **ein Urteil ~** se faire une opinion.

bildend *adj*: **die ~en Künste** les arts *mpl* plastiques.

Bilder-: ~**buch** *nt* livre *m* d'images; ~**rahmen** *m* cadre *m*; ~**sturm** *m* (*GESCHICHTE*) iconoclasme *m*.

Bild-: ~**fläche** (*umg*) *f* (*fig*): **auf der ~fläche erscheinen** apparaître; **von der ~fläche verschwinden** disparaître; **b~haft** *adj* (*Sprache*) imagé(e); ~**hauer(in)** (**-s, -**) *m(f)* sculpteur *m*; **b~hübsch** *adj* ravissant(e); **b~lich** *adj* (*Ausdrucksweise*) figuré(e); (*Vorstellung*) concret (-ète); (*Schilderung*) vivant(e); **sich** *Dat* **etw b~lich vorstellen** se représenter qch (concrètement).

Bildnis ['bɪltnɪs] *nt* portrait *m*.

Bild-: ~**röhre** *f* (*TV*) tube *m* cathodique; ~**schirm** *m* écran *m*; ~**schirmgerät** *nt* (*COMPUT*) écran *m* de visualisation; ~**schirmtext** *m* ≈ Minitel ® *m*; **b~schön** *adj* très beau(belle); ~**sichtgerät** *nt* écran *m* de visualisation; ~**stock** *m* statue de la Vierge *m* d'un saint au bord d'une route.

Bildung ['bɪldʊŋ] *f* (*kein pl: Wissen, Benehmen*) éducation *f*; (: *Allgemeinwissen*) culture *f*; (*von Wörtern, Sätzen, Schaum, Wolken etc*) formation *f*; (*von Ausschuß, Regierung etc*) constitution *f*.

Bildungs-: ~**gang** *m* formation *f*; ~**gefälle** *nt* différence *f* de niveau culturel; ~**gut** *nt*: **zum deutschen ~gut gehören** faire partie du patrimoine culturel allemand; ~**lücke** *f* lacune *f* (*dans les connaissances*); ~**politik** *f* politique *f* de l'éducation; ~**urlaub** *m* congé-formation *m*; ~**weg** *m*: **auf dem zweiten ~weg** en cours du soir; ~**wesen** *nt* enseignement *m*.

Bildzuschrift *f* réponse *f* avec photographie.

Billard ['bɪljart] (**-s, -e**) *nt* billard *m*; ~**ball** *m* boule *f* *od* bille *f* de billard; ~**kugel** *f* boule *f* *od* bille *f* de billard.

Billiarde [bɪli'ardə] *f* mille billions *mpl*.

billig ['bɪlɪç] *adj* (*nicht teuer*) bon marché *inv*; (*schlecht*) mauvais(e); (: *fig*) piètre, mauvais(e); (*gerecht*) justifié(e).

billigen ['bɪlɪgən] *vt* approuver; **etw stillschweigend ~** donner son approbation tacite à qch.

billigerweise *adv* (*veraltet*) en toute équité.

Billigladen *m* magasin *m* discount.

Billigpreis *m* (*Werbesprache*): „**Schuhe zu ~en**" "chaussures à prix cassés".

Billigung *f* approbation *f*.

Billigware (*pej*) *f* camelote *f*.

Billion [bɪli'o:n] *f* billion *m*.

bimmeln ['bɪməln] *vi* sonner.

Bimsstein ['bɪmsʃtaɪn] *m* pierre *f* ponce.

bin [bɪn] *vb siehe* **sein**.

binär [bi'nɛ:r] *adj* binaire; **B~zahl** *f* nombre *m* binaire.

Binde ['bɪndə] *f* (*MED*) bandage *m*; (*Arm~*) brassard *m*; (*Damen~*) serviette *f* (périodique); **sich** *Dat* **einen hinter die ~ gießen** *od* **kippen** (*umg*) s'enfiler un verre; ~**gewebe** *nt* tissu *m* conjonctif; ~**glied** *nt* lien *m*; ~**hautentzündung** *f* conjonctivite *f*; ~**mittel** *nt* liant *m*.

binden *unreg vt* (*zusammen~, fest~*) attacher; (: *Blumen*) attacher ensemble; (: *Besen, Schleife*) faire; (: *Buch*) relier; (*Soße, MUS*) lier; (*Staub*) mouiller; (*fesseln*) ligoter; (*verpflichten*) obliger ♦ *vr* (*sich verpflichten*) s'engager; **etw an**

etw *Akk* ~ attacher qch à qch; **sich an jdn** ~ s'engager vis-à-vis de qn.
bindend *adj* (*Zusage, Versprechen, Abmachung*) qui lie, qui engage.
Binder *m* (*Krawatte*) cravate *f*.
Bindestrich *m* trait *m* d'union.
Bindewort *nt* conjonction *f*.
Bindfaden *m* ficelle *f*; **es regnet Bindfäden** (*umg*) il pleut des cordes.
Bindung *f* (*menschliche Beziehung*) relation *f*; (*Verbundenheit*) lien *m*; (*Verpflichtung*) obligation *f*; (*Ski*~) fixation *f*.
binnen ['bɪnən] *präp* (+*Dat od Gen*) en l'espace de; ~**deutsch** *adj* allemand(e) (d'Allemagne); **B**~**hafen** *m* port *m* intérieur *od* fluvial; **B**~**handel** *m* commerce *m* intérieur; **B**~**markt** *m* (*WIRTS*) marché *m* intérieur; **der Europäische B**~**markt** le marché unique européen.
Binse ['bɪnzə] *f* (*BOT*) jonc *m*; **in die** ~**n gehen** (*umg*) s'en aller à vau-l'eau.
Binsenwahrheit *f* vérité *f* de La Palice, lapalissade *f*.
bioaktiv [bioak'tiːf] *adj* (*Waschmittel*) aux enzymes.
Biochemie [bioçe'miː] *f* biochimie *f*.
Biographie [biogra'fiː] *f* biographie *f*.
Bioladen ['biola:dən] (*umg*) *m* magasin *m* diététique.
Biologe [bio'lo:gə] *m* biologiste *m*.
Biologie [biolo'giː] *f* biologie *f*.
Biologin *f* biologiste *f*.
biologisch [bio'lo:gɪʃ] *adj* biologique ♦ *adv:* ~ **abbaubar** biodégradable; ~-**dynamisch** *adj* (*Gemüsebau etc*) biodynamique.
Biophysik [biofy'zi:k] *f* biophysique *f*.
Biotechnik [bio'tɛçnɪk] *f* biotechnologie *f*.
Biotop [bio'to:p] *m od nt* biotope *m*.
birgt [bɪrkt] *vb siehe* **bergen**.
Birke ['bɪrkə] *f* bouleau *m*.
Birma ['bɪrma] (–**s**) *nt* (*GEOG: veraltet*) la Birmanie.
Birnbaum *m* poirier *m*.
Birne ['bɪrnə] *f* poire *f*; (*ELEK*) ampoule *f* (électrique); (*umg: Kopf*) caboche *f*.
birst [bɪrst] *vb siehe* **bersten**.
bis [bɪs] *präp* +*Akk* jusqu'à ♦ *konj* (*mit Zahlen*): **10** ~ **20** entre 10 et 20; **von** ... ~ ... de ... à ...; **wolkig** ~ **heiter** nuageux à ensoleillé; **Platz** ~ (**zu**) **25 Personen** de la place pour un maximum de 25 personnes; (*zeitlich*) jusqu'à ce que; ~ **es dunkel wird** jusqu'à ce qu'il fasse nuit, jusqu'à la tombée de la nuit; ~ **auf weiteres** jusqu'à nouvel ordre; ~ **in die Nacht (hinein)** jusque tard dans la nuit; ~ **bald/gleich** à bientôt/tout à l'heure; ~ **wann?** jusqu'à quand?; ~ **wann ist das fertig?** ce sera prêt quand?; ~ **hierher** jusqu'ici; ~ **ins letzte** *od* **kleinste** jusque dans les moindres détails; ~ **auf** +*Akk* (*außer*) sauf; (*einschließlich*) jusqu'à.
Bisamratte ['biːzamratə] *f* (*ZOOL*) rat *m* musqué.
Bischof ['bɪʃɔf] (–**s**, –**e**) *m* évêque *m*.

bischöflich ['bɪʃøːflɪç] *adj* épiscopal(e).
bisexuell [bizeksu'ɛl] *adj* bisexuel(le).
bisher [bɪs'heːr] *adv* jusqu'à présent.
bisherig *adj* précédent(e).
Biskaya [bɪs'ka:ya] *f*: **der Golf von** ~ le golfe de Gascogne.
Biskuit [bɪs'kviːt] (–(**e**)**s**, –**s** *od* –**e**) *m od nt*, **Biskuitgebäck** (*KOCH*) ≈ biscuit *m* de Savoie; ~**teig** *m* ≈ pâte *f* à biscuit de Savoie.
bislang [bɪs'laŋ] *adv* jusqu'à présent.
Biß (–**sses**, –**sse**) *m* (*das Beißen*) coup *m* de dent; (*Wunde*) morsure *f*.
biß *etc* [bɪs] *vb siehe* **beißen**.
bißchen ['bɪsçən]: **ein** ~ *adj* un peu de ♦ *adv* un peu; **kein** ~ (*umg*) pas du tout; **ein klein(es)** ~ un petit peu.
Bissen ['bɪsən] (–**s**, –) *m* bouchée *f*; **sich** *Dat* **jeden** ~ **vom** *od* **am Munde absparen** se serrer la ceinture.
bissig ['bɪsɪç] *adj* (*Hund*) qui mord; (*Bemerkung*) acerbe, caustique; **„Vorsicht, ~er Hund"** "attention, chien méchant".
bist [bɪst] *vb siehe* **sein**.
Bistum ['bɪstuːm] (–**s**, **̈er**) *nt* évêché *m*.
bisweilen [bɪs'vaɪlən] *adv* de temps en temps.
Bit [bɪt] (–(**s**), –(**s**)) *nt* (*COMPUT*) bit *m*.
Bittbrief *m* requête *f* (écrite).
Bitte ['bɪtə] *f* prière *f*, demande *f*; **auf seine** ~ **hin** sur *od* à sa demande; **b**~ *interj* (*als Aufforderung*) je vous/te prie; (*Wunsch ausdrückend*) s'il vous/te plaît; **gib mir b**~ **die Milch** passe-moi le lait s'il te plaît; **vielen Dank! — b**~ **sehr!** merci beaucoup! — je vous en/t'en prie!; **ja b**~? je peux vous aider?; (*am Telefon*) allô!; **wie b**~? comment?; **wie spät ist es b**~? quelle heure est-il, s'il vous/te plaît?; **darf ich? — aber b**~! puis-je? — je vous en/t'en prie!; **b**~ **schön!** je vous en/t'en prie!; **na b**~! tu vois!
bitten *unreg vt* demander; (*inständig*) prier ♦ *vi* (*einladen*) inviter; **ich lasse** ~ (*förmlich*) faites entrer; **aber ich bitte dich!** mais bien sûr!; **ich bitte darum** (*förmlich*) je vous en prie; **ich muß doch (sehr)** ~! dites donc!; **er läßt sich gerne** ~ il aime bien se faire prier; **jdn zu Tisch/zum Tanz** ~ inviter qn à passer à table/à danser; ~**d** *adj* suppliant(e), implorant(e).
bitter ['bɪtər] *adj* amer(-ère); (*Schokolade*) à croquer; (*Erfahrung, Wahrheit*) cruel(le); (*Reue*) cuisant(e); (*Not, Unrecht*) extrême ♦ *adv:* **etw** ~ **nötig haben** avoir grand besoin de qch; **das ist mein** ~**er Ernst!** je ne plaisante pas!; ~**böse** *adj* (*Mensch*) fâché(e); (*Blick*) mauvais(e); ~**ernst** *adj:* **damit ist es mir** ~**ernst** je ne plaisante pas; **B**~**keit** *f* amertume *f*; ~**lich** *adj* amer(-ère) ♦ *adv* amèrement.
Bittgesuch *nt* requête *f*.
Bittsteller(in) (–**s**, –) *m(f)* solliciteur(-euse) *m/f*, quémandeur(-euse) *m/f*.
Biwak ['biːvak] (–**s**, –**s** *od* –**e**) *nt* bivouac *m*.
Bizeps ['biːtseps] (–(**e**)**s**, –**e**) *m* biceps *m*.
Bj., BJ. *abk* = **Baujahr**.
Blabla [blaː'blaː] (–(**s**); *umg*) *nt* blablabla *m*.

blähen ['blɛ:ən] *vt* gonfler ♦ *vr* se gonfler ♦ *vi* (*MED*) ballonner.

Blähungen *pl* (*MED*) flatulence *f*, ballonnement *m*.

blamabel [bla'ma:bəl] *adj* honteux(-euse).

Blamage [bla'ma:ʒə] *f* honte *f*.

blamieren [bla'mi:rən] *vr* se ridiculiser ♦ *vt* couvrir de honte.

blank [blaŋk] *adj* (*glänzend*) brillant(e); (*unbedeckt*) nu(e); (: *Draht*) dénudé(e), mis(e) à nu; (*abgewetzt*) lustré(e); (*sauber*) propre; (*offensichtlich*) pur(e); ~ **sein** (*umg*: *ohne Geld*) être fauché(e).

blanko ['blaŋko] *adv*: **einen Scheck ~ unterschreiben** signer un chèque en blanc; **B~scheck** *m* chèque *m* en blanc; **jdm einen B~scheck ausstellen** (*fig*) donner carte blanche à qn; **B~vollmacht** *f* blanc-seing *m*.

Bläschen ['blɛ:sçən] *nt* (*MED*) petite ampoule *f*, vésicule *f*.

Blase ['bla:zə] *f* bulle *f*; (*ANAT*: *Harn~*) vessie *f*; (*MED*) ampoule *f*, cloque *f*; **sich** *Dat* ~**n laufen** se faire des ampoules aux pieds.

Blasebalg *m* soufflerie *f*; (*klein*) soufflet *m*.

blasen *unreg vt* souffler; (*MUS*: *Instrument*) jouer de; (: *Melodie*) jouer ♦ *vi* souffler; (*auf Instrument*) jouer; **der Wind bläst die Blätter durch die Straßen** le vent fait voler les feuilles de par les rues; **zum Aufbruch ~** (*fig*) donner le signal du départ.

Blasenentzündung *f* (*MED*) cystite *f*.

Bläser(in) ['blɛ:zər(ɪn)] (*-s, -*) *m(f)* (*MUS*): **die ~** les instruments *mpl* à vent.

blasiert [bla'zi:rt] (*pej*) *adj* hautain(e).

Blas-: ~**instrument** *nt* instrument *m* à vent; ~**kapelle** *f* orchestre *m* de cuivres, fanfare *f*; ~**musik** *f* musique *f* pour instruments à vent.

Blasphemie [blasfe'mi:] *f* blasphème *m*.

blaß [blas] *adj* pâle; (*Ausdruck*) blême; (*Ahnung, Vorstellung*) vague; (*Neid*) pur(e); ~ **vor Schreck/Neid sein** être vert(e) de peur/jalousie.

Blässe ['blɛsə] (*-*) *f* pâleur *f*.

Blatt [blat] (*-(e)s, ̈er*) *nt* feuille *f*; (*Seite*) page *f*; (*Zeitung*) journal *m*; (*Karten*) jeu *m*; (*von Säge, Axt*) lame *f*; **vom ~ singen** *od* **spielen** déchiffrer; **kein ~ vor den Mund nehmen** ne pas mâcher ses mots; **das steht auf einem anderen ~** c'est une autre histoire.

blättern ['blɛtərn] *vi* (*Farbe, Verputz*) s'écailler; **in etw** *Dat* ~ feuilleter qch.

Blätterteig *m* pâte *f* feuilletée.

Blattlaus *f* (*ZOOL*) puceron *m*.

blau [blau] *adj* bleu(e); (*vor Kälte*) violacé(e); (*Auge*) au beurre noir; (*umg*: *betrunken*) noir(e), beurré(e); (*KOCH*) au bleu; ~**er Fleck** bleu *m*; **mit einem ~en Auge davonkommen** (*fig*) s'en tirer à bon compte; ~**er Brief** (*SCH*) lettre *f* d'avertissement; **er wird sein ~es Wunder erleben** (*umg*) il ne se rend pas compte de ce qui va lui tomber dessus; ~**äugig** *adj* aux yeux bleus; **B~beere** *f* (*BOT*) myrtille *f*.

Blaue *nt*: **das ~ vom Himmel (herunter) lügen** (*umg*) mentir comme un arracheur de dents *od* comme on respire; **Fahrt ins ~** voyage-surprise *m*.

Blau-: ~**kraut** *nt* chou *m* rouge; ~**licht** *nt* gyrophare *m*; **b~machen** (*umg*) *vi* ne pas aller travailler; ~**pause** *f* bleu *m* (de tirage); ~**säure** *f* acide *m* cyanhydrique; ~**strumpf** *m* bas-bleu *m*.

Blazer ['blɛ:zər] *m* blazer *m*.

Blech [blɛç] (*-(e)s, -e*) *nt* tôle *f*; (*Back~*) plaque *f*; (*kein pl*: *MUS*) cuivres *mpl*; ~ **reden** (*umg*) raconter des sornettes; ~**bläser** *pl* cuivres *mpl*; ~**büchse** *f* boîte *f* (en fer-blanc), boîte de conserve; ~**dose** *f* boîte *f* (en fer-blanc), boîte de conserve.

blechen (*umg*) *vt* cracher ♦ *vi* casquer.

Blech-: ~**schaden** *m* (*AUT*) dégât *m* matériel mineur; ~**schere** *f* cisaille *f*; ~**trommel** *f* tambour *m*.

blecken ['blɛkən] *vt*: **die Zähne ~** montrer les dents.

Blei [blai] (*-(e)s, -e*) *nt* plomb *m* ♦ *m* (*~stift*) crayon *m*.

Bleibe *f* gîte *m*, endroit où loger.

bleiben *unreg vi* rester; (*Einstellung nicht ändern*): **bei etw ~** persister dans qch; (*umkommen*) mourir; **ernst ~** garder son sérieux; **es bleibt zu hoffen, daß ...** il reste à espérer que ...; **wo bleibst du denn?** (*umg*) qu'est-ce que tu fais?; ~**d** *adj* (*Erinnerung*) durable; (*Schaden*) permanent(e); **ein Geschenk von ~dem Wert** un cadeau qui ne se démode pas; ~**lassen** *unreg vt* (*aufgeben*) arrêter; **etw ~lassen** (*unterlassen*) ne pas faire qch.

bleich [blaiç] *adj* très pâle, blême; ~**en** *vt* (*Wäsche*) blanchir; (*Haare*) décolorer; **B~gesicht** (*umg*) *nt* visage *m* pâle.

bleiern *adj* (*Gewicht, Rohr*) en plomb; (*Farbe*) au plomb; (*Schwere, Müdigkeit, Schlaf*) de plomb.

blei-: ~**frei** *adj* (*Benzin*) sans plomb; **B~gießen** *nt* coutume *od* la Saint-Sylvestre qui consiste à prédire l'avenir à partir de la forme que prend du plomb fondu jeté dans l'eau; ~**haltig** *adj* plombifère; **B~stift** *m* crayon *m*; **B~stiftabsatz** *m* talon *m* aiguille; **B~stiftspitzer** *m* taille-crayon *m*; **B~vergiftung** *f* saturnisme *m*.

Blende ['blɛndə] *f* (*PHOT*: *Vorrichtung*) diaphragme *m*; (: *Öffnung*) ouverture *f* (du diaphragme); (*Lichtschutz*) écran *m*.

blenden *vi* éblouir ♦ *vt* aveugler, éblouir; (*bezaubern*) fasciner.

blendend (*umg*) *adj* (*ausgezeichnet*) formidable; ~ **aussehen** avoir très bonne mine.

Blender (*-s, -*) *m* bluffeur *m*, frimeur *m*.

blendfrei ['blɛntfrai] *adj* (*Glas*) antireflet *inv*.

Blendschutzzaun ['blɛntʃʊtstsaun] *m* (*auf Autobahnen etc*) barrière *f* antiaveuglante.

Blick [blɪk] (*-(e)s, -e*) *m* regard *m*; (*kurz*) coup *m* d'œil; (*Aussicht*) vue *f*; (*kein pl*: *Urteilsfähigkeit*) jugement *m*; **mit einem ~** en un clin d'œil,

tout de suite; **einen (guten)** ~ **für etw haben**
avoir le coup d'œil pour qch; **keinen** ~ **für
etw haben** (*verstehen*) n'avoir pas le sens de
qch; **den bösen** ~ **haben** avoir le mauvais
œil; **den** ~ **senken** baisser les yeux; **auf den
ersten** ~ de prime abord; (*gleich*) au premier
coup d'œil; **Liebe auf den ersten** ~ le coup de
foudre; **einen** ~ **auf etw** *Akk* **werfen** jeter un
coup d'œil à qch.

blicken *vi* regarder; **das läßt tief** ~ c'est révélateur; **sich** ~ **lassen** se montrer.

Blick-: ~**fang** *m* point *m* de mire; **als** ~**fang**
pour attirer l'attention; ~**feld** *nt* champ *m* visuel; ~**kontakt** *m* contact *m* visuel; ~**punkt**
m (*Standpunkt*) point *m* de vue; **im** ~**punkt der
Öffentlichkeit stehen** mener une vie de vedette.

blieb *etc* [bli:p] *vb siehe* **bleiben**.

blies *etc* [bli:s] *vb siehe* **blasen**.

blind [blɪnt] *adj* aveugle; (*Spiegel, Glas etc*) ter-
ni(e); (*Passagier*) clandestin; ~**er Alarm** fausse alerte *f*; ~**er Zufall** un pur
hasard; **für etw** ~ **sein** ne pas voir qch.

Blinddarm *m* appendice *m*; ~**entzündung** *f*
appendicite *f*.

Blinde(r) ['blɪndə] *f(m)* aveugle *m/f*.

Blindekuh *f:* ~ **spielen** jouer à colin-maillard.

Blinden-: ~**hund** *m* chien *m* d'aveugle;
~**schrift** *f* braille *m*; ~**stock** *m* canne *f* blanche (d'aveugle).

blind-: ~**flug** *m* vol *m* sans visibilité; ~**gänger**
m (*MIL*) obus *m* non éclaté; (*fig*) nullité *f*;
~**heit** *f* cécité *f*; **mit** ~**heit geschlagen sein** (*fig*)
être aveugle; **b**~**lings** *adv* aveuglément;
~**schleiche** *f* orvet *m*; **b**~**schreiben** *unreg vi* taper au toucher.

blinken ['blɪŋkən] *vi* (*Stern, Metall*) scintiller; (*Leuchtturm*) clignoter; (*AUT*) mettre son clignotant ♦ *vt* (*Signal*) lancer.

Blinker (**–s, –**) *m* (*AUT*) clignotant *m*.

Blinklicht *nt* (*AUT*) clignotant *m*; (*an Bahn-
übergängen etc*) feu *m* clignotant.

blinzeln ['blɪntsəln] *vi* cligner des yeux.

Blitz [blɪts] (**–es, –e**) *m* éclair *m*; (*PHOT*) flash *m*;
der ~ **hat eingeschlagen** la foudre est tombée;
wie ein ~ **aus heiterem Himmel** comme un
coup de tonnerre; ~**ableiter** (**–s, –**) *m* paratonnerre *m*; ~**aktion** *f* opération *f* éclair;
b~**artig** *adj* (*Geschwindigkeit*) fulgurant(e) ♦
adv à une vitesse fulgurante; **b**~**en** *vi* (*Metall*)
briller, étinceler; (*Augen: vor Wut*) flamboyer; (: *vor Vergnügen*) étinceler ♦ *vi unpers*:
es b~**t** il y a des éclairs; ~**gerät** *nt* (*PHOT*)
flash *m*; ~**krieg** *m* guerre *f* éclair; ~**licht** *nt*
(*PHOT*) flash *m*; **b**~**sauber** *adj* reluisant(e) (de
propreté); **b**~**schnell** *adj* rapide comme
l'éclair; ~**würfel** *m* (*PHOT*) cube-flash *m*.

Block [blɔk] (**–(e)s, ⁻e**) *m* bloc *m*; (*Häuser*) pâté
m.

Block-: ~**ade** [blɔ'ka:də] *f* blocus *m*; ~**buchstabe** *m* majuscule *f* d'imprimerie, capitale *f*;
b~**en** *vt* (*abfangen*) contrer; ~**flöte** *f* flûte *f* à
bec; **b**~**frei** *adj* (*POL*) non aligné(e); ~**haus** *nt*,

~**hütte** *f* cabane *f* en rondins.

blockieren [blɔ'ki:rən] *vt* bloquer; (*Verhandlungen*) entraver ♦ *vi* (*Räder*) se bloquer.

Block-: ~**schokolade** *f* chocolat *m* à cuire;
~**schrift** *f* majuscules *fpl* d'imprimerie;
~**stunde** *f* (*SCH*) heures *fpl* de cours grou-
pées; ~**unterricht** *m* (*SCH*) enseignement par
thèmes et non par matières.

blöd(e) *adj* idiot(e).

blödeln ['blø:dəln] (*umg*) *vi* débloquer.

Blödheit *f* stupidité *f*.

Blödian ['blø:dian] (**–(e)s, –e**; *umg: pej*) *m* crétin
m.

Blöd-: ~**mann** (*umg*) *m* crétin *m*; ~**sinn**
(*umg: pej*) *m* idiotie *f*; **b**~**sinnig** (*umg*) *adj* stupide.

blöken ['blø:kən] *vi* bêler.

blond [blɔnt] *adj* blond(e).

Blondine [blɔn'di:nə] *f* blonde *f*.

bloß [blo:s] *adj* (*unbedeckt*) découvert(e);
(*nackt*) nu(e); (*alleinig, nur*) simple ♦ *adv* (*umg*)
uniquement; **mit der** ~**en Hand** à main nue;
mit ~**em Auge** à l'œil nu; **der** ~**e Gedanke** rien
que d'y penser; ~**er Neid** de la jalousie pure
et simple; **laß das** ~**! garde-t'en bien!; wie ist
das** ~ **passiert?** mais comment une chose pareille a-t-elle pu se produire?

Blöße ['blø:sə] *f* nudité *f*; **sich** *Dat* **eine** ~ **geben**
(*fig*) montrer un point faible.

bloßlegen *vt* mettre à nu; (*fig*) révéler.

bloßstellen *vt* couvrir de honte.

Blouson [blu'zõ:] *nt od m* blouson *m*.

blühen ['bly:ən] *vi* fleurir; (*fig*) prospérer;
(*umg: bevorstehen*) attendre.

blühend *adj* (*Pflanze*) en fleurs; (*Aussehen*) res-
plendissant(e), radieux(-euse); (*Handel*) flo-
rissant(e); (*Phantasie*) débordant(e); **wie das**
~**e Leben aussehen** respirer la santé.

Blume ['blu:mə] *f* fleur *f*; (*von Wein*) bouquet *m*;
(*von Bier*) mousse *f*; **jdm etw durch die** ~ **sagen**
dire qch à qn à mots couverts.

Blumen-: ~**geschäft** *nt* magasin *m* de fleurs,
fleuriste *m*; ~**kasten** *m* jardinière *f*; ~**kohl** *m*
chou-fleur *m*; ~**strauß** *m* bouquet *m* de
fleurs; ~**topf** *m* pot *m* de fleurs; ~**zwiebel** *f*
oignon *m* (de fleur), bulbe *m*.

Bluse ['blu:zə] *f* chemisier *m*.

Blut [blu:t] (**–(e)s**) *nt* sang *m*; (**nur**) **ruhig** ~**! du
calme!; kaltes** ~ **bewahren** garder son sang-
froid; **bis aufs** ~ **bekämpfen** se livrer une
lutte acharnée; **jdm im** ~ **liegen** être inné(e)
chez qn; **b**~**arm** *adj* (*MED*) anémique; ~**bahn**
f appareil *m* circulatoire; **b**~**befleckt** *adj* ta-
ché(e) de sang; ~**bild** *nt* formule *f* hématolo-
gique; ~**buche** *f* hêtre *m* pourpre; ~**druck**
m tension *f* (artérielle).

Blüte ['bly:tə] *f* fleur *f*; (*fig:* ~**zeit**) apogée *m*;
(*umg: gefälschte Banknote*) faux billet *m*.

Blutegel *m* sangsue *f*.

bluten *vi* saigner; ~ **müssen** (*umg*) devoir casquer.

Blütenstaub *m* pollen *m*.

blütenweiß *adj* d'une blancheur éclatante.

Bluter (-s, -) *m* (*MED*) hémophile *m*.
Bluterguß *m* (*MED*) hématome *m*.
Bluterkrankheit *f* hémophilie *f*.
Blütezeit *f* floraison *f*; (*fig*) apogée *m*.
Blutgerinnsel *nt* caillot *m*.
Blutgruppe *f* groupe *m* sanguin.
blutig *adj* sanglant(e); (*umg*): **ein ~er Anfänger** un parfait débutant; **es wurde ~er Ernst daraus** la situation a tourné au vinaigre.
blut-: **~jung** *adj* tout jeune; **B~konserve** *f* (*MED*) sang provenant des donneurs, conservé en sachet ou flacon; **B~körperchen** *nt* globule *m*; **B~krebs** *m* leucémie *f*; **B~probe** *f* prise *f* de sang; **~rünstig** *adj* sanguinaire; **B~schande** *f* inceste *m*; **B~senkung** *f* (*MED*) sédimentation *f* sanguine; **eine B~senkung machen** déterminer la vitesse de sédimentation sanguine; **B~spender(in)** *m(f)* donneur(-euse) *m/f* de sang; **~stillend** *adj* hémostatique; **B~sturz** *m* hémorragie *f*.
blutsverwandt *adj* consanguin(e).
Bluttat *f* crime *m* de sang.
Bluttransfusion *f* transfusion *f* (sanguine).
Blutung *f* saignement *m*.
Blut-: **b~unterlaufen** *adj* (*Augen*) injecté(e) de sang; **~vergießen** *nt* effusion *f* de sang; **~vergiftung** *f* septicémie *f*; **~wurst** *f* boudin *m*; **~zuckerspiegel** *m* taux *m* de glycémie.
BLZ *abk* = **Bankleitzahl**.
BND (-s, -) *m abk* = **Bundesnachrichtendienst**.
Bö ['bøː(ə)] (-, -en) *f* rafale *f*.
Bob [bɔp] (-s, -s) *m* bob(sleigh) *m*.
Boccia ['bɔtʃa] *nt od f* = boules *fpl*.
Bock [bɔk] (-(e)s, ⁻e) *m* (*Reh~*) cerf *m*; (*Ziegen~*) bouc *m*; (*Gestell*) tréteau *m*; (*SPORT*) cheval *m* d'arçons; **alter ~** (*umg*) vieux chnoque *m*; **den ~ zum Gärtner machen** enfermer le loup dans la bergerie; **einen ~ schießen** (*fig*: *umg*) faire une gaffe; **total/keinen ~ auf Arbeit haben** (*umg*) avoir très envie/ne pas avoir envie de bosser.
Bockbier *nt* bière *f* forte.
bocken ['bɔkən] (*umg*) *vi* (*Auto*) ne plus très bien rouler; (*Mensch*) se buter.
bockig (*umg*) *adj* entêté(e).
Bocksbeutel *m* bouteille de vin de Franconie à large panse.
Bockshorn *nt*: **sich (nicht) von jdm ins ~ jagen lassen** (ne pas) se laisser intimider par qn.
Bocksprung *m* cabriole *f*; (*SPORT*) saute-mouton *m*.
Bockwurst *f* grosse saucisse de Francfort.
Boden ['boːdən] (-s, ⁻) *m* (*Erde*, *Erdreich*, *Gebiet*) terrain *m*; (*Grundfläche*) sol *m*; (*Fuß~*) sol, plancher *m*; (*unterste Fläche*) fond *m*; (*Dach~*, *Speicher*) grenier *m*; **zu ~ fallen** tomber par terre; **festen ~ unter den Füßen haben** (*fig*) être dans une situation stable; **den ~ unter den Füßen verlieren** perdre pied; **am ~ zerstört sein** (*umg*) être complètement épuisé(e); **ich hätte (vor Scham) im ~ versinken können** j'aurais voulu rentrer sous terre; **etw (nicht) aus dem ~ stampfen können** (ne

pas) pouvoir faire apparaître qch comme par miracle; **auf dem ~ der Tatsachen bleiben** s'en tenir aux faits; **jdn auf den ~ der Wirklichkeit zurückholen** ramener qn à la réalité; **~fläche** *f* surface *f*; **b~los** *adj* (*Behälter*) sans fond; (*umg*: *Frechheit*) incroyable; **~personal** *nt* personnel *m* au sol; **~satz** *m* (*Wein*) lie *f*; (*Kaffee*) marc *m*; **~schätze** *pl* ressources *fpl* naturelles.
Bodensee ['boːdənzeː] *m* (*GEOG*): **der ~** le lac de Constance.
bodenständig *adj* autochtone, du terroir.
Bodenturnen *nt* gymnastique *f* au sol.
Bodybuilding ['bɔdibɪldɪŋ] *nt* body-building *m*.
bog *etc* [boːk] *vb siehe* **biegen**.
Bogen ['boːgən] (-s, -) *m* (*Biegung*) courbe *f*, coude *m*; (*ARCHIT*, *MATH*, *Waffe*) arc *m*; (*MUS*: *Geigen~*) archet *m*; (*Papier*) feuille *f*; **den ~ heraushaben** (*umg*) avoir trouvé le truc; **einen großen ~ um jdn/etw machen** (*meiden*) éviter qn/qch; **jdn in hohem ~ hinauswerfen** (*umg*) ficher qn à la porte sans autre forme de procès; **~gang** *m* arcade *f*; **~lampe** *f* lampe *f* à arc; **~schießen** *nt* tir *m* à l'arc; **~schütze** *m* archer *m*.
Bohle ['boːlə] *f* madrier *m*.
Böhme *m* Bohémien *m* (*de Bohême*).
Böhmen *nt* la Bohême.
Böhmin *f* Bohémienne *f* (*de Bohême*).
böhmisch ['bøːmɪʃ] *adj* bohémien(ne) (*de Bohême*); **das sind für mich ~e Dörfer** (*umg*) c'est du chinois pour moi.
Bohne ['boːnə] *f* haricot *m*; (*Kaffee~*) grain *m* (de café); **nicht die ~** (*umg*) que dalle.
Bohnen-: **~kaffee** *m* café *m* (en grains); **~stange** *f* (*umg*: *fig*) grande perche *f*; **~stroh** *nt*: **dumm wie ~stroh** (*umg*) bête comme ses pieds.
bohnern *vt* cirer, encaustiquer.
Bohnerwachs *nt* cire *f* à parquet.
bohren ['boːrən] *vt* (*Loch*) percer; (*Brunnen*) creuser; (*mit Bohrer*, *Maschine*) forer; (*hinein~*): **~ in** +*Akk* enfoncer dans ♦ *vi* (*mit Werkzeug*) forer; (*Zahnarzt*) passer la roulette; (*drängen*) insister; (*peinigen*) tourmenter; **in der Nase ~** se mettre les doigts dans le nez; **nach Öl/Wasser ~** creuser un puits pour trouver du pétrole/de l'eau.
Bohr-: **~er** (-s, -) *m* perceuse *f*; (*von Zahnarzt*) fraise *f*, roulette *f*; **~insel** *f* plate-forme *f* de forage; **~maschine** *f* perceuse *f*; **~turm** *m* derrick *m*.
Boiler ['bɔylər] (-s, -) *m* chauffe-eau *m inv*, chaudière *f*.
Boje ['boːjə] *f* balise *f*.
Bolivianer(in) [boliviˈaːnər(ɪn)] *m(f)* Bolivien(ne) *m/f*.
bolivianisch *adj* bolivien(ne).
Bolivien [boˈliːviən] *nt* la Bolivie.
bolivisch *adj* bolivien(ne).
Böllerschuß ['bœlərʃʊs] *m* salve *f* d'artillerie.
Bollwerk ['bɔlvɛrk] *nt* bastion *m*; (*NAUT*) qua

m.
Bolschewismus [bɔlʃe'vɪsmʊs] *m* bolchevisme *m.*
Bolzen ['bɔltsən] (**-s, -**) *m* boulon *m.*
bolzen (*umg*) *vt* (*Ball*) envoyer.
bombardieren [bɔmbar'diːrən] *vt* bombarder.
Bombe ['bɔmbə] *f* bombe *f*; **wie eine ~ einschlagen** éclater comme une bombe.
Bomben-: ~**angriff** *m* raid *m* aérien; ~**anschlag** *m* attentat *m* à la bombe; ~**erfolg** (*umg*) *m* succès *m* fou; ~**geschäft** (*umg*) *nt*: **ein ~geschäft machen** faire des affaires en or; **b~sicher** (*umg*) *adj* sûr(e) et certain(e).
bombig (*umg*) *adj* super *inv.*
Bon [bɔŋ] (**-s, -s**) *m* bon *m*; (*Kassenzettel*) ticket *m* de caisse.
Bonbon [bõ'bõː] (**-s, -s**) *m od nt* bonbon *m.*
Bonn [bɔn] *nt* (*GEOG*) Bonn.
Bonus ['boːnʊs] (**-, -se**) *m* (*WIRTS*) bonification *f*, rabais *m*; (*von Versicherung*) bonus *m.*
Bonze ['bɔntsə] (**-n, -n**) *m* bonze *m.*
Bonzenviertel (*umg*) *nt* quartier *m* chic.
Boom [buːm] (**-s, -s**) *m* boom *m.*
Boot [boːt] (**-(e)s, -e**) *nt* bateau *m*; **in einem** *od* **im gleichen ~ sitzen** être logé(e) à la même enseigne.
Bord [bɔrt] (**-(e)s, -e**) *m* (*NAUT: kein pl*): **an ~** à bord ♦ *nt* (*Brett*) étagère *f*; **über ~ gehen** passer par-dessus bord; **von ~ gehen** (*im Schiff*) débarquer.
Bordell [bɔr'dɛl] (**-s, -e**) *m* bordel *m.*
Bordfunk(anlage *f*) *m* radio *f* de bord.
Bordstein *m* bord *m* du trottoir.
borgen ['bɔrgən] *vt* (*geben*): **jdm etw ~** prêter qch à qn; (*erhalten*): **sich** *Dat* **etw ~** emprunter qch.
Borke ['bɔrkə] *f* écorce *f.*
Borkenschokolade *f* copeaux *mpl* de chocolat.
Borneo ['bɔrneo] *nt* Bornéo *f.*
borniert [bɔr'niːrt] (*pej*) *adj* borné(e).
Börse ['bøːrzə] *f* (*FINANZ*) Bourse *f*; (*Geld~*) porte-monnaie *m inv.*
Börsen-: ~**kurs** *m* cours *m* de la Bourse; ~**makler** *m* agent *m* de change; ~**notierung** *f* cotation *f* en Bourse.
Borste ['bɔrstə] *f* soie *f* (*de porc ou de sanglier*).
Borte ['bɔrtə] *f* bordure *f*; (*Band*) liseré *m.*
Borwasser ['boːrwasər] *nt* eau *f* boriquée.
bösartig *adj* (*Mensch*) méchant(e); (*Geschwulst*) malin(-igne).
Böschung ['bœʃʊŋ] *f* (*Straßen~, Bahndamm*) talus *m*; (*Ufer~*) berge *f.*
böse ['bøːzə] *adj* (*schlecht*) mauvais(e); (*umg*: *zornig: Gesicht*) fâché(e); (: *unartig*) vilain(e); (*schlimm*: *Krankheit*) grave; **jdm/auf jdn ~ sein** en vouloir à qn; **~ werden** se fâcher; **das war nicht ~ gemeint** il ne faut pas mal le prendre.
boshaft ['boːshaft] *adj* méchant(e); (*Absicht*) mauvais(e).
Bosheit *f* méchanceté *f.*
Bosnien ['bɔsniən] *nt* la Bosnie.

bosnisch ['bɔsnɪʃ] *adj* bosnien(ne).
Boß [bɔs] (**-sses, -sse**; *umg*) *m* patron *m.*
böswillig ['bøːsvɪlɪç] *adj* malveillant(e).
bot *etc* [boːt] *vb siehe* **bieten.**
Botanik [bo'taːnɪk] *f* botanique *f.*
botanisch [bo'taːnɪʃ] *adj* botanique.
Bote ['boːtə] (**-n, -n**) *m* messager *m*; (*Laufbursche*) garçon *m* de courses.
Botengang *m* course *f*, commission *f.*
Botenjunge *m* coursier *m.*
Botin *f* messagère *f.*
Botschaft *f* (*Mitteilung*) message *m*; (*POL*) ambassade *f*; **die Frohe ~** (*REL*) l'Évangile *m*; ~**er(in)** (**-s, -**) *m(f)* ambassadeur(-drice) *m/f.*
Bottich ['bɔtɪç] (**-(e)s, -e**) *m* cuve *f*, baquet *m.*
Bottle-Party ['bɔtlpaːrti] *f* soirée où les invités apportent leurs boissons.
Bouillon [bʊ'ljõː] (**-, -s**) *f* bouillon *m.*
Boulevard- [bulə'vaːr]: ~**blatt** (*umg*) *nt* feuille *f* de chou; ~**presse** *f* presse *f* à sensation; ~**stück** *nt* pièce *f* de boulevard.
Boutique [bu'tiːk] *f* boutique *f.*
Bowle ['boːlə] *f* punch *m.*
Bowling ['boːlɪŋ] *nt* bowling *m*; ~**bahn** *f* bowling *m.*
Box [bɔks] *f* (*Lautsprecher~*) boîtier *m* de haut-parleur.
boxen *vi* boxer.
Boxer (**-s, -**) *m* boxeur *m*; (*Hund*) boxer *m.*
Boxhandschuh *m* gant *m* de boxe.
Boxkampf *m* match *m* de boxe.
Boykott [bɔy'kɔt] (**-(e)s, -s**) *m* boycott(age) *m.*
boykottieren [bɔykɔ'tiːrən] *vt* boycotter.
BR *m abk* (= *Bayrischer Rundfunk*) radio bavaroise.
brach *etc* [braːx] *vb siehe* **brechen.**
brachial [braxi'aːl] *adj*: **mit ~er Gewalt** (*geh*) par la force.
brachliegen ['braːxliːgən] *unreg vi* être en friche; (*fig*) rester inutilisé(e).
brachte *etc* ['braxtə] *vb siehe* **bringen.**
Brackwasser ['brakvasər] *nt* eau *f* saumâtre.
Branche ['brãːʃə] *f* (*Geschäftszweig*) succursale *f*; (*Wirtschaftszweig*) secteur *m*; (*umg: Fachgebiet*) domaine *m.*
Branchenverzeichnis *nt* ≈ pages *fpl* jaunes.
Brand [brant] (**-(e)s, ̈-e**) *m* incendie *m*; (*MED*) gangrène *f*; **in ~ setzen** *od* **stecken** mettre le feu à; ~**anschlag** *m* incendie *m* criminel; **b~eilig** *adj* très urgent(e).
branden ['brandən] *vi* (*Meer*) déferler.
Brandenburg *nt* le Brandebourg.
Brandherd *m* foyer *m* d'incendie.
brandmarken *vt* (*fig*) stigmatiser.
Brandmauer *f* mur *m* coupe-feu.
brandneu (*umg*) *adj* flambant neuf(neuve).
Brand-: ~**salbe** *f* pommade *f* pour brûlures; ~**stifter** *m* incendiaire *m/f*, pyromane *m/f*; ~**stiftung** *f* incendie *m* criminel.
Brandung *f* ressac *m.*
Brandwunde *f* brûlure *f.*
brannte *etc* ['brantə] *vb siehe* **brennen.**
Branntwein ['brantvaɪn] *m* eau-de-vie *f*, spiri-

tueux *m*; ~**brennerei** *f* distillerie *f*.

Brasilianer(in) [brazili'a:nər(ın)] (**–s**, **–**) *m(f)* Brésilien(ne) *m/f*.

brasilianisch *adj* brésilien(ne).

Brasilien [bra'zi:liən] *nt* le Brésil.

brät *etc* [brɛt] *vb siehe* **braten**.

Bratapfel *m* pomme *f* au four.

braten ['bra:tən] *unreg vt* rôtir; (*in Pfanne*) (faire) frire.

Braten (**–s**, **–**) *m* rôti *m*; **den** ~ **riechen** (*fig*: *umg*) soupçonner quelque chose.

Brat-: ~**hähnchen** *nt*, ~**hendl** (*SÜDD, ÖSTERR*) *nt*, ~**huhn** *nt* poulet *m* rôti; ~**kartoffeln** *pl* pommes *fpl* de terre sautées; ~**pfanne** *f* poêle *f* (à frire); ~**rost** *m* gril *m*.

Bratsche ['bra:tʃə] *f* alto *m*.

Bratspieß *m* broche *f*.

Bratwurst *f* (*zum Braten*) saucisse *f* (à griller); (*gebraten*) saucisse grillée.

Brauch [braʊx] (**–(e)s**, **Bräuche**) *m* coutume *f*.

brauchbar *adj* utilisable; (*Vorschlag*) utile; (*Mensch*) capable.

brauchen *vt* avoir besoin de; (*mit Zeitangabe*) prendre; (*benutzen*) utiliser; (*verbrauchen*) consommer; **wie lange braucht man, um ...?** combien de temps faut-il pour ...?; **das brauchst du nicht zu machen!** tu n'as pas besoin de le faire!, ça n'est pas nécessaire!; **du brauchst es mir nur zu sagen** tu n'as qu'à me le dire.

Brauchtum *nt* coutumes *fpl*, traditions *fpl*.

Braue ['braʊə] *f* sourcil *m*.

brauen ['braʊən] *vt* (*Bier*) brasser; (*Zaubertrank*) préparer.

Brauerei [braʊə'raɪ] *f* brasserie *f*.

braun [braʊn] *adj* brun(e), marron *inv*; (*Haar*) brun(e); (*von Sonne*) bronzé(e); (*pej*) nazi(e).

Bräune ['brɔynə] *f* (*Sonnen*~) hâle *m*; **b**~**n** *vt* (*KOCH*) faire revenir, faire rissoler; (*Sonne*) hâler, bronzer.

braungebrannt *adj* bronzé(e).

Braunkohle *f* lignite *m*.

Braunschweig ['braʊnʃvaɪk] (**–s**) *nt* Brunswick.

Brause ['braʊzə] *f* (*Dusche*) douche *f*; (*von Gießkanne*) pomme *f* (d'arrosoir); (*Getränk*) limonade *f*.

brausen *vi* (*Wind, Wellen*) rugir; (*schnell fahren*) foncer ♦ *vr* (*duschen*) prendre une douche.

Brausepulver *nt* limonade *f* en poudre.

Brausetablette *f* comprimé *m* effervescent.

Braut [braʊt] (**–**, **Bräute**) *f* mariée *f*; (*Verlobte*) fiancée *f*.

Bräutigam ['brɔytigam] (**–s**, **–e**) *m* marié *m*.

Braut-: ~**jungfer** *f* demoiselle *f* d'honneur; ~**kleid** *nt* robe *f* de mariée; ~**paar** *nt* mariés *mpl*.

brav [bra:f] *adj* (*artig*) sage; (*ehrenhaft*) honnête; (*bieder*: *Frisur, Kleid*) simple, peu sophistiqué(e); **sei schön** ~! sois sage!

bravo ['bra:vo] *interj* bravo.

BRD *f abk* (= *Bundesrepublik Deutschland*) RFA *f*.

Brech-: ~**bohne** *f* haricot *m* vert; ~**durchfall**

m gastro-entérite *f*; ~**eisen** *nt* levier *m*.

brechen *unreg vt* (*zer*~) casser; (*Licht*) réfracter; (*Widerstand, Trotz*) vaincre; (*Schweigen, Vertrag, Versprechen*) rompre; (*Rekord*) battre; (*Blockade*) forcer; (*Recht*) violer; (*fig*: *jdn*) briser; (*speien*) vomir ♦ *vi* (*zer*~: *Rohr etc*) crever; (*Leder*) se fendiller; (*speien*) vomir ♦ *vr* (*Strahlen*) être réfracté(e); (*Schall*) être répercuté(e) *od* renvoyé(e); (*Brandung*) se briser; **sich den Arm/das Bein** ~ se casser le bras/la jambe; **jdm den Arm/das Bein** ~ casser le bras/la jambe à qn; **die Ehe** ~ commettre un adultère; **mir bricht das Herz** ça me fend le cœur; ~**d** *od* **zum B**~ **voll sein** être plein(e) à craquer.

Brecher (**–s**, **–**) *m* brisant *m*.

Brechmittel *nt*: **er ist das reinste** ~ (*umg*) il me dégoûte; **das ist das reinste** ~ (*umg*) c'est répugnant.

Brechreiz *m* nausée *f*.

Brechung *f* (*PHYS*) réfraction *f*.

Brei [braɪ] (**–(e)s**, **–e**) *m* pâte *f*; (*für Kinder, Kranke*) bouillie *f*; **um den heißen** ~ **herumreden** (*umg*) tourner autour du pot.

breit [braɪt] *adj* large; (*Lachen*) gras(se); **10 m** ~ **sein** avoir 10 mètres de large; **die** ~**e Öffentlichkeit** le grand public; **die** ~**e Masse** les masses *fpl*; ~**beinig** *adv* les jambes écartées.

Breite *f* largeur *f*; (*GEOG*) latitude *f*.

breiten *vt*: **etw über jdn/etw** ~ étendre qch sur qn/qch ♦ *vr*: **die Nacht breitete sich über das Dorf** la nuit tombait sur le village.

Breitengrad *m* latitude *f*.

Breitensport *m* sport *m* de masse.

breit-: ~**gefächert** *adj*: **ein** ~**gefächertes Angebot** un vaste choix; ~**machen** *vr* s'étaler; ~**schlagen** *unreg* (*umg*) *vt*: **sich** ~**schlagen lassen** se laisser persuader; ~**schult(e)rig** *adj* large d'épaules; ~**treten** *unreg* (*umg*: *pej*) *vt* rabâcher; **B**~**wandfilm** *m* film *m* en cinémascope.

Bremen ['bre:mən] *nt* (*GEOG*) Brême.

Bremsbelag *m* garniture *f* de frein.

Bremse ['brɛmzə] *f* (*TECH*) frein *m*; (*ZOOL*) taon *m*.

bremsen *vi* freiner ♦ *vt* freiner; (*jdn*) arrêter ♦ *vr*: **ich kann mich** ~ (*umg*) ça ne me dit vraiment rien.

Brems-: ~**flüssigkeit** *f* liquide *m* de freins; ~**licht** *nt* feu *m* (de) stop; ~**pedal** *nt* pédale *f* de frein; ~**schuh** *m* mâchoire *f* de frein; ~**spur** *f* trace *f* de dérapage; ~**weg** *m* distance *f* de freinage.

brennbar *adj* combustible; **leicht** ~ **inflammable**.

Brennelemente *pl* éléments *mpl* combustibles.

brennen ['brɛnən] *unreg vi* brûler; (*Licht*) être allumé(e); (*Gewürz*) emporter la bouche; (*Schnaps*) brûler la gorge ♦ *vt* brûler; (*Ziegel, Ton*) (faire) cuire; (*Branntwein*) distiller; (*Kaffee*) torréfier; **mit einer Zigarette ein Loch in**

etw *Akk* ~ faire un trou dans qch avec une cigarette; **darauf** ~, **etw zu tun** brûler (d'envie) de faire qch; **es brennt!** au feu!; **wo brennt's denn?** (*umg*) il n'y a pas le feu!

Brenn-: ~**(n)essel** *f* (*BOT*) ortie *f*; ~**material** *m* combustible *m*; ~**ofen** *m* four *m*; ~**punkt** *m* foyer *m*; (*Mittelpunkt*) centre *m*; ~**spiritus** *m* alcool *m* à brûler; ~**stoff** *m* combustible *m*.

brenzlig ['brɛntslɪç] *adj* (*Geruch*) de brûlé; (*fig: Situation*) qui sent le roussi.

Bresche ['brɛʃə] *f*: **in die** ~ **springen** (*fig*) intervenir.

Bretagne [bre'tanjə] *f*: **die** ~ la Bretagne.

Bretone(-in) [bre'to:nə] (**–n, –n**) *m(f)* (*GEOG*) Breton(ne) *m/f*.

Brett [brɛt] (**–(e)s, –er**) *nt* planche *f*; (*Bücher*~) étagère *f*; (*Spiel*~) plateau *m*; ~**er** *pl* (*umg: Skier*) skis *mpl*; (*THEAT*) planches *fpl*; **schwarze(s)** ~ tableau *m* d'affichage; **er hat ein** ~ **vor dem Kopf** (*umg*) il est bouché.

Bretterbude *f* cabane *f*, baraque *f*.

Bretterzaun *m* palissade *f*.

Brettspiel *nt* jeu *m* de société.

Brezel ['bre:tsəl] (**–, –n**) *f* (*KOCH*) bretzel *m*.

brichst *etc* [brɪçst] *vb siehe* **brechen**.

Brief [bri:f] (**–(e)s, –e**) *m* lettre *f*; ~**beschwerer** (**–s, –**) *m* presse-papiers *m inv*; ~**block** *m* bloc *m* de papier à lettres; ~**drucksache** *f* lettre envoyée au tarif imprimé; ~**freund(in)** *m(f)* correspondant(e) *m/f*; ~**karte** *f* carte-lettre *f*; ~**kasten** *m* boîte *f* aux lettres; ~**kopf** *m* en-tête *m*; **b**~**lich** *adv* par écrit; ~**marke** *f* timbre *m*; ~**öffner** *m* coupe-papier *m inv*; ~**papier** *nt* papier *m* à lettres; ~**qualität** *f* (*COMPUT*) qualité *f* courrier; ~**tasche** *f* portefeuille *m*; ~**taube** *f* (*ZOOL*) pigeon *m* voyageur; ~**telegramm** *nt* télégramme à tarif réduit (*distribué avec le courrier*); ~**träger(in)** *m(f)* facteur *m*; ~**umschlag** *m* enveloppe *f*; ~**waage** *f* pèse-lettre *m*; ~**wahl** *f* vote *m* par correspondance; ~**wechsel** *m* correspondance *f*.

briet *etc* [bri:t] *vb siehe* **braten**.

Brigade [bri'ga:də] *f* (*MIL*) brigade *f*.

Brikett [bri'kɛt] (**–(e)s, –s**) *nt* briquette *f*.

brillant [brɪl'jant] *adj* (*ausgezeichnet*) excellent(e); **B**~ (**–en, –en**) *m* brillant *m*.

Brille ['brɪlə] *f* lunettes *fpl*; (*Toiletten*~) lunette *f*.

Brillen-: ~**gestell** *nt* monture *f* (de lunettes); ~**schlange** *f* serpent *m* à lunettes; (*hum*) femme qui porte des lunettes; ~**träger(in)** *m(f)*: **er ist** ~**träger** il porte des lunettes.

bringen ['brɪŋən] *unreg vt* apporter; (*mitnehmen*) emporter; (*begleiten*) emmener; (: *im Auto*) conduire; (*einbringen*) rapporter; (*veröffentlichen*) sortir; (*THEAT, FILM*) donner; (*RUNDF, TV*) passer; (*umg: tun können, schaffen*) arriver à (faire); **jdn dazu** ~, **etw zu tun** convaincre qn de faire qch; **jdn zum Lachen/ Weinen** ~ faire rire/pleurer qn; **es weit** ~ réussir dans la vie; **jdn nach Hause** ~ ramener qn; **jdn um etw** ~ faire perdre qch à qn; **es zu etwas** ~ réussir; **jdn auf eine Idee** ~ don-

ner une idée à qn.

brisant [bri'zant] *adj* (*fig: geh*) explosif(-ive).

Brisanz [bri'zants] *f* (*fig: geh*) caractère *m* explosif.

Brise ['bri:zə] *f* brise *f*.

Brite(-in) ['brɪtə] *m(f)* Britannique *m/f*; **die** ~**n** les Britanniques *mpl*.

britisch ['brɪtɪʃ] *adj* britannique; **die B**~**en Inseln** les îles *fpl* Britanniques.

bröckelig ['brœkəlɪç] *adj* friable.

Brocken ['brɔkən] (**–s, –**) *m* (*Stückchen*) morceau *m*; (*Bissen*) bouchée *f*; (*Fels*~) fragment *m*; (*umg: Person*) armoire *f* à glace; **ein paar** ~ **Spanisch** quelques bribes *fpl* d'espagnol; **ein harter** ~ (*umg*) un sacré morceau.

brodeln ['bro:dəln] *vi* bouillonner.

Brokat [bro'ka:t] (**–(e)s, –e**) *m* brocart *m*.

Brokkoli ['brɔkoli] *pl* brocoli *m*.

Brom [bro:m] (**–s**) *nt* brome *m*.

Brombeere ['brɔmbe:rə] *f* mûre *f*.

bronchial [brɔnçi'a:l] *adj* bronchique.

Bronchien ['brɔnçiən] *pl* bronches *fpl*.

Bronchitis [brɔn'çi:tɪs] *f* bronchite *f*.

Bronze ['brõ:sə] *f* bronze *m*; ~**zeit** *f* âge *m* du bronze.

Brosame ['bro:za:mə] *f* miette *f*.

Brosche ['brɔʃə] *f* broche *f*.

Broschüre [brɔ'ʃy:rə] *f* brochure *f*.

Brösel ['brø:zəl] (**–s, –**) *m* miette *f*.

Brot [bro:t] (**–(e)s, –e**) *nt* pain *m*; (*belegtes* ~) tartine *f*; **ein hartes** *od* **schweres** ~ (*fig*) un métier pénible.

Brötchen ['brø:tçən] *nt* petit pain *m*; **kleine** ~ **backen** (*fig*) se serrer la ceinture; ~**geber** *m* (*hum*) patron *m*.

brotlos ['bro:tlo:s] *adj* (*Mensch*) sans travail; (*Arbeit etc*) peu lucratif(-ive).

Brotzeit (*SÜDD*) *f* (*Pause*) pause *f*.

BRT *abk* (*NAUT*: = *Bruttoregistertonne*) tonneau *m*.

Bruch [brʊx] (**–(e)s, ̈-e**) *m* (*zerbrochene Stelle*) cassure *f*; (*Vertrags*~; *zwischen Menschen, Ländern*) rupture *f*; (*MED: Eingeweide*~) hernie *f*; (: *Bein*~ *etc*) fracture *f*; (*MATH*) fraction *f*; **etw als** ~ **verkaufen** vendre des déchets *od* des morceaux cassés de; **zu** ~ **gehen** se casser; (*fig*) **ihre Freundschaft ist in die Brüche gegangen** ils se sont brouillés; **sich einen** ~ **heben** se faire une hernie; ~**bude** (*umg*) *f* taudis *m*; **b**~**fest** *adj* incassable.

brüchig ['brʏçɪç] *adj* (*Material*) cassant(e), fragile; (*Stein*) friable; (*Stimme*) rauque.

Bruch-: ~**landung** *f* atterrissage *m* forcé (*avec des dégâts*); ~**rechnen** *nt* fractions *fpl*; ~**schaden** *m* casse *f*; ~**stelle** *f* point *m* de rupture; (*von Knochen*) fracture *f*; ~**strich** *m* (*MATH*) barre *f* de fraction; ~**stück** *nt* fragment *m*; ~**teil** *m* fraction *f*; ~**zahl** *f* fraction *f*.

Brücke ['brʏkə] *f* pont *m*; (*Zahn*~) bridge *m*; (*NAUT*) passerelle *f*; (*Teppich*) petit tapis *m*; **alle** ~**n hinter sich** *Dat* **abbrechen** (*fig*) couper les ponts.

Bruder ['bru:dər] (**–s, ̈-**) *m* frère *m*; (*pej: umg*)

type *m*; **unter Brüdern** (*umg*) entre amis.
brüderlich *adj* fraternel(le); ~ **teilen** partager fraternellement; **B~keit** *f* fraternité *f*, sentiments *mpl* fraternels.
Brüderschaft *f* fraternité *f*; ~ **trinken** boire à une nouvelle amitié.
Brühe ['bry:ə] *f* bouillon *m*; (*pej: Getränk*) lavasse *f*; (: *Wasser*) eau *f* sale.
brühwarm ['bry:'varm] (*umg*) *adj*: **er hat das sofort** ~ **weitererzählt** il n'a pas réussi à le garder pour lui deux minutes.
Brühwürfel *m* bouillon *m* cube.
brüllen ['brʏlən] *vi* (*Mensch*) hurler; (*Kind*) hurler, brailler; (*Ochse*) mugir; (*Löwe*) rugir.
Brummbär (*umg*) *m* bougon *m*.
brummeln ['brʊməln] *vt, vi* marmonner.
brummen *vi* (*Bär, Mensch*) grogner; (*Insekt*) bourdonner; (*Motor*) vrombir, ronfler; (*umg: murren*) ronchonner ◆ *vt* (*Antwort, Worte*) grommeler; (*Lied*) chantonner; **jdm brummt der Kopf** qn a mal au crâne.
Brummer ['brʊmər] (*-s, –*) *m*, **Brummi** ['brʊmi] (*-s, -s*; *umg*) *m* (*Lastwagen*) gros poids *m* lourd, mastodonte *m*.
Brummschädel (*umg*) *m* gueule *f* de bois.
brünett [brʏ'nɛt] *adj* brun(e).
Brunft [brʊnft] (*-, –̈e*) *f* rut *m*.
Brunnen ['brʊnən] (*-s, –*) *m* fontaine *f*; (*tief*) puits *m*; (*natürlich*) source *f*; ~**kresse** *f* cresson *m* de fontaine.
Brunst [brʊnst] *f* rut *m*; ~**zeit** *f* rut *m*.
brüsk [brʏsk] *adj* brusque.
brüskieren [brʏs'ki:rən] *vt* offenser.
Brüssel ['brʏsəl] (*-s*) *nt* Bruxelles.
Brust [brʊst] (*-, –̈e*) *f* poitrine *f*; (*weibliche* ~) sein *m*; **einem Kind die** ~ **geben** allaiter un enfant; ~**beutel** *m* bourse portée sur la poitrine.
brüsten ['brʏstən] *vr* se vanter.
Brust-: ~**fellentzündung** *f* pleurésie *f*; ~**kasten** (*umg*) *m* thorax *m*, coffre *m*; ~**korb** *m* thorax *m*, cage *f* thoracique; ~**schwimmen** *nt* brasse *f*; ~**ton** *m*: **im** ~**ton der Überzeugung** d'un ton convaincu.
Brüstung ['brʏstʊŋ] *f* balustrade *f*; (*Brücken~*) parapet *m*; ~**warze** *f* mamelon *m*.
Brut [bru:t] (*-, -en*) *f* (*Tiere*) couvée *f*; (*Brüten*) incubation *f*; (*pej: Gesindel*) engeance *f*.
brutal [bru'ta:l] *adj* brutal(e); **B~ität** *f* brutalité *f*.
Brutapparat *m* (*für Tiere*) couveuse *f*, incubateur *m*.
brüten ['bry:tən] *vi* (*Vogel*) couver; **über etw** *Dat* ~ (*fig*) ruminer qch; ~**de Hitze** chaleur *f* accablante.
Brüter (*-s, –*) *m*: **schneller** ~ surgénérateur *m*.
Brutkasten *m* (*MED*) couveuse *f*.
Brutstätte *f* lieu *m* de couvaison, (*fig*) foyer *m*.
brutto ['brʊto] *adv* brut; **B~einkommen** *nt* revenu *m* brut; **B~gehalt** *nt* salaire *m* brut; **B~gewicht** *nt* poids *m* brut; **B~gewinn** *m* bénéfice *m* brut; **B~lohn** *m* salaire *m* brut; **B~sozialprodukt** *nt* produit *m* national brut,

PNB *m*.
brutzeln ['brʊtsəln] (*umg*) *vi* grésiller ◆ *vt* faire frire.
Btx *abk* = **Bildschirmtext**.
Bub [bu:p] (*-en, -en*) *m* garçon *m*.
Bube ['bu:bə] (*-n, -n*) *m* (*veraltet: Schurke*) coquin *m*; (*KARTEN*) valet *m*.
Bubikopf *m* ≈ coupe *f* au carré.
Buch [bu:x] (*-(e)s, –̈er*) *nt* livre *m*; (*WIRTS: gew pl*) livre de comptes; **er redet wie ein** ~ (*umg*) il parle comme un livre; **ein** ~ **mit sieben Siegeln** (*fig*) une énigme; **die Bücher führen** s'occuper de la comptabilité; **die Bücher prüfen** vérifier les comptes; **über etw** *Akk* ~ **führen** noter qch dans ses moindres détails; ~**binder** (*-s, –*) *m* relieur *m*; ~**drucker** *m* imprimeur *m*.
Buche *f* (*BOT*) hêtre *m*.
Buchecker ['bu:xɛkər] (*-, -n*) *f* (*BOT*) faîne *f*.
buchen *vt* (*Flug, Hotel*) réserver, retenir; (*Betrag*) inscrire; **etw als Erfolg** ~ considérer qch comme un succès.
Bücherbrett *nt* étagère *f* (*de bibliothèque*).
Bücherei [by:çə'raɪ] *f* bibliothèque *f*.
Bücherregal *nt* bibliothèque *f* (*rayonnage*).
Bücherschrank *m* bibliothèque *f* (*armoire*).
Buchfink ['bu:xfɪŋk] *m* pinson *m*.
Buch-: ~**führer** *m* responsable *m* de la comptabilité; ~**führung** *f* comptabilité *f*; ~**gemeinschaft** *f* club *m* du livre; ~**halter(in)** (*-s, –*) *m(f)* comptable *m/f*; ~**handel** *m* marché *m* du livre; **im** ~**handel erhältlich** (disponible) en librairie; ~**händler(in)** *m(f)* libraire *m/f*; ~**handlung** *f* librairie *f*; ~**prüfung** *f* vérification *f* des comptes; ~**rücken** *m* dos *m* d'un *od* du livre.
Buchse ['bʊksə] *f* (*ELEK*) prise *f* (*femelle*).
Büchse ['bʏksə] *f* (*Konserve*) boîte *f* (*de conserve*); (*Gewehr*) fusil *m*.
Büchsen-: ~**fleisch** *nt* viande *f* en conserve; ~**milch** *f* lait *m* condensé; ~**öffner** *m* ouvre-boîtes *m*.
Buchstabe (*-ns, -n*) *m* lettre *f* (*de l'alphabet*).
buchstabieren [bu:xʃta'bi:rən] *vt* épeler.
buchstäblich ['bu:xʃtɛ:plɪç] *adv* (*geradezu, regelrecht*) littéralement.
Buchstütze *f* serre-livres *m inv*.
Bucht ['bʊxt] (*-, -en*) *f* baie *f*; (*Park~*) place *f* de stationnement.
Buchung ['bu:xʊŋ] *f* (*Reservierung*) réservation *f*; (*WIRTS*) écriture *f*.
Buchweizen *m* sarrasin *m*, blé *m* noir.
Buchzeichen *nt* signet *m*.
Buckel ['bʊkəl] (*-s, –*) *m* (*umg: Rücken*) dos *m*; (*MED, Wölbung*) bosse *f*; **er kann mir den** ~ **runterrutschen!** (*umg*) qu'il aille au diable!
buckeln (*umg: pej*) *vi* s'écraser.
bücken ['bʏkən] *vr* se baisser.
bucklig *adj* bossu(e); (*uneben*) cahoteux(-euse).
Bückling ['bʏklɪŋ] *m* (*KOCH*) hareng *m* saur; (*Verbeugung*) courbette *f*.
Budapest ['bu:dapɛst] (*-s*) *nt* Budapest.

buddeln ['bʊdəln] (*umg*) *vt*, *vi* creuser.
Bude ['bu:də] *f* baraque *f*; (*umg*) piaule *f*; **jdm die ~ einrennen** (*umg*) tanner qn.
Budget [by'dʒe:] (*−s*, *−s*) *nt* budget *m*.
Büfett (*−s*, *−s*) *nt* (*Anrichte*) buffet *m*; (*Verkaufstisch in Café etc*) bar *m*; **kaltes ~** buffet froid.
Büffel ['byfəl] (*−s*, *−*) *m* (*ZOOL*) buffle *m*.
büffeln ['byfəln] (*umg*) *vi*, *vt* bûcher.
Bug [bu:k] (*−(e)s*, *−e*) *m* (*NAUT*) proue *f*; (*FLUG*) nez *m*.
Bügel ['by:gəl] (*−s*, *−*) *m* (*Kleider~*) cintre *m*; (*Steig~*) étrier *m*; (*Brillen~*) branche *f*; (*Griff*) poignée *f*; **~brett** *nt* planche *f* à repasser; **~eisen** *nt* fer *m* à repasser; **~falte** *f* pli *m* (*de pantalon*); **b~frei** *adj* qui ne se repasse pas.
bügeln *vt*, *vi* repasser.
bugsieren [bʊ'ksi:rən] (*umg*) *vt* traîner.
Buhmann ['bu:man] (*umg*) *m* bouc *m* émissaire.
Bühne ['by:nə] *f* (*Podium*) estrade *f*; (*THEAT*) scène *f*; **etw gut über die ~ bringen** (*umg*) mener qch à bien.
Bühnenbild *nt* décor *m*.
Bühnenbildner(in) (*−s*, *−*) *m(f)* décorateur(-trice) *m/f* de théâtre.
Buhruf ['bu:ru:f] *m* huée *f*.
buk *etc* [bu:k] *vb siehe* **backen**.
Bukarest ['bu:karɛst] (*−s*) *nt* Bucarest.
Bulgare [bʊl'ga:rə] *m* Bulgare *m*.
Bulgarien *nt* la Bulgarie.
Bulgarin *f* Bulgare *f*.
bulgarisch *adj* bulgare.
Bull-: **~auge** *nt* hublot *m*; **~dogge** *f* bouledogue *m*; **~dozer** (*−s*, *−*) *m* bulldozer *m*.
Bulle ['bʊlə] (*−n*, *−n*) *m* (*ZOOL*) taureau *m*; **die ~n** (*pej*: *umg*) les flics *mpl*.
Bullenhitze (*umg*) *f* chaleur *f* étouffante.
Bulletin [byl'tɛ̃:] (*−s*, *−s*) *nt* bulletin *m*.
Bumerang ['bu:məraŋ] (*−s*, *−e*) *m* boomerang *m*.
Bummel ['bʊməl] (*−s*, *−*) *m* balade *f*; (*Schaufenster~*) lèche-vitrines *m inv*.
Bummelant [bʊmə'lant] *m* lambin *m*; (*Faulenzer*) fainéant *m*.
Bummelei [bʊmə'laɪ] (*umg*) *f* flemme *f*.
bummeln *vi* (*gehen*) se balader, flâner; (*umg*: *trödeln*) lambiner; (: *faulenzen*) se la couler douce.
Bummelstreik *m* grève *f* du zèle.
Bummelzug (*umg*) *m* tortillard *m*.
Bummler(in) ['bʊmlər(ɪn)] (*−s*, *−*; *umg*) *m(f)* (*langsamer Mensch*) lambin(e) *m/f*; (*Faulenzer*) flemmard(e) *m/f*.
bumsen ['bʊmzən] *vi* (*umg*: *dröhnen*): **es hat gebumst** on a entendu un bruit sourd; (*schlagen*, *stoßen*) cogner; (*umg!*: *koitieren*) baiser (*umg!*).
Bund[1] [bʊnt] (*−(e)s*, *−̈e*) *m* (*Vereinigung*) alliance *f*; (*POL*) fédération *f*, état *m* fédéral; (*Hosen~*, *Rock~*) ceinture *f*; **den ~ fürs Leben schließen** convoler (en justes noces); **der ~ und die Länder** (*POL*) le gouvernement fédéral et ceux des régions, la Fédération et les États

mpl.
Bund[2] [bʊnt] (*−(e)s*, *−e*) *nt* (*Stroh~*, *Spargel~ etc*) botte *f*.
Bündchen ['byntçən] *nt* (*Kragen~*) col *m*; (*Ärmel~*) poignet *m*.
Bündel (*−s*, *−*) *nt* paquet *m*; (*von Papieren*) liasse *f*; (*Strahlen~*) faisceau *m*.
bündeln *vt* (*Zeitungen*, *Briefe*) faire un paquet de; (*Radieschen*, *Spargel*) mettre en botte.
Bundes- ['bʊndəs]: **~bahn** *f*: **die (Deutsche) ~bahn** les chemins *mpl* de fer allemands; **~bank** *f* banque *f* nationale (allemande); **~bürger** *m* citoyen *m* allemand; **~gebiet** *nt* territoire *m* de la R.F.A.; **~gerichtshof** *m* cour *f* suprême (allemande); **~grenzschutz** (*BRD*) *m* police *f* (allemande) des frontières; **~hauptstadt** *f* capitale *f* allemande; **~haushalt** *m* budget *m* allemand; **~kanzler** *m* chancelier *m* allemand, ≈ premier ministre *m*; **~land** *nt* land *m*, État *m*; **~liga** *f* (*SPORT*) ligue *f* nationale; **~nachrichtendienst** *m* services *mpl* secrets allemands; **~post** *f*: **die (Deutsche) ~post** la poste; **~präsident** *m* président *m*; **~rat** *m* conseil *m* fédéral; **~regierung** *f* gouvernement *m* fédéral (d'un État); **~republik** *f* République *f* fédérale d'Allemagne; **~staat** *m* État *m* fédéral; **~straße** *f* route *f* nationale; **~tag** *m* Parlement *m* allemand, Bundestag *m*; **~tagsabgeordnete(r)** *f(m)* député *m*; **~tagswahl** *f* élections *fpl* parlementaires; **~verfassungsgericht** *nt* cour *f* suprême; **~wehr** *f* armée *f* allemande.
Bund-: **~falten** *pl* (*Hose*) pince *f*; **~hose** *f* pantalon *m* à pinces.
bündig ['byndɪç] *adj* (*kurz*) concis(e), succint(e).
Bündnis ['byntnɪs] (*−ses*, *−se*) *nt* alliance *f*.
Bungalow ['bʊŋalo] (*−s*, *−s*) *m* bungalow *m*.
Bunker ['bʊŋkər] (*−s*, *−*) *m* bunker *m*; (*Luftschutz~*) abri *m* antiaérien.
Bunsenbrenner ['bʊnzənbrɛnər] (*−s*, *−*) *m* bec *m* Bunsen.
bunt [bʊnt] *adj* aux couleurs variées; (*fig*: *ungeordnet*) mélangé(e); **~e Farben** couleurs *fpl* variées; **jdm wird es zu ~** (*umg*) c'en est trop pour qn; **B~film** *m* film *m* en couleur; **B~stift** *m* crayon *m* de couleur; **B~wäsche** *f* linge *m* de couleur.
Bürde ['byrdə] *f* fardeau *m*.
Burg [bʊrk] (*−*, *−en*) *f* (*Festung*) forteresse *f*, château *m* fort; (*Sand~*) château (de sable).
Bürge(-in) ['byrgə] (*−n*, *−n*) *m(f)* garant(e) *m/f*, caution *f*.
bürgen *vi* se porter garant; **für jdn/etw ~** se porter garant pour qn/de qch.
Bürger(in) (*−s*, *−*) *m(f)* (*von Ort*, *Stadt*) citoyen(ne) *m/f*; (*SOZIOLOGIE*) bourgeois(e) *m/f*; **~initiative** *f* initiative *f* populaire; **~krieg** *m* guerre *f* civile; **b~lich** *adj* (*Rechte*) civique; (*Klasse*, *pej*) bourgeois(e); **gut b~liche Küche** cuisine *f* bourgeoise; **b~liches Gesetzbuch** Code *m* civil; **~meister(in)** *m(f)* maire *m*; **b~nah** *adj* (*Politik*) qui tient compte de l'opi-

nion publique; ~**rechte** *pl* droits *mpl* civils; ~**rechtler(in)** (**–s,** **–**) *m(f)* défenseur *m* des droits civils; ~**schaft** *f* citoyens *mpl*; ~**schreck** *m personne qui fait peur aux bourgeois*; ~**steig** *m* trottoir *m*; ~**tum** (**–s**) *nt* bourgeoisie *f*.

Burgfriede(n) *m* (*fig*) trêve *f*.

Burggraben *m* douve *f*.

Bürgin *f siehe* **Bürge**.

Bürgschaft *f* caution *f*; ~ **leisten** se porter caution.

Burgund [bur'gunt] (**–(s)**) *nt* la Bourgogne.

Burgunder (**–s,** **–**) *m* (*Wein*) bourgogne *m*.

Burgverlies *nt* oubliettes *fpl*.

Burkina-Faso [bur'kina'fa:so] *nt* le Burkina-Faso.

Burma ['burma] *nt* la Birmanie.

Büro [by'ro:] (**–s,** **–s**) *nt* bureau *m*; ~**angestellte(r)** *f(m)* employé(e) *m/f* de bureau; ~**automatisierung** *f* bureautique *f*; ~**bedarf** *m* fournitures *fpl* de bureau; ~**kaufmann** *m* employé *m* de bureau; ~**klammer** *f* trombone *m*; ~**kraft** *f* employé(e) *m/f* de bureau.

Bürokrat [byro'kra:t] (**–en,** **–en**) *m* bureaucrate *m*.

Bürokratie [byrokra'ti:] *f* bureaucratie *f*.

bürokratisch *adj* bureaucratique.

Bürokratismus *m* bureaucratie *f*.

Büroschluß *m* heure *f* de fermeture des bureaux.

Bursche (**–n,** **–n**) *m* garçon *m*, gars *m*; (*Diener*) ordonnance *f*.

Burschenschaft *f* confrérie *f* (d'étudiants).

burschikos [burʃi'ko:s] *adj* (*Mädchen*) garçon manqué *inv*; (*Benehmen*) de garçon manqué; (*unbekümmert*) désinvolte.

Bürste ['byrstə] *f* brosse *f*.

bürsten *vt* brosser.

Bus [bus] (**–ses,** **–se**) *m* (auto)bus *m*.

Busch [buʃ] (**–(e)s,** **–̈e**) *m* (*Strauch*) buisson *m*; (*in Tropen*) brousse *f*; **auf den** ~ **klopfen** (*umg*) tâter le terrain.

Büschel ['byʃəl] (**–s,** **–**) *nt* (*Gras, Haar*) touffe *f*.

buschig *adj* touffu(e).

Busen ['bu:zən] (**–s,** **–**) *m* poitrine *f*; ~**freund(in)** *m(f)* ami(e) *m/f* intime.

Bushaltestelle *f* arrêt *m* d'autobus.

Bussard ['busart] (**–s,** **–e**) *m* buse *f*.

Buße ['bu:sə] *f* pénitence *f*; (*Geld~*) amende *f*.

büßen ['by:sən] *vi*: **für etw** ~ expier qch ♦ *vt* payer.

Bußgeld *nt* amende *f*.

Buß- und Bettag *m jour de pénitence protestant, le mercredi précédant le dernier dimanche de l'année liturgique.*

Büste ['bystə] *f* (*KUNST*) buste *m*.

Büstenhalter (**–s,** **–**) *m* soutien-gorge *m*.

Butan [bu'ta:n] (**–s**) *nt* butane *m*.

Bütte ['bytə] *f* cuve *f*, baquet *m*.

Büttenpapier *nt papier fait à la main.*

Büttenrede ['bytənre:də] *f discours de carnaval.*

Butter ['butər] *f* beurre *m*; **alles ist in (be-**

ster) ~ (*umg*) tout baigne dans l'huile; ~**blume** *f* bouton *m* d'or; ~**brot** *nt* tartine *f* (beurrée); ~**brotpapier** *nt* papier *m* sulfurisé; ~**cremetorte** *f* gâteau *m* od tarte *f* à la crème; ~**dose** *f* beurrier *m*; ~**milch** *f* babeurre *m*; **b~weich** *adj* très tendre, fondant(e); (*fig: umg*) mou(molle).

Butz [buts] (**–en,** **–en**) *m* (*Kerngehäuse*) trognon *m*.

Butzenscheibe *f vitre en culs de bouteille.*

BVG *nt abk* (= *Betriebsverfassungsgesetz*) droit *m* du travail; = **Bundesverfassungsgericht**.

b.w. *abk* (= *bitte wenden*) TSVP.

Byte [bait] (**–s,** **–s**) *nt* (*COMPUT*) octet *m*.

Bz. *abk* = **Bezirk**.

bzgl. *abk* (= *bezüglich*) concerne, concernant.

bzw. *abk* (= *beziehungsweise*) resp.

C, c

C, c [tse:] *nt* C, c *m*; ~ **wie Cäsar** ≈ C comme Célestin.

C *abk* = **Celsius**.

ca. [ka] *abk* (= *circa*) env.

Cabriolet [kabrio'le:] (**–s,** **–s**) *nt* (voiture *f*) décapotable *f*.

Café [ka'fe:] (**–s,** **–s**) *nt* café *m*, salon *m* de thé.

Cafeteria [kafete'ri:a] (**–,** **–s**) *f* cafétéria *f*.

cal *abk* (= *Kalorie*) cal.

Calais [ka'lɛ:] (**–**) *nt*: **die Straße von** ~ le Pas de Calais.

Camembert ['kaməmbe:r] (**–s,** **–s**) *m* camembert *m*.

campen ['kɛmpən] (**–s,** **–s**) *vi* faire du camping.

Camper(in) (**–s,** **–**) *m(f)* campeur(-euse) *m/f*.

Camping ['kɛmpiŋ] (**–s**) *nt* camping *m*; ~**bus** *m* camping-car *m*; ~**kocher** *m* réchaud *m* de camping, camping-gaz ® *m*; ~**platz** *m* (terrain *m* de) camping *m*.

Cape [ke:p] (**–s,** **–**) *nt* cape *f*.

Caravan ['karavan] (**–s,** **–s**) *m* caravane *f*.

Casanova [kaza'no:va] (**–s,** **–s**) *m* (*Frauenheld*) don Juan *m*.

Cäsium ['tsɛ:zium] *nt* césium *m*.

Cayennepfeffer [ka'jɛnpfɛfər] *m* poivre *m* de Cayenne.

ccm *abk* (= *Kubikzentimeter*) cm³.

CD *f abk* (= *Compact Disc*) CD *m*.

CDU [tse:de:'u:] *f abk* (= *Christlich-Demokratische Union (Deutschlands)*) *parti chrétien-démocrate allemand.*

Cellist(in) [tʃɛ'list(in)] *m(f)* violoncelliste *m/f*.

Cello ['tʃɛlo] (**–s,** **–s** od **Celli**) *nt* violoncelle *m*.

Cellophan ® [tsɛlo'fa:n] (**–**) *nt* Cellophane ® *f*.

Celsius ['tsɛlzius] *adj* Celsius.
Cembalo ['tʃɛmbalo] (**–s, –s**) *nt* clavecin *m*.
Cervelat [tsɛrvə'laːt] (**–s, –s**) *m* (*Wurst*) cervelas *m*.
Ces (**–, –**) *nt* (*MUS*) do *m* bémol.
ces (**–, –**) *nt* (*MUS*) = **Ces.**
Ceylon ['tsaɪlɔn] (**–s**) *nt* Ceylan *m*.
Chamäleon [ka'mɛːleɔn] (**–s, –s**) *nt* caméléon *m*.
Champagner [ʃam'panjər] (**–s, –**) *m* champagne *m*.
Champignon ['ʃampɪnjõ] (**–s, –s**) *m* champignon *m* de Paris.
Chance ['ʃãːs(ə)] *f* chance *f*.
Chancengleichheit *f* égalité *f* des chances.
Chaos ['kaːɔs] (**–**) *nt* chaos *m*.
Chaot(in) [ka'oːt(ɪn)] (**–en, –en**; *pej*) *m(f)* écervelé(e) *m/f*; (*POL*) ≈ anarchiste *m/f*.
chaotisch [ka'oːtɪʃ] *adj* chaotique.
Charakter [ka'raktər] (**–s, –e**) *m* (*von Ding*) caractère *m*, nature *f*; (*von Mensch*) caractère; (*Mensch*) personnage *m*; **c~fest** *adj* qui a du caractère.
charakterisieren [karakteri'ziːrən] *vt* caractériser.
Charakteristik [karakte'rɪstɪk] *f* description *f*.
charakteristisch [karakte'rɪstɪʃ] *adj* caractéristique, typique.
Charakter-: c~lich *adj* de caractère; **c~los** *adj* sans caractère; **~losigkeit** *f* manque *m* de caractère; **~schwäche** *f* faiblesse *f* de caractère; **~stärke** *f* force *f* de caractère; **~zug** *m* trait *m* de caractère.
Charge ['ʃarʒə] *f* (*Amt, Rang*) poste *m*.
Charisma ['çaːrɪsma] (**–s, Charismen** *od* **Charismata**) *nt* charisme *m*.
charmant [ʃar'mant] *adj* charmant(e).
Charme [ʃarm] (**–s**) *m* charme *m*.
Charta ['karta] (**–, –s**) *f* charte *f*.
Charterflug ['tʃartərfluːk] *m* vol *m* charter.
Chartermaschine ['tʃartərmaʃiːnə] *f* charter *m*.
chartern ['tʃartərn] *vt* affréter.
Chassis [ʃa'siː] (**–, –**) *nt* châssis *m*.
Chauffeur [ʃɔ'føːr] *m* chauffeur *m*.
chauffieren [ʃɔ'fiːrən] *vt* conduire.
Chaussee [ʃo'seː] *f* (*veraltet*) route *f*.
Chauvi ['ʃovi] (**–s, –s**; *umg*) *m* macho *m*.
Chauvinismus [ʃovi'nɪsmʊs] *m* (*POL*) chauvinisme *m*; **männlicher ~** machisme *m*.
Chauvinist [ʃovi'nɪst] *m* chauvin *m*.
checken ['tʃɛkən] *vt* (*überprüfen*) vérifier; (*umg: verstehen*) piger.
Chef(in) [ʃɛf(ɪn)] (**–s, –s**) *m(f)* patron(ne) *m/f*; **~arzt** *m* chef *m* de clinique; **~etage** *f* étage *m* réservé à la direction; **~redakteur(in)** *m(f)* rédacteur(-trice) *m/f* en chef; **~sekretärin** *f* secrétaire *f* de direction; **~visite** *f* tournée *f* du chef de clinique.
Chemie [çe'miː] (**–**) *f* chimie *f*; **~faser** *f* fibre *f* synthétique.
Chemikalie [çemi'kaːliə] *f* produit *m* chimique.

Chemiker(in) ['çeːmikər(ɪn)] (**–s –**) *m(f)* chimiste *m/f*.
chemisch ['çeːmɪʃ] *adj* chimique; **~e Reinigung** nettoyage *m* à sec; (*Geschäft*) pressing *m*.
Chemotechnik [çemo'tɛçnɪk] (**–**) *f* génie *m* chimique.
Chemotherapie [çemotera'piː] *f* chimiothérapie *f*.
chic [ʃɪk] = **schick.**
Chicorée [ʃiko'reː] (**–s**) *m od f* chicorée *f*.
Chiffon ['ʃifõ] (**–s, –s**) *m* mousseline *f* (de soie).
Chiffre ['ʃifər] *f* (*in Zeitung*) chiffre *m*; (*Geheimzeichen*) chiffre, code *m*.
chiffrieren [ʃɪ'friːrən] *vt* chiffrer, écrire en code.
Chile ['tʃiːle] (**–s**) *nt* le Chili.
Chilene(-in) [tʃi'leːnə] (**–n, –n**) *m(f)* Chilien(ne) *m/f*.
chilenisch *adj* chilien(ne).
Chili ['tʃiːli] (**–s**) *m* piment *m*.
China ['çiːna] (**–s**) *nt* la Chine.
Chinese(-in) [çi'neːzə] (**–n, –n**) *m(f)* Chinois(e) *m/f*.
chinesisch *adj* chinois(e).
Chinin [çi'niːn] (**–s**) *nt* (*MED*) quinine *f*.
Chip [tʃɪp] (**–s, –s**) *m* (*Spielmarke*) jeton *m*; (*COMPUT*) puce *f*; **~s** (*Kartoffel~s*) (pommes *fpl*) chips *fpl*.
Chirurg(in) [çi'rʊrg(ɪn)] (**–en, –en**) *m(f)* chirurgien(ne) *m/f*.
Chirurgie [çirʊr'giː] *f* chirurgie *f*.
chirurgisch *adj* chirurgical(e); **ein ~er Eingriff** une intervention chirurgicale.
Chlor [kloːr] (**–s**) *nt* chlore *m*; **c~en** *vt* (*Wasser*) chlorer.
Chloroform [kloro'fɔrm] (**–s**) *nt* chloroforme *m*; **c~ieren** [klorofor'miːrən] *vt* chloroformer.
Chlorophyll [kloro'fyl] (**–s**) *nt* chlorophylle *f*.
Choke [tʃoːk] (**–s, –s**) *m* (*AUT*) starter *m*.
Cholera ['koːlera] (**–**) *f* choléra *m*.
Choleriker(in) [ko'leːrikər(ɪn)] (**–s, –**) *m(f)* personne *f* colérique.
cholerisch [ko'leːrɪʃ] *adj* colérique.
Cholesterin [çolɛste'riːn] (**–s**) *nt* cholestérol *m*; **~spiegel** *m* taux *m* de cholestérol.
Chor [koːr] (**–(e)s, ̈-e**) *m* chœur *m*; **im ~** en chœur.
Choral [ko'raːl] (**–s, Choräle**) *m* choral *m*.
Choreograph(in) [koreo'graːf(ɪn)] *m(f)* chorégraphe *m/f*.
Choreographie [koreogra'fiː] *f* chorégraphie *f*.
Chor-: ~gestühl *nt* stalles *fpl* du chœur; **~knabe** *m* jeune choriste *m*, petit chanteur *m*; **~leiter** *m* chef *m* de chœur.
Chose ['ʃoːzə] (*umg*) *f* (*Angelegenheit*) affaire *f*.
Chr. *abk* = **Christus; Chronik.**
Christ [krɪst] (**–en, –en**) *m* chrétien *m*; **~baum** *m* arbre *m* de Noël.
Christenheit *f* chrétienté *f*.
Christentum *nt* christianisme *m*.
Christin *f* chrétienne *f*.
Christ-: ~kind *nt* (*Weihnachten*) ≈ père *m* Noël; (*Jesus*) enfant *m* Jésus; **c~lich** *adj* chré-

tien(ne); ~**licher Verein Junger Männer** *association chrétienne de jeunes gens*; ~**messe** *f* messe *f* de minuit (*à Noël*); (*evangelisch*) culte *m* de (la nuit de) Noël; ~**rose** *f* rose *f* de Noël.
Christus (**Christi**) *m* le Christ; **Christi Himmelfahrt** l'Ascension *f.*
Chrom [kroːm] (**–s**) *nt* chrome *m.*
chromatisch [kroˈmaːtɪʃ] *adj* chromatique.
Chromosom [kromoˈzoːm] (**–s, –en**) *nt* chromosome *m.*
Chromosomensatz *m* (ensemble *m* de) chromosomes *mpl*, caryotype *m.*
Chronik [ˈkroːnɪk] *f* chronique *f.*
chronisch *adj* (*MED*) chronique; (*umg: dauernd*) perpétuel(le).
Chronologie [kronoloˈgiː] *f* chronologie *f.*
chronologisch *adj* chronologique.
Chrysantheme [kryzanˈteːmə] *f* chrysanthème *m.*
CIA [ˈsiːaɪˈeɪ] (**–**) *f od m abk* (= *Central Intelligence Agency*) CIA *f.*
circa [ˈtsɪrka] *adv* = **zirka**.
Cis (**–, –**) *nt* (*MUS*) do *m* dièse.
cis (**–, –**) *nt* (*MUS*) = **Cis**.
City [ˈsɪti] (**–, –s**) *f* centre-ville *m.*
clean [kliːn] (*umg*) *adj* (*nicht mehr drogenabhängig*) qui a décroché, clean *inv.*
clever [ˈklɛvər] *adj* (*gerissen*) malin(-igne), rusé(e).
Clique [ˈklɪkə] *f* bande *f.*
Cliquenwirtschaft [ˈklɪkənvɪrtʃaft] (*pej: umg*) *f* copinage *m.*
Clou [kluː] (**–s, –s**) *m* (*von Geschichte*) fin *f*; (*von Show*) clou *m.*
Clown [klaʊn] (**–s, –s**) *m* clown *m.*
cm *abk* (= *Zentimeter*) cm.
COBOL [ˈkoːbɔl] *nt* cobol *m.*
Cockerspaniel [ˈkɔkərʃpaˈniəl] (**–s, –s**) *m* cocker *m.*
Cockpit [ˈkɔkpɪt] (**–s, –s**) *nt* cockpit *m*, poste *m* de pilotage.
Cocktail [ˈkɔkteːl] (**–s, –s**) *m* cocktail *m*; ~**kleid** *nt* robe *f* de cocktail; ~**party** *f* cocktail *m.*
Cola [ˈkoːla] (**–, –s**; *umg*) *f od nt* coca ® *m.*
Collage [kɔˈlaːʒə] *f* collage *m.*
Colt [kɔlt] (**–s, –s**) *m* colt *m.*
Comicheft [ˈkɔmɪkhɛft] *nt* journal *m* de bandes dessinées.
Comics [ˈkɔmɪks] *pl* bandes *fpl* dessinées.
Computer [kɔmˈpjuːtər] (**–s, –**) *m* ordinateur *m*; ~**bild** *nt* portrait-robot *m* (*dressé à l'aide d'un ordinateur*); ~**fahndung** *f* recherche de malfaiteurs avec des moyens informatiques; **c~gesteuert** *adj* assisté(e) par ordinateur; ~**steuerung** *f* gestion *f* informatisée; ~**technik** *f* informatique *f.*
Conférencier [kõferäsiˈeː] (**–s, –s**) *m* animateur *m.*
Container [kɔnˈteːnər] (**–s, –s**) *m* conteneur *m*, container *m*; ~**bahnhof** *m* terminal *m* de conteneurs; ~**schiff** *nt* porte-conteneurs *m inv.*

Contergankind [kɔntɛrˈgankɪnt] (*umg*) *nt* enfant victime de la thalidomide.
cool [kuːl] (*umg*) *adj* (*gefaßt, ruhig*) cool *inv*; (*ausgezeichnet*) super *inv.*
Cord [kɔrt] (**–s**) *m* velours *m* côtelé.
Corn-flakes [ˈkɔːrnfleːks] *pl* corn-flakes *mpl.*
Cornichon [kɔrniˈʃõː] (**–s, –s**) *nt* cornichon *m.*
Costa Rica [ˈkɔsta ˈriːka] *nt* le Costa Rica.
Couch [kaʊtʃ] (**–, –es** *od* **–en**) *f* canapé *m*, divan *m*; ~**garnitur** *f* canapé avec deux fauteuils assortis; ~**tisch** *m* table *f* basse.
Couleur [kuˈløːr] (**–s, –s**) *f* (*geh*) tendance *f.*
Countdown [ˈkaʊntdaʊn] (**–s, –s**) *m* compte *m* à rebours.
Coup [kuː] (**–s, –s**) *m* coup *m.*
Coupé [kuˈpeː] (**–s, –s**) *nt* (*AUT*) coupé *m.*
Coupon [kuˈpõː] (**–s, –s**) *m* (*FINANZ, TEXTIL*) coupon *m.*
Courage [kuˈraːzə] (**–**) *f* courage *m.*
Cousin(e) [kuˈzɛ̃ː, kuˈziːnə] (**–s, –s**) *m(f)* cousin(e) *m/f.*
Cover [ˈkavər] (**–s, –s**) *nt* (*Schallplattenhülle*) pochette *f.*
Cowboy [ˈkaʊbɔy] (**–s, –s**) *m* cow-boy *m.*
Creme [krɛːm] (**–, –s**) *f* crème *f*; (*Schuh~*) cirage *m*; (*fig*) crème, élite *f*; **c~farben** *adj* crème *inv.*
cremig *adj* crémeux(-euse).
Cromargan ® [kromarˈgaːn] (**–s**) *nt* acier *m* inoxydable, inox *m.*
Croupier [krupiˈeː] (**–s, –s**) *m* croupier *m.*
Crux [kroks] (**–**) *f* (*Schwierigkeit*) problème *m*, nœud *m.*
CSSR [tʃeːɛsɛsˈɛr] *abk* = **Tschechoslowakei**.
CSU [tseːɛsˈuː] *f abk* (= *Christlich-Soziale Union*) équivalent bavarois du parti chrétien-démocrate.
Curriculum [kuˈriːkulʊm] (**–s, Curricula**) *nt* (*geh: UNIV*) programme *m.*
Curry (**–s**) *m od nt* curry *m.*
Currypulver [ˈkarɪpʊlfər] *nt* curry *m.*
Currywurst *f* saucisse *f* au curry.
Cursor [ˈkøːrsɔr] *m* curseur *m.*
Cutter(in) [ˈkatər(ɪn)] (**–s, –**) *m(f)* (*FILM*) monteur(-euse) *m/f.*
CVJM (**–**) *m abk* (= *Christlicher Verein Junger Männer*) association chrétienne de jeunes gens.

D, d

D, d [deː] *nt* D, d *m*; ~ **wie Dora** ≈ D comme Désirée.
D. *abk* (= *Doktor (der evangelischen Theologie)*) Dr. (en théologie).

═══════════════ SCHLÜSSELWORT

da [da:] *adv* **1** (*örtlich*) là; (*hier*) ici; **das Stück Ku-chen da!** ce morceau de gâteau-là!; **ist er schon da?** est-il arrivé?; **da draußen** là de-hors; **da bin ich** me voici; **ich bin schon 2 Stun-den da** ça fait deux heures que je suis ici; **da, wo** (là) où; **ist noch Milch da?** il reste du lait?; **da hast du dein Geld!** voilà ton argent!
2 (*dann*) alors, là; **da sagte sie ... alors** elle a dit ...
3: **da haben wir aber Glück gehabt** là, nous avons vraiment eu de la chance; **da kann man nichts machen** il n'y a rien à faire; **es war niemand im Zimmer, da habe ich ...** il n'y avait personne dans la pièce, alors j'ai ...; **was gibt's denn da zu lachen?** qu'est-ce qui vous fait rire?; **was hast du dir denn da ge-dacht?** qu'es-tu allé(e) imaginer?

♦ *konj* (*weil*) comme; **da er keine Zeit hatte, fuh-ren wir gleich nach Hause** comme il était pres-sé, nous sommes rentrés tout de suite.

d.Ä. *abk* (= *der Ältere*) l'Ancien.
DAAD (–) *m abk* (= *Deutscher Akademischer Aus-tauschdienst*) *office allemand chargé d'organi-ser les séjours d'étude à l'étranger.*
dabehalten *unreg vt* (*Kranken, Besuch*) garder; (*Schüler*) consigner.
dabei [da'baɪ] *adv* (*räumlich*) à côté; (*zeitlich*) en même temps; (*außerdem*) en outre; (*obwohl, obgleich*) pourtant; **nahe** ~ tout près; **ein Haus mit einem Garten** ~ une maison avec un jardin; **er hat sich** ~ **den Arm gebrochen** c'est comme ça qu'il s'est cassé le bras; **was ist schon** ~? et alors?; **es ist doch nichts** ~, **wenn ...** qu'est-ce que cela peut fai-re que ...?; **das Dumme** *od* **das Schwierige** ~ **ist, daß ...** le problème, c'est que ...; **ich finde gar nichts** ~ **moi,** ça ne me dérange pas; **es kommt doch nichts** ~ **heraus** ça ne mènera à rien (de bon), ça ne sert à rien; **die** ~ **entste-henden Kosten** les frais qui en découlent; **hast du** ~ **etwas gelernt?** est-ce que cela t'a appris quelque chose?; ~ **darf man nicht ver-gessen, daß ...** il ne faut cependant pas ou-blier que ...; **wenn ich arbeite, kann ich nicht** ~ **fernsehen** je ne peux pas travailler en regar-dant la télévision; **er ist jung und** ~ **auch noch wohlhabend** il est jeune et riche de surcroît; **er hat nichts verstanden,** ~ **habe ich es ihm doch erklärt** il n'a rien compris; je le lui ai pourtant expliqué; **er ist bereits an der Spitze, und** ~ **noch keine 30!** (*umg*) il n'a pas 30 ans et il est déjà au sommet!; **es soll nicht** ~ **blei-ben** l'affaire n'en restera pas là; **es bleibt** ~ un point c'est tout; ~**bleiben** *unreg vi* (*bei Fir-ma, Stelle etc*) rester; (*nicht aufhören*): **bis zum Schluß** ~**bleiben** continuer jusqu'au bout; **bleiben wir** ~ restons-en là; ~**haben** *unreg vt* (*Ding*) avoir sur soi; (*Person*) être avec; ~**sein** *unreg vi* (*anwesend*) assister; (*beteiligt*) participer; **ich bin** ~! je suis de la partie!;

~**sein, etw zu tun** être en train de faire qch; ~**stehen** *unreg vi* être présent(e); **er stand** ~, **als es passierte** il se trouvait là quand c'est arrivé, il a assisté à la scène.

Dach [dax] (–(e)s, ⁻er) *nt* toit *m*; **unter** ~ **und Fach sein** (*abgeschlossen*) être conclu(e); (*in Si-cherheit*) être en lieu sûr; **jdm eins aufs** ~ **ge-ben** (*umg*) sonner les cloches à qn; ~**boden** *m* grenier *m*; ~**decker** (–s, –) *m* couvreur *m*; ~**fenster** *nt* lucarne *f*; ~**first** *m* faîte *m*; ~**ge-päckträger** *m* galerie *f*; ~**geschoß** *nt* étage *m* mansardé, combles *mpl*; (*oberster Stock*) dernier étage; ~**lawine** *f neige qui tombe du toit*; ~**luke** *f* lucarne *f*; ~**pappe** *f* carton *m* bitumé; ~**rinne** *f* gouttière *f*.
Dachs [daks] (–es, –e) *m* (*ZOOL*) blaireau *m*.
Dachschaden (*umg*) *m*: **einen** ~ **haben** avoir une araignée au plafond.
Dachstuhl *m* charpente *f* du toit.
dachte *etc* ['daxtə] *vb siehe* **denken**.
Dachterrasse *f* (*sur le toit*) terrasse *f*.
Dachverband *m organisme qui en chapeaute plusieurs autres.*
Dachziegel *m* tuile *f*.
Dackel ['dakəl] (–s, –) *m* (*ZOOL*) basset *m*.
dadurch [da'dʊrç] *adv* (*durch diesen Um-stand*) de ce fait; (*aus diesem Grund*) ainsi; (*räumlich*) à travers ♦ *konj*: ~, **daß** du fait que; **er ist** ~ **berühmt geworden, daß** ce qui l'a rendu célèbre, c'est que.
dafür [da'fy:r] *adv* pour (cela); (*zugunsten einer Sache*) en faveur de (cela); (*als Gegenleistung*) en retour; (*als Ersatz*) en échange; (*am Satzan-fang*): ~, **daß er ...** quand on pense qu'il ...; **die Voraussetzung** ~ **ist, daß ...** tout la condition que ...; **er ist erst 10 Jahre alt;** ~ **kann er viel** il n'a que 10 ans, mais il est en avance sur son âge; **alles spricht** ~, **daß ...** tout semble indiquer que ...; ~ **ist er immer zu haben!** il ne dira pas non!; **er ist bekannt** ~, **daß ...** tout le monde sait qu'il ...; ~ **bin ich ja hier** c'est pour cela que je suis ici; ~ **sein** (*zustimmen*) être d'accord; (*gerne haben*) être pour *od* favorable; ~ **sein, daß ...** (*der Meinung sein*) être d'avis que ...; **D~halten** (–s) *nt*: **nach meinem D~halten** à mon avis; ~**können** *unreg vt*: **er kann nichts** ~, **daß ...** ce n'est pas de sa faute si ... .
DAG *f abk* (= *Deutsche Angestellten-Gewerkschaft*) *syndicat des employés.*
dagegen [da'ge:gən] *adv* contre (cela); (*im Ver-gleich*) par contre; (*bei Tausch*) en échange ♦ *konj* (*jedoch*) par contre; **sich** ~ **wehren/ auflehnen/sträuben** s'y opposer; **wir kämpfen** ~ nous nous battons contre cela; **ich habe nichts** ~ je ne suis pas contre (cela); **ich war** ~ j'étais contre; **ich war** ~, **daß ...** je me suis opposé(e) à ce que ...; **haben/hätten Sie was** ~, **wenn ich rauche?** ça vous dérange si je fume?; **sollen wir ins Kino gehen? – ich hätte nichts** ~ on va au cinéma? – pourquoi pas?; ~ **kann man nichts tun** on ne peut rien y fai-re; ~**halten** *unreg vt* tenir contre; (*vergleichen*)

comparer; (*entgegnen*) objecter; ~**setzen** *vt* (y) opposer; ~**sprechen** *unreg vi* s'opposer; **was spricht** ~, **daß** ...**?** qu'est-ce qui s'oppose à ce que ...?; **es spricht nichts** ~**!** rien ne s'y oppose!

dahaben ['daːhaːbən] *unreg vt* (*vorrätig haben*) avoir en réserve; (*bei sich haben*) avoir sur soi.

daheim [da'haɪm] *adv* à la maison; **bei uns** ~ dans ma famille; **wo bist du** ~**?** d'où viens-tu?; **D**~ (**–s**) *nt* foyer *m*.

daher [da'heːr] *adv* de là ♦ *konj* (*deshalb*) c'est pourquoi; **von** ~ **haben wir nichts zu befürchten** nous n'avons rien à craindre de ce côté-là; ~ **kommt es, daß** ... c'est pour cela que ...; ~ **rühren unsere Probleme** voilà l'origine de nos problèmes; ~ **die Schwierigkeiten** d'où les difficultés; ~**gelaufen** *adj*: **jeder** ~**gelaufene Kerl** n'importe qui; ~**reden** *vi*: **red doch nicht so dumm** ~**!** (*umg*) cesse de débiter des sottises! ♦ *vi* dire comme sottises.

dahin [da'hɪn] *adv* (*räumlich*) vers cet endroit; (*vergangen*) fini(e); **bis** ~ (*zeitlich*) jusque-là; **ich fahre heute** ~ j'y vais aujourd'hui; **ist es noch weit bis** ~**?** c'est encore loin?; **das tendiert** ~ c'est la tendance; **sich** ~ **einigen, daß** ... être d'accord sur le fait que ...; **sich** ~ **äußern, daß** ... s'exprimer en ce sens que ...; **er bringt es noch** ~, **daß** ... il est capable de ...; **bis** ~ **ist noch viel Zeit** (jusque-là) nous avons encore le temps; ~ **sein** être perdu(e); **mein ganzes Geld ist** ~ (*verloren*) je n'ai plus d'argent; ~**gegen** *konj* (*jedoch*) au contraire; ~**gehen** *unreg vi* (*Zeit*) passer; ~**gehend** *adv* en ce sens; **sie haben sich** ~**gehend geäußert, daß** ... ils se sont exprimés en ce sens que ..., ils ont fait une déclaration selon laquelle ...; **sich** ~**gehend einigen, daß** ... trouver un accord en ce sens que ...; ~**gestellt** *adv*: ~**gestellt bleiben** rester en suspens; **etw** ~**gestellt sein lassen** passer qch sous silence; ~**schleppen** *vr* se traîner; (*fig*) traîner; ~**schmelzen** *vi* fondre; ~**schwinden** *unreg vi* diminuer.

dahinten [da'hɪntən] *adv* (*weit entfernt*) là-bas.

dahinter [da'hɪntər] *adv* (*räumlich*) derrière; (*fig*) là-dessous; (*danach*) ensuite; ~**klemmen**, ~**knien** (*umg*) *vr* s'accrocher; ~**kommen** *unreg* (*umg*) *vi* découvrir le pot aux roses; (*langsam verstehen*) finir par comprendre; ~**stecken** (*umg*) *vi* se cacher derrière; (*Person*) en être l'instigateur(-trice); **er wirkt so streng, es steckt aber nicht viel** ~ il ne faut pas se fier à son apparence sévère.

dahinvegetieren [da'hɪnvegeˈtiːrən] *vi* végéter.

dahinziehen *vr* se prolonger.

Dahlie ['daːliə] *f* dahlia *m*.

DAK (**–**) *f abk* (= *Deutsche Angestellten-Krankenkasse*) *assurance maladie des employés.*

Dakar *nt* Dakar.

dalassen ['daːlasən] *unreg vt* laisser (ici); (*aus*

Versehen) oublier.

dalli ['dali] (*umg*) *adv*: ~, ~**!** et que ça saute!

damalig ['daːmaːlɪç] *adj* d'alors.

damals ['daːmaːls] *adv* à cette époque; ~ **im Sommer** cet été-là; ~ **und heute** autrefois et aujourd'hui; **seit** ~ depuis lors.

Damaskus [da'maskʊs] *nt* Damas.

Damast [da'mast] (**–(e)s, –e**) *m* damas *m*.

Dame ['daːmə] *f* dame *f*; (*Schach*) dame, reine *f*; (*Spiel*) dames *fpl*; **meine** ~**n und Herren!** mesdames et messieurs!

Damen-: ~**besuch** *m* visite *f* féminine; ~**binde** *f* serviette *f* hygiénique; **d**~**haft** *adj* distingué(e); ~**sattel** *m*: **im** ~**sattel reiten** monter en amazone; ~**wahl** *f*: **bei** ~**wahl** quand c'est aux dames d'inviter les messieurs.

Damespiel *nt* jeu *m* de dames.

damit [da'mɪt] *adv* avec cela; (*begründend*) de ce fait; (*daraufhin*) sur ce ♦ *konj* pour que +*sub*; **was ist** ~**?** qu'en est-il?; **was soll ich denn** ~**?** que voulez-vous que j'en fasse?; **ist Ihre Frage** ~ **beantwortet?** ai-je répondu à votre question?; **er nahm den Brief und ging** ~ **zum Kasten** il a pris la lettre pour aller la mettre à la boîte; ~, **daß du jetzt jammerst,** ... en te lamentant, ...; ~ **steht fest, daß er kommt** alors c'est décidé, il viendra; ~ **beenden wir das Programm** ainsi se termine notre programme; **genug** ~**!** (*umg*) ça suffit comme ça!; **her** ~**!** (*umg*) donne!; **Schluß** ~**!** (*umg*) ça suffit!

dämlich ['dɛːmlɪç] (*umg*) *adj* idiot(e).

Damm [dam] (**–(e)s, ̈-e**) *m* (*Deich*) digue *f*; (*Stau*~) barrage *m*; (*Hafen*~) quai *m*; (*Bahn*~, *Straßen*~) remblai *m*.

dämmen ['dɛmən] *vt* (*geh: Wasser*) endiguer; (*Schall*) amortir.

dämm(e)rig *adj* (*Zimmer*) sombre; (*Licht*) faible; **es wird** ~ la nuit tombe.

Dämmerlicht *nt* pénombre *f*.

dämmern ['dɛmərn] *vi* (*Tag*) se lever; (*Abend*) tomber; **es dämmert schon** (*Morgen werden*) le jour se lève; (*Abend werden*) la nuit tombe; **es dämmerte ihm, daß** ... (*umg*) il commença à réaliser que ...; **jetzt dämmert's (bei) mir!** (*umg*) ça y est, j'ai pigé!

Dämmerung *f* pénombre *f*; (*Morgen*~) aube *f*; (*Abend*~) crépuscule *m*; **bei** *od* **mit Anbruch der** ~ (*morgens*) à l'aube; (*abends*) au crépuscule.

Dämmerzustand *m* (*Halbschlaf*) état *m* de somnolence; (*Bewußtseinstrübung*) état ~ semi-conscience.

Dämmung *f* isolation *f*.

Dämon ['dɛːmɔn] (**–s, –en**) *m* démon *m*.

dämonisch [dɛ'moːnɪʃ] *adj* démoniaque.

Dampf [dampf] (**–(e)s, ̈-e**) *m* vapeur *f*; **jdm** ~ **machen** (*umg*) secouer qn; ~ **ablassen** se défouler; **d**~**en** *vi* fumer; (*Zug*) avancer.

dämpfen ['dɛmpfən] *vt* (*KOCH*) cuire à la vapeur; (*bügeln*) repasser (à la vapeur); (*Lärm*) étouffer; (*Gefühle*) calmer.

Dampfer ['dampfər] (**–s, –**) *m* bateau *m* à va-

peur; **auf dem falschen ~ sein** (*fig*) faire fausse route.
Dämpfer (**–s, –**) *m* (*MUS*: *bei Klavier*) étouffoir *m*; (: *bei Geige, Trompete*) sourdine *f*; **er hat einen ~ bekommen** (*fig*) ça l'a refroidi.
Dampf-: **~kochtopf** *m* cocotte-minute *f*; **~maschine** *f* machine *f* à vapeur; **~schiff** *nt* bateau *m* à vapeur; **~walze** *f* rouleau *m* compresseur.
Damwild ['damvɪlt] *nt* daim *m*.

danach [da'naːx] *adv* (*räumlich*: *hinter etwas*) derrière; (*in Richtung*) vers cela; (*zeitlich*) ensuite; (*nach Zeitangabe*) plus tard; **er griff ~ il** tendit la main pour s'en emparer; **wer ist ~ an der Reihe?** à qui le tour?; **mir war nicht ~ zumute** ça ne me disait rien; **wenn man ihn ~ beurteilt** si on le juge d'après cela; **~ kann man nicht gehen** on ne peut pas s'y fier; **ich werde mich ~ richten** je m'y conformerai; **wenn man ~ ginge, was er sagt** si l'on se fiait à ce qu'il dit; **mir ist nicht ~** je n'en ai pas envie; **er sieht auch ~ aus** il en a bien l'air.
Däne ['dɛːnə] (**–n, –n**) *m* Danois *m*.
daneben [da'neːbən] *adv* (*räumlich*) à côté; (*im Vergleich damit*) en comparaison; (*außerdem*) en outre, en même temps; **links/rechts ~ à** gauche/à droite; **~benehmen** *unreg* (*umg*) *vr* se conduire de façon inadmissible; **~gehen** *unreg vi* (*Ziel verfehlen*) manquer la cible; (*umg*: *mißlingen*) échouer; **~greifen** *unreg vi* (*fig*: *mit Schätzung etc*) se tromper; **~sein** *unreg* (*umg*) *vi* (*verwirrt sein*) ne pas être dans son assiette.
Dänemark ['dɛːnəmark] (**–s**) *nt* le Danemark.
Dänin ['dɛːnɪn] *f* Danoise *f*.
dänisch *adj* danois(e).
Dänisch *nt* (*LING*) le danois.
Dank [daŋk] (**–(e)s**) *m* remerciement *m*; **vielen** *od* **schönen** *od* **besten** *od* **herzlichen ~** merci beaucoup; **jdm ~ sagen** (*geh*) remercier qn; **mit (bestem) ~ zurück!** je vous le rends en vous remerciant; **d~** *präp* (+*Dat od Gen*) grâce à; **d~bar** *adj* reconnaissant(e); (*lohnend*) qui en vaut la peine; (*Publikum*) bon(ne); (*Stoff*) solide; **~barkeit** *f* gratitude *f*.
danke *interj* merci; **~ schön** *od* **sehr!** merci beaucoup!; **~, gleichfalls** merci, de même.
danken *vi* dire merci ♦ *vt* (*geh*) savoir gré à; **jdm für etw ~** remercier qn de qch; **ich danke** merci; **niemand wird dir das ~** personne ne t'en sera reconnaissant; **nichts zu ~!** il n'y a pas de quoi!; „**Betrag ~d erhalten**" "paiement reçu, merci"; **~d ablehnen** décliner à regret.
dankenswert *adj* (*Aufgabe, Arbeit*) qui en vaut la peine; (*Bemühung*) louable.
Dank-: **~gottesdienst** *m* culte *m* d'action de grâce; **d~sagen** *vi* dire merci; **~sagung** *f* (*bei Todesfall*) remerciements *mpl*; **~schreiben** *nt* lettre *f* de remerciement.
dann [dan] *adv* (*danach, dahinter*) ensuite; (*zu dem Zeitpunkt, in diesem Fall*) alors; (*außerdem*) en outre; **bis ~!** (*umg*) à la prochaine!; **wir sind von ~ bis ~ ausgebucht** tout est complet

du tant au tant; **~ und wann** de temps en temps; **~ eben nicht!** tant pis!; **erst ~, wenn ...** pas avant que +*sub* ...; **~ erst recht nicht!** d'autant moins!
dannen ['danən] *adv*: **von ~ gehen** s'en aller.
daran [da'ran] *adv* à cela, y; (*zeitlich*: *anschließend*): **im Anschluß ~** ensuite; **~ zweifeln** en douter; **~ denken/arbeiten** y penser/travailler; **~ hat er kein Interesse** il ne s'y intéresse pas; **er ist schuld ~** c'est de sa faute; **~ ist kein wahres Wort** il n'y a rien de vrai là-dedans; **das liegt ~, daß ...** c'est dû au fait que ..., c'est parce que ...; **mir liegt viel ~** j'y tiens beaucoup; **schlecht ~ sein** (*umg*) être mal en point; **sie ist gut ~** tout va bien pour elle; **das Dümmste ~ ist, daß ...** le pire *od* ce qui est bête, c'est que ...; **Sie täten gut ~, diesen Rat zu befolgen** vous feriez bien de suivre ce conseil; **ich war nahe ~, zu ...** j'étais sur le point de ...; **er ist ~ gestorben** il en est mort; **wir können nichts ~ ändern** nous ne pouvons rien y changer; **es ist nichts ~** (*ist nicht fundiert*) il n'en est rien; (*ist nichts Besonderes*) ça n'a rien de spécial; **~gehen** *unreg vi* attaquer; **~machen** (*umg*) *vr*: **sich ~machen, etw zu tun** se mettre à faire qch; **~setzen** *vt* mettre en œuvre; **er hat alles ~gesetzt, von dort wegzukommen** il a tout mis en œuvre pour quitter cet endroit.
darauf [da'rauf] *adv* (*räumlich*: *auf etw*) dessus; (*zielgerichtet*) dans cette direction; (*danach*) ensuite; (*als Reaktion, Konsequenz*) en conséquence; **~ aus sein, etw zu tun** chercher à faire qch; **es kommt ganz ~ an, ob sie mitmacht** cela dépend si elle participe; **ich komme nicht ~** cela m'échappe; **die Tage ~** les jours suivants; **am Tag ~** le lendemain; **ein Jahr ~** l'année suivante; **seine Behauptungen stützen sich ~, daß ...** ce qu'il dit est fondé sur le fait que ...; **wie kommst du ~?** d'où te vient cette idée?; **~ steht Gefängnis** c'est passible d'une peine de prison; **~folgend** *adj* suivant(e); **~hin** *adv* (*aus diesem Grund*) en conséquence; (*im Hinblick darauf*): **wir müssen es ~hin prüfen, ob ...** nous devons l'examiner pour savoir si ...; **~legen** *vt* poser dessus, ajouter.
daraus [da'raus] *adv* en; **was ist ~ geworden?** qu'en est-il advenu?; **~ geht hervor, daß ...** il en ressort que ...; **mach dir nichts ~!** ne t'en fais pas!
darbieten [da'rbiːtən] *vt* présenter ♦ *vr* se présenter.
Darbietung *f* spectacle *m*.
Dardanellen [darda'nɛlən] *pl* Dardanelles *fpl*.
darein- *präf siehe* **drein-**.
darf *etc* [darf] *vb siehe* **dürfen**.
darin [da'rɪn] *adv* (*räumlich*: *in etw*) là-dedans, y; (*in dieser Beziehung*) en cela; **~ liegt das Problem** c'est que réside le problème; **~ liegt ein Widerspruch** c'est contradictoire; **der Unterschied liegt ~, daß ...** la différence réside dans le fait que ... .

darlegen ['daːrleːgən] *vt* présenter.
Darlegung *f* exposé *m*.
Darleh(e)n (**–s,** –) *nt* prêt *m*.
Darm [darm] (**–(e)s,** ⸚e) *m* (*ANAT*) intestin *m*;
(*für Saiten, Schläger, Wurst~*) boyau *m*; **~aus-
gang** *m* anus *m*; **~grippe** *f* grippe *f* intestinale; **~saite** *f* corde *f* (en boyau).
darstellen ['daːrʃtɛlən] *vt* représenter; (*THEAT*)
représenter, jouer; (*beschreiben, schildern*) décrire ♦ *vr* se présenter.
Darsteller(in) (**–s,** –) *m(f)* interprète *m/f*.
darstellerisch *adj* d'acteur(-trice); **eine ~e
Höchstleistung** une interprétation remarquable.
Darstellung *f* (*Bild, THEAT*) représentation *f*;
(*Beschreibung, Geschichte*) description *f*.
darüber [da'ryːbər] *adv* au-dessus; (*direkt auf
etw*) par-dessus; (*mehr, höher*) plus;
(*währenddessen*) entre-temps; (*in bezug auf
Thema*) à ce sujet, en; (*dabei, aus diesem
Grund*) à cause de cela; **im Stockwerk ~** à
l'étage au-dessus od du dessus; **seine Gedanken ~** ce qu'il en pense; **~ streiten** se disputer à ce sujet; **~ sprechen** en parler; **er war
so beschäftigt und hat ~ vergessen** ... il était si
occupé qu'il en a oublié ...; **die Aufgabe war
so schwer, ich habe lange ~ gesessen** ce devoir m'a pris longtemps parce qu'il était
très difficile; **er hat sich ~ geärgert/gefreut**
cela l'a irrité/réjoui; **~ geht nichts** il n'y a
rien de mieux; **~ hinaus** (*außerdem*) en outre;
~ hinweg sein (*fig*) l'avoir surmonté(e);
~fahren *unreg vi* passer par-dessus; **~liegen**
unreg vi (*fig*) être plus élevé(e); **~stehen** *unreg
vi* (*fig*) être au-dessus de cela.
darum [da'rum] *adv* (*räumlich*) autour; (*hinsichtlich einer Sache*) pour cela ♦ *konj* (*deshalb*) c'est
pourquoi; **~ herum** tout autour; **wir bitten ~**
nous vous le demandons; **wir beten ~** nous
vous en prions; **ich bemühe mich ~** je m'y ef-
force; **es geht ~, daß** ... voici ce dont il
s'agit: ...; **es geht ~, ob** ... il s'agit de savoir
si ...; **er würde viel ~ geben, wenn** od **daß** ... il
donnerait beaucoup pour que ...; **~ geht es
mir/geht es mir nicht** c'est ça/ce n'est pas ça
qui m'importe; **wir werden nicht ~ herumkommen, es zu tun** nous ne pourrons pas
nous dispenser de le faire; **ach ~!** c'était
donc pour cela!; **warum nicht? ~!** (*umg*)
pourquoi pas? parce que!; *siehe auch* **drum;
~kommen** *unreg vi* (*verlieren*) en être privé(e).
darunter [da'runtər] *adv* (*räumlich, bei Bekleidung*) dessous; (*dazwischen, dabei*) parmi
eux(elles); (*unter dieser Angelegenheit*) par là;
(*weniger, niedriger*) au-dessous, moins; **Kinder
von 10 Jahren und ~** les enfants de 10 ans et
moins; **100 Mark und keinen Pfennig ~** 100
marks et pas un pfennig de moins; **ein
Stockwerk ~** à l'étage inférieur; **was verstehen Sie ~?** qu'entendez-vous par là?; **~ kann
ich mir nichts vorstellen** cela ne me dit rien;
~fallen *unreg vi* être concerné(e); **~mischen**
vt (*Mehl*) ajouter ♦ *vr* s'y mêler; **~setzen** *vt*

(*Unterschrift*) apposer.
das [das] *art, pron siehe* **der.**
Dasein ['daːzaɪn] (**–s**) *nt* existence *f*; (*Anwesenheit*) présence *f*; **d~** *unreg vi* (*anwesend*) être
là, être présent(e); **wieder d~** être de retour; **noch d~** être encore là; (*übrigbleiben*)
rester; **ist Post/sind Briefe für mich da?** y a-t-il
du courrier/des lettres pour moi?; **es ist
noch Suppe da** il reste de la soupe; **es sind
noch Brötchen da** il reste des petits pains; **so
etwas ist noch nie dagewesen** ça ne s'est jamais vu.
Daseinsberechtigung *f* raison *f* d'être.
Daseinskampf *m* lutte *f* pour la survie.
dasjenige ['dasjeːnɪgə] *pron siehe* **derjenige.**
daß [das] *konj* que; (*damit*) pour que; **~ er gekommen ist, hat mich gefreut** j'étais
content(e) qu'il soit venu; **schön, ~ Sie so
früh kommen** c'est gentil (à vous) de venir si
tôt; **ausgenommen** od **außer ~** ... sauf que ...;
das kommt daher, ~ er krank war c'est dû au
fait qu'il a été malade; **das liegt daran, ~ die
Luft so schlecht ist** c'est parce que l'air est irrespirable; **~ er doch schon da wäre!** si seulement il était déjà là!; **anstatt ~ er das tut** au
lieu de le faire; **ohne ~** ... sans que ...; **zu
teuer, als ~** ... trop cher(chère) pour que ... .
dasselbe [das'zɛlbə] *pron siehe* **derselbe.**
dastehen ['daːʃteːən] *unreg vi* (*Mensch*) rester;
(*in Situation, Lage befinden*) se trouver; (*fig*):
gut/schlecht ~ être en bonne/mauvaise posture; **allein ~** être seul(e) au monde.
Dat. *m abk* (*= Dativ*) dat.
Datei [da'taɪ] *f* fichier *m*; **~verwaltung** *f* gestion *f* de fichier; **~verzeichnis** *nt* (*COMPUT*) répertoire *m* des fichiers.
Daten ['daːtən] *pl* (*COMPUT*) données *fpl*; **~bank**
f banque *f* de données; **~erfas-
sung** *f* saisie *f* (des données); **~satz** *m* article
m; **~schutz** *m* protection *f* des données;
~sichtgerät *nt* écran *m* de visualisation;
~techniker *m* ingénieur *m* informaticien;
~träger *m* support *m* de données;
~übertragung *f* transfert *m* de données;
~verarbeitung *f* traitement *m* de données;
~verarbeitungsanlage *f* appareil *m* de traitement de données.
datieren [da'tiːrən] *vt* dater ♦ *vi*: **von** ... **~** dater
de ... .
Datierung *f* datation *f*.
Dativ ['daːtiːf] (**–s,** –e) *m* datif *m*; **~objekt** *nt*
complément *m* d'objet indirect.
dato ['daːto] *adv*: **bis ~** (*WIRTS*) à ce jour; (*umg*)
jusqu'à maintenant.
Dattel ['datəl] (**–,** –n) *f* (*BOT*) datte *f*.
Datum ['daːtum] (**–s,** **Daten**) *nt* date *f*; **Daten** *pl*
(*Angaben*) données *fpl*; (*Fakten*) faits *mpl*; **das
heutige ~** la date d'aujourd'hui.
Datumsgrenze *f* (*GEOG*) ligne *f* de change-
ment de date.
Dauer ['daʊər] (**–,** –n) *f* durée *f*; **für die ~ eines
Jahres** pour une durée d'un an; **von ~ sein**
durer; **es war nur von kurzer ~** ce fut de

courte durée; **auf die** ~ à la longue; **auf** ~ à demeure; ~**auftrag** *m* prélèvement *m* automatique; ~**beschäftigung** *f* emploi *m* stable *od* permanent; **d**~**haft** *adj* (*Lösung*) durable; ~**haftigkeit** *f* durabilité *f*, solidité *f*; ~**karte** *f* abonnement *m*; ~**lauf** *m* course *f* de fond; ~**lutscher** *m* sucette *f*; ~**mieter(in)** *m(f)* locataire *m/f* à demeure.

dauern *vi* (*andauern*) durer; **das dauert noch** (*umg*) c'est loin d'être fini; **es hat sehr lange gedauert, bis er ...** il lui a fallu beaucoup de temps pour ... .

dauernd *adj* (*ununterbrochen*) ininterrompu(e); (*häufig*) constant(e); (*andauernd*) permanent(e) ♦ *adv* (*regnen*) sans arrêt; (*stören, unterwegs sein*) constamment; **etw** ~ **tun** toujours faire qch.

Dauer-: ~**regelung** *f* solution *f* durable; ~**regen** *m* pluie *f* incessante; ~**stellung** *f* situation *f* stable, poste *m* permanent; ~**welle** *f* permanente *f*; ~**wurst** *f* (*KOCH*) ≈ saucisson *m* sec; ~**zustand** *m* état *m* permanent; ~**zustand sein** être chronique; **zum** ~**zustand werden** devenir chronique.

Däumchen ['dɔymçən] *nt:* ~ **drehen** se tourner les pouces.

Daumen ['daʊmən] (**-s, -**) *m* pouce *m*; ~ **lutschen** sucer son pouce; **jdm die** ~ **drücken** *od* **halten** (*umg*) dire une petite prière pour qn; **über den** ~ **peilen** (*umg*) y aller au pif; **über den** ~ **gepeilt** (*umg*) au pif; ~ **drehen** (*umg*) se tourner les pouces; ~**lutscher** (*pej*) *m* enfant qui suce son pouce.

Daune ['daʊnə] *f* duvet *m*.

Daunendecke *f* édredon *m*.

davon [da'fɔn] *adv* (*von dieser Stelle entfernt, weg von*) de là, en; (*dadurch*) à cause de cela, en; (*Trennung, Teil, Material, Thema*) de cela, en; (*mit Passiv*): ~ **betroffen werden** être touché(e) par cela; **weg** ~! n'y touche(z) pas!; **die Hälfte/das Doppelte** ~ la moitié/le double (de cela); **das kommt** ~! c'est bien fait!; ~ **abgesehen** à part cela; **es hängt** ~ **ab, ob ...** cela dépend si ...; ~ **sprechen** en parler; ~ **wissen** être au courant; **wenn wir einmal** ~ **absehen, daß ...** si nous faisons abstraction du fait que ...; **er ist auf und** ~ il a filé; **das hast du nun** ~! tu vois le résultat!; **was habe ich** ~? à quoi cela m'avance?; ~**fahren** *unreg vi* partir; ~**jagen** *vi* faire fuir; ~**kommen** *unreg vi* s'en tirer; **mit dem Schrecken** ~**kommen** en être quitte pour la peur; **er ist noch einmal (mit dem Leben)** ~**gekommen** une fois de plus, il s'en est tiré (sain et sauf); ~**lassen** *unreg vt:* **die Finger** ~**lassen** (*umg*) ne pas s'en mêler; ~**laufen** *unreg vi* (*schnell fortlaufen*) se sauver; (*außer Kontrolle geraten*) monter en flèche; **seine Frau ist ihm** ~ **gelaufen** sa femme l'a quitté; **das ist ja zum D**~**laufen!** (*umg*) c'est un comble!; ~**machen** *vr* s'enfuir; ~**tragen** *unreg vt* (*Sieg*) remporter; **eine Verletzung** ~**tragen** être blessé(e).

davor [da'foːr] *adv* (*räumlich*) devant; (*zeitlich*)

auparavant, avant; **das Jahr** ~ l'année précédente; ~ **warnen** mettre en garde (contre cela); **Angst** ~ **haben** en avoir peur.

dazu [da'tsuː] *adv* (*dabei, damit*) avec cela; (*außerdem*) en plus; (*zu diesem Zweck, dafür*) pour cela; (*zum Thema, darüber*) sur cela; **das ist nicht** ~ **da, daß man ...** ça n'est pas là pour qu'on ...; **sich** ~ **äußern** donner son opinion (sur cela); **und** ~ **noch** et en plus; **wie komme ich denn** ~? quelle idée!; ~ **fähig sein** en être capable; **ein Beispiel** ~ un exemple; **im Gegensatz/Vergleich** ~ contrairement à/par comparaison avec cela; **dumm und noch frech** ~! bête et insolent en plus!; **aber ich bin nicht** ~ **gekommen** mais je n'en ai pas trouvé le temps; **das Recht** ~ **haben, etw zu tun** avoir le droit de faire qch; ~ **bereit sein, etw zu tun** être prêt(e) à faire qch; ~**gehören** *vi* en faire partie; **das gehört** ~ (*versteht sich von selbst*) c'est évident; **es gehört schon einiges** ~, **das zu tun** il faut du cran pour le faire; ~**gehörig** *adj* correspondant(e); ~**kommen** *unreg vi* (*eintreffen, erscheinen*) survenir; (*hinzugefügt werden*) s'ajouter; **kommt noch etwas** ~? et avec ça?; ~**lernen** *vt:* **schon wieder was** ~**gelernt!** (*umg*) on n'a jamais fini d'apprendre!; ~**mal** *adv* (*damals*) en ce temps-là; **von Anno** ~**mal** (*umg: altmodisch*) antédiluvien(ne); ~**setzen** *vt:* **darf sich mich** ~**setzen?** puis-je m'asseoir avec vous?; ~**tun** *unreg vt* ajouter; **D**~**tun** *nt:* **er hat es ohne dein D**~**tun geschafft** il y est arrivé sans ton aide.

dazwischen [da'tsvɪʃən] *adv* (*räumlich*) au milieu; (*zeitlich*) entre-temps; (*dabei*) dans le tas, y; (*bei Maß-, Mengenangaben*) entre deux; ~**fahren** *unreg vi* (*eingreifen*) intervenir; (*unterbrechen*) interrompre; ~**funken** (*umg*) *vi* (*eingreifen*) s'en mêler; ~**kommen** *unreg vi* (*störend vorkommen*) survenir; **ich bin mit dem Rock** ~**gekommen** ma jupe s'y est prise; **es ist etwas** ~**gekommen** il y a eu un contretemps; **wenn (mir) nichts** ~**kommt!** si tout va bien!; ~**reden** *vi* (*unterbrechen*) interrompre; (*sich einmischen*) s'en mêler; ~**treten** *unreg vi* (*fig*) intervenir.

DB *f abk* (= *Deutsche Bundesbahn*) chemins *mpl* de fer allemands.

DBP *f abk* = **Deutsche Bundespost**.

DDR (**-**) *f abk* (= *Deutsche Demokratische Republik*) RDA *f*.

DDT ® *nt abk* (*Insektenmittel*) DDT *m*.

Dealer(in) ['diːlər(ɪn)] (**-s, -**; *umg*) *m(f)* dealer *m*.

Debatte [de'batə] *f* discussion *f*; (*POL*) débat *m*; **das steht hier nicht zu** ~ il ne s'agit pas de cela; **etw zur** ~ **stellen** mettre qch à l'ordre du jour (d'un débat).

debattieren [deba'tiːrən] *vt, vi* discuter.

Debet ['deːbɛt] (**-s, -s**) *nt* (*FINANZ*) débit *m*.

Debüt [de'byː] (**-s, -s**) *nt* débuts *mpl*.

dechiffrieren [deʃɪ'friːrən] *vt* déchiffrer.

Deck [dɛk] (**-(e)s, -s** *od* **-e**) *nt* (*Schiff*) pont *m*; (*Bus*) impériale *f*; **an** ~ **gehen** aller sur le pont; ~**adresse** *f adresse utilisée pour la correspondance*; ~**bett** *nt* édredon *m*.

Decke *f* (*Woll~*) couverture *f*; (*Daunen~*) édredon *m*; (*Tisch~*) nappe *f*; (*Zimmer~*) plafond *m*; (*Straßen~*) revêtement *m*; (*Schnee~, Staub~*) couche *f*; **unter einer** ~ **stecken** (*fig: umg*) être de mèche; **an die** ~ **gehen** (*umg*) bondir; **mir fällt die** ~ **auf den Kopf** (*fig: umg*) j'étouffe.

Deckel (*–s, –*) *m* couvercle *m*; (*von Flasche*) bouchon *m*; (*Buch~*) couverture *f*; **du kriegst gleich eins auf den** ~ (*umg*) tu vas te faire sonner les cloches.

decken *vt* couvrir; (*SPORT*) marquer ♦ *vi* (*Farbe*) être suffisamment épais(se) ♦ *vr* (*übereinstimmen: Meinung, Interesse*) être semblables; (*MATH*) coïncider; **den Tisch** ~ mettre le couvert; **etw über etw** *Akk* ~ mettre qch sur qch; **mein Bedarf ist gedeckt** (*fig*) j'en ai bien assez; **sich an einen gedeckten Tisch setzen** (*fig*) mettre les pieds sous la table; **gedeckter Apfelkuchen** tourte *f* aux pommes.

Deckmantel *m*: **unter dem** ~ **von** sous le couvert de.

Deckname *m* pseudonyme *m*.

Deckung *f* (*Schützen*) protection *f*; (*Schutz*) abri *m*; (*SPORT: von Gegner*) marquage *m*; (: *Spieler*) marqueur *m*; (*Übereinstimmen: von Meinung*) accord *m*; (*MATH*) coïncidence *f*; (*FINANZ*) couverture *f*; **in** ~ **gehen** se mettre à l'abri; **zur** ~ **seiner Schulden** pour couvrir ses dettes.

deckungsgleich *adj* (*Ansichten*) qui coïncide; (*MATH*) congruent(e).

de facto [de: 'fakto] *adv* de facto.

Defekt [de'fɛkt] (*–(e)s, –e*) *m* (*von Maschine*) panne *f*; (*körperlich, geistig*) défaut *m*; **d~** *adj* (*Maschine etc*) défectueux(-euse).

defensiv [defen'si:f] *adj* défensif(-ive).

Defensive *f*: **in die/der** ~ sur la défensive.

definieren [defi'ni:rən] *vt* définir.

Definition [definitsi'o:n] *f* définition *f*.

definitiv [defini'ti:f] *adj* définitif(-ive).

Defizit ['de:fitsɪt] (*–s, –e*) *nt* déficit *m*; (*Mangel*) carence *f*.

defizitär [defitsi'tɛ:r] *adj* déficitaire.

Deflation [deflatsi'o:n] *f* déflation *f*.

deflationär [deflatsio'nɛ:r] *adj* déflationniste.

deformieren [defɔr'mi:rən] *vt* déformer.

deftig ['dɛftɪç] *adj* (*Essen*) consistant(e); (*Witz*) grossier(-ère).

Degen ['de:gən] (*–s, –*) *m* épée *f*.

degenerieren [degene'ri:rən] *vi* dégénérer; (*Sitten*) se corrompre.

degradieren [degra'di:rən] *vt* (*Offizier: fig*) dégrader.

dehnbar ['de:nba:r] *adj* extensible, élastique; **D~keit** *f* élasticité *f*.

dehnen *vt* (*Stoff, Glieder*) étirer; (*Vokal*) allonger ♦ *vr* (*Stoff*) s'étirer, prêter; (*Mensch*) s'étirer; (*Zeit*) se prolonger; (*Strecke*) s'étendre.

Dehnung *f* (*von Stoff*) élasticité *f*; (*von Vokal*) allongement *m*.

Deich [daɪç] (*–(e)s, –e*) *m* digue *f*.

Deichsel ['daɪksəl] (*–, –n*) *f* timon *m*.

deichseln (*umg*) *vt* (*fig*): **wir werden es schon** ~! nous allons arranger ça!

dein(e) [daɪn(ə)] *pron* (*possessiv*) ton(ta); ~**e** *pl* les tien(ne)s; **herzliche Grüße, D~e Elke** amitiés, Elke; ~**e Hände/Füße** tes mains/pieds; *siehe auch* **sein**.

deine(r, s) *pron* le(la) tien(ne); **der/die/das** ~ le(la) tien(ne); **die D~n** (*Angehörige*) les tiens.

deiner *pron* (*Gen von du*) de toi; **wir gedenken** ~ nous nous souvenons de toi.

deinerseits *adv* de ton côté; **nun mußt du** ~ **etwas tun** à toi de faire quelque chose maintenant.

deinesgleichen *pron* les gens comme toi; ~ **würde so etwas natürlich nicht tun** quelqu'un comme toi ne ferait évidemment pas une chose pareille.

deinetwegen ['daɪnət've:gən] *adv* pour toi; (*wegen dir*) à cause de toi.

deinetwillen *adv*: **um** ~ pour toi; **das habe ich nur um** ~ **getan** c'est pour toi que je l'ai fait.

deinige *pron*: **der/die/das** ~ le(la) tien(ne).

deins *pron siehe* **deine(r, s)**.

dekadent [deka'dɛnt] *adj* décadent(e).

Dekadenz *f* décadence *f*.

Dekan [de'ka:n] (*–s, –e*) *m* doyen *m*.

deklamieren [dekla'mi:rən] *vt* déclamer.

Deklaration [deklaratsi'o:n] *f* déclaration *f*.

deklarieren [dekla'ri:rən] *vt* déclarer.

deklassieren [dekla'si:rən] *vt* (*SOZIOLOGIE*) déclasser; (*SPORT*) surclasser.

Deklination [deklinatsi'o:n] *f* déclinaison *f*.

deklinieren [dekli'ni:rən] *vt* décliner.

Dekolleté [dekɔl'te:] (*–s, –s*) *nt* décolleté *m*.

dekolletiert [dekɔl'ti:rt] *adj* décolleté(e).

dekonzentrieren [dekɔntsɛn'tri:rən] *vt* (*verteilen*) déconcentrer.

Dekor [de'ko:r] (*–s, –s od –e*) *m od nt* décor *m*.

Dekorateur(in) [dekora'tø:r(ɪn)] *m(f)* (*Schaufenster~*) étalagiste *m/f*.

Dekoration [dekoratsi'o:n] *f* décoration *f*; (*THEAT*) décor *m*.

dekorativ [dekora'ti:f] *adj* décoratif(-ive).

dekorieren [deko'ri:rən] *vt* décorer.

Dekostoff ['de:koʃtɔf] *m* tissu *m* d'ameublement.

Dekret [de'kre:t] (*–(e)s, –e*) *nt* décret *m*.

Delegation [delegatsi'o:n] *f* délégation *f*.

delegieren [dele'gi:rən] *vt*: ~ **an** +*Akk* (*Aufgaben*) déléguer à; (*entsenden*): **jdn zu od in etw** ~ déléguer qn à qch.

Delegierte(r) *f(m)* délégué(e) *m/f*.

Delhi *nt* Delhi.

delikat [deli'ka:t] *adj* délicat(e); (*Essen*) délicieux(-euse).

Delikatesse [delika'tɛsə] *f* (*Feinkost*) mets *m* exquis; (*geh: Zartgefühl*) délicatesse *f*; ~**ngeschäft** *nt* épicerie *f* fine.

Delikt [de'lɪkt] (*–(e)s, –e*) *nt* délit *m*.

Delinquent [delɪŋ'kvɛnt] *m* (*geh*) délinquant *m*.

Delirium [de'li:riʊm] *nt*: im ~ sein délirer.
Delle ['dɛlə] (*umg*) *f* bosse *f*.
Delphin [dɛl'fi:n] (**–s, –e**) *m* dauphin *m*.
Delphinschwimmen *nt* brasse *f* papillon.
Delta ['dɛlta] (**–s, –s**) *nt* delta *m*.
dem [de(:)m] *art, pron siehe* **der.**
Demagoge [dema'go:gə] (**–n, –n**) *m* démagogue *m*.
Demarkationslinie [demarkatsi'o:nzli:niə] *f* ligne *f* de démarcation.
Dementi [de'mɛnti] (**–s, –s**) *nt* démenti *m*.
dementieren [demɛn'ti:rən] *vt* démentir.
dem-: ~**entsprechend** *adj* conforme à cela ♦ *adv* conformément à cela; (*demnach*) en conséquence; **sich** ~**entsprechend verhalten** agir en conséquence; ~**gemäß** *adv* = ~**entsprechend;** ~**nach** *adv* (*folglich, also*) par conséquent, donc; **er kommt** ~**nach doch nicht** il ne viendra donc quand même pas; ~**nächst** *adv* (*bald*) sous peu.
Demo ['de:mo] (**–s, –s;** *umg*) *f* manif *f*.
Demographie [demogra'fi:] *f* démographie *f*.
Demokrat(in) [demo'kra:t(ɪn)] (**–en, –en**) *m(f)* démocrate *m/f*.
Demokratie [demokra'ti:] *f* démocratie *f*; ~**verständnis** *nt* conception *f* de la démocratie.
demokratisch *adj* démocratique.
demokratisieren [demokrati'zi:rən] *vt* démocratiser.
demolieren [demo'li:rən] *vt* démolir.
Demonstrant(in) [demɔn'strant(ɪn)] *m(f)* manifestant(e) *m/f*.
Demonstration [demɔnstratsi'o:n] *f* (*Protestkundgebung*) manifestation *f*; (*Zurschaustellung*) démonstration *f*.
demonstrativ [demɔnstra'ti:f] *adj* (*Fehlen*) voulu(e); (*anschaulich, GRAM*) démonstratif(-ive).
demonstrieren [demɔn'stri:rən] *vi* manifester ♦ *vt* (*vorführen*) faire une démonstration de; (*guten Willen*) manifester; **für/gegen etw** ~ manifester pour/contre qch.
Demontage [demɔn'ta:ʒə] *f* démontage *m*; (*fig*) démantèlement *m*.
demontieren [demɔn'ti:rən] *vt* démonter; (*fig*) démanteler; (*abmontieren*) enlever.
demoralisieren [demorali'zi:rən] *vt* démoraliser.
Demoskopie [demosko'pi:] *f* sondage *m* d'opinion.
demoskopisch [demo'sko:pɪʃ] *adj* (*Institut*) de sondage d'opinion; ~**e Umfrage** *od* **Untersuchung** sondage *m* d'opinion.
demselben *pron Dat von* **derselbe; dasselbe.**
Demut ['de:mu:t] *f* humilité *f*.
demütig ['de:my:tɪç] *adj* humble.
demütigen ['de:my:tɪgən] *vt* humilier ♦ *vr*: **sich** ~ **vor** +*Dat* s'humilier devant.
Demütigung *f* humiliation *f*.
demzufolge ['de:mtsu'fɔlgə] *adv* par conséquent.
den [de(:)n] *art, pron siehe* **der.**
denen ['de:nən] *Dat von die pl pron* (*demonstrativ*)

à ceux-ci(celles-ci); (: *mit präp*) ceux-ci(celles-ci); (*relativ*) à qui, auxquels(auxquelles); (: *von Sachen*) auxquels(auxquelles); (: *mit präp*) qui, lesquels(lesquelles); **die Bücher/Häuser von** ~ les livres/maisons dont.
Denk-: ~**anstoß** *m*: **jdm einen** ~**anstoß geben** donner matière à réflexion à qn; ~**art** *f* (*Einstellung*) mentalité *f*; **d**~**bar** *adj* concevable ♦ *adv* (*äußerst*) extrêmement.
denken ['dɛŋkən] *unreg vi* penser; (*überlegen*) réfléchir ♦ *vt* (*sich vorstellen*) penser; (*glauben, vermuten*) penser, croire ♦ *vr*: **sich** *Dat* **etw** ~ s'imaginer qch; **gut/schlecht über jdn/etw** ~ penser du bien/mal de qn/qch; **an jdn/etw** ~ penser à qn/qch; **etw gibt jdm zu** ~ qch donne à réfléchir à qn; **denke daran!** penses-y!; **daran ist gar nicht zu** ~ c'est hors de question; **wo** ~ **Sie hin!** vous n'y pensez pas!; ~ **Sie mal!** figurez-vous!; **ich denke nicht daran, das zu tun** je me garderai bien de le faire; **für jdn/etw gedacht sein** être prévu(e) pour qn/qch.
Denken (**–s**) *nt* (*Überlegen*) réflexion *f*; (*Denkfähigkeit*) pensée *f*.
Denker(in) (**–s, –**) *m(f)* penseur(-euse) *m/f*; **das Volk der Dichter und** ~ le peuple des poètes et des philosophes.
Denk-: ~**fähigkeit** *f* intelligence *f*; **d**~**faul** *adj* à l'esprit paresseux; ~**fehler** *m* faute *f* de raisonnement; ~**hilfe** *f* indication *f*.
Denkmal (**–s, -̈er**) *nt* monument *m*; ~**schutz** *m*: **etw unter** ~**schutz stellen** classer qch monument historique.
Denk-: ~**pause** *f*: **eine** ~**pause einlegen** faire une pause pour réfléchir; ~**schrift** *f* mémoire *m*; ~**vermögen** *nt* intelligence *f* (*pénétrante*); **d**~**würdig** *adj* mémorable; ~**zettel** *m*: **jdm einen** ~**zettel verpassen** donner une leçon à qn.
denn [dɛn] *konj* (*kausal*) car; (*konzessiv*): **es sei** ~**(, daß)** à moins que +*sub* ♦ *adv* (*geh: nach Komparativ*) que; (*verstärkend*): **wann/wer/wie/wo** ~**?** quand/qui/comment/où donc?; **mehr/besser** ~ **je** plus/mieux que jamais; **was soll das** ~ **heißen?** qu'est-ce que cela peut bien vouloir dire?; **weshalb** ~**?** pourquoi donc?; **warum** ~ **nicht?** et pourquoi pas?; **hast du das** ~ **nicht verstanden?** tu n'as donc pas compris?
dennoch ['dɛnnɔx] *konj* pourtant, cependant ♦ *adv*: **und** ~, ... et pourtant ... .
denselben *Akk von* **derselbe** ♦ *Dat pl von* **derselbe** *etc*.
Denunziant(in) [denʊntsi'ant(ɪn)] *m(f)* dénonciateur(-trice) *m/f*.
denunzieren [denʊn'tsi:rən] *vt* dénoncer.
Deospray ['de:oʃpreɪ] *nt od m* spray *m* déodorant.
Dependance [depã'dã:ns] *f* (*Hotel: Nebengebäude*) dépendance *f*.
deplaziert [depla'tsi:rt] *adj* déplacé(e).
Deponent(in) [depo'nɛnt(ɪn)] *m(f)* déposant(e)

m/f.
Deponie *f* décharge *f.*
deponieren [depo'niːrən] *vt* déposer.
deportieren [depɔr'tiːrən] *vt* déporter.
Depot [de'poː] (**–s, –s**) *nt* dépôt *m.*
Depp [dɛp] (**–en, –en;** *pej*) *m* (*Dialekt*) idiot *m.*
Depression [deprɛsi'oːn] *f* dépression *f.*
depressiv *adj* dépressif(-ive); (*WIRTS*) déprimé(e).
deprimieren [depri'miːrən] *vt* déprimer.

=============== *SCHLÜSSELWORT*

der [de(ː)r] (*f* **die,** *nt* **das,** *Gen* **des, der, des,** *Dat* **dem, der, dem,** *Akk* **den, die, das,** *pl* **die, der, den, die**) *art* le(la); **der Tisch** la table; **das Haus** la maison; **die Blume** la fleur; **die Melone** le melon; **das Kind** l'enfant *m*; **die Fenster/Kinder** les fenêtres *fpl*/enfants *mpl*; **der Rhein** le Rhin; **der Klaus** (*umg*) Klaus
♦ *pron* (*relativ: Subjekt*) qui; (: *Akk*) que; (: *Dat*) à qui; **die Frau, die hier wohnt** la femme qui habite ici; **der Mann, den ich gesehen habe** l'homme que j'ai vu; **das Kind, dem ich das Buch gegeben hatte** l'enfant à qui j'avais donné le livre
♦ *pron* (*demonstrativ*) celui-ci(celle-ci); (: *jener, dieser*) celui-là(celle-là); (: *pl*) ceux-ci(celles-ci); (: *jene*) ceux-là(celles-là); **der/ die war es** c'est celui-ci(celle-ci); (*Mensch*) c'est lui(elle); **der mit der Brille** celui avec les lunettes; **ich will den (da)** j'aimerais celui-ci(celle-ci); **unser Chef? der ist schon weg!** le patron? il est déjà parti!; **der und der** un tel; **wie dem auch sei** quoi qu'il en soit.

derart *adv* tellement; **er hat sich ~ geärgert** il s'est tellement fâché; **~ig** *adj* tel(le), pareil(le) ♦ *adv* tellement; **ein ~iges Haus** une telle maison, une maison pareille.
derb [dɛrp] *adj* (*Material*) solide; (*Kost*) fruste; (*Mensch, Spaß*) grossier(-ière).
Derbheit *f* grossièreté *f.*
deren ['deːrən] *Gen von die pron* (*relativ: sg*) dont, duquel(de laquelle); (: *pl*) dont, desquels(desquelles); (*demonstrativ: pl*) de ceux-ci(celles-ci).
derentwillen ['deːrənt'vɪlən] *adv:* **um ~** (*relativ*) pour qui, pour lequel(laquelle); (*pl*) pour qui, pour lesquels(lesquelles); (*von Sachen*) pour lequel(laquelle); (: *pl*) pour lesquels(lesquelles).
dergestalt *adv* (*geh*): **~, daß** ... ainsi que ... .
der-: **~gleichen** *pron unver* (*adjektivisch*) tel(le); (*substantivisch*): **er tat nichts ~gleichen** il n'en fit rien; **und ~gleichen (mehr)** et d'autres choses de ce genre; **~jenige** (*f* **diejenige,** *nt* **dasjenige**) *pron* celui(celle); (*adjektivisch*) ce(cette); **diejenigen, die** ceux qui; **~maßen** *adv* tellement; **~selbe** (*f* **dieselbe,** *nt* **dasselbe**) *pron* le(la) même; **dieselben** les mêmes; **~weil(en)** *adv* pendant ce temps, entre-temps; **~zeit** *adj* (*jetzt*) en ce moment; **~zeitig** *adj* (*jetzig*) ac-

tuel(le); (*damalig*) de l'époque.
des¹ [dɛs] *art, pron siehe* **der.**
des² [dɛs] *nt* (*MUS*) ré *m inv* bémol; **~-Moll** ré bémol mineur; **D~-Dur** ré bémol majeur.
Deserteur [dezɛr'tøːr] *m* déserteur *m.*
desertieren [dezɛr'tiːrən] *vi* déserter.
desgl. *abk* = **desgleichen.**
desgleichen ['dɛs'glaɪçən] *adv* (*ebenso*) de même ♦ *pron* une chose pareille.
deshalb ['dɛs'halp] *adv* pour cette raison ♦ *konj* c'est pourquoi.
Design [di'zaɪn] (**–s, –s**) *nt* style *m*, conception *f*; (*als Fach*) design *m*, stylisme *m*, esthétique *f* industrielle.
Designer(in) *m(f)* styliste *m/f.*
designiert [dezi'gniːrt] *adj attrib:* **der ~e Vorsitzende/Nachkomme** le président/ successeur désigné.
Desinfektion [dezɪnfɛktsi'oːn] *f* désinfection *f.*
Desinfektionsmittel *nt* désinfectant *m.*
desinfizieren [dezɪnfi'tsiːrən] *vt* désinfecter.
Desinteresse [dɛs|ɪntəˈrɛsə] (**–s**) *nt:* **~ an** +*Dat* manque *m* d'intérêt pour.
desinteressiert [dɛs|ɪntərɛˈsiːrt] *adj* indifférent(e).
desorientieren [dɛs|oriɛn'tiːrən] *vt:* **völlig desorientiert sein** être totalement désorienté(e).
Despot [dɛs'poːt] (**–en, –en**) *m* despote *m.*
despotisch *adj* despotique.
desselben *pron Gen von* **derselbe; dasselbe.**
dessen ['dɛsən] *Gen von der, das pron* (*relativ*) dont, duquel(de laquelle); (*demonstrativ*) de celui-ci(celle-ci), son(sa); **~ungeachtet** *adv* néanmoins.
Dessert [dɛ'seːr] (**–s, –s**) *nt* dessert *m.*
Dessin [dɛ'sɛ̃ː] (**–s, –s**) *nt* (*TEXTIL*) motif *m.*
Destillation [dɛstɪlatsi'oːn] *f* distillation *f.*
destillieren [dɛstɪ'liːrən] *vt* distiller.
desto ['dɛsto] *konj* d'autant; **je schneller, ~ teurer** plus c'est rapide, plus c'est cher; **je schöner, ~ besser** le plus beau possible; **~ besser!** tant mieux!
destruktiv [dɛstrʊk'tiːf] *adj* (*geh*) destructeur(-trice).
deswegen ['dɛs've:gən] *adv* pour cette raison; **eben ~** pour cela même.
Detail [de'taɪ] (**–s, –s**) *nt* détail *m.*
detaillieren [deta'jiːrən] *vt* détailler.
Detektiv(in) [detɛk'tiːf(-'tiːvɪn)] (**–s, –e**) *m(f)* détective *m/f*; **~roman** *m* roman *m* policier.
Detektor [de'tɛktɔr] *m* (*TECH*) détecteur *m.*
Detonation [detonatsi'oːn] *f* détonation *f.*
Deut *m:* **keinen** *od* **nicht einen ~ absolut** rien.
deuten ['dɔʏtən] *vt* (*auslegen*) interpréter; (*Zukunft*) prédire ♦ *vi:* **auf** +*Akk* indiquer.
deutlich *adj* clair(e); (*Unterschied*) net(te) ♦ *adv:* **jdm etw ~ machen** faire comprendre qch à qn; **~ werden** parler sans ambages; **jdm etw ~ zu verstehen geben** mettre les points sur les i pour qn, ne pas cacher qch à qn; **D~keit** *f* netteté *f.*
deutsch [dɔʏtʃ] *adj* allemand(e); **~e Schrift**

écriture *f* gothique; **auf** ~ en allemand; **auf gut** ~ **(gesagt)** (*fig: umg*) pour parler net; **D~ (-(s))** *nt* (*LING*) l'allemand *m*; **sie spricht flie-ßend D~** elle parle couramment l'allemand; **er versteht D~** il comprend l'allemand; **D~e** *nt* (*LING*) allemand *m*; **ins D~e übersetzen** traduire en allemand; **D~e(r)** *f(m)* (*GEOG*) Allemand(e) *m/f*; **er ist D~er** il est allemand; **D~e Demokratische Republik** *f* République *f* démocratique allemande; **D~es Beefsteak** *nt* steak *m* haché; **~feindlich** *adj* germanophobe; **~freundlich** *adj* germanophile; **D~land** *nt* l'Allemagne *f*; **D~landfrage** *f* question *f* allemande; **D~landlied** *nt* hymne *m* national allemand; **D~landpolitik** *f* (*GESCHICHTE*) *politique de la RFA concernant la RDA (avant la réunification)*; (*POL: von fremdem Staat*) politique *f* à l'égard de l'Allemagne; **D~schweiz** *f* Suisse *f* alémanique *od* allemande; **~sprachig** *adj* de langue allemande; (*Zeitung, Ausgabe etc*) en langue allemande; **~stämmig** *adj* d'origine allemande.

Deutung *f* interprétation *f*.

Devise [de'viːzə] *f* devise *f*; **~n** *pl* (*FINANZ*) devises *fpl*.

Devisenkontrolle *f* contrôle *m* des changes.

Dez. *abk* = **Dezember**.

Dezember [de'tsɛmbər] **(-(s), -)** *m* décembre *m*; *siehe auch* **September**.

dezent [de'tsɛnt] *adj* discret(-ète).

Dezentralisation [detsɛntralizatsi'oːn] *f* décentralisation *f*.

Dezernat [detsɛr'naːt] **(-(e)s, -e)** *nt* (*VERWALTUNG*) service *m*.

Dezernent [detsɛr'nɛnt] *m* chef *m* de service.

Dezibel [detsi'bɛl] **(-s, -)** *nt* décibel *m*.

dezimal [detsi'maːl] *adj* décimal(e); **D~bruch** *m* fraction *f* décimale; **D~system** *nt* système *m* décimal.

Dezime ['deːtsimə] *f* (*MUS: Intervall*) dixième *f*.

dezimieren [detsi'miːrən] *vt* décimer ♦ *vr* subir des pertes importantes.

DFB *m abk* (= *Deutscher Fußball-Bund*) fédération allemande du football.

DFG *f abk* (= *Deutsche Forschungsgemeinschaft*) conseil national allemand de la recherche.

DGB *m abk* (= *Deutscher Gewerkschaftsbund*) fédération des syndicats allemands.

dgl. *abk* = **dergleichen**.

d.h. *abk* (= *das heißt*) c.-à-d.

Dia ['diːa] **(-s, -s)** *nt* (*PHOT*) diapo(sitive) *f*.

Diabetes [dia'beːtɛs] *m* diabète *m*.

Diabetiker(in) [dia'beːtikər(ɪn)] *m(f)* diabétique *m/f*.

Diagnose [dia'gnoːzə] *f* diagnostic *m*; **~programm** *nt* (*COMPUT*) programme *m* de diagnostic; **~zentrum** *nt* centre *m* médical.

diagnostizieren [diagnɔsti'tsiːrən] *vt* diagnostiquer ♦ *vi* établir un diagnostic.

diagonal [diago'naːl] *adj* diagonal(e).

Diagonale *f* diagonale *f*.

Diagramm [dia'gram] *nt* diagramme *m*; **~papier** *nt* papier *m* millimétré.

Diakonie [diako'niː] *f* (*REL*) service social protestant.

diakonisch [dia'koːnɪʃ] *adj* du service social protestant.

Dialekt [dia'lɛkt] **(-(e)s, -e)** *m* dialecte *m*; **d~al** *adj* dialectal(e); **~ausdruck** *m* expression *f* dialectale; **d~frei** *adj, adv* sans accent; **d~isch** *adj* (*PHILOSOPHIE*) dialectique.

Dialog [dia'loːk] **(-(e)s, -e)** *m* dialogue *m*.

Dialysegerät [dia'lyːzəgərɛːt] *nt* rein *m* artificiel.

Diamant [dia'mant] *m* diamant *m*.

Diapositiv [diapozi'tiːf] **(-s, -e)** *nt* (*PHOT*) diapositive *f*.

Diaprojektor *m* projecteur *m* de diapositives.

Diät [di'ɛːt] **(-, -en)** *f* régime *m*; ~ **halten** suivre un régime; **~en** *pl* (*POL*) indemnité *f* parlementaire; **d~** *adv* (*kochen*) selon un régime; (*essen, leben*) en suivant un régime.

dich [dɪç] *Akk von du pron* te; (*vor Vokal, stummem h*) t'; (*nach präp*) toi; **für** ~ pour toi; ~ **habe ich gesehen** toi, je t'ai vu(e).

dicht [dɪçt] *adj* (*Nebel, Haar, Wald*) épais(se); (*Gewebe*) serré(e); (*Menschenmenge, Verkehr*) dense; (*undurchlässig: Dach*) étanche; (*fig: Programm*) fourni(e); (*umg: zu*) fermé(e) ♦ *adv:* ~ **an/bei** tout près de; ~ **hintereinander** l'un derrière l'autre; **er ist nicht ganz** ~ (*umg*) il déraille; ~ **machen** obturer; **~bevölkert** *adj* à forte densité de population.

Dichte *f* (*von Nebel*) épaisseur *f*; (*von Haar*) volume *m*; (*von Gewebe*) texture *f* serrée; (*von Verkehr, PHYS*) densité *f*.

dichten *vt* (*Leitung, Dach, Leck*) rendre étanche; (*Wasserhahn*) étouper; (*NAUT*) calfater ♦ *vi* (*reimen*) écrire des poèmes; (*umg: erfinden*) inventer.

Dichter(in) **(-s, -)** *m(f)* poète *m*; **d~isch** *adj* poétique; **~lesung** *f* (*séance f de*) lecture *f* de poèmes par l'auteur.

dichthalten *unreg* (*umg*) *vi* la boucler.

dichtmachen (*umg*) *vt* (*schließen*) boucler.

Dichtung *f* (*TECH, AUT*) joint *m*; (*Gedichte*) poésie *f*; (*Prosa*) œuvre *f* littéraire; ~ **und Wahrheit** (*fig*) la réalité et la fiction.

dick [dɪk] *adj* épais(se); (*Mensch; umg: Lüge, Fehler*) gros(se); (*umg: Verkehr*) dense; (*geschwollen*) enflé(e); **miteinander durch** ~ **und dünn gehen** se tenir les coudes; **die Wand ist 80 cm** ~ ce mur a 80 cm d'épaisseur; **die beiden Buben sind** ~**e Freunde** les deux garçons sont inséparables; **D~darm** *m* gros intestin *m*.

Dicke *f* épaisseur *f*.

dick-: **~fellig** (*pej*) *adj* blindé(e); **~flüssig** *adj* visqueux(-euse); **D~häuter** *m* pachyderme *m*.

Dickicht **(-s, -e)** *nt* fourré *m*.

Dick-: **~kopf** *m* tête *f* de mule; **d~lich** *adj* rondelet(te); **~milch** *f* lait *m* caillé; **~schädel**

(_umg_) m = ~**kopf; d~tun** (_pej: umg_) _vr_ faire le malin.
die [di:] _art, pron siehe_ **der.**
Dieb(in) [di:p, 'di:bɪn] (–(e)s, –e) _m(f)_ voleur(-euse) _m/f;_ **haltet den ~!** au voleur!; **d~isch** _adj_ voleur(-euse); (_umg:_ Vergnügen) malin(-igne); ~**stahl** (–(e)s, ⁼e) _m_ vol _m._
diejenige ['di:jenɪgə] _pron siehe_ **derjenige.**
Diele ['di:lə] _f_ (_Brett_) planche _f_ (de plancher), latte _f;_ (_Flur_) entrée _f._
dienen ['di:nən] _vi_ servir; (_behilflich sein_) aider; **womit kann ich ~?** qu'y a-t-il pour votre service?; (_im Geschäft auch_) vous désirez?; **damit ist mir nicht/wenig gedient** cela ne m'arrange pas/pas beaucoup.
Diener (–s, –) _m_ domestique _m;_ (_umg:_ Verbeugung) courbette _f;_ (_fig_) serviteur _m;_ ~**in** _f_ servante _f._
dienern _vi_ (_fig_): ~ **vor** +_Dat_ faire des courbettes devant.
Dienerschaft _f_ domestiques _mpl._
dienlich _adj:_ **jdm/einer Sache ~ sein** être utile à qn/qch.
Dienst [di:nst] (–(e)s, –e) _m_ service _m;_ **jdm einen guten ~ erweisen** rendre service à qn; **der ~ am Nächsten** le service du prochain; ~ **am Kunden** service après-vente; **jdm zu ~en stehen** être aux ordres de qn; **außer ~** à la retraite; **im ~** en service; ~ **haben** être de service; ~ **machen** faire son service; **der Öffentliche ~** le service public; ~**abteil** _nt_ (_EISENB_) compartiment _m_ réservé au personnel.
Dienstag _m_ mardi _m;_ **am ~** mardi; ~ **in acht Tagen** _od_ **in einer Woche** mardi en huit; ~ **vor einer Woche** _od_ **acht Tagen** mardi dernier.
dienstags _adv_ le mardi.
Dienst-: ~**alter** _nt_ ancienneté _f;_ **d~beflissen** _adj_ empressé(e); ~**bote** _m_ domestique _m;_ ~**boteneingang** _m_ entrée _f_ de service; **d~eifrig** _adj_ empressé(e); **d~frei** _adj:_ **d~frei haben** avoir congé; ~**gebrauch** _m:_ **nur für den ~gebrauch** réservé à l'administration; ~**geheimnis** _nt_ secret _m_ professionnel; ~**gespräch** _nt_ (_Telefonat_) communication _f_ de service; ~**grad** _m_ grade _m;_ **d~habend** _adj_ de service; ~**herr** _m_ patron _m;_ ~**leistung** _f_ (prestation _f_ de) service _m;_ ~**leistungsbetrieb** _m_ entreprise _f_ du secteur tertiaire; ~**leistungsgewerbe** _m_ (secteur _m_) tertiaire _m;_ **d~lich** _adj_ (Schreiben, Vorgehen) officiel(le); (Angelegenheiten) professionnel(le); ~**mädchen** _nt_ bonne _f;_ ~**plan** _m_ tableau _m_ de service; ~**reise** _f_ voyage _m_ d'affaires; ~**siegel** _nt_ cachet _m_ officiel; ~**stelle** _f_ service _m;_ **d~tuend** _adj_ de service; ~**vorschrift** _f_ règlement _m_ (de service); ~**wagen** _m_ voiture _f_ de service; ~**weg** _m_ voie _f_ hiérarchique; ~**wohnung** _f_ logement _m_ de service; ~**zeit** _f_ heures _fpl_ de travail; (Öffnungszeit) heures _fpl_ d'ouverture; (_MIL_) durée _f_ du service militaire.
dies [di:s] _pron_ (demonstrativ) ceci, cela; ~ **sind**

meine Eltern voici _od_ voilà mes parents.
diesbezüglich _adj_ à ce sujet.
diese(r, s) _pron_ (adjektivisch) ce(cette); (: _vor Vokal, stummem h_) cet(cette); (_pl_) ces; (substantivisch) celui-là(celle-là); (_in der Nähe_) celui-ci(celle-ci); (_pl_) ceux-là(celles-là), ceux-ci(celles-ci); (_Sache auch_) cela, ceci; ~ **Schuhe** ces chaussures; ~ **sind schöner** ceux-ci(celles-ci) sont plus beaux(belles).
Diesel ['di:zəl] _m_ (Kraftstoff) gazole _m,_ gas-oil _m;_ (Fahrzeug) diesel _m._
dieselbe, dieselben [di:'zɛlbə] _pron, adj siehe_ **derselbe.**
Dieselöl ['di:zələø:l] _nt_ gazole _m,_ gas-oil _m._
diesig _adj_ brumeux(-euse).
dies-: ~**jährig** _adj_ de cette année; ~**mal** _adv_ cette fois-ci; ~**seitig** _adj:_ **das ~seitige Ufer** cette rive-ci; ~**seits** _präp_ +_Gen_ de ce côté de; **D~seits** _nt:_ **das D~seits** ce monde _m._
Dietrich ['di:trɪç] (–s, –e) _m_ crochet _m._
diffamieren [dɪfa'mi:rən] (_pej_) _vt_ diffamer.
Diffamierungskampagne [dɪfa'mi:rʊŋskampanjə] (_pej_) _f_ campagne _f_ de diffamation.
differential [dɪferɛntsi'a:l] _adj_ différent(e); **D~getriebe** _nt_ engrenage _m_ différentiel; **D~rechnung** _f_ calcul _m_ différentiel.
Differenz [dɪfə'rɛnts] (–, –en) _f_ différence _f;_ ~**en** _pl_ (geh: Meinungsverschiedenheit) différend _m._
differenzieren [dɪferɛn'tsi:rən] _vt_ différencier ♦ _vi_ (unterscheiden) faire la différence.
differenziert _adj_ (geh) varié(e).
diffus [dɪ'fu:s] _adj_ (Gedanken etc) confus(e); (_PHYS_) diffus(e).
digital [digi'ta:l] _adj_ (_COMPUT_) numérique; **D~anzeige** _f_ affichage _m_ numérique; **D~rechner** _m_ calculateur _m_ numérique; **D~uhr** _f_ montre _f_ à affichage numérique.
Diktaphon ® [dɪkta'fo:n] _nt_ Dictaphone ® _m._
Diktat [dɪk'ta:t] (–(e)s, –e) _nt_ dictée _f;_ (Gebot) ordres _mpl;_ (_POL_) diktat _m;_ (von Mode etc) tyrannie _f._
Diktator [dɪk'ta:tɔr] _m_ dictateur _m;_ **d~isch** _adj_ dictatorial(e).
Diktatur [dɪkta'tu:r] _f_ dictature _f._
diktieren [dɪk'ti:rən] _vt_ (Brief) dicter; (Bedingungen) imposer.
Diktion [dɪktsi'o:n] _f_ diction _f._
Dilemma [di'lɛma] (–s, –s _od_ –ta) _nt_ dilemme _m._
Dilettant(in) [dile'tant(ɪn)] _m(f)_ dilettante _m/f;_ **d~isch** _adj_ de dilettante.
Dimension [dimɛnzi'o:n] _f_ (geh) dimension _f._
Dimmer ['dɪmər] _m_ variateur _m_ de lumière.
DIN _f abk_ (= Deutsche Industrie-Norm) (conforme aux) normes du bureau allemand de normalisation; ~ **A4** A4.
Ding [dɪŋ] (–(e)s, –e) _nt_ chose _f;_ (Angelegenheit, Sache) affaire _f;_ **das ist ein ~ der Unmöglichkeit** c'est matériellement impossible; **vor allen ~en** avant tout; **guter ~e sein** être de bonne humeur; **so wie die ~e liegen,** **nach Lage der ~e** dans la situation actuelle, au point où nous en sommes, vu les cir-

constances; **es müßte nicht mit rechten** ~**en zugehen, wenn ...** c'est bien le diable si ...; **ein krummes** ~ **drehen** faire un coup tordu; **d**~**fest** *adj*: **jdn d**~**fest machen** mettre qn sous les verrous; **d**~**lich** *adj* réel(le).

Dings (*umg*) *nt* machin *m*, truc *m*.

Dingsbums ['dɪŋsbʊms] (*umg*) *nt siehe* **Dings**.

Dingsda (*umg*) *nt siehe* **Dings**.

Dinosaurier [dino'zaʊriər] *m* dinosaure *m*.

Dioptrie [diɔp'triː] *f* dioptrie *f*.

Diözese [diø'tseːzə] *f* diocèse *m*.

Diphtherie [dɪfte'riː] *f* diphtérie *f*.

Dipl.Ing. *abk* = **Diplomingenieur.**

Diplom [di'ploːm] (–(e)s, –e) *nt* diplôme *m*; ~**arbeit** *f* mémoire *m*.

Diplomat [diplo'maːt] (–en, –en) *m* diplomate *m*.

Diplomatenkoffer *m* valise *f* diplomatique.

Diplomatie [diploma'tiː] *f* diplomatie *f*.

diplomatisch [diplo'maːtɪʃ] *adj* diplomatique; (*fig: geschickt*) diplomate.

Diplomingenieur *m* ingénieur *m* diplômé.

dir [diːr] *Dat von du pron* te; (*vor Vokal, stummem h*) t'; (*nach präp*) toi; **mit** ~ avec toi.

direkt [di'rɛkt] *adj* direct(e); (*Antwort*) franc(franche) ♦ *adv* (*umg: regelrecht*) vraiment; ~ **fragen** demander franchement; ~**er Speicherzugriff** (*COMPUT*) accès *m* direct à la mémoire; **D**~**flug** *m* vol *m* direct.

Direktion [dirɛktsi'oːn] *f* direction *f*.

Direktmandat *nt* (*POL*) mandat *m* direct.

Direktor(in) *m(f)* directeur(-trice) *m/f*; (*von Museum*) conservateur(-trice) *m/f*.

Direktorat [dirɛkto'raːt] *nt* direction *f*.

Direktorium [dirɛk'toːriʊm] *nt* conseil *m* d'administration.

Direkt-: ~**übertragung** *f* émission *f* en direct; ~**verkauf** *m* vente *f* directe; ~**werbung** *f* publicité *f* ciblée.

Dirigent(in) [diri'gɛnt(ɪn)] *m(f)* chef *m* d'orchestre.

dirigieren [diri'giːrən] *vt* diriger.

Dirne ['dɪrnə] *f* (*Prostituierte*) prostituée *f*.

Dis (–, –) *nt* (*MUS*): ~**-dur** ré *m* dièse majeur.

dis (–, –) *nt* (*MUS*): ~**-moll** ré *m* dièse mineur.

Disco ['dɪsko] (–s, –s) *f* discothèque *f*, boîte *f*.

Discountgeschäft [dɪs'kaʊntgəʃɛft] *nt* magasin *m* discount.

Disharmonie [dɪsharmo'niː] *f* (*MUS*) dissonance *f*; (*von Farben*) discordance *f*.

Diskette [dɪs'kɛtə] *f* disquette *f*.

Diskettenlaufwerk *nt* lecteur *m* de disquettes.

Diskont [dɪs'kɔnt] (–s, –e) *m* (*FINANZ*) escompte *m*; ~**satz** *m* (*FINANZ*) taux *m* d'escompte.

Diskothek [dɪsko'teːk] (–, –en) *f* discothèque *f*.

diskreditieren [dɪskredi'tiːrən] *vt* (*geh*) discréditer.

Diskrepanz [dɪskre'pants] *f* (*geh*) divergence *f*.

diskret [dɪs'kreːt] *adj* discret(-ète).

Diskretion [dɪskretsi'oːn] *f* discrétion *f*; **strengste** ~ **wahren** rester très discret(-ète).

diskriminieren [dɪskrimi'niːrən] *vt* (*geh*) faire

de la discrimination contre.

Diskriminierung *f* discrimination *f*.

Diskussion [dɪskʊsi'oːn] *f* discussion *f*; **(nicht) zur** ~ **stehen** (ne pas) être à l'ordre du jour; **etw zur** ~ **stellen** mettre qch à l'ordre du jour.

Diskussionsbeitrag *m* contribution *f* à la discussion.

Diskuswerfen ['dɪskʊsvɛrfən] *nt* lancer *m* du disque.

diskutabel [dɪsku'taːbəl] *adj* discutable.

diskutieren [dɪsku'tiːrən] *vt* discuter ♦ *vi*: ~ **über** +*Akk* discuter de; **darüber läßt sich** ~ on peut en discuter.

dispensieren [dɪspɛn'ziːrən] *vt* dispenser.

disponieren [dɪspo'niːrən] *vi* (*geh: planen*) prendre ses dispositions; ~ **über** +*Akk* disposer de.

Disposition [dɪspozitsi'oːn] *f* (*geh*) disposition *f*; **jdm zur** *od* **zu jds** ~ **stehen** être à la disposition de qn.

disqualifizieren [dɪskvalifi'tsiːrən] *vt* disqualifier.

Dissertation [dɪsɛrtatsi'oːn] *f* thèse *f* (de doctorat).

Dissident(in) [dɪsi'dɛnt(ɪn)] *m(f)* dissident(e) *m/f*.

Distanz [dɪs'tants] *f* distance *f*; (*fig: Abstand, Entfernung*) recul *m*; ~ **halten** garder ses distances.

distanzieren [dɪstan'tsiːrən] *vr*: **sich von jdm/ etw** ~ prendre ses distances par rapport à *od* avec qn/qch.

distanziert *adj* distant(e).

Distel ['dɪstəl] (–, –n) *f* chardon *m*.

Disziplin [dɪstsi'pliːn] *f* discipline *f*.

Disziplinarmaßnahme [dɪstsipli'narma:sna:mə] *f* mesures *fpl* disciplinaires.

Disziplinarstrafe *f* peine *f* disciplinaire.

Disziplinarverfahren [dɪstsipli'narfɛrfa:rən] *nt* mesures *fpl* disciplinaires.

dito ['diːto] *adv* idem.

Diva ['diːva] (–, –s) *f* diva *f*, grande cantatrice *f*; (*FILM*) star *f*.

divers [di'vɛrs] *adj*: **diverse** *pl* plusieurs; „**D**~**es**" "divers"; **wir haben noch D**~**es vor** nous avons encore pas mal de choses à faire.

Dividende [divi'dɛndə] *f* dividende *m*.

dividieren [divi'diːrən] *vt*: **etw** ~ (**durch**) diviser qch (par) ♦ *vi* faire une division.

d.J. *abk* (= *der Jüngere*) le Jeune.

Djakarta [dʒa'karta] *nt* Djakarta.

DJH *nt abk* (= *Deutsches Jugendherbergswerk*) fédération allemande des auberges de jeunesse.

DKP *f abk* (= *Deutsche Kommunistische Partei*) parti communiste allemand.

DLRG *f abk* (= *Deutsche Lebens-Rettungs-Gesellschaft*) association allemande de sauveteurs.

DLV *m abk* (= *Deutscher Leichtathletik-Verband*) fédération allemande d'athlétisme.

DM *f abk* (= *Deutsche Mark*) DM *m*.

d.M. *abk* (= *dieses Monats*) courant, de ce mois.
D-Mark ['deːmark] (–, –) *f* mark *m*.
DNS *f abk* (= *Desoxyribo(se)nukleinsäure*) ADN *m*.

═══════════════ *SCHLÜSSELWORT*

doch [dɔx] *adv* **1** (*dennoch, trotzdem*) malgré tout, quand même; (*sowieso*) de toute façon; **er kam doch noch** finalement, il est quand même venu; **du weißt es ja doch (immer) besser** de toute façon, tu as toujours raison; **es war doch ganz interessant** finalement, c'était assez intéressant; **und doch** et pourtant; **also doch!** (*tatsächlich*) c'était donc vrai!
2 (*als bejahende Antwort*) si; **das ist nicht wahr – doch!** ce n'est pas vrai – si!
3 (*auffordernd*): **komm doch** viens donc!; **laß ihn doch** mais laisse-le donc tranquille!; **nicht doch!** mais non!
4 (*zur Betonung*): **sie ist/war doch noch so jung** (mais) elle est/était si jeune; **Sie wissen doch, wie das ist** vous savez ce que c'est; **wenn doch** si seulement
♦ *konj* (*aber*) pourtant; **es war schon spät, doch er kam noch** il était déjà tard, mais il est venu quand même; **und doch hat er es getan** il l'a fait malgré tout.

───────────────

Docht [dɔxt] (–(e)s, –e) *m* mèche *f*.
Dock [dɔk] (–s, –s *od* –e) *nt* dock *m*, bassin *m*; (*zum Ausbessern*) cale *f* sèche.
docken *vt* (*Schiff*) mettre en cale sèche; (*Raumfahrzeug*) accoster, arrimer ♦ *vi* être en cale sèche.
Dockgebühren *pl* droits *mpl* de bassin.
Dogge ['dɔgə] *f* dogue *m*; **deutsche** ~ danois *m*.
Dogma ['dɔgma] (–s, Dogmen) *nt* dogme *m*.
dogmatisch [dɔ'gmaːtɪʃ] *adj* dogmatique.
Dohle ['doːlə] *f* choucas *m*.
Doktor ['dɔktɔr] (–s, –en) *m* (*akademischer Grad*) docteur *m*; (*Arzt*) médecin *m*, docteur; **den** *od* **seinen** ~ **machen** (*umg*) faire une thèse; **zum** ~ **gehen** aller chez le médecin.
Doktorand(in) [dɔktɔ'rant('randɪn)] (–en, –en) *m(f)* candidat(e) *m/f* au doctorat.
Doktorarbeit *f* thèse *f* de doctorat.
Doktortitel *m* titre *m* de docteur.
Doktrin [dɔk'triːn] (–, –en) *f* doctrine *f*.
doktrinär [dɔktri'nɛːr] *adj* doctrinal(e); (*pej*) doctrinaire.
Dokument [doku'mɛnt] *nt* document *m*; (*fig*) témoignage *m*.
Dokumentar-: ~**bericht** *m* (émission *f*) documentaire *m*; ~**film** *m* (film *m*) documentaire *m*; **d**~**isch** *adj* documentaire.
dokumentieren [dokumɛn'tiːrən] *vt* documenter, étayer avec des documents; (*fig: zu erkennen geben*) exprimer, montrer.
Dolch [dɔlç] (–(e)s, –e) *m* poignard *m*; ~**stoß** *m* coup *m* de poignard; (*fig*) coup bas.
doll [dɔl] (*umg*) *adj* = **toll**.
dolmetschen ['dɔlmɛtʃən] *vt* interpréter, traduire ♦ *vi* servir d'interprète.
Dolmetscher(in) (–s, –) *m(f)* interprète *m/f*.

Dolomiten [dolo'miːtən] *pl*: **die** ~ les Dolomites *fpl*.
Dom [doːm] (–(e)s, –e) *m* cathédrale *f*.
Domäne [do'mɛːnə] *f* domaine *m*.
dominant [dɔmi'nant] *adj* dominant(e).
dominieren [domi'niːrən] *vt, vi* dominer.
Dominikanische Republik [domini'kaːnɪʃərepu'bliːk] *f* République *f* dominicaine.
Dompfaff ['doːmpfaf] (–en, –en) *m* bouvreuil *m*.
Dompteur(-teuse) [dɔmp'tøːr(-'tøːzə)] *m(f)* dompteur(-euse) *m/f*.
Donau ['doːnau] *f*: **die** ~ le Danube.
Donner ['dɔnər] (–s, –) *m* tonnerre *m*; **wie vom** ~ **gerührt** comme frappé(e) par la foudre.
donnern *vi unpers* tonner ♦ *vi* (*lärmen*) gronder ♦ *vt* (*umg: werfen*) expédier.
Donnerschlag *m* coup *m* de tonnerre.
Donnerstag *m* jeudi *m*; *siehe auch* **Dienstag**; **d**~**s** *adv* le jeudi.
Donnerwetter *nt* (*fig: umg*) engueulade *f* ♦ *interj* (*verärgert*) bon sang!; (*überrascht*) ça alors!; (*umg: anerkennend*) dis donc!; **ein** ~ **loslassen** tempêter; **das wird ein schönes** ~ **geben!** ça va faire un sacré grabuge!
doof [doːf] (*umg*) *adj* idiot(e); (*Idee*) débile.
dopen ['dɔpən] *vt* doper.
Dopingkontrolle ['dɔpɪŋkɔntrɔlə] *f* contrôle *m* antidopage.
Doppel ['dɔpəl] (–s, –) *nt* double *m* ♦ *in zW* double; ~**band** *m* (*von doppeltem Umfang*) volume *m* double; (*zwei Bände*) deux volumes *mpl*; ~**bett** *nt* grand lit *m*; **d**~**bödig** *adj* (*fig*) équivoque, à double sens; **d**~**deutig** *adj* à double sens; ~**fenster** *nt* double fenêtre *f*; ~**gänger(in)** (–s, –) *m(f)* sosie *m*; ~**haushälfte** *f* maison *f* jumelle; ~**korn** *m* eau-de-vie *f* de grain (*de plus de 38°*); ~**punkt** *m* deux points *mpl*; **d**~**seitig** *adj* (*Anzeige*) sur deux pages; (*Lungenentzündung, Diskette*) double; ~**stecker** *m* prise *f* double; **d**~**stöckig** *adj* à deux étages; ~**stunde** *f* (*SCH*) cours *m* de deux heures.
doppelt *adj* double; (*Buchführung*) en partie double ♦ *adv*: **die Karte habe ich** ~ cette carte, je l'ai en double; **in** ~**er Ausführung** en deux exemplaires; **etw** ~ **bezahlen** payer qch deux fois; **sich** ~ **freuen** se réjouir doublement; ~ **und dreifach** (*umg*) plutôt deux fois qu'une; ~ **gemoppelt** (*umg*) répété(e) pour rien.
Doppel-: ~**verdiener** *mpl* foyer *m* à deux salaires; ~**zentner** *m* quintal *m*; ~**zimmer** *nt* chambre *f* pour deux personnes.
Dorf [dɔrf] (–(e)s, ⁻er) *nt* village *m*; ~**bewohner(in)** *m(f)* villageois(e) *m/f*.
dörflich ['dœrflɪç] *adj* villageois(e).
Dorn¹ [dɔrn] (–(e)s, –en) *m* (*BOT*) épine *f*; **das ist mir ein** ~ **im Auge** (*fig*) cela me dérange.
Dorn² [dɔrn] (–e) *m* (*an Schnalle*) ardillon *m*.
dornig *adj* épineux(-euse).
Dornröschen *nt* la Belle au bois dormant.
dörren ['dœrən] *vt* (faire) sécher.

Dörrfleisch *nt* viande *f* séchée.
Dörrobst ['dœrɔːpst] *nt* fruits *mpl* secs.
Dorsch [dɔrʃ] (**-(e)s, -e**) *m* (*ZOOL, KOCH*) jeune morue *f*.
dort [dɔrt] *adv* (*da*) là; **von ~ aus** de là(-bas); **~ drüben/oben/hinten** là-bas/-haut/-derrière; **~her** *adv* de là; **von ~her** il en vient justement; **~hin** *adv* là-bas; **sie geht gerade ~hin** elle y va justement; **~hinaus** *adv*: **frech bis ~hinaus** (*umg*) insolent(e) comme c'est pas permis; **~ig** *adj* de là-bas.
Dose ['doːzə] *f* boîte *f*; (*aus Porzellan*) petit pot *m*, (*Steck~*) prise *f*; **in ~n** (*Konserven*) en boîte.
Dosen *pl von* Dose; Dosis.
dösen ['døːzən] (*umg*) *vi* somnoler.
Dosen-: **~bier** *nt* bière *f* en boîte; **d~fertig** *adj*: **d~fertiges Gericht** plat *m* cuisiné; **~milch** *f* lait *m* concentré; **~öffner** *m* ouvre-boîte *m*.
dosieren [do'ziːrən] *vt* doser.
Dosierung *f* dosage *m*.
Dosis ['doːzɪs] (**-, Dosen**) *f* dose *f*.
dotieren [do'tiːrən] *vt* doter; **ein gut dotierter Posten** un poste bien rémunéré.
Dotter ['dɔtər] (**-s, -**) *m od nt* jaune *m* d'œuf.
Double ['duːbəl] (**-s, -s**) *nt* (*FILM*) doublure *f*.
Dozent(in) [do'tsɛnt(ɪn)] *m(f)*: **~ für ≈** maître *m* de conférences en.
dpa (**-**) *f abk* (= *Deutsche Presse-Agentur*) agence *f* de presse allemande.
Dr. *abk* = **Doktor**.
Drache ['draxə] (**-n, -n**) *m* dragon *m*.
Drachen (**-, -**) *m* (*Spielzeug*) cerf-volant *m*; (*SPORT*) deltaplane *m*; (*pej: umg: Frau*) dragon *m*; **einen ~ steigen lassen** lancer un cerf-volant; **~fliegen** *nt* (*SPORT*) deltaplane *m*, vol *m* libre.
Dragée [dra'ʒeː] (**-s, -s**) *nt* dragée *f*.
Draht [draːt] (**-(e)s, ̈-e**) *m* fil *m* de fer; (*Telefondraht*) fil; **auf ~ sein** (*umg*) ouvrir l'œil; **~gitter** *nt* treillis *m*, grillage *m*.
drahtig *adj* (*Mann*) sportif(-ive).
draht-: **~los** *adj* sans fil; **D~seil** *nt* câble *m* métallique; **Nerven wie D~seile** (*umg*) des nerfs d'acier; **D~seilbahn** *f* funiculaire *m*; **D~zange** *f* pince *f* coupante; **D~zieher(in)** *m(f)* (*fig*) instigateur(-trice) *m/f*.
Drall *m* (*fig: Hang*) tendance *f*; **einen ~ nach links haben** (*AUT*) tirer *od* porter à gauche.
drall [dral] *adj* robuste; (*Busen*) ferme.
Drama ['draːma] (**-s, Dramen**) *nt* drame *m*.
Dramatiker(in) [dra'maːtikər(ɪn)] (**-s, -**) *m(f)* dramaturge *m/f*.
dramatisch [dra'maːtɪʃ] *adj* dramatique; (*Begabung*) d'acteur(-trice).
Dramaturg(in) [drama'tʊrk(-'tʊrgɪn)] (**-en, -en**) *m(f)* dramaturge *m/f* (*conseiller*).
dran [dran] (*umg*) *siehe* **daran**; *adv* (*an der Reihe*): **jetzt bin ich ~!** c'est mon tour!; **früh/spät ~ sein** être en avance/en retard; **ich weiß nicht, wie ich (bei ihm) ~ bin** je ne sais que penser (de lui); **~ glauben müssen** (*umg*) devoir y passer; **~bleiben** *unreg* (*umg*) *vi* ne pas lâcher prise; **bitte bleiben Sie ~!** ne quittez pas!

Drang (**-(e)s, ̈-e**) *m* (*Antrieb*) impulsion *f*; (*physiologisch*) besoin *m*; (*kein pl: Druck*) pression *f*.
drang *etc* [draŋ] *vb siehe* **dringen**.
drängeln ['drɛŋəln] (*pej*) *vt* (*zur Eile*) presser ♦ *vi* pousser ♦ *vr*: **sich nach vorn ~** jouer des coudes pour avancer.
drängen ['drɛŋən] *vt* (*schieben*) pousser; (*antreiben*) presser ♦ *vi* presser; **auf etw** *Akk* **~** insister sur qch; **es drängt nicht** ça ne presse pas.
drangsalieren [draŋza'liːrən] (*pej*) *vt* tourmenter.
dran-: **~halten** (*umg*) *vr* se manier; **~kommen** *unreg vi* (*umg: SCH: beim Melden*) être interrogé(e); **jetzt komm' aber ich ~!** c'est (à) mon tour maintenant!; **~nehmen** *unreg* (*umg*) *vt* (*Schüler*) interroger.
drastisch ['drastɪʃ] *adj* (*Maßnahme*) draconien(ne); (*Schilderung*) cru(e).
drauf [drauf] (*umg*) *adv siehe* **darauf**; **gut ~ sein** (*umg*) avoir la pêche; **~ und dran sein, etw zu tun** être sur le point de faire qch; **etw ~ haben** (*umg: können*) faire qch sans problème; (: *Kenntnisse*) savoir qch sur le bout des doigts; **D~gänger** (**-s, -**) *m* fonceur(-euse) *m/f*; **~gehen** *unreg* (*umg*) *vi* y passer; **~legen** (*umg*) *vt* (*Betrag*) ajouter; **~los** *adv*: **immer feste** *od* **munter ~los!** continuez!, ne vous découragez pas!; **~zahlen** *vi* (*umg: fig: Einbußen erleiden*) y laisser des plumes.
draußen ['drausən] *adv* dehors; (*weit entfernt: da draußen*) là-bas (au loin); **~ auf dem Meer** au large.
Drechsler(in) ['drɛkslər(ɪn)] (**-s, -**) *m(f)* tourneur *m*.
Dreck [drɛk] (**-(e)s**) *m* saleté *f*; (*umg: pej: Sache, Angelegenheit*) affaires *fpl*; **macht euren ~ alleine** débrouillez-vous tout seuls; **~ am Stecken haben** (*fig: umg*) avoir quelque chose sur la conscience; **der letzte ~ sein** (*umg: pej*) être une ordure; **jdn wie den letzten ~ behandeln** traiter qn comme un chien.
dreckig *adj* sale; (*umg: unverschämt: Bemerkung*) grossier(-ère); (: *unanständig: Witz*) cochon(ne); (*Lachen*) gras(se); **es geht mir ~** (*umg*) je vais mal.
Dreckskerl (*umg*) *m* salopard *m*.
Dreh [dreː] (*umg*) *m*: **den ~ raushaben** *od* **weghaben** avoir trouvé le truc.
Dreh-: **~achse** *f* axe *m* de rotation; **~arbeiten** *pl* (*FILM*) tournage *m*; **~bank** *f* tour *m*; **d~bar** *adj* rotatif(-ive); **~buch** *nt* (*FILM*) scénario *m*.
drehen *vt* tourner; (*Zigaretten*) rouler ♦ *vi* (*wenden*) tourner ♦ *vr* tourner; (*Mensch*) se tourner; **an etw** *Dat* **~** tourner qch; **ein (krummes) Ding ~** (*umg*) faire un coup tordu; **mir dreht sich alles** (*umg*) j'ai la tête qui tourne; **es dreht sich um ...** il s'agit de ...; **es dreht sich darum, daß ...** voici ce dont il s'agit: ... .
Dreher(in) (**-s, -**) *m(f)* tourneur *m*.
Dreh-: **~kreuz** *nt* tourniquet *m*; **~orgel** *f* orgue *m* de Barbarie; **~ort** *m* (*FILM*) lieu *m* de tournage; **am ~ort** en extérieur; **~restaurant** *nt* restaurant *m* panoramique; **~scheibe** *f* pla-

que *f* tournante; ~**tür** *f* tambour *m*; ~**ung** *f* (*Rotation*) rotation *f*; (*Umdrehung, Wendung*) tour *m*; ~**wurm** (*umg*) *m*: **den ~wurm haben/ bekommen** avoir/attraper le tournis; ~**zahl** *f* nombre *m* de tours; ~**zahlmesser** *m* compte-tours *m inv.*

drei [draɪ] *num* trois; **nicht bis ~ zählen können** (*umg*) ne pas être très futé(e); **aller guten Dinge sind ~!** (*Sprichwort*) jamais deux sans trois!; (*nach zwei mißglückten Versuchen*) la troisième fois sera la bonne!; **D~eck** *nt* triangle *m*; ~**eckig** *adj* triangulaire; **D~ecksverhältnis** *nt* ménage *m* à trois; ~**einhalb** *num* trois et demi(e); ~**einhalb Kilometer** trois kilomètres et demi; **er ist ~einhalb (Jahre alt)** il a trois ans et demi; **D~einigkeit** *f* Trinité *f*.

dreierlei *adj unver* trois sortes de.

drei-: ~**fach** *adj* triple ♦ *adv* triplement, trois fois; **D~faltigkeit** *f* Trinité *f*; **D~fuß** *m* trépied *m*; **D~gangschaltung** *f*: **ein Fahrrad mit D~gangschaltung** un vélo à trois vitesses; ~**hundert** *num* trois cents; **D~käsehoch** (*umg*) *m* marmot *m*; **D~klang** *m* (*MUS*) triple accord *m*; **D~königsfest** *nt* Épiphanie *f*, fête *f* des Rois; ~**mal** *adv* trois fois; ~**malig** *adj*: **nach ~maliger Warnung** après trois avertissements.

dreinblicken ['draɪnblɪkən] *vi*: **traurig ~** avoir l'air triste.

dreinreden ['draɪnreːdən] *vi* (*umg*): **jdm ~** (*dazwischenreden*) interrompre qn; (*sich einmischen*) se mêler des affaires de qn.

Drei-: ~**punktgurt** *m* (*AUT*) ceinture *f* trois points; ~**rad** *nt* tricycle *m*; ~**satz** *m* (*MATH*) règle *f* de trois; ~**sprung** *m* (*SPORT*) triple saut *m*.

dreißig ['draɪsɪç] *num* trente.

dreißigste(r, s) *adj* trentième.

dreist [draɪst] *adj* impudent(e).

Dreistigkeit *f* impudence *f*.

drei-: ~**viertel** *num*: **eine ~viertel Stunde** trois quarts d'heure; ~**viertel Liter** 7,5 décilitres; **D~viertelstunde** *f*: **eine D~viertelstunde** trois quarts *mpl* d'heure; **D~vierteltakt** *m*: **im D~vierteltakt** (*MUS*) à trois temps; ~**zehn** *num* treize; **jetzt schlägt's (aber) ~zehn!** (*umg*) ça, c'est le comble!; ~**zehnte(r, s)** *adj* treizième.

dreschen ['drɛʃən] *unreg vt* (*Getreide*) battre; (*umg: verprügeln*) rosser; **Phrasen ~** (*umg*) débiter de belles phrases.

Dresden ['dreːsdən] *nt* (*GEOG*) Dresde.

dressieren [drɛ'siːrən] *vt* (*Tier*) dresser.

Dressur [drɛ'suːr] *f* dressage *m*.

Dr.h.c. *abk* (= *doctor honoris causa*) docteur *m* honoris causa.

driften ['drɪftən] *vi* dériver.

Drillbohrer *m* perceuse *f*.

drillen ['drɪlən] *vt* (*Loch*) percer; (*MIL: Soldaten*) faire faire l'exercice à, entraîner; (*fig: Kind*) dresser; **auf etw** *Akk* **gedrillt sein** (*umg*) être dressé(e) à (faire) qch.

Drilling *m* triplé *m*.

drin [drɪn] (*umg*) *adv siehe* **darin**; **bis jetzt ist noch**

alles ~ pour le moment tout est encore possible; **das ist nicht ~** (*geht nicht*) il n'en est pas question.

dringen ['drɪŋən] *unreg vi* pénétrer; ~ **durch** traverser; **an** *od* **in die Öffentlichkeit ~** transpirer; **auf etw** *Akk* ~ insister pour qch; **in jdn ~** (*geh*) presser qn.

dringend ['drɪŋənt] *adj* urgent(e); (*Rat*) pressant(e); (*Verdacht*) fort(e) ♦ *adv*: ~ **empfehlen** recommander vivement.

dringlich *adj* (*Aufgabe*) urgent(e).

Dringlichkeit *f* (*von Aufgabe*) urgence *f*.

drinnen ['drɪnən] *adv* (*in geschlossenem Raum*) à l'intérieur, dedans.

drinstecken ['drɪnʃtɛkən] (*umg*) *vi*: **da steckt man nicht drin** c'est difficile à dire.

drischt *etc* [drɪʃt] *vb siehe* **dreschen**.

dritt *adv*: **zu ~** à trois; **wir kommen zu ~** nous serons trois.

dritte(r, s) *adj* troisième; **die D~ Welt** le tiers monde; **D~(r)** *f(m)* troisième *m/f*; **im Beisein D~r** en présence de tiers.

Drittel (–**s**, –) *nt* tiers *m*; **zwei ~** deux tiers.

drittens *adv* troisièmement.

drittklassig *adj* de troisième catégorie.

Dr.jur. *abk* (= *Doktor der Rechtswissenschaften*) Dr. en droit.

DRK (–) *nt abk* (= *Deutsches Rotes Kreuz*) Croix-Rouge allemande.

Dr.med. *abk* (= *Doktor der Medizin*) Dr. (en médecine).

droben ['droːbən] *adv* là-haut.

Droge ['droːgə] *f* (*Rauschgift*) drogue *f*; (*Medizin*) remède *m*.

dröge ['drøːgə] *adj* (*norddeutsch*) sec(sèche).

drogen-: ~**abhängig** *adj* toxicomane; **D~händler(in)** *m(f)* trafiquant(e) *m/f* de drogue; ~**süchtig** *adj* toxicomane.

Drogerie [drogə'riː] *f* droguerie *f*.

Drogist(in) [dro'gɪst(ɪn)] *m(f)* droguiste *m/f*.

Drohbrief *m* lettre *f* de menace.

drohen ['droːən] *vi* menacer; **jdm (mit etw) ~** menacer qn (de qch).

Drohgebärde *f* geste *m* de menace; (*fig*) menace *f*.

Drohne ['droːnə] *f* (*ZOOL*) faux bourdon *m*.

dröhnen ['drøːnən] *vi* (*Motor*) vrombir; (*Stimme, Musik*) retentir; (*Kopf*) éclater.

Drohung ['droːʊŋ] *f* menace *f*.

drollig ['drɔlɪç] *adj* drôle; (*niedlich*) mignon(ne).

Drop-out ['drɔp'aʊt] *m* (*Mensch*) drop-out *m/f*, marginal(e); (*COMPUT*) perte *f* d'information.

Drops [drɔps] (–, –) *m od nt* bonbon *m* acidulé.

drosch *etc* [drɔʃ] *vb siehe* **dreschen**.

Droschke ['drɔʃkə] *f* fiacre *m*.

Drossel ['drɔsəl] (–, –**n**) *f* (*ZOOL*) grive *f*.

drosseln ['drɔsəln] *vt* (*Motor etc*) mettre au ralenti; (*Heizung*) baisser; (*Strom, Produktion*) réduire; (*Tempo*) ralentir.

Dr.phil. *abk* (= *Doktor der Geisteswissenschaften*) Dr. ès lettres *m*.

Dr.theol. *abk* (= *Doktor der Theologie*) Dr. en théologie *m*.

drüben ['dry:bən] *adv* de l'autre côté; (*umg: auf DDR/BRD bezogen*) de l'autre côté (*de l'ancienne frontière*).

drüber ['dry:bər] (*umg*) *adv siehe* **darüber**.

Druck¹ [drʊk] (**-(e)s, ̈-e**) *m* pression *f*; ~ **hinter etw** *Akk* **machen** activer qch; **unter dem** ~ **der Verhältnisse** en raison des circonstances; **einen** ~ **im Kopf/Magen haben** avoir la tête lourde/l'estomac lourd; **durch einen** ~ **auf den Knopf** en appuyant sur le bouton.

Druck² [drʊk] (**-(e)s, -e** *od* **-s**) *m* (*TYP: Vorgang*) impression *f*; (: *Produkt*) tirage *m*; **im** ~ **sein** être sous presse; ~**buchstabe** *m* caractère *m* d'imprimerie; **in** ~**buchstaben schreiben** écrire en caractères d'imprimerie.

Drückeberger ['drykəbɛrgər] (**-s, -**; *umg: pej*) *m* tire-au-flanc *m inv*.

drucken ['drʊkən] *vt, vi* imprimer.

drücken ['drykən] *vt* (*herabsetzen*) baisser; (*wehtun: Schuhe, Rucksack*) faire mal à; (*Hand*) serrer; (*Klinke*) tourner; (*Knopf*) appuyer sur; (*bedrücken*) oppresser ♦ *vi* (*drängeln, stoßen*) pousser; (*Schuhe etc*) faire mal ♦ *vr* (*umg*): **sich vor etw** *Dat* ~ s'esquiver devant qch; **jdm etw in die Hand** ~ glisser qch dans la main de qn; **jdn an sich** *Akk* ~ serrer qn contre soi; **„bitte** ~**"** "pousser"; **mir drückt der Magen** j'ai un poids sur l'estomac.

drückend *adj* (*Hitze, Armut*) accablant(e); (*Last, Steuern*) écrasant(e).

Drucker (**-s, -**) *m* (*COMPUT*) imprimante *f*.

Drücker (**-s, -**) *m* (*Tür~*) poignée *f*; (*Gewehr~*) détente *f*; **am** ~ **sein** *od* **sitzen** (*umg*) être bien placé(e); **auf den letzten** ~ (*umg*) au tout dernier moment.

Druckerei [drʊkə'raɪ] *f* imprimerie *f*.

Druckerschwärze *f* encre *f* d'imprimerie.

Druck-: ~**fahne** *f* épreuve *f*; ~**fehler** *m* faute *f* d'impression; ~**knopf** *m* bouton-pression *m*; ~**luft** *f* air *m* comprimé; ~**luftbremse** *f* (*AUT*) frein *m* à air comprimé; ~**messer** *m* (*PHYS*) manomètre *m*; ~**mittel** *nt* moyen *m* de pression; **d**~**reif** *adj* bon(bonne) à tirer; (*fig*) châtié(e); ~**sache** *f* imprimé *m*; ~**schrift** *f* caractères *mpl* d'imprimerie; **bitte in** *od* **mit** ~**schrift ausfüllen** veuillez écrire en caractères d'imprimerie; ~**taste** *f* touche *f*.

drum [drʊm] (*umg*) *adv siehe* **darum**; **sei's** ~! (*umg*) tant pis!; **mit allem D**~ **und Dran** et tout ce qui va avec.

Drumherum (*umg*) *nt* tout ce qui va avec.

drunten ['drʊntən] *adv* (*im Tal*) en bas; (*auf der Erde*) sur terre.

Drüse ['dry:zə] *f* (*ANAT*) glande *f*.

DSB (**-**) *m abk* (= *Deutscher Sport-Bund*) fédération sportive allemande.

Dschungel ['dʒʊŋəl] (**-s, -**) *m* jungle *f*.

dt. *abk* = **deutsch**.

DTC (**-**) *m abk* (= *Deutscher Touring Automobil Club*) ≈ Touring Club *m* de France.

Dtzd. *abk* (= *Dutzend*) douzaine(s) *f(pl)*.

du [du:] (*Akk* **dich**, *Dat* **dir**) *pron* tu; ~ **hast es mir gesagt** c'est toi qui me l'as dit; **mit jdm per** ~

sein être à tu et à toi avec qn; ~ **zu jdm sagen** tutoyer qn; **D**~ *nt*: **jdm das D**~ **anbieten** proposer à qn de se tutoyer.

Dübel (**-s, -**) *m* cheville *f*.

dübeln ['dy:bəln] *vt* fixer avec des chevilles.

Dublee [du'ble:] (**-s, -s**) *nt* plaqué *m*.

Dublin ['dablɪn] *nt* Dublin.

ducken ['dʊkən] *vr* se baisser; (*fig*) courber l'échine ♦ *vt* (*Kopf*) baisser; (*fig: demütigen*) humilier.

Duckmäuser ['dʊkmɔyzər] (**-s, -**) *m* lâche *m*.

Dudelsack ['du:dəlzak] *m* cornemuse *f*.

Duell [du'ɛl] (**-s, -e**) *nt* duel *m*.

Duett [du'ɛt] (**-(e)s, -e**) *nt* duo *m*.

Duft [dʊft] (**-(e)s, ̈-e**) *m* (*von Blumen*) parfum *m*; (*von Essen*) odeur *f* agréable; (*von Parfüm*) senteur *f*.

duften *vi* sentir bon.

duftig *adj* (*Stoff, Kleid*) léger(-ère).

Duftnote *f* (*von Parfüm*) senteur *f*.

dulden ['dʊldən] *vt* (*zulassen*) tolérer; (*leiden*) endurer ♦ *vi* (*geh: leiden*) souffrir; **er ist hier nur geduldet** nous tolérons tout juste sa présence.

duldsam *adj* patient(e).

dumm [dʊm] *adj* (*Mensch*) bête, stupide, idiot(e); (*Bemerkung*) stupide, idiot(e); (*umg: ärgerlich*) idiot(e); **das wird mir zu** ~! (*umg*) j'en ai marre!; **der D**~**e sein** être le dindon de la farce; **der** ~**e August** (*umg*) le clown; **du willst mich wohl für** ~ **verkaufen** (*umg*) tu me prends pour un imbécile; **sich** ~ **und dämlich reden** (*umg*) parler pendant des heures; **so etwas D**~**es** c'est bête; ~**dreist** *adj* insolent(e).

dummerweise *adv* bêtement.

Dummheit *f* (*Mangel an Intelligenz*) bêtise *f*, stupidité *f*; (*Tat*) bêtise, sottise *f*.

Dummkopf (*pej*) *m* imbécile *m*.

dumpf [dʊmpf] *adj* (*Ton*) sourd(e); (*Luft*) étouffant(e), lourd(e); (*Erinnerung, Schmerz*) vague; (*Leben*) morne; **D**~**heit** *f* (*von Ton*) bruit *m* sourd; (*von Leben*) torpeur *f*.

dumpfig *adj* (*Geruch*) de renfermé; (*Geschmack*) de moisi.

Dumpingpreis ['dampɪŋpraɪs] *m* (*WIRTS*) prix *m* sacrifié.

Düne ['dy:nə] *f* dune *f*.

Dung [dʊŋ] *m* = **Dünger**.

düngen ['dyŋən] *vt* fertiliser, amender.

Dünger (**-s, -**) *m* engrais *m*.

dunkel ['dʊŋkəl] *adj* sombre; (*Farbe*) foncé(e); (*Stimme*) grave; (*Ahnung*) vague; (*pej: verdächtig*) louche; **im** ~**n tappen** (*fig*) tâtonner.

Dünkel ['dyŋkəl] (**-s**) *m* suffisance *f*; **d**~**haft** *adj* prétentieux(-euse).

Dunkelheit *f* (*Finsternis*) obscurité *f*; (*von Farbe*) nuance *f* foncée; **bei Einbruch der** ~ à la tombée de la nuit.

Dunkelkammer *f* chambre *f* noire.

dunkeln *vi unpers*: **es dunkelt** il commence à faire nuit ♦ *vi* (*Holz, Farbe*) foncer.

Dunkelziffer *f* cas *mpl* non enregistrés.
dünken ['dʏŋkən] *vr* (*geh*): **er dünkt sich (wohl) etwas besseres!** il ne se prend pas pour n'importe qui!
dünn [dʏn] *adj* mince; (*Vorhang, Luft, Rauch*) léger(-ère); (*Haar, Bevölkerung*) clairsemé(e); (*Suppe, Kaffee*) clair(e); **~besiedelt** *adj* peu peuplé(e); **D~darm** *m* (*ANAT*) intestin *m* grêle; **~flüssig** *adj* fluide; **~gesät** *adj* clairsemé(e); **D~heit** *f* (*von Luft*) transparence *f*; (*von Suppe*) goût *m* aqueux; **~machen** (*umg*) *vr* filer.
Dunst [dʊnst] (**-es, ¨e**) *m* brume *f*; (*durch Abgase, Zigaretten, Essen*) (nuage *m* de) fumée *f*; **~abzugshaube** *f* hotte *f* (aspirante).
dünsten ['dʏnstən] *vt* cuire à l'étuvée.
Dunstglocke *f* nuage *m* de pollution; (*Smog*) smog *m*.
dunstig ['dʊnstɪç] *adj* (*Herbstmorgen*) brumeux(-euse); (*Luft, Raum*) enfumé(e).
Duplikat [dupli'ka:t] (**-(e)s, -e**) *nt* duplicata *m*, copie *f*.
Dur [du:r] (**-, -**) *nt* (*MUS*) majeur *m*; **F-Dur** fa majeur.

================= *SCHLÜSSELWORT*

durch [dʊrç] *präp +Akk* **1** (*hindurch*) par, à travers; **durch die ganze Welt reisen** faire le tour du monde
2 (*mittels*) par; **Tod durch Herzschlag/den Strang** mort par crise cardiaque/pendaison; **durch die Post** par la poste; **durch seine Ablehnung ist das Projekt gescheitert** le projet a dû être enterré à cause de son refus; **durch seine Bemühungen** grâce à son intervention, par son entremise
3 (*MATH*): **8 durch 4 = 2** 8 (divisé) par 4 = 2
♦ *adv* **1** (*hindurch*): **die ganze Nacht durch** toute la nuit; **den Sommer durch** tout l'été; **durch und durch verfault** complètement pourri(e)
2 (*durchgebraten*): **(gut) durch** bien cuit(e).

durcharbeiten *vt* (*Akten, Buch*) étudier à fond; (*ausarbeiten: Text*) travailler ♦ *vi* (*ohne Pause arbeiten*) travailler sans interruption ♦ *vr*: **sich durch etw ~** se frayer un chemin à travers qch; (*fig*) venir à bout de qch.
durchatmen *vi* respirer à fond.
durchaus [dʊrç'aʊs] *adv* (*unbedingt; als Antwort*) absolument; (*völlig, ganz und gar*) tout à fait; (*in verneinten Sätzen*): **~ nicht** pas du tout; **das läßt sich ~ machen** c'est tout à fait possible; **ich bin ~ Ihrer Meinung** je suis tout à fait de votre avis.
durchbeißen *unreg vt* couper avec les dents ♦ *vr* (*fig*) se débrouiller.
durchblättern *vt* feuilleter.
Durchblick ['dʊrçblɪk] *m* vue *f*; (*fig: umg: Verständnis*) idée *f*; **den (vollen) ~ haben** être au clair; **keinen ~ haben** (*umg*) rien (y) piger; **d~en** *vi* regarder; (*umg: verstehen*): **bei etw d~en** piger qch; **etw d~en lassen** laisser entendre qch.

Durchblutung [dʊrç'blu:tʊŋ] *f* irrigation *f*.
durchbohren *vt untr* (*mit Bohrer*) percer; (*mit Kugel*) transpercer; **jdn mit Blicken ~** transpercer qn du regard.
durchboxen ['dʊrçbɔksən] (*umg*) *vr*: **sich durch etw ~** se frayer un chemin à travers qch.
durchbrechen[1] ['dʊrçbrɛçən] *unreg vt* (*in zwei Teile brechen*) casser en deux; (*Wand*) percer ♦ *vi* (*Mensch durch Boden*) passer à travers; (*Knospe*) éclore; (*Zahn, Sonne*) percer.
durch'brechen[2] *unreg vt untr* rompre; (*Schranken*) faire tomber; (*Schallmauer*) franchir; (*Gewohnheit*) perdre.
durchbrennen *unreg vi* (*Draht*) fondre; (*Sicherung*) sauter; (*umg: weglaufen*): **~ mit** filer avec.
durchbringen *unreg vt* (*Kranken*) tirer d'affaire; (*umg: Familie*) nourrir; (*Antrag*) faire accepter; (*Kandidat*) faire réussir; (*vergeuden*) dilapider ♦ *vr* (*Geld*) gagner sa vie.
Durchbruch ['dʊrçbrʊx] *m* percée *f*; (*eines Zahns*) fait *m* de percer; **zum ~ kommen** s'imposer.
durchdacht [dʊrç'daxt] *adj* réfléchi(e).
durchdenken *unreg vt untr* considérer dans tous ses détails.
durch-: **~diskutieren** *vt* discuter à fond; **~drängen** *vr*: **sich ~drängen durch** se frayer un passage à travers; **~drehen** *vt* (*Fleisch*) hacher ♦ *vi* (*umg*) craquer.
durchdringen[1] ['dʊrçdrɪŋən] *unreg vi* (*Stimme*) porter; (*Nachricht*) arriver; (*Ideen*) s'imposer; **durch etw ~** traverser qch; **mit etw ~** faire prévaloir qch.
durch'dringen[2] *unreg vt untr* (*Wand*) traverser; (*innerlich ergreifen*) s'emparer de.
durchdringend *adj* pénétrant(e).
durchdrücken ['dʊrçdrʏkən] *vt* faire passer; (*seinen Willen*) imposer; (*Knie*) effacer; **das Kreuz ~** se redresser.
durcheinander [dʊrçaɪ'nandər] *adv* pêle-mêle; **~ sein** ne pas s'y retrouver; (*Zimmer*) être en désordre; **~ trinken** faire des mélanges; **D~** (**-s**) *nt* (*Verwirrung*) confusion *f*; (*Unordnung*) désordre *m*; **~bringen** *unreg vt* déranger, mettre en désordre; (*verwirren*) troubler; (*verwechseln*) confondre; **~reden** *vi* parler (tous(toutes)) en même temps; (*wirr reden*) parler confusément; **~werfen** *unreg vt* (*Unordnung machen*) mettre sens dessus dessous; (*verwechseln*) confondre.
durch-: '**~fahren**[1] *unreg vi* (*ohne Unterbrechung*) rouler sans interruption; (: *Zug*) être direct(e); **können wir ~fahren?** (*ohne Umsteigen*) le train est-il direct?; **der Zug fährt bis Hamburg ~** il n'y a pas d'arrêt avant Hambourg; **die Nacht ~fahren** rouler toute la nuit; **~'fahren**[2] *unreg vt untr* traverser; **D~fahrt** *f* passage *m*; (*Durchreise*) traversée *f*; „**D~fahrt bitte freihalten!**" "défense de stationner"; „**D~fahrt verboten!**" "passage interdit!"; **auf der D~fahrt sein** être de passage; **D~fall** *m* (*MED*) diarrhée *f*; **~fallen** *unreg vi* tomber (à tra-

vers); (*Theaterstück*) faire un four; (*in Prüfung*) échouer; ~**finden** *unreg vr* s'y retrouver; ~**fliegen** *unreg vi* (*ohne Zwischenlandung fliegen*) voler sans escale; (*umg: in Prüfung*) être recalé(e); **D~flug** *m*: **Passagiere auf dem D~flug** les passagers en transit.

durchforschen *vt untr* (*Land*) explorer; (*Wissensgebiet*) étudier à fond.

durchforsten [durç'fɔrstən] *vt untr* (*Wald*) éclaircir; (*fig: umg: Akten etc*) faire le ménage dans.

durchfragen *vr* demander son chemin.

durchfressen *unreg vt* ronger.

durchführbar *adj* réalisable; **technisch** ~ techniquement possible.

durchführen ['durçfy:rən] *vt* (*ausführen*) réaliser; (*hindurchleiten: Mensch*) accompagner, guider; (: *Straße etc*) faire passer; (*veranstalten*) organiser ♦ *vi* passer.

Durchführung *f* (*von Plan, Experiment*) exécution *f*; (*von Kurs, Reise*) organisation *f*; **zur ~ bringen** (*Gesetz, Reform*) mettre en application.

Durchgang ['durçgaŋ] *m* passage *m*; (*Phase*) phase *f*, stade *m*; (*SPORT*) partie *f*; (*bei Wahl*) tour *m* (de scrutin); „~ **verboten!**" "passage interdit!"

durchgängig ['durçgɛŋɪç] *adj* constant(e).

Durchgangs-: ~**handel** *m* commerce *m* de transit; ~**lager** *nt* camp *m* volant; ~**stadium** *nt* stade *m* intermédiaire; ~**verkehr** *m* circulation *f* (de passage).

durchgeben ['durçge:bən] *unreg vt* (*RUNDF, TV: Hinweis, Wetter*) donner; (: *Lottozahlen*) annoncer; **jdm etw telefonisch ~ communiquer qch à qn par téléphone.

durchgefroren ['durçgəfro:rən] *adj* (*Mensch*) transi(e) (de froid).

durchgehen ['durçge:ən] *unreg vt* (*gründlich besprechen*) examiner point par point; (*umg: durchsuchen*) passer au crible ♦ *vi* passer; (*Zug*) être direct(e); (*Pferd*) s'emballer; (*Mensch*) filer; ~ **durch** (*durch Haus, Stadt etc; Flüssigkeit, Lärm etc*) traverser; (*durch Kontrolle*) passer; **bitte ~!** (*im Bus*) avancez, s'il vous plaît!; **mein Temperament ging mit mir durch** je me suis emporté(e); **jdm etw ~ lassen** laisser passer qch à qn.

durchgehend *adj* (*Zug*) direct(e) ♦ *adv* (*geöffnet*) sans interruption.

durchgeschwitzt ['durçgəʃvɪtst] *adj* (*Person*) en nage; (*Hemd*) trempé(e) de sueur.

durch-: ~**greifen** *unreg vi* (*einschreiten*) intervenir (énergiquement); ~**halten** *unreg vi* tenir bon ♦ *vt* (*Kampf, Ehe*) supporter; (*Tempo*) maintenir; **D~haltevermögen** *nt* résistance *f*, endurance *f*; ~**hängen** *unreg vi* fléchir; (*umg: fig*) se traîner; ~**hecheln** (*umg: pej*) *vt* éreinter; ~**kämpfen** *vt* (*Recht*) arriver à faire valoir ♦ *vr* (*durchs Leben*) se débrouiller; **hast du dich endlich zu einem Entschluß ~gekämpft?** as-tu enfin réussi à te décider?; ~**kommen** *unreg vi* (*durch Gedränge*) se frayer un chemin,

passer; (*Nachricht*) parvenir; (*Sonne*) percer (à travers les nuages); (*Wasser*) entrer; (*im Leben*) réussir; (*auskommen*) y arriver; (*bestehen im Examen*) être reçu(e); (*überleben*) s'en tirer; (*TEL: Verbindung bekommen*) obtenir la communication.

durchkreuzen *vt untr* (*Plan*) contrarier; (*Atlantik*) traverser.

durchlassen *unreg vt* laisser passer; **jdm etw ~** (*umg*) passer qch à qn.

durchlässig *adj* (*undicht*) pas étanche, perméable; (*Schuh*) qui prend l'eau.

Durchlauf ['durçlauf] *m* (*COMPUT*) passage *m*; (*SPORT*) tour *m* de piste.

durchlaufen[1] *unreg vi* (*Schuhe, Sohlen*) user ♦ *vi*: **bis zum Ziel ~** ne pas s'arrêter avant d'être arrivé(e) à destination; **durch ein Tor ~** passer par une porte.

durch'laufen[2] *unreg vt untr* (*Schule*) terminer; (*Phase*) mener à terme.

Durchlauf(wasser)erhitzer (**–s, –**) *m* chauffe-eau *m inv*.

durch-: ~**leben** *vt untr* vivre; ~**lesen** *unreg vt* lire d'un bout à l'autre; ~**leuchten** *vt untr* (*MED*) radiographier; (*jds Vergangenheit*) passer au crible; **D~leuchtung** *f* (*MED*) radiographie *f*; ~**liegen** *vt*: **eine ~gelegene Matratze** un matelas défoncé; ~**löchern** *vt untr* (*mit Löchern*) trouer; (*mit Kugeln*) cribler; (*fig*) miner; ~**machen** *vt* (*Leiden*) endurer; (*Ausbildung*) mener à terme, terminer; **wir machen die Nacht ~** nous allons passer une nuit blanche, nous allons faire la fête toute la nuit; **D~marsch** *m* (*von Truppen*) passage *m*; **D~messer** (**–s, –**) *m* diamètre *m*.

durchnässen *vt untr* tremper.

durch-: ~**nehmen** *unreg vt* traiter; ~**numerieren** *vt* numéroter (en continu); ~**organisieren** *vt* organiser dans les moindres détails; ~**pausen** *vt* calquer; ~**peitschen** *vt* fouetter; (*pej: Reform*) expédier.

durchqueren [durç'kve:rən] *vt untr* traverser.

durch-: ~**rechnen** *vt* calculer (minutieusement); ~**regnen** *vi unpers*: **hier regnet es ~** il y a une fuite dans le toit; **D~reiche** *f* passe-plat *m*; **D~reise** *f* passage *m*; **auf der D~reise sein** être de passage; **D~reisevisum** *nt* visa *m* de transit; ~**ringen** *unreg vr*: **sich zu einem Entschluß ~ringen** se résoudre à prendre une décision; ~**rosten** *vi* rouiller complètement; ~**rutschen** *vi* glisser à travers; (*bei Prüfung*) passer de justesse.

durchs [durçs] = **durch das**.

Durchsage ['durçza:gə] *f* (*Mitteilung*) communiqué *m*.

Durchsatz ['durçzats] *m* débit *m*.

durchschauen[1] ['durçʃauən] *vi* regarder (à travers).

durch'schauen[2] *vt untr* (*jdn*) ne pas se laisser tromper par; (*Lüge*) percer à jour; **du bist durchschaut** je vois clair dans ton petit jeu.

durchscheinen ['durçʃainən] *unreg vi* (*Sonne*) briller (à travers les nuages); (*Schrift, Unter-*

grund) se voir, transparaître; **~d** *adj* transparent(e).

durchschlafen ['dʊrçʃlaːfən] *unreg vi* dormir sans se réveiller.

Durchschlag ['dʊrçʃlaːk] *m (Doppel)* copie *f; (Sieb)* passoire *f.*

durchschlagen¹ ['dʊrçʃlaːgən] *unreg vt (entzweischlagen)* casser en deux; *(Nagel)* enfoncer; *(sieben)* passer; *(Charakter)* transparaître; *(Sicherung)* sauter ♦ *vr* se débrouiller; **an der Decke schlägt die Nässe durch** la pluie a fait une tache au plafond.

durch'schlagen² *unreg vt untr (durchdringen)* transpercer.

durchschlagend *adj (Erfolg)* retentissant(e); **eine ~e Wirkung haben** être d'une efficacité remarquable.

Durchschlagpapier *nt* papier-calque *m; (Kohlepapier)* papier *m* carbone.

Durchschlagskraft *f (von Geschoß)* force *f* de pénétration; *(fig: von Argument)* impact *m.*

durch-: **~schlängeln** *vr (durch etw)* se faufiler; **~schlüpfen** *vi:* **durch etw ~schlüpfen** se glisser à travers qch; **~schneiden** *unreg vt* couper.

Durchschnitt ['dʊrçʃnɪt] *m (Mittelwert)* moyenne *f;* **über/unter dem ~** au-dessus/au-dessous de la moyenne; **im ~** en moyenne; **d~lich** *adj* moyen(ne) ♦ *adv* en moyenne; **d~lich begabt/groß** moyennement doué(e)/grand(e).

Durchschnitts-: **~geschwindigkeit** *f* vitesse *f* moyenne; **~mensch** *m:* **der ~mensch ist ja kein Millionär** la plupart des gens ne sont pas millionnaires; **~wert** *m* valeur *f* moyenne.

Durch-: **~schrift** *f* copie *f;* **~schuß** *m (Loch)* trou *m (de balle);* **d~schwimmen** *unreg vt untr* traverser à la nage; **d~segeln** *(umg) vi (nicht bestehen)* être recalé(e); **d~sehen** *unreg vt (flüchtig ansehen)* parcourir; *(prüfen)* examiner ♦ *vi:* **durch etw d~sehen** voir à travers qch.

durchsein *(umg) vi (durchgekommen sein: Gesetz, Schüler bei Prüfung)* avoir passé; *(fertig sein)* avoir fini; **bei jdm unten ~** *(umg)* ne plus avoir la cote auprès de qn.

durchsetzen¹ ['dʊrçzɛtsən] *vt (Recht)* faire prévaloir; *(Meinung)* imposer ♦ *vr* s'imposer; **er hat durchgesetzt, daß** ... il a obtenu que ...; **seinen Kopf ~** arriver à ses fins.

durch'setzen² *vt untr (Gemisch)* mélanger; **durchsetzt sein mit** *od* **von** être entremêlé(e) de.

Durchsicht ['dʊrçzɪçt] *f (von Akten)* examen *m.*

durchsichtig *adj (Stoff)* transparent(e); *(Lügen)* évident(e); *(Manöver)* qui manque de subtilité; **D~keit** *f* transparence *f; (von Manöver)* manque *m* de subtilité.

durch-: **~sickern** *vi* suinter; *(fig)* s'ébruiter; **~sieben** *vt* tamiser; **~sitzen** *unreg vt* user; **~spielen** *vt* jouer sans interruption; **~sprechen** *unreg vt* discuter (à fond); **~stehen** *unreg*

vt endurer; **D~stehvermögen** *nt* endurance *f;* **~stellen** *vt (TEL)* passer; **~stöbern** *auch untr vt (Kisten)* fouiller; *(Haus, Wohnung)* fouiller dans; **~stoßen** *unreg vt (verschleißen)* user ♦ *vi* arriver; **etw durch etw ~stoßen** pousser *od* passer qch à travers qch; **~streichen** *unreg vt (ausstreichen)* barrer, rayer; **~stylen** *vt* donner un style à; **~suchen** *vt untr* fouiller; *(JUR)* perquisitionner; **~suchen nach** fouiller pour trouver; **D~suchung** *f* perquisition *f;* **D~suchungsbefehl** *m* mandat *m* de perquisition; **~trainieren** *vt (Sportler)* entraîner; *(Körper)* soumettre à un entraînement intensif; **(gut)** **~trainiert** *(bien)* entraîné(e); **~tränken** *vt untr (geh)* tremper; **~trennen** *vt* couper; **~treten** *unreg vt (Pedal, Starter)* appuyer à fond sur; **~trieben** *adj (Mensch)* rusé(e); **~wachsen** *adj (Fleisch)* entrelardé(e); *(Speck)* maigre; *(umg: mittelmäßig)* mi-figue, mi-raisin *inv.*

Durchwahl ['dʊrçvaːl] *f (TEL)* automatique *m; (Anschluß)* appel *m* direct; **~nummer** *f* indicatif *m.*

durch-: **~weg** *adv* complètement; **~wursteln** *(umg) vr* s'en sortir tant bien que mal; **~zählen** *vt* faire le compte de ♦ *vi* compter; **~zechen** *vt untr:* **eine ~zechte Nacht** une nuit passée à boire; **'~ziehen¹** *unreg vt* faire passer ♦ *vi (Gewitter)* passer ♦ *vr* se poursuivre; **durch etw ~ziehen** traverser qch; **~'ziehen²** *unreg vt untr (von Gebiet)* sillonner; **sein Haar ist von Grau ~zogen** il grisonne; **~zucken** *vt untr* traverser; **D~zug** *m (Luft)* courant *m* d'air; *(von Truppen, Vögeln)* passage *m;* **~zwängen** *vt:* **~zwängen durch** faire passer de force à travers ♦ *vr:* **sich durchzwängen durch** se frayer un passage à travers.

═══════════════ *SCHLÜSSELWORT*

dürfen ['dʏrfən] *(pt* **dürfte**, *pp* **gedurft** *od (als Hilfsverb)* **dürfen)** *vi* **1** *(Erlaubnis haben):* **ich darf das** j'ai le droit; **darf ich?** je peux?; **darf ich ins Kino (gehen)?** je peux aller au cinéma?; **du darfst** d'accord; **es darf geraucht werden** on peut fumer; **das darf nicht geschehen** il faut l'éviter à tout prix

2 *(in Höflichkeitsformeln):* **darf ich Sie bitten, das zu tun?** auriez-vous l'amabilité de faire cela?; **was darf es sein?** et pour Monsieur/Madame?

3 *(können):* **das dürfen Sie mir glauben** vous pouvez me croire

4 *(Möglichkeit):* **das dürfte genug sein** ça devrait suffire; **es dürfte Ihnen bekannt sein, daß** ... vous savez sans doute que ...; **wir freuen uns, Ihnen mitteilen zu dürfen, daß** ... nous avons le plaisir de vous annoncer que ...; **das darf doch nicht wahr sein!** ce n'est pas possible!; **da darf sie sich nicht wundern** c'est bien fait pour elle.

═══════════════

durfte *etc* ['dʊrftə] *vb siehe* **dürfen**.

dürftig ['dʏrftɪç] *adj (ärmlich)* misérable; *(unzu-*

länglich) insuffisant(e).
dürr [dʏr] *adj* (*Ast*) mort(e); (*Land*) aride; (*pej: mager*) décharné(e).
Dürre *f* sécheresse *f*.
Durst [dʊrst] (–(e)s) *m* soif *f*; ~ **haben** avoir soif; **einen über den** ~ **getrunken haben** (*umg*) avoir bu un coup de trop.
durstig *adj* assoiffé(e); ~ **sein** avoir soif.
Durststrecke *f* (*fig*) période *f* difficile.
Dusche ['duʃə] *f* douche *f*; **das war eine kalte** ~ (*fig*) ce fut une douche froide.
duschen *vi, vr* se doucher, prendre une douche.
Duschgel *nt* gel *m* pour la douche.
Duschgelegenheit *f* possibilité *f* de se doucher.
Düse ['dy:zə] *f* tuyère *f*; (*Flugzeug~*) réacteur *m*.
Dusel ['du:zəl] (*umg*) *m*: **da hat er (einen)** ~ **gehabt** cette fois, il a eu de la veine.
Düsen-: ~**antrieb** *m* propulsion *f* par réacteur; ~**flugzeug** *nt* avion *m* à réaction; ~**jäger** *m* chasseur *m* à réaction.
Dussel ['dusəl] (–s, –; *umg*) *m* crétin *m*.
Düsseldorf ['dʏsəldɔrf] *nt* Düsseldorf.
dusselig ['dusəlɪç] (*umg*) *adj*, **dußlig** ['duslɪç] (*umg*) *adj* hébété(e).
düster ['dy:stər] *adj* sombre; **D~keit** *f* obscurité *f*.
Dutzend ['dutsənt] (–s, –e) *nt* douzaine *f*; **im** ~ à la douzaine; **d~(e)mal** *adv* des dizaines de fois; ~**mensch** *m* homme *m* comme les autres, ≈ Français *m* moyen; ~**ware** (*pej*) *f* marchandise *f* fabriquée en série; **d~weise** *adv* par douzaines.
duzen ['du:tsən] *vt* tutoyer ♦ *vr* se tutoyer.
Duzfreund *m* ami *m*.
Dynamik [dy'na:mɪk] *f* (*PHYS, fig*) dynamique *f*; (*von Mensch*) dynamisme *m*.
dynamisch [dy'na:mɪʃ] *adj* dynamique; (*Renten*) indexé(e).
Dynamit [dyna'mi:t] (–s) *nt* dynamite *f*.
Dynamo ['dyna:mo] (–s, –s) *m* dynamo *f*.
dz *abk* = **Doppelzentner**.
D-Zug *m* train *m* direct; **ein alter Mann ist doch kein** ~-~ (*umg*) je fais ce que je peux.

E, e

E, e [e:] *nt* E, e *m*; ~ **wie Emil** ≈ E comme Eugène, ≈ É comme Émile.
E *abk* = **Eilzug**; **Europastraße**.
Ebbe ['ɛbə] *f* marée *f* basse; ~ **und Flut** le flux et le reflux, la marée.
eben ['e:bən] *adj* plat(e) ♦ *adv* (*gerade*) juste; (*bestätigend*) justement; (*gerade noch, knapp*)

de justesse; **zu** ~**er Erde** au rez-de-chaussée; **sie ist** ~ **erst angekommen** elle vient d'arriver; **das ist** ~ **so** c'est comme ça.
Ebenbild *nt*: **das genaue** ~ **seines Vaters** le portrait de son père.
ebenbürtig *adj*: **jdm (an** *od* **in** *Dat*) ~ **sein** égaler qn (en).
ebendeswegen ['e:bəndɛs've:gən] *adv* précisément pour cela *od* cette raison.
Ebene ['e:bənə] *f* plaine *f*; (*fig*) niveau *m*; (*MATH, PHYS*) plan *m*.
eben-: ~**erdig** *adj* (*Wohnung*) au rez-de-chaussée; ~**falls** *adv* également; **danke,** ~**falls!** merci, moi de même!; **E~heit** *f* (*von Land, Fläche*) aspect *m* plat; **E~holz** *nt* ébène *f*; ~**so** *adv* de la même manière; ~**so gut/schön wie** aussi bien/beau que; ~**so-** *in zW* aussi.
Eber ['e:bər] (–s, –) *m* (*ZOOL*) verrat *m*.
Eberesche *f* sorbier *m*.
ebnen ['e:bnən] *vt* aplanir, niveler; **jdm/etw den Weg** ~ (*fig*) aplanir le terrain pour qn/qch.
Echo ['ɛço] (–s, –s) *nt* écho *m*; **ein lebhaftes** ~ **finden** trouver un écho très favorable.
Echolot ['ɛço:lo:t] *nt* (*TECH*) sonar *m*.
Echse ['ɛksə] *f* (*reptile*~) saurien *m*.
echt [ɛçt] *adj* vrai(e); (*Perlen auch*) véritable; (*Picasso auch*) authentique; (*umg*) typique ♦ *adv* vraiment; **E~heit** *f* authenticité *f*; (*von Problem, Schmerz*) réalité *f*.
Eckball ['ɛkbal] *m* corner *m*.
Ecke ['ɛkə] *f* coin *m*; (*von Kragen*) pointe *f*; (*SPORT*) corner *m*; (*MATH*) angle *m*; **an/in der** ~ au/dans le coin; **gleich um die** ~ tout près (d'ici); **an allen** ~**n und Enden sparen** (*umg*) économiser sur tout; **jdn um die** ~ **bringen** (*umg*) supprimer qn; **mit jdm um ein paar** ~**n herum verwandt sein** (*umg*) être un(e) cousin(e) éloigné(e) de qn.
eckig *adj* anguleux(-euse); (*Bewegung*) gauche.
Eckzahn *m* canine *f*.
Eckzins *m* taux de base.
Ecu [e'ky:] (–, –s) *m* écu *m*.
Ecuador [ekua'do:r] (–s) *nt* = **Ekuador**.
Edamer ['e:damər] *m* édam *m*.
edel ['e:dəl] *adj* (*Holz*) précieux(-euse); (*Wein*) fin(e); (*Pferd*) de race; (*Tat, Mensch*) noble; **E~gas** *nt* gaz *m* rare; **E~holz** *nt* bois *m* précieux; **E~metall** *nt* métal *m* précieux; **E~stein** *m* pierre *f* précieuse.
EDV *f abk* (= *elektronische Datenverarbeitung*) traitement *m* électronique des données.
EEG (–) *nt abk* (= *Elektroenzephalogramm*) électroencéphalogramme *m*.
Efeu ['e:fɔy] (–s) *m* lierre *m*.
Effeff [ɛf'ɛf] (*umg*) *nt*: **etw aus dem** ~ **können** faire qch comme un pro.
Effekt [ɛ'fɛkt] (–s, –e) *m* effet *m*; **optischer** ~ effet visuel.
Effekten [ɛ'fɛktən] *pl* (*FINANZ*) titres *mpl*, valeurs *fpl*; ~**börse** *f* Bourse *f* des valeurs.
Effekthascherei [ɛfɛkthaʃə'raɪ] (*pej*) *f*: **das ist reine** ~ c'est du vent.

effektiv [ɛfɛk'tiːf] *adj* (*wirkungsvoll*) efficace; (*tatsächlich*) effectif(-ive), réel(le).
effektvoll *adj* qui fait de l'effet, frappant(e).
Effizienz [ɛfi'tsiɛnts] *f* (*geh*) efficacité *f*.
EG *f abk* (= *Europäische Gemeinschaft*) CE *f*.
egal [e'gaːl] *adj* égal(e); **das ist mir ganz ~** ça m'est complètement égal.
egalitär [egali'tɛːr] *adj* (*geh*) égalitaire.
Egge ['ɛɡə] *f* (*AGR*) herse *f*.
Egoismus [ego'ɪsmʊs] *m* égoïsme *m*.
Egoist(in) *m(f)* égoïste *m/f*.
egoistisch *adj* égoïste.
egozentrisch [ego'tsɛntrɪʃ] *adj* égocentrique.
eh [eː] *adv* (*sowieso: umg*) de toute façon *od* manière; **seit ~ und je** depuis toujours.
eh., e.h. *abk* (= *ehrenhalber*) honoraire.
ehe *konj* avant que +*sub*.
Ehe ['eːə] *f* mariage *m*; **die ~ ist/wird geschieden** ils ont divorcé/seront en train de divorcer; **~beratung** *f* consultation *f* conjugale; **~brecher(in)** *m(f)* homme(femme) adultère *m/f*; **~bruch** *m* adultère *m*; **~frau** *f* épouse *f*, femme *f*; **~leute** *pl* époux *mpl*; **e~lich** *adj* (*Beziehungen*) conjugal(e); (*Kind*) légitime; **e~los** *adj* célibataire.
ehemalig *adj* ancien(ne).
ehemals *adv* autrefois.
Ehe-: **~mann** *m* époux *m*, mari *m*; **~paar** *nt* couple *m* (marié); **~partner(in)** *m(f)* conjoint(e) *m/f*.
eher ['eːər] *adv* (*früher*) plus tôt; (*lieber, mehr*) plutôt; (*wahrscheinlicher*) plus probablement; **um so ~, als** d'autant plus que.
Ehe-: **~ring** *m* alliance *f*; **~scheidung** *f* divorce *m*; **~schließung** *f* mariage *m*.
eheste(r, s) ['eːəstə(r, s)] *adj*: **am ~n Termin** le plus tôt possible ♦ *adv*: **am ~n** (*am liebsten*) de préférence; **am ~n kann man heute noch als EDV-Spezialist eine Stelle finden** c'est encore en tant qu'informaticien qu'on a le plus de chances de trouver du travail de nos jours.
Ehe-: **~vermittlung** *f* (*Büro*) agence *f* matrimoniale; **~versprechen** *nt* promesse *f* de mariage.
ehrbar ['eːrbaːr] *adj* (*Person*) honnête; (*Beruf*) honorable.
Ehre *f* honneur *m*; **etw in ~n halten** prendre grand soin de qch; **wir geben uns die ~, Ihnen mitzuteilen, daß ...** nous avons l'honneur de vous annoncer que ...; **zu ~n von** en l'honneur de; **mit etw (keine) ~ einlegen** (ne pas) tirer gloire de qch; **jdm die letzte ~ erweisen** rendre les derniers honneurs à qn.
ehren *vt* (*Sieger*) récompenser; (*das Alter*) respecter.
ehren-: **~amtlich** *adj* honoraire; **E~bürger** *m* citoyen *m* d'honneur; **E~friedhof** *m* cimetière *m* militaire; **E~gast** *m* invité *m* d'honneur; **~haft** *adj* honorable; **~halber** *adv*: **der Doktortitel wurde ihm ~halber verliehen** il est docteur honoris causa; **E~konsul** *m* consul *m* honoraire; **E~mal** *nt* monument *m* aux morts; **E~mann** *m* homme *m* d'honneur;

E~mitglied *nt* membre *m* honoraire; **E~platz** *m* place *f* d'honneur; **E~rechte** *pl*: **bürgerliche E~rechte** droits *mpl* civiques; **~rührig** *adj* (*Worte*) injurieux(-euse), diffamatoire; **E~runde** *f* (*SPORT*) tour *m* d'honneur; **E~sache** *f* affaire *f* d'honneur; **E~sache!** (*umg*) promis!, compte(z) sur moi!; **E~tag** *m* anniversaire *m*; **~voll** *adj* honorable; **E~wort** *nt* parole *f* d'honneur; **auf E~wort** sur parole; **~wörtlich** *adj* solennel(le).
ehr-: **~erbietig** *adj* respectueux(-euse); **E~furcht** *f* (profond) respect *m*; **~furchtgebietend** *adj* imposant(e), grave; **~fürchtig** *adj* respectueux(-euse); **E~gefühl** *nt* sens *m* de l'honneur; **E~geiz** *m* ambition *f*; **~geizig** *adj* ambitieux(-euse); **~lich** *adj* honnête; (*Antwort*) sincère ♦ *adv* honnêtement; **es ~lich meinen** avoir des intentions honnêtes; **~lich verdientes Geld** de l'argent bien gagné; **~lich gesagt** à vrai dire; **~lich?** c'est vrai?; **E~lichkeit** *f* honnêteté *f*; **~los** *adj* peu honorable.
Ehrung *f* honneur *m*, hommage *m*.
ehrwürdig *adj* vénérable.
Ei [aɪ] *(-(e)s, -er)* *nt* (*von Huhn etc*) œuf *m*; **~er** *pl* (*umg!: Hoden*) couilles *fpl* (*umg(!)*); **jdn wie ein rohes ~ behandeln** (*fig*) prendre des pincettes avec qn; **wie aus dem ~ gepellt aussehen** (*umg*) être tiré(e) à quatre épingles; **das ~ des Kolumbus** l'œuf de Colomb.
ei *interj* hé, tiens; (*beschwichtigend*): **~ gewiß** *od* **freilich!** mais bien sûr!
Eibe ['aɪbə] *f* if *m*.
Eichamt ['aɪçamt] *nt* bureau *m* des poids et mesures.
Eiche *f* chêne *m*.
Eichel (-, -n) *f* (*BOT, ANAT*) gland *m*; (*KARTEN*) trèfle *m*.
eichen *vt* étalonner; **auf etw geeicht sein** (*umg*: *fig*) s'y connaître en qch.
Eichhörnchen *nt* écureuil *m*.
Eichmaß *nt* étalon *m*.
Eichung *f* étalonnage *m*.
Eid ['aɪt] *(-(e)s, -e)* *m* serment *m*; **unter ~ stehen** être sous serment *od* assermenté(e); **eine Erklärung an ~es Statt abgeben** (*JUR*) faire une déclaration solennelle.
Eidechse ['aɪdɛksə] *f* (*ZOOL*) lézard *m*.
eidesstattlich *adj*: **~e Erklärung** déclaration *f* solennelle (*tenant lieu de serment*).
Eid-: **~genosse** *m* confédéré *m*; (*Schweizer*) Suisse *m*; **~genossenschaft** *f*: **Schweizerische ~genossenschaft** Confédération *f* helvétique; **e~lich** *adj* sous (la foi du) serment.
Eidotter *m od nt* jaune *m* d'œuf.
Eier-: **~becher** *m* coquetier *m*; **~kuchen** *m* crêpe *f*; **~likör** *m* liqueur *f* à l'œuf.
eiern ['aɪərn] (*umg*) *vi* (*Rad*) être voilé(e); (*Schallplatte*) gondoler.
Eier-: **~schale** *f* coquille *f* d'œuf; **~stock** *m* ovaire *m*; **~uhr** *f* sablier *m*.
Eifel ['aɪfəl] *f* (*GEOG*) Eifel *m*.
Eifer ['aɪfər] *(-s)* *m* zèle *m*; **mit großem ~ bei der**

Sache sein y mettre tout son cœur; **im ~ des Gefechts** dans le feu de l'action; **e~n** vi: **gegen jdn/etw e~n** combattre qn/qch avec acharnement ♦ vi (streben): **nach etw e~n** aspirer à qch; **~sucht** f jalousie f; **e~süchtig** adj: **(auf jdn/etw)** e~**süchtig** jaloux(-ouse) (de qn/qch).

eifrig ['aɪfrɪç] adj (Arbeiter) zélé(e); (Anhänger) fervent(e).

Eigelb ['aɪgɛlp] (-(e)s, -) nt jaune m d'œuf.

eigen ['aɪgən] adj (jdm selbst/zu jdm gehörend) propre (vorgestellt); (Meinung) personnel(le); (Eingang) séparé(e); (typisch) particulier(-ière); (~artig) étrange; (übergenau) pointilleux(-euse); **mein/sein ~es Fahrrad** mon/son propre vélo; **ich möchte kurz in ~er Sache sprechen** je voudrais maintenant parler brièvement en mon nom propre; **sich** Dat **etw zu ~ machen** faire sien(ne) qch, adopter qch; **E~art** f particularité f; **~artig** adj étrange, bizarre; **E~bau** m: **Gemüse im E~bau züchten** manger les légumes de son jardin; **E~bedarf** m besoins mpl personnels; **den E~bedarf decken** subvenir à ses propres besoins; **E~bedarf anmelden** résilier le bail d'un locataire parce que l'on veut occuper l'appartement soi-même; **E~brötler(in)** (-, -s) m(f) (komischer Kauz) original(e) m(f); **E~gewicht** nt (TECH) poids m mort; (WIRTS: Nettogewicht) poids net; **~händig** adj autographe; **E~heim** nt maison f dont on est propriétaire; **E~heit** f particularité f; **E~initiative** f initiative f personnelle; **E~kapital** nt capital m propre; **E~lob** nt éloge m de soi-même, vantardise f; **~mächtig** adj (selbstherrlich) autoritaire; (unbefugt) non autorisé(e) ♦ adv: **~mächtig entscheiden** décider de son propre chef; **E~mittel** pl (FINANZ) fonds mpl propres; **E~name** m nom m propre; **E~nutz** m égoïsme m.

eigens adv exprès, spécialement.

Eigen-: **~schaft** f (Merkmal: von Mensch) qualité f; (: von Sache) propriété f, caractéristique f; **in seiner ~schaft als** en (sa) qualité de; **~schaftswort** nt adjectif m; **~sinn** m obstination f, opiniâtreté f; **e~sinnig** adj obstiné(e), têtu(e); **e~ständig** adj indépendant(e), autonome; **~ständigkeit** f indépendance f, autonomie f; **~sucht** f égoïsme m.

eigentlich adj (wirklich: Grund) vrai(e), profond(e); (ursprünglich: Bedeutung) propre ♦ adv en fait; (überhaupt) au fait; **was willst du ~ hier?** mais au fait, qu'est-ce que tu viens faire ici?

Eigentor nt (SPORT) but m contre son propre camp.

Eigentum nt propriété f.

Eigentümer(in) (-s, -) m(f) propriétaire m/f.

eigentümlich adj (seltsam) bizarre, étrange; (charakteristisch) caractéristique, typique.

Eigentümlichkeit f (Kennzeichen) propriété f, caractéristique f; (Besonderheit) particularité f.

Eigentumsdelikt nt (JUR) délit m contre les biens.

Eigentumswohnung f appartement m dont on est propriétaire.

eigenverantwortlich adj, adv à ses etc risques et périls.

eigenwillig adj (eigensinnig) opiniâtre; (unkonventionell) original(e).

eignen ['aɪgnən] vr: **sich ~ (für/als)** convenir (pour/comme).

Eignung f aptitude f.

Eignungsprüfung f, **Eignungstest** (-(e)s, -s od -e) m test m d'aptitude.

Eilbote m: **per** od **durch ~n** (en) exprès od par Chronopost ®.

Eilbrief m lettre f envoyée (en) exprès od par Chronopost ®.

Eile f hâte f, précipitation f; **es hat große ~** c'est très urgent; **es hat keine ~** ça ne presse pas.

Eileiter ['aɪlaɪtər] m trompe f (utérine od de Fallope).

eilen vi (Mensch) se presser, se dépêcher; (dringend sein) être urgent(e).

eilends adv à la hâte, précipitamment.

eilfertig adj (dienstbeflissen) empressé(e); (vorschnell) précipité(e), hâtif(-ive).

Eilgut nt colis m exprès.

eilig adj (in Eile, schnell) pressé(e); (dringlich) urgent(e); **es ~ haben** être pressé(e).

Eil-: **~päckchen** nt colis m exprès od Chronopost ®; **~tempo** nt: **etw im ~tempo machen** faire qch à toute vitesse; **~zug** m train m rapide; **~zustellung** f envoi m (en) exprès od par Chronopost ®.

Eimer ['aɪmər] (-s, -) m seau m; **im ~ sein** (umg) être fichu(e).

ein ['aɪn] adv: **nicht ~ noch aus wissen** ne plus savoir quoi faire od à quel saint se vouer; **E~/Aus** (an Geräten) marche/arrêt; **er geht bei uns ~ und aus** il vient très souvent à la maison.

ein(e) ['aɪn(ə)] num, indef art un(e); **er ist ihr ~ und alles** il est tout pour elle; **~ für allemal** une fois pour toutes; siehe auch **eine(r, s)**.

einander [aɪ'nandər] pron l'un(e) l'autre; **sie lieben/hassen ~** ils s'aiment/se détestent.

einarbeiten ['aɪnˌarbaɪtən] vt: **jdn ~** former qn; **jdn in etw** Akk **~** apprendre qch à qn; **sich** Akk **~** apprendre le métier; **sich** Akk **~ in etw** Akk apprendre qch.

Einarbeitungszeit f temps m od période f de formation.

einarmig ['aɪnˌarmɪç] adj manchot(e).

einäschern ['aɪnˌɛʃərn] vt (Leichnam) incinérer; (Stadt etc) réduire en cendres.

einatmen ['aɪnˌaːtmən] vt respirer ♦ vi inspirer.

einäugig ['aɪnˌɔʏgɪç] adj borgne.

einbahnig ['aɪnbaːnɪç] adj à sens unique.

Einbahnstraße ['aɪnbaːnˌʃtrasə] f (rue f à) sens m unique.

Einband ['aɪnbant] m couverture f, reliure f.

einbändig ['aınbɛndıç] adj en un volume.
einbauen ['aınbaʊən] vt (Schrank etc) encastrer, poser; (Küche) (faire) installer; (Motor) poser.
Einbau-: ~**küche** f cuisine f à éléments; ~**möbel** pl meubles mpl encastrés; ~**schrank** f placard m.
Einbauten pl (Schränke etc) meubles mpl encastrés.
einbegriffen ['aınbəgrıfən] adj compris(e), inclus(e).
einbehalten ['aınbəhaltən] unreg vt retenir.
einbeinig ['aınbaınıç] adj unijambiste.
einberufen unreg vt (Versammlung) convoquer; (MIL: Soldaten) appeler sous les drapeaux.
Einberufung f (von Versammlung) convocation f; (MIL) appel m (sous les drapeaux); ~**sbefehl** m (MIL) avis m d'incorporation.
einbetten ['aınbɛtən] vt (Kabel) poser.
Einbettzimmer nt (in Krankenhaus) chambre f particulière.
einbeulen ['aınbɔʏlən] vt cabosser.
einbeziehen ['aınbətsi:ən] unreg vt inclure.
einbiegen ['aınbi:gən] unreg vi tourner.
einbilden ['aınbıldən] vr: **sich** Dat **etw** ~ s'imaginer qch; (stolz sein): **sich** Dat **viel auf etw** Akk ~ être très fier(fière) de qch, se targuer de qch; **was bildest du dir eigentlich ein?** (umg) qu'est-ce que tu imagines?
Einbildung f imagination f; (Dünkel) suffisance f; ~**skraft** f imagination f.
einbinden ['aınbındən] unreg vt (Buch) relier.
einbleuen ['aınblɔʏən] (umg) vt: **jdm etw** ~ faire entrer qch dans la tête de qn.
Einblick ['aınblık] m (Kenntnis) aperçu m, idée f; ~ **in die Akten nehmen** consulter les dossiers; **jdm** ~ **in etw** Akk **gewähren** permettre à qn de consulter qch; **in etw** Akk ~ **haben** être au courant de qch.
einbrechen ['aınbrɛçən] unreg vi (gewaltsam eindringen) pénétrer par effraction, (Einbruch verüben) cambrioler, faire un cambriolage; (Nacht) tomber; (Winter) arriver; (einstürzen) s'effondrer; (durchbrechen: in Eis) passer à travers la couche de glace ♦ vt (Tür) enfoncer, forcer; (Wand) défoncer; **in ein Haus** ~ cambrioler une maison, pénétrer par effraction dans une maison; **bei** ~**der Dunkelheit** à la tombée de la nuit.
Einbrecher (-s, –) m cambrioleur m.
einbringen ['aınbrıŋən] unreg vt (Geld, Vorteil) rapporter; (Ernte) rentrer; (Zeit) rattraper; (mitbringen: Kapital, Kenntnisse) apporter; **das bringt nichts ein** (fig) ça ne sert à rien.
einbrocken ['aınbrɔkən] (umg) vt: **jdm/sich etwas** ~ se mettre/mettre qn dans de beaux draps.
Einbruch ['aınbrʊx] m (Haus~) cambriolage m; (des Winters) arrivée f; (der Nacht) tombée f; (Einsturz, FINANZ) effondrement m; **bei** ~ **der Dunkelheit** à la tombée de la nuit.
einbruchssicher adj (Schloß) incrochetable; (Haus) muni(e) d'un système d'alarme.

Einbuchtung ['aınbʊxtʊŋ] f échancrure f; (Bucht) baie f.
einbürgern ['aınbʏrgərn] vt (Person) naturaliser ♦ vr (Brauch) se répandre; (Ausdruck) entrer dans le langage courant; **das hat sich so eingebürgert** c'est entré dans les mœurs.
Einbürgerung f (einer Person) naturalisation f.
Einbuße ['aınbu:sə] f perte f; **der Prozeß hat seinem Ansehen schwere** ~ **getan** ce procès a gravement entaché sa réputation.
einbüßen ['aınby:sən] vt (verlieren) perdre ♦ vi: **an etw** Dat ~ perdre de qch.
einchecken ['aıntʃɛkən] vt enregistrer ♦ vi se présenter à l'enregistrement.
eincremen ['aınkre:mən] vt enduire de crème.
eindämmen ['aındɛmən] vt endiguer.
eindecken ['aındɛkən] vr: **sich (mit etw)** ~ s'approvisionner (en qch) ♦ vt (umg: überhäufen): **mit Arbeit eingedeckt sein** avoir du pain sur la planche.
eindeutig ['aındɔʏtıç] adj (Beweis) incontestable; (Absage) clair(e).
eindeutschen ['aındɔʏtʃən] vt (Fremdwort) germaniser.
eindösen ['aındø:zən] (umg) vi s'assoupir.
eindringen ['aındrıŋən] unreg vi: ~ **in** +Akk pénétrer dans; (in Haus) pénétrer (par effraction) dans, s'introduire dans; **in ein Geheimnis** ~ pénétrer un secret; **auf jdn** ~ (bedrängen) attaquer qn; (mit Bitten) presser qn.
eindringlich adj (Bitte) pressant(e) ♦ adv: **ich habe ihn** ~ **gebeten, zu** je l'ai prié instamment de.
Eindringling m intrus m.
Eindruck ['aındrʊk] m impression f; **auf jdn machen** impressionner qn; **einen guten** ~ **machen** faire bonne impression.
eindrücken ['aındrʏkən] vt (Tür) enfoncer; (Mauer) défoncer; (Kotflügel) cabosser ♦ vr s'enfoncer.
eindrucksfähig adj impressionnable.
eindrucksvoll adj (Erlebnis) impressionnant(e); (Gebäude) imposant(e).
eine(r, s) pron un(une); **das** ~ **Buch, das andere** (l')un des livres, l'autre; ~**r von uns** l'un d'entre nous; ~**r nach dem anderen** l'un après l'autre; **wie kann** ~**r so dumm sein?** comment peut-on être aussi bête?; siehe auch **ein(e)**.
einebnen ['aın|e:bnən] vt aplanir.
Einehe ['aın|e:ə] f monogamie f.
eineiig ['aın|aııç] adj: ~**e Zwillinge** des vrais jumeaux/vraies jumelles.
eineinhalb ['aın|aın'halp] num un(e) et demi.
einengen ['aın|ɛŋən] vt (Person) gêner; (Begriff, Freiheit) restreindre.
Einer ['aınər] m (MATH) unité f; (Ruderboot) skiff m.
Einerlei ['aınər'laı] (-s) nt monotonie f; **e~** adj (gleichartig) le(la) même; **es ist mir e~** ça m'est égal.
einerseits adv: ~ ... **andererseits** d'une part ... d'autre part.

einesteils ['aɪnəs'taɪls] *adv*: ~ ... **anderenteils** d'une part ... d'autre part.

einfach ['aɪnfax] *adj* simple ♦ *adv* simplement; **etw** ~ **tun** faire qch (sans hésiter); *(geradezu)*: ~ **großartig** vraiment extraordinaire; **E~heit** *f* simplicité *f*; **der E~heit halber** pour simplifier les choses.

einfädeln ['aɪnfɛːdəln] *vt* enfiler; *(fig: umg)* tramer, manigancer ♦ *vr* (*AUT*) prendre la bonne file.

einfahren ['aɪnfaːrən] *unreg vt* (*Ernte, Antenne*) rentrer; *(Barriere)* enfoncer, emboutir; *(Auto)* roder ♦ *vi* (*Zug*) entrer en gare; (*BERGB*) descendre.

Einfahrt *f* entrée *f*; *(von Zug)* entrée en gare; *(Weg)* entrée, accès *m*; *(von Autobahn)* bretelle *f* (de raccordement); (*BERGB*) descente *f*; **„~ freihalten!"** "stationnement interdit".

Einfall ['aɪnfal] *m* (*Idee*) idée *f*; *(von Licht)* incidence *f*; (*MIL*) invasion *f*; **e~en** *unreg vi* (*einstürzen*) s'écrouler, s'effondrer; *(Licht)* entrer, tomber; *(einstimmen)* joindre sa voix; **e~en in** +*Akk* (*MIL*) envahir; **etw fällt jdm ein** qn pense (soudain) à qch; **das fällt mir gar nicht ein!** il n'en est pas question!; **sich** *Dat* **etwas e~en lassen** trouver une solution; **dabei fällt mir mein Onkel ein, der ...** cela me fait penser à mon oncle, qui ...; **es fällt mir jetzt nicht ein** ça va me revenir.

einfallslos *adj* qui manque d'imagination.

einfallsreich *adj* ingénieux(-euse), imaginatif(-ive).

Einfalt ['aɪnfalt] *f* naïveté *f*, simplicité *f* d'esprit.

einfältig ['aɪnfɛltɪç] *adj* (*geistig beschränkt*) niais(e), sot(te); *(arglos, naiv)* naïf(-ïve).

Einfaltspinsel ['aɪnfaltspɪnzəl] (*umg: pej*) *m* imbécile *m*.

Einfamilienhaus [aɪnfa'miːliənhaʊs] *nt* maison *f* individuelle, pavillon *m*.

einfangen ['aɪnfaŋən] *unreg vt* attraper; *(Stimmung)* rendre.

einfarbig ['aɪnfarbɪç] *adj* d'une seule couleur; *(Stoff etc)* uni(e).

einfassen ['aɪnfasən] *vt* (*Beet*) border, entourer; *(Stoff)* border; *(Edelstein)* enchâsser, sertir.

Einfassung *f* (*von Beet, Stoff*) bordure *f*.

einfetten ['aɪnfɛtən] *vt* (*Backblech*) beurrer; *(Hände)* enduire de crème; *(Leder, Schuhe)* cirer.

einfinden ['aɪnfɪndən] *unreg vr* arriver.

einfliegen ['aɪnfliːgən] *unreg vt* (*Medikamente, Helfer*) acheminer par avion; *(neues Flugzeug)* faire un vol d'essai sur ♦ *vi* arriver.

einfließen ['aɪnfliːsən] *unreg vi* (*Wasser*) couler; *(Luft)* arriver; *(beiläufig bemerken)* **etw** ~ **lassen** mentionner qch en passant.

einflößen ['aɪnfløːsən] *vt*: **jdm etw** ~ faire prendre qch à qn, administrer qch à qn; *(fig: Angst etc)* inspirer qch à qn.

Einfluß ['aɪnflʊs] *m* influence *f*; **auf jdn** ~ **ausüben** influencer qn; **auf etw** *Akk* ~ **nehmen** in-

fluencer qch; **~bereich** *m* zone *f* d'influence; **e~reich** *adj* influent(e).

einflüstern ['aɪnflʏstərn] *vt*: **jdm etw** ~ souffler qch à qn; *(pej)* suggérer qch à qn.

einförmig ['aɪnfœrmɪç] *adj* monotone; **E~keit** *f* monotonie *f*.

einfrieren ['aɪnfriːrən] *unreg vi* geler ♦ *vt* (*Lebensmittel*) congeler; *(Löhne: Beziehungen)* geler.

einfügen ['aɪnfyːgən] *vt* (*Steine etc*) encastrer, insérer; *(zusätzlich)* ajouter; (*COMPUT*) insérer.

einfühlen ['aɪnfyːlən] *vr*: **sich in jdn** ~ se mettre à la place de qn; **sich in etw** *Akk* ~ bien sentir qch.

einfühlsam *adj* (*Mensch*) qui fait preuve de sensibilité, intuitif(-ive); *(Worte)* empreint(e) de sympathie (et de compréhension).

Einfühlungsvermögen *nt* capacité *f* à se mettre à la place des autres, psychologie *f*.

Einfuhr ['aɪnfuːr] *f* importation *f*; **~bestimmung** *f* (*gew pl*) disposition *f* relative à l'importation.

einführen ['aɪnfyːrən] *vt* (*Neues, Sitten*) introduire; *(importieren)* importer; *(bekannt machen: Mensch)* présenter; *(in Arbeit, Idee)*: **jdn in etw** *Akk* ~ initier qn à qch; **jdn in sein Amt** ~ établir qn dans ses fonctions.

Einfuhr-: **~genehmigung** *f* licence *f* d'importation; **~kontingent** *nt* contingent *m*; **~sperre** *f*, **~stopp** *m* embargo *m* sur les importations.

Einführung *f* (*von Neuem, Sitten, in Buch*) introduction *f*; *(von Mensch)* présentation *f*; *(in Amt)* installation *f*.

Einführungspreis *m* prix *m* de lancement.

Einfuhrzoll *m* taxe *f* à l'importation.

einfüllen ['aɪnfʏlən] *vt* verser.

Eingabe ['aɪngaːbə] *f* (*Gesuch*) requête *f*; (*COMPUT*) entrée *f*; **~/Ausgabe** (*COMPUT*) entrée/ sortie *f*.

Eingang ['aɪngaŋ] *m* entrée *f*; (*Waren~, Post~*) arrivée *f*; (*Erhalt*) réception *f*; **wir bestätigen den** ~ **Ihres Schreibens vom ...** nous accusons réception de votre lettre du ... .

eingängig ['aɪngɛŋɪç] *adj* facile à retenir.

eingangs *adv* au début, d'abord ♦ *präp* +*Gen* au début de.

Eingangs-: **~bestätigung** *f* accusé *m* de réception, récépissé *m*; **~halle** *f* hall *m* d'entrée; **~stempel** *m* (*WIRTS*) cachet *d'arrivée du courrier*; **~tür** *f* porte *f* d'entrée.

eingeben ['aɪngeːbən] *unreg vt* (*Arznei*) administrer; (*COMPUT*) entrer; *(geh: Gedanken)* inspirer.

eingebettet ['aɪngəbɛtət] *adj*: **zwischen Hügeln** ~ entouré(e) de collines.

eingebildet ['aɪngəbɪldət] *adj* (*Krankheit*) imaginaire; *(pej: Mensch, Benehmen)* vaniteux(-euse), prétentieux(-euse); **~er Kranker** malade *m* imaginaire, hypocondriaque *m*.

Eingeborene(r) ['aɪngəboːrənə(r)] *f(m)* indigène *m/f*, autochtone *m/f*.

Eingebung *f* inspiration *f*.

eingedenk ['aɪngədɛŋk] *präp* +*Gen* en considération de.

eingefahren ['aɪngəfaːrən] *adj* bien rodé(e).

eingefallen ['aɪngəfalən] *adj* (*Gesicht*) creux(creuse), hâve.

eingefleischt ['aɪngəflaɪʃt] *adj* invétéré(e); ~**er Junggeselle** célibataire *m* endurci.

eingehen ['aɪngeːən] *unreg vi* (*Eingang finden*) entrer; (*eintreffen*) arriver; (*sterben*) mourir; (*Firma*) faire faillite; (*Stoff*) rétrécir; (*verständlich sein*): **jdm** ~ entrer dans la tête de qn; (*sich widmen, beachten*): **auf jdn/etw** ~ prêter attention à qn/qch; (*zustimmen*): **auf einen Vorschlag** ~ accepter une proposition ♦ *vt* (*Vertrag*) conclure; (*Wette*) faire; (*Risiko*) prendre; (*Verbindung*) contracter; **bei dieser Hitze/Kälte geht man ja ein!** (*umg*) on crève de chaud/de froid!

eingehend *adj* (*gründlich*) approfondi(e); (*ausführlich*) détaillé(e).

eingekeilt ['aɪngəkaɪlt] *adj* (*in Menschenmenge*) serré(e); (*Auto*) coincé(e).

Eingemachte(s) ['aɪngəmaːxtə(s)] *nt* conserves *fpl*.

eingemeinden ['aɪngəmaɪndən] *vt*: ~ **in** + *Akk* rattacher à.

eingenommen ['aɪngənɔmən] *adj*: **von jdm/ etw** ~ **sein** être séduit(e) par qn/qch; **gegen jdn/etw** ~ **sein** être prévenu(e) contre qn/ qch; **er ist sehr von sich selbst** ~ il est imbu de sa personne.

eingeschränkt ['aɪngəʃrɛŋkt] *adj*: **in** ~**en Verhältnissen leben** vivre dans des conditions modestes.

eingeschrieben ['aɪngəʃriːbən] *adj* (*Brief*) recommandé(e); (*Mitglied*) inscrit(e).

eingeschworen ['aɪngəʃvoːrən] *adj*: **auf etw** *Akk* ~ **sein** ne jurer que par qch.

eingesessen ['aɪngəzɛsən] *adj* établi(e) de longue date.

eingespannt ['aɪngəʃpant] *adj* très pris(e).

eingespielt ['aɪngəʃpiːlt] *adj*: **aufeinander** ~ **sein** bien s'entendre.

Eingeständnis ['aɪngəʃtɛntnɪs] *nt* aveu *m*.

eingestehen ['aɪngəʃteːən] *unreg vt* avouer.

eingestellt ['aɪngəʃtɛlt] *adj*: **fortschrittlich/ ausländerfeindlich** ~ **sein** avoir des idées progressistes/xénophobes; **auf Export** ~ **sein** être spécialisé(e) dans l'exportation; **ich bin im Moment nicht auf Besuch** ~ en ce moment, je ne suis pas d'humeur à recevoir des visites.

eingetragen ['aɪngətraːgən] *adj* (*Verein*) reconnu(e) (par les autorités); ~**er Gesellschaftssitz** siège *m* social; ~**es Warenzeichen** marque *f* déposée.

Eingeweide ['aɪngəvaɪdə] (**-s, -**) *nt* (*gew pl*) viscères *mpl*.

Eingeweihte(r) ['aɪngəvaɪtə(r)] *f(m)* initié(e) *m(f)*.

eingewöhnen ['aɪngəvøːnən] *vr*: **sich** ~ **in** +*Akk*

s'habituer à, s'acclimater dans.

Eingewöhnung *f* acclimatation *f*.

eingießen ['aɪngiːsən] *unreg vt* verser.

eingleisig ['aɪnglaɪzɪç] *adj* à voie unique; **er denkt sehr** ~ il est très étroit d'esprit, il n'a aucune imagination.

eingliedern ['aɪngliːdərn] *vt*: ~ (**in** +*Akk*) intégrer (à *od* dans), incorporer (à *od* dans) ♦ *vr*: **sich** ~ (**in** +*Akk*) s'intégrer (à *od* dans).

eingraben ['aɪngraːbən] *unreg vt* (*Pflanze*) mettre en terre; (*Pfahl*) enfoncer ♦ *vr* (*Tier*) se terrer; **das hat sich in mein(em) Gedächtnis eingegraben** c'est resté gravé dans ma mémoire.

eingravieren ['aɪngraviːrən] *vt* graver.

eingreifen ['aɪngraɪfən] *unreg vi* (*in Konflikt*) intervenir; (*Zahnrad*) s'engrener.

Eingreifen *nt* intervention *f*.

eingrenzen ['aɪngrɛntsən] *vt* enclore, délimiter; (*Problem*) circonscrire.

Eingriff ['aɪngrɪf] *m* intervention *f*; (*Operation*) intervention (chirurgicale), opération *f*.

einhaken ['aɪnhaːkən] *vt* (*befestigen*) accrocher ♦ *vr*: **sich bei jdm** ~ prendre le bras de qn ♦ *vi* (*umg*: *sich einmischen*) mettre son grain de sel.

Einhalt ['aɪnhalt] *m*: **jdm** ~ **gebieten** (*geh*) arrêter qn; **etw** *Dat* ~ **gebieten** mettre un terme à qch.

einhalten *unreg vt* suivre; (*Versprechen*) tenir; (*Frist*) respecter ♦ *vi* s'arrêter.

einhämmern ['aɪnhɛmərn] *vt*: **jdm etw** ~ faire entrer qch dans la tête de qn.

einhandeln ['aɪnhandəln] *vt*: **etw gegen** *od* **für etw** ~ échanger qch contre qch ♦ *vr* (*umg*: *bekommen*) se ramasser.

einhändig ['aɪnhɛndɪç] *adj* manchot(e) ♦ *adv* d'une (seule) main.

einhändigen ['aɪnhɛndɪgən] *vt* remettre (en mains propres).

einhängen ['aɪnhɛŋən] *vt* (*Tür*) monter; (*Telefon*) raccrocher ♦ *vi* (*Telefon*) raccrocher; **sich bei jdm** ~ prendre le bras de qn.

einheften ['aɪnhɛftən] *vt* (*Akten etc*) classer.

einheimisch ['aɪnhaɪmɪʃ] *adj* (*Ware*) du pays (*Pflanze*) indigène; (*Bevölkerung*) indigène autochtone; **E~e(r)** *f(m)* autochtone *m/f*; **ich bin kein E~er** je ne suis pas d'ici.

einheimsen (*umg*) *vt* (*Lob*) récolter; (*Geschenk*) obtenir; (*Preis*) décrocher.

einheiraten ['aɪnhaɪraːtən] *vi*: **in einen Betrieb** ~ épouser le fils ou la fille du patron (*d'une entreprise*).

Einheit ['aɪnhaɪt] *f* unité *f*; **eine geschlossene** ~ **bilden** former un ensemble cohérent; **e~lich** *adj* (*Kleidung, Gestaltung*) uniformisé(e), tous(toutes) pareils(pareilles); (*Preis*) unique; (*genormt*) standard *inv*; (*in sich geschlossen*) cohérent(e).

Einheits-: ~**liste** *f* (*POL*) liste *f* unique; ~**preis** *m* prix *m* unique.

einheizen ['aɪnhaɪtsən] *vt* (*Ofen*) allumer ♦ (*umg*): **jdm (ordentlich)** ~ dire ses quatre vé rités à qn.

einhellig [ˈaɪnhɛlɪç] *adj* (*Meinung*) unanime; ~ **ablehnen** rejeter à l'unanimité.

einholen [ˈaɪnhoːlən] *vt* (*aufholen*) rattraper; (*Rat, Erlaubnis*) demander; (*Tau*) haler; (*Netz, Segel, Fahne*) amener ♦ *vi* (*umg: einkaufen*) faire les courses.

Einhorn [ˈaɪnhɔrn] *nt* licorne *f*.

einhüllen [ˈaɪnhʏlən] *vt* envelopper.

einhundert [ˈaɪnˈhʊndərt] *num* cent.

einig [ˈaɪnɪç] *adj* (*vereint*) uni(e); (**sich** *Dat*) ~ **sein** être d'accord; ~ **werden** tomber d'accord.

einige(r, s) [ˈaɪnɪgə(r, s)] *pron* (*etwas: adjektivisch*) un peu de; (: *substantivisch*) un peu; ~ **Male/Tage** plusieurs fois/jours; **vor** ~**n Tagen/Wochen** il y a quelques jours/semaines; **in** ~**r Entfernung** à quelque distance, un peu plus loin; **es gibt noch** ~**s zu regeln** il reste encore plusieurs questions à régler; ~ **hundert Unterschriften** plusieurs centaines de signatures; **mit Ausnahme** ~**r weniger** à l'exception de quelques personnes.

einigemal *adv* plusieurs fois.

einigen *vt* (*Volk*) unir; (*Parteien*) réconcilier ♦ *vr:* **sich** ~ **auf** +*Akk* se mettre d'accord sur.

einigermaßen *adv* (*sehr, ziemlich*) assez, plutôt; (*leidlich*) à peu près.

einiggehen *unreg vi:* ~ (**in** +*Dat*) être d'accord (sur).

Einigkeit *f* unité *f*; (*Übereinstimmung*) accord *m*.

Einigung *f* (*Übereinstimmung*) accord *m*; (*POL: von Ländern*) unification *f*.

einimpfen [ˈaɪn|ɪmpfən] *vt* inoculer; (*fig*) inculquer.

einjagen [ˈaɪnjaːgən] *vt:* **jdm Furcht** *od* **einen Schrecken** ~ faire très peur à qn.

einjährig [ˈaɪnjɛːrɪç] *adj* (*Pflanze*) annuel(le); (*Kind*) d'un an.

einkalkulieren [ˈaɪnkalkuliːrən] *vt* prévoir, inclure dans ses calculs.

einkassieren [ˈaɪnkasiːrən] *vt* (*Geld*) encaisser; (*umg: wegnehmen*) se mettre dans la poche.

Einkauf [ˈaɪnkaʊf] *m* achat *m*; (*WIRTS: Abteilung*) service *m* (des) achats.

einkaufen *vt* acheter ♦ *vi* faire les courses *od* des achats ♦ *vr* (*in Altenheim*) acheter un appartement; ~ **gehen** aller faire les courses.

Einkäufer [ˈaɪnkɔʏfər] *m* (*WIRTS*) acheteur *m*.

Einkaufs-: ~**bummel** *m:* **einen** ~**bummel machen** faire du shopping; ~**korb** *m* panier *m* à provisions; ~**leiter** *m* (*WIRTS*) chef *m* du service des achats; ~**netz** *nt* filet *m* à provisions; ~**preis** *m* prix *m* d'achat; ~**wagen** *m* caddie *m*; ~**zentrum** *nt* centre *m* commercial.

einkehren [ˈaɪnkeːrən] *vi:* ~ (**in** +*Dat*) (*in Gasthof*) s'arrêter (dans); ~ (**bei**) (*geh: sich einstellen*) arriver (chez).

einkerben [ˈaɪnkɛrbən] *vt* (*Stock*) entailler; (*Zeichen*) graver.

einkesseln [ˈaɪnkɛsəln] *vt* encercler.

einklagen [ˈaɪnklaːgən] *vt* (*Schulden*) aller de-

vant les tribunaux pour obtenir le recouvrement de.

einklammern [ˈaɪnklamərn] *vt* mettre entre parenthèses.

Einklang [ˈaɪnklaŋ] *m* harmonie *f*; **in** ~ **bringen** harmoniser.

einklassig [ˈaɪnklasɪç] *adj* (*Schule*) à une seule classe.

einkleiden [ˈaɪnklaɪdən] *vt* habiller; (*Gedanken*) formuler ♦ *vr:* **sich** ~ se constituer une garde-robe.

einklemmen [ˈaɪnklɛmən] *vt* coincer.

einknicken [ˈaɪnknɪkən] *vt* (*Streichholz*) casser (à demi); (*Papier*) corner ♦ *vi* (*Knie*) fléchir.

Einknöpffutter [ˈaɪnknœpffʊtər] *nt* doublure *f* amovible.

einkochen [ˈaɪnkɔxən] *vt* (*Marmelade*) faire; (*Obst*) faire des conserves de ♦ *vi* (se) réduire.

Einkommen [ˈaɪnkɔmən] (-**s**, -) *nt* revenu *m*.

einkommens-: ~**schwach** *adj* à faible revenu; ~**stark** *adj* à revenu élevé; **E**~**steuer** *f* impôt *m* sur le revenu; **E**~**steuererklärung** *f* déclaration *f* d'impôt sur le revenu; **E**~**verhältnisse** *pl* situation *fsg* financière, revenu *msg*.

einkreisen [ˈaɪnkraɪzən] *vt* encercler, cerner.

einkriegen [ˈaɪnkriːgən] (*umg*) *vr:* **sich nicht** ~ **können** (**vor Lachen**) rire aux larmes.

Einkünfte [ˈaɪnkʏnftə] *pl* revenus *mpl*.

einladen [ˈaɪnlaːdən] *unreg vt* (*Person*) inviter; (*Gepäck*) charger; **jdn ins Kino** ~ inviter qn (à aller) au cinéma.

Einladung *f* invitation *f*.

Einlage [ˈaɪnlaːgə] *f* (*in Brief, Paket*) pièce *f* jointe, annexe *f*; (*Programm*~) intermède *m*; (*FINANZ: Kapital*~) apport *m*, mise *f* de fonds; (*Spar*~) dépôt *m*; (*KOCH: in Suppe*) aliments solides dans un potage; (*in Schuh*) support *m*; (*Zahn*~) plombage *m* provisoire; **musikalische** ~ intermède musical.

einlagern [ˈaɪnlaːgərn] *vt* (*Kartoffel*) entreposer, mettre en réserve; (*Möbel*) mettre en dépôt.

Einlaß [ˈaɪnlas] (-**sses**, -**lässe**) *m* (*Zutritt*) admission *f*, entrée *f*; **jdm** ~ **gewähren** laisser entrer qn.

einlassen *unreg vt* (*Mensch*) laisser entrer; (*Wasser*) faire couler; (*einsetzen: Platte*) encastrer ♦ *vr:* **sich auf etw** *Akk* ~ s'aventurer dans qch; **sich mit jdm** ~ se commettre avec qn; **sich auf einen Kompromiß** ~ consentir à un compromis; **ich lasse mich auf keine Diskussion ein** je refuse de discuter.

Einlauf [ˈaɪnlaʊf] *m* (*SPORT*) arrivée *f*; (*MED*) lavement *m*; (*KOCH: in Suppe*) mélange de pâte *que l'on verse dans un potage bouillant.*

einlaufen *unreg vi* (*Hafen*) entrer dans le port; (*Wasser*) couler; (*Stoff*) rétrécir ♦ *vt* (*Schuhe*) porter pour s'y habituer, faire ♦ *vr* (*SPORT*) s'échauffer; (*Motor, Maschine*) se roder; **jdm das Haus** ~ envahir la maison de qn.

einläuten [ˈaɪnlɔʏtən] *vt* sonner; (*SPORT: Runde*)

annoncer.

einleben ['aınle:bən] *vr* s'acclimater.

Einlegearbeit *f* marqueterie *f*.

einlegen ['aınle:gən] *vt* (*Blatt*) insérer; (*Film*) charger; (*Sohle*) mettre; (*KOCH: Gurken, Heringe*) mariner; (*in Holz etc*) incruster, appliquer; (*FINANZ: einzahlen*) déposer; (*Pause*) faire; (*Protest*) formuler; (*Veto*) opposer; (*Berufung*) faire, interjeter; **ein gutes Wort für jdn** ~ intercéder en faveur de qn.

Einlegesohle *f* semelle *f* orthopédique.

einleiten ['aınlaıtən] *vt* (*beginnen*: *Maßnahmen*) prendre; (*JUR: Verfahren*) engager; (*Feier, Rede*) commencer; (*Geburt*) provoquer ♦ *vi* (*einführen*) faire une introduction.

Einleitung *f* introduction *f*.

einlenken ['aınlɛŋkən] *vi* (*fig*) céder.

einlesen ['aınle:zən] *unreg vr*: **sich in ein Gebiet** ~ lire des ouvrages sur un sujet ♦ *vt*: **Daten** ~ mettre des données en mémoire.

einleuchten ['aınlɔʏçtən] *vi* (*klar sein*): (**jdm**) ~ paraître évident(e) (à qn).

einleuchtend *adj* convaincant(e).

einliefern ['aınli:fərn] *vt* (*Paket*) livrer; **jdn ins Krankenhaus** ~ hospitaliser qn.

Einlieferungsschein *m* récépissé *m*.

einliegend ['aınli:gənt] *adj* ci-joint(e).

Einliegerwohnung ['aınli:gərvo:nʊŋ] *f* studio *m* à usage locatif (*dans une maison particulière*).

einlochen ['aınlɔxən] (*umg*) *vt* (*einsperren*) coffrer.

einlösen ['aınlø:zən] *vt* (*Scheck*) encaisser; (*Schuldschein, Pfand*) retirer; (*Versprechen*) s'acquitter de, tenir.

einmachen ['aınmaxən] *vt* mettre en conserve.

Einmachglas *nt* bocal *m od* pot *m* à confiture.

einmal ['aınma:l] *adv* (*ein einziges Mal*) une (seule) fois; (*erstens*) (tout) d'abord; (*später, irgendwann*) un jour; (*früher, vorher*) jadis, une fois; **nehmen wir** ~ **an** supposons; **erst** ~ (tout) d'abord; **noch** ~ encore une fois; **nicht** ~ même pas, pas même; **auf** ~ tout à coup, soudain; **es war** ~ il était une fois; ~ **ist keinmal** (*Sprichwort*) une fois n'est pas coutume; **waren Sie schon** ~ **in Rom?** êtes-vous déjà allés à Rome?

Einmaleins *nt* tables *fpl* de multiplication; (*fig*) b a ba *m*.

einmalig *adj* unique; (*hervorragend*) extraordinaire.

Einmannbetrieb *m* entreprise *f* individuelle.

Einmannbus *m* bus sans receveur.

Einmarkstück [aın'markʃtʏk] *nt* pièce *f* d'un mark.

Einmarsch ['aınmarʃ] *m* (*MIL*) invasion *f*; (*von Sportlern*) entrée *f*.

einmarschieren *vi* (*Truppen*): ~ (**in** +*Akk*) envahir; (*Sportler*) faire son entrée (dans).

einmengen ['aınmɛŋən] *vr siehe* **einmischen**.

einmieten ['aınmi:tən] *vr*: **sich bei jdm** ~ louer une chambre chez qn; **sich in ei-**

nem Hotel ~ prendre une chambre d'hôtel.

einmischen ['aınmıʃən] *vr*: **sich** ~ **in** +*Akk* se mêler de.

einmotten ['aınmɔtən] *vt* (*Kleider etc*) ranger (avec de l'antimite).

einmünden ['aınmʏndən] *vi*: ~ **in** +*Akk* (*Fluß*) se jeter dans; (*Straße*) déboucher sur.

einmütig ['aınmy:tıç] *adj* unanime.

einnähen ['aınnɛ:ən] *vt* (*enger machen*) rétrécir; (*befestigen*) coudre.

Einnahme ['aınna:mə] *f* (*gew pl*: *Geld*) recette *f*, revenu *m*; (*von Medizin*) absorption *f*; (*MIL*) prise *f*; ~**n und Ausgaben** recettes et dépenses; ~**quelle** *f* source *f* de revenu.

einnehmen ['aınne:mən] *unreg vt* (*Geld*) gagner; (*Medizin, Mahlzeit, MIL*: *Stadt*) prendre; (*Raum, Platz*) occuper, prendre; (*beschäftigen*) occuper; **jdn für/gegen jdn/etw** ~ prévenir qn en faveur de/contre qn/qch; **von sich eingenommen sein** (*pej*) être imbu(e) de soi-même.

einnehmend *adj* (*Wesen*) charmant(e).

einnicken ['aınnıkən] (*umg*) *vi* piquer un petit somme.

einnisten ['aınnıstən] *vr* se nicher; (*fig*) s'incruster.

Einöde ['aın|ø:də] *f* désert *m*.

einordnen ['aın|ɔrdnən] *vt* (*Karteikarten etc*) classer ♦ *vr* (*sich anpassen*) s'intégrer, s'adapter; (*AUT*) prendre la bonne file.

einpacken ['aınpakən] *vt* (*Geschenke*) emballer; (*in Koffer, Paket*) mettre.

einparken ['aınparkən] *vt* garer ♦ *vi* se garer.

einpendeln ['aınpɛndəln] *vr* (*fig*) se stabiliser.

einpennen ['aınpɛnən] (*umg*) *vi* s'endormir.

einpferchen ['aınpfɛrçən] *vt* parquer; (*fig*) entasser.

einpflanzen ['aınpflantsən] *vt* planter; (*fig*) inculquer; (*MED: Organ*) greffer.

einplanen ['aınpla:nən] *vt* prévoir.

einprägen ['aınprɛ:gən] *vt* (*Zeichen*) graver; (*beibringen*): **jdm** ~ inculquer à qn ♦ *vr* (*Spuren*) s'imprimer; (*Erlebnisse*) rester gravé(e) dans la mémoire; **sich** *Dat* **etw** ~ mémoriser qch.

einprägsam ['aınprɛ:kza:m] *adj* (*Melodie*) facile à retenir.

einprogrammieren ['aınprogrami:rən] *v* (*COMPUT*) entrer.

einquartieren ['aınkvarti:rən] *vt* installer, loger.

einrahmen ['aınra:mən] *vt* (*Bild*) encadrer (*umgeben*) entourer.

einrangieren ['aınrãʒi:rən] *vt* (*Person*) situer.

einrasten ['aınrastən] *vi* s'enclencher.

einräumen ['aınrɔʏmən] *vt* (*ordnen*) ranger (*überlassen*) laisser, céder; (*zugestehen*) concéder.

einrechnen ['aınrɛçnən] *vt* comprendre; (*berücksichtigen*) tenir compte de.

einreden ['aınre:dən] *vt*: **jdm/sich etw** ~ persuader qn/se persuader de qch ♦ *vi*: **auf jdn** ~ chercher à persuader qn.

einregnen ['aınre:gnən] *vr*: **es hat sich einge**

regnet le temps s'est mis à la pluie.
einreiben ['aɪnraɪbən] *unreg vt* frotter, frictionner.
einreichen ['aɪnraɪçən] *unreg vt* présenter.
Einreichungsfrist *f* délai *m* (de soumission).
einreihen ['aɪnraɪən] *vt* (*einordnen*) ranger; (*klassifizieren*) classer ♦ *vr* (*Auto: sich einreihen*) prendre la bonne file.
Einreise ['aɪnraɪzə] *f* entrée *f*; **~bestimmungen** *pl* dispositions *relatives à l'entrée dans un pays*; **~erlaubnis** *f*, **~genehmigung** *f* visa *m* d'entrée.
einreisen ['aɪnraɪzən] *vi* (*in ein Land*) entrer.
Einreiseverbot *nt* interdiction *f* de séjour.
Einreisevisum *nt* visa *m* d'entrée.
einreißen ['aɪnraɪsən] *unreg vt* (*Papier*) déchirer; (*Gebäude*) raser ♦ *vi* (*kaputtgehen*) se déchirer; (*Gewohnheit werden*) s'enraciner.
einrenken ['aɪnrɛŋkən] *vt* (*Gelenk, Knie*) remettre; (*fig: umg*) rabibocher ♦ *vr* (*fig: umg*) s'arranger.
einrichten ['aɪnrɪçtən] *vt* (*Wohnung*) aménager; (*Knochenbruch*) réduire; (*eröffnen*) ouvrir; (*arrangieren*) arranger ♦ *vr* (*in Haus*) s'installer; (*sich anpassen*) se débrouiller; (*sich einstellen*): **sich ~ auf** +*Akk* se préparer à; **es** (**sich**) (*Dat*) **so ~, daß ...** s'arranger pour que ... .
Einrichtung *f* (*Wohnungs~*) aménagement *m*; (*Labor~, Praxis~*) équipement *m*; (*öffentliche Anstalt*) institution *f*; (*Dienste*) service *m*; (*Gewohnheit*): **zu einer ständigen ~ werden** devenir une véritable institution.
Einrichtungsgegenstand *m* meuble *m*.
einrollen ['aɪnrɔlən] *vt* enrouler ♦ *vi* (*Zug*) entrer en gare ♦ *vr* se mettre en boule.
einrosten ['aɪnrɔstən] *vi* rouiller; (*fig*) se rouiller.
einrücken ['aɪnrʏkən] *vt* (*Zeile, Text*) renfoncer, faire commencer en retrait; (*Anzeige*) insérer ♦ *vi* (*in Land*) entrer.
Eins [aɪns] (**–, –en**) *f* un *m*; **e~** *num* un(e); **es ist mir alles e~** ça m'est égal; **e~ zu e~** (*SPORT*) un à un; **mit jdm e~ werden** tomber d'accord avec qn; **mit etw e~ werden** s'identifier avec qch; **e~ a** (*umg*) extra *inv*.
einsäen ['aɪnzɛːən] *vt* (*Rasen*) semer.
einsalzen ['aɪnzaltsən] *vt* saler.
einsam ['aɪnzaːm] *adj* (*Mensch*) seul(e), solitaire; (*Leben*) solitaire; (*abgelegen: Gegend*) isolé(e); **~e Klasse** *od* **Spitze** (*umg*) vraiment super *inv*; **E~keit** *f* (*von Mensch, Leben*) solitude *f*; (*von Gegend*) isolement *m*.
einsammeln ['aɪnzaməln] *vt* (*Früchte*) ramasser, cueillir; (*Geld*) recueillir; (*Hefte*) ramasser.
Einsatz ['aɪnzats] *m* (*Koffer~*) compartiment *m* amovible; (*Stoff~*) empiècement *m*; (*Spiel~*) mise *f*, enjeu *m*; (*Bemühung*) effort *m*; (*Risiko*) risque *m*; (*MIL: Aktion*) opération *f*, campagne *f*; (*MUS*) entrée *f*; (*Verwendung, das Einsetzen*): **der ~ von etw** le recours à qch; **im ~** au combat; **etw unter ~ seines Lebens tun** faire qch au péril de sa vie; **~befehl** *m* avis *m*

d'incorporation; **e~bereit** *adj* (*Maschine*) opérationnel(le); (*Feuerwehrleute*) prêt(e) à intervenir; (*Helfer*) disponible; **~kommando** *nt* détachement *m* spécial.
einschalten ['aɪnʃaltən] *vt* (*Radio, Licht etc*) allumer; (*AUT: Gang*) passer; (*Pause*) faire; (*Anwalt*) faire appel à ♦ *vr* (*dazwischentreten*) intervenir.
Einschaltquote *f* (*TV*) audience *f*, taux *m* d'écoute.
einschärfen ['aɪnʃɛrfən] *vt*: **jdm etw ~** inculquer qch à qn.
einschätzen ['aɪnʃɛtsən] *vt* (*beurteilen: Mensch*) juger; (*Situation, Arbeit*) évaluer ♦ *vr* se juger.
einschenken ['aɪnʃɛŋkən] *vt* verser.
einscheren ['aɪnʃeːrən] *vi* se rabattre.
einschicken ['aɪnʃɪkən] *vt* envoyer.
einschieben ['aɪnʃiːbən] *unreg vt* (*hineinschieben*) mettre, glisser; (*Sonderzug etc*) ajouter; (*Patienten*) prendre (entre deux); (*Diskussion*) avoir le temps pour; **eine Pause ~** faire une pause.
einschießen ['aɪnʃiːsən] *vt* (*Fenster*) envoyer un ballon dans; (*WIRTS: Geld*) injecter.
einschiffen ['aɪnʃɪfən] *vt* embarquer ♦ *vr* s'embarquer.
einschl. *abk* (= *einschließlich*) (y) compris.
einschlafen ['aɪnʃlaːfən] *unreg vi* s'endormir; (*Glieder*) s'engourdir; (*fig*) cesser peu à peu.
einschläfern ['aɪnʃlɛːfərn] *vt* (*schläfrig machen*) endormir, faire dormir; (*Gewissen*) apaiser; (*narkotisieren*) anesthésier; (*töten: Tier*) piquer.
einschläfernd *adj* (*MED*) narcotique; (*langweilig*) ennuyeux(-euse).
Einschlag ['aɪnʃlaːk] *m* (*von Blitz*) impact *m*; (*von Geschoß*) point *m* d'impact; (*fig: Beimischung*) influence *f*; **e~en** ['aɪnʃlaːgən] *unreg vt* (*Nagel*) enfoncer; (*zertrümmern: Fenster, Zähne*) casser; (*Schädel*) fracasser; (*AUT: Räder*) braquer; (*Saum*) rabattre; (*Ware*) emballer; (*Weg, Richtung*) prendre; (*Laufbahn*) suivre, embrasser ♦ *vi* (*sich einigen*) toper; (*Anklang finden*) avoir du succès; *unreg* (*Blitz, Bombe*): **e~en** (**in** +*Akk*) tomber (sur); **auf jdn/etw e~en** rouer qn/qch de coups; **es muß irgendwo e~en haben** la foudre a dû tomber quelque part; **gut e~en** (*umg*) bien marcher.
einschlägig ['aɪnʃlɛːgɪç] *adj* (*Geschäft*) spécialisé(e); (*Literatur*) concernant ce sujet; **er ist ~ vorbestraft** (*JUR*) il a déjà été condamné pour le même délit.
einschleichen ['aɪnʃlaɪçən] *unreg vr* (*in Haus*) s'introduire (subrepticement); (*Fehler*) se glisser; **sich in jds Vertrauen ~** s'insinuer dans la confiance de qn.
einschleppen ['aɪnʃlɛpən] *vt* (*Krankheit etc*) introduire.
einschleusen ['aɪnʃlɔyzən] *vt*: **~ (in** +*Akk*) introduire clandestinement *od* illégalement (dans).
einschließen ['aɪnʃliːsən] *unreg vt* (*Kind, Häftling*) enfermer; (*Gegenstand*) mettre sous clef;

(_MIL_) cerner, encercler; (_Bergleute_) bloquer (sous terre); (_umgeben_) entourer; (_einbegreifen_) inclure, comprendre ♦ _vr_: **sich ~ (in** +_Dat_) s'enfermer (dans).

einschließlich _adv_ (_mitgerechnet_) inclusivement, compris ♦ _präp_ +_Gen_ y compris; ~ **Porto** port compris.

einschmeicheln ['aɪnʃmaɪçəln] _vr_: **sich ~ bei** s'insinuer dans les bonnes grâces de.

einschmelzen ['aɪnʃmɛltsən] _vt_ fondre.

einschmuggeln ['aɪnʃmʊgəln] _vt_ introduire illégalement _od_ en contrebande.

einschnappen ['aɪnʃnapən] _vi_ (_Tür_) se fermer; (_umg: beleidigt sein_) se vexer; **eingeschnappt sein** avoir pris la mouche.

einschneiden ['aɪnʃnaɪdən] _vt, vi_ couper.

einschneidend ['aɪnʃnaɪdənt] _adj_ (_Veränderung_) radical(e), profond(e); (_Bedeutung_) primordial(e).

einschneien ['aɪnʃnaɪən] _vi_: **eingeschneit sein** être bloqué(e) par la neige.

Einschnitt ['aɪnʃnɪt] _m_ (_Schnittstelle_) découpure _f_; (_MED_) incision _f_; (_bedeutendes Ereignis_) événement _m_ décisif, tournant _m_; (_fig: Zäsur_) coupure _f_.

einschnüren ['aɪnʃnyːrən] _vt_ (_einengen_) serrer; **dieser Kragen schnürt mir den Hals ein** ce col m'étrangle.

einschränken ['aɪnʃrɛŋkən] _vt_ (_reduzieren_) réduire; (_Freiheit, Rechte, Begriff_) limiter, restreindre; (_Behauptung_) nuancer ♦ _vr_ (_sich bescheiden_) réduire ses dépenses; ~**d möchte ich sagen, daß ...** je voudrais toutefois préciser que ... .

Einschränkung _f_ (_von Freiheit_) limitation _f_, restriction _f_; (_von Kosten_) réduction _f_; (_von Begriff_) restriction; (_von Behauptung_) réserve _f_; **nur mit/ohne ~** sous/sans réserve.

Einschreib(e)brief _m_ lettre _f_ recommandée.

einschreiben ['aɪnʃraɪbən] _unreg vt_ (_eintragen_) inscrire; (_Post_) recommander ♦ _vr_ s'inscrire; **E~** _nt_ envoi _m_ recommandé.

Einschreib(e)sendung _f_ envoi _m_ recommandé.

einschreiten ['aɪnʃraɪtən] _vi_ intervenir; **gegen jdn/etw ~** prendre des mesures contre qn/qch.

Einschub ['aɪnʃuːp] (-**s,** -**e**) _m_ (_in Satz_) insertion _f_.

einschüchtern ['aɪnʃʏçtərn] _vt_ intimider.

Einschüchterung ['aɪnʃʏçtərʊŋ] _f_ intimidation _f_.

einschulen ['aɪnʃuːlən] _vt_: **eingeschult werden** (_Kind_) commencer l'école _od_ sa scolarité.

Einschuß ['aɪnʃʊs] _m_ (~_stelle_) point _m_ d'impact; (_Fußball_) (tir _m_ au) but _m_.

einschweißen ['aɪnʃvaɪsən] _vt_ (_in Plastik_) emballer sous plastique; (_TECH_) souder.

einschwenken ['aɪnʃvɛŋkən] _vi_ (_Auto_) tourner.

einsehen ['aɪnzeːən] _unreg vt_ (_hineinsehen in, verstehen_) voir; (_prüfen_) examiner; (_Fehler_) reconnaître; **das sehe ich nicht ein** je ne suis

pas d'accord; **E~** (-**s**) _nt_: **ein/kein E~ haben** se montrer compréhensif(-ive)/intransigeant(e).

einseifen ['aɪnzaɪfən] _vt_ savonner; (_fig: umg_) embobiner.

einseitig ['aɪnzaɪtɪç] _adj_ (_auf einer Körperseite: Lähmung_) partiel(le); (_Erklärung, POL_) unilatéral(e); (_Ernährung_) mal équilibré(e); (_Ausbildung_) trop spécialisé(e); (_Darstellung_) peu objectif(-ive); (_Diskette_) simple; ~**e Lähmung** hémiplégie _f_; **E~keit** _f_ (_von Beurteilung, Bericht_) partialité _f_; (_von Ausbildung_) caractère _m_ trop spécialisé.

einsenden ['aɪnzɛndən] _unreg vt_ envoyer.

Einsender(in) (-**s,** -) _m(f)_ expéditeur(-trice) _m(f)_.

Einsendeschluß _m_ date _f_ limite d'envoi.

Einsendung _f_ envoi _m_.

einsetzen ['aɪnzɛtsən] _vt_ (_einfügen_) mettre, poser; (_ausfüllen_) mettre; (_ernennen: in Amt_) nommer; (_riskieren_) risquer; (_verwenden_) avoir recours à; (_MIL_) déployer; (_Polizei_) faire intervenir; (_Geld_) investir, affecter ♦ _vi_ (_Kälte_) arriver; (_Fieber_) se déclarer; (_MUS_) commencer à jouer; (: _Chor_) commencer à chanter ♦ _vr_ (_bemühen_) payer de sa personne; **sich für jdn/etw ~** se battre pour qn/qch; **ich werde mich dafür ~, daß ...** je ferai tout mon possible pour que ... .

Einsicht ['aɪnzɪçt] _f_ (_Einblick_) aperçu _m_; (_Verständnis_) compréhension _f_; **als Richter hat er ~ in alle Akten** en tant que juge, il a accès à tous les dossiers; **zu der ~ kommen, daß ...** en arriver à la conclusion que ... .

einsichtig _adj_ (_vernünftig_) compréhensif(-ive); (_verständlich_) compréhensible; **jdm etw ~ machen** expliquer qch à qn.

einsichtslos _adj_ buté(e).

einsichtsvoll _adj_ compréhensif(-ive).

einsickern ['aɪnzɪkərn] _vi_ s'infiltrer.

Einsiedler ['aɪnziːdlər] (-**s,** -) _m_ ermite _m_.

einsilbig ['aɪnzɪlbɪç] _adj_ monosyllab(iqu)e; (_fig: wortkarg_) laconique.

Einsilbigkeit _f_ (_fig_) laconisme _m_.

einsinken ['aɪnzɪŋkən] _unreg vi_ s'enfoncer; (_Boden_) s'affaisser.

Einsitzer ['aɪnzɪtsər] (-**s,** -) _m_ monoplace _m_.

einsortieren ['aɪnzɔrtiːrən] _vt_ ranger; (_Dokumente_) classer.

einspannen ['aɪnʃpanən] _vt_ (_Papier_) mettre; (_Pferde_) atteler; (_umg: Person_) embringuer; (_Werkstück_) fixer; **jdn für seine Zwecke ~** se servir de qn.

einsparen ['aɪnʃpaːrən] _vt_ (_Arbeitsplätze_) supprimer; (_Kosten_) réduire.

Einsparung _f_ économie _f_.

einspeichern ['aɪnʃpaɪçərn] _vt_ (_COMPUT_): ~ **(in** +_Akk_) entrer (dans).

einsperren ['aɪnʃpɛrən] _vt_ enfermer.

einspielen ['aɪnʃpiːlən] _vr_ (_SPORT, Orchester_) s'échauffer; (_Neuregelung_) se roder ♦ _vt_ (_FILM: Geld_) rapporter; (_Lied, Schallplatte_) enregistrer; **sich aufeinander ~** (_Team_) se souder; **gut**

eingespielt (*Team*) soudé(e).
einsprachig ['aɪnʃpraːxɪç] *adj* monolingue.
einspringen ['aɪnʃprɪŋən] *unreg vi* (*aushelfen*): **für jdn** ~ remplacer qn au pied levé; (*mit Geld*) tirer qn d'embarras.
einspritzen ['aɪnʃprɪtsən] *vt* injecter.
Einspritzmotor *m* moteur *m* à injection.
Einspruch ['aɪnʃprʊx] *m* objection *f*; **gegen etw** ~ **erheben** s'opposer à qch; ~ **einlegen** (*JUR*) faire appel.
Einspruchsfrist *f* (*JUR*) délai *m* d'appel.
Einspruchsrecht *nt* droit *m* d'appel.
einspurig ['aɪnʃpuːrɪç] *adj* (*Gleis*) à voie unique; (*Fahrbahn, Straße*) à une (seule) voie.
einst [aɪnst] *adv* (*früher*) autrefois, jadis; (*zukünftig*) un jour.
Einstand ['aɪnʃtant] *m* (*TENNIS*) égalité *f*; (*Antritt*) entrée *f* en fonctions; **er hat gestern seinen** ~ **gegeben** hier il a offert un verre pour fêter son entrée en fonction.
einstechen ['aɪnʃtɛçən] *unreg vt* (*hineinstechen*) enfoncer; (*durchstechen*) piquer.
einstecken ['aɪnʃtɛkən] *vt* (*in etwas stecken*) mettre; (*Gerät*) brancher; (*mitnehmen in Tasche etc*) prendre; (*Brief*) mettre à la boîte, poster; (*pej: stehlen*) empocher; (*umg: überlegen sein*) mettre dans sa poche; (*Prügel, Niederlage*) encaisser; (*Beschimpfung*) prendre.
einstehen ['aɪnʃteːən] *unreg vi* (*sich verbürgen*): ~ **(für** +*Akk*) se porter garant(e) (de); **für einen Schaden** ~ réparer un dommage.
einsteigen ['aɪnʃtaɪgən] *unreg vi* (*hineinklettern*) grimper; (*umg: sich beteiligen*) participer; ~ **in** +*Akk* (*in Fahrzeug*) monter dans; (*in Schiff*) s'embarquer sur; ~! (*EISENB*) en voiture!
einstellbar *adj* réglable.
einstellen ['aɪnʃtɛlən] *vt* (*hineinstellen*) mettre (à l'intérieur); (*Arbeitskräfte*) embaucher, engager; (*Arbeit*) arrêter, cesser; (*Zahlungen*) cesser, suspendre; (*Geräte, Kamera*) régler, mettre au point; (*Radio*) allumer; (*Sender*) mettre, se mettre à l'écoute de; (*unterstellen*) entreposer ♦ *vr* (*erscheinen*) se manifester; (*kommen*) arriver; **sich auf jdn/etw** ~ s'adapter à qn/qch.
einstellig *adj* (*Zahl*) à un (seul) chiffre.
Einstellplatz *m* place *f* de parking.
Einstellung *f* (*von Arbeitskräften*) embauche *f*; (*das Regulieren*) réglage *m*, mise *f* au point; (*das Aufhören*) arrêt *m*, cessation *f*; (*Haltung, Ansicht*) attitude *f*.
Einstellungs-: ~**gespräch** *nt* entretien *m* d'embauche; ~**stopp** *m* arrêt *m* de l'embauche; ~**untersuchung** *f* examen *m* médical préalable à l'embauche.
Einstieg ['aɪnʃtiːk] (*–(e)s, –e*) *m* (*das Einsteigen*) montée *f*; (*Zugang, Tür, fig*) entrée *f*.
einstig ['aɪnstɪç] *adj* ancien(ne), d'autrefois.
einstimmen ['aɪnʃtɪmən] *vi* (*mitmachen*) se mettre de la partie ♦ *vt* (*MUS: Instrument*) accorder; (*in Stimmung bringen*) mettre dans l'ambiance.

einstimmig *adj* (*Beschluß*) unanime; (*MUS*) à une (seule) voix; **E~keit** *f* (*Einmütigkeit*) unanimité *f*.
einst-: ~**malig** *adj* ancien(ne), d'autrefois; ~**mals** *adv* autrefois, jadis.
einstöckig ['aɪnʃtœkɪç] *adj* (*Haus*) à un (seul) étage.
einstöpseln ['aɪnʃtœpsəln] *vt* (*ELEK*) brancher.
einstoßen ['aɪnʃtoːsən] *vt* (*Tür*) enfoncer; (*Scheibe*) casser.
einstreichen ['aɪnʃtraɪçən] (*pej: umg*) *vt* (*Geld, Gewinn*) empocher.
einstreuen ['aɪnʃtrɔyən] *vt* (*Bemerkungen*) placer, glisser.
einstudieren ['aɪnʃtudiːrən] *vt* (*Rolle*) apprendre; (*Lied*) répéter.
einstufen ['aɪnʃtuːfən] *vt* classer.
Einstufung *f* classement *m*.
einstündig ['aɪnʃtʏndɪç] *adj* d'une heure.
einstürmen ['aɪnʃtʏrmən] *vi*: **auf jdn mit Fragen/Eindrücken** ~ assaillir qn de questions/d'impressions.
Einsturz ['aɪnʃtʊrts] *m* (*von Gebäude*) effondrement *m*.
einstürzen ['aɪnʃtʏrtsən] *vi* s'effondrer, s'écrouler; **auf jdn** ~ (*fig*) s'abattre sur qn.
Einsturzgefahr *f* danger *m* d'effondrement.
einstweilen *adv* en attendant.
einstweilig *adj* provisoire; ~**e Verfügung** (*JUR*) arrêt *m* provisoire.
eintägig ['aɪntɛːgɪç] *adj* d'un jour.
Eintagsfliege ['aɪntaːksfliːgə] *f* (*ZOOL*) éphémère *m*.
eintasten ['aɪntastən] *vt* (*Text*) entrer.
eintauchen ['aɪntaʊxən] *vt* (*in Flüssigkeit*) tremper ♦ *vi* plonger.
eintauschen ['aɪntaʊʃən] *vt* échanger.
eintausend ['aɪntaʊzənt] *num* mille.
einteilen ['aɪntaɪlən] *vt* (*in Teile*) diviser; (*sinnvoll aufteilen*) répartir; **jdn für etw** ~ assigner qch à qn; **seine Zeit** ~ s'organiser.
einteilig *adj* (*Badeanzug*) une pièce *inv*.
Einteilung *f* répartition *f*, organisation *f*; (*von Geld*) gestion *f*.
eintönig ['aɪntøːnɪç] *adj* monotone; **E~keit** *f* monotonie *f*.
Eintopf *m* plat *m* unique; ~**gericht** ['aɪntɔpfgərɪçt] *nt* plat *m* unique.
Eintracht ['aɪntraxt] *f* concorde *f*, harmonie *f*.
einträchtig ['aɪntrɛçtɪç] *adv* en (bonne) harmonie.
Eintrag ['aɪntraːk] (*–(e)s, ̈-e*) *m* inscription *f*; **amtlicher** ~ enregistrement *m*.
eintragen ['aɪntraːgən] *unreg vt* (*einschreiben, einzeichnen*) inscrire; (*einbringen*) rapporter ♦ *vr* **sich** ~ (*in* +*Akk*) s'inscrire (sur); **jdm etw** ~ valoir qch à qn.
einträglich ['aɪntrɛːklɪç] *adj* profitable, lucratif(-ive).
Eintragung *f*: ~ (*in* +*Akk*) inscription *f* (dans *od* sur).
eintreffen ['aɪntrɛfən] *unreg vi* (*ankommen*) arriver; (*passieren*) se produire; (*wahr werden*) se

réaliser, s'accomplir.

eintreiben ['aɪntraɪbən] unreg vt (Geldbeträge) recouvrer.

eintreten ['aɪntreːtən] unreg vi (hineingehen) entrer; (sich ereignen: Tod, Besserung) se produire, survenir; (: Ereignis) se produire, arriver; (beitreten): ~ **in** +Akk (in Klub, Partei) adhérer à, devenir membre de ♦ vt (Tür) enfoncer (d'un coup de pied); **für jdn/etw** ~ intervenir en faveur de qn/qch.

eintrichtern ['aɪntrɪçtərn] (umg) vt: **jdm etw** ~ fourrer qch dans le crâne de qn.

Eintritt ['aɪntrɪt] m entrée f; (in Verein etc) adhésion f; „~ **frei!"** "entrée libre!"; „~ **verboten"** "entrée interdite"; **bei** ~ **der Dunkelheit** à la tombée de la nuit.

Eintritts-: ~**geld** nt prix m du billet; ~**karte** f billet m; ~**preis** m prix m du billet.

eintrocknen ['aɪntrɔknən] vi se dessécher.

Eintrübung ['aɪntryːbʊŋ] f ciel (devenant) nuageux ou couvert.

eintrudeln ['aɪntruːdəln] (umg) vi s'amener.

eintunken ['aɪntʊŋkən] vt: ~ **(in** +Akk) tremper (dans).

einüben ['aɪnˈyːbən] vt étudier; (THEAT) répéter.

einverleiben ['aɪnfɛrlaɪbən] vt incorporer, intégrer; **sich** Dat **etw** ~ (Land, Gebiet) annexer qch; (hum: essen) engloutir qch.

Einvernehmen ['aɪnfɛrneːmən] (–s, –) nt entente f, accord m; **im** ~ **mit** en accord avec.

einverstanden ['aɪnfɛrʃtandən] interj d'accord, entendu ♦ adj: ~ **sein (mit)** être d'accord (avec); **sich mit etw** ~ **erklären** se déclarer d'accord avec qch.

Einverständnis ['aɪnfɛrʃtɛntnɪs] (–ses) nt accord m; **im** ~ **mit jdm handeln** agir avec l'accord de qn.

einwachsen ['aɪnvaksən] vt (Boden) cirer; (Ski) farter.

Einwand ['aɪnvant] (–(e)s, –̈) m objection f; **einen** ~ **(gegen etw) erheben** formuler une objection (contre qch).

Einwanderer ['aɪnvandərər] m immigrant m, immigré m.

einwandern vi: ~ **(in** +Akk od **nach)** immigrer (en).

Einwanderung f immigration f.

einwandfrei adj (Ware) impeccable, sans défaut; (Benehmen) irréprochable; (Beweis) irréfutable ♦ adv: **etw** ~ **beweisen** démontrer qch d'une manière irréfutable.

einwärts ['aɪnvɛrts] adv vers l'intérieur.

einwecken ['aɪnvɛkən] vt (Obst, Gemüse) mettre en conserve.

Einwegflasche ['aɪnveːgflaʃə] f bouteille f non consignée.

Einwegspritze f seringue f jetable.

einweichen ['aɪnvaɪçən] vt faire tremper.

einweihen ['aɪnvaɪən] vt (Brücke, Gebäude) inaugurer; (umg: zum ersten Mal benutzen) étrenner; **jdn in etw** Akk ~ initier qn à qch; **er ist eingeweiht** il est au courant.

Einweihung f (von Brücke, Gebäude) inauguration f; (von jdm) initiation f.

einweisen ['aɪnvaɪzən] unreg vt (in Amt) installer; (in Arbeit) initier; (AUT) aider à se garer; ~ **(in** +Akk) (in Anstalt, Krankenhaus) envoyer od faire admettre (à od dans).

Einweisung f (in Amt) installation f; (in Arbeit) initiation f; (in Anstalt) internement m; (in Krankenhaus) hospitalisation f.

einwenden ['aɪnvɛndən] unreg vt objecter; **dagegen läßt sich nichts** ~ il n'y a rien à redire.

einwerfen ['aɪnvɛrfən] unreg vt (Brief) mettre à la boîte, poster; (Münze) introduire; (SPORT: Ball) remettre en jeu; (Fenster) casser; (fig: äußern) objecter.

einwickeln ['aɪnvɪkəln] vt (Ware) emballer; (Baby) emmitoufler; (umg): **sich** ~ **lassen** se laisser embobiner.

einwilligen ['aɪnvɪlɪgən] vi: ~ **(in** +Akk) consentir (à).

Einwilligung f consentement m, accord m.

einwirken ['aɪnvɪrkən] vi: **auf jdn/etw** ~ influer sur qn/qch, exercer une influence sur qn/qch; **etw** ~ **lassen** (MED) attendre l'effet de qch.

Einwirkung f (siehe vt) influence f; effet m.

Einwohner(in) ['aɪnvoːnər(ɪn)] (–s, –) m(f) habitant(e) m(f); ~**meldeamt** nt en Allemagne, administration chargée d'enregistrer les changements de domicile; **sich beim** ~**meldeamt** **(an)melden** ≈ déclarer son arrivée à la mairie od au commissariat; ~**schaft** f population f, habitants mpl.

Einwurf ['aɪnvʊrf] m (von Brief) postage m; (von Münze) introduction f; (Einwand) objection f; (SPORT) remise f en jeu; (Öffnung) ouverture f.

Einzahl ['aɪntsaːl] f singulier m.

einzahlen vt (Geld) verser; **Geld auf ein Konto** ~ verser de l'argent sur un compte.

Einzahlung f versement m.

einzäunen ['aɪntsɔʏnən] vt (Grundstück) clôturer.

einzeichnen ['aɪntsaɪçnən] vt inscrire.

Einzel ['aɪntsəl] (–s, –) nt (TENNIS) simple m; ~**aufstellung** f (WIRTS) état m détaillé; ~**bett** nt lit m à une place; ~**ergebnis** nt résultat m partiel; ~**fahrschein** m billet m simple; ~**fall** m cas m isolé; ~**gänger(in)** m(f) solitaire m/f; ~**haft** f régime m cellulaire.

Einzelhandel m (WIRTS) commerce m de détail, petit commerce.

Einzelhandelsgeschäft nt commerce m de détail.

Einzelhandelspreis m prix m de détail.

Einzel-: ~**händler** m détaillant m; ~**heit** f détail m; ~**kampf** m (SPORT) compétition f individuelle; ~**karte** f (Fahrschein) billet valable pour un (seul) trajet; ~**kind** nt enfant m/f unique.

Einzeller ['aɪntsɛlər] (–s, –) m (BIOL) organisme m unicellulaire.

einzeln adj seul(e), unique; (getrennt) séparé(e); (vereinzelt) isolé(e); (von Paar) dépareillé(e) ♦ adv: ~ angeben spécifier; ~e quelques; der/die ~e l'individu m; das ~e le particulier; ins ~e gehen entrer dans les détails; etw im ~en besprechen discuter qch en détail; ~ aufführen énoncer un à un; bitte ~ (eintreten) une personne à la fois, s'il vous plaît.

Einzel-: ~preis m prix m unitaire; ~stehende(r) f(m) personne f vivant seule; ~teil nt (Bestandteil) élément m; (Ersatzteil) pièce f détachée; etw in seine ~teile zerlegen démonter qch; ~zimmer nt (in Hotel) chambre f à un lit.

einziehen ['aintsiːən] unreg vt (Kopf) baisser; (Fühler) rétracter; (Antenne) rentrer; (Fahrgestell) relever; (Netze) amener; (Zwischenwand) dresser; (Steuern) percevoir; (Erkundigungen) prendre; (MIL: Rekruten) appeler (sous les drapeaux); (Banknoten) retirer de la circulation; (Luft) aspirer, respirer ♦ vi (in Wohnung) emménager; (in Land, Stadion etc) entrer; (Friede, Ruhe) s'établir; (Flüssigkeit, Salbe) pénétrer.

einzig ['aintsiç] adj unique, seul(e); (ohnegleichen) unique ♦ adv (nur) seulement, uniquement; (umg: außerordentlich) très, incroyablement; ~ und allein deshalb gehe ich heute hin c'est uniquement pour cette raison que j'y vais; das ~e la seule chose; der/die ~e la seule personne; kein ~es Mal pas une seule fois; kein ~er personne; ~artig adj unique, extraordinaire.

Einzug ['aintsuːk] m (in Haus) emménagement m; (Einmarsch) entrée f; (von Banknoten etc) retrait m (de la circulation); (von Steuern, Gebühren) perception f.

Einzugs-: ~ermächtigung f (FINANZ) autorisation f de prélèvement automatique; ~verfahren nt (FINANZ) système m de virement automatique.

Eis [ais] (–es, –) nt glace f; (~würfel) glaçon m; ~ am Stiel esquimau m; ~bahn f patinoire f; ~bär m ours m blanc; ~becher m coupe f glacée; ~bein nt (KOCH) jarret m de porc; ~berg m iceberg m; ~beutel m compresse f glacée; ~blumen pl cristaux mpl de glace; ~bombe f (KOCH) bombe f glacée; ~café m café m glacé.

Eischnee ['aiʃneː] m (KOCH) œufs mpl en neige.

Eisdecke f couche f de glace.

Eisdiele f glacier m.

Eisen ['aizən] (–s, –) nt fer m; ein heißes ~ une question brûlante; zum alten ~ gehören être bon pour la retraite; noch ein od mehrere ~ im Feuer haben avoir plus d'une corde à son arc.

Eisenbahn f chemin m de fer; es ist (aller)höchste ~ (umg) il n'y a plus une minute à perdre; ~abteil nt compartiment m (de chemin de fer); ~er (–s, –) m cheminot m; ~netz nt réseau m ferroviaire; ~schaffner m contrôleur m des chemins de fer; ~überführung f passerelle f (par-dessus la

voie ferrée); ~übergang m passage m à niveau; ~wagen m wagon m, voiture f (de chemin de fer); ~waggon m (Güterwagen) wagon m (de marchandises).

Eisen-: ~erz nt minerai m de fer; e~haltig adj ferrugineux(-euse); ~mangel m carence f en fer; ~warenhandlung f quincaillerie f.

eisern ['aizərn] adj (aus Eisen) de od en fer; (Gesundheit, Disziplin) de fer; (Energie) farouche; ~e Reserve vivres mpl de réserve; der E~e Vorhang le rideau de fer; ~ bleiben rester inébranlable.

Eis-: ~fach nt freezer m; e~frei adj (Straße) non verglacé(e); e~gekühlt adj glacé(e); ~hockey nt hockey m sur glace.

eisig ['aizɪç] adj glacial(e).

Eis-: ~kaffee m café m glacé; e~kalt adj (Wasser) glacé(e); (Miene, Typ) glacial(e), dur(e); ~kunstlauf f patinage m artistique; ~lauf f patinage m; e~laufen vi patiner; ~meer nt mer f de glace; nördliches/südliches ~meer océan m (Glacial) Arctique/Antarctique; ~pickel m piolet m.

Eisprung ['aiʃprʊŋ] m (MED) ovulation f.

Eis-: ~schießen nt (SPORT) curling m; ~schokolade f chocolat m glacé; ~scholle f banquise f; ~schrank m frigidaire ® m; ~stadion nt patinoire f; e~stockschießen nt (SPORT) curling m; ~würfel m glaçon m; ~zapfen m glaçon m; ~zeit f période f glaciaire.

eitel ['aitəl] adj (Mensch) vaniteux(-euse); (Hoffnung, Gedanken) vain(e); (Freude) pur(e); E~keit f (von Mensch) vanité f.

Eiter ['aitər] (–s) m pus m.

eiterig adj purulent(e).

eitern vi suppurer.

Eiweiß (–es, –e) nt blanc m d'œuf; (CHEM) albumine f.

Eizelle f ovule m.

EKD f abk (= Evangelische Kirche in Deutschland) l'Église protestante allemande.

Ekel¹ ['eːkəl] (–s) m dégoût m; vor jdm/etw ~ empfinden trouver qn/qch dégoûtant(e).

Ekel² ['eːkəl] (–s, –; umg) nt (Mensch) individu m répugnant.

ekelerregend adj dégoûtant(e), répugnant(e).

ekelhaft adj, **ek(e)lig** adj dégoûtant(e), répugnant(e).

ekeln vt dégoûter ♦ vr: sich vor etw Dat ~ trouver qch dégoûtant od répugnant; dieser Gestank/das Essen ekelt mich cette puanteur/cette nourriture me donne la nausée; es ekelt jdn od jdm vor etw Dat qch dégoûte qn.

EKG, Ekg (–) nt abk (= Elektrokardiogramm) électrocardiogramme m.

eklatant [ekla'tant] adj (aufsehenerregend) spectaculaire; (offensichtlich) flagrant(e).

Ekstase [ɛk'staːzə] f extase f; jdn in ~ versetzen plonger qn dans l'extase.

Ekuador [ekua'doːr] (–s) nt l'Équateur f.

Ekzem [ɛk'tseːm] (–s, –e) nt eczéma m.

Elan [e'lãː] (–s) m enthousiasme m.

elastisch [e'lastɪʃ] *adj* élastique; (*Bewegung*) souple; (*fig*) souple, flexible.
Elastizität [elastitsi'tɛːt] *f* (*von Material*) élasticité *f*.
Elbe ['ɛlbə] *f* (*Fluß*) Elbe *f*.
Elch [ɛlç] (*–(e)s, –e*) *m* (*ZOOL*) élan *m*.
Elefant [ele'fant] (*–en, –en*) *m* éléphant *m*; **wie ein ~ im Porzellanladen** (*umg*) comme un éléphant dans un magasin de porcelaine.
elegant [ele'gant] *adj* élégant(e).
Eleganz [ele'gants] *f* élégance *f*.
elektrifizieren [elɛktrifi'tsiːrən] *vt* électrifier.
Elektrifizierung [elɛktrifi'tsiːruŋ] *f* électrification *f*.
Elektriker [e'lɛktrikər] (*–s, –*) *m* électricien *m*.
elektrisch [e'lɛktrɪʃ] *adj* électrique.
elektrisieren [elɛktri'ziːrən] *vt* (*elektrisch aufladen*) électriser; (*MED: jdn*) soigner par électrothérapie; (*fig*) électriser, galvaniser ♦ *vr* recevoir une décharge électrique.
Elektrizität [elɛktritsi'tɛːt] *f* électricité *f*.
Elektrizitätswerk *nt* centrale *f* électrique.
Elektrizitätszähler *m* compteur *m* d'électricité.
Elektroartikel [e'lɛktro|artɪkəl] *m* appareil *m* électroménager.
Elektrode [elɛk'troːdə] *f* électrode *f*.
Elektro-: ~**gerät** *nt* appareil *m* électrique; ~**herd** *m* cuisinière *f* électrique; ~**kardiogramm** *nt* électrocardiogramme *m*; ~**lyse** [elektro'lyːzə] *f* électrolyse *f*; ~**motor** *m* moteur *m* électrique.
Elektron [e'lɛktrɔn] (*–s, –en*) *nt* électron *m*.
Elektronen(ge)hirn (*umg*) *nt* cerveau *m* électronique.
Elektronenrechner *m* ordinateur *m*.
Elektronik [elɛk'troːnɪk] *f* électronique *f*; (*Teile*) système *m* électronique.
elektronisch *adj* électronique; ~**e Post** courrier *m* électronique; ~**er Briefkasten** boîte *f* aux lettres électronique.
Elektro-: ~**rasierer** *m* rasoir *m* électrique; ~**schock** *m* électrochoc *m*; ~**technik** *f* électrotechnique *f*; ~**techniker(in)** *m(f)* (*Elektriker*) électricien(ne) *m/f*; (*Ingenieur*) ingénieur *m* électricien.
Element [ele'mɛnt] (*–s, –e*) *nt* élément *m*; (*gew pl: Anfangsgründe*) rudiments *mpl*; **in seinem ~ sein** être dans son élément.
elementar [elemɛn'taːr] *adj* (*Recht*) fondamental(e); (*Wissen*) élémentaire, rudimentaire; (*Trieb*) naturel(le); **E~teilchen** *nt* particule *f* élémentaire.
Elend ['eːlɛnt] (*–(e)s*) *nt* misère *f*; **da kann man ja das heulende ~ kriegen** (*umg*) c'est triste à pleurer; **e~** *adj* misérable; (*krank*) malade, souffrant(e); (*umg: Hunger*) terrible ♦ *adv*: **e~ aussehen** avoir très mauvaise mine; **es war e~ kalt** il faisait un froid de loup; **mir ist ganz e~** je me sens vraiment pas bien.
elendiglich ['eːlɛndɪklɪç] *adv* misérablement; ~ **zugrunde gehen** avoir une fin misérable.
Elendsviertel *nt* bidonville *m*.

elf [ɛlf] *num* onze; **E~** (*–, –en*) *f* (*SPORT*) onze *m*.
Elfe *f* elfe *m*, lutin *m*.
Elfenbein *nt* ivoire *m*; ~**küste** *f*: **die ~küste** la Côte d'Ivoire.
Elfmeter *m* (*SPORT*) penalty *m*.
elfte(r, s) *adj* onzième.
eliminieren [elimi'niːrən] *vt* éliminer.
elitär [eli'tɛːr] *adj* (*pej*) élitiste ♦ *adv* d'une manière élitiste.
Elite [e'liːtə] *f* élite *f*; ~**truppe** *f* (*MIL*) corps *m* d'élite.
Elixier [elɪ'ksiːr] (*–s, –e*) *nt* élixir *m*.
Elle ['ɛlə] *f* (*Maßeinheit, Meßstab*) aune *f*; (*Knochen*) cubitus *m*.
Ell(en)bogen *m* coude *m*; **die ~ gebrauchen** jouer des coudes; ~**freiheit** *f* (*fig*) liberté *f* d'action.
Ellipse [ɛ'lɪpsə] *f* ellipse *f*.
E-Lok ['eːlɔk] (*–*) *f abk* (*= elektrische Lokomotive*) locomotive *f* électrique.
Elsaß ['ɛlzas] *nt*: **das ~** l'Alsace *f*.
Elsässer(in) ['ɛlzɛsər(ɪn)] *m(f)* Alsacien(ne) *m(f)*.
elsässisch *adj* alsacien(ne).
Elster ['ɛlstər] (*–, –n*) *f* (*ZOOL*) pie *f*.
elterlich *adj* des parents, parental(e).
Eltern ['ɛltərn] *pl* parents *mpl*; **nicht von schlechten ~ sein** (*umg*) ne pas être piqué(e) des vers; ~**abend** *m* (*SCH*) réunion *f* de parents d'élèves; ~**beirat** *m* (*SCH*) comité *m* de parents (d'élèves); ~**haus** *nt* maison *f* familiale; **e~los** *adj* sans parents, orphelin(e); ~**sprechtag** *m* (*SCH*) réunion *f* parents-professeurs, *journée où les parents peuvent venir s'entretenir avec les professeurs*; ~**teil** *m* parent *m*.
Email [e'maːj] (*–s, –s*) *nt* émail *m*.
emaillieren [ema'jiːrən] *vt* émailler.
Emanze [e'mantsə] (*umg pej*) *f* féministe *f*.
Emanzipation [emantsipatsi'oːn] *f* (*von Frau*) libération *f*; (*von Minderheit*) émancipation *f*.
emanzipieren [emantsi'piːrən] *vt* émanciper ♦ *vr* s'émanciper, se libérer.
Embargo [ɛm'bargo] (*–s, –s*) *nt* embargo *m*.
Emblem [ɛm'bleːm] (*–s, –e*) *nt* (*Hoheitszeichen*) emblème *m*.
Embolie [ɛmbo'liː] *f* embolie *f*.
Embryo ['ɛmbryo] (*–s, –s od –nen*) *m* embryon *m*.
Emigrant(in) [emi'grant(ɪn)] *m(f)* émigré(e) *m(f)*, émigrant(e) *m(f)*.
Emigration [emigratsi'oːn] (*–s, –s od –nen*) *f* émigration *f*; **in die ~ gehen** s'exiler.
emigrieren [emi'griːrən] *vi* émigrer.
Emissionskurs [emɪsi'oːnskʊrs] *m* cours *m od* taux *m* d'émission.
Emmentaler ['ɛməntaːlər] *m* (*KOCH*) emmenthal *m*.
EMNID *abk* (*= Erforschung, Meinung, Nachrichten, Informationsdienst*) *institut de sondage d'opinion*.
emotional [emotsio'naːl] *adj* émotif(-ive).
emotionsgeladen [emotsi'oːnsgəladən] *adj*

chargé(e) d'émotion.
Empf. *abk* = **Empfänger.**
empfahl *etc* [ɛm'pfaːl] *vb siehe* **empfehlen.**
empfand *etc* [ɛm'pfant] *vb siehe* **empfinden.**
Empfang [ɛm'pfaŋ] (**–(e)s, ¨e**) *m* (*RUNDF, TV*) réception *f*; (*Begrüßung*) accueil *m*; **ein Päckchen in ~ nehmen** prendre livraison d'un colis; **nach** *od* **bei ~ zahlbar** payable à la livraison.
empfangen *unreg vt* recevoir; (*begrüßen*) accueillir, recevoir ♦ *vi* (*schwanger werden*) concevoir.
Empfänger(in) [ɛm'pfɛŋər(ın)] (**–s, –**) *m(f)* (*von Brief, Paket etc*) destinataire *m/f*; (*Gerät*) récepteur *m*; (*WIRTS*) réceptionnaire *m/f*, consignataire *m/f*; **~ unbekannt** (*auf Briefen*) inconnu à cette adresse.
empfänglich *adj*: **~ (für)** sensible (à).
Empfängnis (**–, –se**) *f* conception *f*; **e~verhütend** *adj* contraceptif(-ive); **~verhütung** *f* contraception *f*.
Empfangs-: **~bestätigung** *f* accusé *m* de réception; **~chef** *m* (*von Hotel*) chef *m* réceptionniste; **~dame** *f* réceptionniste *f*; **~gerät** *nt* récepteur *m*; **~schein** *m* reçu *m*; **~störung** *f* parasites *mpl*; **~zimmer** *nt* salon *m*.
empfehlen [ɛm'pfeːlən] *unreg vt* recommander ♦ *vr* (*sich verabschieden*) prendre congé; **es empfiehlt sich ...** il est recommandé de ... .
empfehlenswert *adj* à recommander; **es wäre ~** ce serait une bonne idée.
Empfehlung *f* recommandation *f*; **auf ~ von** sur la recommandation de.
Empfehlungsschreiben *nt* lettre *f* de recommandation.
empfiehlst *etc* [ɛm'pfiːlst] *vb siehe* **empfehlen.**
empfinden [ɛm'pfındən] *unreg vt* ressentir, éprouver; (*Hunger*) éprouver, avoir; (*für etw halten*): **etw als Beleidigung ~** ressentir qch comme une insulte; **E~** (**–s**) *nt*: **meinem E~ nach** selon moi.
empfindlich *adj* (*Stelle, Gerät*) sensible; (*Stoff*) fragile; (*Farbe*) salissant(e); (*leicht beleidigt*) susceptible; (*hart, schmerzlich*) douloureux(-euse), sensible ♦ *adv*: **diese Kritik hat ihn ~** getroffen cette critique l'a piqué au vif; **E~keit** *f* sensibilité *f*; (*leichte Reizbarkeit*) susceptibilité *f*.
empfindsam *adj* (*Mensch*) sensible.
Empfindung *f* sensation *f*; (*Seelen~*) sentiment *m*.
empfindungslos *adj* insensible.
empfing [ɛm'pfıŋ] *vb siehe* **empfangen.**
empfohlen [ɛm'pfoːlən] *pp von* **empfehlen** ♦ *adj*: **~er Richtpreis** prix *m* conseillé.
empor [ɛm'poːr] *adv* vers le haut.
emporarbeiten *vr* (*geh*) réussir grâce à son travail.
Empore [ɛm'poːrə] *f* (*ARCHIT*) galerie *f*.
empören [ɛm'pøːrən] *vt* indigner ♦ *vr* s'indigner; (*sich erheben*) se révolter.
empörend *adj* (*Benehmen*) scandaleux(-euse).
emporkommen *unreg vi* s'élever; (*vorankommen*) réussir.

Emporkömmling (*pej*) *m* parvenu *m*.
Empörung *f* indignation *f*; (*Meuterei*) révolte *f*, rébellion *f*.
emsig ['ɛmzıç] *adj* (*Mensch*) affairé(e), zélé(e); (*Sammler*) assidu(e).
Endbahnhof *m* (gare *f*) terminus *m*.
Endbetrag *m* montant *m* final.
Ende ['ɛndə] (**–s, –n**) *nt* fin *f*; (*Stelle, wo etw aufhört*) bout *m*, extrémité *f*; **am ~** à la fin; **er wohnt am ~ der Welt** (*umg*) il habite au bout du monde; **am ~ sein** (*umg: erschöpft*) être au bout du rouleau; **~ Dezember** fin décembre; **zu ~ gehen** toucher à sa fin, prendre fin; **der Film/die Pause ist (gleich) zu ~** le film/la récréation est (presque) terminé(e); **etw zu ~ führen** mener qch à bien; **letzten ~s** en fin de compte; **ein böses** *od* **kein gutes ~ nehmen** mal se terminer; **ich bin mit meiner Geduld am ~** je suis à bout de patience; **ich bin am ~ meiner Weisheit** je ne sais plus quoi faire.
Endeffekt *m* résultat *m* final; **im ~** en fin de compte.
enden *vi* finir, se terminer; (*beenden*) terminer.
Endergebnis *nt* résultat *m* final.
endgültig *adj* définitif(-ive).
Endivie [ɛn'diːviə] *f* endive *f*, chicorée *f*.
End-: **~kampf** *m* (*SPORT*) finale *f*; **~lagerung** *f* stockage *m* des déchets radioactifs; **e~lich** *adj* (*MATH, PHILOSOPHIE*) fini(e) ♦ *adv* enfin, finalement; **(na) e~lich!** enfin!; **komm e~lich!** dépêche-toi!; **hör e~lich damit auf!** ça suffit comme ça!; **e~los** *adj* sans fin; (*langwierig*) interminable; **es hat e~los gedauert** (*umg*) ça a pris une éternité; **~lospapier** *nt* papier *m* en continu; **~produkt** *nt* produit *m* final; **~spiel** *nt* (*SPORT*) finale *f*; **~spurt** *m* sprint *m* final; **~station** *f* terminus *m*.
Endung *f* terminaison *f*.
Endverbraucher *m* consommateur *m*.
Energie [enɛr'giː] *f* énergie *f*; **~aufwand** *m* dépense *f* d'énergie; **~bedarf** *m* besoins *mpl* énergétiques; **~einsparung** *f* économie *f* d'énergie; **~gewinnung** *f* production *f* d'énergie; **~haushalt** *m* équilibre *m* énergétique; **e~los** *adj* sans énergie; **~quelle** *f* source *f* d'énergie; **~versorgung** *f* alimentation *f* en énergie; **~wirtschaft** *f* secteur *m* de la production d'énergie.
energisch [e'nɛrgıʃ] *adj* énergique; (*Worte*) ferme; **~ durchgreifen** prendre des mesures énergiques.
eng [ɛŋ] *adj* (*schmal*) étroit(e); (*Kleidung*) serré(e), moulant(e); (*Sinn, Bedeutung*) restreint(e); (*fig: Horizont*) limité(e); (*Freundschaft*) intime; (*: Verhältnis*) étroit(e); **in die ~ere Wahl kommen** être retenu(e) lors d'une première sélection.
Engadin ['ɛŋgadiːn] *nt*: **das ~** l'Engadine *f*.
Engagement [ãgaʒə'mãː] (**–s, –s**) *nt* (*von Künstler*) engagement *m*; (*geh: Einsatz*) engagement (personnel).
engagieren [ãga'ʒiːrən] *vt* (*Künstler*) engager ♦

vr s'engager; **ein engagierter Schriftsteller** (*geh*) un écrivain engagé.

Enge ['ɛŋə] *f* étroitesse *f*; (*Ärmlichkeit*) pauvreté *f*; (*Meer~*) détroit *m*; **jdn in die ~ treiben** acculer qn; **in die ~ geraten** se trouver le dos au mur.

Engel ['ɛŋəl] (**–s, –**) *m* ange *m*; **e~haft** *adj* angélique.

Engelsgeduld *f*: **sie hat eine ~** elle a une patience d'ange.

Engelszungen *pl*: **mit ~ reden** déployer toute sa force de persuasion.

engherzig *adj* mesquin(e).

England ['ɛŋlant] *nt* l'Angleterre *f*.

Engländer(in) ['ɛŋlɛndər(ɪn)] (**–s, –**) *m(f)* Anglais(e) *m(f)*.

englisch ['ɛŋlɪʃ] *adj* anglais(e); **E~(e)** *nt* (*LING*) l'anglais *m*.

engmaschig ['ɛŋmaʃɪç] *adj* à mailles serrées.

Engpaß *m* (*in Straße*) rétrécissement *m* de la chaussée; (*Versorgungsschwierigkeiten*) difficultés *fpl* d'approvisionnement; (*Verkehr*) bouchon *m*.

en gros [ã'gro] *adv* (*WIRTS*) en gros.

engstirnig ['ɛŋʃtɪrnɪç] *adj* (*Mensch*) borné(e); (*Entscheidung*) d'un esprit borné.

Enkel ['ɛŋkəl] (**–s, –**) *m* (*~sohn*) petit-fils *m*; **~in** *f* petite-fille *f*; **~kind** *nt* (*~sohn*) petit-fils *m*; (*~tochter*) petite-fille *f*; **meine ~kinder** mes petits-enfants.

en masse [ã'mas] *adv* en masse.

enorm [e'nɔrm] *adj* énorme; (*umg: herrlich, kolossal*) formidable ♦ *adv* énormément; **~ viel** énormément.

en passant [ãpa'sã] *adv* en passant.

Ensemble [ã'sãbəl] (**–s, –s**) *nt* (*THEAT*) troupe *f*; (*MUS, Kleidung*) ensemble *m*.

entarten [ɛnt'|a:rtən] *vi* dégénérer; (*Sitten*) se corrompre.

entbehren [ɛnt'be:rən] *vt* (*verzichten auf*) se passer de.

entbehrlich *adj* superflu(e).

Entbehrung *f* privation *f*.

entbinden [ɛnt'bɪndən] *unreg vt* (*MED*) accoucher ♦ *vi* (*MED*) accoucher; **~ (von)** (*befreien*) dispenser (de).

Entbindung *f* (*MED*) accouchement *m*.

Entbindungsheim *nt* clinique *f* obstétrique.

Entbindungsstation *f* maternité *f*.

entblößen [ɛnt'blø:sən] *vt* (*Körperteil*) dénuder ♦ *vr* se déshabiller.

entbrennen [ɛnt'brɛnən] *unreg vi* (*Kampf, Streit*) éclater; **sie ist in Liebe zu ihm entbrannt** elle brûle d'amour pour lui.

entbürokratisieren [ɛntbyrokrati'zi:rən] *vt* rendre moins bureaucratique.

entdecken [ɛnt'dɛkən] *vt* découvrir.

Entdecker(in) (**–s, –**) *m(f)* découvreur(-euse) *m/f*; **der ~ Amerikas** celui qui a découvert l'Amérique.

Entdeckung *f* découverte *f*.

Ente ['ɛntə] *f* canard *m*; **kalte ~** (*KOCH*) sorte de punch.

entehren [ɛnt'|e:rən] *vt* déshonorer.

enteignen [ɛnt'|aignən] *vt* exproprier.

enteisen [ɛnt'|aizən] *vt* (*auftauen*) dégivrer.

enterben [ɛnt'|ɛrbən] *vt* déshériter.

Enterhaken ['ɛntərha:kən] *m* grappin *m*.

Entertainer [ɛntər'te:nər] (**–s, –**) *m* comique *m*.

entfachen [ɛnt'faxən] *vt* attiser.

entfallen [ɛnt'falən] *unreg vi* (*wegfallen, ausfallen*) être supprimé(e); **jdm ~** (*vergessen*) échapper à qn; **auf jdn ~** (*als Anteil*) revenir à qn, échoir à qn.

entfalten [ɛnt'faltən] *vt* déployer; (*Karte auch*) déplier ♦ *vr* s'épanouir; (*Talente*) se développer; (*Fallschirm*) s'ouvrir.

Entfaltung *f* épanouissement *m*; **etw zur ~ bringen** faire s'épanouir qch; **zur ~ kommen** s'épanouir pleinement.

entfernen [ɛnt'fɛrnən] *vt*: **~ (aus** *od* **von)** enlever (de) ♦ *vr* s'éloigner.

entfernt *adj* éloigné(e); (*Ähnlichkeit*) vague ♦ *adv*: **nicht im ~esten!** pas le moins du monde!; **weit (davon) ~ sein, etw zu tun** être loin de faire qch.

Entfernung *f* (*Abstand*) distance *f*; (*Wegschaffen*) enlèvement *m*, élimination *f*; **unerlaubte ~ von der Truppe** absence *f* sans permission.

Entfernungsmesser *m* (*PHOT*) télémètre *m*.

entfesseln [ɛnt'fɛsəln] *vt* déclencher.

entfetten [ɛnt'fɛtən] *vt* dégraisser.

entflammen [ɛnt'flamən] *vt* (*Zorn, Leidenschaft*) enflammer, attiser ♦ *vi* (*zu brennen beginnen*) s'enflammer, prendre feu; (*Streit*) éclater; (*Leidenschaft*) s'enflammer.

entfliehen [ɛnt'fli:ən] *unreg vi* (*+Dat*) (*geh*) échapper (à); **aus dem Gefängnis ~** s'évader de prison.

entfremden [ɛnt'frɛmdən] *vt* (*+Dat*) éloigner (de), détourner (de) ♦ *vr*: **sich jdm/einer Sache ~** se détacher de qn/qch; **etw seinem Zweck ~** utiliser qch autrement que prévu.

Entfremdung *f* aliénation *f*.

entfrosten [ɛnt'frɔstən] *vt* dégivrer.

Entfroster (**–s, –**) *m* (*AUT*) dégivreur *m*.

entführen [ɛnt'fy:rən] *vt* (*Person*) enlever; (*Flugzeug*) détourner.

Entführer(in) (**–s, –**) *m(f)* (*von Person*) ravisseur(-euse) *m(f)*; (*von Flugzeug*) pirate *m* de l'air.

Entführung *f* (*von Person*) enlèvement *m*, rapt *m*; (*von Flugzeug*) détournement *m*.

entgegen [ɛnt'ge:gən] *präp +Dat* contre ♦ *adv*: **neuen Ufern ~!** en avant vers de nouveaux rivages!; **~bringen** *unreg vt*: **jdm etw ~bringen** faire preuve de *od* témoigner de qch envers qn; **~gehen** *unreg vi +Dat* aller à la rencontre de; (*einer Gefahr, Schwierigkeiten*) aller au-devant de; **der Sommer/das Stück geht seinem Ende ~** l'été/la pièce touche à sa fin; **~gesetzt** *adj* opposé(e), contraire; (*widersprechend*) contradictoire; **~halten** *unreg vt* (*fig*) opposer, objecter; **~kommen** *unreg vi +Dat* venir à la rencontre de; (*Zugeständnisse ma-*

chen) accéder à; **das kommt unseren Plänen sehr** ~ cela concorde parfaitement avec nos projets; **E~kommen (-s)** *nt* (*Freundlichkeit*) prévenance *f*; (*Zugeständnis*) concession *f*; **~kommend** *adj* (*fig*) obligeant(e); **~laufen** *unreg vi* +*Dat* courir au-devant de; (*im Widerspruch stehen mit*) être contraire à; **E~nahme** *f* réception *f*; **~nehmen** *unreg vt* (*Auftrag, Beschwerde*) recevoir; (*Glückwünsche*) accepter; **~sehen** *unreg vi*: **einer Sache** *Dat* **~sehen** attendre qch; **~setzen** *vt* opposer; **dem habe ich ~zusetzen, daß ...** je vous répondrai que ...; **jdm/einer Sache Widerstand ~setzen** opposer de la résistance à qn/à qch; **~stehen** *unreg vi*: **dem steht nichts ~** rien ne s'y oppose; **~treten** *unreg vi* +*Dat* (*sich in den Weg stellen*) s'opposer à; (*einem Vorurteil*) combattre; **~wirken** *vi* +*Dat* contrecarrer, agir contre.

entgegnen [ɛnt'geːgnən] *vt, vi* (*antworten*) répliquer, rétorquer.

Entgegnung *f* réponse *f*, riposte *f*.

entgehen [ɛnt'geːən] *unreg vi* +*Dat* échapper à; **sich** *Dat* **etw ~ lassen** manquer qch.

entgeistert [ɛnt'gaɪstərt] *adj* hébété(e).

Entgelt [ɛnt'gɛlt] **(-(e)s, -e)** *nt* rémunération *f*; **als ~** à titre de rémunération.

entgelten *unreg vt*: **jdm etw ~** récompenser qn de qch, revaloir qch à qn.

entgiften [ɛnt'gɪftən] *vt* (*Abgase*) filtrer.

entgleisen [ɛnt'glaɪzən] *vi* dérailler.

Entgleisung *f* déraillement *m*.

entgleiten [ɛnt'glaɪtən] *unreg vi* échapper; **jdm ~** échapper à qn; **jds Hand ~** glisser des mains de qn.

entgräten [ɛnt'grɛːtən] *vt* enlever les arêtes de.

Enthaarungsmittel [ɛnt'haːrʊŋsmɪtəl] *nt* dépilatoire *m*.

enthalten [ɛnt'haltən] *unreg vt* contenir ♦ *vr* s'abstenir; **sich der Stimme ~** s'abstenir.

enthaltsam [ɛnt'haltzaːm] *adj* sobre; (*sexuell*) chaste; **E~keit** *f* sobriété *f*; (*sexuell*) chasteté *f*.

enthärten [ɛnt'hɛrtən] *vt* (*Wasser*) adoucir; (*Metall*) recuire.

enthaupten [ɛnt'haʊptən] *vt* décapiter; (*als Hinrichtung auch*) guillotiner.

enthäuten [ɛnt'hɔʏtən] *vt* (*Fisch, Wild*) dépouiller.

entheben [ɛnt'heːbən] *unreg vt*: **jdn einer Sache** *Gen* **~** libérer qn de qch.

enthemmen [ɛnt'hɛmən] *vt, vi* désinhiber.

enthüllen [ɛnt'hʏlən] *vt* dévoiler.

Enthüllung *f* révélation *f*.

Enthusiasmus [ɛntuzi'asmʊs] *m* enthousiasme *m*.

enthusiastisch *adj* enthousiaste.

entkalken [ɛnt'kalkən] *vt* (*Kessel*) détartrer; (*Wasser*) adoucir.

entkernen [ɛnt'kɛrnən] *vt* dénoyauter.

entkleiden [ɛnt'klaɪdən] *vt* (*geh*) dévêtir ♦ *vr se* dévêtir.

entkommen [ɛnt'kɔmən] *unreg vi* réussir à

s'échapper.

entkorken [ɛnt'kɔrkən] *vt* déboucher.

entkräften [ɛnt'krɛftən] *vt* (*Mensch*) affaiblir, épuiser; (*Argument*) réfuter, infirmer.

entkrampfen [ɛnt'krampfən] *vt* décrisper.

entladen [ɛnt'laːdən] *unreg vt* décharger ♦ *vr* (*ELEK*) se décharger; (*Gewehr*) partir; (*Gewitter, Ärger etc*) éclater.

entlang [ɛnt'laŋ] *präp* (+*Akk od Dat*) le long de ♦ *adv*: **an etw** *Dat* **~** le long de qch; **~ dem Fluß** *od* **den Fluß ~** *od* **am Fluß ~** le long du fleuve; **hier ~** par ici; **~gehen** *unreg vi* suivre, marcher le long de ♦ *vi*: **an etw** *Dat* **~gehen** longer qch.

entlarven [ɛnt'larfən] *vt* (*Betrüger*) démasquer; (*Absicht*) dévoiler.

entlassen [ɛnt'lasən] *unreg vt* (*aus Krankenhaus*) donner l'autorisation de rentrer à la maison à; (*Arbeiter*) licencier.

Entlassung *f* (*aus Krankenhaus*) autorisation *f* de rentrer à la maison; (*von Arbeiter*) licenciement *m*; **es gab 20 ~en** vingt personnes ont été licenciées.

Entlassungsabfindung *f* indemnités *fpl* de licenciement.

Entlassungszeugnis *nt* (*SCH*) certificat *m* de fin d'études.

entlasten [ɛnt'lastən] *vt* décharger; (*Verkehr*) décongestionner, délester; (*Angeklagten*) décharger, disculper; (*Konto*) créditer.

Entlastung *f* (*von Arbeit*) décharge *f*; (*des Verkehrs*) délestage *m*, décongestionnement *m*; (*des Angeklagten*) disculpation *f*; (*des Vorstandes*) approbation *f*.

Entlastungszeuge *m* témoin *m* à décharge.

Entlastungszug *m* train *m* supplémentaire.

entledigen [ɛnt'leːdɪgən] *vr* +*Gen* (*einer Person*) se débarrasser de; (*eines Auftrags*) s'acquitter de.

entleeren [ɛnt'leːrən] *vt* vider.

entlegen [ɛnt'leːgən] *adj* (*Ort*) isolé(e), perdu(e).

entleihen [ɛnt'laɪən] *vt* emprunter.

entlocken [ɛnt'lɔkən] *vt*: **jdm etw ~** arracher qch à qn.

entlohnen *vt* rémunérer.

entlüften [ɛnt'lʏftən] *vt* aérer, ventiler; (*Heizung etc*) purger.

entmachten [ɛnt'maxtən] *vt* réduire le pouvoir de.

entmenscht [ɛnt'mɛnʃt] *adj* déshumanisé(e).

entmilitarisieren [ɛntmilitari'ziːrən] *vt* démilitariser.

entmündigen [ɛnt'mʏndɪgən] *vt* (*JUR*) frapper d'incapacité.

entmutigen [ɛnt'muːtɪgən] *vt* décourager.

Entnahme [ɛnt'naːmə] *f* (*von Blut*) prélèvement *m*.

Entnazifierung *f* dénazification *f*.

entnehmen [ɛnt'neːmən] *unreg vt*: **~ (aus)** (*Waren*) prendre (dans); (*folgern*) conclure; **wie ich Ihren Worten entnehme, ...** d'après ce que

vous venez de dire, ...
entnerven [ɛnt'nɛrfən] vt épuiser (nerveusement).
entpuppen [ɛnt'pʊpən] vr: **sich als etw ~** s'avérer être qch.
entrahmen [ɛnt'raːmən] vt écrémer.
entreißen [ɛnt'raɪsən] unreg vt arracher.
entrichten [ɛnt'rɪçtən] vt acquitter, régler.
entrosten [ɛnt'rɔstən] vt débarrasser de sa rouille, dérouiller.
entrümpeln [ɛnt'rʏmpəln] vt débarrasser.
entrüsten [ɛnt'rʏstən] vt indigner ♦ vr: **sich ~ (über** +Akk) s'indigner (de).
entrüstet adj indigné(e), outré(e).
Entrüstung f indignation f.
Entsafter [ɛnt'zaftər] (**-s, -**) m presse-agrumes m électrique.
entsagen [ɛnt'zaːgən] vi +Dat renoncer à.
entschädigen [ɛnt'ʃɛːdɪgən] vt: **~ (für)** dédommager (de), indemniser (de).
Entschädigung f dédommagement m, indemnité f.
entschärfen [ɛnt'ʃɛrfən] vt désamorcer.
Entscheid [ɛnt'ʃaɪt] (**-(e)s, -e**) m (förmlich) décision f.
entscheiden unreg vt (Frage) résoudre, trancher; (Wettkampf) être décisif(-ive) pour le résultat de ♦ vi (Frage) décider; (Wettkampf) être décisif(-ive) ♦ vr se décider; **darüber habe ich nicht zu ~** il ne m'appartient pas d'en décider; **sich für/gegen jdn/etw ~** se décider pour/contre qn/qch.
entscheidend adj décisif(-ive); (Unterschied) capital(e); (Stimme) prépondérant(e); **das E~e** ce qui compte.
Entscheidung f décision f; **wie ist die ~ ausgefallen?** qu'est-ce qui a été décidé?
Entscheidungs-: **~befugnis** f pouvoir m décisionnel; **e~fähig** adj capable de prendre des décisions; **~spiel** nt belle f.
entschieden [ɛnt'ʃiːdən] adj (Gegner) résolu(e); (Meinung) catégorique, ferme; (klar, entschlossen) net(te), clair(e) ♦ pp von **entscheiden**; **das geht ~ zu weit** cela dépasse vraiment les bornes; **E~heit** f détermination f; **mit E~heit verneinen** nier catégoriquement.
entschlacken [ɛnt'ʃlakən] vt (MED: Körper) débarrasser de ses toxines.
entschließen [ɛnt'ʃliːsən] unreg vr se décider; **sich zu nichts ~ können** ne pas arriver à se décider; **kurz entschlossen** sans hésiter.
Entschließung f (POL) décision f, résolution f.
entschlossen [ɛnt'ʃlɔsən] adj décidé(e), résolu(e) ♦ adv d'une manière décidée, sans hésiter ♦ pp von **entschließen**; **E~heit** f résolution f.
Entschluß [ɛnt'ʃlʊs] m décision f; **einen ~ fassen** prendre une décision; **aus eigenem ~ handeln** agir de son propre chef; **es ist mein fester ~, das zu tun** je suis fermement décidé à faire cela.
entschlüsseln [ɛnt'ʃlʏsəln] vt (Text) déchiffrer; (Geheimnachricht, Funkspruch) décoder.

entschluß-: **~freudig** adj (Mensch) qui se décide facilement; **E~kraft** f résolution f; **~los** adj indécis(e).
entschuldbar [ɛnt'ʃʊldbaːr] adj pardonnable, excusable.
entschuldigen [ɛnt'ʃʊldɪgən] vt excuser ♦ vi: **~ Sie bitte!** je vous prie de m'excuser!, excusez-moi ♦ vr: **sich ~ für** s'excuser de; **sich ~ lassen** se faire excuser.
entschuldigend adj, adv d'un air de s'excuser.
Entschuldigung f excuse f; **~!** pardon!; **jdn um ~ bitten** demander pardon à qn, s'excuser auprès de qn.
entschwinden [ɛnt'ʃvɪndən] unreg vi (Schiff etc) disparaître; (Zeit) passer (vite).
entsenden [ɛnt'zɛndən] vt (geh: Delegierte) envoyer.
entsetzen [ɛnt'zɛtsən] vt horrifier ♦ vr être horrifié(e); **E~ (-s)** nt (von Mensch) horreur f.
entsetzlich adj effroyable, horrible; (umg: sehr groß: Enttäuschung, Schmerzen) épouvantable, terrible.
entsetzt adj horrifié(e).
entsichern [ɛnt'zɪçərn] vt armer.
entsinnen [ɛnt'zɪnən] unreg vr: **sich (einer Sache** Gen **od an etw** Akk**) ~** se souvenir (de qch), se rappeler (qch).
entsorgen [ɛnt'zɔrgən] vt éliminer les déchets produits par.
Entsorgung f (von Kraftwerken) élimination f des déchets; (von Chemikalien) élimination f.
entspannen [ɛnt'ʃpanən] vt détendre; (Muskeln) décontracter; (POL: Lage) rendre moins tendu(e) ♦ vr se détendre; (Gesicht) se décontracter.
Entspannung f (von Mensch, POL) détente f; (von Lage) apaisement m.
Entspannungspolitik f politique f de détente.
Entspannungsübungen pl exercices mpl de relaxation.
entspiegelt [ɛnt'ʃpiːgəlt] adj (Glasscheibe, Brillengläser) antireflet inv.
entsprechen [ɛnt'ʃprɛçən] unreg vi +Dat correspondre à; **den Anforderungen** Dat **~** répondre od satisfaire aux exigences; **den Wünschen** Dat **~** correspondre aux désirs.
entsprechend adj (angemessen) correspondant(e) ♦ adv en conséquence ♦ präp +Dat (gemäß): **~ unserer Vereinbarung** suivant ce que nous avons convenu.
entspringen [ɛnt'ʃprɪŋən] unreg vi (Fluß) prendre sa source; (sich aus etw erklären lassen) être dû(due) à.
entstammen [ɛnt'ʃtamən] vi +Dat venir de; (einer Familie) être issu(e) de.
entstehen [ɛnt'ʃteːən] unreg vi naître; (Unruhe) se produire; (Kosten) être occasionné(e); (neuer Stadtteil) être construit(e); **wir wollen nicht den Eindruck ~ lassen, ...** nous ne voulons pas donner l'impression ...; **für ~den od entstandenen Schaden haften** être responsa-

ble des dommages occasionnés.

Entstehung f (von Gerücht) origine f; (von Gebäuden) construction f.

entstellen [ɛnt'ʃtɛlən] vt (Mensch) défigurer; (Bericht, Wahrheit) déformer.

entstören [ɛnt'ʃtøːrən] vt (RUNDF, TEL) déparasiter; (AUT) munir d'un dispositif antiparasite, antiparasiter.

enttäuschen [ɛnt'tɔyʃən] vt décevoir; **von jdm/über etw** Akk **enttäuscht sein** être déçu(e) de qn/de qch.

Enttäuschung f déception f.

entwachsen [ɛnt'vaksən] unreg vi +Dat (geh: herauswachsen aus) sortir de.

entwaffnen [ɛnt'vafnən] vt désarmer; **~d** adj désarmant(e).

Entwarnung [ɛnt'varnʊŋ] f fin f d'alerte; (Zeichen) signal m de fin d'alerte.

entwässern [ɛnt'vɛsərn] vt (Boden, Gebiet) drainer, assainir; (Gewebe) débarrasser d'un excès de liquide.

Entwässerung f drainage m.

entweder [ɛnt'veːdər] konj: ~ ... **oder** ... soit ... soit ..., ou (bien) ... ou (bien) ... .

entweichen [ɛnt'vaiçən] unreg vi (Luft, Gase) fuir; (geh: fliehen) s'échapper.

entweihen [ɛnt'vaiən] vt profaner.

entwenden [ɛnt'vɛndən] unreg vt dérober.

entwerfen [ɛnt'vɛrfən] unreg vt (Zeichnung) esquisser, ébaucher; (Modell) concevoir; (Plan) dresser; (Vortrag) écrire; (Gesetz) rédiger.

entwerten [ɛnt'veːrtən] vt (Geld) dévaluer; (Fahrschein) composter.

Entwerter (–s, –) m composteur m.

entwickeln [ɛnt'vɪkəln] vt développer; (System) mettre au point; (Mut, Energie) rassembler ♦ vr (wachsen) se développer; (entstehen) naître.

Entwickler (–s, –) m (PHOT) révélateur m.

Entwicklung [ɛnt'vɪklʊŋ] f développement m; **in der** ~ à l'étude; (Jugendliche etc) en pleine croissance.

Entwicklungs-: ~**abschnitt** m stade m de développement; ~**helfer(in)** m(f) coopérant(e) m(f); ~**hilfe** f aide f au développement; ~**jahre** pl puberté f; ~**land** nt pays m en voie de développement; ~**zeit** f période f de développement; (PHOT) temps m de développement.

entwirren [ɛnt'vɪrən] vt démêler, débrouiller.

entwöhnen [ɛnt'vøːnən] vt (Säugling) sevrer; (Süchtige) désintoxiquer; **jdn etw** Dat od **von etw** ~ (Süchtigen) déshabituer qn de qch.

Entwöhnung f sevrage m.

entwürdigend [ɛnt'vyrdɪgənt] adj dégradant(e).

Entwurf [ɛnt'vʊrf] m (Zeichnung) croquis m; (Konzept, Vertrags~) projet m.

entwurzeln [ɛnt'vʊrtsəln] vt déraciner.

entziehen [ɛnt'tsiːən] unreg vt (+Dat) (Führerschein, Erlaubnis, Unterstützung) retirer (à); (Flüssigkeit) tirer (de) ♦ vr: **sich jdm/einer**

Sache ~ (entkommen) échapper à qn/à qch; **das entzieht sich meiner Kenntnis** je l'ignore; **sich der Pflicht/Verantwortung** ~ se dérober à ses obligations/son devoir; **sich jds Blicken** ~ se dérober au regard de qn.

Entziehung f (des Führerscheins) retrait m; (von Rauschgift) désintoxication f.

Entziehungs-: ~**anstalt** f centre m de désintoxication; ~**erscheinung** f crise f de manque; ~**kur** f cure f de désintoxication.

entziffern [ɛnt'tsɪfərn] vt (mühsam lesen) déchiffrer; (dechiffrieren) décoder.

entzücken [ɛnt'tsʏkən] vt ravir; **E~** (–s) nt ravissement m.

entzückend adj ravissant(e); (Kind) adorable.

Entzug [ɛnt'tsuːk] (–(e)s) m (einer Lizenz etc) retrait m; (MED) désintoxication f, sevrage m.

Entzugserscheinung f symptôme m de manque.

entzündbar adj: **leicht** ~ inflammable; (Temperament) irascible.

entzünden [ɛnt'tsʏndən] vt (Fackel, Feuer) allumer; (Begeisterung) déchaîner; (Haß) attiser; (Streit) déclencher ♦ vr s'enflammer; (Begeisterung) se déchaîner; (Streit) se déclencher.

Entzündung f (MED) inflammation f.

entzündungshemmend adj anti-inflammatoire.

Entzündungsherd m (MED) foyer m infectieux.

entzwei [ɛnt'tsvai] adv cassé(e); ~**brechen** unreg vt casser (en deux) ♦ vi se casser.

entzweien vt (Familie) désunir; (Freunde) brouiller ♦ vr (Familie) être désuni(e); **sich mit jdm** ~ se brouiller avec qn.

entzweigehen unreg vi se casser; (Freundschaft) se briser.

Enzian [ˈɛntsiaːn] (–s, –e) m gentiane f.

Enzyklika [ɛn'tsyːklika] (–, –liken) f (REL) encyclique f.

Enzyklopädie [ɛntsyklopɛ'diː] f encyclopédie f.

Enzym [ɛn'tsyːm] (–s, –e) nt enzyme m.

Epidemie [epide'miː] f épidémie f.

Epilepsie [epile'psiː] f épilepsie f.

episch [ˈeːpɪʃ] adj épique.

Episode [epi'zoːdə] f épisode m.

Epoche [e'pɔxə] f époque f; **e~machend** adj qui fait époque.

Epos [ˈeːpɔs] (–, Epen) nt épopée f.

Equipe [e'kɪp] f équipe f.

er [eːr] (Akk **ihn**, Dat **ihm**) pron il; ~ **war es** c'est lui.

erachten [ɛr'|axtən] vt (geh): **etw als/für etw** ~ considérer qch comme qch; **E~** nt: **meines E~s** à mon avis.

erarbeiten [ɛr'|arbaitən] vt (erwerben: Vermögen) acquérir par son travail; (Wissen) acquérir; (Modell) élaborer.

Erbanlage [ˈɛrp|anlaːgə] f (BIOL) caractère m héréditaire.

erbarmen [ɛr'barmən] vr (+Gen) avoir pitié de ♦ vt: **er sieht zum E~ aus** il fait pitié (à voir);

Herr, erbarme dich (unser)! Seigneur, prends pitié (de nous)!; **E~** (**–s**) *nt* pitié *f.*

erbärmlich [ɛr'bɛrmlɪç] *adj* (*Zustände*) lamentable, déplorable; (*Lohn*) de misère; (*gemein*) misérable, vil(e).

Erbärmlichkeit *f* (*von Zuständen*) état *m* lamentable; (*Gemeinheit*) bassesse *f.*

erbarmungs-: ~**los** *adj* sans pitié, impitoyable ♦ *adv* sans pitié; ~**voll** *adj* plein(e) de compassion, miséricordieux(-euse); ~**würdig** *adj* pitoyable; (*Mensch*) digne de pitié.

erbauen [ɛr'bauən] *vt* (*Stadt*) bâtir; (*fig*) édifier ♦ *vr*: **sich an etw** *Dat* ~ être édifié(e) par qch; **er ist von meinem Plan nicht gerade erbaut** (*umg*) il n'est pas spécialement emballé par mon projet.

Erbauer (**–s**, **–**) *m* bâtisseur *m.*

erbaulich *adj* édifiant(e).

Erbauung *f* (*von Stadt*) construction *f*; **etw zur** ~ **lesen/hören** lire/écouter qch pour son édification.

erbberechtigt *adj* ayant droit à la succession.

erbbiologisch *adj*: ~**es Gutachten** (*JUR*) expertise *f* génétique.

Erbe¹ ['ɛrbə] (**–n**, **–n**) *m* héritier *m*; **jdn zum** *od* **als** ~**n einsetzen** faire de qn son héritier.

Erbe² ['ɛrbə] (**–s**) *nt* héritage *m*; **das (väterliche/mütterliche)** ~ **antreten** hériter (de son père/sa mère); **auf sein** ~ **(nicht) verzichten** (ne pas) refuser un héritage.

erben *vt*, *vi* hériter (de); (*umg*) hériter de.

Erbengemeinschaft *f* cohéritiers *mpl.*

erbeuten [ɛr'bɔytən] *vt* (*MIL*) prendre.

Erb-: ~**faktor** *m* facteur *m* héréditaire; ~**feind** *m* ennemi *m* héréditaire; ~**folge** *f* ordre *m* de succession; ~**in** *f* héritière *f.*

erbitten [ɛr'bɪtən] *vt* demander, solliciter.

erbittern [ɛr'bɪtərn] *vt* aigrir.

erbittert [ɛr'bɪtərt] *adj* acharné(e) ♦ *adv*: **sich** ~ **wehren** mener une lutte acharnée, se défendre avec acharnement.

erblassen [ɛr'blasən] *vi* pâlir; **vor Neid/Schreck** ~ pâlir d'envie/d'effroi.

Erblasser(in) (**–s**, **–**) *m(f)* (*JUR*) testateur(-trice) *m(f).*

erbleichen [ɛr'blaiçən] *vi siehe* **erblassen.**

erblich ['ɛrplɪç] *adj* héréditaire; **er ist** ~ **vorbelastet** il a des antécédents.

erblichen *pp von* **erbleichen.**

erblicken [ɛr'blɪkən] *vt* (*geh*) apercevoir.

erblinden [ɛr'blɪndən] *vi* perdre la vue.

erblos *adj* sans héritiers.

Erbmasse ['ɛrpmasə] *f* (*JUR*) masse *f* successorale; (*BIOL*) génotype *m.*

erbosen [ɛr'boːzən] *vt* (*geh*) courroucer ♦ *vr* s'irriter.

erbrechen [ɛr'brɛçən] *unreg vt*, *vr* vomir.

Erbrecht *nt* droit *m* successoral.

Erbschaft *f* héritage *m*, succession *f.*

Erbschaftssteuer *f* droits *mpl* de succession.

Erbschafts- und Schenkungssteuer *f* impôt *m* sur le transfert de capitaux.

Erbschleicher(in) ['ɛrpʃlaiçər(ɪn)] (**–s**, **–**; *pej*) *m(f)* captateur(-trice) *m(f)* de testament.

Erbse ['ɛrpsə] *f* petit pois *m.*

Erb-: ~**stück** *nt* objet *m* hérité; ~**sünde** *f* péché *m* originel; ~**teil** *nt* (*JUR*) part *f* d'héritage; (*Veranlagung*) caractère *m* héréditaire.

Erd-: ~**achse** *f* axe *m* de la terre; ~**apfel** (*ÖSTERR*) *m* pomme *f* de terre; ~**atmosphäre** *f* atmosphère *f*; ~**bahn** *f* orbite *f* terrestre; ~**beben** (**–s**, **–**) *nt* tremblement *m* de terre; ~**beere** *f* fraise *f*; ~**boden** *m* sol *m*; **etw dem** ~**boden gleichmachen** raser qch.

Erde *f* terre *f*; (*Boden*) sol *m*; **auf die** ~ **fallen** tomber par terre; **auf der ganzen** ~ sur toute la planète, dans le monde entier; **auf** ~**n** sur terre; **du wirst mich noch unter die** ~ **bringen** (*umg*) tu finiras par me tuer; **e~n** *vt* (*ELEK*) relier à la terre.

erdenkbar [ɛr'dɛŋkbaːr] *adj* imaginable; **sich** *Dat* **alle** ~**e Mühe geben** se donner toutes les peines du monde.

erdenklich *adj* = **erdenkbar.**

Erdg. *abk* = **Erdgeschoß.**

Erd-: ~**gas** *nt* gaz *m inv* naturel; ~**geschoß** *nt* rez-de-chaussée *m inv.*

erdig *adj* terreux(-euse).

Erd-: ~**kunde** *f* géographie *f*; ~**nuß** *f* cacahuète *f*; ~**oberfläche** *f* surface *f* de la terre; ~**öl** *nt* pétrole *m*; ~**ölfeld** *nt* gisement *m* pétrolifère; ~**ölindustrie** *f* industrie *f* pétrolière; ~**reich** *nt* terre *f*, sol *m.*

erdreisten [ɛr'draistən] *vr*: **sich** ~, **etw zu tun** prendre son courage à deux mains pour faire qch; (*pej*) avoir l'audace de faire qch.

erdrosseln [ɛr'drɔsəln] *vt* étrangler.

erdrücken [ɛr'drʏkən] *vt* écraser; (*fig*) accabler.

erdrückend *adj* (*Beweismaterial*) accablant(e); (*Übermacht*) écrasant(e).

Erd-: ~**rutsch** *m* glissement *m* de terrain; ~**stoß** *m* secousse *f* tellurique; ~**teil** *m* continent *m.*

erdulden [ɛr'dʊldən] *vt* endurer, supporter.

ereifern [ɛr'|aifərn] *vr*: **sich über etw** *Akk od* **wegen einer Sache** *Gen* ~ s'exciter à cause de qch.

ereignen [ɛr'|aignən] *vr* se produire, survenir.

Ereignis [ɛr'|aignɪs] (**–ses**, **–se**) *nt* événement *m*; **e~los** *adj* calme; **e~reich** *adj* (*Tag*) mouvementé(e).

Eremit [ere'miːt] (**–en**, **–en**) *m* ermite *m.*

ererbt [ɛr'|ɛrpt] *adj* (*Haus*) acquis(e) par succession, hérité(e); (*Krankheit*) héréditaire.

erfahren [ɛr'faːrən] *unreg vt* (*zu wissen bekommen*) apprendre; (*erleben*) éprouver ♦ *adj* expérimenté(e); **in etw** *Dat* ~ **sein** être versé(e) dans qch.

Erfahrung *f* expérience *f*; ~**en sammeln** acquérir de l'expérience; **etw in** ~ **bringen** trouver qch; **aus** ~ par expérience.

Erfahrungsaustausch *m* échange *m* d'expériences.

erfahrungsgemäß *adv* par expérience.
erfassen [ɛr'fasən] *vt* saisir; *(einbeziehen)* comprendre; *(registrieren)* recenser.
erfinden [ɛr'fɪndən] *unreg vt* inventer; **frei erfunden** imaginaire.
Erfinder(in) (**–s**, **–**) *m(f)* inventeur(-trice) *m/f*.
erfinderisch *adj* inventif(-ive).
Erfindung *f* invention *f*; *(Lüge)* invention, mensonge *m*.
Erfindungsgabe *f* imagination *f*.
Erfolg [ɛr'fɔlk] (**–(e)s**, **–e**) *m* succès *m*, réussite *f*; *(Folge, Ergebnis)* résultat *m*; **viel ~!** bonne chance!; **~ haben** avoir du succès.
erfolgen [ɛr'fɔlgən] *vi (sich ergeben)* se produire, s'ensuivre; *(stattfinden)* avoir lieu; *(Zahlung)* être effectué(e); **nach erfolgter Zahlung** après règlement.
erfolg-: **~los** *adj (Mensch)* qui n'a pas de succès; *(Versuch, Unternehmen)* infructueux(-euse); **E~losigkeit** *f (von Mensch)* manque *m* de succès; *(von Versuch, Unternehmen)* échec *m*; **~reich** *adj (Mensch)* qui a du succès, qui réussit; *(Bewerber)* reçu(e); *(Versuch, Unternehmen)* couronné(e) de succès, réussi(e); **E~serlebnis** *nt* succès *m*; **~versprechend** *adj (Mensch)* d'avenir; *(Versuch, Unternehmen)* prometteur(-euse).
erforderlich *adj (Mittel)* nécessaire; *(Kenntnisse)* requis(e).
erfordern [ɛr'fɔrdərn] *vt* demander, requérir.
Erfordernis (**–ses**, **–se**) *nt* exigence *f*.
erforschen [ɛr'fɔrʃən] *vt (Land)* explorer; *(Problem)* étudier; *(Gewissen)* sonder.
Erforscher(in) (**–s**, **–**) *m(f)* explorateur(-trice) *m(f)*.
Erforschung *f* exploration *f*; **nach gründlicher ~ seines Gewissens** après avoir sondé sa conscience *od* fait son examen de conscience.
erfragen [ɛr'fraːgən] *vt* demander, s'enquérir de.
erfreuen [ɛr'frɔyən] *vr:* **sich an etw ~** se réjouir de qch ♦ *vt* faire plaisir à; **sich bester Gesundheit** *Gen etc* **~** *(geh)* être en parfaite santé *etc*; **sehr erfreut!** *(förmlich: bei Vorstellung)* enchanté(e)!
erfreulich [ɛr'frɔylɪç] *adj (Nachrichten)* bon(bonne); *(Ergebnis)* qui fait plaisir; *(Anblick)* agréable.
erfreulicherweise *adv* heureusement.
erfrieren [ɛr'friːrən] *unreg vi (Mensch)* mourir de froid; *(Glieder)* être gelé(e); *(Pflanzen)* geler.
erfrischen [ɛr'frɪʃən] *vt* rafraîchir ♦ *vr* se rafraîchir.
Erfrischung *f* rafraîchissement *m*.
Erfrischungsgetränk *nt* boisson *f* rafraîchissante, rafraîchissement *m*.
Erfrischungsraum *m* buvette *f*.
erfüllen [ɛr'fylən] *vt* remplir; *(Bitte)* satisfaire; *(Wunsch)* exaucer; *(Erwartung)* répondre à; *(Schmerz, Freude)* envahir ♦ *vr (Wirklichkeit werden)* se réaliser; **ein erfülltes Leben** une vie

bien remplie.
Erfüllung *f (von Wunsch)* réalisation *f*; **in ~ gehen** se réaliser, devenir réalité; **~ finden** s'épanouir.
ergänzen [ɛr'gɛntsən] *vt (vervollständigen)* compléter; *(hinzufügen)* ajouter ♦ *vr* se compléter.
Ergänzung *f* complément *m*; *(Zusatz)* supplément *m*.
ergattern [ɛr'gatərn] *(umg) vt* réussir à avoir, dégot(t)er.
ergaunern [ɛr'gaʊnərn] *(umg) vt* se procurer de manière malhonnête.
ergeben [ɛr'geːbən] *unreg vt (Betrag, Summe)* rapporter; *(Beweis)* fournir; *(Bild)* donner ♦ *vr (kapitulieren)* se rendre, capituler; *(sich hingeben, widmen)* s'adonner; *(folgen)* s'ensuivre, en résulter ♦ *adj (treu)* dévoué(e); *(demütig)* humble; **5 plus 4 ergibt 9** 5 et 4 font 9; **gründliche Untersuchungen ergaben, daß ...** des recherches approfondies ont montré que ...; **es hat sich gerade so ~, daß wir ...** il s'est trouvé que nous ...; **E~heit** *f* dévouement *m*; **etw mit E~heit tragen** endurer *od* subir qch avec résignation.
Ergebnis [ɛr'geːpnɪs] (**–ses**, **–se**) *nt* résultat *m*; *(von Spiel)* score *m*; **zu einem ~ kommen** aboutir à une conclusion; **e~los** *adj* sans résultat; **e~los bleiben** *od* **verlaufen** ne pas aboutir.
ergehen [ɛr'geːən] *unreg vi (förmlich: Befehl)* être donné(e); *(Gesetz)* paraître, être publié(e) ♦ *vi unpers:* **es erging ihm gut/schlecht** cela s'est bien/mal passé pour lui ♦ *vr:* **sich (in langen Reden) über ein Thema ~** s'étendre sur un sujet; **etw über sich ~ lassen** supporter *od* subir qch patiemment; **wie ist es Ihnen ergangen?** comment cela s'est-il passé?
ergiebig [ɛr'giːbɪç] *adj (Quelle)* abondant(e); *(Untersuchung)* fructueux(-euse); *(Thema)* riche; *(Boden)* fertile.
ergo ['ɛrgo] *konj* donc, par conséquent.
Ergonomie [ɛrgono'miː] *f* ergonomie *f*.
Ergotherapie [ɛrgotera'piː] *f* ergothérapie *f*.
ergötzen [ɛr'gœtsən] *vt* délecter ♦ *vr:* **sich an etw** *Dat* **~** se délecter de qch.
ergrauen [ɛr'graʊən] *vi* grisonner.
ergreifen [ɛr'graɪfən] *unreg vt* saisir; *(Täter)* arrêter, appréhender; *(Beruf)* embrasser; *(Maßnahmen)* prendre; *(innerlich rühren)* toucher; **für jdn Partei ~** prendre parti pour qn; **das Wort ~** prendre la parole.
ergreifend *adj* émouvant(e).
ergriffen *adj:* **~ sein** être ému(e) ♦ *pp von* **ergreifen**; **E~heit** *f* émotion *f*.
ergründen [ɛr'gryndən] *vt (Sinn etc)* pénétrer; *(Ursache, Motive)* découvrir.
Erguß [ɛr'gʊs] (**–sses**, **–̈sse**) *m (Ausströmen)* effusion *f*, débordement *m*; *(Wortschwall)* épanchement *m*.
erhaben [ɛr'haːbən] *adj (Druck, Muster)* en relief; *(Anblick)* sublime, noble; *(überlegen):* **über etw** *Akk* **~ sein** être au-dessus de qch.
Erhalt *m:* **bei** *od* **nach ~** dès réception.

erhalten [ɛr'haltən] *unreg vt* (*Ware, Brief, Lob*) recevoir; (*zugeteilt bekommen, gewinnen*) obtenir; (*bewahren*) conserver; (: *Gesundheit*) garder ♦ *adj*: **gut** ~ bien conservé(e); **das Wort** ~ obtenir la parole; **jdn am Leben** ~ maintenir qn en vie.

erhältlich [ɛr'hɛltlɪç] *adj* (*Ware*) disponible, en vente.

Erhaltung *f* (*Bewahrung*) maintien *m*; (: *von Gebäude, Energie*) conservation *f*.

erhängen [ɛr'hɛŋən] *vt* pendre ♦ *vr* se pendre.

erhärten [ɛr'hɛrtən] *vt* (*hart machen*) durcir, rendre dur(e); (*Behauptung*) confirmer, corroborer ♦ *vr* (*Verdacht*) se confirmer.

erhaschen [ɛr'haʃən] *vt* (*Beute*) attraper; (*Blick*) surprendre.

erheben [ɛr'he:bən] *unreg vt* (*Glas, Hand, Blick, Steuern*) lever; (*rangmäßig; Protest*) élever; (*Forderungen*) formuler; (*Fakten*) rassembler; (*geh: Klage*) porter ♦ *vr* (*aufstehen; ausbrechen: Sturm*) se lever; (*Frage*) se poser; (*Geschrei*) s'élever; (*sich auflehnen*) se soulever; **Anspruch auf etw** *Akk* ~ revendiquer qch; **sich über eine Schwierigkeit** ~ surmonter une difficulté.

erheblich [ɛr'he:plɪç] *adj* considérable.

Erhebung *f* (*Aufstand*) soulèvement *m*; (*von Gebühren*) perception *f*; (*Ermittlung*) enquête *f*.

erheitern [ɛr'haɪtərn] *vt* égayer.

Erheiterung *f* amusement *m*, divertissement *m*; **zur allgemeinen** ~ à la grande joie de tous.

erhellen [ɛr'hɛlən] *vt* (*Zimmer*) éclairer; (*Geheimnis*) éclaircir ♦ *vr* s'éclaircir; (*Gesicht*) s'illuminer.

erhitzen [ɛr'hɪtsən] *vt* (*heiß machen*) chauffer; (*erregen*) échauffer ♦ *vr* chauffer; (*fig*) s'exciter.

erhoffen [ɛr'hɔfən] *vt* espérer; **was erhoffst du dir davon?** qu'est-ce que tu espères y gagner?

erhöhen [ɛr'hø:ən] *vt* (*Mauer, Gebäude*) réhausser, rendre plus haut(e); (*Steuern, Geschwindigkeit, Risiko*) augmenter; (*Wachsamkeit*) redoubler de ♦ *vr* (*Kosten*) augmenter; **erhöhte Temperatur haben** avoir de la température.

Erhöhung *f* (*von Gehalt, Risiko*) augmentation *f*.

erholen [ɛr'ho:lən] *vr* (*von Krankheit*) se remettre, se rétablir; (*von Schreck*) se remettre; (*entspannen*) se reposer; (*Preise*) se stabiliser; (*Aktien*) remonter.

erholsam *adj* reposant(e); (*Ruhe*) qui fait du bien.

Erholung *f* (*Gesundung*) rétablissement *m*; (*Entspannung*) repos *m*; **zur** ~ **fahren** (*nach Krankheit*) partir en convalescence; (*zum Ferienaufenthalt*) prendre des vacances.

erholungs-: ~**bedürftig** *adj* qui a besoin de repos; **E~gebiet** *nt* région *f* de villégiature; **E~heim** *nt* maison *f* de repos; **E~zentrum** *nt* lieu *m* de villégiature.

erhören [ɛr'hø:rən] *vt* (*Bitte, Gebet*) exaucer.

Erika ['e:rika] (–, **Eriken**) *f* (*BOT*) bruyère *f*.

erinnern [ɛr'|ɪnərn] *vt*: ~ (**an** +*Akk*) rappeler ♦

vr: **sich** ~ (**an** +*Akk*) se souvenir (de), se rappeler.

Erinnerung *f* souvenir *m*; ~**en** (*LITERATUR*) mémoires *mpl*; **zur** ~ **an** +*Akk* en souvenir de; **jdn/etw in guter** ~ **behalten** garder un bon souvenir de qn/qch.

Erinnerungs-: ~**stück** *nt* souvenir *m*; ~**tafel** *f* plaque *f* commémorative; ~**wert** *m* valeur *f* sentimentale.

Eriwan (–s) *nt* Erevan.

erkalten [ɛr'kaltən] *vi* refroidir; (*fig*) se refroidir.

erkälten [ɛr'kɛltən] *vr* prendre froid, s'enrhumer; **sich** *Dat* **die Blase** ~ attraper une cystite.

erkältet *adj* enrhumé(e); ~ **sein** être enrhumé(e).

Erkältung *f* rhume *m*, refroidissement *m*.

erkämpfen [ɛr'kɛmpfən] *vt* (*Sieg, Medaille*) remporter, obtenir.

erkennbar *adj* reconnaissable.

erkennen [ɛr'kɛnən] *unreg vt* reconnaître; (*Krankheit*) diagnostiquer; (*wahrnehmen*) distinguer; **jdm zu** ~ **geben, daß** ... faire comprendre à qn que ... .

erkenntlich *adj*: **sich für etw** *Akk* ~ **zeigen** exprimer sa reconnaissance pour qch; **E~keit** *f* (*Dankbarkeit*) reconnaissance *f*; (*Geschenk*) marque *f* de reconnaissance.

Erkenntnis (–, –**se**) *f* (*Wissen*) connaissance *f*, science *f*; (*das Erkennen*) reconnaissance *f*; (*Einsicht*): **zu der** ~ **kommen** *od* **gelangen, daß** ... en arriver à la conclusion que ... ♦ *nt* (*JUR*) jugement *m*.

Erkennung *f* reconnaissance *f*.

Erkennungs-: ~**dienst** *m* service *m* anthropométrique; ~**marke** *f* plaque *f* d'identité; ~**zeichen** *nt* signe *m* de reconnaissance.

Erker ['ɛrkər] (–s, –) *m* encorbellement *m*; ~**fenster** *nt* bow-window *m*, oriel *m*.

erklärbar *adj* explicable.

erklären [ɛr'klɛ:rən] *vt* expliquer; (*Krieg*) déclarer; (*Rücktritt*) annoncer; **ich kann mir nicht** ~, **warum** ... je ne comprends (vraiment) pas pourquoi ...; **etw für ungültig** ~ déclarer qch nul (et non avenu), annuler qch.

erklärlich *adj* explicable; (*verständlich*) compréhensible.

erklärt *adj attrib* (*Gegner*) déclaré(e); (*Favorit, Liebling*) reconnu(e).

Erklärung *f* (*das Erklären*) explication *f*; (*Mitteilung*) déclaration *f*; **eine** ~ **abgeben** faire une déclaration.

erklecklich [ɛr'klɛklɪç] *adj* (*geh*) considérable.

erklimmen [ɛr'klɪmən] *unreg vt* escalader, parvenir au sommet de.

erklingen [ɛr'klɪŋən] *unreg vi* être entendu(e), retentir.

erklomm *etc* [ɛr'klɔm] *vb siehe* **erklimmen**.

erklommen *pp von* **erklimmen**.

erkranken [ɛr'kraŋkən] *vi* tomber malade; ~ **an** +*Dat* attraper, être atteint(e) de.

Erkrankung *f* maladie *f*.

erkunden [ɛr'kʊndən] vt (bes MIL: Gelände) reconnaître; (herausfinden) apprendre.

erkundigen vr: sich nach jdm ~ demander od prendre des nouvelles de qn; **sich nach etw** ~ se renseigner sur od s'informer de qch; **sich über jdn** Akk ~ recueillir des informations sur qn, se renseigner sur qn; **ich werde mich** ~ je vais me renseigner; **sich nach dem Stand der Untersuchungen** ~ demander où en sont les recherches.

Erkundigung f demande f de renseignements; ~**en einziehen** prendre des renseignements.

Erkundung f reconnaissance f.

erlahmen [ɛr'la:mən] vi (Kräfte) diminuer, décliner; (Interesse) faiblir; (Eifer) fléchir.

erlangen [ɛr'laŋən] vt (Vorteil, Mehrheit) obtenir; (Bedeutung) prendre; (Gewißheit) acquérir.

Erlaß [ɛr'las] (–sses, ⁼sse) m (Verfügung) décret m, arrêt m; (Aufhebung: von Strafe) remise f.

erlassen unreg vt (verkünden) promulguer, publier; (aufheben: Strafe) remettre; **jdm etw** ~ faire grâce de qch à qn.

erlauben [ɛr'laʊbən] vt permettre ♦ vr se permettre; **jdm etw** ~ permettre qch à qn; **sich Dat etw** ~ se permettre qch; (sich etw leisten) s'offrir qch; ~ **Sie?** vous permettez?; ~ **Sie mal!** dites donc!; **was** ~ **Sie sich (eigentlich)!** vous ne manquez pas de culot!

Erlaubnis [ɛr'laʊpnɪs] (–, –se) f permission f, autorisation f; (Schriftstück) permis m.

erläutern [ɛr'lɔytərn] vt expliquer.

Erläuterung f explication f; **zur** ~ pour clarifier les choses.

Erle ['ɛrlə] f (BOT) aune m, aulne m.

erleben [ɛr'le:bən] vt (erfahren) avoir; (durchleben) vivre, connaître; (mit~) voir; **etw noch** ~ être encore en vie pour voir qch; **so wütend habe ich ihn noch nie erlebt** je ne l'ai encore jamais vu piquer une telle colère.

Erlebnis [ɛr'le:pnɪs] (–ses, –se) nt expérience f; (Abenteuer) aventure f; **e~reich** adj mouvementé(e).

erledigen [ɛr'le:dɪgən] vt (Arbeit) faire, s'acquitter de, exécuter; (Antrag) donner suite à, traiter; (Akte) s'occuper de; (umg: erschöpfen) épuiser; (: ruinieren) ruiner; (: umbringen) liquider ♦ vr (sich klären) s'arranger; **das** od **die Sache ist erledigt** c'est chose faite; **ich habe noch einiges in der Stadt zu** ~ j'ai encore différentes choses à faire en ville.

erledigt (umg) adj (erschöpft) crevé(e), claqué(e); (ruiniert) ruiné(e); **er ist für mich** ~ je ne veux plus entendre parler de lui.

Erledigung f: **um rasche** ~ **wird gebeten** urgent; **in** ~ **Ihres Auftrags/Ihrer Anfrage** suite à od en réponse à votre commande/demande.

erlegen [ɛr'le:gən] vt (Wild) tuer.

erleichtern [ɛr'laɪçtərn] vt (Arbeit, Leben) faciliter; (Last) alléger; (Mensch) soulager; **sein Herz/Gewissen** ~ s'épancher/soulager sa conscience; **erleichtert aufatmen** pousser un soupir de soulagement.

Erleichterung f (Gefühl der Beruhigung) soulagement m; (von Bedingungen) amélioration f; (von Arbeit) facilitation f, simplification f.

erleiden [ɛr'laɪdən] unreg vt (Niederlage, Verlust) subir, essuyer; (Schmerzen) endurer, souffrir.

erlernbar adj qui peut s'apprendre.

erlernen [ɛr'lɛrnən] vt apprendre.

erlesen [ɛr'le:zən] adj (Speisen) exquis(e); (Publikum) choisi(e).

erleuchten [ɛr'lɔyçtən] vt (auch fig) éclairer; **hell erleuchtet** illuminé(e).

Erleuchtung f inspiration f.

erliegen [ɛr'li:gən] unreg vi +Dat être vaincu(e) par; (fig) succomber à; (einem Irrtum) être victime de; **zum E~ kommen** s'immobiliser; **zum E~ bringen** paralyser.

Erlös [ɛr'lø:s] (–es, –e) m produit m.

erlöschen [ɛr'lœʃən] unreg vi (Feuer) s'éteindre; (Interesse) faiblir; (Vertrag, Recht) expirer, arriver à expiration; **ein erloschener Vulkan** un volcan éteint.

erlösen [ɛr'lø:zən] vt (Mensch) délivrer; (REL) sauver.

Erlöser (–s, –) m (REL) Sauveur m; (Befreier) libérateur m.

Erlösung f délivrance f; (REL) rédemption f, salut m.

ermächtigen [ɛr'mɛçtɪgən] vt autoriser, habiliter.

Ermächtigung f autorisation f.

ermahnen [ɛr'ma:nən] vt exhorter.

Ermahnung f exhortation f.

Ermang(e)lung [ɛr'maŋəluŋ] f: **in** ~ +Gen faute de, à défaut de.

ermäßigen [ɛr'mɛsɪgən] vt (Gebühr) accorder une réduction sur ♦ vr être réduit(e).

Ermäßigung f réduction f.

ermessen [ɛr'mɛsən] unreg vt (Umfang, Ausmaß) se rendre compte de; **E~** (–s) nt jugement m; **in jds E~ liegen** être à la discrétion de qn; **nach menschlichem E~** autant qu'on puisse en juger.

Ermessensfrage f question f d'appréciation f.

ermitteln [ɛr'mɪtəln] vt (Wert) calculer; (Täter) retrouver ♦ vi: **gegen jdn** ~ faire une enquête sur qn.

Ermittlung [ɛr'mɪtluŋ] f (Polizei~) enquête f; ~**en anstellen über** +Akk enquêter sur.

Ermittlungsverfahren nt (JUR) enquête f préliminaire.

ermöglichen [ɛr'mø:klɪçən] vt rendre possible, permettre; **jdm das Studium/einen Ferienaufenthalt** ~ permettre à qn de faire des études/prendre des vacances.

ermorden [ɛr'mɔrdən] vt tuer, assassiner.

Ermordung f meurtre m, assassinat m.

ermüden [ɛr'my:dən] vt fatiguer ♦ vi se fatiguer; (TECH: Stahl etc) fatiguer.

ermüdend adj fatigant(e).

Ermüdung f fatigue f.

Ermüdungserscheinung *f* effet *m* de la fatigue.

ermuntern [ɛr'mʊntərn] *vt* (*ermutigen*) encourager; (*beleben*) vivifier; (*aufmuntern*) remonter le moral à.

ermutigen [ɛr'muːtɪgən] *vt* encourager.

ernähren [ɛr'nɛːrən] *vt* nourrir ♦ *vr*: **sich ~ von** se nourrir de; **sich richtig/gesund ~** avoir une alimentation équilibrée/saine; **sich falsch ~** mal se nourrir.

Ernährer(in) (**–s**, **–**) *m(f)* soutien *m* de famille.

Ernährung *f* (*das Ernähren*) alimentation *f*; (*Nahrung*) nourriture *f*; (*MED auch*) nutrition *f*; (*Unterhalt*) entretien *m*.

ernennen [ɛr'nɛnən] *unreg vt* nommer, désigner; **jdn zu etw ~** nommer qn qch.

Ernennung *f* nomination *f*.

erneuern [ɛr'nɔyərn] *vt* (*Reifen, Verband*) changer; (*Vertrag, Paß*) renouveler; (*Gebäude*) rénover; (: *restaurieren*) restaurer; (*neu beleben: Freundschaft etc*) renouer.

Erneuerung *f* (*von Reifen, Verband*) changement *m*; (*von Vertrag*) renouvellement *m*; (*von Gebäude*) rénovation *f*, modernisation *f*; (: *Restauration*) restauration *f*; (*von Teil*) remplacement *m*; (*von Freundschaft*) renouement *m*.

erneut *adj* (*Versuch, Angebot*) nouveau(nouvelle), réitéré(e); (*Fehlschlag*) nouveau(nouvelle) ♦ *adv* à *od* de nouveau.

erniedrigen [ɛr'niːdrɪgən] *vt* (*Preise, Druck*) baisser; (*demütigen*) humilier, rabaisser ♦ *vr* s'humilier, se rabaisser.

Ernst [ɛrnst] (**–es**) *m* sérieux *m*; (*Bedrohlichkeit*) gravité *f*; **das ist mein ~** je parle sérieusement; **im ~** sérieusement; **mit etw ~ machen** mettre qch à exécution; **der ~ des Lebens** la dure réalité; **e~** *adj* sérieux(-euse), grave; (*ehrlich gemeint*) sérieux(-euse); (*bedrohlich*) grave; **jdn/etw e~ nehmen** prendre qn/qch au sérieux; **es e~ meinen** parler sérieusement; **es steht e~ um ihn** son état est grave; **~fall** *m*: **im ~fall** en cas d'urgence; **e~gemeint** *adj* sérieux(-euse); **e~haft** *adj* sérieux(-euse); (*Krankheit*) grave; **~haftigkeit** *f* sérieux *m*; (*von Krankheit*) gravité *f*; **e~lich** *adj* sérieux(-euse) ♦ *adv* sérieusement; **e~lich krank sein** être gravement malade.

Ernte ['ɛrntə] *f* récolte *f*; **~dankfest** *nt* fête *f* des moissons.

ernten *vt* récolter.

ernüchtern [ɛr'nʏçtərn] *vt* dégriser; (*fig*) désenchanter, désillusionner.

Ernüchterung *f* dégrisement *m*; (*fig*) désenchantement *m*, désillusion *f*.

Eroberer [ɛr'|obərər] (**–s**, **–**) *m* conquérant *m*.

erobern *vt* conquérir.

Eroberung *f* conquête *f*.

eröffnen [ɛr'|œfnən] *vt* ouvrir ♦ *vr* (*Möglichkeiten*) se présenter; **jdm etw ~** (*mitteilen*) faire part de qch à qn.

Eröffnung *f* ouverture *f*; (*Mitteilung*) déclaration *f*, révélation *f*.

Eröffnungsansprache *f* discours *m od* allocution *f* d'ouverture.

Eröffnungsfeier *f* cérémonie *f* d'ouverture.

erogen [ero'geːn] *adj* (*Zonen*) érogène.

erörtern [ɛr'|œrtərn] *vt* (*Vorschlag*) discuter.

Erörterung *f* discussion *f*.

Eros-Center ['eːrɔssɛntər] *nt* maison *f* de passe.

Erotik [e'roːtɪk] *f* érotisme *m*.

erotisch *adj* érotique.

Erpel ['ɛrpəl] (**–**, **–**) *m* (*ZOOL*) canard *m* (mâle).

erpicht [ɛr'pɪçt] *adj*: **~ (auf** +*Akk*) avide (de).

erpressen [ɛr'prɛsən] *vt* (*Geld etc*) extorquer; (*Mensch*) faire chanter.

Erpresser(in) (**–s**, **–**) *m(f)* maître *m* chanteur.

Erpressung *f* chantage *m*.

erproben [ɛr'proːbən] *vt* mettre à l'essai.

erprobt *adj* (*Gerät, Medikamente*) qui a fait l'objet de tests, testé(e); (*Fähigkeit*) éprouvé(e); (*Mitarbeiter*) qui a fait ses preuves.

erraten [ɛr'raːtən] *unreg vt* deviner.

errechnen [ɛr'rɛçnən] *vt* calculer.

erregbar [ɛr'reːkbaːr] *adj* (*reizbar*) irritable; **E~keit** *f* irritabilité *f*.

erregen [ɛr'reːgən] *vt* (*hervorrufen*) susciter; (*aufregen, sinnlich ~*) exciter; (*ärgern*) irriter; (*Durst*) donner ♦ *vr*: **sich ~ (über** +*Akk*) s'énerver (à cause de).

Erreger (**–s**, **–**) *m* (*von Krankheit*) agent *m*.

Erregtheit *f* excitation *f*.

Erregung *f* (*Aufregung*) émotion *f*; (*Zustand*) émoi *m*, agitation *f*; (*sexuell*) excitation *f*; (*Wut*) irritation *f*.

erreichbar *adj* (*Ziel*) que l'on peut atteindre; **in ~er Nähe bleiben** rester à proximité; **er ist jederzeit telefonisch ~** on peut le joindre au téléphone à n'importe quel moment.

erreichen [ɛr'raɪçən] *vt* atteindre; (*Zug*) attraper; (*zustande bringen*) obtenir; (*sich in Verbindung setzen mit*) joindre; **ein hohes Alter ~** atteindre un âge avancé; **vom Bahnhof/zu Fuß leicht zu ~** facilement accessible depuis la gare/à pied.

errichten [ɛr'rɪçtən] *vt* (*Gebäude*) ériger, construire; (*gründen*) fonder.

erringen [ɛr'rɪŋən] *unreg vt* remporter.

erröten [ɛr'røːtən] *vi* rougir.

Errungenschaft [ɛr'rʊŋənʃaft] *f* conquête *f*; (*umg: Anschaffung*) acquisition *f*.

Ersatz [ɛr'zats] (**–es**) *m* remplacement *m*; (*Schadens~*) dédommagement *m*; **als ~ für jdn einspringen** remplacer qn au pied levé; **~befriedigung** *f*: **eine ~befriedigung sein** combler un manque affectif; **~dienst** *m* (*MIL*) service *m* civil; **~kasse** *f* caisse *f* privée d'assurance-maladie; **e~los** *adv*: **der Paragraph wird e~los gestrichen** le paragraphe est définitivement supprimé; **~mann** *m* remplaçant *m*; **~mutter** *f* seconde mère *f*; **e~pflichtig** *adj* obligé(e) de payer un dédommagement; **~reifen** *m* roue *f* de secours; **~teil** *nt* pièce *f* de rechange; **e~weise** *adv* à titre de dédommagement, en compensation.

ersaufen [ɛr'zaʊfən] *unreg* (*umg*) *vi* se noyer.

ersäufen [ɛr'zɔyfən] (*umg*) *vt* noyer.

erschaffen [ɛr'ʃafən] *unreg vt* créer.
erscheinen [ɛr'ʃaɪnən] *unreg vi* (*sich zeigen*) apparaître; (*wirken*) paraître, sembler; (*auftreten*) se présenter; (*veröffentlicht werden*) paraître, être publié(e); **das erscheint mir vernünftig** cela me paraît raisonnable.
Erscheinung *f* (*das Erscheinen, Geist*) apparition *f*; (*Krankheits~, Alters~*) signe *m*; (*Gestalt*) personnage *m*; (*äußere ~*) aspect *m*; **in ~ treten** se manifester.
Erscheinungsform *f* manifestation *f*.
Erscheinungsjahr *nt* (*von Buch*) année *f* de parution.
erschießen [ɛr'ʃiːsən] *unreg vt* tuer (d'un coup de revolver *od* de fusil).
erschlaffen [ɛr'ʃlafən] *vi* (*Muskeln, Haut*) perdre de son élasticité.
erschlagen [ɛr'ʃlaːgən] *unreg vt* assommer ♦ *adj* (*umg: todmüde*) claqué(e).
erschleichen [ɛr'ʃlaɪçən] *vt* (*Erbschaft*) faire de la captation de; (*Gunst, Vertrauen*) s'insinuer dans.
erschließen [ɛr'ʃliːsən] *unreg vt* (*Gebiet*) rendre accessible; (*Absatzmarkt*) créer, ouvrir; (*Baugelände*) viabiliser; (*Bodenschätze*) exploiter.
erschöpfen [ɛr'ʃœpfən] *vt* épuiser ♦ *vr:* **sich in etw** *Dat* ~ se limiter à qch.
erschöpfend *adj* (*ausführlich*) exhaustif(-ive); (*ermüdend*) épuisant(e).
Erschöpfung *f* épuisement *m*.
erschossen [ɛr'ʃɔsən] (*umg*) *adj:* **(völlig)** ~ **sein** être (complètement) claqué(e).
erschrak *etc* [ɛr'ʃraːk] *vb siehe* **erschrecken**.
erschrecken [ɛr'ʃrɛkən] *vt* effrayer, faire peur à ♦ *vi* (*unreg*) s'effrayer, prendre peur.
erschreckend *adj* effrayant(e), effroyable.
erschrickt *etc* [ɛr'ʃrɪkt] *vb siehe* **erschrecken**.
erschrocken [ɛr'ʃrɔkən] *adj* effrayé(e) ♦ *pp von* **erschrecken**.
erschüttern [ɛr'ʃʏtərn] *vt* ébranler; (*ergreifen*) bouleverser; **ihn kann nichts** ~ il ne perd jamais son sang-froid.
erschütternd *adj* (*Nachricht etc*) bouleversant(e).
Erschütterung *f* (*von Gebäude*) ébranlement *m*; (*des Bodens*) tremblement *m*; (*von Mensch*) bouleversement *m*.
erschweren [ɛr'ʃveːrən] *vt* rendre (plus) difficile; ~**de Umstände** (*JUR*) circonstances *fpl* aggravantes; **es kommt noch ~d hinzu, daß ...** c'est d'autant plus grave que ... .
erschwindeln [ɛr'ʃvɪndəln] *vt* obtenir par escroquerie.
erschwingen [ɛr'ʃvɪŋən] *unreg vt* s'offrir.
erschwinglich *adj* abordable.
ersehen [ɛr'zeːən] *unreg vt* (*geh: schließen*) conclure; **etw aus den Akten** ~ conclure qch de la consultation du dossier.
ersehnen [ɛr'zeːnən] *vt* languir après, désirer ardemment.
ersetzbar *adj* remplaçable.

ersetzen [ɛr'zɛtsən] *vt* remplacer; (*erstatten*) rembourser.
ersichtlich [ɛr'zɪçtlɪç] *adj* (*Grund*) apparent(e).
ersparen [ɛr'ʃpaːrən] *vt* (*Geld*) épargner, économiser; **jdm etw** ~ épargner qch à qn; **sich etw** ~ s'épargner qch; **ihr blieb auch nichts erspart** le sort s'est acharné contre elle.
Ersparnis (–, –se) *f* économie *f*; ~ **an** +*Dat* économie de.
ersprießlich [ɛr'ʃpriːslɪç] *adj* (*fruchtbar*) fructueux(-euse); (*angenehm*) agréable, plaisant(e).

════════════════ *SCHLÜSSELWORT*

erst [eːrst] *adv* **1** d'abord; (*anfänglich*) au début; **mach erst einmal deine Hausaufgaben, ehe du spielen gehst** fais tes devoirs avant d'aller jouer; **wenn du das erst mal hinter dir hast, dann geht schon alles leichter** une fois que tu l'auras fait, tout ira mieux; **erst als endlich alle eingestiegen waren, konnte der Bus losfahren** le bus n'a pas pu partir avant que tout le monde soit enfin monté; **da ging's erst richtig los** ça ne faisait que commencer
2 (*nicht früher als*) pas avant; **erst gestern** pas plus tard qu'hier; **erst morgen** pas avant demain; **erst als** seulement quand, ce n'est que quand; **wir fahren erst später** nous partons plus tard (que prévu); **gerade erst** tout juste; **er ist (gerade) erst angekommen** il vient (seulement *od* tout juste) d'arriver
3: **wäre er doch erst zurück!** si seulement il pouvait être de retour!; **damit fange ich erst gar nicht an!** ça ne vaut même pas la peine de commencer!; **jetzt erst recht!** à plus forte raison!

erstarren [ɛr'ʃtarən] *vi* (*vor Kälte*) s'engourdir; (*vor Furcht*) se figer; (*Materie*) se solidifier, se figer.
erstatten [ɛr'ʃtatən] *vt* (*Unkosten*) rembourser; **Anzeige (gegen jdn)** ~ porter plainte (contre qn); **Bericht** ~ faire un rapport.
Erstattung *f* (*von Unkosten*) remboursement *m*.
Erstaufführung ['eːrstʔauffyːrʊŋ] *f* première *f*.
erstaunen [ɛr'ʃtaunən] *vt* (*Mensch*) étonner, surprendre ♦ *vi* s'étonner, être surpris(e); **E~ (–s)** *nt* étonnement *m*.
erstaunlich *adj* étonnant(e), surprenant(e) ♦ *adv* étonnamment.
Erstausgabe *f* première édition *f*, édition originale.
erstbeste(r, s) *adj* premier(-ière) venu(e).
erste(r, s) *adj* premier(-ière); **als** ~**es** (tout) d'abord; **fürs** ~ pour commencer; **der E~e des Monats** le premier du mois; **in** ~**er Linie** en premier lieu; **E~e Hilfe** premiers secours *mpl od* soins *mpl*; ~**e Qualität** de première qualité; ~**e Wahl** premier choix; **der E~e in der Klasse** le premier de la classe.
erstechen [ɛr'ʃtɛçən] *unreg vt* poignarder.
erstehen [ɛr'ʃteːən] *unreg vt* (*geh: kaufen*) ac-

quérir ♦ *vi* (*von neuem entstehen*) ressusciter, renaître.

ersteigen [ɛr'ʃtaɪgən] *unreg vt* (*Berg*) escalader.

ersteigern [ɛr'ʃtaɪgərn] *vt* acheter aux enchères.

erstellen [ɛr'ʃtɛlən] *vt* (*förmlich: Gebäude*) construire; (*Gutachten*) établir.

erstemal *adv*: **das** ~ la première fois.

erstens *adv* premièrement, primo.

erstere(r, s) *pron* le(la) premier(-ière).

ersticken [ɛr'ʃtɪkən] *vt* étouffer; (*Begeisterung*) réprimer ♦ *vi* (*Mensch*) étouffer; (*Feuer*) s'éteindre; **an etw** *Dat* ~ s'étouffer avec qch; **in der Arbeit** ~ être surchargé(e) de travail; **mit erstickter Stimme** d'une voix étranglée.

Erstickung *f* étouffement *m*.

erst-: ~**klassig** *adj* (*Ware*) de premier choix; (*Hotel*) de première classe; (*Essen*) de première qualité; (*Sportler*) de première catégorie; **E~kommunion** *f* première communion *f*; ~**malig** *adj* premier(-ière); ~**mals** *adv* pour la première fois; ~**rangig** *adv* (*Problem*) de la plus haute importance; (*erstklassig: Sportler*) de première catégorie.

erstrebenswert [ɛr'ʃtreːbənsveːrt] *adj* enviable.

erstrecken [ɛr'ʃtrɛkən] *vr* s'étendre.

Erststimme *f* première voix donnée à un candidat local lors d'une élection au parlement fédéral.

Ersttagsstempel *m* oblitération *f* "premier jour".

erstunken [ɛr'ʃtʊŋkən] *adj*: **das ist** ~ **und erlogen** (*umg*) c'est des bobards.

Erstwähler(in) (**-s, -**) *m(f)* nouvel(le) électeur(-trice) *m(f)*.

ersuchen [ɛr'zuːxən] *vt* (*geh*): ~ **um** solliciter, requérir.

ertappen [ɛr'tapən] *vt* surprendre.

erteilen [ɛr'taɪlən] *vt* (*Auftrag, Erlaubnis, Rat*) donner; **Unterricht** ~ faire la classe, donner des leçons.

ertönen [ɛr'tøːnən] *vi* être entendu(e).

Ertrag [ɛr'traːk] (**-(e)s, ⁻e**) *m* (*Ergebnis von Arbeit*) rendement *m*; (*Gewinn*) bénéfice *m*, revenu *m*.

ertragen *unreg vt* supporter.

erträglich [ɛr'trɛːklɪç] *adj* supportable; (*umg: leidlich*) passable.

ertragreich *adj* (*Boden*) fertile; (*Geschäft*) lucratif(-ive).

ertränken [ɛr'trɛŋkən] *vt* noyer.

erträumen [ɛr'trɔymən] *vt*: **sich** *Dat* **etw** ~ rêver qch.

ertrinken [ɛr'trɪŋkən] *unreg vi* se noyer; **E~** (**-s**) *nt* noyade *f*.

erübrigen [ɛr'|yːbrɪgən] *vt* (*Geld*) économiser, épargner; (*Zeit*) trouver ♦ *vr* être inutile.

erwachen [ɛr'vaxən] *vi* se réveiller; (*Gefühle, Interesse*) être éveillé(e); **ein böses E~** (*fig*) un réveil pénible, un dur retour à la réalité.

erwachsen [ɛr'vaksən] *adj* adulte ♦ *vi unreg* (*geh: sich ergeben, sich entwickeln*) résulter; ~

sein (*Mensch*) être adulte; **daraus erwuchsen ihm Unannehmlichkeiten** cela lui a causé des ennuis.

Erwachsene(r) *f(m)* adulte *m/f*.

Erwachsenenbildung *f* formation *f* continue.

erwägen [ɛr'vɛːgən] *unreg vt* (*Plan*) examiner; (*Möglichkeiten*) examiner, considérer.

Erwägung *f* considération *f*; **etw in** ~ **ziehen** prendre qch en considération.

erwähnen [ɛr'vɛːnən] *vt* mentionner; ~**swert** *adj* digne d'être mentionné(e).

Erwähnung *f* mention *f*.

erwärmen [ɛr'vɛrmən] *vt* chauffer ♦ *vr* se réchauffer; **sich für jdn/etw** ~ commencer à trouver qn sympathique/à s'intéresser à qch.

erwarten [ɛr'vartən] *vt* (*warten auf: Gäste, Post*) attendre; (*rechnen mit*) s'attendre à; **etw kaum** ~ **können** attendre qch avec impatience; **es steht zu** ~, **daß** ... (*geh*) on peut s'attendre à ce que +*sub* ...; **E~** *nt*: **über E~** au delà de mes *etc* espérances; **wider E~** contre toute attente.

Erwartung *f* attente *f*; **in** ~ **Ihrer baldigen Antwort** (*förmlich*) dans l'espoir d'une prompte réponse.

erwartungsgemäß *adv* comme il fallait s'y attendre.

erwartungsvoll *adj* plein(e) d'espoir.

erwecken [ɛr'vɛkən] *vt* éveiller; **den Anschein** *od* **Eindruck** ~ donner l'impression; **etw zu neuem Leben** ~ faire revivre qch.

erwehren [ɛr'veːrən] *vr* +*Gen* (*geh*) repousser; **sich des Lachens nicht** ~ **können** ne pouvoir s'empêcher de rire; **sich des Eindrucks nicht** ~ **können**, **daß** avoir la forte impression que.

erweichen [ɛr'vaɪçən] *vt* (*umstimmen*) attendrir; **sich nicht** ~ **lassen** être inexorable.

Erweis [ɛr'vaɪs] (**-es, -e**) *m* preuve *f*.

erweisen [ɛr'vaɪzən] *unreg vt* (*zuteil werden lassen: Ehre, Dienst*) rendre; (*nachweisen*) prouver ♦ *vr*: **sich als etw** ~ s'avérer être qch; **es hat sich erwiesen, daß** ... il s'est avéré que ...; **sich jdm gegenüber dankbar** ~ se montrer reconnaissant(e) envers qn.

erweitern [ɛr'vaɪtərn] *vt* élargir; (*Geschäft*) agrandir; (*MED*) dilater; (*Kenntnisse*) approfondir; (*Macht*) étendre ♦ *vr* (*siehe vt*) s'élargir; s'agrandir; se dilater; s'étendre.

Erweiterung *f* (*siehe vt*) élargissement *m*; développement *m*; dilatation *f*; extension *f*.

Erwerb [ɛr'vɛrp] (**-(e)s, -e**) *m* (*Kauf*) acquisition *f*; (*Beruf*) travail *m*; (*Lohn*) salaire *m*.

erwerben [ɛr'vɛrbən] *unreg vt* (*kaufen*) faire l'acquisition de, acquérir; (*Fähigkeit, Wissen*) acquérir; (*Ruhm, Achtung*) gagner; **er hat sich** *Dat* **große Verdienste um die Firma erworben** il a rendu de grands services à l'entreprise.

erwerbs-: ~**fähig** *adj* capable d'exercer une activité professionnelle *od* de gagner sa vie; ~**los** *adj* sans source de revenus, sans emploi; **E~quelle** f source f de revenus, ressource f; ~**tätig** adj actif(-ive); ~**unfähig** adj dans l'incapacité de travailler, invalide.

erwidern [ɛr'viːdərn] vt (antworten) répondre, répliquer; (Besuch) rendre; **er erwidert ihre Gefühle** c'est un amour partagé.

Erwiderung f réponse f; **in ~ Ihres Schreibens vom ...** (förmlich) en réponse à votre lettre du ... .

erwirtschaften [ɛr'vɪrtʃaftən] vt (Gewinn etc) se procurer.

erwischen [ɛr'vɪʃən] (umg) vt attraper, choper; **ihn hat's schwer erwischt!** (umg: verliebt) il est follement amoureux; (: krank) il l'a chopé(e).

erwünscht [ɛr'vʏnʃt] adj (Gelegenheit) rêvé(e); **Fremdsprachenkenntnisse** ~ langues étrangères souhaitées; **du bist hier nicht ~!** on ne veut pas te voir ici!

erwürgen [ɛr'vʏrgən] vt étrangler.

Erz [eːrts] (**-es, -e**) nt minerai m.

erzählen [ɛr'tsɛːlən] vt raconter; (Ereignis) rapporter ♦ vi raconter; **sie kann gut ~** c'est une excellente conteuse; **dem werd' ich was ~!** (umg) il va m'entendre!

Erzähler(in) (**-s, -**) m(f) narrateur(-trice) m(f).

Erzählung f récit m.

Erzbischof m archevêque m.

Erzengel m archange m.

erzeugen [ɛr'tsɔygən] vt produire; (Angst) provoquer.

Erzeuger m (WIRTS) producteur m.

Erzeugerpreis m (WIRTS) prix m à la production.

Erzeugnis (**-ses, -se**) nt produit m.

Erzeugung f production f.

Erzfeind m ennemi m juré.

Erzgebirge nt (GEOG) Erzgebirge m, monts mpl Métallifères.

erziehbar adj: **ein Heim für schwer ~e Kinder** un établissement d'éducation spécialisée.

erziehen [ɛr'tsiːən] unreg vt (Kind) élever; (bilden) éduquer; **jdn zur Ordnung/Sparsamkeit ~** apprendre l'ordre/l'économie à qn.

Erzieher(in) (**-s, -**) m(f) (Berufsbezeichnung) éducateur(-trice) m(f).

Erziehung f éducation f.

erziehungs-: ~**berechtigt** adj qui a l'autorité parentale; **E~berechtigte(r)** f(m) personne qui a l'autorité parentale; **E~heim** nt centre m d'éducation surveillée.

erzielen [ɛr'tsiːlən] vt (Ergebnis) obtenir; (Erfolg, Preis) remporter; (Tor) marquer.

erzkonservativ ['ɛrtskɔnzɛrvati:f] adj ultra-conservateur(-trice).

erzürnen [ɛr'tsʏrnən] vt (geh) mettre en colère.

erzwingen [ɛr'tsvɪŋən] unreg vt forcer, obtenir de force.

Es [ɛs] nt (MUS) mi m bémol.

es [ɛs] (Dat **ihm**) pron (Subjekt) il(elle); (Objekt) le(la); (unpersönlich) il; ~ **regnet/schneit** il

pleut/neige; **wie geht** ~ **Ihnen?** comment allez-vous?

Esche ['ɛʃə] f frêne m.

Esel ['eːzəl] (**-s, –**) m âne m; **ich ~!** (umg) ce que je suis bête!

Eselsbrücke f (Gedächtnishilfe) moyen m mnémotechnique.

Eselsohr (umg) nt (in Buch) corne f.

Eskalation [ɛskalatsi'oːn] f escalade f.

eskalieren [ɛska'liːrən] vt intensifier ♦ vi s'intensifier.

Eskimo ['ɛskimo] (**-s, -s**) m Esquimau m.

Eskorte [ɛs'kɔrtə] f (MIL) escorte f.

eskortieren [ɛskɔr'tiːrən] vt (geh) escorter.

Espe ['ɛspə] f tremble m.

Espenlaub ['ɛspənlaup] nt: **wie ~ zittern** trembler comme une feuille.

Espresso [ɛs'prɛso] (**-(s), -s** od **Espressi**) m express m.

eß-: ~**bar** ['ɛsbaːr] adj mangeable; (Pilz) comestible; **E~besteck** nt couvert m; **E~ecke** f coin m repas.

essen ['ɛsən] unreg vt, vi manger; **zu Mittag ~** déjeuner; ~ **gehen** (auswärts) aller au restaurant; **warm/kalt ~** manger chaud/froid; ~ **Sie gern Äpfel?** vous aimez les pommes?; **E~** (**-s, –**) nt repas m.

Essen(s)-: ~**ausgabe** f distribution f des repas; (Stelle) comptoir m; ~**marke** f ticket-repas m; ~**zeit** f heure f du repas.

Eßgeschirr nt vaisselle f.

Essig ['ɛsɪç] (**-s, -e**) m vinaigre m; **damit ist es** ~ (umg) c'est tombé à l'eau; ~**gurke** f cornichon m (au vinaigre).

Eßkastanie f marron m.

Eßl. abk (= Eßlöffel) c. à s.

Eß-: ~**löffel** m cuiller f od cuillère f à soupe; ~**lokal** nt restaurant m; ~**tisch** m table f; ~**waren** pl aliments mpl, produits mpl alimentaires; ~**zimmer** nt salle f à manger.

Establishment [ɪs'tæblɪʃmənt] (**-s, -s**) nt establishment m.

Este(-in) ['eːstə] (**-n, -n**) m(f) (GEOG) Estonien(ne) m/f.

Estland ['eːstlant] nt l'Estonie f.

estnisch adj (GEOG) estonien(ne).

Estragon ['ɛtragɔn] (**-s**) m estragon m.

Estrich ['ɛstrɪç] (**-s, -e**) m sol m en béton.

etablieren [eta'bliːrən] vr s'établir.

Etage [e'taːʒə] f étage m.

Etagen-: ~**bett** nt lits mpl superposés; ~**heizung** f chauffage m central individuel; ~**wohnung** f appartement qui fait tout un étage.

Etappe [e'tapə] f étape f.

etappenweise adv par étapes.

Etat [e'taː] (**-s, -s**) m budget m; ~**jahr** nt année f budgétaire; ~**posten** m poste m budgétaire.

etc abk (= et cetera) etc.

etepetete [eːtəpe'teːtə] (umg) adj guindé(e).

Ethik ['eːtɪk] f éthique f.

ethisch ['eːtɪʃ] adj éthique.

ethnisch ['ɛtnɪʃ] adj ethnique; ~**e Säube-**

rung(saktionen *pl*) *f* purification *f* ethnique.
Etikett [eti'kɛt] (**–(e)s, –e**) *nt* étiquette *f*.
Etikette *f* étiquette *f*.
Etikettenschwindel *m* (*POL*): **es ist reinster ~,
wenn ...** c'est se moquer du monde que
de ... .
etikettieren [etikɛ'tiːrən] *vt* étiqueter.
etliche(r, s) ['ɛtlɪçə(r, s)] *pron* (*sg*) considérable; **~ Fehler** un certain nombre de *od* pas
mal de fautes; **~ Zeit** pas mal de temps; **~s**
pas mal de choses.
Etsch [ɛtʃ] *f* (*GEOG*): **die ~** l'Adige *m*.
Etüde [e'tyːdə] *f* étude *f*.
Etui [ɛt'viː] (**–s, –s**) *nt* étui *m*.
etwa ['ɛtva] *adv* (*ungefähr*) environ; (*zum Beispiel*) par exemple; (*möglicherweise, vielleicht*)
par hasard, peut-être; **nicht ~** non pas;
Sie kommen doch, oder ~ nicht? vous
viendrez, bien sûr?; (*entrüstet, erstaunt*): **hast
du ~ schon wieder kein Geld dabei?**
tu ne vas pas me dire que tu a encore oublié ton argent!; **willst du ~ schon gehen?** tu
ne t'en vas pas déjà?; **in ~** à peu près; **das
stimmt in ~** c'est à peu près ça.
etwaig ['ɛtvaɪç] *adj* éventuel(le).
etwas *pron* quelque chose; (*verneinend*) rien ♦
adv un peu; **noch ~ Kaffee/Wein?** encore un
peu de café/vin?; **ich habe noch nie so ~ gesehen** je n'ai jamais rien vu de pareil, je n'ai
jamais vu une chose pareille; **er kann ~** il
est très capable; **nein, so ~!** ça alors!; **E~** *nt*:
das gewisse E~ ce je-ne-sais-quoi, ce petit
quelque chose.
Etymologie [etymolo'giː] *f* étymologie *f*.
euch [ɔʏç] *Akk, Dat von ihr pron* vous.
euer ['ɔʏər] *pron* (*possessiv*) votre; (*persönlich:
Gen von ihr*): **ich werde ~ gedenken** je penserai
à vous; **eure Bücher** vos livres; **ist das ~
Auto?** c'est votre voiture?, cette voiture
est-elle à vous?; **viele Grüße, E~ Horst** amitiés, Horst.
euere(r, s) *pron siehe* **eure(r, s)**.
Eule ['ɔʏlə] *f* chouette *f*, hibou *m*.
Euphemismus [ɔʏfe'mɪsmʊs] *m* euphémisme
m.
Eurasien [ɔʏ'raːziən] *nt* l'Eurasie *f*.
Euratom [ɔʏra'toːm] (**–**) *f* abk (= *Europäische
Atomgemeinschaft*) Euratom *m*.
eure(r, s) ['ɔʏrə(r, s)] *pron* le(la) vôtre ♦ *pron*
(*possessiv*) *siehe* **euer**.
eurerseits *adv* de votre côté.
euresgleichen *pron* des gens comme vous.
euretwegen *adv* (*für euch*) pour vous; (*wegen
euch*) à cause de vous.
euretwillen *adv* = **euretwegen**.
eurige *pron*: **der/die/das ~** le(la) vôtre.
Eurocheque ['ɔʏroʃɛk] (**–s, –s**) *m* eurochèque
m.
Eurokrat [ɔʏro'kraːt] (**–en, –en**) *m* eurocrate *m*.
Europa [ɔʏ'roːpa] *nt* l'Europe *f*.
Europäer(in) [ɔʏro'pɛːər(ɪn)] (**–s, –**) *m(f)* Euro-
péen(ne) *m(f)*.
europäisch *adj* européen(ne); **das E~e Parla-**

ment le Parlement européen; **die E~e (Wirt-
schafts)gemeinschaft** la Communauté (économique) européenne.
Europa-: **~meister** *m* champion *m* d'Europe;
~rat *m* Conseil *m* de l'Europe; **~straße** *f* route *f* européenne.
Euroscheck [ɔʏro'ʃɛk] *m* eurochèque *m*.
Eur(h)ythmie [ɔʏryt'miː] *f* gymnastique *f*
rythmique.
Euter ['ɔʏtər] (**–s, –**) *nt* pis *m*.
Euthanasie [ɔʏtana'ziː] *f* euthanasie *f*.
ev. *abk* (= *evangelisch*) protestant(e).
E.V., e.V. *abk* (= *eingetragener Verein*) société *f*
inscrite au registre du commerce.
evakuieren [evaku'iːrən] *vt* évacuer.
evangelisch [evaŋ'geːlɪʃ] *adj* protestant(e).
Evangelist [evaŋge'lɪst] (**–en, –en**) *m* évangélis-
te *m*.
Evangelium [evaŋ'geːliʊm] *nt* évangile *m*.
Eva(s)kostüm ['eːfa(s)kɔstyːm] (*umg*) *nt*: **im ~**
(*hum*) en tenue d'Ève.
Eventualfall [evɛntu'alfal] *m* éventualité *f*.
eventuell [evɛntu'ɛl] *adj* éventuel(le) ♦ *adv*
éventuellement.
Everest ['eːvərɛst] (**–s**) *m* Everest *m*.
Evolution [evolutsi'oːn] *f* évolution *f*.
evolutionär [evolutsio'nɛːr] *adj* évolutif(-ive).
evtl. *abk* = **eventuell**.
EWG [eːveː'geː] (**–**) *f abk* (= *Europäische Wirt-
schaftsgemeinschaft*) CEE *f*.
ewig ['eːvɪç] *adj* éternel(le) ♦ *adv* éternellement; **auf ~** à tout jamais, pour toujours; **ich
habe dich ~ lange nicht gesehen** (*umg*) ça fait
une éternité que je ne t'ai pas vu; **das dauert
ja ~!** (*umg*) qu'est-ce que c'est long!; **E~keit**
f éternité *f*; **bis in alle E~keit** à tout jamais.
EWS *nt abk* (= *Europäisches Währungssystem*)
SME *m*.
EWU (**–**) *f abk* (= *Europäische Wahrungs-
union*) UME *f*.
ex [ɛks] (*umg*) *adv*: **etw ~ trinken** boire qch cul
sec.
Ex- *in zW* ex-.
exakt [ɛ'ksakt] *adj* (*Zahl*) exact(e); (*Arbeit*) pré-
cis(e).
exaltiert [ɛksal'tiːrt] *adj* (*geh: überspannt*) exal-
té(e).
Examen [ɛ'ksaːmən] (**–s, –** *od* **Examina**) *nt* examen *m*.
Examensangst *f* trac *m*.
Examensarbeit *f* mémoire *m*.
examiniert [ɛksami'niːrt] *adj* (*Krankenschwester etc*) diplômé(e).
Exekutive [ɛkseku'tiːvə] *f* (*POL*) exécutif *m*.
Exempel [ɛ'ksɛmpəl] (**–s, –**) *nt*: **um ein ~ zu sta-
tuieren** pour l'exemple; **die Probe aufs ~ machen** mettre cela à l'épreuve.
Exemplar [ɛksɛm'plaːr] (**–s, –e**) *nt* exemplaire
m; **e~isch** *adj* exemplaire.
exerzieren [ɛksɛr'tsiːrən] *vt* (*Truppen*) faire faire l'exercice à, entraîner; (*anwenden*) roder
♦ *vi* être à l'entraînement.
Exhibitionist(in) [ɛkshibitsio'nɪst] *m(f)* exhibi-

tionniste *m/f*.
Exil [ɛ'ksi:l] **(–s, –e)** *nt* exil *m*.
Exilregierung *f* gouvernement *m* en exil.
existentiell [ɛksɪstɛntsi'ɛl] *adj*: **von ~er Bedeutung** d'une importance capitale.
Existenz [ɛksɪs'tɛnts] *f* existence *f*; (*Lebensgrundlage*) gagne-pain *m inv*; (*pej: Mensch*) personnage *m*; **~berechtigung** *f* raison *f* d'être; **~grundlage** *f* principale source *f* de revenu; **~kampf** *m* lutte *f* pour la survie; **~minimum** **(–s, –ma)** *nt* minimum *m* vital.
existieren [ɛksɪs'ti:rən] *vi* exister.
exkl. *abk* = **exklusive**.
exklusiv [ɛksklu'zi:f] *adj* (*Bericht*) exclusif(-ive); (*Gesellschaft*) chic *inv*; **E~bericht** *m* reportage *m* exclusif.
exklusive [ɛksklu'zi:və] *präp* +*Gen* non compris(e), sans ♦ *adv* non compris(e).
Exkursion [ɛkskʊrzi'o:n] *f* voyage *m* d'études.
Exmatrikulation [ɛksmatrikulatsi'o:n] *f* (*UNIV*) radiation *f*.
exmatrikulieren [ɛksmatriku'li:rən] *vr* radier de la liste des étudiants.
Exot [ɛ'kso:t] **(–en, –en)** *m* (*Tier*) animal *m* exotique; (*Pflanze*) plante *f* exotique; (*Mensch*) *personne venant d'un pays lointain*.
exotisch [ɛ'kso:tɪʃ] *adj* exotique.
expandieren [ɛkspan'di:rən] *vi* (*WIRTS*) être en pleine expansion.
Expansion [ɛkspanzi'o:n] *f* expansion *f*.
expansiv [ɛkspan'zi:f] *adj* (*Kostenentwicklung*) en hausse; (*Wirtschaftszweige*) en pleine expansion.
expedieren [ɛkspe'di:rən] *vt* expédier.
Expedition [ɛkspeditsi'o:n] *f* (*Forschungsreise*) expédition *f*; (*WIRTS: Versandabteilung*) service *m* des expéditions.
Experiment [ɛksperi'mɛnt] *nt* expérience *f*.
experimentell [ɛksperimɛn'tɛl] *adj* (*Physik etc*) expérimental(e).
experimentieren [ɛksperimɛn'ti:rən] *vi* faire une *od* des expériences, expérimenter; **mit etw ~** faire des expériences avec *od* sur qch.
Experte(-in) [ɛks'pɛrtə] **(–n, –n)** *m(f)* expert *m*.
explodieren [ɛksplo'di:rən] *vi* exploser.
Explosion [ɛksplozi'o:n] *f* explosion *f*.
explosiv [ɛksplo'zi:f] *adj* explosif(-ive); (*Mensch*) d'un tempérament explosif.
Exponent [ɛkspo'nɛnt] *m* (*MATH*) exposant *m*.
exponieren [ɛkspo'ni:rən] *vt* (*jdn*) exposer ♦ *vr* s'exposer.
exponiert *adj* (*ungeschützt*) mal abrité(e), exposé(e).
Export [ɛks'pɔrt] **(–(e)s, –e)** *m* exportation *f*; **~artikel** *m* article *m* d'exportation.
Exporteur [ɛkspɔr'tø:r] *m* exportateur *m*.
Exporthandel *m* commerce *m* d'exportation.
exportieren [ɛkspɔr'ti:rən] *vt* exporter.
Export-: **~kaufmann** *m* exportateur *m*; **~land** *nt* pays *m* exportateur; **~ware** *f* article *m* d'exportation.
Expreßdienst [ɛks'prɛsdi:nst] *m* service *m* express.

Expreßgut [ɛks'prɛsgut] *nt* ≈ colis *m* express.
Expressionismus [ɛksprɛsio'nɪsmʊs] *m* expressionnisme *m*.
Expreßreinigung *f* pressing *m*.
Expreßzug *m* (train *m*) express *m*.
extern [ɛks'tɛrn] *adj* (*Abitur, Prüfung*) par correspondance.
extra ['ɛkstra] *adj inv* (*umg: gesondert: Zimmer*) à part; (*besondere*) spécial(e) ♦ *adv* (*gesondert*) à part; (*speziell*) spécialement; (*absichtlich*) exprès; (*vor adj: besonders*) extra-; **E~** **(–s, –s)** *nt* option *f*; **E~ausgabe** *f* édition *f* spéciale; **E~blatt** *nt* édition *f* spéciale; **E~klasse** (*umg*) *f* catégorie *f* à part.
Extrakt [ɛks'trakt] **(–(e)s, –e)** *m* extrait *m*.
Extratour (*umg: pej*) *f*: **sich** *Dat* **~en leisten** faire des caprices.
extravagant [ɛkstrava'gant] *adj* excentrique.
Extrawurst (*umg*) *f*: **er will immer eine ~ (gebraten haben)** il ne veut jamais faire comme tout le monde.
Extrem **(–s, –e)** *nt* extrême *m*.
extrem [ɛks'tre:m] *adj* extrême; **E~fall** *m* cas *m* extrême.
Extremist(in) *m(f)* extrémiste *m/f*.
Extremistenerlaß [ɛkstre'mɪstən|ɛrlas] **(–sses, -̈sse)** *m* (*Berufsverbot*) *loi interdisant aux personnes taxées d'extrémisme de travailler dans la fonction publique*.
extremistisch [ɛkstre'mɪstɪʃ] *adj* extrémiste.
Extremitäten [ɛkstremi'tɛ:tən] *pl* extrémités *fpl*.
extrovertiert [ɛkstrover'ti:rt] *adj* extraverti(e).
exzellent [ɛkstsɛ'lɛnt] *adj* (*geh*) excellent(e).
exzentrisch [ɛks'tsɛntrɪʃ] *adj* excentrique.
Exzeß [ɛks'tsɛs] **(–sses, –sse)** *m* excès *m*.

F, f

F, f [ɛf] *nt* (*Buchstabe*) F, f *m*; **~ wie Friedrich** ≈ F comme François.
f *f abk* (= *feminin*) f.
Fa. *abk* (= *Firma*) Sté.
Fabel ['fa:bəl] **(–, –n)** *f* fable *f*; **f~haft** *adj* extraordinaire; (*Bezahlung*) fabuleux(-euse).
Fabrik [fa'bri:k] **(–, –en)** *f* usine *f*; **~anlage** *f* établissement *m* industriel.
Fabrikant [fabri'kant] *m* (*Hersteller*) fabricant *m*; (*Besitzer*) industriel *m*.
Fabrikarbeiter(in) *m(f)* ouvrier(-ière) *m/f* (*d'usine*).
Fabrikat [fabri'ka:t] **(–(e)s, –e)** *nt* (*Marke*) marque *f*; (*Produkt*) produit *m*.
Fabrikation [fabri:katsi'o:n] *f* fabrication *f*.
Fabrik-: **~besitzer(in)** *m(f)* propriétaire *m/f*

d'usine; ~**gelände** *nt* terrain *m* industriel; (*einer bestimmten Fabrik*) terrain *m* de l'usine; **f~neu** *adj* sorti(e) d'usine.
fabrizieren [fabri'tsi:rən] (*umg: pej*) *vt* (*anstellen*) fabriquer; (*Geschichte*) fabriquer de toutes pièces.
Fach [fax] (**–(e)s,** **–̈er**) *nt* (*in Schrank, Regal etc*) rayon *m*, casier *m*; (*Sachgebiet*) domaine *m*; (*Schulfach*) matière *f*, discipline *f*; **ein Mann vom ~** un spécialiste; ~**arbeiter(in)** *m(f)* ouvrier(-ière) *m/f* spécialisé(e); ~**arzt(-ärztin)** *m(f)* spécialiste *m/f* (*médecin*); ~**ausdruck** *m* terme *m* technique; ~**bereich** *m* domaine *m*; (*UNIV*) matière *f*; ~**buch** *nt* livre *m* *od* ouvrage *m* pour spécialistes.
Fächer ['fɛçər] (**–s, –**) *m* éventail *m*.
Fach-: ~**frau** *f* spécialiste *f*; ~**gebiet** *nt* domaine *m* (de spécialisation); ~**geschäft** *nt* magasin *m* spécialisé; ~**händler** *m* magasin *m* spécialisé; ~**hochschule** *f* ≈ institut *m* universitaire de technologie (I.U.T.); ~**idiot** (*umg: pej*) *m* spécialiste *m* borné; ~**kraft** *f* personne *f* qualifiée; ~**kreise** *pl:* **in ~kreisen** parmi les experts; **f~kundig** *adj* expert(e); ~**lehrer** *m* professeur *m* (spécialisé); **f~lich** *adj* professionnel(le); ~**mann** (**–(e)s, –leute**) *m* spécialiste *m*; **f~männisch** *adj* de spécialiste; ~**richtung** *f* discipline *f*; ~**schule** *f* école *f* professionnelle; **f~simpeln** (*umg*) *vi* parler boutique *od* métier; **f~spezifisch** *adj* (*Ausbildung*) spécialisé(e); (*Ausdruck*) technique; ~**verband** *m* association *f* professionnelle; ~**welt** *f* spécialistes *mpl*; ~**werk** *nt* colombage *m*; ~**werkhaus** *nt* maison *f* à colombage.
Fackel ['fakəl] (**–, –n**) *f* flambeau *m*.
fackeln (*umg*) *vi* hésiter; **nicht lange gefackelt!** décide-toi!
Fackelzug *m* retraite *f* aux flambeaux.
fad(e) *adj* fade; (*langweilig*) ennuyeux(-euse).
Faden ['fa:dən] (**–s, –̈**) *m* fil *m*; **der rote ~** le fil conducteur; **den ~ verlieren** perdre le fil; **alle Fäden laufen hier zusammen** c'est ici que se trouve le centre des opérations; ~**nudeln** *pl* (*KOCH*) vermicelle *msg*; **f~scheinig** *adj* (*Kleidung, Stoff*) élimé(e); (*Lüge, Ausrede*) cousu(e) de fil blanc.
Fagott [fa'gɔt] (**–s, –e**) *nt* (*MUS*) basson *m*.
fähig ['fɛ:ɪç] *adj* capable; **zu allem ~ sein** être capable de tout; **F~keit** *f* capacité *f*; (*Begabung*) talent *m*.
Fähnchen ['fɛ:nçən] *nt* fanion *m*.
fahnden ['fa:ndən] *vi:* ~ **nach** rechercher.
Fahndung *f* recherches *fpl*.
Fahndungsliste *f* liste *f* des personnes recherchées par la police.
Fahne ['fa:nə] *f* (*Flagge*) drapeau *m*; **mit fliegenden ~n zum Feind überlaufen** tourner casaque et passer à l'ennemi; **eine ~ haben** (*umg*) empester l'alcool.
Fahnenflucht *f* désertion *f*.
Fahrausweis *m* (*förmlich*) titre *m* de transport.
Fahrbahn *f* chaussée *f*.

fahrbar *adj:* ~**er Untersatz** (*hum*) bagnole *f*.
Fahrdienstleiter *m* chef *m* de district.
Fähre ['fɛ:rə] *f* bac *m*; (*Auto~*) ferry(-boat) *m*.
fahren ['fa:rən] *unreg vt* (*lenken*) conduire; (: *Rad, Motorrad*) faire de; (*befördern*) transporter; (*Benzin, Reifen*) rouler avec; (*Rennen*) participer à, faire ♦ *vi* aller; (~ *können*) conduire; (*abfahren*) partir ♦ *vr:* **das Auto fährt sich gut** la voiture est facile à conduire; **mit dem Zug/Auto ~** aller en train/en voiture; **ich fahre mit dem Auto nach Norwegen** je vais en Norvège en voiture; **links/rechts ~** rouler à gauche/à droite; **der Zug fährt um 8.15 Uhr** le train part à 8h 15; **die U-Bahn fährt alle fünf Minuten** il y a un métro toutes les cinq minutes; **aus dem Bett ~** sauter du lit; **mit der Hand über den Tisch ~** passer la main sur la table; **ein Gedanke fuhr ihm durch den Kopf** une idée lui passa par la tête; **(bei etw) gut/schlecht ~** (*zurechtkommen*) être content(e)/mécontent(e) (de qch); **was ist (denn) in dich gefahren?** quelle mouche t'a piqué?, qu'est-ce qui te prend?; **einen ~ lassen** (*umg*) péter.
fahrend *adj:* ~**es Volk** gens *mpl* de voyage.
fahrenlassen *vt* (*Hoffnung*) renoncer à.
Fahrer(in) ['fa:rər(ɪn)] (**–s, –**) *m(f)* conducteur(-trice) *m/f*; ~**flucht** *f* délit *m* de fuite.
Fahr-: ~**gast** *m* passager(-ère) *m/f*; ~**geld** *nt* prix *m* du billet; ~**gelegenheit** *f* moyen *m* de transport; ~**gestell** *nt* châssis *m*; (*FLUG*) train *m* d'atterrissage.
fahrig ['fa:rɪç] *adj* (*Bewegung*) nerveux(-euse); (*unkonzentriert*) distrait(e).
Fahr-: ~**karte** *f* billet *m*; (*für Bus, U-Bahn*) ticket *m*; ~**kartenausgabe** *f* guichet *m*; ~**kartenautomat** *m* distributeur *m* de billets *od* de tickets; ~**kartenkontrolle** *f* contrôle *m* des billets; ~**kartenschalter** *m* guichet *m*; **f~lässig** *f* négligent(e); **f~lässige Tötung** homicide *m* involontaire; ~**lässigkeit** *f* négligence *f*; ~**lehrer(in)** (**–s, –**) *m(f)* moniteur(-trice) *m/f* d'auto-école; ~**plan** (**–s, –̈e**) *m* horaire *m*; **f~planmäßig** *adj, adv* (*EISENB*) à l'heure prévue; ~**praxis** *f* pratique *f* (de la conduite); ~**preis** *m* prix *m* du billet; ~**prüfung** *f* examen *m* du permis de conduire; ~**rad** *nt* bicyclette *f*, vélo *m*; ~**radweg** *m* piste *f* cyclable; ~**rinne** *f* (*NAUT*) chenal *m*; ~**schein** *m* ticket *m*; ~**scheinentwerter** *m* composteur *m*.
Fährschiff *nt* ferry(-boat) *m*.
Fahr-: ~**schule** *f* auto-école *f*; ~**schüler(in)** (**–s, –**) *m(f)* apprenti(e) conducteur(-trice) *m/f*; ~**spur** *f* voie *f*; ~**stuhl** (**–s, –̈e**) *m* ascenseur *m*; ~**stunde** *f* leçon *f* de conduite.
Fahrt [fa:rt] (**–, –en**) *f* (*Reise*) voyage *m*; (*kurz*) trajet *m*; (*im Auto auch*) tour *m*; (*Geschwindigkeit*) vitesse *f*; **gute ~!** bon voyage!, bonne route!; **in voller ~** à toute vitesse; **volle ~ voraus** (*NAUT*) en avant toute; **in ~ kommen** (*umg*) se mettre en train.
fährt *etc* [fɛ:rt] *vb siehe* **fahren**.

fahrtauglich ['faːrtaʊklɪç] *adj* (*Mensch*) capable de *od* en état de conduire; (*Fahrzeug*) en état de marche.

Fährte ['fɛːrtə] *f* (*von Wild*) traces *fpl*; (*bei Verbrechen*) piste *f*; **jdn auf eine falsche ~ locken** mettre qn sur la mauvaise piste.

Fahrtenschreiber *m* tachygraphe *m*.

Fahrtkosten *pl* frais *mpl* de déplacement.

Fahrtrichtung *f* sens *m* de la marche.

fahr-: **~tüchtig** ['faːrtyçtɪç] *adj* (*Mensch*) capable de *od* en état de conduire; (*Fahrzeug*) en état de marche; **~untüchtig** *adj* (*Mensch*) qui n'est pas capable de *od* en état de conduire; (*Fahrzeug*) qui n'est pas en état de marche; **F~verbot** *nt* retrait *m* du permis de conduire; **F~verhalten** *nt* (*von Fahrer*) comportement *m* (au volant); (*von Wagen*) tenue *f* de route; **F~zeug** *nt* véhicule *m*; **F~zeugbrief** *m* ≈ carte *f* grise; **F~zeughalter** (**–s, –**) *m* propriétaire *m* d'un véhicule; **F~zeugpapiere** *pl* papiers *mpl* du véhicule (*carte grise et certificat de contrôle technique*).

Faible ['fɛːbl] (**–s, –s**) *nt* (*geh*) faible *m*.

fair [fɛːr] *adj* (*Mensch, Urteil*) équitable; (*Spiel, Kampf*) fair play *inv*.

Fäkalien [fɛ'kaːliən] *pl* matières *fpl* fécales.

faktisch ['faktɪʃ] *adj* effectif(-ive), réel(le) ♦ *adv* en fait.

Faktor *m* facteur *m*.

Faktum (**–s, Fakten**) *nt* fait *m*.

fakturieren [faktu'riːrən] *vt* (*WIRTS*) facturer.

Fakultät [fakʊl'tɛːt] *f* faculté *f*.

Falke ['falkə] (**–n, –n**) *m* faucon *m*.

Falkland-Inseln ['falklant|ɪnzəln] *pl*: **die ~-~** les Malouines *fpl*.

Fall [fal] (**–(e)s, -̈e**) *m* (*Sturz, Untergang*) chute *f*; (*Sachverhalt, GRAM, MED*) cas *m*; (*JUR*) affaire *f*; **jdn/etw zu ~ bringen** faire tomber qn/qch; **auf jeden ~, auf alle Fälle** en tout cas; **gesetzt den ~ *od* für den ~, daß ...** au cas où ...; **jds ~ sein** (*umg*) être la tasse de thé de qn; **klarer ~!** (*umg*) c'est évident!; **auf keinen ~!** il n'en est pas question!

Falle *f* piège *m*; (*umg: Bett*) plumard *m*; **jdm eine ~ stellen** tendre un piège à qn.

fallen *unreg vi* tomber; (*Wahl*) se porter sur; (*im Krieg*) tomber au champ d'honneur; (*Preis, Temperatur*) baisser; (*Worte*) être prononcé(e); (*Bemerkung*) être fait(e); (*Name*) être mentionné(e); (*Tor*) être marqué(e); **etw ~ lassen** laisser tomber qch; **das fällt mir leicht/schwer** c'est facile/difficile (pour moi).

fällen ['fɛlən] *vt* (*Baum*) abattre; (*Urteil*) rendre.

fallenlassen *unreg vt* (*Bemerkung*) laisser échapper; (*Plan*) renoncer à; (*Mitarbeiter*) lâcher.

fällig ['fɛlɪç] *adj* (*Wechsel, Zinsen*) dû(due), arrivé(e) à échéance; (*Bus, Zug*) attendu(e); **das ist schon längst ~** il est grand temps.

Fälligkeit *f* (*WIRTS*) échéance *f*.

Fallobst *nt* fruits *mpl* tombés.

Fallout [fo'laʊt] (**–s, –s**) *m* retombées *fpl* radioactives.

falls *konj* au cas où.

Fall-: **~schirm** *m* parachute *m*; **~schirmspringer(in)** *m(f)* parachutiste *m/f*; **~schirmtruppe** *f* unité *f* de parachutistes; **~strick** *m* piège *m*; **~studie** *f* étude *f* de cas.

fällt *etc* [fɛlt] *vb siehe* **fallen**.

Falltür *f* trappe *f*.

fallweise (*ÖSTERR*) *adv* selon le cas, cas par cas; (*arbeiten*) occasionnellement.

Fallwind *m* vent *m* catabatique.

falsch [falʃ] *adj* faux(fausse) ♦ *adv*: **etw ~ verstehen** comprendre qch de travers, mal comprendre qch; **ein ~es Spiel (mit jdm) treiben** user de procédés déloyaux (envers qn); **~ verbunden sein** (*Telefon*) s'être trompé(e) de numéro; **die Uhr geht ~** la montre n'est pas à l'heure; **mit etw** *Dat* **~ liegen** (*umg*) se tromper dans qch.

fälschen ['fɛlʃən] *vt* (*Geld, Unterschrift*) contrefaire; **Papiere/einen Paß ~** faire de faux papiers/un faux passeport.

Fälscher(in) (**–s, –**) *m(f)* faussaire *m/f*.

Falschgeld *nt* fausse monnaie *f*.

Falschheit *f* fausseté *f*.

fälschlich *adj* faux(fausse), erroné(e) ♦ *adv* à tort.

fälschlicherweise *adv* par erreur.

Falschmeldung *f* (*PRESSE*) fausse nouvelle *f*.

Fälschung *f* (*Gegenstand*) contrefaçon *f*.

fälschungssicher *adj* infalsifiable.

Faltblatt *nt* dépliant *m*; (*in Zeitschrift etc*) encart *m*.

Faltboot *nt* canot *m* pliant.

Fältchen ['fɛltçən] *nt* petit pli *m*.

Falte ['faltə] *f* pli *m*; (*in Haut*) ride *f*.

falten *vt* plier; (*Hände*) joindre.

faltenlos *adj* (*Haut*) sans rides, lisse.

Faltenrock *m* jupe *f* plissée.

Falter ['faltər] (**–s, –**) *m* (*Tag~*) papillon *m*; (*Nacht~*) papillon *m* de nuit.

faltig *adj* (*Hände, Haut*) ridé(e); (*zerknittert: Rock*) froissé(e).

falzen ['faltsən] *vt* (*Papierbogen*) plier.

Fam. *abk* = **Familie**.

familiär [famili'ɛːr] *adj* (*Gründe, Schwierigkeiten*) de famille; (*Ton, Atmosphäre, Verhältnis*) familier(-ière).

Familie [fa'miːliə] *f* famille *f*; **~ Francke** (*als Anschrift*) Monsieur et Madame Francke; **~ haben** avoir des enfants.

Familien-: **~ähnlichkeit** *f* air *m* de famille; **~anschluß** *m*: **Unterkunft mit ~anschluß** hébergement *m* dans une famille d'accueil; **~betrieb** *m* entreprise *f od* exploitation *f* familiale; **~kreis** *m* cercle *m* de famille; **im ~kreis** en famille; **im engsten ~kreis** dans la plus stricte intimité; **~mitglied** *nt* membre *m* de la famille; **~name** *m* nom *m* de famille; **~packung** *f* paquet *m* familial; **~paß** *m* passeport où est inscrit au moins un enfant; (*Bahn*) carte de circulation à tarif réduit pour toute la famille; **~planung** *f* planning *m* familial; **~stand** *m* état *m* civil; **~vater** *m* père *m* de

famille; ~**verhältnisse** pl milieu msg familial.
Fan [fɛn] (–s, –s) m fan m.
Fanatiker(in) [faˈnaːtikər(ɪn)] (–s, –) m(f) fanatique m/f.
fanatisch adj fanatique.
Fanatismus [fanaˈtɪsmʊs] m fanatisme m.
fand etc [fant] vb siehe **finden**.
Fang [faŋ] (–(e)s, ¨-e) m capture f; (Beute) prise f; **Fänge** pl (Zähne) crocs mpl; (Krallen) serres fpl; **einen guten ~ machen** (Mann, Frau) avoir trouvé un beau parti.
fangen unreg vt attraper ♦ vr (nicht fallen) retrouver son équilibre; (seelisch) se reprendre; (in Leistung) se rattraper.
Fangfrage f question f piège.
Fanggründe pl lieux mpl de pêche.
Fangopackung [ˈfaŋgopakʊŋ] f compresse f de boue.
fängt etc [fɛŋkt] vb siehe **fangen**.
Farb-: ~**abzug** m tirage m couleur; ~**aufnahme** f photo f en couleurs; ~**band** nt ruban m encreur; ~**dia** nt diapositive f en couleurs.
Farbe [ˈfaːrbə] f couleur f; (Maler~) peinture f; (zum Färben) teinture f; (Farbton) nuance f; ~ **bekennen** jouer cartes sur table.
farbecht [ˈfarp|ɛçt] adj grand teint inv.
farbempfindlich adj (Gewebe) dont les couleurs ne résistent pas au lavage.
färben [ˈfɛrbən] vi déteindre ♦ vt teindre ♦ vr (Blätter) jaunir.
farben-: ~**blind** adj daltonien(ne); ~**freudig**, ~**froh** adj aux couleurs gaies; ~**prächtig** adj haut(e) en couleur.
Farb-: ~**fernsehen** nt télévision f (en) couleur; ~**film** m film m en couleur; (PHOT) pellicule f couleur; ~**foto** nt photo f en couleur; ~**fotografie** f photographie f en couleur.
farbig adj (bunt) coloré(e); (fig) haut(e) en couleur; (Mensch) de couleur.
Farbige(r) f(m) homme(femme) m/f de couleur.
Farb-: ~**kasten** m boîte f de couleurs; **f~lich** adv du point de vue des couleurs; **f~los** adj incolore; (fig) terne; ~**stift** m crayon m de couleur; ~**stoff** m colorant m; ~**ton** m ton m.
Färbung [ˈfɛrbʊŋ] f (Farbe) coloration f; (Verfahren) teinture f; (fig: Tendenz) tendance f.
Farn [farn] (–(e)s, –e) m, **Farnkraut** nt fougère f.
Färöer [fɛˈrøːər] pl îles fpl Féroé.
Fasan [faˈzaːn] (–(e)s, –e(n)) m faisan m.
Fasching [ˈfaʃɪŋ] (–s, –e od –s) m carnaval m.
Faschingszug m cortège m du carnaval.
Faschismus [faˈʃɪsmʊs] m fascisme m.
Faschist(in) m(f) fasciste m/f.
faschistisch [faˈʃɪstɪʃ] adj fasciste.
faseln [ˈfaːzəln] (umg: pej) vi (Unsinn reden) radoter.
Faser [ˈfaːzər] (–, –n) f fibre f.
faserig adj (Fleisch) filandreux(-euse); (Papier) fibreux(-euse).
fasern vi (Stoff) s'effilocher.
Faserschreiber m (crayon m) feutre m.

Faß [fas] (–sses, **Fässer**) nt tonneau m; (für Öl) baril m; **Bier vom ~** bière f à la pression; **ein ~ ohne Boden** (fig) un gouffre.
Fassade [faˈsaːdə] f façade f.
faßbar adj (Ergebnis) concret(-ète); (begreifbar) compréhensible.
Faßbier nt bière f à la pression.
fassen [ˈfasən] vt (ergreifen, angreifen, begreifen) saisir; (festnehmen: Verbrecher) arrêter; (enthalten) contenir; (formulieren) formuler; (Beschluß, Vertrauen) prendre; (Plan) imaginer, concevoir; (Edelstein) sertir, monter ♦ vi (Sohle) adhérer; (Zahnrad) s'engrener ♦ vr (sich wieder beherrschen) se ressaisir; **etw in Worte ~** exprimer qch; **keinen klaren Gedanken ~ können** avoir du mal à rassembler ses idées; **nicht zu ~!** c'est incroyable!; **sich kurz ~** être bref(brève).
faßlich [ˈfaslıç] adj compréhensible.
Fasson [faˈsõː] (–, –s) f forme f; (von Frisur, Kleid) style m; **aus der ~ geraten** perdre la forme, prendre du poids.
Fassung [ˈfasʊŋ] f (Umrahmung, Einfassung) monture f; (bei Lampe) douille f; (Textversion) version f; (Beherrschung) contenance f; **jdn aus der ~ bringen** faire perdre contenance à qn; **völlig außer ~ geraten** perdre son sang-froid.
fassungs-: ~**los** adj atterré(e), consterné(e); **F~vermögen** nt (bei Behälter) contenance f; (bei Mensch) compréhension f, entendement m; **das übersteigt mein F~vermögen** cela dépasse mon entendement.
fast [fast] adv presque; ~ **nie** presque jamais.
fasten [ˈfastən] vi jeûner; **F~** (–s) nt jeûne m; **F~zeit** f (REL) carême m.
Fastnacht f carnaval m.
faszinieren [fastsiˈniˈrən] vt fasciner.
fatal [faˈtaːl] adj (Fehler) fatal(e); (Auswirkung) fâcheux(-euse); (Gefühl, Lage) très désagréable.
fauchen [ˈfauxən] vi (Katze) feuler.
faul [faul] adj (Person) paresseux(-euse); (Essen, Obst etc) pourri(e); (pej: Witz, Ausrede) mauvais(e); (Geschäft) douteux(-euse), louche; **daran ist etwas ~** il y a quelque chose de louche là-dessous.
faulen vi pourrir.
faulenzen [ˈfaulɛntsən] vi paresser, fainéanter.
Faulenzer(in) (–s, –) m(f) paresseux(euse) m/f, fainéant(e).
Faulheit f paresse f.
faulig adj putride.
Fäulnis [ˈfɔylnɪs] f putréfaction f.
Faulpelz (umg: pej) m flemmard(e) m/f.
Faust [faust] (–, **Fäuste**) f poing m; **das paßt wie die ~ aufs Auge** (umg) ça arrive comme un cheveu sur la soupe; **auf eigene ~** (fig) de sa propre initiative.
Fäustchen [ˈfɔystçən] nt: **sich** Dat **ins ~ lachen** rire sous cape.
faustdick (umg) adj (Lüge) gros(se), gros-

sier(-ière); **er hat es ~ hinter den Ohren** il a plus d'un tour dans son sac.
Fausthandschuh _m_, **Fäustling** _m_ moufle _f_.
Faustregel _f_ règle _f_ générale.
Faustschlag _m_ coup _m_ de poing.
Favorit(in) [favo'ri:t(ın)] **(–en, –en)** _m(f)_ favori(-ite) _m/f_.
Faxen ['faksən] _(umg) pl:_ ~ **machen** faire le pitre.
Fazit ['fa:tsıt] **(–s, –s)** _nt_ bilan _m;_ **das ~ aus etw** ziehen faire le bilan de qch.
FCKW **(–s, –s)** _m abk_ (= _Fluorchlorkohlenwasserstoff_) CFC _m._
FdH _(umg) abk_ (= _Friß die Hälfte_) mange moins.
FDP _f abk_ (= _Freie Demokratische Partei_) le parti libéral allemand.
Feb. _abk_ = **Februar.**
Februar ['fe:brua:r] **(–(s), –e)** _m_ février _m; siehe auch_ **September.**
fechten ['fɛçtən] _unreg vi (kämpfen)_ se battre; _(SPORT)_ faire de l'escrime.
Feder ['fe:dər] **(–, –n)** _f_ plume _f; (TECH)_ ressort _m;_ ~**n lassen (müssen)** _(umg)_ y laisser des plumes; **in den ~n liegen** _(umg)_ être au plumard; ~**ball** _m_ volant _m; (Spiel)_ badminton _m;_ ~**bett** _nt_ édredon _m;_ **f~führend** _adj (Behörde)_ responsable; ~**halter** _m_ porte-plume _m inv;_ **f~leicht** _adj_ léger(-ère) comme une plume, poids plume _inv;_ ~**lesen** _nt:_ **nicht viel ~lesens mit jdm machen** ne pas prendre de gants avec qn; ~**mäppchen** _nt_ trousse _f_ d'écolier.
federn _vi (nachgeben: Sprungbrett, Reifen etc)_ faire ressort; (: _Polster etc_) rebondir ♦ _vt (Auto)_ équiper d'une suspension; _(Sessel)_ monter sur ressorts; **auf den Fußspitzen** ~ se déplacer sur la pointe des pieds; **das Bett ist gut gefedert** le lit a un bon sommier.
Federung _f (bei Auto)_ suspension _f; (bei Bett, Polster)_ ressorts _mpl._
Feder-: ~**vieh** _nt_ volaille _f;_ ~**weiße(r)** _m_ vin _m_ nouveau _od_ bourru; ~**zeichnung** _f_ dessin _m_ à la plume.
Fee [fe:] _f_ fée _f._
feenhaft ['fe:ənhaft] _adj_ féérique.
Fegefeuer ['fe:gəfɔʏər] _nt (REL)_ purgatoire _m._
fegen ['fe:gən] _vt (kehren)_ balayer; _(umg: sausen)_ passer en trombe _od_ à toute allure.
fehl [fe:l] _adj:_ ~ **am Platz** _od_ **Ort sein** être déplacé(e).
Fehlanzeige _(umg) f_ néant _m._
fehlen _vi_ manquer; _(Mensch)_ être absent(e) ♦ _vi unpers:_ **es fehlte nicht viel, und ich hätte ihn verprügelt** il s'en est fallu de peu que je le frappe, j'ai failli le frapper; **etw fehlt jdm** qch manque à qn; **du fehlst mir** tu me manques; **an etw** _Dat_ ~ manquer de qch; **das hat mir gerade noch gefehlt!** _(ironisch)_ il ne manquait plus que ça!; **weit gefehlt!** _(fig)_ vous n'y êtes pas du tout!; _(ganz im Gegenteil)_ loin de là!; **mir ~ die Worte** je ne sais que dire; **was fehlt Ihnen?** qu'est-ce qui ne va pas?; **wo fehlt es?** qu'est-ce qui ne va pas?; **es ~ 5 Löffel** il manque cinq cuillères.

Fehlentscheidung _f_ mauvaise décision _f._
Fehler **(–s, –)** _m_ faute _f,_ erreur _f; (Mangel, Schwäche)_ défaut _m;_ ~**beseitigung** _f (COMPUT)_ mise _f_ au point; **f~frei** _adj_ irréprochable; _(Arbeit)_ impeccable; _(Rechtschreibung)_ sans fautes; **f~haft** _adj_ défectueux(-euse); **f~los** _adj_ sans fautes; ~**meldung** _f (COMPUT)_ message _m_ d'erreur; ~**suchprogramm** _nt (COMPUT)_ programme _m_ de mise au point.
Fehl-: ~**geburt** _f_ fausse couche _f;_ **f~gehen** _unreg vi (geh: sich verirren)_ s'égarer; _(sich irren)_ se tromper; ~**griff** _m_ erreur _f;_ ~**konstruktion** _f:_ **eine ~konstruktion sein** être mal conçu(e); ~**schlag** _m_ échec _m;_ **f~schlagen** _unreg vi_ échouer; ~**schluß** _m_ conclusion _f_ erronée; ~**start** _m (SPORT)_ faux départ _m;_ ~**tritt** _m_ faux pas _m; (fig: Affäre)_ bêtise _f;_ ~**urteil** _nt_ erreur _f_ de jugement; ~**zündung** _f (AUT)_ raté _m._
Feier ['faɪər] **(–, –n)** _f_ fête _f;_ ~**abend** _m_ fin _f_ du travail; ~**abend machen** avoir fini sa journée de travail; **bei mir** _od_ **damit ist ~abend!** _(umg)_ ça suffit comme ça!
feierlich _adj (ernsthaft, würdig)_ solennel(le); _(förmlich)_ cérémonieux(-euse); **das ist ja nicht mehr ~** _(umg)_ ça dépasse les bornes; **F~keit** _f_ solennité _f;_ **F~keiten** _pl (Veranstaltung, Fest)_ festivités _fpl._
feiern _vt_ fêter, célébrer ♦ _vi_ fêter.
Feiertag _m_ jour _m_ férié.
Feige _f_ figue _f._
feig(e) [faɪk, faɪgə] _adj_ lâche.
Feigheit _f_ lâcheté _f._
Feigling _(pej) m_ lâche _m._
Feile ['faɪlə] _f_ lime _f._
feilen _vt, vi_ limer; **an etw** _Dat_ ~ limer qch; _(fig)_ polir qch.
feilschen ['faɪlʃən] _vi_ marchander.
fein [faɪn] _adj_ fin(e); _(Humor)_ subtil(e); _(vornehm)_ distingué(e); ~**!** très bien!; **du bist dir wohl zu ~ dafür!** _(pej)_ tu te crois trop bien pour ça?; **er ist ~ raus** _(umg)_ il s'en est bien tiré; **sich ~ machen** se mettre sur son trente et un.
Feind(in) [faɪnt, 'faɪndɪn] **(–(e)s, –e)** _m(f)_ ennemi(e) _m/f;_ ~**bild** _nt_ idée _f_ préconçue de l'ennemi; **f~lich** _adj (gegnerisch)_ ennemi(e); _(feindselig)_ hostile; ~**schaft** _f_ inimitié _f;_ **f~selig** _adj_ hostile; ~**seligkeit** _f_ hostilité _f._
fein-: ~**fühlig** _adj_ sensible; **F~gefühl** _nt_ délicatesse _f,_ tact _m;_ **F~heit** _f_ finesse _f; (Einzelheit, Nuance)_ subtilité _f;_ **F~kostgeschäft** _nt_ épicerie _f_ fine; **F~schmecker (–s, –)** _m_ gourmet _m;_ **F~wäsche** _f_ linge _m_ fin; **F~waschmittel** _nt_ lessive _f_ pour linge fin.
feist [faɪst] _adj (Gesicht)_ replet(-ète).
feixen ['faɪksən] _(umg) vi_ ricaner.
Feld [fɛlt] **(–(e)s, –er)** _nt (Acker)_ champ _m; (Gebiet)_ domaine _m; (auf Formular, bei Brettspiel, Schach)_ case _f; (SPORT)_ peloton _m;_ **Argumente ins ~ führen** avancer des arguments; **das ~ räumen** battre en retraite; **das ist ein weites ~** c'est un vaste domaine; ~**arbeit** _f_ travail _m_

de la terre, travaux *mpl* des champs; (*von Forscher*) recherches *fpl* sur le terrain; ~**bett** *nt* lit *m* de camp; ~**blume** *f* fleur *f* des champs; ~**herr** *m* commandant *m* en chef; ~**salat** *m* mâche *f*; ~**stecher** (**–s**, **–**) *m* jumelles *fpl*.

Feld-, Wald- und Wiesen- (*umg*) *in zW* ordinaire.

Feld-: ~**webel** (**–s**, **–**) *m* sergent *m*; ~**weg** *m* sentier *m*; ~**zug** *m* campagne *f*.

Felge ['fɛlgə] *f* (*AUT*) jante *f*.

Felgenbremse *f* frein *m* sur jante.

Fell [fɛl] (**–(e)s, –e**) *nt* (*von Hund, Hase etc*) poil *m*, pelage *m*; (*von Schaf*) toison *f*; (*von toten Tieren*) peau *f*; (*verarbeitetes* ~) fourrure *f*; **ein dickes** ~ **haben** (*fig*) avoir la peau dure; **ihm sind die** ~**e weggeschwommen** (*umg*) tous ses espoirs se sont envolés.

Fels [fɛls] (**–en, –en**) *m* = **Felsen**.

Felsen ['fɛlzən] (**–s, –**) *m* rocher *m*; **f**~**fest** *adj* ferme, inébranlable; ~**vorsprung** *m* saillie *f* rocheuse, rocher *m* en saillie.

felsig *adj* rocheux(-euse).

Felsspalte *f* anfractuosité *f*.

Felswand *f* paroi *f* rocheuse.

feminin [femi'ni:n] *adj* féminin(e); (*pej*) efféminé(e).

Feministin [femi'nɪstɪn] *f* féministe *f*.

Fenchel ['fɛnçəl] (**–s**) *m* fenouil *m*.

Fenster ['fɛnstər] (**–s, –**) *nt* fenêtre *f*; **weg vom** ~ **sein** (*umg*) être hors circuit; ~**bank** *f*, ~**brett** *nt* appui *m* de fenêtre; ~**heber** *m* (*AUT*) lève-glaces *m*; ~**laden** *m* volet *m*; ~**leder** *nt* peau *f* de chamois; ~**platz** *m* place *f* côté fenêtre; ~**putzer** (**–s, –**) *m* laveur *m* de carreaux; ~**scheibe** *f* vitre *f*.

Ferien ['fe:riən] *pl* vacances *fpl*; **die großen** ~ les grandes vacances; ~ **haben** être en vacances; ~ **machen** prendre des vacances; **in (die)** ~ **fahren** partir en vacances; ~**kurs** *m* cours *m* d'été *od* de vacances; ~**lager** *nt* colonie *f* de vacances; ~**reise** *f* voyage *m*; ~**wohnung** *f* appartement *m* (pour les vacances); ~**zeit** *f* temps *m* des vacances.

Ferkel ['fɛrkəl] (**–s, –**) *nt* porcelet *m*.

fern [fɛrn] *adj* lointain(e) ♦ *präp* +*Gen* loin de; ~ **von hier** loin d'ici; **der F**~**e Osten** l'Extrême-Orient *m*; **F**~**amt** *nt* (*TEL*) service *m* interurbain; **F**~**bedienung** *f* télécommande *f*; ~**bleiben** *unreg vi* ne pas prendre part.

Ferne *f* lointain *m*; **aus der** ~ de loin; **der Tag liegt noch in weiter** ~ ce jour est encore lointain.

ferner *konj* (*außerdem*) en outre ♦ *adv* (*weiterhin*): ~ **liefen** ... autres concurrents (non classés): ... ♦ *adj* (*Zukunft*) plus lointain(e); (*Aufträge*) additionnel(le).

Fern-: ~**fahrer** *m* routier *m*; ~**gespräch** *nt* communication *f* interurbaine; **f**~**gesteuert** *adj* téléguidé(e); ~**glas** *nt* jumelles *fpl*; **f**~**halten** *unreg vt* tenir à l'écart ♦ *vr* se tenir à l'écart; ~**heizung** *f* chauffage *m* urbain; ~**kopie** *f* télécopie *f*; ~**kopierer** *m* télécopieur

m; ~**kurs(us)** *m* cours *m* par correspondance; ~**lenkung** *f* téléguidage *m*; ~**licht** *nt* (*AUT*) feux *mpl* de route; **f**~**liegen** *unreg vi*: **es liegt mir f**~, **das zu tun** loin de moi, la pensée de faire cela.

Fernmelde- *in zW* des télécommunications; ~**amt** *nt* central *m* téléphonique.

Fern-: ~**ost**: **in/aus** ~**ost** en/d'Extrême-Orient; **f**~**östlich** *adj* d'Extrême-Orient, extrême-oriental(e); ~**rohr** *nt* longue-vue *f*; ~**ruf** *m* (*förmlich*) appel *m* interurbain; ~**schreiben** *nt* télex *m*; ~**schreiber** *m* télescripteur *m*; **f**~**schriftlich** *adv* par télex.

Fernsehansager *m* speaker *m*.

Fernsehapparat *m* poste *m* de télévision.

fernsehen ['fɛrnze:ən] *unreg vi* regarder la télévision; **F**~ (**–s**) *nt* télévision *f*; **im F**~ à la télévision.

Fernseher (*umg*) *m* (*Apparat*) télé *f*; (*Zuschauer*) téléspectateur *m*.

Fernseh-: ~**gebühr** *f* redevance *f*; ~**gerät** *nt* téléviseur *m*; ~**programm** *nt* (*Kanal*) chaîne *f*; (*Sendung*) émission *f*; (~*zeitschrift*) programme *m* des émissions télévisées de la semaine; ~**schirm** *m* écran *m* (de télévision); ~**sendung** *f* émission *f* de télévision; ~**übertragung** *f* retransmission *f*; ~**überwachungsanlage** *f* télévision *f* en circuit fermé; ~**zuschauer** *m* téléspectateur *m*.

Fern-: ~**sprecher** *m* téléphone *m*; ~**sprechnummer** *f* numéro *m* de téléphone; ~**sprechzelle** *f* cabine *f* téléphonique; ~**steuerung** *f* télécommande *f*; ~**straße** *f* ≈ route *f* nationale; ~**studium** *nt* cours *mpl* par correspondance; ~**universität** *f* cours *d'enseignement de niveau supérieur par correspondance*; ~**verkehr** *m* trafic *m* longue distance; ~**weh** *m* virus *m* des voyages; ~**zug** *m* train *m* des grandes lignes.

Ferse ['fɛrzə] *f* talon *m*.

Fersengeld *nt*: ~ **geben** (*umg*) tourner les talons.

fertig ['fɛrtıç] *adj* (*bereit*) prêt(e); (*beendet, vollendet*) fini(e), terminé(e); (*umg: ausgebildet*) qui a fini sa formation; **mit etw** ~ **sein** avoir terminé qch; **etw** ~ **kaufen** acheter qch tout(e) fait(e); **mit jdm** ~ **sein** (*umg*) avoir rompu avec qn; **mit jdm/etw** ~ **werden** venir à bout de qn/qch; **mit den Nerven** ~ **sein** être à bout de nerfs; ~ **essen/lesen** finir de manger/de lire; **F**~**bau** *m* construction *f* en préfabriqué; ~**bringen** *unreg vt* (*beenden*) terminer; (*fähig sein*) **es** ~**bringen, etw zu tun** arriver à faire qch.

fertigen *vt* fabriquer.

Fertig-: ~**gericht** *nt* plat *m* cuisiné; ~**haus** *nt* maison *f* en préfabriqué; ~**keit** *f* adresse *f*, dextérité *f*; **f**~**machen** *vt* (*beenden*) terminer; **jdn f**~**machen** (*bereitmachen, vorbereiten*) préparer qn; (*umg: ermüden*) épuiser qn; (: *deprimieren*) donner le cafard à qn; (: *abkanzeln*) démolir; **sich f**~**machen** se préparer; **f**~**stellen** *vt* achever.

Fertigung f fabrication f, production f.
Fertigware f produit m fini.
fesch [fɛʃ] (umg: SUDD, OSTERR) adj (modisch) chic inv; (hübsch) séduisant(e).
Fessel ['fɛsəl] (–, –n) f lien m.
fesseln vt (Gefangenen) ligoter; (fig) captiver; **ans Bett gefesselt** (fig) cloué(e) au lit.
fesselnd adj captivant(e).
Fest (–(e)s, –e) nt fête f; **frohes ~!** (Weihnachten) joyeux Noël!; **man soll die ~e feiern, wie sie fallen** (Sprichwort) il ne faut pas laisser passer les occasions de faire la fête.
fest [fɛst] adj ferme; (Nahrung, Stoff) solide; (Schuhe) bon(ne); (Preis, Wohnsitz, Anstellung) fixe; (Gehalt) régulier(-ière); (Bindung) sérieux(-euse); (Schlaf) profond(e) ♦ adv (schlafen) à poings fermés; **sie hat einen ~en Freund** a un petit ami; **~e Kosten** (WIRTS) frais mpl fixes; **~ entschlossen sein** être décidé(e) od résolu(e); **~angestellt** adj qui a un emploi fixe.
Festbeleuchtung f illumination f.
fest-: **~binden** unreg vi attacher; **~bleiben** unreg vi rester inébranlable, tenir bon; **F~essen** nt banquet m; **~fahren** unreg vr (fig) s'enliser; **~halten** unreg vt (Gegenstand) tenir, ne pas lâcher; (Ereignis) immortaliser ♦ vi: **an etw** Dat **~halten** (Meinung, Glauben) ne pas démordre de qch ♦ vr: **sich an etw** Dat **~halten** s'accrocher à qch.
festigen vt consolider, renforcer ♦ vr (Beziehung) se consolider; (Gesundheit) s'améliorer.
Festiger m fixateur m.
Festigkeit f (Stabilität) stabilité f; (Entschlossenheit) fermeté f.
Festival ['fɛstival] (–s, –s) nt festival m.
fest-: **~klammern** vr: sich **~klammern an** +Dat s'accrocher à; **~klemmen** vt coincer; **F~komma** nt (COMPUT) virgule f fixe; **F~land** nt continent m; **~legen** vt fixer ♦ vr (sich entscheiden) se décider; **jdn auf etw** Akk **~legen** (festnageln) astreindre qn à qch; (verpflichten) forcer qn à s'engager à qch.
festlich adj de fête; (Hochzeit) célébré(e) en grande pompe.
fest-: **~liegen** unreg vi (Geld) être immobilisé(e); (Termin) être fixé(e); **~machen** vt fixer ♦ vi (Schiff) mouiller; **~nageln** vt: **jdn (auf etw** Akk) **~nageln** (umg) forcer qn à s'engager (à qch); **F~nahme** f arrestation f; **~nehmen** unreg vt arrêter; **F~platte** f (COMPUT) disque m dur; **F~preis** m prix m fixe.
Festrede f discours m solennel.
fest-: **~schnallen** vt, vr siehe **anschnallen**; **~setzen** vt fixer ♦ vr (sich ansammeln) se déposer; **F~spiele** pl festival msg; **~stehen** unreg vi être fixé(e); (Entschluß) être arrêté(e); **~steilbar** adj (herauszufinden) qui peut être constaté(e); **~stellen** vt constater; (herausfinden) établir; **F~stellung** f constatation f; **die F~stellung machen, daß** constater que; **F~tag** m (jour m de) fête f; **~umrissen** adj (Begriff) bien défini(e); (Vorstellung) précis(e); **F~ung** f forte-

resse f; **~verzinslich** adj (FINANZ) à intérêt fixe; **F~wertspeicher** m (COMPUT) mémoire f morte; **F~wochen** pl festival msg; **F~zelt** nt chapiteau m.
Fete (umg) f fête f.
Fête (umg) f = **Fete**.
Fett [fɛt] (–(e)s, –e) nt graisse f; (an Fleisch) gras m.
fett adj gras(se); (Mensch, fig: Auftrag, Bankkonto etc) gros(se) ♦ adv: **~ gedruckt** en caractères gras; **~arm** adj pauvre en graisse, léger(-ère).
fetten vt (einschmieren) graisser.
Fett-: **~fleck** m tache f de gras; **f~gedruckt** adj en caractères gras; **~gehalt** m teneur f en graisse.
fettig adj gras(se).
Fettnäpfchen nt: **ins ~ treten** mettre les pieds dans le plat; **F~säure** f acide m gras.
Fetzen ['fɛtsən] (–s, –) m (Stoff~, Papier~) lambeau m; (Kleidung) loque f; **daß die ~ fliegen** (umg) comme des bêtes od une bête; **in ~ gehen/sein** (kaputtgehen) être/s'en aller en lambeaux.
feucht [fɔyçt] adj humide; **~fröhlich** (umg) adj joyeux(-euse); (Abend) bien arrosé(e); **F~igkeit** f humidité f; **F~igkeitscreme** f crème f hydratante.
feudal [fɔy'daːl] adj féodal(e); (umg) rupin(e).
Feuer ['fɔyər] (–s, –) nt feu m; (fig) ardeur f; **~!** au feu!; **~ fangen** prendre feu; (fig) s'enflammer; **~ machen** faire du feu; **für jdn durchs ~ gehen** se mettre en quatre pour qn; **~ und Flamme sein (für)** (umg) être tout feu tout flamme (pour); **haben Sie ~?** vous avez du feu?; **~alarm** m alerte f au feu; **~eifer** m enthousiasme m; **f~fest** adj (Geschirr) allant au four; **~gefahr** f danger m d'incendie; **bei ~gefahr** en cas d'incendie; **f~gefährlich** adj inflammable; **~leiter** f échelle f d'incendie; **~löscher** (–s, –) m extincteur m; **~melder** (–s, –) m avertisseur m d'incendie.
feuern vi (schießen) tirer; (heizen): **mit Öl/Holz ~** se chauffer au fioul/au bois ♦ vt (umg: schleudern) balancer; (: entlassen) virer; **jdm eine ~** (umg) donner une baffe à qn.
feuerpolizeilich adj (Bestimmungen) relatif(-ive) à la prévention des incendies.
feuerrot adj rouge vif inv.
Feuersbrunst f (geh) embrasement m.
Feuer-: **~schlucker** m avaleur m de feu; **~schutz** m (Vorbeugung) mesures fpl de prévention des incendies; **f~sicher** adj à l'épreuve du feu; **~stein** m silex m, pierre f à briquet; **~stelle** f foyer m; **~treppe** f escalier m de secours; **~versicherung** f assurance f incendie; **~waffe** f arme f à feu; **~wehr** (–, –en) f sapeurs-pompiers mpl; **~wehrauto** nt voiture f de pompiers; **~wehrmann** m pompier m; **~werk** nt feu m d'artifice; **~werkskörper** m pièce f d'artifice; **~zangenbowle** f sorte de punch chaud; **~zeug** nt briquet m.
Feuilleton [fœjə'tõː] (–s, –s) nt partie littéraire

et culturelle d'un journal.

feurig ['fɔʏrɪç] *adj* (*Liebhaber*) passionné(e); (*Blick*) ardent(e); (*Wein*) capiteux(-euse).

Fiche [fi:ʃ] (**–(s), –s**) *m od nt* microfiche *f.*

ficht *etc* [fɪçt] *vb siehe* **fechten**.

Fichte ['fɪçtə] *f* épicéa *m.*

ficken ['fɪkən] (*umg!*) *vt, vi* baiser (*umg(!)*).

fidel [fi'de:l] (*umg*) *adj* joyeux(-euse).

Fidschiinseln ['fɪdʒi|ɪnzəln]: **die ~** *pl* (les îles *fpl*) Fi(d)ji *fpl.*

Fieber ['fiːbər] (**–s, –**) *nt* fièvre *f*; **~ haben** avoir de la fièvre; **f~haft** *adj* fiévreux(-euse); (*hektisch*) fébrile.

fiebern *vi* avoir de la fièvre.

Fieberthermometer *nt* thermomètre *m* (médical).

fiebrig *adj* (*Erkältung*) avec de la fièvre.

fiel *etc* [fiːl] *vb siehe* **fallen**.

fies [fiːs] (*umg*) *adj* dégoûtant(e).

Figur [fi'guːr] (**–, –en**) *f* (*Körperform*) silhouette *f*, stature *f*; (*Mensch*) personnage *m*; (*Spiel~*) pion *m*; (: *Schach~*) pièce *f*; (*geometrisch, Tanz~*) figure *f*; (*Skulptur*) statue *f*; **eine gute/ schlechte/traurige ~ abgeben** faire bonne/ piètre/triste figure.

fiktiv [fɪk'tiːf] *adj* (*geh*) fictif(-ive).

Fil. *abk* (= *Filiale*) succursale *f.*

Filet [fi'leː] (**–s, –s**) *nt* (*KOCH*) filet *m.*

Filiale [fili'aːlə] *f* (*WIRTS*) succursale *f.*

Filipino [fili'piːno] (**–s, –s**) *m* Philippin *m.*

Film [fɪlm] (**–(e)s, –e**) *m* (*Spiel~*) film *m*; (*PHOT, dünne Schicht*) pellicule *f*; **einen ~ drehen** tourner un film; **~aufnahme** *f* prise *f* de vue.

Filmemacher(in) *m(f)* cinéaste *m/f.*

filmen *vt* filmer ♦ *vi* tourner.

Film-: **~festspiele** *pl* festival *msg* du cinéma; **~kamera** *f* caméra *f*; **~schauspieler(in)** *m(f)* acteur(-trice) *m/f* (de cinéma); **~spule** *f* bobine *f* (de film); **~verleih** *m* distributeur *m* (de films); **~vorführgerät** *nt* projecteur *m* de cinéma.

Filter ['fɪltər] (**–s, –**) *m* filtre *m*; **eine Zigarette mit/ohne ~** une cigarette avec/sans filtre; **~kaffee** *m* café-filtre *m.*

filtern *vt* filtrer.

Filterpapier *nt* papier-filtre *m.*

Filterzigarette *f* cigarette *f* à bout filtre.

Filz [fɪlts] (**–es, –e**) *m* feutre *m.*

filzen *vt* (*umg: durchsuchen*) fouiller ♦ *vi* (*Wolle*) feutrer.

Filzschreiber *m*, **Filzstift** *m* feutre *m*, stylo-feutre *m.*

Fimmel ['fɪməl] (**–s, –**; *umg*) *m* (*Tick*) manie *f*; **du hast wohl einen ~!** ça va pas, la tête?

Finale [fi'naːlə] (**–s, –(s)**) *nt* (*MUS, SPORT*) finale *f.*

Finanz [fi'nants] *f* finance *f*; **F~amt** *nt* perception *f*; **F~beamte(r)** *m* agent *m* du fisc; **F~en** *pl* finances *fpl*; **das übersteigt meine F~en** (*umg*) c'est au-dessus de mes moyens.

finanziell [finantsi'ɛl] *adj* financier(-ière).

finanzieren [finan'tsiːrən] *vt* financer.

finanz-: **~kräftig** *adj* solide sur le plan financier; **F~minister** *m* ministre *m* des Finances;

~schwach *adj* fragile sur le plan financier; **F~wesen** *nt* finances *fpl*; **F~wirtschaft** *f* finances *fpl.*

finden ['fɪndən] *unreg vt* trouver; (*Verlorenes*) retrouver ♦ *vi*: **nach Hause ~** trouver son chemin ♦ *vr* (*entdeckt werden*) être retrouvé(e); **ich finde schon allein hinaus** merci, je trouverai bien la sortie; **ich finde nichts dabei, wenn ...** je ne trouve rien de mal à ce que ...; **sich ~ in** +*Akk* (*sich fügen*) se faire à; **das wird sich ~** ça va s'arranger.

Finder(in) (**–s, –**) *m(f)* celui(celle) qui trouve; **~lohn** *m* récompense *f.*

findig *adj* ingénieux(-euse).

fing *etc* [fɪŋ] *vb siehe* **fangen**.

Finger ['fɪŋər] (**–s, –**) *m* doigt *m*; **lange ~ machen** (*umg*) piquer; **das kann sich jeder an den (fünf) ~n abzählen** (*umg*) ça saute aux yeux!; **sich** *Dat* **etw aus den ~n saugen** inventer qch de toutes pièces; **laß die ~ davon!** (*umg*) ne t'en mêle pas!; **jdm auf die ~ sehen** (*umg*) avoir qn à l'œil; **~abdruck** *m* empreinte *f* digitale; **~handschuh** *m* gant *m*; **~hut** *m* dé *m* à coudre; (*BOT*) digitale *f*; **~nagel** *m* ongle *m*; **~ring** *m* bague *f*; **~spitze** *f* bout *m* du doigt; **~spitzengefühl** *nt* doigté *m*; **~zeig** *m* (**–(e)s, –e**) *m* signe *m.*

fingieren [fɪŋ'giːrən] *vt* (*geh*) feindre, simuler.

fingiert *adj* fictif(-ive).

Fink ['fɪŋk] (**–en, –en**) *m* pinson *m.*

Finne(Finnin) ['fɪnə] (**–n, –n**) *m(f)* (*GEOG*) Finnois(e) *m/f*, Finlandais(e) *m/f.*

finnisch *adj* (*GEOG*) finnois(e), finlandais(e); **F~(e)** *nt* (*LING*) finnois *m.*

Finnland *nt* la Finlande.

finster ['fɪnstər] *adj* sombre; (*unheimlich*) sinistre ♦ *adv*: **jdn ~ ansehen** jeter un regard noir à qn; **im ~n tappen** être dans le noir (le plus complet); **F~nis** (**–, –**) *f* obscurité *f*, ténèbres *fpl.*

Finte ['fɪntə] *f* (*geh*) ruse *f.*

Firma (**–, Firmen**) *f* entreprise *f.*

Firmen-: **~aufdruck** *m* en-tête *m*; **~inhaber** *m* propriétaire *m* d'une *od* de l'entreprise; **~register** *nt* registre *m* du commerce; **~schild** *nt* enseigne *f*; **~übernahme** *f* rachat *f*; **~wagen** *m* voiture *f* de fonction; **~zeichen** *nt* marque *f* de fabrique, logo *m.*

Firmung *f* (*REL*) confirmation *f.*

Firnis ['fɪrnɪs] (**–ses, –se**) *m* vernis *m.*

Firnschnee ['fɪrnʃneː] *m* névé *m.*

fis [fɪs] *nt* (*MUS*) fa *m inv* dièse; **Fis-Dur** fa dièse majeur.

Fisch [fɪʃ] (**–(e)s, –e**) *m* poisson *m*; **~e** *mpl* (*ASTROL*) Poissons *mpl*; **das sind kleine ~e** (*umg*) ce sont des détails; **~besteck** *nt* couvert *m* à poisson.

fischen *vt, vi* pêcher.

Fischer (**–s, –**) *m* pêcheur *m.*

Fischerei [fɪʃə'raɪ] *f* pêche *f.*

Fisch-: **~fang** *m* pêche *f*; **~geschäft** *nt* poissonnerie *f*; **~gräte** *f* arête *f*; **~gründe** *pl* lieux *mpl* de pêche; **~stäbchen** *nt* bâtonnet *m* de poisson; ~**sterben** *nt* disparition *f* des poissons (*due à la pollution*); ~**zucht** *f* pisciculture *f*; ~**zug** *m* coup *m* de filet.

Fisimatenten [fizima'tɛntən] (*umg*) *pl* (*Ausflüchte*) échappatoires *fpl*; (*Umstände*) chichis *mpl*.

Fiskus ['fɪskʊs] *m* (*Staatskasse*) Trésor *m* (public).

fit [fɪt] *adj* en forme; **F~ness** ['fɪtnɛs] (–, –) *f*, **F~neß** ['fɪtnɛs] (–, –) *f* forme *f* physique; **F~nesscenter** ['-sɛntər] *nt* centre *m* de remise en forme.

Fittich ['fɪtɪç] (–(e)s, e) *m*: **jdn unter seine ~e nehmen** (*umg*) prendre qn sous son aile.

fix [fɪks] *adj* (*flink*) rapide; (*gleichbleibend*) fixe; ~**e Idee** idée *f* fixe; ~ **und fertig** (*völlig fertig*) tout(e) prêt(e); (*umg: erschöpft*) complètement crevé(e).

fixen (*umg*) *vi* (*Drogen spritzen*) se shooter.

Fixer(in) (–s, –) *m(f)* drogué(e) *m/f* (*qui se shoote*).

fixieren [fɪ'ksiːrən] *vt* fixer; (*schriftlich festhalten*) consigner (par écrit); **auf jdn/etw fixiert sein** (*PSYCH*) faire une fixation sur qn/qch.

Fixkosten *pl* (*WIRTS*) frais *mpl* fixes.

Fixum (–s, Fixa) *nt* fixe *m*.

FKK *abk* = **Freikörperkultur.**

flach [flax] *adj* plat(e); (*Fluß*) peu profond(e); (*oberflächlich*) superficiel(le); **auf dem ~en Land** en rase campagne.

Fläche ['flɛçə] *f* surface *f*; (*MATH auch*) superficie *f*.

flächendeckend *adj* (*Telefonnetz, Verkehrsnetz*) qui couvre l'ensemble du territoire.

Flächeninhalt *m* (*MATH*) superficie *f*.

flach-: ~**fallen** *unreg* (*umg*) *vi* tomber à l'eau; **F~heit** *f* aspect *m* plat; **F~land** *nt* plaine *f*; ~**liegen** *unreg* (*umg*) *vi* être malade; **F~mann** (–(e)s, –männer; *umg*) *m* flacon *m* plat.

Flachs [flaks] (–es) *m* (*BOT*) lin *m*.

flachsen ['flaksən] (*umg*) *vi* plaisanter.

flackern ['flakərn] *vi* (*Kerze, Flamme*) vaciller.

Fladen ['flaːdən] (–s, –) *m* (*KOCH*) galette *f*; (*umg: Kuh~*) bouse *f* (de vache); ~**brot** *nt* pain *m* plat.

Flagge ['flagə] *f* pavillon *m*.

flaggen *vi* pavoiser.

flagrant [fla'grant] *adj* (*geh*) flagrant(e); *siehe auch* **in flagranti.**

flambieren [flam'biːrən] *vt* (*KOCH*) flamber.

Flame ['flaːmə] (–n, –n) *m* Flamande *m*.

Flamin, Flämin *f* Flamande *f*.

Flamingo [fla'mɪŋgo] (–s, –s) *m* flamant *m* (rose).

flämisch ['flɛːmɪʃ] *adj* flamand(e).

Flämisch(e) *nt* (*LING*) le flamand.

Flamme ['flamə] *f* flamme *f*; **in ~n stehen** être en flammes; (*in Flammen aufgehen*) être réduit(e) en cendres.

Flandern ['flandərn] *nt* la Flandre, les Flandres *fpl*.

Flanell [fla'nɛl] (–s, –e) *m* flanelle *f*.

Flanke ['flaŋkə] *f* (*ANAT*) flanc *m*; (*SPORT: Spiel-*

feldseite) aile *f*.

Flasche ['flaʃə] *f* bouteille *f*; (*umg: Versager*) cloche *f*.

Flaschen-: ~**bier** *nt* bière *f* en bouteille *od* canette; ~**öffner** *m* ouvre-bouteilles *m*, décapsuleur *m*; ~**wein** *m* (*in Restaurant*) vin *m* en bouteille; ~**zug** *m* palan *m*.

flatterhaft (*pej*) *adj* volage.

flattern ['flatərn] *vi* (*Vogel*) voleter; (*Wäsche*) flotter au vent; (*Puls*) battre de manière irrégulière.

flau [flaʊ] *adj* (*schwach: Brise*) faible; (*WIRTS, FINANZ*) stagnant(e); **jdm ist ~** qn se sent mal.

Flaum [flaʊm] (–(e)s) *m* duvet *m*.

flauschig ['flaʊʃɪç] *adj* duveteux(-euse).

Flausen ['flaʊzən] *pl* (*Unsinn*) bêtises *fpl*.

Flaute ['flaʊtə] *f* calme *m* (plat); (*WIRTS*) stagnation *f*, marasme *m*.

Flechte ['flɛçtə] *f* (*Haar*) tresse *f*, natte *f*; (*BOT*) lichen *m*; (*MED*) lichen *m* (*dermatose à pellicules ou à croûtes*).

flechten *unreg vt* tresser.

Fleck [flɛk] (–(e)s, –e) *m* tache *f*; (*umg: Ort, Stelle*) endroit *m*; **nicht vom ~ kommen** ne pas avancer; **am falschen ~** sparen faire des économies au mauvais endroit; **sich nicht vom ~ rühren** ne pas bouger; **vom ~ weg** sur-le-champ.

Fleckchen *nt*: **ein schönes ~ (Erde)** un joli petit coin; **ein einsames ~ Erde** un petit coin tranquille.

Flecken (–s, –) *m* (*Fleck*) tache *f*; (*entlegenes Dorf*) bourg *m*, bourgade *f*; **f~los** *adj* sans tache; (*fig*) immaculé(e); ~**mittel** *nt*, ~**wasser** *nt* détachant *m*.

fleckig *adj* (*schmutzig*) taché(e).

Fledermaus ['fleːdərmaʊs] *f* chauve-souris *f*.

Flegel ['fleːgəl] (–s, –; *pej*) *m* (*Mensch*) mufle *m*; **f~haft** (*pej*) *adj* grossier(-ière); ~**jahre** *pl* âge *msg* ingrat.

flegeln (*pej*) *vr* se vautrer.

flehen ['fleːən] *vi*: **zu Gott ~** implorer Dieu; **um Gnade ~** implorer l'indulgence.

flehentlich *adj* suppliant(e).

Fleisch [flaɪʃ] (–(e)s) *nt* (*KOCH*) viande *f*; (*ANAT*) chair *f*; (*von Frucht*) chair, pulpe *f*; **sich** *Dat od Akk* **ins eigene ~ schneiden** se faire du tort à soi-même; ~**brühe** *f* (*KOCH*) bouillon *m* (gras).

Fleischer (–s, –) *m* boucher *m*.

Fleischerei [flaɪʃə'raɪ] *f* boucherie *f*.

fleischfressend *adj* carnivore.

fleischig *adj* charnu(e).

fleisch-: **f~lich** *adj* charnel(le), de la chair; **f~los** *adj* sans viande; ~**salat** *m* (*KOCH*) salade *de viande froide*; ~**vergiftung** *f* intoxication *f* alimentaire (*causée par de la viande avariée*); ~**wolf** *m* hachoir *m* (à viande) (*appareil*); ~**wunde** *f* blessure *f* ouverte; ~**wurst** *f* (*KOCH*) saucisse *f*.

Fleiß [flaɪs] (–es) *m* application *f*; **ohne ~ kein Preis** (*Sprichwort*) on n'a rien sans rien.

fleißig *adj* assidu(e); (*Schüler*) appliqué(e);

flektieren – Flüchtlingslager

(*umg*: *unermüdlich*) infatigable ♦ *adv*: ~ **studieren/arbeiten** bien travailler.
flektieren [flɛk'tiːrən] *vt* (*GRAM*) décliner; (: *Verb*) conjuguer.
flennen ['flɛnən] (*umg*: *pej*) *vi* pleurer, pleurnicher.
fletschen ['flɛtʃən] *vt* (*Zähne*) montrer.
Fleurop ® ['flɔʏrɔp] *f* Interflora ®.
flexibel [flɛ'ksiːbəl] *adj* flexible, souple; (*Firma, Wirtschaft*) qui sait s'adapter.
Flexibilität [flɛksibili'tɛːt] *f* flexibilité *f*, souplesse *f*.
flicht *etc* [flɪçt] *vb siehe* **flechten**.
Flicken (–s, –) *m* pièce *f*.
flicken ['flɪkən] *vt* raccommoder, rapiécer.
Flickzeug *nt* (*für Fahrrad etc*) trousse *f* de réparation.
Flieder ['fliːdər] (–s, –) *m* lilas *m*.
Fliege ['fliːgə] *f* mouche *f*; (*Querbinder*) nœud *m* papillon; **zwei ~n mit einer Klappe schlagen** (*Sprichwort*) faire d'une pierre deux coups.
fliegen *unreg vi* voler; (*Wolken*) passer; (*Funken*) jaillir; (*umg: herausgeworfen werden*) être viré(e); (: *hinfallen*) s'étaler ♦ *vt* (*Flugzeug*) piloter; (*Menschen*) transporter (par avion); (*Etappe*) faire; **auf jdn/etw ~** (*umg*) avoir un faible pour qn/qch; **aus der Kurve ~** manquer le virage.
fliegend *adj* (*Händler, Verkaufsbuden*) ambulant(e).
Fliegen-: **~gewicht** *nt* poids *m* mouche; **~klatsche** ['fliːgənklatʃə] *f* tapette *f* (à mouches); **~pilz** *m* (*BOT*) tue-mouches *m*, fausse oronge *f*.
Flieger (–s, –) *m* (*Pilot*) aviateur *m*, pilote *m*; (*umg: Flugzeug*) avion *m*; **~alarm** *m* alerte *f* aérienne.
fliehen ['fliːən] *unreg vi* fuir; **vor etw** *Dat* **~** fuir (devant) qch.
Fliehkraft ['fliːkraft] *f* (*PHYS*) force *f* centrifuge.
Fliese ['fliːzə] *f* carreau *m*.
fliesen *vt* carreler.
Fließ-: **~arbeit** *f* travail *m* à la chaîne; **~band** *nt* chaîne *f* (de montage); **am ~band arbeiten** travailler à la chaîne; **~bandproduktion** *f* production *f* à la chaîne; **f~en** *unreg vi* couler; (*Strom*) circuler; **f~en in** +*Akk* (*Fluß*) se jeter dans; **f~end** *adj* (*Wasser, Rede, Deutsch*) courant(e); (*Verkehr*) fluide; (*nicht klar abgegrenzt: Übergänge*) graduel(le) ♦ *adv*: **sie spricht f~end Deutsch** elle parle couramment l'allemand; **~heck** *nt* arrière *m* profilé; **~komma** *nt* (*COMPUT*) virgule *f* flottante.
flimmern ['flɪmərn] *vi* (*Luft, Wasser*) scintiller; **es flimmert mir vor den Augen** j'ai des éblouissements; **das Bild flimmert** (*TV, FILM*) l'image est mal réglée.
flink [flɪŋk] *adj* agile, vif(vive); **F~heit** *f* agilité *f*.
Flinte ['flɪntə] *f* fusil *m*; **die ~ ins Korn werfen** jeter le manche après la cognée.
Flirt (–s, –s) *m* flirt *m*; **einen ~ (mit jdm) haben** avoir un flirt (avec qn).
flirten ['flɪrtən] *vi* flirter.
Flittchen (–s, –; *pej*: *umg*) *nt* coureuse *f*.
Flitter (–s, –) *m* (*~schmuck*) paillettes *fpl*.
Flitterwochen *pl* lune *fsg* de miel.
flitzen ['flɪtsən] (*umg*) *vi* filer (comme une flèche).
Flitzer (–s, –; *umg*) *m* (*Auto*) bolide *m*.
floaten ['floːtən] *vt* (*FINANZ*) laisser flotter ♦ *vi* flotter.
flocht *etc* [flɔxt] *vb siehe* **flechten**.
Flocke ['flɔkə] *f* flocon *m*.
flog *etc* [floːk] *vb siehe* **fliegen**.
Floh (–(e)s, ̈e) *m* puce *f*; **jdm einen ~ ins Ohr setzen** (*umg*) donner des idées à qn.
floh *etc* [floː] *vb siehe* **fliehen**.
Flohmarkt *m* marché *m* aux puces.
Flop [flɔp] (–s, –s) *m* (*Mißerfolg*) flop *m*.
Floppy disk ['flɔpɪ] (–, –s) *f* disquette *f*.
Flora ['floːra] (–, –**ren**) *f* flore *f*.
Florenz [flo'rɛnts] *nt* Florence *f*.
Florida ['floːrida] (–) *nt* la Floride.
florieren [flo'riːrən] *vi* prospérer.
Florist(in) *m(f)* fleuriste *m/f*.
Floskel ['flɔskəl] (–, –**n**) *f* formule *f* (toute faite).
Floß [floːs] (–**es**, ̈e) *nt* radeau *m*.
floß *etc* [flɔs] *vb siehe* **fließen**.
Flosse ['flɔsə] *f* (*Fisch~, Robben~*) nageoire *f*; (*Taucher~*) palme *f*; (*umg: Hand*) patte *f*.
Flöte ['fløːtə] *f* (*MUS*) flûte *f*.
flötengehen ['fløːtəngeːən] (*umg*) *vi* être perdu(e) *od* paumé(e).
Flötist(in) [fløˈtɪst(ɪn)] *m(f)* flûtiste *m/f*.
flott [flɔt] (*umg*) *adj* (*schnell*) rapide; (*schwungvoll: Musik*) entraînant(e); (*schick*) chic *inv*, élégant(e); (*NAUT*) à flot.
Flotte *f* flotte *f*, marine *f*.
flottmachen *vt* (*Schiff*) remettre à flot; (*Auto, Fahrrad etc*) réparer.
Flottenstützpunkt *m* base *f* navale.
Fluch [fluːx] (–(e)s, ̈e) *m* juron *m*.
fluchen *vi* jurer; **auf jdn/über etw ~** pester contre qn/qch.
Flucht [flʊxt] (–, –**en**) *f* fuite *f*; (*gerade Reihe*) enfilade *f*; **auf der ~ sein** être en fuite; **die ~ ergreifen** prendre la fuite; **jdn/etw in die ~ schlagen** mettre qn/qch en fuite, faire fuir qn/qch.
fluchtartig *adj* précipité(e).
flüchten ['flʏçtən] *vi* fuir ♦ *vr* (*Schutz suchen*) se réfugier; **vor jdm/etw ~** fuir (devant) qn/qch.
Fluchthilfe *f*: **~ leisten** aider quelqu'un à fuir.
flüchtig *adj* (*oberflächlich*) superficiel(le); (*kurz: Blick, Besuch*) rapide; (*geflohen*) en fuite; (*CHEM*) volatil(e) ♦ *adv*: **ich kenne ihn nur ~** je ne le connais que de loin; **~er Speicher** (*COMPUT*) mémoire *f* volatile; **F~keit** *f* (*Unkonzentriertheit*) inattention *f*; **F~keitsfehler** *m* faute *f* d'inattention.
Flüchtling *m* réfugié(e) *m/f*.
Flüchtlingslager *nt* camp *m* de réfugiés.

Fluchtversuch m tentative f d'évasion.

Fluchtweg m sortie f de secours.

Flug [flu:k] (-(e)s, ⁻e) m vol m; **wie im** ~(e) en un éclair; ~**abwehr** f (MIL) défense f aérienne; ~**bahn** f trajectoire f; (Kreisbahn) orbite f; ~**begleiter(in)** m(f) steward m, hôtesse f de l'air; ~**blatt** nt tract m.

Flügel ['fly:gəl] (-s, -) m aile f; (Fenster~, Tür~) battant m; (Konzert~) piano m à queue; ~**tür** f porte f à deux battants.

flugfähig adj capable de voler; (Flugzeug) en état de navigation.

Fluggast m passager(-ère) m/f.

flügge ['flygə] adj (Vogel) prêt(e) à quitter le nid; (Mensch) capable de voler de ses propres ailes; ~ **werden/sein** apprendre à/ savoir voler; (fig) être capable de voler de ses propres ailes.

Flug-: ~**geschwindigkeit** f vitesse f de vol; ~**gesellschaft** f compagnie f aérienne; ~**hafen** m aéroport m; ~**höhe** f altitude f de vol; ~**lärm** m bruit m des avions; ~**lehrer** m moniteur(-trice) m/f d'aviation; ~**linie** f (Strecke) trajet m; (umg: Gesellschaft) compagnie f aérienne; ~**lotse** m aiguilleur m du ciel; ~**plan** m horaire m des vols; ~**platz** m aéroport m; (klein) aérodrome m; ~**reise** f voyage m en avion.

flugs [fluks] adv sans plus tarder.

Flug-: ~**schein** m (Ticket) billet m d'avion; (des Piloten) brevet m de pilote; ~**schreiber** m boîte f noire; ~**steig** m salle f d'embarquement; ~**strecke** f itinéraire m (de vol); ~**ticket** nt billet m d'avion; ~**verkehr** m trafic m aérien; ~**wesen** nt aviation f.

Flugzeug nt avion m; ~**entführung** f détournement m d'avion; ~**führer** m pilote m; ~**halle** f hangar m; ~**träger** m porte-avions m inv.

fluktuieren [fluktu'i:rən] vi (geh) fluctuer.

Flunder ['flundər] (-, -n) f (ZOOL) flet m.

flunkern ['fluŋkərn] (umg) vi raconter des bobards.

Fluor ['flu:ɔr] (-s) nt fluor m.

Flur¹ [flu:r] (-(e)s, -e) m (Wohnungs~) corridor m.

Flur² [flu:r] (-, -en) f (geh) campagne f, champs mpl; **allein auf weiter** ~ **stehen** être seul(e) au monde.

Fluß [flus] (-sses, ⁻sse) m rivière f; (ins Meer fließend) fleuve m; (Fließen) flot m; **im** ~ **sein** (fig) être en cours; **etw in** ~ Akk **bringen** mettre qch en train; **f~ab(wärts)** adv en aval; **f~auf(wärts)** adv en amont; ~**diagramm** nt organigramme m.

flüssig ['flysɪç] adj liquide; (Verkehr) fluide; (Stil) coulant(e); **F~keit** f liquide m; (von Metall, Stil) fluidité f; ~**machen** vt (Geld) débloquer.

Flußmündung f embouchure f.

Flußpferd nt hippopotame m.

flüstern ['flystərn] vi, vt chuchoter.

Flüsterpropaganda f bouche à oreille m.

Flut [flu:t] (-, -en) f (Gezeiten) marée f haute; (Wassermassen; fig) flot m.

fluten vi: **in etw** Akk ~ (Wasser, Menschen) envahir qch.

Flutlicht nt projecteurs mpl.

flutschen ['flutʃən] (umg) vi (rutschen) glisser; (funktionieren) marcher comme sur des roulettes.

Flutwelle f raz m de marée.

fl.W. abk = fließendes Wasser.

Fly-over [flaɪ'|oːva] (-s, -s) m autopont m.

focht etc [fɔxt] vb siehe **fechten**.

föderalistisch [fødera'lɪstɪʃ] adj fédéraliste.

föderativ [fødera'ti:f] adj fédératif(-ive).

Fohlen ['fo:lən] (-s, -) nt poulain m.

Föhn [fø:n] (-(e)s, -e) m (Wind) foehn m.

Föhre ['fø:rə] f pin m (sylvestre).

Folge ['fɔlgə] f (Reihen~) série f; (Auswirkung, Ergebnis) suite f, conséquence f; (Fortsetzung) épisode m; **in rascher** ~ coup sur coup; **etw zur** ~ **haben** entraîner qch; ~**n haben** avoir des conséquences; **einer Sache** Dat ~ **leisten** (geh) donner suite à qch; ~**erscheinung** f conséquence f, effet m.

folgen vi +Dat suivre; (zeitlich) succéder; (gehorchen) obéir; (sich ergeben) résulter; **jdm** ~ **können** arriver à suivre qn; **daraus folgt, daß** ... il en résulte que ..., il s'ensuit que ... .

folgend adj suivant(e); **im** ~**en** par la suite; (schriftlich auch) ci-après.

folgendermaßen ['fɔlgəndər'ma:sən] adv de la manière suivante.

folgen-: ~**los** adj sans suite(s); ~**reich** adj riche de conséquences, capital(e); ~**schwer** adj lourd(e) de conséquences.

folgerichtig adj conséquent(e), logique.

folgern vt conclure à ♦ vi conclure; **aus etw** ~, **daß** déduire de qch que.

Folgerung f conclusion f.

Folgeschaden m dommage m causé par le sinistre.

folgewidrig adj inconséquent(e).

folglich ['fɔlklɪç] adv en conséquence, par conséquent.

folgsam ['fɔlkza:m] adj obéissant(e); **F~keit** f obéissance f.

Folie ['fo:liə] f film m, pellicule f.

Folklore ['fɔlklo:ər] f folklore m.

Folter ['fɔltər] (-, -n) f torture f; **jdn auf die** ~ **spannen** (fig) mettre qn au supplice.

foltern vt torturer.

Fön ® [fø:n] (-(e)s, -e) m sèche-cheveux m inv.

Fonds [fö:] (-, -) m fonds m; (FINANZ: Schuldverschreibung) obligation f d'Etat.

Fondue [födy:] (-s, -s od -, -s) nt od f fondue f.

fönen vt sécher (au sèche-cheveux).

Fönfrisur f brushing m.

Fontäne [fɔn'tɛ:nə] f jet m d'eau.

foppen ['fɔpən] vt se moquer de, faire marcher.

forcieren [fɔr'si:rən] vt (erzwingen) imposer; (Tempo) forcer; (Konsum) pousser à; (Produktion) accélérer.

Förderband ['fœrdərbant] nt convoyeur m, tapis *m* roulant.

Förderer(Förderin) (–s, –) *m(f)* bienfaiteur(-trice) *m/f.*

Förderkorb *m* (*BERGB*) cage *f* d'extraction.

Förderkurs *m* (*SCH*) cours *m* de soutien *od* de rattrapage.

förderlich *adj* +*Dat* bon(ne) pour.

fordern ['fɔrdərn] *vt* (*verlangen*) exiger; (*fig: Opfer*) faire; (*heraus~*) provoquer ♦ *vi* exiger beaucoup.

fördern ['fœrdərn] *vt* (*Mensch, Talent, Neigung*) encourager; (*Plan*) favoriser, promouvoir; (*Produktivität*) stimuler; (*finanziell*) soutenir, financer; (*Kohle*) extraire.

Förderplattform *f* plate-forme *f* de forage.

Förderstufe *f* (*SCH*) enseignement sans groupes de niveaux.

Förderturm *m* (*auf Bohrstelle*) derrick *m*, tour *f* de forage; (*BERGB*) tour d'extraction.

Forderung ['fɔrdərʊŋ] *f* exigence *f*; (*WIRTS: Anspruch*) créance *f.*

Förderung ['fœrdərʊŋ] *f* (*von Nachwuchs*) encouragement *m*; (*von Industrie, Tourismus*) promotion *f*; (*von Kohle*) extraction *f.*

Forelle [fo'rɛlə] *f* truite *f.*

Form [fɔrm] *f* (–, –en) *f* forme *f*; (*Guß~, Back~*) moule *m*; **in ~ sein** être en forme; **in ~ von** sous forme de; **die ~ wahren** respecter les convenances; **in aller ~** en bonne et due forme.

formal [fɔr'maːl] *adj* formel(le); (*Grund*) de forme ♦ *adv* sur le papier.

formalisieren [fɔrmali'ziːrən] *vt* formaliser.

Formalität [fɔrmalɪ'tɛːt] *f* formalité *f*; **alle ~en erledigen** accomplir (toutes) les formalités.

Format [fɔr'maːt] (–(e)s, –e) *nt* format *m*; (*fig: Niveau*) niveau *m.*

formatieren [fɔrma'tiːrən] *vt* formater.

Formation [fɔrmatsi'oːn] *f* formation *f.*

formbar *adj* malléable.

Formblatt *nt* formulaire *m.*

Formel *f* formule *f.*

formelhaft *adj* (*Sprache, Stil*) stéréotypé(e), figé(e).

formell [fɔr'mɛl] *adj* formel(le).

formen *vt* former.

Formfehler *m* (*gesellschaftlich*) faux pas *m*; (*JUR*) vice *m* de forme.

formieren [fɔr'miːrən] *vt* (*Mannschaft*) former ♦ *vr* se ranger.

förmlich ['fœrmlɪç] *adj* (*offiziell*) officiel(le) ♦ *adv* (*umg: geradezu*) pratiquement; **F~keit** *f* formalité *f*; (*Benehmen*) cérémonie *f.*

formlos *adj* informe; (*zwanglos: Benehmen etc*) sans façon; (*Antrag, Brief*) tout(e) simple, sans (aucune) formalité.

Formsache *f* formalité *f.*

Formular [fɔrmu'laːr] (–s, –e) *nt* formulaire *m.*

formulieren [fɔrmu'liːrən] *vt* formuler.

Formulierung *f* formulation *f.*

formvollendet *adj* parfait(e); (*Vase etc*) d'une forme parfaite.

forsch [fɔrʃ] *adj* résolu(e), énergique.

forschen [fɔrʃən] *vi* (*wissenschaftlich*) faire de la recherche; **nach jdm/etw ~** chercher *od* rechercher qn/qch.

forschend *adj* scrutateur(-trice), inquisiteur(-trice).

Forscher(in) (–s, –) *m(f)* chercheur(-euse) *m/f*; (*Natur~*) scientifique *m/f.*

Forschung ['fɔrʃʊŋ] *f* recherche *f*; **~ und Lehre** la recherche et l'enseignement.

Forschungsreise *f* voyage *m* d'étude.

Forst [fɔrst] (–(e)s, –e) *m* forêt *f*; **~arbeiter** *m* employé *m* des eaux et forêts.

Förster(in) ['fœrstər] (–s, –) *m(f)* garde *m* forestier.

Forst-: **~haus** *nt* maison *f* forestière; **~wesen** *nt* eaux et forêts *fpl*; **~wirtschaft** *f* sylviculture *f.*

fort [fɔrt] *adv* (*weg*) loin; **~!** va-t'en!; **und so ~** et ainsi de suite; **in einem ~** sans s'arrêter; **~bestehen** *unreg vi* persister, survivre; **~bewegen** *vt* déplacer ♦ *vr* se déplacer; **~bilden** *vr* poursuivre sa formation; **F~bildung** *f* perfectionnement *m*; **berufliche F~bildung** formation *f* professionnelle; **~bleiben** *unreg vi* ne pas revenir; **~bringen** *unreg vt* (*Person*) emmener; **etw ~bringen** emporter qch; **F~dauer** *f* prolongation *f*; **~dauernd** *adj* continuel(le); (*in der Vergangenheit*) continu(e) ♦ *adv* continuellement; **~fahren** *unreg vi* (*wegfahren*) partir; (*weitermachen, fortsetzen*) continuer ♦ *vt* (*wegbringen*) emporter; **~führen** *vt* (*Arbeit etc*) poursuivre, continuer; (*wegführen*) emmener; **F~gang** *m* (*Weggang*) départ *m*; (*Verlauf*) suite *f*; **~gehen** *unreg vi* (*weggehen*) s'en aller, partir; (*andauern*) continuer; **~geschritten** *adj* avancé(e); **~kommen** *unreg vi* (*wegkommen*) parvenir à s'en aller; (*vorankommen*) progresser; (*verlorengehen*) disparaître; **~können** *unreg vi* pouvoir s'en aller; **~lassen** *unreg vt* (*auslassen*) omettre; **jdn ~lassen** (*weggehen lassen*) laisser partir qn; **~laufend** *adj*: **~laufend numeriert** numéroté(e) en continu; **~machen** (*umg*) *vr* filer, décamper; **~müssen** *unreg vi* devoir partir; **~pflanzen** *vr* se reproduire; **F~pflanzung** *f* reproduction *f.*

FORTRAN ['fɔrtran] *nt* fortran *m.*

fortreißen *unreg vt* arracher; (*mit sich reißen*) entraîner.

Forts. *abk* (= *Fortsetzung*) suite *f.*

fortschaffen *vt* enlever.

fortschreiten *unreg vi* (*voranschreiten: Krankheit*) progresser; (*Verfall, Arbeit*) avancer.

Fortschritt ['fɔrtʃrɪt] (–s, –e) *m* progrès *m*; **~e machen** faire des progrès; **f~lich** *adj* progressiste; (*Methode*) d'avant-garde.

fortschrittsgläubig *adj* qui croit au progrès.

fort-: **~setzen** *vt* (*fortführen*) continuer, poursuivre; **F~setzung** *f* continuation *f*, poursuite *f*; (*folgender Teil*) suite *f*; **F~setzung folgt à suivre; **F~setzungsroman** *m* roman-feuilleton *m*; **~während** *adj* constant(e), continuel(le); **~wirken** *vi* continuer d'agir;

~**ziehen** *unreg vt* tirer ♦ *vi* (*umziehen*) déménager.

Foto ['foːto] (**-s, -s**) *nt* photo *f* ♦ *m* (*umg*: ~*apparat*) appareil-photo *m*; **ein** ~ **machen** prendre une photo; ~**album** (**-s, -s**) *nt* album *m* de photos; ~**apparat** (**-s, -s**) *m* appareil-photo *m*; ~**graf(in)** (**-en, -en**) *m(f)* photographe *m/f*; ~**grafie** *f* photographie *f*; **f**~**grafieren** *vt* photographier, prendre en photo ♦ *vi* faire de la photo; ~**kopie** *f* photocopie *f*; **f**~**kopieren** *vt* photocopier; ~**kopierer** (*umg*) *m* photocopieuse *f*; ~**kopiergerät** *nt* photocopieuse *f*; ~**safari** *f* safari-photo *m*.

Foul [faʊl] (**-s, -s**) *nt* (*SPORT*) faute *f*.

Foyer |foaˈjeː] (**-s, -s**) *nt* foyer *m*; (*in Hotel*) hall *m*.

FPÖ (**-**) *f abk* (= *Freiheitliche Partei Österreichs*) *parti libéral de droite autrichien.*

Fr. *abk* (= *Frau*) Mme.

Fracht [fraxt] (**-, -en**) *f* chargement *m*; (*NAUT*) cargaison *f*; (*Preis*) fret *m*; ~ **zahlt Empfänger** (*WIRTS*) port *m* dû; ~**brief** *m* lettre *f* de voiture *od* de connaissement.

Frachter (**-s, -**) *m* cargo *m*.

fracht-: ~**frei** *adj* (*WIRTS*) franco de port; **F**~**gut** *nt* fret *m*; **F**~**kosten** *pl* (*WIRTS*) frais *mpl* de transport.

Frack [frak] (**-(e)s,** ̈**e**) *m* frac *m*, habit *m*.

Frage ['fraːgə] *f* question *f*; **jdm eine** ~ **stellen** poser une question à qn; **etw in** ~ **stellen** remettre qch en question; **das ist gar keine** ~, **das steht außer** ~ cela ne fait aucun doute; **im** ~ **kommend** possible; **das kommt nicht in** ~! il n'en est pas question!; ~**bogen** *m* questionnaire *m*.

fragen *vt* interroger ♦ *vi* demander ♦ *vr* se demander; **nach dem Weg** ~ demander son chemin; **ohne lange zu** ~ sans poser trop de questions; **da fragst du mich zuviel** (*umg*) ich, tu m'en demandes de trop; **nach** *od* **wegen** (*umg*) **jdm** ~ (*nach jds Befinden*) demander des nouvelles de qn; **es fragt sich** (*ist zweifelhaft*) on peut se poser la question.

Fragerei [fraːgəˈraɪ] (*pej*) *f* questions *fpl* incessantes.

Fragestunde *f* (*PARL*) heure *réservée aux interpellations.*

Fragezeichen *nt* point *m* d'interrogation.

fraglich *adj* (*zweifelhaft*) incertain(e); (*betreffend*) en question.

fraglos *adv* incontestablement.

Fragment [fraˈgmɛnt] *nt* fragment *m*.

fragmentarisch [fragmɛnˈtaːrɪʃ] *adj* fragmentaire.

fragwürdig ['fraːkvʏrdɪç] *adj* douteux(-euse).

Fraktion [frakʦˈjoːn] *f* (*POL*) groupe *m* parlementaire, coalition *f*.

Fraktionsvorsitzende(r) *f(m)* (*POL*) président *m* du groupe parlementaire.

Fraktionszwang *m* obligation *de voter selon les directives de son parti.*

frank [fraŋk] *adv*: ~ **und frei** franchement.

Franken[1] ['fraŋkən] (**-s**) *nt* (*GEOG*) la Franco-

nie.

Franken[2] ['fraŋkən] (**-, -**) *m* (*Schweizer* ~) franc *m* (suisse).

Frankfurt ['fraŋkfʊrt] (**-s**) *nt* (*GEOG*) Francfort.

Frankfurter (**-s, -**) *m* (*KOCH*) saucisse *f* de Francfort.

frankieren [fraŋˈkiːrən] *vt* affranchir.

Frankiermaschine *f* machine *f* à affranchir.

fränkisch ['fraŋkɪʃ] *adj* (*GEOG*) franconien(ne).

franko *adv* (*POST*) franco.

Frankreich ['fraŋkraɪç] *nt* la France.

Franse ['franzə] *f* frange *f*.

fransen *vi* (*Stoff*) s'effranger, s'effilocher.

Franzbranntwein *m sorte de baume.*

Franzose [franˈtsoːzə] (**-n, -n**) *m* Français *m*.

Französin [franˈtsøːzɪn] *f* Française *f*.

französisch *adj* français(e); ~**es Bett** grand lit *m*; **die** ~**e Riviera** la Côte d'Azur; **F**~**(e)** *nt* (*LING*) français *m*.

Französisch-Guyana *nt* la Guyane française.

Französischschweizer(in) *m(f)* Suisse *m/f* romand(e).

Fräse ['frɛːzə] *f* (*Werkzeug*) fraiseuse *f*; (*für Holz*) toupie *f*.

Fraß (**-es, -e;** *pej*: *umg*) *m* (*Essen*) tambouille *f*.

fraß *etc* [fraːs] *vb siehe* **fressen**.

Fratze ['fratsə] (*umg*) *f* (*Grimasse*) grimace *f*; **eine** ~ **schneiden** faire une grimace.

Frau [frau] (**-, -en**) *f* femme *f*; (*Anrede*) Madame *f*; ~ **Doktor** Docteur *m*.

Frauen-: ~**arzt** *m* gynécologue *m*; ~**bewegung** *f* mouvement *m* de libération de la femme; **f**~**feindlich** *adj* misogyne; ~**haus** *nt* centre *m* d'hébergement pour femmes battues; ~**held** *m* don Juan *m*; ~**rechtlerin** *f* féministe *f*; ~**zimmer** (*pej*) *nt* bonne femme *f*.

Fräulein ['frɔʏlaɪn] *nt* demoiselle *f*; „~" "Mademoiselle".

fraulich ['fraʊlɪç] *adj* féminin(e).

frech [frɛç] *adj* (*unverschämt*) insolent(e); (*keck*) coquin(e); **F**~**dachs** *m* petit impertinent *m*; **F**~**heit** *f* insolence *f*, impertinence *f*; **sich** *Dat* **(einige) F**~**heiten erlauben** se permettre des impertinences.

Fregatte [freˈgatə] *f* frégate *f*.

frei [fraɪ] *adj* libre; (*Arbeitsstelle*) vacant(e), à pourvoir; (*Mitarbeiter*) indépendant(e), freelance *inv*; (*Tag*) de congé; (*Aussicht*) dégagé(e); (*Ansichten*) large; (*unbekleidet*) nu(e); (*Geld*) disponible ♦ *adv* librement; **sich** *Dat* **einen Tag** ~ **nehmen** prendre un jour de congé; ~ **haben** avoir congé; **sich** ~ **machen** (*beim Arzt*) se déshabiller; **von etw** ~ **sein** être sans qch; **im F**~**en** en plein air; **unter** ~**em Himmel** à la belle étoile; **auf** ~**er Strecke** en rase campagne; „**Zimmer** ~" "chambre à louer"; **Morgen/Mittwoch ist** ~ demain/ mercredi nous avons congé; **aus** ~**en Stücken** *od* ~**em Willen** de son plein gré; ~ **nach ...** dans le style de ...; **der Film ist** ~ **ab 16 (Jahren)** ce film est interdit aux moins de 16 ans; ~ **Haus** (*WIRTS*) franco de port; ~**er Wett-**

bewerb (*WIRTS*) libre concurrence *f*; ~ **Schiff** (*WIRTS*) franco à bord; ~**e Marktwirtschaft** économie *f* de marché; ~ **sprechen** parler sans notes; **F~bad** *nt* piscine *f* en plein air; ~**bekommen** *unreg vt*: jdn ~**bekommn** obtenir la libération de qn; **einen Tag** ~**bekommen** obtenir un jour de congé; ~**beruflich** *adj* indépendant(e); **F~betrag** *m* dégrèvement *m* fiscal.

Freier (**–s, –**) *m* prétendant *m*.

Frei-: ~**exemplar** *nt* exemplaire *m* gratuit; ~**fahrkarte** *f* billet *m* gratuit; ~**gänger** *m* prisonnier *m* en liberté conditionnelle (*autorisé à aller travailler à l'extérieur pendant la journée*); **f~geben** *unreg vt* (*Preise*) libérer; (*Straße, Strecke etc*) ouvrir (à la circulation) ♦ *vi*: jdm **f~geben** donner congé à qn; **f~gebig** *adj* généreux(-euse); ~**gebigkeit** *f* générosité *f*; ~**gehege** *nt* installation *f* à ciel ouvert; ~**gepäck** *nt* bagages *mpl* en franchise; ~**hafen** *m* port *m* franc; **f~halten** *unreg vt* laisser libre; (*reservieren*) garder; (*für jdn bezahlen*) régaler ♦ *vr* se libérer; ~**handel** *m* libre-échange *m*; ~**handelszone** *f* zone *f* de libre-échange; **f~händig** *adv* (*fahren*) conduire sans tenir le guidon.

Freiheit *f* liberté *f*; **sich** *Dat* **die ~ nehmen, etw zu tun** prendre la liberté de faire qch; **f~lich** *adj* libéral(e).

Freiheits-: ~**drang** *m* soif *f* de liberté; ~**kampf** *m* lutte *f* de libération; ~**kämpfer(in)** *m(f)* guérillero *m*; ~**strafe** *f* (*JUR*) peine *f* de prison.

frei-: ~**heraus** *adv* franchement; **F~karte** *f* billet *m* gratuit; ~**kaufen** *vt*: jdn ~**kaufen** racheter qn; **sich ~kaufen** se racheter; ~**kommen** *unreg vi* être libéré(e); **F~körperkultur** *f* naturisme *m*; **F~landgemüse** *nt* légumes *mpl* de pleine terre *od* de plein champ; ~**lassen** *unreg vt* (*Gefangenen*) libérer; (*Tier*) remettre en liberté; **F~lauf** *m* (*von Fahrrad*) roue *f* libre; ~**legen** *vt* mettre à jour, dégager; ~**lich** *adv* (*jedoch, allerdings*) cependant; **ja** ~**lich!** mais certainement!; **F~lichtbühne** *f* théâtre *m* en plein air; **F~lichtmuseum** *nt* village musée; ~**machen** *vt* (*Post*) affranchir ♦ *vi* (*nicht arbeiten*) prendre ♦ *vr* (*entkleiden*) se déshabiller; (*umg: freie Zeit erübrigen*) se libérer; **F~maurer** *m* franc-maçon *m*.

freimütig ['fraɪmyːtɪç] *adj* franc(franche).

Frei-: ~**raum** *m* (*fig*) liberté *f* d'action; **f~schaffend** *adj* indépendant(e), free-lance *inv*; ~**schärler** (**–s, –**) *m* franc-tireur *m*; **f~schwimmen** *unreg vr* (*fig*) voler de ses propres ailes; **f~setzen** *vt* (*Energien*) libérer; **f~sprechen** *unreg vt*: jdn (von etw) **f~sprechen** acquitter qn *od* décharger qn (de qch); ~**spruch** *m* acquittement *m*; **f~stehen** *unreg vi* (*leerstehen*) être inoccupé(e); **es steht dir f~, das zu tun tu es libre de le faire; das steht Ihnen völlig f~** à vous de décider; **f~stellen** *vt*: jdm etw **f~stellen** laisser qn décider qch; ~**stoß** *m* coup *m* franc; ~**stunde** *f* (*SCH*) heu-

re *f* de libre.

Freitag *m* vendredi *m*; *siehe auch* **Dienstag**.

freitags *adv* le vendredi.

Frei-: ~**tod** *m* suicide *m*; ~**übungen** *pl* exercices *mpl* de gymnastique; ~**umschlag** *m* enveloppe *f* affranchie; **f~willig** *adj* volontaire; ~**willige(r)** *f(m)* volontaire *m/f*; ~**willigkeit** *f* caractère *m* volontaire; ~**zeichen** *nt* (*TEL*) tonalité *f*; ~**zeit** *f* (*freie Zeit*) temps *m* libre; (*Veranstaltung*) sortie *f*; ~**zeitgestaltung** *f* organisation *f* des loisirs; ~**zeitwert** *m* possibilités *fpl* de loisirs; **dieser Ort hat einen hohen ~zeitwert** cet endroit propose de nombreuses activités et attractions; ~**zeitzentrum** *nt* centre *m* de loisirs; **f~zügig** *adj* (*unbürgerlich*) libre; (*mit Geld*) peu regardant(e), généreux(-euse); **innerhalb der EG sind alle Bürger f~zügig** les citoyens de la CE sont libres de s'établir dans le pays de leur choix.

fremd [frɛmt] *adj* (*nicht vertraut*) inconnu(e); (*nicht eigen*) d'autrui; (*ausländisch*) étranger(-ère); **etw ist jdm ~** qn ne connaît pas qch/qn; **ich bin hier ~** je ne suis pas d'ici; **sich ~ fühlen** se sentir dépaysé(e); ~**artig** *adj* étrange.

Fremde(r) *f(m)* étranger(-ère) *m/f* ♦ *f*: **die Fremde** (*das Ausland*) l'étranger *m*.

Fremden-: ~**führer(in)** *m(f)* guide *m*; ~**heim** *nt* pension *f*; ~**legion** *f* légion *f* étrangère; ~**paß** *m* pièce d'identité délivrée à titre provisoire aux réfugiés et aux apatrides; ~**verkehr** *m* tourisme *m*; ~**verkehrszentrale** *f* office *m* du tourisme; ~**zimmer** *nt*: „~**zimmer**" "chambres à louer".

fremd-: ~**gehen** *unreg* (*umg*) *vi* être infidèle; **F~kapital** *nt* (*WIRTS*) capital *m* d'emprunt; **F~körper** *m* corps *m* étranger; ~**ländisch** *adj* étranger(-ère); **F~ling** *m* étranger(-ère) *m*; **F~sprache** *f* langue *f* étrangère; **F~sprachenkorrespondentin** *f* secrétaire *f* bilingue *od* trilingue; ~**sprachig** *adj attrib* de langue étrangère; (*Unterricht*) en langue étrangère; (*literatur*) étranger(-ère); ~**sprachlich** *adj* (*Wort*) étranger(-ère); (*Unterricht*) des langues étrangères; **F~wort** *nt* mot *m* étranger.

frenetisch [fre'neːtɪʃ] *adj* (*geh*) frénétique.

Frequenz [fre'kvɛnts] *f* fréquence *f*.

Fresko ['frɛsko] (**–s, –ken**) *nt* fresque *f*.

Fresse (*umg*) *f* gueule *f*.

fressen ['frɛsən] *unreg vt* (*subj: Tier*) manger; (: *Mensch: umg*) bouffer; (*verbrauchen: Benzin*) consommer; (: *Geld*) engloutir; (*umg: verstehen*) piger ♦ *vi* (*siehe vt*) manger; bouffer; **an etw** *Dat* ~ (*zerstören*) ronger qch; **einen Narren an jdm gefressen haben** adorer qn; **einen Narren an etw** *Dat* **gefressen haben** raffoler de qch; **den hab' ich gefressen!** il me les casse!

Freude ['frɔʏdə] *f* joie *f*; ~ **an etw** *Dat* **haben** trouver plaisir à qch; **jdm eine ~ machen** *od* **bereiten** faire plaisir à qn.

Freudentanz *m*: **einen ~ aufführen** danser de

joie.

freudestrahlend *adj* rayonnant(e) (de joie).

freudig *adj* (*froh*) joyeux(-euse); (*beglückend*: *Nachricht, Überraschung*) bon(bonne) ♦ *adv* avec joie; **~es Ereignis** heureux événement *m*.

freudlos *adj* triste.

freuen ['frɔyən] *vt unpers* faire plaisir à ♦ *vr* être content(e) *od* enchanté(e), se réjouir; **sich über etw** *Akk* ~ se réjouir de qch; **es freut mich, daß ...** je suis heureux(-euse) que ...; **es freut mich sehr, Sie kennenzulernen** enchanté(e)!; **es hat mich sehr gefreut, Sie kennenzulernen!** (je suis) heureux(-euse) d'avoir fait votre connaissance!; **sich auf etw** *Akk* ~ attendre qch avec impatience; **sich auf jdn** ~ être impatient(e) de voir qn; **sich zu früh** ~ se réjouir prématurément.

Freund ['frɔynt] (**–(e)s, –e**) *m* ami *m*; (*Anhänger*) amateur *m*; **ich bin kein** ~ **von so etwas** je n'aime pas ce genre de chose; **~in** *f* amie *f*; **f~lich** *adj* (*Mensch, Miene*) aimable; (*Wohnung, Gegend*) accueillant(e); (*Farbe, Wetter*) agréable; **mit f~lichen Grüßen** (*Briefschluß*) veuillez agréer, Monsieur/Madame/Messieurs l'assurance de nos sentiments dévoués; **würden Sie bitte so f~lich sein und das tun?** auriez-vous l'amabilité de faire cela?; **f~licherweise** *adv* aimablement; **~lichkeit** *f* amabilité *f*; **~schaft** *f* amitié *f*; **mit jdm ~schaft schließen** se lier d'amitié avec qn; **f~schaftlich** *adj* amical(e).

Frevel ['freːfəl] (**–s, –**) *m* offense *f*; (*fig*) crime *m*; **f~haft** *adj* coupable.

Frieden ['friːdən] (**–s, –**) *m* paix *f*; **im** ~ en temps de paix; ~ **schließen** faire la paix; **um des lieben ~s willen** (*umg*) pour avoir la paix; **jdn (mit etw) in** ~ **lassen** laisser qn tranquille (avec qch); **ich traue dem** ~ **nicht** (*umg*) c'est le calme avant la tempête.

Friedens-: **~bewegung** *f* mouvement *m* pour la paix; **~schluß** *m* conclusion *f* de la paix; **~truppen** *pl* forces *fpl* de maintien de la paix; **~verhandlungen** *pl* négociations *fpl* de paix; **~vertrag** *m* traité *m* de paix; **~zeit** *f* temps *m* de paix.

fried-: **~fertig** *adj* pacifique; **F~hof** *m* cimetière *m*; **~lich** *adj* (*Volk, Gegend, Tier*) paisible; (*friedfertig, friedvoll*) pacifique; (*Demonstration*) non violent(e); **etw auf ~lichem Wege lösen** résoudre qch pacifiquement.

frieren ['friːrən] *unreg vi* avoir froid ♦ *vi unpers* geler; **ich friere, es friert mich** j'ai froid; **heute hat es gefroren** aujourd'hui, il a gelé.

Fries [friːs] (**–es, –e**) *m* (*ARCHIT*) frise *f*.

Friese(-in) ['friːzə] *m(f)* (*GEOG*) Frison(ne).

Friesland *nt* la Frise.

frigid(e) *adj* frigide.

Frikadelle [frika'dɛlə] *f* boulette *f* de viande hachée.

Frikassee [frika'seː] (**–s, –s**) *nt* fricassée *f*.

Frisbee ['frisbi] (**–, –s**) *nt* frisbee *m*.

frisch [frɪʃ] *adj* frais(fraîche); (*Wäsche, Kleidung*) propre; (*lebhaft, munter*) plein(e) d'en-

train; ~ **gestrichen!** peinture fraîche!; **sich** ~ **machen** faire un brin de toilette; **jdn auf ~er Tat ertappen** prendre qn sur le fait.

Frische *f* fraîcheur *f*; **in alter** ~ (*umg*) comme toujours; **~-Datum** *nt* date *f* limite de vente.

Frischhaltebeutel *m* sachet *m* hermétique.

Friseur(Friseuse) [fri'zøːr (fri'zøːzə)] (**–s, –e**) *m(f)* coiffeur/-euse) *m/f*.

frisieren [fri'ziːrən] *vt* coiffer; (*Abrechnung*) truquer; (*Motor*) trafiquer ♦ *vr* se coiffer.

Frisiersalon *m* salon *m* de coiffure.

Frisör [fri'zøːr] *m* coiffeur *m*.

frißt [frɪst] *vb siehe* **fressen**.

Frist [frɪst] (**–, –en**) *f* (*Zeitraum*) délai *m*; (*Termin*) date *f* limite; **eine** ~ **einhalten** respecter un délai; **eine** ~ **verstreichen lassen** laisser passer un délai; (*bei Rechnung*) ne pas payer dans les délais.

fristen *vt*: **ein kümmerliches Dasein** ~ mener une existence misérable.

Fristenlösung *f*, **Fristenregelung** *f* légalisation de l'avortement jusqu'à trois mois de grossesse.

frist-: **~gemäß**, **~gerecht** *adj* dans les délais impartis; **~los** *adj* sans préavis.

Frisur [fri'zuːr] *f* coiffure *f*.

Friteuse [fri'tøːzə] *f* friteuse *f*.

fritieren [fri'tiːrən] *vt* (faire) frire.

frivol [fri'voːl] *adj* (*Mensch*) frivole; (*Witz*) léger(-ère).

Frl. *abk* (= *Fräulein*) Mlle.

froh [froː] *adj* (*Mensch, Miene*) joyeux(-euse); (*Ereignis*) heureux(-euse); (*Nachricht*) bon(bonne); **ich bin** ~, **daß ...** je suis content(e) que ...; **die F~e Botschaft** l'Evangile *m*; **seines Lebens nicht mehr** ~ **werden** accumuler les déboires.

fröhlich ['frøːlɪç] *adj* joyeux(-euse), gai(e) ♦ *adv* (*unbekümmert*) sans s'inquiéter; **F~keit** *f* gaieté *f*.

frohlocken (*pej*) *vi* exulter.

Frohsinn *m* enjouement *m*.

fromm [frɔm] *adj* pieux(-euse) ♦ *adv* pieusement; **ein ~er Wunsch** un vain espoir.

Frömmigkeit *f* piété *f*.

frönen ['frøːnən] *vi* +*Dat* s'adonner à.

Fronleichnam [froːn'laɪçnaːm] (**–(e)s**) *m* Fête-Dieu *f*.

Front [frɔnt] (**–, –en**) *f* (*von Gebäude*) façade *f*; (*MIL*) front *m*; **klare ~en schaffen** clarifier les positions; **gegen jdn/etw** ~ **machen** faire front contre qn/qch.

frontal [frɔn'taːl] *adj, adv* de plein fouet, de front; **F~angriff** *m* (*fig*) attaque *f* de front.

fror *etc* [froːr] *vb siehe* **frieren**.

Frosch [frɔʃ] (**–(e)s, ⸚e**) *m* grenouille *f*; (*Feuerwerk*) pétard *m*; **sei kein ~!** (*umg*) ne joue pas les trouble-fête!; **~mann** *m* homme-grenouille *m*; **~schenkel** *m* cuisse *f* de grenouille.

Frost [frɔst] (**–(e)s, ⸚e**) *m* gel *m*; **f~beständig** *adj* résistant(e) au gel; **~beule** *f* engelure *f*.

frösteln ['frœstəln] *vi* frissonner; **es fröstelt**

mich j'ai des frissons.
frostig *adj* glacial(e).
Frostschutzmittel *nt* antigel *m*.
Frottee [frɔ'te:] (**-(s), -s**) *nt od m* tissu *m* éponge.
frottieren [frɔ'ti:rən] *vt* frictionner.
Frottier(hand)tuch *nt* serviette *f* éponge.
frotzeln ['frɔtsəln] (*umg*) *vt* taquiner ◆ *vi* plaisanter.
Frucht [fruxt] (**-**, **=e**) *f* fruit *m*; (*Embryo*) embryon *m*, fœtus *m*; (*Getreide*) récolte *f*; ~ **tragen** fructifier; (*fig*) porter ses fruits; **f~bar** *adj* fertile; (*Frau, Tier*) fécond(e); (*fig*) fructueux(-euse); **~barkeit** *f* (*siehe adj*) fertilité *f*; fécondité *f*; **~becher** *m* (*KOCH*) coupe *f* glacée aux fruits; **f~bringend** *adj* fructueux(-euse).
Früchtchen ['fryçtçən] (*umg*) *nt* (*Tunichtgut*) vaurien *m*.
Fruchteis *nt* glace *f* aux fruits.
fruchten *vi* porter ses fruits.
fruchtig *adj* fruité(e).
fruchtlos *adj* (*nutzlos*) infructueux(-euse).
Fruchtsaft *m* jus *m* de fruit.
früh [fry:] *adj* (*Zug*) tôt le matin; (*Winter, Tod, Obst*) précoce ◆ *adv* (*zeitig*) tôt, de bonne heure; **am ~en Morgen** tôt le matin; **in ~er Kindheit** dès la prime enfance; **heute** ~ ce matin; **von** ~ **bis spät** du matin au soir; **~auf** *adv*: **von ~auf** dès le plus jeune âge; **F~aufsteher** (**-s, -**) *m* lève-tôt *m inv*; **F~dienst** *m*: **F~dienst haben** être de l'équipe du matin.
Frühe *f* (*Morgen*) matin *m*; **in aller** ~ de bonne heure, de bon matin.
früher *adj* (*einst*) antérieur(e); (*ehemalig*) ancien(ne) ◆ *adv* autrefois; ~ **oder später** tôt ou tard; ~ **war das anders** autrefois, c'était différent.
frühestens *adv* au plus tôt.
Frühgeburt *f* naissance *f* avant terme; (*Kind*) prématuré(e) *m(f)*.
Frühjahr *nt* printemps *m*.
Frühjahrsmüdigkeit *f* fatigue *f* de printemps.
Frühjahrsputz *m* nettoyages *mpl* de printemps.
Frühling *m* printemps *m*; **im** ~ au printemps.
früh-: ~**reif** *adj* précoce; **F~rentner** *m* préretraité *m*; **F~schicht** *f* équipe *f* du matin; **F~schoppen** *m* petit verre *m* du matin; **F~sport** *m* gymnastique *f* matinale; **F~stück** *nt* petit déjeuner *m*; ~**stücken** *vi* prendre le petit déjeuner; **F~stücksbüfett** *nt* buffet *m* pour le petit déjeuner; **F~warnsystem** *nt* (*MIL*) système *m* de première alerte; ~**zeitig** *adj* (*vorzeitig*) précoce ◆ *adv* (*rechtzeitig*) de bonne heure, tôt; (*vorzeitig*) prématurément.
Frust (**-(e)s**; *umg*) *m* frustration *f*.
frustrieren [frus'tri:rən] *vt* frustrer.
FSV *abk* (= *Fußball-Sportverein*) FC *m*.
FU (**-**) *f abk* (= *Freie Universität Berlin*) une des universités de Berlin.
Fuchs [fuks] (**-es**, **=e**) *m* (*ZOOL*) renard *m*.
fuchsen (*umg*) *vt* énerver, agacer ◆ *vr* en faire

une jaunisse.
Füchsin ['fyksın] *f* renarde *f*.
Fuchsschwanz *m* (*Säge*) scie *f* égoïne.
fuchsteufelswild *adj* furieux(-euse), fou(folle).
Fuchtel ['fuxtl] (*umg*) *f*: **unter jds** ~ sous la coupe de qn.
fuchteln ['fuxtəln] (*umg*) *vi* gesticuler.
Fuge ['fu:gə] *f* interstice *m*; (*MUS*) fugue *f*; **aus den ~n geraten** (*fig*) être mis(e) sens dessus dessous.
fügen ['fy:gən] *vt* (*setzen*) joindre; (*geh: bewirken*) vouloir ◆ *vr* (+*Dat*) (*sich unterordnen*) se soumettre (à), se plier (à) ◆ *vi unpers* se trouver; **sich in sein Schicksal** ~ se résigner à son sort; **es fügte sich, daß** ... il s'est trouvé que ..., le hasard a voulu que ... .
fügsam ['fy:kza:m] *adj* soumis(e), docile.
Fügung *f*: **eine** ~ **des Himmels/Schicksals** un décret de la Providence/du sort.
fühlbar *adj* sensible.
fühlen ['fy:lən] *vt* (*empfinden, spüren*) sentir; (*abtasten*) tâter ◆ *vi* sentir ◆ *vr* se sentir; **mit jdm** ~ comprendre les sentiments de qn.
Fühler (**-s, -**) *m* (*von Insekt*) antenne *f*; (*von Schnecke*) corne *f*.
Fühlung *f* (*Kontakt*): **mit jdm** ~ **halten/aufnehmen** garder le contact/prendre contact avec qn; **~nahme** *f*: **eine persönliche ~nahme** un contact personnel.
fuhr *etc* [fu:r] *vb siehe* **fahren**.
Fuhre *f* (*Ladung*) cargaison *f*.
führen ['fy:rən] *vt* (*leiten*) être à la tête de; (*begleiten, beeinflussen*) mener, conduire; (*als Fremdenführer*) guider; (*Geschäft, Haushalt, Liste*) tenir; (*Waren*) avoir, vendre; (*Name*) porter; (*förmlich: Fahrzeug*) conduire; (*Konto*) avoir ◆ *vi* mener ◆ *vr* (*sich benehmen*) se conduire; **jdn durch eine Stadt** ~ faire visiter une ville à qn; **etw mit sich** ~ avoir qch sur soi; **den Löffel zum Mund** ~ porter la cuillère à la bouche; **was führt Sie zu mir?** (*förmlich*) qu'est-ce qui vous amène?; **Geld/sein Papiere bei sich** ~ (*förmlich*) avoir de l'argent/ses papiers sur soi; **das führt zu nichts** cela ne mène à rien; **Schottland führt mit 3:0** l'Écosse mène 3 à zéro.
Führer(in) ['fy:rər(ın)] *m(f)* (*von Land, Gruppe*) leader *m*; (*Fremden~*) guide *m*; **~haus** *nt* cabine *f*; **~schein** *m* permis *m* de conduire; **den ~schein machen** (*Fahrunterricht nehmen*) prendre des leçons de conduite; (*die Prüfung ablegen*) passer l'examen du permis de conduire; **~scheinentzug** *m* retrait *m* de permis de conduire.
Fuhrmann ['fu:rman] (**-(e)s**, **-leute**) *m* charretier *m*.
Fuhrpark *m* parc *m* de véhicules.
Führung ['fy:run] *f* conduite *f*; (*eines Unternehmens*) direction *f*; (*Partei~*) leadership *m*; (*MIL*) commandement *m*; (*Besichtigung mit Führer*) visite *f* guidée.
Führungs-: ~**kraft** (**-**, **=e**) *f* cadre *m* supé-

rieur; ~**stab** m (MIL) état-major m; (WIRTS) direction f; ~**stil** m style m de gestion; ~**zeugnis** nt (polizeilich) certificat m de bonne vie et mœurs od de moralité.

Fuhrunternehmen nt entreprise f de transport.

Fuhrwerk nt char m.

Fülle ['fʏlə] f (Menge, Vielfalt) abondance f, masse f.

füllen vt remplir; (Zahn) plomber; (KOCH) farcir; (Platz: in Anspruch nehmen) occuper ♦ vr: **sich mit etw ~** se remplir de qch.

Füller (–s, –) m stylo m plume od à encre.

Füllfederhalter m stylo m à encre.

Füllgewicht nt (WIRTS) poids m de remplissage; (auf Dosen) poids net.

füllig ['fʏlɪç] adj rondelet(te).

Full-time-Job [fʊltaɪm'dʒɔb] m emploi m à plein temps.

Füllung f remplissage m; (Holz~) panneau m; (Zahn~) plombage m; (KOCH) farce f.

fummeln ['fʊməln] (umg) vi: **an etw** Dat ~ tripoter qch.

Fund [fʊnt] (–(e)s, –e) m trouvaille f, découverte f.

Fundament [fʊnda'mɛnt] nt (von Gebäude) fondations fpl; (Grundlage, Basis) fondement m, base f; f~**al** adj fondamental(e).

Fundbüro nt bureau m des objets trouvés.

Fundgrube f (fig) mine f.

fundieren [fʊn'diːrən] vt (finanziell sichern) consolider; (These) fonder, étayer.

fundiert adj (Wissen) approfondi(e), solide.

fündig ['fʏndɪç] adj (BERGB): ~ **werden** découvrir un gisement; (fig) faire une découverte.

Fundsachen pl objets mpl trouvés.

fünf [fʏnf] num cinq; **seine ~ Sinne beisammen haben** avoir toute sa raison; ~**(e) gerade sein lassen** (umg) ne pas y regarder de trop près; ~**hundert** num cinq cent(s); ~**jährig** adj (Frist) de cinq ans; (Plan) quinquennal(e); (Kind) de cinq ans; F~**kampf** m pentathlon m; F~**prozentklausel** f (POL) clause selon laquelle un parti doit obtenir au moins 5% des voix pour pouvoir siéger au parlement; F~**tagewoche** f semaine f de cinq jours; ~**tausend** num cinq mille.

fünfte(r, s) adj cinquième.

Fünftel (–s, –) nt cinquième m.

fünfzehn num quinze.

fünfzehnte(r, s) adj quinzième.

fünfzig num cinquante.

fünfzigste(r, s) adj cinquantième.

fungieren [fʊŋ'giːrən] vi: **als etw** ~ faire fonction de qch.

Funk [fʊŋk] (–s) m radio f; ~**ausstellung** f exposition f de radiotélévision.

Funke (–ns, –n) m étincelle f.

funkeln vi (subj: Sterne, Augen) étinceler; (Wasser) scintiller.

funkelnagelneu (umg) adj flambant neuf(neuve).

Funken (–s, –) m siehe **Funke**.

funken vi (durch Funk) transmettre par radio; (Funken sprühen) lancer des étincelles; (umg: funktionieren) marcher ♦ vt envoyer (par radio); (SOS) lancer; **endlich hat es bei ihr gefunkt** (umg) elle a enfin pigé.

Funker (–s, –) m opérateur m radio.

Funk-: ~**gerät** nt poste m de radio; ~**haus** nt maison f de la radio; ~**kolleg** nt enseignement m universitaire radiophonique; ~**sprechgerät** nt radiotéléphone m, talkiewalkie m; ~**sprechverkehr** m radiotéléphonie f; ~**spruch** m message m radio; ~**station** f station (de) radio, poste m émetteur; ~**stille** f (fig) silence m radio; ~**streife** f voiture f de police (munie d'une radio); ~**taxi** nt radiotaxi m.

Funktion [fʊŋktsi'oːn] f fonction f; (Tätigkeit) fonctionnement m; **in** ~ **treten** entrer en fonction; **in** ~ **setzen** faire fonctionner; **etw außer** ~ **setzen** détraquer qch; **jdn außer** ~ **setzen** mettre qn dans l'incapacité de travailler.

Funktionär(in) [fʊŋktsio'nɛːr(ɪn)] (–s, –e) m(f) fonctionnaire m/f.

funktionieren [fʊŋktsio'niːrən] vi fonctionner.

Funktions-: ~**fähig** adj capable de fonctionner; F~**taste** f touche f de fonction; ~**tüchtig** adj bon état.

Funsel (umg) f loupiote f.

Funzel (umg) f = **Funsel**.

für [fyːr] präp +Akk pour; ~ **etw sein** être pour qch; ~ **sich leben** (allein) vivre seul(e); **was ~ ein/eine ...?** (in Fragen) quelle sorte de ...?; **was ~ eine Frechheit!** (umg) quelle impertinence!; **das hat etwas ~ sich** cela a du bon; ~**s erste** pour le moment; **Schritt ~ Schritt** pas à pas; **Tag ~ Tag** jour après jour; F~ nt: **das F~ und Wider** le pour et le contre; F~**bitte** f intercession f.

Furche ['fʊrçə] f sillon m.

furchen vt sillonner.

Furcht [fʊrçt] f crainte f; f~**bar** adj terrible, effroyable; (umg: schrecklich) affreux(-euse).

fürchten ['fʏrçtən] vt craindre ♦ vr: **sich (vor jdm/etw)** ~ avoir peur (de qn/qch) ♦ vi: **um jdn/etw** ~ craindre pour qn/qch; ~, **daß ...** craindre que ... .

fürchterlich adj terrible.

furchtlos adj sans peur, intrépide.

furchtsam adj craintif(-ive).

füreinander [fyːr|aɪ'nandər] adv l'un(e) pour l'autre.

Furie ['fuːriə] f furie f.

Furnier [fʊr'niːr] (–s, –e) nt placage m.

furnieren vt plaquer.

Furore [fu'roːrə] f od nt: ~ **machen** (umg) faire fureur.

fürs [fyːrs] = **für das**.

Fürsorge ['fyːrzɔrgə] f (persönlich) soins mpl; (Sozial~) assistance f; (umg: Sozialunterstützung) aide f sociale; (: Sozialamt) bureau m d'aide sociale; **von der** ~ **leben** bénéficier de l'aide sociale; **~r(in)** (**–s,** **–**) *m(f)* travailleur(-euse) *m/f* social(e); **~unterstützung** *f* prestations *fpl* sociales.

fürsorglich *adj* plein(e) de sollicitude.

Fürsprache *f* (*Empfehlung*) recommandation *f*; **für jdn ~ einlegen** intercéder pour qn.

Fürsprecher(in) *m(f)* défenseur *m*.

Fürst [fʏrst] (**–en, –en**) *m* prince *m*.

Fürstentum *nt* principauté *f*.

Fürstin *f* princesse *f*.

fürstlich *adj* princier(-ière).

Furt [furt] (**–, –en**) *f* gué *m*.

Furunkel [fu'rʊŋkəl] (**–s, –**) *nt od m* furoncle *m*.

Fürwort ['fyːrvɔrt] *nt* pronom *m*.

Furz (**–es, ̈ -e**; *umg!*) *m* pet *m* (*umg!*).

furzen ['furtsən] (*umg!*) *vi* péter (*umg!*).

Fusion [fuzi'oːn] *f* fusion *f*.

fusionieren [fuzio'niːrən] *vt, vi* fusionner.

Fuß [fuːs] (**–es, ̈ -e**) *m* (*von Mensch*) pied *m*; (*von Tier*) patte *f*; (*von Säule*) base *f*; **bei ~!** au pied!; **jdm etw vor die Füße werfen** jeter qch aux pieds de qn; **zu ~** à pied; **gut zu ~ sein** être un(e) bon(bonne) marcheur(-euse); **auf freiem ~ sein** être libre; (*festen*) ~ **fassen** (*heimisch werden*) (re)prendre pied; (*sich niederlassen*) s'adapter; **jdn/etw mit Füßen treten** fouler qn/qch aux pieds; **mit jdm auf gutem ~ stehen** être en bons termes avec qn; **auf großem ~ leben** mener grand train; **~ball** *m* football *m*; (*Ball*) ballon *m* de football; **~ballplatz** *m* terrain *m* de football; **~ballspiel** *nt* match *m* de football; **~ballspieler** *m* footballeur *m*; **~balltoto** *m od nt* loto *m* sportif; **~boden** *m* plancher *m*; **~bodenheizung** *f* chauffage *m* par le sol; **~bremse** *f* (*AUT*) frein *m* (à pied), pédale *f* de frein.

Fussel ['fʊsəl] (**–, –n** *od* **–s, –**) *f od m* peluche *f*.

fusselig ['fʊsəlɪç] *adj* pelucheux(-euse).

fusseln ['fʊsəln] *vi* pelucher.

fußen *vi*: **auf etw** *Dat* ~ reposer *od* être fondé(e) sur qch.

Fuß-: **~ende** *nt* pied *m* (*d'un lit*); **~gänger(in)** (**–s, –**) *m(f)* piéton(ne) *m/f*; **~gängerunterführung** *f* passage *m* souterrain (pour piétons); **~gängerzone** *f* zone *f* piétonnière *od* piétonne; **~gelenk** *nt* cheville *f*; **~leiste** *f* plinthe *f*; **~nagel** *m* ongle *m* des pieds; **~note** *f* note *f* (en bas de page); **~pfleger(in)** *m(f)* pédicure *m/f*; **~pilz** *m* mycose *f* (des pieds); **~spur** *f* trace *f* (de pas); **~stapfen** (**–s, –**) *m*: **in jds ~stapfen treten** (*fig*) marcher sur les traces de qn; **~tritt** *m* coup *m* de pied; **~volk** (*pej*) *nt* (*fig*): **das ~volk** la piétaille; **~weg** *m* (*Pfad*) sentier *m*; (*Bürgersteig*) trottoir *m*; **das ist ein ~weg von 10 Minuten** c'est à dix minutes à pied.

futsch [fʊtʃ] (*umg*) *adj* foutu(e).

Futter ['fʊtər] (**–s, –**) *nt* nourriture *f* (*pour animaux*), fourrage *m*; (*Stoff*) doublure *f*.

Futteral [fʊtə'raːl] (**–s, –e**) *nt* étui *m*.

futtern ['fʊtərn] (*umg*) *vt, vi* (*essen*) bouffer.

füttern ['fʏtərn] *vt* donner à manger à; (*Kleidung*) doubler; „**~ verboten**", „**bitte nicht ~**"

"prière de ne rien donner aux animaux".

Futterneid *m* (*fig*) jalousie *f*.

Fütterung *f*: **die nächste ~ der Raubtiere findet um 17 Uhr statt** le prochain repas des fauves et à 17 heures.

Futur (**–s, –e**) *nt* futur *m*.

G, g

G, g [geː] *nt* (*Buchstabe*) G, g *m*; **~ wie Gustav** ≈ G comme Gaston.

g *abk* (= *Gramm*) g; (*ÖSTERR*) = **Groschen**.

gab *etc* [gaːp] *vb siehe* **geben**.

Gabardine ['gabardiːn] (**–s, –**) *m* gabardine *f*.

Gabe ['gaːbə] *f* don *m*.

Gabel ['gaːbəl] (**–, –n**) *f* (*Eß~*) fourchette *f*; (*Mist~, Heu~, Ast~*) fourche *f*; (*Telefon~*) support *m* (du combiné); **~frühstück** *nt* ≈ lunch *m*.

gabeln *vr* bifurquer.

Gabelstapler (**–s, –**) *m* chariot *m* élévateur.

Gabelung *f* (*von Straße*) bifurcation *f*.

Gabentisch ['gaːbəntɪʃ] *m* table où sont empilés des cadeaux.

Gabun [ga'buːn] *nt* le Gabon *m*.

gackern ['gakərn] *vi* (*Huhn*) caqueter; (*Mädchen*) jacasser.

gaffen ['gafən] *vi* regarder bouche bée.

Gag [gɛk] (**–s, –s**) *m* gag *m*; (*Werbe~*) truc *m od* astuce *f* publicitaire.

Gage ['gaːʒə] *f* cachet *m*.

gähnen ['gɛːnən] *vi* bâiller; **~de Leere** gouffre *m* béant.

GAL (**–**) *f abk* (= *Grün-Alternative Liste*) groupement *m* de partis écologistes et d'autres petits partis d'opposition.

Gala ['gala] *f* gala *m*.

galant [ga'lant] *adj* galant(e).

Galapagosinseln [ga'la(ː)pagɔs|ɪnzəln] *pl*: **die ~** les (îles *fpl*) Galapagos *fpl*.

Galavorstellung *f* représentation *f* de gala.

Galerie [galə'riː] *f* galerie *f*.

Galgen ['galgən] (**–s, –**) *m* (*zur Todesstrafe*) potence *f*; (*Ständer*) girafe *f*; **~frist** *f* (*fig*) répit *m*; **~humor** *m* humour *m* noir; **~strick** *m*, **~vogel** (*umg*) *m* gibier *m* de potence.

Galionsfigur [gali'oːnsfiguːr] *f* figure *f* de proue.

gälisch ['gɛːlɪʃ] *adj* gaélique.

Galle ['galə] *f* (*Organ*) vésicule *f* biliaire; **mir kommt die ~ hoch** ça m'échauffe la bile.

Gallenstein *m* calcul *m* biliaire.

Galopp [ga'lɔp] (**–s, –s** *od* **–e**) *m* galop *m*; **im ~** au galop.

galoppieren [galɔ'piːrən] *vi* galoper.

galt *etc* [galt] *vb siehe* **gelten.**
galvanisieren [galvani'ziːrən] *vt* galvaniser.
Gamasche [ga'maʃə] *f* guêtre *f*.
Gambia ['gambia] *nt* la Gambie.
Gammastrahlen ['gamaʃtraːlən] *pl* rayons *mpl* gamma.
gamm(e)lig ['gam(ə)lıç] (*umg*) *adj* (*Essen*) pourri(e); (*Kleidung*) débraillé(e).
gammeln ['gaməln] (*umg*) *vi* (*Mensch*) glander.
Gammler(in) ['gamlər(ın)] (*-s*, *-*; *pej*) *m(f)* marginal(e) *m/f*.
Gang [gaŋ] (*-(e)s*, *ːe*) *m* (*~art*) démarche *f*; (: *von Pferd*) allure *f*; (*Besorgung, Boten~*) course *f*; (*Ablauf, Verlauf*) cours *m*; (*Essens~*) plat *m*; (*in Haus, Zug*) couloir *m*; (*in Kirche*) allée *f* centrale; (*BERGB*) galerie *f*; (*AUT*) vitesse *f*; **seinen ~ beschleunigen** presser le pas; **seinen ~ verlangsamen** ralentir; **einen ~ machen** *od* **tun** faire une course; **jdm einen ~ abnehmen** faire une course pour qn; **einen ~ zur Bank machen** faire un saut à la banque; **den ~ nach Canossa antreten** faire amende honorable; **seinen gewohnten ~ gehen** suivre son cours; **einen ~ leisen ~ haben** (*Maschine*) être silencieux(-euse); **in ~ bringen** (*Motor, Maschine*) mettre en marche; (*Sache, Vorgang*) lancer; **in ~ kommen** (*Motor, Maschine*) démarrer, se mettre en marche; (*Sache, Vorgang*) s'amorcer; **in ~ sein** (*Motor, Maschine*) tourner; (*Sache*) être en cours; **sich in ~ setzen** démarrer; **den ersten ~ einlegen** passer en première.
gang *adj*: **~ und gäbe sein** être courant.
Gangart *f* allure *f*; **eine härtere ~ einschlagen** (*fig*) prendre des mesures (plus sévères).
gangbar *adj* (*Weg*) praticable, (*Methode*) habituel(le).
Gängelband ['gɛŋəlbant] *nt* (*fig*): **am ~ gehen** être tenu(e) en laisse; **jdn am ~ haben** tenir qn en laisse.
gängeln *vt* tenir en laisse.
Ganges ['gaŋges] *m* Gange *m*.
gängig ['gɛŋıç] *adj* courant(e); (*Methode, Meinung*) répandu(e).
Gangschaltung *f* (*an Fahrrad*) dérailleur *m*; (*Auto*) boîte *f* de vitesses.
Gangster ['gɛŋstər] (*-s*, *-*) *m* gangster *m*.
Gangway ['gæŋweɪ] (*-*, *-s*) *f* passerelle *f*.
Ganove [ga'noːvə] (*-n*, *-n*; *umg*) *m* truand *m*.
Gans [gans] (*-s*, *ːe*) *f* oie *f*; **dumme ~** (*umg*) sotte *f*.
Gänse-: **~blümchen** *nt* pâquerette *f*; **~braten** *m* oie *f* rôtie; **~füßchen** *pl* guillemets *mpl*; **~haut** *f*: **eine ~haut haben** *od* **bekommen** avoir la chair de poule; **~marsch** *m*: **im ~marsch** à la queue leu leu.
Gänserich (*-s*, *-e*) *m* jars *m*.
ganz [gants] *adj* (*gesamt*): **der/die ~e ... tout(e)** le(la) ...; (*vollständig, auch Zahl*) entier(-ière); (*nicht kaputt*) intact(e) ♦ *adv* (*ziemlich*) assez; (*völlig: aufessen*) jusqu'à la dernière miette; (: *unglücklich*) très; (: *still*) absolument; (: *vergessen*) complètement; **sein ~es Geld** tout son

argent; **die ~e Stadt/Wahrheit** toute la ville/vérité; **die ~e Zeit** tout le temps; **eine ~e Menge** beaucoup (de); **eine ~e Note** (*MUS*) une ronde; **im (großen und) ~en** dans l'ensemble; **etw wieder ~ machen** (*umg*) réparer qch; **~e fünf Wochen** (*so lange*) pendant cinq (longues) semaines; (*nur*) cinq semaines en tout et pour tout; **~ gewiß!** bien sûr!; **ein ~ klein wenig** un tout petit peu; **sie ist ~ die Mutter** elle est tout le portrait de sa mère; **es sieht ~ so aus** ça en a tout l'air; **~ und gar** tout à fait, complètement; **~ und gar nicht** absolument pas, pas du tout.
Ganze(s) *nt*: **es geht ums ~** l'enjeu est considérable; **aufs ~ gehen** jouer son va-tout.
Ganzheitsmethode ['gantshaıtsmetoːdə] *f* (*SCH*) lecture *f* globale.
gänzlich ['gɛntslıç] *adv* complètement.
ganz-: **~tägig** ['gantstɛːgıç] *adj* (qui dure) toute la journée ♦ *adv* toute la journée; (*arbeiten*) à plein temps; **~tags** *adv* (*arbeiten*) à plein temps; **G~tagsschule** *f* école où les enfants vont le matin et l'après-midi.
Ganztagsstelle *f* poste *m* *od* emploi *m* à plein temps.
gar [gaːr] *adj* (*durchgekocht*) cuit(e) ♦ *adv*: **~ nicht/nichts** pas/rien du tout; **~ keiner** personne; **~ nichts schlecht** pas mal du tout; **~ kein Grund** aucune raison; **er wäre ~ zu gern noch länger geblieben** il aurait bien aimé rester, il serait bien resté; **oder ~** ou même.
Garage [ga'raːʒə] *f* garage *m*.
Garantie [garan'tiː] *f* garantie *f*; **das fällt noch unter die ~** c'est couvert par la garantie.
garantieren *vt* garantir ♦ *vi*: **für etw ~** garantir qch.
garantiert *adv* garanti; (*umg*) à coup sûr; **~ Lösungsmittelfrei** garanti sans solvant; **er kommt ~** il viendra sûrement.
Garantieschein *m* bon *m* *od* certificat *m* de garantie.
Garaus ['gaːr|aus] (*umg*) *m*: **jdm den ~ machen** liquider qn.
Garbe ['garbə] *f* gerbe *f*.
Gardasee ['gardaseː] *m* lac *m* de Garde.
Garde ['gardə] *f* garde *f*; **die alte ~** la vieille garde.
Garderobe [gardə'roːbə] *f* (*Kleidung*) garderobe *f*; (*Ablage*) portemanteau *m*; (*THEAT: Umkleideraum*) loge *f*; (: *für die Besucher*) vestiaire *m*.
Garderobenfrau *f* dame *f* du vestiaire.
Garderobenständer *m* portemanteau *m*.
Gardine [gar'diːnə] *f* rideau *m*.
Gardinenpredigt (*umg*) *f*: **jdm eine ~ halten** sermonner qn.
Gardinenstange *f* tringle *f* (à rideaux).
garen ['gaːrən] *vt* (faire) cuire ♦ *vi* cuire.
gären ['gɛːrən] *unreg vi* (*Wein*) fermenter; **es gärt im Volk** le peuple est en effervescence, la révolte gronde.
Garn [garn] (*-(e)s*, *-e*) *nt* fil *m*; **jdm ins ~ gehen** être pris(e) au piège par qn.

Garnele [gar'ne:lə] *f* crevette *f*.
garni [gar'ni:] *adj siehe* **Hotel garni**.
garnieren [gar'ni:rən] *vt* garnir.
Garnierung *f* garniture *f*.
Garnison [garni'zo:n] (–, **-en**) *f* garnison *f*.
Garnitur [garni'tu:r] (–, **-en**) *f* (*Satz*) ensemble *m*; **zur zweiten ~ gehören** être de deuxième ordre.
garstig ['garstıç] *adj* épouvantable.
Garten ['gartən] (**-s, ⁻**) *m* jardin *m*; **botanischer ~** jardin botanique; **~arbeit** *f* jardinage *m*; **~bau** *m* horticulture *f*; **~bauausstellung** *f* exposition *f* horticole; **~fest** *nt* garden-party *f*; **~gerät** *nt* outil *m* de jardinage; **~haus** *nt* pavillon *m*; **~kresse** *f* cresson *m*; **~laube** *f* (*~häuschen*) tonnelle *f*; **~lokal** *nt* restaurant *m* avec jardin; **~schere** *f* sécateur *m*; **~tür** *f* porte *f* du *od* de jardin; **~zaun** *m* clôture *f*; **~zwerg** *m* nain *m* (de jardin); (*pej: umg*) avorton *m*.
Gärtner(in) ['gɛrtnər(ın)] (**-s, -**) *m(f)* jardinier(-ière) *m/f*.
Gärtnerei [gɛrtnə'raı] *f* établissement *m* horticole.
gärtnern *vi* jardiner.
Gärung ['gɛ:rʊŋ] *f* fermentation *f*.
Gas [ga:s] (**-es, -e**) *nt* gaz *m inv*; **~ geben** (*AUT*) mettre les gaz, accélérer.
Gascogne [gas'kɔnjə] *f* Gascogne *f*.
Gas-: **~flasche** *f* bonbonne *f* de gaz; **g~förmig** *adj* gazeux(-euse); **~hahn** *m* robinet *m* du gaz; **~herd** *m* cuisinière *f* à gaz; **~kocher** *m* réchaud *m* à gaz; **~leitung** *f* conduite *f* de gaz; **~maske** *f* masque *m* à gaz; **~pedal** *nt* accélérateur *m*; **~pistole** *f* pistolet *m* à gaz.
Gasse ['gasə] *f* ruelle *f*.
Gassenhauer (**-s, -**; *umg*) *m* (*veraltet*) rengaine *f*.
Gassenjunge *m* voyou *m*.
Gast [gast] (**-es, ⁻e**) *m* (*in Familie*) invité(e) *m/f*, hôte *m/f*; (*in Lokal*) client(e) *m/f*, hôte; (*in Land*) visiteur(-euse) *m/f*; (*bei Veranstaltung*) artiste *m/f* en vedette américaine; **bei jdm zu ~ sein** être l'hôte de qn; **Gäste haben** avoir des invités; **~arbeiter(in)** *m(f)* travailleur(-euse) *m/f* immigré(e).
Gäste-: **~bett** *nt* lit *m* d'ami; **~buch** *nt* livre *m* d'or; **~zimmer** *nt* chambre *f* d'ami(s).
gast-: **~freundlich, ~frei** *adj* (*Mensch*) hospitalier(-ière), accueillant(e); **G~freundlichkeit** *f*, **G~freundschaft** *f* hospitalité *f*; **G~geber(in)** (**-s, -**) *m(f)* hôte(hôtesse) *m/f*; **G~haus** *nt*, **G~hof** *m* auberge *f*; **G~hörer(in)** *m(f)* auditeur(-trice) *m/f* libre.
gastieren [gas'ti:rən] *vi* donner une représentation *od* des représentations en vedette américaine.
Gast-: **~land** *nt* pays *m* d'accueil; **g~lich** *adj* hospitalier(-ière), accueillant(e); **~rolle** *f*: **eine ~rolle spielen** (*THEAT*) passer en vedette américaine.
Gastronomie [gastrono'mi:] *f* (*förmlich: Gaststättengewerbe*) hôtellerie *f*.

gastronomisch [gastro'no:mıʃ] *adj* gastronomique.
Gast-: **~spiel** *nt* (*THEAT*) représentation *f* (*au cours d'une tournée*); (*SPORT*) match *m* à l'extérieur; **ein ~spiel geben** (*THEAT*) donner une représentation exceptionnelle; (*fig*) ne faire que passer; **~stätte** *f* auberge *f*; **~stube** *f* (*Raum*) salle *f*; **~wirt** *m* patron *m*; **~wirtschaft** *f* auberge *f*; **~zimmer** *nt* (*in Pension*) chambre *f*; (*in Wohnung*) chambre *f* d'ami.
Gas-: **~vergiftung** *f* intoxication *f* par le gaz; **~versorgung** *f* alimentation *f* en gaz; **~werk** *nt* usine *f* à gaz; **~zähler** *m* compteur *m* à gaz.
Gatte ['gatə] (**-n, -n**) *m* (*förmlich*) époux *m*; **die ~n** les époux *mpl*.
Gatter ['gatər] (**-s, -**) *nt* (*Zaun*) barrière *f*, clôture *f*; (*Tür*) portail *m*; (*ELEK*) porte *f*.
Gattin *f* épouse *f*.
Gattung ['gatʊŋ] *f* (*bei Tieren, Pflanzen*) espèce *f*; (*Art, Literatur~*) genre *m*.
GAU [gau] *abk* (= *größter anzunehmender Unfall*) problème le plus grave pour lequel des mesures de sécurité ont été prises (*lors de la construction d'une centrale nucléaire*).
Gaudi ['gaudi] (*umg: SUDD, OSTERR*) *nt od f* amusement *m*, plaisir *m*.
Gaukler ['gauklər] (**-s, -**) *m* saltimbanque *m*.
Gaul [gaul] (**-(e)s, Gäule**; *pej*) *m* canasson *m*, cheval *m*.
Gaumen ['gaumən] (**-s, -**) *m* palais *m*.
Gauner ['gaunər] (**-s, -**) *m* escroc *m*, filou *m*.
Gaunerei [gaunə'raı] *f* escroquerie *f*.
Gaunersprache *f* argot *m* (du milieu).
Gaze ['ga:zə] *f* gaze *f*.
Gazelle [ga'tsɛlə] *f* gazelle *f*.
geachtet [gə'axtət] *adj* (*Name*) respecté(e).
Geäst [gə'ɛst] *nt* ramure *f*, branches *fpl*.
geb. *abk* = **geboren**.
Gebäck [gə'bɛk] (**-(e)s, -e**) *nt* pâtisserie *f*, (petits) gâteaux *mpl*.
gebacken [gə'bakən] *pp von* **backen** ♦ *adj* (*gebraten*) frit(e).
Gebälk [gə'bɛlk] (**-(e)s**) *nt* charpente *f*.
gebannt [gə'bant] *adj* fasciné(e).
gebar *etc* [gə'ba:r] *vb siehe* **gebären**.
Gebärde [gə'bɛ:rdə] *f* geste *m*.
gebärden *vr* se conduire, se comporter.
gebären [gə'bɛ:rən] *unreg vt* mettre au monde.
Gebärmutter *f* utérus *m*.
Gebäude [gə'bɔydə] (**-s, -**) *nt* bâtiment *m*; **~komplex** *m* ensemble *m* *od* complexe *m* immobilier; **~reinigung** *f* (*das Reinigen*) nettoyage *m*; (*Firma*) entreprise *f* de nettoyage.
Gebein [gə'baın] (**-(e)s, -e**) *nt* os *mpl*.
Gebell [gə'bɛl] (**-(e)s**) *nt* aboiement *m*.
geben ['ge:bən] *unreg vt* donner; (*Interview, Frist, Ehre*) accorder; (*schicken: tun*) mettre; (*in Obhut, zur Aufbewahrung*) confier; (*ergeben*) produire; (*Schatten*) donner, organiser ♦ *vi* donner ♦ *vi unpers*: **es gibt** il y a ♦ *vr* (*sich verhalten*) se comporter, se conduire; (*aufhören*) cesser; **sie gibt gerne** elle est

très généreuse; **jdm etw** ~ donner qch à qn; **jdm etw zu essen** ~ donner qch à manger à qn; **in die Post** ~ mette à la poste, poster; **dem werde ich es** ~ (*umg*) il va voir ce qu'il va voir; **das gibt keinen Sinn** ça n'a pas de *od* aucun sens; **darauf kann man nichts** ~ on ne peut pas tabler là-dessus; **er gibt Englisch** il enseigne l'anglais; **er wird einmal einen guten Vater** ~ il fera un excellent père; **etw verloren** ~ faire une croix sur qch; **viel/nicht viel auf etw** *Akk* ~ tenir/ne pas tenir beaucoup à qch; **5 plus 3 gibt 8** (*MATH*) 5 plus 3 font *od* égalent 8; **er gäbe alles darum, sie noch einmal wiederzusehen** il donnerait tout pour la revoir; **das Auto in die Reparatur** *od* **in die Werkstatt** ~ donner la voiture à réparer; **etw von sich** ~ (*Laute etc*) émettre qch; **ein gutes Beispiel** ~ donner l'exemple; ~ **Sie mir Herrn Braun** (*TEL*) passez-moi Monsieur Braun; **das wird Ärger** ~ ça ne se passera pas comme ça; **gleich gibt's was** (*umg*) ça va barder; **was gibt's?** qu'est-ce qu'il y a?; **was gibt es im Kino?** qu'est-ce qu'on joue au cinéma?; **was gibt es zu Mittag?** qu'y a-t-il pour le déjeuner *od* à manger ce midi?; **es wird Frost** ~ il va geler; **es wird einen heißen Sommer** ~ l'été sera chaud; **das gibt es nicht!** c'est impossible!; **das gibt's doch nicht!** c'est pas vrai!; **sich geschlagen** ~ s'avouer battu(e); **das wird sich** ~ cela va s'arranger.

Gebet [gə'beːt] (**-(e)s, -e**) *nt* prière *f*; **jdn ins** ~ **nehmen** exhorter qn.

gebeten [gə'beːtən] *pp von* **bitten**.

gebeugt [gə'bɔʏkt] *adj* (*Haltung*) courbé(e); (*Kopf*) penché(e); (*Schultern*) tombant(e).

gebiert *etc* [gə'biːrt] *vb siehe* **gebären**.

Gebiet [gə'biːt] (**-(e)s, -e**) *nt* région *f*; (*Hoheits~*) territoire *m*; (*Fach~*) domaine *m*; **auf diesem** ~ dans ce domaine.

gebieten *unreg vt* (*befehlen*) ordonner; (*subj: Lage etc*) exiger.

Gebieter(in) (**-s, -**) *m(f)* maître(-esse) *m/f*.

gebieterisch *adj* impérieux(-euse), autoritaire.

Gebietshoheit *f* souveraineté *f* territoriale.

Gebilde [gə'bɪldə] (**-s, -**) *nt* formation *f*, structure *f*.

gebildet *adj* cultivé(e).

Gebimmel [gə'bɪməl] (**-s**) *nt* tintement *m*.

Gebirge [gə'bɪrgə] (**-s, -**) *nt* montagne *f*; **im** ~ à la montagne.

gebirgig *adj* montagneux(-euse).

Gebirgs-: ~**bahn** *f* train *m* de montagne; ~**massiv** *nt* massif *m* montagneux; ~**zug** (**-(e)s, ⁻e**) *m* chaîne *f* de montagnes.

Gebiß [gə'bɪs] (**-sses, -sse**) *nt* (*von Mensch, Tier*) dentition *f*, denture *f*; (*künstlich*) appareil *m* dentaire, dentier *m*.

gebissen *pp von* **beißen**.

Gebläse [gə'blɛːzə] (**-s, -**) *nt* (*AUT*) compresseur *m*.

geblasen [gə'blaːzən] *pp von* **blasen**.

geblichen [gə'blɪçən] *pp von* **bleichen**.

geblieben [gə'bliːbən] *pp von* **bleiben**.

geblümt [gə'blyːmt] *adj* fleuri(e).

Geblüt [gə'blyːt] (**-(e)s**) *nt*: **von edlem** ~ de sang noble.

gebogen [gə'boːgən] *pp von* **biegen**.

geboren [gə'boːrən] *pp von* **gebären ♦** *adj* né(e); **wann sind Sie** ~? quelle est votre date de naissance?; **wo sind Sie** ~? où êtes-vous né(e)?; **Anna Müller,** ~**e Schulz** Anna Müller, née Schulz; **er ist der** ~**e Musiker** c'est un musicien-né.

geborgen [gə'bɔrgən] *pp von* **bergen ♦** *adj* en sécurité; **sich (bei jdm)** ~ **fühlen** se sentir en sécurité (auprès de qn).

geborsten [gə'bɔrstən] *pp von* **bersten**.

Gebot (**-(e)s, -e**) *nt* (*REL*) commandement *m*; (*im Verkehr*) règle *f*; (*bei Auktion*) enchère *f*; **das** ~ **der Stunde sein** être nécessaire dans les circonstances actuelles.

gebot *etc* [gə'boːt] *vb siehe* **gebieten**.

geboten [gə'boːtən] *pp von* **bieten; gebieten ♦** *adj* (*ratsam*) indiqué(e); (*notwendig*) nécessaire; (*dringend gebieten*) vivement conseillé(e), qui s'impose.

Gebr. *abk* (= *Gebrüder*) frères *mpl*.

gebracht [gə'braxt] *pp von* **bringen**.

gebrannt [gə'brant] *pp von* **brennen ♦** *adj*: **ein** ~**es Kind scheut das Feuer** (*Sprichwort*) chat échaudé craint l'eau froide.

gebraten [gə'braːtən] *pp von* **braten**.

Gebräu [gə'brɔʏ] (**-(e)s, -e**) *nt* breuvage *m*, mixture *f*.

Gebrauch [gə'braʊx] (**-(e)s, Gebräuche**) *m* (*kein pl: Benutzung*) utilisation *f*, usage *m*; (*gew pl: Sitte*) coutume *f*; ~ **machen von** se servir de, employer; **zum äußerlichen** ~ à usage externe.

gebrauchen *vt* employer, utiliser; **etw gut** ~ **können** avoir grand besoin de qch; **er ist zu nichts zu** ~ il n'est bon à rien; **das ist zu nichts zu** ~ c'est inutilisable.

gebräuchlich [gə'brɔʏçlɪç] *adj* courant(e).

Gebrauchs-: ~**anweisung** *f* mode *m* d'emploi; ~**artikel** *m* article *m* utilitaire; **g**~**fertig** *adj* prêt(e) à l'emploi; ~**gegenstand** *m* objet *m* d'usage courant; ~**grafik** *f* graphisme *m*.

gebraucht [gə'braʊxt] *adj* utilisé(e), d'occasion; **G**~**wagen** *m* voiture *f* d'occasion.

Gebrechen [gə'brɛçən] (**-s, -**) *nt* infirmité *f*.

gebrechlich [gə'brɛçlɪç] *adj* (*Mensch*) infirme, invalide; **G**~**keit** *f* infirmité *f*, invalidité *f*.

gebrochen [gə'brɔxən] *pp von* **brechen ♦** *adj* (*Bein*) cassé(e); (*Zahl*) fractionnaire.

Gebrüder [gə'bryːdər] *pl* frères *mpl*.

Gebrüll [gə'brʏl] (**-(e)s**) *nt* (*von Mensch*) hurlements *mpl*; (*von Löwe*) rugissement *m*.

gebückt [gə'bʏkt] *adj*: **eine** ~**e Haltung haben** avoir le dos voûté.

Gebühr [gə'byːr] (**-, -en**) *f* (*Post*) tarif *m*; (*Telefon~*) redevance *f*; (*Grund~*) taxe *f* de base; (*Honorar*) honoraires *mpl*; **zu ermäßigter** ~ à tarif réduit; ~ **(be)zahlt Empfänger** ≈ port dû; **nach** ~ (*fig*) comme il convient; **über** ~ (*fig*) exagérément, outre mesure.

gebühren *vi*: **jdm** ~ être dû(due) à qn, revenir de droit à qn ♦ *vr*: **das gebührt sich nicht** ça ne se fait pas; **wie es sich gebührt** comme il faut.

gebührend *adj* (*verdient*) dû(due), mérité(e); (*angemessen*) adéquat(e).

Gebühren-: ~**einheit** *f* (*TEL*) unité *f* (Télécom); ~**erlaß** *m* exonération *f od* exemption *f* des taxes; ~**ermäßigung** *f* (*für Rentner*) réduction *f* (*accordée sur les tarifs*); **g~frei** *adj* franco de port, en franchise; **g~pflichtig** *adj* soumis(e) à la taxe, payant(e); **g~pflichtige Verwarnung** (*JUR*) amende *f*.

gebunden [gə'bʊndən] *pp von* **binden** ♦ *adj*: **vertraglich** ~ **sein** être lié(e) par contrat.

Geburt [gə'buːrt] (–, –en) *f* naissance *f*; **von** ~ **Deutscher** allemand de naissance; **das war eine schwere** ~! (*fig*: *umg*) ce fut pénible!; **vor/nach Christi** ~ avant/après Jésus-Christ.

Geburten-: ~**beschränkung** *f* limitation *f* des naissances; ~**kontrolle** *f* contrôle *m* des naissances; ~**regelung** *f* planning *m* familial; ~**rückgang** *m* baisse *f* de la natalité; **g~schwach** *adj* (*Jahrgang*) à faible natalité; ~**ziffer** *f* taux *m* de natalité.

gebürtig [gə'bʏrtɪç] *adj* originaire; **sie ist** ~**e Schweizerin** elle est d'origine suisse.

Geburts-: ~**anzeige** *f* faire-part *m inv* de naissance; ~**datum** *nt* date *f* de naissance; ~**fehler** *m* malformation *f* congénitale; ~**haus** *nt* maison *f* natale; ~**helfer(in)** *m(f)* accoucheur *m*, sage-femme *f*; (*Arzt*) médecin *m* accoucheur, obstétricien(ne) *m/f*; ~**hilfe** *f* (*als Fach*) obstétrique *f*; ~**jahr** *nt* année *f* de naissance; ~**ort** *m* lieu *m* de naissance; ~**schein** *m* acte *m* de naissance; ~**tag** *m* anniversaire *m*; (*auf Formularen*) date *f* de naissance; **heute habe ich** ~**tag** c'est mon anniversaire (aujourd'hui); **herzlichen Glückwunsch zum** ~**tag!** bon anniversaire!; ~**urkunde** *f* acte *m* de naissance.

Gebüsch [gə'bʏʃ] (–(e)s, –e) *nt* buissons *mpl*, broussailles *fpl*.

gedacht [gə'daxt] *pp von* **denken**; **gedenken**.

gedachte *etc vb siehe* **gedenken**.

Gedächtnis [gə'dɛçtnɪs] *nt* (*Erinnerungsvermögen*) mémoire *f*; (*Andenken*) souvenir *m*; **aus dem** ~ de mémoire; **zum** ~ **an** à la mémoire de; **wenn mich mein** ~ **nicht trügt** si j'ai bonne mémoire; ~**feier** *f* commémoration *f*; ~**hilfe** *f* moyen *m* mnémotechnique; ~**schwund** *m* pertes *fpl* de mémoire; ~**verlust** *m* amnésie *f*.

gedämpft [gə'dɛmpft] *adj* (*Geräusch*) amorti(e); (*Stimmung*) feutré(e); (*Freude*) tempéré(e); (*Licht*) tamisé(e); (*Farben*) sourd(e).

Gedanke [gə'daŋkə] (–ns, –n) *m* idée *f*; (*Denken*) pensée *f*; **sich über etw** *Akk* ~**n machen** se faire du souci pour qch, s'inquiéter de qch; **auf einen** ~**n kommen** avoir une idée; **jdn auf andere** ~**n bringen** changer les idées à qn; **etw ganz in** ~**n tun** faire qch machinalement; **auf**

dumme ~**n kommen** (*umg*) faire des bêtises; **in** ~**n** en pensée.

Gedanken-: ~**austausch** *m* échange *m* d'idées *od* de vues; ~**freiheit** *f* liberté *f* de pensée; **g~los** *adj* distrait(e) ♦ *adv* sans réfléchir; ~**losigkeit** *f* étourderie *f*; ~**sprung** *m* coq-à-l'âne *m inv*; ~**strich** *m* tiret *m*; ~**übertragung** *f* transmission *f* de pensée, télépathie *f*; **g~verloren** *adj* perdu(e) dans ses pensées, absent(e); **g~voll** *adj* pensif(-ive).

Gedärm [gə'dɛrm] (–(e)s, –e) *nt* boyaux *mpl*, intestins *mpl*.

Gedeck [gə'dɛk] (–(e)s, –e) *nt* (*Teller und Besteck*) couvert *m*; (*Menü*) menu *m* (à prix fixe); **ein** ~ **auflegen** mettre un couvert.

gedeckt *adj* (*Farbe*) sourd(e).

Gedeih *m*: **auf** ~ **und Verderb** pour le meilleur et pour le pire.

gedeihen [gə'daɪən] *unreg vi* (*Pflanze*) bien pousser; (*Mensch, Tier*) grandir, bien se développer; (*Werk etc*) (bien) avancer; **die Sache ist so weit gediehen, daß** ... cela a pris de telles proportions que ... .

gedenken [gə'dɛŋkən] *unreg vi* +*Gen* (*geh*: *denken an*) penser à; ~, **etw zu tun** compter faire qch, avoir l'intention de faire qch; **G~** *nt*: **zum G~** **an jdn** à la mémoire de qn, en souvenir de qn.

Gedenk-: ~**feier** *f* commémoration *f*; ~**minute** *f* minute *f* de silence; ~**stätte** *f* monument *m* (commémoratif); ~**tafel** *f* plaque *f* commémorative; ~**tag** *m* anniversaire *m*.

Gedicht [gə'dɪçt] (–(e)s, –e) *nt* poème *m*, poésie *f*; **das ist ein** ~ (*fig*) quelle merveille!

gediegen [gə'diːgən] *adj* (*Schulwerk, Verarbeitung, Kenntnisse*) solide; (*Metall*) pur(e); (*Arbeit, Charakter*) sérieux(-euse); (*rechtschaffen*) honnête; **G~heit** *f* (*siehe adj*) solidité *f*; pureté *f*; sérieux *m*; honnêteté *f*.

gedieh *etc* [gə'diː] *vb siehe* **gedeihen**.

gediehen *pp von* **gedeihen**.

gedr. *abk* (= *gedruckt*) imprimé(e).

Gedränge [gə'drɛŋə] (–s) *nt* (*das Drängeln*) bousculade *f*; (*Menschen, Menge*) foule *f*, cohue *f*; **ins** ~ **kommen** (*fig*) se retrouver *od* être dans le pétrin.

gedrängt *adj* (*Übersicht*) concis(e); ~ **voll** bondé(e).

gedroschen [gə'drɔʃən] *pp von* **dreschen**.

gedruckt [gə'drʊkt] (*umg*) *adj*: **lügen wie** ~ mentir comme on respire.

gedrückt [gə'drʏkt] *adj* (*Stimmung, Miene*) déprimé(e).

gedrungen [gə'drʊŋən] *pp von* **dringen** ♦ *adj* (*Mensch, Körperbau*) trapu(e).

Geduld [gə'dʊlt] *f* patience *f*; ~ **haben** avoir de la patience, être patient(e); **die** ~ **verlieren** perdre patience, s'impatienter; **mir reißt** *od* **ich verliere die** ~ je suis à bout de patience.

gedulden [gə'dʊldən] *vr* patienter.

geduldig *adj* patient(e).

Geduldsprobe *f*: **das stellte ihn auf eine harte** ~ cela a mis sa patience à rude épreuve.

Geduldsspiel *nt* jeu *m* de patience.
gedungen [gə'dʊŋən] *(pej) adj (geh: Mörder)* à gages.
gedunsen [gə'dʊnzən] *adj* bouffi(e).
gedurft [gə'dʊrft] *pp von* **dürfen**.
geehrt [gə'ʔeːrt] *adj* honoré(e); **Sehr ~er Herr Schmidt!** Monsieur; **Sehr ~e Damen und Herren!** *(in Rede)* Mesdames et Messieurs; *(in Briefen)* Monsieur/Madame, Messieurs.
geeignet [gə'ʔaɪgnət] *adj (Mittel, Methode)* adapté(e), approprié(e); *(Wort)* juste; **für etw/jdn ~ sein** être bon(bonne) pour qch/qn; **im ~en Augenblick** au bon moment.
Gefahr [gə'faːr] *(-, -en) f* danger *m*; **in ~ en danger**; **~ laufen, etw zu tun** risquer de faire qch; **auf die ~ hin, daß ihr mich auslacht ...** vous risquez de vous moquez de moi, mais ...; **auf die ~ hin, etw zu tun** au risque de faire qch; **auf eigene ~** à ses risques et périls; **außer ~** *(nicht gefährdet)* pas en danger; *(nicht mehr gefährdet)* hors de danger.
gefährden [gə'fɛːrdən] *vt (Mensch)* mettre en danger; *(Land)* menacer; *(Plan, Fortschritt etc)* compromettre.
Gefährdung *f* menace *f*.
gefahren [gə'faːrən] *pp von* **fahren**.
Gefahren-: **~quelle** *f* facteur *m* de risque; **~stelle** *f* endroit *m* dangereux; **~zulage** *f* prime *f* de risque.
gefährlich [gə'fɛːrlɪç] *adj* dangereux(-euse); *(Krankheit)* grave.
Gefährte(-in) [gə'fɛːrtə] *(-n, -n) m(f)* compagnon(compagne) *m/f*.
Gefälle [gə'fɛlə] *(-s, -) nt (Neigungsgrad)* inclinaison *f*, pente *f*; *(von Strom)* dénivellation *f*, chute *f*; *(soziales ~)* disparités *fpl*; **starkes ~!** descente dangereuse!
Gefallen¹ [gə'falən] *(-s, -) m (Gefälligkeit)* service *m*; **jdm einen ~ tun** rendre service à qn; **jdm etw zu ~ tun** faire qch pour faire plaisir à qn.
Gefallen² [gə'falən] *(-s) nt* plaisir *m*; **an etw** *Dat* **~ finden** trouver *od* prendre plaisir à qch; **an jdm ~ finden** se prendre d'affection pour qn.
gefallen *unreg pp von* **gefallen; fallen** ♦ *vi*: **jdm ~ plaire à qn**; **er/es gefällt mir** il/ça me plaît; **die Sache gefällt mir nicht** ça me paraît suspect; **sich** *Dat* **etw ~ lassen** endurer qch.
Gefallene(r) *m* soldat *m* mort à la guerre.
gefällig [gə'fɛlɪç] *adj (hilfsbereit)* serviable; *(ansprechend)* agréable, plaisant(e); **sonst noch etwas ~?** *(veraltet, ironisch)* ce sera tout?; **zur ~en Beachtung** *(förmlich)* veuillez noter; **G~keit** *f (Hilfsbereitschaft)* obligeance *f*; **etw aus G~keit tun** faire qch pour rendre service.
gefälligst *adv*: **warten Sie ~, bis Sie an der Reihe sind** attendez votre tour, s'il vous plaît; **sei ~ still!** veux-tu te taire?
gefallsüchtig *adj* avide de plaire.
gefällt [gə'fɛlt] *vb siehe* **gefallen**.
gefangen [gə'faŋən] *pp von* **fangen** ♦ *adj (im*

Krieg) prisonnier(-ière).
Gefangene(r) *f(m) (Verbrecher)* détenu(e) *m/f*; *(Kriegs~)* prisonnier(-ière) *m/f* (de guerre).
Gefangenenlager *nt* camp *m* de prisonniers.
gefangen-: **~halten** *unreg vt* détenir; **G~nahme** *f* capture *f*; **~nehmen** *unreg vt* faire prisonnier(-ière); **G~schaft** *f (Haft)* détention *f*; *(Kriegsgefangenschaft)* captivité *f*.
Gefängnis [gə'fɛŋnɪs] *(-ses, -se) nt (Gebäude)* prison *f*; **auf Meineid steht ~** le parjure est passible de prison; **~strafe** *f* peine *f* de prison; **~wärter** *m* gardien *m* de prison; **~zelle** *f* cellule *f* (de prison).
gefärbt [gə'fɛrpt] *adj (Lebensmittel)* contenant des colorants; *(Haare)* teint(e); *(Bericht)* tendancieux(-euse).
Gefasel [gə'faːzəl] *(-s) nt* radotage *m*.
Gefäß [gə'fɛːs] *(-es, -e) nt* récipient *m*; *(Blut~)* vaisseau *m* (sanguin).
gefaßt [gə'fast] *adj (beherrscht)* calme; **auf etw** *Akk* **~ sein** s'attendre à qch; **er kann sich auf etw** *Akk* **~ machen** *(umg)* il va voir ce qu'il va voir.
Gefecht [gə'fɛçt] *(-(e)s, -e) nt* combat *m*; **jdn/etw außer ~ setzen** mettre qn/qch hors de combat; *(fig)* mettre qn/qch hors d'état de nuire, neutraliser qn/qch.
gefedert [gə'feːdərt] *adj (Matratze)* à ressorts; **gut/schlecht ~** *(Auto)* qui a une bonne/mauvaise suspension.
gefeiert [gə'faɪərt] *adj* célèbre.
gefeit [gə'faɪt] *adj*: **gegen etw ~ sein** être à l'abri de qch.
gefestigt [gə'fɛstɪçt] *adj (Charakter)* affirmé(e).
Gefieder [gə'fiːdər] *(-s, -e) nt* plumage *m*.
gefiedert *adj* à plumes.
gefiel *etc* [gə'fiːl] *vb siehe* **gefallen**.
Geflecht [gə'flɛçt] *(-(e)s, -e) nt* entrelacement *m*, entrelacs *m*.
gefleckt [gə'flɛkt] *adj* tacheté(e), moucheté(e).
Geflimmer [gə'flɪmər] *(-s) nt* papillotement *m*.
geflissentlich [gə'flɪsəntlɪç] *adv* volontairement.
geflochten [gə'flɔxtən] *pp von* **flechten**.
geflogen [gə'floːgən] *pp von* **fliegen**.
geflohen [gə'floːən] *pp von* **fliehen**.
geflossen [gə'flɔsən] *pp von* **fließen**.
Geflügel [gə'flyːgəl] *(-s) nt* volaille *f*.
geflügelt *adj*: **~e Worte** citations *fpl*.
Geflüster [gə'flʏstər] *(-s) nt* chuchotement *m*.
gefochten [gə'fɔxtən] *pp von* **fechten**.
Gefolge [gə'fɔlgə] *(-s, -) nt* suite *f*.
Gefolgschaft [gə'fɔlkʃaft] *f (Anhänger)* partisans *mpl*; *(Gefolge)* suite *f*.
Gefolgsmann *(-(e)s, -leute) m* partisan *m*.
gefragt [gə'fraːkt] *adj (begehrt)* (très) demandé(e).
gefräßig [gə'frɛːsɪç] *adj* vorace.
Gefreite(r) [gə'fraɪtə(r)] *m (MIL)* caporal *m*.
gefressen [gə'frɛsən] *pp von* **fressen**.

gefrieren [gəˈfriːrən] *unreg vi* geler.
Gefrier-: ~**fach** *nt* freezer *m*; ~**fleisch** *nt* viande *f* congelée; **g~getrocknet** *adj* lyophilisé(e); ~**gut** *nt* surgelés *mpl*; ~**punkt** *m* point *m* de congélation; ~**schutzmittel** *nt* antigel *m*; ~**truhe** *f* congélateur *m*.
gefror *etc* [gəˈfroːr] *vb siehe* **gefrieren**.
gefroren *pp von* **frieren**; **gefrieren**.
Gefüge [gəˈfyːgə] (–s, –) *nt* structure *f*.
gefügig *adj* (*gehorsam*) docile; **jdn** ~ **machen** faire obéir qn, soumettre qn.
Gefühl [gəˈfyːl] (–(e)s, –e) *nt* (*physisch*) sensation *f*; (*seelisch*) sentiment *m*; (*Ahnung*) impression *f*; **ein** ~ **für etw haben** avoir le sens de qch; **etw im** ~ **haben** savoir qch intuitivement; **das höchste der** ~**e** (*umg: das Maximum*) le maximum; **das wäre das höchste der** ~**e** ce serait génial; **g~los** *adj* insensible; (*Worte*) dur(e).
gefühls-: ~**betont** *adj* émotif(-ive); **G~duselei** (*umg*) *f* sensiblerie *f*; **G~leben** *nt* sensibilité *f*; ~**mäßig** *adj* instinctif(-ive); **G~mensch** *m* émotif(-ive) *m/f*.
gefühlvoll *adj* (*empfindsam*) (très) sensible; (*ausdrucksvoll*) expressif(-ive) ♦ *adv* (*spielen, singen*) avec beaucoup de sentiment; (*umgehen*) avec tact.
gefüllt [gəˈfʏlt] *adj* (*KOCH*) farci(e); (: *Pralinen*) fourré(e).
gefunden [gəˈfʊndən] *pp von* **finden** ♦ *adj*: **das war ein** ~**es Fressen für ihn** quelle aubaine pour lui.
gegangen [gəˈgaŋən] *pp von* **gehen**.
gegeben [gəˈgeːbən] *pp von* **geben** ♦ *adj*: **zu** ~**er Zeit** en temps voulu *od* utile; **unter den** ~**en Umständen** dans les circonstances actuelles.
gegebenenfalls [gəˈgeːbənənfals] *adv* le cas échéant.

====================== *SCHLÜSSELWORT*

gegen [ˈgeːgən] *präp* +*Akk* **1** contre; **gegen einen Baum fahren** rentrer dans *od* percuter un arbre; **X gegen Y** (*SPORT, JUR*) X contre Y; **gegen den Wind** contre le vent; **nichts gegen jdn haben** n'avoir rien contre qn; **ein Mittel gegen Schnupfen** un remède contre *od* pour le rhume
2 (*in Richtung auf*) vers; **gegen Osten** vers l'est **3** (*ungefähr*) vers; **gegen 3 Uhr** vers 3 heures; **gegen Abend** vers le soir
4 (*gegenüber*) envers; **gerecht gegen alle** juste envers tous
5 (*im Austausch für*) contre, pour; **einen alten Wagen gegen einen neuen austauschen** échanger une vieille voiture contre une neuve; **gegen bar kaufen** payer cash
6 (*verglichen mit*) par rapport à, à côté de.

Gegen-: ~**angriff** *m* contre-offensive *f*, contre-attaque *f*; ~**besuch** *m*: **jdm einen ~besuch machen** rendre à qn sa visite; ~**beweis** *m* preuve *f* du contraire.

Gegend [ˈgeːgənt] (–, –en) *f* région *f*; (*Richtung*) direction *f*.
Gegen-: ~**darstellung** *f* (*PRESSE*) réponse *f*; **g~einander** *adv* l'un(e) contre l'autre; ~**fahrbahn** *f* voie *f* opposée; ~**forderung** *f* (*FINANZ*) créance *d'un débiteur*; ~**frage** *f* autre question *f*; ~**gewicht** *nt* contrepoids *m*; ~**gift** *nt* antidote *m*; ~**kandidat** *m* challenger *m*, rival *m*; ~**klage** *f* (*JUR*) demande *f* reconventionnelle; **g~läufig** *adj* (*Entwicklung*) en sens contraire; ~**leistung** *f* contrepartie *f*, compensation *f*; ~**lichtaufnahme** *f* photographie *f* à contre-jour; ~**liebe** *f*: **keine ~liebe finden** ne pas être aimé(e) en retour; (*keine Zustimmung*) ne pas obtenir de réaction favorable; ~**maßnahme** *f* contre-mesure *f*; ~**mittel** *nt* antidote *m*; ~**partei** *f* (*andere Seite*) partie *f* adverse; (*POL*) parti *m* adverse; ~**probe** *f* contre-épreuve *f*.
Gegensatz *m* (*bei Begriff, Wort*) contraire *m*; (*bei Meinung etc*) contradiction *f*; **Gegensätze überbrücken** surmonter les différences.
gegensätzlich *adj* opposé(e), contraire; (*widersprüchlich*) contradictoire.
Gegen-: ~**schlag** *m* contre-attaque *f*, riposte *f*; ~**seite** *f* (*Gegenpartei*) partie *f* adverse; (*Rückseite*) autre côté *m*; **g~seitig** *adj* (*Einverständnis, Abmachung*) commun(e); **sich g~seitig helfen** s'entraider; **in g~seitigem Einverständnis** d'un commun accord; ~**seitigkeit** *f* réciprocité *f*; ~**spieler** *m* (*Gegner*) rival *m*, adversaire *m*; (*SPORT*) homologue *m*; ~**sprechanlage** *f* interphone *m*; ~**stand** *m* objet *m*; (*Thema*) sujet *m*; **g~ständlich** *adj* (*Kunst*) figuratif(-ive); **g~standlos** *adj* (*überflüssig*) superflu(e); (*grundlos*) non fondé(e); ~**stimme** *f* (*bei Abstimmung*) voix *f* contre, non *m*; ~**stoß** *m* contre-attaque *f*, riposte *f*; ~**stück** *nt* (*passendes Stück bei Paar*) pendant *m*; (*gegensätzliches Stück*) contraire *m*; ~**teil** *nt* contraire *m*; **im** ~**teil!** au contraire!; **ganz im** ~**teil** bien au contraire; **das** ~**teil bewirken** avoir l'effet inverse; **ins** ~**teil umschlagen** changer du tout au tout; **g~teilig** *adj* contraire, opposé(e); **ich habe nichts g~teiliges gehört** il n'y a pas eu de démenti, que je sache.
gegenüber [geːgənˈlyːbər] *präp* +*Dat* (*räumlich*) en face de; (*angesichts*) vis-à-vis de; (*im Vergleich zu*) par rapport à ♦ *adv* (*räumlich*) en face; ~ **steht ein alter Baum** en face, il y a un vieil arbre; **die Schmidts wohnen** ~ les Schmidt habitent (juste) en face; **allen Fragen** ~ **aufgeschlossen** très ouvert(e); **mir** ~ **hat er das nicht geäußert** (à moi,) il ne m'a rien dit de tel; **jdm** ~ **freundlich sein** (*zu jdm*) être aimable envers *od* avec qn; **du bist ihm** ~ **im Nachteil** tu es désavantagé(e) par rapport à lui; **G~** (–s, –) *nt* (*bei Kampf*) adversaire *m*; (*Mensch, der gegenüber sitzt*) vis-à-vis *m* inv; (*bei Diskussion*) interlocuteur(-trice) *m/f*; ~**liegen** *unreg vr* se faire face; ~**stehen** *unreg vr* s'affronter ♦ *vi*: **jdm feindlich/mit Mißtrauen**

~**stehen** avoir une attitude hostile/méfiante vis-à-vis de qn; **einer Katastrophe** ~**stehen** être confronté(e) à une catastrophe; ~**stellen** vt (Menschen) confronter; (zum Vergleich) confronter, comparer; **G**~**stellung** f (von Menschen) confrontation f; (von Begriffen, Vergleich) comparaison f; ~**treten** unreg vi +Dat: **jdm** ~**treten** se présenter devant qn, affronter qn.

Gegen-: ~**veranstaltung** f contremanifestation f; ~**verkehr** m circulation f en sens inverse; ~**vorschlag** m contreproposition f.

Gegenwart ['ge:gənvart] f (GRAM) présent m; (Anwesenheit) présence f; **in** ~ **von** en présence de.

gegenwärtig adj (augenblicklich) actuel(le), présent(e); (anwesend) présent(e) ♦ adv actuellement; **das ist mir nicht mehr** ~ cela m'échappe.

gegenwartsbezogen adj (Roman etc) actuel(le).

Gegen-: ~**wert** m équivalent m; ~**wind** m vent m contraire; ~**wirkung** f réaction f; **g**~**zeichnen** vt contresigner; ~**zug** m riposte f; (EISENB) train m en sens inverse.

gegessen [gə'gesən] pp von **essen**.

geglichen [gə'glıçən] pp von **gleichen**.

gegliedert [gə'gli:dərt] adj articulé(e); (fig) structuré(e).

geglitten [gə'glıtən] pp von **gleiten**.

geglommen [gə'glɔmən] pp von **glimmen**.

geglückt [gə'glʏkt] adj réussi(e).

Gegner ['ge:gnər] (**-s, -**) m adversaire m; (militärisch) ennemi m; **g**~**isch** adj adverse; ~**schaft** f opposition f.

gegolten [gə'gɔltən] pp von **gelten**.

gegoren [gə'go:rən] pp von **gären**.

gegossen [gə'gɔsən] pp von **gießen**.

gegr. abk (= gegründet) fondé(e).

gegraben [gə'gra:bən] pp von **graben**.

gegriffen [gə'grıfən] pp von **greifen**.

gegrillt [gə'grılt] adj grillé(e).

Gehabe [gə'ha:bə] (**-s**; umg) nt manières fpl.

gehabt [gə'ha:pt] pp von **haben**.

Gehackte(s) [gə'haktə(s)] nt viande f hachée.

Gehalt¹ [gə'halt] (**-(e)s, -e**) m (Inhalt) contenu m; (Anteil) teneur f.

Gehalt² [gə'halt] (**-s, ̈-er**) nt (Bezahlung) salaire m, traitement m.

gehalten [gə'haltən] pp von **halten** ♦ adj: ~ **sein, etw zu tun** (förmlich) être tenu(e) de faire qch.

Gehalts-: ~**abrechnung** f bulletin m de paie; ~**anspruch** m (gew pl) prétentions fpl; ~**empfänger** m salarié m; ~**erhöhung** f augmentation f (de salaire); ~**gruppe** f fourchette f des salaires; ~**konto** f compte m courant; ~**streifen** m bulletin m de paie; ~**wunsch** m prétentions fpl; ~**zulage** f (Gehaltserhöhung) augmentation f (de salaire); (Sonderzulage) prime f.

gehaltvoll adj (nahrhaft) nourrissant(e); (Buch)

riche, intéressant(e).

gehandikapt [gə'hendikɛpt] adj handicapé(e).

gehangen [gə'haŋən] pp von **hängen**.

geharnischt [gə'harnıʃt] adj (fig) énergique.

gehässig [gə'hesıç] adj malveillant(e); **G**~**keit** f méchanceté f, malveillance f.

gehauen [gə'hauən] pp von **hauen**.

gehäuft [gə'hɔyft] adj (Löffel) gros(se).

Gehäuse [gə'hɔyzə] (**-s, -**) nt (von Wecker, Radio) boîtier m; (von Apfel etc) trognon m; (von Schnecke etc) coquille f.

gehbehindert ['ge:bəhındərt] adj handicapé(e).

Gehege [gə'he:gə] (**-s, -**) nt (im Zoo) enclos m; (JAGD) réserve f; **jdm ins** ~ **kommen** (fig) marcher sur les plates-bandes de qn.

geheim [gə'haım] adj secret(-ète); (Kraft) occulte; **streng** ~ strictement confidentiel(le); **im** ~**en** en secret, en cachette; **G**~**dienst** m services mpl secrets; **G**~**fach** nt tiroir m secret; ~**halten** unreg vt ne pas révéler.

Geheimnis (**-ses, -se**) nt secret m; ~**krämer** m (petit) cachottier m; **g**~**voll** adj mystérieux(-euse).

Geheim-: ~**nummer** f (TEL) numéro m confidentiel od inscrit sur liste rouge; ~**polizei** f police f secrète; ~**rat** m conseiller m privé; ~**ratsecken** (umg) pl: **er hat** ~**ratsecken** il est dégarni sur le devant; ~**schrift** f code m; ~**tip** m tuyau m (fam); ~**waffe** f arme f secrète.

Geheiß [gə'haıs] (**-es**) nt: **auf jds** ~ sur l'ordre de qn.

geheißen [gə'haısən] pp von **heißen**.

gehemmt [gə'hɛmt] adj complexé(e).

gehen ['ge:ən] unreg vi aller; (zu Fuß ~) marcher; (funktionieren) fonctionner, marcher; (weg~) partir, s'en aller; (abfahren) partir; (Teig) lever; (hinein~, passen) (pouvoir) entrer; (florieren) bien marcher; (abdanken, zurücktreten) démissionner; (dauern) durer ♦ vt parcourir ♦ vi unpers: **wie geht es Ihnen?** comment allez-vous?; **mit einem Mädchen** ~ sortir avec une (jeune) fille; **gut gekleidet** ~ s'habiller avec soin; **das Zimmer geht nach Süden** la chambre donne sur le sud; **die Geschäfte** ~ **gut** les affaires marchent bien; **der Artikel geht gut** cet article marche bien; **in sich** Akk ~ faire son examen de conscience; **nach etw** ~ (urteilen) en juger par qch; **wieviele Leute** ~ **in deinen Wagen?** il y a de la place pour combien de personnes dans ta voiture?; **das Klavier geht nicht durch die Tür** le piano n'entre pas par la porte; **wie lange geht das schon so?** depuis quand est-ce que ça dure?; **der Rock geht ihr bis zum Knie** la jupe lui arrive aux genoux; **nichts geht über** +Akk (il n'y a) rien de tel que; **das geht über meinen Verstand!** ça me dépasse!; **in die Tausende** ~ se chiffrer par milliers; **mir/ihm geht es gut** je vais/il va bien; **geht das?** c'est possible?; **es geht** ça va; **das geht nicht** ce n'est pas possible; **es geht um etw** il s'agit de qch; **darum geht es (mir) nicht** il ne s'agit pas de ça; **morgen geht es nicht** demain, cela ne va pas être possible *od* ça ne va pas.

gehenlassen *unreg vr* (*unbeherrscht sein*) perdre son self-control; (*nachlässig sein*) se laisser aller ♦ *vt* laisser partir; **laß mich gehen!** laisse-moi partir!

gehetzt [gə'hɛtst] *adj* harcelé(e), stressé(e).

geheuer [gə'hɔʏər] *adj*: **nicht ~** inquiétant(e), sinistre; (*fragwürdig*) suspect(e).

Geheul [gə'hɔʏl] (**-(e)s**) *nt* hurlements *mpl*.

Gehilfe(Gehilfin) [gə'hɪlfə] (**-n, -n**) *m(f)* (*in Beruf*) stagiaire *m/f*; (*Helfer*) assistant(e) *m/f*.

Gehirn [gə'hɪrn] (**-(e)s, -e**) *nt* cerveau *m*; **~erschütterung** *f* commotion *f* cérébrale; **~hautentzündung** *f* méningite *f*; **~schlag** *m* attaque *f* (d'apoplexie); **~wäsche** *f* lavage *m* de cerveau.

gehoben [gə'ho:bən] *pp von* **heben** ♦ *adj* (*Position*) supérieur(e); (*Stimmung*) joyeux(-euse); **~er Dienst** échelons supérieurs de la fonction publique; **für ~e Ansprüche** de luxe.

geholfen [gə'hɔlfən] *pp von* **helfen**.

Gehör [gə'hø:r] (**-(e)s**) *nt* (*Hörvermögen*) ouïe *f*; **kein musikalisches ~ haben** ne pas avoir d'oreille; **absolutes ~** oreille *f* absolue; **~ finden** (*förmlich*) être écouté(e); **jdm ~ schenken** écouter qn.

gehorchen [gə'hɔrçən] *vi* +*Dat* (*folgsam sein*) obéir; **jdm ~** obéir à qn.

gehören [gə'hø:rən] *vi* (*als Eigentum*) appartenir; (*passend sein, einen Platz haben*) être à sa place ♦ *vr unpers*: **es gehört sich nicht** cela ne se fait pas; **das gehört mir/Gisela** c'est à moi/à Gisela; **das gehört nicht zur Sache** cela n'a aucun rapport; **er gehört ins Bett** il devrait être couché; **zu etw ~** (*Bestandteil sein*) faire partie de qch; **dazu gehört Mut** cela demande du courage; **dazu gehört (schon) einiges** *od* **etwas** il faut le faire.

gehörig *adj* (*gebührend*) convenable, dû(due); (*stark*) gros(se); **zu etw ~** appartenant à qch, faisant partie de qch; **jdm ~** appartenant à qn.

gehörlos *adj* sourd(e).

gehorsam [gə'ho:rza:m] *adj* obéissant(e); **G~** (**-s**) *m* obéissance *f*.

Gehörschaden *m* troubles *mpl* de l'audition.

Gehörsinn *m* ouïe *f*.

Gehsteig ['ge:ʃtaɪk], **Gehweg** *m* trottoir *m*.

Geier ['gaɪər] (**-s, -**) *m* vautour *m*; **weiß der ~!** (*umg*) Dieu seul le sait!

geifern ['gaɪfərn] *vi* (*aus Wut*) écumer; (*fig*) être fou(folle) de rage.

Geige ['gaɪgə] *f* violon *m*; **die erste ~ spielen** être premier violon; (*fig*) avoir le beau rôle; **zweite ~ spielen** être deuxième violon; (*fig*) devoir se contenter du second rôle.

Geiger(in) (**-s, -**) *m(f)* violoniste *m/f*.

Geigerzähler *m* compteur *m* Geiger.

geil [gaɪl] *adj* lascif(-ive), excité(e); (*umg: gut*) super; **auf jdn/etw ~ sein** désirer qn/qch.

Geisel ['gaɪzəl] (**-, -n**) *f* otage *m*; **~nahme** *f* pri-

se *f* d'otage(s).

Geißel ['gaɪsəl] (**-, -n**) *f* fouet *m*; (*fig*) fléau *m*.

geißeln *vt* flageller; (*fig*) fustiger.

Geist [gaɪst] (**-(e)s, -er**) *m* esprit *m*; **der Heilige ~** le Saint-Esprit; **von allen guten ~ern verlassen sein** (*umg*) être devenu(e) fou(folle); **hier scheiden sich die ~er** les avis sont partagés; **den** *od* **seinen ~ aufgeben** (*umg*) rendre l'âme.

Geister-: **~fahrer** (*umg*) *m* automobiliste qui a pris l'autoroute à contresens; **g~haft** *adj* fantomatique; **~hand** *f*: **wie von ~hand** mû(mue) par une force invisible, comme par miracle.

geistes-: **~abwesend** *adj* distrait(e); **G~blitz** *m* idée *f* géniale; **G~gegenwart** *f* présence *f* d'esprit; **~gegenwärtig** *adj* qui a de la présence d'esprit ♦ *adv* avec beaucoup de présence d'esprit; **~gestört** *adj* déséquilibré(e), qui a des problèmes psychologiques; **G~haltung** *f* tournure *f* d'esprit, attitude *f*; **~krank** *adj* atteint(e) d'une maladie mentale; **G~kranke(r)** *f(m)* malade *m/f* mental(e); **G~krankheit** *f* maladie *f* mentale; **~schwach** *adj* faible d'esprit; **G~störung** *f* trouble *m* mental; **G~verfassung** *f* état *m* d'esprit; **G~wissenschaften** *pl* sciences *fpl* humaines; **G~zustand** *m* état *m* mental; **jdn auf seinen G~zustand untersuchen** soumettre qn à un examen psychiatrique.

geistig *adj* (*intellektuell*) intellectuel(le); (*PSYCH*) mental(e); (*unkörperlich*) spirituel(le); (*alkoholisch*) alcoolisé(e); **~ behindert** handicapé(e) mental(e); **~-seelisch** spirituel(le).

geistlich *adj* spirituel(le); (*religiös*) religieux(-euse); (: *Stand*) ecclésiastique; (: *Musik*) sacré(e); **G~e(r)** *m* ecclésiastique *m*; **G~keit** *f* clergé *m*.

geist-: **~los** *adj* stupide; **~reich** *adj* spirituel(le), plein(e) d'esprit; **~tötend** *adj* abrutissant(e); **~voll** *adj* qui a une grande vivacité d'esprit, vif(vive).

Geiz [gaɪts] (**-es**) *m* avarice *f*.

geizen *vi*: (**mit etw**) **~** être avare (de qch).

Geizhals *m* avare *m*.

geizig *adj* avare.

Geizkragen (*umg*) *m* grigou *m*.

gekannt [gə'kant] *pp von* **kennen**.

Gekicher [gə'kɪçər] (**-s**) *nt* ricanements *mpl*, rires *mpl* étouffés.

Geklimper [gə'klɪmpər] (**-s**; *umg*) *nt* (*Klavier~*) pianotage *m*.

Geklingel [ge'klɪŋəl] (**-s**) *nt* sonnerie *f*.

geklungen [gə'klʊŋən] *pp von* **klingen**.

gekniffen [gə'knɪfən] *pp von* **kneifen**.

gekommen [gə'kɔmən] *pp von* **kommen**.

gekonnt [gə'kɔnt] *adj* (*Spiel, Taktik*) habile, adroit(e) ♦ *pp von* **können**.

gekoppelt [gə'kɔpəlt] *adj* (*COMPUT*) en ligne.

Gekritzel [gə'krɪtsəl] (**-s**) *nt* gribouillage *m*.

gekrochen [gə'krɔxən] *pp von* **kriechen**.

gekünstelt [ge'kʏnstəlt] *adj* (*Lächeln*) forcé(e); (*Sprache, Benehmen*) affecté(e), maniéré(e).

Gel [ge:l] (**-s, -e**) *nt* gel *m*.

Gelabere [gə'la:bərə] (–s; *umg*) *nt* blabla *m*.
Gelächter [gə'lɛçtər] (–s, –) *nt* rires *mpl*; **in ~ ausbrechen** éclater de rire.
gelackmeiert [gə'lakmaɪərt] (*umg*) *adj* roulé(e).
geladen [ge'la:dən] *pp von* **laden** ♦ *adj* chargé(e); (*umg: wütend*) furax.
Gelage [gə'la:gə] (–s, –) *nt* beuverie *f*.
gelagert [gə'la:gərt] *adj*: **in ähnlich ~en Fällen** dans les cas semblables; **in anders ~en Fällen** lorsque les circonstances sont différentes.
gelähmt [gə'lɛ:mt] *adj* paralysé(e); **G~e(r)** *f(m)* paralysé(e) *m/f*.
Gelände [gə'lɛndə] (–s, –) *nt* terrain *m*; **~fahrzeug** *nt* véhicule *m* tout terrain; **g~gängig** *adj* tout terrain *inv*; **~lauf** *m* cross-country *m*; **~marsch** *m* course *f* à travers un terrain varié.
Geländer [gə'lɛndər] (–s, –) *nt* (*Balkon~ etc*) balustrade *f*; (*Treppen~*) rampe *f*.
gelang *etc vb siehe* **gelingen**.
gelangen [gə'laŋən] *vi*: **~ an** +*Akk od* **zu** arriver à, atteindre; (*erwerben*) acquérir; **in jds Besitz ~** tomber entre les mains de qn; **in die richtigen/falschen Hände ~** être/ne pas être en bonnes mains.
gelangweilt *adj* qui s'ennuie.
gelassen [gə'lasən] *pp von* **lassen** ♦ *adj* calme; **G~heit** *f* calme *m*.
Gelatine [ʒela'ti:nə] *f* gélatine *f*.
gelaufen [gə'laufən] *pp von* **laufen**.
geläufig [gə'lɔyfɪç] *adj* (*üblich*) courant(e); (*vertraut*) familier(-ière); **das ist mir nicht ~** je ne connais pas cela, ça ne me dit rien; **G~keit** *f* (*Perfektion*) aisance *f*.
gelaunt [gə'launt] *adj*: **schlecht/gut ~** de mauvaise/bonne humeur; **wie ist er ~?** de quelle humeur est-il?, comment est-il luné?
Geläute (–(e)s) *nt* son *m* des cloches.
gelb [gɛlp] *adj* jaune; (*Ampellicht*) orange; **~lich** *adj* jaunâtre.
Gelbsucht *f* jaunisse *f*.
Geld [gɛlt] (–(e)s, –er) *nt* argent *m*; **etw zu ~ machen** monnayer qch; **zu ~ kommen** devenir riche; **er hat ~ wie Heu** (*umg*) il est plein aux as; **sein ~ unter die Leute bringen** (*umg*) dépenser son argent; **am ~ hängen** *od* **kleben** être près de ses sous; **staatliche** *od* **öffentliche ~er** fonds *mpl od* deniers *mpl* publics; **~adel** *m*: **der ~adel** les ploutocrates *mpl*; (*hum: die Reichen*) les riches *mpl*; **~anlage** *f* placement *m*; **~automat** *m* distributeur *m* automatique de billets, guichet *m* automatique; **~automatenkarte** *f* carte *f* de retrait; **~beutel** *m* porte-monnaie *m inv*; **~bombe** *f petit coffre-fort contenant la recette d'une entreprise*; **~börse** *f* porte-monnaie *m inv*; **~einwurf** *m* introduction *f* de la monnaie; **~geber** (–s, –) *m* bailleur *m* de fonds; **g~gierig** *adj* cupide; **~institut** *nt* établissement *m* financier; **~mittel** *pl* moyens *mpl* financiers; **~quelle** *f* source *f* de financement; **~schein** *m* billet *m* de banque; **~schrank** *m* coffre-fort *m*; **~strafe** *f*

amende *f*; **~stück** *nt* pièce *f* de monnaie; **~wechsel** *m* change *m*; **~wert** *m* (*Kaufkraft*) pouvoir *m* d'achat.
geleckt [gə'lɛkt] *adj*: **wie ~ aussehen** être tiré(e) à quatre épingles.
Gelee [ʒe'le:] (–s, –s) *nt od m* gelée *f*.
gelegen [gə'le:gən] *pp von* **liegen** ♦ *adj* situé(e); (*passend*) opportun(e); **das kommt mir sehr ~** ça m'arrange; **mir ist viel daran ~** (*wichtig*) j'y tiens beaucoup; **mir ist nichts daran ~** je n'y tiens pas.
Gelegenheit [gə'le:gənhaɪt] *f* occasion *f*; **bei jeder ~** chaque fois que l'occasion se présente, à tout propos; **bei ~** à l'occasion.
Gelegenheits-: **~arbeit** *f* travail *m* intermittent; **~arbeiter** *m* travailleur *m* temporaire; **~kauf** *m* occasion *f*.
gelegentlich [gə'le:gəntlɪç] *adj* qui a lieu de temps en temps, relativement rare ♦ *adv* (*ab und zu*) de temps en temps; (*bei Gelegenheit*) à l'occasion ♦ *präp* +*Gen* (*förmlich: aus Anlaß*) à l'occasion de.
gelehrig [gə'le:rɪç] *adj* qui apprend facilement, intelligent(e).
gelehrt [gə'le:rt] *adj* savant(e); (*Mensch*) érudit(e); **G~e(r)** *f(m)* érudit(e) *m/f*; **G~heit** *f* érudition *f*.
Geleise [gə'laɪzə] (–s, –) *nt siehe* **Gleis**.
Geleit [gə'laɪt] (–(e)s, –e) *nt* escorte *f*; **freies** *od* **sicheres ~** sauf-conduit *m*; **jdm das letzte ~ geben** (*verhüllend*) accompagner qn à sa dernière demeure.
geleiten *vt* escorter, accompagner.
Geleitschutz *m* escorte *f*.
Gelenk [gə'lɛŋk] (–(e)s, –e) *nt* (*von Mensch*) articulation *f*; (*von Maschine*) articulation, joint *m*.
gelenkig *adj* souple.
gelernt [gə'lɛrnt] *adj* qualifié(e).
gelesen [gə'le:zən] *pp von* **lesen**.
Geliebte(r) *f(m)* amant *m*, maîtresse *f*.
geliefert [gə'li:fərt] (*umg*) *adj*: **ich bin ~** je suis fichu(e).
geliehen [gə'li:ən] *pp von* **leihen**.
gelind(e) *adj* (*mild*) doux(douce) ♦ *adv*: **gelinde gesagt** c'est le moins qu'on puisse dire.
gelingen [gə'lɪŋən] *unreg vi* réussir; **die Arbeit gelingt mir nicht** je n'arrive pas à faire ce travail; **es ist mir gelungen, etw zu tun** j'ai réussi *od* je suis arrivé(e) à faire qch; **etw ist gut/schlecht gelungen** qch est réussi(e)/raté(e); **G~** *nt* réussite *f*, succès *m*.
gelitten [gə'lɪtən] *pp von* **leiden**.
gell [gɛl] *interj* (*dial*) hein, n'est-ce pas?
gellen [gɛlən] *vi* résonner, retentir.
gellend *adj* strident(e), perçant(e).
geloben [gə'lo:bən] *vt, vi* promettre (solennellement); **sich** *Dat* **etw ~** prendre la résolution de faire qch, se promettre de faire qch; **das Gelobte Land** la terre promise.
Gelöbnis [gə'lø:pnɪs] *nt* promesse *f* solennelle.
gelogen [gə'lo:gən] *pp von* **lügen**.
gelten ['gɛltən] *unreg vi* (*Fahrkarte*) être valable; (*Paß*) être valide; (*Gesetz*) être en vigueur ♦

vi unpers: **es gilt, etw zu tun** il s'agit de faire qch ♦ *vt* (*wert sein*) valoir; **das gilt nicht!** ce n'est pas de jeu!; **das gilt bei ihm nicht viel** il y attache peu d'importance; **jdm viel/wenig ~** compter beaucoup/peu pour qn; **jdm ~** être destiné(e) à qn; **seine Liebe gilt der Malerei** la peinture est sa grande passion; **für jdn ~** (*zutreffen*) s'appliquer à qn; **als** *od* **für etw ~** (*angesehen werden als*) passer pour qch; **etw ~ lassen** admettre qch, laisser qch passer; **für diesmal lasse ich's ~** ~ va pour cette fois; **als gelte es sein Leben** comme s'il y allait de sa vie; **was gilt die Wette?** qu'est-ce qu'on parie?; **die Wette gilt!** chiche!

geltend *adj* (*Preise, Gesetz*) en vigueur; (*Meinung*) répandu(e); **etw ~ machen** faire valoir qch; **einen Einwand ~ machen** formuler une objection; **sich ~ machen** se manifester.

Geltung ['gɛltʊŋ] *f* (*Ansehen, Prestige*) prestige *m*; **~ haben** (*förmlich*) être valable; **etw Dat ~ verschaffen** imposer qch; **sich Dat ~ verschaffen** s'imposer; **etw zur ~ bringen** mettre qch en valeur; **zur ~ kommen** être mis(e) en valeur.

Geltungs-: **~bedürfnis** *nt* besoin *m* de se faire valoir; **~dauer** *f* période *f* de validité; **g~süchtig** *adj* qui a besoin de se faire valoir.

Gelübde [gə'lʏpdə] (**–s, –**) *nt* vœu *m*.

gelungen [gə'lʊŋən] *pp von* **gelingen** ♦ *adj* réussi(e); (*witzig*) drôle.

gelüsten [g'lʏstən] *vt unpers*: **mich gelüstet nach einem Eis** j'ai envie d'une glace.

Gem. *abk* = **Gemeinde.**

gemächlich [gə'mɛːçlıç] *adj* tranquille ♦ *adv* sans se presser.

gemacht [gə' maːxt] *adj* (*gewollt, gekünstelt*) artificiel(le); **ein ~er Mann sein** avoir sa fortune assurée.

Gemahl [gə'maːl] (**–(e)s, –e**) *m* époux *m*.

gemahlen [gə'maːlən] *pp von* **mahlen.**

Gemahlin *f* épouse *f*.

Gemälde [gə'mɛːldə] (**–s, –**) *nt* tableau *m*.

gemasert [gə'maːzərt] *adj* (*Holz*) veiné(e).

gemäß [gə'mɛːs] *präp +Dat* (*zufolge*) conformément à, selon ♦ *adj*: **jdm/einer Sache ~ sein** convenir à qn/qch; **~ den Bestimmungen** selon le règlement; **eine der Leistung ~e Bezahlung** un montant correspondant au travail fourni.

gemäßigt *adj* modéré(e); (*Klima*) tempéré(e).

Gemauschel [gə'maʊʃəl] (*umg*) *nt* manigances *fpl.*

Gemecker [gə'mɛkər] (**–s**) *nt* (*von Ziegen*) bêlements *mpl*; (*umg: Nörgelei*) rouspétance *f.*

gemein [gə'maın] *adj* (*niederträchtig*) ignoble; (*allgemein*) commun(e); **etw ~ haben (mit)** avoir qch en commun (avec); **ein ~er Soldat** un simple soldat.

Gemeinde [gə'maındə] *f* commune *f*; (*Pfarr~*) paroisse *f*; (*Kirchen~*) assemblée *f* (des fidèles); **~abgaben** *pl* taxes *fpl* municipales; **~amt** *nt* = mairie *f*; **~ordnung** *f* arrêtés *mpl* municipaux; **~rat** *m* conseil *m* municipal;

(*Mitglied*) conseiller *m* municipal; **~schwester** *f* infirmière *f* visiteuse; **~steuer** *f* taxe *f* municipale; **~verwaltung** *f* administration *f* municipale; **~vorstand** *m* = conseil *m* municipal; **~wahl** *f* élections *fpl* municipales; **~zentrum** *nt* foyer *m* municipal; (*REL*) centre *m* paroissial.

Gemein-: **~eigentum** *nt* propriété *f* collective; **g~gefährlich** *adj* (*Verbrecher*) qui constitue un danger public; **~gut** *nt* domaine *m* public; **~heit** *f* (*Niedertracht, Tat*) méchanceté *f*; **so eine ~heit!** (*umg*) quelle vacherie!; **g~hin** *adv* d'ordinaire, en général; **~kosten** *pl* frais *mpl* généraux; **~nutz** *m* intérêt *m* général; **g~nützig** *adj* d'utilité publique; (*wohltätig*) charitable; **~platz** *m* lieu *m* commun; **g~sam** *adj* commun(e) ♦ *adv*: **etw g~sam haben (mit)** avoir qch en commun (avec); **g~same Sache mit jdm machen** faire cause commune avec qn; **der g~same Markt** le Marché commun; **g~sames Konto** compte *m* joint; **etw g~sam haben** qch en ensemble; **~samkeit** *f* (*gemeinsame Eigenschaft*) point *m* commun; **~schaft** *f* communauté *f*; **eheliche ~schaft** (*JUR*) mariage *m*; **in ~schaft mit** conjointement avec; **~schaft Unabhängiger Staaten** Communauté des États indépendants; **g~schaftlich** *adj siehe* **g~sam;** **~schaftsantenne** *f* antenne *f* collective; **~schaftsarbeit** *f* travail *m* d'équipe; **~schaftsbesitz** *m* copropriété *f*; **~schaftskunde** *f* instruction *f* civique; **~schaftsproduktion** *f* coproduction *f*; **~schaftsraum** *m* salle *f* commune; **~sinn** *m* sens *m* civique, civisme *m*; **g~verständlich** *adj* à la portée de tous; **~wesen** *nt* chose *f* publique; **~wohl** *nt* bien *m* public.

Gemenge [gə'mɛŋə] (**–s, –**) *nt* (*Hand~*) bagarre *f*; (*Mischung*) mélange *m.*

gemessen [gə'mɛsən] *pp von* **messen** ♦ *adj* (*Schritt, Bewegung*) mesuré(e); (*Abstand*) respectueux(-euse).

Gemetzel [gə'mɛtsəl] (**–s, –**) *nt* carnage *m.*

gemieden [gə'miːdən] *pp von* **meiden.**

Gemisch [gə'mıʃ] (**–es, –e**) *nt* mélange *m.*

gemischt *adj* mélangé(e); (*Gesellschaft, Gruppe*) hétérogène; (*Gefühle*) mitigé(e); **~er Salat** salade *f* composée *od* mixte.

gemocht [gə'mɔxt] *pp von* **mögen.**

gemolken [gə'mɔlkən] *pp von* **melken.**

Gemse ['gɛmzə] (**–, –n**) *f* chamois *m.*

Gemunkel [gə'mʊŋkəl] (**–s;** *umg*) *nt* ragots *mpl.*

Gemurmel [gə'mʊrməl] (**–s**) *nt* murmure *m*; (*unverständliches Reden*) marmonnement *m.*

Gemüse [gə'myːzə] (**–s, –**) *nt* légumes *mpl*; **junges ~** (*umg*) des petits jeunes; **~garten** *m* potager *m*; **~händler(in)** *m(f)* marchand(e) *m/f* de fruits et légumes *od* des quatre saisons; **~platte** *f*: **eine ~platte** un plat de légumes.

gemußt [gə'mʊst] *pp von* **müssen.**

gemustert [gə'mʊstərt] *adj* à motifs.

Gemüt [gə'myːt] (**–(e)s, –er**) *nt* (*seelisch, Mensch*) nature *f*; **sich Dat etw zu ~e führen** (*umg*) se régaler de qch; **die ~er erregen** échauffer les

esprits.
gemütlich adj (Haus, Lokal) où on se sent bien, accueillant(e); (Abend) très agréable; (Tempo, Spaziergang) tranquille; (Mensch) sympathique; **mach's dir** ~! mets-toi à ton aise!, fais comme chez toi!; **G~keit** f (Bequemlichkeit) confort m; (Behaglichkeit) tranquillité f, bien-être m.
Gemüts-: ~**bewegung** f émotion f; **g~krank** adj dépressif(-ive); ~**mensch** m père m peinard; ~**ruhe** f calme m; **in aller** ~**ruhe** (umg) sans perdre son sang-froid; (gemächlich) en prenant tout son temps, (tout) tranquillement; ~**zustand** m état m d'âme, disposition f d'esprit.
gemütvoll adv avec beaucoup de sensibilité.
Gen [ge:n] (–s, –e) nt gène m.
Gen. abk = Genitiv; Genossenschaft.
gen. abk (= genannt) ment(ionné).
genannt [gə'nant] pp von nennen.
genas etc [gə'na:s] vb siehe genesen.
genau [gə'nau] adj (exakt) exact(e), précis(e) ♦ adv (exakt) avec précision; (sorgfältig) soigneusement; **er kam** ~, **als** ... il est arrivé juste au moment où ...; **G~eres** plus de détails; **es ging** ~ **daneben** c'est tombé juste à côté; ~ **richtig** exact(e); **das reicht** ~ il y en a juste assez; ~! exactement!; **etw** ~ **nehmen** prendre qch au sérieux; **etw** ~ **wissen** être certain(e) de qch; ~ **auf die Minute, auf die Minute** ~ à la minute près; ~**genommen** adv à strictement parler.
Genauigkeit f (Exaktheit) exactitude f, précision f; (Sorgfältigkeit) soin m.
genauso [gə'nauzo:] adv (vor adj) aussi; (alleinstehend) de la même manière od façon; ~**gut** adv aussi bien.
Gendarm [ʒan'darm] (–s, –e) m gendarme m.
Gen.-Dir. abk (= Generaldirektor) PDG m.
genehm [gə'ne:m] adj: **jdm** ~ **sein** convenir à qn.
genehmigen vt autoriser; **sich** Dat **etw** ~ s'offrir qch.
Genehmigung f autorisation f.
geneigt [gə'naikt] adj (geh: Zuhörer, Ohr) attentif(-ive); ~ **sein, etw zu tun** être prêt(e) à faire qch; **jdm** ~ **sein** être bien disposé(e) envers qn.
General [gene'ra:l] (–s, –e od ⁻e) m général m; ~**direktor** m P.D.G. m; ~**konsulat** nt consulat m général; ~**probe** f (répétition f) générale f; ~**stabskarte** f carte f d'état-major; ~**streik** m grève f générale; **g~überholen** vt effectuer une révision générale de, réviser complètement; ~**versammlung** f assemblée f générale; ~**vertretung** f représentation f générale.
Generation [generatsi'o:n] f génération f.
Generationskonflikt m conflit m de générations.
Generator [gene'ra:tor] m générateur m.
generell [genə'rɛl] adj général(e).
genesen [ge'ne:zən] unreg vi (geh) se rétablir.

Genesende(r) f(m) convalescent(e) m/f.
Genesung f rétablissement m, guérison f.
Genetik [ge'ne:tik] f génétique f.
genetisch [ge'ne:tiʃ] adj génétique.
Genf ['gɛnf] nt Genève.
Genfer adj attrib de Genève, genevois(e); **der** ~ **See** le lac Léman od de Genève; **die** ~ **Konvention** les Conventions de Genève.
genial [geni'a:l] adj génial(e), de génie.
Genialität [geniali'tɛ:t] f génie m.
Genick [gə'nik] (–(e)s, –e) nt nuque f; **jdn/einer Sache das** ~ **brechen** (fig) anéantir qn/qch; ~**starre** f (umg: steifer Hals) torticolis m.
Genie [ʒe'ni:] (–s, –e) nt génie m.
genieren [ʒe'ni:rən] vt déranger ♦ vr se gêner; **geniert es Sie, wenn ...?** cela vous dérange si ...?; ~ **Sie sich nicht!** ne vous gênez pas!
genießbar adj (eßbar) mangeable; (trinkbar) buvable.
genießen [gə'ni:sən] unreg vt (sich erfreuen an) aimer (beaucoup); (: Essen, Trinken) savourer; (geh: zu sich nehmen) manger, prendre; (erhalten: Erziehung, Bildung) jouir de, avoir; **das ist nicht zu** ~ c'est immangeable; **er ist heute nicht zu** ~ (umg) il n'est pas à prendre avec des pincettes aujourd'hui.
Genießer (–s, –) m épicurien m; (im Essen) (fin) gourmet m; (des Lebens) bon vivant m; **g~isch** adj de plaisir ♦ adv avec délectation.
Genitalien [geni'ta:liən] pl organes mpl génitaux.
Genitiv ['ge:niti:f] m génitif m.
genommen [gə'nɔmən] pp von nehmen.
genormt [gə'nɔrmt] adj (VERWALTUNG) normalisé(e).
genoß etc [gə'nɔs] vb siehe genießen.
Genosse [gə'nɔsə] (–n, –n) m camarade m.
genossen pp von genießen.
Genossenschaft f coopérative f.
Genossin f camarade m.
genötigt [gə'nø:tiçt] adj: **sich** ~ **sehen, etw zu tun** se voir dans l'obligation de faire qch.
Genre [ʒã:rə] (–s, –s) nt genre m.
Gent [gɛnt] (–s) nt Gand.
Gentechnologie f génie m génétique.
Genua ['ge:nua] nt Gênes.
Genueser(in) [genu'e:zər] m(f) Génois(e) m/f.
genug [gə'nu:k] adv assez, suffisamment; **ich habe genug (davon)** j'en ai assez; **jetzt ist('s) aber** ~! ça suffit (comme ça)!
Genüge [gə'ny:gə] f: **jdm/etw** ~ **tun** od **leisten** (geh) satisfaire qn/à qch; **etw zur** ~ **kennen** (abwertend) connaître qch par cœur.
genügen vi (ausreichen) suffire, être suffisant(e); (Anforderungen) satisfaire; **das genügt** ça suffit.
genügend adj suffisant(e); (befriedigend) satisfaisant(e).
genügsam [gə'ny:kza:m] adj qui se contente de peu, modeste; **G~keit** f modestie f.
Genugtuung [gə'nu:ktu:uŋ] f satisfaction f.
Genus ['ge:nus] (–, Genera) nt (GRAM) genre m.
Genuß [gə'nus] (–sses, ⁻sse) m (Zusichnehmen:

kein pl) consommation *f;* (*Vergnügen*) plaisir *m;* **etw mit ~ essen** se régaler (en mangeant qch); **in den ~ einer Sache** *Gen* **kommen** bénéficier de qch.

genüßlich [gə'nʏslɪç] *adv* avec délectation.

Genußmittel *pl* alimentation fine, confiserie, tabac etc.

geöffnet [gə'œfnət] *adj* ouvert(e).

Geograph [geo'gra:f] (*–en, –en*) *m* géographe *m.*

Geographie [geogra'fi:] *f* géographie *f.*

Geographin *f* géographe *f.*

geographisch *adj* géographique.

Geologe [geo'lo:gə] (*–n, –n*) *m* géologue *m.*

Geologie [geolo:'gi:] *f* géologie *f.*

Geologin *f* géologue *f.*

Geometrie [geome'tri:] *f* géométrie *f.*

geordnet [gə'ɔrdnət] *adj:* **in ~en Verhältnissen leben** avoir une vie rangée.

Georgien (*–s*) *nt* la Géorgie.

Gepäck [gə'pɛk] (*–(e)s*) *nt* bagages *mpl;* **~abfertigung** *f* (*FLUG*) enregistrement *m* des bagages; (*EISENB*) guichet *m* pour l'expédition des bagages; **~annahme** *f* (*FLUG*) enregistrement *m* des bagages; (*EISENB*) guichet *m* pour l'expédition des bagages; (*zur Aufbewahrung*) consigne *f;* **~aufbewahrung** *f* consigne *f;* **~aufgabe** *f* = **~abfertigung; ~ausgabe** *f* (*EISENB*) guichet *m* (pour le retrait des bagages); (*FLUG*) livraison *f* des bagages; **~netz** *nt* filet *m;* **~schein** *m* bulletin *m* de consigne; **~stück** *nt:* **pro Person nur ein ~stück!** un sac ou une valise par personne!; **~träger** *m* porteur *m;* (*beim Fahrrad*) porte-bagages *m inv;* **~wagen** *m* fourgon *m.*

Gepard ['ge:part] (*–(e)s, –e*) *m* guépard *m.*

gepfeffert [gə'pfɛfərt] (*umg*) *adj* (*Preise*) salé(e); (*Fragen, Prüfung*) coton *inv;* (*Kritik*) mordant(e).

gepfiffen [gə'pfɪfən] *pp von* **pfeifen.**

gepflegt [gə'pfle:kt] *adj* (*nicht vernachlässigt*) soigné(e); (*: Park*) bien entretenu(e); (*kultiviert*) raffiné(e); (*Speisen, Wein*) de qualité.

Gepflogenheit [gə'pflo:gənhaɪt] *f* (*geh*) coutume *f.*

Geplapper [gə'plapər] (*–s*) *nt* babillage *m.*

Geplauder [gə'plaʊdər] (*–s*) *nt* bavardage *m.*

Gepolter [gə'pɔltər] (*–s*) *nt* (*Krach*) fracas *m,* vacarme *m.*

gepr. *abk* (*= geprüft*) diplômé(e).

gepriesen *pp von* **preisen.**

gequält [gə'kvɛ:lt] *adj* (*Lächeln*) contraint(e); (*Miene, Ausdruck*) peiné(e); (*Stimme*) rauque.

Gequatsche [gə'kvatʃə] (*–s, pej: umg*) *n* bavardage *m;* (*Blödsinn*) âneries *fpl.*

gequollen [gə'kvɔlən] *pp von* **quellen.**

Gerade *f* (*MATH*) droite *f.*

══════════════ *SCHLÜSSELWORT*

gerade [gə'ra:də] *adj* (*nicht krumm, aufrecht*) droit(e); **eine gerade Zahl** un chiffre pair

♦ *adv* **1** (*genau*) justement; (*speziell*): **gerade deshalb** précisément pour cela; **das ist es ja**

gerade! justement!; **warum gerade ich?** pourquoi moi?; **jetzt gerade nicht!** pas maintenant!; **nicht gerade schön** pas précisément beau(belle); **da wir gerade von Geld sprechen** à propos d'argent

2 (*eben, soeben*): **er wollte gerade aufstehen** il allait justement se lever; **gerade erst** tout juste; **gerade noch** tout juste; **gerade weil** justement *od* précisément parce que.

──────────────

gerade-: **~aus** *adv* tout droit; **~biegen** *unreg vt* redresser; (*fig*) arranger; **~heraus** *adv* franchement, sans détour.

gerädert [gə'rɛ:dərt] (*umg*) *adj:* **wie ~ sein** *od* **sich wie ~ fühlen** être éreinté(e).

geradeso *adv* de la même manière *od* façon; **~ dumm** *etc* (tout) aussi bête *etc;* **~ wie** (tout) comme.

geradestehen *unreg vi* (*aufrecht stehen*) se tenir droit(e); **für jdn/etw ~** répondre de qn/qch.

geradewegs *adv* directement.

geradezu *adv* (*beinahe*) pour ainsi dire.

geradlinig *adj* rectiligne; (*Strecke, Nachkomme etc*) direct(e).

gerammelt [gə'raməlt] *adv:* **~ voll** (*umg*) plein(e) à craquer.

Geranie [gə'ra:niə] *f* géranium *m.*

gerann *etc* [gə'ran] *vb siehe* **gerinnen.**

gerannt [gə'rant] *pp von* **rennen.**

Gerät [gə'rɛ:t] (*–(e)s, –e*) *nt* appareil *m;* (*landwirtschaftliches ~*) machine *f;* (*Werkzeug*) outil *m;* (*Zubehör: kein pl*) équipement *m;* **die ~e** (*SPORT*) les agrès *mpl.*

gerät *etc* [gə'rɛ:t] *vb siehe* **geraten.**

geraten [gə'ra:tən] *pp von* **raten; geraten** ♦ *vi unreg* (*gelingen*) réussir; (*mit präp: zufällig gelangen*) se retrouver; **gut/schlecht ~** bien/ne pas réussir; **an jdn ~** tomber sur qn; **in etw** *Akk* **~** se retrouver dans qch; **in Angst ~** prendre peur; **nach jdm ~** ressembler à qn; **außer sich** *Dat* **~** être hors de soi.

Geräteturnen *nt* exercices *mpl* aux agrès.

Geratewohl [gəra:tə'vo:l] *nt:* **aufs ~** au hasard.

geräuchert [gə'rɔʏçərt] *adj* fumé(e).

geraum [gə'raʊm] *adj:* **seit ~er Zeit** depuis un certain temps.

geräumig [gə'rɔʏmɪç] *adj* spacieux(-euse).

Geräusch [gə'rɔʏʃ] (*–(e)s, –e*) *nt* bruit *m;* **g~arm** *adj* qui fait peu de bruit; **~kulisse** *f* bruit *m* de fond; (*FILM, RUNDF, TV*) bruitage *m;* **g~los** *adj* silencieux(-euse); **~pegel** *m* niveau *m* sonore; **g~voll** *adj* bruyant(e).

gerben ['gɛrbən] *vt* tanner.

Gerber (*–s, –*) *m* tanneur *m.*

Gerberei [gɛrbə'raɪ] *f* tannerie *f.*

gerecht [gə'rɛçt] *adj* juste, équitable; (*Lohn, Strafe*) mérité(e); (*Forderungen*) légitime; **jdm/etw ~ werden** apprécier qn/qch à sa juste valeur; **~fertigt** *adj* justifié(e).

Gerechtigkeit *f* justice *f.*

Gerechtigkeits-: **~fanatiker(in)** *m(f)* fanatique *m/f* de justice; **~gefühl** *nt,* **~sinn** *m* sens *m* de la justice.

Gerede [gə're:də] (**–s**) *nt* bavardage *m*; (*Klatsch*) potins *mpl*.

geregelt [gə're:gəlt] *adj* (*Arbeit, Mahlzeiten*) régulier(-ière); (*Leben*) réglé(e).

gereift [gə'raɪft] *adj* mûr(e).

gereizt [gə'raɪtst] *adj* irrité(e), énervé(e); (*Stimmung*) tendu(e); (*Ton*) irrité(e); **G~heit** *f* irritation *f*.

Gericht [gə'rɪçt] (**–(e)s, –e**) *nt* (*JUR*) tribunal *m*; (*Essen*) plat *m*; **jdn vor ~ bringen** poursuivre qn en justice; **einen Fall vor ~ bringen** saisir le tribunal d'une affaire; **über jdn zu ~ sitzen** juger qn; **mit jdm ins ~ gehen** (*fig*) faire le procès de qn; **das Letzte** *od* **Jüngste ~** le Jugement dernier; **g~lich** *adj* judiciaire; (*Verhandlung, Entscheidung*) du tribunal ♦ *adv* par voie de justice; **ein g~liches Nachspiel haben** avoir des suites judiciaires, passer devant les tribunaux; **g~lich gegen jdn vorgehen** poursuivre qn en justice; **jdn g~lich belangen** poursuivre qn en justice.

Gerichts-: **~akten** *pl* comptes rendus *mpl* d'audience; **~barkeit** *f* juridiction *f*; **~entscheid** *m* décision *f* du tribunal; **~hof** *m* cour *f* (de justice); **~kosten** *pl* frais *mpl* de justice; **g~medizinisch** *adj* médico-légal(e); **~saal** *m* salle *f* du *od* de tribunal; **~stand** *m* tribunal *m* compétent; **~termin** *m* jour *m* de l'audience; **~verfahren** *nt* procédure *f* judiciaire; **~verhandlung** *f* procès *m*; **~vollzieher** *m* huissier *m*; **~weg** *m*: **gegen jdn auf dem ~weg vorgehen** poursuivre qn en justice; **gegen etw auf dem ~weg vorgehen** porter une affaire devant les tribunaux.

gerieben [gə'ri:bən] *pp von* **reiben** ♦ *adj* (*Käse*) râpé(e); (*umg: schlau*) rusé(e), retors(e).

geriet *etc* [gə'ri:t] *vb siehe* **geraten**.

gering [gə'rɪŋ] *adj* (*Lohn, Temperatur*) bas(basse), peu élevé(e); (*Entfernung, Höhe*) faible; (*Schwierigkeiten*) mineur(e); (*Schaden*) léger(-ère); **~es Interesse** peu d'intérêt; **~e Bedeutung/Zeit/Kosten** peu d'importance/de temps/de frais; **~achten** *vt* faire peu de cas de, mépriser; **~fügig** *adj* insignifiant(e); **~schätzig** *adj* méprisant(e); **G~schätzung** *f* mépris *m*, dédain *m*.

geringste(r, s) *adj* moindre; **beim ~n Geräusch aufschrecken** sursauter au moindre bruit; **er hat nicht das ~ bißchen Respekt vor mir** il n'a pas le moindre respect pour moi; **das ist mein ~s Problem** c'est le cadet de mes soucis; **nicht im ~n** pas le moins du monde; **nicht das ~** rien du tout.

geringstenfalls *adv* (tout) au moins.

gerinnen [gə'rɪnən] *unreg vi* (*Milch*) cailler; (*Blut*) se coaguler.

Gerinnsel [gə'rɪnzəl] (**–s, –**) *nt* (*Blut~*) caillot *m*.

Gerippe [gə'rɪpə] (**–s, –**) *nt* squelette *m*; (*von Schiff, Gebäude*) carcasse *f*.

gerissen [gə'rɪsən] *pp von* **reißen** ♦ *adj* rusé(e).

geritten [gə'rɪtən] *pp von* **reiten**.

geritzt [gə'rɪtst] (*umg*) *adj*: **die Sache ist ~** entendu comme ça.

Germane [gɛr'ma:nə] (**–n, –n**) *m* Germain *m*.

Germanist(in) [gɛrma'nɪst(ɪn)] *m(f)* germaniste *m/f*.

Germanistik *f*: **~ studieren** faire des études d'allemand.

gern(e) *adv* volontiers; **jdn/etw ~ haben** *od* **mögen** aimer bien qn/qch; **etw ~ tun** (*mögen*) aimer faire qch; **er kann mich ~ haben** (*umg*) qu'il aille se faire voir; **~! volontiers!, avec plaisir!; ja, ~!** oui, volontiers!; **(aber) ~!** bien sûr!; **gern geschehen!** il n'y a pas de quoi!; **ich möchte ~ wissen, ob ...** je voudrais (bien) savoir si ...; **ich hätte ~ ...** je voudrais ...; **ein gern gesehener Gast** un hôte apprécié.

Gernegroß (**–, –e**) *m* frimeur *m*.

gerochen [gə'rɔxən] *pp von* **riechen**.

Geröll [gə'rœl] (**–(e)s, –e**) *nt* éboulis *mpl*.

geronnen [gə'rɔnən] *pp von* **gerinnen; rinnen**.

Gerste ['gɛrstə] *f* orge *f*.

Gerstenkorn *nt* (*in Auge*) orgelet *m*.

Gerte ['gɛrtə] *f* baguette *f*.

gertenschlank *adj* très mince.

Geruch [gə'rʊx] (**–(e)s, ¨e**) *m* (*Duft*) odeur *f*; **er kommt langsam in den ~ der Ausländerfeindlichkeit** de plus en plus de gens disent qu'il est xénophobe; **g~los** *adj* inodore.

Geruch(s)sinn *m* odorat *m*.

Gerücht [gə'rʏçt] (**–(e)s, –e**) *nt* rumeur *f*.

geruchtilgend *adj* désodorisant(e).

gerufen [gə'ru:fən] *pp von* **rufen**.

geruhen [gə'ru:ən] *vi* (*geh*) daigner.

geruhsam [gə'ru:za:m] *adj* tranquille.

Gerümpel [gə'rʏmpəl] (**–s**) *nt* bric-à-brac *m inv*.

gerungen [gə'rʊŋən] *pp von* **ringen**.

Gerüst [gə'rʏst] (**–(e)s, –e**) *nt* échafaudage *m*; (*von Plan*) grandes lignes *fpl*.

Ges. *abk* (= *Gesellschaft*) Sté.

gesalzen [gə'zaltsən] *pp von* **salzen** ♦ *adj* (*umg: Preis, Rechnung*) salé(e).

gesamt [gə'zamt] *adj*: **der/die/das ~e ...** tout(e) le(la) ..., la(la) ... tout(e) entier(-ière); **die ~en Kosten** l'ensemble des frais; **im ~en** (*veraltend*) en tout; **G~auflage** *f* tirage *m*; **G~ausgabe** *f* édition *f* complète; **G~betrag** *m* total *m*; **g~deutsch** *adj* qui concerne l'ensemble de l'Allemagne; **G~deutschland** *nt* l'Allemagne *f* dans son ensemble; **G~eindruck** *m* impression *f* d'ensemble; **G~heit** *f* ensemble *m*; **G~hochschule** *f* établissement universitaire d'enseignement pluridisciplinaire; **G~masse** *f* (*WIRTS*) actif *m*; **G~schaden** *m* montant *m* total des dégâts; **G~schule** *f* établissement d'enseignement secondaire polyvalent; **G~wert** *m* valeur *f* totale; **G~wertung** *f* (*SPORT*) classement *m* général.

gesandt *pp von* **senden**.

Gesandte(r) [gə'zantə(r)] *f(m)* représentant *m* (permanent).

Gesandtschaft [gə'zantʃaft] *f* représentation *f* diplomatique.

Gesang [gə'zaŋ] (**–(e)s, ¨e**) *m* chant *m*; **~buch** *nt* (*REL*) recueil *m* de cantiques; **~verein** *m*

chorale *f*.
Gesäß [gə'zɛːs] (**–es**, **–e**) *nt* derrière *m*, postérieur *m*.
gesättigt [gə'zɛtıçt] *adj* (*CHEM*) saturé(e).
gesch. *abk* (= *geschieden*) divorcé(e).
Geschädigte(r) [gə'ʃɛːdıçtə(r)] *f(m)* victime *f*, personne *f* lésée.
geschaffen [gə'ʃafən] *pp von* **schaffen**.
Geschäft [gə'ʃɛft] (**–(e)s**, **–e**) *nt* affaire *f*; (*Laden*) magasin *m*, commerce *m*; (*umg: Firma, Büro*) boulot *m*; (*Aufgabe*) tâche *f*; (*Handel: kein pl*) commerce, affaires *fpl*; (*Geschäftsabschluß*) conclusion *f* d'une affaire; **mit jdm ins ~ kommen** faire des affaires avec qn; **dabei hat er ein ~ gemacht** il a fait une bonne affaire; **für jdn die ~e führen** gérer les affaires de qn; **sein ~ verrichten** (*umg*) faire ses besoins.
Geschäftemacher (**–s**, **–**) *m* affairiste *m*, brasseur *m* d'affaires.
geschäftig *adj* affairé(e).
geschäftlich *adj* d'affaires, commercial(e) ♦ *adv* pour affaires; **~ unterwegs** en voyage d'affaires.
Geschäfts-: **~abschluß** *m* conclusion *f* d'une affaire; **~aufgabe**, **~auflösung** *f* fermeture *f* définitive; **~bedingungen** *pl* conditions *fpl* d'un *od* du contrat; **~bereich** *m* (*PARL*) portefeuille *m*; **Minister ohne ~bereich** ministre *m* sans portefeuille; **~bericht** *m* rapport *m* de gestion; **g~fähig** *adj* (*JUR*) compétent(e); **~führer** *m* gérant *m*; (*von Klub*) secrétaire *m*; **~gebaren** *nt* manière *f* de mener les affaires; **~geheimnis** *nt* secret *m* professionnel; **~inhaber(in)** *m(f)* propriétaire *m/f* (d'un commerce), patron(ne) *m/f*; **~jahr** *nt* exercice *m*; **~kosten** *pl*: **auf ~kosten** aux frais de l'entreprise; **~lage** *f* situation *f* financière; **~leitung** *f* direction *f*, gestion *f*; **~mann** (**–(e)s**, **–leute**) *m* homme *m* d'affaires; **g~mäßig** *adj* sec(sèche); **~ordnung** *f* règlement *m*; **eine Frage zur ~ordnung** une question de procédure; **~partner** *m* associé *m*; **~reise** *f* voyage *m* d'affaires; **~schluß** *m* heure *f* de fermeture; **~sinn** *m* sens *m* des affaires; **~stelle** *f* bureau *m*, agence *f*; **g~tüchtig** *adj* habile en affaires; **~viertel** *nt* quartier *m* des affaires; **~wagen** *m* voiture *f* de fonction; **~wesen** *nt* affaires *fpl*; **~zeiten** *pl* heures *fpl* d'ouverture; **~zweig** *m* secteur *m*.
geschah *etc* [gə'ʃaː] *vb siehe* **geschehen**.
geschehen [gə'ʃeːən] *unreg vi* (*sich ereignen*) arriver, se produire; (*Verbrechen, Mord*) être commis(e); **gern ~!** (il n'y a) pas de quoi!; **etw geschieht jdm** (*veraltend*) qch arrive à qn; **dabei geschieht dir nichts** il ne t'arrivera rien; **das geschieht ihm (ganz) recht** c'est bien fait pour lui; **ich wußte nicht, wie mir geschah** je ne comprenais pas ce qui m'arrivait; **was soll mit ihm ~?** qu'est-ce qu'on va faire de lui?; **was soll damit ~?** qu'est-ce qu'on va en faire?; **es war um ihn ~** c'en était fait de lui; **G~** (**–s**) *nt*: **das weltpolitische G~** les événe-

ments *mpl* internationaux.
gescheit [gə'ʃaıt] *adj* intelligent(e); (*vernünftig*) raisonnable, sensé(e); **aus einer Sache nicht ~ werden** ne rien comprendre à qch; **nichts G~es** (*umg*) rien de bon.
Geschenk [gə'ʃɛŋk] (**–(e)s**, **–e**) *nt* cadeau *m*; **~artikel** *m* article *m* pour offrir; **~gutschein** *m* chèque-cadeau *m*; **~packung** *f* emballage-cadeau *m*; **~sendung** *f* (*förmlich*) colis contenant un cadeau.
Geschichte [gə'ʃıçtə] *f* histoire *f*; **mach keine ~n!** ne fais pas d'histoires!
Geschichtenerzähler (**–s**, **–**) *m* conteur *m*.
geschichtlich *adj* historique.
Geschichts-: **~buch** *nt* livre *m* d'histoire; **~fälschung** *f* falsification *f* de l'histoire; **~schreiber** *m* historien *m*; **~zahl** *f* date *f* historique.
Geschick [gə'ʃık] (**–(e)s**, **–e**) *nt* (*Geschicklichkeit*) adresse *f*, habileté *f*; (*geh: Schicksal*) destin *m*, sort *m*.
Geschicklichkeit *f* adresse *f*, habileté *f*.
Geschicklichkeitsspiel *nt* jeu *m* d'adresse.
geschickt *adj* habile, adroit(e); (*beweglich*) agile.
geschieden [gə'ʃiːdən] *adj* divorcé(e) ♦ *pp von* **scheiden**.
geschieht [gə'ʃiːt] *vb siehe* **geschehen**.
geschienen [gə'ʃiːnən] *pp von* **scheinen**.
Geschirr [gə'ʃır] (**–(e)s**, **–e**) *nt* vaisselle *f*; (*für Pferd*) harnais *m*; (*Küchen~*) batterie *f* de cuisine; **~spülmaschine** *f* lave-vaisselle *m inv*; **~tuch** *nt* torchon *m*.
geschissen [gə'ʃısən] *pp von* **scheißen**.
geschlafen [gə'ʃlaːfən] *pp von* **schlafen**.
geschlagen [gə'ʃlaːgən] *pp von* **schlagen**.
geschlaucht [gə'ʃlaʊxt] (*umg*) *adv*: **~ sein** être claqué(e).
Geschlecht [gə'ʃlɛçt] (**–(e)s**, **–er**) *nt* (*männlich od weiblich*) sexe *m*; (*Gattung*) espèce *f*; (*Generation*) génération *f*; (*Familie*) famille *f*; (*GRAM*) genre *m*; **g~lich** *adj* sexuel(le).
Geschlechts-: **~krankheit** *f* maladie *f* vénérienne, MST *f*; **g~los** *adj* asexué(e); **~organ** *nt* organe *m* sexuel; **g~reif** *adj* pubère; **~teil** *nt od m* organe *m* sexuel; **~verkehr** *m* rapports *mpl* sexuels; **~wort** *nt* (*GRAM*) article *m*.
geschlichen [gə'ʃlıçən] *pp von* **schleichen**.
geschliffen [gə'ʃlıfən] *pp von* **schleifen**.
geschlossen [gə'ʃlɔsən] *pp von* **schließen** ♦ *adj* fermé(e) ♦ *adv*: **~ hinter jdm stehen** se solidariser avec qn; **~e Gesellschaft** (*Fest*) réception *f* privée; (*in Wirtschaft* agglomération *f*.
geschlungen [gə'ʃlʊŋən] *pp von* **schlingen**.
Geschmack [gə'ʃmak] (**–(e)s**, **–̈e**) *m* goût *m*; **nach jds ~** au goût de qn; **an etw** *Dat* **~ finden** prendre goût à qch; **auf den ~ kommen** y prendre goût; **je nach ~** selon les goûts; **er hat einen sicheren ~** il a un goût sûr *od* du goût; **g~los** *adj* (*Speisen*) fade; (*Arznei*) sans goût; (*fig*) de mauvais goût ♦ *adv* sans goût; **~(s)sache** *f* question *f* de goût; **~(s)sinn** *m* goût *m*.

Geschmacksverirrung f: unter ~ **leiden** (_iro-nisch_) n'avoir aucun goût.
geschmackvoll adj de bon goût ♦ adv avec goût.
Geschmeide [gə'ʃmaɪdə] (**–s**, **–**) nt bijoux mpl.
geschmeidig adj souple, lisse; (_Haut_) doux(douce).
Geschmiere [gə'ʃmiːrə] (**–s**) nt gribouillis m; (_Bild_) barbouillage m.
geschmissen [gə'ʃmɪsən] pp von **schmeißen**.
geschmolzen [gə'ʃmɔltsən] pp von **schmelzen**.
Geschnetzelte(s) [gə'ʃnɛtsəltə(s)] nt émincé m.
geschnitten [gə'ʃnɪtən] pp von **schneiden**.
geschoben [gə'ʃoːbən] pp von **schieben**.
geschollen pp von **schallen**.
gescholten [gə'ʃɔltən] pp von **schelten**.
Geschöpf [gə'ʃœpf] (**–(e)s**, **–e**) nt créature f.
geschoren [gə'ʃoːrən] pp von **scheren**.
Geschoß [gə'ʃɔs] (**–sses**, **–sse**) nt (MIL) projectile m; (_Stockwerk_) étage m.
geschossen [gə'ʃɔsən] pp von **schießen**.
geschraubt [gə'ʃraʊpt] adj tarabiscoté(e).
Geschrei [gə'ʃraɪ] (**–s**) nt cris mpl; (_Aufhebens_) histoires fpl.
geschrieben [gə'ʃriːbən] pp von **schreiben**.
geschrie(e)n [gə'ʃriː(ə)n] pp von **schreien**.
geschritten [gə'ʃrɪtən] pp von **schreiten**.
geschunden [gə'ʃʊndən] pp von **schinden**.
Geschütz [gə'ʃʏts] (**–es**, **–e**) nt pièce f d'artillerie; **schwere ~e auffahren** employer les grands moyens; **~feuer** nt tir m d'artillerie.
geschützt adj (_Lage, Ecke_) abrité(e); (_Pflanze, Tier_) protégé(e).
Geschw. abk = **Geschwister**.
Geschwader [gə'ʃvaːdər] (**–s**, **–**) nt escadre f.
Geschwafel [gə'ʃvaːfəl] (**–s**; umg: pej) nt verbiage m, blabla m.
Geschwätz [gə'ʃvɛts] (**–es**) nt bavardage m; (_Klatsch_) ragots mpl.
geschwätzig adj bavard(e); **G~keit** f loquacité f.
geschweige [gə'ʃvaɪgə] adv: ~ **(denn)** et encore moins.
geschwiegen [gə'ʃviːgən] pp von **schweigen**.
geschwind [gə'ʃvɪnt] adj rapide.
Geschwindigkeit [gə'ʃvɪndɪçkaɪt] f (_Tempo_) vitesse f; (_Heftigkeit_) rapidité f; **mit einer ~ von** ... à une vitesse de ... .
Geschwindigkeits-: **~begrenzung**, **~beschränkung** f limitation f de vitesse; **~kontrolle** f contrôle m de vitesse; **~messer** m (AUT) compteur m; **~überschreitung** f excès m de vitesse.
Geschwister [gə'ʃvɪstər] pl frères mpl et sœurs fpl.
geschwollen [gə'ʃvɔlən] pp von **schwellen** ♦ adj enflé(e); (_pej: Redeweise etc_) ampoulé(e).
geschwommen [gə'ʃvɔmən] pp von **schwimmen**.
geschworen [gə'ʃvoːrən] pp von **schwören**.
Geschworene(r) f(m) juré(e) m(f); **die ~n** les membres mpl du jury.

Geschwulst [gə'ʃvʊlst] (**–**, **¨e**) f tumeur f.
geschwunden [gə'ʃvʊndən] pp von **schwinden**.
geschwungen [gə'ʃvʊŋən] pp von **schwingen** ♦ adj arqué(e).
Geschwür [gə'ʃvyːr] (**–(e)s**, **–e**) nt ulcère m; (_Furunkel_) furoncle m.
gesehen [gə'zeːən] pp von **sehen**.
Geselle [gə'zɛlə] (**–n**, **–n**) m (_Handwerks~_) compagnon m; (_Bursche: veraltend_) type m.
gesellen vr: sich zu jdm ~ se joindre à qn.
Gesellenbrief m brevet m d'apprentissage.
Gesellenprüfung f examen m de fin d'apprentissage.
gesellig adj (_Abend_) sympathique; (_Mensch, Wesen_) sociable; **~es Beisammensein** rencontre f informelle; **G~keit** f (_Wesenszug_) sociabilité f.
Gesellschaft f société f; (_Begleitung_) compagnie f; (_Umgang_) fréquentations fpl; (_Oberschicht_) bonne société; (_Kreis von Menschen_) assemblée f; (_pej_) clique f; **in schlechte ~ geraten** avoir de mauvaises fréquentations; **jdm ~ leisten** tenir compagnie à qn; **geschlossene ~** (_Fest_) réception f privée; **(nur) zur ~** pour faire comme tout le monde; **eine ~ geben** (_geh_) donner une réception.
Gesellschafter (**–s**, **–**) m (WIRTS) associé m.
gesellschaftlich adj (_soziologisch_) social(e).
Gesellschafts-: **~anzug** m tenue f de cérémonie; **g~fähig** adj sortable; **~ordnung** f structures fpl sociales; **~reise** f voyage m organisé; **~schicht** f couche f sociale; **~spiel** nt jeu m de société; **~system** nt système m social.
gesessen [gə'zɛsən] pp von **sitzen**.
Gesetz [gə'zɛts] (**–es**, **–e**) nt loi f; (_Richtlinie, Regel_) principe m; **vor dem ~** devant la loi; **nach dem ~** d'après od selon la loi; **das oberste ~ (der Wirtschaft etc)** la règle d'or (en économie etc); **~blatt** nt ≈ journal m officiel; **~buch** nt code m; **~entwurf** m projet m de loi.
Gesetzeshüter m (_ironisch_) gardien m de la paix.
Gesetzesvorlage f projet m de loi.
Gesetz-: **g~gebend** adj législatif(-ive); **~geber** m législateur m; **~gebung** f législation f; **g~lich** adj légal(e); **g~licher Feiertag** jour m férié; **~lichkeit** f légalité f; **g~los** adj (_Zustände_) anarchique; **g~mäßig** adj (_gesetzlich_) légal(e); **eine g~mäßige Entwicklung** une évolution naturelle.
gesetzt adj posé(e), pondéré(e) ♦ konj: ~ **den Fall** ... en supposant que ... .
gesetzwidrig adj illégal(e).
ges. gesch. abk (= gesetzlich geschützt) marque déposée.
Gesicht [gə'zɪçt] (**–(e)s**, **–er**) nt visage m; (_Miene_) mine f; **das Zweite ~** la seconde vue, le don de voyance; **jdn/etw zu ~ bekommen** voir qn/qch; **das ist mir nie zu ~ gekommen** je ne l'ai jamais vu; **aus dem ~ verlieren** perdre de vue; **jdm etw ins ~ sagen** dire qch à qn en face; **sein wahres ~ zeigen** montrer son vrai

visage; **das ~ verlieren** perdre la face; **jdm wie aus dem ~ geschnitten sein** être tout le portrait de qn; **ein langes ~ machen** faire triste *od* grise mine.

Gesichts-: ~**ausdruck** *m* expression *f*; ~**farbe** *f* teint *m*; ~**feld** *nt* champ *m* visuel; ~**kreis** *m* (*geistiger Horizont*) horizon *m*; **jdn aus dem** ~**kreis verlieren** perdre qn de vue; ~**punkt** *m* point *m* de vue; ~**wasser** *nt* démaquillant *m*; ~**züge** *pl* traits *mpl* (du visage).

Gesindel [gə'zɪndəl] (~**s**) *nt* canaille *f*.

gesinnt [gə'zɪnt] *adj*: **jdm böse/gut ~ sein** être mal/bien disposé(e) envers qn.

Gesinnung [gə'zɪnʊŋ] *f* (*Ansichten*) opinions *fpl*.

Gesinnungs-: ~**genosse** *m*: **jds ~genosse** *personne qui pense comme qn*; ~**losigkeit** *f* manque *m* de principes; ~**schnüffelei** (*pej*) *f*: ~**schnüffelei betreiben** *fourrer son nez dans les affaires des autres pour connaître leurs opinions politiques*; ~**wandel** *m* volte-face *f inv*.

gesittet [gə'zɪtət] *adj* (*wohlerzogen*) bien élevé(e).

gesoffen [gə'zɔfən] *pp von* **saufen**.

gesogen [gə'zoːgən] *pp von* **saugen**.

gesollt [gə'zɔlt] *pp von* **sollen**.

gesondert [gə'zɔndərt] *adj* séparé(e).

gesonnen [gə'zɔnən] *pp von* **sinnen**.

gespalten [gə'ʃpaltən] *adj* (*Bewußtsein*) double; (*Lippe*) fendu(e).

Gespann [gə'ʃpan] (~**(e)s, –e**) *nt* (*Tiere*) attelage *m*; (*umg*) tandem *m*.

gespannt *adj* (*voll Erwartung*) impatient(e); (*neugierig, begierig*) curieux(-euse); (*einem Streit nahe*) tendu(e); **ich bin ~, ob ...** j'aimerais bien savoir si ..., je me demande si ...; **auf etw/jdn ~ sein** attendre qch/l'arrivée de qn avec impatience; **ich bin ~ wie ein Flitzebogen** (*hum: umg*) je brûle d'impatience, je suis mort(e) de curiosité.

Gespenst [gə'ʃpɛnst] (~**(e)s, –er**) *nt* fantôme *m*; (*fig: Gefahr*) spectre *m*; ~**er sehen** (*hum*) avoir des visions.

gespensterhaft *adj* fantomatique.

gespenstisch *adj* sinistre.

gespie(e)n [gə'ʃpiː(ə)n] *pp von* **speien**.

Gespiele(Gespielin) [gə'ʃpiːlə] (~**n, –n**) *m(f)* partenaire *m/f*.

gespielt [gə'ʃpiːlt] *adj* feint(e), simulé(e).

gesponnen [gə'ʃpɔnən] *pp von* **spinnen**.

Gespött [gə'ʃpœt] (~**(e)s**) *nt* moqueries *fpl*; **zum ~ werden** se couvrir de ridicule.

Gespräch [gə'ʃprɛːç] (~**(e)s, –e**) *nt* (*Unterhaltung*) conversation *f*; (*Diskussion*) discussion *f*; (*Anruf*) appel *m*; **mit jdm im ~ bleiben** rester en contact avec qn; **ein ~ unter vier Augen** une conversation entre quatre yeux; **mit jdm ins ~ kommen** s'entretenir avec qn; (*fig*) nouer contact avec qn.

gesprächig *adj* bavard(e), loquace; **G~keit** *f* loquacité *f*.

Gesprächs-: ~**einheit** *f* (*TEL*) unité *f* Télécom; ~**gegenstand** *m* sujet *m* de conversation; ~**partner** *m* interlocuteur *m*; ~**stoff** *m*, ~**the-**

ma *nt* sujet *m* de conversation.

gesprenkelt [gə'ʃprɛŋkəlt] *adj* tacheté(e), moucheté(e).

gesprochen [gə'ʃprɔxən] *pp von* **sprechen**.

gesprossen [gə'ʃprɔsən] *pp von* **sprießen**.

gesprungen [gə'ʃprʊŋən] *pp von* **springen**.

Gespür [gə'ʃpyːr] (~**s**) *nt* flair *m*, feeling *m*; **ein ~ für etw haben** avoir le sens de qch.

gest. *abk* (= *gestorben*) décédé(e).

Gestalt [gə'ʃtalt] (~, –**en**) *f* (*von Personen*) stature *f*; (*Form*) forme *f*; (*Person, Persönlichkeit, LITERATUR*) personnage *m*; **in ~ von** sous forme de; ~ **annehmen** prendre corps.

gestalten *vt* (*Kunstwerk*) créer; (*Einrichtung*) agencer, aménager; (*organisieren*) organiser **♦** *vr* se révéler; **etw interessanter/interessanter ~** rendre qch intéressant(e)/plus intéressant(e).

Gestaltung *f* (*von Kunstwerk*) forme *f*; (*von Abend*) organisation *f*.

gestanden [gə'ʃtandən] *pp von* **stehen**; **gestehen**.

geständig [gə'ʃtɛndɪç] *adj*: ~ **sein** avouer.

Geständnis [gə'ʃtɛntnɪs] (~**ses, –se**) *nt* aveu *m*.

Gestank [gə'ʃtaŋk] (~**(e)s**) *m* puanteur *f*.

gestatten [gə'ʃtatən] *vt* permettre; **jdm etw ~** permettre qch à qn; ~ **Sie?** vous permettez?; **sich** *Dat* ~, **etw zu tun** se permettre de faire qch.

Geste ['gɛstə] *f* geste *m*.

Gesteck [gə'ʃtɛk] (~**(e)s, –e**) *nt* composition *f* florale.

gestehen [gə'ʃteːən] *unreg vt* avouer; **offen gestanden** à vrai dire.

Gestein [gə'ʃtaɪn] (~**(e)s, –e**) *nt* roche *f*.

Gestell [gə'ʃtɛl] (~**(e)s, –e**) *nt* support *m*; (*Regal*) étagère *f*; (*Fahr~*) châssis *m*; (*Bett~*) cadre *m*; (*Brillen~*) monture *f*; (*umg: dürrer Mensch*) squelette *m*.

gestellt *adj* (*nicht natürlich*) artificiel(le).

gestern ['gɛstərn] *adv* hier; ~ **abend/morgen** hier soir/matin; **von ~** (*altmodisch*) démodé(e); **er ist nicht von ~** (*umg*) il n'est pas tombé de la dernière pluie.

gestiefelt [gə'ʃtiːfəlt] *adj*: **der G~e Kater** le Chat botté.

gestiegen [gə'ʃtiːgən] *pp von* **steigen**.

Gestik *f* gestuelle *f*.

gestikulieren [gɛstiku'liːrən] *vi* gesticuler.

Gestirn [gə'ʃtɪrn] (~**(e)s, –e**) *nt* astre *m*; (*Sternbild*) constellation *f*.

gestoben [gə'ʃtoːbən] *pp von* **stieben**.

Gestöber [gə'ʃtøːbər] (~**s, –**) *nt* rafale *f* (de neige); (*länger*) tempête *f* (de neige).

gestochen [gə'ʃtɔxən] *pp von* **stechen** **♦** *adj* (*Handschrift*) (très) soigné(e).

gestohlen [gə'ʃtoːlən] *pp von* **stehlen**; **der kann mir ~ bleiben** (*umg*) qu'il aille se faire voir; **das kann mir ~ bleiben** (*umg*) je m'en fiche.

gestorben [gə'ʃtɔrbən] *pp von* **sterben**.

gestört [gə'ʃtøːrt] *adj* perturbé(e); (*Unterhaltung*) interrompu(e); (*Rundfunkempfang*) brouillé(e).

gestoßen [gə'ʃtoːsən] *pp von* **stoßen.**
Gestotter [gə'ʃtɔtər] (**–(s)**) *nt* bégaiements *mpl.*
Gesträuch [gə'ʃtrɔyç] (**–(e)s, –e**) *nt* branchages *mpl.*
gestreift [gə'ʃtraɪft] *adj* (*Muster*) rayé(e), à rayures.
gestrichen [gə'ʃtrɪçən] *pp von* **streichen ♦** *adj*: ~ **voll** plein(e) à ras bord; **ein** ~**er Teelöffel voll** une cuillère à café rase.
gestrig ['gɛstrɪç] *adj* d'hier; (*altmodisch*) désuet(-ète), dépassé(e).
gestritten [gə'ʃtrɪtən] *pp von* **streiten.**
Gestrüpp [gə'ʃtrʏp] (**–(e)s, –e**) *nt* broussailles *fpl.*
gestunken [gə'ʃtʊŋkən] *pp von* **stinken.**
Gestüt [gə'ʃtyːt] (**–(e)s, –e**) *nt* haras *m.*
gestylt [gə'staɪlt] *adj* (*Person, Kleidung*) chic *inv.*
Gesuch [gə'zuːx] (**–(e)s, –e**) *nt* (*Antrag*) demande *f*, requête *f.*
gesucht *adj* demandé(e); (*Verbrecher, Ausdrucksweise*) recherché(e).
gesund [gə'zʊnt] *adj* (*körperlich*) en bonne santé, bien portant(e); (*vernünftig*) qui a toute sa raison, sain(e) (d'esprit); (*gut für die Gesundheit*) bon(bonne) pour la santé; ~ **sein** être en bonne santé; **wieder** ~ **werden** guérir; ~ **und munter** frais(fraîche) et dispos(e); **jdn** ~ **schreiben** déclarer qn en bonne santé.
gesunden *vi* se rétablir.
Gesundheit *f* santé *f*; (*fig*) bon état *m*; ~! à tes *od* vos souhaits!; **bei guter** ~ **en** bonne santé; **g~lich** *adj* de santé ♦ *adv* pour ce qui est de la santé; **wie geht es Ihnen g~lich?** comment va la santé?
Gesundheits-: ~**amt** *nt* administration *f* régionale de la santé publique; ~**apostel** (*umg*) *m* (*ironisch*) obsédé(e) *m(f)* de la santé; ~**fürsorge** *f* (services *mpl* de) santé *f* publique; ~**polizei** *f* police *f* sanitaire; ~**risiko** *nt* risque *m* pour la santé; **g~schädlich** *adj* mauvais(e) pour la santé; ~**wesen** *nt* (services *mpl* de la) santé *f* publique; ~**zeugnis** *nt* certificat *m* médical (de bonne santé); ~**zustand** *m* état *m* de santé.
gesungen [gə'zʊŋən] *pp von* **singen.**
gesunken [gə'zʊŋkən] *pp von* **sinken.**
getan [gə'taːn] *pp von* **tun ♦** *adj*: **nach** ~**er Arbeit** une fois le travail terminé.
Getöse [gə'tøːzə] (**–s**) *nt* vacarme *m.*
getragen [gə'traːgən] *pp von* **tragen ♦** *adj* (*Stimme*) posé(e).
Getränk [gə'trɛŋk] (**–(e)s, –e**) *nt* boisson *f.*
Getränkeautomat *m* distributeur *m* de boissons.
Getränkekarte *f* (*in Restaurant*) carte *f* des vins; (*in Café*) liste *f* des boissons.
getrauen [gə'trauən] *vr* oser.
Getreide [gə'traɪdə] (**–s, –**) *nt* céréales *fpl*; ~**speicher** *m* silo *m* (à céréales).
getrennt [gə'trɛnt] *adj* séparé(e) ♦ *adv* séparément; ~ **leben** être séparés.
getreten [gə'treːtən] *pp von* **treten.**
getreu [gə'trɔy] *adj* fidèle.

Getriebe [gə'triːbə] (**–s, –**) *nt* (*AUT*) vitesses *fpl*; (*Leute*) foule *f.*
getrieben *pp von* **treiben.**
Getriebeöl *nt* huile *f* de graissage.
getroffen [gə'trɔfən] *pp von* **treffen.**
getrogen [gə'troːgən] *pp von* **trügen.**
getrost [gə'troːst] *adv* en toute tranquillité; **du kannst dich** ~ **auf ihn verlassen** tu peux lui faire confiance.
getrunken [gə'trʊŋkən] *pp von* **trinken.**
Getto ['gɛto] (**–s, –s**) *nt* ghetto *m.*
Getue [gə'tuːə] (**–s**; *pej*) *nt* chichis *mpl.*
Getümmel [gə'tʏməl] (**–s**) *nt* mêlée *f*, cohue *f.*
geübt [gə'yːpt] *adj* expert(e).
GEW *abk* (= *Gewerkschaft Erziehung und Wissenschaft*) syndicat du personnel de l'enseignement et de la recherche scientifique.
Gew. *abk* = **Gewerkschaft.**
Gewächs [gə'vɛks] (**–es, –e**) *nt* (*MED*) tumeur *f*; (*Pflanze*) plante *f.*
gewachsen [gə'vaksən] *pp von* **wachsen ♦** *adj*: **etw** *Dat* ~ **sein** être à la hauteur de qch; **jdm** ~ **sein** être capable de tenir tête à qn.
Gewächshaus *nt* serre *f.*
gewagt [gə'vaːkt] *adj* (*kühn: Mode*) osé(e), audacieux(-euse); (*Unternehmen*) risqué(e); (*Witz, Bemerkung*) osé(e).
gewählt [gə'vɛːlt] *adj* (*Sprache*) châtié(e).
gewahr [gə'vaːr] *adj* (*geh*): **einer Sache** *Gen* ~ **werden** se rendre compte de qch.
Gewähr [gə'vɛːr] *f* garantie *f*; **keine** ~ **übernehmen für etw** ne pas garantir qch, ne pas répondre de qch; **ohne** ~ **sans** garantie; **die Angabe erfolgt ohne** ~ **cette** information est donnée sous toutes réserves.
gewähren *vt* (*Wunsch*) accéder à; (*bewilligen*) accorder; **jdn** ~ **lassen** laisser faire qn.
gewährleisten *vt* garantir.
Gewahrsam [gə'vaːrzaːm] (**–s**) *m*: **in** ~ **bringen** mettre en lieu sûr; (*Polizei~*) placer en détention préventive; **etw in** ~ **nehmen** se voir confier qch.
Gewährsmann (**–(e)s, –leute**) *m* source *f.*
Gewährung *f* (*von Wunsch*) consentement *m*; (*von Kredit*) octroi *m.*
Gewalt [gə'valt] (**–, –en**) *f* (*Macht*) pouvoir *m*; (*Kontrolle*) contrôle *m*; (*Zwang*) force *f*; (*große Kraft*) puissance *f*; (~*taten*) violence *f*; **mit aller** ~ **coûte que coûte; die ausübende/ gesetzgebende/richterliche** ~ **le** pouvoir exécutif/législatif/judiciaire; **elterliche** ~ **autorité** *f* parentale; **höhere** ~ **force** majeure; ~ **über etw** *Akk* **haben** contrôler qch; ~ **über etw** *Akk* **verlieren** perdre le contrôle de qch; **sich** *Akk* **in der** ~ **haben** être maître(-esse) de soi; **etw in der** ~ **haben** maîtriser qch; ~**anwendung** *f* recours *m* à la force.
Gewaltenteilung *f* séparation *f* des pouvoirs.
Gewaltherrschaft *f* dictature *f.*
gewaltig *adj* (*riesig, stark, umg: groß*) énorme; (*mächtig*) puissant(e) ♦ *adv* (*umg*) sacrément;

sich ~ **irren** se mettre le doigt dans l'œil.
gewalt-: ~**los** *adj* non violent(e) ♦ *adv* sans violence; **G**~**marsch** *m* marche *f* forcée; ~**sam** *adj* violent(e); ~**tätig** *adj* violent(e); **G**~**verbrechen** *nt* crime *m* violent; **G**~**verzicht** *m* non-agression *f*.
Gewand [gə'vant] (–(e)s, ̈-er) *nt* vêtement *m*, habit *m*.
gewandt [gə'vant] *adj* (*Tänzer, Turner*) agile; (*Stil*) élégant(e); (*Auftreten*) sûr(e) de soi; (*erfahren*) expérimenté(e) ♦ *pp von* **wenden**; **G**~**heit** *f* aisance *f*.
gewann *etc* [gə'van] *vb siehe* **gewinnen**.
gewaschen [gə'vaʃən] *pp von* **waschen**.
Gewässer [gə'vɛsər] (–s, –) *nt* eau *f*; **stehendes** ~ eau dormante *od* stagnante.
Gewebe [gə've:bə] (–s, –) *nt* tissu *m*.
Gewehr [gə've:r] (–(e)s, –e) *nt* (*Waffe*) fusil *m*; ~**lauf** *m* canon *m* de fusil.
Geweih [gə'vai] (–(e)s –e) *nt* bois *mpl*.
Gewerbe [gə'vɛrbə] (–s, –) *nt* métier *m*; **Handel und** ~ le commerce et l'industrie; **fahrendes** ~ commerce *m* ambulant; ~**aufsichtsamt** *nt* inspection *f* du travail; ~**schein** *m* licence *f*; ~**schule** *f* école *f* professionnelle; ~**steuer** *f* ≈ taxe *f* professionnelle; **g**~**treibend** *adj* qui exerce un métier.
Gewerbezweig *m* secteur *m* d'activité.
gewerblich *adj* commercial(e).
gewerbsmäßig *adj* professionnel(le).
Gewerkschaft [gə'vɛrkʃaft] *f* syndicat *m*.
Gewerkschaft(l)er(in) (–s, –) *m(f)* (*Funktionär*) syndicaliste *m/f*; (*Mitglied*) personne *f* syndiquée.
gewerkschaftlich *adj*: **wir haben uns** ~ **organisiert** nous sommes syndiqué(e)s.
Gewerkschaftsbund *m* confédération *f* syndicale.
gewesen [gə've:zən] *pp von* **sein**.
gewichen [gə'viçən] *pp von* **weichen**.
Gewicht [gə'viçt] (–(e)s, –e) *nt* poids *m*; **ins** ~ **fallen** être déterminant(e).
gewichten *vt* (*STATISTIK*) pondérer.
Gewichtheben (–s) *nt* haltérophilie *f*.
gewichtig *adj* (*wichtig*) important(e).
Gewichtsklasse *f* (*SPORT*) catégorie *f* (de poids).
gewieft [gə'vi:ft] (*umg*) *adj* futé(e).
gewiegt (*umg*) *adj* fortiche.
gewiesen [gə'vi:zən] *pp von* **weisen**.
gewillt [gə'vilt] *adj*: ~ **sein, etw zu tun** être décidé(e) à faire qch.
Gewimmel [gə'viməl] (–s) *nt* fourmillement *m*, grouillement *m*.
Gewinde [gə'vində] (–s, –) *nt* (*von Schraube*) pas *m* de vis.
Gewinn [gə'vin] (–(e)s, –e) *m* (*WIRTS*) bénéfice *m*; (*Preis*) lot *m*; (*fig*) gain *m*; **etw mit** ~ **verkaufen** vendre qch à profit; **aus etw** ~ **schlagen** (*umg*) tirer profit de qch; ~**anteil** *m* (*WIRTS*) part *f* de bénéfice; ~**ausschüttung** *f* partage *m* des bénéfices; (*bei Lotterie*) distribution *f* des gains; ~**beteiligung** *f* participation *f* aux

bénéfices; **g**~**bringend** *adj* lucratif(-ive); ~**chancen** *pl* (*beim Wetten*) cote *f*.
gewinnen *unreg vt* gagner; (*Kohle, Öl*) extraire ♦ *vi* gagner; **jdn (für etw)** ~ obtenir le soutien de qn (pour qch); **Zeit** ~ gagner du temps; **an Zuversicht/Weisheit** ~ gagner en assurance/sagesse.
gewinnend *adj* charmant(e).
Gewinner(in) (–s, --) *m(f)* (*Sieger*) vainqueur *m*; (*in Lotterie*) gagnant(e) *m(f)*.
Gewinn-: ~**spanne** *f* marge *f* bénéficiaire; ~**sucht** *f* cupidité *f*; ~**- und Verlustrechnung** *f* compte *m* des pertes et profits.
Gewinnung *f* (*von Kohle etc*) extraction *f*; (*von Energie, Zucker etc*) production *f*.
Gewirr [gə'vir] (–(e)s, –) *nt* enchevêtrement *m*; (*von Straßen*) dédale *m*.
gewiß [gə'vis] *adj* certain(e) ♦ *adv* (*sicherlich*) sûrement; **ein gewisses Lächeln** un certain sourire; **ein gewisser Herr Blau** un certain Monsieur Blau; **sich einer Sache** *Gen* ~ **sein** être certain(e) de qch; **in gewissem Maße** dans une certaine mesure; **das weiß ich ganz** ~ j'en suis certain(e).
Gewissen [gə'visən] (–s, –) *nt* conscience *f*; **jdm ins** ~ **reden** sermonner qn; **etw/jdn auf dem** ~ **haben** avoir qch/la mort de qn sur la conscience; **g**~**haft** *adj* consciencieux(-euse); ~**haftigkeit** *f* soin *m*, minutie *f*; **g**~**los** *adj* sans scrupules.
Gewissens-: ~**bisse** *pl* remords *mpl*; ~**frage** *f* cas *m* de conscience; ~**freiheit** *f* liberté *f* de conscience; ~**konflikt** *m* cas *m* de conscience.
gewissermaßen [gəvisər'ma:sən] *adv* en quelque sorte, d'une certaine manière.
Gewißheit *f* certitude *f*; **sich** *Dat* **über eine Sache** ~ **verschaffen** s'assurer de qch.
gewißlich *adv* assurément.
Gewitter [gə'vitər] (–s, –) *nt* orage *m*.
gewittern *vi unpers*: **es gewittert** il y a de l'orage.
gewitterschwül *adj* lourd(e).
Gewitterwolke *f* nuage *m* d'orage; (*fig*: *umg*) nuage noir.
gewittrig *adj* orageux(-euse).
gewitzigt [gə'vitsiçt] *adj*: ~ **sein** être devenu(e) prudent(e).
gewitzt [gə'vitst] *adj* futé(e).
gewoben [gə'vo:bən] *pp von* **weben**.
gewogen [gə'vo:gən] *pp von* **wiegen** ♦ *adj* (*geh*): **jdm** ~ **sein** être bien disposé(e) envers qn; **etw** *Dat* ~ **sein** être favorable à qch.
gewöhnen [gə'vø:nən] *vt*: **jdn an etw** *Akk* ~ habituer qn à qch ♦ *vr*: **sich an etw** *Akk* ~ s'habituer à qch.
Gewohnheit [gə'vo:nhait] *f* habitude *f*; **aus** ~ par habitude; **zur** ~ **werden** devenir une habitude; **sich** *Dat* **etw zur** ~ **machen** prendre l'habitude de qch.
Gewohnheits-: ~**mensch** *m* esclave *m/f* de ses habitudes; ~**recht** *nt* droit *m* coutumier;

~**tier** (*umg*) *nt* esclave *m/f* de ses habitudes.

gewöhnlich [gə'vøːnlɪç] *adj* (*durchschnittlich, normal*) ordinaire, banal(e); (*Leben*) de tous les jours; (*Mensch, Tag*) comme les autres; (*ordinär*) vulgaire ♦ *adv*: **wie** ~ comme d'habitude.

gewohnt [gə'voːnt] *adj* habituel(le); **etw** ~ **sein** avoir l'habitude de qch.

Gewöhnung *f* habitude *f*; (*Sucht*) accoutumance *f*.

Gewölbe [gə'vœlbə] (**–s**, **–**) *nt* (*Decke*) voûte *f*; (*Kellerraum*) cave *f* voûtée.

gewollt [gə'vɔlt] *adj* artificiel(le) ♦ *pp von* **wollen**.

gewonnen [gə'vɔnən] *pp von* **gewinnen**.

geworben [gə'vɔrbən] *pp von* **werben**.

geworden [gə'vɔrdən] *pp von* **werden**.

geworfen [gə'vɔrfən] *pp von* **werfen**.

gewrungen [gə'vrʊŋən] *pp von* **wringen**.

Gewühl [gə'vyːl] (**–(e)s**) *nt* (*Gedränge*) cohue *f*.

gewunden [gə'vʊndən] *pp von* **winden**.

gewürfelt [gə'vʏrfəlt] *adj* (*Muster*) à carreaux.

Gewürz [gə'vʏrts] (**–es**, **–e**) *nt* épice *f*; ~**gurke** *f* cornichon *m*; ~**nelke** *f* clou *m* de girofle.

gewürzt *adj* épicé(e).

gewußt [gə'vʊst] *pp von* **wissen**.

gez. *abk* (= *gezeichnet*) signé(e).

gezackt [gə'tsakt] *adj* (*Fels, Blatt*) dentelé(e).

gezähnt [gə'tsɛːnt], **gezahnt** [gə'tsaːnt] *adj* denté(e).

gezeichnet [gə'tsaɪçnət] *adj* marqué(e).

Gezeiten [gə'tsaɪtən] *pl* marées *fpl*.

Gezeter [gə'tseːtər] (**–s**) *nt* vociférations *fpl*.

gezielt [gə'tsiːlt] *adj* ciblé(e).

geziemen [gə'tsiːmən] *vr unpers* (*veraltend*): **das geziemt sich nicht (für jdn)** ça n'est pas convenable (pour qn).

geziemend *adj* convenable.

geziert [gə'tsiːrt] *adj* affecté(e), maniéré(e); **G~heit** *f* affectation *f*.

gezogen [gə'tsoːgən] *pp von* **ziehen**.

Gezwitscher [gə'tsvɪtʃər] (**–s**, **–**) *nt* gazouillis *m*.

gezwungen [gə'tsvʊŋən] *adj* (*Benehmen, Atmosphäre*) embarrassé(e); (*Lächeln*) forcé(e) ♦ *pp von* **zwingen**.

gezwungenermaßen *adv*: **etw** ~ **tun** être obligé(e) de faire qch.

GG *abk* = **Grundgesetz**.

ggf *abk* = **gegebenenfalls**.

Ghana ['gaːna] *nt* le Ghana *m*.

G.I. (**–s**, **–s**) *m* G.I. *m*.

Gibraltar [gi'braltar] (**–s**) *nt* Gibraltar.

gibt *etc vb siehe* **geben**.

Gicht [gɪçt] *f* goutte *f*; **g~ig**, **g~isch** *adj* goutteux(-euse).

Giebel ['giːbəl] (**–s**, **–**) *m* pignon *m*; ~**dach** *nt* toit *m* en pente; ~**fenster** *nt* fenêtre *f* au dernier étage d'une maison à pignon.

Gier [giːr] *f* cupidité *f*.

gierig *adj* avide.

gießen ['giːsən] *unreg vt* verser; (*Blumen, Garten*) arroser; (*Metall*) couler ♦ *vi unpers*: **es gießt (in**

Strömen) (*umg*) il pleut à verse.

Gießerei [giːsə'raɪ] *f* fonderie *f*.

Gießkanne *f* arrosoir *m*.

Gift [gɪft] (**–(e)s**, **e**) *nt* poison *m*; **das ist** ~ **für dich** (*umg*) tu t'empoisonnes avec ça; **darauf kannst du** ~ **nehmen** (*umg*) c'est tout ce qu'il y a de plus sûr; **g~grün** *adj* vert pomme *unver*.

giftig *adj* (*Stoff, Dampf etc*) toxique; (*Pflanze, Pilz*) vénéneux(-euse); (*Schlange, fig*) venimeux(-euse).

Gift-: ~**müll** *m* déchets *mpl* toxiques; ~**pilz** *m* champignon *m* vénéneux; ~**schrank** *m* armoire *f* à pharmacie (*où l'on range les produits toxiques*); ~**stoff** *m* produit *m* toxique; ~**wolke** *f* nuage *m* toxique; ~**zahn** *m* crochet *m* à venin; ~**zwerg** (*umg*) *m* petit roquet *m*.

gigantisch [gɪ'gantɪʃ] *adj* (*Bauten*) gigantesque; (*Erfolg*) immense.

Gilde ['gɪldə] *f* corporation *f*.

gilt *etc* [gɪlt] *vb siehe* **gelten**.

ging *etc* [gɪŋ] *vb siehe* **gehen**.

Ginster ['gɪnstər] (**–s**, **–**) *m* genêt *m*.

Gipfel ['gɪpfəl] (**–s**, **–**) *m* sommet *m*; **das ist der** ~ **der Unverschämtheit!** c'est un comble!, quel culot!; ~**konferenz** *f* (conférence *f* au) sommet *m*.

gipfeln *vi*: **in etw** *Dat* ~ se terminer par qch.

Gipfeltreffen *nt* (conférence *f* au) sommet *m*.

Gips [gɪps] (**–es**, **–e**) *m* plâtre *m*; ~**abdruck** *m* moulage *m* en plâtre; ~**bein** (*umg*) *nt* jambe *f* plâtrée *od* dans le plâtre.

gipsen *vt* plâtrer.

Gipsfigur *f* plâtre *m*.

Gipsverband *m* plâtre *m*.

Giraffe [gi'rafə] *f* girafe *f*.

Girlande [gɪr'landə] *f* guirlande *f*.

Giro ['ʒiːro] (**–s**, **–s**) *nt* virement *m*; ~**konto** *nt* compte *m* courant, compte-chèques *m*; ~**scheck** *m* chèque *m* barré, chèque de virement.

girren ['gɪrən] *vi* roucouler.

Gis [gɪs] (**–**, **–**) *nt* (*MUS*) sol *m* dièse.

Gischt [gɪʃt] (**–(e)s**, **–e**) *m od f* écume *f*.

Gitarre [gi'tarə] *f* guitare *f*.

Gitarrist(in) [gita'rɪst] *m(f)* guitariste *m/f*.

Gitter ['gɪtər] (**–s**, **–**) *nt* grille *f*; (*für Pflanzen*) treillage *m*; (*Zaun*) grillage *m*, clôture *f*; **hinter** ~**n sein** (*umg*) être sous les verrous; ~**bett** *nt* lit *m* d'enfant; ~**fenster** *nt* fenêtre *f* à barreaux; ~**zaun** *m* clôture *f*.

Glacéhandschuh [gla'seːhantʃuː] *m* gant *m* de chevreau; **jdn mit** ~**en anfassen** prendre des gants avec qn.

Gladiole [gladi'oːlə] *f* glaïeul *m*.

Glanz [glants] (**–es**) *m* aspect *m* brillant, éclat *m*; (*von Sternen, Augen*) éclat; (*fig*) éclat, splendeur *f*; ~**abzug** *m* (*PHOT*) épreuve *f* sur papier glacé.

glänzen ['glɛntsən] *vi* briller; **durch etw** ~ briller par qch.

glänzend *adj* brillant(e); **wir haben uns** ~ **amüsiert** (*umg*) on s'est drôlement amusés(-ées).

Glanz-: ~**leistung** *f* brillante performance *f*; **g~los** *adj* terne; ~**papier** *nt* papier *m* glacé; ~**stück** *nt* chef-d'œuvre *m*; ~**zeit** *f* apogée *m*.

Glas [glaːs] (**–es, ⁼er**) *nt* verre *m*; (*Einmach~*) bocal *m*; **ein/zwei** ~ **Wein** un verre/deux verres de vin; ~**bläser** (**–s, –**) *m* souffleur *m* (*de verre*); ~**er** (**–s, –**) *m* vitrier *m*.

gläsern ['glɛːzərn] *adj* de *od* en verre.

Glasfaser *f* fibre *f* de verre.

glasieren [glaˈziːrən] *vt* (*Tongefäß*) vernisser; (*Gebäck*) glacer.

glasig *adj* (*Kartoffeln, Zwiebeln*) doré(e); (*Blick, Augen*) vitreux(-euse).

Glas-: ~**klar** *adj* limpide; ~**platte** *f* plaque *f* de verre; ~**scheibe** *f* vitre *f*.

Glasur [glaˈzuːr] *f* vernis *m*; (*KOCH*) glaçage *m*.

Glaswolle *f* laine *f* de verre.

glatt [glat] *adj* (*eben*) lisse; (*rutschig*) glissant(e); (*pej: allzu gewandt*) mielleux(-euse); (*MED: Bruch*) simple; (*Absage*) catégorique; (*Lüge*) évident(e) ♦ *adv*: **es ist** ~ **gegangen** ça a marché comme sur des roulettes; **das habe ich** ~ **vergessen** j'ai complètement oublié.

Glätte ['glɛtə] *f* (*von Fläche*) aspect *m* lisse; (*Schnee~, Eis~*) état *m* glissant.

Glatteis *nt* verglas *m*; **jdn aufs** ~ **führen** mener qn en bateau.

glätten *vt* lisser ♦ *vr* (*Wogen, Meer*) se calmer; (*Falten*) disparaître.

glatt-: ~**gehen** *unreg* (*umg*) *vi* marcher comme sur des roulettes; ~**rasiert** *adj* rasé(e) de près; ~**stellen** *vt* équilibrer; ~**streichen** *unreg vt* lisser; ~**weg** (*umg*) *adv* tout simplement.

Glatze ['glatsə] *f* calvitie *f*; **eine** ~ **bekommen** devenir chauve.

glatzköpfig *adj* chauve.

Glaube ['glaʊbə] (**–ns, –n**) *m* (*REL*) foi *f*; (*Überzeugung*) croyance *f*, conviction *f*; **den** ~**n an jdn/etw verlieren** ne plus croire en qn/à qch.

glauben *vt, vi* + *Dat* croire; **an etw** *Akk* ~ croire à qch; **an Gott** ~ croire en Dieu; **jdm aufs Wort** ~ croire qn sur parole; **wer's glaubt, wird selig** (*ironisch*) elle est bien bonne!; **man glaubte ihn verloren** on le croyait perdu; **daran** ~ **müssen** (*umg*) y passer.

Glaubens-: ~**bekenntnis** *nt* profession *f* de foi; ~**freiheit** *f* liberté *f* religieuse *od* de conscience; ~**gemeinschaft** *f* communauté *f* religieuse; **die großen** ~**gemeinschaften** les principales confessions *fpl*.

glaubhaft ['glaʊbhaft] *adj* crédible; **jdm etw** ~ **machen** convaincre qn de qch.

Glaubhaftigkeit *f* crédibilité *f*.

gläubig ['glɔʏbɪç] *adj* (*REL*) croyant(e); (*vertrauensvoll*) confiant(e); **G~e(r)** *f(m)* (*REL*) croyant(e) *m(f)*; **die G~en** les fidèles *mpl*.

Gläubiger(in) (**–s, –**) *m(f)* créancier(-ière) *m(f)*.

glaubwürdig ['glaʊbvʏrdɪç] *adj* (*Erklärung*) plausible, crédible; ~ **sein** (*Mensch*) être digne de foi; **G~keit** *f* crédibilité *f*.

gleich [glaɪç] *adj*: **der/die/das** ~**e ... (wie)** le(la) même ... (que) ♦ *adv* (*ebenso*) tout aussi; (*sofort, bald*) tout de suite; ~ **hinter dem Haus** juste derrière la maison; ~ **am Anfang** dès le début; **es ist mir** ~ ça m'est égal; **2 mal 2 ist** ~ **4** 2 fois 2 font *od* égalent 4; **zu** ~**en Teilen** *u* parts égales; **ganz** ~ **wer** peu importe qui; **G~es mit G~em vergelten** rendre la pareille; ~ **groß** de la même taille; ~**!** une minute!; **bis** ~**!** à tout à l'heure!; **wie war doch** ~ **Ihr Name?** comment c'est votre nom, déjà?; **es ist** ~ **drei Uhr** il est presque trois heures; ~ **nach dem Essen** juste après le repas; ~**altrig** *adj* du même âge; ~**artig** *adj* semblable; ~**bedeutend** *adj* synonyme; ~**berechtigt** *adj* égal(e); **G~berechtigung** *f* égalité *f*; ~**bleiben** *vr*: **das bleibt sich doch** ~**!** ça revient au même!; ~**bleibend** *adj* invariable, constant(e); **bei** ~**bleibendem Gehalt** à salaire égal, pour le même salaire.

gleichen *unreg vi*: **jdm/etw** ~ ressembler à qn/qch ♦ *vr* se ressembler.

gleichermaßen *adv* de la même manière *od* façon.

gleich-: ~**falls** *adv* également, pareillement; **danke** ~**falls!** merci, pareillement!; **G~förmigkeit** *f* uniformité *f*; ~**gesinnt** *adj* qui a les mêmes idées; ~**gestellt** *adj*: **rechtlich** ~**gestellt** qui a les mêmes droits; **G~gewicht** *nt* équilibre *m*; **jdn aus dem G~gewicht bringen** troubler qn; ~**gültig** *adj* indifférent(e); (*belanglos*) sans intérêt; **das ist mir** ~**gültig** ça m'est égal *od* indifférent; **G~gültigkeit** *f* indifférence *f*.

Gleichheit *kein pl f* égalité *f*; (*Identität*) similitude *f*; (*INDUSTRIE, FINANZ*) parité *f*.

Gleichheitsprinzip *nt* principe *m* d'égalité.

Gleichheitszeichen *nt* signe *m* d'égalité.

gleich-: ~**kommen** *unreg vi* + *Dat* correspondre à; **jdm an etw** *Akk* ~**kommen** égaler qn en qch; **das kommt einer Beleidigung** ~ cela frôle l'insulte; ~**laufend** *adj* parallèle; ~**lautend** *adj* homonyme.

Gleichmacherei (*pej*) *f* nivellement *m* (par le bas).

gleich-: ~**mäßig** *adj* régulier(-ière); **G~mut** *m* égalité *f* d'humeur; ~**namig** *adj* (*MATH: Brüche*) qui ont un dénominateur commun.

Gleichnis (**–ses, –se**) *nt* (*in der Bibel*) parabole *f*.

gleich-: ~**rangig** *adj* (*Beamte etc*) de même rang; (*Problem*) de même importance; (*Straße*) de même type; ~**sam** *adv* pour ainsi dire; ~**schalten** (*pej*) *vt* mettre au pas; **G~schritt** *m*: **im G~schritt gehen** marcher au pas cadencé; **im G~schritt, marsch!** en avant, marche!; ~**sehen** *unreg vi* + *Dat* ressembler à; ~**stellen** *vt*: **jdn jdm** ~**stellen** (*rechtlich etc*) assimiler qn à qn; **G~strom** *m* courant *m* continu; ~**tun** *unreg vt unpers*: **es jdm** ~**tun** imiter qn; **es jdm im Laufen** ~**tun** courir aussi bien que qn; **G~ung** *f* équation *f*; ~**viel** *adv* (*geh*): ~**viel wer** peu importe qui; ~**viel ob er kommt oder nicht** qu'il vienne ou non; ~**wertig** *adj* (*Geld*) qui a la même valeur; (*Leistung, Qualität*) équivalent(e); (*Gegner*) de force égale;

~wohl adv néanmoins; **~zeitig** adj simultané(e).
Gleis [glaıs] (**-es, -e**) nt (Schiene) voie f (ferrée), rails mpl; (Bahnsteig) quai m; **aus dem ~ kommen** être perturbé(e).
gleißend ['glaısənt] adj brillant(e).
Gleitboot nt hydroglisseur m.
gleiten unreg vi glisser; (in der Luft) planer.
gleitend ['glaıtənt] adj: **~e Arbeitszeit** horaire m flexible od à la carte.
Gleit-: ~flug m vol m plané; **~klausel** f clause f d'indexation; **~zeit** f (gleitende Arbeitszeit) horaire m flexible od à la carte.
Gletscher ['glɛtʃər] (**-s, -**) m glacier m; **~spalte** f crevasse f.
glich etc [glıç] vb siehe **gleichen**.
Glied [gliːt] (**-(e)s, -er**) nt (Körper~, Penis) membre m; (Teil) partie f; (einer Kette) maillon m; (MIL) rang m; **der Schreck steckt ihr noch in den ~ern** elle en a encore froid dans le dos.
gliedern vt structurer; (Arbeit) organiser.
Gliederschmerz m rhumatisme m.
Gliederung f (Aufbau) structure f; (das Gliedern) organisation f.
Gliedmaßen pl membres mpl.
glimmen ['glımən] unreg vi (Feuer, Asche) rougeoyer; (Zigarette) luire faiblement.
Glimmer (**-s, -**) m (Mineral) mica m.
Glimmstengel (umg) m clope f.
glimpflich ['glımpflıç] adj (nachsichtig) clément(e); (schadlos) sans gravité; **~ davonkommen** s'en tirer à bon compte.
glitschig ['glıtʃıç] adj glissant(e); (Fisch) gluant(e).
glitt etc [glıt] vb siehe **gleiten**.
glitzern ['glıtsərn] vi scintiller.
global [glo'baːl] adj (weltweit) mondial(e); (ungefähr, pauschal) général(e).
Globus ['gloːbʊs] (**-** od **-ses, Globen** od **-se**) m mappemonde f.
Glocke ['glɔkə] f cloche f; (einer Blume) clochette f; **etw an die große ~ hängen** crier qch sur les toits.
Glocken-: ~blume f campanule f; **~geläut** nt son m de cloches; **~schlag** m: **mit dem od auf den ~schlag** à l'heure pile; **~spiel** nt carillon m; (MUS) glockenspiel m; **~turm** m clocher m.
Glöckner m sonneur m.
glomm etc [glɔm] vb siehe **glimmen**.
Glorie ['gloːriə] f gloire f; (von Heiligen) auréole f.
glorreich ['gloːrraıç] adj (gew ironisch) glorieux(-euse).
Glossar [glɔ'saːr] (**-s, -e**) nt glossaire m.
Glosse ['glɔsə] f (PRESSE, TV) commentaire m.
Glotze (umg) f télé f.
glotzen ['glɔtsən] (umg) vi regarder bêtement.
Glück [glʏk] (**-(e)s**) nt (guter Zufall) chance f; (Freude, Zustand) bonheur m; **~ haben** avoir de la chance; **viel ~!** bonne chance!; **zum ~!** heureusement!; **ein ~!** quelle chance!; **auf gut ~** (aufs Geratewohl) à tout hasard; (unvor-

bereitet) au petit bonheur; (wahllos) au hasard; **sie weiß noch nichts von ihrem ~** (ironisch) elle ne sait pas encore ce qui l'attend; **er kann von ~ sagen, daß ...** il peut s'estimer heureux de ce que ...; **~auf** nt: **~auf!** (Bergleute) salut!
Glucke f (Bruthenne) couveuse f; (mit Jungen) mère poule f.
glücken vi réussir; **es glückte ihm, es zu bekommen** il a réussi à l'obtenir.
gluckern ['glʊkərn] vi (Bach, Wasser) clapoter.
glücklich adj heureux(-euse) ♦ adv (selig) avec bonheur; (ausgehen) bien; (umg: endlich) finalement; **~erweise** adv heureusement.
Glücksbringer m porte-bonheur m inv.
glückselig [glʏk'zeːlıç] adj aux anges.
Glücks-: ~fall m coup m de chance; **~kind** nt personne qui a de la chance; **~pfennig** m sou porte-bonheur; **~pilz** (umg) m veinard(e) m(f); **~rad** nt roue f de la fortune; **~sache** f: **das ist ~sache** c'est une question de chance; **~spiel** nt jeu m de hasard; **~stern** m bonne étoile f; **~strähne** f: **eine ~strähne haben** avoir une période de chance.
glückstrahlend adj rayonnant(e) de bonheur.
Glückszahl f chiffre m porte-bonheur.
Glückwunsch (**-es, -ë e**) m félicitations fpl; **herzlichen ~ zum Geburtstag!** bon anniversaire!; **~telegramm** nt télégramme m de félicitations.
Glühbirne f ampoule f (électrique).
glühen ['glyːən] vi (Draht, Kohle) rougeoyer; (Sonne, Ofen, Ohren) être brûlant(e); (vor Begeisterung) brûler d'enthousiasme.
glühend adj brûlant(e); (Metall) chauffé(e) au rouge; (Haß) implacable.
Glüh-: ~faden m (ELEK) filament m; **~lampe** f lampe f à incandescence; **~wein** m vin m chaud; **~würmchen** nt ver m luisant.
Glukose [glu'koːsə] f glucose m.
Glut [gluːt] (**-, -en**) f (Feuers~) braise f; (Röte) rougeoiement m; (Hitze) chaleur f torride; (von Leidenschaft, Liebe) ardeur f.
Glyzerin [glytse'riːn] (**-s**) nt glycérine f; **~seife** f savon m à la glycérine.
GmbH (**-, -s**) f abk (= Gesellschaft mit beschränkter Haftung) SARL f.
Gnade ['gnaːdə] f (Gunst) faveur f; (Erbarmen, REL) grâce f; (Milde) clémence f; **~ vor Recht ergehen lassen** se montrer indulgent(e).
gnaden vi: (dann) **gnade dir Gott!** (alors) malheur à toi!
Gnaden-: ~brot nt: **jdm/einem Tier das ~brot geben** entretenir qn/nourrir un animal par charité; **~frist** f délai m de grâce; **~gesuch** nt recours m en grâce; **g~los** adj sans pitié!; **~stoß** m coup m de grâce.
gnädig ['gnɛːdıç] adj (barmherzig) charitable; (nachsichtig) indulgent(e), clément(e); **~e Frau** (Anrede) chère Madame.
Gobelin [gobə'lɛ̃ː] (**-s, -s**) m gobelin m, tapisserie f.
Gockel ['gɔkəl] (**-s, -;** umg: gew SUDD) m coq m.

Gold [gɔlt] (**–(e)s**) *nt* or *m*; **nicht mit ~ zu bezah-len** *od* **aufzuwiegen sein** valoir son pesant d'or; **~barren** *m* lingot *m* d'or; **g~en** *adj* en or, d'or; **g~ene Worte** de sages conseils *mpl*; **~fisch** *m* poisson *m* rouge; **~grube** *f* mine *f* d'or; **~hamster** *m* hamster *m*.

goldig ['gɔldıç] (*umg*) *adj* adorable.

Gold-: **~regen** *m* (*BOT*) cytise *m*; **g~richtig** (*umg*) *adj* absolument juste; **~schmied** *m* or-fèvre *m*; **~schnitt** *m* dorure *f* sur tranche; **~standard** *m* étalon-or *m*; **~stück** *nt* pièce *f* d'or; (*fig: umg*) perle *f*; **~waage** *f*: **jedes Wort auf die ~waage legen** peser ses mots.

Golf[1] [gɔlf] (**–(e)s, –e**) *m* (*GEOG*) golfe *m*.

Golf[2] [gɔlf] (**–s**) *nt* (*SPORT*) golf *m*; **~platz** *m* terrain *m* de golf; **~schläger** *m* crosse *f* de golf; **~spieler** *m* joueur *m* de golf.

Golfstaaten *pl*: **die ~** les États *mpl* du Golfe.

Golfstrom *m* Gulf Stream *m*.

Gondel ['gɔndəl] (**–, –n**) *f* (*Boot*) gondole *f*; (*bei Seilbahn*) cabine *f*.

gondeln (*umg*) *vi*: **durch die Welt ~** rouler sa bosse.

Gong [gɔŋ] (**–s, –s**) *m* gong *m*.

gönnen ['gœnən] *vt*: **jdm etw ~** trouver que qn a mérité qch; **sich** *Dat* **etw ~** s'accorder qch.

Gönner (**–s, –**) *m* bienfaiteur *m*; **g~haft** *adj* condescendant(e); **~in** *f* bienfaitrice *f*; **~miene** *f* air *m* condescendant.

gor *etc* [goːr] *vb siehe* **gären**.

Gorilla [go'rıla] (**–s, –s**) *m* gorille *m*.

goß *etc* [gɔs] *vb siehe* **gießen**.

Gosse ['gɔsə] *f* caniveau *m*; (*fig*) rue *f*.

Gotik ['goːtık] *f* gothique *m*.

Gott [gɔt] (**–es, ⁻er**) *m* dieu *m*; (*als Name, Anruf*) Dieu *m*; **~ sei Dank!** Dieu merci!, Dieu soit loué!; **grüß ~!** (*gew SUDD, OSTERR*) bonjour!; **um ~es willen!** mon Dieu!; **leider ~es** malheureusement; **ach ~!** mon Dieu!; **den lieben ~ einen guten Mann sein lassen** (*umg*) ne pas s'en faire; **ein Bild für die Götter** (*hum: umg*) un triste spectacle; **das wissen die Götter** Dieu seul le sait; **über ~ und die Welt reden** parler de choses et d'autres; **wie ~ in Frankreich leben** (*umg*) vivre comme un coq en pâte.

Götterspeise *f* (*KOCH*) dessert à la gelée de fruits.

Gottes-: **~dienst** *m* (*katholisch*) messe *f*; (*evangelisch*) culte *m*; **~haus** *nt* maison *f* de Dieu, lieu *m* de culte; **~lästerung** *f* blasphème *m*; **~mutter** *f* mère *f* de Dieu.

Gottheit *f* divinité *f*.

Göttin [gœtın] *f* déesse *f*.

göttlich *adj* divin(e).

gott-: **~lob** *interj* Dieu merci; **~los** *adj* athée; (*verwerflich*) impie; **~verlassen** *adj* maudit(e); **G~vertrauen** *nt* foi *f*.

Götze ['gœtsə] (**–n, –n**) *m* idole *f*.

Grab [graːp] (**–(e)s, ⁻er**) *nt* tombe *f*.

Graben (**–s, ⁻**) *m* fossé *m*; (*MIL*) tranchée *f*.

graben ['graːbən] *unreg vt, vi* creuser; **nach etw ~** creuser pour trouver qch.

Grabesstille *f* silence *m* de mort.

Grab-: **~mal** *nt* tombeau *m*, monument *m* funéraire; **~rede** *f* oraison *f* funèbre; **~stein** *m* pierre *f* tombale.

Gracht [graxt] (**–, –en**) *f* canal *m*.

Grad [graːt] (**–(e)s, –e**) *m* degré *m*; (*Rang*) grade *m*; (*akademischer ~*) titre *m*; **im höchsten ~(e)** extrêmement; **Verbrennungen ersten ~es** brûlures *fpl* du premier degré; **~einteilung** *f* graduation *f*; **g~linig** *adj siehe* **geradlinig**.

graduell [gradu'ɛl] *adj* (*geh*) graduel(le).

gradweise *adv* graduellement.

Graf [graːf] (**–en, –en**) *m* comte *m*.

Graffiti [gra'fiːti] *pl* graffiti *mpl*.

Grafik ['graːfık] *f* (*Kunst, Technik*) arts *mpl* graphiques.

Grafiker(in) (**–s, –**) *m(f)* graphiste *m/f*.

Gräfin ['grɛːfın] *f* comtesse *f*.

grafisch *adj* graphique; **~e Darstellung** graphique *m*.

Grafschaft *f* comté *m*.

Grahambrot ['graːhambroːt] *nt* sorte de pain complet.

Gralshüter ['graːlzhyːtər] (**–s, –**) *m* (*fig*) gardien *m*.

Gram [graːm] (**–(e)s**) *m* chagrin *m*.

grämen ['grɛːmən] *vr* être rongé(e) de chagrin ♦ *vt* affliger; **sich zu Tode ~** mourir de chagrin.

Gramm [gram] (**–s, –**) *nt* gramme *m*.

Grammatik [gra'matık] *f* grammaire *f*.

grammatisch *adj* grammatical(e).

Grammophon (**–s, –e**) *nt* phonographe *m*.

Granat [gra'naːt] (**–(e)s –e**) *m* (*Stein*) grenat *m*; **~apfel** *m* grenade *f*.

Granate *f* (*MIL*) grenade *f*.

grandios [gran'dioːs] *adj* grandiose.

Granit [gra'niːt] (**–s, –e**) *m* granit *m*; **auf ~ beißen** se heurter à un mur.

grantig ['grantıç] (*umg*) *adj* de mauvais poil.

Graphik ['graːfık] *f* = **Grafik**.

Graphiker(in) ['graːfıkər(ın)] (**–s, –**) *m(f)* = **Grafiker**.

graphisch ['graːfıʃ] *adj* = **grafisch**.

grapschen ['grapʃən] (*umg*) *vt* rafler; (*sich Dat*) **etw ~** rafler qch.

Gras [graːs] (**–es, ⁻er**) *nt* herbe *f*; **über etw** *Akk* **~ wachsen lassen** attendre que les choses se soient tassées; **g~en** *vi* (*Tiere*) paître *m*; **~halm** *m* brin *m* d'herbe.

grasig *adj* herbeux(-euse).

Grasnarbe *f* gazon *m*.

grassieren [gra'siːrən] *vi* (*Gerücht*) courir; (*Virus, Grippe*) sévir.

gräßlich ['grɛslıç] *adj* épouvantable; (*Angst, Verlegenheit*) terrible.

Grat [graːt] (**–(e)s, –e**) *m* (*Berg~*) arête *f*; (*TECH*) bavure *f*.

Gräte ['grɛːtə] *f* arête *f*.

Gratifikation [gratifikatsi'oːn] *f* prime *f*.

gratis ['graːtıs] *adv* gratuitement; **G~probe** ♪ échantillon *m* gratuit.

Grätsche ['grɛːtʃə] *f* (*SPORT*) écart *m*; **in der ~ à**

l'écart, les jambes écartées.

Gratulant(in) [gratu'lant(ɪn)] m(f) *personne qui félicite*.

Gratulation [gratulatsi'o:n] f félicitations fpl.

gratulieren [gratu'li:rən] vi: **jdm (zu etw)** ~ féliciter qn (de qch); **jdm zum Geburtstag** ~ souhaiter bon anniversaire à qn; **jdm zum bestandenen Examen** ~ féliciter qn d'avoir réussi à un examen; **ich gratuliere!** (toutes mes) félicitations!

▪**Gratwanderung** f: **sich auf einer** ~ **befinden** (fig) être sur la corde raide.

grau [grau] adj gris(e); (Haar) blanc(blanche); (umg: Markt) semi-clandestin(e); **der ~e Alltag** la monotonie du quotidien; **G~brot** nt siehe **Mischbrot**.

grauen[1] vi (Tag) se lever.

grauen[2] vi unpers: **es graut jdm vor etw** qn frémit à l'idée de qch ♦ vr: **sich** Dat od Akk **vor etw** ~ frémir à l'idée de qch.

Grauen (**–s**) nt horreur f; **g~haft** adj (Anblick, Verbrechen) effroyable, horrible; (Wetter, Geschmack, Schmerzen) épouvantable ♦ adv d'une manière effroyable; **g~voll** adj = **~haft**.

grauhaarig adj aux cheveux blancs.

graumeliert adj grisonnant(e).

Graupelregen ['graupəlre:gən], **Graupelschauer** m giboulée f.

Graupen ['graupən] pl orge m perlé.

grausam ['grauza:m] adj (Mensch, Tat, Sitten) cruel(e); (Verbrechen, Kälte) atroce; **G~keit** f (siehe adj) cruauté f; atrocité f.

grausen vi unpers siehe **grauen** ♦ vr siehe **grauen**; **G~** ['grauzən] (**–s**) nt horreur f; **da kann man das kalte G~ kriegen** (umg) ça fait froid dans le dos.

Grauzone f zone f d'ombre.

gravieren [gra'vi:rən] vt graver.

gravierend adj déterminant(e).

Grazie ['gra:tsiə] (**–**, **–en**) f grâce f.

graziös [gratsi'ø:s] adj gracieux(-euse).

greifbar adj (konkret) tangible; (verfügbar) disponible; **in ~er Nähe** à portée de main.

greifen ['graifən] unreg vt saisir; (auf Musikinstrument) jouer ♦ vi (mit der Hand) tendre la main; (Reifen) adhérer; (nicht rutschen, einrasten) mordre; **nach etw** ~ tendre la main pour prendre od saisir qch; **um sich** ~ (Panik, Feuer, Seuche) se propager; **zur Flasche** ~ se mettre à boire; **diese Zahl ist zu niedrig gegriffen** ce chiffre est trop bas; **(mitten) aus dem Leben gegriffen** pris(e) sur le vif.

Greifer (**–s**, **–**) m (TECH) benne f preneuse.

Greifvogel m rapace m, oiseau m de proie.

Greis [grais] (**–es**, **–e**) m vieillard m.

Greisenalter nt vieillesse f.

greisenhaft adj de vieillard.

Greisin f vieille femme f.

grell [grɛl] adj (Licht) aveuglant(e); (Farbe) criard(e); (Stimme, Ton) strident(e).

Gremium ['gre:miʊm] nt commission f.

Grenadier [grena'di:ər] (**–s**, **–e**) m grenadier m.

Grenzbeamte(r) m douanier m.

Grenzbezirk m zone f frontalière.

Grenze f frontière f; (zwischen Grundstücken, fig) limite f; **über die** ~ **gehen/fahren** passer la frontière; **er kam über die grüne** ~ il a passé illégalement la frontière; **hart an der** ~ **des Erlaubten** à la limite de la légalité; **sich in ~n halten** être limité(e).

grenzen vi: **an etw** Akk ~ être voisin(e) de qch; (Land) avoir une frontière commune avec qch; (fig) frôler od friser qch.

grenzenlos adj infini(e); (Frechheit) qui dépasse les bornes.

Grenz-: **~fall** m cas m limite; **~gänger** m (Arbeiter) frontalier m; **~gebiet** nt zone f frontalière; (fig) domaine m intermédiaire; **~kosten** pl coûts mpl marginaux; **~linie** f ligne f de démarcation; (SPORT) limite f du terrain; **~schutz** m protection f des frontières; **~übergang** m poste-frontière m; **g~überschreitend** adj international(e); **~wert** m valeur f limite; **~zwischenfall** m incident m de frontière.

Greuel ['grɔyəl] (**–s**, **–**) m horreur f; **jdm ein** ~ **sein** faire horreur à qn; **~propaganda** f campagne f de diffamation; **~tat** f atrocité f.

greulich ['grɔylɪç] adj atroce, abominable.

Grieche ['gri:çə] m Grec m.

Griechenland nt la Grèce.

Griechin f Grecque f.

Griechisch nt (LING) le grec.

griechisch adj grec(grecque).

griesgrämig ['gri:sgrɛ:mɪç] adj grincheux(-euse).

Grieß [gri:s] (**–es**, **–e**) m (KOCH) semoule f; **~brei** m semoule f au lait.

Griff [grɪf] (**–(e)s**, **–e**) m (an Tür, Topf, Koffer) poignée f; (SPORT) prise f; **jdn/etw in den** ~ **bekommen** réussir à maîtriser qn/qch; **mit jdm/etw einen guten** ~ **getan haben** avoir fait un bon choix (en prenant qn/qch).

griff etc vb siehe **greifen**.

griffbereit adj à portée de main; **etw** ~ **haben** avoir qch à portée de main.

Griffel ['grɪfəl] (**–s**, **–**) m (Schreib~) crayon m d'ardoise; (BOT) style m.

griffig ['grɪfɪç] adj (Fahrbahn etc) qui n'est pas glissant(e); (Ausdruck) pratique.

Grill [grɪl] (**–s**, **–s**) m gril m.

Grille ['grɪlə] f grillon m; (fig) lubie f.

grillen vt griller.

Grillplatz m aire f de pique-nique avec des barbecues.

Grimasse [gri'masə] f grimace f; **~n schneiden** faire des grimaces.

Grimm [grɪm] (**–(e)s**) m courroux m.

grimmig adj (Mensch, Miene) furieux(-euse); (Schmerz) atroce; (Kälte) terrible.

grinsen ['grɪnzən] vi sourire; (höhnisch) ricaner.

Grippe ['grɪpə] f grippe f.

Grips [grɪps] (**–es**, **–e**; umg) m cervelle f.

grob [gro:p] adj grossier(-ière); (Netz) à grosses mailles; (*Verstoß*) flagrant(e); (*nicht exakt*) approximatif(-ive) **♦** *adv* (*reden*) grossièrement; **~ geschätzt** en gros; **aus dem Gröbsten heraussein** (*umg*) avoir le pire derrière soi; **G~heit** *f* grossièreté *f*.

Grobian ['groːbiaːn] (**-s, -e**) *m* brute *f*.

grobknochig *adj* solidement charpenté(e).

grobschlächtig *adj* lourdaud(e).

Grog [grɔk] (**-s, -s**) *m* grog *m*.

groggy ['grɔgɪ] *adj* groggy *inv*.

grölen ['grøːlən] (*pej*) *vt* brailler.

Groll [grɔl] (**-(e)s**) *m* ressentiment *m*.

grollen *vi* (*Donner*) gronder; (*geh*) être de mauvaise humeur; (**mit**) **einer Sache** *Dat* ~ se plaindre de qch.

Grönland ['grøːnlant] (**-s**) *nt* le Groenland; **Grönländer(in)** (**-s, -**) *m(f)* Groenlandais(e) *m/f*.

Groschen ['grɔʃən] (**-s, -**) *m* (*umg*) pièce *f* de dix pfennigs; (*OSTERR*) groschen *m*; (*fig*) sou *m*; ~**roman** (*pej*) *m* roman *m* à l'eau de rose.

groß [groːs] *adj* grand(e); (*Aufgabe*) important(e) **♦** *adv*: **ein Wort ~ schreiben** écrire un mot avec une majuscule; **die ~en Ferien** les grandes vacances; **sich** *Dat* ~**e Mühe geben** se donner beaucoup de peine; **im ~en und ganzen** dans l'ensemble; **wie ~ bist du?** combien mesures-tu?; **er ist 1,80 m ~** il mesure 1,80 m; **die G~en Seen** les grands lacs (américains); **die ~e Zehe** le gros orteil; ~**es Geld** billets *mpl* (*de 100 Marks et plus*); **der ~e Bruder** le grand frère; **die G~en** (*Erwachsene*) les grandes personnes; **mit etw ~ geworden sein** avoir grandi avec qch; ~**er Lärm** beaucoup de bruit; ~**en Hunger haben** avoir une faim de loup; ~**e Mode sein** être très à la mode; ~ **und breit** (*umg*) en long et en large; **G~abnehmer** *m* gros client *m*; **G~alarm** *m* alerte *f* générale; ~**angelegt** *adj attrib* de grande envergure; ~**artig** *adj* remarquable; **G~aufnahme** *f* gros plan *m*; **G~betrieb** *m* grosse entreprise *f*; **G~britannien** *nt* la Grande-Bretagne; **G~buchstabe** *m* majuscule *f*.

Größe ['grøːsə] *f* taille *f*; (*von Fläche, Land*) superficie *f*; (*von Haus auch*) dimensions *fpl*; (*MATH*) valeur *f*; (*von Ereignis*) importance *f*; **eine unbekannte ~** une inconnue.

Groß-: ~**einkauf** *m*: ~**einkauf machen** faire ses achats *mpl* de la semaine; ~**einsatz** *m*: ~**einsatz der Polizei** intervention *f* massive des forces de police; ~**eltern** *pl* grands-parents *mpl*.

Größenordnung *f* ordre *m* de grandeur.

großenteils *adv* en grande partie.

Größenunterschied *m* différence *f* de taille.

Größenwahn(sinn) *m* mégalomanie *f*.

groß-: ~**flächig** *adj* grand(e), vaste; (*Gesicht*) large; **G~format** *nt* grand format *m*; **G~grundbesitzer** *m* gros propriétaire *m*; **G~handel** *m* commerce *m* de gros; **G~handelspreisindex** *m* indice *m* des prix de gros; **G~händler** *m* grossiste *m*; ~**herzig** *adj*

magnanime; **G~hirn** *nt* cerveau *m*; **G~industrielle(r)** *m* gros industriel *m*.

Grossist [grɔ'sɪst] *m* grossiste *m*.

groß-: ~**jährig** *adj* majeur(e); ~**kotzig** (*umg: pej*) *adj* crâneur(-euse); **G~kundgebung** *f* grande manifestation *f*; **G~macht** *f* grande puissance *f*; **G~maul** *nt* grande gueule *f*; **G~mut** *f* magnanimité *f*; ~**mütig** *adj* magnanime; **G~mutter** *f* grand-mère *f*; **G~packung** *f* pack *m*; **G~raum** *m*: **der G~raum München** l'agglomération *f* munichoise; **G~raumbüro** *nt* bureau *m* paysager; **G~raumwagen** *m* voiture *f* à couloir central (*sans compartiments*); **G~rechner** *m* gros ordinateur *m*; **G~reinemachen** *nt* grand nettoyage *m*; ~**schreiben** *unreg vt* (*fig*) attacher une grande importance à; **G~schreibung** *f* emploi *m* des majuscules; ~**spurig** *adj* (*Mensch*) qui se donne de grands airs; (*Rede*) grandiloquent(e); **G~stadt** *f* grande ville *f*.

größte(r, s) [grøːstə(r, z)] *adj Superl von* **groß**.

größtenteils *adv* pour la plupart.

Groß-: ~**tuer** (**-s, -**) *m* vantard *m*; **g~tun** *unreg vi* faire l'important; ~**unternehmer** *m* chef *m* d'une grande entreprise; ~**vater** *m* grand-père *m*; ~**verbraucher** *m* gros consommateur *m*; ~**verdiener** *m* personne qui a un gros revenu; ~**wild** *nt* gros gibier *m*; **g~ziehen** *unreg vt* élever; **g~zügig** *adj* généreux(-euse); (*Planung*) ambitieux(-euse); (*Stadt, Anlage*) vaste.

grotesk [gro'tɛsk] *adj* grotesque.

Grotte ['grɔtə] *f* grotte *f* (*artificielle*).

grub *etc* [gruːp] *vb siehe* **graben**.

Grübchen ['gryːpçən] *nt* fossette *f*.

Grube ['gruːbə] *f* fosse *f*; (*BERGB*) mine *f*.

grübeln ['gryːbəln] *vi* ruminer; **über etw** *Akk* ~ ruminer qch.

Grubenarbeiter *m* mineur *m*.

Grubengas *nt* grisou *m*.

Grübler ['gryːblər] (**-s, -**) *m* personne *f* soucieuse; **g~isch** *adj* soucieux(-euse), sombre.

Gruft [gruft] (**-, ¨e**) *f* (*Grabstätte*) tombe *f*.

grün [gryːn] *adj* vert(e); (*unreif: fig*) qui manque de maturité; **die G~en** (*POL*) les verts *mpl od* écologistes *mpl*; **G~e Minna** (*umg*) panier *m* à salade; ~**e Welle** synchronisation *f* des feux; ~**e Versicherungskarte** carte *f* verte; **sich ~ und blau** *od* **gelb ärgern** (*umg*) être furax; **auf keinen ~en Zweig kommen** (*umg*) n'arriver à rien; **G~anlage** *f* espace *m* vert.

Grund [grunt] (**-(e)s, ¨e**) *m* (*Boden, Fläche*) terrain *m*; (*von Gewässer, Gefäß*) fond *m*; (*Motiv, Ursache*) raison *f*; (*fig: Fundament*) base *f*; **vor** ~ **auf** à fond, complètement; **auf** ~ **von** sur la base de; **aus gesundheitlichen Gründen** pour des raisons de santé; **im ~e (genommen)** au fond; **ich habe ~ zur Annahme, daß ... je** suis fondé(e) à croire que; **einer Sache** *Dat* **auf den ~ gehen** essayer d'élucider qch; **sich in ~ und Boden schämen** être mort(e) de honte; ~**ausbildung** *f* formation *f* de base; ~**aus-stattung** *f* équipement *m* de base; ~**bedeu-**

tung f sens m premier; **~bedingung** f condition f de base; **~begriff** m notion f de base; **~besitz** m propriété f foncière; **~buch** nt registre m foncier; **g~ehrlich** adj foncièrement honnête.

gründen [ˈgryndən] vt fonder ♦ vr: **sich auf etw** Akk **~** se fonder sur qch ♦ vi: **auf etw** Dat **~** être fondé(e) sur qch.

Gründer(in) (−s, −) m(f) fondateur(-trice) m/f.

grund-: **~falsch** adj complètement faux(fausse); **G~gebühr** f taxe f de base; **G~gedanke** m idée f fondamentale; **G~gehalt** nt salaire m de base; **G~gesetz** nt (Grundprinzip) principe m fondamental; (Verfassung) constitution f allemande.

Grundierung [grʊnˈdiːrʊŋ] f couche f de fond.

Grund-: **~kapital** nt capital m social; **~kurs** m (SCH) cours m de base; **~lage** f base f; **jeder ~lage entbehren** être dénué(e) de tout fondement; **g~legend** adj fondamental(e).

gründlich adj (Mensch, Arbeit) consciencieux(-euse); (Vorbereitung) minutieux(-euse); (Kenntnisse) approfondi(e) ♦ adv (umg) complètement; **jdm ~ die Meinung sagen** dire ses quatre vérités à qn.

grund-: **~los** adj (fig) sans fondement; **G~mauer** f fondation f; **G~nahrungsmittel** nt aliment m de base.

Gründonnerstag m jeudi m saint.

grund-: **~ordnung** f: **die freiheitlich-demokratische ~ordnung** les principes constitutionnels de l'État (allemand); **~rechenart** f opération f arithmétique; **~recht** nt droit m fondamental; **~regel** f règle f de base; **~riß** m (eines Hauses) plan m; (fig) aperçu m; (in Buchtitel) éléments mpl; **~satz** m principe m; **g~sätzlich** adj fondamental(e); (prinzipiell) de principe ♦ en principe; **das ist g~sätzlich verboten** c'est formellement interdit; **~satzurteil** nt jugement m qui fait jurisprudence; **~schuld** f hypothèque f; **~schule** f école f primaire; **~stein** m première pierre f; (fig) bases fpl; **~steuer** f taxe f foncière; **~stück** nt terrain m; **~stücksmakler** m agent m immobilier; **~stufe** f (SCH) premier degré m (du primaire).

Gründung f fondation f.

Gründungsurkunde f acte m constitutif.

Gründungsversammlung f assemblée f constitutive.

grund-: **~verschieden** adj fondamentalement différent(e); **G~wasser** nt nappe f phréatique; **G~wasserspiegel** m niveau m de la nappe phréatique; **G~zug** m trait m fondamental; **etw in seinen G~zügen darstellen** présenter les grandes lignes de qch.

Grüne(s) nt: **im ~n wohnen** vivre à la campagne; **ins ~ fahren** aller à la campagne; siehe auch **grün**.

Grün-: **~kohl** m chou m frisé; **~schnabel** m blanc-bec m; **~span** m vert-de-gris m; **~streifen** m (in der Mitte) terre-plein m central; (am Straßenrand) bas-côté m.

grunzen [ˈgrʊntsən] vi grogner.

Gruppe [ˈgrʊpə] f groupe m.

Gruppen-: **~arbeit** f travail m d'équipe; **~dynamik** f dynamique f de groupe; **~reise** f voyage m organisé; **~therapie** f thérapie f de groupe; **g~weise** adv en groupes.

gruppieren [grʊˈpiːrən] vt regrouper ♦ vr se regrouper.

gruselig adj qui donne des frissons.

gruseln [ˈgruːzəln] unpers vi: **es gruselt jdm vor etw** qch donne des frissons à qn ♦ vr avoir des frissons.

Gruß [gruːs] (−es, ⁻e) m salutations fpl; (Geste) salut m; **Grüße an** +Akk (bien le) bonjour à, bien des choses (de ma part) à; **ohne ~ an jdm vorbeigehen** dépasser qn sans le saluer; **einen (schönen) ~ an Ihre Gattin!** (geh) mes hommages à votre épouse; **viele** od **liebe Grüße** amitiés fpl; **mit freundlichen Grüßen** (Briefformel) veuillez agréer, Monsieur/Madame, l'expression de mes sentiments distingués; **mit bestem ~** od **besten Grüßen** (Briefformel) meilleures salutations.

grüßen [ˈgryːsən] vt saluer; **jdn von jdm ~** transmettre à qn les amitiés de qn, saluer qn de la part de qn; **jdn ~ lassen** envoyer ses amitiés à qn.

Grütze [ˈgrʏtsə] f (Brei) bouillie f de céréales; f **rote ~** dessert à base de jus de fruits rouges.

Guatemala [guateˈmaːla] nt le Guatemala.

gucken [ˈgʊkən] (umg) vi regarder; **nach etw ~** jeter un coup d'œil à qch.

Guckloch nt judas m.

Guerilla [geˈrɪlja] (−(s), −) f, **Guerillakrieg** m guérilla f.

Guernsey [ˈgøːnzɪ] nt Guernesey f.

Guinea [giˈneːa] nt la Guinée.

Gulasch [ˈguːlaʃ] (−(e)s, −e) nt goulasch m.

gültig [ˈgʏltɪç] adj valable, valide; (Geld) qui a cours; (Gesetz) en vigueur; **~ werden** (Bestimmung) entrer en vigueur; **G~keit** f validité f; **G~keitsdauer** f durée f de validité.

Gummi [ˈgʊmi] (−s, −s) nt od m caoutchouc m; (umg: Gummiband) élastique m; (: Kondom) capote f; **~band** nt élastique m; **~bärchen** nt bonbon à la gélatine en forme d'ours; **~baum** m caoutchouc m (plante verte).

gummieren [gʊˈmiːrən] vt gommer.

Gummi-: **~knüppel** m matraque f; **~paragraph** (umg) m article que l'on peut interpréter de plusieurs manières; **~stiefel** m botte f en caoutchouc; **~strumpf** m bas m à varices; **~zelle** f cellule f capitonnée, cabanon m; **~zug** m élastique m.

Gunst [gʊnst] f faveur f.

günstig [ˈgʏnstɪç] adj (Zeit, Lage, Eindruck) favorable; (Gelegenheit) bon(bonne); (Angebot, Preis) avantageux(-euse); **bei ~er Witterung** si le temps le permet; **im ~sten Fall** dans le meilleur des cas; **etw ~ bekommen** od **erstehen** acheter qch à un prix avantageux.

Gurgel [ˈgʊrgəl] (−, −n) f gorge f.

gurgeln vi (Mensch) se gargariser; (Wasser)

gargouiller.

Gurke ['gʊrkə] *f* concombre *m*; **saure ~** cornichon *m*.

Gurt [gʊrt] **(–(e)s, –e)** *m* ceinture *f*.

Gurtanlegepflicht *f* (*förmlich*) obligation *f* de mettre la ceinture de sécurité.

Gürtel ['gʏrtəl] **(–s, –)** *m* ceinture *f*; (*GEOG*) zone *f*; **~linie** *f* taille *f*; **~reifen** *m* pneu *m* à carcasse radiale; **~rose** *f* zona *m*; **~tier** *nt* tatou *m*.

gurten *vi* attacher sa ceinture (de sécurité).

GUS *f abk* (= *Gemeinschaft Unabhängiger Staaten*) CEI *f*.

Guß [gʊs] **(Gusses, Güsse)** *m* (*das Gießen*) fonte *f*; (*umg: Regen~*) averse *f*; (*KOCH*) glaçage *m*; **(wie) aus einem ~** cohérent(e), homogène; **~eisen** *nt* fonte *f*.

Gut [guːt] **(–(e)s, ⸚er)** *nt* (*Land~*) propriété *f*, domaine *m*; (*Besitz*) bien *m*; (*Ware*) marchandise *f*.

======================= *SCHLÜSSELWORT*

gut *adj* bon(ne); **alles Gute** meilleurs vœux; **das ist gut gegen Husten** (*umg*) c'est bon contre *od* pour la toux; **sei so gut (und) gib mir das Buch** passe-moi le livre, s'il te plaît; **das ist alles gut und schön, aber ...** c'est bien joli, mais ...; **du bist gut!** (*umg*) tu en as de bonnes!; **das ist so gut wie fertig** c'est pratiquement terminé; **ich sag's dir im guten!** je t'avertis!

♦ *adv* bien; **gut schmecken** être bon(ne); **also gut** bon, d'accord; **gut, aber ...** d'accord, mais ...; **(na) gut, ich komme** bon, d'accord, je viens; **du hast es gut!** tu as de la chance!; **gut und gern** en tout cas; **gut drei Stunden** trois bonnes heures; **das kann gut sein** c'est bien possible; **laß es gut sein** ça ira comme ça; **mach's gut!** (*umg*) bonne chance!

Gut-: **~achten (–s, –)** *nt* expertise *f*; **~achter (–s, –)** *m* expert *m*; **~achterkommission** *f* commission *f* d'experts; **g~artig** *adj* (*Charakter, Mensch*) gentil(le); (*Tier*) inoffensif(-ive); (*MED*) bénin(bénigne); **g~bürgerlich** *adj* bourgeois(e); **~dünken** *nt*: **nach ~dünken** à sa *etc* guise, comme bon lui *etc* semble.

Güte ['gyːtə] *f* (*charakterlich*) bonté *f*; (*Qualität*) qualité *f*; **ach du meine ~!** (*umg*) mon Dieu!

Güteklasse *f* qualité *f*.

Güter-: **~abfertigung** *f* expédition *f* des marchandises; **~bahnhof** *m* gare *f* de marchandises; **~gemeinschaft** *f* (régime *m* de la) communauté *f* des biens; **~trennung** *f* (régime *m* de la) séparation *f* de(s) biens; **~verkehr** *m* trafic *m* de marchandises; **~wagen** *m* wagon *m* de marchandises; **~zug** *m* train *m* de marchandises.

Gütesiegel, Gütezeichen *nt* label *m* de qualité.

gut-: **~gehen** *unreg vi*: **es geht ihm/uns ~** il va/nous allons bien; **das ist noch einmal ~gegangen** on l'a échappé belle (une fois de plus);

es wird schon alles ~gehen ne vous faites pas de souci; **~gehend** *adj* qui marche bien, florissant(e); **~gelaunt** *adj* de bonne humeur; **~gemeint** *adj* qui part d'une bonne intention; **~gläubig** *adj* crédule; **G~haben (–s, –)** *nt* avoir *m*; **~haben** *unreg vt* avoir à son crédit; **~heißen** *unreg vt* approuver; **~herzig** *adj* qui a bon cœur.

gütig ['gyːtɪç] *adj* bon(bonne), gentil(le).

gütlich ['gyːtlɪç] *adj, adv* à l'amiable.

gut-: **~machen** *vt* (*in Ordnung bringen*) réparer; **~mütig** *adj* facile à vivre; **G~mütigkeit** *f* bonhomie *f*.

Gutsbesitzer *m* propriétaire *m* foncier.

Gut-: **~schein** *m* bon *m*; **g~schreiben** *unreg vt* créditer; **~schrift** *f* inscription *f* au crédit.

Gutsherr *m* propriétaire *m* foncier.

Gutshof *m* propriété *f*, domaine *m*.

gut-: **~situiert** *adj attrib* aisé(e); **~tun** *unreg vi*: **jdm ~tun** faire du bien à qn; **~unterrichtet** *adj attrib* bien informé(e); **~willig** *adj* (*Schüler, Mensch*) plein(e) de bonne volonté; (*Tier*) docile.

Guyana [gu'jaːna] **(–s)** *nt* la Guyane.

Gymnasiallehrer(in) [gʏmnaziˈaːlleːrər(ɪn)] *m(f)* professeur *m* de lycée.

Gymnasium [gʏmˈnaːziʊm] *nt* lycée *m*.

Gymnastik [gʏmˈnastɪk] *f* gymnastique *f*; **~ machen** *od* **treiben** faire de la gymnastique.

Gynäkologe(-login) [gʏnɛkoˈloːgə] **(–n, –n** *m(f)* gynécologue *m/f*.

======================= *H, h*

H, h [haː] *nt* (*Buchstabe*) H, h *m*; (*MUS*) si *m*; **~ wie Heinrich** ≈ H comme Henri.

ha *abk* (= *Hektar*) ha.

Haag [haːk] *m*: **Den ~** La Haye.

Haar [haːr] **(–(e)s, –e)** *nt* (*Kopf~*) cheveu *m*; (*von Tier, Pflanze, Brust~, Scham~*) poil *m*; **sie hat schöne ~e** elle a de beaux cheveux; **um ein ~** à un cheveu près; **sich** *Dat* **in die ~e kriegen** (*umg*) se crêper le chignon; **~e auf den Zähnen haben** être dur(e) à cuire; **sich die ~e raufen** s'arracher les cheveux; **sich an den ~en herbeigezogen** (*umg*) c'est tiré par les cheveux; **kein gutes ~ an jdm/etw lassen** démolir qn/qch; **~ansatz** *m* naissance *f* des cheveux; **~bürste** *f* brosse *f* à cheveux.

haaren *vi, vr* perdre ses poils.

Haaresbreite *f*: **um ~** à un cheveu près.

Haar-: **~färbemittel** *nt* teinture *f* pour les cheveux; **~festiger** *m* fixateur *m*; **h~genau** *adj* (*übereinstimmen*) exactement; (*erklären*) jusque dans les moindres détails; **das trifft h~genau zu** c'est très juste.

haarig *adj* poilu(e); (*umg*) difficile.
Haar-: ~**klammer** *f* pince *f* à cheveux; **h~klein** *adv* (*beschreiben, erzählen*) jusque dans les moindres détails; ~**klemme** *f* pince *f* à cheveux; **h~los** *adj* sans poils; (*Kopf*) chauve; ~**nadel** *f* épingle *f* à cheveux; ~**nadelkurve** *f* virage *m* en épingle à cheveux; **h~scharf** *adj* (*Beobachtung*) très attentif(-ive) ♦ *adv*: **h~scharf danebengehen** (*Schuß*) passer de justesse à côté; ~**schnitt** *m* coupe *f* de cheveux; ~**schopf** *m* tignasse *f*; ~**spalterei** (*pej*) *f* ergotage *m*; ~**spange** *f* barrette *f*; ~**spray** *nt* laque *f*; **h~sträubend** *adj* (*Grausamkeit, Geschichte*) à faire dresser les cheveux sur la tête, épouvantable; (*Dummheit, Frechheit*) inouï(e); (*empörend*) choquant(e); ~**teil** *nt* postiche *m*; ~**waschmittel** *nt* shampooing *m*; ~**wasser** *nt* lotion *f* capillaire.
Hab [ha:p] *nt*: **sein gesamtes ~ und Gut** tous ses biens *mpl* matériels.
Habe ['ha:bə] (–) *f* biens *mpl*.
haben ['ha:bən] *unreg Hilfsverb, vt* avoir ♦ *vr* (*umg: sich zieren*) faire des chichis ♦ *vr unpers*: **und damit hat's sich!** un point, c'est tout!; **da hast du 10 Mark** voilà 10 marks; **die ~'s ja!** (*umg*) ils ont de quoi!; **du hast zu gehorchen** tu dois obéir; **er hat nichts zu sagen** il n'a rien à dire; **ich habe (viel) zu tun** j'ai (beaucoup) à faire, je suis (très) occupé(e); **Angst/Hunger ~** avoir peur/faim; **Ferien ~** être en vacances; **morgen werden wir Nebel ~** demain, il va y avoir du brouillard; **in Australien ~ sie jetzt Winter** en Australie, c'est l'hiver; **was hast du denn?** qu'as-tu donc?, qu'est-ce qui'il y a?; **ich hätte gern ...** j'aimerais bien ...; **es schlecht** *od* **nicht leicht/bequem ~** avoir la vie dure/ une vie facile, **es im Hals/am Herzen ~** (*umg*) avoir mal à la gorge/des ennuis cardiaques; **dich hat's wohl!** (*umg*) ça va pas?; **da hast du's/haben wir's!** (*umg*) il fallait s'y attendre!; **zu ~ sein** (*erhältlich*) être disponible; (*Mädchen, Mann*) être libre; **für etw zu ~ sein** (*interessiert sein*) être intéressé(e) par qch; (*begeistert sein*) être amateur de qch; **etw von jdm ~** (*bekommen haben*) avoir obtenu qch de qn; (*ererbt od erfahren haben*) tenir qch de qn; **das hast du jetzt davon** c'est bien fait pour toi; **wie gehabt!** comme d'habitude!
Haben (–s, –) *nt* (*WIRTS*) avoir *m*.
Habgier *f* cupidité *f*.
habgierig *adj* cupide.
habhaft *adj*: **jds/einer Sache ~ werden** (*geh*) s'emparer de qn/qch.
Habicht ['ha:bɪçt] (–(e)s, –e) *m* faucon *m*.
Habseligkeiten ['ha:pze:lɪçkaɪtən] *pl* affaires *fpl*.
Habsucht ['ha:pzʊxt] (*pej*) *f* cupidité *f*.
habsüchtig ['ha:pzyçtɪç] (*pej*) *adj* cupide.
Hachse ['haksə] *f* (*KOCH*) jarret *m*.
Hackbraten *m* rôti *m* haché.
Hackbrett *nt* planche *f* à découper; (*MUS*) tympanon *m*.
Hacke ['hakə] *f* (*Gerät*) pioche *f*; (*Ferse, Absatz*)

talon *m*.
hacken *vi* (*im Garten*) piocher; (*Vogel*) picorer ♦ *vt* (*Erde*) piocher; (*Holz*) couper (à la hache); (: *Fleisch*) hacher; **ein Loch ~ in** +*Akk* faire un trou dans.
Hacker ['hakər] (–s, –) *m* (*COMPUT*) pirate *m*.
Hack-: ~**fleisch** *nt* viande *f* hachée; ~**ordnung** *f* ordre *m* hiérarchique; (*fig*) ordre des préséances, hiérarchie *f*; ~**steak** *nt* steak *m* haché.
hadern ['ha:dərn] *vi* (*geh*): **mit jdm ~** (*streiten*) se quereller avec qn; **mit dem Schicksal ~** s'en prendre au destin.
Hafen ['ha:fən] (–s, ⁔) *m* port *m*; (*fig*) havre *m*; ~**anlagen** *pl* installations *fpl* portuaires; ~**arbeiter** *m* docker *m*; ~**gebühren** *pl* droits *mpl* de port; ~**meister** *m* capitaine *m* de od du port; ~**mole** *f* jetée *f*; ~**stadt** *f* ville *f* portuaire, port *m*.
Hafer ['ha:fər] (–s, –) *m* avoine *f*; **jdn sticht der ~** (*umg*) qn ne tient pas en place; ~**flocken** *pl* flocons *mpl* d'avoine; ~**schleim** *m* bouillie *f* d'avoine, porridge *m*.
Haff [haf] (–s, –s *od* –e) *nt* lagune *f*.
Haft [haft] (–) *f* détention *f*; ~**anstalt** *f* prison *f*; **h~bar** *adj* responsable; **für jdn/etw h~bar sein** être responsable de qn/qch; **jdn für etw h~bar machen** rendre qn responsable de qch; ~**befehl** *m* mandat *m* d'arrêt.
haften *vi*: **für jdn/etw ~** (*JUR*) se porter garant(e) de qn/qch; (*verantwortlich sein*) être responsable de qn/qch ♦ *vi* (*kleben*): (**an etw** *Dat*) **~** coller (à qch); „**für Garderobe wird nicht gehaftet**" "la direction décline toute responsabilité en cas de vol"; ~**bleiben** *unreg vi* rester collé(e).
Häftling ['hɛftlɪŋ] *m* détenu *m*.
Haft-: ~**pflicht** *f* responsabilité *f* civile; ~**pflichtversicherung** *f* assurance *f* responsabilité civile; ~**richter** *m* juge *m* d'instruction; ~**schale** *f* lentille *f* de contact; ~**ung** *f* (*JUR*) responsabilité *f*; **für Wertsachen keine ~ung** (*in Hotelzimmern*) nous déclinons toute responsabilité en cas de vol.
Hagebutte ['ha:gəbʊtə] *f* cynorhodon *m*.
Hagel ['ha:gəl] (–s) *m* grêle *f*; ~**korn** *nt* grêlon *m*; (*MED*) orgelet *m*.
hageln *vi unpers* grêler ♦ *vt unpers* (*fig*) pleuvoir.
Hagelschauer *m* giboulée *f* accompagnée de grêle.
hager ['ha:gər] *adj* décharné(e).
Häher ['hɛ:ər] (–s, –) *m* geai *m*.
Hahn [ha:n] (–(e)s, ⁔e) *m* (*ZOOL*) coq *m*; (*Wetter~*) girouette *f*; (*Wasser~, Gas~*) robinet *m*; (*Abzug*) détente *f*; **~ im Korb sein** (*umg*) être comme un pacha; **danach kräht kein ~ mehr** (*umg*) ça n'intéresse plus personne.
Hähnchen ['hɛ:nçən] *nt* poulet *m*.
Hai(fisch) ['haɪ(fɪʃ)] (–(e)s, –e) *m* requin *m*.
Haiti [ha'i:ti] *nt* Haïti *m*.
Häkchen ['hɛ:kçən] *nt* agrafe *f*.
häkeln ['hɛ:kəln] *vt* faire au crochet ♦ *vi* faire

du crochet.

Häkelnadel *f* crochet *m*.

Haken ['ha:kən] (**–s**, **–**) *m* crochet *m*; (*Angel~*) hameçon *m*; (*Zeichen*) signe *m* (*pour cocher*); (*Nachteil*) hic *m*; **einen ~ schlagen** changer brusquement de direction; **~kreuz** *nt* croix *f* gammée; **~nase** *f* nez *m* crochu.

halb [halp] *adj* demi(e) ◆ *adv* (*nur teilweise*) à moitié, à demi; (*beinahe*) presque; **~ eins** midi et demie; **eine ~e Stunde** une demi-heure; **ein ~es Jahr** six mois; **ein ~es Dutzend** une demi-douzaine; **nur die ~e Arbeit machen** ne faire que la moitié du travail; **ein ~er Ton** (*MUS*) un demi-ton; **eine ~e Note** (*MUS*) une blanche; **~ so schlimm!** ça n'est pas si grave que ça!; **nichts H~es und nichts Ganzes** ni du lard ni du cochon; (**noch**) **ein ~es Kind sein** être tout juste sorti(e) de l'enfance; **auf ~er Strecke** *od* **~em Weg(e)** à mi-chemin; **~ so groß** deux fois plus petit(e); **etw ~ machen** faire qch à moitié; **mit jdm ~e~e machen** (*umg*) couper la poire en deux; **~ ... ~ ...** moitié ... moitié ..., mi-... mi-...; **~ und ~** moitié-moitié; **H~bruder** *m* demi-frère *m*; **H~dunkel** *nt* pénombre *f*.

halber ['halbər] *präp* +*Gen* (*wegen*) pour (cause de); (*um ... willen*) pour (l'amour de) ... .

halb-: **~fertig** *adj* à moitié fini(e); **~fest** *adj* (*PHYS*) visqueux(-euse); **~fett** *adj* (*Milch*) demi-écrémé(e); **H~finale** *nt* demi-finale *f*; **H~gefrorene(s)** *nt* (*KOCH*) crème *f* glacée, parfait *m*; **H~heit** *f* demi-mesure *f*; **~herzig** *adj* sans conviction.

halbieren [hal'bi:rən] *vt* partager en deux.

Halb-: **~insel** *f* presqu'île *f*; **~jahr** *nt* semestre *m*; **h~jährlich** *adj* semestriel(le) ◆ *adv* tous les six mois; **~kreis** *m* demi-cercle *m*; **~kugel** *f* hémisphère *m*; **h~lang** *adj* mi-long(longue); **nun mach mal h~lang!** (*umg*) tu charries!; **h~laut** *adj*, *adv* à mi-voix; **~leiter** *m* semi-conducteur *m*; **~linke(r)** *m* (*SPORT*) intérieur *m* gauche; **h~mast** *adv*: **auf h~mast stehen** être en berne; **~messer** *m* (*MATH*) rayon *m*; **~mond** *m* croissant *m* (de lune); (*von Islam*) croissant; **h~offen** *adj* entrouvert(e); **~pension** *f* demi-pension *f*; **~rechte(r)** *m* (*SPORT*) intérieur *m* droit; **~schlaf** *m* demi-sommeil *m*; **~schuh** *m* chaussure *f* basse; **~schwester** *f* demi-sœur *f*; **h~seiden** *adj* contenant 50% de soie; (*pej: Dame*) aux mœurs légères; (: *Hotel*) borgne; (: *Milieu*) louche; **h~seitig** *adj* (*Kopfschmerzen*) d'un côté; (*Anzeige*) sur une demi-page; **h~seitige Lähmung** hémiplégie *f*; **~starke(r)** *m* jeune voyou *m*; **h~stündlich** *adj*, *adv* toutes les demi-heures; **h~tags** *adv*: **h~tags arbeiten** travailler à mi-temps; **~tagsarbeit** *f* travail *m* à mi-temps; **~tagskraft** *f* personne *f* employée à mi-temps; **~ton** *m* (*MUS*) demi-ton *m*; **h~trocken** *adj* (*Wein*) demi-sec(sèche); **h~voll** *adj* à moitié plein(e); **~waise** *f* orphelin(e) *m/f* de père *od* de mère; **h~wegs** (*umg*) *adv* (*einigermaßen*) plus ou moins; **~welt** *f* demi-monde *m*;

~wertzeit *f* (*PHYS*) demi-vie *f*; **~wüchsige(r)** *f(m)* adolescent(e) *m/f*; **~zeit** *f* (*SPORT*) mi-temps *f*.

Halde ['haldə] *f* (*Schlacken~*) terril *m*, crassier *m*; (*Schutt~*) tas *m*, amas *m*; (*Kohlen~*) charbon *m* non vendu.

half *etc* [half] *vb siehe* **helfen**.

Hälfte ['hɛlftə] *f* moitié *f*; **Kinder zahlen die ~** les enfants paient demi-tarif.

Halfter[1] ['halftər] (**–s**, **–**) *nt od m* (*für Tiere*) licou *m*.

Halfter[2] ['halftər] (**–**, **–n** *od* **–s**, **–**) *f od nt* (*für Pistole*) étui *m*.

Hall [hal] (**–(e)s**, **–e**) *m* (*geh*) bruit *m*.

Halle ['halə] *f* (*Bahnhofs~*, *Hotel~*, *Messe~*) hall *m*; (*Fabrik~*, *Werks~*) atelier *m*; (*für Flugzeuge*) hangar *m*; (*Sport~*) salle *f*.

halleluja [hale'lu:ja] *interj* alléluia.

hallen *vi* résonner.

Hallen-: **~bad** *nt* piscine *f* couverte; **~sport** *m* sport *m* en salle; **~tennis** *nt* tennis *m* en salle.

hallo [ha'lo:] *interj* (*Ruf, überrascht*) hé; (*am Telefon*) allô.

Halluzination [halutsinatsi'o:n] *f* hallucination *f*.

Halm ['halm] (**–(e)s**, **–e**) *m* (*Getreide~*) tige *f*; (*Gras~*) brin *m*.

Halogenlampe [halo'ge:nlampə] *f* lampe *f* (à) halogène.

Halogenscheinwerfer *m* phare *m* halogène.

Hals [hals] (**–es**, **-̈e**) *m* cou *m*; (*innen auch*) gorge *f*; (*von Flasche*) col *m*; (*von Instrument*) manche *m*; **~ über Kopf** précipitamment; **sich** *Dat* **nach jdm/etw den ~ verrenken** (*umg*) tendre le cou pour voir qn/qch; **jdm um den ~ fallen** se jeter au cou de qn; **jdn auf dem** *od* **am ~ haben** (*umg*) avoir qn sur les bras *od* sur le dos; **aus vollem ~(e) lachen** rire à gorge déployée; **aus vollem ~e singen** chanter à tue-tête; **das hängt mir zum ~ raus** (*umg*) j'en ai ras le bol; **etw in den falschen ~ bekommen** avaler qch de travers; (*falsch verstehen*) prendre qch de travers; **~abschneider** (*pej: umg*) *m* escroc *m*; **~band** *nt* collier *m*; **h~brecherisch** *adj* (*Tempo*) fou(folle); (*Fahrt*) périlleux(-euse); **~entzündung** *f* angine *f*; **~kette** *f* collier *m*; **~-Nasen-Ohren-Arzt** *m* oto-rhino(-laryngologiste) *m/f*; **~schlagader** *f* carotide *f*; **~schmerzen** *pl* mal *msg* à la gorge; **h~starrig** *adj* obstiné(e); **~tuch** *nt* foulard *m*; **~- und Beinbruch** *interj* bonne chance; **~weh** *nt* mal *m* à la gorge; **~weite** *f* encolure *f*; **~wirbel** *m* vertèbre *f* cervicale.

Halt [halt] (**–(e)s**, **–e**) *m* (*kurzes Anhalten*) arrêt *m*; (*für Füße, Hände*) prise *f*; (*fig*) appui *m*, soutien *m*; **den ~ verlieren** perdre pied; **keinen inneren ~ haben** manquer d'équilibre; **~!** *interj* stop ◆ *adv* (*eben*) ma foi; **h~bar** *adj* (*Material*) résistant(e); (*Lebensmittel*) longue conservation *inv*; (*MIL, fig*) tenable; **mindestens h~bar bis 6.11.** à consommer avant le 6.11; **~barkeit** *f* (*von Lebensmitteln*) conservation *f*; **~barkeits-**

datum *nt* date *f* limite de consommation.

halten ['haltən] *unreg vt* (*nicht loslassen, einhalten*) tenir; (*Gottesdienst, Hochzeit*) célébrer; (*Unterricht*) donner; (*Prüfung*) faire passer; (*Rede*) prononcer; (*bewahren*) respecter; (*Takt; in bestimmten Zustand*) garder; (*verteidigen*) défendre; (*zurück~*) retenir; (*Haustiere, Angestellte*) avoir; (*Zeitung*) lire ♦ *vi* tenir; (*frisch bleiben*) se garder; (*stoppen*) s'arrêter ♦ *vr* (*frisch bleiben*) se garder; (*Wetter*) durer, tenir; (*sich behaupten*) tenir bon; **halt den Mund!** (*umg*) ferme-la!; **etw an** *od* **gegen etw** *Akk* ~ tenir qch contre qch; **viel auf etw** *Akk* ~ attacher beaucoup d'importance à qch; **viel auf jdn** ~ avoir une haute opinion de qn; **auf sich** ~ (*auf Äußeres*) prendre soin de sa personne; **auf etw** *Akk* ~ (*auf Äußeres achten*) tenir à qch; **jdn/etw für jdn/etw** ~ considérer qn/qch comme qn/qch; **viel** ~ **von** avoir une haute opinion de; **davon halt(e) ich nichts** ça n'est pas une bonne idée; **das kannst du ~, wie du willst** fais comme bon te semble; **an sich** *Akk* ~ (*sich beherrschen*) se retenir; **zu jdm** ~ ne pas laisser tomber qn; **er hat sich gut gehalten** (*umg*) il est bien conservé; **sich rechts/links** ~ tenir sa droite/gauche; **sich an ein Versprechen** ~ tenir une promesse; **sich an jdn** ~ (*richten nach*) s'en remettre à qn; (*wenden an*) s'adresser à qn; **sich an etw** ~ (*an Regel, Vorschrift*) respecter qch; (*Diät*) suivre qch strictement.

Halter ['haltər] (**-s, -**) *m* (*von Fahrzeug, Hund*) propriétaire *m/f*.

Halterung *f* support *m*.

Haltestelle *f* arrêt *m*.

Halteverbot *nt*: **absolutes** ~ stationnement *m* strictement interdit, arrêt *m* interdit; **eingeschränktes** ~ stationnement limité.

halt-: **~los** *adj* (*Mensch*) instable; (*Weinen*) sans retenue; **H~losigkeit** *f* (*Schwäche*) caractère *m* instable; (*Hemmungslosigkeit*) manque *m* de retenue; **~machen** *vi* s'arrêter; **vor nichts ~machen** ne reculer devant rien.

Haltung *f* (*Körper~*) posture *f*; (*Einstellung*) attitude *f*; (*Selbstbeherrschung*) maîtrise *f* de soi, self-control *m*; (*das Halten, Besitzen*) possession *f*; ~ **bewahren** faire bonne contenance.

Haltverbot *nt* = **Halteverbot**.

Halunke [ha'luŋkə] (**-n, -n**) *m* canaille *f*.

Hamburg ['hambʊrk] (**-s**) *nt* Hambourg.

Hamburger (**-s, -**) *m* Hambourgeois *m*; (*KOCH*) hamburger *m* ♦ *adj* hambourgeois(e).

Hamburgerin *f* Hambourgeoise *f*.

hämisch ['hɛːmɪʃ] *adj* méchant(e).

Hammel ['haməl] (**-s,** ~ *od* **-**) *m* mouton *m*; **~fleisch** *nt* mouton *m*; **~sprung** *m* (*POL*) vote où les députés quittent la chambre et y reviennent par une porte représentant le "*oui*", le "*non*" ou l'abstention.

Hammer ['hamər] (**-s, ⸚**) *m* marteau *m*; **unter den** ~ **kommen** être vendu(e) aux enchères.

hämmern ['hɛmərn] *vt* (*Metall*) marteler ♦ *vi* (*Mensch*) donner des coups de marteau;

(*Herz, Puls*) battre (fort); **an die Tür** ~ cogner contre la porte.

Hammondorgel ['hæmənd|ɔrgəl] *f* orgue *m* électrique.

Hämoglobin ['hɛmoglo'biːn] (**-s**) *nt* hémoglobine *f*.

Hämorrhoiden [hɛmɔro'iːdən] *pl* hémorroïdes *fpl*.

Hampelmann ['hampəlman] *m* pantin *m*.

Hamster ['hamstər] (**-s, -**) *m* hamster *m*.

Hamsterer (**-s, -**; *umg*) *m* personne qui amasse des provisions.

Hamsterkauf *m* achats *mpl* effectués par peur panique d'une disette.

hamstern *vi* (*Dinge aufbewahren*) faire des provisions ♦ *vt* faire des stocks de.

Hand [hant] (**-, ⸚e**) *f* main *f*; **jdm die** ~ **geben/ schütteln** tendre/serrer la main à qn; **etw zur** *od* **bei der** ~ **haben** avoir qch sous la *od* à portée de main; (*Ausrede, Erklärung*) avoir qch tout(e) prêt(e); **zur** ~ **sein** être à portée de main; **jdm zur** ~ **gehen** donner un coup de main à qn; **freie** ~ **haben** avoir carte blanche; **etw aus der** ~ **geben** se défaire de qch; **rechter/linker** ~ à droite/gauche; **an** ~ **von** à l'aide de; **erster/zweiter** ~ de première/ seconde main; **zu Händen von** à l'attention de; **in festen Händen sein** ne plus être libre; **die** ~ **für jdn ins Feuer legen** répondre de qn; ~ **aufs Herz** franchement; **jdn auf Händen tragen** être aux petits soins pour qn; **bei etw die** *od* **seine** ~ **im Spiel haben** être mêlé(e) à qch; **eine** ~ **wäscht die andere** (*Sprichwort*) un petit service en vaut un autre; **das hat weder** ~ **noch Fuß** (*Sprichwort*) cela n'a ni queue ni tête; **das liegt auf der** ~ (*umg*) c'est clair comme de l'eau de roche; **die öffentliche** ~ les pouvoirs *mpl* publics; **~arbeit** *f* travail *m* manuel; (*Nadelarbeit*) travaux *mpl* d'aiguille; **~arbeiter** *m* travailleur(-euse) *m/f* manuel(le); **~ball** *m* handball *m*; **~besen** *m* balayette *f*; **~betrieb** *m*: **auf ~betrieb schalten** mettre en mode manuel; **~bewegung** *f* geste *m* (de la main); **~bibliothek** *f* bibliothèque *f* d'ouvrages à consulter; **~bremse** *f* frein *m* à main; **~buch** *nt* manuel *m*; **~creme** *f* crème *f* pour les mains.

Händedruck *m* poignée *f* de main.

Händeklatschen *nt* applaudissements *mpl*.

Handel[1] ['handəl] (**-s**) *m* commerce *m*; (*Abmachung, Geschäft*) affaire *f*; **im** ~ **sein** (*Wirtschaftszweig*) être dans le commerce; (*mit jdm*) ~ **treiben** faire du commerce (avec qn); **etw in den** ~ **bringen** commercialiser qch; **etw aus dem** ~ **ziehen** retirer qch du commerce.

Handel[2] ['handəl] (**-s, ⸚**) *m* (*Streit*): **Händel haben** se disputer; **Händel suchen** chercher la bagarre.

handeln ['handəln] *vi* (*Handel treiben*) faire du commerce; (*feilschen*): ~ **um** marchander; (*verhandeln*) négocier; (*tätig werden*) agir; (*zum Thema haben*): ~ **von** traiter de ♦ *vr unpers*: **es handelt sich um jdn/etw** il s'agit de qn/qch;

worum handelt es sich denn? de quoi s'agit-il?; **mit etw ~** (*Handel treiben*) faire commerce de qch; **mit jdm ~** faire du commerce avec qn.

Handels-: ~**bank** *f* banque *f* commerciale; ~**bilanz** *f* balance *f* commerciale; **aktive/ passive** ~**bilanz** balance commerciale en excédent/déficit; ~**delegation** *f* délégation *f* commerciale; **h~einig** *adj:* **mit jdm h~einig werden/sein** conclure/avoir conclu une affaire avec qn; ~**gesellschaft** *f* société *f* commerciale; ~**kammer** *f* chambre *f* de commerce; ~**klasse** *f* catégorie *f*, choix *m*; ~**marine** *f* marine *f* marchande; ~**marke** *f* marque *f*; ~**name** *m* nom *m* commercial; ~**recht** *nt* droit *m* commercial; ~**register** *nt* registre *m* du commerce; ~**reisende(r)** *f(m)* voyageur *m* de commerce, représentant(e); ~**schule** *f* école *f* de commerce; ~**sperre** *f* embargo *m*; **h~üblich** *adj* standard *inv*; **h~übliche Preise** prix *mpl* courants; ~**vertreter** *m* représentant(e) (de commerce); ~**vertretung** *f* agence *f* commerciale; ~**ware** *f* marchandise *f*, article *m*.

händeringend ['hɛndərɪŋənd] *adv* en se tordant les mains; (*dringend*) instamment.

Hand-: ~**feger** (–**s**, –) *m* balayette *f*; ~**fertigkeit** *f* habileté *f* (manuelle); **h~fest** *adj* (*Kerl*) solide; (*Prügel, Schlägerei*) sérieux(-euse); (*Mahlzeit*) nourrissant(e); (*Ideen, Pläne*) solide, fondé(e); ~**fläche** *f* paume *f*; ~**gearbeitet** *adj* fait(e) (à la) main; ~**gelenk** *nt* poignet *m*; **aus dem** ~**gelenk** (*umg: ohne Mühe*) avec aisance; (*: improvisiert*) au pied levé; ~**gemenge** *nt* mêlée *f*; ~**gepäck** *nt* bagages *mpl* à main; **h~geschrieben** *adj* manuscrit(e); ~**granate** *f* grenade *f* (à main); **h~greiflich** *adj* (*Beweis*) tangible; **h~greiflich werden** en venir aux mains; ~**griff** *m* (*Gegenstand*) poignée *f*; (*Handhabung, Bewegung*) geste *m*; **h~haben** *unreg vt* (*Maschine*) manipuler, se servir de; (*Menschen*) manipuler; (*Angelegenheit*) traiter; (*Gesetze, Regeln*) appliquer.

Handikap ['hɛndikɛp] (–**s**, –**s**) *nt* handicap *m*.

Hand-: ~**käse** *m* petit fromage rond au cumin; ~**koffer** *m* petite valise *f*; ~**kuß** *m* baisemain *m*; ~**langer** (–**s**, –) *m* (*ungelernter Arbeiter*) manœuvre *m*; (*pej: Helfer*) homme *m* de main.

Händler(in) ['hɛndlər(ɪn)] (–**s**, –) *m(f)* commerçant(e) *m/f*.

handlich ['hantlɪç] *adj* maniable.

Handlung ['handluŋ] *f* (*Tat*) acte *m*; (*in Buch, Film, Drama*) action *f*; (*Geschäft*) magasin *m*.

Handlungs-: ~**ablauf** *m* déroulement *m* de l'action; ~**bevollmächtigte(r)** *f(m)* fondé *m* de pouvoir; **h~fähig** *adj* (*Regierung*) capable d'agir; (*JUR*) habilité(e); ~**freiheit** *f* liberté *f* d'action; ~**reisende(r)** *m* voyageur *m* de commerce; ~**vollmacht** *f* procuration *f* commerciale; ~**weise** *f* manière *f* d'agir.

Hand-: ~**pflege** *f* soins *mpl* des mains; ~**rücken** *m* dos *m* de la main; ~**schelle** *f* me-

notte *f*; ~**schlag** *m:* **per** *od* **mit** ~**schlag** par une poignée de main; ~**schrift** *f* écriture *f*; (*Text*) manuscrit *m*; **h~schriftlich** *adj* manuscrit(e) ♦ *adv* à la main; ~**schuh** *m* gant *m*; ~**schuhfach** *nt* (*AUT*) boîte *f* à gants; ~**stand** *m* (*SPORT*) arbre *m* (droit); ~**tasche** *f* sac *m* à main; ~**tuch** *nt* serviette *f* de toilette; **das** ~**tuch werfen** *od* (*umg*) **schmeißen** jeter l'éponge; ~**umdrehen** *nt:* **im** ~**umdrehen** (*schnell*) en un tour de main; ~**voll** *f* poignée *f*.

Handwerk *nt* (*Beruf*) métier *m*; **jdm das ~ legen** mettre fin aux activités de qn.

Handwerker (–**s**, –) *m* ouvrier *m*; **wir haben seit Wochen die ~ im Haus** voilà des semaines qu'il y a des travaux chez nous.

Handwerks-: ~**betrieb** *m* entreprise *f* artisanale, atelier *m*; ~**kammer** *f* chambre *f* des métiers; ~**zeug** *nt* outils *mpl*.

Hand-: ~**wörterbuch** *nt* dictionnaire *m* de poche; ~**zeichen** *nt* (*Geste*) signe *m* de la main; **durch** ~**zeichen** (*bei Abstimmung*) à main levée; ~**zettel** *m* tract *m*.

hanebüchen ['ha:nəby:çən] *adj* (*geh*) inouï(e).

Hanf [hanf] (–(**e**)**s**) *m* chanvre *m*.

Hang [haŋ] (–(**e**)**s**, ∹**e**) *m* (*Berg~*) pente *f*; **zu etw ~ haben** (*Vorliebe*) avoir un penchant pour qch.

Hangar ['haŋa:r] (–**s**, –**s**) *m* hangar *m*.

Hänge-: ~**brücke** *f* pont *m* suspendu; ~**lampe** *f* suspension *f*; ~**matte** *f* hamac *m*.

hängen ['hɛŋən] *vi* (*unreg: befestigt sein*) être accroché(e); (*gehenkt werden*) être pendu(e) ♦ *vt* (*aufhängen*) accrocher ♦ *vr* (*sich festsetzen*) se coller, s'accrocher; **an etw** *Dat* ~ être accroché(e) à qch; **an jdm/etw** ~ (*abhängig sein von*) dépendre de qn/qch; (*gern haben*) tenir à qn/qch; **mit H~ und Würgen** (*umg*) à grandpeine; **den Kopf** ~ **lassen** être triste; **sich** ~ **an** +*Akk* s'accrocher à; ~**bleiben** *unreg vi:* ~**bleiben (an** +*Dat*) rester accroché(e) (à); (*fig: an einem Ort*) prendre racine (à); (*im Gedächtnis*) rester gravé(e) (dans); **der Verdacht blieb an ihm** ~ les gens ont continué de le soupçonner; **es bleibt ja doch alles an mir** ~ (*umg*) c'est sur moi que tout finira par retomber; ~**lassen** *unreg vt* (*vergessen: Hut etc*) oublier; (*Arme etc*) baisser; (*umg: im Stich lassen*) laisser tomber ♦ *vr* se laisser aller.

Hängeschloß *nt* cadenas *m*.

Hanglage *f:* **Haus in** ~ maison *f* sur un terrain en pente.

Hannover [ha'no:fər] (–**s**) *nt* Hanovre *f*.

Hannoveraner(in) [hanovə'ra:nər(ɪn)] *m(f)* habitant(e) *m/f* de Hanovre, Hanovrien(ne) *m/f*.

hannoverisch *adj* d'Hanovre, hanovrien(ne).

Hansaplast ® [hanza'plast] (–(**e**)**s**) *nt* ≈ sparadrap *m*.

Hanse ['hanzə] *f* Hanse *f* (germanique).

hänseln ['hɛnzəln] *vt* taquiner.

Hansestadt ['hanzəʃtat] *f* ville *f* hanséatique.

Hanswurst [hans'vʊrst] *m* pitre *m*.

Hantel ['hantəl] (–, –**n**) *f* haltère *m*.

hantieren [han'ti:rən] *vi* s'affairer; **mit etw ~** manier qch.

hapern ['ha:pərn] *vi unpers*: **es hapert an etw** *Dat* on manque de qch.

Happen ['hapən] **(-s, –)** *m* bouchée *f*.

happig ['hapıç] *(umg) adj* exorbitant(e).

Hardware ['ha:dwɛə] **(–, -s)** *f* hardware *m*, matériel *m*.

Harem ['ha:rɛm] **(-s, -s)** *m* harem *m*.

Harfe ['harfə] *f* harpe *f*.

Harke ['harkə] *f* râteau *m*.

harken *vt, vi* ratisser.

harmlos ['harmlo:s] *adj* inoffensif(-ive); *(Medikament)* sans effets secondaires; *(Krankheit)* bénin(bénigne); *(Vergnügen, Bemerkung)* innocent(e).

Harmlosigkeit *f (eines Medikaments)* caractère *m* inoffensif; *(einer Krankheit)* bénignité *f*.

Harmonie [harmo'ni:] *f* harmonie *f*.

harmonieren *vi (Farben, Töne)* s'harmoniser; *(Menschen)* bien s'entendre.

Harmonika [har'mo:nika] **(–, -s)** *f* harmonica *m*; *(Zieh~)* accordéon *m*.

harmonisch [har'mo:nıʃ] *adj* harmonieux(-euse).

Harmonium [har'mo:niʊm] **(-s, –nien** *od* **-s)** *nt* harmonium *m*.

Harn ['harn] **(-(e)s, -e)** *m* urine *f*; **~blase** *f* vessie *f*.

Harnisch ['harnıʃ] **(-(e)s, -e)** *m* armure *f*; **jdn in ~ bringen** mettre qn en colère; **in ~ geraten** se mettre en colère.

Harpune [har'pu:nə] *f* harpon *m*.

harren ['harən] *vi*: **auf jdn/etw ~** vivre dans l'attente de qn/qch, attendre qn/qch.

Harsch [harʃ] **(-(e)s)** *m* neige *f* tôlée.

harschig *adj*: **~er Schnee** neige *f* tôlée.

hart [hart] *adj* dur(e); *(Währung)* fort(e); *(Winter, Gesetze)* rigoureux(-euse); *(Aufprall)* violent(e) ♦ *adv*: **~ arbeiten** travailler dur; **jdm ~ auf den Fersen sein** talonner qn; **das ist ~ an der Grenze (des Erlaubten)** c'est à la limite de ce qui est permis; **es geht ~ auf ~** c'est une lutte sans merci.

Härte ['hɛrtə] *f* dureté *f*; **soziale ~n** les inégalités sociales; **~fall** *m (Mensch)* cas *m* social.

härten *vt* durcir ♦ *vr* s'endurcir.

Hart-: **~faserplatte** *f* panneau *m* dur; **h~gekocht** *adj (Ei)* dur(e); **h~gesotten** *adj (fig)* dur(e) à cuire; **~gummi** *m od nt* caoutchouc *m* durci; **h~herzig** *adj* dur(e); **h~näckig** *adj (Mensch)* obstiné(e); *(Husten)* persistant(e); **~näckigkeit** *f* obstination *f*; **~platte** *f* disque *m* dur; **~wurst** *f* ≈ saucisse *f* sèche, salami *m*.

Harz[1] [ha:rts] **(-es, -e)** *nt* résine *f*.

Harz[2] [ha:rts] **(-es)** *m (GEOG)* Harz *m (massif montagneux d'Allemagne centrale)*.

harzig *adj (Holz)* résineux(-euse).

Haschee [ha'ʃe:] **(-s, -s)** *nt* hachis *m*.

haschen ['haʃən] *vt* attraper.

Haschisch ['haʃıʃ] **(–)** *nt od m* haschisch *m*.

Hase ['ha:zə] **(-n, -n)** *m* lièvre *m*; **ein alter ~**

sein *(umg)* être un vieux routier; **falscher ~** *(KOCH)* rôti *m* haché; **wissen, wie der ~ läuft** *(umg)* voir la tournure que vont prendre les choses.

Haselnuß ['ha:zəlnʊs] *f* noisette *f*.

Hasenfuß *(umg) m* poule *f* mouillée.

Hasenscharte *f* bec-de-lièvre *m*.

haspeln *(umg) vi (überstürzt sprechen)* bafouiller.

Haß [has] **(-sses)** *m* haine *f*; **einen ~ (auf jdn) haben** *(umg: Wut)* être furax (contre qn).

hassen ['hasən] *vt* haïr, détester; **etw wie die Pest ~** *(umg)* ne pas pouvoir sentir qch.

haßerfüllt *adj* plein(e) de haine.

häßlich ['hɛslıç] *adj* laid(e); *(gemein)* méchant(e); *(unerfreulich)* vilain(e); **H~keit** *f* laideur *f*.

Hast **(–)** *f (geh)* hâte *f*.

hast [hast] *vb siehe* **haben**.

hasten *vi (geh)* se hâter.

hastig *adj (Schritte)* pressé(e); *(Bewegung)* nerveux(-euse) ♦ *adv*: **~ trinken/rauchen** boire/fumer nerveusement.

hat [hat] *vb siehe* **haben**.

hätscheln ['hɛtʃəln] *vt (pej: verwöhnen)* chouchouter; *(zärtlich)* câliner.

hatte *etc* ['hatə] *vb siehe* **haben**.

hätte *etc* ['hɛtə] *vb siehe* **haben**.

Haube ['haubə] *f (Kopfbedeckung)* coiffe *f*; *(von Nonne auch)* cornette *f*; *(von Krankenschwester)* bonnet *m*; *(AUT)* capot *m*; *(Trocken~)* casque *m (séchoir)*; **unter die ~ kommen** *(umg)* se caser; **unter der ~ sein** *(umg)* être casé(e).

Hauch [haʊx] **(-(e)s, -e)** *m* souffle *m*; *(leichter Duft)* vague odeur *f*; *(fig: Anflug)* soupçon *m*; **h~dünn** *adj (Scheiben)* très mince *od* fin(e); **h~en** *vi (ausatmen)* souffler ♦ *vt (flüstern)* souffler; **h~fein** *adj (Schleier, Nebel)* très fin(e); *(Scheiben)* très mince; *(Schokolade)* en fines lamelles.

Haue ['haʊə] *f (Hacke)* pioche *f*; *(umg: Schläge)* raclée *f*.

hauen *unreg vt (umg: schlagen)* frapper; *(verprügeln)* rosser; *(Stein)* tailler; *(Erz)* extraire ♦ *vi (umg: schlagen)* frapper; **einen Nagel in die Wand ~** enfoncer un clou dans le mur; **jdm ein Buch auf den Kopf ~** taper sur la tête de qn avec un livre; **etw in die Ecke ~** flanquer qch dans un coin; **ein Loch in etw** *Akk* **~** faire un trou dans qch; **jdn vom Stuhl ~** *(umg: fig)* renverser qn; **jdm auf die Schulter ~** taper sur l'épaule de qn; **jdm eine ~** *(umg)* en flanquer une à qn.

Häufchen ['hɔyfçən] *nt* petit tas *m*; **ein ~ Unglück** *od* **Elend sein** faire pitié.

Haufen ['haʊfən] **(-s, –)** *m* tas *m*; *(Leute)* foule *f*; **ein ~ Leute/Bücher** *(umg: viele)* un tas de gens/bouquins; **auf einem ~** *(beieinander)* ensemble; **etw** *Akk* **über den ~ werfen** *(umg: verwerfen)* chambouler qch; **jdn über den ~ rennen/fahren** *(umg)* renverser qn.

häufen ['hɔyfən] *vt* accumuler ♦ *vr (Einbrüche)* être de plus en plus fréquent(e); *(Beweise)*

s'accumuler.
haufenweise (*umg*) *adv* en masse, en quantité; **etw ~ haben** avoir des quantités de qch.
häufig ['hɔyfɪç] *adj* fréquent(e) ◆ *adv* fréquemment, souvent; **H~keit** *f* fréquence *f*.
Haupt [haupt] (–(e)s, **Häupter**) *nt* (*Kopf*) tête *f*; (*Ober~*) chef *m* ◆ *in zW* principal(e); **~akteur** *m* acteur *m* principal; (*fig*) cheville *f* ouvrière; **~aktionär** *m* actionnaire *m* principal; **~bahnhof** *m* gare *f* centrale; **h~beruflich** *adv* à plein temps; **~buch** *nt* (*WIRTS*) grand livre *m*; **~darsteller(in)** *m(f)* acteur(-trice) *m/f* principal(e); **~eingang** *m* entrée *f* principale; **~fach** *nt* matière *f* principale; **~film** *m* long métrage *m*; **~gang** *m*, **~gericht** *nt* plat *m* principal; **~geschäftsstelle** *f* agence *f* centrale, siège *m*; **~geschäftszeit** *f* heures *fpl* d'affluence; **~gewinn** *m* gros lot *m*; **~hahn** *m* (robinet *m* de la) conduite *f* principale; **~leitung** *f* conduite *f* principale.
Häuptling ['hɔyptlɪŋ] *m* chef *m*.
Haupt-: **~mahlzeit** *f* repas *m* principal; **~mann** (–(e)s, **–leute**) *m* (*MIL*) capitaine *m*; **~nahrungsmittel** *nt* nourriture *f* de base, aliment *m* principal; **~person** *f* personnage *m* principal; **~postamt** *nt* poste *f* centrale; **~probe** *f* dernière répétition *f* (*avant la générale*), couturière *f*; **~quartier** *nt* quartier *m* général; **~rolle** *f* rôle *m* principal; **~sache** *f* essentiel *m*; **in der ~sache** surtout, notablement; **h~sächlich** *adv* surtout ◆ *adj* principal(e); **~saison** *f* haute saison *f*; **~satz** *m* proposition *f* principale; **~schalter** *m* commutateur *m* central *od* de secteur; **~schlagader** *f* aorte *f*; **~schlüssel** *m* passe-partout *m inv*; **~schule** *f* premier cycle *m* de l'enseignement secondaire (*5e à 9e année*); **~sendezeit** *f* heures *fpl* de grande écoute; **~stadt** *f* capitale *f*; **~straße** *f* grand-route *f*, (*in Stadt*) rue *f* principale; **~verkehrsstraße** *f* (*in Stadt*) artère *f* principale; (*Durchgangsstraße*) route *f* à grande circulation; (*zwischen Städten*) route nationale; **~verkehrszeit** *f* heures *fpl* de pointe; **~versammlung** *f* assemblée *f* générale; **~wohnsitz** *m* domicile *m* principal; **~wort** *nt* substantif *m*, nom *m*.
hau ruck ['hau 'rʊk] *interj* oh hisse.
Haus [haus] (–es, **Häuser**) *nt* maison *f*; (*Bewohner*) maisonnée *f*; (*von Schnecke*) coquille *f*; (*THEAT*) salle *f*; **nach ~e** à la maison; **zu ~e** à la maison; **fühl dich wie zu ~e!** fais comme chez toi!; **ein Freund des ~es** un ami de la famille; **von ~(e) aus** (*ursprünglich*) de naissance; (*von Natur*) de nature; **wir liefern frei ~** nous livrons gratuitement à domicile; **das erste ~ am Platze** (*Hotel*) le meilleur établissement de la ville; **~angestellte** *f* employée *f* de maison; **~apotheke** *f* pharmacie *f*; **~arbeit** *f* travaux *mpl* ménagers; (*SCH*) devoirs *mpl*; **~arrest** *m* (*von Kind*) interdiction *f* de sortir; (*JUR*) assignation *f* à domicile, résidence *f* surveillée; **~arzt** (**~ärztin**) *m(f)* mé-

decin *m* de famille; **~aufgabe** *f* (*SCH*) devoir *m*; **~besetzung** *f* squat *m*; **~besitzer(in)** *m(f)* propriétaire *m/f*; **~besuch** *m* (*von Arzt*) visite *f* à domicile; **~boot** *nt* péniche *f*.
Häuschen ['hɔysçən] *nt*: **ganz aus dem ~ sein** (*umg*) être dans tous ses états.
hauseigen *adj* privé(e).
Hauseigentümer(in) *m(f)* propriétaire *m/f*.
hausen ['hauzən] (*pej*) *vi* (*wohnen*) nicher; (*umg: wüten*) faire des dégâts.
Häuser-: **~block** *m* pâté *m* de maisons; **~makler** *m* agent *m* immobilier; **~reihe**, **~zeile** *f* rangée *f* de maisons.
Haus-: **~flur** *m* palier *m*; **~frau** *f* ménagère *f*, femme *f* au foyer; **~freund** *m* ami *m* de la maison; (*umg: Liebhaber*) ami de madame; **~friedensbruch** *m* (*JUR*) violation *f* de domicile; **~gebrauch** *m*: **für den ~gebrauch reicht es mir** ça me suffit pour ce que j'en fais; **h~gemacht** *adj* maison *inv*; **~gemeinschaft** *f*: **unsere ~gemeinschaft ist sehr gut** nous nous entendons très bien (entre voisins); **~halt** *m* ménage *m*; (*POL, WIRTS*) budget *m*; **h~halten** *unreg vi* (*sparen*) être économe; **mit den Kräften h~halten** ménager ses forces; **~hälterin** *f* gouvernante *f*.
Haushalts-: **~auflösung** *f*: **bei der ~auflösung meiner Großeltern lorsque mes grandsparents ont quitté leur appartement, lorsque nous avons débarrassé l'appartement de mes grands-parents**; **~debatte** *f* (*PARL*) débat *m* budgétaire; **~geld** *nt* argent *m* du ménage; **~gerät** *nt* appareil *m* ménager; **~hilfe** *f* femme *f* de ménage; **~jahr** *nt* année *f* budgétaire; **~packung** *f* paquet *m* familial; **~periode** *f* période *f* budgétaire; **~plan** *m* budget *m*; **~schule** *f* école *f* ménagère.
Haus-: **~haltung** *f* (*förmlich: Haushalt*) ménage *m*; (*Führen des Haushaltes*) conduite *f* de la maison; (*Sparsamkeit*) économie *f*; **~haltwaren** *pl* articles *mpl* ménagers; **~herr(in)** *m(f)* maître(maîtresse) *m/f* de maison; (*Vermieter*) propriétaire *m/f*; **h~hoch** *adv*: **h~hoch verlieren** être battu(e) à plate couture.
hausieren [hau'ziːrən] *vi* faire du porte à porte; **„Betteln und H~ verboten!“** "colportage et mendicité interdits!"
Hausierer (–s, –) *m* colporteur *m*.
hausintern ['hausˌɪntɛrn] *adj* interne.
häuslich ['hɔyslɪç] *adj* (*Pflichten*) familial(e); (*Frieden*) des ménages; (*Mensch*) casanier (-ière); (*Pflege*) à domicile ◆ *adv*: **sich irgendwo ~ einrichten** *od* **niederlassen** s'installer quelque part; **H~keit** *f* vie *f* de famille; (*von Hausfrau*) dons *mpl* de ménagère.
Haus-: **~macherart** ['hausmaxərˌaːrt] *f*: **nach ~macherart** maison *inv*; **~mann** (–(e)s, **–männer**) *m* homme *m* au foyer; **~mannskost** *f* cuisine *f* bourgeoise; **~marke** *f* (*eigene Marke*) marque *f* maison; (*bevorzugte Marke*) marque préférée; **~meister(in)** *m(f)* concierge *m/f*; **~mittel** *nt* remède *m* de bonne femme; **~musik** *f* musique *f* en famille; **~nummer** *f*

numéro *m* (*de la maison*); ~**ordnung** *f* règlement *m* intérieur; ~**putz** *m* nettoyage *m*; ~**ratversicherung** *f* assurance *f* multirisque habitation; ~**schlüssel** *m* clé *f* de la maison; ~**schuh** *m* pantoufle *f*; ~**schwamm** *m* pourriture *f* sèche.

Hausse ['ho:sə] *f* hausse *f*.

Haus-: ~**segen** *m*: **bei ihnen hängt der ~segen schief** (*hum*) il y a de l'eau dans le gaz; ~**stand** *m*: **einen ~stand gründen** fonder un foyer; ~**suchung** *f* perquisition *f*; ~**telefon** *nt* téléphone *m* privé; ~**tier** *nt* animal *m* domestique; ~**tür** *f* porte *f* de la maison *od* d'entrée; ~**verbot** *nt*: **jdm ~verbot erteilen** refuser de recevoir qn chez soi; ~**verwalter** *m* gérant *m* d'immeuble(s); ~**verwaltung** *f* gérance *f* d'immeuble(s); ~**wirt(in)** *m(f)* propriétaire *m/f*; ~**wirtschaft** *f* économie *f* domestique.

Haut [haut] (*–, Häute*) *f* peau *f*; (*von Zwiebel*) pelure *f*; **mit ~ und Haar(en)** (*umg*) complètement; **auf der faulen ~ liegen** (*umg*) se tourner les pouces; **aus der ~ fahren** (*umg*) sortir de ses gonds; ~**arzt** (~**ärztin**) *m(f)* dermatologue *m*; ~**creme** *f* crème *f* pour la peau.

häuten ['hɔytən] *vt* (*Tier*) dépouiller ♦ *vr* (*Schlange*) muer.

haut-: ~**eng** *adj* collant(e); **H~farbe** *f* couleur *f* de (la) peau; ~**freundlich** *adj* pour peaux sensibles; ~**nah** *adj* (*fig*) très évocateur (-trice); **H~salbe** *f* pommade *f* pour la peau.

Havanna [ha'vana] (*–s*) *nt* La Havane.

Haxe ['haksə] *f siehe* **Hachse.**

Hbf. *abk* = **Hauptbahnhof.**

H-bombe *f abk* = **Wasserstoffbombe.**

he [he:] *interj* hé.

Hebamme ['he:p|amə] *f* sage-femme *f*.

Hebebühne ['he:bəby:nə] *f* plate-forme *f* élévatrice, pont *m* élévateur.

Hebel ['he:bəl] (*–s, –*) *m* levier *m*; **alle ~ in Bewegung setzen** (*umg*) tout mettre en œuvre; **am längeren ~ sitzen** (*umg*) être en position de force.

heben ['he:bən] *unreg vt* soulever; (*Arm, Hand, Augen*) lever; (*Niveau, Stimmung*) améliorer ♦ *vr* (*Vorhang*) se lever; (*Wasserspiegel*) s'élever; (*Stimmung*) s'améliorer; **einen ~ gehen** (*umg*) aller boire un coup.

Hebräer [he'brɛ:ər(ɪn)] (*–s, –*) *m* Hébreu *m*.

hebräisch [he'brɛ:ɪʃ] *adj* hébreu, hébraïque.

Hebriden [he'bri:dən] *pl*: **die ~** les Hébrides *fpl*.

hecheln ['hɛçəln] *vi* (*Hund*) haleter.

Hecht [hɛçt] (*–(e)s, –e*) *m* brochet *m*; (*umg*: *SCHWIMMEN*: ~**sprung**) plongeon *m* droit.

Heck [hɛk] (*–(e)s, –e*) *nt* arrière *m*.

Hecke ['hɛkə] *f* haie *f*.

Heckenrose *f* églantine *f*.

Heckenschütze *m* franc-tireur *m*.

Heck-: ~**fenster** *nt* lunette *f* *od* vitre *f* arrière; ~**klappe** *f* hayon *m* (arrière); ~**motor** *m* (*AUT*) moteur *m* à l'arrière.

heda ['he:da] *interj* hé, holà.

Heer [he:r] (*–(e)s, –e*) *nt* armée *f*; (*umg*: *Unmenge*) foule *f*.

Hefe ['he:fə] *f* levure *f*; ~**stückchen** *nt* pâtisserie *f* levée.

Heft[1] ['hɛft] (*–(e)s, –e*) *nt* (*Schreib~*) cahier *m*; (*Zeitschrift*) numéro *m*.

Heft[2] ['hɛft] *nt* (*von Messer*) manche *m*; **jdm das ~ aus der Hand nehmen** destituer qn du pouvoir.

Heftchen *nt* (*Fahrkarten~, Briefmarken~*) carnet *m*.

heften *vt* (*befestigen*) fixer; (*mit Nadel*) épingler; (*nähen*) bâtir; (*mit Heftmaschine*) agrafer ♦ *vr*: **sich an jds Fersen ~** ne pas lâcher qn d'une semelle; **~ an** +*Akk* fixer à.

Hefter (*–s, –*) *m* classeur *m*.

heftig *adj* violent(e); (*Mensch*) au tempérament violent; (: *Worte*) dur(e); **H~keit** *f* violence *f*; (*Unbeherrschtheit*) manque *m* de retenue.

Heft-: ~**klammer** *f* agrafe *f*; ~**maschine** *f* agrafeuse *f*; ~**pflaster** *nt* sparadrap *m*; ~**zwecke** *f* punaise *f*.

hegen ['he:gən] *vt* (*Wild, Bäume*) s'occuper de, protéger; (*Wunsch, Mißtrauen*) caresser; (*Verdacht*) nourrir.

Hehl [he:l] *m od nt*: **kein(en) ~ aus etw** *Dat* **machen** ne pas faire mystère de qch.

Hehler (*–s, –*) *m* receleur(-euse) *m/f*.

Heide[1] ['haidə] (*–n, –n*) *m* (*REL*) païen *m*.

Heide[2] ['haidə] *f* (*Gebiet*) lande *f*; (~*kraut*) bruyère *f*; ~**kraut** *nt* bruyère *f*.

Heidelbeere *f* myrtille *f*.

Heiden-: ~**angst** (*umg*) *f*: **eine ~angst vor etw/ jdm haben** avoir une frousse terrible de qch/qn; ~**arbeit** (*umg*) *f* boulot *m* monstre; ~**geld** (*umg*) *nt* argent *m* fou; ~**tum** *nt* paganisme *m*.

Heidin *f* païenne *f*.

heidnisch ['haidnɪʃ] *adj* païen(ne).

heikel ['haikəl] *adj* délicat(e); (*wählerisch*) difficile.

Heil (*–(e)s*) *nt* (*Glück*) bonheur *m*; (*REL*) salut *m*; **Ski/Petri ~!** bonne glisse/pêche!

heil [hail] *adj* (*nicht kaputt*) intact(e); (*unverletzt*) sain(e) et sauf(sauve); (*geheilt*) guéri(e); **mit ~er Haut davonkommen** s'en tirer (sans une égratignure); **die ~e Welt** un monde idéal.

Heiland (*–(e)s, –e*) *m* Sauveur *m*.

Heil-: ~**anstalt** *f* clinique *f*; ~**bad** *nt* (*Bad*) bain *m* médicinal; (*Ort*) station *f* thermale; **h~bar** *adj* guérissable.

Heilbutt ['hailbut] (*–s, –e*) *m* flétan *m*.

heilen *vt, vi* guérir; **als geheilt entlassen werden** être déclaré(e) guéri(e).

heilfroh (*umg*) *adj* ravi(e).

Heilgymnastik *f* physiothérapie *f*.

heilig ['hailɪç] *adj* saint(e); **jdm ~ sein** être sacré(e) pour qn; **die H~e Schrift** l'Écriture *f* sainte; **es ist mein ~er Ernst** je ne plaisante pas; **H~abend** *m* veille *f* *od* réveillon *m* de Noël.

Heilige(r) *f(m)* saint(e) *m/f*.

heiligen *vt* sanctifier; **der Zweck heiligt die Mittel** la fin justifie les moyens.
Heiligenschein *m* auréole *f*.
Heilig-: ~**keit** *f* sainteté *f*; **h**~**sprechen** *unreg vt* canoniser; ~**tum** *nt* (*Ort*) lieu *m* saint; (*Gegenstand*) relique *f*.
Heil-: ~**kunde** *f* médecine *f*; **h**~**los** *adj* épouvantable; ~**mittel** *nt* remède *m*; ~**praktiker(in)** *m(f)* guérisseur(-euse) *m/f*; ~**quelle** *f* source *f* thermale; **h**~**sam** *adj* (*fig*) salutaire.
Heilsarmee *f* armée *f* du Salut.
Heilstätte *f* sanatorium *m*.
Heilung *f* guérison *f*.
heim [haɪm] *adv* à la maison, chez moi/soi *etc.*
Heim (-(e)s, -e) *nt* (*Zuhause*) foyer *m*, chez soi *m*; (*Alters*~) maison *f* (de retraite); (*Kinder*~) maison pour enfants; (*Fürsorge*~) foyer; (*Clubhaus, für Verein*) club *m*; ~**arbeit** *f* travail *m* à domicile.
Heimat ['haɪmaːt] (-, -en) *f* (*von Mensch*) patrie *f*; (*von Tier, Pflanze*) pays *m* d'origine, habitat *m*; ~**fest** *nt* fête *f* folklorique; ~**film** *m* film régionaliste; ~**kunde** *f* (*SCH*) histoire *f* (et géographie *f*) locale(s); ~**land** *nt* pays *m* natal; **h**~**lich** *adj* (*zur Heimat gehörend*) du pays; (*Gefühle*) nostalgique; (*Klänge*) qui rappelle le pays natal; **h**~**los** *adj* sans patrie; ~**museum** *nt* musée *m* régional; ~**ort** *nt* lieu *m* d'origine; ~**vertriebene(r)** *f(m)* réfugié(e) *m/f*.
heim-: ~**begleiten** *vt* raccompagner; ~**bringen** *vt* raccompagner; **H**~**computer** *m* ordinateur *m* familial.
heimelig ['haɪməlɪç] *adj* où l'on se sent chez soi.
heim-: ~**fahren** *unreg vi* rentrer chez soi; **H**~**fahrt** *f* retour *m*; **H**~**gang** *m* (*Tod*) décès *m*; ~**gehen** *unreg vi* rentrer chez soi; (*sterben*) décéder; ~**isch** *adj* (*Bräuche, Pflanzen, Industrie*) régional(e), local(e); (*Bevölkerung*) indigène; **sich** ~**isch fühlen** se sentir chez soi; **H**~**kehr** (-, -en) *f* retour *m*; ~**kehren** *vi* rentrer; **H**~**kind** *nt* enfant qui a grandi dans un établissement social; ~**kommen** *vi* rentrer; **H**~**leiter(in)** *m(f)* directeur(-trice) *m/f* (de foyer *od* de maison *etc*).
heimlich *adj* secret(-ète) ♦ *adv*: ~, **still und leise** (*umg*) en douce; **H**~**keit** *f* secret *m*; **H**~**tuerei** (*pej*) *f* cachotteries *fpl*.
Heim-: ~**reise** *f* (voyage *m* de) retour *m*; ~**spiel** *nt* (*SPORT*) match *m* à domicile; **h**~**suchen** *vt* frapper; **h**~**tückisch** *adj* insidieux(-euse); (*Tat, Blick*) malveillant(e), sournois(e); **h**~**wärts** *adv* (vers) chez soi; **h**~**wärts gehen** rentrer chez soi; ~**weg** *m* (chemin *m* du) retour *m*; ~**weh** *nt* mal *m* du pays; ~**werker** *m* bricoleur(-euse) *m/f*; **h**~**zahlen** *vt*: **jdm etw h**~**zahlen** se venger de qch sur qn, revaloir qch à qn.
Heirat ['haɪraːt] (-, -en) *f* mariage *m*; **h**~**en** *vi* se marier ♦ *vt* épouser.
Heirats-: ~**antrag** *m* demande *f* en mariage; ~**anzeige** *f* (*Inserat*) petite annonce *f* (*pour trouver un conjoint*); (*Bekanntgabe einer Heirat*) faire-part *m inv* de mariage; ~**schwindler** *m*

escroc *m* (*qui promet le mariage à une femme pour lui soutirer de l'argent*); ~**urkunde** *f* acte *m* de mariage; ~**vermittlung** *f* agence *f* matrimoniale.
heiser ['haɪzər] *adj* enroué(e); **H**~**keit** *f* enrouement *m*.
heiß [haɪs] *adj* chaud(e); (*Thema*) brûlant(e); (*Kampf, Diskussion*) acharné(e); (*leidenschaftlich*) passionné(e); (*aufreizend*) excitant(e) ♦ *adv*: **jdn/etw** ~ **und innig lieben** aimer qn/qch à la folie; **es wird nicht so** ~ **gegessen, wie es gekocht wird** (*Sprichwort*) la situation n'est pas si grave que ça; ~**e Ware** (*gestohlen*) marchandises *fpl* volées; ~**er Draht** téléphone *m* rouge; ~**es Geld** capitaux *mpl* fébriles; ~**es Eisen** (*fig*) sujet *m* brûlant; ~**blütig** *adj* passionné(e), ardent(e).
heißen ['haɪsən] *unreg vi* (*Namen haben*) s'appeler; (*bedeuten*) vouloir dire, signifier; (*lauten*) être ♦ *vt* (*nennen*) appeler; (*geh: befehlen*) dire à ♦ *vi unpers*: **es heißt, daß ...** on dit que ...; **wie** ~ **Sie?** comment vous appelez-vous?; **das heißt** c'est-à-dire; **das will schon etwas** ~ ce n'est pas rien; **jdn willkommen** ~ souhaiter la bienvenue à qn; **jetzt heißt es abwarten** maintenant il s'agit d'attendre.
heiß-: ~**ersehnt** *adj* tant attendu(e); **H**~**hunger** *m* faim *f* de loup; ~**laufen** *unreg vi*, *vr* chauffer; **H**~**luft** *f* air *m* chaud; **H**~**luftherd** *m* four *m* à chaleur tournante; **H**~**mangel** *f* machine *f* à repasser; ~**umstritten** *adj attrib* brûlant(e); **H**~**wasserbereiter** (-s, -) *m* chauffe-eau *m inv*.
heiter ['haɪtər] *adj* (*Wetter*) clair(e); (*fröhlich: auch ironisch*) gai(e); **aus** ~**em Himmel** (*fig*) brusquement; **H**~**keit** *f* gaieté *f*.
heizbar *adj* (*Zimmer*) avec chauffage; **leicht** ~ facile à chauffer.
heizen *vt*, *vi* chauffer.
Heizer (-s, -) *m* chauffeur *m* (*de chaudière*).
Heiz-: ~**gerät** *nt* appareil *m* de chauffage; ~**körper** *m* radiateur *m*; ~**material** *nt* combustible *m*; ~**ofen** *m* radiateur *m* (d'appoint); ~**öl** *nt* mazout *m*; ~**sonne** *f* radiateur *m* parabolique; ~**ung** *f* chauffage *m*; ~**ungsanlage** *f* chauffage *m*; ~**ungsmonteur** *m* chauffagiste *m*.
Hektar [hɛk'taːr] (-s, -) *nt od m* hectare *m*.
Hektik *f* (*der Großstadt*) agitation *f* fébrile; (*Eile*) précipitation *f*.
hektisch ['hɛktɪʃ] *adj* (*Zeit*) stressant(e); (*Betriebsamkeit*) fébrile.
Hektoliter [hɛkto'liːtər] *m od nt* hectolitre *m*.
Held [hɛlt] (-en, -en) *m* héros *m*.
heldenhaft ['hɛldənhaft] *adj* héroïque.
Heldin *f* héroïne *f*.
helfen ['hɛlfən] *unreg vi* +*Dat* aider; (*subj: Medikament*) être efficace ♦ *vi unpers*: **es hilft nichts, du mußt ... il n'y a rien à faire, il faut que tu ...**, il faut absolument que tu ...; **sich** *Dat* **zu** ~ **wissen** savoir s'y prendre, se débrouiller; **er weiß sich** *Dat* **nicht mehr zu** ~ il ne sait plus à quel saint se vouer.

Helfer(in) (–s, –) m(f) aide m/f; (Mitarbeiter) assistant(e).
Helfershelfer m complice m.
Helgoland ['helgolant] nt petite île rocheuse de la mer du Nord.
Helikopter [heli'kɔptər] (–s, –) m hélicoptère m.
hell [hɛl] adj clair(e); (Lachen) sonore; (umg: Mensch, Verstand) vif(vive); (umg: Aufregung, Wahnsinn, Freude) énorme ♦ adv (umg: sehr) absolument; ~es Bier bière f blonde; ~blau adj bleu clair inv; ~blond adj blond pâle.
Helle(s) nt (Bier) blonde f.
Heller (–s, –) m ≈ sou m; auf ~ und Pfennig herausgeben rendre jusqu'au dernier sou.
hellhörig adj (Wohnung) mal insonorisé(e); ~ werden dresser l'oreille.
hellicht ['hɛllɪçt] adj: am ~en Tag en plein jour.
Helligkeit f clarté f.
hell-: ~sehen vi: ~sehen können avoir le don de seconde vue; H~seher(in) m(f) voyant(e) m/f; ~wach adj bien éveillé(e).
Helm ['hɛlm] (–(e)s, –e) m casque m.
Helsinki ['hɛlzɪŋki] (–s) nt Helsinki.
Hemd [hɛmt] (–(e)s, –en) nt chemise f; (Unter~) gilet m; ~bluse f chemisier m; ~blusenkleid nt robe-chemisier f.
Hemdenknopf m bouton m de chemise.
hemdsärmelig adj en bras de chemise; (umg) décontracté(e).
Hemisphäre [hemi'sfɛːrə] f hémisphère m.
hemmen ['hɛmən] vt (Entwicklung, Fortschritt, Wachstum) entraver; (Menschen: psychisch) inhiber; **gehemmt sein** avoir des complexes.
Hemmschuh m (fig) entrave f.
Hemmung f (PSYCH) complexe m; (Bedenken) scrupule m; ~ des Fortschritts entrave f au progrès.
hemmungslos adj (Mensch) sans aucune retenue; (Weinen) sans retenue ♦ adv (weinen) sans retenue.
Hengst [hɛŋst] (–es, –e) m (Pferd) étalon m.
Henkel ['hɛŋkəl] (–s ,–e) m anse f; ~krug m cruche f.
henken ['hɛŋkən] vt pendre.
Henker (–s, –) m bourreau m.
Henne ['hɛnə] f poule f.
Hepatitis [hepa'tiːtɪs] (–, Hepatitiden) f hépatite f.

—————————— *SCHLÜSSELWORT*

her [heːr] adv **1** (Richtung): **komm her** viens ici; **komm her zu mir** viens vers moi; **von England her** d'Angleterre; **von weit her** de loin; **wo bist du her?** d'où viens-tu od es-tu?; **her damit!** donne!; **wo hat er das her?** où a-t-il trouvé ça?
2 (Blickpunkt): **von der Form her** du point de vue de la forme, pour ce qui est de la forme
3 (zeitlich): **das ist 5 Jahre her** ça s'est passé il y a cinq ans.

herab [hɛ'rap] adv: **er kam den Hügel/die Treppe ~** il descendait la colline/l'escalier; **~hängen** unreg vi pendre; **~lassen** unreg vt (Lasten) (faire) descendre; (Vorhang) baisser ♦ vr: **sich ~lassen, etw zu tun** s'abaisser à faire qch; **~lassend** adj condescendant(e); **H~lassung** f condescendance; **~sehen** unreg vi: **~sehen auf** +Akk regarder (d'en haut); (fig) regarder de haut; **~setzen** vt (Preise) baisser; (Geschwindigkeit) réduire; (jdn, jds Leistung) rabaisser; **zu stark ~gesetzten Preisen** à des prix sacrifiés; **H~setzung** f (von Preisen, Kosten) baisse f; **~sinken** unreg vi (Ballon) descendre; **~stürzen** vi: **von etw ~stürzen** tomber de qch ♦ vr se jeter; **~würdigen** vt rabaisser.
heran [hɛ'ran] adv: **näher ~!** approche-toi!, approchez-vous!; **rechts/links ~** à droite/gauche; **nur ~!** venez ici!; **~bilden** vt former; **~bringen** unreg vt (näherbringen): **jdn an jdn/etw ~bringen** amener qn auprès de qn/près de qch; **etw an jdn ~bringen** intéresser qn à qch; **~fahren** unreg vi s'approcher; **~gehen** unreg vi: **an jdn/etw ~gehen** (sich nähern) s'approcher de qn/qch; **an etw** Akk **~gehen** (in Angriff nehmen) s'attaquer à qch; **~kommen** unreg vi: **(an jdn/etw) ~kommen** s'approcher de qn/qch); **alle Probleme an sich** Akk **~kommen lassen** avoir une attitude attentiste; **~lassen** unreg vt laisser s'approcher; **niemanden** od **keinen an sich ~lassen** être très renfermé(e); **~machen** (umg) vr: **sich an jdn ~machen** entreprendre qn; **sich an die Arbeit ~machen** s'attaquer au travail; **sich an die Butterbrote ~machen** attaquer les tartines; **~treten** unreg vi: **mit etw an jdn ~treten** (sich wenden) soumettre qch à qn; **~wachsen** unreg vi (Kinder) grandir; **H~wachsende(r)** f(m) adolescent(e); **~winken** vt (Taxi) héler; **jdn ~winken** faire signe à qn de s'approcher; **~ziehen** unreg vt (Gegenstand) tirer à soi; (Pflanzen) cultiver; (Tiere) élever; (Nachwuchs) former; (Sachver- ständige) faire appel à; **jdn zur Hilfe/Unterstützung ~ziehen** demander l'aide/le soutien de qn; **etw zum Vergleich ~ziehen** faire la comparaison avec qch.
herauf [hɛ'raʊf] adv: **er kam die Treppe ~** il a monté l'escalier; **~beschwören** unreg vt (Unheil) provoquer; (Erinnerung) évoquer; **~bringen** unreg vt (Gegenstand) monter, apporter; **~holen** vt aller chercher, monter; **~kommen** unreg vi monter; **~setzen** vt augmenter; **~ziehen** unreg vt tirer (à soi) ♦ vi (Sturm, Gewitter) se préparer; (nach oben umziehen) déménager à l'étage supérieur.
heraus [hɛ'raʊs] adv: **er nahm das Heft aus der Schublade ~** il a pris le cahier dans le tiroir; **nach vorn ~ wohnen** habiter l'avant (de l'immeuble) od du côté rue; **~ damit!** (umg) donne!; **~ mit dem Geld!** (umg) ton fric!; **~ mit der Sprache!** (umg) parle!, je t'écoute!; **~arbeiten** vt (Problem, Wesentliches) souligner; (Arbeitszeit) rattraper; **~bekommen** unreg vt

(*Flecken*) arriver à enlever; (*Wechselgeld*) recevoir; (*erfahren*) réussir à découvrir; (*lösen können*) trouver la solution de; ~**bringen** *unreg vt* sortir; (*umg: herausbegleiten*) accompagner; (*umg: Geheimnis*) découvrir; **jdn/etw ganz groß** ~**bringen** (*umg*) faire beaucoup de battage autour de qn/qch; ~**finden** *unreg vi* (*nach draußen finden*) trouver la sortie ♦ *vt* découvrir; ~**fordern** *vt* (*Gegner*) défier; (*Schicksal*) provoquer; ~**fordernd** *adj* provocateur(-trice), provocant(e); **H**~**forderung** *f* (*Provokation*) provocation *f*; (*große Aufgabe*) gageure *f*; ~**geben** *unreg vt* (*zurückgeben*) rendre; (*veröffentlichen*) publier ♦ *vi* (*Wechselgeld geben*) rendre la monnaie; **können Sie (mir)** ~**geben?** avez-vous la monnaie?; **H**~**geber(in)** *m(f)* éditeur(-trice) *m/f*; ~**gehen** *unreg vi*: **aus sich** ~**gehen** sortir de sa coquille; ~**haben** *unreg vt* (*Flecken*) avoir réussi à enlever; (*Mieter*) avoir réussi à se débarrasser de; (*Rätsel, Aufgabe*) avoir trouvé la solution de; ~**haben, wie man etw macht** avoir trouvé comment faire qch; ~**halten** *unreg vr*: **sich aus etw** ~**halten** ne pas se mêler de qch; ~**hängen**¹ *unreg vi* pendre; ~**hängen**² *vt* (*Wäsche*) pendre; (*Fahnen*) déployer; ~**holen** *vt* sortir; (*Ergebnis*) arriver à obtenir; (*Sieg*) remporter; (*Geheimnis*) arriver à percer; ~**hören** *vt* percevoir; ~**kehren** *vt*: **den Vorgesetzten** ~**kehren** se prendre au sérieux dans son rôle de patron; ~**kommen** *unreg vi* sortir; (*umg: bekannt werden*) être révélé(e); (*Gesetz*) être publié(e) *od* promulgué(e); **aus den Sorgen nicht** ~**kommen** être accablé(e) de soucis; **er kam aus dem Staunen nicht** ~ il était héberlué; **dabei kommt doch nichts** ~ ça ne sert à rien; **mit etw** ~**kommen** (*umg: sagen*) dire qch; **es kommt auf dasselbe** ~ ça revient au même; ~**nehmen** *unreg vt* (*entfernen*) sortir; **sich** *Dat* **etw** ~**nehmen** (*umg: sich erlauben*) se permettre qch; **sich** *Dat* **Freiheiten** ~**nehmen** prendre des libertés; **Sie nehmen sich zuviel** ~**!** vous exagérez!; ~**ragen** *vi*: **ein Ereignis von** ~**ragender Wichtigkeit** un événement d'une importance capitale; ~**reden** *vr* arriver à s'en sortir (à force de bonnes paroles), trouver des excuses; ~**reißen** *unreg vt* arracher; **jdn aus seiner Umgebung** ~**reißen** arracher qn à son milieu; ~**rücken** (*umg*) *vt*: **Geld** ~**rücken** casquer ♦ *vi*: **mit etw** ~**rücken** (*sagen*) révéler *od* dire qch; ~**rutschen** *vi*: **aus etw** ~**rutschen** glisser de qch; **das ist mir leider** ~**gerutscht!** (*umg: fig*) ça m'a échappé!; ~**schieben** *vt* (*COMPUT*) faire défiler; ~**schlagen** *unreg vt* (*Nagel*) arracher; (*Staub*) enlever; (*umg: Vorteile, Geld*) se procurer; ~**sein** *unreg vi* (*Blinddarm, Splitter*) avoir été enlevé(e); (*Zähne*) avoir percé; (*Blumen*) avoir poussé, être éclos(e); (*aus Stadt, Land etc; Buch, Briefmarke etc*) être sorti(e); (*Gesetz*) être promulgué(e) *od* publié(e); **aus etw** ~**sein** (*überstanden haben*) avoir surmonté qch; **aus dem Gröbsten** ~**sein** avoir le pire derrière

soi; **es ist noch nicht** ~ (*entschieden*) ce n'est pas encore décidé; ~**springen** *unreg vi* sauter; **was springt dabei für mich** ~**?** qu'est-ce que ça me rapporterait?; ~**stellen** *vt* mettre dehors, sortir; (*betonen*) souligner ♦ *vr* (*sich zeigen*) s'avérer; **sich als etw** ~**stellen** se révéler qch; **das muß sich erst** ~**stellen** attendons de voir; ~**strecken** *vt* (*Kopf*) sortir; (*Arm*) sortir, tendre; (*Zunge*) tirer; ~**suchen** *vt*: **sich** *Dat* **jdn/etw** ~**suchen** choisir qn/qch; ~**treten** *unreg vi* sortir; ~**wachsen** *unreg vi* (*aus Kleidern*) devenir trop grand(e) pour, ne plus pouvoir mettre; ~**werfen** *unreg vt*: **das ist** ~**geworfenes Geld** c'est de l'argent jeté par les fenêtres; ~**wirtschaften** *vt* (*Gewinn*) tirer; ~**wollen** *vi*: **nicht mit etw** ~**wollen** (*umg: sagen*) refuser de dire qch; ~**ziehen** *unreg vt* tirer; (*Zahn*) arracher; (*Splitter*) enlever.

herb [hɛrp] *adj* (*Geschmack, Duft*) âcre; (*Wein*) sec(sèche); (*Enttäuschung*) amer(-ère); (*Verlust*) douloureux(-euse); (*Worte, Kritik*) acerbe; (*Gesicht, Schönheit*) austère.

herbei [hɛr'baɪ] *adv* ici; ~**führen** *vt* (*bewirken*) amener, provoquer; ~**lassen** *unreg vr*: **sich zu etw** ~**lassen** condescendre à qch; ~**schaffen** *vt* apporter; (*jdn*) amener; ~**sehnen** *vt* attendre avec impatience.

herbekommen ['heːrbəkɔmən] *unreg* (*umg*) *vt* se procurer.

herbemühen ['heːrbəmyːən] *vr* (*geh*) se donner la peine de venir.

Herberge ['hɛrbɛrgə] *f* auberge *f*.

Herbergsmutter *f* mère *f* aubergiste.

Herbergsvater *m* père *m* aubergiste.

herbitten *unreg vt* convier, inviter.

herbringen *unreg vt* apporter; (*jdn*) amener.

Herbst [hɛrpst] (*-(e)s, -e*) *m* automne *m*; **h**~**lich** *adj* automnal(e), d'automne; ~**zeitlose** *f* (*BOT*) colchique *m*.

Herd [heːrt] (*-(e)s, -e*) *m* cuisinière *f*; (*von Unruhen; MED*) foyer *m*.

Herde ['heːrdə] *f* troupeau *m*.

Herdentrieb *m* instinct *m* grégaire.

Herdplatte *f* (*von Elektroherd*) plaque *f*.

herein [hɛ'raɪn] *adv*: **er kam ins Zimmer** ~ il est entré dans la pièce; ~**!** entrez!; ~**bitten** *unreg vt* prier d'entrer; ~**brechen** *unreg vi* (*Krieg*) éclater; **die Dunkelheit brach** ~ la nuit est tombée; **über jdn** ~**brechen** (*Schicksal*) s'abattre sur qn; ~**bringen** *unreg vt* apporter; (*jdn*) amener; ~**fallen** *unreg vi* (*umg: getäuscht werden*) se faire avoir; **auf jdn/etw** ~**fallen** être dupé(e) par qn/qch; ~**kommen** *unreg vi* entrer; (*umg: Waren, Bücher etc*) arriver; ~**lassen** *unreg vt* laisser entrer; ~**legen** *vt* (*umg: betrügen*) rouler; ~**platzen**, ~**schneien** *vi* arriver à l'improviste; ~**spazieren** (*umg*) *vi*: ~**spaziert!** entrez!

Her-: ~**fahrt** *f* voyage *m*, trajet *m*; **h**~**fallen** *unreg vi*: **über etw** *Akk* **h**~**fallen** se précipiter sur qch; **über jdn** **h**~**fallen** se jeter sur qn; **mit Fragen über jdn** **h**~**fallen** assaillir qn de questions; ~**gang** *m* déroulement *m* des faits;

h~geben unreg vt (übergeben) donner; (zurückgeben) rendre; **sich zu etw h~geben** prêter son nom à qch; **das Thema gibt nichts h~** ce n'est pas un sujet intéressant; **h~gebracht** adj: **in h~gebrachter Weise** selon la coutume; **h~gehen** unreg vi: **hinter jdm h~gehen** suivre qn; **es geht hoch/laut h~** il y a de l'ambiance/du bruit; **h~gelaufen** adj (Kerl) venu(e) d'on ne sait où; **h~haben** unreg (umg) vt: **wo hat er das h~?** d'où sort-il ça?, **où est-il allé chercher ça?**; **h~halten** unreg (umg) vt tendre, rapprocher; **(für jdn/etw) h~halten müssen** payer (pour qn/qch); **h~hören** vi écouter; **hör mal h~!** écoute!

Hering ['he:rɪŋ] (–s, –e) m hareng m; (Zeltpflock) sardine f.

her-: **~kommen** unreg vi (näher kommen) s'approcher; (herrühren) venir; (abstammen) descendre; **komm mal ~!** viens (voir) ici!; **~kömmlich** adj conventionnel(le); **H~kunft** (–, –künfte) f origine f; **H~kunftsland** nt pays m d'origine; **~laufen** unreg vi: **hinter/neben jdm ~laufen** suivre/accompagner qn; **~leiten** vt (Rechte etc) faire découler; **~machen** vr: **sich über jdn/etw ~machen** attaquer qn/qch ♦ vt (umg): **viel ~machen** faire de l'effet; **wenig ~machen** avoir piètre allure.

Hermelin [hɛrmə'li:n] (–s, –e) nt (ZOOL) hermine f.

hermetisch [hɛr'me:tɪʃ] adj hermétique ♦ adv: **~ abgeriegelt** bouclé(e), impossible d'accès.

her-: **~nach** adv ensuite; **~nehmen** unreg vt: **wo soll ich das ~nehmen?** d'où je le(la) sortirais?

Heroin [hero'i:n] (–s) nt héroïne f; **h~süchtig** adj héroïnomane.

heroisch [he'ro:ɪʃ] adj (geh) héroïque.

Herr [hɛr] (–(e)n, –en) m (Herrscher) seigneur m; (Mann) monsieur m; (REL) Seigneur m; (vor Namen) Monsieur; **mein ~!** Monsieur!; **meine ~en!** Messieurs!; **Sehr geehrter ~ Blum** (in Brief) Cher Monsieur; **Lieber ~ Blum** (in Brief) Cher Monsieur Blum; **„~en"** (Toilette) "Messieurs"; **die ~en der Schöpfung** (hum: Männer) les messieurs; **einer Sache** Gen **~ werden** reprendre qch en main.

Herrchen (umg) nt (von Hund) maître m.

Herren-: **~bekanntschaft** f ami m; **~bekleidung** f habillement m masculin; **„Herrenbekleidung"** "rayon hommes"; **~besuch** m visite f masculine; **~doppel** nt double m messieurs; **~einzel** nt simple m messieurs; **~haus** nt maison f de maître; **~konfektion** f (WIRTS) confection f hommes; **~leben** nt (fig) vie f oisive; **h~los** adj sans maître; **~magazin** nt magazine m pour hommes.

Herrgott m Seigneur m; **~ noch mal!** (umg) bon sang!, nom d'un chien!

Herrgottsfrühe (umg) f: **in aller ~** à l'aube.

herrichten ['he:rrɪçtən] vt (Essen, Kleid) préparer; (Bett) faire.

Herrin f maîtresse f.

herrisch adj autoritaire.

herrje interj Seigneur.

herr-: **~lich** adj merveilleux(-euse); **H~lichkeit** f splendeur f; **H~schaft** f pouvoir m; (Herr und Herrin) maîtres mpl; **meine H~schaften!** Mesdames et Messieurs!; **~schaftlich** adj (vornehm) magnifique.

herrschen ['hɛrʃən] vi (Partei, Diktator) être au pouvoir; (König, Freude, Stille) régner; **es herrscht Nebel** il y a du brouillard; **hier ~ ja schöne Zustände!** c'est du joli!

Herrscher(in) (–s, –) m(f) maître(-esse) m/f; (König, Königin) souverain(e) m/f.

Herrschsucht f soif f de pouvoir.

her-: **~rühren** vi: **von etw ~rühren** provenir de qch; **~sagen** vt réciter; **~sehen** unreg vi: **hinter jdm/etw ~sehen** suivre qn/qch du regard od des yeux; **~sein** unreg vi: **wo ist das ~?** d'où est-ce que ça vient?; **das ist schon 5 Jahre ~** ça s'est passé il y a (déjà) cinq ans; **hinter etw** Dat **~sein** être à la recherche de qch; **es ist nicht weit ~ mit jdm/etw** qn/qch n'est vraiment pas extraordinaire; **~stammen** vi: **~stammen von** venir de; **~stellen** vt fabriquer; (Verbindung) établir; (Ruhe) rétablir; **H~steller** (–s, –) m fabricant m, producteur m; **H~stellung** f fabrication f, production f; **H~stellungskosten** f frais mpl de production; **~tragen** unreg vt: **etw hinter jdm ~tragen** suivre qn en portant qch.

herüber [hɛ'ry:bər] adv: **hier ~, bitte!** par ici, je vous prie!; **~reichen** vt (Salz) passer ♦ vi: **~reichen bis** aller jusqu'à.

herum [he'rʊm] adv: **um etw ~** autour de qch; **~ärgern** vr (umg) s'énerver; **~doktern** (umg) vi: **an jdm ~doktern** jouer les toubibs avec qn; **an etw** Dat **~doktern** bricoler qch; **~drehen** vt (Schlüssel) tourner; (auf die andere Seite) retourner; **~drücken** (umg) vr: **sich um etw ~drücken** esquiver qch; **~fahren** unreg vi (umherfahren) faire un tour ♦ vt (Besucher) faire faire un tour à; **um etw ~fahren** faire le tour de qch; **~führen** vt: **jdn in der Stadt ~führen** faire faire le tour de la ville od un tour de ville à qn ♦ vi: **die Autobahn führt um die Stadt ~** l'autoroute contourne la ville; **~gammeln** (umg) vi traîner; **~gehen** unreg vi (auf und ab gehen) faire les cent pas; (in einer Runde gehen: Person) passer d'une personne à l'autre; (: Ding) passer de main en main; (vergehen) passer; **um etw ~gehen** faire le tour de qch; **etw ~gehen lassen** faire passer qch; **~hacken** (umg) vi: **auf jdm ~hacken** récriminer contre qn; **~irren** vi errer; **~kommen** unreg vi (um Kurve) arriver à prendre; (umg: vermeiden) arriver à éviter; **weit ~kommen** (umg) voyager beaucoup; **viel/wenig ~kommen** voir beaucoup/peu de monde; **~kriegen** (umg) vt (überreden) convaincre; (verbringen) passer; **~lungern** (umg) vi traînasser; **~quälen** vr: **sich mit jdm ~quälen** perdre son temps à s'occuper de qn; **seit Wochen quält sie sich mit dieser bösen Bronchitis/schwierigen Entscheidung ~** il y a des semaines qu'elle souffre de cette méchante bronchite/que cette décision difficile la tourmente; ~**reißen** *unreg vt* (*Steuer*) donner un brusque coup de; ~**schlagen** *vr*: **sich mit etw** ~**schlagen** (*Problemen*) être aux prises avec qch; ~**schleppen** *vt*: **etw mit sich** ~**schleppen** (*Sorge, Problem*) être accablé(e) par qch; (*Krankheit*) traîner qch; ~**sein** *unreg* (*umg*) *vi* (*Stunde, Zeit*) être passé(e); ~**sprechen** *unreg vr* s'ébruiter; ~**treiben** *unreg* (*pej*) *vr* se traîner; **H**~**treiber(in)** (**-s,** *-; pej*) *m(f)* vagabond(e) *m/f*; ~**werfen** *unreg vt* (*Gegenstände*) lancer; (*Kopf*) tourner brusquement; (*Steuer*) donner un brusque coup de; (*Hebel*) tirer brusquement; ~**ziehen** *unreg vi* (*von Ort zu Ort*) se déplacer.

herunter [hɛˈrʊntər] *adv*: ~ (**mit euch**)! descendez!; **vom Himmel** ~ du (haut du) ciel; ~**gekommen** *adj* (*Mensch*) dans un triste état; (*Gegend*) en pleine récession; (*Haus*) délabré(e); ~**handeln** (*umg*) *vt* (*Preis*) marchander pour faire baisser; ~**hauen** *unreg* (*umg*) *vt*: **jdm eine** ~**hauen** flanquer une baffe à qn; ~**kommen** *unreg vi* descendre; (*gesundheitlich*) s'affaiblir; (*moralisch*) se laisser aller; (*Firma*) péricliter; ~**lassen** *unreg vt* (*Rolläden*) baisser; ~**leiern** (*umg*) *vt* (*Text*) débiter; ~**machen** (*umg*) *vt* (*herabsetzen*) démolir; (*zurechtweisen*) attraper; ~**putzen** (*umg*) *vt* démolir; ~**sein** *unreg* (*umg*) *vi* (*gesundheitlich, nervlich*) être au bout du rouleau; (*Fieber*) être tombé(e); (*Preise*) avoir baissé; (*Wirtschaft, Betrieb*) être dans un piètre état; **mit den Nerven/der Gesundheit** ~**sein** être à bout de nerfs/au bout du rouleau; ~**spielen** *vt* (*Zwi- schenfall*) minimiser; ~**stufen** *vt* (*in niedrigere Gehaltsklasse*) rétrograder; (*in niedrigere Versicherungsklasse*) accorder un bonus à; ~**wirtschaften** (*umg*) *vt* amener à la ruine.

hervorbrechen *unreg vi* (*geh: Sonne*) poindre, apparaître; (*Zorn*) éclater.

hervorbringen *unreg vt* produire.

hervorgehen *unreg vi* (*als Sieger*) sortir; (*als Resultat*) résulter; **aus dem Brief/daraus geht hervor, daß** ... il ressort de cette lettre/il en ressort que ... .

hervorheben *unreg vt* souligner.

hervorkommen *vi* apparaître.

hervorragend *adj* (*ausgezeichnet*) excellent(e), extraordinaire.

hervorrufen *unreg vt* (*bewirken*) provoquer.

hervorstoßen *unreg vt* (*Worte*) proférer.

hervortreten *unreg vi* (*heraustreten*) sortir; (*Adern*) saillir, être gonflé(e); **als etw** ~ se faire un nom en tant que qch; **mit etw** ~ (*an die Öffentlichkeit*) sortir qch.

hervortun *unreg vr*: **sich mit etw** ~ se distinguer par qch; (*umg: sich wichtig tun*) se pavaner avec qch.

Herz [hɛrts] (**-ens, -en**) *nt* cœur *m*; **ein** ~ **und eine Seele sein** être inséparables; **sein** ~ **an jdn/etw hängen** s'attacher à qn/qch; **mein** ~ **hängt daran** j'y tiens (beaucoup); **seinem** ~**en**

Luft machen donner libre cours à sa colère; **sich** *Dat* **ein** ~ **fassen** prendre son courage à deux mains; **es liegt mir am** ~**en** ça me tient à cœur; **du sprichst mir aus dem** ~**en** c'est exactement mon sentiment; **mit ganzem** ~**en** de tout mon *etc* cœur; **etw auf dem** ~**en haben** avoir qch sur le cœur; **sich** *Dat* **etw zu** ~**en nehmen** prendre qch à cœur; **jdn/etw auf** ~ **und Nieren prüfen** soumettre qn/qch à un examen approfondi; ~**anfall** *m* crise *f* cardiaque; ~**beschwerden** *pl*: ~**beschwerden haben** être cardiaque.

herzen *vt* presser contre son cœur.

Herzenslust *f*: **nach** ~ à cœur joie.

Herzensbrecher *m* bourreau *m* des cœurs.

Herzenswunsch *m* souhait *m* le plus cher.

herz-: ~**ergreifend** *adj* bouleversant(e); ~**erweichend** *adj* qui fend le cœur; **H**~**fehler** *m* malformation *f* cardiaque; ~**haft** *adj* (*Essen*) nourrissant(e); (*Lachen*) joyeux(-euse).

herziehen [ˈheːrtsiːən] *unreg vi*: **über jdn/etw** ~ (*umg*) démolir qn/qch.

Herz-: ~**infarkt** *m* infarctus *m* (du myocarde); ~**klappe** *f* valvule *f* (du cœur); ~**klopfen** *nt* palpitations *fpl*; **ich hatte** ~**klopfen** (*vor Angst, Aufregung*) j'en avais des palpitations; **h**~**krank** *adj* cardiaque; **h**~**lich** *adj* chaleureux(-euse) ♦ *adv* chaleureusement; **h**~**lich gern!** très volontiers!; **h**~**lichen Glückwunsch!** tous mes vœux!; **h**~**liche Grüße** amitiés; ~**lichkeit** *f* gentillesse *f*; **h**~**los** *adj* sans cœur; ~**losigkeit** *f* manque *m* de cœur.

Herzog(in) [ˈhɛrtsoːk(-gɪn)] (**-(e)s,** **̈e**) *m(f)* duc(duchesse) *m/f*; **h**~**lich** *adj* ducal(e); ~**tum** *nt* duché *m*.

Herz-: ~**schlag** *m* battement *m* de cœur; (*MED*) rythme *m* cardiaque; ~**schrittmacher** *m* stimulateur *m* cardiaque; **h**~**zerreißend** *adv* à fendre l'ân _.

Hesse [ˈhɛsə] *m*: **er ist** ~ il est originaire de la Hesse.

Hessen [ˈhɛsən] (**-s**) *nt* (*GEOG*) la Hesse.

Hessin *f*: **sie ist** ~ elle est originaire de la Hesse.

hessisch *adj* de (la) Hesse.

heterogen [heteroˈgeːn] *adj* hétérogène.

heterosexuell [heterozɛˈksuɛl] *adj* hétérosexuel(le).

Hetze [ˈhɛtsə] *f* (*Eile*) hâte *f*, précipitation *f*; (*pej: Verleumdung*) campagne *f* de calomnie; **das war wieder eine** ~ **heute!** ça a de nouveau été la course, aujourd'hui!; **die ewige** ~ **im Büro** notre rythme de travail effréné.

hetzen *vt* (*jagen*) traquer ♦ *vr* (*sich eilen*) se dépêcher ♦ *vi* (*eilen*) se dépêcher; (*pej: Haß schüren*) calomnier; **Hunde auf jdn** ~ lâcher les chiens contre qn; **jdn auf jdn** ~ monter qn contre qn; **gegen jdn/etw** ~ monter les gens contre qn.

Hetzerei [hɛtsəˈraɪ] *f* = **Hetze**.

Hetzkampagne [ˈhɛtskampanjə] (*pej*) *f* campagne *f* de calomnie.

Heu [hɔy] (**-(e)s**) *nt* foin *m*; ~**boden** *m* grenier *m* à foin, fenil *m*.

Heuchelei [hɔʏçə'laɪ] (*pej*) *f* hypocrisie *f*.

heucheln ['hɔʏçəln] *vt* simuler, feindre ♦ *vi* être hypocrite.

Heuchler(in) [hɔʏçlər(ɪn)] (**-s**, **-**) *m(f)* hypocrite *m/f*; **h~isch** *adj* hypocrite.

Heuer (**-**, **-n**) *f* (*NAUT*) solde *f*.

heuer ['hɔʏər] (*SÜDD, ÖSTERR, SCHWEIZ*) *adv* cette année.

heuern ['hɔʏərn] *vt* engager.

Heugabel *f* fourche *f* à foin.

Heuhaufen *m* meule *f* de foin.

heulen ['hɔʏlən] *vi* hurler; (*umg: weinen*) pleurer; **das ~de Elend bekommen** avoir le cafard.

heurig ['hɔʏrɪç] (*SÜDD, ÖSTERR, SCHWEIZ*) *adj* de cette année; **H~e(r)** *m* (*junger Wein*) vin *m* nouveau.

Heuschnupfen *m* rhume *m* des foins.

Heuschrecke *f* sauterelle *f*; (*in heißen Ländern*) criquet *m* pélerin.

heute ['hɔʏtə] *adv* aujourd'hui; **~ abend** ce soir; **~ früh** *od* **morgen** ce matin; **~ in einer Woche** aujourd'hui en huit; **von ~ auf morgen** (*plötzlich*) du jour au lendemain; **H~** *nt*: **das H~** le présent.

heutig ['hɔʏtɪç] *adj* d'aujourd'hui; (*Problem*) actuel(le).

heutzutage ['hɔʏttsuta:gə] *adv* de nos jours.

Hexe ['hɛksə] *f* sorcière *f*.

hexen *vi* avoir des pouvoirs magiques; **ich kann doch nicht ~!** je ne peux pas faire de miracles!

Hexen-: **~häuschen** *nt* maison *f* de pain d'épice; **~meister** *m* sorcier *m*; **~schuß** *m* (*MED*) lumbago *m*.

Hexerei [hɛksə'raɪ] *f* sorcellerie *f*.

HG *f abk* = **Handelsgesellschaft**.

Hg. *abk* (= *Herausgeber*) éd.

hg. *abk* (= *herausgegeben*) publié(e).

Hieb (**-(e)s**, **-e**) *m* (*Schlag*) coup *m*; (*Wunde*) marque *f* de coup; **~e bekommen** (*umg: Prügel*) recevoir une correction.

hieb *etc* [hi:p] *vb siehe* **hauen**.

hieb- und stichfest *adj* irrévocable.

hielt *etc* [hi:lt] *vb siehe* **halten**.

hier [hi:r] *adv* ici; **~ spricht Dr Müller** (*TEL*) ici le docteur Müller; **~ und jetzt** tout de suite, sans plus tarder; **~ und da** (*ab und zu*) de temps en temps.

Hierarchie [hierar'çi:] *f* hiérarchie *f*.

hier-: **~auf** *adv* là-dessus; **~aus** *adv*: **~aus folgt, daß ...** par conséquent ...; **~behalten** *unreg vt* garder; **~bei** *adv* (*währenddessen*) ce faisant; **~bei handelt es sich um ...** il s'agit (ici) de ...; **~bleiben** *unreg vi* rester (ici); **~durch** *adv* (*kausal*) ainsi; (*örtlich*) par ici; **~her** *adv* ici; **~hergehören** *vi* aller ici; (*Person*) être à sa place; (*relevant sein*) être pertinent(e); **~hin** *adv* ici; (*in dieser Beziehung*) en cela; **bis ~hin** jusqu'ici; **~lassen** *unreg vt* laisser ici; **~mit** *adv* avec cela; **~mit erkläre ich** (*förmlich*) je déclare solennellement; **~nach** *adv* (*später*)

plus tard; (*folglich*) en conséquence; **~über** *adv* (*währenddessen*) ce faisant; **~von** *adv* de cela, en; **~von abgesehen** cela mis à part; **~zu** *adv* (*dafür*) pour cela; (*dazu*) avec cela; (*außerdem*) en outre; (*zu diesem Punkt*) à ce sujet; **~zulande** *adv* par ici.

hiesig ['hi:zɪç] *adj* d'ici.

hieß *etc* [hi:s] *vb siehe* **heißen**.

Hi-Fi-Anlage ['haɪfi|anla:gə] *f* chaîne *f* hi-fi.

High-Tech-Industrie ['haɪtɛk|ɪndus'tri:] *f* industrie *f* de pointe.

Hilfe ['hɪlfə] *f* aide *f*; **Erste ~** premiers secours *mpl od* soins *mpl*; **~!** à l'aide!; **jdm ~ leisten** porter assistance à qn, aider qn; **~leistung** *f* assistance *f*; **unterlassene ~leistung** (*JUR*) non-assistance *f* à personne en danger; **~stellung** *f* (*GYMNASTIK*) aide *f*; (*fig*) soutien *m*.

hilf-: **~los** *adj* perdu(e); (*ungeschickt*) maladroit(e); **H~losigkeit** *f* air *m* perdu, incapacité *f* à se débrouiller tout(e) seul(e); **~reich** *adj* serviable.

Hilfs-: **~aktion** *f* opération *f* de secours; **~arbeiter** *m* ouvrier *m* spécialisé; **h~bedürftig** *adj* (*schwach*) invalide; (*notleidend*) dans le besoin; **h~bereit** *adj* serviable, obligeant(e); **~dienst** *m* (*Organisation*) service *m* d'urgence; **~kraft** *f* (*Aushilfe*) assistant(e); **~mittel** *nt* (*oft pl*) moyen *m*; **~verb** *nt*, **~zeitwort** *nt* (*verbe m*) auxiliaire *m*.

hilft *etc* [hɪlft] *vb siehe* **helfen**.

Himalaja [hi'ma:laja] (**-s**) *m*: **der ~** l'Himalaya *m*.

Himbeere ['hɪmbe:rə] *f* framboise *f*.

Himmel ['hɪməl] (**-s**, **-**) *m* ciel *m*; **um ~s willen!** (*umg*) pour l'amour de Dieu!; **im sieb(en)ten ~ sein** être au septième ciel; **h~angst** *adj*: **es ist mir h~angst** j'ai des sueurs froides; **~bett** *nt* lit *m* à baldaquin; **h~blau** *adj* bleu(e) ciel.

Himmelfahrt *f* (*REL*) Ascension *f*.

Himmelfahrtskommando (*umg*) *nt* (*MIL*) commando-suicide *m*; (*Unternehmen*) mission-suicide *f*.

Himmelreich *nt* (*REL*) royaume *m* des cieux.

himmelschreiend *adj* (*Ungerechtigkeit*) criant(e); (*Dummheit*) consternant(e).

Himmelsrichtung *f* direction *f*; **die vier ~en** les quatre points *mpl* cardinaux; **aus allen ~en** (*überallher*) des quatre coins du monde.

himmelweit *adj*: **ein ~er Unterschied** une différence considérable.

himmlisch ['hɪmlɪʃ] *adj* céleste; (*wunderbar*) divin(e).

hin [hɪn] *adv* **1** (*räumlich*): **bis zur Mauer hin** jusqu'au mur; **nach Westen hin** vers l'ouest; **geh doch zu ihr hin** va vers elle; **er summte eine Melodie vor sich hin** il fredonnait une mélodie; **wo ist er hin?** (*umg*) où est-il passé?; **hin und zurück fahren/gehen/reisen** faire l'aller et retour; **einmal Basel, hin und zurück** Bâle, aller (et) retour; **hin und her gehen** faire les

cent pas; **etw hin und her überlegen** tourner et retourner qch dans son esprit; **hin und wieder** de temps en temps; **Regen hin, Regen her** qu'il pleuve ou non; **Sonntag hin, Sonntag her, wir müssen einfach heute das Auto waschen!** dimanche ou pas dimanche, nous devons absolument laver la voiture!
2: auf ... hin: auf meine Bitte hin à ma demande; **auf seinen Rat hin** sur son conseil; **auf meinen Brief hin** suite à ma lettre; **nichts wie hin!** (*umg*) allons-y!; **nach außen hin** (*fig*) en apparence
3: mein Glück/meine Ruhe ist hin (*umg*) c'en est fait de mon bonheur/ma tranquillité.

hinab [hɪˈnap] *adv* = **hinunter**; **~gehen** *unreg vi* descendre; **~sehen** *unreg vi* regarder (vers le bas).
hinarbeiten [ˈhɪnarbaɪtən] *vi*: **auf etw** *Akk* **~** (*Ziel*) préparer qch.
hinauf [hɪˈnaʊf] *adv* vers le haut; **~arbeiten** *vr* (*in Laufbahn*) gravir les échelons (de la hiérarchie); **~gehen** *vi* monter; **~steigen** *unreg vi* monter, grimper.
hinaus [hɪˈnaʊs] *adv* dehors; **~ mit dir!** dehors!; **nach hinten/vorn ~** vers l'arrière/l'avant; **darüber ~** en plus de cela; **auf Jahre/Wochen ~** pour des années/semaines, pour les années/semaines à venir; **~befördern** *vt*: **jdn (zur Tür) ~befördern** mettre qn à la porte, jeter qn dehors; **~fliegen** *unreg* (*umg*) *vi* (*hinausgeworfen werden*) être flanqué(e) à la porte; **~führen** *vi*: **über etw** *Akk* **~führen** aller au-delà de qch; **~gehen** *unreg vi* sortir; **das geht über meine Kräfte ~** c'est au-delà de mes forces; **~laufen** *unreg vi* sortir; **~laufen auf** +*Akk* (*fig*) revenir à; **~schieben** *unreg vt* (*aufschieben*) remettre; **~schießen** *unreg vt*: **über das Ziel ~schießen** (*fig*) aller trop loin; **~werfen** *unreg vt* (*Gegenstand*) jeter (dehors); (*Person*) mettre dehors *od* à la porte; **~wollen** *unreg vi* vouloir sortir; **hoch ~wollen** être ambitieux(-euse); **worauf wollen Sie damit ~?** où voulez-vous en venir?; **~ziehen** *unreg vt* (*Verhandlungen*) faire durer ♦ *vr* (*Aufbruch*) (ne cesser d')être remis(e); **~zögern** *vt* remettre ♦ *vr* (ne cesser d')être remis(e).
hin-: **~kommen** *unreg* (*umg*) *vt*: **das hast du gut ~bekommen** bravo!, tu t'es bien débrouillé(e))!; **~biegen** *unreg* (*umg*) *vt* (*Angelegenheit*) arranger; **~blättern** (*umg*) *vt* (*Geld*) cracher, sortir.
Hinblick [ˈhɪnblɪk] *m*: **in** *od* **im ~ auf** +*Akk* eu égard à.
hindenken [ˈhɪndɛŋkən] *unreg vi*: **wo denken Sie hin!** vous n'y pensez pas!
hinderlich [ˈhɪndərlɪç] *adj*: **einer Sache** *Dat* **~ sein** faire obstacle à qch; **jds Karriere** *Dat* **~ sein** ne pas être bon(ne) pour la carrière *od* l'avancement de qn.
hindern *vt* gêner; **jdn an etw** *Dat* **~** empêcher qn de faire qch.
Hindernis (**–ses**, **–se**) *nt* obstacle *m*; **~lauf** *m*,

~rennen *nt* (*SPORT*) course *f* d'obstacles.
Hinderungsgrund *m* obstacle *m*.
hindeuten [ˈhɪndɔʏtən] *vi*: **auf etw** *Akk* **~** (*zeigen*) montrer *od* indiquer qch ♦ *vi* (*schließen lassen*) indiquer.
Hinduismus [hɪnduˈɪsmʊs] *m* hindouisme *m*.
hindurch [hɪnˈdʊrç] *adv*: **durch den Wald ~** à travers la forêt; **die ganze Nacht ~** toute la nuit.
hindürfen [ˈhɪnˈdʏrfən] *unreg* (*umg*) *vi* avoir la permission d'y aller.
hinein [hɪˈnaɪn] *adv*: **wo gehört das hin? – da ~!** où ça va? – là!; **in etw** *Akk* **~** dans qch; **bis in die Nacht ~** jusqu'à la tombée de la nuit; **bis tief in die Nacht ~** jusque tard dans la nuit; **~fallen** *unreg vi*: **in etw** *Akk* **~fallen** tomber dans qch; **~finden** *unreg vr*: **sich in etw** *Akk* **~finden** (*vertraut machen*) se familiariser avec qch; (*abfinden*) se faire à qch; **~gehen** *unreg vi*: **~gehen in** +*Akk* entrer dans; **~knien** (*umg*) *vr*: **sich in eine Aufgabe/Arbeit ~knien** se consacrer corps et âme à une tâche/un travail; **~mischen** *vr* (*sich einmischen*) s'en mêler; **~passen** *vi* entrer, aller; **~reden** *vi* (*dazwischen reden*) interrompre; **jdm in etw** *Akk* **~reden** donner des conseils à qn au sujet de qch; **~stecken** *vt* (*Schlüssel*) mettre; (*umg: investieren*) consacrer; **~steigern** *vr*: **sich in eine Hysterie ~steigern** devenir complètement hystérique; **sich in ein Problem ~steigern** être accaparé(e) par un problème; **~versetzen** *vr*: **sich in jds Lage** *od* **jdn ~versetzen** se mettre à la place de qn; **~ziehen** *unreg vi* tirer (pour faire entrer) ♦ *vi* (*in Wohnung*) emménager; **jdn in etw** *Akk* **~ziehen** (*Konflikt, Gespräch*) mêler qn à qch.
hin-: **~fahren** *unreg vi* (*mit Fahrzeug*) se rendre; (: *an bestimmten Ort*) s'y rendre ♦ *vt* (*Sache*) amener; (*Person*) conduire; **mit der Hand ~fahren über** +*Akk* passer la main sur; **H~fahrt** *f* aller *m*; **~fallen** *unreg vi* tomber; **~fällig** *adj* (*Mensch*) frêle, invalide; (*Argument*) non valable; (*Pläne*) tombé(e) à l'eau; **~fliegen** *unreg vi* se rendre; (*an bestimmten Ort*) s'y rendre; (*umg: hinfallen*) se casser la figure; **H~flug** *m* aller *m*.
hing *etc* [hɪŋ] *vb siehe* **hängen**.
Hingabe *f* dévouement *m*; **mit ~ tanzen** donner corps et âme à la danse; **mit ~ singen** chanter de tout son cœur.
hingeben *unreg vr*: **sich einer Sache ~** s'adonner à qch; **sich jdm ~** se donner à qn.
hingebungsvoll [ˈhɪŋɡeːbʊŋsfɔl] *adv* (*voller Hingabe*) avec dévouement.
hingegen [hɪnˈɡeːɡən] *konj* par contre.
hin-: **~gehen** *unreg vi* (*Mensch*) y aller, s'y rendre; (*Zeit*) passer; (*Blick*): **~gehen über** +*Akk* parcourir; **~gerissen** *adj* enthousiasmé(e); **~halten** *unreg vt* (*Gegenstand*) tendre; (*vertrösten, warten lassen*) faire attendre; **H~haltetaktik** *f* moyens *mpl* dilatoires.
hinhauen [ˈhɪnhaʊən] *unreg* (*umg*) *vi* (*gutgehen*)

marcher; (ausreichen) suffire ♦ vr (sich hinlegen) s'allonger.

hinhören ['hɪnhøːrən] vi écouter.

hinken ['hɪŋkən] vi (Mensch) boiter; (Vergleich) être boiteux(-euse).

hin-: ~**kommen** unreg vi (an Ort) s'y rendre, y aller; (umg: auskommen) y arriver; (: ausreichen, stimmen) être bon(ne); **wo ist das** ~**gekommen?** où diable est-il/elle?; **wo kämen wir da** ~? ce serait un comble!; **mit den Vorräten** ~**kommen** avoir suffisamment de provisions; ~**länglich** adj suffisant(e) ♦ adv suffisamment; ~**legen** vt (aus der Hand legen) poser; (für jdn zurechtlegen) laisser; (Person) coucher; (umg: bezahlen) sortir ♦ vr (zum Schlafen) se coucher; (ausrutschen) tomber de tout son long; **sich der Länge nach** ~**legen** (umg) s'étaler; ~**nehmen** unreg vt (fig) accepter; ~**reichen** vi (genügen) suffire ♦ vt: **jdm etw** ~**reichen** tendre qch à qn; ~**reichend** adj suffisant(e); **H**~**reise** f aller m; ~**reißen** unreg vt (begeistern) enthousiasmer; **jdn zu etw** ~**reißen** pousser qn à qch; **sich** ~**reißen lassen, etw zu tun** se laisser entraîner à faire qch; ~**reißend** adj (Landschaft, Anblick) enchanteur(-teresse); (Schönheit, Mensch) ravissant(e); ~**richten** vt exécuter; **H**~**richtung** f exécution f; ~**sehen** unreg vi regarder; **bei genauerem H**~**sehen** en y regardant de plus près.

hinsein ['hɪnzaɪn] unreg (umg) vi (kaputt sein) être fichu(e); **meine Ruhe ist hin** c'en est fait de ma tranquillité, finie la tranquillité.

hin-: ~**setzen** vr s'asseoir; **H**~**sicht** f: **in mancher** od **gewisser H**~**sicht** à certains égards; ~**sichtlich** präp +Gen en ce qui concerne; ~**sollen** (umg) vi: **wo soll ich/das Buch** ~? je ne sais pas où aller/mettre le livre; **H**~**spiel** nt (SPORT) match m aller; ~**stellen** vt poser, mettre ♦ vr se mettre; **jdn/etw als etw** ~**stellen** présenter qn/qch comme qch.

hintanstellen [hɪnt'ʔanʃtelən] vt mettre au second plan.

hinten ['hɪntən] adv derrière; (am Ende) à la fin; **von** ~ par derrière; ~ **und vorn** (betrügen) sur toute la ligne; **das reicht** ~ **und vorn nicht** cela ne suffit en aucun cas; **jdn von** ~ **und vorne bedienen** être aux petits soins pour qn; ~**dran** (umg) adv derrière; ~**herum** adv par derrière; (fig) en cachette.

hinter ['hɪntər] präp +Dat derrière; (nach) après ♦ präp +Akk derrière; **etw** ~ **sich** Dat **haben** avoir qch derrière soi; **etw** ~ **sich** Akk **bringen** se débarrasser une bonne fois pour toutes de qch; **sie hat viel** ~ **sich** elle en a vu de toutes les couleurs; ~ **die Wahrheit/ein Geheimnis kommen** découvrir la vérité/un secret; **sich** ~ **jdn stellen** (fig) soutenir qn; **H**~**achse** f essieu m arrière; **H**~**ausgang** m porte f de derrière od de service; **H**~**bänkler** (-**s, -**; pej) m (POL) député m sans portefeuille; **H**~**bein** nt (von Tier) patte f de der-

rière; **sich auf die H**~**beine stellen** (sich wehren) monter sur ses grands chevaux; (sich anstrengen) faire un gros effort; **H**~**bliebene(r)** f(m): **die H**~**bliebenen** la famille du défunt.

hintere(r, s) adj (an der Rückseite) arrière inv, de derrière; (am Ende) dernier(-ière).

hinter-: ~**einander** adv (räumlich) l'un(e) derrière l'autre; (zeitlich) l'un(e) après l'autre; **zwei Tage** ~**einander** deux jours de suite; ~**einanderher** adv l'un(e) derrière l'autre; ~**einanderweg** adv (ohne Pause) coup sur coup; **H**~**eingang** m porte f de derrière od de service; **H**~**gedanke** m arrière-pensée f; ~**gehen** unreg vt untr tromper; **H**~**grund** m fond m; (von Bühne) arrière-plan m; (Zusammenhang) antécédents mpl, circonstances fpl; **im H**~**grund bleiben** rester dans l'ombre; **in den H**~**grund treten** passer au second plan; ~**gründig** adj énigmatique; **H**~**grundprogramm** nt programme m non prioritaire; **H**~**halt** m embuscade f; **etw im H**~**halt haben** avoir qch en réserve; ~**hältig** adj sournois(e); **H**~**haus** nt partie f d'un bâtiment qui donne sur la cour; ~**her** adv (hinter jdm) derrière; (danach) ensuite; ~**hersein** unreg vi (+Dat) (verfolgen) être aux trousses de; ~**hersein, daß** ... (umg) veiller à ce que ...; **H**~**hof** m arrière-cour f; **H**~**kopf** m occiput m; **H**~**land** nt arrière-pays m inv; ~**lassen** unreg vt untr laisser; (nach Tod) léguer; **H**~**lassenschaft** f héritage m; ~**legen** vt untr déposer; **H**~**list** f ruse f; ~**listig** adj trompeur(-euse), sournois(e); **H**~**mann** (-**(e)s, -männer**) m (pej) instigateur m; **mein H**~**mann** la personne derrière moi.

Hintern ['hɪntərn] (-**s, -**; umg) m postérieur m; **jdm den** ~ **versohlen** botter le derrière à qn.

Hinter-: ~**rad** nt roue f arrière; ~**radantrieb** m (AUT) roues fpl arrière motrices; **h**~**rücks** (pej) adv par derrière; ~**teil** nt (umg) postérieur m; ~**treffen** nt: **ins** ~**treffen kommen** être au perte de vitesse; **h**~**treiben** unreg vt (Pläne) faire échouer; ~**treppe** f escalier m de service; ~**tür** f porte f de derrière od de service; (fig: Ausweg) porte de sortie; **h**~**ziehen** unreg vt untr: **Steuern h**~**ziehen** frauder le fisc.

hintun ['hɪntuːn] unreg (umg) vt: **ich weiß nicht, wo ich ihn** ~ **soll** (fig) je n'arrive pas à le remettre.

hinüber [hɪ'nyːbər] adv de l'autre côté; **bis zum anderen Ufer** ~ jusqu'à l'autre rive; ~**gehen** unreg vi: ~**gehen über** +Akk (Straße) traverser; (Brücke) passer; **ich geh' schnell mal** ~ j'y vais deux minutes; ~**sein** unreg (umg) vi (verdorben sein) être gâté(e); (unbrauchbar sein) être fichu(e).

hinunter [hɪ'nʊntər] adv: **jdn bis** ~ **begleiten** accompagner qn jusqu'en bas; ~**bringen** unreg vt (etwas) descendre; ~**schlucken** vt avaler; (Ärger, Worte) ravaler; ~**spülen** vt (Essen, Tablette) faire descendre; (Ärger) noyer; ~**steigen** unreg vi descendre.

hinwärts ['hınvɛrts] *adv* (*auf dem Hinweg*) à l'aller.

Hinweg ['hınveːk] *m* aller *m*.

hinweg-: ~**gehen** *unreg vi*: ~**gehen über etw** *Akk* (*fig*) passer sur qch; ~**helfen** *unreg vi*: **jdm über etw** *Akk* ~**helfen** aider qn à surmonter qch; ~**kommen** *unreg vi*: **über etw** *Akk* ~**kommen** (*überwinden*) surmonter qch; ~**sehen** *unreg vi*: **darüber** ~**sehen, daß** ... fermer les yeux sur le fait que ...; ~**setzen** *vr*: **sich** ~**setzen über** + *Akk* (*nicht beachten*) passer outre à.

Hinweis ['hınvaıs] (–es, –e) *m* indication *f*; (*Anhaltspunkt*) indice *m*; **unter ~ auf** ... en se référant à ...; **sachdienliche** ~**e** renseignements *mpl* utiles.

hinweisen *unreg vi*: **auf etw** *Akk* ~ (*zeigen*) indiquer qch ♦ *vt*: **jdn auf etw** *Akk* ~ (*aufmerksam machen*) attirer l'attention de qn sur qch; (*sagen*) faire remarquer qch à qn.

Hinweisschild *nt* panneau *m* indicateur.

Hinweistafel *f* tableau *m* indicateur.

hinwerfen *unreg vt* jeter; (*Arbeit*) laisser tomber; (*Bemerkung*) laisser échapper; (*Skizze, Aufsatz*) ébaucher; **eine hingeworfene Bemerkung** une remarque (faite) en passant.

hinwirken *vi*: **auf etw** *Akk* ~ se battre pour qch.

Hinz [hınts] *m*: ~ **und Kunz** (*umg*: *pej*) n'importe qui.

hinziehen *unreg vr* (*lange dauern*) traîner en longueur; (*sich erstrecken*) s'étendre; **sich zu jdm hingezogen fühlen** être attiré(e) par qn.

hinzielen *vi*: ~ **auf** + *Akk* viser (à).

hinzu [hın'tsuː] *adv* en plus; ~**fügen** *vt* ajouter; **H~fügung** *f*: **unter H~fügung von etw** (*förmlich*) en y joignant qch; ~**kommen** *unreg vi* (*Mensch*) s'y joindre; (*Umstand*) s'y ajouter; **es kommt noch ~, daß** ... à cela s'ajoute que ...; ~**ziehen** *unreg vi* faire appel à.

Hiobsbotschaft ['hiːɔpsbɔːtʃaft] *f* très mauvaise nouvelle *f*.

Hirn [hırn] (–(e)s, –e) *nt* cerveau *m*; (*KOCH*) cervelle *f*; ~**gespinst** (–(e)s, –e) *nt* chimère *f*; ~**hautentzündung** *f* méningite *f*; **h~verbrannt** (*umg*) *adj* complètement fou(folle).

Hirsch [hırʃ] (–(e)s, –e) *m* cerf *m*; ~**horn** *nt* corne *f*.

Hirse ['hırzə] *f* millet *m*.

Hirt(in) ['hırt(ın)] (–en, –en) *m(f)*, **Hirte** (–n, –n) *m* berger(-ère) *m/f*.

hissen ['hısən] *vt* hisser.

Historiker(in) [hıs'toːrikər(ın)] (–s, –) *m(f)* historien(ne) *m/f*.

historisch [hıs'toːrıʃ] *adj* historique.

Hit [hıt] (–s, –s; *umg*) *m* (*MUS*) tube *m*; (*fig*) (gros) succès *m*; ~**parade** *f* hit-parade *m*.

Hitze ['hıtsə] (–) *f* chaleur *f*; **bei starker/ mittlerer ~ backen** cuire à four chaud/ moyen; **h~beständig** *adj* résistant à la chaleur; **h~frei** *adj*: **h~frei haben** (*SCH*) avoir congé à cause de la canicule; ~**welle** *f* vague *f* de chaleur.

hitzig *adj* (*Mensch, Temperament*) fougueux(-euse); (*Debatte*) houleux(-euse).

Hitz-: ~**kopf** *m* tête *f* brûlée; **h~köpfig** *adj* emporté(e); ~**schlag** *m* coup *m* de chaleur.

hl. *abk* = **heilig**.

H-Milch ['haːmılç] *f* lait *m* longue conservation *od* UHT.

HNO-Arzt *m* oto-rhino *m*.

hob *etc* [hoːp] *vb siehe* **heben**.

Hobby ['hɔbi] (–s, –s) *nt* hobby *m*; ~**keller** *m* pièce consacrée à un hobby (à la cave), atelier *m*.

Hobel ['hoːbəl] (–s, –) *m* rabot *m*; (*Küchengerät*) coupe-légumes *m*; ~**bank** *f* établi *m*.

hobeln *vt* (*Holz*) raboter; (*Gurken etc*) couper en tranches ♦ *vi* raboter.

Hobelspäne *pl* copeaux *mpl*.

hoch [hoːx] (*attrib* **hohe(r, s)**) *adj* haut(e); (*Schnee, Wasser*) profond(e); (*Preis, Besucherzahl, Gewicht*) élevé(e); (*Fieber*) fort(e); (*Summe*) important(e); (*Offizier*) supérieur(e); (*Bildung*) grand(e); (*Besuch, Feiertag*) important(e); (*hell: Stimme, Ton*) aigu(ë); (*Alter*) avancé(e) ♦ *adv* haut; (*sehr*) très; (*schätzen, preisen, spielen*) beaucoup; (*bezahlen*) cher; **der Kasten ist 10 cm ~** cette caisse a 10 cm de haut; **der Schnee liegt 10 cm ~** il y a 10 cm de neige; **ein hohes Lob** un grand compliment; **wir stellen sehr hohe Aufforderungen** nous sommes très exigeants; **2 ~ 5** (*MATH*) 2 puissance 5; **das ist mir zu ~** (*umg*) ça me dépasse; **ein hohes Tier** (*umg*) une huile; **Hände ~!** haut les mains!; **wenn es ~ kommt** (*umg*) tout au plus; **Kopf ~!** courage!; ~ **und heilig versprechen** promettre solennellement; **acht Mann ~** à huit.

Hoch (–s, –s) *nt* (*Ruf*) vivat *m*; (*MET*) anticyclone *m*; **ein dreifaches ~ dem Brautpaar!** hip, hip, hourra *od* un ban pour les mariés!

hoch-: ~**achten** *vt* tenir en haute estime; **H~achtung** *f* considération *f*; **mit vorzüglicher H~achtung** (*förmlich*: *Briefschluß*) veuillez agréer, Monsieur/Madame, mes salutations distinguées; ~**achtungsvoll** *adv* (*Briefschluß*) veuillez agréer, Monsieur/Madame, mes salutations distinguées; ~**aktuell** *adj* d'actualité; **H~altar** *m* maître-autel *m*; **H~amt** *nt* grand-messe *f*; ~**arbeiten** *vr* réussir à force de travail; ~**begabt** *adj* extrêmement doué(e); ~**betagt** *adj* très âgé(e); **H~betrieb** *m* activité *f* intense; **H~betrieb haben** avoir beaucoup de travail; ~**bringen** *unreg vt* (*Gegenstand*) monter; **H~burg** *f* (*fig*) fief *m*; **H~deutsch** *nt* haut allemand *m*, allemand (classique); ~**dotiert** *adj* bien rémunéré(e); **H~druck** *m* (*MET*) haute pression *f*; (*Blut~*) hypertension *f*; **H~ebene** *f* haut plateau *m*; ~**empfindlich** *adj* très sensible; ~**entwickelt** *adj* *attrib* (*Kultur, Land*) très évolué(e); (*Geräte, Methoden*) perfectionné(e); ~**fahren** *unreg vi* (*erschreckt*) se dresser en sursaut, sursauter; ~**fliegend** *adj* (*fig*) ambitieux(-euse); **H~form** *f* pleine forme *f*; **H~gebirge** *nt* haute monta-

gne *f*; **H~gefühl** *nt* exaltation *f*; ~**gehen** *unreg*
vi (*sich aufwärts bewegen*) monter; (*explodieren*)
exploser; **etw** ~**gehen lassen** faire sauter
qch; **H~genuß** *m* délice *m*; ~**gestellt** *adj attrib*
(*Persönlichkeit*) haut placé(e); ~**gestochen**
(*umg: pej*) *adj* prétentieux(-euse); **H~glanz** *m*
(*PHOT*) glaçage *m*; **etw auf H~glanz bringen**
faire reluire qch; ~**gradig** *adj* extrême;
~**halten** *unreg vt* tenir en l'air, soulever; (*fig*)
tenir en haute estime; **H~haus** *nt* tour *f*
(d'habitation); ~**heben** *unreg vt* soulever;
(*Hand*) lever; ~**kant** *adv*: **etw** ~**kant stellen** poser qch debout *od* de chant; **jdn** ~**kant hinauswerfen** (*umg*) flanquer qn dehors; ~**kommen**
unreg vi monter; (*gesund werden*) se remettre;
(*beruflich,   gesellschaftlich*)   réussir;
H~konjunktur *f* boom *m*; **H~land** *nt* régions
fpl montagneuses; ~**leben** *vi*: **jdn** ~**leben lassen** porter un toast à la santé de qn;
H~leistungssport *m* sport *m* de haut niveau;
~**modern** *adj* ultramoderne; **H~mut** *m* arrogance *f*; ~**mütig** *adj* arrogant(e); ~**näsig** *adj*
prétentieux(-euse); ~**nehmen** *unreg vt* (*aufheben: Kind, Korb*) soulever; (*mit nach oben nehmen: Koffer*) monter; (*umg: verspotten*) taquiner; **H~ofen** *m* haut-fourneau *m*; ~**prozentig**
adj (*Alkohol*) fort(e); ~**ragen** *vi* se dresser;
H~rechnung *f* extrapolation *f*; **H~saison** *f*
haute saison *f*; **H~schätzung** *f* haute estime
f.
Hochschulabschluß *m* diplôme *m* de fin
d'études supérieures, diplôme universitaire.
Hochschulbildung *f* formation *f* universitaire.
Hochschule *f* établissement *m* d'enseignement supérieur; (*Universität*) université *f*.
Hochschulreife *f*: **er hat (die)** ~ ≈ il a le (niveau du) baccalauréat.
Hoch-: ~**seefischerei** *f* pêche *f* en haute mer;
~**sitz** *m* (*Jagd*) affût *m* perché; ~**sommer** *m*
plein été *m*; ~**spannung** *f* haute tension *f*;
h~spielen *vt* monter en épingle; ~**sprache** *f*
langue *f* classique; **h~springen** *unreg vi* sauter; ~**sprung** *m* saut *m* en hauteur.
höchst [høːçst] *adv* extrêmement.
Hochstapler ['hoːxstaplər] (**-s, -**) *m* imposteur
m.
höchste(r) *adj* le(la) plus haut(e); (*äußerste*)
extrême, très grand(e); **die** ~ **Instanz** (*JUR*) la
plus haute instance; **aufs** ~ **erstaunt/erfreut**
extrêmement étonné(e)/content(e).
hochstellen *vt* (*Stühle*) mettre; (*Kragen*) remonter; (*MATH: Zahl*) mettre en exposant.
höchstens *adv* (tout) au plus, au maximum.
Höchstgeschwindigkeit *f* vitesse *f* maximum *od* maximale.
Höchstgrenze *f* limite *f* supérieure, plafond
m.
Hochstimmung *f* bonne humeur *f*.
Höchst-: ~**leistung** *f* meilleure performance
f; (*bei Produktion*) rendement *m* maximum;
h~persönlich *adv* en personne; ~**preis** *m* prix

m maximum.
Hochstraße *f* route *f* surélevée.
Hochststand *m* niveau *m* maximum.
höchstwahrscheinlich *adv* (très) vraisemblablement.
Hoch-: ~**technologie** *f* technologie *f* de pointe; ~**tour** *f*: **auf** ~**touren laufen** *od* **arbeiten**
tourner *od* travailler à plein régime;
h~trabend *adj* pompeux(-euse); **h~- und Tiefbau** *m* bâtiments *mpl* et travaux *mpl* publics;
~**verrat** *m* haute trahison *f*; ~**wasser** *nt* (*Flut*)
marée *f* haute; (*Überschwemmung*) inondation
f; **h~wertig** *adj* de très bonne qualité;
~**würden** *m* révérend *m*; ~**zahl** *f* exposant *m*.
Hochzeit ['hɔxtsaɪt] (**-, -en**) *f* mariage *m*; **man
kann nicht auf zwei** ~**en tanzen** (*Sprichwort*) on
ne peut pas tout avoir; ~**sreise** *f* voyage *m*
de noces; ~**stag** *m* jour *m* du mariage; (*Jah-
restag*) anniversaire *m* de mariage.
hochziehen *unreg vt* (*Rolladen, Hose*) remonter;
(*Brauen, Schultern*) hausser.
Hocke ['hɔkə] *f* (*Stellung*) position *f* accroupie;
(*SPORT: Sprung*) saut *m* fléchi; (*beim Skilaufen*)
œuf *m*.
hocken ['hɔkən] *vi* être accroupi(e); (*untätig
sitzen*) rester ♦ *vr* s'accroupir; (*umg: sich setzen*) s'asseoir.
Hocker (**-s, -**) *m* (*Stuhl*) tabouret *m*.
Höcker ['hœkər] (**-s, -**) *m* bosse *f*.
Hockey ['hɔki] (**-s**) *nt* hockey *m*; ~**schläger** *m*
crosse *f*.
Hoden (**-s, -**) *m* testicule *m*.
Hof [hoːf] (**-(e)s, ⁻e**) *m* cour *f*; (*Bauern~*) ferme
f; (*von Mond*) halo *m*; **einem Mädchen den** ~
machen (*veraltet*) faire la cour à une jeune
fille.
hoffen ['hɔfən] *vi*, *vt* espérer; **auf jdn/etw** ~
compter sur qn/qch.
hoffentlich *adv*: ~ **regnet es morgen** j'espère
qu'il pleuvra demain; ~ **nicht** j'espère que
non.
Hoffnung ['hɔfnʊŋ] *f* espoir *m*; **in der** ~, **daß ...**
dans l'espoir que ...; **jdm** ~**en machen** susciter l'espoir chez qn; **sich** ~**en auf etw** *Akk* **machen** espérer qch; **sich** *Dat* **keine** ~**en machen**
ne pas se faire d'illusions; **guter** ~ **sein**
(*schwanger*) attendre un heureux événement.
hoffnungs-: ~**los** *adj* désespéré(e);
H~losigkeit *f* (*der Lage*) caractère *m* désespéré; **H~schimmer** *m* lueur *f* d'espoir; ~**voll** *adj*
plein(e) d'espoir.
höflich ['høːflɪç] *adj* poli(e); **H~keit** *f* politesse
f.
hohe(r, s) ['hoːə(r, z)] *adj attrib siehe* **hoch**.
Höhe ['høːə] *f* hauteur *f*; (*von Berg*) altitude *f*;
(*von Mieten, Gehalt, Preisen*) montant *m*; **ein
Scheck in** ~ **von ...** un chèque d'un montant
de ...; **nicht auf der** ~ **sein** (*umg*) ne pas être
en forme; **das ist doch die** ~! (*umg*) c'est un
comble!; **er geht immer gleich in die** ~ (*umg*) il
prend facilement la mouche; **auf der** ~ **der
Zeit sein** être à la page.

Hoheit ['ho:haɪt] *f* (*POL*) souveraineté *f*; (*Titel*) altesse *f*.
Hoheits-: ~**gebiet** *nt* territoire *m* national; ~**gewalt** *f* souveraineté *f*; ~**gewässer** *pl* eaux *fpl* territoriales; ~**zeichen** *nt* emblème *m* national.
Höhen-: ~**angabe** *f* indication *f* de l'altitude; (*auf Karte*) cote *f*; ~**flug** *m*: geistiger ~**flug** envolée *f*; ~**kurort** *m* station *f* d'altitude; ~**lage** *f* altitude *f*; ~**luft** *f* air *m* des montagnes; ~**messer** (–s, –) *m* altimètre *m*; ~**sonne** *f* (*Gerät*) lampe *f* à rayons ultraviolets; ~**unterschied** *m* différence *f* d'altitude; ~**zug** *m* chaîne *f* de montagnes.
Höhepunkt *m* point *m* culminant; (*von Macht, Ruhm*) apogée *m*; (*von Krankheit*) paroxysme *m*.
höher *adj* plus haut(e) ♦ *adv* plus haut.
hohl [ho:l] *adj* creux(-euse); (*Stimme*) caverneux(-euse).
Höhle ['hø:lə] *f* grotte *f*, caverne *f*; (*ZOOL, fig*) antre *m*, tanière *f*.
Hohl-: ~**kreuz** *nt* lordose *f*; ~**maß** *nt* mesure *f* de capacité; ~**raum** *m* cavité *f*; ~**spiegel** *m* miroir *m* concave; ~**weg** *m* chemin *m* creux.
Hohn [ho:n] (–(e)s) *m* dérision *f*; **das ist der reinste** ~ c'est ridicule.
höhnen ['hø:nən] *vt, vi* railler.
höhnisch *adj* méprisant(e).
Hokuspokus [ho:kʊs'po:kʊs] (–) *interj* (*Zauberformel*) abracadabra ♦ *m* (*fig: Täuschung*) tour *m* de passe-passe.
hold [hɔlt] *adj* gracieux(-euse).
holen ['ho:lən] *vt* aller chercher; **Atem** *od* **Luft** ~ reprendre son souffle; **bei ihm ist nichts zu** ~ il est très pauvre; **sich** *Dat* **Rat/Hilfe/ Erlaubnis** ~ demander conseil/de l'aide/la permission; **sich** *Dat* **eine Erkältung** ~ prendre froid; **sich** *Dat* **eine Lungenentzündung** ~ attraper une pneumonie; **jdn/etw** ~ **lassen** envoyer chercher qn/qch.
Holland ['hɔlant] *nt* la Hollande.
Holländer(in) ['hɔlɛndər(ɪn)] *m(f)* Hollandais(e) *m/f*.
holländisch *adj* hollandais(e).
Hölle ['hœlə] *f* enfer *m*; **jdm die** ~ **heiß machen** (*umg*) en faire voir à qn.
Höllenlärm *m* bruit *m* infernal.
höllisch ['hœlɪʃ] *adj* infernal(e); (*Qualen, Angst*) terrible.
Hologramm [holo'gram] (–s, –e) *nt* hologramme *m*.
holperig ['hɔlpərɪç] *adj* (*Weg*) cahoteux(-euse); (*Vortrag*) hésitant(e), heurté(e).
holpern ['hɔlpərn] *vi* (*Wagen, Rad*) cahoter; **beim Lesen** ~ trébucher sur les mots.
Holunder [ho'lʊndər] (–s, –) *m* sureau *m*.
Holz [hɔlts] (–es, ″er) *nt* bois *m*; **aus** ~ en *od* de bois; **aus dem gleichen/anderem** ~ (**geschnitzt**) **sein** être/ne pas être de la même trempe; ~**bläser** *m*: **die** ~**bläser** (*MUS*) les bois *mpl*.
hölzern ['hœltsərn] *adj* en bois; (*fig*) gauche.
Holz-: ~**fäller** (–s, –) *m* bûcheron *m*; ~**faser-**

platte *f* panneau *m* de fibres de bois; **h**~**frei** *adj* (*Papier*) sans bois; ~**haus** *nt* maison *f* en bois.
holzig *adj* (*Spargel*) filandreux(-euse).
Holz-: ~**klotz** *m* billot *m*; (*Spielzeug*) cube *m* en bois; ~**kohle** *f* charbon *m* de bois; ~**kopf** (*umg*) *m* crétin *m*; ~**scheit** *nt* bûche *f*; ~**schuh** *m* sabot *m*; ~**weg** *m*: **auf dem** ~**weg sein** se tromper; ~**wolle** *f* copeaux *mpl* de bois; ~**wurm** *m* ver *m* du bois.
Homecomputer ['houmkɔm'pju:tər] (–s, –) *m* ordinateur *m* familial.
homogen [homo'ge:n] *adj* homogène.
Homöopath [homøo'pa:t] (–en, –en) *m* homéopathe *m*.
Homöopathie [homøopa'ti:] *f* homéopathie *f*.
homosexuell [homozɛksu'ɛl] *adj* homosexuel(le).
Honduras [hɔn'du:ras] *nt* le Honduras.
Hongkong [hɔŋ'kɔŋ] (–s) *nt* Hong-Kong.
Honig ['ho:nɪç] (–s, –e) *m* miel *m*; ~**lecken** *nt*: **das ist kein** ~**lecken** ce n'est pas une sinécure; ~**melone** *f* melon *m* d'hiver *od* d'Antibes; ~**wabe** *f* rayon *m* de miel.
Honorar [hono'ra:r] (–s, –e) *nt* honoraires *mpl*.
Honoratioren [honoratsi'o:rən] *pl* notables *mpl*.
honorieren [hono'ri:rən] *vt* (*bezahlen*) rétribuer; (*anerkennen*) récompenser; (*Scheck*) honorer.
Hopfen ['hɔpfən] (–s, –) *m* houblon *m*; **bei ihm ist** ~ **und Malz verloren** (*umg*) c'est un cas désespéré.
hoppla ['hɔpla] *interj* hop là.
hopsen ['hɔpsən] *vi* (*Kinder*) sautiller.
Hörapparat *m* appareil *m* acoustique.
hörbar *adj* audible.
horchen *vi* écouter.
Horcher (–s, –) *m* indiscret(-ète) *m/f*.
Horde ['hɔrdə] *f* horde *f*.
hören ['hø:rən] *vt* entendre; (*anhören, reden lassen*) écouter ♦ *vi* entendre; (*erfahren*) apprendre; **auf jdn/etw** ~ écouter qn/qch; **von jdm** ~ avoir des nouvelles de qn; ~ **Sie mal!** (*erbost*) dites donc!; **das läßt sich** ~! à la bonne heure!; **von sich** ~ **lassen** donner de ses nouvelles; **H**~ *nt*: **es verging ihm H**~ **und Sehen** (*umg*) il en est resté soufflé; **H**~**sagen** *nt*: **vom H**~**sagen** par ouï-dire.
Hörer(in) (–s, –) *m(f)* (*Zuhörer, RUNDF*) auditeur(-trice) *m/f*; (*UNIV*) auditeur(-trice) *m/f* libre ♦ *m* (*Telefon~*) écouteur *m*, combiné *m*.
Hörerin *f siehe* **Hörer**.
Hörfunk (–s) *m* radio *f*.
Hörgerät *nt* appareil *m* acoustique.
hörig ['hø:rɪç] *adj*: **sie ist ihm (sexuell)** ~ elle lui est (sexuellement) soumise.
Horizont [hori'tsɔnt] (–(e)s, –e) *m* horizon *m*; **das geht über meinen** ~ ça me dépasse.
horizontal [horitsɔn'ta:l] *adj* horizontal(e).
Hormon [hɔr'mo:n] (–s, –e) *nt* hormone *f*.
Hörmuschel *f* écouteur *m*.
Horn [hɔrn] (–(e)s, ″er) *nt* corne *f*; (*MUS*) cor *m*;

ins gleiche ~ **blasen** être du même avis; **sich** *Dat* **die Hörner abstoßen** (*umg*) avoir jeté sa gourme.

Hörnchen ['hœrnçən] *nt* (*KOCH*) croissant *m*; ~**haut** *f* callosité *f*.

Hornisse [hɔr'nɪsə] *f* frelon *m*.

Hornochs(e) (*umg*) *m* andouille *f*.

Horoskop [horo'skoːp] (–**s**, –**e**) *nt* horoscope *m*.

horrend [hɔ'rɛnt] *adj* incroyable.

Hörrohr *nt* (*MED*) stéthoscope *m*.

Horror ['hɔrɔr] *m*: **einen** ~ **vor jdm/etw haben** avoir horreur de qn/qch.

Hörsaal *m* amphithéâtre *m*.

Hörspiel *nt* pièce *f* radiophonique.

Horst [hɔrst] (–(**e**)**s**, –**e**) *m* (*Adler*~) aire *f*.

Hort [hɔrt] (–(**e**)**s**, –**e**) *m* (*SCH*) garderie *f*; (*als Zuflucht*) refuge *m*; **h**~**en** *vt* stocker, amasser.

Hortensie [hɔr'tɛnziə] *f* hortensia *m*.

Hörweite *f*: **in/außer** ~ à portée/hors de portée de voix.

Hose ['hoːzə] *f* pantalon *m*; (*Unter*~) slip *m*; **in die** ~ **gehen** (*umg*) foirer; **die** ~**n anhaben** (*fig*) porter la culotte.

Hosen-: ~**anzug** *m* tailleur-pantalon *m*; ~**boden** *m*: **sich auf den** ~**boden setzen** (*umg*) bûcher; ~**rock** *m* jupe-culotte *f*; ~**tasche** *f* poche *f* de pantalon; ~**träger** *pl* bretelles *fpl*.

Hostess, Hosteß ['hɔstɛs] (–, **Hostessen**) *f* hôtesse *f*.

Hostie ['hɔstiə] *f* hostie *f*.

Hotel [ho'tɛl] (–**s**, –**s**) *nt* hôtel *m*; ~**fach** *nt* hôtellerie *f*; ~ **garni** *nt* hôtel sans restaurant.

Hotelier [hotɛli'eː] (–**s**, –**s**) *m* hôtelier *m*.

Hr. *abk* (= *Herr*) M.

Hrsg. *abk* = **Herausgeber**.

hrsg. *abk* = **herausgegeben**.

Hub [huːp] (–(**e**)**s**, –̈**e**) *m* (*TECH*) course *f*.

hüben ['hyːbən] *adv*: ~ **und drüben** des deux côtés.

Hubraum *m*: **ein Auto mit 1600 cm³** ~ une voiture de 1600 cm³ de cylindrée.

hübsch [hypʃ] *adj* joli(e); (*Gegend*) charmant(e) ♦ *adv*: **immer** ~ **langsam!** (*umg*) mollo!, du calme!; **immer** ~ **der Reihe nach!** chacun son tour!

Hubschrauber (–**s**, –) *m* hélicoptère *m*.

huckepack ['hukəpak] *adv* sur le dos.

hudeln ['huːdəln] (*umg*) *vi* bâcler.

Huf ['huːf] (–(**e**)**s**, –**e**) *m* sabot *m*; ~**eisen** *nt* fer *m* à cheval; ~**nagel** *m* clou *m* à ferrer.

Hüfte ['hyftə] *f* hanche *f*.

Hüftgürtel *m* porte-jarretelles *m inv*.

Hüfthalter *m* gaine *f*.

Huftier *nt* (animal *m*) ongulé *m*.

Hügel ['hyːgəl] (–**s**, –) *m* colline *f*; (*Erd*~) monticule *m*, tas *m*.

hügelig *adj* vallonné(e).

Huhn [huːn] (–(**e**)**s**, –̈**er**) *nt* poule *f*; (*KOCH*) poulet *m*; **da lachen ja die Hühner** (*umg*) c'est ridicule.

Hühnchen ['hyːnçən] *nt* (*KOCH*) poulet *m*; **mit jdm ein** ~ **zu rupfen haben** (*umg*) avoir un compte à régler avec qn.

Hühner-: ~**auge** *nt* (*MED*) cor *m* (au pied); ~**brühe** *f* bouillon *m* de poule; ~**klein** *nt* abattis *mpl*; ~**stall** *m* poulailler *m*.

huldigen ['huldɪgən] *vi*: **jdm** ~ rendre hommage à qn.

Huldigung *f* hommage *m*.

Hülle ['hylə] *f* enveloppe *f*; (*von Schallplatte*) pochette *f*; (*von Buch*) couverture *f*; (*von Ausweis*) étui *m*; (*Verpackung*) emballage *m*; **in** ~ **und Fülle** en abondance; **die** ~**n fallen lassen** se déshabiller.

hüllen *vt*: ~ **in** +*Akk* envelopper dans.

Hülse ['hylzə] *f* (*von Pflanze, Erbse etc*) gousse *f*; (*von Geschoß*) douille *f*; (*Behälter, Etui*) étui *m*.

Hülsenfrucht *f* légumineuse *f*.

human [hu'maːn] *adj* humain(e).

Humanismus [huma'nɪsmʊs] *m* humanisme *m*.

humanistisch [huma'nɪstɪʃ] *adj*: ~**es Gymnasium** lycée *m* classique.

humanitär [humani'tɛːr] *adj* humanitaire.

Humanität *f* humanité *f*.

Humanmedizin *f* médecine *f* (humaine).

Hummel ['hʊməl] (–, –**n**) *f* bourdon *m*.

Hummer ['hʊmər] (–**s**, –) *m* homard *m*.

Humor [hu'moːr] (–**s**, –**e**) *m* humour *m*; ~ **haben** avoir de l'humour; ~**ist(in)** *m(f)* humoriste *m/f*; **h**~**istisch** *adj* humoristique; **h**~**voll** *adj* plein(e) d'humour.

humpeln ['hʊmpəln] *vi* boiter.

Humpen ['hʊmpən] (–**s**, –) *m* hanap *m*.

Humus ['huːmʊs] (–) *m* humus *m*.

Hund [hʊnt] (–(**e**)**s**, –**e**) *m* chien *m*; (*umg*: *Lump*) salaud *m*; **das ist ein dicker** ~! (*umg*) quel culot!; **bekannt sein wie ein bunter** ~ (*umg*) être connu(e) comme le loup blanc; ~**e, die bellen, beißen nicht** (*Sprichwort*) chien qui aboie ne mord pas; **auf den** ~ **kommen** (*umg*) tomber dans la dèche; **vor die** ~**e gehen** y passer.

hunde-: ~**elend** (*umg*) *adj*: **mir ist** ~**elend** je suis malade comme un chien; **H**~**hütte** *f* niche *f*; **H**~**kuchen** *m* biscuit *m* pour chien; **H**~**marke** *f* plaque attestant le règlement de la taxe sur les chiens; ~**müde** (*umg*) *adj* crevé(e); **H**~**rasse** *f* race *f* de chien.

hundert ['hʊndərt] *num* cent; **H**~ (–**s**, –**e**) *nt* centaine *f*; **H**~**e von Menschen** des centaines de personnes.

Hunderter (–**s**, –) *m* (*MATH*) centaine *f*; (*umg*: *Geldschein*) billet *m* de cent.

Hundert-: ~**jahrfeier** *f* centenaire *m*; **h**~**mal** *adv* cent fois; ~**meterlauf** *m*: **der/ein** ~**meterlauf** le/un cent mètres; **h**~**prozentig** *adj* (*völlig*) absolu(e).

hundertste(r, s) *adj* centième; **vom H**~**n ins Tausendste kommen** s'éloigner du sujet.

hunderttausend *num* cent mille.

Hunde-: ~**salon** *m* salon *m* de toilettage (*pour chiens*); ~**steuer** *f* taxe *f* sur les chiens; ~**wetter** (*umg*) *nt* temps *m* de chien.

Hündin ['hyndɪn] *f* chienne *f*.

hundserbärmlich [hʊntsɛrbɛrmlɪç] (*umg*) *adv* horriblement.

Hüne ['hy:nə] (**–n, –n**) *m*: **ein** ~ **von Mensch** un colosse.
Hünengrab *nt* tumulus *m*.
Hunger ['hʊŋər] (**–s**) *m* faim *f*; ~ **haben** avoir faim; ~**lohn** (*pej*) *m* salaire *m* de misère.
hungern *vi* (*Hunger leiden*) souffrir de la faim, être affamé(e); **nach etw** ~ (*fig*) avoir soif de qch.
Hungersnot *f* famine *f*.
Hungerstreik *m* grève *f* de la faim.
Hungertuch *nt*: **am** ~ **nagen** tirer le diable par la queue.
hungrig ['hʊŋrɪç] *adj* affamé(e).
Hupe ['hu:pə] *f* klaxon *m*.
hupen *vi* klaxonner.
hupfen *vi siehe* **hüpfen**; **das ist gehupft wie gesprungen** (*umg*) c'est blanc bonnet et bonnet blanc, c'est kif-kif.
hüpfen ['hʏpfən] *vi* sautiller.
Hupkonzert (*umg*) *nt* concert *m* de klaxons.
Hürde ['hʏrdə] *f* (*SPORT*) haie *f*; (*fig*) obstacle *m*; **eine** ~ **nehmen** (*fig*) franchir un obstacle.
Hürdenlauf *m* course *f* de haies.
Hure ['hu:rə] *f* putain *f*.
hurra [hʊ'ra:] *interj* hourra.
hurtig ['hʊrtɪç] *adj* rapide ♦ *adv* vite.
huschen ['hʊʃən] *vi* passer furtivement.
Husten ['hu:stən] (**–s**) *m* toux *f*; ~ **haben** tousser; **h**~ *vi* tousser; **auf etw** *Akk* **h**~ (*umg*) se foutre de qch; ~**anfall** *m* quinte *f* de toux; ~**bonbon** *nt od m* pastille *f* contre la toux; ~**saft** *m* sirop *m* contre la toux.
Hut[1] [hu:t] (**–(e)s, ¨e**) *m* chapeau *m*; **zwei Sachen unter einen** ~ **bringen** concilier deux choses; **das kannst du dir an den** ~ **stecken!** (*umg*) tu peux te le mettre où je pense!
Hut[2] [hu:t] (**–**) *f* (*Obhut*) garde *f*; **vor etw** *Dat* **auf der** ~ **sein** prendre garde à qch; **vor jdm auf der** ~ **sein** se méfier de qn.
hüten ['hy:tən] *vt* garder ♦ *vr*: **sich vor etw** *Dat* ~ prendre garde à qch; **sich vor jdm** ~ se méfier de qn; **das Bett/Haus** ~ garder le lit/la chambre; **sich** ~, **etw zu tun** se garder de faire qch; **ich werde mich** ~! (*umg*) je m'en garderai bien!
Hüter(in) *m(f)* gardien(ne) *m/f*.
Hutnadel *f* épingle *f* à chapeau.
Hutschnur *f*: **das geht mir über die** ~ (*umg*) trop c'est trop.
Hütte ['hʏtə] *f* cabane *f*; (*in schlechtem Zustand*) baraque *f*; (*im Gebirge*) refuge *m*; (*Eisen*~) usine *f* sidérurgique.
Hütten-: ~**industrie** *f* industrie *f* métallurgique; ~**käse** *m* fromage *m* blanc (*granuleux*); ~**schuh** *m* chausson *m*; ~**werk** *nt* usine *f* métallurgique.
hutzelig ['hʊtsəlɪç] (*umg*) *adj* ridé(e).
Hyäne [hy'ɛ:nə] *f* hyène *f*.
Hyazinthe [hya'tsɪntə] *f* jacinthe *f*.
Hydrant [hy'drant] *m* bouche *f* d'incendie.
Hydraulik (**–**) *f* hydraulique *f*.
hydraulisch [hy'draʊlɪʃ] *adj* hydraulique.
Hygiene [hygi'e:nə] (**–**) *f* hygiène *f*.

hygienisch [hygi'e:nɪʃ] *adj* hygiénique.
Hymne ['hʏmnə] *f* hymne *m*.
hyper- ['hypɛr] *präf* hyper.
Hypnose [hʏp'no:zə] *f* hypnose *f*.
hypnotisch *adj* hypnotique.
Hypnotiseur [hʏpnoti'zø:r] *m* hypnotiseur *m*.
hypnotisieren [hʏpnoti|zi:rən] *vt* hypnotiser.
Hypothek [hypo'te:k] (**–, –en**) *f* hypothèque *f*; **eine** ~ **aufnehmen** prendre une hypothèque; **etw mit einer** ~ **belasten** grever qch d'une hypothèque, hypothéquer qch.
Hypothese [hypo'te:zə] *f* hypothèse *f*.
hypothetisch [hypo'te:tɪʃ] *adj* hypothétique.
Hysterie [hyste'ri:] *f* hystérie *f*.
hysterisch *adj* hystérique; **einen** ~**en Anfall bekommen** (*fig*) avoir une crise de nerfs.

I, i

I, i [i:] *nt* I, i *m*; ~ **wie Ida** ≈ I comme Irma; **das Tüpfelchen auf dem I** (*fig*) la dernière touche.
i. *abk* = **in**; **im**.
i.A. *abk* (= *im Auftrag*) p.p.
iberisch [i'be:rɪʃ] *adj* ibérique; **die I**~**e Halbinsel** la péninsule ibérique.
iberoamerikanisch [i'be:ro|amerika:nɪʃ] *adj* ibéro-américain(e).
IC (**–**) *m abk* (= *Intercity-Zug*) rapide *m*.
ich [ɪç] (*Akk* **mich**, *Dat* **mir**) *pron* je; (*vor Vokal od stummem h*) j'; ~ **bin's!** c'est moi!; ~ **Idiot!** (*umg*) que je suis bête!; **I**~ (**–s**), (**–s**) *nt* moi *m*; **mein besseres I**~ ma conscience; **I**~**form** *f*: **in der I**~**form** à la première personne (du singulier).
i.d. *abk* (*bei Ortsnamen*) = **in dem**; **in der**.
Ideal [ide'a:l] (**–s, –e**) *nt* idéal *m*; **i**~ *adj* idéal(e); ~**fall** *m* cas *m* idéal; **im** ~**fall** dans le meilleur des cas, idéalement.
Idealismus [idea'lɪsmʊs] *m* idéalisme *m*.
Idealist(in) *m(f)* idéaliste *m/f*.
idealistisch *adj* idéaliste.
Idealvorstellung *f* idéal *m*.
Idee [i'de:] *f* idée *f*; **eine** ~ (*ein bißchen*) un peu; **eine fixe** ~ une idée fixe; **jdn auf die** ~ **bringen, etw zu tun** donner à qn l'idée de faire qch.
ideell [ide'ɛl] *adj* idéel(le).
ideenlos [i'de:ənlo:s] *adj* sans imagination *od* idées.
Ideenlosigkeit *f* manque *m* d'imagination *od* d'idées.
identifizieren [idɛntifi'tsi:rən] *vt* identifier ♦ *vr*: **sich** ~ (**mit**) s'identifier (à *od* avec).
identisch [i'dɛntɪʃ] *adj* identique; **mit jdm/etw** ~ **sein** être identique à qn/qch.
Identität [idɛnti'tɛ:t] *f* identité *f*.
Ideologe [ideo'lo:gə] (**–n, –n**) *m* idéologue *m*.

Ideologie [ideolo'giː] f idéologie f.
Ideologin f idéologue f.
ideologisch [ideo'loːgɪʃ] adj idéologique.
idiomatisch [idio'maːtɪʃ] adj idiomatique.
Idiot(in) [idi'oːt(ɪn)] (–en, –en; pej) m(f) idiot(e) m(f).
Idiotenhügel (umg) m (hum) piste f verte.
idiotensicher (umg) adj d'une simplicité enfantine.
Idiotie [idio'tiː] (pej) f idiotie f.
idiotisch (pej) adj idiot(e).
Idol [i'doːl] (–s, –e) nt idole f.
idyllisch [i'dʏlɪʃ] adj idyllique.
IG f abk (= Industriegewerkschaft) syndicat m.
Igel ['iːgəl] (–s, –) m hérisson m.
igitt(igitt) [i'gɪt(i'gɪt)] interj beurk, pouah.
Iglu ['iːglu] (–s, –s) m od nt igloo m.
Ignorant [ɪgno'rant] (–en, –en) m (geh) ignorant(e) m(f).
Ignoranz f (geh) ignorance f.
ignorieren [ɪgno'riːrən] vt (jdn) ignorer; (etwas) ne pas tenir compte de.
ihm [iːm] Dat von er, es pron lui; (nach präp) lui(elle); **ich habe es ~ gesagt** je le lui ai dit; **mit ~** avec lui; **es ist ~ nicht gut** il ne se sent pas bien.
ihn [iːn] Akk von er pron le(la); **ich schreibe an ~** je lui écris; **ich frage ~** je vais lui demander.
ihnen ['iːnən] Dat von sie pl pron leur; (nach präp) eux(elles); **I~** Dat von Sie pron vous, à vous; (nach präp) vous.
ihr [iːr] pers pron (2. Person pl nom) (Akk, Dat **euch**) vous; (3. Person f sg Dat) lui; (: nach präp) lui(elle); **~ schlaft** vous dormez; **mit ~** avec elle.

═══════════════ SCHLÜSSELWORT

ihr(e) poss pron **1** (3. Person sg f) son(sa); **ihr Hund** son chien; **ihr Auto** sa voiture; **ihre Mutter** sa mère; **ihre Schuhe** ses chaussures
2 (3. Person pl) leur; **ihr Leben** leur vie; **ihre Freude** leur joie; **ihre Schuhe** leurs chaussures.

Ihr(e) poss pron votre; **~e Schuhe** vos chaussures.
ihre(r, s) pron (sg) le(la) sien(ne); (pl) les siens(siennes); (von mehreren) le(la) leur; (: pl) les leurs; **der/die/das ~** le(la) sien(ne); **sie tat das ~** (geh) elle a fourni sa part d'effort; **I~(r, s)** pron le(la) vôtre; (pl) les vôtres; **der/die/das I~** le(la) vôtre.
ihrer ['iːrər] pron: **wir gedenken ~** (geh) nous pensons à elle; (pl) nous pensons à eux(elles).
Ihrer Gen von Sie pron: **wir gedenken ~** (geh) nous pensons à vous.
ihrerseits adv (sg) de son côté; (pl) de leur côté.
Ihrerseits adv de votre côté.
ihresgleichen pron des gens comme elle; (von mehreren) des gens comme eux(elles); **eine**

Frechheit, die ~ sucht une insolence sans pareille.
ihretwegen adv (für sie sg) pour elle; (für sie pl) pour eux(elles); (wegen ihr) à cause d'elle; (wegen ihnen) à cause d'eux(elles); **sie sagte, ~ könnten wir gehen** elle a dit que, quant à elle, nous pouvions partir; **~ mußte er zu Hause bleiben** il a dû rester à la maison à cause d'elle.
ihretwillen adv = ihretwegen.
ihrige ['iːrɪgə] pron: **der/die/das ~** le(la) sien(ne); (von mehreren) le(la) leur.
i.J. abk (= im Jahre) en.
Ikone [i'koːnə] f icône f.
IKRK nt abk (= Internationales Komitee vom Roten Kreuz) CICR m.
illegal ['ɪlegaːl] adj illégal(e).
illegitim ['ɪlegiːtiːm] adj illégitime.
Illusion [ɪluzi'oːn] f illusion f; **sich** Dat **~en machen** se faire des illusions; **sich einer ~ hingeben** caresser une illusion; **sich keiner ~ hingeben** ne se faire aucune illusion.
illusorisch [ɪlu'zoːrɪʃ] adj illusoire; **es wäre ~ zu glauben, daß ...** il serait illusoire de croire que ... .
Illustration [ɪlostratsi'oːn] f illustration f.
illustrieren [ɪlos'triːrən] vt illustrer.
Illustrierte f illustré m, magazine m.
Iltis ['ɪltɪs] (–ses, –se) m putois m.
im [ɪm] = **in dem**.
Image [ɪm] = in dem.
Image [ɪm] (–(s), –s) nt image f de marque; **~pflege** ['ɪmɪtʃpfleːgə] (umg) f: **~pflege treiben** ne penser qu'à son image de marque.
imaginär [imagi'nɛːr] adj imaginaire.
Imbiß ['ɪmbɪs] (–sses, –sse) m (Essen) cassecroûte m inv; **~halle**, **~stube** f snack(-bar) m.
imitieren [imi'tiːrən] vt imiter.
Imker ['ɪmkər] (–s, –) m apiculteur m; **~ei** f apiculture f.
immanent [ɪma'nɛnt] adj (innewohnend) inhérent(e).
Immatrikulation [ɪmatrikulatsi'oːn] f inscription f.
immatrikulieren [ɪmatriku'liːrən] vt inscrire ♦ vr s'inscrire.
immens [ɪ'mɛns] adj (geh) immense.
immer ['ɪmər] adv toujours; (jeweils) chaque fois, toujours; **schon ~** depuis toujours; **~ vier zusammen** quatre par quatre; **~ zu viert antreten** se ranger quatre par quatre; **~ wieder** toujours, constamment; **etw ~ wieder tun** ne cesser de faire qch, faire qch sans cesse; **~ noch** toujours, encore; **~ noch nicht** (ne ...) toujours pas; **für ~** pour toujours, à tout jamais; **~ wenn ich ...** chaque fois que je ...; **~ schöner/trauriger** de plus en plus beau(belle)/triste; **~ schön langsam** doucement; **~ dieser Ärger!** (umg) nous n'aurons donc jamais la paix!; **was (auch) ~ geschieht** quoi qu'il arrive; **wer (auch) ~ kommt** peu importe qui viendra; **wie die Sache (auch) ~ ausgeht** de quelque manière que ça se termine; **wo (auch) ~ das sein mag** où que ce

soit; ~**hin** *adv* tout de même; ~**zu** *adv* sans arrêt, continuellement.

Immigrant(in) [ɪmiˈɡrant(ɪn)] (**-en, -en**) *m(f)* immigrant(e) *m/f*.

immigrieren [ɪmiˈɡriːrən] *vi* immigrer.

Immobilien [ɪmoˈbiːliən] *pl* biens *mpl* immobiliers; (*in Zeitungsannoncen*) immobilier *msg*; ~**händler**, ~**makler** *m* agent *m* immobilier.

immun [ɪˈmuːn] *adj* immunisé(e).

immunisieren [ɪmuniˈziːrən] *vt* immuniser.

Immunität [ɪmuniˈtɛːt] *f* immunité *f*.

Immunschwäche *f* déficience *f* immunitaire, immunodéficience *f*.

Immunsystem *nt* système *m* immunitaire.

Imperativ (**-s, -e**) *m* impératif *m*.

Imperfekt [ˈɪmpɛrfɛkt] (**-s, -e**) *nt* imparfait *m*.

Imperialismus [ɪmperiaˈlɪsmʊs] (**-**) *m* impérialisme *m*.

Imperialist [ɪmperiaˈlɪst] *m* impérialiste *m*; **i~isch** *adj* impérialiste.

impertinent [ɪmpɛrtiˈnɛnt] *adj* impudent(e).

Impfausweis *m* certificat *m* de vaccination.

impfen [ˈɪmpfən] *vt* vacciner; **jdn gegen etw ~** vacciner qn contre qch.

Impf-: ~**paß** *m* carnet *m* de vaccination; ~**schutz** *m* protection *f* conférée par un vaccin; ~**stoff** *m* vaccin *m*.

Impfung *f* vaccination *f*.

Impfzwang *m* vaccination *f* obligatoire.

implizieren [ɪmpliˈtsiːrən] *vt* (*geh*) impliquer.

implizit [ɪmpliˈtsiːt] *adv* implicitement.

imponieren [ɪmpoˈniːrən] *vi*: **jdm ~** impressionner qn.

imponierend *adj* impressionnant(e).

Import [ɪmˈpɔrt] (**-(e)s, -e**) *m* importation *f*.

Importeur [ɪmpɔrˈtøːr] *m* importateur *m*.

importieren [ɪmpɔrˈtiːrən] *vt* importer.

Importware *f* importation *f*.

imposant [ɪmpoˈzant] *adj* imposant(e).

impotent [ˈɪmpotɛnt] *adj* impuissant(e).

Impotenz [ˈɪmpotɛnts] *f* impuissance *f*.

imprägnieren [ɪmprɛˈɡniːrən] *vt* (*wasserdicht machen*) imperméabiliser.

Impressionismus [ɪmprɛsioˈnɪsmʊs] *m* impressionnisme *m*.

Impressum [ɪmˈprɛsʊm] (**-s, -ssen**) *nt* marque *f* de l'éditeur; (*von Zeitung*) encadré *m* administratif.

Improvisation [ɪmprovizatsiˈoːn] *f* improvisation *f*.

improvisieren [ɪmproviˈziːrən] *vt, vi* improviser.

Impuls [ɪmˈpʊls] (**-es, -e**) *m* impulsion *f*, élan *m*; (*PHYS*) impulsion; **etw aus einem ~ heraus tun** faire qch impulsivement; **einem plötzlichen ~ folgend ... pris(e) d'une impulsion soudaine ... .**

impulsiv [ɪmpʊlˈziːf] *adj* (*Mensch*) impulsif(-ive); (*Handeln, Entschluß*) irréfléchi(e).

imstande [ɪmˈʃtandə] *adj*: ~ **sein, etw zu tun** (*in der Lage*) être en mesure de faire qch; (*fähig*) être capable de faire qch; **er ist zu allem ~** il est capable de tout.

═══════════════ *SCHLÜSSELWORT*

in [ɪn] *präp + Akk* **1** (*räumlich:* wohin?) dans; **etw in eine Schublade legen** mettre qch dans un tiroir; **in den Garten gehen** aller dans le jardin; **in die Stadt** en ville; **in die Schule gehen** aller à l'école; **in die Hunderte gehen** se chiffrer par centaines

2 (*zeitlich*): **bis ins 20. Jahrhundert** jusqu'au XXe siècle

♦ *präp + Dat* **1** (*räumlich:* wo?) dans; **in einer Schublade liegen** être dans un tiroir; **im Garten sitzen** être assis(e) dans le jardin; **in der Stadt** en ville; **in der Schule sein** être à l'école; **es in sich haben** (*umg: Text*) être coriace; (: *Whisky*) être corsé(e); **er handelt in Holz** il est dans le commerce du bois

2 (*zeitlich: wann?*): **in diesem Jahr** cette année; **in jenem Jahr** cette année-là; **heute in zwei Wochen** aujourd'hui en quinze, dans quinze jours

3 (*als Verlaufsform*): **etw im Liegen/Stehen tun** faire qch couché(e)/debout

♦ *adj*: **in sein** (*umg*) être in.

───────────────

inaktiv [ˈɪn|akti:f] *adj* inactif(-ive); (*Mitglied*) honoraire.

Inangriffnahme [ɪnˈ|anɡrɪfnaːmə] *f* (*förmlich*) mise *f* en train.

Inanspruchnahme [ɪnˈ|anʃprʊxnaːmə] *f (+Gen)* (*förmlich: einer Sozialleistung*): **im Falle einer ~ der Arbeitslosenunterstützung** en cas de recours aux allocations de chômage.

Inaugenscheinnahme [ɪnˈ|aʊɡənʃaɪnnaːmə] *f* (*förmlich*) inspection *f*, visite *f*.

Inbegriff [ˈɪnbəɡrɪf] *m* incarnation *f*.

inbegriffen *adv* y compris.

Inbetriebnahme [ˈɪnbətriːpnaːmə] *f* (*förmlich: von Maschine*) mise *f* en service; (*von Gebäude, U-Bahn etc*) inauguration *f*.

inbrünstig [ˈɪnbrʏnstɪç] *adj* fervent(e).

indem [ɪnˈdeːm] *konj* (*dadurch, daß*) grâce au fait que; (*während*) pendant que; ~ **man etw macht** en faisant qch.

Inder(in) [ˈɪndər(ɪn)] *m(f)* Indien(ne) *m(f)*.

indes(sen) [ɪnˈdɛs(ən)] *adv* (*jedoch*) néanmoins, pourtant; (*inzwischen*) entre-temps ♦ *konj* (*während*) pendant que.

Index [ˈɪndɛks] (**-es, -e** *od* **Indizes**) *m* (*Inhaltsverzeichnis*) index *m*; (*Zahl*) indice *m*; **auf dem ~ stehen** (*verboten sein*) être à l'index; ~**währung** *f* monnaie *f* indexée; ~**zahl** *f* indice *m*.

Indianer(in) [ɪndiˈaːnər(ɪn)] (**-s, -**) *m(f)* Indien(ne) *m(f)* (*d'Amérique*); ~**häuptling** *m* chef *m* indien; ~**stamm** *m* tribu *f* indienne.

indianisch *adj* amérindien(ne), indien(ne).

Indien [ˈɪndiən] (**-s**) *nt* l'Inde *f*.

indifferent [ˈɪndɪfərɛnt] *adj* (*geh: Haltung etc*) indifférent(e).

indigniert [ɪndɪˈɡniːrt] *adj* (*geh*) indigné(e).

Indikation [ɪndikatsiˈoːn] *f*: **medizinische/soziale ~** indication *f* thérapeutique/sociale de l'avortement.

Indikationsmodell *nt* (*JUR*) *projet de loi visant à autoriser l'avortement uniquement lorsque les conditions médicales ou sociales le demandent.*

Indikativ ['ɪndikatiːf] (**–s, –e**) *m* indicatif *m*.

Indikator [ɪndi'kaːtɔr] *m* (*geh*) indice *m*, indicateur *m*.

indirekt ['ɪndirɛkt] *adj* indirect(e); **~e Steuer** impôt *m* indirect.

indisch ['ɪndɪʃ] *adj* indien(ne); **der I~e Ozean** l'océan *m* Indien.

indiskret ['ɪndɪskreːt] *adj* indiscret(-ète).

Indiskretion [ɪndɪskretsi'oːn] *f* indiscrétion *f*.

indiskutabel ['ɪndɪskutaːbəl] *adj* hors de question.

indisponiert ['ɪndɪsponiːrt] *adj* (*geh*) peu bien *inv*.

Individualist(in) [ɪndividua'lɪst(ɪn)] *m(f)* individualiste *m/f*.

Individualität [ɪndividuali'tɛt] *f* individualité *f*.

individuell [ɪndividu'ɛl] *adj* individuel(le) ♦ *adv*: **etw ~ gestalten** donner une note personnelle à qch.

Individuum [ɪndi'viːduʊm] (**–s, Individuen**) *nt* individu *m*.

Indiz [ɪn'diːts] (**–es, –ien**) *nt* indice *m*; **ein ~ für** un indice de.

Indizienbeweis *m* preuve *f* indirecte.

Indochina ['ɪndo'çiːna] *nt* l'Indochine *f*.

indogermanisch ['ɪndogɛr'maːnɪʃ] *adj* indo-européen(ne).

indoktrinieren [ɪndɔktri'niːrən] (*pej*) *vt* endoctriner.

Indonesien [ɪndo'neːziən] (**–s**) *nt* l'Indonésie *f*.

Indonesier(in) [ɪndo'neːziɐ] *m(f)* Indonésien(ne) *m(f)*.

indonesisch [ɪndo'neːzɪʃ] *adj* indonésien(ne).

Indossament [ɪndɔsa'mɛnt] *nt* endos *m*.

Indossant [ɪndɔ'sant] *m* endosseur *m*.

Indossat [ɪndɔ'saːt] (**–en, –en**) *nt* endossataire *m*.

indossieren *vt* endosser.

Induktion [ɪndʊktsi'oːn] *f* induction *f*.

industrialisieren [ɪndʊstriali'ziːrən] *vt* industrialiser.

Industrialisierung *f* industrialisation *f*.

Industrie [ɪndʊs'triː] *f* industrie *f*; **in der ~ arbeiten** travailler dans l'industrie; **~gebiet** *nt* région *f* industrielle; (*in einer Stadt, Region*) zone *f* industrielle; **~gelände** *nt* zone *f* industrielle; **~gesellschaft** *f* société *f* industrielle; **~kapitän** (*umg*) *m* gros industriel *m*; **~kaufmann** *m cadre à formation commerciale.*

industriell [ɪndʊstri'ɛl] *adj* industriel(le); **die ~e Revolution** la révolution industrielle; **I~e(r)** *f(m)* industriel *m*.

Industrie-: **~müll** *m* déchets *mpl* industriels; **~staat** *m* pays *m* industriel; **~- und Handelskammer** *f* Chambre *f* de commerce et d'industrie; **~zweig** *m* branche *f od* secteur *m* de l'industrie.

ineffektiv ['ɪnʔɛfɛktiːf] *adj* (*geh*) inefficace,

sans effet.

ineinander [ɪnʔaɪ'nandɐ] *adj*: **~ verliebt sein** être amoureux (l'un de l'autre); **~ stecken** être emboîtés (l'un dans l'autre); **~ übergehen** se confondre; **~fügen** *vt* (*Teile*) emboîter; **~greifen** *unreg vi* (*Zahnräder*) s'engrener; (*Ereignisse etc*) s'enchaîner.

infam [ɪn'faːm] *adj* (*bösartig*) infâme, abject(e).

Infanterie [ɪnfantə'riː] *f* infanterie *f*.

Infarkt [ɪn'farkt] (**–(e)s, –e**) *m* infarctus *m*.

Infekt [ɪn'fɛkt] *m* infection *f*.

Infektion [ɪnfɛktsi'oːn] *f* infection *f*.

Infektionsherd *m* foyer *m* d'infection.

Infektionskrankheit *m* maladie *f* infectieuse.

infektiös [ɪnfɛktsi'øːs] *adj* contagieux(-euse).

Infinitiv ['ɪnfinitiːf] (**–s, –e**) *m* infinitif *m*.

infizieren [ɪnfi'tsiːrən] *vt* infecter ♦ *vr*: **sich ~ (bei)** être infecté(e) (par); **sich mit Hepatitis ~** attraper une hépatite.

in flagranti [ɪn fla'granti] *adv* en flagrant délit.

Inflation [ɪnflatsi'oːn] *f* inflation *f*.

inflationär [ɪnflatsio'nɛːr] *adj* inflationniste.

Inflationsrate *f* taux *m* d'inflation.

inflatorisch [ɪnfla'toːrɪʃ] *adj* inflationniste.

Info ['ɪnfo] (**–s, –s**; *umg*) *nt* documentation *f*.

infolge [ɪn'fɔlgə] *präp* +*Gen* à la suite de, à cause de ♦ *adv*: **~ von** à la suite de; **~dessen** *adv* par conséquent.

Informant [ɪnfɔr'mant] *m* informateur *m*.

Informatik [ɪnfɔr'maːtɪk] *f* informatique *f*; **~er(in)** *m(f)* informaticien(ne) *m(f)*.

Information [ɪnfɔrmatsi'oːn] *f* information *f*; **~en** *pl* (*COMPUT*) données *fpl*; **zu Ihrer ~** à titre d'information.

Informations-: **~abruf** *m* (*COMPUT*) recherche *f* documentaire; **~monopol** *nt* monopole *m* de l'information; **~träger** *m* support *m* de données.

informativ [ɪnfɔrma'tiːf] *adj* instructif(-ive).

informell ['ɪnfɔrmɛl] *adj* (*nicht offiziell*) informel(le).

informieren [ɪnfɔr'miːrən] *vt* informer ♦ *vr*: **sich ~ über** +*Akk* s'informer de.

Infrarotbestrahlung ['ɪnfraroːtbəʃtraːluŋ] *f* traitement *m* aux infrarouges.

Infrastruktur ['ɪnfraʃtrʊktuːr] *f* infrastructure *f*.

Infusion [ɪnfuzi'oːn] *f* perfusion *f*.

Ing. *abk* = **Ingenieur**.

Ingenieur [ɪnʒeni'øːr] *m* ingénieur *m*; **~schule** *f* école *f* d'ingénieurs.

Ingwer ['ɪŋvɐr] (**–s**) *m* gingembre *m*.

Inh. *abk* (= *Inhaber*) propriétaire *m*; (= *Inhalt*) contenu *m*.

Inhaber(in) ['ɪnhaːbər(ɪn)] (**–s, –**) *m(f)* (*von Rekord, Genehmigung, Konzession, Titel, Lizenz*) détenteur(-trice) *m/f*; (*von Paß, Führerschein*) titulaire *m/f*; (*von Restaurant, Hotel*) propriétaire *m/f*; (*von Scheck*) porteur *m*.

inhaftieren [ɪnha'tiːrən] *vt* incarcérer.

Inhaftierung *f* incarcération *f*.

Inhalationsapparat [ɪnhalatsi'oːnzaparaːt] *m* inhalateur *m*.

inhalieren [ɪnhaˈliːrən] *vt* (*MED*) inhaler; (*beim Rauchen*) avaler ♦ *vi* faire des inhalations.

Inhalt [ˈɪnhalt] (**–(e)s, –e**) *m* (*Fläche*) contenance *f*, capacité *f*; (*Volumen*) volume *m*; (*von Wort*) contenu; (*von Leben*) sens *m*; **i~lich** *adv* en ce qui concerne le contenu; **i~reich** *adj* = **inhaltsreich**.

Inhalts-: ~**angabe** *f* résumé *m*; **i~los** *adj* creux(creuse); **i~reich** *adj* (*Buch, Film, Rede*) très intéressant(e); ~**verzeichnis** *nt* (*in Paket*) indication *f* du contenu; (*in Buch*) table *f* des matières, sommaire *m*; (*COMPUT*) répertoire *m*.

inhuman [ˈɪnhumaːn] *adj* inhumain(e).

initialisieren [initsialiˈziːrən] *vt* initialiser.

Initialisierung *f* initialisation *f*.

initiativ *adj* (*geh: Mensch*) plein(e) d'initiative.

Initiative [initsiaˈtiːvə] *f* initiative *f*; **die ~ ergreifen** prendre l'initiative; **~ besitzen** faire preuve d'initiative.

Initiator(in) [initsiˈaːtɔr(ɪn)] *m(f)* (*geh*) instigateur(-trice) *m/f*.

Injektion [ɪnjɛktsiˈoːn] *f* injection *f*.

injizieren [ɪnjiˈtsiːrən] *vt* injecter.

Inka [ˈɪŋka] (**–(s), –s**) *m* Inca *m/f*.

Inkaufnahme [ɪnˈkaʊfnaːmə] *f* (*förmlich*): **unter ~ finanzieller Verluste** en acceptant d'éventuelles pertes financières.

inkl. *abk* = **inklusive**.

inklusive [ɪnkluˈziːvə] *präp +Gen* y compris ♦ *adv* inclusivement.

Inklusivpreis *m* prix *m* tout compris.

inkognito [ɪnˈkɔgnito] *adv* (*geh*) incognito.

inkompetent [ˈɪnkɔmpetɛnt] *adj* incompétent(e).

inkomplett [ˈɪnkɔmplɛt] *adj* (*geh*) incomplet(-ète).

inkonsequent [ˈɪnkɔnzekvɛnt] *adj* inconséquent(e).

inkorrekt [ˈɪnkɔrɛkt] *adj* incorrect(e).

Inkrafttreten [ɪnˈkrafttreːtən] (**–s**) *nt* entrée *f* en vigueur.

Inkubationszeit [ɪnkubatsiˈoːnstsaɪt] *f* (*MED*) période *f* d'incubation.

Inkubator [ɪnkuˈbaːtɔr] *m* (*MED*) couveuse *f*.

Inland [ˈɪnlant] (**–(e)s**) *nt* (*GEOG*) intérieur *m* (des terres); (*POL*) territoire *m* national, intérieur (du pays); (*WIRTS*) marché *m* intérieur; **im ~ und Ausland, im In- und Ausland** ici *od* dans le pays et à l'étranger; ~**flug** *m* vol *m* intérieur.

Inlandsbrief *m* lettre *f* au tarif intérieur.

Inlandsporto *nt* tarif *m* postal intérieur.

Inlay [ˈɪnleɪ] (**–s, –s**) *nt* inlay *m*.

Inlett [ˈɪnlɛt] (**–(e)s, –s**) *nt* housse *f* de couette.

inmitten [ɪnˈmɪtən] *präp +Gen* au milieu de ♦ *adv*: ~ **von** au milieu de.

innehaben [ˈɪnəhaːbən] *unreg vt* (*Amt*) exercer; (*Titel*) porter; (*Rekord*) détenir.

innehalten [ˈɪnəhaltən] *unreg vi* s'interrompre.

innen [ˈɪnən] *adv* à l'intérieur; **nach ~** vers l'intérieur; **von ~** de l'intérieur; **I~architekt(in)** *m(f)* décorateur(-trice) *m(f)*, architecte *m/f* d'intérieur; **I~aufnahme** *f* (prise *f* en) intérieur *m*; **I~ausstattung** *f* aménagement *m* intérieur; **I~bahn** *f* (*SPORT*) piste *f* centrale; **I~dienst** *m*: **im I~dienst sein** travailler dans un bureau; **I~einrichtung** *f* aménagement *m* intérieur; **I~hof** *m* cour *f* intérieure; **I~leben** *nt* (*seelisch*) vie *f* intérieure; (*umg: körperlich*) entrailles *fpl*; **I~minister** *m* ministre *m* de l'Intérieur; **I~politik** *f* politique *f* intérieure; ~**politisch** *adj* de politique intérieure; **I~raum** *m* intérieur *m*; **viel I~raum haben** (*Auto*) avoir un habitacle spacieux; **I~stadt** *f* centre-ville *m*; **I~tasche** *f* poche *f* intérieure; **I~wand** *f* paroi *f*; **I~welt** *f* monde *m* intérieur; **I~winkel** *m* angle *m* intérieur.

innerbetrieblich *adj* interne; **etw ~ regeln** régler qch au sein de l'entreprise.

innerdeutsch *adj* entre les deux parties de l'Allemagne (ex-RDA et RFA).

innere(r, s) *adj* intérieur(e); (*MED*) interne; **auf der ~n Station liegen** être dans le service de médecine interne.

Innere(s) (**–n**) *nt* intérieur *m*; **in seinem Inner(e)n** au fond de lui-même.

Innereien [ɪnəˈraɪən] *pl* abats *mpl*.

inner-: ~**halb** *adv*: ~**halb von** (*räumlich*) à l'intérieur de; (*zeitlich*) en ♦ *präp +Gen* (*räumlich*) à l'intérieur de; (*zeitlich*) en; ~**halb von drei Jahren** en trois ans; ~**halb kürzester Zeit** en très peu de temps; ~**lich** *adv* intérieur(e), interne; (*geistig*) profond(e), intime; **ein Medikament zur ~lichen Anwendung** un médicament à usage interne *od* à prendre par voie orale; **I~lichkeit** *f* vie *f* intérieure; ~**parteilich** *adj* à l'intérieur du parti; ~**parteiliche Demokratie** démocratie *f* au sein du parti.

innerste(r, s) *adj* central(e); (*Gedanken, Gefühle*) le(la) plus profond(e).

Innerste(s) *nt* (*seelisch*) fond *m* de soi-même; (*von Land*) centre *m*; **bis ins ~ getroffen** touché(e) *od* atteint(e) au vif.

innewohnen [ˈɪnəvoːnən] *vi +Dat* (*geh*) être inhérent(e) à.

innig [ˈɪnɪç] *adj* (*Freundschaft*) profond(e); **mein ~ster Wunsch** mon souhait le plus cher; ~**lich** *adv* profondément.

Innung [ˈɪnʊŋ] *f* corporation *f*; **du blamierst die ganze ~** (*hum: umg*) tu nous couvres de honte *od* de ridicule.

inoffiziell [ˈɪnǀɔfitsiɛl] *adj* non officiel(le); (*Mitteilung, Nachricht*) officieux(-euse).

inoperabel [ˈɪnǀopeːraːbəl] *adj* inopérable.

ins [ɪns] = **in das**.

Insasse(-in) [ˈɪnzasə] (**–n, –n**) *m(f)* (*von Anstalt*) pensionnaire *m/f*; (*von Auto*) passager(-ère) *m/f*.

insbesondere [ɪnsbəˈzɔndərə] *adv* notamment, en particulier.

Inschrift [ˈɪnʃrɪft] *f* inscription *f*.

Insekt [ɪnˈzɛkt] (**–(e)s, –en**) *nt* insecte *m*.

Insektenvertilgungsmittel, Insektizid [ɪnzɛktiˈtsiːt] (**–s, –e**) *nt* insecticide *m*.

Insel ['ınzəl] f île f; (Verkehrs~) refuge m (pour piétons).

Inserat [ınze'ra:t] (–(e)s, –e) nt (petite) annonce f.

Inserent [ınze'rɛnt] m annonceur m.

inserieren [ınze'ri:rən] vi passer une annonce ♦ vt passer une annonce pour.

insgeheim [ınsgə'haım] adv secrètement, en secret.

insgesamt [ınsgə'zamt] adv en tout; (allgemein) somme toute.

insofern [ınzo'fɛrn] adv (in dieser Hinsicht) sur ce point; (deshalb) dans cette mesure ♦ konj (wenn) dans la mesure où, si; ~ **als** dans la mesure où.

insolvent ['ınzɔlvɛnt] adj insolvable.

Insolvenz f insolvabilité f.

insoweit adv = **insofern**.

in spe [ın'ʃpe:] (umg) adj: **unser Schwiegersohn ~ ~** notre futur gendre.

Inspektion [ınspɛktsi'o:n] f inspection f, contrôle m; (AUT) révision f.

Inspektor(in) [ın'spɛktɔr(ın)] m(f) inspecteur(-trice) m(f).

Inspiration [ınspiratsi'o:n] f inspiration f.

inspirieren [ınspi'ri:rən] vt inspirer; **sich von etw ~ lassen** être inspiré(e) par qch.

Inspizient [ınspitsi'ɛnt] m chef m de plateau.

inspizieren [ınspi'tsi:rən] vt inspecter, contrôler.

instabil ['ınstabi:l] adj instable.

Installateur [ınstala'tø:r] m (Wasser~) plombier m; (Elektro~) monteur m électricien; (Gas~) ajusteur-gazier m.

installieren [ınsta'li:rən] vt installer.

instand [ın'ʃtant] adv: **etw ist gut/schlecht ~** qch est en bon/mauvais état; **etw ~ setzen** remettre qch en état; **etw ~ halten** maintenir qch en bon état; **jdn ~ setzen, etw zu tun** permettre à qn de faire qch; **I~haltung** [ın'ʃtanthaltʊŋ] f entretien m.

inständig [ın'ʃtɛndıç] adj instant(e), pressant(e) ♦ adv: ~ **bitten** prier instamment.

Instandsetzung f remise f en état, réparation f; (eines Gebäudes) restauration f.

Instantgetränk [ın'stantgətrɛŋk] nt boisson f soluble od en poudre.

Instanz [ın'stants] f instance f; **in erster/zweiter ~** en première/deuxième instance.

Instanzenweg m voie f hiérarchique.

Instinkt [ın'stıŋkt] (–(e)s, –e) m instinct m.

instinktiv [ınstıŋk'ti:f] adj instinctif(-ive).

Institut [ınsti'tu:t] (–(e)s, –e) nt institut m.

Institution [ınstitutsi'o:n] f institution f; **staatliche ~en** institutions fpl nationales.

institutionell [ınstitutsio'nɛl] adj institutionnel(le).

Instruktion [ınstrʊktsi'o:n] f instruction f.

instruktiv [ınstrʊk'ti:f] adj instructif(-ive).

Instrument [ınstru'mɛnt] nt instrument m; **ein ~ spielen** jouer d'un instrument.

Instrumentarium [ınstrumɛn'ta:riʊm] nt (MED) équipement m; (MUS) instruments mpl.

insular [ınzu'la:r] adj insulaire.

Insulin [ınzu'li:n] (–s) nt insuline f.

inszenieren [ınstse'ni:rən] vt (THEAT) mettre en scène; (fig: pej) orchestrer.

Inszenierung f mise f en scène.

intakt [ın'takt] adj intact(e).

Integral [ınte'gra:l] nt (MATH) intégrale f.

Integralrechnung [ınte'gra:lrɛçnʊŋ] f calcul m intégral.

Integration [ıntegratsi'o:n] f intégration f.

integrieren [ınte'gri:rən] vt intégrer; **integrierte Gesamtschule** établissement m secondaire polyvalent.

Integrität [ıntegri'tɛ:t] f intégrité f.

Intellekt [ıntɛ'lɛkt] (–(e)s) m intellect m.

intellektuell [ıntɛlɛktu'ɛl] adj intellectuel(le); **I~e(r)** f(m) intellectuel(le) m(f).

intelligent [ıntɛli'gɛnt] adj intelligent(e).

Intelligenz [ıntɛli'gɛnts] f intelligence f; (Gruppe, Schicht) intelligentsia f; ~**bestie** (pej) f (hum) grosse tête f; ~**quotient** m quotient m intellectuel.

Intendant [ıntɛn'dant] m directeur m.

Intensität [ıntɛnzi'tɛ:t] f intensité f.

intensiv [ıntɛn'zi:f] adj intense; (Gespräch) approfondi(e); ~**ieren** vt intensifier; **I~kurs** m cours m intensif; **I~station** f service m de réanimation.

Intercity-Zug [ıntər'sıtitsu:k] m rapide m.

interessant [ıntərɛ'sant] adj intéressant(e); **sich ~ machen** faire l'intéressant(e); **das ist ja ~!** (ironisch) très intéressant!; **dieser Preis ist für mich nicht ~** (WIRTS) à ce prix-là, l'affaire ne m'intéresse pas.

interessanterweise adv curieusement.

Interesse [ıntə'rɛsə] (–s, –n) nt intérêt m; ~ **haben an** +Dat être intéressé(e) par; **es ist in deinem eigenen ~, das zu tun** c'est dans ton intérêt de le faire, tu as intérêt à le faire; **jds ~n wahrnehmen/vertreten** défendre/représenter les intérêts de qn.

interessehalber adv par curiosité.

Interessen-: ~**gebiet** nt centre m d'intérêt; ~**gegensatz** m conflit m d'intérêts; ~**gemeinschaft** f (WIRTS) association f.

Interessent(in) [ıntərɛ'sɛnt(ın)] m(f) personne f intéressée; (WIRTS: möglicher Käufer) amateur m; **es haben sich mehrere ~en gemeldet** plusieurs personnes se sont montrées intéressées.

Interessenvertretung f: **die ~ von jdm sein** représenter les intérêts de qn.

interessieren [ıntərɛ'si:rən] vt intéresser ♦ vr: **sich ~ (für)** s'intéresser (à); **jdn für etw ~** intéresser qn à qch; **an jdm/etw interessiert sein** s'intéresser à qn/qch.

interessiert adj intéressé(e); **politisch ~** qui s'intéresse à la politique; **an jdm/etw ~ sein** s'intéresser à qn/qch.

Interimslösung [ınterımslø:zʊŋ] f solution f provisoire.

Interimsregierung f gouvernement m par intérim.

Interkontinentalrakete [ɪntərkɔntinɛn'taːlrakeːtə] *f* missile *m* intercontinental.
intern [ɪn'tɛrn] *adj* interne.
Internat [ɪntɛr'naːt] (**–(e)s, –e**) *nt* internat *m*.
international [ɪntɛrnatsio'naːl] *adj* international(e).
Internatsschüler(in) *m(f)* interne *m/f*, pensionnaire *m/f*.
internieren [ɪntɛr'niːrən] *vt* interner.
Internierungslager *nt* camp *m* d'internement.
Internist(in) *m(f)* spécialiste *m/f* en médecine interne.
Interpol ['ɪntərpoːl] (**–**) *f abk* (= *Internationale Polizei*) Interpol *m*.
interpolieren [ɪntərpo'liːrən] *vt* interpoler.
Interpret(in) [ɪntər'preːt(ɪn)] (**–en, –en**) *m(f)* interprète *m/f*.
Interpretation [ɪntərpretatsio'oːn] *f* interprétation *f*.
interpretieren [ɪntɛrpre'tiːrən] *vt* interpréter.
Inter-: ~**punktion** [ɪntɛrpʊŋktsio'oːn] *f* ponctuation *f*; ~**railkarte** *f* carte *f* Inter-Rail; ~**vall** [ɪntɛr'val] (**–s, –e**) *nt* intervalle *m*; **i~venieren** *vi* intervenir; ~**view** [ɪntər'vjuː] (**–s, –s**) *nt* interview *f*; **i~viewen** *vt* interviewer.
intim [ɪn'tiːm] *adj* intime; (*Angelegenheit auch*) personnel(le); (*Kenntnisse*) approfondi(e); ~**e Beziehungen mit jdm haben** avoir des relations (sexuelles) avec qn; **I~bereich** *m* (*ANAT*) parties *fpl* génitales.
Intimität [ɪntimi'tɛːt] *f* intimité *f*.
Intim-: ~**sphäre** *f*: **jds ~sphäre verletzen** ne pas respecter la vie privée de qn; ~**spray** *m od nt* déodorant *m* intime; ~**verkehr** *m* (*euph*) rapports *mpl*.
intolerant ['ɪntolerant] *adj* intolérant(e).
intramuskulär [ɪntramʊsku'lɛːr] *adj* intramusculaire.
intransitiv ['ɪntranziti:f] *adj* intransitif(-ive).
intravenös [ɪntrave'nøːs] *adj* intraveineux(-euse).
intrigant [ɪntri'gant] *adj* intrigant(e).
Intrige [ɪn'triːgə] *f* intrigue *f*.
intrinsisch [ɪn'trɪnzɪʃ] *adj*: ~**er Wert** valeur *f* intrinsèque.
introvertiert [ɪntrover'tiːrt] *adj* introverti(e).
Intuition [ɪntuitsi'oːn] *f* intuition *f*.
intuitiv [ɪntui'tiːf] *adj* intuitif(-ive).
intus ['ɪntʊs] (*umg*) *adj*: **etw ~ haben** (*Schnaps etc*) avoir avalé qch; (*Wissen*) s'être mis qch dans la tête.
Invalide [ɪnva'liːdə] (**–n, –n**) *m* invalide *m*.
Invalidenrente *f* pension *f* d'invalidité.
Invasion [ɪnvazi'oːn] *f* invasion *f*.
Inventar [ɪnvɛn'taːr] (**–s, –e**) *nt* inventaire *m*.
inventarisieren [ɪnvɛntari'ziːrən] *vt* faire l'inventaire de, inventorier.
Inventur [ɪnvɛn'tuːr] *f* (*WIRTS*) inventaire *m*; ~ **machen** faire l'inventaire.
investieren [ɪnvɛs'tiːrən] *vt* investir; **investiertes Kapital** capital *m* investi; **Gefühle in jdn ~** avoir des sentiments pour qn.

Investition [ɪnvɛstitsi'oːn] *f* investissement *m*.
Investitionszuschuß *m* aide *f* à l'investissement.
Investmentfonds [ɪn'vɛstməntfõː] *m* fonds *m* d'investissement.
Investmentgesellschaft [ɪn'vɛstməntgəzɛlʃaft] *f* société *f* d'investissement.
inwendig ['ɪnvɛndɪç] *adj* intérieur(e); **jdn in- und auswendig kennen** (*umg*) connaître qn très bien; **etw in- und auswendig kennen** connaître qch comme sa poche.
inwiefern [ɪnvi'fɛrn], **inwieweit** *adv, konj* dans quelle mesure.
Inzest [ɪn'tsɛst] (**–(e)s, –e**) *m* inceste *m*.
Inzucht ['ɪntsʊxt] *f* (*bei Tieren*) croisement *m* d'animaux de même souche; (*bei Menschen*) intermariage *m*.
inzwischen [ɪn'tsvɪʃən] *adv* entre-temps.
IOK *nt abk* (= *Internationales Olympisches Komitee*) CIO *m*.
Ion [i'oːn] (**–s, –en**) *nt* ion *m*.
ionisch [i'oːnɪʃ] *adj*: **I~es Meer** mer *f* Ionienne.
IQ *m abk* (= *Intelligenzquotient*) QI *m*.
i.R. *abk* (= *im Ruhestand*) à la retraite.
Irak [i'raːk] (**–s**) *m*: **der ~** l'Irak *m*, l'Iraq *m*.
Iraker(in) (**–s, –**) *m(f)* Irakien(ne) *m/f*.
irakisch *adj* irakien(ne).
Iran [i'raːn] (**–s**) *m*: **der ~** l'Iran *m*.
Iraner(in) (**–s, –**) *m(f)* Iranien(ne) *m(f)*.
iranisch *adj* iranien(ne).
irdisch ['ɪrdɪʃ] *adj* terrestre; **den Weg alles I~en gehen** payer tribut à la nature.
Ire ['iːrə] (**–n, –n**) *m* Irlandais *m*.
irgend ['ɪrgənt] *adv*: **komm, wenn du ~ kannst** *od* **es dir ~ möglich ist** fais tout ton possible pour venir; ~ **so ein Vertreter/Bettler** un de ces représentants/mendiants; **wer (es) ~ kann, sollte kommen** tous ceux qui le peuvent devraient absolument venir; **ich tue, was ich ~ kann** je vais faire tout mon possible; ~ **jemand** quelqu'un; ~ **etwas** quelque chose; ~**ein(e)** *adj* un(e) (quelconque); **ich will nicht ~ein Buch** je ne veux pas n'importe quel livre; **das ist nicht ~eine Sängerin, das ist Maria Callas** ce n'est pas n'importe quelle cantatrice, c'est Maria Callas; **haben Sie (sonst) noch ~einen Wunsch?** vous souhaitez autre chose?; ~**ein Genie hat das erfunden** ça a été inventé par je ne sais quel génie; ~**eine(r, s)** *pron* (*jemand*) quelqu'un; (*ein beliebiger*) n'importe qui; (: *von Dingen*) n'importe lequel(laquelle); ~**einer hat mir gesagt** quelqu'un m'a dit, je ne sais plus qui m'a dit; **ich heirate doch nicht ~eine** je ne vais tout de même pas épouser la première venue; ~**einmal** *adv* (*fragend*) jamais; **das wird er schon ~einmal lernen** il finira bien par l'apprendre; **warst du schon ~einmal in Deutschland?** es-tu déjà *od* jamais allé(e) en Allemagne?; ~**wann** *adv* un jour; ~**wer** *pron* quelqu'un; **er ist nicht ~wer, er ist der Bundeskanzler** ce n'est pas n'importe qui, c'est le premier mi

nistre; ~**wie** adv d'une façon ou d'une autre;
ich hab' das ~wie schon mal gesehen j'ai l'impression de l'avoir déjà vu; ~**wo** adv quelque part; (verneinend) nulle part; ~**wohin** adv
(fragend, bedingend) quelque part; (verneinend)
n'importe où.
Irin ['iːrɪn] f Irlandaise f.
Iris ['iːrɪs] (–, –) f (BOT) iris m; (ANAT: pl auch Iri-
den) iris.
irisch adj irlandais(e); **I~e See** mer f d'Irlande.
irisieren [iri'ziːrən] vi s'iriser, avoir des reflets
irisés.
IRK nt abk (= Internationales Rotes Kreuz) CICR m.
Irland ['ɪrlant] (–s) nt l'Irlande f; (Republik ~) la
République d'Irlande, l'Eire f.
Irländer(in) ['ɪrlɛndər(ɪn)] (–s, –) m(f) siehe **Ire;
Irin.**
Ironie [iro'niː] f ironie f; **das ist (die) ~ des
Schicksals!** c'est l'ironie du sort!
ironisch [i'roːnɪʃ] adj ironique.
irrational ['ɪratsionaːl] adj irrationnel(le).
irre ['ɪrə] adj fou(folle); (umg) dément(e) ♦ adv
(intensivierend: sehr, stark) hyper, super; **an
jdm/etw ~ werden** ne plus savoir où on en
est avec qn/qch; **ein ganz ~r Typ** (umg) un
type complètement dingue; ~ **gut** (umg) dé-
ment(e), super; **I~ f: in die I~ gehen** se fourvoyer.
Irre(r) f(m) fou(folle) m(f).
irreal ['ɪreaːl] adj irréel(le).
irreführen vt induire en erreur.
Irreführung f tromperie f, mystification f.
irrelevant ['ɪrelevant] adj: ~ **(für)** sans importance (pour).
irremachen vt rendre fou(folle).
irren vi (unrecht haben) se tromper; (umher~)
errer ♦ vr se tromper; **jeder kann sich mal ~**
tout le monde peut se tromper; **wenn ich
mich nicht irre** si je ne m'abuse; **sich in jdm/
etw ~** se tromper sur le compte de qn/sur
qch; **I~anstalt** f (veraltet) asile m d'aliénés;
I~haus nt: **hier geht es zu wie im I~haus** (umg)
c'est une vraie maison de fous.
Irr-: ~**fahrt** ['ɪrfaːrt] f odyssée f; ~**garten** m labyrinthe m; ~**glaube** m erreur f.
irrig ['ɪrɪç] adj erroné(e).
irritieren [iri'tiːrən] vt (verwirren) déconcerter;
(ärgern) irriter; (stören) déranger.
Irr-: ~**läufer** m courrier m mal acheminé;
~**licht** nt feu m follet; ~**sinn** m (Unsinn) folie
f; **es wäre ~sinn, das zu tun** ce serait de la folie de faire cela; **i~sinnig** adj fou(folle); (Tat)
de folie ♦ adv: **i~sinnig komisch** hilarant(e),
désopilant(e); ~**tum** (–s, –tümer) m erreur f;
im ~tum sein être dans l'erreur; ~**tum!**
faux! **i~tümlich** adj erroné(e).
SBN f abk (= International Standard Book Number)
ISBN m.
schias ['ɪʃias] (–) f od nt sciatique f; ~**nerv** m
nerf m sciatique.
slam ['ɪslam] (–s) m islam m.
slamisch [ɪs'laːmɪʃ] adj islamique.
sland ['iːslant] (–s) nt l'Islande f.

Isländer(in) ['iːslɛndər(ɪn)] (–s, –) m(f) Islan-
dais(e) m/f.
isländisch adj islandais(e).
Isolation [izolatsi'oːn] f siehe **Isolierung.**
Isolator [izo'laːtɔr] m isolant m.
Isolierband nt ruban m isolant.
isolieren [izo'liːrən] vt isoler ♦ vr s'isoler.
Isolierstation f (MED) salle f des contagieux.
Isolierung f isolement m; (ELEK) isolation f.
Israel ['ɪsrae:l] (–s) nt Israël m.
Israeli [ɪsra'eːli] (–(s), –s) m/f Israélien(ne) m/f.
israelisch adj israélien(ne).
ißt [ɪst] vb siehe **essen.**
ist [ɪst] vb siehe **sein.**
Istanbul ['ɪstambuːl] nt Istamboul, Istanbul.
Ist-Bestand m (Geld) encaisse f; (Waren) mar-
chandises fpl en stock.
Italien [i'taːliən] nt l'Italie f.
Italiener(in) [itali'eːnər(ɪn)] (–s, –) m(f) Ita-
lien(ne) m(f).
italienisch adj italien(ne); **die ~e Schweiz** la
Suisse italienne, le Tessin.
I.V., i.V. abk (= in Vertretung, in Vollmacht) p.p.,
pour.
IWF m abk (= Internationaler Währungsfonds) FMI
m.

J, j

J, j [jɔt] nt (Buchstabe) J, j m; ~ **wie Julius** ≈ J
comme Joseph.

===================== SCHLÜSSELWORT

ja [jaː] adv **1** oui; **ich glaube ja** je crois que oui;
ja und amen zu allem sagen (umg) dire amen à
tout, tout accepter sans broncher
2 (fragend): **ich habe gekündigt – ja?** j'ai donné
ma démission – c'est vrai?
3 (unbedingt): **sei ja vorsichtig** fais bien attention; **tu das ja nicht!** ne le fais surtout pas!
4 (schließlich): **Sie wissen ja, daß ...** vous n'êtes
pas sans savoir que ...; **sie ist ja erst fünf**
(n'oubliez pas qu')elle n'a que cinq ans
5 (feststellend): **ich habe es ja gewußt** j'en étais
sûr(e); **das sag' ich ja!** c'est bien ce que je disais!
6 (vergewissernd): **du kommst doch, ja?** tu ne
viens pas?
7 (verstärkend): **das ist ja schlimm** c'est vraiment grave; **ja, also ich gehe dann mal!** bon,
eh bien je vais partir; **ja, also so geht das
nicht** non, non, ça ne va pas comme ça.

Jacht [jaxt] (–, –en) f yacht m.
Jacke ['jakə] f veste f; (Anzug~ auch) veston m.
Jackenkleid nt ensemble m (robe et veste).

Jacketkrone [ˈdʒɛkɪtkroːnə] *f* jaquette *f*.
Jackett [ʒaˈkɛt] (**–s, –s** *od* **–e**) *nt* veste *f*, veston *m*.
Jade [ˈjaːdə] *f* jade *m*.
Jagd [jaːkt] (**–, –en**) *f* chasse *f*; ~ **machen auf etw** +*Akk* chasser qch; (*fig*) être à la poursuite de qch; ~**beute** *f* tableau *m* de chasse; ~**flugzeug** *nt* avion *m* de chasse, chasseur *m*; ~**gewehr** *nt* fusil *m* de chasse; ~**hund** *m* chien *m* de chasse; ~**schein** *m* permis *m* de chasse; ~**wurst** *f* saucisson fumé à l'ail et à la moutarde.
jagen [ˈjaːgən] *vi* chasser; (*rennen, schnell fahren*) aller à toute vitesse ♦ *vt* chasser; (*verfolgen*) poursuivre; **nach Ruhm/dem Glück** ~ courir après la gloire/le bonheur; **jdm etw in den Arm** ~ (*umg: stoßen*) enfoncer qch dans le bras de qn; **mit Rosenkohl kannst du mich** ~ (*umg*) j'ai horreur des choux de Bruxelles.
Jäger(in) [ˈjɛːgər(ɪn)] (**–s, –**) *m(f)* chasseur(-euse) *m(f)* ♦ *m* (*MIL*) chasseur *m*; ~**latein** (*umg*) *nt* fanfaronnades *fpl*; ~**schnitzel** *nt* escalope *f* (à la sauce) chasseur.
Jaguar [ˈjaːguaːr] (**–s, –e**) *m* jaguar *m*.
jäh [jɛː] *adj* (*plötzlich*) subit(e); (*steil*) abrupt(e); ~**lings** *adv* brusquement.
Jahr [jaːr] (**–(e)s, –e**) *nt* année *f*, an *m*; **ein halbes** ~ six mois; **einmal im** ~ une fois par an; **im** ~**e 1979** en 1979; **die sechziger** ~**(e)** les années soixante; **mit dreißig** ~**en** à trente ans; **in den besten** ~**en sein** être dans la fleur de l'âge; **nach** ~ **und Tag** bien plus tard; **mit den** ~**en** avec le temps; **zwischen den** ~**en** (*umg*) à la fin de l'année; **j~aus** *adv*: **j~aus, jahrein** bon an mal an; ~**buch** *nt* annuaire *m*.
jahrelang *adj* qui dure des années, prolongé(e) ♦ *adv* pendant des années.
Jahres-: ~**abonnement** *m* abonnement *m* annuel; ~**abschluß** *m* bilan *m* annuel; ~**ausgleich** *m* péréquation *f* des impôts; ~**beitrag** *m* cotisation *f* annuelle; ~**bericht** *m* rapport *m* annuel; ~**hauptversammlung** *f* assemblée *f* générale annuelle; ~**karte** *f* abonnement *m* annuel; ~**tag** *m* anniversaire *m*; ~**umsatz** *m* chiffre *m* d'affaires annuel; ~**wechsel** *m* nouvel an *m*; ~**zahl** *f* date *f*; ~**zeit** *f* saison *f*.
Jahr-: ~**gang** *m* année *f*; (*von Wein*) année, millésime *m*; **er ist** ~**gang 1950** il est né en 1950; ~**hundert** *nt* siècle *m*; ~**hundertfeier** *f* centenaire *m*; ~**hundertwende** *f* tournant *m* du siècle.
jährlich [ˈjɛːrlɪç] *adj* annuel(le) ♦ *adv* chaque année; **einmal/zweimal** ~ une/deux fois par an.
Jahr-: ~**markt** *m* foire *f*; ~**tausend** *nt* millénaire *m*; ~**zehnt** *nt* décennie *f*.
Jähzorn [ˈjɛːtsɔrn] *m* rage *f*.
jähzornig *adj* colérique, irascible.
Jalousie [ʒaluˈziː] *f* persiennes *fpl*.
Jamaika [jaˈmaɪka] (**–s**) *nt* la Jamaïque.
Jammer [ˈjamər] (**–s**) *m* (*Klagen*) lamentations *fpl*; (*Elend*) misère *f*; **es ist ein** ~, **daß** ... c'est vraiment dommage que ... .

jämmerlich [ˈjɛmərlɪç] *adj* pitoyable, misérable; (*Weinen, Geschrei*) de douleur; (*Leistung*) lamentable; (*Bezahlung*) de misère; **J~keit** *f* misère *f*.
jammern *vi* se lamenter ♦ *vt unpers*: **es jammert jdn** (*geh*) qn est pris de pitié; **über etw** *Akk* ~ se lamenter sur qch.
jammerschade (*umg*) *adj*: **das ist** ~ c'est vraiment dommage.
Jan. *abk* = **Januar.**
Januar [ˈjanuaːr] (**–s, –e**) *m* janvier *m*; *siehe auch* **September.**
Japan [ˈjaːpan] (**–s**) *nt* le Japon.
Japaner(in) [jaˈpaːnər(ɪn)] (**–s, –**) *m(f)* Japonais(e) *m(f)*.
japanisch *adj* japonais(e).
Jargon [ʒarˈgõː] (**–s, –s**) *m* (*Fachsprache*) jargon *m*; (*ordinär*) argot *m*.
Jasager [ˈjaːzaːgər] (**–s, –**; *pej*) *m* personne *f* qui est toujours d'accord avec tout le monde, béni-oui-oui *m*.
Jastimme *f* voix *f* pour, oui *m*.
jäten [ˈjɛːtən] *vt* sarcler.
Jauche [ˈjauxə] *f* purin *m*; ~**grube** [ˈjauxəgruːbə] *f* fosse *f* à purin.
jauchzen [ˈjauxtsən] *vi* pousser des cris de joie.
Jauchzer (**–s, –**) *m* cri *m* de joie.
jaulen [ˈjaulən] *vi* hurler.
Jause [ˈjauzə] (*ÖSTERR*) *f* ≈ goûter *m*.
Jausenstation (*ÖSTERR*) *f* petite auberge à la montagne où l'on peut prendre une collation.
jawohl *adv* oui.
Jawort *nt*: **jdm das** ~ **geben** consentir à épouser qn; (*bei Trauung*) dire "oui".
Jazz [dʒæz] (**–**) *m* jazz *m*; ~**keller** *m* club *m* de jazz.
je [jeː] *adv* (*jemals*) jamais ♦ *konj*: ~ **nach** ... selon le(la) ...; **hast du sowas** ~ **gesehen?** as-tu jamais *od* déjà vu une chose pareille?; **sie zahlten** ~ **5 DM** ils ont payé chacun 5 marks; **seit eh und** ~ depuis la nuit des temps; ~ **nachdem** selon; ~ **nachdem, ob** ... selon que ...; ~ **eher, desto besser** le plus tôt serait le mieux, le plus tôt possible; ~ **länger,** ~ **lieber** le plus long possible, de préférence.
Jeans [dʒiːnz] *pl* jean *m*; ~**anzug** *m* ensemble *m* en jean.
jede(r, s) [ˈjeːdə(r, s)] *pron* (*adjektivisch*) chaque; (*substantivisch*) chacun(e); (*alle*) tous(toutes); (*jeder beliebige*) n'importe qui; ~**s Kind** n'importe quel enfant; **zu** ~**r Stunde** à n'importe quelle heure; **ohne** ~**n Zweifel** sans aucun doute; ~**n Augenblick** d'un moment à l'autre; ~**r zweite** une personne sur deux; **das kann doch wirklich** ~**r!** c'est à la portée de n'importe qui!
jedenfalls *adv* de toute manière, quoi qu'il en soit; (*zumindest*) du moins.
jedermann *pron* tout le monde; **das ist nicht** ~**s Sache** ça ne plaît pas à tout le monde.
jederzeit *adv* à tout moment.
jedesmal *adv* chaque fois; ~, **wenn er** ... cha-

que fois qu'il ... .
jedoch [je'dɔx] *adv, konj* cependant, pourtant.
jeher ['je:he:r] *adv*: **von** *od* **seit** ~ depuis toujours.
jein [jaɪn] *adv* (*hum*) ni oui, ni non.
jemals ['je:ma:ls] *adv* jamais.
jemand ['je:mant] *pron* quelqu'un; (*bei Negation*) personne; **ohne** ~**en zu fragen** sans demander à personne.
Jemen ['je:mən] (**–s**) *m*: **der** ~ le Yémen.
Jemenit(in) *m(f)* Yéménite *m/f*.
jemenitisch *adj* yéménite.
Jenaer Glas ® ['je:naərgla:s] *nt* pyrex ® *m*.
jene(r, s) ['je:nə(r, s)] *pron* (*adjektivisch*) ce(cette); (*substantivisch*) celui-là(celle-là); (*der Vorherige*) ce(cette) dernier(-ière); **über dieses und** ~**s sprechen** parler de choses et d'autres.
jenseits ['je:nzaɪts] *adv* de l'autre côté ♦ *präp* +*Gen* de l'autre côté de, au-delà de; **J~** *nt*: **das J~** l'au-delà *m*; **jdn ins J~ befördern** (*umg*) expédier qn dans l'autre monde.
Jersey ['dʒɒ:rzi] (**–(s), –s**) *m* Jersey *f*.
Jerusalem [je'ru:zalɛm] *nt* Jérusalem.
Jesses ['jɛsəz] (*umg*) *interj* mon Dieu.
Jesuit (**–en, –en**) *m* jésuite *m*.
Jesus ['je:zʊs] (**Jesu**) *m* Jésus *m*; ~ **Christus** Jésus-Christ *m*.
Jet [dʒɛt] (**–(s), –s**; *umg*) *m* jet, avion *m* à réaction.
jetten (*umg*) *vi* prendre l'avion.
jetzig ['jɛtsɪç] *adj* actuel(le).
jetzt [jɛtst] *adv* maintenant; (*heutzutage*) aujourd'hui; ~ **gleich** tout de suite; **bis** ~ jusqu'à présent.
jeweilig *adj* respectif(-ive); **die** ~**e Regierung** le gouvernement en place.
jeweils *adv* chaque fois; ~ **zwei zusammen** (toujours) deux par deux; **zu** ~ **5 DM** (à) 5 marks pièce; ~ **das erste** tous les premiers, chaque fois le premier; ~ **am Monatsletzten** le dernier jour de chaque mois.
Jg. *abk* = **Jahrgang**.
Jh. *abk* (= *Jahrhundert*) s.
jiddisch ['jɪdɪʃ] *adj* yiddish *inv*.
Jiu-Jitsu ['dʒi:udʒɪtsu] (**–(s)**) *nt* jiu-jitsu *m inv*.
Job [dʒɔp] (**–s, –s**; *umg*) *m* boulot *m*.
jobben ['dʒɔbən] (*umg*) *vi* faire des petits boulots.
Joch [jɔx] (**–(e)s, –e**) *nt* joug *m*.
Jochbein *nt* os *m* de la pommette *od* malaire.
Jockei ['dʒɔke] (**–s, –s**) *m* jockey *m*.
Jockey ['dʒɔke] (**–s, –s**) *m* = **Jockei**.
Jod [jo:t] (**–(e)s**) *nt* iode *m*.
jodeln ['jo:dəln] *vi* iodler.
joggen ['dʒɔgən] *vi* faire du jogging.
Joghurt ['jo:gʊrt] (**–s, –s**) *m od nt* yaourt *m*.
Johannisbeere [jo'hanɪsbe:rə] *f* groseille *f* (rouge); **schwarze** ~ cassis *m*.
Johanniter [joha'ni:tər] *pl* (*auch*: ~**unfallhilfe**) *services d'ambulances*.
johlen ['jo:lən] *vi* brailler.
Joint [dʒɔɪnt] (**–s, –s**; *umg*) *m* joint *m*.

Joint-venture ['dʒɔɪntventʃə'] (**–, –s**) *nt* joint-venture *f*.
Joker ['jo:kər] (**–s, –**) *m* joker *m*.
Jolle ['jɔlə] *f* yole *f*.
Jongleur [ʒõ'glø:r] (**–s, –e**) *m* jongleur *m*.
jonglieren [ʒõ'gli:rən] *vi*: ~ **mit** jongler avec.
Jordanien [jɔr'da:niən] (**–s**) *nt* la Jordanie.
Jordanier(in) *m(f)* Jordanien(ne) *m(f)*.
jordanisch *adj* jordanien(ne).
Journalismus [ʒʊrna'lɪsmʊs] *m* journalisme *m*.
Journalist(in) [ʒʊrna'lɪst(ɪn)] *m(f)* journaliste *m/f*.
journalistisch *adj* journalistique.
jovial [jovi'a:l] *adj* jovial(e).
Jubel ['ju:bəl] (**–s**) *m* cris *mpl* de joie; ~**, Trubel, Heiterkeit** ambiance *f* animée; ~**jahr** *nt*: **alle** ~**jahr (einmal)** (*umg*) tous les trente-six du mois.
jubeln *vi* pousser des cris de joie.
Jubilar(in) [jubi'la:r(ɪn)] (**–s, –e**) *m(f)* personne qui fête un anniversaire (*années de service etc*).
Jubiläum [jubi'lɛ:ʊm] (**–s, Jubiläen**) *nt* anniversaire *m*.
jucken ['jʊkən] *vi* démanger; (*Kratzen*) gratter; **es juckt mich am Arm** mon bras me démange; **das juckt mich ça me gratte; was juckt mich das?** (*umg*) j'en ai rien à cirer.
Juckpulver *nt* poil *m* à gratter.
Juckreiz *m* démangeaisons *fpl*.
Judaslohn ['ju:daslo:n] *m* argent gagné d'une manière honteuse.
Jude ['ju:də] (**–n, –n**) *m* juif *m*.
Juden-: ~**stern** *m* étoile *f* de David; ~**tum** *nt* (*Religion, Kultur*) judaïsme *m*; ~**verfolgung** *f* persécution *f* des juifs.
Jüdin ['jy:dɪn] *f* juive *f*.
jüdisch *adj* juif(juive).
Judo ['ju:do] (**–(s)**) *nt* judo *m*.
Jugend ['ju:gənt] (**–**) *f* jeunesse *f*; (*junge Leute auch*) jeunes *mpl*; ~**amt** *nt* ≈ aide *f* sociale à l'enfance; ~**buch** *m* livre *m* pour adolescents; ~**club** *m* club *m* de jeunes; **j~frei** *adj* (*FILM*) autorisé(e) aux moins de 18 ans; **seine Witze sind ja wohl nicht j~frei** ses plaisanteries sont plutôt osées; ~**freund(in)** *m(f)* ami(e) d'enfance; ~**gruppe** *f* groupe *m* de jeunes; ~**herberge** *f* auberge *f* de jeunesse; ~**hilfe** *f* = ~**amt**; ~**kriminalität** *f* délinquance *f* juvénile; **j~lich** *adj* jeune; ~**liche(r)** *f(m)* adolescent(e) *m(f)*, jeune *m/f*; ~**liebe** *f* amour *m* de jeunesse; ~**meister(in)** *m(f)* champion(ne) *m(f)* junior; ~**richter** *m* juge *m* pour enfants; ~**schutz** *m* protection *f* des mineurs; ~**stil** *m* art *m* nouveau; ~**strafanstalt** *f* établissement pénitentiaire pour mineurs; ~**sünde** *f* péché *m* de jeunesse; ~**traum** *m* rêve *m* de jeunesse; ~**zentrum** *nt* ≈ M.J.C. *f*.
Jugoslawe [jugo'sla:və] (**–n, –n**) *m* Yougoslave *m*.
Jugoslawien [jugo'sla:viən] (**–s**) *nt* la Yougoslavie.

Jugoslawin *f* Yougoslave *f*.
jugoslawisch *adj* yougoslave.
Juli ['ju:li] (–(s), –s) *m*, **Julei** [ju'laɪ] (–s, –s) *m* juillet *m*; *siehe auch* **September**.
Jumbo-Jet ['dʒambodʒɛt] (–s, –s) *m* jumbo-jet *m*.
jun. *abk* (= *Junior*) junior.
jung [jʊŋ] *adj* jeune; **die** ~**en Leute** les jeunes *mpl*.
Junge (–n, –n) *m* (*Kind*) garçon *m*.
Junge(s) (–n, –n) *nt* (*ZOOL*) petit *m*.
Jünger ['jʏŋər] (–s, –) *m* disciple *m*.
jünger *adj* plus jeune.
Jungfer (–, –n) *f*: **alte** ~ vieille fille *f*.
Jungfernfahrt *f* premier voyage *m*.
Jung-: ~**frau** *f* vierge *f*; (*ASTROL*) Vierge *f*; ~**frau sein** (*sexuell*) être vierge; ~**geselle** *m* célibataire *m*; ~**gesellin** *f* célibataire *f*.
Jüngling ['jʏŋlɪŋ] *m* jeune homme *m*.
Jungsozialist *m* jeune socialiste *m*.
jüngst [jʏŋst] *adv* récemment.
jüngste(r, s) *adj* le(la) plus jeune; (*neueste*) dernier(-ière); **die** ~ **Vergangenheit** le passé récent; **das J**~ **Gericht** le Jugement dernier; **der J**~ **Tag** le jour du Jugement dernier.
Jungwähler(in) *m(f)* nouvel(le) électeur (-trice) *m/f*.
Juni ['ju:ni] (–(s), –s) *m* juin *m*; *siehe auch* **September**.
Junior ['ju:niɔr] (–s, –en) *m* (*hum: Kind*) rejeton *m*; (*Juniorchef*) fils *m* du patron; (*SPORT*) junior *m*.
Juno ['ju:no] (–s, –s) *m* = **Juni**.
Junta ['xʊnta] (–, –ten) *f* junte *f*.
jur. *abk* = **juristisch**.
Jura ['ju:ra]: ~ **studieren** faire du droit.
Jurist(in) [ju'rɪst(ɪn)] *m(f)* juriste *m/f*; **j**~**isch** *adj* juridique; (*Studium, Fakultät*) de droit.
Juror ['ju:rɔr] (–s, Juroren) *m* membre *m* du jury.
Jury [ʒy'ri:] (–, –s) *f* jury *m*.
Juso ['ju:zo] (–s, –s) *m abk* (= *Jungsozialist*) jeune membre du parti socio-démocrate allemand.
just [jʊst] *adv*: ~ **in dem Augenblick** à ce moment précis.
Justiz [jʊs'ti:ts] (–) *f* justice *f*; ~**beamte(r)** *m* fonctionnaire *m* au tribunal; ~**irrtum** *nt* erreur *f* judiciaire; ~**minister** *m* ministre *m* de la Justice; ~**mord** *m* assassinat *m* juridique.
Juwel [ju've:l] (–s, –en) *nt od m* bijou *m*, joyau *m*; (*Person*) perle *f*; (*Sache*) joyau *m*.
Juwelier [juve'li:r] (–s, –e) *m* joaillier *m*, bijoutier *m*; ~**geschäft** *nt* bijouterie *f*.
Jux [jʊks] (–es, –e; *umg*) *m* blague *f*; **nur aus** ~ juste pour rigoler.
jwd *adv* (*hum*) au diable.

K, k

K, k [ka:] *nt* (*Buchstabe*) K, k *m*; ~ **wie Kaufmann** ≈ K comme Kléber.
Kabarett [kaba'rɛt] (–s, –e *od* –s) *nt* (*Ort*) cabaret *m*; (*Darbietung*) spectacle *m* satirique; ~**ist(in)** *m(f)* chansonnier *m*.
Kabel ['ka:bəl] (–s, –) *nt* câble *m*; ~**fernsehen** *nt* (télévision *f* par) câble *m*.
Kabeljau ['ka:bəljaʊ] (–s, –e *od* –s) *m* (*ZOOL*) morue *f*; (*KOCH*) cabillaud *m*, morue fraîche.
kabeln *vt* câbler ♦ *vi* envoyer un câble.
Kabine [ka'bi:nə] *f* cabine *f*; (*in Flugzeug*) car-lingue *f*.
Kabinenbahn *f* télécabine *f*.
Kabinett [kabi'nɛt] (–s, –e) *nt* (*POL*) cabinet *m*; (*Qualitätswein*) vin (allemand) de qualité supérieure.
Kabriolett [kabrio'lɛt] (–s, –s) *nt* cabriolet *m*.
Kachel ['kaxəl] (–, –n) *f* carreau *m*.
kacheln *vt* carreler.
Kachelofen *m* poêle *m* en faïence.
Kacke ['kakə] (*umg!*) *f* merde *f* (*umg!!*).
Kadaver [ka'da:vər] (–s, –) *m* charogne *f*.
Kadenz [ka'dɛnts] (–, –en) *f* cadence *f*.
Kader ['ka:dər] (–s, –) *m* (*MIL, POL*) cadre *m*; (*SPORT*) sélection *f*; ~**schmiede** (*umg*) *f* (*POL*) ≈ grande école *f*.
Kadett [ka'dɛt] (–en, –en) *m* (*MIL*) élève *m* officier.
Käfer ['kɛ:fər] (–s, –) *m* scarabée *m*, coléoptère *m*.
Kaff [kaf] (–s, –s *od* –e; *umg: pej*) *nt* patelin *m*.
Kaffee ['kafe] (–s, –s) *m* café *m*; (*Nachmittags*~) ≈ goûter *m*; **zwei** ~, **bitte!** deux cafés, s'il vous plaît!; **das ist kalter** ~ (*umg*) tout le monde est au courant; ~**bohne** *f* grain *m* de café; ~**fahrt** *f* (*Ausflug*) tour en voiture (ou en car) avec goûter; ~**haus** (*OSTERR*) *nt* café *m*; ~**kanne** *f* cafetière *f*; ~**klatsch** (*umg*) *m*: **sich zum** ~**klatsch treffen** se retrouver pour papoter autour d'un café; ~**kränzchen** *nt*: **sich zum** ~**kränzchen treffen** se retrouver régulièrement pour papoter autour d'un café; ~**löffel** *m* cuiller *f* à café, petite cuiller; ~**maschine** *f* cafetière *f* électrique; ~**mühle** *f* moulin *m* à café; ~**satz** *m* marc *m* de café; ~**tante** *f* (*umg*) grand(e) buveur(-euse) *m/f* de café; ~**wärmer** *m* couvre-cafetière *m*.
Käfig ['kɛ:fɪç] (–s, –e) *m* cage *f*.
kahl [ka:l] *adj* (*ohne Haare*) chauve; (*ohne Federn*) déplumé(e); (*unbelaubt*) dépouillé(e); (*Landschaft*) désolé(e); (*Raum*) vide; ~**fressen** *unreg vt* manger les feuilles de; ~**geschoren** *adj* tondu(e); **K**~**heit**

f (von Kopf) calvitie *f*; *(von Landschaft)* aspect *m* désolé; **K~kopf** *m (Person)* chauve *m*; **einen K~kopf haben** être chauve; **~köpfig** *adj* chauve; **K~schlag** *m (Wald)* clairière *f*.

Kahn [ka:n] *(–(e)s, ¨e) m* barque *f*; *(Last~)* péniche *f*, chaland *m*.

Kai [kaı] *(–s, –s) m* quai *m*.

Kairo ['kaıro] *(–s) nt* Le Caire.

Kaiser ['kaızər] *(–s, –) m* empereur *m*; **~in** *f* impératrice *f*; **k~lich** *adj* impérial(e); **~reich** *nt* empire *m*; **~schmarren** *m* morceaux de crêpe aux raisins secs; **~schnitt** *m (MED)* césarienne *f*.

Kajak ['ka:jak] *(–s, –s) m* kayac *m*.

Kajüte [ka'jy:tə] *f* cabine *f*.

Kakao [ka'ka:o] *(–s, –s) m* cacao *m*; **jdn/etw durch den ~ ziehen** *(umg: verspotten)* se moquer de qn/qch; **~pulver** *nt* cacao *m*.

Kakerlak ['ka:kərlak] *(–s od –en, –en) m* blatte *f*.

Kaktee [kak'te:ə] *(–, –n) f*, **Kaktus** ['kaktʊs] *(–, –se od –n) m* cactus *m inv*.

Kalauer ['ka:lauər] *(–s, –) m* calembour *m*.

Kalb [kalp] *(–(e)s, ¨er) nt* veau *m*.

kalben *vi* vêler.

Kalbfleisch *nt* veau *m (viande)*.

Kalbsleder *nt* vachette *f*.

Kaleidoskop ['kalaıdo'sko:p] *(–s, –e) nt* kaléidoscope *m*.

Kalender [ka'lɛndər] *(–s, –) m* calendrier *m*; *(Taschen~)* agenda *m*.

Kali ['ka:li] *(–s, –s) nt* potasse *f*.

Kaliber [ka'li:bər] *(–s, –; umg) nt* calibre *m*.

Kalifornien [kali'fɔrniən] *(–s) nt* la Californie.

Kalk [kalk] *(–(e)s, –e) m (im Wasser)* calcaire *m*; *(zum Tünchen)* chaux *f*; *(im Körper)* calcium *m*.

kalken *vt (Wände)* blanchir à la chaux; *(Bäume)* chauler.

kalkhaltig *adj* calcaire.

Kalkstein *m* calcaire *m*.

Kalkül [kal'ky:l] *(–s, –e) m od nt (geh)* calcul *m*.

Kalkulation [kalkulatsi'o:n] *f* calcul *m*.

Kalkulator [kalku'la:tɔr] *m* comptable *m*.

kalkulieren [kalku'li:rən] *vt* calculer ♦ *vi* compter.

Kalkutta [kal'kʊta] *(–s) nt* Calcutta.

Kalorie [kalo'ri:] *f* calorie *f*.

kalorienarm *adj* pauvre en calories, (à) basses calories.

kalorienbewußt *adj* qui fait attention aux calories.

kalt [kalt] *adj* froid(e); **mir ist (es) ~** j'ai froid; **~e Platte** assiette *f* anglaise; **der K~e Krieg** la guerre froide; **die Wohnung kostet ~ 1200 DM** le loyer de l'appartement est de 1200 marks, charges non comprises; **~bleiben** *unreg vi (fig)* rester impassible; **~blütig** *adj (pej: Mensch)* sans pitié; (: *Tat*) commis(e) de sang-froid, *(ruhig)* qui ne perd pas son sang-froid, calme; **K~blütigkeit** *f* sang-froid *m*; *(pej)* cruauté *f*.

älte ['kɛltə] *(–) f* froid *m*; *(fig)* froideur *f*; **wir haben 10 Grad ~** il fait moins 10; **vor ~ zittern** grelotter (de froid); **~einbruch** *m* forte chu-

te *f* de la température; **~grad** *m* degré *m* audessous de zéro; **~welle** *f* vague *f* de froid.

Kalt-: **~front** *f* front *m* froid; **k~herzig** *adj* froid(e); **k~lächelnd** *(pej) adv* sans sourciller; **k~machen** *(umg) vt* descendre; **~miete** *f* loyer *m* sans les charges; **~schale** *f (KOCH)* soupe froide aux fruits; **k~schnäuzig** *(umg) adj* froid(e); **k~stellen** *vt (umg: fig)* écarter.

Kalvinismus [kalvi'nısmʊs] *m* calvinisme *m*.

kalvinistisch *adj* calviniste.

Kalzium ['kaltsium] *(–s) nt* calcium *m*.

kam *etc* [ka:m] *vb siehe* **kommen**.

Kambodscha [kam'bɔdʒa] *nt* le Kampuchéa, le Cambodge.

Kamel [ka'me:l] *(–(e)s, –s) nt* chameau *m*.

Kamelhaar- *in zW* en poils de chameau.

Kamera ['kamera] *(–, –s) f* caméra *f*.

Kamerad(in) [kamə'ra:t,-'ra:dın] *(–en, –en) m(f)* camarade *m/f*; **~schaft** *f* camaraderie *f*; **k~schaftlich** *adj* amical(e) ♦ *adv:* **jdm k~schaftlich auf die Schulter klopfen** taper amicalement sur l'épaule de qn.

Kameraführung *f* prises *fpl* de vue.

Kameramann *(–(e)s, –männer) m* cameraman *m*.

Kamerun ['kaməru:n] *(–s) nt* le Cameroun.

Kamille [ka'mılə] *f* camomille *f*.

Kamillentee *m* (infusion *f* de) camomille *f*.

Kamin [ka'mi:n] *(–s, –e) m* cheminée *f*; **etw in den ~ schreiben** *(umg)* faire une croix sur qch; **~feger** *(–s, –) m*, **~kehrer** *(–s, –) m* ramoneur *m*.

Kamm [kam] *(–(e)s, ¨e) m* peigne *m*; *(Berg~, Hahnen~)* crête *f*; **alle(s) über einen ~ scheren** tout mettre dans le même sac, mettre tout le monde dans le même sac.

kämmen ['kɛmən] *vt* peigner ♦ *vr* se peigner.

Kammer ['kamər] *(–, –n) f* chambre *f*; *(Abstellraum)* débarras *m*; *(Herz~)* ventricule *m*; **~diener** *m* valet *m* de chambre; **~jäger** *m (Schädlingsbekämpfer)* employé du service de désinsectisation ou de dératisation; **~musik** *f* musique *f* de chambre; **~ton** *m (MUS)* la *m* du diapason; **~zofe** *f* femme *f* de chambre.

Kammgarn *nt* peigné *m*.

Kammstück *nt (KOCH)* épaule *f*.

Kampagne [kam'panjə] *f* campagne *f*.

Kampf [kampf] *(–(e)s, ¨e) m* combat *m*; *(Wettbewerb, Anstrengung)* lutte *f*; **jdm/einer Sache den ~ ansagen** déclarer la guerre à qn/qch; **~ dem Atomtod!** non au nucléaire!; **k~bereit** *adj* prêt(e) au combat.

kämpfen ['kɛmpfən] *vi* se battre, lutter; **mit den Tränen ~** retenir ses larmes; **mit dem Schlaf ~** lutter contre le sommeil; **mit jdm/sich selbst ~** lutter contre qn/soi-même; **um etw ~** se battre pour qch.

Kampfer ['kampfər] *(–s) m* camphre *m*.

Kämpfer(in) *(–s, –) m(f)* combattant(e) *m(f)*; *(in Wettkampf)* concurrent(e) *m(f)*.

Kampf-: **~flugzeug** *nt* avion *m* de combat; **~geist** *m* esprit *m* combatif; **~handlung** *f* opération *f*; **k~los** *adv* sans combattre; **k~lustig** *adj* bagarreur(-euse); **~platz** *m* champ *m* de bataille; (*SPORT*) arène *f*; **~richter** *m* arbitre *m*; **~stoff** *m* arme *f*.

kampieren [kam'piːrən] *vi* camper.

Kampuchea [kampuˈtʃeːa] (**–s**) *nt* = **Kambodscha**.

Kanada ['kanada] (**–s**) *nt* le Canada.

Kanadier(in) [kaˈnaːdiər(ɪn)] (**–s**, **–**) *m(f)* Canadien(ne) *m(f)*.

kanadisch [kaˈnaːdɪʃ] *adj* canadien(ne).

Kanal [kaˈnaːl] (**–s**, **Kanäle**) *m* canal *m*; (*Rinne*) chenal *m*; (*für Abwässer, zur Entwässerung*) égout *m*; (*TV*) canal, chaîne *f*; (*RUNDF*) station *f*; **der** ~ (*Ärmel~*) la Manche; **~inseln** *pl* les îles *fpl* anglo-normandes.

Kanalisation [kanalizatsiˈoːn] *f* (*für Abwasser*) égouts *mpl*.

kanalisieren [kanaliˈziːrən] *vt* canaliser.

Kanarienvogel [kaˈnaːriənfoːgəl] *m* canari *m*.

Kanarische Inseln [kaˈnaːrɪʃəˈɪnzəln] *pl*: **die** ~**n** ~ les (*îles fpl*) Canaries *fpl*.

Kandare [kanˈdaːrə] *f*: **jdn an die** ~ **nehmen** tenir qn en bride.

Kandidat(in) [kandiˈdaːt(ɪn)] (**–en**, **–en**) *m(f)* candidat(e) *m/f*; **jdn als** ~**en aufstellen** proposer qn comme candidat.

Kandidatur [kandidaˈtuːr] *f* candidature *f*.

kandidieren [kandiˈdiːrən] *vi* poser sa candidature.

kandiert [kanˈdiːrt] *adj* confit(e).

Kandis(zucker) ['kandɪs(tsʊkər)] (**–**) *m* sucre *m* candi.

Känguruh ['kɛŋguru] (**–s**, **–s**) *nt* kangourou *m*.

Kaninchen [kaˈniːnçən] *nt* lapin *m*.

Kanister [kaˈnɪstər] (**–s**, **–**) *m* bidon *m*.

kann [kan] *vb siehe* **können**.

Kännchen ['kɛnçən] *nt* (*für Kaffee*) petite cafetière *f*; (*für Milch*) (petit) pot *m*.

Kanne ['kanə] *f* (*Krug*) cruche *f*; (*Kaffee~*) cafetière *f*; (*Milch~*) bidon *m*; (*Gieß~*) arrosoir *m*.

Kannibale [kaniˈbaːlə] (**–n**, **–n**) *m* cannibale *m*.

kannst *vb siehe* **können**.

kannte *etc* ['kantə] *vb siehe* **kennen**.

Kanon ['kaːnɔn] (**–s**, **–s**) *m* (*MUS*) canon *m*.

Kanone [kaˈnoːnə] *f* (*Waffe*) canon *m*; (*umg: Könner*) as *m*; **das ist unter aller** ~ (*umg*) c'est pire que tout.

Kanonenfutter (*umg*) *nt* chair *f* à canon.

Kant. *abk* = **Kanton**.

Kantate [kanˈtaːtə] *f* cantate *f*.

Kante ['kantə] *f* bord *m*; (*Web~*) lisière *f*; (*Rand, Borte*) bord; **Geld/etw auf die hohe** ~ **legen** (*umg*) mettre de l'argent/qch de côté; **etw ist** *od* **steht (so) auf der** ~ (*umg*) qch est incertain.

kantig ['kantɪç] *adj* (*Holz*) équarri(e); (*Gesicht*) anguleux(-euse).

Kantine [kanˈtiːnə] *f* cantine *f*.

Kanton [kanˈtoːn] (**–s**, **–e**) *m* (*in der Schweiz*) canton *m*.

Kantor ['kantɔr] *m* maître *m* de chapelle.

Kanu ['kaːnu] (**–s**, **–s**) *nt* canoë *m*.

Kanüle [kaˈnyːlə] *f* canule *f*.

Kanzel ['kantsəl] (**–**, **–n**) *f* (*in Kirche*) chaire *f*; (*FLUG*) cockpit *m*.

Kanzlei [kantsˈlaɪ] *f* chancellerie *f*; (*Büro eines Anwalts*) étude *f*.

Kanzler ['kantslər] (**–s**, **–**) *m* chancelier *m*.

Kap [kap] (**–s**, **–s**) *nt* cap *m*; **das** ~ **der Guten Hoffnung** le cap de Bonne Espérance.

Kapazität [kapatsiˈtɛːt] *f* capacité *f*; (*Fachmann*) sommité *f*.

Kapelle [kaˈpɛlə] *f* (*Gebäude*) chapelle *f*; (*MUS*) (petit) orchestre *m*.

Kapellmeister(in) *m(f)* (*MIL*) chef *m* de musique; (*von Tanzkapelle etc*) chef d'orchestre.

Kaper ['kaːpər] *f* câpre *f*.

kapern (*umg*) *vt* dénicher.

kapieren [kaˈpiːrən] (*umg*) *vt, vi* piger.

Kapillare [kapɪˈlaːrə] *f* capillaire *f*.

Kapital [kapiˈtaːl] (**–s**, **–e** *od* **–ien**) *nt* capital *m*; **aus etw** ~ **schlagen** tirer profit de qch; **~anlage** *f* placement *m*; **~aufwand** *m* dépense *f* d'investissement; **~ertrag** *m* plus-values *fpl*; **~ertragssteuer** *f* impôt *m* sur les plus-values; **~flucht** *f* fuite *f* des capitaux; **~gesellschaft** *f* société *f* par actions.

Kapitalismus [kapitaˈlɪsmʊs] *m* capitalisme *m*.

Kapitalist [kapitaˈlɪst] *m* capitaliste *m*.

kapitalistisch *adj* capitaliste.

kapital-: **~kräftig** *adj* riche; **K~markt** *m* marché *m* monétaire; **K~verbrechen** *nt* crime *m* grave; (*mit Todesstrafe*) crime capital.

Kapitän [kapiˈtɛːn] (**–s**, **–e**) *m* capitaine *m*; (*von Flugzeug*) commandant *m*.

Kapitel [kaˈpɪtəl] (**–s**, **–**) *nt* chapitre *m*; **das ist ein** ~ **für sich** il y aurait beaucoup à dire là-dessus.

Kapitell [kapiˈtɛl] (**–s**, **–e**) *nt* chapiteau *m*.

Kapitulation [kapitulatsiˈoːn] *f* capitulation *f*.

kapitulieren [kapituˈliːrən] *vi* capituler; (*fig*) abandonner, renoncer.

Kaplan [kaˈplaːn] (**–s**, **Kapläne**) *m* (*in Pfarrei*) vicaire *m*.

Kappe ['kapə] *f* (*Mütze*) bonnet *m*; (*mit Schirm*) casquette *f*; (*auf Füllfederhalter*) capuchon *m*; (*auf Dose*) couvercle *m*; (*auf Flasche*) capsule *f*; (*von Schuh*) bout *m* (renforcé); **das nehme ich auf meine** ~ (*umg*) j'en assume l'entière responsabilité.

kappen *vt* (*Tau, Zweig*) couper.

kapriziös [kapritsiˈøːs] *adj* capricieux(-euse).

Kapsel ['kapsəl] (**–**, **–n**) *f* capsule *f*; (*Medizin~*) gélule *f*.

Kapstadt ['kapʃtat] (**–s**) *nt* Le Cap.

kaputt [kaˈpʊt] (*umg*) *adj* (*defekt*) cassé(e); (*erschöpft*) crevé(e); (*Gesundheit*) affaibli(e); (*Ehe*) désuni(e), brisé(e); (*Firma*) ruiné(e); (*Nerven*) à bout; **der Fernseher ist** ~ (*umg*) la télé est nase; **ein** ~**er Typ** (*umg*) un paumé; **~gehen** *unreg* (*umg*) *vi* (*Auto, Gerät*) se détraquer; (*Schuhe, Stoff*) s'abîmer; (*Firma*) faire faillite; **~gehen an** +*Dat* crever de; **~lachen** (*umg*) *vr* mourir de rire; **~machen** (*umg*) *vt* (*Gegenstand*) casser, abîmer; (*Firma, Gesundheit*) ruiner; (*Menschen*) tuer ♦ *vr* se tuer (au

travail); ~**schlagen** unreg (umg) vt fracasser.
Kapuze [ka'puːtsə] f capuchon m.
Karabiner [kara'biːnər] (–s, –) m (Gewehr) carabine f.
Karacho [ka'raxo] (–s; umg) nt: **mit** ~ à fond la caisse.
Karaffe [ka'rafə] f carafe f.
Karambolage [karambo'laːʒə] (umg) f (Zusammenstoß) carambolage m.
Karamel [kara'mɛl] (–s) m caramel m; ~**bonbon** m od nt caramel m.
Karat [ka'raːt] (–(e)s, –e) nt carat m.
Karate (–(s)) nt karaté m.
karätig [ka'rɛːtɪç] adj: **9-**~ à neuf carats.
Karawane [kara'vaːnə] f caravane f.
Kardinal [kardi'naːl] (–s, **Kardinäle**) m cardinal m; ~**fehler** m erreur f fondamentale; ~**tugend** f vertu f cardinale; ~**zahl** f nombre m cardinal.
kardiologisch [kardio'loːgɪʃ] adj cardiologique, de cardiologie.
Karenzzeit [ka'rɛntstsaɪt] f période f d'attente.
Karfiol [karfi'oːl] (–s; OSTERR) m (Blumenkohl) chou-fleur m.
Karfreitag [kaːr'fraɪtaːk] m vendredi m saint.
karg [kark] adj (Landschaft, Boden) pauvre, ingrat(e); (Lohn, Vorräte) maigre; (Mahlzeit) frugal(e); ~ **mit Worten sein** être avare de paroles; **K**~**heit** f (siehe adj) pauvreté f; frugalité f.
kärglich ['kɛrklɪç] adj misérable.
Kargo ['kargo] (–s, –s) m cargaison f.
Karibik [ka'riːbɪk] (–) f: **die** ~ la mer des Antilles.
karibisch adj antillais(e); **das K**~**e Meer** la mer des Antilles; **die K**~**en Inseln** les Antilles fpl.
kariert [ka'riːrt] adj (Stoff, Kleidungsstück) à carreaux; (Papier) quadrillé(e).
Karies ['kaːriɛs] (–) f carie f.
Karikatur [karika'tuːr] f caricature f; ~**ist(in)** m(f) caricaturiste m/f.
karikieren [kari'kiːrən] vt caricaturer.
kariös [kari'øːs] adj carié(e).
karitativ [karita'tiːf] adj charitable, de bienfaisance.
Karneval ['karnəval] (–s, –e od –s) m carnaval m.
Karnickel [kar'nɪkəl] (–s, –; umg) nt (Kaninchen) lapin m.
Kärnten ['kɛrntən] (–s) nt la Carinthie.
Karo ['kaːro] (–s, –s) nt carreau m; ~**-As** nt as m de carreau.
Karosse [ka'rɔsə] f carrosse m.
Karosserie [karɔsə'riː] f carosserie f.
Karotte [ka'rɔtə] f carotte f.
Karpaten [kar'paːtən] pl: **die** ~ les Carpates fpl.
Karpfen ['karpfən] (–s, –) m carpe f.
Karre ['karə] f (Karren) char m, charrette f; (umg: Auto) tacot m.
Karree [ka'reː] (–s, –s) nt: **einmal ums** ~ **gehen** (umg) faire le tour du pâté de maisons.
karren ['karən] vt (Sand) charrier; **K**~ (–s, –) m

char m, charrette f; **den K**~ **aus dem Dreck ziehen** (umg) tout arranger.
Karriere [kari'ɛːrə] f carrière f; ~ **machen** faire carrière; ~**macher(in)** (–s, –; pej) m(f) arriviste m/f.
Karsamstag [kaːr'zamstaːk] m samedi m saint.
Karst [karst] (–s, –e) m karst m.
karstig adj karstique.
Karte ['kartə] f carte f; (Eintritts~, Fahr~) billet m; (Kartei~) fiche f; **alles auf eine** ~ **setzen** mettre tous ses œufs dans le même panier; **mit offenen** ~**n spielen** jouer cartes sur table.
Kartei [kar'taɪ] (–, –en) f fichier m; ~**karte** (–, –en) f fiche f; ~**schrank** m fichier m.
Kartell [kar'tɛl] (–s, –e) nt (WIRTS) cartel m; ~**amt** nt commission f antitrust; ~**gesetzgebung** f lois fpl antitrust.
Karten-: ~**haus** nt château m de cartes; ~**legen** nt cartomancie f; ~**spiel** nt jeu m de cartes; ~**telefon** nt téléphone m à carte; ~**verkauf** m vente f des billets; ~**vorverkauf** m location f.
Kartoffel [kar'tɔfəl] (–, –n) f pomme f de terre; ~**brei** m purée f (de pommes de terre); ~**chips** pl chips mpl; ~**knödel** m sorte de gros gnocchi; ~**mus** nt purée f (de pommes de terre); ~**puffer** m pommes de terre râpées rissolées; ~**püree** nt purée f (de pommes de terre); ~**salat** m salade f de pommes de terre.
Karton [kar'tõ] (–s, –s) m carton m.
kartoniert [karto'niːrt] adj cartonné(e).
Karussell [karu'sɛl] (–s, –s) nt manège m.
Karwoche ['kaːrvɔxə] f semaine f sainte.
Karzinom [kartsi'noːm] (–s, –e) nt carcinome m.
Kaschemme [ka'ʃɛmə] (pej) f bouge m.
kaschieren [ka'ʃiːrən] vt dissimuler.
Kaschmir ['kaʃmiːr] (–s, –e) nt (GEOG) le Cachemire; (Wolle) cachemire m; ~**wolle** (–s, –e) f cachemire m.
Käse ['kɛːzə] (–s, –) m fromage m; (umg: Unsinn) bêtises fpl; ~**blatt** (umg) nt feuille f de chou; ~**glocke** f cloche f à fromage; ~**kuchen** m (KOCH) tourte au fromage blanc; ~**rinde** f croûte f de fromage.
Kaserne [ka'zɛrnə] f caserne f.
Kasernenhof m cour f de caserne.
käseweiß (umg) adj blanc(blanche) comme un cachet d'aspirine.
käsig ['kɛːzɪç] adj (umg: Gesicht) blême; (Haut) laiteux(-euse).
Kasino [ka'ziːno] (–s, –s) nt (MIL) mess m; (Kantine in Büro) cantine f; (Spiel~) casino m.
Kaskoversicherung ['kaskofɛrzɪçərʊŋ] f (AUT: Teil~) ≈ assurance f (automobile) au tiers; (: Voll~) assurance tous risques.
Kasper ['kaspər] (–s, –) m guignol m.
Kasperl(e)theater ['kaspərl(ə)teaːtər] nt guignol m (théâtre).
Kaspisches Meer ['kaspɪʃəs'meːr] nt mer f Caspienne.
Kasse ['kasə] f caisse f; (Kranken~) caisse

d'assurance-maladie; (_Spar~_) caisse d'épargne; **an der** ~ à la caisse; ~ **machen** faire ses comptes; **die** ~ **führen** tenir la caisse; **getrennte** ~ **machen** _od_ **haben** payer séparément; **jdn zur** ~ **bitten** (_umg_) présenter la note à qn; **gut bei** ~ **sein** (_umg_) avoir des sous; **knapp bei** ~ **sein** être à court (d'argent).

Kasseler ['kasələr] (**–s**, **–**) _nt_ côte _f_ de porc fumée.

Kassen-: ~**arzt** _m_ ≈ médecin _m_ conventionné; ~**bestand** _m_ encaisse _f_; ~**führer** _m_ caissier _m_; ~**patient** _m_ patient _m_ membre d'une caisse d'assurance-maladie; ~**prüfung** _f_ vérification _f_ des comptes; ~**schlager** (_umg_) _m_ succès _m_; ~**sturz** _m_: ~**sturz machen** faire les comptes; ~**wart** _m_ trésorier _m_; ~**zettel** _m_ ticket _m_ de caisse.

Kasserolle [kasə'rɔlə] _f_ casserole _f_.

Kassette [ka'sɛtə] _f_ cassette _f_; (_PHOT_) chargeur _m_; (_Bücher~_) coffret _m_; (_ARCHIT_) caisson _m_.

Kassettenrecorder (**–s**, **–**) _m_ magnétophone _m_ (à cassettes).

Kassiber [ka'si:bər] (**–s**, **–**) _m_ message _m_ clandestin (_d'un prisonnier_).

kassieren [ka'si:rən] _vt_ (_Geld_) encaisser; (_umg_: _einnehmen_) empocher; (: _wegnehmen_) confisquer ♦ _vi_: **darf ich** ~? puis-je encaisser?

Kassierer(in) [ka'si:rər(ɪn)] (**–s**, **–**) _m(f)_ caissier(-ière) _m/f_; (_von Klub_) trésorier(-ière) _m/f_.

Kastanie [kas'ta:niə] _f_ (_Baum_: _Roß~_) marronnier _m_; (: _Edel~_) châtaignier _m_; (_Frucht_: _Roß~_) marron _m_; (_Edel~_, _Eß~_) châtaigne _f_.

Kastanienbaum _m_ (_BOT_) châtaignier _m_; (_Roß~_) marronnier _m_.

Kästchen ['kɛstçən] _nt_ coffret _m_.

Kaste ['kastə] _f_ caste _f_.

Kastell [kas'tɛl] (**–s**, **–e**) _nt_ château _m_.

Kasten ['kastən] (**–s**, **⸚**) _m_ (_Kiste_) caisse _f_; (_Brief~_) boîte _f_ (aux lettres); (_Schau~_) vitrine _f_; (_SPORT_) plinth _m_; **er hat was auf dem** ~ (_umg_) il n'est pas bête; ~**form** _f_ moule _m_ à gâteaux rectangulaire; ~**wagen** _m_ camionnette _f_.

kastrieren [kas'tri:rən] _vt_ châtrer.

Katakombe [kata'kɔmbə] _f_ catacombe _f_.

Katalanien [kata'la:niən] _nt_ la Catalogne.

katalanisch _adj_ catalan(e).

Katalog [kata'lo:k] (**–(e)s**, **–e**) _m_ catalogue _m_.

katalogisieren [katalogi'zi:rən] _vt_ cataloguer.

Katalysator [kataly'za:tor] _m_ pot _m_ catalytique.

Katamaran [katama'ra:n] (**–s**, **–e**) _m_ catamaran _m_.

Katapult [kata'pʊlt] (**–(e)s**, **–e**) _m_ _od_ _nt_ fronde _f_; (_für Flugzeug_) catapulte _f_.

katapultieren [katapʊl'ti:rən] _vt_ catapulter ♦ _vr_ (_Pilot_) utiliser le siège éjectable; (_fig_) se lancer.

Katar ['ka:tar] _nt_ le Qatar.

Katarrh [ka'tar] (**–s**, **–e**) _m_ catarrhe _m_.

Katasteramt [ka'tastəramt] _nt_ cadastre _m_.

katastrophal [katastro'fa:l] _adj_ catastrophique.

Katastrophe [kata'stro:fə] _f_ catastrophe _f_.

Katastrophen-: ~**alarm** _m_ alerte donnée en cas de catastrophe naturelle; ~**gebiet** _f_ zone _f_ sinistrée; ~**schutz** _m_ ≈ plan _m_ ORSEC.

Kat-Auto ['kat|aʊto] _nt_ voiture équipée d'un pot catalytique.

Katechismus [katɛ'çɪsmʊs] _m_ catéchisme _m_.

Kategorie [katego'ri:] _f_ catégorie _f_.

kategorisch [kate'go:rɪʃ] _adj_ catégorique.

kategorisieren [kategori'zi:rən] _vt_ (_geh_) classer par catégories.

Katenbrot ['ka:tənbro:t] _nt_ pain complet très dense.

Kater ['ka:tər] (**–s**, **–**) _m_ matou _m_; (_umg_) gueule _f_ de bois; ~**frühstück** _nt_ petit déjeuner (comprenant des harengs saurs et des cornichons) censé guérir la gueule de bois.

kath. _abk_ (= _katholisch_) catholique.

Katheder [ka'te:dər] (**–s**, **–**) _nt_ (_SCH_) bureau _m_ du professeur; (_UNIV_) chaire _f_.

Kathedrale [kate'dra:lə] _f_ cathédrale _f_.

Katheter [ka'te:tər] (**–s**, **–**) _m_ sonde _f_, cathéter _m_.

Kathode [ka'to:də] _f_ cathode _f_.

Katholik(in) [kato'li:k(ɪn)] (**–en**, **–en**) _m(f)_ catholique _m/f_.

katholisch [ka'to:lɪʃ] _adj_ catholique.

Katholizismus [katoli'tsɪsmʊs] _m_ catholicisme _m_.

katzbuckeln ['katsbʊkəln] (_pej_: _umg_) _vi_ faire des courbettes.

Kätzchen ['kɛtsçən] _nt_ (_ZOOL, BOT_) chaton _m_.

Katze ['katsə] _f_ chat _m_; **die** ~ **aus dem Sack lassen** vendre la mèche; **die** ~ **im Sack kaufen** acheter les yeux fermés.

Katzen-: ~**auge** _m_ (_AUT_) catadioptre _m_; ~**jammer** (_umg_) _m_ déprime _f_; ~**musik** (_pej_) _f_ cacophonie _f_; ~**sprung** (_umg_) _m_: **es ist nur ein** ~**sprung** c'est à deux pas; ~**wäsche** (_umg_) _f_ brin _m_ de toilette; ~**zunge** _f_ (_KOCH_) langue de chat en chocolat.

Kauderwelsch ['kaʊdərvɛlʃ] (**–(s)**; _umg_) _nt_ charabia _m_.

kauen ['kaʊən] _vt_, _vi_ mâcher; **Nägel** ~ se ronger les ongles; **an einem Problem** ~ (_umg_) ruminer un problème.

kauern ['kaʊərn] _vi_ être accroupi(e) ♦ _vr_ s'accroupir.

Kauf [kaʊf] (**–(e)s**, **Käufe**) _m_ achat _m_; **ein günstiger** ~ une affaire; **etw in** ~ **nehmen** s'accommoder de qch.

kaufen _vt_ acheter ♦ _vi_ faire des achats; **diese Marke wird viel/selten gekauft** cette marque se vend bien/peu; **dafür kann ich mir nichts** ~ (_ironisch_) ça me fait une belle jambe.

Käufer(in) ['kɔyfər(ɪn)] (**–s**, **–**) _m(f)_ acheteur(-euse) _m/f_, acquéreur _m_.

Kauf-: ~**frau** _f_ commerçante _f_; ~**haus** _nt_ grand magasin _m_; ~**kraft** _f_ pouvoir _m_ d'achat; ~**laden** _m_ (_Spielzeug_) épicerie _f_ (_jeu_).

käuflich ['kɔyflɪç] _adj_ achetable, à acheter;

(*bestechlich*) vénal(e), corruptible; (*pej: Liebe*) vénal(e) ♦ *adv*: ~ **erwerben** acheter.

Kauf-: ~**lust** *f* envie *f* d'acheter; **k~lustig** *adj* désireux(-euse) d'acheter; ~**mann** (–(e)s, –**leute**) *m* commerçant *m*; **k~männisch** *adj* commercial(e); **k~männischer Angestellter** ≈ employé *m* de bureau; ~**preis** *m* prix *m* d'achat; ~**summe** *f* argent *m* nécessaire; ~**vertrag** *m* contrat *m* de vente; ~**willige(r)** *f(m)* acheteur(-euse) éventuel(le); ~**zwang** *m*: **kein od ohne ~zwang** sans obligation d'achat.

Kaugummi ['kaʊɡʊmi] *m od nt* chewing-gum *m*.

Kaukasus ['kaʊkazʊs] *m*: **der ~** le Caucase.

Kaulquappe ['kaʊlkvapə] *f* têtard *m*.

kaum [kaʊm] *adv* (*fast nicht*) à peine, (ne ...) presque pas; (*schwerlich*) difficilement; (*wahrscheinlich nicht*) (ne ...) sans doute pas; (*soeben*) à peine, juste; ~ **daß** à peine; **wohl ~** il y a peu de chances, j'en doute; **ich glaube ~** ça m'étonnerait.

Kausalzusammenhang [kaʊ'za:ltsuzamənhaŋ] *m* relation *f* de cause à effet.

Kaution [kaʊtsi'o:n] *f* caution *f*.

Kautschuk ['kaʊtʃʊk] (–**s**, –**e**) *m* caoutchouc *m*.

Kauz [kaʊts] (–**es**, **Käuze**) *m* (*ZOOL*) chat-huant *m*; (*Mensch*) excentrique *m*.

Kavalier [kava'li:r] (–**s**, –**e**) *m* (*höflicher Mann*) gentleman *m*.

Kavaliersdelikt *nt* peccadille *f*.

Kavallerie [kavalə'ri:] *f* cavalerie *f*.

Kaviar ['ka:viar] *m* caviar *m*.

Kcal *abk* (= *Kilokalorie*) kcal.

keck [kɛk] *adj* (*Antwort, Benehmen*) désinvolte, effronté(e); (*Hut*) pimpant(e); (*Frisur*) coquet(te); **K~heit** *f* impertinence *f*, désinvolture *f*.

Kegel ['ke:ɡəl] (–**s**, –) *m* (*Form*) cône *m*; (*Spielfigur*) quille *f*; ~**bahn** *f* bowling *m*; **k~förmig** *adj* conique.

kegeln *vi* jouer au quilles.

Kehle ['ke:lə] *f* gorge *f*; **etw in die falsche ~ bekommen** avaler qch de travers; (*fig*) prendre qch de travers; **aus voller ~** à gorge déployée.

Kehlkopf *m* larynx *m*; ~**krebs** *m* cancer *m* du larynx.

Kehre ['ke:rə] *f* (*Biegung*) virage *m*; (*SPORT*) demi-tour *m* dorsal.

kehren *vt* (*rehen*) tourner; (*mit Besen*) balayer ♦ *vr*: **sich nicht an etw** *Dat* ~ ne pas se soucier de qch; **die Augen zum Himmel** ~ lever les yeux au ciel; **jdm den Rücken** ~ tourner le dos à qn; **in sich** *Akk* **gekehrt** (*versunken*) perdu(e) dans ses pensées; (*verschlossen*) introverti(e).

Kehricht (–**s**) *m od nt* balayures *fpl*.

Kehr-: ~**maschine** *f* balayeuse *f*; ~**reim** *m* refrain *m*; ~**seite** *f* (*einer Münze*) côté *m* pile; (*fig*) désavantage *m*; **die ~seite der Medaille** (*fig*) le revers de la médaille.

kehrtmachen *vi* faire demi-tour.

Kehrtwendung *f* volte-face *f inv*.

keifen ['kaɪfən] *vi* criailler, rouspéter.

Keil [kaɪl] (–(e)s, –e) *m* coin *m*; (*Kopf~*) *petit matelas servant à surélever la tête*; (*AUT*) cale *f*.

keilen *vt* coincer, caler ♦ *vr* (*umg: sich prügeln*) se taper dessus.

Keilerei [kaɪlə'raɪ] (*umg*) *f* bagarre *f*.

Keilriemen *m* (*AUT*) courroie *f* du ventilateur.

Keilschrift *f* écriture *f* cunéiforme.

Keim [kaɪm] (–(e)s, –e) *m* germe *m*; **etw im ~ ersticken** étouffer qch dans l'œuf.

keimen *vi* germer; (*Hoffnung*) naître.

keim-: ~**frei** *adj* stérile, stérilisé(e); ~**tötend** *adj* antiseptique, désinfectant(e); **K~zelle** *f* (*fig*) point *m* de départ.

kein(e) *pron* pas de; **ich habe ~e Kinder/keinen Hund** je n'ai pas d'enfants/de chien; **es ist ~e Milch mehr da** il n'y a plus de lait; ~ **Mensch** personne; (*das ist*) ~**e schlechte Idee** ce n'est pas une mauvaise idée; **das ist ~e Stunde/drei Monate her** ça s'est passé il y a moins d'une heure/de trois mois.

keine(r, s) *pron* aucun(e); (*niemand*) personne; **keins von beiden** ni l'un ni l'autre; ~**r von uns** aucun d'entre nous; ~**r von uns beiden** ni lui(elle) ni moi.

keinerlei ['kaɪnər'laɪ] *adj attrib* (ne ...) aucun(e).

keinesfalls *adv* (ne ...) en aucun cas, (ne ...) pas du tout.

keineswegs *adv* (ne ...) pas du tout.

keinmal *adv* (ne ...) pas une seule fois.

Keks [ke:ks] (–**es**, –**e**) *m od nt* biscuit *m*.

Kelch [kɛlç] (–(e)s, –e) *m* (*Glas*) coupe *f*; (*REL, BOT*) calice *m*.

Kelle ['kɛlə] *f* (*Schöpf~*) louche *f*; (*Maurer~*) truelle *f*; (*Signalstab*) bâton *m* (*de contractuel*).

Keller ['kɛlər] (–**s**, –) *m* cave *f*.

Kellerei [kɛlə'raɪ] *f* cave *f*; (*Firma*) entreprise *f* viticole.

Kellergeschoß *nt* sous-sol *m*.

Kellerwohnung *f* appartement *m* en sous-sol.

Kellner(in) ['kɛlnər(ɪn)] (–**s**, –) *m(f)* serveur(-euse) *m/f*.

kellnern (*umg*) *vi* travailler comme serveur(-euse).

Kelte(-in) ['kɛltə] (–**n**, –**n**) *m(f)* Celte *m/f*.

Kelter *f* pressoir *m*.

keltern ['kɛltərn] *vt* presser.

keltisch *adj* celtique.

Kenia ['ke:nia] (–**s**) *nt* le Kenya.

kennen ['kɛnən] *unreg vt* connaître; (*Sprache, jds Alter*) savoir ♦ *vr* se connaître; **jdn an etw** *Dat* ~ reconnaître qn à qch; ~ **Sie sich schon?** avez-vous (déjà) été présentés?, vous vous connaissez?; **kennst du mich noch?** tu te souviens de moi?; ~**lernen** *vt* découvrir; (*jdn*) faire la connaissance de ♦ *vr* faire connaissance; (*zum erstenmal treffen*) être présentés(-ées).

Kenner(in) (–**s**, –) *m(f)* connaisseur(-euse) *m(f)*.

Kennkarte *f* carte *f* d'identité.

kenntlich *adj*: etw ~ **machen** marquer qch; **an etw** *Dat* ~ **sein** être reconnaissable à qch.
Kenntnis (–, –se) *f* connaissance *f*; (*pl*: *Fachwissen*) connaissances *fpl*; **etw zur** ~ **nehmen** prendre note de qch; **von etw** ~ **nehmen** prendre connaissance de qch; **jdn in** ~ **setzen** informer qn; **über** ~se (von etw) **verfügen** s'y connaître (en qch); ~**nahme** *f*: **zur** ~**nahme** (*förmlich*) à titre d'information.
Kenn-: ~**wort** *nt* (*Chiffre*) code *m*; (*Losungswort*) mot *m* de passe; ~**zeichen** *nt* (*Eigenart*) caractéristique *f*, signe *m* distinctif; (*Markierung*) marque *f*; (**amtliches** *od* **polizeiliches**) ~**zeichen** (*AUT*) numéro *m* d'immatriculation; **k~zeichnen** *vt* marquer; (*charakterisieren*) caractériser; ~**ziffer** *f* code *m*; (*WIRTS*) référence *f*.
kentern [ˈkɛntərn] *vi* chavirer.
Keramik [keˈraːmɪk] (–, –en) *f* (*Technik*) céramique *f*; (*Gegenstand*) poterie *f*.
Kerbe [ˈkɛrbə] *f* encoche *f*; **in dieselbe** *od* **die gleiche** ~ **hauen** (*umg*) poursuivre les même objectifs.
Kerbel (–s, –) *m* cerfeuil *m*.
kerben *vt* faire des entailles dans.
Kerbholz *nt*: **etw auf dem** ~ **haben** avoir qch à se reprocher.
Kerker [ˈkɛrkər] (–s, –) *m* cachot *m*.
Kerl [kɛrl] (–s, –e; *umg*) *m* (*Mann*) type *m*; **sie ist ein netter** ~ elle est sympa; **du gemeiner** ~! (*umg*) salaud!
Kern [kɛrn] (–(e)s, –e) *m* noyau *m*; (*von Apfel, Orange, Zitrone*) pépin *m*; (*fig: von Problem*) cœur *m*, fond *m*; **der harte** ~ le noyau dur; ~**energie** *f* énergie *f* nucléaire; ~**fach** *nt* matière *f* obligatoire; ~**forschung** *f* recherche *f* (en physique) nucléaire; ~**frage** *f* question *f* essentielle; ~**gehäuse** *nt* trognon *m*; **k~gesund** *adj* en parfaite santé.
kernig *adj* (*Mensch*) robuste; (*Ausspruch*) piquant(e).
Kern-: ~**kraftwerk** *nt* centrale *f* nucléaire; **k~los** *adj* sans pépins; ~**obst** *nt* fruits *mpl* à noyaux *od* à pépins (*sans les agrumes*); ~**physik** *f* physique *f* nucléaire; ~**punkt** *m* point *m* essentiel; ~**reaktor** *m* réacteur *m* nucléaire; ~**seife** *f* savon *m* de Marseille; ~**spaltung** *f* fission *f* de l'atome; ~**stück** *nt* (*fig*) essentiel *m*; (*von Theorie etc*) élément *m* fondamental; ~**waffe** *f* arme *f* nucléaire; **k~waffenfrei** *adj* dénucléarisé(e); ~**waffenverzicht** *m* désarmement *m* nucléaire; ~**zeit** *f* plage *f* fixe.
Kerze [ˈkɛrtsə] *f* bougie *f*; (*BOT: Kastanienblüte*) fleur *f* de marronnier; (*SPORT*) chandelle *f*.
kerzen-: ~**gerade** *adj* droit(e) comme un i; **K~halter** *m* porte-bougie *m*; **K~ständer** *m* bougeoir *m*; (*mit mehreren Kerzen*) chandelier *m*.
keß [kɛs] *adj* (*Mädchen*) joli(e); (*flott: Kleidung*) coquet(te); (*Hut*) pimpant(e).
Kessel [ˈkɛsəl] (–s, –) *m* (*Wasser*~) bouilloire *f*; (*Mulde*) cuvette *f*; (*von Lokomotiv etc*) chaudière *f*; ~**stein** *m* tartre *m*; ~**treiben** (–s, –) *nt*

(*fig*) chasse *f* aux sorcières.
Kette [ˈkɛtə] *f* chaîne *f*; (*Gedanken*~) enchaînement *m*; (*von Ereignissen*) série *f*; **jdn an die** ~ **legen** tenir la bride haute à qn.
ketten *vt* enchaîner; **jdn an sich** ~ (*fig*) s'attacher qn.
Ketten-: ~**fahrzeug** *nt* véhicule *m* à chenilles; ~**hund** *m* chien *m* de garde; ~**karussell** *nt* manège *m* (*où les sièges sont suspendus à des chaînes*); ~**laden** *m* magasin *m* à succursales multiples; ~**raucher** *m* fumeur *m* invétéré; ~**reaktion** *f* réaction *f* en chaîne.
Ketzer(in) [ˈkɛtsər(ɪn)] (–s, –) *m(f)* hérétique *m/f*.
Ketzerei [kɛtsəˈrai] *f* hérésie *f*.
ketzerisch *adj* hérétique.
keuchen [ˈkɔʏçən] *vi* haleter.
Keuchhusten *m* coqueluche *f*.
Keule [ˈkɔʏlə] *f* massue *f*; (*KOCH*) cuisse *f*; (: *von Wild*) cuissot *m*.
keusch [kɔʏʃ] *adj* chaste; **K~heit** *f* chasteté *f*.
Kfm. *abk* = **Kaufmann**.
kfm. *abk* = **kaufmännisch**.
Kfz (–(s), –(s)) *nt abk* = **Kraftfahrzeug**.
KG (–, –s) *f abk* (= *Kommanditgesellschaft*) société *f* en commandite simple.
kg *abk* (= *Kilogramm*) kg.
kHz *abk* (= *Kilohertz*) kHz.
Kibbuz [kɪˈbuːts] (–, **Kibbuzim** *od* –e) *m* kibboutz *m*.
kichern [ˈkɪçərn] *vi* glousser; (*boshaft*) ricaner.
kicken [ˈkɪkən] (*umg*) *vt* (*treten*) donner un coup de pied à, botter ♦ *vi* (*Fußball spielen*) jouer au foot.
kidnappen [ˈkɪtnɛpən] *vt* kidnapper.
Kidnapper(in) (–s, –) *m(f)* ravisseur(-euse) *m/f*, kidnappeur(-euse) *m/f*.
Kiebitz [ˈkiːbɪts] (–es, –e) *m* (*ZOOL*) vanneau *m*.
Kiefer¹ [ˈkiːfər] (–s, –) *m* (*ANAT*) mâchoire *f*.
Kiefer² [ˈkiːfər] (–, –n) *f* (*BOT*) pin *m*.
Kiefernholz *nt* (bois *m* de) pin *m*.
Kiefernzapfen *m* pomme *f* de pin.
Kieferorthopäde *m* orthodontiste *m*.
Kieker [ˈkiːkər] (–s, –) *m*: **jdn auf dem** ~ **haben** (*umg*) en vouloir à qn.
Kiel [kiːl] (–(e)s, –e) *m* (*NAUT*) quille *f*; ~**wasser** *nt* sillage *m*.
Kieme [ˈkiːmə] *f* branchie *f*.
Kies [kiːs] (–es, –e) *m* gravier *m*; (*umg: Geld*) pognon *m*.
Kiesel [ˈkiːzəl] (–s, –) *m* caillou *m*; ~**stein** *m* caillou *m*.
Kiesgrube *f* gravière *f*.
Kiesweg *m* allée *f* de gravier.
Kiew [ˈkiːɛf] (–s) *nt* Kiev.
kiffen [ˈkɪfən] (*umg*) *vt* fumer de l'herbe.
Kilimandscharo [kilimanˈdʒaːro] (–s) *m* Kilimandjaro *m*.
Killer(in) [ˈkɪlər(ɪn)] (–s, –; *umg*) *m(f)* assassin *m*; (*gedungener*) tueur(-euse) *m(f)* (à gages).
Kilo [ˈkiːlo] (–s, –(s)) *nt* kilo *m*; ~**byte** *nt* kilooctet *m*; ~**gramm** (–s, –e) *nt* kilogramme *m*.
Kilometer [kiloˈmeːtər] *m* kilomètre *m*; ~**fres-**

ser (umg) m: **er ist ein ~fresser** il avale les kilomètres; **~geld** nt indemnité f kilométrique; **k~lang** adj de plusieurs kilomètres; **~pauschale** f forfait m kilométrique (déductible du revenu imposable); **~stand** m kilométrage m, chiffre m au compteur; **~stein** m borne f kilométrique; **~zähler** m compteur m.

Kilowatt [kilo'vat] nt kilowatt m.

Kilowattstunde f kilowattheure m.

Kimme ['kımə] f (an Gewehr) cran m de mire.

Kind [kınt] (–(e)s, –er) nt enfant m/f; **sich freuen wie ein ~** être absolument ravi(e); **von ~ auf** dès l'enfance; **mit ~ und Kegel** (hum: umg) avec toute la smala; **sich bei jdm lieb ~ machen** se faire bien voir de qn.

Kinder-: **~arzt** m pédiatre m; **~bett** nt lit m d'enfant; **~dorf** nt village m d'enfants.

Kinderei [kındə'raı] f enfantillage m.

Kinder-: **~erziehung** f éducation f; **k~feindlich** adj qui n'aime pas les enfants; (Architektur, Planung) peu adapté(e) aux besoins de l'enfant; **~freibetrag** m abattement m pour enfant(s) à charge; **k~freundlich** adj (Hotel, Land etc) où les enfants sont bienvenus; **~garten** m jardin m d'enfants, école f maternelle; **~gärtnerin** f jardinière f d'enfants; **~geld** nt allocations fpl familiales; **~heim** nt établissement m pour enfants, foyer m pour enfants; (für Waisenkinder) orphelinat m; **~krankheit** f maladie f infantile; **~krippe** f crèche f; **~laden** m (Kindergarten) crèche pratiquant les méthodes nouvelles; **~lähmung** f polio(myélite) f; **k~leicht** adj enfantin(e); **k~lieb** adj qui aime les enfants; **~lied** nt chanson f pour enfants; **k~los** adj sans enfant; **~mädchen** nt nurse f; **~pflegerin** f puéricultrice f; **k~reich** adj (Familie) nombreux(-euse); **~schuh** m: **noch in den ~schuhen stecken** en être encore à ses premiers balbutiements; **~schwester** f puéricultrice f; **~sendung** f émission f pour enfants; **~spiel** nt: **das ist ein ~spiel** c'est un jeu d'enfant; **~stube** f: **eine gute ~stube haben** être bien élevé(e); **~tagesstätte** f crèche f (à plein temps); **~teller** m (in Restaurants) menu m enfant; **~wagen** m landau m; (Sportwagen) poussette f; **~zeit** f enfance f; **~zimmer** nt chambre f d'enfants.

Kindes-: **~alter** nt: **im ~alter** dans l'enfance; **~beine** pl: **von ~beinen an** depuis la plus tendre enfance; **~mißhandlung** f (JUR) mauvais traitements mpl à enfants.

kind-: **~gemäß** adj adapté(e) aux enfants; **K~heit** f enfance f; **~isch** (pej) adj puéril(e); **~lich** adj d'enfant, enfantin(e).

Kindskopf (umg) m grand enfant m.

Kinetik [ki'neːtɪk] f (TECH) cinétique f.

Kinkerlitzchen ['kıŋkərlıtsçən] (umg) pl broutilles fpl.

Kinn [kın] (–(e)s, –e) nt menton m; **~haken** m (Boxen) crochet m (à la mâchoire); **~lade** f mâchoire f inférieure.

Kino ['kiːno] (–s, –e) nt (Gebäude) cinéma m;

(Filmvorführung) film m; **ins ~ gehen** aller au cinéma; **~besucher** m spectateur m; **~gänger(in)** m(f) cinéphile m/f; **~programm** nt programme m de cinéma.

Kiosk [ki'ɔsk] (–(e)s, –e) m kiosque m.

Kippe ['kıpə] f (Müll~) décharge f, dépotoir m; (umg: Zigarettenstummel) mégot m; **auf der ~ stehen** (fig) être tangent(e).

kippen vt faire basculer; (Fenster) faire pivoter; (schütten) verser ♦ vi (Fahrzeug, Stuhl) basculer, se renverser; (Mensch) perdre l'équilibre; **einen ~ (gehen)** (umg: trinken) aller prendre un pot.

Kipper ['kıpər] (–s, –) m (AUT) camion m à benne basculante.

Kippfenster nt fenêtre f pivotante.

Kippschalter m interrupteur m à bascule.

Kirche ['kırçə] f église f; **in die ~ gehen** aller à l'église; **die ~ fängt um 10 Uhr an** la messe est à 10 heures.

Kirchen-: **~bank** f banc m d'église; **~chor** m chorale f; **~diener** m sacristain m; **~jahr** nt année f liturgique; **~konzert** nt concert m spirituel od de musique sacrée; **~lied** nt cantique m; **~recht** nt droit m canon; **~schiff** nt nef f; **~steuer** f impôt m ecclésiastique; **~tag** m congrès m des églises.

Kirch-: **~gänger** (–s, –) m pratiquant m; **~hof** m cimetière m; **k~lich** adj (Trauung, Beerdigung) religieux(-euse); (Amt) ecclésiastique; **~turm** m clocher m; **~weih** (–, –en) f kermesse f, fête f villageoise.

Kirgistan (–s) [kırgiz'staːn] nt le Kirghizistan.

Kirmes ['kırmɛs] (–, -sen) f = **Kirchweih**.

Kirschbaum (–s, ⁼e) m cerisier m.

Kirsche ['kırʃə] f cerise f; **mit ihm ist nicht gut ~n essen** c'est un mauvais coucheur.

Kirsch-: **~torte** f tarte f aux cerises; **Schwarzwälder ~torte** Forêt-Noire f; **~wasser** nt kirsch m.

Kissen ['kısən] (–s, –) nt coussin m; (Kopf~) oreiller m; **~bezug** m taie f d'oreiller; **~schlacht** f bataille f de polochons.

Kiste ['kıstə] f caisse f; (umg: Auto) bagnole f; (: Angelegenheit) histoire f.

Kita ['kıta] f abk (= Kindertagesstätte) haltegarderie f; (für Kleinkinder) crèche f.

Kitsch [kıtʃ] (–(e)s) m kitsch m.

kitschig adj kitsch inv.

Kitt [kıt] (–(e)s, –e) m mastic m.

Kittchen (umg) nt taule f.

Kittel (–s, –) m blouse f.

kitten vt recoller; (Ehe etc) replâtrer.

Kitz [kıts] (–es, –e) nt chevreau m, cabri m; (Reh~) faon m.

kitzelig ['kıtsəlıç] adj chatouilleux(-euse); (fig) délicat(e).

kitzeln vt chatouiller ♦ vi (jucken) gratter.

Kiwi ['kiːvi] (–, –s) f kiwi m.

KKW (–s, –s) nt abk = **Kernkraftwerk**.

Kl. abk (= Klasse) classe f.

Klacks [klaks] (–es, –e; umg) m: **ein ~** (von Sahne) un chouïa de; (von Farbe) une touche de.

Kladde ['kladə] *f* cahier *m* de brouillon; (*Block*) bloc-notes *m*.
klaffen ['klafən] *vi* bâiller.
kläffen ['klɛfən] *vi* japper.
Kläffer (*pej*) *m* roquet *m*.
Klage ['klaːgə] *f* plainte *f*; **eine ~ gegen jdn einreichen** *od* **erheben** porter plainte contre qn; **~mauer** *f*: **die ~mauer** le mur des Lamentations.
klagen *vi* (*jammern*) se lamenter; (*sich beschweren*) se plaindre; (*JUR*) porter plainte; **jdm sein Leid** *od* **seine Not ~** raconter ses malheurs à qn.
Kläger(in) ['klɛːgər(ɪn)] (**-s, -**) *m(f)* (*JUR*) plaignant(e); (*in Scheidung*) demandeur (-deresse) *m(f)*.
Klageschrift *f* (*JUR*) acte *m* d'accusation; (*bei Scheidung*) demande *f* de divorce.
kläglich ['klɛːklɪç] *adj* (*Ton, Stimme*) plaintif(-ive); (*Gesichtsausdruck*) pitoyable; (*oft pej: jämmerlich*) lamentable; **ein ~es Ende nehmen** avoir une triste fin.
Klamauk [kla'mauk] (**-s**; *umg*) *m* (*wilder Lärm*) chahut *m*; (*im Theater*) grosse comédie *f*.
Klamm (**-, -en**) *f* gorge *f*.
klamm *adj* (*Finger*) engourdi(e); (*Wäsche*) humide et froid(e).
Klammer ['klamər] (**-, -n**) *f* (*Wäsche~*) pince *f* (à linge); (*in Text, MATH*) parenthèse *f*; (*Büro~*) trombone *m*; (*Heft~*) agrafe *f*; (*Zahn~*) appareil *m* (dentaire); **~ auf/zu** ouvrez/fermez la parenthèse.
klammern *vt* (*Wäsche*) mettre à sécher ♦ *vr*: **sich an etw** *Akk* **~** se cramponner à qch; **sich an jdn ~** se cramponner à qn; (*fig*) s'accrocher à qn.
klammheimlich [klam'haɪmlɪç] (*umg*) *adj* furtif(-ive) ♦ *adv* en douce.
Klamotte [kla'mɔtə] (*pej*) *f* (*Film etc*) (vieux) navet *m*; **~n** *pl* (*umg: Kleider*) fringues *fpl*; (*Zeug*) bordel *m*.
Klampfe ['klampfə] (*umg*) *f* (*MUS*) guitare *f*.
klang *etc* [klaŋ] *vb siehe* **klingen**.
Klang (**-(e)s, ⸚e**) *m* son *m*; **k~lich** *adj* (*Qualität*) du son; **k~los** *adj* sourd(e); **k~voll** *adj* (*Stimme*) harmonieux(-euse).
Klappbett *nt* lit *m* pliant.
Klappe ['klapə] *f* clapet *m*; (*Herz~*) valve *f*; (*umg: Bett*) pieu *m*; **eine große ~ haben** (*umg*) être une grande gueule; **die ~ halten** (*umg*) la fermer.
klappen *vt*: **nach oben/unten ~** (*Sitz*) soulever/rabattre; (*Deckel*) ouvrir/fermer; (*Mantelkragen*) relever/rabattre ♦ *vi* claquer; (*gelingen*) marcher; **hat es mit den Karten/dem Job geklappt?** ça a marché pour les billets/le boulot?
Klapper ['klapər] (**-, -n**) *f* (*von Baby*) hochet *m*.
klapperig *adj* (*Fahrzeug*) déglingué(e); (*umg: Gaul*) boiteux(-euse); (*Mensch*) impotent(e).
klappern *vi* claquer; (*Schreibmaschine*) cliqueter; (*Pferdehufe*) résonner; **mit den Augenwimpern ~** cligner des yeux.

Klapperschlange *f* serpent *m* à sonnettes.
Klapperstorch *m* cigogne *f*; **er glaubt noch an den ~** ≈ il croit encore au père Noël.
Klapp-: **~messer** *nt* couteau *m* de poche, canif *m*; **~rad** *nt* vélo *m* pliant; **~sitz** *m* siège *m* pliant; **~stuhl** *m* chaise *f* pliante; **~tisch** *m* table *f* pliante; **~verdeck** *nt* capote *f*.
Klaps [klaps] (**-es, -e**) *m* tape *f*.
klar [klaːr] *adj* clair(e); (*NAUT, MIL*) prêt(e); **bei ~em Verstand sein** être en pleine possession de ses moyens; (**na**) **~**! bien sûr!; **sich** *Dat* **über etw** *Akk* **im ~en sein** être tout à fait conscient(e) de qch; **mit jdm wieder ins ~e kommen** régler un différend avec qn.
Kläranlage *f* station *f* d'épuration.
Klare(r) (*umg*) *m* schnaps *m*.
klären *vt* (*Abwässer*) épurer; (*Problem*) résoudre; (*Mißverständnis*) dissiper ♦ *vr* (*Flüssigkeit*) (re)devenir clair(e); (*Frage, Problem*) être élucidé(e).
klargehen *unreg* (*umg*) *vi* marcher.
Klarheit *f* clarté *f*; **sich** *Dat* **~ über etw** *Akk* **verschaffen** tirer qch au clair.
Klarinette [klari'nɛtə] *f* clarinette *f*.
klar-: **~kommen** *unreg* (*umg*) *vi*: **mit jdm ~kommen** arriver à s'entendre avec qn; **mit etw ~kommen** venir à bout de qch; **~legen** (*umg*) *vt* (bien) expliquer; **~machen** *vt* (*Schiff*) appareiller; **jdm etw ~machen** faire comprendre qch à qn; **sich** *Dat* **die Folgen von etw ~machen** se rendre compte des conséquences de qch; **~sehen** *unreg* *vi* y voir clair; **K~sichtfolie** *f* cellophane ® *f*; **~stellen** *vt* éclaircir; **K~text** *m*: **im K~text** décodé(e); (*fig: umg*) en clair.
Klärung ['klɛːrʊŋ] *f* (*von Abwässern*) épuration *f*; (*von Frage, Problem*) éclaircissement *m*, élucidation *f*.
klarwerden *unreg* *vr*: **sich** *Dat* **über etw** *Akk* **~** se rendre compte de qch ♦ *vi*: **ist dir das endlich klargeworden?** tu as enfin compris?
Klasse *f* classe *f*; (*Waren~, Qualitäts~; SPORT*) catégorie *f*; **erster ~ fahren** voyager en première (classe).
klasse ['klasə] (*umg*) *adj* super.
Klassen-: **~arbeit** *f* interrogation *f* (écrite); **~bewußtsein** *nt* conscience *f* de classe; **~buch** *nt* (*SCH*) registre *m* des absences, punitions, devoirs etc; **~gesellschaft** *f* société *f* de classes; **~kamerad(in)** *m(f)* camarade *m/f* de classe; **~kampf** *m* lutte *f* des classes; **~lehrer(in)** *m(f)* professeur *m* principal; **k~los** *adj* (*Gesellschaft*) sans classes; **~sprecher(in)** *m(f)* délégué(e) *m(f)* de classe; **~treffen** *nt* réunion *f* d'anciens élèves; **~ziel** *nt*: **das ~ziel nicht erreichen** (*SCH*) ne pas avoir le niveau; (*fig*) ne pas être à l'hauteur; **~zimmer** *nt* salle *f* de classe.
klassifizieren [klasifi'tsiːrən] *vt* classer.
Klassifizierung *f* classification *f*.
Klassik ['klasɪk] (**-**) *f* (*Epoche*) époque *f* classique; (*Antike*) Antiquité *f* classique; **~er** (**-s, -**) *m* classique *m*.
klassisch *adj* classique.

Klassizismus [klasi'tsɪsmʊs] *m* classicisme *m*.
Klatsch [klatʃ] (**–(e)s, –e**) *m* (*pej: Gerede*) potins *mpl*, ragots *mpl*; **~base** (*umg: pej*) *f* commère *f*.
Klatsche *f* (*Fliegen~*) tapette *f*.
klatschen *vi* (*applaudieren*) applaudir; (*pej: reden*) cancaner; (*Regen*) tambouriner; **in die Hände ~** taper dans les mains.
Klatsch-: **~mohn** *m* coquelicot *m*; **k~naß** (*umg*) *adj* trempé(e); **~spalte** (*umg*) *f* chronique *f* mondaine; **~tante** (*pej: umg*) *f* commère *f*.
klauben ['klaʊbən] *vt* (*herauspicken*) enlever un à un.
Klaue ['klaʊə] *f* (*von Raubvogel*) serre *f*; (*umg: Schrift*) gribouillis *m*.
klauen (*umg*) *vt* piquer, faucher.
Klause ['klaʊzə] *f* (*Einsiedelei*) ermitage *m*; (*Klosterzelle*) cellule *f*.
Klausel ['klaʊzəl] (**–, –n**) *f* clause *f*.
Klausur [klaʊ'zuːr] *f* (*REL*) clôture *f*; (*Abgeschlossenheit*) isolement *m*; (*UNIV*) examen *m* écrit; **~arbeit** *f* examen *m* écrit.
Klaviatur [klavia'tuːr] *f* clavier *m*.
Klavichord [klavi'kɔrt] (**–(e)s, –e**) *nt* clavicorde *m*.
Klavier [kla'viːr] (**–s, –e**) *nt* piano *m*; **~abend** *m* récital *m* de piano; **~auszug** *m* adaptation *f* pour piano; **~stimmer** *m* accordeur *m* (de pianos).
Klebeband *nt* ruban *m* adhésif.
Klebemittel *nt* colle *f*.
kleben ['kleːbən] *vt* coller ♦ *vi* coller, adhérer; (*umg: für Sozialversicherung*) cotiser; **jdm eine ~** (*umg*) flanquer une gifle à qn; **an etw** *Akk* ~ coller *od* adhérer à qch.
Klebeverband *m* pansement *m* adhésif, sparadrap *m*.
Klebezettel *m* étiquette *f* autocollante.
klebrig *adj* collant(e).
Klebstoff *m* colle *f*.
Klebstreifen *m* papier *m* collant, Scotch ® *m*.
kleckern ['klɛkərn] *vi* (*Flecken machen*) faire des taches ♦ *vt* (*verschütten*) renverser.
Klecks [klɛks] (**–es, –e**) *m* (*Flecken*) tache *f*; (*kleine Menge*) chouïa *m*.
klecksen *vi* (*mit Tinte*) faire des taches.
Klee [kleː] (**–s**) *m* trèfle *m*; **jdn/etw über den grünen ~ loben** porter qn/qch aux nues; **~blatt** *nt* (*BOT*) feuille *f* de trèfle; (*drei Personen*) trio *m*; (*Kreuzung*) échangeur *m*.
Kleid [klaɪt] (**–(e)s, –er**) *nt* robe *f*; **~er** *pl* (*Kleidung*) vêtements *mpl*.
kleiden ['klaɪdən] *vt* habiller; (*gut stehen*) aller (bien) à ♦ *vr* s'habiller.
Kleider-: **~bad** *nt* nettoyage *m* à sec (superficiel); **~bügel** *m* cintre *m*; **~bürste** *f* brosse *f* à habits; **~schrank** *m* penderie *f*, armoire *f*; **~ständer** *m* portemanteau *m*.
kleidsam *adj* seyant(e).
Kleidung *f* vêtements *mpl*.
Kleidungsstück *nt* vêtement *m*.
Kleie ['klaɪə] *f* son *m*.

klein [klaɪn] *adj* petit(e); (*bescheiden, einfach*) modeste, humble ♦ *adv:* **ein ~ wenig** un petit peu; **haben Sie es nicht ~er?** vous n'avez pas la monnaie?; **~ anfangen** partir de rien; **ein ~es Bier** *od* **K~es** une petite bière; **von ~ an** *od* **auf** (*von Kindheit an*) dès l'enfance; (*von Anfang an*) dès le début; **das ~ere Übel** le moindre mal; **beim ~sten Geräusch** au moindre bruit; **ein Wort ~ schreiben** écrire un mot avec une minuscule; **K~anzeige** *f* petite annonce *f*; **K~arbeit** *f:* **in zäher** *od* **mühseliger K~arbeit** grâce à un travail long et minutieux; **K~asien** *nt* l'Asie *f* Mineure; **~bürgerlich** *adj* (*petit(e)-)bourgeois(e); **K~bus** *m* minibus *m*; **K~e(r)** *f(m)* petit(e) *m/f*; **K~e(s)** *nt* petit *m*.
Klein-: **~familie** *f* famille *f* nucléaire; **~format** *nt* petit format *m*; **im ~format** petit format *unver*; **~gedruckte(s)** *nt* clauses *fpl*; **~geld** *nt* monnaie *f*; **das nötige ~geld haben** (*fig*) avoir les moyens; **k~gläubig** *adj* défaitiste; **~golf** *nt* minigolf *m*; **k~hacken** *vt* hacher menu(e); **~holz** *nt* petit bois *m*; **~holz aus jdm machen** réduire qn en bouillie.
Kleinigkeit *f* petite chose *f*; (*Einzelheit*) détail *m*; **wegen** *od* **bei jeder ~** pour un rien; **eine ~ essen** manger un morceau; **das war doch (nur) eine ~** ce n'était rien du tout.
klein-: **~kariert** (*umg: pej*) *adv:* **~kariert denken** être mesquin(e) *od* borné(e); **K~kind** *nt* petit enfant *m*, bambin *m*; **K~kram** (*umg*) *m* (*klein*) babioles *fpl*; (*unwichtig*) broutilles *fpl*; **K~kredit** *m* petit crédit *m*; **~kriegen** (*umg*) *vt* (*zerkleinern: Knochen, Fleisch*) réduire en petits morceaux; (*kaputtmachen*) finir par esquinter; (*fig: unterkriegen*) dompter; **~laut** *adj* penaud(e); **~lich** *adj* mesquin(e); **K~lichkeit** *f* mesquinerie *f*; **~machen** *vt* (*Holz*) couper; (*umg: Geld*) faire la monnaie de.
Kleinod ['klaɪnoːt] (**–s, Kleinodien**) *nt* bijou *m*; (*fig*) joyau *m*.
Klein-: **~rechner** *m* calculatrice *f*; **k~schneiden** *unreg vt* couper en petits morceaux; **k~schreiben** *vt* écrire avec une minuscule; **~stadt** *f* petite ville *f*; **k~städtisch** *adj* provincial(e).
kleinstmöglich *adj:* **der/die/das ~e … le(la) plus petit(e) … possible.
Kleinwagen *m* petite voiture *f*.
Kleister ['klaɪstər] (**–s, –**) *m* colle *f*.
kleistern *vt* coller.
Klemme ['klɛmə] *f* pince *f*; (*Haar~*) pince crocodile; (*MED*) agrafe *f*; (*schwierige Situation*) pétrin *m*; **in der ~ sitzen** *od* **sein** (*umg*) être dans le pétrin.
klemmen *vt* (*festhalten*) coincer; (*quetschen*) pincer ♦ *vi* (*Tür, Schloß*) être bloqué(e) *od* coincé(e) ♦ *vr:* **sich hinter jdn ~** (*fig*) tenter d'obtenir le soutien de qn; **sich hinter etw** *Akk* ~ se mettre (sérieusement) à qch; **sich** *Dat* **einen Finger ~** se pincer le doigt.
Klempner ['klɛmpnər] (**–s, –**) *m* plombier *m*.
Kleptomanie [klɛptoma'niː] *f* cleptomanie *f*.
Kleriker ['kleːrikər] (**–s, –**) *m* ecclésiastique *m*.

Klerus ['kle:rʊs] (–) *m* clergé *m*.
Klette ['klɛtə] *f (BOT)* bardane *f*; *(umg: Mensch)* pot *m* de colle; **sich wie eine** ~ **an jdn hängen** ne pas lâcher qn.
Kletterer ['klɛtərər] (–s, –) *m* grimpeur(-euse) *m(f)*.
Klettergerüst *nt* portique d'escalade pour les enfants.
klettern *vi* grimper; **über/auf etw** *Akk* ~ grimper par-dessus/sur qch.
Kletterpflanze *f* plante *f* grimpante.
Kletterseil *nt* corde *f*.
Klettverschluß *m* fermeture *f* velcro.
klicken ['klɪkən] *vi (Kamera)* faire clic; *(Sicherheitsgurt)* s'enclencher.
Klient(in) [kli'ɛnt(ɪn)] (–en, –en) *m(f)* client(e) *m/f*.
Klima ['kli:ma] (–s, –s *od* –te) *nt* climat *m*; ~**anlage** *f* climatisation *f*.
klimatisieren [klimati'zi:rən] *vt* climatiser.
Klimawechsel *m* changement *m* d'air.
Klimbim [klɪm'bɪm] (–s; *umg*) *m (unnützer Kram)* bazar *m*.
klimpern ['klɪmpərn] *(umg) vi (auf Klavier)* pianoter; *(mit Gitarre)* gratter sa guitare; **mit Münzen/Schlüsseln** ~ faire cliqueter des pièces de monnaie/des clés.
Klinge ['klɪŋə] *f* lame *f*; **jdn über die** ~ **springen lassen** *(umg)* démolir qn.
Klingel ['klɪŋəl] (–, –n) *f* sonnette *f*; ~**beutel** *m* bourse *f* de la quête; ~**knopf** *m* bouton *m* de sonnette.
klingeln *vi* sonner; *(Motor)* faire un bruit métallique; **es hat geklingelt** *(an Tür)* on a sonné; **bei jdm** ~ sonner chez qn.
klingen ['klɪŋən] *unreg vi (Glocken)* sonner; *(Instrumente)* retentir; *(Stimme)* résonner; *(Gläser)* tinter; **seine Stimme klingt ruhig** sa voix est calme; **das klingt herrlich** ça a l'air merveilleux.
Klinik ['kli:nɪk] (–, –en) *f* clinique *f*.
klinisch ['kli:nɪʃ] *adj* clinique.
Klinke ['klɪŋkə] *f* poignée *f*.
Klinker ['klɪŋkər] (–s, –) *m* brique *f* recuite.
Klipp (–es, –e) *m (Ohr~)* clip *m*.
klipp *adv*: ~ **und klar** sans détour.
Klippe ['klɪpə] *f (im Meer)* écueil *m*, récif *m*; *(fig)* écueil.
klippenreich *adj* semé(e) d'écueils.
klirren ['klɪrən] *vi (Ketten, Waffen)* cliqueter; *(Gläser)* tinter; ~**de Kälte** froid *m* de canard.
Klischee [kli'ʃe:] (–s, –s) *nt (fig)* cliché *m*; ~**vorstellung** *f* stéréotype *m*.
Klitoris ['kli:torɪs] (–, –) *f* clitoris *m*.
Klo [klo:] (–s, –s; *umg) nt* toilettes *fpl*.
Kloake [klo'a:kə] *f* cloaque *m*.
klobig ['klo:bɪç] *adj (Gegenstand)* massif(-ive); *(plump)* pataud(e).
Klobrille *(umg) f* lunette *f* des toilettes.
Klofrau *(umg) f* dame *f* pipi.
Klon [klo:n] (–s, –e) *m* clone *m*.
Klopapier *(umg) nt* papier *m* toilettes, P.Q. *m*.
klopfen ['klɔpfən] *vi (an Tür)* frapper; *(Herz)*

battre; *(Motor)* cogner ♦ *vt* battre; *(Fleisch)* attendrir; ~ **in** +*Akk (einschlagen)* enfoncer dans; **auf/an/gegen etw** *Akk* ~ taper sur/à/contre qch; **jdm auf die Finger** ~ taper sur les doigts de qn; **es klopft** on frappe; **jdm auf die Schulter** ~ taper sur l'épaule de qn; **Staub vom Ärmel** ~ tapoter sa manche pour faire partir la poussière.
Klopfer (–s, –) *m (Teppich~)* tapette *f*; *(Tür~)* heurtoir *m*.
Klöppel ['klœpəl] (–s, –) *m (von Glocke)* battant *m*.
klöppeln *vi* faire de la dentelle.
Klops [klɔps] (–es, –e) *m* boulette *f* de viande.
Klosett [klo'zɛt] (–s, –e *od* –s) *nt* W.-C. *mpl*.
Kloß [klo:s] (–es, ̈-e) *m (KOCH)* boulette *f (de pâte)*; *(im Hals)* boule *f*.
Kloster ['klo:stər] (–s, ̈-e) *nt* couvent *m*; **ins** ~ **gehen** entrer au couvent.
klösterlich ['klø:stərlɪç] *adj* monastique.
Klotz [klɔts] (–es, ̈-e) *m (aus Holz)* bloc *m*; *(Spielzeug)* cube *m*; *(Mensch)* rustre *m*; **jdm ein** ~ **am Bein sein** être un boulet pour qn.
Klub [klʊp] (–s, –s) *m* club *m*; ~**jacke** *f* blazer *m*; ~**sessel** *m* (fauteuil *m*) club *m*.
Kluft [klʊft] (–, ̈-e) *f (Spalt)* fissure *f*; *(fig: Gegensatz)* fossé *m*; *(kein pl: Kleidung: umg)* attirail *m*; *(: Uniform)* uniforme *m*.
klug [klu:k] *adj (intelligent, schlau)* intelligent(e); *(weise)* sage; **ich werde daraus nicht** ~ je n'y comprends rien; **aus jdm nicht** ~ **werden** ne pas savoir que penser de qn; **K**~**heit** *f* intelligence *f*; *(von Entscheidung)* sagesse *f*.
Klümpchen ['klʏmpçən] *nt* petit morceau *m*.
klumpen ['klʊmpən] *vi (Erde)* coller (aux chaussures); *(KOCH)* faire des grumeaux.
Klumpen (–s, –) *m (Erd~)* motte *f*; *(Blut~)* caillot *m*; *(Gold~)* pépite *f*; *(KOCH)* grumeau *m*.
Klumpfuß ['klʊmpfu:s] *m* pied *m* bot.
Klüngel ['klʏŋəl] (–s, –; *umg: pej) m (Clique)* clique *f*.
Klunker ['klʊŋkər] (–s, –; *umg) m (Schmuck)* verroterie *f*.
km *abk (= Kilometer)* km.
km/h *abk (= Kilometer pro Stunde)* km/h.
knabbern ['knabərn] *vt* grignoter ♦ *vi*: **an etw** *Dat* **zu** ~ **haben** *(umg)* ne pas être au bout de ses peines avec qch.
Knabe ['kna:bə] (–n, –n) *m* garçon *m*.
knabenhaft *adj* de garçon.
Knäckebrot ['knɛkəbro:t] *nt* galette *f* suédoise.
knacken ['knakən] *vt (Nüsse)* casser; *(umg: Tresor, Autos)* cambrioler; *(Geheimcode)* déchiffrer ♦ *vi* craquer; *(Radio)* grésiller.
Knacker ['knakər] (–s, –; *pej) m*: **ein alter** ~ un vieux croulant.
knackfrisch *(umg) adj* bien frais(fraîche).
knackig *adj (Apfel, Möhre)* croquant(e); *(umg: Mädchen)* sexy *inv*.
Knacks [knaks] (–es, –e) *m (Laut)* craquement

m; *(Sprung)* fêlure *f*; *(umg: Schaden)* problème *m*; **einen** ~ **weghaben** *(umg)* ne plus être le même.

Knackwurst *f (KOCH)* ≈ saucisse *f* de Francfort.

Knall [knal] *(–(e)s, –e)* *m (von Explosion)* détonation *f*; *(von Aufprall)* fracas *m*; *(Peitschen~)* claquement *m*; *(von Korken)* "pan" *m*; **einen** ~ **haben** *(umg)* être fêlé(e); ~ **und Fall** *(umg)* sur-le-champ; **jdn** ~ **und Fall entlassen** renvoyer qn sans autre forme de procès; ~**bonbon** *nt od m* diablotin *m (pétard)*; ~**effekt** *(umg)* *m*: **einen** ~**effekt haben** faire l'effet d'une bombe; **k~en** *vi (Schuß)* partir; *(Tür, Peitsche)* claquer; *(Korken)* sauter; *(umg: Sonne)* taper ♦ *vt (umg: werfen)* flanquer; *(schießen)* tirer; **gegen etw k~en** *(Mensch)* se cogner contre qch; *(Auto)* percuter qch; **jdm eine k~en** *(umg)* flanquer une gifle à qn; ~**frosch** *m* pétard *m*; **k~hart** *(umg)* *adj (schonungslos)* très dur(e); *(Film)* violent(e); *(Porno)* hard *inv* ♦ *adv* sans prendre de gants; **k~rot** *adj* rouge vif *inv*.

knapp [knap] *adj (eng: Kleidungsstück)* juste, serré(e); *(Geld)* à peine suffisant(e); *(Portionen)* maigre; *(Zeit)* limité(e); *(Sprache, Bericht)* concis(e); *(Sieg)* remporté(e) de justesse; *(Mehrheit)* faible; **eine** ~**e Stunde** une petite heure; **ein** ~**es Meter** à peine un mètre; **meine Zeit ist** ~ **bemessen** j'ai très peu de temps; **mit** ~**er Not** à grand-peine; ~ **neben/unter** juste à côté de/sous; ~**halten** *unreg vt (mit Geld)* donner peu d'argent à; **K~heit** *f (von Geld, Vorräten)* pénurie *f*; *(von Zeit)* manque *m*; *(von Kleidungsstück)* étroitesse *f*; *(von Ausdrucksweise)* concision *f*.

knarren *vi* craquer.

Knast [knast] *(–(e)s; umg)* *m* taule *f*.

Knatsch [knatʃ] *(–es; umg)* *m* problèmes *mpl*.

knattern ['knatərn] *vi (Motorrad)* pétarader; *(Maschinengewehr)* crépiter.

Knäuel ['knɔyəl] *(–s, –)* *m od nt (Woll~)* pelote *f*; *(Menschen~)* grappe *f*.

Knauf [knaof] *(–(e)s, Knäufe)* *m* pommeau *m*; *(Tür~)* bouton *m*.

Knauser ['knaozər] *(–s, –; umg: pej)* *m* radin *m*.

knauserig *(umg: pej) adj* radin(e).

knausern *(pej) vi* être radin(e).

knautschen ['knaotʃən] *(umg)* *vt* froisser ♦ *vi* se froisser.

Knebel ['kne:bəl] *(–s, –)* *m* bâillon *m*; *(Fenster~)* poignée *f*.

knebeln *vt* bâillonner.

Knecht [knɛçt] *(–(e)s, –e)* *m (beim Bauern)* valet *m* de ferme; *(fig: Sklave)* esclave *m*.

knechten *vt* opprimer.

Knechtschaft *f* servitude *f*.

kneifen ['knaɪfən] *unreg vt* pincer; *(Augen)* plisser ♦ *vi (Kleidung)* serrer; **vor etw** ~ *(umg)* se dérober à qch, esquiver qch.

Kneifzange *f* tenailles *fpl*; *(kleine)* pince *f*.

Kneipe ['knaɪpə] *(umg) f* bistro *m*.

Kneippkur ['knaɪpku:r] *f* cure hydrothérapique assortie d'un régime.

Knete ['kne:tə] *(umg) f (Geld)* pognon *m*.

kneten *vt (Teig)* pétrir; *(Muskeln)* masser.

Knetmasse *f* pâte *f* à modeler.

Knick [knɪk] *(–(e)s, –e)* *m* pli *m*; *(in Blume)* cassure *f*; *(Kurve, Biegung)* coude *m*; *(eingedrückte Stelle)* bosse *f*.

knicken *vt (brechen)* casser; *(falten)* plier ♦ *vi (se) casser*; „**nicht** ~!" "ne pas plier!"; **geknickt sein** *(fig)* être déprimé(e).

knickerig ['knɪkərɪç] *(umg) adj* radin(e).

Knicks [knɪks] *(–es, –e)* *m* révérence *f*.

knicksen *vi* faire la révérence.

Knie [kni:] *(–s, –)* *nt* genou *m*; *(in Rohr)* coude *m*; **in die** ~ **gehen** s'effondrer; *(fig)* s'incliner; **etw übers** ~ **brechen** décider qch à la va-vite; ~**beuge** *f* flexion *f* (du genou); ~**bundhose** *m* culotte *f*, knickerbocker *m*; ~**fall** *m* génuflexion *f*; ~**gelenk** *nt* articulation *f* du genou; ~**kehle** *f* jarret *m*.

knien *vi* être à genoux ♦ *vr* se mettre à genoux, s'agenouiller; **sich in die Arbeit** ~ se plonger dans son travail.

Kniescheibe *f* rotule *f*.

Kniestrumpf *m* chaussette *f* (montante).

Kniff [knɪf] *(–(e)s, –e)* *m (Falte)* pli *m*; *(fig)* truc *m*.

kniff *etc* [knɪf] *vb siehe* **kneifen**.

kniff(e)lig *adj* délicat(e).

knipsen ['knɪpsən] *vt (Fahrkarte)* poinçonner; *(fotografieren)* prendre en photo ♦ *vi (fotografieren)* prendre des photos.

Knirps [knɪrps] *(–es, –e)* *m (kleiner Junge)* petit bonhomme *m*; *(pej: kleiner Mensch)* nabot *m*; *(®: Schirm)* parapluie *m* téléscopique *od* pliant.

knirschen ['knɪrʃən] *vi (Schnee)* crisser; **mit den Zähnen** ~ grincer des dents.

knistern ['knɪstərn] *vi (Feuer)* crépiter; *(Papier)* produire un froissement; *(Seide)* froufrouter; **mit Papier** ~ froisser du papier; ~**de Spannung** une atmosphère tendue.

Knitterfalte *f* pli *m*.

knitterfrei *adj* infroissable.

knittern *vi* se froisser.

knobeln ['kno:bəln] *vi (würfeln)* jouer aux dés; *(umg: nachdenken)* se creuser la cervelle.

Knoblauch ['kno:blaox] *(–(e)s, –e)* *m* ail *m*; ~**zehe** *f* gousse *f* d'ail.

Knöchel ['knœçəl] *(–s, –)* *m (Finger~)* jointure *f* (des doigts); *(Fuß~)* cheville *f*.

Knochen ['knɔxən] *(–s, –)* *m* os *m*; **naß bis auf die** ~ trempé(e) jusqu'aux os; **sich bis auf die** ~ **blamieren** se couvrir de ridicule; ~**arbeit** *(umg) f* travail *m* de forçat; ~**mark** *nt* moelle *f*; ~**bruch** *m* fracture *f*; ~**gerüst** *nt* squelette *m*; **k~hart** *adj (Brot, Piste, Boden)* très dur(e); ~**mark** *nt* moelle *f*.

knöchern ['knœçərn] *adj* en os.

knochig ['knɔxɪç] *adj* osseux(-euse).

Knödel ['knø:dəl] *(–s, –)* *m* boulette *f* de pâte cuite dans du potage.

Knolle ['knɔlə] *f (BOT)* bulbe *m*; *(umg: Nase)* pif *m*.

Knopf [knɔpf] *(–(e)s, ̈e)* *m* bouton *m*.

Knopfdruck m: **ein ~ genügt** il suffit d'appuyer sur le bouton.
knöpfen ['knœpfən] vt boutonner.
Knopfloch nt boutonnière f.
Knorpel ['knɔrpəl] (**–s, –**) m (*ANAT*) cartilage m.
knorpelig adj nerveux(-euse).
knorrig ['knɔrɪç] adj noueux(-euse).
Knospe ['knɔspə] f (*BOT*) bourgeon m.
knospen vi bourgeonner, donner des bourgeons.
knoten ['knoːtən] vt nouer.
Knoten (**–s, –**) m nœud m; (*MED, BOT*) nodosité f; (*Haar~*) chignon m; **~punkt** m (*im Verkehr*) carrefour m.
knotig adj noueux(-euse).
knuffen ['knʊfən] (*umg*) vt donner une bourrade à.
knüllen vt chiffonner, froisser.
Knüller ['knʏlər] (**–s, –**; *umg*) m succès m fou; (*Reportage*) scoop m.
knüpfen ['knʏpfən] vt nouer; (*Teppich*) faire ♦ vr: **sich an etw** *Akk* **~** être attaché(e) à qch; **Hoffnungen an etw** *Akk* **~** fonder des espoirs sur qch; **Bedingungen an etw** *Akk* **~** faire qch à certaines conditions.
Knüppel ['knʏpəl] (**–s, –**) m bâton m; (*Polizei~*) matraque f; (*FLUG*) manche m à balai; (*AUT*) levier m de (changement de) vitesse; **jdm ~ zwischen die Beine werfen** mettre des bâtons dans les roues à qn; **k~dick** (*umg*) adj gros(se) comme le bras; **wenn's kommt, kommt's immer gleich k~dick** tout arrive toujours en même temps; **~schaltung** f vitesses fpl au plancher.
knurren ['knʊrən] vi (*Hund*) gronder; (*Mensch*) grogner; (*Magen*) gargouiller.
knusp(e)rig ['knʊsp(ə)rɪç] adj croustillant(e).
knutschen ['knuːtʃən] (*umg*) vt peloter ♦ vi, vr se peloter.
k.o. adj (*BOXEN*) K.-O. m; **~ sein** être K.-O.
Koalition [koalitsi'oːn] f coalition f.
Kobalt ['koːbalt] (**–s**) nt cobalt m.
Kobold ['koːbɔlt] (**–(e)s, –e**) m lutin m.
Kobra ['koːbra] (**–, –s**) f cobra m.
Koch [kɔx] (**–(e)s, ̈-e**) m cuisinier m; **~beutel** m poche dans laquelle on cuit des aliments; **~buch** nt livre m de cuisine; **k~echt** adj qui résiste à la cuisson, grand teint inv.
kochen vt (faire) cuire; (*Kaffee, Tee*) faire; (*Wasser, Wäsche*) faire bouillir ♦ vi (*Essen bereiten*) faire la cuisine; (*sieden: umg: wütend sein*) bouillir; **sie kocht gut** c'est une bonne cuisinière; **etw auf kleiner Flamme ~** cuire qch à feu doux.
Kocher (**–s, –**) m réchaud m.
Köcher ['kœçər] (**–s, –**) m (*für Pfeile*) carquois m.
kochfertig adj prêt(e) à cuire.
Kochgelegenheit f possibilité f de faire la cuisine.
Köchin ['kœçɪn] f cuisinière f.
Koch-: **~kunst** f art m culinaire; **~löffel** m cuiller f de od en bois; **~nische** f coin-cuisine m, kitchenette f; **~platte** f plaque f de cuis-

son; **~salz** nt sel m de cuisine; **~topf** m casserole f; **~wäsche** f linge m à bouillir.
Kode [koːt] (**–s, –s**) m code m.
Köder ['køːdər] (**–s, –**) m appât m.
ködern vt appâter, attirer.
Koexistenz [koɛksɪs'tɛnts] f coexistence f.
Koffein [kɔfe'iːn] (**–s**) nt caféine f; **k~frei** adj décaféiné(e).
Koffer ['kɔfər] (**–s, –**) m valise f; **seine ~ packen** faire ses valises; **~kuli** m chariot m à bagages; **~radio** nt transistor m; **~raum** m coffre m.
Kognak ['kɔnjak] (**–s, –s**) m cognac m.
Kohl [koːl] (**–(e)s, –e**) m chou m; **das macht den ~ (auch) nicht fett** (*umg*) ça ne changera pas grand-chose.
Kohldampf (*umg*) m: **~ haben** avoir la dalle.
Kohle ['koːlə] f charbon m; (*umg: Geld*) blé m; **wie auf glühenden ~n sitzen** être sur des charbons ardents; **~hydrat** (**–(e)s, –e**) nt hydrate m de carbone; **~kraftwerk** nt centrale f électrique au charbon.
kohlen ['koːlən] (*umg*) vi raconter des bobards.
Kohlen-: **~bergwerk** nt mine f de charbon; **~dioxyd** (**–(e)s, –e**) nt gaz m carbonique; **~grube** f mine f de charbon; **~händler** m charbonnier m; **~säure** f acide m carbonique; **ein Getränk mit/ohne ~säure** une boisson gazeuse/non gazeuse; **~stoff** m carbone m.
Kohlepapier nt papier m carbone.
Köhler ['køːlər] (**–s, –**) m charbonnier m.
Kohlestift m fusain m.
Kohlezeichnung f (dessin m au) fusain m.
Kohl-: **~kopf** m chou m; **~meise** f (mésange f) charbonnière f; **k~(pech)rabenschwarz** adj (*Haar*) noir(e) comme du jais; (*Nacht*) noir(e); **~rabi** (**–s, –s**) m chou m rave; **k~schwarz** adj (*Haare, Augen*) noir(e) comme du jais; (*Hände*) très sale.
Koitus ['koːitʊs] (**–, –** od **–se**) m coït m.
Koje ['koːjə] f (*Nische*) alcôve f; (*umg: Bett*) pieu m.
Kokain [koka'iːn] (**–s**) nt cocaïne f.
kokett [ko'kɛt] adj coquet(te).
kokettieren [koke'tiːrən] vi (*flirten*) flirter.
Kokos-: **~flocken** fpl noix f de coco râpée; **~milch** f lait m de coco; **~nuß** ['koːkɔsnʊs] f noix f de coco; **~palme** f cocotier m.
Koks [koːks] (**–es, –e**) m (*Brennstoff*) coke m; (*umg: Kokain*) coke f.
Kolben ['kɔlbən] (**–s, –**) m (*Gewehr~*) crosse f; (*TECH*) piston m; (*Mais~*) épi m; (*CHEM*) cornue f.
Kolchose [kɔl'çoːzə] f kolkhoze m.
Kolibri ['koːlibri] (**–s, –s**) m colibri m.
Kolik ['koːlɪk] (**–, –en**) f colique f.
Kollaborateur(in) [kɔlabora'tøːr(ɪn)] m(f) collaborateur(-trice) m/f.
Kollaps [kɔ'laps] (**–es, –e**) m (*MED*) grave malaise m cardiovasculaire.
Kolleg [kɔl'eːk] (**–s, –s** od **–ien**) nt (*Vorlesung*) cours m.

Kollege(-in) [kɔ'le:gə] (**-n, -n**) *m(f)* collègue *m/f*.
kollegial [kɔlegi'a:l] *adj* (*Benehmen*) qui fait preuve d'esprit d'équipe; (*Beschluß*) collégial(e).
Kollegin *f siehe* **Kollege**.
Kollegium *nt* (*Lehrer~*) corps *m* enseignant; (*Gruppe mit gleichem Beruf*) commission *f*.
Kollekte [kɔ'lɛktə] *f* (*in der Kirche*) quête *f*.
Kollektion [kɔlɛktsi'o:n] *f* collection *f*; (*Sortiment*) choix *m*.
Kollektiv (**-s, -e**) *nt* collectif *m*.
kollektiv [kɔlɛk'ti:f] *adj* collectif(-ive).
Kollektor [kɔ'lɛktɔr] *m* (*für Sonnenenergie*) capteur *m* solaire.
Koller ['kɔlər] (**-s, -**; *umg*) *m* (*Wutanfall*) accès *m od* crise *f* de colère.
kollidieren [kɔli'di:rən] *vi* entrer en collision; (*zeitlich*) se chevaucher.
Kollier [kɔli'e:] (**-s, -s**) *nt* collier *m*.
Kollisionskurs [kɔlizi'o:nskurs] *m*: **auf ~ gehen** chercher la bagarre.
Köln [kœln] (**-s**) *nt* Cologne.
kölnisch *adj* de Cologne; **K~wasser** *nt* eau *f* de Cologne.
kolonial [koloni'a:l] *adj* colonial(e); **K~macht** *f* nation *f* colonisatrice; **K~warenhändler** *m* épicier *m*.
Kolonie [kolo'ni:] *f* colonie *f*.
kolonisieren [koloni'zi:rən] *vt* coloniser; (*nutzbar machen*) rendre fertile.
Kolonist(in) [kolo'nɪst(ɪn)] *m(f)* colon *m*.
Kolonne [ko'lɔnə] *f* colonne *f*; (*Arbeits~*) équipe *f*; (*von Fahrzeugen*) convoi *m*; **in ~(n) fahren** rouler en convoi.
Koloratur [kolora'tu:r] *f* colorature *f*.
Koloß [ko'lɔs] (**-sses, -sse**) *m* colosse *m*.
kolossal [kolɔ'sa:l] *adj* (*riesig*) gigantesque ♦ *adv*: **~ reich** extrêmement riche; **sich ~ verschätzen** se tromper de beaucoup dans son estimation.
Kölsch [kœlʃ] (**-(s)**) *nt* (*KOCH*) bière blonde et forte de Cologne.
Kolumbianer(in) [kolumbi'a:nər(ɪn)] *m(f)* Colombien(ne) *m(f)*.
Kolumbien [ko'lumbiən] *nt* la Colombie.
kolumbisch *adj* colombien(ne).
Koma ['ko:ma] (**-s, -s** *od* **-ta**) *nt* coma *m*.
Kombi ['kɔmbi] (**-s, -s**) *m* break *m*.
Kombination [kɔmbinatsi'o:n] *f* combinaison *f*; (*Vermutung*) raisonnement *m*; (*Hose und Jackett, Kleid mit Jacke*) ensemble *m*; **nordische ~** combiné *m* nordique.
Kombinationsschloß *nt* serrure *f* à combinaisons.
kombinieren [kɔmbi'ni:rən] *vt* combiner ♦ *vi* (*schlußfolgern, vermuten*) réfléchir, raisonner; (*SPORT*) jouer de manière concertée.
Kombiwagen *m* break *m*.
Kombizange *f* pince *f* universelle.
Komet [ko'me:t] (**-en, -en**) *m* comète *f*.
kometenhaft *adj* fulgurant(e).
Komfort [kɔm'fo:r] (**-s**) *m* (*Bequemlichkeit*) confort *m*; (*Zubehör: von Auto*) option *f*; (*: von*

Gerät) accessoires *mpl* supplémentaires.
komfortabel [kɔmfɔr'ta:bəl] *adj* confortable.
Komik ['ko:mɪk] (**-**) *f* comique *m*; **~er** (**-s, -**) *m* comique *m*.
komisch ['ko:mɪʃ] *adj* (*lustig*) drôle; (*merkwürdig*) bizarre, curieux(-euse).
komischerweise ['ko:mɪʃər'vaizə] (*umg*) *adv* (*seltsamerweise*) curieusement.
Komitee (**-s, -s**) *nt* comité *m*.
Komma ['kɔma] (**-s, -s** *od* **-ta**) *nt* virgule *f*; **fünf ~ drei** cinq virgule trois.
Kommandant [kɔman'dant], **Kommandeur** [kɔman'dø:r] *m* commandant *m*.
kommandieren [kɔman'di:rən] *vt, vi* commander; **jdn an die Front ~** appeler qn au front.
Kommanditgesellschaft [kɔman'di:tgəzelʃaft] *f* (*société f en*) commandite *f*.
Kommando [kɔ'mando] (**-s, -s**) *nt* (*Befehl*) ordre *m*; (*Befehlsgewalt*) commandement *m*; (*Truppeneinheit*) commando *m*; **auf ~** sur commande; **~brücke** *f* passerelle *f* (de commandement).
kommen ['kɔmən] *unreg vi* venir; (*an~, näher~, eintreffen, geschehen*) arriver; (*Blumen*) apparaître; (*Zähne*) percer ♦ *vi unpers*: **es kam eins zum anderen und ...** une chose en amenant une autre, ...; **in die Schule ~** commencer sa scolarité; **ins Krankenhaus ~** être hospitalisé(e); **ihm ~ die Tränen** il (en) a les larmes aux yeux; **und so kam es, daß ...** c'est ainsi que ...; **daher kommt es, daß ...** c'est pour cela que ...; **er kommt als erster dran** il passera le premier; **jetzt kommt er an die Reihe** c'est (à) son tour; **wie kommt es, daß du ...?** comment se fait-il que tu ...?; **und so kam es dann auch** ça n'a pas manqué; **etw ~ lassen** commander qch; **nichts auf jdn/etw ~ lassen** n'admettre aucune critique au sujet de qn/qch; **es kam zum Streit** cela s'est terminé par une dispute; **es kam zum Krieg** la guerre fut déclarée; **das kommt in den Schrank** ça va dans l'armoire; **um etw ~** (*verlieren*) perdre qch; **hinter etw** *Akk* **~** (*entdecken*) découvrir qch; **(wieder) zu sich ~** (*Bewußtsein wiedererlangen*) reprendre connaissance; **zu** *od* **an etw ~** obtenir qch; **zur Sache ~** en venir aux faits; **jdm frech ~** être insolent(e) avec qn; **auf jeden vierten kommt ein Platz** il y a des places pour une personne sur quatre; **mir kommt eine Idee** j'ai une idée; **wie komme ich nach Freiburg?** pouvez-vous m'indiquer comment me rendre à Fribourg?; **unter ein Auto ~** se faire renverser par une voiture; **wie hoch kommt das?** combien ça coûte?; **das kommt auf 50 Mark** ça coûte 50 marks; **etw ist im K~** (*wird modern*) qch est à la mode; **komm gut nach Hause!** bon retour!; **in Bewegung ~** se mettre à bouger; **mein Auto kam ins Schleudern** j'ai perdu le contrôle de ma voiture; **jdn besuchen ~** venir voir qn; **was kommt diese Woche im Kino?** qu'est-ce qu'on passe au cinéma cette semaine?; **das kommt davon!** c'est

bien fait!; **du kommst mir gerade recht!** (*ironisch*) tu ne pouvais pas mieux tomber!; **auf etw** *Akk* ~ (*sich erinnern*) se rappeler qch; (*sprechen über*) en venir à parler de qch; **wer zuerst kommt, mahlt zuerst** (*Sprichwort*) les premiers arrivés sont les premiers servis.
Kommen (–s) *nt* venue *f*.
kommend *adj* (*Woche, Frühling*) prochain(e); (*Generationen, Ereignisse*) futur(e); (*Mode*) de la saison à venir; **(am)** ~en Montag lundi prochain.
Kommentar [kɔmɛn'taːr] (–s, –e) *m* commentaire *m*; **kein** ~ je n'ai rien à dire; **k~los** *adj* sans commentaire.
Kommentator [kɔmɛn'taːtɔr] *m* commentateur *m*.
kommentieren [kɔmɛn'tiːrən] *vt* commenter; **kommentierte Ausgabe** édition *f* annotée.
kommerziell [kɔmɛrtsi'ɛl] *adj* commercial(e).
Kommilitone(-in) [kɔmili'toːnə] (–n, –n) *m(f)* camarade *m/f* d'université.
Kommiß [kɔ'mɪs] (–sses) *m* armée *f*.
Kommissar [kɔmɪ'saːr] *m* (*Polizei~*) commissaire *m*.
kommissarisch *adj* par intérim.
Kommission [kɔmɪsi'oːn] *f* (*Ausschuß*) commission *f*; (*WIRTS*): **etw in** ~ **geben** confier qch à un commissionnaire.
Kommode [kɔ'moːdə] *f* commode *f*.
kommunal [kɔmu'naːl] *adj* communal(e); (*von Stadt auch*) municipal(e).
Kommunal-: ~**abgaben** *pl* impôts *mpl* locaux; ~**politik** *f* politique *f* communale; ~**verwaltung** *f* administration *f* communale; ~**wahl** *f* élections *fpl* communales.
Kommune [kɔ'muːnə] *f* (*Gemeinde*) commune *f*; (*Wohngemeinschaft*) communauté *f*.
Kommunikation [kɔmunɪkatsi'oːn] *f* communication *f*.
kommunikativ [kɔmunika'tiːf] *adj* (*Mensch*) communicatif(-ive); (*Fähigkeiten*) de communication.
Kommunion [kɔmuni'oːn] *f* communion *f*; (*Erst~*) première communion.
Kommuniqué [kɔmyni'keː] (–s, –s) *nt* communiqué *m*.
Kommunismus [kɔmu'nɪsmʊs] *m* communisme *m*.
Kommunist(in) [kɔmu'nɪst(ɪn)] *m(f)* communiste *m/f*; **k~isch** *adj* communiste.
kommunizieren [kɔmuni'tsiːrən] *vi* (*REL*) communier; (*gehoben*) communiquer.
Komödiant(in) [komødi'ant(ɪn)] *m(f)* comédien(ne) *m(f)*.
Komödie [ko'møːdiə] *f* comédie *f*; ~ **spielen** jouer la comédie.
Kompagnon [kɔmpan'jõː] (–s, –s) *m* associé *m*.
kompakt [kɔm'pakt] *adj* (*dicht*) compact(e).
Kompaktanlage *f* chaîne *f* compacte.
Kompanie [kɔmpa'niː] *f* compagnie *f*.
Komparativ ['kɔmparatiːf] (–s, –e) *m* comparatif *m*.
Kompaß ['kɔmpas] (–sses, –sse) *m* boussole *f*.

Kompatibilität [kɔmpatibili'tɛːt] *f* compatibilité *f*.
kompatibel [kɔmpa'tiːbəl] *adj* compatible.
Kompendium [kɔm'pɛndiʊm] (–s, **–ien**) *nt* (*Abriß*) abrégé *m*.
Kompensation [kɔmpɛnzatsi'oːn] *f* compensation *f*.
kompensieren [kɔmpɛn'ziːrən] *vt* compenser.
kompetent [kɔmpe'tɛnt] *adj* compétent(e).
Kompetenz *f* compétence *f*; ~**bereich** *m* (domaine *m* de) compétence *f*; ~**streitigkeiten** *pl* conflit *m* de compétence.
komplementieren [kɔmplemɛn'tiːrən] *vt* (*gehoben*) compléter.
komplett [kɔm'plɛt] *adj* complet(-ète).
komplex *adj* complexe; **K~** (–es, –e) *m* (*Gebäude~, PSYCH*) complexe *m*; (*Zusammengehöriges*) ensemble *m*.
Komplikation [kɔmplikatsi'oːn] *f* complication *f*.
Kompliment [kɔmpli'mɛnt] (–(e)s, –e) *nt* compliment *m*.
Komplize(-in) [kɔm'pliːtsə] (–n, –n) *m(f)* complice *m/f*.
komplizieren [kɔmpli'tsiːrən] *vt* compliquer ♦ *vr* se compliquer.
kompliziert *adj* compliqué(e); (*MED: Bruch*) multiple.
Komplizin *f siehe* **Komplize**.
Komplott [kɔm'plɔt] (–(e)s, –e) *nt* complot *m*.
komponieren [kɔmpo'niːrən] *vt* (*MUS*) composer.
Komponist(in) [kɔmpo'nɪst(ɪn)] *m(f)* compositeur(-trice) *m(f)*.
Komposition [kɔmpozitsi'oːn] *f* composition *f*.
Kompost [kɔm'pɔst] (–(e)s, –e) *m* compost *m*; ~**haufen** *m* tas *m* de compost.
Kompott [kɔm'pɔt] (–(e)s, –e) *nt* compote *f*.
Kompresse [kɔm'prɛsə] *f* compresse *f*.
Kompressor [kɔm'prɛsɔr] *m* compresseur *m*.
komprimiert [kɔmpri'miːrt] *adj* comprimé(e).
Kompromiß [kɔmpro'mɪs] (–sses, –sse) *m* compromis *m*; **einen** ~ **schließen** faire un compromis; **k~bereit** *adj* conciliant(e); ~**lösung** *f* compromis *m*.
kompromittieren [kɔmprɔmɪ'tiːrən] *vt* compromettre.
Kondensation [kɔndɛnzatsi'oːn] *f* condensation *f*.
Kondensator [kɔndɛn'zaːtɔr] *m* condensateur *m*.
kondensieren [kɔndɛn'ziːrən] *vt* condenser.
Kondens-: ~**milch** *f* lait *m* concentré; ~**streifen** *m* traînée *f* de condensation; ~**wasser** *nt* condensation *f*, buée *f*.
Kondition [kɔnditsi'oːn] *f* (*Bedingung*) condition *f*; (*SPORT*) condition physique, forme *f*.
Konditionalsatz [kɔnditsio'naːlzats] *m* subordonnée *f* conditionnelle.
Konditionsschwäche *f* mauvaise forme *f* physique.
Konditionstraining *nt* entraînement *m*.
Konditor [kɔn'diːtɔr] *m* pâtissier *m*.

Konditorei [kɔndito'raɪ] *f* pâtisserie *f*; (*mit Café*) salon *m* de thé.
Kondolenzbrief [kɔndo'lɛntsbriːf] *m* lettre *f* de condoléances.
kondolieren [kɔndo'liːrən] *vi*: jdm ~ présenter ses condoléances à qn.
Kondom [kɔn'doːm] (**–s, –e**) *nt* préservatif *m*.
Kondor ['kɔndɔr] (**–s, –e**) *m* condor *m*.
Konfektion [kɔnfɛktsi'oːn] *f* confection *f*.
Konfektionsgröße *f* taille *f*.
Konferenz [kɔnfe'rɛnts] *f* conférence *f*; ~**schaltung** *f* multiplex *m*.
konferieren [kɔnfe'riːrən] *vi* conférer.
Konfession [kɔnfɛsi'oːn] *f* confession *f*; **k~ell** *adj* confessionnel(le).
konfessions-: ~**gebunden** *adj* confessionnel(le); ~**los** *adj* sans confession; **K~schule** *f* école *f* libre.
Konfetti [kɔn'fɛti] (**–(s)**) *nt* confettis *mpl*.
Konfiguration [kɔnfiguratsi'oːn] *f* configuration *f*.
Konfirmand(in) [kɔnfir'mant, -'mandɪn] (**–en, –en**) *m(f)* confirmand(e) *m/f*.
Konfirmation [kɔnfɪrmatsi'oːn] *f* confirmation *f*.
konfirmieren [kɔnfɪr'miːrən] *vt* confirmer.
konfiszieren [kɔnfɪs'tsiːrən] *vt* confisquer.
Konfitüre [kɔnfi'tyːrə] *f* confiture *f*.
Konflikt [kɔn'flɪkt] (**–(e)s, –e**) *m* conflit *m*; **mit etw in** ~ **geraten** *od* **kommen** entrer en conflit avec qch; ~**herd** *m* zone *f* de conflit; ~**stoff** *m* source *f* de conflits.
Konföderation [kɔnfødəratsi'oːn] *f* confédération *f*.
conform [kɔn'fɔrm] *adj* identique; **mit jdm (in etw** *Dat***)** ~ **gehen** *od* **sein** être entièrement d'accord avec qn (sur qch).
Konformist(in) [kɔnfɔr'mɪst(ɪn)] *m(f)* conformiste *m/f*.
Konfrontation [kɔnfrɔntatsi'oːn] *f* confrontation *f*.
confrontieren [kɔnfrɔn'tiːrən] *vt* confronter.
confus [kɔn'fuːs] *adj* confus(e).
Konglomerat [kɔnglome'raːt] *nt* (*geh*) rassemblement *m*.
Congo ['kɔŋgo] (**–s**) *m* Congo *m*.
Kongreß [kɔn'grɛs] (**–sses, –sse**) *m* congrès *m*; ~**halle** *f* palais *m* des congrès.
congruent *adj* (*MATH: Figuren*) congruent(e).
Kongruenz [kɔngru'ɛnts] *f* (*MATH*) congruence *f*.
König ['køːnɪç] (**–(e)s, –e**) *m* roi *m*.
Königin ['køːnɪgɪn] *f* reine *f*; ~**pastete** *f* bouchée *f* à la reine.
öniglich *adj* royal(e) ♦ *adv* (*umg*: *außerordentlich*) royalement.
önigreich *nt* royaume *m*.
önigspaar *nt* couple *m* royal.
önigtum ['køːnɪçtuːm] (**–(e)s, –tümer**) *nt* (*Staatsform*) royauté *f*.
onisch ['koːnɪʃ] *adj* conique.
onj. *abk* = **Konjunktiv**.
onjugation [kɔnjugatsi'oːn] *f* conjugaison *f*.

konjugieren [kɔnju'giːrən] *vt* conjuguer.
Konjunktion [kɔnjuŋktsi'oːn] *f* conjonction *f*.
Konjunktiv ['kɔnjuŋktiːf] (**–s, –e**) *m* subjonctif *m*.
Konjunktur [kɔnjuŋk'tuːr] *f* conjoncture *f* (économique); (*Hoch*~) conjoncture favorable; **steigende/fallende** ~ tendance *f* à la hausse/baisse; ~**barometer** *nt* baromètre *m* économique; ~**lage** *f* conjoncture *f* (économique); ~**politik** *f* politique *f* conjoncturelle.
konkav [kɔn'kaːf] *adj* concave.
konkret [kɔn'kreːt] *adj* concret(-ète); (*Malerei*) figuratif(-ive); **könnten Sie hierzu Ihre** ~**e Meinung sagen?** pourriez-vous préciser votre pensée?
Konkurrent(in) [kɔnkʊ'rɛnt(ɪn)] *m(f)* concurrent(e) *m(f)*.
Konkurrenz [kɔnkʊ'rɛnts] *f* concurrence *f*; **jdm** ~ **machen** faire concurrence à qn; **außer** ~ hors concours; **k~fähig** *adj* compétitif(-ive); ~**kampf** *m* concurrence *f*.
konkurrieren [kɔnkʊ'riːrən] *vi* être en concurrence.
Konkurs [kɔn'kʊrs] (**–es, –e**) *m* faillite *f*; **den** ~ **eröffnen** mettre (une entreprise) en liquidation; **vor dem** ~ **stehen** être au bord de la faillite; ~ **machen** (*umg*) faire faillite; ~**verfahren** *nt* procédure *f* de faillite; ~**verwalter** *m* administrateur *m* judiciaire, syndic *m* (de faillite).

═══════════════════════ *SCHLÜSSELWORT*

können ['kœnən] (*pt* **konnte**, *pp* **gekonnt** *od* (*als Hilfsverb*) **können**) *vt, vi* **1** (*vermögen*) pouvoir; **ich kann nichts dafür** je n'y peux rien
2 (*wissen, beherrschen*) savoir; **was können Sie?** que savez-vous faire?; **können Sie Deutsch?** vous savez l'allemand?; **können Sie Auto fahren?** vous savez conduire?; **sie kann keine Mathematik** elle n'est pas douée en math
3 (*dürfen*) pouvoir; **kann ich gehen?** je peux partir?; **könnte ich ...?** (est-ce que) je pourrais ...?; **kann ich mit?** (*umg*) je peux venir?; **du kannst mich (mal)!** (*umg!*) va te faire foutre! (*umg(!)*).
4 (*möglich sein*): **das kann sein** c'est possible; **kann sein** (*umg*) c'est possible, peut-être.

─────────────────────────────────

Können (**–s**) *nt* capacités *fpl*, adresse *f*.
Könner *m* expert *m* (en la matière).
konnte *etc* ['kɔntə] *vb siehe* **können**.
konsequent [kɔnze'kvɛnt] *adj* (*logisch*) logique; (*unbeirrbar*) résolu(e), inébranlable; **ein Ziel** ~ **verfolgen** poursuivre obstinément un but.
Konsequenz [kɔnze'kvɛnts] *f* (*Unbeirrbarkeit*) détermination *f*, obstination *f*; (*Folge*) conséquence *f*; **die** ~**en tragen** supporter les conséquences.
konservativ [kɔnzɛrva'tiːf] *adj* conservateur(-trice).
Konservative(r) *f(m)* conservateur(-trice) *m(f)*.

Konservatorium [kɔnzɛrva'toːriʊm] *nt* conservatoire *m*.

Konserve [kɔn'zɛrvə] *f* conserve *f*; **Musik aus der** ~ musique *f* enregistrée.

Konservenbüchse, Konservendose *f* boîte *f* de conserve.

konservieren [kɔnzɛr'viːrən] *vt* (*Lebensmittel*) conserver; (*Gemälde*) préserver.

Konservierung *f* conservation *f*.

Konservierungsmittel *nt*, **Konservierungsstoff** *m* agent *m* conservateur.

Konsole [kɔnzo:lə] *f* console *f*.

konsolidieren *vt* consolider.

Konsolidierung *f* consolidation *f*.

Konsonant [kɔnzo'nant] *m* consonne *f*.

Konsortium [kɔn'zɔrtsiʊm] *nt* consortium *m*.

konspirativ [kɔnspira'tiːf] *adj* conspirateur(-trice); ~**e Wohnung** cachette *f*.

konstant [kɔn'stant] *adj* (*gleichbleibend*) constant(e); (*beharrlich*) obstiné(e).

Konstellation [kɔnstɛlatsi'oːn] *f* constellation *f*; (*fig*) situation *f*; (*von Faktoren etc*) combinaison *f*.

Konstitution [kɔnstitutsi'oːn] *f* (*körperliche Verfassung, POL*) constitution *f*.

konstitutionell [kɔnstitutsio'nɛl] *adj* constitutionnel(le).

konstruieren [kɔnstru'iːrən] *vt* (*Gebäude, Flugzeug*) concevoir; (*MATH, Sätze*) construire; (*fig*) imaginer.

Konstrukteur(in) [kɔnstrʊk'tøːr(ɪn)] *m(f)* constructeur(-trice) *m(f)*.

Konstruktion [kɔnstrʊktsi'on] *f* construction *f*.

Konstruktionsfehler *m* (*im Entwurf*) défaut *m* od vice *m* de conception; (*im Aufbau*) défaut od vice de construction.

konstruktiv [kɔnstrʊk'tiːf] *adj* (*geh*) constructif(-ive); (*TECH: die Konstruktion betreffend*) de construction.

Konsul ['kɔnzʊl] (**–s, –n**) *m* consul *m*.

konsularisch [kɔnzu'laːrɪʃ] *adj* consulaire.

Konsulat [kɔnzu'laːt] *nt* consulat *m*.

Konsultation [kɔnzʊltatsi'oːn] *f* consultation *f*.

konsultieren [kɔnzʊl'tiːrən] *vt* consulter.

Konsum [kɔn'zuːm] (**–s, –s**) *m* (*Verzehr, Genuß*) consommation *f*; (*Genossenschaft, Laden*) coopérative *f*; ~**artikel** *m* bien *m* de consommation.

Konsument [kɔnzu'mɛnt] *m* consommateur *m*.

Konsumgesellschaft *f* société *f* de consommation.

konsumieren [kɔnzu'miːrən] *vt* consommer.

Konsumzwang *m* incitation *f* massive à la consommation.

Kontakt [kɔn'takt] (**–(e)s, –e**) *m* contact *m*; **mit jdm** ~ **aufnehmen** prendre contact avec qn; ~**abzug** *m* (épreuve *f* par) contact *m*; **k~arm** *adj* qui a du mal à se faire des amis, qui a des problèmes de communication; **k~freudig** *adj* sociable.

kontaktieren [kɔntak'tiːrən] *vt* prendre contact avec, contacter.

Kontaktlinse *f* lentille *f* de contact.

Kontaktmann (**–(e)s, –männer**) *m* contact *m*.

Konterfei ['kɔntərfai] (**–s, –s**) *nt* portrait *m*.

kontern ['kɔntərn] *vt* contrer; (*Bemerkung*) répondre du tac au tac à ♦ *vi* contre-attaquer.

Konterrevolution ['kɔntərrevolutsio:n] *f* contre-révolution *f*.

Kontinent [kɔnti'nɛnt] (**–(e)s, –e**) *m* continent *m*.

kontinental [kɔntinɛn'taːl] *adj* continental(e).

Kontingent [kɔntɪŋ'gɛnt] (**–(e)s, –e**) *nt* contingent *m*, quota *m*; (*MIL*) contingent.

kontinuierlich [kɔntinu'iːrlɪç] *adj* continu(e), constant(e).

Kontinuität [kɔntinui'tɛːt] *f* continuité *f*.

Konto ['kɔnto] (**–s, Konten**) *nt* compte *m*; **das geht auf mein** ~ (*umg: ich bin schuldig*) c'est de ma faute; (: *ich zahle*) c'est ma tournée; ~**auszug** *m* relevé *m* de compte; ~**inhaber(in)** *m(f)* titulaire *m/f* d'un compte; ~**korrent** (**–s, –e**) *nt* compte *m* courant.

Kontor [kɔn'toːr] (**–s, –e**) *nt* bureau *m*.

Kontorist(in) [kɔnto'rɪst(ɪn)] *m(f)* employé(e) *m(f)* de bureau.

Kontostand *m* position *f* od solde *m* d'un compte.

kontra ['kɔntra] *präp + Akk, adv* contre.

Kontra (**–s, –s**) *nt* (*KARTEN*) contre *m*; **jdm** ~ **geben** (*umg*) contredire qn; ~**baß** *m* contrebasse *f*.

Kontrahent [kɔntra'hɛnt] *m* (*Gegner*) adversaire *m*.

Kontrakt [kɔn'trakt] (**–(e)s, –e**) *m* contrat *m*.

Kontrapunkt *m* (*MUS*) contrepoint *m*.

konträr [kɔn'trɛːr] *adj* contraire, opposé(e).

Kontrast [kɔn'trast] (**–(e)s, –e**) *m* contraste *m*.

Kontrollabschnitt *m* talon *m*.

Kontroll(l)ampe [kɔn'trɔllampə] *f* lampe *f* témoin; (*AUT*) voyant *m*.

Kontrolle [kɔn'trɔlə] *f* contrôle *m*; (*Aufsicht auch*) surveillance *f*.

Kontrolleur [kɔntrɔ'løːr] *m* (*Fahrkarten*~) contrôleur *m*.

kontrollieren [kɔntrɔ'liːrən] *vt* (*Aussage*) vérifier; (*Regierung, Arbeit*) exercer une surveillance sur, surveiller; (*Gepäck, Lebensmittel*) contrôler, vérifier.

Kontrollturm *m* tour *f* de contrôle.

Kontrolluhr *f* horloge *f* pointeuse.

Kontroverse [kɔntro'vɛrzə] *f* controverse *f*.

Kontur [kɔn'tuːr] *f* contour *m*.

Konvention [kɔnvɛntsi'oːn] *f* (*gew pl*) convention *f*.

Konventionalstrafe [kɔnvɛntsio'na:lʃtra:fə] *f* indemnité *f* pour rupture de contrat.

konventionell [kɔnvɛntsio'nɛl] *adj* conventionnel(le).

Konversation [kɔnvɛrzatsi'oːn] *f* conversation *f*.

Konversationslexikon *nt* encyclopédie *f*.

konvertieren [kɔnvɛr'tiːrən] *vi* convertir.

konvex [kɔn'vɛks] *adj* convexe.

Konvoi ['kɔnvɔy] (**–s, –s**) *m* convoi *m*; **im** ~ **fahren** rouler en convoi.

Konzentrat [kɔntsɛn'traːt] *nt* concentré *m*.
Konzentration [kɔntsɛntratsi'oːn] *f* concentration *f*.
Konzentrationsfähigkeit *f* (faculté *f* de) concentration *f*.
Konzentrationslager *nt* camp *m* de concentration.
konzentrieren [kɔntsɛn'triːrən] *vt* concentrer ♦ *vr* se concentrer.
konzentriert *adj* concentré(e); (*Warenangebot*) grand(e) ♦ *adv* (*zuhören*) attentivement; ~ **arbeiten** se concentrer sur son travail.
Konzept [kɔn'tsɛpt] (*–(e)s, –e*) *nt* (*klarumrissener Plan, Programm*) plan *m*, programme *m*; (*Entwurf, Rohfassung*) brouillon *m*; **jdn aus dem** ~ **bringen** faire perdre le fil à qn.
Konzeptpapier *nt* papier *m* brouillon.
Konzern [kɔn'tsɛrn] (*–s, –e*) *m* consortium *m*.
Konzert [kɔn'tsɛrt] (*–(e)s, –e*) *nt* (*Aufführung*) concert *m*; (*Stück*) concerto *m*.
konzertiert [kɔntsɛr'tiːrt] *adj* concerté(e).
Konzertmeister *m* premier violon *m*.
Konzertsaal *m* salle *f* de concert.
Konzession [kɔntsɛsi'oːn] *f* (*WIRTS*) concession *f*, licence *f*; (*Zugeständnis*) concession.
Konzessionär(in) [kɔntsɛsio'nɛːr(ɪn)] (*–s, –e*) *m(f)* titulaire *m/f* d'une licence, concessionnaire *m/f*.
konzessionieren [kɔntsɛsio'niːrən] *vt* (*förmlich*) accorder une licence pour.
Konzil [kɔn'tsiːl] (*–s, –e* *od* *–ien*) *nt* concile *m*.
konzipieren [kɔntsi'piːrən] *vt* (*Auto, Gerät*) concevoir; (*Aufsatz, Rede*) ébaucher.
kooperativ [koopera'tiːf] *adj* coopératif(-ive).
kooperieren [koope'riːrən] *vi* coopérer.
Koordinate [koɔrdi'naːtə] *f* coordonnée *f*.
Koordinatensystem *nt* coordonnées *fpl*.
koordinieren [koɔrdi'niːrən] *vt* coordonner.
Kopenhagen [ko:pən'ha:gən] (*–s*) *nt* Copenhague.
Kopf [kɔpf] (*–(e)s, ⁻e*) *m* tête *f*; (*führende Person*) chef *m*; **von** ~ **bis Fuß** de la tête aux pieds; ~ **hoch!** courage!; ~ **an** ~ (*in Rennen*) à égalité; **pro** ~ par tête *od* personne; ~ **oder Zahl?** pile ou face?; **jdm den** ~ **waschen** (*fig: umg*) remettre qn à sa place; **jdm über den** ~ **wachsen** dépasser qn; **jdn vor den** ~ **stoßen** offenser qn; **sich** *Dat* **an den** ~ **fassen** (*fig*) ne pas en revenir; **sich** *Dat* (*über etw* *Akk*) **den** ~ **zerbrechen** se creuser la tête (à propos de qch); **sich** *Dat* **etw durch den** ~ **gehen lassen** réfléchir (calmement) à qch; **sich** *Dat* **etw in den** ~ **gesetzt haben** s'être mis qch en tête; **sich** *Dat* **etw aus dem** ~ **schlagen** renoncer à qch; **den** ~ **hängenlassen** (*fig*) baisser les bras; **etw auf den** ~ **stellen** (*unordentlich machen*) mettre qch sens dessus dessous; (*verdrehen*) altérer qch; **etw aus dem** ~ **wissen** savoir qch par cœur; **im** ~ **rechnen** calculer de tête; **er ist nicht auf den** ~ **gefallen** il n'est pas bête; ~**bahnhof** *m* (gare *f*) terminus *m*; ~**bedeckung** *f* couvre-chef *m*.
⁻öpfchen ['kœpfçən] (*umg*) *nt*: ~ **haben** avoir

quelque chose dans la tête.
köpfen ['kœpfən] *vt* (*Person*) décapiter; (*Ei*) ouvrir; (*Flasche*) déboucher; **den Ball** ~ faire une tête.
Kopf-: ~**ende** *nt* chevet *m*; ~**haut** *f* cuir *m* chevelu; ~**hörer** *m* écouteurs *mpl*; ~**keil** *m* petit matelas servant à surélever la tête; ~**kissen** *nt* oreiller *m*; **k~lastig** *adj* (*Flugzeug*) qui a tendance à piquer du nez; (*Verwaltung*) mal équilibré(e) (*avec trop de cadres supérieurs*); **k~los** *adj* (*fig*) paniqué(e); ~**losigkeit** *f* panique *f*; **k~rechnen** *vi* (*nur infin*) calculer de tête; ~**salat** *m* laitue *f*, salade *f*; **k~scheu** *adj*: **jdn k~scheu machen** effaroucher qn; ~**schmerzen** *pl* maux *mpl* de tête, mal *m* à la tête; ~**sprung** *m* plongeon *m*; ~**stand** *m* poirier *m*; ~**steinpflaster** *nt* pavé *m*; ~**stütze** *f* appuie-tête *m inv*; ~**tuch** *nt* foulard *m*; **k~über** *adv* la tête la première; ~**weh** *nt* mal *m* de tête; ~**weh haben** avoir mal à la tête; ~**zerbrechen** (*–s*) *nt*: **jdm ~zerbrechen machen** être un souci pour qn.
Kopie [ko'piː] *f* copie *f*.
kopieren [ko'piːrən] *vt* copier; (*foto~*) photocopier; (*Person*) imiter.
Kopierer (*–s, –; umg*) *m*, **Kopiergerät** *nt* photocopieuse *f*.
Kopilot(in) ['koːpiloːt(ɪn)] *m(f)* copilote *m/f*.
Koppel¹ ['kɔpəl] (*–, –n*) *f* (*Weide*) pâturage *m*.
Koppel² ['kɔpəl] (*–s, –*) *nt* (*Gürtel*) ceinturon *m*.
koppeln *vt* (*TECH*) coupler; (*Unternehmungen*) combiner; **mit etw gekoppelt sein** être combiné(e) avec qch.
Kopp(e)lung *f* (*siehe vt*) couplage *m*; combinaison *f*.
Kopp(e)lungsmanöver *nt* arrimage *m*.
Koralle [ko'ralə] *f* corail *m*.
Korallenkette *f* collier *m* de corail.
Korallenriff *nt* récif *m* de corail.
Koran [ko'raːn] (*–s, –e*) *m* Coran *m*.
Korb [kɔrp] (*–(e)s, ⁻e*) *m* panier *m*, corbeille *f*; **jdm einen** ~ **geben** (*fig*) rembarrer qn; ~**ball** *m* basket-ball *m*.
Körbchen ['kœrpçən] *nt* (*von Büstenhalter*) bonnet *m*.
Korbstuhl *m* chaise *f* de rotin.
Kord [kɔrt] (*–(e)s, –e*) *m* velours *m* côtelé.
Kordel ['kɔrdəl] (*–, –n*) *f* cordelette *f*.
Kordsamt *m* velours *m* côtelé.
Korea [ko're:a] (*–s*) *nt* la Corée.
Koreaner(in) (*–s, –*) *m(f)* Coréen(ne) *m/f*.
Korfu ['kɔrfu] (*–s*) *nt* Corfou *f*.
Korinthe [ko'rɪntə] *f* raisin *m* sec (de Corinthe).
Kork [kɔrk] (*–(e)s, –e*) *m* (*Material*) liège *m*.
Korken [kɔrkən] (*–s, –*) *m* bouchon *m*; ~**zieher** (*–s, –*) *m* tire-bouchon *m*.
Korn¹ [kɔrn] (*–(e)s, ⁻er*) *nt* (*Samen, Salz~, Sand~*) grain *m*; (*Getreide*) blé *m*; (*Hagel~*) grêlon *m*; (*von Gewehr*) guidon *m*.
Korn² [kɔrn] (*–(e)s, –*) *m* (*Branntwein*) eau-de-vie *f* de grain.
Korn³ (*–(e)s, –e*) *nt*: **etw aufs** ~ **nehmen** (*umg*)

s'en prendre à qch.

Kornblume *f* bleuet *m*.

Körnchen ['kœrnçən] *nt* petit grain *m*.

Körnerfresser ['kœrnərfrɛsər] (*umg: pej*) *m* végétarien *m*.

Kornfeld *nt* champ *m* de blé.

körnig *adj* (*sandartig*) granuleux(-euse); (*Reis*) qui ne colle pas.

Kornkammer *f* grenier *m*.

Körnung ['kœrnʊŋ] *f* (*TECH*) granulation *f*; (*PHOT*) grain *m*.

Körper ['kœrpər] (**-s**, **-**) *m* corps *m*; ~**bau** *m* physique *m*; **k~behindert** *adj* handicapé(e) physique; ~**geruch** *m* odeur *f* (corporelle); ~**gewicht** *nt* poids *m*; ~**größe** *f* taille *f*; ~**haltung** *f* maintien *m*, manière *f* de se tenir; **k~lich** *adj* physique; **k~liche Arbeit** travail *m* manuel; ~**pflege** *f* hygiène *f* corporelle; ~**schaft** *f* (*JUR*) personne *f* morale; ~**schaft des öffentlichen Rechts** collectivité *f*; ~**schaftssteuer** *f* impôt *m* sur les sociétés; ~**teil** *m* partie *f* du corps; ~**verletzung** *f* (*JUR*): **schwere ~verletzung** coups *mpl* et blessures *fpl*.

Korps [koːr] (**-**, **-**) *nt* (*MIL*) corps *m*; (*UNIV*) corporation *f* d'étudiants; **das diplomatische ~** le corps diplomatique.

korpulent [kɔrpu'lɛnt] *adj* corpulent(e).

korrekt [kɔ'rɛkt] *adj* correct(e); **K~heit** *f* correction *f*.

Korrektor(in) [kɔ'rɛktɔr, -'toːrɪn] (**-s**, **-**) *m(f)* (*im Verlag*) correcteur(-trice) *m(f)*.

Korrektur [kɔrɛk'tuːr] *f* correction *f*; **~ lesen** corriger les épreuves.

Korrespondent(in) [kɔrɛspɔn'dɛnt(ɪn)] *m(f)* (*von Zeitung*) correspondant(e) *m(f)*.

Korrespondenz [kɔrɛspɔn'dɛnts] *f* (*Briefwechsel*) correspondance *f*; ~**qualität** *f* qualité *f* courrier.

korrespondieren [kɔrɛspɔn'diːrən] *vi* correspondre.

Korridor ['kɔridoːr] (**-s**, **-e**) *m* corridor *m*.

korrigieren [kɔri'giːrən] *vt* corriger; (*Meinung, Einstellung*) changer.

Korrosion [kɔrozi'oːn] *f* corrosion *f*.

Korrosionsschutz [kɔrozi'oːnsʃʊts] *m* (*Mittel*) anticorrosif *m*.

korrumpieren [kɔrʊm'piːrən] *vt* corrompre.

korrupt [kɔ'rʊpt] *adj* corrompu(e).

Korruption [kɔrʊptsi'oːn] *f* corruption *f*.

Korse(-in) ['kɔrzə] (**-n –n**) *m(f)* Corse *m/f*.

Korsett [kɔr'zɛt] (**-(e)s, -e**) *nt* corset *m*.

Korsika ['kɔrzika] (**-s**) *nt* la Corse.

korsisch *adj* corse.

koscher ['koːʃər] *adj* casher *inv*.

Koseform ['koːzəfɔrm] *f* diminutif *m*.

kosen *vt* câliner ♦ *vi* se faire des câlins.

Kosename *m* petit nom *m*, surnom *m*.

Kosewort *nt* mot *m* tendre.

Kosmetik [kɔs'meːtɪk] *f* soins *mpl* de beauté.

Kosmetikerin *f* esthéticienne *f*.

Kosmetiksalon *m* salon *m* de beauté.

kosmetisch *adj* cosmétique; (*Chirurgie*) esthé-

tique, plastique; (*fig*) superficiel(le).

kosmisch ['kɔsmɪʃ] *adj* cosmique.

Kosmonaut(in) [kɔsmo'naʊt(ɪn)] (**-en, –en**) *m(f)* cosmonaute *m/f*.

Kosmopolit [kɔsmopo'liːt] (**-en, –en**) *m* (*personne f*) cosmopolite *m*.

kosmopolitisch *adj* cosmopolite.

Kosmos ['kɔsmɔs] (**-**) *m* cosmos *m*.

Kosovo (**-s**) *nt* le Kosovo.

Kost [kɔst] (**-**) *f* (*Nahrung*) nourriture *f*; (*Verpflegung*) pension *f*; **er bekommt ~ und Logis frei** il est nourri et logé gratuitement.

kostbar *adj* précieux(-euse).

Kostbarkeit *f* valeur *f*; (*Wertstück*) objet *m* de valeur.

kosten *vt* (*Preis haben*) coûter; (*Zeit*) demander, prendre; (*Geduld*) demander ♦ *vi* (*versuchen*) déguster; **was kostet das?** combien ça coûte?; **koste es, was es wolle** coûte que coûte; **jdn Nerven ~** épuiser qn nerveusement; **jdn Zeit ~** prendre du temps à qn.

Kosten *pl* coût *msg*; (*Ausgaben*) frais *mpl*; **die ~ tragen** assumer les frais; **auf seine ~ kommen** (*fig*) y trouver son compte; **auf jds ~** (*von jds Geld*) aux frais de qn; (*zu jds Nachteil*) au détriment de qn; ~**anschlag** *m* devis *m*; **k~deckend** *adj* rentable, couvrant les frais; ~**erstattung** *f* remboursement *m* des frais; ~**frage** *f* question *f* de prix; **k~günstig** *adj* avantageux(-euse); **k~los** *adj* gratuit(e); **k~pflichtig** *adj* (*Verwarnung*) taxé(e); **ein Auto k~pflichtig abschleppen** mettre une voiture en fourrière; ~**voranschlag** *m* devis *m*.

Kostgeld *nt* pension *f*.

köstlich ['kœstlɪç] *adj* (*Essen*) délicieux(-euse); (*Geschichte, Einfall*) très amusant(e) ♦ *adv:* ~ **schmecken** être délicieux(-euse); **sich ~ amüsieren** beaucoup s'amuser.

Kostprobe *f* échantillon *m*.

kostspielig *adj* coûteux(-euse).

Kostüm [kɔs'tyːm] (**-s, -e**) *nt* costume *m*; (*Damen~*) tailleur *m*; ~**fest** *nt* bal *m* costumé.

kostümieren [kɔsty'miːrən] *vr* se déguiser; **sich als Clown ~** se déguiser en clown.

Kostümverleih *m* location *f* de costumes.

Kot [koːt] (**-(e)s**) *m* excréments *mpl*.

Kotelett [kotə'lɛt] (**-s, -s**) *nt* côtelette *f*.

Koteletten *pl* (*Bart*) favoris *mpl*.

Köter ['køːtər] (**-s, –**; *pej*) *m* clebs *m*, clébard *m*.

Kotflügel *m* aile *f*.

kotzen ['kɔtsən] (*umg!*) *vi* dégobiller (*umg(!)*); **das ist zum K~** c'est dégoûtant.

KP (**-, -s**) *f abk* (= *Kommunistische Partei*) PC *m*.

KPD (**-**) *f abk* (= *Kommunistische Partei Deutschlands*) parti communiste allemand.

KPÖ (**-**) *f abk* (= *Kommunistische Partei Österreichs*) parti communiste autrichien.

Kr. *abk* = **Kreis**.

Krabbe ['krabə] *f* crabe *m*.

krabbeln *vi* ramper.

Krach [krax] (**-(e)s, ¨-e**) *m* (*kein pl: lautes Geräusch*) fracas *m*; (*andauernd*) bruit *m*; (*umg*

Streit) dispute *f*; ~ **machen** faire du bruit; ~ **schlagen** faire un scandale.

krachen *vi* (*Lärm machen: Donner*) gronder; (*Schüsse*) éclater; (*umg: brechen*) craquer ♦ *vr* (*umg*) se disputer; **gegen etw** ~ se cogner contre qch.

krächzen ['krɛçtsən] *vi* (*Vogel*) croasser; (*Mensch*) parler d'une voix rauque.

Kräcker ['krɛkər] (*–s, –*) *m* cracker *m*.

kraft [kraft] *präp +Gen* en vertu de.

Kraft (*–, ⁼e*) *f* force *f*; (*nervlich*) résistance *f*; (*von Energiequelle*) puissance *f*; (*Arbeits~*) travailleur(-euse); **außer** ~ **sein** (*JUR*) ne plus être valable; **in** ~ **treten/sein** entrer/être en vigueur; **mit vereinten Kräften werden wir ...** tous ensemble, nous ...; **nach (besten) Kräften** de son mieux; **die treibende** ~ **sein** être la force motrice; ~**aufwand** *m* dépense *f* d'énergie; ~**ausdruck** *m* gros mot *m*; ~**brühe** *f* consommé *m*, bouillon *m*.

Kräfteverhältnis ['krɛftəferhɛltnɪs] *nt* (*POL*) équilibre *m* des forces; (*von Mannschaften etc*) rapport *m* des forces.

Kraftfahrer(in) *m(f)* automobiliste *m/f*.

Kraftfahrzeug *nt* voiture *f*; ~**brief**, ~**schein** *m* ≈ carte *f* grise; ~**steuer** *f* impôt *m* sur les automobiles, ≈ vignette *f*; ~**versicherung** *f* assurance-auto(mobile) *f*.

kräftig ['krɛftɪç] *adj* (*Druck, Stimme, Wind*) fort(e); (*Pflanze*) vigoureux(-euse); (*Arme*) puissant(e); (*Suppe, Essen*) nourrissant(e); (*Farbe*) vif(vive) ♦ *adv* (*gebaut*) solidement; (*ziehen, zuschlagen*) fort.

kräftigen ['krɛftɪgən] *vt* fortifier.

kraft-: ~**los** *adj* sans force, faible; (*JUR*) non valable; **K~meier** (*umg: pej*) *m* fier-à-bras *m*; **K~probe** *f* épreuve *f* de force; **K~rad** *nt* moto(cyclette) *f*; **K~stoff** *m* carburant *m*; ~**voll** *adj* vigoureux(-euse); **K~wagen** *m* (*förmlich*) automobile *f*; **K~werk** *nt* centrale *f* (électrique).

Kragen ['kra:gən] (*–s, –*) *m* (*von Kleidung*) col *m*; **da ist mir der** ~ **geplatzt** (*umg*) là, j'ai explosé; **es geht ihm an den** ~ (*umg*) ça va aller mal pour lui; ~**weite** *f* encolure *f*.

Krähe ['krɛ:ə] *f* corneille *f*.

krähen *vi* (*Hahn*) chanter; (*Säugling*) gazouiller.

krakeelen [kra'ke:lən] (*umg: pej*) *vi* brailler.

krakelig ['kra:kəlɪç] (*umg*) *adj* (*Schrift*) tremblotant(e).

Kralle ['kralə] *f* (*von Tier*) griffe *f*; (*Vogel~*) serre *f*.

krallen *vt, vr*: **die Finger in etw** *Akk* ~, **sich an etw** *Akk* ~ s'agripper à qch.

Kram [kra:m] (*–(e)s; umg*) *m* (*Plunder, Sachen*) fourbi *m*, bazar *m*; (*Angelegenheit*) affaire *f*; **den** ~ **hinschmeißen** tout plaquer.

kramen *vi*: **in etw** *Dat* ~ fouiller dans qch; **nach etw** ~ fouiller pour trouver qch; **etw aus etw** ~ tirer qch de qch.

Kramladen (*pej*) *m* petit magasin *m*.

Krampf [krampf] (*–(e)s, ⁼e*) *m* (*Muskel~*) crampe *f*; (*zuckend*) spasme *m*, convulsion *f*; (*umg: Unsinn*) idioties *fpl*; ~**ader** *f* varice *f*.

krampfen *vt* (*Finger*) crisper ♦ *vr*: **sich um etw** ~ serrer qch ♦ *vi* (*Krämpfe haben*) avoir des convulsions.

krampfhaft *adj* convulsif(-ive); (*Versuche*) désespéré(e).

Kran [kra:n] (*–(e)s, ⁼e*) *m* (*TECH*) grue *f*; (*Wasser~*) robinet *m*.

Kranich ['kra:nɪç] (*–s, –e*) *m* (*ZOOL*) grue *f*.

krank [kraŋk] *adj* malade; **schwer** ~ gravement malade; ~ **sein/werden** être/tomber malade; **jdn** ~ **schreiben** mettre qn en arrêt-maladie; **sich** ~ **melden** se faire porter malade; **sich** ~ **stellen** faire le malade; **das macht/du machst mich** ~! (*umg*) ça me rend/tu me rends malade!

Kranke(r) *f(m)* malade *m/f*; (*Patient*) patient(e) *m(f)*.

kränkeln ['krɛŋkəln] *vi* être souffreteux(-euse).

kranken ['kraŋkən] *vi*: **an etw** *Dat* ~ souffrir de qch.

kränken ['krɛŋkən] *vt* vexer, blesser.

Kranken-: ~**bericht** *m* bulletin *m* de santé; ~**besuch** *m* visite *f* (à un malade); ~**geld** *nt* prestations *fpl* de l'assurance maladie; ~**geschichte** *f* passé *m* médical; ~**gymnastik** *f* kinésithérapie *f*; ~**haus** *nt* hôpital *m*; ~**kasse** *f* caisse *f* (d'assurance-)maladie; ~**pfleger** *m* (*mit Schwesternausbildung*) infirmier *m*; ~**schein** *m* ≈ feuille *f* de maladie; ~**schwester** *f* infirmière *f*; ~**versicherung** *f* assurance-maladie *f*; ~**wagen** *m* ambulance *f*.

krankfeiern (*umg*) *vi* être soit disant malade.

krankhaft *adj* (*Veränderung*) pathologique; (*Angst etc*) maladif(-ive); **sein Geiz ist schon** ~ il est d'une avarice maladive.

Krankheit *f* maladie *f*; **nach langer schwerer** ~ des suites d'une longue maladie.

Krankheitserreger (*–s, –*) *m* agent *m* pathogène.

kranklachen (*umg*) *vr* se tordre de rire.

kränklich ['krɛŋklɪç] *adj* souffreteux(-euse).

Kränkung *f* offense *f*, insulte *f*.

Kranz [krants] (*–es, ⁼e*) *m* couronne *f*; (*kreisförmig Angeordnetes*) cercle *m*.

Kränzchen ['krɛntsçən] *nt* petite couronne *f*; (*fig*) groupe *m* de femmes qui se réunissent régulièrement pour bavarder autour d'une tasse de café.

Krapfen ['krapfən] (*–s, –*) *m* beignet *m*; (*Berliner*) beignet *m* à la confiture.

kraß [kras] *adj* grossier(-ière); (*Unterschied*) très net(te).

Krater ['kra:tər] (*–s, –*) *m* cratère *m*.

Kratzbürste ['kratsbʏrstə] *f* (*fig*) mégère *f*.

Krätze ['krɛtsə] *f* (*MED*) gale *f*.

kratzen ['kratsən] *vt* (*mit Nägeln, Krallen*) griffer; (*jucken, sich* ~) gratter; (*einritzen*) graver; (*umg: stören*) turlupiner ♦ *vi* (*Katze*) griffer;

(*Pullover etc*) gratter; **das kratzt mich nicht** (*umg*) je m'en fiche.

Kratzer (**–s**, **–**) *m* (*Wunde*) égratignure *f*; (*Werkzeug*) grattoir *m*.

kratzig *adj* (*Socken*) rêche; (*Wein*) râpeux(-euse).

Kraul [kraʊl] (**–s**) *nt* crawl *m*.

kraulen *vi* (*schwimmen*) nager le crawl, crawler ♦ *vt* (*streicheln*) caresser.

Kraulstil *m* crawl *m*.

kraus [kraʊs] *adj* (*Haar*) crêpu(e); (*Stirn*) plissé(e); (*verworren*) confus(e).

Krause ['kraʊzə] *f* (*Hals~*) fraise *f*.

kräuseln ['krɔʏzəln] *vt* (*Haar*) friser; (*Stoff*) froncer; (*Stirn*) plisser; (*Wasser*) rider ♦ *vr* (*Haar*) friser; (*Stirn*) se plisser; (*Wasser*) se rider.

Kraut [kraʊt] (**–(e)s**, **Kräuter**) *nt* (*Blätter*) fane *f*; **Kräuter** *pl* (*KOCH*) fines herbes *fpl*; (*Heil~*) herbes médicinales; **dagegen ist kein ~ gewachsen** on ne peut rien y faire; **ins ~ schießen** (*fig*) se multiplier; **wie ~ und Rüben** (*umg*) sens dessus dessous.

Kräuterlikör ['krɔʏtərlikøːr] *m* liqueur *f* aux herbes.

Kräutertee *m* infusion *f*, tisane *f*.

Krawall [kra'val] (**–s**, **–e**) *m* (*Aufruhr*) émeute *f*; (*Lärm*) tapage *m*.

Krawatte [kra'vatə] *f* (*Schlips*) cravate *f*.

Kraxe ['kraksə] *f* (*Rückentrage für Kleinkinder*) porte-bébé *m*.

kreativ [krea'tiːf] *adj* créatif(-ive); **K~urlaub** *m* vacances avec activités artistiques.

Kreatur [krea'tuːr] *f* créature *f*.

Krebs [kreːps] (**–es**, **–e**) *m* (*ZOOL*) crabe *m*; (: *Fluß~*) écrevisse *f*; (*MED*) cancer *m*; (*ASTROL*) Cancer *m*; **~ sein** (*ASTROL*) être (du) Cancer; **k~erregend** *adj* cancérigène; **k~krank** *adj* qui a le cancer, cancéreux(-euse); **k~rot** *adj* rouge comme une écrevisse; **~vorsorge** *f* dépistage *m* du cancer.

Kredit [kre'diːt] (**–(e)s**, **–e**) *m* crédit *m*; **k~fähig** *adj* à qui l'on peut faire crédit; **~institut** *nt* établissement *m* de crédit; **~karte** *f* carte *f* de crédit; **~konto** *nt* compte *m* créditeur; **~würdigkeit** *f* solvabilité *f*.

Kreide ['kraɪdə] *f* craie *f*; **bei jdm (tief) in der ~ stehen** (*umg*) avoir une sacrée ardoise chez qn; **k~bleich** *adj* blanc (blanche) comme un linge.

kreieren [kre'iːrən] *vt* (*Mode*) lancer; (*Stil*) créer.

Kreis [kraɪs] (**–es**, **–e**) *m* cercle *m*; (*Verwaltungs~*) circonscription *f*, district *m*; **im ~ gehen** tourner en rond; **(weite) ~e ziehen** avoir des répercussions; **weite ~e der Bevölkerung** une grande partie de la population; **eine Feier im kleinen ~e** une fête en petit comité; **im ~e der Familie** dans l'intimité.

kreischen ['kraɪʃən] *vi* (*Vogel*) piailler; (*umg*: *Mensch*) pousser des cris perçants; (*Reifen*) crisser.

Kreisel ['kraɪzəl] (**–s**, **–**) *m* toupie *f*; (*Verkehrs~*)

rond-point *m*.

kreisen ['kraɪzən] *vi* tourner; (*Vogel*) tournoyer; (*herumgereicht werden*) circuler, passer de main en main; **~ um** tourner autour de.

kreis-: **~förmig** *adj* circulaire; **K~lauf** *m* (*MED*) circulation *f*; (*der Natur etc*) cycle *m*; **K~laufstörungen** *pl* troubles *mpl* circulatoires; **K~säge** *f* scie *f* circulaire.

Kreißsaal ['kraɪszaːl] *m* salle *f* d'accouchement.

Kreisstadt *f* chef-lieu *m* de circonscription *od* de district.

Kreisverkehr *m* sens *m* giratoire.

Krem [kreːm] (**–**, **–s**; *umg*) *f* crème *f*.

Krematorium [krema'toːriʊm] *nt* crématorium *m*.

Kreml ['kreːml] (**–s**) *m*: **der ~** le Kremlin.

Krempe ['krɛmpə] *f* bord *m* (*d'un chapeau*).

Krempel (**–s**; *umg*: *pej*) *m* bazar *m*.

Kren [kreːn] (**–(e)s**; *ÖSTERR*) *m* raifort *m*.

krepieren [kre'piːrən] *vi* (*umg*: *sterben*) crever; (*Bombe*) éclater.

Krepp [krɛp] (**–s**, **–s** *od* **–e**) *m* crêpe *m*; **~(p)apier** *nt* papier *m* crêpé; **~sohle** *f* semelle *f* de crêpe.

Kresse ['krɛsə] *f* cresson *m*.

Kreta ['kreːta] (**–s**) *nt* la Crète.

Kreter(in) (**–s**, **–**) *m(f)* Crétois(e) *m/f*.

kretisch *adj* crétois(e).

kreuz [krɔʏts] *adj*: **~ und quer** dans tous les sens.

Kreuz (**–es**, **–e**) *nt* croix *f*; (*~zeichen*) signe *m* de croix; (*MUS*) dièse *m*; (*Autobahn~*) échangeur *m*; (*ANAT*) reins *mpl*; (*KARTEN*) trèfle *m*; **zu ~e kriechen** courber l'échine; **jdn aufs ~ legen** mettre qn sur le dos; (*umg*) rouler qn; **das ~ machen** (*REL*) se signer.

kreuzen *vt* croiser; (*Linie*) couper ♦ *vr* (*Linien*) se couper; (*Meinungen, Ansichten etc*) s'opposer; (*Briefe*) se croiser ♦ *vi* (*NAUT*) croiser.

Kreuzer (**–s**, **–**) *m* (*Schiff*) croiseur *m*.

Kreuz-: **~fahrt** *f* croisière *f*; **~feuer** *nt*: **ins ~feuer geraten/im ~feuer stehen** être attaqué(e) de toutes parts; **~gang** *m* (*ARCHIT*) cloître *m*.

kreuzigen *vt* crucifier.

Kreuzigung *f* crucifixion *f*.

Kreuzotter *f* vipère *f*.

Kreuzschmerzen *pl*: **~ haben** avoir mal *m* aux reins.

Kreuzung *f* (*Verkehrs~*) croisement *m*, carrefour *m*; (*das Züchten*) croisement *m*; (*Tier, Pflanze*) hybride *m*.

Kreuz-: **~verhör** *nt* contre-interrogatoire *m*; **~weg** *m* carrefour *m*; (*REL*) chemin *m* de croix; **~worträtsel** *nt* mots *mpl* croisés; **~zeichen** *nt* signe *m* de croix; **~zug** *m* croisade *f*.

kribb(e)lig ['krɪb(ə)lɪç] (*umg*) *adj* (*nervös*) nerveux(-euse), agité(e).

kribbeln ['krɪbəln] *vi* (*jucken*) démanger, gratter; (*prickeln*) picoter.

kriechen ['kriːçən] *unreg vi* ramper; (*Verkehr*)

rouler au pas.
Kriecher (–s, –; *pej*) *m* lèche-bottes *m inv*.
Kriechspur *f* (*auf Autobahn*) voie pour véhicules lents.
Kriechtier *nt* reptile *m*.
Krieg [kriːk] (–(e)s, –e) *m* guerre *f*; ~ **führen (mit** *od* **gegen)** faire la guerre (à).
kriegen ['kriːgən] (*umg*) *vt* (*Hunger, Angst etc*) avoir (de plus en plus); (*Erlaubnis, Arbeit*) obtenir; (*Besuch*) avoir; (*erwischen*) attraper; **sie kriegt ein Kind** elle est enceinte; **jdn dazu** ~, **etw zu tun** obtenir de qn qu'il fasse qch.
Krieger (–s, –) *m* guerrier *m*; ~**denkmal** *nt* monument *m* aux morts; **k~isch** *adj* guerrier(-ière), belliqueux(-euse); (*Aktion*) militaire.
Kriegführung *f* guerre *f*, stratégie *f*.
Kriegs-: ~**beil** *nt*: **das** ~**beil begraben** enterrer la hache de guerre; ~**bemalung** *f* peinture *f* de guerre; **in voller** ~**bemalung** (*umg*) peinturluré(e); ~**dienstverweigerer** *m* objecteur *m* de conscience; ~**erklärung** *f* déclaration *f* de guerre; ~**fuß** *m*: **mit jdm auf (dem)** ~**fuß stehen** être fâché(e) avec qn; **mit etw Dat auf (dem)** ~**fuß stehen** avoir des problèmes avec qch; ~**gefangene(r)** *f(m)* prisonnier(-ière) *m(f)* de guerre; ~**gefangenschaft** *f* captivité *f*; ~**gericht** *nt* cour *f* martiale; ~**pfad** *m*: **auf dem** ~**pfad sein** (*umg*) être sur le sentier de la guerre; ~**rat** *m* conseil *m* de guerre; ~**recht** *nt* droit *m* de la guerre; ~**schauplatz** *m* théâtre *m* des opérations; ~**schiff** *nt* navire *m* de guerre; ~**verbrecher** *m* criminel *m* de guerre; ~**versehrte(r)** *f(m)* mutilé(e) *m(f)* de guerre; ~**zustand** *m* état *m* de guerre.
Krim [krɪm] *f*: **die** ~ la Crimée.
Krimi ['kriːmi] (–s, –s; *umg*) *m* polar *m*.
kriminal [krimi'naːl] *adj* criminel(le), pénal(e); **K~beamte(r)** *m* inspecteur *m* de la police judiciaire; **K~film** *m* film *m* policier; **K~ität** [kriminali'tɛːt] *f* criminalité *f*; **K~polizei** *f* police *f* judiciaire; **K~roman** *m* roman *m* policier.
kriminell [krimi'nɛl] *adj* criminel(le).
Kriminelle(r) *f(m)* criminel(le) *m(f)*.
Krimskrams ['krɪmskrams] (–es; *umg*) *m* bric-à-brac *m*, camelote *f*.
Kringel ['krɪŋəl] (–s, –) *m* (*der Schrift*) boucle *f*; (*KOCH*) petit biscuit en forme d'anneau.
kringelig *adj*: **sich** ~ **lachen** (*umg*) se tordre de rire.
Kripo ['kriːpo] (–; *umg*) *f abk* = **Kriminalpolizei**.
Krippe ['krɪpə] *f* (*Futter~*) mangeoire *f*; (*REL, Kindern*) crèche *f*.
Krippenspiel *nt* (*THEAT*) mystère *m*.
Krise ['kriːzə] *f* crise *f*; (*MED auch*) accès *m*.
kriseln *vi unpers*: **es kriselt** il y a de l'eau dans le gaz.
krisen-: ~**fest** *adj* à l'abri des crises; **K~herd** *m* foyer *m* de crise; **K~management** *nt* gestion *f* de crise; **K~stab** *m* cellule *f* de crise.
Kristall [krɪs'tal] (–s, –e) *m od nt* cristal *m*; ~**glas**

nt (*Werkstoff*) cristal *m*.
Kriterium [kri'teːrium] *nt* (*geh: Maßstab*) critère *m*.
Kritik [kri'tiːk] (–, –en) *f* critique *f*; **unter jeder** *od* **aller** ~ **sein** (*umg*) être en-dessous de tout; **an jdm/etw** ~ **üben** critiquer qn/qch.
Kritiker(in) ['kriːtikər(ɪn)] (–s, –) *m(f)* critique *m/f*.
kritiklos *adj* dénué(e) d'esprit critique.
kritisch ['kriːtɪʃ] *adj* critique.
kritisieren [kriti'ziːrən] *vt* (*beurteilen, besprechen*) faire la critique de; (*tadeln*) critiquer ♦ *vi* (*tadeln*) critiquer.
kritteln ['krɪtəln] *vi* ergoter.
kritzelig *adj* (*Schrift*) illisible.
kritzeln ['krɪtsəln] *vt* gribouiller, griffonner ♦ *vi* griffonner.
Kroate(-in) [kro'aːtə] (–n, –n) *m(f)* Croate *m/f*.
Kroatien (–s) *nt* la Croatie.
kroatisch *adj* croate.
kroch *etc* [krɔx] *vb siehe* **kriechen**.
Krokant [kro'kant] (–s) *m* ≈ nougatine *f*.
Krokodil [kroko'diːl] (–s, –e) *nt* crocodile *m*.
Krokodilstränen *pl* larmes *fpl* de crocodile.
Krokus ['kroːkus] (–, – *od* -se) *m* crocus *m*.
Krone ['kroːnə] *f* (*eines Herrschers*) couronne *f*; **einen in der** ~ **haben** (*umg*) avoir un verre dans le nez; **das setzt doch allem die** ~ **auf!** ne manquait plus que ça!, ça, c'est le bouquet!
krönen ['krøːnən] *vt* couronner.
Kron-: ~**juwel** *nt* joyau *m* de la couronne; ~**korken** *m* capsule *f*; ~**leuchter** *m* lustre *m*; ~**prinz** *m* prince *m* héritier; ~**prinzessin** *f* princesse *f* héritière.
Krönung ['krøːnuŋ] *f* couronnement *m*.
Kronzeuge *m* (*JUR: Hauptzeuge*) témoin *m* principal.
Kropf [krɔpf] (–(e)s, ⏜e) *m* (*MED*) goitre *m*; (*von Vogel*) jabot *m*.
Krösus ['krøːzus] (–ses, –se) *m*: **ich bin doch kein** ~ (*umg*) je ne suis pas millionnaire.
Kröte ['krøːtə] *f* (*ZOOL*) crapaud *m*; ~**n** *pl* (*umg: Geld*) pognon *m*.
Krücke ['krükə] *f* (*für Gehbehinderte*) béquille *f*; (*Griff*) pommeau *m*.
Krug [kruːk] (–(e)s, ⏜e) *m* cruche *f*; (*Bier~*) chope *f*.
Krümel ['krüːməl] (–s, –) *m* miette *f*.
krümelig *adj* qui s'émiette, friable.
krümeln *vi* s'émietter.
krumm [krum] *adj* (*gebogen*) tordu(e); (*kurvig*) courbe, courbé(e); (*zwielichtig*) louche; **sich** ~ **und schief lachen** (*umg*) se tordre de rire; **keinen Finger** ~ **machen** (*umg*) ne pas lever le petit doigt; **ein** ~**es Ding drehen** (*umg*) faire des choses pas réglo; ~**beinig** *adj* aux jambes torses.
krümmen ['krümən] *vt* (*Finger, Rücken*) plier; (*Draht*) tordre ♦ *vr* (*Fluß*) faire une boucle; (*Straße*) tourner; (*Finger*) se plier; (*Rücken*) se courber; **sich vor Schmerzen/Lachen** ~ se tordre de douleur/rire.

krummlachen (*umg*) *vr* se tordre de rire.
krummnehmen *unreg* (*umg*) *vt* prendre de travers; **jdm etw** ~ en vouloir à qn de qch.
Krümmung *f* (*das Krümmen*) torsion *f*; (*von Fluß*) boucle *f*; (*von Weg*) virage *m*; (*MATH*) courbe *f*; (*MED*) déviation *f*.
krumpeln ['krʊmpəln] (*umg*) *vt* (*knittern*) chiffonner, froisser ♦ *vi* (*umg*) se froisser.
Krüppel ['krʏpəl] (**-s, -**) *m* infirme *m*.
Kruste ['krʊstə] *f* croûte *f*.
Kruzifix [krutsi'fɪks] (**-es, -e**) *nt* crucifix *m*.
Krypta ['krʏpta] (**-, Krypten**) *f* crypte *f*.
Kt. *abk* = **Kanton.**
Kuba ['ku:ba] (**-s**) *nt* Cuba *f*.
Kubaner(in) [ku'ba:nər(ɪn)] *m(f)* Cubain(e) *m/f*.
kubanisch [ku'ba:nɪʃ] *adj* cubain(e).
Kübel ['ky:bəl] (**-s, -**) *m* (*Eimer*) seau *m*; (*Bottich*) cuve *f*, baquet *m*.
Kubik-: ~**meter** *m* mètre *m* cube; ~**zahl** *f* cube *m*; ~**zentimeter** *m* centimètre *m* cube.
Küche ['kʏçə] *f* cuisine *f*.
Kuchen ['ku:xən] (**-s, -**) *m* gâteau *m*; ~**blech** *nt* plaque *f* à gâteaux; ~**form** *f* moule *m* à pâtisserie; ~**gabel** *f* fourchette *f* à gâteaux *od* à dessert.
Küchen-: ~**gerät** *nt* ustensile *m* de cuisine; (*elektrisch*) appareil *m* électroménager; ~**herd** *m* cuisinière *f*; ~**messer** *nt* couteau *m* de cuisine; ~**schabe** *f* cafard *m*, blatte *f*; ~**schrank** *m* buffet *m* de cuisine.
Kuchenteig *m* pâte *f* à gâteau.
Küchenzettel *m* menu *m*.
Kuckuck ['kʊkʊk] (**-s, -e**) *m* (*ZOOL*) coucou *m*; (*umg: von Gerichtsvollzieher*) scellé *m*; **das weiß der** ~ (*umg*) Dieu seul le sait!
Kuckucksuhr *f* coucou *m* (*horloge*).
Kuddelmuddel ['kʊdəlmʊdəl] (**-s, -**; *umg*) *m od nt* fouillis *m*.
Kufe ['ku:fə] *f* (*Faß*) cuve *f*; (*Schlitten~*) patin *m*.
Kugel ['ku:gəl] (**-, -n**) *f* (*Körper*) boule *f*; (: *kleiner*) bille *f*; (*MATH*) sphère *f*; (*Erd~*) globe *m*; (*Gewehr~*) balle *f*; (*Gelenk~*) condyle *m*; **eine ruhige** ~ **schieben** (*umg*) se la couler douce; **k~förmig** *adj* sphérique; ~**kopf** *m* (*in Schreibmaschine*) boule *f*; ~**kopfschreibmaschine** *f* machine *f* (à écrire) à boule; ~**lager** *nt* roulement *m* à billes.
kugeln *vi* (*Tränen*) rouler ♦ *vr* (*vor Lachen*) se rouler par terre.
kugel-: ~**rund** *adj* rond(e) comme un ballon; (*umg: Mensch*) grassouillet(te); **K~schreiber** *m* stylo *m* à bille, bic ® *m*; ~**sicher** *adj* pare-balles; **K~stoßen** (**-s**) *nt* lancement *m* du poids.
Kuh [ku:] (**-, ̈-e**) *f* vache *f*; (*pej: Frau*) chameau *m*; ~**dorf** (*pej: umg*) *nt* bled *m*; ~**fladen** *m* bouse *f* de vache; ~**handel** (*pej: umg*) *m* marchandage *m*; ~**haut** *f*: **das geht auf keine** ~**haut** (*umg*) ça dépasse les bornes.
kühl [ky:l] *adj* frais(fraîche); (*leicht abweisend, nüchtern*) froid(e); **K~anlage** *f* système *m* frigorifique.
Kühle *f* fraîcheur *f*.

kühlen *vt* refroidir, rafraîchir.
Kühler (**-s, -**) *m* (*AUT*) radiateur *m*; ~**haube** *f* capot *m*.
Kühl-: ~**flüssigkeit** *f* liquide *m* de refroidissement; ~**haus** *nt* entrepôt *m* frigorifique; ~**raum** *m* chambre *f* froide; ~**schrank** *m* réfrigérateur *m*; ~**tasche** *f* glacière *f* (*portative*), sac *m* fraîcheur; ~**truhe** *f* congélateur *m*.
Kühlung *f* (*das Kühlen*) réfrigération *f*, refroidissement *m*; (*Vorrichtung*) système *m* de refroidissement.
Kühlwagen *m* (*EISENB*) wagon *m* frigorifique; (*Lastwagen*) camion *m* frigorifique.
Kühlwasser *nt* (*AUT*) eau *f* de refroidissement.
kühn [ky:n] *adj* (*mutig*) hardi(e), intrépide; (*gewagt*) audacieux(-euse); (*frech*) effronté(e); **K~heit** *f* (*Mut*) hardiesse *f*; (*Unverschämtheit*) impertinence *f*.
Kuhstall *m* étable *f*.
k.u.k. *abk* = *kaiserlich und königlich*; **die** ~ **Monarchie** l'empire *m* austro-hongrois.
Küken ['ky:kən] (**-s, -**) *nt* poussin *m*; (*umg: Nesthäkchen*) petit(e) dernier(-ière).
kulant [ku'lant] *adj* arrangeant(e).
Kulanz [ku'lants] *f* souplesse *f*.
Kuli ['ku:li] (**-s, -s**) *m* (*Lastträger*) coolie *m*; (*umg: Kugelschreiber*) stylo *m*, bic ® *m*.
kulinarisch [kuli'na:rɪʃ] *adj* culinaire.
Kulisse [ku'lɪsə] *f* coulisse *f*; (*Rahmen*) cadre *m*.
kullern ['kʊlərn] *vi* (*rollen*) rouler.
Kult [kʊlt] (**-(e)s, -e**) *m* culte *m*; **mit etw einen** ~ **treiben** avoir le culte de qch.
kultivieren [kʊlti'vi:rən] *vt* cultiver.
kultiviert *adj* (*gepflegt*) raffiné(e); (*gebildet*) cultivé(e).
Kultstätte *f* lieu *m* de culte.
Kultur [kʊl'tu:r] (**-, -en**) *f* culture *f*; ~**banause** (*pej*) *m* inculte *m*; ~**betrieb** *m* vie *f* culturelle; ~**beutel** *m* trousse *f* de toilette.
kulturell [kʊltu'rɛl] *adj* culturel(le).
Kultur-: ~**film** *m* documentaire *m*; ~**geschichte** *f* histoire *f* de la civilisation; ~**teil** *m* (*von Zeitung*) rubrique *f* culturelle.
Kultusminister [kʊltʊsmɪnɪstər] *m* ministre *m* de la Culture.
Kultusministerium *nt* ministère *m* de la Culture.
Kümmel ['kʏməl] (**-s, -**) *m* cumin *m*; (*Branntwein*) kummel *m*.
Kummer ['kʊmər] (**-s**) *m* chagrin *m*; **jdm** ~ **machen** (*umg*) donner du souci à qn.
kümmerlich ['kʏmərlɪç] *adj* (*ärmlich*) misérable; (*gering*) minable; (*schwächlich*) chétif(-ive).
kümmern *vt* regarder ♦ *vr*: **sich um jdn/etw** ~ s'occuper de qn/qch; **das kümmert mich nicht** ça m'est égal.
Kumpan(in) [kʊm'pa:n(ɪn)] (**-s, -e**) *m(f)* (*Kamerad*) camarade *m/f*, copain(copine) *m(f)*; (*Kerl, Mittäter*) complice *m/f*.
Kumpel ['kʊmpəl] (**-s, -**) *m* (*umg: Freund*) co-

pain *m*; (*Bergmann*) mineur *m*.
kündbar ['kʏntbaːr] *adj* résiliable.
Kunde¹ ['kʊndə] (**–n, –n**) *m* client *m*.
Kunde² ['kʊndə] *f* (*Botschaft*) nouvelle *f*.
Kunden-: ~**beratung** *f* service *m* clients;
~**dienst** *m* service *m* après-vente; ~**fang**
(*pej*) *m*: **auf** ~**fang sein** racoller les clients,
faire de la prospection; ~**konto** *nt* compte
m; ~**kreis** *m* clientèle *f*; ~**werbung** *f* prospection *f*.
Kund-: ~**gabe** *f* annonce *f*; **k~geben** *unreg vt*
annoncer; ~**gebung** *f* (*Versammlung*) manifestation *f*.
kundig *adj* expérimenté(e); (*Rat, Blick*) d'expert; **sich** ~ **machen** se mettre à jour.
kündigen ['kʏndɪgən] *vi* (*Arbeitnehmer*) démissionner ♦ *vt* (*Wohnung*) résilier le bail de;
(*Mietvertrag, Sparvertrag*) résilier; (*Stelle*) démissionner de; (*Gelder*) demander le remboursement de; **jdm** ~ (*Arbeitgeber*) licencier
qn; (*Vermieter*) donner congé à qn; (*Mieter*)
donner un préavis de départ à qn; **zum 1.**
Oktober ~ donner sa démission à compter
du 1er octobre; (*Mieter*) donner son congé
pour le 1er octobre; **jdm die Stellung** ~ donner son congé à qn, licencier qn; **sie hat ihm**
die Freundschaft gekündigt elle s'est brouillée
avec lui.
Kündigung *f* (*durch Arbeitgeber*) licenciement
m, congé *m*; (*durch Arbeitnehmer, Vermieter*)
congé; (*von Vertrag*) résiliation *f*.
Kündigungsfrist *f* préavis *m* (de congé).
Kündigungsschutz *m* protection des salariés
contre le licenciement abusif.
Kundin *f* cliente *f*.
Kundschaft *f* clientèle *f*.
Kundschafter (**–s, –**) *m* espion *m*; (*MIL*) éclaireur *m*.
künftig ['kʏnftɪç] *adj* futur(e) ♦ *adv* désormais,
à l'avenir.
Kunst [kʊnst] (**–, ⁼e**) *f* art *m*; **das ist (doch) keine**
~ ça n'est pas compliqué; **mit seiner** ~ **am**
Ende sein ne plus savoir que faire; **das ist**
eine brotlose ~ ça ne nourrit pas son homme; (*umg*) c'est du gâteau; ~**akademie** *f* (école *f* des) beaux-arts
mpl; ~**druck** *m* reproduction *f*; ~**dünger** *m* engrais *m* chimique; ~**eisbahn** *f* patinoire *f* (artificielle); ~(**erziehung**) *f* (*SCH*) arts *mpl* plastiques; ~**faser** *f* fibre *f* synthétique; ~**fehler**
m (*ärztlich*) faute *f* professionnelle (d'un médecin); ~**fertigkeit** *f* adresse *f*, habileté *f*;
~**flieger** *m* pilote *m* de voltige aérienne;
~**führer** *m* (*Buch*) guide *m* culturel; ~**gegenstand** *m* objet *m* d'art; **k~gerecht** *adj* conforme aux règles de l'art; ~**geschichte** *f* histoire *f* de l'art; ~**gewerbe** *nt* arts *mpl* décoratifs; ~**griff** *m* truc *m*; ~**handel** *m* commerce
m des œuvres d'art; ~**händler** *m* marchand
m d'objets d'art; ~**handwerk** *nt* artisanat *m*;
~**harz** *nt* résine *f* synthétique; ~**leder** *nt*
simili-cuir *m*.
Künstler(in) ['kʏnstlər(ɪn)] (**–s, –**) *m(f)* artiste
m/f; **k~isch** *adj* artistique; ~**name** *m* pseudonyme *m*; ~**pech** (*umg*) *nt* manque *m* de bol.
künstlich ['kʏnstlɪç] *adj* artificiel(le); (*gewollt*)
affecté(e), forcé(e) ♦ *adv*: **sich** ~ **aufregen**
(*umg*) se monter la tête pour trois fois rien;
~**es Gebiß** fausses dents *fpl*, dentier *m*; ~**e**
Intelligenz/Befruchtung intelligence *f/*
insémination *f* artificielle.
Kunst-: ~**pause** *f* silence *m* calculé; ~**sammler** (**–s, –**) *m* collectionneur *m* d'objets d'art;
~**seide** *f* soie *f* artificielle; ~**stoff** *m* plastique
m; ~**stopfen** (**–s**) *nt* stoppage *m*; ~**stück** *nt*
(*von Akrobat*) numéro *m* d'acrobatie; (*Zauberer*) tour *m* de magie; **das ist kein** ~**stück**
(*umg*) ce n'est vraiment pas difficile; ~**turnen** *nt* gymnastique *f*; **k~voll** *adj* réussi(e) ♦
adv soigneusement; ~**werk** *nt* œuvre *f* d'art.
kunterbunt ['kʊntərbʊnt] *adj* (*farbig*) bariolé(e); (*durcheinander*) pêle-mêle *inv*.
Kupfer ['kʊpfər] (**–s, –**) *nt* cuivre *m*.
kupfern *adj* de *od* en cuivre.
Kupferstich *m* taille-douce *f*.
Kuppe ['kʊpə] *f* (*Berg~*) sommet *m*; (*Finger~*)
bout *m*.
Kuppel (**–, –n**) *f* coupole *f*.
Kuppelei [kʊpə'laɪ] *f* (*JUR*) proxénétisme *m*.
kuppeln *vi* (*AUT*) embrayer ♦ *vt* (*TECH*) coupler.
Kuppler(in) ['kʊplər(ɪn)] *m(f)* proxénète *m/f*.
Kupplung *f* (*AUT*) embrayage *m*; (*Anhänger~*)
attelage *m*; **die** ~ (**durch)treten** débrayer.
Kur [kuːr] (**–, –en**) *f* cure *f*; **eine** ~ **machen** faire
une cure; **jdm in die** ~ **nehmen** (*umg*) dire
deux mots à qn.
Kür [kyːr] (**–, –en**) *f* (*SPORT*) figures *fpl* libres.
Kuratorium [kura'toːriʊm] *nt* (*Vereinigung*)
conseil *m* d'administration.
Kurbel ['kʊrbəl] (**–, –**) *f* manivelle *f*.
kurbeln *vt* (*drehen*) tourner ♦ *vi* tourner la manivelle.
Kurbelwelle *f* vilebrequin *m*.
Kürbis ['kʏrbɪs] (**–ses, –se**) *m* citrouille *f*, potiron *m*; (*exotisch*) gourde *f*.
Kurfürst ['kuːrfʏrst] *m* prince *m* électeur.
Kurgast *m* curiste *m/f*.
Kurhaus *nt* hôtel *m* thermal.
Kurier [ku'riːr] (**–s, –e**) *m* messager *m*.
kurieren [ku'riːrən] *vt* guérir; **jdn von etw** ~
guérir qn de qch.
kurios [kuri'oːs] *adj* curieux(-euse).
Kuriosität [kuriozi'tɛːt] *f* curiosité *f*.
Kur-: ~**karte** *f* carte *f* de curiste; ~**konzert** *nt*
concert organisé dans une station thermale;
~**ort** *m* station *f* thermale; ~**park** *m* parc *m*
(*dans une station thermale*); ~**pfuscher** (*umg*:
pej) *m* charlatan *m*.
Kurs [kʊrs] (**–es, –e**) *m* (*Richtung*) route *f*; (*Lehrgang, FINANZ*) cours *m*; **den** ~ **wechseln** changer de cap; ~ **auf Hamburg nehmen** mettre le
cap sur Hambourg; **den** ~ **halten** suivre son
chemin; **einen** ~ **besuchen** *od* **mitmachen** suivre un cours; **harter/weicher** ~ (*POL*) ligne *f*
dure/du compromis; **hoch im** ~ **stehen** (*fig*)
être très en vogue; ~**änderung** *f* change-

ment *m* de cap; ~**buch** *nt* indicateur *m od* horaire *m* (des chemins de fer).
Kurschatten (*umg*) *m* ami(e) rencontré(e) lors d'une cure thermale.
Kürschner(in) ['kʏrʃnər(ın)] (**-s, -**) *m(f)* fourreur *m*.
kursieren [kʊr'ziːrən] *vi* (*Banknoten*) être en circulation; (*Gerüchte*) courir.
kursiv *adj* (*Schrift*) italique.
Kursnotierung *f* cote *f*, cours *m*.
Kursus ['kʊrzʊs] (**-,** Kurse) *m* cours *m*.
Kurs-: ~**wagen** *m* voiture *f* directe; ~**wert** *m* cote *f*; ~**zettel** *m* Cote *f* officielle.
Kurtaxe *f* taxe *f* de séjour.
Kurve ['kʊrvə] *f* (*MATH, statistisch, Fiebern etc*) courbe *f*; (*Straßen~*) virage *m*; (*Bogenlinie*) arc *m*; (*von Frau*) rondeur *f*; **die ~ nicht kriegen** (*umg*) se planter.
kurvenreich *adj*: „~**e Strecke**" "attention, virages (dangereux)"; **eine ~e Blondine** une blonde bien roulée.
Kurverwaltung *f* administration *f* d'une station thermale *od* de la station.
kurvig *adj* (*Straße*) sinueux(-euse).
kurz [kʊrts] *adj* court(e); (*knapp*) bref(brève), concis(e); (*unfreundlich*) sec(sèche) ♦ *adv* (*für eine kurze Zeit*) brièvement; (*nicht weit, nicht lang*) peu; **zu ~ kommen** être défavorisé(e); **den kürzeren ziehen** perdre au change; ~ **und bündig** concis(e); ~ **und gut** bref; **eine Sache ~ abtun** régler qch de manière expéditive; **sich ~ fassen** être bref(brève); ~ **gesagt** en un mot; **vor ~em** il y a peu (de temps); **seit ~em** depuis peu; ~ **darauf** peu après; **darf ich mal ~ stören?** puis-je vous déranger une seconde?; **über ~ oder lang** tôt ou tard; **K~arbeit** *f* chômage *m* partiel; ~**ärmelig** *adj* à manches courtes; ~**atmig** *adj* au souffle court.
Kürze ['kʏrtsə] *f* (*räumlich*) manque *m* de longueur; (*zeitlich*) brièveté *f*; (*Knappheit*) concision *f*; (*Unfreundlichkeit*) sécheresse *f*; **in ~** sous peu.
kürzen *vt* (*in der Länge*) raccourcir; (*Zeit*) écourter; (*Gehalt etc*) diminuer, réduire; (*MATH*) simplifier.
kurzerhand ['kʊrtsər'hant] *adv* brusquement, sans plus de cérémonie.
Kurz-: ~**fassung** *f* version *f* abrégée; **k~fristig** *adj* (*ohne Vorankündigung*) brusque; (*für kurze Zeit*) à court terme; **k~gefaßt** *adj* sommaire; ~**geschichte** *f* nouvelle *f*; **k~halten** *unreg vt* tenir la bride haute à; **k~lebig** *adj* éphémère.
kürzlich ['kʏrtslıç] *adv* récemment.
Kurz-: ~**meldung** *f* flash *m* d'information; ~**parker** *m*: „**nur für ~parker**" "réservé au stationnement de courte durée"; **k~schließen** *vt* court-circuiter; ~**schluß** *m* court-circuit *m*; (*fig*) coup *m* de tête; ~**schlußhandlung** *f* coup *m* de tête; ~**schrift** *f* sténographie *f*; **k~sichtig** *adj* myope; ~**streckenläufer(in)** *m(f)* sprinter(-euse) *m(f)*; **k~treten** *unreg vi* (*umg*) se restreindre; **k~um**

adv bref, en un mot.
Kürzung *f* (*siehe vt*) raccourcissement *m*; diminution *f*, réduction *f*.
Kurz-: ~**waren** *pl* (articles *mpl* de) mercerie *f*; ~**welle** *f* (*RUNDF*) ondes *fpl* courtes; **k~zeitig** *adj* de courte durée.
kuschelig *adj* douillet(te), moelleux(-euse).
kuscheln ['kʊʃəln] *vr* se blottir.
kuschen ['kʊʃən] *vi* s'aplatir ♦ *vr* (*Hund*) se coucher; (*Mensch*) s'aplatir.
Kusine [ku'ziːnə] *f* cousine *f*.
Kuß [kʊs] (**-sses, -̈e**) *m* baiser *m*.
küssen ['kʏsən] *vt* embrasser; **jdm die Hand ~** baiser la main de qn.
Küste ['kʏstə] *f* côte *f*.
Küstengewässer *pl* eaux *fpl* territoriales.
Küstenschiff *nt* caboteur *m*.
Küster ['kʏstər] (**-s, -**) *m* sacristain *m*, bedeau *m*.
Kutsche ['kʊtʃə] *f* diligence *f*.
Kutscher (**-s, -**) *m* cocher *m*.
kutschieren [kʊ'tʃiːrən] *vi*: **durch die Gegend ~** (*umg*) vadrouiller.
Kutte ['kʊtə] *f* froc *m*.
Kuvert [ku'vɛrt] (**-s, -e** *od* **-s**) *nt* enveloppe *f*; (*Gedeck*) couvert *m*.
Kuwait (**-s**) *nt* le Koweït, le Kuweit.
KV *abk* (*MUS = Köchelverzeichnis*) Koechel.
KW *abk* (= *Kurzwelle*) OC *fpl*.
kW *abk* (= *Kilowatt*) kW.
Kybernetik [kyber'neːtık] *f* cybernétique *f*.
kybernetisch [kyber'neːtıʃ] *adj* cybernétique.
kyrillisch [ky'rılıʃ] *adj* cyrillique.
KZ (**-s, -s**) *nt abk* = **Konzentrationslager**.

L, l

L, l [ɛl] *nt* (*Buchstabe*) L, l *m*; ~ **wie Ludwig** ≈ L comme Louis.
l *abk* (= *Liter*) l.
Label ['leːbəl] (**-s, -s**) *nt* (*COMPUT*) label *m*.
laben ['laːbən] *vt* rafraîchir ♦ *vr*: **sich an etw** *Dat* ~ savourer qch.
labern ['laːbərn] (*umg*) *vi, vt* radoter.
labil [la'biːl] *adj* (*MED: Konstitution*) fragile; (: *Kreislauf*) mauvais(e), instable.
Labor [la'boːr] (**-s, -e** *od* **-s**) *nt* laboratoire *m*.
Laborant(in) [labo'rant(ın)] *m(f)* laborantin(e) *m/f*.
Laboratorium [labora'toːrium] *nt* laboratoire *m*.
laborieren [labo'riːrən] *vi*: **an einer Bronchitis ~** (*umg*) traîner une bronchite.
Labyrinth [laby'rınt] (**-s, -e**) *nt* labyrinthe *m*.
Lache¹ ['la(ː)xə] *f* (*von Flüssigkeit*) flaque *f*; (*Blut~*) mare *f*.

Lache² ['laxə] f (*Gelächter*) rire m.
lächeln ['lɛçəln] vi sourire; **L~** (**-s**) nt sourire m.
lachen ['laxən] vi rire; ~ **über** +Akk rire de; **das wäre doch gelacht, wenn** ... ce serait ridicule si ...; (**bei jdm**) **nichts zu** ~ **haben** ne pas se marrer (avec qn); **daß ich nicht lache!** (umg) laisse-moi rire!; **L~** (**-s**) nt rire m; **dir wird das L~ schon noch vergehen!** rira bien qui rira le dernier.
Lacher (**-s, –**) m: **die** ~ **auf seiner Seite haben** avoir les rieurs de son côté.
lächerlich ['lɛçərlıç] adj ridicule; **jdn** ~ **machen** ridiculiser qn; **L~keit** f ridicule m.
Lach-: ~**gas** nt gaz m hilarant; **l~haft** (pej) adj ridicule; ~**krampf** m: **einen** ~**krampf bekommen** avoir une crise de fou rire.
Lachs [laks] (**-es, -e**) m saumon m.
Lachsalve ['laxzalvə] f éclat m de rire.
Lachsschinken m sorte de jambon fumé.
Lack [lak] (**-(e)s, -e**) m laque f, vernis m; (von Auto) peinture f.
lackieren [la'ki:rən] vt (Möbel) vernir, laquer; (Auto) refaire la peinture de; **sich** Dat **die Fingernägel** ~ se mettre du vernis à ongles.
Lackierer [la'ki:rər] (**-s, –**) m vernisseur m.
Lackleder nt cuir m verni.
Lackmus ['lakmʊs] (**-**) m od nt (CHEM) tournesol m; ~**papier** nt papier m de tournesol.
Lade ['la:də] f (Schublade) tiroir m; ~**baum** m mât m de charge; ~**fläche** f surface f de chargement; ~**gerät** nt chargeur m; ~**gewicht** nt charge f admissible; ~**hemmung** f: **das Gewehr hat** ~**hemmung** le fusil s'est enrayée; ~**kontroll(l)euchte** f (AUT) témoin m de charge.
laden ['la:dən] unreg vt charger; (ein~) inviter; (JUR) citer; **eine schwere Verantwortung auf sich** Akk ~ assumer une lourde responsabilité; **eine schwere Schuld auf sich** Akk ~ se mettre un poids sur la conscience; **nur für geladene Gäste** uniquement sur invitation.
Laden ['la:dən] (**-s, "**) m (Geschäft) magasin m; (Fenster~) volet m; (Roll~) store m; (Betrieb: umg) boîte f; **der** ~ **läuft** (umg) les affaires marchent; ~**besitzer** m propriétaire m (de magasin); ~**dieb** m personne qui fait du vol à l'étalage; ~**diebstahl** m vol m à l'étalage; ~**hüter** (**-s, –**) m rossignol m; ~**preis** m prix m de vente; ~**schluß** m heure f de fermeture; ~**tisch** m comptoir m; **unter dem** ~**tisch** sous le manteau.
Laderampe f rampe f de chargement.
Laderaum m (NAUT) cale f; (FLUG) soute f.
lädieren [lɛ'di:rən] vt endommager.
lädt etc [lɛːt] vb siehe **laden.**
Ladung ['la:dʊŋ] f charge f; (NAUT, FLUG) cargaison f; (das Beladen) chargement m; (umg: große Menge) paquet m.
lag etc [la:k] vb siehe **liegen.**
Lage ['la:gə] f situation f; (Position) position f; (Schicht) couche f; (MUS: Stimm~) registre m; **in der** ~ **sein, etw zu tun** (im-

stande sein) être en mesure de faire qch; **eine gute** ~ **haben** être bien situé(e); **eine ruhige** ~ **haben** être (situé(e) dans un endroit) tranquille; **Herr der** ~ **sein** être maître de la situation; ~**bericht** m rapport m, compterendu m; ~**besprechung** f discussion f od analyse f de la situation.
lagenweise adv par couches.
Lageplan m plan m (topographique).
Lager ['la:gər] (**-s, –**) nt (MIL, Pfadfinder~) camp m; (WIRTS: Raum) entrepôt m; (: Vorrat) stock m; (Schlaf~) lit m; (von Tier) tanière f; (TECH) palier m, support m; (von Bodenschätzen) gisement m; **etw auf** ~ **haben** (umg) avoir qch en réserve; ~**arbeiter** m magasinier m, manœuvre m dans un entrepôt; ~**bestand** m stock m; **den** ~**bestand aufnehmen** faire l'inventaire; ~**feuer** nt feu m de camp; ~**geld** nt frais mpl d'entreposage; ~**haus** nt entrepôt m.
Lagerist(in) [la:gə'rɪst(ɪn)] m(f) magasinier m.
lagern ['la:gərn] vt (aufbewahren) entreposer, stocker; (betten) mettre, poser ♦ vi (Vorräte) être entreposé(e); (Menschen) camper ♦ vr (rasten) faire une halte, s'arrêter; **über** od **auf etw** Dat ~ (Nebel, Staub) recouvrir qch; **kühl** ~ conserver au frais; **der Fall ist anders gelagert** la situation n'est pas la même.
Lager-: ~**raum** m entrepôt m; ~**schuppen** m hangar m; ~**stätte** f gisement m.
Lagerung f (von Waren) entreposage m; (TECH: Lager) palier m.
Lagune [la'gu:nə] f lagune f.
lahm [la:m] adj paralysé(e); (pej: umg: langsam, langweilig) mou(molle); (: Ausrede) mauvais(e); **die Geschäfte waren** ~ les affaires battaient de l'aile; **eine** ~**e Ente sein** (umg) être un mollasson; ~**arschig** ['la:m|arʃıç] (umg!) adj mollasson(ne) (umg); ~**en** vi traîner la jambe.
lähmen ['lɛːmən] vt paralyser.
lahmlegen vt paralyser.
Lähmung f paralysie f.
Laib [laıp] (**-s, -e**) m: **ein** ~ **Brot** une miche de pain, un pain.
Laich [laıç] (**-(e)s, -e**) m frai m; **l~en** vi frayer.
Laie ['laıə] (**-n, -n**) m profane m; (REL) laïc m; (THEAT) amateur m.
laienhaft adj de profane.
Lakai [la'kaı] (**-en, -en**) m laquais m.
Laken ['la:kən] (**-s, –**) nt (Bettuch) drap m.
lakonisch [la'ko:nıʃ] adj (Antwort) laconique.
Lakritz [la'krıts] m od nt, **Lakritze** [la'krıtsə] f réglisse m.
lala ['la'la] (umg) adv: **so** ~ couci-couça.
lallen ['lalən] vi (Betrunkener) bafouiller; (Baby) gazouiller.
Lama ['la:ma] (**-s, -s**) nt lama m.
Lamelle [la'mɛlə] f lamelle f; (von Jalousie) lame f; (von Heizkörper) élément m.
lamentieren [lamɛn'ti:rən] vi se lamenter.
Lametta [la'mɛta] (**-s**) nt guirlande f de Noël en papier d'argent.
laminieren [lami'ni:rən] vt (Karton) plastifier.

Lamm [lam] (–(e)s, ⁼er) *nt* agneau *m*; ~**fell** *nt* agneau *m*; l~**fromm** *adj* doux(douce) comme un agneau; ~**wolle** *f* lambswool *f*.
Lampe ['lampǝ] *f* lampe *f*; (*Straßen*~) lampadaire *m*.
Lampenfieber *nt* trac *m*.
Lampenschirm *m* abat-jour *m inv*.
Lampion [lampi'õː] (–s, –s) *m* lampion *m*.
lancieren [lãsiːrǝn] *vt* (*Mode*) lancer; (*Meldung*) publier.
Land [lant] (–(e)s, ⁼er) *nt* (*Fest*~) terre *f*; (*Gelände, Erdboden*) terrain *m*; (*nicht Stadt*) campagne *f*; (*Staatsgebiet, Nation*) pays *m*; (*Bundes*~) land *m*; **auf dem** ~**(e)** à la campagne; **an** ~ **gehen** débarquer; **etw an** ~ **ziehen** (*umg*) obtenir qch; **aus aller Herren Länder** de tous les pays du monde; ~**besitz** *m* propriété *f* foncière; ~**besitzer** *m* propriétaire *m* foncier.
Landebahn *f* piste *f* d'atterrissage.
Landeerlaubnis *f* autorisation *f* d'atterrir.
landeinwärts [lant'|aɪnvɛrts] *adv* vers l'intérieur du pays *od* des terres.
landen ['landǝn] *vi* (*Flugzeug*) atterrir; (*Schiff*) accoster; (*Passagier*) débarquer; (*umg: geraten*) atterrir; **mit deinen Komplimenten kannst du bei mir nicht** ~ (*umg*) ce genre de compliments ne prend pas avec moi.
Ländereien [lɛndǝ'raɪǝn] *pl* terres *fpl*.
Länderspiel *nt* rencontre *f* internationale.
Landes-: ~**amt** *nt* administration *f* régionale (*au niveau du land*); ~**farben** *pl* couleurs *fpl* nationales; ~**grenze** *f* frontière *f*; ~**innere(s)** *nt* intérieur *m* du pays; ~**kind** *nt* enfant *m* du pays; ~**kunde** *f* instruction *f* civique; ~**sprache** *f* langue *f* nationale; ~**tracht** *f* costume *m* national; l~**üblich** *adj* (*Honorar*) courant(e); (*Tracht*) du pays; **das ist dort l~üblich** c'est la coutume là-bas *od* dans ce pays; ~**vater** *m* souverain *m*; ~**verrat** *m* haute trahison *f*; ~**währung** *f* monnaie *f* nationale; l~**weit** *adv, adj* dans tout le pays.
Landeverbot *nt* interdiction *f* d'atterrir.
Land-: ~**flucht** *f* exode *m* rural; ~**haus** *nt* maison *f* de campagne; ~**karte** *f* carte *f* (*géographique*); ~**kreis** *m* district *m* (administratif); l~**läufig** *adj* courant(e).
ländlich ['lɛntlɪç] *adj* rural(e).
Land-: ~**plage** *f* fléau *m*; ~**rat** *m* ≈ sous-préfet *m*; ~**schaft** *f* paysage *m*; (*Landstrich*) région *f*; **die politische** ~**schaft** la scène politique; l~**schaftlich** *adj* du paysage; (*Besonderheiten*) régional(e); ~**sitz** *m* propriété *f* à la campagne.
Landsmann(-männin) (–(e)s, –leute) *m(f)* compatriote *m/f*.
Land-: ~**straße** *f* route *f* départementale; ~**streicher(in)** (–s, –) *m(f)* vagabond(e) *m/f*; ~**strich** *m* contrée *f*, région *f*; ~**tag** *m* parlement *m* (d'un land).
Landung ['landʊŋ] *f* (*von Flugzeug*) atterrissage *m*; (*von Schiff*) accostage *m*.
Landungs-: ~**boot** *nt* péniche *f* de débarquement; ~**brücke** *f* débarcadère *m*; ~**platz** *m*

endroit aménagé pour l'accostage.
Land-: ~**urlaub** *m* permission *f* à terre; ~**vermesser** *m* arpenteur(-géomètre) *m*; ~**weg** *m*: **etw auf dem** ~**weg befördern** transporter qch par (voie de) terre; ~**wirt** *m* agriculteur *m*; ~**wirtschaft** *f* agriculture *f*; ~**wirtschaft betreiben** être agriculteur(-trice); ~**zunge** *f* langue *f* de terre.
lang [laŋ] *adj* long(longue); (*umg: Mensch*) grand(e) ♦ *adv*: ~ **anhaltender Beifall** des applaudissements nourris; **ein zwei Meter** ~**es Brett** une planche de deux mètres de long(ueur); **3 Jahre** ~ pendant trois ans; **vor** ~**er Zeit** il y a longtemps; **seit** ~**em** depuis longtemps; **sein Leben** ~ toute sa vie; **über kurz oder** ~ tôt ou tard; **er machte ein** ~**es Gesicht** il faisait une drôle de tête; **hier wird mir die Zeit nicht** ~ ici, je ne m'ennuie pas; ~ **und breit** en long et en large; ~**atmig** *adj* interminable.
lange *adv* longtemps; **wie** ~ **muß ich noch warten?** combien de temps vais-je encore devoir attendre?, je vais attendre encore longtemps?; **wie** ~ **hat er das schon?** depuis combien de temps est-ce qu'il l'a?, il l'a depuis longtemps?; **er verdient** ~ **nicht soviel** il est loin de gagner autant; **wenn der das schafft, kannst du das schon** ~ s'il y arrive, tu y arriveras facilement.
Länge ['lɛŋǝ] *f* longueur *f*; (*GEOG*) longitude *f*; ~**n haben** avoir des longueurs; **etw der** ~ **nach falten** plier qch dans le sens de la longueur; **sich in die** ~ **ziehen** tirer en longueur; **etw in die** ~ **ziehen** faire durer qch; **der** ~ **nach hinfallen** tomber de tout son long.
langen ['laŋǝn] *vi* (*ausreichen*) suffire; (*sich erstrecken*) s'étendre, aller; (*fassen*) tendre la main; **das langt** ça suffit; **es langt mir!** (*umg*) j'en ai assez!; **jdm eine** ~ (*umg*) flanquer une baffe à qn.
Längengrad *m* longitude *f*.
Längenmaß *nt* unité *f* de longueur.
länger *adj* plus long(longue); **wir mußten** ~**e Zeit warten** (*ziemlich lang*) nous avons dû attendre assez longtemps.
langersehnt ['laŋ|ɛrzeːnt] *adj attrib* longuement *od* tant désiré(e).
Langeweile (–) *f* ennui *m*.
lang-: ~**fristig** *adj, adv* à long terme; ~**jährig** *adj* (*Gewohnheit*) vieux(vieille); (*Freundschaft, Mitarbeiter*) de longue date; ~**jährige Erfahrungen** plusieurs années d'expérience; L~**lauf** *m* ski *m* de fond; ~**lebig** *adj* (*Tier, Mensch*) qui vit longtemps; ~**lebige Konsumgüter** biens *mpl* durables.
länglich *adj* long(longue).
Langmut (–) *f* patience *f*.
langmütig *adj* patient(e).
längs [lɛŋs] *präp* (+*Gen od Dat*) le long de ♦ *adv* dans le sens de la longueur.
langsam *adj* lent(e) ♦ *adv* (*allmählich*) peu à peu; **ich muß jetzt** ~ **gehen** il va être temps (pour moi) de partir; **immer (schön)** ~**!** (*umg*)

doucement!; **L~keit** f lenteur f.
Langschläfer(in) m(f) lève-tard m/f.
Langspielplatte f 33 tours m.
längsseits adv bord à bord ♦ präp +Gen le long
de.
längst [lɛŋst] adv (seit langem) depuis longtemps; (vor langer Zeit) il y a longtemps; **das
ist ~ nicht alles!** ce n'est de loin pas tout!, ce
n'est que le début!
längste(r, s) adj le(la) plus long(longue).
längstens adv (höchstens) tout au plus.
Langstreckenflug m vol m longue distance.
Langstreckenläufer m coureur m de fond.
Languste [laŋ'gustə] f langouste f.
lang-: **~weilen** vt ennuyer ♦ vr s'ennuyer;
L~weiler (**–s, –**; umg: pej) m raseur m; **~wei-
lig** adj ennuyeux(-euse); **L~welle** f grandes
ondes fpl; **~wierig** adj prolongé(e).
Lanolin [lano'li:n] (**–s**) nt lanoline f.
Lanze ['lantsə] f lance f.
Lanzette [lan'tsɛtə] f lancette f.
Laos ['la:ɔs] nt le Laos m.
lapidar [lapi'da:r] adj lapidaire.
Lapislazuli [lapɪs'la:tsuli] (**–, –**) m lapis-lazuli
m.
Lappalie [la'pa:liə] f bagatelle f.
Lappe ['lapə] (**–n, –n**) m (GEOG) Lapon m.
Lappen (**–s, –**) m chiffon m; (ANAT) lobe m; **jdm
durch die ~ gehen** (umg) passer sous le nez
de qn.
läppern ['lɛpərn] (umg) vr unpers: **es läppert sich
zusammen** ça finit par s'accumuler.
Lappin f Lapone f.
läppisch ['lɛpɪʃ] (pej) adj (kindisch) puéril(e);
(lächerlich) ridicule.
Lappland ['laplant] (**–s**) nt la Laponie.
Lappländer(in) ['laplɛndər(ɪn)] (**–s, –**) m(f) La-
pon(e) m/f.
lappländisch adj lapon(e).
Lapsus ['lapsus] (**–, –**) m (geh) lapsus m.
Lärche ['lɛrçə] f mélèze m.
Lärm [lɛrm] (**–(e)s**) m bruit m; **~ machen** faire
du bruit; **~belästigung** f pollution f sonore;
l~en vi faire du bruit; **~pegel** m niveau m sonore.
Larve ['larfə] f larve f.
las etc [la:s] vb siehe **lesen.**
lasch [laʃ] adj (schlaff) mou(molle); (nicht streng,
locker: Behandlung, Einstellung) laxiste; (Geschmack) fade.
Lasche ['laʃə] f (Schuh~) languette f; (TECH)
élément m de raccord.
Laser ['le:zər] (**–s, –**) m laser m; **~drucker** m imprimante f laser.

================ *SCHLÜSSELWORT*

lassen ['lasən] (pt **ließ**, pp **gelassen** od (als Hilfsverb) **lassen**) vt **1** (unterlassen) arrêter; **laß das
(sein)!** arrête!; **lassen wir das!** arrêtons!, ça
suffit comme ça!; **er kann das Trinken nicht
lassen** il n'arrive pas à arrêter de boire; **tu,
was du nicht lassen kannst!** fais-le, si tu ne
peux pas t'en empêcher

2 (zurücklassen) laisser; **etw zu Hause lassen**
laisser qch a la maison
3 (überlassen): **jdm etw lassen** laisser qch à qn
4 (zugestehen): **das muß man ihr lassen, sie ist
eine tolle Hausfrau** il faut reconnaître qu'elle
est une ménagère accomplie
♦ vi: **laß mal, ich mache das schon** laisse, je
m'en occupe
♦ Hilfsverb **1** (veranlassen): **etw machen lassen**
faire faire qch; **sich** Dat **etw
schicken lassen** se faire envoyer qch; **jdn etw
wissen lassen** faire savoir qch à qn;
sich einen Bart wachsen lassen se laisser
pousser la barbe
2 (zulassen, belassen): **jdn gewinnen lassen** laisser qn gagner; **ich lasse mich nicht beleidigen!**
je ne supporterai pas cet affront!; **das Licht
brennen lassen** laisser la lumière allumée;
jdn ins Haus lassen laisser entrer qn; **jdn warten lassen** faire attendre qn; **laß es dir gutgehen!** bonne chance!
3: **laß uns gehen!** partons!
4 (möglich sein): **die Tür läßt sich nicht schließen** la porte ne ferme pas; **das läßt sich machen** c'est possible.

lässig ['lɛsɪç] adj décontracté(e); **L~keit** f décontraction f.
läßlich ['lɛslɪç] adj véniel(le).
Lasso ['laso] (**–s, –s**) nt lasso m.
läßt [lɛst] vb siehe **lassen.**
Last [last] (**–, –en**) f (Gegenstand) fardeau m,
charge f; (NAUT, FLUG) cargaison f; (Gewicht)
poids m; **~en** pl (Gebühren) charges fpl; **jdm
etw zur ~ legen** imputer qch à qn; **jdm zur ~
fallen** importuner qn; **die Kosten gehen zu
~en des Käufers** les frais sont à la charge de
l'acheteur; **~auto** nt camion m.
lasten vi: **auf jdm/etw ~** peser sur qn/qch.
Lastenaufzug m monte-charge m inv.
Lastenausgleich (**–s**) m compensation accordée aux victimes de la période de la seconde
guerre mondiale et de l'après-guerre.
Laster ['lastər] (**–s, –**) nt vice m ♦ m (umg: LKW)
poids lourd m.
Lästerer ['lɛstərər] (**–s, –**) m mauvaise langue
f; (Gottes~) blasphémateur m.
lasterhaft adj dépravé(e).
lästerlich adj calomnieux(-trice).
lästern ['lɛstərn] vi: **über jdn/etw ~** médire de
qn/qch ♦ vt (Gott) blasphémer; (schlecht sprechen) calomnier.
Lästerung f médisance f; (Gottes~) blasphème m.
lästig ['lɛstɪç] adj importun(e); **jdm ~ werden**
importuner qn; **jdm ~ sein** od **fallen** déranger
qn.
Last-: **~kahn** m péniche f; **~kraftwagen** m
poids lourd m; **~schrift** f inscription f au débit; **~tier** nt bête f de somme; **~träger** m porteur m; **~wagen** m camion m; **~zug** m train m
routier.
Latein [la'taɪn] (**–s**) nt latin m; **mit seinem ~ am**

Ende sein y perdre son latin; ~amerika (–s)
nt l'Amérique *f* latine; l~amerikanisch *adj*
latino-américain(e).

lateinisch *adj* latin(e); (*Schrift*) romain(e).

latent [la'tɛnt] *adj* latent(e).

Laterne [la'tɛrnə] *f* lanterne *f*; (*Straßen*~) réverbère *m*.

Laternenpfahl *m* lampadaire *m*.

Latinum [la'tiːnʊm] (–s) *nt*: **kleines/großes** ~
examen *de latin au niveau de la troisième/du*
baccalauréat.

Latrine [la'triːnə] *f* latrines *fpl*.

Latsche ['latʃə] *f* (*BOT*) pin *m* nain.

latschen ['laːtʃən] (*umg*) *vi* (*lässig gehen*) se
traîner.

Latte ['latə] *f* (*schmales Brett*) latte *f*; (*SPORT*:
Stange) barre *f*; (*FUSSBALL*) barre transversale.

Lattenrost *m* (*Teil des Betts*) sommier *m* à lattes.

Lattenzaun *m* clôture *f* à claire-voie.

Latz [lats] (–es, –e) *m* (*für Säugling*) bavoir *m*,
bavette *f*; (*an Kleidungsstück, Hosen*~) plastron
m.

Lätzchen ['lɛtsçən] *nt* bavoir *m*.

Latzhose *f* salopette *f*.

lau [laʊ] *adj* (*Wasser*) tiède; (*Wetter, Wind, Nacht*)
doux(douce); (*Haltung, Gefühle, Mensch*) non-
chalant(e), peu enthousiaste; (*Interesse*) miti-
gé(e).

Laub [laʊp] (–es) *nt* feuillage *m*, feuilles *fpl*;
~baum *m* arbre *m* à feuilles caduques.

Laube ['laʊbə] *f* tonnelle *f*.

Laub-: ~frosch *m* rainette *f*; ~säge *f* scie *f* à
chantourner; ~wald *m* forêt *f* d'arbres
feuillus.

Lauch [laʊx] (–(e)s, –e) *m* poireau *m*.

Lauer ['laʊər] *f*: **auf der** ~ **sein** *od* **liegen** être
aux aguets.

lauern *vi* être aux aguets; **auf jdn/etw** ~ épier
qn/qch.

Lauf [laʊf] (–(e)s, Läufe) *m* cours *m*; (*das Laufen,
SPORT*) course *f*; (*Gewehr*~) canon *m*; **im** ~e
des Gesprächs/des Tages au cours de la
conversation/de la journée; **einer Sache** *Dat*
ihren ~ **lassen** laisser qch suivre son cours;
sie ließ ihren Gefühlen freien ~ elle donna libre cours à ses sentiments; **im** ~e **der Zeit** au
fil du temps; ~bahn *f* carrière *f*; **eine** ~bahn
einschlagen embrasser une carrière; ~bur-
sche *m* garçon *m* de courses.

laufen ['laʊfən] *unreg vi* marcher; (*rennen*) courir; (*fließen*) couler; (*eingeschaltet sein*) être en
marche; (*gültig sein*) être valide; (*gezeigt werden: Film*) passer; (: *Stück*) jouer; (*im Gang
sein*) être en cours; (*umg: Bewerbung, Antrag*)
être à l'examen ♦ *vt* (*Strecke*) parcourir; (*Rennen*) participer à; (*Bestzeit*) courir ♦ *vr*: **sich
heiß** ~ (*Maschine*) chauffer; **auf jds Namen** *Akk*
~ être au nom de qn; **es lief mir eiskalt über
den Rücken** ça m'a fait froid dans le dos; **die
Dinge** ~ **lassen** laisser les choses aller (à la
dérive); **die Sache ist gelaufen** (*umg*) ça a

marché; **Ski/Schlittschuh/Rollschuh** ~ faire
du ski/du patin à glace/du patin à roulettes;
sich müde ~ se fatiguer à force de marcher;
sich *Dat* **Blasen** ~ attraper des ampoules en
marchant.

laufend *adj* (*ständig*) continuel(le); (*gegenwärtig*) courant(e), en cours; **auf dem** ~en
sein/halten être/tenir au courant (des derniers développements); **am** ~en **Band** sans
arrêt; ~e **Nummer** dernier numéro *m*; (*von
Konto*) numéro d'ordre; ~e **Kosten** frais *mpl*
d'exploitation.

laufenlassen *unreg vt* (*Person*) laisser partir.

Läufer ['lɔyfər] (–s, –) *m* (*SPORT*) coureur *m*; (:
FUSSBALL) demi *m*; (*SCHACH*) fou *m*; (*Teppich*)
chemin *m*.

Läuferin *f* (*SPORT*) coureuse *f*.

Lauffeuer *nt*: **sich wie ein** ~ **verbreiten** se répandre comme une traînée de poudre.

läufig *adj* (*Hündin*) en chaleur.

Lauf-: ~kundschaft *f* clientèle *f* de passage;
~masche *f* maille *f* filée; ~paß *m*: **jdm den**
~paß **geben** (*umg*) plaquer qn; ~schritt *m*: **im**
~schritt au pas de course; ~stall *m* parc *m*
(*pour bébés*); ~steg *m* passerelle *f*.

läuft *etc* [lɔyft] *vb siehe* **laufen**.

Laufwerk *nt* (*COMPUT*) lecteur *m* de disquette.

Laufzeit *f* (*von Wechsel, Vertrag*) durée *f* (de validité); (*von Maschine*) temps *m* de fonctionnement.

Lauge ['laʊgə] *f* (*CHEM*) solution *f* alcaline; (*Sei-
fen*~) lessive *f*, eau *f* savonneuse.

Laugenbrezel *f* bretzel *m*.

Laune ['laʊnə] *f* (*Stimmung*) humeur *f*; (*schlechte* ~) (mauvaise) humeur; (*Einfall*) caprice *m*;
guter/schlechter ~ **sein** être de bonne/
mauvaise humeur.

launenhaft *adj* lunatique.

launisch (*pej*) *adj* lunatique.

Laus [laʊs] (–, **Läuse**) *f* (*Blatt*~) puceron *m*;
(*Kopf*~) pou *m*; **ihm ist (wohl) eine** ~ **über die
Leber gelaufen** (*umg*) il est de mauvais poil;
~bub *m* petit garnement *m*.

lauschen ['laʊʃən] *vi* (*heimlich*) être aux écoutes, écouter; **etw** *Dat od* **auf etw** *Akk* ~ écouter
qch attentivement.

lauschig ['laʊʃɪç] *adj* tranquille.

Lausejunge (*umg*) *m* petit garnement *m*.

lausen ['laʊzən] *vt* épouiller.

lausig ['laʊzɪç] (*umg: pej*) *adj* (*Bezahlung*) minable; (*Angelegenheit*) déplorable; (*Kälte, Zeit*)
épouvantable ♦ *adv* affreusement mal.

laut [laʊt] *adj* bruyant(e); (*Stimme*) fort(e);
(*Farbe*) criard(e) ♦ *adv* fort; (*lesen*) à haute
voix ♦ *präp* +*Gen* d'après, selon; ~er, **bitte!**
plus fort, s'il vous plaît!; **etw** ~er **stellen**
mettre qch plus fort, augmenter le volume
de qch; ~ **werden** (*bekannt*) se faire jour.

Laut (–(e)s, –e) *m* son *m*.

Laute ['laʊtə] *f* luth *m*.

lauten ['laʊtən] *vi*: **wie lautet das englische Original?** que dit l'original anglais?; **wie lautet
das Urteil?** quel est le verdict?

läuten ['lɔytən] *vi, vt* (*Glocke*) sonner; **es hat geläutet** on a sonné; **er hat davon (etwas) ~ hören** (*umg*) il en a entendu parler.

lauter ['lautər] *adj* (*rein*) pur(e); (*aufrichtig*) sincère ♦ *adv* (*umg: nur*) un tas de; **das sind ~ Lügen** c'est un tissu de mensonges; **vor ~ Freude/Angst habe ich vergessen ...** j'étais si content/j'ai eu si peur que j'ai oublié ...; **L~keit** *f* (*Aufrichtigkeit*) sincérité *f*.

läutern ['lɔytərn] *vt* purifier; **jdn ~ changer** qn en mieux.

Läuterung *f* (*von Metall etc*) purification *f*; (*von Person*) changement *m* complet.

laut-: **~hals** *adv* (*lachen*) à gorge déployée; (*schreien*) à tue-tête; **~los** *adj* silencieux(-euse); (*Stille*) absolu(e); **~malend** *adj* onomatopéique; **L~schrift** *f* transcription *f* phonétique; **L~sprecher** *m* haut-parleur *m*; **L~sprecheranlage** *f* sonorisation *f*; **L~sprecherwagen** *m* voiture *f* (à) haut-parleur; **~stark** *adj* très fort(e); **L~stärke** *f* (*RUNDF*) volume *m*.

Läutwerk *nt* sonnerie *f*.

lauwarm ['lauvarm] *adj* tiède.

Lava ['laːva] (**–**, **Laven**) *f* lave *f*.

Lavendel [la'vɛndəl] (**–s**, **–**) *m* lavande *f*.

Lawine [la'viːnə] *f* avalanche *f*.

Lawinengefahr *f* danger *m* d'avalanches.

lawinensicher *adj* à l'abri des avalanches.

lax [laks] *adj* relâché(e).

Layout ['leːˌaut] (**–s**, **–s**) *nt* (*TYP*) mise *f* en page.

Lazarett [latsa'rɛt] (**–(e)s**, **–e**) *nt* hôpital *m* militaire.

leasen ['liːzən] *vt* louer (à bail).

Leasing ['liːzɪŋ] (**–s**, **–s**) *nt* crédit-bail *m*, leasing *m*.

Lebemann (**–männer**) *m* noceur *m*.

Leben (**–s**, **–**) *nt* vie *f*; **das gesellschaftliche/künstlerische ~** la vie sociale/artistique; **am ~ sein/bleiben** être/rester en vie; **ums ~ kommen** périr; **das ~ verlieren** perdre la vie; **etw ins ~ rufen** créer qch; **das ewige ~** la vie éternelle; **seines ~s nicht mehr sicher sein** craindre pour sa vie; **etw für sein ~ gern tun** adorer faire qch.

ebend *adj* vivant(e); **~es Inventar** cheptel *m* vif.

ebendig [le'bɛndɪç] *adj* vivant(e); (*lebhaft auch*) plein(e) de vie; **L~keit** *f* (*Lebhaftigkeit*) vivacité *f*.

Lebens-: **~abend** *m* soir *m* de la vie; **~alter** *nt* âge *m*; **~anschauung** *f* conception *f* de la vie; **~art** *f* (*Lebensweise*) mode *m* de vie; **sein ~art haben** manquer de savoir-vivre; **~aufgabe** *f*: **sich etw zur ~aufgabe machen** se consacrer entièrement à qch; **l~bejahend** *adj* optimis-

te; **~dauer** *f* longévité *f*; (*von Maschine*) (durée *f* de) vie *f*; **~erfahrung** *f* expérience *f* de la vie; **~erwartung** *f* espérance *f* de vie; **l~fähig** *adj* viable; **~freude** *f* joie *f* de vivre; **~gefahr** *f* danger *m* de mort; **~gefahr!** danger de mort!; **in ~gefahr schweben** *od* **sein** être entre la vie et la mort *od* dans un état critique; **l~gefährlich** *adj* très dangereux(-euse); (*Verletzung, Krankheit*) grave; **~gefährte(-in)** *m(f)* compagnon(compagne) *m/f*; **~größe** *f*: **in ~größe** grandeur nature *inv*; **~haltung** *f* coût *m* de (la) vie; **~haltungskosten** *pl* coût *msg* de la vie; **~hilfe** *f* assistance *f*; **~inhalt** *m* raison *f* d'être; **~jahr** *nt*: **mit dem vollendeten 18. ~jahr** à 18 ans révolus; **~künstler** *m* bon vivant *m*; **~lage** *f* situation *f*; **l~länglich** *adj* (*Strafe*) à perpétuité; **~lauf** *m* (*Leben*) vie *f*; (*schriftlich*) curriculum *m* vitae; **l~lustig** *adj* heureux(-euse) de vivre; **~mittel** *pl* produits *mpl* alimentaires, aliments *mpl*; **~mittelchemie** *f* chimie *f* agroalimentaire; **~mittelgeschäft** *nt* magasin *m* d'alimentation, épicerie *f*; **~mittelvergiftung** *f* intoxication *f* alimentaire; **l~müde** *adj* las(se) de vivre; **~raum** *m* (*BIOL*) habitat *m*; **~retter** *m* sauveteur *m*; **du bist mein ~retter** tu m'as sauvé la vie; **~standard** *m* niveau *m* de vie; **~stellung** *f* situation *f* pour la vie; **~stil** *m* style *m* de vie; **~unterhalt** *m* subsistance *f*; **~versicherung** *f* assurance-vie *f*; **~wandel** *m* vie *f*; **~weise** *f* mode *m* de vie; **~weisheit** *f* (*Spruch*) maxime *f*; **l~wichtig** *adj* vital(e); **~zeichen** *nt* signe *m* de vie; **~zeit** *f*: **auf ~zeit** à vie; **Beamter auf ~zeit** fonctionnaire *m* (à vie).

Leber ['leːbər] (**–**, **–n**) *f* foie *m*; **frei** *od* **frisch von der ~ weg reden** (*umg*) parler sans ambages; **~fleck** *m* grain *m* de beauté; **~käse** *m* sorte de pain de viande; **~tran** *m* huile *f* de foie de morue; **~wurst** *f* saucisse *f* au pâté de foie.

Lebewesen *nt* être *m* vivant.

Lebewohl *nt* (*geh*) adieu *m*.

leb-: **~haft** *adj* vif(vive); (*Straße*) animé(e); (*Verkehr*) dense; (*deutlich: Erinnerung*) net(te); **L~haftigkeit** *f* (*einer Person*) vivacité *f*; **L~kuchen** *m* pain *m* d'épice; **~los** *adj* (*Körper, Natur*) inanimé(e); (*Augen, Gesicht*) impassible; **L~tag** *m*: **das werde ich mein L~tag nicht vergessen** je ne l'oublierai jamais; **L~zeiten** *pl*: **zu jds L~zeiten** du vivant de qn.

lechzen ['lɛçtsən] *vi*: **nach etw ~** (*fig*) être avide de qch.

leck [lɛk] *adj* (*Boot*) qui prend l'eau; (*Rohr*) qui fuit; **L~** (**–(e)s**, **–e**) *nt* fuite *f*.

lecken¹ *vi* (*Loch haben*) fuir; (: *Boot*) prendre l'eau.

lecken² *vt* (*schlecken*) lécher.

lecker ['lɛkər] *adj* délicieux(-euse); **L~bissen** *m* gourmandise *f*, délice *m*; **L~maul** (*umg*) *nt* (petit)(-e) gourmand(e) *m/f*.

led. *abk* = **ledig**.

Leder ['leːdər] (**–s**, **–**) *nt* cuir *m*; (*umg: Fußball*) ballon *m*; **vom ~ ziehen** s'emporter; **~hose** *f*

pantalon _m_ de cuir; (_von Tracht_) culotte _f_ de cuir.
ledern _adj_ en _od_ de cuir.
Lederwaren _pl_ articles _mpl_ de maroquinerie.
ledig ['le:dɪç] _adj_ célibataire; **einer Sache** _Gen_ ~ **sein** être libre de qch; ~**lich** _adv_ uniquement, ne ... que; **es kostet** ~**lich 5 DM** ça ne coûte que 5 marks.
leer [le:r] _adj_ vide; (_Seite_) blanc(blanche); (_Gerede, Phrasen_) vide de sens; **eine Wohnung** ~ **mieten** louer un appartement non meublé; ~ **laufen** tourner à vide.
Leere (–) _f_ vide _m_; **im Saal herrschte gähnende** ~ il n'y a avait pour ainsi dire personne dans la salle.
leeren _vt_ vider; (_Briefkasten_) faire la levée de ♦ _vr_ se vider.
leer-: ~**gefegt** _adj_ désert(e); **L~gewicht** _nt_ poids _m_ à vide; **L~gut** _nt_ emballages _mpl_ à recycler; **L~lauf** _m_ (_AUT_) point _m_ mort; **L~lauf haben** (_unproduktive Zeit_) connaître un passage à vide; ~**stehend** _adj_ vide; **L~taste** _f_ (_Schreibmaschine_) barre _f_ d'espacement.
Leerung _f_ vidage _m_; (_Post_) levée _f_.
Leerzimmer _nt_ chambre _f_ non meublée.
legal [le'ga:l] _adj_ légal(e); ~**isieren** [legali'zi:rən] _vt_ légaliser; **L~ität** [legali'tɛ:t] _f_ légalité _f_; (_etwas_) **außerhalb der L~ität** (_euph_) pas très catholique.
Legasthenie [legaste'ni:] _f_ dyslexie _f_.
Legastheniker(in) [legas'te:nikər(ɪn)] _m(f)_ dyslexique _m/f_.
Legebatterie _f_ batterie _f_ (_pour l'élevage de poules pondeuses_).
legen ['le:gən] _vt_ (_tun_) mettre, poser; (_in flache Lage_) coucher; (_Kabel, Schienen_) poser; (_Ei_) pondre; (_Haare_) mettre en pli ♦ _vr_ (_Mensch_) s'allonger; (_Nebel_) se poser; (_Betrieb, Interesse_) baisser; (_Schmerzen, Sturm_) se calmer; **sich ins Bett** ~ (_aller_) se coucher.
Legende [le'gɛndə] _f_ légende _f_.
leger [le'ʒɛ:r] _adj_ (_Kleidung_) décontracté(e).
legieren [le'gi:rən] _vt_ (_Metalle_) allier.
Legierung _f_ alliage _m_.
Legislative [legɪsla'ti:və] _f_ législatif _m_.
Legislaturperiode [legɪsla'tu:rperio:də] _f_ législature _f_.
legitim [legi'ti:m] _adj_ légitime; **L~ation** [legiti:matsi'o:n] _f_ légitimation _f_; ~**ieren** [legiti:'mi:rən] _vt_ légitimer ♦ _vr_ (_ausweisen_) prouver son identité; **L~ität** [legitimi'tɛ:t] _f_ légitimité _f_.
Lehm [le:m] _m_ (–(e)s, –e) _m_ terre _f_ glaise; **l~ig** _adj_ glaiseux(-euse).
Lehne ['le:nə] _f_ (_Rücken~_) dossier _m_; (_Arm~_) accoudoir _m_.
lehnen _vt_: **etw an etw** _Akk_ ~ appuyer qch contre qch ♦ _vi_: **an etw** _Dat_ ~ s'appuyer à qch ♦ _vr_: **sich an etw** _Akk_/**auf etw** _Akk_ ~ s'appuyer contre/à qch.
Lehnstuhl (–s, ⁼e) _m_ fauteuil _m_.
Lehr-: ~**amt** _nt_ enseignement _m_; ~**befähigung** _f_ aptitude _f_ à l'enseignement; ~**brief** _m_ cer-

tificat _m_ d'apprentissage; ~**buch** _nt_ manuel _m_.
Lehre ['le:rə] _f_ (_Ausbildung_) apprentissage _m_; (: _nicht manuell_) formation _f_; (_Gedanken~, Glaubenssystem_) doctrine _f_; (_Gesetzmäßigkeit_) théorie _f_; (_Erfahrung_) leçon _f_; (_TECH_) jauge _f_, calibre _m_; **bei jdm in die** ~ **gehen** faire son apprentissage chez qn; **das soll mir eine** ~ **sein** ça me servira de leçon.
lehren _vt_ (_unterrichten_) enseigner.
Lehrer(in) (–s, –) _m(f)_ professeur _m_; (_Grundschul~_) instituteur(-trice) _m/f_; ~**ausbildung** _f_ formation _f_ pédagogique (des enseignants); ~**kollegium** _nt_ corps _m_ enseignant; ~**zimmer** _nt_ salle _f_ des professeurs.
Lehr-: ~**freiheit** _f_ liberté _f_ de l'enseignement; ~**gang** _m_ cours _m_; ~**geld** _nt_ frais _mpl_ d'apprentissage; ~**geld für etw zahlen müssen** apprendre qch à ses dépens; ~**jahre** _pl_ années _fpl_ d'apprentissage; ~**körper** _m_ (_förmlich_) corps _m_ enseignant; ~**kraft** _f_ (_förmlich_) enseignant(e) _m/f_; ~**ling** _m_ apprenti _m_; ~**mittel** _nt_ (_gew pl_) matériel _m_ pédagogique; ~**mittelfreiheit** _f_ gratuité _f_ du matériel scolaire; ~**pfad** _m_ sentier _m_ éducatif (_avec des explications sur la faune et la flore_); ~**plan** _m_ programme _m_ (scolaire); **l~reich** _adj_ instructif(-ive); ~**satz** _m_ théorème _m_; ~**stelle** _f_ place _f_ d'apprentissage; ~**stuhl** _m_ (_förmlich_) chaire _f_; ~**zeit** _f_ apprentissage _m_.
Leib [laɪp] (–(e)s, –er) _m_ corps _m_; **halt ihn mir vom** ~! tiens-le à distance!; **etw am eigenen** ~(**e**) **spüren** apprendre qch à ses dépens.
leiben ['laɪbən] _vi_: **das ist er wie er leibt und lebt** c'est lui tout craché.
Leibes-: ~**erziehung** _f_ éducation _f_ physique; ~**kräfte** _pl_: **aus** ~**kräften schreien** crier de toutes ses forces; ~**visitation** _f_ fouille _f_.
Leib-: ~**gericht** _nt_ plat _m_ favori; **l~haftig** _adj_ en chair et en os; (_Teufel_) incarné(e); **l~haftig** _adj_ (_Sohn_) vrai(e); ~**rente** _f_ rente _f_ viagère; ~**schmerzen** _pl_ mal _msg_ au ventre; ~**wache** _f_ garde _m_ du corps.
Leiche ['laɪçə] _f_ cadavre _m_; **er geht über** ~**n** (_umg: pej_) il ne recule devant rien.
Leichen-: ~**beschauer** (–s, –) _m_ médecin _m_ légiste; **l~blaß** _adj_ pâle comme la mort; ~**halle** _f_ chapelle _f_ mortuaire; ~**hemd** _nt_ linceul _m_; ~**schau** _f_ autopsie _f_; ~**wagen** _m_ corbillard _m_.
Leichnam ['laɪçna:m] (–(e)s, –e) _m_ dépouille _f_.
leicht [laɪçt] _adj_ léger(-ère); (_nicht schwierig_) facile ♦ _adv_ (_schnell_) facilement; (_nicht schlimm_) légèrement; **nichts** ~**er als das!** rien de plus facile!; ~ **zerbrechlich** fragile; **L~athletik** _f_ athlétisme _m_; ~**fallen** _unreg vi_: **jdm** ~**fallen** être facile pour qn; ~**fertig** _adj_ irréfléchi(e); ~**gläubig** _adj_ crédule; **L~gläubigkeit** _f_ crédulité _f_; ~**hin** _adv_ à la légère.
Leichtigkeit _f_ (_Mühelosigkeit_) facilité _f_.
leicht-: ~**lebig** _adj_ insouciant(e); ~**machen** _vt_: **es sich** _Dat_ ~**machen** ne pas se fatiguer; (_nicht_

gewissenhaft) ne pas s'en faire; **es jdm ~ma-chen** faciliter les choses à qn; **L~matrose** *m* novice *m*; **L~metall** *nt* métal *m* léger; **~neh-men** *unreg vt* prendre à la légère; **L~sinn** *m* légèreté *f*, imprudence *f*; **sträflicher L~sinn** négligence *f* coupable *od* criminelle; **~sinnig** *adj* imprudent(e); **~tun** *vr*: **sich** *Dat* **etw** *od* **bei etw ~tun** n'avoir aucun problème avec qch; **~verletzt** *adj attrib* légèrement bles-sé(e).

Leid (–(e)s) *nt* peine *f*; **jdm sein ~ klagen** conter ses malheurs à qn.

leid [laɪt] *adj*: **etw ~ haben** *od* **sein** en avoir as-sez de qch; **es tut mir ~** je suis dé-solé(e); **das tut mir ~** cela me fait de la pei-ne; **er tut mir ~** il me fait pitié; **er kann einem ~ tun** il fait pitié.

leiden ['laɪdən] *unreg vt* souffrir de; (*erlauben*) tolérer ♦ *vi* souffrir; **jdn/etw nicht ~ können** ne pas pouvoir souffrir qn/qch; **an etw** *Dat* **~** être atteint(e) de qch; **unter etw** *Dat* **~** souf-frir de qch; **L~** (**–s, –**) *nt* (*Krankheit*) maladie *f*.

Leidenschaft *f* passion *f*; **l~lich** *adj* passion-né(e); (*begeistert*) enthousiaste.

Leidens-: **~genosse(-in)** *m(f)* compa-gnon(compagne) *m/f* d'infortune; **~geschich-te** *f* (*Christi*) Passion *f*; (*fig*) malheurs *mpl*.

leider ['laɪdər] *adv* malheureusement; **~ (Gottes) nicht** malheureusement pas; **wir müssen Ihnen ~ mitteilen, daß** ... nous avons le regret de vous annoncer que ... .

leidig ['laɪdɪç] *adj* fâcheux(-euse).

leidlich [laɪtlɪç] *adj* passable ♦ *adv* à peu près.

Leidtragende(r) *f(m)* (*Opfer*) victime *f*; **die ~n** (*Hinterbliebenen*) la famille du défunt.

Leidwesen *nt*: **zu jds ~** au grand regret de qn.

Leier ['laɪər] (**–, –n**) *f* (*MUS*) lyre *f*; **immer die alte ~!** (*umg*) c'est toujours la même rengai-ne!

Leierkasten *m* orgue *m* de Barbarie.

leiern *vt* (*Kurbel*) tourner; (*umg: Gedicht*) débi-ter (d'une voix monotone).

Leihbibliothek, Leihbücherei *f* bibliothèque *f* de prêt.

leihen ['laɪən] *unreg vt* prêter; (*mieten*) louer; **sich** *Dat* **etw ~** emprunter qch.

Leih-: **~gabe** *f* prêt *m*; **~gebühr** *f* frais *mpl* de location; **~haus** *nt* mont-de-piété *m*; **~schein** *m* reconnaissance *f* de dépôt de gage; (*in der Bibliothek*) bulletin *m* de prêt; **~wagen** *m* voi-ture *f* de location; **l~weise** *adv* à titre de prêt.

Leim [laɪm] (**–(e)s, –e**) *m* colle *f*; **jdm auf den ~ gehen** (*umg*) se faire avoir par qn; **l~en** *vt* coller.

Leine ['laɪnə] *f* corde *f*; (*Hunde~*) laisse *f*; **~ zie-hen** (*umg*) se tirer.

Leinen (**–s, –**) *nt* lin *m*; (*grob, segeltuchartig, als Bucheinband*) toile *f*; **l~** *adj* (*aus Leinenstoff*) de *od* en lin.

Lein-: **~samen** *m* graine *f* de lin; **~tuch** *nt*

drap *m*; **~wand** *f* (*KUNST*) toile *f*; (*FILM*) écran *m*.

leise ['laɪzə] *adj* (*Stimme*) bas(basse); (*Be-rührung*) doux(douce); (*Geräusch, Wind, Regen, Zweifel*) léger(-ère); (*Mensch*) silen-cieux(-euse); **~! silence!**; **mit ~r Stimme** à voix basse; **das Radio ~r stellen** baisser (le volume de) la radio; **nicht die ~ste Ahnung haben** ne pas (en) avoir la moindre idée.

Leisetreter (*pej: umg*) *m* personne qui a peur de se mouiller.

Leiste ['laɪstə] *f* (*Abschluß~*) bordure *f*; (*Zier~*) garniture *f*; (*ANAT*) aine *f*.

leisten ['laɪstən] *vt* (*Arbeit*) faire; (*vollbringen*) accomplir; **Hilfe ~** prêter secours; **Wider-stand ~** résister; **der Motor leistet zu wenig** le moteur n'est pas assez puissant; **sich** *Dat* **etw ~ können** pouvoir se permettre qch; **sich** *Dat* **etw ~** (*sich herausnehmen*) se permettre qch; (*sich gönnen*) s'offrir qch; **sich** *Dat* **eine Frech-heit ~** être insolent(e).

Leistenbruch *m* hernie *f* (inguinale).

Leistung *f* (*Geleistetes*) performance *f*; (*Kapazi-tät*) rendement *m*; (*PHYS: von Motor, Maschine*) puissance *f*; **~en** *pl* (*finanziell*) prestations *fpl*.

Leistungs-: **~abfall** *m* (*in bezug auf Qualität*) baisse *f* de qualité; (*in bezug auf Quantität*) baisse de rendement; (*von Schüler*) baisse du travail; **~anstieg** *m* amélioration *f* du rende-ment; **~druck** *m* obligation *f* de réussir; **l~fähig** *adj* performant(e); **~fähigkeit** *f* capa-cité *f*, efficacité *f*; **l~gerecht** *adj*: **l~gerechtes Gehalt** salaire *m* correspondant au rende-ment; **~gesellschaft** *f* méritocratie *f*; **l~-orientiert** *adj* axé(e) sur l'efficacité; **~prinzip** *nt* principe *m* du rendement; **l~schwach** *adj* (*Schüler*) faible; (*Maschine*) à faible rende-ment; **~sport** *m* sport *m* de compétition; **~zulage** *f* prime *f* de rendement.

Leitartikel *m* éditorial *m*.

Leitbild *nt* modèle *m*.

leiten ['laɪtən] *vt* (*führen, lenken*) être à la tête de; (*Firma, Orchester etc*) diriger; (*Gas, Wasser*) amener; (*Wärme, Strom*) conduire ♦ *vi* (*Metall*) être conducteur(-trice); **sich von jdm/etw ~ lassen** suivre qn/qch; (*fig*) se laisser influen-cer par qn/qch; **~d** *adj* (*PHYS*) conduc-teur(-trice); (*Stellung*) de cadre, à responsa-bilité; (*Gedanke, Idee*) directeur(-trice); (*Inge-nieur, Beamter*) en chef; **~der Angestellter** ca-dre *m* supérieur.

Leiter[1] ['laɪtər] (**–s, –**) *m* (*Direktor*) directeur *m*; (*von Expedition, Gruppe*) chef *m*; (*PHYS*) conducteur *m*.

Leiter[2] ['laɪtər] (**–, –n**) *f* échelle *f*.

Leiterin *f* directrice *f*.

Leiterplatte *f* (*COMPUT*) circuit *m* imprimé.

Leit-: **~faden** *m* précis *m*; **~fähigkeit** *f* conduc-tibilité *f*; **~gedanke** *m* idée *f* directrice; **~li-nie** *f* (*Grundsatz*) principe *m*, grande ligne *f*; (*Fahrbahnmarkierung*) ligne jaune; **~motiv** *nt* (*MUS*) leitmotiv *m*; **~planke** *f* glissière *f* de sécurité; **~spruch** *m* slogan *m*.

Leitung *f* (*Führung, die Leitenden*) direction *f*; (*von Firma*) gestion *f*; (*für Wasser, Gas, Strom*) conduite *f*; (*Kabel*) câble *m*; (*Telefon~*) ligne *f*; **eine lange ~ haben** (*fig*) avoir la comprenette un peu dure; **da ist jemand in der ~** (*umg*) il y a quelqu'un d'autre en ligne.

Leitungs-: ~**draht** *m* fil *m* conducteur; ~**mast** *m* poteau *m* électrique, pylône *m*; ~**rohr** *nt* conduite *f*; ~**wasser** *nt* eau *f* du robinet.

Leit-: ~**währung** *f* monnaie *f* de référence; ~**werk** *nt* (*FLUG*) empennage *m*; ~**zins** *m* taux *m* de base.

Lektion [lɛktsi'oːn] *f* leçon *f*; **jdm eine ~ erteilen** (*zurechtweisen*) faire la leçon à qn.

Lektor(in) ['lɛktɔr, lɛk'toːrɪn] *m(f)* (*UNIV*) lecteur(-trice) *m/f*; (*im Verlag*) éditeur(-trice) *m/f*, rédacteur(-trice).

Lektüre [lɛk'tyːrə] *f* lecture *f*.

Lende ['lɛndə] *f* (*ANAT*) lombes *mpl*, reins *mpl*; (*KOCH*) filet *m*.

Lendenbraten *m* filet *m* rôti.

lenken *vt* (*Fahrzeug*) conduire; (*Kind*) guider; (*Staat*) gouverner; (*Wirtschaft*) diriger; (*Verdacht*) faire peser; (*Blick, Aufmerksamkeit*) tourner; (*Gespräch*) amener; **etw auf sich ~** s'attirer qch.

Lenker (**-s, -**) *m* (*Lenkstange*) guidon *m*; (*Person*) conducteur *m*.

Lenkrad *nt* volant *m*.

Lenkstange *f* (*Fahrrad~*) guidon *m*.

Lenkung *f* (*das Führen, Lenken*) conduite *f*; (*AUT: Mechanismus*) direction *f*.

Lenz [lɛnts] (**-es, -e**) *m* printemps *m*; **sich** *Dat* **einen (faulen) ~ machen** (*umg*) se la couler douce.

Leopard [leo'part] (**-en, -en**) *m* léopard *m*.

Lepra ['leːpra] (**-**) *f* lèpre *f*; ~**kranke(r)** *f(m)* lépreux(-euse) *m/f*.

Lerche ['lɛrçə] *f* alouette *f*.

lernbegierig *adj* studieux(-euse).

lernbehindert *adj* attardé(e).

lernen *vt* apprendre; (*Handwerk*) faire un apprentissage de ♦ *vi* travailler; (*in der Ausbildung sein*) suivre une formation; **er lernt bei der Firma Braun** il est en apprentissage chez Braun.

Lernhilfe *f* outil *m* pédagogique.

Lesart ['leːzart] *f* (*Wortlaut*) version *f*.

lesbar ['leːsbaːr] *adj* lisible.

Lesbierin ['lɛsbiərɪn] *f* lesbienne *f*.

lesbisch *adj* lesbien(ne).

Lese ['leːzə] *f* (*Wein~*) vendanges *fpl*.

Lesebrille *f* lunettes *fpl* pour lire.

Lesebuch *nt* livre *m* de lecture.

lesen *unreg vt* (*Text*) lire; (*Messe*) dire; (*ernten*) récolter; (*auslesen*) trier ♦ *vi* lire; (*UNIV*) donner un cours ♦ *vr*: **das Buch liest sich schnell** ce livre se lit vite *od* est facile à lire; **etw aus jds Augen/Gesicht ~** lire qch dans le regard/sur le visage de qn; ~**/schreiben** (*COMPUT*) lecture/écriture.

lesenswert *adj* qui mérite d'être lu(e).

Leser(in) (**-s, -**) *m(f)* lecteur(-trice) *m/f*.

Leseratte ['leːzəratə] (*umg*) *f* rat *m* de bibliothèque.

Leser-: ~**brief** *m* lettre *f* de lecteur; „~**briefe"** "courrier des lecteurs"; ~**kreis** *m* lecteurs *mpl*; **l~lich** *adj* lisible; ~**zuschrift** *f* lettre *f* de lecteur.

Lese-: ~**saal** *m* salle *f* de lecture; ~**stoff** *m* lecture *f*; ~**zeichen** *nt* signet *m*; ~**zirkel** *m* club *m* de lecture de magazines.

Lesotho [le'zoːto] *nt* le Lesotho.

Lesung ['leːzʊŋ] *f* lecture *f*.

lethargisch [le'targɪʃ] *adj* léthargique.

Lette(-in) (**-n, -n**) *m(f)* Letton(ne) *m/f*.

lettisch *adj* letton(ne).

Lettland ['lɛtlant] (**-s**) *nt* la Lettonie.

Letzt *f*: **zu guter ~** finalement.

letzte(r, s) ['lɛtstə(r, s)] *adj* dernier(-ière); (*abschließend auch*) final(e); (*restlich auch*) ultime; **der L~ Wille** les dernières volontés *fpl*; **zum ~n Mal** pour la dernière fois; **bis zum ~n** jusqu'au bout; **bis ins ~** jusqu'au moindre détail; **in ~r Zeit** ces derniers temps; **am L~n des Monats** le dernier (jour) du mois.

Letzte(s) *nt*: **das ist doch das ~!** (*umg*) c'est un comble!

letztemal *adv*: **das ~** la dernière fois.

letztens *adv* (*kürzlich*) récemment; (*zuletzt*) finalement.

letztere(r, s) *adj* ce(cette) dernier(-ière).

letztlich *adv* en fin de compte.

letztmals *adv* pour la dernière fois.

Leuchte ['lɔʏçtə] *f* (*Lampe*) lampe *f*; (*umg: kluger Kopf*) lumière *f*.

leuchten *vi* briller; (*mit Lampe*) éclairer; **jdm ~** éclairer qn.

Leuchter (**-s, -**) *m* (*Kron~*) chandelier *m*; (*Arm~*) candélabre *m*; (*für eine Kerze*) bougeoir *m*.

Leucht-: ~**farbe** *f* couleur *f* fluorescente; ~**feuer** *nt* balise *f*; ~**käfer** *m* ver *m* luisant, luciole *f*; ~**kugel** *f* balle *f* traçante; ~**pistole** *f* (pistolet *m*) lance-fusées *m inv*; ~**rakete** *f* fusée *f* éclairante; ~**reklame** *f* enseigne *f* lumineuse; ~**röhre** *f* tube *m* fluorescent; ~**signal** *nt* signal *m* lumineux; ~**turm** *m* phare *m*; ~**zifferblatt** *nt* cadran *m* lumineux.

leugnen ['lɔʏgnən] *vt, vi* nier.

Leugnung *f* dénégation *f*.

Leukämie [lɔʏkɛ'miː] *f* leucémie *f*.

Leukoplast ® [lɔʏko'plast] (**-(e)s, -e**) *nt* (*Heftpflaster*) sparadrap *m*.

Leumund ['lɔʏmʊnt] (**-(e)s**) *m* réputation *f*.

Leumundszeugnis *nt* certificat *m* de bonne vie et mœurs.

Leute ['lɔʏtə] *pl* gens *mpl*; (*umg: Familie*) famille *fsg*; (*Personal*) subordonnés *mpl*; (*MIL*) hommes *mpl*; **vor allen ~n** devant tout le monde; **kleine ~** (*fig*) des petites gens; **etw unter die ~ bringen** (*umg: Gerücht*) divulguer qch; **kommt mal her, ~!** (*umg*) venez voir, vous tous!

Leutnant ['lɔʏtnant] (**-s, -s** *od* **-e**) *m* lieutenant *m*.

leutselig [ˈlɔʏtzeːlɪç] *adj* bienveillant(e); **L~keit** *f* bienveillance *f*, affabilité *f*.
Leviten [leˈviːtən] *pl*: **jdm die ~ lesen** (*umg*) faire la morale à qn.
lexikalisch [lɛksiˈkaːlɪʃ] *adj* lexical(e).
Lexikon [ˈlɛksikɔn] (**–s, Lexiken** *od* **Lexika**) *nt* (*Konversations~*) encyclopédie *f*; (*Wörterbuch*) dictionnaire *m*.
lfd. *abk* = **laufend.**
Libanese(-in) [libaˈneːzə] (**–n, –n**) *m(f)* Libanais(e) *m/f*.
libanesisch *adj* libanais(e).
Libanon [ˈliːbanɔn] (**–s**) *m*: **der ~** le Liban.
Libelle [liˈbɛlə] *f* (*ZOOL*) libellule *f*; (*TECH*) niveau *m* à bulle.
liberal [libeˈraːl] *adj* large d'idées; (*POL*) libéral(e).
Liberale(r) *f(m)* (*POL*) libéral(e) *m/f*.
Liberalisierung [liberaliˈziːrʊŋ] *f* libéralisation *f*.
Liberia [liˈbeːria] *nt* le Libéria, le Liberia.
Libero [ˈliːbero] (**–s, –s**) *m* arrière *m* volant.
Libyen [ˈliːbyən] (**–s**) *nt* la Libye.
Libyer(in) (**–s, –**) *m(f)* Libyen(ne) *m/f*.
libysch *adj* libyen(ne).
Licht (**–(e)s, –er**) *nt* lumière *f*; (*Kerze*) bougie *f*; **~ machen** (*anschalten*) allumer (la lumière); (*anzünden*) allumer une bougie; **da geht mir ein ~ auf** (*umg*) ça a fait tilt; **jdn hinters ~ führen** faire marcher qn; **ans ~ kommen** se faire jour.
licht [lɪçt] *adj* (*voller Licht, hell*) clair(e); (*Haare*) clairsemé(e); **~e Höhe** hauteur *f* maximum; **~e Weite** diamètre *m* intérieur.
Licht-: **~bild** *nt* (*Paßbild*) photo *f* d'identité; **~blick** *m* (*Hoffnung*) lueur *f* d'espoir; **l~echt** *adj* grand teint *inv*; **l~empfindlich** *adj* (*Film*) sensible à la lumière.
lichten [ˈlɪçtən] *vt* (*Wald*) éclaircir; (*Anker*) lever ♦ *vr* (*Haare, Bestände*) se faire rare; (*Nebel*) se lever; (*Reihen*) s'éclaircir.
Lichterloh [ˈlɪçtɐˈloː] *adv*: **~ brennen** flamber.
Licht-: **~geschwindigkeit** *f* vitesse *f* de la lumière; **~griffel** *m* crayon *m* optique; **~hupe** *f* appel *m* de phares; **~jahr** *nt* année-lumière *f*; **~maschine** *f* dynamo *f*; **~meß** *nt* la Chandeleur; **~pause** *f* photocopie *f*; (*bei Blaupausverfahren*) bleu *m*; **~schalter** *nt* interrupteur *m*; **l~scheu** *adj* qui craint la lumière; (*Gesindel*) louche; **~schranke** *f* détecteur *m* photoélectrique; **~schutzfaktor** *m* indice *m* de protection; (*von Mensch*) rayon *m* lumineux.
Lichtung *f* clairière *f*.
Lid [liːt] (**–(e)s, –er**) *nt* paupière *f*; **~schatten** *m* fard *m* à paupières; **~strich** *m* (trait *m* d')eye-liner *m*.
lieb [liːp] *adj* gentil(le); (*artig*) sage; (*willkommen*) bienvenu(e); (*geliebt*) cher(chère) ♦ *adv*: **am ~sten lese ich Kriminalromane** ce que je préfère ce sont les romans policiers; **~e Grüße Deine Silvia** amitiés, Silvia; **L~e Anne, ~er Klaus!** ... Chère Anne, cher Klaus ...; **würden Sie so ~ sein** auriez-vous l'amabilité;

das ist ~ von dir c'est gentil à toi; **den ~en langen Tag** (*umg*) toute la sainte journée; **es ist mir ~, daß** ... je suis content(e) que ...; **es wäre mir ~, wenn** ... j'aimerais mieux *od* je préférerais que ...; **sich bei jdm ~ Kind machen** (*pej*) tout faire pour se faire bien voir.
liebäugeln [ˈliːplɔʏɡəln] *vi*: **mit dem Gedanken ~, etw zu tun** caresser l'idée de faire qch.
Liebe [ˈliːbə] *f* amour *m*; **~ zu** amour pour; **etw mit ~ tun** faire qch avec amour; **bei aller ~ (, das geht aber zu weit!)** trop c'est trop!; **l~bedürftig** *adj* qui a besoin d'affection; **l~bedürftig sein** avoir besoin d'affection.
lieben [ˈliːbən] *vt* aimer; **etw ~d gern tun** adorer faire qch.
liebens-: **~wert** *adj* très sympathique; **~würdig** *adj* aimable; **~würdigerweise** *adv* aimablement; **L~würdigkeit** *f* amabilité *f*.
lieber [ˈliːbɐ] *adv*: **etw ~ tun** préférer faire qch; **ich gehe ~ nicht** je préfère ne pas y aller; **ich trinke ~ Wein als Bier** je préfère le vin à la bière; **bleib ~ im Bett** il vaut mieux que tu restes au lit.
Liebes-: **~brief** *m* lettre *f* d'amour; **~dienst** *m* faveur *f*; **~erklärung** *f* déclaration *f* d'amour; **~kummer** *m*: **~kummer haben** avoir un chagrin d'amour; **~paar** *nt* amoureux *mpl*; **~roman** *m* roman *m* d'amour.
liebevoll *adj* (*zärtlich*) affectueux(-euse), tendre; (*sorgfältig*) soigneux(-euse) ♦ *adv* (*siehe adj*) tendrement; soigneusement.
liebgewinnen *unreg vt* se mettre à aimer.
lieb-: **~haben** *unreg vt* aimer beaucoup; **L~haber(in)** (**–s, –**) *m(f)* amant *m*; maîtresse *f*; (*Kenner*) amateur(-trice) *m/f*; (*Sammler*) collectionneur(-euse) *m/f*; **L~haberei** *f* violon *m* d'Ingres; **~kosen** *vt untr* câliner; **~lich** *adj* (*Landschaft*) charmant(e); (*Duft, Wein*) doux(douce); **L~ling** *m* (*von Eltern, Publikum*) préféré(e) *m/f*; (*Anrede*) chéri(e) *m/f*; **L~lings-** *in zW* préféré(e); **~los** *adj* (*Bemerkung, Worte*) méchant(e); (*Mensch*) sans cœur ♦ *adv* n'importe comment; **L~schaft** *f* aventure *f*.
liebste(r, s) *adj* préféré(e) ♦ *adv*: **etw am ~n mögen** préférer qch.
Liechtenstein [ˈlɪçtənʃtaɪn] (**–s**) *nt* le Liechtenstein.
Lied [liːt] (**–(e)s, –er**) *nt* chanson *f*; (*Kirchen*) chant *m*, cantique *m*; **davon kann ich ein ~ singen** j'en sais quelque chose.
Liederabend *m* récital *m* de chant.
Liederbuch *nt* recueil *m* de chansons; (*REL*) recueil de chants.
liederlich [ˈliːdɐlɪç] *adj* (*unordentlich*) négligé(e); (*pej: immoralisch*) dissolu(e); **L~keit** *f* (*siehe adj*) manque *m* de soin; corruption *f*.
Liedermacher *m* auteur-compositeur *m*.
lief *etc* [liːf] *vb siehe* **laufen.**
Lieferant [lifəˈrant] *m* fournisseur *m*.
Lieferanteneingang *m* (*von Privathaus*) entrée *f* de service; (*von Geschäft etc*) entrée des fournisseurs.
liefer-: **~bar** *adj* (*vorrätig*) disponible;

L~bedingungen *pl* conditions *fpl* de livraison; **L~frist** *f* délai *m* de livraison.
liefern ['li:fərn] *vt* (*Waren*) livrer; (*Rohstoffe*) produire; (*versorgen mit*) fournir ♦ *vi* livrer.
Liefer-: ~**schein** *m* bon *m* de livraison; ~**termin** *m* délai *m* de livraison; ~**ung** *f* livraison *f*; ~**ungsgeschäft** *nt* marché *m* à terme; ~**wagen** *m* voiture *f* de livraison; ~**zeit** *f* délai *m* de livraison.
Liege ['li:gə] *f* divan *m*; (*Camping~*) lit *m* de camp; ~**geld** *nt* surestarie *f*.
liegen ['li:gən] *unreg vi* (*waagerecht sein*) être couché(e); (*sich befinden*) se trouver, être; (*geographische Lage haben*) être (situé(e)); (*rangieren*) être; **die Entscheidung liegt bei Ihnen** à vous de décider; **die Verantwortung liegt bei Ihnen** c'est vous qui êtes responsable; **es liegt bei Ihnen, ob Sie das Angebot annehmen** à vous de décider si vous voulez accepter cette offre (ou non); **jdm schwer im Magen** ~ peser sur l'estomac de qn; **an etw** *Dat* ~ (*Ursache*) tenir à qch; **woran liegt es?** à quoi cela tient-il?; **mir liegt nichts daran** je n'y tiens pas; **mir liegt viel daran** j'y tiens beaucoup; **so, wie die Dinge jetzt** ~ les choses étant ce qu'elles sont, dans le contexte actuel; **an mir soll es nicht** ~! ne vous inquiétez pas pour moi!; **einen Ort links** *od* **rechts** ~ **lassen** passer un endroit à gauche *od* à droite; **Sprachen** ~ **mir nicht** je ne suis pas doué(e) pour les langues; ~**bleiben** *unreg vi* (*nicht aufstehen*) rester couché(e); (*nicht aufgehoben od mitgenommen werden*) rester; (*nicht ausgeführt werden*) rester en plan; **auf der Autobahn** ~**bleiben** être en panne sur l'autoroute; ~**lassen** *unreg vt* (*vergessen*) oublier; **etw links** ~**lassen** passer qch à gauche; (*fig*) ne pas tenir compte de qch; **L~schaft** *f* (*gew pl*) terrain *m*.
Liege-: ~**platz** *m* (*auf Schiff, in Zug etc*) couchette *f*; (*Ankerplatz*) mouillage *m*; ~**sitz** *m* (*AUT*) siège *m* à dossier réglable; ~**stuhl** *m* chaise *f* longue; ~**stütz** *m* traction *f*; ~**wagen** *m* wagon-couchette *m*; ~**wiese** *f* pelouse *f*.
lieh *etc* [li:] *vb siehe* **leihen**.
ließ *etc* [li:s] *vb siehe* **lassen**.
liest *etc* [li:st] *vb siehe* **lesen**.
Lift [lɪft] (–(e)s, –e *od* –s) *m* (*Aufzug*) ascenseur *m*.
liften *vi* (*mit Skilift*) prendre le télésiège.
Liga ['li:ga] (–, Ligen) *f* (*SPORT*) catégorie *f*.
liieren [li'i:rən] *vt*: (*mit jdm*) **liiert sein** (*Firmen etc*) être associé(e) (avec qn); (*ein Verhältnis haben*) avoir une liaison (avec qn).
Likör [li'kø:r] (–s, –e) *m* liqueur *f*.
lila ['li:la] *adj* mauve; **L~** (–s, –s) *nt* mauve *m*.
Lilie ['li:liə] *f* lis *m*.
Liliputaner(in) [lilipu'ta:nər(ɪn)] (–s, –) *m(f)* nain(e) *m/f*.
Limit ['lɪmɪt] (–s, –s *od* –e) *nt* limite *f*; (*FINANZ*) plafond *m*.
Limo ['lɪmo] *f* = **Limonade**.

Limonade [limo'na:də] *f* limonade *f*.
Limone [li'mo:nə] *f* (*Frucht*) lime *f*, citron *m* vert.
lind [lɪnt] *adj* (*Luft, Wind*) doux(douce).
Linde ['lɪndə] *f* tilleul *m*.
lindern ['lɪndərn] *vt* soulager.
Linderung *f* soulagement *m*.
Lineal [line'a:l] (–s, –e) *nt* règle *f*.
linear [line'a:r] *adj* linéaire.
Linguist(in) [lɪŋgu'ɪst(ɪn)] *m(f)* linguiste *m/f*.
Linguistik *f* linguistique *f*.
Linie ['li:niə] *f* ligne *f*; **eine** ~ **bilden** s'aligner; **in einer** ~ **stehen** être alignés(-ées); **in erster** ~ en premier lieu; **auf der ganzen** ~ sur toute la ligne; **auf die** *od* **seine** *etc* ~ **achten** (*hum*; *umg*) surveiller sa ligne; **fahren Sie mit der** ~ **2** prenez la ligne 2 *od* le 2.
Linien-: ~**blatt** *nt* transparent *m*; ~**bus** *m* bus *m* régulier; ~**flug** *m* vol *m* de ligne; ~**richter** *m* (*TENNIS*) juge *m* de ligne; (*FUSSBALL etc*) juge de touche; **l~treu** (*pej*) *adj* qui suit la ligne du parti.
linieren [li'ni:rən] *vt* régler; **liniertes Papier** papier *m* réglé.
Linke ['lɪŋkə] *f* (*Hand*) main *f* gauche; (*POL*) gauche *f*.
linke(r, s) *adj* gauche; (*POL*) de gauche; **die** ~ **Seite** l'envers *m*; ~ **Masche** maille *f* à l'envers; **ein L~r** (*POL*) un gauchiste; ~**r Hand** à gauche; **das mache ich mit der** ~**n Hand** (*umg*) pas besoin d'être futé pour le faire.
linkisch *adj* gauche.
links *adv* à gauche; (*verkehrt herum*) à l'envers; (*mit der linken Hand*) de la main gauche ♦ *präp* +*Gen* sur la gauche de; **(mit)** ~ **schreiben** écrire de la main gauche; ~ **von mir** à ma gauche; ~ **vom Eingang** à gauche de l'entrée; **mit** ~ (*umg*) facilement; **L~abbieger** *m* véhicule *m* tournant à gauche; **L~außen** (–s, –) *m* (*SPORT*) ailier *m* gauche; **L~händer(in)** (–s, –) *m(f)* gaucher(-ère) *m/f*; **L~kurve** *f* virage *m* à gauche; ~**lastig** *adj* qui penche à gauche; ~**liberal** *adj* libéral(e) de gauche; ~**radikal** *adj* d'extrême gauche; **L~ruck** *m* (*POL*) tournant *m* à gauche; **L~rutsch** *m* = **L~ruck**; **L~steuerung** *f* conduite *f* à gauche; **L~verkehr** *m* circulation *f* à gauche.
Linoleum [li'no:leum] (–s) *nt* linoléum *m*.
Linse ['lɪnzə] *f* lentille *f*; (*Kontakt~*) lentille (de contact).
linsen (*umg*) *vi* guigner.
Lippe ['lɪpə] *f* lèvre *f*; **etw auf den** ~**n haben** avoir qch sur le bord des lèvres; **das bringe ich nicht über die** ~**n** je n'arrive pas à le dire.
Lippenbekenntnis *nt* engagement *m* purement verbal; ~**se reichen hier nicht aus!** il nous faut plus que des paroles!
Lippenstift *m* rouge *m* à lèvres.
liquid(e) *adj* (*Firma*) solvable; (*Gelder*) liquide.
Liquidation [likvidatsi'o:n] *f* (*einer Firma*) liquidation *f*.
Liquidationswert [likvidatsi'o:nsve:rt] *m* bilan *m* de liquidation.

Liquidator [likvi'da:tɔr] *m* liquidateur *m*.
liquidieren [likvi'di:rən] *vt* liquider; (*Rechnung ausstellen*) facturer.
Liquidität [likvidi'tɛ:t] *f* liquidité *f*.
lispeln ['lɪspəln] *vi* zézayer.
Lissabon ['lɪsabɔn] (**–s**) *nt* Lisbonne.
List [lɪst] (**–**, **–en**) *f* ruse *f*; **mit ~ und Tücke** (*umg*) par des moyens détournés.
Liste ['lɪstə] *f* liste *f*.
listen *vt* (*auflisten*) faire une liste de, répertorier.
Listen-: ~**platz** *m* place *f* sur la liste du parti; ~**preis** *m* prix *m* de catalogue; ~**wahl** *f* scrutin *m* de liste.
listig *adj* rusé(e).
Litanei [lita'naɪ] *f* litanie *f*.
Litauen ['li:tauən] (**–s**) *nt* la Lituanie.
Litauer(in) (**–s**, **–**) *m(f)* Lituanien(ne) *m/f*.
litauisch *adj* lituanien(ne).
Liter ['li:tər] (**–s**, **–**) *m od nt* litre *m*.
literarisch [lɪte'ra:rɪʃ] *adj* littéraire.
Literatur [lɪtera'tu:r] *f* littérature *f*; ~**preis** *m* prix *m* littéraire; ~**wissenschaft** *f* lettres *fpl*.
literweise ['li:tərvaɪzə] *adv* au litre; **etw ~ trinken** boire des litres de qch.
Litfaßsäule ['lɪtfaszɔylə] *f* colonne *f* Morris.
Lithographie [litogra'fi:] *f* lithographie *f*.
litt *etc* [lɪt] *vb siehe* **leiden**.
Liturgie [litur'gi:] *f* liturgie *f*.
liturgisch [li'turgɪʃ] *adj* liturgique.
Litze ['lɪtsə] *f* cordon *m*; (*ELEK*) fil *m*.
live [laɪf] *adj, adv* (*RUNDF, TV*) en direct.
Livree [li'vre:] *f* livrée *f*.
livriert [li'vri:rt] *adj* en livrée.
Lizenz [li'tsɛnts] *f* licence *f*; **etw in ~ herstellen** fabriquer qch sous licence; ~**ausgabe** *f* édition *f* autorisée.
Lkw, LKW (**–(s)**, **–(s)**) *m abk* = **Lastkraftwagen**.
I.M. *abk* (= *laufenden Monats*) courant.
Lob [lo:p] (**–(e)s**) *nt* éloge *m*.
Lobby ['lɔbi] (**–s**, **–s** *od* **Lobbies**) *f* (*Hotelhalle*) hall *m*; (*Interessengruppe*) lobby *m*, groupe *m* de pression.
loben ['lo:bən] *vt* faire l'éloge de, louer; **das lob ich mir** ça me plaît.
lobenswert *adj* digne d'éloge, louable.
lobenswerterweise *adv* d'une manière tout à fait louable.
löblich ['lø:plɪç] *adj* (*oft ironisch*) louable.
Loblied *nt:* **ein ~ auf jdn/etw singen** chanter les louanges de qn/qch.
Loch [lɔx] (**–(e)s**, **=er**) *nt* trou *m*; (*im Zahn*) carie *f*; (*umg: Wohnung*) taudis *m*; (*umg: Gefängnis*) taule *f*; **ein ~** *od* **Löcher in die Luft gucken** rêvasser; **aus dem letzten ~ pfeifen** être à bout (de forces).
lochen *vt* (*Papier*) perforer; (*Fahrkarte*) poinçonner.
Locher (**–s**, **–**) *m* perforatrice *f*.
löcherig ['lœçərɪç] *adj* troué(e).
löchern (*umg*) *vt* harceler.
Loch-: ~**karte** *f* carte *f* perforée; ~**streifen** *m* bande *f* perforée; ~**zange** *f* poinçonneuse *f*.

Locke ['lɔkə] *f* boucle *f*.
locken[1] *vt* (*herbei~*) attirer; (*reizen*) tenter.
locken[2] *vt* (*Haare*) boucler.
lockend *adj* attrayant(e), séduisant(e).
Lockenstab *m* fer *m* à friser.
Lockenwickler *m* bigoudi *m*.
locker ['lɔkər] *adj* (*Schraube*) desserré(e); (*Zahn*) qui branle; (*Stein*) branlant(e); (*Boden, Erde*) meuble; (*Kuchen, Schaum*) léger(-gère); (*Band etc*) lâche; (*nicht streng*) relâché(e); (*umg*) cool *inv* ♦ *adv* lâchement; ~**lassen** *unreg vi:* **nicht ~lassen** ne pas céder (d'un pouce); ~**machen** (*umg*) *vt* (*Geld*) lâcher.
lockern *vt* (*Griff, Schraube, Seil*) desserrer; (*Muskeln*) relâcher; (*Arme*) détendre; (*Vorschriften etc*) assouplir ♦ *vr* (*Schraube*) se desserrer; (*Zahn*) se déchausser, branler; (*Atmosphäre*) se détendre; (*Sitten*) se relâcher; (*fig: Beziehungen*) devenir moins tendu(e).
Lockerungsübung *f* exercices *mpl* d'assouplissement.
lockig ['lɔkɪç] *adj* bouclé(e).
Lockmittel *nt* appât *m*.
Lockruf *m* cri *m*.
Lockung *f* attrait *m*.
Lockvogel (*pej*) *m* (*fig*) leurre *m*; ~**angebot** *nt* offre *f* alléchante.
Loden ['lo:dən] (**–s**, **–**) *m* loden *m*; ~**mantel** *m* loden *m*.
lodern ['lo:dərn] *vi* flamber.
Löffel ['lœfəl] (**–s**, **–**) *m* cuillère *f*, cuiller *f*; (*als Maßangabe*) cuillerée *f*.
löffeln *vt* (*essen*) manger à la cuillère; **Suppe auf einen Teller ~** mettre de la soupe dans une assiette avec une louche.
löffelweise *adv* par cuillerées.
log *etc* [lo:k] *vb siehe* **lügen**.
Logarithmentafel [loga'rɪtmənta:fəl] *f* table *f* de logarithmes.
Logarithmus [loga'rɪtmʊs] *m* logarithme *m*.
Loge ['lo:ʒə] *f* loge *f*.
Loggia ['lɔdʒa] (**–**, **–ien**) *f* (*Balkon*) loggia *f*.
Logierbesuch *m* hôte *m*.
logieren [lo'ʒi:rən] *vi* loger.
Logik ['lo:gɪk] (**–**) *f* logique *f*.
Logis [lo'ʒi:] (**–**, **–**) *nt:* **Kost und ~** chambre *f* avec pension.
logisch ['lo:gɪʃ] *adj* logique; (*umg: selbstverständlich*): (**das ist doch**) ~! ça va de soi.
logo ['logo] (*umg*) *interj* bien sûr.
Logopäde(-in) [logo'pɛ:də] (**–n**, **–n**) *m(f)* orthophoniste *m/f*.
Lohn [lo:n] (**–(e)s**, **=e**) *m* (*Belohnung*) récompense *f*; (*Bezahlung*) salaire *m*; ~**abrechnung** *f* bulletin *m* de paie; ~**arbeit** *f* (*WIRTS*) main-d'œuvre *f*; ~**ausfall** *m* perte *f* de salaire; ~**ausgleich** *m* compensation *f* de salaire; ~**buchhaltung** *f* comptabilité *f* (*des salaires*); ~**büro** *nt* (bureau *m* de la) comptabilité *f* (*des salaires*); ~**empfänger** *m* salarié(e) *m/f*.
lohnen ['lo:nən] *vr* en valoir la peine ♦ *vt* (*rechtfertigen*) mériter; **es lohnt sich nicht, das zu tun** ça ne vaut pas la peine de le faire;

jdm etw ~ (*danken*) récompenser qn de qch.
lohnend *adj* qui en vaut la peine.
Lohn-: ~**erhöhung** *f* augmentation *f* (de salaire); ~**forderung** *f* revendication *f* salariale; ~**fortzahlung** *f* droit au salaire en cas de maladie, accident *etc*; ~**gruppe** *f* catégorie *f* de salaire; ~**konto** *nt* compte *m* salaire; ~**kosten** *pl* charges *fpl* salariales; ~**politik** *f* politique *f* salariale; ~**-Preis-Spirale** *f* spirale *f* prix-salaires; ~**runde** *f* négociations *fpl* salariales; ~**steuerjahresausgleich** *m* demande de remboursement de trop-perçu (au fisc); ~**steuerkarte** *f* carte de contribuable; ~**stopp** *m* blocage *m* des salaires; ~**streifen** *m* fiche *f* de paie; ~**tüte** *f* enveloppe *f* de paie.
Loipe ['lɔypə] *f* piste *f* de ski de fond.
Lok [lɔk] (**–**, **–s**) *f abk* (= *Lokomotive*) loco *f*.
lokal [lo'ka:l] *adj* local(e).
Lokal (**–(e)s**, **–e**) *nt* (*Gaststätte*) café *m*; (*Restaurant*) restaurant *m*.
Lokalblatt (*umg*) *nt* journal *m* local.
lokalisieren [loka:li'zi:rən] *vt* (*geh*) localiser.
Lokalität [lokali'tɛ:t] *f* lieu *m*; (*Raum*) local *m*.
Lokal-: ~**presse** *f* presse *f* locale; ~**teil** *m* chronique *f* locale; ~**termin** *m* descente *f* sur les lieux.
Lokomotive [lokomo'ti:və] *f* locomotive *f*.
Lokomotivführer *m* conducteur *m* de locomotive.
Lombardei [lɔmbar'daɪ] *f* Lombardie *f*.
Lombardkredit ['lɔmbartkredi:t] *m* prêt *m* sur nantissement.
Lombardsatz *m* taux *m* de prêt sur nantissement.
London ['lɔndɔn] (**–s**) *nt* Londres *m*.
Londoner (**–s**, **–**) *m* Londonien *m* ♦ *adj* londonien(ne).
Londonerin *f* Londonienne *f*.
Lorbeer ['lɔrbe:r] (**–s**, **–en**) *m* laurier *m*; **sich auf seinen** ~**en ausruhen** se reposer sur ses lauriers; ~**blatt** *nt* feuille *f* de laurier.
Lore ['lo:rə] *f* (*BERGB*) truc *m*.
Los (**–es**, **–e**) *nt* (*Schicksal*) sort *m*, destin *m*; (*Lotterie*~) billet *m* de loterie; **das große** ~ **ziehen** gagner le gros lot; **den Gewinner durch das** ~ **entscheiden** tirer le gagnant au sort.
los [lo:s] *adj* (*nicht befestigt*) détaché(e) ♦ *adv*: ~! (*vorwärts*) en avant!; (*Beeilung*) allons!; **der Knopf ist** ~ le bouton est parti; **was ist** ~? qu'est-ce qu'il y a?; **was ist (denn) mit ihm** ~? (*fehlt ihm*) qu'est-ce qu'il a?; **irgendwas ist mit ihm** ~ il a quelque chose; **mit ihm ist nichts** ~ (*ihm fehlt nichts*) il n'a rien; (*er taugt nichts*) ce n'est vraiment pas une lumière; **dort ist nichts** ~ c'est un trou!; **dort ist viel** ~ c'est un endroit très animé; **jdn/etw** ~ **sein** être débarrassé(e) de qn/qch; **wir wollen früh** ~ nous voulons partir de bonne heure; **nichts wie** ~! allons-y!
lösbar *adj* soluble.
losbinden *unreg vt* détacher.
losbrechen *unreg vi* (*abbrechen*) se casser; (*einsetzen: Sturm, Gewitter, Beifall*) éclater.

losch *etc* [lɔʃ] *vb siehe* **löschen**.
Löschblatt ['lœʃblat] *nt* buvard *m*.
löschen ['lœʃən] *vt* (*Feuer, Licht*) éteindre; (*Durst*) étancher; (*COMPUT, Tonband*) effacer; (*Kredit*) annuler; (*Fracht*) décharger ♦ *vi* (*Feuerwehr*) éteindre l'incendie.
Lösch-: ~**fahrzeug** *nt* voiture *f* de pompiers; ~**gerät** *nt* extincteur *m*; ~**papier** *nt* papier *m* buvard; ~**taste** *f* touche *f* d'effacement.
Löschung *f* (*von Fracht*) déchargement *m*.
Löschzug *m* voitures *fpl* de pompiers.
lose ['lo:zə] *adj* (*Knopf*) qui se découd; (*Schraube*) desserré(e); (*Blatt*) volant(e); (*nicht verpackt*) en vrac; (*moralisch*) dissolu(e) ♦ *adv* lâchement.
Lösegeld *nt* rançon *f*.
losen ['lo:zən] *vi* tirer au sort.
lösen ['lø:zən] *vt* (*abtrennen*) détacher; (*Rätsel, Problem*) résoudre; (*Handbremse*) desserrer; (*Fahrkarte*) acheter; (*CHEM*) dissoudre; (*Husten, Krampf*) soulager; (*Verlobung*) rompre ♦ *vr* (*aufgehen*) se défaire; (*Schuß*) partir; (*Zucker etc*) se dissoudre; **sich von jdm/etw** ~ se détacher de qn/qch.
los-: ~**fahren** *unreg vi* (*Fahrzeug*) démarrer, partir; ~**gehen** *unreg vi* (*beginnen*) commencer; (*aufbrechen; Bombe, Gewehr*) partir; **jetzt geht's** ~! (*umg*) c'est parti!; **auf jdn** ~**gehen** se jeter sur qn; ~**kaufen** *vt* payer une rançon pour; ~**kommen** *unreg vi* (*fortkommen*) (pouvoir) s'en aller; (*sich befreien*) se libérer; **von jdm** ~**kommen** arriver à se détacher de qn; ~**lassen** *unreg vt* lâcher; **der Gedanke läßt mich nicht mehr** ~ cette idée ne me quitte plus; ~**laufen** *unreg vi* partir en courant; ~**legen** (*umg*) *vi*: **nun leg mal** ~ **und erzähl(e)** ... vas-y, raconte ... .
löslich ['lø:slɪç] *adj* soluble; **L**~**keit** *f* solubilité *f*.
loslösen *vt* détacher ♦ *vr* se détacher.
losmachen *vt* détacher; (*Boot*) démarrer ♦ *vr* se détacher.
Losnummer *f* numéro *m* du billet (de loterie).
los-: ~**sagen** *vr*: **sich von jdm/etw** ~**sagen** rompre avec qn/qch; ~**schießen** *unreg vi* (*plötzlich in Bewegung kommen*) foncer; (*umg: sprechen*) se mettre à parler; **schieß** ~! (*umg*) raconte!; ~**schrauben** *vt* dévisser; ~**sprechen** *unreg vt* (*REL*) absoudre; ~**stürzen** *vi*: **auf jdn/etw** ~**stürzen** se précipiter sur qn/qch.
Losung ['lo:zʊŋ] *f* (*Wahlspruch*) slogan *m*; (*Kennwort*) mot *m* de passe.
Lösung ['lø:zʊŋ] *f* (*CHEM; von Problem etc*) solution *f*; (*von Verlobung*) rupture *f*.
Lösungsmittel *nt* solvant *m*.
loswerden *unreg* (*umg*) *vt* se débarrasser de; (*verkaufen*) écouler.
losziehen *unreg* (*umg*) *vi* (*sich aufmachen*) partir; **gegen jdn** ~ tempêter contre qn.
Lot [lo:t] (**–(e)s**, **–e**) *nt* (*Senkblei*) fil *m* à plomb; (*Senkrechte*) verticale *f*; (*MATH*) perpendiculaire *f*; (**nicht**) **im** ~ **sein** (ne pas) être

d'aplomb; (*Sachen*) (ne pas) être en ordre.
loten *vt* vérifier l'alignement de ♦ *vi* mesurer la profondeur, sonder.
löten ['løːtən] *vt* souder.
Lothringen ['loːtrɪŋən] (**–s**) *nt* la Lorraine.
Lötkolben *m* fer *m* à souder.
lotrecht *adj* vertical(e).
Lotse ['loːtsə] (**–n, –n**) *m* (*NAUT*) pilote *m*; (*FLUG*) aiguilleur *m* du ciel.
lotsen *vt* (*NAUT*) piloter; (*FLUG*) diriger; (*umg*): **jdn ins Kino/in die Stadt** ~ traîner qn au cinéma/en ville.
Lotterie [lɔtə'riː] *f* loterie *f*.
Lotterleben ['lɔtərleːbən] (*umg*: *pej*) *nt* vie *f* dissolue.
Lotto ['lɔto] (**–s, –s**) *nt* (*Lotterie*) loterie *f*; (*Kinderspiel*) loto *m*; **im** ~ **gewinnen** gagner au loto; ~**schein** *m* billet *m* de loterie; ~**zahlen** *pl* numéros *mpl* gagnants (*à la loterie*).
Löwe ['løːvə] (**–n, –n**) *m* lion *m*; (*ASTROL*) Lion *m*; ~ **sein** être (du) Lion.
Löwen-: ~**anteil** *m* part *f* du lion; ~**mäulchen** *nt* gueule-de-loup *f*; ~**zahn** *m* pissenlit *m*.
Löwin ['løːvɪn] *f* lionne *f*.
loyal [loa'jaːl] *adj* loyal(e).
Loyalität [loajali'tɛːt] *f* loyauté *f*.
LP (**–, –s**) *f abk* (= *Langspielplatte*) 33-tours *m*.
LSD *nt abk* (= *Lysergsäurediäthylamid*) LSD *m*.
lt. *abk* (= *laut*) selon.
Luchs [lʊks] (**–es, –e**) *m* lynx *m*; **wie ein** ~ **aufpassen** n'avoir pas les yeux dans sa poche.
Lücke ['lʏkə] *f* (*in Zaun*) brèche *f*; (*in Wissen, Gesetz*) lacune *f*.
Lücken-: ~**büßer** (**–s, –**) *m* bouche-trou *m*; **l~haft** *adj* (*Wissen, Beweise*) incomplet(-ète); (*Versorgung*) intermittent(e); **l~los** *adj* complet(-ète); ~**test** *m* test *m* de complètement.
lud *etc* [luːt] *vb siehe* **laden**.
Luder ['luːdər] (**–s, –**; *umg*) *nt* (*pej*: *Frau*) garce *f*; **ein armes** ~ une misérable créature.
Luft [lʊft] (**–, -̈e**) *f* air *m*; (*Atem*) souffle *m*; (*Platz, Spielraum*) espace *m*; **an die** ~ **gehen** sortir prendre l'air; **(frische)** ~ **schnappen** (*umg*) prendre l'air; **die** ~ **anhalten** retenir son souffle; **seinem Herz** ~ **machen** s'épancher; **in die** ~ **fliegen** exploser; **schnell** *od* **leicht in die** ~ **gehen** (*umg*) s'emporter facilement; **die** ~ **ist rein** (*umg*) le champ est libre; **jdn an die (frische)** ~ **setzen** (*umg*) mettre qn à la porte; **er ist** ~ **für mich** pour moi, il n'existe plus; **jdn wie** ~ **behandeln** ignorer qn; **in der** ~ **hängen** *od* **schweben** être incertain(e); **hier ist dicke** ~ (*umg: fig*) il y a de l'orage dans l'air; **die Behauptung ist aus der** ~ **gegriffen** c'est inventé de toutes pièces; ~**angriff** *m* (*MIL*) attaque *f* aérienne; ~**aufnahme** *f* photographie *f* aérienne; ~**ballon** *m* ballon *m*; ~**blase** *f* bulle *f* d'air; ~**-Boden-Rakete** *f* fusée *f* air-sol; ~**brücke** *f* pont *m* aérien; **l~dicht** *adj* hermétique; ~**druck** *m* pression *f* atmosphérique; **l~durchlässig** *adj* perméable à l'air; (*Kontaktlinsen*) perméable à l'oxygène, semi-souple.

lüften ['lʏftən] *vt* aérer; (*Geheimnis*) révéler ♦ *vi* aérer; **seinen Hut** ~ se découvrir.
Luft-: ~**fahrt** *f* aviation *f*; ~**feuchtigkeit** *f* humidité *f* de l'air; ~**fracht** *f* fret *m* aérien; **l~gekühlt** *adj* à refroidissement par air; ~**gewehr** *nt* fusil *m* à air comprimé.
luftig *adj* (*Zimmer*) (bien) aéré(e); (*Kleider*) léger(-ère); **in** ~**er Höhe** à une hauteur vertigineuse.
Luft-: ~**kissenfahrzeug** *nt* aéroglisseur *m*; ~**krieg** *m* guerre *f* aérienne; ~**kurort** *m* station *f* climatique; **l~leer** *adj*: **l~leerer Raum** vide *m*; ~**linie** *f*: **100 km** ~**linie** 100 km à vol d'oiseau; ~**loch** *nt* trou *m* d'air; ~**matratze** *f* matelas *m* pneumatique; ~**pirat** *m* pirate *m* de l'air; ~**post** *f* poste *f* aérienne; **mit** ~**post** par avion; ~**postpapier** *nt* papier *m* pelure; ~**pumpe** *f* (*für Fahrrad*) pompe *f*; ~**raum** *m* espace *m* aérien; ~**röhre** *f* trachée *f*; ~**schlange** *f* serpentin *m*; ~**schloß** *nt* château *m* en Espagne; ~**schutz** *m* défense *f* antiaérienne; ~**schutzbunker** *m* abri *m* antiaérien; ~**schutzkeller** *m* abri *m* antiaérien; ~**sprung** *m* galipette *f*; **einen** ~**sprung machen** sauter de joie; ~**stützpunkt** *m* base *f* aérienne; ~**tanken** *nt* ravitaillement *m* en vol.
Lüftung ['lʏftʊŋ] *f* aération *f*.
Luft-: ~**veränderung** *f* changement *m* d'air; ~**verkehr** *m* trafic *m* aérien; ~**verschmutzung** *f* pollution *f* atmosphérique; ~**waffe** *f* armée *f* de l'air; ~**weg** *m*: **den** ~**weg** **befördern** transporter qch par avion; ~**zufuhr** *f* arrivée *f* d'air; ~**zug** *m* courant *m* d'air.
Lug [luːk] *m*: ~ **und Trug** des mensonges *mpl*.
Lüge ['lyːɡə] *f* mensonge *m*; **jdn** ~**n strafen** accuser qn de mentir; **eine Behauptung** ~**n strafen** démentir une affirmation.
lügen ['lyːɡən] *unreg vi* mentir; ~ **wie gedruckt** (*umg*) mentir comme on respire.
Lügner(in) (**–s, –**) *m(f)* menteur(-euse) *m/f*.
Luke ['luːkə] *f* (*Dach~*) lucarne *f*; (*NAUT*) écoutille *f*.
lukrativ [lukra'tiːf] *adj* lucratif(-ive).
Lümmel ['lʏməl] (**–s, –**; *pej*) *m* vaurien *m*.
lümmeln (*pej*) *vr* se vautrer.
Lump [lʊmp] (**–en, –en**) *m* gredin *m*.
lumpen ['lʊmpən] *vt*: **sich nicht** ~ **lassen** (*umg*) faire les choses comme il faut.
Lumpen (**–s, –**) *m* chiffon *m*; ~**sammler** *m* chiffonnier *m*.
Lumperei [lʊmpə'raɪ] (*pej*) *f* sale coup *m*.
lumpig ['lʊmpɪç] *adj* (*gemein*) ignoble; (*wenig*) minable; (*zerlumpt*) déguenillé(e); ~**e 10 Mark** seulement 10 marks.
Lüneburger Heide ['lyːnəbʊrɡər 'haɪdə] *f*: **die** ~ ~ les landes *fpl* de Lunebourg.
Lunge ['lʊŋə] *f* poumon *m*; **eiserne** ~ poumon d'acier.
Lungen-: ~**entzündung** *f* pneumonie *f*; **l~krank** *adj* malade des poumons, tuberculeux(-euse) *m/f*; ~**zug** *m*: **einen** ~**zug machen** avaler la fumée.

Lunte ['luntə] *f* mèche *f*; **ich rieche** ~ ça sent le roussi.

Lupe ['lu:pə] *f* loupe *f*; **jdn/etw unter die** ~ **nehmen** examiner qn/qch de très près.

lupenrein *adj* (*Edelstein*) parfait(e).

Lupine [lu'pi:nə] *f* lupin *m*.

Lurch [lurç] (–(e)s, –e) *m* batracien *m*.

Lust [lust] (–, ⁻e) *f* (*Freude, auch sexuell*) plaisir *m*; (*Begierde, auch sexuell*) désir *m*; (*Neigung*) envie *f*; **keine (große)** ~ **haben** ne pas (en) avoir (très) envie; ~ **haben zu** *od* **auf etw** *Akk*/**etw zu tun** avoir envie de qch/de faire qch; **er hat die** ~ **daran verloren** il en a perdu l'envie; **solange du** ~ **hast** tant que tu voudras; **je nach** ~ **und Laune** selon mon *etc* humeur; **l~betont** *adj* sensuel(le).

lüstern ['lystərn] *adj* lascif(-ive), lubrique.

Lustgefühl *nt* plaisir *m*.

Lustgewinn *m* plaisir *m*.

lustig ['lustıç] *adj* (*komisch*) drôle; (*fröhlich*) gai(e); **sich über jdn/etw** ~ **machen** se moquer de qn/qch; **das kann ja** ~ **werden!** (*umg*) ça va être gai!

Lust-: **l~los** *adj* sans enthousiasme; (*FINANZ*) morose; ~**mord** *m* meurtre *m* à mobile sexuel; ~**prinzip** *nt* principe *m* du plaisir; ~**spiel** *nt* comédie *f*; **l~wandeln** *vi* se balader.

luth. *abk* (= *lutherisch*) luthérien(ne).

Lutheraner(in) [lutə'ra:nər(ın)] *m(f)* luthérien(ne) *m/f*.

lutschen ['lutʃən] *vt* sucer ♦ *vi*: **am Daumen** ~ sucer son pouce.

Lutscher (–s, –) *m* sucette *f*.

Luxemburg ['luksəmburk] (–s) *nt* le Luxembourg.

Luxemburger(in) (–s, –) *m(f)* Luxembourgeois(e) *m/f*.

luxemburgisch ['luksəmburgıʃ] *adj* luxembourgeois(e).

luxuriös [luksuri'ø:s] *adj* luxueux(-euse).

Luxus ['luksus] (–) *m* luxe *m*; ~**artikel** *m* article *m* de luxe; ~**ausführung** *f* modèle *m* de luxe; ~**dampfer** *m* paquebot *m* de luxe; ~**hotel** *nt* hôtel *m* de luxe; ~**steuer** *f* taxe *f* de luxe.

LVA (–) *f abk* (= *Landesversicherungsanstalt*) caisse d'assurance et de retraite publique.

LW *abk* (= *Langwelle*) GO *fpl*.

Lymphe ['lymfə] *f* lymphe *f*.

Lymphknoten *m* ganglion *m* (lymphatique).

lynchen ['lynçən] *vt* lyncher.

Lynchjustiz *f* lynchage *m*.

Lyrik ['ly:rık] (–) *f* poésie *f* lyrique; ~**er(in)** (–s, –) *m(f)* poète *m* lyrique.

lyrisch *adj* lyrique.

$$M, m$$

M, m [ɛm] *nt* M, m *m*; ~ **wie Martha** ≈ M comme Marcel.

m *abk* (= *Meter*) m; (= *männlich*) masc.

M. *abk* = **Monat**.

MA. *abk* = **Mittelalter**.

Maas [ma:s] (–) *f* Meuse *f*.

Maat [ma:t] (–(e)s, –e *od* –en) *m* (*NAUT*) quartier-maître *m*.

Machart *f* façon *f*.

machbar *adj* faisable, réalisable.

Mache (–; *pej: umg*) *f* (*Vortäuschung*) frime *f*; **jdn in der** ~ **haben** malmener qn; **etw in der** ~ **haben** travailler à qch.

══════════════ *SCHLÜSSELWORT*

machen ['maxən] *vt* **1** (*tun*) faire; **was machen Sie (beruflich)?** qu'est-ce que vous faites dans la vie?; **was macht die Arbeit?** comment va le travail?, et le travail, ça marche?; **das laß' ich nicht mit mir machen!** ça, je ne le tolérerai pas!; **mit mir könnt ihr's ja machen!** (*umg*) c'est ça, ne vous gênez pas!; **Schluß machen** arrêter

2 (*herstellen, anfertigen, richten*) faire; **Essen machen** faire *od* préparer à manger; **sein Bett machen** faire son lit; **ein Foto machen** faire *od* prendre une photo; **aus Holz gemacht** en bois; **etw machen lassen** (*herstellen lassen*) faire faire qch; (*reparieren lassen*) faire réparer qch

3 (*ablegen*: *Examen, Abitur*) passer

4 (*teilnehmen*): **einen Kurs machen** suivre un cours; **eine Reise machen** faire un voyage

5 (*verursachen, bereiten*): **jdm Angst/Freude machen** faire peur/plaisir à qn; **jdm Kopfschmerzen machen** donner des maux de tête à qn; **das macht die Kälte** c'est dû au froid; **jdn lachen machen** faire rire qn

6 (*ausmachen, schaden*) faire; **macht nichts!** ça ne fait rien!; **die Kälte/der Rauch macht mir nichts** le froid/la fumée ne me dérange pas

7 (*mit Präpositionen*): **jdm zum Sklaven/zu seiner Frau machen** faire de qn un esclave/sa femme; **aus jdm etw machen** faire qch de qn

8 (*MATH*): **wieviel macht das?** ça fait combien?; **3 und 5 macht 8** 3 plus 5 égalent 8; **das macht 12.80 DM** ça fait 12 marks 80

9 (*umg*: *Kindersprache*): **groß/klein machen** faire la grosse/petite commission; **Pipi/Aa machen** faire pipi/caca

♦ *vi*: **mach schnell!** dépêche-toi!; **mach schon** *od* **schneller!** (*umg*) plus vite que ça!; **mach, daß du wegkommst!** ouste, va-t-en!; **mach's**

gut! bonne chance!; **das macht müde** ça fatigue; **das macht hungrig/durstig** ça donne faim/soif; **das macht dick** ça fait grossir; **er macht in Politik** (*umg*) il fait de la politique; **er macht in Malerei** il barbouille (des toiles); **jetzt macht sie auf große Dame** (*umg*) maintenant, elle joue les grandes dames; **laß mich mal machen** (*umg*) laisse-moi faire; **(sich** *Dat*) **in die Hosen machen** (*umg*) faire dans sa culotte

♦ *vr*: **sich an etw** *Akk* **machen** (*beginnen*) se mettre à qch; **sich** *Dat* **viel aus jdm/etw machen** tenir (beaucoup) à qn/qch; **mach dir nichts daraus** ne t'en fais pas; **sich auf den Weg machen** se mettre en route; **das macht sich gut** c'est bien; **sich wichtig machen** faire l'important(e).

Machenschaften (*pej*) *pl* intrigues *fpl*, machinations *fpl*.
Macher (**–s**, **–**; *umg*) *m* battant *m*.
macho ['matʃo] (*umg*) *adj* macho.
Macht [maxt] (**–**, **–̈e**) *f* (*Kraft, Stärke*) force *f*; (*Staat*) puissance *f*; (*kein pl*: *Einfluß*) pouvoir *m*; **mit aller ~** de tous mes *etc* forces; **an der ~ sein** être au pouvoir; **die ~ der Gewohnheit** la force de l'habitude; **alles in unserer ~ Stehende** tout ce qui est en notre pouvoir; **~apparat** *m* (*POL*) appareil *m* du pouvoir; **~befugnis** *f* pouvoir *m*; **~ergreifung** *f* prise *f* de pouvoir; **~haber** (**–s**, **–**) *m* dirigeant *m*.
mächtig ['mɛçtɪç] *adj* puissant(e); (*beeindruckt: Wirkung*) considérable; (*Baum: umg: ungeheuer*) énorme ♦ *adv* (*umg*) terriblement; **einer Sache** *Gen* **~ sein** maîtriser qch; **M~keit** *f* puissance *f*.
Macht-: **m~los** *adj* (*Mensch, Staat*) impuissant(e); (*hilflos*) désarmé(e); **~probe** *f* épreuve *f* de force; **m~voll** *adj* puissant(e); **~wort** *nt*: **ein ~wort sprechen** faire acte d'autorité.
Machwerk (*pej*) *nt* travail *m* bâclé.
Macke ['makə] *f* (*umg*: *Fehler, Schadstelle*) défaut *m*; **eine ~ haben** avoir un grain.
Macker (**–s**, **–**; *umg*) *m* mec *m*.
MAD (**–**) *m* *abk* (= *Militärischer Abschirmdienst*) service *m* de contre-espionnage.
Madagaskar [mada'gaskar] (**–s**) *nt* Madagascar *m od f*.
Mädchen ['mɛːtçən] *nt* jeune fille *f*; (*Kind*) petite fille *f*; (*Zimmer~, Haus~*) femme *f* de chambre; **~ für alles** (*umg*) bonne *f* à tout faire; **m~haft** *adj* (*Benehmen, Kleid*) de petite fille; **~name** *m* nom *m* de jeune fille.
Made ['maːdə] *f* (*ZOOL*) asticot *m*.
Madeira [ma'deːra] (**–s**, **–s**) *m* Madère *f*; (*Wein*) madère *m*.
Mädel ['mɛːdl] (**–s**, **–(s)**) *nt* (*Dialekt*) jeune fille *f*; (: *Kind*) petite fille *f*.
madig ['maːdɪç] *adj* (*Obst*) véreux(-euse); **jdm etw ~ machen** (*umg*) gâcher qch à qn.
Madonna [ma'dɔna] (**–**, **Madonnen**) *f* Vierge *f*, madone *f*.
Madrid [ma'drɪt] (**–s**) *nt* Madrid.

mag [maːk] *vb siehe* **mögen**.
Mag. *abk* = **Magister**.
Magazin [maga'tsiːn] (**–s**, **–e**) *nt* magazine *m*; (*an Gewehr, Lager*) magasin *m*; (*Bibliotheks~*) réserve *f*.
Magd [maːkt] (**–**, **–̈e**) *f* servante *f*.
Magen ['maːgən] (**–s**, **– od –̈**) *m* estomac *m*; **jdm auf den ~ schlagen** (*umg*) donner une indigestion à qn; (*fig*) rester sur l'estomac de qn; **sich** *Dat* **den ~ verderben** attraper une indigestion; **~bitter** *m* bitter *m*; **~geschwür** *nt* ulcère *m* de *od* à l'estomac; **~knurren** *nt* gargouillements *mpl* (dans l'estomac), borborygmes *mpl*; **~schmerzen** *pl* maux *mpl* d'estomac; **~verstimmung** *f* embarras *m* gastrique.
mager ['maːgər] *adj* maigre; **M~keit** *f* maigreur *f*; **M~milch** *f* lait *m* écrémé; **M~stufe** *f* (*KOCH*) faible teneur *f* en matières grasses; **M~sucht** *f* (*MED*) anorexie *f*.
Magie [ma'giː] *f* magie *f*.
Magier ['maːgiər] (**–s**, **–**) *m* magicien *m*.
magisch ['maːgɪʃ] *adj* magique.
Magister [ma'gɪstər] (**–s**, **–**) *m* (*UNIV*: *Titel*) maîtrise *f*.
Magistrat [magɪs'traːt] (**–(e)s**, **–e**) *m* (*Stadtverwaltung*) municipalité *f*.
Magnat [ma'gnaːt] (**–en**, **–en**) *m* magnat *m*.
Magnet [ma'gneːt] (**–s** *od* **–e**, **–en**) *m* aimant *m*; **~band** *nt* (*COMPUT*) bande *f* magnétique; **m~isch** *adj* magnétique.
magnetisieren [magneti'ziːrən] *vt* (*PHYS*) aimanter.
Magnet-: **~kompaß** *m* boussole *f*; **~nadel** *f* aiguille *f* aimantée; **~tafel** *f* tableau *m* magnétique.
magst [maːkst] *vb siehe* **mögen**.
Mahagoni [maha'goːni] (**–s**) *nt* acajou *m*.
Mähdrescher (**–s**, **–**) *m* moissonneuse-batteuse *f*.
mähen ['mɛːən] *vt* (*Rasen*) tondre; (*Gras*) faucher ♦ *vi* faucher.
Mahl [maːl] (**–(e)s**, **–e** *od* **–̈er**) *nt* repas *m*.
mahlen *vt* moudre.
Mahlzeit *f* repas *m* ♦ *interj* bon appétit.
Mahnbrief *m* rappel *m*.
Mähne ['mɛːnə] *f* (*von Tier*) crinière *f*; (*hum*: *von Mensch*) tignasse *f*.
mahnen ['maːnən] *vt* (*warnend*) avertir; (*wegen Schuld*) mettre en demeure; **jdn an etw** *Akk* *od* **wegen etw ~** (*erinnern*) rappeler qch à qn; **jdn zur Eile/Vorsicht ~** exhorter qn à se dépêcher/à la prudence.
Mahn-: **~gebühr** *f* frais *mpl* de sommation; **~mal** *nt* mémorial *m*; **~schreiben** *nt* rappel *m*, sommation *f*.
Mahnung *f* avertissement *m*; (*mahnende Worte*) exhortation *f*.
Mähren (**–s**) *nt* la Moravie.
Mai [maɪ] (**–(e)s**, **–e**) *m* mai *m*; *siehe auch* **September**; **~baum** *m* mât *m* enrubanné; **~bowle** *m* (*KOCH*) punch *m* à l'aspérule; **~glöckchen** *nt* muguet *m*; **~käfer** *m* hanneton *m*.

Mailand ['maɪlant] (**–s**) *nt* Milan.
Main [maɪn] (**–(e)s**) *m* Main *m*.
Mainz [maɪnts] *nt* Mayence.
Mais [maɪs] (**–es, –e**) *m* maïs *m*; **~kolben** *m* épi *m* de maïs.
Maismehl *nt* farine *f* de maïs.
Majestät [majɛs'tɛːt] *f* (*kein pl*: *Erhabenheit*) majesté *f*; (*Titel*) Majesté *f*.
majestätisch *adj* majestueux(-euse).
Majestätsbeleidigung *f* crime *m* de lèsemajesté.
Major [ma'joːr] (**–s, –e**) *m* (*MIL*) commandant *m*.
Majoran [majo'raːn] (**–s, –e**) *m* marjolaine *f*.
makaber [ma'kaːbər] *adj* macabre.
Makedonien *nt* = **Mazedonien**.
Makel ['maːkəl] (**–s, –**) *m* défaut *m*; (*moralisch*) tare *f*; **ohne ~** irréprochable.
mäkelig (*pej*) *adj* difficile.
makellos *adj* (*Stoff*) sans défaut; (*Sauberkeit*) immaculé(e); (*Vergangenheit*) irréprochable.
mäkeln ['mɛːkəln] (*pej*) *vi* ronchonner; **an jdm/etw ~** trouver à redire à qn/qch.
Make-up [meːk'|ap] (**–s, –s**) *nt* maquillage *m*; (*flüssig*) fond *m* de teint.
Makkaroni [maka'roːni] *pl* macaronis *mpl*.
Makler(in) ['maːklər(ɪn)] (**–s, –**) *m(f)* (*FINANZ*) courtier(-ière) *m*; (*Grundstücks~*) agent *m* immobilier; **~gebühr** *f* courtage *m*.
Makrele [ma'kreːlə] *f* maquereau *m*.
Makro- *in zW* macro-.
Makrone [ma'kroːnə] *f* macaron *m*.
Mal (**–(e)s, –e**) *nt* (*Zeitpunkt, Anlaß*) fois *f*; (*Zeichen*) marque *f*; (*SPORT*: *Markierung*) (ligne *f* de) touche *f*; **ein für alle ~** une fois pour toutes; **von ~ zu ~** d'une fois à l'autre; **mit einem ~(e)** tout d'un coup.
mal [maːl] *adv* (*MATH*) fois; (*umg*) *siehe* **einmal**.
-mal *suff* fois; **zwei/drei~** deux/trois fois.
Malaie(-aiin) [ma'laɪə] (**–n, –n**) *m(f)* Malais(e) *m/f*.
malaiisch *adj* malais(e).
Malaria [ma'laːria] (**–**) *f* malaria *f*, paludisme *m*.
Malawi [ma'laːvi] (**–s**) *nt* le Malawi.
Malaysia [ma'laɪzia] (**–s**) *nt* la Malaysia.
Malaysier(in) (**–s, –**) *m(f)* Malaysien(ne).
malaysisch *adj* malaysien(ne).
Malbuch *nt* album *m* à colorier.
Malediven *pl*: **die ~** les Maldives *fpl*.
malen *vt* (*mit Farbe, Öl*) peindre; (*zeichnen*) dessiner; (*langsam schreiben*) tracer; (*anstreichen*) peindre ♦ *vi* peindre.
Maler(in) (**–s, –**) *m(f)* peintre *m*; (*Anstreicher*) peintre (en bâtiment).
Malerei [maːlə'raɪ] *f* peinture *f*.
malerisch *adj* (*Talent*) de peintre *inv*; (*Szene, Lage*) pittoresque.
Malkasten *m* boîte *f* de couleurs.
Mallorca [ma'lɔrka] (**–s**) *nt* Majorque *f*.
malnehmen *unreg vt, vi* multiplier.
Malta ['malta] (**–s**) *nt* Malte *f*.
Malteser(in) [mal'teːzər(ɪn)] (**–s, –**) *m(f)* Maltais(e) *m(f)*.

Malteser-Hilfsdienst *m* association *bénévole de secouristes*.
maltesisch *adj* maltais(e).
malträtieren [maltrɛ'tiːrən] *vt* maltraiter.
Malve ['malvə] *f* (*BOT*) rose *f* trémière.
Malz [malts] (**–es**) *nt* malt *m*; **~bier** *nt* bière *f* fortement maltée; **~bonbon** *nt* pastille *f* à l'extrait de malt; **~kaffee** *m* (*KOCH*) succédané de café à base de malt grillé.
Mama ['mamaː] (**–, –s**), **Mami** ['mami] (**–, –s**; *umg*) *f* maman *f*.
Mammographie [mamɔgra'fiː] *f* (*MED*) mammographie *f*.
Mammon ['mamɔn] (**–s**; *pej*) *m* (*hum*) pactole *m*.
Mammut ['mamʊt] (**–s, –e** *od* **–s**) *nt* mammouth *m* ♦ *in zW* gigantesque.
mampfen ['mampfən] (*umg*) *vt, vi* bâfrer.
man [man] *pron* on; **~ hat mir gesagt** on m'a dit; **~ vermutet, daß** on suppose que; **diese Farbe trägt ~ nicht mehr** cette couleur ne se porte plus; **wie schreibt ~ das?** comment ça s'écrit?; **das tut ~ nicht!** ça ne se fait pas!; **~ nehme ... prendre ... .**
Management ['mɛnɪdʒmənt] (**–s, –s**) *nt* (*Tätigkeit*) management *m*; (*Führungskräfte*) cadres *mpl* supérieurs.
managen ['mɛnɪdʒən] *vt* gérer; (*Sportler*) être le manager de; (*Künstler*) être l'imprésario de; **das werden wir schon ~!** on se débrouillera!
Manager(in) ['mɛnɪdʒər(ɪn)] *m(f)* chef *m*.
manch [manç] *pron unver*: **~ ein(e) ...** plus d'un(e) ...; **~e(r, s)** ['mançə(r, s)] *pron* plus d'un(e); **~e (Leute)** certains; **an ~en Stellen** à certains endroits; **so ~es Mal** (*öfters*) plus d'une fois.
mancherlei [mançər'laɪ] *pron unver* (*adjektivisch*) toutes sortes de; (*substantivisch*) toutes sortes de choses.
manchmal *adv* parfois.
Mandant(in) [man'dant(ɪn)] *m(f)* (*JUR*) mandant(e).
Mandarine [manda'riːnə] *f* mandarine *f*.
Mandat [man'daːt] (**–(e)s, –e**) *nt* mandat *m*; **sein ~ niederlegen** démissionner.
Mandel ['mandəl] (**–, –n**) *f* amande *f*; (*ANAT*) amygdale *f*; **gebrannte ~n** amandes grillées; **~entzündung** *f* amygdalite *f*, angine *f*.
Mandoline [mando'liːnə] *f* mandoline *f*.
Mandschurei [mandʒu'raɪ] (**–s**) *f*: **die ~** la Mandchourie.
Manege [ma'nɛːʒə] *f* (*im Zirkus*) piste *f*; (*in einer Reitschule*) manège *m*; **~ frei!** dégagez la piste!
Mangel[1] ['maŋəl] (**–, –n**) *f* (*für Wäsche*) calandre *f*; **jdn durch die ~ drehen** (*umg*) en faire voir de toutes les couleurs à qn; (*Prüfling, Verdächtiger*) cuisiner qn.
Mangel[2] ['maŋəl] (**–s, ⸚**) *m* (*Fehler*) défaut *m*, point *m* faible; **~ (an +Dat)** (*Knappheit*) manque *m* (de).
Mangel-: **~beruf** *m*: **Elektriker ist ein ~beruf** on

manque d'électriciens; **~erscheinung** *f*
(*MED*) maladie *f* de carence; **m~haft** *adj* (*ungenügend*) insuffisant(e); (*Material*) défec-
tueux(-euse).

mangeln *vi unpers:* **es mangelt jdm an etw** *Dat*
qn manque de qch ♦ *vt* (*Wäsche*) calandrer.

mangels *präp* +*Gen* à défaut de, faute de.

Mangelware *f* denrée *f* rare.

Mango ['maŋgo] (–, –s) *f* mangue *f*.

Manie [ma'niː] *f* (*geh*) obsession *f*.

Manier [ma'niːr] (–) *f* (*kein pl: Art*) manière *f*;
(*pej*) affectation *f*; **~en** *pl* (*Umgangsformen*)
manières *fpl*.

manieriert [mani'riːrt] *adj* (*geh*) affecté(e).

manierlich *adj* bien élevé(e); (*umg: ordentlich*)
correct(e).

Manifest [mani'fɛst] (–es, –e) *nt* manifeste *m*.

manifestieren [manifɛs'tiːrən] *vt* (*geh*) exprimer ♦ *vr* se manifester.

Maniküre [mani'kyːrə] *f* (*Handpflege*) soins *mpl*
des mains.

maniküren *vt* faire les mains *od* les ongles
de.

Manila [ma'niːla] *nt* Manille, Manila.

Manipulation [manipulatsi'oːn] *f* manipulation
f.

manipulieren [manipu'liːrən] *vt* manipuler.

Manko ['maŋko] (–s, –s) *nt* défaut *m*; (*WIRTS*)
déficit *m*.

Mann [man] (–(e)s, ̈er) *m* homme *m*; (*Ehe~*)
mari *m*; (*NAUT: pl: Leute*) homme; **pro ~** par
personne; **der kleine ~** (*umg*) les faibles; **mit
~ und Maus untergehen** périr corps et biens;
seinen ~ stehen être à la hauteur, se débrouiller; **etw an den ~ bringen** (*umg: etw verkaufen*) placer qch; **einen kleinen ~ im Ohr haben** (*hum: umg*) avoir un grain.

Männchen ['mɛnçən] *nt* petit homme *m*, bonhomme *m*; (*Tier*) mâle *m*; **~ machen** faire le
beau.

Mannequin [manə'kɛ̃ː] (–s, –s) *nt* mannequin
m.

Männersache ['mɛnɐzaxə] *f* (*Angelegenheit*)
affaire *f* d'homme; (*Arbeit*) travail *m* d'homme.

mannhaft *adj* (*mutig, tapfer*) courageux(-euse).

mannigfaltig ['manɪçfaltɪç] *adj* (*geh: Erlebnisse,
Eindrücke*) varié(e), multiple; **M~keit** *f* variété *f*.

männlich ['mɛnlɪç] *adj* mâle; (*GRAM*) mas-
culin(e).

Mannsbild (*veraltet: pej*) *nt* (bon)homme *m*.

Mannschaft *f* (*SPORT, fig*) équipe *f*; (*NAUT,
FLUG*) équipage *m*; (*MIL*) homme *m* (de troupe).

Mannschaftsgeist *m* esprit *m* d'équipe.

Mannsleute (*umg*) *pl* hommes *mpl*.

Manometer [mano'meːtɐr] *nt* manomètre *m*.

Manöver [ma'nøːvər] (–s, –) *nt* manœuvre *f*.

manövrieren [manø'vriːrən] *vt, vi* manœuvrer.

Mansarde [man'zardə] *f* mansarde *f*.

Manschette [man'ʃɛtə] *f* (*an Hemd*) manchette
f; (*Papier~*) cache-pot *m inv* en papier; (*TECH*)

manchon *m*; **~n haben** (*umg: Angst*) avoir la
frousse.

Manschettenknopf *m* bouton *m* de manchette.

Mantel ['mantəl] (–s, ̈) *m* manteau *m*; (*TECH*)
gaine *f*; **~tarif** *m* tarif *m* syndical; **~tarifver-
trag** *m* convention *f* collective.

Manuskript [manu'skrɪpt] (–(e)s, –e) *nt* manuscrit *m*; (*für Radio, TV*) script *m*.

Mappe ['mapə] *f* (*Feder~, Bleistift~*) trousse *f*;
(*Aktenordner*) classeur *m*; (*Aktenta-
sche*) serviette *f*; (*Schul~*) cartable *m*.

Maracuja [mara'kuːja] (–, –s) *f* fruit *m* de la
passion.

Marathonlauf ['maːratɔnlaʊf] *m* marathon *m*.

Märchen ['mɛːrçən] *nt* conte *m* (de fées);
(*Lüge*) histoire *f*, mensonge *m*; **m~haft** *adj*
(*Geschichte*) fabuleux(-euse); (*wunderschön*)
merveilleux(-euse); **~prinz** *m* prince *m* charmant.

Marder ['mardər] (–s, –) *m* (*ZOOL*) martre *f*.

Margarine [marga'riːnə] *f* margarine *f*.

Marge ['marʒə] (–s, –) *f* (*WIRTS*) marge *f* (bénéficiaire).

Margerite [margə'riːtə] *f* marguerite *f*.

Maria [ma'riːa] (–) *f* (*REL*) Marie *f*, Vierge *f*.

Marienbild *nt* Vierge *f*, madone *f*.

Marienkäfer *m* coccinelle *f*, bête *f* à bon
Dieu.

Marihuana [marihu'aːna] (–s) *nt* marijuana *f*.

Marille [ma'rɪlə] (*OSTERR*) *f* abricot *m*.

Marinade [mari'naːdə] *f* marinade *f*.

Marine [ma'riːnə] *f* marine *f*.

marinieren [mari'niːrən] *vt* mariner.

Marionette [mario'nɛtə] *f* marionnette *f*.

Mark¹ [mark] (–, –) *f* (*Münze*) mark *m*.

Mark² [mark] (–(e)s) *nt* (*Knochen~*) moelle *f*;
das geht mir durch ~ und Bein je trouve ça insupportable; **jdn bis ins ~ treffen** (*fig*) piquer
qn au vif.

markant [mar'kant] *adj* (*Gesicht, Erscheinung*)
marquant(e); (*Stil*) caractéristique.

Marke ['markə] *f* (*Warensorte, Fabrikat*) marque
f; (*Rabatt~, Brief~*) timbre *m*; (*Essens~*) ticket
m; (*aus Metall etc*) jeton *m*.

Marken-: **~artikel** *m* article *m* de marque;
~butter *f* beurre *m* de qualité; **~zeichen** *nt*
marque *f*, label *m*.

Marketing ['markətɪŋ] (–s) *nt* marketing *m*.

markieren [mar'kiːrən] *vt* (*kennzeichnen*) marquer; (*umg*) simuler ♦ *vi* (*umg: sich verstellen*)
faire semblant.

Markierung *f* (*Kennzeichnung*) marque *f*.

markig ['markɪç] *adj* (*Person*) énergique; (*Stil,
Worte*) vigoureux(-euse).

Markise [mar'kiːzə] *f* (*vor Schaufenster, Balkon
etc*) store *m*.

Markklößchen *nt* (*KOCH*) quenelle préparée
avec de la moelle.

Markstück *nt* pièce *f* d'un mark.

Markt [markt] (–(e)s, ̈e) *m* marché *m*; (*~platz*)
place *f* du marché; **der Gemeinsame ~** (*umg*)
le Marché commun; **der schwarze ~** le mar-

ché noir; ~**analyse** *f* analyse *f* de marché; ~**anteil** *m* part *f* de marché; ~**bericht** *m* (*WIRTS*) bulletin *m* des cours de la Bourse; ~**forschung** *f* étude *f* de marché; ~**frau** *f* marchande *f* (au marché); **m~gängig** *adj* commercialisable; **m~gerecht** *adj* conforme aux tendances du marché; ~**halle** *f* marché *m* couvert; ~**lücke** *f* (*WIRTS*) créneau *m*; ~**platz** *m* place *f* du marché; ~**preis** *m* (*WIRTS*) prix *m* courant *od* du marché; ~**stand** *m* étal *m*, éventaire *m*; **m~üblich** *adj* (*Preise, Mieten*) pratiqué(e) sur le marché, courant(e); ~**wert** *m* valeur *f* marchande; ~**wirtschaft** *f* économie *f* de marché.

Marmelade [marmə'laːdə] *f* confiture *f*.

Marmor ['marmɔr] (**-s, -e**) *m* marbre *m*.

marmorieren [marmo'riːrən] *vt* marbrer.

Marmorkuchen *m* (*KOCH*) gâteau *m* marbré.

marmorn *adj* de *od* en marbre.

Marokkaner(in) [marɔ'kaːnər(ın)] (**-s, -**) *m(f)* Marocain(e) *m(f)*.

marokkanisch [marɔ'kaːnıʃ] *adj* marocain(e).

Marokko [ma'rɔko] (**-s**) *nt* le Maroc.

Marone [ma'roːnə] (**-, -n** *od* **Maroni**) *f* (*KOCH*) marron *m*.

Marotte [ma'rɔtə] *f* marotte *f*.

Marsch[1] (**-, -en**) *f* (*GEOG*) polder *m*.

Marsch[2] (**-(e)s, ̈-e**) *m* marche *f*; **jdm den ~ blasen** (*umg*) sonner les cloches à qn; **m~** [marʃ] *interj* marche; **m~ ins Bett!** ouste, au lit!; ~**befehl** *m* ordre *m* de marche; **m~bereit** *adj* (*Truppe etc*) prêt(e) à partir.

marschieren [mar'ʃiːrən] *vi* marcher.

Marschverpflegung *f* (*MIL*) provisions *fpl* (de marche), rations *fpl* (de marche).

Marseille [mar'sɛːj] (**-s**) *nt* Marseille.

Marsmensch ['marsmɛnʃ] *m* martien(ne) *m/f*.

Marstall ['marʃtal] *m* (*Stallungen*) écuries *fpl* (*d'une maison princière*).

Marter ['martər] *f* (*geh*) martyre *m*.

martern *vt* martyriser.

Martinshorn ['martiːnshɔrn] *nt* sirène *f* (*de police, d'ambulance etc*).

Märtyrer(in) ['mɛrtyrər(ın)] (**-s, -**) *m(f)* martyr(e) *m(f)*.

Martyrium [mar'tyːriʊm] *nt* (*fig*) martyre *m*.

Marxismus [mar'ksısmʊs] *m* marxisme *m*.

März [mɛrts] (**-(es), -e**) *m* mars *m*; *siehe auch* **September**.

Märzenbier *nt* sorte de bière forte.

Marzipan [martsi'paːn] (**-s, -e**) *nt* massepain *m*.

Masche ['maʃə] *f* maille *f*; **das ist die neueste ~** (*umg*: *das ist modern*) c'est le dernier cri; **durch die ~n schlüpfen** passer à travers les mailles (du filet).

Maschendraht *m* treillis *m* métallique.

maschenfest *adj* (*Strümpfe*) indémaillable.

Maschine [ma'ʃiːnə] *f* machine *f*.

maschinell [maʃi'nɛl] *adj* automatique ♦ *adv* à la machine.

Maschinen-: ~**bauer** *m* ingénieur *m* mécanicien; ~**bauingenieur** *m* ingénieur *m* mécanicien diplômé; ~**befehl** *m* (*COMPUT*) instruc-

tion *f* machine; **m~geschrieben** *adj* tapé(e) à la machine, dactylographié(e); ~**gewehr** *nt* mitrailleuse *f*; **m~lesbar** *adj* (*COMPUT*) exploitable par une machine; ~**öl** *nt* huile *f* de graissage, lubrifiant *m*; ~**pistole** *f* mitraillette *f*; ~**raum** *m* salle *f* des machines; (*NAUT*) machinerie *f*; ~**saal** *m* salle *f* des machines; ~**schaden** *m* panne *f*; ~**schlosser** *m* ajusteur-mécanicien *m*; ~**schrift** *f* dactylographie *f*; ~**sprache** *f* (*COMPUT*) langage *m* machine.

Maschinerie [maʃinə'riː] *f* mécanisme *m*.

maschineschreiben *unreg vi* taper à la machine.

Maschinist [maʃi'nıst] *m* (*NAUT*) mécanicien *m*.

Maser ['maːzər] (**-, -n**) *f* (*von Holz*) fibre *f*.

Masern *pl* (*MED*) rougeole *f*.

Maserung *f* (*von Holz*) fibres *fpl*.

Maske ['maskə] *f* masque *m*.

Masken-: ~**ball** *m* bal *m* masqué; ~**bildner(in)** *m(f)* maquilleur(-euse) *m(f)*; ~**verleih** *m* costumier *m*.

Maskerade [maskə'raːdə] *f* (*Kostüm*) déguisement *m*.

maskieren [mas'kiːrən] *vt* (*verkleiden*) déguiser; (*fig*) cacher ♦ *vr* se déguiser.

Maskottchen [mas'kɔtçən] *nt* mascotte *f*.

Maskulinum [masku'liːnʊm] (**-s, Maskulina**) *nt* masculin *m*.

Masochist [mazɔ'xıst] (**-en, -en**) *m* masochiste *m*.

Maß[1] (**-es, -e**) *nt* mesure *f*; (*Mäßigung*) mesure, modération *f*; (*Meßbecher*) verre *m* gradué; **nach ~** sur mesure; **~ nehmen** prendre les mesures; **über alle ~en** (*literarisch*) outre mesure; **mit zweierlei ~ messen** (*fig*) avoir deux poids, deux mesures; **in besonderem ~e** particulièrement; **das ~ ist voll** (*fig*) la mesure est comble.

Maß[2] (**-, -(e))** *f* (*Bier*) ≈ litre *m* (*de bière*).

maß *etc* [maːs] *vb siehe* **messen**.

Massage [ma'saːʒə] *f* massage *m*.

Massaker [ma'saːkər] (**-s, -**) *nt* massacre *m*.

Maßanzug *m* complet *m* sur mesure.

Maßarbeit *f* travail *m* sur mesure; (*fig*) travail impeccable.

Masse ['masə] *f* masse *f*; (*KOCH*) mélange *m*; **eine ganze ~** (*umg*) des masses.

Maßeinheit *f* unité *f* de mesure.

Massen-: ~**absatz** *m* (*WIRTS*) ventes *fpl* massives; ~**artikel** *m* article *m* fabriqué en série; ~**blatt** *nt* journal *m* à grand tirage; ~**grab** *nt* fosse *f* commune; **m~haft** *adj* en masse; ~**karambolage** *f* carambolage *m*; ~**medien** *pl* mass media *mpl*; ~**produktion** *f* production *f* en série; ~**quartier** *nt* (*oft pej*) *nt* centre *m* d'hébergement; ~**veranstaltung** *f* manifestation *f* de masse; ~**vernichtungswaffen** *pl* armes *fpl* de destruction massive; ~**ware** *f* marchandise *f* fabriquée en série; **m~weise** *adv* en masse.

Masseur(in) [ma'søːr(ın)] *m(f)* masseur(-euse) *m(f)*.

Masseuse [ma'søːzə] f masseuse f.
maß-: ~**gebend** adj (Person) compétent(e); (Urteil, Einfluß) décisif(-ive), déterminant(e); ~**gebende Kreise** les milieux mpl autorisés; ~**geblich** adj prépondérant(e) ♦ adv: **an etw** ~**geblich beteiligt sein** jouer un rôle prépondérant dans qch; (Urteil, Einfluß) décisif(-ive), déterminant(e); ~**geblich** adj prépondérant(e) ♦ adv: **an etw** ~**geblich beteiligt sein** jouer un rôle prépondérant dans qch; (Urteil, Einfluß) fait(e) sur mesure; ~**halten** unreg vi être modéré(e).
massieren [ma'siːrən] vt masser.
massig ['masɪç] adj (wuchtig: Gestalt, Fels) massif(-ive) ♦ adv (umg: massenhaft) en masse.
mäßig ['mɛːsɪç] adj (Preise) modéré(e); (Einkommen) modique; (Qualität etc) moyen(ne) ♦ adv: ~ **trinken/essen** boire/manger avec modération; ~**en** vt (Ungeduld) contenir; (Tempo) modérer ♦ vr (beim Essen etc) se modérer; **sein Tempo** ~**en** ralentir; **M~keit** f (Maßhalten) modération f; (Mittelmäßigkeit) médiocrité f.
massiv [ma'siːf] adj massif(-ive); (Beleidigung) grossier(-ière); ~ **werden** (umg) devenir grossier(-ière); **M~** (–s, –e) nt (Gebirgsstock) massif m.
Maß-: ~**krug** m chope d'un litre; **m~los** adj (unmäßig) excessif(-ive); (äußerst) énorme ♦ adv énormément; ~**nahme** f mesure f; **m~regeln** vt (Schüler) prendre des mesures disciplinaires contre; ~**stab** m (GEOG) échelle f; (Richtlinie, Norm) norme f; (Lineal) règle f; **das ist (für mich) kein** ~**stab** (fig) ce n'est pas une référence (pour moi); **m~stab(s)getreu** adj à l'échelle; **m~voll** adj modéré(e).
Mast [mast] (–(e)s, –e(n)) m (von Schiff) mât m; (ELEK) pylône m.
Mastdarm m (ANAT) rectum m.
mästen ['mɛstən] vt (Tier) engraisser.
masturbieren [mastʊr'biːrən] vi se masturber.
Material [materi'aːl] (–s, –ien) nt (Stoff, Rohstoff) matière f; (Hilfsmittel, Ausrüstung) matériel m; (Unterlagen) documents mpl; ~**fehler** m défaut m.
Materialismus [materia'lɪsmʊs] m matérialisme m.
Materialist(in) m(f) matérialiste m/f.
materialistisch adj matérialiste.
Materialkosten pl frais mpl de matériel.
Materie [ma'teːriə] f matière f.
materiell [materi'ɛl] adj matériel(le); ~ **eingestellt sein** (pej) être matérialiste.
Mathe ['matə] (–; umg) f (SCH) math(s) f(pl).
Mathematik [matema'tiːk] f mathématiques fpl; ~**er(in)** (–s, –) m(f) mathématicien(ne) m(f).
mathematisch [mate'maːtɪʃ] adj mathématique.
Matinee [mati'neː] f (THEAT) matinée f.
Matjeshering ['matjəsheːrɪŋ] m (KOCH) (jeune) hareng m.
Matratze [ma'tratsə] f matelas m.
Matrix ['maːtrɪks] f matrice f.
Matrixdrucker m imprimante f matricielle.
Matrize [ma'triːtsə] f matrice f; (zum Abziehen) stencil m.
Matrose [ma'troːzə] (–n, –n) m marin m.
Matsch [matʃ] (–(e)s) m (Schlamm) boue f; (Schnee~) neige f fondante od fondue; (breiige Masse) bouillie f.
matschig adj boueux(-euse); (Schnee) fondu(e); (Obst) blet(te).
matt [mat] adj (Glas) dépoli(e); (Metall, Augen) terne; (Schimmer) faible; (PHOT) mat(e); (Lächeln) fatigué(e), faible; (Witz) plat(e); (SCHACH) mat inv; **jdn** ~ **setzen** mettre qn en échec; (fig) faire échec à qn; **M~** (–s, –s) nt (SCHACH) échec m.
Matte ['matə] f (an der Tür) paillasson m; (Bast~) natte f; (SPORT) tapis m.
Mattigkeit f (Müdigkeit) fatigue f.
Mattscheibe f (TV) écran m; ~ **haben** (umg) être dans les vapes.
Matura [ma'tuːra] (–; ÖSTERR, SCHWEIZ) f (Abitur) ≈ baccalauréat m.
Mätzchen ['mɛtsçən] nt (umg): ~ **machen** faire des chichis.
mau [mau] (umg) adj (unwohl) patraque.
Mauer ['mauər] (–, –n) f mur m; ~**blümchen** (umg) nt (fig) jeune fille qui fait tapisserie.
mauern vt maçonner, construire ♦ vi faire de la maçonnerie; (SPORT) bétonner.
Mauersegler m (ZOOL) martinet m.
Mauerwerk nt (die Mauern) murs mpl; (Stein) maçonnerie f.
Maul [maul] (–(e)s, Mäuler) nt (von Tier, pej: von Mensch) gueule f; **ein loses** od **lockeres** ~ **haben** (umg: frech sein) avoir la langue bien affilée; **ein großes** ~ **haben** (umg) avoir une grande gueule; **halt's** ~! (umg) ferme-la!; **sich** Dat **das** ~ **zerreißen** (umg) médire; ~**beerbaum** m mûrier m; **m~en** (umg) vi râler; ~**esel** m (ZOOL) mulet m; ~**korb** m muselière f; ~**sperre** m (umg): **die** ~**sperre kriegen** rester bouche bée; ~**tasche** f (KOCH) gros ravioli aux épinards; ~**tier** nt (ZOOL) mulet m; ~**- und Klauenseuche** f (MED) fièvre f aphteuse.
Maulwurf m (ZOOL) taupe f.
Maulwurfshaufen m taupinière f.
Maurer ['maurər] (–s, –) m maçon m; **pünktlich wie die** ~ (hum) ≈ toujours à l'heure.
Mauretanien [maure'taːniən] nt la Mauritanie.
Mauritius [mau'riːtsiʊs] nt l'île f Maurice.
Maus [maus] (–, **Mäuse**) f (auch COMPUT) souris f; **Mäuse** pl (umg: Geld) radis mpl.
mauscheln ['mauʃəln] (umg: pej) vt, vi magouiller.
mäuschenstill ['mɔʏsçən'ʃtɪl] adj: ~ **sein** ne pas piper mot.
Mausefalle f souricière f.
mausen vt (umg: wegnehmen) chiper ♦ vi (Katze) attraper des souris.
Mauser (–) f (von Vogel) mue f.
mausern vr (Vogel) muer; (umg: Mensch) faire peau neuve.
mausetot (umg) adj (Mensch) raide mort(e).
Maut [maut] f péage m; ~**straße** f route f à péage.

maxi ['maksi] *adj* (*MODE*) maxi *inv.*

maximal [maksi'ma:l] *adj* (*Größe, Betrag*) maximal(e), maximum ♦ *adv* (*höchstens*) au maximum.

Maxime [ma'ksi:mə] *f* maxime *f.*

maximieren [maksi'mi:rən] *vt* (*Gewinn, Nutzen etc*) maximiser.

Maximum ['maksimʊm] (**–s, Maxima**) *nt* maximum *m.*

Mayonnaise [majɔ'nɛ:zə] *f* mayonnaise *f.*

Mazedonien [matse'do:niən] (**–s**) *nt* la Macédoine.

Mäzen [mɛ'tse:n] (**–s, –e**) *m* mécène *m.*

MdB, M.d.B. *nt abk* (= *Mitglied des Bundestages*) député *m.*

MdL, M.d.L. *nt abk* (= *Mitglied des Landtages*) député *m* (*au parlement d'un land*).

m.E. *abk* (= *meines Erachtens*) à mon avis.

Mechanik [me'ça:nɪk] *f* mécanique *f.*

Mechaniker(in) (**–s, –**) *m(f)* mécanicien(ne) *m(f).*

mechanisch *adj* mécanique.

mechanisieren [meçani|zi:rən] *vt* mécaniser.

Mechanisierung *f* mécanisation *f.*

Mechanismus [meça'nɪsmʊs] *m* mécanisme *m.*

meckern ['mɛkərn] *vi* (*Ziege*) bêler, chevroter; (*umg*) râler.

Mecklenburg ['mɛklənbʊrk] *nt* le Mecklembourg.

Medaille [me'daljə] *f* médaille *f.*

Medaillon [medal'jõ:] (**–s, –**) *nt* médaillon *m.*

Medien ['me:diən] *pl von* **Medium**; **~verbund** *m*: **etw im ~verbund lernen** suivre un enseignement multimédia de qch.

Medikament [medika'mɛnt] *nt* médicament *m.*

medikamentös [medikamɛn'tø:s] *adj* médicamenteux(-euse).

Meditation [meditatsi'o:n] *f* méditation *f.*

meditieren [medi'ti:rən] *vi* (*geh*) méditer.

Medium ['me:diʊm] *nt* (*PHYS*) milieu *m*; (*für Hypnose*) médium *m*; (*Unterrichts~*) moyen *m*, outil *m*; **die Medien** les média(s) *fpl*; **etw durch das ~ Tanz/Malerei ausdrücken** utiliser la danse/peinture pour exprimer qch.

Medizin [medi'tsi:n] (**–, –en**) *f* (*kein pl: Wissenschaft*) médecine *f*; (*Medikament*) médicament *m.*

Mediziner(in) (**–s, –**) *m(f)* ≈ médecin *m*; (*Student*) étudiant(e) *m/f* en médecine.

medizinisch *adj* (*ärztlich*) médical(e); (*heilend: Bäder, Kräuter*) médicinal(e); **~-technische Assistentin** assistante *f* de médecin.

Medizinmann *m* guérisseur *m*, sorcier *m.*

Meer [me:r] (**–(e)s, –e**) *nt* mer *f*; (*fig: Fülle, riesige Menge*) multitude *f*; **ans ~ fahren** aller au bord de la mer; **~busen** *m* golfe *m*; **~enge** *f* détroit *m.*

Meeres-: **~boden** *m* fond *m* de la mer; **~früchte** *pl* (*KOCH*) fruits *mpl* de mer; **~klima** *nt* climat *m* océanique; **~kunde** *f* océanographie *f*; **~spiegel** *m* niveau *m* de la mer; **~tiefe** *f* profondeur *f* de la mer.

Meer-: **~jungfrau** *f* sirène *f*; **~rettich** *m* raifort

m; **~schweinchen** *nt* (*ZOOL*) cochon *m* d'Inde, cobaye *m*; **~wasser** *nt* eau *f* de mer.

Mega- *in zW* méga.

Megaphon [mega'fo:n] (**–s, –e**) *nt* mégaphone *m.*

Mehl [me:l] (**–(e)s, –e**) *nt* farine *f.*

mehlig *adj* (*fein wie Mehl: Pulver*) fin(e); (*mit Mehl bestäubt: Hände, Schürze*) couvert(e) de farine, enfariné(e) (*umg*); (*Obst, Kartoffeln*) farineux(-euse).

Mehlschwitze *f* (*KOCH*) roux *m.*

Mehlspeise (*ÖSTERR*) *f* (*KOCH*) entremets *m.*

mehr [me:r] *pron* (*adjektivisch*) plus de ♦ *substantivisch* plus ♦ *adv* plus, davantage; ~ **Geld/ Häuser** plus d'argent/de maisons; **ich brauche ~** il m'en faut plus; **nie ~** jamais plus, plus jamais; ~ **oder weniger** plus ou moins; **es war niemand ~ da** il n'y avait plus personne; **wenn niemand ~ eine Frage hat** s'il n'y a plus de questions; **es dauert nicht ~ lange** ça ne sera pas long; **M~arbeit** *f* (*zusätzliche Arbeit*) surcroît *m* de travail; **M~aufwand** *m* dépense *f* supplémentaire; **M~belastung** *f* charge *f* supplémentaire; **~deutig** *adj* (*Wort*) ambigu(ë), à double sens; **M~einkommen** *nt* revenu *m* supplémentaire.

mehren ['me:rən] *vt* (*vergrößern*) accroître ♦ *vr* (*zunehmen*) se multiplier.

mehrere *pron* plusieurs.

mehreres *pron* plusieurs choses.

mehrfach *adj* (*Hinsicht*) divers(e); (*wiederholt: Versagen, Ermahnung*) répété(e); **in ~er Ausfertigung** en plusieurs exemplaires.

Mehrfamilienhaus *nt* petit immeuble *m.*

Mehrheit *f* majorité *f*; **m~lich** *adj* majoritaire ♦ *adv* à la majorité; **~swahlrecht** *nt* scrutin *m* majoritaire.

mehr-: **~jährig** *adj attrib* de plusieurs années; **M~kosten** *pl* frais *mpl* supplémentaires; **~malig** *adj* répété(e); **~mals** *adv* plusieurs fois; **M~parteiensystem** *nt* pluripartisme *m*; **M~platzsystem** *nt* (*COMPUT*) système *m* multi-utilisateurs *od* multiposte; **~sprachig** *adj* polyglotte; **~stimmig** *adj, adv* à plusieurs voix; **M~wertsteuer** *f* (*WIRTS*) taxe *f* sur la valeur ajoutée, TVA *f*; **M~zahl** *f* (*größerer Teil*): **die M~zahl (von)** la majorité (de), la plupart (de); (*GRAM*) pluriel *m.*

Mehrzweck- *in zW* à usages multiples, polyvalent(e).

meiden ['maidən] *unreg vt* éviter.

Meile ['mailə] *f* mille *m*; **das riecht man drei ~n gegen den Wind** (*umg*) ça embaume à cent lieues à la ronde.

Meilenstein *m* borne *f*; (*fig*) événement *m* marquant.

meilenweit *adv* très loin; ~ **zu sehen sein** se voir de très loin.

mein(e) [main(ə)] *poss pron* mon(ma); (*pl*) mes; ~ **Buch** mon livre; ~**e Schwester** ma sœur; ~**e Schuhe** mes chaussures; ~**e Hände/Füße** mes mains/pieds; *siehe auch* **sein(e).**

meine(r, s) *pron* le(la) mien(ne).

Meineid ['maɪn|aɪt] m parjure m.

meinen ['maɪnən] vi (denken) penser ♦ vt (der Ansicht sein) penser; (sagen) dire; (sagen wollen) vouloir dire; (beabsichtigen) entendre; **ich meine, wir sollten gehen** je pense que nous devrions partir, à mon avis, nous devrions partir; **wie Sie** ~! comme vous voudrez!; **was** ~ **Sie?** qu'en pensez-vous?; **das will ich** ~! (umg) je pense bien!; **damit bin ich gemeint** cela s'adresse à moi; **er meint es doch nur gut (mit dir)**! cela part d'un bon sentiment; **das war nicht böse gemeint** ça n'a pas été dit méchamment.

meiner pron Gen von ich (geh): **erinnert ihr euch** ~? vous souvenez-vous de moi?

meinerseits adv pour ma part, quant à moi; **freut mich – ganz** ~ enchanté(e) – enchanté(e).

meinesgleichen ['maɪnəs'glaɪçən] pron des gens comme moi.

meinetwegen ['maɪnət've:gən] adv (mir zuliebe) pour moi; (wegen mir) à cause de moi; ~! (umg: von mir aus) si tu veux!

meinetwillen adv siehe **meinetwegen**.

meinige pron: **der/die/das** ~ le(la) mien(ne).

meins [maɪns] pron siehe **meine(r, s)**.

Meinung ['maɪnʊŋ] f avis m, opinion f; **meiner** ~ **nach** à mon avis; **einer** ~ **sein** être du même avis; **jdm die** ~ **sagen** dire ses quatre vérités à qn.

Meinungs-: ~**austausch** m échange m de vues; ~**forschungsinstitut** nt institut m d'opinion publique; ~**freiheit** f liberté f d'opinion; ~**umfrage** f sondage m d'opinion; ~**verschiedenheit** f divergence f de vues.

Meise ['maɪzə] f (ZOOL) mésange f; **eine** ~ **haben** (umg) avoir un petit grain.

Meißel ['maɪsəl] (-s, -) m ciseau m.

meißeln vt (Stein) tailler; (Statue) sculpter.

meist [maɪst] adv (in der Regel) généralement; ~**bietend** adj: ~**bietend versteigern** vendre au plus offrant.

meiste(r, s) adj: **die** ~n **Leute** la plupart des gens; **die** ~ **Zeit** la plupart du temps; **er hat das** ~ **Geld** c'est lui qui a le plus d'argent.

meistens adv la plupart du temps.

Meister(in) ['maɪstər(ɪn)] (-s, -) m(f) maître m; (SPORT) champion(ne) m/f; **seinen** ~ **machen** passer son brevet de maîtrise; **es ist noch kein** ~ **vom Himmel gefallen** (Sprichwort) ≈ c'est en forgeant qu'on devient forgeron; ~**brief** m brevet m de maîtrise; **m**~**haft** adj (Arbeit) parfait(e); (Können) magistral(e); ~**in** f siehe **Meister**; ~**leistung** f chef-d'œuvre m.

meistern vt maîtriser; **sein Leben** ~ bien se débrouiller dans la vie.

Meister-: ~**schaft** f maîtrise f; (SPORT) championnat m; ~**stück**, ~**werk** nt chef-d'œuvre m.

meistgefragt adj le(la) plus demandé(e).

meistgekauft adj attrib le(la) plus vendu(e).

Mekka ['mɛka] (-s, -s) nt La Mecque.

Melancholie [melaŋko'li:] f mélancolie f.

melancholisch [melaŋ'ko:lɪʃ] adj mélancolique.

Melange [me'lɑ̃:ʒə] (ÖSTERR) f (KOCH) café m au lait.

Meldeamt f endroit où l'on déclare les changements de domicile pour les étrangers (en France: la mairie ou le commissariat de police).

Meldefrist f délai m.

melden vt (berichten) annoncer, signaler; (anzeigen: Unfall, Einbruch etc) signaler; (registrieren) déclarer ♦ vr s'annoncer; (SCH) lever la main; (freiwillig) se porter volontaire; (von sich hören lassen) donner signe de vie; (auf etw, am Telefon) répondre; **nichts zu** ~ **haben** (umg) n'avoir rien à signaler; **wen darf ich** ~? qui dois-je annoncer?; **es meldet sich niemand** (Telefon) ça ne répond pas; **sich auf eine Anzeige** ~ répondre à une annonce; **sich zu Wort** ~ demander la parole.

Meldepflicht f déclaration f obligatoire.

Meldestelle f bureau m.

Meldung ['mɛldʊŋ] f (Mitteilung) avis m; (Bericht) information f, nouvelle f.

meliert [me'li:rt] adj (Haar) grisonnant(e); (Wolle) chiné(e).

melken ['mɛlkən] unreg vt (Tier) traire; (fig: umg: Person) dépouiller.

Melodie [melo'di:] f mélodie f.

melodisch [me'lo:dɪʃ] adj (Stimme) mélodieux(-euse).

melodramatisch [melodra'ma:tɪʃ] adj mélodramatique.

Melone [me'lo:nə] f melon m; (Hut) (chapeau m) melon.

Membran(e) [mɛm'bra:n(ə)] f membrane f.

Memoiren [memo'a:rən] pl mémoires mpl.

Menge ['mɛŋə] f (Quantum) quantité f; (Menschen~) foule f; (MATH) ensemble m; (umg: große Anzahl) masse f, tas m; **jede** ~ **Geld** (umg) de l'argent à foison; **in rauhen** ~n (umg) en masse; **eine** ~ **Bücher** beaucoup de livres; **eine** ~ **Leute** une foule de gens.

mengen vt mélanger ♦ vr: **sich in etw** Akk ~ (umg) se mêler de qch; **sich unter eine Gruppe** ~ se mêler à un groupe.

Mengenlehre f (MATH) théorie f des ensembles.

Mengenpreis m (WIRTS) prix m de gros.

Mengenrabatt m remise f sur la quantité.

Menorca [me'nɔrka] nt Minorque f.

Mensa ['mɛnza] (-, -s od **Mensen**) f (UNIV) restaurant m universitaire.

Mensch¹ [mɛnʃ] (-en, -en) m homme m, être m humain; (Person) personne f ♦ interj mince alors!; **kein** ~ personne; **von** ~ **zu** ~ (in vertraulichem Gespräch) entre quatre yeux; **ärgere dich nicht** (Spiel) jeu de société.

Mensch² [mɛnʃ] (-(e)s, -er; umg) nt salope f.

Menschen-: ~**affe** m (ZOOL) anthropoïde m, grand singe m; ~**feind** m misanthrope m; **m**~**freundlich** adj (Haltung) bienveillant(e); ~**gedenken** nt: **der kälteste Winter seit** ~**ge-**

denken de mémoire d'homme l'hiver le plus rigoureux; **~handel** *m* trafic *m* d'êtres humains; **~kenner** *m* fin psychologue *m*; **~kenntnis** *f* psychologie *f*; **m~leer** *adj* désert(e); **~liebe** *f* amour *m* du prochain, philanthropie *f*; **~masse**, **~menge** *f* foule *f* (de gens); **m~möglich** *adj* (*Unternehmen*) humainement possible; **~opfer** *nt* (*Menschenleben*) victime *f*; **~rechte** *pl* droits *mpl* de l'homme; **m~scheu** *adj* (*Tier*) farouche; (*Einsiedler*) sauvage; **~schlag** *m* type *m*; **~seele** *f*: keine **~seele** (*niemand*) pas âme qui vive; **m~unwürdig** *adj* (*Leben*) indigne (d'un être humain); (*Zustände*) dégradant(e); **~verachtung** *f* mépris *m* pour l'humanité; **~verstand** *m*: gesunder **~verstand** bon sens *m*; **~würde** *f* dignité *f* humaine; **m~würdig** *adj* digne (d'un être humain).

Mensch-: **~heit** *f* humanité *f*; **m~lich** *adj* humain(e); **~lichkeit** *f* humanité *f*.

Menstruation [mɛnstruatsiˈoːn] *f* (*MED*) menstruation *f*, règles *fpl*.

Mentalität [mɛntaliˈtɛːt] *f* mentalité *f*.

Menthol [mɛnˈtoːl] (**-s**) *nt* menthol *m*.

Menü [meˈnyː] (**-s**, **-s**) *nt* (*KOCH, COMPUT*) menu *m*; **~ essen** prendre le menu (à prix fixe); **m~gesteuert** *adj* (*COMPUT*) piloté(e) par menu.

Merinowolle [meˈriːnovɔlə] *f* mérinos *m*.

merkbar *adj* (*spürbar*) perceptible, sensible.

Merkblatt *nt* notice *f*.

merken [ˈmɛrkən] *vt* remarquer ♦ *vr* (*im Gedächtnis behalten*): sich *Dat* jdn/etw **~** ne pas oublier qn/qch.

merk-: **~lich** *adj* sensible, visible; **M~mal** *nt* caractéristique *f*; **~würdig** *adj* étrange; **M~würdigkeit** *f* (*merkwürdige Sache*) curiosité *f*; **M~zettel** *m* pense-bête *m*.

meschugge [meˈʃʊɡə] (*umg*) *adj* cinglé(e).

Meß-: **~band** *nt* mètre *m* à ruban; **m~bar** *adj* mesurable; **~becher** *m* verre *m* gradué; **~buch** *nt* (*REL*) missel *m*; **~diener** *m* (*REL*) enfant *m* de chœur, servant *m*.

Messe [ˈmɛsə] *f* (*Ausstellung*) foire *f*; (*REL*) messe *f*; (*MIL*) mess *m*; **auf der ~** à la foire; **~ausweis** *m* carte *f* d'exposant; **~gelände** *nt* parc *m* des expositions; **~halle** *f* hall *m* d'exposition.

messen *unreg vt* mesurer ♦ *vr*: sich **~** mit se mesurer à.

Messeneuheit *f* nouveauté présentée lors d'une foire.

Messer (**-s**, **-**) *nt* couteau *m*; **auf des ~s Schneide stehen** (*fig*) ne tenir qu'à un fil; **jdm ins offene ~ laufen** (*fig*) ≈ se précipiter dans la gueule du loup; **~(haar)schnitt** *m* coupe *f* au rasoir; **~rücken** *m* dos *m* de la lame (d'un couteau); **m~scharf** *adj* (*sehr scharf*) très tranchant(e); (*umg: äußerst scharfsinnig*) vif(vive); **~spitze** *f* pointe *f* du couteau; (*in Rezept*) pointe de couteau; **~stecherei** *f* rixe *f*.

Messe-: **~schlager** (*umg*) *m* grand succès *m* de la foire; **~stadt** *f* ville *f* de foire; **~stand**

m stand *m*.

Meßgerät *nt* appareil *m* de mesure.

Meßgewand *nt* (*REL*) chasuble *f*.

Messias [mɛˈsiːas] (**-**) *m* (*REL*) Messie *m*.

Messing [ˈmɛsɪŋ] (**-s**) *nt* laiton *m*.

Meßstab *m* (*AUT: Öl~ etc*) jauge *f*.

Messung *f* mesure *f*.

Meßwert *m* (*Ableseergebnis*) chiffre *m* (*sur un compteur*).

Metall [meˈtal] (**-s**, **-e**) *nt* métal *m*.

metallen *adj* = **metallisch**.

metallisch *adj* métallique.

Metallurgie [metalɔrˈɡiː] *f* métallurgie *f*.

metallverarbeitend *adj*: die **~e Industrie** la métallurgie (de transformation).

Metapher [meˈtafɐ] (**-**, **-n**) *f* métaphore *f*.

metaphorisch [metaˈfoːrɪʃ] *adj* métaphorique.

Metaphysik [metafyˈziːk] *f* métaphysique *f*.

Metastase [metaˈstaːzə] *f* (*MED*) métastase *f*.

Meteor [meteˈoːr] (**-s**, **-e**) *m* météore *m*.

Meteorologe [meteoroˈloːɡə] *m* météorologue *m*.

Meter [ˈmeːtɐ] (**-s**, **-**) *m od nt* mètre *m*; **in 500 ~ Höhe** à 500 mètres d'altitude; **~maß** *nt* mètre *m*; **~ware** *f* (*TEXTIL*) marchandise *f* vendue au mètre; **m~weise** *adv* par mètres; (*umg: in großen Mengen*) en veux-tu en voilà.

Methode [meˈtoːdə] *f* méthode *f*; **~n** *pl* (*Sitten*) manières *fpl*.

Methodik [meˈtoːdɪk] *f* méthodologie *f*.

methodisch [meˈtoːdɪʃ] *adj* méthodique.

Metier [metiˈeː] (**-s**, **-s**) *nt* (*hum*) métier *m*.

metrisch [ˈmeːtrɪʃ] *adj* métrique.

Metronom [metroˈnoːm] (**-s**, **-e**) *nt* métronome *m*.

Metropole [metroˈpoːlə] *f* métropole *f*.

Mettwurst [ˈmɛtvʊrst] *f* saucisse à tartiner.

Metzger [ˈmɛtsɡɐ] (**-s**, **-**) *m* boucher *m*.

Metzgerei [mɛtsɡəˈraɪ] *f* boucherie *f*.

Meuchelmord [ˈmɔʏçəlmɔrt] *m* assassinat *m*.

meuchlings [ˈmɔʏçlɪŋs] *adv* traîtreusement.

Meute [ˈmɔʏtə] *f* meute *f*.

Meuterei [mɔʏtəˈraɪ] *f* mutinerie *f*.

Meuterer (**-s**, **-**) *m* mutin *m*.

meutern *vi* se mutiner.

Mexikaner(in) [mɛksiˈkaːnɐ(ɪn)] (**-s**, **-**) *m(f)* Mexicain(e) *m/f*.

mexikanisch *adj* mexicain(e).

Mexiko [ˈmɛksiko] (**-s**) *nt* le Mexique.

MEZ *abk* (= *Mitteleuropäische Zeit*) heure *f* de l'Europe centrale.

MFG *f abk* = *Mitfahrgelegenheit*; **suche eine ~ nach Paris** cherche place dans voiture allant à Paris.

MG (**-(s)**, **-(s)**) *nt abk* = **Maschinengewehr**.

mg *abk* (= *Milligramm*) mg.

MHz *abk* (= *Megahertz*) MHz.

miauen [miˈaʊən] *vi* miauler.

mich [mɪç] *Akk von ich pron* me; (*nach präp*) moi; **für ~** pour moi; **~! moi!**

mick(e)rig [ˈmɪk(ə)rɪç] (*umg: pej*) *adj* (*Kerl*) malingre; (*Betrag*) dérisoire; (*Pflanze*) chétif(-ive).

midi ['mi:di] adj (MODE) midi inv.
Miederwaren ['mi:dərva:rən] pl corsets mpl.
mied etc [mi:t] vb siehe **meiden**.
Mief [mi:f] (-s; umg: pej) m air m renfermé.
miefig (umg) adj: hier riecht es ziemlich ~ ça sent le renfermé.
Miene ['mi:nə] f mine f; gute ~ zum bösen Spiel machen faire contre mauvaise fortune bon cœur.
Mienenspiel nt mimique f.
mies [mi:s] (umg) adj (Wetter, Stimmung, Charakter) sale, mauvais(e); mir ist ~ je suis mal fichu.
Miese ['mi:zə] (umg) pl: in den ~n sein être à découvert.
miesmachen vt dénigrer.
Miesmacher(in) (umg) m(f) rabat-joie m/f inv.
Miesmuschel ['mi:smʊʃəl] f moule f.
Mietauto nt voiture f de location.
Miete ['mi:tə] f loyer m; kalte/warme ~ loyer avec/sans chauffage; zur ~ wohnen être locataire.
mieten vt louer.
Mieter(in) (-s, -) m(f) (von Wohnung) locataire m.
Mieterschutz m protection f des locataires.
Mietshaus nt immeuble m de rapport.
Miet-: ~vertrag m contrat m de location; ~wucher m (fait m de faire payer des) loyers mpl exorbitants.
Mieze ['mi:tsə] (umg) f (Katze) minet(te); (Mädchen) nana f.
Migräne [mi'grɛ:nə] f migraine f.
Mikado [mi'ka:do] (-s, -s) nt mikado m.
Mikrobe [mi'kro:bə] f microbe m.
Mikro-: ~chip m (COMPUT) puce f; ~computer m micro-ordinateur m; ~fiche m od nt microfiche f; ~film m microfilm m; ~fon, ~phon (-s, -e) nt microphone m; ~prozessor m microprocesseur m; ~skop [mikro'sko:p] (-s, -e) nt microscope m; m~skopisch adj microscopique; ~welle f micro-onde f; ~wellenherd ['mi:krovɛlənhe:rt] m four m à micro-ondes.
Milbe ['mɪlbə] f (ZOOL) mite f.
Milch [mɪlç] (-) f lait m; (Fisch~) laitance f; ~bar f milk-bar m; ~drüse f glande f mammaire; ~glas nt verre m dépoli.
milchig adj laiteux(-euse).
Milch-: ~kaffee m café m au lait; ~mädchenrechnung f châteaux mpl en Espagne; ~mann (-(e)s, -männer) m laitier m; ~mixgetränk m milk-shake m; ~pulver nt lait m en poudre; ~straße f voie f lactée; ~tüte f carton m de lait; ~zahn m dent f de lait.
mild [mɪlt] adj doux(douce); (nicht streng) clément(e); (freundlich) bienveillant(e); (Gabe) charitable.
Milde ['mɪldə] f (des Klimas) douceur f; (Güte) bienveillance f; (des Richters) clémence f.
mildern vt (Urteil) rendre moins sévère; (Schmerz) atténuer; ~de Umstände circonstances atténuantes.
Milieu [mili'ø:] (-s, -s) nt (soziale Umwelt) mi-

lieu m; m~geschädigt adj (Kind) victime de son milieu.
militant [mili'tant] adj (Gruppe, Haltung) militant(e).
Militär [mili'tɛ:r] (-s) nt armée f; zum ~ müssen (umg) être obligé(e) de faire son service; ~dienst m service m militaire; ~gericht nt tribunal m militaire; m~isch adj militaire.
Militarismus [milita'rɪsmʊs] m militarisme m.
militaristisch adj militariste.
Militärpflicht f service m militaire obligatoire.
Militärzeit f service m militaire.
Miliz [mi'li:ts] (-, -en) f (in sozialistischen Staaten) milice f.
Mill. abk = **Million(en)**.
Milli- in zW milli-.
Milliardär(in) [mɪliar'dɛ:r(ɪn)] (-s, -e) m(f) milliardaire m/f.
Milliarde [mɪli'ardə] f milliard m.
Millimeter m od nt millimètre m; ~papier nt papier m millimétrique od millimétré.
Million [mɪli'o:n] (-, -en) f million m.
Millionär(in) [mɪlio'nɛ:r(ɪn)] (-s, -e) m(f) millionnaire m/f.
millionenschwer (umg) adj riche à millions.
Milz [mɪlts] (-, -en) f (ANAT) rate f.
mimen ['mi:mən] (umg: pej) vt: den Unschuldigen ~ faire l'innocent(e).
Mimik ['mi:mɪk] f mimique f.
Mimose [mi'mo:zə] f mimosa m; (fig) hypersensible m/f.
Minarett [mina'rɛt] (-s, -e) nt minaret m.
minder ['mɪndər] adj (Qualität, Ware) inférieur(e) ♦ adv moins; ~bemittelt adj (finanziell) économiquement faible; geistig ~bemittelt (ironisch) demeuré(e).
Minderheit f minorité f.
Minderheitsregierung f gouvernement m minoritaire.
minder-: ~jährig adj mineur(e); M~jährige f(m) mineur(e); M~jährigkeit f minorité f.
mindern vt, vr diminuer.
Minderung f (von Wert, Qualität) baisse f.
minder-: ~wertig adj (Ware) de qualité inférieure; M~wertigkeitsgefühl nt sentiment m d'infériorité; M~wertigkeitskomplex (-es, -e) m complexe m d'infériorité.
Mindest- ['mɪndəst] in zW minimum; ~alter nt âge m minimum; ~betrag m montant m minimum.
mindeste(r, s) adj le(la) plus petit(e) possible; (nach Verneinung) le(la) moindre ♦ adv: nicht im ~n pas le moins du monde; nicht das ~ absolument rien; ich habe nicht die ~ Lust je n'ai pas la moindre envie; zum ~n au moins; m~ens adv au moins.
Mindest-: ~lohn m salaire m minimum, ≈ SMIG m; ~maß nt minimum m; ~umtausch m change m obligatoire.
Mine ['mi:nə] f mine f; (Kugelschreiber~) cartouche f.
Minenfeld nt champ m de mines.

Mineral [mine'ra:l] (**–s, –e** *od* **–ien**) *nt* minéral *m*; **m~isch** *adj* minéral(e); **~öl** *nt* huile *f* minérale; **~ölgesellschaft** *f* compagnie *f* pétrolière; **~ölsteuer** *f* taxe *f* sur les produits pétroliers; **~wasser** *nt* eau *f* minérale.
mini *adj* (*MODE*) mini *inv*.
Miniatur [minia'tu:r] *f* miniature *f*.
Minigolf ['mɪnɪgɔlf] *nt* minigolf *m*.
minimal [mini'ma:l] *adj* minimal(e), minimum.
Minimum ['mi:nimʊm] (**–s, –ma**) *nt* minimum *m*.
Minipille *f* mini-pilule *f*.
Minirock *m* mini-jupe *f*.
Minister(in) [mi'nɪstər(ɪn)] (**–s, –**) *m(f)* (*POL*) ministre *m*.
ministeriell [minɪsteri'ɛl] *adj* ministériel(le).
Ministerium [minɪs'te:riʊm] *nt* ministère *m*.
Ministerpräsident(in) *m(f)* Premier ministre *m*; (*eines Bundeslandes*) président *d'un "land" allemand*.
Minna ['mɪna] (*umg*) *f*: **jdn zur ~ machen** ≈ engueuler qn; **grüne ~** panier *m* à salade.
Minsk [mɪnsk] *nt* Minsk.
minus ['mi:nʊs] *adv*, *präp* +*Gen* moins; **3 Grad ~** moins trois; **M~** (**–, –**) *nt* (*WIRTS*) déficit *m*; **M~pol** *m* (*ELEK*) pôle *m* négatif; **M~punkt** *m* (*bei Bewertung*) point *m* négatif; **M~zeichen** *nt* signe *m* moins.
Minute [mi'nu:tə] *f* minute *f*; **auf die ~** à l'heure pile.
Minutenzeiger *m* aiguille *f* des minutes.
Minze ['mɪntsə] *f* menthe *f*.
Mio. *abk* = **Million(en)**.
mir [mi:r] *Dat von* **ich** *pron* (à) moi; (*nach präp*) moi; (*reflexiv*) me; **~ nichts, dir nichts** sans crier gare.
Mirabelle [mira'bɛlə] *f* mirabelle *f*.
Mischbrot *nt* pain *m* bis.
Mischehe *f* mariage *m* mixte.
mischen ['mɪʃən] *vt* mélanger; (*Karten*) battre; (*COMPUT*) fusionner ♦ *vi* battre les cartes ♦ *vr* (*sich vermengen*) se mélanger; (*Menschen*) se mêler; **sich in etw** *Akk* **~** se mêler de qch.
Misch-: **~gemüse** *nt* macédoine *f* de légumes; **~ling** *m* (*Mensch*) métis *m*; **~masch** (*umg*) *m* méli-mélo *m*; **~maschine** *f* bétonnière *f*; **~pult** *nt* (*RUNDF, TV*) table *f* de mixage.
Mischung *f* mélange *m*.
Mischwald *m* forêt *f* mixte.
miserabel [mizə'ra:bəl] (*umg*) *adj* (*Essen, Film*) minable; (*Gesundheit*) pitoyable; (*Benehmen*) lamentable.
Misere [mi'ze:rə] *f* (*von Leuten, Wirtschaft etc*) situation *f* catastrophique; (*geh: von Hunger, Krieg etc*) misère *f*.
miß-: **~achten** *vt untr* ne pas tenir compte de; (*Person*) ignorer; **M~achtung** *f* mépris *m*; **M~behagen** *nt* malaise *m*, gêne *f*; (*Mißfallen*) déplaisir *m*; **M~bildung** *f* malformation *f*; **~billigen** *vt untr* désapprouver, réprouver; **M~billigung** *f* désapprobation *f*, réprobation *f*; **M~brauch** *m* (*übermäßiger Gebrauch*) abus *m*; (*falscher Gebrauch*) mauvais usage *m*, usage

abusif; **~brauchen** *vt untr* abuser de; **~deuten** *vt untr* mal interpréter.
missen ['mɪsən] *vt* se passer de; (*Erfahrung*) être privé(e) de.
Mißerfolg *m* échec *m*.
Mißernte *f* mauvaise récolte *f*.
Missetat ['mɪsəta:t] *f* méfait *m*.
Missetäter(in) (*umg*) *m(f)* coupable *m/f*.
miß-: **~fallen** *unreg vi untr* (+*Dat*) déplaire à; **M~fallen** (**–s**) *nt* mécontentement *m*, déplaisir *m*; **M~geburt** *f* (*MED*) enfant *m* difforme; (*fig*) monstre *m*; **M~geschick** *nt* mésaventure *f*; **~glücken** *vi untr* (*Versuch*) échouer; **der Kuchen/die Überraschung ist mir ~glückt** j'ai raté mon gâteau/mon effet de surprise; **~gönnen** *vt untr*: **jdm etw ~gönnen** (*Erfolg, Reichtum*) en vouloir à qn de qch; (*Geld*) accorder qch à qn à contrecœur; **M~griff** *m* erreur *f*; **M~gunst** *f* ressentiment *m*; **~günstig** *adj* (*Mensch, Blick, Worte*) plein(e) de ressentiment; **~handeln** *vt* maltraiter; **M~handlung** *f* mauvais traitements *mpl*.
Mission [mɪsi'o:n] *f* mission *f*.
Missionar(in) [mɪsio'na:r(ɪn)] *m(f)* missionnaire *m/f*.
missionarisch *adj* missionnaire.
Mißklang *m* dissonance *f*; (*fig: Unstimmigkeit*) désaccord *m*.
Mißkredit *m* discrédit *m*.
mißlang [mɪs'laŋ] *vb siehe* **mißlingen**.
mißlich *adj* (*Lage*) pénible, délicat(e).
mißliebig *adj* peu apprécié(e).
mißlingen [mɪs'lɪŋən] *unreg vi* (*Experiment etc*) échouer.
Mißlingen (**–s**) *nt* échec *m*.
mißlungen [mɪs'lʊŋən] *pp von* **mißlingen**.
Miß-: **~management** *nt* (*WIRTS*) mauvaise gestion *f*; **~mut** *nt* mauvaise humeur *f*; **m~mutig** *adj* maussade; **m~raten** *unreg vi untr* (*Essen*) rater ♦ *adj* (*Essen*) raté(e); (*Kind*) qui a mal tourné; **~stand** *m* anomalie *f*; **soziale ~stände** des injustices sociales; **~stimmung** *f* (*zwischen Menschen*) mésentente *f*.
mißt *vb siehe* **messen**.
miß-: **~trauen** *vi untr* (+*Dat*) se méfier de; **M~trauen** (**–s**) *nt*: **M~trauen gegenüber** méfiance *f* à l'égard de; **M~trauensantrag** (**–(e)s, –träge**) *m* (*POL*) motion *f* de censure **M~trauensvotum** (**–s, –voten**) *nt* (*POL*) adoption *f* d'une motion de censure; **~trauisch** *adj* méfiant(e) ♦ *adv* avec méfiance. **M~vergnügen** *nt* (*geh*) déplaisir *m*; **M~verhältnis** *nt* disproportion *f*; **~verständlich** *adj* ambigu(ë); **M~verständnis** *nt* malentendu *m*; **~verstehen** *unreg vt untr* mal comprendre.
Mißwahl, Misswahl *f* concours *m* de beauté
Mißwirtschaft *f* mauvaise gestion *f*.
Mist [mɪst] (**–(e)s**) *m* fumier *m*; (*umg: pej: Unsinn*) bêtises *fpl*; **~!** (*umg*) c'est de la foutaise!; **das ist nicht auf seinem ~ gewachsen** (*umg*) ce n'est pas de son cru.
Mistel (**–, –n**) *f* gui *m*.

Mist-: ~**gabel** f fourche f à fumier; ~**haufen** m tas m de fumier; ~**stück**, ~**vieh** (umg!) nt (Mann) fumier m (umg!); (Frau) salope f (umg!).

mit [mɪt] präp +Dat avec ♦ adv (außerdem, auch) aussi; ~ der Bahn/dem Flugzeug en train/avion; ~ dem nächsten Flugzeug/Bus kommen venir par le prochain avion/car; ~ mir waren es 5 Leute avec moi cela faisait cinq personnes; ~ Bedienung service compris; ~ 10 Jahren sollte man das wissen à 10 ans il devrait le savoir; ~ der Zeit avec le temps; ~ Tinte schreiben écrire à l'encre; wie wär's ~ einem Bier? (umg) que dirais-tu d'une bière?; was ist ~ deinem Urlaub/der Antwort? qu'en est-il de tes vacances/la réponse?; was ist ~ ihm? qu'est-ce qu'il a?; ~ Verlust à perte; das mußt du ~ bedenken tiens-en compte; etw ~ berechnen facturer qch; willst du ~? (umg) tu viens avec nous?; er ist ~ der Beste in der Gruppe il est l'un des meilleurs du groupe.

Mitarbeit ['mɪt|arbaɪt] f collaboration f; **m~en** vi: **m~en (an** Dat od **bei)** collaborer (à); seine Frau arbeitet mit sa femme travaille aussi.

Mitarbeiter(in) m(f) collaborateur(-trice) m(f); ~ pl (Personal) collaborateurs mpl; **freier/ständiger** ~ collaborateur indépendant/engagé à titre permanent.

Mitarbeitstab m équipe f de collaborateurs.

mit-: ~**bekommen** unreg vt recevoir; (umg: verstehen) piger; ~**bestimmen** vi avoir voix au chapitre ♦ vt influencer; **M~bestimmung** f participation f; ~**bringen** unreg vt (Mensch) amener; (umg: einkaufen) acheter; **(jdm) etw** ~**bringen** (als Geschenk) apporter (à qn).

Mitbringsel ['mɪtbrɪŋzəl] (-s, -) nt (Geschenk) petit cadeau m; (Andenken) petit souvenir m.

Mit-: ~**bürger(in)** m(f) concitoyen(ne) m/f; **m~denken** unreg vi réfléchir; **m~dürfen** unreg vi avoir la permission de venir; ~**eigentümer** m copropriétaire m.

miteinander [mɪt|aɪ'nandər] adv ensemble; ~ reden se parler.

miterleben vt (aus nächster Nähe, dabeisein) assister à; (als Zeitgenosse) vivre.

Mitesser ['mɪt|ɛsər] (-s, –) m point m noir.

mit-: ~**fahren** unreg vi venir od y aller aussi; **er fährt nach Norwegen und ich fahre** ~ il va en Norvège et je l'accompagne; **M~-fahrzentrale** f ≈ allôstop m; **M~-fahrgelegenheit** f place f dans une voiture; ~**fühlen** unreg vi: **(mit jdm/etw)** ~**fühlen** sympathiser (avec qn/qch); ~**fühlend** adj compatissant(e); ~**führen** vt (förmlich: Papiere) avoir sur soi; (Ware) transporter; (Fluß) charrier; ~**geben** unreg vt: jdm etw ~**geben** donner qch (à emporter) à qn; jdm eine Person ~**geben** (als Begleitung) confier une personne à qn; **M~gefühl** nt sympathie f, compassion f; ~**gehen** unreg vi venir; **etw** ~**gehen lassen** (umg) faucher qch; **überall wo ich hingehe, geht er** ~! il m'accompagne od

me suit partout où je vais; ~**genommen** (umg) adj: ~**genommen sein/aussehen** (Mensch) être/avoir l'air épuisé(e); (umg: Möbel, Auto etc) endommagé(e); **M~gift** f dot f.

Mitglied ['mɪtgliːt] nt membre m.

Mitgliedsbeitrag m cotisation f.

Mitgliedschaft f affiliation f.

mit-: ~**haben** unreg vt: **etw** ~**haben** avoir emporté qch; ~**halten** unreg vi suivre; ~**helfen** unreg vi aider, donner un coup de main; **M~hilfe** f concours m; ~**hören** vt, vi (zufällig) entendre; (zur Überwachung) écouter; ~**kommen** unreg vi venir; (umg: mithalten, verstehen) suivre; **M~läufer** m (pej) suiveur m; (POL) sympathisant(e) m(f).

Mitleid nt pitié f.

Mitleidenschaft f: **jdn/etw in** ~ **ziehen** toucher qn/qch.

mitleidig adj (Blick) compatissant(e).

mitleidslos adj impitoyable.

mit-: ~**machen** vt (teilnehmen) prendre part à, participer à; (Lehrgang) suivre; (leiden) subir ♦ vi (siehe vt) participer; souffrir; **da macht mein Chef nicht** ~ (umg: einverstanden sein) mon patron ne va pas marcher; **M~mensch** m prochain m; ~**mischen** (umg) vi +Dat (sich beteiligen) avoir son mot à dire (dans); (sich einmischen) se mêler (de), s'en mêler; ~**nehmen** unreg vt (Person) emmener; (Sache) emporter; (anstrengen) épuiser; „**zum M~nehmen**" (Pizza etc) "à emporter"; ~**reden** vi: **(bei etw)** ~**reden** avoir son mot à dire (sur qch) ♦ vt: **Sie haben hier nichts** ~**zureden** cela ne vous regarde pas; ~**reißen** unreg vt emporter; (fig) enthousiasmer; ~**reißend** adj (Rhythmus) entraînant(e); (Reden) convaincant(e); (Film, Fußballspiel) captivant(e).

mitsamt [mɪt'zamt] präp +Dat avec.

mitschneiden unreg vt (Sendung) enregistrer.

mitschreiben unreg vt noter ♦ vi prendre des notes.

Mitschuld f complicité f.

mitschuldig adj: **an etw** Dat ~ **sein** être complice de qch; (an Unfall) participer à la responsabilité de qch.

Mitschuldige(r) f(m) complice m/f.

Mit-: ~**schüler(in)** m(f) camarade m/f d'école; **m~spielen** vi (bei Spiel) prendre part au jeu; (in Orchester, Mannschaft) jouer; (fig: umg: mitmachen) être de la partie; (: Gründe) entrer en jeu; **er hat ihr übel** od **schlimm m~gespielt** (sehr schlecht behandelt) il l'a très mal traitée; ~**spieler(in)** m(f) autre joueur(-euse) m/f; ~**spracherecht** nt droit m d'intervention.

Mittag ['mɪtaːk] (–(e)s, -e) m midi m; **(zu)** ~ **essen** déjeuner m; ~ **machen** prendre une pause, aller déjeuner; **m~** ['mɪtaːk] adv à midi; **gestern/heute/Sonntag m~** hier/aujourd'hui/dimanche à midi; ~**essen** nt déjeuner m.

mittags adv à midi; **M~pause** f pause f de midi; (in Geschäften) ≈ fermeture f entre midi et deux heures; **M~ruhe** *f* (*in Geschäften*) ≈ fermeture *f* entre midi et deux heures; **M~schlaf** *m* sieste *f*; **M~zeit** *f*: **während** *od* **in der M~zeit** à l'heure du déjeuner.

Mittäter(in) ['mɪttɛːtər(ɪn)] *m(f)* complice *m/f*.

Mitte ['mɪtə] *f* (*räumlich, zeitlich*) milieu *m*; (*von Stadt, Kreis, POL*) centre *m*; **einer aus unserer ~** l'un d'entre nous; **sie ist ~ Dreißig** elle a dans les trente-cinq ans.

mitteilen ['mɪttaɪlən] *vt*: **jdm etw ~** annoncer (qch) à qn ♦ *vr*: **sich jdm ~** s'ouvrir à qn.

mitteilsam *adj* (*Mensch*) communicatif(-ive).

Mitteilung *f* (*Bekanntgabe*) communication *f*; (*Nachricht*) nouvelle *f*; **jdm (eine) ~ von etw machen** (*förmlich*) notifier qch à qn; (*bekanntgeben*) annoncer qch à qn; **~ an unsere Kunden/Gäste** nous informons notre aimable clientèle/nos hôtes.

Mitteilungsbedürfnis *nt* besoin *m* de s'épancher.

Mittel ['mɪtəl] (**–s, –**) *nt* moyen *m*; (*MED: Medikament*) remède *m*; (*MATH*) moyenne *f* ♦ *pl* (*Gelder*) moyens *mpl*; **kein ~ unversucht lassen** tout essayer; **als letztes ~** en désespoir de cause; **ein ~ zum Zweck sein** être un moyen d'arriver à ses fins; **~alter** *nt* moyen âge *m*; **m~alterlich** *adj* médiéval(e); (*völlig veraltet: Zustände*) moyenâgeux(-euse); **~amerika (–s)** *nt* l'Amérique *f* centrale; **m~amerikanisch** *adj* d'Amérique centrale; **m~bar** *adj* (*Einfluß*) indirect(e); **~deutschland** *nt* l'Allemagne *f* centrale; **~ding** *nt*: **das ist ein ~ding zwischen grau und schwarz** c'est entre le gris et le noir; **~europa (–s)** *nt* l'Europe *f* centrale; **~europäer(in)** *m(f)* habitant(e) *m(f)* d'Europe centrale; **m~europäisch** *adj* d'Europe centrale; **~finger** *m* majeur *m*; **m~fristig** *adj* à moyen terme; **~gebirge** *nt* chaîne de montagnes d'altitude moyenne; **m~groß** *adj* de taille moyenne; **~klasse** *f* (*Bevölkerungsschicht*) classe *f* moyenne; **ein Auto der ~klasse** une voiture de milieu de gamme; **m~los** *adj* (*Mensch*) sans argent; **~maß** *nt*: **das (gesunde) ~maß** le juste milieu; **m~mäßig** *adj* moyen(ne); (*mäßigkeit f* médiocrité *f*; **~meer (–s)** *nt* Méditerranée *f*; **m~prächtig** (*umg*) *adv* moyennement (bien); **~punkt** *m* centre *m*.

mittels *präp* +*Gen* au moyen de.

Mittelschicht *f* classe *f* moyenne.

Mittelsmann (**–(e)s, –männer** *od* **–leute**) *m* intermédiaire *m*.

Mittel-: **~stand** *m* classes *fpl* moyennes; **~streckenrakete** *f* fusée *f* de moyenne portée; **~streifen** *m* bande *f* médiane; **~stufe** *f* (*SCH*) classes moyennes du second degré; **~stürmer** *m* (*SPORT*) avant-centre *m*; **~weg** *m* moyen terme *m*; **~welle** *f* (*RUNDF*) ondes *fpl* moyennes; **~wert** *m* moyenne *f*.

mitten ['mɪtən] *adv* au milieu; **~ auf der Straße/in der Nacht** en pleine rue/nuit; **er ging ~ durch** il est passé en plein milieu; **~drin**

adv (*umg*) en plein milieu; **~durch** *adv* (*umg*) tout au travers; **~durch gehen** passer en plein milieu.

Mitternacht ['mɪtərnaxt] *f* minuit *m*.

mitternachts *adv* à minuit.

Mittler (**–s, –**) *m* médiateur *m*.

mittlere(r, s) ['mɪtlərə(r, s)] *adj* du milieu; (*durchschnittlich*) moyen(ne); **der M~ Osten** le Moyen-Orient; **~s Management** cadres *mpl* moyens.

mittlerweile ['mɪtlər'vaɪlə] *adv* entre(-)temps.

Mittwoch ['mɪtvɔx] (**–(e)s, –e**) *m* mercredi *m*; *siehe auch* **Dienstag**.

mittwochs *adv* le mercredi.

mitunter [mɪt'|ʊntər] *adv* de temps en temps.

mit-: **~verantwortlich** *adj* (*Mensch*) coresponsable, qui porte une part de responsabilité; (*Umstände*) qui contribuent; **~verdienen** *vi* travailler également; **M~verschulden** *nt* (*von Mensch*) part *f* de responsabilité; **~wirken** *vi*: **~wirken (bei** *od* **an +**Dat) collaborer (à); (*THEAT*) participer; **M~wirkende(r)** *f(m)*: **die M~wirkenden** (*THEAT*) les acteurs *mpl*; **M~wirkung** *f* collaboration *f*; **unter M~wirkung von** avec le concours de; **M~wisser** *m* complice *m*; **M~wohnzentrale** *f* bureau chargé de trouver des chambres dans des appartements à plusieurs locataires.

mixen ['mɪksən] *vt* (*Getränke*) mélanger; (*am Mischpult*) faire le mixage de.

Mixer ['mɪksər] (**–s, –**) *m* (*Bar~*) barman *m*; (*Küchen~*) mixer *m*; (*RUNDF, TV*) ingénieur *m* du son.

Mixtur [mɪks'tuːr] *f* (*PHARM*) mixture *f*.

ml *abk* (= *Milliliter*) ml.

mm *abk* (= *Millimeter*) mm.

Möbel ['møːbəl] (**–s, –**) *nt* meuble *m*; **~packer** *m* déménageur *m*; **~wagen** *m* camion *m* de déménagement.

mobil [mo'biːl] *adj* mobile; (*umg: munter*) alerte; **~ machen** (*MIL*) mobiliser.

Mobile ['moːbilə] (**–s, –s**) *nt* mobile *m*.

Mobiliar [mobili'aːr] (**–s, –e**) *nt* mobilier *m*.

mobilisieren [mobili'ziːrən] *vt* mobiliser.

Mobilmachung *f* mobilisation *f*.

möblieren [mø'bliːrən] *vt* meubler; **möbliert wohnen** habiter un appartement meublé.

mochte *etc* ['mɔxtə] *vb siehe* **mögen**.

möchte *etc* ['mœçtə] *vb siehe* **mögen**.

Möchtegern- ['mœçtəgɛrn] *in zW* (*ironisch*) soi-disant; **er ist so ein ~Politiker** il se prend pour un homme politique.

Modalität [modali'tɛːt] *f* (*geh*) modalité *f*.

Mode ['moːdə] *f* mode *f*; **~beruf** *m* profession *f* à la mode; **~farbe** *f* couleur *f* à la mode; **~heft, ~journal** *nt* journal *m* de mode, magazine *m* féminin.

Modell [mo'dɛl] (**–s, –e**) *nt* modèle *m*; (*Mannequin*) mannequin *m*; **~eisenbahn** *f* train *m* électrique (*jouet*); **~fall** *m* (*typisches Beispiel*) cas *m* typique.

modellieren [modɛ'liːrən] *vt* modeler.

Modellversuch *m* (*bes SCH*) projet *m* pi-

lote.
Modem ['mo:dɛm] (**–s, –s**) nt (COMPUT) modem m.
Modenschau f défilé m de mode.
Modepapst m gourou m de la mode.
Moder ['mo:dər] (**–s**) m pourriture f.
Moderator(in) [mode'ra:tɔr, -a'to:rɪn] m(f) (RUNDF, TV) présentateur(-trice) m(f).
moderieren [mode'ri:rən] vt (RUNDF, TV) présenter ♦ vi être présentateur(-trice).
moderig adj (Keller, Luft) qui sent le moisi.
modern [mo'dɛrn] adj moderne; (Kleid, Frisur) à la mode.
modernisieren [modɛrni'zi:rən] vt (Haus) rénover; (Betrieb) moderniser.
Mode-: ~**salon** m maison f de couture; ~**schmuck** m bijou m fantaisie; ~**schöpfer(in)** m(f) couturier m, styliste m/f de mode; ~**wort** nt mot m à la mode.
Modi ['mo:di] pl von **Modus**.
modifizieren [modifi'tsi:rən] vt modifier.
modisch ['mo:dɪʃ] adj à la mode.
Modistin [mo'dɪstɪn] f modiste f.
Modul ['mo:dʊl] (**–s, –n**) nt (TECH, COMPUT) module m.
Modus ['mo:dʊs] (**–, Modi**) m mode m.
Mofa ['mo:fa] (**–s, –s**) nt mobylette f.
mogeln ['mo:gəln] (umg) vi tricher.

═══════════════ SCHLÜSSELWORT ═══════════════

mögen ['mø:gən] (pt mochte, pp gemocht od (als Hilfsverb) **mögen**) vt, vi **1** (gern haben): **ich mag ihn** je l'aime bien; **ich mag Blumen/ Schokolade** j'aime les fleurs/le chocolat; **ich mag (es) nicht, wenn man mir immer widerspricht** je n'aime pas qu'on me contredise constamment; **ich mag nicht mehr** (ich habe genug) j'en ai assez; (ich kann nicht mehr) je n'en peux plus
2 (wollen): **möchtest du einen Drink?** (aimerais-tu) quelque chose à boire?; **ich möchte nicht, daß du nach 10 Uhr draußen spielst** je ne veux pas que tu joues dehors après 10 heures du soir
♦ Hilfsverb **1** (Wunsch: wollen): **möchtest du etwas essen?** aimerais-tu manger quelque chose?; **ich möchte nach Rom reisen** j'aimerais aller à Rome; **ich möchte das gern haben** j'aimerais od je voudrais bien l'avoir; **man möchte meinen, daß ...** on dirait que ...; **sie mag od möchte nicht bleiben** elle n'a pas envie de rester; **das mag wohl sein** c'est bien possible; **was mag das (wohl) heißen?** qu'est-ce que ça signifie?
2 (Aufforderung: sollen): **sag ihr, sie möchte zu Hause anrufen** dis-lui de téléphoner à la maison.

Mogler(in) ['mo:glər(ɪn)] m(f) tricheur(-euse) m(f).
möglich ['mø:klɪç] adj possible; **alles** ~**e** (vielerlei) toutes sortes de choses; **er tat sein** ~**stes** il a fait son possible.

möglicherweise adv peut-être.
Möglichkeit f possibilité f; (Gelegenheit) occasion f; **nach** ~ si possible.
möglichst adv dans la mesure du possible.
Mohair [mo'hɛ:r] (**–, –s**) m mohair m.
Mohammedaner(in) [mohame'da:nər(ɪn)] (**–s, –**) m(f) musulman(e) m(f).
Mohn [mo:n] (**–(e)s, –e**) m (BOT) pavot m; (Klatsch~) coquelicot m; (~samen) graine f de pavot.
Möhre ['mø:rə] (**–, –n**) f carotte f.
Mohrenkopf ['mo:rənkɔpf] m tête f de nègre.
Mohrrübe f carotte f.
mokieren [mo'ki:rən] vr: **sich über jdn/etw** ~ se moquer de qn/qch.
Mokka ['mɔka] (**–s**) m moka m.
Moldawien nt la Moldavie.
Moldau ['mɔldao] (**–**) f: **die** ~ la Moldau.
Mole ['mo:lə] f (NAUT) môle m.
Molekül [mole'ky:l] (**–s, –e**) nt molécule f.
molekular [moleku'la:r] adj moléculaire.
molk etc [mɔlk] vb siehe **melken**.
Molkerei [mɔlkə'rai] f laiterie f; ~**butter** f beurre m ordinaire.
Moll [mɔl] (**–, –**) nt (MUS) mode m mineur; **f/a-Moll** fa/la mineur.
mollig adj douillet(te); (dicklich: Figur) potelé(e), dodu(e).
Moment[1] [mo'mɛnt] (**–(e)s, –e**) m (Augenblick) instant m, moment m; (Zeitpunkt) moment; **im** ~ en ce moment; ~ (**mal**)! un instant!; **im ersten** ~ tout d'abord.
Moment[2] [mo'mɛnt] (**–(e)s, –e**) nt (Umstand) facteur m.
momentan [momɛn'ta:n] adj (augenblicklich) actuel(le); (vorübergehend) passager(-ère) ♦ adv (siehe adj) actuellement; momentanément.
Monaco ['mo:nako] (**–s**) nt Monaco.
Monarch(in) [mo'narç(ɪn)] (**–en, –en**) m(f) monarque m.
Monarchie [monar'çi:] f monarchie f.
Monat ['mo:nat] (**–(e)s, –e**) m mois m; **sie ist im sechsten** ~ (schwanger) elle est enceinte de six mois; **was verdient er im** ~? combien gagne-t-il par mois?
monatelang adv pendant des mois.
monatlich adj mensuel(le).
Monats-: ~**blutung** f règles fpl; ~**gehalt** nt: **das dreizehnte** ~**gehalt** le treizième mois; ~**karte** f (carte f d')abonnement m mensuel; ~**rate** f mensualité f; **m**~**weise** adv mensuellement.
Mönch [mœnç] (**–(e)s, –e**) m moine m.
Mond [mo:nt] (**–(e)s, –e**) m lune f; **auf od hinter dem** ~ **leben** (umg) être dans la lune; **diese Uhr geht nach dem** ~ (umg) cette montre est fantaisiste.
mondän [mɔn'dɛ:n] adj mondain(e).
Mond-: ~**fähre** f module m lunaire; ~**finsternis** f éclipse f de lune; ~**flug** m vol m lunaire; **m**~**hell** adj (Nacht) éclairé(e) par la lune, de clair de lune; ~**landung** f alunissage m;

~**schein** *m* clair *m* de lune; ~**scheintarif** *m* (*Telefontarif*) tarif *m* réduit (*la nuit*); ~**sonde** *f* sonde *f* lunaire; ~**stein** *m* pierre *f* de lune.

Monegasse(-in) [mone'gasə] (**-n**, **-n**) *m(f)* Monégasque *m/f*.

monegassisch *adj* monégasque.

Monetarismus [moneta'rɪsmʊs] *m* monétarisme *m*.

Monetarist *m* monétariste *m*.

Moneten [mo'ne:tən] (*umg*) *pl* pognon *msg*.

Mongole [mɔŋ'go:lə] (**-n**, **-n**) *m* (*GEOG*) Mongol *m*.

Mongolei [mɔŋgo'laɪ] *f*: **die** ~ la Mongolie.

Mongolin *f* (*GEOG*) Mongole *f*.

mongolisch *adj* (*GEOG*) mongol(e).

mongoloid [mɔŋgolo'i:t] *adj* (*MED*) mongolien(ne).

Mongoloide(r) [mɔŋgolo'i:də(r)] *f(m)* mongolien(ne) *m/f*.

monieren [mo'ni:rən] *vt, vi* critiquer.

Monitor ['mo:nitɔr] *m* moniteur *m*.

mono *abk* (= *monophon*) mono.

Monogramm [mono'gram] *nt* monogramme *m*.

Monolog [mono'lo:k] (**-s**, **-e**) *m* monologue *m*.

Monopol (**-s**, **-e**) *nt* monopole *m*.

monopolisieren [monopoli'zi:rən] *vt* monopoliser.

Monopolstellung *f* (*WIRTS*) monopole *m*.

monoton [mono'to:n] *adj* monotone.

Monotonie [monoto'ni:] *f* monotonie *f*.

Monster ['mɔnstər] (**-s**, **-**) *nt* monstre *m*.

monströs [mɔn'strø:s] (*oft pej*) *adj* monstrueux(-euse).

Monsun [mɔn'zu:n] (**-s**, **-e**) *m* mousson *f*.

Montag ['mo:nta:k] (**-(e)s**, **-e**) *m* lundi *m*; *siehe auch* **Dienstag**.

Montage [mɔn'ta:ʒə] *f* montage *m*.

montags *adv* le lundi.

Montanindustrie [mɔn'ta:nɪndʊstri:] *f* industrie *f* du charbon et de l'acier.

Montblanc [mõ'blã:] *m* Mont-Blanc *m*.

Monte Carlo ['mɔntə 'karlo] *nt* Monte Carlo.

Montenegro [mɔntе'ne:gro] *nt* le Monténégro.

Monteur [mɔn'tø:r] *m* monteur *m*.

montieren [mɔn'ti:rən] *vt* monter.

Montur [mɔn'tu:r] (*umg*) *f* (*Spezialkleidung*) tenue *f*.

Monument [monu'mɛnt] *nt* monument *m*.

monumental [monumɛn'ta:l] *adj* monumental(e).

Moor [mo:r] (**-(e)s**, **-e**) *nt* marécage *m*; ~**bad** *nt* bain *m* de boue.

moorig *adj* marécageux(-euse).

Moos [mo:s] (**-es**, **-e**) *nt* mousse *f*.

Moped ['mo:pɛt] (**-s**, **-s**) *nt* vélomoteur *m*, mobylette *f*.

Mops [mɔps] (**-es**, **-̈e**) *m* (*Hunderasse*) carlin *m*.

mopsen ['mɔpsən] (*umg*) *vt* (*wegnehmen*) chiper.

Moral [mo'ra:l] (**-**, **-en**) *f* morale *f*; (*von Volk, Soldaten*) moral *m*; **m~isch** *adj* moral(e); **den**

~**ischen haben** (*umg*) ne pas avoir le moral; ~**predigt** *f* sermon *m*.

Moräne [mo'rɛ:nə] *f* moraine *f*.

Morast [mo'rast] (**-(e)s**, **-e**) *m* bourbier *m*.

morastig *adj* (*Boden*) boueux(-euse).

Mord [mɔrt] (**-(e)s**, **-e**) *m* meurtre *m*; **dann gibt es** ~ **und Totschlag** (*umg*) ça va barder; ~**anschlag** *m* attentat *m*.

morden *vt* assassiner ♦ *vi* commettre un meurtre, tuer.

Mörder(in) ['mœrdər(ɪn)] (**-s**, **-**) *m(f)* meurtrier(-ière) *m(f)*, assassin *m*.

mörderisch *adj* (*fig: schrecklich*) épouvantable; (*Preise*) scandaleux(-euse); (*Konkurrenzkampf*) implacable ♦ *adv* (*umg: entsetzlich*) horriblement.

Mordkommission *f* ≈ brigade *f* criminelle.

Mords- *in zW* terrible; ~**glück** (*umg*) *nt* chance *f* inouïe; ~**kerl** (*umg*) *m* (*Verwegener*) fameux gaillard *m*; **m~mäßig** (*umg*) *adj* énorme; ~**schreck** (*umg*) *m* peur *f* bleue.

Mordverdacht *m*: **unter** ~ **stehen** être soupçonné(e) de meurtre.

Mordwaffe *f* arme *f* du crime.

morgen ['mɔrgən] *adv* demain; (*nachgestellt*): **heute/gestern** ~ ce/hier matin; **bis** ~! à demain!; ~ **in acht Tagen** demain en huit; ~ **um diese Zeit** demain à la même heure; ~ **früh** demain matin; **M~** (**-s**, **-**) *m* matin *m*; **am M~** le matin; **guten M~!** bonjour!; **M~grauen** *nt* aube *f*; **M~mantel** *m*, **M~rock** *m* robe *f* de chambre; **M~röte** *f* aurore *f*.

morgens *adv* le matin; **von** ~ **bis abends** du matin au soir.

Morgenstunde *f*: **Morgenstund(e) hat Gold im Mund(e)** (*Sprichwort*) l'avenir appartient à ceux qui se lèvent tôt.

morgig ['mɔrgɪç] *adj* de demain; **der** ~**e Tag** demain.

Morphium ['mɔrfiʊm] *nt* morphine *f*.

morsch [mɔrʃ] *adj* (*Holz*) pourri(e); (*Knochen*) fragile.

Morsealphabet ['mɔrzə|alfabe:t] *nt* (*alphabet m*) morse *m*.

morsen *vt* envoyer en morse ♦ *vi* envoyer un message en morse.

Mörser ['mœrzər] (**-**) *m* mortier *m*.

Mörtel ['mœrtəl] (**-s**, **-**) *m* mortier *m*.

Mosaik [moza'i:k] (**-s**, **-en** *od* **-e**) *nt* mosaïque *f*.

Moschee [mo'ʃe:] *f* mosquée *f*.

Mosel ['mo:zəl] *f* Moselle *f*; ~**(wein)** *m* vin *m* de Moselle.

mosern ['mo:zərn] (*umg*) *vi* rouspéter.

Moskau ['mɔskau] (**-s**) *nt* Moscou.

Moskauer(in) (**-s**, **-**) *m(f)* Moscovite *m/f*.

Moskito [mɔs'ki:to] (**-s**, **-s**) *m* (*ZOOL*) moustique *m* (*tropical*); ~**netz** *nt* moustiquaire *f*.

Moslem ['mɔslɛm] (**-s**, **-s**) *m* musulman *m*.

Most [mɔst] (**-(e)s**, **-e**) *m* (*aus Trauben*) moût *m*; (*Apfelwein*) cidre *m*; (*trüber Fruchtsaft*) jus *m* de fruit.

Motel [mo'tel] (**-s**, **-s**) *nt* motel *m*.

Motiv [mo'ti:f] (**-s**, **-e**) *nt* motif *m*.

Motivation [motivatsi'o:n] *f* motivation *f*.
motivieren [moti'vi:rən] *vt* motiver.
Motor ['mo:tɔr] (**–s, –en**) *m* moteur *m*; ~**boot** *nt* canot *m* automobile; ~**haube** *f* capot *m*.
motorisch *adj* (*MED*) moteur(-trice).
motorisieren [motori'zi:rən] *vt* motoriser.
Motor-: ~**öl** *nt* huile *f* de graissage; ~**rad** *nt* moto *f*; ~**radfahrer(in)** *m(f)* motocycliste *m/f*; ~**roller** *m* scooter *m*; ~**schaden** *m* panne *f* de moteur.
   tte ['mɔtə] *f* (*ZOOL*) mite *f*.
motten-: ~**fest** *adj* traité(e) à l'antimite, résistant(e) aux mites; **M~kiste** *f*: **etw aus der M~kiste hervorholen** (*fig*) déterrer qch; **M~kugel** *f* boule *f* de naphtaline; **M~pulver** *nt* (poudre *f*) antimite *m*.
Motto ['mɔto] (**–s, –s**) *nt* devise *f*.
motzen ['mɔtsən] (*umg*) *vi* rouspéter.
Möwe ['mø:və] *f* mouette *f*.
Mozambique [mozam'bɪk] (**–s**) *nt* le Mozambique.
MP (**–**) *f abk* = **Maschinenpistole**.
Mrd. *abk* = **Milliarde(n)**.
MS *abk* (= *Motorschiff*) M/S.
MTA (**–, –s**) *f abk* (= *medizinisch-technische Assistentin*) laborantine *f*.
mtl. *abk* = **monatlich**.
Mücke ['mʏkə] *f* (*ZOOL*) moustique *m*; **aus einer ~ einen Elefanten machen** (*umg*) se faire une montagne de quelque chose.
Muckefuck ['mʊkəfʊk] (**–s**; *umg*) *m* jus *m* de chaussettes.
Mucken *pl*: **seine ~ haben** avoir des sautes d'humeur; (*Sache*) clocher.
mucken (*umg*) *vi*: **ohne zu ~** sans broncher.
Mückenstich *m* piqûre *f* de moustique.
Mucks [mʊks] (**–es, –e**) *m* bruit *m*; **keinen ~ sagen** ne pas piper mot; (*widersprechend*) ne pas broncher.
mucksen (*umg*) *vr*: **sich nicht ~** ne pas bouger; (*Laut geben*) ne pas piper mot.
mucksmäuschenstill ['mʊks'mɔʏsçənʃtɪl] (*umg*) *adj*: **es war ~** on aurait entendu voler une mouche.
müde ['my:də] *adj* fatigué(e); **einer Sache** *Gen* ~ **sein** *od* **werden** être las(se) de qch, se lasser de qch.
Müdigkeit ['my:dɪçkaɪt] *f* fatigue *f*; **nur keine ~ vorschützen!** (*umg*) pas de faux-fuyants!
Müesli ['my:esli] (**–s**) *nt* (*KOCH*) muesli *m*.
Muff [mʊf] (**–(e)s, –e**) *m* (*Handwärmer*) manchon *m*.
Muffel (**–s, –**; *umg*) *m* (*mürrischer Mensch*) grognon *m*.
muffig *adj* (*Luft*) qui sent le renfermé; (*Mensch*) renfrogné(e).
Mühe ['my:ə] *f* peine *f*; **mit Müh und Not** à grand-peine; **es ist der** *od* **die ~ wert** ça en vaut la peine; **sich** *Dat* **die ~ machen** prendre la peine; **sich** *Dat* **~ geben** se donner de la peine; **m~los** *adv* sans peine.
▪**muhen** ['mu:ən] *vi* (*Kuh*) meugler.
mühen *vr* se donner de la peine.

mühevoll *adj* pénible.
Mühle ['my:lə] *f* moulin *m*; (~*spiel*) jeu de société *pour deux joueurs*.
Mühlstein *m* meule *f*.
Mühsal (**–, –e**) *f* peines *fpl*, tribulations *fpl*.
mühsam *adj* pénible ♦ *adv* péniblement.
mühselig *adj* pénible.
Mulatte(-in) [mu'latə] (**–n, –n**) *m(f)* mulâtre(-tresse) *m/f*.
Mulde ['mʊldə] *f* (*im Gelände*) petite cuvette *f*.
Mull [mʊl] (**–(e)s, –e**) *m* (*Verbands~*) gaze *f*.
Müll [mʏl] (**–(e)s**) *m* (*Haushalts~*) ordures *fpl*; (*Industrie~*) déchets *mpl*; ~**abfuhr** *f* ramassage *m* des ordures; (*Leute*) voirie *f*; ~**abladeplatz** *m* décharge *f* publique, dépotoir *m*.
Mullbinde *f* bande *f* de gaze.
Mülldeponie *f* décharge *f* publique, dépotoir *m*.
Mülleimer *m* poubelle *f*.
Müller (**–s, –**) *m* meunier *m*.
Müll-: ~**haufen** *m* tas *m* d'ordures; ~**schlucker** (**–s, –**) *m* vide-ordures *m inv*; ~**tonne** *f* poubelle *f*; ~**verbrennungsanlage** *f* usine *f* d'incinération; ~**wagen** *m* camion *m* de la voirie.
mulmig ['mʊlmɪç] (*umg*) *adj* (*Gefühl*) bizarre; (*Situation*) délicat(e); **ihm ist ~** (*leicht übel*) il se sent mal.
Multi ['mʊlti] (**–s, –s**; *umg*) *m* multinationale *f*.
multi- *in zW* multi; ~**lateral** *adj* multilatéral(e); ~**national** *adj* multinational(e); **M~pack** (**–s, –s**) *nt od m* pack *m*.
multiple Sklerose [mʊl'ti:plə skle'ro:zə] *f* sclérose *f* en plaques.
multiplizieren [mʊltipli'tsi:rən] *vt* multiplier.
Mumie ['mu:miə] *f* momie *f*.
Mumm [mʊm] (**–s**; *umg*) *m* cran *m*.
Mumps [mʊmps] (**–**) *m od f* (*MED*) oreillons *mpl*.
München ['mʏnçən] (**–s**) *nt* Munich; **Münch(e)ner** (**–s, –**) *m* Munichois *m* ♦ *adj* munichois(e); **Münch(e)nerin** *f* Munichoise *f*.
Mund [mʊnt] (**–(e)s, ̈–er**) *m* bouche *f*; **halt den ~!** (*umg*) tais-toi!; **den ~ aufmachen** (*fig: seine Meinung sagen*) parler franchement; **sie ist nicht auf den ~ gefallen** (*umg*) elle n'a pas la langue dans sa poche; **jdm über den ~ fahren** (*umg*) couper la parole à qn; ~**art** *f* dialecte *m*.
Mündel ['mʏndəl] (**–s, –**) *nt* (*JUR*) pupille *m/f*.
münden ['mʏndən] *vi*: ~ **in** +*Akk* se jeter dans.
mund-: ~**faul** *adj* (*Mensch*) peu loquace; **M~fäule** *f* (*MED*) stomatite *f*; ~**gerecht** *adj* (*Bissen*) ≈ pas trop gros(se); **M~geruch** *m* mauvaise haleine *f*; **M~harmonika** *f* harmonica *f*.
mündig ['mʏndɪç] *adj* (*volljährig*) majeur(e); (*fig: selbstständig denkend*) responsable; **M~keit** *f* majorité *f*.
mündlich ['mʏntlɪç] *adj* (*Absprache*) verbal(e); (*Prüfung*) oral(e) ♦ *adv*: **alles weitere ~!** je t'expliquerai le reste de vive voix!; ~**e Verhandlung** (*JUR*) audition *f* des témoins (et de l'accusé).

Mundpropaganda f publicité f gratuite.
Mundraub m (JUR) vol m de nourriture.
M-und-S-Reifen m (AUT) pneu-neige m.
Mundstück nt (von Instrument) embouchure f; (von Zigarette) bout m.
mundtot adj: **jdn ~ machen** réduire qn au silence.
Mündung ['mʏndʊŋ] f (von Fluß) embouchure f; (von Gewehr) gueule f; (von Rohr etc) bouche f.
Mund-: **~wasser** nt bain m de bouche; **~werk** nt (umg): **ein großes ~werk haben** avoir une grande gueule; **~winkel** m coin m de la bouche; **~-zu-~-Beatmung** f (MED) bouche-à-bouche m inv.
Munition [munitsi'o:n] f munitions fpl.
Munitionslager nt dépôt m de munitions.
munkeln ['mʊŋkəln] vt, vi (umg) chuchoter; **man munkelt, daß ...** il paraît que ... .
Münster ['mʏnstər] (–s, –) nt cathédrale f.
munter ['mʊntər] adj (lebhaft, heiter) plein(e) d'entrain; (unbekümmert) gai(e); (wach) éveillé(e); (wieder gesund) en forme; **M~keit** f gaîté f.
Münzanstalt f (Hôtel m de la) Monnaie f.
Münzautomat m distributeur m automatique.
Münze ['mʏntsə] f pièce f de monnaie; **etw für bare ~ nehmen** prendre qch pour argent comptant.
münzen vt (Metall) monnayer; (Geldstück) battre, frapper; **auf jdn/etw gemünzt sein** viser qn/qch.
Münz-: **~fernsprecher** ['mʏntsfɛrnʃprɛçər] m téléphone m public; **~wechsler** m distributeur m de monnaie.
mürb(e) [mʏrp, 'mʏrbə] adj (Obst) bien mûr(e); (Holz) pourri(e); (Gebäck) friable; **jdn ~ machen** (fig) briser qn; **M~teig** m pâte f brisée.
Murmel ['mʊrməl] (–, –n) f bille f.
murmeln vt, vi murmurer.
Murmeltier ['mʊrməlti:r] nt marmotte f; **schlafen wie ein ~** dormir comme une marmotte.
murren ['mʊrən] vi grogner.
mürrisch ['mʏrɪʃ] adj grincheux(-euse).
Mus [mu:s] (–es, –e) nt (KOCH: aus Früchten) compote f; (: aus Kartoffeln) purée f; **zu ~ verkochen** réduire en purée.
Muschel ['mʊʃəl] (–, –n) f coquillage m; (Telephon~) écouteur m.
Muse ['mu:zə] f muse f.
Museum [mu'ze:ʊm] (–s, Museen) nt musée m.
museumsreif adj antédiluvien(ne).
Museumswärter m gardien m de musée.
Musik [mu'zi:k] (–, –en) f musique f.
Musikalienhandlung [muzi'ka:liənhandlʊŋ] f magasin m de musique.
musikalisch [muzi'ka:lɪʃ] adj (Mensch) musicien(ne); (Verständnis) musical(e).
Musikant(in) [muzi'kant(ɪn)] (–en, –en) m(f) musicien(ne) m(f).
Musikbox f juke-box m.
Musiker(in) ['mu:zikər(ɪn)] (–s, –) m(f) musicien(ne) m/f.

Musik-: **~hochschule** f conservatoire m (de musique); **~instrument** nt instrument m de musique; **~kapelle** f orchestre m, fanfare f; **~stück** nt morceau m (de musique); **~stunde** f leçon f de musique.
musisch ['mu:zɪʃ] adj (Mensch) qui a le sens artistique très développé, artiste; (Veranlagung) artistique; **~es Gymnasium** lycée avec uniquement des sections artistiques.
musizieren [muzi'tsi:rən] vi jouer de la musique.
Muskat [mʊs'ka:t] (–(e)s, –e) m (KOCH) muscade f.
Muskel ['mʊskəl] (–s, –n) m muscle m; **~kater** m: **einen ~kater haben** être courbaturé(e); **~paket** (umg) nt (hum) hercule m; **~zerrung** f (MED) claquage m (musculaire).
Muskulatur [mʊskula'tu:r] f musculature f.
muskulös [mʊsku'lø:s] adj (Mensch, Körper) musclé(e).
Müsli ['my:sli] (–s, –) nt (KOCH) muesli m.
Muß nt nécessité f.
muß [mʊs] vb siehe **müssen**.
Muße ['mu:sə] (–) f loisir m.
Musselin [mʊsə'li:n] (–s, –e) m mousseline f.
müssen ['mʏsən] (pt **mußte**, pp **gemußt** od (als Hilfsverb) **müssen**) vi devoir; **ich muß** je dois le faire; **er muß es nicht tun** il n'est pas obligé de le faire; **wir ~ Ihnen leider mitteilen, daß ...** nous avons le regret de vous faire savoir que ...; **er hat gehen ~** il a dû partir; **muß das sein?** si c'est (absolument) nécessaire?; **ich muß mal** (umg) j'ai besoin d'aller aux toilettes; **das mußte ja so kommen!** ça devait arriver!; **es muß geregnet haben** il a dû pleuvoir.
Mußheirat (umg) f mariage m forcé.
müßig ['my:sɪç] adj (untätig) oisif(-ive); (zwecklos) vain(e); **M~gang** m (geh) oisiveté f.
mußt [mʊst] vb siehe **müssen**.
mußte etc ['mʊstə] vb siehe **müssen**.
Muster ['mʊstər] (–s, –) nt (Vorlage, Vorbild) modèle m; (Dessin) motif m; (Probe) échantillon m; **~ ohne Wert** échantillon sans valeur; **~beispiel** nt exemple m parfait; **ein ~beispiel für** un modèle de; **m~gültig, m~haft** adj exemplaire.
mustern vt (betrachten) dévisager; (Tapete) orner de motifs; (Truppen) passer en revue; (für Wehrdienst) passer son examen médical à.
Musterprozeß m affaire-test f (destinée à faire jurisprudence).
Musterschüler m élève m modèle.
Musterung f (von Stoff) motif m; (MIL) inspection f.
Mut [mu:t] m courage m; **nur ~!** courage!; **jdm ~ machen** encourager qn; **~ fassen** reprendre courage.
mutig adj courageux(-euse).
mutlos adj découragé(e).
mutmaßen vt, vi supposer.

mutmaßlich ['muːtmaːslɪç] *adj* (*Täter*) présumé(e) ♦ *adv* probablement.
Mutprobe *f* épreuve *f* de courage.
Mutter ['mʊtər] (–, ÷) *f* mère *f*; (*TECH*) écrou *m*.
Mütterberatungsstelle ['mʏtərbəraːtʊŋsʃtɛlə] *f* centre *m* de consultation maternelle.
Mutter-: ~**gesellschaft** *f* (*WIRTS*) société *f* mère; ~**gottes** (–) *f* (*REL*) Vierge *f*; ~**land** *nt* patrie *f*; ~**leib** *m*: **ein Kind im** ~**leib** un enfant dans le ventre de sa mère.
mütterlich ['mʏtərlɪç] *adj* maternel(le).
mütterlicherseits *adv* du côté de ma *etc* mère.
Mutter-: ~**liebe** *f* amour *m* maternel; **m**~**los** *adj* sans mère; ~**mal** *nt* (*Fleck*) envie *f*; ~**milch** *f* lait *m* maternel.
Mutterpaß *m* (*MED*) carte *f* de femme enceinte.
Mutterschaft *f* maternité *f*.
Mutterschaftshilfe *f* allocation *f* de maternité.
Mutter-: ~**schutz** *m* dispositions *légales visant à protéger les femmes enceintes et les enfants en bas âge*; **m**~**seelenallein** *adj* absolument seul(e); ~**sprache** *f* langue *f* maternelle; ~**tag** *m* fête *f* des mères.
Mutti (–, –s; *umg*) *f* maman *f*.
mutwillig ['muːtvɪlɪç] *adj* (*Zerstörung*) intentionnel(le).
Mütze ['mʏtsə] *f* (*Woll*~) bonnet *m*; (*mit Schirm*) casquette *f*.
MV *f abk* (= *Mitgliederversammlung*) AG *f*.
MW *abk* (= *Mittelwelle*) OM *fpl*.
MWSt, MwSt *abk* (= *Mehrwertsteuer*) ≈ T.V.A. *f*.
mysteriös [mʏsteri'øːs] *adj* mystérieux(-euse).
Mystik ['mʏstɪk] *f* mystique *f*.
Mystiker(in) (–s, –) *m(f)* mystique *m/f*.
mystisch *adj* (*zu Mystik gehörend*) mystique; (*rätselhaft*) mystérieux(-euse).
Mythen ['miːtən] *pl von* **Mythos**.
Mythologie [mytolo'giː] *f* mythologie *f*.
Mythos (–, **Mythen**) *m* (*Sage*) mythe *m*; (*Person*) personnage *m* mythique.

N, n

N, n [ɛn] *nt* N, n *m*; ~ **wie Nordpol** ≈ N comme Nicolas.
N *abk* (= *Norden, Nationalstraße*) N; (= *Nahverkehrszug*) train *m* régional.
na [na] *interj* eh bien; ~, **so was!** ça alors!; ~ **gut!** (*umg*) bon, d'accord!; ~ **also!** tu vois!; ~ **und?** (*umg*) et alors?
Nabel ['naːbəl] (–s, –) *m* nombril *m*; **der** ~ **der Welt** le nombril du monde; ~**schnur** *f* cordon

m ombilical.

════════════ *SCHLÜSSELWORT*

nach [naːx] *präp* +*Dat* **1** (*örtlich*) à; **nach Köln fahren/umziehen** aller/déménager à Cologne; **nach links/rechts** à gauche/droite; **etw nach oben ziehen/schieben** tirer/pousser qch vers le haut; **etw nach hinten schieben** pousser qch en arrière; **von A nach B** de A à B
2 (*zeitlich*) après; **zehn (Minuten) nach drei** trois heures dix; **immer schön einer nach dem anderen!** ne poussez pas!; **bitte nach Ihnen!** après vous!
3 (*gemäß*) selon; **nach dem Gesetz** selon la loi; **die Uhr nach dem Radio stellen** régler sa montre d'après la radio; **jdn/etw nur dem Namen nach kennen** ne connaître qn/qch que de nom; **ihrer Sprache nach (zu urteilen)** d'après *od* à en juger par la manière dont elle s'exprime; **nach allem, was ich weiß** d'après ce que je sais
♦ *adv*: **nach und nach** peu à peu, progressivement; **ihm nach!** suivons-le!, suivez-le!; **nach wie vor** toujours.

nachäffen ['naːxʲɛfən] (*pej*) *vt* singer.
nachahmen ['naːxʲaːmən] *vt* imiter.
nachahmenswert *adj* exemplaire.
Nachahmung *f* imitation *f*; **jdm etw zur** ~ **empfehlen** recommander à qn de prendre exemple sur qch.
nacharbeiten ['naːxʲarbaɪtən] *vt* (*nachholen*) rattraper; (*überarbeiten*) finir.
Nachbar(in) ['naxbaːr(ɪn)] (–s, –n) *m(f)* voisin(e) *m/f*; ~**haus** *nt* maison *f* voisine; **n**~**lich** *adj* (*Beziehung*) de bon voisinage; (*räumlich*) voisin(e); ~**schaft** *f* voisinage *m*; (*Leute*) voisins *mpl*; ~**staat** *m* État *m* voisin.
Nach-: ~**beben** *nt* réplique *f* sismique; ~**behandlung** *f* (*MED*) suivi *m* médical; **n**~**bekommen** (*umg*) *vt* (*nachkaufen*) racheter; **n**~**bestellen** *vt* faire une seconde commande de; ~**bestellung** *f* commande *f* renouvelée; **n**~**beten** (*pej: umg*) *vt* répéter bêtement; **n**~**bezahlen** *vt* (*später*) payer ultérieurement; **n**~**bezeichnet** *adj* (*WIRTS*: *Ware*) suivant(e); **n**~**bilden** *vt* faire une copie de; ~**bildung** *f* reproduction *f*, copie *f*; **n**~**blicken** *vi* +*Dat* suivre des yeux; **n**~**datieren** *vt* postdater.
nachdem [naːx'deːm] *konj* (*zeitlich*) après que; (*weil*) puisque, comme; **je** ~ (*ob*) selon (que).
nach-: ~**denken** *unreg vi*: ~**denken über** +*Akk* réfléchir à; **darüber darf man gar nicht** ~**denken** c'est inquiétant; **N**~**denken** (–s) *nt* réflexion *f*; ~**denklich** *adj* (*zum Nachdenken geneigt*) contemplatif(-ive); (*Gesicht*) pensif(-ive); **jdn** ~**denklich machen** faire réfléchir qn.
Nachdruck ['naːxdrʊk] *m* (*Betonung, Tatkraft*) insistance *f*; (*TYP*) réimpression *f*; **besonderen** ~ **darauf legen, daß ...** insister sur le fait que ...; **etw mit** ~ **sagen** insister sur qch.

nachdrücklich ['na:xdrʏklɪç] *adj* (*Wunsch, Warnung*) explicite ♦ *adv* avec insistance; ~ **auf etw** *Dat* **bestehen** insister sur qch.

nacheifern ['na:xˌaɪfərn] *vi* +*Dat* imiter.

nacheinander [na:xˌaɪ'nandər] *adv* (*räumlich*) l'un(e) derrière *od* après l'autre; (*zeitlich*) l'un(e) après l'autre; **drei Tage** ~ trois jours de suite.

nachempfinden ['na:xˌɛmpfɪndən] *unreg vt* (*Gefühle*) ressentir; **das kann ich (Ihnen)** ~! je comprends ce que vous ressentez!

nacherzählen ['na:xˌɛrtsɛ:lən] *vt* raconter (à sa façon).

Nacherzählung *f* récit *m*; (*SCH*) compte *m* rendu.

Nachf. *abk* = **Nachfolger**.

Nachfahr ['na:xfa:r] (**–en** *od* **–s, –en**) *m* descendant *m*.

nachfahren *unreg vi* (*hinterherfahren*) suivre.

Nachfolge ['na:xfɔlɡə] *f* succession *f*; **jds** ~ **antreten** succéder à qn; **die** ~ **antreten** prendre la succession.

nachfolgen *vi*: **jdm** ~ (*hinterherkommen*) suivre qn; (*in Amt etc*) succéder à qn; (*Beispiel nehmen*) suivre l'exemple de qn; **etw** *Dat* ~ suivre qch.

nachfolgend *adj* suivant(e).

Nachfolger(in) (**–s, –**) *m(f)* successeur *m*.

nachforschen *vi* faire des recherches.

Nachforschung *f* recherche *f*; ~**en anstellen** se renseigner.

Nachfrage ['na:xfra:ɡə] *f* demande *f*; **danke der** ~ (*förmlich*) merci de votre attention.

nachfragen *vi* (*sich erkundigen*) se renseigner, demander.

nach-: ~**fühlen** *vt siehe* **nachempfinden**; ~**füllen** *vt* (*Behälter*) remplir; (*Flüssigkeit etc*) rajouter; ~**geben** *unreg vi* céder; (*Seil etc*) se relâcher; (*Preise, Kurse*) fléchir; **N**~**gebühr** *f* (*POST*) surtaxe *f*; **N**~**geburt** *f* (*Gewebe*) placenta *m*.

nachgehen ['na:xɡe:ən] *unreg vi* (*Uhr*) retarder; **jdm/etw** ~ (*folgen*) suivre qn/qch; **einer Sache** *Dat* ~ (*erforschen*) se renseigner sur qch, étudier qch; **einer geregelten Arbeit** ~ avoir un poste stable; **seinen Geschäften** ~ vaquer à ses occupations.

nachgerade *adv* (*geradezu*) presque.

Nachgeschmack ['na:xɡəʃmak] *m* arrière-goût *m*.

nachgiebig ['na:xɡi:bɪç] *adj* (*Mensch, Haltung*) indulgent(e); (*Boden, Material etc*) moux(molle), élastique; **N**~**keit** *f* (*von Mensch*) indulgence *f*; (*von Boden etc*) élasticité *f*.

nachgießen *unreg vt, vi*: **darf ich (Wein)** ~? encore une goutte de vin?

nachgrübeln ['na:xɡry:bəln] *vi*: ~ (**über** +*Akk*) se creuser la tête (au sujet de).

nachgucken ['na:xɡʊkən] *vt, vi* = **nachsehen**.

nachhaken ['na:xha:kən] (*umg*) *vi* (*mit Fragen*) insister.

nachhallen *vi* (*Klang*) retentir.

nachhaltig ['na:xhaltɪç] *adj* (*Eindruck*) durable; (*Widerstand*) tenace.

nachhängen ['na:xhɛŋən] *unreg vi* +*Dat* (*Erinnerungen*) s'abandonner à.

Nachhauseweg [na:x'haʊzəve:k] *m* chemin *m* du retour.

nachhelfen ['na:xhɛlfən] *unreg vi* (+*Dat*) aider; **er hat dem Glück ein bißchen nachgeholfen** il a un peu forcé la chance.

nachher [na:x'he:r] *adv* (*anschließend*) ensuite; (*später*) plus tard; **bis** ~ (*umg*) à tout à l'heure.

Nachhilfe *f* aide *f*; ~**lehrer(in)** *m(f)* répétiteur(-trice) *m/f*; ~**schüler(in)** *m(f)* élève *m/f* (*en cours particuliers*); ~**unterricht** *m* cours *mpl* particuliers.

nachhinein ['na:xhɪnaɪn] *adv*: **im** ~ (*hinterher*) ultérieurement; (*rückblickend*) après coup, rétrospectivement.

Nachholbedarf *m*: **einen** ~ (**an etw** *Dat*) **haben** avoir un retard (en qch) à combler.

nachholen ['na:xho:lən] *vt* (*Zurückgebliebenes*) aller chercher; (*Versäumtes*) rattraper.

Nachkomme ['na:xkɔmə] (**–n, –n**) *m* descendant *m*.

nachkommen *unreg vi* (+*Dat*) suivre; (*mitkommen, Schritt halten*) (arriver à) suivre; (*einer Verpflichtung*) ne pas manquer à; (*Bitte*) exaucer; **Sie können Ihr Gepäck** ~ **lassen** vous pouvez faire suivre vos bagages.

Nachkommenschaft *f* descendance *f*.

Nachkriegs- ['na:xkri:ks] *in zW* d'après-guerre; ~**zeit** *f* après-guerre *m*.

Nach-: ~**laß** (**–lasses, –lässe**) *m* (*WIRTS*) remise *f*; (*Erbe*) héritage *m*; **n**~**lassen** *unreg vt* (*Seil etc*) relâcher; (*Strafe, Schulden*) remettre; (*Summe*) rabattre; (*Preis*) diminuer ♦ *vi* (*Sturm*) se calmer; (*Fieber*) tomber; (*Spannung, Interesse*) se relâcher; (*Gehör, Gedächtnis, Augen*) baisser; (*Leistung*) devenir moins bon(bonne); (*Geschäft*) marcher moins bien; **er hat schwer n**~**gelassen** (*umg*) il a beaucoup baissé; **n**~**lässig** *adj* (*Arbeit*) bâclé(e); (*Mensch*) négligent(e); (*Kleidung*) négligé(e); ~**lässigkeit** *f* laisser-aller *m*; ~**laßverwalter** *m* exécuteur *m* testamentaire.

nachlaufen ['na:xlaʊfən] *unreg vi* +*Dat* courir après.

nachliefern ['na:xli:fərn] *vt* (*später liefern*) livrer ultérieurement; (*zuzüglich liefern*) faire une livraison supplémentaire, de livrer encore.

nachlösen ['na:xlø:zən] *vi* (*Zuschlag*) acheter un supplément (dans le train); (*zur Weiterfahrt*) acheter un autre billet (dans le train).

nachm. *abk* (= *nachmittags*) de l'après-midi.

nachmachen ['na:xmaxən] *vt* (*Person, Gebärde*) imiter; (*Geld*) contrefaire; (*Photos*) faire refaire; (*Versäumtes*) faire plus tard; **jdm alles** ~ imiter tout ce que fait qn; **das soll (mir) erst mal einer** ~! je défie quiconque d'en faire autant!

Nachmieter(in) ['na:xmi:tər(ɪn)] *m(f)* locataire *m/f* suivant(e).

Nachmittag ['naːxmɪtaːk] *m* après-midi *m od f*; **am ~** l'après-midi; **n~** *adv*: **gestern/heute n~** hier/cet après-midi.
nachmittags *adv* l'après-midi.
Nachmittagsvorstellung *f* matinée *f*.
Nachnahme *f* (*Sendung*) objet *m* contre remboursement; **per ~** contre remboursement.
Nach-: **~name** *m* nom *m* de famille; **n~nehmen** *unreg vt* (*Essen*) reprendre de; **~porto** *nt* surtaxe *f*.
nachprüfbar ['naːxpryːfbaːr] *adj* vérifiable.
nachprüfen ['naːxpryːfən] *vt* vérifier.
nachrechnen ['naːxrɛçnən] *vt* (*Zahlen*) vérifier ♦ *vi* (*zurückrechnen*) refaire le calcul.
Nachrede ['naːxreːdə] *f*: **üble ~** (*JUR*) diffamation *f*.
nachreichen ['naːxraɪçən] *vt* (*Unterlagen*) communiquer plus tard.
Nachricht ['naːxrɪçt] (**–, –en**) *f* nouvelle *f*; **~en** *pl* informations *fpl*; **wir geben Ihnen ~, sobald** ... nous vous informerons dès que ... .
Nachrichten-: **~agentur** *f* agence *f* de presse; **~dienst** *m* (*Geheimdienst*) service *m* secret *od* de renseignements; (*Radio*) journal *m* parlé; **~satellit** *m* satellite *m* de télécommunications; **~sperre** *f* black-out *m*; **~sprecher(in)** *m(f)* présentateur(-trice) *m/f*; **~technik** *f* télécommunications *fpl*.
nachrücken ['naːxrʏkən] *vi* (*Truppen*) avancer; **auf einen Posten ~** accéder à un poste.
Nachruf ['naːxruːf] *m* nécrologie *f*.
nachrüsten ['naːxrʏstən] *vt* moderniser ♦ *vi* se moderniser.
nachsagen ['naːxzaːgən] *vt* (*nachsprechen*) répéter; **jdm etw ~** (*wiederholen*) répéter qch après qn; (*vorwerfen*) reprocher qch à qn; **das lasse ich mir nicht ~!** je ferai taire ces mauvaises langues!; **daß ich geizig sein soll, lasse ich mir nicht ~** moi, avare? c'est de la calomnie!
Nachsaison ['naːxzɛzõ] *f* arrière-saison *f*, basse saison *f*.
nachschenken ['naːxʃɛŋkən] *vt* remettre; **darf ich Ihnen noch (etwas) ~?** encore une goutte?
nachschicken ['naːxʃɪkən] *vt siehe* **nachsenden**.
nachschlagen ['naːxʃlaːgən] *unreg vt* (*Wort, Sache*) vérifier ♦ *vi*: **jdm ~** tenir de qn; **in einem Wörterbuch ~** consulter un dictionnaire.
Nachschlagewerk *nt* ouvrage *m* de référence.
Nachschlüssel *m* double *m* (*d'une clé*).
nachschmeißen ['naːxʃmaɪsən] (*umg*) *unreg vt*: **das ist ja nachgeschmissen!** c'est donné!
nachschreiben *unreg vt* (*Test*) rattraper.
Nachschrift ['naːxʃrɪft] *f* (*von Vorlesung*) notes *fpl*; (*in Brief*) post-scriptum *m inv*.
Nachschub ['naːxʃuːp] *m* (*Versorgung*) ravitaillement *m*; (*neues Material*) matériel *m* de renfort.
nachsehen ['naːxzeːən] *unreg vi* +*Dat* (*hinterherblicken*) suivre du regard; (*kontrollieren*) vérifier ♦ *vt* vérifier; **jdm etw ~** (*nicht übelnehmen*) passer qch à qn.

Nachsehen *nt*: **das ~ haben** se retrouver le bec dans l'eau.
nachsenden ['naːxzɛndən] *unreg vt* faire suivre.
Nachsicht ['naːxzɪçt] (**–**) *f* indulgence *f*.
nachsichtig *adj* indulgent(e).
Nachsilbe ['naːxzɪlbə] *f* suffixe *m*.
nachsinnen *unreg vi*: **~ (über** +*Akk*) réfléchir (à).
nachsitzen ['naːxzɪtsən] *unreg vi* être en retenue.
Nachsorge *f* (*MED*) suivi *m* médical.
Nachspann ['naːxʃpan] *m* générique *m*.
Nachspeise ['naːxʃpaɪzə] *f* dessert *m*.
Nachspiel ['naːxʃpiːl] *nt* (*Folgen*) suites *fpl*.
nachspielen *vt* (*Stück*) reprendre, rejouer ♦ *vi* (*SPORT*) jouer les prolongations.
nachspionieren ['naːxʃpioniːrən] (*umg*) *vi* +*Dat* espionner.
nachsprechen ['naːxʃprɛçən] *unreg vt*: **jdm etw ~** répéter qch après qn.
nachspülen *vt* (*Geschirr*) rincer.
nächst [nɛːçst] *präp* +*Dat* (*geh: räumlich*) à côté de; (*außer*) après; **~beste(r, s)** *adj attrib* (*Mensch, Job*) premier(-ière) venu(e), n'importe quel(le); (*zweitbeste*) second(e) (*dans l'ordre de préférence*).
Nächste(r) *f(m)* (*Mitmensch*) prochain *m*.
nächste(r, s) *adj* suivant(e); (*Verwandte*) proche; (*Haus*) voisin(e); **am ~n Tag** le lendemain; **aus ~r Nähe** de tout près; **der ~ bitte!** au suivant!; **wer ist der ~?** à qui le tour?; **in ~r Zeit** prochainement; **der ~ Angehörige** le plus proche parent.
nachstehen ['naːxʃteːən] *unreg vi*: **jdm in nichts ~** ne le céder en rien à qn.
nachstehende(r, s) *adj attrib* ci-dessous.
nachstellen ['naːxʃtɛlən] *vi* +*Dat* (*verfolgen*) poursuivre ♦ *vt* (*neu einstellen*) régler.
Nächstenliebe *f* amour *m* du prochain.
nächstens *adv* (*demnächst*) prochainement; (*umg: am Ende*) bientôt.
nächst-: **~gelegen** *adj* le(la) plus proche; **~liegend** *adj* (*Grundstück*) voisin(e); (*Antwort, Grund*) évident(e); **~möglich** *adj*: **zum ~möglichen Termin** le plus tôt possible.
nachsuchen ['naːxzuːxən] *vi* (*gründlich suchen*) chercher; **um etw ~** (*geh*) solliciter qch, demander qch.
Nacht (**–, ̈e**) *f* nuit *f*; **gute ~!** bonne nuit!; **in der ~** pendant la nuit; **in der ~ auf od zum Dienstag** dans la nuit de lundi à mardi; **über ~** pendant la nuit; (*fig*) du jour au lendemain; **eines ~s** une nuit; **die Heilige ~** la nuit de Noël; **bei ~ und Nebel** (*umg*) à la faveur de la nuit; **sich** *Dat* **die ~ um die Ohren schlagen** passer une nuit blanche.
nacht [naxt] *adv*: **heute ~** cette nuit; **Dienstag ~** mardi soir, la nuit de mardi à mercredi.
Nachtausgabe *f* (*von Zeitung*) édition *f* du soir; **~dienst** *m* service *m* de nuit.
Nachteil ['naːxtaɪl] *m* inconvénient *m*, désavantage *m*; **im ~ sein** être désavantagé(e).

nachteilig *adj* (*Folgen*) défavorable.
nächtelang ['nɛçtəlaŋ] *adv* (pendant) des nuits entières.
Nachtfalter *m* (*ZOOL*) papillon *m* de nuit, phalène *m od f.*
Nachthemd *nt* chemise *f* de nuit.
Nachtigall ['naxtɪgal] (*–, –en*) *f* rossignol *m.*
Nachtisch ['naːxtɪʃ] *m* (*KOCH*) *siehe* **Nachspeise.**
Nachtleben *nt* vie *f* nocturne, sorties *fpl.*
nächtlich ['nɛçtlɪç] *adj* nocturne; (*Stille*) de la nuit; ~**e Ruhestörung** tapage *m* nocturne.
Nacht-: ~**lokal** *nt* boîte *f* de nuit; ~**mahl** (*OSTERR*) *nt* dîner *m*; ~**mensch** *m* noctambule *m/f*; ~**portier** *m* portier *m* de nuit.
Nachtrag ['naːxtraːk] (*–(e)s, –träge*) *m* supplément *m.*
nach-: ~**tragen** *unreg vt* (*hinterhertragen*) rapporter; (*ergänzen*) compléter; **jdm etw ~tragen** (*übelnehmen*) garder rancune de qch à qn; ~**tragend** *adj* rancunier(-ière); ~**träglich** *adj* (*später*) ultérieur(e); (*verspätet: Glückwünsche*) tardif(-ive) ♦ *adv* ultérieurement; ~**trauern** *vi*: **jdm/etw ~trauern** regretter qn/qch.
Nachtruhe ['naxtruːə] *f*: **angenehme ~!** bonne nuit!
nachts *adv* la nuit; **um 3 Uhr** ~ à 3 heures du matin.
Nachtschicht *f* poste *m* de nuit; (*Personal*) équipe *f* de nuit.
Nachtschwester *f* infirmière *f* de nuit.
nachtsüber *adv* (pendant) la nuit.
Nacht-: ~**tarif** *m* tarif *m* de nuit; ~**tisch** *m* table *f* de chevet; ~**topf** *m* pot *m* de chambre; ~**wache** *f* veille *f*, garde *f* de nuit; ~**wächter** *m* veilleur *m* de nuit; ~**zeug** (*umg*) *nt* affaires *fpl* pour la nuit.
Nach-: ~**untersuchung** *f* contrôle *m* médical; **n~vollziehen** *unreg vt* comprendre; **n~wachsen** *unreg vi* repousser; ~**wahl** *f* (*POL*) élection *f* partielle (ultérieure); ~**wehen** *pl* tranchées *fpl* utérines; (*fig*) suites *fpl* fâcheuses; **n~weinen** *vi +Dat* regretter; **dieser Sache weine ich keine Träne n~** ça ne va pas me manquer.
Nachweis ['naːxvaɪs] (*–es, –e*) *m* preuve *f*; **den ~ für etw erbringen** *od* **liefern** fournir la preuve de qch; **n~bar** *adj* (*Schuld, Tat*) qui peut être prouvé(e); **n~en** *unreg vt* (*beweisen*) prouver; **jdm etw n~en** (*Zimmer*) trouver qch pour qn; (*Straftat*) prouver que qn a commis qch; **n~lich** *adj* (*Versagen*) qui peut être prouvé(e) ♦ *adv*: **n~lich verreist gewesen sein** pouvoir prouver qu'on était en voyage.
Nachwelt ['naːxvɛlt] *f*: **die ~** la postérité.
nach-: ~**wirken** *vi* continuer à produire de l'effet; **N~wirkung** *f* séquelles *fpl*; **N~wort** *nt* postface *f*; **N~wuchs** *m* (*Kinder*) progéniture *f*; (*beruflich etc*) nouvelles recrues *fpl*, sang *m* frais; ~**zahlen** *vt, vi* payer.
nachzählen *vi* recompter, vérifier.
Nachzahlung *f* (*zusätzlich*) supplément *m.*

nachziehen ['naːxtsiːən] *unreg vt* (*Bein*) traîner; (*Linie*) retracer, repasser sur; (*Lippen*) redessiner; (*Schraube*) resserrer ♦ *vi* (*folgen*) suivre.
Nachzügler (*–s, –*) *m* retardataire *m/f*; (*Nachkömmling*) enfant *m/f* venu(e) sur le tard.
Nackedei ['nakədaɪ] (*–(e)s, –s*; *umg*) *m* (*hum: Kind*) bébé *m* tout nu.
Nacken ['nakən] (*–s, –*) *m* nuque *f*; **jdm im ~ sitzen** (*bedrängen*) être toujours sur le dos de qn.
nackt [nakt] *adj* nu(e); (*Fels*) vif(vive); (*Tatsachen*) cru(e); **auf der ~en Erde** à même le sol; **N~baden** *nt fait de se baigner nu*, nudisme *m*; **N~heit** *f* nudité *f*; **N~kultur** *f* naturisme *m.*
Nadel ['naːdəl] (*–, –n*) *f* aiguille *f*; (*Steck~*) épingle *f*; ~**baum** *m* conifère *m*; ~**kissen** *nt* pelote *f* à épingles; ~**öhr** *nt* chas *m*; ~**wald** *m* forêt *f* de conifères.
Nagel ['naːgəl] (*–s, ̈e*) *m* clou *m*; (*Finger~*) ongle *m*; **sich Dat etw unter den ~ reißen** (*umg*) faucher qch; **etw an den ~ hängen** (*umg*) laisser tomber qch, abandonner qch; **Nägel mit Köpfen machen** (*umg*) ne pas faire les choses à moitié; ~**bürste** *f* brosse *f* à ongles; ~**feile** *f* lime *f* à ongles; ~**haut** *f* cuticule *f*; ~**lack** *m* vernis *m* à ongles; ~**lackentferner** (*–s, –*) *m* dissolvant *m.*
nageln *vt* (*Kiste etc*) clouer; (*benageln*) clouter; (*MED: Knochen*) mettre une agrafe à.
nagelneu (*umg*) *adj* flambant neuf(neuve).
Nagelschere *f* ciseaux *mpl* à ongles.
nagen ['naːgən] *vt* (*subj: Tier*) ronger ♦ *vi*: ~ **an** *+Dat* ronger; (*knabbern*) grignoter.
Nagetier ['naːgətiːr] *nt* rongeur *m.*
nah(e) ['naː(ə)] *adj* proche ♦ *adv* (tout) près ♦ *präp +Dat* près de; **nah an etw** près de qch; **von nahem** de près; **der Nahe Osten** le Proche-Orient; **jdm zu ~ treten** (*fig*) blesser qn; **mit jdm nah verwandt sein** être un(e) proche parent(e) de qn; **Nahaufnahme** *f* gros plan *m.*
Nähe ['nɛːə] (*–*) *f* proximité *f*; (*Umgebung*) environs *mpl*; **in der ~** tout près; **in der ~ des Bahnhofs/von Nürnberg** près de la gare/de Nuremberg; **in seiner ~** près de lui; **aus der ~** de près.
nahe-: **bei** *adv* à proximité, tout près; ~**bringen** *unreg vt*: **jdm etw ~bringen** (*fig*) expliquer qch à qn; ~**gehen** *unreg vi +Dat* bouleverser; ~**kommen** *unreg vi +Dat* approcher de; ~**legen** *vt*: **jdm etw ~legen** suggérer qch à qn; ~**liegen** *unreg vi* (*Verdacht, Gedanke*) s'imposer; **der Verdacht ˡiegt ~, daß ...** on ne peut s'empêcher de soupçonner que ...; ~**liegend** *adj* (*Grund*) évident(e); **der Verdacht ist ~liegend, daß ...** on ne peut s'empêcher de soupçonner que ... .
nahen *vi* approcher ♦ *vr* s'approcher.
nähen ['nɛːən] *vt* coudre; (*Wunde*) recoudre ♦ *vi* coudre; (*MED*) faire des points de suture.
näher *adj* plus proche; (*Erklärung, Auskünfte*) plus précis(e) ♦ *adv* (*siehe adj*) plus près; en

plus de détails; **ich kenne ihn nicht** ~ je ne le connais pas bien.
Nähere(s) nt précisions fpl, détails mpl.
Näherei [nɛːɔ'raɪ] f couture f.
Naherholungsgebiet nt région de villégiature à proximité d'une grande ville.
Näherin f couturière f.
näherkommen unreg vi approcher ♦ vr se rapprocher.
nähern vr s'approcher.
Näherungswert m (MATH) valeur f approximative.
nahe-: ~**stehen** unreg vi: **jdm** ~**stehen** être proche de qn; **einer Partei** ~**stehen** être un sympathisant d'un parti; ~**stehend** adj (Freund) intime; ~**zu** adv presque.
Nähgarn nt fil m (à coudre).
Nahkampf m corps m à corps.
Nähkasten m boîte f à ouvrage.
nahm etc [naːm] vb siehe **nehmen**.
Nähmaschine f machine f à coudre.
Nähnadel f aiguille f.
Nahost [naːˈ|ɔst] m: **aus** ~ du Proche-Orient.
Nährboden m (für Bakterien, fig) bouillon m de culture.
nähren ['nɛːrən] vt nourrir; (Säugling) allaiter ♦ vr se nourrir; **er sieht gut genährt aus** il a l'air bien nourri.
nahrhaft ['naːrhaft] adj nourrissant(e).
Nährstoffe pl substances fpl nutritives, nutriments mpl.
Nahrung ['naːrʊŋ] f nourriture f, alimentation f; **einem Gerücht neue** ~ **geben** alimenter la rumeur.
Nahrungs-: ~**aufnahme** f absorption f de nourriture; ~**mittel** nt aliment m, denrée f alimentaire; ~**mittelindustrie** f industrie f agro-alimentaire; ~**suche** f recherche f de nourriture.
Nährwert m valeur f nutritive.
Nähseide f (fil m de) soie f.
Naht [naːt] f (–, ⁼e) f couture f; (MED) suture f; (TECH) soudure f; **aus allen Nähten platzen** (umg: Mensch) être un gros patapouf; (Raum) être plein(e) à craquer; **n~los** adj sans couture; (TECH) sans soudure ♦ adv: **n~los ineinander übergehen** s'enchaîner.
Nahverkehr m trafic m urbain.
Nahverkehrszug m train m régional.
Nähzeug nt trousse f od matériel m de couture.
Nahziel nt but m od objectif m immédiat.
naiv [naˈiːf] adj naïf(naïve); (pej: Idee) bête.
Naivität [naiviˈtɛːt] f naïveté f.
Name ['naːmə] (–ns, –n) m nom m; **wie ist Ihr** ~? comment vous appelez-vous?; **im** ~**n von** au nom de; **dem** ~**n nach müßte sie Russin sein** d'après son nom, elle doit être russe; **ich kenne ihn nur dem** ~**n nach** je ne le connais que de nom; **die Dinge beim** ~**n nennen** (fig) appeler un chat un chat.
■**namens** adv du nom de ♦ präp +Gen (förmlich) au nom de.

Namensänderung f changement m de nom.
Namenstag m fête f.
namentlich ['naːməntlɪç] adj (Abstimmung) nominal(e) ♦ adv (besonders) surtout.
namhaft ['naːmhaft] adj (berühmt) connu(e); (beträchtlich) considérable, important(e); **jdn** ~ **machen** (förmlich) identifier qn.
Namibia [naˈmiːbia] nt la Namibie.
nämlich ['nɛːmlɪç] adv (und zwar) à savoir; (denn) en effet; ~**e** adj: **der/die/das** ~**e** le(la) même.
nannte etc ['nantə] vb siehe **nennen**.
nanu [naˈnuː] interj eh bien.
Napalm ['naːpalm] (–s) nt napalm m.
Napf [napf] (–(e)s, ⁼e) m écuelle f; ~**kuchen** m (KOCH) sorte de kouglof.
Nappa(leder) ['napa(leːdər)] (–(s)) nt nappa m (cuir fin).
Narbe ['narbə] f cicatrice f; (BOT) stigmate m.
narbig ['narbɪç] adj (Gesicht, Haut) couvert(e) de cicatrices.
Narkose [narˈkoːzə] f anesthésie f; ~**arzt(-ärztin)** m(f) médecin m anesthésiste.
Narr [nar] (–en, –en) m fou m; **jdn zum** ~**en halten** se moquer de qn; **n~en** vt duper, berner.
Narrenfreiheit f: ~ **haben** od **genießen** avoir carte blanche.
narrensicher (umg) adj (Gerät) indétraquable.
Narrheit f folie f.
Närrin ['nɛrɪn] f folle f.
närrisch adj fou(folle); **die** ~**en Tage** la période du carnaval.
Narzisse [narˈtsɪsə] f (BOT) narcisse m; (gelbe) jonquille f.
narzißtisch [narˈtsɪstɪʃ] adj narcissique.
NASA ['naːza] (–) f abk (= National Aeronautics and Space Administration) NASA f.
naschen ['naʃən] vt (Schokolade etc) grignoter; (heimlich) manger en cachette ♦ vi grignoter.
naschhaft adj gourmand(e).
Nase ['naːzə] f nez m; (Sinn) odorat m, nez; (von Fels) surplomb m; **sich** Dat **die** ~ **putzen** (sich schneuzen) se moucher; **jdn an der** ~ **herumführen** faire marcher qn; **jdm auf der** ~ **herumtanzen** (umg) en faire voir à qn; **jdm etw vor der** ~ **wegschnappen** (umg) faire passer qch sous le nez de qn; **(von jdm/etw) die** ~ **voll haben** (umg) en avoir ras le bol (de qn/qch); **jdm etw auf die** ~ **binden** (umg) révéler qch à qn; **(immer) der** ~ **nach** (umg) tout droit; **da solltest du dich an die eigene** ~ **fassen!** (umg) mêle-toi de tes oignons!
Nasen-: ~**bluten** nt saignement m de nez; ~**loch** nt narine f; ~**tropfen** pl gouttes fpl pour le nez.
naseweis adj (frech) effronté(e), impertinent(e); (neugierig) curieux(-euse).
Nashorn ['naːshɔrn] nt rhinocéros m.
naß [nas] adj mouillé(e).
Nassauer ['nasauər] (–s, –; umg: pej) m parasite m; **n~n** vi jouer les parasites.
Nässe ['nɛsə] (–) f humidité f; „**vor** ~ **schützen**"

(*Aufschrift*) "craint l'humidité".

nässen *vt* mouiller ◆ *vi* (*Wunde*) suinter; **das Bett** ~ faire de l'énurésie.

naßkalt *adj* froid(e) et humide.

Naßrasur *f* rasage *m* mécanique.

Nation [natsi'o:n] *f* nation *f*; **die Vereinten** ~**en** les Nations *fpl* unies.

national [natsio'na:l] *adj* national(e); **N~elf** *f* équipe *f* nationale de football; **N~feiertag** *m* fête *f* nationale; **N~hymne** *f* hymne *m* national.

nationalisieren [natsiona:li'zi:rən] *vt* nationaliser.

Nationalisierung *f* nationalisation *f*.

Nationalismus [natsiona:'lısmʊs] *m* nationalisme *m*.

nationalistisch [natsiona:'lıstıʃ] *adj* nationaliste.

Nationalität [natsionali'tɛːt] *f* (*Staatsangehörigkeit*) nationalité *f*; (*nationale Minderheit*) minorité *f* ethnique.

National-: ~**mannschaft** *f* équipe *f* nationale; ~**park** *m* parc *m* national; ~**sozialismus** *m* national-socialisme *m*, nazisme *m*; ~**sozialist** *m* national-socialiste *m*, nazi *m*.

NATO ['na:to] *f abk:* **die** ~ l'OTAN *f*.

Natrium ['na:triʊm] (**-s**) *nt* sodium *m*.

Natron ['na:trɔn] (**-s**) *nt* bicarbonate *m* de soude.

Natter ['natər] (**-**, **-n**) *f* (*ZOOL*) vipère *f*.

Natur [na'tu:r] *f* nature *f*; (*Wesensart: von Mensch*) nature, naturel *m*; **das geht gegen meine** ~ ça va à l'encontre de ma nature; **von** ~ **aus blond sein** être naturellement blond(e), être un(e) vrai(e) blond(e); **von** ~ **aus schüchtern sein** être d'un naturel timide; ~ **sein** (*umg*) être nature *od* naturel(le).

Naturalien [natu'ra:liən] *pl:* **in** ~ **bezahlt werden** être payé(e) en nature.

Naturalismus [natura'lısmʊs] *m* naturalisme *m*.

Naturell [natu'rɛl] (**-es**, **-e**) *nt* naturel *m*.

Natur-: ~**erscheinung** *f* phénomène *m* naturel; ~**forscher** *m* naturaliste *m*; **n~gemäß** *adj* naturel(le) ◆ *adv* naturellement; ~**geschichte** *f* histoire *f* naturelle; ~**gesetz** *nt* loi *f* de la nature; **n~getreu** *adj* réaliste; ~**heilkunde** *f* médecines *fpl* douces *od* naturelles; ~**katastrophe** *f* catastrophe *f* naturelle; ~**lehrpfad** *m* circuit *m* forestier éducatif.

natürlich [na'ty:rlıç] *adj* naturel(le) ◆ *adv* naturellement; **eines** ~**en Todes sterben** mourir de mort naturelle; **ja**, ~! bien entendu!

natürlicherweise [na'ty:rlıçər'vaɪzə] *adv* naturellement.

Natürlichkeit *f* naturel *m*.

Natur-: ~**park** *m* parc *m* naturel; ~**produkt** *nt* (*Rohstoff*) matière *f* première; (*landwirtschaftliches Erzeugnis*) produit *m* naturel; **n~rein** *adj* naturel(le); ~**schutz** *m:* **unter** ~**schutz stehen** être une espèce protégée; ~**schutzgebiet** *nt* réserve *f* naturelle; ~**talent** *nt:* **er ist wirklich ein** ~**talent** il est vraiment doué, il a des

dons naturels; **n~verbunden** *adj* attaché(e) à la nature; ~**wissenschaft** *f* sciences *fpl* naturelles; ~**wissenschaftler(in)** *m(f)* scientifique *m/f*; ~**zustand** *m* état *m* naturel.

Nautik ['naʊtɪk] *f* navigation *f*, art *m* nautique.

nautisch ['naʊtɪʃ] *adj* nautique.

Navelorange ['na:vəlorã:ʒə] *f* orange *f* navel.

Navigation [navigatsi'o:n] *f* navigation *f*.

Navigationsinstrumente *pl* instruments *mpl* de navigation.

Nazi (**-s**, **-s**) *m* nazi *m*.

NB *abk* (= *nota bene*) NB.

Nchf. *abk* = **Nachfolger**.

n.Chr. *abk* (= *nach Christus*) apr. J.-C.

NDR (**-**) *m abk* (= *Norddeutscher Rundfunk*) radio *d'Allemagne du Nord*.

Neapel [ne'a:pəl] (**-s**) *nt* Naples.

neapolitanisch [neapoli'ta:nıʃ] *adj* napolitain(e).

Nebel ['ne:bəl] (**-s**, **-**) *m* brouillard *m*.

nebelig *adj* de brouillard

Nebelscheinwerfer *m* (phare *m*) antibrouillard *m*.

Nebel(schluß)leuchte *f* (feu *m*) antibrouillard *m* arrière.

neben ['ne:bən] *präp* +*Dat* (*räumlich*) à côté de; (*verglichen mit*) par rapport à; (*außer*) à côté de, outre ◆ *präp* +*Akk* à côté de; ~**an** *adv* à côté; **N~anschluß** *m* (*TEL*) ligne *f* supplémentaire; **N~ausgaben** *pl* (*Kosten*) faux frais *mpl*; **N~ausgang** *m* sortie *f* latérale; ~**bei** *adv* (*außerdem*) en outre, en plus; (*beiläufig*) en passant; ~**bei bemerkt** *od* **gesagt** soit dit en passant; **N~beruf** *m* activité *f* secondaire; **N~beschäftigung** *f* activité *f* secondaire; **N~buhler(in)** (**-s**, **-**) *m(f)* rival(e) *m/f*; ~**einander** *adv* l'un(e) à côté de l'autre, côte à côte; ~**einanderher** *adv* l'un(e) à côté de l'autre, côte à côte; ~**einanderlegen** *vt* poser l'un(e) à côté de l'autre; **N~eingang** *m* entrée *f* latérale; **N~einkünfte** *pl* revenu *m* annexe *od* d'appoint; **N~erscheinung** *f* effet *m* secondaire; **N~fach** *nt* matière *f* secondaire; **N~fluß** *m* affluent *m*; **N~gebäude** *nt* annexe *f*; **N~gedanke** *m* (*oft od*) arrière-pensée *f*; **N~geräusch** *nt* (*RUNDF*) parasites *mpl*, interférences *fpl*; ~**her** *adv* (*zusätzlich*) en plus; (*gleichzeitig*) en même temps; (*daneben*) à côté; ~**herfahren** *unreg vi* rouler à côté; **N~höhle** *f* (*ANAT*) sinus *m*; **N~kläger** *m* (*JUR*) codemandeur *m*; **N~kosten** *pl* (*zur Miete*) charges *fpl*; **N~mann** (**-(e)s**, **-männer**) *m* voisin *m*; **N~produkt** *nt* sous-produit *m*; **N~raum** *m* (*benachbart*) pièce *f* voisine; (*Abstellraum*) débarras *m*; **N~rolle** *f* rôle *m* secondaire; **N~sache** *f* chose *f* secondaire; **das ist N~sache** c'est sans importance; ~**sächlich** *adj* (*Dinge*) insignifiant(e); (*Frage*) secondaire; **N~saison** *f* basse saison *f*; **N~satz** *m* (*GRAM*) (proposition *f*) subordonnée *f*; ~**stehend** *adj:* ~**stehende Abbildung** illustration *f* ci-contre; **N~stelle** *f* (*Filiale*) succursale *f*; **N~straße** *f* route *f* secondaire; (*in Stadt*) rue *f* latérale; **N~strecke** *f* (*EISENB*) ligne *f* secondaire; **N~verdienst** *m* salaire *m* d'appoint; **N~zimmer** *nt* pièce *f* voisine.

neblig *adj* = nebelig.

nebst [ne:pst] *präp* +*Dat* avec.

Necessaire [nesɛ'sɛːr] (**–s**, **–s**) *nt* (*Reise~*) trousse *f* de voyage *od* de toilette; (*Nagel~*) trousse *f* de manucure.

Neckar ['nɛkar] (**–s**) *m* Neckar *m*.

necken ['nɛkən] *vt* taquiner.

Neckerei [nɛkə'raɪ] *f* taquinerie *f*.

neckisch *adj* (*Spielchen*) badin(e); (*Hütchen*) coquet(te).

nee [ne:] (*umg*) *adv* non.

Neffe ['nɛfə] (**–n**, **–n**) *m* neveu *m*.

negativ ['ne:gati:f] *adj* négatif(-ive); **N~** (**–s**, **–e**) *nt* négatif *m*.

Neger(in) ['ne:gər(ɪn)] (**–s**, **–**) *m(f)* noir(e) *m/f*; (*pej*) nègre(négresse) *m/f*; **~kuß** *m* (*KOCH*) tête *f* de nègre.

negieren [ne'gi:rən] *vt* (*abstreiten*) nier; (*GRAM*) mettre à la forme négative.

nehmen ['ne:mən] *unreg vt* prendre; (*Geschenk, Trinkgeld*) accepter; (*Material*) utiliser; (*Hoffnung*) enlever; **jdm etw ~** prendre *od* enlever qch à qn; **etw an sich** *Akk* **~** garder qch; **etw auf sich** (*Akk*) **~** prendre qch sur soi, assumer qch; **jdn zu sich ~** recueillir qn chez soi; **etw zu sich ~** prendre qch; **~ Sie doch bitte** servez-vous, je vous en prie; **man nehme ...** (*KOCH*) prendre ...; **wie man's nimmt** tout est relatif; **die Mauer nimmt einem die ganze Sicht** le mur bouche la vue; **er ließ es sich** *Dat* **nicht ~, es persönlich zu machen** il a insisté pour le faire lui-même; **sich ernst ~** se prendre au sérieux.

Nehrung ['ne:rʊŋ] *f* (*GEOG*) langue *f* de terre.

Neid [naɪt] (**–(e)s**) *m* jalousie *f*.

Neider ['naɪdər] (**–s**, **–**) *m* jaloux(-se) *m/f*, envieux(-euse) *m/f*.

Neidhammel (*umg*) *m* jaloux(-se) *m/f*, envieux(-euse) *m/f*.

neidisch *adj* envieux(-euse); **auf jdn/etw ~ sein** être jaloux(-se) de qn/qch.

Neige *f* (*in Glas, Flasche*) reste *m*, fond *m*; **der Vorrat geht zur ~** les réserves sont presque épuisées; **der Tag geht zur ~** la nuit tombe.

neigen ['naɪgən] *vt* (*Gefäß etc*) incliner; (*Körper, Kopf*) pencher ♦ *vi*: **zu etw ~** avoir tendance à qch; (*Meinung*) pencher pour qch.

Neigung *f* (*des Geländes*) inclinaison *f*; (*Zuneigung*) affection *f*; **~ zu** (*Tendenz*) tendance *f* à; (*Vorliebe*) penchant *m* pour.

Neigungswinkel *m* angle *m* d'inclinaison.

nein [naɪn] *adv* non; **aber ~!** ah! non!; **~, so was!** pas possible!, ça alors!

Nektar ['nɛktar] (**–s**, **–e**) *m* nectar *m*.

Nektarine [nɛkta'riːnə] *f* nectarine *f*.

Nelke ['nɛlkə] *f* (*BOT*) œillet *m*; (*KOCH*) clou *m* de girofle.

nennen ['nɛnən] *unreg vt* (*Kind*) appeler; (*angeben: Namen, Betrag, Sache*) indiquer; (*Sieger*

etc) désigner ♦ *vr* (*heißen*) s'appeler; **das nenne ich Mut!** voilà ce que j'appelle du courage!; **wie nennt man ...?** comment appelle-t-on *od* s'appelle ...?

nennenswert *adj* digne d'être mentionné(e).

Nenner (**–s**, **–**) *m* (*MATH*) dénominateur *m*; **etw auf einen (gemeinsamen) ~ bringen** trouver le dénominateur commun de qch.

Nennung *f*: **ohne ~ von Namen** sans mentionner personne.

Nennwert *m* (*FINANZ*) valeur *f* nominale.

Neon ['ne:ɔn] (**–s**) *nt* néon *m*.

Neonazi *m* néonazi(e) *m/f*.

Neon-: **~licht** *nt* éclairage *m* au néon; **~reklame** *f* enseigne *f* lumineuse au néon; **~röhre** *f* tube *m* au néon *od* fluorescent.

Nepal ['ne:pal] *nt* le Népal.

Nepp [nɛp] (**–s**; *umg: pej*) *m*: **das ist der reinste ~** c'est du vol organisé, c'est de l'arnaque.

Nerv [nɛrf] (**–s**, **–en**) *m* nerf *m*; **starke/schwache ~en haben** avoir les nerfs solides/fragiles; **die ~en sind mit ihm durchgegangen** il a craqué; **jdm auf die ~en gehen** *od* **fallen** énerver qn.

nerven (*umg*) *vt* taper sur les nerfs de ♦ *vi* être énervant(e).

nerven-: **~aufreibend** *adj* éprouvant(e) (pour les nerfs); **N~bündel** (*umg*) *nt* paquet *m* de nerfs; **N~gas** *nt* (*MIL*) gaz *m inv* neuroplégique; **N~heilanstalt** *f* maison *f* de santé, clinique *f* psychiatrique; **N~heilkunde** *f* (*MED*) neurologie *f*; **N~klinik** *f* clinique *f* psychiatrique; (*Neurologie*) clinique neurologique; **~krank** *adj* (*geistig*) névrosé(e); (*körperlich*) qui souffre d'une maladie du système nerveux; **N~probe** *f*: **das war eine echte N~probe** ce fut vraiment stressant; **N~säge** (*umg*) *f* casse-pieds *m/f inv*; **N~schwäche** *f* neurasthénie *f*; (*umg: schwache Nerven*) nerfs *mpl* fragiles; **N~system** *nt* système *m* nerveux; **N~zusammenbruch** *m* dépression *f* (nerveuse).

nervig ['nɛrvɪç] (*umg*) *adj* musclé(e).

nervlich ['nɛrflɪç] *adj* (*Belastung*) pour les nerfs.

nervös [nɛr'vøːs] *adj* nerveux(-euse); (*Leiden*) d'origine nerveuse.

Nervosität [nɛrvozi'tɛːt] *f* nervosité *f*.

nervtötend *adj* abrutissant(e).

Nerz [nɛrts] (**–es**, **–e**) *m* vison *m*.

Nessel ['nɛsəl] (**–**, **–n**) *f* ortie *f*; **sich in die ~n setzen** (*fig: umg*) se fourrer dans le pétrin; **~sucht** *f* urticaire *f*.

Nest [nɛst] (**–(e)s**, **–er**) *nt* nid *m*; (*umg: kleiner Ort*) trou *m*; (*pej: von Dieben etc*) repaire *m*; **~beschmutzer** (*pej*) *m* personne qui crache dans la soupe; **~häkchen** ['nɛsthɛːkçən] *nt* petit(e) dernier(-ière) *m/f*.

nett [nɛt] *adj* joli(e); (*Abend*) sympathique; (*freundlich*) gentil(le); **sei so ~ und räum' auf!** sois gentil, range tes affaires!

netterweise ['nɛtər'vaɪzə] *adv* gentiment.

Nettigkeit *f* (*nettes Wesen*) gentillesse *f*; (*Wor-*

te) mot *m* gentil.

netto *adv (WIRTS)* net(nette); **N~einkommen** *nt* revenu *m* net; **N~gewicht** *nt* poids *m* net; **N~gewinn** *m* bénéfice *m* net; **N~lohn** *m* salaire *m* net; **N~verdienst** *m* gain *m* net.

Netz [nɛts] *(-es, -e) nt* filet *m; (Spinnen~)* toile *f; (System, Strom)* réseau *m;* **er ist ihr ins ~ gegangen** elle l'a pris dans ses filets; **~anschluß** *m* raccordement *m* au secteur; **~haut** *f* rétine *f;* **~hemd** *nt* tricot *de corps à grosses mailles;* **~karte** *f (EISENB)* abonnement *m;* **~spannung** *f* tension *f.*

neu [nɔy] *adj* nouveau(nouvelle); *(noch nicht gebraucht)* neuf(neuve); *(Sprachen, Geschichte)* moderne ♦ *adv:* **~ schreiben** réécrire; **~ machen** refaire; **seit ~estem** depuis peu; **auf ein ~es!** *(aufmunternd)* ce n'est que partie remise!; **was gibt's N~es?** *(umg)* quoi de neuf?; **die ~esten Nachrichten** les dernières nouvelles *fpl;* **von ~em** *(von vorn)* au début; *(wieder)* encore une fois; **N~ankömmling** *m* nouveau venu(nouvelle venue) *m/f;* **N~anschaffung** *f* nouvelle acquisition *f;* **~artig** *adj* inédit(e); **N~auflage** *f* réédition *f;* **N~ausgabe** *f* nouvelle édition *f (revue);* **N~bau** *(-(e)s, -ten) m (Haus)* maison *f* neuve; **N~bauwohnung** *f* appartement *m* dans un immeuble neuf; **N~bearbeitung** *f* nouvelle édition *f* refondue; *(das Neubearbeiten)* refonte *f;* **N~beginn** *m* nouveau départ *m;* **N~-Delhi (-s)** *nt* New Delhi; **~deutsch** *(pej) adj:* **ein ~deutscher Ausdruck** un mot (allemand) à la mode, un néologisme (en allemand).

Neudruck *m* réimpression *f.*

Neue(r) *f(m)* nouveau(nouvelle).

Neuemission *f (von Aktien)* nouvelle émission *f.*

neuerdings *adv (seit kurzem)* depuis peu; *(von neuem)* de nouveau.

neueröffnet *adj* récemment ouvert(e); *(wiedergeöffnet)* rouvert(e).

Neuerscheinung *f* nouveauté *f.*

Neuerung *f* innovation *f.*

Neu-: **~fassung** *f* nouvelle version *f;* **~fundland (-s)** *nt* Terre-Neuve *f;* **~fundländer(in)** [nɔy'fʊntlɛndər(ɪn)] *(-s, -) m/f* habitant(e) *m/f* de Terre-Neuve, Terre-Neuvien(ne) *m/f* ♦ *m (Hund)* terre-neuve *m;* **n~fundländisch** *adj* de Terre-Neuve, terre-neuvien(ne); **n~geboren** *adj* nouveau-né(e); **sich wie n~geboren fühlen** se sentir renaître; **~geborene(s)** *nt* nouveau-né *m.*

Neugier(de) *f* curiosité *f.*

neugierig *adj* curieux(-euse).

Neuguinea [nɔygi'neːa] *(-s) nt* la Nouvelle-Guinée.

Neuheit *f* nouveauté *f.*

Neuigkeit *f* nouvelle *f.*

Neu-: **~jahr** *nt* nouvel an *m;* **Prosit ~jahr!** bonne année!; **~jahrsnacht** *f* (nuit *f* de la) Saint-Sylvestre *f;* **~kauf** *m* nouvelle acquisition *f;* **~land** *nt* terre *f* vierge; *(fig)* nouveau domaine *m;* **n~lich** *adv* l'autre jour, récemment;

n~lich morgen(s) l'autre matin; **~ling** *m* novice *m/f,* débutant(e) *m/f;* **n~modisch** *adj* à la mode; *(pej)* nouveau genre *inv;* **~mond** *m* nouvelle lune *f.*

neun [nɔyn] *num* neuf; **N~** *(-, -en) f:* **ach du grüne N~e!** *(umg)* ça alors!; **~malklug** *(pej) adj* bêcheur(-euse); **~te(r, s)** *adj* neuvième; **N~tel** *(-s, -) nt* neuvième *m;* **~zehn** *num* dix-neuf; **~zehnte(r, s)** *adj* dix-neuvième; **~zig** *num* quatre-vingt-dix; **~zigste(r, s)** *adj* quatre-vingt-dixième.

Neuordnung *f* réorganisation *f.*

Neureg(e)lung *f* nouvelle réglementation *f.*

neureich *(pej) adj* nouveau riche *inv;* **N~e(r)** *f(m)* nouveau(nouvelle) riche *m/f.*

Neurologie [nɔyrolo'giː] *f* neurologie *f.*

Neurose [nɔy'roːzə] *f* névrose *f.*

Neurotiker(in) [nɔy'roːtikər(ɪn)] *(-s, -) m(f)* névrosé(e) *m/f.*

neurotisch *adj* névrosé(e).

Neu-: **~schnee** *m* neige *f* fraîche; **~schottland (-s)** *nt* la Nouvelle-Calédonie; **~seeland** [nɔy'zeːlant] *(-s) nt* la Nouvelle-Zélande; **~seeländer(in)** *(-s, -) m(f)* Néo-Zélandais(e) *m/f;* **n~seeländisch** *adj* néo-zélandais(e); **n~sprachlich** *adj:* **n~sprachliches Gymnasium** lycée *où l'enseignement est centré sur les langues vivantes.*

neutral [nɔy'traːl] *adj* neutre.

neutralisieren [nɔytrali'ziːrən] *vt* neutraliser.

Neutralität [nɔytrali'tɛːt] *f* neutralité *f.*

Neutron ['nɔytrɔn] *(-s, -en) nt* neutron *m.*

Neutrum ['nɔytrʊm] *(-s, -a od -en) nt* neutre *m.*

Neu-: **~wert** *m* valeur *f* à l'état neuf; **n~wertig** *adj* à l'état neuf; **~zeit** *f* temps *mpl* modernes; **n~zeitlich** *adj* moderne.

N.H. *abk (= Normalhöhenpunkt)* point *de référence pour l'altitude.*

nhd. *abk (= neuhochdeutsch)* haut allemand *m* moderne.

Nicaragua [nika'raːgua] *(-s) nt* le Nicaragua.

nicaraguanisch [nikaragu'aːnɪʃ] *adj* nicaraguayen(ne).

=========================== *SCHLÜSSELWORT*

nicht [nɪçt] *adv* **1** *(Verneinung)* ne ... pas; **er raucht nicht** il ne fume pas; **er hat nicht geraucht** il n'a pas fumé; **ich auch nicht** moi non plus; **noch nicht** pas encore; **nicht mehr** plus; **nicht mehr als** pas plus de

2 *(Bitte, Verbot):* **nicht!** non!; **bitte nicht berühren!** (prière de) ne pas toucher!; **nicht rauchen** défense de fumer; **nicht doch!** arrête(z)!

3 *(rhetorisch):* **du bist müde/das ist schön, nicht (wahr)?** tu es fatigué(e)/c'est beau, n'est-ce pas?

4: **was du nicht sagst!** ça alors!

Nicht-: **~achtung** *f (Geringschätzung)* manque *m* d'égards; **n~amtlich** *adj* non officiel(le); **~anerkennung** *f* non-reconnaissance *f;* **~an-**

griffspakt *m* pacte *m* de non-agression.
Nichte ['nıçtə] *f* nièce *f*.
Nicht-: ~**einhaltung** *f* (+Gen) violation *f*, inobservation *f*; ~**einmischung** *f* (POL) nonintervention *f*, non-ingérence *f*; ~**gefallen** *nt*: **bei** ~**gefallen (zurück)** (remboursement) en cas de non-satisfaction.
nichtig ['nıçtıç] *adj* (geh: ungültig) nul(le), non valable; (wertlos) vain(e); (belanglos) futile; **N~keit** *f* (JUR) nullité *f*; (Sinnlosigkeit) futilité *f*.
Nichtraucher(in) *m(f)* non-fumeur(-euse) *m/f*; „~" (Schild) "non-fumeurs"; **ich bin** ~ je ne fume pas.
nichtrostend *adj* inoxydable.
nichts [nıçts] *pron* rien; **das macht** ~ ça ne fait rien; ~ **als** rien que; ~ **da!** (ausgeschlossen) jamais!, hors de question!; ~ **wie raus!** (umg): **filons!**; ~ **wie hin!** allons-y vite!; **für** ~ **und wieder** ~ pour des prunes; **N~** (**–s**) *nt* néant *m*; (pej: Person) nullité *f*; **vor dem N~ stehen** avoir tout perdu; ~**ahnend** *adj* qui ne se doute de rien.
Nichtschwimmer *m*: **er ist** ~ il ne sait pas nager.
nichts-: ~**destotrotz** (umg) *adv* n'empêche; ~**destoweniger** *adv* néanmoins; **N~könner** (pej) *m* bon(ne) *m/f* à rien, nullité *f*; ~**nutzig** *adj* (Mensch) bon(ne) à rien; ~**sagend** *adj* (Gesicht) sans expression; (Worte) creux(creuse); **N~tun** (**–s**) *nt* oisiveté *f*.
Nichtzutreffende(s) *nt*: ~**s (bitte) streichen!** rayer les mentions inutiles.
Nickel ['nıkəl] (**–s**) *nt* nickel *m*.
nicken ['nıkən] *vi* hocher la tête, faire un signe de tête affirmatif.
Nickerchen ['nıkərçən] (umg) *nt* roupillon *m*; **ein** ~ **machen** piquer un roupillon.
Nicki ['nıki] (**–s, –s**) *m* sweat-shirt en velours.
nie [ni:] *adv* jamais; ~ **wieder** od **mehr** jamais plus, plus jamais; ~ **und nimmer** jamais de la vie; **fast** ~ presque jamais.
nieder ['ni:dər] *adj* (niedrig) bas(basse); (Klasse) inférieur(e); (Wasser) peu profond(e), bas(basse) ♦ *adv* (hinunter): **er beugte sich** ~ il s'est penché (en avant); ~ **mit den Tyrannen!** à bas les tyrans!; **auf und** ~ de haut en bas; ~**deutsch** *adj* (LING) du od de bas allemand; ~**drücken** *vt* (Türklinke) appuyer sur; (geh: bedrücken) accabler; **N~gang** *m* déclin *m*; ~**gedrückt** *adj* accablé(e), abattu(e); ~**gehen** unreg *vi* (Sonne) se coucher; (Flugzeug) atterrir; (Regen) s'abattre; ~**geschlagen** *adj* abattu(e), découragé(e); **N~geschlagenheit** *f* abattement *m*, découragement *m*; **N~lage** *f* défaite *f*.
Niederlande ['ni:dərlandə] *pl*: **die** ~ les Pays-Bas *mpl*.
Niederländer(in) ['ni:dərlɛndər(ın)] (**–s, –**) *m(f)* Néerlandais(e) *m/f*.
niederländisch *adj* néerlandais(e); **N~** *nt* (LING) néerlandais *m*.
nieder-: ~**lassen** unreg *vr* s'établir; (sich setzen)

s'asseoir; **N~lassung** *f* (an Ort) installation *f*; (WIRTS) filiale *f*; ~**legen** *vt* (auf den Boden) poser; (Kranz) déposer; (Arbeit) cesser; (Amt) démissionner de; (schriftlich festlegen) consigner par écrit; ~**machen** (umg) *vt* massacrer; **N~österreich** (**–s**) *nt* la Basse-Autriche; **N~rhein** *m* Rhin *m* inférieur; ~**rheinisch** *adj* du Rhin inférieur; **N~sachsen** *nt* la Basse-Saxe; **N~schlag** *m* (CHEM: Bodensatz) précipité *m*; (MET) précipitations *fpl*; (BOXEN) knock-down *m*; **radioaktiver N~schlag** retombées *fpl* radioactives; ~**schlagen** unreg *vt* (Gegner) terrasser; (Aufstand) réprimer; (Augen) baisser ♦ *vr* (CHEM) former un précipité; **das Verfahren wurde** ~**geschlagen** (JUR) l'affaire a été classée; **sich in etw** Dat ~**schlagen** (Erfahrungen etc) s'exprimer dans qch; ~**schlagsfrei** ['ni:dərʃla:ksfraı] *adj* sans précipitations; ~**schmetternd** *adj* (Nachricht, Ergebnis) renversant(e); ~**schreiben** unreg *vt* coucher par écrit; **N~schrift** *f* notes *fpl*; (Protokoll) procès-verbal *m*; ~**stimmen** *vt* rejeter (par le vote); ~**tourig** *adj* à bas régime; ~**trächtig** *adj* ignoble, vil(e); **N~trächtigkeit** *f* vilenie *f*.
Niederung *f* (Senke) cuvette *f*.
niederwalzen ['ni:dərvaltsən] *vt* (zerstören) écraser.
niederwerfen ['ni:dərvɛrfən] unreg *vt* (Aufstand) réprimer, écraser; (geh: Gegner) vaincre.
niedlich ['ni:tlıç] *adj* mignon(ne), adorable.
niedrig ['ni:drıç] *adj* bas(basse); (Geschwindigkeit) faible; **N~keit** *f* (von Stufe, Haus) peu *m* de hauteur, faible hauteur *f*; (fig: pej) bassesse *f*.
niemals ['ni:ma:ls] *adv* jamais.
niemand ['ni:mant] *pron* personne.
Niemandsland ['ni:mantslant] (**–s**) *nt* zone *f* neutre, no man's land *m*.
Niere ['ni:rə] *f* rein *m*; (KOCH) rognon *m*; **künstliche** ~ rein artificiel.
Nierenentzündung *f* (MED) néphrite *f*.
nieseln ['ni:zəln] *vi* unpers: **es nieselt** il bruine.
Nieselregen *m* bruine *f*.
niesen ['ni:zən] *vi* éternuer.
Niespulver *nt* poudre *f* à éternuer.
Niete ['ni:tə] *f* (TECH) rivet *m*; (Los) numéro *m* perdant; (umg: Mensch) raté(e) *m/f*; **n~n** *vt* riveter.
Nietenhose *f* jean *m*.
niet- und nagelfest (umg) *adj* rivé(e) au sol.
Niger ['ni:gər] *m* (Fluß) Niger *m* ♦ *nt* (Land) le Niger.
Nigeria [ni'ge:ria] (**–s**) *nt* le Nigéria.
nigerianisch [nige:ri'a:nıʃ] *adj* nigérian(e).
Nihilismus [nihi'lısmʊs] *m* nihilisme *m*.
Nihilist [nihi'lıst] *m* nihiliste *m/f*.
nihilistisch *adj* nihiliste.
Nikolaus ['ni:kolaʊs] (**–, –e** od (hum: umg) **Nikoläuse**) *m* saint Nicolas *m*; ~**abend** *m* la Saint-Nicolas.
Nikosia [niko'zi:a] *nt* Nicosie *f*.
Nikotin [niko'ti:n] (**–s**) *nt* nicotine *f*; **n~arm** *adj*

pauvre en nicotine; **n~haltig** *adj* contenant de la nicotine.
Nil [niːl] (**–s**) *m* Nil *m*; **~pferd** *nt* hippopotame *m*.
Nimbus ['nɪmbʊs] (**–, –se**) *m* (*fig*) réputation *f*.
Nimmersatt ['nɪmərzat] (**–(e)s, –e**; *umg*) *m* glouton(ne) *m/f*, goinfre *m/f*.
Nimmerwiedersehen (*umg*) *nt*: **auf ~ pour** toujours.
nimmst [nɪmst] *vb siehe* **nehmen**.
nimmt [nɪmt] *vb siehe* **nehmen**.
nippen ['nɪpən] *vt, vi* siroter.
Nippes ['nɪpəs] *pl*, **Nippsachen** ['nɪpzaxən] *pl* bibelots *mpl*.
nirgends ['nɪrgənts] *adv* nulle part; **überall und ~** partout et nulle part.
nirgendwo *adv* nulle part.
nirgendwohin *adv* nulle part.
Nirosta ® [ni'rɔsta] (**–s**) *m* inox *m*.
Nische ['niːʃə] *f* niche *f*.
nisten ['nɪstən] *vi* nicher.
Nitrat [ni'traːt] (**–(e)s, –e**) *nt* nitrate *m*.
Niveau [ni'voː] (**–s, –s**) *nt* niveau *m*; (*geistiger Rang*) niveau (intellectuel); **unter meinem ~** indigne de moi; **kein/wenig ~ haben** être inculte/peu cultivé(e); **ein Hotel mit ~** un hôtel chic *od* de luxe; **ein Film mit ~** un film intellectuel.
nivellieren [nivɛ'liːrən] *vt* aplanir.
nix [nɪks] (*umg*) *pron* = **nichts**.
Nixe ['nɪksə] *f* sirène *f*.
Nizza ['nɪtsa] *nt* Nice *m*.
n.J. *abk* (= *nächsten Jahres*) de l'année prochaine.
n.M. *abk* (= *nächsten Monats*) du mois prochain.
NN, N.N. *abk* (= *Normalnull*) le niveau de la mer.
NO *abk* (= *Nordost*) NE.
no. *abk* (= *netto*) net.
nobel ['noːbəl] *adj* (*großzügig*) généreux(-euse); (*elegant*) chic *inv*, distingué(e).
Nobelpreisträger(in) [no'bɛlpraɪstrɛːgər(ɪn)] *m(f)* prix *m* Nobel.

================= *SCHLÜSSELWORT*

noch [nɔx] *adv* **1** (*weiterhin, wie zuvor*) encore, toujours; **noch nicht** pas encore; **noch nie** encore jamais; **noch immer, immer noch** toujours; **bleiben Sie doch noch** restez encore un peu; **ich möchte gern(e) noch bleiben** j'aimerais bien rester (encore un moment); **ich gehe kaum noch aus** je ne sors presque plus; **ich habe kaum noch Geld** je n'ai presque plus d'argent
2 (*irgendwann*) encore; **das kann noch passieren** ça peut encore arriver; **er wird noch kommen** il va venir
3 (*nicht später als*): **noch vor einer Woche** il y a seulement une semaine; **noch am selben Tag** le jour-même; **noch im 19. Jahrhundert** encore au XIXe siècle; **können Sie das heute noch erledigen?** pouvez-vous le faire au-

jourd'hui?; **gerade noch** tout juste
4 (*zusätzlich*): **wer noch?** qui d'autre?; **was noch?** quoi encore?; **noch einmal** encore une fois; **noch dreimal** encore trois fois; **noch einen Tee?** encore une tasse de thé?; **noch einer** encore un(e); **und es regnete auch noch** pour tout arranger, il a plu
5 (*zuerst*): **ich muß erst noch (etwas) essen** il faut d'abord que je mange quelque chose
6 (*bei Vergleichen*): **noch größer** encore plus grand(e); **das ist noch besser** c'est encore mieux; **und wenn es noch so schwer ist** même si c'est très difficile
7 (*umg*): **Geld noch und noch** un tas d'argent de l'argent à la pelle; **das ist noch (lange) kein Grund!** ce n'est pas une raison!
♦ *konj*: **weder A noch B** ni A ni B.

nochmalig *adj* nouveau(nouvelle).
nochmal(s) *adv* encore une fois, de nouveau.
Nockenwelle ['nɔkənvɛlə] *f* (*TECH*) arbre *m* à cames.
Nockerl ['nɔkərl] (**–s, –n**) *nt* (*KOCH*) boulette (de pâte).
NOK *abk* (= *Nationales Olympisches Komitee*) comité olympique allemand.
Nom. *abk* (= *Nominativ*) nom.
Nomade [no'maːdə] (**–n, –n**) *m* nomade *m*.
Nominalwert [nomi'naːlveːrt] *m* valeur *f* nominale.
Nominativ ['noːminatiːf] (**–s, –e**) *m* nominatif *m*.
nominell [nomi'nɛl] *adj* nominal(e).
nominieren [nomi'niːrən] *vt* nommer.
Nonne ['nɔnə] *f* religieuse *f*.
Nonnenkloster *nt* couvent *m* (de religieuses).
Nonplusultra [nɔnplʊs'ʊltra] (**–s**) *nt* nec plus ultra *m*.
Nonstopflug [nɔn'ʃtɔpfluːk] *m* vol *m* sans escale.
Nordafrika ['nɔrt|aːfrika] *nt* l'Afrique *f* du Nord.
nordafrikanisch *adj* nord-africain(e).
Nordamerika *nt* l'Amérique *f* du Nord.
nordamerikanisch ['nɔrt|ameri'kaːnɪʃ] *adj* nord-américain(e).
nordd. *abk* = **norddeutsch**.
norddeutsch *adj* d'Allemagne du Nord, du nord de l'Allemagne.
Norddeutschland *nt* l'Allemagne *f* du Nord.
Norden ['nɔrdən] (**–s**) *m* nord *m*.
Nord-: **~irland** *nt* l'Irlande *f* du Nord; **n~isch** *adj* nordique; **n~ische Kombination** (*SKI*) combiné *m* nordique; **~kap** *nt* cap *m* Nord; **~korea** *nt* la Corée du Nord.
nördlich ['nœrtlɪç] *adj* (*Gebiet*) du nord, septentrional(e); (*Breite*) nord *inv* ♦ *präp* +*Gen* au nord de; **der ~e Polarkreis** le cercle polaire arctique; **~es Eismeer** océan *m* Glacial arctique; **~ von** au nord de.
Nord-: **~licht** *nt* aurore *f* boréale; **~-Ostsee-Kanal** *m* canal *m* de Kiel; **~pol** *m* pôle

Nord; ~**polargebiet** nt Arctique m.
Nordrhein-Westfalen ['nɔrtraɪnvɛst'faːlən] (-s) nt la Rhénanie-Westphalie.
Nord-: ~**see** f mer f du Nord; ~**-Süd-Gefälle** nt clivage m Nord-Sud; n~**wärts** adv vers le nord; ~**wind** m vent m du nord, bise f.
Nörgelei [nœrgə'laɪ] (pej) f récriminations fpl, remarques fpl continuelles.
nörgeln (pej) vi maugréer.
Nörgler (-s, -; pej) m ronchonneur(-euse) m/f.
Norm [nɔrm] (-, -en) f norme f; (Leistungssoll) quota m.
normal [nɔr'maːl] adj normal(e); (Puls) régulier(-ière); **bist du noch** ~? (umg) ça va pas?; **N~(benzin)** nt essence f (ordinaire), ordinaire m.
normalerweise adv normalement.
Normalfall m: **im** ~ normalement, habituellement.
Normalgewicht nt poids m normal; (genormt) étalon m de poids.
normalisieren [nɔrmali'ziːrən] vt (Lage) normaliser ♦ vr revenir à la normale.
Normalisierung f normalisation f.
Normalzeit f heure f légale.
Normandie [nɔrman'diː] f Normandie f.
normen vt (Maße) standardiser.
Norwegen ['nɔrveːgən] (-s) nt la Norvège.
Norweger(in) (-s, -) m(f) Norvégien(ne) m/f.
norwegisch adj norvégien(ne); **N~** nt (LING) norvégien m.
Nostalgie [nɔstal'giː] f nostalgie f.
Not [noːt] (-, ˈ-e) f (Bedrängnis) détresse f; (Mangel) misère f, dénuement m; (Sorge, Mühe) peine f; (Notwendigkeit) nécessité f; **zur** ~ à la rigueur; **mit knapper** ~ à grand-peine; **in** ~ **sein** (in Seenot, Bedrängnis) être en détresse; (bedürftig) être dans le besoin; **in seiner** ~ dans sa détresse; **er hat seine liebe** ~ **damit/mit ihr** il a bien du mal/du mal avec elle; **wenn** ~ **am Mann ist** en cas de besoin; (im Notfall) en cas d'urgence.
Notar(in) [no'taːr(ɪn)] (-s, -e) m(f) notaire m; **n~iell** adj notarié(e) ♦ adv: **n~iell beglaubigt** notarié(e), fait(e) devant notaire.
Not-: ~**arzt** m médecin m d'urgence, médecin du SAMU; ~**ausgang** m sortie f de secours; ~**behelf** (-s, -e) m moyen m de fortune, expédient m; ~**bremse** f (im Zug) signal m d'alarme; ~**dienst** m service m d'urgence; **n~dürftig** adj (kaum ausreichend) piètre; (behelfsmäßig) provisoire ♦ adv: **sich n~dürftig verständigen** se débrouiller.
Note ['noːtə] f note f; (Bank~) billet m (de banque); (Gepräge) touche f; ~**n** pl (MUS) partition f; ~**n lesen** (MUS) déchiffrer (la musique); **eine persönliche** ~ une touche personnelle.
Noten-: ~**bank** f banque f d'émission; ~**blatt** nt partition f; ~**linie** f (MUS) ligne f (d'une portée); ~**schlüssel** m (MUS) clef f; ~**ständer** m pupitre m (à musique).
Not-: ~**fall** m urgence f; **im** ~**fall** en cas d'ur-

gence; **n~falls** adv au besoin, si besoin est; **n~gedrungen** adv par nécessité; **etw n~gedrungen machen** être contraint(e) de faire qch; ~**groschen** ['noːtgrɔʃən] m pécule m.
notieren [no'tiːrən] vt noter; (FINANZ) coter ♦ vi: ~ **auf** (FINANZ) être coté(e) à.
Notierung f (FINANZ: von Kurs) cotation f.
nötig ['nøːtɪç] adj nécessaire ♦ adv (dringend): **etw** ~ **brauchen** avoir grand besoin de qch; **etw** ~ **haben** avoir besoin de qch; **das habe ich nicht** ~! il ne manquait plus que ça!; **es ist nicht** ~ c'est inutile.
nötigen vt (zwingen) obliger, forcer; (eindringlich auffordern) prier instamment, presser; ~**falls** adv au besoin, si besoin est.
Nötigung f (JUR) contrainte f.
Notiz [no'tiːts] (-, -en) f (kurze Aufzeichnung) note f; (Zeitungs~) entrefilet m; ~ **von jdm/etw nehmen** prêter attention à qn/qch; ~**block** m bloc-notes m; ~**buch** nt calepin m, carnet m; ~**zettel** m bout m de papier.
Not-: ~**lage** f situation f critique, détresse f; **in eine** ~**lage geraten** se mettre dans le pétrin; **n~landen** vi faire un atterrissage forcé; ~**landung** f atterrissage m forcé; **n~leidend** adj (Bevölkerung) nécessiteux(-euse); ~**lösung** f solution f provisoire, compromis m; ~**lüge** f pieux mensonge m.
notorisch [no'toːrɪʃ] adj (geh) notoire.
Not-: ~**ruf** m (TEL) appel m d'urgence; (: Nummer) numéro m des urgences; ~**rufsäule** f téléphone réservé aux appels d'urgence; **n~schlachten** vt abattre; ~**stand** m (POL) état m d'urgence; ~**standsgebiet** nt (wirtschaftlich) région f touchée par la crise (économique); (bei Katastrophen) région sinistrée; ~**standsgesetz** nt loi en vigueur lors d'un état d'urgence; ~**unterkunft** f logement m od hébergement m provisoire; ~**verband** m pansement m provisoire; ~**wehr** (-) f légitime défense f; **n~wendig** adj nécessaire; (zwangsläufig) inéluctable; ~**wendigkeit** f nécessité f; ~**zucht** f (JUR) viol m.
Nougat ['nuːgat] (-s, -s) m od nt praliné m.
Nov. abk = **November**.
Novelle [no'vɛlə] f (Erzählung) nouvelle f; (JUR, POL) amendement m.
November [no'vɛmbər] (-(s), -) m novembre m; siehe auch **September**.
Novum ['noːvʊm] (-s, Nova; geh) nt innovation f.
NPD (-) f abk (= Nationaldemokratische Partei Deutschlands) parti allemand d'extrême-droite.
Nr. abk (= Nummer) nᵒ, Nᵒ.
NS abk (= Nachschrift) P-S; (= nationalsozialistisch) nazi(e); (= Nationalsozialismus) nazisme m.
N.T. abk (= Neues Testament) Nouveau Testament m.
Nu [nuː] m: **im** ~ en un clin d'œil.
Nuance [ny'ãːsə] f nuance f; (Kleinigkeit) soupçon m.

nüchtern ['nʏçtərn] *adj* (*nicht betrunken*) pas ivre; (*ohne Essen: Person*) à jeun, l'estomac vide; (*Einrichtung*) sobre; (*Urteil*) objectif(-ive); **auf ~en Magen** à jeun; **N~heit** *f* sobriété *f*.

Nudel ['nuːdəl] (**-, -n**) *f*: **Nudeln** *pl* nouilles *fpl*, pâtes *fpl*; **eine dicke ~** (*umg: Mensch*) un vrai bibendum; **eine komische ~** (*umg: Mensch*) un drôle de numéro; **~holz** *nt* rouleau *m* à pâtisserie.

Nugat ['nuːgat] (**-s, -s**) *m od nt* = **Nougat**.

nuklear [nukle'aːr] *adj attrib* nucléaire; **N~waffe** *f* arme *f* nucléaire.

null [nʊl] *num* zéro; **~ Fehler/Uhr** zéro faute/heure; **~ und nichtig** nul(nulle) et non avenu(e); **das Spiel steht drei zu ~** le score est de trois à zéro; **N~** (**-, -en**) *f* zéro *m*; (*umg: pej: Mensch*) nullité *f*; **auf/über/unter N~ stehen** être à/au-dessus de/en dessous de zéro; **in N~ Komma nichts** (*umg*) en un rien de temps; **die Stunde N~** un nouveau départ; **gleich N~ sein** être inexistant(e).

nullachtfünfzehn ['nʊl|axt'fʏnftseːn] (*umg: pej*) *adj* ringard(e).

Nulldiät *f* (*MED*) jeûne *m*.

Nullösung ['nʊlløːzʊŋ] *f* (*POL*) option *f* zéro.

Nullpunkt *m* (point *m*) zéro *m*; **auf dem ~ angekommen sein** (*Tiefpunkt*) être dans le creux de la vague.

Nulltarif *m* (*für Verkehrsmittel*) gratuité *f* (*des transports en commun*).

numerieren [nume'riːrən] *vt* numéroter.

numerisch [nu'meːrɪʃ] *adj* (*zahlenmäßig*) numérique; **~es Tastenfeld** bloc *m od* clavier *m* numérique.

Numerus ['nuːmerʊs] (**-, Numeri**) *m* (*GRAM*) nombre *m*; **~ clausus** (*UNIV*) numerus clausus *m*.

Nummer ['nʊmər] (**-, -n**) *f* numéro *m*; (*Größe: Kleidung*) taille *f*; (: *Schuhe*) pointure *f*; **auf ~ Sicher gehen** (*umg*) ne pas prendre de risques.

Nummern-: **~konto** *nt* compte *m* à numéros; **~scheibe** *f* (*TEL*) cadran *m*; **~schild** *nt* (*AUT*) plaque *f* minéralogique.

nun [nuːn] *adv* (*jetzt*) maintenant ♦ *interj* eh bien, alors; **was ~?** et maintenant?; **das ist ~ mal so** c'est comme ça; **~, wie steht's?** alors, ça va?

nur [nuːr] *adv* seulement; **nicht ~ ..., sondern auch ...** non seulement ..., mais aussi ...; **alle, ~ ich nicht** tous sauf moi; **wo bleibt er ~?** mais où est-il donc?; **ich hab' das ~ so gesagt** j'ai dit ça comme ça.

Nürnberg ['nʏrnbɛrk] (**-s**) *nt* Nuremberg.

nuscheln ['nʊʃəln] (*umg*) *vt, vi* marmonner.

Nuß [nʊs] (**-, Nüsse**) *f* noix *f*; (*Hasel~*) noisette *f*; **eine doofe ~** (*umg*) un(e) imbécile; **eine harte ~ sein** être un casse-tête; **~baum** *m* noyer *m*; **~knacker** (**-s, -**) *m* casse-noix *m inv*, casse-noisettes *m*.

Nüster ['nyːstər] (**-, -n**) *f* naseau *m*.

Nutte ['nʊtə] (*pej*) *f* putain *f*.

nutz [nʊts] *adj* = **nütze**; **~bar** *adj* (*Boden*) cultivable; **etw ~bar machen** exploiter qch; **N~barmachung** *f* exploitation *f*; **~bringend** *adj* (*Verwendung*) profitable ♦ *adv*: **etw ~bringend anwenden** mettre qch à profit.

nütze *adj*: **zu nichts ~ sein** n'être bon(bonne) à rien.

nutzen *vi* (*Maßnahme etc*) être utile, servir ♦ *vt* exploiter; (*Gelegenheit*) profiter de; **es nutzt nichts** ça ne sert à rien; **wozu soll das (alles) ~?** à quoi bon tout cela?; **was nutzt es?** à quoi bon?; **N~** (**-s**) *m* (*Nützlichkeit*) utilité *f*, usage *m*; (*Vorteil*) intérêt *m*; **zum N~ der Öffentlichkeit** d'utilité publique; **aus etw** *Dat* **N~ ziehen** tirer profit *od* parti de qch; **es wäre von N~, wenn ...** il serait utile que ...; **jdm von N~ sein** être utile à qn.

nützen *vt, vi siehe* **nutzen**.

Nutz-: **~fläche** *f* surface *f* utile; (*AGR*) surface exploitable; **~last** *f* charge *f* utile.

nützlich ['nʏtslɪç] *adj* utile; **N~keit** *f* utilité *f*.

nutz-: **~los** *adj* inutile; (*Bemühung*) vain(e); **N~losigkeit** *f* inutilité *f*; **N~nießer** (**-s, -**) *m* bénéficiaire *m/f*.

Nutzung *f* (*Gebrauch*) utilisation *f*; (*das Ausnutzen*) exploitation *f*.

Nylon ['naɪlɔn] (**-(s)**) *nt* nylon *m*.

NW *abk* (= *Nordwest*) NO.

Nymphe *f* nymphe *f*.

O, o

O, o [oː] *nt* (*Buchstabe*) O, o *m*; **~ wie Otto** ≈ O comme Oscar.

O *abk* (= *Osten*) O.

o.ä. *abk* (= *oder ähnliche(s)*) ou similaire.

Oase [o'aːzə] *f* oasis *f*.

OB (**-s, -s**) *m abk* = **Oberbürgermeister**.

ob [ɔp] *konj* si; **als ~** comme si; **(so) tun, als ~** (*umg*) faire semblant; **~ das wohl wahr ist?** je me demande si c'est vrai; **und ~!** et comment!; **~ ich (nicht) lieber gehe?** peut-être que je ferais mieux de partir.

Obacht ['oːbaxt] *f*: **(auf jdn/etw) ~ geben** (*achten auf*) faire attention (à qn/qch); **auf jdn ~ geben** (*bewachen*) surveiller qn.

Obdach ['ɔpdax] (**-(e)s**) *nt* abri *m*, refuge *m*; **o~los** *adj* sans abri *inv*; **~lose(r)** *f(m)* sans-abri *inv*; **~losenasyl, ~losenheim** *nt* centre *m* d'hébergement pour sans-abri.

Obduktion [ɔpdʊktsi'oːn] *f* autopsie *f*.

obduzieren [ɔpdu'tsiːrən] *vt* autopsier, faire l'autopsie de.

O-Beine ['oːbaɪnə] *pl* jambes *fpl* arquées.

Obelisk [obe'lɪsk] (**-en, -en**) *m* obélisque *m*.

oben ['oːbən] *adv* en haut; **nach ~** vers le haut

nach ~ **tragen** monter; **siehe** ~ voir ci-dessus; **ganz** ~ tout en haut; ~ **ohne** (*umg*) les seins nus; **von** ~ **bis unten** (*ganz und gar*) complètement; (*von Mensch*) des pieds à la tête; **die Abbildung** ~ **links** *od* **links** ~ la figure en haut à gauche; **von** ~ **herab** (*überheblich*) de haut; **jdn von** ~ **bis unten ansehen** toiser qn; **die da** ~ (*umg: die Vorgesetzten*) ceux qui prennent les décisions; **Befehl von** ~ ordre d'en haut; ~**an** *adv* tout en haut; ~**auf** *adv* (*obendrauf*) dessus; (*munter*) en forme; ~**drein** *adv* par-dessus le marché; ~**erwähnt,** ~**genannt** *adj* mentionné(e) ci-dessus; ~**hin** *adv* en passant.

Ober ['o:bər] (**–s, –**) *m* (*Kellner*) serveur *m*; (*KAR-TEN*) dame *f*; **Herr** ~! monsieur!, s'il vous plaît!

Ober-: ~**arm** *m* avant-bras *m inv*; ~**arzt** *m* chef *m* de clinique; ~**aufsicht** *f* surveillance *f* générale; ~**bayern** *nt* Haute-Bavière *f*; ~**befehl** *m* haut commandement *m*; ~**befehlshaber** *m* commandant *m* en chef; ~**begriff** *m* terme *m* générique; ~**bekleidung** *f* vêtements *mpl* (de dessus); ~**bett** *nt* couette *f*; ~**bürgermeister** *m* maire *m*; ~**deck** *nt* (*Schiff*) pont *m* supérieur; (*Bus*) impériale *f*.

obere(r, s) *adj* supérieur(e); (*Stockwerk auch*) du dessus; (*Flußlauf*) haut(e); **die** ~**n Zehntausend** (*umg*) la haute; **O**~ (**–n, –n**) *m* (*REL*) supérieur *m*; **die O**~**en** (*in Hierarchie*) nos *etc* supérieurs.

Ober-: ~**fläche** *f* surface *f*; **o**~**flächlich** *adj* superficiel(le) ♦ *adv* superficiellement; **bei o**~**flächlicher Betrachtung** à première vue; **jdn (nur) o**~**flächlich kennen** ne pas bien connaître qn; ~**flächlichkeit** *f* caractère *m* superficiel; ~**geschoß** *nt* étage *m*; **im zweiten** ~**geschoß** au deuxième étage; **o**~**halb** *adv*: **o**~**halb von Köln** au-dessus de Cologne ♦ *präp* +*Gen* au-dessus de; **weiter o**~**halb** plus haut; ~**hand** *f*: **die** ~**hand gewinnen (über** +*Akk*) prendre le dessus (sur); ~**haupt** *nt* chef *m*; ~**haus** *nt* (*POL*) Chambre *f* haute; ~**hemd** *nt* chemise *f*; ~**herrschaft** *f* suprématie *f*.

Oberin *f* (*REL*) mère *f* supérieure.

ober-: ~**irdisch** *adj* (*Gang*) en surface; (*Leitung*) aérien(ne); **O**~**italien** *nt* l'Italie *f* du Nord; **O**~**kellner** *m* maître *m* d'hôtel; **O**~**kiefer** *m* mâchoire *f* supérieure; **O**~**kommando** *nt* haut commandement *m*; **O**~**körper** *m* haut *m* du corps; **O**~**lauf** *m* (*von Fluß*) cours *m* supérieur; **O**~**leitung** *f* direction *f* générale; (*ELEK*) câble *m* aérien; **O**~**lippe** *f* lèvre *f* supérieure; **O**~**material** *nt*: „**O**~**material Leder**" "dessus cuir"; **O**~**schenkel** *m* cuisse *f*; **O**~**schicht** *f* couches *fpl* supérieures (de la société); **O**~**schule** *f* lycée *m*; **O**~**schüler(in)** *m(f)* lycéen(ne) *m/f*; **O**~**schwester** *f* (*MED*) infirmière *f* en chef; **O**~**seite** *f* dessus *m*.

Oberst ['o:bərst] (**–en** *od* **–s, –en** *od* **–e**) *m* colonel *m*.

oberste(r, s) *adj* (*Knopf, Regal*) du haut; (:

Stockwerk) dernier(-ière); (*Befehlshaber, Gesetz, Prinzip*) suprême; (*Klasse*) supérieur(e).

Ober-: ~**stübchen** (*umg*) *nt*: **er ist nicht ganz richtig im** ~**stübchen** il est un peu timbré; ~**stufe** *f* (*SCH*) second cycle *m*; ~**teil** *nt* partie *f* supérieure, haut *m*; ~**wasser** *nt*: **wieder** ~**wasser haben/bekommen** avoir repris/ reprendre le dessus; ~**weite** *f* tour *m* de poitrine.

obgleich [ɔp'glaɪç] *konj* bien que +*sub*, quoique +*sub*.

Obhut ['ɔphu:t] (**–**) *f* garde *f*; **in jds** ~ **sein** être sous la garde de qn.

obig ['o:bɪç] *adj* (*förmlich*) ci-dessus, susmentionné(e).

Objekt [ɔp'jɛkt] (**–(e)s, –e**) *nt* objet *m*.

Objektiv (**–s, –e**) *nt* objectif *m*.

objektiv [ɔpjɛk'ti:f] *adj* (*geh*) objectif(-ive).

Objektivität [ɔpjɛktivi'tɛ:t] *f* objectivité *f*.

Oblate [o'bla:tə] *f* (*KOCH*) oublie *f*; (*REL*) hostie *f*.

obligat [obli'ga:t] *adj* (*oft hum: unvermeidlich*) de rigueur, inévitable.

Obligation [obligatsi'o:n] *f* obligation *f*.

obligatorisch [obliga'to:rɪʃ] *adj* obligatoire.

Oboe [o'bo:ə] *f* hautbois *m*.

Oboist(in) [obo'ɪst(ɪn)] *m(f)* hautboïste *m/f*.

Obrigkeit ['o:brɪçkaɪt] *f* (*als Begriff*) autorité *f*; (*Behörden, REL*) autorités *fpl*.

Obrigkeitsdenken *nt* soumission *f*.

obschon [ɔp'ʃo:n] *konj* (*geh*) quoique +*subj*.

Observatorium [ɔpzɛrva'to:riʊm] *nt* observatoire *m*.

observieren [ɔpzɛr'vi:rən] *vt* (*polizeilich*) surveiller.

obskur [ɔps'ku:r] *adj* (*unbekannt*) obscur(e); (*verdächtig: Sache*) louche.

Obst [o:pst] (**–(e)s**) *nt* fruits *mpl*; ~**bau** *m* arboriculture *f* fruitière; ~**baum** *m* arbre *m* fruitier; ~**garten** *m* verger *m*; ~**händler** *m* marchand *m* de fruits; ~**kuchen** *m* tarte *f* aux fruits; ~**ler** (**–s, –**) *m* eau *f* de vie de fruits; ~**saft** *m* jus *m* de fruits; ~**salat** *m* salade *f* de fruits; ~**wasser** *nt* = **Obstler.**

obszön [ɔps'tsø:n] *adj* obscène.

Obszönität [ɔpstsøni'tɛ:t] *f* obscénité *f*.

Obus ['o:bʊs] (**–ses, –se**) *m* (*umg: Trolleybus*) trolley *m*.

obwohl [ɔp'vo:l] *konj* bien que +*sub*, quoique +*sub*.

Ochse ['ɔksə] (**–n, –n**) *m* bœuf *m*; (*umg: Dummkopf*) imbécile *m*; **er stand da wie der** ~ **vom Berg** (*umg*) il était bien emprunté.

ochsen (*umg*) *vt, vi* bûcher.

Ochsenschwanzsuppe *f* soupe *f* à la queue de bœuf.

Ochsenzunge *f* langue *f* de bœuf.

Ocker ['ɔkɐ] (**–s, –**) *m od nt* ocre *f*.

öd(e) [ø:t, 'ø:də] *adj* (*karg*) inculte; (*verlassen*) désert(e); (*fade*) monotone; **öd und leer** désolé(e).

Öde *f* solitude *f*; (*fig*) ennui *m*.

oder ['o:dɐ] *konj* ou; **entweder ...** ~ **soit ... soit,**

ou ; **du kommst doch, ~?** tu viens, non?
Ofen ['o:fən] **(–s, ⁻e)** *m* (*Heiz~*) poêle *m*; (*Herd~*)
fourneau *m*; (*Back~*) four *m*; (*Hoch~*) haut
fourneau *m*; **jetzt ist der ~ aus** (*umg*) ça c'est la
goutte d'eau qui fait déborder le vase;
~rohr *nt* tuyau *m* de poêle.
offen ['ɔfən] *adj* ouvert(e); (*Turnier*) open *inv*;
(*Stelle*) vacant(e); (*Frage*) non résolu(e); (*aufrichtig*) franc(franche); (*Haare*) au vent ♦ *adv*:
~ gesagt à vrai dire, franchement; **~er Wein**
vin *m* en carafe; **~es Bein** (*MED*) jambe *f* gon-
flée d'œdème; **auf ~er See** en haute mer, au
large; **aufs ~e Meer hinausfahren** prendre le
large; **auf ~er Strecke** en rase campagne;
Tag der ~en Tür journée *f* portes ouvertes;
~e Handelsgesellschaft société *f* en nom collectif; **ein ~es Wort mit jdm reden** s'expliquer
franchement avec qn; **seine Meinung ~ sagen**
dire franchement ce que l'on pense.
offenbar *adj* manifeste, évident(e) ♦ *adv* (*vermutlich*) apparemment.
offenbaren [ɔfən'ba:rən] *vt* révéler.
Offenbarung *f* révélation *f*.
Offenbarungseid *m* (*JUR*) serment *m* décla-
ratoire (*par lequel un débiteur jure n'avoir pas les
moyens de rembourser ses dettes*).
offen-: **~bleiben** *unreg vi* (*Fenster*) rester ou-
vert(e); (*Frage, Entscheidung*) rester en suspens; **~halten** *unreg vt* (*Tür*) tenir
ouvert(e); (*Stelle*) réserver; **O~heit** *f*
(*von Mensch, Antwort*) franchise *f*, sincérité *f*;
(*Aufgeschlossenheit*) ouverture *f* d'esprit;
~herzig *adj* (*Mensch, Bekenntnis*) sincère;
(*hum: Kleid*) décolleté(e); **O~herzigkeit** *f* sincérité *f*; **~kundig** *adj* manifeste; **~lassen** *unreg vt* (*Tür etc*) laisser ouvert(e); (*Frage*) laisser en suspens; (*Arbeitsstelle*) réserver;
~sichtlich *adj* manifeste, évident(e) ♦ *adv* apparemment.
offensiv [ɔfɛn'zi:f] *adj* offensif(-ive).
Offensive *f* offensive *f*.
offenstehen *unreg vi* (*Tür etc*) être
ouvert(e); (*Rechnung*) être impayé(e);
es steht Ihnen offen, es zu tun vous êtes
libre de le faire; **diese Möglichkeit steht ihm
offen** c'est une possibilité qui s'offre à lui;
die (ganze) Welt steht ihm offen le monde lui
appartient.
öffentlich ['œfəntlıç] *adj* public(-ique); **die ~e
Hand** les pouvoirs *mpl* publics; **Anstalt des
~en Rechts** établissement *m* de droit public;
der ~e Dienst la fonction publique; **Ausgaben
der ~en Hand** les dépenses *fpl* publiques.
Öffentlichkeit *f* (*Leute*) public *m*; (*das
Öffentlichsein*) caractère *m* public; **in aller ~** en
public; **an die ~ dringen** transpirer; **unter
Ausschluß der ~** à huis clos.
Öffentlichkeitsarbeit *f* relations *fpl* publiques.
öffentlich-rechtlich *adj attrib* de droit public.
offerieren [ɔfe'ri:rən] *vt* offrir.
Offerte [ɔ'fɛrtə] *f* offre *f*.
offiziell [ɔfitsi'ɛl] *adj* officiel(le).

Offizier [ɔfi'tsi:r] **(–s, –e)** *m* officier *m*.
Offizierskasino *nt* mess *m*.
öffnen ['œfnən] *vt, vi* ouvrir ♦ *vr* s'ouvrir;
(*Blüten*) éclore; **jdm die Tür ~** ouvrir la porte
à qn.
Öffner ['œfnər] **(–s, –)** *m* (*Büchsen~*) ouvre-
boîte *m*; (*Tür~*) portier *m* automatique.
Öffnung ['œfnʊŋ] *f* ouverture *f*.
Öffnungszeiten *pl* heures *fpl* d'ouverture.
Offsetdruck ['ɔfsɛtdrʊk] *m* impression *f* offset.
oft [ɔft] *adv* souvent; (*in kurzen Abständen*) fréquemment.
öfter ['œftər] *adv* assez souvent; **~ als** plus
souvent que; **des ~en** à diverses reprises; **~
mal was Neues** (*umg*) rien de plus sain que le
changement.
öfters *adv* = **öfter**.
oftmals *adv* souvent.
O.G. *abk* (= *ohne Gewähr*) sujet(te) à des modifications.
oh [o:] *interj* oh.
OHG *abk* (= *offene Handelsgesellschaft*) société *f*
en nom collectif.
ohne ['o:nə] *präp +Akk* sans ♦ *konj*: **~ daß**
sans que; **~ etw zu tun** sans faire qch; **das ist
nicht (so) ~** (*umg*) ce n'est pas si simple; **~
weiteres** sans aucune difficulté; (*sofort*) sans
hésiter; **das Darlehen ist ~ weiteres bewilligt
worden** on lui a tout de suite accordé le
prêt; **das kann man nicht ~ weiteres voraussetzen** on ne peut pas compter là-dessus; **~,
daß er es wußte** sans qu'il fût au courant, à
son insu; **~dies** *adv* de toute façon; **~einan-
der** *adv* l'un(e) sans l'autre; **~gleichen** *adv*
sans pareil(le); **~hin** *adv* de toute façon; **es
ist ~hin schon spät** il est déjà *od* assez tard
comme ça.
Ohnmacht ['o:nmaxt] *f* évanouissement *m*;
(*Machtlosigkeit*) impuissance *f*; **in ~ fallen**
s'évanouir.
ohnmächtig ['o:nmɛçtıç] *adj* évanoui(e); (*fig*)
impuissant(e); **sie ist ~** elle s'est évanouie;
einer Sache *Dat* **~ gegenüberstehen** ne rien
pouvoir faire contre qch; **~e Wut** *od* **~er Zorn**
une rage impuissante.
Ohr [o:r] **(–(e)s, –en)** *nt* oreille *f*; (*Gehör*) ouïe *f*;
jdm die ~en langziehen (*umg*) harceler qn;
jdm in den ~en liegen rebattre les oreilles de
qn; **seinen ~en nicht trauen** (*umg*) ne pas en
croire ses oreilles; **jdn übers ~ hauen** (*umg*)
duper qn; **auf dem ~ bin ich taub** (*fig*) je ne
veux rien entendre; **schreib es dir hinter die
~en** (*umg*) mets-toi bien ça en tête; **bis über
die** *od* **beide ~en verliebt sein** être éperdument amoureux(-euse); **viel um die ~en haben** (*umg*) être complètement débordé(e);
halt die ~en steif! (*umg*) ne te laisse pas abattre!
Öhr [ø:r] **(–(e)s, –e)** *nt* chas *m*.
Ohren-: **~arzt** *m* oto-rhino(-laryngologiste)
m; **o~betäubend** *adj* assourdissant(e); **~sau-
sen** *nt* (*MED*) bourdonnement *m* d'oreilles;

~**schmalz** nt cérumen m; ~**schmerzen** pl mal m à l'oreille od aux oreilles; ~**schützer** pl serre-tête m inv; ~**sessel** (**–s, –**) m bergère f à oreilles (fauteuil).

Ohr-: ~**feige** f gifle f; **o**~**feigen** vt gifler; **ich hätte mich o**~**feigen können!** (umg) je me serais flanqué des gifles!; ~**läppchen** nt lobe m de l'oreille; ~**ring** m boucle f d'oreille; ~**wurm** m (ZOOL) perce-oreille m; (MUS) ritournelle f.

o.J. abk (= ohne Jahr) l'année n'est pas précisée.

oje [o'je:] interj hélas.

okay [o'ke:] (umg) interj O.K. ♦ adj O.K. inv.

okkupieren [ɔku'pi:rən] vt (Gebiet) occuper.

Ökoladen ['ø:kola:dən] m magasin m de produits biologiques.

Ökologie [økolo'gi:] f écologie f.

ökologisch [øko'lo:gɪʃ] adj écologique.

Ökonomie [økono'mi:] f économie f; (als Wissenschaft) économie (politique).

ökonomisch [øko'no:mɪʃ] adj économique.

Ökopaxe [øko'paksə] (**–n, –n**; umg) m écolo m (pacifiste).

Ökosystem ['ø:kozʏste:m] nt écosystème m.

Okt. abk = Oktober.

Oktan [ɔk'ta:n] (**–s, –e**) nt octane m; ~**zahl** f indice m d'octane.

Oktave [ɔk'ta:və] f octave f.

Oktett [ɔk'tɛt] (**–(e)s, –e**) nt (MUS) octuor m.

Oktober [ɔk'to:bər] (**–(s), –**) m octobre m; siehe auch September.

ökumenisch [øku'me:nɪʃ] adj œcuménique.

Öl [ø:l] (**–(e)s, –e**) nt huile f; (Erd~) pétrole m; **auf ~ stoßen** découvrir du pétrole; ~ **auf die Wogen gießen** ramener le calme; ~**baum** m olivier m.

Oleander [ole'andər] (**–s, –**) m laurier-rose m.

ölen vt huiler; (TECH) lubrifier; **sich** Dat **die Schultern ~** s'enduire les épaules d'huile solaire; **wie ein geölter Blitz** (umg) en moins de deux.

Öl-: ~**farbe** f peinture f à l'huile; ~**feld** nt gisement m de pétrole; ~**film** m pellicule f d'huile; ~**gemälde** nt peinture f à l'huile; ~**heizung** f chauffage m au mazout.

ölig adj (ölhaltig) oléagineux(-euse); (schmierig) huileux(-euse); (pej: Stimme) mielleux (-euse).

Ölindustrie f industrie f pétrolière.

oliv [o'li:f] adj (vert) olive inv.

Olive [o'li:və] f olive f.

Olivenöl nt huile f d'olive.

Öljacke f ciré m.

oll [ɔl] adj (umg) vieux(vieille); **das sind ~e Kamellen** c'est des vieilles histoires.

Öl-: ~**meßstab** m jauge f (de niveau d'huile); ~**ofen** m poêle m à mazout; ~**pest** f marée f noire; ~**plattform** f plate-forme f pétrolière; ~**sardine** f sardine f à l'huile; ~**scheich** (umg) m émir m du pétrole; ~**stand** m niveau m d'huile; ~**standsanzeiger** m indicateur m de niveau d'huile; ~**tanker** m pétrolier m (navire); ~**teppich** m nappe f de pétrole.

Ölung f lubrification f; **die Letzte ~** (REL) l'extrême-onction f.

Ölwanne f carter m.

Ölwechsel m vidange f.

Olymp [o'lʏmp] (**–s**) m (GEOG) Olympe m.

Olympiade [olʏmpi'a:də] f olympiade f.

Olympia-: ~**sieger(in)** [o'lʏmpiazi:gər(ɪn)] m(f) champion(ne) m/f olympique; ~**stadion** nt stade m olympique; ~**teilnehmer(in)** m(f) sportif(-ive) qui participe aux jeux olympiques.

olympisch [o'lʏmpɪʃ] adj olympique.

Ölzeug nt ciré m.

Oma ['o:ma] (**–, –s**; umg) f mémé f, mamie f.

Oman [o'ma:n] nt Oman m.

Ombudsmann ['ɔmbʊtsman] m médiateur m.

Omelett [ɔm(ə)'lɛt] (**–(e)s, –s**) nt omelette f.

Omelette f = **Omelett**.

Omen ['o:mɛn] (**–s, –** od **Omina**) nt présage m.

ominös [omi'nø:s] adj (unheilvoll) de mauvais augure.

Omnibus ['ɔmnibʊs] m (auto)bus m; ~**bahnhof** m gare f routière.

Onanie [ona'ni:] f onanisme m.

onanieren vi se masturber.

ondulieren [ɔndu'li:rən] vt friser.

Onkel ['ɔŋkəl] (**–s, –**) m oncle m.

Onyx ['onʏks] (**–(e)s, –e**) m onyx m.

OÖ abk (= Oberösterreich) (de) la Haute-Autriche.

OP m abk = **Operationssaal**.

Opa ['o:pa] (**–s, –s**; umg) m pépé m, papy m.

Opal [o'pa:l] (**–s, –e**) m opale f.

Oper ['o:pər] f opéra m.

Operation [operatsi'o:n] f opération f.

Operationssaal m salle f d'opération.

Operationsschwester f infirmière f de salle d'opération.

operativ [opəra'ti:f] adj (MED) chirurgical(e); (MIL) opérationnel(le); **eine Geschwulst ~ entfernen** opérer une tumeur.

Operette [ope'rɛtə] f opérette f.

operieren [ope'ri:rən] vt, vi opérer; **sich ~ lassen** se faire opérer, être opéré(e).

Opern-: ~**glas** nt jumelles fpl de théâtre; ~**haus** nt opéra m; ~**sänger(in)** m(f) chanteur(-euse) m/f d'opéra.

Opfer ['ɔpfər] (**–s, –**) nt (Gabe) offrande f; (Verzicht) sacrifice m; (bei Unfall) victime f; **jdm/einer Sache zum ~** **werden** être la victime de qn/qch; ~**bereitschaft** f abnégation f.

opfern vt (darbringen) sacrifier ♦ vr se sacrifier.

Opferstock m tronc m (boîte).

Opferung f sacrifice m.

Opium ['o:piʊm] (**–s**) nt opium m.

Opponent(in) [ɔpo'nɛnt(ɪn)] (**–en, –en**) m(f) opposant(e) m/f.

opponieren [ɔpo'ni:rən] vi: **(gegen jdn/etw) ~** s'opposer (à qn/qch).

opportun [ɔpɔr'tu:n] adj (geh) opportun(e); **O**~**ismus** m (geh) opportunisme m; **O**~**ist(in)** m(f) (geh) opportuniste m/f.

Opposition [ɔpozitsi'o:n] f (geh) opposition f.

oppositionell [ɔpozitsio:'nɛl] *adj* d'opposition.
Oppositionsführer *m* leader *m* de l'opposition.
optieren [ɔp'ti:rən] *vi* (*förmlich*): ~ **für** opter pour.
Optik ['ɔptɪk] *f* optique *f*.
Optiker(in) (**-s, -**) *m(f)* opticien(ne) *m/f*.
optimal [ɔpti'ma:l] *adj* optimal(e); **der/die/das** ~**e** ... le(la) meilleur(e) ... possible.
Optimismus [ɔpti'mɪsmʊs] *m* optimisme *m*.
Optimist(in) [ɔpti'mɪst(ɪn)] *m(f)* optimiste *m/f*; **o~isch** *adj* optimiste.
Option [ɔptsi'o:n] *f* option *f*.
optisch ['ɔptɪʃ] *adj* optique; ~**e Täuschung** illusion *f* d'optique.
opulent [opu'lɛnt] *adj* (*Essen*) somptueux(-euse).
Orakel [o'ra:kəl] (**-s, -**) *nt* oracle *m*.
oral [o'ra:l] *adj* (*MED*) par voie orale.
Orange [o'rã:ʒə] *f* orange *f*; **o~** *adj* orange *inv*.
Orangeade [orã'ʒa:də] *f* orangeade *f*.
Orangeat [orã'ʒa:t] (**-s, -e**) *nt* écorce *f* d'orange confite.
Orangen-: ~**marmelade** *f* confiture *f* d'orange; ~**saft** *m* jus *m* d'orange; ~**schale** *f* écorce *f* d'orange.
Orangerie [orãʒə'ri:] *f* orangerie *f*.
Orang-Utan ['o:raŋ'|u:tan] (**-s, -s**) *m* orang-outan *m*.
Oratorium [ora'to:riʊm] *nt* (*MUS*) oratorio *m*; (*Betraum*) oratoire *m*.
Orchester [ɔr'kɛstər] (**-s, -**) *nt* orchestre *m*; ~**graben** *m* fosse *f* d'orchestre.
Orchidee [ɔrçi'de:ə] *f* orchidée *f*.
Orden ['ɔrdən] (**-s, -**) *m* (*REL*) ordre *m*; (*MIL etc*) décoration *f*; **einen** ~ **bekommen** être décoré(e).
Ordens-: ~**bruder** *m* moine *m*, religieux *m*; ~**gemeinschaft** *f* communauté *f* religieuse; ~**schwester** *f* religieuse *f*.
ordentlich ['ɔrdəntlɪç] *adj* (*ordnungsliebend*) ordonné(e); (*geordnet*) (bien) rangé(e); (*anständig*) honnête; (*umg: annehmbar*) pas mal *inv*; (: *tüchtig*) bon(bonne); (*Arbeit*) régulier(-ière) ♦ *adv* (*umg: sehr*) vraiment; ~**er Professor** professeur *m* titulaire; ~**es Mitglied** membre *m* à part entière; **eine** ~**e Tracht Prügel** une bonne raclée; ~ **arbeiten** bien faire son travail; **O~keit** *f* (*von Mensch*) caractère *m* ordonné; (*von Leben, Leuten*) honnêteté *f*; (*von Zimmer*) aspect *m* rangé.
Order (**-, -s** *od* **-n**) *f* (*WIRTS*) commande *f*; (*MIL*) ordre *m*.
ordern *vt* commander.
Ordinalzahl [ɔrdi'na:ltsa:l] *f* nombre *m* ordinal.
ordinär [ɔrdi'nɛ:r] *adj* (*pej: vulgär*) vulgaire; (: *billig*) bon marché *inv*; (*alltäglich, gewöhnlich*) ordinaire.
Ordinarius [ɔrdi'na:riʊs] (**-, Ordinarien**) *m* (*UNIV*) professeur *m* titulaire.
ordnen ['ɔrdnən] *vt* (*sortieren: Papiere, Bücher etc*) ranger; (*Gedanken*) mettre de l'ordre

dans ♦ *vr* se mettre en place.
Ordner (**-s, -**) *m* (*Mensch*) membre *m* du service d'ordre; (*Akten~*) classeur *m*.
Ordnung *f* (*geordneter Zustand*) ordre *m*; (*Ordnen*) rangement *m*; (*Vorschrift*) règlement *m*; ~ **machen** *od* **schaffen** faire de l'ordre; **geht in** ~ (*umg*) (c'est) entendu; **in** ~! d'accord!; **für** ~ **sorgen** maintenir l'ordre; **etw in** ~ **bringen** (*reparieren*) réparer qch; (*bereinigen*) régler qch; **jdn zur** ~ **rufen** rappeler qn à l'ordre; **bei ihm muß alles seine** ~ **haben** (*räumlich*) il exige que chaque chose soit à sa place; (*zeitlich*) il aime la routine.
Ordnungs-: ~**amt** *nt* service municipal qui accorde licences, permis etc; **o~gemäß** *adj* (*Erledigung*) réglementaire; (*Verhalten*) correct(e); **o~halber** *adv* pour la forme; ~**liebe** *f* goût *m* de l'ordre; **o~liebend** *adj* (très) ordonné(e); ~**strafe** *f* amende *f*; **o~widrig** *adj* non réglementaire, illégal(e); ~**widrigkeit** *f* infraction *f*; ~**zahl** *f* nombre *m* ordinal.
ORF (**-**) *m abk* = **Österreichischer Rundfunk**.
Organ [ɔr'ga:n] (**-s, -e**) *nt* organe *m*; (*umg: Stimme*) voix *f*.
Organisation [ɔrganizatsi'o:n] *f* organisation *f*.
Organisationstalent *nt* talent *m* d'organisateur; (*Person*) organisateur(-trice) *m(f)* de premier ordre.
Organisator [ɔrgani'za:tɔr] *m* organisateur(-trice) *m(f)*.
organisatorisch [ɔrganiza'to:rɪʃ] *adj* (*Talent*) d'organisateur(-trice); **in der Hauptsache eine** ~**e Aufgabe** un problème d'organisation avant tout.
organisch [ɔr'ga:nɪʃ] *adj* organique.
organisieren [ɔrgani'zi:rən] *vt* organiser; (*umg: beschaffen*) se débrouiller pour obtenir ♦ *vr* s'organiser.
Organismus [ɔrga'nɪsmʊs] *m* organisme *m*.
Organist(in) [ɔrga'nɪst(ɪn)] *m(f)* organiste *m/f*.
Organspender *m* donneur *m* d'organe.
Organverpflanzung *f* greffe *f* d'organe.
Orgasmus [ɔr'gasmʊs] *m* orgasme *m*.
Orgel ['ɔrgəl] *f* orgue *m*; ~**konzert** *nt* (*MUS*) œuvre *f* pour orgue; (*Veranstaltung*) récital *m* d'orgue; ~**pfeife** *f* tuyau *m* d'orgue; **wie die** ~**pfeifen stehen** être alignés(-ées) par ordre de grandeur.
Orgie ['ɔrgiə] *f* orgie *f*.
Orient ['o:riɛnt] (**-s**) *m* Orient *m*; **der Vordere** ~ le Proche-Orient.
Orientale(-in) [o:riɛn'ta:lə] (**-n, -n**) *m(f)* Oriental(e) *m(f)*.
orient-: ~**alisch** *adj* oriental(e); ~**ieren** [o:riɛn'ti:rən] *vt* (*unterrichten*) informer, mettre au courant; (*ausrichten*) orienter ♦ *vr*: **sich an** *od* **nach etw** *Dat* ~**ieren** se servir de qch pour s'orienter; **sich über etw** *Akk* ~**ieren** (*sich erkundigen*) se mettre au courant de qch; **eine links** ~**ierte Zeitung** un journal de gauche; **O~ierung** [o:riɛn'ti:rʊŋ] *f* orientation *f*; (*Unterrichtung*) information *f*; **die O~ierung verlieren** se perdre.

Orientierungssinn *m* sens *m* de l'orientation.
Orientierungsstufe *f* (*SCH*) cycle *m* d'orientation.
Origano [o'ri:gano] (–) *m* origan *m*.
original [origi'na:l] *adj* original(e) ♦ *adv*: ~ **Meißener Porzellan** porcelaine de Meissen authentique; **wir übertragen den 2. Akt** ~ (*direkt*) nous transmettons le second acte en direct; **O~** (**–s, –e**) *nt* original *m*; **O~aufnahme** *f* (*FILM, Tonband*) enregistrement *m* original; (*Photo*) original *m*; **O~ausgabe** *f* édition *f* originale; **O~fassung** *f* version *f* originale.
Originalität [originali'tɛ:t] *f* (*Echtheit*) authenticité *f*; (*von Idee, Mensch*) originalité *f*.
Originalübertragung *f* émission *f* en direct.
originell [origi'nɛl] *adj* original(e).
Orkan [ɔr'ka:n] (**–(e)s, –e**) *m* ouragan *m*; **o~artig** *adj* (*Wind*) qui souffle en tempête, violent(e); (*Beifall*) frénétique.
Orkneyinseln ['ɔːknɪ|ɪnzəln] *pl* îles *fpl* Orkney.
Ornament [ɔrna'mɛnt] *nt* motif *m*.
ornamental [ɔrnamɛn'ta:l] *adj* (*Muster*) ornemental(e).
Ornithologe(-in) [ɔrnito'lo:gə] (**–n, –n**) *m(f)* ornithologue *m/f*.
Ort¹ [ɔrt] (**–(e)s, –e**) *m* endroit *m*, lieu *m*; (*Ortschaft*) endroit; (*MATH*) lieu; **an ~ und Stelle** sur place; **am angegebenen ~** à l'endroit cité; **~ der Handlung ist Paris** la scène est à Paris; **das ist höheren ~s entschieden worden** (*hum, förmlich*) la décision a été prise en haut lieu.
Ort² [ɔrt] (**–(e)s, ⁻er**) *m*: **vor ~** (*BERGB*) au fond; (*fig*) sur place.
Örtchen ['œrtçən] (*umg*) *nt* petit coin *m*.
orten *vt* repérer.
orthodox [ɔrto'dɔks] *adj* orthodoxe.
Orthographie [ɔrtogra'fi:] *f* orthographe *f*.
orthographisch [ɔrto'gra:fɪʃ] *adj* orthographique.
Orthopäde [ɔrto'pɛ:də] (**–n, –n**) *m* orthopédiste *m*.
Orthopädie [ɔrtopɛ'di:] *f* orthopédie *f*.
Orthopädin *f* orthopédiste *f*.
orthopädisch *adj* orthopédique.
örtlich ['œrtlɪç] *adj* local(e) ♦ *adv*: **~ begrenzt** limité(e) dans l'espace *od* géographiquement; **jdn ~ betäuben** faire une anesthésie locale à qn; **Ö~keit** *f* (*Gegend*) endroit *m*; **die Ö~keiten** *pl* (*umg: hum*) les toilettes *pl*; **sich mit den Ö~keiten vertraut machen** se familiariser avec les lieux.
Orts-: **~angabe** *f* indication *f* du lieu; **o~ansässig** *adj* (*Mitarbeiter, Familie*) qui habite à proximité; (*Industrie*) local(e); **~bestimmung** *f* (*GEOG*) repérage *m*.
Ortschaft *f* localité *f*; **geschlossene ~** agglomération *f*.
orts-: **~fremd** *adj* étranger(-ère); **ich bin hier ~fremd** je ne suis pas d'ici; **O~fremde(r)** *f(m)* étranger(-ère) *m(f)*; **O~gespräch** *nt* communication *f* locale; **O~gruppe** *f* section *f* loca-

le; **O~kenntnis** *f*: **(gute) O~kenntnis haben** bien connaître l'endroit; **O~krankenkasse** *f*: **Allgemeine O~krankenkasse** ≈ caisse *f* primaire régionale d'assurance maladie; **~kundig** *adj* qui connaît l'endroit; **O~name** *m* nom *m* de lieu; **O~netz** *nt* (*TEL*) réseau *m* local *od* urbain; **O~netzkennzahl** *f* indicatif *m*; **O~schild** *nt* panneau indiquant l'entrée d'une localité; **O~sinn** *m* sens *m* de l'orientation; **O~tarif** *m* tarif *m* local; **~üblich** *adj* local(e), de l'endroit; **O~zeit** *f* heure *f* locale; **O~zuschlag** *m* indemnité *f* de résidence.
Ortung *f* repérage *m*.
öS. *abk* = **österreichischer Schilling**.
Öse ['ø:zə] *f* (*an Kleidung*) œillet *m*.
Oslo ['ɔslo] *nt* Oslo.
Ossi ['ɔsi] (**–s, –s**; *umg*) *m* habitant de l'ancienne RDA.
Ost-: **~afrika** *nt* l'Afrique *f* orientale; **~asien** *nt* l'Extrême-Orient *m*; **~-Berlin** *nt* Berlin-Est; **~block** *m* pays *mpl* de l'Est; **o~deutsch** *adj* est-allemand(e), d'Allemagne de l'Est; **~deutschland** *nt* l'Allemagne *f* de l'Est; **~en** (**–s**) *m* est *m*; **der Ferne ~en** l'Extrême-Orient *m*; **der Mittlere ~en** le Moyen-Orient; **der Nahe ~en** le Proche-Orient; **im ~en** à l'est.
ostentativ [ɔstɛnta'ti:f] *adj* ostensible.
Oster-: **~ei** *nt* œuf *m* de Pâques; **~feiertage** *pl* week-end *m* de Pâques; **~fest** *nt* fête *f* de Pâques; **~glocke** *f* (*BOT*) jonquille *f*; **~hase** *m* lapin *m* de Pâques.
Osterinseln *pl* îles *fpl* de Pâques.
österlich ['ø:stərlɪç] *adj* pascal(e).
Ostermarsch *m* manifestation pacifiste de Pâques.
Ostermontag *m* lundi *m* de Pâques.
Ostern ['o:stərn] (**–, –**) *nt* Pâques *fpl*; **frohe** *od* **fröhliche ~!** joyeuses Pâques!
Österreich ['ø:stəraɪç] (**–s**) *nt* l'Autriche *f*.
Österreicher(in) (**–s, –**) *m(f)* Autrichien(ne) *m(f)*.
österreichisch *adj* autrichien(ne).
Ostersonntag *m* dimanche *m* de Pâques.
Ost-: **~europa** (**–s**) *nt* l'Europe *f* de l'Est; **o~europäisch** *adj* d'Europe de l'Est; **~küste** *f* côte *f* orientale.
östlich ['œstlɪç] *adj* oriental(e), de l'est ♦ *adv*: **~ von Hamburg/der Elbe** à l'est de Hambourg/l'Elbe ♦ *präp* +*Gen* à l'est de.
Ostpolitik *f* politique *f* à l'égard des pays de l'Est.
Östrogen [œstro'ge:n] (**–s, –e**) *nt* œstrogène *m*.
Ost-: **~see** *f*: **die ~see** la Baltique; **~verträge** *pl* traités *conclus entre les deux Allemagne (avant la réunification);* **o~wärts** *adv* vers l'est; **~wind** *m* vent *m* d'est.
oszillieren [ɔstsɪ'li:rən] *vi* osciller.
Otter¹ ['ɔtər] (**–s, –**) *m* (*Marder*) loutre *f*.
Otter² ['ɔtər] (**–, –n**) *f* (*Schlange*) vipère *f*.
ÖTV (**–**) *f abk* (= *Gewerkschaft Öffentliche Dienste, Transport und Verkehr*) syndicat des services publics.
Ouvertüre [uvɛr'ty:rə] *f* (*MUS*) ouverture *f*;

(*fig*) introduction *f*.
oval [o'va:l] *adj* oval(e).
Ovation [ovatsi'o:n] *f* (*geh*) ovation *f*.
Overall ['ouvərɔ:l] (**–s, –s**) *m* (*Schutzanzug*) salopette *f*, combinaison *f* (*de travail*).
Overheadprojektor ['o:vərhɛdprojɛktɔr] *m* rétroprojecteur *m*.
ÖVP (**–**) *f abk* (= *Österreichische Volkspartei*) parti conservateur autrichien.
Ovulation [ovulatsi'o:n] *f* ovulation *f*.
Oxyd [ɔ'ksy:t] (**–(e)s, –e**) *nt* oxyde *m*.
oxydieren [ɔksy'di:rən] *vt* oxyder ♦ *vi* s'oxyder.
Oxydierung *f* oxydation *f*.
Ozean ['o:tsea:n] (**–s, –e**) *m* océan *m*; ~**dampfer** *m* paquebot *m* (transatlantique).
Ozeanien [otse'a:niən] (**–s**) *nt* l'Océanie *f*.
ozeanisch [otse'a:nɪʃ] *adj* océanien(ne); (*Klima*) océanique.
Ozeanographie [otseanogra'fi:] *f* océanographie *f*.
Ozeanriese (*umg*) *m* paquebot *m* (géant).
Ozon [o'tso:n] (**–s**) *nt* od *m* ozone *m*; ~**loch** *nt* trou *m* dans la couche d'ozone; ~**schicht** *f* couche *f* d'ozone.

P, p

P, p [pe:] *nt* (*Buchstabe*) P, p *m*; ~ **wie Peter** ≈ P comme Pierre.
P. *abk* = **Pastor; Pater.**
Paar [pa:r] (**–(e)s, –e**) *nt* paire *f*; (*Ehe~*) couple *m*; **p~** *adj unver*: **ein p~** quelques.
paaren *vt* (*Tiere*) accoupler ♦ *vr* (*Tiere*) s'accoupler; (*fig*) s'allier.
Paar-: ~**hufer** *pl* (*ZOOL*) artiodactyles *mpl*; ~**lauf** *m* (*SPORT*) patinage *m* par couples; **p~mal** *adv*: **ein p~mal** plusieurs fois.
Paarung *f* (*von Tieren*) accouplement *m*; (*fig*) combinaison *f*.
paarweise *adv* par couples, deux par deux.
Pacht [paxt] (**–, –en**) *f* bail *m*; (*Entgelt*) loyer *m*; **p~en** *vt* louer; (*fig*) monopoliser; **du hast das Sofa doch nicht für dich gepachtet** (*umg*) arrête de monopoliser le canapé.
Pächter(in) ['pɛçtər(ɪn)] (**–s, –**) *m(f)* tenancier(-ière).
Pachtvertrag *m* bail *m*.
Pack¹ [pak] (**–(e)s, –e** *od* ⁓**e**) *m* pile *f*; (*zusammengeschnürt*) liasse *f*.
Pack² [pak] (**–(e)s**; *pej*) *nt* racaille *f*.
Päckchen ['pɛkçən] *nt* petit paquet *m*; (*Zigaretten*) paquet.
Packeis *nt* banquise *f*.
packen *vt* (*Koffer, Paket*) faire; (*Kleider in Koffer etc*) mettre; (*fassen*) saisir; (*COMPUT*) tasser;

(*umg*: *schaffen*) arriver à faire; (*fig*: *fesseln*) empoigner ♦ *vi* faire ses bagages; ~ **wir's!** (*umg*) allons-y!
Packen (**–s, –**) *m* pile *f*; (*fig*: *Menge*) tas *m*.
Packer(in) (**–s, –**) *m(f)* emballeur(-euse).
Packesel *m* âne *m* (*qui porte les fardeaux*); (*umg*: *fig*) bête *f* de somme.
Packpapier *nt* papier *m* d'emballage.
Packung *f* (*Menge*) paquet *m*; (*Verpackung*) emballage *m*; (*Pralinenpackung*) boîte *f*; (*MED*) compresse *f*.
Packzettel *m* (*im Päckchen*) bordereau *m* d'envoi.
Pädagoge [pɛda'go:gə] (**–n, –n**) *m* pédagogue *m*.
Pädagogik *f* pédagogie *f*.
Pädagogin *f* pédagogue *f*.
pädagogisch *adj* pédagogique; ~**e Hochschule** (*für Grundschullehrer*) ≈ École *f* normale; (*für Hauptschullehrer*) ≈ centre *m* pédagogique régional de formation des maîtres.
Paddel ['padəl] (**–s, –**) *nt* pagaie *f*; ~**boot** *nt* canoë *m*.
paddeln *vi* pagayer.
Pädiatrie [pɛdia'tri:] *f* pédiatrie *f*.
Padua ['pa:dʊa] *nt* Padoue.
paffen ['pafən] (*umg*) *vt*, *vi* fumer.
Page ['pa:ʒə] (**–, –n**) *m* (*in Hotel*) chasseur *m*; (*GESCHICHTE*) page *m*.
Pagenkopf *m* coiffure *f* à la Jeanne d'Arc.
Pagode [pa'go:də] *f* pagode *f*.
Paillette [paɪ'jɛtə] *f* paillette *f*.
Paket [pa'ke:t] (**–(e)s, –e**) *nt* paquet *m*; (*Post~ auch*) colis *m*; ~**annahme** *f* guichet pour l'expédition des colis postaux; ~**ausgabe** *f* guichet pour la remise des colis postaux au destinataire; ~**karte** *f* récépissé *m* (*pour l'envoi d'un colis*); ~**post** *f* service *m* des colis postaux; **mit der** ~**post schicken** envoyer comme colis; ~**schalter** *m* guichet *m* des colis.
Pakistan ['pa:kɪsta:n] (**–s**) *nt* le Pakistan.
Pakistaner(in) [pakɪs'ta:nər(ɪn)] (**–s, –**) *m(f)*, **Pakistani** (**–(s), –(s)**) *m* Pakistanais(e) *m/f*.
pakistanisch *adj* pakistanais(e).
Pakt [pakt] (**–(e)s, –e**) *m* pacte *m*.
Palais [pa'lɛ:] (**–, –**) *nt*, **Palast** [pa'last] (**–es, Paläste**) *m* palais *m*.
Palästina [palɛ'sti:na] (**–s**) *nt* la Palestine.
Palästinenser(in) [palɛsti'nɛnzər(ɪn)] (**–s, –**) *m(f)* Palestinien(ne).
palästinensisch *adj* palestinien(ne).
Palatschinke [pala'tʃɪŋkə] *f* (*gew pl*: *KOCH*) crêpe roulée fourrée à la confiture.
Palaver [pa'la:vər] (**–s, –**; *umg*) *nt* palabres *fpl*.
Palette [pa'lɛtə] *f* (*zum Malen, Lade~*) palette *f*; (*fig*) gamme *f*.
Palme ['palmə] *f* palmier *m*; **jdn auf die** ~ **bringen** (*umg*) rendre qn furax.
Palmsonntag *m* dimanche *m* des Rameaux.
Pampelmuse ['pampəlmu:zə] *f* pamplemousse *m*.
Pamphlet [pam'fle:t] (**–(e)s, –e**) *nt* pamphlet *m*.

pampig ['pampɪç] (umg) adj (frech) insolent(e).
Panama ['panama] (–s) nt le Panama; **~kanal** m canal m de Panama.
Panda ['panda] (–s, –s) m panda m.
Panflöte ['pa:nfløːtə] f flûte f de Pan.
panieren [pa'ni:rən] vt paner.
Paniermehl [pa'ni:rmeːl] nt chapelure f.
Panik ['pa:nɪk] f panique f; **in ~ ausbrechen** être pris de panique; **~mache** (umg: pej) f attitude f alarmiste.
panisch ['pa:nɪʃ] adj (Angst) panique; **in ~er Eile** pris(e) de panique.
Panne ['panə] f (AUT) panne f; (Mißgeschick) problème m; **eine ~ haben** tomber en panne; **uns ist eine ~ passiert** (fig) nous avons eu un petit ennui.
Pannendienst m, **Pannenhilfe** f service m de dépannage.
Panorama [pano'ra:ma] (–s, –men) nt panorama m.
panschen ['panʃən] (umg) vi patauger ♦ vt (Wein etc) couper (d'eau).
Panther ['pantər] (–s, –) m panthère f.
Pantoffel [pan'tɔfəl] (–s, –n) m pantoufle f; **er steht unter dem ~** c'est sa femme qui porte la culotte; **~held** (umg: pej) m homme m dominé par sa femme.
Pantolette [panto'lɛtə] f escarpin m.
Pantomime [panto'mi:mə] f pantomime f.
Panzer ['pantsər] (–s, –) m (Platte) blindage m; (von Schildkröte etc) carapace f; (Fahrzeug) char m (d'assaut); **~faust** f bazooka m; **~glas** nt verre m pare-balles; **~grenadier** m tankiste m.
panzern vt (Fahrzeug etc) blinder ♦ vr (fig) se blinder.
Panzerschrank m coffre-fort m.
Panzerwagen m char m (d'assaut).
Papa [pa'pa:] (–s, –s; umg) m papa m.
Papagei [papa'gaɪ] (–s, –en) m perroquet m.
Papaya [pa'pa:ja] (–, –s) f papaye f.
Papier [pa'pi:r] (–s, –e) nt papier m; (FINANZ: Wert~) titre m; **~e** pl (Urkunden) documents mpl; (Ausweis, Dokumente) papiers mpl; **seine ~e bekommen** (entlassen werden) être relâché(e).
papieren adj (aus Papier) en papier; (Stil) plat(e).
Papier-: **~fabrik** f usine f de papeterie; **~geld** nt billets mpl de banque; **~geschäft** nt papeterie f; **~korb** m corbeille f à papier; **~kram** (umg) m paperasserie f; **~krieg** (umg: pej) m démêlés mpl avec la bureaucratie; **~tüte** f sac m en papier.
Pappbecher m gobelet m en carton.
Pappdeckel m carton m.
Pappe ['papə] f carton m; **er ist nicht von ~** (umg) ce n'est pas une mauviette; **es ist nicht von ~** (umg) ce n'est pas de la camelote.
Pappel f peuplier m.
pappen (umg) vt, vi coller.
Pappenheimer pl: **ich kenne meine ~** (umg) je sais à qui j'ai affaire.

Pappenstiel (umg) m: **keinen ~ wert sein** valoir que dalle; **etw für einen ~ bekommen** avoir qch pour une bouchée de pain.
papperlapapp [paparla'pap] interj n'importe quoi.
pappig (umg) adj (klebrig) poisseux(-euse).
Pappmaché [papma'ʃe:] (–s, –s) nt papier m mâché.
Pappteller m assiette f en carton.
Paprika ['paprika] (–s, –(s)) m (Gewürz) paprika m; (~schote) poivron m; **~schote** f: **gefüllte ~schoten** poivrons mpl farcis.
Papst [pa:pst] (–(e)s, ̈–e) m pape m.
päpstlich ['pɛ:pstlɪç] adj papal(e).
Papua-Neuguinea [pa:puanɔvgi'ne:a] nt la Papouasie-Nouvelle-Guinée.
Parabel [pa'ra:bəl] f parabole f.
Parabolantenne [para'bo:lantɛnə] f antenne f parabolique.
Parabolspiegel m miroir m parabolique.
Parade [pa'ra:də] f (MIL) défilé m; (FECHTEN) parade f; (FUSSBALL) arrêt m; **~beispiel** nt excellent exemple m; **~schritt** m pas m de l'oie.
Paradies [para'di:s] (–es, –e) nt paradis m; **ein ~ für Sportler/Naturfreunde** le paradis des sportifs/amis de la nature; **p~isch** adj paradisiaque; (Ruhe) merveilleux(-euse).
Paradox (–es, –e) [para'dɔks] nt paradoxe m; **p~** adj paradoxal(e).
Paraffin [para'fi:n] (–s, –e) nt (~öl) pétrole m; (~wachs) paraffine f.
Paragraph [para'gra:f] (–en, –en) m paragraphe m; (JUR) article m.
Paragraphenreiter (umg: pej) m tatillon m.
Paraguay [paragu'a:i] (–s) nt le Paraguay.
Paraguayer(in) m(f) Paraguayen(ne).
paraguayisch adj paraguayen(ne).
parallel [para'le:l] adj parallèle.
Parallele f parallèle f.
parallelschalten vt (ELEK) monter en parallèle.
Parameter [pa'ra:metər] m paramètre m.
paramilitärisch [paramili'tɛ:rɪʃ] adj paramilitaire.
Paranuß ['pa:ranʊs] f noix f du Brésil.
paraphieren [para'fi:rən] vt parapher.
Parasit [para'zi:t] (–en, –en) m parasite m.
parat [pa'ra:t] adj prêt(e); **etw ~ haben** avoir qch sous la main; **etw ~ legen** mettre qch à disposition.
Pärchen ['pɛ:rçən] nt (Liebes~) couple m (d'amoureux); (von Tieren) couple m.
Parcours [par'ku:r] (–, –) m parcours m.
Pardon [par'dõ:] (–s) m od nt pardon m; **~!** pardon!; **kein ~ kennen** être impitoyable.
Parfüm [par'fy:m] (–s, –s od –e) nt parfum m.
Parfümerie [parfymə'ri:] f parfumerie f.
Parfümflasche f flacon m de parfum.
parfümieren [parfy'mi:rən] vt parfumer ♦ vr se parfumer.
parieren [pa'ri:rən] vt parer ♦ vi (umg) obéir.
Paris [pa'ri:s] nt Paris.
Pariser [pa'ri:zər] (–s, –) m Parisien m; (umg:

Kondom) capote *f* anglaise ♦ *adj attrib* parisien(ne).

Pariserin *f* Parisienne *f*.

Parität [pari'tɛːt] *f* (*von Währung*) parité *f*; **p~isch** *adj* (*geh*) paritaire; **p~ische Mitbestimmung** représentation *f* proportionnelle.

Pariwert ['paːrivɛːrt] *m* valeur *f* nominale.

Park [park] (**–s, –s**) *m* parc *m*.

Parka ['parka] (**–(s), –s**) *m* parka *m*.

Park-and-ride-System ['paːkand'raɪdzysteːm] *nt* parkings situés à la périphérie des grandes villes, permettant aux banlieusards de se rendre au centre par les transports en commun.

Parkanlage *f* parc *m*.

Parkbucht *f* emplacement destiné à l'arrêt des autobus.

parken *vt* garer ♦ *vi* se garer; „**P~ verboten**" "défense de stationner".

Parkett [par'kɛt] (**–(e)s, –e**) *nt* parquet *m*; (*THEAT*) orchestre *m*.

Park-: ~**haus** *nt* parking *m* couvert; ~**lücke** *f* place *f* de stationnement; ~**ometer** (*umg*) *od m* parcomètre *m*; ~**platz** *m* (*Gelände*) parking *m*; (*für Einzelwagen*) place *f* de stationnement; ~**scheibe** *f* disque *m* de stationnement; ~**uhr** *f* parcomètre *m*; ~**verbot** *nt* interdiction *f* de stationner; ~**wächter** *m* (*von Park*) gardien *m* (de parc); (*von Parkplatz*) gardien de parking.

Parlament [parla'mɛnt] *nt* parlement *m*.

Parlamentarier(in) [parlamɛn'taːriər(ɪn)] (**–s, –**) *m(f)* parlementaire *m/f*.

parlamentarisch *adj* (*Sitzung*) du parlement, parlementaire.

Parlaments-: ~**ausschuß** *m* commission *f* parlementaire; ~**beschluß** *m* décret *m* du parlement; ~**ferien** *pl* vacances *fpl* parlementaires; ~**mitglied** *nt* membre *m* du parlement, député *m*; ~**sitzung** *f* session *f* du parlement.

Parmesan [parme'zaːn] (**–(s)**) *m* parmesan *m*.

Parodie [paro'diː] *f*: ~ (**auf** +*Akk*) parodie *f* (de); **p~ren** *vt* parodier.

Parodontose [parodɔn'toːzə] *f* déchaussement *m* des dents.

Parole [pa'roːlə] *f* (*Kennwort*) mot *m* de passe; (*Wahlspruch*) slogan *m*.

Partei [par'taɪ] *f* (*im Mietshaus*) locataire *m/f*; (*POL*) parti *m*; **für jdn ~ ergreifen** prendre parti pour qn; ~**buch** *nt* carte *f* d'adhérent.

Parteienverkehr (*ÖSTERR*) *m* heures *fpl* de bureau.

Partei-: ~**führung** *f* direction *f* du parti; ~**genosse** *m* membre *m* du parti; **p~isch** *adj* (*nicht neutral*) partial(e); **p~lich** *adj* (*Interesse etc*) du parti; ~**linie** *f* ligne *f* du parti; **p~los** *adj* non inscrit(e); ~**mitglied** *nt* membre *m* du parti; ~**nahme** *f* prise *f* de position; **p~politisch** *adj* concernant la politique du parti; ~**programm** *nt* programme *m* du parti; ~**tag** *m* congrès *m* du parti; ~**vorsitzende(r)** *f(m)* dirigeant(e) du parti.

Parterre [par'tɛr] (**–s, –s**) *nt* rez-de-chaussée *m*

inv; (*THEAT*) orchestre *m*.

Partie [par'tiː] *f* partie *f*; (*WIRTS*) lot *m*; **mit von der ~ sein** en être; **eine gute/schlechte ~ sein** être/ne pas être un beau parti.

partiell [partsi'ɛl] *adj* partiel(le).

Partikel[1] [par'tiːkəl] (**–s, –** *od* **–, –n**) *nt od f* particule *f*.

Partikel[2] [par'tiːkəl] (**–, –n**) *f* (*GRAM*) particule *f*.

Partisan(in) [parti'zaːn(ɪn)] (**–s** *od* **–en, –en**) *m(f)* partisan(e).

Partitur [parti'tuːr] *f* partition *f*.

Partizip [parti'tsiːp] (**–s, –ien**) *nt* participe *m*; ~ **Präsens/Perfekt** participe présent/passé.

Partner(in) ['partnər(ɪn)] (**–s, –**) *m(f)* (*Vertrags~, Geschäfts~*) associé(e); (*Ehe~*) conjoint(e); (*Lebens~*) ami(e), compagnon(compagne) *m/f*; (*Spiel~*) partenaire *m/f*; ~**schaft** *f* association *f*; **p~schaftlich** *adj* (*Verhältnis*) d'égal à égal; **p~schaftliches Verhalten** égard(s) *m(pl)* pour les autres; ~**stadt** *f* ville *f* jumelée.

partout [par'tuː] *adv*: **das will mir ~ nicht in den Kopf!** (*umg*) il n'y a rien à faire, je n'arrive pas à me le mettre dans la tête!

Party ['paːrti] (**–, –s** *od* **Parties**) *f* fête *f*.

Parzelle [par'tsɛlə] *f* parcelle *f* (de terrain), terrain *m*.

Pascha ['paʃa] (**–s, –s**) *m* pacha *m*.

Paß [pas] (**–sses, ̈sse**) *m* (*Ausweis*) passeport *m*; (*Berg~*) col *m*.

passabel [pa'saːbəl] *adj* (*Lösung*) passable, acceptable; (*Befinden*) ni bon(bonne) ni mauvais(e).

Passage [pa'saːʒə] *f* (*Ladenstraße*) galerie *f* marchande; (*Abschnitt*) passage *m*.

Passagier [pasa'ʒiːr] (**–s, –e**) *m* passager(-gère); **blinder ~** passager clandestin; ~**dampfer** *m* paquebot *m*; ~**flugzeug** *nt* avion *m* (affecté au transport de passagers).

Passah(fest) ['pasa(fɛst)] (**–s**) *nt* pâque *f* (juive).

Paßamt *nt* service *m* des passeports.

Passant(in) [pa'sant(ɪn)] *m(f)* passant(e).

Paßbild *nt* photo *f* d'identité.

passé [pa'seː] (*umg*) *adj*: **diese Mode ist längst ~** c'est vraiment passé de mode.

passen ['pasən] *vi* (*Kleidung, Farbe etc*) aller (bien); (*auf Frage, beim Kartenspiel*) passer; (*SPORT*) passer le ballon, faire une passe; **diese Schuhe ~ mir gut/mir nicht mehr** ces chaussures me vont bien/ne me vont plus; **Sonntag paßt uns nicht** dimanche ne nous convient pas; **deine Einstellung paßt mir nicht** (*gefällt mir nicht*) je n'aime pas ton attitude; **zu etw** *Dat* ~ aller bien avec qch; **zu jdm ~** (*Mensch*) aller bien avec qn; **er paßt nicht zu dir** ce n'est pas l'homme qu'il te faut; **das könnte dir so ~!** (*umg*) il ne manquerait plus que ça!

passend *adj* (*in Größe, Form*) qui va bien; (*in Farbe, Stil*) assorti(e); (*genehm, angemessen*) approprié(e); **haben Sie es ~?** (*Geld*) vous avez la monnaie?

Paßfoto *nt* photo *f* d'identité.
passierbar [pa'si:rba:r] *adj* (*Weg*) praticable; (*Fluß, Kanal*) franchissable.
passieren *vt* passer; (*Straße*) traverser ♦ *vi* (*geschehen*) se passer, arriver; **es ist ein Un-fall passiert** il y a eu un accident.
Passierschein *m* laissez-passer *m inv*.
Passion [pasi'o:n] *f* passion *f*; (*REL*) Passion *f*.
passioniert [pasio'ni:rt] *adj* enthousiaste.
Passionsspiel *nt* mystère *m* de la Passion.
Passionszeit *f* semaine *f* sainte.
passiv ['pasi:f] *adj* passif(-ive); ~**es Wahlrecht** éligibilité *f*; **P~** (**–s, –e**) *nt* passif *m*.
Passiva [pa'si:va] *pl* passif *m*.
Passivität [pasivi'tɛ:t] *f* passivité *f*.
Passivposten (**–s, –**) *m* inscription *f* au débit.
Paß-: ~**kontrolle** *f* contrôle *m* des passeports; ~**stelle** *f* service *m* des passeports; ~**straße** *f* route passant par un col.
Paste ['pastə] *f* (*zäher Brei*) pâte *f*.
Pastell [pas'tɛl] (**–(e)s, –e**) *nt* (*Bild*) pastel *m*; **p~farben** *adj* pastel *inv*.
Pastete [pas'te:tə] *f* (*Leber– etc*) pâté *m*; (*Pastetchen*) vol-au-vent *m inv*.
pasteurisieren [pastøri'zi:rən] *vt* pasteuriser.
Pastor(in) ['pastor(in)] *m(f)* pasteur *m*.
Pate ['pa:tə] (**–n, –n**) *m* parrain *m*; **bei etw ~ stehen** (*fig*) influencer qch.
Patenkind *nt* filleul(e).
Patenonkel *m* parrain *m*.
patent [pa'tɛnt] *adj* (*umg: Mensch*) super *inv*; (*Idee, Lösung*) génial(e).
Patent (**–(e)s, –e**) *nt* brevet *m*; **etw als** *od* **zum ~ anmelden** déposer une demande de brevet pour qch; ~**amt** *nt* ≈ Institut *m* national de la propriété industrielle.
Patentante *f* marraine *f*.
patentieren [patɛn'ti:rən] *vt* (*Erfindung*) breveter.
Patent-: ~**inhaber** *m* détenteur(-trice) d'un brevet; ~**lösung** *f* solution *f* parfaite; ~**schutz** *m* droit *m* d'exploitation exclusif; ~**urkunde** *f* brevet *m*.
Pater ['pa:tər] (**–s** *od* **Patres**) *m* père *m*.
Paternoster [patər'nɔstər] (**–s, –**) *m* (*Aufzug*) ascenseur *m* (*à la chaîne sans fin*).
pathetisch [pa'te:tiʃ] *adj* pathétique.
Pathologe(-in) [pato'lo:gə] (**–n, –n**) *m(f)* pathologiste *m/f*.
pathologisch *adj* pathologique.
Pathos ['pa:tɔs] (**–**) *nt* pathétique *m*.
Patience [pasi'ã:s] *f*: ~**n legen** faire des patiences.
Patient(in) [patsi'ɛnt(in)] *m(f)* patient(e).
Patin ['pa:tin] *f* marraine *f*.
Patina ['pa:tina] (**–**) *f* patine *f*.
Patnareis ['patnarais] *m* riz *m* à grains longs.
Patriarch [patri'arç] (**–en, –en**) *m* patriarche *m*.
patriarchalisch [patriar'ça:liʃ] *adj* patriarcal(e).
Patriot(in) [patri'o:t(in)] (**–en, –en**) *m(f)* patriote *m/f*.
patriotisch *adj* patriotique.

Patriotismus [patrio'tismus] *m* patriotisme *m*.
Patron(in) [pa'tro:n(in)] (**–s, –e**) *m(f)* (*REL*) saint(e) patron(ne).
Patrone *f* cartouche *f*.
Patrouille [pa'trʊljə] *f* patrouille *f*.
patrouillieren [patrʊl'ji:rən] *vi* patrouiller.
patsch [patʃ] *interj* flac.
Patsche (*umg*) *f* (*Notlage*) pétrin *m*; (*Händchen*) menotte *f*; (*Fliegen–*) tapette *f*; **jdm aus der ~ helfen** tirer qn du pétrin.
patschen *vi* (*im Wasser*) patauger; **das Baby patscht mit der Hand auf den Tisch** le bébé tape sur la table avec sa main potelée.
patschnaß (*umg*) *adj* trempé(e).
Patt [pat] (**–s, –s**) *nt* pat *m*; (*fig*) impasse *f*.
patzen ['patsən] (*umg*) *vi* se ficher dedans.
patzig ['patsiç] (*umg*) *adj* insolent(e).
Pauke ['paukə] *f* (*MUS*) timbale *f*; **auf die ~ hauen** (*umg*) faire la fête; **mit ~n und Trompeten durchfallen** (*umg*) se planter.
pauken *vt, vi* (*lernen*) bûcher.
Pauker (**–s, –**; *umg*) *m* (*SCH: Lehrer*) prof *m/f*.
pausbäckig ['pausbɛkiç] *adj* joufflu(e).
pauschal [pau'ʃa:l] *adj* forfaitaire; (*einheitlich*) unitaire; (*fig: Urteil*) hâtif(e) ♦ *adv*: **wir berechnen ~ 50 DM** nous demandons un forfait de 50 DM; **etw ~ versichern** contracter une assurance tous risques pour qch.
Pauschale *f* (*Einheitspreis*) forfait *m*; (*geschätzter Betrag*) devis *m* estimatif.
Pauschal-: ~**preis** *m* forfait *m*; ~**reise** *f* voyage *m* organisé; ~**summe** *f* forfait *m*; ~**urteil** *nt* généralisation *f* hâtive; ~**versicherung** *f* assurance *f* tous risques.
Pause ['pauzə] *f* pause *f*; (*SCH*) récréation *f*; (*THEAT*) entracte *m*.
pausen *vt* (*durchzeichnen*) décalquer.
Pausen-: ~**brot** *m* casse-croûte *m inv* (*pour la récréation*); ~**hof** *m* cour *f* de récréation; **p~los** *adj* ininterrompu(e) ♦ *adv*: **er redet p~los** c'est un vrai moulin à paroles; ~**zeichen** *nt* (*RUNDF*) indicatif *m*.
pausieren [pau'zi:rən] *vi* s'interrompre.
Pauspapier ['pauspapi:r] *nt* papier-calque *m*.
Pavian ['pa:via:n] (**–s, –e**) *m* babouin *m*.
Pavillon ['paviljõ] (**–s, –s**) *m* pavillon *m*.
Pazifik [pa'tsi:fik] (**–s**) *m* Pacifique *m*.
pazifisch *adj*: **der P~e Ozean** l'océan *m* Pacifique.
Pazifist(in) [patsi'fist(in)] *m(f)* pacifiste *m/f*.
pazifistisch *adj* pacifiste.
PC *abk* = **Personalcomputer**.
PDS *f abk* (= *Partei des Demokratischen Sozialismus*) parti socialiste allemand.
Pech [pɛç] (**–s, –e**) *nt* poix *f*; (*fig*) malchance *f*; ~ **haben** avoir de la malchance, ne pas avoir de chance; **zusammenhalten wie ~ und Schwefel** (*umg*) s'entendre comme larrons en foire; ~ **gehabt!** (*umg*) pas de chance!; **p~schwarz** (*umg*) *adj* (*Haar*) noir(e) comme jais; (*Nacht*) noir(e); ~**strähne** (*umg*) *f* série *f* noire; ~**vogel** (*umg*) *m*: **er ist ein ~vogel** il n'a vraiment pas de chance.

Pedal [pe'daːl] **(-s, -e)** nt (von Fahrrad) pédale f; (von Auto) accélérateur m; (von Orgel) pédalier m; **in die ~e treten** pédaler (fort).
Pedant [pe'dant] m personne f pointilleuse.
Pedanterie [pedanta'riː] f minutie f excessive.
pedantisch adj (Mensch) pointilleux(-euse); (Arbeit) minutieux(-euse).
Peddigrohr ['pɛdiçroːr] nt rotin m.
Pediküre [pedi'kyːrə] f (Fußpflege) soins mpl du pied; (Fußpflegerin) pédicure f.
Pegel ['peːgəl] **(-s, -)** m indicateur m de niveau; (Geräusch~) audiomètre m; **~stand** m niveau m de l'eau.
peilen ['paɪlən] vt déterminer; **die Lage ~** (umg) prendre le vent.
Pein [paɪn] **(-)** f tourments mpl, souffrance f.
peinigen vt (geh: subj) tourmenter.
peinlich adj (unangenehm) gênant(e) ♦ adv: **~ genau** avec une précision méticuleuse; **in seinem Zimmer herrscht ~e Ordnung** dans sa chambre, tout est méticuleux; **er vermied es ~st, davon zu sprechen** il a tout fait pour éviter le sujet.
Peinlichkeit f (von Situation) côté m gênant.
Peitsche ['paɪtʃə] f fouet m.
peitschen vt, vi fouetter.
Peitschenhieb m coup m de fouet.
Pekinese [peki'neːzə] **(-n, -n)** m (ZOOL) pékinois m.
Peking ['peːkɪŋ] **(-s)** nt Pékin f.
Pelikan ['peːlikaːn] **(-s, -e)** m pélican m.
Pelle ['pɛlə] f (von Wurst, Kartoffel) peau f; **jdm auf die ~ rücken** (umg: angreifen) s'en prendre à qn; (bedrängen) harceler qn, casser les pieds à qn.
pellen vt (Wurst) peler; (Kartoffel) éplucher; (Ei) enlever la coquille de.
Pellkartoffeln pl pommes fpl de terre en robe des champs.
Peloponnes [pelopɔ'neːs] **(-(e)s od -)** m od f Péloponnèse m.
Pelz [pɛlts] **(-es, -e)** m fourrure f.
pelzig adj (Zunge) pâteux(-euse); (Haut) velouté(e).
Pendel ['pɛndəl] **(-s, -)** nt pendule m.
pendeln vi (schwingen) osciller, se balancer; (Zug, Fähre) faire la navette; (fig) osciller, hésiter.
Pendelverkehr m (von Bus etc) navette f; (Berufsverkehr) banlieusards qui se rendent à leur travail par les transports en commun.
Pendler(in) ['pɛndlər(ɪn)] **(-s, -)** m(f) banlieusard(e) m/f (qui se rend à son travail par les transports en commun).
Penes ['peːneːs] pl von **Penis**.
penetrant [pene'trant] adj (Geruch) fort(e); (pej: Person) envahissant(e) ♦ adv: **das schmeckt ~ nach Knoblauch** ça a un fort goût d'ail; **das riecht ~ nach Knoblauch** ça pue l'ail.
peng [pɛŋ] interj pan.
penibel [pe'niːbəl] adj (geh) pointilleux(-euse).
Penis ['peːnɪs] **(-, -se od Penes)** m pénis m.
Penne (umg) f (SCH) lycée m.

pennen (umg) vi (schlafen) pioncer.
Penner (umg: pej) m (Landstreicher) clochard m; (verschlafener Mensch) endormi m.
Pensen ['pɛnzən] pl von **Pensum**.
Pension [pɛnzi'oːn] f pension f; (Ruhestand) retraite f; **halbe ~** mi-pension; **volle ~** pension complète; **in ~ gehen** prendre sa retraite.
Pensionär(in) [pɛnzio'nɛːr(ɪn)] **(-s, -e)** m(f) (fonctionnaire m/f) retraité(e) m/f.
Pensionat **(-(e)s, -e)** nt pensionnat m.
pensionieren [pɛnzio'niːrən] vt mettre à la retraite; **sich ~ lassen** prendre sa retraite.
pensioniert adj retraité(e).
Pensionierung f départ m à la retraite.
Pensions-: **p~berechtigt** adj qui a droit à une pension de retraite; **~gast** m pensionnaire m; **~kasse** f caisse f de retraite; **~preis** m prix m de la pension; **p~reif** adj qui devrait prendre sa retraite.
Pensum ['pɛnzʊm] **(-s, Pensen)** nt tâche f; (SCH: Lehrstoff) programme m.
Penthaus ['pɛnthaʊs], **Penthouse** ['pɛnthaʊs] **(-, -s)** nt appartement m de luxe (au dernier étage d'un immeuble).
Peperoni [pepe'roːni] pl piments mpl.
per [pɛr] präp +Akk par; (WIRTS: bis) d'ici à; **~ Adresse** chez; **mit jdm ~ du sein** (umg) tutoyer qn; **~ sofort** (WIRTS) immédiatement; **~ conto** (WIRTS) au débit de.
perfekt [pɛr'fɛkt] adj parfait(e); (abgemacht) conclu(e) ♦ adv: **sie spricht ~ deutsch** elle parle couramment l'allemand; **die Sache ~ machen** conclure l'affaire; **der Vertrag ist ~** le contrat est conclu.
Perfekt ['pɛrfɛkt] **(-(e)s, -e)** nt (GRAM) parfait m.
perfektionieren [pɛrfɛktsio'niːrən] vt perfectionner.
Perfektionismus [pɛrfɛktsio'nɪsmʊs] m perfectionnisme m.
Perforation [pɛrforatsi'oːn] f (von Papier) pointillé m.
perforieren [pɛrfo'riːrən] vt perforer.
Pergament [pɛrga'mɛnt] nt parchemin m; **~papier** nt papier m sulfurisé.
Pergola ['pɛrgola] **(-, Pergolen)** f tonnelle f.
Periode [peri'oːdə] f période f; (MED) règles fpl; **0,33 ~ 0,3333** etc.
periodisch [peri'oːdɪʃ] adj périodique ♦ adv périodiquement.
Peripherie [perife'riː] f périphérie f; (von Stadt auch) banlieue f; **~gerät** nt (COMPUT) périphérique m.
Perle ['pɛrlə] f perle f; (fig) perle rare; (veraltet: umg: Hausgehilfin) bonne f.
perlen vi (Sekt, Wein) pétiller; (Schweiß) perler; (Bläschen, Tropfen) se former.
Perlenkette f collier m de perles.
Perlhuhn nt pintade f.
Perlmutt ['pɛrlmʊt] **(-s)** nt nacre f.
Perlon ® ['pɛrlɔn] **(-s)** nt perlon ® m.
Perlwein m mousseux m.

perplex [pɛr'plɛks] (umg) adj perplexe.
Perser ['pɛrzər] (–s, –) m Persan m; (umg: Teppich) tapis m persan.
Perserin f Persane f.
Persianer [pɛrzi'a:nər] (–s, –) m astrakan m.
Persien ['pɛrziən] (–s, –) nt la Perse.
Persiflage [pɛrzi'fla:ʒə] f: ~ (auf + Akk) satire f (de).
persisch adj persan(e); **P~er Golf** golfe m Persique.
Person [pɛr'zo:n] (–, –en) f personne f; (Frau) femme f; **ich für meine** ~ quant à moi; **Angaben zur** ~ **machen** décliner son identité; **er ist Finanz- und Außenminister in einer** ~ il est à la fois ministre des Finances et des Affaires étrangères.
Personal [pɛrzo'na:l] (–s) nt personnel m; ~**akte** f dossier m (d'une personne); ~**ausweis** m carte f d'identité; ~**bogen** m dossier m de candidature; ~**büro** nt service m du personnel; ~**chef** m chef m du personnel; ~**computer** m P.C. m; ~**daten** pl données fpl concernant le personnel.
Personalien [pɛrzo'na:liən] pl: **die** ~ **feststellen** faire un contrôle d'identité.
Personalität [pɛrzonali'tɛ:t] f personnalité f.
Personal-: ~**kosten** pl frais mpl od dépenses fpl de personnel; ~**mangel** m manque m de personnel; ~**pronomen** nt pronom m personnel; ~**rat** m comité m d'entreprise.
personell [pɛrzo'nɛl] adj (Veränderungen) de personnel.
Personen-: ~**aufzug** m ascenseur m; ~**beschreibung** f signalement m; ~**gedächtnis** nt: **sie hat ein gutes/kein** ~**gedächtnis** elle a/n'a pas la mémoire des visages; ~**kennzeichen** nt matricule m; ~**kraftwagen** m voiture f; ~**kreis** m groupe m de personnes; ~**kult** (pej) m culte m de la personnalité; ~**schaden** m victime(s) f(pl); ~**verkehr** m transport m de passagers; ~**waage** f pèse-personne m; ~**zug** m train m de voyageurs.
personifizieren [pɛrzonifi'tsi:rən] vt (geh: darstellen) personnifier.
persönlich [pɛr'zø:nlıç] adj (Meinung) personnel(le); (Eigentum) privé(e); (Bemerkung) blessant(e); (Worte, Ton) chaleureux(-euse); (Gespräch) amical(e) ♦ adv (erscheinen) en personne; (auf Briefen) personnellement; ~ **werden** faire des remarques désobligeantes; **jdn** ~ **angreifen** faire une attaque personnelle contre qn; ~ **haften** (WIRTS) se porter garant(e); **P~keit** f personnalité f; **P~keiten des öffentlichen Lebens** des personnalités connues.
Perspektive [pɛrspɛk'ti:və] f perspective f; **das eröffnet ganz neue** ~**n** cela ouvre des horizons nouveaux.
Peru [pe'ru:] (–s) nt le Pérou.
Peruaner(in) [peru'a:nər(ın)] (–s, –) m(f) Péruvien(ne).
peruanisch adj péruvien(ne).
Perücke [pe'rʏkə] f perruque f.
pervers [pɛr'vɛrs] adj pervers(e); **P~ität**

[pɛrvɛrzi'tɛ:t] f perversité f.
Pessar [pɛ'sa:r] (–s, –e) nt suppositoire m vaginal; (zur Empfängnisverhütung) diaphragme m.
Pessimismus [pɛsi'mısmʊs] m pessimisme m.
Pessimist(in) [pɛsi'mıst(ın)] m(f) pessimiste m/f; **p~isch** adj pessimiste.
Pest [pɛst] (–) f (MED) peste f; **jdn wie die** ~ **hassen** (umg) ne pas pouvoir sentir qn; **etw wie die** ~ **hassen** (umg) avoir horreur de qch.
Petersilie [petər'zi:liə] f persil m.
Petrodollar [petro'dɔlar] m pétrodollar m.
Petro(l)chemie [petro:(l)çe'mi:] f pétrochimie f.
Petroleum [pe'tro:leʊm] (–s) nt pétrole m.
petto ['pɛto] adv: **etw in** ~ **haben** (umg) avoir qch en réserve.
Petunie [pe'tu:niə] f pétunia m.
petzen ['pɛtsən] vi (SCH) rapporter.
Pf abk = **Pfennig**.
Pfad [pfa:t] (–(e)s, –e) m sentier m, chemin m; ~**finder(in)** m(f) scout m, guide f.
Pfaffe ['pfafə] (–n, –n; pej) m curé m, cureton m.
Pfahl [pfa:l] (–(e)s, ⁼e) m poteau m; ~**bau** m bâtiment m sur pilotis.
Pfalz [pfalts] (–) f Palatinat m.
Pfälzer ['pfɛltsər] adj palatin(e).
Pfand [pfant] (–(e)s, ⁼er) nt gage m; (Flaschen~) consigne f; ~**brief** m (FINANZ) obligation f.
pfänden ['pfɛndən] vt hypothéquer; (Mensch) saisir les biens de.
Pfänderspiel nt jeu de société avec des gages.
Pfand-: ~**leihanstalt** f mont-de-piété m, crédit m municipal; ~**leiher** (–s, –) m prêteur m sur gages; ~**recht** nt (JUR) droit m de saisie-exécution; ~**schein** m reconnaissance f (de dépôt de gage).
Pfändung ['pfɛndʊŋ] f saisie f.
Pfanne ['pfanə] f poêle f; **jdn in die** ~ **hauen** (umg) démolir qn; (hereinlegen) avoir qn.
Pfannengericht nt plat cuit à la poêle, sauté m.
Pfannkuchen m crêpe f; (Berliner) beignet m.
Pfarrei [pfar'raı] f paroisse f.
Pfarrer (–s, –) m curé m; (evangelisch, von Freikirchen) pasteur m.
Pfarrhaus nt presbytère m.
Pfarrkirche f église f paroissiale.
Pfau [pfau] (–(e)s, –en) m paon m.
Pfauenauge nt paon-de-jour m, vanesse f.
Pfd. abk (= Pfund) livre f.
Pfeffer ['pfɛfər] (–s, –) m poivre m; **er soll bleiben, wo der** ~ **wächst!** (umg) qu'il aille au diable!; ~**korn** nt grain m de poivre; ~**kuchen** m pain m d'épice; ~**minz** (–es, –e) nt (Bonbon) bonbon m à la menthe; ~**minze** f menthe f; ~**minztee** m thé m à la menthe; ~**mühle** f moulin m à poivre.
pfeffern vt poivrer; (umg: werfen) balancer; **gepfefferte Preise** des prix exorbitants; **gepfefferte Witze** des plaisanteries salées; **jdm eine** ~ (umg) flanquer une baffe à qn.

Pfeffernuß *f* petit pain d'épice rond.
Pfeife ['pfaɪfə] *f* (*Tabak~*) pipe *f*; (*von Schiedsrichter etc*) sifflet *m*; (*Orgel~*) tuyau *m*; **nach jds ~ tanzen** obéir à qn au doigt et à l'œil.
pfeifen *vt, vi* (*Melodie*) siffler; **ich pfeif(e) drauf!** (*umg*) je m'en fiche!
Pfeifenreiniger *m* cure-pipe *m*.
Pfeifer (*-s, -*) *m* joueur *m* de pipeau.
Pfeifkonzert *nt* huées *fpl*.
Pfeil [pfaɪl] (*-(e)s, -e*) *m* flèche *f*.
Pfeiler ['pfaɪlər] (*-s, -*) *m* pilier *m*; (*Brücken~*) pile *f*.
Pfennig ['pfɛnɪç] (*-(e)s, -e*) *m* pfennig *m*; ~**absatz** *m* talon *m* aiguille; ~**fuchser** (*-s, -; umg*) *m* pingre *m*.
pferchen ['pfɛrçən] *vt* entasser.
Pferd [pfeːrt] (*-(e)s, -e*) *nt* cheval *m*; (*SPORT*) cheval d'arçons; **mit ihm kann man ~e stehlen** (*umg*) c'est un chic type; **auf das falsche/ richtige ~ setzen** miser sur le bon/mauvais cheval.
Pferde-: ~**äpfel** *pl* crottin *msg* (de cheval); ~**fuß** *m*: **die Sache hat einen ~fuß** il y a un nœud; ~**rennen** *nt* courses *fpl* de chevaux; (*Sportart*) hippisme *m*; ~**schwanz** *m* queue *f* de cheval; ~**stall** *m* écurie *f*; ~**stärke** *f* puissance *f* (*en chevaux*).
Pfiff (*-(e)s, -e*) *m* coup *m* de sifflet; (*umg: besonderer Reiz*) touche *f* (originale).
pfiff *etc* [pfɪf] *vb siehe* **pfeifen**.
Pfifferling ['pfɪfərlɪŋ] *m* chanterelle *f*.
pfiffig *adj* (*Junge*) futé(e); (*Idee*) astucieux(-euse).
Pfingsten ['pfɪŋstən] (*-, -*) *nt* Pentecôte *f*.
Pfingstrose *f* pivoine *f*.
Pfingstsonntag *m* dimanche *m* de Pentecôte.
Pfirsich ['pfɪrzɪç] (*-s, -e*) *m* pêche *f*.
Pflanze ['pflantsə] *f* plante *f*.
pflanzen *vt* planter ♦ *vr* (*umg*) se planter.
Pflanzenfett *nt* graisse *f* végétale.
Pflanzenschutzmittel *nt* pesticide *m*.
Pflanzer (*-s, -*) *m* planteur *m*.
pflanzlich *adj* (*Stoffe*) végétal(e).
Pflanzung *f* plantation *f*.
Pflaster ['pflastər] (*-s, -*) *nt* (*Heft~*) pansement *m*; (*von Straße*) chaussée *f*; **ein teures/heißes od gefährliches ~** (*umg*) un endroit cher/ dangereux; ~**maler** *m* artiste *m* des rues (*qui fait des dessins à la craie sur le trottoir*); **p~müde** (*umg*) *adj* qui a les jambes comme du coton.
pflastern *vt* (*Hof*) paver.
Pflasterstein *m* pavé *m*.
Pflaume ['pflaʊmə] *f* prune *f*; (*umg: pej: Mensch*) nouille *f*; ~**nmus** *nt* confiture *f* de prune.
Pflege ['pfleːgə] *f* (*von Mensch, Tier*) soins *mpl*; (*von Maschine*) entretien *m*; (*von Idee, Brauchtum*) préservation *f*; **jdn/etw in ~ nehmen** prendre soin de qn/qch, s'occuper de qn/ qch; **in ~ sein** (*Kind*) être chez des parents nourriciers; **p~bedürftig** *adj* (*Patient*) qui a besoin de soins; ~**eltern** *pl* parents *mpl* nourriciers, famille *f* d'accueil; ~**fall** *m* personne

qui a besoin de soins constants; ~**geld** *nt* prestations *fpl* de la sécurité sociale; ~**heim** *nt* (*für alte Menschen*) maison *f* de retraite; (*für Behinderte*) maison de santé; (*für Kranke*) clinique *f*; ~**kind** *nt* enfant placé dans une famille d'accueil od chez des parents nourriciers; **p~leicht** *adj* d'entretien facile; ~**mutter** *f* mère *f* nourricière.
pflegen *vt* (*Kranke*) soigner; (*Kleidung, Auto, Beziehungen*) entretenir; (*Garten*) soigner, cultiver ♦ *vi* (*gewöhnlich tun*): **ich pflege mittags ein Stündchen zu schlafen** j'ai l'habitude de faire une sieste d'une petite heure l'après-midi ♦ *vr* se soigner; **wie man zu sagen pflegt** comme on dit.
Pfleger (*-s, -*) *m* (*im Krankenhaus*) aide *m* infirmier; (*voll qualifiziert*) infirmier *m*.
Pflegerin *f* (*im Krankenhaus*) aide *f* soignante.
Pflegesatz *m* frais *mpl* d'hospitalisation.
Pflegevater *m* père *m* nourricier.
pfleglich *adj* (*sorgsam*) soigneux(-euse).
Pflicht [pflɪçt] (*-, -en*) *f* devoir *m*; (*SPORT*) figures *fpl* imposées; **Rechte und ~en** droits et devoirs; **p~bewußt** *adj* consciencieux (-euse); ~**bewußtsein** *nt* sens *m* du devoir; ~**fach** *nt* (*SCH*) matière *f* obligatoire; ~**gefühl** *nt* sens *m* du devoir; **p~gemäß** *adj* consciencieux(-euse) ♦ *adv* consciencieusement; ~**umtausch** *m* (*von Geld*) change *m* obligatoire; **p~vergessen** *adj* (*Mensch*) oublieux(-euse) de ses devoirs; ~**versicherung** *f* assurance *f* obligatoire.
Pflock [pflɔk] (*-(e)s, ̈-e*) *m* pieu *m*.
pflücken ['pflʏkən] *vt* cueillir.
Pflug [pfluːk] (*-(e)s, ̈-e*) *m* charrue *f*.
pflügen ['pflyːgən] *vt* (*Feld*) labourer.
Pforte ['pfɔrtə] *f* porte *f*.
Pförtner(in) ['pfœrtnər(ɪn)] (*-s, -*) *m(f)* (*von Wohnhaus*) concierge *m/f*; (*von Krankenhaus*) portier *m*; (*von Betrieb*) réceptionniste *m/f*.
Pfosten ['pfɔstən] (*-s, -*) *m* (*senkrechter Balken*) montant *m*.
Pfote ['pfoːtə] *f* (*auch: umg: Hand*) patte *f*.
Pfropf [pfrɔpf] (*-(e)s, -e*) *m* (*in Rohr*) bouchon *m* (*accidentel*); (*Blut~*) caillot *m* (de sang).
pfropfen *vt* (*umg: stopfen*) boucher; (*Baum*) greffer; **gepfropft voll** plein(e) à craquer; **P~** (*-s, -*) *m siehe* **Pfropf**.
pfui [pfʊɪ] *interj* (*Ekel*) pouah, berk; (*Buhruf*) hou; ~ **Teufel** (*umg*) pouah! quelle horreur!; ~, **schäm dich!** hou! le vilain!
Pfund [pfʊnt] (*-(e)s, -e*) *nt* livre *f*.
pfundig *adj* (*umg*) génial(e).
Pfundskerl ['pfʊntskɛrl] (*umg*) *m* type *m* super.
pfundweise *adv*: **etw ~ essen** manger des tonnes de qch.
pfuschen ['pfʊʃən] (*umg: pej*) *vi* (*liederlich arbeiten*) faire du travail bâclé; **jdm in etw** *Akk* ~ se mêler des affaires de qn.
Pfuscher(in) ['pfʊʃər(ɪn)] (*-s, -; umg: pej*) *m(f)* bousilleur(-euse); (*Kur~*) charlatan *m*.
Pfuscherei [pfʊʃə'raɪ] (*umg: pej*) *f* travail *m* bâclé.

Pfütze ['pfʏtsə] f flaque f (d'eau).
Phänomen [fɛno'meːn] (–s, –e) nt phénomène m.
phänomenal adj (Erfindung) génial(e); (Gedächtnis) phénoménal(e).
Phantasie [fanta'ziː] f imagination f; ~**gebilde** nt fantasme m; **p~los** adj sans imagination.
phantasieren [fanta'ziːrən] vi fantasmer; (MED) délirer.
phantasievoll adj (Mensch) plein(e) d'imagination; (Erzählung) haut(e) en couleur.
Phantast [fan'tast] (–en, –en) m doux rêveur m.
phantastisch adj (Geschichte) invraisemblable; (umg: unglaublich, großartig) fantastique.
Phantom [fan'toːm] (–s, –e) nt (Trugbild) chimère f; ~**bild** nt portrait-robot m.
Pharisäer [fari'zɛːər] (–s, –) m (fig) tartuffe m.
Pharmazeut(in) [farma'tsɔʏt(ɪn)] (–en, –en) m(f) pharmacien(ne); **p~isch** adj pharmaceutique.
Pharmazie f pharmacie f.
Phase ['faːzə] f phase f.
Philanthrop [filan'troːp] (–en, –en) m philanthrope m; **p~isch** adj philanthropique.
Philatelist(in) [filate'lɪst(ɪn)] m(f) philatéliste m/f.
Philharmoniker [fɪlhar'moːnikər] pl orchestre msg philharmonique.
Philippine(-in) [fɪlɪ'piːnə] (–n, –n) m(f) Philippin(e) m/f.
Philippinen pl Philippines fpl.
philippinisch adj philippin(e).
Philologe [filo'loːgə] (–n, –n) m philologue m.
Philologie [filolo'giː] f philologie f.
Philologin f philologue f.
Philosoph(in) [filo'zoːf(ɪn)] (–en, –en) m(f) philosophe m/f.
Philosophie [filozo'fiː] f philosophie f.
philosophieren [filozo'fiːrən] vi: ~ (über +Akk) philosopher (sur).
philosophisch adj philosophique; (besinnlich) contemplatif(-ive).
Phlegma ['flɛgma] (–s) nt apathie f.
phlegmatisch [flɛ'gmaːtɪʃ] adj apathique.
Phlox [flɔks] (–es, –e) m phlox m.
Phobie [fo'biː] f phobie f.
Phonetik [fo'neːtɪk] f phonétique f.
phonetisch adj phonétique.
Phonotypistin [fonoty'pɪstɪn] f audiotypiste f.
Phosphat [fɔs'faːt] (–(e)s, –e) nt phosphate m.
Phosphor ['fɔsfɔr] (–s) m phosphore m.
phosphoreszieren [fɔsfɔrɛs'tsiːrən] vi être phosphorescent(e).
Photo ['foːto] (–s, –s) nt siehe **Foto**.
Phrasen (pej) fpl mots mpl creux; ~ **dreschen** (umg) parler pour ne rien dire.
Phrasierung [fra'ziːruŋ] f phrasé m.
pH-Wert m pH m.
Physik [fy'ziːk] f physique f.
physikalisch [fyzi'kaːlɪʃ] adj physique.
Physiker(in) ['fyːzikər(ɪn)] (–s, –) m(f) physicien(ne).
Physikum ['fyːzikʊm] (–s) nt (UNIV) examen de

fin de premier cycle d'études médicales.
Physiologe [fyzio'loːgə] (–n, –n) m physiologiste m.
Physiologie [fyziolo'giː] f physiologie f.
Physiologin f physiologiste f.
physisch ['fyːzɪʃ] adj physique.
Pianist(in) [pia'nɪst(ɪn)] m(f) pianiste m/f.
pianistisch adj pianistique.
picheln ['pɪçəln] (umg) vi boire.
Pickel ['pɪkəl] (–s, –) m (auf der Haut) bouton m; (Werkzeug) pioche f; (Eis~) piolet m.
pickelig adj boutonneux(-euse).
picken ['pɪkən] vt, vi picorer.
picklig adj = **pickelig**.
Picknick ['pɪknɪk] (–s, –e od –s) nt pique-nique m; ~ **machen** pique-niquer.
piekfein ['piːk'faɪn] (umg) adj chic inv.
pieksauber ['piːk'zaʊbər] (umg) adj impec(cable).
piepen ['piːpən] vi (Vogel) piailler; (Maus) pousser des petits cris; **bei dir piept's wohl!** (umg) ça va pas, non?; **es war zum P~!** (umg) c'était à se tordre de rire!
piepsen vi (singen) piailler; (sprechen) parler d'une voix aiguë; (Funkgerät etc) émettre des signaux.
Pier [piːər] (–s, –s od –e) m od f embarcadère m, débarcadère m.
piesacken ['piːzakən] (umg) vt tourmenter.
pieseln ['piːzəln] (umg) vi pisser.
Pietät [pie'tɛːt] f respect m; **p~los** adj irrévérencieux(-euse).
Pigment [pɪ'gmɛnt] (–(e)s, –e) nt pigment m.
Pik¹ [piːk] (–s, –s) nt (KARTEN) pique m.
Pik² [piːk] (–s, –e od –s) m: **einen ~ auf jdn haben** (umg) avoir une dent contre qn.
pikant [pi'kant] adj (Speise) épicé(e); (Geschichte) piquant(e).
Pike f: **etw von der ~ auf lernen** (umg) apprendre qch sur le tas (en commençant au bas de l'échelle).
piken ['piːkən] vt, vi (umg: stechen) piquer.
pikiert [pi'kiːrt] adj froissé(e).
Pikkolo¹ ['pɪkolo] (–s, –s) m (Kellner) apprenti serveur m ♦ nt (MUS) piccolo m.
Pikkolo² ['pɪkolo] (–, –(s)) m (~flasche) demi-bouteille f de champagne.
Piktogramm [pɪkto'gram] nt pictogramme m.
Pilger(in) ['pɪlgər(ɪn)] (–s, –) m(f) pèlerin(e); ~**fahrt** f pèlerinage m.
pilgern vi faire un pèlerinage; (umg: gehen) se rendre.
Pille ['pɪlə] f pilule f.
Pilot(in) [pi'loːt(ɪn)] (–en, –en) m(f) pilote m.
Pilotenschein m brevet m de pilote.
Pils [pɪls] (–, –) m, **Pils(e)ner** (–s, –) nt bière blonde à fort goût de houblon.
Pilz [pɪlts] (–es, –e) m champignon m; **wie ~e aus dem Boden schießen** pousser comme des champignons; ~**beratungsstelle** f service d'information pour les cueilleurs de champignons; ~**krankheit** f mycose f.
Pimmel ['pɪməl] (–s, –; umg) m (Penis) queue f.

pimpelig ['pɪmpəlıç] (*umg*: *pej*) *adj* poule mouillée.
pingelig ['pɪŋəlıç] (*umg*) *adj* tatillon(ne).
Pinguin ['pɪŋguiːn] (**-s, -e**) *m* pingouin *m*.
Pinie ['piːniə] *f* pin *m*.
Pinkel (**-s, -**; *umg*: *pej*) *m*: **ein feiner** *od* **vornehmer** ~ un bêcheur.
pinkeln ['pɪŋkəln] (*umg*) *vi* pisser.
Pinnwand ['pɪnvant] *f* panneau *m* d'affichage.
Pinsel ['pɪnzəl] (**-s, -**) *m* pinceau *m*; (*umg*: *pej*: *Dummkopf*) imbécile *m*.
pinseln *vt* (*umg*: *malen*) barbouiller; (*MED*) badigeonner ♦ *vi* peinturlurer.
Pinte ['pɪntə] (*umg*) *f* (*Lokal*) bistro *m*.
Pinzette [pɪn'tsɛtə] *f* pincettes *fpl*.
Pionier [pio'niːr] (**-s, -e**) *m* pionnier *m*; ~**arbeit** *f* travail *m* innovateur.
Pipi [pi'piː] (**-s, -s**) *nt* pipi *m*.
Pirat [pi'raːt] (**-en, -en**) *m* pirate *m*.
Piratensender *m* émetteur *m* pirate.
Pirsch [pɪrʃ] (**-**) *f* traque *f*.
pissen ['pɪsən] (*umg!*) *vi* pisser (*umg!*); (*regnen*) flotter; **es pißt** il pleut comme vache qui pisse.
Pistazie [pɪs'taːtsiə] *f* pistache *f*.
Piste ['pɪstə] *f* piste *f*.
Pistole [pɪs'toːlə] *f* pistolet *m*; **wie aus der** ~ **geschossen antworten** (*umg*) répondre sans hésiter; **jdm die** ~ **auf die Brust setzen** mettre qn au pied du mur.
pitsch(e)naß ['pɪtʃ(ə)'nas] (*umg*) *adj* trempé(e).
Pizza ['pɪtsa] (**-, -s**) *f* pizza *f*.
PKW, Pkw (**-(s), -(s)**) *m abk* (= *Personenkraftwagen*) voiture *f*.
Pl. *abk* (= *Plural, Platz*) pl.
placken ['plakən] *vr* trimer.
Plackerei [plakə'raı] (*umg*) *f* boulot *m* épuisant.
plädieren [plɛ'diːrən] *vi* plaider.
Plädoyer [plɛdoa'jeː] (**-s, -s**) *nt* plaidoyer *m*.
Plage ['plaːgə] *f* fléau *m*; (*Mühe*) soucis *mpl*; ~**geist** (*umg*) *m* plaie *f*.
plagen *vt* tourmenter ♦ *vr* peiner, trimer.
Plagiat [plagi'aːt] *nt* plagiat *m*.
Plakat [pia'kaːt] (**-(e)s, -e**) *nt* affiche *f*; (*aus Pappe*) pancarte *f*.
Plakatwand *f* colonne *f* Morris.
Plakette [pla'kɛtə] *f* (*Abzeichnen*) badge *m*; (*an Wänden*) plaque *f*.
Plan [plaːn] (**-(e)s, ̈-e**) *m* plan *m*; **Pläne schmieden** faire des projets; **auf dem** ~ **stehen** être prévu(e); **nach** ~ **verlaufen** se dérouler comme prévu; **jdn auf den** ~ **rufen** faire descendre qn dans l'arène; **Grüner** ~ *plan agricole annuel du gouvernement allemand*.
Plane *f* bâche *f*.
planen *vt* (*Haus*) concevoir, dresser le plan de; (*Entwicklung*) planifier; (*Mord etc*) préméditer.
Planer(in) (**-s, -**) *m(f)* urbaniste *m/f*.
Planet [pla'neːt] (**-en, -en**) *m* planète *f*.
Planetarium [plane'taːriʊm] *nt* planétarium *m*.
Planetenbahn *f* orbite *f* (planétaire).

plangemäß *adj siehe* **planmäßig**.
planieren [pla'niːrən] *vt* aplanir, niveler.
Planierraupe *f* bulldozer *m*.
Planke ['plaŋkə] *f* (*Brett*) poutre *f*.
Plänkelei [plɛŋkə'laı] *f* querelle *f*.
plänkeln ['plɛŋkəln] *vi* (*sich harmlos streiten*) se quereller.
Plankton ['plaŋktɔn] (**-s**) *nt* plancton *m*.
planlos *adj* sans méthode, au petit bonheur; (*ziellos*) sans but ♦ *adv* (*siehe adj*) sans méthode; sans but.
planmäßig *adj* comme prévu; (*methodisch*) systématique; (*nach Fahrplan od Flugplan*) à l'heure ♦ *adv* (*ankommen*) à l'heure.
Planschbecken ['planʃbɛkən] *nt* pataugeoire *f*.
planschen *vi* barboter.
Plansoll (**-s**) *nt* objectif *m* de production.
Planstelle *f* poste prévu au budget.
Plantage [plan'taːʒə] *f* plantation *f*.
Planung *f* planification *f*.
Planwagen *m* chariot *m* bâché.
Planwirtschaft *f* économie *f* planifiée.
Plappermaul (*umg*) *nt* petit(e) bavard(e).
plappern ['plapərn] (*umg*) *vi* jacasser.
plärren ['plɛrən] *vi* (*Mensch*) brailler; (*Radio*) beugler.
Plasma ['plasma] (**-s, Plasmen**) *nt* (*MED*) plasma *m* (sanguin).
Plastik¹ ['plastɪk] *f* (*KUNST*) sculpture *f*.
Plastik² ['plastɪk] (**-s**) *nt* (*Kunststoff*) plastique *m*; ~**beutel** *m* sac *m* en plastique; ~**folie** *f* scellofrais ® *m*; ~**tüte** *f* sac *m* en plastique.
Plastilin [plasti'liːn] (**-s**) *nt* pâte *f* à modeler.
plastisch ['plastɪʃ] *adj* (*formbar*) plastique, malléable; (*bildhauerisch*) plastique; (*anschaulich*) vivant(e); **stell dir das** ~ **vor!** imagine la scène!
Platane [pla'taːnə] *f* platane *m*.
Plateau [pla'toː] (**-s, -s**) *nt* plateau *m*.
Platin ['plaːtiːn] (**-s**) *nt* platine *m*.
Platitüde [plati'tyːdə] *f* platitude *f*.
platonisch [pla'toːnɪʃ] *adj* (*Liebe*) platonique (*von Plato*) platonicien(ne).
platsch [platʃ] *interj* flac.
platschen *vi* (*Regen etc*) tambouriner; (*fallen*) tomber (bruyamment).
plätschern ['plɛtʃərn] *vi* (*Wasser*) clapoter; (*Bach*) gazouiller; (*Gespräch*) prendre un tour plus léger.
platschnaß *adj* trempé(e).
platt [plat] *adj* plat(e); (*Reifen*) à plat; ~ **sein** (*umg*: *völlig überrascht*) être ébahi(e); **einen P~en haben** (*umg*) avoir crevé; **P~** (**-(s)**) *nt* bas allemand *m*; ~**deutsch** *adj* en bas allemand.
Platte *f* plaque *f*; (*Schall*~) disque *m*; (*Stein*~) bloc *m*; (*Servierteller*) plat *m*; (*Tisch*~) dessus *m* (de table); (*umg*: *Glatze*) crâne *m* dégarni; **gemischte** ~ **assiette** *f* froide; **die** ~ **kenne ich schon** (*umg*) ce disque, je l'ai déjà entendu.
Plätteisen *nt* fer *m* à repasser.
plätteln ['plɛtəln] *vt* carreler.
plätten *vt, vi* repasser.

Platten-: ~**album** nt album m; ~**leger (–s, –)** m carreleur m; ~**spieler** m tourne-disque m, électrophone m; ~**teller** m platine f.

Plattform f plate-forme f.

Plattfuß m pied m plat; (umg: Reifenpanne) crevaison f.

Platz [plats] (**–es, ̈–e**) m place f; (Stelle) endroit m; (Sport~) terrain m; ~ **machen** faire de la place; **seinen ~ behaupten** tenir bon; **fehl am ~e sein** être déplacé(e); ~ **haben** avoir de la place; **jdm ~ machen** faire de la place à qn; (zur Seite treten) laisser passer qn; ~ **nehmen** prendre place, s'asseoir; **einen Spieler vom ~ stellen** od **verweisen** renvoyer un joueur; **auf die Plätze, fertig, los!** à vos marques ... prêts? partez!; **auf ~ zwei** en seconde place; **das erste Hotel am ~** le meilleur hôtel de la place; ~**angst** f (MED) agoraphobie f; (umg) claustrophobie f; ~**anweiser(in) (–s, –)** m(f) placeur m, ouvreuse f.

Plätzchen ['plɛtsçən] nt (KOCH: Gebäck) biscuit m.

platzen vi éclater; (aufplatzen) craquer, se déchirer; (Haut) se gercer; (umg: scheitern: Geschäft) se casser le nez; (: Verlobung) être rompu(e); (: Theorie) ne pas marcher; (: Verschwörung) échouer; (: Wechsel) être refusé(e); **ihre Freundschaft ist geplatzt** ils se sont brouillés; **vor Wut ~** (umg) être furax.

Platz-: ~**karte** f réservation f; ~**konzert** nt concert m en plein air; ~**mangel** m manque m de place; ~**patrone** f cartouche f à blanc; ~**regen** m averse f; **p~sparend** adj à faible encombrement, compact(e); ~**verweis** m renvoi m; ~**wart** m (SPORT) gardien m de stade; ~**wunde** f plaie f béante.

Plauderei [plaʊdə'raɪ] f bavardage m.

plaudern ['plaʊdərn] vi bavarder.

Plausch [plaʊʃ] (**–(e)s, –e**; umg) m papotage m.

plausibel [plaʊ'ziːbəl] adj plausible.

Playback ['pleɪbæk] (**–s, –s**) nt play-back m inv.

Playboy ['pleɪbɔɪ] m play-boy m.

plazieren [pla'tsiːrən] vt placer ♦ vr (SPORT) se placer; (: Tennis) se placer en tête de série; (umg: sich setzen) se poser; (: sich stellen) se planter.

Plebejer(in) [ple'beːjər(ɪn)] (**–s, –**) m(f) plébéien(ne).

plebejisch [ple'beːjɪʃ] adj plébéien(ne).

pleite ['plaɪtə] (umg) adj: ~ **sein** (Firma) avoir fait faillite; (Person) être fauché(e); ~ **gehen** faire faillite; **P~** (umg) f (Bankrott) faillite f; (Reinfall) bide m; **P~ machen** faire faillite.

Pleitegeier (umg) m (drohende Pleite) faillite f imminente; (Bankrotteur) failli m, personne qui a fait faillite.

plemplem [plɛm'plɛm] (umg) adj débile.

Plenarsitzung [ple'naːrzɪtsʊŋ] f séance f plénière.

Plenum ['pleːnʊm] (**–s, Plenen**) nt plenum m.

Pleuelstange ['plɔʏəlʃtaŋə] f bielle f.

Plexiglas ® ['plɛksiglaːs] nt plexiglas ® m.

Plissee [plɪ'seː] (**–s, –s**) nt plissé m; ~**rock** m jupe f plissée.

Plockwurst ['plɔkvʊrst] f sorte de salami.

Plombe ['plɔmbə] f plomb m; (Zahn~) plombage m (umg), amalgame m.

plombieren [plɔm'biːrən] vt plomber; (Zahn) plomber, obturer.

Plotter ['plɔtər] (**–s –s**) m traceur m de courbes.

plötzlich ['plœtslɪç] adj soudain(e); (Bewegung) brusque ♦ adv soudain.

Pluderhose ['pluːdərhoːzə] f pantalon m bouffant.

Plumeau [ply'moː] (**–s, –s**) nt édredon m.

plump [plʊmp] adj (Mensch) lourdaud(e); (Hände, Körper) épais(se), lourd(e); (Bewegung) gauche; (pej: Versuch) maladroit(e); ~**e Annäherungsversuche** assiduités fpl (maladroites).

plumps interj boum.

plumpsen (umg) vi tomber (comme une masse).

Plumpsklo(sett) (umg) nt fosse f d'aisances.

Plunder ['plʊndər] (**–s**; umg: pej) m camelotte f.

Plünderer m pilleur m.

Plundergebäck nt sorte de feuilleté.

plündern ['plʏndərn] vt, vi piller.

Plünderung ['plʏndərʊŋ] f pillage m.

Plural ['pluːraːl] (**–s, –e**) m pluriel m; **im ~ stehen** être au pluriel.

pluralistisch [plura'lɪstɪʃ] adj pluraliste.

plus [plʊs] konj, präp +Gen, adv (MATH) plus; **P~ (–, –)** nt (FINANZ: Mehrbetrag) excédent m; (: Gewinn) bénéfice m; (Vorteil) avantage m.

Plüsch [plyːʃ] (**–(e)s, –e**) m peluche f; ~**tier** nt (animal m en) peluche f.

plus-minus-null adv: ~-~-~ **abschließen** clore sans gains ni pertes.

Plus-: ~**pol** m pôle m positif; ~**punkt** m (SPORT) point m; (fig) avantage m; ~**quamperfekt (–s, –e)** nt plus-que-parfait m.

Plutonium [plu'toːniʊm] (**–s**) nt plutonium m.

PLZ abk (= Postleitzahl) code m postal.

Po [poː] (**–s, –s**; umg) m postérieur m.

Pöbel ['pøːbəl] (**–s**) m populace f.

Pöbelei [pøːbə'laɪ] f grossièreté f.

pöbelhaft adj vulgaire.

pochen ['pɔxən] vi frapper, cogner; (Herz) battre; **auf etw** Akk ~ (fig) insister sur qch.

Pocken ['pɔkən] pl (MED) variole f.

Pocken(schutz)impfung f vaccination f contre la variole.

Pocketkamera ['pɔkətkaməra] f appareil-photo m compact.

pockig ['pɔkɪç] adj variolé(e).

Podest [po'dɛst] (**–(e)s, –e**) nt od m (Sockel) piédestal m; (Podium) podium m.

Podium ['poːdiʊm] nt estrade f.

Podiumsdiskussion f débat m public.

Poesie [poe'ziː] f poésie f; ~**album** nt cahier où les amis d'un enfant écrivent chacun un poème.

Poet [po'eːt] (**–en, –en**) m poète m; **p~isch** adj poétique.

Pointe [po'ɛ̃:tə] *f* conclusion *f*.
pointiert [poɛ̃'ti:rt] *adj* incisif(-ive).
Pokal [po'ka:l] (**-s, -e**) *m* coupe *f*; ~**spiel** *nt* match *m* de coupe.
Pökelfleisch ['pø:kəlflaiʃ] *nt* viande *f* salée (*par salaison*).
pökeln *vt* saler (*pour conserver*).
Poker ['po:kər] (**-s**) *nt* poker *m*.
pokern ['po:kərn] *vi* faire une partie de poker; (*fig*) bluffer.
Pol [po:l] (**-s, -e**) *m* pôle *m*; **der ruhende** ~ *une personne au calme imperturbable*.
pol. *abk* = **politisch**; **polizeilich**.
polar [po'la:r] *adj* polaire; (*geh*: *gegensätzlich*) diamétralement opposé(e).
polarisieren [polari'zi:rən] *vt* (*PHYS*) polariser
♦ *vr* se polariser.
Polar-: ~**kreis** *m* cercle *m* polaire; ~**licht** *nt* aurore *f* boréale; ~**stern** *m* étoile *f* polaire.
Pole ['po:lə] (**-n, -n**) *m* Polonais *m*.
Polemik [po'le:mik] *f* polémique *f*.
polemisch *adj* polémique.
polemisieren [polemi'zi:rən] *vi* polémiquer, faire de la polémique.
Polen ['po:lən] (**-s**) *nt* la Pologne.
Police [po'li:s(ə)] *f* police *f* (d'assurance).
Polier [po'li:r] (**-s, -e**) *m* chef *m* d'équipe.
polieren *vt* (*Boden, Möbel*) cirer; (*Silber*) nettoyer.
Poliklinik [poli'kli:nik] *f* policlinique *f*.
Polin *f* Polonaise *f*.
Politesse [poli'tɛsə] *f* (*Frau*) contractuelle *f*.
Politik [poli'ti:k] *f* politique *f*; **in die** ~ **gehen** se lancer dans la politique; **eine** ~ **verfolgen** avoir une politique.
Politiker(in) [po'li:tikər(in)] (**-s, -**) *m(f)* homme *m*/femme *f* politique.
politisch [po'li:tiʃ] *adj* politique.
politisieren [politi'zi:rən] *vi* faire de la politique ♦ *vt* politiser; **jdn** ~ intéresser qn à la politique.
Politur [poli'tu:r] *f* (*von Möbeln etc*) surface *f* (encustiquée); (*Mittel*) encaustique *f*.
Polizei [poli'tsai] (**-, -en**) *f* police *f*; ~**aufsicht** *f*: **unter** ~**aufsicht stehen** être sous liberté conditionnelle; ~**beamte(r)** *m* agent *m* de police; **p~lich** *adj* (*Aufsicht*) policier(-ière); (*Anordnung*) de police ♦ *adv*: **sich p~lich melden** déclarer son arrivée au commissariat de police; **p~liches Kennzeichen** plaque *f* minéralogique; **p~liches Führungszeugnis** certificat *m* de bonne vie et mœurs; ~**präsidium** *nt* préfecture *f* de police; ~**revier** *nt* (*Bezirk*) secteur *m*; (~*wache*) commissariat *m*; ~**spitzel** *m* indicateur *m*; ~**staat** *m* État *m* policier; ~**streife** *f* patrouille *f* (de police); ~**stunde** *f* heure de fermeture légale des cafés etc; ~**wache** *f* commissariat *m*; **p~widrig** *adj* illégal(e).
Polizist(in) [poli'tsist(in)] *m(f)* agent *m* de police.
Pollen ['pɔlən] (**-s, -**) *m* pollen *m*.
polnisch ['pɔlniʃ] *adj* polonais(e).

Polohemd ['po:lohɛmt] *nt* polo *m*.
Polster ['pɔlstər] (**-s, -**) *nt* coussin *m*; (*Polsterung*) rembourrage *m*; (*in Kleidung*) épaulette *f*; (*fig*: *Geld*) réserves *fpl*; ~**er** (**-s, -**) *m* tapissier *m*; ~**garnitur** *f* canapé avec des fauteuils assortis; ~**möbel** *pl* meubles *mpl* rembourrés.
polstern *vt* (*Möbel*) rembourrer; (*Kleidung*) rembourrer (les épaules de); **sie ist gut gepolstert** (*umg*) elle est bien enveloppée; (: *finanziell*) elle a des réserves.
Polsterung *f* rembourrage *m*.
Polterabend ['pɔltəra:bənt] *m* fête, la veille d'un mariage, où l'on casse de la vaisselle pour porter bonheur aux mariés.
poltern *vi* (*Krach machen*) faire du vacarme; (*schimpfen*) tempêter.
Polygamie [polyga'mi:] *f* polygamie *f*.
Polynesien [poly'ne:ziən] (**-s**) *nt* la Polynésie.
Polynesier(in) (**-s, -**) *m(f)* Polynésien(ne).
polynesisch *adj* polynésien(ne).
Polyp [po'ly:p] (**-en, -en**) *m* (*ZOOL*) polype *m*; (*umg*: *Polizist*) flic *m*; ~**en** *pl* (*MED*) végétations *fpl*.
Polytechnikum [poly'tɛçnikum] (**-s, Polytechnika**) *nt* ≈ Institut *m* universitaire de technologie.
polytechnisch *adj* polytechnique.
Pomade [po'ma:də] *f* brillantine *f*.
Pommern ['pɔmərn] (**-s**) *nt* la Poméranie.
Pommes frites [pɔm'frit] *pl* frites *fpl*.
Pomp [pɔmp] (**-(e)s**) *m* faste *m*.
pompös [pɔm'pø:s] *adj* somptueux(-euse).
Pontius ['pɔntsiʊs] *m*: **von** ~ **zu Pilatus laufen** (*umg*) courir à droite et à gauche.
Pony ['pɔni] (**-s, -s**) *nt* (*ZOOL*) poney *m* ♦ *m* (*Frisur*) frange *f*.
Popcorn ['pɔpkɔrn] (**-s**) *nt* pop-corn *m* *inv*.
Popel ['po:pəl] (**-s, -**; *umg*) *m* (*Nasenschleim*) crotte *f* de nez; (*pej*: *Mensch*) minus *m*.
popelig (*umg*) *adj* (*schäbig*) minable.
Popelin [popə'li:n] (**-s, -e**) *m*, **Popeline** *f* popeline *f*.
Popmusik *f* musique *f* pop.
Popo [po'po:] (**-s, -s**; *umg*) *m* postérieur *m*.
Popper ['pɔpər] (**-s, -**) *m* jeune *m* B.C.B.G.
poppig ['pɔpiç] *adj* (*Farbe*) criard(e); (*Kleid etc*) aux couleurs criardes.
populär [popu'lɛ:r] *adj* (*Mensch, Lied*) populaire; (*Ort*) en vogue; (*Methode*) à la portée de tous.
Popularität [populari'tɛ:t] *f* popularité *f*.
populärwissenschaftlich *adj* de vulgarisation.
Pore ['po:rə] *f* pore *m*.
Pornographie [pɔrnogra'fi:] *f* pornographie *f*.
pornographisch [pɔrno'gra:fiʃ] *adj* pornographique.
porös [po'rø:s] *adj* poreux(-euse); (*Gummi*) qui laisse passer l'eau.
Porree ['pɔre] (**-s, -s**) *m* poireau *m*.
Portal [pɔr'ta:l] (**-s, -e**) *nt* portail *m*.

Portefeuille [pɔrt(ə)'føːj] nt portefeuille m.
Portemonnaie [pɔrtmɔ'nɛː] (–s, –s) nt portemonnaie m inv.
Portier [pɔrti'eː] (–s, –s) m (in Hotel) portier m.
Portion [pɔrtsi'oːn] f portion f; (fig: Menge) dose f; **eine gehörige ~ Glück** beaucoup de chance; **eine halbe ~** (umg: schmächtiger Mensch) une demi-portion; **eine ~ Kaffee** deux tasses fpl de café (servies dans une petite cafetière).
Porto ['pɔrto] (–s, –s od Porti) nt port m, affranchissement m; **~ zahlt (der) Empfänger** port dû; **p~frei** adj franco inv de port.
Portrait [pɔr'trɛː] (–s, –s) nt = **Porträt**.
portraitieren [pɔrtrɛ'tiːrən] vt = **porträtieren**.
Porträt [pɔr'trɛː] (–s, –s) nt portrait m.
porträtieren [pɔrtrɛ'tiːrən] vt faire le portrait de.
Portugal ['pɔrtugal] (–s) nt le Portugal.
Portugiese(-in) [pɔrtu'giːzə] (–n, –n) m(f) Portugais(e) m/f.
portugiesisch adj portugais(e).
Portwein ['pɔrtvain] m porto m.
Porzellan [pɔrtsɛ'laːn] (–s, –e) nt (Material) porcelaine f; (Geschirr) vaisselle f.
Posaune [po'zaunə] f trombone m.
Pose ['poːzə] f pose f.
posieren [po'ziːrən] vi poser (pour la galerie).
Position [pozitsi'oːn] f position f; (beruflich) poste m, situation f; (auf Liste) poste.
Positionslichter pl feux mpl de navigation.
positiv ['poːzitiːf] adj positif(-ive); (umg: sicher) sûr(e); **~ zu etw stehen** être favorable à qch; **P~** (–s, –e) nt (PHOT) épreuve f positive.
Positur [pozi'tuːr] f pose f; **sich in ~ setzen** od **stellen** prendre une attitude étudiée, poser pour la galerie.
Posse ['pɔsə] f farce f.
Possen (–s, –) m (gew pl: Unfug) bêtises fpl.
possessiv ['pɔsɛsiːf] adj possessif(-ive); **P~(pronomen)** (–s, –e) nt pronom m possessif; (adjektivisch) adjectif m possessif.
possierlich [pɔ'siːrlɪç] adj comique.
Post [pɔst] (–, –en) f (~amt) poste f; (Briefe) courrier m; **ist ~ für mich da?** y a-t-il du courrier pour moi?; **mit der ~ par la poste**; **mit gleicher ~** sous ce pli; **mit getrennter ~** sous pli séparé; **etw auf die ~ geben** poster qch; **auf die ~** od **zur ~ gehen** aller à la poste; **~amt** nt bureau m de poste; **~anweisung** f mandat m postal, mandat-poste m; **~bar-scheck** m chèque m postal non barré; **~bote** m facteur m.
Posten (–s, –) m poste m; (Warenmenge) lot m; (auf Liste) article m; (MIL) sentinelle f; **~ beziehen** prendre son poste; **nicht ganz auf dem ~ sein** (nicht gesund) ne pas être dans l'assiette.
Poster ['pɔstər] (–s, –(s)) nt poster m.
Postf. abk (= Postfach) B.P.
Post-: **~fach** nt boîte f postale; **~gebühr** f tarif m postal; **~geheimnis** nt secret m de la correspondance; **p~ieren** vt (Wachen etc) poster;

~karte f carte f postale; **p~lagernd** adj en poste restante; **~leitzahl** f code m postal.
postmodern [pɔstmo'dɛrn] adj postmoderne.
Post-: **~scheckkonto** nt compte m chèque postal; **~sparbuch** nt livret m de Caisse (nationale) d'épargne; **~sparkasse** f Caisse f nationale d'épargne; **~stempel** m cachet m de la poste; **p~wendend** adv par retour de courrier; **~wertzeichen** nt (förmlich) timbre-poste m; **~wurfsendung** f publicité f par courrier individuel.
potent [po'tɛnt] adj viril(e); (einflußreich) puissant(e); (zahlungskräftig) important(e).
Potential [potɛntsi'aːl] (–s, –e) nt potentiel m.
potentiell [potɛntsi'ɛl] adj potentiel(le), possible.
Potenz [po'tɛnts] f (MATH) puissance f; (eines Mannes) virilité f.
potenzieren [potɛn'tsiːrən] vt (fig: verstärken) multiplier; **eine Zahl mit 3/5 ~** (MATH) élever un nombre à la puissance 3/5.
Potpourri ['pɔtpuri] (–s, –s) nt (MUS) pot-pourri m.
Pott [pɔt] (–(e)s, ⁻e; umg) m pot m; **p~häßlich** (umg) adj laid(e) comme un pou.
pp., ppa. abk (= per procura) p.p.
PR abk (= Public Relations) relations fpl publiques.
Präambel [prɛ'|ambəl] f préambule m.
Pracht [praxt] (–) f splendeur f; **es ist eine wahre ~** c'est magnifique; **~exemplar** nt merveille f.
prächtig ['prɛçtɪç] adj (Haus, Garten etc) magnifique, superbe; (Mensch) remarquable, formidable (umg); (Idee) excellent(e).
Prachtstück nt merveille f.
prachtvoll adj magnifique.
prädestinieren [prɛdɛsti'niːrən] vt prédestiner.
Prädikat [prɛdi'kaːt] (–(e)s, –e) nt (Bewertung) mention f; (GRAM) prédicat m; **Wein mit ~** vin de qualité.
Prädikatswein m vin allemand de qualité supérieure.
Präfektur [prɛfɛk'tuːr] f préfecture f.
Prag [praːk] (–) nt Prague.
prägen ['prɛːgən] vt (Münze) frapper; (Leder) gaufrer; (Ausdruck) créer; (Charakter) forger; (Stadtbild) transformer; **das Erlebnis prägte ihn** ça l'a marqué.
prägend adj marquant(e).
pragmatisch [pra'gmaːtɪʃ] adj pragmatique.
prägnant [prɛ'gnant] adj (Sprache, Definition) concis(e).
Prägnanz f concision f.
Prägung ['prɛːguŋ] f (von od auf Münzen) frappe f; (des Charakters) formation f; (auf Leder) empreinte f (gaufrée); (Eigenart) caractère m.
prahlen ['praːlən] vi se vanter.
Prahlerei [praːlə'rai] (pej) f vantardise f.
prahlerisch adj fanfaron(ne).
Praktik ['praktɪk] f pratique f.
praktikabel [praktɪ'kaːbəl] adj réaliste.

Praktikant(in) [prakti'kant(in)] *m(f)* stagiaire *m/f.*

Praktikum (–s, **Praktika** *od* **Praktiken**) *nt* stage *m.*

praktisch ['praktɪʃ] *adj* pratique ♦ *adv* (*im Grunde*) pratiquement; ~**er Arzt** généraliste *m/f*; ~**es Beispiel** exemple *m* concret.

praktizieren [prakti'tsi:rən] *vt* (*Methode, Idee*) mettre en pratique, appliquer ♦ *vi* exercer.

Praline [pra'li:nə] *f,* **Praliné** [prali'ne:] (–s, –s) *nt* (bonbon *m* au) chocolat *m.*

prall [pral] *adj* (*Sack*) rebondi(e); (*Ball*) bien gonflé(e); (*Segel*) tendu(e); (*Arme*) dodu(e); **in der ~en Sonne** en plein soleil.

prallen *vi:* ~ **gegen** *od* **auf** +*Akk* heurter; (*Sonne*) donner en plein sur.

prallvoll *adj* plein(e) à craquer.

Prämie ['prɛ:miə] *f* prime *f.*

prämien-: ~**begünstigt** *adj* avec prime; **P**~**geschäft** *nt* (*WIRTS*) marché *m* à prime; ~**sparen** *vi* souscrire à un plan d'épargne à primes.

prämieren [prɛ'mi:rən] *vt* (*belohnen*) primer; (*auszeichnen*) donner un prix à.

prangen ['praŋən] *vi* resplendir.

Pranger ['praŋər] (–s, –) *m* (*GESCHICHTE*) pilori *m*; **jdn an den** ~ **stellen** (*fig*) mettre *od* clouer qn au pilori.

Pranke ['praŋkə] *f* patte *f*; (*umg: große Hand*) grosse patte, battoir *m.*

Präparat [prɛpa'ra:t] (–(e)s, –e) *nt* préparation *f.*

präparieren *vt* (*vorbereiten*) préparer; (*konservieren*) conserver, naturaliser; (*MED*) disséquer.

Präposition [prɛpozitsi'o:n] *f* préposition *f.*

Prärie [prɛ'ri:] *f* Grande Prairie *f.*

Präsens ['prɛ:zɛns] (–) *nt* présent *m.*

präsent *adj* (*geh*): **das habe ich im Augenblick nicht** ~ cela m'échappe.

präsentieren [prɛzɛn'ti:rən] *vt* présenter ♦ *vr* se présenter.

Präsenzbibliothek *f* bibliothèque *f* d'ouvrages à consulter.

Präsenzpflicht *f* obligation *f* de présence, présence *f* obligatoire.

Präservativ [prɛzɛrva'ti:f] (–s, –e) *nt* préservatif *m.*

Präsident(in) [prɛzi'dɛnt(in)] *m(f)* président(e) *m/f*; ~**schaft** *f* présidence *f*; ~**schaftskandidat** *m* candidat *m* à la présidence.

präsidieren [prɛzi'di:rən] *vi* présider.

Präsidium [prɛ'zi:diʊm] *nt* (*Vorsitz*) présidence *f*; (*Polizei*~) ≈ préfecture *f* de police.

prasseln ['prasəln] *vi* (*Feuer*) crépiter; (*Regen, Hagel*) tambouriner.

prassen ['prasən] *vi* festoyer.

Präteritum [prɛ'te:ritʊm] (–s, **Präterita**) *nt* prétérit *m.*

Pratze ['pratsə] *f* patte *f.*

präventiv [prɛvɛn'ti:f] *adj* préventif(-ive).

Praxis ['praksɪs] (–, **Praxen**) *f* pratique *f*; (*von Arzt*) cabinet *m*; (*von Anwalt*) étude *f*; **die** ~

sieht anders aus c'est différent dans la pratique; **ein Beispiel aus der** ~ un exemple concret.

Präzedenzfall [prɛtse:'dɛntsfal] *m* précédent *m.*

präzis [prɛ'tsi:s] *adj* précis(e).

Präzision [prɛtsizi'o:n] *f* précision *f.*

predigen ['pre:digən] *vt, vi* prêcher.

Prediger (–s, –) *m* prédicateur *m.*

Predigt ['pre:dɪçt] (–, –en) *f* sermon *m.*

Preis [praɪs] (–es, –e) *m* prix *m*; **um keinen/jeden** ~ à aucun/tout prix; ~**ausschreiben** *nt* concours *m*; **p**~**bewußt** *adj* regardant(e); ~**bindung** *f* contrôle *m* des prix; ~**brecher** *m* (*Firma*) entreprise *f* qui casse les prix.

Preiselbeere *f* airelle *f.*

preisen ['praɪzən] *unreg vt* louer; **sich glücklich** ~ (*geh*) s'estimer heureux(-euse).

Preis-: ~**entwicklung** *f* tendance *f* des prix; ~**erhöhung** *f* hausse *f* des prix; ~**ermäßigung** *f* rabais *m*; ~**frage** *f* question *f* de prix; (*Wettbewerb*) question de concours.

preisgeben *unreg vt* (*aufgeben*) abandonner; (*ausliefern*) livrer; (*verraten*) révéler.

preis-: ~**gebunden** *adj* à prix fixe; **P**~**gefälle** *nt* éventail *m* des prix; ~**gekrönt** *adj* couronné(e); **P**~**gericht** *nt* jury *m*; ~**günstig** *adj* avantageux(-euse); **P**~**index** *m* indice *m* des prix; **P**~**lage** *f* gamme *f* de prix; ~**lich** *adj* (*Lage*) des prix; (*Unterschied*) de prix; **P**~**liste** *f* liste *f* de prix; **P**~**nachlaß** *m* baisse *f* de prix, rabais *m*; **P**~**richter** *m* membre *m* du jury; **P**~**schild** *nt* étiquette *f*; **P**~**spanne** *f* différence *f* de prix; **P**~**stopp** *m* contrôle *m* des prix; **P**~**sturz** *m* chute *f* des prix; **P**~**träger(in)** *m(f)* lauréat(e); **P**~**vorteil** *m* prix *m* avantageux; ~**wert** *adj* avantageux(-euse).

prekär [pre'kɛ:r] *adj* précaire.

Prellbock ['prɛlbɔk] *m* (*EISENB*) butoir *m*; **als** ~ **dienen** (*umg*) servir de tampon.

prellen *vt* (*stoßen*) heurter; (*betrügen*) escroquer.

Prellung *f* (*MED*) contusion *f.*

Premiere [prəmi'ɛ:rə] *f* première *f.*

Premierminister(in) [prəmi'e:ministər(in)] *m(f)* premier ministre *m.*

Presse ['prɛsə] *f* (*für Obst*) presse-citron *m inv*; (*kein pl: Zeitungen etc*) presse *f*; ~**agentur** *f* agence *f* de presse; ~**ausweis** *m* carte *f* de presse; ~**dienst** *m* service *m* de presse; ~**erklärung** *f* déclaration *f* à la presse; ~**freiheit** *f* liberté *f* de la presse; ~**konferenz** *f* conférence *f* de presse; ~**meldung** *f* communiqué *m* de presse.

pressen *vt* presser.

Pressestelle *f* service *m* de presse.

Presseverlautbarung *f* communiqué *m* de presse.

pressieren [prɛ'si:rən] *vi:* **es pressiert** c'est urgent.

Preßluft ['prɛslʊft] *f* air *m* comprimé; ~**bohrer** *m* marteau-piqueur *m.*

Prestige [prɛs'ti:ʒə] (–s) *nt* prestige *m*; ~**ver-**

lust m perte f de prestige.
Preuße ['prɔysə] (–n, –n) m Prussien m.
Preußen (–s) nt la Prusse.
Preußin f Prussienne f.
preußisch adj prussien(ne).
prickeln ['prɪkəln] vi (Haut) démanger; (Sekt) pétiller.
Priel [priːl] (–(e)s, –e) m résidu d'eau de mer dans les laisses à marée basse.
pries etc [priːs] vb siehe **preisen**.
Priester(in) ['priːstər(ɪn)] (–s, –) m(f) prêtre(-tresse).
prima ['priːma] adj unver (Ware) de première qualité; (umg) super; ~! super!
primär [pri'mɛːr] adj (geh: wesentlich) primordial(e); (: ursprünglich) initial(e); (: Ursache) premier(-ière), principal(e); **P~daten** pl données fpl de base; **P~energie** f énergie f primaire.
Primel ['priːməl] (–, –n) f primevère f.
primitiv [primi'tiːf] adj primitif(-ive).
Primitivität [primitivi'tɛːt] f (von einer Kultur) primitivisme m.
Primzahl ['priːmtsaːl] f nombre m premier.
Printer ['prɪntər] (–s, –) m imprimante f.
Prinz [prɪnts] (–en, –en) m prince m.
Prinzessin [prɪn'tsɛsɪn] f princesse f.
Prinzip [prɪn'tsiːp] (–s, –ien) nt principe m; **aus** ~ par principe; **im** ~ en principe.
prinzipiell [prɪntsi'piɛl] adj de principe ♦ adv par principe.
prinzipienlos adj sans principes.
Priorität [priori'tɛːt] f (Vorrang) priorité f; ~**en** pl (WIRTS: Aktien) actions fpl de priorité; ~**en setzen** décider de ce qui est le plus urgent.
Prise ['priːzə] f (Salz) pincée f; (Tabak) prise f.
Prisma ['prɪsma] (–s, Prismen) nt prisme m.
privat [pri'vaːt] adj privé(e); (Angelegenheit) personnel(le) ♦ adv: **jdn** ~ **sprechen** parler à qn en privé; „P~" (Aufschrift) "privé"; „an P~ zu verkaufen" "vends à particulier"; **P~besitz** m propriété f privée; „aus P~besitz" (Leihgabe) "collection particulière"; **P~gespräch** m entretien m privé; (am Telefon) communication f privée.
privatisieren [privati'ziːrən] vt privatiser.
Privat-: ~**klinik** f clinique f privée; ~**patient(in)** m(f) client(e) privé(e) (dont le traitement n'est pas remboursé); ~**schule** f école f privée od libre; ~**wirtschaft** f secteur m privé.
Privileg [privi'leːk] (–(e)s, –ien) nt privilège m.
Pro (–s) nt pour m.
pro [proː] präp + Akk par; ~ **Stück** pièce.
Probe ['proːbə] f essai m; (Teststück) échantillon m; (THEAT) répétition f; **jdn auf die** ~ **stellen** mettre qn à l'épreuve; **etw auf die** ~ **stellen** tester qch; **zur** od **auf** ~ à l'essai; **er ist auf** ~ **angestellt** il est engagé à l'essai; ~**arbeit** f échantillon m de travail; ~**exemplar** nt échantillon m; ~**fahrt** f essai m de route; ~**lauf** m essai m.
proben vt (MUS) répéter.
Probe-: ~**stück** nt échantillon m; **p~weise** adv

à l'essai; ~**zeit** f période f d'essai.
probieren [pro'biːrən] vt essayer; (Wein, Speise) goûter ♦ vi (siehe vt) essayer; goûter.
Probierstube f salle f de dégustation.
Problem [pro'bleːm] (–s, –e) nt problème m; **vor einem** ~ **stehen** être confronté(e) à un problème.
Problematik [proble'maːtɪk] f problématique f.
problematisch [proble'maːtɪʃ] adj problématique; (Verhältnis) difficile.
problemlos adj, adv sans problèmes.
Problemstellung f problématique f.
Produkt [pro'dʊkt] (–(e)s, –e) nt produit m.
Produktion [prodʊktsi'oːn] f production f.
Produktions-: ~**anlage** f usine f de production; ~**güter** pl biens mpl de production; ~**leiter** m directeur m de la production; ~**stätte** f lieu m de production.
produktiv [prodʊk'tiːf] adj (Betrieb) productif(-ive); (Arbeit) fructueux(-euse); (Künstler) fécond(e).
Produktivität [prodʊktivi'tɛːt] f productivité f.
Produzent(in) [produ'tsɛnt(ɪn)] m(f) producteur(-trice).
produzieren [produ'tsiːrən] vt produire ♦ vr se produire.
Prof. [prof] abk = **Professor**.
profan [pro'faːn] adj (weltlich) profane; (gewöhnlich) banal(e).
professionell [profesio'nɛl] adj professionnel(le).
Professor(in) [pro'fɛsɔr(ɪn)] m(f) professeur m.
Professur [profe'suːr] f: ~ **(für)** chaire f (de).
Profi ['proːfi] (–s, –s; umg) m professionnel m.
Profil [pro'fiːl] (–s, –e) nt (Seitenansicht) profil m; (fig) personnalité f; (Querschnitt) profil transversal; (Längsschnitt) profil longitudinal; (von Reifen) (dessin m de la) bande f de roulement; (von Schuhsohle) dessin.
profilieren [profi'liːrən] vr (sich auszeichnen) se distinguer.
Profilsohle f semelle f à profil antidérapant.
Profit [pro'fiːt] (–(e)s, –e) m profit m, bénéfice m.
profitieren [profi'tiːrən] vi: **von jdm** ~ tirer avantage de la compagnie de qn; **von etw** ~ profiter de qch.
Profitmacherei (umg: pej) f mercantilisme m.
pro forma adv pour la forme.
Pro-forma-Rechnung f facture f pro forma.
Prognose [pro'gnoːzə] (–n) f pronostic m.
Programm [pro'gram] (–s, –e) nt programme m; (Sender) chaîne f; (Kollektion) gamme f; **nach** ~ comme prévu; **p~(m)äßig** adj selon le programme; ~**fehler** m (COMPUT) erreur f de programmation; **p~gesteuert** adj commandé(e) par programme; ~**hinweis** m programme m.
programmieren [progra'miːrən] vt prévoir; (COMPUT) programmer; **auf Erfolg programmiert sein** partir gagnant(e); **programmierter Unterricht** enseignement m programmé.

Programmierer(in) (**-s**, **-**) *m(f)* programmeur(-euse).

Programmiersprache *f* (*COMPUT*) langage *m* de programmation.

Programmierung *f* (*COMPUT*) programmation *f*.

Programmvorschau *f*: ~ **(für)** programme *m* (de); (*FILM*) bande-annonce *f* (de).

progressiv [progrɛ'siːf] *adj* (*geh: fortschrittlich*) progressiste.

Projekt [pro'jɛkt] (**-(e)s**, **-e**) *nt* projet *m*.

Projektor [pro'jɛktɔr] *m* projecteur *m*.

projizieren [proji'tsiːrən] *vt* projeter.

proklamieren [prokla'miːrən] *vt* proclamer.

Pro-Kopf-Einkommen *nt* revenu *m* par habitant.

Prokura [pro'kuːra] (**-**, **Prokuren**) *f* (*förmlich*) procuration *f* (générale).

Prokurist(in) [proku'rɪst(ɪn)] *m(f)* fondé *m* de pouvoir.

Prolet [pro'leːt] (**-en**, **-en**; *pej*) *m* prolo *m*.

Proletariat [proletari'aːt] (**-(e)s**, **-e**) *nt* prolétariat *m*.

Proletarier [prole'taːriər] (**-s**, **-**) *m* prolétaire *m*.

proletarisch [prole'taːrɪʃ] *adj* prolétaire, prolétarien(ne).

Prolog [pro'loːk] (**-(e)s**, **-e**) *m* prologue *m*.

Promenade [promə'naːdə] *f* promenade *f*.

Promenadenmischung *f* (*hum*) chien *m* bâtard.

Promille [pro'mɪle] (**-(s)**, **-**) *nt* (*Alkoholgehalt*) alcoolémie *f*; ~**grenze** *f* taux *m* maximum légal d'alcoolémie.

prominent [promi'nɛnt] *adj* important(e).

Prominenz [promi'nɛnts] *f* personnalités *fpl*, célébrités *fpl*.

Promoter [pro'moːtər] (**-s**, **-**) *m* organisateur *m*.

Promotion [promotsi'oːn] *f* (*UNIV*) (obtention *f* du) doctorat *m*.

promovieren [promo'viːrən] *vi* obtenir son doctorat.

prompt [prɔmpt] *adj* rapide ♦ *adv* (*wie erwartet*) évidemment.

Pronomen [pro'noːmɛn] (**-s**, **-**) *nt* pronom *m*.

Propaganda [propa'ganda] (**-**) *f* propagande *f*.

propagandistisch [propagan'dɪstɪʃ] *adj* de propagande.

propagieren [propa'giːrən] *vt* prôner.

Propangas [pro'paːngaːs] *nt* propane *m*.

Propeller [pro'pɛlər] (**-s**, **-**) *m* hélice *f*.

proper ['prɔpər] (*umg*) *adj* pimpant(e).

Prophet(in) [pro'feːt(ɪn)] (**-en**, **-en**) *m(f)* prophète(prophétesse) *m/f*.

prophetisch *adj* prophétique.

prophezeien [profe'tsaɪən] *vt* prédire, annoncer.

Prophezeiung *f* prophétie *f*.

prophylaktisch [profy'laktɪʃ] *adj* prophylactique.

Proportion [prɔpɔrtsi'oːn] *f* proportion *f*.

proportional [prɔpɔrtsio'naːl] *adj* proportion-

nel(le); **P~schrift** *f* (*COMPUT*) espacement *m* proportionnel.

proportioniert [prɔpɔrtsio'niːrt] *adj*: **gut/schlecht** ~ bien/mal proportionné(e).

Proporz [pro'pɔrts] (**-es**, **-e**) *m* représentation *f* proportionnelle.

Prosa ['proːza] (**-**) *f* prose *f*.

prosaisch [pro'zaːɪʃ] *adj* (*Text*) en prose; (*Mensch*) prosaïque.

prosit ['proːzɪt] *interj* à la vôtre; **P~ Neujahr!** bonne année!

Prospekt [pro'spɛkt] (**-(e)s**, **-e**) *m* (*Werbeschrift*) prospectus *m*.

prost [proːst] *interj* à la vôtre/tienne, santé.

Prostata ['prɔstata] (**-**) *f* prostate *f*.

Prostituierte [prostitu'iːrtə] (**-n**, **-n**) *f* prostituée *f*.

Prostitution [prostitutsi'oːn] *f* prostitution *f*.

prot. [prot] *abk* = **protestantisch**.

Protegé [prote'ʒeː] (**-s**, **-s**) *m* protégé *m*.

Protein [prote'iːn] (**-s**, **-e**) *nt* protéine *f*.

Protektionismus [protɛktsio'nɪsmʊs] *m* protectionnisme *m*.

Protektorat [protɛkto'raːt] (**-(e)s**, **-e**) *nt* protectorat *m*.

Protest [pro'tɛst] (**-(e)s**, **-e**) *m* protestation *f*.

Protestant(in) [protɛs'tant(ɪn)] *m(f)* protestant(e); **p~isch** *adj* protestant(e).

Protestbewegung *f* mouvement *m* de protestation.

protestieren [protɛs'tiːrən] *vi* protester.

Protestkundgebung *f* manifestation *f*.

Prothese [pro'teːzə] *f* prothèse *f*; (*Zahn~*) prothèse dentaire, dentier *m*.

Protokoll [proto'kɔl] (**-s**, **-e**) *nt* procès-verbal *m*; (*diplomatisch*) protocole *m*; **(das)** ~ **führen** rédiger le procès-verbal; **etw zu** ~ **geben** faire mettre qch au procès-verbal; (*bei Polizei*) signaler qch; ~**führer** *m* secrétaire *m* (*chargé de rédiger le procès-verbal*); (*JUR*) greffier *m*.

protokollieren [protoko'liːrən] *vt* (*Sitzung*) rédiger le procès-verbal de; (*Bemerkung*) noter.

Proton ['proːtɔn] (**-s**, **-en**) *nt* proton *m*.

Prototyp *m* prototype *m*.

Protz [prɔts] (**-en**, **-e(n)**; *umg*) *m* esbroufe *f*; (*Mensch*) vantard *m*.

protzen (*umg*) *vi* se vanter; **mit etw** ~ étaler qch.

protzig (*umg*) *adj* tape-à-l'œil *inv*.

Proviant [provi'ant] (**-s**, **-e**) *m* provisions *fpl*.

Provinz [pro'vɪnts] (**-**, **-en**) *f* province *f*; **das ist finsterste** ~ (*pej*) c'est un trou.

provinziell [provɪn'tsiɛl] *adj* provincial(e).

Provinzler(in) [pej] *m(f)* provincial(e).

Provision [provizi'oːn] *f* (*WIRTS*) commission *f*.

Provisionsbasis *f*: **auf** ~ à la commission.

provisorisch [provi'zoːrɪʃ] *adj* provisoire.

Provisorium (**-s**, **-ien**) *nt* solution *f* provisoire.

Provokation [provokatsi'oːn] *f* provocation *f*.

provokativ [provoka'tiːf] *adj* provocant(e).

provokatorisch *adj* provocant(e).

provozieren [provo'tsi:rən] *vt* provoquer.

Proz. *abk* (= *Prozent*) %.

Prozedur [protse'du:r] *f* procédure *f*; (*pej*) histoires *fpl*; **die ~ beim Zahnarzt** le supplice chez le dentiste.

Prozent [pro'tsɛnt] (–(e)s, –e) *nt*: **5 ~ 5** pour cent; **~e bekommen** (*Provision*) toucher un pourcentage; (*weniger zahlen*) obtenir une remise; **~rechnung** *f* calcul *m* du pourcentage; **~satz** *m* pourcentage *m*; **p~ual** [protsɛntu'a:l] *adj*: **p~uale Beteiligung** pourcentage *m*.

Prozeß [pro'tsɛs] (–sses, –sse) *m* (*JUR*) procès *m*; (*Vorgang*) processus *m*; **jdm den ~ machen** faire un procès à qn; **es zum ~ kommen lassen** porter une affaire devant les tribunaux; **mit etw/jdm kurzen ~ machen** (*umg*) régler qch/le cas de qn sans traîner.

prozessieren [protsɛ'si:rən] *vi*: **~ (mit *od* gegen)** être en procès (avec).

Prozession [protsɛsi'o:n] (–en) *f* procession *f*.

Prozeßkosten *pl* frais *mpl* de justice; **~hilfe** *f* aide *f* judiciaire.

prüde ['pry:də] *adj* prude.

Prüderie [pry:də'ri:] *f* pruderie *f*.

prüfen ['pry:fən] *vt* (*Kandidat*) faire passer un examen à; (*Kenntnisse*) contrôler; (*Gerät*) tester, contrôler le fonctionnement de; (*nachprüfen*) vérifier; (*erwägen*) considérer; (*mustern*) scruter.

Prüfer(in) (–s, –) *m(f)* examinateur(-trice).

Prüfling *m* candidat(e).

Prüfung *f* examen *m*; (*Überprüfung*) vérification *f*; (*fig: Heimsuchung*) épreuve *f*; **eine ~ machen** passer un examen; **durch eine ~ fallen** échouer à un examen.

Prüfungs-: **~ausschuß** *m* examinateurs *mpl*; **~kommission** *f* jury *m* (d'examen); **~ordnung** *f* règlement *m* (d'un examen).

Prügel ['pry:gəl] (–s, –) *m* (*Knüppel*) gourdin *m* ♦ *pl* raclée *f*.

Prügelei [pry:gə'laɪ] *f* bagarre *f*.

Prügelknabe *m* bouc *m* émissaire.

prügeln *vt* battre ♦ *vr* se battre.

Prügelstrafe *f* châtiment *m* corporel.

Prunk [proŋk] (–(e)s) *m* faste *m* (excessif); **p~voll** *adj* fastueux(-euse).

prusten ['pru:stən] (*umg*) *vi* s'ébrouer.

PS *abk* (= *Pferdestärke*) CV; (= *Postskript(um)*) P-S.

Psalm [psalm] (–s, –en) *m* psaume *m*.

PScha *nt abk* (= *Postscheckamt*) CCP.

pseudo- [psɔydo] *in zW* pseudo.

pst *interj* chut.

Psyche ['psy:çə] *f* psychologie *f*.

Psychiater [psy'çia:tər] (–s, –) *m* psychiatre *m*.

Psychiatrie [psyçia'tri:] *f* psychiatrie *f*.

psychiatrisch *adj* psychiatrique.

psychisch ['psy:çɪʃ] *adj* (*Belastung, Reaktion*) psychologique; (*Krankheit*) mental(e), psychique; **~ gestört** déséquilibré(e).

Psychoanalyse [psyçoana'ly:zə] *f* psychanalyse *f*.

Psychologe [psyçо'lo:gə] (–n, –n) *m* psychologue *m*.

Psychologie *f* psychologie *f*.

Psychologin *f* psychologue *f*.

psychologisch *adj* psychologique.

Psychotherapeut(in) [psyçotera'pɔyt(ɪn)] (–en, –en) *m(f)* psychothérapeute *m/f*.

Psychotherapie *f* psychothérapie *f*.

PTT (*SCHWEIZ*) *abk* (= *Post, Telefon, Telegraf*) PTT *mpl* (*en Suisse*).

Pubertät [pubɛr'tɛ:t] *f* puberté *f*.

publik [pu'bli:k] *adj*: **~ werden** venir à la connaissance du public, devenir public; **etw ~ machen** rendre qch public.

Publikum ['pu:blikom] (–s) *nt* public *m*; (*Zuschauer*) public, assistance *f*; (*Zuhörer*) public, auditoire *m*; (*SPORT*) public, spectateurs *mpl*; **in diesem Lokal verkehrt ein schlechtes ~** la clientèle de ce bistro est peu recommandable.

Publikumserfolg *m* succès *m* (auprès du public).

Publikumsverkehr *m*: „**~ Freitag 9-13"** "ouvert au public le vendredi de 9 à 13 heures".

publizieren [publi'tsi:rən] *vt* (*Buch etc*) publier.

Pudding ['pudɪŋ] (–s, –e *od* –s) *m* ≈ flan *m*; **~pulver** *nt* préparation *f* pour flan.

Pudel ['pu:dəl] (–s, –) *m* caniche *m*; **~mütze** *f* bonnet *m* de laine; **p~wohl** (*umg*) *adj*: **sich p~wohl fühlen** avoir la pêche.

Puder ['pu:dər] (–s, –) *m* poudre *f*; **~dose** *f* poudrier *m*.

pudern *vt* poudrer.

Puderzucker *m* sucre *m* glace.

Puertoricaner(in) [puɛrtori'ka:nər(ɪn)] (–s, –) *m(f)* Portoricain(e).

puertoricanisch *adj* portoricain(e).

Puerto Rico [pu'ɛrto'ri:ko] (–s) *nt* Porto Rico *f*.

Puff¹ [puf] (–(e)s, –"e; *umg*) *m* (*Stoß*) gnon *m*.

Puff² [puf] (–(e)s, –e) *m* (*Wäsche~*) panier *m* à linge (capitonné); (*Sitz~*) pouf *m*.

Puff³ [puf] (–s, –s; *umg*) *nt od m* (*Bordell*) bordel *m*.

Puffer (–s, –) *m* (*EISENB, COMPUT*) tampon *m*; **~speicher** *m* mémoire *f* tampon *od* intermédiaire; **~staat** *m* État *m* tampon; **~zone** *f* zone *f* tampon.

Puffreis *m* riz *m* soufflé.

Pulle ['pulə] (*umg*) *f* bouteille *f*.

Pulli ['puli] (–s, –s; *umg*) *m* pull *m*.

Pullover (–s, –) *m* pull-over *m*.

Pullunder [pu'lundər] (–s, –) *m* débardeur *m*.

Puls [puls] (–es, –e) *m* pouls *m*; **~ader** *f* artère *f*; **sich *Dat* die ~ader(n) aufschneiden** s'ouvrir les veines.

pulsieren [pul'zi:rən] *vi* (*Blut, Ader*) battre; (*fig*) vibrer.

Pult [pult] (–(e)s, –e) *nt* (*für Redner*) estrade *f*; (*für Dirigent*) pupitre *m*; (*Schalt~*) pupitre *m* de commande.

Pulver ['pulfər] (–s, –) *nt* poudre *f*; **~faß** *nt*: **(wie) auf einem ~faß sitzen** se trouver dans une situation explosive.

pulverig *adj* poudreux(-euse), pulvérulent(e); (*Schnee*) poudreux(-euse).
pulverisieren [pʊlveri'ziːrən] *vt* pulvériser.
Pulverkaffee *m* café *m* soluble.
Pulverschnee *m* poudreuse *f*.
pummelig ['pʊməlɪç] (*umg*) *adj* rondelet(te).
Pump (-(e)s; *umg*) *m*: **auf** ~ à crédit.
Pumpe ['pʊmpə] *f* pompe *f*; (*umg: Herz*) palpitant *m*.
pumpen *vt* pomper; (*umg: leihen*) prêter; (: *entleihen*) emprunter.
Pumpernickel ['pʊmpərnɪkəl] (-s, -) *m* pain de seigle noir.
Pumphose *f* culotte *f*.
puncto ['pʊŋkto] *präp* +*Gen*: **in** ~ **X** en ce qui concerne X.
Punkt [pʊŋkt] (-(e)s, -e) *m* point *m*; **der springende** ~ l'élément *m* déterminant; **der tote** ~ le point mort; **nun mach aber mal einen** ~! (*umg*) ça suffit, maintenant!; ~ **10 Uhr** à 10 heures pile; **p~gleich** *adj* (*SPORT*) à égalité.
punktieren [pʊŋk'tiːrən] *vt* (*MED*) pointillonner; **eine punktierte Note** (*MUS*) une note pointée; **eine punktierte Linie** des pointillés *mpl*.
pünktlich ['pʏŋktlɪç] *adj* ponctuel(le); (*Erscheinen*) à l'heure; ~ **sein** être à l'heure; **P~keit** *f* ponctualité *f*.
Punkt-: ~**richter** *m* juge *m* (aux points); ~**sieg** *m* victoire *f* aux points; ~**wertung** *f* système *m* des points; ~**zahl** *f* score *m*.
Punsch [pʊnʃ] (-(e)s, -e) *m* punch *m*.
Pupille [pu'pɪlə] *f* pupille *f*.
Puppe ['pʊpə] *f* poupée *f*; (*Marionette*) marionnette *f*; (*Insekten*~) chrysalide *f*; (*Schaufenster*~) mannequin *m*.
Puppen-: ~**haus** *nt* maison *f* de poupée; ~**spieler** *m* montreur *m* de marionnettes, marionnettiste *m*; ~**stube** *f* maison *f* de poupée; ~**theater** *nt* théâtre *m* de marionnettes; ~**wagen** *m* landau *m* de poupée.
pur [puːr] *adj* pur(e); (*Whisky etc*) sec *inv*.
Püree [py'reː] (-s, -s) *nt* purée *f*; (*Kartoffel*~) purée de pommes de terre).
Purpur ['pʊrpʊr] (-s) *m* (*Farbe*) pourpre *m*; (*Stoff*) pourpre *f*; **p~rot** *adj* pourpre.
Purser ['pɔːsə] (-s, -) *m* commissaire *m* du bord.
Purzelbaum ['pʊrtsəlbaʊm] (*umg*) *m* culbute *f*.
purzeln *vi* tomber.
Puste ['puːstə] (-; *umg*) *f* souffle *m*.
Pustel ['pʊstəl] (-, -n) *f* bouton *m* (sur la peau).
pusten (*umg*) *vi* souffler.
Pute ['puːtə] *f* dinde *f*.
Puter (-s, -) *m* dindon *m*; **p~rot** *adj* rouge comme une pivoine.
Putsch [pʊtʃ] (-(e)s, -e) *m* putsch *m*, coup *m* d'État; **p~en** *vi* faire un putsch; ~**ist** *m* putschiste *m*; ~**versuch** *m* tentative *f* de putsch.
Putte ['pʊtə] *f* statue représentant un ange ou un enfant nu.
Putz [pʊts] (-es) *m* (*Mörtel*) crépi *m*; **eine Mauer mit** ~ **verkleiden** crépir un mur.
putzen *vt* nettoyer; (*Schuhe*) cirer; (*Gemüse*)

éplucher ♦ *vr* faire sa toilette; (**sich** *Dat*) **die Zähne** ~ se brosser les dents; (**sich** *Dat*) **die Nase** ~ se moucher.
Putzfrau *f* femme *f* de ménage.
putzig *adj* (*niedlich*) mignon(ne).
Putzlappen *m* chiffon *m*.
putzmunter (*umg*) *adj* en pleine forme.
Putz-: ~**tag** *m* jour *m* de nettoyage; ~**teufel** (*umg*) *m*: **sie ist ein wahrer** ~**teufel** elle a la manie de l'astiquage; ~**zeug** *nt* matériel *m* de nettoyage.
Puzzle ['pasəl] (-s, -s) *nt* puzzle *m*.
PVC (-s) *nt abk* (*Material*) PVC *m*.
Pygmäe [py'gmɛːə] (-n, -n) *m* pygmée *m*.
Pyjama [pi'dʒaːma] (-s, -s) *m* pyjama *m*.
Pyramide [pyra'miːdə] *f* pyramide *f*.
Pyrenäen [pyre'nɛːən] *pl*: **die** ~ les Pyrénées *fpl*.
Python ['pyːtɔn] (-s, -s *od* **Pythonen**) *m*, **Pythonschlange** *f* python *m*.

Q, q

Q, q [kuː] *nt* (*Buchstabe*) Q, q *m*; ~ **wie Quelle** ≈ Q comme Quintal.
qcm *abk* (= *Quadratzentimeter*) cm2.
qm *abk* (= *Quadratmeter*) m2.
quabb(e)lig ['kvab(ə)lɪç] *adj* gélatineux (-euse).
Quacksalber ['kvakzalbər] (-s, -; *umg: pej*) *m* charlatan *m*.
Quader ['kvaːdər] (-s, -) *m* (*Steinblock*) pierre *f* de taille, parallélépipède *m* rectangle.
Quadrat [kva'draːt] (-(e)s, -e) *nt* carré *m*; **fünf im** *od* **zum** ~ cinq au carré; **q~isch** *adj* carré(e); (*Gleichung*) du second degré; ~**latschen** (*umg*) *pl* (*hum: Schuhe*) godasses *fpl*; ~**meter** *m* mètre *m* carré; ~**wurzel** *f* racine *f* carrée; ~**zahl** *f* nombre *m* au carré.
quadrieren [kva'driːrən] *vt* (*MATH*) élever au carré.
quadrophon [kvadro'foːn] *adj* tétraphonique, quadriphonique.
quaken ['kvaːkən] *vi* (*Frosch*) coasser; (*Ente*) cancaner.
quäken ['kvɛːkən] (*umg*) *vi* brailler.
quäkend *adj* (*Stimme*) strident(e).
Quäker(in) (-s, -) *m(f)* quaker(esse) *m/f*.
Qual [kvaːl] *f* (*Quälerei*) torture *f*; (*Leiden*) souffrance *f*; (*seelisch*) tourment *m*; **die** ~ **der Wahl** l'embarras *m* du choix.
quälen ['kvɛːlən] *vt* torturer; (*mit Bitten*) harceler; (*subj: Krankheit*) faire souffrir ♦ *vr* (*sich abmühen*) peiner; (*geistig*) se tourmenter; ~ **de Ungewißheit** incertitude angoissante.
Quälerei [kvɛːlə'raɪ] *f* (*das Quälen*) torture *f*.

Quälgeist (umg) m casse-pieds m inv.
Qualifikation [kvalifikatsi'o:n] f qualification f.
qualifizieren [kvalifi'tsi:rən] vt qualifier ♦ vr se qualifier; **Artikel als mindertwertig** ~ déclarer que des articles sont de mauvaise qualité.
qualifiziert adj (Arbeiter, Nachwuchs) qualifié(e); (Arbeit) de professionnel; (POL: Mehrheit) absolu(e).
Qualität [kvali'tɛ:t] f qualité f.
qualitativ [kvalita'ti:f] adj qualitatif(-ive).
Qualitäts-: ~**kontrolle** f contrôle m de qualité; ~**ware** f produit m de qualité; ~**wein** m vin m de qualité (d'origine contrôlée).
Qualle ['kvalə] f méduse f.
Qualm [kvalm] (–(e)s) m épaisse fumée f.
qualmen vi fumer; (umg: Mensch) fumer comme un sapeur ♦ vt (umg) fumer.
qualvoll ['kva:lfɔl] adj (Leiden, Tod) atroce.
Quanten ['kvantən] pl von **Quantum**.
Quantentheorie ['kvantənteori:] f théorie f des quanta.
Quantität [kvanti'tɛ:t] f quantité f.
quantitativ [kvantita'ti:f] adj quantitatif(-ive).
Quantum ['kvantʊm] (–s, **Quanten**) nt (PHYS) quantum m; (Anteil) quota m, ration f.
Quarantäne [karan'tɛ:nə] f quarantaine f.
Quark [kvark] (–s) m (KOCH) sorte de fromage blanc; (umg) foutaise f.
Quartal [kvar'ta:l] (–s, –e) nt trimestre m.
Quartalsabschluß m bilan m trimestriel.
Quartett [kvar'tɛt] (–s, –e) nt (Kartenspiel) jeu m des sept familles; (MUS) quatuor m; (4 Karten) famille f.
Quartier [kvar'ti:r] (–s, –e) nt (Unterkunft) logement m, gîte m; (MIL) quartiers mpl.
Quarz [kva:rts] (–es, –e) m quartz m; ~**uhr** f montre f à quartz.
quasi ['kva:zi] adv quasiment ♦ präf quasi.
quasseln ['kvasəln] (umg) vi jacasser.
Quaste ['kvastə] f (Troddel) gland m (décoration); (von Pinsel) brosse f.
Quästur [kvɛs'tu:r] f (UNIV) caisse f.
Quatsch [kvatʃ] (–es; umg) m bêtises fpl; (Unsinn auch) sornettes fpl; ~ **machen** faire des bêtises.
quatschen (umg) vi papoter.
Quatschkopf (pej; umg) m (Schwätzer) moulin m à paroles.
Quebec [kwɪ'bɛk] nt (Stadt) Québec; (Provinz) le Québec.
Quecksilber ['kvɛkzɪlbər] nt mercure m.
Quelle ['kvɛlə] f (auch COMPUT) source f; **an der** ~ **sitzen** (fig: umg) être bien placé(e).
quellen unreg vi (hervor~) jaillir; (schwellen) gonfler.
Quellenangabe f indication f des sources, note f bibliographique.
Quellensteuer f retenue f à la source.
Quengelei [kvɛŋə'laɪ] (umg) f jérémiades fpl.
quengelig (umg) adj (Kind) geignard(e), pleurnicheur(-euse).
quengeln (umg) vi pleurnicher; (jammern und bitten) geindre.

quer [kve:r] adv (der Breite nach) en travers, en diagonale; (rechtwinklig) transversalement; ~ **durch den Wald** à travers la forêt; ~ **zur Fahrbahn** en travers de la chaussée; **Q**~**balken** m (in Giebel, Decke) poutre f transversale.
Quere ['kve:rə] f: **jdm in die** ~ **kommen** (umg: hindern) mettre des bâtons dans les roues à qn.
quer-: ~**feldein** adv à travers champs; **Q**~**feldeinrennen** nt cross-country m inv; (mit Motorrädern) moto-cross m inv; (Radrennen) cyclo-cross m inv; **Q**~**flöte** f flûte f traversière; **Q**~**format** nt format m oblong; ~**gehen** unreg (umg) vi (verkehrt verlaufen) aller de travers; ~**gestreift** adj attrib à rayures (diagonales); **Q**~**kopf** (umg: pej) m empêcheur m de tourner en rond; ~**legen** (umg) vr faire obstacle; **Q**~**schiff** nt transept m; **Q**~**schläger** m (Geschoß) ricochet m; **Q**~**schnitt** m coupe f od section f transversale; (repräsentative Auswahl) échantillon m; ~**schnittgelähmt** adj paraplégique; **Q**~**schnittslähmung** f paraplégie f; **Q**~**straße** f rue f transversale; **Q**~**strich** m barre f; (TYP) tiret m; **Q**~**strich durch das T** barre transversale du T; **Q**~**summe** f (MATH) somme f des unités formant un nombre; **Q**~**treiber** (–s, –; umg: pej) m empêcheur m de tourner en rond.
Querulant(in) [kveru'lant(ɪn)] m(f) râleur (-euse) m/f.
Querverbindung f liaison f transversale; (fig) lien m.
Quetsch [kvɛtʃ] (–(e)s, –e) m (KOCH) quetsche f.
quetschen ['kvɛtʃən] vt presser, écraser; (Finger etc) écraser, meurtrir ♦ vr (sich klemmen) se coincer; (sich zwängen) se presser.
Quetschung f contusion f.
Queue [kø:] (–s, –s) nt (BILLIARD) queue f.
quicklebendig ['kvɪkle'bɛndɪç] (umg) adj (Kind) plein(e) de vie.
quiek(s)en ['kvi:k(s)ən] vi (Schwein) couiner; (Mensch) pousser des cris perçants.
quietschen ['kvi:tʃən] vi grincer; (Mensch) pousser des cris.
quietschvergnügt ['kvi:tʃfɛrgny:kt] (umg) adj gai(e) comme un pinson.
quillt etc [kvɪlt] vb siehe **quellen**.
Quintessenz ['kvɪntɛsɛnts] f quintessence f.
Quintett [kvɪn'tɛt] (–(e)s, –e) nt quintette m.
Quirl [kvɪrl] (–(e)s, –e) m (Küchengerät) fouet m (électrique).
quirlen ['kvɪrlən] vt (mit Quirl) battre au fouet.
quirlig ['kvɪrlɪç] (umg) adj (lebhaft) vif(vive).
quitt [kvɪt] adj: (mit jdm) ~ **sein** être quitte (envers qn).
Quitte f coing m.
quitte(n)gelb adj jaune comme un coing.
quittieren [kvɪ'ti:rən] vt (bestätigen) quittancer, donner un reçu pour; (Dienst) quitter.
Quittung f quittance f, reçu m; (unangenehme Folgen) conséquence f directe.

Quiz [kvɪs] (–, –) *nt* jeu-concours *m* (*télévisé ou radiophonique*).

quoll *etc* [kvɔl] *vb siehe* **quellen.**

Quote ['kvoːtə] *f* proportion *f*, taux *m*.

Quotient [kvotsi'ɛnt] (**–en, –en**) *m* quotient *m*.

Quotierung *f* cote *f*.

R, r

R, r [ɛr] *nt* (*Buchstabe*) R, r *m*; ~ **wie Richard** ≈ R comme Raoul.

R, r *abk* (= *Radius*) rayon *m*.

r. *abk* (= *rechts*) à dr.

Rabatt [ra'bat] (**–(e)s, –e**) *m* rabais *m*, remise *f*.

Rabatte *f* plate-bande *f*.

Rabattmarke *f* timbre-ristourne *m*.

Rabatz [ra'bats] (**–es**; *umg*) *m* boucan *m*.

Rabbi ['rabi] (**–(s), –s** *od* **Rabbiner**) *m* rabbin *m*.

Rabe ['raːbə] (**–n, –n**) *m* corbeau *m*.

Rabenmutter (*pej*) *f* marâtre *f*.

rabenschwarz *adj* (*Haare*) noir(e) comme jais; **eine ~e Nacht** une nuit d'encre.

rabiat [rabi'aːt] *adj* (*roh, gewalttätig*) brutal(e); (*wild, wütend*) furieux(-euse).

Rache ['raxə] *f* vengeance *f*.

Rachen (**–s, –**) *m* gorge *f*.

rächen ['rɛçən] *vt* venger ♦ *vr* se venger; (*Leichtsinn, Faulheit*) coûter cher; **sich an jdm/etw** ~ se venger de qn/qch; **das wird sich** ~ ça vous *etc* coûtera cher.

Rachenmandel *f* amygdale *f*.

Rachitis [ra'xiːtɪs] (–) *f* rachitisme *m*.

rachsüchtig *adj* (*Mensch*) vindicatif(-ive), rancunier(-ière).

Racker ['rakər] (**–s, –**; *umg*) *m* garnement *m*.

Raclette ['raklɛt] (**–s, –s**) *f od nt* raclette *f*.

Rad [raːt] (**–(e)s, ̈–er**) *nt* roue *f*; (*Fahr~*) vélo *m*; (*der Geschichte, der Zeit*) cours *m*; **unter die Räder kommen** (*umg*) sombrer; **das fünfte ~ am Wagen sein** (*umg*) être la cinquième roue du carrosse.

Radar ['raːdaːr] (**–s**) *m od nt* radar *m*; ~**falle** *f* contrôle *m* radar; ~**kontrolle** *f* contrôle *m* radar.

Radau [ra'dau] (**–s**) *m* (*umg*) boucan *m*; ~ **machen** faire du boucan; (*Unruhe stiften*) faire des histoires.

Raddampfer *m* bateau *m* à vapeur.

radebrechen ['raːdəbrɛçən] *vt, vi* baragouiner.

radeln (*umg*) *vi* faire du vélo; **zur Post** ~ aller à la poste à *od* en vélo; **3 km** ~ faire 3 km à vélo.

Rädelsführer ['rɛːdəlsfyːrər] (**–s, –**) *m* meneur *m*.

rad-: ~**fahren** *unreg* *vi* faire du vélo; **R~fahrer(in)** *m(f)* cycliste *m/f*; (*pej*: *umg*)

lèche-bottes *m/f inv*; **R~fahrweg** *m* piste *f* cyclable.

radieren [ra'diːrən] *vt, vi* gommer, effacer.

Radiergummi *m* gomme *f*.

Radierung *f* (*KUNST*) gravure *f*; (*Abdruck*) eau-forte *f*.

Radieschen [ra'diːsçən] *nt* radis *m*.

radikal [radi'kaːl] *adj* (*extrem*) extrémiste; (*Maßnahme*) radical(e); (*Ablehnung*) catégorique ♦ *adv*: ~ **gegen etw vorgehen** prendre des mesures radicales contre qch.

Radikale(r) *f(m)* extrémiste *m/f*.

Radikalenerlaß *m* décret excluant de la fonction publique les extrémistes.

Radikalisierung [radikali'ziːruŋ] *f* radicalisation *f*.

Radikalkur (*umg*) *f* remède *m* de cheval.

Radio ['raːdio] (**–s, –s**) *nt* radio *f*; **im** ~ à la radio; **r~aktiv** *adj* radioactif(-ive); **r~aktiver Niederschlag** retombées *fpl* radioactives; ~**aktivität** *f* radioactivité *f*; ~**apparat** *m* poste *m* de radio; ~**recorder** *m* radiocassette *f*; ~**sender** *m* émetteur *m* radio.

Radium ['raːdiom] (**–s**) *nt* radium *m*.

Radius ['raːdios] (**–, Radien**) *m* rayon *m*.

Radkappe *f* enjoliveur *m*.

Radler(in) (*umg*) *m(f)* cycliste *m/f*; ~**maß** (*umg*) *f* panaché *m*.

Rad-: ~**rennbahn** *f* vélodrome *m*; ~**rennen** *nt* course *f* cycliste; **r~schlagen** *vi* faire la roue; ~**sport** *m* cyclisme *m*.

RAF (–) *f abk* (= *Rote-Armee-Faktion*) mouvement terroriste allemand.

raffen ['rafən] (–) *vt* (*Besitz, Geld*) amasser; (*Stoff*) froncer.

Raffgier *f* cupidité *f*.

Raffinade [rafi'naːdə] *f* sucre *m* raffiné.

Raffinesse [rafi'nɛsə] (–) *f* (*Feinheit*) gadget *m*, option *f*; (*Schlauheit*) subtilité *f*.

raffinieren [rafi'niːrən] *vt* raffiner.

raffiniert *adj* (*Mensch, Trick*) subtil(e), astucieux(-euse); (*Kleid*) chic *unver*; (*Zucker*) raffiné(e).

Rage ['raːʒə] (–) *f* rage *f*.

ragen ['raːgən] *vi* s'élever.

Ragout [ra'guː] (**–s, –s**) *nt* ragoût *m*.

Rahm [raːm] (**–s**) *m* crème *f*.

rahmen *vt* encadrer.

Rahmen (**–s, –**) *m* cadre *m*; (*von Brille*) monture *f*; **aus dem** ~ **fallen** sortir de l'ordinaire; **im** ~ **des Möglichen** dans le domaine du possible; ~**plan** *m* plan *m* général; ~**programm** *nt* programme *des* manifestations secondaires; ~**richtlinien** *pl* directives *fpl* générales.

Rakete [ra'keːtə] *f* fusée *f*.

Raketenstützpunkt *m* base *f* de lancement.

Rallye ['rali] (**–s, –s**) *f* rallye *m*.

rammdösig ['ramdøːzɪç] (*umg*) *adj* abruti(e).

rammen ['ramən] *vt* (*Pfahl*) enfoncer; (*Schiff*) heurter; (*Auto*) emboutir.

Rampe ['rampə] *f* rampe *f*.

Rampenlicht *nt* feux *mpl* de la rampe; **sie möchte immer im** ~ **stehen** elle cherche tou-

jours à se mettre en vedette.
ramponieren [rampo'niːrən] (*umg*) *vt* esquinter.
Ramsch [ramʃ] (–(e)s, –e; *pej*) *m* camelote *f*.
ran [ran] (*umg*) *adv* = **heran**.
Rand [rant] (–(e)s, ˙-er) *m* bord *m*; (*von Wald*) lisière *f*; (*von Stadt*) périphérie *f*; (*auf Papier*) marge *f*; (*Schmutz~*) auréole *f*; (*unter Augen*) cerne *f*; **außer ~ und Band** (*ausgelassen*) déchaîné(e); (*vor Wut*) hors de soi; **am ~e bemerkt** soit dit en passant; **mit etw (nicht) zu ~e kommen** (ne pas) venir à bout de qch; **mit jdm (nicht) zu ~e kommen** (ne pas) savoir comment s'y prendre avec qn.
randalieren [randa'liːrən] *vi* faire du tapage.
Rand-: ~**bemerkung** *f* (*Notiz*) note *f* en marge; (*fig*) remarque *f* en passant; ~**erscheinung** *f* phénomène *m* secondaire; ~**figur** *f* personnage *m* secondaire; ~**gebiet** *nt* (*GEOG*) région *f* limitrophe; (*POL*) région frontière; ~**stein** *m* (*Bordstein*) bordure *f* du trottoir; ~**streifen** *m* (*von Straße*) accotement *m*; **r~voll** *adj* plein(e) à ras bord.
rang *etc* [raŋ] *vb siehe* **ringen**.
Rang [raŋ] (–(e)s, ˙-e) *m* (*Stand, Stellung*) rang *m*; (*Wert*) calibre *m*; (*THEAT*) balcon *m*; **ein Mann von ~ und Namen** un personnage important; **erster/zweiter ~** premier/deuxième balcon; ~**abzeichen** *nt* galon *m*; ~**älteste(r)** *f(m)* (*MIL*) officier *m* supérieur.
rangeln ['raŋəln] (*umg*) *vi* se chamailler; (*um Posten*) se battre.
Rangierbahnhof [rãˈʒiːrbaːnhoːf] *m* gare *f* de triage.
rangieren *vt* (*EISENB*) aiguiller ♦ *vi* (*fig*) se classer.
Rangiergleis *nt* voie *f* de garage.
Rang-: ~**liste** *f* (*SPORT*) classement *m*; ~**ordnung** *f* ordre *m* hiérarchique; ~**stufe** *f* degré *m* hiérarchique.
rank [raŋk] *adj:* **~ und schlank** élancé(e).
Ranke ['raŋkə] *f* vrille *f*.
Ränke ['rɛŋkə] *pl:* **~ schmieden** tramer un complot.
ranken *vr* (*Pflanzen*) grimper.
ranklotzen ['ranklɔtsən] (*umg*) *vi* bosser.
ranlassen *unreg* (*umg*) *vt:* **jdn ~** laisser qn essayer; (*an sich*) laisser qn s'approcher.
rann *etc* [ran] *vb siehe* **rinnen**.
rannte *etc* ['rantə] *vb siehe* **rennen**.
Ranzen ['rantsən] (–s, –) *m* (*Schulmappe*) cartable *m*; (*umg: Bauch*) panse *f*.
ranzig ['rantsɪç] *adj* (*Butter*) rance.
rapid [ra'piːt] *adj* rapide.
Rappe ['rapə] (–n, –n) *m* (*Pferd*) cheval *m* noir.
Rappel ['rapəl] (**s,** –) *m* (*umg: Fimmel*) accès *m* de folie; **einen ~ kriegen** piquer une crise.
rappeln *vi* (*Tür etc*) trembler.
Rappen ['rapən] (–s, –) *m* (*SCHWEIZ*) centime *m* (suisse).
Raps [raps] (–es, –e) *m* colza *m*.
Rapsöl *nt* huile *f* de colza.

rar [raːr] *adj* rare; **sich ~ machen** (*umg*) se faire rare.
Rarität [rari'tɛːt] *f* rareté *f*.
rasant [ra'zant] *adj* (*schnell*) très rapide; (*umg: Person, Wohnung etc*) superbe.
rasch [raʃ] *adj* rapide.
rascheln *vi:* **das Laub raschelt im Wind** on entend le vent dans les feuilles; **mit der Zeitung ~** faire du bruit en tournant les pages du journal.
Rasen (–) *m* gazon *m*, pelouse *f*.
rasen ['raːzən] *vi* (*umg: schnell fahren*) foncer; **vor Zorn ~** être fou(folle) de colère.
rasend *adj* (*Eifersucht*) fou(folle); (*Entwicklung, Tempo*) très rapide; ~**e Kopfschmerzen** de violents maux de tête.
Rasen-: ~**mäher** (–s, –) *m*, ~**mähmaschine** *f* tondeuse *f* (à gazon); ~**platz** *m* pelouse *f*; ~**sprenger** *m* arroseur *m* automatique.
Raserei [raːzə'raɪ] *f* (*Wut*) fureur *f*; (*Schnelle*) vitesse *f* folle.
Rasier-: ~**apparat** *m* rasoir *m*; ~**creme** *f* crème *f* à raser; **r~en** *vt* (*Mensch*) raser ♦ *vr* se raser; **sich** *Dat* **die Beine/sich** *Akk* **unter den Achseln ~** s'épiler les jambes/les aisselles; ~**klinge** *f* lame *f* de rasoir; ~**messer** *nt* rasoir *m*; ~**pinsel** *m* blaireau *m*; ~**seife** *f* savon *m* à barbe; ~**wasser** *nt* after-shave *m*; ~**zeug** *nt* nécessaire *m* à raser.
raspeln ['raspəln] *vt* râper.
Rasse ['rasə] *f* race *f*; ~**hund** *m* chien *m* de race.
Rassel (–, –n) *f* (*MUS*) crécelle *f*; (*für Baby*) hochet *m*.
rasseln *vi* (*Wecker*) sonner; (*Atem*) être rauque; **~ mit** faire tinter; **durch das Examen ~** (*umg*) se planter à son examen.
Rassenhaß *m* haine *f* raciale, racisme *m*.
Rassentrennung *f* ségrégation *f* raciale.
rassig ['rasɪç] *adj* racé(e).
rassisch *adj* racial(e).
Rassismus [ra'sɪsmʊs] (–) *m* racisme *m*.
rassistisch [ra'sɪstɪʃ] *adj* raciste.
Rast [rast] (–, –en) *f* pause *f*, arrêt *m*; **r~en** *vi* s'arrêter.
Raster ['rastər] (–s, –) *m od nt* grille *f*.
Rast-: ~**haus** *nt*, ~**hof** *m* (*an Autobahn*) restoroute *m*; **r~los** *adj* (*unermüdlich*) infatigable; (*unruhig*) agité(e); ~**platz** *m* (*an Autobahn*) aire *f* de repos; ~**stätte** *f* = ~**haus**.
Rasur [ra'zuːr] *f* rasage *m*; (*Radieren*) gommage *m*.
Rat [raːt] (–(e)s, –**schläge**) *m* conseil *m*; (*pl: Räte:* ~**versammlung**) conseil *m*; (: *Mitglied*) conseiller *m*; **einen guten ~ geben** donner un bon conseil; **jdm mit ~ und Tat zur Seite stehen** soutenir qn en paroles et en actes; **jdn zu ~e ziehen** demander conseil à qn; **etw zu ~e ziehen** consulter qch; (**sich** *Dat*) **keinen ~ wissen** ne savoir que faire.
Rate *f* acompte *m*; **auf ~n kaufen** acheter à crédit; **in ~n bezahlen** payer à crédit.
raten *unreg vt* (*erraten*) deviner; **jdm ~** (*empfeh*-

len) conseiller qn; **rate mal!** devine!; **dreimal darfst du** ~ ça n'est pas difficile à deviner.
ratenweise *adv* à tempérament.
Ratenzahlung *f* paiement *m* par acomptes.
Ratespiel *nt* devinettes *fpl*; (*TV*) jeu-concours *m*.
Ratgeber (**–s**, **–**) *m* (*Person*) conseiller *m*; (*Buch*) manuel *m*.
Rathaus *nt* mairie *f*.
Ratifikation [ratifikatsi'o:n] *f* ratification *f*.
ratifizieren [ratifi'tsi:rən] *vt* ratifier.
Ratifizierung *f* ratification *f*.
Ration [ratsi'o:n] *f* ration *f*; **eiserne** ~ vivres *mpl* de réserve.
rational [ratsio'na:l] *adj* rationnel(le).
rationalisieren [ratsionali'zi:rən] *vt* rationaliser.
rationell [ratsio'nɛl] *adj* rationnel(le).
rationieren [ratsio'ni:rən] *vt* rationner.
Rationierung *f* rationnement *m*.
ratlos *adj* perplexe.
Ratlosigkeit *f* perplexité *f*.
rätoromanisch [rɛtoro'ma:nɪʃ] *adj* rhétoroman(e), romanche.
ratsam *adj* indiqué(e).
Ratschlag *m* conseil *m*.
Rätsel ['rɛ:tsəl] (**–s**, **–**) *nt* (*Denkaufgabe*) devinette *f*; (*Geheimnis*) énigme *f*; **vor einem** ~ **stehen** être perplexe; **r~haft** *adj* mystérieux(-euse); **es ist mir r~haft** je n'arrive pas à me l'expliquer, je ne comprend vraiment pas; **r~n** *vi* se creuser la tête; ~**raten** *nt* devinettes *fpl*.
Ratsherr *m* conseiller *m* municipal.
Ratskeller *m* restaurant *m* de l'hôtel de ville.
ratsuchend *adj*: **sich** ~ **an jdn wenden** demander conseil à qn.
Ratte ['ratə] *f* rat *m*; **die** ~**n verlassen das sinkende Schiff** les rats quittent le navire.
Rattenfänger (**–s**, **–**) *m* (*fig: pej*) démagogue *m*.
rattern ['ratərn] *vi* (*Maschinengewehr*) crépiter; (*Auto*) pétarader.
Raub [raʊp] (**–(e)s**) *m* (*von Gegenstand*) vol *m* (à main armée); (*von Mensch*) enlèvement *m*; (*Beute*) proie *f*; ~**bau** *m* exploitation *f* abusive; **mit seiner Gesundheit** ~**bau treiben** s'abîmer la santé; ~**druck** *m* édition *f* pirate.
rauben *vt* (*wegnehmen*) voler; (*entführen*) enlever ♦ *vi* se livrer au brigandage; **jdm etw** ~ (*fig*) priver qn de qch.
Räuber ['rɔybər] (**–s**, **–**) *m* brigand *m*; **r~isch** *adj* (*Bande*) de malfaiteurs; (*Tier*) prédateur(-trice); **in r~ischer Absicht** avec l'intention de voler.
Raub-: ~**fisch** *m* poisson *m* prédateur; **r~gierig** *adj* rapace; ~**kassette** *f* cassette *f* piratée; ~**mord** *m* vol *m* avec homicide; ~**tier** *nt* prédateur *m*; ~**überfall** *m* attaque *f* à main armée; ~**vogel** *m* rapace *m*.
Rauch [raʊx] (**–(e)s**) *m* fumée *f*.
rauchen *vt*, *vi* fumer; **mir raucht der Kopf** j'en ai la tête qui tourne; „**R~ verboten!"** "défense de fumer!".

Raucher(in) (**–s**, **–**) *m(f)* fumeur(-euse) *m/f*; ~**abteil** *nt* compartiment *m* fumeurs.
räuchern ['rɔyçərn] *vt* (*Fleisch*) fumer.
Räucherspeck *m* lard *m* fumé.
Räucherstäbchen *nt* bâton *m* d'encens.
Rauch-: ~**fahne** *f* traînée *f* de fumée; ~**fang** *m* (*Rauchabzug*) hotte *f*; ~**fleisch** *nt* viande *f* fumée.
rauchig *adj* (*Geschmack*) fumé(e); (*Zimmer, Luft*) enfumé(e); (*Stimme*) rauque.
Rauchschwaden *pl* nuages *mpl* de fumée.
Rauchwaren *pl* (*Pelzwaren*) fourrures *fpl*.
räudig ['rɔydɪç] *adj* galeux(-euse).
rauf [raʊf] (*umg*) *adv siehe* **herauf; hinauf**.
Raufbold (**–(e)s**, **–e**) *m* brute *f*.
raufen *vt* (*Haar*) arracher ♦ *vi*, *vr* se bagarrer.
Rauferei [raʊfə'raɪ] *f* bagarre *f*.
rauflustig *adj* bagarreur(-euse).
rauh [raʊ] *adj* (*Material, Hände*) rêche, rugueux(-euse); (*Stimme*) rauque; (*Hals*) enroué(e); (*Klima*) rude; (*Mensch, Benehmen*) grossier(-ière); **in** ~**en Mengen** (*umg*) en masse; ~**beinig** *adj* rustre; **R~fasertapete** *f* papier *m* peint ingrain; ~**haarig** *adj* (*Dackel*) à poils durs; **R~reif** (**–s**, **–e**) *m* givre *m*.
Raum [raʊm] (**–(e)s**, **Räume**) *m* (*Zimmer*) pièce *f*; (*Platz*) place *f*; (*Gebiet*) région *f*; (*Weltraum*) espace *m*; **eine Frage im** ~ **stehen lassen** laisser une question en suspens; ~**ausstatter(in)** *m(f)* (*förmlich*) décorateur(-trice) *m/f* (d'intérieur); ~**bild** *nt* image *f* stéréoscopique *od* en relief.
räumen ['rɔymən] *vt* (*Wohnung*) quitter; (*Platz, Stadt, Gebiet*) évacuer; (*Schnee, Schutt*) enlever; (*ein~, auf~*) ranger; **etw von etw** ~ débarrasser qch de qch.
Raum-: ~**fähre** *f* navette *f* spatiale; ~**fahrer** *m* astronaute *m*; ~**fahrt** *f* astronautique *f*.
Räumfahrzeug ['rɔymfa:rtsɔyk] *nt* bulldozer *m*; (*für Schnee*) chasse-neige *m inv*.
Rauminhalt *m* (*MATH*) volume *m*.
Raumkapsel *f* capsule *f* spatiale.
räumlich ['rɔymlɪç] *adj* (*Darstellung*) en relief; ~**es Sehen** vision *f* stéréoscopique *od* en trois dimensions; **R~keiten** *pl* locaux *mpl*.
Raum-: ~**mangel** *m* manque *m* de place; ~**maß** *nt* unité *mf* de volume; ~**meter** *m* mètre *m* cube; ~**pflegerin** *f* femme *f* de ménage; ~**schiff** *nt* vaisseau *m* spatial, astronef *m*; **r~sparend** *adj* (*Einteilung*) qui fait gagner de la place; (*Möbel*) peu encombrant(e); ~**station** *f* station *f* spatiale.
Räumung ['rɔymʊŋ] *f* fait *de quitter*; (*unter Zwang*) évacuation *f*.
Räumungs-: ~**befehl** *m* mandat *m* d'expulsion; ~**klage** *f* procès pour expulser un locataire; ~**verkauf** *m* liquidation *f* des stocks.
raunen ['raʊnən] *vt*, *vi* murmurer.
Raupe ['raʊpə] *f* chenille *f*.
Raupenschlepper (**–s**, **–**) *m* véhicule *m* à chenilles.
raus [raʊs] (*umg*) *adv* = **heraus; hinaus**.
Rausch [raʊʃ] (**–(e)s**, **Räusche**) *m* ivresse *f*;

einen ~ **haben** être ivre.
rauschen *vi* (*Wasser*) murmurer; (*Bäume*) bruire; (*umg: Mensch*) foncer.
rauschend *adj* (*Fest*) éblouissant(e); ~**er Beifall** une salve d'applaudissements.
Rauschgift *nt* drogue *f*; ~**handel** *m* trafic *m* de drogue; ~**süchtige(r)** *m(f)* drogué(e) *m/f*.
rausfliegen *unreg* (*umg*) *vi* être fichu(e) dehors; (*aus Job*) être viré(e).
räuspern ['rɔʏspərn] *vr* se racler la gorge.
Rausschmeißer ['raʊsʃmaɪsər] (−**s**, −; *umg*) *m* (*in Lokal*) videur *m*.
Raute ['raʊtə] *f* (*MATH*) losange *m*.
rautenförmig *adj* en (forme de) losange.
Razzia ['ratsia] (−, **Razzien**) *f* rafle *f*.
Reagenzglas [rea'gɛntsglaːs] *nt* éprouvette *f*.
reagieren [rea'giːrən] *vi* réagir; ~ **auf** +*Akk* réagir à.
Reaktion [reaktsi'oːn] *f* réaction *f*.
reaktionär [reaktsio'nɛːr] *adj* réactionnaire.
Reaktions-: ~**fähigkeit** *f* réactions *fpl*; ~**geschwindigkeit** *f* (*von Fahrer, Sportler etc*) vitesse *f* de réaction, réflexes *mpl*; ~**vermögen** *nt* (*von Mensch*) réflexes *mpl*.
reaktivieren [reakti'viːrən] *vt* (*Kenntnisse*) rafraîchir; (*MED: Glieder*) rééduquer.
Reaktor [re'aktɔr] *m* réacteur *m*; ~**katastrophe** *f* catastrophe *f* nucléaire; ~**kern** *m* cœur *m* du réacteur.
real [re'aːl] *adj* (*WIRTS*) réel(le); (*wirklichkeitsbezogen*) réaliste; **R~einkommen** *nt* revenu *m* réel.
realisierbar [reali'ziːrbaːr] *adj* réalisable.
realisieren [reali'ziːrən] *vt* réaliser.
Realismus [rea'lɪsmʊs] *m* réalisme *m*.
Realist(in) [rea'lɪst(ɪn)] *m(f)* réaliste *m/f*; **r~isch** *adj* réaliste.
Realität [reali'tɛːt] *f* réalité *f*.
realitätsfremd *adj* qui n'a pas le sens des réalités, peu réaliste.
Realpolitik *f* politique *f* réaliste, realpolitik *f*.
Realschule *f* école *f* secondaire, collège *m*.
Rebe ['reːbə] *f* vigne *f*, vignoble *m*.
Rebell(in) [re'bɛl(ɪn)] (−**en**, −**en**) *m(f)* rebelle *m/f*.
rebellieren [rebɛ'liːrən] *vi* se rebeller.
Rebellion [rebɛli'oːn] *f* rébellion *f*.
rebellisch [re'bɛlɪʃ] *adj* rebelle.
Reb-: ~**huhn** *nt* perdrix *f*; ~**laus** *f* phylloxéra *m*; ~**stock** *m* vigne *f*.
Rebus ['reːbʊs] (−, −**se**) *m* od *nt* rébus *m*.
rechen ['rɛçən] *vt, vi* ratisser.
Rechen (−**s**, −) *m* râteau *m*.
Rechen-: ~**anlage** *f* ordinateur *m*; ~**aufgabe** *f* problème *m* d'arithmétique; ~**fehler** *m* erreur *f* de calcul; ~**maschine** *f* calculatrice *f*.
Rechenschaft *f* comptes *mpl*; ~ **geben** od **ablegen** rendre compte; **jdm über etw** *Akk* ~ **ablegen** rendre compte de qch à qn; ~ **verlangen** demander des comptes; **jdn zur** ~ **ziehen** (*für etw*) demander des comptes à qn; **jdm** ~ **schulden** avoir des comptes à rendre à qn; ~**sbericht** *m* rapport *m*.
Rechenschieber *m* règle *f* à calcul.

Rechenzentrum *nt* centre *m* informatique.
rechnen ['rɛçnən] *vt* calculer; (*einberechnen, veranschlagen*) compter ♦ *vi* calculer; (*haushalten*) compter; **jdn/etw zu** od **unter etw** +*Akk* ~ compter qn/qch parmi qch; **mit etw** ~ s'attendre à qch; **auf jdn/etw** ~ compter sur qn/qch; **R~** *nt* calcul *m*.
Rechner (−**s**, −) *m* calculatrice *f*; (*COMPUT*) ordinateur *m*; **r~abhängig** *adj* (*COMPUT*) en ligne; **r~fern** *adj* (*COMPUT*) à distance; **r~isch** *adv* mathématiquement; **r~unabhängig** *adj* (*COMPUT*) autonome.
Rechnung *f* (*MATH, Überlegung*) calcul *m*; (*von Waren*) facture *f*; (*in Restaurant etc*) addition *f*; **jdm/etw** ~ **tragen** tenir compte de qn/qch; **auf eigene** ~ à mes *etc* risques et périls; **(jdm) etw in** ~ **stellen** facturer qch (à qn).
Rechnungs-: ~**buch** *nt* livre *m* de comptes; ~**hof** *m* ≈ Cour *f* des comptes; ~**jahr** *nt* exercice *m*; ~**prüfer** *m* vérificateur *m*; ~**prüfung** *f* vérification *f* des comptes.
Recht (−**(e)s**, −**e**) *nt* droit *m*; ~ **auf** +*Akk* droit à; ~ **sprechen** rendre la justice; **mit** od **zu** ~ à bon droit; **von** ~**s wegen** (*eigentlich*) en fait; **er ist zu seinem** ~ **gekommen** il a obtenu ce qui lui revenait de droit; **im** ~ **sein** être dans son droit; **gleiches** ~ **für alle!** égalité des droits pour tous!
recht [rɛçt] *adj* (*richtig, geeignet*) qu'il faut, juste; (: *Alter*) convenable; (*echt*) vrai(e) ♦ *adv* (*vor adj: ziemlich*) très; (*richtig*) vraiment; **der** ~**e Ort/Zeitpunkt** le bon endroit/moment; **er hat noch nicht die** ~**e Frau gefunden** il n'a pas encore trouvé la femme qu'il lui faut; **das ist mir** ~ cela me convient; **jetzt erst** ~ plus que jamais; ~ **haben** avoir raison; **jdm** ~ **geben** donner raison à qn; **nach dem R~en sehen** veiller à ce que tout se passe bien; **etwas/nichts R~es** quelque chose/rien de bon; **alles, was** ~ **ist** (*empört*) trop c'est trop; (*anerkennend*) c'est indéniable; **du kommst gerade** ~, **um ...** tu arrives à point nommé pour ...; **gehe ich in der Annahme, daß ...?** ai-je raison de penser que ...?; ~ **herzlichen Dank** merci mille fois.
Rechte (−**n**, −**n**) *f* (*Hand*) main *f* droite; (*POL*) droite *f*.
rechte(r, s) *adj* droit(e); (*POL*) de droite.
Recht-: ~**eck** (−**s**, −**e**) *nt* rectangle *m*; **r~eckig** *adj* rectangulaire; **r~fertigen** *untr vt* justifier ♦ *vr*: **sich r~fertigen (vor)** se justifier (devant); ~**fertigung** *f* justification *f*; **r~haberisch** (*pej*) *adj* (*Mensch*) qui veut toujours avoir raison; (*Verhalten*) opiniâtre; **r~lich** *adj* (*gesetzlich*) légal(e); (: *Gleichstellung*) en droit ♦ *adv*: **jdn r~lich belangen** poursuivre qn en justice; **r~lich nicht zulässig** illégal(e); **r~los** *adj* sans droits; **r~mäßig** *adj* légal(e).
rechts [rɛçts] *adv* à droite ♦ *präp* +*Gen*: ~ **der Straße** sur le côté droit de la rue; ~ **stehen** *od* **sein** (*POL*) être de droite; ~ **stricken** faire du point à l'endroit; **R~abbieger** *m* véhicule *m* qui tourne à droite; **R~anspruch** *m* droit *m*;

R~anwalt(-anwältin) *m(f)* avocat *m*;
R~beistand *m* conseiller *m* juridique.
rechtschaffen *adj* (*Charakter, Mensch*) droit(e),
honnête ♦ *adv* honnêtement.
Rechtschreibung *f* orthographe *f*.
Rechts-: ~**drehung** *f* virage *m* à droite; ~**ex-
tremist** *m* extrémiste *m* de droite; ~**fall** *m*
(*JUR*) affaire *f*; ~**frage** *f* problème *m* juridique; **r~gültig** *adj* légal(e); ~**händer(in)**
(**–s, –**) *m(f)* droitier(-ière) *m/f*; **r~kräftig** *adj*
(*Urteil*) irrévocable; ~**kurve** *f* virage *m* à
droite; ~**lage** *f* situation *f* juridique; **r~lastig**
adj trop chargé(e) à droite; (*fig*) très à droite; ~**lenker** *m* véhicule *m* avec conduite à
droite; ~**pflege** *f* justice *f*; ~**pfleger** *m qui a
une formation fonctionnaire juridique*.
Rechtsprechung ['rɛçtʃprɛçʊŋ] *f* juridiction *f*.
rechts-: ~**radikal** *adj* d'extrême droite;
R~schutz *m* protection *f* juridique; ~**seitig**
adj du côté droit; **R~spruch** *m* verdict *m*, jugement *m*; **R~staat** *m* État *m* de droit;
R~streit *m* litige *m*; ~**ungültig** *adj* juridiquement nul(le); ~**verbindlich** *adj* qui
constitue une obligation légale,
qui lie juridiquement; **R~verkehr** *m*
(*AUT*) circulation *f* à droite; **R~weg** *m* voie
f judiciaire; **der R~weg ist ausgeschlossen** la
décision du jury est sans appel; ~**widrig** *adj*
illégal(e); **R~wissenschaft** *f* droit *m*.
rechtwinklig *adj* à angle droit; (*Dreieck*) rectangle.
rechtzeitig *adj* (*Ankunft*) à l'heure; (*Eingreifen*)
à temps ♦ *adv* à temps.
Reck [rɛk] ((**e)s, –e**) *nt* barre *f* fixe.
recken *vt* (*Hals*) tendre ♦ *vr* s'étirer.
Recycling [ri'saɪklɪŋ] (**–s**) *nt* récupération *f*.
Redakteur(in) [redak'tøːr(ɪn)] *m(f)* rédac-
teur(-trice) *m/f*.
Redaktion [redaktsi'oːn] *f* rédaction *f*.
Rede ['reːdə] *f* (*vor Publikum*) discours *m*; **eine ~
halten** faire un discours; **jdm in die ~ fallen**
interrompre qn; **jdn zur ~ stellen** demander
des explications à qn; **das ist nicht der ~ wert**
ça ne vaut pas la peine d'en parler; **wovon
ist die ~?** de quoi est-il question?; **davon kann
keine ~ sein** il ne saurait en être question;
~**freiheit** *f* liberté *f* d'expression; **r~gewandt**
adj éloquent(e).
reden *vi* parler ♦ *vt* dire ♦ *vr*: **sich heiser ~**
s'enrouer à force de parler; **mit jdm über
jdn/etw ~** parler de qn/qch avec qn; **(viel)
von sich ~ machen** faire (beaucoup) parler
de soi; **darüber läßt sich ~** pourquoi pas?;
(*über Preis, Bedingungen*) on peut s'entendre;
mit sich ~ lassen (*gesprächsbereit sein*) être ou-
vert(e) à toute discussion; (*zu Zugeständnissen
bereit sein*) être prêt(e) à faire des concessions; **sich in Wut ~** s'énerver de plus en
plus.
Redensart *f* manière *f* de parler.
Rederei [reːdə'raɪ] *f* bavardages *mpl*.
Redeschwall *m* flot *m* de paroles.
Redewendung *f* expression *f*.

redigieren [redi'giːrən] *vt* rédiger.
redlich ['reːtlɪç] *adj* honnête; **R~keit** *f* honnêteté *f*.
Redner(in) *m(f)* orateur(-trice) *m/f*.
redselig ['reːtzeːlɪç] *adj* bavard(e); **R~keit** *f* loquacité *f*.
reduzieren [redu'tsiːrən] *vt* réduire.
Reduzierung *f* réduction *f*.
Reede ['reːdə] *f* mouillage *m*.
Reeder (**–s, –**) *m* armateur *m*.
Reederei [reːdə'raɪ] *f* compagnie *f* de navigation.
reell [re'ɛl] *adj* (*ehrlich*) honnête; (*tatsächlich*) véritable; (*MATH*) réel(le).
Reetdach ['reːtdax] *nt* toit *m* de chaume.
Referat [refe'raːt] (**–(e)s, –e**) *nt* (*Bericht*) rapport
m; (*Vortrag*) exposé *m*; (*VERWALTUNG*) service
m; **ein ~ halten** faire un exposé.
Referendar(in) [referɛn'daːr(ɪn)] *m(f)* stagiaire
m/f; (*Studien~*) professeur *m* stagiaire; (*Ge-
richts~*) avocat *m* stagiaire.
Referendum [refe'rɛndʊm] (**–s, Referenden**) *nt*
référendum *m*.
Referent(in) [refe'rɛnt(ɪn)] *m(f)* (*Vertragender*)
conférencier(-ière) *m/f*; (*UNIV: Gutachter*) assesseur *m*; (*Sachbearbeiter*) expert(e) *m/f*.
Referenz [refe'rɛnts] *f* (*Beurteilung*) référence *f*.
referieren [refe'riːrən] *vi*: ~ **über** +*Akk* faire un
compte-rendu de ♦ *vt* exposer.
reffen ['rɛfən] *vt* ariser ♦ *vi* ariser la voile.
reflektieren [reflɛk'tiːrən] *vt* (*Licht*) réfléchir ♦
vi réfléchir à la lumière; (*nachdenken*) réfléchir; ~ **auf** +*Akk* viser.
Reflektor [re'flɛktɔr] *m* réflecteur *m*.
Reflex [re'flɛks] (**–es, –e**) *m* réflexe *m*.
reflexiv [reflɛ'ksiːf] *adj* réfléchi(e).
Reform [re'fɔrm] (**–, –en**) *f* réforme *f*.
Reformation [refɔrmatsi'oːn] *f* Réformation
f.
Reformator [refɔr'maːtɔr] *m* réforma-
teur(-trice) *m/f*; **r~isch** *adj* réforma-
teur(-trice).
reformbedürftig *adj* qui mérite d'être réfor-
mé(e).
Reformer *m* réformateur(-trice) *m/f*.
Reformhaus *nt* magasin *m* diététique.
reformieren [refɔr'miːrən] *vt* réformer.
Refrain [rə'frɛ̃ː] (**–s, –s**) *m* refrain *m*.
Regal [re'gaːl] (**–s, –e**) *nt* étagère *f*.
Regatta [re'gata] (**–, Regatten**) *f* régate *f*.
Reg.-Bez. *abk* = **Regierungsbezirk.**
rege ['reːgə] *adj* (*lebhaft*) animé(e); (*wach, lebendig*) vif(vive); (*Geschäft*) prospère.
Regel ['reːgəl] (**–, –n**) *f* règle *f*; (*MED*) règles *fpl*;
in der *od* **aller ~** en règle générale; **nach allen
~n der Kunst** selon les règles de l'art; **r~los**
adj désordonné(e); **r~mäßig** *adj* régu-
lier(-ière) ♦ *adv*: **er kommt r~mäßig zu spät** il
arrive régulièrement en retard;
~**mäßigkeit** *f* régularité *f*.
regeln *vt* régler ♦ *vr* se régler; **gesetzlich geregelt sein** faire l'objet d'une loi.
regel-: ~**recht** *adj* (*Verfahren*) en règle; (*umg:*

Frechheit etc) sacré(e); **R~ung** *f* (*Vereinbarung*) règlement *m*; (*das Regeln*) régulation *f*; **~widrig** *adj* (*Verhalten*) contraire au règlement.

Regen (**–s, –**) *m* pluie *f*; **saurer ~** pluie acide; **vom ~ in die Traufe kommen** (*Sprichwort*) tomber de Charybde en Scylla.

regen ['re:gən] *vr* (*bewegen*) bouger; (*Widerspruch*) se faire sentir.

Regenbogen *m* arc-en-ciel *m*; **~haut** *f* iris *m*; **~presse** *f* presse *f* à sensation.

regenerieren [regene'ri:rən] *vr* régénérer.

Regen-: **~fall** *m* (*gew pl*) chute *f* de pluie; **~guß** *m* averse *f*; **~mantel** *m* imperméable *m*; **~menge** *f* pluviosité *f*; **~rinne** *f* gouttière *f*; **~schauer** *m* averse *f*; **~schirm** *m* parapluie *m*.

Regent(in) [re'gɛnt(ın)] *m(f)* (*Stellvertreter*) régent(e) *m/f*.

Regentag *m* jour *m* de pluie.

Regentropfen *m* goutte *f* de pluie.

Regentschaft *f* régence *f*.

Regen-: **~wald** *m* forêt *f* tropicale; **~wetter** *nt* temps *m* pluvieux; **~wurm** *m* ver *m* de terre; **~zeit** *f* saison *f* des pluies.

Regie [re'ʒi:] *f* (*FILM etc*) réalisation *f*; (*THEAT*) mise *f* en scène; (*fig*) direction *f*; **unter der ~ von** sous la direction de; **~anweisung** *f* indication *f* scénique.

regieren [re'gi:rən] *vt* (*Land, Volk*) gouverner; (*fig*) diriger ♦ *vi* exercer le pouvoir; (*König*) régner.

Regierung *f* gouvernement *m*; (*in Monarchie*) règne *m*; **an die ~ kommen** arriver au pouvoir.

Regierungs-: **~bezirk** *m* région *f* administrative; **~erklärung** *f* déclaration *f* de politique; **r~fähig** *adj* (*Mehrheit*) nécessaire pour former un gouvernement; (*Koalition*) majoritaire; **~programm** *nt* programme *m* gouvernemental; **~sprecher** *m* porte-parole *m inv* du gouvernement; **~vorlage** *f* projet *m* de loi gouvernemental; **~wechsel** *m* changement *m* de gouvernement; **~zeit** *f*: **während seiner ~zeit** lorsqu'il était au pouvoir; (*von König*) pendant son règne.

Regime [re'ʒi:m] (**–s, –**) *nt* régime *m*.

Regiment [regi'mɛnt] (**–s, –er**) *nt* (*MIL*) régiment *m*; **ein strenges ~ führen** être sévère.

Region [regi'o:n] *f* région *f*.

regional [regio'na:l] *adj* régional(e).

Regionalprogramm *nt* programme *m* régional.

Regisseur(in) [reʒɪ'sø:r(ın)] *m(f)* (*FILM*) réalisateur(-trice) *m/f*; (*THEAT*) metteur *m* en scène.

Register [re'gɪstər] (**–s, –**) *nt* (*Verzeichnis*) répertoire *m*; (*Stichwortverzeichnis*) index *m*; (*amtliche Liste; von Orgel*) registre *m*; **alle ~ ziehen** faire flèche de tout bois; **~tonne** *f* tonneau *m* (de jauge).

Registratur [regɪstra'tu:r] *f* (*Raum*) archives *fpl*; (*Schrank*) fichier *m*.

registrieren [regɪs'tri:rən] *vt* enregistrer.

Registrierkasse *f* caisse *f* enregistreuse.

reglementieren [reglemɛn'ti:rən] *vt* réglementer.

Regler ['re:glər] (**–s, –**) *m* régulateur *m*.

reglos ['re:klo:s] *adj* immobile.

regnen ['re:gnən] *unpers vi*: **es regnet** il pleut; **es regnet in Strömen** il pleut à verse.

regnerisch *adj* pluvieux(-euse).

Regreß [re'grɛs] (**–sses, –sse**) *m* (*JUR*) réparation *f*; **~anspruch** *m* demande *f* d'indemnité.

Regression [regrɛsi'o:n] *f* (*von Wirtschaft*) récession *f*.

regreßpflichtig *adj*: **jdn ~ machen** rendre qn responsable.

regsam ['re:kza:m] *adj* (*Geist*) alerte, vif(vive).

regulär [regu'lɛ:r] *adj* (*Arbeitszeit*) normal(e); (*Preis*) courant(e).

regulieren [regu'li:rən] *vt* régler; (*Fluß*) régulariser; **sich von selbst ~** être autorégulateur(-trice).

Regung ['re:gʊŋ] *f* mouvement *m*; (*Gefühl auch*) sentiment *m*.

regungslos *adj* immobile.

Reh [re:] (**–(e)s, –e**) *nt* chevreuil *m*, biche *f*.

Rehabilitationszentrum [rehabilitatsi'o:nstsɛntrʊm] *nt* centre *m* de rééducation.

rehabilitieren [rehabili'ti:rən] *vt* (*Kranken etc*) rééduquer; (*Ruf, Ehre*) réhabiliter ♦ *vr* se réhabiliter.

Reh-: **~bock** *m* chevreuil *m*; **~braten** *m* cuissot *m* de chevreuil (rôti); **~kitz** *nt* faon *m*.

Reibach ['raɪbax] (**–s;** *umg*) *m*: **einen ~ machen** faire une très bonne affaire.

Reibe ['raɪbə] *f*, **Reibeisen** *nt* râpe *f*.

Reibekuchen *m* pommes de terre râpées rôties.

reiben *unreg vt* (*scheuern*) frotter; (*KOCH*) râper ♦ *vr* (*Flächen etc*) frotter; **etw in** *od* **auf etw** *Akk* **~** frictionner qch avec qch; **sich** *Dat* **die Hände/Augen ~** se frotter les mains/les yeux.

Reiberei [raɪbə'raɪ] *f* (*gew pl*) friction *f*.

Reibfläche *f* (*von Streichholzschachtel*) frottoir *m*.

Reibung *f* frottement *m*; (*fig*) friction *f*.

reibungslos *adj* (*fig*) sans heurts.

Reich (**–(e)s, –e**) *nt* (*Herrschaftsbereich*) empire *m*; (*fig*) royaume *m*; **das Dritte ~** le troisième Reich.

reich [raɪç] *adj* (*wohlhabend*) riche; (*aufwendig*) somptueux(-euse); (*Boden*) riche, fertile; (*Möglichkeiten*) nombreux(-euse); (*Leben*) bien rempli(e) ♦ *adv*: **eine ~ ausgestattete Bibliothek** une bibliothèque très bien fournie.

reichen *vi* (*sich erstrecken*) s'étendre, aller; (*genügen*) suffire ♦ *vt* (*hinhalten*) tendre; (*bei Tisch*) passer; (*anbieten*) offrir; **das reicht!** ça suffit!; **so weit das Auge reicht** à perte de vue.

reich-: **~haltig** *adj* (*Auswahl*) très grand(e); (*Essen*) riche; (*sehr viel: Geschenke*) à profusion ♦ *adv* (*mehr als genügend*) largement; **~liche Zeit** largement assez de temps; **R~tum** (**–s, –tümer**) *m* richesse *f*; (*Reichhaltig-*

keit) abondance *f*; **R~weite** *f* portée *f*; **etw ist in R~weite** qch est à portée de main; **Mutti ist in R~weite** maman n'est pas loin.
Reif (–(e)s, –e) *m* (*kein pl*: *Rauh~*) givre *m*; (*Ring~*) anneau *m*.
reif [raɪf] *adj* mûr(e); **für etw ~ sein** (*umg*) être mûr(e) pour qch.
Reife (–) *f* maturité *f*; **mittlere ~** (*SCH*) ≈ BEPC *m*.
reifen *vi*, *vt* mûrir.
Reifen (–s, –) *m* (*Fahrzeug~*) pneu *m*; (*von Faß*) cercle *m*; **~druck** *m* pression *f* de gonflage; **~panne** *f* crevaison *f*, pneu *m* crevé; **~profil** *nt* profil *m* (de pneu), bande *f* de roulement; **~schaden** *m* crevaison *f*, pneu *m* crevé.
Reifeprüfung *f* baccalauréat *m*.
Reifezeugnis *nt* baccalauréat *m*.
reiflich ['raɪflɪç] *adj* mûr(e).
Reihe ['raɪə] *f* (*Anordnung*) rangée *f*; (*geordnete Aufstellung*: *von Menschen*) rang *m*; (*fig*: *von Beispielen etc*; *Serie*) série *f*; **eine ganze ~** von toute une série de; **der ~ nach** à tour de rôle; **er ist an der** *od* **kommt an die ~** c'est son tour; **außer der ~** avant son tour; (*ausnahmsweise*) exceptionnellement; **etw auf die ~ kriegen** (*umg*) arranger qch; **aus der ~ tanzen** (*umg*) se singulariser.
reihen *vt* (*Perlen*) enfiler; (*beim Nähen*) faufiler ♦ *vr*: **B reiht sich an A** B suit A.
Reihen-: **~folge** *f* ordre *m*; **alphabetische ~folge** ordre alphabétique; **~haus** *nt* maison attenante *aux* maisons voisines; **~untersuchung** *f* campagne *f* de dépistage; **r~weise** *adv* (*in Reihen*) par séries; (*umg*: *in großer Anzahl*) par dizaines *od* centaines *od* milliers.
Reiher (–s, –) *m* héron *m*.
reihum [raɪ'ʔʊm] *adv*: **es geht ~** chacun (à) son tour; **wir machen das ~** nous le faisons à tour de rôle; **etw ~ gehen lassen** faire passer qch.
Reim [raɪm] (–(e)s, –e) *m* rime *f*; **darauf kann ich mir keinen ~ machen** (*umg*) ça n'a ni rime ni raison.
reimen *vt* faire rimer ♦ *vr* rimer.
rein [raɪn] *adj* pur(e); (*sauber*) propre; (*Gewissen*) net(te) ♦ *adv* (*umg*) = **herein; hinein;** (*ausschließlich*) purement; (*umg*: *völlig*): **~ gar nichts** vraiment rien du tout; **das ist die ~ste Freude** c'est un vrai plaisir; **das ist der ~ste Hohn** c'est se moquer du monde; **~en Tisch machen** faire table rase; **etw ins ~e schreiben** mettre qch au propre; **etw ins ~e bringen** tirer qch au clair; **~ unmöglich** (*umg*) absolument impossible.
Rein- *in zW* (*WIRTS*) net(te).
Reinemachefrau *f* femme *f* de ménage.
rein(e)weg (*umg*) *adv* (*völlig*) vraiment.
Rein-: **~fall** (*umg*) *m* échec *m*; **r~fallen** *vi* (*umg*): **auf jdn/etw r~fallen** se faire avoir par qn/qch; **~gewinn** *m* bénéfice *m* net; **~heit** *f* pureté *f*; (*von Wäsche*) propreté *f*.
reinigen *vt* nettoyer; (*Nägel*) se nettoyer; (*Wasser*) purifier.
Reiniger *m* détergent *m*.

Reinigung *f* (*Geschäft*) teinturerie *f*, pressing *m*; **chemische ~** nettoyage *m* à sec.
Reinigungsmittel *nt* produit *m* de nettoyage.
rein-: **~lich** *adj* propre; **R~lichkeit** *f* propreté *f*; **R~machefrau** *f* = **Reinemachefrau;** **~rassig** *adj* de race; **~reiten** *unreg* (*umg*) *vt* mettre dans de beaux draps; **R~schrift** *f* copie *f* au propre; **R~vermögen** *f* capital *m* net; **~waschen** *vr*: **sich (von einem Verdacht** *etc*) **~waschen** se blanchir (d'un soupçon *etc*).
Reis¹ [raɪs] (–es, –e) *m* (*KOCH*) riz *m*.
Reis² [raɪs] (–es, –er) *nt* (*Zweig*) brindille *f*.
Reise ['raɪzə] *f* voyage *m*; **gute ~!** bon voyage!; **auf ~n sein/gehen** être/partir en voyage; **er ist viel auf ~n** il voyage beaucoup; **~andenken** *nt* souvenir *m* (de voyage); **~apotheke** *f* trousse *f* à pharmacie; **~begleiter(in)** *m(f)* (*Betreuer*) accompagnateur(-trice) *m/f*; **~bericht** *m* récit *m* de voyage; (*Film*) documentaire *m* touristique; **~büro** *nt* agence *f* de voyages, voyagiste *m*; **r~fertig** *adj* prêt(e) pour le départ; **~fieber** *nt* fièvre *f* du départ; **~führer** *m* guide *m*; **~gepäck** *nt* bagages *mpl*; **~gesellschaft** *f* (*Veranstalter*) voyagiste *m*, tour-opérateur *m*; (*Reisegruppe*) groupe *m* de touristes; **~kosten** *pl* frais *mpl* de déplacement; **~krankheit** *f* (*im Schiff*) mal *m* de mer; (*im Flugzeug*) mal de l'air; (*im Auto*) mal de la route; **~leiter(in)** *m(f)* guide *m*; **~lektüre** *f* livres *mpl* à lire en voyage; **~lust** *f* envie *f* de voyager.
reisen *vi* voyager.
Reisende(r) *f(m)* voyageur(-euse) *m/f*; (*Handelsvertreter*) représentant(e) *m/f* de commerce.
Reise-: **~necessaire** *nt* nécessaire *m* de voyage; **~paß** *m* passeport *m*; **~pläne** *pl* projets *mpl* de voyage; **~proviant** *m* casse-croûte *m* *inv*; **~route** *f* itinéraire *m*; **~scheck** *m* chèque *m* de voyage; **~schreibmaschine** *f* machine *f* à écrire portative; **~spesen** *pl* frais *mpl* de déplacement; **~tasche** *f* sac *m* de voyage; **~veranstalter** *m* voyagiste *m*, tour-opérateur *m*; **~verkehr** *m* circulation *f* (*des départs en vacances ou des rentrées de vacances*); **~wetter** *nt* temps *m* de vacances; **~ziel** *nt* destination *f*.
Reisig ['raɪzɪç] (–s) *nt* petit bois *m*, brindilles *fpl*.
Reißaus (*umg*) *m*: **~ nehmen** prendre la poudre d'escampette.
Reißbrett *nt* planche *f* à dessin.
Reißbrettstift *m* punaise *f*.
reißen *unreg* *vt* (*Stoff*) se déchirer; (*Seil*) casser; (*zerren*) tirer ♦ *vt* (*ziehen*) tirer; (*zerreißen*) déchirer; (*Witz*) faire; **etw an sich** *Akk* **~** (*Besitz*) s'emparer de qch; (*Unterhaltung*) accaparer qch; **sich um jdn/etw ~** s'arracher qn/ qch; **hin und her gerissen sein** (*fig*) être tiraillé(e); **wenn alle Stricke ~** (*umg*) au pire des cas.
Reißen ['raɪsən] *nt* (*Gewichtheben*) arraché *m*; (*umg*: *Glieder~*) tiraillements *mpl*.
reißend *adj* (*Fluß*) impétueux(-euse); **~en Ab**

satz finden partir comme des petits pains.

Reißer (**–s, –**; *umg*) *m* (*Ware*) marchandise *f* qu'on s'arrache; (*THEAT*) gros succès *m*; (*Buch*) best-seller *m*; **r~isch** (*pej*) *adj* tape-à-l'œil.

Reiß-: ~**leine** *f* poignée *f* d'ouverture (*pour parachute*); ~**nagel** *m* punaise *f*; ~**schiene** *f* té *m*; ~**verschluß** *m* fermeture *f* éclair; ~**wolf** *m* déchiqueteuse *f*; ~**zeug** *nt* matériel *m* de dessin (industriel); ~**zwecke** *f* = ~**nagel**.

Reitbahn *f* manège *m*.

reiten ['raɪtən] *unreg vt* monter ♦ *vi*: (**auf einem Pferd**) ~ monter (à cheval); **Schritt/Trab** ~ aller au pas/trot; **ein Rennen** ~ participer à une course (de chevaux).

Reiter(in) (**s, –**) *m(f)* cavalier(-ière) *m/f*.

Reit-: ~**hose** *f* culotte *f* de cheval; ~**peitsche** *f* cravache *f*; ~**pferd** *nt* cheval *m* de selle; ~**schule** *f* manège *m*; ~**stiefel** *m* botte *f* d'équitation; ~**turnier** *nt* concours *m* hippique; ~**weg** *m* piste *f* pour cavaliers; ~**zeug** *nt* équipement *m* d'équitation.

Reiz [raɪts] (**–es, –e**) *m* (*PHYSIOLOGIE*) stimulation *f*; (*Verlockung*) attrait *m*, charme *m*; ~**e** *pl* (*von Frau etc*) charmes *mpl*.

reizbar *adj* (*aufbrausend*) irritable; **R~keit** *f* irritabilité *f*.

reizen *vt* (*stimulieren*) stimuler; (*verlocken*) attirer; (*subj: Aufgabe, Angebot*) intéresser; (*irritieren, ärgern*) irriter; (*KARTEN*) demander ♦ *vi*: **der Rauch reizt zum Husten** la fumée fait tousser; **zum Widerspruch** ~ susciter la contradiction.

reizend *adj* charmant(e).

Reiz-: ~**husten** *m* toux *f* sèche; ~**klima** *nt* climat *m* vivifiant; **r~los** *m* (*Mädchen*) sans charme; (*Angebot, Essen*) peu attrayant(e); **r~voll** *adj* (*Anblick*) charmant(e); (*Angebot*) alléchant(e); ~**wäsche** (*umg*) *f* lingerie *f* sexy; ~**wort** *nt* mot *m* chargé de connotations.

rekapitulieren [rekapitu'liːrən] *vt* récapituler.

rekeln ['reːkəln] (*umg*) *vr* (*sich strecken*) s'étirer; (*lümmeln*) se prélasser.

Reklamation [reklamatsi'oːn] *f* réclamation *f*.

Reklame [re'klaːmə] *f* publicité *f*; ~ **machen für etw** faire de la publicité pour qch; **mit etw** ~ **machen** (*pej*) afficher qch; ~**trommel** *f*: **die** ~**trommel für jdn/etw rühren** (*umg*) faire un grand battage (publicitaire) pour qn/qch; ~**wand** *f* panneau *m* publicitaire.

reklamieren [rekla'miːrən] *vt* (*beanstanden*) se plaindre de; (*zurückfordern*) réclamer ♦ *vi* se plaindre.

rekonstruieren [rekɔnstruˈiːrən] *vt* (*Gebäude*) reconstruire; (*Vorfall*) reconstituer.

Rekonvaleszenz [rekɔnvalɛs'tsɛnts] *f* convalescence *f*.

Rekord [re'kɔrt] (**–es, –e**) *m* record *m*; ~**leistung** *f* record *m*.

Rekrut [re'kruːt] (**–en, –en**) *m* recrue *f*.

rekrutieren [rekru'tiːrən] *vt* (*Arbeitskräfte*) recruter ♦ *vr*: **sich** ~ **aus** (*Team*) être recruté(e) parmi.

Rektor(in) ['rɛktɔr, rɛk'toːrɪn] *m(f)* (*UNIV*) recteur *m*; (*SCH*) directeur(-trice) *m/f*.

Rektorat [rɛkto'raːt] (**–s, –e**) *nt* (*UNIV*) rectorat *m*; (*SCH*) direction *f*.

Rel. *abk* (= *Religion*) religion *f*.

Relais [rə'lɛː] (**–, –**) *nt* relais *m*.

Relation [relatsi'oːn] *f* relation *f*.

relativ [rela'tiːf] *adj* relatif(-ive) ♦ *adv*: ~ **gut** (*ziemlich*) relativement bon(bonne); **R~ität** [relativi'tɛːt] *f* relativité *f*.

Relativpronomen *nt* pronom *m* relatif.

relaxen [re'laksən] *vi* se relaxer.

relevant [rele'vant] *adj* pertinent(e).

Relevanz *f* pertinence *f*.

Relief [reli'ɛf] (**–s, –s**) *nt* relief *m*.

Religion [religi'oːn] *f* religion *f*.

Religions-: ~**freiheit** *f* liberté *f* religieuse; ~**lehre** *f* instruction *f* religieuse; **r~los** *adj* sans confession; ~**unterricht** *m* instruction *f* religieuse; ~**zugehörigkeit** *f* religion *f*.

religiös [religi'øːs] *adj* religieux(-euse).

Religiosität [religiozi'tɛːt] *f* piété *f*.

Relikt [re'lɪkt] (**–(e)s, –e**) *nt* (*Überrest*) vestige *m*.

Reling ['reːlɪŋ] (**–, –s**) *f* bastingage *m*.

Reliquie [re'liːkviə] *f* relique *f*.

Remis [rə'miː] (**–, –** *od* **–en**) *nt* (*SCHACH*) partie *f* nulle; (*SPORT*) match *m* nul.

Remittent *m* bénéficiaire *m*.

Remmidemmi ['rɛmidɛmi] (**–s**; *umg*) *nt* (*Krach*) boucan *m*; (*Trubel*) foire *f*.

Remoulade [remu'laːdə] *f* rémoulade *f*.

rempeln [ˈrɛmpəln] (*umg*) *vt* (*auch SPORT*) bousculer; (*foulen*) pousser ♦ *vi* pousser.

Ren [rɛn] (**–s, –s** *od* **–e**) *nt* renne *m*.

Renaissance [rənɛˈsãːs] *f* Renaissance *f*; (*fig*) renaissance *f*.

Rendezvous [rãdeˈvuː] (**–, –**) *nt* rendez-vous *m* *inv*.

Rendite [rɛnˈdiːtə] *f* rapport *m*.

Reneklode [reːnəˈkloːdə] *f* reine-claude *f*.

renitent [reniˈtɛnt] *adj* récalcitrant(e).

Rennbahn *f* (*Pferde~*) champ *m* de courses; (*Rad~*) vélodrome *m*; (*AUT*) circuit *m* automobile.

rennen ['rɛnən] *vi, vt* courir; **um die Wette** ~ faire la course; **gegen jdn/etw** ~ se cogner contre qn/qch (en courant); **R~** (**–s, –**) *nt* course *f*; **das R~ machen** gagner.

Renner (**–s, –**) *m* (*umg: Verkaufsschlager*) gros succès *m*.

Renn-: ~**fahrer** *m* coureur *m*; ~**pferd** *nt* cheval *m* de course; ~**platz** *m* (*Pferde~*) champ *m* de courses; ~**rad** *nt* vélo *m* de course; ~**sport** *m* courses *fpl*; ~**wagen** *m* voiture *f* de course.

renommiert [renoˈmiːrt] *adj* renommé(e).

renovieren [renoˈviːrən] *vt* rénover.

Renovierung *f* rénovation *f*.

rentabel [rɛnˈtaːbəl] *adj* rentable, lucratif(-ive).

Rentabilität [rɛntabiliˈtɛːt] *f* rentabilité *f*.

Rente ['rɛntə] *f* (*Alters~*) retraite *f*; (*Versicherungs~*) pension *f*; **auf** *od* **in** ~ **gehen** prendre sa retraite.

Renten-: ~**basis** *f* viager *m*; ~**empfänger** *m* retraité(e) *m/f*; ~**papier** *nt* valeur *f* à taux; ~**versicherung** *f* assurance *f* invalidité-vieillesse.
Rentier ['rɛnti:r] *nt* renne *m*.
rentieren [rɛn'ti:rən] *vr* être rentable; **das rentiert (sich) nicht** ça n'en vaut pas la peine.
Rentner(in) ['rɛntnər(ın)] (**–s,** –) *m(f)* retraité(e) *m/f*.
reparabel [repa'ra:bəl] *adj* réparable.
Reparation [reparatsi'o:n] *f* réparation *f*.
Reparatur [repara'tu:r] *f* réparation *f*; **etw in ~ geben** donner qch à réparer; **r~bedürftig** *adj* en mauvais état; ~**werkstatt** *f* atelier *m* de réparation; (*AUT*) garage *m*.
reparieren [repa'ri:rən] *vt* réparer.
Repertoire [repɛrto'a:r] (**–s,** –**s**) *nt* répertoire *m*.
Reportage [repɔr'ta:ʒə] *f* reportage *m*.
Reporter(in) [re'pɔrtər(ın)] (**–s,** –) *m(f)* reporter *m*.
Repräsentant(in) [reprɛzɛn'tant(ın)] *m(f)* représentant(e) *m/f*.
Repräsentanz *f* (*WIRTS*) succursale *f*.
repräsentativ [reprɛzɛnta'ti:f] *adj* (*stellvertretend, typisch*) représentatif(-ive); (*beeindruckend*) de prestige; **die ~en Pflichten eines Botschafters** les obligations sociales d'un ambassadeur.
repräsentieren [reprɛzɛn'ti:rən] *vt* représenter.
Repressalie [reprɛ'sa:liə] *f* représailles *fpl*.
reprivatisieren [reprivati'zi:rən] *vt* privatiser.
Reprivatisierung *f* privatisation *f*.
Reproduktion [reprodʊktsi'o:n] *f* reproduction *f*.
reproduzieren [reprodu'tsi:rən] *vt* reproduire.
Reptil [rɛp'ti:l] (**–s, –ien**) *nt* reptile *m*.
Republik [repu'bli:k] *f* république *f*.
Republikaner [republi'ka:nər] (**–s,** –) *m* républicain *m*; (*in Deutschland*) *membre d'un parti d'extrême droite*.
republikanisch *adj* républicain(e).
Republikflucht *f* émigration illégale de RDA, *avant la réunification*.
Requiem ['re:kviɛm] (**–s, –s**) *nt* requiem *m*.
Requisiten *pl* (*THEAT*) accessoires *mpl*.
Reservat [rezɛr'va:t] (**–(e)s, –e**) *nt* (*Gebiet*) réserve *f*.
Reserve [re'zɛrvə] *f* réserve *f*; **etw/jdn in ~ haben/halten** avoir/garder qch/qn en réserve; **jdn aus der ~ locken** faire sortir qn de sa réserve; ~**rad** *nt* roue *f* de secours; ~**spieler** *m* remplaçant *m*; ~**tank** *m* réservoir *m* de secours.
reservieren [rezɛr'vi:rən] *vt* réserver.
reserviert *adj* réservé(e).
Reservist [rezɛr'vıst] *m* réserviste *f*.
Reservoir [rezɛrvo'a:r] (**–s, –e**) *nt* réservoir *m*.
Residenz [rezi'dɛnts] *f* résidence *f*.
residieren [rezi'di:rən] *vi* résider.
Resignation [rezıgnatsi'o:n] *f* résignation *f*; (*förmlich: Rücktritt*) démission *f*.

resignieren [rezı'gni:rən] *vi* se résigner.
resolut [rezo'lu:t] *adj* résolu(e).
Resolution [rezolutsi'o:n] *f* résolution *f*; (*Bittschrift*) pétition *f*.
Resonanz [rezo'nants] *f* résonance *f*; ~**boden** *m* table *f* d'harmonie; ~**körper** *m* caisse *f* de résonance.
Resopal® [rezo'pa:l] (**–s**) *nt* formica® *m*.
resozialisieren [rezotsiali'zi:rən] *vt* réinsérer dans la société.
Resozialisierung *f* réinsertion *f* sociale.
Respekt [rɛ'spɛkt] (**–(e)s**) *m* respect *m*; **bei allem ~** sauf votre respect.
respektabel [rɛspɛk'ta:bəl] *adj* respectable.
respektieren [rɛspɛk'ti:rən] *vt* respecter; (*Wechsel*) honorer.
respektlos *adj* irrespectueux(-euse).
Respektsperson *f* personne *f* importante.
respektvoll *adj* respectueux(-euse).
Ressentiment [rɛsãti'mã:] (**–s, –s**) *nt*: ~ **gegen** ressentiment *m* (à l'égard) de.
Ressort [rɛ'so:r] (**–s, –s**) *nt*: **in jds ~ fallen** être du ressort de qn.
Ressourcen [rɛ'sʊrsən] *pl* ressources *fpl*.
Rest [rɛst] (**–(e)s, –e**) *m* reste *m*; (*von Stoff*) coupon *m*; ~**e** *pl* (*WIRTS*) fins *fpl* de série; (*Essensreste*) restes *mpl*; **das hat mir den ~ gegeben** (*umg*) ça a été la goutte d'eau qui fait déborder le vase.
Restaurant [rɛsto'rã:] (**–s, –s**) *nt* restaurant *m*.
restaurieren [rɛstaʊ'ri:rən] *vt* restaurer.
Restaurierung *f* restauration *f*.
Rest-: ~**betrag** *m* solde *m*; **r~lich** *adj* qui reste; **r~los** *adv* (*völlig*) complètement; ~**posten** *m* invendus *mpl*.
Resultat [rezʊl'ta:t] (**–(e)s, –e**) *nt* résultat *m*.
Retorte [re'tɔrtə] *f* cornue *f*; **aus der ~** (*umg*) artificiel(le).
Retortenbaby (*umg*) *nt* bébé-éprouvette *m*.
Retortenstadt (*umg*) *f* ville *f* nouvelle.
retour [re'tu:r] *adv* (*veraltet*): **3 DM ~** 3 marks de monnaie; ~ **sind wir gelaufen** nous sommes rentrés à pied.
Retouren *pl* (*Waren*) marchandises *fpl* retournées.
Retrospektive [retrospɛk'ti:və] *f* (*Rückschau*) rétrospective *f*.
retten ['rɛtən] *vt* sauver ◆ *vr* se sauver; **bist du noch zu ~?** (*umg*) ça va pas, la tête?; **sich vor etw nicht mehr ~ können** être submergé(e) de qch.
Retter(in) *m(f)* sauveur *m*.
Rettich ['rɛtıç] (**–s, –e**) *m* radis *m*.
Rettung *f* (*das Retten*) sauvetage *m*; (*Hilfe*) secours *m*; **jds letzte ~ sein** être le dernier espoir de qn.
Rettungs-: ~**aktion** *f* opération *f* de sauvetage; ~**boot** *nt* canot *m* de sauvetage; ~**dienst** *m* secours *mpl*; ~**gürtel** *m* bouée *f* (de sauvetage); ~**insel** *f* radeau *m* de sauvetage; **r~los** *adj* désespéré(e) ◆ *adv*: **sie waren r~los verloren** il n'y avait plus aucun espoir de les retrouver vivants; ~**ring** *m* bouée *f* (de sauve

tage); ~**schwimmer** *m* sauveteur *m*; (*am Strand*) surveillant *m* de plage; ~**wagen** *m* ambulance *f*.

Return-Taste [ri'tø:rntastə] *f* touche *f* de retour.

retuschieren [retʊ'ʃi:rən] *vt* retoucher.

Reue ['rɔyə] (–) *f* remords *mpl*; (*Bedauern*) regret *m*.

reuen *vt* (*geh*): **es reut ihn** il le regrette.

reuig ['rɔyɪç] *adj* (*Sünder*) repentant(e); (*Miene*) contrit(e).

reumütig *adj* repentant(e).

Reuse ['rɔyzə] *f* nasse *f*.

Revanche [re'vãːʃə] *f* revanche *f*.

revanchieren [revã'ʃi:rən] *vr*: **sich für etw ~** (*sich rächen*) se venger de qch; (*erwidern*) revaloir qch.

Revers [re'vɛːr] (–, –) *m od nt* (*an Kleidung*) revers *m*.

revidieren [revi'di:rən] *vt* (*abändern, korrigieren*) réviser; (*überprüfen*) vérifier.

Revier [re'vi:r] (**–s, –e**) *nt* (*ZOOL: Territorium*) territoire *m*; (*Jagd~*) (terrain *m* de) chasse *f*; (*Polizeidienststelle*) commissariat *m* (de police); (*Dienstbereich*) domaine *m*; (*BERGB*) bassin *m* houiller; (*MIL*) infirmerie *f*.

Revision [revizi'o:n] *f* (*von Ansichten etc*) révision *f*; (*WIRTS*) vérification *f*; (*JUR*) appel *m*.

Revisionsverhandlung *f* appel *m*.

Revisor [re'vi:zɔr] (**–s, –en**) *m* (*WIRTS*) vérificateur *m* (de comptes).

Revolte [re'vɔltə] *f* révolte *f*.

revoltieren [revɔl'ti:rən] *vi* se révolter.

Revolution [revolutsi'o:n] *f* révolution *f*.

Revolutionär [revolutsio'nɛːr] (**–s, –e**) *m* révolutionnaire *m*.

revolutionär *adj* révolutionnaire.

revolutionieren [revolutsio'ni:rən] *vt* révolutionner.

Revoluzzer [revo'lʊtsər] (**–s, –**; *pej*) *m* soidisant révolutionnaire *m*.

Revolver [re'vɔlvər] (**–s, –**) *m* révolver *m*.

Revue [rə'vyː] *f* (*THEAT*) revue *f*, spectacle *m* de music-hall; **etw/jdn ~ passieren lassen** passer qch/qn en revue.

Reykjavik ['raɪkjaviːk] *nt* Reykjavik.

Rezensent [retsɛn'zɛnt] *m* critique *m*.

rezensieren [retsɛn'zi:rən] *vt* faire un compte-rendu de.

Rezension *f* critique *f*.

Rezept [re'tsɛpt] (**–(e)s, –e**) *nt* (*KOCH, fig*) recette *f*; (*MED*) ordonnance *f*; **r~frei** *adj* délivré(e) sans ordonnance.

Rezeption [retsɛptsi'o:n] *f* (*von Hotel*) réception *f*.

rezeptpflichtig *adj* délivré(e) uniquement sur ordonnance.

Rezession [retsɛsi'o:n] *f* récession *f*.

rezitieren [retsi'ti:rən] *vt* réciter.

R-Gespräch *nt* (communication *f* en) P.C.V. *m*.

Rh *abk* (= *Rhesus(faktor) positiv*) Rh+; = **Rhein**.

rh *abk* (= *Rhesus(faktor) negativ*) Rh–.

Rhabarber [ra'barbər] (**–s**) *m* rhubarbe *f*.

Rhein [raɪn] (**–(e)s**) *m* Rhin *m*.

rhein. *abk* = **rheinisch**.

rheinisch *adj* rhénan(e).

Rhein-: ~**land** *nt* Rhénanie *f*; ~**länder(in)** *m(f)* Rhénan(e) *m/f* (*de Rhénanie*); ~**land-Pfalz** *nt* la Rhénanie-Palatinat.

Rhesusfaktor ['re:zusfaktɔr] *m* facteur *m* rhésus.

Rhetorik [re'to:rɪk] *f* rhétorique *f*.

rhetorisch [re'to:rɪʃ] *adj* rhétorique; (*Frage*) pour la forme.

Rheuma(tismus) (**–s**) *nt* rhumatisme *m*.

rheumatisch [rɔy'ma:tɪʃ] *adj* rhumatismal(e).

Rhinozeros [ri'no:tserɔs] (**– od –ses, –se**) *nt* rhinocéros *m*; (*umg: Dummkopf*) imbécile *m*.

Rhodesien [ro'de:ziən] (**–s**) *nt* la Rhodésie.

Rhododendron [rodo'dɛndrɔn] (**–s, Rhododendren**) *m od nt* rhododendron *m*.

Rhodos ['ro:dɔs] (**–**) *nt* Rhodes.

Rhone ['ro:nə] *f*: **die ~** le Rhône.

rhythmisch ['rytmɪʃ] *adj* rythmique; ~**e Gymnastik** gymnastique *f* rythmique.

Rhythmus (**–**) *m* rythme *m*.

Richtantenne ['rɪçtantənə] *f* antenne *f* directionnelle.

richten ['rɪçtən] *vt* (*lenken*) diriger; (*einstellen*) régler; (*instandsetzen*) réparer; (*zurechtmachen*) préparer; (*bestrafen*) juger ♦ *vi* (*urteilen*): **~ über** +*Akk* juger ♦ *vr*: **sich nach jdm ~** faire comme cela convient à qn; **sich nach etw ~** se conformer à qch; (*subj: Preis, Bezahlung etc*) correspondre à qch, dépendre de qch; **~ an** +*Akk* adresser à; **~ auf** +*Akk* (*Waffe*) pointer sur; **den Kurs nach Norden ~** mettre le cap sur le nord; **wir ~ uns ganz nach unseren Kunden** chez nous, le client est roi.

Richter(in) (**–s, –**) *m(f)* juge *m*; **sich zum ~ machen** se permettre de juger; **r~lich** *adj* du juge.

Richtfest *nt* fête pour célébrer la fin du gros œuvre.

Richtgeschwindigkeit *f* vitesse *f* conseillée.

richtig *adj* bon(bonne); (*echt, ordentlich*) vrai(e) ♦ *adv* (*korrekt*) correctement, juste; (*in der Tat*) effectivement; **der/die R~e** la personne qu'il faut; **wenn ich den R~en treffe** lorsque je rencontrerai l'homme de ma vie; **das R~e** ce qu'il faut; **die Uhr geht ~** la montre est à l'heure; **R~keit** *f* (*von Antwort*) exactitude *f*; (*von Verhalten*) justesse *f*; (*von Urkunde, Papier*) authenticité *f*; **das hat schon seine R~keit** c'est juste; ~**stellen** *vt* (*Irrtum*) rectifier; **R~stellung** *f* correction *f*.

Richt-: ~**linie** *f* directive *f*; ~**preis** *m* prix *m* indicatif; ~**schnur** *f* (*fig*) ligne *f* de conduite.

Richtung *f* direction *f*; (*Tendenz*) tendance *f*; **in ~ Berlin/Süden** dans la direction *od* en direction de Berlin/du sud; **in jeder ~** dans tous les sens.

richtungslos *adj* (*Mensch*) sans but.

richtungweisend *adj* qui montre la direction à suivre.
rieb *etc* [ri:p] *vb siehe* **reiben**.
riechen ['ri:çən] *unreg vt, vi* sentir; **ich kann das/ ihn nicht** ~ (*umg*) je ne peux sentir ça/le sentir; **das konnte ich doch nicht** ~ (*umg: wissen*) je ne pouvais tout de même pas le deviner; **an etw** *Dat* ~ sentir *od* renifler qch; **es riecht nach Gas** ça sent le gaz.
Riecher (**–s, –**) *m*: **einen guten** *od* **den richtigen** ~ **haben** (*umg*) avoir de l'intuition.
Ried [ri:t] (**–(e)s, –e**) *nt* (*Schilf*) roseau *m*.
rief *etc* [ri:f] *vb siehe* **rufen**.
Riege ['ri:gə] *f* équipe *f*.
Riegel ['ri:gəl] (**–s, –**) *m* (*Schieber*) verrou *m*; (*von Seife*) pain *m*; (*von Schokolade*) barre *f*; **einer Sache einen** ~ **vorschieben** mettre fin à qch.
Riemen ['ri:mən] (**–s, –**) *m* (*Treib*~) courroie *f*; (*Band*) ceinture *f*; (*NAUT*) aviron *m*; **sich am** ~ **reißen** (*umg*) faire un gros effort; ~**antrieb** *m* transmission *f* par courroie.
Riese ['ri:zə] (**–n, –n**) *m* géant *m*.
rieseln *vi* (*Wasser*) couler, ruisseler; (*Schnee, Staub*) tomber doucement.
Riesen-: ~**erfolg** (*umg*) *m* succès *m* fou; ~**gebirge** *nt* monts *mpl* des Géants (*en Bohême*); **r**~**groß** *adj* énorme, gigantesque; **r**~**haft** *adj* gigantesque; ~**rad** *nt* grande roue *f*; ~**schritt** *m*: **mit** ~**schritten** à pas de géant; ~**slalom** *m* slalom *m* géant.
riesig ['ri:zɪç] *adj* énorme.
Riesin *f* géante *f*.
Riesling ['ri:slɪŋ] (**–s, –e**) *m* riesling *m*.
riet *etc* [ri:t] *vb siehe* **raten**.
Riff [rɪf] (**–(e)s, –e**) *nt* récif *m*.
rigoros [rigo'ro:s] *adj* rigoureux(-euse).
Rille ['rɪlə] *f* rainure *f*.
Rind [rɪnt] (**–(e)s, –er**) *nt* (*Tier*) bovin *m*; (*Fleisch*) bœuf *m*; **vom** ~ de bœuf.
Rinde ['rɪndə] *f* (*Baum*~) écorce *f*; (*Brot*~, *Käse*~) croûte *f*.
Rindfleisch *nt* viande *f* de bœuf.
Rindsbraten *m* rôti *m* de bœuf.
Rindsleder *nt* cuir *m* de bœuf.
Rindvieh *nt* (*ZOOL*) bétail *m*; (*umg*) imbécile *m*.
Ring [rɪŋ] (**–(e)s, –e**) *m* anneau *m*; (*Schmuck*) bague *f*; (*Kreis, Vereinigung*) cercle *m*; (*Box*~) ring *m*; ~**e** *pl* (*Turngerät*) anneaux *mpl*; ~**buch** *nt* classeur *m*.
ringeln ['rɪŋəln] *vt* enrouler ♦ *vr* s'enrouler; (*Rauch*) former des volutes.
Ringelnatter *f* couleuvre *f*.
Ringeltaube *f* pigeon *m* ramier.
ringen *unreg vi* (*kämpfen*) lutter ♦ *vt* (*Hände*) se tordre; ~ **um** lutter pour; **nach** *od* **um etw** ~ (*streben*) aspirer à qch; **R**~ (**–s**) *nt* lutte *f*.
Ringer *m* lutteur *m*.
Ringfinger *m* annulaire *m*.
ringförmig *adj* circulaire.
Ringkampf *m* (*SPORT*) lutte *f*.
Ringmauer *f* mur *m* d'enceinte.
Ringrichter *m* arbitre *m*.

rings *adv* tout autour; ~ **um das Haus standen Bäume** il y avait des arbres tout autour de la maison, la maison était entourée d'arbres.
ringsherum *adv* tout autour.
Ringstraße *f* boulevard *m* périphérique.
ringsum *adv* tout autour.
ringsumher *adv* (*rundherum*) tout autour; (*überall*) partout.
Rinne ['rɪnə] *f* (*im Boden*) rigole *f*; (*Regen*~) gouttière *f*.
rinnen *unreg vi* (*Gefäß*) fuir; (*Flüssigkeit*) couler, ruisseler; **das Geld rinnt ihm durch die Finger** c'est un panier percé.
Rinnsal (**–s, –e**) *nt* filet *m* d'eau.
Rinnstein *m* caniveau *m*.
Rippchen ['rɪpçən] *nt* côte *f* de porc.
Rippe ['rɪpə] *f* (*ANAT*) côte *f*; (*von Heizkörper*) ailette *f*.
Rippen-: ~**fellentzündung** *f* pleurésie *f*; ~**speer** *m* od *nt*: **Kasseler** ~**speer** côte de porc fumée; ~**stoß** *m* bourrade *f*.
Rips [rɪps] (**–es, –e**) *m* reps *m*.
Risiko ['ri:ziko] (**–s, –s** *od* **Risiken**) *nt* risque *m*; **r**~**freudig** *adj* qui a le goût du risque.
riskant [rɪs'kant] *adj* risqué(e).
riskieren [rɪs'ki:rən] *vt* risquer.
riß *etc* [rɪs] *vb siehe* **reißen**.
Riß (**–sses, –sse**) *m* (*in Mauer etc*) fissure *f*; (*in Haut*) gerçure *f*; (*in Papier, Stoff*) déchirure *f*; (*TECH*) schéma *m*.
rissig ['rɪsɪç] *adj* (*Mauer*) fissuré(e); (*Hände*) gercé(e).
Ritt (**–(e)s, –e**) *m* chevauchée *f*.
ritt *etc* [rɪt] *vb siehe* **reiten**.
Ritter (**–s, –**) *m* chevalier *m*; **jdn zum** ~ **schlagen** adouber qn; **arme** ~ *pl* ≈ pain *m* perdu; ~**burg** *f* château *m* fort; **r**~**lich** *adj* (*Sitten*) chevaleresque; (*Verhalten*) de gentleman; ~**schlag** *m* accolade *f*; ~**tum** *nt* chevalerie *f*; ~**zeit** *f* âge *m* de la chevalerie.
rittlings *adv* à cheval.
Ritual [ritu'a:l] (**–s, –e** *od* **–ien**) *nt* rituel *m*.
rituell [ritu'ɛl] *adj* rituel(le).
Ritus ['ri:tʊs] (**–, Riten**) *m* rite *m*.
Ritze ['rɪtsə] *f* fissure *f*.
ritzen *vt* graver; (*mit dem Fingernagel*) faire des marques *od* des entailles dans ♦ *vr* s'égratigner; **die Sache ist geritzt** (*umg*) c'est décidé.
Rivale(-in) [ri'va:lə] (**–n, –n**) *m(f)* rival(e) *m/f*.
rivalisieren [rivali'zi:rən] *vi*: **mit jdm** ~ rivaliser avec qn.
Rivalität [rivali'tɛ:t] *f* rivalité *f*.
Riviera [ri'vi:era] *f*: **die** ~ la Riviera.
Rizinusöl ['ri:tsinʊs|ø:l] *nt* huile *f* de ricin.
r.-k. *abk* (= *römisch-katholisch*) catholique.
Robbe ['rɔbə] *f* phoque *m*.
robben ['rɔbən] *aux sein vi* ramper.
Robbenfang *m* chasse *f* aux phoques.
Robe ['ro:bə] *f* robe *f*.
Roboter ['rɔbɔtər] (**–s, –**) *m* robot *m*; ~**technik** *f* robotique *f*.
robust [ro'bʊst] *adj* robuste.
roch *etc* [rɔx] *vb siehe* **riechen**.

Rochade [rɔ'xa:də] f: **die kleine/große** ~ le petit/grand roque.

röcheln ['rœçəln] vi respirer bruyamment; (Sterbender) râler.

Rock¹ [rɔk] (–(e)s, ⸚e) m jupe f; (Jackett) veston m; (Uniform~) uniforme m.

Rock² [rɔk] (–(s), –(s)) m (MUS) rock m; ~**gruppe** f groupe m rock; ~**musik** f rock m.

Rockzipfel m: **an Mutters** ~ **hängen** (umg) être pendu(e) aux jupes de sa mère.

Rodel ['ro:dəl] (–s, –) m (Schlitten) luge f; ~**bahn** f piste f de luge.

rodeln vi faire de la luge, luger.

Rodelschlitten m luge f.

roden ['ro:dən] vt (Wald) déboiser, défricher; (Bäume) abattre ♦ vi déboiser, défricher.

Rodung f (Fläche) clairière f.

Rogen ['ro:gən] (–s, –) m œufs mpl de poisson.

Roggen ['rɔgən] (–s, –) m seigle m; ~**brot** nt pain m de seigle.

roh [ro:] adj (ungekocht) cru(e); (unbearbeitet) brut(e); (grob) grossier(-ière); **mit** ~**er Gewalt** par la force; **R~bau** m gros œuvre m; **das Haus ist im R~bau fertig** le gros œuvre est terminé; **R~eisen** nt fonte f.

Roheit f brutalité f.

Roh-: ~**fassung** f brouillon m; ~**kost** f crudités fpl; ~**ling** (pej) m (Mensch) brute f; (TECH) ébauche f; ~**material** nt matière f première; ~**öl** nt pétrole m brut.

Rohr [ro:r] (–(e)s, –e) nt tuyau m; (BOT) roseau m; (für Stühle) rotin m; (Gewehr~) canon m; ~**bruch** m tuyau m crevé.

Röhre ['rø:rə] f tube m; (für Wasser) tuyau m; (Back~) four m; **in die** ~ **gucken** (umg: fernsehen) regarder la télé.

Rohr-: ~**geflecht** nt vannerie f; ~**leger** (–s, –) m installateur m; ~**leitung** f conduite f; ~**post** f poste f pneumatique; ~**spatz** m: **schimpfen wie ein** ~**spatz** (umg) jurer comme un charretier; ~**stock** m canne f; ~**stuhl** m chaise f en osier; ~**zange** f clé f serre-tubes; ~**zucker** m sucre m de canne.

Rohseide f soie f grège.

Rohstoff m matière f première.

Rokoko ['rɔkoko] (–(s)) nt rococo m.

Roll(l)aden (–s, –läden) m store m.

Rollbahn f piste f.

Rolle ['rɔlə] f (Papier~, Stoff~; SPORT) rouleau m; (Garn~ etc) bobine f; (unter Möbeln etc) roulette f; (FLUG) tonneau m; (THEAT, fig) rôle m; **eine** ~ **spielen** jouer un rôle; **das spielt keine** ~ ça n'a pas d'importance; **bei** od **in etw** Dat **eine/keine** ~ **spielen** influencer/ne pas influencer qch; **aus der** ~ **fallen** mal se conduire.

rollen vt rouler; (Teig) abaisser; (zusammen~) enrouler ♦ vi rouler; (Schiff) tanguer ♦ vr s'enrouler; **den Stein ins R~ bringen** lever un lièvre.

Rollen-: ~**besetzung** f distribution f des rôles; ~**konflikt** m conflit m de rôles; ~**lager** nt palier m à rouleaux; ~**spiel** nt jeu m de

rôles; ~**tausch** m permutation f des rôles.

Roller (–s, –) m (für Kinder) trottinette f; (Motor~) scooter m.

Rollfeld nt piste f.

Rolli ['rɔli] (–s, –s) m col roulé m.

Roll-: ~**kragen** m col m roulé; ~**mops** m rollmops m.

Rollo ['rɔlo] (–, –s) nt store m.

Roll-: ~**schinken** m jambon m roulé; ~**schrank** m classeur m à rideau; ~**schuh** m patin m à roulettes; ~**schuhlaufen** nt patin m à roulettes; ~**splitt** m gravillons mpl; ~**stuhl** m fauteuil m roulant; ~**treppe** f escalier m mécanique.

Rom [ro:m] (–s) nt Rome; **das sind Zustände wie im alten** ~ (umg: unmoralisch) c'est décadent; (: primitiv) c'est vraiment moyenâgeux.

röm. abk = römisch.

Roman [ro'ma:n] (–s, –e) m roman m; ~**heft** nt roman m à l'eau de rose.

Romanik [ro'ma:nɪk] f l'art m roman.

romanisch adj roman(e); (Volk) de langue romane, romanisé(e).

Romanist(in) [roma'nɪst(ɪn)] (–en, –en) m(f) romaniste m/f.

Romanschriftsteller m romancier(-ière) m/f.

Romantik [ro'mantɪk] f romantisme m.

Romantiker(in) (–s, –) m(f) romantique m/f.

romantisch adj romantique.

Romanze [ro'mantsə] f romance f; (Liebelei) histoire f d'amour.

Römer ['rø:mər] (–s, –) m Romain m; (Glas) verre m à pied.

Römerin f Romaine f.

Römertopf ® m diable m (cocotte en argile).

römisch ['rø:mɪʃ] adj romain(e); **~-katholisch** adj catholique romain(e).

röm.-kath. abk (= römisch-katholisch) catholique.

Rommé [rɔ'me:] (–s, –s) nt rami m.

Rondell [rɔn'dɛl] (–s, –e) nt (Verkehrskreisel) rond-point m, sens m giratoire.

röntgen ['rœntgən] vt radiographier; **R~aufnahme** ['rœntgən] f radio(graphie) f; **R~bild** nt radio(graphie) f; **R~strahlen** pl rayons mpl X.

rosa ['ro:za] adj unver rose.

Rose ['ro:zə] f rose f.

Rosé [ro'ze:] (–s, –s) m (Wein) rosé m.

Rosen-: ~**kohl** m choux mpl de Bruxelles; ~**kranz** m chapelet m; ~**montag** m lundi m de carnaval.

Rosette [ro'zɛtə] f (Fenster) rosace f; (aus Papier) rosette f.

rosig ['ro:zɪç] adj rose.

Rosine [ro'zi:nə] f raisin m sec; **große ~n im Kopf haben** (umg) avoir la folie des grandeurs.

Rosinenbrot nt gros pain aux raisins.

Rosmarin ['ro:smari:n] (–s) m romarin m.

Roß [rɔs] (–sses, –sse) nt cheval m; **auf dem hohen** ~ **sitzen** se prendre pour quelqu'un d'important; ~**kastanie** f (Baum) marronnier m; (Frucht) marron m; ~**kur** (umg) f remède m

de cheval.
Rost [rɔst] (–(e)s, –e) *m* rouille *f*; (*Gitter*) grille *f*; (*Bett~*) sommier *m*; ~**braten** *m* rôti *cuit sur le gril*; ~**bratwurst** *f* saucisse *f* à griller.
rosten *vi* rouiller.
rösten ['røːstən] *vt* (*Brot, Kastanien*) griller; (*Kartoffeln*) faire sauter.
rostfrei *adj* inoxydable.
rostig *adj* rouillé(e).
Röstkartoffeln *pl* pommes *fpl* de terre sautées.
Rostschutz *m* (*Mittel*) antirouille *m*.
rot [roːt] *adj* rouge; ~ **werden** rougir; **einen ~en Kopf bekommen** rougir; **in den ~en Zahlen sein** avoir un découvert; **das R~e Kreuz** la Croix-Rouge; **die R~e Armee** l'Armée *f* rouge; ~**e Bete** betterave *f* rouge; **das R~e Meer** la mer Rouge.
Rotation [rotatsi'oːn] *f* rotation *f*.
rot-: ~**bäckig** *adj* aux joues rouges; **R~barsch** *m* perche *f* de mer; ~**blond** *adj* (*Haar*) blond roux.
Rotbuche *f* hêtre *m*.
Röte ['røːtə] (–) *f* rougeur *f*.
Röteln *pl* rubéole *f*.
röten *vt, vr* rougir.
Rotgold *nt* or *m* rouge.
rothaarig *adj* roux(rousse).
rotieren [ro'tiːrən] *vi* tourner; (*umg: sich aufregen*) paniquer.
Rot-: ~**käppchen** *nt* le petit chaperon rouge; ~**kehlchen** *nt* rouge-gorge *m*; ~**kohl** *m*, ~**kraut** *nt* chou *m* rouge.
rötlich *adj* rougeâtre.
rot-: ~**sehen** *unreg* (*umg*) *vi* voir rouge; **R~stift** *m* crayon *m* rouge; **den R~stift ansetzen** procéder à des coupes sombres; **R~wein** *m* vin *m* rouge.
Rotz [rɔts] (–es, –e; *umg*) *m* morve *f*; **r~frech** (*umg*) *adj* morveux(-euse); **r~näsig** (*umg: pej*) *adj* morveux(-euse).
Rouge [ruːʒ] (–s, –s) *nt* rouge *m*.
Roulade [ru'laːdə] *f* paupiette *f*.
Roulett(e) [ru'lɛt(ə)] (–s, –s) *nt* roulette *f*.
Route ['ruːtə] *f* itinéraire *m*.
Routine [ru'tiːnə] *f* (*Erfahrung*) expérience *f*; (*Gewohnheit*) routine *f*.
routiniert [ruti'niːərt] *adj* (*geh*) expérimenté(e).
Rowdy ['raudɪ] (–s, –s *od* **Rowdies**) *m* (*zerstörerisch*) vandale *m*; (*lärmend*) voyou *m*.
rubbeln ['rʊbəln] (*umg*) *vt, vi* frotter.
Rübe ['ryːbə] *f*: **gelbe** ~ carotte *f*; **rote** ~ betterave *f* (rouge).
Rübenzucker *m* sucre *m* de betterave.
rüber ['ryːbər] (*umg*) *adv* = **herüber; hinüber.**
Rubin [ru'biːn] (–s, –e) *m* rubis *m*.
Rubrik [ru'briːk] (–, –en) *f* (*Kategorie*) rubrique *f*; (*Spalte*) colonne *f*.
Ruck [rʊk] (–(e)s, –e) *m* secousse *f*; **sich** *Dat* **einen** ~ **geben** (*umg*) se secouer.
ruck *adv*: **das geht** ~, **zuck** c'est vite fait.
Rückantwort *f* réponse *f*; **um** ~ **wird gebeten**

R.S.V.P.
ruckartig *adj* (*unerwartet*) brusque; (*ungleichmäßig*) saccadé(e).
Rück-: ~**besinnung** *f*: ~**besinnung auf** retour *m* à; **r~bezüglich** *adj* réfléchi(e); ~**blende** *f* flash-back *m*; ~**blick** *m*: **im** ~**blick auf etw** *Akk* en évoquant qch; **r~blickend** *adj* rétrospectif(-ive) ♦ *adv* avec le recul; **r~datieren** *vt* antidater.
Rücken (–s, –) *m* dos *m*; (*Nasen~*) arête *f*; (*Berg~*) crête *f*; **jdm in den** ~ **fallen** (*fig*) tirer dans le dos de qn; **jdm den** ~ **stärken** soutenir qn.
rücken *vt* (*Möbel*) déplacer; (*Spielfiguren*) jouer ♦ *vi* bouger, se déplacer; (*Platz machen*) se pousser; **an jds Stelle** ~ prendre la place de qn.
Rücken-: ~**deckung** *f* soutien *m*; ~**lage** *f*: **in** ~**lage** sur le dos; ~**lehne** *f* dossier *m*; ~**mark** *nt* moelle *f* épinière; ~**schwimmen** *nt* nage *f* sur le dos; ~**stärkung** *f* (*fig*) encouragement *m*; ~**wind** *m* vent *m* arrière; ~**wirbel** *m* vertèbre *f*.
Rück-: ~**erstattung** *f* remboursement *m*; ~**fahrkarte** *f* billet *m* aller-retour; ~**fahrt** *f* retour *m*; ~**fall** *m* (*von Patient*) rechute *f*; (*von Verbrecher*) récidive *f*; **r~fällig** *adj* (*Kranker*) qui fait une rechute; (*Verbrecher*) récidiviste; **r~fällig werden** récidiver; ~**fenster** *nt* vitre *f* arrière; ~**flug** *m* (*vol m de*) retour *m*; ~**frage** *f* demande *f* de précisions; **nach** ~**frage bei der zuständigen Behörde** après s'être informé auprès des autorités compétentes; **r~fragen** *vi* demander des précisions; ~**führung** *f* (*von Menschen*) rapatriement *m*; ~**gabe** *f* (*von Dingen*) restitution *f*; ~**gang** *m* baisse *f*; **r~gängig** *adj*: **etw r~gängig machen** (*Bestellung, Termin*) annuler qch; (*Vertrag*) résilier qch; (*Abmachung*) revenir sur qch; ~**gewinnung** *f* (*von Land, Gebiet*) reconquête *f*; (*aus verbrauchten Stoffen*) récupération *f*.
Rückgrat (–(e)s, –e) *nt* colonne *f* vertébrale; **ein Mensch ohne** ~ (*fig*) quelqu'un qui n'a pas le courage de ses opinions.
Rück-: ~**griff** *m*: ~**griff auf** +*Akk* recours à; ~**halt** *m* (*Unterstützung*) soutien *m*; (*Einschränkung*) réserve *f*; **r~haltlos** *adj* (*Offenheit*) total(e) ♦ *adv* entièrement; ~**hand** *f* (*SPORT*) revers *m*; ~**kauf** *m* rachat *m*; ~**kehr** (–, –**en**) *f* retour *m*; ~**koppelung** *f* rétroaction *f*; ~**lage** *f* (*Reserve*) réserve *f*; ~**lauf** *m* marche *f* arrière; (*beim Tonband*) rebobinage *m*; **r~läufig** *adj* (*Entwicklung*) régressif(-ive); (*Preise*) en baisse; **eine r~läufige Entwicklung** un retour en arrière; ~**licht** *nt* feu *m* arrière; **r~lings** *adv* (*von hinten*) par derrière; (*rückwärts*) à l'envers; ~**nahme** *f* reprise *f*; ~**porto** *nt* port *m* pour la réponse; ~**reise** *f* (*voyage m de*) retour *m*; ~**ruf** *m* (*von Waren*) rappel *m*; **sie bittet um** ~**ruf** (*TEL*) elle vous prie de la rappeler.
Rucksack ['rʊkzak] *m* sac *m* à dos.
Rück-: ~**schau** *f* (*in Medien*) rétrospective *f*;

~**schau halten** regarder en arrière, considérer le passé; **r~schauend** adv rétrospectivement; ~**schlag** m (Verschlechterung) revers m; ~**schluß** m conclusion f; ~**schritt** m régression f; **r~schrittlich** adj rétrograde; ~**seite** f dos m; (von Papier) verso m; (von Münze etc) revers m, côté m pile; **siehe ~seite** voir au verso; **r~setzen** vt (COMPUT) remettre à l'état initial.

Rücksicht f considération f; ~ **auf jdn/etw nehmen** tenir compte de qn/qch; ~**nahme** f considération f, égards mpl.

rücksichtslos adj (Mensch) qui manque d'égards; (Benehmen) inconsidéré(e); (Fahren) imprudent(e); (unbarmherzig) impitoyable; **R~igkeit** f manque m d'égards pour les autres.

rücksichtsvoll adj prévenant(e), plein(e) d'égards.

Rück-: ~**siedler(in)** (-s, -) m(f) personne qui rentre dans son pays d'origine (après plusieurs générations); ~**sitz** m siège m arrière; ~**spiegel** m rétroviseur m; ~**spiel** nt match m retour; ~**sprache** f entretien m; ~**sprache mit jdm nehmen** od **halten** s'entretenir avec qn; ~**stand** m (Überrest) résidu m; (Außenstände) arriéré m; (Verzug) retard m; **im ~stand sein** être en retard; **mit seiner Arbeit im ~stand kommen** prendre du retard dans son travail; **r~ständig** adj (Methoden) dépassé(e); (Zahlungen) dû(due), en souffrance; ~**stau** m (von Autos) bouchon m; ~**stoß** m (von Gewehr) recul m; ~**strahler** (-s, -) m catadioptre m; ~**strom** m (von Menschen, Fahrzeugen) mouvement m inverse; ~**taste** f touche f retour; ~**tritt** m (von Minister etc) démission f; (von Fahrrad) frein m à rétropédalage; ~**trittbremse** f frein m à rétropédalage; ~**trittsklausel** f clause f de retrait; ~**vergütung** f remboursement m; **r~versichern** vt réassurer ♦ vi, vr se réassurer; ~**versicherung** f réassurance f; **r~wärts** adv (nach hinten) en arrière; **r~wärts gehen/fahren** reculer; ~**wärtsgang** m marche f arrière; **in ~wärtsgang fahren** faire marche arrière; ~**weg** m retour m; **r~wirkend** adj rétroactif(-ive) ♦ adv rétroactivement, avec effet rétroactif; ~**wirkung** f effet m rétroactif; **eine Gesetzesänderung mit ~wirkung vom** ... un amendement avec effet rétroactif à compter du ...; ~**zahlung** f remboursement m; ~**zieher** (umg) m: **einen ~zieher machen** se défiler; ~**zug** m retraite f; ~**zugsgefecht** nt combat m d'arrière-garde.

Rüde (-n, -n) m (ZOOL) mâle m (du chien, du loup, de la marte etc).

rüde ['ryːdə] adj brutal(e).

Rudel ['ruːdəl] (-s, -) nt (von Wölfen) bande f; (von Hirschen) troupeau m.

Ruder ['ruːdər] (-s, -) nt rame f; (Steuer) gouvernail m; **das ~ fest in der Hand haben** (fig) avoir la situation en main; ~**boot** nt bateau m à rames; ~**er** (-s, -) m rameur(-euse) m/f.

rudern vt (Boot) faire avancer (en ramant);

(Strecke) couvrir à la rame ♦ vi ramer; **mit den Armen ~** agiter les bras.

Ruf [ruːf] (-(e)s, -e) m (von Mensch, Tier) cri m; (Ansehen) réputation f; (UNIV) offre f de poste.

rufen unreg vt appeler; (ausrufen) crier ♦ vi appeler, crier; **nach jdm/etw ~** appeler qn/qch; **um Hilfe ~** appeler à l'aide od au secours; **das kommt mir wie gerufen** (umg) ça tombe à point nommé.

Rüffel ['ryfəl] (-s, -; umg) m savon m.

Ruf-: ~**mord** m diffamation f; ~**name** m prénom m (usuel); ~**nummer** f numéro m de téléphone; ~**säule** f (für Taxi) téléphone m; (an Autobahn) borne f d'appel; ~**weite** f: **in ~weite sein/bleiben** être/rester à portée de voix; ~**zeichen** nt (TEL) tonalité f.

Rüge ['ryːgə] f réprimande f.

rügen vt réprimander.

Ruhe ['ruːə] (-) f (Stille, Gelassenheit) calme m; (Schweigen) silence m; (Ausruhen, Stillstand) repos m; (Ungestörtheit) tranquillité f; ~! silence!; **jdn (mit etw) in ~ lassen** laisser qn tranquille (avec qch); **sich zur ~ setzen** prendre sa retraite; **immer mit der ~!** (umg) du calme!; **angenehme ~!** bonne nuit!; ~ **bewahren** garder son calme; **das läßt ihm keine ~** il n'arrête pas d'y penser; **die ~ weghaben** (umg) rester imperturbable; **die letzte ~ finden** être conduit(e) à sa dernière demeure; ~**lage** f (von Mensch) position f couchée; **in der ~lage** (Pendel) au repos; **r~los** adj agité(e).

ruhen vi (ausruhen) se reposer; (stillstehen) être arrêté(e); (: Waffen) se taire; (begraben sein) reposer; ~ **auf** +Dat (liegen) être posé sur.

Ruhe-: ~**pause** f pause f; ~**platz** m halte f; ~**raum** m salle f de repos; ~**sitz** m (Sitz) siège m à dossier réglable; (Alterssitz) maison f de retraite; ~**stand** m retraite f; ~**stätte** f: **letzte ~stätte** dernière demeure f; ~**störung** f tapage m nocturne; ~**tag** m (Tag zum Ausruhen) jour m de repos; „**Montag ~tag**" "fermeture hebdomadaire le lundi".

ruhig ['ruːɪç] adj calme; (Wochenende, Leben) tranquille; (Hand) sûr(e) ♦ adv (getrost): **kommen Sie ~ herein** mais entrez donc!; **sei ~!** tais-toi!; **etw ~ mitansehen** (gleichgültig) regarder qch sans broncher; **du könntest ~ mal etwas tun!** tu pourrais quand même faire quelque chose!

Ruhm [ruːm] (-(e)s) m gloire f.

rühmen ['ryːmən] vt louer, vanter ♦ vr se vanter.

rühmlich adj (Tat) glorieux(-euse); (Ausnahme) important(e).

ruhmlos adj sans gloire.

ruhmreich adj glorieux(-euse).

Ruhr[1] [ruːr] (-) f (MED) dysenterie f.

Ruhr[2] f (GEOG) Ruhr f.

Rührei ['ryːr|aɪ] nt œufs mpl brouillés.

rühren vt remuer; (Gemüt bewegen) toucher ♦ vr bouger ♦ vi (in Kochtopf) remuer; **von etw ~**

provenir de qch; ~ **an** +*Akk* toucher à; **das rührt mich nicht!** (*umg*) ça ne me fait ni chaud ni froid!

rührend *adj* touchant(e); **das ist** ~ **von Ihnen** c'est vraiment très gentil à vous.

Ruhrgebiet *nt* Ruhr f.

rührig *adj* actif(-ive).

rührselig *adj* sentimental(e).

Rührung f émotion f.

Ruin [ru'i:n] (**-s, -e**) m ruine f; **vor dem** ~ **stehen** être au bord de la ruine.

Ruine f ruine f.

ruinieren [rui'ni:rən] *vt* (*Person*) ruiner; (*Stoff*) abîmer.

ruinös [rui'nø:s] *adj* (*Preise etc*) ruineux(-euse).

rülpsen ['rylpsən] (*umg*) *vi* roter.

Rum [rum] (**-s, -s**) m rhum m.

rum (*umg*) *adv* = **herum**.

Rumäne [ru'mɛ:nə] (**-n, -n**) m Roumain m.

Rumänien (**-s**) *nt* la Roumanie.

Rumänin f Roumaine f.

rumänisch *adj* roumain(e).

rumfuhrwerken ['rumfu:rvɛrkən] (*umg*) *vi* s'affairer.

rumkriegen ['rumkri:gən] (*umg*) *vt* (*überreden*) convaincre; (*Zeit*) arriver au bout de.

Rummel ['ruməl] (**-s**) m (*umg*) tapage m; (*Jahrmarkt*) foire f; **~platz** m champ m de foire.

rumoren [ru'mo:rən] *vi* faire du bruit.

Rumpelkammer ['rumpəlkamər] (*umg*) f débarras m.

rumpeln *vi* (*Donner*) gronder; (*Wagen*) cahoter.

Rumpf [rumpf] (**-(e)s, ̈-e**) m tronc m; (*FLUG*) fuselage m; (*NAUT*) coque f.

rümpfen ['rympfən] *vt* froncer.

Rumtopf m fruits macérés dans du rhum.

rund [runt] *adj* rond(e) ♦ *adv* (*ungefähr*) environ; **eine** ~**e Zahl** od **Summe** un chiffre rond; **wenn der das erfährt, geht's** ~ (*umg*) s'il l'apprend, ça va chauffer; ~ **um die Uhr** 24 heures sur 24; ~ **um die Welt reisen** faire le tour du monde; **R~blick** m panorama m; **R~bogen** m arc m en plein cintre; **R~brief** m circulaire f.

Runde ['rundə] f (*Rundgang*) ronde f; (*in Rennen*) tour m; (*Gesellschaft*) cercle m; (*von Getränken*) tournée f; **die** ~ **machen** (*sich herumsprechen*) se répandre comme une traînée de poudre; (*herumgegeben werden*) passer de main en main; **über die** ~**n kommen** arriver à joindre les deux bouts; **eine** ~ **spendieren** od **schmeißen** (*umg*) payer une tournée.

runden *vt* arrondir ♦ *vr* (*fig*) se préciser.

rund-: ~**erneuert** *adj* rechapé(e); **R~fahrt** f circuit m; **R~flug** m circuit m (en avion); **R~frage** f enquête f; ~**fragen** *vi* demander autour de soi.

Rundfunk ['runtfuŋk] (**-(e)s**) m radio f; (~**anstalt**) station f de radio; **im** ~ à la radio; ~**anstalt** f station f de radio; ~**empfang** m réception f; ~**gebühr** f redevance f radio; ~**gerät** nt radio f; ~**sendung** f émission f de radio;

~**zeitschrift** f journal où sont annoncés les programmes de la radio.

Rund-: ~**gang** m (*Spaziergang*) tour m; (*von Wachmann*) ronde f; ~**gang durch** (*zur Besichtigung*) visite f de; **r~heraus** *adv* carrément; **r~herum** *adv* tout autour, de tous les côtés; (*umg: völlig*) complètement; **r~lich** *adj* (*Form, Figur*) rondelet(te); (*Gesicht*) rond(e); ~**reise** f circuit m; ~**ruf** m appel m à la population; ~**schreiben** nt circulaire f; **r~um** *adv* tout autour; (*fig*) entièrement; ~**ung** f (*von Gewölbe*) arrondi m, courbure f; (*von Wangen*) rondeur f; ~**(wander)weg** m circuit m; **r~weg** *adv* complètement; (*ablehnen*) catégoriquement.

Rune ['ru:nə] f rune f.

runter ['runtər] (*umg*) *adv* = **herunter; hinunter**; ~**würgen** (*umg*) *vt* (*Ärger*) ravaler.

Runzel ['runtsəl] (**-, -n**) f ride f.

runzelig *adj* ridé(e).

runzeln *vt* plisser; **die Stirn** ~ froncer les sourcils.

Rüpel ['ry:pəl] (**-s, -**; *pej*) m mufle m; **r~haft** (*pej*) *adj* grossier(-ière).

Rupfen (**-s, -**) m (toile f de) jute m.

rupfen ['rupfən] *vt* (*Huhn*) plumer; (*Federn, Gras, Unkraut*) arracher; **wie ein gerupftes Huhn aussehen** avoir l'air d'un épouvantail.

ruppig ['rupɪç] *adj* (*unhöflich*) brusque; (*struppig*) débraillé(e).

Rüsche ['ry:ʃə] f volant m.

Ruß [ru:s] (**-es**) m suie f.

Russe ['rusə] (**-n, -n**) m Russe m.

Rüssel ['rysəl] (**-s, -**) m trompe f.

rußen *vi* fumer.

rußig *adj* couvert(e) de suie.

Russin f Russe f.

russisch *adj* russe; ~**e Eier** œufs mpl à la russe.

Rußland (**-s**) *nt* la Russie.

rüsten ['rystən] *vi* (*MIL*) s'armer ♦ *vr* (*geh: sich bereitmachen*) se préparer.

Rüster ['ry:stər] (**-, -n**) f orme m.

rüstig ['rystɪç] *adj* alerte; **R~keit** f vigueur f.

rustikal [rusti'ka:l] *adj* rustique.

Rüstung ['rystuŋ] f armement m; (*Ritter~*) armure f.

Rüstungs-: ~**beschränkung** f contrôle m des armements; ~**gegner** m antimilitariste m/f; ~**industrie** f industrie f de l'armement; ~**kontrolle** f contrôle m des armements; ~**wettlauf** m course f à l'armement.

Rüstzeug nt outils mpl; (*Wissen*) connaissances fpl.

Rute ['ru:tə] f (*Zweig*) baguette f.

Rutsch [rutʃ] (**-(e)s, -e**) m: ~ **nach links/rechts** (*POL*) glissement m à gauche/droite; **guten** ~! (*umg*) bonne année!; **in einem** od **auf einen** ~ (*umg*) d'un seul coup; ~**bahn** f toboggan m.

rutschen *vi* glisser; (*ausrutschen, Auto*) déraper; **auf dem Stuhl hin und her** ~ remuer sur sa chaise.

rutschfest *adj* antidérapant(e).

rutschig *adj* glissant(e).

rütteln ['rytəln] vt secouer ♦ vi: **an der Tür/dem Fenster** ~ cogner à la porte/fenêtre; **daran ist nichts zu** ~ (umg) on ne peut rien y changer.
Rüttelschwelle f casse-vitesse m.

S, s

S, s [ɛs] (-) nt S, s m; ~ **wie Samuel** ≈ S comme Suzanne.
S. abk (= Seite) p.; (= Süden) S; (= Schilling) S.
s. abk (= siehe) v.; (= Sekunde) s.
SA (-) f abk (GESCHICHTE = Sturmabteilung) S.A., formation paramilitaire du parti nazi.
s.a. abk (= siehe auch) voir aussi.
Saal [za:l] (-(e)s, **Säle**) m salle f.
Saar-: ~**land** ['za:rlant] (-s) nt: **das** ~**land** la Sarre; ~**länder(in)** (-s, -) m(f) Sarrois(e) m/f; **s**~**ländisch** adj sarrois(e).
Saat [za:t] (-, **-en**) f (Samen) semence f, graines fpl; (Pflanzen) semis mpl; (Säen) semailles fpl; ~**gut** nt graines fpl.
Sabbat ['zabat] (-s, **-e**) m sabbat m.
sabbern ['zabərn] (umg) vi baver; (pej: sprechen) jacasser.
Säbel ['zɛːbəl] (-s, -) m sabre m.
Sabotage [zabo'ta:ʒə] f sabotage m.
Saboteur(in) [zabo'tø:r(in)] m(f) saboteur(-euse) m/f.
sabotieren [zabo'ti:rən] vt saboter.
Saccharin [zaxa'ri:n] (-s) nt saccharine f.
Sachanlagen ['zax|anla:gən] pl immobilisations fpl.
Sachbearbeiter(in) m(f) spécialiste m/f; (Beamter) responsable m/f.
Sachbuch nt ouvrage m de vulgarisation.
sachdienlich adj utile.
Sache ['zaxə] f affaire f; (Ding) chose f; (Gegenstand auch) objet m; (Frage) question f; (Thema) sujet m; **meine** ~**n** (umg) mes affaires; **mit 60/100** ~**n** (umg) à 60/100 à l'heure; **zur** ~! revenons à nos moutons!; **das gehört nicht zur** ~ cela n'a rien à voir (avec le sujet); **eine** ~ **für sich** un autre problème; **ich habe mir die** ~ **anders vorgestellt** ce n'est pas comme cela que je m'imaginais les choses; **er versteht seine** ~ il s'y connaît; **das ist so eine** ~ (umg) c'est toute une affaire; **mach keine** ~**n!** (umg) ne fais pas d'histoires!; **bei der** ~ **bleiben** ne pas s'écarter du sujet; **bei der** ~ **sein** être à son affaire.
Sachertorte ['zaxərtɔrtə] f gâteau au chocolat, spécialité viennoise.
Sach-: ~**gebiet** nt domaine m; **s**~**gemäß** adj (Behandlung) adéquat(e), approprié(e); ~**kenntnis** f (in einem Wissensgebiet) connaissances fpl (en la matière); (der Sachlage) connaissance f des faits; ~**kunde** f (SCH) activités fpl d'éveil; **s**~**kundig** adj compétent(e); ~**lage** f circonstances fpl; ~**leistung** f (gew pl) prestation f en nature; **s**~**lich** adj (objektiv) objectif(-ive); (faktisch) factuel(le); (nüchtern) sobre; **bleiben Sie bitte s**~**lich!** ne vous énervez pas!
sächlich ['zɛxlıç] adj neutre.
Sachlichkeit f objectivité f.
Sachregister nt index m thématique.
Sachschaden m dommage m matériel.
Sachse ['zaksə] (-n, **-n**) m Saxon m.
Sachsen (-s) nt la Saxe.
Sachsen-Anhalt nt la Saxe-Anhalt.
Sächsin f Saxonne f.
sächsisch ['zɛksıʃ] adj saxon(ne).
sacht(e) adj (Berührung, Bewegung) léger(-ère) ♦ adv doucement; (allmählich) peu à peu.
Sach-: ~**verhalt** (-(e), **-e**) m faits mpl; **s**~**verständig** adj d'experts; ~**verständige(r)** f(m) expert(e) m/f.
Sack [zak] (-(e)s, **̈-e**) m sac m; (ANAT, ZOOL) poche f; (umg!: Hoden) couilles fpl (umg!); **mit** ~ **und Pack** (umg) avec armes et bagages; ~**bahnhof** m gare f terminus.
Sack-: ~**gasse** f cul-de-sac m; ~**hüpfen** nt course f en sac; ~**leinen** nt, ~**leinwand** f toile f à sac.
Sadismus [za'dısmʊs] m sadisme m.
Sadist(in) [za'dıst(ın)] m(f) sadique m/f; **s**~**isch** adj sadique.
säen ['zɛːən] vt, vi semer; **dünn gesät** rare.
Safari [za'fa:ri] (-, **-s**) f safari m; ~**park** m réserve f.
Safe [ze:f] (-s, **-s**) m od nt coffre-fort m.
Saffianleder ['zafianle:dər] nt maroquin m.
Safran ['zafran] (-s, **-e**) m safran m.
Saft [zaft] (-(e)s, **̈-e**) m jus m; (BOT) sève f; **ohne** ~ **und Kraft** (fig) plat(e).
saftig adj juteux(-euse); (Gras, Grün) tendre; (umg: Ohrfeige) retentissant(e); (: Rechnung) salé(e); (: Brief) pas piqué(e) des vers; (: Antwort) bien envoyé(e).
Saftladen (pej: umg) m boîte f minable.
saftlos adj (Obst) sans jus.
Sage ['za:gə] f légende f.
Säge ['zɛːgə] f scie f; ~**blatt** nt lame f (de scie); ~**mehl** nt sciure f; ~**mühle** f = **Sägewerk**.
sagen ['za:gən] vt, vi dire; **jdm etw** ~ dire qch à qn; **wie sagt man ... auf deutsch?** comment dit-on ... en allemand?; **es ist nicht zu** ~, **wie** ... (unglaublich) c'est incroyable comme ...; **unter uns gesagt** entre nous soit dit; **wie gesagt** comme ma l'ai déjà dit; **laß dir das gesagt sein** tiens-le-toi pour dit; **sich** Dat **nichts** ~ **lassen** être têtu(e) comme une mule; **das hat nichts zu** ~ ça ne veut rien dire; **das ist nicht gesagt** ce n'est pas dit; **sage und schreibe 100 DM!** (umg) 100DM, c'est incroyable!
sägen vt scier ♦ vi (hum: umg: schnarchen) ronfler.

sagenhaft *adj* légendaire; (*umg: Glück etc*) incroyable; (: *hervorragend*) fabuleux(-euse).

Sägespäne *pl* copeaux *mpl*.

Sägewerk *nt* scierie *f*.

Sago ['za:go] (**–s**) *m od nt* sagou *m* (*fécule de palmier*).

sah *etc* [za:] *vb siehe* **sehen**.

Sahara [za'ha:ra] *f* Sahara *m*.

Sahne ['za:nə] (**–**) *f* crème *f*; ~**torte** *f* tarte *f* à la crème.

sahnig *adj* crémeux(-euse).

Saison [zɛ'zõ:] (**–**, **–s**) *f* saison *f*.

saisonal [zɛzo'na:l] *adj* saisonnier(-ière).

Saisonarbeiter *m* saisonnier *m*.

saisonbedingt *adj* saisonnier(-ière).

Saite ['zaɪtə] *f* corde *f*; **andere** *od* **strengere** ~**n aufziehen** (*umg*) employer la manière forte.

Saiteninstrument *nt* instrument *m* à cordes.

Sakko ['zako] (**–s, –s**) *m od nt* veste *f*.

Sakrament [zakra'mɛnt] *nt* sacrement *m*.

Sakrileg [zakri'le:k] (**–s, –e**) *nt* sacrilège *m*.

Sakristei [zakrıs'taı] *f* sacristie *f*.

Salamander [zala'mandər] (**–s, –**) *m* salamandre *f*.

Salami [za'la:mi] (**–**, **–s**) *f* salami *m*.

Salat [za'la:t] (**–(e)s, –e**) *m* salade *f*; (*Kopf~ auch*) laitue *f*; **da haben wir den** ~! (*umg*) nous voilà dans de beaux draps!; ~**besteck** *nt* couvert *m* à salade; ~**platte** *f* (*KOCH*) assiette *f* de crudités; ~**soße** *f* vinaigrette *f*.

Salbe ['zalbə] *f* pommade *f*.

Salbei [zal'baı] (**–s** *od* **–**) *m od f* sauge *f*.

salben *vt* (*weihen*) sacrer.

Salbung *f* sacre *m*.

salbungsvoll *adj* onctueux(-euse).

saldieren [zal'di:rən] *vt* solder.

Saldo ['zaldo] (**–s, Salden**) *m* solde *m*; ~**übertrag, ~vortrag** *m* report *m* à nouveau.

Saline [za'li:nə] *f* saline *f*.

Salm [zalm] (**–(e)s, –e**) *m* saumon *m*.

Salmiak [zalmi'ak] (**–s**) *m* chlorure *m* d'ammonium; ~**geist** *m* ammoniaque *f*.

Salmonellen [zalmo'nɛlən] *pl* salmonelles *fpl*.

Salon [za'lõ:] (**–s, –s**) *m* salon *m*; **s~fähig** *adj* présentable.

salopp [za'lɔp] *adj* (*Kleidung, Manieren*) décontracté(e); (*Ausdrucksweise, Sprache*) familier(-ière).

Salpeter [zal'pe:tər] (**–s**) *m* salpêtre *m*; ~**säure** *f* acide *m* nitrique.

Salto ['zalto] (**–s, –s** *od* **Salti**) *m* saut *m* périlleux.

salü ['saly] (*SCHWEIZ*) *interj* salut.

Salut [za'lu:t] (**–(e)s, –e**) *m* salut *m*.

salutieren [zalu'ti:rən] *vt* saluer.

Salve ['zalvə] *f* salve *f*.

Salz [zalts] (**–es, –e**) *nt* sel *m*; **s~arm** *adj* pauvre en sel; ~**bergwerk** *nt* mine *f* de sel; ~**brezel** *f* bretzel *m*.

Salzburg *nt* Salzbourg *nt*.

salzen *vt* saler.

salzig *adj* salé(e).

Salz-: ~**kartoffeln** *pl* pommes *fpl* de terre bouillies; **s~los** *adj* sans sel; ~**säule** *f*: **zur** ~**säule erstarren** être changé(e) en statue de sel; ~**säure** *f* acide *m* chlorhydrique; ~**stange** *f* pâtisserie salée, semblable au bretzel, *mais de forme allongée*; ~**streuer** *m* salière *f*; ~**wasser** *nt* (*Meerwasser*) eau *f* de mer.

Sambia ['zambia] (**–s**) *nt* la Zambie.

sambisch *adj* zambien(ne).

Samen ['za:mən] (**–s, –**) *m* (*BOT*) graine *f*; (*Sperma*) sperme *m*; ~**bank** *f* banque *f* du sperme; ~**handlung** *f* graineterie *f*.

sämig ['zɛ:mıç] *adj* épais(se).

Sammel-: ~**anschluß** *m* raccordement *m* collectif; ~**band** *m* anthologie *f*; ~**becken** *nt* réservoir *m*; (*fig*) ramassis *m*; ~**begriff** *m* terme *m* générique; ~**bestellung** *f* commande *f* groupée; ~**büchse** *f* tronc *m*; ~**fahrschein** *m* (*für mehrere Personen*) billet *m* collectif; (*für mehrere Fahrten*) abonnement *m*; ~**mappe** *f* chemise *f*.

sammeln *vt* (*Beeren*) ramasser; (*Geld*) collecter; (*Unterschriften*) recueillir; (*Truppen; fig: Eindrücke etc*) rassembler; (*als Hobby*) collectionner ♦ *vr* se rassembler; (*konzentrieren*) se concentrer.

Sammelnummer *f* numéro *m* collectif.

Sammelsurium [zaməl'zu:riʊm] *nt* salmigondis *m*.

Sammeltransport *m* transport *m* groupé.

Sammler(in) (**–s, –**) *m(f)* collectionneur(-euse) *m/f*.

Sammlung ['zamlʊŋ] *f* (*das Sammeln*) collecte *f*; (*das Gesammelte*) collection *f*; (*Konzentration*) concentration *f*.

Samstag ['zamsta:k] *m* samedi *m*; *siehe auch* **Dienstag**.

samstags *adv* le samedi.

samt [zamt] *präp* +*Dat* avec ♦ *adv*: ~ **und sonders** tous sans exception; **S~** (**–(e)s, –e**) *m* velours *m*; **S~handschuh** *m*: **jdn mit S~handschuhen anfassen** prendre des gants avec qn.

samtig *adj* (*Haut*) de pêche; (*Stimme*) velouté(e).

sämtlich ['zɛmtlıç] *adj* (*pl*) tous(toutes) les; **Schillers** ~**e Werke** les œuvres complètes de Schiller; ~**er Besitz** tous mes/ses *etc* biens.

Sanatorium [zana'to:riʊm] *nt* sanatorium *m*.

Sand [zant] (**–(e)s, –e**) *m* sable *m*; **das** *od* **die gibt's wie** ~ **am Meer** (*umg*) il y en a plus qu'assez; **etw verläuft im** ~**e** qch finit en queue de poisson.

Sandale [zan'da:lə] *f* sandale *f*.

Sandalette [zanda'lɛtə] *f* sandalette *f*.

Sandbank *f* banc *m* de sable.

Sanddorn *m* argousier *m*.

Sandelholz ['zandəlhɔlts] (**–es**) *nt* bois *m* de santal.

sandig ['zandıç] *adj* (*Boden*) sablonneux(-euse).

Sand-: ~**kasten** *m* bac *m* à sable; ~**kastenspiele** *pl* (*MIL*) exercices *mpl* de stratégie (*sur une maquette du terrain*); (*fig*) manœuvres *fpl*;

~**kuchen** m ≈ gâteau m de Savoie; ~**mann** m, ~**männchen** nt marchand m de sable; ~**papier** nt papier m de verre; ~**stein** m grès m; **s~strahlen** vt décaper à la sableuse; ~**strand** m plage f de sable.

sandte etc ['zantə] vb siehe **senden**.

Sanduhr f sablier m.

sanft [zanft] adj doux(douce); (Berührung) léger(-ère); (Schlaf) paisible ♦ adv doucement; **S~heit** f douceur f; ~**mütig** adj doux(douce).

sang etc [zaŋ] vb siehe **singen**.

Sänger(in) ['zɛŋər(ɪn)] (–s, –) m(f) chanteur(-euse) m/f.

sang- und klanglos (umg) adv sans tambour ni trompette.

Sani ['zani] (–s, –s; umg) m = **Sanitäter**.

sanieren [za'ni:rən] vt (Stadt, Haus) rénover; (Betrieb) remettre à flot; (Fluß) assainir ♦ vr s'enrichir; (Unternehmen) se remettre à flot.

Sanierung f (von Stadt) rénovation f; (von Betrieb) renflouement m.

sanitär [zani'tɛ:r] adj sanitaire; ~**e Anlagen** (installations fpl) sanitaires mpl.

Sanitäter [zani'tɛ:tər] (–s, –) m secouriste m/f; (in Krankenwagen) ambulancier(-ière) m/f.

Sanitätsauto nt, **Sanitätswagen** m ambulance f.

sank etc [zaŋk] vb siehe **sinken**.

Sanktion [zaŋktsi'o:n] f sanction f.

sanktionieren [zaŋktsio'ni:rən] vt sanctionner.

San Marino [zan ma'ri:no] nt Saint-Marin m.

sann etc [zan] vb siehe **sinnen**.

Saphir ['za:fi:r] (–s, –e) m saphir m.

Sarajewo [zara'je:vo] nt Sarajevo.

Sarde ['zardə] (–n, –n) m Sarde m/f.

Sardelle [zar'dɛlə] f anchois m.

Sardine [zar'di:nə] f sardine f.

Sardinien [zar'di:niən] (–s) nt la Sardaigne.

Sardinier(in) [zar'di:niər(in)] m(f) Sarde m/f.

sardinisch, sardisch adj sarde.

sardonisch [zar'do:nɪʃ] adj sardonique.

Sarg [zark] (–(e)s, ⸚e) m cercueil m.

Sarkasmus [zar'kasmʊs] m sarcasme m.

sarkastisch [zar'kastɪʃ] adj sarcastique.

saß etc [zas] vb siehe **sitzen**.

Satan ['za:tan] (–s, –e) m Satan m; (umg: pej) peau f de vache.

Satansbraten (–s, –; umg) m (hum) petit diable m.

Satellit [zatɛ'li:t] (–en, –en) m satellite m.

Satelliten-: ~**foto** nt photo f satellite; ~**stadt** f cité-satellite f; ~**station** f station f spatiale; ~**übertragung** f transmission f par satellite.

Satin [za'tɛ̃:] (–s, –s) m satin m.

Satire [za'ti:rə] f satire f.

Satiriker(in) m(f) satiriste m/f.

satirisch [za'ti:rɪʃ] adj satirique.

Satsuma ['zatsuma] f mandarine f.

satt [zat] adj rassasié(e), repu(e); (Farbe) vif(vive); (selbstgefällig) suffisant(e); ~ **sein** avoir assez mangé, n'avoir plus faim; **jdn**/**etw** ~ **sein** od **haben** (umg) en avoir marre de qn/qch; **sich** ~ **hören/sehen an** +Dat se lasser

d'écouter/de voir; **sich** ~ **essen** manger à sa faim; ~ **machen** rassasier.

Sattel ['zatəl] (–s, ⸚) m selle f; (von Berg) col m; **s~fest** adj (fig): **in etw** Dat **s~fest sein** être ferré(e) en qch.

satteln vt seller.

Sattelschlepper m semi-remorque m.

Satteltasche f sacoche f.

Sattheit f (Selbstgefälligkeit) suffisance f; (Intensität von Farbe) éclat m.

sättigen ['zɛtɪgən] vt rassasier; (Verlangen) assouvir; (CHEM) saturer ♦ vi (satt machen) rassasier.

Sattler (–s, –) m sellier m.

Satz [zats] (–es, ⸚e) m (GRAM) phrase f; (: Neben~, Adverbial~ etc) proposition f; (Lehr~) principe m; (MATH) théorème m; (der gesetzte Text) composition f; (MUS) mouvement m; (COMPUT) article m; (von Töpfen, Briefmarken etc) série f; (SPORT) set m; (Kaffee~) marc m; (Boden~) dépôt m; (Steuer~, Zins~, Beitrags~) taux m; (Spesen~) indemnité f; (großer Sprung) bond m; ~**bau** m syntaxe f; ~**gegenstand** m sujet m; ~**lehre** f (GRAM) syntaxe f; ~**teil** m syntagme m.

Satzung f (Statut) statuts mpl.

satzungsgemäß adj conforme aux statuts.

Satzzeichen nt signe m de ponctuation.

Sau [zaʊ] (–, **Säue**) f truie f; (umg!: schmutzig) cochon m (umg); (: gemein) salaud m (umg!), salope f (umg!); **die** ~ **rauslassen** (umg) vider son sac; **jdn zur** ~ **machen** (umg) enguirlander qn.

sauber ['zaʊbər] adj propre; (anständig) honnête; (sorgfältig) soigné(e); (umg: ironisch: großartig) joli(e); ~ **sein** (Kind, Hund) être propre; ~**halten** unreg vt entretenir; **S~keit** f propreté f; (von Charakter) probité f.

säuberlich ['zɔʏbərlɪç] adv soigneusement.

saubermachen vt nettoyer.

Saubermann (umg) m honnête homme m.

säubern vt nettoyer; (POL etc) purger.

Säuberung f nettoyage m.

Säuberungsaktion f purge f.

saublöd (umg) adj bête comme ses pieds.

Saubohne f fève f.

Sauce ['zo:sə] f sauce f; (zu Salat) vinaigrette f.

Sauciere [zosi'e:rə] f saucière f.

Saudiaraber(in) [zaʊdi'a:rabər(ɪn)] (–s, –) m(f) Saoudien(ne) m/f.

Saudi-Arabien [zaʊdi'a:ra:biən] (–s) nt l'Arabie f saoudite.

saudiarabisch [zaʊdi'a:ra:bɪʃ] adj saoudien(ne).

sauer ['zaʊər] adj acide; (Wein) aigre; (Milch) caillé(e); (umg: verdrießlich) fâché(e); **saurer Regen** pluies fpl acides; ~ **werden** (Milch, Sahne) tourner; (: Mensch) se vexer; **jdm das Leben** ~ **machen** mener la vie dure à qn; **S~braten** m rôti de bœuf mariné au vinaigre.

Sauerei [zaʊə'raɪ] (umg) f (Schmutz etc) saloperie f; (Unanständigkeit) cochonnerie f.

Sauerkirsche f griotte f.

Sauerkraut (–(e)s) *nt* choucroute *f.*
säuerlich ['zɔyərlıç] *adj* (*Geschmack*) aigre-let(te); (*Gesicht*) vexé(e).
Sauer-: ~**milch** *f* lait *m* caillé; ~**rahm** *m* crème *f* aigre; ~**stoff** *m* oxygène *m*; ~**stoff-gerät** *nt* (*im Flugzeug*) masque *m* à oxygène; ~**stoffzelt** *nt* tente *f* à oxygène; ~**teig** *m* levain *m.*
saufen ['zaʊfən] *unreg vt* boire ♦ *vi* s'abreuver; (*umg: viel trinken*) picoler; **wie ein Loch** ~ (*umg*) boire comme un trou.
Säufer(in) ['zɔyfər(ın)] (–s, –; *umg*) *m(f)* ivrogne *m/f.*
Sauferei [zaʊfə'raɪ] (*umg: pej*) *f* alcool *m*; (*Saufgelage*) beuverie *f.*
Saufgelage (*umg: pej*) *nt* beuverie *f.*
säuft *etc* [zɔyft] *vb siehe* **saufen**.
saugen ['zaʊgən] *unreg vt* (*Flüssigkeit*) sucer, aspirer; (*mit Staubsauger*) aspirer ♦ *vi*: ~ **an** +*Dat* (*Pfeife*) tirer sur.
säugen ['zɔygən] *vt* allaiter.
Sauger ['zaʊgər] (–s, –) *m* (*auf Flasche*) tétine *f*; (*Staub~*) aspirateur *m.*
Säugetier *nt* mammifère *m.*
saugfähig *adj* absorbant(e).
Säugling *m* nourrisson *m.*
Säuglingspflege *f* puériculture *f.*
Säuglingsschwester *f* puéricultrice *f.*
Saugorgan [zaʊgɔrgaːn] *nt* organe *m* de succion.
sau-: s~**kalt** (*umg*) *adj*: **es ist** s~**kalt** il fait un froid de canard; ~**kerl** (*pej: umg*) *m* salaud *m*; ~**klaue** (*umg*) *f* écriture *f* de cochon; ~**laden** (*pej: umg*) *m* bordel *m.*
Säule ['zɔylə] *f* colonne *f*; (*Stütze, Pfeiler*) pilier *m.*
Saum [zaʊm] (–(e)s, **Säume**) *m* (*von Kleid etc*) ourlet *m*; (*Rand*) bord *m*; (*von Wald*) lisière *f.*
saumäßig (*umg*) *adj* (*Glück*) incroyable; (*pej: elend*) infect(e).
säumen ['zɔymən] *vt* (*Kleid*) ourler; (*geh: umgeben*) border ♦ *vi* (*geh: zaudern*) tarder.
säumig ['zɔymıç] *adj* (*geh: Schuldner*) dont les paiements sont en retard.
Sauna ['zaʊna] (–, –s) *f* sauna *m.*
Säure ['zɔyrə] (–, –n) *f* (*CHEM*) acide *m*; (*Geschmack*) acidité *f*; s~**beständig** *adj* résistant aux acides.
Sauregurkenzeit (*umg*) *f* (*hum*) calme *m* plat.
säurehaltig *adj* acide.
Saurier ['zaʊriər] (–s, –) *m* saurien *m.*
Saus [zaʊs] (–es) *m*: **in** ~ **und Braus leben** mener la grande vie.
säuseln ['zɔyzəln] *vi* (*Wind*) murmurer; (*ironisch: sprechen*) susurrer.
sausen ['zaʊzən] *vi* (*Wind*) mugir; (*Ohren*) bourdonner; (*umg: eilen*) foncer; ~**lassen** (*umg*) *vt* (*Plan*) faire une croix sur; (*Person*) plaquer.
Sau-: ~**stall** (*umg: pej*) *m* bordel *m*; ~**wetter** (*umg*) *nt* temps *m* de cochon; s~**wohl** (*umg*) *adj*: **ich fühle mich** s~**wohl** j'ai la pêche.
Saxophon [zakso'foːn] (–s, –e) *nt* saxophone *m.*
Saxophonist(in) [zaksofo'nıst(ın)] *m(f)* saxo-phoniste *m/f.*
SB *abk* = **Selbstbedienung**.
S-Bahn *f abk* (= *Schnellbahn, Stadtbahn*) train *m* de banlieue.
SBB *abk* (= *Schweizerische Bundesbahnen*) CFF *mpl.*
Schabe ['ʃaːbə] *f* (*ZOOL*) blatte *f*, cafard *m.*
schaben *vt* (*Möhren*) gratter; (*reiben, scheuern*) racler.
Schaber (–s, –) *m* grattoir *m.*
Schabernack (–(e)s, –e) *m* farce *f.*
schäbig ['ʃɛːbıç] *adj* (*abgenützt*) miteux(-euse); (*gemein*) infect(e); (*geizig*) mesquin(e); **S~keit** *f* (*Gemeinheit*) méchanceté *f*; (*Geiz*) mesquinerie *f.*
Schablone [ʃa'bloːnə] *f* pochoir *m*; (*fig*) stéréotype *m.*
schablonenhaft *adj* stéréotypé(e).
Schach [ʃax] (–s, –s) *nt* échecs *mpl*; (*Stellung*) échec *m*; ~ (**und**) **matt!** échec et mat!; **jdn in** ~ **halten** tenir qn en échec; ~**brett** *nt* échiquier *m.*
Schachfigur *f* pièce *f* d'échecs.
schachmatt *adj* échec et mat; **jdn** ~ **setzen** battre qn (aux échecs); (*fig*) mettre qn en échec.
Schachpartie *f* partie *f* d'échecs.
Schachspiel *nt* jeu *m* d'échecs.
Schacht [ʃaxt] (–(e)s, ̈e) *m* (*BERGB*) puits *m*; (*für Aufzug*) cage *f.*
Schachtel (–, –n) *f* boîte *f*; **alte** ~ (*umg: pej*) vieille bique *f.*
schachteln *vt* emboîter.
Schachtelsatz *m* phrase *f* à tiroirs.
Schachzug *m* coup *m* (*aux échecs*); (*fig*) manœuvre *f.*
schade ['ʃaːdə] *adj*: **das ist** ~ c'est dommage ♦ *interj*: (**wie**) ~! (quel) dommage!; **es ist** ~, **daß** ... c'est dommage que ...; **um jdn/etw ist es** ~ c'est dommage pour qn/qch; **um ihn ist es nicht** ~ bon débarras; **für etw zu** ~ **sein** être trop beau(belle) pour qch; **sich** *Dat* **für etw zu** ~ **sein** ne pas s'abaisser à faire qch.
Schädel ['ʃɛːdəl] (–s, –) *m* crâne *m*; **einen dicken** ~ **haben** (*umg*) avoir la tête dure; ~**bruch** *m* fracture *f* du crâne.
Schaden (–s, ̈) *m* (*Zerstörung, Beschädigung*) dommages *mpl*, dégâts *mpl*; (*körperlich*) lésion *f*; (*Defekt*) handicap *m*; (*Nachteil*) perte *f*; **zu** ~ **kommen** subir des dommages; (*physisch*) être blessé(e); **jdm** ~ **zufügen** causer un préjudice à qn.
schaden ['ʃaːdən] *vi* nuire; **jdm/etw** ~ nuire à qn/qch; **das schadet nichts** ça ne fait pas de mal; (*macht nichts*) ça ne fait rien.
Schaden-: ~**ersatz** *m* dommages et intérêts *mpl*; ~**ersatz leisten** payer des dommages et intérêts; ~**ersatzanspruch** *m* demande *f* de dommages et intérêts; s~**ersatzpflichtig** *adj* tenu(e) de payer des dommages et intérêts; ~**freiheitsrabatt** *m* bonus *m*; ~**freude** *f* joie *f* malveillante; s~**froh** *adj* (*Mensch*) qui se réjouit du malheur des autres; (*Lachen*) mau-

vais(e).
schadhaft ['ʃaːthaft] *adj* endommagé(e).
schädigen ['ʃɛdɪgən] *vt* nuire à.
Schädigung *f* (*Schaden*) dommage *m*; **die** ~ **einer Sache** une atteinte à qch.
schädlich *adj* (*Stoffe*) dangereux(-euse), nocif(-ive); (*Tier*) nuisible; (*Einfluß*) néfaste; (*Folge*) fâcheux(-euse).
Schädlichkeit *f* (*von Stoffen*) nocivité *f*.
Schädling *m* animal *m* nuisible.
Schädlingsbekämpfungsmittel *nt* pesticide *m*.
schadlos ['ʃaːtloːs] *adj*: **sich** ~ **halten für** se dédommager de; **sich** ~ **halten an** +*Dat* se venger sur.
Schadstoff (–(e)s, –e) *m* substance *f* toxique; **s~arm** *adj* qui contient peu de substances nocives; **s~haltig** *adj* qui contient des substances nocives *od* toxiques.
Schaf [ʃaːf] (–(e)s, –e) *nt* mouton *m*; (*umg*: *Dummkopf*) cruche *f*; **das schwarze** ~ **sein** être la brebis galeuse; **~bock** *m* bélier *m*.
Schäfchen ['ʃɛːfçən] *nt* agneau *m*; **sein** ~ **ins Trockene bringen** (*fig*) faire sa pelote; **~wolken** *pl* nuages *mpl* moutonnés, cirro-cumulus *mpl*.
Schäfer(in) ['ʃɛːfər(ɪn)] (–s, –) *m(f)* berger(-ère) *m/f*; **~hund** *m* (chien *m* de) berger *m*.
Schaffen (–s) *nt* œuvre *f*.
schaffen¹ ['ʃafən] *unreg vt* (*Werk*) créer; (*Ordnung*) rétablir; (*Platz*) faire; **sich** *Dat* **Feinde** ~ se faire des ennemis; **dafür ist er wie geschaffen** il est vraiment fait pour cela.
schaffen² ['ʃafən] *vt* (*bewältigen*: *Arbeit*) arriver à faire; (: *Portion*) (arriver à) terminer; (: *Prüfung*) réussir; (*umg*: *erschöpfen*) éreinter; (*transportieren*) transporter ♦ *vi* (*umg*: *arbeiten*) bosser; (*tun*) faire; **das ist nicht zu** ~ c'est impossible; **das hat mich geschafft** ça m'a épuisé; **ich habe damit/mit ihm nichts zu** ~ je n'ai rien à voir là-dedans/avec lui; **jdm schwer zu** ~ **machen** (*zusetzen*) en faire voir de toutes les couleurs à qn; (*bekümmern*) préoccuper qn; **sich** *Dat* **an etw** *Dat* **zu** ~ **machen** travailler sur qch.
Schaffensdrang *m* (*von Künstler*) impulsion *f* créatrice.
Schaffenskraft *f* créativité *f*.
Schaffner(in) ['ʃafnər(ɪn)] (–s, –) *m(f)* (*Bus~*) receveur(-euse) *m/f*; (*EISENB*) contrôleur(-euse) *m/f*.
Schaffung *f* création *f*.
Schafskäse *m* fromage *m* de brebis.
Schaft [ʃaft] (–(e)s, –̈e) *m* (*von Werkzeug etc*) manche *m*; (*von Gewehr*) crosse *f*; (*von Stiefel*) tige *f*; **~stiefel** *m* botte *f* haute.
Schakal [ʃa'kaːl] (–s, –e) *m* chacal *m*.
Schäkel ['ʃɛːkəl] (–s, –) *m* manille *f*.
Schäker(in) ['ʃɛːkər(ɪn)] (–s, –e) *m(f)* (*Witzbold*) blagueur(-euse) *m/f*.
schäkern *vi* (*umg*: *scherzen*) blaguer; (: *flirten*) flirter.

Schal (–s, –e *od* –s) *m* écharpe *f*.
schal [ʃaːl] *adj* (*Geschmack*) pas frais(fraîche), éventé(e).
Schälchen ['ʃɛːlçən] *nt* coupelle *f*.
Schale ['ʃaːlə] *f* (*Kartoffel~*, *Obst~*) peau *f*; (: *abgeschält*) pelure *f*; (*Nuß~*, *Muschel~*, *Ei~*) coquille *f*; (*Schüssel*) coupe *f*; **sich in** ~ **werfen** (*umg*) se mettre sur son trente et un.
schälen ['ʃɛːlən] *vt* (*Kartoffeln*, *Obst*) éplucher ♦ *vr* (*Haut*) peler; **ein Ei (aus der Pelle)** ~ enlever la coquille d'un œuf.
Schalentier *nt* crustacé *m*.
Schalk [ʃalk] (–s, –e *od* –̈e) *m* (*veraltet*) farceur *m*.
schalkhaft *adj* espiègle.
Schall [ʃal] (–(e)s, –e) *m* son *m*; **Name ist** ~ **und Rauch** l'habit ne fait pas le moine; **s~dämmend** *adj* d'insonorisation; **~dämpfer** *m* (*AUT*) pot *m* d'échappement; (*an Gewehr*) silencieux *m*; **s~dicht** *adj* insonorisé(e).
schallen *vi* résonner.
schallend *adj* (*Ton*) sonore; (*Ohrfeige*) retentissant(e).
Schall-: **~geschwindigkeit** *f* vitesse *f* du son; **~grenze** *f*, **~mauer** *f* mur *m* du son; **~platte** *f* disque *m*; **s~schluckend** *adj* antisonique.
Schalotte [ʃa'lɔtə] *f* échalote *f*.
schalt *etc* [ʃalt] *vb siehe* **schelten**.
Schalt-: **~bild** *nt* schéma *m* des circuits; **~brett** *nt* tableau *m* de commande.
schalten ['ʃaltən] *vt* mettre ♦ *vi* (*AUT*) changer de vitesse; (*reagieren*) réagir; (*umg*: *begreifen*) piger; **in Reihe/parallel** ~ monter en série/en parallèle; **ein Gerät auf ein/aus** ~ allumer/ éteindre un appareil, mettre un appareil en marche/ arrêter un appareil; ~ **und walten** faire à sa guise; **wir** ~ **zurück ins Studio** nous rendons l'antenne au studio.
Schalter (–s, –) *m* (*ELEK*) interrupteur *m*, commutateur *m*; (*bei Post*, *Bank*; *Fahrkarten~*) guichet *m*; **~beamte(r)** *m* guichetier(-ière) *m/f*; **~stunden** *pl* heures *fpl* d'ouverture (des guichets).
Schalt-: **~hebel** *m* levier *m* de commande; (*AUT*) levier (de changement) de vitesse; **~jahr** *nt* année *f* bissextile; **~knüppel** *m* (*AUT*) levier *m* (de changement) de vitesse; (*FLUG*) manche *m* à balai; (*COMPUT*) manche *m* à balai, manette *f* de jeu; **~kreis** *m* circuit *m* intégré; **~plan** *m* (*ELEK*) schéma *m* des circuits; **~pult** *nt* pupitre *m* de commande; **~stelle** *f* (*fig*) position *f* stratégique *od* clé; **~tafel** *f* pupitre *m* de commande; **~uhr** *f* minuterie *f*.
Schaltung *f* (*ELEK*) circuit *m*; (*AUT*) changement *m* de vitesse.
Scham [ʃaːm] (–) *f* honte *f*; (*Organe*) parties *fpl* génitales.
schämen ['ʃɛːmən] *vr* avoir honte; **sich jds/ einer Sache** *od* **für jdn/etw** ~ avoir honte de qn/qch; **schäm dich!** tu devrais avoir honte!
Scham-: **~gefühl** *nt* pudeur *f*; **~haare** *pl* poils *mpl* du pubis; **s~haft** *adj* honteux(-euse);

~**lippen** *pl* lèvres *fpl* de la vulve; **s~los** *adj* éhonté(e).

Schande ['ʃandə] (–) *f* honte *f*; **zu meiner ~ muß ich gestehen, daß ...** je dois avouer à ma grande honte que ...

schänden ['ʃɛndən] *vt* (*Frau, Kind*) violer; (*Grab*) profaner; (*Namen, Ansehen*) souiller.

Schandfleck ['ʃantflɛk] (–(e)s, –e) *m*: **ein ~ in der Landschaft sein** déparer *od* abîmer le paysage.

schändlich ['ʃɛntlıç] *adj* honteux(-euse) ♦ *adv* honteusement; **S~keit** *f* ignominie *f*.

Schandtat *f* infamie *f*; (*umg: hum*) folie *f*.

Schändung *f* (*von Frau, Kind*) viol *m*; (*von Grab*) profanation *f*; (*von Namen*) discrédit *m*.

Schank [ʃaŋk] (–(e)s, ⁼e) *m* débit *m*; ~**erlaubnis** *f*, ~**konzession** *f* licence *f* (de débit de boissons); ~**tisch** *m* comptoir *m*.

Schanze ['ʃantsə] *f* (*MIL*) retranchement *m*; (*Sprung~*) tremplin *m*.

Schar [ʃaːr] (–, –en) *f* (*von Personen*) foule *f*; (*von Vögeln*) volée *f*; **in ~en** en grand nombre.

Scharade [ʃa'raːdə] *f* charade *f*.

scharen *vr* s'assembler, se rassembler.

scharenweise *adv* en grand nombre.

scharf [ʃarf] *adj* (*Klinge*) tranchant(e); (*Kurve*) en épingle à cheveux; (*Wind, Kälte*) glacial(e); (*Ton*) aigu(ë); (*Essen*) épicé(e); (*Geruch, Geschmack*) piquant(e); (*Worte*) dur(e); (*Kritik*) acerbe; (*Vorgesetzter, Maßnahmen*) sévère; (*Protest*) virulent(e); (*Bewachung*) strict(e); (*Hund*) méchant(e); (*Auge*) perçant(e); (*Ohr*) fin(e); (*Verstand*) vif(vive); (*PHOT*) net(te); (*Munition*) de combat; (*umg: geil*) excité(e) ♦ *adv*: ~ **nachdenken** se concentrer, bien réfléchir; ~**e Sachen** (*umg: Schnaps*) des alcools *mpl* forts; (: *Drogen*) des drogues *fpl* dures; **auf etw** *Akk* ~ **sein** (*umg*) être fou(folle) de qch; **mit ~em Blick** (*fig*) avec perspicacité; ~ **einstellen** régler; ~ **aufpassen** *od* **zuhören** faire très attention.

Scharfblick *m* (*fig*) perspicacité *f*.

Schärfe ['ʃɛrfə] *f* (*von Klinge*) tranchant *m*; (*Strenge*) dureté *f*, sévérité *f*; (*von Augen, Ohren*) acuité *f*; (*an Kamera, Fernsehen*) netteté *f*.

schärfen *vt* (*Klinge*) aiguiser; (*Verstand*) affiner.

Schärfentiefe *f* profondeur *f* de champ.

scharf-: ~**machen** (*umg*) *vt* exciter; **S~richter** *m* bourreau *m*; **S~schütze** *m* tireur *m* d'élite; **S~sinn** *m* perspicacité *f*; ~**sinnig** *adj* (*Mensch*) perspicace; (*Überlegung*) fin(e).

Scharlach ['ʃarlax] (–s, –e) *m* (*Farbe*) (couleur *f*) écarlate *f*; (~*fieber*) scarlatine *f*.

Scharlatan ['ʃarlatan] (–s, –e) *m* charlatan *m*.

Scharmützel [ʃar'mʏtsəl] (–s, –) *nt* escarmouche *f*.

Scharnier [ʃar'niːr] (–s, –e) *nt* charnière *f*.

Schärpe ['ʃɛrpə] *f* écharpe *f*.

scharren ['ʃarən] *vt, vi* gratter.

Scharte ['ʃartə] *f* entaille *f*; (*in Berg*) petit col *m*.

schartig ['ʃartıç] *adj* (*Klinge*) ébréché(e).

Schaschlik ['ʃaʃlık] (–s, –s) *m od nt* brochette *f*.

Schatten ['ʃatən] (–s, –) *m* ombre *f*; **im ~ à** l'ombre; **jdn/etw in den ~ stellen** (*fig*) éclipser qn/qch; **man kann nicht über seinen eigenen ~ springen** (*fig*) chassez le naturel, il revient au galop; ~**bild** *nt* silhouette *f*; **s~haft** *adj* (*Gestalt*) indistinct(e); (*Erinnerung*) vague; ~**morelle** *f* griotte *f*; ~**riß** *m* silhouette *f*; ~**seite** *f* (*von Planeten*) face *f* cachée; (*Nachteil*) revers *m* de la médaille; ~**spiel** *nt* ombres *fpl* chinoises.

schattieren [ʃa'tiːrən] *vt* (*Hintergrund*) ombrer.

Schattierung *f* (*von Farbe*) nuance *f*.

schattig ['ʃatıç] *adj* ombragé(e).

Schatulle [ʃa'tʊlə] *f* coffret *m*; (*Geld~*) cassette *f*.

Schatz [ʃats] (–es, ⁼e) *m* trésor *m*; ~**amt** *nt* Trésor *m* (public).

schätzbar ['ʃɛtsbaːr] *adj* évaluable, appréciable; **schwer ~** difficile à évaluer.

Schätzchen *nt* chéri(e) *m/f*.

schätzen *vt* (*ab~*) évaluer, estimer; (*würdigen*) estimer, apprécier ♦ *vi* (*vermuten*) estimer; **etw zu ~ wissen** (*savoir*) apprécier qch; **sich glücklich ~** s'estimer heureux(-euse); ~**lernen** *vt* apprécier de plus en plus.

Schätzer *m* expert *m* (*en estimations*).

Schatzkammer *f* Trésor *m* (public).

Schatzmeister *m* (*bei Verein etc*) trésorier(-ière) *m/f*.

Schätzung *f* estimation *f*, évaluation *f*; **nach meiner ~** selon mes calculs.

schätzungsweise *adv* (*ungefähr*) approximativement; (*vermutlich*) probablement.

Schätzwert *m* valeur *f* estimée.

Schau [ʃau] (–) *f* spectacle *m*; (*Ausstellung*) exposition *f*; (*Sicht, Blickwinkel*) vue *f*; **etw zur ~ stellen** faire étalage de qch; **eine ~ abziehen** (*umg*) se donner en spectacle; **jdm die ~ stehlen** (*umg*) ravir la vedette à qn; ~**bild** *nt* diagramme *m*.

Schauder ['ʃaudər] (–s, –) *m* frissons *mpl*; **s~haft** *adj* épouvantable.

schaudern *vi* frissonner; **mir schaudert vor ihm** je le trouve inquiétant; **es schaudert mich vor etw** qch me donne des frissons.

schauen ['ʃauən] *vi* regarder; **da schau her!** regarde!

Schauer ['ʃauər] (–s, –) *m* (*Regen~*) averse *f*; (*vor Schreck*) frisson *m*; ~**geschichte** *f* histoire *f* épouvantable; **s~lich** *adj* épouvantable; ~**mann** (–(e)s, –**leute**) *m* débardeur *m*; ~**märchen** (*umg*) *nt* histoire *f* épouvantable.

schauern *vi siehe* **schaudern**.

Schaufel ['ʃaufəl] (–, –n) *f* pelle *f*; (*von Turbine*) aube *f*.

schaufeln *vt* (*Sand etc*) pelleter; (*Schnee*) enlever à la pelle; (*Grab, Grube*) creuser.

Schaufenster *nt* vitrine *f*; ~**auslage** *f* étalage *m*; ~**bummel** *m* lèche-vitrines *m inv*; ~**dekorateur** *m* étalagiste *m*; ~**puppe** *f* mannequin *m*.

Schaugeschäft nt show-business m.
Schaukasten m vitrine f.
Schaukel ['ʃaukəl] (-, -n) f balançoire f.
schaukeln vi (subj: Kind) se balancer; (: Schiff) tanguer; **wir werden das Kind od die Sache schon** ~ (umg) on se débrouillera pour y arriver.
Schaukelpferd nt cheval m à bascule.
Schaukelstuhl m fauteuil m à bascule, rocking-chair m.
Schaulaufen (-s) nt (Eiskunstlauf) exhibition f.
Schaulustige(r) ['ʃaulʊstɪgə(r)] f(m) badaud(e) m/f.
Schaum [ʃaum] (-(e)s, Schäume) m (auf dem Wasser) écume f; (Seifen~; von Getränken) mousse f; **Eiweiß zu** ~ **schlagen** battre des blancs d'œufs en neige; ~ **schlagen** (umg: pej) brasser du vent; ~**bad** nt bain m moussant.
schäumen ['ʃɔymən] vi mousser; **er schäumte vor Wut** il écumait (de rage).
Schaumgummi m caoutchouc m mousse ®.
schaumig adj (Creme) mousseux(-euse).
Schaum-: ~**krone** f (auf Bier) mousse f; ~**löffel** m écumoire f; ~**schläger** (pej) m fanfaron(ne) m/f; ~**schlägerei** (umg: pej) f fanfaronnade f; ~**stoff** m produit m alvéolaire; ~**wein** m mousseux m.
Schauplatz m scène f.
schaurig adj épouvantable.
Schauspiel nt (geh) spectacle m; (THEAT) pièce f.
Schauspieler(in) m(f) acteur(-trice) m/f, comédien(ne) m/f.
schauspielerisch adj d'acteur(-trice), de comédien(ne).
schauspielern vi (pej) jouer la comédie.
Schauspielhaus nt théâtre m.
Schauspielschule f école f d'art dramatique.
Schausteller (-s, -) m forain m.
check [ʃɛk] (-s, -s) m chèque m; ~**buch** nt, ~**heft** nt carnet m de chèques, chéquier m.
checkig adj (Pferd) miroité(e).
Checkkarte f carte f d'identité bancaire.
cheel [ʃeːl] adj (Blick) soupçonneux(-euse) ♦ adv: **jdn** ~ **ansehen** regarder qn de travers.
cheffeln ['ʃɛfəln] (umg: pej) vt amasser.
cheibe ['ʃaibə] f (runder, flacher Gegensatz) disque m; (Brot, Wurst, Zitrone etc) tranche f; (Glas~) vitre f; (Schieß~) cible f; (Puck) palet m; (Töpfer~) tour m; **von ihm/davon könntest du dir eine** ~ **abschneiden** (umg) tu devrais prendre exemple sur lui/là-dessus.
cheiben-: ~**bremse** f frein m à disque; ~**heizanlage** f dégivrage m; ~**honig** m miel m en rayon; ~**waschanlage** f lave-glace m; ~**wischer** m essuie-glace m.
cheich [ʃaiç] (-s, -e od -s) m cheik m.
cheide ['ʃaidə] f (ANAT) vagin m; (für Schwert etc) gaine f.
cheiden unreg vt (trennen) séparer; (Ehe) dissoudre ♦ vi (weggehen) partir ♦ vr (Wege) se séparer; (Meinungen) diverger; **sich** ~ **lassen**

divorcer; **von dem Moment an waren wir (zwei) geschiedene Leute** (umg) dès lors, tout était fini entre nous; **aus dem Leben** ~ trépasser.
Scheideweg m: **am** ~ **stehen** être à la croisée des chemins.
Scheidung f (Ehe~) divorce m; **die** ~ **einreichen** demander le divorce, entamer une procédure de divorce.
Scheidungsgrund m motif m du divorce.
Scheidungsklage f demande f en divorce.
Schein [ʃain] (-(e)s, -e) m (kein pl: Licht) lumière f; (: schwach) lueur f; (An~) apparence f; (Geld~) billet m; (Bescheinigung) certificat m, attestation f; **den** ~ **wahren** sauver les apparences; **etw nur zum** ~ **tun** faire semblant de faire qch; **s**~**bar** adv (umg: anscheinend) en apparence, apparemment.
scheinen unreg vi (Sonne, Licht) briller; (Anschein haben) sembler; **mir scheint** ... il me semble ... .
Schein-: ~**firma** f société f fictive; **s**~**heilig** adj hypocrite; ~**tod** m mort f apparente; **s**~**tot** adj: **er ist s**~**tot** il a l'air mort; ~**werfer** (-s, -) m projecteur m; (AUT) phare m.
Scheißdreck (umg!) m merde f (umg!); **das geht dich einen** ~ **an** de quoi je me mêle? (umg).
Scheiße ['ʃaisə] (-; umg!) f merde f (umg!); ~**!** merde! (umg!).
scheißegal (umg!) adj: **das ist mir doch** ~**!** je m'en fous complètement! (umg).
scheißen (umg!) vi chier (umg!).
scheißfreundlich (pej: umg!) adj tout sucre tout miel.
Scheißkerl (umg!) m salaud m (umg!).
Scheit [ʃait] (-(e)s, -e od -er) nt bûche f.
Scheitel ['ʃaitəl] (-s, -) m (von Kurve etc) sommet m; (Haar~) raie f.
scheiteln vt: **jdm das Haar** ~ faire une raie dans les cheveux de qn.
Scheitelpunkt m (einer Kurve) sommet m; (einer Karriere) tournant m décisif.
Scheiterhaufen ['ʃaitərhaufən] m bûcher m.
scheitern ['ʃaitərn] vi échouer; (Ehe) être un échec; **an etw** Dat ~ (an Mannschaft) être battu(e) par; (an Widerstand) se heurter à.
Schelle ['ʃɛlə] f (Klingel) sonnette f.
schellen vi sonner; **es hat geschellt** on a sonné.
Schellfisch ['ʃɛlfɪʃ] m églefin m.
Schelm [ʃɛlm] (-(e)s, -e) m farceur(-euse) m/f.
schelmisch adj espiègle.
Schelte ['ʃɛltə] f réprimande f.
schelten unreg vt gronder ♦ vi: **mit jdm** ~ gronder qn.
Schema ['ʃeːma] (-s, -s od -ta) nt (Konzept) plan m; (Darstellung) schéma m; **nach einem (bestimmten)** ~ **arbeiten** suivre un plan (donné); **nach** ~ **F** (pej) comme d'habitude.
schematisch [ʃe'maːtɪʃ] adj (Darstellung) schématique; (mechanisch) machinal(e).
Schemel ['ʃeːməl] (-s, -) m tabouret m.
schemenhaft adj vague.

Schenke f bistro m.

Schenkel ['ʃɛŋkəl] (–s, –) m (*ANAT*) cuisse f; (*von Winkel*) côté m; (*von Zirkel*) branche f.

schenken ['ʃɛŋkən] vt offrir; **jdm etw** ~ offrir qch à qn; **sich** *Dat* **etw** ~ (*umg*) se dispenser de qch; **das ist geschenkt!** (*billig*) c'est vraiment donné!; **ihm ist nie etwas geschenkt worden** (*fig*) il n'a pas eu la vie facile.

Schenkung f donation f.

Schenkungsurkunde f (acte m de) donation f.

scheppern ['ʃɛpərn] (*umg*) vi s'entrechoquer bruyamment.

Scherbe ['ʃɛrbə] f tesson m, débris m; (*archäologisch*) tesson; **in ~n gehen** se casser en mille morceaux.

Schere ['ʃeːrə] f ciseaux mpl; (*groß*) cisailles fpl; (*ZOOL*) pince f; **eine** ~ une paire de ciseaux.

scheren[1] unreg vt (*Schaf etc*) tondre; (*Haar*) couper à ras.

scheren[2] unreg vr (*sich kümmern*) se préoccuper; **sich nicht um jdn/etw** ~ ne pas se soucier de qn/qch; **scher dich ins Bett!** (*umg*) ouste, au lit!; **scher dich zum Teufel!** (*umg*) va te faire foutre!

Scherenschleifer (–s, –) m rémouleur m.

Scherenschnitt m découpages mpl.

Schererei [ʃeːrəˈraɪ] (*umg*) f (*gew pl*) tracasserie f.

Scherflein ['ʃɛrflaɪn] nt obole f.

Scherz [ʃɛrts] (–es, –e) m plaisanterie f.

scherzen vi plaisanter.

Scherzfrage f devinette f.

scherzhaft adj (*Antwort*) drôle.

Scheu f (*Angst*) crainte f; ~ **vor** + *Dat* (*Ehrfurcht*) respect m de.

scheu [ʃɔy] adj (*ängstlich*) craintif(-ive); (*schüchtern*) timide.

Scheuche f = **Vogelscheuche**.

scheuchen ['ʃɔyçən] vt (*fortjagen*) chasser.

scheuen vr: **sich vor etw** *Dat* ~ craindre qch ♦ vt (*Gefahr*) reculer devant; (*Anstrengung, Öffentlichkeit*) éviter; (*Aufgabe*) se dérober à ♦ vi (*Pferd*) s'emballer; **weder Kosten noch Mühe** ~ faire tout son possible (sans regarder à la dépense).

Scheuer-: ~**bürste** f brosse f (*à carrelage*); ~**lappen** m serpillière f; ~**leiste** f plinthe f.

scheuern vt (*putzen: Dielen*) nettoyer; (*Töpfe*) récurer ♦ vi (*reiben*) frotter ♦ vr: **sich** *Akk* (**wund**) ~ s'écorcher; **jdm eine** ~ (*umg*) flanquer une gifle à qn.

Scheuklappe f œillère f.

Scheune ['ʃɔynə] f grange f.

Scheunendrescher (–s, –) m: **er ißt wie ein** ~ (*umg*) il mange comme quatre.

Scheusal ['ʃɔyzaːl] (–s, –e) nt monstre m.

scheußlich ['ʃɔyslɪç] adj épouvantable; (*häßlich*) hideux(-euse) ♦ adv horriblement; **S~keit** f (*von Anblick*) laideur f; (*von Verbrechen*) atrocité f; (*scheußliche Sache*) horreur f.

Schi [ʃiː] (–s, –er) m siehe **Ski**.

Schicht [ʃɪçt] (–, –en) f couche f; (*in Fabrik etc*) poste m; **ihre** ~ **ist um 19 Uhr zu Ende** elle termine son travail à 19 heures; ~**arbeit** f travail m posté od par roulement, trois-huit mpl; **s~en** vt empiler; ~**käse** m fromage frais sec avec une couche de fromage frais gras; ~**unterricht** m (*SCH*) cours uniquement le matin ou l'après-midi; ~**wechsel** m relève f.

Schick [ʃɪk] (–(e)s) m chic m; **s~** adj (*Kleidung*) chic inv; (*Auto, Villa*) superbe.

schicken vt envoyer ♦ vr (*beeilen*) se dépêcher ♦ vr impers (*anständig sein*) être convenable; **sich** ~ **in** + *Akk* (*fügen*) se faire à, accepter; **das schickt sich nicht** ce n'est pas convenable.

Schickeria [ʃɪkəˈriːa] f (*ironisch*) intelligentsia f de la mode.

schicklich adj convenable.

Schicksal (–s, –e) nt destin m; **s~haft** adj fatidique.

Schicksalsschlag m coup m du destin.

Schickse ['ʃɪksə] (–; *umg*) f poule f.

Schiebedach nt (*AUT*) toit m ouvrant.

schieben ['ʃiːbən] unreg vt pousser; (*umg: handeln mit*) faire du trafic de ♦ vr (*sich bewegen*) se presser; **die Schuld auf jdn** ~ rejeter la responsabilité sur qn; **etw vor sich** *Dat* **her** ~ (*fig*) repousser qch.

Schieber (–s, –) m (*Riegel*) loquet m; (*umg: Schwarzhändler: Drogen~*) dealer m.

Schiebetür f porte f coulissante.

Schiebung f (*Parteilichkeit*) favoritisme m.

schied etc [ʃiːt] vb siehe **scheiden**.

Schieds-: ~**gericht** nt (*JUR*) tribunal d'arbitrage; (*bei Sport, Wettbewerb*) commission f d'arbitrage; ~**richter** m (*fig: SPORT*) arbitre m; **s~richtern** vt arbitrer; ~**spruch** m décision f du tribunal d'arbitrage; ~**verfahren** nt procédure f d'arbitrage.

schief [ʃiːf] adj (*Ebene*) en pente, incliné(e); (*Turm*) penché(e); (*Vergleich*) mal choisi(e); (*Blick, Lächeln*) désabusé(e) ♦ adv de travers; **jdn** ~ **ansehen** regarder qn de travers; **auf die ~e Bahn geraten** od **kommen** s'écarter du droit chemin; **ein ~es Bild der Wirklichkeit zeichnen** donner une image fausse od déformer la réalité.

Schiefer ['ʃiːfər] (–s, –) m ardoise f; ~**dach** n toit m d'ardoise; ~**tafel** f ardoise f.

schief-: ~**gehen** unreg (*umg*) vi mal tourner; **es wird schon ~gehen!** (*hum*) t'en fais pas!; ~**lachen** (*umg*) vr se tordre de rire; ~**liegen** unreg (*umg*) vi se tromper.

schielen ['ʃiːlən] vi loucher; (*umg: spähen*) lorgner; **nach etw** ~ lorgner qch.

schien etc [ʃiːn] vb siehe **scheinen**.

Schienbein nt tibia m.

Schiene ['ʃiːnə] f (*für Fahrzeuge*) rail m; (*MED*) attelle f.

schienen vt éclisser.

Schienenbus m autorail m.

Schienenstrang m ligne f de chemin de fer.

schier [ʃiːr] adj pur(e); (*Fleisch*) maigre ♦ adv presque.

Schießbude f stand m de tir.

Schießbudenfigur f (umg): **du bist die reinste ~** tu es complètement ridicule.

schießen ['ʃiːsən] unreg vt (Wild) tuer; (Kugel) tirer; (Ball, Rakete) envoyer ♦ vi tirer; (in die Höhe) bondir; (Flüssigkeit) jaillir; (Salat) monter en graine; **auf jdn ~** tirer sur qn; **aus dem Boden ~** pousser; (fig) pousser comme des champignons; **das Auto kam um die Ecke geschossen** la voiture a débouché à toute allure d'une rue latérale; **jdm durch den Kopf ~** (fig) traverser l'esprit de qn; **das ist zum S~** (umg) c'est à se tordre de rire.

Schießerei [ʃiːsə'raɪ] f fusillade f.

Schieß-: **~gewehr** nt (hum) fusil m; **~hund** m: **wie ein ~hund aufpassen** (umg) faire très attention; **~platz** m champ m de tir; **~pulver** nt poudre f à canon; **~scharte** f meurtrière f; **~stand** m stand m de tir.

Schiff [ʃɪf] (-(e)s, -e) nt bateau m; (Kirchen~) nef f; **s~bar** adj navigable; **~bau** m construction f navale; **~bruch** m naufrage m; **~bruch erleiden** faire naufrage; (fig) échouer; **s~brüchig** adj naufragé(e).

Schiffchen nt petit bateau m; (WEBEN) navette f; (Mütze) calot m.

Schiffer (-s, -) m navigateur m; (von Lastkahn) batelier m; **~klavier** nt accordéon m.

Schiff-: **~(f)ahrt** f navigation f; **~(f)ahrtslinie** f ligne f maritime; **~(f)ahrtszeichen** nt panneau m de signalisation nautique; **~schaukel** f manège m.

Schiffs-: **~junge** m mousse m; **~körper** m coque f; **~ladung** f cargaison f; **~makler** m courtier m maritime; **~schraube** f hélice f.

chikane [ʃi'kaːnə] f tracasserie f; **mit allen ~n** (umg) avec tous les gadgets; **das hat er aus reiner ~ gemacht** il l'a fait rien que pour nous embêter.

chikanieren [ʃika'niːrən] vt (Untergebene, Rekruten) tyranniser; (Mitschüler) brimer.

chikanös [ʃika'nøːs] adj chicanier(-ière).

child¹ [ʃɪlt] (-(e)s, -e) m (Schutz) bouclier m; (von Tier) carapace f; (Mützen~) visière f; **etw im ~e führen** tramer qch.

child² [ʃɪlt] (-(e)s, -er) nt écriteau m; (Verkehrs~) panneau m; (Namens~; an Monument, Haus, Grab) plaque f; (in Demonstration) pancarte f; (Etikett) étiquette f.

childbürger m béotien m.

childdrüse f thyroïde f.

childern ['ʃɪldərn] vt décrire.

childerung f description f; (eines Zeugen) récit m.

child-: **~kröte** f tortue f; **~krötensuppe** f consommé m à la tortue; **~mütze** f casquette f.

chilf [ʃɪlf] (-(e)s, -e) nt, **Schilfrohr** nt (BOT) roseau m; (Material) jonc m.

chilfrohr nt siehe Schilf.

chillerlocke ['ʃɪlərlɔkə] f (KOCH: Gebäck) feuilleté m à la crème; (Räucherfisch) morceau m de roussette fumée.

schillern ['ʃɪlərn] vi chatoyer, miroiter.

schillernd adj chatoyant(e); (Charakter) énigmatique.

Schilling ['ʃɪlɪŋ] m schilling m.

schilt etc [ʃɪlt] vb siehe **schelten**.

Schimmel ['ʃɪməl] (-s, -) m moisissure f; (Pferd) cheval m blanc.

schimmelig adj moisi(e).

schimmeln vi moisir.

Schimmer ['ʃɪmər] (-s) m (Lichtsein) lueur f; (Glanz) éclat m; **keinen (blassen) ~ von etw haben** (umg) n'avoir pas la moindre idée de qch.

schimmern vi (Kerze) jeter une faible lueur; (Seide, Perlen) briller, chatoyer.

Schimpanse [ʃɪm'panzə] (-n, -n) m chimpanzé m.

Schimpf [ʃɪmpf] (-(e)s, -e) m affront m, insulte f; **mit ~ und Schande** honteusement.

schimpfen vi pester ♦ vt gronder; (nennen) appeler; **mit jdm ~** gronder qn.

Schimpfkanonade f bordée f d'insultes.

Schimpfwort nt gros mot m.

Schindel ['ʃɪndəl] (-, -n) f bardeau m.

schinden ['ʃɪndən] unreg vt (quälen) maltraiter ♦ vr (sich abmühen) peiner; **Eindruck ~** (umg) en mettre plein la vue; **Zeit ~** (umg) essayer de gagner du temps.

Schinder (-s, -; pej) m (Ausbeuter) exploiteur m.

Schinderei [ʃɪndə'raɪ] f (Qual) corvée f.

Schindluder ['ʃɪntluːdər] nt: **mit jdm ~ treiben** malmener qn; **mit seiner Gesundheit ~ treiben** détruire sa santé.

Schinken ['ʃɪŋkən] (-s, -) m jambon m; (pej: umg: dickes Buch) pavé m; (: großes Gemälde) croûte f; **~speck** m lard m (maigre).

Schippe ['ʃɪpə] f pelle f; **jdn auf die ~ nehmen** (umg) mettre qn en boîte; **s~n** vt pelleter.

Schirm [ʃɪrm] (-(e)s, -e) m (Regen~) parapluie m; (Sonnen~) parasol m; (Bild~, Wand~) écran m; (Lampen~) abat-jour m inv; (Mützen~) visière f; (Pilz~) chapeau m; **~bildaufnahme** f radiographie f; **~herr(in)** m(f) patron(ne) m/f; **~herrschaft** f patronage m; **~mütze** f casquette f; **~ständer** m porte-parapluies m inv.

schiß etc [ʃɪs] (umg!) vb siehe **scheißen**.

Schiß (umg) m: **~ haben** avoir les jetons.

schizophren [ʃitso'freːn] adj schizophrène; (absurd, widersprüchlich) absurde, inconséquent(e).

Schizophrenie [ʃitsofre'niː] f schizophrénie f.

schlabbern ['ʃlabərn] (umg) vt (Flüssigkeit) laper ♦ vi (sich vollkleckern) s'en mettre partout.

Schlacht [ʃlaxt] (-, -en) f bataille f; (fig) combat m.

schlachten vt (Tier) tuer; (umg: hum: Flasche Wein) ouvrir.

Schlachtenbummler (umg) m supporter d'une équipe jouant à l'extérieur.

Schlachter (-s, -) m boucher m.

Schlachterei [ʃlaxtə'raɪ] f (Geschäft) boucherie f.

Schlacht-: ~**feld** *nt* champ *m* de bataille; ~**fest** *nt* jour *m* ou l'on tue le cochon; ~**haus** *nt*, ~**hof** *m* abattoir *m*; ~**opfer** *nt* (*REL*) sacrifice *m*; ~**plan** *m* plan *m* de bataille; ~**platte** *f* assiette *f* de charcuterie; ~**ruf** *m* cri *m* de guerre; ~**schiff** *nt* cuirassé *m*; ~**vieh** *nt* animaux *mpl* de boucherie.

Schlacke ['ʃlakə] *f* (*von Kohle*) scorie *f*.

schlackern (*umg*) *vi* (*Kleidung*) pendre; **mit den Ohren** ~ (*fig*) rester sans voix.

Schlaf [ʃlaːf] (–(e)s) *m* sommeil *m*; **um seinen** ~ **kommen** *od* **gebracht werden** perdre le sommeil; ~**anzug** *m* pyjama *m*.

Schläfchen ['ʃlɛːfçən] *nt* (petite) sieste *f*.

Schläfe *f* tempe *f*.

schlafen *unreg* *vi* dormir; ~ **gehen** aller se coucher; **S~gehen** *nt* coucher *m*; **vor dem S~gehen** avant d'aller me/se *etc* coucher.

Schlafenszeit *f*: **es ist** ~ c'est l'heure d'aller se coucher.

Schläfer(in) ['ʃlɛːfər(ɪn)] (–s, –) *m(f)* dormeur(-euse) *m/f*.

schlaff [ʃlaf] *adj* (*Haut*) flasque; (*erschöpft*) épuisé(e); (*pej: energielos*) mou(molle); **S~heit** *f* (*von Haut, Muskeln*) flaccidité *f*, aspect *m* flasque; (*Erschöpftheit*) épuisement *m*.

Schlafgelegenheit *f* endroit *m* où dormir.

Schlafittchen [ʃlaˈfɪtçən] (*umg*) *nt*: **jdn am** *od* **beim** ~ **nehmen** *od* **packen** prendre qn au collet.

Schlaf-: ~**lied** *nt* berceuse *f*; **s~los** *adj*: **eine s~lose Nacht** une nuit blanche; ~**losigkeit** *f* insomnie *f*; ~**mittel** *nt* somnifère *m*; ~**mütze** (*umg*) *f* andouille *f*.

schläfrig ['ʃlɛːfrɪç] *adj* (*Mensch*) qui a sommeil; (*Stimmung*) soporifique; **jdn** ~ **machen** endormir qn.

Schlaf-: ~**rock** *m* robe *f* de chambre; **Apfel im** ~**rock** pomme *f* en croûte; **Würstchen im** ~**rock** saucisse *f* en croûte; ~**saal** *m* dortoir *m*; ~**sack** *m* sac *m* de couchage.

schläft *etc* [ʃlɛːft] *vb siehe* **schlafen**.

Schlaf-: ~**tablette** *f* somnifère *m*; **s~trunken** *adj* ensommeillé(e); ~**wagen** *m* wagon-lit *m*; **s~wandeln** *vi* être somnambule; ~**wand-ler(in)** (**s**, –) *m(f)* somnambule *m/f*; ~**zimmer** *nt* chambre *f* à coucher.

Schlag [ʃlaːk] (–(e)s, ̈e) *m* (*Hieb*) coup *m*; (*MED: Hirn~*) (attaque *f* d')apoplexie *f*; (*Strom~*) secousse *f*; (*Blitz~*) foudre *f*; (*Schicksals~*) coup du destin; (*OSTERR: Schlagsahne*) chantilly *f*; (*umg: Portion*) portion *f*; (*Art*) type *m*, espèce *f*; **Schläge** *pl* (*Tracht Prügel*) raclée *f*; **beim letzten** ~ **der Turmuhr ist es 9 Uhr** lorsque le dernier coup sonne au clocher, il est 9 heures; ~ **acht Uhr** (*umg*) à huit heures sonnantes; **mit einem** ~ tout d'un coup; **auf einen** ~ d'un seul coup; ~ **auf** ~ coup sur coup; **keinen** ~ **tun** (*umg*) ne pas lever le petit doigt; **ich dachte, mich trifft der** ~ (*umg*) ça m'a scié(e); **vom gleichen** ~ **sein** être taillé(e) du même bois; **ein** ~ **ins Wasser** (*umg*) un coup pour rien; **ein**

~ **ins Gesicht** une gifle; ~**abtausch** *m* (*BOXEN*) échange *m* de coups; (*fig*) joute *f* oratoire; ~**ader** *f* artère *f*; ~**anfall** *m* (attaque *f* d')apoplexie *f*; **s~artig** *adj* brusque; ~**baum** *m* barrière *f*; ~**bohrer** *m* perceuse *f* à percussion.

schlagen ['ʃlaːgən] *unreg* *vt* battre; (*ein*~) enfoncer; (*Kreis, Bogen*) décrire, faire; (*Purzel-baum*) faire; (*Stunde*) sonner; (*Schlacht*) livrer; (*Holz, Bäume*) abattre ♦ *vi* battre; (*Uhr*) sonner; (*Vogel*) chanter; (*Flammen*) jaillir ♦ *vr* (*sich prügeln*) se battre; **ein Ei in die Pfanne** ~ casser un œuf dans la poêle; **Eier schaumig** ~ battre des œufs en neige; **sich geschlagen geben** s'avouer battu(e); **eine geschlagene Stunde** une heure entière; **Profit aus etw** ~ tirer profit de qch; **ein Bein über das andere** ~ croiser les jambes; **gegen etw** ~ heurter qch; **um sich** ~ se débattre; **mit den Flügeln** ~ battre des ailes; **der Blitz schlug in den Baum** la foudre est tombée sur l'arbre, la foudre a frappé l'arbre; **nach jdm** ~ (*geraten*) ressembler à qn; **sich nach links/Norden** ~ se diriger vers la gauche/le nord; **sich auf jds Seite** ~ se ranger du côté de qn; **sich gut** *od* **tapfer** ~ (*fig*) bien s'en sortir.

schlagend *adj* (*Beweis*) concluant(e); (*Verbin-dung*) où l'on se bat en duel.

Schlager ['ʃlaːgər] (–s, –) *m* (*MUS*) tube *m*; (*Er-folg*) succès *m*; (*Buch*) best-seller *m*.

Schläger ['ʃlɛːgər] (–s, –) *m* (*pej: Mensch*) brute *f*; (*SPORT: Spieler*) batteur *m*; (: *Tennis*~) raquette *f*; (: *Hockey*~) crosse *f*; (: *Golf*~) club *m*.

Schlägerei [ʃlɛːgəˈraɪ] *f* bagarre *f*.

Schlagersänger(in) *m(f)* chanteur(-euse) *m* pop.

Schlägertyp (*umg*) *m* brute *f*.

schlag-: ~**fertig** *adj* (*Mensch*) qui a de la re-partie; (*Antwort*) du tac au tac; **S~fertigkeit** repartie *f*; **S~instrument** *nt* instrument *m* à percussion; **S~kraft** *f* force *f*; (*MIL*) force de frappe; (*BOXEN*) punch *m*; **s~kräftig** *adj* (*Ar-mee*) puissant(e); (*Boxer*) qui a du punch; (*Beweise*) concluant(e); **S~loch** *nt* nid *m* de poules; **S~obers** (*ÖSTERR*) *nt* = **S~sahne**; **S~rahm** *m*, **S~sahne** *f* crème *f* fouettée chantilly *f*; **S~seite** *f* (*NAUT*) bande *f*; **S~seite haben** donner de la bande; **S~stock** *m* (*förmlich*) matraque *f*.

Schlagwort *nt* slogan *m*.

Schlagzeile *f* manchette *f*; ~**n machen** (*umg*) faire la une des journaux.

Schlagzeug *nt* (*MUS*) batterie *f*; (*in Orcheste*) percussion *f*.

Schlagzeuger(in) (–s, –) *m(f)* batteur *m*.

schlaksig ['ʃlaːksɪç] (*umg*) *adj* gauche.

Schlamassel [ʃlaˈmasəl] (–s, –; *umg*) *m* *od* *nt* pagaille *f*.

Schlamm [ʃlam] (–(e)s, –e) *m* boue *f*.

schlammig *adj* boueux(-euse).

Schlampe(r) ['ʃlampə(r)] (*pej*: *umg*) *f(r)* souillon *f*.

schlampen (*umg*) *vi* bâcler.

Schlamperei [ʃlampə'raɪ] (*umg*) *f* (*Unordnung*) pagaille *f*; (*schlechte Arbeit*) travail *m* bâclé.

schlampig (*umg*) *adj* (*Mensch*) débraillé(e); (*Arbeit*) bâclé(e).

schlang *etc* [ʃlaŋ] *vb siehe* **schlingen**.

Schlange ['ʃlaŋə] *f* (*ZOOL*) serpent *m*; (*Menschen~*) queue *f*; (*von Autos*) file *f*; ~ **stehen** faire la queue.

schlängeln ['ʃlɛŋəln] *vr* (*Schlange*) ramper; (*Fluß, Weg*) serpenter.

Schlangen-: ~**biß** *m* morsure *f* de serpent; ~**gift** *nt* venin *m*; ~**linie** *f* ligne *f* sinueuse.

schlank [ʃlaŋk] *adj* mince; **S~heit** *f* minceur *f*; **S~heitskur** *f* cure *f* d'amaigrissement; ~**weg** (*umg*) *adv* sans hésiter, tout de go.

schlapp [ʃlap] *adj* (*erschöpft*) épuisé(e); (*umg*: *energielos*) mou(molle); (*locker*) relâché(e).

Schlappe (*umg*) *f* veste *f*.

Schlappen (–s, –; *umg*) *m* pantoufle *f*, savate *f*.

Schlapp-: ~**heit** *f* (*Erschöpfung*) épuisement *m*; (*umg*: *Laschheit*) mollesse *f*; ~**hut** *m* chapeau *m* mou; **s~machen** (*umg*) *vi* flancher; ~**schwanz** (*pej*: *umg*) *m* chiffe *f* molle.

Schlaraffenland [ʃla'rafənlant] *nt* pays *m* de cocagne.

schlau [ʃlaʊ] *adj* (*Mensch*) malin(-igne); (*Plan*) astucieux(-euse); **aus etw nicht ~ werden** ne rien comprendre à qch; **aus jdm nicht ~ werden** ne pas comprendre qn; **S~berger** (–s, –; *umg*) *m* petit malin *m*.

Schlauch [ʃlaʊx] (–(e)s, Schläuche) *m* tuyau *m*; (*in Reifen*) chambre *f* à air; (*umg*: *Anstrengung*) corvée *f*; **auf dem ~ stehen** (*umg*) être coincé(e); ~**boot** *nt* canot *m* pneumatique.

schlauchen (*umg*) *vt* (*anstrengen*) pomper.

schlauchlos *adj* sans chambre à air.

Schläue ['ʃlɔʏə] (–) *f* ruse *f*.

Schlaufe ['ʃlaʊfə] *f* boucle *f*; (*an Kleidung*) passant *m*.

Schlauheit *f* ruse *f*.

Schlaukopf *m*, **Schlaumeier** (*umg*) *m* petit malin *m*.

Schlawiner [ʃla'vi:nər] (–s, –; *hum*: *umg*) *m* vaurien *m*.

schlecht [ʃlɛçt] *adj* mauvais(e); (*verdorben*) avarié(e) ♦ *adv* mal; (*kaum*) difficilement; **es geht ihm ~** il va mal; **er kann ~ nein sagen** il peut difficilement dire non; ~ **gelaunt** de mauvaise humeur; **auf jdn ~ zu sprechen sein** avoir une mauvaise opinion de qn; **jdm ist (es) ~** qn se sent mal; **er hat nicht ~ gestaunt** (*umg*) il tombait des nues; ~ **und recht** tant bien que mal; **mehr ~ als recht** plutôt mal.

schlechterdings *adv* absolument.

schlechtgehen *unreg vi unpers*: **jdm geht es schlecht** (*gesundheitlich*) qn va mal; (*wirtschaftlich*) qn est dans la gêne; **heute geht es schlecht** (*zeitlich*) aujourd'hui, ça ne va pas bien.

schlechthin *adv* tout simplement; **der Dramatiker ~** le type même du dramaturge, le parfait dramaturge.

Schlechtigkeit *f* méchanceté *f*.

schlechtmachen *vt* calomnier.

schlechtweg *adv* tout simplement.

schlecken ['ʃlɛkən] *vt* (*lecken*) lécher; (*naschen*) manger ♦ *vi* manger des sucreries.

Schlegel ['ʃle:gəl] (–s, –) *m* (*Trommel~*) baguette *f*; (*Hammer*) marteau *m*; (*KOCH*) cuisse *f*.

schleichen ['ʃlaɪçən] *unreg vi* se glisser; (*heimlich*) marcher à pas de loup ♦ *vr* se glisser; **um das Haus ~** rôder autour de la maison.

schleichend *adj* (*Krankheit, Gift*) insidieux(-euse); (*Inflation*) rampant(e).

Schleichweg *m* chemin *m* dérobé; **auf ~en** (*fig*) par des voies détournées.

Schleichwerbung *f* publicité *f* indirecte.

Schleie ['ʃlaɪə] *f* (*ZOOL*) tanche *f*.

Schleier ['ʃlaɪər] (–s, –) *m* voile *m*; ~**eule** *f* effraie *f*; **s~haft** (*umg*) *adj*: **jdm s~haft sein** échapper à qn.

Schleife ['ʃlaɪfə] *f* boucle *f*; (*auf Schuh auch*; *im Haar*) nœud *m*; (*Kranzschleife*) ruban *m*.

schleifen[1] *vi* traîner ♦ *vt* (*ziehen*) traîner; (*niederreißen*) raser; **die Kupplung ~ lassen** faire patiner l'embrayage.

schleifen[2] *vt unreg* (*Messer*) aiguiser; (*Edelstein*) tailler; (*MIL*: *Soldaten*) entraîner.

Schleif-: ~**lack** *m* vernis *m* à polir; ~**maschine** *f* meule *f*; ~**papier** *nt* papier *m* émeri; ~**stein** *m* pierre *f* à aiguiser.

Schleim [ʃlaɪm] (–(e)s, -e) *m* (*MED*) mucosité *f*; (*von Schnecke*) bave *f*; (*KOCH*) gruau *m*; ~**haut** *f* muqueuse *f*.

schleimig *adj* visqueux(-euse); (*pej*) mielleux(-euse).

schlemmen ['ʃlɛmən] *vi* festoyer.

Schlemmer(in) *m(f)* gourmet *m*.

Schlemmerei [ʃlɛmə'raɪ] *f* festins *mpl* (continus).

Schlemmerlokal *nt* bon restaurant *m*.

schlendern ['ʃlɛndərn] *vi* flâner.

Schlendrian ['ʃlɛndria:n] (–(e)s; *umg*: *pej*) *m* laisser-aller *m*.

Schlenker ['ʃlɛŋkər] (–s, –) *m* écart *m*; (*umg*: *kleiner Umweg*) petit détour *m*.

schlenkern *vt* (*Arme*) balancer ♦ *vi*: **mit den Armen/Beinen ~** balancer les bras/jambes.

Schlepp *m*: **jdn/etw in ~ nehmen** remorquer qn/qch.

Schleppe ['ʃlɛpə] *f* (*von Kleid*) traîne *f*.

schleppen *vt* traîner; (*Auto, Schiff*) remorquer ♦ *vr* se traîner.

schleppend *adj* (*Gang*) traînant(e); (*Bedienung, Abfertigung*) très lent(e).

Schlepper (–s, –) *m* (*Traktor*) tracteur *m*; (*Schiff*) remorqueur *m*.

Schlepp-: ~**kahn** *m* péniche *f* (remorquée); ~**lift** *m* remonte-pente *m*; ~**netz** *nt* chalut *m*; ~**tau** *nt* câble *m* de remorquage; **jdn ins ~tau nehmen** (*umg*) prendre qn sous son aile.

Schlesien ['ʃle:ziən] (–s) *nt* la Silésie.

Schlesier(in) (–s, –) *m(f)* Silésien(ne) *m/f*.

schlesisch *adj* silésien(ne).

Schleswig-Holstein ['ʃle:svɪç'hɔlʃtaɪn] *nt* le Schleswig-Holstein.

Schleuder ['ʃlɔydər] (–, –n) f (Stein~) fronde f; (Wäsche~) essoreuse f; (Zentrifuge) centrifugeuse f; ~**gefahr** f: „Achtung ~**gefahr**" "(attention,) chaussée glissante"; ~**honig** m miel m (passé à l'extracteur); **s~n** vt (werfen) lancer; (Wäsche~) essorer ♦ vi (AUT) déraper; **ins** ~n **kommen** faire un dérapage; (fig: umg) avoir des difficultés.

Schleuder-: ~**preis** (umg) m prix m sacrifié; ~**sitz** m siège m éjectable; ~**ware** f marchandise f bradée.

schleunig ['ʃlɔynɪç] adj (Aktion, Handeln) rapide; (Schritte) précipité(e).

schleunigst adv au plus vite.

Schleuse ['ʃlɔyzə] f écluse f.

schleusen vt (Schiffe) écluser; (Menschen) faire passer; (heimlich) infiltrer; **S~wärter** m éclusier m.

Schlich (–(e)s, –e) m (gew pl) truc m; **jdm auf die** ~**e kommen** comprendre le petit jeu de qn.

schlich etc [ʃlɪç] vb siehe **schleichen**.

schlicht [ʃlɪçt] adj simple ♦ adv (ganz einfach) tout simplement.

schlichten vt (Streit: vermitteln) jouer les médiateurs dans; (: beilegen) régler.

Schlichter(in) (–s, –) m(f) médiateur(-trice) m/f.

Schlichtheit f simplicité f.

Schlichtung f conciliation f.

Schlick [ʃlɪk] (–(e)s, –e) m vase f; (Öl~) nappe f.

schlief etc [ʃliːf] vb siehe **schlafen**.

Schließe ['ʃliːsə] f fermeture f.

schließen ['ʃliːsən] unreg vt fermer; (Sitzung) clore; (Lücke) boucher; (Frieden, Ehe) conclure; (Vertrag) passer ♦ vr se fermer; (enden) se terminer; (Wunde) se cicatriser ♦ vi se fermer; (folgern) conclure; **etw in sich** ~ comporter qch; **Max und Anna schlossen Freundschaft** Max et Anna se sont liés d'amitié; **jdn/etw in sein Herz** ~ se prendre d'affection pour qn/qch; **aus etw** ~, **daß** conclure de qch que; **auf etw** Akk ~ **lassen** suggérer qch; „**geschlossen**" "fermé".

Schließfach nt consigne f automatique.

schließlich adv finalement; (immerhin) après tout; ~ **und endlich** finalement.

Schliff (–(e)s, –e) m taille f; (fig) savoir-vivre m; **einer Sache den letzten** ~ **geben** (fig) mettre la dernière main à qch.

schliff etc [ʃlɪf] vb siehe **schleifen**.

schlimm [ʃlɪm] adj mauvais(e); (Fehler) grave; (Zeiten) difficile; (umg: entzündet) enflammé(e); **das ist halb so** ~! ce n'est si grave que ça!; ~**er** adj pire; **um so** ~**er** d'autant plus grave; ~**ste(r, s)** adj pire.

schlimmstenfalls adv au pire (des cas).

Schlinge ['ʃlɪŋə] f boucle f; (Falle) collet m; (als Verband) écharpe f; **den Arm in der** ~ **tragen** avoir le bras en écharpe.

Schlingel (–s, –) m vaurien m.

schlingen unreg vt (binden) mettre, attacher ♦ vi (pej: essen) s'empiffrer ♦ vr s'enrouler.

schlingern unreg vi tanguer.

Schlingpflanze f plante f grimpante.

Schlips [ʃlɪps] (–es, –e) m cravate f; **sich auf den** ~ **getreten fühlen** (umg) être vexé(e).

Schlitten ['ʃlɪtən] (–s, –) m (Rodel~) luge f; (Pferde~) traîneau m; (TECH) chariot m; **mit jdm** ~ **fahren** (umg) enguirlander qn; ~**fahren** (–s) nt luge f.

schlittern ['ʃlɪtərn] vi patiner.

Schlittschuh ['ʃlɪtʃuː] m patin m à glace; ~ **laufen** patiner, faire du patin à glace; ~**bahn** f patinoire f; ~**läufer(in)** m(f) patineur(-euse) m/f.

Schlitz [ʃlɪts] (–es, –e) m fente f; (Hosen~) braguette f; **s~äugig** adj aux yeux bridés; **s~en** vt (aufschlitzen) ouvrir; ~**ohr** (umg) nt filou m.

schlohweiß ['ʃloː'vaɪs] adj (Haar) blanc(blanche) comme neige.

Schloß (–sses, ⁻sser) nt (Bau) château m; (Vorrichtung) serrure f; (an Schmuck) fermoir m; **hinter** ~ **und Riegel** sous les verrous.

schloß etc [ʃlɔs] vb siehe **schließen**.

Schlosser ['ʃlɔsər] (–s, –) m (für Schlüssel) serrurier m; (Auto~) mécanicien m.

Schlosserei [ʃlɔsə'raɪ] f (in Fabrik) atelier m de métallurgie.

Schloßhund (–(e)s, –e) m: **heulen wie ein** ~ (umg) pleurer comme une Madeleine.

Schlot [ʃloːt] (–(e)s, –e) m cheminée f.

schlottern ['ʃlɔtərn] vi (vor Kälte) grelotter; (vor Angst) trembler; (Kleidung) flotter.

Schlucht [ʃluxt] (–, –en) f gorge f.

schluchzen ['ʃluxtsən] vi sangloter.

Schluck [ʃluk] (–(e)s, –e) m gorgée f; (ein bißchen) goutte f.

Schluckauf (–s) m, **Schlucken** (–s) m hoquet m.

Schlucken (–s) m = **Schluckauf**; **s~** vt avaler; (umg: Alkohol, Benzin) engloutir ♦ vi avaler.

Schlucker (–s, –; umg) m: **armer** ~ pauvre diable m.

Schluckimpfung f vaccination f par voie orale.

schluderig (umg: pej) adj bâclé(e).

schludern ['ʃluːdərn] vi bâcler.

schlug etc [ʃluːk] vb siehe **schlagen**.

Schlummer ['ʃlumər] (–s) m (petit) somme m.

schlummern vi faire un petit somme; (fig) être caché(e).

Schlund [ʃlunt] (–(e)s, ⁻e) m (ANAT) gosier m; (fig) gouffre m.

schlüpfen ['ʃlypfən] vi se glisser; (Küken, Vogel etc) éclore.

Schlüpfer ['ʃlypfər] (–s, –) m slip m.

Schlupfloch ['ʃlupflɔx] nt (Versteck) cachette f; (fig) refuge m.

schlüpfrig ['ʃlypfrɪç] adj glissant(e); (pej) obscène; **S~keit** f surface f glissante; (pej) obscénité f.

Schlupfwinkel (–s, –) m cachette f; (fig) refuge m.

schlurfen ['ʃlurfən] vi traîner les pieds, se traîner.

schlürfen ['ʃlyrfən] vt (Suppe) manger

bruyamment ♦ *vi* boire bruyamment.

Schluß [ʃlʊs] (**–sses**, **–sse**) *m* fin *f*; (*von Theaterstück etc auch*) épilogue *m*; (*~folgerung*) conclusion *f*; **am ~ à la fin**; ~ **für heute!** ça suffit pour aujourd'hui!; ~ **jetzt!** ça suffit, maintenant!; ~ **damit!** ça suffit!; ~ **machen** (*aufhören*) arrêter; (*zumachen*) fermer; (*Freundschaft beenden*) rompre; **~bilanz** *f* bilan *m* de clôture.

Schlüssel [ˈʃlʏsəl] (**–s**, **–**) *m* clé *f*, clef *f*; (*Lösungsheft*) corrigé *m*; **~bein** *nt* clavicule *f*; **~blume** *f* primevère *f*; **~bund** *m* trousseau *m* de clés; **~dienst** *m* serrurerie *f* express; **~erlebnis** *nt* expérience *f* décisive; **~kind** *nt* enfant qui rentre à la maison avant ses parents; **~loch** *nt* trou *m* de la serrure; **~position** *f* position *f* clé; **~wort** *nt* (*Kennwort*) code *m*; (*COMPUT*) mot-clé *m*.

Schlußfolgerung *f* conclusion *f*.

Schlußformel *f* (*in Brief*) formule *f* de politesse; (*bei Vertrag*) clause *f* finale.

schlüssig [ˈʃlʏsɪç] *adj* (*folgerichtig*) concluant(e); **sich** *Dat* (**über etw** *Akk*) ~ **sein** être sûr(e) (de qch); **S~keit** *f* validité *f*.

Schluß-: **~licht** *nt* feu *m* arrière; (*fig*) lanterne *f* rouge; **~punkt** *m* point *m* final; **~strich** *m*: **einen ~strich unter etw** *Akk* **ziehen** tirer un trait sur qch; **~verkauf** *m* soldes *mpl*; **~wort** *nt* conclusion *f*.

Schmach [ʃmaːx] (**–**) *f* honte *f*, ignominie *f*.

schmachten [ˈʃmaxtən] *vi* languir; **nach jdm/etw** ~ languir loin de qn/après qch.

schmächtig [ˈʃmɛçtɪç] *adj* frêle.

schmachvoll *adj* honteux(-euse).

schmackhaft [ˈʃmakhaft] *adj* (*Essen*) délicieux(-euse); **jdm etw** ~ **machen** (*fig*) faire un tableau flatteur de qch à qn.

schmähen [ˈʃmɛːən] *vt* (*geh*) calomnier.

schmählich *adj* honteux(-euse), ignominieux(-euse).

Schmähung *f* calomnie *f*.

schmal [ʃmaːl] *adj* étroit(e); (*Person, Buch etc*) mince; (*karg*) maigre; **~brüstig** *adj* gringalet(te).

schmälern [ˈʃmɛːlərn] *vt* (*Ertrag, Lohn*) diminuer; (*Ruf, Verdienst*) rabaisser.

Schmalfilm *m* film *m* de format réduit (*8 mm*).

Schmalspur *f* (*EISENB*) voie *f* étroite ♦ **in** *zW* (*pej*) au rabais.

Schmalz [ʃmalts] (**–es**, **–e**) *nt* (*KOCH*) graisse *f* (fondue); (*Schweine~*) saindoux *m* ♦ *m* (*kein pl*) sentimentalisme *m* excessif.

schmalzig *adj* (*Lied etc*) à l'eau de rose.

Schmankerl [ˈʃmaŋkərl] (**–s**, **–n**; *OSTERR*) *nt* (*Leckerbissen*) friandise *f*.

schmarotzen [ʃmaˈrɔtsən] *vi* (*BOT*) être parasite; (*fig*) vivre en parasite.

Schmarotzer (**–s**, **–**) *m* parasite *m*.

Schmarren [ˈʃmarən] (**–s**, **–**; *OSTERR*) *m* (*KOCH*) crêpe sucrée coupée en morceaux; (*fig: umg*) idioties *fpl*; **das geht dich einen** ~ **an!** (*umg*) ça ne te regarde pas!

schmatzen [ˈʃmatsən] *vi* manger bruyamment.

Schmaus [ʃmaʊs] (**–es**, **Schmäuse**) *m* festin *m*; **s~en** *vi* se régaler.

schmecken [ˈʃmɛkən] *vt* (*kosten*) goûter ♦ *vi* (*Essen*) être bon(ne); (*umg: Arbeit*) plaire; **es hat (mir) gut geschmeckt** c'était bon; **schmeckt es (Ihnen)?** vous aimez?; **das schmeckt nach mehr!** (*umg*) ça a un goût de revenez-y!; **es sich** ~ **lassen** manger avec appétit.

Schmeichelei [ʃmaɪçəˈlaɪ] *f* mot *m* flatteur.

schmeichelhaft [ˈʃmaɪçəlhaft] *adj* flatteur(-euse).

schmeicheln *vi* +*Dat* flatter.

Schmeichler(in) (**–s**, **–**) *m(f)* flatteur(-euse) *m/f*.

schmeichlerisch *adj* flatteur(-euse).

schmeißen [ˈʃmaɪsən] *unreg* (*umg*) *vt* jeter, balancer; (*aufhören*) arrêter; (*managen*) se débrouiller avec ♦ *vi*: **mit etw** ~ jeter qch; **eine Runde** *od* **Lage** ~ payer une tournée.

Schmeißfliege *f* mouche *f* bleue.

Schmelz [ʃmɛlts] (**–es**, **–e**) *m* (*Email*) émail *m*; (*Glasur*) vernis *m*; **s~bar** *adj* fusible.

schmelzen *unreg* *vt* faire fondre ♦ *vi* fondre.

Schmelz-: **~hütte** *f* fonderie *f*; **~käse** *m* fromage *m* fondu; **~ofen** *m* haut fourneau *m*; **~punkt** *m* point *m* de fusion; **~tiegel** *m* creuset *m*; **~wasser** *nt* neige *f* fondue.

Schmerbauch [ˈʃmeːrbaʊx] (*umg*) *m* bedaine *f*.

Schmerz [ʃmɛrts] (**–es**, **–en**) *m* douleur *f*; (*Trauer*) chagrin *m*; **~en haben** avoir mal; **s~empfindlich** *adj* sensible.

schmerzen *vt* faire mal à; (*fig*) blesser ♦ *vi* faire mal.

Schmerzensgeld *nt* dommages *mpl* et intérêts *mpl*.

schmerz-: **~frei** *adj* (*Patient*) qui n'a pas mal; (*Operation*) indolore; **~haft** *adj* douloureux(-euse); **~lich** *adj* douloureux(-euse); **~lindernd** *adj* calmant(e), analgésique; **~los** *adj* indolore; **S~mittel** *nt* calmant *m*, analgésique *m*; **~stillend** *adj* calmant(e), analgésique; **S~tablette** *f* calmant *m*, analgésique *m*.

Schmetterling [ˈʃmetərlɪŋ] *m* papillon *m*.

Schmetterlingsstil *m* brasse *f* papillon.

schmettern [ˈʃmetərn] *vt* (*werfen*) lancer, projeter; (*singen*) chanter à tue-tête ♦ *vi* (*Trompete*) retentir; (**den Ball**) ~ (*SPORT*) faire un smash.

Schmied [ʃmiːt] (**–(e)s**, **–e**) *m* forgeron *m*.

Schmiede [ˈʃmiːdə] *f* forge *f*; **~eisen** *nt* fer *m* forgé.

schmieden *vt* (*Metall*) forger; (*Pläne*) faire.

schmiegen [ˈʃmiːgən] *vt* (*Kopf*) poser ♦ *vr* (*Mensch*) se blottir; **sich** ~ **an** +*Akk* (*Stoff*) épouser la forme de.

schmiegsam [ˈʃmiːkzaːm] *adj* (*Material*) flexible, souple.

Schmiere [ˈʃmiːrə] *f* (*ölige Masse*) graisse *f*, lubrifiant *m*; (*pej: schlechtes Theater*) théâtre *m* de cabotins; ~ **stehen** (*umg*) faire le guet.

schmieren *vt* (*streichen*) étaler; (*Aufstrich, But-*

ter) tartiner; (_ölen, fetten_) graisser, lubrifier; (_umg: pej: bestechen_) graisser la patte à; (_schreiben_) griffonner ♦ _vi_ (_Fett etc_) être lubrifiant(e); (_Kuli, Schreibenwischer_) couler; (_schreiben_) griffonner; **es läuft wie geschmiert** ça marche comme sur des roulettes; **jdm eine ~** (_umg_) flanquer une gifle à qn; **S~komödiant** (_pej_) _m_ cabotin(e) _m/f_.

Schmier-: **~fett** _nt_ lubrifiant _m_; **~fink** (_pej_) _m_ (_schmutziges Kind_) petit cochon _m_; **~geld** (_pej_) _nt_ pot-de-vin _m_; **~heft** (_umg_) _nt_ cahier _m_ de brouillon.

schmierig _adj_ (_Hände_) gras(se); (_fig: eklig_) obséquieux(-euse).

Schmier-: **~käse** _m_ fromage _m_ à tartiner; **~mittel** _nt_ lubrifiant _m_; **~öl** _nt_ huile _f_ de graissage; **~seife** _f_ savon _m_ noir.

schmilzt [ʃmɪltst] _vb siehe_ **schmelzen**.

Schminke [ˈʃmɪŋkə] _f_ maquillage _m_.

schminken _vt_ maquiller ♦ _vr_ se maquiller.

schmirgeln [ˈʃmɪrgəln] _vt_ poncer.

Schmirgelpapier (**–s**) _nt_ papier _m_ émeri.

Schmiß (**–sses, –sse**) _m_ (_Narbe_) balafre _f_; (_umg: Schwung_) pep _m_.

schmiß _etc_ [ʃmɪs] _vb siehe_ **schmeißen**.

schmissig [ˈʃmɪsɪç] _adj_ (_umg_) qui a du pep.

Schmöker [ˈʃmøːkər] (**–s, –**; _umg_) _m_ (gros) bouquin _m_.

schmökern _vi_ bouquiner.

schmollen [ˈʃmɔlən] _vi_ bouder.

schmollend _adj_ boudeur(-euse).

schmolz _etc_ [ʃmɔlts] _vb siehe_ **schmelzen**.

Schmorbraten _m_ rôti _m_ braisé.

schmoren [ˈʃmoːrən] _vt_ braiser ♦ _vi_ cuire à feu doux.

Schmu [ʃmuː] (**–s**; _umg_) _m_ triche _f_; **~ machen** tricher.

Schmuck [ʃmʊk] (**–(e)s, –e**) _m_ (_Ringe etc_) bijoux _mpl_; (_Verzierung_) décoration _f_; **~blatt-(t)elegramm** _nt_ télégramme _m_ illustré.

schmücken [ˈʃmʏkən] _vt_ décorer.

schmuck-: **~los** _adj_ (_Kleid_) sobre; (_Raum_) dépouillé(e); **s~losigkeit** _f_ sobriété _f_; **s~sachen** _pl_ bijoux _mpl_; **s~stück** _nt_ (_Ring etc_) bijou _m_; (_fig_) joyau _m_.

schmudd(e)lig [ˈʃmʊd(ə)lɪç] (_umg: pej_) _adj_ (_schlampig_) malpropre; (_schmutzig_) crasseux(-euse).

Schmuggel [ˈʃmʊgəl] (**–s**) _m_ contrebande _f_.

schmuggeln _vt_ passer en contrebande ♦ _vi_ faire de la contrebande.

Schmuggelware _f_ marchandise _f_ de contrebande.

Schmuggler(in) (**–s, –**) _m(f)_ contrebandier(-ière) _m/f_.

schmunzeln [ˈʃmʊntsəln] _vi_ sourire.

schmusen [ˈʃmuːzən] (_umg_) _vi_ (_zärtlich sein_) se faire des câlins; **mit jdm ~** faire un câlin à qn.

Schmutz [ʃmʊts] (**–es**) _m_ saleté _f_; **s~abweisend** _adj_ antisalissant(e); **s~en** _vi_ (_Stoff_) être salissant(e); **~fink** (_umg_) _m_

souillon _f_; **~fleck** _m_ tache _f_.

schmutzig _adj_ sale; (_Witz_) cochon(ne); (_Geschäfte_) louche; **seine ~e Wäsche an der Öffentlichkeit waschen** laver son linge sale en public.

Schnabel [ˈʃnaːbəl] (**–s, ̈-**) _m_ bec _m_; **reden, wie einem der ~ gewachsen ist** (_unüberlegt_) parler sans réfléchir; (_unaffektiert_) parler naturellement.

Schnack [ʃnak] (**–(e)s, –s**; _NORDD: umg_) _m_ (_Schwatz_) causette _f_; (_pej: Geschwätz_) bavardage _m_.

schnacken [ˈʃnakən] (_NORDD: umg_) _vi_ bavarder.

Schnake [ˈʃnaːkə] _f_ (_Insekt_) tipule _f_; (_Stechmücke_) moustique _m_.

Schnalle [ˈʃnalə] _f_ boucle _f_.

schnallen _vt_ (_festmachen_) attacher; **den Gürtel enger ~** (_fig_) se serrer la ceinture.

schnalzen [ˈʃnaltsən] _vi_: **mit etw ~** faire claquer qch.

Schnäppchen [ˈʃnɛpçən] (_umg_) _nt_ bonne affaire _f_.

schnappen [ˈʃnapən] _vt_ saisir; (_erwischen_) attraper ♦ _vi_: **nach etw ~** essayer d'attraper qch; **wollen wir noch frische Luft ~?** on va prendre l'air?; **nach Luft ~** avoir de la peine à respirer.

Schnappschloß _nt_ cadenas _m_.

Schnappschuß _m_ instantané _m_.

Schnaps [ʃnaps] (**–es, ̈-e**) _m_ (_klarer_) eau-de-vie _f_; (_umg: Branntwein_) alcool _m_ fort; **~idee** (_umg_) _f_ idée _f_ saugrenue.

schnarchen [ˈʃnarçən] _vi_ ronfler.

schnattern [ˈʃnatərn] _vi_ (_Gänse; umg: schwatzen_) jacasser; (_vor Kälte_) frissonner.

schnauben [ˈʃnaubən] _vi_ (_Pferd_) s'ébrouer ♦ _vr_: **sich** _Dat_ (**die Nase**) **~** se moucher.

schnaufen [ˈʃnaufən] _vi_ haleter.

Schnaufer (**–s, –**; _umg_) _m_ souffle _m_.

Schnauzbart [ˈʃnautsbaːrt] _m_ moustache _f_.

Schnauze _f_ (_von Tier_) museau _m_; (_Ausguß_) bec _m_; (_umg: Mund_) gueule _f_; **auf die ~ fallen** (_umg_) se casser la figure; **die ~ voll haben** (_umg_) en avoir plein le dos; **etw frei nach ~ machen** (_umg_) faire qch au petit bonheur la chance.

Schnecke [ˈʃnɛkə] _f_ escargot _m_; (_Nackt~_) limace _f_; (_Gebäck_) pain _m_ aux raisins; **jdn zur ~ machen** (_umg_) passer un savon à qn.

Schneckenhaus _nt_ coquille _f_.

Schneckentempo (_umg_) _nt_: **im ~** au ralenti.

Schnee [ʃneː] (**–s**) _m_ neige _f_; **das ist ~ von gestern** (_umg_) c'est de l'histoire ancienne; **~ball** _m_ boule _f_ de neige; **~besen** _m_ (_KOCH_) fouet _m_; **~brett** _nt_ corniche _f_ de neige; **~fall** _m_ chute _f_ de neige; **~flocke** _f_ flocon _m_ de neige; **~gestöber** _nt_ tempête _f_ de neige; **~glöckchen** _nt_ perce-neige _m ou f inv_; **~grenze** _f_ limite _f_ des chutes de neige; **~kette** _f_ chaîne _f_; **~könig** _m_: **sich freuen wie ein ~könig** (_umg_) être aux anges; **~mann** _m_ bonhomme _m_ de neige; **~pflug** _m_ chasse-neige _m inv_; **~regen** _m_ neige _f_ fondue; **~schmelze** _f_ fonte _f_ des neiges; **s~sicher** adj où l'on est sûr de trouver de la neige; **~treiben** nt tempête f de neige; **~verwehung** f congère f; **~wittchen** nt Blanche-Neige f.

Schneid [ʃnaɪt] (**-(e)s**; umg) m cran m.

Schneidbrenner (**-s, -**) m chalumeau m.

Schneide ['ʃnaɪdə] f tranchant m; (Klinge) lame f.

schneiden unreg vt couper; (Film) monter; (Tonband) couper et recoller; (AUT: beim Überholen) faire une queue de poisson à ♦ vi (Wind) cingler; (Kälte) mordre ♦ vr se couper; (umg: sich täuschen): **da hat er sich aber geschnitten!** là, il s'est vraiment mis le doigt dans l'œil!; **Gesichter scheiden** faire des grimaces; **die Luft ist zum S~** (umg) on étouffe ici; **jdn ~** (nicht beachten) faire comme si qn n'existait pas.

schneidend adj (Kante) tranchant(e); (Wind) cinglant(e); (Spott) mordant(e).

Schneider(in) (**-s, -**) m(f) tailleur m, couturière f; **frieren wie ein ~** (umg) crever de froid; **aus dem ~ sein** (umg) être sorti(e) d'une mauvaise passe.

Schneiderei [ʃnaɪdə'raɪ] f (Geschäft) atelier m de couture.

schneidern vt, vi coudre.

Schneidersitz m: **im ~ sitzen** être assis(e) en tailleur.

Schneidezahn m incisive f.

schneidig adj (forsch) fringant(e); (mutig) qui a du cran.

schneien ['ʃnaɪən] vi unpers: **es schneit** il neige; **jdm ins Haus ~** (umg: Besuch) arriver chez qn à l'improviste; (: Rechnung, Brief) arriver dans la boîte de qn.

Schneise ['ʃnaɪzə] f (Wald~) laie f.

schnell [ʃnɛl] adj rapide; **das ging ~** ça n'a pas traîné; **machen Sie ~!** faites vite!; **S~bahn** f train m de banlieue; **S~boot** nt vedette f.

Schnelle f: **etw auf die ~ machen** faire qch à la va-vite.

schnellen vi bondir; (Preise) faire un bond; **in die Höhe ~** sauter en l'air, bondir.

Schnellgericht nt (JUR) tribunal m des affaires sommaires; (KOCH) plat m cuisiné.

Schnellhefter m chemise f (classeur).

Schnelligkeit f rapidité f.

Schnell-: **~imbiß** m (Lokal) snack(-bar) m; (Essen) casse-croûte m inv; **~kochtopf** m (Dampfkochtopf) autocuiseur m, cocotte-minute ® f; **~kurs** m cours m accéléré; **~reinigung** f pressing m express.

schnellstens adv au plus vite.

Schnellstraße f voie f rapide.

Schnellzug m (train m) rapide m.

Schnepfe ['ʃnɛpfə] f (ZOOL) bécasse f.

schnetzeln ['ʃnɛtsəln] vt émincer.

schneuzen ['ʃnɔʏtsən] vr se moucher.

Schnickschnack ['ʃnɪkʃnak] (**-(e)s**) m (umg: pej: Gerede) inepties fpl; (: Überflüssiges) camelote f.

Schnippchen ['ʃnɪpçən] nt: **jdm ein ~ schlagen**

jouer un tour à qn.

schnippeln ['ʃnɪpəln] (umg) vt découper ♦ vi: **an etw** Dat **~** arracher des bouts de qch, tripoter qch.

schnippen ['ʃnɪpən] vi: **mit den Fingern ~** faire claquer ses doigts.

schnippisch ['ʃnɪpɪʃ] adj insolent(e).

Schnipsel ['ʃnɪpsəl] (**-s, -**; umg) m od nt petit morceau m; (Papier~) bout m de papier.

schnitt etc [ʃnɪt] vb siehe **schneiden**.

Schnitt (**-(e)s, -e**) m coupe f; (Öffnung) entaille f, coupure f; (Wunde) coupure; (~punkt) intersection f; (Durch~) moyenne f; (~muster) patron m; (Ernte) récolte f; (an Buch) tranche f; (von Gesicht) forme f; (umg: Gewinn) bénéfice m; (FILM) montage m; **im ~** en moyenne; **~blumen** pl fleurs fpl coupées; **~bohnen** pl haricots mpl verts.

Schnitte f (Scheibe) tranche f; (belegtes Brot) tartine f.

schnittfest adj (Tomaten) ferme.

Schnittfläche f coupe f.

schnittig ['ʃnɪtɪç] adj (Mann, Erscheinung) élégant(e); (Auto) racé(e).

Schnitt-: **~lauch** m ciboulette f; **~muster** nt patron m; **~punkt** m intersection f; **~stelle** f (COMPUT) interface f; **~wunde** f coupure f.

Schnitzarbeit f sculpture f (sur bois).

Schnitzel (**-s, -**) nt (Papier~) petit morceau m; (KOCH) escalope f; **~jagd** f rallye-papier m (jeu où l'on suit qn à l'aide d'une trace de confettis).

schnitzen ['ʃnɪtsən] vt sculpter.

Schnitzer (**-s, -**) m sculpteur m; (umg: Fehler) gaffe f.

Schnitzerei [ʃnɪtsə'raɪ] f sculpture f (sur bois).

schnodderig ['ʃnɔdərɪç] (umg) adj sans-gêne inv.

schnöde ['ʃnø:də] adj (Behandlung) ignoble; (Gewinn) méprisable ♦ adv d'une manière ignoble.

Schnorchel ['ʃnɔrçəl] (**-s, -**) m (von Taucher) tuba m.

schnorcheln vi faire de la plongée (avec un tuba).

Schnörkel ['ʃnœrkəl] (**-s, -**) m fioriture f.

schnorren ['ʃnɔrən] (umg) vt taper ♦ vi vivre aux crochets des autres.

Schnorrer (**-s, -**; umg) m parasite m.

Schnösel ['ʃnø:zəl] (**-s, -**; umg) m petit veux m.

schnüffeln ['ʃnʏfəln] vi (Hund) flairer, renifler; (umg: spionieren) fouiner ♦ vt (umg: Klebstoff etc) respirer, sniffer; **an etw** Dat **~** renifler qch.

Schnüffler (**-s, -**) m (Spion) espion m; (umg: von Klebstoff etc) sniffeur m.

Schnuller ['ʃnʊlər] (**-s, -**) m tétine f.

Schnulze ['ʃnʊltsə] (umg: pej) f mélo m.

schnulzig (umg: pej) adj mélodramatique.

Schnupfen ['ʃnʊpfən] (**-s, -**) m rhume m.

schnupfen vt, vi (Tabak) priser.

Schnupftabak m tabac m à priser.

schnuppe – Schornstein

schnuppe [ˈʃnʊpə] (*umg*) *adj*: **jdm ~ sein** être égal à qn.

schnuppern [ˈʃnʊpərn] *vi*: **an etw** *Dat* **~** renifler qch.

Schnur [ʃnuːr] (**–**, **∸e**) *f* ficelle *f*; (*Kordel*) cordon *m*; (*ELEK*) fil *m*.

Schnürchen [ˈʃnyːrçən] *nt*: **es läuft** *od* **klappt wie am ~** (*umg*) ça marche comme sur des roulettes.

schnüren [ˈʃnyːrən] *vt* (*Paket*) ficeler; (*Schuhe*) lacer.

schnurgerade *adj* tout(e) droit(e).

Schnurrbart [ˈʃnʊrbaːrt] *m* moustache *f*.

schnurren [ˈʃnʊrən] *vi* ronronner.

Schnürschuh *m* chaussure *f* à lacets.

Schnürsenkel *m* lacet *m*.

schnurstracks (*umg*) *adv* tout droit.

Schnute [ˈʃnuːtə] (*umg*) *f* moue *f*.

schob *etc* [ʃoːp] *vb siehe* **schieben**.

Schock¹ [ʃɔk] (**–(e)s**, **–e**) *nt* (*60 Stück*) soixantaine *f*; (*umg*: *Menge*) tapée *f*.

Schock² [ʃɔk] (**–(e)s**, **–s**) *m* choc *m*; **unter ~ stehen** être sous le choc.

schocken *vt*, **schockieren** (*umg*) *vt* choquer.

schofel [ˈʃoːfəl] (*umg*: *pej*) *adj* moche.

Schöffe [ˈʃœfə] (**–n**, **–n**) *m* juré *m*.

Schöffengericht *nt* tribunal avec un jury.

Schöffin *f* jurée *f*.

Schokolade [ʃokoˈlaːdə] *f* chocolat *m*.

schokoladen *adj* en *od* de chocolat.

Schokoladenosterhase *m* lapin *m* de Pâques en chocolat.

Schokoladenriegel *m* barre *f* de chocolat.

Schokoladentorte *f* gâteau *m* au chocolat.

scholl *etc* [ʃɔl] *vb siehe* **schallen**.

Scholle [ˈʃɔlə] *f* (*Erd~*) motte *f* de terre; (*Eis~*) glace *f* flottante; (*Fisch*) plie *f*.

=============== *SCHLÜSSELWORT*

schon [ʃoːn] *adv* **1** (*bereits*) déjà; **schon vor 100 Jahren** déjà il y a cent ans; **warst du schon einmal in Paris?** tu es déjà allé(e) à Paris?; **ich war schon einmal da** (*früher*) j'y suis déjà allé(e); **das war schon immer so** ça a toujours été comme ça; **wartest du schon lange?** il y a longtemps que tu attends?; **schon oft** (*déjà*) souvent; **wie schon so oft** comme déjà souvent; **schon immer** toujours; **was, schon wieder?** quoi, encore?; **ich habe das schon mal gehört** j'ai déjà entendu ça quelque part; **hast du schon gehört?** tu as entendu la nouvelle?; **er wollte schon die Hoffnung aufgeben, als ...** il avait presque renoncé quand ...

2 (*bestimmt*): **du wirst schon sehen** tu verras bien; **das wird schon noch gut** ça va (sûrement) s'arranger

3 (*bloß*): **allein schon der Gedanke an ...** rien que de penser à ...; **wenn ich das schon höre** rien que d'entendre des choses pareilles; **hör schon auf damit!** arrête!; **was macht das schon, wenn ...?** qu'est-ce que ça peut bien faire que ...?

4 (*einschränkend*): **ja schon, aber ...** d'accord, mais

5: **(das ist) schon möglich** c'est bien possible; **schon gut!** bon(, d'accord)!; **du weißt schon** tu sais bien; **komm schon!** allez, viens!; **komm schon! et alors?; **da müßten wir schon großes Pech haben!** ce serait vraiment jouer de malchance!

schön [ʃøːn] *adj* beau(belle); (*vor Vokal und stumm h*) bel(le); (*nett*) bon(ne); (*umg*: *iro*) joli(e) ♦ *adv* (*bei Verben*) bien; (*umg*: *ziemlich*) vraiment; **~e Grüße** bien le bonjour; **~e Ferien!** bonnes vacances!; **da hast du etwas S~es angerichtet** en voilà de belles; **eines ~en Tages** un beau jour; **~en Dank!** merci beaucoup!; **danke ~!** merci beaucoup!; **bitte ~!** je vous en prie!; **~ weich/warm** bien tendre/chaud(e); **sich ganz ~ ärgern** être furieux(-euse).

schonen [ˈʃoːnən] *vt* ménager ♦ *vr* se ménager.

schonend *adj* (*Behandlung*) doux(douce) ♦ *adv*: **jdm etw ~ beibringen** annoncer qch à qn avec ménagement.

Schoner [ˈʃoːnər] (**–s**, **–**) *m* (*NAUT*) schooner *m*, goélette *f*.

Schönfärberei *f* idéalisation *f*.

Schonfrist *f* délai *m* de grâce.

Schöngeist *m* bel esprit *m*.

Schönheit *f* beauté *f*.

Schönheits-: **~fehler** *m* imperfection *f*; **~operation** *f* opération *f* de chirurgie esthétique; **~wettbewerb** *m* concours *m* de beauté.

Schonkost (**–**) *f* régime *m*.

schönmachen *vr* se faire beau(belle).

Schönschrift *f*: **in ~** en s'appliquant.

schöntuerisch (*umg*) *adj* flatteur(-euse).

schöntun *unreg* (*umg*) *vi*: **jdm ~** passer la pommade à qn.

Schonung *f* (*Nachsicht*) égards *mpl*; (*von Gegenstand*) ménagement *m*; (*Forst*) pépinière *f*.

schonungslos *adj* impitoyable.

Schonzeit *f* période *f* de fermeture de la chasse.

Schopf [ʃɔpf] (**–(e)s**, **∸e**) *m* touffe *f* de cheveux; **eine Gelegenheit beim ~ ergreifen** *od* **fassen** saisir la balle au bond.

schöpfen [ˈʃœpfən] *vt* (*Flüssigkeit*) puiser; (*Suppe*) servir; (*Mut, Luft*) prendre; (*Hoffnung*) reprendre.

Schöpfer (**–s**, **–**) *m* créateur *m*; (*Gott*) Créateur *m*; (*umg*: *Schöpflöffel*) louche *f*; **s~isch** *adj* créateur(-trice).

Schöpfkelle *f*, **Schöpflöffel** *m* louche *f*.

Schöpfung *f* création *f*.

Schoppen [ˈʃɔpən] (**–s**, **–**) *m* (*Glas Wein*) grand verre *m* (de vin); **~wein** *m* vin *m* en carafe.

schor *etc* [ʃoːr] *vb siehe* **scheren**.

Schorf [ʃɔrf] (**–(e)s**, **–e**) *m* croûte *f*.

Schorle [ˈʃɔrlə] *f* vin ou jus de pomme coupé d'eau minérale.

Schornstein [ˈʃɔrnʃtaɪn] *m* cheminée *f*; **~fege**

(**–s, –**) *m* ramoneur *m*.
Schoß (**–es, ·e**) *m* genoux *mpl*; (*von Rock*) basque *f*; **auf jds ~** sur les genoux de qn; **im ~ der Familie** au sein de sa famille.
schoß *etc* [ʃɔs] *vb siehe* **schießen.**
Schoßhund *m* chien *m* d'appartement.
Schößling ['ʃœslɪŋ] *m* pousse *f*.
Schote ['ʃoːtə] *f* (*BOT*) cosse *f*.
Schotte ['ʃɔtə] (**–n, –n**) *m* Écossais *m*.
Schottenrock ['ʃɔtənrɔk] *m* kilt *m*.
Schotter ['ʃɔtər] *m* (*im Straßenbau*) cailloutis *m*; (*EISENB*) ballast *m*.
Schottin ['ʃɔtɪn] *f* Écossaise *f*.
schottisch ['ʃɔtɪʃ] *adj* écossais(e).
Schottland (**–s**) *nt* l'Écosse *f*.
schraffieren [ʃraˈfiːrən] *vt* hachurer.
schräg [ʃrɛːk] *adj* (*Wand: schief, geneigt*) penché(e), pas droit(e); (*Linie*) oblique ♦ *adv*: **~ gedruckt** en italique; **etw ~ stellen** mettre qch de biais; **~ gegenüber** de l'autre côté (un peu plus loin).
Schräge ['ʃrɛːgə] *f* inclinaison *f*.
Schräg-: **~kante** *f* bord *m* biseauté, chanfrein *m*; **~schrift** *f* italique *m*; **~streifen** *m* biais *m*; **~strich** *m* barre *f* oblique.
Schramme ['ʃramə] *f* éraflure *f*.
schrammen *vt* érafler.
Schrank [ʃraŋk] (**–(e)s, ·e**) *m* placard *m*; (*Kleider~*) armoire *f*; **~bett** *nt* lit *m* pliant; **~e** *f* barrière *f*; (*fig: Grenze*) limite *f*; (: *Hindernis*) obstacle *m*; **jdn in seine ~en (ver)weisen** remettre qn à sa place; **s~enlos** *adj* sans bornes; (*zügellos*) effréné(e); **~enwärter** *m* garde-barrière *m*.
schrank-: **~fertig** *adj* lavé(e) et repassé(e); **S~koffer** *m* malle *f* penderie; **S~wand** *f* armoire *f* murale.
Schraube ['ʃraubə] *f* vis *f*; (*Schiffs~*) hélice *f*; **bei jdm ist eine ~ locker** (*umg*) il manque une case à qn.
schrauben *vt* visser; **etw in die Höhe ~** (*Preise, Rekorde*) faire monter qch; **seine Ansprüche in die Höhe ~** devenir de plus en plus exigeant(e).
Schrauben-: **~mutter** *f* écrou *m*; **~schlüssel** (**–s, –**) *m* clé *f* à molette; **~zieher** (**–s, –**) *m* tournevis *m*.
Schraubstock ['ʃraupʃtɔk] *m* étau *m*.
Schrebergarten ['ʃreːbərgartən] *m* jardin *m* ouvrier, lopin *m* de terre (*à cultiver*).
Schreck [ʃrɛk] (**–(e)s, –e**) *m* frayeur *f*; **jdm einen ~ einjagen** faire une belle peur à qn.
schrecken (**–s, –**) *m* (*plötzliches Erschrecken*) frayeur *f*; (*Furcht*) terreur *f*; **s~** *vt* (*geh: ängstigen*) effrayer ♦ *vi*: **aus dem Schlaf s~** s'éveiller en sursaut.
schreckensbleich *adj* blême de peur.
Schreckensherrschaft *f* régime *m* de terreur.
schreck-: **~gespenst** *nt* spectre *m*; **s~haft** *adj* (*Mensch, Tier*) craintif(-ive); **s~lich** *adj* épouvantable ♦ *adv*: **s~lich schlecht** très mau-

vais(e); **s~lich gerne!** (*umg*) très volontiers!; **~schraube** (*pej: umg*) *f* sorcière *f*; **~schuß** *m* coup *m* en l'air; **~sekunde** *f* seconde *f* de panique.
Schrei [ʃraɪ] (**–(e)s, –e**) *m* cri *m*; **der letzte ~** (*umg*) le dernier cri.
Schreib-: **~abteil** *nt* (*in Zug*) compartiment réservé aux travaux de bureau; **~bedarf** *m* fournitures *fpl* de bureau; **~block** *m* bloc-notes *m*; **~dichte** *f* (*von Diskette*) densité *f*.
schreiben ['ʃraɪbən] *unreg vt, vi* écrire ♦ *vr* (*korrespondieren*) s'écrire; **wie schreibt sich das?** comment ça s'écrit?; **jdn krank ~** porter qn malade; **jdn gesund ~** certifier que qn est en bonne santé; **S~** (**–s, –**) *nt* lettre *f*.
Schreiber(in) (**–s, –**) *m(f)* auteur *m*; (*Büro~*) secrétaire *m/f*.
schreib-: **~faul** *adj* trop paresseux(-euse) pour écrire; **S~fehler** *m* faute *f* d'orthographe; **S~heft** *nt* cahier *m* (d'écriture); **S~kraft** *f* dactylo *f*; **S~maschine** *f* machine *f* à écrire; **S~papier** *nt* papier *m*; **S~schrank** *m* secrétaire *m*; **S~schrift** *f* écriture *f* manuscrite; **S~schutz** *m* (*COMPUT*) barrage *m* d'écriture; **S~stube** *f* (*MIL*) bureau *m*; **S~tisch** *m* bureau *m*; **S~tischtäter** *m* cerveau derrière un crime.
Schreibung *f* orthographe *f*.
Schreib-: **~unterlage** *f* sous-main *m inv*; **~waren** *pl* fournitures *fpl* de bureau; **~warengeschäft** *nt* papeterie *f*; **~weise** *f* orthographe *f* (*Stil*) style *m*; **~zentrale** *f* pool *m* des dactylos; **~zeug** *nt* matériel *m* (pour écrire).
schreien ['ʃraɪən] *unreg vi, vt* crier ♦ *vr*: **sich heiser ~** s'égosiller; **es war zum S~** (*umg*) c'était vraiment tordant; **nach etw ~** demander qch à grands cris.
schreiend *adj* (*Ungerechtigkeit*) criant(e); (*Farbe*) criard(e).
Schreier (**–s, –**) *m* personne *f* qui crie; (*Unruhestifter*) fauteur *m* de troubles.
Schreihals (*umg*) *m* braillard(e) *m/f*.
Schreikrampf *m* cris *mpl* hystériques.
Schrein [ʃraɪn] (**–(e)s, –e**) *m* coffret *m*.
Schreiner ['ʃraɪnər] (**–s, –**) *m* (*von Möbeln*) menuisier *m*; (*Zimmermann*) charpentier *m*.
Schreinerei [ʃraɪnəˈraɪ] *f* menuiserie *f*.
schreinern ['ʃraɪnərn] *vi* faire de la menuiserie.
schreiten ['ʃraɪtən] *unreg vi* marcher; **zum Angriff/zur Tat ~** passer à l'attaque/l'acte.
schrie *etc* [ʃriː] *vb siehe* **schreien.**
Schrieb (**–(e)s, –e**; *umg*) *m* bafouille *f*.
schrieb *etc* [ʃriːp] *vb siehe* **schreiben.**
Schrift [ʃrɪft] (**–, –en**) *f* écriture *f*; (*Buch, Gedrucktes*) écrit *m*; (*~art*) caractères *mpl*; **die (Heilige) ~** l'Écriture (sainte); **~art** *f* (*Hand~*) écriture *f*; (*TYP*) caractères *mpl*; **~bild** *nt* écriture; **~deutsch** *nt* bon allemand *m*; **~führer** *m* secrétaire *m*; **s~lich** *adj* écrit(e) ♦ *adv* par écrit; **das kann ich Ihnen s~lich geben** (*umg*) c'est sûr et certain; **~probe** *f* (*Hand~*) exem-

ple *m od* échantillon *m* d'écriture; ~**setzer** *m* typographe *m*; ~**sprache** *f* langue *f* écrite.

Schriftsteller(in) (–s, –) *m(f)* écrivain *m*; **s~isch** *adj* d'écrivain.

Schrift-: ~**stück** *nt* document *m*; ~**verkehr**, ~**wechsel** *m* correspondance *f*; ~**zeichen** *nt* caractère *m*.

schrill [ʃrɪl] *adj* (*Stimme*) perçant(e); (*Ton*) aigu(ë); ~**en** *vi* (*Stimme*) être perçant(e); (*Telefon*) retentir.

schritt *etc* [ʃrɪt] *vb siehe* **schreiten.**

Schritt (–(e)s, –e) *m* pas *m*; (*Gangart, fig:* *Maßnahme*) démarche *f*; (*von Hose*) entrejambes *m*; **mit zehn** ~**en Abstand** à dix pas; ~ **für** ~ pas à pas; **jdm auf** ~ **und Tritt folgen** suivre qn comme son ombre; „~ **fahren**" "roulez au pas"; **mit etw** ~ **halten** ne pas se laisser dépasser par qch; **den ersten** ~ **tun** faire le premier pas; ~**macher** *m* stimulateur *m* cardiaque; ~**(t)empo** *nt*: **im** ~**(t)empo fahren** rouler au pas; **s~weise** *adv* progressivement.

schroff [ʃrɔf] *adj* brusque; (*Felswand*) abrupt(e); (*Gegensatz*) prononcé(e).

schröpfen ['ʃrœpfən] (*umg*) *vt* (*fig*) plumer.

Schrot [ʃroːt] (–(e)s, –e) *m od nt* (*Blei*) plomb *m*; (*Getreide*) farine *f* brute; ~**flinte** *f* fusil *m* (de chasse); ~**mehl** *nt* farine *f* brute.

Schrott [ʃrɔt] (–(e)s, –e) *m* ferraille *f*; **ein Auto zu** ~ **fahren** démolir une voiture; ~**händler** *m* ferrailleur *m*; ~**haufen** *m* tas *m* de ferraille; **s~reif** *adj* bon(ne) pour la casse; ~**wert** *m* valeur *f* à la casse; **das Auto hat nur noch** ~**wert** cette voiture est bonne pour la casse.

schrubben ['ʃrʊbən] (*umg*) *vt* frotter.

Schrubber (–s, –; *umg*) *m* balai-brosse *m*.

Schrulle ['ʃrʊlə] (*pej*) *f* (*Eigenart*) lubie *f*; (*Frau*) vieille *f* maniaque.

schrullig *adj* excentrique.

schrumpfen ['ʃrʊmpfən] *vi* (*Apfel, Mensch*) se ratatiner; (*Organ*) s'atrophier; (*Kapital*) fondre.

Schub [ʃuːp] (–s, ⸚e) *m* poussée *f*; (*Anzahl*) fournée *f*; (*von Krankheit*) crise *f*; **einer Sache** *Dat* **einen** ~ **versetzen** pousser qch; ~**fach** *nt* tiroir *m*; ~**karren** *m* brouette *f*; ~**lade** *f* tiroir *m*.

Schubs [ʃuːps] (–es, –e; *umg*) *m* bourrade *f*; **s~en** (*umg*) *vt, vi* pousser.

schüchtern ['ʃʏçtərn] *adj* timide; **S~heit** *f* timidité *f*.

schuf *etc* [ʃuːf] *vb siehe* **schaffen¹.**

Schuft [ʃʊft] (–(e)s, –e; *pej: umg*) *m* canaille *f*.

schuften (*umg*) *vi* bosser.

schuftig (*pej*) *adj* mesquin(e).

Schuh [ʃuː] (–(e)s, –e) *m* chaussure *f*; (*Brems~*) sabot *m* (de frein); **jdm etw in die** ~**e schieben** (*umg*) mettre qch sur le dos de qn; **wo drückt der** ~**?** (*fig*) qu'est-ce qui ne va pas?; ~**band** *nt* lacet *m*; ~**creme** *f* cirage *m*; ~**größe** *f* pointure *f* (de chaussure); ~**löffel** *m* chaussepied *m*; ~**macher** (–s, –) *m* cordonnier *m*; ~**putzer** *m* cireur *m*; ~**spanner** *m* embau-

choir *m*; ~**werk** *nt* chaussures *fpl*.

Schukostecker *m* fiche *f* avec terre.

Schul-: ~**arbeit** *f*, ~**aufgaben** *pl* devoirs *mpl*; ~**bank** *f*: **die** ~**bank drücken** (*umg*) aller à l'école; ~**behörde** *f* ≈ inspection *f* pédagogique; ~**besuch** *m* fréquentation *f* de l'école, assiduité *f*; ~**buch** *nt* livre *m* scolaire.

Schuld (–, –en) *f* responsabilité *f*; (*Verschulden*) faute *f*; (*FINANZ*) dette *f*; **das war nicht meine** ~**!** ce n'est pas ma faute!; **jdm die** ~ **geben** *od* **zuschieben** rendre qn responsable; **in jds** ~ **stehen** (*geh*) être redevable à qn; ~**en machen** s'endetter; **s~** [ʃʊlt] *adj*: (**an etw** *Dat*) **s~ sein** *od* **haben** être responsable (de qch); **jdm s~ geben** rendre qn responsable.

schuldbewußt *adj* coupable.

schulden ['ʃʊldən] *vt* devoir; ~**frei** *adj* (*Mensch*) qui n'a pas de dettes; (*Besitz*) non hypothéqué(e).

Schuldgefühl *nt* culpabilité *f*.

schuldhaft *adj* coupable.

Schuldienst (–(e)s) *m* enseignement *m*.

schuldig *adj* coupable; **jdm etw** ~ **sein** *od* **bleiben** devoir qch à qn; **jdn** ~ **sprechen** déclarer qn coupable; ~ **geschieden sein** être divorcé(e) aux torts exclusifs; **jdm den** ~**en Respekt erweisen** traiter qn avec le respect qui lui est dû; **S~keit** *f* devoir *m*.

schuldlos *adj* innocent(e).

Schuldner(in) (–s, –) *m(f)* débiteur(-trice) *m/f*.

Schuld-: ~**schein** *m* reconnaissance *f* de dette; ~**spruch** *m* verdict *m* de culpabilité; ~**verschreibung** *f* obligation *f*; ~**wechsel** *m* (*FINANZ*) traite *f*; ~**zins** *m* intérêts *mpl* débiteurs.

Schule ['ʃuːlə] *f* école *f*; (*Unterricht*) classe *f*; **auf** *od* **in der** ~ à l'école; **in die** ~ **gehen** aller à l'école; **in die** ~ **kommen** commencer sa scolarité; ~ **machen** (*fig*) faire école.

schulen *vt* (*Personal*) former; (*Geist, Ohr*) exercer.

Schüler(in) ['ʃyːlər(ɪn)] (–s, –) *m(f)* élève *m/f*; ~**ausweis** *m* carte *f* de lycéen; ~**lotse** *m* élève chargé d'aider ses camarades à traverser la rue; ~**mitverwaltung** *f* (*Prinzip*) participation *f* (*dans les écoles*); (*Organisation*) ≈ comité *m* des délégués de classe; ~**zeitung** *f* journal *m* des élèves.

Schul-: ~**ferien** *pl* vacances *fpl* scolaires; ~**fernsehen** *nt* télévision *f* scolaire; **s~frei** *adj*: **s~freier Tag** jour *m* où il n'y a pas classe; **s~frei haben** avoir congé; ~**funk** *m* radio *f* scolaire; ~**geld** *nt* frais *mpl* de scolarité; ~**heft** *nt* cahier *m*; ~**hof** *m* préau *m*, cour *f* de l'école.

schulisch ['ʃuːlɪʃ] *adj* scolaire.

Schul-: ~**jahr** *nt* année *f* scolaire; ~**junge** *m* écolier *m*; ~**kind** *nt* écolier(-ière) *m/f*; ~**landheim** *nt* maison réservée aux classes vertes; ~**leiter(in)** *m(f)* directeur(-trice) *m/f* d'école; ~**mädchen** *nt* écolière *f*; ~**medizin** *f* médecine *f* conventionnelle; ~**ordnung** *f* règlement *m* scolaire; **~pflicht** *f* scolarité *f* obligatoire; **s~pflichtig** *adj* (*Alter*) scolaire; (*Kind*) d'âge scolaire; **~ranzen** *m* cartable *m* (*à bretelles*); **~reife** *f*: **die ~reife haben** *être assez mûr(e) pour commencer sa scolarité*; **~schiff** *nt* navire-école *m*; **~sprecher(in)** *m(f)* représentant(e) *m/f* des élèves; **~stunde** *f* heure *f* de classe; **~tasche** *f* cartable *m*.

Schulter |'ʃʊltər] (**–, –n**) *f* épaule *f*; **etw auf die leichte ~ nehmen** prendre qch à la légère; **~blatt** *nt* omoplate *f*.

schultern *vt* (*Gewehr*) épauler; (*Rucksack*) mettre sur ses épaules.

Schultüte *f* grand cornet rempli de sucreries que les enfants reçoivent le jour où ils vont à l'école pour la première fois.

Schulung *f* formation *f*.

Schulweg *m* chemin *m* de l'école.

Schulzeugnis *nt* bulletin *m* (scolaire).

schummeln ['ʃʊməln] (*umg*) *vi* tricher.

schumm(e)rig ['ʃʊm(ə)rɪç] *adj* (*Beleuchtung*) faible; (*Raum*) sombre.

schund *etc* [ʃʊnt] *vb siehe* **schinden**.

Schund (**–(e)s**; *umg*) *m* camelote *f*; (*Buch*) mauvais livre *m*, navet *m*; **~roman** *m* roman *m* de gare.

schunkeln ['ʃʊŋkəln] *vi* se balancer.

Schupo ['ʃuːpo] (**–s, –s**) *m abk* (*veraltet = Schutzpolizist*) agent *m* (de police).

Schuppe ['ʃʊpə] *f* (*von Fisch, Schlange*) écaille *f*; (*Haut~*) squame *f*; **~n** *pl* (*Haar~*) pellicules *fpl*.

schuppen *vt* (*Fisch*) enlever les écailles de ♦ *vr* (*Haut*) peler.

Schuppen (**–s, –**) *m* remise *f*; (*umg: pej: Lokal*) troquet *m*; *siehe* **Schuppe**.

schuppig ['ʃʊpɪç] *adj* (*Haut*) qui pèle; (*Haar*) avec des pellicules, (*Fisch, Tier*) couvert(e) d'écailles.

Schur [ʃuːr] (**–, –en**) *f* tonte *f*.

Schüreisen *nt* tisonnier *m*.

schüren ['ʃyːrən] *vt* (*Feuer*) tisonner; (*Haß*) attiser.

schürfen ['ʃʏrfən] *vi* (*BERGB*): **~ nach** chercher ♦ *vt* (*BERGB*) extraire; (*Haut, Knie*) écorcher, égratigner; **sich** *Dat* **die Haut ~** s'écorcher.

Schürfung *f* éraflure *f*.

Schürhaken (**–s, –**) *m* tisonnier *m*.

Schurke ['ʃʊrkə] (**–n, –n**; *pej*) *m* vaurien *m*.

Schurkerei [ʃʊrkə'raɪ] *f* sale coup *m*.

Schurwolle *f*: **"reine ~"** "pure laine vierge".

Schürze ['ʃʏrtsə] *f*, **Schurz** [ʃʊrts] (**–es, –e**) *m* tablier *m*.

schürzen ['ʃʏrtsən] *vt* (*Kleid*) retrousser; (*Lippen*) pincer.

Schürzenjäger (*umg*) *m* coureur *m* (de jupons).

Schuß [ʃʊs] (**–sses, -̈sse**) *m* (*Gewehr~*) coup *m* de feu; (*FUSSBALL etc*) tir *m*; (*Spritzer: Wein*) doigt *m*; (: *Essig*) filet *m*; (*WEBEN*) trame *f*; **~ fahren** (*SKI*) descendre en schuss; (**gut**) **in ~ sein** (*umg*) être en bon état; (*Mensch*) être en pleine forme; **etw in ~ halten** (*umg*) entretenir qch; **weit(ab) vom ~ sein** (*umg*) être au

diable; **der goldene ~** (*fig*) la dose fatale; **ein ~ in den Ofen** (*umg*) un coup pour rien; **~bereich** *m* portée *f*; **s~bereit** *adj* armé(e).

Schüssel ['ʃʏsəl] (**–, –n**) *f* saladier *m*; (*Wasch~*) bassine *f*.

schusselig ['ʃʊsəlɪç] (*umg: pej*) *adj* distrait(e).

Schuß-: **~linie** *f* ligne *f* de tir; **in jds ~linie geraten** (*fig*) être en butte aux critiques de qn; **s~sicher** *adj* pare-balles *inv*; **~verletzung** *f* blessure *f* par balles; **~waffe** *f* arme *f* à feu; **~waffengebrauch** *m* (*förmlich*) usage *m* d'armes à feu; **~wechsel** *m* échange *m* de coups de feu.

Schuster ['ʃuːstər] (**–s, –**) *m* cordonnier *m*; **auf ~s Rappen** pedibus.

Schutt [ʃʊt] (**–(e)s**) *m* (*Trümmer, Bau~*) décombres *mpl*; „**~ abladen verboten**" "défense de déposer des ordures"; **~abladeplatz** *m* décharge *f* (publique).

Schüttelfrost *m* frissons *mpl*.

schütteln ['ʃʏtəln] *vt* secouer ♦ *vr* (*vor Kälte*) frissonner; (*vor Ekel*) frémir; **jdm die Hand ~** serrer la main à qn.

schütten ['ʃʏtən] *vt* verser ♦ *vi unpers* pleuvoir à verse.

schütter *adj* (*Haar*) clairsemé(e).

Schutthalde *f* terril *m*.

Schutthaufen *m* tas *m* de décombres.

Schutz [ʃʊts] (**–es**) *m* protection *f*; (*Zuflucht*) abri *m*; **jdn in ~ nehmen** prendre la défense de qn; **~anzug** *m* combinaison *f* de protection; **s~bedürftig** *adj* vulnérable; **~befohlene(r)** *f(m)* protégé(e) *m/f*; **~blech** *nt* (*an Rädern*) garde-boue *m inv*; **~brief** *m* (*Versicherung*) certificat *m* d'assurance auto, carte *f* verte; **~brille** *f* lunettes *fpl* de protection.

Schütze ['ʃʏtsə] (**–n, –n**) *m* tireur *m*; (*Schießsportler*) marqueur *m*; (*ASTROL*) Sagittaire *m*.

schützen ['ʃʏtsən] *vt* protéger ♦ *vr* se protéger; **~ vor** +*Dat od* **gegen** protéger *od* contre; **gesetzlich geschützt** marque déposée; **urheberrechtlich geschützt** tous droits (de reproduction) réservés; **vor Nässe ~** craint l'humidité.

Schützenfest *nt* concours *m* de tir.

Schutzengel *m* ange *m* gardien.

Schützen-: **~graben** *m* tranchée *f*; **~hilfe** *f*: **jdm ~hilfe geben** *od* **leisten** soutenir qn; **~verein** *m* club *m* de tir.

Schutz-: **~gebiet** *nt* (*POL*) protectorat *m*; (*Naturschutzgebiet*) parc *m* naturel; **~gebühr** *f* taxe *f* (*nominale*); **~haft** *f* détention *f* préventive; **~heilige(r)** *f(m)* (saint(e)) patron(ne) *m/f*; **~helm** *m* casque *m*; **~hütte** *f* refuge *m*; **~impfung** *f* vaccination *f* préventive.

Schützling ['ʃʏtslɪŋ] *m* protégé(e) *m/f*; **die Kindergärtnerin und ihre ~e** la puéricultrice et les enfants dont elle s'occupe.

Schutz-: **s~los** *adj* sans défense; **~mann** (**–(e)s, –leute** *od* **–männer**) *m* agent *m* de police; **~marke** *f* marque *f* déposée; **~maßnahme** *f* mesure *f* de sécurité; **~patron** *m* (saint(e)) patron(ne) *m/f*; ~**polizei** *f* police *f*; ~**schirm** *m* écran *m* protecteur; ~**umschlag** *m* jaquette *f*; ~**verband** *m* (*MED*) pansement *m*; ~**vorrichtung** *f* dispositif *m* de protection; ~**zoll** *m* droit *m* protecteur.

Schw. *abk* = **Schwester.**

schwabbelig ['ʃvab(ə)lıç] (*umg*) *adj* (*Körperteil*) flasque; (*Gelee*) gélatineux(-euse).

Schwabe ['ʃvaːbə] (**–n, –n**) *m* Souabe *m*.

Schwaben (**–s**) *nt* la Souabe.

Schwäbin *f* Souabe *f*.

schwäbisch ['ʃvɛːbıʃ] *adj* souabe.

schwach [ʃvax] *adj* faible; (*Tee, Gift*) léger (-ère); (*Gesundheit*) fragile; (*Programm*) médiocre; (*Gedächtnis*) mauvais(e); (*Stunde*) de faiblesse; ~ **werden** s'affaiblir; **ein ~er Trost** une piètre consolation; **mach mich nicht ~!** (*umg*) je ne veux pas le savoir!; **auf ~en Beinen** *od* **Füßen stehen** (*Theorie, Behauptung*) ne pas tenir debout.

Schwäche ['ʃvɛçə] *f* faiblesse *f*; ~ **für** +*Akk* faible *m* pour.

schwächen *vt* (*körperlich*) affaiblir; (*Widerstand*) diminuer; (*Argument*) rendre moins convaincant(e).

Schwachheit *f* faiblesse *f*.

Schwachkopf (*umg*: *pej*) *m* imbécile *m*.

schwächlich *adj* maladif(-ive), chétif(-ive).

Schwächling (*pej*) *m* gringalet *m*.

Schwach-: ~**sinn** *m* (*MED*) débilité *f* mentale; (*umg*: *Quatsch*) idioties *fpl*; **s~sinnig** *adj* débile; ~**stelle** *f* point *m* faible; ~**strom** *m* courant *m* de faible intensité.

Schwächung ['ʃvɛçʊŋ] *f* affaiblissement *m*.

Schwaden ['ʃvaːdən] (**–s, –**) *m* (*von Nebel, Rauch*) nuage *m*.

schwafeln ['ʃvaːfəln] (*pej*: *umg*) *vi* radoter ♦ *vt*: **dummes Zeug** ~ dire n'importe quoi.

Schwager ['ʃvaːgər] (**–s, ¨**) *m* beau-frère *m*.

Schwägerin ['ʃvɛːgərın] *f* belle-sœur *f*.

Schwalbe ['ʃvalbə] *f* hirondelle *f*.

Schwall [ʃval] (**–(e)s, –e**) *m* (*von Wasser*) torrent *m*; (*von Worten*) flot *m*.

Schwamm (**–(e)s, ¨e**) *m* éponge *f*; (*Haus~, Keller~*) moisissure *f*, pourriture *f* sèche; ~ **drüber!** (*umg*) passons l'éponge!

schwamm *etc* [ʃvam] *vb siehe* **schwimmen.**

schwammig *adj* spongieux(-euse); (*Gesicht*) bouffi(e); (*Begriff*) vague.

Schwan [ʃvaːn] (**–(e)s, ¨e**) *m* cygne *m*.

schwand *etc* [ʃvant] *vb siehe* **schwinden.**

schwanen (*umg*) *vi unpers*: **jdm schwant etw** qn a le pressentiment de qch.

schwang *etc* [ʃvaŋ] *vb siehe* **schwingen.**

schwanger ['ʃvaŋər] *adj* enceinte.

schwängern ['ʃvɛŋərn] *vt* (*oft förmlich*) rendre enceinte, faire un enfant à.

Schwangerschaft *f* grossesse *f*.

Schwangerschaftsabbruch *m* interruption *f* de grossesse.

Schwangerschaftsgymnastik *f* gymnastique *f* prénatale.

Schwank [ʃvaŋk] (**–(e)s, ¨e**) *m* farce *f*; (*Ge-*

schichte) histoire *f* drôle.

schwanken *vi* (*Bäume*) se balancer; (*Boot*) tanguer; (*Preise, Zahlen, Temperatur*) fluctuer; (*taumeln*) chanceler; (*zögern*) hésiter; **ins S~ kommen** (*Gebäude*) se mettre à trembler; (*Preise, Kurs*) fluctuer; (*Überzeugung*) chanceler.

Schwankung *f* fluctuation *f*, variation *f*.

Schwanz [ʃvants] (**–es, ¨e**) *m* queue *f*; **kein ~** (*umg*) pas un chat.

schwänzen ['ʃvɛntsən] (*umg*) *vt* sécher ♦ *vi* faire l'école buissonnière.

schwappen ['ʃvapən] *vi* (*hin und her*) clapoter; (*über*~) déborder.

Schwarm [ʃvarm] (**–(e)s, ¨e**) *m* (*von Bienen*) essaim *m*; (*umg*) idole *f*.

schwärmen ['ʃvɛrmən] *vi* (*Bienen*) essaimer; (*begeistert reden*) parler avec enthousiasme; **für jdn/etw** ~ adorer qn/qch.

Schwärmerei [ʃvɛrmə'raı] *f* fantasme *m*.

schwärmerisch *adj* (*Verehrung*) passionné(e); (*Blick, Worte*) d'adoration.

Schwarte ['ʃvartə] *f* (*KOCH*) couenne *f*; (*umg*: *Buch*) vieux bouquin *m*.

Schwartenmagen (**–s**) *m* ≈ fromage *m* de tête.

schwarz [ʃvarts] *adj* noir(e); (*schmutzig*) sale; (*illegal*: *Geschäfte*) louche ♦ *adv*: **sich ~ ärgern** être furieux(-euse); ~ **auf weiß** (*umg*) noir sur blanc; **das ~e Brett** le tableau d'affichage; **in den ~en Zahlen sein** être créditeur(-trice); **ins S~e treffen** mettre dans le mille; ~**e Liste** liste *f* noire; **das S~e Meer** la mer Noire; **S~er Peter** (*KARTEN*) sorte de jeu des familles; **jdm den S~en Peter zuschieben** (*Verantwortung abschieben*) rejeter la responsabilité sur qn; **S~arbeit** *f* travail *m* au noir; **S~arbeiter** *m* travailleur *m* clandestin; **S~brot** *nt* (*Pumpernickel*) pain de seigle très noir; (*braun*) pain *m* bis; **S~e(r)** *f(m)* Noir(e) *m/f*.

Schwärze ['ʃvɛrtsə] *f* noirceur *f*; (*Farbe*) noir *m*; (*Drucker*~) encre *f* d'imprimerie.

schwärzen *vt* noircir.

schwarz-: ~**fahren** *unreg vi* (*ohne Fahrkarte*) resquiller; **S~fahrer(in)** *m(f)* (*in Bus etc*) resquilleur(-euse) *m/f*; **S~handel** *m* marché *m* noir; **S~händler** *m* profiteur *m* (*qui vend au marché noir*); ~**hören** *vi* (*RUNDF*) écouter la radio sans avoir payé sa redevance.

schwärzlich ['ʃvɛrtslıç] *adj* noirâtre.

Schwarz-: **s~malen** *vt* noircir ♦ *vi* tout voir en noir; ~**markt** *m* marché *m* noir; **s~sehen** *unreg* (*umg*) *vi* (*Pessimist*) tout voir en noir; (*TV*) regarder la télé sans avoir payé sa redevance; ~**seher** *m* (*Pessimist*) pessimiste *m/f*; (*TV*) téléspectateur qui n'a pas payé sa redevance; ~**wald** *m* Forêt-Noire *f*; ~**wälder Kirschtorte** *f* (*gâteau m*) forêt-noire *f*; **s~weiß** *adj* noir(e) et blanc(blanche); ~**weißfernseher** *m* téléviseur *m* noir et blanc; ~**weißfilm** *m* (*im Kino*) film *m* en noir et blanc; (*zum Fotografieren*) pellicule *f* noir et

blanc; ~**wurzel** f salsifis m.
Schwatz (-es, -e; umg) m bavardage m.
schwatzen ['ʃvatsən] vi, **schwätzen** ['ʃvɛtsən] vi bavarder; (über belanglose Dinge) papoter; (Unsinn reden) radoter.
Schwätzer(in) ['ʃvɛtsər(ɪn)] (-s, -; umg: pej) m(f) bavard(e) m/f.
schwatzhaft adj bavard(e).
Schwebe ['ʃveːbə] f: **in der** ~ (fig) en suspens; (JUR, WIRTS) en souffrance.
Schwebebahn f téléphérique m.
Schwebebalken m (SPORT) poutre f.
schweben vi (frei in der Luft) planer; (aufgehängt sein) être suspendu(e); (unentschieden sein) être en suspens; **ein Bild schwebte mir vor Augen** j'avais une image devant les yeux; **in Lebensgefahr** ~ être entre la vie et la mort.
schwebend adj (TECH) suspendu(e); (CHEM) en suspension; (fig) en suspens; ~**es Verfahren** (JUR) procédure f en cours.
Schwede ['ʃveːdə] (-n, -n) m Suédois m.
Schweden (-s) nt la Suède; ~**platte** f assiette de fruits de mer fumés et marinés à la suédoise.
Schwedin f Suédoise f.
schwedisch adj suédois(e).
Schwefel ['ʃveːfəl] (-s) m soufre m.
schwefelig adj (Säure) sulfureux(-euse); (Geruch) de soufre.
Schwefelsäure f acide m sulfurique.
Schweif [ʃvaɪf] (-(e)s, -e) m queue f.
schweifen vi errer.
Schweigegeld nt pot-de-vin m.
Schweigeminute f minute f de silence.
schweigen ['ʃvaɪgən] unreg vi se taire; **kannst du** ~? je peux compter sur ta discrétion?; **ganz zu** ~ **von** ... sans parler de ...; **S~** (-s) nt silence m; **sich in S~ hüllen** se retrancher dans le mutisme.
schweigend adj (Mehrheit) silencieux(-euse).
Schweigepflicht f secret m professionnel.
schweigsam ['ʃvaɪkzaːm] adj silencieux(-euse); **S~keit** f silence m.
Schwein [ʃvaɪn] (-(e)s, -e) nt cochon m; (KOCH) porc m; (umg: Glück) bol m; **kein** ~ (umg) pas un chat.
Schweine-: ~**braten** m rôti m de porc; ~**fleisch** nt viande f de porc; ~**geld** (umg) nt: **ein** ~**geld** une fortune; ~**hund** (umg) m salaud m; (: Gemeinheit) vacherie f; **so eine** ~**rei!** c'est dégoûtant!
Schweineschmalz nt saindoux m.
Schweinestall m porcherie f.
schweinisch (pej) adj (Bemerkung) cochon(ne).
Schweins-: ~**haxe** f pied m de porc; ~**leder** nt peau f de porc; ~**ohr** nt oreille f de cochon; (Gebäck) palmier m.
Schweiß [ʃvaɪs] (-es, -) m sueur f; ~**band** nt (beim Sport) bandeau m.
Schweißbrenner (-s, -) m chalumeau m.
schweißen vt souder.

Schweißer (-s, -) m soudeur m.
Schweißfüße pl: ~ **haben** transpirer des pieds.
Schweißnaht f (cordon m de) soudure f.
Schweiz [ʃvaɪts] f: **die** ~ la Suisse.
Schweizer ['ʃvaɪtsər] (-s, -) m Suisse m ♦ adj attrib suisse; ~ **Käse** emmenthal m; ~**deutsch** nt suisse m alémanique od allemand; ~**in** f Suisse f; **s~isch** adj suisse.
schwelen ['ʃveːlən] vi couver.
schwelgen ['ʃvɛlgən] vi faire ripaille; **in Erinnerungen** ~ se laisser aller à ses souvenirs.
Schwelle ['ʃvɛlə] f seuil m; (EISENB) traverse f.
schwellen unreg vi (MED) enfler; (Fluß) grossir.
Schwellenland nt pays m nouvellement industrialisé.
Schwellung f (MED) enflure f.
Schwemme f (Überangebot) surabondance f.
schwemmen ['ʃvɛmən] vt: **etw an Land** ~ rejeter qch sur la côte.
Schwengel ['ʃvɛŋəl] (-s, -) m (von Pumpe) bras m; (von Glocke) battant m.
Schwenk [ʃvɛŋk] (-s, -s) m (FILM) panoramique m; ~**arm** m bras m oscillant; **s~bar** adj pivotant(e).
schwenken vt faire pivoter; (Fahne) agiter; (Kartoffeln) faire revenir ♦ vi tourner; (MIL) effectuer une conversion; **die Kamera** ~ faire un panoramique.
Schwenkung f (Drehung) rotation f; (MIL) conversion f.
schwer [ʃveːr] adj lourd(e); (schwierig, hart) difficile; (ernst) grave; (Gold) massif(-ive); (Wein) capiteux(-euse); (Musik) sérieux (-euse); (Schmerzen) fort(e); (Gewitter) violent(e) ♦ adv (umg: sehr) vraiment; ~ **verletzt/krank sein** être gravement blessé(e)/malade; ~ **erkältet sein** avoir un gros rhume; **er lernt** ~ il a des difficultés d'apprentissage; **er ist** ~ **in Ordnung** (umg) c'est quelqu'un de bien; ~ **hören** être dur(e) d'oreille; **S~arbeiter** m travailleur m de force; **S~athletik** f haltérophilie, boxe, lutte etc; ~**behindert** adj gravement handicapé(e); **S~behinderte(r)** f(m) handicapé(e) m/f profond(e); **S~beschädigte(r)** f(m) grand(e) invalide m/f.
Schwere (-) f gravité f; (Gewicht) poids m; **s~los** adj (Zustand) d'apesanteur; ~**losigkeit** f apesanteur f.
schwer-: ~**erziehbar** adj difficile; ~**fallen** unreg vi: **jdm** ~**fallen** être difficile pour qn; ~**fällig** adj lourd(e); (Mensch) lourdaud(e); (Verstand) lent(e); **S~fälligkeit** f lourdeur f; **S~gewicht** nt poids m lourd; (fig) accent m; ~**gewichtig** adj très lourd(e); ~**hörig** adj dur(e) d'oreille; **S~industrie** f industrie f lourde; **S~kraft** f pesanteur f; **S~kranke(r)** f(m) grand(e) malade m/f; ~**lich** adv difficilement; ~**machen** vt: **jdm etw** ~**machen** rendre qch difficile pour qn; **es sich** Dat ~**machen** se compliquer la vie; **S~metall** nt métal m lourd; ~**mütig** adj mélancolique; ~**nehmen**

unreg vt mal supporter; **S~punkt** *m* centre *m* de gravité; *(fig)* essentiel *m*; **S~punktstreik** *m* grève *f* perlée; **~reich** *(umg)* adj attrib plein(e) aux as.

Schwert [ʃveːrt] (–(e)s, –er) *nt (Waffe)* épée *f*; *(von Schiff)* dérive *f*; **~lilie** *f* iris *m*.

schwer-: **~tun** *unreg vr*: **sich** *Dat od Akk* **(mit od bei etw) ~tun** avoir des difficultés (avec qch); **S~verbrecher(in)** *m(f)* criminel(le) *m/f*; **~verdaulich** *adj (Speise)* indigeste, lourd(e); *(fig)* difficile; **~verdient** *adj attrib (Geld)* durement gagné(e); **~verletzt** *adj* grièvement blessé(e); **S~verletzte(r)** *f(m)* blessé(e) *m/f* grave; **~verwundet** *adj* grièvement blessé(e); **~wiegend** *adj (Grund)* important(e); *(Fehler)* grave.

Schwester [ˈʃvɛstər] (–, –n) *f* sœur *f*; *(Kranken~)* infirmière *f*; *(Ordens~)* religieuse *f*; **s~lich** *adj* de sœur.

Schwesternhelferin *f* aide *f* soignante.

Schwesternschule *f* école *f* d'infirmières.

Schwesterpartei *f* équivalent *m* (d'un parti politique).

schwieg *etc* [ʃviːk] *vb siehe* **schweigen**.

Schwieger-: **~eltern** *pl* beaux-parents *mpl*; **~mutter** *f* belle-mère *f*; **~sohn** *m* gendre *m*; **~tochter** *f* belle-fille *f*; **~vater** *m* beau-père *m*.

Schwiele [ˈʃviːlə] *f (an den Händen)* callosité *f*, cal *m*.

schwielig *adj* calleux(-euse).

schwierig [ˈʃviːrɪç] *adj* difficile; **S~keit** *f* difficulté *f*; **ohne S~keiten** sans peine; **in S~keiten sein/geraten** avoir des problèmes; **S~keitsgrad** *m* degré *m* de difficulté.

schwillt *etc* [ʃvɪlt] *vb siehe* **schwellen**.

Schwimm-: **~bad** *nt* piscine *f*; **~becken** *nt* piscine *f*; **~(m)eister** *m* maître nageur *m*.

schwimmen *unreg vi* nager; *(treiben, nicht sinken)* flotter; **im Geld ~** *(umg)* rouler sur l'or; **~ gehen** aller se baigner; **mir schwimmt alles vor den Augen** je vois trouble; **in ~dem Fett backen** faire frire.

Schwimmer (–s, –) *m* nageur *m*; *(ANGELN)* flotteur *m*.

Schwimmerin *f* nageuse *f*.

Schwimm-: **~flosse** *f* palme *f*; **~haut** *f* palmure *f*; **~lehrer(in)** *m(f)* maître nageur *m*; **~sport** *m* natation *f*; **~weste** *f* gilet *m* de sauvetage.

Schwindel [ˈʃvɪndəl] (–s) *m (Gleichgewichtsstörung)* vertige *m*; *(Betrug)* escroquerie *f*; *(umg: Kram)* fourbi *m*; **s~erregend** *adj* vertigineux(-euse); **s~frei** *adj*: **s~frei sein** ne pas avoir le vertige.

schwindeln *vi (umg: lügen)* mentir ♦ *vr*: **sich durch die Prüfung ~** tricher pour réussir son examen; **jdm schwindelt es** qn a la tête qui tourne; *(in der Höhe)* qn a le vertige; **sich durchs Leben ~** passer sa vie à mentir.

schwinden [ˈʃvɪndən] *unreg vi (Hoffnung)* s'évanouir; *(Licht)* baisser; *(Kräfte)* décliner.

Schwindler(in) (–s –) *m(f)* escroc *m*; *(Lügner)*

menteur(-euse) *m/f*.

schwindlig *adj* qui a le vertige; **mir ist ~** j'ai le vertige.

Schwindsucht *f (veraltet)* phtisie *f*.

schwingen [ˈʃvɪŋən] *unreg vt* balancer; *(Waffe etc)* brandir ♦ *vi (Pendel)* osciller; *(klingen)* résonner; *(vibrieren)* vibrer ♦ *vr*: **sich auf etw** *Akk* **~** sauter sur qch.

Schwinger (–s, –) *m (BOXEN)* swing *m*.

Schwingtor *nt (bei Garage)* porte *f* basculante.

Schwingtür *f* porte *f* battante.

Schwingung *f (PHYS)* oscillation *f*.

Schwips [ʃvɪps] (–es, –e) *m*: **einen ~ haben** être éméché(e).

schwirren [ˈʃvɪrən] *vi (Mücken)* susurrer; *(Fliegen)* bourdonner; *(Gerüchte)* courir; *(umg: sich bewegen)* filer.

Schwitze [ˈʃvɪtsə] *f (KOCH)* roux *m*.

schwitzen *vi* transpirer; *(Fenster)* être couvert(e) de buée ♦ *vt (KOCH: Mehl)* faire dorer.

schwofen [ˈʃvoːfən] *(umg) vi* danser.

schwoll *etc* [ʃvɔl] *vb siehe* **schwellen**.

schwor *etc* [ʃvoːr] *vb siehe* **schwören**.

schwören [ˈʃvøːrən] *unreg vi* jurer ♦ *vt*: **einen Eid ~** prêter serment; **auf jdn/etw ~** *(fig)* ne jurer que par qn/qch.

schwul [ʃvuːl] *(umg) adj* homo.

schwül [ʃvyːl] *adj (Wetter, Luft)* lourd(e).

Schwule(r) *(umg) m* homo *m*.

Schwüle (–) *f* temps *m* lourd.

Schwulität [ʃvuliˈtɛːt] *(umg) f (gew pl)* pétrin *m*.

Schwulst [ʃvʊlst] (–(e)s) *m (in der Sprache)* emphase *f*.

schwulstig *adj (Lippen)* enflé(e).

schwülstig [ˈʃvʏlstɪç] *(pej) adj (Ausdruck, Sprache)* pompeux(-euse).

Schwund [ʃvʊnt] (–(e)s) *m (MED)* atrophie *f*; *(Abnahme)* diminution *f*.

Schwung [ʃvʊŋ] (–(e)s, ⸚e) *m* élan *m*; *(Bewegung zur Seite)* oscillation *f*; *(Sprung)* bond *m*; *(Energie)* énergie *f*; *(umg: Menge)* tapée *f*; **~ holen** prendre son élan; **in ~ sein** *(Wirtschaft)* être en plein essor; **~ in die Sache bringen** *(umg)* faire avancer les choses; **s~haft** *adj* florissant(e); **~rad** *nt (TECH)* volant *m*; **s~voll** *adj (mitreißend)* entraînant(e) ♦ *adv* avec beaucoup d'entrain.

schwur *etc* [ʃvuːr] *vb siehe* **schwören**.

Schwur (–(e)s, ⸚e) *m* serment *m*; **~gericht** *nt ≈* cour *f* d'assises *(avec des jurés)*.

SDR *abk (= Süddeutscher Rundfunk)* radio du Sud de l'Allemagne.

sechs [zɛks] *num* six; **S~eck** *nt* hexagone *m*; **~hundert** *num* six cents; **~tausend** *num* six mille.

sechste(r, s) *adj* sixième.

Sechstel [ˈzɛkstəl] (–s, –) *nt* sixième *m*.

sechzehn [ˈzɛçtseːn] *num* seize; **~te(r, s)** *adj* seizième.

sechzig [ˈzɛçtsɪç] *num* soixante; **~ste(r, s)** *adj* soixantième.

Secondhandladen [sɛkəndˈhɛndlaːdən] *m* magasin *m* de vêtements d'occasion, fripier *m*.

See¹ [ze:] (**–s, –n**) *m* lac *m*.

See² [ze:] *f* mer *f*; **an der ~** au bord de la mer; **in ~ stechen** prendre le large; **auf hoher ~** en haute mer; **~bad** *nt* station *f* balnéaire; **~bär** *m* (*umg: hum*) vieux loup *m* de mer; **~fahrt** *f* navigation *f* maritime; (*Reise*) traversée *f*; **s~fest** *adj* (*Mensch*) qui a le pied marin; **~fracht** *f* fret *m* maritime; **~gang** *m* mer *f* houleuse; **~hund** *m* phoque *m*, veau *m* marin; **~igel** *m* oursin *m*; **~karte** *f* carte *f* marine; **s~krank** *adj*: **s~krank sein** avoir le mal de mer; **~krankheit** *f* mal *m* de mer.

Seele [ˈzeːlə] *f* âme *f*; **jdm aus der ~ sprechen** exprimer exactement le sentiment de qn; **das liegt** *od* **lastet mir auf der ~** cela me pèse (sur la conscience); **eine ~ von Mensch** un amour.

Seelen-: **~amt** *nt* messe *f* des morts; **~friede(n)** *m* tranquillité *f* d'esprit; **~heil** *nt* salut *m*; (*fig*) santé *f* morale; **~ruhe** *f* morale; **~ruhe** sans sourciller; **s~ruhig** *adv* tranquillement; **s~vergnügt** *adj* tout(e) content(e); **~wanderung** *f* métempsycose *f*, réincarnation *f*.

Seeleute [ˈzeːlɔytə] *pl von* **Seemann**.

seelisch *adj* (*geistig, psychisch*) psychique, psychologique; (*REL*) spirituel(le).

Seelsorge *f* soutien *m* moral.

Seelsorger (**–s, –**) *m* directeur *m* de conscience.

See-: **~macht** *f* puissance *f* maritime; **~mann** (**–(e)s, –leute**) *m* marin *m*; **~mannsheim** *nt* foyer *m* de marins; **~meile** *f* mille *m* marin; **~möwe** *f* mouette *f*.

Seengebiet [ˈzeːəngəbiːt] (**–(e)s, –e**) *nt* région *f* des lacs.

See-: **~not** *f* détresse *f* (en mer); **in ~not** en détresse; **~notruf** *m* SOS *m*; **~nplatte** *f* plaine parsemée de lacs; **~pferd(chen)** *nt* hippocampe *m*; **~räuber** *m* pirate *m*; **~recht** *nt* droit *m* maritime; **~rose** *f* nénuphar *m*; **~stern** *m* étoile *f* de mer; **~tang** *m* varech *m*; **s~tüchtig** *adj* (*Schiff*) en état de naviguer; **~versicherung** *f* assurance *f* maritime; **~weg** *m* voie *f* maritime; **auf dem ~weg** par qn par mer; **~zunge** *f* sole *f*.

Segel [ˈzeːgəl] (**–s, –**) *nt* voile *f*; **mit vollen ~n** toutes voiles dehors; **die ~ streichen** (*fig*) déposer les armes; **~boot** *nt* voilier *m*; **~fliegen** (**–s**) *nt* vol *m* à voile; **~flieger** *m* pilote *m* de planeur, vélivole *m*; **~flugzeug** *nt* planeur *m*.

segeln *vt* piloter ♦ *vi* (*Schiff*) naviguer; (*Segler*) faire de la voile; (*Wolken, Vogel*) planer, voler; **nach Panama ~** aller au Panama en bateau à voile; **durch eine Prüfung ~** (*umg*) se ramasser à un examen.

Segel-: **~schiff** *nt* voilier *m*; **~sport** *m* voile *f*; **~tuch** *nt* toile *f*.

Segen [ˈzeːgən] (**–s, –**) *m* bénédiction *f*.

segensreich *adj* (*nützlich: Erfindung*) très utile.

Segler [ˈzeːglər] (**–s, –**) *m* (*Person*) plaisan-

cier *m*; (*Boot*) voilier *m*; (*Flugzeug*) planeur *m*.

Seglerin *f* femme *f* qui fait de la voile.

Segment [zɛˈgmɛnt] (**–(e)s, –e**) *nt* segment *m*.

segnen [ˈzeːgnən] *vt* bénir.

Segregation [segregatsiˈoːn] *f* ségrégation *f*.

segregieren [zegreˈgiːrən] *vt* (*geh: trennen*) séparer, pratiquer la ségrégation entre *od* dans.

sehen [ˈzeːən] *unreg vt* voir ♦ *vi* voir; (*in bestimmte Richtung*) regarder; **mal ~(, ob …)** nous verrons bien (si …); **sieht man das?** ça se voit?; **etw gern ~** (*gern haben*) aimer bien qch; **du siehst das nicht richtig** tu ne comprends pas; **so gesehen hast du recht** si on regarde les choses sous cet angle, tu as raison; **sich ~ lassen** se montrer; **das neue Rathaus kann sich ~ lassen** le nouvel hôtel de ville est superbe; **siehe oben/unten** voir ci-dessus/ci-dessous; **siehe Seite 18** voir page 18; **da kann man mal ~** tu vois; **nach jdm ~** (*jdn betreuen*) s'occuper de qn; **auf etw** *Akk* **~** (*achten*) veiller à qch; **jdn kommen ~** voir venir qn.

sehenswert *adj* à voir.

Sehenswürdigkeiten *pl* attractions *fpl* touristiques, choses *fpl* à voir.

Seher(in) (**–s, –**) *m(f)* (*Prophet*) devin(eresse) *m/f*.

Sehfehler *m* trouble *m* de la vue.

Sehkraft *f* vue *f*.

Sehne [ˈzeːnə] *f* (*ANAT*) tendon *m*; (*an Bogen; MATH*) corde *f*.

sehnen *vr*: **sich ~ nach** (*jdm, Heimat*) s'ennuyer de; (*etw*) avoir très envie de.

Sehnenscheidenentzündung [ˈzeːnənʃaidənɛnttsʏndʊŋ] *f* (*MED*) tendinite *f*.

sehnig *adj* (*Gestalt*) nerveux(-euse), musclé(e); (*Fleisch*) tendineux(-euse).

sehnlich *adj* (*Wunsch*) le(la) plus cher(chère) ♦ *adv* ardemment.

Sehnsucht *f* désir *m* ardent; (*nach Vergangenem*) nostalgie *f*; **jdn mit ~ erwarten** attendre qn avec impatience.

sehnsüchtig *adj* (*Blick, Augen etc*) ardent(e), plein(e) de convoitise; (*Wunsch*) ardent(e); (*Erwartung*) impatient(e) ♦ *adv* (*blicken*) avec convoitise; (*erwarten*) avec impatience.

sehnsuchtsvoll *adv* avec impatience.

Sehprüfung *f* examen *m* de la vue.

sehr [zeːr] *adv* très; (*mit Verben*) beaucoup; **~ viel Zeit/Geld** beaucoup de temps/d'argent; **zu ~** trop; **er ist ~ dafür/dagegen** il est tout à fait pour/contre; **wie ~ er sich auch bemühte …** malgré ses efforts, …; **danke ~!** merci beaucoup!; **bitte ~!** je vous en prie!; **~ geehrter Herr Grün** (*in Briefen*) Monsieur.

Sehschwäche *f* mauvaise vue *f*.

Sehvermögen [ˈzeːfɛrmøːgən] (**–s**) *nt* vue *f*, vision *f*.

sei *etc* [zai] *vb siehe* **sein**.

seicht [zaıçt] *adj* (*Wasser*) peu profond(e); (*fig*) superficiel(le).
seid [zaıt] *vb siehe* **sein**.
Seide ['zaıdə] *f* soie *f.*
Seidel (**–s, –**) *nt* chope *f.*
seiden *adj* (*aus Seide*) en soie; (*wie Seide*) soyeux(-euse); **S~papier** *nt* papier *m* de soie; **S~raupe** *f* ver *m* à soie.
seidig ['zaıdıç] *adj* soyeux(-euse).
Seife ['zaıfə] *f* savon *m.*
Seifen-: **~blase** *f* bulle *f* de savon; (*fig*) promesse *f* en l'air; **~lauge** *f* eau *f* savonneuse; **~pulver** *nt* savon *m* en poudre *od* en paillettes; **~schale** *f* porte-savon *m*; **~schaum** *m* mousse *f* (de savon).
seifig ['zaıfıç] *adj* (*Geschmack*) de savon; (*Substanz*) savonneux(-euse).
seihen ['zaıən] *vt* (*Flüssigkeit*) filtrer, passer.
Seil [zaıl] (**–(e)s, –e**) *nt* corde *f*; (*Draht~, Kabel*) câble *m*; **~bahn** *f* téléphérique *m*; **~hüpfen** (**–s**), **~springen** (**–s**) *nt* saut *m* à la corde; **~tänzer(in)** *m(f)* funambule *m/f*; **~zug** *m* palan *m.*

====================== *SCHLÜSSELWORT*

sein [zaın] (*pt* **war**, *pp* **gewesen**) *vi* **1** être; **sie ist 20 (Jahre)** elle a 20 ans; **es ist Mitternacht/ 16.15 Uhr** il est minuit/16h15
2: **seien Sie mir bitte nicht böse** il ne faut pas m'en vouloir; **was sind Sie (beruflich)?** que faites-vous dans la vie?; **sei so gut und mach dein Bett** sois gentil(le), fais ton lit; **wenn ich Sie/du wäre** à votre/ta place; **das wär's** voilà; (*in Geschäft*) ce sera tout
3 (*Resultat*): **3 und 5 ist 8** 3 plus 5 égalent 8; **dem ist nicht so** il n'en est pas ainsi; **es sei denn, daß ...** à moins que ...; **wie dem auch sei** quoi qu'il en soit; **sei es, wie es wolle** quoi qu'il en soit; **wie wäre es mit einem Kaffee?** que diriez-vous d'un café?; **damit ist nichts** (*umg: es klappt nicht*) ça ne marche pas; **ach, sei nicht so!** (*umg*) ne fais pas d'histoires!; **ist was?** qu'est-ce que il y a?; **mir ist kalt** j'ai froid; **mir ist nicht gut** je ne me sens pas (très) bien; **mir ist, als hätte ich geträumt** j'ai l'impression d'avoir rêvé; **mir ist heute nicht nach Alkohol** (*umg*) je n'ai pas envie d'alcool aujourd'hui, je ne suis pas d'humeur à boire aujourd'hui; **laß das sein!** arrête!
4 (*Hilfsverb*) être; **er ist angekommen** il est arrivé; **sie ist angekommen** elle est arrivée; **er ist jahrelang krank gewesen** il a été malade pendant des années; **wie ist das zu verstehen?** comment faut-il l'interpréter?; **er ist nicht zu ersetzen** il est irremplaçable
5 (*Anweisung*): **die Frage ist auf einem gesonderten Blatt zu beantworten** veuillez répondre à cette question sur une feuille séparée.

sein(e) *poss pron* (*mit männlichem Substantiv*) son; (*mit weiblichem Substantiv*) sa; (: *vor Vokal und stummem h*) son; (*mit Plural*) ses; **er ist gut ~e zwei Meter** (*umg*) il fait bien deux mè-

tres.
Seine ['zɛːn(ə)] *f* Seine *f.*
seine(r, s) *pron* le(la) sien(ne); **~ sind blau** les siens(siennes) sont bleus(bleues); **die S~n** (*geh*) les siens; **jedem das S~** à chacun ses goûts.
seiner *pron Gen von* **er, es**; **~seits** *adv* de son côté; **~zeit** *adv* à cette époque.
seinesgleichen *pron* (*Leute*) les gens comme lui.
seinet-: **~wegen** *adv* (*für ihn*) pour lui; (*umg: von ihm aus*) en ce qui le concerne; **~willen** *adv*: **um ~willen** pour lui.
seinige *pron* (*geh*): **der/die/das ~** le(la) sien(ne).
seinlassen *unreg* (*umg*) *vt*: **etw ~** (*aufhören*) arrêter qch; (*nicht tun*) ne pas faire qch.
seins *pron siehe* **seine(r, s)**.
Seismograph [zaısmo'graːf] (**–en, –en**) *m* sismographe *m.*
Seismologe [zaısmo'loːgə] (**–n, –n**) *m* sismologue *m.*
seit [zaıt] *konj* depuis que ♦ *präp* +*Dat* depuis; **~ langem** depuis longtemps; **~ gestern** depuis hier; **er ist ~ einer Woche hier** cela fait une semaine qu'il est ici; **~ eh und je** (*umg*) de tout temps; **~dem** *adv* depuis ♦ *konj* depuis pas.
Seite ['zaıtə] *f* côté *m*; (*von Angelegenheit*) côté, aspect *m*; (*Buch~*) page *f*; **~ an ~** côte à côte; **jdm zur ~ stehen** (*fig*) soutenir qn; **jdn zur ~ nehmen** prendre qn à part; **jdn auf die ~ schaffen** (*umg: ermorden*) faire disparaître qn; **auf der einen ~ ..., auf der anderen (~) ...** d'une part ..., d'autre part ...; **einer Sache** *Dat* **die beste ~ abgewinnen** tirer le meilleur parti de qch; **das ist seine schwache/starke ~** c'est son point faible/fort.
seiten *präp* +*Gen*: **auf** *od* **von ~** du côté de.
Seiten-: **~ansicht** *f* vue *f* de côté; **~ausgang** *m* sortie *f* latérale; **~blick** *m* regard *m* en coin; **~eingang** *m* entrée *f* latérale; **~hieb** *m* (*fig*) coup *m* de bec; **s~lang** *adj* de plusieurs pages; **~ruder** *nt* (*FLUG*) gouvernail *m* de direction.
seitens *präp* +*Gen* (*förmlich*) du côté de.
Seiten-: **~schiff** *nt* nef *f* latérale; **~sprung** *m* (*Ehebruch*) aventure *f*; **~stechen** *nt* point *m* de côté; **~straße** *f* rue *f* latérale; **~streifen** *m* bande *f* latérale; **s~verkehrt** *adj* à l'envers; **~wind** *m* vent *m* latéral; **~zahl** *f* numéro *m* de page; (*Gesamtzahl*) nombre *m* de pages.
seit-: **~her** *adv* depuis; **~lich** *adj* latéral(e) ♦ *adv* latéralement ♦ *präp* +*Gen* à côté de; **~wärts** *adv* de côté.
Sek., sek. *abk* (= *Sekunde*) s.
Sekret [ze'kreːt] (**–s, –e**) *nt* (*MED*) sécrétion *f.*
Sekretär [zekre'tɛːr] (**–s, –e**) *m* secrétaire *m.*
Sekretariat [zekretari'aːt] (**–(e)s, –e**) *nt* secrétariat *m.*

Sekretärin f secrétaire f.
Sekt [zɛkt] (–(e)s, –e) m ≈ champagne m.
Sekte f secte f.
Sektion [zɛktsiˈoːn] f (Abteilung) section f.
Sektor [ˈzɛktɔr] m secteur m; (Sachgebiet) domaine m.
sekundär [zekʊnˈdɛːr] adj secondaire; **S~literatur** f bibliographie f (des ouvrages consacrés à un sujet).
Sekundarstufe [zekʊnˈdaːrʃtuːfə] f (SCH) niveau m secondaire.
Sekunde [zeˈkʊndə] f seconde f.
Sekundenschnelle f: **in ~** en un rien de temps.
Sekundenzeiger m aiguille f des secondes.
sel. abk = selig.
selber [ˈzɛlbər] pron = selbst; **S~machen** nt bricolage m; **Möbel zum S~machen** meubles mpl en kit.
selbig pron (geh) le(la) même; **noch am ~en Tag** le jour même.
Selbst (–) nt moi m.

═══════════════ SCHLÜSSELWORT ═══════════════

selbst [zɛlpst] pron **1**: **ich/er selbst** moi/lui-même; **wir selbst** nous-mêmes; **sie ist die Tugend selbst** c'est la vertu même od personnifiée; **wie geht's? – gut, und selbst?** comment ça va? – bien, et toi/vous?
2 (ohne Hilfe) tout(e) seul(e); **von selbst** de lui-même(d'elle-même); (ich) de moi-même; **sie näht ihre Kleider selbst** elle fait ses robes elle-même; **selbst ist der Mann/die Frau!** on n'est jamais mieux servi que par soi-même!; **das muß er selbst wissen** c'est à lui de décider
♦ adv même; **selbst wenn** même si; **selbst Gott** même Dieu.

Selbstabholer m: **Möbelmarkt für ~** marché m de l'ameublement (cash and carry).
Selbstachtung f dignité f personnelle.
selbständig [ˈzɛlpʃtɛndɪç] adj indépendant(e); **sich ~ machen** (beruflich) se mettre à son compte; **S~keit** f indépendance f.
Selbst-: **~anzeige** f (JUR) fait de se livrer à la justice; **~auslöser** m (PHOT) obturateur m à retardement; **~bedienung** f self-service m; **~befriedigung** f masturbation f; **~beherrschung** f maîtrise f de soi, self-control m; **~bestätigung** f: **für jdn eine ~bestätigung sein** redonner confiance en soi à qn, donner de l'assurance à qn; **~bestimmung** f (POL) autodétermination f; **~beteiligung** f franchise f; **s~bewußt** adj sûr(e) de soi; **~bewußtsein** nt confiance f en soi, assurance f; **~bildnis** nt autoportrait m; **~disziplin** f autodiscipline f; **~erhaltung** f (instinct m de) survie f; **~erkenntnis** f connaissance f de soi; **~fahrer** m: **Autovermietung für ~fahrer** location f de voitures sans chauffeur; **s~gebacken** adj maison inv; **s~gefällig** (pej) adj suffisant(e); **s~gemacht** adj (Kleidung) qu'on a fait soi-

même; (Marmelade etc) maison inv; **s~gerecht** (pej) adj content(e) de soi, suffisant(e); **~gespräch** nt monologue m; **s~gestrickt** adj tricoté(e) à la main; (umg: Methode etc) artisanal(e); **s~gewiß** adj sûr(e) de soi; **s~herrlich** adj autoritaire; (selbstgerecht) suffisant(e); **~hilfe** f fait de se débrouiller tout seul; **zur ~hilfe greifen** prendre les choses en main; **~klebefolie** f pellicule f adhésive; **s~klebend** adj autocollant(e); **~kostenpreis** m prix m coûtant od de revient; **zum ~kostenpreis** au prix coûtant; **~kritik** f autocritique f; **s~los** adj (Mensch) altruiste; (Hilfe, Verzicht) généreux(-euse); **~mord** m suicide m; **~mörder(in)** m(f) suicidé(e); **s~mörderisch** adj suicidaire; **s~sicher** adj sûr(e) de soi; **~sicherheit** f assurance f; **~studium** nt instruction f od études fpl d'autodidacte; **~sucht** f égoïsme m; **s~süchtig** adj (Mensch) égoïste; **s~tätig** adj (automatisch) automatique; **~überwindung** f (effort m de) volonté f; **s~verdient** adj: **s~verdientes Geld** de l'argent qu'on a gagné soi-même; **s~vergessen** adj distrait(e), absent(e); **~verlag** m: **im ~verlag** à compte d'auteur; **s~verschuldet** adj (Unfall) dont on est responsable; **~versorger** m: **~versorger sein** subvenir à ses propres besoins; **Urlaub für ~versorger** vacances fpl en appartement etc.
selbstverständlich adj évident(e); (Hilfe) naturel(le) ♦ adv bien sûr, naturellement; **ich halte das für ~** c'est tout naturel; **aber ~!** mais bien sûr!; **es ist ~, daß ...** il va sans dire od il est évident que ...; **S~keit** f (Unbefangenheit) naturel m; (natürliche Voraussetzung) évidence f.
Selbst-: **~verständnis** nt image f de soi; **~verteidigung** f autodéfense f; **~vertrauen** nt confiance f en soi; **~verwaltung** f autogestion f; **~wählferndienst** m automatique m; **~wertgefühl** nt amour-propre m; **s~zufrieden** (pej) adj fat(e), suffisant(e); **~zweck** m fin f en soi.
selig [ˈzeːlɪç] adj (glücklich) aux anges; (REL) bienheureux(-euse); (tot) défunt(e); **S~keit** f béatitude f.
Sellerie [ˈzɛləriː] (–s, –(s)) m céleri(-rave) m; (Stangen~) céleri m à côtes.
selten [ˈzɛltən] adj rare ♦ adv rarement.
Seltenheit f rareté f; (Rarität) curiosité f.
Seltenheitswert (–(e)s) m valeur f due à la rareté (relative).
Selter(s)wasser nt eau f de Seltz.
seltsam [ˈzɛltzaːm] adj étrange.
seltsamerweise adv étrangement, bizarrement.
Seltsamkeit f étrangeté f.
Semester [zeˈmɛstər] (–s, –) nt semestre m.
Semi- [zemi] in zW semi-; **~kolon** (–s, –s) nt point-virgule m.
Seminar [zemiˈnaːr] (–s, –e) nt (Institut) département m; (Kurs) séminaire m, séance f de travaux pratiques.

semitisch [ze'mi:tɪʃ] *adj* sémite; (*LING*) sémitique.

Semmel ['zɛməl] (–, –n) *f* petit pain *m*; ~**brösel** *pl* chapelure *fsg*; ~**knödel** (*SUDD, OSTERR*) *m* quenelle à base de pain et d'œufs.

sen. *abk* (= *senior*) senior.

Senat [ze'na:t] (–(e)s, –e) *m* sénat *m*.

Senator [ze'na:tɔr] (–s, –en) *m* sénateur *m*.

Sende-: ~**bereich** *m* zone *f* d'émission, couverture *f*; ~**folge** *f* (*Serie*) série *f* d'émissions; ~**mast** *m* émetteur *m*.

senden *unreg vt* (*Brief etc*) envoyer; (*ausstrahlen*) émettre ♦ *vi* (*ausstrahlen*) émettre.

Sendepause *f* pause *f*.

Sender (–s, –) *m* émetteur *m*.

Sende-: ~**raum** *m* studio *m*; ~**reihe** *f* série *f* d'émissions; ~**schluß** *m* fin *f* des émissions; ~**station** *f* station *f* (d'émission); ~**zeit** *f* temps *m* d'antenne.

Sendung ['zɛndʊŋ] *f* (*Brief, Paket*) envoi *m*; (*Aufgabe*) mission *f*; (*RUNDF, TV*) émission *f*.

Senegal [ze'negal] *m* le Sénégal.

Senegaler(in) *m(f)* Sénégalais(e) *m/f*.

Senf [zɛnf] (–(e)s, –e) *m* moutarde *f*; **seinen** ~ **dazugeben** (*umg*) (y) mettre son grain de sel; ~**korn** *nt* graine *f* de moutarde.

sengen ['zɛŋən] *vt* (*Haare*) brûler légèrement, roussir; (*Federn*) flamber ♦ *vi* (*Sonne*) taper.

senil [ze'ni:l] (*pej*) *adj* sénile.

Senior ['ze:niɔr] (–s, –en) *m* (*Mensch im Rentenalter*) retraité *m*, personne *f* du troisième âge; (*WIRTS*) associé *m* principal.

Seniorenheim [zeni'o:rənhaɪm] *nt* maison *f* de retraite.

Seniorenpaß [zeni'o:rənpas] *m* ≈ carte *f* Vermeil.

Senkblei ['zɛŋkblaɪ] *nt* fil *m* à plomb.

Senke *f* (*Mulde*) cuvette *f*.

Senkel (–s, –) *m* lacet *m*.

senken *vt* (*Blick, Preise, Stimme*) baisser; (*Steuern*) diminuer; (*Kopf*) pencher, courber; (*TECH*) creuser ♦ *vr* (*Boden*) s'enfoncer; (*Haus*) s'affaisser; (*Wasserspiegel*) baisser.

Senk-: ~**fuß** *m* pied *m* plat; ~**grube** *f* fosse *f* d'aisances; **s**~**recht** *adj* vertical(e); ~**rechte** *f* (*MATH*) perpendiculaire *f*; ~**rechtstarter** *m* (*FLUG*) avion *m* à décollage vertical; (*fig*) personne qui a fait une carrière fulgurante, jeune loup *m*.

Senkung *f* (*das Senken*) abaissement *m*; (*MED*) (test *m* de vitesse de) sédimentation *f* sanguine.

Senner(in) ['zɛnər(ɪn)] *m(f)* berger(-ère) (d'alpage).

Sensation [zenzatsi'o:n] *f* sensation *f*.

sensationell [zɛnzatsio'nɛl] *adj* sensationnel(le).

Sensationsblatt *nt* journal *m* à sensation.

Sensationssucht (*pej*) *f* sensationnalisme *m*.

Sense ['zɛnzə] *f* faux *f*; **dann ist** ~! (*umg*) ça suffit comme ça!

sensibel [zɛn'zi:bəl] *adj* sensible.

sensibilisieren [zɛnzibili'zi:rən] *vt* sensibiliser.

Sensibilität [zɛnzibili'tɛ:t] *f* sensibilité *f*.

sensitiv [zɛnzi'ti:f] *adj* hypersensible, trop sensible.

Sensor ['zɛnzɔr] *m* détecteur *m*.

sentimental [zɛntimɛn'ta:l] *adj* sentimental(e).

Sentimentalität [zɛntimɛntali'tɛ:t] *f* sentimentalisme *m*.

separat [zepa'ra:t] *adj* (*Zimmer, Wohnung*) indépendant(e); (*Eingang*) particulier(-ière); (*Abkommen*) séparé(e).

Sept. *abk* = **September.**

September [zɛp'tɛmbər] (–(s), –) *m* septembre *m*; **im** ~ en septembre; **heute ist der zweite** ~ nous sommes le 2 septembre; **am 2.** ~ le 2 septembre; **im letzten/nächsten** ~ en septembre dernier/prochain.

septisch ['zɛptɪʃ] *adj* (*Wunde*) infecté(e).

sequentiell [zekvɛntsi'ɛl] *adj*: ~**e Datei** fichier *m* séquentiel; ~**er Zugriff** accès *m* séquentiel.

Sequenz [ze'kvɛnts] *f* série *f*; (*FILM, COMPUT*) séquence *f*.

Serbe ['zɛrbə] (–n, –n) *m* Serbe *m*.

Serbien (–s) *nt* la Serbie.

Serbin *f* Serbe *f*.

serbisch *adj* serbe.

serbokroatisch [zɛrbokro'a:tɪʃ] *adj* serbo-croate.

Serenade [zere'na:də] *f* sérénade *f*.

Serie ['ze:riə] *f* série *f*; **etw in** ~ **herstellen** produire qch en série.

seriell [zeri'ɛl] *adj* (*COMPUT*) série *inv*; ~**er Anschluß** accès *m* séquentiel; ~**er Drucker** imprimante *f* séquentielle.

Serien-: ~**anfertigung,** ~**herstellung** *f* production *f* en série; **s**~**mäßig** *adj* (*Ausstattung*) standard *inv*; (*Herstellung*) en série ♦ *adv* (*herstellen*) en série; ~**nummer** *f* numéro *m* de série; ~**schalter** *m* (*ELEK*) commutateur *m* à plusieurs directions; **s**~**weise** *adv* en série.

seriös [zeri'ø:s] *adj* sérieux(-euse); (*anständig*) convenable.

Serpentine [zɛrpɛn'ti:nə] *f* (*Straße*) route *f* en lacet.

Serum ['ze:rʊm] (–s, **Seren**) *nt* sérum *m*.

Service [zɛr'vi:s] (–(s), – *od* –, –s) *nt od m* service *m*.

servieren [zɛr'vi:rən] *vt* (*Essen*) servir; (*Ball*) passer ♦ *vi* servir.

Serviererin [zɛr'vi:rərɪn] *f* serveuse *f*.

Servierwagen (–s, –) *m* table *f* roulante.

Serviette [zɛrvi'ɛtə] *f* serviette *f* (*de table*).

Servobremse ['zɛrvobrɛmzə] *f* servofrein *m*.

Servolenkung *f* direction *f* assistée.

Servus ['zɛrvʊs] (*OSTERR, SUDD*) *interj* salut.

Sesam ['ze:zam] (–s, –s) *m* sésame *m*.

Sessel ['zɛsəl] (–s, –) *m* fauteuil *m*; ~**lift** *m* télésiège *m*.

seßhaft ['zɛshaft] *adj* (*Leben*) sédentaire; (*ansässig*) établi(e).

Set [zɛt] (–s, –s) *nt od m* (*Schlüssel etc*) jeu *m*

(*Unterwäsche etc*) ensemble *m*; (*Deckchen*) set *m* (de table).

Setzei *nt* œuf *m* au plat.

setzen ['zɛtsən] *vt* (*hintun, hinstellen*) poser; (*Gast*) asseoir, placer; (*Hoffnung, Segel, Komma*) mettre; (*Termin, Frist, Ziel*) fixer; (*pflanzen*) planter, repiquer; (*TYP: Text*) composer; (*Geld*) miser ♦ *vr* (*Platz nehmen*) s'asseoir; (*Kaffee, Tee*) tirer; (*Staub, Geruch*) pénétrer ♦ *vi* (*springen*) sauter; (*wetten*) miser; (*TYP*) composer; **etw in Klammern/Anführungszeichen** ~ mettre qch entre parenthèses/guillemets; **jdm ein Denkmal** ~ élever un monument à qn; **jdn auf Diät** ~ mettre qn au régime; **auf ein Pferd** ~ miser sur un cheval; **sich zu jdm** ~ s'asseoir à côté de qn.

Setzer ['zɛtsər] (**-s, -**) *m* (*TYP*) compositeur *m*, typographe *m*.

Setzerei [zɛtsə'raɪ] *f* atelier *m* de composition.

Setzkasten *m* (*TYP*) casse *f*; (*an Wand*) étagère *pour ranger de tout petits bibelots*.

Setzling *m* (*BOT*) semis *m*.

Seuche ['zɔʏçə] *f* épidémie *f*.

Seuchengebiet *nt* zone où sévit une épidémie.

seufzen ['zɔʏftsən] *vi* soupirer.

Seufzer ['zɔʏftsər] (**-s, -**) *m* soupir *m*.

Sex [zɛks] (**-(es)**) *m* sexe *m*.

Sextant [zɛks'tant] (**-en, -en**) *m* sextant *m*.

Sexualität [zɛksuali'tɛːt] *f* sexualité *f*.

Sexualkunde [zɛksu'aːlkʊndə] *f* éducation *f* sexuelle.

sexuell [zɛksu'ɛl] *adj* sexuel(le).

sexy *adj* sexy *inv*.

Seychellen [ze'ʃɛlən] *pl* Seychelles *fpl*.

sezieren [ze'tsiːrən] *vt* disséquer.

SFB *abk* (= *Sender Freies Berlin*) radio berlinoise.

Sfr, sFr *abk* (= *Schweizer Franken*) FS.

Shampoo(n) [ʃɛm'puː(n)] (**-s, -s**) *nt* shampooing *m*.

Shetlandinseln ['ʃɛtlant|ɪnzəln] *pl* îles *fpl* Shetland.

Shorts [ʃɔrts] *pl* short *m*.

Showmaster ['ʃoʊmaːstər] (**-s, -**) *m* animateur *m*.

siamesisch [zia'meːzɪʃ] *adj*: **~e Zwillinge** frères siamois, sœurs siamoises.

Siamkatze *f* chat *m* siamois.

Sibirien [zi'biːriən] (**-s**) *nt* la Sibérie.

sibirisch *adj* sibérien(ne).

sich [zɪç] *pron* se; (*nach präp*) soi; ~ **lieben** s'aimer; **etw bei** ~ **haben** avoir qch sur soi; **hier sitzt es** ~ **gut** on est bien assis, ici.

Sichel ['zɪçəl] (**-, -n**) *f* faucille *f*; (*Mond~*) croissant *m*.

sicher ['zɪçər] *adj* (*gewiß*) sûr(e), certain(e); (*geschützt, ungefährdet*) en sécurité; (*zuverlässig*) sûr(e); (*selbst~*) sûr(e) de moi/lui/d'elle *etc* ♦ *adv* certainement, sûrement; ~ **nicht sûrement pas; aber** ~! mais bien sûr!; ~ **vor** +*Dat* à l'abri de; **sich** *Dat* **einer Sache/jds** ~ **sein** être sûr(e) de qch/qn; ~ **ist** ~ (*umg*) un tiens vaut mieux que deux tu l'auras.

sichergehen *unreg vi* assurer ses arrières.

Sicherheit ['zɪçərhaɪt] *f* sécurité *f*; (*Gewißheit*) certitude *f*; (*Zuverlässigkeit*) sûreté *f*, fiabilité *f*; (*Selbst~*) assurance *f*; **jdn/etw in** ~ **bringen** mettre qn/qch en sécurité; **sich in** ~ **bringen** se mettre en sécurité; ~ **leisten** (*WIRTS*) se porter garant(e).

Sicherheits-: ~**abstand** *m* distance suffisante pour freiner; ~**bestimmungen** *pl* mesures *fpl* de sécurité; ~**bindung** *f* (*SKI*) fixation *f* de sécurité; ~**einrichtungen** *pl* dispositif *m* de sécurité; ~**glas** *nt* verre *m* sécurit ®; ~**gurt** *m* ceinture *f* de sécurité; **s~halber** *adv* par mesure de sécurité; ~**nadel** *f* épingle *f* de sûreté *od* de nourrice; ~**polizei** *f* (services *mpl* de la) Sûreté *f*; ~**rat** *m* (*der UNO*) Conseil *m* de sécurité; ~**schloß** *nt* serrure *f* de sécurité; ~**spanne** *f* marge *f* de sécurité; ~**verschluß** *m* cran *m* de sécurité; ~**vorkehrung** *f* mesure *f* de sécurité.

sicherlich *adv* certainement.

sichern *vt* (*Tür, Fenster*) bien fermer; (*Waffe*) mettre le cran de sûreté de; (*Bergsteiger; garantieren*) assurer; ~ **gegen** *od* **vor** +*Dat* (*schützen*) protéger contre *od* de; **jdm etw** ~ obtenir qch pour qn; **sich etw** ~ se procurer qch.

sicherstellen *vt* (*Beute*) mettre en sécurité; (*gewährleisten*) garantir; (*COMPUT*) sauvegarder.

Sicherung *f* protection *f*; (*an Waffen*) cran *m* de sécurité; (*ELEK*) plombs *mpl*; **da ist (bei) ihm die** ~ **durchgebrannt** (*umg*) là, il a piqué une crise.

Sicherungskopie *f* copie *f* de sécurité, double *m*.

Sicht [zɪçt] *f* (*Sehweite*) visibilité *f*; (*Betrachtungsweise*) manière *f* de voir; (*Ausblick*) vue *f*; **auf od nach** ~ (*WIRTS*) à vue; **auf lange od weite** ~ à long terme; **s~bar** *adj* visible; (*offensichtlich*) visible, sensible; ~**barkeit** *f* visibilité *f*; ~**blende** *f* paravent *m*.

sichten *vt* apercevoir; (*ordnen*) classer; (*durchsehen*) examiner.

sicht-: ~**lich** *adj* évident(e) ♦ *adv* de toute évidence; **S~verhältnisse** *pl* visibilité *f*; **S~vermerk** *m* visa *m*; **S~weite** *f* visibilité *f*; **außer/in S~weite** hors de/en vue.

Sickergrube *f* fosse *f* d'aisances.

sickern ['zɪkərn] *vi* (*Flüssigkeit*) suinter; (*Nachricht*) transpirer.

Sie (*Akk* **Sie,** *Dat* **Ihnen**) *pron* vous.

sie [ziː] (*Akk* **sie,** *Dat* *sg* **ihr,** *Dat pl* **ihnen**) *pron* (*weiblich: sg: Nom*) elle; (: *Akk*) la; (*pl: Nom*) elles; (: *Akk*) les; **für** ~ pour elle; (*pl*) pour eux(elles); (*männlich: Nom*) il; (: *Akk*) le; (: *Dat*) lui; (: *pl: Nom*) ils; (: *pl: Akk*) les.

Sieb [ziːp] (**-(e)s, -e**) *nt* tamis *m*; (*Gemüse~*) passoire *f*; (*Tee~*) passoire, passe-thé *m*.

sieben[1] ['ziːbən] *vt* tamiser; (*fig*) trier ♦ *vi*: **bei der Prüfung wird stark gesiebt** (*umg*) beaucoup de gens vont se planter à cet examen.

sieben[2] ['ziːbən] *num* sept; **S~gebirge** *nt*: **das**

S~**gebirge** le Siebengebirge (chaîne de monta-gnes de Rhénanie); ~**hundert** num sept cent; S~**meter** m (SPORT) pénalité f; S~**sachen** pl affaires fpl; S~**schläfer** m loir m; ~**tausend** num sept mille.

siebte(r, s) ['zi:ptə(r, z)] adj septième.

Siebtel (–s, –) nt septième m.

siebzehn ['zi:ptse:n] num dix-sept; ~**te(r, s)** adj dix-septième.

siebzig ['zi:ptsɪç] num soixante-dix; ~**ste(r, s)** adj soixante-dixième.

siedeln ['zi:dəln] vi s'établir.

sieden ['zi:dən] unreg vi (Wasser) bouillir.

Siedepunkt m point m d'ébullition.

Siedler (–s, –) m colon m.

Siedlung f (Ansiedlung) établissement m, ag-glomération f; (Neubau~ etc) cité f.

Sieg [zi:k] (–(e)s, –e) m victoire f.

Siegel ['zi:gəl] (–s, –) nt sceau m; ~**lack** m cire f à cacheter; ~**ring** m chevalière f.

siegen ['zi:gən] vi remporter la od une victoi-re, vaincre; **über jdn/etw** ~ battre qn/qch.

Sieger(in) (–s, –) m(f) vainqueur m; **zweiter** ~ second m; ~**ehrung** f (SPORT) remise f des médailles; ~**macht** f pays m qui a gagné la guerre.

siegessicher adj sûr(e) de réussir.

Siegeszug m marche f victorieuse.

siegreich adj victorieux(-euse).

siehe etc ['zi:ə] vb siehe **sehen**.

Siel [zi:l] (–(e)s, –e) nt od m (Schleuse) vanne f; (Abwasserkanal) égout m.

Sierra Leone ['ziɛralɛ'o:nə] nt la Sierra Leone.

siezen ['zi:tsən] (umg) vt vouvoyer.

Signal [zɪ'gna:l] (–s, –e) nt signal m; ~**anlage** f signal m (de route).

signalisieren [zɪgnali'zi:rən] vt signaler, indi-quer.

Signatur [zɪgna'tu:r] f (geh: Unterschrift) signa-ture f; (Bibliotheks~) cote f.

signieren [zɪ'gni:rən] vt signer.

Silbe ['zɪlbə] f syllabe f.

Silber ['zɪlbər] (–s) nt argent m; ~**bergwerk** nt mine f d'argent; ~**blick** m: **einen ~blick haben** avoir un léger strabisme; ~**hochzeit** f noces fpl d'argent.

silbern adj (aus Silber) d'argent, en argent; (Klang) argentin(e); (Jubiläum, Hochzeit etc) d'argent.

Silberpapier nt papier m aluminium od d'ar-gent.

Silhouette [zilu'ɛtə] f silhouette f.

Silikonchip [zili'ko:ntʃɪp] m, **Silikon-plättchen** nt puce f (électronique), micro-plaquette f.

Silo ['zi:lo] (–s, –s) nt od m silo m.

Silvaner [zɪl'va:nər] (–s, –) m cépage de vin blanc.

Silvester [zɪl'vɛstər] (–s, –) nt, **Silvester-abend** m Saint-Sylvestre f, réveillon m du jour de l'an.

Simbabwe [zɪm'ba:bvə] (–s) nt le Zimbabwe.

simpel ['zɪmpəl] adj (Aufgabe) très simple; **S~** (–s, –; umg) m idiot(e).

Sims [zɪms] (–es, –e) m od nt (Kamin~) dessus m de cheminée; (Fenster~) rebord m (de fe-nêtre).

Simulant(in) [zimu'lant(ɪn)] (–en, –en) m(f) faux(fausse) malade m/f.

Simulator [zimu'la:tɔr] (–s, –en) m simulateur m.

simulieren [zimu'li:rən] vt simuler ♦ vi faire semblant.

simultan [zimʊl'ta:n] adj simultané(e) ♦ adv: ~ **dolmetschen** faire de la traduction simulta-née; **S~dolmetscher** m interprète m (qui fait de la traduction simultanée).

sind [zɪnt] vb siehe **sein**.

Sinfonie [zɪnfo'ni:] f symphonie f.

Singapur ['zɪngapu:r] (–s) nt Singapour.

singen ['zɪŋən] unreg vi, vt chanter.

Singhalese(-in) [zɪŋga'le:zə] m(f) Cingalais(e) m/f.

singhalesisch adj cingalais(e).

Single[1] ['sɪŋəl] (–s, –s) m (Alleinlebender) céli-bataire m/f.

Single[2] ['sɪŋəl] (–(s), –(s)) nt (TENNIS etc) sim-ple m.

Single[3] ['sɪŋəl] (–, –(s)) f (Schallplatte) 45 tours msg.

Sing-: ~**sang** m (Gesang) chant m monotone; ~**spiel** nt comédie f lyrique, opéra-comique m; ~**stimme** f (Vokalpart) partie f chorale od vocale.

Singular ['zɪngula:r] (–s, –e) m singulier m.

Singvogel ['zɪŋfo:gəl] m oiseau m chanteur.

sinken ['zɪŋkən] unreg vi (Schiff) couler, som-brer; (Sonne) se coucher, disparaître; (Kopf, Hände) tomber; (niedriger werden, abnehmen) baisser; (Boden, Gebäude, Fundament) s'affais-ser; **das Wasser ist gesunken** le niveau de l'eau a baissé; **den Mut/die Hoffnung ~ lassen** perdre courage/espoir.

Sinn [zɪn] (–(e)s, –e) m sens m; (Bewußtsein) conscience f; **im ~e des Verstorbenen** selon les dernières volontés du défunt; **im ~e des Gesetzes** selon la loi; ~ **für etw haben** avoir le sens de qch; **es hat keinen/wenig ~** ça ne sert à rien/pas à grand-chose; **die fünf ~e** les cinq sens mpl; **der sechste ~** le sixième sens; **seine fünf ~e zusammennehmen** se concen-trer; **etw im ~ haben** songer à (faire) qch; **das war nicht der ~ der Sache** ce n'était pas ce qui était prévu; **es kam mir plötzlich in den ~** ça m'est soudain venu à l'esprit; **von ~en sein** avoir tous ses esprits; ~**bild** nt symbole m; **s~bildlich** adj symbolique.

sinnen unreg vi (nachdenken) songer; **auf etw** Akk ~ méditer qch.

Sinnenmensch m épicurien m.

Sinnes-: ~**organ** nt organe m des sens; ~**täuschung** f hallucination f; ~**wandel** m changement m de dispositions, revirement m.

sinnfällig adj qui tombe sous le sens.

sinngemäß adj (Übersetzung, Wiedergabe) qui

respecte l'esprit plutôt que la lettre, libre.
sinnig *adj* (*Verhalten*) raisonnable; (*Geschenk*) pratique; (*ironisch*) vraiment intelligent(e).
sinn-: ~**lich** *adj* sensuel(le); (*Eindruck*) des sens; (*Wahrnehmung*) par les sens; **S~lichkeit** *f* sensualité *f*; ~**los** *adj* (*unsinnig*) insensé(e) ♦ *adv*: ~**los betrunken** ivre mort(e); **in seiner ~losen Wut hat er alle Scheiben eingeschlagen** fou de rage, il a cassé toutes les vitres; **S~losigkeit** *f* inutilité *f*, vanité *f*; ~**reich** *adj* (*Einrichtung*) utile; ~**verwandt** *adj* synonyme; ~**voll** *adj* (*Leben, Arbeit*) qui a un sens; (*Einrichtung, Gebrauch*) intelligent(e); (*nützlich*) utile.
Sintflut ['zɪntfluːt] *f* déluge *m*; **nach mir die ~** (*umg*) après moi le déluge; **s~artig** *adj*: **s~artige Regenfälle** pluies *fpl* torrentielles.
Sinus ['ziːnʊs] (–, – *od* –**se**) *m* sinus *m*; ~**satz** *m* théorème *m* de trigonométrie.
Siphon [zi'fõː] (–**s**, –**s**) *m* siphon *m*.
Sippe ['zɪpə] *f* tribu *f*.
Sippschaft ['zɪpʃaft] (*pej: umg*) *f* (*Verwandtschaft*) tribu *f*, smala *f*; (*Bande*) équipe *f*.
Sirene [zi're:nə] *f* sirène *f*.
Sirup ['ziːrʊp] (–**s**, –**e**) *m* sirop *m*.
Sisal ['ziːzal] (–**s**) *m* sisal *m*.
Sisyphusarbeit ['ziːzyfʊsarbaɪt] *f* travail *m* de Sisyphe, tâche *f* ingrate.
Sit-in [sɪt'ʔɪn] (–(**s**), –**s**) *nt*: **ein ~-~ machen** organiser un sit-in.
Sitte ['zɪtə] *f* (*Gewohnheit*) coutume *f*; (*gew pl: Manieren*) manières *fpl*; (: *Sittlichkeit*) mœurs *fpl*; **das ist bei uns so ~** c'est la coutume chez nous; **was sind denn das für ~n?** en voilà des manières!
Sitten-: ~**polizei** *f* brigade *f* mondaine *od* des mœurs; ~**strolch** (*umg*) *m* satyre *m*; **s~widrig** *adj* immoral(e).
Sittich ['zɪtɪç] (–(**e**)**s**, –**e**) *m* perruche *f*.
sitt-: ~**lich** *adj* moral(e); **S~lichkeit** *f* moralité *f*; **S~lichkeitsverbrechen** *nt* crime *m* d'ordre sexuel; ~**sam** *adj* (*wohlerzogen*) bien élevé(e); (*schamhaft*) pudique.
Situation [zituatsi'o:n] *f* situation *f*.
situiert [zitu'i:rt] *adj*: **gut ~ sein** vivre dans l'aisance.
Sitz [zɪts] (–**es**, –**e**) *m* siège *m*; (~*fläche*) assise *f*; **auf einen ~** (*umg*) d'un coup; **der Anzug hat einen guten ~** ce costume lui/vous *etc* va bien; ~**bad** *nt* baignoire *f* sabot.
sitzen *unreg vi* être assis(e); (*Kleidung*) aller (bien); (*Bemerkung*) faire de l'effet; (*im Gefängnis*) être en prison; ~ **bleiben** être assis(e), **locker ~** (*Deckel, Schraube etc*) ne pas être bien vissé; **so lange üben, bis der Stoff sitzt** (*umg*) répéter jusqu'à ce qu'on ait retenu sa leçon; **einen ~ haben** (*umg*) avoir un verre dans le nez; **er sitzt im Kultusministerium** (*umg*) il est au ministère de la Culture.
sitzenbleiben *unreg vi* (*SCH*) redoubler; (*Mädchen*) avoir coiffé sainte Catherine; **auf etw** *Dat* ~ (*fig*) ne pas arriver à vendre qch,

se retrouver avec qch sur les bras.
sitzend *adj* (*Tätigkeit*) sédentaire.
sitzenlassen *unreg vt* (*SCH*) faire redoubler; (*Mädchen*) laisser tomber; (*Wartenden*) poser un lapin à; **etw (nicht) auf sich** *Dat* ~ (ne pas) encaisser qch.
Sitz-: ~**fleisch** (*umg*) *nt*: ~**fleisch haben** (*Gast*) s'incruster; (*ausdauernd sein*) être têtu(e); **kein ~fleisch haben** (*nicht ausdauernd sein*) manquer d'endurance; ~**gelegenheit** *f* siège *m*; ~**ordnung** *f* plan *m* de table; ~**platz** *m* siège *m*; **40 ~plätze** 40 places assises; ~**streik** *m* sit-in *m*.
Sitzung *f* (*Versammlung*) séance *f*.
Sitzungssaal *m* salle *f* de conférences.
Sizilianer(in) [zitsili'a:nər(ɪn)] (–**s**, –) *m(f)* Sicilien(ne).
sizilianisch *adj* sicilien(ne).
Sizilien [zi'tsi:liən] (–**s**) *nt* la Sicile.
Skai ® [skaɪ] (–**s**) *nt* skaï ® *m*.
Skala ['ska:la] (–, **Skalen**) *f* (*von Meßinstrumenten*) échelle *f*; (*Farb~*) gamme *f*.
Skalpell [skal'pɛl] (–(**e**)**s**, –**e**) *nt* scalpel *m*.
skalpieren [skal'pi:rən] *vt* scalper.
Skandal [skan'da:l] (–**s**, –**e**) *m* scandale *m*.
skandalös [skanda'løːs] *adj* scandaleux(-euse).
Skandinavien [skandi'na:viən] (–**s**) *nt* la Scandinavie.
Skandinavier(in) *m(f)* Scandinave *m/f*.
skandinavisch *adj* scandinave.
Skat [ska:t] (–(**e**)**s**, –**e** *od* –**s**) *m* jeu *m* de cartes pour trois joueurs.
Skateboard ['ske:tbɔːd] (–**s**, –**s**) *nt* planche *f* à roulettes.
Skelett [ske'lɛt] (–(**e**)**s**, –**e**) *nt* squelette *m*.
Skepsis ['skɛpsɪs] (–) *f* scepticisme *m*.
skeptisch ['skɛptɪʃ] *adj* sceptique.
Ski [ʃiː] (–**s**, –**er**) *m* ski *m*; ~ **laufen** *od* **fahren** faire du ski; ~**bob** *m* ski-bob *m*; ~**fahrer(in)** *m(f)* skieur(-euse); ~**fliegen** *nt* saut *m* à ski; ~**hütte** *f* cabane *f* de montagne (pour skieurs); ~**langlauf** *m* ski *m* de fond; ~**läufer(in)** *m(f)* skieur(-euse); ~**lehrer(in)** *m(f)* moniteur(-trice) de ski; ~**lift** *m* téléski *m*; ~**springen** *nt* saut *m* à ski; ~**stiefel** *m* chaussure *f* de ski; ~**stock** *m* bâton *m* de ski; ~**wachs** *nt* fart *m*.
Skizze ['skɪtsə] *f* esquisse *f*.
skizzieren [skɪ'tsi:rən] *vt* esquisser; (*Bericht*) rédiger le brouillon de; (*Plan etc*) donner les grandes lignes de.
Sklave ['skla:və] (–**n**, –**n**) *m* esclave *m*.
Sklaventreiber (–**s**, –; *pej*) *m* esclavagiste *m*.
Sklaverei [skla:və'raɪ] *f* esclavage *m*.
Sklavin *f* esclave *f*.
sklavisch *adj* d'esclave.
Sklerose [skle'ro:zə] *f* sclérose *f*.
skontieren [skɔn'ti:rən] *vt* accorder une remise sur.
Skonto ['skɔnto] (–**s**, –**s**) *m od nt* escompte *m*.
Skooter ['sku:tər] (–**s**, –) *m* (*auf Jahrmarkt etc*) auto *f* tamponneuse.
Skorbut [skɔr'bu:t] (–(**e**)**s**) *m* scorbut *m*.

Skorpion [skɔrpi'oːn] (**-s, -e**) *m* scorpion *m*; (*ASTROL*) Scorpion.
Skrupel ['skruːpəl] (**-s, -**) *m* scrupule *m*; **s~los** *adj* sans scrupules.
Skulptur [skʊlp'tuːr] *f* sculpture *f*.
skurril [skʊ'riːl] *adj* (*geh*) bizarre.
Slalom ['slaːlɔm] (**-s, -s**) *m* slalom *m*.
Slang [slæŋ] (**-s**) *m* argot *m*; (*Fachjargon*) jargon *m*.
Slave *etc* [sleɪv] = **Slawe** *etc*.
Slawe ['slaːvə] (**-n, -n**) *m* Slave *m*.
Slawin *f* Slave *f*, femme *f* slave.
slawisch *adj* slave.
Slip [slɪp] (**-s, -s**) *m* (*Kleidungsstück*) slip *m*.
Slowake [slo'vaːkə] *m* Slovaque *m*.
Slowakei [slova'kaɪ] *f* Slovaquie *f*.
Slowakin *f* Slovaque *f*.
slowakisch *adj* slovaque.
Slowenien [slo'veːniən] *nt* la Slovénie.
Slum [slam] (**-s, -s**) *m* quartier *m* de taudis.
S.M. *abk* (= *Seine Majestät*) S.M.
Smaragd [sma'rakt] (**-(e)s, -e**) *m* émeraude *f*.
Smog [smɔk] (**-(s), -s**) *m* smog *m*.
Smoking ['smoːkɪŋ] (**-s, -s**) *m* smoking *m*.
SMV (**-, -s**) *f abk* = **Schülermitverwaltung.**
Snob [snɔp] (**-s, -s**) *m* snob *m*.
snobistisch [sno'bɪstɪʃ] *adj* snob *unver.*
SO *abk* (= *Südost(en)*) SE.

═══════════ *SCHLÜSSELWORT*

so [zoː] *adv* **1** (*so sehr*) tellement; **das hat ihn so geärgert, daß** ... ça l'a tellement irrité que ...; **ein so altes Haus** une maison tellement vieille; **so groß/schön wie** ... (*im Vergleich*) aussi grand(e)/beau(belle) que ...
2 (*auf diese Weise*) ainsi, comme ça; **mach es nicht so wie ich** ne suis pas mon exemple; **so oder so** de toute façon; **und so weiter** etc.; **oder so was** ou quelque chose du même genre; **das ist gut so** ça va bien comme ça; **so ist sie nun einmal** elle est comme ça; **das habe ich nur so gesagt** je plaisantais; **so gut es geht** de mon/ton *etc* mieux
3 (*solch*): **so etwas ist noch nie passiert!** ça n'est encore jamais arrivé!, c'est la première fois que ça se produit!; **so ein Haus habe ich noch nie gesehen** je n'ai jamais vu une maison pareille; **so ein Gauner/eine Unverschämtheit!** quel escroc/culot!; **so jemand wie ich** les gens comme moi; **so etwas Schönes!** que c'est beau!; **na so was!** ça alors!
4 (*umg*: *umsonst*): **ich habe es so bekommen** l'ai eu pour rien
♦ *konj*: **sie brach sich ein Bein, so daß sie den Skiurlaub abbrechen mußte** elle s'est cassé la jambe et a (donc) dû interrompre ses vacances de neige; **so wie es jetzt ist** dans les circonstances actuelles
♦ *interj*: **so?** ah oui?; **so, das wär's** bon, voilà.

s.o. *abk* = **siehe oben.**
sobald [zo'balt] *konj* aussitôt que, dès que.

Söckchen [zœkçən] *nt* socquette *f*.
Socke ['zɔkə] *f* chaussette *f*; **sich auf die ~n machen** (*umg*) se mettre en route.
Sockel ['zɔkəl] (**-s, -**) *m* (*von Pfeiler*) socle *m*; (*von Gebäude*) base *f*; (*für Glühbirne*) douille *f*.
Sockenhalter *m* fixe-chaussette *m*.
Sodawasser ['zoːdavasər] *nt* eau *f* de Seltz.
Sodbrennen ['zoːtbrɛnən] (**-s, -**) *nt* brûlures *fpl* d'estomac.
Sodomie [zodo'miː] *f* sodomie *f*.
soeben [zo'|eːbən] *adv* (*vor sehr kurzer Zeit*) justement.
Sofa ['zoːfa] (**-s, -s**) *nt* sofa *m*, canapé *m*.
sofern [zo'fɛrn] *konj* à condition que.
soff *etc* [zɔf] *vb siehe* **saufen.**
Sofia ['zɔfia] *nt* Sofia.
sofort [zo'fɔrt] *adv* immédiatement, tout de suite; **(ich) komme ~!** j'arrive!; **S~hilfe** *f* secours *mpl* d'urgence.
sofortig *adj* immédiat(e).
Sofortmaßnahme *f* mesure *f* d'urgence.
Softeis ['sɔft|aɪs] (**-es**) *nt* crème *f* glacée.
Softie ['zɔftiː] (*umg*) *m* homme *m* tendre.
Software ['zɔftwɛːər] *f* logiciel *m*, software *m*; **s~kompatibel** *adj* compatible au plan du logiciel; **~-Paket** *nt* progiciel *m*.
Sog (**-(e)s, -e**) *m* (*Strömung*) aspiration *f*; (*von Strudel*) mouvement *m*, tourbillon *m*.
sog *etc* [zoːk] *vb siehe* **saugen.**
sog. *abk* = **sogenannt.**
so-: **~gar** [zo'gaːr] *adv* même; **~genannt** *adj* soi-disant *inv*; **~gleich** *adv* immédiatement, tout de suite.
Sogwirkung *f* (*fig*) attraction *f*.
Sohle ['zoːlə] *f* (*Fuß~*) plante *f* (du pied); (*Schuh~*) semelle *f*; (*Tal~ etc*) fond *m*; (*BERGB*) étage *m*; **auf leisen ~n** à pas de loup; **sich Dat die ~n nach etw ablaufen** (*umg*) chercher qch partout.
sohlen *vt* ressemeler.
Sohn [zoːn] (**-(e)s, ̈-e**) *m* fils *m*.
Sojasoße ['zoːjazoːsə] *f* sauce *f* au soja.
solang(e) *konj* tant que.
Solar- [zo'laːr] *in zW* solaire; **~energie** *f* énergie *f* solaire; **~heizung** *f* chauffage *m* à l'énergie solaire.
Solarium [zo'laːriʊm] (**-s**) *nt* solarium *m*.
Solbad ['zoːlbaːt] *nt* (*Kurort*) centre *m* d'hydrothérapie (*eau salée*).
solch [zɔlç] (*auch*: **solche(r, s)**) *adj inv* tel(le); **ein(e) ~e(r, s)** ... un(e) tel(le) ...; **ein ~er Mensch** une telle personne.
Sold [zɔlt] (**-(e)s, -e**) *m* solde *f*.
Soldat [zɔl'daːt] (**-en, -en**) *m* soldat *m*; **s~isch** *adj* (*Haltung*) de soldat; (*Disziplin*) militaire.
Söldner ['zœldnər] (**-s, -**) *m* mercenaire *m*.
Sole ['zoːlə] *f* saumure *f*.
Solei ['zoːlaɪ] *nt* œuf macéré dans du vinaigre.
Soli ['zoːli] *pl von* **Solo.**
solidarisch [zoli'daːrɪʃ] *adj* solidaire.
solidarisieren [zolidari'ziːrən] *vr*: **sich ~ mit** se solidariser avec.
Solidarität [zolidari'tɛːt] *f* solidarité *f*.

Solidaritätsstreik [zolidari'tɛːtsʃtraɪk] *m* grève *f* de solidarité.

Solidarpakt *m mesures destinées à financer la réunification allemande.*

solid(e) [zo'liːd(ə)] *adj* (*Material*) solide; (*Leben, Person*) respectable; (*Arbeit, Wissen*) approfondi(e).

Solist(in) [zo'lɪst(ɪn)] *m(f)* soliste *m/f*.

Soll (**–(s), –(s)**) *nt* (*FINANZ*) débit *m*; (*Arbeitsmenge*) objectif *m* (de production); ~ **und Haben** le débit et le crédit.

soll *etc* [zɔl] *vb siehe* **sollen**.

===================== *SCHLÜSSELWORT*

sollen ['zɔlən] (*pt* **sollte**, *pp* **gesollt** *od* (*als Hilfsverb*) **sollen**) **1** (*Pflicht, Befehl*) devoir; **was soll ich tun?** que (dois-je) faire?; **du hättest nicht gehen sollen** tu n'aurais pas dû y aller; **komm, ruf einfach bei ihm an! – soll ich?** allez, appelle-le! – tu crois?; **soll ich dir helfen?** je peux t'aider?; **ich sollt dich von ihm grüßen** il m'a demandé de bien te saluer; **du sollst nicht töten** (*Bibel*) tu ne tueras pas; **sag ihm, er soll warten** dis-lui d'attendre; **das sollst du nicht (machen** *od* **tun)** c'est défendu

2 (*Vermutung*): **sie soll verheiratet sein** elle serait mariée; **was soll das (heißen)?** qu'est-ce que ça signifie?; **was soll's?** et puis zut!; **was soll's?** et puis zut!; **man sollte glauben, daß** ... on dirait presque que ...; **sollte das passieren, ...** si cela devait se produire *od* le cas échéant, ...; **mir soll es gleich sein** pour moi, c'est du pareil au même

3 (*konjunktivisch*): **er sollte sie nie wiedersehen** il ne devait jamais la revoir.

──────────────

sollte *etc* ['zɔltə] *vb siehe* **sollen**.
Solo (**–s, –s** *od* **Soli**) *nt* solo *m*.
solo ['zoːlo] *adv* (*MUS*) en solo; (*umg*) tout(e) seul(e).
solvent [zɔl'vɛnt] *adj* solvable.
Solvenz [zɔl'vɛnts] *f* solvabilité *f*.
Somalia [zo'maːlia] *nt* la Somalie.
Sombrero [zɔm'breːro] (**–s, –s**) *m* sombrero *m*.
somit [zo'mɪt] *konj* par conséquent, donc.
Sommer ['zɔmər] (**–s, –**) *m* été *m*; ~ **wie Winter** été comme hiver; ~**ferien** *pl* vacances *fpl* d'été; (*JUR*) vacances judiciaires; ~**frische** *f* vacances *fpl* d'été; ~**halbjahr** *nt* semestre *m* d'été; ~**kleid** *nt* robe *f* d'été; **s~lich** *adj* (*Wetter*) estival(e); (*Kleidung*) d'été; ~**reifen** *m* pneu *m* (normal); **s~s** *adv* en été; ~**schlußverkauf** *m* soldes *mpl* d'automne; ~**semester** *nt* semestre *m* d'été; ~**sprossen** *pl* taches *fpl* de rousseur; ~**zeit** *f* été *m*.
Sonate [zo'naːtə] *f* sonate *f*.
Sonde ['zɔndə] *f* sonde *f*.
Sonder- ['zɔndər] *in zW* spécial(e); ~**anfertigung** *f* modèle *m* fait sur mesure; ~**angebot** *nt* offre *f* spéciale; ~**ausgabe** *f* édition *f* spéciale; **s~bar** *adj* étrange; ~**beauftragte(r)** *f(m)* envoyé(e) spécial(e); ~**fahrt** *f* excursion *f*

spéciale; ~**fall** *m* exception *f*; **s~gleichen** *adj unver*: **eine Frechheit s~gleichen** une impertinence sans pareille; ~**konto** *nt* compte *m* spécial; **s~lich** *adj* (*sonderbar*) étrange; (*besonders, eigenartig*) particulier(-ière) ♦ *adv* (*besonders*) particulièrement; **ohne s~liche Begeisterung** sans grand enthousiasme; ~**ling** *m* original *m*; ~**marke** *f* timbre *m* spécial; ~**müll** *m* déchets *mpl* spéciaux.
sondern *konj* mais ♦ *vt* séparer; **nicht nur ..., ~ auch ...** non seulement ..., mais encore ... .
Sonder-: ~**preis** *m* prix *m* spécial; ~**regelung** *f* règle *f* spéciale, exception *f*; ~**schule** *f* établissement *m* scolaire spécialisé; ~**stempel** *m* (*bei Post*) cachet *m* (d'oblitération) spécial; ~**vergünstigungen** *pl* à-côtés *mpl*; ~**wünsche** *pl* souhaits *mpl* (particuliers); ~**zug** *m* train *m* spécial.
sondieren [zɔn'diːrən] *vt* sonder ♦ *vi* sonder, faire un sondage.
Sonett [zo'nɛt] (**–(e)s, –e**) *nt* sonnet *m*.
Sonnabend ['zɔn|aːbənt] *m* dimanche *m*; *siehe auch* **Dienstag**.
Sonne ['zɔnə] *f* soleil *m*; **an die ~ gehen** sortir (au soleil).
sonnen *vt* mettre au soleil ♦ *vr* prendre des bains de soleil, se bronzer.
Sonnen-: ~**aufgang** *m* lever *m* du *od* de soleil; **s~baden** *vi* prendre un bain *od* des bains de soleil; ~**blume** *f* tournesol *m*; ~**brand** *m* coup *m* de soleil; ~**brille** *f* lunettes *fpl* de soleil; ~**creme** *f* crème *f* solaire; ~**energie** *f* solaire; ~**finsternis** *f* éclipse *f* (de soleil); ~**fleck** *m* tache *f* solaire; **s~gebräunt** *adj* bronzé(e); ~**hut** *m* chapeau *m* de soleil *od* de plage; **s~klar** *adj* ensoleillé(e); (*umg: eindeutig*) clair(e) comme le jour; ~**licht** *nt* (*lumière f* du) soleil *m*; ~**milch** *f* lait *m od* lotion *f* solaire; ~**öl** *nt* huile *f* solaire; ~**schein** *m* soleil *m*; ~**schirm** *m* parasol *m*; ~**schutz** *m* protection *f* solaire *od* contre le soleil; ~**schutzfaktor** *m* facteur *m* de protection; ~**segel** *nt* vélum *m*; ~**stich** *m* insolation *f*; ~**system** *nt* système *m* solaire; ~**uhr** *f* cadran *m* solaire; ~**untergang** *m* coucher *m* de *od* du soleil; ~**wende** *f* solstice *m*; ~**zelle** *f* (*PHYS*) cellule *f* photo-électrique.
sonnig ['zɔnɪç] *adj* ensoleillé(e); (*Gemüt*) heureux(-euse).
Sonntag ['zɔntaːk] *m* dimanche *m*; *siehe auch* **Dienstag**.
sonntäglich *adj attrib* du dimanche ♦ *adv*: ~ **gekleidet** endimanché(e).
sonntags *adv* le dimanche.
Sonntagsdienst *m*: ~ **haben** (*Apotheke*) être ouvert(e) le dimanche.
Sonntagsfahrer (*pej*) *m* chauffeur *m* du dimanche.
sonst [zɔnst] *adv* (*außerdem*) sinon; (*in anderen Beziehungen*) autrement; (*zu anderer Zeit*) une autre fois; (*gewöhnlich*) d'habitude; (*ehemals*) avant ♦ *konj* sinon; **wer/was** ~? qui/quoi d'autre?; ~ **noch etwas?** et avec ça?, ce sera

tout?; ~ **nichts** c'est tout; **er denkt, er ist** ~ **wer** (*umg*) il se prend pour quelqu'un d'important; **alles war wie** ~ rien n'avait changé; ~ **geht's dir gut?** (*ironisch: umg*) ça va pas?

sonstig *adj* autre; „~**es**" "divers".

sonst-: ~**jemand** (*umg*) *pron* (*wer auch immer*) quelqu'un d'autre, n'importe qui; ~**was** (*umg*) *pron:* **da kann ja** ~**was passieren** il peut arriver quelque chose; ~**wer** (*umg*) *pron* (*wer auch immer*) quelqu'un d'autre, n'importe qui; ~**wo** (*umg*) *adv* quelque part (d'autre), ailleurs; ~**woher** (*umg*) *adv* de quelque part (d'autre); ~**wo(hin)** (*umg*) *adv* quelque part.

sooft [zoˈʔɔft] *konj* aussi souvent que.

Sopran [zoˈpraːn] (**-s, -e**) *m* (voix *f* de) soprano *m*; (*Mensch*) soprano *m/f.*

Sopranistin [zopraˈnɪstɪn] *f* soprano *f.*

Sopranschlüssel *m* clé *f* d'ut, première ligne *f.*

Sorge [ˈzɔrɡə] *f* souci *m*; (*Fürsorge*) soin *m*; **dafür** ~ **tragen, daß ...** (*geh*) veiller à ce que ...; **sich** *Dat* **um jdn/etw** ~**n machen** se faire du souci pour qn/qch; **in** ~ **sein** se faire du souci.

sorgen *vi:* **für jdn** ~ s'occuper de qn ♦ *vr* se faire du souci(s); **sich** ~ **um** se faire du souci pour; **dafür** ~, **daß ...** veiller à ce que ...; **dafür ist gesorgt** on s'en occupe; **für Ruhe** ~ rétablir le calme; **für große Aufregung** ~ provoquer des remous; ~**frei** *adj* (*Leben*) sans souci(s); **S**~**kind** *nt* enfant *m* handicapé; ~**voll** *adj* soucieux(-euse); (*Worte*) plein(e) d'inquiétude.

Sorgerecht (**-(e)s**) *nt* droit *m* de garde.

Sorgfalt [ˈzɔrkfalt] (**-**) *f* soin *m*; **viel** ~ **auf etw** *Akk* **verwenden** faire qch très soigneusement.

sorgfältig *adj* (*Arbeit*) soigné(e).

sorglos *adj* (*Leben*) sans souci; (*Mensch*) insouciant(e).

sorgsam *adj* attentif(-ive).

Sorte [ˈzɔrtə] *f* (*Art*) sorte *f*; (*Waren*~) variété *f*; ~**n** *pl* (*FINANZ*) devises *fpl.*

sortieren [zɔrˈtiːrən] *vt* trier.

Sortiermaschine *f* trieuse *f.*

sortiert *adj* assortis(-ies).

Sortiment [zɔrtiˈmɛnt] *nt* assortiment *m*, choix *m.*

SOS *nt abk* SOS *m.*

sosehr [zoˈzeːr] *konj* malgré le fait que; ~ **ich mich angestrengt habe, ich bin nicht fertig geworden** j'ai eu beau faire un gros effort *od* malgré mes efforts, je n'ai pas réussi à terminer.

soso [zoˈzoː] *interj:* ~! (*erstaunt*) ah bon!; (*drohend*) ah ça!

Soße [ˈzoːsə] *f* (*KOCH*) sauce *f*; (*Salat*~) vinaigrette *f.*

Soufflé [zuˈfleː] (**-s, -s**) *nt* soufflé *m.*

Souffleur(-euse) [zuˈfløːr] *m(f)* souffleur(-euse) *m/f.*

soufflieren [zuˈfliːrən] *vt* souffler ♦ *vi* jouer les souffleurs.

soundso [ˈzoː|ʊntˈzoː] *adv:* ~ **lange/breit** *etc* de telle longueur/largeur *etc.*

soundsovielte(r, s) *adj:* **am S**~**n** (*Datum*) le tantième.

Souterrain [zutɛˈrɛ̃ː] (**-s, -s**) *nt* sous-sol *m.*

Souvenir [zuvəˈniːr] (**-s, -s**) *nt* souvenir *m.*

souverän [zuvəˈrɛːn] *adj* (*Staat*) souverain(e); (*Überlegen*) supérieur(e); (*ausgezeichnet*) excellent(e) ♦ *adv* (*fig*) d'une manière remarquable.

Souveränität [zuvərɛniˈtɛːt] *f* (*Unabhängigkeit*) souveraineté *f*; (*Überlegenheit*) supériorité *f*, autorité *f.*

soviel [zoˈfiːl] *konj* autant que ♦ *adv* (*eben*~) autant; ~ **ich weiß, ...** (*wie sehr*) autant que je sache, ...; ~ **für heute!** ça suffit pour aujourd'hui!; **halb/doppelt** ~ deux fois moins/plus; **rede nicht** ~ tu parles trop.

soweit [zoˈvait] *konj* (pour) autant que ♦ *adv:* ~ **sein** (*umg: fertig*) être prêt(e); ~ **wie** *od* **als möglich** autant que possible, dans la mesure du possible; **ich bin** ~ **zufrieden** en gros, je suis satisfait; **das ist ja** ~ **ganz gut** jusqu'ici, ça n'est pas mal; **es ist bald** ~ ça y est presque.

sowenig [zoˈveːnɪç] *konj* aussi peu que; ~ **wie möglich** le moins possible; ~ **sie auch aß, sie wurde nicht dünner** elle avait beau manger très peu, elle ne maigrissait pas.

sowie [zoˈviː] *konj* (*sobald*) dès que; (*ebenso, und*) ainsi que.

sowieso [zoviˈzoː] *adv* de toute façon.

Sowjetbürger(in) *m(f)* citoyen(ne) soviétique, Soviétique *m/f.*

sowjetisch [zɔˈvjɛtɪʃ] *adj* soviétique.

Sowjet-: ~**republik** *f* république *f* soviétique; ~**union** *f* Union *f* soviétique.

sowohl [zoˈvoːl] *konj:* ~ **... als** *od* **wie auch ...** aussi bien ... que ..., autant ... que ... .

sozial [zotsiˈaːl] *adj* social(e) ♦ *adv:* ~ **eingestellt** qui a une conscience sociale; ~**es Jahr** *année de service civil volontaire*; ~**er Wohnungsbau** ≈ HLM *fpl*; **S**~**abbau** *m* réductions *fpl* dans le budget des services sociaux; **S**~**abgaben** *pl* contributions *fpl* à la Sécurité sociale; **S**~**amt** *nt* (bureaux *mpl* des) services *mpl* sociaux; **S**~**arbeiter(in)** *m(f)* travailleur(-euse) social(e); **S**~**beruf** *m* travail *m* social; **S**~**demokrat** *m* social-démocrate *m*; ~**demokratisch** *adj* social(e)-démocrate; **S**~**fall** *m* cas *m* social; **S**~**hilfe** *f* aide *f* sociale, prestations *fpl* sociales.

Sozialisation [zotsializatsiˈoːn] *f* socialisation *f.*

sozialisieren [zotsialiˈziːrən] *vt* (*WIRTS*) étatiser; (*PSYCH, SOZIOLOGIE*) socialiser.

Sozialismus [zotsiaˈlɪsmʊs] *m* socialisme *m.*

Sozialist(in) [zotsiaˈlɪst(ɪn)] *m(f)* socialiste *m/f*; **s**~**isch** *adj* socialiste.

Sozial-: ~**kunde** *f* (*SCH*) éducation *f* civique; ~**leistungen** *pl* cotisation *f* patronale (de Sécurité sociale); ~**pädagoge** (~**pädagogin**) *m(f)* animateur(-trice) *m/f* socio-éducatif

(-ive); ~**partner** m partenaire m social; ~**politik** f politique f sociale; ~**produkt** nt produit m national; ~**rente** f prestations fpl de vieillesse; ~**staat** m État-providence m; ~**versicherung** f ≈ Sécurité f sociale; ~**wohnung** f ≈ HLM f.

Soziologe [zotsio'lo:gə] (-n, -n) m sociologue m.

Soziologie [zotsiolo'gi:] f sociologie f.

Soziologin f sociologue f.

soziologisch [zotsio'lo:gɪʃ] adj sociologique.

Sozius ['zo:tsius] (-, -se) m (WIRTS) associé m; (Motorrad) passager m; ~**sitz** m siège m du passager.

sozusagen [zotsu'za:gən] adv pour ainsi dire.

Spachtel ['ʃpaxtəl] (-s, -) m spatule f.

spachteln vt (Mauerfugen, Ritzen) boucher ♦ vi (umg: essen) manger (de bon appétit).

Spagat [ʃpa'ga:t] (-s, -e) m od nt (SPORT) grand écart m.

Spaghetti [ʃpa'gɛti] pl spaghettis mpl.

spähen ['ʃpɛ:ən] vi regarder.

Spalier [ʃpa'li:r] (-s, -e) nt (Gerüst) espalier m; (Leute) haie f; ~ **stehen** od **ein** ~ **bilden** former od faire la haie; ~**obst** nt fruits cultivés en espalier.

Spalt [ʃpalt] (-(e)s, -e) m (Öffnung) ouverture f; (in Fels) fissure f; (Tür~) entrebâillement m; (fig: Kluft) fossé m.

Spalte f (in Fels, in Mauer) fissure f; (Gletscher~) crevasse f; (in Text) colonne f.

spalten vt (Holz) fendre; (PHYS: Atomkerne) provoquer la fission de; (fig) diviser ♦ vr (Holz) se fendre; (Haare) fourcher; (Gruppe) se diviser.

Spaltung f (fig) scission f; (BIOL) division f; (PHYS) fission f; (des Bewußtseins) schizophrénie f.

Span [ʃpa:n] ((e)s, ⸚e) m copeau m.

Spanferkel nt cochon m de lait.

Spange ['ʃpaŋə] f (Haar~) barrette f; (Schnalle) boucle f; (Armreif) bracelet m.

Spaniel ['ʃpa:niəl] (-s, -s) m épagneul m.

Spanien ['ʃpa:niən] (-s) nt l'Espagne f.

Spanier(in) (-s, -) m(f) Espagnol(e).

spanisch adj espagnol(e); **das kommt mir** ~ **vor** (umg) ça me paraît bizarre; ~**e Wand** paravent m.

spann etc [ʃpan] vb siehe **spinnen**.

Spann [ʃpan] (-(e)s, -e) m cou-de-pied m; ~**beton** (-s) m béton m armé; ~**bett(t)uch** nt drap-housse m; ~**e** f (Zeit~) intervalle m; (Differenz) marge f (bénéficiaire).

spannen vt (straffen) tendre; (Bogen) bander; (einlegen: Werkstück) monter, fixer; (: Briefbogen) mettre ♦ vi (Kleidung) être trop serré(e) ♦ vr (sich wölben: Brücke etc) former un arc; **auf etw** ~ (umg: ungeduldig warten) guetter qch.

spannend adj passionnant(e).

Spanner (-s, -) m (Hosen~) cintre m (pour pantalons); (Schuh~) embauchoir m.

Spannkraft f tension f; (fig) énergie f.

Spannung f tension f; (fig: Neugier) suspense m.

Spannungsgebiet nt région f conflictuelle.

Spannungsmesser m voltmètre m.

Spannweite f (von Flügeln, FLUG) envergure f.

Spanplatte f (panneau m en) aggloméré m.

Spar-: ~**brief** m (FINANZ) lettre f de crédit; ~**buch** nt carnet m d'épargne; ~**büchse** f tirelire f.

sparen ['ʃpa:rən] vt, vi économiser; **sich** Dat **etw** ~ (Arbeit) éviter qch; (Bemerkung) garder qch pour soi; **mit etw** ~ économiser (sur) qch, faire des économies de qch; **an etw** Dat ~ économiser (sur) qch.

Sparer (-s, -) m (bei Bank etc) épargnant m.

Sparflamme f petite flamme f; **auf** ~ (umg) sans se presser.

Spargel ['ʃpargəl] (-s, -) m asperge f.

Spar-: ~**girokonto** nt compte m d'épargne; ~**groschen** m pécule m; ~**kasse** f caisse f d'épargne; ~**konto** nt compte m d'épargne.

spärlich ['ʃpɛ:rlɪç] adj (Rest) petit(e); (Ertrag) maigre; (Haar) rare; (Bekleidung) modeste; (Beleuchtung) faible.

Spar-: ~**maßnahme** f mesure f d'économie; ~**packung** f paquet m familial; ~**programm** nt (bei Waschmaschine) programme m économique; (in Politik) programme d'économies; **s~sam** adj (Mensch) économe; (Gerät, Auto) économique; **s~sam im Verbrauch** à faible consommation (d'énergie), économique; ~**samkeit** f sens m de l'économie; ~**schwein** nt tirelire f (en forme de petit cochon).

spartanisch [ʃpar'ta:nɪʃ] adj spartiate.

Sparte ['ʃpartə] f secteur m; (PRESSE) rubrique f.

Sparvertrag (-(e)s, ⸚e) m contrat m d'épargne.

Spaß [ʃpa:s] (-es, ⸚e) m (Scherz) plaisanterie f; (Freude) plaisir m; **jdm** ~ **machen** amuser qn; **viel** ~! amuse-toi bien!; **er versteht keinen** ~ il n'a pas le sens de l'humour; **s~en** vi plaisanter; **mit ihm ist nicht zu s~en** c'est quelqu'un qui ne plaisante pas.

spaßeshalber adv par plaisanterie, pour rire.

spaßhaft adj drôle.

spaßig adj = **spaßhaft**.

Spaß-: ~**macher** m plaisantin m; ~**verderber** (-s, -) m rabat-joie m inv; ~**vogel** m plaisantin m.

Spastiker ['ʃpastikər] (-s, -) m handicapé m moteur.

spastisch adv: ~ **gelähmt** handicapé(e) moteur.

spät [ʃpɛ:t] adj tardif(-ive) ♦ adv tard; **heute abend wird es** ~ ce n'est pas aujourd'hui qu'on ira se coucher tôt; **wie** ~ **ist es?** quelle heure est-il?; ~ **nachts** tard le soir, tard dans la nuit.

Spaten ['ʃpa:tən] (-s, -) m pelle f, bêche f.

später adj ultérieur(e); (zukünftig) futur(e) ♦ adv plus tard; **an** ~ **denken** penser à l'avenir;

bis ~! (*umg*) à tout à l'heure!
spätestens *adv* au plus tard.
Spätlese *f* (*Wein*) vin vendangé tardivement.
Spatz [ʃpats] (**–en, –en**) *m* moineau *m*.
Spätzle [ˈʃpɛtslə] *pl* pâtes aux œufs.
spazieren [ʃpaˈtsiːrən] *vi* se promener.
spazierenfahren *unreg vi* (aller) faire un tour
♦ *vt* (*ausfahren*) emmener faire un tour;
(*Baby*) aller promener.
spazierengehen *unreg vi* aller se promener.
Spazier-: ~**gang** *m* promenade *f*; **einen** ~**gang
machen** aller se promener, faire une promenade; ~**gänger(in)** *m(f)* promeneur(-euse);
~**stock** *m* canne *f*; ~**weg** *m* sentier *m*.
SPD *f abk* (= *Sozialdemokratische Partei Deutschlands*) parti socialiste allemand.
Specht [ʃpɛçt] (**–(e)s, –e**) *m* (*ZOOL*) pic *m*.
Speck [ʃpɛk] (**–(e)s, –e**) *m* lard *m*; **mit** ~ **fängt
man Mäuse** (*Sprichwort*) ≈ on ne prend pas
les mouches avec du vinaigre; **'ran an den** ~
(*umg*) au boulot!
speckig *adj* (*abgewetzt*) élimé(e).
Spediteur [ʃpediˈtøːr] *m* entrepreneur *m* de
transports; (*Möbel~*) entreprise *f* de déménagement.
Spedition [ʃpeditsiˈoːn] *f* (*Beförderung*) transport *m*; (*Speditionsfirma*) entreprise *f* de
transports; (*Umzugsfirma*) entreprise *f* de déménagement.
Speer [ʃpeːr] (**–(e)s, –e**) *m* lance *f*; (*SPORT*) javelot *m*; ~**werfen** *nt* lancer *m* du javelot.
Speiche [ˈʃpaɪçə] *f* (*von Rad*) rayon *m*.
Speichel [ˈʃpaɪçəl] (**–s**) *m* salive *f*; ~**lecker** (*pej: umg*) *m* lèche-cul *m*.
Speicher [ˈʃpaɪçər] (**–s, –**) *m* (*Lagergebäude*) entrepôt *m*; (*Dach~*) grenier *m*; (*Korn~*) grenier
à blé; (*Wasser~*) réservoir *m*; (*COMPUT*) mémoire *f*.
speichern *vt* (*lagern*) mettre en réserve, entreposer; (*Wasser*) accumuler; (*COMPUT*) mettre en mémoire.
speien [ˈʃpaɪən] *unreg vt* cracher ♦ *vi* (*spucken*)
cracher; (*sich übergeben*) vomir.
Speise [ˈʃpaɪzə] *f* mets *m*, plat *m*; **kalte und
warme** ~**n** plats chauds et froids, plats cuisinés et sandwichs; ~**eis** *nt* (*KOCH*) glace *f*;
~**fett** *nt* graisse *f* et huile *f* alimentaire;
~**kammer** *f* garde-manger *m inv*; ~**karte** *f*
menu *m*.
speisen *vi* (*geh: essen*) manger ♦ *vt* (*TECH: versorgen*): ~ **mit** alimenter en.
Speise-: ~**öl** *nt* huile *f* alimentaire; ~**röhre** *f*
œsophage *m*; ~**saal** *m* salle *f* à manger; ~**wagen** *m* wagon-restaurant *m*; ~**zettel** *m* menu
m.
Spektakel [ʃpɛkˈtaːkəl] (**–s, –**) *nt* (*Veranstaltung*)
spectacle *m* ♦ *m* (*umg: Lärm*) tohu-bohu *m*,
boucan *m*.
spektakulär [ʃpɛktakuˈlɛːr] *adj* spectaculaire.
Spektrum [ˈʃpɛktrʊm] (**–s, –tren**) *nt* (*PHYS*)
spectre *m*; (*geh: fig*) éventail *m*.
Spekulant(in) [ʃpekuˈlant(ɪn)] *m(f)* spéculateur(-trice).

Spekulation [ʃpekulatsiˈoːn] *f* spéculation *f*.
Spekulatius [ʃpekuˈlaːtsiʊs] (**–, –**) *m* (*KOCH*) biscuit sec aux épices, spéculoos *m*.
spekulieren [ʃpekuˈliːrən] *vi* (*FINANZ*) faire de
la spéculation; **auf etw** *Akk* ~ (*umg*) miser
sur qch.
Spelunke [ʃpeˈlʊŋkə] (*pej*) *f* bouge *m*.
spendabel [ʃpɛnˈdaːbəl] (*umg*) *adj* généreux
(-euse).
Spende [ˈʃpɛndə] *f* don *m*.
spenden *vt* (*Geld*) donner, faire don de; (*Blut,
Wasser*) donner; (*Schatten*) faire; (*Seife*) distribuer; **S~konto** *nt* compte sur lequel peuvent
être versés des dons.
Spender(in) (**–s, –**) *m(f)* donateur(-trice);
(*MED*) donneur(-euse) ♦ *m* (*Gerät*) distributeur *m*.
spendieren [ʃpɛnˈdiːrən] *vt* offrir.
Spengler [ˈʃpɛŋlər] (**–s, –**) *m* plombier *m*.
Sperling [ˈʃpɛrlɪŋ] *m* moineau *m*.
Sperma [ˈʃpɛrma] (**–s, Spermen**) *nt* sperme *m*.
Sperrbezirk *m* zone *f* interdite.
Sperre *f* (*Gegenstand*) barrière *f*; (*Fahrkarten~,
Eingangs~*) portillon *m*; (*Verbot*) interdiction *f*,
embargo *m*; (*Polizei~*) barrage *m*; **über etw**
Akk **eine** ~ **verhängen** interdire qch, mettre
un embargo sur qch.
sperren [ˈʃpɛrən] *vt* fermer; (*verbieten*) interdire; (*Konto*) bloquer; (*COMPUT*) invalider;
(*SPORT: Spieler*) suspendre; (*einschließen*) enfermer ♦ *vr*: **sich** ~ **gegen** (*sich sträuben*) s'opposer à ♦ *vi* (*klemmen*) être bloqué(e);
(*schließen*) fermer.
Sperr-: ~**feuer** *nt* (*MIL*) tir *m* de barrage; (*fig*)
avalanche *f*; ~**frist** *f* période *f* de suspension;
~**gebiet** *nt* zone *f* interdite; ~**gut** *nt* marchandise *fpl* encombrantes; ~**holz** *nt*
contre-plaqué *m*.
sperrig *adj* encombrant(e).
Sperr-: ~**konto** *nt* compte *m* bloqué; ~**müll** *m*
déchets *mpl* encombrants; ~**sitz** *m* (*THEAT*)
fauteuil *m* d'orchestre; ~**stunde** *f* heure de
fermeture légale des cafés etc; ~**vermerk** *m*
clause *f od* adjonction *f* restrictive.
Spesen [ˈʃpeːzən] *pl* frais *mpl*.
Spessart [ˈʃpɛsart] (**–s**) *m* plateau boisé de l'Allemagne moyenne.
Spezi [ˈʃpeːtsi] (**–s, –s**; *umg*) *m* (*Freund*) pote *m*;
(*Getränk*) coca-limonade *m*.
Spezial- [ʃpetsiˈaːl] *in zW* spécial(e);
s~angefertigt *adj* fait(e) sur mesure; ~**ausbildung** *f* formation *f* spécialisée; ~**ausführung** *f* modèle *m* spécial; ~**gebiet** *nt* domaine *m* de spécialisation, spécialité *f*.
spezialisieren [ʃpetsialiˈziːrən] *vr*: **sich auf etw**
Akk ~ se spécialiser dans qch.
Spezialisierung *f* spécialisation *f*.
Spezialist(in) [ʃpetsiaˈlɪst(ɪn)] *m(f)*: **ein** ~ **für
etw** un spécialiste de qch.
Spezialität [ʃpetsialiˈtɛːt] *f* spécialité *f*.
speziell [ʃpetsiˈɛl] *adj* spécial(e) ♦ *adv* spécialement.
Spezifikation [ʃpetsifikatsiˈoːn] *f* spécification

f.
spezifisch [ʃpeˈtsiːfɪʃ] adj spécifique.
Sphäre [ˈsfɛːrə] f sphère f.
Sphinx [sfɪŋks] (–, –e) f sphinx m.
spicken [ˈʃpɪkən] vt (KOCH) larder, entrelarder; (Rede) entrelarder ♦ vi (SCH: umg) copier.
Spickzettel (–s, –; umg) m (SCH) antisèche m, tube m.
spie etc [ʃpiː] vb siehe **speien**.
Spiegel [ˈʃpiːɡəl] (–s, –) m miroir m; (Wasserstand) niveau m; (Übersicht) tableau m récapitulatif; (an Uniform) patte f (sur le col d'un uniforme); ~**bild** nt reflet m, image f; **s**~**bildlich** adj (Abbildung) inversé(e).
Spiegelei [ˈʃpiːɡəlˌlai] nt œuf m au plat.
spiegeln vt refléter ♦ vr se refléter ♦ vi (blitzen) briller; (blenden) éblouir; (reflektieren) réfléchir la lumière.
Spiegelreflexkamera f appareil m reflex.
Spiegelschrift f écriture f inversée.
Spiegelung f reflet m.
spiegelverkehrt adj inversé(e).
Spiel [ʃpiːl] (–(e)s, –e) nt jeu m; (SPORT: Wettkampf) match m; (Schau~) pièce f; **leichtes** ~ **(mit od bei jdm) haben** avoir beau jeu (avec qn); **die Hand** od **Finger im** ~ **haben** être compromis(e); **jdm/etw aus dem** ~ **lassen** ne pas impliquer qn/y mêler qch; **sie liebt das** ~ **mit dem Feuer** elle aime jouer avec le feu; **auf dem** ~ **stehen** être en jeu; **etw aufs** ~ **setzen** mettre qch en jeu; ~**automat** f machine f à sous; ~**bank** f casino m; ~**dose** f boîte f à musique.
spielen vt (Instrument) jouer de; (Spiel) jouer à ♦ vi jouer; (stattfinden) se passer; **etw** ~ **lassen** (Beziehungen) faire jouer qch; **was wird hier gespielt?** (umg) mais qu'est-ce qui se passe ici?
spielend adv avec une grande facilité.
Spieler(in) (–s, –) m(f) joueur(-euse).
Spielerei [ʃpiːləˈrai] f (nichts Anstrengendes) jeu m d'enfant; (pej: unwichtiges Extra) gadget m.
spielerisch adj enjoué(e); ~**es Können** (SPORT) aisance f, excellent jeu m.
Spiel-: ~**feld** nt terrain m; ~**film** m film m (long métrage); ~**geld** nt (Einsatz) mise f; (unechtes Geld) argent m factice; ~**karte** f carte f à jouer; ~**kasino** nt casino m; ~**leiter** m (THEAT) régisseur m; (bei Quiz, Gesellschaftsspiel etc) meneur m de jeu; ~**mannszug** m fanfare f; ~**plan** m (THEAT) programme m; ~**platz** m aire f de jeu; ~**raum** m (fig) jeu m, liberté f; ~**regel** f règle f du jeu; ~**sachen** pl jouets mpl; ~**stand** m score m; ~**straße** f rue interdite aux voitures, pour permettre aux enfants d'y jouer; ~**tisch** m table f de jeu od à jouer; ~**uhr** f boîte f à musique; ~**verderber** (–s, –) m trouble-fête m inv; ~**waren** pl jouets mpl; ~**zeit** f (Saison) saison f; (Spieldauer) temps m de jeu; ~**zeug** nt (Gesamtheit) jouets mpl; (einzelner Gegenstand) jouet m.
Spieß [ʃpiːs] m (–es, –e) m (Waffe) lance f; (Brat~

broche f; (Schaschlik~) brochette f; (MIL: umg) sergent m; **den** ~ **umdrehen** od **umkehren** (fig) passer à l'attaque, retourner la situation; **schreien** od **brüllen wie am** ~ (umg) crier comme un enragé.
Spießbürger (pej) m (petit) bourgeois m.
spießen vt: **etw auf etw** ~ (auf Gabel) piquer qch avec qch; (feststecken) épingler qch sur qch.
Spießer (–s,–; pej) m (petit) bourgeois m.
spießig (pej) adj (petit(e)-)bourgeois(e).
Spießrutenlauf [ˈʃpiːsruːtənlaof] m (fig) fait d'affronter une foule hostile.
Spikes [spaiks] pl (SPORT) chaussures fpl à pointes; (AUT) pneus mpl à clous.
Spike(s)reifen [ˈʃpaik(s)raifən] m pneu m à clous.
Spinat [ʃpiˈnaːt] (–(e)s, –e) m épinards mpl.
Spind [ʃpɪnt] (–(e)s, –e) m od nt (petite) armoire f.
spindeldürr [ˈʃpɪndəlˈdyr] adj très maigre, chétif(-ive).
Spinett [ʃpiˈnɛt] (–(e)s, –e) nt épinette f.
Spinne [ˈʃpɪnə] f araignée f.
spinnefeind (umg) adj: **mit jdm** ~ **sein** être à couteaux tirés avec qn; **sich** od **einander** Dat ~ **sein** être à couteaux tirés.
spinnen unreg vt (Garn) filer; (Netz) tisser ♦ vi (umg: verrückt sein) dérailler.
Spinnengewebe nt = Spinngewebe.
Spinnennetz nt toile f d'araignée.
Spinner(in) (–s, –; umg) m(f) cinglé(e).
Spinnerei [ʃpɪnəˈrai] f filature f; (umg) folie f.
Spinngewebe nt toile f d'araignée.
spinnig (umg) adj (verrückt) cinglé(e).
Spinnrad nt rouet m.
Spinnwebe f toile f d'araignée.
Spion [ʃpiˈoːn] (–s, –e) m espion m; (Guckloch) judas m.
Spionage [ʃpioˈnaːʒə] f espionnage m; ~**abwehr** f contre-espionnage m; ~**dienst** m services mpl secrets; ~**satellit** m satellite-espion m.
spionieren [ʃpioˈniːrən] vi faire de l'espionnage.
Spionin f espionne f.
Spirale [ʃpiˈraːlə] f spirale f; (MED) stérilet m.
Spirituosen [ʃpirituˈoːzən] pl spiritueux mpl.
Spiritus [ˈʃpiːritus] (–, –se) m alcool m; ~**kocher** m réchaud m à alcool.
Spital [ʃpiˈtaːl] (–s, -er; ÖSTERR, SCHWEIZ) nt hôpital m.
Spitz (–es, –e) m (ZOOL) loulou m (de Poméranie).
spitz [ʃpɪts] adj (Nadel, Messer) pointu(e); (Bleistift) taillé(e); (MATH: Winkel) obtus(e); (Gesicht) émacié(e); (Zunge) bien pendu(e); (Bemerkung) acerbe; ~**bekommen** unreg (umg) vt: **etw** ~**bekommen** découvrir qch; **S**~**bogen** m arc m en ogive; **S**~**bube** m (umg: Schlingel) petit gredin m.
spitze (umg) adv (toll) super bien.
Spitze f pointe f; (vorderer Teil, erster Platz) tête

f; (*gew pl: Gewebe*) dentelle *f*; (*Stichelei*) coup *m* de griffe; (*Bemerkung*) remarque *f* acerbe; (*führende Gruppe*) direction *f*; **etw auf die ~ treiben** dépasser les bornes *od* aller trop loin avec qch; **das ist (einsame) ~!** (*umg: toll*) c'est super!

Spitzel (**-s, –**) *m* indicateur *m* (de police).

spitzen *vt* (*Bleistift*) tailler; (*Ohren*) dresser.

Spitzen- *in zW* (*erstklassig, höchste*) de première catégorie, excellent(e); (*aus Spitze*) en dentelle; **~marke** *f* excellente marque *f*; **~reiter** *m* (*SPORT*) leader *m*; (*Kandidat*) favori *m*; (*Ware*) article *m* très demandé; (*Schlager*) disque *m* en tête du hit-parade; **~sportler(in)** *m(f)* sportif(-ive) de première catégorie, champion(ne) *m/f*; **~tanz** *m* pointes *fpl*; **~verband** *m* organisation *f* leader dans son secteur; **~zeit** *f* (*Hauptverkehrszeit*) heures *fpl* de pointe; (*Bestzeit*) meilleur temps *m*.

Spitzer (**-s, –**) *m* taille-crayon *m*.

spitzfindig *adj* subtil(e).

spitzig *adj siehe* **spitz**.

Spitz-: **~kehre** *f* (*Haarnadelkurve*) virage *m* en épingle à cheveux; (*SKI*) conversion *f*; **~maus** *f* musaraigne *f*; **~name** *m* surnom *m*.

Spleen [ʃpliːn] (**-s, -e** *od* **-s**; *umg*) *m* manie *f*.

Splitt [ʃplɪt] (**-s, -e**) *m* gravillons *mpl*.

Splitter (**-s, –**) *m* éclat *m*; **s~fasernackt** (*umg*) *adj* nu(e) comme un ver; **~gruppe** *f* groupe *m* dissident.

SPÖ (**–**) *f abk* (= *Sozialistische Partei Österreichs*) parti socialiste autrichien.

sponsern [ˈʃpɔnzərn] *vt* sponsoriser.

Sponsor [ˈʃpɔnzər] (**-s, -s**) *m* sponsor *m*.

spontan [ʃpɔnˈtaːn] *adj* spontané(e).

Spontaneität [ʃpɔntaneiˈtɛːt] *f* spontanéité *f*.

sporadisch [ʃpoˈraːdɪʃ] *adj* sporadique.

Spore [ˈʃpoːrə] *f* spore *f*.

Sporn [ʃpɔrn] (**-(e)s, Sporen**) *m* éperon *m*.

Sport [ʃpɔrt] (**-(e)s, -e**) *m* sport *m*; (*fig*) passe-temps *m inv*; **~ treiben** faire du sport; **sich** *Dat* **einen ~ aus etw machen** prendre un malin plaisir à faire qch; **~abzeichen** *nt* brevet *m* sportif; **~artikel** *m* (*gew pl*) article *m* de sport; **~fest** *nt* fête *f* sportive; **~flugzeug** *nt* petit avion *m*; **~geist** *m* esprit *m* sportif; **~halle** *f* salle *f* de sport; **~klub** *m* club *m* sportif; **~lehrer(in)** *m(f)* professeur *m* d'éducation physique.

Sportler(in) (**-s, –**) *m(f)* sportif(-ive).

sport-: **~lich** *adj* sportif(-ive); (*fair*) fair-play *inv*, sportif(-ive); (*Kleidung, Auto*) de sport; **~lich-elegant** d'une élégance décontractée; **S~medizin** *f* médecine *f* du sport; **S~platz** *m* terrain *m* de sport; **S~schuh** *m* (*Turnschuh*) chaussure *f* de sport, basket *f*; (*sportlicher Schuh*) chaussure sport.

Sportsfreund (*umg*) *m* (*fig*) ami *m*.

Sport-: **~stadion** *nt* stade *m*; **~verein** *m* club *m* sportif; **~wagen** *m* voiture *f* de sport; **~zeug** *nt* affaires *fpl* de sport.

Spot [spɔt] (**-s, -s**) *m* spot *m*.

Spott [ʃpɔt] (**-(e)s**) *m* railleries *fpl*; **s~billig**

(*umg*) *adj* (*Ware*) donné(e); **s~en** *vi*: **s~en über** +*Akk* se moquer de; **das spottet jeder Beschreibung** c'est indescriptible.

Spötter (**-s, –**) *m* moqueur *m*.

spöttisch [ˈʃpœtɪʃ] *adj* moqueur(-euse).

sprach *etc* [ʃpraːx] *vb siehe* **sprechen**.

Sprachbarriere *f* barrière *f* linguistique.

sprachbegabt *adj* doué(e) pour les langues.

Sprache *f* langue *f*; (*Sprechfähigkeit*) parole *f*; (*Ausdrucksweise*) style *m*; (*Art zu Sprechen*) manière *f* de parler; (*durch Zeichen, Musik etc*) langage *m*; **heraus mit der ~!** (*umg*) parle!; **zur ~ kommen** être mentionné(e); **jdm bleibt die ~ weg** qn reste bouche bée; **etw zur ~ bringen** mentionner qch; **in französischer ~** en langue française.

Sprachenschule *f* école *f* de langues.

Sprach-: **~fehler** *m* défaut *m* d'élocution; **~fertigkeit** *f* facilité *f* *od* aisance *f* (à s'exprimer); **~führer** *m* manuel *m* de conversation; **~gebrauch** *m* usage *m*; **~gefühl** *nt* sens *m* linguistique; **~kenntnisse** *pl* connaissances *fpl* linguistiques, langues *fpl* étrangères; **keine ~kenntnisse haben** ne pas parler de langues étrangères; **mit guten englischen ~kenntnissen** avec de bonnes connaissances d'anglais; **~kurs** *m* cours *m* de langue; **~labor** *nt* laboratoire *m* de langues; **~lehre** *f* grammaire *f*; **s~lich** *adj* (*Vergleich*) linguistique; **s~los** *adj* muet(te); (*erschrocken*) héberlué(e), muet(te); **~rohr** *nt* (*fig*) voix *f*; **~störung** *f* défaut *m* d'élocution; **~wissenschaft** *f* linguistique *f*.

sprang *etc* [ʃpraŋ] *vb siehe* **springen**.

Spray [spreː] (**-s, -s**) *m od nt* spray *m*; **~dose** *f* aérosol *m*, spray *m*.

sprayen *vt* vaporiser.

Sprechanlage *f* interphone *m*.

Sprechblase *f* bulle *f*.

sprechen [ˈʃprɛçən] *unreg vi* parler ♦ *vt* (*Worte*) dire; (*Sprache*) parler; (*jdn*) parler à; **mit jdm ~** parler avec qn; **über etw** *Akk* **~** parler de qch; **das spricht für ihn** c'est tout à son honneur; **frei ~** parler librement; **nicht gut auf jdn/etw zu ~ sein** ne pas avoir une haute opinion de qn/qch; **es spricht vieles dafür, daß ...** tout semble indiquer que ...; **hier spricht man Spanisch** ici on parle espagnol; **wir ~ uns noch!** je n'ai pas dit mon dernier mot!

sprechend *adj* (*Augen*) expressif(-ive); (*Beweis*) formel(le).

Sprecher(in) (**-s, –**) *m(f)* locuteur(-trice); (*für Gruppe*) porte-parole *m inv*; (*RUNDF, TV*) speaker(ine).

Sprech-: **~funk** *m* radio *f*; **~funkgerät** *nt* radio *f*; **~stunde** *f* consultation *f*; **~stundenhilfe** *f* secrétaire *f* médicale; **~zelle** *f* (*förmlich: Telefonzelle*) cabine *f* téléphonique; **~zimmer** *nt* cabinet *m* (de consultation).

spreizen [ˈʃpraɪtsən] *vt* (*Beine, Finger*) écarter; (*Flügel*) déployer ♦ *vr* (*sich zieren*) se faire prier.

Spreizfuß *m* (*MED*) pied *m* tourné en dehors.

Sprengbombe *f* bombe *f* explosive.

sprengen ['ʃprɛŋən] *vt* (*mit Sprengstoff; Spielbank*) faire sauter; (*Tür*) enfoncer, forcer; (*Schloß*) forcer; (*Versammlung*) faire se dissoudre; (*Rasen*) arroser.

Spreng-: ~**kopf** *m* ogive *f*; ~**ladung** *f*, ~**satz** *m* charge *f* d'explosifs; ~**stoff** *m* explosif *m*; ~**stoffanschlag** *m* attentat *m* à la bombe.

Spreu [ʃprɔy] (–) *f* balle *f* (*des céréales*).

sprichst *etc* [ʃprɪçst] *vb siehe* **sprechen**.

Sprichwort *nt* proverbe *m*, dicton *m*.

sprichwörtlich *adj* proverbial(e).

sprießen ['ʃpriːsən] *unreg vi* (se mettre à) pousser.

Springbrunnen *m* jet *m* d'eau.

springen ['ʃprɪŋən] *unreg vi* sauter; (*umg: schnell laufen*) courir; (*Ball*) rebondir; (*zerspringen*) se casser, se fêler; **etw** ~ **lassen** (*umg*) offrir qch; **etw springt (jdm) in die Augen** qch saute aux yeux (de qn).

springend *adj*: **der** ~**e Punkt** ce qui compte.

Springer (–**s**, –) *m* (*SPORT*) sauteur *m*; (*SCHACH*) cavalier *m*; (*Angestellter*) homme *m* à tout faire.

Spring-: ~**flut** *f* grande marée *f* (*à l'époque des syzygies*); ~**form** *f* (*KOCH*) moule *m* à gâteau (*à bords amovibles*); ~**reiten** *nt* (*SPORT*) jumping *m*; ~**seil** *nt* corde *f* à sauter.

Sprinkler ['ʃprɪŋklər] (–**s**, –) *m* arroseur *m*.

sprinten ['ʃprɪntən] *vi* piquer un sprint, sprinter.

Sprit [ʃprɪt] (–(**e**)**s**, –**e**; *umg*) *m* essence *f*.

Spritze ['ʃprɪtsə] *f* piqûre *f*; (*an Schlauch*) buse *f*; (*Löschgerät*) tuyau *m* d'incendie.

spritzen *vt* (*ver*~) gicler; (*an*~) arroser; (*MED*) faire une piqûre de, injecter; (*Wein*) couper ♦ *vi* (*Wasser, heißes Fett*) gicler; **sie spritzt** (*Drogen*) elle se shoote.

Spritzer (–**s**, –) *m* (*Wodka etc*) goutte *f*, giclée *f*; (*Farb*~, *Wasser*~) goutte.

spritzig *adj* (*Wein*) nerveux(-euse); (*Auto*) qui a a de bonnes reprises, nerveux(-euse).

Spritzpistole *f* pistolet *m*.

Spritztour (*umg*) *f* petit tour *m*.

spröde ['ʃprøːdə] *adj* (*Material*) cassant(e); (*Haut*) sec(sèche), desséché(e); (*Stimme*) rauque; (*Person*) austère.

Sproß (–**sses**, –**sse**) *m* (*von Pflanze*) pousse *f*; (*Kind*) rejeton *m*.

sproß *etc* [ʃprɔs] *vb siehe* **sprießen**.

Sprosse ['ʃprɔsə] *f* (*von Leiter*) barreau *m*, échelon *m*.

Sprossenwand *f* espalier *m*.

Sprößling ['ʃprœslɪŋ] (*umg*) *m* (*Kind*) rejeton *m*.

Sprotte ['ʃprɔtə] *f* sprat *m* (*petit poisson*).

Spruch [ʃprʊx] (–(**e**)**s**, ̈**e**) *m* dicton *m*; (*JUR: Richter*~) jugement *m*; **Sprüche** *pl* (*pej: Phrasen*) verbiage *msg*; **Sprüche machen** *od* **klopfen** (*umg*) parler pour ne rien dire; ~**band** *nt* bannière *f*.

spruchreif *adj*: **die Sache ist noch nicht** ~ il est

trop tôt pour en discuter; **die Sache ist jetzt** ~ on peut en parler, maintenant.

Sprudel ['ʃpruːdəl] (–**s**, –) *m* eau *f* minérale gazeuse.

sprudeln *vi* jaillir; (*kochendes Wasser*) bouillonner; ~ **vor** (*Mensch*) pétiller de.

Sprudelwasser *nt* eau *f* minérale gazeuse.

Sprühdose *f* spray *m*, aérosol *m*.

sprühen *vt* (*Wasser*) vaporiser; (*Funken*) faire jaillir ♦ *vi* jaillir; ~ **vor** (*fig*) pétiller de.

Sprühregen *m* petite pluie *f* fine, bruine *f*.

Sprung [ʃprʊŋ] (–(**e**)**s**, ̈**e**) *m* saut *m*; (*Riß*) fissure *f*; **immer auf dem** ~ **sein** (*umg*) ne pas tenir en place; **jdm auf die Sprünge helfen** donner un coup de main à qn, dépanner qn; **auf einen** ~ **bei jdm vorbeikommen** (*umg*) faire un saut chez qn; **damit kann man keine großen Sprünge machen** (*umg*) ça ne permet pas de faire des folies; ~**brett** *nt* tremplin *m*; (*am Schwimmbecken*) plongeoir *m*; ~**feder** *f* ressort *m*; **s**~**haft** *adj* (*Mensch*) qui ne tient pas en place; (*Aufstieg*) fulgurant(e); ~**schanze** *f* tremplin *m* (de ski); ~**tuch** *nt* (*zur Rettung*) filet *m*; (*bei Trampolin*) toile *f*; ~**turm** *m* grand plongeoir *m* (*de plongée de haut vol*).

Spucke ['ʃpʊkə] (–) *f* salive *f*.

spucken *vt* cracher ♦ *vi* cracher; (*umg: erbrechen*) vomir; **in die Hände** ~ (*fig*) mettre la main à la pâte.

Spucknapf (–(**e**)**s**, ̈**e**) *m* crachoir *m*.

Spuk [ʃpuːk] (–(**e**)**s**, ̈**e**) *m* esprit *m*, revenant *m*; (*fig*) horreur *f*.

spuken *vi* (*Geist*) hanter les lieux; **hier spukt es** cet endroit est hanté.

Spülbecken *nt* (*in Küche*) évier *m*.

Spule ['ʃpuːlə] *f* bobine *f*.

Spüle ['ʃpyːlə] *f* évier *m*.

spulen *vt* enrouler, bobiner.

spülen *vt* (*Geschirr*) laver, faire; (*aus*~, *nach*~) rincer ♦ *vi* (*abspülen*) faire la vaisselle; (**die Toilette**) ~ tirer la chasse (d'eau); **etw an Land** ~ rejeter qch sur le rivage.

Spül-: ~**gang** *m* programme *m* de rinçage; ~**maschine** *f* lave-vaisselle *m inv*; ~**mittel** *nt* produit *m* pour la vaisselle; ~**stein** *m* évier *m*.

Spülung *f* rinçage *m*; (*MED*) lavement *m*; (*Wasserspülung*) chasse *f* d'eau.

Spur [ʃpuːr] (–, –**en**) *f* (*Abdruck*) trace *f*, empreinte *f*; (*Fußspuren, Rad*~, *Tonband*~) piste *f*; (*Zeichen*) trace *f*; (*Fährte*) piste, trace; (*SKI: Loipe*) piste; (*Kleinigkeit*) soupçon *m*; (*Fahr*~) file *f*; **keine** ~, **nicht die** ~ pas le moins du monde; **auf der richtigen/falschen** ~ **sein** être sur la bonne/une fausse piste; **jdm auf die** ~ **kommen** retrouver qn; **jdn auf die** ~ **bringen** mettre qn sur la bonne piste; (**seine**) ~**en hinterlassen** (*fig*) laisser son empreinte.

spürbar *adj* sensible, évident(e).

spuren (*umg*) *vi* obéir; (*sich fügen*) se mettre au pas ♦ *vt* (*Loipe*) suivre.

spüren ['ʃpyːrən] *vt* sentir; **etw zu** ~ **bekom-**

men sentir qch; (*fig*) regretter qch.
Spurenelement *nt* oligo-élément *m*.
Spurensicherung *f* laboratoire *m* médico-légal.
Spürhund ['ʃpyːrhʊnt] *m* (*Hund*) chien *m* policier; (*fig*) indicateur *m*.
spurlos *adv* sans laisser de traces; ~ **an jdm vorübergehen** ne pas marquer qn.
Spurrille *f* sillon *m* (*dû à des marques de pneu, défonçant la chaussée*).
Spurt [ʃpʊrt] (~**(e)s, -s** *od* **-e**) *m* sprint *m*.
spurten *vi* piquer un sprint, sprinter.
Spurweite *f* (*von Auto*) empattement *m*; (*von Eisenbahn*) écartement *m* des rails.
sputen ['ʃpuːtən] *vr* se dépêcher.
Squash [skvɔʃ] (~) *nt* (*SPORT*) squash *m*.
Sri Lanka ['sriːˈlaŋka] *nt* le Sri Lanka.
SS[1] (~) *f* *abk* (*GESCHICHTE* = *Schutzstaffel*) S.S. *mpl*.
SS[2] (~, -) *nt* *abk* (= *Sommersemester*) semestre *m* d'été.
s.S. *abk* = **siehe Seite.**
SSV *abk* = **Sommerschlußverkauf.**
st *abk* (= *Stunde*) h.
St. *abk* (= *Stück*) pièce *f*; (= *Sankt*) saint; (= *Stunde*) h.
Staat [ʃtaːt] (~**(e)s, -en**) *m* État *m*; (*kein pl*: *Prunk*) pompe *f*; (: *Kleidung*) parure *f*; **mit etw** ~ **machen** afficher qch.
Staatenbund *m* confédération *f*.
staatenlos *adj* apatride.
staatlich *adj attrib* (*Interessen*) de l'État; (*Anerkennung*) en tant qu'État; (*Betrieb*) d'État; (*Mittel*) public(-ique) ♦ *adv*: ~ **geprüft** diplômé(e) d'État, officiel(le).
Staats-: ~**affäre** *f* affaire *f* d'État; ~**akt** *m* cérémonie *f* officielle; ~**angehörige(r)** *f(m)* citoyen(ne); ~**angehörigkeit** *f* nationalité *f*; ~**anleihe** *f* emprunt *m* public; ~**anwalt** *m* ≈ procureur *m* de la République; ~**bürger** *m* citoyen *m*; ~**dienst** *m* fonction *f* publique; **s~eigen** *adj* étatisé(e); ~**eigentum** *nt* propriété *f* de l'État; ~**empfang** *m* réception *f* officielle; ~**examen** *nt* (*UNIV*) examen dont l'obtention donne accès aux carrières de l'enseignement; **s~feindlich** *adj* subversif(-ive); ~**gebiet** *nt* territoire *m* national; ~**geheimnis** *nt* (*hum*) secret *m* d'État; ~**haushalt** *m* budget *m* (de l'État); ~**hoheit** *f* souveraineté *f* (d'un État *od* de l'État); ~**kosten** *pl*: **auf** ~**kosten** aux frais de l'État; ~**mann** (~**(e)s, –männer**) *m* homme *m* d'État; **s~männisch** *adj* d'homme d'État, politique; ~**oberhaupt** *nt* chef *m* de l'État *od* d'État; **s~politisch** *adj* politique; ~**präsident** *m* président *m*; ~**schuld** *f* dette *f* publique; ~**sekretär** *m* secrétaire *m* d'État; ~**streich** *m* coup *m* d'État.
Stab [ʃtaːp] (~**(e)s, ~e**) *m* bâton *m*; (*Gitter*~) barreau *m*; (*für* ~*hochsprung*) perche *f*; (*für Staffellauf*) témoin *m*; (*von Menschen*) équipe *f*; (*von Experten*) groupe *m*.
Stäbchen ['ʃtɛːpçən] *nt* (*Eß*~) baguette *f*.
Stabhochsprung *m* saut *m* à la perche.

stabil [ʃtaˈbiːl] *adj* stable; (*Möbel*) solide; (*Gesundheit*) robuste.
Stabilisator [ʃtabiliˈzaːtɔr] *m* (*TECH*) stabilisateur *m*.
stabilisieren [ʃtabiliˈziːrən] *vt* stabiliser; (*fig*) rendre stable ♦ *vr* se stabiliser; (*MED*: *Zustand*) s'améliorer.
Stabilisierung *f* stabilisation *f*.
Stabilität [ʃtabiliˈtɛːt] *f* stabilité *f*.
Stabsarzt *m* médecin *m* du Service de santé des armées.
stach *etc* [ʃtaːx] *vb siehe* **stechen.**
Stachel ['ʃtaxəl] (~**s, -n**) *m* (*von Pflanze*) épine *f*; (*von Biene etc*) dard *m*; (*von Igel etc*) piquant *m*; ~**beere** *f* groseille *f* à maquereau; ~**draht** *m* fil *m* de fer barbelé.
stachelig *adj* (*Tier*) à piquants; (*Pflanze*) épineux(-euse).
Stachelschwein *nt* porc-épic *m*.
Stadion ['ʃtaːdiɔn] (~**s, Stadien**) *nt* stade *m*.
Stadium ['ʃtaːdiʊm] *nt* stade *m*.
Stadt [ʃtat] (~, ~e) *f* ville *f*; (~*verwaltung*) municipalité *f*; **s~auswärts** *adv* en sortant de la ville; ~**autobahn** *f* autoroute *f* urbaine; ~**bad** *nt* piscine *f* municipale; **s~bekannt** *adj* connu(e) dans toute la ville; ~**bezirk** *m* municipalité *f*; ~**bücherei** *f* bibliothèque *f* municipale.
Städtchen ['ʃtɛːtçən] *nt* petite ville *f*.
Städtebau (~**(e)s**) *m* urbanisme *m*.
stadteinwärts *adv* vers la ville.
Städter(in) *m(f)* citadin(e).
Stadt-: ~**gespräch** *nt* (*TEL*) communication *f* urbaine; **es ist das** ~**gespräch** toute la ville en parle; ~**gue(r)rilla** *f* guérilla *f* urbaine; ~**haus** *nt* (*Rathaus*) mairie *f*.
städtisch *adj* (*Leben*) en ville; (*Anlagen*) municipal(e).
Stadt-: ~**kasse** *f* budget *m* municipal; ~**kern** *m* centre-ville *m*; ~**kreis** *m* municipalité *f*; ~**mauer** *f* remparts *mpl*; ~**mitte** *f* centre-ville *m*; ~**park** *m* jardin *m* public; ~**plan** *m* plan *m* (de ville); ~**rand** *m* périphérie *f*; ~**rat** *m* (*Behörde*) conseil *m* municipal; ~**rundfahrt** *f* tour *m* de ville; ~**teil** *m* quartier *m*; ~**tor** *nt* porte *f* (*d'une ville*); ~**verwaltung** *f* (*Behörde*) municipalité *f*; ~**viertel** *nt* quartier *m*; ~**zentrum** *nt* centre-ville *m*.
Staffel ['ʃtafəl] (~, **-n**) *f* (*SPORT*) équipe *f* (*de course de relais*); (*FLUG*) escadron *m*.
Staffelei [ʃtafəˈlaɪ] *f* (*Gerüst*) chevalet *m*.
Staffellauf *m* (*SPORT*) (course *f* de) relais *m*.
staffeln *vt* échelonner.
Staffeltarif *m* (*Steuer*) barème *m* progressif.
Staffelung *f* (*der Preise, der Gehälter*) échelonnement *m*.
Stagnation [ʃtagnatsiˈoːn] *f* (*geh*) stagnation *f*.
stagnieren [ʃtaˈgniːrən] *vi* (*Wasser*) stagner; (*Wirtschaft*) être stagnant(e).
stahl *etc* [ʃtaːl] *vb siehe* **stehlen.**
Stahl (~**(e)s, ~e**) *m* acier *m*; ~**helm** *m* casque *m* lourd; ~**kammer** *f* salle *f* des coffres; ~**wolle** *f* laine *f* d'acier.

stak etc [ʃtaːk] vb siehe **stecken**.
staken ['ʃtaːkən] vt (Boot) faire avancer (avec une perche).
Stall [ʃtal] (-(e)s, ⸚e) m étable f; (Pferde~) écurie f; (Kaninchen~) clapier m; (Schweine~) porcherie f; (Hühner~) poulailler m.
Stallungen pl (für Pferde) écuries fpl.
Stamm [ʃtam] (-(e)s, ⸚e) m (Baum~) tronc m; (Volks~) tribu f; (GRAM) racine f; (Bakterien~) souche f; ~**aktie** f part f sociale; ~**baum** m arbre m généalogique; (von Tier) pedigree m; ~**buch** nt livret m de famille.
stammeln vt, vi bégayer.
stammen vi: ~ **von** od **aus** venir de.
Stamm-: ~**essen** nt plat (simple) du jour servi dans une cantine etc; ~**form** f forme f de base; ~**gast** m habitué m; ~**halter** m héritier m (mâle).
stämmig ['ʃtɛmɪç] adj trapu(e); (Beine) robuste; **S~keit** f robustesse f.
Stamm-: ~**kapital** nt capital m social; ~**kunde** m habitué m; ~**kundin** f habituée f; ~**lokal** nt restaurant m habituel; (Kneipe) bistro m préféré; ~**personal** nt personnel m engagé à titre définitif; ~**platz** m place f habituelle; ~**tisch** m (Tisch in Gasthaus) table réservée aux habitués d'un café.
Stamperl ['ʃtampərl] (-s, -n; OSTERR) nt petit verre à eau-de-vie sans pied.
stampfen ['ʃtampfən] vi (laut auftreten) taper du pied; (gehen) marcher d'un pas lourd; (stapfen) patauger ♦ vt (zerkleinern) réduire en purée.
Stampfer (-s, -) m (Stampfgerät) presse-purée m inv.
Stampfkartoffeln f purée f (de pommes de terre), pommes fpl mousseline.
stand etc [ʃtant] vb siehe **stehen**.
Stand [ʃtant] (-(e)s, ⸚e) m (Stehen) position f debout; (Zustand, Stufe) état m; (POL: Klasse) état m; (Spiel~) score m; (Wasser~, Benzin~) niveau m; (Zähler~ etc) chiffre m (au compteur etc); (Messe~ etc) stand m; (Beruf) profession f; **bei jdm** od **gegen jdn einen schweren** ~ **haben** avoir de la peine à s'imposer devant qn; **etw auf den neuesten** ~ **bringen** mettre qch à jour.
Standard ['ʃtandart] (-s, -s) m norme f; ~**ausführung** f modèle m standard.
standardisieren [ʃtandardi'ziːrən] vt standardiser.
Standardpreis m prix m courant.
Standardwerk nt ouvrage m de référence.
Standarte f (MIL) étendard m; (auf Auto) fanion m.
Standbild nt statue f.
Ständchen ['ʃtɛntçən] nt sérénade f.
Ständer (-s, -) m (Kleider~) portemanteau m; (Kerzen~) bougeoir m; (Noten~) pupitre m.
Standes-: ~**amt** nt bureau m de l'état civil; **s~amtlich** adj: **s~amtliche Trauung** mariage m civil; ~**beamte(r)** m officier m de l'état civil; ~**bewußtsein** nt conscience f de classe; ~**dünkel** m snobisme m; **s~gemäß**

adj (Heirat) avec une personne du même rang; (Wohnung) de grand standing ♦ adv (heiraten) avec une personne du même rang; ~**unterschied** m différence f de classe.
stand-: ~**fest** adj stable; (fig: zuverlässig) sur qui on peut compter, fidèle; **nicht mehr ganz** ~**fest sein** (angetrunken) être pompette; **S~geld** nt taxe payable par les personnes qui vendent des marchandises dans les marchés; ~**haft** adj (Haltung) imperturbable; ~**halten** unreg vi + Dat tenir tête à.
ständig ['ʃtɛndɪç] adj (Wohnort, Bedrohung) permanent(e); (ununterbrochen) constant(e) ♦ adv constamment; ~**er Begleiter** compagnon m.
Stand-: ~**licht** nt feu m de position; ~**ort** m emplacement m; (MIL) garnison f; ~**pauke** (umg) f: **jdm eine** ~**pauke halten** faire un sermon à qn; ~**punkt** m (Einstellung) point m de vue; **auf dem** ~**punkt stehen, daß** ... être d'avis que ...; ~**spur** f (AUT) bande f d'arrêt d'urgence; ~**uhr** f horloge f.
Stange ['ʃtaŋə] f barre f; (lang) perche f; (Zigaretten) cartouche f; **von der** ~ (umg: nicht Einzelanfertigung) en prêt-à-porter; **jdm die** ~ **halten** ne pas laisser tomber qn; **bei der** ~ **bleiben** persévérer; **eine** ~ **Geld** (umg) un joli magot.
Stangenbohne f haricot m à rames.
Stangenbrot nt baguette f.
stank etc [ʃtaŋk] vb siehe **stinken**.
stänkern ['ʃtɛŋkərn] (umg) vi médire.
Stanniol [ʃtani'oːl] (-s, -e) nt papier m aluminium.
Stanze ['ʃtantsə] f (TECH) poinçon m.
stanzen vt (Leder) estamper; (Löcher) faire (au poinçon).
Stapel ['ʃtaːpəl] (-s, -) m (Holz, Wäsche) pile f; (NAUT) cale f sèche; ~**lauf** m (course f de) relais m.
stapeln vt (Bücher, Wäsche) empiler ♦ vr (Arbeit etc) s'accumuler.
Stapelverarbeitung f (COMPUT) traitement m par lots.
stapfen ['ʃtapfən] vi avancer d'un pas lourd; (im Schlamm) patauger.
Star¹ [ʃtaːr] (-(e)s, -e) m (ZOOL) étourneau m; **grauer** ~ (MED) cataracte f; **grüner** ~ (MED) glaucome m.
Star² [ʃtaːr] (-s, -s) m (FILM etc) star f, vedette f.
starb etc [ʃtarp] vb siehe **sterben**.
stark [ʃtark] adj fort(e); (mächtig) puissant(e); (Glaube) inébranlable; (umg: hervorragend) génial(e); (bei Maßangabe): **das Brett ist 15 mm** ~ cette planche a 15 mm d'épaisseur ♦ adv très; (beschädigt etc) sérieusement; **einen** ~**en Charakter haben** avoir de la force de caractère; **er ist ein** ~**er Raucher** c'est un grand fumeur; **das ist ein** ~**es Stück!** (umg) c'est incroyable!; **sich für jdn/etw** ~ **machen** (umg) tout mettre en œuvre pour qn/qch; **er ist** ~ **erkältet** il a un gros rhume.
Stärke ['ʃtɛrkə] f (körperliche Kraft) force f; (Dicke) épaisseur f; (Heftigkeit, Intensität) inten-

sité _f_; (_von Brille_) puissance _f_; (_fig: starke Seite_) point _m_ fort; (_von Mannschaft, Armee_) effectif _m_; (_KOCH, Wäsche~_) amidon _m_; ~**mehl** _nt_ maïzena ® _f_.

stärken _vt_ (_Mensch_) rendre fort(e), fortifier; (_Selbstbewußtsein_) renforcer; (_Gesundheit_) être bon(bonne) pour; (_Wäsche_) ♦ amidonner, empeser; (_erfrischen_) revigorer ♦ _vi_ remonter ♦ _vr_ (_essen_) manger quelque chose; ~**des Mittel** remontant _m_.

Starkstrom _m_ courant _m_ à haute tension.

Stärkung ['ʃtɛrkʊŋ] _f_ (_das Stärken_) renforcement _m_; (_Essen_) en-cas _m inv_, quelque chose à manger.

Stärkungsmittel _nt_ (_MED_) fortifiant _m_.

starr [ʃtar] _adj_ rigide; (_unnachgiebig: Haltung_) inflexible; (_Blick_) fixe.

starren _vi_ (_blicken_) regarder fixement; **vor Dreck** ~ être crasseux(-euse); **vor sich** _Akk_ **hin** ~ regarder fixement devant soi.

Starr-: ~**heit** _f_ rigidité _f_; (_von Blick_) fixité _f_; **s~köpfig** (_pej_) _adj_ têtu(e); ~**sinn** _m_ obstination _f_.

Start [ʃtart] (–(e)s, –e) _m_ (_Anfang_) départ _m_; (_FLUG_) décollage _m_; ~**automatik** _f_ starter _m_ automatique; ~**bahn** _f_ piste _f_ d'envol; **s~en** _vt_ (_AUT_) mettre en marche; (_FLUG_) lancer ♦ _vi_ (_FLUG_) décoller; (_SPORT_) prendre le départ; ~**er** (–s, –) _m_ (_AUT_) starter _m_; ~**erlaubnis** _f_ (_FLUG_) autorisation _f_ de décoller; ~**hilfe** _f_ (_FLUG_) décollage _m_ assisté; (_FINANZ_) contribution _f_ au démarrage (_d'une entreprise_); **jdm** ~**hilfe geben** aider qn à démarrer; ~**hilfekabel** _nt_ câble _m_ de démarrage; **s~klar** _adj_ (_FLUG_) prêt(e) à décoller; (_SPORT_) prêt(e) (à prendre le départ); ~**kommando** _nt_ (_SPORT_) signal _m_ du départ; ~**loch** _nt_ (_SPORT_) marque _f_ (de départ); ~**schuß** _m_ signal _m_ du départ; ~**zeichen** _nt_ signal _m_ du départ.

Statik ['ʃtaːtɪk] (–) _f_ (_PHYS_) statique _f_.

Station [ʃtatsi'oːn] _f_ (_Haltestelle_) arrêt _m_; (_Kranken~_) service _m_; ~ **machen** faire halte.

stationär [ʃtatsio'nɛːr] _adj_ fixe; (_MED_) nécessitant l'hospitalisation.

stationieren [ʃtatsio'niːrən] _vt_ (_Truppen_) cantonner; (_Atomwaffen etc_) entreposer.

Stations-: ~**arzt** (~**ärztin**) _m(f)_ médecin-chef _m_ (_d'un service dans un hôpital_); ~**vorsteher** _m_ chef _m_ de gare.

statisch ['ʃtaːtɪʃ] _adj_ (_PHYS_) statique.

Statist(in) [ʃta'tɪst(ɪn)] _m(f)_ figurant(e).

Statistik _f_ statistique _f_; ~**er(in)** _m(f)_ statisticien(ne).

statistisch _adj_ statistique.

Stativ [ʃta'tiːf] _nt_ trépied _m_.

Statt (–) _f_ lieu _m_; **an jds** ~ à la place de qn; **an Kindes** ~ **annehmen** adopter un enfant.

statt [ʃtat] _konj_ au lieu de ♦ _präp_ (+_Gen od Dat_) à la place de; **nimm** ~ **des Koffers** _od_ **dem Koffer einen Rucksack** prends un sac à dos au lieu d'une valise _od_ plutôt qu'une valise; ~ **dessen** au lieu de cela; **er spielte,** ~ **zu arbeiten** au lieu de travailler, il a joué.

Stätte ['ʃtɛtə] _f_ endroit _m_.

statt-: ~**finden** _unreg vi_ avoir lieu; ~**haft** _adj_ (_geh_) licite; **S~halter** _m_ gouverneur _m_; ~**lich** _adj_ (_Figur_) imposant(e); (_Bursche_) bien bâti(e); (_Sammlung, Menge_) impressionnant(e); (_Familie_) nombreux(-euse); (_Summe_) considérable.

Statue ['ʃtaːtuə] _f_ statue _f_.

Statur [ʃta'tuːr] (–, –) _f_ stature _f_.

Status ['ʃtaːtʊs] (–, –) _m_ statut _m_; ~**symbol** _nt_ signe _m_ extérieur de richesse.

Statut [ʃta'tuːt] (–(e)s, –en) _nt_ statut _m_.

Stau [ʃtau] (–(e)s, –e) _m_ blocage _m_; (_Verkehrs~_) embouteillage _m_.

Staub [ʃtaup] (–(e)s) _m_ poussière _f_; ~ **wischen** ôter la poussière; **sich aus dem** ~ **machen** (_umg_) filer.

stauben ['ʃtaubən] _vi_ faire de la poussière; **es staubt** il y a de la poussière.

Staubfaden _m_ (_BOT_) filet _m_.

staubig ['ʃtaubɪç] _adj_ (_Straße_) poussiéreux (-euse); (_Kleidung_) couvert(e) de poussière.

Staub-: ~**lappen** _m_ chiffon _m_ (à poussière); ~**lunge** _f_ (_MED_) pneumoconiose _f_; **s~saugen** _vi_ passer l'aspirateur; ~**sauger** (–s, –) _m_ aspirateur _m_; ~**tuch** _nt_ chiffon _m_ (à poussière).

Staudamm _m_ barrage _m_.

Staude ['ʃtaudə] _f_ (_BOT_) arbuste _m_.

stauen ['ʃtauən] _vt_ (_Wasser_) empêcher l'écoulement de, endiguer; (_Blut_) arrêter (une effusion de) ♦ _vr_ (_Wasser_) s'accumuler; (_Blut_) cesser de couler; (_Verkehr_) être bloqué(e); (_Ärger_) monter.

staunen ['ʃtaunən] _vi_ s'étonner, être étonné(e); **S~** (–s) _nt_ étonnement _m_.

Stausee ['ʃtauzeː] (–s, –n) _m_ lac _m_ artificiel (_d'un barrage_).

Staustufe _f_ bief _m_.

Stauung ['ʃtauʊŋ] _f_ (_von Wasser_) accumulation _f_; (_von Blut_) arrêt _m_ de la circulation; (_von Verkehr_) embouteillage _m_.

Std., Stde. _abk_ = **Stunde**.

stdl. _abk_ = **stündlich**.

Steak [ʃteːk] _nt_ steak _m_.

Stechen (–s, –) _nt_ (_SPORT_) belle _f_; (_Schmerz_) douleur _f_ lancinante.

stechen ['ʃtɛçən] _unreg vt_ piquer; (_mit Messer_) donner un coup de couteau à _od_ dans; (_KARTEN_) prendre; (_in Kupfer etc_) graver; (_Torf_) extraire; (_Spargel_) récolter ♦ _vi_ piquer; (_Sonne_) taper dur; (_mit Stechkarte_) pointer ♦ _vr_: **sich** _Akk od Dat_ **in den Finger** ~ se piquer le doigt ♦ _vb unpers_: **das sticht** ça pique; **in See** ~ prendre le large.

stechend _adj_ (_Hitze_) torride; (_Geruch_) pénétrant(e); (_Schmerz_) lancinant(e).

Stech-: ~**ginster** _m_ (_BOT_) genêt _m_ (épineux); ~**karte** _f_ carte _f_ de pointage; ~**mücke** _f_ moustique _m_; ~**palme** _f_ (_BOT_) houx _m_; ~**uhr** _f_ machine _f_ à pointer.

Steck-: ~**brief** _m_ avis _m_ de recherche, signalement _m_; **s~brieflich** _adv_: **s~brieflich gesucht werden** être recherché(e) par la police

~**dose** f prise f.

stecken ['ʃtɛkən] vt mettre; (Nadel) enfoncer; (Pflanzen) planter; (beim Nähen) épingler ♦ vi unreg (festsitzen) être bloqué(e); (Nadeln) être enfoncé(e); (umg: sein) être; ~ **in** +Akk (umg: investieren) consacrer à; **der Schlüssel steckt** la clé est dans la serrure; **zeigen, was in einem steckt** montrer ce dont on est capable; **wo steckt er?** (umg) où est-il encore allé se fourrer?; **es jdm** ~ (umg) dire ses quatre vérités à qn; **hinter etw** Dat ~ être derrière qch; ~**bleiben** unreg vi être immobilisé(e); (umg: beim Reden) avoir un blanc; ~**lassen** unreg vt (Schlüssel) laisser dans la serrure.

Steckenpferd nt (fig) passe-temps m inv favori, hobby m.

Stecker (–s, –) m (ELEK) prise f.

Steck-: ~**nadel** f épingle f; ~**schach** nt (jeu m d'échecs mpl de voyage; ~**schlüssel** m clé f à pipe; ~**schwamm** m éponge f utilisée pour les compositions florales.

Steg [ʃteːk] (–(e)s, –e) m (schmale Brücke) passerelle f; (Bootssteg) débarcadère m.

Stegreif m: **aus dem** ~ en improvisant.

Stehaufmännchen ['ʃteːʔaufmɛnçən] nt (Spielzeug) figurine qui se redresse d'elle-même.

stehen ['ʃteːən] unreg vi (sich befinden) être, se trouver; (still~, angehalten haben) être arrêté(e); (nicht liegen) être debout ♦ vi unpers: **es steht schlecht um ihn/seine Karriere** ça s'annonce mal pour lui/ses perspectives d'avancement ♦ vr: **sich gut/schlecht** ~ (umg) bien/mal aller; **jdm** ~ (Kleidungsstücke) aller (bien) à qn; **wie steht's?** comment ça va?; (SPORT) quel est le score?; **es steht 2:1 für München** Munich mène 2 à 1; **zum S~ bringen** (arriver à) immobiliser; **mit dem Dativ** ~ régir le datif; **auf Betrug steht eine Gefängnisstrafe** la fraude est passible d'une peine de prison; **zu seinem Wort** ~ s'en tenir à sa parole; **wie** ~ **Sie dazu?** qu'en pensez-vous?; **wie steht es damit?** alors(, qu'en est-il)?; ~**bleiben** unreg vi s'arrêter; (sich nicht hinsetzen) rester debout; (Fehler) ne pas être corrigé(e).

stehend adj attrib (Fahrzeug) à l'arrêt; (Gewässer) dormant(e), stagnant(e).

stehenlassen unreg vt laisser; (vergessen) oublier; (Bart) laisser pousser; **alles stehen- und liegenlassen** tout laisser tomber; **jdn einfach** ~ (nicht beachten) faire comme si qn n'existait pas.

Steh-: ~**imbiß** m buvette f; ~**kragen** m col m droit; ~**lampe** f lampadaire m.

stehlen ['ʃteːlən] unreg vt voler.

Stehplatz m place f debout.

Stehvermögen nt endurance f.

Steiermark ['ʃtaɪɐmark] f Styrie f.

steif [ʃtaɪf] adj (nicht beweglich) raide; (Stoff) rigide; (Gesellschaft) guindé(e); (umg: Grog) bien fort(e); ~ **und fest auf etw** Dat **beharren** ne pas démordre de qch; **S~heit** f raideur f, rigidité f.

Steigbügel ['ʃtaɪkbyːɡəl] m étrier m.

Steige ['ʃtaɪɡə] f (Kiste) cageot m.

Steigeisen nt crampon m.

steigen unreg vi (klettern) grimper; (Flugzeug, Ballon) monter, prendre de l'altitude; (Preise, Temperatur) augmenter; (Wasserspiegel) s'élever; (Nebel) se lever ♦ vt grimper; **in/auf etw** Akk ~ monter dans/sur qch; **das Blut stieg ihm in den Kopf** le sang lui est monté au visage; **der Erfolg stieg ihm zu Kopf** le succès lui est monté à la tête.

steigern vt (Leistung) améliorer; (Wert) ajouter à; (Tempo) accélérer; (GRAM) former les degrés de comparaison de ♦ vi: ~ **um** (in Auktion) faire une enchère od une offre pour ♦ vr (Spannung) augmenter; (Leistung) s'améliorer.

Steigerung f augmentation f, accroissement m; (GRAM) formation f du comparatif.

Steigung f (Anstieg) montée f; (Hang) pente f.

steil [ʃtaɪl] adj (Abhang) raide; (Fels) escarpé(e); **S~hang** m pente f raide.

Stein [ʃtaɪn] (–(e)s, –e) m pierre f; (in Uhr) rubis m; (Kern in Obst) noyau m; (Spielstein) pion m; **der** ~ **des Anstoßes** (geh) la pomme de discorde; **mir fällt ein** ~ **vom Herzen!** (fig) quel soulagement!; **bei jdm einen** ~ **im Brett haben** (umg) être dans les petits papiers de qn; **jdm** ~**e in den Weg legen** mettre des bâtons dans les roues de qn; ~**adler** m (ZOOL) aigle m royal; **s~alt** adj vieux(vieille) comme Mathusalem; ~**bock** m (ZOOL) bouquetin m; (ASTROL) Capricorne m; ~**bruch** m carrière f; ~**butt** (–s, –e) m (ZOOL) turbot m.

steinern adj en od de pierre; (Miene) impassible.

Stein-: ~**erweichen** nt: **zum** ~**erweichen weinen** pleurer à fendre le cœur od l'âme; ~**garten** m rocaille f; ~**gut** nt grès m; **s~hart** adj dur(e) comme la pierre.

steinig adj rocailleux(-euse), caillouteux (-euse), (fig: mühevoll) pénible.

steinigen vt lapider.

Stein-: ~**kohle** f anthracite m; ~**kohlenbergwerk** nt mine f de charbon; ~**metz** (–es, –e) m tailleur m de pierre; ~**pilz** m bolet m; **s~reich** (umg) adj plein(e) aux as; ~**schlag** m: „Achtung, ~**schlag"** "attention, chute de pierres"; ~**zeit** f âge m de la pierre.

Steiß [ʃtaɪs] (–es, –e) m bas m du dos; ~**bein** nt coccyx m.

Stelle ['ʃtɛlə] f (Ort) endroit m, emplacement m; (Position) place f; (Abschnitt) passage m; (beim Zitieren) référence f; (Arbeit) emploi m, poste m; (Amt) poste; **auf der** ~ (sofort) sur-le-champ; **an** ~ **von** à la place de; **drei** ~**n hinter dem Komma** (MATH) trois décimales fpl; **eine freie** od **offene** ~ un poste libre od à pourvoir; **an anderer** ~ ailleurs; **er ist immer gleich zur** ~ il est toujours là quand on a besoin de lui; **nicht von der** ~ **kommen** ne pas avancer.

stellen vt mettre; (anordnen) disposer; (Uhr) mettre à l'heure; (Bedingungen, Falle) poser; (Antrag, Diagnose) faire; (Szene) arranger;

(*Dieb*) prendre ♦ *vr* (*sich aufstellen*) se mettre; (*bei Polizei*) se livrer; (*vorgeben*): **sich dumm** ~ faire l'idiot(e); **in Frage** ~ remettre en question; **eine Forderung** ~ exiger quelque chose; **sich einer Herausforderung** ~ relever un défi; **sich zu etw** ~ prendre position à propos de qch; **sich hinter jdn/etw** ~ (*fig*) soutenir qn/qch; **das Radio lauter** ~ mettre la radio plus fort; **das Radio leiser** ~ baisser la radio; **auf sich** *Akk* **selbst gestellt sein** devoir se débrouiller tout(e) seul(e).

Stellen-: ~**angebot** *nt* offre *f* d'emploi; ~**anzeige** *f* (*Gesuch*) demande *f* d'emploi; (*Angebot*) offre *f* d'emploi; ~**gesuch** *nt* demande *f* d'emploi; ~**markt** *m* marché *m* du travail; (*in Zeitung*) offres *fpl* d'emploi; ~**nachweis** *m*, ~**vermittlung** *f* ≈ Agence *f* nationale pour l'emploi; **s**~**weise** *adv* par endroits; ~**wert** *m* (*fig*): **einen hohen** ~**wert haben** être très en vue.

Stellung *f* (*Anordnung*) disposition *f*; (*Körperhaltung, MIL*) position *f*; (*Posten*) poste *m*; ~ **nehmen zu** prendre position à propos de; ~**nahme** *f* prise *f* de position.

stellungslos *adj* sans emploi.

stell-: ~**vertretend** *adj attrib* remplaçant(e), suppléant(e); **S**~**vertreter(in)** *m(f)* (*von Amts wegen*) remplaçant(e) *m/f*, suppléant(e) *m/f*; **S**~**werk** *nt* (*EISENB*) poste *m* d'aiguillage.

Stelze ['ʃtɛltsə] *f* échasse *f*.

stelzen (*umg*) *vi* marcher comme quelqu'un qui a avalé son parapluie.

Stemmbogen *m* (*SKI*) virage *m* en chasseneige.

Stemmeisen *nt* ciseau *m* à bois.

stemmen ['ʃtɛmən] *vt* (*Gewicht*) soulever; (*Loch*) pratiquer ♦ *vr*: **sich** ~ **gegen** (*fig*) être violemment opposé(e) à.

Stempel ['ʃtɛmpəl] (–s, –) *m* tampon *m*; (*Post*~) cachet *m* de la poste; (*TECH*: *Präge*~) matrice *f*; (*BOT*) pistil *m*; **einer Sache seinen** ~ **aufdrücken** (*fig*) marquer qch; **jdm seinen** ~ **aufdrücken** (*fig*) influencer qn; ~**kissen** *nt* tampon *m* encreur.

stempeln *vt* tamponner; (*Briefmarke*) oblitérer ♦ *vi* (*umg*: *Stempeluhr betätigen*) pointer; ~ **gehen** (*umg*) être au chômage.

Stengel ['ʃtɛŋəl] (–s, –) *m* tige *f*; (*von Kirsche*) queue *f*; **fast vom** ~ **fallen** (*umg*) en rester baba.

Steno ['ʃteno] (*umg*) *f* sténo *f*; ~**gramm** *nt* texte *m* en sténo; ~**graph(in)** *m(f)* (*im Büro*) sténodactylo *m/f*; ~**graphie** *f* sténo(graphie) *f*; **s**~**graphieren** *vt* sténographier, prendre en sténo ♦ *vi* sténographier, connaître la sténo; ~**typist(in)** *m(f)* sténodactylo *m/f*.

Steppdecke *f* couette *f*.

Steppe *f* steppe *f*.

steppen ['ʃtɛpən] *vt* coudre au point de piqûre, surpiquer ♦ *vi* faire des claquettes.

Steptanz *m* claquettes *fpl*.

Sterbe-: ~**bett** *nt*: **auf dem** ~**bett liegen** être sur son lit de mort; **am** ~**bett des Vaters** au chevet de son père; ~**fall** *m* décès *m*; ~**hilfe** *f* euthanasie *f*; ~**kasse** *f* assurance *f* décès.

sterben ['ʃtɛrbən] *unreg vi* mourir; **an einer Krankheit/Verletzung** ~ mourir d'une maladie/des suites d'une blessure; **er ist für mich gestorben** (*fig*: *umg*) pour moi, il n'existe plus; **S**~ *nt*: **im S**~ **liegen** être sur son lit de mort.

sterbens-: ~**elend** *adj* malade comme un chien; ~**langweilig** (*umg*) *adj* mortellement ennuyeux(-euse); **S**~**wörtchen** (*umg*) *nt*: **er hat kein S**~**wörtchen gesagt** il n'a pas pipé mot.

Sterbesakramente *pl* derniers sacrements *mpl*.

Sterbeurkunde *f* acte *m* de décès.

sterblich ['ʃtɛrplɪç] *adj* mortel(le); **S**~**keit** *f* condition *f* de mortel; **S**~**keitsziffer** *f* taux *m* de mortalité.

stereo- ['ʃteːreo] *in zW* stéréo; **S**~**anlage** *f* chaîne *f* stéréo; ~**phon** *adj* stéréophonique; **S**~**sendung** *f* émission *f* en stéréo; ~**typ** *adj* (*Antwort*) tout(e) fait(e); (*Lächeln*) figé(e).

steril [ʃteˈriːl] *adj* (*keimfrei*) stérile, stérilisé(e); (*unfruchtbar*) stérile; (*fig*: *kalt, nüchtern*) froid(e).

Sterilisation [ʃterilizatsˈoːn] *f* stérilisation *f*.

sterilisieren [ʃteriliˈziːrən] *vt* stériliser.

Sterilisierung *f* stérilisation *f*.

Stern [ʃtɛrn] (–(e)s, –e) *m* étoile *f*; **das steht (noch) in den** ~**en** c'est impossible à prévoir; **unter einem guten** ~ **stehen** bien s'annoncer; **unter einem ungünstigen** ~ **stehen** être voué(e) à l'échec; ~**bild** *nt* constellation *f*; ~**chen** *nt* (*Zeichen*) astérisque *m*; ~**fahrt** *f* rallye *m*; ~**schnuppe** *f* étoile *f* filante; ~**stunde** *f* (*geh*) moment *m* déterminant; ~**warte** *f* observatoire *m*; ~**zeichen** *nt* (*ASTROL*) signe *m* (astrologique).

stet [ʃteːt] *adj* constant(e).

Stethoskop [ʃtetoˈskoːp] (–(e)s, –e) *nt* stéthoscope *m*.

stetig *adj* (*Wind*) constant(e); (*Steigung*) régulier(-ère); (*Arbeit*) continu(e), soutenu(e); (*MATH*: *Funktion*) continu(e).

stets *adv* toujours.

Steuer¹ ['ʃtɔyər] (–s,–) *nt* (*NAUT*) barre *f*; (*AUT*) volant *m*; (*fig*; *NAUT*: ~*ruder*) gouvernail *m*.

Steuer² ['ʃtɔyər] (–, –n) *f* impôt *m*.

Steuer-: **s**~**begünstigt** *adj* (*Investitionen, Hypothek*) sujet(te) à dégrèvements (fiscaux); (*Waren*) à taux de TVA réduit; ~**berater(in)** *m(f)* conseiller(-ère) fiscal(e); ~**bescheid** *m* avis *m* d'imposition, feuille *f* d'impôt; ~**bord** *nt* tribord *m*; ~**erklärung** *f* déclaration *f* d'impôts; ~**erlaß** *m* exonération *f* fiscale; **s**~**frei** *adj* net(te) d'impôt, exonéré(e); ~**freibetrag** *m* abattement *m*; ~**hinterziehung** *f* fraude *f* fiscale; ~**karte** *f* document *m* d'état civil à présenter au fisc; ~**klasse** *f* tranche *f* du barème fiscal; ~**knüppel** *m* (*FLUG*) manche *m* à balai; **s**~**lich** *adj attrib* fiscal(e); ~**mann** (–(e)s, –**männer** *od* –**leute**) *m* timonier *m*; (*beim Ru-*

dern) barreur *m*.

steuern *vt* (*Auto*) conduire; (*Flugzeug*) piloter; (*Entwicklung*) contrôler; (*Tonstärke*) régler ♦ *vi* (*Kurs nehmen*) se diriger.

Steuer-: ~**paradies** *nt* paradis *m* fiscal; **s~pflichtig** *adj* imposable; ~**progression** *f* impôt *m* progressif; ~**prüfung** *f* contrôle *m* fiscal; ~**pult** *nt* (*ELEK*) pupitre *m* de commande; ~**rad** *nt* (*AUT*) volant *m*; (*NAUT*) gouvernail *m*; ~**rückvergütung** *f* bonification *f* de trop-perçu.

Steuerung *f* (*Vorrichtung*: *AUT*) direction *f*; (: *NAUT, FLUG*) timonerie *f*; (*Steuervorgang*: *NAUT*) conduite *f*; (: *FLUG*) pilotage *m*; (*TECH, COMPUT*) commande *f*.

Steuervergünstigung *f* dégrèvement *m* (d'impôt).

Steuerzahler (**–s**, **–**) *m* contribuable *m*.

Steward ['stjuːərt] (**–s**, **–s**) *m* steward *m*.

Stewardeß ['stjuːərdɛs] (**–**, **–essen**) *f*, **Stewardess** (**–**, **–en**) *f* hôtesse *f* de l'air.

StGB (**–s**) *nt abk* = **Strafgesetzbuch**.

stibitzen [ʃti'bɪtsən] (*umg*) *vt* subtiliser.

Stich [ʃtɪç] (**–e**) *m* (*Insekten~*) piqûre *f*; (*Messer~*) entaille *f*, coup *m* de couteau; (*beim Nähen*) point *m*; (*Färbung*) teinte *f*, nuance *f*; (*KARTEN*) levée *f*; (*KUNST*) gravure *f*; **ein ~ ins Rote** une nuance rouge; **einen ~ haben** (*Eßwaren*) ne pas être frais(fraîche), être avarié(e); (*umg*: *Mensch*: *verrückt sein*) avoir un grain; **jdn im ~ lassen** laisser tomber qn; **etw im ~ lassen** abandonner qch.

Stichelei [ʃtɪçə'laɪ] (*umg*) *f* remarques *fpl* désobligeantes.

sticheln (*pej*: *umg*) *vi* (*fig*) faire des remarques désobligeantes.

Stich-: ~**flamme** *f* colonne *f* de feu; **s~haltig** *adj* concluant(e); ~**probe** *f* échantillonnage *m*, contrôle *m* par sondage.

stichst *etc* [ʃtɪçst] *vb siehe* **stechen**.

Stich-: ~**straße** *f* rue *f* sans issue; ~**tag** *m* date-limite *f*; ~**wahl** *f* second tour *m*; ~**wort** (**–s**, **–e**) *nt* (*THEAT*) réplique *f* (*indiquant à un acteur le moment où il doit parler à son tour*); (*für Vortrag, Nacherzählung etc*) mot-clé *m*; (*pl*: *-wörter*: *in Wörterbuch*) entrée *f*, adresse *f*; ~**wortkatalog** *m* catalogue *m* par ordre des matières; ~**wortverzeichnis** *nt* index *m* (des mots-clés); ~**wunde** *f* entaille *f*.

sticken ['ʃtɪkən] *vt, vi* broder.

Sticker ['stɪkər] (**–s**, **–**) *m* (*Aufkleber*) autocollant *m*.

Stickerei *f* broderie *f*.

stickig *adj*: **hier ist aber ~e Luft** ça sent vraiment le renfermé ici.

Stickstoff (**–(e)s**) *m* (*CHEM*) azote *m*.

stieben ['ʃtiːbən] *unreg vi* (*geh*: *Funken*) fuser.

Stiefel ['ʃtiːfəl] (**–s**, **–**) *m* botte *f*; (*Trinkgefäß*) chope *f* de deux litres.

Stief- ['ʃtiːf] *in zW* beau-(belle-); ~**kind** *nt* beau-fils(belle-fille); (*fig*) enfant *m* mal aimé; ~**mutter** *f* belle-mère *f*; ~**mütterchen** *nt* (*BOT*) pensée *f*; **s~mütterlich** *adj* (*lieblos*)

sans amour ♦ *adv*: **jdn/etw s~mütterlich behandeln** négliger qn/qch; ~**vater** *m* beau-père *m*.

stieg *etc* [ʃtiːk] *vb siehe* **steigen**.

Stiege ['ʃtiːgə] *f* (*Treppe*) escalier *m*.

Stieglitz ['ʃtiːglɪts] (**–es**, **–e**) *m* (*ZOOL*) chardonneret *m*.

stiehlst *etc* [ʃtiːlst] *vb siehe* **stehlen**.

Stiel [ʃtiːl] (**–(e)s**, **–e**) *m* (*von Gerät*) manche *m*; (*von Glas*) pied *m*; (*BOT*) tige *f*; **Eis am ~** esquimau *m* (glacé).

Stielaugen (*umg*) *pl* (*fig*): ~ **machen** écarquiller les yeux.

Stier (**–(e)s**, **–e**) *m* (*ZOOL*) taureau *m*; (*ASTROL*) Taureau.

stier [ʃtiːr] *adj* (*Blick*) fixe.

stieren *vi* regarder fixement.

Stierkampf *m* course *f* de taureaux, corrida *f*.

Stierkämpfer *m* toréador *m*.

stieß *etc* [ʃtiːs] *vb siehe* **stoßen**.

Stift [ʃtɪft] (**–(e)s**, **–e**) *m* (*Farb~*, *Blei~*) crayon *m*; (*Filz~*) feutre *m*; (*Metal~*) cheville *f*; (: *Nagel*) petit clou *m*; (*umg*: *Lehrling*) apprenti *m* ♦ *nt* (*Altersheim*) maison *f* de retraite; (*REL*) couvent *m*.

stiften *vt* (*Orden*) fonder; (*Preis*) créer; (*Unruhe etc*) provoquer; (*Geld*) donner; (*umg*: *spendieren*) payer.

Stifter(in) (**–s**, **–**) *m(f)* (*ECCL*) donateur(-trice).

Stiftung *f* (*JUR*: *Schenkung*) donation *f*; (*Spende*) don *m*; (*Organisation*) fondation *f*.

Stiftzahn *m* dent *f* artificielle.

Stil [ʃtiːl] (**–(e)s**, **–e**) *m* style *m*; **er macht Geschäfte großen ~s** *od* **im großen ~** il fait de grosses affaires; ~**blüte** *f* perle *f* (*erreur*); ~**bruch** *m* rupture *f* de style.

stilisieren [ʃtili'ziːrən] *vt* (*geh*) styliser.

stilistisch [ʃti'lɪstɪʃ] *adj* stylistique.

still [ʃtɪl] *adj* (*Ort, Mensch*) tranquille; (*See*) calme; (*Liebe*) secret(-ète); ~**er Teilhaber** (*WIRTS*) associé *m* commanditaire; **er ist ein ~es Wasser** il n'est pire eau que l'eau qui dort; **ich dachte mir im ~en je me suis dit; der S~e Ozean** l'océan *m* Pacifique.

Stille *f* (*Ruhe*) tranquillité *f*; (*Unbewegtheit*) calme *m*; **in aller ~** dans la plus stricte intimité.

stillen *vt* (*Blut*) arrêter, étancher; (*Schmerzen*) calmer; (*Sehnsucht*) apaiser; (*Hunger*) assouvir; (*Durst*) étancher; (*Säugling*) allaiter.

still-: ~**gestanden** *interj* halte; **S~halteabkommen** *nt* moratoire *m*; ~**halten** **S~(l)eben** *unreg vi* se tenir tranquille, ne pas bouger; **S~(l)eben** *nt* nature *f* morte; ~**(l)egen** *vt* (*Betrieb*) fermer; (*Verkehr*) arrêter; **S~(l)egung** *f* (*von Betrieb*) fermeture *f*; ~**(l)iegen** *unreg vi* (*außer Betrieb sein*) être fermé(e) (définitivement); ~**schweigen** *unreg vi* garder le silence; **S~schweigen** *nt* silence *m* absolu; ~**schweigend** *adj* silencieux(-euse); (*Übereinkunft, Einverständnis*) tacite; **S~stand** *m* (*kein pl*: *von Entwicklung*) arrêt *m*; **zum S~stand bringen** arrêter; ~**stehen** *unreg vi* (*Maschine*) être arrêté(e); (*Verkehr*) être bloqué(e); (*Betrieb*) chômer.

Stilmöbel pl meubles mpl de style.
stilvoll adv avec goût.
Stimm-: ~**abgabe** f vote m; ~**bänder** pl cordes fpl vocales; **s~berechtigt** adj qui a le droit de vote; ~**bruch** m: **er ist im** ~**bruch** sa voix est en train de muer.
Stimme ['ʃtɪmə] f voix f; (MUS: Partie) partie f; **seine** ~ **abgeben** voter; **s~n** vi (richtig sein) être juste od vrai(e); (wählen) voter ♦ vt (MUS) accorder; **für/gegen etw s~n** voter pour/contre qch; **jdn traurig s~n** rendre qn triste; **stimmt so!** gardez la monnaie!; **zu etw s~n** aller (bien) avec qch.
Stimmen-: ~**gewirr** nt brouhaha m; ~**gleichheit** f égalité f de voix; ~**mehrheit** f majorité f.
Stimm-: ~**enthaltung** f abstention f; ~**gabel** f diapason m; **s~haft** adj (Laut) sonore.
stimmig adj cohérent(e).
Stimm-: ~**lage** f registre m; **s~los** adj (Laut) sourd(e); ~**recht** nt droit m de vote; ~**ung** f (Gemüts~) humeur f; (Atmosphäre) atmosphère f; (vorherrschende Meinung) opinion f publique; **in** ~**ung kommen** s'animer; ~**ung gegen jdn/etw machen** dresser l'opinion publique contre qn/qch; ~**ung für jdn/etw machen** influencer l'opinion publique en faveur de qn/qch.
Stimmungs-: ~**kanone** (umg) f boute-entrain m inv; ~**mache** (pej) f propagande f; **s~voll** adj (Gedicht) émouvant(e); (Abend) animé(e).
Stimmzettel m bulletin m de vote.
stimulieren [ʃtimu'liːrən] vt stimuler.
stinken ['ʃtɪŋkən] unreg vi puer; **an der Sache stinkt etwas** (umg) ça sent le roussi; **mir stinkt's!** (umg) j'en ai ras le bol!
Stink-: **s~faul** (umg: pej) adj qui n'en fiche pas une, feignant(e); **s~langweilig** (umg) adj mortellement ennuyeux(-euse); ~**tier** nt (ZOOL) mouffette f; ~**wut** (umg) f: **auf jdn eine** ~**wut haben** être fou(folle) de rage contre qn.
Stipendium [ʃti'pɛndiʊm] nt bourse f (d'études).
stippen ['ʃtɪpən] (umg) vt (eintauchen) tremper.
Stippvisite ['ʃtɪpvi'ziːtə] f petite visite f.
stirbst etc [ʃtɪrpst] vb siehe **sterben**.
Stirn [ʃtɪrn] (–, –en) f front m; **die** ~ **haben zu ...** avoir le front de ...; ~**band** nt serre-tête m inv; ~**höhle** f sinus m (frontal); ~**runzeln** nt froncement m de sourcils.
stob etc [ʃtoːp] vb siehe **stieben**.
stöbern ['ʃtøbərn] (umg) vi (herumsuchen) fouiner.
stochern ['ʃtɔxərn] vi: **in den Zähnen** ~ se curer les dents; **im Essen** ~ chipoter.
Stock [ʃtɔk] (–(e)s, ¨e) m bâton m; (zum Gehen auch) canne f; (Zeige~) baguette f; (BOT) arbrisseau m; (Etage: pl: – od –werke) étage m; **über** ~ **und Stein** par monts et par vaux.
stock- (umg) in zW (vor adj) complètement.
Stöckelschuh ['ʃtœkəlʃuː] m chaussure f à talon aiguille.

stocken vi (Atem) s'arrêter; (beim Sprechen) s'interrompre, hésiter; (Arbeit, Entwicklung) être interrompu(e); (Verkehr) être bloqué(e); (Milch) tourner.
stockend adj (Verkehr) qui avance au ralenti; (Unterhaltung) entrecoupé(e) de silences.
stockfinster (umg) adj: **es ist** ~ il fait noir comme dans un four.
Stockholm ['ʃtɔkhɔlm] (–s) nt Stockholm.
stock-: **S~rose** f rose f trémière; ~**sauer** (umg) adj furibard(e); ~**taub** adj sourd(e) comme un pot; **S~ung** f (von Arbeit etc) interruption f; (von Verkehr) embouteillage m; **S~werk** nt étage m; **S~werkbett** nt lits mpl superposés.
Stoff [ʃtɔf] (–(e)s, –e) m (Textilien) étoffe f; (Substanz, Materie) matière f; (von Buch etc) sujet m; (umg: Rauschgift) came f.
Stoffel (–s, –; pej: umg) m rustre m.
stoff-: ~**lich** adj (materiell) matériel(le), physique; **die** ~**liche Fülle** la quantité de matière; **S~rest** m coupon m (d'étoffe); **S~tier** nt animal m en tissu; **S~wechsel** m métabolisme m.
stöhnen ['ʃtøːnən] vi soupirer.
stoisch ['ʃtoːɪʃ] adj (Ruhe) olympien(ne).
Stola ['ʃtoːla] (–, Stolen) f étole f.
Stollen ['ʃtɔlən] (–s, –) m (BERGB) galerie f; (KOCH) sorte de cake de Noël; (SPORT: von Schuhen) crampon m.
stolpern ['ʃtɔlpərn] vi trébucher; **über etw** ~ (fig: zu Fall kommen) tomber sur qch.
stolz [ʃtɔlts] adj fier(fière); (Bauwerk) majestueux(-euse); (ironisch: Preis) exorbitant(e); **S~** (–es) m (Hochmut) orgueil m; (große Befriedigung) fierté f; ~**ieren** [ʃtɔl'tsiːrən] vi se pavaner.
stopfen ['ʃtɔpfən] vt (hinein~) enfoncer; (voll~) remplir; (nähen) raccommoder ♦ vi (MED) constiper; **jdm das Maul** ~ (umg) clouer le bec à qn.
Stopfgarn nt fil m à repriser.
Stopp [ʃtɔp] (–s, –s) m arrêt m; (Lohn~) blocage m.
Stoppel ['ʃtɔpəl] (–, –n) f (Halmrest) chaume m; (Bart~) barbe f de plusieurs jours.
stoppen vt arrêter; (mit Stoppuhr: Läufer) chronométrer; (: Zeit) mesurer ♦ vi s'arrêter; (Zeit nehmen) chronométrer.
Stopp-: ~**schild** nt stop m; ~**straße** f route od rue f non prioritaire; ~**uhr** f chronomètre m.
Stöpsel ['ʃtœpsəl] (–s, –) m (von Waschbecken) bonde f; (für Flasche) bouchon m; (umg: kleiner Junge) petit gars m.
Stör [ʃtøːr] (–(e)s, –e) m (ZOOL) esturgeon m.
Störaktion f perturbation f concertée.
störanfällig adj peu fiable.
Storch [ʃtɔrç] (–(e)s, ¨e) m cigogne f.
Store [ʃtoːr] (–s, –s) m rideau m de voile, voilage m.
stören ['ʃtøːrən] vt déranger; (behindern) entraver; (RUNDF: Empfang) perturber; (: Sen-

der) entraver la réception de ♦ *vi* déranger ♦
vr: **sich an etw** *Dat* ~ prendre ombrage de
qch, mal supporter qch; **was mich an ihm/
daran stört** ce qui me déplaît chez lui/dans
cette affaire; **störe ich?** je vous dérange?;
stört es Sie, wenn ich rauche? ça vous dérange si je fume?
störend *adj* (*Geräusch*) désagréable; **ein** ~**er**
Umstand un ennui *od* désagrément.
Störenfried (–(e)s, –e) *m* importun *m*.
Störfall *m* accident *m* (*dans une centrale nucléaire*).
stornieren [ʃtɔr'niːrən] *vt* (*Auftrag*) annuler;
(*Buchungsfehler*) contre-passer ♦ *vi* (*siehe vt*)
annuler une commande; contre-passer une
écriture.
Storno ['ʃtɔrno] (–s) *m od nt* (*von Buchungsfehler*)
contre-passation *f*; (*von Auftrag*) annulation *f*.
störrig ['ʃtœrɪç], **störrisch** ['ʃtœrɪʃ] *adj* récal-
citrant(e).
Störsender *m* brouilleur *m*.
Störung *f* (*das Stören*) dérangement *m*;
(*RUNDF*) perturbation *f*, parasites *mpl*; (*TECH*)
panne *f*; (*MED*) trouble *m*; **entschuldigen Sie
die** ~ excusez-moi de vous déranger.
Störungsstelle *f* (*TEL*) ≈ service *m* qualité
(*de France-Télécom*).
Stoß [ʃtoːs] (–es, –̈e) *m* coup *m*; (*leicht*) petit
coup; (*mit Ellbogen*) coup de coude; (*mit Fuß*)
coup de pied; (*Schwimmbewegung*) mouve-
ment *m*; (*Erd~*) secousse *f*; (*Haufen: Zeitungen*)
pile *f*; **seinem Herzen einen** ~ **geben** prendre
son courage à deux mains; ~**dämpfer** (–s, –)
m amortisseur *m*.
Stößel ['ʃtøːsəl] (–s, –) *m* pilon *m*; (*AUT*) poussoir *m*.
stoßen *unreg vt* (*mit Druck*) pousser; (*mit Schlag*)
donner un coup à; (*mit Fuß*) donner un coup
de pied à; (*mit Hörnern*) donner un coup de
corne à; (*anstoßen*): **sich** *Dat* (**an etw** *Dat*) **den
Kopf** ~ se cogner la tête (contre qch); (*zerkleinern*) piler ♦ *vr* (*sich verletzen*): **er hat sich
am Regal** *Dat* **ge~** il s'est cogné à l'étagère;
(*fig*) se heurter à ♦ *vi*: ~ **an** *od* **auf** +*Akk*
(*finden*) tomber sur; (*angrenzen*) être à côté
de; **zu jdm** ~ se joindre à qn.
stoß-: ~**fest** *adj* (*Uhr*) résistant aux chocs;
S~gebet *nt* petite prière *f*; **S~stange** *f* pare-
chocs *m inv*.
stößt [ʃtøːst] *vb siehe* **stoßen.**
Stoß-: ~**verkehr** *m* circulation *f* des heures
de pointe; ~**zahn** *m* défense *f*; ~**zeit** *f* (*im Verkehr*) heures *fpl* de pointe; (*in Geschäft*) heures
d'affluence.
Stotterer (–s, –) *m*, **Stotterin** *f* bègue *m/f*.
stottern ['ʃtɔtərn] *vt, vi* bégayer.
Stövchen ['ʃtøːfçən] (–s, –) *nt* chauffe-plats *m
inv*.
StPO *abk* = **Strafprozeßordnung.**
Str. *abk* (= *Straße*) rue *f*.
stracks [ʃtraks] *adv* tout droit.
Straf-: ~**anstalt** *f* établissement *m* pénitentiaire; ~**arbeit** *f* (*SCH*) punition *f*; ~**bank** *f*

(*SPORT*) banc *m* de pénalité; **s~bar** *adj* (*Verhalten, Tat*) punissable, répréhensible; **sich
s~bar machen** commettre une infraction (à
la loi); ~**barkeit** *f* caractère *m* punissable.
Strafe ['ʃtraːfə] *f* punition *f*; (*JUR*) peine *f*; (*Ge-
fängnis~*) peine de prison; (*Geld~*) amende *f*;
bei ~ **verboten** passible de poursuites.
strafen *vt* punir; **mit seinen Kindern ist er wirklich gestraft** il n'a vraiment pas la vie facile
avec ses enfants.
strafend *adj attrib* (*Wort*) sévère; (*Blick*) de reproche.
straff [ʃtraf] *adj* (*Seil, Tuch*) tendu(e); (*Haltung*)
raide; (*Ordnung*) strict(e); (*Stil*) concis(e).
straffällig ['ʃtraːffɛlɪç] *adj*: ~ **werden** commettre une infraction (à la loi).
straffen *vt* (*Seil, Segel*) tendre; (*Rede*) rendre
plus concis(e).
straf-: ~**frei** *adj*: ~**frei ausgehen** ne pas être
puni(e); **S~gefangene(r)** *f(m)* détenu(e);
S~gesetzbuch *nt* Code *m* pénal; **S~kolonie** *f*
bagne *m*.
sträflich ['ʃtrɛːflɪç] *adj* (*Leichtsinn*) impardonnable ♦ *adv* (*vernachlässigen etc*) d'une manière
impardonnable.
Sträfling *m* bagnard *m*.
Straf-: ~**mandat** *nt* (*JUR*) contravention *f*;
~**maß** *nt* peine *f*; **s~mildernd** *adj*:
s~mildernde Umstände (des) circonstances
fpl atténuantes; ~**porto** *nt* supplément *m*
d'affranchissement; ~**predigt** *f* sermon *m*;
~**prozeßordnung** *f* Code *m* de procédure pénale; ~**punkt** *m* point *m* en moins; ~**raum** *m*
(*SPORT*) surface *f* de réparation; ~**recht** *nt*
(*JUR*) droit *m* pénal; **s~rechtlich** *adj* pénal(e);
~**stoß** *m* penalty *m*; ~**tat** *f* délit *m*;
s~versetzen *vt untr* (*Beamte*) muter (par mesure de sanction); ~**vollzug** *m* exécution *f*
d'une *od* de la peine; ~**vollzugsanstalt** *f* (*JUR*)
établissement *m* pénitentiaire; ~**zettel** *m*
P.-V. *m*.
Strahl [ʃtraːl] (–(e)s, –en) *m* rayon *m*; (*Wasser~*)
jet *m*.
strahlen *vi* briller; (*Licht*) être intense *od*
vif(vive); (*Mensch*) avoir le visage rayonnant; (*Kernreaktor*) émettre des rayonnements radioactifs; ~**des Wetter** un temps superbe.
Strahlen-: ~**behandlung** *f* radiothérapie *f*;
~**belastung** *f* irradiation *f*; **s~d** *adj* (*Wetter*)
radieux(-euse); (*Blick, Gesicht*) rayonnant(e);
~**dosis** *f* dose *f* de rayonnements;
s~geschädigt *adj* souffrant du mal des
rayons, irradié(e); ~**krankheit** *f* mal *m* des
rayons; ~**opfer** *nt* victime *f* de l'irradiation;
~**schutz** *m* protection *f* contre l'irradiation;
~**therapie** *f* radiothérapie *f*.
Strahlung *f* (*PHYS*) radiation *f*.
Strähne ['ʃtrɛːnə] *f* (*Haar~*) mèche *f*.
strähnig *adj* (*Haar*) en mèches désordonnées.
stramm [ʃtram] *adj* (*Haltung*) (bien) droit(e);
(*nicht locker*) serré(e); (*kräftig*) robuste; ~**stehen** *unreg vi* (*MIL*) être au garde-à-vous.

Strampelhöschen *nt* barboteuse *f*.
strampeln ['ʃtrampəln] *vi* (*Baby*) gigoter; (*umg*: *radfahren*) pédaler.
Strand [ʃtrant] (**-(e)s**, **⁻e**) *m* plage *f*; **~bad** *nt* plage *f* aménagée.
stranden ['ʃtrandən] *vi* échouer.
Strand-: **~gut** *nt* (*kein pl*) objets *mpl* rejetés sur le rivage, épaves *fpl*; **~korb** *m* grand fauteuil de plage en osier; **~segeln** *nt* (*SPORT*) sorte de bateau à voile sur roues.
Strang [ʃtraŋ] (**-(e)s**, **⁻e**) *m* (*Strick*, *Seil*) corde *f*; (*Bündel*) pelote *f*; (*Nerven~*) cordon *m*; (*Schienen~*) ligne *f*; **über die Stränge schlagen** (*umg*) dépasser les bornes; **an einem ~ ziehen** (*fig*) agir de concert; **wenn alle Stränge reißen** (*umg*) au pire des cas.
strangulieren [ʃtraŋgu'liːrən] *vt* étrangler.
Strapaze [ʃtraˈpaːtsə] *f* effort *m* énorme.
strapazieren [ʃtrapaˈtsiːrən] *vt* (*Material*) user; (*Mensch*, *Kräfte*) épuiser.
strapazierfähig *adj* (*Material*) solide, résistant(e).
strapaziös [ʃtrapatsiˈøːs] *adj* épuisant(e).
Straßburg ['ʃtraːsbʊrk] (**-s**) *nt* Strasbourg.
Straße ['ʃtraːsə] *f* (*über Land*) route *f*; (*in Ortschaft*, *Stadt*) rue *f*; **auf der ~** dans la rue; **auf der ~ liegen** (*umg*) être au chômage; **auf die ~ gesetzt werden** (*umg*) être mis(e) à la porte; **Verkauf (auch) über die ~** vente de plats à emporter.
Straßen-: **~bahn** *f* tramway *m*; **~bauarbeiten** *pl* travaux *mpl* (d'entretien des routes); **~beleuchtung** *f* éclairage *m* public; **~café** *nt* café *m* avec terrasse; **~ecke** *f* coin *m* (de la rue); **~feger** (**-s**, **-**) *m* balayeur *m*; **~glätte** *f* chaussée *f* glissante; **~händler** *m* marchand *m* ambulant; **~junge** (*pej*) *m* garnement *m*; **~karte** *f* carte *f* routière; **~kehrer** *m* balayeur *m*; **~mädchen** *nt* fille *f* des rues; **~rand** *m* bord *m* de la route; **~sperre** *f* barrage *m*; **~überführung** *f* passerelle *f*; **~verkauf** *m* (*von Restaurant*) vente *f* de plats à emporter; **~verkehr** *m* circulation *f*; **~verkehrsordnung** *f* code *m* de la route; **~zustandsbericht** *m* informations *fpl* routières.
Stratege [ʃtraˈteːgə] *m* stratège *m*.
Strategie [ʃtrateˈgiː] *f* stratégie *f*.
strategisch *adj* stratégique.
Stratosphäre [ʃtratoˈsfɛːrə] (**-**) *f* stratosphère *f*.
sträuben ['ʃtrɔybən] *vt* hérisser ♦ *vr* (*Haar etc*) se hérisser; (*Mensch*): **sich gegen etw ~** s'opposer (avec acharnement) à qch.
Strauch [ʃtraʊx] (**-(e)s**, **Sträucher**) *m* buisson *m*; **s~eln** ['ʃtraʊxəln] *vi* trébucher.
Strauß¹ [ʃtraʊs] (**-es**, **Sträuße**) *m* (*Blumen~*) bouquet *m*.
Strauß² [ʃtraʊs] (**-es**, **-e**) *m* (*ZOOL*) autruche *f*.
Strebe ['ʃtreːbə] *f* étai *m*.
Strebebalken *m* étai *m*.
streben *vi*: **~ nach** aspirer à; **~ zu** *od* **nach** (*sich bewegen*) se diriger vers.
Strebepfeiler *m* arc-boutant *m*.

Streber (**-s**, **-**; *pej*) *m* (*SCH*) bûcheur *m*.
strebsam *adj* (*Mensch*) travailleur(-euse).
Strebsamkeit *f* zèle *m*.
Strecke ['ʃtrɛkə] *f* trajet *m*; (*Entfernung*) distance *f*; (*EISENB*, *MATH*) ligne *f*; **auf der ~ Paris-Brüssel** entre Paris et Bruxelles; **auf der ~ bleiben** (*fig*) rester en plan; **zur ~ bringen** (*JAGD*) tuer.
strecken *vt* (*Glieder*) étendre; (*Hals*) tendre; (*Waffen*) déposer; (*KOCH*: *Suppe*) allonger ♦ *vr* s'étirer; **seinen Körper ~** s'étirer; **~weise** *adv* par endroits, en partie.
Streich [ʃtraɪç] (**-(e)s**, **-e**) *m* (*Scherz*) farce *f*; (*Schlag*) coup *m*; **jdm einen ~ spielen** faire une farce à qn.
streicheln *vt* caresser.
streichen *unreg vt* (*berühren*): **jdm die Haare ~** passer la main dans les cheveux de qn; (*auftragen*: *Butter etc*) étaler; (*bestreichen*: *Brot*) tartiner; (*anmalen*) peindre; (*durchstreichen*) barrer; (*Schulden*) annuler; (*Zuschuß etc*) supprimer ♦ *vi* (*berühren*): **jdm über die Haare ~** passer la main dans les cheveux de qn; (*Wind*) souffler; (*schleichen*) rôder; **etw glatt ~** lisser qch.
Streicher *pl* (*MUS*) (joueurs *mpl* d')instruments *mpl* à cordes.
Streich-: **~holz** *nt* allumette *f*; **~holzschachtel** *f* boîte *f* d'allumettes; **~instrument** *nt* instrument *m* à cordes; **~käse** *m* fromage *m* à tartiner; **~wurst** *f* ≈ pâté *m* de foie.
Streifband *nt* bande *f* (*de journal*); **~zeitung** *f* journal *m* (envoyé) sous bande.
Streife *f* patrouille *f*.
streifen ['ʃtraɪfən] *vt* (*leicht berühren*) frôler, effleurer; (*Thema*, *Problem*) effleurer; (*abstreifen*) enlever ♦ *vi* (*gehen*) errer; **jdn mit einem Blick ~** regarder qn furtivement.
Streifen (**-s**, **-**) *m* (*Linie*) ligne *f*; (*mehrere nebeneinander*) rayure *f*; (*Stück*, *auf Fahrbahn*) bande *f*; (*umg*: *Film*) film *m*; **~karte** *f* (*für Verkehrsmittel*) ≈ carnet *m* de tickets (*sous forme d'une carte unique*); **~wagen** *m* voiture *f* de police.
Streifschuß *m* blessure *f* superficielle (*par balle*).
Streifzug *m* expédition *f*; (*Bummel*) tour *m*; (*kurzer Überblick*) tour d'horizon, aperçu *m*.
Streik [ʃtraɪk] (**-(e)s**, **-s**) *m* grève *f*; **in den ~ treten** se mettre en grève; **~brecher** (**-s**, **-**) *m* briseur de grève; **s~en** *vi* faire la grève; **der Computer s~t** (*umg*) l'ordinateur est détraqué; **da s~e ich** (*umg*) je refuse; **~kasse** *f* fonds *m* de solidarité pour grévistes; **~maßnahmen** *pl* mesures *fpl* od mouvement *m* de grève; **~posten** *m* piquet *m* de grève.
Streit [ʃtraɪt] (**-(e)s**, **-e**) *m* dispute *f*.
streiten *unreg vi*, *vr* se disputer; **darüber kann man** *od* **läßt sich ~** c'est discutable.
Streitfrage *f* question *f* épineuse.
Streitgespräch *nt* débat *m*.
streitig *adj*: **jdm etw ~ machen** contester qch à qn.
Streitigkeiten *pl* conflit *msg*.

Streit-: ~**kräfte** pl belligérants mpl; **s~lustig** adj querelleur(-euse); ~**punkt** m point m litigieux; ~**sucht** f humeur f querelleuse; **s~süchtig** adj querelleur(-euse).

streng [ʃtrɛŋ] adj (Lehrer) sévère; (Maßnahme) sévère, draconien(ne); (Vorschrift, Anweisungen) strict(e); (Gesicht) dur(e); (Winter) rigoureux(-euse); (Geruch) fort(e) ♦ adv: ~ **geheim** top secret; ~ **vertraulich** strictement confidentiel; **rauchen** ~ **verboten!** il est strictement interdit de fumer!

Strenge f sévérité f; (von Winter) rigueur f.

streng-: ~**genommen** adv en fait; ~**gläubig** adj strict(e); ~**stens** adv rigoureusement.

Streß [ʃtrɛs] (–sses, –sse) m stress m.

stressen vt stresser.

streßfrei adj sans stress.

stressig (umg) adj stressant(e).

Streu [ʃtrɔy] f litière f.

streuen vt répandre ♦ vi (PHYS) se disperser, se diffuser; (mit Streugut) répandre du sable; (: mit Salz) répandre du sel; „**Wege nicht gestreut"** "chaussée glissante".

Streuer (–s, –) m saupoudreuse f; (Salz~) salière f; (Pfeffer~) poivrier m.

Streufahrzeug nt camion m de la voirie (qui répand du sable ou du sel sur les chaussées verglacées).

Streugut nt (Sand) sable m (pour chaussées verglacées).

streunen vi errer.

Streusel ['ʃtrɔyzəl] (–s, –) m od nt mélange croquant de sucre, de beurre et de farine; ~**kuchen** m tarte recouverte d'un mélange croquant de sucre, de beurre et de farine.

Streuung f (PHYS) dispersion f, diffusion f; (Verbreitung) diffusion f.

-strich etc [ʃtrɪç] vb siehe **streichen**.

Strich (–(e)s, –e) m trait m; (von Geweben) poils mpl; (von Fell) (sens m du) poil m; **einen** ~ **durch etw machen** barrer od rayer qch; **jdm einen** ~ **durch die Rechnung machen** (umg) mettre des bâtons dans les roues de qn; **machen wir einen** ~ **darunter** (Diskussion) passons à autre chose; (Streitigkeit) oublions le passé; **unter dem** ~ (als Ergebnis) tout compte fait; **das geht mir gegen den** ~ (umg) ça me rend malade; **jdn nach** ~ **und Faden belügen** (umg) mentir effrontément à qn; **auf den** ~ **gehen** (umg) se prostituer; ~**einteilung** f graduation f, échelle f.

stricheln ['ʃtrɪçəln] vt: **eine gestrichelte Linie** une ligne non continue.

Strich-: ~**junge** (umg) m jeune prostitué m; ~**kode** m code m barres; ~**mädchen** (umg) nt jeune prostituée f; ~**punkt** m point-virgule m; **s~weise** adv par endroits; **s~weise Regen** (MET) pluie par endroits.

Strick [ʃtrɪk] (–(e)s, –e) m corde f; (umg: Kind) garnement m; **wenn alle** ~**e reißen** au pire des cas; **jdm aus etw einen** ~ **drehen** utiliser qch pour nuire à qn.

stricken vi, vt tricoter.

Strick-: ~**jacke** f cardigan m; ~**leiter** f échelle f de corde; ~**nadel** f aiguille f à tricoter; ~**waren** pl lainages mpl; ~**zeug** nt tricot m.

striegeln ['ʃtriːgəln] vt étriller.

Strieme ['ʃtriːmə] f marque f de coup, zébrure f.

Striemen (–s, –) m = **Strieme**.

strikt [strɪkt] adj (Befehl) formel(le); (Ordnung) méticuleux(-euse).

Strippe ['ʃtrɪpə] (umg) f (TEL) fil m; **jdn an der** ~ **haben** avoir qn au bout du fil.

strippen (umg) vi faire du strip-tease.

Stripper(in) (–s, –) m(f) strip-teaseur(-euse).

stritt etc [ʃtrɪt] vb siehe **streiten**.

strittig ['ʃtrɪtɪç] adj (Punkt, Frage) litigieux (-euse).

Stroh [ʃtroː] (–(e)s) nt paille f; ~**blume** f (BOT) immortelle f; ~**dach** nt toit m de chaume; ~**feuer** nt: **ein** ~**feuer sein** (fig) n'être qu'un feu de paille; ~**halm** m fétu m de paille; (Trinkhalm) paille f; ~**mann** (–(e)s, –männer) m (WIRTS) homme m de paille; (KARTEN) mort m; ~**witwe** f femme dont le mari est absent; ~**witwer** m homme dont l'épouse est absente.

Strolch [ʃtrɔlç] (–(e)s, –e; pej) m chenapan m.

Strom [ʃtroːm] (–(e)s, ⁻e) m (Fluß) fleuve m; (Strömung, ELEK) courant m; (fig: große Menge) flot m; **mit dem** ~ **schwimmen** suivre le courant; **gegen den** ~ **schwimmen** nager à contre-courant; **der Wein floß in Strömen** le vin coulait à flots; **es regnet in Strömen** il pleut à verse; **unter** ~ **stehen** (ELEK) être sous tension; **s~abwärts** adv (Position) en aval; (Richtung) vers l'aval; **s~aufwärts** adv (Position) en amont; (Richtung) vers l'amont; ~**ausfall** m panne f de courant; ~**bedarf** m consommation f d'électricité.

strömen ['ʃtrøːmən] vi (Wasser) couler (à flots); (Luft, Gas) s'échapper; (Menschen) se précipiter (en masse).

Strom-: ~**kabel** nt câble m électrique; ~**kreis** m circuit m (électrique); **s~linienförmig** adj aérodynamique; ~**netz** nt réseau m (électrique); ~**schiene** f rail m conducteur; ~**schnelle** f rapide m; ~**sperre** f coupure f de courant; ~**stärke** f intensité f du courant.

Strömung ['ʃtrøːmʊŋ] f courant m.

Stromzähler m compteur m d'électricité.

Strophe ['ʃtroːfə] f strophe f.

strotzen ['ʃtrɔtsən] vi: ~ **vor** od **von** (Gesundheit, Lebensfreude) déborder de.

strubbelig ['ʃtrʊbəlɪç] adj échevelé(e).

Strudel ['ʃtruːdəl] (–s, –) m (Wasserwirbel) tourbillon m; (KOCH) pâtisserie autrichienne aux pommes.

strudeln vi tourbillonner.

Struktur [ʃtrʊk'tuːr] f structure f; (von Gewebe) contexture f.

strukturell [ʃtrʊktu'rɛl] adj (Veränderung) de structure.

strukturieren [ʃtrʊktu'riːrən] vt structurer.

Struktur-: ~**politik** f réformes fpl de structure; ~**reform** f réforme f de structure.

Strumpf [ʃtrʊmpf] (-(e)s, ⸚e) *m* bas *m*; (*Knie~*) chaussette *f*; **auf Strümpfen** en chaussettes; **~band** *nt* jarretière *f*; **~halter** *m* jarretelle *f*; **~hose** *f* collant *m*; **~maske** *f* bas *servant de masque.*

Strunk [ʃtrʊŋk] (-(e)s, ⸚e) *m* (*von Baum*) souche *f*; (*von Kohl*) trognon *m*.

struppig [ʃtrʊpɪç] *adj* (*Haar, Kerl*) hirsute.

Stube [ʃtuːbə] *f* chambre *f*; **die gute ~** le salon.

Stuben-: **~arrest** *m* interdiction *f* de sortir; **~fliege** *f* mouche *f* (domestique); **~hocker** (*umg*) *m* pantouflard *m*; **s~rein** *adj* (*Hund*) propre.

Stuck [ʃtʊk] (-(e)s) *m* stuc *m*.

Stück [ʃtʏk] (-(e)s, -e) *nt* morceau *m*; (*Land*) morceau, parcelle *f*; (*Einzelteil, THEAT*) pièce *f*; (*etwas*): **ein ~ weiter** un peu plus loin; **ein ~ spazierengehen** aller faire un petit tour; **am ~** (*nicht aufgeschnitten*) entier (-ière); **in einem ~** (*ohne Pause*) sans arrêt; **aus freien ~en** sans y être forcé(e), de mon/son *etc* propre chef; **große ~e auf jdn halten** avoir une haute opinion de qn; **~ für ~** l'un après l'autre; **in ~e gehen** se casser en mille morceaux; **das ist ein starkes ~!** (*umg*) c'est incroyable!, c'est un comble!; **~arbeit** *f* travail *m* aux pièces; **~gut** *nt* colis *m* express; **~kosten** *pl* (*WIRTS*) prix *msg* unitaire; **~lohn** *m* paiement *m* à la pièce; **s~weise** *adv* pièce par pièce, petit à petit; (*WIRTS*) séparément; **~werk** *nt* chose *f* inachevée.

Student(in) [ʃtuˈdɛnt(ɪn)] *m(f)* étudiant(e).

Studenten-: **~ausweis** *m* carte *f* d'étudiant; **~futter** *nt* mélange de noix et de raisins secs; **~verbindung** *f* association *f* (traditionnelle) d'étudiants; **~werk** *nt* ≈ service *m* d'assistance universitaire; **~wohnheim** *nt* résidence *f* universitaire.

studentisch *adj* (*Leben*) estudiantin(e); (*Freiheit*) des étudiants.

Studie [ʃtuːdiə] *f* étude *f*.

Studien-: **~beratung** *f* ≈ service *m* d'orientation et d'assistance universitaire; **~buch** *nt* livret d'étudiant; **~fahrt** *f* voyage *m* d'études; **~kolleg** *nt* cours de préparation pour étudiants étrangers; **~platz** *m* place *f* à l'université.

studieren [ʃtuˈdiːrən] *vt* (*Jura etc*) faire des études de, étudier; (*Frage etc*) étudier ♦ *vi* (*Hochschule besuchen*) faire des études.

Studio [ʃtuːdio] (-s, -) *nt* atelier *m*; (*TV etc*) studio *m*.

Studium [ʃtuːdiʊm] *nt* études *fpl*.

Stufe [ʃtuːfə] *f* marche *f*; (*Entwicklungs~*) phase *f*, stade *m*; (*Niveau*) niveau *m*; (*TECH: bei Schalter*) intensité *f*.

Stufen-: **~heck** *nt* (*AUT*): **ein Pkw mit ~heck** une berline; **~leiter** *f*: **die ~leiter des Erfolgs** le chemin du succès; **s~los** *adj* (*TECH: Schalter*) à réglage continu; **~plan** *m* plan *m* étape par étape; **~schnitt** *m* (*Frisur*) coupe *f* en dégradés; **s~weise** *adv* par étapes, progressivement.

Stuhl [ʃtuːl] (-(e)s, ⸚e) *m* chaise *f*; **zwischen zwei Stühlen sitzen** (*fig*) être assis(e) entre deux chaises.

Stuhlgang *m* selles *fpl*.

Stukkateur [ʃtʊkaˈtøːr] *m* stucateur *m*.

Stulle [ʃtʊlə] *f* tartine *f*.

stülpen [ʃtʏlpən] *vt* (*umdrehen*) retourner; **etw über etw** *Akk* ~ recouvrir qch avec qch, mettre qch sur qch; **den Kragen nach oben ~** remonter son col.

stumm [ʃtʊm] *adj* muet(te); (*Blick*) entendu(e); (*Gebärde*) silencieux(-euse).

Stummel (-s, -) *m* bout *m*; (*Zigaretten~*) bout, mégot *m* (*umg*).

Stummfilm *m* film *m* muet.

Stümper [ʃtʏmpər] (-s, -; *pej*) *m* incapable *m*; **s~haft** *adj* bâclé(e).

stümpern (*umg*) *vi* faire du travail bâclé, bâcler.

Stumpf (-(e)s, ⸚e) *m* (*Baum~*) souche *f*; (*Bein~*) moignon *m*; **mit ~ und Stiel** complètement.

stumpf [ʃtʊmpf] *adj* (*Messer etc*) qui coupe mal, émoussé(e); (*Metall, Blick*) terne; (*Mensch*) amorphe; (*MATH: Winkel*) obtus(e); **S~heit** *f* (*siehe adj*) manque *m* de tranchant; manque d'éclat; manque d'énergie; **S~sinn** (-(e)s) *m* (*von Arbeit*) stupidité *f*; (*Zustand*) abrutissement *m*; **mit ~** *adj* (*Arbeit*) stupide; (*Leben*) morne.

Stunde [ʃtʊndə] *f* heure *f*; (*Zeit*) moment *m*; **eine halbe ~** une demi-heure; **~ um ~** heure après heure; **die ~ Null** un nouveau départ.

stunden *vt*: **jdm etw ~** prolonger le délai accordé à qn pour payer qch.

Stunden-: **~geschwindigkeit** *f* vitesse *f* horaire *od* à l'heure; **~kilometer** *pl* kilomètres *mpl* à l'heure, kilomètres/heure *mpl*; **s~lang** *adv* pendant des heures; **~lohn** *m* salaire *m* horaire; **~plan** *m* horaire *m* des cours *s~weise* *adv* à l'heure.

stündlich [ʃtʏntlɪç] *adv* (*einmal pro Stunde*) toutes les heures; (*dauernd*) constamment.

stupide [ʃtuˈpiːdə] *adj* idiot(e).

Stups [ʃtʊps] (-es, -e; *umg*) *m* petit coup *m* (de coude *etc*).

stupsen *vt* pousser, donner un petit coup (de coude *etc*) à.

Stupsnase *f* nez *m* retroussé.

stur [ʃtuːr] *adj* (*Mensch*) borné(e); (*Arbeit*) stupide ♦ *adv*: **er fuhr ~ geradeaus** il continua obstinément tout droit; **auf ~ schalten, sich ~ stellen** (*umg*) se braquer; **ein ~er Bock** (*umg*) une tête de mule.

Sturm [ʃtʊrm] (-(e)s, ⸚e) *m* tempête *f*; (*MIL etc*) assaut *m*; (*FUSSBALL*) avants *mpl*; **gegen etw ~ laufen** (*fig*) partir en guerre contre qch; **~ läuten** se pendre à la sonnette.

stürmen [ʃtʏrmən] *vi* (*Wind*) tempêter; (*rennen*) se précipiter ♦ *vt* prendre d'assaut ♦ *vb unpers*: **es stürmt** le vent souffle en tempête.

Stürmer (-s, -) *m* (*SPORT*) avant *m*.

sturmfrei *adj*: **eine ~e Bude** (*umg*) un endroit discret.

stürmisch *adj* (*Meer*) houleux(-euse); (*Empfang*) enthousiaste; (*Beifall*) frénétique; (*Protest*) véhément(e); (*Entwicklung*) fulgurant(e); (*Liebhaber*) passionné(e); ~**es Wetter** (temps *m* de) tempête *f*, gros temps *m*; **nicht so** ~! du calme!

Sturm-: ~**schritt** *m*: **im** ~**schritt** au pas de course; ~**tief** *nt* (*MET*) dépression *f* cyclonale; ~**warnung** *f* avis *m* de coup de vent; ~**wind** *m* tempête *f*.

Sturz [ʃtʊrts] (**-es, ⁻e**) *m* chute *f*.

stürzen [ˈʃtʏrtsən] *vt* (*werfen, absetzen*) faire tomber; (*Kragen etc*) retourner ♦ *vi* (*fallen*) tomber; (*rennen*) se précipiter ♦ *vr* se précipiter; **sich auf jdn/etw** ~ se précipiter sur qn/qch; **jdn ins Unglück** ~ provoquer le malheur de qn; **sich in die Arbeit** ~ se jeter à corps perdu dans son travail; **sich ins Nachtleben** ~ se mettre à faire la noce; „**nicht** ~!“ "fragile!", "haut/bas"; **sich in Unkosten** ~ se lancer dans de grosses dépenses.

Sturz-: ~**flug** *m* piqué *m*; ~**helm** *m* casque *m* de protection; ~**regen** *m* grosse pluie *f*.

Stuß [ʃtʊs] (**-sses**; *umg*) *m* foutaises *fpl*.

Stute [ˈʃtuːtə] *f* (*Pferd*) jument *f*.

Stuttgart [ˈʃtʊtgart] (**-s**) *nt* Stuttgart.

Stützbalken *m* poutre *f* (de support).

Stütze [ˈʃtʏtsə] *f* support *m*; (*Hilfe*) soutien *m*; **die** ~**n der Gesellschaft** les piliers *mpl* de la société.

stutzen [ˈʃtʊtsən] *vt* (*Bart, Sträucher*) tailler; (*Ohr, Schwanz*) couper; (*Flügel*) couper, rogner ♦ *vi* (*innehalten*) s'arrêter net; (*argwöhnisch werden*) hésiter.

stützen *vt* soutenir; (*Ellbogen, Kinn etc*) mettre ♦ *vr*: **sich auf jdn/etw** ~ s'appuyer sur qn/qch.

stutzig *adj*: ~ **werden** devenir méfiant(e); **jdn** ~ **machen** éveiller les soupçons de qn.

Stützmauer *f* mur *m* de soutènement.

Stützpunkt *m* base *f*; (*von Hebel, fig*) point *m* d'appui.

Stützungskäufe *pl* achats *mpl* de soutien.

StVO *abk* = **Straßenverkehrsordnung**.

stylen [ˈstailən] *vt* concevoir.

Styropor ® [ʃtyroˈpoːr] (**-s**) *nt* polystyrène *m* expansé.

s.u. *abk* = **siehe unten**.

Subjekt [zʊpˈjɛkt] (**-(e)s, -e**) *nt* sujet *m*; (*pej: Mensch*) personnage *m*.

subjektiv [zʊpjɛkˈtiːf] *adj* subjectif(-ive).

Subjektivität [zʊpjɛktiviˈtɛːt] *f* subjectivité *f*.

Subkontinent [ˈzʊpkɔntinɛnt] *m* sous-continent *m*.

Subkultur [ˈzʊpkʊltuːr] *f* subculture *f*.

sublimieren [zubliˈmiːrən] *vt* sublimer.

Submission [zʊpmisiˈoːn] *f* (*WIRTS*) adjudication *f*.

Subroutine [ˈzʊprutiːnə] *f* (*COMPUT*) sous-programme *m*.

Substantiv [zʊpstanˈtiːf] (**-s, -e**) *nt* substantif *m*.

Substanz [zʊpˈstants] *f* (*Materie*) substance *f*; (*WIRTS*: *kein pl*: *Kapital*) capital *m*; **das geht jdm**

an die ~ ça use qn.

subtil [zʊpˈtiːl] *adj* (*geh*: *Unterschied*) subtile.

subtrahieren [zʊptraˈhiːrən] *vt* soustraire.

Subtraktion [zʊptraktsiˈoːn] *f* soustraction *f*.

subtropisch [ˈzʊptroːpɪʃ] *adj* subtropical(e).

Subvention [zʊpvɛntsiˈoːn] *f* subvention *f*.

subventionieren [zʊpvɛntsioˈniːrən] *vt* subventionner.

subversiv [zʊpvɛrˈziːf] *adj* subversif(-ive).

Such-: ~**aktion** *f* recherches *fpl*; ~**bild** *nt* casse-tête consistant en un dessin dissimulé dans un autre; ~**dienst** *m* agence *f* de recherche.

Suche *f* recherche *f*.

suchen [ˈzuːxən] *vt* chercher; (*Pilze, Beeren*) aller ramasser *od* cueillir; (*versuchen*): **er sucht ihm zu schaden** il cherche à lui nuire ♦ *vi* chercher; **du hast hier nichts zu** ~ tu n'as rien à faire ici; **nach Worten** ~ chercher ses mots; (*sprachlos sein*) rester bouche bée; **such!** (*zu Hund*) cherche!; ~ **und ersetzen** (*COMPUT*) chercher et remplacer.

Sucher (**-s, -**) *m* (*PHOT*) viseur *m*.

Suchscheinwerfer *m* projecteur *m*.

Sucht [zʊxt] (**-, ⁻e**) *f* besoin *m* irrésistible; (*MED*) dépendance *f*.

süchtig [ˈzʏçtɪç] *adj* intoxiqué(e); **S**~**e(r)** *f(m)* drogué(e).

Suchtmittel *nt* drogue *f*, stupéfiant *m*.

Sud [zuːt] (**-(e)s, -e**) *m* (*von Fisch*) court-bouillon *m* (*dans lequel a cuit le poisson*).

Süd [zyːt] (**-(e)s**) *m* sud *m*; ~**afrika** *nt* l'Afrique *f* du Sud; ~**amerika** *nt* l'Amérique *f* du Sud.

Sudan [zuˈdaːn] (**-s**) *m*: **der** ~ le Soudan.

Sudanese(-in) [zudaˈneːzə] (**-n, -n**) *m(f)* Soudanais(e).

Süd-: ~**asien** *nt* l'Asie *f* du Sud; **s**~**deutsch** *adj* d'Allemagne du Sud; ~**deutschland** *nt* l'Allemagne *f* du Sud.

Süden [ˈzyːdən] (**-s, -**) *m* sud *m*; **im** ~ (**von**) au sud (de).

Sudetenland [zuˈdeːtənlant] *nt* Sudètes *mpl*.

Süd-: ~**europa** *nt* l'Europe *f* du Sud, le sud de l'Europe; ~**frucht** *f* fruit *m* tropical; ~**korea** *nt* la Corée du Sud, la République de Corée; **s**~**ländisch** *adj* (*des pays*) du sud; **s**~**lich** *adj* du sud, méridional(e) ♦ *präp* +*Gen*: **s**~**lich von** au sud de; **der s**~**liche Polarkreis** le cercle polaire antarctique; ~**ostasien** *nt* le Sud-Est asiatique; ~**pol** *m* pôle *m* Sud; ~**polarmeer** *nt* océan *m* Antarctique; ~**see** *f* Pacifique *m* (sud); ~**seeinseln** *pl* l'Océanie *f*; ~**tirol** *nt* le Tyrol italien; **s**~**wärts** *adv* vers le sud, en direction du sud; ~**wein** *m* vin blanc doux (*italien*); ~**westafrika** *nt* le Sud-Ouest africain (*la future Namibie*).

Sueskanal, Suezkanal [ˈzuːɛskanaːl] (**-s**) *m* canal *m* de Suez.

Suff [zʊf] (*umg*) *m* (*Betrunkenheit*) ivresse *f*.

süffig [ˈzʏfɪç] *adj* (*Wein*) qui se laisse boire.

süffisant [zyfiˈzant] *adj* suffisant(e).

suggerieren [zʊgeˈriːrən] *vt*: **jdm etw** ~ créer qch chez qn.

suggestiv [zʊgɛs'tiːf] *adj* (*Wirkung*) suggestif (-ive); **S~frage** [zʊgɛs'tiːffraːgə] *f* question *f* insidieuse.
suhlen ['zuːlən] *vr* se vautrer.
Sühne ['zyːnə] *f* pénitence *f*.
sühnen *vt* expier.
Sühnetermin *m* (*JUR*) tentative *f* de conciliation.
Suite ['sviːtə] *f* (*Zimmerflucht*) suite *f*.
Sulfonamid [zʊlfona'miːt] (–(e)s, –e) *nt* sulfamide *m*.
Sultan ['zʊltan] (–s, –e) *m* sultan *m*.
Sultanine [zʊlta'niːnə] *f* (gros) raisin *m* sec.
Sülze ['zyltsə] *f* (*KOCH*) aspic *m*.
summarisch [zʊ'maːrɪʃ] *adj* sommaire.
Summe *f* somme *f*.
summen *vi* (*Biene, Gerät*) bourdonner; (*Mensch*) fredonner ♦ *vt* (*Lied*) fredonner.
Summer (–s, –) *m* sonnette *f* (à trembleur).
summieren [zʊ'miːrən] *vt* additionner ♦ *vr* s'accumuler.
Sumpf [zʊmpf] (–(e)s, ⁻e) *m* marais *m*.
sumpfig *adj* (*Gebiet*) marécageux(-euse).
Sund [zʊnt] (–(e)s, –e) *m* détroit *m*.
Sünde ['zʏndə] *f* péché *m*.
Sünden-: ~**bock** (*umg*) *m* bouc *m* émissaire; ~**fall** *m* (*REL*) chute *f*, péché *m* originel; ~**register** *nt* (*fig*) liste *f* de méfaits; **er hat ein langes ~register** il a beaucoup de méfaits à son actif.
Sünder(in) *m(f)* pécheur(-eresse).
sündhaft *adj* coupable; (*umg: Preise*) exorbitant(e).
sündigen ['zʏndɪgən] *vi* pécher; (*hum*) faire des excès.
Super (–s) *nt* (*Benzin*) super *m*.
super ['zuːpər] (*umg*) *adj* super *inv* ♦ *adv* super bien.
Superlativ ['zuːpərlatiːf] (–s, –e) *m* superlatif *m*.
Super-: ~**macht** *f* superpuissance *f*; ~**mann** *m* superman *m*; ~**markt** *m* supermarché *m*.
Suppe ['zʊpə] *f* (*KOCH*) soupe *f*, potage *m*; (*umg: Nebel*) purée *f* de pois; **jdm die ~ versalzen** mettre des bâtons dans les roues de qn.
Suppen-: ~**fleisch** *nt* bouilli *m*; ~**grün** *nt* légumes *mpl* pour la soupe; ~**kasper** (*umg*) *m* enfant qui chipote en mangeant; ~**kelle** *f* louche *f*; ~**teller** *m* assiette *f* creuse *od* à soupe; ~**würfel** *m* bouillon *m* cube.
Surfbrett *nt* planche *f* de surf.
surfen ['zøːrfən] *vi* faire du surf.
Surfer *m* surfeur *m*.
Surinam [zuri'nam] (–s) *nt* le Surinam.
Surrealismus [zʊrea'lɪsmʊs] *m* surréalisme *m*.
surren ['zʊrən] *vi* bourdonner.
Surrogat [zʊro'gaːt] (–(e)s, –e) *nt* succédané *m*.
Susine [zu'ziːnə] *f* (*BOT*) prune *f* (*d'origine italienne*).
suspekt [zʊs'pɛkt] *adj* suspect(e).
suspendieren [zʊspɛn'diːrən] *vt* (*Beamten*) suspendre; **jdn von etw ~** destituer qn de qch.
Suspendierung *f* suspension *f*.

süß [zyːs] *adj* (*zuckrig*) doux(douce), sucré(e); (*lieblich*) mignon(ne).
Süße (–) *f* douceur *f*.
süßen *vt* sucrer.
Süßholz *nt*: ~ **raspeln** (*fig*) passer de la pommade.
Süßigkeit *f* (*Bonbon etc*) sucrerie *f*, friandise *f*.
süß-: ~**lich** *adj* (*Geschmack*) doucereux(-euse); (*fig*) mièvre; **S~rahmbutter** *f* beurre *m* doux *od* non salé; ~**sauer** *adj* aigre-doux (-douce); (*fig: gezwungen*) mi-figue, mi-raisin *inv*; **S~speise** *f* (*KOCH*) dessert *m*; **S~stoff** *m* édulcorant *m*; **S~waren** *pl* confiseries *fpl*; **S~wasser** *nt* eau *f* douce.
SV (–) *m abk* = **Sportverein**.
SW *abk* (= *Südwest(en)*) SO.
Swasiland ['svaːzilant] (–s) *nt* le Swaziland.
Sweatshirt ['svɛtʃɪrt] (–s, –s) *nt* sweat-shirt *m*.
SWF (–) *m abk* (= *Südwestfunk*) radio du sudouest de l'Allemagne.
Symbol [zʏm'boːl] (–s, –e) *nt* symbole *m*; **s~haft** *adj* symbolique.
Symbolik *f* symbolisme *m*.
symbolisch *adj* symbolique.
symbolisieren [zʏmboli'ziːrən] *vt* symboliser.
Symmetrie [zʏme'triː] *f* symétrie *f*; ~**achse** *f* axe *m* de symétrie.
symmetrisch [zʏ'meːtrɪʃ] *adj* symétrique.
Sympathie [zʏmpa'tiː] *f* sympathie *f*; **er hat sich** *Dat* **alle ~(n) verscherzt** il s'est aliéné (la sympathie de) tout le monde; ~**kundgebung** *f* manifestation *f* de soutien; ~**streik** *m* grève *f* de solidarité.
Sympathisant(in) *m(f)* sympathisant(e).
sympathisch [zʏm'paːtɪʃ] *adj* sympathique; **er ist mir ~** je le trouve sympathique.
sympathisieren [zʏmpati'ziːrən] *vi* sympathiser.
Symphonie [zʏmfo'niː] *f* symphonie *f*.
Symptom [zʏmp'toːm] (–s, –e) *nt* symptôme *m*.
symptomatisch [zʏmpto'maːtɪʃ] *adj* symptomatique.
Synagoge [zyna'goːgə] *f* synagogue *f*.
synchron [zʏn'kroːn] *adj* (*TECH*) synchrone; **S~getriebe** *nt* vitesses *fpl* synchronisées, synchroniseur *m*.
synchronisieren [zʏnkroni'ziːrən] *vt* synchroniser.
Syndikat [zʏndi'kaːt] (–(e)s, –e) *nt* (*WIRTS*) coopérative *f*.
Syndrom [zʏn'droːm] (–s, –e) *nt* syndrome *m*.
Synkope [zʏn'koːpə] *f* (*MUS*) syncope *f*.
Synode [zʏ'noːdə] *f* synode *m*.
Synonym [zʏno'nyːm] (–s, –e) *nt* synonyme *m*; **s~** *adj* synonyme.
Syntax ['zʏntaks] (–, –en) *f* syntaxe *f*.
Synthese [zʏn'teːzə] *f* synthèse *f*.
Synthetik (–s) *nt* fibres *fpl* synthétiques.
synthetisch *adj* synthétique.
Syphilis ['zyːfilɪs] (–) *f* syphilis *f*.
Syrer(in) ['zyːrər(ɪn)] (–s, –) *m(f)* Syrien(ne).
Syrien (–s) *nt* la Syrie.
syrisch *adj* syrien(ne).

System [zys'te:m] (**–s**, **–e**) nt système m; ~**analyse** f analyse f fonctionnelle.
Systematik f classement m systématique; (BIOL) taxinomie f.
systematisch [zyste'ma:tɪʃ] adj systématique.
systematisieren [zystemati'zi:rən] vt systématiser.
Systemdiskette f disquette f système.
Systemkritiker m personne qui critique le système.
Szenarium [stse'na:riʊm] nt scénario m.
Szene ['stse:nə] f scène f; (Vorfall) incident m; (umg: Drogen~ etc) milieu m, monde m; **jdm eine ~ machen** faire une scène à qn; **sich in der ~ auskennen** (umg) être bien introduit(e) (dans un milieu); **sich in ~ setzen** poser pour la galerie.
Szenenwechsel m changement m de décor.
Szenerie f décor m.
Szepter ['stɛptər] (**–s**, **–**) nt sceptre m.

T, t

T, t [te:] nt (Buchstabe) T, t m; ~ **wie Theodor** ≈ T comme Thérèse.
t abk (= Tonne) t.
Tabak ['ta:bak] (**–s**, **–e**) m tabac m.
Tabasco ® [ta'basko] (**–s**) m Tabasco ® m.
tabellarisch [tabɛ'la:rɪʃ] adj graphique; ~**er Lebenslauf** curriculum m vitae (en style télégraphique).
Tabelle f tableau m.
Tabellenführer m équipe f en tête du classement.
Tabernakel [tabɛr'na:kəl] (**–s**, **–**) m tabernacle m.
Tablett (**–(e)s**, **–s** od **–e**) nt plateau m.
Tablette [ta'blɛtə] f comprimé m.
Tabu [ta'bu:] (**–s**, **–s**) nt (Verbot) tabou m; **t~** adj tabou(e).
tabuisieren [tabui'zi:rən] vt tabouiser.
Tabulator [tabu'la:tɔr] m tabulateur m.
Tacho (**–s**, **–s**) m = Tachometer.
Tachometer [taxo'me:tər] (**–s**, **–**) m od nt (AUT) compteur m (de vitesse).
Tadel ['ta:dəl] (**–s**, **–**) m (Rüge) réprimande f, blâme m; (Makel) faute f; **ein Mensch ohne ~** quelqu'un d'irréprochable; **t~los** adj irréprochable.
tadeln vt critiquer.
tadelnswert adj répréhensible.
Tadschikistan [ta'dʒi:kista:n] nt le Tadjikistan.
Tafel ['ta:fəl] (**–**, **–n**) f tableau m; (förmlich: festlicher Speisetisch) table f; (Anschlag~) panneau m d'affichage; (Schiefer~) ardoise f; (Ge-

denk~) plaque f; (Illustration) planche f; (MATH; Tabelle) table; (Schokolade etc) tablette f; **t~fertig** adj (Gerichte) prêt(e) à servir.
täfeln ['tɛ:fəln] vt lambrisser.
Tafel-: ~**obst** nt fruits mpl; ~**öl** nt huile f de table; ~**spitz** m bœuf bouilli à l'autrichienne.
Täfelung f lambris mpl, revêtement m.
Tafelwasser nt eau f minérale.
Taft [taft] (**–(e)s**, **–e**) m taffetas m.
Tag [ta:k] (**–(e)s**, **–e**) m jour m; **am ~** pendant la journée; **unter ~** (tagsüber) de jour; **bei ~(e)** de jour; **unter/über ~** (BERGB) au fond/au jour; **eines (schönen) ~es** un (beau) jour; **dieser ~e** ces prochains jours; **acht ~e** huit jours; **von ~ zu ~** de jour en jour; ~ **für ~** (täglich) jour après jour; ~ **und Nacht** jour et nuit; **guten ~!** bonjour!; **auf den ~ (genau)** jour pour jour; **auf seine alten ~e** malgré son grand âge; **an den ~ kommen** se faire jour; **er legte großes Interesse an den ~** il a manifesté beaucoup d'intérêt; **in den ~ hinein leben** vivre au jour le jour; **seine ~e haben** (umg) avoir ses règles; **t~aus** adv: **t~aus, t~ein** jour après jour; ~**dienst** m service m de jour.
Tage-: ~**bau** m (BERGB) exploitation f à ciel ouvert; ~**buch** nt journal m (intime); ~**dieb** m fainéant m; ~**geld** nt indemnité f journalière.
tagein [ta:k'|aɪn] adv siehe tagaus.
tagelang adv des journées entières.
tagen vi siéger ♦ vb unpers: **es tagt** le jour se lève.
Tages-: ~**ablauf** m journée f; ~**anbruch** m lever m du jour; ~**ausflug** m excursion f (d'une journée); ~**creme** f crème f de jour; ~**decke** f couvre-lit m; ~**fahrt** f excursion f (d'une journée); ~**karte** f carte f journalière; (Speisekarte) menu m du jour; ~**kasse** f (an Theater) guichet m; (Tageseinnahmen) recette f journalière; ~**kurs** m cours m du jour; ~**licht** nt lumière f du jour; ~**lichtprojektor** m rétroprojecteur m; ~**mutter** f gardienne f; ~**ordnung** f ordre m du jour; **an der ~ordnung sein** être à l'ordre du jour; ~**rückfahrkarte** f aller-retour m valable une journée; ~**schau** f journal m télévisé; ~**wert** m valeur f du jour; ~**zeit** f heure f (du jour); **zu jeder ~- und Nachtzeit** à toute heure (du jour et de la nuit); ~**zeitung** f quotidien m.
tageweise adv certains jours.
taghell adj: **es war schon ~** il faisait grand jour ♦ adv: **~ erleuchtet** éclairé(e) comme en plein jour.
tägl. abk = täglich.
täglich ['tɛ:klɪç] adj quotidien(ne) ♦ adv tous les jours; **einmal ~** une fois par jour.
tags [ta:ks] adv: ~ **darauf** od **danach** le lendemain; ~ **zuvor** la veille; ~**über** adv pendant la journée.
tagtäglich adj quotidien(ne) ♦ adv tous les jours.
Tagung f congrès m.

Tagungsort *m* lieu où se tient un congrès.
Tahiti [ta'hi:ti] *nt* Tahiti *m*.
Taifun [taɪ'fu:n] (**-s, -e**) *m* typhon *m*.
Taiga ['taɪga] (**-**) *f* taïga *f*.
Taille ['taljə] *f* taille *f*; **auf ~ gearbeitet** cintré(e).
tailliert [ta'ji:rt] *adj* cintré(e).
Taiwan ['taɪvan] (**-s**) *nt* Taiwan *f*.
takeln ['ta:kəln] *vt* gréer.
Takt [takt] (**-(e)s, -e**) *m* (*Feingefühl*) tact *m*; (*MUS*) mesure *f*; **~gefühl** *nt* tact *m*.
Taktik (**-, -en**) *f* tactique *f*.
taktisch *adj* (*Vorgehen*) tactique; (*Fehler*) de tactique ♦ *adv*: **~ klug** adroit(e) (d'un point de vue tactique).
Takt-: **t~los** *adj* qui manque de tact; **~losigkeit** *f* manque *m* de tact; (*Bemerkung*) remarque *f* blessante; **~stock** *m* baguette *f* (de chef d'orchestre); **~strich** *m* barre *f* de mesure; **t~voll** *adj* plein(e) de tact ♦ *adv* avec tact.
Tal [ta:l] (**-(e)s, ⁻er**) *nt* vallée *f*.
Talar [ta'la:r] (**-s, -e**) *m* (*JUR*) robe *f*; (*UNIV*) toge *f*.
Talbrücke *f* pont qui enjambe une vallée.
Talent [ta'lɛnt] (**-(e)s, -e**) *nt* talent *m*.
talentiert [talɛn'ti:rt] *adj* talentueux(-euse).
talentlos *adj* sans talent.
talentvoll *adj* qui a du talent.
Taler ['ta:lər] (**-s, -**) *m* thaler *m*.
Talfahrt *f* descente *f*; (*fig*) chute *f*.
Talg [talk] (**-(e)s, -e**) *m* (*für Kerzen etc*) suif *m*; (*Haut~*) sébum *m*; **~drüse** *f* glande *f* sébacée.
Talisman ['ta:lɪsman] (**-s, -e**) *m* talisman *m*.
Talk-Show ['tɔ:kʃo:] (**-, -s**) *f* causerie *f* télévisée.
Talkumpuder ['talkumpu:dər] *m* talc *m*.
Tal-: **~sohle** *f* fond *m* de (la) vallée; **~sperre** *f* barrage *m*; **t~wärts** *adv* vers la vallée.
Tamburin [tambu'ri:n] (**-s,-e**) *nt* tambourin *m*.
Tampon ['tampɔn] (**-s, -s**) *m* tampon *m*.
Tamtam [tam'tam] (**-s, -s**) *nt* (*MUS*) tam-tam *m*; (*umg: Wirbel*) tapage *m*.
Tandem ['tandɛm] (**-s, -s**) *nt* tandem *m*.
Tang [taŋ] (**-(e)s, -e**) *m* algues *fpl*.
Tangente [taŋ'gɛntə] *f* (*MATH*) tangente *f*; (*Autostraße*) périphérique *m*.
Tanger ['taŋər] *nt* Tanger.
tangieren [taŋ'gi:rən] *vt* (*berühren, betreffen*) toucher.
Tango ['taŋo] (**-s, -s**) *m* tango *m*.
Tank [taŋk] (**-s, -s**) *m* réservoir *m*.
tanken *vi* prendre de l'essence; (*FLUG*) se ravitailler (en kérosène) ♦ *vt* (*Benzin*) prendre; (*umg: frische Luft, neue Kräfte etc*) faire provision de.
Tanker (**-s, -**) *m* pétrolier *m*.
Tank-: **~laster** *m* camion-citerne *m*; **~säule** *f* pompe *f* à essence; **~schiff** *nt* pétrolier *m*; **~stelle** *f* station-service *f*; **~uhr** *f* jauge *f* d'essence; **~verschluß** *m* bouchon *m* du réservoir; **~wart** *m* pompiste *m*.
Tanne ['tanə] *f* sapin *m*.

Tannenbaum *m* sapin *m*.
Tannenzapfen *m* pomme *f* de pin.
Tansania [tan'za:nia] (**-s**) *nt* la Tanzanie.
Tansanier(in) *m(f)* Tanzanien(ne) *m(f)*.
Tante ['tantə] *f* tante *f*; **~-Emma-Laden** (*umg*) *m* petit commerce de quartier.
Tantieme [tãti'e:mə] *f* part *f* de bénéfice; (*für Künstler etc*) droits *mpl* d'auteur.
Tanz [tants] (**-es, ⁻e**) *m* danse *f*.
tänzeln ['tɛntsəln] *vi* (*Frau*) sautiller; (*Pferd*) trottiner.
tanzen *vi, vt* danser.
Tänzer(in) (**-s, -**) *m(f)* danseur(-euse) *m(f)*.
Tanz-: **~fläche** *f* piste *f* (de danse); **~lokal** *nt* dancing *m*; **~schule** *f* école *f* de danse; **~tee** *m* thé *m* dansant.
Tapet (*umg*) *nt*: **etw aufs ~ bringen** mettre qch sur le tapis.
Tapete [ta'pe:tə] *f* papier *m* peint.
Tapetenwechsel (*umg*) *m* (*fig*) changement *m* d'air.
tapezieren [tape'tsi:rən] *vt* tapisser ♦ *vi* poser des papiers peints.
Tapezierer (**-s, -**) *m* tapissier *m*.
tapfer ['tapfər] *adj* courageux(-euse) ♦ *adv* courageusement; **sich ~ schlagen** (*fig*) bien se défendre; **~keit** *f* courage *m*.
tappen ['tapən] *vi* aller à tâtons; **durchs Zimmer ~** traverser la pièce à tâtons; **im dunkeln ~** (*fig*) tâtonner.
täppisch ['tɛpɪʃ] *adj* lourdaud(e).
Tara ['ta:ra] (**-, Taren**) *f* tare *f*.
Tarantel [ta'rantəl] *f* tarentule *f*.
Tarif [ta'ri:f] (**-s, -e**) *m* tarif *m*; (*Lohn~, Steuer~*) barème *m*; **nach/über/unter ~ bezahlen** payer selon le/au-dessus de/au-dessous du tarif (syndical); **~autonomie** *f* négociation *f* salariale libre; **~gruppe** *f* catégorie *f* de salaire; **t~lich** *adj* fixé(e) par la convention collective ♦ *adv* (*festgelegt*) par la convention collective; (*bezahlt*) selon la convention collective; **~lohn** *m* salaire *m* fixé par la convention collective; **~partner** *m*: **die ~partner** les partenaires *mpl* sociaux; **~vereinbarung** *f* convention *f* collective; **~verhandlungen** *pl* négociations *fpl* salariales; **~vertrag** *m* convention *f* collective.
tarnen ['tarnən] *vt* (*Panzer etc*) camoufler; (*jdn, Absicht*) déguiser ♦ *vr*: **sich (als etw) ~** se déguiser (en qch).
Tarnfarbe *f* peinture *f* de camouflage.
Tarnmanöver *nt* manœuvre *f* de diversion.
Tarnung *f* camouflage *m*.
Tarock [ta'rɔk] (**-s, -s**) *nt od m* tarot *m* (*jeu de cartes*).
Tasche ['taʃə] *f* (*an Kleidung*) poche *f*; (*Hand-, Einkaufs~*) sac *m*; (*Akten~*) serviette *f*; **in die eigene ~ wirtschaften** se remplir les poches; **jdm auf der ~ liegen** (*umg*) vivre aux crochets de qn.
Taschen- *in zW* de poche; **~buch** *nt* livre *m* de poche; **~dieb** *m* pickpocket *m*; **~geld** *nt* argent *m* de poche; **~lampe** *f* lampe

f de poche; ~**messer** *nt* canif *m*; ~**rechner** *m* calculatrice *f* de poche, calculette
f; ~**tuch** *nt* mouchoir *m*; ~**uhr** *f* montre *f* de
gousset.
Tasmanien [tas'ma:niən] (–s) *nt* la Tasmanie.
Tasse ['tasə] *f* tasse *f*; **eine ~ Kaffee** une tasse
de café; **er hat nicht alle ~n im Schrank** (*umg*)
il lui manque une case.
Tastatur [tasta'tu:r] *f* clavier *m*.
Taste ['tastə] *f* touche *f*.
tasten *vi* tâtonner ♦ *vt* (*MED*) palper; (*Funkspruch*) taper; (*Telefonnummer*) composer ♦ *vr*
avancer à tâtons; **nach etw ~** chercher qch à
tâtons; **T~telefon** *nt* téléphone *m* à touches.
Tastsinn *m* sens *m* du toucher.
tat *etc* [ta:t] *vb siehe* **tun**.
Tat (–, –**en**) *f* acte *m*, action *f*; (*Verbrechen*) méfait *m*; **in der ~** en effet; **etw in die ~ umsetzen** mettre qch en pratique; **jdn auf frischer ~
ertappen** prendre qn sur le fait.
Tatarbeefsteak [ta'ta:rbi:fste:k] *nt* steak *m*
tartare.
Tatbestand *m* faits *mpl*.
Tatendrang *m* besoin *m* d'agir.
tatenlos *adj* passif(-sive) ♦ *adv*: ~ **zusehen** regarder sans rien faire.
Täter(in) ['tɛ:tər(ɪn)] (–s, –) *m(f)* coupable *m/f*;
~**schaft** *f* culpabilité *f*.
tätig *adj* (*aktiv*) actif(-ive); ~ **sein** (*beruflich*)
travailler; ~**er Teilhaber** *associé qui prend
part à la gestion de l'entreprise.*
tätigen *vt* (*geh: machen*) effectuer; (*Geschäft*) conclure.
Tätigkeit *f* activité *f*; **in ~** (*Maschine*) en marche; **außer ~** (*Maschine*) arrêté(e).
Tätigkeitsbereich *m* domaine *m* d'activité.
tatkräftig *adj* énergique.
tätlich *adj*: ~**e Beleidigung** voie *f* de fait; ~
werden se livrer à des voies de fait; **T~keit** *f*
voie *f* de fait.
Tatort (–(**e**)**s**, –**e**) *m* lieux *mpl* du crime.
tätowieren [tɛto'vi:rən] *vt* tatouer.
Tätowierung *f* tatouage *m*.
Tat-: ~**sache** *f* fait *m*; **jdn vor vollendete ~sa-
chen stellen** mettre qn devant le fait accompli; **t~sächlich** *adj* vrai(e) ♦ *adv* vraiment; **t~verdächtig** *adj* suspect(e).
Tatze ['tatsə] *f* patte *f*.
Tau¹ [taʊ] (–(**e**)**s**, –**e**) *nt* cordage *m*.
Tau² [taʊ] (–(**e**)**s**) *m* rosée *f*.
taub [taʊp] *adj* sourd(e); (*Körperglied*) engour-
di(e); (*Nuß*) vide.
Taube ['taʊbə] *f* pigeon *m*; (*als Symbol*) colombe *f*.
Taubenschlag *m* pigeonnier *m*; **hier geht es zu
wie in einem ~** (*umg*) on entre ici comme
dans un moulin.
taub-: **T~heit** *f* surdité *f*; ~**stumm** *adj*
sourd(e)-muet(te).
tauchen ['taʊxən] *vi* plonger ♦ *vt* (*kurz eintauchen*) tremper; **aus dem Wasser ~** émerger.
Taucher(in) (–s, –) *m(f)* plongeur(-euse) *m/f*;
~**anzug** *m* scaphandre *m*; ~**brille** *f* lunettes

fpl de plongée.
Tauchsieder (–s, –) *m* thermoplongeur *m*.
Tauchstation *f*: **auf ~ gehen** (*U-Boot*) plonger.
tauen ['taʊən] *vi* fondre ♦ *vi unpers*: **es taut** il
dégèle ♦ *vt* faire fondre.
Taufbecken *nt* fonts *mpl* baptismaux.
Taufe ['taʊfə] *f* baptême *m*.
taufen *vt* baptiser.
Täufling ['tɔyflɪŋ] *m* personne qui reçoit le baptême.
Tauf-: ~**name** *m* nom *m* de baptême; ~**pate** *m*
parrain *m*; ~**patin** *f* marraine *f*; ~**schein** *m*
extrait *m* de baptême.
taugen ['taʊgən] *vi* convenir; ~ **für** être fait(e)
pour.
Taugenichts (–**es**, –**e**) *m* vaurien *m*.
tauglich ['taʊklɪç] *adj* (*MIL*) apte au service; ~
für etw sein (*geeignet*) convenir pour qch;
T~keit *f* aptitude *f*.
Taumel ['taʊməl] (–s) *m* vertige *m*; (*fig*) transport *m*.
taumelig *adj*: **jdm ist** *od* **wird ~** qn est pris(e)
de vertige.
taumeln *vi* chanceler.
Taunus ['taʊnʊs] (–) *m* Taunus *m*.
Tausch [taʊʃ] (–(**e**)**s**, –**e**) *m* échange *m*; **einen
guten/schlechten ~ machen** gagner/perdre au
change.
tauschen *vt* échanger ♦ *vi* faire un échange.
täuschen ['tɔyʃən] *vt, vi* tromper ♦ *vr* se tromper; **wenn mich nicht alles täuscht** si je ne
m'abuse.
täuschend *adj* trompeur(-euse).
Tauschhandel *m* troc *m*.
Täuschung *f* tromperie *f*; (*Irrtum*) illusion *f*.
Täuschungsmanöver *nt* feinte *f*.
tausend ['taʊzənt] *num* mille; **T~** *nt* millier *m*;
T~er (–**s**, –) *m* (*Geldschein*) billet *m* de mille
marks; **T~füßler** (–s, –) *m* mille-pattes *m inv*;
~**ste(r, s)** *adj* millième.
Tauwetter *nt* dégel *m*.
Tauziehen *nt* lutte *f* à la corde; (*fig*) lutte
acharnée.
Taxe ['taksə] *f* (*Gebühr*) taxe *f*; (*Taxi*) taxi *m*.
Taxi ['taksi] (–(**s**), –(**s**)) *nt* taxi *m*.
taxieren [ta'ksi:rən] *vt* (*schätzen*) estimer.
Taxi-: ~**fahrer(in)** *m(f)* chauffeur *m* de taxi;
~**stand** *m* station *f* de taxis.
Tb, Tbc *f abk* (= *Tuberkulose*) tuberculose *f*.
Tblisi [dbi'lisi] *nt* Tbilissi.
Teakholz ['ti:khɔlts] *nt* teck *m*.
Team [ti:m] (–**s**, –**s**) *nt* équipe *f*; ~**arbeit** *f* tra-
vail *m* en équipe.
Technik ['tɛçnɪk] *f* technique *f*; (*Funktionsweise*)
mécanisme *m*.
Techniker(in) (–**s**, –) *m(f)* technicien(ne) *m(f)*.
technisch *adj* technique; **T~e Hochschule** ≈
institut *m* universitaire de technologie.
Technologie [tɛçnolo'gi:] *f* technologie *f*.
technologisch [tɛçno'lo:gɪʃ] *adj* technologique.
Techtelmechtel [tɛçtəl'mɛçtəl] (–**s**; *umg*) *nt*
amourette *f*.

Teddybär ['tɛdibɛːr] *m* ours *m* en peluche.
TEE *m abk* (= *Trans-Europ-Express*) TEE *m*.
Tee [teː] (**-s, -s**) *m* thé *m*; (*aus anderen Pflanzen*) tisane *f*, infusion *f*; **~beutel** *m* sachet *m* de thé; **~kanne** *f* théière *f*; **~küche** *f* kitchenette *f*; **~licht** *nt* bougie *f* pour chauffe-plat; **~löffel** *m* ≈ cuillère *f* à café; **~mischung** *f* mélange *m* de thés.
Teenager ['tiːneːdʒər] (**-s, -**) *m* adolescent *m*.
Teer [teːr] (**-(e)s, -e**) *m* goudron *m*.
teeren *vt* goudronner.
Teerose *f* rose *f* thé.
Teerpappe *f* couverture *f* goudronnée.
Teesieb *nt* passe-thé *m*.
Teewagen *m* table *f* roulante.
Teheran ['teːhəraːn] (**-s**) *nt* Téhéran.
Teich [taɪç] (**-(e)s, -e**) *m* mare *f*; **der große ~** (*umg: hum*) l'Atlantique *m*.
Teig [taɪk] (**-(e)s, -e**) *m* pâte *f*.
teigig ['taɪgɪç] *adj* (*Kuchen*) mal cuit(e).
Teigwaren *pl* pâtes *fpl*.
Teil [taɪl] (**-(e)s, -e**) *m* partie *f* ♦ *m od nt* (*An~*) part *f* ♦ *nt* (*Ersatz~*) pièce *f*; **zum ~** en partie; **ich für meinen ~** ... pour ma part, je ...; **ich dachte mir mein ~** (*umg*) je n'en pensais pas moins; **t~bar** *adj* divisible; **~betrag** *m* montant *m* partiel; **~chen** *nt* (*Partikel*) particule *f*; (*Gebäckstück*) (petit) gâteau *m*.
teilen *vt* (*in zwei oder mehrere Teile; MATH*) diviser; (*aufteilen, gemeinsam haben*) partager ♦ *vi*: **mit jdm ~** partager avec qn ♦ *vr* (*Vorhang*) s'ouvrir; (*Weg*) bifurquer; (*Meinungen*) diverger; **sich etw ~** se partager qch.
Teil-: **~gebiet** *nt* (*Bereich*) branche *f*; (*räumlich*) secteur *m*; **t~haben** *unreg vi*: **t~haben an** +*Dat* participer à; **~haber(in)** (**-s, -**) *m(f)* associé(e) *m/f*; **~kaskoversicherung** *f* assurance responsabilité civile, vol et incendie.
Teilnahme (**-**) *f* participation *f*; (*Interesse*) intérêt *m*; (*Mitleid*) sympathie *f*; **jdm seine herzliche ~ aussprechen** présenter ses sincères condoléances à qn; **t~berechtigt** *adj* qui remplit les conditions requises.
teilnahmslos *adj* indifférent(e).
teilnehmen *unreg vi*: **~ an** +*Dat* participer à.
Teilnehmer(in) (**-s, -**) *m(f)* participant(e) *m/f*.
teils *adv* en partie; **~ ... ~** en partie ... en partie.
Teil-: **~schaden** *m* dommage *m* partiel; **~strecke** *f* (*von Straße*) tronçon *m*; (*bei Bus etc*) section *f*; **~stück** *nt* partie *f*.
Teilung *f* partage *m*.
teil-: **~weise** *adv* en partie; **T~zahlung** *f* paiement *m* échelonné; (*Rate*) acompte *m*; **T~zeitarbeit** *f* travail *m* à temps partiel.
Teint [tɛ̃ː] (**-s, -s**) *m* teint *m*.
Tel Aviv *nt* Tel Aviv.
Telebrief ['teːlebriːf] *m*, **Telefax** ['teːlefaks] *nt* télécopie *f*.
Telefon [tele'foːn] (**-s, -e**) *nt* téléphone *m*; **ans ~ gehen** répondre au téléphone; **~anruf** *m*, **~at** [telefoˈnaːt] (**-(e)s, -e**) *nt* appel *m* téléphonique, coup *m* de fil.

Telefon-: **~buch** *nt* annuaire *m* (du téléphone); **~gebühr** *f* tarif *m* (téléphonique); (*Grundgebühr*) redevance *f* pour le téléphone; **~gespräch** *nt* conversation *f* téléphonique; **~häuschen** *nt* cabine *f* téléphonique; **~hörer** *m* écouteur *m*.
telefonieren [telefoˈniːrən] *vi* téléphoner; **mit jdm ~** téléphoner à qn; **bei jdm ~** téléphoner de chez qn.
telefonisch [teleˈfoːnɪʃ] *adj* téléphonique; (*Benachrichtigung*) par téléphone ♦ *adv*: **ich bin ~ zu erreichen** on peut me joindre par téléphone.
Telefonist(in) [telefoˈnɪst(ɪn)] *m(f)* standardiste *m/f*.
Telefon-: **~nummer** *f* numéro *m* de téléphone; **~seelsorge** *f* ≈ SOS Amitié *m*; **~zelle** *f* cabine *f* téléphonique; **~zentrale** *f* standard *m*.
Telegraf [teleˈgraːf] (**-en, -en**) *m* télégraphe *m*.
Telegrafen-: **~amt** *nt* service *m* télégraphique; **~leitung** *f* ligne *f* télégraphique; **~mast** *m* poteau *m* télégraphique.
Telegrafie [telegraˈfiː] *f* télégraphie *f*.
telegrafieren [telegraˈfiːrən] *vt*, *vi* télégraphier.
telegrafisch [teleˈgraːfɪʃ] *adj* télégraphique ♦ *adv*: **jdm ~ Geld überweisen** envoyer de l'argent à qn par mandat télégraphique.
Telegramm [teleˈgram] (**-s, -e**) *nt* télégramme *m*; **~adresse** *f* adresse *f* télégraphique; **~formular** *nt* formulaire *m* pour télégramme; **~stil** *m*: **im ~stil** en style télégraphique.
Telegraph *etc* = **Telegraf** *etc*.
Telekolleg ['teːləkɔleːk] *nt* (*TV*) ≈ télé-enseignement *m* universitaire.
Teleobjektiv ['teːləɔpjɛktiːf] *nt* téléobjectif *m*.
Telepathie [telepaˈtiː] *f* télépathie *f*.
telepathisch [teleˈpaːtɪʃ] *adj* télépathique.
Telephon *etc* = **Telefon** *etc*.
Teleskop [teleˈskoːp] (**-s, -e**) *nt* télescope *m*.
Telex ['teːlɛks] (**-es, -e**) *nt* télex *m*.
telexen *vt* envoyer par télex.
Teller ['tɛlər] *m* ≈ assiette *f*; **~gericht** *nt* plat simple (*servi sur assiette*).
Tempel ['tɛmpəl] (**-s, -**) *m* temple *m*.
Temperafarbe ['tɛmpərafarbə] *f* détrempe *f*.
Temperament [tɛmpəraˈmɛnt] *nt* tempérament *m*; (*Schwung*) vitalité *f*; **sein ~ ist mit ihm durchgegangen** il s'est emporté; **t~los** *adj* mou(molle); **t~voll** *adj* plein(e) d'entrain.
Temperatur [tɛmpəraˈtuːr] *f* température *f*; **erhöhte ~ haben** avoir de la température.
temperieren [tɛmpəˈriːrən] *vt* (*Wein*) chambrer; (*Badewasser*) amener à la bonne température.
Tempo ['tɛmpo] (**-s, -s**) *nt* (*Geschwindigkeit*) vitesse *f*; (*Arbeits~ etc*) rythme *m*; (*pl: Tempi; MUS*) tempo *m*; **~! dépêche-toi!, dépêchez-vous!**; **das ~ angeben** (*fig*) donner le ton.
temporär [tɛmpoˈrɛːr] *adj* temporaire.
Tempotaschentuch ® *nt* mouchoir *m* en papier.
Tendenz [tɛnˈdɛnts] *f* tendance *f*.
tendenziös [tɛndɛntsiˈøːs] (*pej*) *adj* tendan

cieux(-euse).

tendieren [tɛn'diːrən] vi: **zu etw** ~ avoir tendance à qch; **nach links** ~ avoir des idées gauchisantes.

Teneriffa [tene'rɪfa] (**–s**) nt Tenerife f.

Tenne ['tɛnə] f aire f de battage.

Tennis ['tɛnɪs] (**–**) nt tennis m; ~**ball** m balle f de tennis; ~**platz** m court m (de tennis); ~**schläger** m raquette f de tennis; ~**schuh** m (chaussure f de) tennis m ou f; ~**spieler(in)** m(f) joueur(-euse) m/f de tennis; ~**turnier** nt tournoi m de tennis.

Tenor [te'noːr] (**–s**, **-̈e**) m ténor m.

Teppich ['tɛpɪç] (**–s**, **–e**) m tapis m; ~**boden** m moquette f; ~**kehrmaschine** f balai m mécanique; ~**klopfer** (**–s**, **–**) m tapette f.

Termin [tɛr'miːn] (**–s**, **–e**) m (Zeitpunkt) date f; (Arzt~ etc) rendez-vous m inv; (JUR: Verhandlungs~) audience f; **der letzte** od **äußerste** ~ le dernier délai, la date limite; **den** ~ **einhalten** être dans les délais; **sich** Dat **einen** ~ **geben lassen** prendre rendez-vous; ~**börse** f marché m à terme; **t~gerecht** adj, adv à la date fixée; ~**geschäft** nt opération f à terme.

terminieren [tɛrmi'niːrən] vt (befristen) limiter; (Termine) fixer.

Terminkalender m agenda m.

Terminologie [tɛrminolo'giː] f terminologie f.

Termite [tɛr'miːtə] f termite m.

Terpentin [tɛrpɛn'tiːn] (**–s**, **–e**) nt térébenthine f.

Terrain [tɛ'rɛ̃ː] (**–s**, **–s**) nt terrain m; **das** ~ **erkunden** (MIL) reconnaître le terrain; **das** ~ **sondieren** (fig) sonder le terrain.

Terrarium [tɛ'raːriʊm] nt terrarium m.

Terrasse [tɛ'rasə] f terrasse f.

Terrier ['tɛriər] (**–s**, **–**) m terrier m (chien).

Terrine [tɛ'riːnə] f terrine f.

territorial [tɛritori'aːl] adj territorial(e).

Territorium [tɛri'toːriʊm] nt territoire m.

Terror ['tɛrɔr] (**–s**) m terreur f; ~**anschlag** m attentat m terroriste.

terrorisieren [tɛrori'ziːrən] vt terroriser.

Terrorismus [tero'rɪsmʊs] m terrorisme m.

Terrorist(in) m(f) terroriste m/f.

terroristisch adj terroriste.

Terrororganisation f organisation f terroriste.

Terz [tɛrts] (**–**, **–en**) f (MUS) tierce f.

Terzett [tɛr'tsɛt] (**–(e)s**, **–e**) nt trio m.

Tesafilm ® ['teːzafɪlm] (**–s**, **–e**) m scotch ® m.

Test [tɛst] (**–s**, **–s**) m test m.

Testament [tɛsta'mɛnt] nt testament m; **das Alte/Neue** ~ l'Ancien/le Nouveau Testament.

testamentarisch [tɛstamɛn'taːrɪʃ] adj testamentaire.

Testamentsvollstrecker (**–s**, **–**) m exécuteur m testamentaire.

Testat [tɛs'taːt] (**–(e)s**, **–e**) nt attestation f.

Testator [tɛs'taːtɔr] m testateur(-trice) m/f.

Test-: ~**bild** nt (TV) mire f; **t~en** vt tester; ~**person** f cobaye m; ~**pilot** m pilote m d'es-

sai; ~**stopp** m interdiction f des essais nucléaires.

Tetanus ['teːtanʊs] (**–**) m tétanos m; ~**impfung** f vaccination f antitétanique.

teuer ['tɔyər] adj cher(chère); **teures Geld kosten** coûter une fortune; **das wird ihn** ~ **zu stehen kommen** (fig) ça lui coûtera cher.

Teuerung f hausse f des prix.

Teuerungswelle f hausse f continue des prix.

Teuerungszulage f indemnité f de vie chère.

Teufel ['tɔyfəl] (**–s**, **–**) m diable m; **den** ~ **an die Wand malen** (schwarzmalen) tout peindre en noir; (Unheil heraufbeschwören) tenter le diable; **pfui** ~! pouah!; **in** ~**s Küche kommen** (umg) se mettre dans le pétrin; **geh zum** ~! va te faire voir!; **jdn zum** ~ **jagen** (umg) envoyer qn au diable; **dann ist der** ~ **los** (umg) ça va barder.

Teufelei [tɔyfə'laɪ] f méchanceté f.

Teufelsaustreibung f exorcisme m.

Teufelskreis m cercle m vicieux.

teuflisch ['tɔyflɪʃ] adj diabolique; (umg: Durst etc) épouvantable.

Text [tɛkst] (**–(e)s**, **–e**) m texte m; (zu Bildern) légende f; (Lieder~) paroles fpl; (Bibel~) passage m; ~**aufgabe** f (MATH) problème m; ~**dichter** m librettiste m; **t~en** vi (Schlagertexte) écrire des chansons; (Werbetexte) être rédacteur publicitaire.

textil [tɛks'tiːl] adj textile; **T~branche** f textile m.

Textilien pl textiles mpl.

Textilindustrie f industrie f textile.

Textilwaren pl textiles mpl.

Text-: ~**stelle** f passage m; ~**verarbeitung** f traitement m de texte; ~**verarbeitungssystem** nt système m de traitement de texte.

TH (**–**, **–s**) f abk = **Technische Hochschule**.

Thailand ['taɪlant] (**–s**) nt la Thaïlande.

Thailänder(in) ['taɪlɛndər(ɪn)] (**–s**, **–**) m(f) Thaïlandais(e) m/f.

Theater [te'aːtər] (**–s**, **–**) nt théâtre m; (umg: Aufregung) cinéma m; ~ **spielen** faire du théâtre; (fig) jouer la comédie; (ein) ~ **machen** faire des histoires; ~**besucher** m spectateur(-trice) m/f; ~**karte** f billet m (de théâtre); ~**kasse** f guichet m; ~**stück** nt pièce f de théâtre.

theatralisch [tea'traːlɪʃ] adj (fig) théâtral(e).

Theke ['teːkə] f (Schanktisch) comptoir m, bar m; (Ladentisch) comptoir m.

Thema ['teːma] (**–s**, **Themen** od **-ta**) nt (von Aufsatz, Gespräch) sujet m; (MUS, Leitgedanke) thème m.

thematisch [te'maːtɪʃ] adj thématique.

Themenkreis m thématique f.

Themse ['tɛmzə] f: **die** ~ la Tamise.

Theologe(-in) [teo'loːgə] (**–n**, **–n**) m(f) théologien(ne) m/f.

Theologie [teolo'giː] f théologie f.

Theologin f siehe **Theologe**.

theologisch [teo'loːgɪʃ] *adj* théologique.
Theoretiker(in) [teo're:tikər(ɪn)] (**–s**, **–**) *m(f)* théoricien(ne) *m/f*.
theoretisch *adj* théorique ♦ *adv:* ~ (**gesehen**) **hast du recht** en théorie, tu as raison.
Theorie [teo'riː] *f* théorie *f*.
Therapeut(in) [tera'pɔʏt(ɪn)] (**–en**, **–en**) *m(f)* thérapeute *m/f*.
therapeutisch *adj* thérapeutique; (*Gruppe*) qui suit une thérapie.
Therapie [tera'piː] *f* thérapie *f*.
therapieren [tera'piːrən] *vt* traiter.
Thermalbad *nt* (*Badeort*) station *f* thermale; (*Bad*) bain *m* thermal.
Thermalquelle *f* source *f* thermale.
Thermodrucker ['tɛrmodrʊkər] *m* imprimante *f* thermique.
Thermographie [tɛrmogra'fiː] *f* thermographie *f*.
Thermometer [tɛrmo'meːtər] (**–s**, **–**) *nt* thermomètre *m*.
Thermosflasche ® ['tɛrmɔsflaʃə] *f* thermos ® *m*.
Thermostat [tɛrmo'staːt] (**–(e)s** *od* **–en**, **–e(n)**) *m* thermostat *m*.
These ['teːzə] *f* thèse *f*.
Thrombose [trɔm'boːsə] *f* thrombose *f*.
Thron [troːn] (**–(e)s**, **–e**) *m* trône *m*.
thronen *vi* trôner.
Thron-: ~**erbe** *m* héritier *m* du trône; ~**folge** *f* succession *f* au trône; ~**folger(in)** *m(f)* héritier(-ière) *m/f* du trône.
Thunfisch ['tuːnfɪʃ] *m* thon *m*.
Thüringen ['tyːrɪŋən] (**–s**) *nt* la Thuringe.
Thüringer(in) *m(f)* Thuringien(ne) *m/f*.
thüringisch *adj* thuringien(ne).
Thymian ['tyːmiaːn] (**–s**, **–e**) *m* thym *m*.
Tiara [ti'aːra] (**–**, **Tiaren**) *f* tiare *f*.
Tiber ['tiːbər] *m* Tibre *m*.
Tibet ['tiːbɛt] (**–s**) *nt* le Tibet.
Tick [tɪk] (**–(e)s**, **–s**) *m* (*nervöser*) tic *m*; (*Eigenart, Fimmel*) manie *f*.
ticken *vi* (*Uhr*) faire tic tac.
Ticket ['tɪkət] (**–s**, **–s**) *nt* billet *m*.
tief [tiːf] *adj* profond(e); (*Stimme*) grave; (*Temperatur etc, Wolken*) bas(se) ♦ *adv* profondément; ~**er Teller** assiette *f* creuse; **im** ~**en Winter** en plein hiver; ~ **in der Nacht** en pleine nuit; **bis** ~ **in die Nacht** jusque tard dans la nuit; **das läßt** ~ **blicken** c'est révélateur; **eine Etage** ~**er** un étage plus bas; **T~** (**–s**, **–s**) *nt* (*MET, Stimmungs~*) dépression *f*; **T~bau** *m* génie *m* civil; **T~druck** *m* (*MET*) basses pressions *fpl*.
Tiefe *f* profondeur *f*.
Tiefebene ['tiːfˌeːbənə] *f* bassin *m*.
Tiefenpsychologie *f* psychologie *f* des profondeurs.
Tiefenschärfe *f* profondeur *f* de champ.
tief-: ~**ernst** *adj* très sérieux(-euse); **T~flug** *m* vol *m* à basse altitude; **T~gang** *m* (*NAUT*) tirant *m* d'eau; (*geistig*) profondeur *f*; **T~garage** *f* garage *m* souterrain; ~**gefrieren**

vt surgeler; ~**gekühlt** *adj* surgelé(e); ~**greifend** *adj* profond(e); **T~kühlfach** *nt* congélateur *m*, freezer *m*; **T~kühlkost** *f* surgelés *mpl*; **T~kühltruhe** *f* congélateur *m*; **T~lader** (**–s**, **–**) *m* semi-remorque *m* à plate-forme surbaissée; **T~land** *nt* plaine *f*; **T~parterre** *nt* sous-sol *m*; **T~punkt** *m* (*fig*) creux *m* de la vague; **T~schlag** *m* (*BOXEN*) coup *m* bas; ~**schürfend** *adj* approfondi(e); **T~see** *f* grands fonds *mpl*; ~**sinnig** *adj* profond(e), (*schwermütig*) mélancolique; **T~stand** *m* niveau *m* le plus bas; ~**stapeln** *vi* être trop modeste; **T~start** *m* départ *m* accroupi.
Tiefstwert *m* valeur *f* la plus basse, minimum *m*.
tiefverschneit *adj* où la neige est profonde.
Tiegel ['tiːgəl] (**–s**, **–**) *m* (*KOCH*) poêle *f*; (*CHEM*) creuset *m*.
Tier [tiːr] (**–(e)s**, **–e**) *nt* animal *m*; **ein hohes** ~ (*umg*) un gros bonnet; ~**art** *f* espèce *f* animale; ~**arzt** ~**ärztin**) *m(f)* vétérinaire *m/f*; ~**freund** *m* ami *m* des animaux; ~**garten** *m* jardin *m* zoologique; ~**handlung** *f* boutique *f* d'animaux; ~**heim** *nt* ≈ foyer *m* de la S.P.A.; **t~isch** *adj* animal(e); (*pej*) bestial(e) ♦ *adv* (*umg: sehr*) extrêmement; **mit t~ischem Ernst** avec le plus grand sérieux; **t~isch viel** énormément; ~**kreis** *m* zodiaque *m*; ~**kunde** *f* zoologie *f*; **t~lieb** *adj* qui aime les animaux; ~**medizin** *f* médecine *f* vétérinaire; ~**park** *m* jardin *m* zoologique; ~**quälerei** *f* cruauté *f* envers les animaux; ~**reich** *nt* règne *m* animal; ~**schutzverein** *m* Société *f* protectrice des animaux; ~**versuch** *m* vivisection *f*, expérimentation *f* sur des animaux; ~**welt** *f* monde *m* animal.
Tiger(in) ['tiːgər(ɪn)] (**–s**, **–**) *m(f)* tigre(tigresse) *m/f*.
tilgen ['tɪlgən] *vt* effacer; (*Schulden*) rembourser.
Tilgung *f* (*siehe vt*) suppression *f*; remboursement *m*.
Tilgungsfonds *m* fonds *m* d'amortissement.
timen ['taɪmən] *vt* (*mit Stoppuhr*) chronométrer; (*den richtigen Moment abpassen*) choisir le moment de.
Tinktur [tɪŋk'tuːr] *f* teinture *f*.
Tinte ['tɪntə] *f* encre *f*; **in der** ~ **sitzen** (*umg*) être dans le pétrin.
Tinten-: ~**faß** *nt* encrier *m*; ~**fisch** *m* seiche *f*, calmar *m*; (*achtarmig*) pieuvre *f*; ~**kuli** *m* stylo *m* à bille; ~**stift** *m* crayon *m* à copier.
Tip [tɪp] (**–s**, **–s**) *m* (*umg: Hinweis*) tuyau *m* (*Wettschein*) bulletin *m*; (*an Polizei*) dénonciation *f*.
tippen ['tɪpən] *vt* (*auf Schreibmaschine*) taper ♦ *vi* (*umg: schreiben*) taper; (: *raten*): ~ **auf** +*Akk* parier sur; (*im Lotto etc*) jouer; **an etw** *Akk* ~ (*berühren*) toucher légèrement qch.
Tippfehler *m* faute *f* de frappe.
Tippse (*umg*) *f* dactylo *f*.
tipptopp ['tɪp'tɔp] (*umg*) *adj* impeccable.
Tippzettel *m* (*für Lotto*) grille *f* de loterie; (*fü*

Fußball/toto) grille *f* de loto sportif.
Tirana [ti'ra:na] *nt* Tirana.
Tirol [ti'ro:l] (**–s**) *nt* le Tyrol.
Tiroler(in) (**–s, –**) *m(f)* Tyrolien(ne) *m/f.*
tirolerisch, tirolisch *adj* tyrolien(ne).
Tisch [tıʃ] (**–(e)s, –e**) *m* table *f*; **bei** ~ à table; **vor/nach** ~ avant/après le repas; **bitte, zu** ~! à table!; **unter den** ~ **fallen** (*fig*) tomber à l'eau; **reinen** ~ **machen** (*umg*) faire table rase; ~**decke** *f* nappe *f.*
Tischler (**–s, –**) *m* menuisier *m.*
Tischlerei [tıʃlə'raı] *f* menuiserie *f.*
Tischlerhandwerk *nt* menuiserie *f.*
tischlern *vi* faire de la menuiserie.
Tisch-: ~**nachbar** *m* voisin(e) *m/f* de table; ~**ordnung** *f* plan *m* de table; ~**rechner** *m* calculatrice *f*; ~**rede** *f* discours *m* (*lors d'un repas de fête*); ~**tennis** *nt* tennis *m* de table, ping-pong *m*; ~**tennisschläger** *m* raquette *f* de ping-pong; ~**tuch** *nt* nappe *f.*
Titel ['ti:təl] (**–s, –**) *m* titre *m*; ~**anwärter** *m* candidat(e) *m/f* au titre; ~**bild** *nt* (*auf Zeitschriften*) photo *f* de couverture; (*von Buch*) frontispice *m*; ~**geschichte** *f* histoire *f* qui fait la une; ~**rolle** *f* rôle *m* principal; ~**seite** *f* (*von Zeitung*) couverture *f*; (*Buch~*) page *f* de titre; ~**verteidiger** *m* détenteur(-trice) *m/f* du titre.
titulieren [titu'li:rən] *vt* appeler.
tja [tja] *interj* eh bien.
Toast [to:st] (**–(e)s, –s** *od* **–e**) *m* (*Brot*) toast *m*, pain *m* grillé; (*Trinkspruch*) toast; ~**brot** *nt* pain *m* de mie.
toasten *vt* (*Brot*) griller ♦ *vi*: ~ **auf** +*Akk* porter un toast à.
Toaster (**–s, –**) *m* grille-pain *m inv.*
toben ['to:bən] *vi* (*Meer*) être très agité(e); (*Wind*) souffler en tempête; (*Kampf*) faire rage; (*Kinder, Publikum*) être déchaîné(e).
Tob-: ~**sucht** *f* folie *f* furieuse; **t~süchtig** *adj* fou(folle) furieux(-euse); ~**suchtsanfall** *m* accès *m* de folie furieuse.
Tochter ['tɔxtər] (**–, ⸚**) *f* fille *f*; ~**gesellschaft** *f* filiale *f.*
Tod [to:t] (**–(e)s, –e**) *m* mort *f*; **eines natürlichen/gewaltsamen** ~**es sterben** mourir de mort naturelle/violente; **den** ~ **finden** trouver la mort; **jdn/etw auf den** ~ **nicht leiden können** (*umg*) ne pas pouvoir sentir qn/qch; **zu** ~**e betrübt sein** être très affligé(e); **sich zu** ~**e langweilen** s'ennuyer à mourir; **sich zu** ~**e erschrecken** être mort(e) de peur; **t~ernst** (*umg*) *adj* sérieux(-euse) comme un pape ♦ *adv* très sérieusement.
Todes-: ~**angst** *f* peur *f* panique; ~**ängste ausstehen** (*umg*) être mort(e) de peur; ~**anzeige** *f* faire-part *m inv* de décès; ~**fall** *m* décès *m*; ~**kampf** *m* agonie *f*; ~**opfer** *nt* victime *f* (*qui trouve la mort dans un accident*); ~**stoß** *m* coup *m* de grâce; ~**strafe** *f* peine *f* de mort; ~**tag** *m* anniversaire *m* de la mort; ~**ursache** *f* cause *f* de la mort; ~**urteil** *nt* condamnation *f* à mort; ~**verachtung** *f*: **mit** ~**verachtung** (*umg*) avec dégoût.

Todfeind *m* ennemi *m* mortel.
todkrank *adj* condamné(e).
tödlich ['tø:tlıç] *adj* mortel(le).
tod-: ~**müde** *adj* mort(e) de fatigue; ~**schick** (*umg*) *adj* très chic *inv*; ~**sicher** (*umg*) *adj* absolument sûr(e) ♦ *adv* sûrement; **T~sünde** *f* péché *m* mortel; ~**traurig** *adj* très triste.
Togo ['to:go] *nt* Togo *m.*
Toilette [toa'lɛtə] *f* (*WC*) toilettes *fpl*, W.C. *mpl*; (*Körperpflege, Kleidung*) toilette; **auf die** ~ **gehen** aller aux toilettes; **auf der** ~ **sein** être aux toilettes.
Toiletten-: ~**artikel** *m* article *m* de toilette; ~**papier** *nt* papier *m* hygiénique; ~**tisch** *m* coiffeuse *f*, ~**wasser** *nt* eau *f* de toilette.
toi, toi, toi ['tɔy'tɔy'tɔy] *interj* (*viel Glück*) bonne chance; (*unberufen*) touchons du bois.
Tokio ['to:kjo] (**–s**) *nt* Tokyo.
tolerant [tole'rant] *adj* tolérant(e).
Toleranz *f* tolérance *f.*
tolerieren [tole'ri:rən] *vt* tolérer.
toll [tɔl] (*umg*) *adj* (*verrückt*) fou(folle); (*ausgezeichnet*) super *inv*, formidable.
tollen *vi* faire le fou.
Toll-: ~**heit** *f* folie *f*; ~**kirsche** *f* belladone *f*; **t~kühn** *adj* téméraire; ~**wut** *f* rage *f*; **t~wütig** *adj* enragé(e).
Tölpel ['tœlpəl] (**–s, –**; *pej*) *m* balourd *m.*
Tomate [to'ma:tə] *f* tomate *f*; **du treulose** ~! (*umg*) espèce de lâcheur!
Tomatenmark (**–(e)s**) *nt* concentré *m* de tomate.
Tomatensuppe *f* soupe *f* à la tomate.
Tombola ['tɔmbola] *f* tombola *f.*
Ton¹ [to:n] (**–(e)s, –e**) *m* (*Erde*) argile *f.*
Ton² [to:n] (**–(e)s, ⸚e**) *m* ton *m*; (*Laut*) son *m*; (*Betonung*) accent *m*; **den** ~ **angeben** donner le ton; **der gute** ~ les convenances *fpl*; **keinen** ~ **herausbringen** ne pas arriver à sortir un seul mot, rester muet(te); **etw in den höchsten Tönen loben** faire très grand cas de qch; ~**abnehmer** *m* tête *f* de lecture, pick-up *m inv*; **t~angebend** *adj* qui donne le ton; ~**arm** *m* bras *m* de lecture *od* de pick-up, pick-up *m inv*; ~**art** *f* tonalité *f*; ~**band** *nt* bande *f* magnétique; ~**bandaufnahme** *f* enregistrement *m* sur bande magnétique; ~**bandgerät** *nt* magnétophone *m.*
tönen ['tø:nən] *vi* (*klingen*) retentir ♦ *vt* colorer; (*Haare*) teindre.
Tonerde *f*: **essigsaure** ~ acétate *m* d'aluminium.
Ton-: ~**fall** *m* (*Intonation*) intonations *fpl*; ~**film** *m* film *m* parlant; **t~haltig** *adj* glaiseux(-euse); ~**höhe** *f* ton *m.*
Tonika ['to:nika] (**–, –iken**) *f* tonique *f.*
Tonikum (**–s, –ika**) *nt* fortifiant *m.*
Ton-: ~**ingenieur** *m* ingénieur *m* du son; ~**kopf** *m* tête *f* de lecture; ~**künstler** *m* compositeur *m*; ~**leiter** *f* gamme *f*; **t~los** *adj* (*Stimme*) sourd(e).
Tonnage [tɔ'na:ʒə] *f* tonnage *m.*

Tonne ['tɔnə] (–, –n) *f* (*Faß: für Öl*) baril *m*; (: *für Wasser*) tonneau *m*; (*Maß*) tonne *f*.

Ton-: ~**taube** *f* pigeon *m* d'argile; ~**taubenschießen** *nt* tir *m* au pigeon d'argile; ~**techniker** *m* technicien *m* du son; ~**waren** *pl* poteries *fpl*.

Top [tɔp] (–s, –s) *nt* (*Kleidungsstück*) haut *m*.

top (*umg*) *adj* extra *inv*.

Topas [to'pa:s] (–es, –e) *m* topaze *f*.

Topf [tɔpf] (–(e)s, ̈e) *m* pot *m*; (*Koch~*) marmite *f*, casserole *f*; **alles in einen ~ werfen** (*fig*) tout mettre dans le même sac; ~**blume** *f* fleur *f* en pot.

Topfen ['tɔpfən] (–s, –; *ÖSTERR*) *m* sorte de fromage blanc.

Töpfer(in) ['tœpfər(ɪn)] (–s, –) *m(f)* potier(-ière) *m/f*.

Töpferei [tœpfə'raɪ] *f* poterie *f*.

töpfern *vi* faire de la poterie.

Töpferscheibe *f* tour *m* (de potier).

topfit ['tɔp'fɪt] *adj* en pleine forme.

Topfkratzer *m* éponge *f od* tampon *m* à récurer.

Topflappen *m* gant *m* isolant.

topographisch [topo'gra:fɪʃ] *adj* topographique.

topp [tɔp] *interj* tope-là.

Tor¹ [to:r] (–en, –en) *m* (*Narr*) sot(te).

Tor² [to:r] (–(e)s, –e) *nt* (*Tür*) portail *m*; (*Stadt~; Ski~*) porte *f*; (*SPORT*) but *m*; ~**bogen** *m* (arc *m* d'un) portail *m*; ~**einfahrt** *f* porte *f* cochère.

Torero [to're:ro] (–(s), –s) *m* torero *m*.

Toresschluß *m*: **(kurz) vor ~** à la dernière minute.

Torf [tɔrf] (–(e)s) *m* tourbe *f*; ~**mull** *m* tourbe *f*; ~**stechen** *nt* extraction *f* de la tourbe.

Torheit *f* sottise *f*.

töricht ['tørɪçt] *adj* sot(te).

torkeln ['tɔrkəln] *vi* tituber.

torpedieren [tɔrpe'di:rən] *vt* torpiller.

Torpedo [tɔr'pe:do] (–s, –s) *m* torpille *f*.

Torschlußpanik ['to:rʃluspa:nɪk] (*umg*) *f* (*von Unverheirateten*) peur *f* de rester vieille fille *od* vieux garçon.

Törtchen ['tœrtçən] *nt* tartelette *f*.

Torte ['tɔrtə] *f* gâteau *m*; (*Obst~*) tarte *f*.

Tortenguß *m* gelée *f* pour nappage.

Tortenheber *m* pelle *f* à tarte.

Tortur [tɔr'tu:r] *f* (*fig*) torture *f*.

Torwart (–(e)s, –e) *m* gardien *m* de but.

tosen ['to:zən] *vi* (*Wasser, Wellen, Meer*) être très agité(e); (*Wind*) hurler; ~**der Beifall** une tempête d'applaudissements.

Toskana [tɔs'ka:na] *f*: **die ~** la Toscane.

tot [to:t] *adj* mort(e); (*Kapital*) improductif(-ive); (*erschöpft*) mort(e) de fatigue; **er war auf der Stelle ~** il est mort sur le coup; **der ~e Winkel** l'angle *m* mort; **einen ~en Punkt haben** avoir un passage à vide; **das T~e Meer** la mer Morte.

total [to'ta:l] *adj* total(e) ♦ *adv* (*umg: völlig*) complètement; **T~ausverkauf** *m* liquidation *f* (totale).

totalitär [totali'tɛ:r] *adj* totalitaire.

Totaloperation *f* ablation *f*; (*von Gebärmutter*) hystérectomie *f*.

Totalschaden *m* dommages *mpl* irréparables.

totarbeiten *vr* se tuer au travail.

totärgern (*umg*) *vr* se fâcher tout rouge.

Tote(r) *f(m)* mort(e) *m/f*; (*Todesopfer*) victime *f*.

töten ['tø:tən] *vt, vi* tuer ♦ *vr* se tuer.

Toten-: ~**bett** *nt* lit *m* de mort; **t~blaß** *adj* livide, blême; ~**gräber** (–s, –) *m* fossoyeur *m*; ~**hemd** *nt* linceul *m*; ~**kopf** *m* tête *f* de mort; ~**maske** *f* masque *m* mortuaire; ~**messe** *f* messe *f* des morts; ~**schein** *m* certificat *m* de décès; ~**stille** *f* silence *m* de mort; ~**tanz** *m* danse *f* macabre; ~**wache** *f* veillée *f* funèbre.

tot-: ~**fahren** *unreg vt* écraser (*et tuer*); ~**geboren** *adj* mort-né(e); ~**kriegen** (*umg*) *vt*: **nicht ~zukriegen sein** être increvable; ~**lachen** (*umg*) *vr* se bidonner.

Toto ['to:to] (–s, –s) *m od nt* (*Pferde~*) ≈ P.M.U *m*; (*Fußball~*) loto *m* sportif; ~**schein** *m* (*siehe Toto*) ≈ bulletin *m* de P.M.U.; ≈ grille *f* de loto sportif.

tot-: ~**reden** (*umg*) *vt* assommer (de discours); ~**sagen** *vt* annoncer la mort de; **T~schlag** *m* homicide *m* volontaire; ~**schlagen** *unreg vt* (*jdn, Zeit*) tuer; **T~schläger** *m* meurtrier *m*; (*Waffe*) matraque *f*; ~**schweigen** *unreg vt* passer sous silence; ~**stellen** *vr* faire le(la) mort(e); ~**treten** *unreg vt* écraser.

Tötung ['tø:tʊŋ] *f* meurtre *m*.

Toupet [tu'pe:] (–s, –s) *nt* (*Haarteil*) postiche *m*.

toupieren [tu'pi:rən] *vt* crêper.

Tour [tu:r] (–, –en) *f* (*Ausflug, Reise*) tour *m*, voyage *m*; (*Berg~*) excursion *f*; (*bestimmte Strecke*) trajet *m*; (*Umdrehung*) tour *m*; **auf vollen ~en laufen** tourner à plein régime (*fig*) battre son plein; **auf ~en kommen** (*sich aufregen*) s'énerver; (*AUT*) atteindre sa vitesse maximum; **in einer ~** (*umg*) sans arrêt; **auf die krumme ~** (*umg*) par des moyens malhonnêtes; **auf die sanfte ~** (*umg*) avec des flatteries.

Touren-: ~**schreiber** *m* gyromètre *m*; ~**zahl** nombre *m* de tours; ~**zähler** *m* compte-tours *m inv*.

Tourismus [tu'rɪsmʊs] *m* tourisme *m*.

Tourist(in) *m(f)* touriste *m/f*; ~**enklasse** *f* classe *f* touriste.

Touristik *f* tourisme *m*.

touristisch *adj* touristique.

Tournee [tʊr'ne:] (–, –s *od* –n) *f* tournée *f*; **auf ~ gehen** partir en tournée.

toxisch ['tɔksɪʃ] *adj* toxique.

Trab [tra:p] (–(e)s) *m* (*Gangart*) trot *m*; **auf ~ sein** (*Mensch*) être très occupé(e).

Trabant [tra'bant] *m* (*ASTRON*) satellite *m*.

Trabantenstadt *f* cité-satellite *f*.

traben *vi* trotter, aller au trot.

Trabrennen *nt* course *f* de trot.

Tracht [traxt] (–, –en) f (Kleidung) costume m; **eine ~ Prügel** une volée de coups.

trachten vi (geh): ~ **nach** aspirer à; **etw zu tun ~** s'efforcer de faire qch; **jdm nach dem Leben ~** vouloir attenter aux jours de qn.

Trachtengruppe f groupe m folklorique.

trächtig ['trɛçtiç] adj (Tier) plein(e); (Gedanke, Idee) fécond(e).

Tradition [traditsi'o:n] f tradition f.

traditionell [traditsio:'nɛl] adj traditionnel(le).

traf etc [tra:f] vb siehe **treffen**.

Tragbahre f brancard m, civière f.

tragbar adj (Gerät) portatif(-ive), portable; (Kleidung) mettable; (erträglich) supportable.

träge ['trɛ:gə] adj (ohne Schwung: Mensch) moux(molle), léthargique; (Bewegung) indolent(e); (Masse) inerte; **geistig ~** intellectuellement paresseux(-euse).

tragen ['tra:gən] unreg vt porter; (Brücke, Dach) soutenir; (Unternehmen, Club) financer; (Folgen, Risiko, Kosten) supporter, assumer ♦ vt porter; (schwanger sein) être enceinte ♦ vr: **sich mit dem Gedanken ~, etw zu tun** songer à faire qch; **schwer an etw** Dat ~ avoir de la peine à porter qch; (fig) être accablé(e) par qch; **zum T~ kommen** se révéler utile.

tragend adj (Säule, Bauteil) porteur(-euse); (Idee, Motiv) fondamental(e).

Träger ['trɛ:gər] (–s, –) m porteur m; (an Kleidung) bretelle f; (Körperschaft etc) responsable m; (Stahl~, Holz~, Beton~) poutre f; (Stütze von Brücken) pilier m; ~**kleid** nt robe-chasuble f; ~**rakete** f fusée f porteuse; ~**rock** m jupe f à bretelles.

Tragetasche f sac m.

Trag-: ~**fähigkeit** f charge f admissible; ~**fläche** f (FLUG) aile f; ~**flügelboot** nt hydrofoil m.

Trägheit ['trɛ:khaıt] f (von Mensch) indolence f; (von Bewegung) lenteur f; (geistig) paresse f; (PHYS) inertie f.

Tragik ['tra:gık] f tragique m.

tragikomisch [tragi'ko:mıʃ] adj tragicomique.

tragisch adj tragique; **etw ~ nehmen** prendre qch au tragique.

Traglast f charge f.

Tragödie [tra'gø:diə] f tragédie f.

trägst etc [trɛ:kst] vb siehe **tragen**.

Tragweite f portée f; **ein Ereignis von großer ~** un événement d'une grande portée.

Tragwerk nt (von Flugzeug) surface f portante.

Trainee [trɛ:'ni:] (–s, –s) m (in Unternehmen) stagiaire m.

Trainer(in) ['trɛ:nər(ın)] (–s, –) m(f) entraîneur m.

trainieren [trɛ:'ni:rən] vt entraîner; (Übung) s'entraîner à ♦ vi s'entraîner; **Fußball ~** s'entraîner au football.

Training (–s, –s) nt entraînement m.

Trainingsanzug m survêtement m.

Trakt [trakt] (–(e)s, –e) m (Gebäudeteil) aile f.

traktieren vt (umg: schlecht behandeln) maltrai-ter; (quälen) tourmenter.

Traktor ['traktɔr] m tracteur m.

trällern ['trɛlərn] vt, vi fredonner.

Tram [tram] (–, –s), **Trambahn** f tramway m.

Tramp (–s, –s) m vagabond m.

trampeln ['trampəln] vi (Zuschauer etc) trépigner ♦ vt (Pfad) faire en piétinant; **über ♦ durch das Gras ~** (gehen) marcher sur la pelouse; **auf etw ~** écraser qch.

Trampelpfad m sentier m (battu).

Trampeltier nt chameau m; (umg) empoté(e) m/f.

trampen ['trampən] vi faire du stop.

Tramper(in) (–s, –) m(f) auto-stoppeur(-euse) m/f.

Trampolin [trampo'li:n] (–s, –e) nt trampoline m.

Tran [tra:n] (–(e)s, –e) m (Öl) huile f de poisson; **im ~ sein** être hébété(e).

Trance ['trã:s(ə)] f transe f.

Tranchierbesteck nt service m à découper.

tranchieren [trã'ʃi:rən] vt découper.

Träne ['trɛ:nə] f larme f.

tränen vi larmoyer.

Tränengas nt gaz m lacrymogène.

tranig ['tra:nıç] (umg) adj gnangnan inv.

trank etc [traŋk] vb siehe **trinken**.

Tränke ['trɛŋkə] f abreuvoir m.

tränken vt (naß machen) imbiber; (Tiere) donner à boire à.

Tranquilizer ['trɛŋkwılaızər] (–s, –) m tranquillisant m.

Transaktion [trans|aktsi'o:n] f transaction f.

Transfer [trans'fe:r] (–s, –s) m transfert m.

Transformator [transfor'ma:tɔr] m transformateur m.

Transfusion [transfuzi'o:n] f transfusion f (sanguine).

Transistor [tran'zistɔr] m transistor m.

Transit [tran'zi:t] m transit m.

transitiv ['tranziti:f] adj transitif(-ive).

Transitverkehr [tran'zi:tferke:r] m trafic m en transit.

Transitvisum nt visa m de transit.

transparent [transpa'rɛnt] adj transparent(e); **T~** (–(e)s, –e) nt (Bild) transparent m; (Spruchband) banderole f.

transpirieren [transpi'ri:rən] vi transpirer.

Transplantation [transplantatsi'o:n] f (MED) greffe f.

transponieren [transpo'ni:rən] vt (MUS) transposer.

Transport [trans'pɔrt] (–(e)s, –e) m transport m; **t~fähig** adj transportable.

transportieren [transpɔr'ti:rən] vt transporter; (Film) enrouler.

Transport-: ~**kosten** pl frais mpl de transport; ~**mittel** nt moyen m de transport; ~**unternehmen** nt entreprise f de transports.

Transuse ['tra:nzu:zə] (pej) f lambin(e) m/f.

Transvestit [transvɛs'ti:t] (–en, –en) m travesti m.

Trapez [tra'pe:ts] (–es, –e) nt trapèze m.

Trassat [tra'saːt] (**–en, –en**) *m* tiré *m*.
trat *etc* [traːt] *vb siehe* **treten.**
Tratsch (**–(e)s**; *umg: pej*) *m* ragots *mpl*.
tratschen ['traːtʃən] (*umg*) *vi* cancaner.
Tratte ['tratə] *f* traite *f*.
Traube ['traubə] *f* (*BOT, fig: Menschen~*) grappe *f*; (*Beere*) raisin *m*; (*von Bienen*) essaim *m*.
Traubenlese *f* vendanges *fpl*.
Traubenzucker *m* sucre *m* de raisin.
trauen ['trauən] *vi* +*Dat*: **jdm ~** faire confiance à qn ♦ *vr* (*wagen*) oser ♦ *vt* (*Brautpaar*) marier; **etw** *Dat* **~** croire qch; **jdm nicht über den Weg ~** se méfier de qn; **sich ~ lassen** se marier.
Trauer ['trauər] (**–**) *f* chagrin *m*; (*für Verstorbenen*) deuil *m*; **~anzeige** *f* faire-part *m inv* de décès; **~fall** *m* décès *m*; **~feier** *f* funérailles *fpl*; **~flor** (**–s, –e**) *m* crêpe *m*; **~kleidung** *f* vêtements *mpl* de deuil; **~kleidung tragen** porter le deuil; **~marsch** *m* marche *f* funèbre; **~miene** *f* mine *f* d'enterrement.
trauern *vi*: **~ um** pleurer (la mort de).
Trauer-: **~rand** *m* bordure *f* noire (*de faire-part de décès*); **~spiel** *nt* tragédie *f*; **~weide** *f* saule *m* pleureur.
Traufe ['traufə] *f* gouttière *f*.
träufeln ['trɔyfəln] *vt* verser goutte à goutte ♦ *vi* tomber goutte à goutte.
traulich ['traulɪç] *adj* (*Beisammensein, Atmosphäre*) intime.
Traum [traum] (**–(e)s, Träume**) *m* rêve *m*; **aus der ~!** c'était un beau rêve!; **das fällt mir nicht im ~ ein** cette idée ne m'effleure même pas.
Trauma (**–s, –men** *od* **–ta**) *nt* traumatisme *m*.
Traumbild *nt* vision *f* de rêve.
Traumdeutung *f* interprétation *f* des rêves.
träumen ['trɔymən] *vi, vt* rêver; **das hätte ich mir nicht ~ lassen** je me demande si je rêve.
Träumer(in) (**–s, –**) *m(f)* rêveur(-euse) *m/f*.
Träumerei [trɔymə'rai] *f* rêverie *f*.
träumerisch *adj* rêveur(-euse).
traumhaft *adj* (*unwirklich*) fantastique; (*wunderbar*) merveilleux(-euse).
traurig ['traurɪç] *adj* triste; **T~keit** *f* tristesse *f*.
Trauring *m* alliance *f*.
Trauschein *m* extrait *m* d'acte de mariage.
Trauung *f* mariage *m*.
Trauzeuge(-in) *m(f)* témoin *m* (de mariage).
Travellerscheck ['trɛvələrʃɛk] *m* chèque *m* de voyage, traveller's chèque *m*.
treffen ['trɛfən] *unreg vi* (*Geschoß, Hieb*) atteindre son but; (*Schütze*) viser juste ♦ *vt* (*subj: Geschoß, Schütze, Bemerkung etc*) toucher; (*begegnen*) rencontrer; (*Entscheidung, Maßnahmen*) prendre; (*Vorbereitungen, Auswahl*) faire ♦ *vr* (*begegnen*) se rencontrer; **eine Vereinbarung ~** se mettre d'accord; **er hat es gut getroffen** (*in beneidenswerter Lage*) il a eu de la chance; (*gut nachgemacht*) c'est ressemblant; **ihn trifft keine Schuld** il n'a aucun reproche à se faire; **sich getroffen fühlen** se sentir visé(e); **~ auf** +*Akk* (*in Wettkampf*) être opposé(e) à; **es traf sich, daß ... le**

hasard voulut que ...; **es trifft sich gut** cela tombe bien; **wie es sich so trifft** comme cela se trouve.
Treffen (**–s, –**) *nt* rencontre *f*; **t~d** *adj* pertinent(e); (*Beschreibung*) excellent(e).
Treffer (**–s, –**) *m* (*Schuß etc*) tir *m* réussi *od* dans le mille; (*FUSSBALL, HOCKEY etc*) but *m*; (*Los*) billet *m* gagnant.
trefflich *adj* excellent(e).
Treffpunkt *m* (*Ort*) lieu *m* de rendez-vous; (*fig: Zentrum*) rendez-vous *m inv*.
Treibeis *nt* glaces *fpl* flottantes.
treiben ['traibən] *unreg vt* (*Tiere, Menschen*) mener; (*Rad*) actionner, entraîner; (*Maschine*) faire marcher; (*drängen, anspornen*) pousser; (*Studien, Sport*) faire; (*Blüten, Knospen*) pousser, produire ♦ *vi* (*auf dem Wasser*) aller à la dérive; (*Wolken*) passer; (*Pflanzen*) pousser; (*KOCH: aufgehen*) lever; (*harn-, schweißtreibend wirken: Medikament*) être diurétique; **Unsinn ~** faire des bêtises; **es wild ~** être déchaîné(e); **die ~de Kraft** le moteur; **Handel mit etw ~** faire le commerce de qch; **Handel mit jdm ~** faire des affaires avec qn; **es zu weit ~** aller trop loin; **T~** (**–s**) *nt* (*Tätigkeit*) activité *f*; (*lebhafter Verkehr etc*) animation *f*; (*Treibjagd*) battue *f*.
Treib-: **~gas** *nt* gaz *m* propulseur; **~gut** *nt* objets que la mer rejette sur les côtes; **~haus** *nt* serre *f*; **~hauseffekt** *m* effet *m* de serre; **~jagd** *f* battue *f*; (*fig*) chasse *f* à la sorcière; **~rad** *nt* roue *f* motrice; **~riemen** *m* courroie *f* de transmission; **~sand** *m* sables *mpl* mouvants; **~stoff** *m* carburant *m*.
Trend [trɛnt] (**–s, –s**) *m* tendance *f*; **~setter** *m*: **ein ~setter sein** donner le ton, lancer des modes; **~wende** *f* tournant *m*.
trennbar *adj* séparable.
trennen ['trɛnən] *vt* séparer; (*zerteilen*) diviser; (*abtrennen, lösen*) détacher; (*Begriffe*) distinguer; (*Wort, Silben, TEL: Verbindung*) couper ♦ *vr* se séparer; (*Ideen*) différer; **sich von jdm/ etw ~** se séparer de qn/qch.
Trennschärfe *f* (*RUNDF*) sélectivité *f*.
Trennung *f* séparation *f*; (*von Besitz*) division *f*; (*von Begriffen*) distinction *f*; (*von Wörtern*) coupure *f* (*en fin de ligne*).
Trennungsstrich *m* tiret *m*.
Trennwand *f* cloison *f*.
treppab *adv*: **~ laufen** descendre (l'escalier).
treppauf *adv*: **~ steigen** monter (l'escalier).
Treppe ['trɛpə] *f* escalier *m*; (*umg: Stockwerk*) étage *m*.
Treppen-: **~geländer** *nt* rampe *f* (d'escalier); **~haus** *nt* cage *f* d'escalier; **~stufe** *f* marche *f* d'escalier.
Tresen ['treːzən] (**–s, –**) *m* (*Theke*) bar *m*; (*Ladentisch*) comptoir *m*.
Tresor [tre'zoːr] (**–s, –e**) *m* coffre-fort *m*; (*Raum*) salle *f* des coffres.
Tretboot *nt* pédalo *m*.
treten ['treːtən] *unreg vi* (*gehen*) marcher, avancer; (*Tränen, Schweiß*) jaillir ♦ *vt* (*mit Fußtritt*)

donner un coup de pied à; (*nieder~*) piétiner; (*fig: antreiben*) pousser; **ans Fenster** ~ aller vers la fenêtre; **zur Seite** ~ s'écarter; **nach jdm/etw** ~ donner un coup de pied à qn/dans qch; **gegen etw** ~ buter contre qch; **auf etw** *Akk* ~ marcher sur qch; **jdm auf den Fuß** ~ marcher sur le pied de qn; **in etw** *Akk* ~ marcher dans qch; **der Fluß trat über die Ufer** la rivière a débordé; **in Verbindung** ~ entrer en contact; **in Streik** ~ se mettre en grève; **in Erscheinung** ~ apparaître; **in den Ruhestand** ~ prendre sa retraite.

Treter ['tre:tər] (*umg*) *pl* (*Schuhe*) pompes *fpl*.

Tretmine *f* (*MIL*) mine *f* antipersonnel.

Tretmühle *f* galère *f*.

treu [trɔy] *adj* (*Diener, Hund, Ehemann, Dienste*) fidèle; ~**doof** (*umg*) *adj* bébête.

Treue (–) *f* fidélité *f*.

Treu-: ~**händer** (–**s**, –) *m* fidéicommissaire *m*; ~**handgesellschaft** *f* société *f* fiduciaire; **t~herzig** *adj* confiant(e), naïf(naïve); **t~lich** *adv* fidèlement; **t~los** *adj* sur qui on ne peut pas compter, déloyal(e).

Trevira® [tre'vi:ra] (–**s**) *nt* polyester *m*.

Triangel ['tri:aŋəl] (–**s**, –) *m* (*MUS*) triangle *m*.

Tribüne [tri'by:nə] *f* tribune *f*.

Tribut [tri'bu:t] (–(**e**)**s**, –**e**) *m* tribut *m*.

Trichter ['trɪçtər] (–**s**, –) *m* entonnoir *m*.

Trick [trɪk] (–**s**, –**e** *od* –**s**) *m* truc *m*; (*pej: List*) astuce *f*; ~**film** *m* dessin *m* animé.

trieb *etc* [tri:p] *vb siehe* **treiben**.

Trieb (–(**e**)**s**, –**e**) *m* (*instinkthaft*) instinct *m*; (*geschlechtlich*) pulsion *f*; (*Neigung*) tendance *f*; (*an Baum etc*) pousse *f*; ~**feder** *f* ressort *m*; (*fig*) instigateur(-trice) *f*; **t~haft** *adj* maladif(-ive); ~**kraft** *f* (*TECH*) force *f* motrice; (*fig*) moteur *m*; ~**täter** *m* auteur *m* d'un crime sexuel; ~**wagen** *m* autorail *m*; ~**werk** *nt* (*TECH*) groupe *m* moteur.

triefen ['tri:fən] *vi* ruisseler.

triefnaß *adj* trempé(e) (jusqu'aux os).

Trient [tri'ɛnt] (–**s**) *nt* (*GEOG*) Trente.

trifft *etc* [trɪft] *vb siehe* **treffen**.

triftig ['trɪftɪç] *adj* convaincant(e).

Trigonometrie [trigonome'tri:] *f* trigonométrie *f*.

Trikot¹ [tri'ko:] (–**s**, –**s**) *nt* maillot *m*.

Trikot² [tri'ko:] (–**s**) *m* (*Gewebe*) jersey *m*.

Triller ['trɪlər] (–**s**, –) *m* (*MUS*) trille *m*.

trillern *vi* faire des trilles.

Trillerpfeife *f* sifflet *m*.

Trilogie [trilo'gi:] *f* trilogie *f*.

Trimester [tri'mɛstər] (–**s**, –) *nt* trimestre *m*.

Trimm-dich-Pfad *m* parcours *m* de santé.

trimmen *vt* (*mit Schere*) tondre; (*durch Sport*) entraîner ♦ *vr* se maintenir en forme; **jdn auf etw** *Akk* ~ (*umg*) inculquer qch à qn.

Trinidad und Tobago ['trɪnidat unt to'ba:go] *nt* Trinité et Tobago *f*.

trinkbar *adj* potable.

trinken ['trɪŋkən] *unreg vt, vi* boire; **einen** ~ (**gehen**) (*umg*) (aller) boire un coup; **auf jdn/etw** ~ boire à la santé de qn/à qch.

Trinker(in) (–**s**, –) *m(f)* alcoolique *m/f*.

trink-: ~**fest** *adj*: ~**fest sein** bien supporter l'alcool; **T~geld** *nt* pourboire *m*; **T~halle** *f* (*Kiosk*) buvette *f*; **T~halm** *m* paille *f*; **T~milch** *f* lait *m*; **T~spruch** *m* toast *m*; **T~wasser** *nt* eau *f* potable.

Trio ['tri:o] (–**s**, –**s**) *nt* trio *m*.

Trip [trɪp] (–**s**, –**s**; *umg*) *m* (*Reise*) voyage *m*; (*Rauschzustand*) trip *m*.

Tripolis ['tri:polɪs] *nt* Tripoli.

trippeln ['trɪpəln] *vi* trottiner.

Tripper ['trɪpər] (–**s**, –) *m* blennorragie *f*.

trist [trɪst] *adj* morne; (*Farbe*) terne.

tritt *etc* [trɪt] *vb siehe* **treten**.

Tritt (–(**e**)**s**, –**e**) *m* pas *m*; (*Fuß~*) coup *m* de pied; ~**brett** *nt* marchepied *m*; ~**leiter** *f* escabeau *m*.

Triumph [tri'omf] (–(**e**)**s**, –**e**) *m* triomphe *m*; ~**bogen** *m* arc *m* de triomphe.

triumphieren [triom'fi:rən] *vi* triompher; ~ **über** +*Akk* triompher de.

trivial [trivi'a:l] *adj* banal(e); **T~literatur** *f* littérature *f* de gare.

trocken ['trɔkən] *adj* sec(sèche); (*fig: nüchtern*) sobre; (*Humor*) pince-sans-rire *inv*; **sich** ~ **rasieren** se raser au rasoir électrique; **T~automat** *m* sèche-linge *m inv*; **T~batterie** *f* pile *f* sèche; **T~beerenauslese** *f* vin de qualité obtenu à partir de grains de raisin séchés sur la vigne; **T~dock** *nt* cale *f* sèche; **T~eis** *nt* neige *f* carbonique; **T~element** *nt* pile *f* sèche; **T~haube** *f* casque *m* (*séchoir*); **T~heit** *f* sécheresse *f*; ~**legen** *vt* (*Sumpf*) assécher; (*Kind*) changer; **T~milch** *f* lait *m* en poudre; **T~rasur** *f* rasage *m* électrique; **T~zeit** *f* (*Jahreszeit*) saison *f* sèche.

trocknen *vt, vi* sécher.

Trockner (–**s**, –) *m* (*für Hände*) sèche-mains *m inv*; (*Wäschetrockner*) sèche-linge *m inv*.

Troddel ['trɔdəl] (–, –**n**) *f* gland *m*.

Trödel ['trø:dəl] (–**s**; *umg*) *m* bric-à-brac *m inv*; ~**markt** *m* marché *m* aux puces.

trödeln (*umg*) *vi* traîner.

Trödler (–**s**, –) *m* (*Händler*) brocanteur *m*.

trog *etc* [tro:k] *vb siehe* **trügen**.

Trog (–(**e**)**s**, **ë**e) *m* auge *f*.

trollen ['trɔlən] (*umg*) *vr* se tirer.

Trommel ['trɔməl] (–, –**n**) *f* tambour *m*; (*Revolver~*) barillet *m*; (*Brot~*) boîte *f*; **die** ~ **rühren** (*umg*) faire du battage; ~**fell** *nt* tympan *m*; ~**feuer** *nt* feu *m* roulant.

trommeln *vi* jouer du tambour ♦ *vt* (*Takt*) battre.

Trommelrevolver *m* revolver *m*.

Trommelwaschmaschine *f* machine *f* à laver à tambour.

Trommler(in) ['trɔmlər(ɪn)] (–**s**, –) *m(f)* joueur(-euse) *m/f* de tambour; (*MIL*) tambour *m*.

Trompete [trɔm'pe:tə] *f* trompette *f*.

trompeten *vt* jouer à la trompette; (*umg: laut verkünden*) trompeter ♦ *vi* jouer de la trompette.

Trompeter (–s, –) _m_ trompettiste _m_.
Tropen ['tro:pən] _pl_ tropiques _mpl_; ~**helm** _m_ casque _m_ colonial; **t~tauglich** _adj_ apte à vivre sous les tropiques.
Tropf [trɔpf] (–(e)s, ⁼e) _m_ (_umg_: _Kerl_) type _m_; (_MED_: _Infusion_) goutte-à-goutte _m inv_; **armer ~** pauvre diable _m_.
tröpfeln ['trœpfəln] _vi_ tomber goutte à goutte ♦ _vi unpers_: **es tröpfelt** il tombe des gouttes.
Tropfen (–s, –) _m_ goutte _f_; ~ _pl_ (_Medizin_) gouttes _fpl_; **ein guter** _od_ **edler ~** un bon petit vin; **ein ~ auf den heißen Stein** (_umg_) une goutte d'eau dans la mer.
tropfen _vi_ (_Regen, Schweiß etc_) tomber goutte à goutte; (_Wasserhahn_) goutter; (_Nase_) couler ♦ _vt_ (_Tinktur_) verser goutte à goutte ♦ _vi unpers_: **es tropft** il tombe des gouttes.
tropfenweise _adv_ goutte à goutte.
tropfnaß _adj_ trempé(e) (jusqu'aux os).
Tropfsteinhöhle _f_ grotte _f_ avec des stalactites.
Trophäe [tro'fɛ:ə] _f_ trophée _m_.
tropisch ['tro:pɪʃ] _adj_ tropical(e).
Trost [tro:st] (–es) _m_ consolation _f_; **nicht ganz** _od_ **recht bei ~ sein** avoir perdu la raison.
trösten ['trø:stən] _vt_ consoler.
Tröster(in) (–s, –) _m(f)_ consolateur(-trice) _m/f_.
tröstlich _adj_ (_Worte, Brief_) de consolation; (_Gedanke_) rassurant(e), réconfortant(e).
trost-: ~**los** _adj_ (_Verhältnisse_) affligeant(e); (_Landschaft_) désolé(e); **T~pflaster** _nt_ (_fig_) (piètre) consolation _f_; **T~preis** _m_ prix _m_ de consolation; ~**reich** _adj_ réconfortant(e).
Tröstung ['trø:stʊŋ] _f_ réconfort _m_.
Trott [trɔt] (–(e)s, –e) _m_ (_Gangart_) trot _m_; (_Routine_) train-train _m inv_.
Trottel (–s, –; _umg_) _m_ crétin _m_.
trotten _vi_ se traîner.
Trotteur [trɔ'tø:r] (–s, –s) _m_ trotteur _m_.
Trottoir [trɔto'a:r] (–s, –s _od_ –e) _nt_ (_veraltet_) trottoir _m_.
trotz [trɔts] _präp_ (+_Gen od Dat_) malgré; ~ **allem** _od_ **alledem** malgré tout.
Trotz (–es) _m_ esprit _m_ de contradiction; **etw aus ~ tun** faire qch par défi; **jdm zum ~** pour braver qn; ~**alter** _nt_ âge difficile (_vers deux ans_).
trotzdem _adv_ quand même ♦ _konj_ (_umg_) bien que.
trotzen _vi_ (_trotzig sein_) faire la mauvaise tête; **jdm ~** tenir tête à qn; **der Kälte/Gefahr ~** braver le froid/danger.
trotzig _adj_ (_Antwort_) provocant(e); (_Benehmen_) de défi; (_Kind_) difficile.
Trotzkopf _m_ mauvaise tête _f_.
Trotzreaktion _f_ réaction _f_ de dépit.
trüb(e) _adj_ (_Augen, Metall_) terne; (_Aussichten_) sombre; (_Flüssigkeit_) trouble; (_Glas_) opaque; (_Mensch, Gedanke, Stimmung, Zeiten_) triste; (_Tag, Wetter_) gris(e).
Trubel ['tru:bəl] (–s) _m_ tumulte _m_.
trüben ['try:bən] _vt_ (_Flüssigkeit_) troubler, ternir; (_Stimmung, Freude_) gâter ♦ _vr_ (_Flüssigkeit_)

se troubler; (_Glas, Metall_) se ternir; (_Stimmung_) se gâter.
Trübheit _f_ (_von Augen_) manque _m_ d'éclat; **die ~ des Wetters** le temps couvert.
Trübsal (–, –e) _f_ (_Trauer_) chagrin _m_; ~ **blasen** (_umg_) avoir le cafard.
trüb-: ~**selig** _adj_ triste; **T~sinn** _m_ humeur _f_ chagrine; ~**sinnig** _adj_ d'humeur chagrine.
trudeln ['tru:dəln] _vi_ (_FLUG_) vriller.
Trüffel ['tryfəl] (–, –n) _f_ truffe _f_.
Trug (–(e)s) _m_ imposture _f_; (_der Sinne_) illusion _f_.
trug _etc_ [tru:k] _vb siehe_ **tragen**.
trügen ['try:gən] _unreg_ _vt, vi_ tromper; **wenn mich nicht alles trügt** si je ne m'abuse.
trügerisch _adj_ trompeur(-euse).
Trugschluß ['tru:gʃlʊs] _m_ idée _f_ fausse.
Truhe ['tru:ə] _f_ bahut _m_.
Trümmer ['trʏmər] _pl_ débris _mpl_; (_Bau~_) décombres _mpl_, ruines _fpl_; **in ~ gehen** tomber en ruines; ~**feld** _nt_ paysage _m_ ravagé; ~**haufen** _m_ amas _m_ de décombres.
Trumpf [trʊmpf] (–(e)s, ⁼e) _m_ atout _m_.
trumpfen _vt_ prendre avec l'atout ♦ _vi_ jouer atout.
Trunk [trʊŋk] (–(e)s, ⁼e) _m_ breuvage _m_.
trunken _adj_ ivre; **T~bold** (–(e)s, –e) _m_ ivrogne _m_; **T~heit** _f_ ivresse _f_; **T~heit am Steuer** conduite _f_ en état d'ébriété.
Trunksucht _f_ alcoolisme _m_.
Trupp [trʊp] (–s, –s) _m_ groupe _m_.
Truppe _f_ troupe _f_; **nicht von der schnellen ~ sein** (_umg_) être lent(e).
Truppenteil _m_ unité _f_.
Truppenübungsplatz _m_ champ _m_ de manœuvre.
Trust [trast] (–(e)s, –e _od_ –s) _m_ trust _m_.
Truthahn ['tru:tha:n] _m_ (_ZOOL_) dindon _m_; (_KOCH_) dinde _f_.
Tschad [tʃat] (–s) _m_: **der ~** le Tchad.
Tscheche (Tschechin) ['tʃɛçə] (–n, –n) _m(f)_ Tchèque _m/f_.
tschechisch _adj_ tchèque.
Tschechische Republik _f_ République _f_ tchèque.
Tschechoslowake [tʃɛçoslo'va:kə] (–n, –n) _m_ Tchécoslovaque _m_.
Tschechoslowakei [tʃɛçoslova'kaɪ] _f_: **die ~** la Tchécoslovaquie.
Tschechoslowakin _f_ Tchécoslovaque _f_.
tschechoslowakisch _adj_ tchécoslovaque.
tschüs [tʃʏs] (_umg_) _interj_ salut, tchao.
T-Shirt ['ti:ʃəːt] (–s, –s) _nt_ T-shirt _m_.
TU (–) _f abk_ (= _Technische Universität_) ≈ IUT _m_.
Tuba ['tu:ba] (–, Tuben) _f_ (_MUS_) tuba _m_.
Tube ['tu:bə] _f_ tube _m_.
Tuberkulose [tubɛrku'lo:zə] _f_ tuberculose _f_.
Tuch [tu:x] (–(e)s, ⁼er) _nt_ (_Stoff_) étoffe _f_; (_Stück Stoff_) pièce _f_ de tissu; (_Tisch~_) nappe _f_; (_Hals~_) foulard _m_; (_Kopf~_) fichu _m_; (_Hand~_) serviette _f_; **ein rotes ~ für jdn sein** (_umg_) faire voir rouge à qn; ~**fühlung** _f_ contact _m_.
tüchtig ['tʏçtɪç] _adj_ (_fleißig_) travailleur(-euse),

(fähig, brauchbar) bon(bonne); *(umg: kräftig)* sacré(e); **etwas T~es lernen** *od* **werden** *(umg)* apprendre un bon métier; **T~keit** *f (Fähigkeit)* capacité *f; (Fleiß)* zèle *m; körperliche* **T~keit** bonne forme *f.*

Tücke ['tʏkə] *f (Arglist, Trick)* méchanceté *f;* **voller ~n sein** être difficile; **seine ~n haben** être capricieux(-euse); **das ist die ~ des Objekts** c'est le problème, avec ce genre de choses.

tückisch *adj (Kurve)* dangereux(-euse); *(Krankheit)* pernicieux(-euse); *(böswillig)* malveillant(e).

tüftelig *(umg) adj (Arbeit)* minutieux(-euse).

tüfteln ['tʏftəln] *(umg) vi (basteln)* bricoler; **an einem Problem ~** se casser la tête sur un problème.

Tugend ['tu:gənt] *(–, –en) f* vertu *f;* **t~haft** *adj* vertueux(-euse).

Tüll [tʏl] *(–s, –e) m* tulle *m.*

Tülle *f (von Kanne)* bec *m.*

Tulpe ['tʊlpə] *f* tulipe *f.*

tummeln ['tʊməln] *vr* s'ébattre; *(sich beeilen)* se dépêcher.

Tummelplatz *m* terrain *m* de jeu; *(fig)* terrain de prédilection.

Tümmler ['tʏmlər] *(–s, –) m (Delphin)* marsouin *m.*

Tumor ['tu:mɔr] *(–s, –e) m* tumeur *f.*

Tümpel ['tʏmpəl] *(–s, –) m* mare *f.*

Tumult [tu'mʊlt] *(–(e)s, –e) m* tumulte *m.*

tun [tu:n] *unreg vt (machen)* faire; *(legen etc)* mettre; *(Seufzer)* pousser ♦ *vr:* **sich schwer mit etw ~** avoir des problèmes avec qch ♦ *vi:* **freundlich ~** prendre un air aimable; **jdm etw ~** *(antun)* faire qch à qn; **das tut es auch** *(genügt)* cela fera l'affaire; **damit ist es nicht getan** ça ne suffit pas; **was tut's?** qu'est-ce que ça fait?; **das tut nichts** ça ne fait rien; **das tut nichts zur Sache** cela ne change rien à l'affaire; **es mit jdm zu ~ bekommen** *od* **haben** avoir affaire à qn; **das tut gut** ça fait du bien; **so ~, als ob ...** faire comme si ...; **Sie täten gut daran ...** vous feriez bien ...; **ich habe zu ~** *(bin beschäftigt)* j'ai à faire; **mit wem habe ich zu ~?** à qui ai-je l'honneur?; **es tut sich etwas/viel** il se passe quelque chose/beaucoup de choses; **T~** *(–s) nt* action *f.*

Tünche ['tʏnçə] *f* chaux *f.*

tünchen *vt* blanchir à la chaux.

Tundra ['tʊndra] *(–, –ren) f* toundra *f.*

Tunesien [tu'ne:ziən] *(–s) nt* la Tunisie.

Tunesier(in) *(–s, –) m(f)* Tunisien(ne) *m/f.*

tunesisch *adj* tunisien(ne).

Tunis ['tu:nɪs] *nt* Tunis.

Tunke ['tʊŋkə] *f* sauce *f.*

tunken *vt* tremper.

tunlichst ['tu:nlɪçst] *adv (möglichst)* si possible; *(auf jeden Fall)* absolument.

Tunnel ['tʊnəl] *(–s, – od –s) m* tunnel *m.*

Tunte ['tʊntə] *(pej: umg) f* tante *f.*

Tüpfelchen ['tʏpfəlçən] *nt:* **das ~ auf dem i** la dernière touche.

tüpfeln ['tʏpfəln] *vt* moucheter.

tupfen ['tʊpfən] *vt* tamponner; *(mit Farbe)* moucheter; **T~** *(–s, –) m* point *m; (größer)* pois *m.*

Tupfer *(–s, –) m (umg: Tupfen)* point *m; (Verbandsmull)* tampon *m.*

Tür [ty:r] *(–, –en) f* porte *f;* **an die ~ gehen** aller ouvrir la porte; **zwischen ~ und Angel** *(fig)* en vitesse; **jdn vor die ~ setzen** mettre qn à la porte; **Weihnachten steht vor der ~** Noël approche; **mit der ~ ins Haus fallen** *(umg)* y aller tout de go; **~angel** *f* gond *m.*

Turban ['tʊrbaːn] *(–s, –e) m* turban *m.*

Turbine [tʊr'biːnə] *f* turbine *f.*

turbulent [tʊrbu'lɛnt] *adj* turbulent(e).

Türdrücker *m* poignée *f.*

Türgriff *m* poignée *f.*

Türke ['tʏrkə] *(–n, –n) m* Turc *m.*

Türkei [tʏr'kaɪ] *f:* **die ~** la Turquie.

Türkin *f* Turque *f.*

Türkis *(–es, –e) m (Edelstein)* turquoise *f;* **t~** [tʏr'kiːs] *adj* turquoise *inv.*

türkisch *adj* turc(turque).

Türklinke *f* poignée *f.*

Turkmenistan [tʊrk'meːnɪstaːn] *nt* le Turkménistan.

Turm [tʊrm] *(–(e)s, ~e) m* tour *f; (Kirch~)* clocher *m; (Sprung~)* plongeoir *m.*

türmen ['tʏrmən] *vr (Wolken)* s'amonceler; *(Bücher)* s'empiler; *(Arbeit)* s'accumuler ♦ *vt (häufen):* **~ auf** +*Akk* entasser sur ♦ *vi (umg)* se tirer.

Turmspringen *nt* plongeon *m* de haut vol.

Turmuhr *f* horloge *f.*

Turnanzug *m* tenue *f* de gymnastique.

turnen ['tʊrnən] *vi (Sport treiben)* faire de la gymnastique; *(herumklettern)* grimper ♦ *vt (Übung)* faire; **T~** *(–s) nt* gymnastique *f.*

Turner(in) *(–s, –) m(f)* gymnaste *m/f.*

Turn-: **~gerät** *nt* appareil *m* de gymnastique; **die ~geräte** les agrès *mpl;* **~halle** *f* salle *f* de gymnastique; **~hose** *f* short *m.*

Turnier [tʊr'niːr] *(–s, –e) nt* tournoi *m; (Tanz~)* concours *m.*

Turn-: **~lehrer(in)** *m(f)* professeur *m* de gymnastique; **~schuh** *m* basket *f;* **~stunde** *f* heure *f* de gymnastique.

Turnus ['tʊrnʊs] *(–, –se) m* roulement *m;* **im ~** à tour de rôle.

Turnverein *m* société *f* de gymnastique.

Turnzeug *nt* tenue *f* de gymnastique.

Tür-: **~öffner** *m* portier *m* automatique; **~pfosten** *m* montant *m* de porte; **~schloß** *nt* serrure *f* (de porte).

turteln ['tʊrtəln] *(umg) vi* se faire des mamours.

Tusch [tʊʃ] *(–(e)s, –e) m* fanfare *f.*

Tusche ['tʊʃə] *f* encre *f* de Chine; *(Wimpern~)* mascara *m.*

tuscheln ['tʊʃəln] *vi* chuchoter.

tuschen *vt (mit Tusche malen)* peindre à l'encre de Chine; *(Wimpern)* se mettre du mascara sur, se maquiller.

Tuschkasten *m* boîte *f* de peinture.

tut *etc* [tuːt] *vb siehe* **tun.**

Tüte ['tyːtə] *f* cornet *m*; (*Trag~*) sac *m*; **in die ~ blasen** (*umg*) souffler dans le ballon; **das kommt nicht in die ~!** (*umg*) pas question!

tuten ['tuːtən] *vi* (*AUT*) klaxonner; **von T~ und Blasen keine Ahnung haben** (*umg*) ne rien y connaître.

TÜV [tʏf] (–) *m abk* (= *Technischer Überwachungsverein*) *office chargé du contrôle périodique obligatoire des véhicules*; **durch den ~ kommen** passer son certificat de contrôle.

Twen [tvɛn] (–(s), –s) *m jeune d'une vingtaine d'années.*

Twinset ['tvɪnsɛt] *nt od m* twin-set *m.*

Typ [tyːp] (–s, –en) *m* type *m*; (*Modell*) modèle *m.*

Type *f* (*Buchstabe*) caractère *m*; (*umg: Mensch*) numéro *m.*

Typenrad *nt* (*Drucker*) marguerite *f.*

Typenraddrucker *m* imprimante *f* à marguerite.

Typhus ['tyːfʊs] (–) *m* typhus *m.*

typisch ['tyːpɪʃ] *adj* typique.

Tyrann [ty'ran] (–en, –en) *m* tyran *m.*

Tyrannei [tyra'naɪ] *f* tyrannie *f.*

tyrannisch *adj* tyrannique.

tyrannisieren [tyrani'ziːrən] *vt* tyranniser.

Tyrrhenisch [ty're:nɪʃ] *nt:* ~**es Meer** la mer Tyrrhénienne.

U, u

U, u [uː] *nt* U, u *m*; ~ **wie Ulrich** ≈ U comme Ursule.

u. *abk* = **und.**

u.a. *abk* (= *unter anderem*) en part.; (= *und andere(s)*) etc.

u.ä. *abk* (= *und ähnliche(s)*) et similaires.

u.A.w.g. *abk* (= *um Antwort wird gebeten*) RSVP.

U-Bahn ['uːbaːn] *f abk* (= *Untergrundbahn*) métro *m.*

übel ['yːbəl] *adj* mauvais(e); **mir ist** ~ je me sens mal; **Ü~** (–s, –) *nt* mal *m*; **zu allem Ü~** pour comble de malheur; ~**gelaunt** *adj attrib* de mauvaise humeur; **Ü~keit** *f* nausée *f*; ~**nehmen** *unreg vt*: **jdm etw** ~**nehmen** en vouloir à qn de qch; **Ü~täter** *m* malfaiteur(-trice) *m/f*; ~**wollen** *vt* +*Dat* vouloir du mal à.

üben ['yːbən] *vt* (*Instrument*) s'exercer à, étudier; (*Geduld, Gerechtigkeit*) faire preuve de; (*Gedächtnis, Muskeln*) exercer ♦ *vi* s'exercer, s'entraîner; **Kritik an etw** *Dat* ~ critiquer qch.

über ['yːbər] *präp* +*Dat* **1** (*räumlich*) en dessus de, au-dessus de, par-dessus, sur; **das Bild hängt über dem Klavier an der Wand** le tableau est suspendu au mur au-dessus du piano; **wir wohnen über ihnen** nous sommes à l'étage du dessus; **zwei Grad über Null** deux degrés au-dessus de zéro, plus deux

2 (*zeitlich: während*) pendant; **über der Arbeit einschlafen** s'endormir en travaillant; **über einem Glas Wein alles besprechen** discuter des détails autour d'un verre de vin

♦ *präp* +*Akk* **1** (*räumlich*) au-dessus de, par dessus, sur; **hänge das Bild übers Klavier** mets le tableau au-dessus du piano; **Fehler über Fehler** faute sur faute; **er lachte über das ganze Gesicht** son visage s'est épanoui en un large sourire

2 (*zeitlich*) pour; **über Weihnachten/die Feiertage wegfahren** partir pour Noël/les fêtes; **die ganze Zeit über** tout le temps; **den (ganzen) Sommer über** (pendant) tout l'été; **über kurz oder lang** tôt ou tard

3 (*mit Zahlen*): **Kinder über 12 Jahren** les enfants de plus de douze ans; **ein Scheck über 200 Mark** un chèque de 200 marks

4 (*auf dem Wege*) via, par; **nach Köln über Aachen fahren** aller à Cologne via Aix-la-Chapelle; **ich habe die Nummer über die Auskunft erfahren** j'ai obtenu le numéro par les renseignements

5 (*betreffend*) sur; **ein Buch über Bananen** un livre sur les bananes; **über jdn/etw lachen** rire de qn/qch

6: **sie liebt ihn über alles** elle l'aime plus que tout

♦ *adv:* **über und über** complètement; **jdm in etw** *Dat* **über sein** (*umg*) être meilleur(e) que qn en qch.

überall [yːbər'|al] *adv* partout; (*bei jeder Gelegenheit*) toujours; ~**her** *adv* de toutes parts; ~**hin** *adv* en tous sens.

überaltert [yːbər'|altərt] *adj* (*Bevölkerung*) *où il y a une forte proportion de personnes âgées.*

Überangebot ['yːbər|angəboːt] *nt* excédent *m.*

überanstrengen [yːbər'|anʃtrɛŋən] *vt untr* surmener ♦ *vr untr* se surmener.

überantworten [yːbər'|antvortən] *vt untr* (*geh: übermitteln*) remettre; (*ausliefern*) livrer.

überarbeiten [yːbər'|arbaɪtən] *vt untr* (*Text*) remanier ♦ *vr untr* se surmener.

überaus ['yːbər|aʊs] *adv* extrêmement.

überbacken [yːbər'bakən] *unreg vt untr* faire dorer, gratiner.

Überbau ['yːbərbaʊ] *m* superstructure *f.*

überbeanspruchen ['yːbərbə|anʃpruxən] *vt untr* (*Menschen, Körper*) surmener; (*Maschine*) fatiguer.

Überbein ['yːbərbaɪn] *nt* ganglion *m.*

überbekommen ['uːbərbəkɔmən] *unreg* (*umg*) *vt:* **jdn/etw** ~ en avoir par-dessus la tête de qn/qch.

überbelichten ['y:bərbəliçtən] *vt untr* surexposer.

Überbeschäftigung ['y:bərbəʃɛftıguŋ] *f* suremploi *m*.

überbewerten ['y:bərbəveːrtən] *vt untr* surestimer; (*Äußerungen*) attacher une trop grande importance à.

überbieten [yːbər'biːtən] *unreg vt untr* (*Angebot*) enchérir sur; (*Leistung*) dépasser; (*Rekord*) battre ♦ *vr*: **sich an etw** *Dat* (**gegenseitig**) ~ rivaliser de qch.

Überbleibsel ['y:bərblaıpsəl] (**–s, –**) *nt* reste *m*.

Überblick ['y:bərblık] *m* vue *f* d'ensemble; (*Abriß*) aperçu *m*; **jdm einen** ~ **über etw** *Akk* **geben** donner à qn un aperçu de qch; **den** ~ **verlieren** ne plus être au courant; **sich** *Dat* **einen** ~ **verschaffen** se faire une idée générale.

überblicken [yːbər'blıkən] *vt untr* (*Platz, Landschaft*) avoir vue sur; (*fig*) voir; (*Sachverhalt, Lage*) comprendre.

überbringen [yːbər'brıŋən] *unreg vt untr* remettre.

Überbringer (**–s, –**) *m* porteur(-euse) *m/f*.

Überbringung *f* remise *f*.

überbrücken [yːbər'brykən] *vt untr* (*Fluß*) construire un pont sur; (*Gegensatz*) concilier; (*Zeit*) passer.

Überbrückung *f*: **100 Mark zur** ~ 100 marks pour me *etc* tirer d'embarras.

Überbrückungsdarlehen *nt* prêt *m* relais.

überdauern [yːbər'dauərn] *vt untr* survivre à.

Überdecke ['uːbərdɛkə] *f* couvre-lit *m*.

überdenken [yːbər'dɛŋkən] *unreg vt untr* réfléchir à.

überdies [yːbər'diːs] *adv* en outre.

überdimensional ['y:bərdimɛnzionaːl] *adj* trop grand(e).

Überdosis ['y:bərdoːzıs] *f* (*von Medikament*) dose *f* massive; (*von Droge*) surdose *f*, overdose *f*; (*von Salz, Arbeit, Langweile*) dose excessive.

überdrehen [yːbər'dreːən] *vt untr* (*Uhr etc*) endommager en remontant trop.

überdreht (*umg*) *adj* surexcité(e).

Überdruck ['y:bərdrʊk] *m* (*TECH*) surpression *f*.

Überdruß ['y:bərdrʊs] (**–sses**) *m* dégoût *m*; **bis zum** ~ à satiété.

überdrüssig ['y:bərdrysıç] *adj* +*Gen* las(se) de.

überdurchschnittlich ['y:bərdʊrçʃnıtlıç] *adj* supérieur(e) à la moyenne.

übereck [yːbər'ɛk] *adv* en diagonale *od* travers.

übereifrig ['y:bəraıfrıç] *adj* trop empressé(e).

übereignen [yːbər'aıgnən] *vt untr* (*geh*): **jdm etw** ~ transmettre qch à qn.

übereilen [yːbər'aılən] *vt untr* précipiter.

übereilt *adj* précipité(e).

übereinander [yːbəraı'nandər] *adv* l'un(e) sur l'autre; (*sprechen*) l'un(e) de l'autre; ~**schlagen** *unreg vt* (*Beine*) croiser.

übereinkommen [yːbər'aınkɔmən] *unreg vi*

(*geh*) convenir.

Übereinkunft [yːbər'aınkʊnft] (**–, –künfte**) *f* accord *m*.

übereinstimmen [yːbər'aınʃtımən] *vi* (*die gleiche Meinung haben*) être d'accord; (*Meinungen*) concorder; (*Angaben, Meßwerte, Zahlen etc*) concorder, correspondre; (*Farben, Stile etc*) aller bien ensemble.

Übereinstimmung *f* (*siehe vi*) accord *m*; concordance *f*.

überempfindlich ['y:bərɛmpfıntlıç] *adj* trop sensible, hypersensible.

überfahren[1] ['y:bərfaːrən] *unreg vt, vi* (*mit Fähre, Boot etc*) traverser.

über'fahren[2] *unreg vt untr* (*Person, Tier*) écraser; (*Ampel*) brûler; (*Vorfahrtsschild*) ne pas respecter; (*fig: umg*) prendre de vitesse.

Überfahrt ['y:bərfaːrt] *f* traversée *f*.

Überfall ['y:bərfal] *m* (*auf Bank etc*) attaque *f* à main armée, hold-up *m inv*; (*auf Person*) agression *f*; (*auf Land*) attaque.

überfallen [yːbər'falən] *unreg vt untr* (*Bank, Land*) attaquer; (*Person*) agresser; (*umg: besuchen*) rendre visite à l'improviste à.

überfällig ['y:bərfɛlıç] *adj* (*Zug etc*) en retard; (*Zahlung*) en souffrance.

Überfallkommando *nt* ≈ police *f* secours.

überfliegen [yːbər'fliːgən] *unreg vt untr* (*Land, Buch*) survoler.

überfließen ['y:bərfliːsən] *unreg vi* déborder; (*Farben ineinander*) se mélanger.

überflügeln [yːbər'flyːgəln] *unreg vt untr* devancer.

Überfluß ['y:bərflʊs] *m* excédent *m*; **ein** ~ **an** +*Dat* un excédent de; **zu allem** *od* **zum** ~ pardessus le marché; ~**gesellschaft** *f* société *f* d'abondance.

überflüssig ['y:bərflysıç] *adj* superflu(e); (*unnötig*) inutile.

überfluten [yːbər'fluːtən] *vt untr* (*Fluß*) déborder sur; (*fig*) envahir.

überfordern [yːbər'fɔrdərn] *vt untr* (*Menschen*) trop en demander à; (*Kräfte etc*) dépasser; **sich überfordert fühlen** être dépassé(e).

überfragt [yːbər'fraːkt] *adj*: **da bin ich** ~ c'est trop me demander.

überführen[1] ['y:bərfyːrən] *vt* (*Leiche etc*) transférer.

über'führen[2] *vt untr*: **jdn eines Verbrechens** ~ convaincre qn d'un crime.

Überführung *f* (*von Leiche*) transfert *m*; (*von Täter*) conviction *f*; (*Brücke*) viaduc *m*; (: *für Fußgänger*) passerelle *f*.

überfüllt [yːbər'fʏlt] *adj* bondé(e).

Übergabe ['y:bərgaːbə] *f* remise *f*; (*MIL*) reddition *f*, capitulation *f*.

Übergang ['y:bərgaŋ] *m* (*Stelle zum Passieren*) passage *m*; (*Wandel, Überleitung*) transition *f*; (*Zwischenlösung*) solution *f* provisoire.

Übergangs-: ~**erscheinung** *f* phénomène *m* transitoire; **ü~los** *adj, adv* sans transition; ~**lösung** *f* solution *f* provisoire; ~**stadium** *nt* phase *f* de transition; ~**zeit** *f* période *f* de transition; (*Jahreszeit*) demi-saison *f*.

übergeben [y:bər'ge:bən] *unreg vt untr* remettre; (*Amt*) se démettre de; (*MIL*) livrer ♦ *vr untr* vomir; **eine Brücke dem Verkehr** ~ ouvrir un pont à la circulation.

übergehen¹ ['y:bərge:ən] *unreg vi* (*Besitz, zum Feind etc*) passer; ~ **zu** passer à; ~ **in** +*Akk* se transformer en.

über'gehen² *unreg vt untr* (*Fehler*) ne pas voir; (*Mensch*) oublier.

übergeordnet ['y:bərgə|ərdnət] *adj* (*Behörde*) supérieur(e).

Übergepäck ['y:bərgəpɛk] *nt* excédent *m* de bagages.

übergeschnappt ['y:bərgəʃnapt] (*umg*) *adj* cinglé(e).

Übergewicht ['y:bərgəvıçt] *nt* (*von Gepäck*) excédent *m*; (*größere Bedeutung*) prépondérance *f*; ~ **haben** (*Person*) avoir des kilos en trop; (*Brief*) être trop lourd(e).

übergießen¹ ['y:bərgi:sən] *unreg vt*: **jdm etw** ~ renverser qch sur qn.

über'gießen² *unreg vt untr* (*Braten, Person*) arroser.

überglücklich ['y:bərglyklıç] *adj* ravi(e), aux anges.

übergreifen ['y:bərgraıfən] *unreg vi*: ~ **auf** +*Akk* (*auf Rechte etc*) empiéter sur; (*Feuer, Streik, Krankheit*) se propager dans; **ineinander** ~ se chevaucher.

übergroß ['y:bərgro:s] *adj* trop grand(e), gigantesque.

Übergröße ['y:bərgrø:sə] *f* (*bei Kleidung*) grande taille *f*.

überhaben ['y:bərha:bən] *unreg* (*umg*) *vt* (*satt haben*) en avoir assez de; **ich habe nur noch 3 Mark über** il ne me reste plus que 3 marks.

überhandnehmen [y:bər'hantne:mən] *unreg vi* s'accroître outre mesure; (*Unkraut*) se propager outre mesure.

überhängen ['y:bərhɛŋən] *unreg vi* (*Dach*) surplomber.

überhäufen [y:bər'hɔʏfən] *vt untr*: **jdn mit Geschenken** ~ combler qn de cadeaux; **jdn mit Vorwürfen** ~ accabler qn de reproches.

überhaupt [y:bər'haʊpt] *adv* (*eigentlich*) en fait; (*im allgemeinen*) somme toute; (*besonders*) surtout; (*in Verneinung*) du tout; ~ **nicht** pas du tout.

überheblich [y:bər'he:plıç] *adj* présomptueux (-euse); **Ü~keit** *f* présomption *f*.

überhöht [y:bər'hø:t] *adj* (*Forderung, Preise*) excessif(-ive); (*Kurve*) relevé(e).

überholen [y:bər'ho:lən] *vt untr* (*AUT*) dépasser, doubler; (*Gerät, Maschine*) réviser.

Überholspur *f* voie *f* rapide.

überholt *adj* dépassé(e).

Überholverbot [y:bər'ho:lfɛrbo:t] *nt* interdiction *f* de dépasser.

überhören [y:bər'hø:rən] *vt untr* (*nicht hören*) ne pas entendre; (*absichtlich*) ne pas tenir compte de; **das möchte ich überhört haben!** je ne le relèverai pas!

Über-Ich ['y:bər|ıç] (**–s**) *nt* sur-moi *m*.

überirdisch ['y:bər|ırdıʃ] *adj* surnaturel(le).

überkochen ['y:bərkɔxən] *vi* déborder.

überkompensieren ['y:bərkɔmpɛnzi:rən] *vt untr* surcompenser.

überkonfessionell ['y:bərkɔnfɛsionɛl] *adj* (*Schule*) laïc(laïque).

überladen [y:bər'la:dən] *unreg vt untr* (*Fahrzeug; mit Arbeit*) surcharger ♦ *adj* (*Stil*) surchargé(e).

Überlandleitung ['y:bərlantlaıtʊŋ] *f* câble *m* aérien.

Überlänge ['y:bərlɛŋə] *f* longueur *f* excessive.

überlassen [y:bər'lasən] *unreg vt untr* laisser ♦ *vr untr*: **sich** *Dat* **etw** ~ s'abandonner à qch; **es jdm** ~, **etw zu tun** laisser qn faire qch; **das bleibt Ihnen** ~ à vous d'en décider; **jdn sich** *Dat* **selbst** ~ abandonner qn à son sort.

überlasten [y:bər'lastən] *vt untr* surcharger; (*Herz*) fatiguer.

Überlauf ['y:bərlaʊf] *m* (*TECH*) trop-plein *m*.

überlaufen¹ [y:bər'laʊfən] *unreg vi* (*Flüssigkeit*) déborder; **zum Feind** ~ passer à l'ennemi.

über'laufen² *unreg vt untr* (*Schauer etc*) parcourir ♦ *adj* (*mit Touristen*) envahi(e); (*Kursus*) complet(-ète).

Überläufer ['y:bərlɔʏfər] (**–s, –**) *m* déserteur *m*.

überleben [y:bər'le:bən] *vt untr* survivre à; **Ü~de(r)** *f(m)* survivant(e) *m/f*.

überlebensgroß *adj* plus grand(e) que nature.

überlegen [y:bər'le:gən] *vt untr* (*überdenken*) réfléchir à ♦ *vi untr* (*nachdenken*) réfléchir ♦ *adj*: **jdm** ~ **sein** être supérieur(e) à qn; **ich habe es mir anders** *od* **noch einmal überlegt** j'ai changé d'avis; **Ü~heit** *f* supériorité *f*.

Überlegung *f* réflexion *f*.

überleiten ['y:bərlaıtən] *vi*: **zu etw** *Dat* ~ faire la transition avec qch.

überlesen [y:bər'le:zən] *unreg vt untr* (*übersehen*) ne pas voir.

überliefern [y:bər'li:fərn] *vt untr* (*Sitte*) transmettre.

Überlieferung *f* tradition *f*; **schriftliche** ~**en** sources *fpl* écrites.

überlisten [y:bər'lıstən] *vt untr* se montrer plus malin(-igne) que.

überm ['y:bərm] = **über dem**.

Übermacht ['y:bərmaxt] *f* supériorité *f*.

übermächtig ['y:bərmɛçtıç] *adj* trop puissant(e); (*Gefühl etc*) irrésistible.

übermannen [y:bər'manən] *vt untr* envahir.

Übermaß ['y:bərma:s] *nt* excès *m*.

übermäßig ['y:bərmɛ:sıç] *adj* excessif(-ive) ♦ *adv* trop.

Übermensch ['y:bərmɛnʃ] *m* surhomme *m*; **ü~lich** *adj* surhumain(e).

übermitteln [y:bər'mıtəln] *vt untr* transmettre.

übermorgen ['y:bərmɔrgən] *adv* après-demain.

Übermüdung [y:bər'my:dʊŋ] *f* épuisement *m*.

Übermut ['y:bərmu:t] *m* exubérance *f*.

übermütig ['y:bərmy:tıç] *adj* exubérant(e); **werde nicht gleich** ~! calme-toi!

übern ['y:bərn] = **über den**.
übernächste(r, s) ['y:bərnɛːçstə(r, s)] adj: **der** ~ **Zug** le train après le suivant; ~**s Jahr** dans deux ans; **am** ~**n Tag** le surlendemain.
übernachten [y:bər'naxtən] vi untr passer la nuit.
übernächtigt [y:bər'nɛçtıçt] adj (Person) qui n'a pas assez dormi, fatigué(e); ~ **aussehen** avoir l'air fatigué.
Übernachtung f nuit f; ~ **mit Frühstück** chambre avec petit déjeuner.
Übernahme ['y:bərnaːmə] f (von Sendung) réception f; (von Geschäft) reprise f; (von Verantwortung, Kosten) prise f en charge.
übernational ['y:bərnatsionaːl] adj supranational(e).
übernatürlich ['y:bərnatyːrlıç] adj surnaturel(le).
übernehmen [y:bər'neːmən] unreg vt untr (Sendung) recevoir; (als Nachfolger) reprendre; (Verantwortung, Amt, Kosten, Haftung) assumer ♦ vr untr (sich überanstrengen) se surmener.
überörtlich ['y:bərœrtlıç] adj régional(e).
überparteilich ['y:bərpartaılıç] adj (Zeitung) indépendant(e); (Amt, Präsident etc) au-dessus des partis politiques.
Überproduktion ['y:bərprodʊktsioːn] f surproduction f.
überprüfen [y:bər'pryːfən] vt untr vérifier; (POL: jdn) passer au crible.
Überprüfung f contrôle m.
überqueren [y:bər'kveːrən] vt untr traverser.
überragen[1] [y:bər'raːgən] vt untr surplomber; (fig) dépasser.
überragen[2] vi dépasser.
überragend adj remarquable, exceptionnel(le).
überraschen [y:bər'raʃən] vt untr surprendre; **vom Regen überrascht werden** être surpris(e) par la pluie.
Überraschung f surprise f.
überreden [y:bər'reːdən] vt untr persuader, convaincre; **jdn zu etw** ~ convaincre qn de faire qch.
Überredungskunst f art m de la persuasion.
überregional ['y:bərregionaːl] adj qui dépasse le cadre régional; (Zeitung, Sender) national(e).
überreichen [y:bər'raıçən] vt untr remettre.
überreichlich adj surabondant(e) ♦ adv trop.
überreizt [y:bər'raıtst] adj: **nervlich** ~ à bout de nerfs.
Überrest m (gew pl: von Essen) reste m; (von Haus) vestige m.
überrumpeln [y:bər'rʊmpəln] vt untr prendre par surprise; (umg: überwältigen) prendre au dépourvu.
überrunden [y:bər'rʊndən] vt untr dépasser.
übers ['y:bərs] = **über das**.
übersättigen [y:bər'zɛtıgən] vt untr saturer.
Übersättigung f saturation f.
Überschallflugzeug nt avion m supersonique.

Überschallgeschwindigkeit f vitesse f supersonique.
überschatten [y:bər'ʃatən] vt untr ombrager; (fig) jeter une ombre sur.
überschätzen [y:bər'ʃɛtsən] vt untr surestimer ♦ vr untr se surestimer.
überschaubar [y:bər'ʃaʊbaːr] adj (Plan) facile à comprendre; (Risiko) limité(e).
überschäumen ['y:bərʃɔymən] vi (Bier) déborder; ~**des Temperament** vitalité f débordante.
überschlafen [y:bər'ʃlaːfən] unreg vt untr (Problem) attendre le lendemain pour résoudre.
Überschlag ['y:bərʃlaːk] m (FINANZ) évaluation f; (SPORT) saut m périlleux.
überschlagen[1] [y:bər'ʃlaːgən] unreg vt untr (berechnen) évaluer, estimer; (auslassen: Seite) sauter ♦ vi untr (Auto, Flugzeug) faire un tonneau; (Mensch) faire la culbute; (Stimme) se casser ♦ adj (Temperatur) tiède; **sich vor Eifer** ~ (umg) se mettre en quatre.
'überschlagen[2] unreg vt untr (Beine) croiser ♦ vi (Wellen) déferler; (Funken) jaillir; **in etw** Akk ~ (Stimmung etc) basculer dans qch.
überschnappen ['y:bərʃnapən] vi (Stimme) se casser; (umg: Mensch) devenir cinglé(e).
überschneiden [y:bər'ʃnaıdən] unreg vr untr (Linien) se recouper; (Pläne, Themen) coïncider.
überschreiben [y:bər'ʃraıbən] unreg vt untr (mit Titel) intituler; (COMPUT) écraser; **jdm etw** ~ céder qch à qn.
überschreiten [y:bər'ʃraıtən] unreg vt untr (Grenze, Schwelle) franchir; (Gleise) traverser; (Alter, Höhepunkt, Kraft, Geschwindigkeit) dépasser; (Gesetz) transgresser; (Vollmacht) outrepasser.
Überschrift ['y:bərʃrıft] f titre m.
überschuldet [y:bər'ʃʊldət] adj criblé(e) de dettes; (Grundstück) hypothéqué(e).
Überschuß ['y:bərʃʊs] m (WIRTS: Reinertrag) bénéfice m net; **ein** ~ **an Lehrern** trop de professeurs.
überschüssig ['y:bərʃʏsıç] adj (Ware) excédentaire; ~**e Energie** un trop-plein d'énergie.
überschütten [y:bər'ʃʏtən] vt untr: **jdn/etw mit etw** ~ couvrir qn/qch de qch; **jdn mit Vorwürfen** ~ accabler qn de reproches.
Überschwang ['y:bərʃvaŋ] m exubérance f.
überschwappen ['y:bərʃvapən] (umg) vi déborder.
überschwemmen [y:bər'ʃvɛmən] vt untr inonder; (Land) envahir.
Überschwemmung f inondation f.
überschwenglich ['y:bərʃvɛŋlıç] adj (Lob, Begeisterung) excessif(-ive).
Übersee ['y:bərzeː] f: **in** od **nach** ~ outre-mer; **aus** od **von** ~ d'outre-mer; **ü~isch** adj d'outre-mer.
übersehbar [y:bər'zeːbaːr] adj (Folgen, Zusammenhang etc) évident(e); (Kosten, Dauer etc) facile à estimer; (Gelände, Platz) visible.
übersehen [y:bər'zeːən] unreg vt untr (Land) embrasser du regard, voir; (Folgen) se rendre

compte de; (*nicht beachten*) ne pas faire attention à.

übersenden [y:bər'zɛndən] *unreg vt untr* envoyer.

übersetzen[1] [y:bər'zɛtsən] *vt untr* traduire; **etw ins Deutsche** ~ traduire qch en allemand.

'**übersetzen**[2] *vi* (*mit Boot etc*) faire la traversée.

Übersetzer(in) [y:bər'zɛtsər(ɪn)] (**–s, –**) *m(f)* traducteur(-trice) *m/f*.

Übersetzung [y:bər'zɛtsʊŋ] *f* traduction *f*; (*TECH*) transmission *f*.

Übersicht ['y:bərzɪçt] *f* (*Fähigkeit*) vue *f* d'ensemble; (*kurze Darstellung*) résumé *m*; **die** ~ **verlieren** être perdu(e); **ü**~**lich** *adj* (*Gelände*) dégagé(e), que l'on voit bien; (*Darstellung*) clair(e); ~**lichkeit** *f* clarté *f*.

Übersichtskarte *f* carte *f* à grande échelle.

übersiedeln ['y:bərzi:dəln] *vi* déménager.

überspannen [y:bər'ʃpanən] *vt untr* (*zu sehr spannen*) trop tendre; (*überdecken*) recouvrir.

überspannt *adj* exalté(e); (*Idee*) extravagant(e); **Ü**~**heit** *f* exaltation *f*.

überspielen [y:bər'ʃpi:lən] *vt untr* (*verbergen*) étouffer; **eine Platte (auf Band)** ~ enregistrer un disque (sur bande magnétique).

überspitzt [y:bər'ʃpɪtst] *adj* (*Formulierung*) exagéré(e).

überspringen[1] [y:bər'ʃprɪŋən] *unreg vt untr* sauter.

'**überspringen**[2] *vi* (*Funke*) jaillir; (*gute Laune*) se transmettre.

übersprudeln ['y:bərʃpru:dəln] *vi* déborder.

überstehen[1] [y:bər'ʃte:ən] *unreg vt untr* surmonter; (*Winter*) supporter.

'**überstehen**[2] *unreg vi* dépasser.

übersteigen [y:bər'ʃtaɪgən] *unreg vt untr* (*Zaun*) escalader; (*fig*) dépasser.

übersteigert [y:bər'ʃtaɪgərt] *adj* excessif(-ive).

übersteuern [y:bər'ʃtɔʏərn] *vi untr* (*Auto*) survirer.

überstimmen [y:bər'ʃtɪmən] *vt untr* mettre en minorité; (*Antrag*) rejeter.

überstrapazieren ['y:bərʃtrapatsi:rən] *vt untr* user ♦ *vr untr* s'épuiser.

überstreifen ['y:bərʃtraɪfən] *vt*: (**sich** *Dat*) **etw** ~ enfiler qch.

überströmen[1] [y:bər'ʃtrø:mən] *vt untr*: **von Blut überströmt sein** être couvert(e) de sang.

'**überströmen**[2] *vi*: ~ **vor** +*Dat* déborder de.

Überstunde ['y:bərʃtʊndə] *f* heure *f* supplémentaire.

überstürzen [y:bər'ʃtʏrtsən] *vt untr* (*Entscheidung, Abreise*) précipiter ♦ *vr untr* (*Ereignisse*) se précipiter.

überstürzt *adj* (*Aufbruch*) précipité(e); (*Entschluß*) hâtif(-ive).

übertariflich ['y:bərtariflɪç] *adj, adv* au-dessus du barème officiel.

übertölpen [y:bər'tœlpən] *vt untr* duper.

übertönen [y:bər'tø:nən] *vt untr* couvrir, noyer.

Übertopf ['y:bərtɔpf] *m* cache-pot *m inv*.

Übertrag ['y:bərtra:k] (**–(e)s, –träge**) *m* report *m*; **ü**~**bar** *adj* transmissible; (*Methode*) applicable.

übertragen [y:bər'tra:gən] *unreg vt untr* (*von einer Stelle zu einer anderen*) transposer; (*RUNDF, TV*) diffuser; (*übersetzen*) traduire (*Aufgabe, Verantwortung*) confier; (*Krankheit; TECH*) transmettre; (*Methode*) appliquer ♦ *vr untr*: **sich** ~ **auf** +*Akk* se communiquer à ♦ *adj* (*Bedeutung*) figuré(e).

Übertragung *f* (*RUNDF, TV*) diffusion *f*; (*MED, TECH*) transmission *f*; (*von Ämtern, Aufgaben etc*) attribution *f*, remise *f*.

übertreffen [y:bər'trɛfən] *unreg vt untr* dépasser.

übertreiben [y:bər'traɪbən] *unreg vt, vi untr* exagérer; **man kann es auch** ~ n'exagérons rien.

Übertreibung *f* exagération *f*.

übertreten[1] [y:bər'tre:tən] *unreg vt untr* (*Gebot, Gesetz etc*) transgresser.

'**übertreten**[2] *unreg vi* (*SPORT*) mordre sur la ligne; (*Fluß*) déborder; ~ **zu** (*in andere Partei*) passer à; (*zu anderem Glauben*) se convertir à.

Übertretung *f* (*von Gebot, Gesetz etc*) transgression *f*.

übertrieben [y:bər'tri:bən] *adj* exagéré(e).

Übertritt ['y:bərtrɪt] *m* (*zu anderem Glauben*) conversion *f*; (*zu anderer Partei*) défection *f*.

übertrumpfen [y:bər'trʊmpfən] *vt untr* surpasser; (*Karte*) surcouper.

übertünchen [y:bər'tʏnçən] *vt untr* blanchir; (*fig*) dissimuler.

überübermorgen ['y:bər'y:bərmɔrgən] (*umg*) *adv* dans trois jours.

übervölkert [y:bər'fœlkərt] *adj* surpeuplé(e).

übervoll ['y:bərfɔl] *adj* (*Gefäß*) trop plein(e); (*Bus*) comble.

übervorteilen [y:bər'fɔrtaɪlən] *vt untr* escroquer.

überwachen [y:bər'vaxən] *vt untr* surveiller; (*Verdächtigen*) filer.

Überwachung *f* surveillance *f*.

Überwachungsdienst *m* service *m* de surveillance.

überwältigen [y:bər'vɛltɪgən] *vt untr* (*Dieb etc*) maîtriser; (*subj: Schlaf*) envahir; (: *Schönheit etc*) subjuguer.

überwechseln *vi* passer; ~ **in** +*Akk* passer à.

überweisen [y:bər'vaɪzən] *unreg vt untr* (*Geld*) virer; (*Patient*) adresser.

Überweisung *f* (*FINANZ*) virement *m*; (*von Patient*) recommandation *f*; ~**sschein** *m* (*von Arzt*) lettre *d'un généraliste qui envoie un patient chez un spécialiste*.

überwerfen[1] [y:bər'vɛrfən] *unreg vt* (*Kleidungsstück*) jeter sur les épaules.

über'werfen[2] *unreg vr untr*: **sich (mit jdm)** ~ se brouiller (avec qn).

überwiegen [y:bər'vi:gən] *unreg vi untr* prédominer.

überwiegend *adj* (*Mehrheit*) grand(e) ♦ *adv* principalement.

überwinden [y:bər'vɪndən] *unreg vt untr* surmonter; (*Steigung*) venir à bout de ♦ *vr untr* se dominer, faire un effort sur soi-même.

Überwindung *f* effort *m* (sur soi-même).

überwintern [y:bər'vɪntərn] *vi untr* passer l'hiver; (*Winterschlaf halten*) hiberner.

Überwurf ['y:bərvʊrf] *m* cape *f*, pèlerine *f*.

Überzahl ['y:bərtsa:l] *f* (*überwiegende Mehrheit*) grande majorité *f*; **in der ~ sein** être majoritaire *od* en majorité.

überzählig ['y:bərtsɛ:lɪç] *adj* excédentaire.

überzeichnen ['y:bərtsaɪçnən] *vt untr* (*FINANZ*) sursouscrire.

überzeugen [y:bər'tsɔʏgən] *vt untr* convaincre, persuader.

überzeugend *adj* convaincant(e).

überzeugt *adj attrib* convaincu(e).

Überzeugung *f* conviction *f*; **zu der ~ gelangen, daß ...** être de plus en plus convaincu que ... .

Überzeugungskraft *f* force *f* de persuasion.

überziehen[1] [y:bər'tsi:ən] *unreg vt untr* (*Kissen, Schachtel*) recouvrir; (*Konto*) mettre à découvert; (*Redezeit*) dépasser ♦ *vr untr* (*Himmel*) se couvrir; **die Betten frisch ~** changer les draps.

überziehen[2] *unreg vt* (*Mantel*) mettre.

Überziehungskredit *m* autorisation *f* de découvert.

überzüchten [y:bər'tsʏçtən] *vt untr* sélectionner à outrance.

Überzug ['y:bərtsu:k] *m* (*Hülle, Bezug*) housse *f*; (*Belag, Schicht*) revêtement *m*; (*KOCH*) glaçage *m*.

üblich ['y:plɪç] *adj* habituel(le); (*Preis*) courant(e); **allgemein ~ sein** être pratique courante; **das ist dort so ~** c'est la coutume là-bas.

U-Boot ['u:bo:t] *nt* sous-marin *m*.

übrig ['y:brɪç] *adj* (*restlich*) restant(e); **die ~en** les autres; **die ~en Sachen** les autres choses; **das ~e** le reste; **im ~en** sinon; **ist noch etwas ~?** reste-t-il encore quelque chose?; **für jdn viel/etwas ~ haben** (*umg*) beaucoup/bien aimer qn; **für jdn nichts ~ haben** (*umg*) ne pas supporter qn; **~bleiben** *unreg vi* rester.

übrigens ['y:brɪgəns] *adv* du reste; (*nebenbei bemerkt*) d'ailleurs.

übriglassen ['y:brɪglasən] *unreg vt* laisser; **einiges/viel zu wünschen ~** (*umg*) laisser/laisser sérieusement à désirer.

Übung ['y:bʊŋ] *f* exercice *m*; (*Üben*) entraînement *m*; **~ macht den Meister** (*Sprichwort*) c'est en forgeant qu'on devient forgeron.

Übungs-: **~arbeit** *f* exercice *m*; **~platz** *m* terrain *m* d'entraînement; (*MIL*) terrain de manœuvre; **~sache** *f*: **etw ist (reine) ~sache** qch demande de l'entraînement.

u.d.M. *abk* (= *unter dem Meeresspiegel*) au-dessous du niveau de la mer.

ü.d.M. *abk* (= *über dem Meeresspiegel*) au-dessus du niveau de la mer.

UdSSR *f abk* (*GEOG* = *Union der Sozialistischen Sowjetrepubliken*) URSS *f*.

u.E. *abk* (= *unseres Erachtens*) à notre avis.

Ufer ['u:fər] (**-s, -**) *nt* (*von Fluß, See etc*) rive *f*; (*Meeres~*) rivage *m*; **u~los** *adj* (*endlos*) interminable; (*grenzenlos*) infini(e); **ins u~lose gehen** (*Debatte etc*) être interminable; (*Kosten*) monter en flèche.

UFO, Ufo (**-(s), -s**) *nt abk* (= *unbekanntes Flugobjekt*) OVNI *m*.

Uganda [u'ganda] (**-s**) *nt* l'Ouganda *m*.

Ugander(in) *m(f)* Ougandais(e) *m/f*.

ugandisch *adj* ougandais(e).

ugs. *abk* (= *umgangssprachlich*) fam.

U-Haft ['u:haft] *f abk* (= *Untersuchungshaft*) préventive *f*.

Uhr [u:r] (**-, -en**) *f* horloge *f*; (*Armband~*) montre *f*; **wieviel ~ ist es?** quelle heure est-il?; **um wieviel ~?** à quelle heure?; **1 ~** une heure; **20 ~ 5** vingt heures cinq, 20h05; **rund um die ~** (*umg*) 24 heures sur 24; **~(arm)band** *nt* bracelet *m* de montre; **~(en)gehäuse** *nt* boîtier *m* de montre; **~kette** *f* chaîne *f* de montre; **~macher** (**-s, -**) *m* horloger(-ère) *m/f*; **~werk** *nt* mécanisme *m* (*de montre ou d'horloge*); **~zeiger** *m* aiguille *f* (*d'une montre*); **~zeigersinn** *m*: **im ~zeigersinn** dans le sens des aiguilles d'une montre; **entgegen dem ~zeigersinn** dans le sens inverse des aiguilles d'une montre; **~zeit** *f* heure *f*.

Uhu ['u:hu] (**-s, -s**) *m* grand duc *m*.

Ukraine [ukra'i:nə] *f*: **die ~** l'Ukraine *f*.

Ukrainer(in) [ukra'i:nər(ɪn)] (**-s, -**) *m(f)* Ukrainien(ne) *m/f*.

UKW *abk* (= *Ultrakurzwelle*) FM *f*.

Ulk [ʊlk] (**-s, -e**) *m* plaisanterie *f*.

ulkig ['ʊlkɪç] *adj* drôle.

Ulme ['ʊlmə] *f* orme *m*.

Ultimatum [ʊlti'ma:tʊm] (**-s, Ultimaten**) *nt* ultimatum *m*; **jdm ein ~ stellen** donner un ultimatum à qn.

Ultimo ['ʊltimo] (**-s, -s**) *m* dernier jour *m* du mois.

ultimo *adv*: **~ Mai** le dernier jour du mois de mai.

Ultra-: **~kurzwelle** *f* onde *f* ultracourte; **~schall** *m* ultrason *m*; **u~violett** *adj* ultraviolet(te).

═══════════════ *SCHLÜSSELWORT*

um [ʊm] *präp +Akk* **1** (*um herum*) autour de; **er schlug um sich** il se débattit (comme un beau diable)

2 (*mit Zeitangabe: ungefähr*): **um Weihnachten** autour de Noël; **um 8 Uhr herum** autour des 8 heures; (: *genau*) **um acht (Uhr)** à huit heures

3 (*mit Größenangabe*): **etw um 4 cm kürzen** raccourcir qch de 4 cm; **sie ist um 2 Jahre älter (als ich)** elle a deux ans de plus (que moi); **um 10% teurer** plus cher(chère) de 10 %; **um vieles besser** nettement mieux; **um nichts besser** pas mieux

4 (*wegen*): **Sorgen um seine Zukunft** des soucis

pour son avenir
5 (*nach*): **Stunde um Stunde** heure après heure
6 (*über*): **es geht um das Prinzip** c'est une question de principe
7: **der Kampf um den Titel** la lutte pour le titre; **jdn um Geld spielen** jouer pour de l'argent; **jdn um etw bringen** faire perdre qch à qn
♦ *präp +Gen*: **um ... willen** pour l'amour de ...; **um Gottes willen** pour l'amour du ciel
♦ *konj* **1**: **um ... zu** pour ...; **zu klug, um zu ...** trop intelligent(e) pour ...
2 (*desto*): **um so besser/schlimmer** d'autant mieux/plus grave; **um so mehr, als ...** d'autant plus que ...
♦ *adv* **1** (*ungefähr*) environ; **um (die) 30 Leute** environ trente personnes
2 (*vorbei*): **die 2 Stunden sind um** les deux heures sont passées *od* écoulées.

umadressieren ['ʊm|adrɛsiːrən] *vt* faire suivre.
umändern ['ʊm|ɛndərn] *vt* (*Kleid*) transformer; (*Plan*) modifier.
Umänderung *f* (*siehe vt*) transformation *f*; modification *f*.
umarbeiten ['ʊm|arbaitən] *vt* (*Kleid*) transformer; (*Buch etc*) remanier.
umarmen [ʊm|'armən] *vt untr* étreindre.
Umbau ['ʊmbau] (**-(e)s, -e** *od* **-ten**) *m* transformation *f*.
umbauen ['ʊmbauən] *vt* transformer.
umbenennen ['ʊmbənɛnən] *unreg vt* rebaptiser.
umbesetzen ['ʊmbəzɛtsən] *vt* (*Mannschaft*) changer la composition de; (*Rolle, Posten, Stelle*) donner à quelqu'un d'autre.
umbestellen [ʊmbəʃtɛlən] *vt* (*Patienten*) donner un autre rendez-vous à; (*etwas*) changer (la date de).
umbiegen ['ʊmbiːgən] *unreg vt* (*Draht*) plier ♦ *vi* tourner.
umbilden ['ʊmbɪldən] *vt* réorganiser; (*POL*) remanier.
umbinden ['ʊmbɪndən] *unreg vt* (*Tuch, Krawatte*) mettre.
umblättern ['ʊmblɛtərn] *vt* tourner.
umblicken ['ʊmblɪkən] *vr* (*nach allen Seiten blicken*) regarder autour de soi; (*zurückblicken*) regarder derrière soi.
umbrechen[1] ['ʊmbrɛçən] *unreg vt* (*Baum*) abattre; (*Ast*) casser.
um'brechen[2] *unreg vt untr* (*TYP*) mettre en pages.
umbringen ['ʊmbrɪŋən] *unreg vt* assassiner, tuer ♦ *vr* se suicider.
Umbruch ['ʊmbrʊx] *m* (*Umwandlung*) bouleversement *m*; (*TYP*) mise *f* en pages.
umbuchen ['ʊmbuːxən] *vt* (*Flug*) changer; (*Reise*) changer sa réservation pour; (*FINANZ*) virer.
Umbuchung *f* (*siehe vt*) changement *m*; virement *m*.

umdatieren [ʊmdatiːrən] *vt* changer la date de.
umdenken ['ʊmdɛŋkən] *unreg vi* changer sa façon de penser.
umdisponieren ['ʊmdɪsponiːrən] *vi* modifier ses projets.
umdrängen [ʊm'drɛŋən] *vt untr* se presser autour de.
umdrehen ['ʊmdreːən] *vt* (*auf die andere Seite*) retourner; (*Hals*) tordre ♦ *vi* faire demi-tour ♦ *vr* se retourner; **eine Platte** ~ mettre l'autre face (d'un disque); **jdm den Arm** ~ tordre le bras à qn.
Umdrehung *f* rotation *f*, tour *m*; (*PHYS, TECH*) rotation.
umeinander [ʊm|ai'nandər] *adv* (*räumlich*) l'un(e) autour de l'autre; **sich** ~ **kümmern** s'occuper l'un(e) de l'autre.
umerziehen ['ʊm|ɛrtsiːən] *unreg vt* rééduquer.
umfahren[1] ['ʊmfaːrən] *unreg vt* (*zu Boden werfen*) renverser.
um'fahren[2] *unreg vt untr* (*Hindernis*) contourner; (*die Welt*) faire le tour de.
umfallen ['ʊmfalən] *unreg vi* tomber; (*umg: nachgeben*) tourner casaque.
Umfang ['ʊmfaŋ] *m* (*Ausmaß*) étendue *f*; (*von Buch*) longueur *f*; (*Reichweite*) portée *f*; (*Fläche*) surface *f*; (*von Kreis*) circonférence *f*; **in großem** ~ sur une grande échelle, en grand; **in vollem** ~ intégralement, complètement; **u~reich** *adj* (*Änderungen*) de grande envergure; (*Buch etc*) volumineux(-euse); (*Wissen*) vaste.
umfassen [ʊm'fasən] *vt untr* (*umgeben*) entourer; (*mit Armen*) prendre dans ses bras; (*umzingeln*) encercler; (*enthalten*) comprendre.
umfassend *adj* (*Darstellung, Geständnis*) complet(-ète); (*Maßnahmen*) général(e); (*Wissen*) vaste.
Umfeld ['ʊmfɛlt] *nt* environnement *m*.
umformatieren ['ʊmfɔrmatiːrən] *vt* reformater.
umformen ['ʊmfɔrmən] *vi* transformer; (*Roman, Gedicht*) remanier.
Umformer (**-s, -**) ['ʊmfɔrmər] *m* transformateur *m*.
umformulieren ['ʊmfɔrmuliːrən] *vt* reformuler.
Umfrage ['ʊmfraːgə] *f* sondage *m*; ~ **halten** faire un sondage.
umfüllen ['ʊmfʏlən] *vt* transvaser.
umfunktionieren ['ʊmfʊŋktsioniːrən] *vt* transformer.
Umgang ['ʊmgaŋ] (**-s**) *m* (*gesellschaftlicher Verkehr*) relations *fpl*; ~ **mit** (*Behandlung*) contact *m* avec; ~ **haben mit** +*Dat* être en contact avec.
umgänglich ['ʊmgɛŋlɪç] *adj* (*Mensch*) facile à vivre.
Umgangs-: ~**formen** *pl* (bonnes) manières *fpl*; ~**sprache** *f* langue *f* familière; (*Mehrheitssprache*) langue véhiculaire **u~sprachlich** *adj* familier(-ière).
umgeben [ʊm'geːbən] *unreg vt untr* entourer.

Umgebung *f* (*Landschaft*) environs *mpl*; (*Milieu*) environnement *m*; (*Personen*) entourage *m*; **in den näheren/weiteren** ~ **Münchens** dans la banlieue/les environs de Munich.

umgehen[1] ['ʊmgeːən] *unreg vi* (*Gerücht, Liste*) circuler; (*Gespenst*) hanter les lieux; **mit jdm/etw** ~ **können** savoir comment s'y prendre avec qn/qch; **mit jdm grob** ~ traiter qn avec rudesse; **mit Geld sparsam** ~ être économe.

um'gehen[2] *unreg vt untr* (*Ortschaft*) contourner; (*Steuer*) éviter de payer; (*Gesetz etc*) éluder, tourner; (*Antwort*) tourner.

umgehend *adj* rapide ♦ *adv* immédiatement.

Umgehung *f* (*von Stadt*) contournement *m*; (*von Gesetz*) manière *f* de tourner.

Umgehungsstraße *f* route *f* de contournement.

umgekehrt ['ʊmgəkeːrt] *adj* inverse ♦ *adv* inversement; **und** ~ et vice versa; **es ist genau** ~ c'est tout le contraire.

umgestalten ['ʊmgəʃtaltən] *vt* (*Schaufenster*) refaire; (*reorganisieren*) réorganiser.

umgewöhnen ['ʊmgəvøːnən] *vr* s'habituer, s'adapter.

umgraben ['ʊmgraːbən] *unreg vt* bêcher.

umgruppieren ['ʊmgrʊpiːrən] *vt* réorganiser.

Umhang ['ʊmhaŋ] *m* cape *f*.

umhängen ['ʊmhɛŋən] *vt* (*Bild*) accrocher ailleurs, déplacer; (*Jacke*) mettre; **jdm etw** ~ mettre qch sur les épaules de qn.

Umhängetasche *f* sacoche *f*, sac *m* à bandoulière.

umhauen ['ʊmhaʊən] *vt* (*Baum*) abattre; (*umg*: *fig*) renverser.

umher [ʊm'heːr] *adv* autour, alentours; ~**gehen** *unreg vi* aller çà et là, déambuler; ~**irren** *unreg vi* errer; ~**ziehen** *unreg vi* rouler sa bosse.

umhinkönnen [ʊm'hɪnkœnən] *unreg vi*: **ich kann nicht umhin, das zu tun** je suis obligé de le faire.

umhören ['ʊmhøːrən] *vr* se renseigner.

umkämpfen [ʊm'kɛmpfən] *vt untr* (*Entscheidung*) contester; (*Wahlkreis, Sieg*) se battre pour obtenir.

Umkehr ['ʊmkeːr] (–) *f* demi-tour *m*; **der Prediger rief die Sünder zur** ~ **auf** le prédicateur exhorta les pécheurs à s'amender.

umkehren *vi* faire demi-tour; (*geh*: *sich bessern*) s'amender ♦ *vt* retourner; (*Reihenfolge*) intervertir ♦ *vr* (*Verhältnisse*) s'inverser; **die Entwicklung hat sich umgekehrt** on assiste au phénomène inverse.

Umkehrfilm *m* film *m* inversible.

umkippen ['ʊmkɪpən] *vt* (*Glas*) renverser; (*Auto*) faire faire un tonneau à ♦ *vi* se renverser; (*Meinung ändern*) retourner sa veste; (*umg*: *ohnmächtig werden*) tomber dans les pommes; (*Meer, Gewässer*) être pollué(e).

umklammern [ʊm'klamərn] *vt untr* (*mit Händen*) étreindre; (*festhalten*) serrer.

umklappen ['ʊmklapən] *vt* rabattre.

Umkleidekabine ['ʊmklaɪdəkabiːnə] *f* (*im Schwimmbad*) cabine *f*.

Umkleideraum ['ʊmklaɪdəraʊm] *m* vestiaire *m*.

umknicken ['ʊmknɪkən] *vt* (*Ast*) casser; (*Papier*) plier ♦ *vi*: **mit dem Fuß** ~ se fouler la cheville.

umkommen ['ʊmkɔmən] *unreg vi* mourir, périr; (*Lebensmittel*) se gâter.

Umkreis ['ʊmkraɪs] *m* environs *mpl*; (*MATH*) cercle *m* circonscrit; **im** ~ **von 50 km** dans un rayon de 50 km.

umkreisen [ʊm'kraɪzən] *vt untr* tourner autour de.

umkrempeln ['ʊmkrɛmpəln] *vt* (*mehrmals*) retrousser; (*von innen nach außen*) retourner; (*umg*: *Betrieb*) réorganiser.

umladen ['ʊmlaːdən] *unreg vt* (*Last*) transborder; (*Wagen*) recharger.

Umlage ['ʊmlaːgə] *f* participation *f*.

Umlauf *m* (*von Geld, Gerüchten, Schreiben*) circulation *f*; (*von Planet etc*) révolution *f*; (*Rundschreiben*) circulaire *f*; **in** ~ **bringen** mettre en circulation.

Umlaufbahn *f* orbite *f*.

umlaufen ['ʊmlaʊfən] *unreg vi* (*Planet etc*) tourner; (*Blut, Schreiben, Gerüchte*) circuler.

Umlaufkapital *nt* capital *m* de roulement.

Umlaufvermögen *nt* actif *m* de roulement.

Umlaut ['ʊmlaʊt] *m* (*Vokalveränderung*) inflexion *f* vocalique; (*Laut*) voyelle *f* dotée d'un tréma.

umlegen ['ʊmleːgən] *vt* (*Mantel, Schal*) mettre; (*Hebel*) actionner; (*Termin, Leitung*) déplacer; (*Mauer, Baum*) abattre; (*Kosten*) ventiler; (*umg*: *töten*) descendre.

umleiten ['ʊmlaɪtən] *vt* (*Verkehr*) dévier; (*Fluß*) détourner.

Umleitung *f* déviation *f*.

umlernen ['ʊmlɛrnən] *vi* se recycler; (*fig*) revoir sa façon de penser.

umliegend ['ʊmliːgənt] *adj* (*Ortschaften*) environnant(e).

ummelden ['ʊmmɛldən] *vt* signaler le changement d'adresse de ♦ *vr* signaler son changement d'adresse.

Umnachtung [ʊm'naxtʊŋ] *f*: **geistige** ~ égarement *m*.

umnähen [ʊmnɛːən] *vt* (*Saum*) coudre.

umorganisieren ['ʊmʔɔrganiziːrən] *vt* réorganiser.

umpflanzen ['ʊmpflantsən] *vt* transplanter; (*Topfpflanze*) rempoter.

umpolen ['ʊmpoːlən] *vt* (*ELEK*) inverser la polarité de.

umquartieren ['ʊmkvartiːrən] *vt* loger ailleurs, reloger.

umrahmen [ʊm'raːmən] *vt untr* (*umgeben*) encadrer.

Umrahmung *f* (*Rahmen*) cadre *m*; **mit musikalischer** ~ avec des (intermèdes) musicaux.

umranden [ʊm'randən] *vt untr* entourer.

umräumen ['ʊmrɔʏmən] *vt* (*anders anordnen*)

disposer autrement ♦ *vi* changer la disposition des meubles.

umrechnen ['ʊmrɛçnən] *vt* convertir.

Umrechnung *f* conversion *f*.

Umrechnungskurs *m* cours *m* du change.

umreißen [ʊm'raɪsən] *unreg vt untr* (*Plan*) exposer les grandes lignes de.

umrennen ['ʊmrɛnən] *unreg vt* renverser (en courant).

umringen [ʊm'rɪŋən] *vt untr* entourer.

Umriß ['ʊmrɪs] *m* contour *m*; **etw in Umrissen erzählen** résumer qch.

umrühren ['ʊmryːrən] *vt* (*Suppe*) remuer.

umrüsten ['ʊmrystən] *vt*: ~ **auf** +*Akk* équiper de.

ums [ʊms] = **um das.**

umsatteln ['ʊmzatəln] (*umg*) *vi* (*Beruf wechseln*) se recycler.

Umsatz ['ʊmzats] *m* chiffre *m* d'affaires; ~**beteiligung** *f* commission *f*; ~**einbuße** *f* baisse *f* du chiffre d'affaires; ~**steuer** *f* impôt *m* sur le chiffre d'affaires.

umschalten ['ʊmʃaltən] *vt* (*Schalter, Hebel*) actionner ♦ *vi* (*Fernsehzuschauer*) changer de chaîne, zapper (*umg*); **die Ampel schaltet auf Rot um** le feu passe au rouge; **in den dritten Gang** ~ passer la troisième; *„wir schalten jetzt um nach Hamburg"* "nous passons maintenant l'antenne à Hambourg".

Umschalttaste *f* touche *f* de majuscule.

Umschau *f* tour *m* d'horizon; ~ **halten nach** chercher des yeux.

umschauen ['ʊmʃauən] *vr*: **sich** ~ **nach** chercher des yeux.

Umschlag ['ʊmʃlaːk] *m* (*Brief~*) enveloppe *f*; (*Buch~*) couverture *f*; (*MED*) compresse *f*; (*an Hose*) revers *m*; (*Gütermenge*) débit *m*; (*Umladen*) transbordement *m*; (*von Wetter, Stimmung*) changement *m* (brusque).

umschlagen ['ʊmʃlaːgən] *unreg vi* (*Wetter, Stimmung*) changer brusquement; (*NAUT*) chavirer ♦ *vt* (*Ärmel*) retrousser; (*Seite*) tourner; (*Waren*) transborder.

Umschlag-: ~**hafen** *m* port *m* de transbordement; ~**platz** *m* lieu *m* de transbordement; ~**seite** *f* couverture *f*.

umschlingen [ʊm'ʃlɪŋən] *unreg vt untr* (*Pflanze*) s'enrouler autour de; (*Person*) enlacer.

umschreiben¹ ['ʊmʃraɪbən] *unreg vt* (*neu schreiben*) récrire; ~ **auf** +*Akk* (*Haus*) céder à.

um'schreiben² *unreg vt untr* (*anders ausdrücken*) paraphraser; (*abgrenzen*) délimiter, définir.

umschulden ['ʊmʃʊldən] *vt* (*Kredit*) consolider.

Umschuldung ['ʊmʃʊldʊŋ] *f* consolidation *f*.

umschulen ['ʊmʃuːlən] *vt* (*Kind*) faire changer d'école; (*für anderen Beruf*) recycler.

umschwärmen [ʊm'ʃvɛrmən] *vt untr* voltiger autour de; **von Verehrern umschwärmt werden** (*fig*) avoir une nuée d'admirateurs.

Umschweife ['ʊmʃvaɪfə] *pl*: **ohne** ~ sans détours *od* ambages.

umschwenken ['ʊmʃvɛnkən] *vi* (*Kran*) pivoter; (*fig*) retourner sa veste; (*Wind*) tourner.

Umschwung ['ʊmʃvʊŋ] *m* (*GYMNASTIK*) soleil *m*; (*fig*) revirement *m*.

umsegeln [ʊm'zeːgəln] *vt untr* faire le tour de (*à la voile*); (*Erde*) tourner autour de.

umsehen ['ʊmzeːən] *unreg vr* regarder autour de soi; **sich nach jdm** ~ chercher qn (du regard *od* des yeux); **sich nach einer Stelle/Wohnung** ~ chercher un emploi/appartement; **ich möchte mich nur mal** ~ (*in Geschäft*) je regarde simplement.

umsein ['ʊmzaɪn] (*umg*) *vi* être fini(e).

umseitig ['ʊmzaɪtɪç] *adj* au verso.

umsetzen ['ʊmzɛtsən] *vt* (*Waren*) écouler; (*an anderen Platz*) déplacer ♦ *vr* (*Schüler*) changer de place; **etw in etw** *Akk* ~ convertir qch en qch; **sein Geld in Süßigkeiten** ~ dépenser tout son argent en sucreries; **etw in die Tat** ~ mettre qch en pratique.

Umsicht ['ʊmzɪçt] *f* circonspection *f*.

umsichtig *adj* circonspect(e), réfléchi(e).

umsiedeln ['ʊmziːdəln] *vi* déménager.

umsonst [ʊm'zɔnst] *adv* (*vergeblich*) en vain; (*gratis*) gratuitement.

umspringen ['ʊmʃprɪŋən] *unreg vi* (*Wind*) tourner; **die Ampel springt auf Rot/Grün um** le feu passe au rouge/vert; **mit jdm (grob)** ~ être brusque avec qn.

Umstand ['ʊmʃtant] (−(e)s, Umstände) *m* (*Tatsache*) circonstance *f*; **Umstände** *pl* (*Förmlichkeiten*) manières *fpl*; **mildernde Umstände** circonstances *fpl* atténuantes; **den Umständen entsprechend** relativement; **in anderen Umständen sein** être enceinte; **unter Umständen** peut-être; **die näheren Umstände** les détails; **ich möchte Ihnen wirklich keine Umstände machen** ne vous dérangez (surtout) pas pour moi; **das macht wirklich keine Umstände** cela ne me dérange pas du tout; **viel Umstände mit etw machen** se donner beaucoup de mal *od* se mettre en quatre pour qch.

umständehalber *adv* en raison des circonstances, pour des raisons imprévues.

umständlich ['ʊmʃtɛntlɪç] *adj* (*Mensch*) qui complique des choses; (*Methode*) (*trop*) compliqué(e); (*ungeschickt*) maladroit(e); **etw** ~ **machen** compliquer qch.

Umstands-: ~**bestimmung** *f* (*GRAM*) complément *m* circonstanciel; ~**kleid** *nt* robe *f* de grossesse; ~**wort** *nt* adverbe *m*.

umstehend ['ʊmʃteːənt] *adj attrib* (*umseitig*) au verso; (*ringsum stehend*) présent(e).

Umstehende(n) *pl* spectateurs *mpl*.

Umsteigefahrschein *m* billet *m od* ticket *m* de correspondance.

umsteigen ['ʊmʃtaɪgən] *unreg vi* changer (de train); ~ **auf** +*Akk* (*umg*) passer à; (*auf ein anderes Auto etc*) changer de.

umstellen¹ ['ʊmʃtɛlən] *vt* (*an anderen Ort*) changer de place, déplacer; (*Hebel, Weichen*) actionner; (*Uhr*) mettre à l'heure ♦ *vr*: **sich** ~ **auf** +*Akk* s'adapter à; **die Produktion/den Be-**

trieb auf Elektronikteile ~ se convertir à l'électronique; auf Computer ~ s'informatiser; auf Erdgas ~ se faire raccorder au réseau de gaz naturel.

um'stellen² *vt untr* encercler.

Umstellung *f* changement *m*; (*Umgewöhnung*) adaptation *f*.

umstimmen ['ʊmʃtɪmən] *vt* (*MUS*) accorder; (*jdn*) faire changer d'avis.

umstoßen ['ʊmʃtoːsən] *unreg vt* (*umwerfen*) renverser; (*Plan*) bouleverser.

umstritten [ʊm'ʃtrɪtən] *adj* (*Plan, Projekt*) controversé(e).

Umsturz ['ʊmʃtʊrts] *m* renversement *m*.

umstürzen ['ʊmʃtʏrtsən] *vt* (*umwerfen*) renverser ♦ *vi* (*Stuhl etc*) se renverser.

umstürzlerisch *adj* subversif(-ive).

Umtausch ['ʊmtaʊʃ] *m* échange *m*; (*von Geld*) change *m*; **diese Waren sind von ~ ausgeschlossen** ces marchandises ne sont ni reprises ni échangées.

umtauschen *vt* échanger; (*Geld*) changer.

Umtriebe ['ʊmtriːbə] (*pej*) *pl* manigances *fpl*.

umtun ['ʊmtuːn] *unreg* (*umg*) *vr*: **sich nach jdm/ etw ~** (*suchen*) être à la recherche de *od* chercher qn/qch.

umverteilen ['ʊmfɛrtaɪlən] *vt* redistribuer.

Umverteilung *f* redistribution *f*.

umwälzend ['ʊmvɛltsənt] *adj* (*Veränderungen*) radical(e); (*Ereignisse*) qui marque un bouleversement, révolutionnaire.

Umwälzung *f* (*fig*) bouleversement *m*.

umwandeln ['ʊmvandəln] *vt* transformer; (*ELEK*) convertir.

umwechseln ['ʊmvɛksəln] *vt* (*Geld*) changer.

Umweg ['ʊmveːk] *m* détour *m*; (*fig*) moyen *m* détourné.

Umwelt ['ʊmvɛlt] *f* environnement *m*; ~**auto** (*umg*) *nt* voiture munie d'un catalyseur; ~**belastung** *f* pollution *f*; ~**bewußtsein** *nt* conscience *f* écologique; **u~freundlich** *adj* polluant(e); **u~freundlich** *adj* non polluant(e), qui respecte l'environnement; ~**kriminalität** *f* crimes *mpl* contre l'environnement, infractions *fpl* aux lois antipollution; ~**ministerium** *nt* ministère *m* de l'Environnement; **u~schädlich** *adj* polluant(e); ~**schutz** *m* défense *f* de l'environnement; ~**schützer** *m* défenseur *m* de l'environnement, écologiste *m*; ~**verschmutzung** *f* pollution *f*.

umwenden ['ʊmvɛndən] *unreg vt* (*Seite, Kopf*) tourner ♦ *vr* se retourner.

umwerben [ʊm'vɛrbən] *unreg vt untr* courtiser.

umwerfen ['ʊmvɛrfən] *unreg vt* renverser; (*Mantel*) jeter sur ses épaules; (*Plan*) bouleverser.

umwerfend (*umg*) *adj* renversant(e).

umziehen ['ʊmtsiːən] *unreg vi* déménager ♦ *vt* (*Kind*) changer ♦ *vr* se changer.

umzingeln [ʊm'tsɪŋəln] *vt untr* encercler.

Umzug ['ʊmtsuːk] *m* (*Fest~*) procession *f*; (*Wohnungs~*) déménagement *m*.

UN *pl abk* = *United Nations*; **die ~** l'ONU *f*.

un-: ~**abänderlich** *adj* (*Entscheidung*) irrévocable ♦ *adv*: ~**abänderlich feststehen** être irrévocable; ~**abdingbar** *adj* impératif(-ive); (*Recht*) intangible; ~**abhängig** *adj* indépendant(e); **U~abhängigkeit** *f* indépendance *f*; ~**abkömmlich** *adj* occupé(e); ~**ablässig** *adj* continuel(le), incessant(e); ~**absehbar** *adj* imprévisible; (*Weite etc*) infini(e); ~**absichtlich** *adj* involontaire; ~**abwendbar** *adj* inéluctable.

unachtsam ['ʊn|axtzaːm] *adj* distrait(e); **U~keit** *f* distraction *f*, inattention *f*.

unanfechtbar *adj* (*Entscheidung*) incontestable.

unan-: ~**gebracht** *adj* déplacé(e); ~**gefochten** *adj* incontesté(e); ~**gemeldet** *adj* (*Patient*) qui n'a pas pris rendez-vous; (*Besucher*) inattendu(e) ♦ *adv*: ~**gemeldet kommen** venir sans s'annoncer; ~**gemessen** *adj* (*Bezahlung, Strafe*) inadéquat(e); (*zu hoch*) excessif(-ive); ~**genehm** *adj* désagréable; ~**gepaßt** *adj* non conformiste; ~**nehmbar** *adj* inacceptable; **U~nehmlichkeit** *f* désagrément *m*; **U~nehmlichkeiten** *pl* ennuis *mpl*; ~**sehnlich** *adj* insignifiant(e); ~**ständig** *adj* grossier(-ière); **U~ständigkeit** *f* grossièreté *f*; ~**tastbar** *adj* (*Rechte, Würde etc*) inviolable, intangible.

unappetitlich ['ʊn|apetiːtlɪç] *adj* (*Essen*) peu appétissant(e); (*unhygienisch*) dégoûtant(e).

Unart ['ʊn|aːrt] *f* désobéissance *f*; (*Angewohnheit*) mauvaise habitude *f*.

unartig *adj* désobéissant(e), pas sage.

un-: ~**aufdringlich** *adj* discret(-ète); ~**auffällig** *adj* (*Mensch*) effacé(e); (*Benehmen, Kleidung*) discret(-ète) ♦ *adv* discrètement; ~**auffindbar** *adj* introuvable; ~**aufgefordert** *adj* (*Hilfe*) spontané(e) ♦ *adv* spontanément; ~**aufgefordert zugesandte Manuskripte** les manuscrits non sollicités; ~**aufhaltsam** *adj* inexorable ♦ *adv* inexorablement; ~**aufhörlich** *adj* incessant(e) ♦ *adv* continuellement, sans cesse; ~**auflöslich** *adj* (*Vertrag*) qui ne peut être rompu(e); (*Widerspruch*) insoluble; ~**aufmerksam** *adj* inattentif(-ive), distrait(e); ~**aufrichtig** *adj* malhonnête; ~**ausbleiblich** *adj* inévitable; ~**ausführbar** *adj* irréalisable; ~**ausgefüllt** *adj* (*Formular*) qui n'a pas été rempli(e), à remplir; (*Mensch*) frustré(e); (*Leben*) raté(e); (*Zeit, Tag*) perdu(e); ~**ausgeglichen** *adj* (*Mensch*) instable, peu équilibré(e); ~**ausgesetzt** *adj* incessant(e); ~**ausgewogen** *adj* peu équilibré(e); ~**aussprechlich** *adj* imprononçable; (*Elend*) indicible; ~**ausstehlich** *adj* insupportable; ~**ausweichlich** *adj* inévitable.

unbändig ['ʊnbɛndɪç] *adj* (*Kind*) turbulent(e); (*Gefühl*) irrépressible.

unbarmherzig ['ʊnbarmhɛrtsɪç] *adj* impitoyable.

unbeabsichtigt ['ʊnbə|apzɪçtɪçt] *adj* involontaire.

unbeachtet ['ʊnbə|axtət] *adj* inaperçu(e); (*Warnung*) dont on n'a pas tenu compte.

unbedacht ['ʊnbədaxt] *adj* irréfléchi(e).
unbedarft ['ʊnbədarft] (*umg*) *adj* naïf(naïve).
unbedenklich ['ʊnbədɛŋklɪç] *adj* (*Plan*) qui ne présente aucune difficulté ♦ *adv* sans hésiter.
unbedeutend ['ʊnbədɔytənt] *adj* (*Summe*) insignifiant(e); (*Fehler*) futile.
unbedingt ['ʊnbədɪŋt] *adj* absolu(e) ♦ *adv* absolument; **mußt du** ~ **gehen?** tu dois vraiment partir?; **nicht** ~ pas forcément.
unbefangen ['ʊnbəfaŋən] *adj* (*ungehemmt*) spontané(e), sans complexes; (*unvoreingenommen*) impartial(e); **U**~**heit** *f* (*siehe adj*) spontanéité *f*; impartialité *f*.
unbefriedigend ['ʊnbəfri:dɪgənd] *adj* (*Ergebnis*) insuffisant(e).
unbefriedigt ['ʊnbəfri:dɪçt] *adj* insatisfait(e).
unbefristet ['ʊnbəfrɪstət] *adj* permanent(e).
unbefugt ['ʊnbəfu:kt] *adj* (*Zutritt, Person*) non autorisé(e); **Zutritt für U**~**e verboten** entrée interdite aux personnes non autorisées.
unbegabt ['ʊnbəga:pt] *adj* peu doué(e).
unbegreiflich [ʊnbə'graiflɪç] *adj* (*unverständlich*) incompréhensible; (*unvorstellbar*) inconcevable.
unbegreiflicherweise *adv* inexplicablement.
unbegrenzt ['ʊnbəgrɛntst] *adj* illimité(e).
unbegründet ['ʊnbəgryndət] *adj* injustifié(e).
Unbehagen ['ʊnbəha:gən] *nt* malaise *m*, gêne *f*.
unbehaglich ['ʊnbəha:klɪç] *adj* (*Wohnung*) inconfortable; (*Gefühl*) désagréable.
unbeherrscht ['ʊnbəhɛrʃt] *adj* incontrôlé(e); (*Mensch*) qui s'emporte facilement.
unbeholfen ['ʊnbəhɔlfən] *adj* maladroit(e), gauche; **U**~**heit** *f* maladresse *f*.
unbeirrt ['ʊnbə|ɪrt] *adj* (*Streben*) obstiné(e).
unbekannt ['ʊnbəkant] *adj* inconnu(e); ~**e Größe** inconnue *f*.
unbekannterweise *adv*: **grüß(e) sie** ~ **von mir** transmets-lui mes salutations bien que je n'aie pas le plaisir de la connaître.
unbekümmert ['ʊnbəkymərt] *adj* insouciant(e).
unbelastet ['ʊnbəlastət] *adj* (*Haus*) non hypothéqué(e) *od* grevé(e) d'hypothèques; **politisch** ~ sans antécédents politiques.
unbelehrbar [ʊnbə'le:rba:r] *adj* incorrigible; (*Rassist etc*) invétéré(e).
unbeliebt ['ʊnbəli:pt] *adj* impopulaire; **U**~**heit** *f* impopularité *f*.
unbemannt ['ʊnbəmant] *adj* (*Raumflug*) sans équipage; (*Flugzeug*) sans pilote.
unbemerkt ['ʊnbəmɛrkt] *adv* sans être vu(e).
unbenommen [ʊnbə'nɔmən] *adj* (*förmlich*): **es bleibt** *od* **ist Ihnen** ~, **zu** ... libre à vous de ... .
unbequem ['ʊnbəkve:m] *adj* (*Stuhl*) inconfortable; (*Mensch*) importun(e); (*Regelung*) fastidieux(-euse).
unberechenbar [ʊnbə'rɛçənba:r] *adj* incalculable; (*Mensch, Verhalten*) imprévisible.
unberechtigt ['ʊnbərɛçtɪçt] *adj* (*Kritik*) injustifié(e); (*nicht erlaubt*) non autorisé(e).

unberücksichtigt [ʊnbə'rʏkzɪçtɪçt] *adj*: **etw** ~ **lassen** ne pas tenir compte de qch.
unberührt ['ʊnbəry:rt] *adj* intact(e); (*Bett*) qui n'est pas défait(e); (*Speisen*) qui n'a pas été entamé(e); **sie ist noch** ~ elle est vierge; **von einem Ereignis** ~ **bleiben** ne pas être affecté(e) par un événement.
unbeschadet [ʊnbə'ʃa:dət] *präp* +*Gen* nonobstant ♦ *adv* (*ohne Schaden*) sans dommage.
unbescheiden ['ʊnbəʃaidən] *adj* (*Forderung*) abusif(-ive).
unbescholten ['ʊnbəʃɔltən] *adj* intègre.
unbeschrankt ['ʊnbəʃraŋkt] *adj*: ~**er Bahnübergang** passage *m* à niveau non gardé.
unbeschränkt [ʊnbə'ʃrɛŋkt] *adj*: ~**e Haftung** responsabilité *f* illimitée.
unbeschreiblich [ʊnbə'ʃraiplɪç] *adj* indescriptible.
unbeschwert ['ʊnbəʃve:rt] *adj* (*sorgenfrei*) sans souci; (*Melodie*) léger(-ère).
unbesehen [ʊnbə'ze:ən] *adv* (*ohne zu überlegen*) sans réfléchir; (*ohne es anzusehen*) sans l'avoir vu; **das glaube ich dir** ~ je te crois sur parole.
unbesonnen ['ʊnbəzɔnən] *adj* irréfléchi(e).
unbesorgt ['ʊnbəzɔrkt] *adj* sans souci; **Sie können ganz** ~ **sein** rassurez-vous.
unbespielt ['ʊnbəʃpi:lt] *adj* (*Kassette*) vierge.
unbeständig ['ʊnbəʃtɛndɪç] *adj* (*Mensch*) inconstant(e); (*Wetter, Lage*) instable.
unbestechlich [ʊnbə'ʃtɛçlɪç] *adj* incorruptible.
unbestimmt ['ʊnbəʃtɪmt] *adj* indéfini(e); (*Zukunft*) incertain(e); **U**~**heit** *f* incertitude *f*.
unbestritten ['ʊnbəʃtrɪtən] *adj* incontesté(e).
unbeteiligt [ʊnbə'tailɪçt] *adj* (*desinteressiert*) distant(e); **an etw** *Dat* ~ **sein** n'avoir rien à voir dans qch.
unbeugsam ['ʊnbɔykza:m] *adj* inébranlable.
unbewacht ['ʊnbəvaxt] *adj* (*Bahnübergang*) non gardé(e); (*Parkplatz*) sans surveillance; **in einem** ~**en Augenblick** pendant que personne ne faisait attention.
unbewaffnet ['ʊnbəvafnət] *adj* non armé(e), sans armes.
unbeweglich ['ʊnbəve:klɪç] *adj* (*Gelenk, Gerät*) fixe, immobile; (*Miene*) impassible; (*geistig schwerfällig*) inflexible.
unbewegt ['ʊnbəve:kt] *adj* immobile; (*fig*) impassible.
unbewohnt ['ʊnbəvo:nt] *adj* inhabité(e).
unbewußt ['ʊnbəvʊst] *adj* inconscient(e).
unbezahlbar [ʊnbə'tsa:lba:r] *adj* excessif(-ive); (*fig: extrem kostbar*) sans prix; (*nützlich*) inestimable.
unbezahlt *adj* non payé(e); (*Rechnung*) impayé(e).
unblutig ['ʊnblu:tɪç] *adj*, *adv* sans effusion de sang.
unbrauchbar ['ʊnbrauxba:r] *adj* (*Arbeit*) inutile; (*Gerät*) inutilisable; **U**~**keit** *f* inutilité *f*.
unbürokratisch ['ʊnbyrokratɪʃ] *adj*, *adv* sans formalité administrative excessive.
und [ʊnt] *konj* et; ~ **so weiter** et cetera, etc.; **na** ~**?** et alors?

Undank ['ʊndaŋk] *m* ingratitude *f*; **u~bar** *adj* ingrat(e); **~barkeit** *f* ingratitude *f*.

undefinierbar [ʊndefi'niːrbaːr] *adj* indéfinissable.

undemokratisch [ʊndemo'kraːtɪʃ] *adj* antidémocratique, peu démocratique.

undenkbar [ʊn'dɛŋkbaːr] *adj* impensable, inconcevable.

undeutlich ['ʊndɔytlɪç] *adj* (*Schrift*) illisible; (*Erinnerung*) vague; (*Aussprache*) peu clair(e), mauvais(e) ♦ *adv* (*siehe adj*) d'une manière illisible; vaguement; d'une manière peu claire, mal.

undicht ['ʊndɪçt] *adj* (*Gefäß*) qui fuit, pas étanche; (*Dach*) qui a des fuites.

undifferenziert ['ʊndifərɛntsiːrt] *adj* (*geh: Kritik, Denken*) simpliste; (*Farben, Angebot*) uniforme.

Unding ['ʊndɪŋ] *nt*: **das ist ein ~** c'est insensé.

unduldsam ['ʊndʊldsaːm] *adj* intolérant(e).

un-: ~durchdringlich *adj* impénétrable; **~durchführbar** *adj* irréalisable; **~durchlässig** *adj* étanche; **~durchschaubar** *adj* impénétrable; **~durchsichtig** *adj* (*Glas*) opaque; (*Stoff*) non transparent(e); (*Motive*) obscur(e), peu clair(e); (*pej*) louche.

uneben ['ʊnˌeːbən] *adj* (*Gelände, Straße*) accidenté(e).

unecht ['ʊnˌɛçt] *adj* (*Schmuck, Freundlichkeit*) faux(fausse).

unehelich ['ʊnˌeːəlɪç] *adj* (*Kind*) illégitime; (*Mutter*) célibataire.

unehrlich ['ʊnˌeːrlɪç] *adj* malhonnête.

uneigennützig ['ʊnˌaɪɡənnytsɪç] *adj* désintéressé(e).

uneingeschränkt ['ʊnˌaɪŋɡəʃrɛŋkt] *adj* illimité(e); (*Handel*) libre; (*Zustimmung*) inconditionnel(le).

uneinig ['ʊnˌaɪnɪç] *adj* désuni(e), en désaccord; **(sich** *Dat***) ~ sein** être en désaccord, ne pas être d'accord; **U~keit** *f* désaccord *m*.

uneinnehmbar [ʊnˌaɪn'neːmbaːr] *adj* imprenable, inexpugnable.

uneins ['ʊnˌaɪns] *adj* en désaccord.

unempfänglich ['ʊnˌɛmpfɛŋlɪç] *adj*: **~ für** insensible à.

unempfindlich ['ʊnˌɛmpfɪntlɪç] *adj* insensible; (*Stoff*) pratique; **U~keit** *f* insensibilité *f*.

unendlich [ʊn'ˌɛntlɪç] *adj* infini(e) ♦ *adv* infiniment; (*sehr*) très; **U~keit** *f* infinité *f*.

un-: ~entbehrlich *adj* indispensable; **~entgeltlich** *adj* gratuit(e); **~entschieden** *adj* indécis(e); **~entschieden enden** (*SPORT*) se terminer sur un match nul; **~entschlossen** *adj* indécis(e); **~entschuldbar** *adj* inexcusable; **~entwegt** *adj* (*Anstrengung*) constant(e); (*Kämpfer*) infatigable ♦ *adv* (*unaufhörlich*) constamment; **~erbittlich** *adj* inflexible; (*Schicksal*) implacable; **~erfahren** *adj* inexpérimenté(e); **~erfreulich** *adj* (*Nachricht*) désagréable, fâcheux(-euse); **~erfüllt** *adj* (*Wunsch, Bitte*) non exaucé(e); (*Leben*) insatisfait(e); **~ergiebig** *adj* (*Quelle*) peu abon-

dant(e); (*Thema*) stérile; (*Ernte*) maigre; (*Nachschlagewerk*) inutile; **~ergründlich** *adj* (*Tiefe*) insondable; (*Wesen*) impénétrable; **~erheblich** *adj* (*Verlust*) insignifiant(e); **~erhört** *adj* (*unverschämt*) inouï(e); (*Summe*) énorme; (*Bitte*) sans réponse ♦ *adv*: **~erhört viel arbeiten** travailler énormément; **~erhört aufpassen** faire extrêmement attention; **~erläßlich** *adj* (*Bedingung*) sine qua non; **~erlaubt** *adj* illicite; **~erledigt** *adj* (*Post*) en attente; (*Rechnung*) non réglé(e); (*schwebend*) en suspens; **~ermeßlich** *adj* immense; **~ermüdlich** *adj* infatigable; **~erreichbar** *adj* inaccessible; (*telefonisch*) impossible à obtenir; **~ersättlich** *adj* insatiable; **~erschlossen** *adj* (*Land*) inexploré(e); (*Vorkommen, Boden*) inexploité(e); **~erschöpflich** *adj* (*Vorräte*) inépuisable; (*Geduld*) sans limites; **~erschrocken** *adj* intrépide; **~erschütterlich** *adj* inébranlable; **~erschwinglich** *adj* inabordable; **~ersetzlich** *adj* irremplaçable; **~erträglich** *adj* insupportable; (*Frechheit*) intolérable; **~erwartet** *adj* inattendu(e), imprévu(e); **~erwünscht** *adj* (*Besuch*) importun(e); (*Kind*) non désiré(e); (*Effekt*) fâcheux(-euse); **~erzogen** *adj* mal élevé(e).

unfähig ['ʊnfɛːɪç] *adj* incompétent(e); **~ sein, etw zu tun** être incapable de faire qch; **U~keit** *f* (*siehe adj*) incompétence *f*; incapacité *f*.

unfair ['ʊnfɛːr] *adj* injuste; (*SPORT*) pas correct(e).

Unfall ['ʊnfal] *m* accident *m*; **~arzt** *m* médecin *m* des urgences; **~flucht** *f* délit *m* de fuite; **~krankenhaus** *nt* hôpital qui s'occupe (*exclusivement*) *des urgences*; **~opfer** *nt* victime *f* (*d'un accident*); **~station** *f* service *m* des urgences; **~stelle** *f* lieu *m* de l'accident; **~versicherung** *f* assurance *f* (*contre les*) *accidents*; **~wagen** *m* voiture *f* accidentée; (*umg: Rettungswagen*) ambulance *f*.

unfaßbar [ʊn'fasbaːr] *adj* inconcevable.

unfehlbar [ʊn'feːlbaːr] *adj* infaillible ♦ *adv* à coup sûr; **U~keit** *f* infaillibilité *f*.

unfertig ['ʊnfɛrtɪç] *adj* (*Werk*) inachevé(e); (*Mensch*) immature.

unflätig ['ʊnflɛːtɪç] *adj* ordurier(-ière), obscène.

unfolgsam ['ʊnfɔlkzaːm] *adj* désobéissant(e).

unförmig ['ʊnfœrmɪç] *adj* (*formlos*) informe; (*groß*) énorme; (*Füße*) difforme.

unfrankiert ['ʊnfraŋkiːrt] *adj* non affranchi(e).

unfrei ['ʊnfraɪ] *adj* (*Volk*) asservi(e); (*Leben*) d'esclave; (*Paket*) non affranchi(e).

unfreiwillig *adj* (*unbeabsichtigt*) involontaire; (*gezwungen*) forcé(e).

unfreundlich ['ʊnfrɔyntlɪç] *adj* (*Mensch*) peu aimable; (*Wetter*) maussade; **U~keit** *f* manque *m* d'amabilité.

Unfriede(n) ['ʊnfriːdə(n)] *m* discorde *f*.

unfruchtbar ['ʊnfrʊxtbaːr] *adj* stérile; **U~keit** *f* stérilité *f*.

Unfug ['ʊnfuːk] *m* (*Benehmen*) bêtises *fpl*; (*Un-*

sinn) sottises *fpl*; **grober** ~ trouble *m* de l'ordre public.

Ungar(in) ['ʊŋɡar(ɪn)] (**–n, –n**) *m(f)* Hongrois(e) *m/f*; **u~isch** *adj* hongrois(e).

Ungarn (**–s**) *nt* la Hongrie.

ungastlich ['ʊŋɡastlɪç] *adj* (*Mensch*) inhospitalier(-ière).

ungeachtet ['ʊŋɡə|axtət] *präp* +*Gen* malgré.

ungeahndet ['ʊŋɡə|a:ndət] *adj* impuni(e).

ungeahnt ['ʊŋɡə|a:nt] *adj* (*Möglichkeiten*) inespéré(e); (*Talente*) insoupçonné(e).

ungebeten ['ʊŋɡəbe:tən] *adj* (*Gast*) importun(e).

ungebildet ['ʊŋɡəbɪldət] *adj* (*unkultiviert*) inculte; (*ohne Bildung*) sans instruction.

ungeboren ['ʊŋɡəbo:rən] *adj* à naître.

ungebräuchlich ['ʊŋɡəbrɔʏçlɪç] *adj* inusité(e).

ungebraucht ['ʊŋɡəbraʊxt] *adj* neuf (neuve).

ungebührlich ['ʊŋɡəby:rlɪç] *adj* (*Verhalten*) inconvenant(e); (*Forderung*) excessif(-ive).

ungebunden ['ʊŋɡəbʊndən] *adj* (*Buch*) non relié(e), broché(e); (*frei, unverheiratet*) libre; (*POL*) indépendant(e).

ungedeckt ['ʊŋɡədɛkt] *adj* (*Scheck*) sans provision; (*schutzlos*) sans protection *od* défense.

Ungeduld ['ʊŋɡədʊlt] *f* impatience *f*.

ungeduldig ['ʊŋɡədʊldɪç] *adj* impatient(e).

ungeeignet ['ʊŋɡə|aɪɡnət] *adj* (*Sache, Mensch*) qui ne convient pas; (*Maßnahmen*) peu approprié(e).

ungefähr ['ʊŋɡəfɛːr] *adv* environ, à peu près ♦ *adj* approximatif(-ive); **so** ~! plus ou moins!; **das kommt nicht von** ~ ce n'est pas par hasard.

ungefährlich ['ʊŋɡəfɛːrlɪç] *adj* sans danger.

ungehalten ['ʊŋɡəhaltən] *adj* irrité(e), mécontent(e).

ungeheuer ['ʊŋɡəhɔʏər] *adj* énorme ♦ *adv* (*umg*) énormément; **U~** (**–s, –**) *nt* monstre *m*; **~lich** *adj* monstrueux(-euse).

ungehindert ['ʊŋɡəhɪndərt] *adj* libre.

ungehobelt ['ʊŋɡəho:bəlt] *adj* (*Bretter*) non raboté(e); (*unbeholfen*) gauche; (*unhöflich*) grossier(-ière).

ungehörig ['ʊŋɡəhøː̯rɪç] *adj* inconvenant(e); **U~keit** *f* inconvenance *f*.

ungehorsam ['ʊŋɡəho:rza:m] *adj* désobéissant(e); **U~** (**–s**) *m* désobéissance *f*.

ungeklärt ['ʊŋɡəklɛːrt] *adj* (*Frage, Rätsel*) non résolu(e); (*Abwasser*) non épuré(e).

ungekürzt ['ʊŋɡəkʏrtst] *adj* intégral(e); (*Film*) sans coupures.

ungeladen ['ʊŋɡəla:dən] *adj* (*Gewehr, Batterie*) non chargé(e); (*Gast*) sans invitation.

ungelegen ['ʊŋɡəle:ɡən] *adj* (*Besuch, Vorschlag*) inopportun(e); (*Stunde*) indû(-due) ♦ *adv*: **komme ich** ~? est-ce que je dérange?; **jdm** ~ **kommen** déranger qn; **U~heit** *f* (*gew pl*) ennui *m*.

ungelernt ['ʊŋɡəlɛrnt] *adj*: ~**er Arbeiter** ouvrier *m* non spécialisé, manœuvre *m*.

ungelogen ['ʊŋɡəlo:ɡən] *adv* honnêtement.

ungemein ['ʊŋɡəmaɪn] *adj* énorme ♦ *adv* extrêmement.

ungemütlich ['ʊŋɡəmy:tlɪç] *adj* (*Wohnung*) peu confortable; (*Person*) désagréable; **er kann** ~ **werden** il est très désagréable quand il se fâche.

ungenau ['ʊŋɡənaʊ] *adj* imprécis(e).

Ungenauigkeit *f* imprécision *f*, manque *m* de précision.

ungeniert ['ʊnʒeni:rt] *adj* (*ungehemmt*) sans complexes; (*bedenkenlos, taktlos*) sans gêne ♦ *adv* sans se gêner.

ungenießbar ['ʊŋɡəni:sba:r] *adj* (*Essen*) immangeable; (*Trinken*) imbuvable; (*umg*) insupportable.

ungenügend ['ʊŋɡəny:ɡənt] *adj* insuffisant(e).

ungenutzt ['ʊŋɡənʊtst] *adj* inutilisé(e); **eine Chance** ~ **lassen** laisser passer sa chance.

ungepflegt ['ʊŋɡəpfle:kt] *adj* (*Person*) peu soigné(e); (*Hände, Garten*) négligé(e).

ungerade ['ʊŋɡəra:də] *adj* impair(e).

ungerecht ['ʊŋɡərɛçt] *adj* injuste.

ungerechtfertigt *adj* injustifié(e).

Ungerechtigkeit *f* injustice *f*.

ungeregelt ['ʊŋɡəre:ɡəlt] *adj* (*unregelmäßig*) désordonné(e); (*nicht erledigt*) non réglé(e).

ungereimt ['ʊŋɡəraɪmt] *adj* (*Verse*) non rimé(e), qui ne rime pas; (*fig*) incohérent(e).

ungern ['ʊŋɡɛrn] *adv* de mauvaise grâce, à contrecœur.

ungerührt ['ʊŋɡəry:rt] *adj* impassible.

ungesättigt ['ʊŋɡəzɛtɪçt] *adj* (*CHEM*) non saturé(e).

ungeschehen ['ʊŋɡəfe:ən] *adj*: **etw** ~ **machen** réparer qch.

Ungeschicklichkeit ['ʊŋɡəʃɪklɪçkaɪt] *f* maladresse *f*.

ungeschickt *adj* maladroit(e) ♦ *adv* maladroitement; **sich** ~ **anstellen** mal s'y prendre.

ungeschliffen ['ʊŋɡəʃlɪfən] *adj* (*Edelstein*) non taillé(e); (*Messer etc*) non aiguisé(e); (*pej: Benehmen*) grossier(-ière).

ungeschmälert ['ʊŋɡəʃmɛːlərt] *adj*: **mein** ~**er Dank** toute ma gratitude.

ungeschminkt ['ʊŋɡəʃmɪŋkt] *adj* (*Gesicht*) non maquillé(e), sans maquillage; (*Wahrheit*) tout(e) nu(e).

ungeschoren ['ʊŋɡəʃo:rən] (*umg*) *adj*: **jdn** ~ **lassen** épargner qn; ~ **davonkommen** (*umg*) s'en tirer à bon compte.

ungesellig ['ʊŋɡəzɛlɪç] *adj* peu sociable.

ungesetzlich ['ʊŋɡəzɛtslɪç] *adj* illégal(e).

ungestempelt ['ʊŋɡəʃtɛmpəlt] *adj* (*Briefmarke*) non oblitéré(e).

ungestört ['ʊŋɡəʃtøːrt] *adj* ininterrompu(e); ~ **arbeiten** travailler en paix; ~ **bleiben** ne pas être dérangé(e).

ungestraft ['ʊŋɡəʃtra:ft] *adv* impuni(e).

ungestüm ['ʊŋɡəʃty:m] *adj* avec fougue; **U~** (**–(e)s**) *nt* fougue *f*, impétuosité *f*.

ungesund ['ʊŋɡəzʊnt] *adj* (*Klima, Speise*) malsain(e); (*Aussehen*) maladif(-ive).

ungetrübt ['ʊŋɡətry:pt] *adj* (*Glück, Freude*) sans

nuage.

Ungetüm ['ʊngəty:m] (-(e)s, -e) nt monstre m.

ungeübt ['ʊngəly:pt] adj inexpérimenté(e).

ungewiß ['ʊngəvɪs] adj incertain(e); **jdn (über etw) im ungewissen lassen** laisser qn dans l'incertitude (à propos de qch); **U~heit** f incertitude f.

ungewöhnlich ['ʊngəvø:nlɪç] adj inhabituel(le); (Mensch, Fleiß) extraordinaire.

ungewohnt ['ʊngəvo:nt] adj inhabituel(le).

ungewollt ['ʊngəvɔlt] adj (nicht gewollt) non désiré(e); (unbeabsichtigt) involontaire ♦ adv sans le vouloir.

Ungeziefer ['ʊngətsi:fər] (-s) nt vermine f.

ungezogen ['ʊngətso:gən] adj (Kind) désobéissant(e); **U~heit** f désobéissance f, mauvaise conduite f.

ungezwungen ['ʊngətsvʊŋən] adj (Benehmen) détendu(e); (Unterhaltung) à batons rompus.

unglaubhaft ['ʊnglaʊphaft] adj (Ausrede etc) peu vraisemblable.

ungläubig ['ʊnglɔybɪç] adj (Gesicht) incrédule; (REL) incroyant(e); **die U~en** les infidèles mpl.

unglaublich adj incroyable, inouï(e).

unglaubwürdig adj (Person) qui n'est pas digne de foi; (Aussage) peu vraisemblable; (Geschichte) invraisemblable; **sich ~ machen** perdre sa crédibilité.

ungleich ['ʊnglaɪç] adj inégal(e); (Paar, Socken) mal assorti(e) ♦ adv (weitaus) infiniment; **~artig** adj différent(e); **U~behandlung** f discrimination f; **U~heit** f inégalité f; **~mäßig** adj inégal(e); (nicht regelmäßig) irrégulier(-ière).

Unglück ['ʊnglʏk] (-(e)s, -e) nt malheur m; (Pech) malchance f; (Verkehrs~) accident m; **zu allem ~** pour comble de malheur; **u~lich** adj malheureux(-euse); (Zeitpunkt) mauvais(e); **u~licherweise** adv malheureusement; **u~selig** adj malheureux(-euse).

Unglücksfall m malheur m.

Unglücksrabe (umg) m malchanceux m, personne qui n'a vraiment pas de chance.

Ungnade ['ʊngna:də] f: **(bei jdm) in ~ fallen** tomber en disgrâce (auprès de qn).

ungültig ['ʊngʏltɪç] adj (Paß) périmé(e); **etw für ~ erklären** annuler qch; **U~keit** f nullité f.

ungünstig ['ʊngʏnstɪç] adj défavorable; (Termin) mal choisi(e); (Augenblick) mauvais(e); (Wetter) peu favorable; (nicht preiswert) cher(chère).

ungut ['ʊngu:t] adj (Gefühl) désagréable; **nichts für ~!** ne le prenez pas mal!

unhaltbar ['ʊnhaltba:r] adj (Zustände) insupportable; (Behauptung) insoutenable.

unhandlich ['ʊnhantlɪç] adj peu maniable.

Unheil ['ʊnhaɪl] nt malheur m; **~ anrichten** faire des siennes; **u~bar** adj incurable; **u~bringend** adj qui porte malheur, funeste; **u~voll** adj funeste.

unheimlich ['ʊnhaɪmlɪç] adj (Geschichte, Gestalt) sinistre; (umg: sehr groß) énorme ♦ adv (umg: sehr) vachement; **das ist mir ~** ça me fait

froid dans le dos; **er ist mir ~** il me donne la chair de poule.

unhöflich ['ʊnhø:flɪç] adj impoli(e); **U~keit** f impolitesse f.

unhörbar [ʊn'hø:rba:r] adj inaudible.

unhygienisch ['ʊnhygie:nɪʃ] adj pas hygiénique.

Uni ['uni] (-, -s; umg) f fac f.

uni ['yni:] adj uni(e).

Uniform [uni'fɔrm] f uniforme m.

uniformiert [unifɔr'mi:rt] adj en uniforme.

uninteressant ['ʊnɪnterɛsant] adj inintéressant(e).

uninteressiert ['ʊnɪntərɛ'si:rt] adj pas intéressé(e), indifférent(e).

Union [uni'o:n] f union f; **die Junge ~** (POL) association de jeunes chrétiens-démocrates.

Unionsparteien fpl les deux partis chrétiens-démocrates allemands (CDU et CSU).

universal [univɛr'za:l], **universell** adj universel(le).

Universität [univɛrzi'tɛ:t] f université f; **auf die ~ gehen, die ~ besuchen** faire des études universitaires.

Universum [uni'vɛrzʊm] (-s) nt univers m.

unkenntlich ['ʊnkɛntlɪç] adj méconnaissable; **U~keit** f: **bis zur U~keit** au point d'être méconnaissable.

Unkenntnis ['ʊnkɛntnɪs] f ignorance f.

unklar ['ʊnkla:r] adj (Bild) flou(e); (Text, Rede) peu clair(e); **(sich Dat) im ~en sein über** +Akk ne pas être au clair sur; **U~heit** f manque m de clarté, confusion f; (Unentschiedenheit) incertitude f.

unklug ['ʊnklu:k] adj imprudent(e).

unkompliziert ['ʊnkɔmplitsi:rt] adj pas compliqué(e), simple.

Unkosten ['ʊnkɔstən] pl frais mpl; **sich in ~ stürzen** (umg) se mettre en frais; **~beitrag** m participation f aux frais.

Unkraut ['ʊnkraʊt] nt (BOT) mauvaises herbes fpl; **~ vergeht nicht** (Sprichwort) on ne se débarrassera pas de moi etc aussi facilement; **~vertilgungsmittel** nt herbicide m, désherbant m.

unkündbar ['ʊnkʏntba:r] adj (Stelle, Vertrag) permanent(e).

unlängst ['ʊnlɛŋst] adv récemment.

unlauter ['ʊnlaʊtər] adj (Wettbewerb) déloyal(e).

unleserlich ['ʊnle:zərlɪç] adj illisible.

unleugbar ['ʊnlɔykba:r] adj indéniable.

unlogisch ['ʊnlo:gɪʃ] adj illogique.

unlösbar [ʊn'lø:sba:r] adj (Problem) insoluble.

unlöslich adj insoluble.

Unlust ['ʊnlʊst] f manque m d'enthousiasme.

unlustig adj maussade.

Unmasse ['ʊnmasə] (umg) f masse f.

unmäßig ['ʊnmɛ:sɪç] adj démesuré(e), excessif(-ive) ♦ adv à l'excès.

Unmenge ['ʊnmɛŋə] f quantité f énorme.

Unmensch ['ʊnmɛnʃ] m monstre m; **u~lich** adj inhumain(e), barbare; (ungeheuer: Hitze) épouvantable.

unmerklich [ʊn'mɛrklıç] *adj* imperceptible.

unmißverständlich ['ʊnmɪsfɛrʃtɛntlıç] *adj* (*Antwort*) catégorique; (*Verhalten*) sans équivoque.

unmittelbar ['ʊnmɪtəlbaːr] *adj* (*Nähe, Folge*) immédiat(e); (*Kontakt*) direct(e) ♦ *adv* (*sofort*) immédiatement; (*ohne Umweg*) directement; ~ **bevorstehen** être imminent(e).

unmöbliert ['ʊnmøbliːrt] *adj* non meublé(e).

unmodern ['ʊnmodɛrn] *adj* passé(e) de mode.

unmöglich ['ʊnmøːklıç] *adj* impossible; (*umg: unpassend*) ridicule ♦ *adv* (*keinesfalls*) en aucun cas, vraiment pas; ~ **aussehen** (*umg*) avoir l'air ridicule; **sich** *Akk* ~ **machen** (*umg*) se ridiculiser; **U~keit** *f* impossibilité *f*.

unmoralisch ['ʊnmoraːlıʃ] *adj* immoral(e).

unmotiviert ['ʊnmotiviːrt] *adj* sans fondement.

unmündig ['ʊnmʏndıç] *adj* (*minderjährig*) mineur(e).

Unmut ['ʊnmuːt] *m* mauvaise humeur *f*.

unnachahmlich ['ʊnnaːxʔaːmlıç] *adj* inimitable.

unnachgiebig ['ʊnnaːxgiːbıç] *adj* (*Material*) rigide; (*fig*) intransigeant(e).

unnahbar [ʊn'naːbaːr] *adj* d'un abord difficile.

unnatürlich ['ʊnnaty:rlıç] *adj* peu naturel(le); (*Licht*) artificiel(le); (*Tod*) violent(e); (*gezwungen*) contraint(e).

unnormal ['ʊnnɔrmaːl] *adj* anormal(e).

unnötig ['ʊnnøːtıç] *adj* inutile; ~**erweise** *adv* inutilement.

unnütz ['ʊnnʏts] *adj* inutile.

UNO ['uːno] *f abk* = *United Nations Organisation*; **die** ~ l'ONU *f*.

unordentlich ['ʊnʔɔrdəntlıç] *adj* (*Mensch*) désordonné(e); (*Arbeit*) bâclé(e); (*Zimmer*) en désordre.

Unordnung ['ʊnʔɔrdnʊŋ] *f* désordre *m*; **etw in** ~ **bringen** mettre qch en désordre.

unorganisiert ['ʊnʔɔrganiziːrt] *adj* inorganisé(e).

unparteiisch ['ʊnpartaıʃ] *adj* impartial(e).

Unparteiische(r) *m* personne *f* neutre; (*FUSSBALL*) arbitre *m*.

unparteilich ['ʊnpartaılıç] *adj* (*POL*) impartial(e).

unpassend ['ʊnpasənt] *adj* (*Äußerung*) déplacé(e); (*Zeit*) mal choisi(e), mauvais(e).

unpäßlich ['ʊnpɛslıç] *adj*: ~ **sein, sich** ~ **fühlen** ne pas se sentir très bien.

unpersönlich ['ʊnpɛrzøːnlıç] *adj* impersonnel(le).

unpolitisch ['ʊnpoliːtıʃ] *adj* (*Mensch*) apolitique.

unpraktisch ['ʊnpraktıʃ] *adj* peu pratique; (*Mensch*) qui manque de sens pratique.

unproduktiv ['ʊnprodʊktiːf] *adj* (*Arbeit*) improductif(-ive).

unproportioniert ['ʊnprɔpɔrtsioniːrt] *adj* mal proportionné(e).

unpünktlich ['ʊnpʏŋktlıç] *adj* qui n'est pas

ponctuel(le); (*verspätet*) qui n'est pas à l'heure.

unqualifiziert ['ʊnkvalifitsiːrt] *adj* (*Arbeiter*) non qualifié(e); (*Äußerung*) non fondé(e).

Unrat ['ʊnraːt] (-(e)s) *m* (*geh: Abfälle etc*) déchets *mpl*.

unrationell ['ʊnratsionɛl] *adj* (*Betrieb, Arbeit*) peu efficace.

unrealistisch ['ʊnrealıstıʃ] *adj* irréaliste, peu réaliste.

unrecht ['ʊnrɛçt] *adj* (*Weg*) mauvais(e); **das ist mir gar nicht so** ~ ça ne me dérange pas; **U~** *nt* injustice *f*; **zu U~** à tort; **nicht zu U~** non sans raison; **im U~ sein** avoir tort; ~ **haben** avoir tort; **jdm** ~ **geben** donner tort à qn; ~**mäßig** *adj* (*Besitz*) illégitime.

unredlich ['ʊnreːtlıç] *adj* malhonnête; **U~keit** *f* malhonnêteté *f*.

unreell ['ʊnreɛl] *adj* (*unredlich*) malhonnête; (*Preis*) exorbitant(e).

unregelmäßig ['ʊnreːgəlmɛsıç] *adj* irrégulier(-ière); (*Leben*) peu réglé(e); **U~keit** *f* irrégularité *f*.

unreif ['ʊnraıf] *adj* (*Obst*) pas mûr(e), vert(e); (*Mensch*) qui manque de maturité.

unrein ['ʊnraın] *adj* (*Haut*) à problèmes; (*Gedanken, Taten*) impur(e); **etw ins** ~**e schreiben** écrire qch au brouillon.

unrentabel ['ʊnrɛntaːbəl] *adj* qui n'est pas rentable.

unrichtig ['ʊnrıçtıç] *adj* incorrect(e).

Unruh ['ʊnruː] *f* (*von Uhr*) roue *f* de rencontre.

Unruhe (-) *f* agitation *f*; ~**n** *pl* troubles *mpl*; ~**stifter(in)** (-s, -) *m(f)* agitateur(-trice) *m/f*, fauteur *m* de troubles.

unruhig *adj* agité(e); (*Gegend*) bruyant(e).

unrühmlich ['ʊnryːmlıç] *adj* peu glorieux(-euse).

uns [ʊns] *Akk, Dat von wir pron* nous.

unsachgemäß ['ʊnzaxgəmɛs] *adj* (*Behandlung*) abusif(-ive).

unsachlich ['ʊnzaxlıç] *adj* subjectif(-ive).

unsagbar [ʊn'zaːkbaːr] *adj* indicible ♦ *adv* (*sehr*) extrêmement.

unsäglich [ʊn'zɛːklıç] *adj, adv* = **unsagbar**.

unsanft ['ʊnzanft] *adj* brusque.

unsauber ['ʊnzaʊbər] *adj* (*schmutzig*) pas très propre, sale; (*Arbeit*) bâclé(e); (*MUS: Ton*) faux(fausse); (*Angelegenheit, Geschäft*) louche.

unschädlich ['ʊnʃɛːtlıç] *adj* inoffensif(-ive); **jdn/etw** ~ **machen** mettre qn/qch hors d'état de nuire.

unscharf ['ʊnʃarf] *adj* (*Konturen*) peu net(te); (*Bild etc*) flou(e).

unschätzbar [ʊn'ʃɛtsbaːr] *adj* inestimable.

unscheinbar [ʊn'ʃaınbaːr] *adj* qu'on ne remarque pas, modeste.

unschlagbar [ʊn'ʃlaːkbaːr] *adj* imbattable.

unschlüssig ['ʊnʃlʏsıç] *adj* indécis(e).

unschön ['ʊnʃøːn] *adj* (*häßlich*) laid(e); (*unfreundlich*) désagréable.

Unschuld ['ʊnʃʊlt] *f* innocence *f*; (*Jungfräulichkeit*) virginité *f*.

unschuldig ['ʊnʃʊldɪç] *adj* innocent(e); *(jung-fräulich)* vierge.

unschwer ['ʊnʃveːr] *adv* facilement.

unselbständig ['ʊnzɛlpʃtɛndɪç] *adj* qui manque d'indépendance.

unselig ['ʊnzeːlɪç] *adj* triste; *(verhängnisvoll)* funeste.

unser ['ʊnzər] *poss pron (adjektivisch)* notre; **uns(e)re Bücher/Häuser** nos livres/maisons; **gedenkt** ~ *(geh)* pensez à nous.

uns(e)re(r, s) *pron* le(la) nôtre; **unsere sind rot** les nôtres sont rouges.

unsereiner *(umg)* *pron* nous autres.

unsereins *(umg)* *pron* = **unsereiner.**

uns(e)rerseits ['ʊnz(ə)rər'zaɪts] *adv* de notre côté, quant à nous.

uns(e)resgleichen *pron* les gens comme nous.

uns(e)rige(r, s) *pron*: **der/die/das** ~ le(la) nôtre.

unseriös ['ʊnzeriøːs] *adj (unehrlich)* pas sérieux(-euse), sur qui on ne peut pas compter.

unsertwegen ['ʊnzərt'veːgən] *adv (für uns)* pour nous, à cause de nous; *(von uns aus)* en ce qui nous concerne.

unsertwillen *adv*: **um** ~ pour nous.

unsicher ['ʊnzɪçər] *adj (gefährlich)* peu sûr(e); *(nicht selbstsicher)* qui manque d'assurance, peu sûr(e) de soi; *(unzuverlässig)* peu fiable; *(ungewiß)* incertain(e); **U~heit** *f (von Verhalten)* manque *m* d'assurance.

unsichtbar ['ʊnzɪçtbaːr] *adj* invisible; **U~keit** *f* invisibilité *f*.

Unsinn ['ʊnzɪn] *m* bêtises *fpl*.

unsinnig *adj (Gerede)* absurde; *(Preise)* exorbitant(e) ♦ *adv (umg: sehr)* terriblement.

Unsitte ['ʊnzɪtə] *f* mauvaise habitude *f*.

unsittlich ['ʊnzɪtlɪç] *adj* indécent(e); **U~keit** *f* indécence *f*.

unsolide ['ʊnzoliːdə] *adj (Mensch, Lebenswandel)* dissolu(e).

unsozial ['ʊnzotsiaːl] *adj (Verhalten)* asocial(e); *(Politik)* antisocial(e).

unsportlich ['ʊnʃpɔrtlɪç] *adj (Mensch)* qui n'aime pas le sport.

unsre(r, s) ['ʊnzrə(r, s)] *pron siehe* **uns(e)re(r, s).**

unsrige(r, s) ['ʊnzrɪgə(r, s)] *pron siehe* **uns(e)rige(r, s).**

unsterblich ['ʊnʃtɛrplɪç] *adj* immortel(le); **U~keit** *f* immortalité *f*.

unstet ['ʊnʃteːt] *adj (Mensch, Leben)* agité(e); *(wankelmütig)* versatile.

Unstimmigkeit ['ʊnʃtɪmɪçkaɪt] *f* discordance *f*; *(gew pl: Streit)* désaccord *m*.

Unsumme ['ʊnzʊmə] *f* somme *f* considérable, fortune *f*.

unsympathisch ['ʊnzʏmpaːtɪʃ] *adj* antipathique; **er/das ist mir** ~ il/cela ne me plaît pas.

untad(e)lig ['ʊntaːd(ə)lɪç] *adj* irréprochable.

Untat ['ʊntaːt] *f* méfait *m*.

untätig ['ʊntɛːtɪç] *adj* inactif(-ive); ~ **zusehen** regarder sans rien faire.

untauglich ['ʊntaʊklɪç] *adj (MIL)* inapte; **er ist für den Posten** ~ il n'est pas fait pour ce poste; **U~keit** *f* inaptitude *f*.

unteilbar [ʊn'taɪlbaːr] *adj* indivisible.

unten ['ʊntən] *adv* en bas; *(am unteren Ende)* au bout; **nach** ~ vers le bas; **siehe** ~ voir ci-dessous; **ich bin bei ihm** ~ **durch** *(umg)* je n'ai plus la cote auprès de lui; ~**an** *adv (am unteren Ende)* au bout; **(bei jdn)** ~**an stehen** *(fig)* ne pas être important(e) (pour qn); ~**drunter** *(umg) adv* (en-)dessous; ~**herum** *(umg) adv* en bas.

════════════ *SCHLÜSSELWORT*

unter ['ʊntər] *präp +Dat* **1** *(räumlich, zeitlich)* en-dessous de, sous; **unter dem Tisch sitzen** être assis(e) sous la table; **das Bild hängt unter dem Kalender** le tableau est en-dessous du calendrier; **Jugendliche unter 18 Jahren** les jeunes de moins de dix-huit ans; **unter dem Durchschnitt** en-dessous de la moyenne
2 *(zwischen)* entre; **sie waren unter sich** ils(elles) étaient entre eux(elles); **einer unter ihnen** l'un d'entre eux; **unter anderem** entre autres, notamment; **unter der Woche** pendant la semaine
3: **unter etw leiden** souffrir de qch
♦ *präp +Akk* **1** *(räumlich)* en-dessous de, sous; **etw unter den Teppich kehren** mettre qch sous le tapis
2 *(zwischen)*: **ich rechne ihn unter meine besten Freunde** je le compte parmi mes meilleurs amis; **das fällt unter den Paragraphen 218** cela tombe sous le coup de l'article (de loi) 218.

──────────

Unter-: ~**abteilung** *f* subdivision *f*; ~**arm** *m* avant-bras *m inv*; ~**bau** *m (Fundament)* fondations *fpl*; *(fig: Basis)* bases *fpl*; **u~belegt** *adj (Kurs)* qui n'est pas complet(-ète); *(Hotel)* à moitié vide; **u~belichten** ['ʊntərbəlɪçtən] *vt untr* sous-exposer; ~**beschäftigung** ['ʊntərbəʃɛftɪgʊŋ] *f* sous-emploi *m*; **u~besetzt** ['ʊntərbəzetst] *adj* qui manque de personnel; **u~bewerten** *vt untr* sous-évaluer; ~**bewußtsein** ['ʊntərbəvʊstzaɪn] *nt* subconscient *m*; **u~bezahlt** ['ʊntərbətsaːlt] *adj* sous-payé(e).

unterbieten [ʊntər'biːtən] *unreg vt untr (WIRTS)* vendre moins cher que; *(Rekord)* battre; *(fig)* faire pire que.

unterbinden [ʊntər'bɪndən] *unreg vt untr* empêcher.

unterbleiben [ʊntər'blaɪbən] *unreg vi untr (aufhören)* cesser; **etw ist unterblieben** *(wurde versäumt)* qch n'a pas eu lieu *od* n'a pas été fait(e).

Unterbodenschutz [ʊntər'boːdənʃʊts] *m (AUT)* couche *f* antirouille *(sous le chassis)*.

unterbrechen [ʊntər'brɛçən] *unreg vt untr* interrompre; *(Kontakt)* couper.

Unterbrechung *f* interruption *f*.

unterbreiten [ʊntər'braɪtən] *vt untr (Plan)* soumettre.

unterbringen ['ʊntərbrɪŋən] *unreg vt (ver-*

stauen) arriver à mettre, caser; (*in Hotel, Heim, bei jdm*) loger; ~ **bei** (*umg: beruflich*) placer *od* caser chez; **gut/schlecht untergebracht sein** être bien/mal logé(e).

unterbuttern ['ʊntərbʊtərn] (*umg*) *vt:* **sich nicht ~ lassen** ne pas se laisser marcher dessus.

unterderhand [ʊntərder'hant] *adv* par la bande; (*verkaufen*) sous le manteau.

unterdessen [ʊntər'dɛsən] *adv* entre-temps, pendant ce temps.

Unterdruck ['ʊntərdrʊk] *m* (*PHYS, TECH*) basse pression *f*.

unterdrücken [ʊntər'drykən] *vt untr* (*Gefühle*) réprimer; (*Bemerkung*) se mordre la langue pour ne pas faire; (*Leute*) opprimer.

untere(r, s) ['ʊntərə(r, s)] *adj* inférieur(e).

untereinander [ʊntər|aɪ'nandər] *adv* (*unter uns/euch/sich*) entre nous/vous/eux *od* elles; (*gegenseitig*) mutuellement, réciproquement; (*miteinander*) ensemble; (*räumlich*) l'un(e) au-dessous de l'autre.

unterentwickelt ['ʊntər|ɛntvɪkəlt] *adj* sous-développé(e).

unterernährt ['ʊntər|ɛrnɛːrt] *adj* sous-alimenté(e).

Unterernährung *f* sous-alimentation *f*.

unterfordern [ʊntərfɔrdərn] *vt untr* ne pas exiger assez de.

Unterführung [ʊntər|fyːrʊŋ] *f* passage *m* souterrain.

Unterfunktion ['ʊntərfʊŋktsioːn] *f* (*MED*) insuffisance *f*.

Untergang ['ʊntərgaŋ] *m* (*Ruin*) ruine *f*; (*von Staat, Kultur*) déclin *m*; (*von Schiff*) naufrage *m*; (*von Gestirn*) coucher *m*; **dem ~ geweiht sein** être voué(e) à l'échec.

untergeben [ʊntər'geːbən] *adj* subordonné(e).

Untergebene(r) *f(m)* subalterne *m/f*.

untergehen ['ʊntərgeːən] *unreg vi* (*Schiff*) couler; (*Sonne*) se coucher; (*Staat, Kultur*) être en plein déclin; (*Volk*) périr; (*im Lärm*) se perdre; **davon geht die Welt nicht unter** ce n'est pas la fin du monde.

untergeordnet ['ʊntərgə|ɔrdnət] *adj* (*Dienststelle*) subalterne; (*Bedeutung*) secondaire.

Untergeschoß ['ʊntərgəʃɔs] *nt* sous-sol *m*.

Untergewicht ['ʊntərgəvɪçt] *nt* poids *m* insuffisant.

untergliedern [ʊntər'gliːdərn] *vt* subdiviser.

untergraben [ʊntər'graːbən] *unreg vt* (*Ruf*) ébranler.

Untergrund ['ʊntərgrʊnt] *m* sous-sol *m*; (*POL*) clandestinité *f*; ~**bahn** *f* métro *m*; ~**bewegung** *f* mouvement *m* clandestin.

unterhaken ['ʊntərhaːkən] *vt untr* prendre le bras de ♦ *vr untr:* **sich bei jdm ~** prendre le bras de qn.

unterhalb ['ʊntərhalp] *präp +Gen* au dessous de ♦ *adv:* ~ **von** au-dessous de; **weiter** ~ plus bas.

Unterhalt ['ʊntərhalt] *m* entretien *m*; **seinen ~ verdienen** gagner sa vie.

unterhalten [ʊntər'haltən] *unreg vt untr* entrete-

nir; (*Geschäft*) tenir; (*Konto*) avoir; (*belustigen*) divertir ♦ *vr untr* (*sprechen*) s'entretenir; **sich gut ~** se divertir, s'amuser.

unterhaltend *adj* divertissant(e).

unterhaltsam [ʊntər'haltzaːm] *adj* (*Abend*) divertissant(e); (*Person*) amusant(e).

Unterhalts-: ~**kosten** *pl* frais *mpl* d'entretien; **u~pflichtig** *adj* tenu(e) de payer une pension alimentaire; ~**zahlung** *f* pension *f* alimentaire.

Unterhaltung *f* entretien *m*; (*Vergnügen*) distraction *f*.

Unterhaltungs-: ~**film** *m* film *m* distrayant; ~**industrie** *f* industrie *f* des loisirs; ~**kosten** *pl* frais *mpl* d'entretien; ~**musik** *f* musique *f* légère.

Unterhändler ['ʊntərhɛntlər] *m* négociateur *m*.

Unterhaus ['ʊntərhaus] *nt* (*POL*) Chambre *f* basse *od* des communes.

Unterhemd ['ʊntərhɛmt] *nt* tricot *m* de corps.

Unterholz ['ʊntərhɔlts] *nt* sous-bois *m inv*.

Unterhose ['ʊntərhoːzə] *f* slip *m*.

unterirdisch ['ʊntər|ɪrdɪʃ] *adj* souterrain(e).

unterkellern [ʊntər'kɛlərn] *vt untr* construire avec une cave, doter d'une cave.

Unterkiefer ['ʊntərkiːfər] *m* mâchoire *f* inférieure.

Unterkleid ['ʊntərklaɪt] *nt* combinaison *f*.

unterkommen ['ʊntərkɔmən] *unreg vi* (*Unterkunft finden*) trouver à se loger; (*umg: Arbeit finden*) trouver du travail; **das ist mir noch nie untergekommen** (*umg*) je n'ai encore jamais vu ça.

unterkühlt [ʊntər'kyːlt] *adj* (*Körper*) atteint(e) d'hypothermie; (*fig*) froid(e).

Unterkunft ['ʊntərkʊnft] (*–, künfte*) *f* logement *m*; ~ **und Verpflegung** le gîte et le couvert.

Unterlage ['ʊntərlaːgə] *f* (*Schreib~*) sous-main *m inv*; (*Beleg*) document *m*.

Unterlaß ['ʊntərlas] *m:* **ohne** ~ sans relâche.

unterlassen [ʊntər'lasən] *unreg vt untr* (*versäumen*) omettre (de faire); (*sich enthalten*) renoncer à; (*nicht tun*) ne pas faire.

unterlaufen [ʊntər'laufən] *unreg vi untr:* **mir ist ein Fehler ~** j'ai fait une faute ♦ *adj:* **mit Blut ~** (*Augen*) injecté(e) de sang.

unterlegen[1] ['ʊntərleːgən] *vt* (*Stoff*) doubler.

unterlegen[2] [ʊntər'leːgən] *adj* inférieur(e); (*besiegt*) vaincu(e); **zahlenmäßig ~ sein** être inférieur(e) en nombre.

Unterlegscheibe *f* (*TECH*) rondelle *f*.

Unterleib ['ʊntərlaɪp] *m* bas-ventre *m*.

unterliegen [ʊntər'liːgən] *unreg vi untr* (*besiegt werden*) être vaincu(e); (*unterworfen sein*) être soumis(e).

Unterlippe ['ʊntərlɪpə] *f* lèvre *f* inférieure.

untermalen [ʊntər'maːlən] *vt untr* (*mit Musik*) accompagner.

untermauern [ʊntər'mauərn] *vt untr* étayer.

Untermiete ['ʊntərmiːtə] *f:* **(bei jdm) zur ~ wohnen** être sous-locataire (de qn).

Untermieter(in) (*–s, –*) *m(f)* sous-locataire *m/f*.

unternehmen [ʊntər' neːmən] *unreg vt untr* entreprendre; (*Versuch, Reise*) faire; **U~** (**–s, –**) *nt* entreprise *f*.
unternehmend *adj* entreprenant(e).
Unternehmens-: ~**berater** *m* conseiller *m* en gestion d'entreprise; ~**forschung** *f* recherche *f* opérationnelle; ~**planung** *f* gestion *f* prévisionnelle.
Unternehmer(in) [ʊntər'neːmər(ɪn)] (**–s, –**) *m(f)* chef *m* d'entreprise; ~**verband** *m* association *f* patronale.
unternehmungslustig *adj* entreprenant(e), dynamique.
Unteroffizier ['ʊntərɔfɪtsiːr] *m* sous-officier *m*.
unterordnen ['ʊntərɔrdnən] *vr* se soumettre.
unterprivilegiert ['ʊntərprivilegiːrt] *adj* déshérité(e).
Unterprogramm ['ʊntərprogram] *nt* (*COMPUT*) sous-programme *m*.
Unterredung [ʊntər'reːdʊŋ] *f* entretien *m*, entrevue *f*.
Unterricht ['ʊntərɪçt] (**–(e)s, –e**) *m* enseignement *m*; (*Lehrstunde*) cours *m*; **jdm ~ geben** donner des cours à qn; **u~en** [ʊntər'rɪçtən] *vt untr* (*Unterricht geben*) enseigner; (*informieren*) informer ♦ *vi untr* enseigner ♦ *vr untr:* **sich u~en über** + *Akk* se renseigner sur.
Unterrichtsfach *nt* matière *f*.
Unterrichtsgegenstand *m* sujet *m* (*de cours*).
Unterrock ['ʊntərɔk] *m* jupon *m*.
untersagen [ʊntər'zaːgən] *vt untr* interdire.
Untersatz ['ʊntərzats] *m* (*für Gläser*) dessous *m* de verre; (*für Flaschen*) dessous de bouteille; (*für Blumentöpfe*) soucoupe *f*.
unterschätzen [ʊntər'ʃɛtsən] *vt untr* sous-estimer.
unterscheiden [ʊntər'ʃaɪdən] *unreg vt untr* distinguer ♦ *vr untr:* **sich von jdm/etw ~** différer *od* être différent(e) de qn/qch.
Unterscheidung *f* distinction *f*.
Unterschenkel ['ʊntərʃɛŋkəl] *m* jambe *f* (*du genou au pied*).
Unterschicht ['ʊntərʃɪçt] *f* couche *f* (sociale) inférieure.
unterschieben ['ʊntərʃiːbən] *unreg vt:* **jdm etw ~** attribuer qch à qn (à tort).
Unterschied ['ʊntərʃiːt] (**–(e)s, –e**) *m* différence *f*; **im ~ zu** à la différence de, contrairement à; **ohne ~** sans distinction; **u~lich** *adj* différent(e); (*veränderlich*) variable.
unterschiedslos *adv* sans distinction, indifféremment.
unterschlagen [ʊntər'ʃlaːgən] *unreg vt untr* (*Geld*) détourner; (*verheimlichen*) taire.
Unterschlagung *f* (*von Geld*) détournement *m* de fonds; (*von Beweisen, Briefen*) soustraction *f*.
Unterschlupf ['ʊntərʃlʊpf] (**–(e)s, –schlüpfe**) *m* refuge *m*.
unterschlüpfen ['ʊntərʃlʏpfən] (*umg*) *vi* se réfugier.
unterschreiben [ʊntər'ʃraɪbən] *unreg vt, vi untr* signer.

Unterschrift ['ʊntərʃrɪft] *f* signature *f*; (*Bild~*) légende *f*.
unterschriftsberechtigt *adj* autorisé(e) à signer.
unterschwellig ['ʊntərʃvɛlɪç] *adj* latent(e).
Unterseeboot ['ʊntərzeːboːt] *nt* sous-marin *m*.
Unterseite ['ʊntərzaɪtə] *f* dessous *m*.
Untersetzer ['ʊntərzɛtsər] *m* = **Untersatz**.
untersetzt [ʊntər'zɛtst] *adj* (*Gestalt*) trapu(e).
unterste(r, s) ['ʊntərstə(r, s)] *adj:* **die ~ Schublade** le tiroir du bas; **das ~ Stockwerk** le rez-de-chaussée.
unterstehen¹ [ʊntər'ʃteːən] *unreg vi untr* (+*Dat*) être subordonné(e) (à) ♦ *vr untr* oser.
'unterstehen² *unreg vi* (*bei Regen*) se mettre à l'abri.
unterstellen¹ [ʊntər'ʃtɛlən] *vt untr:* **jdm etw ~** (*Abteilung*) mettre qn à la tête de qch, confier qch à qn; (*pej: unterschieben*) accuser qn de qch à tort; **jdm unterstellt sein** être sous les ordres de qn; **etw Dat unterstellt sein** relever de qch.
'unterstellen² *vt* (*Auto*) mettre à l'abri ♦ *vr se* mettre à l'abri.
Unterstellung *f* (*falsche Behauptung*) imputation *f*; (*Andeutung*) insinuation *f*.
unterstreichen [ʊntər'ʃtraɪçən] *unreg vt untr* souligner.
Unterstufe ['ʊntərʃtuːfə] *f* degré *m* inférieur.
unterstützen [ʊntər'ʃtʏtsən] *vt untr* soutenir; (*aus öffentlichen Mitteln*) subventionner.
Unterstützung *f* soutien *m*; (*Zuschuß*) subvention *f*.
untersuchen [ʊntər'zuːxən] *vt untr* examiner; (*Verbrechen*) enquêter sur; (*analysieren*) analyser; **sich ärztlich ~ lassen** consulter un médecin, passer un examen médical.
Untersuchung *f* (*siehe vt*) examen *m*; enquête *f*; analyse *f*.
Untersuchungs-: ~**ausschuß** *m* commission *f* d'enquête; ~**ergebnis** *nt* (*JUR*) résultat *m* de l'enquête; (*MED*) résultat de l'examen *od* des analyses; ~**gefängnis** *nt* prison réservée à la détention préventive; ~**haft** *f* détention *f* préventive; ~**richter** *m* juge *m* d'instruction.
Untertagebau [ʊntər'taːgəbau] *m* exploitation *f* souterraine.
untertags [ʊntər'taːks] *adv* = **tagsüber**.
Untertan ['ʊntərtaːn] (**–s, –en**) *m* sujet *m*.
untertänig ['ʊntərtɛːnɪç] *adj* soumis(e).
Untertasse ['ʊntərtasə] *f* soucoupe *f*; **fliegende ~** soucoupe volante.
untertauchen ['ʊntərtauxən] *vi* plonger; (*verschwinden*) disparaître; (*Verbrecher*) se cacher.
Unterteil ['ʊntərtaɪl] *nt od m* partie *f* inférieure, bas *m*.
unterteilen [ʊntər'taɪlən] *vt untr* subdiviser.
Unterteilung *f* subdivision *f*.
Untertitel ['ʊntərtiːtəl] *m* sous-titre *m*; (*für Bild*) légende *f*.
untertreiben [ʊntər'traɪbən] *unreg vt untr* minimiser ♦ *vi untr* minimiser les choses.

unterwandern [ʊntər'vandərn] *vt untr* noyauter.

Unterwäsche ['ʊntərvɛʃə] *f* sous-vêtements *mpl*.

unterwegs [ʊntər've:ks] *adv* en route *od* chemin; *(auf Reisen)* en voyage.

unterweisen [ʊntər'vaɪzən] *unreg vt untr* instruire.

Unterwelt ['ʊntərvɛlt] *f* enfers *mpl*; *(fig)* milieu *m*.

unterwerfen [ʊntər'vɛrfən] *unreg vt untr (Volk, Gebiet)* soumettre, assujettir ♦ *vr untr* se soumettre.

unterwürfig [ʊntər'vʏrfɪç] *adj* soumis(e).

unterzeichnen [ʊntər'tsaɪçnən] *vt untr* signer.

Unterzeichner *m* signataire *m/f*.

unterziehen¹ ['ʊntərtsi:ən] *unreg vt* mettre (dessous).

unter'ziehen² *unreg vr untr:* **sich etw** *Dat* ~ se soumettre à qch; *(einer Prüfung)* passer qch.

Untiefe ['ʊnti:fə] *f (seichte Stelle)* bas-fond *m*, haut-fond *m*.

untragbar [ʊn'tra:kba:r] *adj (unerträglich)* insupportable, intolérable.

untreu ['ʊntrɔy] *adj (Liebhaber)* infidèle; **sich** *Dat* **selbst** ~ **werden** ne pas rester fidèle à soi-même; **seinen Grundsätzen** ~ **werden** renier ses principes.

Untreue *f* infidélité *f*.

untröstlich [ʊn'trø:stlɪç] *adj* inconsolable.

Untugend ['ʊntu:gənt] *f* mauvaise habitude *f*.

un-: ~**überbrückbar** *adj (Gegensätze etc)* inconciliable; *(Kluft)* infranchissable; ~**überlegt** *adj* irréfléchi(e) ♦ *adv* sans réfléchir; ~**übersehbar** *adj (Fehler, Schaden)* évident(e); *(Menge)* immense; ~**übersichtlich** *adj (Gelände)* peu dégagé(e); *(Kurve)* sans visibilité; *(System, Plan)* confus(e); ~**übertroffen** *adj* inégalé(e); ~**umgänglich** *adj* inévitable, incontournable; ~**umstößlich** *adj* irréfutable; ~**umstritten** *adj* incontesté(e); ~**umwunden** *adv* sans détour.

ununterbrochen ['ʊnˌʊntərbrɔxən] *adj* ininterrompu(e) ♦ *adv* sans arrêt.

un-: ~**veränderlich** *adj* inaltérable, immuable; *(MATH)* ~**veränderliche Größe** constante *f*; ~**verantwortlich** *adj* irresponsable; ~**verarbeitet** *adj* brut(e); ~**verbesserlich** *adj* incorrigible; ~**verbindlich** *adj (nicht bindend)* qui n'engage à rien; *(reserviert)* réservé(e) ♦ *adv (WIRTS)* sans engagement de votre part, sans obligation d'achat; ~**verbindlicher Richtpreis** prix *m* indicatif conseillé; ~**verblümt** *adj (Wahrheit)* tout(e) nu(e) ♦ *adv* sans détour; ~**verdaulich** *adj* indigeste; ~**verdient** *adj* qui n'est pas mérité(e); *(Tadel etc)* injuste; ~**verdorben** *adj (fig)* intègre; ~**verdrossen** *adj* infatigable; ~**vereinbar** *adj* incompatible, inconciliable; ~**verfälscht** *adj* pur(e); *(Natur)* intact(e), sauvage; ~**verfänglich** *adj (Frage)* anodin(e); ~**verfroren** *adj (Benehmen)* effronté(e); ~**vergänglich** *adj* impérissable; ~**vergeßlich** *adj* inoubliable; ~**vergleichlich** *adj* incomparable ♦ *adv (sehr)* bien, beaucoup; ~**verhältnismäßig** *adv* démesurément; ~**verheiratet** *adj* célibataire; ~**verhofft** *adj* inespéré(e); ~**verhohlen** *adj* à peine déguisé(e); ~**verkäuflich** *adj:* „~**verkäuflich**" "cet objet n'est pas à vendre"; ~**verkennbar** *adj* indubitable, évident(e); ~**verletzlich** *adj (Rechte)* inviolable; ~**verletzt** *adj* indemne; ~**vermeidlich** *adj* inévitable; ~**vermittelt** *adj, adv* soudain(e); **U~vermögen** *nt* incapacité *f*; ~**vermögend** *adj (arm)* démuni(e); ~**vermutet** *adj* inattendu(e), imprévu(e); ~**vernünftig** *adj (Mensch, Entscheidung)* pas raisonnable, stupide; ~**verrichtet** *adj:* ~**verrichteter Dinge** sans avoir rien fait, les mains vides; ~**verschämt** *adj (Kerl)* effronté(e), qui ne manque pas de culot; *(Preise)* exorbitant(e); **U~verschämtheit** *f (Art)* culot *m;* **das ist eine U~verschämtheit!** quel culot!; ~**verschuldet** *adj* qui n'est pas mérité(e), injuste; ~**versehens** *adv* soudain; ~**versehrt** *adj (nicht beschädigt)* intact(e); ~**versöhnlich** *adj* irréconciliable; ~**verständlich** *adj* incompréhensible; **es ist mir ~verständlich, wie ...** je ne comprends pas comment ...; ~**versteuert** *adj* détaxé(e); ~**versucht** *adj:* **nichts ~versucht lassen** tenter l'impossible; ~**verträglich** *adj (Essen)* indigeste; *(Menschen)* difficile à vivre; *(Gegensätze)* incompatible, inconciliable; ~**vertretbar** *adj* insoutenable; ~**verwechselbar** *adj* indubitable; ~**verwüstlich** *adj (Material)* inusable; *(Mensch)* inébranlable; *(Humor)* imperturbable; ~**verzeihlich** *adj* impardonnable; ~**verzinslich** *adj* sans intérêt; ~**verzollt** *adj* franc(franche) de douane; ~**verzüglich** *adj* immédiat(e) ♦ *adv* immédiatement; ~**vollendet** *adj* inachevé(e); ~**vollkommen** *adj* imparfait(e); ~**vollständig** *adj* incomplet(-ète); ~**vorbereitet** *adj* non préparé(e); **jdn ~vorbereitet treffen** prendre qn au dépourvu; ~**voreingenommen** *adj* impartial(e); ~**vorhergesehen** *adj* imprévu(e); ~**vorsichtig** *adj* imprudent(e); ~**vorstellbar** *adj* inimaginable; ~**vorteilhaft** *adj* peu avantageux(-euse).

unwahr ['ʊnva:r] *adj* faux(fausse); ~**haftig** *adj* menteur(-euse); **U~heit** *f* fausseté *f*; *(unwahre Aussage)* mensonge *m*; ~**scheinlich** *adj* invraisemblable; *(unglaubhaft)* peu vraisemblable; *(umg: groß)* incroyable ♦ *adv:* ~**scheinlich viel Geld** énormément d'argent; **sich ~scheinlich freuen** être absolument ravi(e); **das ist ~scheinlich gut** c'est vraiment délicieux; **U~scheinlichkeit** *f* invraisemblance *f*.

unwegsam ['ʊnve:kza:m] *adj* impraticable.

unweigerlich [ʊn'vaɪgərlɪç] *adj* inéluctable ♦ *adv* immanquablement.

unweit ['ʊnvaɪt] *präp* +*Gen* non loin de ♦ *adv* à proximité.

Unwesen ['ʊnve:zən] *nt (Unfug)* méfaits *mpl*; **sein** ~ **treiben** faire des siennes; *(Mörder etc)* commettre des méfaits, sévir.

unwesentlich *adj* peu important(e), secondaire ♦ _adv_: ~ **besser** pas beaucoup mieux.

Unwetter ['ʊnvɛtər] _nt_ tempête _f_.

unwichtig ['ʊnvɪçtɪç] _adj_ peu important(e), sans importance.

un-: ~**widerlegbar** _adj_ irréfutable; ~**widerruflich** _adj_ irrévocable; ~**widerstehlich** _adj_ irrésistible.

unwiederbringlich [ʊnvi:dər'brɪŋlɪç] _adj_ (_geh_) irrévocable.

Unwille(n) ['ʊnvɪlə(n)] _m_ mécontentement _m_.

unwillig _adj_ mécontent(e); (_widerwillig_) récalcitrant(e) ♦ _adv_ à contre-cœur.

unwillkürlich ['ʊnvɪlky:rlɪç] _adj_ (_Reaktion_) involontaire ♦ _adv_ involontairement.

unwirklich ['ʊnvɪrklɪç] _adj_ (_Erscheinung_) irréel(le).

unwirksam ['ʊnvɪrkza:m] _adj_ inefficace.

unwirsch ['ʊnvɪrʃ] _adj_ bourru(e).

unwirtlich ['ʊnvɪrtlɪç] _adj_ (_Land_) inhospitalier(-ière), peu accueillant(e).

unwirtschaftlich ['ʊnvɪrtʃaftlɪç] _adj_ (_Verfahren_) peu rentable _od_ économique.

unwissend ['ʊnvɪsənt] _adj_ ignorant(e).

Unwissenheit _f_ ignorance _f_.

unwissenschaftlich _adj_ (_Verfahren_) peu scientifique.

unwissentlich _adv_ sans le savoir.

unwohl ['ʊnvo:l] _adj_: **mir ist** ~, **ich fühle mich** ~ je ne me sens pas (très) bien; **U**~**sein** (**–s**) _nt_ malaise _m_.

unwürdig ['ʊnvʏrdɪç] _adj_ (+_Gen_) indigne (de).

Unzahl ['ʊntsa:l] _f_ quantité _f_.

unzählig ['ʊn'tsɛ:lɪç] _adj_ innombrable.

unzeitgemäß ['ʊntsaɪtɡəmɛ:s] _adj_ (_altmodisch_) dépassé(e).

un-: ~**zerbrechlich** _adj_ incassable; ~**zerstörbar** _adj_ indestructible; ~**zertrennlich** _adj_ inséparable.

Unzucht ['ʊntsʊxt] _f_ attentat _m_ aux mœurs _od_ à la pudeur.

unzüchtig ['ʊntsʏçtɪç] _adj_ indécent(e); (_Filme, Schriften_) pornographique.

un-: ~**zufrieden** _adj_ mécontent(e); **U**~**zufriedenheit** _f_ mécontentement _m_; ~**zugänglich** _adj_ inaccessible; **allen Mahnungen** ~**zugänglich sein** ne pas écouter les avertissements; ~**zulänglich** _adj_ insuffisant(e); ~**zulässig** _adj_ inadmissible; ~**zumutbar** _adj_ excessif(-ive); ~**zurechnungsfähig** _adj_ irresponsable; **für** ~**zurechnungsfähig erklärt werden** (_JUR_) être déclaré(e) atteint(e) d'aliénation mentale; ~**zusammenhängend** _adj_ incohérent(e); ~**zustellbar** _adj_ (_Brief_): „**falls** ~**zustellbar, bitte zurück an Absender**" "en cas d'absence, prière de retourner à l'expéditeur"; ~**zutreffend** _adj_ inexact(e); **U**~**zutreffendes bitte streichen** rayer les mentions inutiles; ~**zuverlässig** _adj_ peu sûr(e) _od_ fiable.

►**unzweckmäßig** ['ʊntsvɛkmɛ:sɪç] _adj_ (_nicht ratsam_) inopportun(e); (_ungeeignet_) peu appro-

prié(e); (_unpraktisch_) peu pratique.

unzweideutig ['ʊntsvaɪdɔʏtɪç] _adj_ sans équivoque.

unzweifelhaft ['ʊntsvaɪfəlhaft] _adj_ indubitable.

üppig ['ʏpɪç] _adj_ (_Frau, Busen_) plantureux(-euse); (_Essen_) copieux(-euse); (_Vegetation_) luxuriant(e); (_Haar_) abondant(e).

Ur- ['u:r] _in_ _zW_ (_erste_) premier(-ière); (_ursprünglich_) originel(le); ~**abstimmung** ['u:r|apʃtɪmʊŋ] _f_ scrutin _m_.

Ural [u'ra:l] (**–s**) _m_: **der** ~ l'Oural _m_.

uralt ['u:r|alt] _adj_ très vieux(vieille).

Uran [u'ra:n] (**–s**) _nt_ uranium _m_.

Uraufführung _f_ première _f_.

urbar _adj_: **Land/die Wüste** ~ **machen** faire fructifier des terres/verdoyer le désert.

Ur-: ~**einwohner** _mpl_ premiers habitants _mpl_; ~**eltern** _pl_ ancêtres _mpl_; ~**enkel(in)** _m(f)_ arrière-petit-fils(arrière-petite-fille) _m/f_; ~**fassung** _f_ version _f_ originale; **u**~**gemütlich** (_umg_) _adj_ super sympa _unver_; ~**großeltern** _pl_ arrière-grands-parents _mpl_; ~**großmutter** _f_ arrière-grand-mère _f_; ~**großvater** _m_ arrière-grand-père _m_.

Urheber(in) (**–s, –**) _m(f)_ instigateur(-trice) _m/f_; (_Autor_) auteur _m_; ~**recht** _nt_ droit _m_ d'auteur; **u**~**rechtlich** _adj_: **u**~**rechtlich geschützt** tous droits (de reproduction) réservés.

urig ['u:rɪç] (_umg_) _adj_ (_Mensch_) truculent(e); (_Atmosphäre_) pittoresque.

Urin [u'ri:n] (**–s, –e**) _m_ urine _f_.

urkomisch _adj_ très drôle, hilarant(e).

Urkunde _f_ document _m_, acte _m_; (_Kauf_~) contrat _m_.

Urkundenfälschung _f_ faux _m_.

urkundlich ['u:rkʊntlɪç] _adj_ (_Nachweis_) écrit(e) ♦ _adv_ avec document à l'appui.

urladen ['u:rla:dən] _vt_ (_COMPUT_) amorcer, initialiser.

Urlader _m_ (_COMPUT_) programme _m_ d'amorçage.

Urlaub ['u:rlaʊp] (**–(e)s, –e**) _m_ congé _m_, vacances _fpl_; (_MIL etc_) permission _f_; ~ **machen** être en vacances; ~**er(in)** (**–s, –**) _m(f)_ vacancier(-ière) _m/f_.

Urlaubs-: ~**geld** _nt_ prime _f_ de vacances; ~**ort** _m_ lieu _m_ de villégiature; **u**~**reif** _adj_: **u**~**reif sein** avoir besoin de vacances; ~**vertretung** _f_ remplacement _m_; (_Person_) remplaçant(e) _m/f_.

Urmensch _m_ homme _m_ préhistorique.

Urne ['ʊrnə] _f_ urne _f_; **zur** ~ **gehen** aller aux urnes.

Urologe [uro'lo:ɡə] _m_ urologue _m_.

urplötzlich ['u:r'plœtslɪç] (_umg_) _adv_ tout à coup.

Ursache ['u:rzaxə] _f_ cause _f_; (_Grund_) raison _f_; **keine** ~! il n'y a pas de quoi!; (_auf Entschuldigung_) il n'y a pas de mal!

ursächlich ['u:rzɛçlɪç] _adj_ causal(e).

Ursprung ['u:rʃprʊŋ] _m_ origine _f_; (_von Fluß_) source _f_.

ursprünglich ['u:rʃprʏŋlɪç] _adj_ (_anfänglich_) initial(e) ♦ _adv_ (_anfangs_) au départ.

Ursprungsland *nt* pays *m* d'origine.
Ursprungszeugnis *nt* certificat *m* d'origine.
Urteil ['ortaɪl] (**–s, –e**) *nt* jugement *m*; (*JUR*) sentence *f*, verdict *m*; **ein ~ über etw** *Akk* **fällen** prononcer *od* porter un jugement sur qch; **sich** *Dat* **ein ~ über etw** *Akk* **erlauben** se permettre de juger qch; **u~en** *vi* juger; **über etw** *Akk* **u~en** juger qch.
Urteilsbegründung *f* attendus *mpl* du jugement.
Urteilsspruch *m* sentence *f*.
Urtrieb ['u:rtri:p] (**–(e)s**) *m* instinct *m* primitif, pulsion *f*.
urtümlich ['u:rty:mlɪç] *adj* primitif(-ive); (*Landschaft*) intact(e).
Uruguay [uru'gua:i] (**–s**) *nt* l'Uruguay *m*; **~er(in)** *m(f)* Uruguayen(ne) *m/f*; **u~isch** *adj* uruguayen(ne).
Ur-: **~wald** *m* forêt *f* vierge; **u~wüchsig** *adj* (*Landschaft*) intact(e); **~zeit** *f* préhistoire *f*; **vor ~zeiten** (*umg*) il y a une éternité; **seit ~zeiten** (*umg*) depuis toujours.
USA *pl abk* (= *Vereinigte Staaten von Amerika*): **die ~** les USA *mpl*.
Usambaraveilchen [uzam'ba:rafaɪlçən] *nt* (*BOT*) saintpaulia *m*.
Usbekistan [ʊs'be:kista:n] *nt* l'Ouzbékistan *m*.
usw. *abk* (= *und so weiter*) etc.
Utensilien [utɛn'zi:liən] *pl* ustensiles *mpl*.
Utopie [uto'pi:] *f* utopie *f*.
utopisch [u'to:pɪʃ] *adj* utopique.
u.U. *abk* = **unter Umständen**.
UV *abk* = *ultraviolett*; **~-Strahlen** rayons *mpl* UV.
u.v.a.(m.) *abk* (= *und vieles andere (mehr)*) et beaucoup d'autres.
u.W. *abk* (= *unseres Wissens*) à notre connaissance.
Ü-Wagen *m* car *m* de reportage.
uzen ['u:tsən] (*umg*) *vt, vi* charrier.

V, v

V, v [faʊ] *nt* (*Buchstabe*) V, v *m*; **~ wie Viktor** ≈ V comme Victor.
V *abk* (= *Volt*) V.
Vaduz [fa'dʊts] *nt* Vaduz.
Vagabund [vaga'bʊnt] (**–en, –en**) *m* vagabond *m*.
vagabundieren [vagabʊn'di:rən] *vi* vagabonder.
vag(e) *adj* vague.
Vagina [va'gi:na] (**–, Vaginen**) *f* vagin *m*.
Vakuum ['va:kuʊm] (**–s, Vakua** *od* **Vakuen**) *nt* vide *m*; **~packung** *f* emballage *m* sous vide; **v~verpackt** *adj* emballé(e) sous vide.
Valuta [va'lu:ta] (**–, –ten**) *f* devise *f*.

Vampir ['vampi:r] (**–s, –e**) *m* vampire *m*.
Vandalismus [vanda'lɪsmʊs] *m* vandalisme *m*.
Vanille [va'nɪljə] *f* vanille *f*; **~stange** *f* gousse *f* de vanille; **~zucker** *m*, **Vanillinzucker** *m* sucre *m* vanillé.
V.A.R. *f abk* (= *Vereinigte Arabische Republik*) RAU *f*.
variabel [vari'a:bəl] *adj* variable.
Variable [vari'a:blə] *f* variable *f*.
Variante [vari'antə] *f* variante *f*.
Variation [variatsi'o:n] *f* variation *f*.
Varieté [varie'te:] (**–s, –s**) *nt* music-hall *m*.
variieren [vari'i:rən] *vt, vi* varier.
Vase ['va:zə] *f* vase *m*.
Vater ['fa:tər] (**–s, ⁻**) *m* père *m*; **~ Staat** (*umg*) l'État *m*; **~land** *nt* patrie *f*.
väterlich ['fɛ:tərlɪç] *adj* paternel(le).
väterlicherseits *adv* du côté paternel.
Vater-: **~schaft** *f* paternité *f*; **~schaftsklage** *f* action *f* en recherche de paternité; **~stadt** *f* ville *f* natale; **~stelle** *f*: **~stelle bei jdm vertreten** tenir lieu de père à qn; **~unser** (**–s, –**) *nt* Notre Père *m*.
Vati ['fa:ti] (**–s, –s;** *umg*) *m* papa *m*.
Vatikan [vati'ka:n] (**–s**) *m* Vatican *m*.
V-Ausschnitt ['faʊ|aʊsʃnɪt] *m* encolure *f* en V.
v.Chr. *abk* (= *vor Christus*) av. J.-C.
Vegetarier(in) [vege'ta:riər(ɪn)] (**–s, –**) *m(f)* végétarien(ne) *m(f)*.
vegetarisch *adj* végétarien(ne).
Vegetation [vegetatsi'o:n] *f* végétation *f*.
vegetieren [vege'ti:rən] (*pej*) *vi* végéter.
Vehikel [ve'hi:kəl] (**–s, –;** *pej: umg: Auto*) *nt* tacot *m*.
Veilchen ['faɪlçən] *nt* violette *f*; (*umg: blaues Auge*) œil *m* au beurre noir.
Vektor ['vɛktɔr] (**–s, –en**) *m* vecteur *m*.
Velours(leder) [və'lu:r(le:dər)] *nt* daim *m*.
Vene ['ve:nə] *f* veine *f*.
Venedig [ve'ne:dɪç] *nt* Venise.
venezianisch [venetsi'a:nɪʃ] *adj* vénitien(ne).
Venezolaner(in) [venetso'la:nər(ɪn)] (**–s, –**) *m(f)* Vénézuélien(ne) *m(f)*.
venezolanisch *adj* vénézuélien(ne).
Venezuela [venetsu'e:la] (**–s**) *nt* le Venezuela.
Ventil [vɛn'ti:l] (**–s, –e**) *nt* (*Luft~, Dampf~*) valve *f*, soupape *f*.
Ventilator [vɛnti'la:tɔr] *m* ventilateur *m*.
verabreden [fɛr'|apre:dən] *vt* convenir de, fixer ♦ *vr*: **sich mit jdm ~** prendre rendez-vous avec qn; **mit jdm verabredet sein** avoir rendez-vous avec qn; **schon verabredet sein** être déjà pris.
Verabredung *f* accord *m*; (*Treffen*) rendez-vous *m inv*; **ich habe eine ~** j'ai rendez-vous.
verabreichen [fɛr'|apraɪçən] *vt* (*Medikament etc*) donner.
verabscheuen [fɛr'|apʃɔyən] *vt* détester.
verabschieden [fɛr'|apʃi:dən] *vt* prendre congé de; (*Gesetz*) adopter ♦ *vr*: **sich (von jdm) ~** prendre congé (de qn).
Verabschiedung *f* (*von Menschen*) adieux *mpl*; (*Feier*) réception *f* d'adieu; (*von Gesetz*) adop-

tion *f*.
verachten [fɛr'|axtən] *vt* mépriser; **das ist nicht zu ~** (*umg*) il ne faut pas cracher dessus.
verächtlich [fɛr'|ɛçtlɪç] *adj* (*voller Verachtung*) méprisant(e); (*verachtenswert*) méprisable; **jdn ~ machen** dénigrer qn.
Verachtung *f* mépris *m*; **jdn/etw mit ~ strafen** traiter qn/qch avec mépris.
veralbern [fɛr'|albərn] (*umg*) *vt* ridiculiser.
verallgemeinern [fɛr|algə'maɪnərn] *vt* généraliser.
Verallgemeinerung *f* généralisation *f*.
veralten [fɛr'|altən] *vi* tomber en désuétude; (*Buch, These*) être dépassé(e).
Veranda [ve'randa] (**–, Veranden**) *f* véranda *f*.
veränderlich [fɛr'|ɛndərlɪç] *adj* variable; (*Mensch, Wesen*) changeant(e), lunatique.
Veränderlichkeit *f* variabilité *f*.
verändern *vt* transformer ♦ *vr* changer; (*beruflich*) changer d'emploi.
Veränderung *f* changement *m*; **eine berufliche ~** un changement d'emploi.
verängstigen [fɛr'|ɛŋstɪgən] *vt* (*erschrecken*) effrayer, faire peur à; (*einschüchtern*) intimider.
verankern [fɛr'|aŋkərn] *vt* (*Schiff*) amarrer; (*fig*) ancrer.
veranlagen [fɛr'|anla:gən] *vt* (*für Steuerzwecke*) imposer.
veranlagt *adj*: **künstlerisch ~ sein** avoir des talents artistiques; **praktisch ~ sein** avoir un certain sens pratique; **zu** *od* **für etw ~ sein** être fait(e) pour qch.
Veranlagung *f* (*Steuer~*) avis *m* d'imposition, feuille *f* d'impôts; (*körperlich*) prédisposition *f*; (*angeborene Fähigkeit*) don *m*.
veranlassen [fɛr'|anlasən] *vt*: **Maßnahmen ~** faire en sorte que des mesures soient prises; **eine Untersuchung/alles Nötige ~** faire une enquête/le nécessaire; **sich veranlaßt sehen, etw zu tun** se voir dans l'obligation de faire qch; **jdn zu etw ~** pousser qn à faire qch.
Veranlassung *f* (*Anlaß*) raison *f*; **auf jds ~ (hin)** à l'instigation de qn.
veranschaulichen [fɛr'|anʃaʊlɪçən] *vt* illustrer.
Veranschaulichung *f* illustration *f*.
veranschlagen [fɛr'|anʃla:gən] *vt* (*Kosten*) estimer.
veranstalten [fɛr'|anʃtaltən] *vt* organiser; (*Lärm*) faire.
Veranstalter(in) (**–s, –**) *m(f)* organisateur(-trice) *m/f*.
Veranstaltung *f* (*Veranstalten*) organisation *f*; (*Ereignis*) manifestation *f*; (*feierlich, öffentlich*) cérémonie *f*.
Veranstaltungskalender *m* calendrier *m* des manifestations.
verantworten [fɛr'|antvɔrtən] *vt* assumer la responsabilité de ♦ *vr*: **sich (vor jdm) für etw ~** répondre de qch (devant qn); **~ vor** +*Dat* répondre devant.

verantwortlich *adj* responsable; **jdn für etw ~ machen** rendre qn responsable de qch.
Verantwortlichkeit *f* responsabilité *f*.
Verantwortung *f* responsabilité *f*; **jdn zur ~ ziehen** demander des comptes à qn; **auf eigene ~** à ses risques et périls.
verantwortungs-: **~bewußt** *adj* responsable; **V~gefühl** *nt* sens *m* des responsabilités; **~los** *adj* irresponsable; **~voll** *adj* (*Aufgabe*) qui comporte des responsabilités; (*Beruf, Position*) à responsabilités; (*Mensch*) responsable.
verarbeiten [fɛr'|arbaɪtən] *vt* (*Material*) travailler; (*Motiv*) utiliser; (*bewältigen*) assimiler; **Holz zu Papier ~** transformer du bois en papier; **~de Industrie** industrie *f* de transformation.
verarbeitet *adj*: **gut ~** bien fini(e).
Verarbeitung *f* (*Art und Weise*) finition *f*; (*Bewältigung*) assimilation *f*.
verärgern [fɛr'|ɛrgərn] *vt* mécontenter, irriter.
verarmen [fɛr'|armən] *vi* s'appauvrir.
verarschen [fɛr'|arʃən] (*umg!*) *vt* se foutre de (*umg!*).
verarzten [fɛr'|a:rtstən] *vt* soigner.
verausgaben [fɛr'|ausga:bən] *vr* (*finanziell*) se ruiner; (*fig*) se donner à fond.
veräußern [fɛr'|ɔysərn] *vt* (*JUR: förmlich*) céder.
Verb [vɛrp] (**–s, –en**) *nt* verbe *m*.
Verb. *abk* = **Verband**.
verbal [vɛr'ba:l] *adj* verbal(e).
verband *etc* [fɛr'bant] *vb siehe* **verbinden**.
Verband (**–(e)s, ⁻e**) *m* (*MED*) bandage *m*; (*Bund*) association *f*; (*MIL*) unité *f*, formation *f*.
Verband(s)-: **~kasten** *m* pharmacie *f* (*portative*); **~päckchen** *nt* bande *f* de gaze (*enroulée*); **~stoff** *m* (bande *f* de) gaze *f*; **~zeug** *nt* pansements *mpl*.
verbannen [fɛr'banən] *vt* bannir.
Verbannung *f* bannissement *m*.
verbarrikadieren [fɛrbarika'di:rən] *vt* barricader ♦ *vr* se barricader.
verbauen [fɛr'bauən] *vt*: **sich** *Dat* **die Zukunft/alle Chancen ~** gâcher ses perspectives d'avenir/toutes ses chances ♦ *vt* (*zum Bauen verwenden*) utiliser.
verbeißen [fɛr'baɪsən] *vt*: **sich** *Dat* **eine Bemerkung/das Lachen ~** se mordre les lèvres pour ne pas faire une remarque/ne pas éclater de rire.
verbergen [fɛr'bɛrgən] *unreg vt* cacher ♦ *vr* se cacher; **etw vor jdm ~** cacher qch à qn.
verbessern [fɛr'bɛsərn] *vt* (*besser machen*) améliorer; (*berichtigen*) corriger ♦ *vr* s'améliorer; (*beruflich, finanziell*) améliorer sa condition.
verbessert *adj* (*Ausgabe, Auflage*) revu(e) et corrigé(e).
Verbesserung *f* amélioration *f*; (*Berichtigung*) correction *f*.
verbeugen [fɛr'bɔygən] *vr*: **sich ~ vor** +*Dat* s'incliner devant.
Verbeugung *f* révérence *f*.
verbiegen [fɛr'bi:gən] *unreg vt* tordre.

verbieten [fɛr'biːtən] *unreg vt* interdire.
verbilligen [fɛr'bɪlɪgən] *vt* réduire le prix de ♦
vr devenir moins cher; **verbilligte Waren** marchandises à prix réduit.
verbinden [fɛr'bɪndən] *unreg vt* (*Orte*) relier;
(*Menschen*) lier; (*kombinieren*) combiner;
(*MED*) panser; (*TEL*) mettre en communication ♦ *vr* (*zu Bündnis*) s'unir; (*CHEM*) se combiner; **jdm die Augen** ~ bander les yeux de qn;
etw mit etw ~ (*in Zusammenhang bringen*) associer qch à *od* avec qch; **können Sie mich bitte mit Herrn Meyer** ~? pourriez-vous me passer
M. Meyer, s'il vous plaît?; **ich bin/Sie sind falsch verbunden** je me suis/vous vous êtes trompé(e) de numéro.
verbindlich [fɛr'bɪntlɪç] *adj* (*bindend*) obligatoire; (*freundlich*) aimable; ~ **zusagen** consentir formellement.
Verbindlichkeit *f* (*bindender Charakter*) caractère *m* obligatoire; (*Höflichkeit*) obligeance *f*;
~**en** *pl* obligations *fpl*.
Verbindung *f* (*von Orten*) liaison *f*; (*Beziehung*)
contact *m*; (*Zusammenschluß, Bündnis*) association *f*; (*Kombination*) combinaison *f*; (*Zug~*, *Verkehrs~*) liaison; (*TEL: Anschluß*) communication *f*; (*CHEM*) composé *m*; (*Studenten~*) corporation *f*; **mit jdm in** ~ **stehen** être en
contact avec qn; **sich in** ~ **setzen (mit)** prendre contact (avec); **keine** ~ **bekommen** (*TEL*)
ne pas obtenir la communication.
Verbindungsmann (**-s**, **-männer** *od* **-leute**) *m*
intermédiaire *m*; (*Agent*) agent *m* de liaison.
Verbindungsstraße *f* voie *f* de communication.
verbissen [fɛr'bɪsən] *adj* (*Kampf, Gegner*) acharné(e); (*Gesichtsausdruck*) tendu(e); **V**~**heit** *f*
(*siehe adj*) acharnement *m*; aspect *m* tendu.
verbitten [fɛr'bɪtən] *unreg vt*: **sich** *Dat* **etw** ~ ne
pas tolérer qch.
verbittern [fɛr'bɪtərn] *vt* (*Menschen*) aigrir ♦ *vi*
s'aigrir; **jdm des Leben** ~ empoisonner la vie
de qn.
verblassen [fɛr'blasən] *vi* s'estomper.
Verbleib [fɛr'blaɪp] (**-(e)s**) *m* (*geh*): **sein** ~ l'endroit *m* où il se trouve; **v**~**en** [fɛr'blaɪbən]
unreg vi (*geh*) rester; **wir sind so verblieben,
daß wir** ... nous sommes convenu(e)s que
nous ... .
verbleit *adj* (*Benzin*) au plomb.
verblenden [fɛr'blɛndən] *vt* (*Menschen*) aveugler.
Verblendung [fɛr'blɛndʊŋ] *f* (*fig*) aveuglement *m*.
verblöden [fɛr'bløːdən] (*umg*) *vi* s'abrutir.
verblüffen [fɛr'blʏfən] *vt* épater.
Verblüffung *f*: **zu meiner** ~ à ma (grande) stupéfaction.
verblühen [fɛr'blyːən] *vi* se faner.
verbluten [fɛr'bluːtən] *vi* mourir d'hémorragie.
verbohren [fɛr'boːrən] (*umg*) *vr*: **sich in etw** *Akk*
~ (*Idee*) s'obstiner dans qch.
verbohrt (*pej*) *adj* obstiné(e).

verborgen [fɛr'bɔrgən] *adj* caché(e); ~**e**
Mängel vices *mpl* cachés.
Verbot [fɛr'boːt] (**-(e)s**, **-e**) *nt* interdiction *f*.
verboten *adj* interdit(e), défendu(e); **Rauchen**
~! défense de fumer!; **Zutritt** ~! entrée interdite!; **er sah** ~ **aus** (*umg*) il était accoutré
d'une manière pas possible.
verbotenerweise *adv* en dépit de l'interdiction.
Verbotsschild *nt* panneau *m* d'interdiction.
verbrämen [fɛr'brɛːmən] *vt* (*fig*) enjoliver.
Verbrauch [fɛr'braʊx] (**-(e)s**) *m* consommation
f; **sparsam im** ~ économique.
verbrauchen *vt* (*Benzin, Energie*) consommer;
(*Vorrat*) utiliser; (*Geld*) dépenser; (*Kraft*) épuiser; **der Wagen verbraucht 10 Liter Benzin auf
100 km** la voiture fait du 10 litres aux 100.
Verbraucher(in) (**-s**, **-**) *m(f)* consommateur(-trice) *m/f*; ~**markt** *m* hypermarché
m; ~**schutz** *m* protection *f* des consommateurs; ~**verband** *m* association *f* de consommateurs.
Verbrauchsgüter *pl* biens *mpl* de consommation.
verbraucht *adj* usé(e); (*Luft*) vicié(e).
verbrechen [fɛr'brɛçən] *unreg* (*umg*) *vt*
commettre, faire; **V**~ (**-s**, **-**) *nt* crime *m*.
Verbrecher(in) (**-s**, **-**) *m(f)* criminel(le) *m/f*;
v~**isch** *adj* criminel(le); ~**kartei** *f* casier *m* judiciaire.
verbreiten [fɛr'braɪtən] *vt* (*Nachricht, Schrecken,
Ruhe*) répandre; (*Licht, Wärme*) diffuser ♦ *vr*
(*Nachricht, Seuche*) se propager; **eine (weit)
verbreitete Ansicht** une opinion largement répandue; **eine weit verbreitete Krankheit** une
véritable épidémie; **sich über etw** *Akk* ~
s'étendre sur qch.
verbreitern [fɛr'braɪtərn] *vt* élargir.
Verbreitung *f* (*von Nachricht, Schrecken, Krankheit*) propagation *f*.
verbrennbar *adj* combustible.
verbrennen [fɛr'brɛnən] *unreg vt* brûler; (*Leiche*) incinérer; (*Haar*) roussir; (*verbrühen*)
ébouillanter ♦ *vi* brûler; **sich** *Dat* **den Mund** ~
(*fig: umg*) en dire trop long, gaffer.
Verbrennung *f* (*MED*) brûlure *f*; (*von Leiche,
Abfällen*) incinération *f*; (*in Motor; von Papier*)
combustion *f*.
Verbrennungsanlage *f* centrale *f* d'incinération.
Verbrennungsmotor *m* moteur *m* à explosion.
verbriefen [fɛr'briːfən] *vt* confirmer par écrit.
verbringen [fɛr'brɪŋən] *unreg vt* passer.
verbrüdern [fɛr'bryːdərn] *vr*: **sich mit jdm** ~
fraterniser avec qn.
Verbrüderung [fɛr'bryːdərʊŋ] *f* fraternisation
f.
verbrühen [fɛr'bryːən] *vt* ébouillanter ♦ *vr*
s'ébouillanter.
verbuchen [fɛr'buːxən] *vt* (*FINANZ*) enregistrer; (*Erfolg*) mettre à son actif; (*Mißerfolg*)
essuyer.

verbummeln [fɛr'bʊmǝln] (*umg*) *vt* (*Zeit*) perdre; (*Verabredung*) rater.

Verbund [fɛr'bʊnt] (–(e)s, –e) *m* (*WIRTS*) trust *m*.

verbunden [fɛr'bʊndǝn] *pp von* **verbinden ♦** *adj*: **jdm** ~ **sein** être l'obligé(e) de qn.

verbünden [fɛr'byndǝn] *vr* s'allier.

Verbundenheit *f* attachement *m*.

Verbündete(r) *f(m)* allié(e) *m/f*.

verbundfahren *unreg vi* ≈ circuler avec une carte (*en utilisant plusieurs moyens de transport*).

Verbundglas *nt* verre *m* feuilleté.

verbürgen [fɛr'byrgǝn] *vr*: **sich für jdn/etw** ~ répondre de qn/qch ♦ *vt* (*garantieren*) garantir; **ein verbürgtes Recht** un droit acquis.

verbüßen [fɛr'by:sǝn] *vt* (*Strafe*) purger.

verchromt [fɛr'kro:mt] *adj* chromé(e).

Verdacht [fɛr'daxt] (–(e)s) *m* soupçon *m*; ~ **schöpfen** avoir des soupçons; **jdn in** ~ **haben** soupçonner qn; **es besteht** ~ **auf Krebs** on craint qu'il ne s'agisse d'un cancer; **auf** ~ (*umg*) à tout hasard.

verdächtig [fɛr'dɛçtɪç] *adj* suspect(e); ~**en** [fɛr'dɛçtɪgǝn] *vt* (+*Gen*) soupçonner (de); **V**~**ung** *f* suspicion *f*.

verdammen [fɛr'damǝn] *vt* condamner; **jdn/ etw zu etw** ~ condamner qn/qch à qch.

Verdammnis (–, –se) *f* damnation *f*.

verdammt (*umg!*) *adj* sacré(e) (*umg*) ♦ *adv* sacrément (*umg*); ~ **noch mal!** nom de Dieu! (*umg!*)

verdampfen [fɛr'dampfǝn] *vi* s'évaporer ♦ *vt* faire évaporer.

verdanken [fɛr'daŋkǝn] *vt*: **jdm etw** ~ devoir qch à qn.

verdarb *etc* [fɛr'darp] *vb siehe* **verderben**.

verdattert [fɛr'datǝrt] (*umg*) *adj* ahuri(e) ♦ *adv* d'un air ahuri.

verdauen [fɛr'dauǝn] *vt* digérer.

verdaulich [fɛr'daulɪç] *adj* digestible, digeste; **schwer** ~ indigeste; **leicht** ~ très digeste, facile à digérer.

Verdauung *f* digestion *f*.

Verdauungsbeschwerden *pl* troubles *mpl* digestifs.

Verdauungsstörung *f* indigestion *f*.

Verdeck [fɛr'dɛk] (–(e)s, –e) *nt* (*AUT*) capote *f*; (*NAUT*) pont *m* supérieur.

verdecken *vt* cacher.

verdenken [fɛr'dɛŋkǝn] *unreg vt*: **jdm etw** ~ tenir rigueur de qch à qn.

verderben [fɛr'dɛrbǝn] *unreg vt* gâcher; (*moralisch*) corrompre, pervertir ♦ *vi* (*Essen*) s'avarier; (*Mensch*) être corrompu(e); **sich den Magen** ~ se rendre malade; **sich die Augen** ~ s'abîmer les yeux *od* la vue; **es sich** *Dat* **mit jdm** ~ se brouiller avec qn.

Verderben (–s) *nt* perte *f*.

verderblich *adj* (*Einfluß*) nocif(-ive), mauvais(e); (*Lebensmittel*) périssable.

verderbt *adj* (*veraltet*) corrompu(e); **V**~**heit** *f* dépravation *f*.

verdeutlichen [fɛr'dɔytlɪçǝn] *vt* expliquer.

verdichten [fɛr'dɪçtǝn] *vt* (*PHYS, TECH*) comprimer ♦ *vr* (*Nebel*) s'épaissir; (*Verdacht, Eindruck*) s'intensifier.

Verdichter *m* compresseur *m*.

verdienen [fɛr'di:nǝn] *vt* (*Geld*) gagner; (*moralisch*) mériter ♦ *vi*: ~ **an** +*Dat* (*Gewinn machen*) tirer profit de.

Verdienst [fɛr'di:nst] (–(e)s, –e) *m* (*Einkommen*) revenu *m* ♦ *nt* mérite *m*; ~**(e) um** services *mpl* rendus à; **v**~**voll** *adj* méritoire.

verdient [fɛr'di:nt] *adj* mérité(e); (*Person*) émérite; **sich um etw** ~ **machen** bien mériter de qch.

verdirbt *etc* [fɛr'dɪrpt] *vb siehe* **verderben**.

verdolmetschen [fɛr'dɔlmɛtʃǝn] (*umg*) *vt* traduire.

verdonnern [fɛr'dɔnǝrn] (*umg*) *vt* (*zu Haft etc*) condamner; **jdn zu etw** ~ condamner qn à qch.

verdoppeln [fɛr'dɔpǝln] *vt* doubler; **seine Anstrengungen** ~ redoubler d'efforts.

Verdopp(e)lung *f* redoublement *m*.

verdorben [fɛr'dɔrbǝn] *pp von* **verderben ♦** *adj* (*Essen*) avarié(e); (*moralisch*) corrompu(e), dépravé(e).

verdorren [fɛr'dɔrǝn] *vi* se dessécher.

verdrängen [fɛr'drɛŋǝn] *vt* refouler.

Verdrängung *f* refoulement *m*.

verdrecken [fɛr'drɛkǝn] *vt* salir.

verdrehen [fɛr'dre:ǝn] *vt* (*Hals, Kopf*) tourner; (*Augen*) rouler; (*Sinn, Wahrheit*) fausser; **jdm den Kopf** ~ tourner la tête à qn.

verdreht (*umg: pej*) *adj* (*Mensch*) toqué(e).

verdreifachen [fɛr'draɪfaxǝn] *vt* tripler.

verdrießen [fɛr'dri:sǝn] *unreg vt* contrarier.

verdrießlich [fɛr'dri:slɪç] *adj* (*Mensch, Miene*) renfrogné(e), dépité(e).

verdroß *etc* [fɛr'drɔs] *vb siehe* **verdrießen**.

verdrossen [fɛr'drɔsǝn] *pp von* **verdrießen ♦** *adj* (*lustlos*) morose.

verdrücken [fɛr'drʏkǝn] (*umg*) *vt* (*essen*) engloutir ♦ *vr* (*sich fortschleichen*) filer.

Verdruß [fɛr'drʊs] (–sses, –sse) *m* contrariété *f*; **zu jds** ~ au grand déplaisir de qn.

verduften [fɛr'dʊftǝn] *vi* s'évaporer; (*umg*) se volatiliser.

verdummen [fɛr'dʊmǝn] *vt* abrutir ♦ *vi* s'abrutir.

Verdummung *f* abrutissement *m*.

verdunkeln [fɛr'dʊŋkǝln] *vt* (*Raum*) obscurcir; (*Tat*) camoufler ♦ *vr* (*Himmel*) s'assombrir.

Verdunk(e)lung *f* (*Vorrichtung*) store *m*; (*fig*) camouflage *m*; (*JUR*) suppression *f* de preuves.

verdünnen [fɛr'dʏnǝn] *vt* (*Flüssigkeit*) diluer.

Verdünner (–s, –) *m* diluant *m*.

verdunsten [fɛr'dʊnstǝn] *vi* s'évaporer.

Verdunstung *f* évaporation *f*.

verdursten [fɛr'dʊrstǝn] *vi* mourir de soif.

verdutzt [fɛr'dʊtst] *adj* déconcerté(e).

verebben [fɛr'ɛbǝn] *vi* décroître (peu à peu).

veredeln [fɛr'|e:dǝln] *vt* (*Metalle*) affiner; (*Erdöl*) raffiner; (*Fasern*) apprêter; (*BOT*) greffer.

verehren [fɛr'|eːrən] *vt* admirer; (*REL*) vénérer; **jdm etw** ~ (*umg: schenken*) faire cadeau de qch à qn.

Verehrer(in) (**-s**, **-**) *m(f)* admirateur(-trice) *m/ f*; (*Liebhaber auch*) soupirant *m*.

verehrt *adj* honoré(e), vénéré(e); (**sehr**) ~**e Anwesende** *od* **Gäste!** Mesdames et Messieurs!; **sehr** ~**es Publikum!** Mesdames et Messieurs!; **sehr** ~**e Frau Meier** (*Briefanrede*) Madame.

Verehrung *f* admiration *f*; (*REL*) vénération *f*.

vereidigen [fɛr'|aɪdɪgən] *vt* assermenter; **jdn auf etw** *Akk* ~ faire prêter serment à qn sur qch.

Vereidigung *f* prestation *f* de serment.

Verein [fɛr'|aɪn] (**-(e)s**, **-e**) *m* association *f*, société *f*; (*Liebhaber auch*) ~ une association charitable; **v**~**bar** *adj* compatible.

vereinbaren [fɛr'|aɪnbaːrən] *vt* (*Ort, Termin, Bedingungen*) convenir de; (*Gegensätze*) concilier; **etw mit seinem Gewissen nicht** ~ **können** trouver qch moralement inacceptable.

Vereinbarkeit *f* compatibilité *f*.

Vereinbarung *f* (*Übereinkommen*) accord *m*; **laut** ~ comme convenu. '

vereinen *vt* unir; (*Prinzipien*) concilier; **mit vereinten Kräften** tous ensemble; **die Vereinten Nationen** les Nations *fpl* unies.

vereinfachen [fɛr'|aɪnfaxən] *vt* simplifier.

Vereinfachung *f* simplification *f*.

vereinheitlichen [fɛr'|aɪnhaɪtlɪçən] *vt* uniformiser.

vereinigen [fɛr'|aɪnɪgən] *vt* réunir ♦ *vr* (*zusammentreffen*) se réunir; **sich** ~ **mit** s'unir à; **die Vereinigten Staaten** les États-Unis *mpl*; **die Vereinigten Arabischen Emirate** les Émirats *mpl* Arabes Unis; **das Vereinigte Königreich** le Royaume-Uni.

Vereinigung *f* union *f*; (*Verein*) association *f*.

vereinnahmen [fɛr'|aɪnnaːmən] *vt* (*Geld, Zinsen*) encaisser; **jdn (für sich)** ~ accaparer qn.

vereinsamen [fɛr'|aɪnzaːmən] *vi* devenir (de plus en plus) solitaire.

vereint *adj* uni(e).

vereinzelt [fɛr'|aɪntsəlt] *adj* isolé(e).

vereisen [fɛr'|aɪzən] *vi* geler ♦ *vt* (*MED*) insensibiliser.

vereiteln [fɛr'|aɪtəln] *vt* (*Plan*) déjouer.

vereitern [fɛr'|aɪtərn] *vi* s'infecter.

vereitert *adj* (*MED*) infecté(e).

verelenden [fɛr'|eːlɛndən] *vi* tomber dans la misère.

verenden [fɛr'|ɛndən] *vi* périr.

verengen [fɛr'|ɛŋən] *vr* rétrécir.

vererben [fɛr'|ɛrbən] *vt* léguer; (*BIOL*) transmettre ♦ *vr* se transmettre.

vererblich [fɛr'|ɛrplɪç] *adj* héréditaire.

Vererbung *f* hérédité *f*, transmission *f* (héréditaire).

Vererbungslehre *f* génétique *f*.

verewigen [fɛr'|eːvɪgən] *vt* immortaliser ♦ *vr* (*umg*) laisser des traces.

Verf. *abk* = **Verfasser**.

verfahren [fɛr'faːrən] *unreg vi* (*handeln*) procéder ♦ *vt* (*Geld*) dépenser (en transports); (*Benzin*) consommer; (*Fahrkarte*) utiliser ♦ *vr* (*Weg verlieren*) se tromper de route ♦ *adj* (*Situation*) sans issue.

Verfahren (**-s**, **-**) *nt* procédé *m*; (*JUR*) procédure *f*.

Verfahrensweise *f* manière *f* de procéder.

Verfall [fɛr'fal] (**-(e)s**) *m* déclin *m*; (*von Gebäude*) délabrement *m*; (*von Gutschein, Garantie, Wechsel*) échéance *f*.

verfallen *unreg vi* (*Reich*) tomber en décadence; (*Gebäude*) tomber en ruine; (*Mensch*) décliner; (*ungültig werden*) expirer ♦ *adj* (*Gebäude*) délabré(e); (*Karten, Briefmarken, Paß*) périmé(e); ~ **in** +*Akk* (*Schlaf*) sombrer dans; (*Schweigen*) tomber dans; ~ **auf** +*Akk* (*Gedanken*) avoir; (*neues Projekt*) avoir l'idée de; **jdm völlig** ~ **sein** être l'esclave de qn; **einem Laster** ~ **sein** s'adonner à un vice.

Verfallsdatum *nt* date *f* d'expiration; (*der Haltbarkeit*) date limite de consommation.

verfälschen [fɛr'fɛlʃən] *vt* (*Bericht*) falsifier; (*Lebensmittel*) dénaturer.

verfangen [fɛr'faŋən] *unreg vr* (*in Netz etc*) être pris(e); (*in Widersprüchen*) s'empêtrer.

verfänglich [fɛr'fɛŋlɪç] *adj* (*Frage, Situation*) délicat(e); (*Aussage, Beweismaterial etc*) compromettant(e).

verfärben [fɛr'fɛrbən] *vr* changer de couleur.

verfassen [fɛr'fasən] *vt* (*Rede*) rédiger; (*Urkunde*) établir.

Verfasser(in) (**-s**, **-**) *m(f)* auteur *m*.

Verfassung *f* (*auch POL*) constitution *f*; (*Zustand*) état *m*; **sie ist in guter/schlechter** ~ elle va bien/mal.

verfassungs-: **v**~**feindlich** *adj* hostile à la constitution, anticonstitutionnel(le); ~**gerricht** *nt* cour constitutionnelle; **v**~**mäßig** *adj* constitutionnel(le); ~**schutz** *m* (*Aufgabe*) protection *f* de la constitution; (*Amt*) office chargé de s'assurer que la constitution est respectée; **v**~**widrig** *adj* anticonstitutionnel(le).

verfaulen [fɛr'faʊlən] *vi* pourrir.

verfechten [fɛr'fɛçtən] *unreg vt* défendre.

Verfechter [fɛr'fɛçtər(ɪn)] (**-s**, **-**) *m* défenseur *m*.

verfehlen [fɛr'feːlən] *vt* manquer, rater; **das Thema** ~ être à côté de la question.

verfehlt *adj* (*Versuch, Politik*) manqué(e), infructueux(-euse); (*Bemerkung, Annahme*) déplacé(e); **es wäre** ~, **etw zu tun** ce serait une erreur de faire qch.

Verfehlung *f* (*Verstoß*) infraction *f*, manquement *m*.

verfeinern [fɛr'faɪnərn] *vt* améliorer.

verfertigen [fɛr'fɛrtɪgən] *vt* fabriquer.

verfestigen [fɛr'fɛstɪgən] *vr* (*fester werden*: *Klebstoff*) durcir; (*Gewohnheit*) s'enraciner.

verfeuern [fɛr'fɔʏərn] *vt* (*Heizmaterial*) brûler; (*Munition*) utiliser.

verfilmen [fɛr'fɪlmən] *vt* filmer.

Verfilmung f adaptation f cinématographique.
verfilzen [fɛr'fɪltsən] vi (Stoff etc) feutrer; (Haare) s'emmêler.
verflachen [fɛr'flaxən] vi (Gelände) devenir plus plat(e); (Diskussion) tomber dans les platitudes.
verfliegen [fɛr'fliːgən] unreg vi (Duft, Ärger) se dissiper; (Zeit) passer très vite ♦ vr se perdre.
verflixt [fɛr'flɪkst] (umg) adj (verdammt) fichu(e), sacré(e) ♦ adv bigrement, bougrement.
verflossen [fɛr'flɔsən] adj (Zeiten, Monat) passé(e); (umg: Liebhaber) ancien(ne).
verfluchen [fɛr'fluːxən] vt maudire.
verflüchtigen [fɛr'flʏçtɪgən] vr (Alkohol etc) se volatiliser; (Geruch) disparaître.
verfolgen [fɛr'fɔlgən] vt poursuivre; (POL) persécuter; (Spur, Plan, Entwicklung) suivre; **jdn gerichtlich** ~ poursuivre qn en justice; **vom Pech verfolgt werden** od **sein** jouer de malchance.
Verfolger(in) (-s, -) m(f) poursuivant(e) m/f.
Verfolgte(r) f(m) (POL) victime f de persécutions (politiques).
Verfolgung f (von Mensch) poursuite f; (POL) persécution f; (von Plan, Entwicklung) fait de suivre; **strafrechtliche** ~ poursuites fpl judiciaires.
Verfolgungswahn m folie f de la persécution.
verfrachten [fɛr'fraxtən] vt (Waren) expédier.
verfremden [fɛr'frɛmdən] vt appliquer l'effet de distanciation à.
verfressen [fɛr'frɛsən] (umg: pej) adj goinfre.
verfrüht [fɛr'fryːt] adj prématuré(e).
verfügbar adj disponible.
verfügen [fɛr'fyːgən] vt (anordnen) ordonner ♦ vr (geh) se rendre ♦ vi: ~ **über** +Akk disposer de; **über etw** Akk **frei** ~ **können** pouvoir disposer librement de qch.
Verfügung f (Anordnung) décret m; (JUR) arrêt m; **jdm etw zur** ~ **stellen** mettre qch à la disposition de qn; **etw zur freien** ~ **haben** avoir qch à sa disposition; **jdm zur** ~ **stehen** être à la disposition de qn.
Verfügungsgewalt f (JUR) pouvoir m de disposition.
verführen [fɛr'fyːrən] vt (sexuell) séduire; (die Jugend, das Volk etc) dévoyer; **jdn zu etw** ~ pousser qn à faire qch.
Verführer(in) (-s, -) m(f) séducteur(-trice) m/f.
verführerisch adj (Angebot, Duft, Anblick) tentant(e); (Aussehen) séduisant(e).
Verführung f séduction f; (Versuchung) tentation f.
Vergabe [fɛr'gaːbə] f (von Arbeiten) adjudication f; (von Stipendium, Auftrag etc) attribution f.
vergällen [fɛr'gɛlən] vt: **jdm die Freude/das Leben** ~ gâcher la joie/la vie de qn.
vergammeln [fɛr'gaməln] (umg) vi se laisser

aller; (Nahrung) devenir immangeable ♦ vt (Zeit) perdre.
vergangen [fɛr'gaŋən] adj (Jahr, Woche) dernier(-ière), passé(e); **V~heit** f passé m; (geschichtlich) histoire f; **V~heitsbewältigung** f fait d'assumer son passé.
vergänglich [fɛr'gɛŋlɪç] adj passager(-ère); **V~keit** f caractère m passager.
vergasen [fɛr'gaːzən] vt (Kohle) gazéifier; (töten) gazer.
Vergaser (-s, -) m (AUT) carburateur m; ~**motor** m moteur m à explosion.
vergaß etc [fɛr'gaːs] vb siehe **vergessen**.
vergeben [fɛr'geːbən] unreg vt (verzeihen) pardonner; (weggeben) donner; ~ **an** +Akk attribuer à; **sich** Dat **etwas/nichts** ~ perdre/ne pas perdre la face; ~ **sein** (umg: verlobt, verheiratet) être déjà casé(e).
vergebens adv en vain.
vergeblich [fɛr'geːplɪç] adj vain(e), inutile ♦ adv en vain.
Vergebung f (Verzeihen) pardon m; (von Preis etc) attribution f; **um** ~ **bitten** demander pardon.
vergegenwärtigen [fɛr'geːgənvɛrtɪgən] vr: **sich** Dat **etw** ~ se représenter qch.
vergehen [fɛr'geːən] unreg vi (Zeit) passer; (Schmerzen) passer, disparaître ♦ vr: **sich gegen ein Gesetz** ~ transgresser une loi; **vor Angst** ~ mourir de peur; **vor Sehnsucht** ~ languir; **sich an jdm** ~ violer qn; **ihm vergeht die Lust/der Appetit** il perd l'envie/l'appétit; **V~** (-s, -) nt délit m.
vergeistigt [fɛr'gaɪstɪçt] adj: **ein** ~**er Mensch** un pur esprit.
vergelten [fɛr'gɛltən] unreg vt: **etw mit etw** ~ rendre qch pour qch; **jdm etw** ~ faire payer qch à qn.
Vergeltung f vengeance f.
Vergeltungsmaßnahme f mesure f de rétorsion.
Vergeltungsschlag m représailles fpl.
vergesellschaften [fɛrgə'zɛlʃaftən] vt (WIRTS) nationaliser; (SOZIOL) rendre sociable.
vergessen [fɛr'gɛsən] unreg vt oublier ♦ vr s'emporter; **das werde ich ihm nie** ~ je m'en souviendrai, je le lui revaudrai; **V~heit** f oubli m; **in V~heit geraten** tomber dans l'oubli.
vergeßlich [fɛr'gɛslɪç] adj: ~ **werden** perdre la mémoire; **V~keit** f mauvaise mémoire f.
vergeuden [fɛr'gɔydən] vt gaspiller.
vergewaltigen [fɛrgə'valtɪgən] vt (Frau, Recht) violer; (Sprache) faire violence à.
Vergewaltigung f viol m; (fig) violation f.
vergewissern [fɛrgə'vɪsərn] vr s'assurer; **sich einer Sache** Gen ~ s'assurer de qch.
vergießen [fɛr'giːsən] unreg vt (versehentlich) renverser; (Tränen, Blut) verser.
vergiften [fɛr'gɪftən] vt empoisonner.
Vergiftung f empoisonnement m.
vergilben [fɛr'gɪlbən] vi jaunir.
Vergißmeinnicht [fɛr'gɪsmaɪnnɪçt] (-(e)s, -e)

vergißt – Verhau

400   DEUTSCH-FRANZÖSISCH

nt myosotis *m*.
vergißt [fɛr'gɪst] *vb siehe* **vergessen**.
vergittern [fɛr'gɪtərn] *vt* munir de grillages, grillager.
verglasen [fɛr'gla:zən] *vt* vitrer.
Vergleich [fɛr'glaɪç] (**-(e)s, -e**) *m* comparaison *f*; (*JUR*) compromis *m*; **einen ~ schließen** (*JUR*) transiger; **in keinem ~ zu etw stehen** être sans comparaison possible avec qch; **im ~ mit** *od* **zu** en comparaison de, par comparaison à; **v~bar** *adj* comparable.
vergleichen *unreg vt* comparer ♦ *vr* se comparer; (*JUR*) s'arranger, transiger.
vergleichsweise *adv* comparativement.
verglühen [fɛr'gly:ən] *vi* (*Feuer*) s'éteindre, mourir; (*Draht*) griller; (*Raumkapsel, Meteor etc*) se désintégrer.
vergnügen [fɛr'gny:gən] *vr* s'amuser; **V~** (**-s, -**) *nt* plaisir *m*, joie *f*; **etw macht jdm (großes) V~** qch fait (très) plaisir à qn; **das war ein teueres V~** (*umg*) voilà un plaisir coûteux; **viel V~!** amusez-vous *od* amuse-toi bien!; **nur zum V~** uniquement pour son *etc* plaisir.
vergnüglich *adj* où l'on s'est bien amusé(e), (très) agréable.
vergnügt [fɛr'gny:kt] *adj* (*Mensch, Treiben*) joyeux(-euse), gai(e); (*Stunde, Abend*) agréable.
Vergnügung *f* divertissement *m*, amusement *m*.
Vergnügungs-: **~park** *m* parc *m* d'attractions; **v~süchtig** *adj* avide de plaisir; **~viertel** *nt* quartier des théâtres, des cinémas etc.
vergolden [fɛr'gɔldən] *vt* (*Schmuck etc*) dorer.
vergönnen [fɛr'gœnən] *vt* accorder.
vergöttern [fɛr'gœtərn] *vt* adorer.
vergraben [fɛr'gra:bən] *unreg vt* (*in der Erde*) enterrer; (*verbergen*) enfouir ♦ *vr* (*in Arbeit etc*) se plonger.
vergrämt [fɛr'grɛ:mt] *adj* contrarié(e).
vergreifen [fɛr'graɪfən] *unreg vr*: **sich an jdm ~** se livrer à des voies de fait sur qn; (*sexuell*) violer qn; **sich an etw** *Dat* **~** s'approprier qch; **sich im Ton ~** être trop brusque.
vergriffen [fɛr'grɪfən] *adj* (*Buch*) épuisé(e); (*Ware*) plus disponible.
Vergrößerer *m* agrandisseur *m*.
vergrößern [fɛr'grø:sərn] *vt* agrandir; (*mengenmäßig*) augmenter; (*mit Lupe*) grossir ♦ *vr* s'agrandir; (*Anzahl*) augmenter.
Vergrößerung *f* agrandissement *m*; (*Zunahme*) augmentation *f*; (*mit Lupe*) grossissement *m*.
Vergrößerungsglas *nt* loupe *f*.
Vergünstigung [fɛr'gynstɪgʊŋ] *f* (*Preisermäßigung*) rabais *m*; (*Vorteil*) privilège *m*.
vergüten [fɛr'gy:tən] *vt* (*Arbeit, Leistung*) payer, rémunérer; **jdm etw ~** (*Unkosten, Auslagen*) rembourser qch à qn.
Vergütung *f* (*Bezahlung*) paiement *m*, rémunération *f*; (*von Unkosten, Auslagen*) remboursement *m*.
verh. *abk* = **verheiratet**.

verhaften [fɛr'haftən] *vt* arrêter.
Verhaftete(r) *f(m)* personne *f* arrêtée, prévenu(e) *m/f*.
Verhaftung *f* arrestation *f*.
verhallen [fɛr'halən] *vi* (*Geräusch*) s'éteindre; (*Rufe*) se perdre.
verhalten [fɛr'haltən] *unreg vr* se comporter ♦ *vr unpers*: **wie verhält es sich damit?** (*wie ist die Lage?*) qu'en est-il?; (*wie wird das gehandhabt?*) comment faut-il s'y prendre? ♦ *vt* (*geh: Zorn, Tränen*) contenir; (*Schritt*) ralentir ♦ *adj* (*Ärger, Zorn*) contenu(e); **sich ruhig ~** rester tranquille; (*sich nicht bewegen*) ne pas bouger; **wie verhält sich die Sache?** où en est la situation?; **2 verhält sich zu 4 wie 1 zu 2** 2 est à 4 ce que 1 est à 2; **wenn sich das so verhält ...** s'il en est ainsi ...; **V~** (**-s**) *nt* comportement *m*.
Verhaltens-: **~forschung** *f* étude *f* du comportement, éthologie *f*; **v~gestört** *adj* perturbé(e); **~maßregel** *f* règle *f* de conduite.
Verhältnis [fɛr'hɛltnɪs] (**-ses, -se**) *nt* (*Relation*) rapport *m*, relation *f*; (*Größen~*) proportion *f*; (*Beziehung*) relations *fpl*, rapports *mpl*; (*Liebes~*) liaison *f*; (*Einstellung*) position *f*; **~se** *pl* (*Umstände*) conditions *fpl*; (*Lage*) situation *f*; **aus was für ~sen kommt er?** quelle est son origine sociale?; **in bescheidenen/gesicherten ~sen leben** vivre modestement/dans l'aisance; **über seine ~se leben** vivre au-dessus de ses moyens; **klare ~se schaffen** mettre les choses au clair; **v~mäßig** *adj* relatif(-ive) ♦ *adv* (*proportional*) proportionnellement; (*relativ*) relativement; **~wahl** *f* scrutin *m* proportionnel; **~wahlrecht** *nt* représentation *f* proportionnelle; **~wort** *nt* préposition *f*.
verhandeln [fɛr'handəln] *vi* négocier ♦ *vt* négocier; (*JUR*) juger; **(mit jdm) über etw** *Akk* **~** négocier qch (avec qn); **gegen jdn/in einem Fall ~** juger qn/une affaire.
Verhandlung *f* négociation *f*; (*JUR*) procès *m*; **~en führen** mener des négociations, négocier.
Verhandlungsbasis *f* (*FINANZ*): **~ DM 300.000** prix à débattre 300 000 DM.
verhangen [fɛr'haŋən] *adj* (*Himmel*) couvert(e).
verhängen [fɛr'hɛŋən] *vt* (*Spiegel etc*) couvrir; (*Strafe*) prononcer; (*Ausnahmezustand*) proclamer.
Verhängnis [fɛr'hɛŋnɪs] (**-ses, -se**) *nt* fatalité *f*; **jdm zum ~ werden, jds ~ sein** être fatal(e) à qn; **v~voll** *adj* fatal(e).
verharmlosen [fɛr'harmlo:zən] *vt* minimiser.
verharren [fɛr'harən] *vi* (*in Stellung*) demeurer; (*hartnäckig*) persister.
verhärten [fɛr'hɛrtən] *vr* (*Material, Gewebe*) durcir.
verhaspeln [fɛr'haspəln] (*umg*) *vr* s'embrouiller.
verhaßt [fɛr'hast] *adj* détesté(e), haï(e).
verhätscheln [fɛr'hɛ:tʃəln] *vt* choyer.
Verhau [fɛr'hau] (**-(e)s, -e**) *m* (*zur Absperrung*) barrière *f*; (*Käfig*) cage *f*.

verhauen *unreg* (*umg*) *vt* (*verprügeln*) rouer de coups; (*Prüfung etc*) louper.
verheben [fɛr'he:bən] *unreg vr* se donner un tour de reins.
verheerend [fɛr'he:rənt] *adj* catastrophique.
verhehlen [fɛr'he:lən] *vt* cacher.
verheilen [fɛr'haɪlən] *vi* guérir.
verheimlichen [fɛr'haɪmlɪçən] *vt* cacher.
verheiraten [fɛr'haɪra:tən] *vt* marier ♦ *vr* se marier.
verheiratet [fɛr'haɪra:tət] *adj* marié(e).
verheißen [fɛr'haɪsən] *unreg vt* promettre.
verheißungsvoll *adj* prometteur(-euse).
verheizen [fɛr'haɪtsən] *vt* (*Brennmaterial*) brûler; (*umg*: *seine Kräfte*) gaspiller; (: *Soldaten*) envoyer au massacre; (: *Sportler, Arbeiter*) claquer.
verhelfen [fɛr'hɛlfən] *unreg vi*: **jdm zu etw** ~ (*zu Wohnung, Arbeit etc*) aider qn à obtenir qch; **jdm zur Flucht** ~ aider qn à s'enfuir; **jdm zum Sieg** ~ aider qn à remporter la victoire.
verherrlichen [fɛr'hɛrlɪçən] *vt* glorifier.
verheult [fɛr'hɔʏlt] *adj* (*Augen*) gonflé(e) (par les larmes); **ein** ~**es Gesicht haben** avoir l'air d'avoir pleuré.
verhexen [fɛr'hɛksən] *vt* ensorceler; **es ist wie verhext** il n'y a vraiment rien à faire.
verhindern [fɛr'hɪndərn] *vt* empêcher; **verhindert sein** avoir un empêchement; **ein verhinderter Politiker** (*umg*) un politicien manqué.
Verhinderung *f* empêchement *m*.
verhöhnen [fɛr'hø:nən] *vt* rire de.
verhohnepipeln [fɛr'ho:nəpi:pəln] (*umg*) *vt* se payer la tête de.
Verhöhnung *f* raillerie *f*.
verhökern [fɛr'hø:kərn] (*umg*) *vt* brader.
Verhör [fɛr'hø:r] (–(e)s, –e) *nt* interrogatoire *m*; (*von Zeugen*) audition *f*.
verhören *vt* interroger ♦ *vr* entendre de travers.
verhüllen [fɛr'hʏlən] *vt* (*Haupt, Körperteil*) couvrir; (*mit Schleier*) voiler.
verhungern [fɛr'hʊŋərn] *vi* mourir de faim.
verhunzen [fɛr'hʊntsən] (*umg*) *vt* gâcher.
verhüten [fɛr'hy:tən] *vt* empêcher, prévenir; **Gott verhüte, daß es morgen regnet** pourvu qu'il ne pleuve pas demain.
verhütten [fɛr'hʏtən] *vt* fondre, traiter.
Verhütung *f* (*von Unfällen*) prévention *f*.
Verhütungsmittel *nt* contraceptif *m*.
verifizieren [verifi'tsi:rən] *vt* vérifier.
verinnerlichen [fɛr|ɪnərlɪçən] *vt* intérioriser.
verirren [fɛr'|ɪrən] *vr* se perdre.
verjagen [fɛr'ja:gən] *vt* chasser.
verjähren [fɛr'jɛ:rən] *vi* (*Verbrechen*) bénéficier de la prescription; (*Anspruch*) se périmer.
Verjährungsfrist *f* délai *m* de prescription.
verjubeln [fɛr'ju:bəln] (*umg*) *vt* (*Geld*) claquer.
verjüngen [fɛr'jʏŋən] *vt* rajeunir ♦ *vr* (*Säule*) être plus large à la base, être effilé(e).
verkabeln [fɛr'ka:bəln] *vt* (*Stadtteil*) câbler; (*Stromleitungen*) poser.
Verkabelung *f* câblage *m*.

verkalken [fɛr'kalkən] *vi* (*MED*) se scléroser; (*umg*: *senil werden*) être sclérosé(e); (*Wasserkessel*) être entartré(e).
verkalkulieren [fɛrkalku'li:rən] *vr* se tromper dans ses calculs.
Verkalkung *f* (*MED*) artériosclérose *f*; (*umg*: *Senilität*) sénilité *f* (précoce).
verkannt [fɛr'kant] *adj* méconnu(e).
verkatert [fɛr'ka:tərt] (*umg*) *adj* qui a la gueule de bois.
Verkauf [fɛr'kaʊf] *m* vente *f*; (*Verkaufsabteilung*) service *m* (des) vente(s); **zum** ~ **stehen** être à vendre.
verkaufen *vt* vendre; **jdn für dumm** ~ prendre qn pour un idiot; **„zu** ~ "** "à vendre".
Verkäufer(in) [fɛr'kɔʏfər(ɪn)] (–s, –) *m(f)* vendeur(-euse) *m/f*; (*im Außendienst*) représentant(e) *m/f*.
verkäuflich [fɛr'kɔʏflɪç] *adj* (*zu verkaufen*) à vendre; (*absetzbar*) vendable.
Verkaufs-: ~**abteilung** *f* service *m* (des) vente(s); ~**automat** *m* distributeur *m* automatique; ~**bedingungen** *pl* conditions *fpl* de vente; ~**leiter** *m* directeur *m* des ventes; **v**~**offen** *adj*: **v**~**offener Samstag** *samedi où les magasins sont ouverts toute la journée*; ~**schlager** *m* article *m* très demandé; ~**stelle** *f* point *m* de vente.
Verkehr [fɛr'ke:r] (–s, –e) *m* (*Straßen*~, *Umlauf*) circulation *f*; (*Kontakt, Umgang*) relations *fpl*; (*Geschlechts*~) rapports *mpl* (sexuels); **für den** ~ **freigeben** ouvrir à la circulation; ~ **mit jdm pflegen** entretenir des relations avec qn; **etw aus dem** ~ **ziehen** retirer qch de la circulation; **etw in (den)** ~ **bringen** mettre qch en circulation.
verkehren *vi* (*Bahn, Bus etc*) circuler; (*Geschlechtsverkehr haben*) avoir des rapports (sexuels) ♦ *vt* fausser ♦ *vr* se transformer; **bei jdm** ~ fréquenter qn; **in einem Café** ~ fréquenter un café; **mit jdm** ~ être en contact od en relation avec qn; **mit jdm brieflich** od **schriftlich** ~ (*förmlich*) correspondre avec qn; **sich ins Gegenteil** ~ changer du tout au tout.
Verkehrs-: ~**ader** *f* artère *f*; ~**ampel** *f* feux *mpl* (de circulation); ~**amt** *nt* office *m* du tourisme; ~**aufkommen** *nt* (*förmlich*) densité *f* de la circulation; **v**~**beruhigt** *adj* (*Zone*) à circulation réduite; ~**beruhigung** *f* réduction *f* de la circulation; ~**betriebe** *pl* transports *mpl*; ~**büro** *nt* office *m* du tourisme; ~**delikt** *nt* infraction *f* au code de la route; ~**erziehung** *f* enseignement *m* du code de la route; **v**~**frei** *adj* fermé(e) à la circulation; **v**~**günstig** *adj* situé à proximité d'un arrêt d'autobus ou de tramway, ou d'une gare; ~**insel** *f* refuge *m*; ~**knotenpunkt** *m* plaque *f* tournante; ~**meldung** *f* information *f* routière; ~**mittel** *nt* moyen *m* de transport; **öffentliche** ~**mittel** transports *mpl* publics od en commun; ~**ordnung** *f* code *m* de la route; ~**polizei** *f* police *f* de la circulation; ~**schild** *nt* panneau *m* de signalisation; **v**~**sicher**

adj (*Fahrzeug*) conforme aux normes de sécurité; **~stau** m bouchon m; **~stockung** f gros bouchon m; **~sünder** (*umg*) m contrevenant m au code de la route; **~teilnehmer** m usager m de la route; **v~tüchtig** adj (*Fahrzeug*) en état de marche; (*Mensch*) capable de conduire; **~unfall** m accident m de la circulation; **~verbund** m transports mpl publics; **~verein** m office m du tourisme, syndicat m d'initiative; **v~widrig** adj (*Verhalten*) contrevenant au code de la route; **~zeichen** nt panneau m de signalisation.

verkehrt adj (*falsch*) faux(fausse); (*umgekehrt*) à l'envers.

verkennen [fɛr'kɛnən] unreg vt méconnaître; (*unterschätzen*) sous-estimer.

Verkettung [fɛr'kɛtʊŋ] f: **eine ~ unglücklicher Umstände** un malheureux concours de circonstances.

verkitten [fɛr'kɪtən] vt boucher au mastic, mastiquer.

verklagen [fɛr'klaːgən] vt (*JUR*) porter plainte contre.

verklappen [fɛr'klapən] vt déverser en mer.

verklären [fɛr'klɛːrən] vt transfigurer ♦ vr s'éclairer.

verklausulieren [fɛrklaʊzu'liːrən] vt (*Vertrag*) ajouter des clauses restrictives à.

verkleben [fɛr'kleːbən] vt, vi coller.

verkleiden [fɛr'klaɪdən] vr se déguiser ♦ vt (*Wand*) revêtir; (*Schacht, Tunnel*) revêtir l'intérieur de; (*vertäfeln*) lambrisser; (*Heizkörper*) couvrir.

Verkleidung f (*Kostümierung*) déguisement m; (*ARCHIT*) revêtement m.

verkleinern [fɛr'klaɪnərn] vt (*kleiner machen*) réduire ♦ vr (*kleiner werden*) diminuer.

verklemmt [fɛr'klɛmt] adj (*Mensch*) plein(e) d'inhibitions, complexé(e).

verklickern [fɛr'klɪkərn] (*umg*) vt expliquer.

verklingen [fɛr'klɪŋən] unreg vi s'évanouir, se perdre.

verknacksen [fɛr'knaksən] (*umg*) vt: **sich** Dat **den Fuß ~** se fouler la cheville.

verknallen [fɛr'knalən] (*umg*) vr: **sich in jdn ~** tomber (follement) amoureux(-euse) de qn.

verknappen [fɛr'knapən] vr devenir rare.

verkneifen [fɛr'knaɪfən] unreg (*umg*) vr (*sich versagen*) se priver de qch; **ich konnte mir das Lachen nicht ~** je n'ai pas pu m'empêcher de rire.

verkniffen [fɛr'knɪfən] adj tendu(e).

verknöchert [fɛr'knœçərt] adj (*fig*) fossilisé(e).

verknoten [fɛr'knoːtən] vt (*Schnürbänder, Schal* etc) nouer.

verknüpfen [fɛr'knʏpfən] vt (*Faden*) attacher; (*Gedanken* etc) associer; **etw mit etw ~** (*kombinieren*) combiner qch avec qch.

Verknüpfung f (*fig*) association f.

verkochen [fɛr'kɔxən] vt (*Flüssigkeit*) faire évaporer, réduire ♦ vi (*Flüssigkeit*) s'évaporer; **Himbeeren zu Marmelade ~** faire de la confiture de framboises.

verkohlen [fɛr'koːlən] vt (*umg*): **jdn ~** se payer la tête de qn ♦ vi être carbonisé(e).

verkommen [fɛr'kɔmən] unreg vi (*Garten, Haus* etc) être à l'abandon; (*Mensch*) se laisser aller; (: *moralisch*) se dévoyer; (*Lebensmittel*) se gâter ♦ adj (*Haus*) délabré(e); (*Mensch*) qui se laisse aller; (: *moralisch*) dévoyé(e); **V~heit** f (*von Haus* etc) état m d')abandon m; (*von Mensch*) déchéance f; (: *moralisch*) dépravation f.

verkorken [fɛr'kɔrkən] vt boucher.

verkorksen [fɛr'kɔrksən] (*umg*) vt bousiller.

verkörpern [fɛr'kœrpərn] vt incarner.

verköstigen [fɛr'kœstɪgən] vt nourrir.

verkrachen [fɛr'kraxən] (*umg*) vr se brouiller.

verkracht (*umg*) adj (*gescheitert*) raté(e).

verkraften [fɛr'kraftən] vt supporter.

verkrampfen [fɛr'krampfən] vr se crisper.

verkrampft [fɛr'krampft] adj crispé(e).

verkratzen [fɛr'kratsən] vt griffer.

verkriechen [fɛr'kriːçən] unreg vr se terrer, se tapir.

verkrümmen [fɛr'krʏmən] vt (*Rücken*) rendre voûté(e); (*Finger*) rendre tordu(e), déformer.

verkrümmt [fɛr'krʏmt] adj (*Rücken*) voûté(e).

Verkrümmung f (*MED*: *der Wirbelsäule*) déviation f.

verkrüppelt [fɛr'krʏpəlt] adj estropié(e).

verkrustet [fɛr'krʊstət] adj (*Wunde*) recouvert(e) d'une croûte.

verkühlen [fɛr'kyːlən] vr prendre froid.

verkümmern [fɛr'kʏmərn] vi (*Pflanze*) s'étioler; (*Mensch, Tier*) dépérir; (*Gliedmaßen*) s'atrophier; (*Talent*) se perdre; **emotionell/ geistig ~** ne pas pouvoir s'épanouir/utiliser ses facultés intellectuelles.

verkünden [fɛr'kʏndən] vt annoncer; (*Urteil*) prononcer; **etw überall ~** crier qch sur les toits.

verkündigen [fɛr'kʏndɪgən] vt proclamer; (*Unheil*) annoncer; (*Evangelium*) prêcher.

verkuppeln [fɛr'kʊpəln] vt (*Wagen*) accoupler; **jdn an jdn ~** marier qn avec qn.

verkürzen [fɛr'kʏrtsən] vt raccourcir; (*Wort*) abréger; **sich** Dat **die Zeit ~** passer le temps; **verkürzte Arbeitszeit** journée f de travail réduite.

Verkürzung f réduction f; (*von Wort*) abréviation f.

Verl. abk = **Verlag**; **Verleger**.

verladen [fɛr'laːdən] unreg vt embarquer.

Verlag [fɛr'laːk] (**–(e)s, –e**) m maison f d'édition.

verlagern [fɛr'laːgərn] vt (*Gewicht, Schwerpunkt*) déplacer; (*an anderen Ort bringen*) transférer ♦ vr se déplacer.

Verlagsanstalt f maison f d'édition.

Verlagswesen nt édition f.

verlangen [fɛr'laŋən] vt exiger, demander ♦ vi: **nach jdm/etw ~** demander qn/qch; **Sie werden am Telefon verlangt** on vous demande au téléphone; ~ **Sie Herrn X** demandez Monsieur X; **V~ (–s, –)** *nt:* **V~ nach** désir *m* de; **auf jds V~ (hin)** à la demande de qn.

verlängern [fɛr'lɛŋərn] *vt (länger machen)* rallonger; *(zeitlich)* prolonger; *(Suppe)* allonger; *(Paß, Abonnement)* renouveler; **ein verlängertes Wochenende** un week-end prolongé.

Verlängerung *f* prolongation *f*; *(SPORT)* prolongations *fpl*.

Verlängerungsschnur *f* rallonge *f*.

verlangsamen [fɛr'laŋzaːmən] *vt* ralentir; *(Geschwindigkeit)* réduire ♦ *vr* ralentir.

Verlaß [fɛr'las] *m:* **auf jdn/etw ist kein** ~ on ne peut pas se fier à qn/qch.

verlassen [fɛr'lasən] *unreg vt (Haus, Fahrzeug, Land, Thema)* quitter; *(Familie, Frau, Kind)* abandonner ♦ *vr:* **sich** ~ **auf** *+Akk* compter sur ♦ *adj* abandonné(e); **einsam und** ~ seul au monde; **V~heit** *f (von Mensch)* solitude *f*.

verläßlich [fɛr'lɛslɪç] *adj* sûr(e).

Verlaub [fɛr'laʊp] *m:* **mit** ~ sauf votre respect.

Verlauf [fɛr'laʊf] *m (Ablauf)* déroulement *m*; *(von Kurve)* tracé *m*; **einen guten/schlechten** ~ **nehmen** prendre une bonne/mauvaise tournure; **im** ~ **von** au cours de.

verlaufen *unreg vi (Feier, Abend, Urlaub)* se dérouler; *(Tinte, Farbe)* s'étaler ♦ *vr (sich verirren)* s'égarer; *(sich auflösen)* se disperser; **die Straße/Grenze verläuft von Osten nach Westen** la rue/frontière va d'est en ouest; **die Grenze verläuft entlang des Flusses** la frontière longe la rivière; **die Grenze verläuft sich hier** la frontière est ici.

Verlautbarung *f* avis *m*.

verlauten [fɛr'laʊtən] *vi:* **etw** ~ **lassen** révéler qch; **wie verlautet** comme on l'a annoncé.

verleben [fɛr'leːbən] *vt (Urlaub etc)* passer.

verlebt [fɛr'leːpt] *adj (Gesicht)* de fêtard.

verlegen [fɛr'leːgən] *vt (an anderen Ort)* déplacer; *(Wohnsitz)* transférer; *(verlieren)* égarer; *(Termin)* remettre; *(Leitungen, Kabel, Fliesen etc)* poser; *(Buch)* éditer ♦ *vr:* **sich auf etw** *Akk* ~ recourir à qch ♦ *adj* embarrassé(e), gêné(e); **die Handlung nach Paris** ~ transposer l'action à Paris; **nicht** ~ **sein um** ne pas être à court de; **V~heit** *f* embarras *m*; **jdn in V~heit bringen** mettre qn dans l'embarras.

Verleger [fɛr'leːgər] **(–s, –)** *m* éditeur *m*.

verleiden [fɛr'laɪdən] *vt* gâcher; **jdm den Urlaub/Abend** ~ gâcher les vacances/la soirée de qn.

Verleih [fɛr'laɪ] **(–(e)s, –e)** *m (Firma)* entreprise *f* de location; *(das ~en)* location *f*; *(Film~)* distributeur *m*.

verleihen *unreg vt:* **an jdn** ~ *(leihweise, Geld)* prêter à qn; *(gegen Gebühr)* louer à qn; *(verschaffen)* conférer à qn; *(Medaille, Preis)* décerner à qn.

Verleiher (–s, –) *m* loueur *m*; *(von Filmen)* distributeur *m*; *(von Büchern)* prêteur *m*.

Verleihung *f (von Dingen)* prêt *m*; (: *gegen Gebühr)* location *f*; *(von Medaille, Preis)* remise *f*.

verleiten [fɛr'laɪtən] *vt:* ~ **zu** *(etw Unerlaubtem)* entraîner à.

verlernen [fɛr'lɛrnən] *vt* oublier.

verlesen [fɛr'leːzən] *unreg vt (Text)* lire à haute voix; *(Beeren, Obst etc)* trier ♦ *vr* se tromper en lisant, mal lire.

verletzbar *adj* vulnérable.

verletzen [fɛr'lɛtsən] *vt* blesser; *(Gesetz etc)* violer ♦ *vr* se blesser.

verletzend *adj* blessant(e).

verletzlich *adj* vulnérable.

Verletzte(r) *f(m)* blessé(e) *m/f*.

Verletzung *f* blessure *f*; *(Verstoß)* violation *f*.

verleugnen [fɛr'lɔygnən] *vt* renier; **er läßt sich immer** ~ il fait toujours dire qu'il n'est pas là.

Verleugnung *f* reniement *m*.

verleumden [fɛr'lɔymdən] *vt* calomnier.

verleumderisch *adj* calomniateur(-trice).

Verleumdung *f* calomnie *f*, diffamation *f*.

verlieben *vr:* **sich in jdn/etw** ~ tomber amoureux(-euse) de qn/qch.

verliebt [fɛr'liːpt] *adj* amoureux(-euse); **V~heit** *f* état *m* amoureux.

verlieren [fɛr'liːrən] *unreg vt, vi* perdre ♦ *vr (Angst, Geruch)* se dissiper; *(verschwinden)* se perdre; **an Wert/an Höhe** ~ perdre de sa valeur/de l'altitude; **du hast hier nichts verloren!** tu n'as rien à faire ici!; **deine Mühe ist bei** *od* **an ihr verloren** tu perds ton temps avec elle.

Verlierer *m* perdant *m*.

Verlies [fɛr'liːs] **(–es, –e)** *nt* oubliettes *fpl*.

verloben [fɛr'loːbən] *vr:* **sich** ~ **mit** se fiancer à *od* avec; **verlobt sein** être fiancé(e).

Verlobte(r) [fɛr'loːptə(r)] *f(m)* fiancé(e) *m/f*.

Verlobung *f* fiançailles *fpl*.

verlocken [fɛr'lɔkən] *vt* attirer.

verlockend *adj (Angebot)* attrayant(e), alléchant(e).

Verlockung *f* tentation *f*.

verlogen [fɛr'loːgən] *adj* menteur(-euse); *(Kompliment, Versprechungen)* mensonger(-ère); *(Moral)* hypocrite; **V~heit** *f* hypocrisie *f*.

verlor *etc* [fɛr'loːr] *vb siehe* **verlieren.**

verloren *pp von* **verlieren** ♦ *adj* perdu(e); **~e Eier** œufs *mpl* pochés; **auf ~em Posten kämpfen** *od* **stehen** défendre une cause perdue; **der ~e Sohn** le fils prodigue; **jdn/etw** ~ **geben** considérer qn/qch comme perdu(e); **~gehen** *unreg vi* se perdre; **an ihm ist ein Sänger ~gegangen** il aurait pu être un excellent chanteur, c'est un chanteur manqué.

verlosch *etc* [fɛr'lɔʃ] *vb siehe* **verlöschen.**

verloschen *pp von* **verlöschen.**

verlöschen [fɛr'lœʃən] *unreg vi (Licht)* s'éteindre; *(Inschrift, Farbe, Erinnerung)* s'estomper.

verlosen [fɛr'loːzən] *vt* tirer au sort.

Verlosung *f* tirage *m* au sort.

verlottern [fɛr'lɔtərn] *(umg: pej) vi (Mensch)* mal tourner; *(Haus)* se délabrer; *(Garten)* être à l'abandon.

verludern (*umg*) *vi* mal tourner.

Verlust [fɛr'lʊst] (–(e)s, –e) *m* perte *f*; (*finanziell auch*) déficit *m*; **mit** ~ **verkaufen** vendre à perte; ~**geschäft** *nt*: **das war ein** ~**geschäft** nous avons perdu de l'argent dans cette affaire.

vermachen [fɛr'maxən] *vt* léguer.

Vermächtnis [fɛr'mɛçtnɪs] (–ses, –se) *nt* legs *m*.

vermählen [fɛr'mɛːlən] *vr* se marier.

Vermählte(n) *pl* mariés *mpl*.

Vermählung *f* mariage *m*.

vermakeln [fɛr'maːkəln] *vt* vendre.

vermarkten [fɛr'marktən] *vt* (*WIRTS*) commercialiser; (*Skandal*) exploiter; (*Künstler etc*) monnayer la célébrité de.

Vermarktung [fɛr'marktʊŋ] *f* commercialisation *f*.

vermasseln [fɛr'masəln] (*umg*) *vt* gâcher.

vermehren [fɛr'meːrən] *vt* (*Besitz*) augmenter, faire fructifier ♦ *vr* (*Anzahl*) augmenter; (*sich fortpflanzen*) se reproduire.

Vermehrung *f* augmentation *f*; (*Fortpflanzung*) reproduction *f*.

vermeiden [fɛr'maɪdən] *unreg vt* éviter.

vermeidlich *adj* évitable.

vermeintlich [fɛr'maɪntlɪç] *adj* (*Freund*) soidisant *inv*; (*Täter*) présumé(e).

vermengen [fɛr'mɛŋən] *vt* mélanger; (*fig*) confondre ♦ *vr* se mélanger.

Vermenschlichung [fɛr'mɛnʃlɪçʊŋ] *f* humanisation *f*.

Vermerk [fɛr'mɛrk] (–(e)s, –e) *m* remarque *f*; (*in Ausweis*) mention *f*.

vermerken *vt* noter; **etw übel** ~ mal prendre qch; **jdm etw übel** ~ en vouloir à qn de qch.

vermessen [fɛr'mɛsən] *unreg vt* (*Land*) mesurer, arpenter ♦ *vr* (*falsch messen*) se tromper (en mesurant) ♦ *adj* présomptueux(-euse); **V**~**heit** *f* présomption *f*.

Vermessung *f* (*von Land*) arpentage *m*.

Vermessungsamt *nt* cadastre *m*.

Vermessungsingenieur *m* (arpenteur *m*) géomètre *m*.

vermiesen [fɛr'miːzən] (*umg*) *vt*: **jdm den Urlaub** ~ gâcher les vacances de qn.

vermieten [fɛr'miːtən] *vt* louer.

Vermieter(in) (–s, –) *m(f)* propriétaire *m/f*.

Vermietung *f* location *f*.

vermindern [fɛr'mɪndərn] *vt* (*Tempo, Zahl, Ausgaben*) réduire; (*Gefahr*) restreindre; (*Preis*) baisser ♦ *vr* (*Einfluß*) diminuer; **verminderte Zurechnungsfähigkeit** responsabilité *f* limitée.

Verminderung *f* réduction *f*.

verminen [fɛr'miːnən] *vt* miner.

vermischen [fɛr'mɪʃən] *vt* mélanger ♦ *vr* se mélanger; „**Vermischtes**" "faits divers".

vermissen [fɛr'mɪsən] *vt* (*Mensch*) s'ennuyer de; (*Gegenstand*) avoir perdu; (*Sonne*) regretter; **als vermißt gemeldet** *od* **vermißt sein** être porté(e) disparu(e).

Vermißte(r) *f(m)* personne *f* portée disparue.

Vermißtenanzeige *f* avis *m* de recherche.

vermitteln [fɛr'mɪtəln] *vi* (*in Streit*) servir de

médiateur ♦ *vt* (*Treffen, Gespräch*) arranger; (*Arbeitskräfte*) procurer; (*Gefühl, Bild, Idee etc*) donner; (*Wissen*) transmettre; ~**de Worte** paroles *fpl* conciliantes.

Vermittler(in) [fɛr'mɪtlər(ɪn)] (–s, –) *m(f)* (*WIRTS*) intermédiaire *m*; (*Schlichter*) médiateur(-trice) *m/f*.

Vermittlung *f* entremise *f*; (*Stellen~*) bureau *m* de placement; (*TEL*) central *m* téléphonique; (*Schlichtung*) médiation *f*.

Vermittlungsgebühr *f* commission *f*.

vermodern [fɛr'moːdərn] *vi* pourrir, se décomposer.

vermögen [fɛr'møːgən] *unreg vt* (*erreichen*) obtenir; ~, **etw zu tun** arriver à faire qch, pouvoir faire qch; **V**~ (–s, –) *nt* fortune *f*; (*Fähigkeit*) faculté *f*; **ein V**~ **kosten** (*umg*) coûter une fortune.

vermögend *adj* fortuné(e).

Vermögens-: ~**berater** *m* conseiller *m* en placements; ~**erklärung** *f* déclaration *f* de la fortune; ~**steuer** *f* impôt *m* sur la fortune; ~**werte** *mpl* avoir *msg*, biens *mpl*; **v**~**wirksam** *adv*: **sein Geld v**~**wirksam anlegen** placer son argent dans des plans d'épargne (*avec des avantages fiscaux*) ♦ *adj*: **v**~**wirksame Leistungen** *contributions versées par l'employeur à des plans d'épargne exonérés d'impôts*.

vermummen [fɛr'mʊmən] *vr* s'envelopper.

Vermummungsverbot (–(e)s) *nt interdiction d'avoir le visage masqué lors d'une manifestation*.

vermurksen [fɛr'mʊrksən] (*umg*) *vt* bousiller.

vermuten [fɛr'muːtən] *vt* supposer, présumer; (*argwöhnen*) soupçonner; **ich vermute ihn dort** je suppose qu'il y est.

vermutlich *adj* (*Ergebnis*) probable ♦ *adv* probablement.

Vermutung *f* supposition *f*; **die** ~ **liegt nahe, daß ...** tout porte à croire que ... .

vernachlässigen [fɛr'naːxlɛsɪgən] *vt* négliger.

Vernachlässigung *f* fait *m* de négliger; (*Pflicht*) négligence *f*; **sie wurde der** ~ **ihrer Kinder beschuldigt** on l'a accusé de ne pas s'occuper de ses enfants.

vernähen [fɛr'nɛːən] *vt* (*Faden*) arrêter.

vernarben [fɛr'narbən] *vi* (*Wunde*) se cicatriser.

vernarbt *adj* couvert(e) de cicatrices.

vernarren [fɛr'narən] (*umg*) *vr*: **in jdn/etw vernarrt sein** être entiché(e) de qn/qch.

vernaschen [fɛr'naʃən] *vt* (*Geld*) dépenser en friandises; (*umg: Mädchen, Mann*) s'envoyer.

vernehmen [fɛr'neːmən] *unreg vt* entendre; (*richterlich*) procéder à l'audition de; (*subj: polizeilich*) interroger; **V**~ *nt*: **dem V**~ **nach** à ce que l'on dit.

vernehmlich *adj* intelligible.

Vernehmung *f* (*richterlich*) audition *f*; (*polizeilich*) interrogatoire *m*.

vernehmungsfähig *adj* en état de témoigner.

verneigen [fɛr'naigǝn] *vr*: **sich vor jdm/etw ~** s'incliner devant qn/qch.
Verneigung *f* révérence *f*.
verneinen [fɛr'nainǝn] *vt* (*Frage*) répondre par la négative à; (*ablehnen*) refuser; (*GRAM*) mettre à la forme négative.
verneinend *adj* négatif(-ive).
Verneinung *f* (*von Frage*) réponse *f* négative; (*Ablehnung*) refus *m*; (*GRAM*) négation *f*.
vernichten [fɛr'niçtǝn] *vt* (*Akten, Ernte*) détruire; (*Hoffnung*) réduire à néant; (*Feind*) anéantir; (*Schädling*) exterminer.
vernichtend *adj* (*Niederlage*) écrasant(e); (*Blick*) foudroyant(e); (*Kritik*) cinglant(e).
Vernichtungslager *nt* camp *m* d'extermination.
Vernichtungsschlag (–(e)s, ̈-e) *m* coup *m* terrible.
verniedlichen [fɛr'ni:tlıçǝn] *vt* minimiser.
vernieten [fɛr'ni:tǝn] *vt* river.
Vernissage [vɛrnı'sa:ʒǝ] *f* vernissage *m*.
Vernunft [fɛr'nunft] (–) *f* raison *f*; **~ annehmen** entendre raison; **zur ~ kommen** entendre raison; **jdn zur ~ bringen** ramener qn à la raison.
vernünftig [fɛr'nynftıç] *adj* raisonnable; (*umg: Essen, Arbeit etc*) convenable.
veröden [fɛr'|ø:dǝn] *vi* se dépeupler ♦ *vt* (*Krampfadern*) procéder à l'ablation de.
veröffentlichen [fɛr'|œfǝntlıçǝn] *vt* publier.
Veröffentlichung *f* publication *f*.
verordnen [fɛr'|ɔrdnǝn] *vt* (*Medikament*) prescrire.
Verordnung *f* décret *m*; (*MED*) ordonnance *f*.
verpachten [fɛr'paxtǝn] *vt* affermer, donner à bail.
verpacken [fɛr'pakǝn] *vt* emballer; (*einwickeln*) envelopper.
Verpackung *f* emballage *m*.
Verpackungsmaterial *nt* matériau *m* d'emballage.
verpassen [fɛr'pasǝn] *vt* manquer, rater; **jdm eine (Ohrfeige) ~** (*umg*) flanquer une gifle à qn.
verpatzen [fɛr'patsǝn] (*umg*) *vt* rater.
verpennen [fɛr'pɛnǝn] (*umg*) *vi, vr* dormir trop longtemps.
verpesten [fɛr'pɛstǝn] (*pej*) *vt* (*Luft*) empester.
verpetzen [fɛr'pɛtsǝn] (*umg*) *vt* moucharder, cafarder.
verpfänden [fɛr'pfɛndǝn] *vt* (*Haus*) hypothéquer; (*Gegenstand*) mettre en gage.
verpfeifen [fɛr'pfaifǝn] *unreg* (*umg*) *vt* dénoncer.
verpflanzen [fɛr'pflantsǝn] *vt* transplanter.
Verpflanzung *f* transplantation *f*; (*MED aussi*) greffe *f*.
verpflegen [fɛr'pfle:gǝn] *vt* nourrir.
Verpflegung *f* nourriture *f*; (*im Hotel*) pension *f*.
verpflichten [fɛr'pflıçtǝn] *vt* obliger; (*anstellen, vertraglich binden*) engager ♦ *vr* s'engager ♦ *vi* engager; **sich zu etw ~** s'engager à

qch; **jdm verpflichtet sein** être redevable à qn; **jdm zu Dank verpflichtet sein** être l'obligé(e) de qn; **~d** (*Zusage*) ferme.
Verpflichtung *f* (*sozial, finanziell etc*) obligation *f*; (*Pflicht, Aufgabe*) devoir *m*; (*Engagieren*) engagement *m*.
verpfuschen [fɛr'pfuʃǝn] (*umg*) *vt* bâcler.
verplanen [fɛr'pla:nǝn] (*umg*) *vt* (*Zeit*) organiser; (*Geld*) attribuer ♦ *vr* (*falsch planen*) se tromper dans ses plans.
verplappern [fɛr'plapǝrn] (*umg*) *vr* trahir un secret.
verplempern [fɛr'plɛmpǝrn] (*umg*) *vt* gaspiller.
verpönt [fɛr'pø:nt] *adj* mal vu(e).
verprassen [fɛr'prasǝn] *vt* dilapider.
verprügeln [fɛr'pry:gǝln] *vt* rosser, battre.
verpuffen [fɛr'pufǝn] *vi* craquer; (*fig*) se perdre en fumée.
Verputz [fɛr'puts] *m* plâtre *m*; (*Rauhputz*) crépi *m*.
verputzen *vt* (*Haus*) crépir; (*umg: Essen*) engloutir.
verqualmen [fɛr'kvalmǝn] (*umg: pej*) *vt* (*Zimmer*) enfumer.
verquer [fɛr'kve:r] *adj* (*schräg, schief*) de travers; (*sonderlich*) bizarre; **jdm ~ kommen** ne pas convenir à qn.
verquollen [fɛr'kvolǝn] *adj* (*Augen, Gesichtszüge*) gonflé(e), bouffi(e); (*Holz*) gauchi(e).
verrammeln [fɛr'ramǝln] *vt* barricader.
Verrat [fɛr'ra:t] (–(e)s) *m* trahison *f*; **~ an jdm üben** trahir qn.
verraten *unreg* *vt* trahir; (*fig: erkennen lassen*) montrer ♦ *vr* se trahir.
Verräter(in) [fɛr're:tǝr(ın)] (–s, –) *m(f)* traître(-esse) *m/f*; **v~isch** *adj* traître.
verrauchen [fɛr'rauxǝn] *vi* (*Zorn, Qualm*) se dissiper.
verrechnen [fɛr'rɛçnǝn] *vt* (*Scheck*) porter en compte ♦ *vr* se tromper dans ses calculs; (*fig*) se tromper; **etw mit etw ~** compenser qch avec qch.
Verrechnung *f*: „**nur zur ~**" (*auf Scheck*) "à porter en compte".
Verrechnungsscheck *m* chèque *m* barré.
verregnet [fɛr're:gnǝt] *adj* pluvieux(-euse); (*Ernte*) dévasté(e) par la pluie.
verreisen [fɛr'raizǝn] *vi* partir en voyage.
verreißen [fɛr'raisǝn] *unreg* *vt* (*Theaterstück*) démolir.
verrenken [fɛr'rɛŋkǝn] *vt* (*Gliedmaßen*) démettre; (*MED*) luxer ♦ *vr*: **sich den Knöchel ~** se fouler la cheville.
Verrenkung *f* (*Bewegung*) contorsion *f*; (*MED*) luxation *f*.
verrennen [fɛr'rɛnǝn] *unreg* *vr*: **sich in eine Idee ~** ne pas démordre d'une idée.
verrichten [fɛr'rıçtǝn] *vt* (*Arbeit*) accomplir.
verriegeln [fɛr'ri:gǝln] *vt* verrouiller.
verringern [fɛr'rıŋǝrn] *vt* diminuer, réduire ♦ *vr* diminuer.
Verringerung *f* diminution *f*, réduction *f*.

verrinnen [fɛr'rɪnən] _unreg vi_ (_Wasser_) s'écouler; (_Zeit_) passer.

Verriß [fɛr'rɪs] (**–sses, –sse**) _m_ critique _f_ en règle.

verrohen [fɛr'roːən] _vi_ devenir brutal(e).

verrosten [fɛr'rɔstən] _vi_ rouiller.

verrotten [fɛr'rɔtən] _vi_ (_Laub, Holz_) pourrir, se décomposer; (_Gesellschaft_) dégénérer.

verrucht [fɛr'ruːxt] _adj_ infâme; **V~heit** _f_ infamie _f_.

verrücken [fɛr'rʏkən] _vt_ déplacer.

verrückt _adj_ fou(folle); ~ **spielen** (_umg_) faire des siennes; **auf jdn/etw ~ sein** (_umg_) être fou(folle) de qn/qch; **V~e(r)** _f(m)_ fou(folle) _m/f_; **V~heit** _f_ folie _f_.

Verruf [fɛr'ruːf] _m_: **jdn in ~ bringen** discréditer qn; **in ~ geraten** tomber en discrédit.

verrufen _adj_ (_Lokal_) mal famé(e); (_Mensch_) mal vu(e).

verrutschen [fɛr'rʊtʃən] _vi_ glisser.

Vers [fɛrs] (**–es, –e**) _m_ vers _m_; (_in Bibel_) verset _m_.

versachlichen [fɛr'zaxlɪçən] _vt_ (_Diskussion etc_) dépassionner.

versacken [fɛr'zakən] _vi_ (_in Schlamm etc_) s'enfoncer; (_umg: lange zechen_) faire la foire.

versagen [fɛr'zaːgən] _vt_: **jdm etw ~ refuser** qch à qn ♦ _vi_ (_Mensch, Stimme_) défaillir; (_Regierung_) faillir à sa tâche, échouer; (_Maschine, Motor_) tomber en panne; **sich** _Dat_ **etw ~ se refuser** qch; **V~ (–s)** _nt_ défaillance _f_; **menschliches V~** défaillance humaine.

Versager (**–s, –**) _m_ (_Mensch_) raté _m_.

versalzen [fɛr'zaltsən] _vt_ (_Suppe_) trop saler; (_fig: umg_) bousiller ♦ _vi_ devenir salé(e).

versammeln [fɛr'zaməln] _vt_ réunir, rassembler ♦ _vr_ se réunir; **vor versammelter Mannschaft** devant l'équipe au complet.

Versammlung _f_ réunion _f_, assemblée _f_.

Versammlungsfreiheit _f_ liberté _f_ de réunion.

Versand [fɛr'zant] (**–(e)s**) _m_ expédition _f_; (_Abteilung_) service _m_ expédition; ~**abteilung** _f_ service _m_ expédition; **v~en** [fɛr'zandən] _vi_ s'ensabler.

Versand-: ~**handel** _m_ vente _f_ par correspondance; ~**haus** _nt_ maison _f_ de vente par correspondance; ~**kosten** _pl_ frais _mpl_ d'expédition; ~**weg** _m_: **auf dem ~weg** par correspondance.

versauern [fɛr'zauərn] _vi_ (_Mensch_) s'encroûter.

versäumen [fɛr'zɔymən] _vt_ (_verpassen_) manquer, rater; (_unterlassen_) négliger; (_Zeit_) perdre.

Versäumnis (**–, –se**) _f_ (_Unterlassung_) omission _f_, négligence _f_.

verschachern [fɛr'ʃaxərn] (_umg: pej_) _vt_ brader.

verschachtelt [fɛr'ʃaxtəlt] _adj_ (_Satz_) compliqué(e).

verschaffen [fɛr'ʃafən] _vt_: **jdm etw ~ procurer** qch à qn ♦ _vr_ obtenir.

verschämt [fɛr'ʃɛːmt] _adj_ gêné(e).

verschandeln [fɛr'ʃandəln] (_umg_) _vt_ gâcher.

verschanzen [fɛr'ʃantsən] _vr_: **sich hinter etw** _Dat_ ~ se retrancher derrière qch.

verschärfen [fɛr'ʃɛrfən] _vt_ (_Strafe, Gesetze_) rendre plus sévère; (_Zensur, Kontrolle_) intensifier ♦ _vr_ (_Spannungen_) s'intensifier; (_Lage_) s'aggraver.

Verschärfung _f_ intensification _f_.

verscharren [fɛr'ʃarən] _vt_ enterrer.

verschätzen [fɛr'ʃɛtsən] _vr_ se tromper.

verschenken [fɛr'ʃɛŋkən] _vt_ (_Gegenstand_) offrir; (_Chance, Sieg_) laisser échapper.

verscherzen [fɛr'ʃɛrtsən] _vr_: **sich** _Dat_ **etw ~ perdre** qch.

verscheuchen [fɛr'ʃɔyçən] _vt_ chasser; (_Müdigkeit_) surmonter.

verschicken [fɛr'ʃɪkən] _vt_ envoyer.

verschieben [fɛr'ʃiːbən] _unreg vt_ (_Möbel etc_) déplacer; (_zeitlich_) remettre; (_EISENB_) manœuvrer; (_umg: Waren, Devisen_) faire le trafic de ♦ _vr_ (_verrutschen_) glisser; (_Termin_) être remis(e).

Verschiebung _f_ (_siehe vt_) déplacement _m_; ajournement _m_; trafic _m_.

verschieden [fɛr'ʃiːdən] _adj_ différent(e) ♦ _adv_: ~ **lang/groß sein** ne pas avoir la même longueur/taille; **das ist ganz ~** (_wird verschieden gehandhabt_) ça dépend; ~**e** (_mehrere_) plusieurs; ~**es** plusieurs choses; **etwas V~es** quelque chose d'autre; „**V~es**" (_in Zeitung_) "faits divers"; ~**artig** _adj_ de nature différente, différent(e); **zwei so ~artige ... deux ... tellement différents.**

verschiedenerlei _adj_ divers(e).

Verschiedenheit _f_ différence _f_.

verschiedentlich _adv_ à plusieurs reprises.

verschiffen [fɛr'ʃɪfən] _vt_ transporter par bateau.

verschimmeln [fɛr'ʃɪməln] _vi_ moisir.

verschlafen [fɛr'ʃlaːfən] _unreg vi, vr_ se réveiller trop tard ♦ _vt_ (_Tag_) passer à dormir; (_versäumen_) oublier ♦ _adj_ endormi(e).

Verschlag [fɛr'ʃlaːk] _m_ réduit _m_, cagibi _m_.

verschlagen [fɛr'ʃlaːgən] _unreg vt_ (_mit Brettern_) clouer, fermer; (_TENNIS_) mal engager; (_Buchseite_) perdre ♦ _adj_ (_pej_) roué(e); **es verschlug ihr die Sprache/den Atem** ça lui a coupé la parole/le souffle; **an einen Ort ~ werden** échouer quelque part.

verschlampen [fɛr'ʃlampən] (_umg_) _vt_ (_verlieren_) paumer ♦ _vi_ (_Mensch_) se laisser aller.

verschlechtern [fɛr'ʃlɛçtərn] _vt_ rendre moins bon(ne); (_Stellung_) aggraver ♦ _vr_ (_Lage_) se dégrader; (_Chancen, Aussichten_) devenir moins bon(ne); (_Gesundheitszustand_) empirer; (_Wetter_) se gâter; (_finanziell_) être moins bien payé(e).

Verschlechterung _f_ aggravation _f_, dégradation _f_.

verschleiern [fɛr'ʃlaıərn] _vt_ (_mit Schleier_) voiler; (_Tatbestände_) cacher, étouffer.

Verschleierung [fɛr'ʃlaıərʊŋ] _f_ (_fig_) dissimulation _f_.

Verschleierungstaktik _f_ mesures _fpl_ prises

pour étouffer l'affaire.
Verschleiß [fɛr'ʃlaɪs] (**-es, -e**) *m* usure *f.*
verschleißen *unreg vt* user ♦ *vi* s'user.
verschleppen [fɛr'ʃlɛpən] *vt* (*Menschen*) déporter; (*Seuche*) propager; (*hinauszögern*) faire traîner en longueur; **eine verschleppte Grippe** une grippe mal soignée.
verschleudern [fɛr'ʃlɔʏdərn] *vt* (*Vermögen*) gaspiller; (*Waren*) brader.
verschließbar *adj* (*Tür, Koffer etc*) qui ferme à clé.
verschließen [fɛr'ʃliːsən] *unreg vt* (*Haus, Tür etc*) fermer à clé; (*Flasche*) boucher ♦ *vr* se fermer; **sich allem Neuen** ~ refuser tout changement; **diese Möglichkeit war uns verschlossen** ça n'était pas possible pour nous.
verschlimmern [fɛr'ʃlɪmərn] *vt* aggraver ♦ *vr* s'aggraver, empirer.
Verschlimmerung *f* aggravation *f.*
verschlingen [fɛr'ʃlɪŋən] *unreg vt* (*Lebensmittel, Geld*) engloutir; (*Buch*) dévorer; (*Fäden*) nouer.
verschliß *etc* [fɛr'ʃlɪs] *vb siehe* **verschleißen.**
verschlissen [fɛr'ʃlɪsən] *pp von* **verschleißen** ♦ *adj* (*Kleidung*) élimé(e).
verschlossen [fɛr'ʃlɔsən] *pp von* **verschließen** ♦ *adj* fermé(e) à clé; (*fig*) renfermé(e); **V~heit** *f* (*von Mensch*) caractère *m* renfermé.
verschlucken [fɛr'ʃlʊkən] *vt* avaler; (*Geld*) engloutir ♦ *vr* avaler de travers.
Verschluß [fɛr'ʃlʊs] *m* fermeture *f*; (*an Schmuck*) fermoir *m*; (*PHOT*) obturateur *m*; (*Stöpsel*) bouchon *m*; **unter** ~ **halten** garder sous clé.
verschlüsseln [fɛr'ʃlʏsəln] *vt* (*Nachricht*) coder.
verschmachten [fɛr'ʃmaxtən] *vi* languir.
verschmähen [fɛr'ʃmɛːən] *vt* dédaigner.
verschmelzen [fɛr'ʃmɛltsən] *unreg vt* fondre ♦ *vi* se mêler.
verschmerzen [fɛr'ʃmɛrtsən] *vt* se consoler de, surmonter.
verschmieren [fɛr'ʃmiːrən] *vt* (*verstreichen*) étaler; (*schmutzig machen*) souiller.
verschmitzt [fɛr'ʃmɪtst] *adj* malicieux(-euse).
verschmutzen [fɛr'ʃmʊtsən] *vt* salir; (*Umwelt*) polluer ♦ *vi* se salir.
verschnaufen [fɛr'ʃnaʊfən] (*umg*) *vi, vr* souffler.
verschneiden [fɛr'ʃnaɪdən] *vt* (*Whisky etc*) couper.
verschneit [fɛr'ʃnaɪt] *adj* enneigé(e).
Verschnitt [fɛr'ʃnɪt] *m* (*von Whisky etc*) coupage *m*; (*Reste*) déchets *mpl.*
verschnörkelt [fɛr'ʃnœrkəlt] *adj* tarabiscoté(e).
verschnupft [fɛr'ʃnʊpft] *adj*: ~ **sein** être enrhumé(e); (*umg: beleidigt*) être vexé(e).
verschnüren [fɛr'ʃnyːrən] *vt* ficeler.
verschollen [fɛr'ʃɔlən] *adj* disparu(e).
verschonen [fɛr'ʃoːnən] *vt* épargner; **jdn mit etw** ~ épargner qch à qn; **von etw verschont bleiben** être épargné(e) par qch.
verschönern [fɛr'ʃøːnərn] *vt* embellir.

verschossen [fɛr'ʃɔsən] (*umg*) *adj*: **in jdn** ~ **sein** s'être entiché(e) de qn.
verschränken [fɛr'ʃrɛŋkən] *vt* (*Arme, Beine*) croiser; (*Hände*) joindre.
verschrecken [fɛr'ʃrɛkən] *vt* effaroucher.
verschreiben [fɛr'ʃraɪbən] *unreg vt* (*Papier*) utiliser; (*MED*) prescrire ♦ *vr* faire une faute; **sich einer Sache** ~ se consacrer à qch.
verschreibungspflichtig *adj* délivré(e) uniquement sur ordonnance.
verschrie(e)n [fɛr'ʃriː(ə)n] *adj* mal famé(e).
verschroben [fɛr'ʃroːbən] *adj* bizarre.
verschrotten [fɛr'ʃrɔtən] *vt* mettre à la ferraille.
verschüchtert [fɛr'ʃʏçtərt] *adj* intimidé(e).
verschulden [fɛr'ʃʊldən] *vt* (*Unfall*) causer, être responsable de ♦ *vi, vr* s'endetter; **V~** (**-s**) *nt* faute *f*; **ohne mein/sein V~** sans que j'y sois/qu'il y soit pour rien.
verschuldet *adj* endetté(e).
Verschuldung *f* endettement.
verschütten [fɛr'ʃʏtən] *vt* (*versehentlich*) renverser; (*zuschütten*) remplir, combler; (*unter Trümmern*) ensevelir.
verschwand *etc* [fɛr'ʃvant] *vb siehe* **verschwinden.**
verschweigen. [fɛr'ʃvaɪgən] *unreg vt* taire; **jdm etw** ~ cacher qch à qn.
verschweißen [fɛr'ʃvaɪsən] *vt* souder.
verschwenden [fɛr'ʃvɛndən] *vt* gaspiller.
Verschwender(in) (**-s, -**) *m(f)* gaspilleur(-euse) *m/f.*
verschwenderisch *adj* (*Mensch*) dépensier(-ière), prodige; (*Aufwand*) excessif(-ive).
Verschwendung *f* gaspillage *m.*
verschwiegen [fɛr'ʃviːgən] *adj* (*Mensch*) discret(-ète); (*Ort*) retiré(e); **V~heit** *f* (*von Mensch*) discrétion *f*; (*von Ort*) isolement *m.*
verschwimmen [fɛr'ʃvɪmən] *unreg vi* (*subj: Farben*) se mélanger; (*vor Augen*) se brouiller.
verschwinden [fɛr'ʃvɪndən] *unreg vi* disparaître; **verschwinde!** (*umg*) fiche le camp!; **V~** (**-s**) *nt* disparition *f.*
verschwindend *adj* (*Anzahl, Menge*) infime.
verschwitzen [fɛr'ʃvɪtsən] *vt* (*Kleidung*) tremper de sueur; (*umg: vergessen*) oublier.
verschwitzt *adj* (*Mensch*) en sueur.
verschwommen [fɛr'ʃvɔmən] *adj* (*Farbe*) fondu(e); (*Bild*) flou(e).
verschwören [fɛr'ʃvøːrən] *unreg vr* conspirer.
Verschwörer(in) (**-s, -**) *m(f)* conspirateur(-trice) *m/f.*
Verschwörung *f* conspiration *f.*
verschwunden [fɛr'ʃvʊndən] *pp von* **verschwinden.**
versehen [fɛr'zeːən] *unreg vt* (*Dienst, Pflicht*) accomplir; (*Haushalt*) tenir; (*Amt*) remplir ♦ *vr* se tromper; **jdn/etw mit etw** ~ (*ausstatten*) munir qn/qch de qch; **sich mit etw** ~ se munir de qch; **ehe er (es) sich** ~ **hatte ...** il n'a pas eu le temps de dire ouf que ...; **V~** (**-s, -**) *nt*

méprise *f*; **aus V**~ par mégarde.
versehentlich *adv* par mégarde.
Versehrte(r) [fɛr'zeːrtə(r)] *f(m)* invalide *m/f*.
verselbständigen [fɛr'zɛlpʃtɛndɪgən] *vr (beruflich)* se mettre à son compte.
versenden [fɛr'zɛndən] *unreg vt (Waren)* expédier.
versengen [fɛr'zɛŋən] *vt* brûler; *(subj: Feuer auch)* roussir.
versenken [fɛr'zɛŋkən] *vt* enfoncer; *(Schiff)* couler; *(Sarg)* descendre; *(Antenne)* baisser ♦ *vr:* **sich** ~ **in** +*Akk* se plonger dans.
versessen [fɛr'zɛsən] *adj:* **auf jdn/etw** ~ fou(folle) de qn/qch; **darauf** ~ **sein, etw zu tun** tenir absolument à faire qch.
versetzen [fɛr'zɛtsən] *vt (an andere Stelle)* déplacer; *(dienstlich)* muter; *(verpfänden)* mettre en gage; *(in Schule)* faire passer dans la classe supérieure; *(umg: vergeblich warten lassen)* poser un lapin à; *(nicht geradlinig anordnen)* décaler ♦ *vi (antworten)* rétorquer ♦ *vr:* **sich in jdn** *od* **in jds Lage** ~ se mettre à la place de qn; **etw mit etw** ~ *(mischen)* mélanger qch et qch; **jdm einen Tritt/Schlag** ~ donner un coup de pied/coup à qn; **jdn in gute Laune** ~ mettre qn de bonne humeur; **jdn in Unruhe** ~ troubler qn.
Versetzung *f (dienstlich)* mutation *f*; *(in Schule)* passage *m* dans la classe supérieure.
verseuchen [fɛr'zɔʏçən] *vt* polluer; *(durch radioaktive Stoffe)* contaminer.
Versicherer (**–s, –**) *m* assureur *m*.
versichern [fɛr'zɪçərn] *vt* assurer ♦ *vr* +*Gen* s'assurer de; `etw` ~ **gegen** assurer qch contre.
Versicherte(r) *f(m)* assuré(e) *m/f*.
Versicherung *f* assurance *f*; *(Gesellschaft)* compagnie *f* d'assurance.
Versicherungs-: ~**anspruch** *m* droit *m* à une prestation de l'assurance; ~**beitrag** *m* prime *f* d'assurance; *(bei staatliche Versicherung etc)* cotisation *f*; ~**gesellschaft** *f* compagnie *f* d'assurance; ~**leistung** *f* prestation *f* de l'assurance; ~**nehmer** (**–s, –**) *m (förmlich)* assuré(e) *m/f*; ~**police** *f* police *f* d'assurance; ~**prämie** *f* prime *f* d'assurance; ~**schutz** *m* couverture *f* de l'assurance; ~**summe** *f* montant *m* assuré; ~**träger** *m (förmlich)* assureur *m*.
versickern [fɛr'zɪkərn] *vi* s'infiltrer.
versiegeln [fɛr'ziːgəln] *vt (Brief)* cacheter; *(Parkett)* vitrifier.
versiegen [fɛr'ziːgən] *vi* tarir; *(fig: Kräfte)* décliner.
versiert [vɛr'ziːrt] *adj:* **in etw** *Dat* ~ **sein** être versé(e) dans qch.
versilbern [fɛr'zɪlbərn] *vt (Besteck)* argenter.
versinken [fɛr'zɪŋkən] *unreg vi* s'enfoncer; *(Schiff)* couler; **ich hätte vor Scham** *od* **im Boden** ~ **mögen** j'aurais voulu rentrer sous terre de honte; **in etw** *Akk* **versunken sein** être plongé(e) dans qch.
versinnbildlichen [fɛr'zɪnbɪltlɪçən] *vt* symboli-

ser.
Version [vɛrzi'oːn] *f* version *f*.
Versmaß ['fɛrsmaːs] *nt* mètre *m*.
versöhnen [fɛr'zøːnən] *vt* réconcilier ♦ *vr:* **sich mit jdm** ~ se réconcilier avec qn.
versöhnlich *adj* conciliant(e).
Versöhnung *f* réconciliation *f*.
Versöhnungsfest *nt* fête *f* de l'expiation, Yom Kippour *m*.
versonnen [fɛr'zɔnən] *adj* songeur(-euse); *(träumerisch)* rêveur(-euse).
versorgen [fɛr'zɔrgən] *vt* fournir, approvisionner; *(unterhalten)* entretenir; *(sich kümmern um)* s'occuper de ♦ *vr:* **sich** ~ **mit** se pourvoir de, s'approvisionner en; **jdn mit etw** ~ fournir qch à qn.
Versorger(in) *m(f) (Ernährer)* soutien *m* de famille.
Versorgung *f* approvisionnement *m*; *(Unterhalt)* entretien *m*; *(Alters*~ *etc)* allocation *f*.
Versorgungs-: ~**betrieb** *m* service *m* public; ~**lage** *f* situation *f* de l'approvisionnement; ~**netz** *nt* réseau *m* de distribution.
verspannen [fɛr'ʃpanən] *vr (Muskeln)* se crisper.
verspäten [fɛr'ʃpɛːtən] *vr* être en retard.
verspätet *adj (Zug, Abflug, Ankunft)* en retard; *(Glückwünsche)* tardif(-ive).
Verspätung *f* retard *m*; ~ **haben** avoir du retard; **mit zwanzig Minuten** ~ avec vingt minutes de retard.
versperren [fɛr'ʃpɛrən] *vt (Weg)* barrer; *(Sicht)* boucher; *(Tür)* barricader.
verspielen [fɛr'ʃpiːlən] *vt (Geld)* perdre au jeu ♦ *vr (auf Instrument)* faire une fausse note; **bei jdm verspielt haben** ne plus être bien vu de qn.
verspielt [fɛr'ʃpiːlt] *adj* joueur(-euse).
versponnen [fɛr'ʃpɔnən] *adj* farfelu(e).
verspotten [fɛr'ʃpɔtən] *vt* se moquer de.
versprach *etc* [fɛr'ʃprax] *vb siehe* **versprechen**.
versprechen [fɛr'ʃprɛçən] *unreg vt* promettre ♦ *vr (etwas Nicht-Gemeintes sagen)* faire un lapsus; **sich** *Dat* **etw von etw** ~ attendre qch de qch; **V**~ (**–s, –**) *nt* promesse *f*.
Versprecher (**–s, –**; *umg*) *m* lapsus *m*.
Versprechung *f (gew pl)* promesse *f*.
verspüren [fɛr'ʃpyːrən] *vt* ressentir, éprouver.
verstaatlichen [fɛr'ʃtaːtlɪçən] *vt* nationaliser, étatiser.
Verstaatlichung *f* nationalisation *f*, étatisation *f*.
Verstand [fɛr'ʃtant] *m* raison *f*; **den** ~ **verlieren** perdre la raison; **über jds** ~ **gehen** dépasser qn; **etw mit** ~ **trinken** savourer qch.
verstandesmäßig *adj* rationnel(le).
verständig [fɛr'ʃtɛndɪç] *adj* raisonnable.
verständigen [fɛr'ʃtɛndɪgən] *vt* avertir, prévenir ♦ *vr* communiquer; *(sich einigen)* se mettre d'accord, s'entendre.
Verständigkeit *f* sagesse *f*, bon sens *m*.
Verständigung *f (Kommunikation)* communication *f*; *(Benachrichtigung)* notification *f*; *(Ei-*

nigung) accord m.

verständlich [fɛrˈʃtɛntlɪç] adj compréhensible; (akustisch) intelligible; **sich** ~ **machen** (hörbar) se faire entendre; (sich klar ausdrücken) se faire comprendre.

verständlicherweise adv à juste titre.

Verständlichkeit f intelligibilité f, clarté f.

Verständnis (**–ses, –se**) nt (das Verstehen) compréhension f; **für etw kein** ~ **haben** ne pas comprendre qch; (für Kunst etc) ne pas rien comprendre à qch; „**wir bitten um Ihr** ~" "nous vous prions de bien vouloir nous excuser"; **v~los** (Mensch) adj qui ne comprend pas; (Blick, Gesichtsausdruck) déconcerté(e); **v~voll** adj compréhensif(-ive).

verstärken [fɛrˈʃtɛrkən] vt (Mauer, Pfeiler, Truppen, Mannschaft) renforcer; (Strom, Spannung, Ton) amplifier; (erhöhen) augmenter ♦ vr augmenter.

Verstärker (**–s, –**) m (TECH) amplificateur m.

Verstärkung f (siehe vt) renforcement m; amplification f; (Hilfe) renforts mpl.

verstauben [fɛrˈʃtaʊbən] vi se couvrir de poussière.

verstaubt [fɛrˈʃtaʊpt] (pej) adj (fig) dépassé(e).

verstauchen [fɛrˈʃtaʊxən] vt: **sich** Dat **etw** ~ **se** fouler od se tordre qch.

Verstauchung f foulure f, entorse f.

verstauen [fɛrˈʃtaʊən] vt caser.

Versteck [fɛrˈʃtɛk] (**–(e)s, –e**) nt cachette f; ~ **spielen** jouer à cache-cache.

verstecken vt cacher ♦ vr se cacher.

versteckt adj caché(e); (Tür) secret(-ète), dérobé(e); (Lächeln, Blick) furtif(-ive); (Vorwürfe, Andeutung) voilé(e).

verstehen [fɛrˈʃteːən] unreg vt comprendre; (gut hören auch) entendre; (Handwerk etc) connaître ♦ vr se comprendre; (gut auskommen) bien s'entendre; **etw von Kunst** ~ s'y connaître dans le domaine de l'art; **jdm etw zu** ~ **geben** laisser entendre qch à qn; **das ist nicht wörtlich zu** ~ il ne faut pas le prendre au pied de la lettre; **die Preise** ~ **sich einschließlich Lieferung** les prix indiqués comprennent la livraison; **sich auf etw** Akk ~ s'y connaître en qch; **das versteht sich (von selbst)** cela va de soi.

versteifen [fɛrˈʃtaɪfən] vt (Material) renforcer ♦ vi (Gelenke) devenir raide ♦ vr (fig): **sich auf etw** Akk ~ ne pas démordre de qch.

versteigen [fɛrˈʃtaɪgən] unreg vr: **sie hat sich zu der Behauptung verstiegen, daß** ... elle est allée jusqu'à prétendre que ... .

versteigern [fɛrˈʃtaɪgərn] vt vendre aux enchères.

Versteigerung f vente f aux enchères.

versteinern [fɛrˈʃtaɪnərn] vi se fossiliser.

verstellbar adj réglable.

verstellen [fɛrˈʃtɛlən] vt (verändern) ajuster; (falsch einstellen) dérégler; (richtig einstellen) régler; (versperren) bloquer; (Stimme) déguiser ♦ vr (heucheln) jouer la comédie.

Verstellung f (Heuchelei) simulation f, comé-

die f; (von Stimme) déguisement m.

versteuern [fɛrˈʃtɔʏərn] vt payer des impôts sur; **zu** ~ imposable.

verstiegen [fɛrˈʃtiːgən] adj (Idee) saugrenu(e).

verstimmen [fɛrˈʃtɪmən] vt (Instrument) désaccorder; (Mensch) mettre de mauvaise humeur; **(sich** Dat**) den Magen** ~ se déranger l'estomac.

Verstimmung f (fig) mauvaise humeur f.

verstockt [fɛrˈʃtɔkt] adj têtu(e); **V~heit** f entêtement m.

verstohlen [fɛrˈʃtoːlən] adj furtif(-ive).

verstopfen [fɛrˈʃtɔpfən] vt (Ritze) boucher, calfeutrer; (Innenstadt) embouteiller; (MED) constiper.

Verstopfung f (von Rohr) engorgement m; (von Straße) embouteillage m; (MED) constipation f.

verstorben [fɛrˈʃtɔrbən] adj décédé(e), défunt(e).

Verstorbene(r) f(m) défunt(e) m/f.

verstört [fɛrˈʃtøːrt] adj (Mensch) troublé(e), perturbé(e).

Verstoß [fɛrˈʃtoːs] (**–es, ¨-e**) m: ~ **gegen** infraction f à.

verstoßen unreg vt (Mensch) chasser, bannir ♦ vi: ~ **gegen** contrevenir à, violer.

verstrahlen [fɛrˈʃtraːlən] vt (radioaktiv) irradier.

verstreichen [fɛrˈʃtraɪçən] unreg vt (Butter, Salbe) étendre ♦ vi (Zeit) s'écouler; (Frist) expirer.

verstreuen [fɛrˈʃtrɔʏən] vt répandre.

verstricken [fɛrˈʃtrɪkən] vr: **sich in etw** Akk ~ s'empêtrer dans qch ♦ vt (fig) impliquer, mêler; **in etw verstrickt sein** être impliqué(e) dans qch.

verströmen [fɛrˈʃtrøːmən] vt répandre.

verstümmeln [fɛrˈʃtʏmɛln] vt mutiler, estropier; (fig) estropier.

verstummen [fɛrˈʃtʊmən] vi se taire; (Lärm) cesser.

Versuch [fɛrˈzuːx] (**–(e)s, –e**) m (Bemühung) tentative f, essai m; (SPORT) essai; (wissenschaftlich) expérience f; **das käme auf einen** ~ **an** il faudrait essayer.

versuchen vt (Essen) goûter; (ausprobieren) essayer; (verführen) tenter ♦ vr: **sich an etw** Dat ~ s'essayer à qch.

Versuchs-: ~**anstalt** f centre m de recherche; ~**bohrung** f sondage m d'exploration; ~**kaninchen** nt (Tier) lapin m de laboratoire; (pej: umg) cobaye m; ~**objekt** nt sujet m d'expérience; (fig) cobaye m; ~**reihe** f série f d'expériences; **v~weise** adv à titre expérimental.

Versuchung f tentation f.

versumpfen [fɛrˈzʊmpfən] vi (Gebiet) devenir marécageux(-euse); (umg: verwahrlosen) être perdu(e); (: lange zechen) faire la bringue.

versündigen [fɛrˈzʏndɪgən] (geh) vr: **sich an jdm/etw** ~ se rendre coupable envers qn/qch.

Versunkenheit *f* contemplation *f*.
versüßen [fɛr'zyːsən] *vt*: **jdm etw** ~ faciliter qch à qn.
vertagen [fɛr'taːgən] *vt* ajourner.
Vertagung *f* ajournement *m*.
vertauschen [fɛr'tauʃən] *vt* échanger; **vertauschte Rollen** des rôles *mpl* inversés.
verteidigen [fɛr'taɪdɪgən] *vt* défendre ♦ *vr* se défendre.
Verteidiger(in) (-s, -) *m(f)* défenseur *m*; (*Anwalt*) avocat(e) *m/f*; (*FUSSBALL, RUGBY*) arrière *m*.
Verteidigung *f* défense *f*.
Verteidigungsminister *m* ministre *m* de la Défense.
verteilen [fɛr'taɪlən] *vt* distribuer; (*Salbe etc*) étaler ♦ *vr* se disperser.
Verteiler (-s, -) *m* (*AUT*) distributeur *m*; (*WIRTS*) concessionnaire *m*.
Verteilung *f* distribution *f*; (*von Bevölkerung, Salbe etc*) répartition *f*.
verteuern [fɛr'tɔʏərn] *vt* (*teuer machen*) rendre plus cher, renchérir ♦ *vr* augmenter, renchérir.
Verteuerung [fɛr'tɔʏərʊŋ] *f* renchérissement *m*.
verteufeln [fɛr'tɔʏfəln] *vt* dénigrer.
verteufelt (*umg*) *adj* (*Lage, Angelegenheit*) infernal(e).
vertiefen [fɛr'tiːfən] *vt* (*Graben*) creuser; (*fig: Kluft*) rendre plus profond(e); (*Wissen*) approfondir; (*Abneigung, Gefühle*) intensifier ♦ *vr* (*tiefer werden*) devenir plus profond(e), se creuser; **sich in etw** *Akk* ~ se plonger dans qch; **in Gedanken vertieft** plongé(e) dans ses pensées.
Vertiefung *f* (*Mulde*) creux *m*.
vertikal [vɛrti'kaːl] *adj* vertical(e).
vertilgen [fɛr'tɪlgən] *vt* (*Unkraut, Ungeziefer*) détruire, éliminer; (*umg: essen*) engloutir.
Vertilgungsmittel *nt* (*Insekten~*) insecticide *m*.
vertippen [fɛr'tɪpən] *vr* faire une faute de frappe.
vertonen [fɛr'toːnən] *vt* (*Text*) mettre en musique; (*Film*) sonoriser.
Vertonung *f* adaptation *f* musicale.
vertrackt [fɛr'trakt] *adj* compliqué(e).
Vertrag [fɛr'traːk] (-(e)s, ̈-e) *m* (*JUR*) contrat *m*; (*POL*) traité *m*.
vertragen [fɛr'traːgən] *unreg vt* supporter ♦ *vr*: **sich mit jdm** ~ (bien) s'entendre avec qn; (*aussöhnen*) se réconcilier avec qn; **sich mit etw** ~ (*Nahrungsmittel, Farbe*) aller avec qch; (*Aussage, Verhalten*) concorder avec qch; **viel** ~ **können** (*umg: Alkohol*) bien supporter l'alcool.
vertraglich *adj* contractuel(le) ♦ *adv*: **etw** ~ **regeln** régler qch par contrat.
verträglich [fɛr'trɛːklɪç] *adj* (*Mensch, Wesen*) conciliant(e); (*Speisen*) digeste; (*Medikament*) bien toléré(e) (par l'organisme); **V~keit** *f* (*von Speise*) digestibilité *f*; (*von Medikament*)

fait d'être bien toléré par l'organisme.
Vertrags-: ~**bruch** *m* rupture *f* de contrat; **v~brüchig** *adj* qui ne respecte pas les stipulations du contrat; **v~brüchig werden** rompre le contrat; **v~fähig** *adj* (*JUR*) apte à contracter; ~**händler** *m* concessionnaire *m*; **v~mäßig** *adj* contractuel(le) ♦ *adv* conformément au contrat; ~**partner** (-s, -) *m* partie *f* contractante, contractant(e) *m/f*.
Vertragsspieler *m* (*FUSSBALL*) joueur *m* sous contrat; ~**werkstatt** *f* concessionnaire *m* (*garage*); **v~widrig** *adj* contraire au contrat.
vertrauen [fɛr'trauən] *vi* (*+Dat*) avoir confiance en; ~ **auf** +*Akk* faire confiance à; **V~** (-s) *nt* confiance *f*; **jdn ins V~ ziehen** mettre qn dans la confidence; **V~ zu jdm fassen** avoir de plus en plus confiance en qn; **im V~ (gesagt)** soit dit entre nous; **V~ erweckend** *adj* qui inspire confiance.
Vertrauens-: ~**arzt** *m* médecin-conseil *m*; ~**frage** *f* (*POL*) question *f* de confiance; ~**mann** (-(e)s, –männer *od* –leute) *m* homme *m* de confiance; ~**sache** *f* (*vertrauliche Angelegenheit*) affaire *f* confidentielle; (*Frage des Vertrauens*) question *f* de confiance; **v~selig** *adj* trop confiant(e); ~**stellung** *f* poste *m* de confiance; **v~voll** *adj* confiant(e); **wenden Sie sich v~voll an Frau X** adressez-vous en toute confiance à Madame X; ~**votum** *nt* vote *m* de confiance; **v~würdig** *adj* digne de confiance.
vertraulich [fɛr'traulɪç] *adj* confidentiel(le); **V~keit** *f* caractère *m* confidentiel; (*Aufdringlichkeit*) familiarité *f* excessive.
verträumt [fɛr'trɔʏmt] *adj* (*Mensch, Blick*) rêveur(-euse); (*Ort, Städtchen*) paisible.
vertraut [fɛr'traut] *adj* familier(-ière); **sich mit dem Gedanken** ~ **machen, daß** ... se faire à l'idée que ... .
Vertraute(r) *f(m)* confident(e) *m/f*; **V~heit** *f* familiarité *f*.
vertreiben [fɛr'traɪbən] *unreg vt* chasser; (*aus Land*) expulser; (*WIRTS*) vendre; (*Zeit*) passer.
Vertreibung *f* (*aus Land*) expulsion *f*.
vertretbar *adj* justifiable; (*Theorie, Argument*) défendable.
vertreten [fɛr'treːtən] *unreg vt* (*Kollegen*) remplacer; (*Interessen*) défendre; (*Ansicht*) soutenir; (*Staat, Firma, Wahlkreis*) représenter; **sich** *Dat* **die Beine** ~ se dégourdir les jambes.
Vertreter(in) *m(f)* remplaçant(e) *m/f*, suppléant(e) *m/f*; (*Repräsentant*) représentant(e) *m/f*; (*Verfechter*) défenseur *m*; ~**provision** *f* commission *f*.
Vertretung *f* représentation *f*; (*vertretende Person*) représentant(e) *m/f*; (: *von Arzt*) remplaçant(e) *m/f*; (*von Firma*) agence *f*; **die** ~ (**für jdn) übernehmen** remplacer qn.
Vertretungsstunde *f* (*SCH*) heure *f* de suppléance.
vertretungsweise *adv* à titre de remplaçant.
Vertrieb [fɛr'triːp] (-(e)s, -e) *m* vente *f*; (*Abteilung*) service *m* commercial *od* des ventes;

den ~ **für eine Firma haben** être dépositaire *od* concessionnaire des produits d'une société.
Vertriebene(r) [fɛr'tri:bənə(r)] *f(m)* expulsé(e) *m/f*, exilé(e) *m/f*.
Vertriebskosten *pl* frais *mpl* de commercialisation.
vertrinken [fɛr'trɪŋkən] *unreg vt* dépenser en boisson.
vertrocknen [fɛr'trɔknən] *vi* se dessécher; (*Brunnen*) tarir.
vertrödeln [fɛr'trø:dəln] (*umg*) *vt* (*Zeit*) perdre.
vertrösten [fɛr'trø:stən] *vt* faire attendre.
vertun [fɛr'tu:n] *unreg vt* gaspiller ♦ *vr* (*umg*) se tromper.
vertuschen [fɛr'tʊʃən] *vt* étouffer.
verübeln [fɛr'|y:bəln] *vt*: **jdm etw ~** en vouloir à qn de qch.
verüben [fɛr'|y:bən] *vt* commettre, perpétrer.
verulken [fɛr'|ʊlkən] *vt* se moquer de.
verunglimpfen [fɛr'|ʊnglɪmpfən] *vt* dénigrer.
verunglücken [fɛr'|ʊnglʏkən] *vi* avoir un accident, être victime d'un accident; (*umg*: *mißlingen*) rater; **tödlich ~** se tuer dans un accident.
Verunglückte(r) *f(m)* victime *f*.
verunreinigen [fɛr'|ʊnraɪnɪgən] *vt* salir; (*Umwelt*) polluer.
verunsichern [fɛr'|ʊnzɪçərn] *vt* semer le doute dans l'esprit de.
verunstalten [fɛr'|ʊnʃtaltən] *vt* défigurer.
veruntreuen [fɛr'|ʊntrɔyən] *vt* détourner.
verunzieren [fɛr'|ʊntsi:rən] *vt* déparer.
verursachen [fɛr'|u:rzaxən] *vt* causer.
verurteilen [fɛr'|u:rtaɪlən] *vt* condamner; (*für schuldig befinden*) reconnaître coupable; **zum Scheitern verurteilt** voué(e) à l'échec.
Verurteilung *f* condamnation *f*.
vervielfachen [fɛr'fi:lfaxən] *vt* multiplier ♦ *vr* se multiplier.
vervielfältigen [fɛr'fi:lfɛltɪgən] *vt* (*Text*) polycopier; (*fotokopieren*) photocopier.
Vervielfältigung *f* (*das Vervielfältigen*) polycopie *f*; (*das Fotokopieren*) photocopie *f*.
Vervielfältigungsapparat *m* copieur *m*.
vervollkommnen [fɛr'fɔlkɔmnən] *vt* perfectionner ♦ *vr*: **sich in etw** *Dat* ~ se perfectionner en qch.
vervollständigen [fɛr'fɔlʃtɛndɪgən] *vt* compléter.
verw. *abk* = **verwitwet**.
verwachsen [fɛr'vaksən] *unreg vi* (*Narbe, Wunde*) disparaître ♦ *vr* (*sich von selber regulieren*) disparaître (avec le temps) ♦ *adj* (*Mensch*) difforme.
verwackeln [fɛr'vakəln] *vt* (*PHOT*) rendre flou(e).
verwählen [fɛr'vɛ:lən] *vr* se tromper de numéro.
verwahren [fɛr'va:rən] *vt* (*aufbewahren*) conserver ♦ *vr*: **sich ~ (gegen)** se défendre (de).
verwahrlosen *vi* (*Haus*) être à l'abandon; (*Mensch*) se négliger; (*moralisch*) mal tour-

ner.
verwahrlost *adj* (*Mensch, Äußeres*) négligé(e); (*moralisch*) dévoyé(e).
Verwahrung *f* (*von Geld*) dépôt *m*; **jdn in ~ nehmen** mettre qn en garde à vue.
verwaist [fɛr'vaɪst] *adj* (*Kind*) orphelin(e); (*Ort, Haus*) abandonné(e).
verwalten [fɛr'valtən] *vt* gérer; (*Stadt*) administrer; (*Haus*) être gérant(e) de.
Verwalter(in) *m(f)* administrateur(-trice) *m/f*; (*Haus~*) gérant(e) *m/f*.
Verwaltung *f* (*von Stadt*) administration *f*; (*von Haus*) gérance *f*; (*von Vermögen*) gestion *f*.
Verwaltungs-: **~apparat** *m* appareil *m* administratif; **~bezirk** *m* circonscription *f* administrative; **~gericht** *nt* tribunal *m* administratif.
verwandeln [fɛr'vandəln] *vt* (*umwandeln*) transformer ♦ *vr* se transformer; **jdn/etw in etw** *Akk* ~ transformer qn/qch en qch.
Verwandlung *f* transformation *f*.
verwandt [fɛr'vant] *adj*: **mit jdm ~ sein** être apparenté(e) à *od* parent(e) de qn; **geistig ~ sein** être très proche, être des âmes sœurs.
Verwandte(r) *f(m)* parent(e) *m/f*.
Verwandtschaft *f* parenté *f*; (*fig*) analogie *f*.
verwarnen [fɛr'varnən] *vt* donner un avertissement à.
Verwarnung *f* avertissement *m*; **gebührenpflichtige ~** contravention *f*.
verwaschen [fɛr'vaʃən] *adj* délavé(e); (*fig*) flou(e).
verwässern [fɛr'vɛsərn] *vt* (*Lebensmittel*) (trop) diluer.
verwechseln [fɛr'vɛksəln] *vt* confondre; **sich zum V~ ähnlich sein** se ressembler comme deux gouttes d'eau.
Verwechslung *f* confusion *f*.
verwegen [fɛr've:gən] *adj* (*Mensch*) téméraire; (*Plan*) audacieux(-euse); **V~heit** *f* (*siehe adj*) témérité *f*; audace *f*.
verwehren [fɛr've:rən] *vt* (*geh*): **jdm etw ~** interdire qch à qn.
Verwehung [fɛr've:ʊŋ] *f* (*Schnee~*) congère *f*.
verweichlichen [fɛr'vaɪçlɪçən] *vt* affaiblir ♦ *vi* s'affaiblir.
verweichlicht *adj* affaibli(e).
verweigern [fɛr'vaɪgərn] *vt* refuser; **jdm etw ~** refuser qch à qn; **den Gehorsam/die Aussage ~** refuser d'obéir/de témoigner.
Verweigerung *f* refus *m*.
verweilen [fɛr'vaɪlən] *vi* (*geh*) rester, demeurer; (*bei Thema etc*) s'attarder.
verweint [fɛr'vaɪnt] *adj* (*Augen*) gonflé(e) de larmes; (*Gesicht*) en pleurs.
Verweis [fɛr'vaɪs] (**-es, -e**) *m* (*Tadel*) réprimandes *fpl*, remontrances *fpl*; (*Hinweis*) renvoi *m*.
verweisen [fɛr'vaɪzən] *unreg vt* (*von der Schule*) renvoyer; (*geh*: *tadeln*) réprimander; **jdn ~ auf etw** *Akk* renvoyer à qch; **jdn auf etw** *Akk* ~ (*hinweisen*) renvoyer qn à qch; **Marie an Paul ~** envoyer Marie chez Paul; **jdn vom Platz** *od*

des Spielfeldes ~ renvoyer qn du terrain; **jdn des Landes** ~ expulser qn.
Verweisung f renvoi m; (*Landes*~) expulsion f.
verwelken [fɛr'vɛlkən] vi (*Blumen*) se faner; (*Haut*) se rider.
verweltlichen [fɛr'vɛltlɪçən] vt séculariser.
verwendbar adj utilisable.
verwenden [fɛr'vɛndən] unreg vt utiliser, se servir de; (*Methode*) suivre; (*Mühe, Zeit*) consacrer; (*Geld*) dépenser ♦ vr: **sich für jdn/ etw** ~ intercéder en faveur de qn/qch.
Verwendung f emploi m, utilisation f.
Verwendungsmöglichkeit f possibilité f d'utilisation, application f possible.
Verwendungszweck m application f, utilité f.
verwerfen [fɛr'vɛrfən] unreg vt (*Plan, Klage, Antrag*) rejeter; (*Urteil*) casser; (*Handlungsweise*) condamner ♦ vr (*Holz*) travailler; (*GEOL*) se déplacer.
verwerflich [fɛr'vɛrflɪç] adj (*Tat*) répréhensible.
verwertbar adj utilisable.
verwerten [fɛr'veːrtən] vt (*Abfälle*) recycler, utiliser; (*Idee*) exploiter; (*Erfahrung*) tirer profit de.
Verwertung f utilisation f, exploitation f.
verwesen [fɛr'veːzən] vi se décomposer.
Verwesung f décomposition f.
verwickeln [fɛr'vɪkəln] vt: **jdn in etw** Akk ~ impliquer qn dans qch ♦ vr (*Fäden etc*) s'emmêler; (*fig*) être mêlé(e); **in etw** Akk **verwickelt sein** être impliqué(e) dans qch; **sich in Widersprüche** ~ se perdre dans des contradictions.
verwickelt adj compliqué(e).
Verwicklung f (*gew pl: Komplikation*) complication f.
verwildern [fɛr'vɪldərn] vi (*Garten*) être à l'abandon; (*Tier*) retourner à l'état sauvage; (*Jugend*) ne plus avoir de morale.
verwildert adj (*jds Aussehen*) débraillé(e); (*Garten*) à l'abandon.
verwinden [fɛr'vɪndən] unreg vt surmonter.
verwirklichen [fɛr'vɪrklɪçən] vt réaliser ♦ vr se réaliser.
Verwirklichung f réalisation f.
verwirren [fɛr'vɪrən] vt (*Fäden*) emmêler; (*jdn*) déconcerter ♦ vr (*Fäden*) s'emmêler; (*Sinne etc*) être troublé(e).
Verwirrung f confusion f; **jdn in** ~ **bringen** troubler qn.
verwischen [fɛr'vɪʃən] vt (*Farben*) mélanger; (*verschmieren*) étaler (accidentellement); (*Spuren*) effacer ♦ vr s'estomper.
verwittern [fɛr'vɪtərn] vi (*Gestein*) être érodé(e); (*Holz, Hütte*) se dégrader.
verwitwet [fɛr'vɪtvət] adj veuf(veuve).
verwöhnen [fɛr'vøːnən] vt (*nett sein*) gâter; (*verziehen*) trop gâter.
verwöhnt adj (*Kind*) gâté(e); **für** ~**e Ansprüche** od **für den** ~**en Geschmack** pour les gens raffi-

nés; **für** ~**e Ansprüche** pour les personnes exigeantes.
verworfen [fɛr'vɔrfən] adj dépravé(e).
verworren [fɛr'vɔrən] adj confus(e), embrouillé(e).
verwundbar [fɛr'vʊntbaːr] adj vulnérable.
verwunden [fɛr'vʊndən] vt blesser.
verwunderlich [fɛr'vʊndərlɪç] adj surprenant(e), étonnant(e).
verwundern vt surprendre, étonner ♦ vr: **sich** ~ **über** +Akk s'étonner de.
Verwunderung f étonnement m, surprise f.
Verwundete(r) f(m) blessé(e) m/f.
Verwundung f blessure f.
verwünschen [fɛr'vʏnʃən] vt maudire; (*in Märchen*) ensorceler.
verwurzelt [fɛr'vʊrtsəlt] adj: **(fest) in etw** Dat ~ (*fig*) enraciné(e) dans qch.
verwüsten [fɛr'vyːstən] vt ravager, dévaster.
Verwüstung f dévastation f.
Verz. abk = **Verzeichnis**.
verzagen [fɛr'tsaːgən] vi se décourager.
verzagt [fɛr'tsaːkt] adj découragé(e).
verzählen [fɛr'tsɛːlən] vr faire une erreur de calcul, se tromper.
verzahnen [fɛr'tsaːnən] vt emboîter; (*Zahnräder*) engrener.
verzanken [fɛr'tsaŋkən] (*umg*) vr se brouiller.
verzapfen [fɛr'tsapfən] (*umg*) vt: **Unsinn** ~ dire n'importe quoi.
verzaubern [fɛr'tsaʊbərn] vt ensorceler; (*fig*) charmer.
Verzehr (**-(e)s**) m: **zum alsbaldigen** ~ **bestimmt** à consommer immédiatement.
verzehren [fɛr'tseːrən] vt (*essen*) manger; (*aufbrauchen*) dilapider.
Verzehrzwang m obligation f de consommer.
verzeichnen [fɛr'tsaɪçnən] vt (*in Liste*) inscrire, consigner; (*Erfolg*) mettre à son actif; (*Verlust, Niederlage*) essuyer.
Verzeichnis (**-ses, -se**) nt liste f; (*in Buch*) index m; (*COMPUT*) répertoire m.
verzeihen [fɛr'tsaɪən] unreg vt: **jdm etw** ~ pardonner qch à qn; (*entschuldigen*) excuser qn de qch ♦ vi pardonner; ~ **Sie!** excusez-moi!
verzeihlich adj pardonnable.
Verzeihung f pardon m; ~**!** pardon!; **jdn um** ~ **bitten** demander pardon à qn.
verzerren [fɛr'tsɛrən] vt déformer; (*Gesicht*) altérer; **sich** Dat **einen Muskel** ~ se froisser un muscle.
verzetteln [fɛr'tsɛtəln] vr s'éparpiller.
Verzicht [fɛr'tsɪçt] (**-(e)s, -e**) m: ~ **leisten auf** +Akk renoncer à; **v~en** vi renoncer; **v~en auf** +Akk renoncer à.
verziehen [fɛr'tsiːən] unreg vt (*Mund*) tordre; (*Kind*) mal élever ♦ vr (*Nebel*) se dissiper; (*Gesicht*) se tordre; (*Pullover*) rétrécir; (*Holz*) travailler; (*umg: verschwinden*) disparaître ♦ vi: „**verzogen**" "n'habite plus à l'adresse indiquée"; **keine Miene** ~ ne pas sourciller; **das**

Gesicht ~ faire la grimace.
verzieren [fɛr'tsiːrən] *vt* décorer.
Verzierung *f* décoration *f*.
verzinsen [fɛr'tsɪnzən] *vt* (*Kapital*) payer des intérêts sur.
verzinslich *adj* (*Darlehen*) à intérêt; **nicht ~** sans intérêt.
verzogen [fɛr'tsoːgən] *adj* (*Kind*) mal élevé(e); *siehe auch* **verziehen**.
verzögern [fɛr'tsøːgərn] *vt* différer; (*verlangsamen*) ralentir ♦ *vr* (*Abreise*) être remis(e).
Verzögerung *f* retard *m*.
Verzögerungstaktik *f* méthodes *fpl* dilatoires.
verzollen [fɛr'tsɔlən] *vt* dédouaner; **haben Sie etwas zu ~?** avez-vous quelque chose à déclarer?
verzücken [fɛr'tsʏkən] *vt* ravir.
Verzückung *f* ravissement *m*.
Verzug [fɛr'tsuːk] *m* retard *m*; **mit etw in ~ geraten** prendre du retard dans qch; (*mit Zahlungen*) s'arriérer dans qch.
verzweifeln [fɛr'tsvaɪfəln] *vi* désespérer; **an etw** *Dat* **~** désespérer de qch; **es ist zum V~!** c'est à désespérer!
verzweifelt *adj* désespéré(e).
Verzweiflung *f* désespoir *m*; **jdn zur ~ bringen** faire le désespoir de qn.
verzweigen [fɛr'tsvaɪgən] *vr* (*Ast*) se ramifier; (*Straße*) bifurquer.
verzwickt [fɛr'tsvɪkt] (*umg*) *adj* embrouillé(e).
Vesper ['fɛspər] (**–**, **–n**) *f od nt* (*REL*) vêpres *fpl*; (*Mahlzeit*) goûter *m*.
Vestibül [vɛsti'byːl] (**–s, –e**) *nt* (*von Hotel*) hall *m*; (*von Theater*) foyer *m*.
Veto ['veːto] (**–s, –s**) *nt* veto *m*; **~ einlegen** mettre son veto.
Vetter ['fɛtər] (**–s, –**) *m* cousin *m*.
vgl. *abk* (= *vergleiche*) comp.
v.H. *abk* (= *vom Hundert*) %.
VHS (**–**) *f abk* = **Volkshochschule.**
via ['viːa] *präp* via.
Viadukt [via'dʊkt] (**–(e)s, –e**) *m od nt* viaduc *m*.
vibrieren [vi'briːrən] *vi* vibrer.
Video ['viːdeo] (**–s, –s**) *nt* vidéo *f*; **~aufnahme** *f* enregistrement *m* vidéo; **~gerät** *nt* magnétoscope *m*; **~kamera** *f* caméra *f* vidéo; **~recorder** *m* magnétoscope *m*; **~spiel** *nt* jeu *m* vidéo; **~text** *m* vidéotex *m*.
Vieh [fiː] (**–(e)s**) *nt* bétail *m*; (*umg: Tier*) bête *f*; **v~isch** (*pej*) *adj* bestial(e); (*Leben*) misérable; (*Mühe, Arbeit*) énorme; **~zucht** *f* élevage *m* (du bétail).
viel [fiːl] *adj* beaucoup de ♦ *adv* beaucoup; **~es** beaucoup de choses; **~e** (*pl: Menschen*) beaucoup de gens; **~ zuwenig** beaucoup trop peu; **~en Dank!** merci beaucoup!; **in ~em** à bien des égards; **noch (ein)mal so ~** Zeit deux fois plus de temps; **einer zu ~** un de trop; **gleich ~e Angestellte/Anteile** le même nombre d'employés/de parts; **was**

kann er schon ~ **machen?** que peut-il bien faire?; **~beschäftigt** *adj* très occupé(e); **V~eck** *nt* polygone *m*.
vielerlei *adj inv* divers(es).
vielerorts *adv* à beaucoup d'endroits.
viel-: **~fach** *adj* multiple ♦ *adv* (*umg: häufig*) fréquemment; **ein ~facher Millionär** un multimillionnaire; **auf ~fachen Wunsch** à la demande générale; **V~fache(s)** *nt* (*MATH*) multiple *m*; **um ein V~faches steigen** monter en flèche; **V~falt** (**–**) *f* variété *f*; **~fältig** *adj* varié(e); **V~fraß** (*umg*) *m* goinfre *m*; **~gefragt** *adj* très demandé(e); **~geprüft** *adj* (*hum*) qui a beaucoup souffert; **~köpfig** *adj* (*Familie*) nombreux(-euse).
vielleicht [fi'laɪçt] *adv* peut-être; (*etwa*) environ; (*in Bitten*) par hasard; **du bist ~ ein Idiot!** (*umg*) que tu es bête!
viel-: **~mal(s)** *adv* beaucoup; **danke ~mals!** merci infiniment!; **ich bitte ~mals um Entschuldigung!** mille pardons!; **~mehr** *adv* plutôt ♦ *konj* au contraire; **~sagend** *adj* éloquent(e); **~schichtig** *adj* (*fig*) hétérogène; **~seitig** *adj* (*Mensch*) polyvalent(e); (*Möglichkeiten*) vaste; (*Ausbildung*) complet(-ète); (*Interessen*) multiple; (*von vielen Personen: Wunsch etc*) général(e); **~versprechend** *adj* prometteur(-euse); **V~völkerstaat** *m* État regroupant plusieurs ethnies.
vier [fiːr] *num* quatre; **unter ~ Augen** entre quatre yeux; **auf allen ~en** à quatre pattes; **alle ~e von sich strecken** (*umg*) s'étendre; **V~beiner** *m* quadrupède *m*; (*hum*) chien *m*; **V~eck** (**–(e)s, –e**) *nt* quadrilatère *m*; (*Rechteck*) rectangle *m*; (*gleichseitig*) carré *m*; **~eckig** *adj* quadrilatéral(e); (*rechteckig*) rectangle; (*quadratisch*) carré(e); **~hundert** *num* quatre cent(s); **V~kantschlüssel** *m* clé *f* à quatre pans; **~köpfig** *adj*: **eine ~köpfige Familie** une famille de quatre personnes; **V~mächteabkommen** *nt* traité *m* quadripartite.
viert *adj*: **wir gingen zu ~** nous étions quatre.
Viertaktmotor *m* moteur *m* à quatre temps.
viertausend *num* quatre mille.
vierte(r, s) ['fiːrtə(r, s)] *adj* quatrième.
Viertel ['fɪrtəl] (**–s, –**) *nt* quart *m*; **~finale** *nt* quart *m* de finale; **~jahr** *nt* trimestre *m*; **v~jährlich** *adj* trimestriel(le).
vierteln *vt* partager en quatre.
Viertel-: **~note** *f* (*MUS*) noire *f*; **~stunde** *f* quart d'heure.
vier-: **~türig** *adj* à quatre portes; **V~waldstättersee** *m* lac *m* des Quatre-Cantons; **~zehn** *num* quatorze; **in ~zehn Tagen** dans quinze jours; **~zehntägig** *adj* de quinze jours; **~zehnte(r, s)** *adj* quatorzième; **~zig** ['fɪrtsɪç] *num* quarante; **~zigste(r, s)** *adj* quarantième; **V~zigstundenwoche** *f* semaine *f* de quarante heures.
Vietnam [viɛt'nam] (**–s**) *nt* le Vietnam, le

Viêt-nam.

Vietnamese(-in) [viɛtnaˈmeːzə] (**–n, –n**) *m(f)* Vietnamien(ne) *m/f*.

vietnamesisch *adj* vietnamien(ne).

Vikar [viˈkaːr] (**–s, –e**) *m* vicaire *m*.

Villa [ˈvɪla] (**–, Villen**) *f* villa *f*.

Villenviertel *nt* quartier *m* résidentiel.

violett [vioˈlɛt] *adj* violet(te).

Violine [vioˈliːnə] *f* violon *m*.

Violinschlüssel *m* clé *f* de sol.

virtuell [vɪrtuˈɛl] *adj* (*COMPUT*) virtuel(le).

virtuos [vɪrtuˈoːs] *adj* virtuose; (*Spiel, Leistung*) de virtuose.

Virtuose(-in) [vɪrtuˈoːzə] (**–n, –n**) *m(f)* virtuose *m/f*.

Virus [ˈviːrʊs] (**–, Viren**) *m od nt* virus *m*.

Visage [viˈzaːʒə] (*pej*) *f* tronche *f*.

vis-à-vis [vizaˈviː] *adv* (*veraltet*) en face ♦ *präp +Dat* en face de.

Visier [viˈziːr] (**–s, –e**) *nt* (*an Helm*) visière *f*; (*an Waffe*) mire *f*.

Vision [viziˈoːn] (**–, –en**) *f* vision *f*.

Visite [viˈziːtə] *f* (*MED*) visite *f*.

Visitenkarte *f* carte *f* de visite.

Viskose [vɪsˈkoːzə] (**–**) *f* viscose *f*.

visuell [vizuˈɛl] *adj* visuel(le).

Visum [ˈviːzʊm] (**–s, Visa** *od* **Visen**) *nt* visa *m*; **~zwang** *m* visa *m* obligatoire.

vital [viˈtaːl] *adj* (*Mensch*) plein(e) de vitalité; (*lebenswichtig*) vital(e).

Vitamin [vitaˈmiːn] (**–s, –e**) *nt* vitamine *f*; **~mangel** *m* carence *f* en vitamines; **~präparat** *nt* préparation *f* vitaminée.

Vitrine [viˈtriːnə] *f* vitrine *f*.

Vivisektion [vivizɛktsiˈoːn] *f* vivisection *f*.

Vize [ˈfiːtsə] *m* (*umg*) numéro *m* deux; (*~meister*) second(e) *m/f*.

Vize- *in zW* vice-; **~meister** *m* second(e) *m/f*.

v.J. *abk* (= *vorigen Jahres*) de l'année passée.

Vlies [fliːs] (**–es, –e**) *nt* toison *f*.

v.M. *abk* (= *vorigen Monats*) du mois passé.

V-Mann *m abk* = **Verbindungsmann; Vertrauensmann**.

VN *pl abk* (= *Vereinte Nationen*) ONU *f*.

VO *abk* = **Verordnung**.

Vogel [ˈfoːgəl] (**–s, ⁻**) *m* oiseau *m*; **einen ~ haben** (*umg*) avoir un grain; **den ~ abschießen** (*umg*) décrocher la timbale; **jdm den ~ zeigen** (*umg*) faire signe à qn qu'il est cinglé; **~bauer** *nt* cage *f*; **~beerbaum** *m* sorbier *m* (des oiseleurs); **~dreck** (*umg*) *m* fiente *f* d'oiseau; **~häuschen** *nt* abri *m* pour oiseaux; **~perspektive** *f*, **~schau** *f*: **aus der ~perspektive** vu(e) d'avion; **~scheuche** (*umg*) *f* épouvantail *m*; **~schutzgebiet** *nt* réserve *f* ornithologique; **~-Strauß-Politik** *f* politique *f* de l'autruche.

Vogesen [voˈgeːzən] *pl* les Vosges *fpl*.

Vokabel [voˈkaːbəl] (**–, –n**) *f* mot *m* (de vocabulaire).

Vokabular [vokabuˈlaːr] (**–s, –e**) *nt* vocabulaire *m*.

Vokal [voˈkaːl] (**–s, –e**) *m* voyelle *f*.

Volk [fɔlk] (**–(e)s, ⁻er**) *nt* peuple *m*; (*umg: viele Menschen*) foule *f*; **etw unters ~ bringen** (*Nachricht*) répandre *od* propager qch.

Völker-: **~ball** *m* ≈ balle-au-prisonnier *f*; **~bund** *m* Société *f* des Nations; **~kunde** *f* ethnologie *f*; **~mord** *m* génocide *m*; **~recht** *nt* droit *m* international (public); **v~rechtlich** *adj* de droit international public; **v~rechtliche Anerkennung eines Staates** reconnaissance *f* officielle d'un État; **~verständigung** *f* entente *f* entre les peuples; **~wanderung** *f* migration *f*.

Volks-: **~abstimmung** *f* référendum *m*, vote *m*; **~begehren** *nt* initiative *f* populaire; **~deutsche(r)** *f(m)* personne *f* d'origine (ethnique) allemande; **~entscheid** *m* référendum *m*; **~feind** (*pej*) *m* ennemi *m* du peuple; **~fest** *nt* fête *f* populaire; **~hochschule** *f* université *f* populaire; **~krankheit** *f* épidémie *f*; **~lauf** *m* marche *f* populaire; **~lied** *nt* chanson *f* populaire; **~mund** *m* langage *m* populaire; **~republik** *f* république *f* populaire; **die ~republik China** la République populaire de Chine; **~schule** *f* école *f* primaire; **~stamm** *m* tribu *f*; **~stück** *nt* pièce de théâtre populaire en dialecte; **~tanz** *m* danse *f* folklorique; **~trauertag** *m* jour *m* de deuil national; **v~tümlich** *adj* populaire; **~vertreter(in)** *m(f)* représentant(e) *m/f* du peuple; **~vertretung** *f* parlement *m*; **~wirtschaft** *f* économie *f* nationale; (*Fach*) économie politique, sciences *fpl* économiques; **~wirtschaftler** *m* économiste *m*; **~zählung** *f* recensement *m*.

voll [fɔl] *adj* plein(e); (*ganz: Jahr, Vertrauen*) entier(-ière); (*kräftig: Farbe, Ton*) intense ♦ *adv* (*unterstützen, zustimmen, einsatzfähig*) entièrement; (*verantwortlich, zurechnungsfähig*) pleinement; (*arbeiten*) à plein temps; **etw ~ machen** remplir qch; **eine Hand ~ Nüsse** une poignée de noisettes; **ein ~es Dutzend** douze; **das genügt ~ und ganz** ça suffit largement; **jdm ~ und ganz zustimmen** être entièrement d'accord avec qn; **in ~er Größe** (*Bild*) grandeur nature *inv*; (*bei plötzlicher Erscheinung etc*) dans toute sa splendeur; **~ sein** (*umg: satt*) être calé(e); (: *betrunken*) être bourré(e); **aus dem ~en schöpfen** dépenser sans compter; **jdn (nicht) für ~ nehmen** (*umg*) (ne pas) prendre qn au sérieux.

vollauf [fɔlˈʔaʊf] *adv* amplement; **~ zu tun haben** avoir plus qu'assez à faire.

voll(l)aufen [ˈfɔllaʊfən] *unreg vi*: **etw ~ lassen** remplir qch (à ras bord).

voll-: **~automatisch** *adj* entièrement automatique; **V~bad** *nt* bain *m*; **V~bart** *m* barbe *f*; **~beschäftigt** *adj*: **~beschäftigt sein** (*Arbeiter*) travailler à plein temps; **V~beschäftigung** *f* plein emploi *m*; **V~besitz** *m*: **im V~besitz** +*Gen* en pleine possession de; **V~bier** *nt* bière *f* avec une teneur en moût élevée (de 11 à 14%); **V~blut** *nt* (*ZOOL*) pur-sang *m inv*; **~blütig** *adj* pur-sang *inv*; **V~bremsung** *f*: **eine V~bremsung machen** freiner à fond; **~brin**

gen *unreg vt untr* accomplir; **V~dampf** *m* (*umg*): **mit V~dampf** (*arbeiten etc*) à toute vitesse; **~enden** *vt untr* achever; **~endet** *adj* (*vollkommen*) accompli(e); **~ends** *adv* entièrement; **V~endung** *f* (*Krönung, Abschluß*) achèvement *m*; **nach** *od* **mit V~endung des 60. Lebensjahrs** dès 60 ans révolus.

voller *adj +Gen* plein(e) de.

Völlerei [fœlə'raɪ] (*pej*) *f* gloutonnerie *f*.

Volleyball ['vɔlibal] *m* volley(-ball) *m*.

voll-: **~fett** *adj* (*Käse*) gras(se); **~führen** *vt untr* (*Bewegung, Freudentanz*) exécuter; **V~gas** *nt*: **V~gas geben** mettre les gaz; **mit V~gas** (*umg*) (à) pleins gaz.

völlig ['fœlɪç] *adj* complet(-ète) ♦ *adv* complètement.

voll-: **~jährig** *adj* majeur(e); **V~kaskoversicherung** *f* assurance *f* tous risques; **~kommen** *adj* (*fehlerlos*) parfait(e) ♦ *adv* (*umg:* *völlig*) complètement; **V~kommenheit** *f* perfection *f*; **V~kornbrot** *nt* pain *m* complet; **~machen** (*umg*) *vt* (*füllen*) remplir; (*beschmutzen*) faire dans; (*vollständig machen*) compléter; (*beschmutzen*) faire dans; (*vollständig machen*) compléter; **V~macht** (*–, –en*) *f* procuration *f*; **jdm V~macht geben** donner procuration à qn; **V~milch** *f* lait *m* entier; **V~mond** *m* pleine lune *f*; **V~narkose** *f* anesthésie *f* générale; **V~pension** *f* pension *f* complète; **~schlank** *adj* rondelet(te); **~schreiben** *unreg vt* remplir; **~ständig** *adj* complet(-ète) ♦ *adv* (*völlig*) complètement; **~strecken** *vt untr* (*JUR*) exécuter; **~tanken** *vt untr* remplir le réservoir de ♦ *vi* faire le plein; **V~treffer** *m* (*beim Schießen*) coup *m* dans le mille; (*fig*) gros succès *m*; **V~verpflegung** *f* pension *f* complète; **V~versammlung** *f* assemblée *f* plénière; **V~waise** *f* orphelin(e) *m/f* de père et de mère; **V~waschmittel** *nt* lessive *f* toutes températures; **~wertig** *adj* complet(-ète); (*Stellung*) équivalent(e); **V~wertkost** *f* aliments *mpl* complets; **~zählig** *adj* complet(-ète); (*anwesend*) au grand complet; **~ziehen** *unreg vt untr* (*ausführen*) exécuter, accomplir; (*Befehl, Urteil*) exécuter ♦ *vr untr* s'accomplir; **V~zug** *m* (*von Urteil*) exécution *f*.

Volontär(in) [volɔn'tɛːr(ɪn)] (*–s, –e*) *m(f)* stagiaire *m/f*.

Volontariat [volɔntari'aːt] (*–(e)s, –e*) *nt* stage *m*.

Volt [vɔlt] (*– od –(e)s, –*) *nt* volt *m*.

Volumen [vo'luːmən] (*–s, – od* **Volumina**) *nt* volume *m*.

vom [fɔm] = **von dem**.

SCHLÜSSELWORT

von [fɔn] *präp +Dat* **1** (*Ausgangspunkt*) de; **westlich von Freiburg** à l'ouest de Fribourg; **von A bis Z** de A à Z; **von morgens bis abends** du matin au soir; **von Paris nach Bonn** de Paris à Bonn; **von wo kommt der Zug?** d'où vient le train?; **von wo sind Sie jetzt gekommen?** d'où arrivez-vous?; **vom Bus springen** sauter du bus; **sie ist vom Land** elle vient de la campa-

gne; **von wann ist dieser Brief?** de quand date cette lettre?; **von morgen an** dès demain; **Ihr Schreiben von vor 2 Wochen** votre lettre d'il y a quinze jours; **von dort aus kann man die Alpen sehen** de là, on voit les Alpes; **etw von sich aus tun** faire qch spontanément *od* de soi-même; **von mir aus** (*umg*) si ça vous chante, moi, ça m'est égal

2 (*Eigenschaft*): **ein Mann von Welt** un homme d'expérience; **eine Sache von Wichtigkeit** une affaire d'importance

3 (*im Passiv, Ursache*): **ein Gedicht von Schiller** un poème de Schiller; **ich bin müde vom Wandern** je suis fatigué(e) après cette randonnée; **von was bist du müde?** du hast doch den ganzen Tag nichts getan! pourquoi es-tu fatigué(e)? tu n'as rien fait de toute la journée!; **das kommt vom Rauchen!** c'est parce que tu fumes (trop)!; **er kauft das von seinem Taschengeld** il l'achète avec son argent de poche

4 (*als Genitiv*): **die Königin von Holland** la reine de Hollande; **ein Freund von mir** un ami à moi; **das ist nett von dir** c'est gentil à toi; **jeweils zwei von zehn** deux sur dix

5 (*Maße, Größe etc*): **zwei Söhne von drei und fünf Jahren** deux fils, un de trois ans et un de cinq ans; **im Alter von 12 Jahren** à l'âge de douze ans

6 (*bei Adelstitel*): **die Prinzessin von Wales** la princesse de Galles

7 (*über*): **er erzählte vom Urlaub** il a parlé de ses vacances

8: **von wegen!** (*umg*) pas du tout!

voneinander *adv* l'un(e) de l'autre.

vonstatten [fɔn'ʃtatən] *adv*: **~ gehen** se passer.

SCHLÜSSELWORT

vor [foːr] *präp +Dat* **1** (*räumlich, in Gegenwart von*) devant; **vor der Kirche links abbiegen** tourner à gauche devant l'église; **vor sich hin summen** fredonner

2 (*zeitlich*): **vor 2 Tagen/einer Woche** il y a deux jours/une semaine; **5 (Minuten) vor 4** 4 heures moins cinq; **vor kurzem** il y a peu

3 (*Ursache*): **vor Wut** de colère; **vor Hunger sterben** mourir de faim; **vor lauter Arbeit habe ich deinen Geburtstag vergessen!** je suis tellement débordé(e) que j'ai oublié ton anniversaire!

4: **vor allem, vor allen Dingen** avant tout

♦ *präp +Akk* (*räumlich*) devant; **stell dich vor das Fenster** mets-toi devant la fenêtre

♦ *adv*: **vor und zurück schaukeln** se balancer en avant et en arrière

vorab [foːr'ap] *adv* tout d'abord.

Vor-: **~abdruck** *m* publication *f* en avant-première; **~abend** *m* veille *f*; **~ahnung** *f* pressentiment *m*.

voran [fo'ran] *adv* (*an der Spitze*) en tête; (*vor-*

wärts) en avant; ~**bringen** *vt* faire avancer; ~**gegangen** *adj* précédent(e); ~**gehen** *unreg vi* (*vorn gehen*) marcher en tête; (*Fortschritte machen*) progresser; **einer Sache** *Dat* ~**gehen** précéder qch; ~**kommen** *unreg vi* avancer; ~**machen** *vi* (*umg: sich beeilen*) se magner.

Voranmeldung ['fo:r|anmɛldʊŋ] *f* (*TEL*) préavis *m*.

Voranschlag ['fo:r|anʃla:k] *m* devis *m*.

voranstellen [fo'ranʃtɛlən] *vt* (*+Dat*) mettre *od* placer en tête (de); (*fig*) donner la priorité à.

Voranzeige ['fo:r|antsaɪɡə] *f* (*von Film*) bande-annonce *f*.

Vorarbeiter(in) ['fo:r|arbaɪtər(ɪn)] *m(f)* contremaître(-esse) *m/f*.

voraus [fo'raʊs] *adv* devant; (*zeitlich: im voraus*) en avance, à l'avance; **jdm** ~ **sein** être meilleur(e) que qn; ~**bezahlen** *vt* payer d'avance; ~**gehen** *unreg vi* (*vorn gehen*) aller devant; (*Ruf, zeitlich*) précéder; ~**haben** *unreg vt:* **jdm etw** ~**haben** avoir l'avantage de qch sur qn; **V~sage** *f* prédiction *f*; (*Wetter~sage*) prévisions *fpl*; ~**sagen** *vt* prédire; ~**sehen** *unreg vt* prévoir; ~**setzen** *vt* (*erfordern*) demander; (*sicher annehmen*) supposer; ~**gesetzt, daß** ... à condition que ...; **etw als bekannt** ~**setzen** supposer que qch est connu(e); **V~setzung** *f* (*Bedingung*) condition *f*; (*Annahme*) supposition *f*, prémisse *f*; **unter der V~setzung, daß** ... à condition que ...; **V~sicht** *f* prévoyance *f*; **aller V~sicht nach** selon toute vraisemblance; ~**sichtlich** *adv* probablement, vraisemblablement; ~**sichtliche Ankunft 15 Uhr 30** arrivée prévue à 15 heures 30; **V~zahlung** *f* paiement *m* anticipé.

Vorbau (*–(e)s, –ten*) *m* (*von Gebäude*) porche *m*.

vorbauen ['fo:rbaʊən] *vt* adjoindre ♦ *vi* (*+Dat*) prévenir.

Vorbedacht ['fo:rbədaxt] *m:* **mit/ohne** ~ (*Überlegung*) avec prudence/sans réfléchir; (*Absicht*) avec/sans préméditation.

Vorbedingung ['fo:rbədɪŋʊŋ] *f* condition *f* sine qua non.

Vorbehalt ['fo:rbəhalt] (*–(e)s, –e*) *m* réserve *f*; **unter dem** ~, **daß** ... à condition que ... .

vorbehalten *unreg vt:* **sich etw** ~ se réserver qch; **Änderungen** ~ sous réserve de modifications; **alle Rechte** ~ tous droits réservés; **diese Entscheidung ist** *od* **bleibt ihm** ~ à lui de décider.

vorbehaltlos *adj, adv* sans réserve *od* restriction.

vorbei [fɔr'baɪ] *adv* (*zeitlich*) passé(e); (*zu Ende*) fini(e), terminé(e); **er möchte** ~ il aimerait passer; **wir sind schon an Heidelberg** ~ nous avons déjà passé Heidelberg; ~**!** (*nicht getroffen*) raté!; **aus und** ~ bel et bien fini(e); **damit ist es nun** ~ c'est du passé; ~**bringen** *unreg* (*umg*) *vt* apporter; ~**gehen** *unreg vi* passer; **bei jdm** ~**gehen** (*umg*) passer voir qn, faire un saut chez qn; ~**kommen** *unreg vi:* **bei jdm** ~**kommen** passer chez qn; ~**reden** *vi:* **an**

etw *Dat* ~**reden** éviter de parler de qch; **aneinander** ~**reden** ne pas être sur la même longueur d'onde.

vorbelastet ['fo:rbəlastət] *adj* (*erblich*) qui a des antécédents.

vorbereiten ['fo:rbəraɪtən] *vt* préparer.

Vorbereitung *f* préparation *f*, préparatif *m*.

vorbestellen ['fo:rbəʃtɛlən] *vt* réserver.

Vorbestellung *f* réservation *f*.

vorbestraft ['fo:rbəʃtraft] *adj* qui a un casier judiciaire.

vorbeugen ['fo:rbɔʏɡən] *vr* se pencher (en avant) ♦ *vi:* **einer Sache** *Dat* ~ prévenir qch.

vorbeugend *adj* (*Maßnahme*) préventif(-ive).

Vorbeugung *f* prévention *f*; **zur** ~ **gegen** pour prévenir.

Vorbild ['fo:rbɪlt] *nt* modèle *m*; **sich** *Dat* **jdn zum** ~ **nehmen** prendre exemple sur qn; **v~lich** *adj* exemplaire.

Vorbildung ['fo:rbɪldʊŋ] *f* formation *f* préalable.

Vorbote ['fo:rbo:tə] *m* (*fig*) signe *m* avant-coureur.

vorbringen ['fo:rbrɪŋən] *unreg vt* (*Wunsch*) exprimer; (*Vorschlag*) faire; (*Laut*) sortir; (*Wort*) dire; (*umg: nach vorne*) apporter.

vordatieren ['fo:rdati:rən] *vt* antidater.

Vorder- ['fɔrdər] : ~**achse** *f* essieu *m* avant; ~**ansicht** *f* vue *f* de face; ~**asien** *nt* le Proche-Orient.

vordere(r, s) *adj* de devant, antérieur(e).

Vorder-: ~**front** *f* (*von Gebäude*) façade *f*; ~**grund** *m* premier plan *m*; **im** ~**grund stehen** (*fig*) être au premier plan; **v~gründig** *adj* (*Erklärung etc*) superficiel(le); ~**grundprogramm** *nt* (*COMPUT*) programme *m* prioritaire; **v~hand** *adv* pour le moment; ~**mann** (*–(e)s, –männer*) *m:* **mein/sein** ~**mann** la personne devant moi/lui *od* qui me/le précède; **jdn auf** ~**mann bringen** (*umg*) mettre qn au pas; **etw auf** ~**mann bringen** mettre de l'ordre dans qch; ~**seite** *f* devant *m*; ~**sitz** *m* siège *m* avant.

vorderste(r, s) *adj* premier(-ière).

vordrängen ['fo:rdrɛŋən] *vr* jouer des coudes.

vordringen ['fo:rdrɪŋən] *unreg vi:* **bis zu jdm/ etw** ~ arriver jusqu'à qn/qch, atteindre qn/ qch.

vordringlich *adj* très urgent(e), prioritaire.

Vordruck ['fo:rdrʊk] *m* formulaire *m*.

vorehelich ['fo:r|e:əlɪç] *adj* (*Beziehungen*) prénuptial(e).

voreilig ['fo:r|aɪlɪç] *adj* (*Bemerkung*) irréfléchi(e); (*Schlußfolgerung*) hâtif(-ive); ~**e Schlüsse ziehen** tirer des conclusions hâtives.

voreinander [fo:r|aɪ'nandər] *adv* l'un(e) devant l'autre; ~ **Angst haben** avoir peur l'un de l'autre.

voreingenommen ['fo:r|aɪŋənɔmən] *adj* plein(e) de préjugés, prévenu(e); **V~heit** *f* préjugés *mpl*, parti *m* pris.

voreingestellt ['fo:r|aɪŋəʃtɛlt] *adj:* ~**er Para-**

meter (*COMPUT*) paramètre *m* prédéfini.

vorenthalten ['fo:r|ɛnthaltən] *unreg vt*: **jdm etw** ~ (*Bezahlung, Erbe etc*) priver qn de qch; (*Nachricht, Brief etc*) cacher qch à qn.

Vorentscheidung ['fo:r|ɛntʃaidʊŋ] *f* décision *f* préliminaire.

vorerst ['fo:r|e:rst] *adv* pour le moment.

vorfabrizieren ['fo:rfabritsi:rən] *vt* préfabriquer.

Vorfahr ['fo:rfa:r] (**–en, –en**) *m* ancêtre *m*.

vorfahren *unreg vi* (*umg: vorausfahren*) précéder les autres; (*vors Haus etc*) s'arrêter devant (*la maison etc*).

Vorfahrt *f* priorité *f*; ~ **(be)achten!** respectez la priorité!

Vorfahrts-: ~**regel** *f* règle *f* de priorité; ~**schild** *nt* panneau *m* de priorité; ~**straße** *f* route *f od* rue *f* prioritaire.

Vorfall ['fo:rfal] *m* (*Ereignis*) incident *m*.

vorfallen *unreg vi* (*sich ereignen*) se passer, arriver.

Vorfeld ['fo:rfɛlt] *nt* (*von Flugplatz*) aire *f* de stationnement; (*fig*) marge *f*.

Vorfilm ['fo:rfɪlm] *m* court métrage qui précède le film principal.

vorfinanzieren ['fo:rfinantsi:rən] *vt* préfinancer.

vorfinden ['fo:rfɪndən] *unreg vt* trouver.

Vorfreude ['fo:rfrɔydə] *f* joie *f* anticipée.

Vorfrühling ['fo:rfry:lɪŋ] *m* printemps *m* précoce.

vorfühlen ['fo:rfy:lən] *vi* tâter le terrain.

vorführen ['fo:rfy:rən] *vt* (*zeigen*) présenter; (*demonstrieren*) montrer; **jdn dem Gericht** ~ traduire qn en justice.

Vorführwagen ['fo:rfy:rva:gən] *m* voiture *f* de démonstration.

Vorgabe ['fo:rga:bə] *f* (*SPORT*) avantage *m*; (*an Maßen, Bestimmungen etc*) référence *f* ♦ *in zW* (*COMPUT*) prédéfini(e).

Vorgang ['fo:rgaŋ] *m* processus *m*; (*Akten*) dossier *m*.

Vorgänger(in) ['fo:rgɛŋər(ɪn)] (**–s, –**) *m(f)* prédécesseur *m*.

vorgaukeln ['fo:rgaʊkəln] *vt*: **jdm etw** ~ faire miroiter qch à qn.

vorgeben ['fo:rge:bən] *unreg vt* (*nach vorn bringen*) apporter; (*vortäuschen*) prétendre; (*SPORT*) donner un avantage de; (*bestimmen*) donner, fixer.

Vorgebirge ['fo:rgəbɪrgə] *nt* contreforts *mpl*.

vorgefaßt ['fo:rgəfast] *adj* (*Meinung*) préconçu(e).

vorgefertigt ['fo:rgəfɛrtɪçt] *adj* préfabriqué(e).

Vorgefühl ['fo:rgəfy:l] *nt* pressentiment *m*.

vorgehen ['fo:rge:ən] *unreg vi* (*voraus*) aller à l'avance; (*nach vorn*) avancer; (*handeln*) procéder, agir; (*Uhr*) avancer; (*Vorrang haben*) avoir la priorité; (*passieren*) se passer; **gegen jdn** ~ prendre des mesures contre qn; **gegen jdn gerichtlich** ~ intenter une action en justice contre qn.

Vorgehen (**–s**) *nt* (*Handeln*) manière *f* d'agir.

Vorgehensweise *f* manière *f* d'agir, procédé *m*.

vorgerückt ['fo:rgərʏkt] *adj* (*Stunde, Alter*) avancé(e).

Vorgeschichte ['fo:rgəʃɪçtə] *f* préhistoire *f*; (*von Fall, Krankheit*) antécédents *mpl*.

Vorgeschmack ['fo:rgəʃmak] *m* avant-goût *m*.

Vorgesetzte(r) ['fo:rgəzɛtstə(r)] *f(m)* supérieur(e) *m/f*.

vorgestern ['fo:rgɛstərn] *adv* avant-hier; **von** ~ (*fig*) antédiluvien(ne).

vorgreifen ['fo:rgraifən] *unreg vi*: **jdm/einer Sache** *Dat* ~ devancer qn/qch.

vorhaben ['fo:rha:bən] *unreg vt* projeter; **hast du schon etw vor?** as-tu déjà prévu qch?

Vorhaben (**–s, –**) *nt* intention *f*, projet *m*.

vorhalten ['fo:rhaltən] *unreg vt* (*fig: vorwerfen*) reprocher ♦ *vi* (*Vorräte etc*) suffire; **beim Niesen die Hand/ein Taschentuch** ~ se mettre la main/un mouchoir devant la bouche lorsqu'on éternue; **etw als Vorbild** ~ citer qch en exemple.

Vorhaltung *f* (*gew pl*) reproche *m*.

Vorhand ['fo:rhant] (**–**) *f* (*TENNIS*) coup *m* droit.

vorhanden [fo:r'handən] *adj* (*verfügbar*) disponible; (*existierend*) présent(e); **V**~**sein** (**–s**) *nt* existence *f*, présence *f*.

Vorhang ['fo:rhaŋ] *m* rideau *m*; **der eiserne** ~ le rideau de fer.

Vorhängeschloß ['fo:rhɛŋəʃlɔs] *nt* cadenas *m*.

Vorhaut ['fo:rhaʊt] *f* prépuce *m*.

vorher [fo:r'he:r] *adv* auparavant; **am Tage** ~ la veille; **kurz** ~ peu auparavant; ~**bestimmen** *vt* (*Schicksal*) prédéterminer; ~**gehen** *unreg vi* précéder.

vorherig [fo:r'he:rɪç] *adj* précédent(e), antérieur(e).

Vorherrschaft ['fo:rhɛrʃaft] *f* prédominance *f*.

vorherrschen *vi* prédominer.

vorher-: **V**~**sage** *f* prédiction *f*; (*Wetter*) prévisions *fpl*; ~**sagen** *vt* (*Entwicklung*) prévoir; (*prophezeien*) prédire; ~**sehbar** *adj* prévisible; ~**sehen** *unreg vt* prévoir.

vorhin [fo:r'hɪn] *adv* tout à l'heure, à l'instant.

vorhinein [fo:r'hɪnaɪn] *adv*: **im** ~ à l'avance, au préalable.

vorig ['fo:rɪç] *adj* (*Woche, Jahr*) dernier(-ière); (*Besitzer*) précédent(e).

Vorjahr ['fo:rja:r] *nt* année *f* passée *od* dernière.

vorjährig ['fo:rjɛ:rɪç] *adj* de l'année passée.

vorjammern ['fo:rjamərn] *vt*: **jdm (etwas)** ~ se lamenter devant qn.

Vorkämpfer(in) ['fo:rkɛmpfər(ɪn)] *m(f)* pionnier(-ière) *m/f*.

Vorkaufsrecht ['fo:rkaʊfsrɛçt] *nt* droit *m* de préemption.

Vorkehrung ['fo:rke:rʊŋ] *f* précaution *f*; ~**en treffen** prendre des précautions.

Vorkenntnis ['fo:rkɛntnɪs] *f* notions *fpl*, connaissances *fpl* préalables; (*Erfahrung*) expérience *f*.

vorknöpfen ['fo:rknœpfən] (*umg*) *vt*: **sich** *Dat*

jdn ~ passer un savon à qn.

vorkommen ['fo:rkɔmən] *unreg vi* (*nach vorn*) avancer; (*geschehen, sich ereignen*) arriver; (*vorhanden sein, auftreten*) se trouver; (*erscheinen*) paraître; **so was soll** ~! c'est la vie!; **sich** *Dat* **dumm** ~ se trouver bête.

Vorkommen (–s, –) *nt* (*von Erdöl etc*) gisement *m*.

Vorkommnis ['fo:rkɔmnɪs] (–ses, –se) *nt* incident *m*.

Vorkriegs- ['fo:rkri:ks] *in zW* d'avant-guerre.

vorladen ['fo:rla:dən] *unreg vt* (*bei Gericht*) assigner (à comparaître).

Vorladung *f* citation *f*.

Vorlage ['fo:rla:gə] *f* (*das Vorlegen*) présentation *f*; (*Muster*) modèle *m*; (*Gesetzes~*) projet *m*; (*von Beweismaterial*) production *f*; (*FUSSBALL*) passe *f*.

vorlassen ['fo:rlasən] *unreg vt* (*vorgehen lassen*) laisser passer devant; (*überholen lassen*) laisser doubler; **bei jdm vorgelassen werden** être reçu(e) par qn.

Vorlauf ['fo:rlauf] (–(e)s, **Vorläufe**) *m* (*SPORT*) éliminatoires *fpl*; (*an Tonband etc*) marche *f* avant.

Vorläufer *m* précurseur *m*.

vorläufig ['fo:rlɔyfɪç] *adj* provisoire, temporaire ♦ *adv* (*fürs erste*) pour l'instant.

vorlaut ['fo:rlaut] *adj* impertinent(e).

Vorleben ['fo:rle:bən] *nt* vie *f* antérieure.

vorlegen ['fo:rle:gən] *vt* (*darlegen*) présenter; (*zur Ansicht, Prüfung etc*) soumettre; (*vorweisen*) produire, présenter ♦ *vr* se pencher en avant; **jdm etw zur Unterschrift** ~ donner qch à signer à qn.

Vorleger (–s) *m* (*Bett~*) descente *f* de lit; (*im Badezimmer*) tapis *m* de bain.

Vorleistung ['fo:rlaɪstʊŋ] *f* (*Vorausbezahlung*) acompte *m*; (*Vorarbeit*) travaux *mpl* préliminaires.

vorlesen ['fo:rle:zən] *unreg vt* lire à haute voix, donner lecture de.

Vorlesung *f* (*UNIV*) cours *m* (magistral).

Vorlesungsverzeichnis *nt* programme *m* des cours.

vorletzte(r, s) ['fo:rlɛtstə(r, s)] *adj* avant-dernier(-ière); ~ **Woche** il y a deux semaines.

Vorliebe ['fo:rli:bə] *f* préférence *f*; **etw mit** ~ **tun** aimer beaucoup faire qch.

vorliebnehmen [fo:r'li:pne:mən] *unreg vi*: ~ **mit** se contenter de.

vorliegen ['fo:rli:gən] *unreg vi* (*Bericht, Ergebnis*) être disponible; **hier liegt ein Irrtum vor** il y a erreur; **es liegt kein Tatmotiv vor** le motif du crime n'est pas connu; **etw liegt jdm vor** qn a qch sous les yeux; **etw liegt gegen jdn vor** on a qch à reprocher à qn.

vorliegend *adj* présent(e).

vorlügen ['fo:rly:gən] *vt*: **jdm etw** ~ dire des mensonges à qn.

vorm. *abk* (= *vormittags*) du matin; (= *vormals*) auparavant.

vormachen ['fo:rmaxən] *vt*: **jdm etw** ~ (*zeigen*) montrer à qn comment faire qch; **jdm etw** ~ (*fig*) en faire accroire à qn; **wir wollen uns doch nichts** ~! parlons ouvertement!, trêve de politesses!

Vormachtstellung ['fo:rmaxtʃtɛlʊŋ] *f* suprématie *f*.

vormalig ['fo:rma:lɪç] *adj* ancien(ne).

vormals *adv* autrefois.

Vormarsch ['fo:rmarʃ] *m* (*MIL*) progression *f*.

vormerken ['fo:rmɛrkən] *vt* (*Datum etc*) prendre note de, retenir; (*Bestellung*) prendre note de, noter; **jdn für etw** ~ réserver *od* prévoir qn pour qch.

Vormittag ['fo:rmɪta:k] *m* matinée *f*; **am** ~ **matin; v~** *adv*: **heute/Freitag v~** ce/vendredi matin.

vormittags *adv* le matin.

Vormund ['fo:rmʊnt] (–(e)s, **-e** *od* **-münder**) *m* tuteur *m*; **~schaft** *f* tutelle *f*.

vorn(e) [fɔrn(ə)] *adv* devant; **nach** ~ en avant; **von** ~ (*von neuem*) de nouveau; **von** ~ **anfangen** recommencer à zéro; **er betrügt sie von** ~ **bis hinten** (*umg*) il la trompe avec n'importe qui.

Vorname ['fo:rna:mə] *m* prénom *m*.

vornan [fɔrn'|an] *adv* en tête.

vornehm ['fo:rne:m] *adj* distingué(e); **in** ~**en Kreisen** chez les gens bien; **die** ~**e Gesellschaft** la haute société.

vornehmen *unreg vt* (*vor den Mund halten: Hand etc*) mettre devant sa bouche; (*durchführen*) procéder à; **sich** *Dat* **etw** ~ (*Ausflug, Arbeit*) projeter qch; (*beschließen*) prendre la résolution de faire qch; **sich** *Dat* **jdn** ~ dire ses quatre vérités à qn; **er hat sich** *Dat* **zuviel vorgenommen** il n'a pas le temps de faire tout ce qu'il avait prévu.

vornehmlich (*geh*) *adv* avant tout.

vorn(e)weg ['fɔrn(ə)vɛk] *adv* en tête; (*als erstes*) en premier.

vornherein ['fɔrnhɛraɪn] *adv*: **von** ~ de prime abord, tout de suite.

vornüber [fɔrn'|y:bər] *adv* la tête la première.

Vorort ['fo:r|ɔrt] *m* faubourg *m*; **~zug** *m* train *m* de banlieue.

Vorpommern *nt* la Poméranie ultérieure.

vorprogrammiert ['fo:rprogrami:rt] *adj* (*Erfolg*) couru(e) d'avance; (*Antwort*) stéréotypé(e).

Vorrang ['fo:rraŋ] *m* priorité *f*, préséance *f*; **jdm/einer Sache** ~ **geben** donner la priorité à qn/qch.

vorrangig *adj* prioritaire.

Vorrat ['fo:rra:t] *m* provisions *fpl*, réserves *fpl*; **solange der** ~ **reicht** (*WIRTS*) jusqu'à épuisement des stocks; **auf** ~ **schlafen/arbeiten** dormir/travailler à l'avance.

vorrätig ['fo:rrɛ:tɪç] *adj* en magasin *od* stock.

Vorratskammer *f* garde-manger *m inv*.

Vorraum *m* antichambre *f*; (*Büro*) réception *f*.

vorrechnen ['fo:rrɛçnən] *vt*: **jdm etw** ~ faire le compte de qch à qn; **jdm seine Fehler** ~ énu-

mérer à qn ses erreurs.
Vorrecht ['fo:rrɛçt] nt privilège m.
Vorrede ['fo:rre:də] f préambule m.
Vorrichtung ['fo:rrɪçtʊŋ] f dispositif m.
vorrücken ['fo:rrʏkən] vi, vt avancer.
Vorruhestand ['fo:rru:əʃtant] m préretraite f, retraite f anticipée.
Vorruhestandsgeld nt préretraite f.
Vorrunde ['fo:rrʊndə] f éliminatoire f.
Vors. abk = **Vorsitzende(r).**
vors [fo:rs] = **vor das.**
vorsagen ['fo:rza:gən] vt faire répéter; (SCH: zuflüstern) souffler ♦ vi souffler.
Vorsaison ['fo:rzɛzõ:] f avant-saison f.
Vorsatz ['fo:rzats] m résolution f; (JUR) préméditation f; **einen ~ fassen** prendre une résolution.
vorsätzlich ['fo:rzɛtslɪç] adj (JUR) prémédité(e) ♦ adv (JUR) avec préméditation.
Vorschau ['fo:rʃaʊ] f (RUNDF, TV) aperçu m des programmes; (FILM) bande-annonces fpl.
Vorschein ['fo:rʃaɪn] m: **zum ~ kommen** (sichtbar werden) apparaître; (fig) se faire jour.
vorschieben ['fo:rʃi:bən] unreg vt pousser; (fig) mettre en avant; **jdn ~** utiliser qn comme homme de paille.
vorschießen ['fo:rʃi:sən] unreg (umg) vt (Geld) avancer.
Vorschlag ['fo:rʃla:k] m proposition f.
vorschlagen ['fo:rʃla:gən] unreg vt proposer.
Vorschlaghammer m (gros) marteau m.
vorschnell ['fo:rʃnɛl] adj (Beschluß, Handlung) précipité(e), hâtif(-ive); (Bemerkung) irréfléchi(e).
vorschreiben ['fo:rʃraɪbən] unreg vt (als Muster) écrire (un modèle de); (befehlen) prescrire; **ich lasse mir nichts ~** je n'ai d'ordres à recevoir de personne.
Vorschrift ['fo:rʃrɪft] f prescription f; (Anweisungen) instruction f; **Dienst nach ~** grève f du zèle; **jdm ~en machen** donner des ordres à qn.
vorschriftsmäßig adj réglementaire.
Vorschub ['fo:rʃu:p] m: **jdm/etw ~ leisten** encourager qn/qch.
Vorschule ['fo:rʃu:lə] f enseignement m préscolaire.
vorschulisch ['fo:rʃu:lɪʃ] adj préscolaire.
Vorschuß ['fo:rʃʊs] m avance f.
vorschützen ['fo:rʃʏtsən] vt (Krankheit) prétexter; (Unwissenheit) alléguer.
vorschweben ['fo:rʃve:bən] vi: **jdm schwebt etw vor** qn voit qch.
vorsehen ['fo:rze:ən] unreg vt (planen) prévoir ♦ vr: **sich ~ vor** +Dat prendre garde à; **das ist dafür nicht vorgesehen** ça n'est pas fait pour cela; **etw/jdn für etw ~** destiner qch/qn à qch.
Vorsehung f Providence f.
vorsetzen ['fo:rzɛtsən] vt (nach vorn) avancer; (anbieten) offrir; **~ vor** +Akk mettre od placer devant.
Vorsicht ['fo:rzɪçt] f prudence f; **~!** attention!;

~, Stufe! attention à la marche!; **etw mit ~ genießen** (umg: fig) ne pas prendre qch à la lettre.
vorsichtig adj prudent(e).
vorsichtshalber adv par précaution.
Vorsichtsmaßnahme f mesure f de précaution.
Vorsilbe ['fo:rzɪlbə] f préfixe m.
vorsingen ['fo:rzɪŋən] vt, vi chanter.
vorsintflutlich ['fo:rzɪntflu:tlɪç] (umg) adj antédiluvien(ne).
Vorsitz ['fo:rzɪts] m présidence f; **den ~ führen** assurer la présidence.
Vorsitzende(r) f(m) président(e) m/f.
Vorsorge ['fo:rzɔrgə] f (zur Vorsicht) précaution f; (Fürsorge) prévoyance f; **(für etw) ~ treffen** prendre les précautions nécessaires (pour qch).
vorsorgen vi: **~ für** prévoir.
Vorsorgeuntersuchung ['fo:rzɔrgəʊntərzu:xʊŋ] f (MED) bilan m de santé, check-up m.
vorsorglich ['fo:rzɔrklɪç] adv par précaution.
Vorspann ['vo:rʃpan] (–(e)s, –e) m (FILM, TV) générique m; (PRESSE) introduction f.
vorspannen vt atteler.
Vorspeise ['fo:rʃpaɪzə] f entrée f.
Vorspiegelung ['fo:rʃpi:gəlʊŋ] f: **unter ~ falscher Tatsachen** s'appuyant sur des allégations mensongères.
Vorspiel ['fo:rʃpi:l] nt (MUS) prélude m.
vorspielen vt: **jdm etw ~** jouer qch à qn ♦ vi (zur Prüfung etc) passer une audition; **jdm etwas ~** jouer la comédie devant qn.
vorsprechen ['fo:rʃprɛçən] unreg vt dire (d'abord); (vortragen) présenter ♦ vi (THEAT: zur Probe) passer une audition; **bei jdm ~** aller voir qn.
vorspringend ['fo:rʃprɪŋənt] adj en saillie; (Nase, Kinn) proéminent(e).
Vorsprung ['fo:rʃprʊŋ] m saillie f; (von Küste) promontoire m; (Abstand) avance f; **einen ~ vor jdm haben** avoir une longueur d'avance sur qn.
Vorstadt ['fo:rʃtat] f faubourg m.
Vorstand ['fo:rʃtant] m (Gremium) direction f; (WIRTS auch) conseil m d'administration, directeur(-trice) m/f.
Vorstandssitzung f réunion f du conseil d'administration.
Vorstandsvorsitzende(r) f(m) président m du conseil d'administration.
vorstehen ['fo:rʃte:ən] unreg vi (Zähne) être en avant; (Nase, Kinn) être proéminent(e); (als Vorstand) **einer Sache** Dat ~ (fig) diriger qch.
Vorsteher(in) (–s, –) m(f) (von Abteilung) chef m, responsable m/f; (von Gefängnis) directeur(-trice) m/f; (Bahnhofs~) chef m de gare.
vorstellbar adj imaginable.
vorstellen ['fo:rʃtɛlən] vt (nach vorne) avancer; (vor etwas) mettre od placer devant; (Uhr, Zeiger) avancer; (bekannt machen, vorführen) présenter; (darstellen) représenter; (bedeuten) signifier, dire ♦ vr se présenter; **sich** Dat **etw ~**

se représenter *od* s'imaginer qch; **darunter kann ich mir nichts ~ ça** ne me dit rien; **stell dir das nicht so einfach vor** ce n'est pas aussi simple que tu l'imagines.

Vorstellung *f* (*Bekanntmachen*) présentations *fpl*; (*Vorführung*) présentation *f*; (*THEAT etc*) représentation *f*; (*in Firma*) entretien *m*; (*Gedanke*) idée *f*; (*Phantasie, Einbildung*) imagination *f*.

Vorstellungsgespräch *nt* entretien *m*.

Vorstellungsvermögen *nt* imagination *f*.

Vorstoß ['foːrʃtoːs] *m* attaque *f*, assaut *m*; (*fig: Versuch*) tentative *f*.

vorstoßen *unreg vi* (*ins Unbekannte*) s'aventurer.

Vorstrafe ['foːrʃtraːfə] *f* (*JUR*) condamnation *f* antérieure, antécédents *mpl* judiciaires.

vorstrecken ['foːrʃtrɛkən] *vt* (*Kopf, Geld*) avancer.

Vorstufe ['foːrʃtuːfə] *f* premier stade *m*.

Vortag ['foːrtak] *m* veille *f*.

vortasten ['foːrtastən] *vr* avancer à tâtons; **sich zur Tür ~** réussir à trouver la porte à tâtons; **sich zu einer Lösung ~** réussir à trouver une solution après bien des tâtonnements.

vortäuschen ['foːrtɔyʃən] *vt* simuler, feindre.

Vortäuschung *f* simulation *f*; **unter ~ falscher Tatsachen** en s'appuyant sur des allégations mensongères.

Vorteil ['foːrtaɪl] (**-s, -e**) *m* avantage *m*; **im ~ sein (gegenüber)** avoir un avantage (sur); **die Vor- und Nachteile** les avantages et les inconvénients *mpl*; **sich zu seinem ~ ändern** changer à son avantage; **v~haft** *adj* avantageux(-euse).

Vortrag ['foːrtraːk] (**-(e)s, Vorträge**) *m* (*Vorlesung, Bericht*) conférence *f*; (*Darbietung*) interprétation *f*; (*WIRTS, FINANZ*) report *m*; **einen ~ halten** faire une conférence.

vortragen ['foːrtraːgən] *unreg vt* (*Gedicht*) réciter; (*Lied*) interpréter, chanter; (*Rede*) tenir; (*Meinung, Bitte, Wunsch*) exprimer; (*Plan*) présenter; (*WIRTS, FINANZ*: *übertragen*) reporter.

Vortragsabend *m* conférence *f*; (*mit Musik*) récital *m*; (*mit Gedichten*) récital poétique.

Vortragsreihe *f* cycle *m* de conférences.

vortrefflich [foːr'trɛflɪç] *adj* excellent(e).

vortreten ['foːrtreːtən] *unreg vi* (*nach vorne*) avancer; (*Augen*) être globuleux(-euse); (*Knochen*) être saillant(e).

Vortritt ['foːrtrɪt] (**-s**) *m*: **jdm den ~ lassen** céder le pas à qn, laisser passer qn.

vorüber [fo'ryːbər] *adv*: **wir sind schon an Kiel ~** nous avons déjà passé Kiel; (*zeitlich*) passé(e); **~gehen** *unreg vi* passer; **an jdm ~gehen** (*ignorieren*) passer devant qn (*en faisant semblant de ne pas le voir*); **~gehend** *adj* temporaire, momentané(e).

Voruntersuchung ['foːrʊntərzuːxʊŋ] *f* (*MED*) examen *m* préalable; (*JUR*) enquête *f* préalable *od* préparatoire.

Vorurteil ['foːrʊrtaɪl] *nt* préjugé *m*.

vorurteilsfrei, vorurteilslos *adj* sans préju-

gés *od* parti pris.

Vorverkauf ['foːrfɛrkauf] *m* location *f*.

Vorverkaufsstelle *f* guichet *m* de location.

vorverlegen ['foːrfɛrleːgən] *vt* avancer.

vorvorgestern ['foːr'foːrgɛstərn] (*umg*) *adv* il y a trois jours.

vorwagen ['foːrvaːgən] *vr* oser s'avancer, s'aventurer.

Vorwahl ['foːrvaːl] *f* (*POL*) élections *fpl* primaires; (*TEL*) indicatif *m*.

vorwählen ['foːrvɛːlən] *vt* (*Programm, Waschgang*) présélectionner; (*TEL*) composer (*avant le numéro*).

Vorwählnummer *f* indicatif *m*.

Vorwand ['foːrvant] (**-(e)s, Vorwände**) *m* prétexte *m*.

Vorwarnung ['foːrvarnʊŋ] *f* avertissement *m*.

vorwärts ['foːrvɛrts] *adv* en avant; **~!** (*umg*) plus vite!; **V~gang** *m* marche *f* avant; **~gehen** *unreg vi* progresser, avancer; **mit etw geht es ~** qch progresse; **~kommen** *unreg vi* progresser.

Vorwäsche *f* prélavage *m*.

vorwaschen ['foːrvaʃən] *vt* prélaver.

Vorwaschgang *m* prélavage *m*.

vorweg [foːr'vɛk] *adv* (*im voraus*) d'avance, à l'avance; (*an der Spitze*) en tête; (*als erstes*) avant de commencer; **V~nahme** *f* anticipation *f*; **~nehmen** *unreg vi* anticiper sur.

vorweisen ['foːrvaɪzən] *unreg vt* (*vorzeigen*) présenter; (*verfügen über*) disposer de.

vorwerfen ['foːrvɛrfən] *unreg vt* (*beschuldigen*) reprocher; (*hinwerfen*) jeter; **sich Dat nichts vorzuwerfen haben** n'avoir rien à se reprocher; **das wirft er mir heute noch vor** il m'en tient toujours rigueur; **Tieren etw ~** jeter qch aux animaux.

vorwiegend ['foːrviːgənt] *adj* prédominant(e) ♦ *adv* en grande partie.

Vorwitz ['foːrvɪts] *m* impertinence *f*.

vorwitzig *adj* impertinent(e).

Vorwort ['foːrvɔrt] (**-(e)s, -e**) *nt* (*in Buch*) préface *f*.

Vorwurf ['foːrvʊrf] (**-(e)s, -e**) *m* reproche *m*; **jdm Vorwürfe machen** faire des reproches à qn; **sich Dat Vorwürfe machen** se faire des reproches.

vorwurfsvoll *adj* (*Blick*) réprobateur(-trice); (*Worte*) de reproche.

Vorzeichen ['foːrtsaɪçən] *nt* (*Omen*) présage *m*; (*MATH*) signe *m* (*plus ou moins*); (*MUS*) altération *f*.

vorzeichnen *vt* (*Laufbahn, Politik*) fixer, déterminer.

vorzeigen ['foːrtsaɪgən] *vt* montrer.

Vorzeit ['foːrtsaɪt] *f* passé *m* très lointain; **in grauer ~** dans la nuit des temps.

vorzeitig *adj* (*Tod, Altern*) prématuré(e); (*Abreise*) anticipé(e) ♦ *adv* (*siehe adj*) prématurément, plus tôt que prévu.

vorziehen ['foːrtsiːən] *unreg vt* tirer (en avant); (*Gardinen*) tirer; (*zuerst behandeln, abfertigen*) faire passer en premier; (*lieber haben*) préfé-

rer; (*besser behandeln*) favoriser.
Vorzimmer ['fo:rtsɪmər] *nt* antichambre *f*;
(*Büro*) réception *f*; ~**dame** *f* réceptionniste *f*.
Vorzug ['fo:rtsu:k] *m* (*Vorrang*) préférence *f*;
(*gute Eigenschaft*) mérite *m*, atout *m*; (*Vorteil*)
avantage *m*; (*EISENB*) train *m* supplémentaire
(*qui arrive avant l'autre*); **einer Sache** *Dat* **den** ~
geben (*förmlich*) donner la préférence à *od*
préférer qch; (*Vorrang geben*) privilégier
qch.
vorzüglich [fo:r'tsy:klɪç] *adj* excellent(e).
Vorzugs-: ~**aktie** *f* action *f* privilégiée;
~**milch** *f* lait *entier de qualité supérieure*;
v~**weise** *adv* de préférence; (*hauptsächlich*)
principalement.
Votum ['vo:tʊm] (**–s, Voten**) *nt* vote *m*.
v.T. *abk* (= *von Tausend*) sur *od* pour
mille.
vulgär [vʊl'gɛ:r] *adj* vulgaire.
Vulkan [vʊl'ka:n] (**–s, –e**) *m* volcan *m*; ~**ausbruch** *m* éruption *f* volcanique.
vulkanisieren [vʊlkani'zi:rən] *vt* vulcaniser.
v.u.Z. *abk* (= *vor unserer Zeitrechnung*) av. J.-C.

W, w

W¹, w [ve:] *nt* (*Buchstabe*) W, w *m*; ~ **wie Wilhelm** ≈ W comme William.
W² *abk* (= *Watt*) W; (= *West(en)*) O.
w. *abk* = **wenden; werktags; westlich; weiblich.**
Waage ['va:gə] *f* balance *f*; (*ASTROL*) Balance *f*;
sich *Dat* **die** ~ **halten** se compenser.
waag(e)recht *adj* horizontal(e).
Waagschale *f* plateau *m* de la balance; (**nicht**)
in die ~ **fallen** (ne pas) peser dans la balance.
wabb(e)lig ['vab(ə)lɪç] *adj* (*Masse*) gélati-
neux(-euse); (*Fett*) flasque.
Wabe ['va:bə] *f* rayon *m* (de miel).
Wabenhonig *m* miel *m* en rayons.
wach [vax] *adj* (r)éveillé(e); (*fig*) éveillé(e); ~
werden se réveiller.
Wachablösung *f* relève *f* de la garde;
(*Mensch*) relève *f*; (*fig*) changement *m* de gouvernement.
Wache *f* (*Wachdienst*) garde *f*; (*Polizei*~) poste
m (de police), commissariat *m*; ~ **halten**
monter la garde; ~ **stehen** *od* **schieben** (*umg*)
être de garde.
wachen *vi* veiller; **bei jdm** ~ veiller qn.
wachhabend *adj attrib* de garde.
Wachhund *m* chien *m* de garde; (*fig*) gardien
m.
Wacholder [va'xɔldər] (**–s, –**) *m* genièvre *m*.
wachrütteln ['vaxrʏtəln] *vt* (*Gewissen*) secouer.
Wachs [vaks] (**–es, –e**) *nt* cire *f*; (*Ski*~) fart *m*.

wachsam ['vaxza:m] *adj* vigilant(e); **W**~**keit** *f*
vigilance *f*.
wachsen *vi unreg* pousser; (*Mensch*) grandir;
(*Spannung*) monter; (*Kraft, Wut, Mut*) augmenter ♦ *vt* (*Skier*) farter; (*Auto*) lustrer; **jdm gewachsen sein** pouvoir se mesurer à qn; **einer
Sache** *Dat* **gewachsen sein** être à la hauteur
de qch.
Wachs-: ~**figurenkabinett** *nt* musée *m* de
cire; ~**papier** *nt* papier *m* sulfurisé; ~**stift** *m*
pastel *m* (gras).
wächst [vɛkst] *vb siehe* **wachsen.**
Wachstuch ['vakstu:x] *nt* toile *f* cirée.
Wachstum ['vakstu:m] *nt* croissance *f*.
Wachstums-: **w**~**fördernd** *adj* (*Hormone*) de
croissance; ~**grenze** *f* limites *fpl* de la croissance; **w**~**hemmend** *adj* qui ralentit la croissance; ~**rate** *f* (*WIRTS*) taux *m* de croissance;
~**störung** *f* trouble *m* de croissance.
Wachtel ['vaxtəl] *f* caille *f*.
Wächter ['vɛçtər] (**–s, –**) *m* gardien *m*.
Wachtmeister *m* (*Polizist*) agent *m* (de police).
Wachtposten *m* poste *m* de garde.
Wach(t)turm *m* tour *f* de guet.
Wach- und Schließgesellschaft *f* société *f*
de surveillance.
wackelig ['vakəlɪç] *adj* (*Stuhl*) bancal(e); (*Zahn*)
branlant(e); (*Position*) instable; (*Unternehmen*)
à l'avenir incertain; **auf wack(e)ligen Beinen
stehen** ne pas bien tenir sur ses jambes.
Wackelkontakt *m* faux contact *m*.
wackeln *vi* (*Stuhl*) être bancal(e); (*Zahn*) bouger; (*Position*) être instable; **mit dem Kopf** ~
secouer la tête; **mit dem Schwanz** ~ remuer
la queue; **am Tisch** ~ (*umg: rütteln*) faire bouger la table; **am Tor** ~ secouer le portail.
wacker ['vakər] *adj* (*tapfer*) vaillant(e); (*redlich*)
honnête; **sich** ~ **halten** (*umg*) tenir bon.
Wade ['va:də] *f* mollet *m*.
Waffe ['vafə] *f* arme *f*; **die** ~**n strecken** déposer
les armes.
Waffel ['vafəl] *f* gaufre *f*; (*Eis*~) gaufrette *f*;
(*Eistüte*) cornet *m* de glace; ~**eisen** *nt* gaufrier *m*.
Waffen-: ~**gewalt** *f*: **mit** ~**gewalt** par la force
des armes; ~**händler** *m* marchand *m* d'ar-
mes; ~**lager** *nt* (*von Armee*) dépôt *m* d'armes,
arsenal *m*; (*von Terroristen*) cache *f* d'armes;
~**schein** *m* permis *m* de port d'armes;
~**schmuggel** *m* trafic *m* d'armes; ~**stillstand**
m armistice *m*.
Wagemut ['va:gəmu:t] *m* goût *m* du risque.
wagen ['va:gən] *vt* oser; (*Widerspruch, Behauptung*) oser émettre; (*riskieren*) risquer ♦ *vr*
oser; **sich an die Öffentlichkeit/auf die Straße** ~
oser affronter le public/descendre dans la
rue.
Wagen ['va:gən] (**–s, –**) *m* voiture *f*; (*EISENB*)
wagon *m*, voiture; (*Schreibmaschinen*~) chariot *m*; **der große/kleine** ~ (*ASTRON*) la
Grande/Petite Ourse; ~**führer** (**–s, –**) *m* (*bei
Straßenbahn etc*) conducteur *m*; ~**heber** (**–s, –**)

m cric *m*; ~**park** *m* parc *m* (automobile); ~**rad** *nt* roue *f* de char; ~**rücklauftaste** *f* (*Schreibmaschine*) touche *f* de retour (du chariot); ~**wäsche** *f* lavage *m* de voitures.

Waggon [va'gõ:] (**–s, –s**) *m* wagon *m*.

waghalsig ['va:khalzɪç] *adj* téméraire.

Wagnis ['va:knɪs] (**–ses, –se**) *nt* entreprise *f* hasardeuse; (*Risiko*) risque *m*.

Wahl [va:l] *f* (*Auswahl*) choix *m*; (*POL*) élection *f*; **erste/zweite/dritte** ~ (*WIRTS*: *Qualität*) premier/second/troisième choix; **in die engere** ~ **kommen** avoir été retenu lors d'une première sélection; **nach eigener** ~ de son choix; **wer die** ~ **hat, hat die Qual** (*Sprichwort*) il *etc* a l'embarras du choix; **die** ~ **fiel auf ihn** le choix s'est porté sur lui; **sich zur** ~ **stellen** poser sa candidature; ~**alter** *nt* majorité *f* électorale.

wählbar *adj* éligible.

wahl-: ~**berechtigt** *adj* qui a le droit de vote; **W**~**beteiligung** *f* participation *f* au vote; **W**~**bezirk** *m* circonscription *f* électorale.

wählen ['vɛ:lən] *vt* (*aussuchen*) choisir; (*POL*) élire; (*TEL*) composer ♦ *vi* choisir; (*bei Wahl*) voter.

Wähler(in) (**–s, –**) *m(f)* électeur(-trice) *m/f*; **w**~**isch** *adj* exigeant(e), difficile; ~**schaft** *f* électorat *m*.

Wahl-: ~**fach** *nt* matière *f* à option; **w**~**frei** *adj* facultatif(-ive), à option; **w**~**freier Zugriff** (*COMPUT*) accès *m* aléatoire; ~**gang** *m* tour *m* de scrutin; ~**geschenk** *nt* mesure *f* démagogique (*prise pendant une campagne électorale*); ~**heimat** *f* patrie *f* d'adoption; ~**helfer** *m* (*im Wahlkampf*) agent *m* électoral; (*bei der Wahl*) scrutateur *m*; ~**kabine** *f* isoloir *m*; ~**kampf** *m* campagne *f* électorale; ~**kreis** *m* circonscription *f* électorale; ~**liste** *f* liste *f* électorale; ~**lokal** *nt* bureau *m* de vote; **w**~**los** *adv* au hasard; (*nicht wählerisch*) sans discernement ♦ *adj* aléatoire; ~**recht** *nt* droit *m* de vote; **allgemeines** ~**recht** suffrage *m* universel; **das aktive** ~**recht** le droit de vote; **das passive** ~**recht** l'éligibilité *f*.

Wählscheibe *f* (*TEL*) cadran *m*.

Wahl-: ~**schein** *m* ≈ carte *f* d'électeur; ~**spruch** *m* slogan *m*; ~**urne** *f* urne *f*; **w**~**weise** *adv* au choix; **w**~**weise Gemüse oder Salat** légume ou salade au choix.

Wahn [va:n] (**–(e)s**) *m* (*Einbildung*) illusion *f*.

wähnen ['vɛ:nən] (*geh*) *vt* s'imaginer.

Wahn-: ~**sinn** *m* folie *f*; **w**~**sinnig** *adj* fou(folle) ♦ *adv* (*umg*: *sehr*) vachement; **w**~**witzig** *adj* fou(folle) ♦ *adv* terriblement.

wahr [va:r] *adj* vrai(e); **nicht** ~? n'est-ce pas?; **etw** ~ **machen** réaliser qch; **da ist (et)was W**~**es dran** ça n'est pas faux.

wahren *vt* (*Rechte*) défendre; **seine Würde** ~ rester digne; **den Schein** ~ sauver les apparences.

währen ['vɛ:rən] *vi* durer.

während *präp* +*Gen* pendant ♦ *konj* pendant que; (*wohingegen*) alors que, tandis que;

~**dessen** *adv* pendant ce temps, entretemps.

wahr-: ~**haben** *vt*: **etw nicht** ~**haben wollen** ne pas vouloir admettre qch; ~**haft** *adv* vraiment; ~**haftig** *adj* sincère ♦ *adv* vraiment; **W**~**heit** *f* vérité *f*; **die W**~**heit sagen** dire la vérité; **in W**~**heit** en vérité; ~**heitsgetreu** *adj* (*Bericht*) véridique, exact(e); (*Darstellung*) fidèle.

wahrnehmen *vt unreg* (*Geräusch*) percevoir; (*Veränderung etc*) s'apercevoir de, remarquer; (*Termin, Frist*) respecter; (*Gelegenheit*) saisir, profiter de; (*Interessen*) représenter.

Wahrnehmung *f* (*Sinnes*~) perception *f*.

wahr-: ~**sagen** *vi* prédire l'avenir, dire la bonne aventure; **W**~**sager(in)** (**–s, –**) *m(f)* voyant(e) *m/f* (*extralucide*); **W**~**sagung** *f* prédiction *f*; ~**scheinlich** [va:r'ʃaɪnlɪç] *adj* probable; (*Täter*) présumé(e) ♦ *adv* probablement; **W**~**scheinlichkeit** *f* probabilité *f*, vraisemblance *f*; **aller W**~**scheinlichkeit nach** selon toute vraisemblance.

Währung ['vɛ:rʊŋ] *f* monnaie *f*.

Währungs-: ~**einheit** *f* monnaie *f*; ~**politik** *f* politique *f* monétaire; ~**reserven** *pl* fonds *m* de réserve; ~**union** *f* union *f* monétaire.

Wahrzeichen *nt* emblème *m*.

Waise ['vaɪzə] *f* orphelin(e) *m/f*.

Waisen-: ~**haus** *nt* orphelinat *m*; ~**knabe** *m*: **gegen dich ist er ein** ~**knabe** (*umg*) il ne t'arrive pas à la cheville; ~**rente** *f* allocation *f* d'orphelin.

Wal [va:l] (**–(e)s, –e**) *m* baleine *f*.

Wald [valt] (**–(e)s, ̈er**) *m* forêt *f*; **er sieht den** ~ **vor (lauter) Bäumen nicht** l'arbre lui cache la forêt; ~**arbeiter** *m* ouvrier *m* forestier, employé *m* des Eaux et Forêts; ~**brand** *m* feu *m* de forêt.

Wäldchen ['vɛltçən] *nt* bois *m*.

Waldhorn *nt* cor *m* de chasse.

waldig ['valdɪç] *adj* boisé(e).

Wald-: ~**lauf** *m* course *f* en forêt; ~**lehrpfad** *m* sentier forestier éducatif; ~**meister** *m* (*BOT*) aspérule *f*.

Waldorfsalat *m* (*KOCH*) salade de céleri, pommes et noix à la mayonnaise.

Waldorfschule *f* école anthroposophique.

Waldsterben *nt* dépérissement *m* des forêts.

Wald- und Wiesen- (*umg*) in *zW* quelconque.

Waldweg *m* chemin *m* forestier.

Wales [weɪlz] (**–s**) *nt* le pays de Galles.

Walfang ['va:lfaŋ] *m* pêche *f* à la baleine.

Walfisch ['valfɪʃ] (**–(e)s, –e**) *m* baleine *f*.

Waliser(in) [va'li:zər(ɪn)] (**–s, –**) *m(f)* Gallois(e) *m/f*.

walisisch *adj* gallois(e).

Walkie-talkie ['wɔ:kɪ'tɔ:kɪ] (**–(s), –s**) *nt* talkie-walkie *m*.

Walkman ['wɔ:kman] (**–s, –s**) *m* balladeur *m*.

Wall [val] (**–(e)s, ̈e**) *m* remblai *m*; (*Bollwerk*) rempart *m*.

Wallach ['valax] (**–(e)s, –e**) *m* (cheval *m*) hongre *m*.

wallen ['valən] _vi (Flüssigkeit)_ bouillonner.
Wall-: w~**fahren** _vi_ faire un pèlerinage; ~**fahrer(in)** _m(f)_ pèlerin(e) _m(f)_; ~**fahrt** _f_ pèlerinage _m_.
Wallis ['valɪs] **(-)** _nt_ Valais _m_.
Wallone(-in) [va'lo:nə] **(–n, –n)** _m(f)_ Wallon(ne) _m/f_.
Walnuß ['valnʊs] _f_ noix _f_.
Walroß ['valrɔs] _nt_ morse _m_.
walten ['valtən] _(geh) vi:_ **Vernunft ~ lassen** faire preuve de bon sens.
Walzblech **(–(e)s)** _nt_ tôle _f_ laminée.
Walze ['valtsə] _f_ cylindre _m; (Gerät)_ rouleau _m; (Fahrzeug)_ rouleau compresseur; **w~n** _vt (Boden)_ cylindrer; _(Blech)_ laminer.
wälzen ['vɛltsən] _vt_ rouler; _(Bücher)_ compulser; _(Probleme)_ ruminer ♦ _vr (sich vorwärts schieben)_ avancer; _(vor Schmerzen)_ se tordre; _(im Bett)_ se tourner et se retourner.
Walzer ['valtsər] **(–s, –)** _m_ valse _f_.
Wälzer ['vɛltsər] **(–s, –;** _umg) m_ pavé _m_.
Walzwerk ['valtsvɛrk] _nt (Maschine)_ laminoir _m; (Betrieb)_ usine _f_ de laminage.
Wammerl ['vamərl] **(–s, –(n))** _nt ≈_ tendrons _mpl_ de veau.
wand _etc_ [vant] _vb siehe_ **winden**.
Wand **(–,** ‐e) _f_ paroi _f; (von Haus, außen, fig)_ mur _m;_ **in den eigenen vier Wänden** chez soi; **weiß wie die ~** blanc comme un linge; **jdn an die ~ spielen** éclipser qn; _(SPORT)_ écraser qn.
Wandel ['vandəl] **(–s)** _m_ changement _m;_ ~**anleihe** _f_ emprunt _m_ convertible; **w~bar** _adj_ changeant(e); ~**halle** _f_ (grand) hall _m; (im Parlament)_ couloirs _mpl_.
wandeln _vt_ transformer, changer ♦ _vr_ changer ♦ _vi (geh: gehen)_ déambuler.
Wander-: ~**ausstellung** _f_ exposition _f_ itinérante; ~**bühne** _f_ théâtre _m_ ambulant.
Wanderer(-in) **(–s, –)** _m(f)_ randonneur(-euse) _m/f_.
Wanderkarte _f_ carte _f_ d'état-major.
Wanderlied _nt_ chanson _f_ de marche.
wandern _vi_ faire une randonnée; _(Blick, Gedanken)_ errer; _(Tiere)_ migrer; _(umg: in den Papierkorb)_ aller.
Wanderpreis _m_ coupe _f (d'un challenge)_.
Wanderschaft _f:_ **auf ~ sein** être en voyage, rouler sa bosse _(umg)_.
Wanderung _f_ randonnée _f; (von Tieren, Völkern)_ migration _f_.
Wanderweg _m_ chemin _m_ (de randonnée).
Wandgemälde _nt_ peinture _f_ murale.
Wandlung _f_ transformation _f; (REL)_ trans-substantiation _f_.
Wand-: ~**malerei** _f_ peinture _f_ murale; ~**schirm** _m_ paravent _m;_ ~**schrank** _m_ placard _m_.
wandte _etc_ ['vantə] _vb siehe_ **wenden**.
Wand-: ~**teppich** _m_ tapisserie _f;_ ~**uhr** _f_ pendule _f;_ ~**verkleidung** _f_ revêtement _m_ (mural); ~**zeitung** _f_ panneau _m_ d'affichage.
Wange ['vaŋə] _f_ joue _f_.
wankelmütig ['vaŋkəlmy:tɪç] _(pej) adj_ versatile.

wanken ['vaŋkən] _vi (schwanken, auch fig)_ chanceler; _(unsicher sein)_ être indécis(e), hésiter; _(sich bewegen)_ tituber.
wann [van] _adv_ quand; **~ auch immer** n'importe quand; **seit ~?** depuis quand?
Wanne ['vanə] _f (Badewanne)_ baignoire _f; (Ölwanne)_ cuve _f; (Trog)_ auge _f_.
Wanze ['vantsə] _f (ZOOL)_ punaise _f; (Abhörgerät)_ micro _m_ caché.
Wappen ['vapən] **(–s, –)** _nt_ blason _m_, armoiries _fpl;_ ~**kunde** _f_ héraldique _f_.
wappnen _vr:_ **sich mit Geduld ~** s'armer de patience; **gewappnet sein** _(fig)_ être paré(e).
war _etc_ [va:r] _vb siehe_ **sein**.
warb _etc_ [varp] _vb siehe_ **werben**.
Ware ['va:rə] _f_ marchandise _f_.
wäre _etc_ ['vɛ:rə] _vb siehe_ **sein**.
Waren-: ~**begleitschein** _m (für Zoll)_ bordereau _m_ de déclaration en douane; ~**haus** _nt_ grand magasin _m; (in Statistik)_ panier _m_ de la ménagère; ~**lager** _nt,_ ~**muster** _nt_ entrepôt _m;_ ~**probe** _f_ échantillon _m;_ ~**sendung** _f_ échantillon _m_ de marchandises; ~**test** _m_ test _m;_ ~**zeichen** _nt:_ **(eingetragenes)** ~**zeichen** marque _f_ déposée.
warf _etc_ [varf] _vb siehe_ **werfen**.
warm [varm] _adj_ chaud(e); _(herzlich)_ chaleureux(-euse); _(umg: homosexuell)_ pédé; ~**e Miete** loyer _m_ chauffage compris; **mir ist ~** j'ai chaud; **mit jdm ~ werden** _(umg)_ se lier d'amitié avec qn; **mit etw ~ werden** s'habituer à qch.
Wärme ['vɛrmə] _f_ chaleur _f;_ **10 Grad ~** 10 degrés au-dessus de zéro; ~**gewitter** _nt_ orage _m;_ ~**isolierung** _f_ isolation _f_ thermique; ~**lehre** _f_ science _f_ thermique; ~**leiter** _m_ conducteur _m_ de chaleur.
wärmen _vt_ chauffer, réchauffer ♦ _vr_ se réchauffer ♦ _vi (Ofen)_ chauffer; _(Kleidung)_ tenir chaud.
Wärme-: ~**pumpe** _f_ thermopompe _f;_ ~**quelle** _f_ source _f_ de chaleur; ~**technik** _f_ technique _f_ de la chaleur.
Wärmflasche _f_ bouillotte _f_.
Warm-: ~**front** _f_ front _m_ chaud; **w~halten** _(umg) vt:_ **sich** _Dat_ **jdn w~halten** _(fig)_ chercher à rester dans les petits papiers de qn; **w~herzig** _adj_ chaleureux(-euse); **w~laufen** _unreg vi (AUT)_ chauffer ♦ _vr (SPORT)_ s'échauffer; ~**wasserbereiter** _m_ chauffe-eau _m inv_.
Warn-: ~**anlage** _f_ dispositif _m_ d'alarme, avertisseur _m;_ ~**blinkanlage** _f (AUT)_ feux _mpl_ de détresse; ~**dreieck** _nt (AUT)_ triangle _m_ de présignalisation _od_ de détresse.
warnen ['varnən] _vt:_ ~ **(vor)** mettre en garde (contre).
Warn-: ~**lampe** _f_ voyant _m_ (lumineux); ~**streik** _m_ grève _f_ d'avertissement; ~**system** _nt_ système _m_ d'alarme.
Warnung _f_ avertissement _m_, mise _f_ en garde.
Warschau ['varʃaʊ] _nt_ Varsovie _f;_ ~**er Pakt** _m_ pacte _m_ de Varsovie.

Warte *f* poste *m* d'observation; *(fig)* point *m* de vue; ~**häuschen** *nt (an Bushaltestelle)* abribus *m*; ~**liste** *f* liste *f* d'attente.

warten ['vartən] *vi*: ~ **(auf** +*Akk)* attendre ♦ *vt (Auto, Maschine)* entretenir; **auf sich** ~ **lassen** se faire attendre; **warte mal!** attends!; **bitte** ~**!** *(am Telefon)* ne quittez pas!

Wärter(in) ['vɛrtər(ın)] **(–s, –)** *m(f)* gardien(ne) *m/f*.

Warteraum *m*, **Wartesaal** *m*, **Wartezimmer** *nt* salle *f* d'attente.

Wartung *f (von Maschine, Auto)* entretien *m*; ~ **und Instandhaltung** entretien; **w~sfrei** *adj* ne nécessitant pas d'entretien.

warum [va'rʊm] *adv* pourquoi; ~ **nicht?** pourquoi pas?; ~ **nicht gleich so!** il fallait commencer par là!

Warze ['vartsə] *f* verrue *f*.

Warzenschwein *nt (ZOOL)* phacochère *m*.

was [vas] *pron (interrogativ)* (qu'est-ce) que; (: *indirekt)* ce que; (: *nach präp)* quoi; *(relativ)* qui; *(umg: etwas)* quelque chose; ~**?** quoi?; ~ **hat er gesagt?** qu'a-t-il dit?; ~ **will er?** que veut-il?; **ich weiß,** ~ **er gesagt hat** je sais ce qu'il a dit; ~ **kostet das?** combien ça coûte?; ~ **für (ein)** quel genre de; ~ **denn?** *(umg)* quoi donc?; **ach** ~**!** *(umg)* mais non!; **na so** ~**!** *(umg)* ça alors!

wasch-: ~**aktiv** *adj* détergent(e); **W~anlage** *f (für Erz, Kohle etc)* laverie *f*; *(für Autos)* station *f* de lavage; ~**bar** *adj* lavable; **W~bär** *m* raton *m* laveur; **W~becken** *nt* lavabo *m*; **W~benzin** *nt* benzine *f*.

Wäsche ['vɛʃə] *f* linge *m*; *(Bett~)* draps *mpl*; **dumm aus der** ~ **gucken** *(umg)* faire une drôle de tête; ~**beutel** *m* sac *m* à linge.

waschecht *adj (Stoff)* qui résiste au lavage; *(Farbe)* grand teint *unver*; *(umg: echt)* pur sang *unver*.

Wäsche-: ~**klammer** *f* pince *f* à linge; ~**korb** *m* panier *m* à linge; ~**leine** *f* corde *f* à linge.

waschen ['vaʃən] *unreg vt* laver ♦ *vi* faire la lessive ♦ *vr* se laver; **sich** *Dat* **die Hände** ~ se laver les mains; **eine Strafe, die sich gewaschen hat** une sacrée punition.

Wäscherei [vɛʃə'raɪ] *f* blanchisserie *f*.

Wäscheschleuder *f* essoreuse *f*.

Wäschespinne *f* séchoir *m* parapluie.

Wasch-: ~**gang** *m* cycle *m* de lavage; ~**gelegenheit** *f* endroit *m* où se laver; ~**küche** *f* buanderie *f*; ~**lappen** *m* gant *m* de toilette; *(umg)* lavette *f*; ~**maschine** *f* machine *f* à laver, lave-linge *m inv*; **w~maschinenfest** *adj* pouvant être lavé(e) à la machine; ~**mittel** *nt* lessive *f*; ~**programm** *nt* programme *m* de lavage; ~**pulver** *nt* lessive *f* (en poudre), poudre *f* de lavage; ~**raum** *m* cabinet *m* de toilette, lavabos *mpl*; ~**salon** *m* laverie *f* automatique; ~**straße** *f (für Autos)* tunnel *m* de lavage.

wäscht *etc* [vɛʃt] *vb siehe* **waschen**.

Waschtisch *m* table *f* de toilette; ~**zettel** *m (Buch)* (texte *m* de) présentation *f*.

Washington ['wɔʃıŋtən] *nt* Washington.

Wasser ['vasər] **(–s, –** *od* **∸)** *nt* eau *f*; *(Parfüm)* eau *f* de Cologne; **dort wird auch nur mit** ~ **gekocht** *(fig)* après tout, ils se lèvent le matin comme tout le monde; **ins** ~ **fallen** *(fig)* tomber à l'eau; **mit allen** ~**n gewaschen sein** *(umg)* connaître toutes les combines; **das** ~ **steht ihm bis zum Hals** *(fig)* il est dans le pétrin; **jdm das** ~ **abgraben** *(fig)* couper l'herbe sous le pied de qn; **w~abstoßend** *adj* hydrofuge; **w~arm** *adj* aride; ~**ball** *m (Spiel)* water-polo *m*; *(Ball)* ballon *m* de plage.

Wässerchen *nt*: **er sieht aus, als ob er kein** ~ **trüben könnte** *(umg)* on lui donnerait le bon Dieu sans confession.

wasser-: ~**dicht** *adj* étanche, imperméable; **W~fall** *m* cascade *f*, chute *f* d'eau; **W~farbe** *f* couleur *f* pour aquarelle; **w~gekühlt** *adj (AUT)* à refroidissement par eau; **W~graben** *m (SPORT)* brook *m*; *(um Burg)* douves *fpl*; **W~hahn** *m* robinet *m*; **W~huhn** *nt* poule *f* d'eau.

wässerig ['vɛsərıç] *adj siehe* **wäßrig**.

Wasser-: ~**kasten** *m (am WC)* réservoir *m*; ~**kessel** *m* bouilloire *f*; ~**kraftwerk** *nt* centrale *f* hydro-électrique; ~**leitung** *f* conduite *f* d'eau; *(Anlagen)* tuyauterie *f*; ~**mann** *m (ASTROL)* Verseau *m*; ~**melone** *f* pastèque *f*.

wässern ['vɛsərn] *vt (Pflanzen)* arroser; *(KOCH)* faire tremper ♦ *vi (Augen)* larmoyer; *(Wunde)* suinter.

Wasser-: ~**pflanze** *f* plante *f* aquatique; ~**ratte** *f* rat *m* d'eau; *(umg: hum)* personne qui adore nager; ~**scheide** *f* ligne *f* de partage des eaux; **w~scheu** *adj* qui a peur de l'eau; ~**schi** *m* ~**ski** *m*; ~**schloß** *nt* château *m* (entouré d'un fossé; ~**schutzpolizei** *f (auf Flüssen)* police *f* fluviale; *(im Hafen)* police du port; *(auf der See)* police maritime; ~**ski** *nt* ski *m* nautique; ~**spiegel** *m (Oberfläche)* surface *f* de l'eau; *(~stand)* niveau *m* d'eau; ~**spiele** *pl* jeux *mpl* d'eaux; ~**spülung** *f* chasse *f* d'eau; ~**stand** *m* niveau *m* d'eau; ~**stoff** *m* hydrogène *m*; ~**stoffbombe** *f* bombe *f* H *od* à hydrogène; ~**turm** *m* château *m* d'eau; ~**verbrauch** *m* consommation *f* d'eau; ~**waage** *f* niveau *m* (à bulle d'air); ~**werfer** *m* canon *m* à eau; ~**werk** *nt* station *f* hydraulique; ~**zeichen** *nt* filigrane *m*.

wäßrig ['vɛsrıç] *adj (Suppe)* trop dilué(e); *(Frucht)* sans goût; *(Farbe)* délavé(e).

waten ['va:tən] *vi* patauger.

watscheln ['va:tʃəln] *vi* se dandiner.

Watt[1] [vat] **(–(e)s, –en)** *nt (GEOG)* laisse *f*.

Watt[2] [vat] **(–s, –)** *nt (ELEK)* watt *m*.

Watte *f* ouate *f*, coton *m* (hydrophile).

Wattenmeer **(–(e)s)** *nt mer qui forme des laisses.*

Wattestäbchen *nt* coton-tige ® *m*.

wattieren [va'ti:rən] *vt (Schultern)* rembourrer; **wattierte Jacke** veste *f* ouatinée; **wattierter Umschlag** enveloppe *f* matelassée.

WC *nt abk* (= *Wasserklosett*) W.-C. *mpl*.

WDR (–) m abk (= *Westdeutscher Rundfunk*) *radio ouest-allemande.*
weben ['ve:bən] *vt* tisser.
Weber(in) (–s, –) *m(f)* tisserand(e) *m/f.*
Weberei [ve:bə'raɪ] *f* atelier *m* de tissage.
Webstuhl ['ve:pʃtu:l] *m* métier *m* à tisser.
Wechsel ['vɛksəl] (–s, –) *m* changement *m*; (*Geld~*) change *m*; (*Schuldschein*) lettre *f* de change; **~bäder** *pl* douche *f* écossaise; **~beziehung** *f* corrélation *f*; **~geld** *nt* monnaie *f*; **w~haft** *adj* variable; **~jahre** *pl* ménopause *fsg*; **in die ~jahre kommen** atteindre l'âge de la ménopause; **~kurs** *m* taux *m* de change.
wechseln *vt* changer de; (*austauschen*) échanger; (*Geld*) changer; (: *Kleingeld herausgeben*) rendre la monnaie de ♦ *vi* changer; (*einander ablösen*) se relayer; (*Geld* ~) rendre la monnaie.
wechselnd *adj* changeant(e), variable.
Wechsel-: **~rahmen** *m* passe-partout *m inv* (*cadre*); **w~seitig** *adj* mutuel(le); **~sprechanlage** *f* interphone *m*; **~strom** *m* (*ELEK*) courant *m* alternatif; **~stube** *f* bureau *m* de change; **w~weise** *adv* (*abwechselnd*) alternativement; **~wirkung** *f* interaction *f.*
Weckdienst *m* (*per Telefon*) service *m* du réveil (téléphonique).
wecken ['vɛkən] *vt* réveiller; (*fig: Bedarf, Interesse*) susciter; (: *Erinnerungen*) réveiller.
Wecker (–s, –) *m* réveil *m*, réveille-matin *m inv*; **jdm auf den ~ fallen** (*umg*) taper sur les nerfs de qn.
Weckglas ® *nt* bocal *m* à conserves *od* à confitures.
Weckruf *m* (*TEL*) réveil *m* téléphonique.
wedeln ['ve:dəln] *vi* (*SKI*) godiller; (**mit dem Schwanz**) ~ remuer la queue; **mit einem Fächer** ~ agiter un éventail.
weder ['ve:dər] *konj*: ~ ... **noch** ... ni ... ni ... .
weg [vɛk] *adv*: ~ **sein** être parti(e), ne plus être là; **er war schon** ~ il était déjà parti; **nichts wie** *od* **nur** ~ **hier!** filons!, fichons le camp!; **Hände** *od* **Finger** ~! n'y touche(z) pas!; ~ **damit!** (*mit Schere etc*) enlève-moi ça!; **über etw** *Akk* ~ **sein** avoir surmonté qch.
Weg [ve:k] (–(e)s, –e) *m* chemin *m*; (*Pfad auch*) sentier *m*; (*Mittel*) moyen *m*; **auf dem ~ nach Linz habe ich meinen Hut verloren** j'ai perdu mon chapeau en me rendant à Linz; **sich auf den ~ machen** se mettre en route; **jdm nicht über den ~ trauen** se méfier de qn; **jdm aus dem ~ gehen** éviter qn; **jdm Steine in den ~ legen** (*fig*) mettre des bâtons dans les roues à qn; **auf dem besten ~ sein, etw zu tun** être bien parti(e) pour faire qch; **etw in die ~e leiten** mettre qch en route; **~bereiter** (–s, –) *m* précurseur *m*, pionnier *m.*
wegbleiben *unreg vi* (*fernbleiben*) ne pas *od* plus venir; (*Satz, Wort*) être omis(e); **mir bleibt die Spucke weg** (*umg*) je ne sais plus quoi dire.

wegen ['ve:gən] *präp* +*Gen* (*umg*) à cause de; (*bezüglich*) pour; **von** ~! (*umg*) pas du tout!
weg-: **~essen** *unreg vt*: **jdm den Kuchen ~essen** manger le gâteau de qn; **~fahren** *unreg vi* partir; **~fallen** *unreg vi* être supprimé(e) *od* annulé(e); **etw ~fallen lassen** supprimer *od* annuler qch; **~gehen** *unreg vi* partir; (*Kopfschmerzen*) disparaître; **~hören** *vi* ne pas écouter; **~kommen** *unreg vi* (*verlorengehen*) disparaître; (*fortkommen*) partir; **bei etw gut/schlecht ~kommen** (*umg*) bien/ne pas bien se tirer de qch; **~lassen** *unreg vt* (*gehen lassen*) laisser partir; (*streichen*) supprimer; **~laufen** *unreg vi* partir en courant, se sauver; **das läuft (dir) nicht** ~ (*fig: hum*) ça peut attendre; **~legen** *vt* poser; **~machen** *vt* (*umg: Flecken*) enlever ♦ *vr* (*verschwinden*) ficher le camp, se tirer; **~müssen** *unreg* (*umg*) *vi* devoir partir; **~nehmen** *unreg vt* (*beseitigen*) enlever; (*Eigentum, Zeit, Platz*) prendre; (*Licht, Sonne*) cacher; **~räumen** *vt* ranger; **~schaffen** *vt* enlever; **~schließen** *unreg* (*umg*) *vt* mettre sous clé; **~schnappen** (*umg*) *vt*: **jdm etw ~schnappen** souffler qch à qn; **jdm die Freundin ~schnappen** souffler l'amie de qn; **~stecken** *vt* cacher; (*umg: verkraften*) encaisser; **~treten** *unreg vi*: **~treten!** (*MIL*) rompez!; **geistig ~getreten sein** (*umg*) être dans les nuages; **~tun** *unreg vt* (*aufräumen*) ranger; (*wegwerfen*) jeter.
wegweisend ['ve:gvaɪzənt] *adj*: **eine ~e Tat** un exemple à suivre.
Wegweiser ['ve:gvaɪzər] (–s, –) *m* poteau *m* indicateur; (*Buch etc*) guide *m.*
Wegwerf- ['vɛkvɛrf] *in zW* jetable, à jeter.
weg-: **~werfen** *unreg vt* jeter; **~werfend** *adv* dédaigneux(-euse), méprisant(e); **W~werfgesellschaft** (*pej*) *f* société *f* de consommation (*où l'on jette au lieu de réparer*); **~wollen** *unreg vi* vouloir partir; **~ziehen** *unreg vi* (*umziehen*) partir.
weh [ve:] *adj* (*Finger*) qui fait mal, douloureux(-euse); ~ **tun** faire mal; **jdm** ~ **tun** faire mal à qn; **sich** ~ **tun** se faire mal; **ihm ist** ~ **ums Herz** il a le cœur gros; **o** ~! oh là là!
Wehe *f* (*Geburts~*) contraction *f*; (*Schnee~*) congère *f*; **in den ~n liegen** être en train d'accoucher.
weh(e) *interj*: ~, **wenn du ... gare à toi si tu ... .**
wehen *vt* (*Staub*) soulever ♦ *vi* (*Wind*) souffler; (*Fahne*) flotter.
weh-: **~klagen** *vi* se lamenter; **~leidig** (*pej*) *adj* (*Mensch*) douillet(te); (*jammernd*) pleurnichard(e); **W~mut** *f* mélancolie *f*; **~mütig** *adj* mélancolique.
Wehr¹ [ve:r] (–(e)s, –e) *nt* digue *f.*
Wehr² [ve:r] (–, –en) *f*: **sich zur ~ setzen** se défendre; **~dienst** *m* service *m* militaire *od* national; **w~dienstpflichtig** *adj* assujetti(e) au service militaire *od* national, appelé(e); **~dienstverweigerer** *m* objecteur *m* de conscience.
wehren *vr* se défendre; **sich gegen einen Plan** ~ s'opposer à un projet.

wehr-: ~**los** *adj* sans défense; **jdm** ~**los ausge-liefert sein** être à la merci de qn; **W~macht** *f* (*GESCHICHTE*) Wehrmacht *f*; **W~pflicht** *f* service *m* militaire obligatoire; ~**pflichtig** *adj* assujetti(e) au service militaire *od* national; **W~übung** *f* exercice *m* pour réservistes.

Wehwehchen (*umg*) *nt* bobo *m*.

Weib [vaɪp] (**-(e)s, -er**) *nt* (*veraltend*: *Ehefrau*) femme *f*; (*pej*) garce *f*; (*umg*) nana *f*.

Weibchen *nt* (*ZOOL*) femelle *f*.

Weiberheld (*pej*) *m* don Juan *m*.

weibisch ['vaɪbɪʃ] (*pej*) *adj* efféminé(e).

weiblich *adj* féminin(e); (*Tier, Blüte*) femelle *f*.

weich [vaɪç] *adj* mou(molle), souple; (*Sessel, Bett etc*) moelleux(-euse); (*Haut, Pelz, Stoff*) doux(douce); (*Kern, Herz, Gemüse etc*) tendre; (*Ei*) à la coque; ~**e Währung** monnaie *f* faible; ~ **werden** (*umg*: *nachgeben*) céder.

Weiche *f* (*EISENB*) aiguillage *m*; **die** ~**n stellen** actionner l'aiguillage; (*fig*) préparer le terrain.

weichen[1] *vt* (*Wäsche etc*) faire tremper ♦ *vi* tremper.

weichen[2] *unreg vi* +*Dat* (*Platz machen*) céder la place (à); (*Spannung etc*) diminuer, baisser; **nicht von jdm** *od* **jds Seite** ~ ne pas quitter qn d'une semelle.

Weichenwärter *m* aiguilleur *m*.

Weich-: ~**heit** *f* (*siehe adj*) mollesse *f*, souplesse *f*; moelleux *m*; douceur *f*; **w~herzig** *adj* au cœur tendre; ~**käse** *m* fromage *m* à pâte molle; **w~lich** *adj* mou(molle); ~**ling** (*pej*) *m* faible *m*; ~**macher** *m* plastifiant *m*; ~**spüler** *m* adoucissant *m* (textile); ~**tier** *nt* mollusque *m*.

Weide ['vaɪdə] *f* (*Baum*) saule *m*; (*Wiese*) pâturage *m*.

weiden *vi* paître ♦ *vr*: **sich an etw** *Dat* ~ se repaître de qch.

Weidenkätzchen *nt* chaton *m* (de saule).

weidlich ['vaɪtlɪç] *adv* largement, beaucoup; **etw** ~ **ausnutzen** profiter pleinement de qch; **jdn** ~ **ausnützen** exploiter qn.

weigern ['vaɪgərn] *vr* refuser.

Weigerung ['vaɪgəruŋ] *f* refus *m*.

Weihe ['vaɪə] *f* (*von Kirche*) consécration *f*; (*Priester~*) ordination *f*.

weihen *vt* (*Priester*) ordonner; (*Gebäude*) consacrer; (*Kerze*) bénir; (*widmen*) vouer; **dem Untergang geweiht** voué(e) à la ruine.

Weiher (**-s, -**) *m* étang *m*.

Weihnacht ['vaɪnaxt] (**-**) *f* Noël *m*.

Weihnachten (**-**) *nt* Noël *m*; **fröhliche** *od* **frohe** *od* **gesegnete** ~! joyeux Noël!

weihnachten *vi unpers*: **es weihnachtet sehr** (*poetisch*) Noël approche; (*ironisch*) ça sent Noël.

weihnachtlich *adj* de Noël.

Weihnachts-: ~**abend** *m* réveillon *m* de Noël; ~**baum** *m* arbre *m* de Noël; ~**geld** *nt* gratification *f* de fin d'année; ~**geschenk** *nt* cadeau *m* de Noël; ~**lied** *nt* chant *m* de Noël;

~**mann** *m* père *m* Noël; ~**markt** *m* marché *m* de Noël; ~**tag** *m* jour *m* de Noël; **der zweite** ~**tag** *le lendemain de Noël*, le 26 décembre; ~**zeit** *f* époque *f* de Noël.

Weihrauch *m* encens *m*.

Weihwasser *nt* eau *f* bénite.

weil [vaɪl] *konj* parce que.

Weile ['vaɪlə] (**-**) *f* moment *m*; **nach einer** ~ au bout d'un moment; **vor einer** ~ il y a un certain temps.

Weiler ['vaɪlər] (**-s, -**) *m* hameau *m*.

Weimarer Republik ['vaɪmarər repu'bli:k] *f* République *f* de Weimar.

Wein [vaɪn] (**-(e)s, -e**) *m* vin *m*; (*Pflanze*) vigne *f*; (*Beeren*) raisin *m*; **jdm reinen** ~ **einschenken** (*fig*) parler franchement à qn; ~**bau** *m* viticulture *f*; ~**bauer** *m* vigneron *m*, viticulteur *m*; ~**beere** *f* (*BOT*) (grain *m* de) raisin *m*; ~**berg** *m* vignoble *m*, vigne *f*; ~**bergschnecke** *f* escargot *m* de Bourgogne; ~**brand** *m* eau-de-vie *f*.

weinen *vi* pleurer; **das ist zum W~** c'est triste à pleurer.

weinerlich *adj* (*Stimme*) larmoyant(e).

Wein-: ~**gegend** *f* région *f* viticole; ~**geist** *m* esprit-de-vin *m*; ~**glas** *nt* verre *m* à vin; ~**gut** *nt* domaine *m* viticole; ~**jahr** *nt*: **ein gutes/schlechtes** ~**jahr** une bonne/mauvaise année pour le vin; ~**karte** *f* carte *f* des vins.

Weinkrampf *m* crise *f* de larmes.

Wein-: ~**lese** *f* vendanges *fpl*; ~**lokal** *nt* taverne *f*; ~**probe** *f* dégustation *f* de vins; ~**rebe** *f* vigne *f*; **w~rot** *adj* bordeaux *inv*; ~**schaum(soße)** *m(f)* ≈ sabayon *m*; **w~selig** *adj* pompette; ~**stein** *m* tartre *m*; ~**stock** *m* pied *m* de vigne; ~**stube** *f* taverne *f*; ~**traube** *f* (grain *m* de) raisin *m*.

Weise *f* (*Art*) façon *f*, manière *f*; (*MUS*) air *m*; **auf diese** ~ de cette façon *od* manière, comme ça.

weise ['vaɪzə] *adj* sage.

Weise(r) *f(m)* sage *m*.

weisen *unreg vt* (*Weg*) indiquer ♦ *vi* (*deuten*): **auf jdn/etw** ~ désigner qn/qch; **etw (weit) von sich** ~ (*fig*) rejeter qch (complètement).

Weisheit ['vaɪshaɪt] *f* sagesse *f*; **mit seiner** ~ **am Ende sein** être au bout de son latin.

Weisheitszahn *m* dent *f* de sagesse.

weismachen ['vaɪsmaxən] *vt* faire croire; **das kannst du mir nicht** ~ à d'autres!

weiß[1] [vaɪs] *vb siehe* **wissen**.

weiß[2] *adj* blanc(blanche).

Weissager ['vaɪsza:gər] *m* devin *m*.

Weiß-: ~**bier** *nt* bière *blonde de froment*; ~**blech** *nt* fer-blanc *m*; ~**brot** *nt* pain *m* blanc; ~**buch** *nt* (*POL*) livre *m* blanc.

Weiße *f* (*Blässe*) pâleur *f*; **Berliner** ~ (**mit Schuß**) *bière blonde de Berlin (avec du sirop de framboises)*.

Weiße(r) (**-n, -n**) *f(m)* (*Mensch*) blanc(blanche) *m(f)*.

weißen *vt* blanchir (à la chaux).

Weiß-: **W~glut** *f* incandescence *f*; **jdn bis zur**

W~glut bringen (*umg*) faire voir rouge à qn; **W~gold** *nt* or *m* blanc; **W~herbst** *m* rosé *m*; **W~kohl** *m* chou *m* blanc; **W~macher** *m* (*in Waschmittel*) agent *m* blanchissant; **W~rußland** *nt* la Russie blanche, la Biélorussie.

weißt [vaɪst] *vb siehe* **wissen.**

Weiß-: ~**waren** *pl* linge *msg*; ~**wein** *m* vin *m* blanc; ~**wurst** *f* saucisse *f* de veau.

Weisung [ˈvaɪzʊŋ] *f* directives *fpl*, instructions *fpl*.

weisungsgemäß *adv* conformément aux instructions; ~ **handeln** suivre les instructions.

weit [vaɪt] *adj* (*breit, auch Begriff*) large; (*Meer, Welt*) vaste; (*lang: Entfernung, Reise*) long(longue), grand(e); (*Unterschied*) grand(e) ♦ *adv* loin; **München ist 20 km ~ entfernt** Munich est à 20 km; **in ~er Ferne** au loin; **bis dahin ist es noch ~** c'est encore loin; **von ~em** de loin; **bei ~em** de loin; ~ **und breit** alentour; ~ **gefehlt!** tu n'y es pas du tout!; **es so ~ bringen, daß ...** en arriver à ce que...; **das geht zu ~** c'est trop; ~ **entfernt sein** être très loin; ~ **fortgeschritten** très avancé(e); ~ **verbreitet** très répandu(e); ~**ab** *adv*: ~**ab von** loin de; ~**aus** *adv* de loin; **W~blick** *m* (*fig*) flair *m*; ~**blickend** *adj* qui voit loin, qui a du flair.

Weite *f* (*Durchmesser, Breite*) largeur *f*; (*Raum*) étendue *f*; (*Entfernung: SPORT*) distance *f*.

weiten *vt* élargir ♦ *vr* (*Pupille*) se dilater; (*Horizont*) s'élargir.

weiter [ˈvaɪtər] *adj* (*siehe weit*) plus large; plus long(longue), plus grand(e); (*zusätzlich*) supplémentaire, complémentaire ♦ *adv* plus loin; (*außerdem*) autrement, par ailleurs; **haben Sie noch ~e Fragen?** avez-vous d'autres questions?; **etw ~ tun** continuer de faire qch; **und so ~** et ainsi de suite, et cetera; ~ **so!** continue(z)!; **wenn es ~ nichts ist!** si ce n'est que ça!, bien sûr!; **das hat ~ nichts zu sagen** ça ne veut rien dire; ~ **nichts/niemand** rien/personne d'autre; ~**arbeiten** *vi* continuer de travailler; ~**bilden** *vr* se recycler, suivre une formation (professionnelle) complémentaire; **W~bildung** *f* recyclage *m*, formation *f* (professionnelle) complémentaire; ~**empfehlen** *unreg vt* recommander (à d'autres); ~**erzählen** *vt* (*Geheimnis*) répéter.

Weitere(s) *nt*: **alles ~** tout le reste; ~**s erfahren Sie ...** pour de plus amples détails, veuillez vous adresser ...; **bis auf ~s** jusqu'à nouvel ordre; **ohne ~s** sans problème.

weiter-: **W~fahrt** *f* suite *f* du voyage; **W~flug** *m* suite *f* du vol; „**Passagiere zum W~flug nach Paris**" "les passagers qui continuent sur Paris"; ~**führen** *vi* (*Straße*) continuer ♦ *vt* (*fortsetzen*) continuer, poursuivre; ~**führend** *adj* (*Schule*) secondaire; ~**gehen** *unreg vi* continuer son chemin, ne pas s'arrêter; (*Leben*) continuer; (*Diskussion*) se poursuivre; ~**hin** *adv* (*immer noch*) toujours; (*außerdem*) en outre; ~**hin alles Gute!** bonne continuation!; ~**kommen** *unreg vi* avancer; ~**leiten** *vt* (*Post*)

faire suivre; (*Anfrage*) transmettre; ~**machen** (*umg*) *vt, vi* continuer; ~**reisen** *vi* poursuivre son voyage; ~**sagen** *vt*: **nicht ~sagen!** motus (et bouche cousue); ~**sehen** *unreg vi* aviser; ~**verarbeiten** *vt* transformer; ~**verarbeitende Industrie** industrie *f* de transformation; ~**verkaufen** *vt* revendre; ~**wissen** *unreg vi*: **nicht (mehr) ~wissen** ne plus savoir que faire.

weit-: ~**gehend** *adj* (*Unabhängigkeit*) large; (*Verständnis*) grand(e) ♦ *adv* largement; ~**her** *adv*: **von ~her** de loin; ~**hergeholt** *adj attrib* tiré(e) par les cheveux; ~**hin** *adv* (*sichtbar, hörbar*) de loin; (*weitgehend*) dans une large mesure; ~**läufig** *adj* (*Gebäude*) vaste; (*Erklärung*) détaillé(e); (*Verwandter*) éloigné(e); ~**reichend** *adj* (*MIL*) à longue portée; (*fig: umfangreich*) large, étendu(e); ~**schweifig** *adj* (*Erzählung*) prolixe; ~**sichtig** *adj* (*MED*) presbyte; (*fig*) qui voit loin; **W~sprung** *m* saut *m* en longueur; ~**verbreitet** *adj* très répandu(e); ~**verzweigt** *adj attrib* (*Straßensystem*) très étendu(e), très développé(e); **W~winkelobjektiv** *nt* objectif *m* grand angle.

Weizen [ˈvaɪtsən] (**-s, -**) *m* blé *m*; ~**bier** *nt* bière à base de froment; ~**keime** *pl* germes *mpl* de blé.

═══════════ *SCHLÜSSELWORT*

welche(r,   s) *pron* **1** (*interrogativ*) lequel(laquelle); (: *pl*) lesquels(lesquelles); **welcher/welche von beiden? lequel(laquelle) des deux?**; **welchen/welche hast du genommen?** lequel(laquelle) as-tu pris?; **welch ein Pech!** quelle malchance!; **welch eine schöne Kirche!** quelle belle église!; **welche Freude!** quel plaisir!
2 (*unbestimmt*): **es soll ja welche geben die ...** il paraît qu'il y a des gens qui ...; **ich habe welche** j'en ai; **haben Sie noch welche?** vous en avez?
3 (*relativ: Subjekt*) qui; (: *Akkusativ*) que; (: *Dativ*) à qui; (: *bei Sachen*) auquel(à laquelle).

welk [vɛlk] *adj* (*Blume, Haut*) flétri(e).

welken *vi* se faner.

Wellblech *nt* tôle *f* ondulée.

Welle [ˈvɛlə] *f* vague *f*; (*TECH*) onde *f*; (*von Leserbriefen*) avalanche *f*; **(hohe) ~n schlagen** (*fig*) faire beaucoup de bruit; **grüne ~** (*im Verkehr*) feux de signalisation bien synchronisés.

Wellen-: ~**bad** *nt* piscine *f* à vagues; ~**bereich** *m* gamme *f* de fréquence; ~**gang** *m*: **starker ~gang** fortes vagues *fpl*; ~**länge** *f* longueur *f* d'onde; **mit jdm auf einer ~länge sein** (*umg*) être sur la même longueur d'onde que qn; ~**linie** *f* ligne *f* ondulée; ~**sittich** *m* perruche *f*.

Wellfleisch [ˈvɛlflaɪʃ] *nt* poitrine de porc bouillie.

wellig *adj* ondulé(e).

Wellington *nt* Wellington.

Wellpappe *f* carton *m* ondulé.
Welpe ['vɛlpə] *m* (*von Hund*) chiot *m*; (*von Wolf*) louveteau *m*; (*von Fuchs*) renardeau *m*.
Welt [vɛlt] *f* monde *m*; **die Neue** ~ le Nouveau Monde; **die dritte** ~ le Tiers-Monde; **auf die** *od* **zur** ~ **kommen** venir au monde; **etw aus der** ~ **schaffen** se débarrasser de qch; **in alle** ~ **partout**; **vor aller** ~ devant tout le monde; **~all** *nt* univers *m*; **~anschauung** *f* vision *f* du monde, philosophie *f*; **~bank** *f* Banque *f* mondiale; **w~bekannt** *adj* connu(e) dans le monde entier; **w~berühmt** *adj* de renommée internationale; **w~bewegend** *adj* révolutionnaire; **~bild** *nt* vision *f* du monde.
Weltenbummler(in) *m(f)* globe-trotter *m*.
Weltergewicht ['vɛltərgəviçt] *nt* poids *m* mimoyen.
welt-: **~fremd** *adj* sauvage; **W~gesundheitsorganisation** *f* Organisation *f* mondiale de la santé; **~gewandt** *adj* à l'aise en société; **W~klasse** *f*: **W~klasse sein** être de haut niveau; **W~krieg** *m* guerre *f* mondiale; **der erste/zweite W~krieg** la Première/Deuxième guerre mondiale; **~lich** *adj* (*Freuden*) de ce monde; (*Gesinnung*) matérialiste; (*Bauwerk*) profane; (*Würdenträger etc*) laïc(laïque); **W~-literatur** *f* littérature *f* mondiale; **W~macht** *f* grande puissance *f*; **~männisch** *adj* (*Auftreten*) d'homme du monde; **W~meister(in)** *m(f)* champion(ne) *m/f* du monde; **W~meisterschaft** *f* championnat *m* du monde; (*FUSSBALL*) coupe *f* du monde; **~offen** *adj* (*Mensch*) ouvert(e); **W~rang** *m*: **von W~rang** de renommée mondiale; **W~raum** *m* espace *m*; **W~raumforschung** *f* recherche *f* spatiale; **W~raumstation** *f* station *f* spatiale; **W~reich** *nt* empire *m*; **W~reise** *f* tour *m* du monde; **W~ruf** *m* renommée *f* mondiale; **W~sicherheitsrat** *m* Conseil *m* de sécurité (des Nations unies); **W~stadt** *f* métropole *f*; **W~untergang** *m* fin *f* du monde; **~weit** *adj* international(e); **W~wirtschaftskrise** *f* crise *f* économique mondiale; **W~wunder** *nt*: **die Sieben W~wunder** les sept merveilles *fpl* du monde; **W~zeituhr** *f* horloge *f* de temps universel.
wem [ve:m] *pron* (*Dat*) à qui.
wen [ve:n] *pron* (*Akk: interrogativ*) qui; (: *relativ*) celui(celle) que.
Wende ['vɛndə] *f* tournant *m*; (*SEGELN, SCHWIMMEN*) virage *m*; **die** ~ (*POL*) la réunification; **~hammer** *m* endroit où faire demi-tour dans un cul-de-sac; **~kreis** *m* (*GEOG*) tropique *m*; (*AUT*) rayon *m* de braquage.
Wendeltreppe *f* escalier *m* en colimaçon.
wenden *unreg vt* (*Kopf, Seite*) tourner; (*Pfannkuchen, Kleidungsstück etc*) retourner; (*Boot*) faire virer de bord ♦ *vr* (*Glück*) tourner ♦ *vi* faire demi-tour; (*mit Boot*) virer de bord; **das Auto** ~ faire demi-tour (en voiture); **bitte** ~! tournez, s'il vous plaît, T.S.V.P.; **sich an jdn** ~ s'adresser à qn; **sich gegen jdn/etw** ~ s'attaquer à qn/qch.

Wendepunkt *m* tournant *m*.
wendig *adj* maniable; (*geistig*) habile.
Wendung *f* (*Biegung*) tournant *m*; (*Rede~*) tournure *f*.
wenig ['ve:nɪç] *adj* (*nicht viel*) peu de; (*ein paar*) quelques ♦ *adv* peu; **er hat zu** ~ **Geld** il n'a pas assez d'argent; **ich habe ein Exemplar zu** ~ il me manque un exemplaire; **~e** *pl* peu de gens; **in** **~en Tagen** dans quelques jours.
weniger *adj* moins de ♦ *adv* moins ♦ *konj* (*minus*) moins.
Wenigkeit *f*: **meine** ~ (*umg*) mon humble personne.
wenigste(r, s) *adj* moindre; **am** ~**n** le moins.
wenigstens *adv* au moins.

════════════════ *SCHLÜSSELWORT*

wenn [vɛn] *konj* (*falls, bei Wünschen*) si; (*zeitlich*) quand; **wenn auch** ... même si ...; **selbst wenn** ... même si ...; **es ist, als wenn** ... c'est comme si ...; **wenn ich doch** ... si seulement je ...; **immer wenn** ... chaque fois que ...; **außer wenn** ... sauf quand ...; **wenn wir erst die neue Wohnung haben** quand nous aurons notre nouvel appartement.

wennschon (*umg*) *adv*: (**na**) ~**!** et alors?; ~**, dennschon!** tant qu'à faire!
wer [ve:r] *pron* qui; **in ihrem Dorf ist sie** ~ (*umg*) dans son village, c'est quelqu'un.
Werbe-: **~agentur** *f* agence *f* de publicité; **~aktion** *f* campagne *f* publicitaire; **~antwort** *f* carte-réponse *f* publicitaire; **~fernsehen** *nt* publicité *f* à la télévision; **~film** *m* film *m* publicitaire; **~geschenk** *nt* cadeau *m* publicitaire; **~grafiker(in)** *m(f)* dessinateur(-trice) *m/f* publicitaire; **~kampagne** *f* campagne *f* publicitaire.
werben ['vɛrbən] *unreg vt* (*Kunden*) prospecter; (*Mitglied*) recruter ♦ *vi* faire de la publicité; **um etw** ~ essayer d'obtenir qch; **um eine Frau** ~ faire la cour à une femme; **um Wähler** ~ essayer d'obtenir des voix; **für eine Firma/ein Produkt** ~ faire de la publicité pour une entreprise/un produit; **für eine Partei/einen Kandidaten** ~ faire campagne pour un parti/candidat.
Werbe-: **~slogan** *m* slogan *m* publicitaire; **~spot** *m* spot *m* publicitaire; **~texter** *m* rédacteur *m* publicitaire; **~trommel** *f*: **die ~trommel rühren** (*umg*) faire du battage *od* de la pub; **w~wirksam** *adj* efficace (sur le plan publicitaire).
Werbung *f* publicité *f*; (*von Mitgliedern*) recrutement *m*; (*um Frau*) cour *f*.
Werdegang ['ve:rdəgaŋ] *m* (*Laufbahn*) parcours *m*; (*beruflich*) carrière *f*.

════════════════ *SCHLÜSSELWORT*

werden ['ve:rdən] (*pt* **wurde**, *pp* **geworden** *od* (*bei Passiv*) **worden**) *vi* devenir; **rot werden** rougir; **zu Eis werden** geler; **die Fotos sind gut ge-**

worden les photos sont réussies; **was willst du (mal) werden?** qu'est-ce que tu veux faire quand tu seras grand(e)?; **was ist aus ihm geworden?** qu'est-il devenu?; **aus ihr wird nie etwas** elle n'arrivera jamais à rien; **es ist nichts geworden** ça n'a rien donné; **das ist gut geworden** ça a bien réussi; **es wird Nacht** la nuit tombe; **es wird Tag** le jour se lève; **mir wird kalt** je commence à avoir froid; **mir wird schlecht** je me sens mal; **Erster werden** être (classé) premier; **das muß anders werden** il faut que ça change; **es wird bald ein Jahr, daß ...** il y a bientôt une année que ...; **er wird bald 40** il va bientôt avoir 40 ans
♦ *Hilfsverb* **1** (*Futur*): **er wird es tun** il va le faire; **es wird gleich regnen** il va bientôt pleuvoir
2 (*Konjunktiv*): **ich würde weniger essen** je mangerais moins; **ich würde das nicht so machen** je ne le ferais pas comme ça, je m'y prendrais autrement; **er würde gern ...** il aimerait bien ...; **ich würde lieber ...** je préférerais ...
3 (*Vermutung*): **sie wird (wohl) in der Küche sein** elle est sans doute à la cuisine
4 (*Passiv*): **gebraucht werden** être utilisé(e), servir; **mir wurde gesagt, daß ...** on m'a dit que ...; **es wurde viel gelacht** on a beaucoup ri.

werdend *adj*: ~**e Mutter** future mère *f*.
werfen ['vɛrfən] *unreg vt* (*Ball etc*) lancer, jeter; (*Junge*) accoucher de; (*Schatten*) jeter ♦ *vi* (*Tier*) mettre bas; „**nicht ~**" "fragile"; **einen (kurzen) Blick auf etw** ~ jeter un regard (rapide) sur qch.
Werft [vɛrft] (–, –en) *f* chantier *m* naval.
Werk [vɛrk] (–(e)s, –e) *nt* (*Buch, Tätigkeit etc*) œuvre *f*; (*Fabrik*) usine *f*; (*Mechanismus*) mécanisme *m*; **das ist sein** ~ c'est son œuvre; **ab** ~ (*WIRTS*) départ usine; **ans** ~ **gehen** se mettre à l'ouvrage; ~**bank** *f* établi *m*.
werkeln ['vɛrkəln] (*umg*) *vi* bricoler.
Werken (–s) *nt* (*SCH*) travaux *mpl* manuels.
Werk-: ~**halle** *f* atelier *m*; ~**statt** (–, –stätten) *f* atelier *m*; (*AUT*) garage *m*; ~**stoff** *m* matière *f* première, matériau *m*; ~**stück** *nt* pièce *f* à usiner; ~**student** *m* étudiant qui travaille pour financer ses études; ~**tag** *m* jour *m* ouvrable; **w**~**tags** *adv* les jours ouvrables; **w**~**tätig** *adj* (*Bevölkerung*) actif(-ive); ~**zeug** *nt* outil *m*; (*Gesamtheit von Werkzeugen*) outils *mpl*; ~**zeugkasten** *m* boîte *f* à outils; ~**zeugmaschine** *f* machine-outil *f*; ~**zeugschrank** *m* armoire *f* à outils.
Wermut ['veːrmuːt] (–(e)s) *m* (*Wein*) vermouth *m*.
Wert [veːrt] (–(e)s, –e) *m* valeur *f*; ~ **legen auf** +*Akk* tenir à; **es hat doch keinen** ~ ça ne sert à rien; **im** ~**e von** d'une valeur de; **bleibende** ~**e** valeurs *fpl* durables; **w**~ *adj* (*geschätzt*) cher(chère), honorable; **w**~**e Anwesende** Mesdames et Messieurs; **etw w**~ **sein** valoir

qch; **das ist es/er mir w**~ je trouve que ça/qu'il en vaut la peine; **dein Rat ist mir viel w**~ ton conseil m'est très précieux; ~**arbeit** *f* travail *m* de qualité; **w**~**beständig** *adj* de valeur stable.
werten *vt* (*beurteilen*) juger; (*SPORT*: *als gültig* ~) compter; ~ **als** considérer comme.
Wert-: ~**gegenstand** *m* objet *m* de valeur; **w**~**los** *adj* sans valeur; (*Information*) sans intérêt, inutile; ~**losigkeit** *f* (*siehe adj*) absence *f* de valeur; inutilité *f*; ~**maßstab** *m* critère *m* (d'évaluation), mesure *f*; ~**minderung** *f* dépréciation *f*; ~**papier** *nt* valeur *f*, titre *m*; ~**sendung** *f* envoi *m* avec valeur déclarée; ~**steigerung** *f* augmentation *f* de valeur.
Wertung *f* (*beim Sport*) nombre *m* de points.
Wert-: ~**urteil** *nt* jugement *m* de valeur; **w**~**voll** *adj* précieux(-euse); ~**zuwachs** *m* augmentation *f* de valeur, plus-value *f*.
Wesen ['veːzən] (–s, –) *nt* (*Geschöpf*) être *m*; (*Natur, Charakter*) nature *f*.
Wesensart *f* nature *f*.
wesentlich *adj* (*ausschlaggebend*) essentiel(le); (*beträchtlich*) considérable ♦ *adv* (*sehr*) nettement, beaucoup; **im** ~**en** (*in erster Linie*) en premier lieu; (*im Grunde*) en gros, au fond.
weshalb [vɛs'halp] *adv* pourquoi.
Wespe ['vɛspə] *f* guêpe *f*.
Wespenstich *m* piqûre *f* de guêpe.
wessen ['vɛsən] *pron* (*Gen*) de qui, dont.
West-: ~**berlin** *nt* Berlin-Ouest; **w**~**deutsch** *adj* ouest-allemand(e), d'Allemagne de l'Ouest; ~**deutsche(r)** *f(m)* Allemand(e) *m/f* de l'Ouest; ~**deutschland** *nt* l'Allemagne *f* de l'Ouest.
Weste ['vɛstə] *f* (*von Anzug*) gilet *m*; (*Woll*~) cardigan *m*; **eine reine** ~ **haben** (*fig*) n'avoir rien à se reprocher.
Westen (–s) *m* ouest *m*; **der Wilde** ~ le Far-West.
Westentasche *f*: **etw wie seine** ~ **kennen** (*umg*) connaître qch comme sa poche.
Western ['vɛstərn] (–(s), –) *m* western *m*.
Westeuropa *nt* l'Europe *f* de l'Ouest.
westeuropäisch ['vɛst|ɔyro'pɛːɪʃ] *adj* d'Europe de l'Ouest; ~**e Zeit** heure *f* de Greenwich.
Westfale [vɛst'faːlə] *m* Westphalien *m*.
Westfalen *nt* la Westphalie.
Westfälin *f* Westphalienne *f*.
westfälisch *adj* westphalien(ne).
Westindien ['vɛst|ɪndɪən] (–s) *nt* les Antilles *fpl*.
westindisch *adj* antillais(e); **die** ~**en Inseln** les Antilles *fpl*.
west-: ~**lich** *adj* occidental(e) ♦ *adv* à la manière occidentale ♦ *präp* +*Gen* à l'ouest de; **W**~**mächte** *pl*: **die W**~**mächte** les puissances *fpl* occidentales; **W**~**mark** (*umg*) *f* mark *de l'ancienne RFA*; ~**wärts** *adv* vers l'ouest; **W**~**wind** *m* vent *m* d'ouest.
weswegen [vɛs've:gən] *adv* pourquoi.
wett [vɛt] *adj*: **mit jdm** ~ **sein** être quitte envers qn; **W**~**bewerb** *m* concours *m*; (*Konkur-*

renz: kein pl) concurrence *f*.
Wettbewerbsbeschränkung *f* atteinte *f* à la libre concurrence.
wettbewerbsfähig *adj* compétitif(-ive).
Wette *f* pari *m*; **um die ~ laufen** *od* **fahren** faire la course; **um die ~ schreien** crier à qui mieux mieux.
Wetteifer *m* esprit *m* de compétition.
wetteifern *vi untr*: **mit jdm um etw ~** rivaliser avec qn pour obtenir qch; **miteinander ~** être en compétition; **sie wetteiferten um das Geld** ils se disputaient l'argent.
wetten ['vɛtən] *vt, vi* parier; **mit jdm um etw ~** parier qch avec qn; **auf ein Pferd ~** miser sur un cheval; **so haben wir nicht gewettet!** ce n'est pas ce qui était convenu!
Wetter ['vɛtər] **(–s, –)** *nt* temps *m* (qu'il fait); **es ist schönes ~** il fait beau; **~amt** *nt* service *m* météorologique; **~aussichten** *pl* prévisions *fpl* météorologiques; **~bericht** *m* bulletin *m* de la météo; **~dienst** *m* service *m* météorologique; **w~fest** *adj* (*Kleidung*) solide et imperméable; **w~fühlig** *adj* sensible aux changements de temps; **~karte** *f* carte *f* météorologique; **~lage** *f* situation *f* météorologique; **~leuchten** *nt* éclairs *mpl* de chaleur.
wettern ['vɛtərn] (*umg*) *vi* tempêter.
Wetter-: **~satellit** *m* satellite *m* météorologique; **~sturz** *m* brusque chute *f* de température; **~umschlag** *m* (brusque) changement *m* de temps; **~vorhersage** *f* prévisions *fpl* météorologiques; **~warte** *f* station *f* météorologique; **w~wendisch** *adj* versatile.
Wett-: **~kampf** *m* compétition *f*; **~lauf** *m* course *f*; **ein ~lauf mit der Zeit** une course contre la montre; **w~laufen** *unreg vi* (*nur infin*) participer à une course; **w~machen** (*umg*) *vt* (*Fehler*) réparer; (*Verlust*) compenser; **~rüsten** *nt* course *f* aux armements; **~streit** *m* compétition *f*.
wetzen ['vɛtsən] *vt* (*Messer*) aiguiser ♦ *vi* (*umg: rennen*) filer.
WEU *abk* (*POL* = *Westeuropäische Union*) U.E.O. *f*.
WEZ *abk* (= *westeuropäische Zeit*) heure *f* de Greenwich.
WG *abk* = **Wohngemeinschaft**.
Whisky ['vɪski] **(–s, –s)** *m* whisky *m*.
WHO **(–)** *f abk* (= *Weltgesundheitsorganisation*) OMS *f*.
wich *etc* [vɪç] *vb siehe* **weichen**.
wichsen ['vɪksən] *vt* (*Schuhe*) cirer ♦ *vi* (*umg!: onanieren*) se branler (*umg!*).
Wicht [vɪçt] **(–(e)s, –e)** *m* (*Kobold*) gnome *m*, lutin *m*; (*Kind*) (petit) bonhomme *m*; (*pej*) type *m*.
wichtig *adj* important(e); **sich** *Akk* **~ machen** faire l'important(e); **sich selbst (zu) ~ nehmen** se prendre (trop) au sérieux; **etw (zu) ~ nehmen** prendre qch (trop) à cœur; **W~keit** *f* importance *f*; **W~tuer(in)** (*pej*) *m(f)* personne *f* qui se prend au sérieux.
Wicke ['vɪkə] *f* (*BOT*) vesce *f*; (: *Garten~*) pois *m* de senteur.

Wickel **(–s, –)** *m* (*MED: Umschlag*) compresse *f*; (*Locken~*) bigoudi *m*; **jdn am** *od* **beim ~ nehmen** prendre qn au collet.
wickeln ['vɪkəln] *vt* (*schlingen*) enrouler; (*Wolle*) rouler en pelote; (*Baby*) langer; (*Haar*) se mettre des bigoudis dans; **jdn/etw in etw** *Akk* **~** envelopper qn/qch dans qch; **etw um etw ~** enrouler qch autour de qch; **da bist du schief gewickelt!** (*fig: umg*) alors là, tu te mets le doigt dans l'œil!
Wickelrock *m* jupe *f* portefeuille.
Wickeltisch *m* table *f* à langer.
Widder ['vɪdər] **(–s, –)** *m* (*ZOOL*) bélier *m*; (*ASTROL*) Bélier *m*.
wider ['viːdər] *präp* +*Akk* contre.
widerfahren *unreg vi untr* (*unpers: geh*): **jdm ~** advenir à qn.
Widerhaken ['viːdərhaːkən] *m* crochet *m*.
Widerhall ['viːdərhal] *m* écho *m*; **(bei jdm) ~ finden** (*Interesse*) rencontrer un écho favorable (chez qn); **(bei jdm) keinen ~ finden** rester sans écho (de la part de qn).
widerlegen *vt untr* réfuter.
widerlich ['viːdərlɪç] (*pej*) *adj* (*Kerl*) abject(e); (*Geruch*) infect(e), nauséabond(e); (*Anblick*) repoussant(e), répugnant(e); **W~keit** *f* (*siehe adj*) caractère *m* abject/infect/repoussant.
widerrechtlich *adj* contraire à la loi, illégal(e).
Widerrede *f* contradiction *f*; **keine ~!** pas de discussion!
Widerruf ['viːdəruːf] *m* (*von Aussage*) rétractation *f*; **bis auf ~** jusqu'à nouvel ordre.
widerrufen *unreg vt untr* (*Aussage, Geständnis*) retirer, revenir sur; (*Befehl, Anordnung*) annuler.
Widersacher(in) ['viːdərzaxər(ɪn)] **(–s, –)** *m(f)* adversaire *m/f*.
widersetzen *vr untr* s'opposer; **sich einem Befehl ~** s'opposer à un ordre; **sich der Polizei ~** refuser d'obéir à la police.
widerspenstig ['viːdərʃpɛnstɪç] *adj* récalcitrant(e), rebelle; **W~keit** *f* caractère *m* rebelle *od* récalcitrant.
widerspiegeln ['viːdərʃpiːgəln] *vt* (*Entwicklung, Erscheinung*) refléter ♦ *vr* se refléter.
widersprechen *unreg vi untr*: **jdm/einer Sache ~** contredire qn/qch.
widersprechend *adj* (*Tatsachen*) contradictoire.
Widerspruch ['viːdərʃprʊx] *m* contradiction *f*; (*Protest*) protestation *f*.
widersprüchlich ['viːdərʃprʏçlɪç] *adj* (*Aussagen*) contradictoire.
widerspruchslos *adj* (*Gehorsam*) absolu(e) ♦ *adv* sans discussion.
Widerstand ['viːdərʃtant] *m* résistance *f*; **jdm/einer Sache ~ leisten** opposer de la résistance à qn/qch.
Widerstands-: **~bewegung** *f* mouvement *m* de résistance; **w~fähig** *adj* résistant(e); **w~los** *adj* sans résistance.
widerstehen *unreg vi untr*: **jdm/einer Versu**

chung ~ résister à qn/une tentation.

widerstreben *vi untr* (+*Dat*): **es widerstrebt mir, so etwas zu tun** c'est contre ma nature de faire une chose pareille; **es widerstrebt meinen Prinzipien, so etwas zu tun** c'est contraire à mes principes de faire une chose pareille.

widerstrebend *adj* (*widerwillig*) peu enthousiaste; (*gegensätzlich*) contradictoire ♦ *adv* à contrecœur.

Wider-: ~**streit** *m* conflit *m*; **w~wärtig** (*pej*) *adj* épouvantable; ~**wille** *m* (*Abscheu*) dégoût *m*; ~**wille gegen** (*Abneigung*) aversion *f* pour; **etw mit** ~**willen tun** faire qch à son corps défendant *od* à contrecœur; **w~willig** *adj* (*Zustimmung, Respekt*) accordé(e) à contrecœur ♦ *adv* (*ungern*) à contrecœur; ~**worte** *pl* protestation *fsg*.

widmen ['vɪtmən] *vt* (*Buch*) dédier; (*Zeit*) consacrer; (*Aufmerksamkeit*) prêter ♦ *vr* se consacrer.

Widmung *f* dédicace *f*.

widrig ['viːdrɪç] *adj* (*Umstände*) adverse.

════════════ *SCHLÜSSELWORT*

wie [viː] *adv* **1** (*in Fragen*) comment; **wie schreibt man das?** comment ça s'écrit?; **wie groß?** de quelle grandeur *od* taille?; **wie groß ist er?** combien mesure-t-il?; **wie schnell?** à quelle vitesse?; **wie wär's mit einem Whisky?** que diriez-vous d'un whisky?; **wie heißt du?** comment t'appelles-tu?; **wie nennt man das?** comment ça s'appelle?; **wie ist er?** comment est-il?; **wie spät ist es?** quelle heure est-il?; **wie bitte?** comment?

2 (*in Ausrufen*): **wie gut du das kannst!** tu le fais vraiment bien!; **wie schrecklich!** c'est affreux!; **wie schön das ist!** comme *od* que c'est beau!; **wie schön sie ist!** comme elle *od* qu'elle est belle!; **und wie!** et comment!

3 (*relativ*): **die Art, wie sie das macht** la manière dont elle s'y prend

♦ *konj* **1** (*bei Vergleichen*): **so schön wie ...** aussi beau(belle) que ...; **wie du** comme toi; **wie eine Nachtigall singen** chanter comme un rossignol; **wie ich schon sagte** comme je l'ai dit, je disais donc; **ganz wie Sie wünschen, mein Herr!** comme vous voudrez, Monsieur!; **wie** (**zum Beispiel**) comme (par exemple); **wie immer** comme toujours

2 (*zeitlich*): **wie er das hörte, ging er** en entendant cela, il est parti

3 (*Art und Weise*): **sie sagte mir, wie man das macht** elle m'a dit comment le faire; **er fragte mich, wie es mir ging** il m'a demandé comment j'allais; **er fragte mich, wie spät es war** il m'a demandé l'heure

4 (*bei Verben der Gefühlsempfindung*): **er hörte, wie der Regen fiel** il entendait la pluie tomber.

──────────

wieder ['viːdər] *adv* de *od* à nouveau; ~ **gesund**

sein être guéri(e); **gehst du schon** ~? tu repars déjà?; ~ **ein(e)** encore un(e); **sie hat** ~ **nicht angerufen** elle a encore oublié d'appeler; **nie** ~ plus jamais; **das ist auch** ~ **wahr** oui, c'est vrai; **W~aufbau** *m* reconstruction *f*; ~**aufbereiten** *vt* retraiter, recycler; **W~aufbereitungsanlage** *f* usine *f* de retraitement; ~**aufnehmen** *unreg vt* (*Gedanken*) reprendre le fil de; (*JUR: Verfahren*) rouvrir; ~**bekommen** *unreg vt* récupérer; ~**beleben** *vt* réanimer; ~**bringen** *unreg vt* rapporter; ~**erkennen** *unreg vt* reconnaître; **W~erstattung** *f* remboursement *m*; ~**finden** *unreg vt* retrouver.

Wiedergabe *f* (*Bericht*) compte rendu *m*; (*Übersetzung*) traduction *f*; (*Darbietung, Aufführung*) interprétation *f*; (*Reproduktion*) reproduction *f*; (*Rückgabe*) restitution *f*.

wieder-: ~**geben** *unreg vt* (*zurückgeben*) rendre; (*erzählen*) décrire, raconter; (*übersetzen*) traduire; (*Gefühle*) exprimer; **W~geburt** *f* réincarnation *f*; ~**gutmachen** *vt* réparer; **W~gutmachung** *f* (*Geldbetrag*) indemnité *f*; ~**herstellen** *vt* (*Ordnung*) rétablir; (*Frieden, Ruhe*) ramener; (*Mensch*) guérir; **sobald er** *od* **seine Gesundheit** ~**hergestellt ist** dès qu'il sera rétabli.

wiederholen *vt untr* (*Worte*) répéter; (*Kurs*) redoubler; (*Sendung*) rediffuser; (*Lernstoff*) réviser, revoir.

weiderholt *adj* répété(e), réitéré(e); **zum** ~**en Male** une nouvelle fois.

Wiederholung *f* répétition *f*.

Wieder-: ~**hören** *nt*: **auf** ~**hören** (*TEL*) au revoir; **w~käuen** *vt, vi* ruminer; ~**kaufsrecht** *nt* droit *m* de rachat *od* de réméré; ~**kehr** *f* retour *m*; (*von Vorfall*) répétition *f*; **w~kehren** *vi* revenir; (*Motiv*) se répéter; **w~sehen** *unreg vt* revoir; ~**sehen** (**-s, -**) *nt* retrouvailles *fpl*; **auf** ~**sehen!** au revoir!; ~**sehen feiern** fêter ses *etc* retrouvailles; **w~um** *adv* (*wieder*) de *od* à nouveau; (*seinerseits etc*) de son côté; (*andererseits*) par contre; **w~vereinigen** *vt* réunir; (*POL*) réunifier ♦ *vr* être réuni(e); ~**vereinigung** *f* (*POL*) réunification *f*; **w~verheiraten** *vr* se remarier; ~**verkäufer** *m* revendeur *m*; ~**wahl** *f* réélection *f*.

Wiege ['viːgə] *f* berceau *m*.

wiegen¹ *vt* (*schaukeln: Kind, Boot*) bercer; (*Kopf*) dodeliner de.

wiegen² *unreg vt, vi* peser; **schwer** ~ (*Argument*) avoir beaucoup de poids; (*Irrtum*) être lourd(e) de conséquences.

Wiegenlied *nt* berceuse *f*.

wiehern ['viːərn] *vi* (*Pferd*) hennir.

Wien [viːn] *nt* Vienne; ~**er** (**-s, -**) *m* Viennois *m* ♦ *adj attrib* viennois(e); ~**er Schnitzel** escalope *f* (de veau) panée; ~**er Würstchen** ≈ saucisse *f* de Francfort; ~**erin** *f* Viennoise *f*.

wies *etc* [viːs] *vb siehe* **weisen.**

Wiese ['viːzə] *f* pré *m*.

Wiesel ['viːzəl] (**-s, -**) *nt* belette *f*; **schnell** *od* **flink wie ein** ~ rapide comme l'éclair.

wieso [viː'zoː] _adv_ pourquoi.
wieviel [viː'fiːl] _adv_ combien de; ~ **Personen?** combien de personnes?; ~ **kostet das?** combien ça coûte?; ~ **Uhr ist es?** quelle heure est-il?; ~**mal** _adv_ combien de fois.
wievielte(r, s) _adj:_ **zum** ~**n Mal?** pour la combientième fois?; **den W**~**n haben wir heute?** le combien sommes-nous?; **an** ~**r Stelle?** combientième?
wieweit [viː'vait] _adv_ jusqu'où.
Wikinger ['viːkiŋər] (**–s, –**) _m_ Viking _m._
wild [vilt] _adj_ sauvage; (_Volk_) primitif(-ive); (_wütend_) furieux(-euse); (_Taxis_) clandestin(e), sans autorisation; ~ **auf jdn/etw sein** être fou(folle) de qn/qch; ~ **entschlossen** (_umg_) farouchement résolu(e); **halb so** ~ (_umg_) pas grave.
Wild [vilt] (**–(e)s**) _nt_ gibier _m_; ~**bahn** _f:_ **in freier** ~**bahn** à l'état sauvage; ~**dieb** _m_ braconnier _m._
Wilde(r) _f(m)_ sauvage _m/f._
wildern ['vildərn] _vi_ braconner.
Wild-: ~**fang** _m_ (_Kind_) petit diable _m;_ **w**~**fremd** (_umg_) _adj_ complètement inconnu(e); ~**heit** _f_ caractère _m_ sauvage; ~**leder** _nt_ daim _m._
Wildnis (**–, –se**) _f_ région _f_ sauvage.
Wild-: ~**park** _m_ réserve _f_ naturelle (_de protection du gibier_); ~**schwein** _nt_ sanglier _m;_ ~**wechsel** _m_ passée _f_ de gibier; „~**wechsel**" "attention, passage de gibier!"; ~**westroman** _m_ épopée _f_ du Far-West.
will [vil] _vb siehe_ **wollen.**
Wille ['vilə] (**–ns, –n**) _m_ volonté _f;_ **aus freiem** ~**n** de son _etc_ plein gré; **jdm seinen** ~**n lassen** laisser qn agir à sa guise; **seinen eigenen** ~**n haben** savoir ce que l'on veut; **der Letzte** ~ les dernières volontés.
willen _präp_ +_Gen:_ **um ...** ~ pour l'amour de ... .
willenlos _adj_ sans volonté.
willens (_geh_) _adj:_ ~ **sein, etw zu tun** être déterminé(e) à faire qch.
Willensfreiheit _f_ libre arbitre _m._
willensstark _adj_ qui a de la volonté _od_ du caractère.
willentlich ['viləntliç] _adj_ délibéré(e).
willig _adj_ de bonne volonté, bien disposé(e).
willkommen [vil'komən] _adj_ bienvenu(e); (**herzlich**) ~! bienvenue!; **jdn** ~ **heißen** souhaiter la bienvenue à qn; **W**~ (**–s, –**) _nt_ bienvenue _f._
willkürlich _adj_ (_zufällig: Auswahl_) arbitraire; (_gewollt_) délibéré(e).
willst [vilst] _vb siehe_ **wollen.**
wimmeln ['viməln] _vi_ fourmiller; ~ **von** fourmiller de.
wimmern ['vimərn] _vi_ gémir, geindre.
Wimpel ['vimpəl] (**–s, –**) _m_ fanion _m._
Wimper ['vimpər] (**–, –n**) _f_ cil _m;_ **ohne mit der** ~ **zu zucken** sans sourciller.
Wimperntusche _f_ mascara _m._
Wind [vint] (**–(e)s, –e**) _m_ vent _m;_ **in alle** ~**e** aux quatre vents; **das Fähnchen nach dem** ~ **hängen** avoir une attitude opportuniste; **etw in den** ~ **schlagen** faire fi de qch; **um etw viel** ~ **machen** (_umg_) faire beaucoup de bruit autour de qch; ~ **machen** (_umg_) faire de l'esbroufe; ~**beutel** _m_ (_KOCH_) ≈ chou _m_ à la crème; ~**bruch** _m_ dégâts _causés par le vent dans une forêt._
Winde ['vində] _f_ (_TECH_) treuil _m;_ (_BOT_) volubilis _m,_ liseron _m._
Windel ['vindəl] _f_ couche _f_ (_de bébé_).
windelweich _adj:_ **jdn** ~ **schlagen** (_umg_) mettre qn en bouillie.
winden[1] ['vindən] _vi unpers:_ **es windet** il vente.
winden[2] ['vindən] _unreg vt_ enrouler; (_Kranz_) tresser ♦ _vr_ (_Weg_) serpenter; (_Pflanze_) s'enrouler; (_Person: vor Schmerz_) se tordre; (: _vor Verlegenheit etc_) se tortiller; (_fig: ausweichen_) chercher des excuses; **er hat es mir aus der Hand gewunden** il me l'a arraché(e) des mains.
Windenergie _f_ énergie _f_ éolienne.
Windeseile _f:_ **in** _od_ **mit** ~ à toute allure.
Windhose _f_ tourbillon _m._
Windhund _m_ (_ZOOL_) lévrier _m;_ (_pej: Mensch_) écervelé _m._
windig ['vindiç] _adj_ de vent; (_pej: umg: Bursche_) louche.
Wind-: ~**jacke** _f_ anorak _m,_ K-way ® _m;_ ~**kanal** _m_ (_TECH_) tunnel _m_ aérodynamique; ~**kraftanlage** _f_ centrale _f_ éolienne; ~**licht** _nt_ lampe-tempête _f;_ ~**mühle** _f_ moulin _m_ à vent; **gegen** ~**mühlen kämpfen** se battre contre des moulins à vents.
Windpocken _pl_ varicelle _fsg._
Wind-: ~**rose** _f_ rose _f_ des vents; ~**sack** _m_ manche _f_ à air; ~**schatten** _m_ côté _m_ à l'abri du vent; (_von Fahrzeugen_) sillage _m;_ **w**~**schlüpfig** _adj_ aérodynamique; ~**schutzscheibe** _f_ pare-brise _m inv;_ ~**stärke** _f_ force _f_ du vent; **w**~**still** _adj_ (_Tag_) sans vent; (_Platz_) à l'abri du vent; ~**stille** _f_ calme _m_ plat; ~**stoß** _m_ coup _m_ de vent; ~**surfing** _nt_ planche _f_ à voile.
Windung _f_ (_von Weg_) tournant _m;_ (_von Fluß_) méandre _m;_ (_von Spule_) spire _f;_ (_von Schraube_) pas _m_ (de vis).
Wink [viŋk] (**–(e)s, –e**) _m_ (_mit Kopf_) signe _m_ (de la tête); (_mit Hand_) signe (de la main); (_fig: Tip, Hinweis_) conseil _m;_ **ein** ~ **mit dem Zaunpfahl** une allusion à peine voilée.
Winkel ['viŋkəl] (**–s, –**) _m_ (_Ecke_) coin _m;_ (_MATH_) angle _m;_ (_Gerät_) équerre _f;_ **toter** ~ angle mort; ~**messer** _m_ rapporteur _m;_ ~**zug** _m_ (_gew pl_): ~**züge machen** chercher des faux-fuyants.
winken ['viŋkən] _vi_ faire signe (de la main); (_fig: Gelegenheit_) être en vue ♦ _vt:_ **jdn zu sich** ~ faire signe à qn d'approcher; **einem Taxi** ~ héler un taxi; **dem Kellner** ~ faire un signe au garçon; **dem Sieger winkt eine Reise nach Italien** le gagnant se verra offrir un voyage en Italie.

winseln ['vɪnzəln] *vi (Hund)* geindre.

Winter ['vɪntər] (**-s, -**) *m* hiver *m*; **w~fest** *adj (Kleidung)* chaud(e); *(Pflanze)* qui résiste au gel; **~garten** *m* jardin *m* d'hiver; **w~lich** *adj* hivernal(e); **~reifen** *m* pneu-neige *m*; **~schlaf** *m* hibernation *f*; **~schlußverkauf** *m* soldes *mpl* de printemps; **~spiele** *pl*: Olympische **~spiele** Jeux *mpl* olympiques d'hiver; **~sport** *m* sport *m* d'hiver.

Winzer ['vɪntsər] (**-s, -**) *m* vigneron *m*, viticulteur *m*; **~genossenschaft** *f* coopérative *f* viticole.

winzig ['vɪntsɪç] *adj* minuscule.

Wipfel ['vɪpfəl] (**-s, -**) *m* cime *f*.

Wippe ['vɪpə] *f* balançoire *f (bascule)*.

wippen ['vɪpən] *vi (auf und ab)* sauter; *(auf Wippe)* se balancer.

wir [viːr] *(Akk, Dat* uns*) pron* nous; **~ alle** nous tous.

Wirbel ['vɪrbəl] (**-s, -**) *m (ANAT)* vertèbre *f*; *(von Haar)* épi *m*; *(in Wasser, Trubel)* tourbillon *m*; *(Aufsehen)* remous *mpl*; **~ um jdn/etw machen** *(umg)* faire beaucoup de bruit autour de qn/qch.

wirbellos *adj* invertébré(e).

wirbeln *vi* tourbillonner.

Wirbel-: **~säule** *f* colonne *f* vertébrale; **~sturm** *m* cyclone *m*; **~tiere** *pl* vertébrés *mpl*; **~wind** *m* tourbillon *m* de vent.

wirbt *etc* [vɪrpt] *vb siehe* **werben**.

wird [vɪrt] *vb siehe* **werden**.

wirft *etc* [vɪrft] *vb siehe* **werfen**.

wirken ['vɪrkən] *vi (tätig sein)* agir; *(erfolgreich sein, Wirkung haben)* être efficace, agir; *(erscheinen)* avoir l'air ♦ *vt*: **Wunder ~** être très efficace; **etw auf sich** *Akk* **~ lassen** s'imprégner de qch.

wirklich ['vɪrklɪç] *adj* vrai(e) ♦ *adv* vraiment; **W~keit** *f* réalité *f*; **~keitsgetreu** *adj* conforme à la réalité.

wirksam ['vɪrkzaːm] *adj* efficace; **~ werden** *(gelten)* entrer en vigueur; **W~keit** *f* efficacité *f*.

Wirkstoff *m* agent *m*.

Wirkung ['vɪrkʊŋ] *f* effet *m*; **mit ~ vom 1. Juni** à compter du 1er juin.

Wirkungs-: **~bereich** *m* rayon *m* d'action; *(von Mensch)* sphère *f* d'influence; **~los** *adj* inefficace, sans effet; **~los bleiben** rester sans effet; **w~voll** *adj* efficace.

wirr [vɪr] *adj (Haar)* emmêlé(e); *(unklar)* confus(e); **jdn ~ machen** embrouiller les idées de qn.

Wirren *pl* troubles *mpl*.

Wirrwarr ['vɪrvar] (**-s**) *m* chaos *m*, confusion *f*; *(von Stimmen)* brouhaha *m*; *(von Fäden, Haaren etc)* enchevêtrement *m*.

Wirsing(kohl) ['vɪrzɪŋ(koːl)] (**-s**) *m* chou *m* frisé.

wirst [vɪrst] *vb siehe* **werden**.

Wirt(in) ['vɪrt(ɪn)] (**-(e)s, -e**) *m(f) (von Gaststätte)* patron(ne) *m/f*.

Wirtschaft ['vɪrtʃaft] *f (Gaststätte)* café *m*; *(WIRTS)* économie *f*; *(Haushalt)* ménage *m*; *(umg: Durcheinander)* pagaille *f*; **w~en** *vi*: **gut** *od* **sparsam/schlecht w~en** können être économe/panier percé ♦ *vt*: **eine Firma in den Ruin w~en** couler une entreprise; **~er** *m (auf Gutshof)* exploitant *m*; **~erin** *f (im Haushalt)* gouvernante *f*; **w~lich** *adj* économique; *(Notlage)* financier(-ière); **~lichkeit** *f* rentabilité *f*.

Wirtschafts-: **~abkommen** *nt* accord *m* économique; **~geld** *nt* argent *m* du ménage; **~gemeinschaft** *f* communauté *f* économique; **~geographie** *f* géographie *f* économique; **~hilfe** *f* aide *f* économique; **~jahr** *nt* exercice *m*; **~krise** *f* crise *f* économique; **~minister** *m* ministre *m* de l'Économie; **~ordnung** *f* système *m* *od* ordre *m* économique; **~politik** *f* politique *f* économique; **w~politisch** *adj* de politique économique; **~prüfer** *m* vérificateur *m* des comptes; **~spionage** *f* espionnage *m* économique; **~wissenschaft** *f* science *f* économique; **~wunder** *(umg) nt* miracle *m* économique; **~zweig** *m* secteur *m* de l'économie.

Wirtshaus *nt* auberge *f*.

Wirtsleute *pl (in Gaststätte)* patrons *mpl*; *(Vermieter)* couple *msg* de logeurs.

Wisch [vɪʃ] (**-(e)s, -e**; *pej: umg*) *m* papelard *m*.

wischen *vt (Boden)* laver; *(Staub)* essuyer, enlever; *(Augen)* s'essuyer; **Staub ~** faire la poussière.

Wischer (**-s, -**) *m (AUT)* essuie-glace *m inv.*

Wischiwaschi [vɪʃi'vaʃi] (**-s**; *pej: umg*) *nt* blablabla *m*.

Wisent ['viːzɛnt] (**-s, -e**) *m* bison *m*.

WiSO *abk (= Wirtschafts- und Sozialwissenschaften)* sciences *fpl* économiques et sociales.

wispern ['vɪspərn] *vt, vi* chuchoter.

Wiss. *abk* = **Wissenschaft**.

wiss. *abk* = **wissenschaftlich**.

Wißbegier(de) ['vɪsbəɡiːr(də)] *f* soif *f* d'apprendre.

wißbegierig *adj (Kind)* avide d'apprendre, curieux(-euse); *(Fragen)* empreint(e) de curiosité.

wissen ['vɪsən] *unreg vt* savoir; *(kennen: Weg, Lösung, Mittel etc)* connaître; **von jdm/einer Sache nichts ~ wollen** ne pas vouloir entendre parler de qn/qch; **man kann nie ~** on ne sait jamais; **gewußt wie/wo!** *(umg)* le tout, c'est de savoir comment/où!; **was weiß ich!** *(umg)* qu'est-ce que j'en sais!; **ich weiß seine Adresse nicht mehr** je ne me souviens plus de son adresse; **weißt du schon das Neueste?** tu connais la dernière?; **W~** (**-s**) *nt* savoir *m*, connaissances *fpl*; **meines W~s ...** à ma connaissance, ...; **nach bestem W~ und Gewissen** à ma connaissance; **etw gegen (sein) besseres W~ tun** faire qch contre sa conviction intime.

Wissenschaft ['vɪsənʃaft] *f* science *f*.

Wissenschaftler(in) (**-s, -**) *m(f)* scientifique *m/f*; *(Geistes~)* universitaire *m/f*.

wissenschaftlich *adj* scientifique; **W~er** Assistent assistant *m*.

wissenswert *adj* digne d'intérêt.

wissentlich *adj* voulu(e), délibéré(e) ♦ *adv* en toute connaissance de cause.

wittern ['vɪtərn] *vt* (*Spur, Gefahr*) flairer.

Witterung *f* (*Wetterlage*) temps *m*; (*Geruch*) fumet *m*; **der ~ ausgesetzt sein** être exposé aux éléments; **die ~ aufnehmen** flairer le vent.

Witwe ['vɪtvə] *f* veuve *f*; **grüne ~** (*hum*) femme *f* esseulée (*dont le mari est absent pendant la journée*).

Witz [vɪts] (**-es, -e**) *m* histoire *f* (drôle); **der ~ an der Sache ist, daß ...** l'intérêt de la chose, c'est que ...; **~blatt** *nt* journal *m* humoristique; **~bold** (**-(e)s, -e**) *m* plaisantin *m*.

witzeln *vi* plaisanter.

witzig *adj* drôle.

witzlos (*umg*) *adj* (*unsinnig*) sans intérêt.

WM (**-**) *f abk* = **Weltmeisterschaft**.

wo [vo:] *adv* où; (*umg: irgendwo*) quelque part ♦ *konj* (*da*) puisque; **im Augenblick, ~ ...** au moment où ...; **die Zeit, ~ ...** l'époque où ... .

woanders [vo:'|andərs] *adv* ailleurs, autre part.

wob *etc* [vo:p] *vb siehe* **weben**.

wobei [vo:'baɪ] *adv* (*relativ*) à l'occasion de quoi; (*interrogativ*) à quelle occasion, comment; **die Untersuchung ~ festgestellt wurde, daß** l'analyse qui a montré que; **~ mir gerade einfällt ...** ce qui me rappelle ... .

Woche ['vɔxə] *f* semaine *f*.

Wochen-: **~ende** *nt* week-end *m*; **~endhaus** *nt* maison *f* de campagne, résidence *f* secondaire; **~karte** *f* abonnement *m* hebdomadaire; **w~lang** *adj* qui dure des semaines ♦ *adv* pendant plusieurs semaines; **~markt** *m* marché *m*; **~schau** *f* actualités *fpl* de la semaine; **~tag** *m* jour *m* de la semaine.

wöchentlich ['vœçəntlɪç] *adj* hebdomadaire ♦ *adv* toutes les semaines.

wochenweise *adv* certaines semaines; (*bezahlt werden*) à la semaine.

Wochenzeitung *f* hebdomadaire *m*.

Wöchnerin ['vœçnərɪn] *f* accouchée *f*.

Wodka ['vɔtka] (**-s, -s**) *m* vodka *f*.

wo-: **~durch** *adv* (*relativ*) grâce à *od* à cause de quoi; (*interrogativ*) comment; **sie stritten sich, ~durch uns der ganze Abend verdorben wurde** ils(elles) se sont disputés(-ées), ce qui nous a gâché toute notre soirée; **~für** *adv* (*relativ*) pour quoi, pour lequel(laquelle); (*warum*) pourquoi; (*interrogativ*) pour quoi; **~für interessiert er sich?** qu'est-ce qui l'intéresse?

wog *etc* [vo:k] *vb siehe* **wiegen**.

Woge ['vo:gə] *f* vague *f*.

wogegen [vo:'ge:gən] *adv* (*relativ, interrogativ*) contre quoi.

wogen *vi* (*Meer*) être houleux(-euse).

woher *adv* (*interrogativ*) d'où; **~ kommt es eigentlich, daß ...?** au fait, comment se fait-il que ...?

wohin *adv* (*interrogativ, relativ*) où; **~ man auch schaut** où que l'on regarde; **~ damit?** (*umg*)

qu'est-ce que j'en fais?

wohingegen *konj* alors que, tandis que.

─────────────── *SCHLÜSSELWORT*

wohl [vo:l] *adv* **1**: **sich wohl fühlen** se sentir bien; **bei dem Gedanken ist mir nicht wohl** rien que d'y penser, ça me rend malade; **wohl oder übel** bon gré mal gré

2 (*gründlich*): **etw wohl überlegen** bien réfléchir à qch; **ich habe es mir wohl überlegt** c'est tout réfléchi

3 (*wahrscheinlich*) probablement; (*gewiß*) sûrement; (*vielleicht*) sans doute; (*etwa*) à peu près; (*durchaus*) bien, tout à fait; **sie ist wohl zu Hause** elle est sans doute chez elle; **das ist doch wohl ein Witz** *od* **nicht dein Ernst!** tu plaisantes!; **das mag wohl sein** c'est possible; **ob das wohl stimmt?** je me demande si c'est vrai; **er weiß das wohl** il le sait sans doute.

─────────────────────

Wohl (**-(e)s**) *nt*: **das öffentliche** *od* **allgemeine ~** le bien public; **das eigene ~** son propre bien-être; **das ~ seiner Kinder** le bien-être de ses enfants; **zum ~!** à la tienne *od* votre!

wohl-: **~auf** *adv*: **~auf sein** bien se porter; **W~befinden** *nt* bien-être *m*; **~behagen** *nt* sensation *f* de bien-être; **~behalten** *adj* sain(e) et sauf(sauve); (*Gegenstand*) intact(e); **W~ergehen** *nt* santé *f*; **W~fahrt** *f* (*Fürsorge*) aide *f* sociale; **die W~fahrt der Menschen** le bien de l'humanité; **W~fahrtsmarke** *f* timbre *m* de bienfaisance; **W~fahrtsstaat** *m* État-providence *m*; **W~gefallen** *nt*: **sich in W~gefallen auflösen** (*hum: Gegenstand*) tomber en morceaux; (*Problem*) finir par s'arranger; **~gemeint** *adj* bien intentionné(e); **~gemerkt** *adv* bien entendu; **~habend** *adj* aisé(e).

wohlig *adj* agréable.

wohl-: **~klingend** *adj* (*Stimme*) mélodieux(-euse); **~meinend** *adj* (*Mensch*) bien intentionné(e), bienveillant(e); **~schmeckend** *adj* savoureux(-euse); **W~stand** *m* aisance *f*; **im W~stand leben** vivre dans l'aisance; **W~standsgesellschaft** *f* société *f* d'abondance; **W~tat** *f* (*Genuß*) plaisir *m*; (*Gefallen*) bienfait *m*, faveur *f*; **W~täter(in)** *m(f)* bienfaiteur(-trice) *m(f)*; **~tätig** *adj* (*Verein*) de bienfaisance; **W~tätigkeits-** *in zW* de bienfaisance; **~tuend** *adj* qui fait du bien; **~tun** *unreg vi*: **jdm ~tun** faire du bien à qn; **~verdient** *adj* (bien) mérité(e); **~weislich** *adv* sciemment; **W~wollen** *nt* bienveillance *f*; **~wollend** *adj* bienveillant(e).

Wohnanlage *f* ensemble *m* immobilier.

Wohnblock (**-s, -s**) *m* immeuble *m*.

wohnen ['vo:nən] *vi* habiter.

Wohn-: **~geld** *nt* allocation *f* (de logement); **~gemeinschaft** *f* communauté *f*; **„~gemeinschaft gesucht"** "cherche chambre dans communauté"; **w~haft** *adj* domicilié(e); **~heim** *nt* (*für Studenten*) foyer *m* (d'étudiants); (*für Senioren*) maison *f* (de retraite); (*für Arbeiter etc*) foyer; ~**küche** *f* cuisine *f* (*servant aussi de salle à manger et de living*); **w~lich** *adj* confortable; ~**mobil** *nt* campingcar *m*; ~**ort** *m* domicile *m*; ~**raum** *m* (*Zimmer*) pièce *f*; (*Wohnfläche*) espace *m* habitable; ~**sitz** *m* domicile *m*; **ohne festen** ~**sitz** sans domicile fixe; **erster/zweiter** ~**sitz** résidence *f* principale/secondaire.

Wohnung *f* (*Etagenwohnung*) appartement *m*; (*Unterkunft*) logis *m*.

Wohnungs-: ~**amt** *nt* office *m* du logement; ~**markt** *m* marché *m* du logement; ~**not** *f* crise *f* du logement.

Wohn-: ~**viertel** *nt* quartier *m* résidentiel; ~**wagen** *m* caravane *f*; ~**zimmer** *nt* (salle *f* de) séjour *m*, living *m*.

Wok [vɔk] (–, -s) *m* wok *m*.

wölben ['vœlbən] *vt* voûter ♦ *vr* (*Brücke*) être voûté(e).

Wölbung *f* voûte *f*.

Wolf [vɔlf] (–(e)s, ̈e) *m* (*ZOOL*) loup *m*; (*TECH*) déchiqueteuse *f*; (*umg: Fleisch~*) hachoir *m*.

Wölfin ['vœlfɪn] *f* louve *f*.

Wölfling (–s, –e) *m* (*Pfadfinder*) louveteau *m*.

Wolke ['vɔlkə] *f* nuage *m*; **aus allen** ~**n fallen** tomber des nues.

Wolken-: ~**bruch** *m* pluie *f* torrentielle; ~**kratzer** *m* gratte-ciel *m inv*; **w~los** *adj* sans nuages.

wolkig ['vɔlkɪç] *adj* (*Himmel*) nuageux(-euse).

Wolle ['vɔlə] *f* laine *f*; **sich (mit jdm) in die** ~ **kriegen** (*umg*) se chamailler (avec qn).

═══════════════ *SCHLÜSSELWORT*

wollen[1] ['vɔlən] (*pt* **wollte**, *pp* **gewollt** *od* (*als Hilfsverb*) **wollen**) *vt*, *vi* vouloir; **ich will nach Hause** je veux rentrer à la maison; **er will nicht** il ne veut pas, il refuse; **er lieber wollen** préférer qch; **wenn du willst** si tu veux; **ganz wie du willst!** comme tu voudras!; **das hab' ich nicht gewollt** ce n'était pas mon intention; **ich weiß nicht, was er will** je ne sais *od* comprends pas ce qu'il veut

♦ *Hilfsverb* **1** (*Absicht haben*): **wolltest du gehen/etw sagen?** tu voulais partir/dire qch?; **ich wollte gerade bei dir anrufen** j'allais justement te téléphoner; **etw gerade tun wollen** être sur le point de faire qch

2 (*müssen*): **so ein Schritt will gut überlegt sein** il faut réfléchir soigneusement avant de prendre une décision pareille

3 (*sollen*): **das will nichts heißen** ça ne veut rien dire

4 (*in Wunsch*): **ich wollte, ich wäre ...** j'aimerais être ...; **wollen Sie bitte Platz nehmen!** veuillez prendre place!

───────────────────────

wollen[2] ['vɔlən] *adj* en laine.

wollig *adj* laineux(-euse).

Wollsachen *pl* lainages *mpl*.

wollüstig ['vɔlystɪç] *adj* (*sinnlich*) voluptueux(-euse); (*lüstern*) lascif(-ive).

wo-: ~**mit** *adv* (*relativ*) avec quoi, avec lequel(laquelle); (*interrogativ*) avec quoi; ~**mit kann ich dienen?** qu'y a-t-il pour votre service?; ~**möglich** *adv* peut-être; ~**nach** *adv* (*relativ: demzufolge*) selon lequel(laquelle); (*interrogativ*) selon quoi; ~**nach suchst du?** que cherches-tu?

Wonne ['vɔnə] *f* délice *m*, volupté *f*.

woran [vo'ran] *adv* (*relativ*) auquel(à laquelle); (*interrogativ*) à quoi; ~ **liegt das?** comment cela se fait-il?

worauf [vo'rauf] *adv* (*relativ*) sur lequel(laquelle); (: *zeitlich*) sur quoi; (*interrogativ*) sur quoi; ~ **du dich verlassen kannst** ça, tu peux y compter; ~ **wartest du?** qu'attends-tu?; ~**hin** *adv* (*relativ*) après quoi, sur quoi.

woraus [vo'raus] *adv* (*relativ*) duquel(de laquelle); (*interrogativ*) de quoi.

worin [vo'rɪn] *adv* (*relativ: örtlich*) dans lequel(laquelle); (*interrogativ*) en quoi; **etwas, ~ sie sich unterscheiden** un point sur lequel ils/ elles diffèrent.

Workshop (–s, –s) *m* atelier *m*, workshop *m*.

Wort [vɔrt] (–(e)s, ̈er *od* –e) *nt* mot *m*; **jdn beim** ~ **nehmen** prendre qn au mot; **ein ernstes** ~ **mit jdm reden** prendre qn à part pour lui parler sérieusement, parler de quelque chose d'important avec qn; ~ **halten** tenir parole; **mit anderen** ~**en** autrement dit; **jdm aufs** ~ **gehorchen** obéir à qn au doigt et à l'œil; **zu** ~ **kommen** arriver à prendre la parole; **nicht zu** ~ **kommen** ne pas pouvoir placer un (seul) mot; **jdm das** ~ **erteilen** donner la parole à qn; **mir fehlen die** ~**e** je ne sais que dire; **jdm ins** ~ **fallen** interrompre qn; ~**art** *f* catégorie *f* grammaticale; **w~brüchig** *adj* qui manque à sa parole.

Wörtchen *nt*: **da habe ich wohl ein** ~ **mitzureden** (*umg*) j'ai mon mot à dire là-dessus.

Wörterbuch ['vœrtərbuːx] *nt* dictionnaire *m*.

Wort-: ~**fetzen** *pl* bribes *fpl* de conversation; ~**führer** *m* porte-parole *m inv*; **w~getreu** *adj* (*Wiedergabe*) fidèle; (*Übersetzung*) mot à mot, littéral(e); **w~karg** *adj* laconique; ~**laut** *m* teneur *f*; **im** ~**laut** textuellement.

wörtlich ['vœrtlɪç] *adj* (*Übersetzung*) mot à mot, littéral(e); **die** ~**e Rede** le discours direct; **etw** ~ **nehmen** prendre qch au pied de la lettre.

Wort-: **w~los** *adj* muet(te); ~**meldung** *f*: **wenn es keine weiteren** ~**meldungen gibt** si personne d'autre ne désire prendre la parole; **w~reich** *adj* (*Rede, Erklärung*) verbeux(-euse); ~**schatz** *m* vocabulaire *m*; ~**spiel** *nt* jeu *m* de mots; ~**wechsel** *m* échange *m* verbal; **w~wörtlich** *adj* textuel(le) ♦ *adv* littéralement.

worüber [vo'ryːbər] *adv* (*relativ*) sur lequel(laquelle); (*interrogativ*) sur quoi.

worum [vo'rom] *adv* (*relativ*) autour duquel(de laquelle); (*interrogativ*) autour de quoi; (: *Thema etc*) de quoi; ~ **handelt es sich denn?** de quoi s'agit-il?

worunter [vo'rontər] *adv* (*relativ*) sous lequel(laquelle); (*interrogativ*) sous quoi; **ich weiß nicht,** ~ **er leidet** je ne sais pas de quoi il souffre.

wo-: ~**von** *adv* (*relativ*) dont; (*interrogativ*) de quoi; ~**vor** *adv* (*relativ*) devant lequel(laquelle); (*interrogativ*) devant quoi; ~**vor fürchtest du dich?** de quoi as-tu peur?; ~**zu** *adv* (*relativ*) pour lequel(laquelle); (*interrogativ*) pour quoi; (*warum*) pourquoi; **ein Thema,** ~**zu ich nichts sagen möchte** un sujet sur lequel je préfère ne pas me prononcer; ~**zu soll das gut sein?** à quoi cela servirait-il?

Wrack [vrak] (–(e)s, –s) *nt* épave *f*.

wrang *etc* [vraŋ] *vb siehe* **wringen**.

wringen ['vrɪŋgən] *unreg vt* (*Wäsche etc*) tordre, essorer.

WS *abk* = Wintersemester.

WSV *abk* = Winterschlußverkauf.

Wucher ['vu:xər] (–s) *m* usure *f*; ~**er** (–s, –) *m*, ~**in** *f* usurier(-ière) *m/f*; **w~isch** (*pej*) *adj* (*Forderung*) excessif(-ive); (*Preis*) exorbitant(e).

wuchern *vi* (*Pflanzen*) proliférer; **mit etw** ~ utiliser qch pour faire de l'usure.

Wucherpreis (*pej*) *m* prix *m* exorbitant.

Wucherung *f* (*MED*) excroissance *f*, grosseur *f*.

wuchs *etc* [vu:ks] *vb siehe* **wachsen**.

Wuchs (–es) *m* (*Wachstum*) croissance *f*; (*Statur*) stature *f*.

Wucht [vʊxt] (–) *f* (*Heftigkeit*) force *f*; **eine** ~ **sein** (*umg*) être formidable.

wuchtig *adj* (*Gestalt*) massif(-ive); (*Schlag*) violent(e).

wühlen ['vy:lən] *vi* (*Tier*) fouir ♦ *vt* creuser; **in etw** ~ (*umg*) fouiller dans qch.

Wühlmaus *f* campagnol *m*.

Wühltisch (*umg*) *m* (*im Kaufhaus*) table des bonnes affaires.

Wulst [vʊlst] (–es, ⁻e) *m* renflement *m*; (*an Wunde*) boursouflure *f*.

wulstig *adj* (*Narbe*) boursouflé(e); (*Rand*) renflé(e); (*Lippen*) charnu(e).

wund [vʊnt] *adj* (*Haut*) écorché(e), à vif; **sich** *Dat* **die Füße** ~ **laufen** s'écorcher les pieds en marchant; **ein** ~**er Punkt** un point sensible; **W~brand** *m* gangrène *f*.

Wunde ['vʊndə] *f* plaie *f*, blessure *f*; **alte** ~**n wieder aufreißen** rouvrir une plaie.

wunder ['vʊndər] *adv inv*: **er glaubt er sei** ~ **wer** il ne se prend pas pour n'importe qui; **er glaubt er sei** ~ **wie klug** il se croit vraiment d'une intelligence supérieure; **sie bildet sich** ~ **was ein** elle est très imbue de sa personne; **W~** (–s, –) *nt* miracle *m*; **sein blaues W~ erleben** (*umg*) avoir une mauvaise surprise; ~**bar** (*Rettung*) miraculeux(-euse); (*herrlich*) merveilleux(-euse); **W~kerze** *f* cierge *m* magique; **W~kind** *nt* enfant *m* prodige; ~**lich** *adj* bizarre.

wundern *vr*: **sich** ~ **über** +*Akk* s'étonner de ♦ *vt* étonner.

wunder-: ~**schön** *adj* merveilleux(-euse); **W~tüte** *f* pochette-surprise *f*; ~**voll** *adj* merveilleux(-euse).

Wund-: ~**fieber** (–s) *nt* fièvre *f* traumatique; **w~liegen** *unreg vr* attraper des escarres; ~**salbe** *f* pommade *f*; ~**starrkrampf** ['vʊntʃtarkrampf] *m* tétanos *m*.

Wunsch [vʊnʃ] (–(e)s, ⁻e) *m* souhait *m*, désir *m*; **haben Sie (sonst) noch einen** ~? (*beim Einkauf etc*) ce sera tout?, et avec ça?; **mit den besten Wünschen, Ihr ...** (*Briefschluß*) meilleures salutations ...; **auf jds (ausdrücklichen)** ~ **hin** à la demande (expresse) de qn; **herzliche** *od* **alle guten Wünsche zum Geburtstag!** meilleurs vœux pour ton anniversaire!, bon anniversaire!; ~**denken** *nt*: **das ist** ~**denken** il *etc* prend ses désirs pour la réalité.

Wünschelrute ['vynʃəlru:tə] *f* baguette *f* de sourcier.

wünschen ['vynʃən] *vt* souhaiter, désirer ♦ *vi*: **zu** ~ **übrig lassen** laisser à désirer; **nichts zu** ~ **übrig lassen** être parfait(e); **sich** *Dat* **etw** ~ désirer (avoir) qch; **was wünschst du dir?** (*als Geschenk*) qu'est-ce qui te ferait plaisir?; **jdm etw** ~ souhaiter qch à qn; **was** ~ **Sie?** (*in Geschäft*) que désirez-vous?; (*in Restaurant*) qu'avez-vous choisi?

wünschenswert *adj* souhaitable.

wunsch-: ~**gemäß** *adv* selon sa *etc* demande; **W~kind** *nt* enfant *m* désiré; **W~konzert** *nt* (*RUNDF*) concert *m* à la carte (*de morceaux demandés par les auditeurs*); ~**los** *adj* sans désir; ~**los glücklich** parfaitement heureux; **W~traum** *m* rêve *m* (qui ne se réalise pas); **W~zettel** *m* liste *f* de souhaits.

wurde *etc* ['vʊrdə] *vb siehe* **werden**.

Würde ['vyrdə] *f* dignité *f*; **unter aller** ~ **sein** être au-dessous de tout; **das ist unter meiner** ~ c'est indigne de moi.

Würdenträger (–s, –; *geh*) *m* dignitaire *m*.

würdevoll *adj* digne.

würdig ['vyrdɪç] *adj* digne; **jds/einer Sache** ~ **sein** être digne de qn/qch.

würdigen ['vyrdɪgən] *vt* (*Verdienst*) reconnaître; **etw zu** ~ **wissen** savoir apprécier qch; **jdn keines Blickes** ~ ne pas daigner regarder qn.

Würdigung *f* hommage *m*.

Wurf [vʊrf] (–s, ⁻e) *m* lancement *m*, jet *m*; (*Junge*) portée *f*.

Würfel ['vyrfəl] (–s, –) *m* (*für Spiele*) dé *m*; (*MATH*) cube *m*; **die** ~ **sind gefallen** les dés sont jetés; ~**becher** *m* cornet *m* à dés.

würfeln *vi* jeter les dés ♦ *vt* (*mit dem Würfel werfen*) faire; (*in Würfel schneiden*) couper en dés.

Würfelspiel *nt* jeu *m* de dés.

Würfelzucker *m* sucre *m* en morceaux.

Wurf-: ~**geschoß** *nt* projectile *m*; ~**sendung** *f* publicité *f* par courrier individuel; ~**taubenschießen** *nt* tir *m* aux pigeons.

würgen ['vyrgən] *vt* (*Menschen*) étrangler ♦ *vi* (*beim Erbrechen*) avoir des haut-le-cœur; (*mühsam schlucken*): ~ **an** +*Dat* avoir du mal à avaler; **mit Hängen und W~** à grand-peine.

Wurm [vʊrm] (-(e)s, ⁓er) *m* ver *m*; **da steckt der ⁓ drin** (*umg*) il y a quelque chose qui cloche là-dedans; (*verdächtig*) c'est louche.

wurmen (*umg*) *vt* turlupiner.

Wurmfortsatz *m* (*ANAT*) appendice *m*.

wurmig *adj* véreux(-euse).

Wurmkur *f* traitement *m* vermifuge.

wurmstichig *adj* (*Holz*) vermoulu(e); (*Obst*) véreux(-euse).

Wurst [vʊrst] (-, ⁓e) *f* saucisse *f*; (*getrocknet*) saucisson *m*; **das ist mir ⁓!** (*umg*) je m'en fiche!; **jetzt geht es um die ⁓** (*fig: umg*) c'est maintenant que ça va se décider.

Würstchen ['vʏrstçən] *nt* saucisse *f*; (*umg: pej: Mensch*) petit mec *m*; ⁓**bude** *f*, ⁓**stand** *m* marchand *m* de saucisses.

Wurstsalat *m* salade de saucisse froide ravigote.

Württemberg ['vʏrtəmbɛrk] *nt* le Wurtemberg.

Würze ['vʏrtsə] *f* épice *f*.

Wurzel ['vʊrtsəl] (-, -n) *f* racine *f*; ⁓**n schlagen** s'enraciner; (*fig*) s'incruster; **die ⁓ aus 4 ist 2** la racine carrée de 4 est 2.

wurzeln *vi*: **in etw ⁓** avoir ses racines dans qch.

würzen *vt* épicer, assaisonner; (*fig*) donner du piquant à.

würzig *adj* savoureux(-euse); (*scharf gewürzt*) épicé(e).

wusch *etc* [vu:ʃ] *vb siehe* **waschen**.

wußte *etc* ['vʊstə] *vb siehe* **wissen**.

Wust [vʊst] (-(e)s) *m* (*umg: Durcheinander*) fouillis *m*; (*Menge*) masse *f*.

wüst [vy:st] *adj* (*roh: Kerl*) rustre; (*sehr unordentlich: Haar*) hirsute; (*ausschweifend*) déchaîné(e); (*öde*) désert(e); (*umg: heftig*) terrible ♦ *adv*: **jdn ⁓ beschimpfen** traiter qn de tous les noms; **⁓ aussehen** ne pas être présentable.

Wüste *f* désert *m*; **jdn in die ⁓ schicken** (*fig*) mettre qn à la porte.

Wüstling ['vy:stlɪŋ] (*pej*) *m* débauché *m*.

Wut [vu:t] (-) *f* colère *f*, fureur *f*; **eine ⁓ auf jdn/etw haben** être en colère contre qn/qch; **seine ⁓ an jdn/etw auslassen** passer sa colère sur qn/qch; ⁓**anfall** *m* accès *m* de colère.

wüten ['vy:tən] *vi* tempêter; (*Wind*) souffler en tempête; (*See*) être démonté(e).

wütend *adj* furieux(-euse); **⁓ sein/werden** être/se mettre en colère.

Wz. *abk* = **Warenzeichen**.

$$X, x$$

X, x [ɪks] *nt* X, x *m*; **⁓ wie Xanthippe** ≈ X comme Xavier; **jdm ein ⁓ für ein U vormachen** mener qn en bateau; **seine ⁓ Freundinnen** ses innombrables petites amies.

X-Beine ['ɪksbaɪnə] *pl* jambes *fpl* cagneuses.

x-beliebig [ɪksbə'li:bɪç] *adj* n'importe quel(le).

Xerographie [kserogra'fi:] *f* photocopie *f*.

xerokopieren [kseroko'pi:rən] *vt* photocopier.

x-fach ['ɪksfax] *adj*: **die ⁓-e Menge** n fois cette quantité, n fois plus ♦ *adv*: **ein ⁓-⁓ erprobtes Mittel** un moyen largement éprouvé.

x-mal ['ɪksma:l] *adv* n fois.

x-te ['ɪkstə] *adj* (*MATH*) nième, énième; **zum ⁓-⁓n Male** (*umg*) pour la nième *od* énième fois.

Xylophon [ksylo'fo:n] (-s, -e) *nt* xylophone *m*.

$$Y, y$$

Y, y ['ʏpsilɔn] *nt* Y, y *m*; **⁓ wie Ypsilon** ≈ Y comme Yvonne.

Yen [jɛn] (-(s), -(s)) *m* yen *m*.

Yeti ['je:ti] (-s, -s) *m* (*ZOOL*) yéti *m*.

Yoga ['jo:ga] (-(s)) *m od nt* yoga *m*.

Ypsilon ['ʏpsilɔn] (-(s), -s) *nt* i *m* grec.

$$Z, z$$

Z, z [tsɛt] *nt* Z, z *m*; **⁓ wie Zacharias** ≈ Z comme Zoé.

Zack [tsak] *m* (*umg*): **auf ⁓ sein** être rapide et efficace.

Zacke ['tsakə] *f* (*von Stern*) branche *f*; (*von Krone*) pointe *f*; (*Berg⁓*) pic *m*, dent *f*; (*von Gabel, Kamm*) dent.

zackig ['tsakɪç] *adj* (*Felsen*) qui présente des aspérités; (*umg: Bursche*) fringant(e); (*Musik, Tempo*) vif(vive).

zaghaft ['tsa:khaft] *adj* (*Mensch, Blick, Geste etc*) hésitant(e).

Zaghaftigkeit f indécision f.
zäh [tsɛ:] adj (Fleisch) coriace; (Leder) solide; (Teig) épais(se); (Flüssigkeit) visqueux(-euse); (Mensch) résistant(e); (Verhandlungen) acharné(e); (schleppend) pénible; ~**flüssig** adj (Öl, Masse) visqueux(-euse); (Verkehr) qui avance au ralenti.
Zähigkeit f (Widerstandsfähigkeit) résistance f; (Beharrlichkeit) endurance f.
Zahl [tsa:l] (–, –en) f nombre m; **in den roten** ~**en sein** avoir un découvert.
zahlbar adj payable.
zahlen vt, vi payer; ~ **bitte!** l'addition, s'il vous plaît!
zählen ['tsɛ:lən] vi, vt compter; ~ **zu** (gehören) compter parmi; **auf jdn/etw** ~ compter sur qn/qch; **seine Tage sind gezählt** ses jours sont comptés.
Zahlen-: ~**angabe** f: **ich kann keine genauen** ~**angaben machen** je ne peux pas donner de chiffres précis; ~**kombination** f combinaison f de chiffres; **z**~**mäßig** adj en nombre; ~**schloß** nt serrure f à combinaison; ~**system** nt numérotation f.
Zahler (–s, –) m payeur m.
Zähler (–s, –) m (TECH) compteur m; (MATH) numérateur m; ~**stand** m chiffre m au compteur; **den** ~**stand ablesen** relever le compteur.
Zahl-: ~**grenze** f (bei Verkehrsmittel) limite f de zone; ~**karte** f mandat-carte m; **z**~**los** adj innombrable; ~**meister** m (NAUT) commissaire m du bord; **z**~**reich** adj nombreux(-euse), innombrable; **wir bitten um z**~**reiches Erscheinen** venez nombreux; ~**tag** m jour m de paie.
Zahlung f paiement m; **etw in** ~ **geben** obtenir une reprise sur qch; **etw in** ~ **nehmen** reprendre qch.
Zahlungs-: ~**anweisung** f ordre m de virement; ~**aufforderung** f demande f de paiement; ~**bedingungen** pl modalités fpl de paiement; **z**~**fähig** adj solvable; **z**~**kräftig** (umg) adj aisé(e); ~**mittel** nt mode m de paiement; (Münzen, Banknoten) monnaie f; ~**rückstände** pl arriérés mpl; **z**~**unfähig** adj insolvable.
Zählwerk nt compteur m.
Zahlwort nt (adjectif m) numéral m.
zahm [tsa:m] adj (Tier) apprivoisé(e); (brav) sage.
zähmen ['tsɛ:mən] vt (Tier) apprivoiser; (Ungeduld) dompter, maîtriser.
Zahn [tsa:n] (–(e)s, ⁻e) m dent f; **meine dritten Zähne** (umg) mon dentier; **jdm auf den** ~ **fühlen** (fig) cuisiner qn; **die Zähne zusammenbeißen** (umg) serrer les dents; **der** ~ **der Zeit** (umg) les outrages mpl du temps; ~**arzt** (~**ärztin**) m(f) dentiste m/f; ~**belag** m plaque f (dentaire); ~**bürste** f brosse f à dents; ~**creme** f (pâte f) dentifrice m.
zähneknirschend ['tsɛ:nəknɪrʃənt] adv en grinçant des dents.
zahnen vi faire ses dents.

Zahn-: ~**ersatz** m fausse dent f, prothèse f dentaire; ~**fäule** (–) f carie f; ~**fleisch** nt gencive(s) f(pl); **auf dem** ~**fleisch gehen** (umg) être au bout du rouleau; ~**fleischschwund** m parodontose f; ~**klinik** f clinique f dentaire; **z**~**los** adj sans dents; ~**medizin** f médecine f dentaire; ~**pasta**, ~**paste** f (pâte f) dentifrice m; ~**rad** nt (TECH) roue f dentée; ~**radbahn** f chemin m de fer à crémaillère; ~**schmelz** m émail m (des dents); ~**schmerzen** pl maux mpl de dents; ~**seide** f fil m dentaire; ~**spange** f appareil m (pour redresser les dents); ~**stein** m tartre m; ~**stocher** (–s, –) m cure-dents m; ~**techniker(in)** m(f) prothésiste m/f (dentaire); ~**weh** nt mal m aux dents.
Zaire [za'i:r] (–s) nt le Zaïre.
Zange ['tsaŋə] f pince f; (Beiß~) tenailles fpl; (ZOOL) pinces fpl; (Geburts~) forceps m; **jdn in die** ~ **nehmen** forcer la main à qn.
Zangengeburt f naissance f au forceps.
zanken ['tsaŋkən] vi se disputer ♦ vr: **sich mit jdm** ~ se disputer avec qn.
zänkisch ['tsɛŋkɪʃ] adj querelleur(-euse).
Zäpfchen ['tsɛpfçən] nt (ANAT) luette f; (MED) suppositoire m.
Zapfen (–s, –) m (Tannenzapfen) pomme f de pin; (Eis~) glaçon m.
zapfen ['tsapfən] vt (Bier, Wein) tirer; (Benzin) prendre.
Zapfenstreich m (MIL: Signal) retraite f; (hum) extinction f des feux.
Zapfsäule f pompe f à essence.
zappelig ['tsapəlɪç] adj agité(e).
zappeln ['tsapəln] vi (Kind) remuer, gigoter; (Fisch) frétiller; **jdn** ~ **lassen** (umg) laisser qn dans l'incertitude, laisser mariner qn.
Zar(in) [tsa:r(ɪn)] (–s, –en) m(f) tsar(ine) m/f.
zart [tsart] adj (Haut, Töne) doux(douce); (Farben) pâle, délicat(e); (Berührung) léger(-ère), doux(douce); (Gesichtszüge, Stoff, Hände) fin(e); (Pflanze, Blüten) délicat(e); (Braten) tendre; (empfindsam) sensible; (schwächlich) fragile; ~**besaitet** adj attrib hypersensible; ~**bitter** adj (Schokolade) à croquer; **Z**~**gefühl** nt tact m; **Z**~**heit** f douceur f.
zärtlich ['tsɛ:rtlɪç] adj tendre; **Z**~**keit** f tendresse f; **Z**~**keiten** pl (Worte) mots mpl tendres.
Zäsur [tsɛ'zu:r] f (MUS) césure f; (fig: Einschnitt) tournant m.
Zauber ['tsaʊbər] (–s, –) m (Magie) magie f; (~**bann, fig: Reiz**) charme m; **fauler** ~ (umg: pej) attrape-nigaud m.
Zauberei [tsaʊbə'raɪ] f (kein pl: Magie) magie f; (Trick) tour m de passe-passe.
Zauberer(-in) (–s, –) m(f) (im Märchen) enchanteur(-teresse) m/f; (Zauberkünstler) magicien(ne), prestidigitateur(-trice) m/f.
zauber-: ~**haft** adj merveilleux(-euse); **Z**~**kasten** m jeu m du petit magicien; **Z**~**künstler** m prestidigitateur m; **Z**~**kunststück** nt tour m de passe-passe.
zaubern vi avoir des pouvoirs magiques; (Kunststücke vorführen) faire des tours de

passe-passe; **etw aus etw** ~ tirer qch de qch.
Zauberspruch m formule f magique.
Zauberstab m baguette f magique.
zaudern ['tsaʊdərn] vi hésiter.
Zaum [tsaʊm] (**–(e)s, Zäume**) m bride f; **sich im** ~ **halten** se retenir; **etw im** ~ **halten** maîtriser qch.
Zaun [tsaʊn] (**–(e)s, Zäune**) m clôture f; **etw vom** ~**(e) brechen** (fig) provoquer qch; ~**gast** m curieux m; ~**könig** m (ZOOL) roitelet m; ~**pfahl** m: **ein Wink mit dem** ~**pfahl** une allusion très peu subtile.
z.B. abk (= zum Beispiel) par ex.
z.d.A. abk (= zu den Akten) à classer.
ZDF (–) nt abk (= Zweites Deutsches Fernsehen) deuxième chaîne (de télévision).
Zebra ['tse:bra] (**–s, –s**) nt zèbre m; ~**streifen** m passage m clouté.
Zeche ['tsɛçə] f (Rechnung) addition f; (Bergbau) mine f.
zechen vi boire.
Zechprellerei [tsɛçprɛlə'raɪ] f grivèlerie f.
Zecke ['tsɛkə] f (ZOOL) tique f.
Zeder ['tse:dər] f (BOT) cèdre m.
Zeh [tse:] (**–s, –en**) m, **Zehe** [tse:ə] f (von Mensch) orteil m, doigt m de pied; (von Tier) doigt; (Knoblauch~) gousse f.
Zehenspitze f: **auf** ~**n** sur la pointe des pieds.
zehn [tse:n] num dix.
Zehner ['tse:nər] m (umg: Zehnmarkschein) billet m de dix marks; (MATH) dizaine f; ~**karte** f (für Bus etc) ≈ carnet m de dix tickets; (für Schwimmbad etc) abonnement m pour dix entrées; ~**packung** f paquet m de dix.
Zehnfingersystem nt dactylographie f au toucher.
Zehnkampf m décathlon m.
zehnte(r, s) adj dixième.
Zehntel (**–s, –**) nt dixième m.
zehren ['tse:rən] vi: **an jdm/etw** ~ (schwächen) user qn/qch.
Zeichen ['tsaɪçən] (**–s, –**) nt signe m; (Schild) écriteau m; (Symbol) symbole m; **jdm ein** ~ **geben** faire signe à qn; **unser/Ihr** ~ (WIRTS) notre/votre référence; ~**block** m bloc m à dessin; ~**code** m (COMPUT) code m de caractères; ~**erklärung** f légende f; ~**folge** f (COMPUT) chaîne f de caractères; ~**satz** m (COMPUT) jeu m de caractères; ~**setzung** f ponctuation f; ~**sprache** f langage m des signes; ~**trickfilm** m dessin m animé.
zeichnen vi dessiner ♦ vt dessiner; (Skizze) faire; (kennzeichnen) marquer; (unterzeichnen) signer; **für etw** ~ (verantwortlich sein) être responsable de qch; **eine Anleihe** ~ souscrire à un emprunt.
Zeichner(in) (**–s, –**) m(f) dessinateur(-trice) m/f; **technische(r)** ~**(in)** dessinateur(-trice) industriel(le).
Zeichnung f dessin m; **eine Aktie zur** ~ **auflegen** mettre une action en circulation.
zeichnungsberechtigt adj qui a la signature (sociale).

Zeigefinger m index m.
zeigen ['tsaɪgən] vt montrer; (Freude, Gefühle) exprimer; (Interesse) manifester ♦ vi: ~ **auf** +Akk indiquer ♦ vr se montrer; **sich dankbar** ~ se montrer reconnaissant(e); **das wird sich** ~ on verra; **es zeigte sich, daß ...** il s'est avéré que ...; **dem werd' ich's (aber)** ~! (umg) je lui apprendrai!
Zeiger (**–s, –**) m aiguille f.
Zeigestock m baguette f.
Zeile ['tsaɪlə] f (von Text) ligne f; (Häuser~) rangée f; **zwischen den** ~**n lesen** lire entre les lignes.
Zeilen-: ~**abstand** m interligne m; ~**umbruch** m (COMPUT) retour m à la ligne automatique; ~**vorschub** m (COMPUT) retour m marge.
zeit [tsaɪt] präp +Gen: ~ **meines Lebens** toute ma vie; **das werde ich** ~ **meines Lebens nicht vergessen** je ne l'oublierai pas tant que je vivrai.
Zeit (**–, –en**) f (kein pl) temps m; (Uhr~) heure f; (Augenblick) moment m; (Epoche) époque f; **das hat** ~! ce n'est pas pressé!; **eine Stunde** ~ **haben** avoir une heure; **zur** ~ en ce moment; **von** ~ **zu** ~ de temps en temps; **mit der** ~ avec le temps; **zur rechten** ~ au bon moment; **die ganze** ~ tout le temps; **in nächster** od **in der nächsten** ~ prochainement; **in letzter** ~ ces derniers temps; **sich** Dat **für jdn/etw** ~ **nehmen** consacrer du temps à qn/qch; **jdm** ~ **lassen** ne pas bousculer qn; **sich** Dat ~ **lassen** prendre son temps; **ein Vertrag auf** ~ un contrat à durée déterminée; **nach** ~ **bezahlt werden** être payé(e) à l'heure; **mit der** ~ **gehen** être de son temps; **ach du liebe** ~! mon Dieu!; ~**alter** nt ère f; ~**ansage** f (RUNDF) heure f exacte; (TEL) horloge f parlante; ~**arbeit** f travail m temporaire; ~**aufwand** m temps m; **etw unter** od **mit großem** ~**aufwand fertigmachen** passer beaucoup de temps à terminer qch; **das lohnt den** ~**aufwand nicht** ça prendrait trop de temps; ~**bombe** f bombe f à retardement; ~**druck** m: **unter** ~**druck stehen/arbeiten** être/travailler sous pression; ~**geist** m esprit m (d'une od de l'époque); **z~gemäß** adj moderne; ~**genosse** m contemporain(e) m/f; **z~genössisch** adj contemporain(e); ~**geschäft** nt marché m à terme.
zeitig adv tôt.
Zeit-: ~**karte** f (carte f d')abonnement m; ~**lang** f: **eine** ~**lang** pendant un certain temps; **z~lebens** adv toute ma/sa etc vie; **z~lich** adj (Reihenfolge) chronologique ♦ adv (ordnen) par ordre chronologique; **etw z~lich nicht schaffen** ne pas avoir le temps de faire qch; **das ist z~lich begrenzt** c'est limité(e) dans le temps; ~**lohn** m paiement m à l'heure, salaire m horaire; **z~los** adj éternel(le); (Stil, Kleidung) indémodable, classique; ~**lupe** f ralenti m; ~**lupentempo** nt: **im** ~**lupentempo** au ralenti; ~**not** f: **in** ~**not geraten** se trouver à court de temps; ~**plan** m programme m,

calendrier *m*; ~**punkt** *m* moment *m*; **zu die-sem** ~**punkt** en ce moment; **auf einen späteren** ~**punkt verschieben** remettre à plus tard; ~**raffer** (**–s**) *m* accéléré *m*; **z**~**raubend** *adj* qui prend du *od* beaucoup de temps; ~**raum** *m* période *f*; ~**rechnung** *f* ère *f*; **vor/nach unserer** ~**rech- nung** avant/après J.-C; ~**schrift** *f* (*Illustrierte*) magazine *m*; (*wissenschaftlich etc*) revue *f*; ~**tafel** *f* tableau *m* chronologique.

Zeitung *f* journal *m*.

Zeitungs-: ~**anzeige** *f* annonce *f* (dans le *od* un journal); ~**ausschnitt** *m* coupure *f* de journal; ~**beilage** *f* supplément *m* (*à un journal*); ~**papier** *nt* papier *m* journal; ~**wissenschaft** *f* étude *f* des médias.

Zeit-: ~**verschwendung** *f* perte *f* de temps; ~**vertreib** *m* passe-temps *m* *inv*; **etw zum** ~**vertreib tun** faire qch pour passer le temps; **z**~**weilig** *adj* momentané(e), temporaire ♦ *adv* momentanément; **z**~**weise** *adv* par moments, de temps en temps; ~**wert** *m* (*von Gegenstand*) valeur *f* actuelle; ~**wort** *nt* verbe *m*; ~**zeichen** *nt* (*RUNDF*) top *m*; ~**zone** *f* fuseau *m* horaire; ~**zünder** *m* détonateur *m* à retardement.

zelebrieren [tsele'bri:rən] *vt* célébrer.

Zelle ['tsɛlə] *f* cellule *f*; (*Telefon*~) cabine *f*.

Zellforschung *f* cytologie *f*.

Zellkern *m* noyau *m* de la *od* d'une cellule.

Zellophan [tsɛlo'fa:n] (**–s**) *nt* cellophane ® *f*.

Zellstoff *m* cellulose *f*.

Zellteilung *f* division *f* de la cellule.

Zelluloid [tsɛlu'lɔyt] (**–(e)s**) *nt* celluloïd *m*.

Zellwolle ['tsɛlvɔlə] *f* viscose *f*.

Zelt [tsɛlt] (**–(e)s, –e**) *nt* tente *f*; **seine** ~**e aufschlagen** s'installer; **seine** ~**e abbrechen** lever le camp; **z**~**en** *vi* camper; ~**lager** *nt* campement *m*; ~**platz** *m* (terrain *m* de) camping *m*.

Zement [tse'mɛnt] (**–(e)s, –e**) *m* ciment *m*.

zementieren [tsemɛn'ti:rən] *vt* cimenter.

Zenit [tse'ni:t] (**–(e)s**) *m* zénith *m*; (*fig*) apogée *f*.

zensieren [tsɛn'zi:rən] *vt* (*Film, Zeitung*) censurer; (*SCH*) marquer.

Zensur [tsɛn'zu:r] *f* (*von Film etc*) censure *f*; (*SCH: Benotung*) note *f*.

Zensus ['tsɛnzʊs] (**–, –**) *m* recensement *m*.

Zentimeter [tsɛnti'me:tər] *m* *od* *nt* centimètre *m*; ~**maß** *nt* centimètre *m* (*règle*).

Zentner ['tsɛntnər] (**–s, –**) *m* 50 kilos.

zentral [tsɛn'tra:l] *adj* central(e); (*Bedeutung*) primordial(e); (*Figur*) principal(e).

Zentrale *f* (*von Bank, Partei, Konzern*) siège *m*; (*TEL*) central *m*; (*fig: Mittelpunkt*) point *m* de rencontre.

Zentraleinheit *f* unité *f* centrale.

Zentralheizung *f* chauffage *m* central.

Zentralisation [tsɛntralizatsi'o:n] *f* centralisation *f*.

zentralisieren [tsɛntrali'zi:rən] *vt* centraliser.

Zentral-: ~**nervensystem** *nt* système *m* nerveux central; ~**verriegelung** *f* (*AUT*) verrouillage *m* central (des portières); ~**verwaltung** *f* administration *f* centrale, siège *m*.

Zentrifugalkraft [tsɛntrifu'ga:lkraft] *f* force *f* centrifuge.

Zentrifuge [tsɛntri'fu:gə] *f* essoreuse *f*.

Zentrum ['tsɛntrʊm] (**–s, Zentren**) *nt* centre *m*.

Zepter ['tsɛptər] (**–s, –**) *nt* *od* *m* sceptre *m*.

zerbeißen [tsɛr'baısən] *unreg* *vt* (*Nüsse etc*) broyer avec les dents, croquer.

zerbrechen *unreg* *vt* casser ♦ *vi* (*Glas, Geschirr*) se casser; **ihre Freundschaft ist zerbrochen** ils/elles se sont brouillés(-ées); **daran ist ihre Ehe zerbrochen** c'est ce qui a désuni leur ménage.

zerbrechlich *adj* cassable, fragile.

zerbröckeln [tsɛr'brœkəln] *vt, vi* (*Mauerwerk*) s'effriter.

zerdrücken *vt* écraser; (*Kartoffeln*) réduire en purée.

Zeremonie [tseremo'ni:] *f* cérémonie *f*.

Zeremoniell [tseremoni'ɛl] (**–s, –e**) *nt* cérémonial *m*.

zerfahren *adj* (*Mensch*) très agité(e).

Zerfall (**–(e)s**) *m* (*von Kultur*) déclin *m*; (*von Gesundheit*) détérioration *f*; (*PHYS*) fission *f*; **z**~**en** *unreg* *vi* (*Gebäude etc*) tomber en ruine; (*PHYS: Atomkern*) subir une fission; (*sich gliedern*) se décomposer.

zerfetzen [tsɛr'fɛtsən] *vt* déchirer, déchiqueter.

zerfleischen [tsɛr'flaıʃən] *vt* déchiqueter.

zerfließen *unreg* *vi* (*Eis, Butter*) fondre.

zerfressen *unreg* *vt* ronger.

zergehen *unreg* *vi* fondre.

zerkleinern [tsɛr'klaınərn] *vt* (*in Stücke*) réduire en morceaux, hacher.

zerklüftet [tsɛr'klʏftət] *adj*: **tief** ~**es Gestein** des roches dentelées.

zerknirscht [tsɛr'knırʃt] *adj* contrit(e).

zerknittern [tsɛr'knıtərn] *vt* froisser.

zerknüllen [tsɛr'knʏlən] *vt* réduire en boule, chiffonner.

zerkratzen [tsɛr'kratsən] *vt* (*Haut, Möbel*) égratigner.

zerlaufen *unreg* *vi* fondre.

zerlegbar [tsɛr'le:kba:r] *adj* démontable.

zerlegen *vt* (*Motor, Schrank etc*) démonter; (*Fleisch, Geflügel etc*) découper; (*Satz*) analyser.

zerlumpt [tsɛr'lʊmpt] *adj* déguenillé(e).

zermalmen [tsɛr'malmən] *vt* écraser.

zermürben [tsɛr'mʏrbən] *vt* (*Mensch*) anéantir; ~**d** épuisant(e).

zerpflücken *vt* déchirer (en petits morceaux); (*fig*) démolir.

zerplatzen *vi* (*Ballon*) éclater; (*Blase*) crever.

zerquetschen *vt* écraser.

Zerrbild ['tsɛrbılt] *nt* image *f* déformée.

zerreden *vt* (*Problem, Thema*) rabâcher.

zerreiben *unreg* *vt* réduire en poudre.

zerreißen *unreg* *vt* déchirer ♦ *vi* (*Seil*) casser ♦ *vr*: **er zerreißt sich förmlich** il se met en quatre; **ich könnte mich** ~! (*umg: vor Wut*) je suis fou(folle) de rage!

Zerreißprobe *f* (*TECH*) test *m* d'endurance;

(*fig*) épreuve *f*.
zerren ['tsɛrən] *vt* traîner ♦ *vi*: ~ **an** +*Dat* tirer sur; **sich** *Dat* **einen Muskel/eine Sehne** ~ se claquer un muscle/un tendon.
zerrinnen *unreg vi* (*Zeit*) passer; (*Traum*) s'évanouir; (*Geld*) disparaître, fondre (comme neige au soleil).
zerrissen [tsɛr'rɪsən] *adj* déchiré(e) ♦ *pp von* **zerreißen**; **Z~heit** *f* (*POL*) désunion *f*; (*innere*) nature *f* tourmentée.
Zerrspiegel ['tsɛrʃpiːɡəl] *m* glace *f* déformante.
Zerrung *f* (*MED*) claquage *m*.
zerrütten [tsɛr'rʏtən] *vt* (*Gesundheit*) miner; (*Land*) ruiner; (*Nerven*) mettre à rude épreuve.
zerrüttet *adj* (*Ehe*) brisé(e); (*Nerven*) à bout; (*Gesundheit*) miné(e).
Zerrüttungsprinzip *nt* (*Ehescheidung*) caractère intolérable du maintien de la vie commune.
zerschellen [tsɛr'ʃɛlən] *vi*: **an etw** *Dat* ~ s'écraser contre qch.
zerschlagen *unreg vt* casser; (*mit Gewalt*) casser, fracasser; (*fig: Opposition*) briser; (: *Vereinigung*) briser, rompre ♦ *vr* (*Pläne etc*) échouer ♦ *adj*: **sich** ~ **fühlen** être épuisé(e).
zerschleißen [tsɛr'ʃlaɪsən] *unreg vt* user ♦ *vi* s'user.
zerschmelzen *unreg vi* fondre.
zerschmettern *vt* fracasser ♦ *vi* se fracasser.
zerschneiden *unreg vt* couper en morceaux, découper.
zersetzen *vt* (*Metall etc*) attaquer; (*fig: Moral etc*) miner ♦ *vr* se décomposer.
zersetzend *adj* (*Schriften, Kritik*) subversif(-ive).
zersplittern [tsɛr'ʃplɪtərn] *vi* (*Knochen*) se briser; (*Holz*) se fendre en éclats; (*Glas*) voler en éclats.
zerspringen *unreg vi* (*Glas, Spiegel*) se fracasser; **mir zerspringt fast der Kopf** ma tête est près d'éclater.
zerstampfen [tsɛr'ʃtampfən] *vt* (*Kartoffeln*) réduire en purée; (*Gewürze*) écraser, broyer.
zerstäuben [tsɛr'ʃtɔʏbən] *vt* pulvériser.
Zerstäuber (*–s, –*) *m* vaporisateur *m*.
zerstechen [tsɛr'ʃtɛçən] *unreg vt* couvrir de piqûres; **zerstochene Venen** des veines couvertes de piqûres.
zerstören *vt* détruire.
Zerstörer (*–s, –*) *m* (*NAUT*) contre-torpilleur *m*, destroyer *m*.
Zerstörung *f* destruction *f*.
Zerstörungswut *f* destructivité *f*.
zerstoßen *unreg vt* piler.
zerstreiten *unreg vr* se disputer, se brouiller.
zerstreuen *vt* éparpiller; (*Zweifel, Verdacht*) lever; (*Menschenmenge*) disperser ♦ *vr* (*sich verteilen*) se disperser; (*sich unterhalten*) se distraire; (*sich ablenken*) se changer les idées.
zerstreut *adj* (*Mensch*) distrait(e).

Zerstreutheit *f* distraction *f*.
Zerstreuung *f* (*Zeitvertreib*) distraction *f*.
zerstritten *adj*: **mit jdm** ~ **sein** être brouillé(e) avec qn.
zerstückeln [tsɛr'ʃtʏkəln] *vt* couper en morceaux.
zerteilen *vt* diviser; (*zerschneiden*) couper ♦ *vr* (*Wolken, Nebel*) se dissiper.
Zertifikat [tsɛrtifi'kaːt] (*–(e)s, –e*) *nt* certificat *m*; (*Investment~*) certificat d'investissement.
zertreten *unreg vt* écraser.
zertrümmern [tsɛr'trʏmərn] *vt* (*Fensterscheibe, Möbel*) fracasser; (*Gebäude etc*) détruire.
Zervelatwurst [tsɛrvə'laːtvʊrst] *f* cervelas *m*.
zerwühlen *vt* (*Bett*) mettre sens dessus dessous; (*Garten, Haare*) ébouriffer.
Zerwürfnis [tsɛr'vʏrfnɪs] (*–ses, –se*) *nt* brouille *f*.
zerzausen [tsɛr'tsaʊzən] *vt* (*Haar*) ébouriffer.
zetern ['tseːtərn] (*pej*) *vi* vociférer; (*keifen*) maugréer.
Zettel ['tsɛtəl] (*–s, –*) *m* billet *m*; (*umg: Formular*) bulletin *m*; **~kasten** *m* fichier *m*.
Zeug [tsɔʏk] (*–(e)s, –e*; *umg*) *nt* affaires *fpl*; **dummes** ~ bêtises *fpl*; **das** ~ **haben zu etw** (*umg*) avoir l'étoffe de qch, être capable de faire qch; **sich ins** ~ **legen** (*umg*) travailler d'arrache-pied; **rennen, was das** ~ **hält** (*umg*) courir à toutes jambes; **jdm am** ~ **flicken** (*umg: nachsagen*) dire du mal de qn.
Zeuge (-in) ['tsɔʏɡə] (*–n, –n*) *m(f)* témoin *m*.
zeugen *vt* (*Kind*) procréer ♦ *vi* (*vor Gericht*) témoigner; **das zeugt von ...** c'est signe de ... .
Zeugenaussage *f* témoignage *m*.
Zeugenstand *m* barre *f* (des témoins).
Zeugin *f siehe* **Zeuge**.
Zeugnis ['tsɔʏɡnɪs] (*–ses, –se*) *nt* (*amtlich, ärztlich*) certificat *m*; (*SCH*) bulletin *m* (scolaire); (*Referenz, Arbeitszeugnis*) références *fpl*; (*Aussage*) témoignage *m*; **von etw** ~ **ablegen** *od* **geben** témoigner de qch.
Zeugung ['tsɔʏɡʊŋ] *f* procréation *f*.
zeugungsfähig *adj* fertile.
zeugungsunfähig *adj* stérile.
ZH *abk* = **Zentralheizung**.
z.H., z.Hd. *abk* (= *zu Händen*) à l'attention de.
Zicke ['tsɪkə] (*umg: pej*) *f* (*Frau*) chameau *m*.
Zicken ['tsɪkən] *pl*: ~ **machen** faire des histoires.
zickig *adj* (*albern*) niais(e); (*prüde*) prude.
Zickzack ['tsɪktsak] (*–(e)s, –e*) *m* zigzag *m*.
Ziege ['tsiːɡə] *f* chèvre *f*; (*pej: umg: Frau*) chameau *m*.
Ziegel ['tsiːɡəl] (*–s, –*) *m* brique *f*; (*Dach~*) tuile *f*.
Ziegelei [tsiːɡə'laɪ] *f* briqueterie *f*.
Ziegelstein *m* brique *f*.
Ziegen-: ~**bock** *m* bouc *m*; ~**käse** *m* fromage *m* de chèvre; ~**leder** *nt* chevreau *m*; ~**peter** (*umg*) *m* oreillons *mpl*.
Ziehbrunnen *m* puits *m*.
ziehen ['tsiːən] *unreg vt* tirer; (*Zahn*) arracher;

(*Splitter, Fäden*) enlever; (*dehnen*) étirer; (*Pflanzen*) faire pousser; (*MATH: Wurzel*) extraire ♦ *vi* (*zerren*) tirer; (*um~*) déménager; (*wandern*) aller; (*Wolke*) passer; (*Motor, Auto*) accélérer; (*Tee*) infuser; (*umg: Produkt, Film*) avoir du succès ♦ *vi unpers:* **es zieht** il y a un courant d'air ♦ *vr* (*Gummi etc*) s'étirer; (*Grenze etc*) s'étendre; **etw nach sich** ~ (*Folgen haben*) entraîner qch; **Gesichter** ~ faire des grimaces; **zu jdm** ~ emménager avec qn, aller habiter avec qn; **an einer Zigarette** *etc* ~ tirer sur une cigarette *etc*; **mir zieht's (im Rücken)** j'ai mal aux reins; **jds Aufmerksamkeit auf sich** ~ attirer l'attention de qn; **etw ins Lächerliche** ~ tourner qch en ridicule; ~ **nach** déménager à; **so was zieht bei mir nicht** (*umg*) ça ne marche pas avec moi; ~**der Schmerz** tiraillement *m*; **sich (in die Länge)** ~ tirer en longueur; **Z~** (**-s, -**) *nt* (*Schmerz*) tiraillement *m*.

Ziehharmonika ['tsi:harmo:nika] (**–, –s**) *f* accordéon *m*.

Ziehung ['tsi:ʊŋ] *f* (*Los~*) tirage *m* (au sort).

Ziel [tsi:l] (**-(e)s, -e**) *nt* but *m*; (*MIL*) cible *f*; **über das** ~ **hinausschießen** (*fig: umg*) dépasser les bornes; **am** ~ **sein** être arrivé(e); (*fig*) avoir atteint son but; **jdm ein** ~ **stecken** *od* **setzen** fixer un objectif à qn; **sich ein** ~ **setzen** *od* **stecken** se donner un objectif; **z~bewußt** *adv:* **z~bewußt handeln** aller droit au but; **z~en** *vi* viser; **z~en auf** +*Akk* viser; ~**fernrohr** *nt* lunette *f* de visée; ~**foto** *nt* photo-finish *f*; ~**gruppe** *f* groupe *m* cible; ~**linie** *f* (*SPORT*) (ligne *f* d')arrivée *f*; **z~los** *adj* sans but; ~**ort** *m* destination *f*; ~**richter** *m* juge *m* à l'arrivée; ~**scheibe** *f* cible *f*; **z~strebig** *adj* qui a de la suite dans les idées.

ziemen ['tsi:mən] (*geh*) *vr unpers:* **das ziemt sich nicht** ce n'est pas convenable.

ziemlich ['tsi:mlɪç] *adj* (*beträchtlich*) considérable ♦ *adv* plutôt; (*fast*) plus ou moins; ~ **lange** assez longtemps.

zieren ['tsi:rən] (*pej*) *vr* faire des façons.

Zierfisch *m* poisson *m* d'aquarium.

Zierleiste *f* moulure *f*.

zierlich *adj* (*Mensch*) gracile, menu(e); (*Gegenstand*) menu(e); (*Schrift*) fin(e); **Z~keit** *f* gracilité *f*.

Zierpflanze *f* plante *f* ornementale.

Ziffer ['tsɪfər] (**–, –n**) *f* chiffre *m*; **römische/ arabische** ~**n** chiffres *mpl* romains/arabes; **Absatz 12,** ~ **3** paragraphe 12, article 3; ~**blatt** *nt* cadran *m*.

zig [tsɪk] (*umg*) *adj* je ne sais combien de.

Zigarette [tsiga'rɛtə] *f* cigarette *f*.

Zigaretten-: ~**automat** *m* distributeur *m* de cigarettes; ~**kippe** *f* mégot *m*; ~**papier** *nt* papier *m* à cigarettes; ~**pause** (*umg*) *f* petite pause *f* (pour fumer une cigarette); ~**schachtel** *f* paquet *m* de cigarettes; ~**spitze** *f* fume-cigarette *f*.

Zigarillo [tsiga'rɪlo] (**-s, -s**) *nt od m* cigarillo *m*.

Zigarre [tsi'garə] *f* cigare *m*.

Zigeuner(in) [tsi'gɔynər(ɪn)] (**–s, –**) *m(f)* gitan(e) *m/f*; ~**leben** *nt* (*unstetes Leben*) vie *f* de bohème; ~**schnitzel** *nt* (*KOCH*) escalope de porc avec une sauce aux poivrons et aux tomates; ~**sprache** *f* langue *f* tsigane, romani *m*.

Zikade [tsi'ka:də] *f* cigale *f*.

Zimbabwe [tsɪm'babue] (**-s**) *nt* le Zimbabwe.

Zimmer ['tsɪmər] (**-s, -**) *nt* chambre *f*; „~ **frei**" "chambres à louer"; ~**antenne** *f* antenne *f* intérieure; ~**decke** *f* plafond *m*; ~**lautstärke** *f*: **das Radio auf ~lautstärke drehen** baisser la radio (*pour ne pas déranger les voisins*); ~**mädchen** *nt* femme *f* de chambre; ~**mann** (*pl* **-leute**) *m* charpentier *m*.

zimmern *vt* faire.

Zimmer-: ~**nachweis** *m* (*Service*) service chargé de trouver des chambres d'hôtel pour les touristes; ~**pflanze** *f* plante *f* d'appartement; ~**vermittlung** *f* service *m* du logement.

zimperlich ['tsɪmpərlɪç] *adj* douillet(te); (*prüde*) bégueule.

Zimt [tsɪmt] (**-(e)s, -e**) *m* cannelle *f*; ~**stange** *f* bâton *m* de cannelle.

Zink [tsɪŋk] (**-(e)s**) *nt* zinc *m*.

Zinke *f* (*Gabel~, Kamm~*) dent *f*.

zinken *vt* (*Karten*) maquiller.

Zinksalbe *f* pommade *f* à l'oxyde de zinc.

Zinn [tsɪn] (**-(e)s**) *nt* étain *m*; (*in ~waren*) ferblanc *m*.

zinnoberrot [tsɪ'no:bərrot] *adj* vermillon *inv*.

Zinnsoldat *m* soldat *m* de plomb.

Zinnwaren *pl* étains *mpl*.

Zins [tsɪns] (**-es, -en**) *m* intérêt *m*; (*ÖSTERR, SCHWEIZ: pl -e: Miete*) loyer *m*.

Zinseszins *m* intérêts *mpl* composés.

Zins-: ~**fuß** *m* taux *m* d'intérêt; **z~günstig** *adj* à taux favorable; **z~los** *adj* sans intérêts; ~**satz** *m* taux *m* d'intérêt.

Zionismus [tsio'nɪsmʊs] *m* sionisme *m*.

Zionist (**-en, -en**) *m* sioniste *m*.

Zipfel ['tsɪpfəl] (**-s, -**) *m* (*von Tuch, Taschentuch, Tischdecke*) coin *m*; (*Hemd~, Schürzen~*) pan *m*; (*von Wurst*) bout *m*; ~**mütze** *f* bonnet *m*.

zirka ['tsɪrka] *adv* environ.

Zirkel ['tsɪrkəl] (**-s, -**) *m* (*von Personen*) cercle *m*; (*MATH: Gerät*) compas *m*; ~**kasten** *m* boîte *f* à compas.

zirkulieren [tsɪrku'li:rən] *vi* circuler.

Zirkus ['tsɪrkʊs] (**-, -se**) *m* cirque *m*.

zirpen ['tsɪrpən] *vi* (*Grille*) chanter.

Zirrhose [tsɪ'ro:zə] *f* cirrhose *f*.

zischeln ['tsɪʃəln] *vt* marmonner.

zischen ['tsɪʃən] *vi* (*Schlange, Mensch, Publikum*) siffler; (*Wasser*) grésiller; (*Limonade, Fett*) pétiller ♦ *vt* (*sagen*) siffler (entre ses dents).

Zitat [tsi'ta:t] (**-(e)s, -e**) *nt* citation *f*.

Zither ['tsɪtər] (**-, -n**) *f* cithare *f*.

zitieren [tsi'ti:rən] *vt* citer; (*vorladen, rufen*): ~ **vor** +*Akk* convoquer devant.

Zitronat [tsitro'na:t] (**-(e)s, -e**) *nt* écorce *f* de citron confite.

Zitrone [tsi'tro:nə] *f* citron *m*.

Zitronen-: ~**limonade** *f* limonade *f*; ~**saft** *m* jus *m* de citron, citron *m* pressé; ~**säure** *f* acide *m* citrique; ~**schale** *f* écorce *f* od zeste *m* de citron; ~**scheibe** *f* tranche *f* de citron.

zitt(e)rig ['tsɪt(ə)rɪç] *adj* tremblotant(e).

zittern ['tsɪtərn] *vi* trembler; **vor etw/jdm ~** (*umg: Angst haben*) trembler devant qch/qn; **mir ~ die Knie** j'ai les genoux tremblants.

Zitze [tsɪtsə] *f* tétine *f*.

Zivi ['tsivi] (**–s, –s**; *umg*) *m* abk (= *Zivildienstleistender*) objecteur de conscience qui effectue son service civil.

zivil [tsi'vi:l] *adj* civil(e); (*umg: gemäßigt*) honnête ♦ *adv* civilement; ~**e Kleidung tragen** être en civil; ~**er Ungehorsam** résistance *f* passive; **Z~** (**–s**) *nt* civil *m*; **Z~ tragen** s'habiller *od* se mettre en civil; **Z~bevölkerung** *f* population *f* civile; **Z~courage** *f*: **Z~courage haben** avoir le courage de ses opinions; **Z~dienst** *m* service *m* civil; **Z~dienstleistende(r)** *m* objecteur *m* de conscience (*effectuant son service civil*).

Zivilisation [tsivilizatsi'o:n] *f* civilisation *f*.

Zivilisationskrankheit *f* maux *mpl* de civilisation.

zivilisieren [tsivili'zi:rən] *vt* civiliser.

zivilisiert *adj* civilisé(e).

Zivilist [tsivi'lɪst] *m* civil *m*.

Zivilprozeß *m* action *f* civile.

Zivilrecht *nt* droit *m* civil.

ZK (**–s, –s**) *nt* abk (= *Zentralkomitee*) comité *m* central.

Zobel ['tso:bəl] (**–s, –**) *m* zibeline *f*.

Zofe ['tso:fə] *f* (*von Königin*) demoiselle *f* d'honneur; (*THEAT*) soubrette *f*.

zog *etc* [tso:k] *vb siehe* **ziehen**.

zögern ['tsø:gərn] *vi* hésiter.

Zölibat [tsøli'ba:t] (**–(e)s, –e**) *nt od m* célibat *m*.

Zoll[1] [tsɔl] (**–(e)s, ⁻e**) *m* (*Behörde*) douane *f*; (*Abgabe*) (droit *m* de) douane.

Zoll[2] [tsɔl] (**–(e)s, –**) *m* (*Maß*) pouce *m* (*mesure*).

Zoll-: ~**abfertigung** *f* formalités *fpl* de douane; ~**amt** *nt* (bureaux *mpl* de) douane *f*; ~**beamte(r)** *m* douanier *m*.

zollen *vt*: **jdm Achtung/Beifall ~** respecter/ applaudir qn.

Zoll-: ~**erklärung** *f* déclaration *f* en douane; **z~frei** *adj* exempté(e) *od* franc(franche) de douane; ~**kontrolle** *f* contrôle *m* douanier.

Zöllner ['tsœlnər] (**–s, –**; *umg*) *m* douanier *m*.

zoll-: ~**pflichtig** *adj* soumis(e) à des droits de douane, à dédouaner; **Z~stelle** *f* poste *m* de douane; **Z~stock** *m* mètre *m* (pliant).

Zone ['tso:nə] *f* zone *f*; **die ~** (*umg*) l'ancienne RDA.

Zoo [tso:] (**–s, –s**) *m* jardin *m* zoologique, zoo *m*; ~**geschäft** *nt*, ~**handlung** *f* boutique *f* d'animaux.

Zoologe(-in) [tsoo'lo:gə] (**–n, –n**) *m(f)* zoologue *m/f*.

Zoologie *f* zoologie *f*.

Zoologin *f siehe* **Zoologe**.

zoologisch *adj* zoologique.

Zoom [zu:m] (**–s, –s**) *nt* zoom *m*.

Zopf [tsɔpf] (**–(e)s, ⁻e**) *m* (*Haar~*) tresse *f*, natte *f*; (*KOCH*) pain ou gâteau fait de rubans de pâte tressés, tresse; **ein alter ~** (*pej: Brauch*) une coutume dépassée.

Zorn [tsɔrn] (**–(e)s**) *m* colère *f*.

zornig *adj* (*Mensch*) en colère, furieux(-euse); (*Worte*) de colère, furieux(-euse); (*Blick*) courroucé(e).

Zote ['tso:tə] *f* plaisanterie *f* grossière.

zottig ['tsɔtɪç] *adj* (*Fell*) épais(se), broussailleux(-euse).

ZPO *abk* (= *Zivilprozeßordnung*) ≈ code *m* de procédure civile.

z.T. *abk* = **zum Teil**.

═══════════════════════ *SCHLÜSSELWORT*

zu [tsu:] *präp + Dat* **1** (*örtlich*): **zum Bahnhof/Arzt gehen** aller à la gare/chez le médecin; **zur Schule/Kirche gehen** aller à l'école/l'église; **sollen wir zu euch gehen?** on va chez vous?; **zum Gebirge hin** vers la montagne; **zum Fenster herein** par la fenêtre; **zu meiner Linken** à ma gauche; **bis zu** jusqu'à; **darf ich mich zu Ihnen setzen?** je peux m'asseoir à côté de *od* avec vous?

2 (*zeitlich*): **zu Ostern** à Pâques; **bis zum 1. Mai** jusqu'au 1er mai; (*nicht später als*) d'ici au 1er mai; **zum 1. Mai kündigen** donner sa démission pour le 1er mai; **zu meiner Zeit** de mon temps

3 (*Zusatz*): **zu Fisch trinkt man Weißwein** avec le poisson, on boit du vin blanc; **Bemerkungen zu einer Rede machen** faire des commentaires sur un discours; **er muß immer zu allem seine Bemerkungen machen** il faut toujours qu'il mette son grain de sel; **zu dem kommt noch, daß ...** à cela s'ajoute que ...

4 (*Zweck*) pour; **Wasser zum Waschen** de l'eau pour se laver; **das ist doch nur zu seinem Besten** c'est pour son bien; **zu seiner Entschuldigung** comme excuse

5 (*als*): **jdn zum Vorbild haben** prendre qn pour modèle, prendre exemple sur qn; **jdn zum Vorsitzenden wählen** élire qn président

6 (*Anlaß*): **ein Geschenk zum Geburtstag** un cadeau d'anniversaire; **herzlichen Glückwunsch zum Geburtstag!** bon anniversaire!; **jdm zu etw gratulieren** présenter ses meilleurs vœux à qn à l'occasion de qch

7 (*Veränderung*): **zu etw werden** devenir qch; **jdn zu etw machen** faire qch de qn; **zu Asche verbrennen** être réduit(e) en cendres

8 (*mit Zahlen*): **3 zu 2** (*SPORT*) 3 à 2; **das Stück zu 2 Mark** 2 marks pièce; **zum ersten/dritten Mal** pour la première/troisième fois

9: **zu meiner Freude** à ma grande joie; **zum Glück** heureusement; **zu Fuß** à pied; **es ist zum Weinen** c'est triste à pleurer; **zum Scherz** pour rire; **zum Beispiel** par exemple; **zur Probe, zur Ansicht** à l'essai

♦ *konj* pour; **um besser sehen zu können** pour mieux voir; **ohne es zu wissen** sans le savoir;

noch **zu** bezahlende Rechnungen factures à payer
♦ *adv* **1** (*allzu*) trop; **zu klein/dick** trop petit(e)/gros(se); **zu sehr** trop
2 (*örtlich*) vers; **er kam auf mich zu** il est venu vers moi
3 (*geschlossen*): „auf/zu" (*Wasserhahn*) "ouvert/fermé"; (**mach die**) **Tür zu!** ferme la porte!
4 (*umg*): **nur zu!** continue(z)!; **mach zu!** plus vite!

zuallererst *adv* avant tout.
zuallerletzt *adv* en tout dernier.
zubauen ['tsu:bauən] *vt* (*Lücke*) combler; (*Platz*) construire sur.
Zubehör ['tsu:bəhø:r] (**–(e)s, –e**) *nt* équipement *m*.
zubekommen ['tsu:bəkɔmən] *unreg* (*umg*) *vt* (*Tür, Verschluß*) arriver à fermer.
Zuber ['tsu:bər] (**–s, –**) *m* baquet *m*.
zubereiten ['tsu:bəraɪtən] *vt* préparer.
zubilligen ['tsu:bɪlɪgən] *vt*: **jdm etw ~** accorder qch à qn.
zubinden ['tsu:bɪndən] *unreg vt* (*Schuh*) lacer; (*Sack*) fermer, ficeler.
zubleiben ['tsu:blaɪbən] *unreg* (*umg*) *vi* rester fermé(e).
zubringen ['tsu:brɪŋən] *unreg vt* (*Zeit*) passer; (*umg: zubekommen*) arriver à fermer.
Zubringer (**–s, –**) *m* (*Straße*) (route *f* d')accès *m*; (*: von Autobahn*) bretelle *f*; (*Verkehrsmittel*) navette *f*; **~(bus)** *m* (autobus *m* qui fait la) navette *f*; **~straße** *f* (route *f* d')accès *m*; (*von Autobahn*) bretelle *f*.
Zucchini [tsu'ki:ni:] *pl* courgettes *fpl*.
Zucht [tsuxt] (**–, –en**) *f* (*von Tieren*) élevage *m*; (*von Pflanzen*) culture *f*; (*Rasse*) souche *f*; (*Disziplin*) discipline *f*; **jdn in ~ halten** tenir la bride haute à qn.
züchten ['tsʏçtən] *vt* (*Tiere*) élever; (*Pflanzen*) cultiver.
Züchter(in) (**–s, –**) *m(f)* (*von Tieren*) éleveur(-euse) *m/f*; (*von Pflanzen*) cultivateur(-trice) *m/f*.
Zuchthaus *nt* (*Gebäude*) pénitencier *m*; (*Strafe*) prison *f*.
züchtig ['tsʏçtɪç] *adj* (*Mensch, Benehmen*) bien élevé(e); (*Kleidung*) décent(e).
züchtigen ['tsʏçtɪgən] *vt* infliger un châtiment corporel à, corriger.
Züchtigung *f* châtiment *m*, correction *f*; **körperliche ~** châtiment corporel, correction.
Zuchtperle *f* perle *f* de culture.
Züchtung *f* (*Zuchtart, Sorte: von Tier*) espèce *f*, type *m*; (*: von Pflanze*) variété *f*.
zucken ['tsukən] *vi* (*vor Nervosität*) avoir un mouvement convulsif; (*: Körperteil*) se contracter; (*vor Schreck*) tressaillir; (*aufleuchten: Flammen*) luire brièvement ♦ *vt*: **die Achseln** *od* **Schultern ~** hausser les épaules; **ein Schmerz zuckte mir durch den ganzen Körper** la

douleur m'a transpercé(e); **Blitze zuckten** il y avait des éclairs.
zücken ['tsʏkən] *vt* (*Schwert*) brandir; (*Geldbeutel, Kamera*) sortir.
Zucker ['tsukər] (**–s, –**) *m* sucre *m*; (*umg: Zuckerkrankheit*) diabète *m*; **~ haben** (*umg*) être diabétique; **~dose** *f* sucrier *m*; **~erbse** *f* pois *m* mange-tout; **~guß** *m* glaçage *m*; **~hut** *m* pain *m* de sucre; **z~krank** *adj* diabétique; **~krankheit** *f* diabète *m*; **~lecken** *nt*: **das ist kein ~lecken** (*umg*) ce n'est pas une partie de plaisir.
zuckern *vt* sucrer.
Zucker-: **~rohr** *nt* canne *f* à sucre; **~rübe** *f* betterave *f* sucrière; **~spiegel** *m* (taux *m* de) glycémie *f*; **z~süß** *adj* très doux(douce); (*pej: Lächeln*) mielleux(-euse); **~watte** *f* barbe *f* à papa; **~zange** *f* pince *f* à sucre.
Zuckung *f* contraction *f*, crispation *f*; (*leicht*) tic *m*.
zudecken ['tsu:dɛkən] *vt* couvrir; (*im Bett*) border.
zudem [tsu'de:m] *adv* en outre, de plus.
zudrehen ['tsu:dre:ən] *vt* (*Heizung*) éteindre; (*Wasserhahn*) fermer; **jdm den Rücken ~** tourner le dos à qn.
zudringlich ['tsu:drɪŋlɪç] *adj* pressant(e), envahissant(e); **~ werden** (*zu einer Frau*) faire des avances; **Z~keit** *f* (*zu einer Frau*) attitude *f* pressante, avances *fpl*.
zudrücken ['tsu:drʏkən] *vt* fermer (en poussant); **jdm die Kehle ~** étrangler qn; **ein Auge ~** fermer les yeux.
zueinander [tsu:aɪˈnandər] *adv* l'un(e) avec l'autre; **sie passen ~** ils(elles) vont bien ensemble.
zuerkennen ['tsu:ʔɛrkɛnən] *unreg vt*: **jdm etw ~** accorder qch à qn.
zuerst [tsu:ˈʔe:rst] *adv* d'abord; (*als erste(r)*) le(la) premier(-ère), en premier; (*anfangs auch*) d'abord.
Zufahrt ['tsu:fa:rt] *f* accès *m*.
Zufahrtsstraße *f* (route *f* d')accès *m*; (*von Autobahn etc*) bretelle *f*.
Zufall ['tsu:fal] *m* hasard *m*; **durch ~** par hasard; **so ein ~!** quel heureux hasard!
zufallen *unreg vi* se fermer; **jdm ~** (*Anteil, Aufgabe*) échoir à qn.
zufällig ['tsu:fɛlɪç] *adj* fortuit(e) ♦ *adv* par hasard.
zufassen ['tsu:fasən] *vi* (*zugreifen*) le(la) saisir, s'en emparer; (*schnell handeln*) ne pas hésiter.
zufliegen ['tsu:fli:gən] *unreg vi*: „Kanarienvogel zugeflogen" "trouvé canari"; **ihm fliegt alles nur so zu** c'est un petit génie.
Zuflucht ['tsu:fluxt] *f* refuge *m*; (*Ort*) refuge, abri *m*; **zu etw ~ nehmen** (*fig*) se réfugier dans qch.
Zufluß ['tsu:flus] *m* (*Zufließen*) afflux *m*, arrivée *f*; (*GEOG*) affluent *m*; (*von Waren, Kapital*) afflux.
zufolge [tsu'fɔlgə] *präp +Dat* selon; **dem Bericht**

~ selon le rapport.

zufrieden [tsu'fri:dən] *adj* satisfait(e); (*Mensch auch*) content(e); **er ist mit nichts ~** il n'est jamais content; **mit etw ganz/sehr ~ sein** être satisfait(e)/enchanté(e) de qch; **~geben** *unreg vr* se déclarer *od* être satisfait(e); **Z~heit** *f* satisfaction *f*; **zu meiner großen Z~heit** à ma grande satisfaction; **~lassen** *unreg vt*: **laß mich damit ~!** (*umg*) fiche-moi la paix avec ça!; **~stellen** *vt* satisfaire; **~stellend** *adj* satisfaisant(e).

zufrieren ['tsu:fri:rən] *unreg vi* geler.

zufügen ['tsu:fy:gən] *vt* (*dazutun*) ajouter; **jdm etw ~** (*Leid*) infliger qch à qn.

Zufuhr ['tsu:fu:r] (*-, -en*) *f* (*von Benzin zum Motor*) arrivée *f*; (*von Lebensmittel etc*) approvisionnement *m*.

zuführen ['tsu:fy:rən] *vt* amener; (*versorgen mit*) fournir ♦ *vi*: **auf etw** *Akk* **~** mener à qch; **jdn seiner gerechten Strafe ~** infliger à qn la punition qu'il/elle mérite.

Zug [tsu:k] (*-(e)s, ⁻e*) *m* (*EISENB*) train *m*; (*Luft~*) courant *m* d'air; (*Gesichts~, Schrift~, Charakter~*) trait *m*; (*Klingel~, Hebel*) poignée *f*; (*SCHACH etc*) coup *m*; (*Atem~*) souffle *m*; (*Prozession*) procession *f*; (*von Vögeln*) vol *m*, volée *f*; (*MIL*) section *f*; **einen ~ an einer Zigarette machen** tirer sur une cigarette; **einen ~ aus der Flasche tun** boire une gorgée à même la bouteille; **etw in vollen Zügen genießen** se délecter de qch; **in den letzten Zügen liegen** (*umg*) être sur son lit de mort; **im ~(e)** +*Gen* (*im Verlauf*) au cours de; **in einem ~** d'un trait; **~ um ~** (*fig*) pas à pas, progressivement; **zum ~(e) kommen** (*umg*) avoir son mot à dire; **etw in groben Zügen darstellen** *od* **umreißen** faire une description générale de qch.

Zugabe ['tsu:ga:bə] *f* (*Vorgang*) ajout *m*; (*in Konzert etc*) bis *m*.

Zugabteil *nt* compartiment *m*.

Zugang ['tsu:gaŋ] *m* accès *m*; (*Hinzugekommenes*) nouvelle acquisition *f*; (*Person*) arrivée *f*, nouveau(nouvelle); **„~ verboten"** "accès interdit".

zugänglich ['tsu:gɛŋlɪç] *adj* accessible; (*Mensch*) d'abord facile, ouvert(e); **für die Öffentlichkeit** *od* **öffentlich ~** ouvert(e) à tous *od* au public.

Zugbegleiter *m* contrôleur(-euse) *m/f*; (*Fahrplan*) (indicateur *m*) horaire *m* (*donnant les correspondances du train dans lequel il est distribué*).

Zugbrücke *f* pont *m* ferroviaire.

zugeben ['tsu:ge:bən] *unreg vt* (*beifügen*) ajouter; (*gestehen*) avouer, admettre; **zugegeben** admettons-le, il est vrai que.

zugegebenermaßen ['tsu:gəgə:bənər'ma:sən] *adv* de son/mon *etc* propre aveu.

zugegen [tsu'ge:gən] (*geh*) *adv*: **~ sein** être présent(e).

zugehen ['tsu:ge:ən] *unreg vi* (*umg: schließen*) fermer; (+*Dat: Brief, Bescheid*) parvenir (à) ♦ *vi impers* **es geht dort seltsam zu** il s'y passe

des choses étranges; **es geht dort lustig zu** ils(elles) s'amusent comme des fous(folles); **hier geht es nicht mit rechten Dingen zu** ça sent le roussi; **er geht schon auf die Siebzig zu** il va sur ses soixante-dix ans; **auf jdn/etw ~** se diriger vers qn/qch; **aufs Ende ~** toucher à sa fin.

Zugehfrau ['tsu:ge:frau] *f* femme *f* de ménage.

zugehören ['tsu:gəhø:rən] *vi* +*Dat* appartenir à.

Zugehörigkeit ['tsu:gəhø:rɪçkaɪt] *f*: **~ zu** appartenance *f* à.

zugeknöpft ['tsu:gəknœpft] (*umg*) *adj* (*Mensch, Gesichtsausdruck*) fermé(e).

Zügel ['tsy:gəl] (*-s, -*) *m* rêne *f*; **die ~ locker lassen** lâcher la bride.

zugelassen ['tsu:gəlasən] *adj* (*erlaubt*) permis(e); (*Heilpraktiker*) agréé(e); (*Kfz*) immatriculé(e).

zügellos *adj* débridé(e), déchaîné(e); (*sexuell*) débauché(e).

Zügellosigkeit *f* manque *m* de retenue.

zügeln *vt* maîtriser.

zugesellen *vr*: **sich jdm ~** se joindre à qn.

Zugeständnis ['tsu:gəʃtɛntnɪs] *nt* concession *f*; **~se machen** faire des concessions.

zugestehen *unreg vt* accorder.

zugetan ['tsu:gəta:n] *adj*: **jdm/einer Sache ~ sein** avoir un faible pour qn/qch.

Zugewinn (*-(e)s*) *m* gain *m*.

Zugführer *m* (*EISENB*) chef *m* de train; (*MIL*) adjudant *m*.

zugig *adj* (*Raum*) plein(e) de courants d'air.

zügig ['tsy:gɪç] *adj* rapide ♦ *adv* rapidement.

zugkräftig *adj* (*Werbeteil, Titel*) accrocheur(-euse); (*Schauspieler*) qui attire les foules.

zugleich [tsu'glaɪç] *adv* (*zur gleichen Zeit*) en même temps, simultanément; (*ebenso*) également, aussi.

Zugluft *f* courant *m* d'air.

Zugmaschine *f* tracteur *m*.

zugreifen ['tsu:graɪfən] *unreg vi* (*schnell nehmen*) le(la) saisir; (*Angebot, Gelegenheit*) sauter dessus; (*beim Essen*) se servir; (*mithelfen*) faire sa part de travail.

Zugriff ['tsu:grɪf] *m* (*COMPUT*) accès *m*; **sich dem ~ der Polizei entziehen** échapper à la police.

zugrunde [tsu'grundə] *adv*: **~ gehen** disparaître; (*sterben*) périr; **er wird daran nicht ~ gehen** il n'en mourra pas; (*finanziell*) ça ne va pas le ruiner; **etw einer Sache** *Dat* **~ legen** fonder qch sur qch; **einer Sache** *Dat* **~ liegen** être à la base de qch; **~ richten** perdre.

Zugschaffner *m* contrôleur(-euse) *m/f*.

zugunsten [tsu'gunstən] *präp* (+*Gen od Dat*) en faveur de.

zugute [tsu'gu:tə] *adv*: **jdm etw ~ halten** retenir qch en faveur de qn; **jdm ~ halten, daß er etw getan hat** tenir compte du fait que qn a fait qch; **jdm ~ kommen** être utile à qn.

Zug-: **~verbindung** *f* correspondance *f*; **~vogel** *m* oiseau *m* migrateur; **~zwang** *m*: **unter**

~zwang stehen (fig) être obligé(e) d'agir.
zuhaben ['tsu:ha:bən] unreg (umg) vi être fermé(e).
zuhalten ['tsu:haltən] unreg vt (nicht öffnen) garder fermé(e); (festhalten) bloquer ♦ vi: **auf jdn/etw** ~ se diriger vers qn/qch; **sich** Dat **die Nase** ~ se boucher le nez; **jdm** Dat **den Mund** ~ mettre sa main devant sa bouche; **sich die Augen** ~ se mettre les mains devant les yeux; **jdm die Nase** ~ boucher le nez de qn; **jdm den Mund** ~ plaquer sa main sur la bouche de qn; **jdm die Augen** ~ empêcher qn de regarder (en lui mettant les mains devant les yeux).
Zuhälter ['tsu:hɛltər] (−s, −) m souteneur m.
Zuhause (−) nt chez-soi m inv; **mein** ~ mon chez-moi.
zuheilen ['tsu:hailən] vi (Wunde) se cicatriser, guérir.
Zuhilfenahme [tsu'hilfəna:mə] f: **unter** ~ **von** à l'aide de, en se servant de.
zuhören ['tsu:høːrən] vi (+Dat) écouter.
Zuhörer(in) (−s, −) m(f) auditeur(-trice) m/f; ~**schaft** f auditeurs mpl.
zujubeln ['tsu:ju:bəln] vi: **jdm** ~ acclamer qn.
Zukauf ['tsu:kauf] m (von Wertpapieren) achat m supplémentaire.
zukehren ['tsu:keːrən] vt (zuwenden) tourner.
zuklappen ['tsu:klapən] vt (Buch, Deckel) fermer (d'un coup sec) ♦ vi se fermer (bruyamment).
zukleben ['tsu:kleːbən] vt (Briefumschlag) coller.
zukneifen ['tsu:knaifən] vt (Augen) fermer, plisser; (Mund) pincer.
zuknöpfen ['tsu:knœpfən] vt boutonner.
zukommen ['tsu:kɔmən] unreg vi: **auf jdn** ~ se diriger vers qn; (Aufgabe, Verantwortung) incomber à qn; **jdm** ~ (zustehen) revenir à qn; (gebühren) être dû(due) à qn; **diesem Treffen kommt große Bedeutung zu** cette rencontre est d'une importance primordiale; **jdm etw** ~ **lassen** accorder qch à qn; **die Dinge auf sich** Akk ~ **lassen** attendre de voir l'évolution de la situation; **wir werden in dieser Sache auf Sie** ~ nous prendrons contact avec vous en temps utile.
Zukunft ['tsu:kʊnft] (−, Zukünfte) f avenir m; (GRAM) futur m; **in** ~ à l'avenir; **ein Beruf mit/ohne** ~ un métier d'avenir/sans perspectives d'avenir.
zukünftig ['tsu:kʏnftiç] adj futur(e) ♦ adv à l'avenir; **mein** ~**er Mann** mon futur mari.
Zukunfts-: ~**aussichten** pl perspectives fpl d'avenir; ~**musik** (umg) f paroles fpl en l'air; z~**trächtig** adj plein(e) d'avenir, prometteur(-euse); z~**weisend** adj de pointe.
Zulage ['tsu:la:gə] f (Gehalts~) augmentation f.
zulande [tsu'landə] adv: **bei uns** ~ chez nous.
zulangen ['tsu:laŋən] (umg) vi (sich nehmen) se servir.
zulassen ['tsu:lasən] unreg vt (tolerieren, erlauben) permettre; (Fahrzeug) délivrer la vignette pour; (Arzt) inscrire à l'ordre des médecins; (umg: nicht öffnen) laisser fermé(e); **jdn zu etw** ~ admettre qn à qch.
zulässig ['tsu:lɛsiç] adj autorisé(e); ~**e Höchstgeschwindigkeit** vitesse f maximale (autorisée); **etw ist rechtlich (nicht)** ~ qch est (il)légal(e).
Zulassung f (amtlich) autorisation f; (von Kfz) permis m; (als praktizierender Arzt) inscription f à l'ordre des médecins; (als Anwalt) inscription au barreau.
Zulassungspapier nt (von Auto) ≈ carte f grise.
Zulauf m: **großen** ~ **haben** (Geschäft) avoir beaucoup de clients; (Arzt) avoir une vaste clientèle; (Veranstaltung) avoir beaucoup de succès.
zulaufen ['tsu:laufən] unreg vi: **auf jdn/etw** ~ (Mensch) se diriger vers qn/qch; **auf etw** ~ (Straße) mener à qch; **jdm** ~ (Tier) être recueilli(e) par qn; **spitz** ~ être pointu(e), se terminer en pointe.
zulegen ['tsu:leːgən] vt (dazugeben) ajouter; (Geld) donner une contribution de; **sich** Dat **etw** ~ acquérir qch; **Tempo** ~ accélérer.
zuleide [tsu'laidə] adv: **jdm etwas** ~ **tun** nuire à qn.
zuleiten ['tsu:laitən] vt (Wasser, Strom) fournir; (Geldbetrag) donner; (schicken) faire parvenir.
Zuleitung f (Leitung) conduite f.
zuletzt [tsu'lɛtst] adv (an letzter Stelle) en dernier; (als letzte(r)) en dernier, le(la) dernier(-ière); (zum letzten Mal) la dernière fois; (schließlich) finalement; **wir bleiben bis** ~ nous allons rester jusqu'à la fin; **nicht** ~ **wegen** en particulier à cause de.
zuliebe [tsu'li:bə] adv: **jdm** ~ pour faire plaisir à qn.
Zulieferbetrieb ['tsu:li:fərbətri:p] m, **Zulieferer** (−s, −) m (WIRTS) fournisseur m.
zum [tsʊm] = **zu dem.**
zumachen ['tsu:maxən] vt (schließen) fermer; (zuknöpfen) boutonner ♦ vi (Laden) fermer.
zumal [tsu'ma:l] konj d'autant plus que.
zumeist [tsu'maist] adv la plupart du temps.
zumessen ['tsu:mɛsən] unreg vt (Zeit, Bedeutung) accorder.
zumindest [tsu'mindəst] adv du moins.
zumutbar [tsu'mu:tba:r] adj acceptable.
zumute [tsu'mu:tə] adv: **mir ist wohl** ~ je me sens bien; (bei Angelegenheit) être à l'aise.
zumuten [tsu'mu:tən] vt: **jdm etw** ~ demander qch à qn; **sich** Dat **zuviel** ~ se surmener.
Zumutung f demande f exagérée; **eine** ~ **sein** être un comble; **so eine** ~! quel culot!
zunächst [tsu'nɛːçst] adv (am Anfang, zuerst) tout d'abord; (vorerst) pour l'instant; ~ **einmal** tout d'abord, en premier lieu.
zunageln ['tsu:na:gəln] vt (Fenster, Kiste etc) clouer.
zunähen ['tsu:nɛːən] vt coudre.
Zunahme ['tsu:na:mə] f augmentation f.

Zuname ['tsuːnaːmə] *m* nom *m* de famille.

zünden ['tsʏndən] *vi* (*Feuer, fig*) prendre ♦ *vt* (*Bombe*) faire exploser; (*Rakete*) tirer; **bei jdm** ~ (*begeistern*) produire son effet sur qn; **der Motor zündet nicht** il y a du retard à l'allumage; **endlich hat's auch bei dir gezündet!** tu as enfin pigé!

zündend *adj* (*Musik*) entraînant(e); (*Rede*) qui soulève l'enthousiasme.

Zünder *f* (*TECH, MIL*) détonateur *m*.

Zünd-: ~**flamme** *f* veilleuse *f*; ~**holz** *nt* allumette *f*; ~**kabel** *nt* câble *m* d'allumage; ~**kerze** *f* (*AUT*) bougie *f*; ~**schloß** *nt* (*AUT*) contact *m*; ~**schlüssel** *m* clé *f* de contact; ~**schnur** *f* mèche *f*; ~**stoff** *m* carburant *m*; (*fig*) matière *f* incendiaire.

Zündung *f* (*AUT*) allumage *m*.

Zündverteiler *m* distributeur *m*.

zunehmen ['tsuːneːmən] *unreg vi* augmenter; (*dicker werden*) prendre du poids; (*Mond*) croître ♦ *vt* (*Kilos*) prendre; (*Maschen*) augmenter de.

zunehmend *adj* croissant(e); (*Mond*) qui croît ♦ *adv* de plus en plus; **in** ~**em Maße** de plus en plus; **mit** ~**em Alter** avec l'âge.

zuneigen ['tsuːnaɪgən] *vi* +*Dat*: **jdm zugeneigt sein** avoir un faible pour qn; **sich dem Ende** ~ toucher à sa fin; **der Auffassung** ~, **daß** avoir tendance à croire que.

Zuneigung *f* affection *f*.

Zunft [tsʊnft] (~, ~e) *f* corporation *f*.

zünftig ['tsʏnftɪç] *adj* (*ordentlich, gehörig*) bon(bonne).

Zunge ['tsʊŋə] *f* langue *f*; (*Fisch*) sole *f*; **böse** ~**n behaupten,** ... d'après les mauvaises langues, ...; **etw auf der** ~ **haben** avoir qch sur le bout de la langue.

züngeln ['tsʏŋəln] *vi* (*Flammen*) s'élancer, jaillir.

Zungenbrecher *m* phrase très difficile à prononcer.

Zünglein ['tsʏŋlaɪn] *nt*: **das** ~ **an der Waage sein** (*fig*) faire pencher la balance.

zunichte [tsuˈnɪçtə] *adv*: **etw** ~ **machen** anéantir qch; ~ **werden** être réduit(e) à néant.

zunutze [tsuˈnʊtsə] *adv*: **sich** *Dat* **etw** ~ **machen** tirer profit de qch, se servir de qch.

zuoberst [tsuˈʔoːbərst] *adv* (tout) en haut.

zuordnen ['tsuːʔɔrdnən] *vt* +*Dat* attribuer (à).

zupacken ['tsuːpakən] *vi* (*greifen*) s'en emparer; (*umg: bei Arbeit*) bosser dur; (**mit**) ~ mettre la main à la pâte.

zupfen ['tsʊpfən] *vt* (*Fäden*) tirer; (*Augenbrauen*) s'épiler; (*Gitarre*) jouer de ♦ *vi*: **an etw** *Dat* ~ tirer qch.

zur [tsuːr] = **zu der**; (*auf Namensschildern*): „**Gasthof/Hotel** ~ **Post**" "Auberge/Hôtel de la Poste"; ~ **Zeit** en ce moment.

zuraten [tsuˈraːtən] *unreg vi*: **jdm** ~, **etw zu tun** conseiller à qn de faire qch.

zurechnungsfähig ['tsuːrɛçnʊŋsfɛːɪç] *adj* (*JUR*) sain(e) d'esprit; (*fig*) sain(e) de corps et d'esprit; **Z**~**keit** *f* (*JUR*) responsabilité *f*.

zurecht-: ~**biegen** *unreg vt* redresser; (*umg: in Ordnung bringen*) arranger; ~**finden** *unreg vr* s'y retrouver; (*im Leben*) se débrouiller; ~**kommen** *unreg vi* (*rechtzeitig kommen*) arriver à temps; (*schaffen*) se débrouiller; (*finanziell*) arriver à joindre les deux bouts; ~**legen** *vt* préparer; ~**machen** (*umg*) *vt* préparer ♦ *vr* se préparer; (*schminken*) se maquiller; ~**weisen** *unreg vt* remettre à sa place; **Z**~**weisung** *f* réprimande *f*.

zureden ['tsuːreːdən] *vi* +*Dat* (*ermutigen*) encourager; (*überreden*) convaincre.

zureiten ['tsuːraɪtən] *unreg vt* (*Pferd*) dresser.

Zürich ['tsyːrɪç] (~s) *nt* Zurich.

zurichten ['tsuːrɪçtən] *vt* (*vorbereiten*) préparer; (*beschädigen*) abîmer; (*verletzen*) maltraiter.

zurück [tsuˈrʏk] *adv* (*nach rückwärts*) en arrière; (*im Rückstand*) en retard; **wir fuhren nach Paris/nach Hause** ~ nous sommes retournés à Paris/rentrés à la maison; ~! arrière!; **Köln hin und** ~ un aller-retour *od* aller et retour pour Cologne; ~**behalten** *unreg vt* garder; (*Schäden, Schock*) subir; ~**bekommen** *unreg vt* obtenir en retour; **Sie bekommen noch 50 Pf** ~ je vous dois encore 50 pfennigs; **er bekam seinen Brief** ~ sa lettre lui a été retournée; ~**bezahlen** *vt* rembourser; ~**bleiben** *unreg vi* rester; (*nicht nachkommen*) rester en arrière; (*in Entwicklung*) avoir du retard; ~**blicken** *vi*: **auf etw** *Akk* ~**blicken** regarder qch derrière soi, se retourner pour regarder qch; (*auf die Vergangenheit*) évoquer qch; ~**bringen** *unreg vt* rapporter; ~**datieren** *vt* (*Rechnung*) antidater; ~**drängen** *vt* (*Gefühle*) réprimer; (*Feind*) repousser; ~**drehen** *vt*: **den Knopf für die Lautstärke** ~**drehen** (tourner le bouton pour) baisser le volume; **die Zeit** ~**drehen** revenir en arrière; ~**erobern** *vt* reconquérir; ~**erstatten** *vt* rembourser; ~**fahren** *unreg vi* retourner; (*vor Schreck*) faire un bond en arrière ♦ *vt* (*jdn*) ramener; ~**fallen** *unreg vi* (*nach hinten*) tomber en arrière; (*in Wettkampf, Leistung*) prendre du retard; (*in Laster*) retomber; ~**fallen an** +*Akk* (*an Besitzer*) revenir à; **das fällt auf uns** *Akk* ~ ça va retomber sur nous; ~**finden** *unreg vi* retrouver son chemin ♦ *vt* (*Weg*) retrouver; **zu jdm** ~**finden** se réconcilier avec qn; ~**fordern** *vt* réclamer; ~**führen** *unreg vt* ramener; **etw auf etw** *Akk* ~**führen** (*Ursachen erkennen*) mettre qch sur le compte de qch, attribuer qch à qch; (*zurückverfolgen*) faire remonter qch à qch; ~**geben** *unreg vt* rendre ♦ *vi* (*antworten*) répliquer; ~**geblieben** *adj* (*geistig*) arriéré(e); ~**gehen** *unreg vi* (*an einen Ort*) retourner; (*nachlassen*) baisser; (*zeitlich*): ~**gehen auf** +*Akk* remonter à; **Waren/ein Essen** ~**gehen lassen** renvoyer des marchandises/un plat; ~**gezogen** *adj* retiré(e), solitaire; ~**greifen** *unreg vt*: ~**greifen auf** +*Akk* avoir recours à; (*zeitlich*) revenir à; (*auf Reserven*) avoir recours à, entamer; ~**halten** *unreg vt* (*Gegenstand*) garder; (*Mensch*) retenir; (*Tränen, Bemerkung*) réprimer, contenir ♦ *vr* (*reserviert sein*) être réservé(e); (*sich beherrschen*) se retenir; (*in Hintergrund bleiben*) se tenir sur la réserve; ~**haltend** *adj* (*bescheiden*) réservé(e); (*kühl*) peu enthousiaste; **Z~haltung** *f* réserve *f*; ~**holen** *vt* (COMPUT: *Daten*) récupérer; ~**kehren** *vi* retourner; ~**kommen** *unreg vi* revenir; (*nach Hause*) rentrer; **auf jdn** ~**kommen** faire appel à qn; **auf etw** *acc* ~**kommen** revenir à qch; ~**lassen** *unreg vt* (*Habe*) laisser; ~**legen** *vt* (*an Platz*) remettre; (*Kopf*) rejeter en arrière; (*Geld*) mettre de côté; (*Karten*) réserver; (*Strecke*) parcourir ♦ *vr* s'enfoncer; ~**liegen** *unreg vi*: **das liegt eine Woche** ~ ça remonte à la semaine passée; ~**nehmen** *unreg vt* reprendre; (*Bemerkung*) retirer; ~**reichen** *vi*: ~**reichen bis** remonter à; ~**rufen** *unreg vt* (*Person*) rappeler ♦ *vi* (*umg: wieder anrufen*) rappeler; **sich** *Dat* **etw ins Gedächtnis** ~**rufen** se remémorer qch; ~**schalten** *vi* (AUT) rétrograder; ~**schicken** *vt* renvoyer; ~**schlagen** *unreg vi* rendre la pareille ♦ *vt* (*Kragen, Bettdecke*) remonter; (*Gegner*) repousser; ~**schrauben** devenir moins exigeant(e); ~**schrecken** *vi*: **vor jdm/etw** ~**schrecken** avoir peur de qn/qch; **vor nichts** ~**schrecken** n'avoir peur de rien; ~**setzen** *vt* (*nach hinten*) reculer; (*an vorigen Platz*) remettre; (*benachteiligen*) désavantager ♦ *vi* (*mit Fahrzeug*) reculer; ~**stecken** *vt* (*an vorigen Platz*) remettre ♦ *vi* (*fig*) en rabattre; ~**stehen** *unreg vi*: **hinter jdm** ~**stehen** être en retard sur qn; ~**stellen** *vt* (*an Platz; aufschieben*) remettre; (*Lautstärke, Heizung*) baisser; (*Uhr*) retarder; (*von Militär*) mettre en sursis; (*von Schule*) retarder la scolarisation de; (*Ware*) mettre de côté; **persönliche Interessen hinter etw** *Dat* ~**stellen** mettre qch avant son intérêt personnel; ~**stoßen** *unreg vt* (*nach hinten*) repousser ♦ *vi* (AUT) reculer; ~**stufen** *vt* rétrograder; ~**treten** *unreg vi* (*nach hinten*) reculer; (*von Amt*) démissionner; (*von einem Vertrag etc*) se rétracter; (*weniger wichtig sein*) être en déclin; **bitte von der Bahnsteigkante** ~**treten!** éloignez-vous de la bordure du quai, s'il vous plaît!; ~**verfolgen** *vt* (*fig*) faire remonter à; ~**versetzen** *vt*: **in etw** *Akk* ~**versetzen** ramener à ♦ *vr*: **sich in eine Zeit** ~**versetzen** revenir en pensée à une époque; ~**weichen** *unreg vi* reculer; **vor etw** *Dat* ~**weichen** reculer devant qch; ~**weisen** *unreg vt* (*Antrag*) refuser; (*an der Grenze*) refouler; (*Bewerber*) refuser; (*Vorwurf, Behauptung*) rejeter; ~**werfen** *unreg vt* (*Kopf*) rejeter (en arrière); (*Ball*) renvoyer; (*Strahlen*) réfléchir; (*Schall*) répercuter; (*Feind*) repousser; (*wirtschaftlich*): ~**werfen um** retarder de; ~**zahlen** *vt* rembourser; ~**ziehen** *unreg vt* (*Hand, Angebot etc*) retirer; (*Person*) ramener ♦ *vi* (*von früherem Wohnort*) retourner ♦ *vr* se retirer.

Zuruf ['tsuːruːf] *m* cri *m*; **auf** ~ **gehorchen** répondre à l'appel.

zus. *abk* = **zusammen; zusätzlich**.

Zusage ['tsuːzaːgə] *f* accord *m*; (*von Einladung etc*) acceptation *f*; **z~n** *vt* (*Hilfe, Job*) accorder ♦ *vi* (*bei Einladung, Stelle*) accepter; **jdm etw auf den Kopf z~n** (*umg*) dire qch à qn sans détour; **jdm z~n** (*gefallen*) plaire à qn.

zusammen [tsu'zamən] *adv* ensemble; (*insgesamt*) en tout; **Z~arbeit** *f* coopération *f*, collaboration *f*; ~**arbeiten** *vi* collaborer; **Z~ballung** *f* (*von Macht etc*) accumulation *f*; ~**bauen** *vt* construire; ~**beißen** *unreg vt* (*Zähne*) serrer; ~**bleiben** *unreg vi* rester ensemble; ~**brauen** *vt* (*umg*) concocter ♦ *vr* se préparer; ~**brechen** *unreg vi* (*einstürzen: Gebäude, System*) s'écrouler; (*Mensch*) s'effondrer; (*Verkehr*) être immobilisé(e); ~**bringen** *unreg vt* rassembler; (*umg: Gedicht*) arriver à sortir; (: *Sätze*) arriver à aligner; **Z~bruch** *m* (*Nerven~*) dépression *f* (nerveuse); (*von Firma; WIRTS, POL*) effondrement *m*; (*von Verhandlungen*) rupture *f*; (*COMPUT*) panne *f*; ~**fahren** *unreg vi* (*Fahrzeug*) entrer en collision; (*zusammenzucken, erschrecken*) tressaillir; ~**fallen** *unreg vi* (*einstürzen*) s'écrouler; (*Feiertage, Ereignisse*) coïncider, tomber en même temps; ~**fassen** *vt* (*Bericht, Rede*) résumer; (*vereinigen*) réunir, rassembler; ~**fassend** *adj* récapitulatif(-ive) ♦ *adv* en résumé; **Z~fassung** *f* résumé *m*; ~**finden** *unreg vr* (*sich zusammenschließen*) se réunir; ~**fließen** *unreg vi* se rencontrer, confluer; **Z~fluß** *m* confluent *m*; ~**fügen** *vt* joindre; ~**führen** *vt* réunir ♦ *vi* (*Wege*) se rencontrer; ~**gehen** *unreg vi* (*sich vereinigen*) fusionner; (*zusammenfassen*) aller ensemble; ~**gehören** *vi* (*Menschen*) aller (bien) ensemble; (*als Paar*) être fait(e) l'un(e) pour l'autre; ~**gesetzt** *adj* (*Wort*) composé(e); ~**gewürfelt** *adj* disparate; ~**halten** *unreg vi* (*Teile*) tenir ensemble; (*Menschen*) se serrer les coudes ♦ *vt* (*Gruppe*) assurer la cohésion de; (*Geld*) garder; **Z~hang** *m* rapport *m*; **aus dem Z~hang** hors du contexte; **etw aus dem Z~hang reißen** tirer qch de son contexte; **im Z~hang mit etw stehen** être en rapport avec qch, être lié(e) à qch; ~**hängen** *unreg vi* (*Teile*) tenir ensemble; (*Ursachen*) être lié(e); **das hängt damit** ~, **daß** ... c'est dû au fait que ...; ~**hängend** *adj* (*Erzählung*) cohérent(e); ~**hang(s)los** *adj* décousu(e); ~**klappbar** *adj* pliable, pliant(e); ~**klappen** *vt* (*Messer*) fermer ♦ *vi* (*umg: Mensch*) s'écrouler; ~**kommen** *unreg vi* (*sich treffen*) se réunir; (*sich ansammeln: Geld*) être réuni(e); (*sich ereignen*) se produire (en même temps); **Z~kunft** (-, -**künfte**) *f* réunion *f*; ~**laufen** *unreg vi* (*Menschen*) se rassembler; (*Farben*) se mélanger; (*Straßen, Flüsse etc*) se rencontrer; ~**legen** *vt* mettre ensemble; (*falten*) plier; (*verbinden*) réunir; (*Termine, Fest*) combiner; (*Geld*) rassembler; ~**nehmen** *unreg vt* rassembler ♦ *vr* (*sich zusammenreißen*) se ressaisir; **alles ~genommen** en tout; ~**passen** *vi* aller (bien) ensemble; **Z~prall** *m* collision f; (fig) heurt m; ~**prallen** vi entrer en collision, se heurter; ~**reimen** (umg) vt: **das kann ich mir nicht** ~**reimen** ça ne dépasse; ~**reißen** unreg (umg) vr se ressaisir; ~**rufen** unreg vt réunir; (Parlament etc) convoquer; ~**schlagen** unreg vt (umg: Mensch) tabasser; (: Dinge) démolir; **die Hände über dem Kopf** ~**schlagen** lever les bras au ciel; **die Hacken** ~**schlagen** claquer des talons; ~**schließen** unreg vr se réunir; (Firmen) fusionner; **Z**~**schluß** (–s) m fusion f; ~**schmelzen** unreg vi fondre; (Anzahl, Geld, Vorräte) diminuer rapidement; ~**schrecken** unreg vi tressaillir; ~**schreiben** unreg vt (Wort) écrire ce n seul mot; (umg: Bericht) rédiger; ~**schrumpfen** vi diminuer; **Z**~**sein** (–s) nt réunion f de gens; ~**setzen** vt (Puzzle, Teile) assembler ♦ vr: **sich aus etw** ~**setzen** être composé(e) de qch; **sich auf ein Glas Wein** ~**setzen** se retrouver pour boire un verre; **Z**~**setzung** f composition f; **Z**~**spiel** nt (gegenseitig) interaction f; (von Orchester etc) jeu m; ~**stellen** vt (Tische etc) mettre ensemble; (Rede, Menü) composer; (Ausstellung) monter; (Liste) établir; **Z**~**stellung** f (Übersicht) résumé m; (Vorgang) sélection f; **Z**~**stoß** m (von Fahrzeugen) collision f; (von Demonstranten) confrontation f; ~**stoßen** unreg vi (Fahrzeuge) entrer en collision, se heurter; (Demonstranten) se trouver face à face; ~**strömen** vi (Menschen) se rassembler; ~**tragen** unreg vt rassembler; ~**treffen** unreg vi (Ereignisse) coïncider; **mit jdm** ~**treffen** rencontrer qn; **Z**~**treffen** nt rencontre f; (Zufall) coïncidence f; (von Umständen) concours m; ~**treten** unreg vi se réunir; ~**tun** unreg vt (umg) réunir ♦ vr s'allier; ~**wachsen** unreg vi se joindre; ~**wirken** vi concourir; ~**zählen** vt additionner; ~**ziehen** unreg vt (Schlinge) serrer, resserrer; (Loch) réparer; (vereinigen) rassembler; (addieren) additionner ♦ vi: **mit jdm** ~**ziehen** emménager avec qn ♦ vr (schrumpfen) se contracter; (Gewitter) se préparer; (Wolken) s'amonceler; ~**zucken** vi tressaillir.

Zusatz ['tsu:zats] m (Vorgang) ajout m; (Nachtrag) appendice m; ~**antrag** m (POL) amendement m; ~**gerät** m accessoire m.

zusätzlich ['tsu:zɛtslɪç] adj supplémentaire ♦ adv en plus.

Zusatzmittel nt additif m.

Zusatzzahl f (beim Lotto) numéro m supplémentaire.

zuschauen ['tsu:ʃaʊən] vi regarder.

Zuschauer(in) (–s, –) m(f) spectateur(·trice) m/f; ~ pl (THEAT, FILM) spectateurs mpl; (TV) téléspectateurs mpl.

zuschicken ['tsu:ʃɪkən] vt: **jdm etw** ~ faire parvenir qch à qn, envoyer qch à qn.

zuschießen ['tsu:ʃi:sən] unreg vt (umg: Geld) donner ♦ vi: ~ **auf** +Akk se diriger vers.

Zuschlag ['tsu:ʃla:k] m (EISENB, POST) supplément m; (für Arbeit) prime f.

zuschlagen ['tsu:ʃla:gən] unreg vt (Tür) claquer; (Buch) fermer d'un coup sec; (bei Auktion) attribuer ♦ vi (Fenster, Tür) claquer; (Mensch) frapper; (umg: bei günstigem Angebot) saisir l'occasion; **jdm den Ball** ~ envoyer la balle à qn.

zuschlag-: ~**frei** adj (EISENB) sans supplément; **Z**~**karte** f (EISENB) supplément m; ~**pflichtig** adj (Zug) avec supplément.

zuschließen ['tsu:ʃli:sən] unreg vt (Tür) fermer à clé.

zuschmieren ['tsu:ʃmi:rən] vt (umg: Löcher) colmater.

zuschneiden ['tsu:ʃnaɪdən] unreg vt couper; **auf etw** Akk **zugeschnitten sein** être conçu(e) spécialement pour qch.

zuschnüren ['tsu:ʃny:rən] vt (Paket) ficeler; (Schuhe) lacer; **die Angst schnürte ihm die Kehle zu** (fig) il avait la gorge serrée par l'angoisse.

zuschrauben ['tsu:ʃraʊbən] vt visser le couvercle de.

zuschreiben ['tsu:ʃraɪbən] unreg vt: **jdm etw** ~ attribuer qch à qn; (Geld) virer qch sur le compte de qn; **das hast du dir selbst zuzuschreiben** tu l'auras cherché.

Zuschrift ['tsu:ʃrɪft] f lettre f (de lecteur ou d'auditeur); (auf Annonce) réponse f.

zuschulden [tsu:ʃʊldən] adv: **sich** Dat **etwas** ~ **kommen lassen** se rendre coupable d'une faute, avoir quelque chose sur la conscience.

Zuschuß ['tsu:ʃʊs] m subvention f; (nicht amtlich) contribution f.

Zuschußbetrieb m entreprise f subventionnée.

zuschütten ['tsu:ʃʏtən] vt boucher.

zusehen ['tsu:ze:ən] unreg vi (+Dat) (zuschauen) regarder; ~, **daß** (dafür sorgen) veiller à ce que; **ich kann nicht einfach** ~, **wie das geschieht** (dulden) je ne peux pas regarder ça sans rien faire.

zusehends adv à vue d'œil.

zusein ['tsu:zaɪn] unreg vi être fermé(e).

zusenden ['tsu:zɛndən] unreg vt: **jdm etw** ~ faire parvenir qch à qn, envoyer qch à qn.

zusetzen ['tsu:zɛtsən] vt (beifügen) ajouter ♦ vi (geldlich) payer; **jdm** ~ (belästigen) attaquer qn; (Krankheit) affaiblir qn; (unter Druck setzen) presser qn; (schwer treffen) abattre qn.

zusichern ['tsu:zɪçərn] vt: **jdm etw** ~ promettre qch à qn, assurer qn de qch.

Zusicherung f promesse f, assurance f.

zusperren ['tsu:ʃpɛrən] vt fermer à clé.

zuspielen ['tsu:ʃpi:lən] vt: **jdm etw** ~ (Ball) passer qch à qn; (Information, Gerüchte) communiquer qch à qn.

zuspitzen ['tsu:ʃpɪtsən] vt (Pfeil) aiguiser ♦ vr (Lage) s'aggraver.

zusprechen ['tsu:ʃprɛçən] unreg vt (zuerkennen): **jdm etw** ~ (Vertrag, Preis) accorder qch à qn ♦ vi: **jdm gut** ~ essayer de convaincre qn; **dem Essen** ~ (umg) manger de bon appétit; **dem Wein** ~ (umg) faire honneur au vin.

Zuspruch ['tsu:ʃprʊx] *m* paroles *fpl* d'encouragement; (*geistlich*): ~ **finden** avoir du succès.

Zustand ['tsu:ʃtant] *m* état *m*; (*Lage*) situation *f*; **Zustände** *pl* (*Verhältnisse*) conditions *fpl*; **Zustände bekommen** *od* **kriegen** (*umg*) se mettre dans tous ses états.

zustande [tsu:ʃtandə] *adv*: **etw ~ bringen** réussir à obtenir qch; ~ **kommen** (*Veranstaltung, Fest*) avoir lieu; (*Geschäft, Vertrag*) être conclu(e).

zuständig ['tsu:ʃtɛndɪç] *adj* (*Behörde, Person, Abteilung*) responsable, compétent(e); **Z~keit** *f* responsabilité *f*, compétence *f*; **Z~keitsbereich** *m* compétence *f*.

zustehen ['tsu:ʃte:ən] *unreg vi*: **etw steht jdm zu** qn a droit à qch.

zusteigen ['tsu:ʃtaɪgən] *unreg vi* monter; **noch jemand zugestiegen?** (*im Zug: nach dem Bahnhof X*) les billets de X, s'il vous plaît.

zustellen ['tsu:ʃtɛlən] *vt* (*versperren*) bloquer; (*Post etc*) distribuer.

Zustellgebühr *f* affranchissement *m*.

Zustellung *f* (*von Post*) distribution *f*; (*JUR*) notification *f*.

zusteuern ['tsu:ʃtɔyərn] *vi*: **auf etw** *Akk* ~ se diriger vers qch; (*beim Gespräch*) amener la conversation sur qch ♦ *vt* (*beitragen*) donner.

zustimmen ['tsu:ʃtɪmən] *vi* +*Dat* être d'accord (avec).

Zustimmung *f* accord *m*; **allgemeine ~ finden** être bien reçu(e) partout.

zustoßen ['tsu:ʃto:sən] *unreg vi* (*mit Messer*) donner des coups de couteau ♦ *vt* (*Tür etc*) fermer d'un coup de pied; **jdm ~ arriver à** qn.

Zustrom ['tsu:ʃtro:m] *m* (*Menschenmenge, MET*) afflux *m*; (*von Flüssigkeit, Gasen etc*) arrivée *f*; **großen/geringen ~ haben** avoir beaucoup/peu de succès.

zustürzen ['tsu:ʃtyrtsən] *vi*: **auf jdn/etw ~ se** précipiter sur qn/qch.

zutage [tsu:'ta:gə] *adv*: ~ **bringen** exposer; ~ **treten** *od* **kommen** apparaître, se manifester.

Zutaten ['tsu:ta:tən] *pl* ingrédients *mpl*.

zuteil [tsu'taɪl] (*geh*) *adv*: **jdm ~ werden** (*Ehre, Glück*) revenir à qn; (*Unrecht*) s'abattre sur qn.

zuteilen ['tsu:taɪlən] *vt* attribuer.

zutiefst [tsu'ti:fst] *adv* profondément.

zutragen ['tsu:tra:gən] *unreg vt*: **jdm etw ~** (*Klatsch, Gerüchte*) rapporter qch à qn ♦ *vr* advenir, se produire.

zuträglich ['tsu:trɛ:klɪç] *adj*: **jdm ~ sein** être bon(bonne) pour qn.

zutrauen ['tsu:trauən] *vt*: **jdm etw ~** (*Aufgabe, Tat*) confier qch à qn; **sich** *Dat* **etw ~** se sentir capable de (faire) qch; **sich** *Dat* **nichts ~** manquer de confiance en soi; **jdm viel/wenig ~** avoir/ne pas avoir une haute opinion de qn; **Z~** (*–s*) *nt* confiance *f*; **zu jdm Z~ fassen** faire de plus en plus confiance à qn.

zutraulich *adj* (*Hund*) affectueux(-euse); (*Kind*) confiant(e), qui n'est pas timide;

Z~keit *f* nature *f* confiante.

zutreffen ['tsu:trɛfən] *unreg vi* (*Bericht*) être exact(e); (*Beschreibung*) correspondre; (*Feststellung*) être juste; (*Regel*) être valable; ~ **auf** +*Akk od* **für** s'appliquer à.

zutreffend *adj* (*richtig*) judicieux(-euse); **Z~es bitte unterstreichen** veuillez souligner la mention correspondante.

zutrinken ['tsu:trɪŋkən] *unreg vi*: **jdm ~** boire à la santé de qn.

Zutritt ['tsu:trɪt] *m* accès *m*, entrée *f*; ~ **verboten!** défense d'entrer!, entrée interdite!

zutun ['tsu:tu:n] *unreg vt* (*schließen*) fermer ♦ *vr* se fermer.

Zutun (*–s*) *nt*: **ohne mein/sein ~** sans que j'y sois/qu'il y soit pour rien.

zuungunsten [tsu:'ʊngʊnstən] *präp* (+*Gen od Dat*) au détriment de.

zuunterst [tsu:'ʊntərst] *adv* tout en bas.

zuverlässig ['tsu:fɛrlɛsɪç] *adj* (*Mensch*) digne de confiance; (*Nachrichtenquelle*) sûr(e); (*Auto*) fiable; (*Arbeiter*) sérieux(-euse); **Z~keit** *f* fiabilité *f*.

Zuversicht ['tsu:fɛrzɪçt] (*–*) *f* confiance *f*; **z~lich** *adj* confiant(e), optimiste; **~lichkeit** *f* confiance *f*, optimisme *m*.

zuviel [tsu'fi:l] *adj* trop de ♦ *adv* trop; **viel ~** beaucoup trop; **da krieg' ich ~** (*umg*) c'est un comble.

zuvor [tsu'fo:r] *adv* auparavant.

zuvorderst [tsu'fɔrdərst] *adv* tout devant.

zuvorkommen *unreg vi* +*Dat* devancer; (*einer Gefahr*) prévenir.

zuvorkommend *adj* prévenant(e).

Zuwachs ['tsu:vaks] (*–es*) *m* accroissement *m*; **sie haben ~ bekommen** (*umg*) la famille s'est agrandie.

zuwachsen *unreg vi* (*Wunde*) se cicatriser, guérir; (*Weg*) être envahi(e) par la végétation.

Zuwachsrate *f* taux *m* de croissance.

zuwandern ['tsu:vandərn] *vi* immigrer, arriver.

zuwege [tsu've:gə] *adv*: **etw ~ bringen** arriver à faire qch, obtenir qch.

zuweilen [tsu'vaɪlən] *adv* de temps en temps, parfois.

zuweisen ['tsu:vaɪzən] *unreg vt*: **jdm etw ~** attribuer qch à qn.

zuwenden ['tsu:vɛndən] *unreg vt* (*Gesicht, Rücken*) tourner ♦ *vr*: **sich jdm ~** se tourner vers qn; (*widmen*) s'occuper de qn; **sich etw** *Dat* ~ se tourner vers qch; (*sich widmen*) se consacrer à qch; **jdm seine Aufmerksamkeit ~** accorder son attention à qn.

Zuwendung *f* (*finanziell*) don *m*.

zuwenig [tsu've:nɪç] *adj* trop peu de ♦ *adv* trop peu.

zuwerfen ['tsu:vɛrfən] *unreg vt* (*Tür*) claquer; **jdm etw ~** lancer qch à qn.

zuwider [tsu'vi:dər] *adv*: **jdm ~ sein** dégoûter qn ♦ *präp* +*Dat* contre; **~handeln** *vi* +*Dat* aller à l'encontre de; (*einem Gesetz*) contrevenir à:

Z~handlung f infraction f; **~laufen** unreg vi aller à l'encontre de.
zuz. abk (= zuzüglich) plus.
zuzahlen ['tsuːtsaːlən] vt: **10 Mark ~** payer 10 marks de plus.
zuziehen ['tsuːtsiːən] unreg vt (Vorhang) tirer; (Knoten etc) serrer; (Arzt, Experten) consulter ♦ vi (hierherziehen) arriver; **sich** Dat **etw ~** (Krankheit) contracter qch; (Zorn) s'attirer qch; **sich** Dat **eine Verletzung ~** (förmlich) se blesser.
Zuzug ['tsuːtsuk] (–(e)s) m (Zustrom) afflux m; (von Familie etc) arrivée f.
zuzüglich ['tsuːtsyːklɪç] präp +Gen plus.
zuzwinkern ['tsuːtsvɪnkərn] vi: **jdm ~** faire un clin d'œil à qn.
zwang etc [tsvaŋ] vb siehe **zwingen**.
Zwang (–(e)s, ⸚e) m force f; **gesellschaftliche Zwänge** les contraintes fpl sociales; **tu dir keinen ~ an** (umg) ne te force pas; **es besteht kein ~, etwas zu kaufen** il n'y a pas d'obligation d'achat.
zwängen ['tsvɛŋən] vt forcer.
zwang-: ~haft adj (PSYCH) compulsif(-ive) ♦ adv compulsivement; **~los** adj (Gespräch) informel(le), à bâtons rompus; (Zusammenkunft) informel(le); (Kleidung, Arbeitsweise) décontracté(e); **Z~losigkeit** f caractère m informel.
Zwangs-: ~abgabe f (WIRTS) impôt m supplémentaire; **~arbeit** f travaux mpl forcés; **z~ernähren** vt nourrir de force; **~jacke** f camisole f de force; **~lage** f situation f difficile; **z~läufig** adj inévitable; **~maßnahme** f (POL) sanction f; **~vollstreckung** f (JUR) exécution f forcée; **~vorstellung** f (PSYCH) obsession f; **z~weise** adv d'office.
zwanzig ['tsvantsɪç] num vingt.
zwanzigste(r, s) adj vingtième.
zwar [tsvaːr] adv: **das ist ~ traurig, aber ...** bien que ce soit triste, ..., c'est (vraiment) triste, mais ...; **er ist tatsächlich gekommen, und ~ am Sonntag** il est vraiment venu, dimanche; **er fuhr sofort hin, und ~ so schnell, daß ...** il y est allé tout de suite, et si vite que ... .
Zweck [tsvɛk] (–(e)s, –e) m but m; (Sinn) sens m; **~bau** m bâtiment m fonctionnel od utilitaire; **z~dienlich** adj (nützlich) utile; **z~dienliche Hinweise** tous renseignements utiles.
Zwecke f (Reiß~, Heft~) punaise f.
zweck-: ~entfremden vt untr détourner de son usage; **Z~entfremdung** f détournement m; **~entsprechend** adj approprié(e) ♦ adv d'une manière appropriée; **~frei** adj (Forschung) pur(e); **~los** adj inutile; **~mäßig** adj pratique ♦ adv d'une manière pratique.
zwecks präp +Gen en vue de.
zweckwidrig adj mauvais(e).
zwei [tsvai] num deux; **Z~bettzimmer** nt chambre f à deux lits; **~deutig** adj à double sens, ambigu(ë); (unanständig) à double sens, osé(e); **Z~drittelmehrheit** f (PARL) majorité f

des deux tiers; **~eiig** adj: **~eiige Zwillinge** des faux jumeaux mpl.
zweierlei ['tsvaiərˈlai] adj: **~ Brot/Stoff** deux sortes de pain/tissu; **~ zu tun haben** avoir deux choses (différentes) à faire; **das sind ~ Sachen** ce sont deux choses différentes.
zweifach adj double.
Zweifel ['tsvaifəl] (–s, –) m doute m; **ich bin mir darüber im ~** j'hésite; **z~haft** adj douteux(-euse); **z~los** adv indubitablement.
zweifeln vi: **an jdm/etw ~** douter de qn/qch.
Zweifelsfall m: **im ~** en cas de doute.
zweifelsfrei adv sans l'ombre d'un doute.
Zweig [tsvaik] (–(e)s, –e) m (von Baum) petite branche f; (von Familie, Unterabteilung) branche f; **auf keinen grünen ~ kommen** n'arriver à rien; **~geschäft** nt succursale f.
zweigleisig ['tsvaiglaizɪç] adj (Bahnlinie) à deux voies ♦ adv: **~ fahren** (fig) se réserver une issue de secours.
Zweigstelle f succursale f.
zwei-: ~hundert num deux cents; **~mal** adv deux fois; **das lasse ich mir nicht ~mal sagen** je ne me le ferai pas dire deux fois; **~motorig** adj bimoteur; **Z~reiher** (–s, –) m (Anzug) complet à veste croisée; **Z~samkeit** f vie f à deux; **~schneidig** adj à double tranchant; **Z~sitzer** m (AUT) voiture f à deux places; **~sprachig** adj bilingue; **~spurig** adj à deux voies; **~stellig** adj (Zahl) de od à deux chiffres; **~stimmig** adj à deux voix; **~stimmig singen** chanter en chœur.
zweit adv: **zu ~** à deux; **wir sind zu ~** nous sommes deux.
Zweitaktmotor m moteur m à deux temps.
zweitausend num deux mille.
zweitbeste(r, s) adj second(e); **das ist nur die ~ Lösung** ce n'est pas la meilleure solution, mais presque; **der ~ Schüler** le second de (sa) classe.
zweite(r, s) adj deuxième, second(e); **Bürger ~r Klasse** déshérité m; **etw aus ~r Hand wissen** avoir entendu dire qch; **etw aus ~r Hand kaufen** acheter qch d'occasion.
zweiteilig adj (Fernsehfilm) en deux parties; (Kleidung) deux-pièces.
zweitens adv deuxièmement.
zweit-: Z~frisur f perruque f; **~größte(r, s)** adj deuxième od second(e) (par ordre de grandeur); **~klassig** adj de deuxième classe; **~letzte(r, s)** adj avant-dernier(-ère); **~rangig** adj (Qualität) de second choix; (nicht so wichtig) secondaire; **Z~schlüssel** m deuxième clé f; **Z~stimme** f (POL) seconde voix f, second suffrage m (allant aux partis plutôt qu'aux candidats).
zweitürig ['tsvaityːrɪç] adj à deux portes; (Auto) deux-portes.
Zweitwagen m seconde voiture f.
Zweitwohnung f résidence f secondaire.
zweizeilig adj de deux lignes; **~er Abstand** double interligne m.
Zwerchfell ['tsvɛrçfɛl] nt diaphragme m.

Zwerg(in) [tsvɛrk, 'tsvɛrgɪn] (–(e)s, –e) m(f) nain(e) m/f; (fig: pej) nabot m; ~**schule** f école f de village (où plusieurs degrés sont enseignés dans une même classe).

Zwetsch(g)e f prune f, quetsche f.

Zwickel ['tsvɪkəl] (–s, –) m (Strumpfhosen~) entre-jambes m inv.

zwicken ['tsvɪkən] vt pincer ♦ vi (Kleidungsstück) pincer, serrer.

Zwickmühle ['tsvɪkmy:lə] f: **in einer ~ sitzen** être dans une situation sans issue, être coincé(e).

Zwieback ['tsvi:bak] (–(e)s, –e od –bäcke) m ≈ biscotte f.

Zwiebel ['tsvi:bəl] f oignon m; (Blumen~) oignon, bulbe m; ~**kuchen** m tarte f aux oignons; ~**turm** m clocher m à dôme bulbeux.

Zwie-: ~**gespräch** nt dialogue m; ~**licht** nt pénombre f; **ins ~licht geraten sein** (fig) s'être discrédité(e); **z~lichtig** adj (suspekt) louche; ~**spalt** m conflit m intérieur; (zwischen Menschen) conflit; **z~spältig** adj (Gefühle) contradictoire; (Charakter) plein(e) de contradictions; ~**tracht** f discorde f.

Zwilling ['tsvɪlɪŋ] (–s, –e) m jumeau(-elle) m/f; ~**e** pl (ASTROL) Gémeaux mpl.

zwingen ['tsvɪŋən] unreg vt forcer ♦ vr se forcer; **jdn zu etw ~** forcer qn à faire qch.

zwingend adj (Grund etc) contraignant(e); (Schluß) inévitable; (Beweis) concluant(e).

Zwinger (–s, –) m (für Hunde) chenil m.

zwinkern ['tsvɪŋkərn] vi cligner des yeux; (absichtlich) faire un clin od des clins d'œil.

Zwirn [tsvɪrn] (–(e)s, –e) m fil m.

zwischen ['tsvɪʃən] präp +Akk, +Dat entre; (mitten in, mitten unter) parmi, au milieu de; **Z~aufenthalt** m escale f; **Z~bemerkung** f remarque f (faite) en passant; **Z~bilanz** f bilan m intermédiaire; ~**blenden** vt (TV) insérer; **Z~decke** f (in Gebäude) faux plafond m; **Z~ding** (umg) nt mélange m; **Z~dividende** f dividende m intérimaire; ~**durch** adv (zeitlich) entre-temps; (räumlich) par endroits, ici et là; **Z~ergebnis** nt résultat m provisoire; **Z~fall** m incident m; ~**finanzieren** vt untr accorder un crédit relais à; **Z~finanzierung** f crédit m relais; **Z~frage** f question f; **Z~gas** nt: **Z~gas geben** faire un double débrayage; **Z~größe** f taille f intermédiaire; (für Schuhe) demi-pointure f; **Z~handel** m commerce m

de demi-gros; **Z~händler** m intermédiaire m, revendeur m; **Z~hoch** nt (MET) ligne f de haute pression; **Z~lagerung** f entreposage m; ~**landen** vi faire escale; **Z~landung** f escale f; **Z~lösung** f solution f intermédiaire; **Z~mahlzeit** f collation f; (am Nachmittag) goûter m; ~**menschlich** adj (Beziehungen) entre les gens; **Z~produkt** nt (WIRTS) produit m intermédiaire; **Z~prüfung** f examen m intermédiaire; **Z~raum** m espace m; **Z~ruf** m interruption f; **Z~rufe** pl (bei Reden etc) interpellations fpl; **Z~saison** f mi-saison f; **Z~spiel** nt intermède m; (MUS) interlude m; ~**staatlich** adj (international) international(e); **Z~stecker** m adapt(at)eur m; **Z~stück** nt raccord m; **Z~summe** f total m partiel, sous-total m; **Z~tür** f porte f de communication; **Z~wand** f cloison f; **Z~zeit** f intervalle m; (SPORT) mitemps f inv; **in der Z~zeit** entre-temps; **Z~zeugnis** nt (SCH) bulletin m trimestriel; **Z~zins** m intérêt m intérimaire.

Zwist [tsvɪst] (–es, –e) m conflit m.

zwitschern ['tsvɪtʃərn] vi (Vögel) pépier, gazouiller; **einen ~** (umg) boire un coup.

Zwitter ['tsvɪtər] (–s, –) m hermaphrodite m.

zwo [tsvo:] num deux.

zwölf [tsvœlf] num douze; **~ Uhr mittags/nachts** midi/minuit; **fünf Minuten vor ~** (fig) moins cinq.

Zwölffingerdarm (–(e)s) m duodénum m.

zwölfte(r, s) adj douzième.

Zyankali [tsya:n'ka:li] (–s) nt cyanure m de potassium.

Zyklon [tsy'klo:n] (–s, –e) m cyclone m.

Zyklus ['tsy:klʊs] (–, Zyklen) m cycle m; (von Bildern) série f.

Zylinder [tsi'lɪndər] (–s, –) m cylindre m; (Hut) haut-de-forme m; **z~förmig** adj cylindrique.

Zyniker(in) ['tsy:nikər(ɪn)] (–s, –) m(f) personne f cynique, cynique m/f.

zynisch ['tsy:nɪʃ] adj cynique.

Zynismus [tsy'nɪsmʊs] m cynisme m.

Zypern ['tsy:pərn] (–s) nt Chypre f.

Zypresse [tsy'prɛsə] f cyprès m.

Zypr(i)er(in) ['tsy:pr(i)ər(ɪn) (–s, –), **Zypriot(in)** [tsypri'o:t(ɪn)] (–en, –en) m(f) Cypriote m/f.

zypriotisch, zyprisch adj cypriote.

Zyste ['tsʏstə] f (MED) kyste m.

z.Z(t). abk = **zur Zeit**.

INHALT

TABLE DES MATIÈRES